DICCIONARIO DE BOLSILLO

ESPAÑOL
ALEMÁN

ALEMÁN
ESPAÑOL

TASCHEN-WÖRTERBUCH

SPANISCH
DEUTSCH

DEUTSCH
SPANISCH

ISBN 2-03-540008-2 (Larousse / HER)
ISBN 970-22-0120-9 (Ed. Larousse, México)
978-970-22-0120-5
ISBN 958-8058-29-5 (Ed. Larousse, Colombia)
ISBN 980-367-034-4 (Ed. Larousse, Venezuela)
ISBN 950-538-082-8 (Ed. Larousse, Argentina)

PRIMERA EDICIÓN —13ª reimpresión

Impreso en México — Printed in Mexico

A nuestros lectores

Este diccionario es ideal para todas las situaciones lingüísticas, desde el aprendizaje de idiomas en la escuela y en casa hasta los viajes al extranjero.

Este diccionario español/alemán resulta muy manejable y está pensado para responder de manera práctica y rápida a los diferentes problemas que plantea la lectura del español actual. Con sus más de 55 000 palabras y expresiones y por encima de las 80 000 traducciones, este diccionario permitirá al lector comprender con claridad un amplio espectro de textos y realizar traducciones del alemán de uso corriente con rapidez y corrección.

De entre las características de esta obra, nueva en su totalidad, cabe destacar el tratamiento totalmente al día de las siglas y abreviaturas, nombres propios y términos comerciales e informáticos más comunes.

A través de un tratamiento claro y detallado del vocabulario básico, así como de los indicadores de sentido que guían hacia la traducción más adecuada, se permite al usuario escribir en alemán con precisión y seguridad.

Se ha puesto especial cuidado en la presentación de las entradas, tanto desde el punto de vista de su estructura como de la tipografía empleada.

Para aquellos lectores que todavía están en un nivel básico o intermedio en su aprendizaje del alemán, éste es el diccionario ideal.

Le invitamos a que se ponga en contacto con nosotros si tiene cualquier observación o crítica que hacer; entre todos podemos hacer de él un diccionario aún mejor.

El Editor

Vorbemerkung

Das vorliegende Wörterbuch Spanisch-Deutsch richtet sich an alle, die Spanisch lernen. Es gibt schnelle und präzise Auskunft bei Fragen, die sich beim Erlernen des Spanischen ergeben. Mit mehr als 80 000 Übersetzungen von über 55 000 Stichwörtern und Wendungen, zahlreichen Abkürzungen und Eigennamen, gestattet es dem deutschsprachigen Benutzer, eine Vielzahl spanischischer Texte zu verstehen und zu übersetzen.

Die Artikel sind übersichtlich und klar gegliedert. Bedeutungsanzeiger helfen beim Auffinden der gewünschten Übersetzung. Grammatische Gebrauchsmuster, gebräuchliche Kollokationen und idiomatische Wendungen betten das Wort in seinen natürlichen Kontext ein und helfen bei der korrekten Formulierung von Sachverhalten in der Fremdsprache.

Der Herausgeber

Recuadros

Zusatzinformationen

Frases usuales

acuerdo : estar de acuerdo
agradecer
ayuda : ofrecer ayuda
carta : escribir cartas
comparar
conversar
decepción
desaprobar
desconcertado : estar desconcertado
desear
despedirse
disculparse
entender
explicación : pedir explicaciones
favor : pedir un favor
felicitar
indiferente : mostrarse indiferente
informar
inseguridad : expresar inseguridad
obligación
opinar
permitir
presentar
prohibir
prometer
proponer
seguro : estar seguro
sorpresa : manifestar sorpresa
suerte : desear suerte
telefonear
tiempo : no tener tiempo
tranquilizar

ablehnen
beglückwünschen
beschweren : sich beschweren
bestätigen
bitten
danken
einladen
einverstanden : einverstanden sein
entschuldigen : sich entschuldigen
enttäuschen : enttäuscht sein
erklären
Erlaubnis
Komplimente
Meinung : seine Meinung äußern
missbilligen
Mitleid
raten
sicher : sicher sein
telefonieren
Überraschung
überzeugen
unsicher : unsicher sein
verabreden : sich verabreden
verabschieden : sich verabschieden
verbessern : jemanden verbessern
Verbot
vergleichen
Verpflichtung
verstehen
vorschlagen
wünschen
zugeben

Falsos amigos

Dirigent
diskutieren
Dur
Ferien
Gymnasium
komisch
Kompromiss
promovieren
Redaktion
Termin

Información de tipo cultural

Abitur
Adresse
Advent
Anrede
Autobahn
Begrüßung
bitte
Brot
Bundesland
Datum
Deutsch
Doktor
Essen
Fräulein
Händedruck
Kaffee
Müll
Nikolaus
Pünktlichkeit
Rechnung
Rechtschreibung
Religion
Sahne
Schulferien
Schultüte
Sie
Tageszeiten
Telefon
Volkshochschule
Wasser

Abkürzungen		Abreviaturas
Akkusativ	*A*	acusativo
Abkürzung	*abk/abrev*	abreviatura
abwertend	*abw*	peyorativo
Adjektiv	*Adj/adj*	adjetivo
feminines Adjektiv	*adj f*	adjetivo femenino
maskulines Adjektiv	*adj m*	adjetivo masculino
Verwaltung	ADMIN	administración
Adverb	*Adv/adv*	adverbio
Flugwesen, Luftfahrt	AERON	aeronáutica
Landwirtschaft	AGRIC	agricultura
Amerikanismus	*Amér*	americanismo
amtssprachlich, formell	*amt*	lenguaje administrativo
Anatomie	ANAT	anatomía
vor einem Substantiv	*antes de sust*	antes del sustantivo
Architektur	ARCHIT/ARQUIT	arquitectura
Kunst	*art*	artículo
Astrologie	ASTROL	astrología
Astronomie	ASTRON	astronomía
Kfz-Technik	AUTOM	automóviles
Hilfsverb	*aux*	auxiliar
Biologie	BIOL	biología
Botanik	BOT	botánica
Chemie	CHEM	química
Kino	CIN	cine
Handel	COM	comercio
Komparativ	*compar*	comparativo
Konjunktion	*conj*	conjunción
Bauwesen	CONSTR	construcción
Kochkunst	CULIN	cocina
Dativ	*D*	dativo
demonstrativ, hinweisend	*demos*	demostrativo
Sport	DEP	deporte
Recht	DER	derecho
abwertend	*despec*	despectivo
bestimmt	*det*	determinado
Determinant	*Det*	determinante
Wirtschaft	ECON	economía
Schule, Erziehung	EDUC	educación, escuela
Datenverarbeitung	EDV	informática
eigentliche Bedeutung	*eigtl*	literal
Elektrotechnik	ELEKTR/ELECTR	electricidad, electrónica
Femininum	*f*	sustantivo femenino
umgangssprachlich	*fam*	familiar
Pharmazie	FARM	farmacia
übertragene Bedeutung	*fig*	figurado
Finanzen	FIN	finanzas
Physik	FÍS	física
Flugwesen, Luftfahrt	FLUG	aeronáutica
Fotografie	FOTO	fotografía
Femininum im Plural	*fpl*	sustantivo femenino plural
Genitiv	*G*	genitivo
gehoben	*geh*	culto

Abkürzungen / Abreviaturas

Abkürzungen		Abreviaturas
generell, allgemein	*gen*	generalmente, en general
Geografie	GEOGR	geografía
Geologie	GEOL	geología
Geometrie	GEOM	geometría
Grammatik	GRAM	gramática
Geschichte	HIST	historia
humorvoll	*hum*	humorístico
unpersönlich	*impers*	impersonal
Industrie	IND	industria
unbestimmt	*indet*	indeterminado
Infinitiv	*infin*	infinitivo
Datenverarbeitung	INFORM	informática
Interjektion	*Interj/interj*	interjección
unveränderlich	*inv*	invariable
ironisch	*iron/irón*	irónico
jemand	*jd*	alguien (nominativo)
jemandem	*jm*	alguien (dativo)
jemanden	*jn*	alguien (acusativo)
jemandes	*js*	alguien (genitivo)
Recht	JUR	derecho
Komparativ	*Kompar*	comparativo
Konjunktion	*Konj*	conjunción
Linguistik	LING	lingüística
wörtlich	*lit*	literal
Literatur	LITER	literatura
Redewendung	*loc*	locución, locuciones
zusammengesetztes Adjektiv	*loc adj*	locución adjetiva
zusammengesetztes Adverb	*loc adv*	locución adverbial
zusammengesetzte Konjunktion	*loc conj*	locución conjuntiva
zusammengesetzte Präposition	*loc prep*	locución preposicional
Maskulinum	*m*	sustantivo masculino
Mathematik	MATH/MAT	matemáticas
Maschinenbau	MEC	mecánica
Medizin	MED	medicina
Meteorologie	METEOR	meteorología
salopp	*mfam*	muy familiar
Substantiv	*mf*	sustantivo ambiguo
Militärwesen	MIL	militar
Mineralogie	MIN	mineralogía
Mythologie	MITOL	mitología
Maskulinum im Plural	*mpl*	sustantivo masculino plural
Musik	MUS/MÚS	música
Schifffahrt	NÁUT	navegación
Norddeutsch	*Norddt*	alemán del Norte
Neutrum	nt	Neutro (para ciudades y países)
Zahlwort	*Num/núm*	número
Österreichisch	*Österr*	austríaco

Abkürzungen / Abreviaturas

Perfekt	*Perf*	perfecto
persönlich	*pers*	personal
Physik	PHYS	física
Plural	*pl*	plural
Politik	POL/POLÍT	política
besitzanzeigend	*poses*	posesivo
Partizip Perfekt	*PP/pp*	participio pasado
Präposition	*Präp*	preposición
Präsens	*Präs*	presente
Präteritum	*Prät*	pretérito
Präposition	*prep*	preposición
Pronomen	*Pron/pron*	pronombre
Psychologie	PSYCH/PSICOL	psicología
Chemie	QUÍM	química
Warenzeichen	®	marca registrada
Religion	REL/RELIG	religión
reflexives Verb	*ref*	verbo pronominal
regelmäßiges Verb	*reg*	regular
relativ	*rel/relat*	relativo
Redewendung	*RW*	locución, locuciones
salopp	*salopp*	muy familiar
Schifffahrt	SCHIFF	navegación
Schweizerdeutsch	*Schweiz*	helvetismo, alemán de Suiza
Singular	*sing*	singular
Subjekt	*Subj/suj*	sujeto
Süddeutsch	*Süddt*	alemán del Sur
Superlativ	*Superl/superl*	superlativo
Stierkampf	TAUROM	tauromaquia
Theater	TEATR	teatro
Technik, Technologie	TECH/TÉCN	técnico, tecnología
Fernsehen	TELE	televisión
Fernmeldewesen	TELEKOM/TELECOM	telecomunicaciones
Fernsehen	TV	televisión
Universität	UNI	universidad
Hilfsverb	*v aux*	verbo auxiliar
intransitives Verb	*vi*	verbo intransitivo
unpersönliches Verb	*v impers*	verbo impersonal
reflexives Verb	*vpr*	verbo pronominal
transitives Verb	*vt*	verbo transitivo
vulgär	*vulg*	vulgar
Wirtschaft	WIRTSCH	economía
Zoologie	ZOOL	zoología
kulturelle Entsprechung	≃	equivalente cultural
a) im Verb: Trennbarkeit des deutschen Verbs b) im zusammengesetzten Substantiv: Angaben zum Plural unter dem Wort nach dem Balken (z. B. steht der Plural von **Ab|bild** unter dem Stichwort **Bild**)	|	a) en un verbo alemán: indica que tiene una partícula separable b) en un nombre compuesto: el plural se encuentra bajo esa entrada separado par una barra (en **Ab|bild** la indicacíon del plural se encuentra en **Bild**)

Lautschrift — Fonética

Deutsche Vokale — Vocales españolas

Deutsche Vokale		Vocales españolas
Adverb, **A**lpha	[a]	p**a**ta, **a**migo
Arzt, Antr**a**g	[aː]	
Spani**er**	[ɐ]	
Desse**r**t	[ɐ̯]	
Emaille	[e]	t**e**la, **e**so
edel	[eː]	
Fitn**e**ss	[ɛ]	
Aktion**ä**r	[ɛː]	
Akti**e**	[ə]	
V**i**tamin	[i]	p**i**so, **i**magen
v**ie**r	[iː]	
Kalz**i**um	[i̯]	
Anwält**i**n	[ɪ]	
Mel**o**die	[o]	b**o**la, **o**tro, **eu**
aprop**os**	[oː]	
l**o**yal	[o̯]	
Abs**o**lvent	[ɔ]	
Ökologie	[ø]	
Gouvern**eu**r	[øː]	
K**ö**chin, P**u**mps	[œ]	
K**u**waiter, K**u**vert	[u]	l**u**z, l**u**na
K**uh**	[uː]	
Silh**ou**ette	[u̯]	
k**u**ltivieren	[ʊ]	
B**ü**chse, S**y**stem	[y]	
T**ü**r	[yː]	
N**u**ance	[y̆]	

Deutsche Diphthonge — Diptongos españoles

Deutsche Diphthonge		Diptongos españoles	
D**ei**chsel	[a͜i]	**ai**re, c**ai**ga	[ai]
Auge	[a͜u]	c**au**sa, **au**la	[au]
Euro	[ɔ͜y]	l**ey**, p**ei**ne	[ei]
		Europa, f**eu**dò	[eu]
		s**oy**, b**oi**na	[oi]

Deutsche Halbvokale — Semivocales españolas

Deutsche Halbvokale		Semivocales españolas	
Hard**w**are	[w]	**hi**erba, miedo	[j]
		ag**ua**, **hu**evo	[w]

Deutsche Nasale

Deutsche Nasale	
Ch**an**son	[ɑ̃]
Abonnem**ent**	[ɑ̃ː]
po**in**tiert	[ɛ̃]
P**oin**te	[ɛ̃ː]
Chans**on**, Jet**on**	[ɔ̃]

Deutsche Konsonanten

Ba**b**y	[b]
i**ch**	[ç]
Duell, Me**d**ium	[d]
Gin	[d͡ʒ]
Fantasie, **v**ier	[f]
La**g**e, **g**rau	[g]
Hobby	[h]
Jubiläum	[j]
A**ch**se, **K**aviar	[k]
A**l**phabet, **L**aser	[l]
Samm**el**surium	[l̩]
Material, Tea**m**	[m]
groß**em**	[m̩]
November, u**n**fair	[n]
lieb**en**	[n̩]
si**ng**en, So**ng**	[ŋ]
Pony, De**pp**	[p]
A**pf**el	[p͡f]
Revue, **r**ot	[r]
Slang, e**ss**en	[s]
Stadion, **Sch**lamm	[ʃ]
Toas**t**, Vol**t**	[t]
Konven**t**ion	[t͡s]
Chili	[t͡ʃ]
Vase, La**v**a, **W**agen	[v]
Ya**ch**t, Hypo**ch**onder	[x]
Sahne, **S**onne	[z]
Eta**g**e	[ʒ]

Consonantes españolas

vaca, **b**om**b**a	[b]
cur**v**o, ca**b**allo	[β]
don**d**e, cal**d**o	[d]
ca**d**a, par**d**o	[ð]
fui, a**f**able	[f]
grande, **gu**erra	[g]
a**gu**ijón, bulldo**g**	[ɣ]
que, **c**osa	[k]
a**l**a, **l**uz	[l]
llave, co**ll**ar	[ʎ]
madre, ca**m**a	[m]
no, pe**n**a	[n]
ca**ñ**a	[ɲ]
lifti**ng**, parki**ng**	[ŋ]
pa**p**á, cam**p**o	[p]
alta**r**, pa**r**o	[r]
pe**rr**o, **r**osa	[rr]
solo, pa**s**o	[s]
cera, pa**z**	[θ]
toro, pa**t**o	[t]
o**ch**o, **ch**usma	[tʃ]
gema, **j**amón	[x]

Die Betonung der deutschen Stichwörter wird mit einem Punkt für einen kurzen betonten Vokal (z. B. **Bẹrg**) und mit einem Strich für einen langen betonten Vokal (z. B. **Ma̲gen**) angegeben.

Respecto a la acentuación de las palabras alemanas, ésta se indica con un punto debajo de las vocales breves o acentuadas (p. ej. **Bẹrg**) y con una raya debajo de las vocales largas y acentuadas (p. ej. **Ma̲gen**).

Das Zeichen [ˈ] zeigt die Betonung der folgenden Silbe an.

El símbolo [ˈ] significa que la sílaba siguiente lleva el acento tónico.

Warenzeichen

Als Warenzeichen geschützte Wörter sind in diesem Wörterbuch durch das Zeichen ® gekennzeichnet. Die Markierung mit diesem Symbol, oder sein Fehlen, hat keinen Einfluss auf die Rechtskräftigkeit eines Warenzeichens.

Marcas registradas

El símbolo ® indica que la palabra en cuestión se considera marca registrada. Hay que tener en cuenta, sin embargo, que ni la presencia ni la ausencia de dicho símbolo afectan a la situación legal de ninguna marca.

Einige unregelmäßige deutsche Verben

Infinitiv	Präsens	Präteritum	Perfekt
beginnen	beginnt	begann	hat begonnen
beißen	beißt	biss	hat gebissen
biegen	biegt	bog	hat gebogen
bitten	bittet	bat	hat gebeten
bleiben	bleibt	blieb	ist geblieben
brechen	bricht	brach	hat/ist gebrochen
bringen	bringt	brachte	hat gebracht
denken	denkt	dachte	hat gedacht
dürfen	darf	durfte	hat gedurft/dürfen
essen	isst	aß	hat gegessen
fahren	fährt	fuhr	hat/ist gefahren
finden	findet	fand	hat gefunden
fliegen	fliegt	flog	hat/ist geflogen
fließen	fließt	floss	ist geflossen
fressen	frisst	fraß	hat gefressen
geben	gibt	gab	hat gegeben
gehen	geht	ging	ist gegangen
gelten	gilt	galt	hat gegolten
geschehen	geschieht	geschah	ist geschehen
gießen	gießt	goss	hat gegossen
greifen	greift	griff	hat gegriffen
haben	hat	hatte	hat gehabt
halten	hält	hielt	hat gehalten
hängen	hängt	hing/hängte	hat gehangen/ gehängt
heben	hebt	hob	hat gehoben
heißen	heißt	hieß	hat geheißen
helfen	hilft	half	hat geholfen
kennen	kennt	kannte	hat gekannt
kneifen	kneift	kniff	hat gekniffen
kommen	kommt	kam	ist gekommen
können	kann	konnte	hat können/gekonnt
lassen	lässt	ließ	hat gelassen/lassen
laufen	läuft	lief	hat/ist gelaufen
leiden	leidet	litt	hat gelitten
leihen	leiht	lieh	hat geliehen
lesen	liest	las	hat gelesen
liegen	liegt	lag	hat gelegen
lügen	lügt	log	hat gelogen
messen	misst	maß	hat gemessen
mögen	mag	mochte	hat gemocht/mögen
müssen	muss	musste	hat gemusst/müssen
nehmen	nimmt	nahm	hat genommen
nennen	nennt	nannte	hat genannt
quellen	quillt	quoll	ist gequollen

Infinitiv	Präsens	Präteritum	Perfekt
raten	rät	riet	hat geraten
reißen	reißt	riss	hat/ist gerissen
rennen	rennt	rannte	ist gerannt
riechen	riecht	roch	hat gerochen
rufen	ruft	rief	hat gerufen
saufen	säuft	soff	hat gesoffen
schieben	schiebt	schob	hat geschoben
schießen	schießt	schoss	hat/ist geschossen
schlafen	schläft	schlief	hat geschlafen
schlagen	schlägt	schlug	hat/ist geschlagen
schließen	schließt	schloss	hat geschlossen
schmeißen	schmeißt	schmiss	hat geschmissen
schneiden	schneidet	schnitt	hat geschnitten
schreiben	schreibt	schrieb	hat geschrieben
schreien	schreit	schrie	hat geschrie(e)n
schwimmen	schwimmt	schwamm	hat/ist geschwommen
sehen	sieht	sah	hat gesehen
sein	ist	war	ist gewesen
senden	sendet	sandte	hat gesendet/gesandt
singen	singt	sang	hat gesungen
sitzen	sitzt	saß	hat gesessen
sprechen	spricht	sprach	hat gesprochen
springen	springt	sprang	hat/ist gesprungen
stehen	steht	stand	hat gestanden
stehlen	stiehlt	stahl	hat gestohlen
sterben	stirbt	starb	ist gestorben
stoßen	stößt	stieß	hat/ist gestoßen
streiten	streitet	stritt	hat gestritten
tragen	trägt	trug	hat getragen
treffen	trifft	traf	hat getroffen
treiben	treibt	trieb	hat/ist getrieben
treten	tritt	trat	hat getreten
trinken	trinkt	trank	hat getrunken
tun	tut	tat	hat getan
verlieren	verliert	verlor	hat verloren
waschen	wäscht	wusch	hat gewaschen
wenden	wendet	wendete/ wandte	hat gewendet/ gewandt
werden	wird	wurde	ist geworden/ worden
werfen	wirft	warf	hat geworfen
wissen	weiß	wusste	hat gewusst
wollen	will	wollte	hat gewollt/wollen

Conjugaciones españolas

1. **amar:** pres indic amo, amas, ama, amamos, amáis, aman; imperfecto amaba, amabas, amaba, amábamos, amabais, amaban; pret perf simple amé, amaste, amó, amamos, amasteis, amaron; futuro amaré, amarás, amará, amaremos, amaréis, amarán; pres subj ame, ames, ame, amemos, améis, amen; imperativo ama, ame, amemos, amad, amen; gerundio amando; part amado
2. **temer:** pres indic temo, temes, teme, tememos, teméis, temen; imperfecto temía, temías, temía, temíamos, temíais, temían; pret perf simple temí, temiste, temió, temimos, temisteis, temieron; futuro temeré, temerás, temerá, temeremos, temeréis, temerán; pres subj tema, temas, tema, temamos, temáis, teman; imperativo teme, tema, temamos, temed, teman; gerundio temiendo; part temido
3. **partir:** pres indic parto, partes, parte, partimos, partís, parten; imperfecto partía, partías, partía, partíamos, partíais, partían; pret perf simple partí, partiste, partió, partimos, partisteis, partieron; futuro partiré, partirás, partirá, partiremos, partiréis, partirán; pres subj parta, partas, parta, partamos, partáis, partan; imperativo parte, parta, partamos, partid, partan; gerundio partiendo; part partido
4. **haber:** pres indic he, has, ha, hemos, habéis, han; imperfecto había, habías, había, habíamos, habíais, habían; pret perf simple hube, hubiste, hubo, hubimos, hubisteis, hubieron; futuro habré, habrás, habrá, habremos, habréis, habrán; pres subj haya, hayas, haya, hayamos, hayáis, hayan; imperativo he, haya, hayamos, habed, hayan; gerundio habiendo; part habido
5. **ser:** pres indic soy, eres, es, somos, sois, son; imperfecto era, eras, era, éramos, erais, eran; pret perf simple fui, fuiste, fue, fuimos, fuisteis, fueron; futuro seré, serás, será, seremos, seréis, serán; pres subj sea, seas, sea, seamos, seáis, sean; imperativo sé, sea, seamos, sed, sean; gerundio siendo; part sido
6. **actuar:** pres indic actúo, actúa, actuamos; pres subj actúe, actuemos; imperativo actúa, actúe, actuemos, actuad, actúen
7. **adecuar:** pres indic adecuo, adecuas, adecuamos; pres subj adecue, adecuemos; imperativo adecua, adecue, adecuemos, adecuad, adecuen
8. **cambiar:** pres indic cambio, cambia, cambiamos; pres subj cambie, cambiemos; imperativo cambia, cambie, cambiemos, cambiad, cambien
9. **guiar:** pres indic guío, guía, guiamos; pres subj guíe, guiemos; imperativo guía, guíe, guiemos, guiad, guíen
10. **sacar:** pret perf simple saqué, sacó, sacamos; pres subj saque, saquemos; imperativo saca, saque, saquemos, sacad, saquen
11. **mecer:** pres indic mezo, mece, mecemos; pres subj meza, mezamos; imperativo mece, meza, mezamos, meced, mezan
12. **zurcir:** pres indic zurzo, zurce, zurcimos; pres subj zurza, zurzamos; imperativo zurce, zurza, zurzamos, zurcid, zurzan
13. **cazar:** pret perf simple cacé, cazó, cazamos; pres subj cace, cacemos; imperativo caza, cace, cacemos, cazad, cacen
14. **proteger:** pres indic protejo, protege, protegemos; pres subj proteja, protejamos; imperativo protege, proteja, protejamos, proteged, protejan
15. **dirigir:** pres indic dirijo, dirige, dirigimos; pres subj dirija, dirijamos; imperativo dirige, dirija, dirijamos, dirigid, dirijan
16. **llegar:** pret perf simple llegué, llego, llegamos; pres subj llegue, lleguemos; imperativo llega, llegue, lleguemos, llegad, lleguen
17. **distinguir:** pres indic distingo, distingue, distinguimos; pres subj distinga, distingamos; imperativo distingue, distinga, distingamos, distinguid, distingan
18. **delinquir:** pres indic delinco, delinque, delinquimos; pres subj delinca, delincamos; imperativo delinque, delinca, delincamos. delinquid, delincan

19. **acertar:** pres indic acierto, acierta, acertamos; **pres subj** acierte, acertemos; **imperativo** acierta, acierte, acertemos, acertad, acierten
20. **tender:** pres indic tiendo, tiende, tendemos; **pres subj** tienda, tendamos; **imperativo** tiende, tienda, tendamos, tended, tiendan
21. **discernir:** pres indic discierno, discierne, discernimos; **pres subj** discierna, discernamos; **imperativo** discierne, discierna, discernamos, discernid, disciernan
22. **adquirir:** pres indic adquiero, adquiere, adquirimos; **pres subj** adquiera, adquiramos; **imperativo** adquiere, adquiera, adquiramos, adquirid, adquieran
23. **sonar:** pres indic sueno, suena, sonamos; **pres subj** suene, sonemos; **imperativo** suena, suene, sonemos, sonad, suenen
24. **mover:** pres indic muevo, mueve, movemos; **pres subj** mueva, movamos; **imperativo** mueve, mueva, movamos, moved, muevan
25. **dormir:** pres indic duermo, duerme, dormimos; **pret perf simple** durmió, dormimos, durmieron; **pres subj** duerma, durmamos; **imperativo** duerme, duerma, durmamos, dormid, duerman; **gerundio** durmiendo
26. **pedir:** pres indic pido, pide, pedimos; **pret perf simple** pidió, pedimos, pidieron; **pres subj** pida, pidamos; **imperativo** pide, pida, pidamos, pedid, puedan; **gerundio** pidiendo
27. **sentir:** pres indic siento, siente, sentimos; **pret perf simple** sintió, sentimos, sintieron; **pres subj** sienta, sintamos; **imperativo** siente, sienta, sintamos, sentid, sientan; **gerundio** sintiendo
28. **reír:** pres indic río, ríe, reímos; **pret perf simple** rió, reímos, rieron; **pres subj** ría, riamos; **imperativo** ríe, ría, riamos, reíd, rían; **gerundio** riendo
29. **nacer:** pres indic nazco, nace, nacemos; **pres subj** nazca, nazcamos; **imperativo** nace, nazca, nazcamos, naced, nazcan
30. **parecer:** pres indic parezco, parece, parecemos; **pres subj** parezca, parezcamos; **imperativo** parece, parezca, parezcamos, pareced, parezcan
31. **conocer:** pres indic conozco, conoce, conocemos; **pres subj** conozca, conozcamos; **imperativo** conoce, conozca, conozcamos, conoced, conozcan
32. **lucir:** pres indic luzco, luce, lucimos; **pret perf simple** conduje, condujo, conducimos; **pres subj** luzca, luzcamos; **imperativo** luce, luzca, luzcamos, lucid, luzcan
33. **conducir:** pres indic conduzco, conduce, conducimos; **pres subj** conduzca, conduzcamos; **imperativo** conduce, conduzca, conduzcamos, conducid, conduzcan
34. **comenzar:** pres indic comienzo, comienza, comenzamos; **pret perf simple** comencé, comenzó, comenzamos; **pres subj** comience, comencemos; **imperativo** comienza, comience, comencemos, comenzad, comiencen
35. **negar:** pres indic niego, niega, negamos; **pret perf simple** negué, negó, negamos; **pres subj** niegue, neguemos; **imperativo** niega, niegue, neguemos, negad, nieguen
36. **trocar:** pres indic trueco, trueca, trocamos; **pret perf simple** troqué, trocó, trocamos; **pres subj** trueque, troquemos; **imperativo** trueca, trueque, troquemos, trocad, truequen
37. **forzar:** pres indic fuerzo, fuerza, forzamos; **pret perf simple** forcé, forzó, forzamos; **pres subj** fuerce, forcemos; **imperativo** fuerza, fuerce, forcemos, forzad, fuercen
38. **avergonzar:** pres indic avergüenzo, avergüenza, avergonzamos; **pret perf simple** avergoncé, avergonzó, avergonzamos; **pres subj** avergüence, avergoncemos; **imperativo** avergüenza, avergüence, avergoncemos, avergonzad, avergüencen

39. colgar: pres indic cuelgo, cuelga, colgamos; **pret perf simple** colgué, colgó, colgamos; **pres subj** cuelgue, colguemos; **imperativo** cuelga, cuelgue, colguemos, colgad, cuelguen
40. jugar: pres indic juego, juega, jugamos; **pret perf simple** jugué, jugó, jugamos; **pres subj** juegue, juguemos; **imperativo** juega, juegue, juguemos, jugad, jueguen
41. cocer: pres indic cuezo, cuece, cocemos; **pres subj** cueza, cozamos; **imperativo** cuece, cueza, cozamos, coced, cuezan
42. regir: pres indic rijo, rige, regimos; **pret perf simple** rigió, regimos, rigieron; **pres subj** rija, rijamos; **imperativo** rige, rija, rijamos, regid, rijan
43. seguir: pres indic sigo, sigue, seguimos; **pret perf simple** siguió, seguimos, siguieron; **pres subj** siga, sigamos; **imperativo** sigue, siga, sigamos, seguid, sigan; **gerundio** siguiendo
44. argüir: pres indic arguyo, arguye, argüimos; **pret perf simple** arguyó, argüimos, arguyeron; **pres subj** arguya, arguyamos; **imperativo** arguye, arguya, arguyamos, argüid, arguyan; **gerundio** arguyendo
45. averiguar: pret perf simple averigüé, averiguó, averiguamos; **pres subj** averigüe, averigüemos; **imperativo** averigua, averigüe, averigüemos, averiguad, averigüen
46. agorar: pres indic agüero, agüera, agoramos; **pres subj** agüere, agoremos; **imperativo** agüera, agüere, agoremos, agorad, agüeren
47. errar: pres indic yerro, yerra, erramos; **pres subj** yerre, erremos; **imperativo** yerra, yerre, erremos, errad, yerren
48. desosar: pres indic deshueso, deshuesa, desosamos; **pres subj** deshuese, desosemos; **imperativo** deshuesa, deshuese, desosemos, desosad, deshuesen
49. oler: pres indic huelo, huele, olemos; **pres subj** huela, olamos; **imperativo** huele, huela, olamos, oled, huelan
50. leer pres indic leyó, leímos, leyeron; **gerundio** leyendo
51. huir pres indic huyo, huye, huimos; **pret perf simple** huyó, huimos, huyeron; **pres subj** huya, huyamos; **imperativo** huye, huya, huyamos, huid, huyan; **gerundio** huyendo
52. andar: pret perf simple anduve, anduvo, anduvimos
53. asir: pres indic asgo, ase, asimos; **pres subj** asga, asgamos; **imperativo** ase, asga, asgamos, asid, asgan;
54. caber: pres indic quepo, cabe, cabemos; **pret perf simple** cupe, cupo, cupimos; **futuro** cabré, cabrá, cabremos; **pres subj** quepa, quepamos; **imperativo** cabe, quepa, quepamos, cabed, quepan
55. caer: pres indic caigo, cae, caemos; **pret perf simple** cayó, caímos, cayeron; **pres subj** caiga, caigamos; **imperativo** cae, caiga, caigamos, caed, caigan
56. dar: pres indic doy, da, damos; **pret perf simple** di, dio, dimos; **pres subj** dé, demos; **imperativo** da, dé, demos, dad, den
57. decir: pres indic digo, dice, decimos; **pret perf simple** dije, dijo, dijimos; **futuro** diré, dirá, diremos; **pres subj** diga, digamos; **imperativo** di, diga, digamos, decid, digan; **gerundio** diciendo; **part** dicho
58. erguir: pres indic irgo o yergo, erguimos; **pret perf simple** irguió, erguimos, irguieron; **pres subj** irga o yerga, irgamos; **imperativo** irgue o yergue, irga o yerga, irgamos, erguid, irgan; **gerundio** irguiendo
59. estar: pres indic estoy, está, estamos; **pret perf simple** estuve, estuvo, estuvimos; **pres subj** esté, estemos; **imperativo** está, esté, estemos, estad, estén
60. hacer: pres indic hago, hace, hacemos; **pret perf simple** hice, hizo, hicimos; **pres subj** haga, hagamos; **imperativo** haz, haga, hagamos, haced, hagan; **part** hecho
61. ir: pres indic voy, va, vamos; **pret perf simple** fui, fue, fuimos; **pres subj** vaya, vayamos; **imperativo** ve, vaya, vayamos, id, vayan; **gerundio** yendo

62. oír: pres indic oigo, oye, oímos; pret perf simple oyó, oímos, oyeron; pres subj oiga, oigamos; imperativo oye, oiga, oigamos, oíd, oigan; gerundio oyendo
63. placer: pres indic plazco, place, placemos; pret perf simple plació o plugo, placimos, placieron o pluguieron; pres subj plazca, plazcamos; imperativo place, plazca, plazcamos, placed, plazcan
64. poder: pres indic puedo, puede, podemos; pret perf simple pude, pudo, pudimos; futuro podré, podrá, podremos; pres subj pueda, podamos; imperativo puede, pueda, podamos, poded, puedan; gerundio pudiendo
65. poner: pres indic pongo, pone, ponemos; pret perf simple puse, puso, pusimos; futuro pondré, pondrá, pondremos; pres subj ponga, pongamos; imperativo pon, ponga, pongamos, poned, pongan; part puesto
66. predecir: pres indic predigo, predice, predecimos; pret perf simple predije, predijo, predijimos; pres subj prediga, predigamos; imperativo predice, prediga, predigamos, predecid, predigan; gerundio prediciendo
67. querer: pres indic quiero, quiere, queremos; pret perf simple quise, quiso, quisimos; futuro querré, querrá, querremos; pres subj quiera, queramos; imperativo quiere, quiera, queramos, quered, quieran
68. raer: pres indic rao, raigo o rayo, rae, raemos; pret perf simple rayó, raímos, rayeron; pres subj raiga o raya, raigamos o rayamos; imperativo rae, raiga o raya, raigamos o rayamos, raed, raigan o rayan; gerundio rayendo
69. roer: pres indic roo, roigo o royo, roe, roemos; pret perf simple royó, roímos, royeron; pres subj roa, roiga o roya, roamos, roigamos o royamos; imperativo roe, roa, roiga o roya, roigamos o royamos, roed, roan, roigan o royan; gerundio royendo
70. saber: pres indic sé, sabe, sabemos; pret perf simple supe, supo, supimos; futuro sabré, sabrá, sabremos; pres subj sepa, sepamos; imperativo sabe, sepa, sepamos, sabed, sepan
71. salir: pres indic salgo, sale, salimos; futuro saldré, saldrá, saldremos; pres subj salga, salgamos; imperativo sal, salga, salgamos, salid, salgan
72. tener pres indic tengo, tiene, tenemos; pret perf simple tuve, tuvo, tuvimos; futuro tendré, tendrá, tendremos; pres subj tenga, tengamos; imperativo ten, tenga, tengamos, tened, tengan
73. traer: pres indic traigo, trae, traemos; pret perf simple traje, trajo, trajimos; pres subj traiga, traigamos; imperativo trae, traiga, traigamos, traed, traigan; gerundio trayendo
74. valer: pres indic valgo, vale, valemos; futuro valdré, valdrá, valdremos; pres subj valga, valgamos; imperativo vale, valga, valgamos, valed, valgan
75. venir: pres indic vengo, viene, venimos; pret perf simple vine, vino, vinimos; futuro vendré, vendrá, vendremos; pres subj venga, vengamos; imperativo ven, venga, vengamos, venid, vengan; gerundio viniendo
76. ver: pres indic veo, ve, vemos; pret perf simple vi, vio, vimos; imperativo ve, vea, veamos, ved, vean; gerundio viendo; part visto
77. yacer: pres indic yazco, yazgo o yago, yace, yacemos; pres subj yazca, yazga, o yaga, yazcamos, yazgamos o yagamos; imperativo yace o yaz, yazca, yazga, o yaga, yazcamos, yazgamos o yagamos, yaced, yazcan, yazgan, o yagan
78. abolir: sólo se conjugan las personas en cuya desinencia aparece la letra 'i', siguiendo el modelo regular de 'partir'
79. balbucir: pres indic no se conjuga la primera persona; pres subj no se conjuga en ninguna de sus personas; sigue el modelo 'partir'
80. desolar: sólo se usa en infinitivo y participio; sigue el modelo 'amar'
81. soler: pres indic suelo, suele, solemos; futuro no se conjuga; pres subj suela, solamos; imperativo no se conjuga

El orden alfabético y la nueva ortografía alemana

Contrariamente a la antigua costumbre, en este diccionario la **ch** y la **ll** no aparecen como letras independientes, sino dentro de las letras **c** y **l** respectivamente, es decir, las palabras con **ch** aparecen después de las que incluyen **cg** y no al final de la letra **c** y las palabras con una **ll** figuran después de las que incluyen **lk** y no al final de la letra **l**.

La reforma de la ortografía alemana comporta en ocasiones modificaciones en el orden alfabético en la parte alemán-español del diccionario. Con el fin de ayudar al usuario a orientarse, nos hemos esforzado para indicar tanto la grafía antigua como la nueva.

Si la nueva grafía de una palabra implica su desplazamiento en el orden alfabético, la grafía antigua se indica igualmente con un envío a la grafía nueva. Allí encontramos el artículo completo.

> **auf|wendig** = **aufwändig**.
> **aufwändig** ◇ *adj* costoso(sa), laborioso(sa). ◇ *adv* costosamente ...

Sin embargo, en muchos casos la grafía nueva se encuentra muy cerca de la antigua en el orden alfabético, por lo que el envío no es necesario.

> **Choreografie, Choreographie** [koreogra'fiː] (*pl* **-n**) *die* coreografía *f*.

A veces, utilizamos los envíos cuando la grafía antigua de una palabra todavía se acepta, al igual que la nueva. La entrada figura en el lugar que corresponde a la nueva grafía.

> **Schikoree** (*pl* **-s**) *die* ODER *der* = **Chicorée**.
> **Chicorée, Schikoree** ['ʃikore] (*pl* **-s**) *die* ODER *der* endibia *f*, achicoria *f*.

En cuanto a las palabras compuestas que antes se escribían como una sola palabra y que ahora se escriben como dos palabras separadas, nosotros hemos optado por dejarlas en su lugar « tradicional ».
Ahora **kennen lernen** figura en el lugar donde se encontraba antes **kennenlernen**.

> **kennen** (*prät* **kannte**, *perf* **hat gekannt**) *vt* **-1.** [intim, flüchtig, aus Erfahrung] conocer...
> **kennen lernen** *vt* conocer.
> **Kenntnis** (*pl* **-nisse**) *die (ohne Pl)* conocimiento *m* ; **etw zur ~ nehmen** tomar nota de algo, tener algo en cuenta ...

En algunos casos, en cambio, hemos dejado la grafía antigua con un envío a la nueva grafía.

> **rad|fahren** *vi (unreg)* ▻ **Rad.**

En la parte español-alemán, cuando sólo se acepta la nueva grafía de una palabra, ésta es la que aparece como traducción.
Ya no se escribe **rauh** sino **rau**, sin **h**.
Cuando ambas grafías están consideradas como correctas, se ha escogido la variante principal para que aparezca como traducción.
Cuando ambas grafías están consideradas como correctas y aparecen una al lado de la otra en la parte alemán-español, hemos optado por la nueva grafía.

> **biografía** *f* Biografie *die*.
>
> **autónomo, ma** *adj* [persona] selbstständig ...
>
> **rugoso, sa** *adj* [áspero] rau ...

ESPAÑOL-ALEMÁN

SPANISCH-DEUTSCH

a[1]**, A** [a] (*pl* **aes**) *f* - **1.** a *das* - **2.** A *das.*

a[2]**, A** [a] (*pl* **aes**) *prep (a + el = al)* - **1.** [período de tiempo] nach ; **a las pocas semanas** nach wenigen Wochen ; **al mes de casados** einen Monat nach der Hochzeit - **2.** [momento preciso] : **a las siete** um sieben (Uhr) ; **a los once años** mit elf Jahren ; **al oír la noticia se desmayó** als er die Nachricht erfuhr, fiel er in Ohnmacht - **3.** [frecuencia] : **cuarenta horas a la semana** vierzig Stunden in der Woche - **4.** [dirección] : **voy a Sevilla** ich fahre nach Sevilla ; **llegó a Barcelona** er traf in Barcelona ein ; **Jorge vino a la fiesta** Jorge kam zum Fest - **5.** [lugar preciso] bei ; **a la salida del cine** beim Kinoausgang - **6.** [distancia] : **está a más de cien kilómetros** es ist über hundert Kilometer entfernt - **7.** [posición] : **su casa está a la derecha/izquierda** sein Haus liegt rechts/links - **8.** [con complemento indirecto] : **dáselo a Juan** gib es Juan ; **dile a Juan que venga** sag Juan, er soll kommen - **9.** [con complemento directo] : **quiere a su hijo/su gato** er liebt seinen Sohn/seine Katze - **10.** [cantidad, medida] : **a cientos/miles/docenas** zu Hunderten/Tausenden/Dutzenden - **11.** [precio] : **¿a cuánto están las peras?** wie viel kosten die Birnen? ; **vende las peras a cien pesetas** er verkauft die Birnen zu 100 Peseten - **12.** [distribución, proporción] zu ; **ganaron por tres a cero** sie gewannen drei zu null - **13.** [modo] : **a la antigua** nach alter Art ; **a lo grande** im großen Stil ; **a escondidas** heimlich - **14.** [instrumento] : **escribir a máquina** mit der Maschine schreiben ; **hecho a mano** handgearbeitet ; **olla a presión** Schnellkochtopf *der* - **15.** *(después de verbo y antes de infin)* [finalidad] : **entró a pagar** er ging hinein, um zu zahlen ; **aprender a nadar** schwimmen lernen - **16.** *(antes de "por")* [en busca de] : **ir a por pan** Brot holen gehen - **17.** *(antes de infin)* [condición] : **no vendrán, a no ser que encuentren un taxi** sie kommen nicht, es sei denn, sie finden ein Taxi - **18.** [en oraciones imperativas] : **¡a bailar!** auf zum Tanz! ; **¡a la cama!** zu Bett! ; **¡a callar todo el mundo!** Ruhe jetzt! - **19.** [indica desafío] : **¿a que no lo haces?** wetten, dass du es nicht tust? - **20.** *(después de sust y antes de infin)* [complemento de nombre] : **sueldo a convenir** Gehalt nach Vereinbarung ; **temas a tratar** zu behandelnde Themen.

ábaco *m* - **1.** [para contar] Rechenbrett *das* - **2.** ARQUIT Kapitelldeckplatte *die.*

abad, desa *m, f* Abt *der,* Äbtissin *die.*

abadía *f* Abtei *die.*

abajo ◇ *adv* - **1.** [dirección] herunter, hinunter - **2.** [situación] unten. ◇ *interj* : **¡~ la dictadura!** nieder mit der Diktatur! ◆ **de abajo** *loc adj* von unten.

abalanzarse [13] *vpr* : **~ sobre algo/alguien** sich auf etw/jn stürzen.

abalear *vt Amér* - **1.** [disparar] schießen auf - **2.** [fusilar] erschießen.

abanderado *m* - **1.** [en desfile] Fahnenträger *der* - **2.** [defensor] Vorkämpfer *der.*

abandonado, da *adj* - **1.** [lugar, persona] verlassen ; [animal] ausgesetzt ; [coche] wild entsorgt - **2.** [descuidado] verwahrlost.

abandonar *vt* - **1.** [persona, lugar] verlassen ; [animal] aus|setzen - **2.** [renunciar a] auf|geben. ◆ **abandonarse** *vpr* - **1.** [de aspecto] sich vernachlässigen - **2.** [emoción] : **~se a** sich etw *(D)* überlassen.

abandono *m* Vernachlässigung *die.*

abanicar [10] *vt* fächeln. ◆ **abanicarse** *vpr* sich Luft zu|fächeln.

abanico *m* - **1.** [para dar aire] Fächer *der* - **2.** *fig* [gama] Fülle *die.*

abaratar *vt* verbilligen.

abarcar [10] *vt* - **1.** [incluir] umfassen ; **quien mucho abarca poco aprieta** *fig* wer viel beginnt, zu nichts es bringt - **2.** [ver] überblicken.

abarrotado, da *adj* : **~ de** überfüllt mit ; **estar abarrotado de** überfüllt sein mit.

abarrotero, ra *m, f Amér* Lebensmittelhändler *der,* -in *die.*

abarrotes *mpl Amér* Grundnahrungsmittel *pl.*

abastecer [30] *vt* : **~algo/a alguien de** etw/jn mit etw versorgen. ◆ **abastecerse** *vpr* : **~se de algo** sich mit etw versorgen.
abasto *m* : **no dar ~** *fig* bis zum Hals in Arbeit stecken.
abatible *adj* Klapp-.
abatido, da *adj* niedergeschlagen.
abatir *vt* - **1.** [muro] ein|reißen ; [avión] ab|schießen - **2.** [suj : enfermedad] entkräften ; [suj : derrota] entmutigen. ◆ **abatirse** *vpr* : **~se sobre** sich stürzen auf *(+A)*.
abdicación *f* Abdankung *die*.
abdicar [10] <> *vt* : **~ algo en alguien** etw auf jn übertragen. <> *vi* : **~ de algo** *fig* etw auf|geben.
abdomen *m* Unterleib *der*.
abdominal *adj* Bauch-. ◆ **abdominales** *mpl* Bauchmuskeln *pl* ; **hacer ~es** die Bauchmuskeln trainieren.
abecé *m lit & fig* Abc *das*.
abecedario *m* Alphabet *das*.
abedul *m* Birke *die*.
abeja *f* Biene *die*.
abejorro *m* Hummel *die*.
aberración *f* Abartigkeit *die*.
abertura *f* - **1.** [acción de abrir] Öffnen *das* - **2.** [agujero] Öffnung *die*.
abertzale [aβer'tsale] <> *adj* baskisch-nationalistisch. <> *mf* baskischer Separatist, baskische Separatistin.
abeto *m* Tanne *die*.
abierto, ta *adj* - **1.** [gen] offen ; **~ de par en par** sperrangelweit offen ; **estar ~ a algo** für etw offen sein - **2.** [separado] gespreizt.
abismal *adj* - **1.** [altura, profundidad] abgrundtief - **2.** [diferencia] gewaltig.
abismo *m* - **1.** [profundidad] Abgrund *der* - **2.** *fig* [diferencia] Kluft *die*.
abjurar <> *vt* ab|schwören. <> *vi* : **~ de algo** einer Sache *(D)* ab|schwören.
ablandar *vt* - **1.** [material] weich machen - **2.** [persona] erweichen. ◆ **ablandarse** *vpr* - **1.** [material] weich werden - **2.** [persona] sich erweichen lassen.
ablativo *m* GRAM Ablativ *der*.
abnegación *f* Entsagung *die*.
abnegarse [35] *vpr* entsagen.
abocado, da *adj* : **~ a** verurteilt zu.
abochornar *vt* beschämen. ◆ **abochornarse** *vpr* sich schämen.
abofetear *vt* ohrfeigen.
abogado, da *m, f* - **1.** [en leyes] Rechtsanwalt *der*, Rechtsanwältin *die* ; **~ defensor** Verteidiger *der* ; **~ del estado** Staatsanwalt ; **~ de oficio** Pflichtanwalt ; **~ laboralista** Arbeitsrechtler *der* ; **hacer de ~ del diablo** sich zum Advocatus Diaboli machen - **2.** *fig* [intercesor] Fürsprecher *der*, -in *die*.
abogar [16] *vi* [interceder] : **~ por algo/alguien** für etw/jn ein|treten.
abolición *f* Abschaffung *die*.
abolir [78] *vt* ab|schaffen.
abolladura *f* Beule *die*.
abollar *vt* verbeulen. ◆ **abollarse** *vpr* sich verbeulen.
abombado, da *adj* bauchig.
abominable *adj* abscheulich.
abominar *vt* - **1.** [condenar] verfluchen - **2.** [detestar] verabscheuen.
abonado, da *m, f* [a servicio] Teilnehmer *der*, -in *die* ; [a espectáculo] Abonnent *der*, -in *die*.
abonar *vt* - **1.** [pagar] bezahlen - **2.** [tierra] düngen. ◆ **abonarse** *vpr* : **~se a algo** etw abonnieren.
abono *m* - **1.** [pase] Abonnement *das* - **2.** [fertilizante] Dünger *der* - **3.** [pago] Grundgebühr *die* - **4.** *Amér* [plazo] Rate *die* ; **pagar en ~s** in Raten zahlen.
abordaje *m* NÁUT Entern *das*.
abordar *vt* - **1.** [embarcación] entern - **2.** [persona] an|sprechen - **3.** [asunto, tema] an|schneiden.
aborigen *adj* eingeboren. ◆ **aborígenes** *mf pl* Ureinwohner *pl*.
aborrecer [30] *vt* verabscheuen.
abortar <> *vi* - **1.** [espontáneamente] eine Fehlgeburt haben - **2.** [intencionadamente] ab|treiben. <> *vt fig* [hacer fracasar] vereiteln.
aborto *m* - **1.** [espontáneo] Fehlgeburt *die* - **2.** [intencionado] Abtreibung *die* - **3.** *fig mfam* [persona fea] Vogelscheuche *die*.
abotonar *vt* zu|knöpfen. ◆ **abotonarse** *vpr* sich zu|knöpfen.
abovedado, da *adj* ARQUIT gewölbt.
abracadabra *m* Abrakadabra *das*.
abrasar <> *vt* - **1.** [quemar] verbrennen - **2.** [secar] aus|dörren ; [suj : sed] vor Durst vergehen. <> *vi* [quemar] brennend heiß sein. ◆ **abrasarse** *vpr* - **1.** [casa, bosque] verbrennen - **2.** [persona] vor Hitze vergehen.
abrazadera *f* - **1.** TÉCN Schelle *die* - **2.** [en carpintería] Schraubzwinge *die*.
abrazar [13] *vt* - **1.** [con los brazos] umarmen - **2.** *fig* [doctrina, ideas] an|nehmen.
abrazo *m* Umarmung *die*.
abrebotellas *m inv* Flaschenöffner *der*.
abrecartas *m inv* Brieföffner *der*.
abrelatas *m inv* Dosenöffner *der*.
abrevadero *m* (Vieh)tränke *die*.
abreviar [8] <> *vt* [distancia, palabra] ab|kürzen ; [texto] kürzen. <> *vi* [acelerar] sich beeilen.
abreviatura *f* Abkürzung *die*.
abridor *m* - **1.** [abrebotellas] Flaschenöffner *der* - **2.** [abrelatas] Dosenöffner *der*.
abrigar [16] *vt* [persona] zu|decken. ◆ **abrigarse** *vpr* - **1.** [arroparse] sich

warm an|ziehen - **2.** [resguardarse] : **~se de** sich schützen vor *(+D)*.

abrigo *m* - **1.** [prenda] Mantel *der* - **2.** [lugar] Obdach *das* ; **al ~ de algo** vor etw geschützt.

abril *m* April *der* ; *ver también* **setiembre.** ◆ **abriles** *mpl* Lenze *pl.*

abrillantar *vt* polieren.

abrir ◇ *vt* - **1.** [gen] öffnen, auf|machen - **2.** [lo cerrado - luz] ein|schalten ; [- agua, gas, grifo] auf|drehen ; [- mecanismo] aus|lösen - **3.** [separar - sandía, melón] auf|schneiden ; [- libro] auf|schlagen - **4.** [realizar - túnel, canal] bauen ; [- agujero] graben ; [- camino] bahnen ; [- surco] ziehen - **5.** [extender - paraguas, sombrilla] auf|spannen ; [- alas, piernas] spreizen - **6.** [empezar, fundar] eröffnen - **7.** [apetito] an|regen. ◇ *vi* [establecimiento] öffnen. ◆ **abrirse** *vpr* - **1.** [sincerarse] : **~se a alguien** sich jm öffnen - **2.** [presentarse] sich auf|tun - **3.** [comunicarse] sich öffnen ; **~se con alguien** sich jm an|vertrauen - **4.** [despejarse] sich auf|hellen - **5.** *mfam* [irse] ab|hauen.

abrochar *vt* zu|machen. ◆ **abrocharse** *vpr* zu|machen ; **abróchense los cinturones** legen Sie die Sicherheitsgurte an.

abroncar [10] *vt* - **1.** *fam* [reprender] *fig* den Kopf waschen - **2.** *fam* [abuchear] aus|pfeifen.

abrumar *vt* [agobiar] belasten.

ábside *m o f* ARQUIT Apsis *die.*

absolución *f* - **1.** DER Freispruch *der* - **2.** RELIG Absolution *die.*

absolutismo *m* Absolutismus *der.*

absoluto, ta *adj* - **1.** [total] absolut, völlig - **2.** [ilimitado] unbeschränkt - **3.** [excluyente] kompromisslos. ◆ **en absoluto** *loc adv* [en negativas] absolut nicht.

absolver [24] *vt* : **~ a alguien de algo** DER jn von etw frei|sprechen ; RELIG jn von etw los|sprechen.

absorbente *adj* - **1.** [material] saugfähig - **2.** [persona, carácter] beanspruchend - **3.** [actividad] zeitraubend.

absorber *vt* - **1.** [líquido, gas] auf|saugen - **2.** [ocupar el tiempo] in Anspruch nehmen - **3.** [consumir, gastar] auf|brauchen - **4.** [cautivar] fesseln - **5.** [anexionar] über|nehmen.

absorción *f* - **1.** [de líquido, de gas] Aufsaugen *das* - **2.** [de alimentos] Einnahme *die* - **3.** [anexión] Übernahme *die.*

absorto, ta *adj* versunken ; **~ en** vertieft in.

abstemio, mia ◇ *adj* enthaltsam. ◇ *m, f* Abstinenzler *der*, -in *die.*

abstención *f* - **1.** [política] Stimmenthaltung *die* - **2.** [abstinencia] Enthaltung *die.*

abstenerse [72] *vpr* sich enthalten ; **~ de algo** sich einer Sache *(G)* enthalten ; **~ de hacer algo** darauf verzichten, etwas zu tun.

abstinencia *f* Abstinenz *die*, Enthaltsamkeit *die.*

abstracción *f* Abstraktion *die.*

abstracto, ta *adj* abstrakt ; **en ~** abstrakt gesehen.

abstraer [73] *vt* abstrahieren. ◆ **abstraerse** *vpr* sich vertiefen ; **~se de** ab|schalten von.

absuelto, ta *pp irreg* ▷ **absolver.**

absurdo, da *adj* absurd. ◆ **absurdo** *m* Absurdität *die.*

abuchear *vt* aus|buhen.

abuelo, la *m, f* - **1.** [familiar] Großvater *der*, Großmutter *die* ; **no tener abuela** *fam* sich selbst beweihräuchern - **2.** [anciano] Opa *der*, Oma *die.*

abulia *f* Willensschwäche *die.*

abúlico, ca *adj* unentschlossen.

abultado, da *adj* groß.

abultar ◇ *vt* vergrößern. ◇ *vi* viel Platz ein|nehmen.

abundancia *f* - **1.** [gran cantidad] Fülle *die* ; **en ~** in Hülle und Fülle - **2.** [riqueza] Überfluss *der.*

abundante *adj* reichlich.

abundar *vi* - **1.** [haber mucho] reichlich vorhanden sein - **2.** [contener] an etw *(D)* reich sein.

aburrido, da ◇ *adj* langweilig. ◇ *m, f* Langweiler *der*, -in *die.*

aburrimiento *m* Langeweile *die.*

aburrir *vt* langweilen. ◆ **aburrirse** *vpr* sich langweilen.

abusado, da *adj Amér* aufgeweckt.

abusar *vi* - **1.** [usar mal] zu weit gehen ; **~ de algo/alguien** etw/jn missbrauchen - **2.** [violar] : **~ de alguien** jn sexuell missbrauchen.

abusivo, va *adj* - **1.** [abusón] unverschämt - **2.** *Amér* [descarado] dreist.

abuso *m* - **1.** [mal uso] : **~ de** Missbrauch *der* von - **2.** [exceso] Unverschämtheit *die.*

abusón, ona ◇ *adj* schmarotzerhaft. ◇ *m, f* Schmarotzer *der*, -in *die.*

a/c (*abrev de* **a cuenta**) Anzahlung.

a. C. (*abrev de* **antes de Cristo**) v. Chr.

acá ◇ *adv* hier ; **de un tiempo ~** seit einiger Zeit ; **más ~** näher heran ; **¡ven ~!** komm her! ◇ *pron Amér* [éste, ésta] : **~ es mi hermana María** das ist meine Schwester Maria.

acabado, da *adj* [fracasado] am Ende. ◆ **acabado** *m* Verarbeitung *die.*

acabar ◇ *vt* - **1.** [concluir] beenden - **2.** [consumir] auf|brauchen. ◇ *vi* - **1.** [concluir] fertig sein, auf|hören ; **~ bien/mal** gut/schlecht aus|gehen - **2.** [haber ocurrido recientemente] : **~ de hacer algo** gerade etw getan haben ; **acabo de llegar** ich bin gerade angekommen - **3.** [terminar por] : **acabará por regalártelo** letztlich wird er es dir doch noch schenken ; **si insistes acabará cediendo** wenn du darauf bestehst, wird er schließlich doch noch nachgeben - **4.** [destruir] : ~ **con algo** etw zunichte machen - **5.** [matar] : ~ **con alguien** jn fertig machen - **6.** [tener final, un objeto] : **la espada acaba en punta** das Schwert läuft spitz zu - **7.** [volverse] werden ; ~ **loco** verrückt werden - **8.** *(en frase negativa)* : **no acabo de entenderlo** ich verstehe das nicht ganz. ◆ **acabarse** *vpr* - **1.** [agotarse] aus|gehen - **2.** [suj : persona] : **acábate la sopa** iss die Suppe auf! - **3.** [morirse] : **fue acabándose lentamente** es ging langsam mit ihm zu Ende.

acabose, acabóse *m fam* : **ser el** ~ das Letzte sein.

acacia *f* [madera] Akazienholz *das.*

academia *f* - **1.** [colegio] (Privat)schule *die* - **2.** [sociedad] Akademie *die.* ◆ **Real Academia Española** *f königlich spanische Akademie zur Pflege der spanischen Sprache.*

académico, ca ◇ *adj* akademisch. ◇ *m, f* Mitglied *das* einer Akademie.

acalorado, da *adj* - **1.** [con calor] erhitzt - **2.** [apasionado] erregt.

acalorar *vt* - **1.** [dar calor] erhitzen - **2.** [excitar] erregen. ◆ **acalorarse** *vpr* - **1.** [coger calor] sich erhitzen - **2.** [excitarse] sich ereifern.

acampada *f* - **1.** [acción] Zelten *das* - **2.** [lugar] Zeltplatz *der.*

acampanado, da *adj* glockenförmig.

acampar ◇ *vi* zelten. ◇ *vt* lagern.

acantilado *m* Steilküste *die.*

acaparar *vt* - **1.** [productos] auf|kaufen ; [guardarse] horten - **2.** *fig* [atención] : ~ **la atención** die gesamte Aufmerksamkeit auf sich ziehen.

acaramelado, da *adj* - **1.** [con caramelo] mit Karamell überzogen - **2.** *fig* [afectado] zuckersüß - **3.** *fig* [cariñoso] zärtlich.

acariciar [8] *vt* - **1.** [persona, animal] streicheln - **2.** *fig* [idea, proyecto] hegen. ◆ **acariciarse** *vpr* liebkosen.

ácaro *m* ZOOL Milbe *die.*

acarrear *vt* - **1.** [transportar] befördern - **2.** *fig* [ocasionar] bereiten.

acartonarse *vpr fam* runzlig werden.

acaso *adv* vielleicht ; **por si** ~ falls etwa. ◆ **si acaso** ◇ *loc adv* höchstens. ◇ *loc conj* falls.

acatamiento *m* - **1.** [obediencia] Befolgung *die* - **2.** [respeto] Respekt *der.*

acatar *vt* - **1.** [obedecer] befolgen - **2.** [respetar] respektieren.

acatarrarse *vpr* sich erkälten.

acaudalado, da *adj* wohlhabend.

acceder *vi* - **1.** [consentir] : ~ **a algo** etw entsprechen ; ~ **a hacer algo** sich darauf einigen, etw zu tun - **2.** [a un lugar] : ~ **a** Zugang haben zu - **3.** [alcanzar] : ~ **a algo** zu etw auf|steigen.

accesible *adj* - **1.** [lugar, persona] zugänglich - **2.** [comprensible] verständlich.

accésit (*pl inv* o **accésits**) *m* Trostpreis *der.*

acceso *m* - **1.** [entrada, paso, trato] Zugang *der* ; ~ **a** Zugang zu ; **tener** ~ **a** Zugang haben zu - **2.** *fig* [ataque] Anfall *der.*

accesorio, ria *adj* nebensächlich. ◆ **accesorio** *m (gen pl)* [de coche, de cocina] Zubehör *das* ; [de vestuario] Accessoire *das.*

accidentado, da ◇ *adj* - **1.** [agitado] mit Zwischenfällen - **2.** [abrupto] uneben. ◇ *m, f* Verunglückte *der, die.*

accidental *adj* - **1.** [no esencial] nebensächlich - **2.** [imprevisto] zufällig.

accidentarse *vpr* verunglücken.

accidente *m* - **1.** [gen] Unfall *der* ; [de avión] Unglück *das* - **2.** [irregularidad] Unebenheit *die* - **3.** GRAM Formveränderung *die.*

acción *f* - **1.** [efecto] Wirkung *die* - **2.** [hecho] Tat *die* ; ~ **de gracias** RELIG Dankgebet *das* - **3.** [argumento] Handlung *die* - **4.** [actividad] Action *die* - **5.** FIN Aktie *die.*

accionar *vt* betätigen.

accionista *mf* ECON Aktionär *der,* -in *die.*

acebo *m* [árbol] Stechpalme *die.*

acechanza *f* Lauer *die.*

acechar *vt* - **1.** [vigilar] belauern - **2.** [amenazar] lauern.

acecho *m* Lauer *die* ; **al** ~ auf der Lauer.

aceite *m* Öl *das.*

aceitera *f* Ölkrug *der.* ◆ **aceiteras** *fpl* Menage *die.*

aceitoso, sa *adj* - **1.** [con aceite] ölig - **2.** [como aceite] fettig.

aceituna *f* Olive *die* ; **~s rellenas** gefüllte Oliven.

aceleración *f* Beschleunigung *die.*

acelerador *m* - **1.** [pedal] Gaspedal *das* - **2.** FÍS Beschleuniger *der.*

acelerar ◇ *vt* beschleunigen. ◇ *vi* Gas geben. ◆ **acelerarse** *vpr* sich beschleunigen.

acelerón *m* : **dar un** ~ kräftig aufs Gas treten.

acelga *f* Mangold *der.*

acento *m* [gen] Akzent *der.*

acentuación *f* Betonung *die.*

acentuar [6] *vt* - **1.** [palabra, letra] einen Akzent setzen - **2.** *fig* [realzar] betonen - **3.** *fig* [aumentar] verschärfen. ◆ **acentuarse** *vpr* - **1.** [palabras] einen Akzent haben - **2.** [intensificarse] sich zu|spitzen.

acepción *f* Bedeutung *die.*

aceptable *adj* akzeptabel, annehmbar.

aceptación *f* - **1.** [aprobación] Zusage *die* - **2.** [éxito] Beifall *der.*

aceptar *vt* **- 1.** [recibir] an|nehmen **- 2.** [admitir, conformarse] akzeptieren.

acequia *f* Bewässerungsgraben *der*.

acera *f* **- 1.** [de la calle] Gehsteig *der*, Bürgersteig *der* **- 2.** [lado] Häuserreihe *die* ; **de la otra ~, de la ~ de enfrente** *despec* vom anderen Ufer.

acerado, da *adj* **- 1.** [cortante] scharf **- 2.** [con acero] verstählt **- 3.** *fig* [fuerte, resistente] stählern.

acerca ◆ **acerca de** *loc prep* über *(+A)*.

acercar [10] *vt* **- 1.** [aproximar] heran|rücken **- 2.** [pasar] herüber|geben. ◆ **acercarse** *vpr* **- 1.** [aproximarse] näher|kommen **- 2.** [ir] vorbei|gehen **- 3.** [tiempo] nahen **- 4.** : **~se a** [animal, persona] sich nähern *(+D)* ; [solución, verdad] näher|kommen.

acero *m* [aleación] Stahl *der* ; **~ inoxidable** rostfreier Edelstahl.

acérrimo, ma *adj* hartnäckig.

acertado, da *adj* [con acierto] richtig.

acertar [19] ◇ *vt* **- 1.** [adivinar] erraten **- 2.** [atinar] treffen **- 3.** [elegir bien] die richtige Wahl treffen. ◇ *vi* **- 1.** : **acierta a hacer algo** es gelingt ihm, etw zu tun **- 2.** [hallar] : **~ con** finden.

acertijo *m* [enigma] Rätsel *das*.

acetona *f* Aceton *das*.

achacar [10] *vt* : **~ algo a alguien** jm etw zu|schreiben.

achacoso, sa *adj* altersschwach.

achantar *vt* *fam* ein|schüchtern. ◆ **achantarse** *vpr* *fam* sich einschüchtern lassen.

achaparrado, da *adj* [persona, animal] untersetzt ; [planta] niedrig.

achaque *m* Beschwerden *pl*.

achatado, da *adj* flach.

achicar [10] *vt* **- 1.** [tamaño] kleiner machen **- 2.** [agua] aus|pumpen **- 3.** *fig* [acobardar] ein|schüchtern. ◆ **achicarse** *vpr* [acobardarse] sich einschüchtern lassen.

achicharrar ◇ *vt* [comida] an|brennen. ◇ *vi* [sol, calor] brennen. ◆ **achicharrarse** *vpr* **- 1.** [abrasarse] vor Hitze umkommen **- 2.** [comida] verschmoren.

achicoria *f* Zichorie *die*.

achinado, da ◇ *adj* **- 1.** [parecido a un chino] chinesenartig **- 2.** *Amér despec* [de tez oscura] *mit indianischen Zügen*. ◇ *m, f* *Amér despec* Indianermischling *der*.

achuchado, da *adj* *fam* [vida] hart ; [persona] angeschlagen.

achuchar *vt* **- 1.** *fam* [estrujar] hart an|gehen **- 2.** *fam* [presionar] bedrängen.

achuchón *m* **- 1.** *fam* [estrujón] ungestüme Umarmung ; [empujón] Stoß *der* **- 2.** *fam* [indisposición] Unpässlichkeit *die* ; **le dio un ~** es hat ihn erwischt.

acicalar *vt* heraus|putzen. ◆ **acicalarse** *vpr* sich heraus|putzen.

acicate *m* [espuela] Sporn *der*.

acidez *f* **- 1.** [cualidad] Säure *die* **- 2.** MED Übersäuerung *die* ; **~ de estómago** Sodbrennen *das*.

ácido, da *adj* **- 1.** QUÍM [agrio] sauer **- 2.** *fig* [áspero] rau. ◆ **ácido** *m* QUÍM Säure *die*.

acierto *m* **- 1.** [a pregunta] richtige Antwort **- 2.** [en quinielas] Treffer *der* **- 3.** [habilidad, tino] Fingerspitzengefühl *das* **- 4.** [éxito] Volltreffer *der*.

aclamación *f* Beifallsruf *der* ; **por ~** *fig* durch Zuruf.

aclamar *vt* **- 1.** [ovacionar] zu|jubeln **- 2.** [elegir] durch Zuruf wählen.

aclaración *f* Erläuterung *die*.

aclarar ◇ *vt* **- 1.** [ropa] klar spülen **- 2.** [idea, concepto] erläutern **- 3.** [voz] sich räuspern **- 4.** [lo oscuro] auf|hellen **- 5.** [lo espeso - chocolate] verdünnen ; [- bosque] aus|lichten. ◇ *v impers* **- 1.** [día] hell werden **- 2.** [tiempo] sich auf|hellen. ◆ **aclararse** *vpr* **- 1.** *fam* [explicarse] sich erklären **- 2.** *fam* [ver claro] durch|blicken.

aclimatación *f* Akklimatisierung *die*.

aclimatar *vt* gewöhnen an *(+A)* ◆ **aclimatarse** *vpr* **- 1.** [al clima] sich akklimatisieren ; **~se a algo** sich an etw *(A)* gewöhnen **- 2.** [a ambiente] sich ein|gewöhnen ; **~se a la vida del campo** sich an das Landleben gewöhnen.

acné *mf* Akne *die*.

acobardar *vt* ein|schüchtern. ◆ **acobardarse** *vpr* verzagen.

acochambrar *vt* *Amér* verschmutzen. ◆ **acochambrarse** *vpr* sich schmutzig machen.

acogedor, ra *adj* [ambiente] gemütlich ; [país] einladend.

acoger [14] *vt* **- 1.** [recibir, aceptar] auf|nehmen **- 2.** [dar refugio] Zuflucht gewähren. ◆ **acogerse** *vpr* [ley] : **~se a** sich berufen auf *(+A)* ; **~se a la protección de la embajada** sich unter den Schutz der Botschaft stellen.

acojonante *adj* **- 1.** *vulg* [impresionante] echt geil **- 2.** *vulg* [que da miedo] Horror-.

acojonar ◇ *vt* **- 1.** *vulg* [asustar] ein|schüchtern **- 2.** *vulg* [impresionar] baff machen. ◇ *vi* *vulg* [asustar] : **esa película acojona** dieser Film ist der echte Horror. ◆ **acojonarse** *vpr* *vulg* Schiss kriegen.

acolchado, da *adj* gepolstert.

acolchar *vt* polstern.

acometer ◇ *vt* **- 1.** [atacar] an|greifen **- 2.** [emprender] in Angriff nehmen. ◇ *vi* [embestir] : **~ contra algo** gegen etw stoßen.

acometida *f* **- 1.** [ataque] Angriff *der* **- 2.** [enlace de tuberías] Anschluss *der*.

acomodado, da *adj* - **1.** [rico] wohlhabend - **2.** [bien instalado] bequem.

acomodador, ra *m, f* Platzanweiser *der,* -in *die.*

acomodar *vt* - **1.** [colocar, instalar] unter|bringen - **2.** [adaptar] an|passen - **3.** *Amér* [poner bien en su sitio, arreglar] auf|räumen. ◆ **acomodarse** *vpr* - **1.** [colocarse con comodidad] es sich bequem machen - **2.** [conformarse] : **~se a** sich an|passen an *(+A).*

acompañamiento *m* - **1.** [comitiva] Geleit *das* - **2.** [música] Begleitung *die* - **3.** [guarnición] Beilage *die.*

acompañante *mf* Begleiter *der,* -in *die.*

acompañar ◇ *vt* - **1.** [hacer compañía] Gesellschaft leisten - **2.** [llevar] begleiten - **3.** [adjuntar] bei|legen - **4.** [con instrumento musical, ir con] begleiten - **5.** [guarnecer] : **~ algo con algo** etw als Beilage zu etw reichen. ◇ *vi* [hacer compañía] Gesellschaft leisten. ◆ **acompañarse** *vpr* : **~se con un instrumento** sich auf einem Instrument begleiten.

acompasar *vt* an|gleichen.

acomplejar *vt* Komplexe verursachen. ◆ **acomplejarse** *vpr* Komplexe bekommen.

acondicionado, da *adj* eingerichtet ; **aire ~** Klimaanlage *die.*

acondicionador *m* - **1.** [de aire] Klimaanlage *die* - **2.** [de pelo] Pflegespülung *die.*

acondicionar *vt* her|richten.

acongojar *vt* Sorgen bereiten. ◆ **acongojarse** *vpr* sich Sorgen machen.

aconsejar *vt* - **1.** [dar consejos] raten - **2.** [recomendar] empfehlen.

aconstitucional *adj* verfassungswidrig.

acontecer *v impers* geschehen.

acontecimiento *m* Ereignis *das* ; **adelantarse** o **anticiparse a los ~s** den Ereignissen vorgreifen.

acoplamiento *m* [ajuste] Kopplung *die.*

acoplar *vt* - **1.** [encajar] zusammen|fügen - **2.** [adaptar] an|passen - **3.** MEC koppeln. ◆ **acoplarse** *vpr* - **1.** [adaptarse] : **~se (a)** sich an|passen (an *(+A)*) - **2.** [encajar] sich aneinander fügen.

acoquinar *vt fam* bange machen. ◆ **acoquinarse** *vpr fam* sich ins Bockshorn jagen lassen.

acorazado, da *adj* gepanzert. ◆ **acorazado** *m* Panzerkreuzer *der.*

acordar [23] *vt* - **1.** [decidir] : **~ algo** etw vereinbaren ; **~ hacer algo** vereinbaren, etw zu tun - **2.** [ponerse de acuerdo, decidir] vereinbaren. ◆ **acordarse** *vpr* [recordar] sich erinnern ; **~se de algo** sich an etw erinnern ; **~se de hacer algo** sich erinnern, etw zu tun.

acorde ◇ *adj* - **1.** [conforme] übereinstimmend - **2.** [en consonancia] : **~ con** in Übereinstimmung mit. ◇ *m* MÚS Akkord *der.*

acordeón *m* Akkordeon *das.*

acordeonista *mf* Akkordeonspieler *der,* -in *die.*

acordonar *vt* - **1.** [atar] binden - **2.** [cercar] ab|riegeln.

acorralar *vt* - **1.** [ganado] ein|pferchen - **2.** [persona] in die Enge treiben.

acortar *vt* - **1.** [longitud, texto] kürzen - **2.** [tiempo] verkürzen.

acosar *vt* - **1.** [importunar] bedrängen - **2.** [perseguir] verfolgen.

acoso *m* - **1.** [persecución] Verfolgung *die* - **2.** [hostigamiento] Bedrängung *die* ; **~ sexual** sexuelle Nötigung.

acostar[1] [23] *vt* [en la cama] ins Bett bringen. ◆ **acostarse** *vpr* - **1.** [irse a la cama] schlafen gehen - **2.** *fam* [tener relaciones sexuales] : **~se con alguien** mit jm ins Bett gehen.

acostar[2] *vt* NÁUT an|legen.

acostumbrado, da *adj* - **1.** [habitual] gewohnt - **2.** [habituado] gewöhnt ; **estar ~ a** gewöhnt sein an *(+A).*

acostumbrar ◇ *vt* [habituar] gewöhnen ; **~ a alguien a algo** jn an etw gewöhnen ; **~ a alguien a hacer algo** jn daran gewöhnen, etw zu tun. ◇ *vi* [soler] : **~ a hacer algo** etw zu tun pflegen. ◆ **acostumbrarse** *vpr* sich gewöhnen ; **~se a algo** sich an etw gewöhnen ; **~se a hacer algo** sich daran gewöhnen, etw zu tun.

acotación *f* TEATR Bühnenanweisung *die.*

acotar *vt* - **1.** [terreno, campo] eingrenzen - **2.** [texto] mit Randbemerkungen versehen.

ácrata *mf* Anarchist *der,* -in *die.*

acre ◇ *adj* - **1.** [sabor, olor] scharf - **2.** *fig* [palabras, tono, etc] schroff. ◇ *m* Morgen *der.*

acrecentar [19] *vt* [riqueza] vermehren ; [sentimiento] steigern. ◆ **acrecentarse** *vpr* zu|nehmen.

acreditación *f* Ausweis *der.*

acreditado, da *adj* - **1.** [médico, abogado, etc] angesehen ; [marca] renommiert - **2.** [embajador, representante] akkreditiert.

acreditar *vt* - **1.** [certificar] beglaubigen - **2.** [confirmar] bestätigen - **3.** [dar fama] Ansehen verleihen - **4.** [embajador, enviado] akkreditieren.

acreedor, ra ◇ *adj* : **hacerse ~ de** sich einer Sache *(G)* würdig erweisen. ◇ *m, f* Gläubiger *der,* -in *die.*

acribillar *vt* - **1.** [pared, a balazos] durchlöchern - **2.** [suj : mosquitos] mit Stichen übersäen.

acrílico, ca *adj* - **1.** [fibra textil] Acryl- - **2.** [pintura] Acrylharzlack-.

acristalar *vt* verglasen.

acritud *f* Schärfe *die.*

acrobacia *f* Akrobatik *die*.
acróbata *mf* Akrobat *der*, -in *die*.
acrópolis *f* Akropolis *die*.
acta *f (el)* **- 1.** [relación escrita] Protokoll *das* ; **constar en ~** aktenkundig sein ; **levantar ~** zu Protokoll nehmen **- 2.** [certificado] Urkunde *die* **- 3.** [de nombramiento] Ernennungsurkunde *die*. ◆ **actas** *fpl* Bericht *der*.
actitud *f* Haltung *die*.
activar *vt* **- 1.** [estimular] beleben **- 2.** [poner en funcionamiento] ausllösen.
actividad *f* **- 1.** [movimiento, acción] Tätigkeit *die* **- 2.** [tareas] Aktivität *die*.
activo, va *adj* **- 1.** [en acción] aktiv **- 2.** [enérgico] tatkräftig **- 3.** [que trabaja] fleißig ; **en ~** [en funciones] aktiv **- 4.** [rápido] schnell wirkend **- 5.** GRAM aktiv. ◆ **activo** *m* ECON Aktivposten *der*.
acto *m* **- 1.** [acción] Akt *der* ; **hacer ~ de presencia** anwesend sein ; **~ sexual** Geschlechtsakt *der* **- 2.** [ceremonia] Feierlichkeit *die* **- 3.** TEATR Akt *der*. ◆ **acto seguido** *loc adv* sofort darauf. ◆ **en el acto** *loc adv* auf der Stelle.
actor, triz *m, f* Schauspieler *der*, -in *die*.
actuación *f* **- 1.** [conducta, proceder] Vorgehensweise *die* **- 2.** [interpretación] Auftritt *der*.
actual *adj* gegenwärtig.
actualidad *f* **- 1.** [momento presente] Gegenwart *die* ; **de ~** aktuell ; **en la ~** heutzutage **- 2.** [vigencia] Aktualität *die* **- 3.** [noticia] Nachricht *die*.
actualizar [13] *vt* aktualisieren.
actualmente *adv* heutzutage.
actuar [6] *vi* **- 1.** [conducirse] handeln **- 2.** [producir efecto] wirken **- 3.** [representar] sich betätigen **- 4.** DER auftreten ; [ejercer función] : **~ de** auftreten als.
acuarela *f* Aquarell *das*. ◆ **acuarelas** *fpl* Aquarellfarben *pl*.
acuario *m* [recipiente, edificio] Aquarium *das*. ◆ **Acuario** ◇ *m inv* [zodíaco] Wassermann *der* ; **ser Acuario** Wassermann sein. ◇ *m inv & f inv* [persona] Wassermann *der*.
acuartelar *vt* MIL einlquartieren.
acuático, ca *adj* Wasser-.
acuchillar *vt* [apuñalar] erstechen.
acuciar [8] *culto vt* **- 1.** [suj : persona] bedrängen **- 2.** [suj : necesidad, deseo] anstacheln.
acudir *vi* **- 1.** [ir] gehen **- 2.** [recurrir] : **~ a alguien** sich an jn wenden.
acueducto *m* Aquädukt *der o das*.
acuerdo *m* **- 1.** [pacto] Vereinbarung *die* ; **llegar a un ~** eine Vereinbarung treffen ; **de ~** einverstanden ; **estar de ~** einverstanden sein ; **ponerse de ~** sich einigen ; **~ marco** Rahmenvereinbarung *die* **- 2.** [consonancia] Übereinstimmung *die* ; **de ~ con** [conforme a] entsprechend *(+D)*.

estar de acuerdo

Einverstanden. De acuerdo.
Gut. Bien.
Das sehe ich auch so. Yo lo veo de la misma manera.
Natürlich kannst du bei uns bleiben. Claro que te puedes quedar en nuestra casa.
Selbstverständlich können Sie mich jederzeit anrufen. Por supuesto que me puede llamar a cualquier hora.

acumular *vt* anlhäufen. ◆ **acumularse** *vpr* sich anlhäufen.
acunar *vt* wiegen.
acuñar *vt* [moneda, palabra] prägen.
acuoso, sa *adj* [gen] wässrig.
acupuntura *f* Akupunktur *die*.
acurrucarse [10] *vpr* sich zusammenlkauern.
acusación *f* **- 1.** [inculpación] Anklage *die* **- 2.** [fiscal] : **la ~** die Anklage.
acusado, da ◇ *adj* [marcado] ausgeprägt. ◇ *m, f* [procesado] Angeklagte *der*, *die*.
acusar *vt* **- 1.** [imputar] anlklagen ; **~ a alguien de algo** jn einer Sache *(G)* anklagen **- 2.** [mostrar] zeigen **- 3.** [padecer] spüren. ◆ **acusarse** *vpr* [mutamente, uno mismo] sich anlklagen.
acusativo *m* GRAM Akkusativ *der*.
acuse ◆ **acuse de recibo** *m* Empfangsbestätigung *die*.
acústico, ca *adj* akustisch. ◆ **acústica** *f* [ciencia, de local] Akustik *die*.
a. D. (*abrev de* **anno Domini**) A. D.
adagio *m* [sentencia breve] Spruch *der*.
adaptación *f* **- 1.** [aclimatación] Anpassung *die* **- 2.** [modificación] Adaptation *die*.
adaptador, ra *m, f* Bearbeiter *der*, -in *die*. ◆ **adaptador** *m* Adapter *der*.
adaptar *vt* **- 1.** [acomodar, ajustar] anlpassen **- 2.** [obra] bearbeiten. ◆ **adaptarse** *vpr* : **~se a** sich anlpassen an *(+A)*.
adecentar *vt* herlrichten. ◆ **adecentarse** *vpr* sich zurechtlmachen.
adecuado, da *adj* geeignet.
adecuar [7] *vt* anlpassen. ◆ **adecuarse a** *vpr* sich anlpassen an *(+A)*.
adefesio *m* **- 1.** *fam* [persona] Vogelscheuche *die* **- 2.** *fam* [cosa] Schandfleck *der*.
a. de JC., a. JC. (*abrev de* **antes de Jesucristo**) v. Chr.
adelantado, da *adj* fortgeschritten ; **llevo el reloj ~** meine Uhr geht vor ; **por ~** im Voraus.

adelantamiento *m* Überholen *das*.
adelantar ◇ *vt* - **1.** [dejar atrás] überholen - **2.** [trabajo, tarea] voranltreiben - **3.** [mover hacia delante] vorlrücken - **4.** [viaje, cita] vorlverlegen - **5.** [dinero] vorlstrecken. ◇ *vi* [progresar] Fortschritte machen. ◆ **adelantarse** *vpr* - **1.** [en tiempo] früher kommen ; [reloj] vorlgehen ; **~se a alguien** jm zuvorlkommen - **2.** [en espacio] voranlgehen.
adelante ◇ *adv* weiter, vorwärts ; **(de ahora) en ~** von nun an ; **más ~** später ; **salir ~** *fig* vorwärtslkommen. ◇ *interj* : **¡adelante!** herein!
adelanto *m* - **1.** [anticipo] Vorschuss *der* - **2.** [progreso] Fortschritt *der*.
adelgazar [13] ◇ *vi* dünner werden. ◇ *vt* ablnehmen.
ademán *m* [gesto] Gebärde *die*. ◆ **ademanes** *mpl* [modales] Manieren *pl*.
además *adv* außerdem ; **~ de** außer.
adentrarse *vpr* - **1.** [penetrar] : **~ en** einldringen in *(+A)* - **2.** [profundizar] : **~ en** sich vertiefen in *(+A)*.
adentro *adv* nach innen ; **mar ~** seewärts ; **tierra ~** landeinwärts. ◆ **adentros** *mpl* : **para mis/tus** *etc* **~s** im Inneren.
adepto, ta *adj* [partidario] : **~ a** parteiisch ; **ser ~ a** Anhänger sein von.
aderezar [13] *vt* [comida] würzen ; [ensalada] anlmachen.
aderezo *m* - **1.** [de comida] Zubereitung *die* ; [de ensalada] Dressing *das* - **2.** [adorno] Schmuck *der*.
adeudar *vt* - **1.** [deber dinero] schulden - **2.** COM belasten.
adherir [27] *vt* kleben. ◆ **adherirse** *vpr* - **1.** [pegarse] anlkleben - **2.** [mostrarse de acuerdo] : **~se a** zulstimmen *(+D)* - **3.** [afiliarse] : **~se a** beiltreten *(+D)*.
adhesión *f* [apoyo] Unterstützung *die* ; [a idea, opinión] Zustimmung *die*.
adhesivo, va *adj* Kleb(e)-. ◆ **adhesivo** *m* Aufkleber *der*.
adicción *f* Sucht *die*.
adición *f* - **1.** [añadidura] Hinzufügen *das* - **2.** [cosa añadida] Zusatz *der* - **3.** [suma] Addition *die*.
adicional *adj* zusätzlich.
adicto, ta ◇ *adj* : **~ a** -süchtig. ◇ *m, f* Süchtige *der, die*.
adiestrar *vt* dressieren ; **~ a alguien en algo** jn in etw auslbilden ; **~ a alguien para hacer algo** Unterricht in etw geben.
adiós ◇ *m* Abschied *der*. ◇ *interj* : **¡adiós!** [para despedirse] auf Wiedersehen! ; [al cruzarse con alguien] hallo!
aditivo *m* Zusatzstoff *der*.
adivinanza *f* Rätsel *das*.
adivinar *vt* - **1.** [predecir] wahrlsagen - **2.** [acertar, intuir] erraten.
adivino, na *m, f* Wahrsager *der*, -in *die*.
adjetivo, va *adj* GRAM adjektivisch. ◆ **adjetivo** *m* GRAM Adjektiv *das*.
adjudicar [10] *vt* [asignar] zulerkennen. ◆ **adjudicarse** *vpr* [apropiarse] sich anleignen.
adjuntar *vt* beillegen.
adjunto, ta ◇ *adj* - **1.** [unido] beiliegend - **2.** [auxiliar] stellvertretend ; **médico ~** Assistenzarzt *der*, -ärztin *die*. ◇ *m, f* [auxiliar] Stellvertreter *der*, -in *die*.
administración *f* - **1.** [suministro] Zuteilung *die* ; [de medicamentos] Verabreichung *die* - **2.** [gerencia, empleo, oficina] Verwaltung *die*. ◆ **Administración** *f* [estructura política] Verwaltung *die* ; **Administración pública** öffentliche Verwaltung.
administrador, ra *m, f* Verwalter *der*, -in *die*.
administrar *vt* - **1.** [dirigir la economía, gobernar] verwalten - **2.** [racionar] einlteilen. ◆ **administrarse** *vpr* sich einlteilen.
administrativo, va ◇ *adj* Verwaltungs-. ◇ *m, f* Verwaltungskraft *die*.
admirable *adj* bewundernswert.
admiración *f* - **1.** [sentimiento] Bewunderung *die* - **2.** [signo ortográfico] Ausrufungszeichen *das*.
admirador, ra *m, f* Bewunderer *der*, -derin *die*.
admirar *vt* - **1.** [con entusiasmo, sorpresa] bewundern - **2.** [sorprender] verwundern. ◆ **admirarse** *vpr* sich verwundern ; **~se de** staunen über *(+A)*.
admisible *adj* zulässig.
admisión *f* - **1.** [aceptación] Aufnahme *die* - **2.** [recepción] Zulassung *die*.
admitir *vt* - **1.** [permitir la entrada] auflnehmen - **2.** [aceptar] anlnehmen - **3.** [reconocer] zulgeben - **4.** [tolerar] dulden.
admón. (*abrev de* **administración**) Verw.
ADN (*abrev de* **ácido desoxirribonucleico**) *m* DNS *die*.
adobar *vt* einllegen.
adobe *m* Luftziegel *der*.
adobo *m* [salsa] Marinade *die*.
adoctrinar *vt* indoktrinieren.
adolecer [30] ◆ **adolecer de** *vi* - **1.** [enfermedad] leiden an *(+D)* - **2.** [defecto] kranken an *(+D)*.
adolescencia *f* Jugend *die*.
adolescente ◇ *adj* heranwachsend. ◇ *mf* Jugendliche *der, die*.
adonde *adv* wohin ; **la ciudad ~ vamos** die Stadt, in die wir fahren.
adónde *adv* wohin?
adondequiera *adv* [lugar] wo auch immer ; [destino] wohin auch immer.
adopción *f* - **1.** [de persona] Adoption *die*

- **2.** [de ley] Verabschiedung *die* ; [de medida] Ergreifen *das*.
adoptar *vt* - **1.** [persona] adoptieren - **2.** [costumbre, opinión] an|nehmen - **3.** [ley, medida] verabschieden.
adoptivo, va *adj* Adoptiv-.
adoquín *m* - **1.** [piedra] Pflasterstein *der* - **2.** *fam* [zoquete] Tölpel *der*.
adorable *adj* [persona] liebenswert ; [ambiente, película] entzückend.
adoración *f* Anbetung *die*.
adorar *vt* - **1.** [reverenciar] an|beten - **2.** [gustar] über alles lieben.
adormecer [30] *vt* - **1.** [producir sueño] ein|schläfern - **2.** [entumecer] betäuben. ◆ **adormecerse** *vpr* ein|schlafen.
adormidera *f* Schlafmohn *der*.
adormilarse *vpr* ein|nicken.
adornar *vt* schmücken.
adorno *m* Schmuck *der* ; **estar de ~** [sin utilidad] zur Zierde dienen.
adosado, da *adj* Reihen-.
adquirir [22] *vt* - **1.** [comprar] erwerben - **2.** [conseguir] erlangen.
adquisición *f* - **1.** [compra] Erwerb *der* - **2.** [cosa comprada] Erwerbung *die* - **3.** [obtención] Gewinn *der*.
adquisitivo, va *adj* Kauf-.
adrede *adv* absichtlich.
adrenalina *f* Adrenalin *das*.
adscribir *vt* - **1.** [asignar] zu|teilen - **2.** [destinar] zu|weisen. ◆ **adscribirse** *vpr* [vincularse] sich an|schließen.
adscrito, ta ◇ *pp irreg* ▻ **adscribir**. ◇ *adj* zugeteilt.
aduana *f* - **1.** [administración, derechos] Zoll *der* - **2.** [oficina] Zollamt *das*.
aducir [33] *vt* an|führen.
adueñarse ◆ **adueñarse de** *vpr* - **1.** [apoderarse] sich an|eignen - **2.** [dominar] sich bemächtigen.
adulador, ra *adj* schmeichlerisch.
adular *vt* schmeicheln.
adulterar *vt* - **1.** [alimento] verfälschen - **2.** [falsear] fälschen.
adulterio *m* Ehebruch *der*.
adúltero, ra ◇ *adj* ehebrecherisch. ◇ *m, f* Ehebrecher *der*, -in *die*.
adulto, ta ◇ *adj* erwachsen. ◇ *m, f* Erwachsene *der, die*.
advenedizo, za ◇ *adj* hergelaufen. ◇ *m, f* Emporkömmling *der*.
advenimiento *m* Ankunft *die*.
adverbio *m* GRAM Adverb *das*.
adversario, ria *m, f* Gegner *der*, -in *die*.
adversidad *f* [impedimento] Widrigkeit *die*.
adverso, sa *adj* [desfavorable] widrig.
advertencia *f* Hinweis *der* ; **servir de ~** eine Warnung sein.
advertir [27] *vt* - **1.** [darse cuenta de] bemerken - **2.** [prevenir, avisar] warnen.
adviento *m* Advent *der*.
adyacente *adj* angrenzend.
aéreo, a *adj* [de aire, de aviación] Luft-.
aeroclub (*pl* **aeroclubs** o **aeroclubes**) *m* Flugsportverein *der*.
aerodeslizador *m* Luftkissenfahrzeug *das*.
aerodinámico, ca *adj* [ciencia, forma] aerodynamisch.
aeródromo *m* Flugplatz *der*.
aeroespacial, aerospacial *adj* Raumfahrt-.
aerofagia *f* Aerophagie *die*.
aerofaro *m* Leuchtfeuer *das*.
aerógrafo *m* Spritzpistole *die*.
aerolínea *f* Fluggesellschaft *die*.
aerolito *m* Meteorit *der*.
aeromodelismo *m* Flugmodellbau *der*.
aeromoza *f Amér* Stewardess *die*.
aeronauta *mf* Aeronaut *der*, -in *die*.
aeronaval *adj* Seeflug-.
aeronave *f* [gen] Luftfahrzeug *das* ; [dirigible] Luftschiff *das*.
aeroplano *m* Flugzeug *das*.
aeropuerto *m* Flughafen *der*.
aerosol *m* - **1.** [solución] Aerosol *das* - **2.** [envase] Spraydose *die*.
aerospacial = **aeroespacial**.
aerostático, ca *adj* aerostatisch.
aerotaxi *m* Lufttaxi *das*.
aerotrén *m* Luftkissenzug *der*.
afable *adj* freundlich.
afamado, da *adj* berühmt.
afán *m* - **1.** [esfuerzo] Mühe *die* - **2.** [anhelo] Drang *der*.
afanar *vt fam* [robar] klauen. ◆ **afanarse** *vpr* [esforzarse] sich bemühen.
afanoso, sa *adj* emsig.
afear *vt* - **1.** [poner feo] verunstalten - **2.** [reprochar] verübeln.
afección *f* - **1.** MED Krankheit *die* - **2.** [afecto] Zuneigung *die*.
afectación *f* Affektiertheit *die*.
afectado, da ◇ *adj* - **1.** [rebuscado] affektiert - **2.** [fingido] vorgetäuscht - **3.** [afligido] betroffen. ◇ *m, f* [víctima] Betroffene *der, die*.
afectar ◇ *vt* - **1.** [afligir] treffen - **2.** [atañer] betreffen - **3.** [fingir] vor|täuschen. ◇ *vi* [perjudicar] : **~ a** schädigen *(+A)*.
afectísimo, ma *adj* hochachtungsvoll.
afectivo, va *adj* - **1.** [emotivo] emotional - **2.** [impresionable] empfindsam.
afecto *m* Zuneigung *die*.
afectuoso, sa *adj* gefühlvoll.
afeitar *vt* [pelo] rasieren. ◆ **afeitarse** *vpr* sich rasieren.

afeminado, da *adj* weibisch. ◆ **afeminado** *m* fraulicher Mann.

afeminarse *vpr* fraulich werden.

aferrarse *vpr* - **1.** [agarrarse] : **~ a** sich an|klammern an *(+A)* - **2.** *fig* [a ideas, creencias] : **~ a** beharren auf *(+D)*.

afianzar [13] *vt* - **1.** [diagnóstico, teoría] bestärken - **2.** [objeto] befestigen. ◆ **afianzarse** *vpr* sich stützen ; **~se en** [opinión] bestärkt werden in *(+D)* ; [cargo, liderazgo] sich behaupten.

afiche *m Amér* Plakat *das*.

afición *f* - **1.** [inclinación] Vorliebe *die* ; **hacer algo por ~** etw als Hobby tun ; **tener ~ a** eine Vorliebe haben für - **2.** [conjunto de aficionados] Fangemeinde *die*.

aficionado, da ◇ *adj* begeistert ; **ser ~ a algo** sich für etw begeistern. ◇ *m, f* Amateur *der*, -in *die*, Fan *der*.

aficionar *vt* : **~ a alguien a algo** jn für etw begeistern. ◆ **aficionarse** *vpr* : **~se a hacer algo** sich dafür begeistern, etw zu tun.

afilado, da *adj* - **1.** [fino] spitz - **2.** *fig* [hiriente, mordaz] scharf.

afilador, ra ◇ *adj* Schleif-. ◇ *m, f* Scherenschleifer *der*, -in *die*. ◆ **afiladora** *f* Schleifmaschine *die*.

afilar *vt* [cuchillo, tijeras] schleifen ; [lápiz] spitzen.

afiliado, da *m, f* Mitglied *das* ; **~ a un partido** Mitglied einer Partei.

afiliarse [8] *vpr* : **~ a un partido** einer Partei bei|treten.

afín *adj* ähnlich.

afinar *vt* - **1.** [MÚS - voz] tonrein singen ; [- instrumento] stimmen - **2.** [perfeccionar, mejorar] verfeinern.

afinidad *f* - **1.** [semejanza] Wesensverwandtschaft *die* - **2.** [parentesco] Verschwägerung *die*.

afirmación *f* Behauptung *die*.

afirmar *vt* - **1.** [confirmar] bejahen - **2.** [consolidar] bestätigen - **3.** [decir] behaupten - **4.** [poner firme] fest|machen. ◆ **afirmarse** *vpr* - **1.** [asegurar] sich bestätigen - **2.** [ratificarse] : **~se en** sich stützen auf *(+A)*.

afirmativo, va *adj* bejahend.

aflicción *f* Kummer *der*.

afligir [15] *vt* heim|suchen. ◆ **afligirse** *vpr* sich grämen.

aflojar ◇ *vt* [destensar] lockern. ◇ *vi* - **1.** [disminuir] nach|lassen - **2.** *fig* [ceder] nach|geben.

aflorar *vi* - **1.** [a la superficie] zutage treten - **2.** *fig* [surgir] sich ab|zeichnen.

afluencia *f* Zustrom *der*.

afluente *m* Nebenfluss *der*.

afluir [51] ◆ **afluir a** *vi* - **1.** [gente] strömen nach o zu - **2.** [río, corriente de agua] münden in *(+A)* - **3.** [sangre, fluido] fließen zu.

afonía *f* Heiserkeit *die*.

afónico, ca *adj* heiser.

aforo *m* [cabida] Fassungsvermögen *das*.

afortunado, da ◇ *adj* - **1.** [agraciado] : **es muy ~** er hat viel Glück - **2.** [feliz] glücklich. ◇ *m, f* glücklicher Gewinner, glückliche Gewinnerin.

afrancesado, da ◇ *adj* frankophil. ◇ *m, f* HIST *spanischer Anhänger Frankreichs in den Unabhängigkeitskriegen*.

afrenta *f* - **1.** [vergüenza] Demütigung *die* - **2.** [ofensa, agravio] Beleidigung *die*.

África *f (el)* Afrika *nt*.

africano, na ◇ *adj* afrikanisch. ◇ *m, f* Afrikaner *der*, -in *die*.

afro *adj* [africano] Afro-.

afroamericano, na *adj* afroamerikanisch.

afrodisíaco, ca, afrodisiaco, ca *adj* aphrodisisch. ◆ **afrodisíaco, afrodisiaco** *m* Aphrodisiakum *das*.

afrontar *vt* [hacer frente a] trotzen.

afuera *adv* draußen. ◆ **afueras** *fpl* : **las ~s** Umgebung *die*.

agachar *vt* beugen. ◆ **agacharse** *vpr* sich ducken.

agalla *f (gen pl)* ZOOL Kieme *die*. ◆ **agallas** *fpl fig* : **tener agallas** Mut haben.

agarrada *f* ▷ **agarrado**.

agarradero *m* - **1.** [asa] Halt *der* - **2.** *fig fam* [pretexto] Vorwand *der*.

agarrado, da *adj* - **1.** [asido] umschlungen - **2.** *fam* [tacaño] geizig. ◆ **agarrado** *m* eng umschlungener Tanz.

agarrar ◇ *vt* - **1.** [asir, coger] packen - **2.** [enfermedad] bekommen. ◇ *vi* [tinte] haften bleiben ; [planta] Wurzeln schlagen. ◆ **agarrarse** *vpr* - **1.** *fig fam* [pelearse] sich streiten - **2.** [pegarse] an|brennen - **3.** [sujetarse] sich fest|halten ; **~se de** o **a algo** sich fest|halten an *(+D)* - **4.** [poner pretexto] : **~se a algo** etw zum Vorwand nehmen.

agarrotar *vt* [apretar] zu|drücken. ◆ **agarrotarse** *vpr* - **1.** [entumecerse] steif werden - **2.** [atascarse] sich fest|fressen.

agasajar *vt* feiern ; **~ a alguien** [recibir] jn fürstlich empfangen ; [regalar] jn reichlich beschenken.

ágata *f (el)* Achat *der*.

agazaparse *vpr* - **1.** [esconderse] sich verstecken - **2.** [agacharse] sich ducken.

agencia *f* - **1.** [empresa] Agentur *die* ; **~ de publicidad** Werbeagentur ; **~ de viajes** Reisebüro *das* ; **~ inmobiliaria** Immobilienbüro *das* ; **~ matrimonial** Heiratsvermittlung *die* - **2.** [sucursal] Filiale *die*.

agenda *f* - **1.** [de notas] Notizbuch *das* ;

~ electrónica Organizer *der* - **2.** [de trabajo] Terminkalender *der*.
agente <> *adj* wirkend. <> *mf* [persona] Agent *der*, -in *die* ; **~ comercial** COM Handelsvertreter *der*, -in *die* ; **~ de cambio (y bolsa)** Börsenmakler *der*, -in *die* ; **~ secreto** Geheimagent *der*. <> *m* [causa activa] Agens *das*.
ágil *adj* - **1.** [movimiento, persona] flink - **2.** [mente] aufgeweckt - **3.** [estilo, lenguaje] flüssig.
agilidad *f* Gewandtheit *die*.
agilizar [13] *vt* beschleunigen.
agitación *f* - **1.** [movimiento] heftige Bewegung *die* ; [de botella] Schütteln *das* - **2.** [intranquilidad, conflicto] Unruhe *die*.
agitador, ra <> *adj* heftig. <> *m, f* Agitator *der*, -in *die*.
agitar *vt* - **1.** [mover - botella] schütteln ; [- brazos, bandera] schwenken - **2.** [inquietar] beunruhigen.
aglomeración *f* [de cosas] Anhäufung *die* ; [urbana] Siedlung *die* ; [de gente] Auflauf *der*.
aglomerar *vt* an|häufen. ◆ **aglomerarse** *vpr* [cosas] sich an|häufen ; [gente] zusammen|laufen.
aglutinar *vt fig* [aunar, reunir] zusammen|führen.
agnóstico, ca <> *adj* agnostisch. <> *m, f* Agnostiker *der*, -in *die*.
agobiar [8] *vt* erdrücken. ◆ **agobiarse** *vpr* sich überlasten.
agobio *m* Überlastung *die*.
agolparse *vpr* - **1.** [apelotonarse] sich drängen - **2.** *fig* [acumularse] auf einmal kommen.
agonía *f* - **1.** [del moribundo] Agonie *die* - **2.** [ansia] Ungestüm *das* - **3.** [pena] Qual *die* - **4.** *fig* [decadencia] Niedergang *der*.
agonizante *adj* sterbend.
agonizar [13] *vi* - **1.** [expirar] im Sterben liegen - **2.** [extinguirse] zu Ende gehen - **3.** *fig* [sufrir] Todesängste aus|stehen.
agosto *m* - **1.** [mes] August *der* - **2.** *fig* [cosecha] Erntezeit *die* ; **hacer su ~** seinen Schnitt machen ; *ver también* **setiembre**.
agotado, da *adj* - **1.** [persona] erschöpft - **2.** [producto] ausverkauft.
agotador, ra *adj* strapaziös.
agotamiento *m* [cansancio] Erschöpfung *die*.
agotar *vt* - **1.** [fatigar, cansar] ermüden - **2.** [terminar algo material] auf|brauchen - **3.** [terminar algo inmaterial] erschöpfen.
agraciado, da <> *adj* - **1.** [atractivo] anmutig - **2.** [afortunado] glücklich. <> *m, f* [afortunado] glücklicher Gewinner, glückliche Gewinnerin.
agraciar [8] *vt* - **1.** [conceder una gracia] begnadigen - **2.** [premiar] belohnen.
agradable *adj* angenehm.
agradar *vi* gefallen.
agradecer [30] *vt* - **1.** [suj : persona] danken für *(+A)* - **2.** [suj : cosas] dankbar sein für *(+A)*.

agradecer

Danke. ¡Gracias!
Vielen Dank. ¡Muchas gracias!
Sehr liebenswürdig. Muy amable de su parte.
Ich bin Ihnen zu großem Dank verpflichtet. Le quedo muy agradecido.
Das war aber wirklich nicht nötig. De verdad que no era necesario.

agradecido, da *adj* dankbar.
agradecimiento *m* Dank *der*.
agrado *m* [gusto] Wohlgefallen *das*.
agrandar *vt* vergrößern.
agrario, ria *adj* Agrar-.
agravante <> *adj* erschwerend. <> *f* Erschwernis *die*.
agravar *vt* - **1.** [empeorar] verschlimmern - **2.** [aumentar] erhöhen. ◆ **agravarse** *vpr* sich verschlimmern.
agraviar [8] *vt* beleidigen.
agravio *m* - **1.** [ofensa] Beleidigung *die* - **2.** [perjuicio] Unrecht *das*.
agredir [78] *vt* an|greifen.
agregado, da <> *adj* [añadido] angebaut. <> *m, f* Assistent *der*, -in *die*. ◆ **agregado** *m* - **1.** [añadido] Zusatz *der* - **2.** [de embajada] Attaché *der*.
agregar [16] *vt* hinzu|fügen. ◆ **agregarse** *vpr* sich an|schließen ; **~se a algo** sich etw *(+D)* an|schließen.
agresión *f* [ataque] Angriff *der*.
agresividad *f* Aggressivität *die*.
agresivo, va *adj lit & fig* aggressiv.
agresor, ra *m, f* Angreifer *der*, -in *die*.
agriar [9] *vt* - **1.** [vino, leche] säuern - **2.** *fig* [carácter] verbittern. ◆ **agriarse** *vpr* - **1.** [vino, leche] sauer werden - **2.** *fig* [carácter] verbittern.
agrícola *adj* landwirtschaftlich.
agricultor, ra *m, f* Landwirt *der*, -in *die*.
agricultura *f* Landwirtschaft *die*.
agridulce *adj* süßsauer.
agrietar *vt* Risse verursachen. ◆ **agrietarse** *vpr* Risse bekommen.
agrio, gria *adj* - **1.** [ácido] sauer - **2.** *fig* [desagradable] scharf. ◆ **agrios** *mpl* Zitrusfrüchte *pl*.
agriparse *vpr Amér* eine Grippe bekommen.
agronomía *f* Agrarwissenschaft *die*.
agropecuario, ria *adj* Landwirtschafts-.
agrupación *f*, **agrupamiento** *m*

- 1. [concentración] Gruppierung *die* - 2. [asociación] Vereinigung *die*.

agrupar *vt* - 1. [personas, animales, cosas] zusammen|stellen - 2. [en sociedad] gruppieren. ◆ **agruparse** *vpr* [reunirse] zusammen|kommen.

agua *f (el)* Wasser *das* ; ~ **bendita** Weihwasser ; ~ **destilada** destilliertes Wasser ; ~ **dulce** Süßwasser ; ~ **mineral** Mineralwasser ; ~ **(mineral) con gas** kohlensäurehaltiges Mineralwasser ; ~ **potable** Trinkwasser ; **claro como el** ~ glasklar. ◆ **aguas** *fpl* - 1. [manantial] Mineralbrunnen *der* - 2. [de tejado] geneigtes Dach - 3. [de río, mar] Gewässer *das* ; **~s territoriales** o **jurisdiccionales** Hoheitsgewässer *pl* - 4. *loc* : **mi mujer ha roto ~s** meiner Frau ist die Fruchtblase geplatzt. ◆ **agua de Colonia** *f* Kölnischwasser *das*. ◆ **agua oxigenada** *f* Wasserstoffperoxid *das*.

aguacate *m* Avocado *die*.

aguacero *m* Platzregen *der*.

aguado, da *adj* - 1. [con agua] wässrig - 2. *fig* [estropeado] verdorben. ◆ **aguada** *f* Gouache *die*.

aguafiestas *mf inv* Spielverderber *der*, -in *die*.

aguafuerte *m* Radierung *die*.

aguamarina *f* Aquamarin *der*.

aguamiel *f Amér süßes Wasser-Zuckerrohrgetränk*.

aguanieve *f* Schneeregen *der*.

aguantar *vt* - 1. [sostener] halten - 2. [resistir un peso, tolerar, soportar] aus|halten - 3. [contener] zurück|halten - 4. [esperar] warten. ◆ **aguantarse** *vpr* - 1. [contenerse] sich zurück|halten - 2. [resignarse] sich begnügen.

aguante *m* - 1. [paciencia] Geduld *die* - 2. [resistencia] Widerstandsfähigkeit *die*.

aguar [45] *vt* - 1. [mezclar con agua] verwässern - 2. *fig* [estropear] verderben.

aguardar *vt* erwarten.

aguardiente *m* Schnaps *der*.

aguarrás *m* Terpentin *das*.

agudeza *f* - 1. [delgadez, de los sentidos] Schärfe *die* - 2. *fig* [del ingenio] Scharfsinn *der*.

agudizar [13] *vt* - 1. [ingenio] schärfen - 2. *fig* [acentuar] zu|spitzen. ◆ **agudizarse** *vpr* [crisis] sich verschlimmern.

agudo, da *adj* - 1. [delgado, afilado] spitz - 2. *fig* [perspicaz] scharf - 3. *fig* [vivo, gracioso] geistreich - 4. [fuerte] stechend - 5. GRAM endbetont - 6. MÚS hoch.

agüero *m* : **de mal** ~ Unheil verkündend ; **de buen** ~ Glück verheißend.

aguijón *m* - 1. [de insecto] Stachel *der* - 2. [de planta] Dorn *der* - 3. [de instrumento] Spitze *die*.

aguijonear *vt* [espolear, estimular] an|spornen.

águila *f (el)* - 1. [ave] Adler *der* - 2. *fig* [vivo, listo] schlauer Fuchs, schlaue Füchsin.

aguileño, ña *adj* Adler-.

aguilucho *m* Jungadler *der*.

aguinaldo *m* Weihnachtstrinkgeld *das*.

aguja *f* - 1. [de coser, de jeringuilla, de tocadiscos] Nadel *die* ; [de hacer punto] Stricknadel ; ~ **hipodérmica** Injektionsnadel - 2. [para señalar] Zeiger *der*. ◆ **agujas** *fpl* [costillas de la res] Rippenstück *das*.

agujerear *vt* durchlöchern. ◆ **agujerearse** *vpr* löchrig werden.

agujero *m* Loch *das* ; ~ **negro** ASTRON schwarzes Loch ; ~ **de ozono** Ozonloch.

agujetas *fpl* Muskelkater *der*.

aguzar [13] *vt* - 1. [sacar punta] spitzen ; [afilar] schärfen - 2. [aplicar] schärfen.

ah *interj* - 1. [admiración, sorpresa] oh - 2. [pena] ach.

ahí *adv* - 1. [referido a lugar] dort ; **por** ~ [en un lugar indefinido] irgendwo - 2. [referido a algo dicho] da, dort ; **de** ~ **que** [por eso] deshalb - 3. *loc* : **por** ~, **por** ~ so ungefähr ; **por** ~ **va la cosa** so in die Richtung geht es.

ahijado, da *m, f* - 1. [de padrinos] Patenkind *das* - 2. *fig* [protegido] Schützling *der*.

ahínco *m* Eifer *der*.

ahogar [16] *vt* - 1. [asfixiar, extinguir] ersticken - 2. *fig* [dominar] unterdrücken. ◆ **ahogarse** *vpr* - 1. [en el agua] ertrinken - 2. [asfixiarse] ersticken - 3. [sofocarse] vor Hitze um|kommen.

ahogo *m* - 1. [asfixia] Ersticken *das* - 2. *fig* [angustia] Beklemmung *die*.

ahondar *vi* [profundizar] grübeln ; ~ **en** *fig* sich vertiefen in *(+A)* ; [penetrar] ein|dringen.

ahora *adv* - 1. [en el presente] jetzt ; ~ **mismo** gerade ; **por** ~ vorläufig - 2. [pronto] gleich. ◆ **ahora** *conj* - 1. : ~ ... ~ bald ... bald - 2. [pero] aber ; ~ **que** obwohl ; ~ **bien** also.

ahorcar [10] *vt* erhängen. ◆ **ahorcarse** *vpr* sich erhängen.

ahorita, ahoritita *adv Amér fam* jetzt.

ahorrar *vt* sparen. ◆ **ahorrarse** *vpr* : **~se algo** sich etw ersparen.

ahorro *m* - 1. [acción, efecto de ahorrar] Sparen *das* - 2. *(gen pl)* [cantidad ahorrada] Ersparnisse *pl* - 3. *fig* [economía] Ersparnis *die*.

ahuecar [10] *vt* - 1. [poner hueco] hohl machen - 2. [mullir] auf|lockern.

ahumado, da *adj* - 1. [secado al humo] geräuchert - 2. [oscuro] rauchfarben. ◆ **ahumado** *m* Räuchern *das*.

ahumar *vt* - 1. [secar al humo] räuchern - 2. [llenar de humo] aus|räuchern. ◆ **ahumarse** *vpr* - 1. [saber a humo] Rauchgeschmack an|nehmen - 2. [ennegrecerse de humo] verrußen.

ahuyentar *vt* [espantar, asustar] verscheuchen.
airado, da *adj* aufbrausend.
airar *vt* erzürnen.
aire *m* - **1.** [fluido] Luft *die* - **2.** [viento] Wind *der* - **3.** [corriente] Zugluft *die* - **4.** [parecido] Ähnlichkeit *die* - **5.** [gracia] Anmut *die* ; **a mi/tu** *etc* ~ auf meine/deine *etc* Weise - **6.** *loc* : **al** ~ [al descubierto] unverdeckt ; **al ~ libre** [en el exterior] im Freien ; **el proyecto está en el** ~ das Projekt hängt in der Luft ; **tomar el** ~ frische Luft schnappen. ◆ **aires** *mpl* [vanidad] Getue *das* ; **darse ~s de señorito** *fig* vornehm tun. ◆ **aire (acondicionado)** *m* Klimaanlage *die*.
airear *vt* - **1.** [ventilar] lüften - **2.** *fig* [contar] auf|decken. ◆ **airearse** *vpr* frische Luft schöpfen.
airoso, sa *adj* - **1.** [garboso] anmutig - **2.** [triunfante] : **salir ~ de algo** bei etw glänzend ab|schneiden.
aislado, da *adj* - **1.** [apartado] isoliert - **2.** [esporádico] vereinzelt.
aislar *vt* isolieren.
aizkolari *m* DEP *Teilnehmer an Holzfällerwettbewerb im Baskenland.*
ajá *interj* - **1.** *fam* [aprobación] toll! - **2.** [sorpresa] ach ja!
ajar *vt* [flores, piel] welk machen. ◆ **ajarse** *vpr* welken.
ajardinado, da *adj* begrünt.
ajedrez *m* Schach *das*.
ajeno, na *adj* - **1.** [de otro] fremd - **2.** [extraño] : **ser ~ a** nichts zu tun haben mit.
ajetreo *m* - **1.** [tarea] Hetzerei *die* - **2.** [animación] Geschäftigkeit *die*.
ají *m* *Amér* Chilipfeffer *der* ; **ponerse como un** ~ puterrot werden.
ajiaceite *m* CULIN *Soße aus zerstoßenem Knoblauch und Olivenöl.*
ajiaco *m* *Amér* CULIN *Eintopf mit Fleisch und Chilipfeffer.*
ajillo ◆ **al ajillo** *loc adj* CULIN *mit Knoblauch.*
ajo *m* Knoblauch *der* ; **andar o estar en el ~** *fig* seine Hände im Spiel haben.
ajuar *m* Aussteuer *die*.
ajustado, da *adj* - **1.** [ceñido] eng - **2.** [justo] angemessen.
ajustar *vt* - **1.** [arreglar] an|passen - **2.** [encajar] ein|passen - **3.** TÉCN ein|stellen - **4.** *loc* : ~ **(las) cuentas con alguien** *fam* mit jm ab|rechnen. ◆ **ajustarse** *vpr* : **~se (a)** sich an|passen an *(+A)*.
ajuste *m* - **1.** TÉCN Einstellung *die* - **2.** [de salario] Angleichung *die* ; **~ de cuentas** *fig* Abrechnung *die*.
al ▷ **a**, ▷ **el**.
ala *f (el)* Flügel *der* ; **dar ~s a alguien** jn beflügeln. ◆ **ala delta** *f* [DEP - deporte] Drachenfliegen *das* ; [- aparato] Drachenflieger *der*.
alabanza *f* Lob *das*.
alabar *vt* loben.
alabastro *m* Alabaster *der*.
alacena *f* Wandschrank *der*.
alacrán *m* [animal] Skorpion *der*.
alado, da *adj* [con alas] geflügelt.
alambique *m* Destillierkolben *der*.
alambrada *f* Drahtzaun *der*.
alambre *m* - **1.** [de metal] Draht *der* - **2.** *Amér* [brocheta] Spießchen *das*.
alameda *f* - **1.** [sitio con álamos] Pappelpflanzung *die* - **2.** [paseo] Allee *die*.
álamo *m* [árbol] Pappel *die*.
alano, na *m, f* HIST Alane *der*, -nin *die*.
alarde *m* [ostentación] Glanzvorstellung *die* ; **hacer ~ de** prahlen mit.
alardear *vi* : **~ de** prahlen mit.
alargador, ra *adj* Verlängerungs-. ◆ **alargador** *m* Verlängerung *die*.
alargar [16] *vt* - **1.** [estirar, prolongar] verlängern - **2.** [poner al alcance] reichen - **3.** *fig* [ampliar] vergrößern. ◆ **alargarse** *vpr* - **1.** [reunión] sich hinaus|ziehen ; [día, noche] länger werden - **2.** *fig* [extenderse] sich in die Länge ziehen.
alarido *m* Geschrei *das*.
alarma *f* - **1.** [aparato] Alarmanlage *die* - **2.** [aviso] Alarm *der* ; **dar la** ~ Alarm schlagen ; **señal de** ~ Alarmsignal *das* - **3.** *fig* [inquietud] Schrecken *der* ; ~ **social** soziale Unruhe.
alarmante *adj* alarmierend.
alarmar *vt* [dar la alarma, asustar] alarmieren. ◆ **alarmarse** *vpr* [inquietarse] sich beunruhigen.
alba *f (el)* - **1.** [amanecer] Morgendämmerung *die* - **2.** [vestidura] Chorhemd *das*.
albacea *mf* Testamentsvollstrecker *der*, -in *die*.
albahaca *f* Basilikum *das*.
Albania *f* Albanien *nt*.
albañil *m* Maurer *der*.
albañilería *f* - **1.** [arte] Maurerhandwerk *das* - **2.** [obra] Mauerwerk *das*.
albarán *m* Lieferschein *der*.
albaricoque *m* - **1.** [árbol] Aprikosenbaum *der* - **2.** [fruto] Aprikose *die*.
albatros *m* Albatros *der*.
albedrío *m* Ermessen *das* ; **libre** ~ freier Wille.
alberca *f* - **1.** [depósito de agua] Wasserbecken *das* - **2.** *Amér* [piscina] Schwimmbecken *das*.
albergar [16] *vt* - **1.** [personas] beherbergen - **2.** [sentimientos] hegen. ◆ **albergarse** *vpr* ab|steigen.
albergue *m* Herberge *die* ; ~ **de juventud** o **juvenil** Jugendherberge *die*.

albino, na ◇ *adj* albinotisch. ◇ *m, f* Albino *der*.

albis ◆ **in albis** *adv* : **estar in ~** keine Ahnung haben ; **quedarse in ~** ein Blackout haben.

albóndiga *f* [de carne] Fleischklößchen *das* ; [de pescado] Fischklößchen *das*.

alborear *v impers* dämmern.

albornoz *m* Bademantel *der*.

alborotar ◇ *vi* lärmen. ◇ *vt* - **1.** [perturbar] beunruhigen - **2.** [amotinar] aufl-wiegeln - **3.** [desordenar] durcheinander bringen. ◆ **alborotarse** *vpr* [perturbarse] sich erregen.

alboroto *m* - **1.** [ruido] Lärm *der* - **2.** [jaleo] Aufruhr *die* - **3.** [desorden] Unordnung *die*.

alborozar [13] *vt* erfreuen.

alborozo *m* Freude *die*.

albufera *f* Lagune *die*.

álbum (*pl* **álbumes**) *m* Album *das*.

albúmina *f* Albumin *das*.

alcachofa *f* - **1.** [planta] Artischocke *die* - **2.** [pieza] Brause *die*.

alcahuete, ta *m, f* - **1.** [mediador] Kuppler *der*, -in *die* - **2.** [chismoso] Klatschmaul *das*.

alcaide *mf* Gefängnisvorsteher *der*, -in *die*.

alcalde, esa *m, f* Bürgermeister *der*, -in *die*.

alcaldía *f* - **1.** [cargo] Bürgermeisteramt *das* - **2.** [edificio] Rathaus *das* - **3.** [jurisdicción] Gemeindebezirk *der*.

alcance *m* - **1.** [distancia] Reichweite *die* ; **dar ~ a alguien** jn einlholen ; [posibilidad] : **al ~ de la vista** in Sichtweite ; **a mi/tu** *etc* **~** im Rahmen meiner/deiner *etc* Möglichkeiten ; **fuera del ~** unerreichbar - **2.** [capacidad] : **de pocos ~s** beschränkt - **3.** [trascendencia] Tragweite *die*.

alcanfor *m* Kampfer *der*.

alcantarilla *f* Abwasserkanal *der*.

alcantarillado *m* Kanalisation *die*.

alcanzar [13] ◇ *vt* - **1.** [igualarse con, llegar a] erreichen - **2.** [coger] greifen - **3.** [suj : bala, golpe] treffen - **4.** [entregar] reichen - **5.** [lograr] erlangen - **6.** [afectar] betreffen. ◇ *vi* - **1.** [ser suficiente] : **~ (para)** auslreichen für - **2.** [poder] : **~ a hacer algo** etw tun können.

alcaparra *f* Kaper *die*.

alcatraz *m* Basstölpel *der*.

alcayata *f* Wandhaken *der*.

alcázar *m* Festung *die*.

alce *m* Elch *der*.

alcoba *f* Schlafzimmer *das*.

alcohol *m* Alkohol *der*.

alcoholemia *f* Blutalkohol *der*.

alcohólico, ca ◇ *adj* - **1.** [bebida] alkoholisch - **2.** [persona] alkoholkrank. ◇ *m, f* Alkoholiker *der*, -in *die*.

alcoholímetro *m* - **1.** [para bebida] Alkoholometer *das* - **2.** [para sangre] Alkoholmesser *der*.

alcoholismo *m* Alkoholismus *der*.

alcohotest (*pl* **alcohotests**) *m* Alkoholtest *der*.

alcornoque *m* - **1.** [árbol] Korkeiche *die* - **2.** [madera] Korkeiche(nholz) *das* - **3.** *fig* [persona] Dummkopf *der*.

aldea *f* kleines Dorf.

aldeano, na *m, f* Dorfbewohner *der*, -in *die*.

ale *interj* : **¡ale!** los!

aleación *f* - **1.** [acción] Legieren *das* - **2.** [producto] Legierung *die*.

aleatorio, ria *adj* zufällig.

aleccionar *vt* lehren.

alegación *f* Einwand *der*.

alegar [16] *vt* anlführen.

alegato *m* DER Verteidigungsschrift *die*.

alegoría *f* Allegorie *die*.

alegórico, ca *adj* allegorisch.

alegrar *vt* - **1.** [persona] erfreuen - **2.** *fig* [habitación, ambiente] beleben. ◆ **alegrarse** *vpr* - **1.** [sentir alegría] sich freuen ; **~se por alguien** sich für jn freuen ; **~se de** sich freuen über *(+A)* - **2.** *fig* [achisparse] einen Schwips bekommen.

alegre *adj* - **1.** [contento] froh - **2.** [que proporciona alegría] erfreulich - **3.** *fig* [irreflexivo] leichtsinnig - **4.** *fam* [borracho] angeheitert.

alegría *f* - **1.** [gozo, motivo de gozo] Freude *die* - **2.** [irreflexión] Leichtsinn *der*.

alejamiento *m* Distanz *die*.

alejar *vt* - **1.** [poner más lejos] entfernen - **2.** *fig* [ahuyentar] vertreiben. ◆ **alejarse** *vpr* : **~se de** [ponerse más lejos] sich entfernen von ; [apartarse] Abstand nehmen.

alelado, da *adj* blöd.

aleluya ◇ *m o f* Halleluja *das*. ◇ *interj* : **¡aleluya!** halleluja!

alemán, ana ◇ *adj* deutsch. ◇ *m, f* [persona] Deutsche *der, die*. ◆ **alemán** *m* [idioma] Deutsche *das*.

Alemania *f* Deutschland *das*.

alentador, ra *adj* ermutigend.

alentar [19] *vt* : **~ a alguien a hacer algo** jn ermutigen, etw zu tun.

alergia *f* Allergie *die*.

alérgico, ca *adj* allergisch ; **ser ~ a** allergisch sein gegen.

alero *m* - **1.** [del tejado] Dachvorsprung *der* - **2.** DEP Außenstürmer *der*, -in *die*.

alerta ◇ *adj inv* wachsam. ◇ *f* Alarm *der*. ◇ *adv* wachsam. ◇ *interj* : **¡alerta!** Vorsicht!

alertar *vt* warnen.

aleta *f* - **1.** [de peces] Flosse *die* - **2.** [para la natación] Schwimmflosse *die*.

aletargar [16] *vt* einlschläfern. ◆ **aletargarse** *vpr* in Schlaf sinken.

aletear *vi* [ave] flattern ; [pez] zappeln.
alevín *m* - **1.** [cría de pez] Fischbrut *die* - **2.** *fig* & DEP Anfänger *der*, -in *die*.
alevosía *f* [premeditación] Heimtücke *die*.
alfabetizar [13] *vt* - **1.** [palabras, letras] alphabetisch ordnen - **2.** [personas] alphabetisieren.
alfabeto *m* Alphabet *das*.
alfalfa *f* Luzerne *die*.
alfarería *f* - **1.** [técnica] Töpferhandwerk *das* - **2.** [lugar] Töpferei *die*.
alfarero, ra *m, f* Töpfer *der*, -in *die*.
alférez *m* MIL Leutnant *der*.
alfil *m* [en ajedrez] Läufer *der*.
alfiler *m* - **1.** [aguja] Stecknadel *die* - **2.** [joya] Anstecknadel *die*.
alfiletero *m* Nadelbüchse *die*.
alfombra *f* - **1.** [movible] Teppich *der* - **2.** *Amér* [fija] Teppichboden *der*.
alfombrilla *f* - **1.** [felpudo] Fußmatte *die* - **2.** [de baño] Badematte *die*.
alforja *f (gen pl)* Provianttasche *die*.
alga *f (el)* Alge *die*.
algarabía *f* - **1.** *fig* [habla confusa] Kauderwelsch *das* - **2.** *fig* [alboroto] Gezeter *das*.
algarroba *f* - **1.** [planta] Wicke *die* - **2.** [fruto] Johannisbrot *das*.
algarrobo *m* Johannisbrotbaum *der*.
algazara *f* Geschrei *das*.
álgebra *f (el)* MAT Algebra *die*.
álgido, da *adj* [culminante] kritisch.
algo ◇ *pron* - **1.** [alguna cosa] etwas ; **~ es ~** besser als gar nichts ; **por ~** mit gutem Grund - **2.** [cantidad pequeña] ein bisschen ; **~ de** [un poco] etwas - **3.** [cosa importante] : **se cree que es ~** er hält sich für wichtig. ◇ *adv* [un poco] ein bisschen.
algodón *m* - **1.** [planta] Baumwollstrauch *der* - **2.** [flor] Baumwollblüte *die* - **3.** [tejido] Baumwolle *die*. ◆ **algodón (hidrófilo)** *m* FARM Watte *die*.
algodonero, ra *adj* Baumwoll-.
alguacil *m* - **1.** [de ayuntamiento] Gemeindediener *der* - **2.** [de juzgado] Gerichtsdiener *der*.
alguien *pron* jemand.
alguno, na ◇ *adj (antes de sust masculino* **algún***)* - **1.** [indeterminado] irgendein, -e, ein paar ; **algún día** eines Tages ; **¿queda algún caramelo?** gibt es noch irgendein Bonbon? ; **algún que otro** manch ein, -e - **2.** *(después de sust)* [ninguno] kein, -e. ◇ *pron* [alguien] jemand ; **~s de** einige *(+D)* ; **~s (de) entre los espectadores** einige unter den Zuschauern.
alhaja *f lit* & *fig* Juwel *das*.
alhelí (*pl* **alhelíes**) *m* - **1.** [planta] Levkojenstrauch *der* - **2.** [flor] Levkoje *die*.
aliado, da *adj* verbündet.
alianza *f* - **1.** [pacto] Allianz *die* - **2.** [anillo] Ehering *der*.
aliar [9] *vt* vereinigen. ◆ **aliarse** *vpr* sich verbünden.
alias *m* Spitzname *der*.
alicaído, da *adj* - **1.** *fig* [débil] kraftlos - **2.** [triste] mutlos.
alicatar *vt* kacheln.
alicates *mpl* Zange *die*.
aliciente *m* Ansporn *der*.
alienación *f* - **1.** [estado de ánimo] Entfremdung *die* - **2.** [trastorno psíquico] Geistesgestörtheit *die*.
alienar *vt* - **1.** [enajenar] entfremden - **2.** [atontar] geistig verwirren.
alienígena *mf* Außerirdische *der, die*.
aliento *m* - **1.** [respiración] Atem *der* ; **cobrar ~** wieder zu Atem kommen ; **quedarse sin ~** [cortarse la respiración] außer Atem sein ; **se quedó sin ~** [sorprenderse, admirarse] ihm blieb die Luft weg - **2.** [hálito] Mundgeruch *der*.
aligerar *vt* - **1.** [peso] leichter machen - **2.** [ritmo] mäßigen - **3.** *fig* [aliviar] erleichtern.
alijo *m* Schmuggelware *die*.
alimaña *f* Raubzeug *das*.
alimentación *f* - **1.** [acción] Fütterung *die* - **2.** [comida] Ernährung *die* - **3.** [de máquina] Zufuhr *die*.
alimentador, ra *adj* TECN Zufuhr-. ◆ **alimentador** *m* INFORM Zuführung *die* ; **~ de papel** Papiereinzug *der*.
alimentar ◇ *vt* - **1.** [ser vivo] ernähren - **2.** [máquina] speisen - **3.** *fig* [sentimiento] nähren. ◇ *vi* [nutrir] nahrhaft sein. ◆ **alimentarse** *vpr* : **~se (de)** sich ernähren (von).
alimenticio, cia *adj* nahrhaft.
alimento *m* - **1.** [valor nutritivo] Nahrungsmittel *das* - **2.** [comida] Nahrung *die*.
alimón ◆ **al alimón** *loc adv* gemeinsam.
alineación *f* - **1.** [en espacio] Reihe *die* - **2.** DEP Aufstellung *die*.
alinear *vt* - **1.** [en espacio] auf|reihen - **2.** DEP auf|stellen. ◆ **alinearse** *vpr* POLÍT sich an|schließen *(+D)*.
aliñar *vt* CULIN an|machen.
aliño *m* CULIN Salatdressing *das*.
alioli *m* CULIN *Soße aus Knoblauch und Öl*.
alisar *vt* glätten. ◆ **alisarse** *vpr* sich glätten.
aliso *m* - **1.** [árbol] Erle *die* - **2.** [madera] Erlenholz *das*.
alistarse *vpr* MIL sich freiwillig melden.
aliviar [8] *vt* - **1.** [tos] lindern ; [sentimiento] erleichtern - **2.** [aligerar] entlasten.
alivio *m* Erleichterung *die*. ◆ **de alivio** *loc adj* furchtbar.
allá *adv* - **1.** [en aquel lugar] dort ; [a aquel lugar] dorthin - **2.** [tiempo pasado] damals ; [tiempo futuro] später - **3.** *loc* : **~ él/tú/ella**

das ist seine/deine/ihre Sache. ◆ **el más allá** *m* Jenseits *das.*
allanamiento *m* Hausdurchsuchung *die* ; ~ **de morada** Hausfriedensbruch *der.*
allanar *vt* - **1.** [por la fuerza] Hausfriedensbruch *der* begehen - **2.** *fig* [dificultad] beseitigen - **3.** [terreno] ebnen. ◆ **allanarse** *vpr* [conformarse] sich fügen.
allegado, da ◇ *adj einer Familie sehr nahe stehend.* ◇ *m, f* - **1.** [familiar] Verwandte *der, die* - **2.** [amigo] Freund *der,* -in *die.*
allí *adv* - **1.** [en aquel lugar] dort - **2.** [a aquel lugar] dorthin - **3.** [en tiempo] dahin.
alma *f (el)* - **1.** [moral, espíritu] Seele *die* - **2.** [persona] Mensch *der* - **3.** [núcleo] Kern *der* - **4.** *loc* : **llegar al ~** zu Herzen gehen ; **partir el ~** das Herz brechen ; **sentirlo en** o **con el ~** zutiefst bereuen.
almacén *m* Lager *das.* ◆ **(grandes) almacenes** *mpl* Kaufhaus *das.*
almacenar *vt* - **1.** [guardar] lagern - **2.** [reunir] auf|bewahren ; INFORM speichern.
almeja *f* (essbare) Venusmuschel.
almendra *f* Mandel *die.*
almendro *m* Mandelbaum *der.*
almíbar *m* Sirup *der* ; **en ~** eingezuckert.
almidón *m* Stärke *die.*
almidonar *vt* stärken.
almirantazgo *m* - **1.** [dignidad] Admiralität *die* - **2.** [de la Armada] Admiralsrang *der.*
almirante *m* MIL Admiral *der.*
almirez *m* Mörser *der.*
almizcle *m* Moschus *der.*
almohada *f* Kopfkissen *das.*
almohadón *m* Sofakissen *das.*
almorrana *f (gen pl)* Hämorride *die.*
almorzar [37] *vt* & *vi* - **1.** [al mediodía] zu Mittag essen - **2.** [a media mañana] ein zweites Frühstück machen.
almuerzo *m* - **1.** [al mediodía] Mittagessen *das* - **2.** [a media mañana] zweites Frühstück.
aló *interj Amér* [al teléfono] hallo.
alocado, da *m, f* Leichtsinnige *der, die.*
alojamiento *m* - **1.** [acción] Beherbergung *die* - **2.** [lugar] Unterkunft *die.*
alojar *vt* beherbergen. ◆ **alojarse** *vpr* [hospedarse] wohnen.
alondra *f* Lerche *die.*
alpaca *f* - **1.** [animal] Alpaka *das* - **2.** [tejido] Alpakawolle *die* - **3.** MIN Alpaka *das.*
alpargata *f (gen pl)* Espadrille *die.*
Alpes *mpl* : **los ~** die Alpen.
alpinista *mf* Bergsteiger *der,* -in *die.*
alpino, na *adj* - **1.** [de los Alpes] Alpen- - **2.** DEP alpin.
alpiste *m* - **1.** [planta] Kanariengras *das* - **2.** [semilla] Kanariengrassaat *die.*
alquilar *vt* - **1.** [tomar en alquiler] mieten - **2.** [ceder en alquiler] vermieten.
alquiler *m* Miete *die* ; **de ~** Miet-.
alquimia *f* Alchemie *die.*
alquitrán *m* Teer *der.*
alrededor *adv* - **1.** [lugar] ringsumher ; ~ **de um** ... herum - **2.** [aproximadamente] : ~ **de** ungefähr. ◆ **alrededores** *mpl* Umgebung *die.*
alta *f* ▷ alto.
altanería *f* Hochmut *der.*
altar *m* Altar *der.*
altavoz *m* Lautsprecher *der.*
alteración *f* - **1.** [cambio] Veränderung *die* ; [de alimento] Verderben *das* - **2.** [excitación] Aufregung *die* - **3.** [alboroto] Störung *die.*
alterar *vt* - **1.** [cambiar] verändern - **2.** [perturbar] stören. ◆ **alterarse** *vpr* - **1.** [perturbarse] sich auf|regen - **2.** [estropearse] schlecht werden.
altercado *m* Auseinandersetzung *die.*
alternador *m* ELECTR Wechselstromgenerator *der.*
alternar ◇ *vt* ab|wechseln. ◇ *vi* - **1.** [relacionarse] : ~ **con** verkehren mit - **2.** [sucederse] : ~ **con** sich ab|wechseln mit - **3.** [mujer] *als Bardame arbeiten.* ◆ **alternarse** *vpr* sich ab|wechseln.
alternativo, va *adj* - **1.** [alterno] abwechselnd - **2.** [opcional] alternativ. ◆ **alternativa** *f* [opción] Alternative *die.*
alterne ◆ **de alterne** *loc adj* Animier-.
alterno, na *adj* - **1.** [con alternancia] abwechselnd - **2.** GEOM & ELECTR Wechsel-.
alteza *f fig* [de sentimientos] Erhabenheit *die.* ◆ **Alteza** *f* [tratamiento] Hoheit *die* ; **Su Alteza Real** Seine/Ihre Königliche Hoheit.
altibajos *mpl* - **1.** [de terreno] Unebenheiten *pl* - **2.** [de suceso] Höhen und Tiefen.
altillo *m* - **1.** [en armario] (Schrank)aufsatz *der* - **2.** [en habitación] Zwischendecke *die.*
altísimo, ma *adj* höchst.
altisonante *adj* hochtrabend.
altitud *f* Höhe *die.*
altivo, va *adj* hochmütig.
alto, ta *adj* - **1.** [gen] hoch - **2.** [ser vivo] groß - **3.** [ruidoso] laut - **4.** *fig* [superior] höher - **5.** [avanzado] vorgerückt - **6.** [en geografía] Ober- - **7.** [de época anterior] Hoch-. ◆ **alto** ◇ *m* - **1.** [altura] Höhe *die* - **2.** [interrupción] Rast *die* - **3.** [lugar elevado] Anhöhe *die* ; **en lo ~ de** oben auf *(+D)* - **4.** MÚS Altstimme *die* - **5.** *loc* : **pasar por ~** übersehen ; **por todo lo ~** mit allem Prunk. ◇ *adv* - **1.** [arriba] hoch - **2.** [sonido] laut. ◇ *interj* : **¡alto!** halt! ◆ **alta** *f (el)* - **1.** [de enfermedad] Arbeitsfähigkeitsattest *das* ; **dar de alta** o **el alta** gesund|schreiben - **2.** [documento] Gesundschreibung *die* - **3.** [en una asociación] Beitritt *der* ; **darse de alta** [incorporarse a] beitreten ; [en Hacienda] für eine berufliche Aktivität zu|lassen.
altoparlante *m Amér* Lautsprecher *der.*

altramuz *m* [plánta] Lupine *die*.
altruismo *m* Selbstlosigkeit *die*.
altura *f* - **1.** [gen] Höhe *die* - **2.** [de ser vivo] Größe *die* ; [de cosa] Höhe - **3.** GEOM Scheitelpunkt *der* - **4.** [cumbre] Gipfel *der* - **5.** [valor] Wert *der* ; **a la ~ de algo/alguien** auf der Höhe von etw/jm. ◆ **alturas** *fpl* [cielo] Himmel *der* ; **a estas alturas** bei diesem Stand der Dinge *fig*.
alubia *f* Bohne *die*.
alucinación *f* Halluzination *die*.
alucinado, da *adj* - **1.** [que tiene alucinaciones] unter Halluzinationen leidend - **2.** *fam fig* [sorprendido] verblüfft.
alucinante *adj* - **1.** [con alucinaciones] sinnestäuschend - **2.** *fam fig* [extraordinario] unglaublich.
alucinar *vi* - **1.** [desvariar] halluzinieren - **2.** *fam* [soñar] spinnen.
alucine *m mfam* Wahnsinn *der* ; **de ~** wahnsinnig.
alucinógeno, na *adj* halluzinogen. ◆ **alucinógeno** *m* Halluzinogen *das*.
alud *m* [de nieve] Lawine *die*.
aludido, da *m, f* Erwähnte *der, die* ; **darse por ~** sich angesprochen fühlen.
aludir *vi* : **~ a** [sin mencionar] an|spielen auf *(+A)* ; [mencionando] etw erwähnen.
alumbrado *m* Beleuchtung *die*.
alumbramiento *m* - **1.** [iluminación] Beleuchtung *die* - **2.** [parto] Geburt *die*.
alumbrar ◇ *vt* - **1.** [iluminar] beleuchten - **2.** [instruir] ein|leuchten. ◇ *vi* [iluminar] leuchten.
aluminio *m* Aluminium *das*.
alumno, na *m, f* [de escuela] Schüler *der*, -in *die* ; [de universidad] Student *der*, -in *die*.
alunizar [13] *vi* auf dem Mond landen.
alusión *f* Anspielung *die* ; **hacer ~ a** an|spielen auf *(+A)*.
alusivo, va *adj* : **~ (a)** bezüglich auf *(+A)*.
aluvión *m* - **1.** [inundación] Überschwemmung *die* - **2.** [depósito] Anschwemmung *die*.
alvéolo, alveolo *m* ANAT Alveole *die*.
alza *f (el)* Anstieg *der* ; **en ~** ansteigend.
alzamiento *m* Aufstand *der*.
alzar [13] *vt* - **1.** [de abajo a arriba] heben - **2.** [aumentar] an|heben - **3.** [a un lugar más alto] hoch|heben - **4.** [construir] errichten - **5.** [sublevar] auf|wiegeln - **6.** [en posición vertical] auf|richten. ◆ **alzarse** *vpr* - **1.** [levantarse] sich heben - **2.** [sublevarse] sich erheben - **3.** [conseguir] : **~se con algo** mit etw *(+D)* durch|gehen.
a.m. (*abrev de* **ante meridiem**) a. m.
ama *f* ▷ **amo**.
amabilidad *f* Liebenswürdigkeit *die*.
amabilísimo, ma *superl* ▷ **amable**.
amable *adj* freundlich.
amaestrar *vt* dressieren.
amagar [16] ◇ *vt* - **1.** [dar indicios de] drohen - **2.** [mostrar intención] an|drohen. ◇ *vi* [ser inminente] bevor|stehen.
amago *m* - **1.** [indicio] Anzeichen *das* - **2.** [amenaza] Drohung *die*.
amainar ◇ *vt* NÁUT streichen. ◇ *vi lit & fig* nach|lassen.
amalgamar *vt* - **1.** QUÍM amalgamieren - **2.** *fig* [mezclar] vermischen.
amamantar *vt* [suj : animal] säugen ; [suj : persona] stillen.
amanecer [30] ◇ *m* Tagesanbruch *der*. ◇ *v impers* [día] Tag werden. ◇ *vi* [en un lugar] bei Tagesanbruch an|kommen.
amanerado, da *adj* - **1.** [afeminado] weibisch - **2.** [afectado, sin naturalidad] affektiert.
amanita *f* Blätterpilz *der* ; **~ faloide** grüner Knollenblätterpilz ; **~ muscaria** Fliegenpilz *der*.
amansar *vt* - **1.** [animal] zähmen - **2.** *fig* [persona] besänftigen - **3.** *fig* [pasiones] besänftigen. ◆ **amansarse** *vpr* sich beruhigen.
amante *mf* - **1.** [querido] Geliebte *der, die* - **2.** *fig* [aficionado a] : **~ de algo** Liebhaber einer Sache *(G)* sein ; **~ de hacer algo** etw gerne tun.
amañar *vt* [falsear] zurechtbiegen.
amaño *m (gen pl)* [treta] Kniff *der*.
amapola *f* - **1.** [planta] Klatschmohn *der* - **2.** [flor] Mohnblume *die*.
amar [1] *vt* lieben.
amaranto *m* - **1.** [planta] Amarant *der* - **2.** [flor] Amarantblüte *die*.
amarar *vi* wassern (auf *(+D)*).
amargado, da ◇ *adj* [resentido] verbittert. ◇ *m, f* verbitterter Mensch.
amargar [16] *vt* - **1.** [comida] bitter machen - **2.** *fig* [estropear] verderben. ◆ **amargarse** *vpr* - **1.** [suj : alimento] bitter werden - **2.** *fig* [suj : persona] verbittert werden.
amargo, ga, amargoso, sa *Amér adj lit & fig* bitter.
amargura *f* [pena] Kummer *der* ; [sentimiento] Verbitterung *die*.
amarillento, ta *adj* gelblich.
amarillo, lla, amarilloso, sa *Amér adj* - **1.** [color] gelb - **2.** PRENSA Boulevard-. ◆ **amarillo** *m* Gelb *das*.
amariposado, da *adj* [afeminado] weibisch.
amarra *f* NÁUT Tau *das* ; **largar** o **soltar ~s** ablegen.
amarrado, da *adj Amér* angebunden.
amarrar *vt* - **1.** NÁUT vertäuen - **2.** [atar] an|binden ; **~ algo/a alguien a algo** etw/jn an etw an|binden - **3.** *Amér* [asegurar] fest|schnallen.
amarre *m* NÁUT Vertäuung *die*.

amartillar *vt* spannen.
amasar *vt* - **1.** [masa] kneten - **2.** *fam fig* [riquezas] an|häufen.
amasia *f Amér* Konkubine *die.*
amasiato *m Amér* Konkubinat *das.*
amasijo *m fam fig* [mezcla] Wirrwarr *das.*
amateur [ama'ter] (*pl* **amateurs**) ◇ *adj* Amateur-. ◇ *m, f* Amateur *der,* -in *die.*
amatista *f* Amethyst *der.*
amazacotado, da *adj* [comida] schwer.
amazona *f* - **1.** MITOL Amazone *die* - **2.** *fig* [jinete] Reiterin *die.*
Amazonas *m* : **el ~** der Amazonas.
ámbar ◇ *m* [resina] Bernstein *der.* ◇ *adj inv* [color] bernsteinfarben.
ambición *f* Ehrgeiz *der.*
ambicionar *vt* sehnlichst wünschen.
ambicioso, sa ◇ *adj* ehrgeizig. ◇ *m, f* [persona] ehrgeiziger Mensch.
ambidextro, tra ◇ *adj* beidhändig. ◇ *m, f* Beidhänder *der,* -in *die.*
ambientación *f* - **1.** [en cine, teatro] Inszenierung *die* - **2.** [en radio] Atmosphäre *die.*
ambientador *m* Luftverbesserer *der.*
ambiental *adj* Umwelt-.
ambiente ◇ *adj* Umgebungs-. ◇ *m* - **1.** [ámbito] Milieu *das* - **2.** [aire] Umgebungsluft *die* - **3.** [medio moral] Milieu *das* - **4.** [animación] Stimmung *die* - **5.** *Amér* [habitación] Raum *der.*
ambigüedad *f* Zweideutigkeit *die.*
ambiguo, gua *adj* - **1.** [lenguaje] zweideutig - **2.** [carácter] widersprüchlich.
ámbito *m* [zona, ambiente] Bereich *der*; [alcance] Gebiet *das.*
ambivalente *adj* ambivalent.
ambos, bas ◇ *adj pl* beide. ◇ *pron pl* beide.
ambulancia *f* [vehículo] Krankenwagen *der.*
ambulante *adj* umherreisend.
ambulatorio *m Sprechzimmer der staatlichen spanischen Krankenversicherung.*
ameba, amiba *f* Amöbe *die.*
amedrentar *vt* ein|schüchtern. ◆ **amedrentarse** *vpr* sich ein|schüchtern lassen.
amén *adv* [en plegaria] amen. ◆ **amén de** *loc prep* - **1.** *desus* [además de] außerdem - **2.** [excepto] außer.
amenaza *f* Drohung *die* ; **~ de bomba** Bombendrohung *die* ; **~ de muerte** Morddrohung *die.*
amenazar [13] *vt* - **1.** [de palabra, de acto] drohen ; **~ a alguien de algo** jm etw an|drohen - **2.** [presagiar daño] drohen.
amenizar [13] *vt fig* angenehm gestalten.
ameno, na *adj* [espectáculo] unterhaltsam ; [persona] angenehm.
América *f* Amerika *das* ; **~ Central** Mittelamerika ; **~ del Norte** Nordamerika ; **~ del Sur** Südamerika.
americana *f* - **1.** [chaqueta] Jackett *das* - **2.** ⊳ **americano.**
americanismo *m* - **1.** [carácter] amerikanische Prägung - **2.** [palabra] Lateinamerikanismus *der.*
americano, na ◇ *adj* amerikanisch. ◇ *m, f* Amerikaner *der,* -in *die.*
amerizar [13] *vi* wassern.
ametralladora *f* [arma] Maschinengewehr *das.*
ametrallar *vt* - **1.** [con ametralladora] mit einem Maschinengewehr beschießen - **2.** [con metralla] durchlöchern.
amianto *m* Asbest *der.*
amiba = **ameba.**
amigable *adj* [amistoso] freundschaftlich.
amígdala *f* ANAT Mandel *die.*
amigdalitis *f* MED Mandelentzündung *die.*
amigo, ga ◇ *adj* - **1.** [de persona] befreundet ; **hacerse ~ de** js Freund werden ; **hacerse ~s** sich befreunden - **2.** [aficionado] : **~ de** zugetan *(+D)* - **3.** [amistoso] freundschaftlich. ◇ *m, f* - **1.** [persona] Freund *der,* -in *die* - **2.** *fam* [novio] Freund *der,* -in *die* - **3.** [tratamiento afectuoso] Freund *der,* -in *die.*
amigote, amiguete *m fam* Kumpel *der.*
aminoácido *m* QUÍM Aminosäure *die.*
aminorar ◇ *vt* vermindern. ◇ *vi* nach|lassen.
amistad *f* Freundschaft *die* ; **hacer** o **trabar ~** Freundschaft schließen. ◆ **amistades** *fpl* Bekannte *pl.*
amistoso, sa *adj* - **1.** [cordial] freundschaftlich - **2.** DEP Freundschafts-.
amnesia *f* Gedächtnisschwund *der.*
amnésico, ca ◇ *adj unter Gedächtnisschwund leidend.* ◇ *m, f unter Gedächtnisschwund Leidender.*
amnistía *f* Amnestie *die* ; **~ fiscal** ECON Steueramnestie *die.*
amnistiar [9] *vtr* amnestieren.
amo, ama *m, f* - **1.** [propietario] Eigentümer *der,* -in *die* - **2.** [de animal] Herrchen *das,* Frauchen *das* - **3.** [de criado] Dienstherr *der,* -in *die* - **4.** *fig* [de situación] Herr. ◆ **ama de casa** *f* Hausfrau *die.* ◆ **ama de cría** *f* Amme *die.* ◆ **ama de llaves** *f* Wirtschafterin *die.*
amodorrarse *vpr* schläfrig werden.
amoldar *vt* [adaptar] an|passen ; **~ algo a algo** eine Sache *(A)* an etw *(A)* an|passen. ◆ **amoldarse** *vpr* [adaptarse] sich an|passen ; **~se a** sich an|passen an *(+A).*
amonestación *f* - **1.** [reprimenda] Ermahnung *die* - **2.** [para matrimonio] Aufgebot *das* - **3.** DEP Verwarnung *die.*

amonestar *vt* [subordinado] verwarnen.
amoníaco, amoniaco *m* Ammoniak *das*.
amontonar *vt* - **1.** [apilar] stapeln - **2.** [reunir] an|sammeln. ◆ **amontonarse** *vpr* - **1.** [personas] sich an|sammeln - **2.** [asuntos] sich an|häufen.
amor *m* Liebe *die* ; **hacer el ~** miteinander schlafen ; **por ~ al arte** aus Liebe zur Kunst ; **¡por el ~ de Dios!** um Gottes willen! ◆ **amor propio** *m* Stolz *der*.
amoral *adj* unmoralisch.
amoratado, da *adj* blau angelaufen.
amordazar [13] *vt* [animal] einen Maulkorb an|legen ; [persona] knebeln.
amorfo, fa *adj* - **1.** [sin forma] amorph - **2.** *fig* [persona] gestaltlos.
amorío *m fam* Liebelei *die*.
amoroso, sa *adj* [gen] liebevoll ; [carta, relación] Liebes-.
amortajar *vt* ins Leichentuch hüllen.
amortiguador, ra *adj* dämpfend. ◆ **amortiguador** *m* Stoßdämpfer *der*.
amortiguar [45] *vt* dämpfen. ◆ **amortiguarse** *vpr* nach|lassen.
amortización *f* - **1.** [de deuda] Tilgung *die* - **2.** [de inversión] Amortisierung *die*.
amortizar [13] *vt* - **1.** [sacar provecho] sich bezahlt machen - **2.** ECON [préstamo] tilgen - **3.** ECON [inversión] amortisieren.
amotinar *vt* auf|wiegeln. ◆ **amotinarse** *vpr* rebellieren.
amparar *vt* - **1.** [proteger] (be)schützen - **2.** [dar cobijo a] : **~a alguien** sich js *(G)* annehmen. ◆ **ampararse** *vpr* - **1.** *fig* [protegerse] : **~se en** sich berufen auf - **2.** [refugiarse] : **~se de** o **contra** sich schützen vor *(D)*.
amparo *m* [protección] Schutz *der* ; **al ~ de** [persona, ley] unter dem Schutz *(+G)* ; [cosa] im Schutz *(+G)*.
amperio *m* ELECTR Ampere *das*.
ampliación *f* - **1.** FOTO Vergrößerung *die* - **2.** [aumento] Erweiterung *die* ; **~ de capital** ECON Kapitalerhöhung *die*.
ampliar [9] *vt* - **1.** [gen] vergrößern - **2.** [plazo] verlängern - **3.** [estudios] vertiefen.
amplificación *f* ELECTR Verstärkung *die*.
amplificador, ra *adj* verstärkend. ◆ **amplificador** *m* Verstärker *der*.
amplificar [10] *vt* ELECTR verstärken.
amplio, plia *adj* - **1.** [espacioso] groß - **2.** [extenso] weitläufig.
amplitud *f* - **1.** [espaciosidad] Weitläufigkeit *die* - **2.** *fig* [extensión] Umfang *der* ; **~ de miras** Verständnis *das*.
ampolla *f* - **1.** [en piel] Blase *die* - **2.** [para inyecciones, frasco] Ampulle *die*.
ampuloso, sa *adj* geschwollen.
amputar *vt* amputieren.
Amsterdam *m* Amsterdam *nt*.
amueblar *vt* möblieren.
amuleto *m* Amulett *das*.
amurallar *vt* mit einer Mauer umgeben.
anacoreta *mf* Einsiedler *der*, -in *die*.
anacrónico, ca *adj* anachronistisch.
anagrama *m* Anagramm *das*.
anal *adj* ANAT anal.
anales *mpl* - **1.** [anuario] Jahrbuch *das* - **2.** HIST Annalen *pl*.
analfabetismo *m* Analphabetismus *der*.
analfabeto, ta ◇ *adj* analphabetisch. ◇ *m, f* Analphabet *der*, -in *die*.
analgésico, ca *adj* schmerzstillend. ◆ **analgésico** *m* Schmerzmittel *das*.
análisis *m* - **1.** [gen] Analyse ; **~ gramatical** grammatikalische Analyse - **2.** MED Untersuchung *die* ; **~ clínico** klinische Untersuchung ; **~ de orina** Urinuntersuchung *die* ; **~ de sangre** Blutuntersuchung *die* - **3.** MAT Analysis *die* - **4.** INFORM Systemanalyse *die*.
analista *mf* - **1.** [de tema] Analytiker *der*, -in *die* - **2.** [de sangre] Laborant *der*, -in *die* - **3.** INFORM.
analizar [13] *vt* analysieren.
analogía *f* Analogie *die* ; **por ~** aufgrund der Analogie.
analógico, ca *adj* - **1.** [análogo, parecido] ähnlich - **2.** [no digital] Analog-.
análogo, ga *adj* analog ; **~ a algo** einer Sache *(D)* ähnlich.
ananá (*pl* **ananaes**), **ananás** (*pl* **ananases**) *m Amér* Ananas *die*.
anaranjado, da *adj* orangefarben.
anarquía *f* - **1.** [doctrina política] Anarchie *die* - **2.** *fig* [desorden, confusión] Unordnung *die*.
anárquico, ca *adj* - **1.** [sin gobierno] anarchisch - **2.** *fig* [desordenado] anarchisch.
anarquismo *m* Anarchismus *der*.
anarquista ◇ *adj* anarchistisch. ◇ *mf* Anarchist *der*, -in *die*.
anatema *m* - **1.** [maldición] Fluch *der* - **2.** RELIG Anathem(a) *das*.
anatomía *f* Anatomie *die*.
anatómico, ca *adj* anatomisch.
anca *f (el)* Kruppe *die* ; **~s de rana** Froschschenkel *pl*.
ancestral *adj* uralt.
ancho, cha *adj* - **1.** [amplio] breit - **2.** [holgado] weit - **3.** *loc* : **sentirse a sus anchas** sich wohl fühlen ; **quedarse tan ~** völlig ungerührt bleiben. ◆ **ancho** *m* [medida] Breite *die* ; **a lo ~ (de)** entlang *(G)* ◆ **ancho de banda** *m* [radio] Bandbreite *die*.
anchoa *f* Sardelle *die*.
anchura *f* - **1.** [medida] Breite *die* - **2.** *fig* [holgura] Weite *die*.
anciano, na ◇ *adj* alt. ◇ *m, f* Greis *der*, -in *die*.
ancla *f (el)* Anker *der*.
anclar *vi* ankern.

andadas *fpl* : **volver a las ~** *fig fam* rückfällig werden.
andadura *f* Fußmarsch *der*.
ándale, ándele *interj Amér fam* - **1.** [para aprobar] in Ordnung - **2.** [para incitar] gut.
Andalucía *f* Andalusien *nt*.
andalucismo *m* - **1.** POLÍT *politische und kulturelle Bewegung zur Erhaltung der andalusischen Werte* - **2.** [palabra] *andalusische Redensart*.
andaluz, za ◇ *adj* andalusisch. ◇ *m, f* Andalusier *der*, -in *die*.
andamio *m* Baugerüst *das*.
andanada *f fig* [reprensión] Rüge *die*.
andando *interj* los!
andante ◇ *adj* [que anda] wandernd. ◇ *m* MÚS Andante *das*.
andanza *f (gen pl)* [aventura] Abenteuer *das*.
andar[1] [52] ◇ *vi* - **1.** [caminar] laufen, gehen - **2.** [moverse] sich fort|bewegen - **3.** [mecanismo] gehen, laufen - **4.** *(antes de adverb)* [asunto, situación] laufen ; **~ mal de dinero** schlecht bei Kasse sein - **5.** [estar] sein - **6.** [en localización dudosa] sich irgendwo befinden - **7.** *(antes de gerundio)* : **~ haciendo algo** etw *(A)* gerade tun - **8.** [perseguir] : **~ tras algo/alguien** etw/jn suchen - **9.** [ocuparse] : **~ en algo** sich mit einer Sache *(D)* beschäftigen - **10.** *(antes de 'a' y de sust pl)* [golpes, patadas] verteilen - **11.** *(seguido de una cantidad)* [alcanzar, rondar] : **~ por** ungefähr erreichen. ◇ *vt* [recorrer] zurück|legen. ◆ **andarse** *vpr* [obrar] : **~se con algo** etw machen ; **~se con cuidado** vorsichtig sein. ◆ **¡anda!** *interj* Na, sowas!
andar[2] *m* [de animal] Gang *der*. ◆ **andares** *mpl* [de persona] Verhalten *das* ; **tener ~es de** sich aufführen wie.
andas *fpl* : **llevar en ~** *fig* auf Händen tragen.
ándele = **ándale**.
andén *m* - **1.** [de estación] Bahnsteig *der* - **2.** *Amér* [de tierra] Bergterrasse *die* - **3.** *Amér* [acera] Fußgängerweg *der*.
Andes *mpl* : **los ~** die Anden.
andinismo *m Amér Bergsteigen in den Anden*.
andino, na ◇ *adj* Anden-. ◇ *m, f* Andenbewohner *der*, -in *die*.
Andorra *f* : **(el principado de) ~** (das Fürstentum) Andorra.
andorrano, na ◇ *adj* andorranisch. ◇ *m, f* Andorraner *der*, -in *die*.
andrajo *m* [ropa rota] Lumpen *der*.
andrajoso, sa ◇ *adj* zerlumpt. ◇ *m, f* Vagabund *der*, -in *die*.
andrógino, na *adj* zwittrig. ◆ **andrógino** *m* Zwitter *der*.
androide ◇ *adj* [masculino] männlich. ◇ *m* [autómata] Androide *der*.
andurriales *mpl* abgelegene Gegend ; **¿qué haces por estos ~?** was hat dich denn hierher verschlagen?
anécdota *f* Anekdote *die*.
anecdótico, ca *adj* - **1.** [relato] anekdotisch - **2.** [no esencial] unwesentlich.
anegar [16] *vt* [terreno] überschwemmen. ◆ **anegarse** *vpr* [inundarse] überschwemmt werden.
anemia *f* Anämie *die*.
anémona *f* [planta, flor] Anemone *die*.
anestesia *f* Anästhesie *die*.
anestésico, ca *adj* FARM anästhetisch. ◆ **anestésico** *m* [medicamento] Anästhetikum *das*.
anexar *vt* bei|legen.
anexión *f* Annexion *die*.
anexo, xa *adj* anliegend. ◆ **anexo** *m* Anbau *der*.
anfetamina *f* Amphetamin *das*.
anfibio, bia *adj* - **1.** [animal, planta] amphibisch - **2.** *fig* [de tierra y mar] Amphibien-. ◆ **anfibios** *mpl* Amphibien *pl*.
anfiteatro *m* - **1.** [en cine, teatro] Rang *der* - **2.** [edificio] Amphitheater *das*.
anfitrión, ona ◇ *adj* gastgebend. ◇ *m, f* Gastgeber *der*, -in *die*.
ángel *m lit & fig* Engel *der* ; **tener ~** charmant sein ; **~ custodio** o **de la guarda** Schutzengel.
angelical *adj* [bondadoso] engelsgleich.
angina *f (gen pl)* - **1.** [amigdalitis] Angina *die* ; **tener ~s** eine Mandelentzündung haben - **2.** [órgano] Mandeln *pl*. ◆ **angina de pecho** *f* MED Angina Pectoris *die*.
anglicano, na ◇ *adj* anglikanisch. ◇ *m, f* Anglikaner *der*, -in *die*.
anglicismo *m* Anglizismus *der*.
angloamericano, na ◇ *adj* angloamerikanisch. ◇ *m, f* Angloamerikaner *der*, -in *die*.
anglosajón, ona ◇ *adj* angelsächsisch. ◇ *m, f* - **1.** [habitantes] Angelsachse *der*, -sächsin *die* - **2.** HIST [pueblo germánico] Angelsachsen *pl*.
Angola *f* Angola *nt*.
angora *f* [tejido] Angora *das*.
angosto, ta *adj Amér o culto* eng.
angostura *f* - **1.** [de lugar] Enge *die* - **2.** [extracto] Angostura *der*.
anguila *f* [pez] Aal *der*.
angula *f* Glasaal *der*.
angular *adj* eckig. ◆ **gran angular** *m* FOTO Weitwinkel *der*.
ángulo *m* - **1.** [gen] Winkel *der* - **2.** [esquina, rincón] Ecke *die*.
anguloso, sa *adj* eckig.
angustia *f* - **1.** [aflicción] Angst *die* - **2.** PSICOL Beklemmung *die*.
angustiar [8] *vt* beängstigen. ◆ **angustiarse** *vpr* sich quälen.

angustioso, sa *adj* beängstigend.
anhelar *vt* ersehnen.
anhelo *m* Sehnsucht *die*.
anhídrido *m* QUÍM Anhydrid *das*.
anidar *vi* nisten.
anilla *f* Ring *der*. ◆ **anillas** *fpl* DEP Ringe *pl*.
anillo *m* - **1.** ASTRON [gen] Ring *der* ; **~ de boda** Ehering *der* - **2.** ZOOL Windung *die*.
ánima *f (el)* [alma] Seele *die*.
animación *f* - **1.** [vivacidad, alegría] Lebhaftigkeit *die* - **2.** [afluencia de gente] Menschenansammlung *die* - **3.** [movimiento] Animation *die*.
animado, da *adj* - **1.** [con buen ánimo] gut gelaunt - **2.** [alegre, divertido] fröhlich - **3.** [con movimiento] animiert.
animador, ra *m, f* - **1.** [en espectáculo] Unterhalter *der*, -in *die* - **2.** [en fiesta de niños] Animateur *der*, -in *die*.
animal ◇ *adj* - **1.** [especie] tierisch - **2.** [persona] ungehobelt. ◇ *mf fam fig* [persona] Biest *das*. ◇ *m* Tier *das* ; **~ doméstico** o **de compañía** Haustier *das*.
animalada *f fam fig* Dummheit *die*.
animar *vt* - **1.** [estimular] ermuntern - **2.** [alegrar] erheitern - **3.** [cosa inanimada] beleben. ◆ **animarse** *vpr* - **1.** [alegrarse] in Schwung kommen - **2.** [atreverse] Mut fassen ; **~se a hacer algo** sich auf|raffen etw zu tun.
ánimo ◇ *m* - **1.** [energía, valor] Mut *der* - **2.** [intención] : **con/sin ~ de** mit/ohne Absicht - **3.** [humor] Laune *die*. ◇ *interj* [para alentar] : **¡ánimo!** nur Mut!
animoso, sa *adj* mutig.
aniñado, da *adj* kindlich.
aniquilar *vt* vernichten.
anís *m* [planta, grano] Anis *der*.
aniversario *m* Jahrestag *der*.
ano *m* After *der*.
anoche *adv* gestern Abend o Nacht ; **antes de ~** vorgestern Abend o Nacht.
anochecer [30] ◇ *m* Einbruch der Dunkelheit *der* ; **al ~** bei Einbruch der Dunkelheit. ◇ *v impers* dunkel werden. ◇ *vi* bei Einbruch der Nacht ein|treffen.
anodino, na *adj* [sin gracia] fade.
ánodo *m* ELECTR Anode *die*.
anomalía *f* Anomalie *die*.
anómalo, la *adj* anomal.
anonadado, da *adj* niedergeschmettert.
anonimato *m* Anonymität *die*.
anónimo, ma *adj* anonym. ◆ **anónimo** *m* anonymer Brief.
anorexia *f* MED Magersucht *die*.
anormal ◇ *adj* - **1.** [anómalo] anormal - **2.** *despec* [subnormal] zurückgeblieben. ◇ *mf despec* Behinderte *der, die*.
anotación *f* [nota] Notiz *die*.
anotar *vt* - **1.** [datos] notieren - **2.** [puntos] Punkte erzielen.
anquilosamiento *m* - **1.** [estancamiento] Stagnation *die* - **2.** MED Ankylose *die*.
anquilosarse *vpr* - **1.** [estancarse] stagnieren - **2.** MED steif werden.
ansia *f (el)* - **1.** [afán] : **~ de** Sucht nach - **2.** [ansiedad] Beklemmung *die*. ◆ **ansias** *fpl* [náuseas] Brechreiz *der*.
ansiar [9] *vt* : **~ hacer algo** große Lust haben, etw zu tun.
ansiedad *f* - **1.** [inquietud] Ungeduld *die* - **2.** PSICOL Seelenangst *die*.
ansioso, sa *adj* - **1.** [impaciente] unruhig ; **estar ~ por** o **de algo** erpicht auf etw *(A)* sein - **2.** [angustiado] beklommen.
antagónico, ca *adj* gegensätzlich.
antagonista *mf* Gegner *der*, -in *die*.
antaño *adv* einst.
antártico, ca *adj* antarktisch. ◆ **Antártico** *m* : **el (océano) Antártico** Antarktis *die*.
Antártida *f* : **la ~** die Antarktis, die Antarktika.
ante[1] *m* - **1.** [piel curtida] Wildleder *das* - **2.** [animal] Büffel *der*.
ante[2] *prep* - **1.** [en presencia de] in Gegenwart von - **2.** [frente a] angesichts einer Sache *(G)* - **3.** [respecto de, delante de] vor *(+D)*.
anteanoche *adv* vorgestern Abend o Nacht.
anteayer *adv* vorgestern.
antebrazo *m* Unterarm *der*.
antecedente ◇ *adj* vorhergehend. ◇ *m* - **1.** *(gen pl)* [de persona] Vorleben *das* ; **poner en ~s** auf den neuesten Stand bringen - **2.** GRAM Bezugswort *das* - **3.** MAT Vorderglied *das*.
anteceder *vi* : **~ a** voraus|gehen *(+D)*.
antecesor, ra *m, f* [predecesor] Vorgänger *der*, -in *die*.
antediluviano, na *adj* - **1.** [anterior al diluvio] vorsintflutlich - **2.** [antiquísimo] vorsintflutlich.
antelación *f* : **con ~** vorher.
antemano ◆ **de antemano** *loc adv* im Voraus.
antena *f* - **1.** ELECTR Antenne *die* ; **~ colectiva** Gemeinschaftsantenne *die* ; **~ parabólica** Parabolantenne *die* - **2.** ZOOL Fühler *der*.
anteojos *mpl Amér* Brille *die*.
antepasado, da *m, f* Vorfahre *der*, -rin *die*.
antepenúltimo, ma ◇ *adj* vorvorletzte, -r, -s. ◇ *m, f* Drittletzte *der, die, das*.
anteponer [65] *vt* - **1.** [poner delante] voran|stellen - **2.** [dar preferencia] den Vorrang ein|räumen. ◆ **anteponerse** *vpr* : **~se a** voran|gehen *(+D)*.
anterior *adj* - **1.** [que sucede antes] vorige,

-er, -es ; ~ **a** früher als - **2.** [que está delante] Vorder- ; ~ **a** vor *(+D)*.

anterioridad *f* : **con** ~ früher.

antes ◇ *adv* - **1.** [antiguamente] früher - **2.** [en un tiempo anterior a otro] vorher ; ~ **de algo** vor etw *(D)* ; ~ **de hacer algo** bevor etw getan wird - **3.** [en el espacio] davor ; ~ **de** o **que** vor - **4.** [primero] zuerst. ◇ *adj (seguido de sustantivos que indican tiempo)* davor. ◆ **antes de** *loc prep (para expresar preferencia)* eher. ◆ **antes (de) que** *loc conj (prioridad en el tiempo)* bevor.

antesala *f* - **1.** [vestíbulo] Vorzimmer *das* - **2.** [víspera] Vorabend *der*.

antiabortista ◇ *adj* Antiabtreibungs-. ◇ *mf* Abtreibungsgegner *der*, -in *die*.

antiadherente *adj* Antihaft-.

antiaéreo, a *adj* Flugabwehr-.

antiarrugas *adj inv* Antifalten-.

antibala, antibalas *adj inv* kugelsicher.

antibiótico, ca *adj* antibiotisch. ◆ **antibiótico** *m* FARM Antibiotikum *das*.

anticiclón *m* METEOR Hoch(druckgebiet) *das*.

anticipación *f* Verfrühen *das* ; **con** ~ verfrüht ; **con** ~ **a algo** vor einer Sache *(D)*.

anticipado, da *adj* verfrüht ; **por** ~ im Voraus.

anticipar *vt* - **1.** [hecho] vor|verlegen - **2.** [información] vorweg|nehmen. ◆ **anticiparse** *vpr* - **1.** [suceder antes] sich verfrühen - **2.** [adelantarse] : **~se a alguien** jm zuvor|kommen.

anticipo *m* - **1.** [de dinero] Vorschuss *der* - **2.** [presagio] Vorzeichen *das*.

anticlerical *adj* antiklerikal.

anticoagulante ◇ *adj* gerinnungshemmend. ◇ *m* FARM gerinnungshemmendes Mittel.

anticonceptivo, va *adj* empfängnisverhütend. ◆ **anticonceptivo** *m* FARM (Empfängnis)verhütungsmittel *das*.

anticongelante ◇ *adj* vor Frost schützend. ◇ *m* AUTOM Frostschutzmittel *das*.

anticonstitucional *adj* verfassungsfeindlich.

anticorrosivo, va *adj* rostverhütend. ◆ **anticorrosivo** *m* Rostschutzmittel *das*.

anticuado, da *adj* veraltet.

anticuario, ria *m, f* Antiquitätenhändler *der*, -in *die*. ◆ **anticuario** *m* [tienda] Antiquitätengeschäft *das*.

anticuerpo *m* MED Antikörper *der*.

antidemocrático, ca *adj* undemokratisch.

antidepresivo, va *adj* antidepressiv.

antidisturbios *adj inv* : **policía** ~ *SEK der Polizei zur Krawallbekämpfung*.

antidopaje, antidoping ◇ *adj* Antidoping-. ◇ *m* Dopingkontrolle *die*.

antídoto *m* Gegengift *das*.

antier *adv Amér fam* vorgestern.

antiespasmódico, ca *adj* krampflösend. ◆ **antiespasmódico** *m* FARM krampflösendes Mittel.

antiestético, ca *adj* unästhetisch.

antifascista ◇ *adj* antifaschistisch. ◇ *mf* Antifaschist *der*, -in *die*.

antifaz *m* Gesichtsmaske *die*.

antigás *adj inv* Gas(schutz)-.

antigripal ◇ *adj* Grippe(schutz)-. ◇ *m* FARM Grippemittel *das*.

antigubernamental *adj* regierungsfeindlich.

antigüedad *f* - **1.** [vejez] Alter *das* - **2.** [pasado] (klassisches) Altertum - **3.** [veteranía] Betriebszugehörigkeit *die*. ◆ **antigüedades** *fpl* [objetos de arte] Antiquitäten *die*.

antiguo, gua *adj* - **1.** [persona] ehemalig ; [cosa] alt - **2.** [objeto de valor] antik - **3.** [veterano] langjährig - **4.** [pasado de moda] altmodisch.

antihéroe *m* LITER Antiheld *der*.

antihigiénico, ca *adj* unhygienisch.

antihistamínico, ca *adj* das Histamin hemmend. ◆ **antihistamínico** *m* FARM Antihistaminikum *das*.

antiinflamatorio, ria *adj* entzündungshemmend. ◆ **antiinflamatorio** *m* FARM Antiphlogistikum *das*.

antílope *m* Antilope *die*.

antimilitarista ◇ *adj* antimilitaristisch. ◇ *mf* Antimilitarist *der*, -in *die*.

antimisil, antimísil *m* Raketenabwehrrakete *die*.

antinatural *adj* unnatürlich.

antiniebla *adj inv* AUTOM Nebel-.

antioxidante ◇ *adj* Rostschutz-. ◇ *m* Rostschutzmittel *das*.

antiparasitario, ria *adj* - **1.** [loción, champú] schädlingsbekämpfend - **2.** TELECOM entstört.

antiparras *fpl fam* Brille *die*.

antipatía *f* Abneigung *die*.

antipático, ca ◇ *adj* unsympathisch. ◇ *m, f* unhöflicher Mensch.

antípodas *fpl* : **las** ~ die Antipoden.

antiquísimo, ma *superl* ▷ **antiguo**.

antirreflectante *adj* entspiegelt.

antirrobo *adj inv* Diebstahlschutz-.

antisemita ◇ *adj* antisemitisch. ◇ *mf* Antisemit *der*, -in *die*.

antiséptico, ca *adj* antiseptisch. ◆ **antiséptico** *m* Antiseptikum *das*.

antiterrorista *adj* Antiterror-.

antítesis *f* - **1.** [contrario] Gegenteil *das* - **2.** LITER Antithese *die*.

antitetánico, ca *adj* Tetanusschutz-. ◆ **antitetánica** *f* Tetanusschutzimpfung *die*.

antivirus *m inv* - **1.** MED Antivirusmittel *das* - **2.** INFORM Antivirusprogramm *das*.
antojarse *vpr* - **1.** [apetecer] Lust haben - **2.** [ocurrírsele] : **antojársele a alguien hacer algo** jm plötzlich in den Sinn kommen, etw zu tun - **3.** *Amér* [comida, bebida] Appetit haben.
antojitos *mpl Amér typisch mexikanische Gerichte*.
antojo *m* - **1.** [capricho] Laune *die* ; **a su ~** auf seine Weise ; **tener un ~** Heißhunger haben - **2.** [luna] Muttermal *das*.
antología *f* Anthologie *die*.
antónimo, ma *adj* entgegengesetzt. ◆ **antónimo** *m* Antonym *das*.
antonomasia *f* : **por ~** schlechthin.
antorcha *f* Fackel *die*.
antro *m* Spelunke *die*.
antropocentrismo *m* Anthropozentrismus *der*.
antropófago, ga ◇ *adj* kannibalisch. ◇ *m, f* Menschenfresser *der*, -in *die*.
antropología *f* Anthropologie *die*.
anual *adj* - **1.** [de cada año] jährlich - **2.** [que dura un año] Jahres-.
anualidad *f* Jahresbeitrag *der*.
anuario *m* Jahrbuch *das*.
anudar *vt* binden. ◆ **anudarse** *vpr* gebunden werden.
anulación *f* - **1.** [de pedido] Stornierung *die* ; [de cita] Absage *die* ; [de orden] Widerruf *der* ; [de reserva, vuelo] Stornieren *das* - **2.** [de matrimonio, sentencia] Annullierung *die* ; [de ley] Aufhebung *die* ; [de contrato] Auflösung *die* - **3.** DEP Ungültigkeitserklärung *die* ; [de gol] Aberkennung *die*.
anular[1] ◇ *adj* [en forma de anillo] ringförmig. ◇ *m* ▷ **dedo**.
anular[2] *vt* - **1.** [pedido] stornieren - **2.** [cita] absagen ; [orden, decisión, permiso] widerrufen ; [vuelo, tren, autobús] streichen - **3.** [a otra persona] jn in den Schatten stellen - **4.** [matrimonio, sentencia] annullieren ; [ley] auf|heben ; [contrato] auf|lösen.
anunciación *f* Verkündung *die*. ◆ **Anunciación** *f* RELIG Mariä Verkündigung.
anunciante ◇ *adj* inserierend. ◇ *mf* Inserent *der*, -in *die*.
anunciar [8] *vt* - **1.** [comunicar, notificar] an|kündigen - **2.** [hacer publicidad] werben - **3.** [predecir] vorher|sagen. ◆ **anunciarse** *vpr* inserieren.
anuncio *m* - **1.** [notificación] Bekanntmachung *die* - **2.** [en publicidad] : **~ (publicitario)** (Werbe)anzeige *die* ; **~ por palabras** Kleinanzeige ; **los ~s** die Werbung.
anverso *m* Vorderseite *die*.
anzuelo *m* - **1.** [para pescar] Angelhaken *der* - **2.** *fam* [señuelo] Köder *der*.
añadido, da *adj* : **~ a** hinzugefügt zu. ◆ **añadido** *m* - **1.** [acción] Nachtrag *der* - **2.** [cosa que se añade] Zusatz *der*.
añadidura *f* Zugabe *die* ; **por ~** außerdem.
añadir *vt* - **1.** [agregar] hinzu|fügen - **2.** [aumentar, ampliar] vergrößern.
añejo, ja *adj* [costumbre] alt ; [vino] gealtert.
añicos *mpl* : **hacerse ~** in kleine Stücke zerbrechen.
añil ◇ *adj* indigoblau. ◇ *m* Indigoblau *das*.
año *m* - **1.** [período] Jahr *das* ; **~ bisiesto** Schaltjahr *das* ; **~ escolar** Schuljahr ; **~ fiscal** Geschäftsjahr ; **~ nuevo** Neujahr *das* - **2.** [edad] Alter *das* ; **cumplir ~s** Geburtstag haben ; **tener 20 ~s** 20 (Jahre alt) sein. ◆ **año luz** (*pl* **años luz**) *m* FÍS Lichtjahr *das* ; **estar a años luz de** *fig* meilenweit von etw entfernt sein.
añoranza *f* Heimweh *das* ; **~ de** Sehnsucht *die* nach.
añorar *vt* vermissen.
apabullar *vt* überwältigen.
apacentar [19] *vt* weiden.
apacible *adj* - **1.** [agradable] friedlich - **2.** [pacífico] friedfertig - **3.** [clima] mild.
apaciguar [45] *vt* - **1.** [tranquilizar] beruhigen - **2.** [disminuir, aplacar] mindern. ◆ **apaciguarse** *vpr* [disminuir, aplacarse] ab|nehmen.
apadrinar *vt* - **1.** [ser padrino de] js Pate sein - **2.** [apoyar] unterstützen.
apagado, da *adj* - **1.** [luz, aparato] ausgeschaltet - **2.** [fuego] erloschen - **3.** [persona] temperamentlos - **4.** [color] matt - **5.** [sonido] gedämpft.
apagar [16] *vt* - **1.** [extinguir] (aus|)löschen - **2.** [desconectar] aus|schalten - **3.** [sed] löschen ; [hambre] stillen - **4.** [rebajar] dämpfen - **5.** *loc* : **apaga y vámonos** es reicht jetzt. ◆ **apagarse** *vpr* - **1.** [extinguirse] erlöschen - **2.** [desconectarse] aus|gehen - **3.** *fig* [morir] aus|brennen.
apagón *m* plötzlicher Stromausfall.
apaisado, da *adj* in Querformat.
apalabrar *vt* ab|sprechen.
apalancar [10] *vt* [con palanca] mit einem Hebel bewegen. ◆ **apalancarse** *vpr mfam* [apoltronarse] es sich bequem machen.
apalear *vt* (ver)prügeln.
apañado, da *adj fam* [hábil, mañoso] geschickt.
apañar *vt* - **1.** *fam* [reparar] aus|bessern - **2.** *fam* [amañar] zurecht|machen. ◆ **apañarse** *vpr fam* zurecht|kommen ; **apañárselas** *fig* es sich ein|richten.
apaño *m* - **1.** *fam* [reparación] Flicken *der* - **2.** *fam* [chanchullo] Gemauschel *das*.
apapachado, da *adj Amér* verhätschelt.

apapachador, ra *adj Amér Person, die verwöhnt.*
apapachar *vt Amér* verhätscheln.
apapachos *mpl Amér* Streicheleinheiten *pl.*
aparador *m* [mueble] Anrichte *die.*
aparato *m* **- 1.** [artefacto] Apparat *der* **- 2.** [ostentación] Pomp *der* **- 3.** [teléfono]. **- 4.** MED, ANAT & POLÍT Apparat *der.*
aparatoso, sa *adj* **- 1.** [ostentoso] aufwändig **- 2.** [espectacular] Aufsehen erregend.
aparcamiento *m* **- 1.** [acción] Einparken *das* **- 2.** [lugar] Parkplatz *der.*
aparcar [10] ◇ *vt* **- 1.** [estacionar] parken **- 2.** [posponer] (auf unbestimmte Zeit) verschieben. ◇ *vi* [estacionar] parken.
aparear *vt* [animales] paaren. ◆ **aparearse** *vpr* [animales] sich paaren.
aparecer [30] *vi* **- 1.** [gen] erscheinen **- 2.** [acudir, encontrarse] auf|tauchen. ◆ **aparecerse** *vpr* erscheinen.
aparejador, ra *m, f* Baumeister *der,* -in *die.*
aparejo *m* **- 1.** [de caballerías] Geschirr *das* **- 2.** MEC Flaschenzug *der* **- 3.** NÁUT Takelwerk *das.* ◆ **aparejos** *mpl* Ausrüstung *die.*
aparentar *vt* **- 1.** [fingir] vor|täuschen **- 2.** [edad] *nicht so alt aus|sehen, wie man ist.*
aparente *adj* **- 1.** [falso] scheinbar **- 2.** [visible] sichtbar **- 3.** [llamativo] auffällig.
aparición *f* **- 1.** [gen] Erscheinen *das* ; [surgimiento] Auftauchen *das* **- 2.** [espectro] Erscheinung *die.*
apariencia *f* **- 1.** [aspecto] Aussehen *das* ; **en ~** anscheinend ; **guardar las ~s** den Schein wahren ; **las ~s engañan** der Schein trügt **- 2.** [falsedad] äußerer Schein.
apartado, da *adj* **- 1.** [separado] weit weg **- 2.** [alejado] weit entfernt. ◆ **apartado** *m* Absatz *der.* ◆ **apartado de correos** *m* Postfach *das.*
apartamento *m* Appartement *das.*
apartar *vt* **- 1.** [quitar] entfernen **- 2.** [alejar] weg|schieben **- 3.** [separar] trennen **- 4.** [dejar aparte] beiseite legen. ◆ **apartarse** *vpr* **- 1.** [hacerse a un lado] aus dem Weg gehen **- 2.** [alejarse] : **~se de** sich entfernen von.
aparte ◇ *adv* **- 1.** [en otro lugar, a un lado] beiseite **- 2.** [exceptuando] : **~ de** abgesehen von **- 3.** [además de] : **~ de** außer **- 4.** [por separado] getrennt. ◇ *adj inv* abgesondert. ◇ *m* **- 1.** [párrafo] Absatz *der* **- 2.** TEATR beiseite.
apasionado, da ◇ *adj* leidenschaftlich. ◇ *m, f* -liebhaber *der,* -in *die.*
apasionante *adjg* spannend.
apasionar *vt* begeistern. ◆ **apasionarse** *vpr* sich begeistern.
apatía *f* Teilnahmslosigkeit *die.*
apático, ca *adj* apathisch.
apátrida ◇ *adj* heimatlos. ◇ *mf* Heimatlose *der, die,* Staatenlose *der, die.*
apdo. *abrev de* **apartado.**
apear *vt* **- 1.** [bajar] herunter|heben **- 2.** *fam* [disuadir] ab|bringen. ◆ **apearse** *vpr* **- 1.** [bajarse] aus|steigen ; **~se de** [caballo, bicicleta] ab|steigen von ; [vehículo] aus|steigen aus **- 2.** *fam* [disuadirse] : **~se de** ab|kommen von.
apechugar [16] *vi* : **~ con** sich ab|finden mit.
apedrear ◇ *vt* **- 1.** [ejecutar] steinigen **- 2.** [tirar piedras] mit Steinen bewerfen. ◇ *v impers* hageln.
apego *m* [afecto] Zuneigung *die* ; **tener ~ a alguien** jn lieb haben.
apelación *f* DER Berufung *die.*
apelar *vi* **- 1.** DER Berufung ein|legen ; **~ ante/contra** Berufung ein|legen vor *(+D)* **- 2.** [recurrir] : **~ a** Hilfe suchen bei.
apelativo, va *adj* GRAM : **nombre ~** Gattungsname. ◆ **apelativo** *m* Spitzname *der.*
apellidar *vt* nennen. ◆ **apellidarse** *vpr* mit Familiennamen heißen.
apellido *m* Familienname *der.*
apelmazar [13] *vt* klumpig werden lassen. ◆ **apelmazarse** *vpr* verklumpen.
apelotonar *vt* [formar montones] auf|häufen. ◆ **apelotonarse** *vpr* sich drängeln.
apenado, da *adj Amér* beschämt.
apenar *vt* traurig machen. ◆ **apenarse** *vpr* traurig werden.
apenas *adv* **- 1.** [casi no] : **~ (si)** kaum **- 2.** [tan sólo] nur **- 3.** [tan pronto como] sobald.
apéndice *m* **- 1.** [anexo] Anhang *der* **- 2.** ANAT Wurmfortsatz *der* des Blinddarms.
apercibir *vt* **- 1.** [darse cuenta] (be)merken **- 2.** DER [amonestar] verwarnen. ◆ **apercibirse de** *vpr* wahr|nehmen.
aperitivo *m* **- 1.** [bebida] Aperitif *der* **- 2.** [comida] Appetithappen *der.*
apertura *f* **- 1.** [gen] Eröffnung *die* **- 2.** DEP Beginn *der* **- 3.** POLÍT Öffnung *die.*
aperturista ◇ *adj* politisch erneuernd. ◇ *mf* Neuerer *der,* -in *die.*
apesadumbrar *vt* bekümmern.
apestar ◇ *vi* [oler mal] : **~ (a)** stinken (nach). ◇ *vt* **- 1.** [hacer que huela mal] verpesten **- 2.** [contagiar peste] mit der Pest an|stecken.
apestoso, sa *adj* stinkig.
apetecer [30] ◇ *vi* Lust haben. ◇ *vt* Lust auf etw *(A)* haben.
apetecible *adj* **- 1.** [comida] appetitlich **- 2.** [vacaciones, etc] angenehm.
apetito *m* **- 1.** [ganas de comer] Appetit

der ; **abrir el ~** Appetit machen ; **tener ~** Appetit haben - **2.** [deseo] Begehren *das*.
apetitoso, sa *adj* - **1.** [sabroso] appetitlich - **2.** [deseable] begehrenswert.
apiadarse *vpr* : **~ de** Mitleid haben mit.
ápice *m* - **1.** [pizca] Eckchen *das*, ein bisschen - **2.** [vértice] Spitze *die*.
apicultura *f* Imkerei *die*.
apilable *adj* stapelbar.
apilar *vt* stapeln.
apiñar *vt* zusammen|drängen.
apio *m* Sellerie *der*.
apisonadora *f* Straßenwalze *die*.
aplacar [10] *vt* besänftigen. ◆ **aplacarse** *vpr* sich beruhigen.
aplastante *adj* [apabullante] überwältigend.
aplastar *vt* - **1.** [mediante peso] erdrücken - **2.** [derrotar] nieder|schlagen.
aplatanar *vt fam* fertig machen. ◆ **aplatanarse** *vpr fam* träge werden.
aplaudir *vt* - **1.** [dar palmadas] applaudieren - **2.** *fig* [alabar] begrüßen.
aplauso *m* - **1.** [con manos] Applaus *der* - **2.** *fig* [alabanza] Beifall *der*.
aplazamiento *m* Vertagung *die*.
aplazar [13] *vt* verschieben.
aplicación *f* - **1.** [gen] Anwendung *die* - **2.** [uso] Verwendungsmöglichkeit *die* - **3.** [esmero] Fleiß *der* - **4.** [añadido] Applikation *die*.
aplicado, da *adj* - **1.** [persona] fleißig - **2.** [ciencia] angewandt.
aplicar [10] *vt* an|wenden. ◆ **aplicarse** *vpr* - **1.** [esmerarse] fleißig sein ; **~se en** sich vertiefen in *(+A)* - **2.** [concernir] sich beziehen.
aplique *m* Wandleuchte *die*.
aplomo *m* Haltung *die*.
apocado, da *adj* schüchtern.
apocalipsis *m o f* Apokalypse *die*. ◆ **Apocalipsis** *m o f* Offenbarung des Johannes *die*.
apocarse [10] *vpr* [intimidarse] sich ein|schüchtern lassen.
apócope *f* GRAM Apokope *die*.
apodar *vt* mit einem Spitznamen belegen.
apoderado, da *m, f* - **1.** [representante] Bevollmächtigte *der, die* - **2.** TAUROM *Manager eines Stierkämpfers*.
apoderar *vt* [dar poderes] bevollmächtigen ; **~ a alguien** jn bevollmächtigen. ◆ **apoderarse** *vpr* [gen] : **~se (de algo)** sich (einer Sache *(G)*) bemächtigen.
apodo *m* Spitzname *der*.
apogeo *m* - **1.** [cúspide] Höhepunkt *der* ; **algo está en (pleno) ~** etw befindet sich auf seinem Höhepunkt - **2.** ASTRON Apogäum *das*.
apolillar *vt* zerfressen. ◆ **apolillarse** *vpr* von den Motten zerfressen werden.
apolítico, ca *adj* unpolitisch.
apología *f* Lobrede *die*.
apoltronarse *vpr* - **1.** [apalancarse] faul werden - **2.** [acomodarse] es sich bequem machen.
apoplejía *f* MED Schlaganfall *der*.
apoquinar *vt & vi fam* blechen.
aporrear *vt* [golpear] : **~ algo** auf etw ein|schlagen.
aportación *f* - **1.** [entrega, existencia] Beibringung *die* - **2.** [contribución] Beitrag *der*.
aportar *vt* - **1.** [proporcionar] bei|tragen - **2.** [contribuir con] bei|steuern.
aposentar *vt* beherbergen. ◆ **aposentarse** *vpr* sich niederlassen.
aposento *m* [habitación] Zimmer *das*.
aposición *f* GRAM Apposition *die*.
aposta, apostas *adv* absichtlich.
apostante *mf* Wettende *der, die*.
apostar[1] [23] ◇ *vt* [jugarse] wetten. ◇ *vi* [en juego] wetten ; **~ por** wetten um. ◆ **apostarse** *vpr* [jugarse] wetten ; **~ algo a que** um etw wetten, dass.
apostar[2] *vt* [emplazar] auf|stellen. ◆ **apostarse** *vpr* [colocarse] sich auf|stellen.
apostas = **aposta**.
apostilla *f* Randbemerkung *die*.
apóstol *m* - **1.** RELIG Apostel *der* - **2.** [defensor] Vorkämpfer *der*, -in *die*.
apostólico, ca *adj* apostolisch.
apóstrofo *m* GRAM Apostroph *der*.
apoteósico, ca *adj* verklärt.
apoyar *vt* - **1.** [físicamente] stützen - **2.** *fig* [basar] belegen - **3.** *fig* [defender] unterstützen. ◆ **apoyarse** *vpr* - **1.** [físicamente] sich stützen - **2.** *fig* [basarse] : **~se en** sich stützen auf *(+A)*.
apoyo *m* - **1.** [físico] Stütze *die* - **2.** *fig* [moral] Unterstützung *die*.
apreciable *adj* beachtlich.
apreciación *f* Einschätzung *die*.
apreciar [8] *vt* - **1.** [estimar] schätzen - **2.** [percibir] wahr|nehmen.
aprecio *m* Hochschätzung *die*.
aprehender *vt* - **1.** [asir] ergreifen - **2.** [comprender] begreifen.
apremiante *adj* dringend.
apremiar [8] ◇ *vt* - **1.** [meter prisa] : **~ a alguien para que haga algo** jn dazu drängen, etw zu tun - **2.** [obligar] : **~ a alguien a hacer algo** jn dazu zwingen, etw zu tun. ◇ *vi* [ser urgente] drängen.
apremio *m* - **1.** [urgencia] Eile *die* - **2.** DER Zwangsverfahren *das*.
aprender *vt* - **1.** [estudiar] lernen ; **¡para que aprenda!** *fig* das soll ihm/ihr eine Lehre sein! - **2.** [memorizar] sich merken. ◆ **aprenderse** *vpr* lernen.

aprendiz, za - **1.** [principiante] Lehrling *der*, Auszubildende *der, die* - **2.** [novato] Anfänger *der*, -in *die*.
aprendizaje *m* Lehrzeit *die*.
aprensión *f* Abscheu *der*.
aprensivo, va *adj* überängstlich.
apresar *vt* - **1.** [suj : un animal] fangen - **2.** [persona] gefangen|nehmen.
aprestar *vt* appretieren. ◆ **aprestarse** *vpr* : **~se a hacer algo** sich an|schicken, etw zu tun.
apresto *m* Appretur *die*.
apresurado, da *adj* übereilt.
apresuramiento *m* Hast *die*.
apresurar *vt* (zur Eile) drängen. ◆ **apresurarse** *vpr* : **~se (a hacer algo)** sich beeilen(, etw zu tun).
apretado, da *adj* [comprimido] gedrängt.
apretar [19] ◇ *vt* - **1.** [oprimir, abrazar] drücken - **2.** *fig* [acelerar] beschleunigen - **3.** [comprimir] zusammen|drücken - **4.** [juntar] zusammen|pressen - **5.** *fig* [acosar] Druck aus|üben. ◇ *vi* [intensificarse] stärker werden. ◆ **apretarse** *vpr* - **1.** [apiñarse] sich drängen - **2.** [estrechar] fester an|ziehen.
apretón *m* - **1.** [presión] Druck *der* ; **~ de manos** Händedruck *der* - **2.** [de gente] Gedränge *das (ohne pl)*.
apretujar *vt* quetschen. ◆ **apretujarse** *vpr* sich drängeln.
aprieto *m fig* Klemme *die* ; **poner en un ~ a alguien** jn in eine schwierige Lage bringen ; **verse en un ~** in der Klemme stecken.
aprisa *adv* schnell.
aprisionar *vt* - **1.** [encarcelar] gefangen setzen - **2.** [sujetar] fest|binden.
aprobación *f* Zustimmung *die*.
aprobado, da *adj* angenommen. ◆ **aprobado** *m* bestanden.
aprobar [23] *vt* - **1.** [dar por bueno] an|nehmen - **2.** [estar de acuerdo] billigen - **3.** [examen] bestehen.
apropiado, da *adj* passend.
apropiarse [8] *vpr* : **~ de** sich *(D)* etw an|eignen.
aprovechable *adj* brauchbar.
aprovechado, da ◇ *adj* - **1.** [oportunista] opportunistisch - **2.** [bien empleado] nutzbringend - **3.** [aplicado] fleißig. ◇ *m, f* [sinvergüenza] Nichtsnutz *der*.
aprovechamiento *m* - **1.** [buen uso] Verwertung *die* - **2.** [en estudio] Fortschritt *der*.
aprovechar ◇ *vt* - **1.** [con utilidad] aus|nutzen - **2.** [lo inservible] verwerten. ◇ *vi* [alimento] einen hohen Nährwert besitzen ; [persona] Fortschritte machen ; **¡que aproveche!** guten Appetit! ◆ **aprovecharse** *vpr* : **~se de algo/alguien** etw/jn aus|nutzen.
aprovisionamiento *m* Versorgung *die*.
aproximación *f* - **1.** [acercamiento] Annäherung *die* - **2.** [mediante cálculo] Näherungswert *der* - **3.** *fig* [en relaciones] Annäherung *die*.
aproximadamente *adv* ungefähr.
aproximado, da *adj* ungefähr.
aproximar *vt* nähern. ◆ **aproximarse** *vpr* - **1.** [estar cerca] sich nähern - **2.** [acercarse] : **~se a algo/alguien** sich einer Sache/jm nähern.
aptitud *f* Talent *das*, Eignung *die*.
apto, ta *adj* geeignet.
apuesta *f* Wette *die*.
apuesto, ta *adj* gut aussehend.
apuntador, ra *m, f* TEATR Souffleur *der*, -euse *die*.
apuntalar *vt* CONSTR ab|stützen.
apuntar ◇ *vt* - **1.** [anotar] notieren - **2.** [hacia un lugar] : **~ a** richten auf *(+A)* - **3.** TEATR soufflieren - **4.** *fig* [indicar, sugerir] an|deuten. ◇ *vi* - **1.** [empezar a salir] hervorkommen - **2.** *fig* [indicar]. ◆ **apuntarse** *vpr* [participar] : **~se a algo** bei etw mit|machen ; **~se a un bombardeo** *fam* bei allem mit|machen.
apunte *m* - **1.** [nota] Notiz *die* - **2.** [boceto] Skizze *die*. ◆ **apuntes** *mpl* Aufzeichnungen *die*.
apuñalar *vt* mit einer Stichwaffe verletzen.
apurado, da *adj* - **1.** [necesitado] knapp bei Kasse - **2.** [con prisa] unter Zeitdruck - **3.** [avergonzado] verlegen.
apurar *vt* - **1.** [agotar] beenden - **2.** [dar prisa] hetzen - **3.** [preocupar] besorgt machen. ◆ **apurarse** *vpr* - **1.** [preocuparse] : **~se (por)** sich sorgen um - **2.** [darse prisa] sich beeilen.
apuro *m* - **1.** [dificultad] Bedrängnis *die* ; **estar en ~s** sich in einer heiklen Lage befinden ; **pasar ~s** in Schwierigkeiten sein ; **sacar de un ~ a alguien** jm aus einer heiklen Lage heraus|helfen - **2.** [vergüenza] Verlegenheit *die*.
aquejado, da *adj* bedrängt ; **estar ~ de** an etw *(D)* leiden.
aquel, lla (*mpl* **aquellos**, *fpl* **-llas**) ◇ *adj demos* - **1.** [lejano en el espacio] der, die, das dort ; **aquellas casas que se ven a lo lejos son nuevas** die Häuser da hinten sind neu - **2.** [nombrado antes] diese, -r, -s ; **~ cuento del que has hablado es muy bonito** dieses Märchen, von dem du gerade gesprochen hast, ist sehr schön. ◇ *pron* ▷ **aquél**.
aquél, lla (*mpl* **aquéllos**, *fpl* **-llas**), **aquel, lla** (*mpl* **aquellos**, *fpl* **-llas**) *pron* - **1.** [lejano] jene, -r, -s ; **este cuadro me gusta, pero ~ del fondo no** dieses Bild gefällt mir, aber das dahinten nicht - **2.** [nombrado antes] der, die, das andere ; **teníamos un coche y una moto, ésta estropeada y ~ sin gasolina** wir hatten ein Auto und ein Mo-

torrad, dieses war kapput, das andere hatte kein Benzin - **3.** [delante de oraciones relativas] der-, die-, dasjenige ; **~ que quiera hablar, que levante la mano** derjenige, der das Wort ergreifen möchte, möge sich melden.

aquelarre *m* Hexensabbat *der.*

aquella ◇ *adj demos* ▷ **aquel.** ◇ *pron* ▷ **aquél.**

aquélla ▷ **aquél.**

aquello *pron demos (neutro)* - **1.** [lejano en el espacio] das da (hinten) - **2.** [nombrado antes] das ; **~ de su mujer es una mentira** das mit seiner Frau ist nicht wahr - **3.** [delante de relativo] das, was ; **~ que se ve al fondo es el mar** (das,) was man da im Hintergrund sieht, ist das Meer.

aquellos, llas ◇ *adj demos* ▷ **aquel.** ◇ *pron* ▷ **aquél.**

aquéllos, llas ▷ **aquél.**

aquí *adv* - **1.** [en este lugar] hier ; **~ arriba/abajo** hier oben/unten ; **~ dentro/fuera** hier drin/draußen ; **~ mismo** genau hier ; **de ~ para allá** hin und her - **2.** [a este lugar] hierher ; **por ~** [especificando] hier entlang ; [sin especificar] hier irgendwo - **3.** [en tiempo presente] jetzt - **4.** [en tiempo pasado] in dem Moment - **5.** [en tiempo futuro] : **de ~ a** o **en** heute in *(D)* - **6.** [en esto, de esto] hier.

ara *f (el)* - **1.** *culto* [piedra] Altarstein *der* - **2.** [altar] Altar *der.*

árabe ◇ *adj* arabisch. ◇ *mf* Araber *der,* -in *die.* ◆ **árabe** *m* [lengua] Arabisch(e) *das.*

Arabia Saudí *f* Saudi-Arabien *nt.*

arábigo, ga *adj* arabisch.

arácnidos *mpl* Spinnentiere *pl.*

arado *m* Pflug *der.*

Aragón *m* Aragonien *nt.*

aragonés, esa ◇ *adj* aragonisch. ◇ *m, f* Aragonier *der,* -in *die.*

arándano *m* - **1.** [arbusto] Heidelbeerstrauch *der* - **2.** [fruto] Heidelbeere *die.*

arandela *f* Unterlegscheibe *die.*

araña *f* - **1.** [animal] Spinne *die* - **2.** [lámpara] Kronleuchter *der.*

arañar *vt* - **1.** [con las uñas] kratzen - **2.** [rayar] zerkratzen.

arañazo *m* Kratzer *der.*

arar *vt* pflügen.

arbitraje *m* - **1.** [institución] Schiedsgerichtsbarkeit *die* - **2.** [resolución] Schiedsspruch *der* - **3.** DER Schlichtung *die.*

arbitrar *vt* - **1.** DEP schiedsrichtern - **2.** [disponer] beschließen - **3.** DER schlichten.

arbitrario, ria *adj* willkürlich.

arbitrio *m* Entscheidungsfreiheit *die.*

árbitro *m* - **1.** DEP [juez] Schiedsrichter *der,* -in *die* - **2.** [mediador] Schlichter *der,* -in *die.*

árbol *m* - **1.** [planta] Baum *der* - **2.** TECN [maquinaria] Welle *die* - **3.** NÁUT [palos] Mast *der.* ◆ **árbol genealógico** *m* Stammbaum *der.*

arbolado, da *adj* - **1.** [con árboles] bewaldet - **2.** [mar] mit starkem Seegang. ◆ **arbolado** *m* Hain *der.*

arboladura *f* NÁUT Mastenwerk *das.*

arbolar *vt* - **1.** NÁUT bemasten - **2.** [bandera] hissen.

arboleda *f* Baumpflanzung *die.*

arbusto *m* Strauch *der.*

arca *f (el)* Truhe *die* ; **~ de Noé** Arche Noah *die.* ◆ **arcas** *fpl* Kasse *die* ; **~s públicas** öffentliche Hand.

arcada *f* - **1.** *(gen pl)* [de estómago] *Magenkrampf vor dem Erbrechen* - **2.** ARQUIT [arcos] Arkade *die* - **3.** [de puente] Brückenbogen *der.*

arcaico, ca *adj* archaisch.

arcángel *m* Erzengel *der.*

arce *m* [árbol] Ahorn *der.*

arcén *m* Randstreifen *der.*

archiconocido, da *adj fam* bekannt wie ein bunter Hund.

archidiócesis *f* RELIG Erzdiözese *die.*

archiduque, quesa *m, f* Erzherzog *der,* -in *die.*

archipiélago *m* Archipel *der.*

archivador, ra *m, f* Archivar *der,* -in *die.* ◆ **archivador** *m* - **1.** [carpeta] Aktenordner *der* - **2.** [mueble] Aktenschrank *der.*

archivar *vt* - **1.** [cosas] abllegen - **2.** *fig* [pensamientos] zu den Akten legen - **3.** INFORM [fichero] speichern.

archivo *m* - **1.** [documentos] Archiv *das* - **2.** [edificio] Archiv *das* - **3.** INFORM Datei *die.*

arcilla *f* [tierra] Ton *der.*

arcipreste *m* RELIG Erzpriester *der.*

arco *m* - **1.** Bogen *der* ; **~ de herradura** Hufeisenbogen *der* ; **~ triunfal** o **de triunfo** Triumphbogen *der* - **2.** *Amér* DEP Tor *das.* ◆ **arco iris** *m* Regenbogen *der.*

arcón *m* große Truhe.

arder *vi* - **1.** [por fuego] brennen - **2.** *fig* [por sentimiento] brennen vor *(+D)* ; **está que arde** [lugar o reunión] angeheizt sein ; [persona] außer sich sein vor *(+D).*

ardiente *adj* - **1.** [gen] brennend ; [bebida] (kochend) heiß - **2.** *fig* [admirador, defensor] glühend.

ardilla *f* Eichhörnchen *das.*

ardor *m* [quemazón] Brennen *das* ; **~ de estómago** Sodbrennen *das.*

arduo, dua *adj* schwierig.

área *f (el)* - **1.** [gen] Gebiet *das* ; **~ de servicio** Autobahnraststätte *die* ; **~ de libre cambio** ECON Freihandelszone *die* - **2.** [medida] Ar *das* - **3.** GEOM Flächeninhalt *der* - **4.** DEP Spielfeld *das* ; **~ de castigo** o **penalti** Strafraum *der.*

arena *f* - **1.** [partícula] Sand(stein) *der* ; **~s**

movedizas Treibsand *der* - **2.** [lugar] Arena *die*.

arenal *m* Sandfläche *die*.

arenga *f* Ansprache *die*.

arengar [16] *vt* eine Ansprache halten.

arenilla *f* [partícula] feiner Sand.

arenisca *f* Sandstein *der*.

arenoso, sa *adj* sandig.

arenque *m* Hering *der*.

Argel *m* Algier *nt*.

Argelia *f* Algerien *nt*.

argelino, na <> *adj* algerisch. <> *m, f* Algerier *der*, -in *die*.

Argentina *f*: **(la)** ~ Argentinien *nt*.

argentino, na <> *adj* argentinisch. <> *m, f* Argentinier *der*, -in *die*.

argolla *f* - **1.** [para amarrar] Metallring *der* - **2.** [anilla] Ring *der*.

argot (*pl* **argots**) *m* - **1.** [jerga popular] Slang *der* - **2.** [jerga técnica] Fachsprache *die*.

argucia *f* Spitzfindigkeit *die*.

argüir [44] *culto* <> *vt* - **1.** [deducir] folgern - **2.** [demostrar] beweisen. <> *vi* argumentieren.

argumentación *f* Argumentation *die*.

argumentar *vt* beweisen.

argumento *m* - **1.** [razonamiento] Argument *das* - **2.** [tema] Thema *das*.

aria *f* - **1.** MÚS Arie *die* - **2.** ▷ **ario.**

aridez *f lit & fig* Trockenheit *die*.

árido, da *adj* - **1.** [seco] trocken - **2.** *fig* [no ameno] öde. ◆ **áridos** *mpl Hülsenfrüchte, Trockenfrüchte und anderes, dessen Kubikinhalt gemessen werden kann.*

Aries <> *m inv* [zodíaco] Widder *der*; **ser ~** Widder sein. <> *m inv & f inv* Widder *der*.

ariete *m* [máquina] Rammbock *der*.

ario, ria <> *adj* arisch. <> *m, f* Arier *der*, -in *die*.

arisco, ca *adj* widerspenstig.

arista *f* [borde] Kante *die*.

aristocracia *f lit & fig* Aristokratie *die*.

aristócrata *mf* Aristokrat *der*, -in *die*.

aritmético, ca *adj* arithmetisch. ◆ **aritmética** *f* Arithmetik *die*.

arlequín *m* Harlekin *der*.

arma *f (el)* - **1.** [instrumento] Waffe *die*; **~ blanca** Hieb- oder Stichwaffe; **~ de fuego** Schusswaffe; **~ homicida** Mordwaffe; **~ química** chemische Waffe - **2.** MIL Waffengattung *die*. ◆ **armas** *fpl* [profesión militar] Militärlaufbahn *die*.

armada *f* ▷ **armado.**

armadillo *m* Gürteltier *das*.

armado, da *adj* - **1.** [con armas] bewaffnet - **2.** [con armazón] armiert. ◆ **armada** *f* Kriegsmarine *die*.

armador, ra *m, f* Reeder *der*.

armadura *f* - **1.** [armazón] Gestell *das* - **2.** [de persona] Rüstung *die*.

armamento *m* - **1.** [conjunto de armas] Bewaffnung *die* - **2.** [acción de armarse] Ausrüstung *die*.

armar *vt* - **1.** [arma] spannen - **2.** [personas] bewaffnen - **3.** [montar] zusammen|bauen - **4.** *fam fig* [provocar] verursachen; **~la** *fam* Krawall schlagen. ◆ **armarse** *vpr* - **1.** [con armas] sich bewaffnen - **2.** [prepararse]: **~se de** sich wappnen mit - **3.** *loc*: **~se la gorda** der Teufel los sein.

armario *m* Schrank *der*; **~ empotrado** Wandschrank.

armatoste *m* Riesending *das*.

armazón *m o f* Gerüst *das*.

armería *f* - **1.** [museo] Waffenmuseum *das* - **2.** [depósito] Waffenkammer *die* - **3.** [tienda] Waffenhandlung *die*.

armiño *m* Hermelin *das*.

armisticio *m* Waffenstillstand *der*.

armonía, harmonía *f* - **1.** [de sonidos] Akkordfolge *die* - **2.** [en concordancia] Harmonie *die* - **3.** *fig* [amistad] Eintracht *die*.

armónico, ca *adj* harmonisch. ◆ **armónico** *m* harmonischer Oberton. ◆ **armónica, harmónica** *f* Mundharmonika *die*.

armonioso, sa *adj* - **1.** [sonido] harmonisch - **2.** [palabras] wohlklingend.

armonizar [13] <> *vt* harmonisieren. <> *vi*: **~ con** zueinander passen.

arnés *m* Harnisch *der*. ◆ **arneses** *mpl* - **1.** [de caballo] Pferdegeschirr *das* - **2.** [herramientas] Werkzeug *das*.

aro *m* - **1.** [círculo] Reifen *der* - **2.** [servilletero] Serviettenring *der* - **3.** [anillo] Ring *der* - **4.** *loc*: **entrar** o **pasar por el ~** sich fügen.

aroma *m* Aroma *das*.

aromaterapia *f* Aromatherapie *die*.

aromático, ca *adj* aromatisch.

arpa *f (el)* Harfe *die*.

arpía *f* - **1.** MITOL Harpyie *die* - **2.** *fig* [bruja] Hexe *die*.

arpón *m* Harpune *die*.

arquear *vt* wölben. ◆ **arquearse** *vpr* sich biegen.

arqueo *m* - **1.** [curvamiento] Wölbung *die* - **2.** COM Abrechnung *die*; **~ de caja** Kassensturz *der*.

arqueología *f* Archäologie *die*.

arqueólogo, ga *m, f* Archäologe *der*, -gin *die*.

arquero, ra *m, f* - **1.** [que usa el arco] Bogenschütze *der*, -tzin *die* - **2.** [tesorero] Schatzmeister *der*, -in *die* - **3.** DEP [portero] Torhüter *der*, -in *die*.

arquetipo *m* Archetyp(us) *der*.

arquitecto, ta *m, f* Architekt *der*, -in *die*.

arquitectura *f* - **1.** [arte] Architektur *die* - **2.** *fig* [forma] Bau *der*.

arrabal *m* Vorstadt *die*.

arrabalero, ra *adj* - **1.** [del arrabal] vorstädtisch - **2.** [maleducado] ordinär.

arraigar [16] <> *vt* verwurzeln. <> *vi* heimisch werden. ◆ **arraigarse** *vpr* sich an|passen an *(+A)*.
arraigo *m* Verwurzelung *die*.
arrancar [10] <> *vt* - **1.** [de raíz, con violencia] aus|reißen - **2.** [poner en marcha] starten - **3.** *fig* [obtener] entreißen. <> *vi* - **1.** [partir] ab|fahren - **2.** TECN & INFORM starten - **3.** [empezar] : ~ **en** seinen/ihren Ursprung haben in *(+D)* ◆ **arrancarse** *vpr* an|fangen etw zu tun.
arranque *m* - **1.** [comienzo] Ausgangspunkt *der* - **2.** AUTOM Anlasser *der* - **3.** *fig* [arrebato] Anwandlung *die*.
arras *fpl* [en boda] Brautgeld *das*.
arrasar *vt* dem Erdboden gleich machen.
arrastrar <> *vt* - **1.** [por suelo] schleifen - **2.** *fig* [convencer, impulsar a] mit|reißen - **3.** *fig* [conllevar] nach sich ziehen - **4.** *fig* [soportar] ertragen. <> *vi* schleifen. ◆ **arrastrarse** *vpr lit & fig* kriechen.
arrastre *m* - **1.** [por suelo] Schleifen *das* - **2.** [pesca] Fischerei *die* mit Schleppnetz - **3.** *loc* : **estar para el ~** völlig fertig sein.
arre *interj* hüh!, hott!
arrear *vt* - **1.** [azuzar] an|treiben - **2.** *fam* [propinar] verpassen - **3.** [poner arreos] auf|putzen.
arrebatar *vt* - **1.** [coger] entreißen - **2.** *fig* [cautivar] entzücken. ◆ **arrebatarse** *vpr* außer sich geraten.
arrebato *m* - **1.** [de ira] Wutausbruch *der* - **2.** [de pasión] Verzückung *die*.
arrebujar *vt* - **1.** [sin orden] zerknüllen - **2.** [para envolver] ein|wickeln.
arrechucho *m fam* Verstimmung *die*.
arreciar [8] *vi* - **1.** [intensificarse] stärker werden - **2.** *fig* [aumentar] zu|nehmen.
arrecife *m* Riff *das*.
arreglado, da *adj* - **1.** [reparado] repariert - **2.** [ordenado] ordentlich - **3.** [persona] zurechtgemacht - **4.** *fig* [solucionado] geregelt.
arreglar *vt* - **1.** [reparar] reparieren - **2.** [adornar] her|richten - **3.** [ordenar] auf|räumen - **4.** [solucionar] regeln - **5.** MÚS arrangieren - **6.** [acicalar] zurecht|machen. ◆ **arreglarse** *vpr* - **1.** [apañarse] aus|kommen ; **arreglárselas** zurecht|kommen - **2.** [acicalarse] sich zurecht|machen.
arreglista *mf* MÚS Arrangeur *der*.
arreglo *m* - **1.** [reparación] Reparatur *die* - **2.** [adaptación] Bearbeitung *die* - **3.** [acuerdo] Übereinkunft *die* ; **con ~ a** in Übereinstimmung mit.
arrejuntarse *vpr fam* unverheiratet zusammen|leben.
arrellanarse *vpr* sich aus|strecken.
arremangar [16] *vtr* hoch|krempeln. ◆ **arremangarse** *vpr* sich die Ärmel hoch|krempeln.
arremeter *vi* : ~ **contra alguien** jn an|greifen.
arremetida *f* Ansturm *der*.
arremolinarse *vpr* - **1.** *fig* [personas] sich drängen - **2.** [cosas] wirbeln.
arrendador, ra *m, f* Vermieter *der*, -in *die*.
arrendar [19] *vt* - **1.** [dar en arriendo] vermieten - **2.** [tomar en arriendo] mieten.
arrendatario, ria <> *adj* Mieter-. <> *m, f* Mieter *der*, -in *die*.
arreos *mpl* Geschirr *das*.
arrepentido, da *adj* reumütig.
arrepentimiento *m* Reue *die*.
arrepentirse [27] *vpr* : ~ **(de)** bereuen *(+A)*.
arrestar *vt* verhaften.
arresto *m* [detención] Verhaftung *die* ; ~ **domiciliario** Hausarrest *der*.
arriba <> *adv* - **1.** [en el lugar más alto] oben - **2.** [en dirección a] nach oben ; **para ~** hinauf - **3.** [más] über - **4.** *loc* : **de ~ abajo** [por completo] von oben bis unten ; [con desdén] von oben herab. <> *interj* : **¡arriba!** hoch!
arribar *vi* an|kommen.
arribeño, ña *m, f Amér fam* Hochländer *der*, -in *die*.
arribista <> *adj* karrieristisch. <> *mf* Emporkömmling *der*.
arriendo *m* Miete *die*.
arriero, ra *m, f* Maultiertreiber *der*, -in *die*.
arriesgado, da *adj* - **1.** [peligroso] riskant - **2.** [temerario] waghalsig.
arriesgar [16] *vt* riskieren. ◆ **arriesgarse** *vpr* sich gefährden ; **~se a hacer algo** es riskieren, etw zu tun.
arrimar *vt* - **1.** [acercar] heran|rücken - **2.** *fig* [arrinconar] beiseite legen. ◆ **arrimarse** *vpr* - **1.** [en espacio] sich an|lehnen - **2.** *fig* [ampararse] sich unter js Schutz stellen.
arrinconar *vt* - **1.** [apartar] beiseite stellen - **2.** [retirar del uso] ab|stellen - **3.** [acorralar] in die Enge treiben - **4.** [dejar de lado] übergehen.
arroba *f* - **1.** [peso] *Gewichtseinheit entsprechend 11,5 kg* - **2.** *fig* [gran cantidad] : **por ~s** haufenweise - **3.** INFORM Klammeraffe *der*, At-Zeichen *das*.
arrodillarse *vpr* - **1.** [ponerse de rodillas] nieder|knien - **2.** *fig* [humillarse] sich erniedrigen.
arrogancia *f* Arroganz *die*.
arrogante *adj* arrogant.
arrojado, da *adj* unerschrocken.
arrojar *vt* - **1.** [lanzar, tirar] werfen ; [basura] weg|werfen ; [humo] aus|stoßen - **2.** [echar] hinaus|werfen - **3.** [vomitar] erbrechen. ◆ **arrojarse** *vpr* : **~a** sich stürzen auf/in *(+A)*.
arrojo *m* Unerschrockenheit *die*.

arrollador, ra *adj* überwältigend.
arrollar *vt* **-1.** [enrollar] auflwickeln **-2.** [atropellar] überfahren **-3.** [tirar] umlwerfen **-4.** [vencer] überwältigen.
arropar *vt* **-1.** [con ropa] bekleiden **-2.** *fig* [con protección] beschützen. ◆ **arroparse** *vpr* sich bedecken.
arroyo *m* **-1.** [de agua] Bach *der* **-2.** [de calle] Rinnstein *der*.
arroz *m* Reis *der* ; ~ **blanco** weißer Reis ; ~ **con leche** Milchreis *der*.
arruga *f* Falte *die*.
arruinar *vt* ruinieren. ◆ **arruinarse** *vpr* sich ruinieren.
arrullar *vt* einllullen. ◆ **arrullarse** *vpr* [animales] turteln.
arrullo *m* **-1.** [de palomas] Turteln *das* **-2.** [nana] Wiegenlied *das* **-3.** *fig* [susurro] Rauschen *das*.
arrumaco *m fam* Schmuserei *die*.
arsenal *m* **-1.** [de armas] Waffenarsenal *das* **-2.** [de barcos] Werft *die* **-3.** [de cosas] Arsenal *das* **-4.** *fig* [de conocimientos] Fundgrube *die*.
arsénico *m* QUÍM Arsen *das*.
art. (*abrev de* **artículo**) Art.
arte *m o f (en sing gen m y en pl f)* **-1.** [gen] Kunst *die* **-2.** [habilidad] Kunstfertigkeit *die* **-3.** [astucia] Kunstgriff *der* ; **por** o **con malas ~s** mit Betrügereien **-4.** *loc* : **no tener ~ ni parte** nichts zu tun haben mit ; **por ~ de birlibirloque** o **de encantamiento** o **de magia** wie durch Zauberei. ◆ **artes** *fpl* Künste, pl ; **~s gráficas** Grafik *die* ; **~s plásticas** bildende Kunst ; **bellas ~s** die schönen Künste.
artefacto *m* Apparat *der*.
arteria *f* **-1.** ANAT Arterie *die* **-2.** *fig* [vía] Hauptverkehrsader *die*.
artesanal *adj* kunsthandwerklich.
artesanía *f* Kunsthandwerk *das*.
artesano, na *m, f* Kunsthandwerker *der*, -in *die*.
ártico, ca *adj* arktisch. ◆ **Ártico** *m* : **el Ártico** die Arktis ; **el océano Glacial Ártico** das Nördliche Eismeer.
articulación *f* **-1.** [de huesos, de pieza] Gelenk *das* **-2.** [de palabra] Artikulation *die* **-3.** [estructuración] Gliederung *die*.
articulado, da *adj* gegliedert. ◆ **articulados** *mpl* ZOOL Gliedertiere *pl*.
articular *vt* **-1.** [palabras] artikulieren **-2.** [piezas] miteinander verbinden **-3.** [ley, documento] in Absätze gliedern **-4.** [plan, proyecto] strukturieren.
artículo *m* **-1.** GRAM Artikel *der* **-2.** [escrito] Artikel *der* ; ~ **de fondo** Leitartikel **-3.** [producto, género] Ware *die*, Artikel *der* ; ~ **de primera necesidad** Grundbedarfsartikel. ◆ **artículo de fe** *m* RELIG Glaubensartikel *der*.
artífice *mf* Urheber *der*, -in *die*.
artificial *adj* **-1.** [no natural] künstlich **-2.** *fig* [afectado] affektiert.
artificio *m* **-1.** [aparato] Vorrichtung *die* **-2.** *fig* [astucia] Kunstgriff *der*.
artificioso, sa *adj fig* gekünstelt.
artillería *f* Artillerie *die*.
artillero *m* MIL Artillerist *der*.
artilugio *m* **-1.** [mecanismo] Apparat *der* **-2.** *fig* [maña] Trick *der*.
artimaña *f (gen pl)* Trickserei *die*.
artista *mf* **-1.** [creador, intérprete] Künstler *der*, -in *die* **-2.** *fig* [maestro] Meister *der*, -in *die*.
artístico, ca *adj* künstlerisch.
artritis *f* MED Arthritis *die*.
artrosis *f* MED Arthrose *die*.
arveja *f Amér* Erbse *die*.
arz. *abrev de* **arzobispo**.
arzobispo *m* Erzbischof *der*.
as *m* **-1.** [carta, campeón] Ass *das* **-2.** [dado] Treffer *der*.
asa *f (el)* [de taza] Henkel *der* ; [de maleta] Griff *der*.
asado *m* Braten *der*.
asador *m* **-1.** [varilla] Bratspieß *der* **-2.** [aparato] Grill *der*.
asalariado, da *m, f* Lohnempfänger *der*, -in *die*.
asaltante *mf* [agresor] Angreifer *der*, -in *die* ; [atracador] Einbrecher *der*, -in *die*.
asaltar *vt* **-1.** [invadir] stürmen **-2.** [robar, acosar] überfallen **-3.** *fig* [ocurrirse] einlfallen.
asalto *m* **-1.** [robo] Überfall *der* **-2.** DEP Runde *die*.
asamblea *f* [reunión] Versammlung *die*.
asar *vt* braten. ◆ **asarse** *vpr fig* vor Hitze vergehen.
ascendencia *f* **-1.** [linaje] Abstammung *die* **-2.** *fig* [influencia] Einfluss *der*.
ascendente ◇ *adj* aufsteigend. ◇ *m* Aszendent *der*.
ascender [20] ◇ *vi* **-1.** [subir] hinauflsteigen **-2.** [aumentar] steigen **-3.** DEP [de empleo, cargo] : ~ **(a)** auflsteigen **-4.** [cantidad] : ~ **a** betragen. ◇ *vt* : ~ **a alguien (a algo)** jn zu *(+D)* befördern.
ascendiente ◇ *mf* [antepasado] Vorfahr *der*, -in *die*. ◇ *m* [influencia] Einfluss *der*.
ascensión *f* Aufstieg *der*. ◆ **Ascensión** *f* RELIG Christi Himmelfahrt *die*.
ascenso *m* **-1.** [de empleo, cargo] Beförderung *die* **-2.** [ascensión] Aufstieg *der*.
ascensor *m* Aufzug *der*, Fahrstuhl *der*.
asco *m* **-1.** [sensación] Ekel *der* ; **dar ~** ekeln ; **hacer ~s** zimperlich sein **-2.** [cosa] Sau- ; **estar hecho un ~** *fam* total verdreckt sein ; **ser un ~** *fam* ein Elend sein.
ascua *f (el)* [brasa] Glut *die*.
aseado, da *adj* sauber.

asear *vt* säubern. ◆ **asearse** *vpr* sich zurechtlmachen.
asediar [8] *vt lit & fig* belagern.
asedio *m lit & fig* Belagerung *die.*
asegurado, da *m, f* Versicherte *der, die.*
asegurador, ra *m, f* Versicherer *der.*
asegurar *vt* - **1.** [fijar] befestigen - **2.** [garantizar, concertar un seguro] versichern. ◆ **asegurarse** *vpr* - **1.** [hacer un seguro] sich versichern - **2.** [cerciorarse] : **~se de que** sich vergewissern, dass.
asentamiento *m* - **1.** [aseguramiento] Fundamentierung *die* - **2.** [establecimiento] Siedlung *die.*
asentar [19] *vt* - **1.** [asegurar] festigen - **2.** [instalar] anlsiedeln. ◆ **asentarse** *vpr* - **1.** [instalarse] sich niederllassen - **2.** [posarse] sich ablsetzen.
asentir [27] *vi* beilstimmen.
aseo *m* - **1.** [limpieza] Sauberkeit *die* - **2.** [habitación] Badezimmer *das.* ◆ **aseos** *mpl* Toiletten *pl.*
aséptico, ca *adj* - **1.** MED keimfrei - **2.** *fig* [frío, indiferente] gleichgültig.
asequible *adj* - **1.** [accesible] erreichbar - **2.** [comprensible] verständlich.
aserradero *m* Sägewerk *das.*
asesinar *vt* ermorden.
asesinato *m* Mord *der.*
asesino, na ◇ *adj* - **1.** [homicida] Mord- - **2.** *fig* [dañino] mörderisch. ◇ *m, f* Mörder *der,* -in *die.*
asesor, ra *m, f* Berater *der,* -in *die* ; ~ **de imagen** Imageberater ; ~ **fiscal** Steuerberater.
asesorar *vt* beraten. ◆ **asesorarse** *vpr* sich Rat holen.
asesoría *f* [oficina] Beratungsstelle *die.*
asestar *vt* [golpe] versetzen.
aseveración *f* Versicherung *die.*
asexuado, da *adj* geschlechtslos.
asfaltado *m* [acción] Asphaltierung *die* ; [asfalto] Asphaltbelag *der.*
asfaltar *vt* asphaltieren.
asfalto *m* Asphalt *der.*
asfixia *f* Ersticken *das.*
asfixiar [8] *vt* - **1.** [ahogar] ersticken - **2.** *fig* [agobiar] bedrücken. ◆ **asfixiarse** *vpr* [ahogarse, agobiarse] ersticken.
así ◇ *adv* [de este modo] so ; ~ **de** *(seguido de adjetivo)* so ; ~ **es/era/fue como** so kommt/kam es, dass ; **~, ~** soso ; **algo ~** [algo parecido] so etwas ; ~ **como** [al igual que] sowie ; [del mismo modo] genau so ; ~ **es** [para asentir] so ist es ; ~ **no más** *Amér fam* [regular, medianamente] einigermaßen ; *Amér* [de repente] plötzlich ; **y ~** und so. ◇ *conj* also ; ~ **(es) que** also ; ~ **pues** also ; ~ **y todo, aún ~** trotzdem. ◇ *adj inv* solch ein, solch eine.
Asia *f (el)* Asien *nt.*
asiático, ca ◇ *adj* asiatisch. ◇ *m, f* Asiat *der,* -in *die.*
asidero *m* - **1.** [agarradero] Halter *der* - **2.** *fig* [apoyo] Unterstützung *die.*
asiduo, dua *adj* häufig.
asiento *m* - **1.** [mueble] Sitz *der* ; **tomar ~** Platz nehmen ; ~ **abatible** Klappsitz *der* - **2.** [localidad] Sitzplatz *der* - **3.** [base] Boden *der* - **4.** [emplazamiento] Ansiedlung *die.*
asignación *f* - **1.** [atribución] Zuteilung *die* - **2.** [sueldo] Bezüge *pl.*
asignar *vt* - **1.** [atribuir] zulteilen - **2.** [destinar] versetzen.
asignatura *f* Fach *das.*
asilado, da *m, f* Asylant *der,* -in *die.*
asilo *m* - **1.** [hogar] Heim *das* - **2.** *fig* [amparo] Asyl *das* ; ~ **político** politisches Asyl - **3.** [hospedaje] Aufnahme *die.*
asimilación *f* - **1.** LING [comprensión] Assimilierung *die* - **2.** [de alimentos] Verdauung *die* - **3.** [equiparación] Angleichung *die.*
asimilar *vt* - **1.** [comprender] sich *(D)* anleignen - **2.** [alimentos] verdauen. ◆ **asimilarse** *vpr* LING sich anlgleichen.
asimismo *adv* zugleich.
asir [53] *vt* ergreifen. ◆ **asirse a** *vpr* [agarrarse] sich festlhalten.
asistencia *f* - **1.** [presencia] Anwesenheit *die* - **2.** [ayuda] Beistand *der* ; ~ **médica** ärztliche Behandlung *die* ; ~ **técnica** technischer Dienst - **3.** [afluencia] Zustrom *der* - **4.** DEP Assist *der.*
asistenta *f* Putzhilfe *die.*
asistente *mf* - **1.** [presente] Teilnehmer *der,* -in *die* - **2.** [ayudante] Assistent *der,* -in *die* ; ~ **social** Sozialarbeiter *der,* -in *die.*
asistido, da *adj* : **dirección asistida** Servolenkung *die* ; ~ **por ordenador** computergestützt.
asistir ◇ *vt* [ayudar] beilstehen. ◇ *vi* : ~ **a** teillnehmen an *(+D).*
asma *f (el)* MED Asthma *das.*
asmático, ca ◇ *adj* asthmatisch. ◇ *m, f* Asthmatiker *der,* -in *die.*
asno *m lit & fig* Esel.
asociación *f* - **1.** [relación] Verbindung *die* ; ~ **de ideas** Gedankenassoziation *die* - **2.** [agrupación] Vereinigung *die* ; ~ **de consumidores** Verbraucherverband *der.*
asociado, da ◇ *adj* verbunden. ◇ *m, f* - **1.** [miembro] Mitglied *das* - **2.** [adjunto] Hilfskraft *die* - **3.** COM Partner *der.*
asociar [8] *vt* - **1.** [relacionar] verbinden - **2.** [agrupar] vereinigen. ◆ **asociarse** *vpr* beiltreten ; **~se (con)** sich zusammenlschließen mit.
asomar ◇ *vi* zum Vorschein kommen. ◇ *vt* herauslstrecken. ◆ **asomarse** *vpr* sich hinausllehnen.
asombrar *vt* in Staunen versetzen.

◆ **asombrarse** *vpr* : **~se de** staunen über *(+A)*.
asombro *m* Erstaunen *das*.
asombroso, sa *adj* erstaunlich.
asomo *m* Andeutung *die* ; **ni por ~** nicht im Entferntesten.
asorocharse *Amér vpr höhenkrank werden*.
aspa *f (el)* Flügel *der*.
aspaviento *m (gen pl)* aufgeregte Gebärde *die*.
aspecto *m* - **1.** [exterior] Aussehen *das* ; **tener buen/mal ~** gut/schlecht auslsehen - **2.** [apariencia] Erscheinung *die* - **3.** [faceta] Gesichtspunkt *der*, Aspekt *der* ; **bajo este ~** unter diesem Gesichtspunkt ; **en todos los ~s** in jeder Beziehung.
aspereza *f* [rugosidad] Rauheit *die*.
áspero, ra *adj* - **1.** [rugoso] rauh - **2.** [acre] streng.
aspersión *f* Besprengen *das*.
aspersor *m* Sprinkler *der*.
aspiración *f* - **1.** [de aire] Atemholen *das* - **2.** [anhelo] Streben *das* - **3.** GRAM Aspiration *die*.
aspirador *m*, **aspiradora** *f* Staubsauger *der*.
aspirante <> *adj* Saug-. <> *mf* : **~ a** Anwärter *der*, -in *die* auf *(+A)*.
aspirar <> *vt* - **1.** [aire] einlatmen - **2.** GRAM aspirieren. <> *vi* : **~ a** [desear] streben nach.
aspirina® *f* FARM Aspirin® *das*.
asquear *vt* anlekeln.
asquerosidad *f* Scheußlichkeit *die*.
asqueroso, sa *adj* ekelhaft.
asta *f (el)* - **1.** [de bandera] Stange *die* ; **a media ~** auf Halbmast - **2.** [de herramienta] Schaft *der* - **3.** [de animal] Horn *das*.
astado *m* Stier *der*.
asterisco *m* Sternchen *das*, Asteriskus *der*.
astigmatismo *m* MED Astigmatismus *der*.
astilla *f* Splitter *der* ; **hacer ~s** *fig* in Stücke schlagen.
astillero *m* Werft *die*.
astringente *adj* adstringierend.
astro *m* - **1.** [cuerpo celeste] Gestirn *das* - **2.** *fig* [persona] Star *der*.
astrofísica *f* Astrophysik *die*.
astrología *f* Astrologie *die*.
astrólogo, ga *m, f* Astrologe *der*, -gin *die*.
astronauta *mf* Astronaut *der*, -in *die*.
astronave *f* Raumschiff *das*.
astronomía *f* Astronomie *die*.
astrónomo, ma *m, f* Astronom *der*, -in *die*.
astucia *f* - **1.** [picardía] Schlauheit *die* - **2.** *(gen pl)* [maña, treta] List *die*.
astuto, ta *adj* schlau.
asueto *m* Ferientag *der*.
asumir *vt* - **1.** [hacerse cargo de] übernehmen - **2.** [aceptar] akzeptieren.
Asunción *f* - **1.** [ciudad] Asunción *nt* - **2.** RELIG : **la ~** Mariä Himmelfahrt *die*.
asunto *m* - **1.** [materia, tema] Angelegenheit *die* - **2.** [negocio] Geschäft *das* - **3.** *fam* [romance] Affäre *die*. ◆ **Asuntos Exteriores** *mpl* auswärtige Angelegenheiten.
asustado, da *adj* erschrocken.
asustar *vt* erschrecken. ◆ **asustarse** *vpr* sich erschrecken.
atacante <> *adj* angreifend. <> *mf* Angreifer *der*, -in *die*.
atacar [10] *vt* - **1.** [gen] anlgreifen - **2.** [sobrevenir] befallen - **3.** *fig* [combatir] bekämpfen.
atadura *f* - **1.** [ligadura] Bindung *die* - **2.** *fig* [obligación] Fessel *die*.
atajar <> *vi* [acortar] ablkürzen. <> *vt* - **1.** *fig* [interrumpir] unterbrechen - **2.** [contener] einldämmen.
atajo *m* - **1.** *lit* & *fig* Abkürzung *die* - **2.** *despec* [panda] Bande *die*.
atalaya *f* [torre] Wachtturm *der*.
atañer *vi* betreffen ; **en lo que atañe a** hinsichtlich.
ataque *m* - **1.** [acometida] Angriff *der* - **2.** *fig* [golpe, crisis] Anfall *der* - **3.** DEP [línea delantera] Sturm *der*.
atar *vt* - **1.** [unir] festlbinden - **2.** *fig* [relacionar] verbinden - **3.** *fig* [limitar] binden. ◆ **atarse** *vpr* [anudarse] sich binden.
atardecer [30] *m* Abenddämmerung *die*.
atareado, da *adj* beschäftigt.
atascar [10] *vt* verstopfen. ◆ **atascarse** *vpr* - **1.** [obstruirse] sich verstopfen - **2.** *fig* [detenerse] stecken bleiben.
atasco *m* - **1.** [obstrucción] Verstopfung *die* - **2.** [embotellamiento] Stau *der* - **3.** [impedimento] Behinderung *die*.
ataúd *m* Sarg *der*.
ataviar [9] *vt* schmücken.
atavío *m* - **1.** [adorno] Schmuck *der* - **2.** *fig* [indumentaria] Kleidung *die*.
ate *m Amér* Quittengelee *das*.
atemorizar [13] *vt* erschrecken. ◆ **atemorizarse** *vpr* sich erschrecken.
Atenas *f* Athen *nt*.
atenazar [13] *vt* - **1.** [sujetar] fest packen - **2.** *fig* [atormentar] quälen.
atención <> *f* - **1.** [interés] Aufmerksamkeit *die* ; **llamar la ~** [atraer] Aufmerksamkeit erregen ; [amonestar] **llamar la ~ a alguien** jn zur Ordnung rufen ; **poner** o **prestar ~** auflpassen - **2.** [cortesía] Zuvorkommenheit *die*. <> *interj* : **¡atención!** Achtung! ◆ **atenciones** *fpl* Aufmerksamkeiten *pl*.
atender [20] <> *vt* - **1.** [aceptar] berücksichtigen - **2.** [servir] bedienen - **3.** [cuidar] betreuen. <> *vi* - **1.** [prestar atención] aufl-

passen ; ~ **a** zu|hören *(+D)* - **2.** [responder] : ~ **por** hören auf *(+A)*.
ateneo *m Kultur- und Wissenschaftsverein.*
atenerse [72] *vpr* : ~ **a** sich halten an *(+A)*.
atentado *m* Attentat *das.*
atentamente *adv* - **1.** [con atención] aufmerksam - **2.** [con cortesía] höflich - **3.** [en correspondencia] mit freundlichen Grüßen.
atentar *vi* : ~ **contra** ein Attentat verüben gegen.
atento, ta *adj* - **1.** [pendiente] aufmerksam ; ~ **a** aufmerksam auf *(+A)* - **2.** [cortés] höflich.
atenuante *f* DER mildernder Umstand.
atenuar [6] *vt* dämpfen.
ateo, a ◇ *adj* atheistisch. ◇ *m, f* Atheist *der,* -in *die.*
aterrador, ra *adj* schrecklich.
aterrar *vt* [asustar] erschrecken.
aterrizaje *m* Landung *die* ; ~ **forzoso** Notlandung *die.*
aterrizar [13] *vi* [avión] landen.
aterrorizar [13] *vt* erschrecken ; [suj : agresor] terrorisieren. ◆ **aterrorizarse** *vpr* sich erschrecken.
atesorar *vt* [riquezas] horten.
atestado *m* Protokoll *das.*
atestar *vt* - **1.** [llenar] füllen - **2.** DER bezeugen.
atestiguar [45] *vt* bezeugen.
atiborrar *vt* voll stopfen. ◆ **atiborrarse** *vpr* : **~se de** *fam fig* sich voll stopfen mit.
ático *m* Penthouse *das.*
atinar *vi* richtig raten ; ~ **con** finden.
atípico, ca *adj* atypisch.
atisbar *vt* - **1.** [objetos] erspähen - **2.** [esperanza, posibilidad] sich andeuten.
atizar [13] *vt* - **1.** [fuego, sentimientos] schüren - **2.** *fam* [pegar] verpassen. ◆ **atizarse** *vpr fam* [beber] bechern ; *fam* [comer] sich den Bauch voll|schlagen.
atlántico, ca *adj* atlantisch. ◆ **Atlántico** *m* : **el (océano) Atlántico** der Atlantische Ozean.
atlas *m* Atlas *der.* ◆ **Atlas** *m* : **el** ~ der Atlas.
atleta *mf* - **1.** [deportista] Athlet *der,* -in *die* - **2.** *fig* [forzudo] Muskelprotz *der.*
atlético, ca *adj* athletisch.
atletismo *m* Leichtathletik *die.*
atmósfera *f* Atmosphäre *die.*
atmosférico, ca *adj* atmosphärisch.
atolladero *m fig* [apuro] Klemme *die.*
atolondrado, da ◇ *adj* unbesonnen. ◇ *m, f* Tölpel *der.*
atómico, ca *adj* Atom-.
atomizador *m* Zerstäuber *der.*
átomo *m lit & fig* Atom *das.*
atónito, ta *adj* sprachlos.
átono, na *adj* GRAM unbetont.
atontado, da *adj* - **1.** [aturdido] benommen - **2.** [tonto] verdummt.
atontar *vt* [aturdir] benommen machen.
atorado, da *adj Amér* - **1.** [persona] wortkarg - **2.** *fig* [agitado, nervioso] übereilt.
atorar *Amér vt* verstopfen. ◆ **atorarse** *vpr* - **1.** [persona] stocken ; [conducto] sich verstopfen - **2.** [atragantarse] sich verschlucken.
atormentar *vt* quälen.
atornillar *vt* an|schrauben.
atorón *m Amér* Stau *der.*
atosigar [16] *vt fig* hetzen.
atracador, ra *m, f* Straßenräuber *der,* -in *die.*
atracar [10] ◇ *vi* NÁUT : ~ **en** an|legen in *(+D).* ◇ *vt* überfallen.
atracción *f* - **1.** FÍS Anziehungskraft *die* - **2.** [simpatía] Anziehung *die* - **3.** [atractivo] Reiz *der* - **4.** [espectáculo] Attraktion *die* - **5.** [centro de atención] Mittelpunkt *der* - **6.** *(gen pl) Karussellbahnen, Buden oder Ähnliches auf einem Rummelplatz.*
atraco *m* Überfall *der.*
atracón *m fam* Völlerei *die* ; **darse un** ~ sich überfressen.
atractivo, va *adj* attraktiv. ◆ **atractivo** *m* Anziehungskraft *die.*
atraer [73] *vt* - **1.** [gen] an|ziehen - **2.** *fig* [ocasionar] bringen.
atragantarse *vpr* [ahogarse] sich verschlucken.
atrancar [10] *vt* - **1.** [cerrar] verriegeln - **2.** [obturar] verstopfen. ◆ **atrancarse** *vpr* - **1.** [encerrarse] sich ein|schließen - **2.** [atascarse] sich verstopfen.
atrapar *vt* - **1.** [alcanzar, pillar] erwischen - **2.** *fam* [conseguir] ergattern.
atrás *adv* - **1.** [en espacio] hinten - **2.** [en tiempo] vorher.
atrasado, da *adj* - **1.** [en tiempo] verspätet ; [periódico] veraltet ; **el reloj está** ~ die Uhr geht nach - **2.** [en evolución] rückständig - **3.** [en capacidad] zurückgeblieben.
atrasar ◇ *vt* - **1.** [posponer] verschieben - **2.** [retrasar] zurück|stellen. ◇ *vi* [reloj] nach|gehen. ◆ **atrasarse** *vpr* - **1.** [demorarse] sich verspäten - **2.** [quedarse atrás] zurück|bleiben.
atraso *m* - **1.** [de reloj] Nachgehen *das* - **2.** [de evolución] Rückständigkeit *die.* ◆ **atrasos** *mpl fam* Rückstände *pl.*
atravesar [19] *vt* - **1.** [interponer] quer legen - **2.** [cruzar] überqueren, durchqueren - **3.** [traspasar] hindurch|gehen - **4.** *fig* [pasar] durch|machen. ◆ **atravesarse** *vpr* - **1.** [interponerse] sich quer stellen - **2.** *Amér* [suj : impedimento] in die Quere kommen.
atrayente *adj* anziehend.
atreverse *vpr* wagen ; ~ **a hacer algo** sich trauen, etw zu tun ; ~ **con** es auf|nehmen mit.

atrevido, da *adj* - **1.** [persona] verwegen - **2.** [hecho, dicho] dreist.

atrevimiento *m* - **1.** [osadía] Kühnheit *die* - **2.** [insolencia] Unverschämtheit *die*.

atribución *f* - **1.** [imputación] Zuschreibung *die* - **2.** [competencia] Befugnis *die*.

atribuir [51] *vt fig* [imputar] : **~ algo a algo/alguien** einer Sache/jm etw zu|schreiben. ◆ **atribuirse** *vpr* sich an|maßen.

atributo *m* - **1.** [cualidad] Eigenschaft *die* - **2.** [símbolo] Sinnbild *das* - **3.** GRAM & INFORM Attribut *das*.

atril *m* Pult *das*.

atrincherarse *vpr* - **1.** [protegerse] sich verschanzen - **2.** *fig* [obstinarse] : **~ en** sich verrennen in.

atrio *m* - **1.** [de iglesia] Atrium *das* - **2.** [patio interior] Innenhof *der*.

atrocidad *f* [crueldad] Grausamkeit *die*.

atropellado, da *adj* hastig.

atropellar *vt* - **1.** [suj : vehículo] überfahren - **2.** *fig* [suj : persona] sich hinweg|setzen über *(+A)* ◆ **atropellarse** *vpr* [al hablar] sich überlstürzen.

atropello *m* - **1.** [por vehículo] Verkehrsunfall *der* - **2.** *fig* [moral] Beleidigung *die*.

atroz *adj* - **1.** [cruel] grausam - **2.** [intenso] furchtbar - **3.** [muy desagradable] abscheulich.

ATS (*abrev de* **ayudante técnico sanitario**) *mf* MTA *der, die*.

atte. *abrev de* **atentamente**.

atuendo *m* [vestimenta] Kleidung *die*.

atún *m* Thunfisch *der*.

aturdido, da *adj* verblüfft.

aturdimiento *m* - **1.** [desconcierto] Benommenheit *die* - **2.** [irreflexión] Unbesonnenheit *die*.

aturdir *vt* - **1.** [suj : hecho físico] betäuben - **2.** *fig* [suj : hecho moral] erstaunen. ◆ **aturdirse** *vpr* - **1.** [por hecho físico] schwindlig werden - **2.** [por hecho moral] erstaunen.

audacia *f* Kühnheit *die*.

audaz *adj* kühn.

audible *adj* hörbar.

audición *f* - **1.** [capacidad] Gehör *das* - **2.** [acción] Anhörung *die* - **3.** TEATR & MÚS [prueba] Vorsprechen *das*, Vorspielen *das*.

audiencia *f* - **1.** [en TV, teatro] Zuschauer *pl* ; [en radio, conferencia] (Zu)hörer *pl* ; **de máxima ~** mit höchster Einschaltquote - **2.** [de autoridad] Audienz *die* - **3.** DER [ante juez] Verhandlung *die* ; **~ pública** öffentliche Verhandlung - **4.** [tribunal de justicia, edificio] Gericht *das*.

audífono *m* Hörgerät *das*.

audio *m* Tontechnik *die*.

audiovisual *adj* audiovisuell.

auditivo, va *adj* Hör-.

auditor, ra *m, f* Wirtschaftsprüfer *der*, -in *die*.

auditoría *f* FIN - **1.** [profesión, balance] Wirtschaftsprüfung *die* - **2.** [despacho] Wirtschaftsprüfungsbüro *das*.

auditorio *m* - **1.** [público] Zuhörerschaft *die* - **2.** [edificio] Auditorium *das*.

auge *m* Höhepunkt *der* ; **en pleno ~** auf dem Höhepunkt.

augurar *vt* voraus|sagen.

augurio *m* Vorzeichen *das*.

aula *f (el)* [en instituto] Klassenzimmer *das* ; [en universidad] Hörsaal *der*.

aullar *vi* heulen.

aullido *m* Heulen *das*.

aumentar ◇ *vt* erhöhen. ◇ *vi* steigen.

aumentativo, va *adj* vergrößernd. ◆ **aumentativo** *m* GRAM Vergrößerungsform *die*.

aumento *m* [subida] Anstieg *der* ; **ir en ~** steigen.

aun ◇ *adv* [hasta, incluso] sogar. ◇ *conj (seguido de gerundio, participio o cuando)* [aunque] auch ; **ni ~** nicht einmal ; **~ cuando** auch wenn. ◆ **aun así** *loc adv* trotzdem.

aún *adv* [todavía] noch.

aunar *vt* vereinigen.

aunque *conj* - **1.** [concesivo] obwohl, auch wenn - **2.** [adversativo] aber.

aúpa *interj fam* auf! ◆ **de aúpa** *loc adj fam* sagenhaft.

aupar *vt* hoch|heben. ◆ **auparse** *vpr* hoch|steigen.

aureola *f* - **1.** [de santo] Heiligenschein *der* - **2.** *fig* [fama] Ruhm *der* - **3.** ASTRON Aureole *die*.

auricular ◇ *adj* - **1.** [de corazón] Vorhof- - **2.** [de oído] Ohren-. ◇ *m* [de teléfono] Hörer *der*. ◆ **auriculares** *mpl* [de equipo de música] Kopfhörer *pl*.

aurora *f* [fenómeno físico] Morgenröte *die*.

auscultar *vt* MED ab|horchen.

ausencia *f* - **1.** [no presencia] Abwesenheit *die* - **2.** [falta] Mangel *der* ; **brillar por su ~** durch Abwesenheit glänzen.

ausentarse *vpr* verreisen.

ausente *adj* abwesend.

austeridad *f* Nüchternheit *die*.

austero, ra *adj* - **1.** [riguroso, severo] streng - **2.** [sin adornos] karg - **3.** [sobrio, moderado] zurückhaltend.

austral *adj* südlich.

Australia *f* Australien *nt*.

australiano, na ◇ *adj* australisch. ◇ *m, f* Australier *der*, -in *die*.

Austria *f* Österreich *nt*.

austríaco, ca ◇ *adj* österreichisch. ◇ *m, f* Österreicher *der*, -in *die*.

autarquía *f* Autarkie *die*.

auténtico, ca *adj* - **1.** [no falsificado, verdadero] echt - **2.** [veraz] wahr.
autentificar [10] *vt* beglaubigen.
auto *m* - **1.** DER Gerichtsbeschluss *der* - **2.** *Amér o fam* [automóvil] Auto *das.* ◆ **autos** *mpl* DER Prozessakten *pl.*
autoadhesivo, va *adj* selbstklebend.
autobiografía *f* Autobiografie *die.*
autobús *m* Bus *der.*
autocar *m* Reisebus *der.*
autocine *m* Autokino *das.*
autocontrol *m* Selbstkontrolle *die.*
autocrítica *f* Selbstkritik *die.*
autóctono, na ◇ *adj* autochthon. ◇ *m, f* Einheimische *der, die.*
autodefensa *f* Selbstverteidigung *die.*
autodeterminación *f* Selbstbestimmung *die.*
autoescuela *f* Fahrschule *die.*
autoestima *f* Selbstwertgefühl *das.*
autoestop, autostop *m* Trampen *das* ; **hacer ~** per Anhalter fahren.
autoestopista, autostopista *mf* Anhalter *der,* -in *die.*
autógrafo *m* Autogramm *das.*
autómata *m* - **1.** [máquina] Automat *der* - **2.** *fam* [persona] Roboter *der.*
automático, ca *adj* automatisch.
automatizar [13] *vt* automatisieren.
automedicarse [10] *vpr* sich selbst Medikamente verabreichen.
automotor, triz *adj* mit Selbstantrieb.
automóvil *m* Automobil *das.*
automovilismo *m* - **1.** [del automóvil] Kraftfahrwesen *das* - **2.** DEP Rennsport *der.*
automovilista *mf* Autofahrer *der,* -in *die.*
autonomía *f* - **1.** [de entidad política] Autonomie *die* - **2.** [territorio autónomo] autonome Region *die* - **3.** [de persona] Selbstständigkeit *die* - **4.** [de aparato] Betriebsdauer *die* ; [de vehículo] Reichweite *die.*
autonómico, ca *adj* autonom.
autonomista ◇ *adj* autonomistisch. ◇ *mf* Anhänger *der,* -in *die* der Autonomiebewegung.
autónomo, ma *adj* - **1.** POLÍT autonom - **2.** [persona] selbstständig.
autopista *f* Autobahn *die* ; **~ de la información** *fig* Datenautobahn.
autopropulsión *f* MEC Eigenantrieb *der.*
autopsia *f* MED Autopsie *die.*
autor, ra *m, f* - **1.** [de obra artística] Autor *der,* -in *die* - **2.** [de acción] Urheber *der,* -in *die* - **3.** DER Täter *der,* -in *die.*
autoría *f* [de obra artística] Urheberschaft *die* ; [de crimen] Täterschaft *die.*
autoridad *f* - **1.** [poder de mando, experto] Autorität *die* - **2.** [ley] Behörde *die.* ◆ **autoridades** *fpl* [dirigentes] Persönlichkeiten *pl.*
autoritario, ria *adj* autoritär.
autorización *f* Genehmigung *die.*
autorizado, da *adj* [permitido] genehmigt.
autorizar [13] *vt* - **1.** [dar permiso] genehmigen - **2.** [tener poder para] autorisieren.
autorretrato *m* Selbstporträt *das.*
autoservicio *m* - **1.** [tienda] Selbstbedienungsladen *der* - **2.** [restaurante] Selbstbedienungsrestaurant *das.*
autostop *m* = **autoestop.**
autostopista *mf* = **autoestopista.**
autosuficiencia *f* Selbstgenügsamkeit *die.*
autosugestión *f* Autosuggestion *die.*
autovía *f* Schnellstraße *die.*
auxiliar [8] ◇ *adj* Hilfs-. ◇ *mf* [ayudante] Gehilfe *der,* -fin *die* ; **~ administrativo** Bürogehilfe *der,* -fin *die* ; **~ técnico sanitario** medizinisch-technischer Assistent *der,* medizinisch-technische Assistentin *die.* ◇ *vt* helfen.
auxilio *m* Hilfe *die* ; **pedir ~** um Hilfe rufen ; **prestar ~** Hilfe leisten ; **primeros ~s** erste Hilfe.
av., avda. *abrev de* **avenida.**
aval *m* [documento] Bürgschaft *die.*
avalancha *f lit & fig* Lawine *die.*
avalar *vt* bürgen.
avalista *mf* Bürge *der.*
avance *m* - **1.** [en espacio] Vorrücken *das* - **2.** [progreso] Fortschritt *der* - **3.** RADIO & TV Vorschau *die.*
avanzadilla *f* MIL Spähtrupp *der.*
avanzado, da *adj* - **1.** [en tiempo] fortgeschritten - **2.** [progresista] fortschrittlich - **3.** [en espacio] vorgerückt. ◆ **avanzada** *f* MIL Vorhut *die.*
avanzar [13] ◇ *vi* - **1.** [en espacio] vor|rücken - **2.** [progresar] fort|schreiten. ◇ *vt* - **1.** [en espacio] vor|rücken - **2.** [en tiempo] voraus|schicken.
avaricia *f* Habgier *die.*
avaricioso, sa *adj* habgierig.
avaro, ra ◇ *adj* geizig. ◇ *m, f* Geizkragen *der.*
avasallar *vt* - **1.** [arrollar] überfallen - **2.** [someter] unterwerfen.
avda. = **av.**
ave *f (el)* - **1.** [gen] Vogel *der* ; [para comer] Geflügel *das* ; **~ de rapiña** Raubvogel *der* - **2.** *Amér* [gallina] Geflügel *das.*
AVE (*abrev de* **(tren de) alta velocidad española)** *m spanischer Hochgeschwindigkeitszug,* ≃ ICE *der.*
avecinarse *vpr* [acercarse] sich nähern.
avellana *f* Haselnuss *die.*
avellano *m* Haselnussstrauch *der.*
avemaría *f (el)* [oración] Ave Maria *das.*
avena *f* - **1.** [planta] Hafer *der* - **2.** [grano] Haferkorn *das.*

avenida *f* [calle] Allee *die*.
avenido, da *adj* : **bien ~** harmonisch ; **mal ~** unharmonisch.
avenirse [75] *vpr* - **1.** [llevarse bien] sich verstehen - **2.** [ponerse de acuerdo] sich einigen ; **~ a algo** sich auf etw einigen.
aventajado, da *adj* ausgezeichnet.
aventajar *vt* übertreffen ; **~ a alguien en algo** jn an etw übertreffen.
aventar [19] *vt* - **1.** [echar al viento] in den Wind streuen - **2.** *Amér* [tirar, lanzar] werfen. ◆ **aventarse** *vpr Amér* - **1.** [echarse, tirarse] sich hinauslstürzen - **2.** *fig* [atreverse] sich wagen.
aventón *m Amér* Mitfahrgelegenheit *die* ; **dar un ~ a alguien** jn im Auto mitnehmen.
aventura *f* Abenteuer *das*.
aventurado, da *adj* riskant.
aventurarse *vpr* sich wagen ; **~ a hacer algo** wagen, etw zu tun.
aventurero, ra ◇ *adj* abenteuerlustig. ◇ *m, f* Abenteurer *der*, -in *die*.
avergonzar [38] *vt* beschämen. ◆ **avergonzarse** *vpr* : **~se de** sich schämen wegen *(+G)*.
avería *f* Schaden *der*.
averiado, da *adj* beschädigt, kaputt.
averiar [9] *vt* beschädigen. ◆ **averiarse** *vpr* kaputt gehen.
averiguación *f* Ermittlung *die* ; **hacer averiguaciones** ermitteln.
averiguar [45] *vt* ermitteln.
aversión *f* Abneigung *die*.
avestruz *m* Strauß *der*.
aviación *f* Luftfahrt *die*.
aviador, ra *m, f* Pilot *der*, -in *die*.
aviar [9] *vt* - **1.** [habitación] herlrichten - **2.** [comida] zulbereiten ; [maleta] packen.
avícola *adj* Geflügel-.
avicultura *f* Geflügelzucht *die*.
avidez *f* Gier *die*.
ávido, da *adj* : **~ de** gierig nach.
avinagrarse *vpr lit & fig* sauer werden.
avío *m* - **1.** [preparativo] Herrichten *das* - **2.** [comida, víveres] Proviant *der*. ◆ **avíos** *mpl fam* [equipo] Zeug *das*.
avión *m* Flugzeug *das* ; **en ~** mit dem Flugzeug ; **por ~** per Luftpost ; **~ a reacción** Düsenflugzeug *das*.
avioneta *f* Sportflugzeug *das*.
avisar *vt* - **1.** [llamar] rufen - **2.** : **~ a alguien de algo** [informar] jm Bescheid sagen ; [advertir] jn vor etw warnen.
aviso *m* - **1.** [advertencia] Durchsage *die* ; **hasta nuevo ~** bis auf Widerruf ; **poner sobre ~** warnen vor *(+D)* ; **sin previo ~** ohne Vorwarnung - **2.** TAUROM *Mahnung an den Torero, den Stier endlich zu töten.*
avispa *f* Wespe *die*.
avispado, da *adj fam fig* schlau.
avispero *m* - **1.** [nido] Wespennest *das* - **2.** *fam fig* [lío] Wirrwarr *das*.
avistar *vt* sichten.
avituallar *vt* verpflegen.
avivar *vt* - **1.** [sentimiento] beleben - **2.** [color] auflheitern - **3.** [fuego] anlfachen.
axila *f* ANAT Achsel *die*.
axioma *m* Axiom *das*.
ay *interj* : **¡ay!** [de dolor] au! ; [de sorpresa] oh! ; **¡~ de mí!** wehe mir!
ayer ◇ *adv* - **1.** [día precedente] gestern ; **~ noche/tarde** gestern Abend/Nachmittag ; **~ por la mañana/tarde** gestern Morgen/Nachmittag - **2.** *fig* [tiempo pasado] früher. ◇ *m fig* Gestern *das*.
ayuda *f* Hilfe *die* ; **acudir en ~ de alguien** jm zu Hilfe kommen ; **pedir ~ a alguien** jn um Hilfe bitten.

ofrecer ayuda

Kann ich Ihnen behilflich sein? ¿Le puedo ayudar en algo?
Brauchen Sie Hilfe? ¿Necesita ayuda?
Soll ich dir helfen? ¿Quieres que te ayude?
Was kann ich für sie tun? ¿Qué puedo hacer por ella?
Soll ich mit anfassen? ¿Le echo una mano?

ayudante ◇ *adj* Hilfs-. ◇ *mf* - **1.** [que ayuda] Helfer *der*, -in *die* - **2.** [categoría profesional] Assistent *der*, -in *die*.
ayudar *vt* helfen. ◆ **ayudarse** *vpr* sich helfen ; **~se de** sich etw *(G)* bedienen.
ayunar *vi* fasten.
ayunas *fpl* : **en ~** nüchtern.
ayuno *m* Fasten *das* ; **hacer ~** fasten.
ayuntamiento *m* - **1.** [corporación] Stadtverwaltung *die* - **2.** [edificio] Rathaus *das*.
azabache *m* Gagat *der*.
azada *f* Hacke *die*.
azafata *f* Stewardess *die*.
azafate *m Amér* Tablett *das*.
azafrán *m* Safran *der*.
azahar *m* Orangenblüte *die*.
azalea *f* Azalee *die*.
azar *m* Zufall *der* ; **al ~** aufs Geratewohl ; **por (puro) ~** (rein) zufällig.
azaroso, sa *adj* turbulent, bewegt.
azor *m* Hühnerhabicht *der*.
azotaina *f fam* Tracht *die* Prügel.
azote *m* - **1.** [golpe] Peitschenhieb *der* - **2.** *fig* [calamidad] Geißel *die*.
azotea *f* - **1.** [de edificio] Dachterrasse *die* - **2.** *fam fig* [cabeza] Oberstübchen *das*.
azteca ◇ *adj* aztekisch. ◇ *mf* Azteke *der*, -kin *die*. ◇ *m* Aztekisch(e) *das*.
azúcar *m o f (es más frecuente el masculino)* Zucker *der* ; **~ moreno(na)** brauner Zucker.

azucarado, da *adj* gezuckert.
azucarero, ra *adj* Zucker-. ◆ **azucarero** *m* Zuckerdose *die.* ◆ **azucarera** *f* Zuckerfabrik *die.*
azucena *f* Lilie *die.*
azufre *m* Schwefel *der.*
azul ◇ *adj* blau. ◇ *m* Blau *das.*
azulejo *m* [de pared] Kachel *die* ; [de suelo] Fliese *die.*
azuzar [13] *vt* **- 1.** [animal] auf|hetzen **- 2.** *fig* [persona] an|stacheln.

B

b, B [be] *f* [letra] b *das*, B *das.*
baba *f* [saliva] Speichel *der.*
babear *vi* sabbern.
babero *m* Lätzchen *das.*
babi *m* Kinderschürze *die.*
Babia *f* : **estar** o **quedarse en ~** *fig* geistesabwesend sein.
babilónico, ca *adj* [de Babilonia] babylonisch.
bable *m asturischer Dialekt.*
babor *m* NÁUT Backbord *das* ; **a ~** backbord.
babosada *f Amér fam* Dummheit *die.*
baboso, sa ◇ *adj* **- 1.** [que babea] sabbernd **- 2.** *Amér fam* [tonto] dumm. ◇ *m, f Amér* Dummkopf *der.* ◆ **babosa** *f* [animal] Nacktschnecke *die.*
babucha *f* Pantoffel *der.*
baca *f* Dachgepäckträger *der.*
bacalao *m* [fresco] Kabeljau *der* ; [salado] Stockfisch *der* ; **~ al pil-pil** CULIN *Stockfisch in Öl geschmort mit Knoblauch und rotem Pfeffer* ; **partir** o **cortar el ~** *fig fam* den Ton angeben.
bacán *Amér* ◇ *adj* schick. ◇ *m Amér* Dandy *der* ; **como un ~** wie ein Gentleman.
bacanal *f* Orgie *die.*
bacarrá, bacará *m* Bakkarat *das.*
bache *m* **- 1.** [de terreno] Schlagloch *das* **- 2.** [de atmósfera] Luftloch *das* **- 3.** *fig* [dificultades] Tief *das.*
bachiller *mf Person, die das 'bachillerato' bestanden hat.*
bachillerato *m* ≃ mittlere Reife.
bacilo *m* MED Bazillus *der.*
bacinica *f Amér* Nachttopf *der.*
bacteria *f* Bakterie *die.*
bacteriológico, ca *adj* bakteriologisch.
báculo *m* [bastón] Stab *der.*
badajo *m* Klöppel *der.*
badén *m* [de carretera] Querrinne *die.*
bádminton *m inv* DEP Badminton *das.*
bafle, baffle *m* Lautsprecher *der.*
bagaje *m fig* Wissen *das* ; **~ cultural** Bildung *die.*
bagatela *f* Kleinigkeit *die.*
bahía *f* Meeresbucht *die.*
bailaor, ra *m, f* Flamencotänzer *der*, -in *die.*
bailar ◇ *vt* tanzen. ◇ *vi* **- 1.** [danzar] tanzen **- 2.** [no encajar] Spiel haben ; **los pies me bailan (en los zapatos)** die Schuhe sind mir zu groß **- 3.** *loc* : **que me quiten lo bailado** *fam* was ich hab, das hab ich.
bailarín, ina *m, f* [artista] Tänzer *der*, -in *die.*
baile *m* **- 1.** [acción, estilo] Tanz *der* **- 2.** [fiesta] Tanzfest *das* **- 3.** COM. ◆ **baile de San Vito** *m* MED Veitstanz *der.*
bailotear *vi fam* schwofen.
baja *f* ▷ **bajo.**
bajada *f* **- 1.** [descenso] Abstieg *der* ; **~ de bandera** [de taxi] Grundpreis *der* **- 2.** [cuesta] Gefälle *das* **- 3.** [disminución] Senkung *die.*
bajamar *f* Ebbe *die.*
bajar ◇ *vt* **- 1.** [objeto] herunter|holen ; [telón, persianas] herunter|lassen **- 2.** [descender] hinunter|gehen **- 3.** [precios] senken **- 4.** [radio, volumen] leiser stellen **- 5.** [ojos, cabeza, fiebre] senken. ◇ *vi* **- 1.** [ir hacia abajo] hinunter|gehen ; [ascensor] hinunter|fahren ; **~ por** hinunter|gehen *(+A)* **- 2.** [disminuir] sinken. ◆ **bajarse** *vpr* herunter|steigen ; **~se de** [coche, autobús] aus|steigen aus ; [moto, caballo] ab|steigen von ; [árbol, escalera] herunter|steigen von.
bajero, ra *adj* Unter-.
bajeza *f* Niedrigkeit *die.*
bajista ◇ *adj* FIN Baisse-. ◇ *mf* [músico] Bassist *der*, -in *die.*
bajo[1], ja *adj* **- 1.** [gen] niedrig ; [estatura] klein **- 2.** [piso, barrio, clase social] untere **- 3.** [calidad] gering ; **~ en calorías** kalorienarm ; **temporada baja** Nebensaison *die* **- 4.** [territorio] Nieder- **- 5.** [época] : **baja Edad Media** Spätmittelalter *das* **- 6.** [volumen] leise **- 7.** [voz] tief **- 8.** [vil] gemein. ◆ **bajo** *m* **- 1.** *(gen pl)* [parte inferior] unterer Teil **- 2.** MÚS [instrumento, cantante] Bass *der* **- 3.** MÚS [instrumentista] Bassist *der*, -in *die.* ◆ **baja** *f* **- 1.** [descenso] Rückgang *der* **- 2.** [cese] Austritt *der* ; **darse de baja** [de club, asociación] aus|treten ; [en Hacienda] sich ab|melden ; [de empresa] kündigen **- 3.** [estado, documento] ärztliches Attest ; **estar de baja** krank geschrieben sein ; [por maternidad] Mutterschutzurlaub haben **- 4.** [pérdida] Verluste *pl.* ◆ **bajos** *mpl* Erdgeschoss *das.*
bajo[2] *prep* unter.

bajón *m* starker Rückgang ; **dar un ~** sich stark verschlechtern.
bajura *f* ▷ pesca.
bala *f* - **1.** [proyectil] Kugel *die* - **2.** [fardo] Ballen *der.* ◆ **bala perdida** *m fam* Tunichtgut *der.*
balacear *vt Amér* schießen.
balacera *f Amér* Schießerei *die.*
balada *f* Ballade *die.*
baladí (*pl* **baladíes**) *adj* belanglos.
balance *m* COM [valoración] Bilanz *die.*
balancear *vt* schaukeln. ◆ **balancearse** *vpr* schaukeln.
balanceo *m* Schaukeln *das.*
balancín *m* - **1.** [mecedora] Schaukelstuhl *der* - **2.** AUTOM Pleuelstange *die.*
balandro *m* DEP Jolle *die.*
balanza *f* - **1.** [báscula] Waage *die* - **2.** COM Bilanz *die* ; **~ comercial** Handelsbilanz ; **~ de pagos** Zahlungsbilanz - **3.** *loc* : **hacer inclinarse la ~** den Ausschlag geben.
balar *vi* blöken.
balaustrada *f* Balustrade *die.*
balazo *m* Schuss *der.*
balbucear, balbucir ◇ *vi* lallen. ◇ *vt* stammeln.
balbuceo *m* Stammeln *das.*
balbucir = **balbucear.**
Balcanes *mpl* : **los ~** der Balkan.
balcón *m* - **1.** [terraza pequeña] Balkon *der* - **2.** [mirador] Aussichtspunkt *der.*
baldado, da *adj* erschöpft.
balde *m* Eimer *der.* ◆ **de balde** *loc adv* [gratis] umsonst. ◆ **en balde** *loc adv* vergeblich.
baldosa *f* Fliese *die.*
baldosín *m* [suelo] Fliese *die* ; [pared] Kachel *die.*
balear ◇ *adj* balearisch. ◇ *mf* Baleare *der,* Balearin *die.* ◇ *vt Amér* schießen. ◆ **Baleares** *fpl* : **las (islas) Baleares** Balearen.
baleo *m Amér* Schießerei *die.*
balido *m* Blöken *das.*
balín *m* Schrotkorn *das.*
baliza *f* [en agua] Boje *die* ; [en tierra] Leuchtfeuer *das.*
ballena *f* - **1.** [animal] Wal *der* - **2.** [de paraguas] Speiche *die* ; [de corsé] Stange *die.*
ballesta *f* - **1.** [arma] Armbrust *die* - **2.** AUTOM Blattfeder *die.*
balneario *m* Heilbad *das.*
balompié *m* DEP Fußball *der.*
balón *m* - **1.** [pelota] Ball *der* - **2.** [recipiente] Ballon *der.*
baloncesto *m* DEP Basketball *der.*
balonmano *m* DEP Handball *der.*
balonvolea *m* DEP Volleyball *der.*
balsa *f* - **1.** [embarcación] Floß *das* - **2.** [estanque] Tümpel *der* - **3.** *loc* : **ser una ~ de aceite** [lugar] absolut ruhig sein.
balsámico, ca *adj* balsamisch.
bálsamo *m* Balsam *der.*
Báltico *m* : **el (mar) ~** die Ostsee.
baluarte *m* [bastión] Bollwerk *das.*
bamba *f* Bamba *die.*
bambalina *f* TEATR Soffitte *die* ; **entre ~s** *fig* hinter den Kulissen.
bambolear *vt* schwenken. ◆ **bambolearse** *vpr* schwanken.
bambú (*pl* **bambúes** o **bambús**) *m* Bambus *der.*
banano *m* Bananenstaude *die.*
banca *f* - **1.** [establecimiento] Bank *die* ; **~ telefónica** Telephone Banking *das* - **2.** [institución] Bankwesen *das* - **3.** [en juegos de azar] Bank *die* - **4.** [asiento] Schemel *der.*
bancario, ria *adj* Bank-.
bancarrota *f* [quiebra] Bankrott *der* ; **en ~** bankrott ; **ir a la ~** bankrott gehen.
banco *m* - **1.** [asiento] Bank *die* - **2.** [de crédito] Bank *die* - **3.** [de peces] Schwarm *der* - **4.** [almacén] Bank *die* - **5.** [tablero] Werkbank *die.* ◆ **banco azul** *m* POLÍT Regierungsbank *die.* ◆ **banco de arena** *m* NÁUT Sandbank *die.* ◆ **banco de datos** *m* INFORM Datenbank *die.* ◆ **banco de pruebas** *m* MEC Prüfstand *der.* ◆ **Banco Mundial** *m* Weltbank *die.*
banda *f* - **1.** [cuadrilla] Bande *die* ; **~ armada** Terrororganisation *die* - **2.** [de música] Kapelle *die* ; [de música rock] Band *die* - **3.** [faja] Schärpe *die* - **4.** [cinta] Band *das* - **5.** [tira] Streifen - **6.** [de radio] Frequenzband *das* - **7.** DEP Bande *die* ; [de campo de fútbol] : **saque de ~** Einwurf *der* - **8.** *loc* : **cerrarse en** o **a la ~** [obstinarse] sich hartnäckig weigern. ◆ **banda magnética** *f* Magnetband *das.* ◆ **banda sonora** *f* CIN Soundtrack *der.*
bandada *f* Schwarm *der* ; **salir en ~** *fig* in Scharen hinaus|gehen.
bandazo *m* [vaivén] Schlingern *das* ; **dar ~s** [balancearse] stark schwanken ; [dar tumbos] hin und her schwanken.
bandeja *f* Tablett *das* ; **servir** o **poner en ~** *fig* auf einem silbernen Tablett servieren.
bandera *f* Fahne *die* ; **jurar ~** MIL den Fahneneid ablegen ; **~ blanca** weiße Fahne. ◆ **de bandera** *loc adj fam* Spitzen-.
banderín *m* - **1.** [bandera] Wimpel *der* - **2.** MIL [persona] Bannerträger *der.*
bandido, da *m, f* - **1.** [delincuente] Bandit *der,* -in *die* - **2.** [granuja] Gauner *der,* -in *die.*
bando *m* - **1.** [facción] Partei *die* - **2.** [edicto] Erlass *der.*
bandolero, ra *m, f* Straßenräuber *der,* -in *die.* ◆ **bandolera** *f* [correa] Schulterriemen *der* ; **llevar en bandolera** über der Schulter tragen.
bandurria *f* MÚS *mandolinenähnliches spanisches Zupfinstrument.*

banquero, ra *m, f* [en negocios] Bankier *der*, -in *die*.
banqueta *f* - **1.** [banco] Fußbank *die* - **2.** *Amér* [acera] Bürgersteig *der*.
banquete *m* Bankett *das*.
banquillo *m* - **1.** [asiento] Bänkchen *das* - **2.** [de entrenadores y jugadores] Reservebank *die*.
bañador *m* [de mujer] Badeanzug *der* ; [de hombre] Badehose *die*.
bañar *vt* - **1.** [asear, sumergir] baden - **2.** [cubrir] überziehen - **3.** [suj : río] fließen durch ; [suj : mar] an|grenzen *(+A)* - **4.** [suj : sol, luz] scheinen - **5.** *Amér* [duchar] duschen. ◆ **bañarse** *vpr* - **1.** [asearse, en playa] baden ; [en piscina] schwimmen - **2.** *Amér* [ducharse] sich duschen.
bañera *f* Badewanne *die*.
bañista *mf* Badende *der, die*.
baño *m* - **1.** [en agua] Bad *das* ; **darse un ~** baden - **2.** [habitación] Bad *das* - **3.** [inhalaciones, vahos] Dampfbad *das* - **4.** [capa] Glasur *die*. ◆ **baños** *mpl* Heilbad *das*. ◆ **baño María** *m* Wasserbad *das*.
baobab (*pl* **baobabs**) *m* - **1.** [árbol] Affenbrotbaum *der* - **2.** [madera] Baobabholz *das*.
baptista ◇ *adj* RELIG baptistisch. ◇ *mf* RELIG Baptist *der*, -in *die*.
baquelita *f* Bakelit *das*.
bar *m* [café] Café *das* ; [pub] Bar *die* ; [taberna] Kneipe *die* ; **~ musical** Musikbar *die*.
baraja *f* Kartenspiel *das*.
barajar *vt* - **1.** [cartas] mischen - **2.** [datos, posibilidades] in Betracht ziehen.
baranda *f* Geländer *das*.
barandilla *f* Geländer *das*.
barata *f Amér* Sonderangebot *das*.
baratija *f* Billigware *die*.
baratillo *m* Trödel.
barato, ta *adj* billig. ◆ **barato** *adv* billig.
barba *f* Bart *der* ; **dejarse ~** sich einen Bart wachsen lassen ; **por ~** *fig* pro Kopf.
barbacoa *f* - **1.** [parrilla] Grill *der* - **2.** [fiesta] Grillparty *die*.
Barbados *m* Barbados *nt*.
barbaridad *f* - **1.** [cualidad] Ungeheuerlichkeit *die* - **2.** [disparate] Unsinn *der* - **3.** [exceso] Unmenge *die*.
barbarie *f* - **1.** [crueldad] Grausamkeit *die* - **2.** [incultura] Barberei *die*.
barbarismo *m* Barbarismus *der*.
bárbaro, ra ◇ *adj* - **1.** [pueblo] barbarisch - **2.** [cruel] brutal, barbarisch - **3.** [bruto] grob - **4.** *fam* [extraordinario] toll. ◇ *m, f* Barbar *der*, -in *die*. ◆ **bárbaro** *adv fam* [magníficamente] sagenhaft.
barbecho *m* AGRIC Brache *die*.
barbería *f* Herrensalon *der*.
barbero *m* Herrenfriseur *der*.
barbilampiño, ña *adj* bartlos.
barbilla *f* Kinn *das*.
barbo *m* Barbe *die*.
barbotar *vi & vt* murmeln.
barbudo, da *adj* bärtig.
barbullar *vi* brabbeln.
barca *f* Boot *das*.
barcaza *f* Leichter *der*.
Barcelona *f* Barcelona *nt*.
barcelonés, esa ◇ *adj* aus Barcelona. ◇ *m, f* Barcelonese *der*, -sin *die*.
barco *m* Schiff *das*.
baremo *m* [tabla de criterios] Kriterienkatalog *der* ; [tabla de tarifas] Tariftabelle *die*.
bario *m* QUÍM Barium *das*.
barítono *m* Bariton *der*.
barman (*pl* **barmans** o **barmen**) *m* Barkeeper *der*.
Barna. *abrev de* **Barcelona**.
barniz *m* - **1.** [para madera] Firnis *der* - **2.** [para uñas] Nagellack *der*.
barnizar [13] *vt* lackieren.
barómetro *m* Barometer *das*.
barón, onesa *m, f* Baron *der*, -in *die*.
barquero, ra *m, f* Fährmann *der*, -frau *die*.
barquillo *m* CULIN Eiswaffel *die*.
barra *f* - **1.** [pieza] Stange *die* ; **~ de labios** Lippenstift *der* ; **~ de pan** Baguette *das* ; [de oro] Barren *der* ; [de hielo] Block *der* ; [de turrón, de chocolate] Tafel *die* - **2.** [barrote] Stange *die* - **3.** [de bar] Theke *die*, Tresen *der* ; **~ americana** Nachtlokal *das* ; **~ libre** *Fixpreis für unbeschränkten Getränkekonsum* - **4.** INFORM Leiste *die* ; **~ de desplazamiento** Schiebeleiste ; **~ de herramientas** Funktionsleiste ; **~ de menús** Menüleiste ; **~ espaciadora** Leertaste *die* - **5.** [de tribunal] Schranke *die* - **6.** [de gimnasia] Stange *die* ; **~s asimétricas** Stufenbarren *der* ; **~ fija** Reck *das* ; **~s paralelas** Barren *der* - **7.** [signo gráfico] Schrägstrich *der*.
barrabasada *f fam* Schabernack *der*.
barraca *f* - **1.** [vivienda pobre] Baracke *die* - **2.** [caseta] Bude *die* - **3.** [casa de campo] Kate *die*.
barracón *m* Kaserne *die*.
barranco *m* [precipicio] Schlucht *die*.
barranquismo *m* DEP Wildwasserklettern *das*.
barraquismo *m Ansiedlung von Elendsvierteln*.
barrena *f* Bohrer *der*.
barrenar *vt* [taladrar] bohren.
barrendero, ra *m, f* Straßenfeger *der*, -in *die*.
barreno *m* - **1.** [instrumento] Bohrhammer *der* - **2.** [agujero con pólvora] Sprengloch *das*.
barreño *m* Trog *der*.
barrer *vt* - **1.** [con escoba] fegen - **2.** *fam* [derrotar] haushoch schlagen.
barrera *f* - **1.** [valla] Absperrung *die* ; [del

tren] Schranke *die* - **2.** [obstáculo] Barriere *die* ; **~s arquitectónicas** architektonische Schranken - **3.** [de jugadores] Mauer *die*. ◆ **barrera del sonido** *f* Schallmauer *die*.

barriada *f* Stadtviertel *das*.

barricada *f* Barrikade *die*.

barrido *m* - **1.** [acción] Fegen *das* - **2.** TECN Scannen *das* - **3.** CIN Kameraschwenk *der*.

barriga *f* Bauch *der* ; **echar ~** einen Bauch ansetzen ; **rascarse** o **tocarse la ~** *fig* auf der faulen Haut liegen.

barrigazo *m fam* Wanst *der* ; **darse un ~** auf den Bauch fallen.

barrigón, ona *adj* dickbäuchig. ◆ **barrigón** *m* Bauch *der*.

barril *m* - **1.** [tonel] Fass *das* - **2.** [de petróleo] Barrel *das*.

barrio *m* (Stadt)viertel *das* ; **mandar a alguien al otro ~** *fig fam* jn ins Jenseits befördern.

barriobajero, ra *adj despec* vulgär.

barrizal *m* Sumpf *der*.

barro *m* - **1.** [fango] Schlamm *der* - **2.** [arcilla] Ton *der* - **3.** [grano] Pustel *die*.

barroco, ca *adj* [en arte, recargado] barock. ◆ **Barroco** *m* [en arte] Barock *der*.

barrote *m* Gitter *das*.

barruntar *vt* an|kündigen.

bartola ◆ **a la bartola** *loc adv fam* : **tumbarse a la ~** sich auf die faule Haut legen.

bártulos *mpl* Sachen *pl* ; **liar los ~** *fig fam* seine Siebensachen packen.

barullo *m* [desorden] *fam* Durcheinander *das* ; [ruido] *fam* Krach *der* ; **armar ~** Krach machen.

basalto *m* GEOL Basalt *der*.

basamento *m* ARQUIT Fundament *das*.

basar *vt* - **1.** [fundamentar] stützen auf *(+A)* - **2.** [asentar] auf|stellen. ◆ **basarse en** *vpr* beruhen auf *(+A)*.

basca *f fam* [grupo de gente] Bande *die*.

báscula *f* Waage *die*.

bascular *vi* kippen.

base *f* - **1.** [parte inferior] Grundfläche *die* - **2.** [parte más importante] Grundlage *die* - **3.** [fundamento] Ausgangspunkt *der* ; **sentar las ~s** die Grundlagen schaffen - **4.** GEOM Grundlinie *die* - **5.** MAT [de potencia] Berechnungsgrundlage *die* - **6.** MAT [de números] Berechnungszahl *die* - **7.** MIL [lugar para operar] Stützpunkt *der* - **8.** QUÍM Base *die* - **9.** [afiliados] Basis *die* ; **de ~** Stamm- - **10.** : **a ~ de** auf Grund von *(D)* ; **a ~ de bien** sehr gut. ◆ **base de datos** *f* INFORM Datenbank *die*. ◆ **base imponible** *f* ECON Steuerbasis *die*. ◆ **base monetaria** *f* ECON Geldbasis *die*.

básico, ca *adj* - **1.** [fundamental] grundlegend - **2.** QUÍM basisch.

basílica *f* Basilika *die*.

basilisco *m* MITOL Basilisk *der* ; **ponerse hecho un ~** *fig fam* fuchsteufelswild werden.

basta *interj* : **¡basta!** genug!, basta! ; **~ de** Schluss mit.

bastante ◇ *adj* - **1.** [suficiente] genügend - **2.** [considerable] ziemlich viel. ◇ *adv* - **1.** [suficiente] genug - **2.** [considerablemente] ziemlich.

bastar *vi* genügen ; **~ con** aus|reichen. ◆ **bastarse** *vpr* : **~ solo** allein zurecht|kommen.

bastardo, da ◇ *adj* - **1.** [ilegítimo] unehelich - **2.** [animal] Misch- - **3.** *despec* [innoble] niederträchtig. ◇ *m, f* [descendiente] Bastard *der*, -in *die*.

bastidor *m* - **1.** [armazón] Rahmen *der* - **2.** AUTOM Fahrgestell *das*. ◆ **bastidores** *mpl* TEATR Kulissen *pl* ; **entre ~es** *fig* hinter den Kulissen.

basto, ta *adj* - **1.** [tosco, áspero] rau - **2.** [grosero] vulgär. ◆ **bastos** *mpl eine der vier spanischen Spielkartenfarben*.

bastón *m* - **1.** [para andar] Stock *der* - **2.** [de mando] Stab *der* - **3.** [para esquiar] Skistock *der*.

basura *f* [desperdicio] Abfall *der*.

basural *m Amér* Mülldeponie *die*.

basurero, ra ◇ *m, f* Müllmann *der*, -frau *die*. ◇ *m* Mülldeponie *die*.

bata *f* - **1.** [de casa] Morgenrock *der* - **2.** [de trabajo] Kittel *der*.

batacazo *m* [caída] Sturz *der*.

batalla *f* - **1.** [entre ejércitos, entre personas] Schlacht *die* - **2.** *fig* [lucha interior] Kampf *der* - **3.** *loc* : **de ~** für den Alltag.

batallar *vi* [con armas, esforzarse] kämpfen.

batallón *m* - **1.** MIL Bataillon *das* - **2.** *fig* [grupo numeroso] Schar *die*.

batata *f* - **1.** [planta] Batate *die* - **2.** [raíz] Süßkartoffel *die*.

bate *m* DEP Schlagholz *das*.

batea *f Amér* Trog *der*.

bateador, ra *m, f* DEP Schläger *der*, -in *die*.

batear *vt & vi* DEP schlagen *(mit dem Schlagholz)*.

batería ◇ *f* - **1.** [para vehículos] Batterie *die* ; [recargable] Akku *der* ; . - **2.** MÚS Schlagzeug *das* - **3.** [de cocina] Topfset *das* - **4.** TEATR Rampenlicht *das* - **5.** *loc* : **aparcar en ~** schräg parken. ◇ *mf* Schlagzeuger *der*, -in *die*.

batiborrillo, batiburrillo *m* Durcheinander *das*.

batido, da *adj* - **1.** [líquido] geschlagen - **2.** [senda, camino] ausgetreten. ◆ **batido** *m* [bebida] Shake *der*. ◆ **batida** *f* - **1.** [de caza] Treibjagd *die* - **2.** [de policía] Razzia *die*.

batidora *f* Mixer *der*.

batiente *m* - **1.** [de puerta, ventana] Flügel *der* - **2.** [dique] Wellenbrecher *der*.
batín *m kurzer Hausrock für Männer*.
batir ◇ *vt* - **1.** [gen] schlagen - **2.** [muro] nieder|reißen - **3.** [explorar] erkunden - **4.** [golpear] branden. ◇ *vi* [lluvia] prasseln. ◆ **batirse** *vpr* kämpfen ; **-se en duelo** sich schlagen.
baturro, rra ◇ *adj* aragonisch. ◇ *m, f* aragonischer Bauer, aragonische Bäuerin.
batuta *f* MÚS Taktstock *der* ; **llevar la ~** *fig* den Ton angeben.
baúl *m* - **1.** [arcón] Truhe *die* - **2.** *Amér* [maletero del coche] Kofferraum *der*.
bautismo *m* Taufe *die*.
bautizar [13] *vt* - **1.** RELIG [denominar] taufen - **2.** *fig fam* [poner motes] einen Spitznamen geben.
bautizo *m* - **1.** RELIG Taufe *die* - **2.** [fiesta] Tauffeier *die*.
baya *f* Beere *die*.
bayeta *f* - **1.** [tejido] Flanell *der* - **2.** [para fregar] Lappen *der*.
bayoneta *f* MIL Bajonett *das*.
baza *f* - **1.** [de naipes] Stich *der* - **2.** [ventaja] Trumpf *der* - **3.** *loc* : **meter ~ en un asunto** sich ein|mischen.
bazar *m* - **1.** [tienda] Warenhaus *das* - **2.** [mercado de Oriente] Basar *der*.
bazo *m* ANAT Milz *die*.
bazofia *f* - **1.** [comida mala] Fraß *der* - **2.** *fig* [cosa despreciable] Schund *der*.
beatificar [10] *vt* RELIG selig sprechen.
beato, ta ◇ *adj* - **1.** [beatificado] selig - **2.** [piadoso] fromm - **3.** *fig* [que finge piedad] scheinheilig. ◇ *m, f* - **1.** RELIG Selige *der, die* - **2.** [piadoso] Fromme *der, die*.
beba *f Amér fam* Baby *das (Mädchen)*.
bebé *m* Baby *das* ; **~ probeta** Retortenbaby.
bebedero *m* - **1.** [de jaula] Trinkschale *die* - **2.** [abrevadero] Tränke *die*.
bebedor, ra *m, f* Trinker *der*, -in *die*.
beber ◇ *vt* - **1.** [líquido] trinken - **2.** *fig* [consumir, absorber] verschlingen. ◇ *vi* - **1.** *fig* [emborracharse] trinken - **2.** [brindar] trinken auf *(+A)*.
bebida *f* - **1.** [líquido] Getränk *das* - **2.** [vicio] Trinken *das* ; **darse** o **entregarse a la ~** dem Alkohol verfallen.
bebido, da *adj* betrunken.
beca *f* [subvención] Stipendium *das*.
becar [10] *vt* ein Stipendium gewähren.
becario, ria *m, f* Stipendiat *der*, -in *die*.
becerro, rra *m, f* Bullenkalb *das*, Kuhkalb *das*.
bechamel [betʃa'mel], **besamel** *f* ▻ salsa.
bedel, la *m, f* Hausmeister *der*, -in *die*.
beduino, na ◇ *adj* beduinisch. ◇ *m, f* Beduine *der*, -nin *die*.
befa *f* : **hacer ~ de algo/alguien** sich über etw/jn lustig machen.
begonia *f* Begonie *die*.
béisbol *m* DEP Baseball *der*.
belén *m* - **1.** [de Navidad] Krippe *die* - **2.** *(gen pl) fig* [embrollo] komplizierte Angelegenheit.
Belén *m* Bethlehem *nt*.
belga ◇ *adj* belgisch. ◇ *mf* Belgier *der*, -in *die*.
Bélgica *f* Belgien *nt*.
Belgrado *m* Belgrad *nt*.
bélico, ca *adj* Kriegs-.
belicoso, sa *adj* - **1.** [guerrero] kriegerisch - **2.** *fig* [agresivo] kampflustig.
beligerante *adj* Krieg führend.
bellaco, ca *m, f* gemeiner Mann, gemeine Frau.
belleza *f* Schönheit *die*.
bello, lla *adj* schön.
bellota *f* Eichel *die*.
bemol ◇ *adj* MÚS vermindert. ◇ *m* MÚS Erniedrigungszeichen *das* ; **tener (muchos) -es** *fig* [ser difícil] äußerst schwierig sein ; *fig* [tener agallas] Mumm haben ; *fig* [ser un abuso] ein starkes Stück sein.
benceno *m* QUÍM Benzol *das*.
bencina *f* QUÍM Benzin *das*.
bendecir [66] *vt* - **1.** [invocar la bendición, proveer] segnen ; **~ la mesa** ein Tischgebet sprechen - **2.** [consagrar] weihen.
bendición *f* Segnung *die*. ◆ **bendiciones** *fpl* : **echar las bendiciones** den Segen sprechen.
bendito, ta ◇ *adj* - **1.** [santo, bienaventurado] geweiht - **2.** [dichoso] glücklich. ◇ *m, f* Trottel *der*.
benedictino, na ◇ *adj* benediktinisch. ◇ *m, f* Benediktiner *der*, -in *die*.
benefactor, ra ◇ *adj* wohltätig. ◇ *m, f* Wohltäter *der*, -in *die*.
beneficencia *f* - **1.** [virtud] Wohltätigkeit *die* - **2.** [residencia] Wohlfahrt *die*.
beneficiar [8] *vt* [favorecer] nützen. ◆ **beneficiarse** *vpr* : **-se (de** o **con algo)** aus etw Nutzen ziehen.
beneficiario, ria *m, f* Begünstigte *der, die*.
beneficio *m* - **1.** [bien] Wohltat *die* ; **en ~ de** zum Vorteil von - **2.** [ganancia] Gewinn *der*.
beneficioso, sa *adj* wohltuend.
benéfico, ca *adj* - **1.** [favorable] wohltuend - **2.** [de la beneficencia] wohltätig.
Benelux (*abrev de* **België-Nederland-Luxembourg**) *m* Beneluxstaaten *pl*.
beneplácito *m* Einwilligung *die*.
benévolo, la, benevolente *adj* - **1.** [bondadoso] wohlgesinnt - **2.** [comprensivo] nachsichtig.
bengala *f* Wunderkerze *die*.

benigno, na *adj* - **1.** [tolerante, afable] gütig - **2.** [apacible] mild - **3.** [leve] gutartig.
benjamín, ina *m, f* Nesthäkchen *das.*
benzol *m* QUÍM Benzol *das.*
berberecho *m* Herzmuschel *die.*
berenjena *f* Aubergine *die.*
berenjenal *m* - **1.** [terreno] Auberginenfeld *das* - **2.** *fam* [enredo] Durcheinander *das* ; **meterse en un ~** sich in die Nesseln setzen.
Berlín *m* Berlin *nt.*
berlinés, esa ◇ *adj* berlinerisch. ◇ *m, f* Berliner *der,* -in *die.*
bermellón ◇ *adj inv* [color] zinnoberfarben. ◇ *m* - **1.** [color] Zinnober *der* - **2.** QUÍM Quecksilbersulfid *das.*
bermudas *fpl* Bermudashorts *pl.*
Berna *f* Bern *nt.*
berrear *vi* - **1.** [animal] blöken - **2.** [persona] brüllen.
berrido *m* - **1.** [del becerro] Blöken *das* - **2.** [de persona] Gebrüll *das.*
berrinche *m fam* Geplärre *das.*
berro *m* Kresse *die.*
berza *f* Kohl *der.*
berzotas *mf inv fam* Blödmann *der.*
besamel = **bechamel.**
besar *vt* küssen. ◆ **besarse** *vpr* sich küssen.
beso *m* Kuss *der* ; **comer(se) a alguien a ~s** jn abküssen.
bestia ◇ *adj* - **1.** *fig* [rudo] ungehobelt - **2.** *fig* [bruto] brutal. ◇ *mf fig* [bruto] Rüpel *der.* ◇ *f* [animal] Tier *das.*
bestial *adj* - **1.** [brutal, irracional] bestialisch - **2.** *fam* [extraordinario, formidable] Wahnsinns-.
bestialidad *f* - **1.** [brutalidad] Gräueltat *die* - **2.** *fam* [gran cantidad] Unmenge *die.*
besucón, ona ◇ *adj* verschmust. ◇ *m, f* verschmuste Person.
besugo *m* - **1.** [animal] Brasse *die* - **2.** *fam* [persona] Schwachkopf *der.*
besuquear *vt fam* knutschen. ◆ **besuquearse** *vpr fam* sich ab|knutschen.
bético, ca *adj* [andaluz] andalusisch.
betún *m* - **1.** [para el calzado] Schuhcreme *die* - **2.** QUÍM Bitumen *das.*
bianual *adj* - **1.** [cada dos años] zweijährig - **2.** [dos veces al año] zweimal pro Jahr.
biberón *m* Saugflasche *die.*
Biblia *f* Bibel *die.*
bibliografía *f* Bibliografie *die.*
bibliorato *m Amér* Aktenmappe *die.*
biblioteca *f* - **1.** [local, colección] Bibliothek *die* - **2.** [mueble] Bücherregal *das.*
bibliotecario, ria *m, f* Bibliothekar *der,* -in *die.*
bicarbonato *m* - **1.** QUÍM Bikarbonat *das* - **2.** [de sodio] Natrium *das.*
bíceps *m inv* ANAT Bizeps *der.*
bicharraco *m fam* [animal] Viech *das.*
bicho *m* - **1.** [animal] Viech *das* - **2.** [persona mala] Mistvieh *das* ; **todo ~ viviente** Hinz und Kunz ; **~ raro** komischer Kauz ; **mal ~** Aas *das* - **3.** [pillo] Lümmel *der.*
bici *f fam* Rad *das.*
bicicleta *f* Fahrrad *das.*
biciclo *m* Hochrad *das.*
bidé *m* Bidet *das.*
bidimensional *adj* zweidimensional.
bidón *m* Kanister *der.*
biela *f* Pleuelstange *die.*
Bielorrusia *f* Weißrussland *nt.*
bien ◇ *adv* - **1.** [gen] gut ; **has actuado ~** du hast richtig gehandelt ; **habla inglés ~** er spricht gut Englisch ; **¡~ por algo/alguien!** ein Hoch auf etw/jn! ; **encontrarse ~** sich gut fühlen ; **estar ~** [de salud] gesund sein ; [de aspecto] gut aus|sehen ; [de calidad] gut sein ; [ser suficiente] aus|reichen ; **está ~ tener dinero, pero eso no lo es todo** es ist (zwar) gut, Geld zu haben, aber das ist nicht alles ; **estar ~ en una silla** [de comodidad] bequem auf einem Stuhl sitzen ; **pasarlo ~** sich gut amüsieren ; **sentar ~ algo a alguien** [ropa] jm etw gut stehen ; [comida] gut bekommen ; [comentario] gut tun ; **¡está ~!** schon gut! ; **¡muy ~!** sehr gut! ; **tener a ~ hacer algo** *culto* so freundlich sein, etw zu tun - **2.** [muy, bastante] ganz ; **quiero un vaso de agua ~ fría** ich möchte ein Glas ganz kaltes Wasser. ◇ *adj inv* vornehm. ◇ *m* - **1.** [entidad abstracta] Gute *das* - **2.** [lo que es bueno] Nutzen *der* - **3.** [bienestar, provecho] Wohl *das* ; **hacer el ~** Gutes tun - **4.** [propiedad] Besitz *der.* ◆ **bien** *conj* : **~ ... ~** entweder ... oder. ◆ **bienes** *mpl* - **1.** [patrimonio] Vermögen *das* - **2.** [productos] Erzeugnisse *pl.* ◆ **más bien** *loc adv* eher.
bienal ◇ *adj* zweijährig. ◇ *f* Biennale *die.*
bienaventurado, da *m, f* Selige *der, die.*
bienestar *m* - **1.** [placidez] Wohlbefinden *das* - **2.** [confort económico] Wohlstand *der.*
bienhechor, ra ◇ *adj* fürsorglich. ◇ *m, f* Wohltäter *der,* -in *die.*
bienio *m* - **1.** [período] Biennium *das* - **2.** [de sueldo] Zweijahresbetrag *der.*
bienvenido, da *adj* willkommen. ◆ **bienvenida** *f* Begrüßung *die* ; **dar la bienvenida** jn willkommen heißen. ◆ **bienvenido** *interj* : **¡bienvenido!** herzlich willkommen!
bies *m inv* Schrägstreifen *der* ; **al ~** schräg.
bife *m Amér* Steak *das.*
bífido, da *adj* gespalten.
biftec *m* = **bistec.**
bifurcación *m* Gabelung *die.*
bifurcarse [10] *vpr* sich gabeln.
bígamo, ma *adj* bigamistisch.
bigote *m* Schnurrbart *der.*

bigotudo, da *adj* schnauzbärtig.
bigudí (*pl* **bigudís** o **bigudíes**) *m* Lockenwickler *der*.
bikini *m* = **biquini**.
biliar *adj* Gallen-.
bilingüe *adj* zweisprachig.
bilis *f* - **1.** MED Galle *die* - **2.** *fig* [mal humor] schlechte Laune.
billar *m* - **1.** [juego] Billard *das* - **2.** [mesa] Billardtisch *der* - **3.** [sala] Billardsalon *der*.
billete *m* - **1.** [de dinero] Geldschein *der* - **2.** [entrada] Eintrittskarte *die* ; **'no hay ~s'** 'Vorstellung ausverkauft' - **3.** [de transporte] Fahrkarte *die* ; **sacar un ~** eine Fahrkarte lösen ; **~ de ida y vuelta** Rückfahrkarte *die* ; **~ sencillo** einfache Fahrkarte, Hinfahrt *die* - **4.** [de lotería] Los *das*.
billetera *f* Brieftasche *die*.
billetero *m* Brieftasche *die*.
billón *m* Billion *die*.
bimensual *adj* zweimal pro Monat.
bimestre *m* zwei Monate.
bimotor *adj* 2-motorig.
bingo *m* - **1.** [juego, premio] Bingo *das* - **2.** [sala] Bingosaal *der*.
binóculo *m* Kneifer *der*.
biodegradable *adj* biologisch abbaubar.
biografía *f* Biografie *die*.
biográfico, ca *adj* biografisch.
biógrafo, fa *m, f* Biograf *der*, -in *die*.
biología *f* Biologie *die*.
biológico, ca *adj* biologisch.
biólogo, ga *m, f* Biologe *der*, -gin *die*.
biombo *m* Wandschirm *der*.
bioquímico, ca ◇ *adj* biochemisch. ◇ *m, f* Biochemiker *der*, -in *die*. ◆ **bioquímica** *f* Biochemie *die*.
biorritmo *m* Biorhythmus *der*.
biosfera *f* Biosphäre *die*.
bipartidismo *m* Zweiparteiensystem *das*.
bipartito, ta *adj* - **1.** [dividido en dos] zweigeteilt - **2.** [compuesto de dos] zweiteilig.
bípedo, da *adj* zweibeinig. ◆ **bípedo** *m* Zweifüßer *der*.
biplaza *adj* zweisitzig.
bipolar *adj* zweipolig.
biquini, bikini *m* [bañador] Bikini *der*.
birlar *vt fam* [robar] klauen.
birlibirloque *m* ▷ **arte**.
birra *f fam* [cerveza] Bier *das*.
birrete *m* - **1.** [de clérigo] Birett *das* - **2.** [de universidad, abogados, jueces] Barett *das*.
birria *f fam* [cosa] Kram *der* ; [persona] Nichtsnutz *der*.
bis (*pl* **bises**) ◇ *adj inv* : **vive en el número 150 ~** sie wohnt im Haus Nummer 150 a. ◇ *m* Zugabe *die*. ◇ *adv* MÚS [para repetir] da capo.
bisabuelo, la *m, f* Urgroßvater *der*; Urgroßmutter *die*.
bisagra *f* Scharnier *das*.
bisbisar, bisbisear *vt fam* flüstern.
bisector, triz *adj* halbierend. ◆ **bisectriz** *f* Winkelhalbierende *die*.
bisexual ◇ *adj* bisexuell. ◇ *mf* Bisexuelle *der, die*.
bisiesto *adj* ▷ **año**.
bisnieto, ta *m, f* Urenkel *der*, -in *die*.
bisonte *m* nordamerikanischer Büffel.
bisoñé *m* Toupet *das*.
bisoño, ña ◇ *adj* unerfahren. ◇ *m, f* Neuling *der*.
bistec, bisté, biftec *m* Steak *das*.
bisturí (*pl* **bisturíes**) *m* Skalpell *das*.
bisutería *f* Modeschmuck *der*.
bit (*pl* **bits**) *m* INFORM Bit *das*.
bíter, bitter *m* Campari® *der* ; **~ sin alcohol** *alkoholfreies Erfrischungsgetränk*.
bizantino, na ◇ *adj* - **1.** [de Bizancio] byzantinisch - **2.** [discusión, razonamiento] sinnlos. ◇ *m, f* Byzantiner *der*, -in *die*.
bizco, ca ◇ *adj* schielend. ◇ *m, f* Schielende *der, die*.
bizcocho *m* - **1.** [postre] Biskuitkuchen *der* - **2.** [pan] Zwieback *der*.
bizquear *vi* [quedarse bizco] schielen.
blanco, ca ◇ *adj* weiß. ◇ *m, f* Weiße *der, die*. ◆ **blanco** *m* - **1.** [color] Weiß(e) *das* - **2.** [de un disparo] Ziel *das* ; **dar en el ~** DEP & MIL ins Schwarze treffen ; *fig* [acertar] den Nagel auf den Kopf treffen - **3.** *fig* [objetivo] Ziel *das* - **4.** [vacío] Lücke *die*. ◆ **blanca** *f* - **1.** MÚS halbe Note - **2.** *loc* : **estar sin blanca** abgebrannt sein ; **se quedó sin blanca** ihm ist das Geld ausgegangen. ◆ **en blanco** *loc adv* - **1.** [vacío] leer - **2.** [sin saber] : **tener la mente en ~** ein Black-out haben - **3.** [sin dormir] schlaflos ; **se pasó toda la noche en ~** er hat die ganze Nacht kein Auge zugetan. ◆ **blanco del ojo** *m* Hornhaut *die*.
blancura *f* Weiße *die*.
blandengue *adj despec* weichlich.
blando, da *adj* - **1.** [cosa] weich - **2.** *fig* [persona] schwach.
blandura *f* - **1.** [de cosa] Weichheit *die* - **2.** *fig* [indulgencia] Nachgiebigkeit *die* ; [debilidad] Schwäche *die*.
blanquear *vt* - **1.** [ropa] bleichen - **2.** [con cal] weißen - **3.** [dinero] waschen.
blanquecino, na *adj* weißlich.
blanqueo *m* - **1.** [de ropa] Bleiche *die* - **2.** [encalado] Weißen *das* - **3.** [de dinero] Geldwäsche *die*.
blasfemar *vi* - **1.** RELIG lästern ; **~ contra** lästern über *(+A)* - **2.** [maldecir] fluchen.
blasfemia *f* - **1.** [contra Dios] Gotteslästerung *die* - **2.** [palabrota] Fluch *der*.

blasfemo, ma ◇ *adj* blasphemisch. ◇ *m, f* Gotteslästerer *der*, -in *die*.

blasón *m* - **1.** [escudo] Wappenschild *der* - **2.** [ciencia heráldica] Wappenkunde *die*.

blazer ['bleiser] (*pl* **blazers**) *m* Blazer *der*.

bledo *m* : **me importa un ~** *fig* das ist mir wurscht.

blindado, da *adj* Panzer-.

blindar *vt* - **1.** [coche, puerta] panzern - **2.** [contrato] ab|sichern.

bloc (*pl* **blocs**) *m* Block *der*.

blocar [10] *vt* DEP auf|halten.

blonda *f* Seidenspitze *die*.

bloque *m* - **1.** [de piedra] Block *der* - **2.** [edificio] (Wohn)block *der* - **3.** [grupo] Block *der* ; **en ~** in Bausch und Bogen - **4.** [de motor] Motorblock *der* - **5.** INFORM Markierung *die*.

bloquear *vt* - **1.** [ciudad, pueblo] ab|sperren ; [entrada, puerta] versperren - **2.** [un mecanismo] blockieren - **3.** [bienes, créditos] sperren. ◆ **bloquearse** *vpr* blockiert sein.

bloqueo *m* - **1.** [gen] Blockade *die* ; **~ económico** Wirtschaftsembargo *das* - **2.** [de bienes, créditos] Sperre *die* - **3.** DEP Blocken *das*.

blusa *f* Bluse *die*.

blusón *m* Kittel *der*.

bluyín *m (gen pl) Amér* Jeans *die*.

boa *f* [animal] Boa *die*.

bobada *f fam* Dummheit *die*.

bobalicón, ona ◇ *adj fam* tumb. ◇ *m, f* Einfaltspinsel *der*.

bobería *f fam* Dummheiten *pl*.

bobina *f* Spule *die*.

bobo, ba ◇ *adj* - **1.** [tonto] dumm - **2.** [ingenuo] naiv. ◇ *m, f* - **1.** [tonto] Trottel *der* - **2.** [ingenuo] Einfaltspinsel *der*.

boca *f* - **1.** [de persona] Mund *der* - **2.** [de animal] Maul *das* - **3.** [entrada] Öffnung *die* ; **~ de metro** U-Bahn-Eingang *der*. ◆ **boca arriba** *loc adv* auf dem Rücken. ◆ **boca abajo** *loc adv* auf dem Bauch. ◆ **boca a boca** *m* Mund-zu-Mund-Beatmung *die*.

bocacalle *f* Straßeneinmündung *die*.

bocadillo *m* - **1.** [para comer] belegtes Brötchen *das* - **2.** [en cómic] Sprechblase *die*.

bocado *m* - **1.** [comida] Bissen *der* ; **no probar ~** keinen Bissen anrühren - **2.** [mordisco] Biss *der*.

bocajarro ◆ **a bocajarro** *loc adv* [disparar] aus nächster Nähe ; [decir] direkt ins Gesicht.

bocanada *f* [de líquido] Mund *der* voll ; [de humo] Rauchwolke *die*.

bocata *m fam* belegtes Brötchen.

bocazas *mf inv fam despec* Schwätzer *der*, -in *die*.

boceto *m* Skizze *die*.

bochorno *m* - **1.** [calor] Schwüle *die* - **2.** [vergüenza] : **me da ~** es ist mir peinlich.

bochornoso, sa *adj* - **1.** [caluroso] schwül - **2.** [vergonzoso] peinlich.

bocina *f* - **1.** [de coche] Hupe *die* - **2.** *Amér* [del teléfono] Hörer *der*.

boda *f* Hochzeit *die* ; **~s de oro** goldene Hochzeit ; **~s de plata** silberne Hochzeit.

bodega *f* - **1.** [para guardar] Weinkeller *der* - **2.** [para vender] Weinhandlung *die* - **3.** [en buque, avión] Frachtraum *der* - **4.** *Amér* [almacén] Lager *das* - **5.** *Amér* [tienda de comestibles] Geschäft *das*.

bodegón *m* - **1.** [en arte] Stillleben *das* - **2.** [taberna] Weinschänke *die*.

bodrio *m fam despec* Dreck *der*.

BOE (*abrev de* **Boletín Oficial del Estado**) *m offizielles spanisches Gesetzblatt.*

BoeNet *m Onlineversion des „BOE".*

bofetada *f* Ohrfeige *die* ; **dar una ~ a alguien** jn ohrfeigen.

bofetón *m* kräftige Ohrfeige.

bofia *f fam* : **la ~** die Bullen.

boga *f* [remo] Rudern *das* ; **estar en ~** *fig* in (Mode) sein.

bogar [16] *vi* [remar] rudern.

bogavante *m* Hummer *der*.

Bogotá *m* Bogotá *nt*.

bogotano, na ◇ *adj mit Bezug auf Bogotá.* ◇ *m, f* Einwohner *der*, -in *die* von Bogotá.

bohemio, mia ◇ *adj* - **1.** [forma de vida] unkonventionell - **2.** [de Bohemia] böhmisch. ◇ *m, f* - **1.** [artista] Bohemien *der* - **2.** [de Bohemia] Böhme *der*, Böhmin *die*.

boicot (*pl* **boicots**), **boycot** (*pl* **boycots**) *m* Boykott *der*.

boicotear, boycotear *vt* boykottieren.

boina *f* Baskenmütze *die*.

boj (*pl* **bojes**) *m* [árbol] Buchsbaum *der*.

bol *m* Schale *die*.

bola *f* - **1.** [esfera, para jugar] Kugel *die* ; **~ de nieve** Schneeball *der* - **2.** *fam* [mentira] Flunkerei *die* - **3.** *Amér* [rumor] Gerücht *das* - **4.** *Amér* [lío] Durcheinander *das* ; **hacerse ~s** durcheinander geraten - **5.** *loc* : **en ~s** *fam* nackt.

bolardo *m* Poller *der*.

bolchevique ◇ *adj* [del bolchevismo] bolschewistisch. ◇ *mf* - **1.** [miembro del partido] Bolschewist *der*, -in *die* - **2.** *despec* [izquierdista] Bolschewist *der*, -in *die*.

bolea *f* DEP Volley *der*.

bolear *vt Amér* - **1.** [dar betún] (Schuhe) putzen - **2.** *fig* [enredar] ein|wickeln.

bolera *f* Kegelbahn *die*.

bolero *m* MÚS Bolero *der*.

boletería *f Amér* (Abend)kasse *die*.

boletín *m* Mitteilungsblatt *das* ; **~ de noticias** o **informativo** Nachrichtensendung *die* ; **~ meteorológico** Wetterbericht *der*.

boleto *m* - **1.** [en lotería, rifa] Los *das* - **2.** *Amér* [billete] Fahrkarte *die* - **3.** *Amér* [entrada] Eintrittskarte *die.*
boli *m fam* Kuli *der.*
boliche *m Zielkugel beim Boulespiel.*
bólido *m* Rennwagen *der.*
bolígrafo *m* Kugelschreiber *der.*
Bolivia *f* Bolivien *nt.*
boliviano, na <> *adj* bolivianisch. <> *m, f* Bolivianer *der,* -in *die.*
bollo *m* - **1.** [para comer] Gebäck *das* - **2.** [abolladura] Beule *die.*
bolos *mpl* DEP Kegeln *das.*
bolsa *f* - **1.** [recipiente] Tüte *die* ; [de basura] Müllbeutel *der* ; [de compras, de deporte] Tasche *die* ; **~ de viaje** Reisetasche *die* - **2.** FIN [edificio] Börse *die* ; **la ~ sube/baja** die Aktienkurse steigen/fallen ; **jugar a la ~** an der Börse spekulieren.
bolsillo *m* Tasche *die* ; **de ~** Taschen- ; **de mi/tu/su** *etc* **~** aus eigener Tasche ; **meterse a alguien en el ~** jn in die Tasche stecken ; **tener a alguien en el ~** jn in der Tasche haben.
bolso *m* Tasche *die.*
boludez *f Amér fam* Blödsinn *der.*
boludo, da *m, f Amér fam* Dummkopf *der.*
bomba *f* - **1.** [explosivo] Bombe *die* ; **~ atómica** Atombombe ; **~ de mano** Handgranate *die* ; **~ lacrimógena** Tränengasbombe *die* - **2.** [máquina] Pumpe *die* - **3.** *fig* [acontecimiento] Riesenereignis *das* - **4.** *loc* : **pasarlo ~** *fam* einen Riesenspaß haben.
bombachos *mpl* Pumphose *die.*
bombardear *vt* bombardieren.
bombardeo *m* Bombardement *das,* Bombardierung *die.*
bombardero, ra *adj* MIL Bomben-. ◆ **bombardero** *m* MIL Bomber.
bombazo *m* - **1.** [de bomba] Explosion *die* - **2.** *fig* [noticia] Knüller *der.*
bombear *vt* pumpen.
bombero, ra *m, f* Feuerwehrmann *der,* -frau *die.*
bombilla *f* Glühbirne *die.*
bombillo *m Amér* Glühbirne *die.*
bombín *m* Melone *die.*
bombo *m* - **1.** [tambor] Pauke *die* - **2.** *fig* [ruido] Krach *der* ; **a ~ y platillo** mit Pauken und Trompeten.
bombón *m* - **1.** [golosina] Praline *die* - **2.** *fam fig* [mujer] Zuckerpuppe *die.*
bombona *f* Gasflasche *die.*
bombonera *f* [caja] Bonboniere *die.*
bonachón, ona <> *adj fam* gutmütig. <> *m, f fam* gute Seele.
bonanza *f* - **1.** [de tiempo] ruhiges Wetter ; [de mar] ruhige See - **2.** [prosperidad] Wohlstand *der.*
bondad *f* Güte *die.*
bondadoso, sa *adj* freundlich.
bonete *m* Barett *das.*
bongo, bongó *m* MÚS Bongotrommel *die.*
boniato *m* Süßkartoffel *die.*
bonificar [10] *vt* - **1.** [descontar] einen Rabatt geben - **2.** [el suelo] düngen.
bonito, ta *adj* hübsch. ◆ **bonito** *m* Bonito *der (Art Thunfisch).*
bono *m* - **1.** [vale] Gutschein *der* - **2.** COM [título] Obligation *die* ; **~ basura** *hochverzinste Anleihe mit hohem Risiko und geringer Solvenz.*
bonobús *m* ≃ Busfahrkarte *die (für 10 Fahrten).*
bonoloto *f* spanische Lotterie.
bonotrén *m* ≃ Fahrkarte *die (für mehrere Zugfahrten).*
boñiga *f* Kuhmist *der.*
boomerang *m* = **bumerán.**
boquerón *m* Sardelle *die.*
boquete *m* (Mauer)durchbruch *der.*
boquiabierto, ta *adj* - **1.** [con la boca abierta] mit offenem Mund - **2.** *fig* [sorprendido] erstaunt.
boquilla *f* - **1.** [para fumar] Zigarettenspitze *die* - **2.** [de objeto] Mundstück *das.* ◆ **de boquilla** *loc adv fam* unverbindlich.
borbotear, borbotar *vi* sprudeln.
borbotón ◆ **a borbotones** *loc adv* : **habla a borbotones** *fig* die Worte sprudeln aus ihm/ihr heraus.
borda *f* NÁUT Reling *die.* ◆ **fuera borda** *m* NÁUT *Boot mit Außenbordmotor.*
bordado, da *adj* bestickt ; **salir** o **quedar ~** perfekt sein. ◆ **bordado** *m* Stickerei *die.*
bordar *vt* - **1.** [coser] (be)sticken - **2.** *fig* [hacer bien] : **~ algo** in etw *(D)* brillieren.
borde <> *m* [esquina] Rand *der* ; [de río] Ufer *das* ; **estar al ~ de** *fig* am Rande *(+G)* stehen. <> *adj mfam* [antipático] gemein. <> *mf mfam* [antipático] Fiesling *der.*
bordear *vt* - **1.** [rodear] umgeben - **2.** *fig* [rozar] nahe sein *(+D).*
bordillo *m* Bordstein *der.*
bordo *m* NÁUT Bord *der.* ◆ **a bordo** *loc adv* an Bord.
borla *f* Quaste *die.*
borrachera *f* Rausch *der.*
borrachín, ina *m, f fam* Säufer *der,* -in *die.*
borracho, cha <> *adj* [ebrio] betrunken. <> *m, f* Betrunkene *der, die.* ◆ **borracho** *m* [bizcocho] *Biskuitkuchen mit Alkohol.*
borrador *m* - **1.** [escrito] Entwurf *der* - **2.** [para borrar] Schwamm *der.*
borrar *vt* - **1.** [lo escrito con lápiz] wegradieren ; [lo escrito con pluma] löschen - **2.** INFORM [fichero, carácter] löschen - **3.** [de la memoria] vergessen - **4.** [quitar] streichen. ◆ **borrarse** *vpr* - **1.** [desaparecer] verschwinden - **2.** [de la memoria] vergessen.

borrasca *f* Sturm *der*, Tiefdruckgebiet *das*.
borrego, ga *m, f* - **1.** [animal] (ein-, zweijähriges) Lamm *das* - **2.** *fam despec* [persona] Schafskopf *der*.
borrico, ca *m, f* - **1.** [animal] Esel *der*, -in *die* - **2.** *fam* [persona] Esel *der*, -in *die*.
borrón *m* - **1.** [mancha] Fleck *der*, ; **~ y cuenta nueva** und Schwamm drüber - **2.** *fig* [deshonor] Schandfleck *der*.
borroso, sa *adj* verschwommen.
Bosnia Herzegovina *f* Bosnien-Herzegowina *nt*.
bosnio, nia, bosniano, na <> *adj* bosnisch. <> *m, f* Bosnier *der*, -in *die*.
bosque *m* Wald *der*.
bosquejar *vt* - **1.** [esbozar] skizzieren - **2.** *fig* [dar una idea] an|deuten.
bostezar [13] *vi* gähnen.
bostezo *m* Gähnen *das*.
bota *f* - **1.** [calzado] Stiefel *der* ; **~ campera** Cowboystiefel ; **~ de agua** o **goma** o **lluvia** Gummistiefel - **2.** [de vino] lederne Weinflasche.
botafumeiro *m* Weihrauchkessel *der*.
botana *f Amér* kleine Vorspeise.
botanear *vi Amér eine Vorspeise einnehmen*.
botánico, ca <> *adj* botanisch. <> *m, f* Botaniker *der*, -in *die*. ◆ **botánica** *f* Botanik *die*.
botar <> *vt* - **1.** [pelota] auf|prallen lassen - **2.** NÁUT vom Stapel lassen. <> *vi* [suj : persona, pelota] springen ; **mi padre está que bota** *fam* mein Vater kocht vor Wut.
bote *m* - **1.** [recipiente] Dose *die* - **2.** [barca] Boot *das* ; **~ salvavidas** Rettungsboot - **3.** [propina] Trinkgeld *das* - **4.** [salto] Sprung *der* - **5.** *loc* : **chupar del ~** *fam* abl-sahnen ; **tener en el ~ a alguien** *fam* jn in der Tasche haben. ◆ **a bote pronto** *loc adv* sofort. ◆ **de bote en bote** *loc adv* brechend voll.
botella *f* Flasche *die* ; **~ de oxígeno** Sauerstoffflasche.
botellín *m* kleine Flasche.
boticario, ria *m, f desus* Apotheker *der*, -in *die*.
botijo *m* (Ton)krug *der*.
botín *m* - **1.** [de guerra] Beute *die* - **2.** [calzado] (Schnür)stiefel *der*.
botiquín *m* - **1.** [mueble] Hausapotheke *die* - **2.** [portátil] Verbandskasten *der*.
botón *m* Knopf *der*. ◆ **botones** *m inv* Page *der*.
bouillabaisse = **bullabesa**.
bóveda *f* ARQUIT Gewölbe *das*. ◆ **bóveda celeste** *f* Himmelsgewölbe *das*. ◆ **bóveda craneal** *f* ANAT Schädeldach *das*.
bovino, na *adj* Rind-. ◆ **bovinos** *mpl* Rinder *pl*.
bowling ['bowlin] *m* [juego] Bowling *das* ; [lugar] Bowlingcenter *das*.
box (*pl* **boxes**) *m* - **1.** DEP Box *die* - **2.** *Amér* [boxeo] Boxkampf *der*.
boxeador, ra *m, f* DEP Boxer *der*, -in *die*.
boxear *vi* DEP boxen.
boxeo *m* DEP Boxkampf *der*.
bóxer (*pl* **bóxers**) <> *adj* [perro] Boxer-. <> *m* [perro] Boxer *der*.
boya *f* - **1.** [en mar] Boje *die* - **2.** [de red] Schwimmer *der*.
boyante *adj* - **1.** [feliz] glücklich - **2.** [próspero] erfolgreich.
boycot *m* = **boicot**.
boycotear *vt* = **boicotear**.
boy scout [bojes'kaut] (*pl* **boy scouts**) *m* Pfadfinder *pl*.
bozal *m* [para perros] Maulkorb *der*.
bracear *vi* - **1.** [mover brazos] die Arme schwenken - **2.** [nadar] schwimmen.
braga *f (gen pl)* Schlüpfer *der*.
bragueta *f* Hosenlatz *der*.
braille ['braile] *m* Brailleschrift *die*.
bramar *vi* - **1.** [animal] brüllen - **2.** [persona] rasen.
bramido *m* Gebrüll *das*.
brandy, brandi *m* Brandy *der*.
branquia *f (gen pl)* Kieme *die*.
brasa *f* Glut *die* ; **a la ~** CULIN gegrillt.
brasear *vt* grillen.
brasero *m große Pfanne, die mit heißer Asche gefüllt unter den Tisch gestellt wird, damit man sich beim Sitzen die Füße wärmen kann*.
brasier, brassier *m Amér* BH *der*.
Brasil *m* : **(el) ~** Brasilien *nt*.
brasileño, ña <> *adj* brasilianisch. <> *m, f* Brasilianer *der*, -in *die*.
brasilero, ra *Amér* <> *adj* brasilianisch. <> *m, f* Brasilianer *der*, -in *die*.
bravata *f (gen pl)* - **1.** [amenaza] leere Drohung - **2.** [fanfarronería] Angeberei *die*.
braveza *f* Mut *der*.
bravío, a *adj* [animal] wild.
bravo, va *adj* - **1.** [valiente] mutig - **2.** [animal] wild. ◆ **bravo** *interj* : **¡bravo!** bravo! ◆ **por las bravas** *loc adv* auf Biegen und Brechen.
bravucón, ona <> *adj* angeberisch. <> *m, f* Angeber *der*, -in *die*.
bravura *f* - **1.** [de persona] Tapferkeit *die* - **2.** [de animal] Wildheit *die*.
braza *f* - **1.** DEP Brustschwimmen *das* - **2.** [medida] Faden *der*.
brazada *f* (Schwimm)zug *der*.
brazalete *m* - **1.** [en muñeca] Armband *das* - **2.** [en brazo] Armbinde *die*.
brazo *m* - **1.** [gen] Arm *der* ; **en ~s** auf dem Arm ; **luchar a ~ partido** verbissen kämpfen ; **quedarse** o **estarse con los ~s cruzados** die Hände in den Schoß legen - **2.** [de animal] Vorderbein *das* - **3.** [de sillón, silla]

Armlehne *die*. ◆ **brazo de gitano** *m* CULIN Biskuitrolle *die*. ◆ **brazo de mar** *m* GEOGR Meeresarm *der*.

brea *f* Teer *der*.

brebaje *m* Gebräu *das*.

brecha *f* Bresche *die* ; **hacer ~ en alguien** *fig* jn (seelisch) zerrütten.

bregar [16] *vi* - **1.** [pelear] streiten - **2.** [trabajar] sich ab|rackern.

brete *m* : **poner a alguien en un ~** *fig* jn in Verlegenheit bringen ; **estar en un ~** *fig* in Verlegenheit sein.

breva *f* - **1.** *fam* [suerte] Glückfall *der* ; **no caerá esa ~** daraus wird wohl nichts - **2.** [fruta] frühreife Feige.

breve *adj* kurz ; **en ~** [pronto] in Kürze.

brevedad *f* Kürze *die*.

brezo *m* Heidekraut *das*.

bribón, ona *m, f* Gauner *der*, -in *die*.

bricolaje, bricolage *m* Basteln *das*.

brida *f* - **1.** [de caballo] Zaumzeug *das* - **2.** MED Bride *die*.

brigada ◇ *m* MIL *Rang in der spanischen Armee, der in etwa dem Rang eines Oberfähnrichs bzw. eines Stabsoberfeldwebels entspricht.* ◇ *f* - **1.** MIL Brigade *die* - **2.** [equipo] Kolonne *die* ; **~ antidisturbios** *Polizeitruppe zur Krawallbekämpfung* ; **~ antidroga** Rauschgiftdezernat *das*.

brillante ◇ *adj* [reluciente, magnífico] glänzend. ◇ *m* Brillant *der*.

brillantez *f fig* Glanz *der*.

brillantina *f* Pomade *die*.

brillar *vi* - **1.** [sol, luz] scheinen - **2.** [estrellas] leuchten - **3.** [objetos] glänzen.

brillo *m* - **1.** [resplandor] Schein *der* - **2.** [de objeto] Glanz *der*.

brilloso, sa *adj Amér* glänzend.

brincar [10] *vi* hüpfen ; **~ de** außer sich sein vor *(+D)*.

brinco *m* Sprung *der*.

brindar ◇ *vi* an|stoßen ; **~ por algo/alguien** auf etw/jn an|stoßen. ◇ *vt* an|bieten. ◆ **brindarse** *vpr* : **~se a hacer algo** sich an|bieten etw zu tun.

brindis *m inv* - **1.** [acción] Anstoßen *das* - **2.** [lo que se dice] Trinkspruch *der*.

brío *m* Energie *die*, Tatkraft *die*.

brisa *f* Brise *die*.

británico, ca ◇ *adj* britisch. ◇ *m, f* Brite *der*, -tin *die*.

brizna *f* - **1.** [filamento] Faser *die* - **2.** *fig* [un poco] Hauch *der*.

broca *f* Bohrer *der*.

brocha *f* (dicker) Pinsel.

brochazo *m* Pinselstrich *der*.

broche *m* - **1.** [cierre] Schnalle *die* - **2.** [joya] Brosche *die*.

broma *f* Scherz *der* ; **en ~** aus Spaß ; **gastar una ~ a alguien** einen Scherz auf js Kosten machen ; **ni en ~** *fig* nicht einmal im Scherz.

bromear *vi* scherzen.

bromista ◇ *adj* lustig. ◇ *mf* Spaßvogel *der*.

bromuro *m* QUÍM Bromid *das*.

bronca *f* ▭ **bronco**.

bronce *m* - **1.** [aleación] Bronze *die* - **2.** [estatua] Bronze(figur) *die*.

bronceado, da *adj* braun gebrannt. ◆ **bronceado** *m* (Sonnen)bräune *die*.

bronceador, ra *adj* Bräunungs-. ◆ **bronceador** *m* Sonnencreme *die*.

bronco, ca *adj* - **1.** [tosco] schroff - **2.** [grave] rauh. ◆ **bronca** *f* - **1.** [jaleo] Krach *der* - **2.** [regañina] Rüge *die* ; **echarle** o **meterle una bronca a alguien** jm die Leviten lesen.

bronquio *m* Bronchie *die*.

bronquitis *f inv* Bronchitis *die*.

brotar *vi* - **1.** [planta] sprießen - **2.** [líquido] fließen - **3.** *fig* [sensación, sentimiento] auf|kommen.

brote *m* - **1.** [de planta] Spross *der* - **2.** *fig* [inicios] Aufkeimen *das*.

broza *f* [maleza] Dickicht *das*.

bruces ◆ **de bruces** *loc adv* bäuchlings ; **se cayó de ~** sie ist auf die Nase gefallen.

bruja *f* ▭ **brujo**.

brujería *f* Hexerei *die*.

brujo, ja ◇ *adj* Hexen-. ◇ *m, f* Hexenmeister *der*, Hexe *die*. ◆ **bruja** *f* [mujer fea, mala] Hexe *die*.

brújula *f* Kompass *der*.

bruma *f* [niebla] leichter Nebel (auf dem Meer).

bruñido *m* Polieren *das*.

brusco, ca *adj* - **1.** [repentino, imprevisto] abrupt - **2.** [tosco, grosero] barsch.

Bruselas *f* Brüssel *nt*.

brusquedad *f* - **1.** [imprevisión] Plötzlichkeit *die* - **2.** [grosería] Barschheit *die*.

brutal *adj* - **1.** [violento] brutal - **2.** *fam* [extraordinario] Wahnsinns-.

brutalidad *f* - **1.** [cualidad] Brutalität *die* - **2.** [hecho descomunal] Unerhörtheit *die*.

bruto, ta *adj* - **1.** [torpe, bestia] roh - **2.** [sin pulir] Roh- ; **diamante en ~** Rohdiamant *der* - **3.** [sin reducción] brutto.

bubónica *adj* ▭ **peste**.

bucal *adj* Mund-.

Bucarest *m* Bukarest *nt*.

bucear *vi* [en agua] tauchen.

buceo *m* Tauchen *das*.

buche *m* - **1.** [de ave] Kropf *der* - **2.** [de cuadrúpedo] Magen *der*.

bucle *m* - **1.** [rizo] Locke *die* - **2.** INFORM [curva] Schleife *die*.

bucólico, ca *adj* - **1.** [campestre] ländlich - **2.** LITER Hirten-.

Budapest *m* Budapest *nt*.

budismo *m* Buddhismus *der*.

buen ▷ **bueno.**

buenaventura *f* - **1.** [adivinación] *Wahrsagung durch Handlesen* - **2.** [suerte] Glück *das.*

bueno, na (*compar* **mejor**, *super* **el mejor**) *adj (delante de sust masculino* **buen***)* - **1.** [gen] gut - **2.** [curado] gesund - **3.** [clima] schön - **4.** *(en aposición)* [uso enfático]. - **5.** *loc* : **de buenas a primeras** auf den ersten Blick ; **de buen ver** gut aussehend ; **estar** ~ *fam* super aussehen ; **estar de buenas** gut drauf sein ; **lo ~ es que** das Beste (daran) ist, dass. ◆ **bueno** ◇ *adv* na gut. ◇ *interj Amér* [al teléfono] : **¡bueno!** hallo? ◆ **buenas** *interj* : **¡buenas!** Tag!

Buenos Aires *m* Buenos Aires *nt.*

buey *m* Ochse *der.*

búfalo *m* Büffel *der.*

bufanda *f* Schal *der.*

bufar *vi* [resoplar] schnauben.

bufé (*pl* **bufés**), **buffet** (*pl* **buffets**) *m* Büfett *das.*

bufete *m* Anwaltskanzlei *die.*

buffet *m* = **bufé.**

bufido *m* - **1.** [de animal] Schnauben *das* - **2.** *fam* [de persona] Rüffel *der.*

bufón *m* (Hof)narr *der.*

bufonada *f* Narretei *die.*

buhardilla *f* - **1.** [habitación] Mansarde *die* - **2.** [ventana] Dachfenster *das.*

búho *m* Uhu *der.*

buitre *m lit & fig* Geier *der.*

bujía *f* AUTOM Zündkerze *die.*

bulbo *m* - **1.** [patata] Knolle *die* ; [cebolla] (Blumen)zwiebel *die* - **2.** ANAT Bulbus *der.*

buldog (*pl* **buldogs**), **bulldog** [bul'doɣ] (*pl* **bulldogs**) *m* Bulldogge *die.*

buldózer (*pl* **buldózers**), **bulldózer** (*pl* **bulldózers**) *m* Bulldozer *der.*

bulevar (*pl* **bulevares**) *m* Boulevard *der.*

Bulgaria *f* Bulgarien *nt.*

búlgaro, ra ◇ *adj* bulgarisch. ◇ *m, f* Bulgare *der,* -rin *die.* ◆ **búlgaro** *m* Bulgarisch(e) *das.*

bulín *m Amér* Luxuswohnung *die.*

bulla *f* Lärm *der.*

bullabesa, bouillabaisse [buja'βes] *f* CULIN Bouillabaisse *die.*

bulldog = **buldog.**

bulldozer *m* = **buldózer.**

bullicio *m* Trubel *der.*

bullicioso, sa *adj* - **1.** [ruidoso] laut - **2.** [inquieto] unruhig.

bullir *vi* - **1.** [hervir] kochen ; [burbujear] brodeln ; [mar] aufgewühlt sein - **2.** *fig* [multitud] wimmeln.

bulo *m* Gerücht *das.*

bulto *m* - **1.** [volumen] Platz (den etw einnimmt) *der* - **2.** [forma imprecisa] Umrisse *pl* - **3.** [protuberancia] Beule *die* - **4.** [equipaje] Gepäckstück *das* ; ~ **de mano** Handgepäck *das* - **5.** *loc* : **a** ~ ungefähr ; **escurrir el** ~ sich drücken.

bumerán (*pl* **bumerans**), **bumerang** [bume'ran] (*pl* **bumerangs**) *m* Bumerang *der.*

búnquer (*pl* **búnquers**), **bunker** (*pl* **bunkers**) *m* [refugio] Bunker *der.*

buñuelo *m* CULIN Fettgebackenes ; ~ **de viento** Windbeutel *der* ; ~ **de bacalao** ≃ Fischkrokette *die* ; ~ **de cuaresma** ≃ (Faschings)krapfen *der.*

BUP (*abrev de* **Bachillerato Unificado Polivalente**) *m* EDUC *früher dreijährige Abiturphase an spanischen Oberschulen.*

buque *m* Schiff *das.*

burbuja *f* Luftblase *die.*

burbujear *vi* sprudeln.

burdel *m* Bordell *das.*

burdeos ◇ *adj inv* [color] bordeauxrot. ◇ *m inv* [vino] Bordeaux *der.*

burdo, da *adj* plump.

burgués, esa ◇ *adj* (gut)bürgerlich ; *despec* spießbürgerlich. ◇ *m, f* wohlhabender Bürger ; *despec* Spießbürger *der,* -in *die.*

burguesía *f* Bürgertum *das* ; *despec* Bourgeoisie *die.*

burla *f* - **1.** [mofa] Spott *der* - **2.** [broma] Scherz *der* - **3.** [engaño] Gemeinheit *die.*

burlar *vt* : ~ **algo** etw umgehen ; **burla burlando** *fig* einfach so. ◆ **burlarse** *vpr* : ~ **se de** sich lustig machen über *(+A).*

burlesco, ca *adj* lustig ; [literatura] possenhaft.

burlón, ona *adj* - **1.** [bromista] gewollt lustig - **2.** [sarcástico] spöttisch.

buró *m Amér* [mesita de noche] Nachttisch *der.*

burocracia *f* Bürokratie *die.*

burócrata *mf* Bürokrat *der,* -in *die.*

burofax® *m Faxdienst der Post.*

burrada *f* - **1.** [dicho] Blödsinn *der* - **2.** *fam* : **una ~ (de)** *fam* [gran cantidad] eine Riesenmenge.

burro, rra ◇ *adj* [necio] dumm. ◇ *m, f* - **1.** *lit & fig* Esel *der,* -in *die* - **2.** *fig* [trabajador] Arbeitstier *das* - **3.** *loc* : **no ver tres en un** ~ *fam* blind wie ein Maulwurf sein.

bursátil *adj* FIN Börsen-.

bus *m* AUTOM & INFORM Bus *der.*

busca ◇ *f* Suche *die* ; **en ~ de algo/alguien** auf der Suche nach etw/jm. ◇ *m* = **buscapersonas.**

buscapersonas, busca *m inv* Pieper *der.*

buscar [10] *vt* - **1.** [gen] suchen ; **pasar** o **ir a ~ algo/a alguien** etw/jn (abl)holen - **2.** *fam* [provocar] provozieren.

buscavidas *mf inv fam* Lebenskünstler *der,* -in *die.*

buscón, ona *m, f* Gauner *der,* -in *die.* ◆ **buscona** *f fam* Nutte *die.*

búsqueda *f* Suche *die*.
busto *m* - **1.** [del cuerpo] Oberkörper *der* - **2.** [de mujer, escultura] Büste *die*.
butaca *f* - **1.** [mueble] Lehnstuhl *der* - **2.** [localidad] Parkettplatz *der*.
butano *m* Butan *das*.
butifarra *f katalanische Kochwurst*.
buzo *m* [persona] Taucher *der*, -in *die*.
buzón *m* Briefkasten *der*; ~ **electrónico** Mailbox *die*.
bye *interj Amér*: **¡bye!** bye.
byte ['bait] (*pl* **bytes**) *m* INFORM Byte *das*.

C

c, C [θe] *f* [letra] c *das*, C *das*.
c., c/ (*abrev de* **calle**) Str.
c/ - **1.** (*abrev de* **cuenta**) Kto. - **2.** = **c.**
cabal *adj* - **1.** [íntegro] ehrlich - **2.** [exacto] genau. ◆ **cabales** *mpl*: **no estar en sus ~es** *fig* nicht ganz richtig im Kopf sein.
cábala *f* - **1.** [doctrina] Kabbala *die* - **2.** *(gen pl)* [conjeturas] Vermutung *die*.
cabalgar [16] *vi* reiten.
cabalgata *f Umzug der Heiligen Drei Könige*.
caballa *f* Makrele *die*.
caballeresco, ca *adj* [de caballeros] ritterlich.
caballería *f* - **1.** [animal] Reittier *das* - **2.** [cuerpo militar] Kavallerie *die*.
caballeriza *f* (Pferde)stall *der*.
caballero ◇ *adj* [cortés] höflich. ◇ *m* - **1.** [hombre cortés] Kavalier *der*; **ser todo un ~** ein wahrer Kavalier sein - **2.** [señor] Herr *der* - **3.** [miembro de una orden] Ritter *der* - **4.** [noble] Freiherr *der*.
caballete *m* - **1.** [de mesa] Bock *der* - **2.** [de lienzo] Staffelei *die*.
caballito *m* [caballo pequeño] Pferdchen *das*. ◆ **caballitos** *mpl* Karussell *das*. ◆ **caballito de mar** *m* Seepferdchen *das*.
caballo *m* - **1.** [animal] Pferd *das*; **montar a ~** reiten; **(~) pura sangre** Vollblutpferd - **2.** [pieza de ajedrez] Springer *der* - **3.** [naipe] ≃ Dame *die* - **4.** *mfam* [heroína] Stoff *der* - **5.** *loc*: **estar a ~ entre ... y ...** sich auf halbem Wege zwischen ... und ... befinden. ◆ **caballo de fuerza** *m* Pferdestärke *die*. ◆ **caballo de vapor** *m* Pferdestärke *die*. ◆ **caballo marino** *m* Seepferd(chen) *das*.
cabaña *f* - **1.** [choza] Hütte *die* - **2.** [ganado] Viehbestand *der*.
cabaret (*pl* **cabarets**) *m* Nachtlokal *das*.
cabecear *vi* - **1.** [persona - negando] den Kopf schütteln; [- afirmando] nicken - **2.** [caballo] den Kopf auf und nieder bewegen - **3.** [dormir] ein|nicken - **4.** [balancearse] schwanken.
cabecera *f* - **1.** [de cama] Kopfende *das* - **2.** [lugar de preferencia] Ehrenplatz *der* - **3.** [de texto] Kopf *der*.
cabecilla *mf* Anführer *der*, -in *die*.
cabellera *f* lange Haare *pl*.
cabello *m* - **1.** [pelo] Kopfhaar *das* - **2.** [cabellera] Haare *pl*. ◆ **cabello de ángel** *m* CULIN Kürbismarmelade *die*.
caber [54] *vi* - **1.** [tener espacio suficiente] (hinein|)passen; ~ **por** durch|passen - **2.** [ser bastante ancho] passen - **3.** MAT: **cuarenta y ocho entre ocho caben a seis** acht geht sechsmal in achtundvierzig - **4.** [ser posible] möglich sein - **5.** *loc*: **dentro de lo que cabe** den Umständen entsprechend; **no ~ en sí de** außer sich sein vor *(+D)*.
cabestrillo ◆ **en cabestrillo** *loc adj* in einer Schlinge.
cabestro *m* - **1.** [cuerda] Halfter *das* - **2.** [animal] Leitochse *der*.
cabeza *f* - **1.** [gen] Kopf *der*; ~ **abajo** auf dem Kopf; **tirarse de ~** einen Kopfsprung machen, sich kopfüber in/auf etw *(A)* stürzen - **2.** [inteligencia] Köpfchen *das* - **3.** [res] Stück *das* - **4.** [posición] Spitze *die*; **a la** o **en ~** an der Spitze - **5.** TECN: ~ **lectora** Lesekopf *der* - **6.** [jefe] Oberhaupt *das* - **7.** [ciudad] Hauptstadt *die* - **8.** *loc*: **andar** o **estar mal de la ~** einen Vogel haben; **metérsele en la ~ algo a alguien** sich *(D)* etw in den Kopf setzen; **no levantar ~** nicht mehr auf die Beine kommen; **sentar la ~** zur Vernunft kommen; **se le ha subido la fama a la cabeza** der Ruhm ist ihm zu Kopf gestiegen; **algo/alguien me trae de ~** ich mache mir Sorgen um etw/jn - **9.** *proverb*. ◆ **cabeza de ajo** *f* Knoblauchknolle *die*. ◆ **cabeza de familia** *m* Familienoberhaupt *das*. ◆ **cabeza de lista** *m* POLÍT Spitzenkandidat *der*. ◆ **cabeza de turco** *f* Sündenbock *der*. ◆ **cabeza de chorlito** *m* Wirrkopf *der*.
cabezada *f* [de sueño] Nickerchen *das*; **dar ~s** ein|nicken.
cabezal *m* [de aparato] Kopf *der*.
cabezón, ona *adj* - **1.** [de cabeza grande] großköpfig - **2.** [terco] dickköpfig.
cabezota ◇ *adj fam* starrköpfig. ◇ *mf* Starrkopf *der*.
cabezudo, da ◆ **cabezudo** *m Figur mit einem riesigen Pappkopf bei Volksfesten und Umzügen*.
cabida *f* Fassungsvermögen *das*; **dar ~** fassen.
cabildo *m culto* - **1.** [ayuntamiento] Ge-

meinderat *der* - **2.** [de eclesiásticos] Domkapitel *das* - **3.** [sala] Ratssaal *der*.
cabina *f* - **1.** [recinto aislado, avión] Kabine *die* ; ~ **telefónica** Telefonzelle *die* - **2.** [de camión] Führersitz *der* - **3.** [de vestuario] Umkleidekabine *die*.
cabizbajo, ja *adj* niedergeschlagen.
cable *m* Kabel *das* ; **echar un ~** *fam fig* (aus der Klemme) helfen.
cablegrafiar [9] *vt* kabeln.
cabo *m* - **1.** GEOGR Kap *das* - **2.** NÁUT Tau *das* - **3.** MIL ≃ Gefreite *der* - **4.** [trozo] Ende *das* - **5.** [punta] Spitze *die* - **6.** *loc* : **atar ~s** (Informations)bruchstücke zusammen|fügen ; **llevar algo a ~** etw durch|führen. ◆ **al cabo de** *loc prep* nach. ◆ **de cabo a rabo** *loc adv* von Anfang bis Ende. ◆ **cabo suelto** *m* offene Frage.
cabra *f* - **1.** [animal] Ziege *die* - **2.** [piel] Ziegenleder *das* - **3.** *loc* : **estar como una ~** *fam* spinnen.
cabrales *m inv Asturischer Edelpilzkäse, ähnlich dem Roquefort.*
cabré ▷ **caber.**
cabrear *vt mfam* piesacken. ◆ **cabrearse** *vpr mfam* in Wut geraten.
cabreo *m mfam* Wutanfall *der*.
cabría ▷ **caber.**
cabrío *adj* ▷ **macho.**
cabriola *f* - **1.** [salto de caballo] Kapriole *die* - **2.** [pirueta] Luftsprung *der*.
cabrito *m* - **1.** [animal] Zicklein *das* - **2.** *mfam* [cabrón] Scheißkerl *der*.
cabrón, ona ◇ *adj* ◇ *m, f vulg* Scheißkerl *der*. ◆ **cabrón** *m* - **1.** *vulg* [cornudo] Hahnrei *der* - **2.** [animal] Ziegenbock *der*.
caca *f* - **1.** *fam* [excremento] Kacke *die* - **2.** *fam* [cosa sucia] Schmutz *der*.
cacahuete, cacahuate *Amér m* Erdnuss *die*.
cacao *m* - **1.** [semilla] Kakaobohne *die* - **2.** [árbol] Kakaobaum *der* - **3.** *fam* [follón] Durcheinander *das* ; ~ **mental** Verwirrung *die*.
cacarear ◇ *vi* [gallina] gackern. ◇ *vt fam* [pregonar] aus|posaunen.
cacatúa *f* - **1.** [ave] Kakadu *der* - **2.** *fam* [mujer] aufgetakelte Alte.
cacería *f* Jagd *die*.
cacerola *f* Kochtopf *der*.
cacha *f fam* [nalga] Pobacke *die*. ◆ **cachas** *m inv fam* [persona fuerte] Muskelpaket *das*.
cachalote *m* Pottwal *der*.
cacharrazo *m* - **1.** [golpe ruidoso] Getöse *das* - **2.** [porrazo] Stoß *der*.
cacharro *m* - **1.** [recipiente] Topf *der* - **2.** *fam* [trasto] Kram *der (sin pl)* - **3.** *fam* [máquina] Schrott *der*.
cachear *vt* durchsuchen.
cachemir *m*, **cachemira** *f* Kaschmir *der*.
cacheo *m* Leibesvisitation *die*.
cachet [ka'tʃe] (*pl* **cachets**) *m* [de artista] Gage *die*.
cachete *m* - **1.** [moflete] (Paus)backe *die* - **2.** [bofetada] Backpfeife *die* ; **dar un ~** eine Backpfeife geben.
cachiporra *f* Knüppel *der*.
cachirulo *m* - **1.** *fam* [trasto] Ding *das* - **2.** [pañuelo] *Kopftuch der aragonesischen Männertracht.*
cachivache *m fam* Krimskrams *der (sin pl)*.
cacho *m* [trozo pequeño] Brocken *der*.
cachondearse *vpr mfam* : ~ **de** sich lustig machen über *(+A)*.
cachondeo *m mfam* Jux *der*.
cachondo, da ◇ *adj* - **1.** [gracioso] *mfam* total witzig - **2.** [excitado] *vulg* geil. ◇ *m, f mfam* Witzbold *der*.
cachorro, rra *m, f* [gen] Junge *das* ; [de perro, lobo, zorro] Welpe *der*.
cacique *m* - **1.** [propietario] Dorftyrann *der* - **2.** *fig & despec* [déspota] Tyrann *der*.
caco *m fam* Langfinger *der*.
cacto *m*, **cactus** *m inv* Kaktus *der*.
cada *adj inv* - **1.** [valor distributivo] jede, -r, -s ; ~ **cosa a su tiempo** alles zu seiner Zeit ; ~ **cual** ein(e) jede, -r, -s ; ~ **uno** jede, -r, -s (von) ; [con números, tiempo] alle ; ~ **tres meses** alle drei Monate - **2.** [valor progresivo] : ~ **vez más** immer mehr ; ~ **vez más bonito** immer schöner ; ~ **día más** von Tag zu Tag mehr - **3.** [valor enfático] solch ein ; **¡se pone ~ sombrero!** sie trägt immer so komische Hüte!
cadáver *m* - **1.** [de persona] Leiche *die* - **2.** [de animal] Kadaver *der*.
cadavérico, ca *adj* Leichen-.
cadena *f* - **1.** [gen] Kette *die* - **2.** [de inodoro] (Toiletten)spülung *die* ; **tirar (de) la ~** die Spülung betätigen - **3.** [de TV, radio] Sender *der* - **4.** ECON : ~ **de montaje** Fließband *das* - **5.** [aparato de música] (Stereo)anlage *die* - **6.** [sucesión] Serie *die* ; **accidente en ~** Massenkarambolage *die* ; **reacción en ~** Kettenreaktion *die* ; **trabajo en ~** Fließbandarbeit *die*. ◆ **cadenas** *fpl* Schneeketten *pl*. ◆ **cadena perpetua** *f* lebenslängliche Haftstrafe.
cadencia *f* - **1.** [ritmo] Rhythmus *der* - **2.** LITER & MÚS Kadenz *die*.
cadeneta *f* Kettenstich *der*.
cadera *f* Hüfte *die*.
cadete *m* Kadett *der*.
caducar [10] *vi* - **1.** [documento] ungültig werden - **2.** [medicamento, alimento] das Verfallsdatum erreichen.
caducidad *f* - **1.** [de documento] Ende *das* der Gültigkeit - **2.** [de alimento, medicamento] Erreichen *das* des Verfallsdatums.
caduco, ca *adj* - **1.** [viejo] gebrechlich

- 2. [perecedero] vergänglich - 3. BOT laubabwerfend.

caer [55] *vi* - 1. [gen] *fig* fallen ; ~ **de** [procedencia] fallen von ; [manera] fallen auf *(+A)* - 2. [al perder equilibrio] (hinl)fallen - 3. [avión] (abl)stürzen - 4. [hojas] ablfallen ; [pelo, diente] auslfallen - 5. *fig* [desaparecer] gestürzt werden - 6. *fig* [sentar] : ~ **bien/mal (a alguien)** gut/schlecht anlkommen (bei jm) - 7. *fig* [mostrarse] : ~ **bien/mal** gut/nicht leiden können ; **caer simpático a alguien** jm sympathisch sein - 8. [noche, tarde] hereinlbrechen - 9. *fig* [estar situado] liegen - 10. *loc* : ~ **bajo** tief fallen ; **está al ~el examen** die Prüfung steht kurz bevor ; **Juan (ya) está al ~** Juan wird gleich hier sein. ◆ **caer en** *vi* - 1. [entender] verstehen - 2. [recordar, hallar solución] kommen auf *(+A)* - 3. [coincidir fecha] fallen auf *(+A)* - 4. [incurrir] geraten in *(+A)* - 5. *loc* : **no ~ en la cuenta** nicht begreifen. ◆ **caerse** *vpr* - 1. [al perder equilibrio] hinlfallen ; **~se de** [manera] fallen auf *(+A)* ; [procedencia] fallen von - 2. [objetos] (hinunterl)fallen - 3. [diente, pelo, etc] auslfallen ; [botón] sich lösen ; [de árbol] herablfallen ; [cuadro] hinunterlfallen - 4. [por su talla] hinunterlrutschen.

café <> *m* - 1. [fruto] Kaffeebohne *die* - 2. [planta] Kaffee(strauch) *der* - 3. [bebida] Kaffee *der* ; ~ **con leche** Milchkaffee ; ~ **descafeinado** koffeinfreier Kaffee ; ~ **instantáneo** o **soluble** löslicher Kaffee ; ~ **solo** schwarzer Kaffee - 4. [establecimiento] Café *das* ; ~ **teatro** Kleinkunstbühne *die*. <> *adj inv* [color] kaffeebraun.

cafebrería *f Amér Kombination aus Café und Buchhandlung*.

cafeína *f* Koffein *das*.

cafetera *f* ▷ **cafetero**.

cafetería *f* Cafeteria *die*.

cafetero, ra *adj* - 1. [de café] Kaffee- - 2. [aficionado] : **es muy cafetera, sólo bebe café** sie ist eine Kaffeetante, sie trinkt nur Kaffee. ◆ **cafetera** *f* - 1. [aparato] Kaffeemaschine *die* - 2. [recipiente] Kaffeekanne *die* - 3. *fam* [aparato viejo] Schrottkiste *die*.

cafre *mf* brutale Person.

cagada *f* ▷ **cagado**.

cagado, da *m, f mfam* [cobarde] Angsthase *der*. ◆ **cagada** *f* - 1. *mfam* [equivocación] Reinfall *der* - 2. *mfam* [excremento] Kacke *die*.

cagar [16] <> *vi vulg* [defecar] scheißen. <> *vt vulg* [estropear] versauen ; **cagarla** *fig* Scheiße bauen. ◆ **cagarse** *vpr* - 1. *vulg* [defecar] in die Hose scheißen - 2. *vulg* [acobardarse] Schiss kriegen.

caído, da *adj* [en espacio] gefallen. ◆ **caído** *m (gen pl)* [muerto] Gefallene *der, die*. ◆ **caída** *f* - 1. [gen] Fall *der* - 2. [de pelo, diente] Ausfall *der* - 3. [de tela] Faltenwurf *der* - 4. POLÍT [accidente] Sturz *der* - 5. ECON Rückgang *der*.

caimán *m* - 1. [animal] Kaiman *der* - 2. *fig* [persona] (schlauer) Fuchs.

caja *f* - 1. [recipiente, estuche] Kasten *der* ; ~ **de herramientas** Werkzeugkasten *der* ; [de cartón, pequeña] Schachtel *die* ; [de cartón, grande] Karton *der* ; [de madera, latón] Kiste *die* ; **una ~ de naranjas** eine Kiste Orangen - 2. [de mecanismos] Gehäuse *das* ; ~ **de cambios** Getriebegehäuse - 3. : ~ **torácica** Brustkorb *der* ; ~ **del tímpano** Trommelhöhle *die* - 4. [de muerto] Sarg *der* - 5. [lugar para pagar] Geldschrank *der* ; ~ **fuerte** o **de caudales** Tresor *der*, Safe *der* - 6. [lugar para pagar] Kasse *die* - 7. [banco] Sparkasse *die* - 8. COM Kassenkonto *das* - 9. [hueco] Schacht *der*. ◆ **caja de música** *f* Spieldose *die*. ◆ **caja de reclutamiento** *f* Rekrutendepot *das*. ◆ **caja negra** *f* Flugschreiber *der*. ◆ **caja registradora** *f* Registrierkasse *die*.

cajero, ra *m, f* [persona] Kassierer *der*, -in *die*. ◆ **cajero** *m* [aparato] : ~ **automático** Geldautomat *der*.

cajetilla *f* Schachtel *die*.

cajón *m* - 1. [compartimento] (Schub)lade *die* - 2. [recipiente] Kiste *die*. ◆ **cajón de sastre** *m* Sammelsurium *das*.

cajuela *f Amér* Kofferraum *der*.

cal *f* Kalk *der* ; **cerrar a ~ y canto** *fig* niet- und nagelfest verriegeln.

cala *f* - 1. [bahía pequeña] kleine Bucht - 2. [del barco] Kielboden *der*.

calabacín *m*, **calabacita** *f Amér* Zucchini *die*.

calabaza *f* - 1. [fruto] Kürbis *der* - 2. [planta] (Garten)kürbis *der* - 3. *loc* : **dar ~s a alguien** *fam* [desdeñar] jm einen Korb geben ; *fam* [suspender] jn durchfallen lassen.

calabozo *m* (Gefängnis)zelle *die*.

calada *f* ▷ **calado**.

caladero *m* Fanggrund *der*.

calado, da *adj* durchnässt. ◆ **calado** *m* - 1. NÁUT Tiefgang *der* - 2. AUTOM Absaufen *das* - 3. [bordado] Durchbrucharbeit *die*. ◆ **calada** *f* - 1. [inmersión] Eindringen *das* - 2. [de cigarrillo] Zug *der*.

calamar *m* Tintenfisch *der*.

calambre *m* - 1. [descarga eléctrica] Schlag *der* - 2. [contracción muscular] Krampf *der*.

calamidad *f* [desgracia] Not *die (ohne pl)* ; **ser una ~** eine Plage (für seine Mitmenschen) sein.

calamitoso, sa *adj* verheerend.

calandria *f* - 1. [pájaro] Kalanderlerche *die* - 2. [para papel y telas] Kalander *der*.

calaña *f despec* Sorte *die*.

calar <> *vt* - 1. [suj : líquido] durchnässen - 2. *fig* [descubrir] durchschauen - 3. [tela] durchbrochen besticken - 4. [sombrero, gorra] ins Gesicht drücken - **5.** [perforar] durchbohren. <> *vi* - **1.** NÁUT Tiefgang haben - **2.** *fig* [introducirse] : ~ **en** tief ein|dringen in *(+A)* ◆ **calarse** *vpr* - **1.** [empaparse] nass werden - **2.** [motor] ab|saufen.

calato, ta *adj Amér* nackt.

calavera <> *f* Totenkopf *der.* <> *m fig* Leichtfuß *der.* ◆ **calaveras** *fpl Amér* Rücklichter *pl.*

calcado, da *adj* durchgepaust ; **ser ~ a alguien** jm wie aus dem Gesicht geschnitten sein.

calcar [10] *vt* - **1.** [dibujo] durch|pausen - **2.** *fig* [imitar] nach|ahmen.

calce *m* [cuña] Keil *der.*

calceta *f* Strickarbeit *die* ; **hacer ~** stricken.

calcetín *m* Socke *die.*

calcificarse [10] *vpr* verkalken.

calcinar *vt* [quemar] (zu Asche) verbrennen.

calcio *m* Kalzium *das.*

calco *m* - **1.** [reproducción] Pause *die* - **2.** *fig* [imitación] Abklatsch *der* - **3.** LING Lehnprägung *die.*

calculador, ra *adj* - **1.** [que calcula] Rechen- - **2.** *fig* [interesado] berechnend. ◆ **calculadora** *f* Rechner *der.*

calcular *vt* - **1.** [cantidades] (be)rechnen - **2.** [suponer, conjeturar] schätzen.

cálculo *m* - **1.** [operación] Rechnen *das* ; **~ mental** Kopfrechnen - **2.** [ciencia] (Be)rechnung *die* - **3.** [evaluación] Berechnung *die* ; **~ de probabilidades** Wahrscheinlichkeitsrechnung *die* - **4.** MED Stein *der.*

caldear *vt* - **1.** [calentar] erwärmen - **2.** *fig* [excitar] erhitzen.

caldera *f* [recipiente, máquina] Kessel *der* ; [de calefacción] Heizkessel *der.*

caldereta *f* Schmortopf *der.*

calderilla *f* Kleingeld *das.*

caldero *m* [recipiente] kleiner Kessel.

caldo *m* [sopa] Brühe *die.* ◆ **caldo de cultivo** *m* - **1.** BIOL Nährflüssigkeit *die* - **2.** *fig* [condición idónea] Nährboden *der.*

caldoso, sa *adj* wässrig.

calefacción *f* Heizung *die* ; **~ central** Zentralheizung.

calefactor *m* Heizlüfter *der.*

calendario *m* Kalender *der* ; **~ escolar** Schulferienkalender *der* ; **~ laboral** Werktagekalender *der.*

calentador, ra *adj* Heiz-. ◆ **calentador** *m* [para cama] Wärmflasche *die* ; [de agua] Boiler *der.*

calentar [19] *vt* - **1.** [subir la temperatura de] (er)wärmen - **2.** *fig* [animar] erhitzen. ◆ **calentarse** *vpr* - **1.** [por calor] sich (er)wärmen - **2.** *mfam fig* [sexualmente] sich aufgeilen.

calentura *f* [fiebre] Fieber *das.*

calenturiento, ta *adj* - **1.** [con fiebre] fiebrig - **2.** *fig* [exaltado] hitzköpfig ; *fig* [sexualmente] geil.

calibrado *m*, **calibración** *f* Kalibrierung *die.*

calibrar *vt* - **1.** [medir el calibre] messen - **2.** [dar el calibre] kalibrieren - **3.** *fig* [juzgar] ab|schätzen.

calibre *m* - **1.** [diámetro] *fig* [importancia, tamaño] Kaliber *das* - **2.** [instrumento] Kaliber(maß) *das.*

calidad *f* - **1.** [gen] Qualität *die* ; **~ de vida** Lebensqualität *die* - **2.** [condición] Eigenschaft *die* ; **en ~ de** in seiner/ihrer Eigenschaft als.

cálido, da *adj* - **1.** [temperatura, color] warm - **2.** [afectuoso] warmherzig.

caliente *adj* - **1.** [gen] heiß ; **en ~** auf der Stelle ; [templado] warm - **2.** *mfam* [excitado] geil.

califa *m* Kalif *der.*

calificación *f* - **1.** [denominación] Bezeichnung *die* - **2.** [atributo] Attribute *pl* ; **lo elogió con las mejores calificaciones posibles** sie lobte ihn in den höchsten Tönen - **3.** [nota] Note *die.*

calificar [10] *vt* - **1.** [considerar] bezeichnen - **2.** [con una nota] benoten - **3.** GRAM näher bestimmen.

calificativo, va *adj* - **1.** [que califica] bezeichnend - **2.** GRAM erläuternd. ◆ **calificativo** *m* Bezeichnung *die.*

caligrafía *f* - **1.** [arte] Kalligrafie *die* - **2.** [rasgos] (Hand)schrift *die.*

calina *f* Dunst *der.*

cáliz *m* - **1.** RELIG Kelch *der* - **2.** BOT Blütenkelch *der.*

calizo, za *adj* kalkhaltig. ◆ **caliza** *f* Kalkstein *der.*

callado, da *adj* - **1.** [taciturno] schweigsam - **2.** [en silencio] still.

callar <> *vi* - **1.** [no hablar] schweigen - **2.** [dejar de hablar] den Mund halten. <> *vt* ◆ **callarse** *vpr* [guardar silencio] still sein.

calle *f* - **1.** [gen] Straße *die* ; **~ peatonal** Fußgängerzone *die* ; **el hombre de la ~** Otto Normalverbraucher *der* - **2.** DEP Bahn *die* - **3.** *loc* : **dejar a alguien en la ~, echar a alguien a la ~** jn auf die Straße setzen ; **hacer la ~** auf den Strich gehen.

callejear *vi* (herum|)bummeln.

callejero, ra *adj* - **1.** [animal] Straßen- - **2.** [persona] viel unterwegs - **3.** [cosa] Straßen-. ◆ **callejero** *m* [guía] Straßenverzeichnis *das.*

callejón *m* Gasse *die* ; **~ sin salida** Sackgasse *die* ; *fig* ausweglose Situation.

callejuela *f* (enge) Gasse.

callo *m* - **1.** [dureza] Schwiele *die* ; [en pie] Hühnerauge *das* - **2.** *fam fig* [persona fea]

Vogelscheuche *die*. ◆ **callos** *mpl* CULIN Kutteln *pl*.
calloso, sa *adj* schwielig.
calma *f* - **1.** [sosiego, tranquilidad] Ruhe *die* ; **en** ~ ruhig ; **(no) perder la** ~ sich (nicht) aus der Ruhe bringen lassen - **2.** [silencio] Stille *die* ; ~ **chicha** völlige Windstille.
calmante ◇ *adj* beruhigend. ◇ *m* Beruhigungsmittel *das*.
calmar *vt* - **1.** [mitigar] stillen - **2.** [tranquilizar] beruhigen. ◆ **calmarse** *vpr* - **1.** [tempestad] ruhig werden - **2.** [dolor] nachllassen - **3.** [persona] sich beruhigen.
caló *m die Sprache der spanischen Zigeuner*.
calor *m* - **1.** [temperatura alta] Hitze *die* ; **hace** ~ es ist heiß - **2.** [sensación] Wärmegefühl *das* ; **entrar en** ~ sich erwärmen ; **alguien tiene** ~ jm ist warm - **3.** [energía, afecto] Wärme *die* - **4.** *fig* [entusiasmo] Begeisterung *die*.
caloría *f* Kalorie *die*.
calostro *m* Kolostralmilch *die*.
calumnia *f* Verleumdung *die*.
calumniar *vt* verleumden.
caluroso, sa *adj* - **1.** [con calor] heiß - **2.** *fig* [afectuoso] herzlich.
calva *f* ▷ **calvo**.
calvario *m* - **1.** [vía crucis] Kreuzweg *der* - **2.** *fig* [sufrimiento] Leidensweg *der*.
calvicie *f* Kahlheit *die*.
calvo, va *adj* glatzköpfig ; **ni tanto ni tan** ~ *fig* nur nicht übertreiben. ◆ **calva** *f* [en cabeza] Glatze *die*.
calza *f* - **1.** [cuña] Keil *der* - **2.** [media] *ehemals Strumpfhose für Männer*.
calzada *f* Fahrbahn *die* ; ~ **lateral** seitliche Fahrbahn.
calzado, da *adj* [con zapatos] beschuht. ◆ **calzado** *m* Schuhwerk *das (ohne pl)*.
calzador *m* Schuhlöffel *der*.
calzar [13] *vt* - **1.** [poner calzado] (Schuhe) an|ziehen - **2.** [proveer de calzado] : ~ **a alguien** jm Schuhe kaufen - **3.** [llevar calzado] (Schuhe) tragen - **4.** [poner cuñas a] durch einen Keil sichern. ◆ **calzarse** *vpr* sich die Schuhe an|ziehen.
calzo *m* Unterlegklotz *der*.
calzón *m (gen pl)* - **1.** [pantalón] Kniehose *die* - **2.** *Amér* [bragas] Unterhose *die*.
calzoncillos *mpl* Unterhose *die*.
calzones *mpl Amér* - **1.** [bragas] Schlüpfer *der* - **2.** [calzoncillos] Unterhose *die*.
cama *f* Bett *das* ; **estar en** o **guardar** ~ das Bett hüten ; **hacer la** ~ das Bett machen ; ~ **nido** ausziehbares Bettsofa.
camada *f* [animal] Wurf *der*.
camafeo *m* Kamee *die*.
camaleón *m lit & fig* Chamäleon *das*.
cámara ◇ *f* - **1.** [habitación] Gemach *das* - **2.** [de cine, de televisión] Kamera *die* ; **a** ~ **lenta** in Zeitlupe ; ~ **fotográfica** Fotoapparat *der* ; ~ **de vídeo** Videokamera *die* - **3.** [de arma] Patronenkammer *die* - **4.** TECN [institución] Kammer *die* ; ~ **de gas** Gaskammer *die* ; ~ **frigorífica** Kühlraum *der*. ◇ *mf* Kameramann *der*, -frau *die*.
camarada *mf* - **1.** POLÍT Genosse *der*, -sin *die* - **2.** [compañero] Kamerad *der*, -in *die*.
camaradería *f* Kameradschaft *die*.
camarero, ra *m, f* [de establecimiento] Kellner *der*, -in *die*.
camarilla *f despec* Kamarilla *die*.
camarón *m* - **1.** [quisquilla] Sägegarnele *die* - **2.** *Amér* [gamba] Garnele.
camarote *m* Kabine *die*.
camastro *m* schlechtes Bett.
cambiante *adj* wechselnd. ◆ **cambiantes** *mpl* (Farben)schillern *das*.
cambiar [8] ◇ *vt* - **1.** [canjear] tauschen ; ~ **algo por algo** etw gegen etw tauschen - **2.** [transformar] verändern - **3.** [divisas] um|tauschen - **4.** [sustituir] wechseln ; ~ **el aceite** das Öl wechseln. ◇ *vi* - **1.** [situación, tiempo] sich ändern - **2.** [tácticas, ideas] : ~ **de algo** etw ändern - **3.** AUTOM [de marchas] schalten. ◆ **cambiarse** *vpr* [de ropa] sich um|ziehen ; [mudarse] um|ziehen.
cambiazo *m fam* große Veränderung.
cambio *m* - **1.** [variación] (Ver)änderung *die* ; ~ **climático** Klimaveränderung - **2.** [trueque] Tausch *der* ; **a** ~ **(de)** als Gegenleistung (zu) - **3.** [reorganización] Umstellung *die* - **4.** [sustitución] Wechsel *der* ; ~ **de aceite** Ölwechsel *der* - **5.** [moneda pequeña] Kleingeld *das* - **6.** [dinero devuelto] Wechselgeld *das* - **7.** FIN [de acciones] Kurs *der* ; [de divisas] Geldwechsel *der* - **8.** AUTOM : ~ **de marchas** o **velocidades** Gangschaltung *die* - **9.** *loc* : **a la(s) primera(s) de** ~ bei der erstbesten Gelegenheit. ◆ **en cambio** *loc adv* hingegen. ◆ **cambio de rasante** *m* Kuppe *die*. ◆ **libre cambio** *m* ECON Freihandel *der*.
camelia *f* Kamelie *die*.
camello, lla *m, f* [animal] Kamel *das*. ◆ **camello** *m fam* [traficante] Dealer *der*.
camerino *m* Künstlergarderobe *die*.
camilla ◇ *f* Krankenbahre *die*. ◇ *adj* ▷ **mesa**.
camillero, ra *m, f* Sanitäter *der*, -in *die*.
caminante *mf* Fußgänger *der*, -in *die*.
caminar ◇ *vi* - **1.** [andar] (zu Fuß) gehen - **2.** *fig* [ir] laufen. ◇ *vt* [una distancia] gehen, laufen.
caminata *f* Wanderung *die*.
camino *m* - **1.** [vía, ruta] *fig* Weg *der* ; **de** ~ auf dem Weg - **2.** [viaje] Reise *die* ; **ponerse en** ~ los|gehen, los|fahren - **3.** *loc* : **abrirse** ~ sich *(D)* einen Weg bahnen ; **quedarse a medio** ~ auf halber Strecke liegen bleiben. ◆ **camino de Santiago** *m* RELIG Jakobsweg *der*.

camión *m* - **1.** [de mercancías] Lastwagen *der* ; ~ **cisterna** Tankwagen - **2.** *Amér* [de pasajeros] Autobus *der*.
camionero, ra *m, f* Lastwagenfahrer *der*, -in *die*.
camioneta *f* Lieferwagen *der*.
camisa *f* - **1.** [prenda] Hemd *das* - **2.** TECN Mantel *der* - **3.** ZOOL Schlangenhaut *die* - **4.** BOT Fruchthäutchen *das* - **5.** *loc* : **meterse en ~ de once varas** seine Nase (überall) hineinlstecken ; **mudar** o **cambiar de ~** seinen Mantel nach dem Wind hängen. ◆ **camisa de fuerza** *f* Zwangsjacke *die*.
camisería *f* - **1.** [tienda] Hemdengeschäft *das* - **2.** [taller] Hemdenfabrik *die*.
camisero, ra ◇ *adj* Hemd-. ◇ *m, f* Hemdenschneider *der*, -in *die*.
camiseta *f* - **1.** [ropa interior] Unterhemd *das* - **2.** [exterior] T-Shirt *das* - **3.** [de deporte] Trikot *das*.
camisola *f Amér* [para dormir] Nachthemd *das*.
camisón *m* Nachthemd *das*.
camorra *f fam* Streit *der* ; **buscar ~** Streit suchen.
campamento *m* - **1.** [lugar] Lager *das* - **2.** [personas] lagernde Truppe.
campana *f* Glocke *die* ; **doblar las ~s** die Glocken läuten ; **oír ~s y no saber dónde** *fig* von etw läuten gehört haben.
campanada *f* - **1.** [de campana] Glockenschlag *der* - **2.** [de reloj] Läuten *das* - **3.** *fig* [suceso] Aufsehen erregendes Ereignis.
campanario *m* Glockenturm *der*.
campanilla *f* - **1.** [instrumento] Schelle *die* - **2.** ANAT Gaumenzäpfchen *das* - **3.** [flor] Glockenblume *die*.
campante *adj fam* zufrieden ; **estar** o **quedarse tan ~** *fig* sich nicht die (gute) Laune verderben lassen.
campaña *f* - **1.** [militar] Feldzug *der* - **2.** [de publicidad, política] Kampagne *die* - **3.** [campo llano] Flachland *das*.
campechano, na *adj fam* ungezwungen.
campeón, ona *m, f* [de competición] Sieger *der*, -in *die* ; *fig* [en campeonato] Meister *der*, -in *die*.
campeonato *m* Meisterschaft *die* ; **de ~** *fig* fantastisch.
campero, ra *adj* ländlich. ◆ **campera** *f* - **1.** *(gen pl)* [botas] *Stiefel im ländlichen Stil* - **2.** *Amér* [cazadora] Jacke *die*.
campesino, na ◇ *adj* ländlich. ◇ *m, f* Bauer *der*, Bäuerin *die*.
campestre *adj* ländlich.
camping ['kampin] *m* - **1.** [actividad] Camping *das* - **2.** [terreno] Campingplatz *der*.
campista *mf* Camper *der*, -in *die*.
campo *m* - **1.** [gen] Feld *das* ; ~ **de batalla** Schlachtfeld *das* - **2.** [fuera de ciudad] Land *das* - **3.** [campiña] Ackerland *das* ; **a ~ traviesa, ~ a través** querfeldein - **4.** [lugar destinado a un fin] Platz *der* ; ~ **de aviación** Flugplatz *der* ; ~ **de deportes** Sportplatz *der* ; ~ **de fútbol** Fußballplatz *der* ; ~ **de tiro** Schießplatz *der* - **5.** *fig* [de ciencia] Gebiet *das*. ◆ **campo de concentración** *m* Konzentrationslager *das*. ◆ **campo de trabajo** *m* [de vacaciones] Workcamp *das*. ◆ **campo visual** *m* Blickfeld *das*.
Campsa (*abrev de* **Compañía Arrendataria del Monopolio de Petróleos, SA**) *f spanischer Erdölkonzern, ehemals mit Monopol*.
camuflaje *m* Tarnung *die*.
camuflar *vt* tarnen.
cana *f* ▭ **cano**.
Canadá *m* : **(el) ~** Kanada *nt*.
canadiense ◇ *adj* kanadisch. ◇ *mf* Kanadier *der*, -in *die*.
canal ◇ *m* - **1.** [gen] Kanal *der* ; ~ **temático** thematischer Kanal ; ~ **de comercialización** ECON Zwischenhandel *der* - **2.** [en matadero] ausgeweidetes Schlachtvieh - **3.** [de agua, gas] Leitung *die* - **4.** *fig* [medio, vía] Mittel *das*. ◇ *m* o *f* [de un tejado] Regenrinne *die*.
canalé *m* Rippenstrick *der*.
canalizar [13] *vt lit* & *fig* kanalisieren.
canalla *mf* Schuft *der*.
canalón *m* - **1.** [de tejado] Regenrinne *die* - **2.** CULIN = **canelón**.
canapé *m* CULIN [sofá] Kanapee *das*.
Canarias *fpl* : **las (islas) ~** die Kanarischen Inseln.
canario, ria, canariense ◇ *adj* kanarisch. ◇ *m, f* [de Canarias] Kanarier *der*, -in *die*. ◆ **canario** *m* [pájaro] Kanarienvogel *der*.
canasta *f* [gen] Korb *der*.
canastilla *f* [cesto pequeño] Körbchen *das*.
canasto *m* Korb *der*.
cancela *f* Gittertür *die*.
cancelación *f* Annullierung *die*.
cancelar *vt* - **1.** [anular] annullieren - **2.** [deuda] tilgen.
cáncer *m* - **1.** MED Krebs *der* - **2.** *fig* [mal] Übel *das*. ◆ **Cáncer** ◇ *m inv* [zodíaco] Krebs *der* ; **ser Cáncer** Krebs sein. ◇ *m inv* & *f inv* [persona] Krebs *der*.
cancerígeno, na *adj* Krebs erregend.
canceroso, sa ◇ *adj* Krebs-. ◇ *m, f* Krebskranke *der, die*.
cancha *f* [dep] Sportplatz *der*.
canciller *m* - **1.** [de gobierno] Kanzler *der*, -in *die* - **2.** [de embajada] Botschaftssekretär *der*, -in *die*.
canción *f* Lied *das* ; ~ **de cuna** Wiegenlied *das*.
cancionero *m* [de canciones] Liederbuch *das*.
candado *m* Vorhängeschloss *das*.

candelabro *m* Kandelaber *der*.
candelero *m* Kerzenständer *der*; **estar en el ~** *fig* im Rampenlicht stehen.
candente *adj* - **1.** [incandescente] glühend - **2.** [actual, interesante] brennend.
candidato, ta *m, f* Kandidat *der*, -in *die*.
candidatura *f* - **1.** [para un cargo] Kandidatur *die*; **presentar una ~** kandidieren - **2.** [lista] Kandidatenliste *die*.
cándido, da *adj* unschuldig.
candil *m* - **1.** [de aceite] Öllampe *die* - **2.** *Amér* [araña] Kronleuchter *der*.
candilejas *fpl* TEATR Rampenlicht *das*.
caneca *f Amér* Mülleimer *der*.
canelo, la *adj* zimtfarben. ◆ **canela** *f* Zimt *der*.
canelón, canalón *m* CULIN Cannelloni *(solo pl)*.
cangrejo *m* Krebs *der*.
canguelo *m fam* Schiss *der*.
canguro ◇ *m* Känguru *das*. ◇ *mf fam* Babysitter *der*, -in *die*; **hacer de ~** kleine Kinder beaufsichtigen.
caníbal ◇ *adj* kannibalisch. ◇ *mf* Kannibale *der*, -lin *die*.
canibalismo *m* Kannibalismus *der*.
canica *f* [pieza] Murmel *die*. ◆ **canicas** *fpl* [juego] Murmelspiel *das*.
caniche *m* Pudel *der*.
canijo, ja *adj despec* schwächlich.
canilla *f* - **1.** [espinilla] Schienbein *das* - **2.** [bobina] Spule *die* - **3.** *Amér* [grifo] Wasserhahn *der* - **4.** *Amér* [pierna] Bein *das* - **5.** *Amér* [pantorrilla] Wade *die*.
canino, na *adj* Hunde-. ◆ **canino** *m* [gen] Eckzahn *der*; [de depredador] Fangzahn *der*.
canjear *vt* (ausl)tauschen.
cano, na *adj* grau. ◆ **cana** *f* graues o weißes Haar.
canoa *f* Kanu *das*.
canódromo *m* Hunderennbahn *die*.
canon *m* - **1.** MÚS [norma] Kanon *der* - **2.** [modelo] Ideal *das* - **3.** [impuesto] Pachtzins *der*. ◆ **cánones** *mpl* DER Urheberrechtsgebühren *pl*.
canónigo *m* Domherr *der*.
canonizar [13] *vt* heilig sprechen.
canoso, sa *adj* weißhaarig, grauhaarig.
cansado, da *adj* - **1.** [agotado] müde - **2.** [pesado, cargante] anstrengend - **3.** *fig* [harto] überdrüssig; **estar ~ de algo/alguien** einer Sache/js überdrüssig sein.
cansancio *m* Müdigkeit *die*.
cansar ◇ *vt* ermüden. ◇ *vi* ermüden. ◆ **cansarse** *vpr* - **1.** [agotarse] müde werden - **2.** *fig* [hartarse] : **~se de algo/alguien** einer Sache/js überdrüssig werden; **~se de hacer algo** eine Tätigkeit satt haben.
Cantabria *f* Kantabrien *nt*.
cantábrico, ca *adj* kantabrisch. ◆ **Cantábrico** *m* : **el (mar) Cantábrico** das Kantabrische Meer.
cántabro, bra *m, f* Kantabrer *der*, -in *die*.
cantaleta *f Amér* - **1.** [estribillo] Refrain *der* - **2.** *fig* [regañina] Streit *der*.
cantamañanas *mf inv* unzuverlässiger Mensch.
cantante ◇ *adj* singend. ◇ *mf* Sänger *der*, -in *die*.
cantaor, ra *m, f* Flamencosänger *der*, -in *die*.
cantar ◇ *vt* - **1.** [entonar] singen - **2.** [anunciar] an|sagen. ◇ *vi* - **1.** [persona, ave] singen; [gallo] krähen; [insecto] zirpen - **2.** *fam fig* [confesar] singen. ◇ *m culto* Gesang *der*.
cántaro *m* Krug *der*; **llover a ~s** in Strömen gießen.
cante *m* - **1.** [música] Gesang *der*; **~ jondo** o **hondo** *Gesangsstil im Flamenco* - **2.** *fam* [peste] Gestank *der*.
cantera *f* - **1.** [de piedra] Steinbruch *der* - **2.** [de profesionales] Nachwuchsschmiede *die*.
cantidad ◇ *f* - **1.** [número] Zahl *die* - **2.** [abundancia] Menge *die* - **3.** [medida] : **¿qué ~ de...?** wie viel ...? - **4.** [de dinero] Summe *die*. ◇ *adv fam* sehr.
cantilena, cantinela *f* MÚS Kantilene *die*; **la misma ~** *fig* dieselbe Leier.
cantimplora *f* Feldflasche *die*.
cantina *f* Kantine *die*.
cantinela *f* = **cantilena**.
canto *m* - **1.** [acción] Gesang *der* - **2.** [arte] Gesangskunst *die* - **3.** *fig* [alabanza] Lobgesang *der* - **4.** [lado, borde] Kante *die*; **de ~** hochkant - **5.** [de cuchillo] Rücken *der* - **6.** [guijarro] Kiesel(stein) *der*; **~ rodado** Geröll *das*.
cantón *m* [territorio] Kanton *der*.
cantor, ra ◇ *adj* Sing-. ◇ *m, f* Sänger *der*, -in *die*.
canturrear, canturriar *fam vt & vi* vor sich hin singen.
canutas *fpl fam* : **pasarlas ~** eine schwere Zeit durchmachen.
canuto *m* - **1.** [tubo] Rohr *das* - **2.** *fam* [porro] Joint *der*.
caña *f* - **1.** BOT Rohr *das*; **~ de azúcar** Zuckerrohr *das* - **2.** [de río, de estanque] Schilf *das* - **3.** [de cerveza] Glas *das* Bier vom Fass - **4.** *loc* : **darle** o **meterle ~ a** *fam fig* [persona] jn fertig machen; [cosa] hin machen, Gas geben. ◆ **caña de pescar** *f* Angel(rute) *die*.
cáñamo *m* Hanf *der*.
cañería *f* Rohrleitung *die*.
caño *m* Brunnenrohr *das*.
cañón *m* - **1.** [arma] Kanone *die* - **2.** [tubo] Rohr *das* - **3.** GEOGR Cañon *der*.
cañonazo *m* Kanonenschuss *der*.

caoba *f* - **1.** [árbol] Mahagonibaum *der* - **2.** [madera] Mahagoni(holz) *das.*

caos *m* Chaos *das.*

caótico, ca *adj* chaotisch.

cap. (*abrev de* **capítulo**) Kap.

capa *f* - **1.** [gen] Schicht *die* ; ~ **de ozono** Ozonschicht - **2.** [manto] Umhang *der* - **3.** TAUROM Capa *die* - **4.** *loc* : **andar de ~ caída** auf den Hund gekommen sein ; **defender a ~ y espada** bis zum Äußersten verteidigen.

capacidad *f* - **1.** [cabida] Fassungsvermögen *das* - **2.** [aptitud] Eignung *die* - **3.** DER Rechtsfähigkeit *die* - **4.** INFORM Kapazität *die.*

capacitar *vt* : ~ **a alguien para algo** jn zu einer Sache befähigen.

capar *vt* kastrieren.

caparazón *m lit & fig* Panzer *der.*

capataz *m* - **1.** [mayoral] Aufseher *der*, -in *die* - **2.** [encargado] Vorarbeiter *der*, -in *die.*

capaz *adj* - **1.** [gen] fähig ; ~ **de hacer algo** imstande, etw zu tun - **2.** DER rechtsfähig.

capazo *m* Korb *der.*

capear *vt* - **1.** *fig* [eludir] sich aus der Affäre ziehen - **2.** [torear] den Stier mit der Capa reizen.

capellán *m* Kaplan *der.*

caperuza *f* - **1.** [gorro] Kapuze *die* - **2.** [capuchón] Kappe *die.*

capicúa ◇ *adj inv* symmetrisch. ◇ *m inv* symmetrische Zahl.

capilar ◇ *adj* - **1.** [del cabello] Haar- - **2.** FÍS & ANAT Kapillar-. ◇ *m* ANAT Kapillare *die.*

capilla *f* Kapelle *die* ; ~ **ardiente** Aufbahrung *die* ; **estar en ~** *fig* in der Todeszelle sitzen.

capirote *m* [gorro] hohe spitze Mütze.

cápita ◆ **per cápita** *loc adj* pro Kopf.

capital ◇ *adj* - **1.** [importante] wesentlich - **2.** [principal] Haupt-. ◇ *m* - **1.** ECON [dinero] Kapital *das* - **2.** ECON [en marxismo] Kapital *das.* ◇ *f* Hauptstadt *die.*

capitalismo *m* Kapitalismus *der.*

capitalista ◇ *adj* [tipo de economía] kapitalistisch. ◇ *mf* - **1.** [partidario del capitalismo] Kapitalist *der*, -in *die* - **2.** [poseedor de capital] Kapitalinhaber *der*, -in *die.*

capitalizar [13] *vt* ECON kapitalisieren. ◆ **capitalizarse** *vpr* ECON einen Kapitalzuwachs erfahren.

capitán, ana *m, f* - **1.** [de barco, avión] Kapitän *der* - **2.** MIL Hauptmann *der* - **3.** DEP Mannschaftskapitän *der.*

capitanear *vt* - **1.** MIL befehlen - **2.** [dirigir] an|führen - **3.** DEP führen.

capitanía *f* - **1.** [empleo] Kapitänsrang *der* - **2.** [puerto] Hafenbehörde *die.*

capitel *m* ARQUIT Kapitell *das.*

capitulación *f* Kapitulation *die.* ◆ **capitulaciones matrimoniales** *fpl* Ehevertrag *der.*

capitular *vi* kapitulieren.

capítulo *m* Kapitel *das.*

capó, capot [ka'po] *m* Motorhaube *die.*

capot *m* = **capó.**

capota *f* Verdeck *das.*

capote *m* - **1.** [capa] Offiziersmantel *der* - **2.** TAUROM Capa *die.*

capricho *m* Laune *die* ; **por puro ~** aus Lust und Laune.

caprichoso, sa *adj* launenhaft.

Capricornio ◇ *m inv* [zodíaco] Steinbock *der* ; **ser ~** Steinbock sein. ◇ *m inv & f inv* [persona] Steinbock *der.*

cápsula *f* - **1.** [de medicamento & ANAT] Kapsel *die* - **2.** [cabina espacial] Raumkapsel *die.*

captar *vt* - **1.** [atraer] gewinnen - **2.** [entender] begreifen - **3.** [sintonizar] empfangen. ◆ **captarse** *vpr* für sich gewinnen.

captura *f* [de animal] Fang *der* ; [de delincuente] Festnahme *die.*

capturar *vt* [animal] fangen ; [delincuente] fest|nehmen.

capucha *f* Kapuze *die.*

capuchino, na *adj* Kapuziner-. ◆ **capuchino** *m* - **1.** [fraile] Kapuziner *der*, -in *die* - **2.** [café] Cappuccino *der.*

capuchón *m* Kappe *die.*

capullo, lla *adj vulg* blöd. ◆ **capullo** *m* - **1.** [de flor] Knospe *die* - **2.** [de gusano] Kokon *der* - **3.** *fam* [prepucio] Vorhaut *die.*

caqui, kaki ◇ *adj inv* [color] khakifarben. ◇ *m* - **1.** [planta] Kakibaum *der* - **2.** [fruto] Kakipflaume *die* - **3.** [color] Khaki *das.*

cara *f* - **1.** [de persona, animal] Gesicht *das* ; ~ **a ~** von Angesicht zu Angesicht ; **me daba el sol de ~** die Sonne schien mir ins Gesicht - **2.** [aspecto] Aussehen *das* ; **tener buena/mala ~** gut/schlecht aus|sehen - **3.** [lado] Seite *die* - **4.** [de moneda] Vorderseite *die* ; **a ~ o cruz** auf Kopf oder Zahl - **5.** *fam* [osadía] Frechheit *die* - **6.** [parte frontal] Vorderseite *die* - **7.** *loc* : **cruzar la ~ a alguien** jn eine Ohrfeige geben ; **de ~ a** angesichts ; **hacer algo a la ~ de alguien** etw vor js Augen machen ; **echar en ~** vor|werfen ; **romperle** o **partirle la ~ a alguien** *fam* jm die Fresse polieren.

carabela *f* Karavelle *die.*

carabina *f* - **1.** [arma] Karabiner *der* - **2.** *fam fig* [mujer] Anstandsdame *die.*

Caracas *m* Caracas *nt.*

caracol *m* - **1.** [animal, del oído] Schnecke *die* - **2.** [concha] Schneckenhaus *das.*

caracola *f* Seeschnecke *die.*

carácter (*pl* **caracteres**) *m* - **1.** [gen] Charakter *der* ; **(tener) buen/mal ~** einen guten/schlechten Charakter haben

- 2. [temperamento] Temperament *das* - 3. *(gen pl)* [de escritura] Buchstabe *der*.
característico, ca *adj* charakteristisch. ◆ **característica** *f* Kennzeichen *das*.
caracterizar [13] *vt* - 1. [definir] charakterisieren - 2. [representar] dar|stellen. ◆ **caracterizarse por** *vpr* sich aus|zeichnen durch.
caradura ◇ *adj fam* dreist. ◇ *mf* unverschämter Mensch.
carajillo *m Kaffee mit einem Schuss Alkohol.*
carajo *m mfam* : **¡carajo!** verdammt nochmal!
caramba *interj* [sorpresa] : **¡caramba!** na sowas! ; [enfado] zum Teufel!
carámbano *m* Eiszapfen *der*.
carambola *f* Karambolage *die*.
caramelo *m* - 1. [golosina] Bonbon *das* - 2. [azúcar fundido] Karamellzucker *der*.
carantoñas *fpl* : **hacer ~ a alguien** mit jm schmusen.
caraota *f Amér* Bohne *die*.
cárate *m* = **kárate**.
carátula *f* [de libro] Titelblatt *das* ; [de disco] Cover *das*.
caravana *f* - 1. [grupo] Karawane *die* - 2. [de coches] Stau *der* - 3. [roulotte] Wohnwagen *der*. ◆ **caravanas** *fpl Amér* Ohrringe *pl*.
caray *interj* : **¡caray!** Mensch!
carbón *m* - 1. [para quemar] Kohle *die*. - 2. [para dibujar] Zeichenkohle *die*.
carboncillo *m* Kohlezeichnung *die*.
carbonero, ra *m, f* Kohlenhändler *der*, -in *die*. ◆ **carbonera** *f* [lugar] Kohlengrube *die*.
carbonilla *f* Kohlenstaub *der*.
carbonizar [13] *vt* verbrennen. ◆ **carbonizarse** *vpr* verkohlen.
carbono *m* QUÍM Kohlenstoff *der*.
carburador *m* Vergaser *der*.
carburante *m* Kraftstoff *der*, Treibstoff *der*.
carburar ◇ *vt* karburieren. ◇ *vi fam* funktionieren.
carca ◇ *adj fam despec* stockkonservativ. ◇ *mf despec* rückständiger Mensch.
carcajada *f* schallendes Gelächter ; **reír a ~s** schallend lachen.
carcajearse *vpr* schallend lachen.
carcamal *mf fam despec* alter Knacker, alte Schachtel.
cárcel *f* Gefängnis *das* ; **meter a alguien en la ~** jn ins Gefängnis stecken.
carcelero, ra *m, f* Gefängniswärter *der*, -in *die*.
carcoma *f* [insecto] Holzwurm *der*.
carcomer *vt* zerfressen. ◆ **carcomerse** *vpr fig* [consumirse] vergehen.
cardar *vt* - 1. [lana] kardieren - 2. [pelo] toupieren.
cardenal *m* - 1. RELIG Kardinal *der* - 2. [hematoma] blauer Fleck.
cardiaco, ca, cardíaco, ca *adj* MED Herz-.
cárdigan, cardigán *m* Cardigan *der*.
cardinal *adj* Haupt-.
cardiólogo, ga *m, f* MED Kardiologe *der*, -in *die*.
cardiovascular *adj* MED kardiovaskulär.
cardo *m* - 1. [planta] Distel *die* - 2. *fig* [persona] Unsympath *der*.
carear *vt* DER gegenüber|stellen.
carecer [30] *vi* : **~ de algo** etw nicht haben.
carena *f* NÁUT Kielholen *das*.
carencia *f* Mangel *der*.
carente *adj* : **~ de** ohne.
careo *m* DER Gegenüberstellung *die*.
carestía *f* Mangel *der*.
careta *f* [máscara] Maske *die* ; **~ antigás** Gasmaske.
carey *m* [material] Schildpatt *das*.
carga *f* - 1. [acción] Beladen *das* - 2. ELECTR [cargamento] Ladung *die* - 3. [explosivo] Sprengladung *die* - 4. [ataque] Angriff *der* ; **volver a la ~** *fig* durch|halten - 5. [repuesto] Auffüllen *das* - 6. [peso sostenido] Last *die* - 7. *fig* [sufrimiento, esfuerzo, impuesto] Belastung *die* ; **~s sociales** Sozialabgaben *pl*.
cargado, da *adj* - 1. [abarrotado] beladen - 2. [arma] geladen - 3. [bebida] stark - 4. [clima] stickig.
cargador, ra *adj* Lade-. ◆ **cargador** *m* - 1. [de arma] Magazin *das* - 2. [persona] Verlader *der* - 3. ELECTR Ladegerät *das*.
cargamento *m* Fracht *die*.
cargante *adj fam fig* lästig.
cargar [16] *vt* - 1. [llenar] beladen - 2. [peso] auf|laden - 3. [reponer] auf|füllen - 4. [arma] laden - 5. ELECTR auf|laden - 6. [atacar] an|greifen - 7. [gravar, anotar, producir pesadez] belasten - 8. *fig* [asignar] zu|weisen. ◆ **cargar con** *vi* - 1. [llevar] tragen - 2. [ocuparse de] übernehmen. ◆ **cargarse** *vpr* - 1. *fam* [romper] kaputt machen - 2. *fam* [suspender] durchfallen lassen - 3. [hacerse pesado] schwer werden - 4. *loc* : **te las vas a ~** *fam* das wird dir noch leid tun.
cargo *m* - 1. [en empresa] Posten *der* ; [en ministerio] Amt *das* - 2. [custodia] Verantwortung *die* ; **esto corre a ~ de la empresa** das geht zu Lasten der Firma - 3. [acusación] Anklagepunkt *der* - 4. ECON [débito] Soll *das* - 5. *loc* : **hacerse ~ de** [ocuparse de] sich kümmern um ; [comprender] verstehen.
cargoso, sa *adj Amér* lästig.
carguero *m* Frachter *der*.
cariar [8] *vt* Karies verursachen. ◆ **cariarse** *vpr* kariös werden.
Caribe *m* : **el (mar) ~** die Karibik.

caricatura *f* Karikatur *die*.
caricaturar *vt* = caricaturizar.
caricaturizar [13], **caricaturar** *vt* karikieren.
caricia *f* - **1.** [de cariño] Liebkosung *die* - **2.** *fig* [roce] Streicheln *das*.
caridad *f* - **1.** RELIG [virtud] Nächstenliebe *die* - **2.** [limosna] Almosen *pl*.
caries *f* Karies *die*.
carillón *m* Glockenspiel *das*.
cariño *m* - **1.** [afecto] Zuneigung *die* ; **tomar ~ a algo/alguien** etw/jn lieb gewinnen - **2.** [cuidado] Sorgfalt *die* - **3.** [apelativo] Liebling *der*.
cariñoso, sa *adj* zärtlich.
carisma *m* Charisma *das*.
carismático, ca *adj* charismatisch.
Cáritas *f* Karitas *die*.
caritativo, va *adj* karitativ.
carlista ◇ *adj* karlistisch. ◇ *mf* Karlist *der*, -in *die*.
carmelita ◇ *adj* Karmeliter-. ◇ *mf* Karmeliter *der*, -in *die*.
carmesí (*pl* **carmesíes**) ◇ *adj* karmesinrot. ◇ *m* Karmesinrot *das*.
carmín *adj* [color] karminrot.
carnada *f lit & fig* Köder *der*.
carnal *adj* - **1.** [de la carne] fleischlich - **2.** [parientes] leiblich.
carnaval *m* Karneval *der*, Fasching *der*.
carne *f* - **1.** [gen] Fleisch *das* ; **en ~ viva** [sin piel] abgeschürft ; **metido en ~s** [gordo] dick ; **ser alguien de ~ y hueso** *fig* jd aus Fleisch und Blut sein ; **~ de cerdo** Schweinefleisch *das* ; **~ de cordero** Lammfleisch *das* ; **~ de ternera** Rindfleisch *das* ; **~ picada** Hackfleisch *das* - **2.** [de fruta] Fruchtfleisch *das*. ◆ **carne de cañón** *f* Kanonenfutter *das*. ◆ **carne de gallina** *f* Gänsehaut *die*.
carné (*pl* **carnés**), **carnet** (*pl* **carnets**) *m* - **1.** [documento] Ausweis *der* ; **~ de conducir** Führerschein *der* ; **~ de familia numerosa** *Ausweis für kinderreiche Familien* ; **~ de identidad** Personalausweis *der* - **2.** [agenda] Notizbuch *das*.
carnear *vt Amér* [reses] schlachten ; *fig* [personas] erstechen.
carnicería *f* - **1.** [tienda] Metzgerei *die*, Fleischerei *die* - **2.** *fig* [masacre] Blutbad *das*.
carnicero, ra ◇ *adj* [animal] Fleisch fressend. ◇ *m, f* [profesional] Metzger *der*, -in *die*, Fleischer *der*, -in *die*. ◆ **carniceros** *mpl* ZOOL Raubtiere *pl*.
cárnico, ca *adj* Fleisch-.
carnitas *fpl Amér Schweinefleischstückchen für belegte Brote und Tacos*.
carnívoro, ra *adj* Fleisch fressend. ◆ **carnívoro** *m* Fleischfresser *der*.
carnoso, sa *adj* fleischig.
caro, ra *adj* - **1.** [costoso] teuer - **2.** [querido] liebevoll. ◆ **caro** *adv* teuer.
carota *mf fam* Frechdachs *der*.
carpa *f* - **1.** [de lona] Zelt *das* - **2.** [pez] Karpfen *der*.
carpeta *f* - **1.** [de cartón] Mappe *die* - **2.** INFORM Ordner *der*.
carpetazo *m* : **dar ~** zu den Akten legen.
carpintería *f* Tischlerei *die*, Schreinerei *die*, ; **~ metálica** *Herstellung und Einbau von Metalltüren und -fenstern*.
carpintero, ra *m, f* Tischler *der*, -in *die*, Schreiner *der*, -in *die*.
carraca *f* - **1.** [instrumento] Klapper *die* - **2.** *fig* [cosa vieja] Schrott *der*.
carraspear *vi* - **1.** [hablar ronco] heiser sprechen - **2.** [toser] sich räuspern.
carrera *f* - **1.** DEP [acción de correr] Rennen *das* ; **tomar ~** Anlauf nehmen ; **~ contra reloj** Rennen *das* gegen die Zeit - **2.** [espacio, trayecto] Strecke *die* - **3.** [de taxi] Taxifahrt *die* - **4.** [estudios] Studium *das* - **5.** [profesión] Laufbahn *die* - **6.** *fig* [lucha] Wettstreit *der*.
carrerilla *f* kurzer Lauf ; **coger** o **tomar ~** Anlauf nehmen. ◆ **de carrerilla** *loc adv* aus dem Kopf.
carreta *f* Karren *der*.
carretada *f* - **1.** [carga] Wagenladung *die* - **2.** *fam* [gran cantidad] einen Haufen ; **a ~s** haufenweise.
carrete *m* - **1.** [de hilo, de alambre] Spule *die* - **2.** FOTO Film *der* - **3.** [para pescar] Angelspule *die* - **4.** [de máquina de escribir] Farbband *das*.
carretera *f*, **carretero** *Amér m* Landstraße *die* ; **~ comarcal** Kreisstraße *die* ; **~ de cuota** *Amér* gebührenpflichtige Autobahn ; **~ libre** *Amér* gebührenfreie Fernstraße ; **~ nacional** ≃ Bundesstraße.
carretero, ra *m, f* - **1.** Fuhrmann *der* ; **fumar como un ~** *fig* rauchen wie ein Schlot - **2.** *Amér* = **carretera**.
carretilla *f* Karren *der*.
carril *m* - **1.** [de carretera, de ruedas] Spur *die* ; **~ bici** Fahrradweg *der* ; **~ bus** Busspur *die* - **2.** [de vía de tren] Schiene *die*.
carrillo *m* Backe *die* ; **comer a dos ~s** *fig* mit vollen Backen kauen.
carro *m* - **1.** [vehículo] Wagen *der* ; **~ de combate** MIL Kampfpanzer *der* - **2.** *Amér* [coche] Auto *das* ; **~ comedor** Speisewagen *der* ; **~ dormitorio** Schlafwagen *der* - **3.** *loc* : **parar el ~** [contenerse] sich zusammenreißen.
carrocería *f* [de automóvil] Karosserie *die*.
carromato *m* - **1.** [carro] Karren *der* - **2.** [coche viejo] Rostlaube *die*.
carroña *f* Aas *das*.
carroza ◇ *f* Karosse *die*. ◇ *mf fam* : **ser un ~** von vorgestern sein.
carruaje *m* Kutsche *die*.
carrusel *m* - **1.** [tiovivo] Karussell *das* - **2.** [de caballos] Kavalkade *die*.

carta *f* - **1.** [escrito] Brief *der*; **echar una ~** einen Brief einlwerfen - **2.** [naipe] Spielkarte *die*; **echar las ~s** die Karten legen - **3.** [de restaurante] Speisekarte *die*; **a la ~** a la carte - **4.** [mapa] Karte - **5.** [documento] Urkunde *die*; **~ de recomendación** Empfehlungsschreiben *das* - **6.** *loc*: **jugárselo todo a una ~** alles auf eine Karte setzen. ◆ **carta blanca** *f*: **tener ~ blanca** freie Hand haben. ◆ **carta de ajuste** *f* TV Testbild *das*.

escribir cartas

Lieber Jürgen, ... Dein Michael Querido Jürgen: ... Tuyo, Michael.
Sehr geehrte Damen und Herren, ... Mit freundlichen Grüßen Muy señores míos: ... Un saludo cordial.
Liebe Frau Meier, ... Herzliche Grüße...
Sehr geehrter Herr Doktor Ahrens, ... Mit freundlichen Grüßen Estimado Dr. Ahrens: ... Un saludo cordial.

cartabón *m* Zeichendreieck *das*.
cartapacio *m* - **1.** [carpeta] Mappe *die* - **2.** [cuaderno] Notizbuch *das*.
cartearse *vpr* sich schreiben.
cartel *m* - **1.** [anuncio] Plakat *das*; **'prohibido fijar ~es'** 'Plakate ankleben verboten' - **2.** *fig* [fama] Berühmtheit *die*.
cártel *m* Kartell *das*.
cartelera *f* - **1.** [tablón] Programmaushang *der* - **2.** [sección] Veranstaltungsprogramm *das*.
cárter *m* AUTOM Gehäuse *das*.
cartera *f* - **1.** [para dinero] Brieftasche *die* - **2.** [para libros, documentos] Aktentasche *die*; [de colegial] Schultasche *die* - **3.** COM Bestand *der*; **~ de clientes** Kundenstamm *der*; **~ de pedidos** Auftragsbestand *der* - **4.** [ministerio] Ressort *das* - **5.** ▷ **cartero.**
carterista *mf* Taschendieb *der*.
cartero, ra *m, f* Briefträger *der*, -in *die*.
cartílago *m* Knorpel *der*.
cartilla *f* - **1.** [documento] Buch *das*; **~ de ahorros** Sparbuch; **~ de la seguridad social** Versicherungsausweis *der*; **~ militar** Wehrpass *der* - **2.** [para aprender a leer] Fibel *die*.
cartografía *f* Kartografie *die*.
cartón *m* - **1.** [material] Karton *der*; **~ piedra** Pappmaché *das* - **2.** [de cigarrillos] Stange *die*.
cartuchera *f* Patronentasche *die*.
cartucho *m* - **1.** [de arma] Patrone *die* - **2.** [envoltorio] Tüte *die*.
cartulina *f* dünne Pappe.
casa *f* - **1.** [edificio, linaje] Haus *das*; **~ adosada** Reihenhaus; **~ de campo** Landhaus; **~ unifamiliar** Einfamilienhaus - **2.** [vivienda] Wohnung *die* - **3.** [familia] Familie *die* - **4.** [propiedades] Vermögen *das* - **5.** [comercio, industria] Firma *die*; **~ de huéspedes** Gasthaus *das* - **6.** [establecimiento] Geschäft *das*; **~ Consistorial** [ayuntamiento] Rathaus *das*; **~ de socorro** Unfallstation *die* - **7.** *loc*: **caérsele a uno la ~ encima** [estar a disgusto] jm die Deckel auf den Kopf fallen; [tener problemas] alles über jm zusammenlbrechen; **echar** o **tirar la ~ por la ventana** [derrochar] das Geld zum Fenster rauslschmeißen; **ser de andar por ~** [sencillo] für den Hausgebrauch sein.
casaca *f* Jacke *die*.
casadero, ra *adj* heiratsfähig.
casado, da ◇ *adj* verheiratet; **estar ~ con alguien** mit jm verheiratet sein. ◇ *m, f* Verheiratete *der, die*.
casamentero, ra ◇ *adj* heiratsstiftend. ◇ *m, f* Heiratsvermittler *der*, -in *die*.
casamiento *m* Heirat *die*.
casar ◇ *vt* - **1.** [en matrimonio] verheiraten - **2.** [unir] zusammenlfügen. ◇ *vi* zusammenlpassen. ◆ **casarse** *vpr* heiraten; **~se (con alguien)** sich (mit jm) verheiraten.
cascabel *m* Schelle *die*.
cascada *f* [de agua] Wasserfall *der*.
cascado, da *adj* - **1.** *fam* [estropeado] altersschwach - **2.** [ronco] rau.
cascanueces *m inv* Nussknacker *der*.
cascar [10] *vt* - **1.** [romper] zerschlagen - **2.** *fam* [dañar] schaden - **3.** *fam* [voz] rau machen - **4.** *fam* [pegar] verprügeln.
cáscara *f* Schale *die*.
cascarilla *f* Häutchen *das*.
cascarón *m* leere Eierschale.
cascarrabias *m f inv* Miesepeter *der*.
casco *m* - **1.** [para cabeza] Helm *der* - **2.** [de barco] Rumpf *der* - **3.** [de ciudad] Viertel *das*; **~ antiguo** Altstadt *die*; **~ urbano** Stadtkern *der* - **4.** [de caballo] Huf *der* - **5.** [envase] Pfandflasche *die*. ◆ **cascos** *mpl fam* [cabeza] Schädel *der*; **calentarse** o **romperse los ~s** *fig* sich den Kopf zerbrechen; **ser alegre** o **ligero de ~s** *fig* leichtsinnig sein. ◆ **cascos azules** *mpl* Blauhelme *pl*.
caserío *m* Gehöft *das*.
caserita *f Amér* Hausfrau *die*.
caserna *f* Bunker *der*.
casero, ra ◇ *adj* häuslich. ◇ *m, f* - **1.** [propietario] Hausbesitzer *der*, -in *die* - **2.** [encargado] Hausverwalter *der*, -in *die*.
caserón *m* großes baufälliges Haus.
caseta *f* - **1.** [casa pequeña] Hütte *die* - **2.** [para cambiarse] Umkleidekabine *die* - **3.** [para perro] Hundehütte *die*.
casete, cassette [ka'sete] ◇ *m* o *f* [cinta] Kassette *die*. ◇ *m* [magnetófono] Kassettenrekorder *der*.
casi *adv* fast, beinahe; **~ nunca** fast nie.
casilla *f* - **1.** [de caja, armario] Fach *das*

- **2.** [en impreso] Spalte *die* - **3.** [de tablero] Feld *das* - **4.** *Amér* [para correspondencia] : ~ **de correos** Postfach *das*.

casillero *m* Aktenschrank *der*.

casino *m* - **1.** [para jugar] Kasino *das* - **2.** [asociación] Klub *der* - **3.** [edificio] Klubhaus *das*.

caso *m* - **1.** [gen] Fall *der* ; **el ~ es que** (also) die Sache ist die, dass - **2.** [acontecimiento] Ereignis *das* - **3.** [ocasión] Gelegenheit *die* ; **en el mejor/peor de los ~s** im besten/schlimmsten Fall ; **en todo** o **cualquier ~** [sea lo que fuere] auf jeden Fall - **4.** *loc* : **hacer ~** *fam* beachten ; **hacer ~ omiso** [ignorar] ignorieren ; **no hacer** o **venir al ~** *fam* damit nichts zu tun haben ; **ser un ~** *fam* ein Fall für sich sein.

caspa *f* Schuppen *pl*.

casquete *m* [gorro] Kappe *die*. ◆ **casquete polar** *m* GEOGR Polarkappe *die*.

casquillo *m* - **1.** [de bala] Hülse *die* - **2.** [de lámpara] Lampensockel *der*.

cassette = **casete**.

casta *f* - **1.** [linaje] Geschlecht *das* - **2.** [especie, calidad] Rasse *die* - **3.** [en la India] Kaste *die*.

castaña *f* ⊳ **castaño**.

castañazo *m fam* heftiger Schlag.

castañetear ◇ *vt* [chasquear] (mit den Fingern) schnalzen. ◇ *vi* klappern.

castaño, ña *adj* [color] kastanienbraun. ◆ **castaño** *m* - **1.** [árbol] Kastanienbaum *der* - **2.** [madera] Kastanienholz *das* - **3.** [color] Kastanienbraun *das*. ◆ **castaña** *f* - **1.** [fruto] Esskastanie *die* - **2.** *fam* [golpe] Schlag *der* - **3.** *fam* [borrachera] Rausch *der*.

castañuela *f* Kastagnette *die*.

castellanizar [13] *vt* hispanisieren.

castellano, na ◇ *adj* - **1.** [de Castilla] kastilisch - **2.** [del idioma] spanisch. ◇ *m, f* [persona] Kastilier *der*, -in *die*. ◆ **castellano** *m* [lengua] Spanische *das*.

castellanoparlante ◇ *adj* Spanisch sprechend. ◇ *mf* Spanischsprachige *der*, *die*.

castidad *f* Keuschheit *die*.

castigador, ra ◇ *adj fam* verführerisch. ◇ *m, f fam* Herzensbrecher *der*, -in *die*.

castigar [16] *vt* - **1.** [imponer castigo] bestrafen - **2.** [maltratar] misshandeln.

castigo *m* [sanción, sufrimiento] Strafe *die*.

Castilla *f* Kastilien *nt*.

Castilla-La Mancha *f* Kastilien und La Mancha *nt*.

Castilla-León *f* Kastilien und León *nt*.

castillo *m* - **1.** [palacio] Schloss *das* ; [fortificación] Burg *die* - **2.** NÁUT Kastell *das*.

castizo, za *adj* rein.

casto, ta *adj* keusch.

castor *m* Biber *der*.

castrar *vt* [animal] kastrieren.

castrense *adj* soldatisch.

casual *adj* zufällig.

casualidad *f* Zufall *der* ; **por ~** durch Zufall ; **¡qué ~!** was für ein Zufall!

casulla *f* Messgewand *das*.

cataclismo *m* [de la tierra] Erdumwälzung *die*.

catacumbas *fpl* Katakomben *pl*.

catador, ra *m, f* Weinprüfer *der*, -in *die*.

catalán, ana ◇ *adj* katalanisch. ◇ *m, f* Katalane *der*, -nin *die*. ◆ **catalán** *m* Katalanische *das*.

catalejo *m* Fernglas *das*.

catalizador, ra *adj* - **1.** QUÍM Katalysator- - **2.** *fig* [impulsor] impulsgebend. ◆ **catalizador** *m* - **1.** QUÍM Katalysator *der* - **2.** *fig* [impulsor] Antrieb *der*.

catalogar [16] *vt* - **1.** [en catálogo] katalogisieren - **2.** [clasificar] : ~ **a alguien de algo** jn ein|stufen als.

catálogo *m* Katalog *der*.

Cataluña *f* Katalonien *nt*.

catamarán *m* NÁUT Katamaran *der*.

cataplasma *f* MED Kataplasma *das*.

catapulta *f* Katapult *das*.

catar *vt* (ver)kosten.

catarata *f* - **1.** [de agua] Wasserfall *der* - **2.** *(gen pl)* MED grauer Star.

catarro *m* Katarrh *der*.

catarsis *f* Katharsis *die*.

catastro *m* Kataster *der das*, Grundbuch *das*.

catástrofe *f* [hecatombe] Katastrophe *die*.

catastrófico, ca *adj* katastrophal.

catastrofista ◇ *adj* schwarzseherisch. ◇ *mf* Panikmacher *der*, -in *die*.

cátcher ['katʃer] (*pl* **catchers**) *m* DEP Catcher *der*, -in *die*.

catchup, ketchup ['ketʃup] *m inv* Ketschup *der* o *das*.

cate *m fam* : **sacar un ~** durch|fallen.

catear *fam vt & vi* durch|fallen lassen.

catecismo *m* Katechismus *der*.

cátedra *f* Lehrstuhl *der*.

catedral *f* Kathedrale *die*.

catedrático, ca *m, f* [de instituto] Oberstudienrat *der*, -rätin *die* ; [de universidad] Professor *der*, -in *die*.

categoría *f* Kategorie ; **de ~** von Rang.

categórico, ca *adj* kategorisch.

catequesis *f* Katechese *die*.

catequizar [13] *vt* [enseñar religión] katechisieren.

caterva *f* Haufen *der*.

cateto, ta ◇ *adj despec* [palurdo] tölpelhaft. ◇ *m, f* [palurdo] Tölpel *der*. ◆ **cateto** *m* GEOM Kathete *die*.

catire, ra *adj Amér* blond.

cátodo *m* FÍS Kathode *die*.

catolicismo *m* Katholizismus *der*.

católico, ca ◇ *adj* katholisch ; **no estar**

muy ~ *fam fig* nicht auf dem Damm sein. <> *m, f* Katholik *der*, -in *die*.

catolizar [13] *vt* katholisieren. ◆ **catolizarse** *vpr* zum Katholizismus über|treten.

catorce <> *núm* vierzehn. <> *m* Vierzehn *die* ; *ver también* **seis**.

catorceavo, va, catorzavo, va *núm* [para ordenar] vierzehnte, -r, -s ; **la catorceava parte** [para fraccionar] der vierzehnte Teil.

catorceno, na *núm* [para ordenar] vierzehnte, -r, -s ; **la catorcena parte** [para fraccionar] der vierzehnte Teil.

catorzavo, va *núm* = **catorceavo**.

catre *m fam* [cama] Pritsche *die*.

cauce *m* - **1.** [de río] Bett *das* - **2.** [de riego] Bewässerungskanal *der* - **3.** [procedimiento] Vorgehensweise *die*.

caucho *m* - **1.** [material] Kautschuk *der* - **2.** [planta] Kautschukbaum *der*.

caudal *m* - **1.** [cantidad de agua] Wassermenge *die* - **2.** [capital] Vermögen *das* - **3.** [abundancia] Reichtum *der*.

caudaloso, sa *adj* - **1.** [con agua] wasserreich - **2.** [rico] reich.

caudillo *m* Führer *der*. ◆ **Caudillo** *nm* : **el Caudillo** HIST der Caudillo *(der spanische Diktator Franco)*.

causa *f* - **1.** [origen] Ursache *die* - **2.** [razón] Grund *der* ; **a ~ de** aufgrund von - **3.** [ideal] Sache *die* - **4.** DER [proceso] Prozess *der*.

causalidad *f* Kausalität *die*.

causante *mf* - **1.** [provocador] Urheber *der*, -in *die* - **2.** *Amér* [contribuyente] Steuerzahler *der*, -in *die*.

causar *vt* verursachen.

cáustico, ca *adj* - **1.** QUÍM ätzend - **2.** [mordaz] bissig.

cautela *f* Vorsicht *die* ; **con ~** vorsichtig.

cauteloso, sa *adj* vorsichtig.

cautivador, ra <> *adj* betörend. <> *m, f* Charmeur *der*.

cautivar *vt* - **1.** [apresar] gefangen nehmen - **2.** [seducir] bezaubern.

cautiverio *m*, **cautividad** *f* Gefangenschaft *die* ; **vivir en ~** in Gefangenschaft leben.

cautivo, va <> *adj* gefangen. <> *m, f* Gefangene *der, die*.

cauto, ta *adj* behutsam.

cava <> *m* [bebida] *spanischer, nach Champagnerverfahren vornehmlich in Katalonien hergestellter Sekt.* <> *f* [bodega] Weinkellerei *die*.

cavar *vt & vi* graben.

caverna *f* - **1.** [cueva] Höhle *die* - **2.** MED Kaverne *die*.

cavernícola <> *adj* Höhlen-. <> *mf* Höhlenmensch *der*.

cavernoso, sa *adj* - **1.** [como caverna] höhlenartig - **2.** [con cavernas] höhlenreich.

caviar *m* Kaviar *der*.

cavidad *f* Hohlraum *der*.

cavilar *vi* grübeln.

cayado *m* - **1.** [de pastor] Hirtenstab *der* - **2.** [de obispo] Bischofsstab *der*.

cayo *m flache, sandige, mit Mangroven bewachsene Insel.*

caza <> *f* - **1.** [acción] Jagd *die* ; **salir** o **ir de ~** auf die Jagd gehen - **2.** [animales cazados, carne] Wild *das*. <> *m* Jagdflugzeug *das*.

cazabombardero *m* Jagdbomber *der*.

cazador, ra <> *adj* Jagd-. <> *m, f lit & fig* Jäger *der*, -in *die*. ◆ **cazadora** *f* [prenda] Jacke *die*.

cazalla *f* [bebida] *Anisschnaps aus Cazalla*.

cazar [13] *vt* - **1.** [matar] jagen - **2.** *fig* [pillar, atrapar] erwischen.

cazo *m* Schöpflöffel *der*.

cazoleta *f* - **1.** [recipiente] kleiner Topf - **2.** [de pipa] Pfeifenkopf *der*.

cazuela *f* - **1.** [recipiente] Topf *der* - **2.** [guiso] Eintopf *der* ; **a la ~** geschmort.

cazurro, rra *m, f* [bruto] Tölpel *der*.

c/c (*abrev de* **cuenta corriente**) ▷ **cuenta**.

CC OO (*abrev de* **Comisiones Obreras**) *fpl linksgerichteter spanischer Gewerkschaftsbund*.

CD *m* - **1.** (*abrev de* **club deportivo**) Sportclub *der* - **2.** (*abrev de* **cuerpo diplomático**) CD *das* - **3.** (*abrev de* **compact disc**) CD *die*.

CD-I (*abrev de* **Compact Disc Interactivo**) *m* interaktive CD.

CDS (*abrev de* **Centro Democrático y Social**) *m spanische Mitte-Partei*.

ce *f* : **~ cedilla** c *das* mit Cedille *die*.

CE <> *m* (*abrev de* **Consejo de Europa**) Europarat *der*. <> *f* - **1.** (*abrev de* **Comunidad Europea**) EG *die* - **2.** (*abrev de* **Constitución Española**) *spanische Verfassung*.

cebada *f* Gerste *die*.

cebar *vt* - **1.** [sobrealimentar] mästen - **2.** [activar] zünden. ◆ **cebarse** *vpr* : **~se en** sich aus|lassen an *(+D)*.

cebo *m* - **1.** [para cazar] Köder *der* - **2.** [para alimentar] Futter *das* - **3.** [para atraer] Lockmittel *das*.

cebolla *f* [bulbo, planta] Zwiebel *die*.

cebolleta *f* Schnittlauch *der*.

cebollino *m* - **1.** [planta] Samenzwiebel *die* - **2.** *fam* [necio] dumm.

cebra *f* Zebra *das*.

cecear *vi* lispeln.

ceceo *m Aussprache des „s" wie „z" oder „c"*.

cecina *f* Dörrfleisch *das*.

cedazo *m* Sieb *das*.

ceder <> *vt* - **1.** [traspasar, transferir] ab|treten - **2.** [conceder] überlassen. <> *vi* - **1.** [gen] nach|geben - **2.** [disminuir] nach|lassen ; **~ a** ein|gehen auf *(+A)* ; **~ en** nach|geben in *(+D)*.

cedilla *f* Cedille *die.*
cedro *m* [árbol] Zeder *die.*
cédula *f* Urkunde *die* ; **~ de habitabilidad** Bewohnbarkeitsbescheinigung *die* ; **~ (de identidad)** *Amér* Personalausweis *der.*
CEE (*abrev de* **Comunidad Económica Europea**) *f* EWG *die.*
cegar [35] <> *vt* **- 1.** [dejar ciego, ofuscar] blenden **- 2.** [tapar] zu|schütten. <> *vi* erblinden. ◆ **cegarse** *vpr fig* [ofuscarse] blind werden.
cegato, ta <> *adj fam* kurzsichtig. <> *m, f fam* kurzsichtiger Mensch.
ceguera *m* Blindheit *die.*
CEI (*abrev de* **Confederación de Estados Independientes**) *f* GUS *die.*
ceja *f* **- 1.** [sobre ojo, pelo] Augenbraue *die* **- 2.** [borde] Vorstoß *der* **- 3.** *loc* : **meterse algo entre ~ y ~** *fam* sich etw in den Kopf setzen.
cejar *vi* : **~ en** auf|hören mit, etw aufgeben.
cejijunto, ta *adj* [cejas] mit zusammengewachsenen Augenbrauen.
cejilla *f* MÚS Kapodaster *der.*
celda *f* **- 1.** [de personas] Zelle *die* **- 2.** [de abejas] Wabe *die.*
celebérrimo, ma *adj* hochberühmt.
celebración *f* **- 1.** [festejo] Feier *die* **- 2.** [realización] Durchführung *die.*
celebrar *vt* **- 1.** [festejar] feiern **- 2.** [llevar a cabo] ab|halten **- 3.** [alegrarse de] sich freuen über *(+A)* ◆ **celebrarse** *vpr* **- 1.** [llevarse a cabo] statt|finden **- 2.** [festejarse] gefeiert werden.
célebre *adj* berühmt.
celebridad *f* **- 1.** [fama] Ruhm *der* **- 2.** [persona famosa] Berühmtheit *die.*
celeridad *f* Schnelligkeit *die.*
celeste *adj* [del cielo] Himmels-.
celestial *adj lit & fig* himmlisch.
celestina *f* Kupplerin *die.*
celibato *m* Zölibat *das o der.*
célibe <> *adj* ledig. <> *mf* Junggeselle *der,* -lin *die.*
celo *m* **- 1.** [interés] Eifer *der* **- 2.** [alto sentimiento] Hingabe *die* **- 3.** [de animal] Brunst *die* ; **en ~** brünstig **- 4.** [cinta adhesiva] Klebeband *das.* ◆ **celos** *mpl* Eifersucht *die* ; **dar ~s** eifersüchtig machen ; **tener ~s de** eifersüchtig sein auf *(+A).*
celofán *m* Cellophan® *das.*
celosía *f* Fenstergitter *das.*
celoso, sa *adj* **- 1.** [con celos] eifersüchtig **- 2.** [cumplidor] eifrig ; **~ de** o **en** eifrig bei.
celta <> *adj* keltisch. <> *mf* [personas] Kelte *der,* -tin *die.* <> *m* [lengua] Keltische *das.*
celtíbero, ra, celtibero, ra <> *adj* keltiberisch. <> *m, f* Keltiberer *der,* -in *die.*
céltico, ca *adj* keltisch.
célula *f* Zelle *die.* ◆ **célula fotoeléctrica** *f* Fotozelle *die.*
celular <> *adj* Zell-. <> *m Amér* Handy *das.*
celulitis *f* Zellulitis *die.*
celuloide *m* QUÍM Zelluloid *das.*
celulosa *f* QUÍM Zellulose *die.*
cementar *vt* **- 1.** [metal] auf|kohlen **- 2.** [con cemento] zementieren.
cementerio *m* **- 1.** [de muertos] Friedhof *der* **- 2.** [de objetos] Abladeplatz *der* ; **~ de automóviles** o **coches** Autofriedhof *der.*
cemento *m* **- 1.** [para construcción] Zement *der* ; **~ armado** Stahlbeton *der* **- 2.** [de dientes] Zahnkitt *der.*
cena *f* Abendessen *das* ; **dar una ~** zum Abendessen ein|laden. ◆ **última Cena** *f* : **la última Cena** das heilige Abendmahl.
cenagal *m* [lugar con cieno] Schlammloch *das.*
cenagoso, sa *adj* sumpfig.
cenar *vt & vi* zu Abend essen.
cencerro *m* Kuhglocke *die* ; **estar como un ~** *fam fig* total verrückt sein.
cenefa *f* **- 1.** [de tela] Borte *die* **- 2.** [de pared] Verkleidung *die.*
cenicero *m* Aschenbecher *der.*
cenit *m* = **zenit.**
cenizo, za *adj* aschgrau. ◆ **cenizo** *m* [gafe] Pechvogel *der.* ◆ **ceniza** *f* Asche *die.* ◆ **cenizas** *fpl* Asche *die.*
censar *vt* eine Volkszählung durch|führen.
censo *m* **- 1.** [padrón] Zensus *der* **- 2.** DER Pachtzins *der.*
censor, ra *m, f* **- 1.** [crítico] Kritiker *der,* -in *die* **- 2.** [funcionario] Zensor *der,* -in *die.*
censura *f* [intervención, organismo] Zensur *die.*
censurar *vt* **- 1.** [reprobar] ab|lehnen **- 2.** [prohibir, suprimir] zensieren.
centauro *m* MITOL Zentaur *der.*
centavo, va *núm* [para ordenar] hundertste, -r, -s ; **la centava parte** [para fraccionar] der hundertste Teil.
centella *f* **- 1.** [rayo] Blitz *der* **- 2.** [chispa] Funke *der* **- 3.** *fig* : **como una ~** wie der Blitz.
centellear *vi* glitzern.
centelleo *m* Funkeln *das.*
centena *f* Hundert *das.*
centenar *m* Hundert *das* ; **a ~es** zu Hunderten.
centenario, ria *adj* hundertjährig. ◆ **centenario** *m* hundertster Jahrestag.
centeno *m* Roggen *der.*
centésimo, ma *núm* [para ordenar] hundertste, -r, -s ; **la centésima parte** [para fraccionar] der hundertste Teil.
centígrado, da *adj* hundertgradig. ◆ **centígrado** *m* Grad Celsius.
centigramo *m* Zentigramm *das.*

centilitro *m* Zentiliter *der*.
centímetro *m* - **1.** [medida] Zentimeter *der* - **2.** [cinta] Metermaß *das*.
céntimo *m* [moneda] Céntimo *der*.
centinela *m* Wachposten *der*.
centollo *m* Meerspinne *die*.
centrado, da *adj* - **1.** [basado] basiert ; **~ en** basiert auf *(A)* - **2.** [equilibrado] ausgeglichen - **3.** [por posición] zentriert.
central <> *adj* - **1.** [en el centro, en influencia] Zentral- - **2.** [principal] Haupt-. <> *m* DEP Mittelstürmer *der*. <> *f* - **1.** [oficina] Zentrale *die* - **2.** [de energía] Kraftwerk *das* ; **~ nuclear** Kernkraftwerk.
centralismo *m* Zentralismus *der*.
centralista <> *adj* zentralistisch. <> *mf* Zentralist *der*, -in *die*.
centralita *f* Telefonzentrale *die*.
centralizar [13] *vt* zentralisieren.
centrar *vt* - **1.** [encuadrar] zentrieren - **2.** [concretar, concentrar] konzentrieren - **3.** [equilibrar] aus|gleichen - **4.** [dirigir] richten auf *(+A)* - **5.** DEP flanken. ◆ **centrarse** *vpr* - **1.** [equilibrarse] sich zurecht|finden - **2.** [concentrarse] : **~se en** sich konzentrieren auf *(+A)*.
céntrico, ca *adj* zentral.
centrifugar [16] *vt* schleudern.
centrífugo, ga *adj* Zentrifugal-, Schleuder-.
centrista <> *adj* Zentrums-. <> *mf* Zentrumspolitiker *der*, -in *die*.
centro *m* - **1.** [de actividad, zona central] Mittelpunkt *der* - **2.** [de ciudad, organismo] Zentrum *das* ; **~ de cálculo** Rechenzentrum ; **~ de planificación familiar** Familienberatungsstelle *die* - **3.** [ideología] Mitte *die* - **4.** GEOM [objetivo principal] Mittelpunkt *der* - **5.** ANAT Zentrum *das* - **6.** DEP [pase] Flanke *die*. ◆ **centro comercial** *m* Einkaufszentrum *das*. ◆ **centro de atracción** *m* FÍS Anziehungspunkt *der*. ◆ **centro de gravedad** *m* FÍS Schwerpunkt *der*. ◆ **centro de mesa** *m* Tafelaufsatz *der*.
Centroamérica *f* Mittelamerika *nt*.
centrocampista *mf* DEP Mittelfeldspieler *der*, -in *die*.
céntuplo, pla *núm* hundertfach. ◆ **céntuplo** *m* Hundertfache *das*.
centuria *f* [división militar] Zenturie *die*.
centurión *m* Zenturio *der*.
ceñir [26] *vt* - **1.** [abrazar] umarmen - **2.** [apretar] eng an|liegen. ◆ **ceñirse** *vpr* - **1.** [apretarse] enger schnallen - **2.** [amoldarse] : **~se a** sich beschränken auf *(+A)*.
ceño *m* Stirnrunzeln *das*.
CEOE (*abrev de* **Confederación Española de Organizaciones Empresariales**) *f Dachverband der spanischen Wirtschaftsverbände*.
cepa *f* - **1.** [de vid] Weinstock *der* - **2.** [de tronco] Strunk *der* - **3.** *fig* [linaje] Haus *das*.
cepillar *vt* - **1.** [pelo, ropa] bürsten ; [dientes] putzen - **2.** [madera] hobeln - **3.** *fam* [robar, birlar] klauen. ◆ **cepillarse** *vpr* - **1.** : **~ el pelo** sich die Haare bürsten - **2.** : **~ los dientes** sich die Zähne putzen - **3.** *fam* [liquidarse] verdrücken - **4.** *fam* [suspender] durchfallen lassen - **5.** *vulg* [matar, cargarse] um|legen - **6.** *vulg* [fornicar con] flach|legen.
cepillo *m* - **1.** [para limpiar] Bürste *die* - **2.** [de carpintero] Hobel *der* - **3.** [de donativos] Klingelbeutel *der*.
cepo *m* - **1.** [para cazar] Fangeisen *das* - **2.** [para vehículos] Parkkralle *die* - **3.** [para presos] Block *der*.
CEPSA (*abrev de* **Compañía Española de Petróleos, SA**) *f spanische Erdölgesellschaft*.
cera *f* - **1.** [de abeja] Bienenwachs *das* ; **~ depilatoria** Enthaarungswachs *das* ; **~ virgen** Naturwachs *das* - **2.** [de oídos] Ohrenschmalz *das* - **3.** [para limpiar] Wachs *das*.
cerámica *f* Keramik *die*.
cerca <> *f* Umzäunung *die*. <> *adv* - **1.** [en espacio] nah ; **de ~** [examinar] aus der Nähe ; [afectar, vivir] unmittelbar - **2.** [en tiempo] bald. ◆ **cerca de** *loc prep* - **1.** [en espacio] nahe bei - **2.** [aproximadamente] ungefähr.
cercado *m* - **1.** [pieza] Zaun *der* - **2.** [lugar] umzäunter Grund.
cercanía *f* Nähe *die*. ◆ **cercanías** *fpl* Umgebung *die* ; **tren de ~s** Nahverkehrszug *der*.
cercano, na *adj* - **1.** [en espacio] nahe - **2.** [en tiempo] nächste, -r, -s - **3.** [relación] : **~ a** nahe stehend.
cercar [10] *vt* - **1.** [vallar] ein|zäunen - **2.** [rodear, acorralar] umringen.
cerciorarse *vpr* : **~ (de)** sich vergewissern (, dass).
cerco *m* - **1.** [círculo, conjunto de cosas] Kreis *der* - **2.** [asa] Rand *der* - **3.** [para bloquear] Belagerungsring *der* ; **poner ~** belagern.
cerda *f* ▷ **cerdo**.
cerdada *f fam* Schweinerei *die*.
Cerdeña *f* Sardinien *nt*.
cerdo, da *m*, *f* - **1.** [animal] Schwein *das*, Sau *die* - **2.** *fam fig* [persona] Schwein *das*. ◆ **cerdo** *m* Schwein *das*. ◆ **cerda** *f* [pelo] Borste *die*.
cereal *m* [planta] Getreide *das*.
cerebelo *m* ANAT Kleinhirn *das*.
cerebral *adj* - **1.** [del cerebro] Gehirn- - **2.** [racional] geistig.
cerebro *m* - **1.** ANAT Gehirn *das* - **2.** *fig* [cabecilla] Kopf *der* - **3.** [inteligencia] Verstand *der*.
ceremonia *f* - **1.** [acto] Zeremonie *die* - **2.** [pompa, solemnidad] Feierlichkeit *die*.
ceremonial <> *adj* förmlich. <> *m* Zeremoniell *das*.

ceremonioso, sa *adj* [persona] förmlich ; [saludo, acogida] feierlich.

cereza *f* Kirsche *die*.

cerezo *m* - **1.** [árbol] Kirschbaum *der* - **2.** [madera] Kirschholz *das*.

cerilla *f*, **cerillo** *Amér m* Streichholz *das*.

cerillo *m* = **cerilla**.

cernícalo *m* - **1.** [ave] Turmfalke *der* - **2.** *fam* [bruto] Rüpel *der*.

cero *m* - **1.** Null *die* ; **~ coma siete** Null Komma sieben ; **bajo ~** unter Null - **2.** *loc* : **ser un ~ a la izquierda** *fam* eine absolute Null sein ; *ver también* **seis**.

cerquillo *m Amér* Pony *der*.

cerrado, da *adj* - **1.** [al exterior] geschlossen - **2.** [tiempo, cielo] bedeckt ; **noche cerrada** dunkle Nacht - **3.** [manera de ser] verschlossen ; **~ a** verschlossen gegenüber - **4.** [rodeado] eingeschlossen - **5.** [oculto, poco claro] unzugänglich - **6.** [sonido] geschlossen - **7.** [acento] stark - **8.** [fluido] geschlossen.

cerradura *f* Schloss *das*.

cerrajería *f* - **1.** [oficio] Schlosserhandwerk *das* - **2.** [local] Schlosserei *die*.

cerrajero, ra *m, f* Schlosser *der*, -in *die*.

cerrar ◇ *vt* - **1.** [gen] schließen, zu|machen ; [puños] ballen - **2.** [con dispositivo] ab|schließen - **3.** [grifo] zu|drehen ; [interruptor] aus|schalten - **4.** [bloquear] sperren - **5.** *fig* [terminar] ab|schließen - **6.** [interrumpir] schließen - **7.** [dar por firme] ab|schließen - **8.** [cercar] umschließen - **9.** [ir último] den Schluss bilden. ◇ *vi* schließen. ◆ **cerrarse** *vpr* - **1.** [al exterior] zu|gehen - **2.** [incomunicarse] sich verschließen ; **~se a** sich sperren gegen ; **~se en banda** sich ab|schotten - **3.** [cicatrizar] sich schließen - **4.** [terminarse] enden.

cerrazón *f* - **1.** [obscuridad] Wolkenwand *die* - **2.** *fig* [obstinación] Starrsinn *der*.

cerro *m* Hügel *der* ; **irse** o **echar por los ~s de Úbeda** *fig* vom Thema abkommen.

cerrojo *m* Riegel *der* ; **echar el ~** den Riegel vorschieben.

certamen *m* Wettbewerb *der*.

certero, ra *adj* - **1.** [tiro] treffsicher - **2.** [opinión, respuesta] zutreffend.

certeza *f* Gewissheit *die*.

certidumbre *f* Gewissheit *die*.

certificación *f* Bescheinigung *die*.

certificado, da *adj* per Einschreiben. ◆ **certificado** *m* Bescheinigung *die* ; **~ médico** ärztliches Attest.

certificar [10] *vt* - **1.** [para asegurar] bestätigen, bescheinigen - **2.** [para acreditar] beglaubigen.

cerumen *m* Ohrenschmalz *das*.

cervatillo *m* Hirschkalb *das*.

cervecería *f* [fábrica] Brauerei *die* ; [bar] Kneipe *die*.

cervecero, ra ◇ *adj* Brauerei-. ◇ *m, f* Braumeister *der*, -in *die*.

cerveza *f* Bier *das* ; **~ de barril** Fassbier ; **~ negra** dunkles Bier.

cervical ◇ *adj* zervikal. ◇ *f (gen pl)* Nackenwirbel *pl*.

CES (*abrev de* **Confederación Europea de Sindicatos**) *f* EGB *der*.

cesante ◇ *adj* suspendiert. ◇ *mf* Beamte *der*, -tin *die* im Wartestand.

cesar ◇ *vt* [destituir] entlassen. ◇ *vi* - **1.** [parar] auf|hören - **2.** [hacer algo] : **~ de** auf|hören zu ; **sin ~** unaufhörlich - **3.** [dimitir] zurück|treten.

césar *m* Kaiser *der*.

cesárea *f* Kaiserschnitt *der*.

cese *m* - **1.** [detención, paro] Einstellung *die* - **2.** [destitución] Rücktritt *der*.

cesión *f* Übertragung *die*.

césped *m* Rasen *der* ; **'prohibido pisar el ~'** 'Rasen betreten verboten'.

cesta *f* Korb *der* ; **~ de la compra** *fam* ECON Warenkorb *der*.

cesto *m* Korb *der*.

cetáceos *mpl* ZOOL Meeressäugetiere *pl*.

cetro *m lit & fig* Zepter *das*.

cf., cfr. (*abrev de* **confróntese**) vgl.

cg (*abrev de* **centigramo**) cg.

ch, Ch [tʃe] *f* ch *das*, Ch *das*.

ch/ (*abrev de* **cheque**) Scheck *der*.

CH (*abrev de* **Confederación Helvética**) *f* CH.

chabacano, na *adj* geschmacklos. ◆ **chabacano** *m Amér* - **1.** [fruto] Aprikose *die* - **2.** [árbol] Aprikosenbaum *der*.

chabola *f* Baracke *die*.

chacal *m* Schakal *der*.

chacha *f fam* Dienstmädchen *das*.

chachachá *m* Cha-Cha-Cha *der*.

cháchara *f fam* Geschwätz *das*.

chacra, chagra *f Amér* kleine Farm *die*.

chafar *vt* - **1.** [aplastar] zerdrücken - **2.** *fig* [estropear] zunichte machen - **3.** [abatir] erschüttern. ◆ **chafarse** *vpr* scheitern.

chaflán *m* [de un edificio] Ecke *die*.

chagra *Amér f* = **chacra**.

chal *m* Schal *der*.

chalado, da *fam* ◇ *adj* verrückt. ◇ *m, f* Verrückte(r) *der, die*.

chaladura *f fam* [locura] Verrücktheit *die*.

chalar *vt* verrückt machen. ◆ **chalarse** *vpr* verrückt werden ; **~se por algo/alguien** sich in etw/jn vergucken.

chalé (*pl* **chalés**), **chalet** (*pl* **chalets**) *m* Landhaus *das*.

chaleco *m* - **1.** [de traje] Weste *die* ; **~ salvavidas** Schwimmweste *die* - **2.** [de punto] Strickweste *die*.

chalet *m* = **chalé**.

chalupa *f* NÁUT Schaluppe *die*.

chamaco, ca *m, f Amér fam* Junge *der*, Mädchen *das*.
chamán *m* Schamane *der*.
chamarra *f* dicke Jacke.
chamba *f fam* **-1.** [suerte] Glück *das* **-2.** *Amér* [empleo, trabajo] Gelegenheitsarbeit *die*.
chambear *vi Amér fam* jobben.
chamizo *m* **-1.** [leña] verkohltes Holz **-2.** [casa] Hütte *die* **-3.** *fam despec* [lugar] Spelunke *die*.
champán, champaña *m* Champagner *der*.
champiñón *m* Champignon *der*.
champú (*pl* **champús** o **champúes**) *m* Shampoo *das*.
chamuscar [10] *vt* ab|sengen. ◆ **chamuscarse** *vpr* an|sengen.
chamusquina *f* Ansengen *das*; **oler a ~** *fam fig* brenzlig riechen.
chance *f Amér fam* Chance *die*.
chanchada *f Amér fig* **-1.** [grosería] Unverschämtheit *die* **-2.** [porquería] Schweinerei *die*.
chancho *m Amér* **-1.** [cerdo] Schwein *das* **-2.** *fig* [sucio, puerco] Schwein *das*.
chanchullo *m fam* Schwindel *der*.
chancla *f* [tipo de calzado] Zehensandale *die*.
chancleta *f* Strandsandale *die*.
chanclo *m* **-1.** [de madera] Holzschuh *der* **-2.** [de plástico] Überschuh *der*.
chándal (*pl* **chándals**), **chandal** (*pl* **chandals**) *m* Trainingsanzug *der*.
changarro *m Amér* kleiner Laden.
chanquete *m* Weißfisch *der*.
chantaje *m* Erpressung *die*.
chantajear *vt* erpressen.
chantajista *mf* Erpresser *der*, -in *die*.
chantillí, chantilly *m* Schlagsahne *die*.
chao *interj fam* : **¡chao!** tschüs!, ciao!
chapa *f* **-1.** [lámina] Platte *die* **-2.** [tapón] Kronkorken *der* **-3.** [de identificación] Erkennungsmarke *die* **-4.** *Amér* [cerradura] Schloss *das*. ◆ **chapas** *fpl Kinderspiel mit Kronkorken*.
chapado, da *adj* [madera] furniert; [metal] plattiert; **~ a la antigua** *fig* altmodisch. ◆ **chapado** *m* Plattierung *die*.
chaparro, rra ◇ *adj* pummelig. ◇ *m, f* Pummel *der*. ◆ **chaparro** *m* Eichenstrauch *der*.
chaparrón *m* **-1.** [de agua] Platzregen *der* **-2.** *fam fig* [gran cantidad] Schwall *der*.
chapela *f* Baskenmütze *die*.
chapista ◇ *adj* Blech-. ◇ *mf* Blechschlosser *der*, -in *die*.
chapopote *m Amér* Asphalt *der*.
chapotear *vi* planschen.
chapucear *vt* hin|pfuschen.
chapucero, ra ◇ *adj* pfuscherhaft. ◇ *m, f* Pfuscher *der*, -in *die*.
chapurrear, chapurrar *vt* radebrechen.
chapuza *f* **-1.** [trabajo mal hecho] Pfuscharbeit *die* **-2.** [trabajo ocasional] Gelegenheitsarbeit *die*.
chapuzón *m* Untertauchen *das*.
chaqué *m* Cut(away) *der*.
chaqueta *f* **-1.** [de traje] Jackett *das* **-2.** [de punto] Jacke *die*.
chaquetero, ra *m, f* Opportunist *der*, -in *die*.
chaquetilla *f* Bolero *der*.
chaquetón *m* Dreivierteljacke *die*.
charada *f* Scharade *die*.
charanga *f* [banda de música] Musikkapelle *die*.
charca *f* Tümpel *der*.
charco *m* Pfütze *die*.
charcutería *f* Metzgerei *die*.
charla *f* **-1.** [conversación] Plauderei *die* **-2.** [conferencia] lockerer Vortrag.
charlar *vi* plaudern.
charlatán, ana ◇ *adj* schwatzhaft. ◇ *m, f* **-1.** [que habla mucho] Schwätzer *der*, -in *die* **-2.** [que miente] Schwindler *der*, -in *die* **-3.** [vendedor] Marktschreier *der*, -in *die*.
charlestón *m* Charleston *der*.
charlotada *f* [acción grotesca] Posse *die*.
charlotear *vi* plaudern.
charnego, ga *m, f despec abwertend für spanische Einwanderer in Katalonien*.
charol *m* [piel] Lackleder *das*.
charola *f Amér* Tablett *das*; **poner algo en ~ a alguien** *fig* jm etw *(A)* auf einem silbernen Tablett servieren.
charro, rra ◇ *adj* **-1.** [de Salamanca] aus Salamanca **-2.** *fig* [llamativo, recargado] überladen **-3.** *Amér* [de México] *typisch für mexikanische Reiterhirten*. ◇ *m, f* Einwohner *der*, -in *die* aus Salamanca. ◆ *m Amér mexikanischer Reiterhirte*.
charrúa *Amér* ◇ *adj inv* uruguayisch. ◇ *mf inv* Uruguayer *der*, -in *die*.
chárter *m inv* Chartermaschine *die*.
chasca *f Amér* **-1.** [de persona] Zotteln *pl* **-2.** [de caballo] Mähne *die*.
chascar [10] ◇ *vi* [madera] knarren. ◇ *vt* [la lengua] schnalzen.
chasco *m* [decepción] Reinfall *der*; **llevarse un ~** eine Enttäuschung erleben.
chasis *m* **-1.** [de vehículo] Fahrgestell *das* **-2.** [de máquina] Kassette *die* **-3.** *fam* [de persona] Gerippe *das*.
chasquear ◇ *vt* **-1.** [látigo] knallen **-2.** [la lengua] schnalzen. ◇ *vi* [madera] knarren.
chasquido *m* **-1.** [con látigo] Knallen *das*; [con lengua] Schnalzen *das* **-2.** [al romperse] Knacken *das*.
chasquillas *fpl Amér* Pony *der*.

chatarra *f* - **1.** [de hierro] Schrott *der* - **2.** [de viejo] Trödel *der* - **3.** *fam despec* [sin valor] Flitter *der* - **4.** *fam* [monedas] Kleingeld *das.*
chatarrero, ra *m, f* Schrotthändler *der,* -in *die.*
chato, ta ◆ **chato** *m* [vaso de vino] Gläschen *das.*
chau, chaucito *interj Amér fam* : **¡chau!** tschüs!, ciao!
chaufa *adj Amér* : **arroz ~** Chopsuey *das.*
chauvinista *mf* = **chovinista.**
chaval, la *m, f fam* Junge *der,* Mädchen *das.*
chavalería *f fam* junges Gemüse.
chaveta *f* - **1.** [clavija] Splint *der* - **2.** *fam* [cabeza] Oberstübchen *das* ; **perder la ~** den Verstand verlieren.
chavo, va *m, f Amér fam* Junge *der,* Mädchen *das.* ◆ **chavo** *m fam* : **no tener ni un ~** keine müde Mark haben.
che, ché *interj Amér fam* : **¡che!** he!
checar [10], **chequear** *vt Amér* überprüfen.
Chechenia *f* Tschetschenien *nt.*
checo, ca ◇ *adj* tschechisch. ◇ *m, f* Tscheche *der,* -chin *die.*
chef [tʃef] (*pl* **chefs**) *m* Chef *der,* -in *die.*
chelín, schilling ['ʃilin] *m* Schilling *der.*
chepa *f fam* Buckel *der.*
cheposo, sa ◇ *adj* bucklig. ◇ *m, f* Bucklige *der, die.*
cheque *m* Scheck *der* ; **extender un ~** einen Scheck auslstellen ; **~ al portador** Inhaberscheck ; **~ cruzado** o **barrado** Verrechnungsscheck ; **~ (de) gasolina** Benzingutschein *der* ; **~ de viaje** Reisescheck ; **~ nominativo** Namensscheck.
chequear *vt* - **1.** [a una persona] untersuchen - **2.** [comprobar] (über)prüfen.
chequeo *m* - **1.** [revisión médica] Check-up *der o das* - **2.** [cotejo] Überprüfung *die.*
chequera *f* Scheckheft *das.*
chévere *adj Amér fam* spitzenmäßig.
cheviot *m* Cheviot *der.*
chic *adj inv* schick.
chica *f* ▷ **chico.**
chicano, na ◇ *adj die Amerikaner mexikanischer Herkunft betreffend.* ◇ *m, f Amerikaner mexikanischer Herkunft.* ◆ **chicano** *m Sprache der Amerikaner mexikanischer Herkunft.*
chicarrón, ona *m, f* strammer Bursche, dralles Mädchen.
chicha *f* - **1.** *fam* [para comer, de persona] Fleisch *das* - **2.** *Amér* [bebida] *alkoholisches Maisgetränk.*
chícharo *m Amér* Erbse *die.*
chicharra *f* [animal] Zikade *die.*
chicharro *m* - **1.** [alimento] Griebe *die* - **2.** [pez] Stachelmakrele *die.*
chicharrón *m angebranntes Fleisch.* ◆ **chicharrones** *mpl knusprige Schweineschwarte.*
chiche *m Amér fam* - **1.** [chuchería] Kleinigkeit *die* - **2.** [pecho de mujer] *mfam* Titte *die.*
chichón *m* Beule *die.*
chicle *m* Kaugummi *der o das.*
chico, ca ◇ *adj* [pequeño] klein. ◇ *m, f* - **1.** [joven] Junge *der,* Mädchen *das* - **2.** [tratamiento] Kleine *der, die.* ◆ **chico** *m* [recadero] Laufbursche *der.* ◆ **chica** *f* [criada] Dienstmädchen *das.*
chifa *f Amér volkstümliches chinesisches Restaurant in Peru.*
chifla *f* - **1.** [burla] Gespött *das* - **2.** [silbido] Pfiff *der.*
chiflado, da *fam* ◇ *adj* - **1.** [loco] verrückt - **2.** [apasionado] vernarrt. ◇ *m, f* Spinner *der,* -in *die.*
chiflar *vi* - **1.** *fam* [encantar] : **~le algo/alguien a alguien** verrückt sein nach etw/jm - **2.** [silbar] pfeifen - **3.** *Amér* [cantar las aves] zwitschern. ◆ **chiflarse** *vpr* vernarrt sein in *(+A).*
chiflido *m Amér* Pfeifen *das.*
chilaba *f* Dschellaba *die.*
chile *m* Chili *der.*
Chile *m* Chile *nt.*
chileno, na ◇ *adj* chilenisch. ◇ *m, f* Chilene *der,* -nin *die.*
chillar *vi* - **1.** [gritar - personas] schreien, kreischen ; [- aves, monos] kreischen ; [- cerdo] quieken - **2.** [puerta, bisagra] quietschen - **3.** *fam* [reñir] jn anlschreien.
chillido *m* Schrei *der.*
chillón, ona *adj* - **1.** [sonido] schrill - **2.** [persona, animal] schreiend, kreischend - **3.** [color] grell.
chimenea *f* - **1.** [hogar] Kamin *der* - **2.** [tubo] Schornstein *der.*
chimpancé *m* Schimpanse *der.*
china *f* - **1.** [piedra] kleiner Stein - **2.** *fam* [droga] *kleines Stück Haschisch* - **3.** ▷ **chino.**
China *f* : **(la) ~** China *nt.*
chinchar *vt fam* nerven. ◆ **chincharse** *vpr fam* sich ärgern.
chinche ◇ *f* ZOOL Wanze *die.* ◇ *mf* Nervensäge *die.*
chincheta *f* Heftzwecke *die.*
chinchilla *f* - **1.** [animal] Chinchilla *die* - **2.** [piel] Chinchillapelz *der.*
chinchín *interj* : **¡chinchín!** prost!
chinchón *m* kräftiger Anisschnaps.
chingar [16] ◇ *vt* - **1.** *vulg* [molestar] auf den Geist gehen ; *vulg* [estropear] versauen - **2.** *Amér vulg* [joder] ficken. ◇ *vi vulg* [fornicar] ficken.
chino, na ◇ *adj* chinesisch. ◇ *m, f* [de China] Chinese *der,* -sin *die.* ◆ **chino** *m* - **1.** [lengua] Chinesisch(e) *das* - **2.** [instrumento] Sieb *das.*

chip (*pl* **chips**) *m* INFORM Chip *der*.
chipirón *m* kleiner Tintenfisch.
Chipre *f* Zypern *nt*.
chiquillada *f* Kinderei *die*.
chiquillería *f* Kinderschar *die*.
chiquillo, lla *m, f* Knirps *der*, Göre *die*.
chiquito, ta *adj* winzig. ◆ **chiquito** *m* [de vino] Gläschen *das*.
chiribita *f* Funke *der*. ◆ **chiribitas** *fpl fam* Flimmern *das*.
chirigota *f fam* Spaß *der*.
chirimbolo *m fam* Kram *der*.
chirimoya *f* Chirimoya *die*.
chiringuito *m fam* - **1.** [bar] Imbissbude *die* - **2.** [negocio] Geschäft *das*.
chiripa *f fam fig* glücklicher Zufall ; **de** o **por ~** rein zufällig.
chirivía *f* Bachstelze *die*.
chirla *f* Venusmuschel *die*.
chirona *f (se usa sin artículo) fam* Knast *der*.
chirriar [9] *vi* quietschen.
chirrido *m* Quietschen *das*.
chis = chist.
chisme *m* - **1.** [cotilleo] Tratsch *der* - **2.** *fam* [cosa] Zeug *das*.
chismorrear *vi* tratschen.
chismoso, sa ◇ *adj* klatschhaft. ◇ *m, f* Klatschmaul *das*.
chispa *f* - **1.** [de fuego, de electricidad] Funke *der* - **2.** [de lluvia] Tropfen *der* - **3.** *fig* [cantidad pequeña] Prise *die* - **4.** *fig* [agudeza, ingenio] Witz *der* - **5.** *loc* : **echar ~s** *fam* vor Wut schäumen.
chispazo *m* [de chispa] Funkenentladung *die*.
chispeante *adj* - **1.** [que chispea] Funken sprühend - **2.** *fig* [ingenioso] geistreich.
chispear ◇ *vi* - **1.** [echar chispas] Funken sprühen - **2.** [tener mucho brillo] funkeln. ◇ *v impers* nieseln.
chisporrotear *vi* knistern.
chist, chis *interj* : **¡chist!** pst!
chistar *vi* mucksen.
chiste *m* Witz *der* ; **contar ~s** Witze erzählen ; **~ verde** anzüglicher Witz.
chistera *f* [sombrero] Zylinder *der*.
chistorra *f typische Bratwurst aus Aragonien und Navarra*.
chistoso, sa *adj* witzig.
chistu *m baskische Flöte*.
chistulari *m baskischer Flötenspieler*.
chita ◆ **a la chita callando** *loc adv fam* still und heimlich.
chitón *interj* : **¡chitón!** pst!
chivar *vt* verraten. ◆ **chivarse** *vpr* petzen.
chivatazo *m fam* Tipp *der*.
chivato, ta *m, f fam* [delator] Verräter *der*, -in *die*. ◆ **chivato** *m* [mecanismo] Alarmsignal *das*.
chivo, va *m, f* Zicklein *das* ; **~ expiatorio** *fig* Sündenbock *der*.
choc, shock [tʃok] *m* Schock *der*.
chocante *adj* schockierend.
chocar [10] ◇ *vi* - **1.** [topar] zusammen|stoßen - **2.** *fig* [pelear, discutir] aneinander geraten - **3.** *fig* [sorprender] verwundern. ◇ *vt* [manos] ein|schlagen ; **¡chócala!** schlag ein!
chochear *vi* - **1.** [viejo] vertrottelt sein - **2.** *fam fig* [gustar] vernarrt sein.
chochez *f* - **1.** [vejez] Senilität *die* - **2.** [dicho, hecho] Trotteligkeit *die*.
chocho, cha *adj fam* - **1.** [viejo] vertrottelt - **2.** *fig* [por cariño] vernarrt. ◆ **chocho** *m* - **1.** *vulg* [órgano sexual femenino] Fotze *die* - **2.** *fam* [altramuz] Lupine *die*.
choclo *m Amér* Maiskolben *der*.
chocolate *m* [para comer] Schokolade *die* ; **~ a la taza** heiße Schokolade ; **~ blanco** weiße Schokolade ; **~ con leche** Milchschokolade.
chocolatina *f* Schokoladenriegel *der*.
chófer, chofer *mf* Chauffeur *der*, -in *die*.
chollo *m fam* Glücksfall *der*.
chomba, chompa *f Amér* Pullover *der*.
chompipe *m Amér* - **1.** *fam* [pavo] Truthahn *der*, -henne *die* - **2.** [planta] Kletterpflanze *die*.
chonchón *m Amér* Öllampe *die*.
chongo *m Amér* Haarknoten *der*.
chopo *m* Pappel *die*.
choque *m* - **1.** [impacto] Zusammenstoß *der* - **2.** *fig* [disputa, lucha] Auseinandersetzung *die* - **3.** = choc.
chorizar [13] *vt fam* klauen.
chorizo *m* - **1.** [embutido] Paprikawurst *die* - **2.** *fam* [ladrón] Gauner *der*, -in *die*.
choro *m Amér* Miesmuschel *die*.
chorra ◇ *mf mfam* Blödmann *der*. ◇ *f mfam* [suerte, casualidad] Glück *das*.
chorrada *f mfam* Unfug *der*.
chorrear ◇ *vi* triefen. ◇ *vt* tropfen.
chorro *m* - **1.** [de líquido] Strahl *der* ; **salir a ~s** heraus|quellen - **2.** *fig* [de luz] Strahl *der*.
chotearse *vpr fam* sich lustig machen.
choteo *m fam* Spaß *der*.
chotis *m* Schottisch *der*.
chovinista, chauvinista [tʃoβiˈnista] ◇ *adj* chauvinistisch. ◇ *mf* Chauvinist *der*, -in *die*.
choza *f* Hütte *die*.
christmas = crismas.
chubasco *m* (Regen)schauer *der*.
chubasquero *m* Regenmantel *der*.
chuchería *f* - **1.** [para comer] Süßigkeit *die* - **2.** [cosa de poco valor] Nippes *der*.
chucho *m fam* Köter *der*.
chueco, ca *adj Amér* - **1.** [torcido] schief - **2.** [patituerto] krummbeinig.
chufa *f* Erdmandel *die*.

chulada *f fam* [cosa muy bonita] tolle Sache, Super-.
chulear ◇ *vt fam* auf den Strich schicken. ◇ *vi* : **~(se) (de)** prahlen (mit).
chulería *f* **- 1.** [descaro, valentonería] Dreistigkeit *die* **- 2.** [gracia, salero] Charme *der.*
chuleta ◇ *f* **- 1.** [de carne] Kotelett *das* **- 2.** [en exámenes] Spickzettel *der.* ◇ *mf fam* [chulo] Angeber *der,* -in *die.*
chulo, la ◇ *adj* **- 1.** [insolente, atrevido] dreist ; **ponerse ~** frech werden **- 2.** *fam* [bonito] hübsch. ◇ *m, f* **- 1.** [insolente, atrevido] Flegel *der* **- 2.** [madrileño castizo] *Madrider mit betont lässigem Auftreten und Sprechen.* ◆ **chulo** *m* [proxeneta] Zuhälter *der.*
chumba *adj* ▻ **higuera.**
chumbera *f* Feigenkaktus *der.*
chumbo *adj* ▻ **higo.**
chuminada *f fam* Quatsch *der.*
chungo, ga *adj fam* mies. ◆ **chunga** *f* Scherz *der.*
chupa *f fam* Joppe *die.*
chupado, da *adj* **- 1.** [delgado] ausgemergelt **- 2.** *fam* [fácil] kinderleicht. ◆ **chupada** *f* Zug *der* an einer Zigarette.
chupar *vt* **- 1.** [succionar] lutschen ; [suj : animal] saugen **- 2.** [absorber] auf|saugen **- 3.** [arruinar] ab|knöpfen. ◆ **chuparse** *vpr* **- 1.** [adelgazar] ab|magern **- 2.** *fam* [aguantar] ab|sitzen **- 3.**
chupatintas *mf inv despec* Bürohengst *der.*
chupe *m Amér amerikanischer Kartoffeleintopf mit Fisch oder Fleisch* ; **~ de camarones** *dicke Kartoffelsuppe mit Garnelen.*
chupete *m* Schnuller *der.*
chupetear *vt* lutschen.
chupetón *m* kräftiger Zug an einer Zigarette.
chupi *adj fam* prima.
chupinazo *m* **- 1.** [cañonazo, disparo] Salve *die* **- 2.** [en fútbol] harter Schuss.
chupón, ona *adj* **- 1.** [que chupa] saugend **- 2.** *fam fig* [gorrón] schmarotzerisch. ◆ **chupón** *m Amér* **- 1.** [chupete] Schnuller *der* **- 2.** [tetina] Sauger *der.*
churrería *f* Churro-Verkaufsstand *der.*
churro *m* **- 1.** [para comer] *in Öl ausgebackenes Spritzgebäck* **- 2.** *fam* [fracaso, cosa mal hecha] Murks *der.*
churrusco *m* verbrannte Toastscheibe.
churumbel *m fam* Kind *das.*
chusco, ca *adj* drollig. ◆ **chusco** *m fam* Stück trockenes Brot.
chusma *f* Gesindel *das.*
chutar *vi* **- 1.** [lanzar] kicken **- 2.** *fam* [funcionar] funktionieren **- 3.** *loc* : **esto va que chuta** das klappt wie geschmiert. ◆ **chutarse** *vpr mfam* sich einen Schuss setzen.
chute *m mfam* Schuss *der (Heroin).*

CIA (*abrev de* **Central Intelligence Agency**) *f* CIA *der.*
cía., Cía. (*abrev de* **compañía**) Co.
cianuro *m* Zyanid *das.*
ciático, ca *adj* Ischias-. ◆ **ciática** *f* MED Ischias *der o das.*
cibercafé *m* Internetcafé *das.*
ciberespacio *m* Cyberspace *der.*
cibernauta *mf* Internetsurfer *der,* -in *die.*
cicatriz *f* **- 1.** [física] Narbe *die* **- 2.** *fig* [moral] Spur *die.*
cicatrizar [13] ◇ *vi* vernarben. ◇ *vt fig* vergessen machen.
cíclico, ca *adj* zyklisch.
ciclismo *m* Radsport *der.*
ciclista ◇ *adj* Rad-. ◇ *mf* Radfahrer *der,* -in *die.*
ciclo *m* **- 1.** [gen] Zyklus *der* **- 2.** LITER Sage *die.*
ciclocrós *m* DEP Cross-Radsport *der.*
ciclomotor *m* Moped *das.*
ciclón *m* Zyklon *der.*
cicuta *f* Schierling *der.*
cid *m fig* Held *der.*
ciego, ga ◇ *adj* **- 1.** [gen] blind ; **a ciegas** [sin ver] blind ; *fig* [sin prestar atención] blindlings **- 2.** [tapado] verstopft **- 3.** *mfam* [drogado] stoned. ◇ *m, f* [invidente] Blinde *der, die.*
cielo ◇ *m* **- 1.** [gen] Himmel *der* ; **a ~ abierto** unter freiem Himmel **- 2.** [nombre cariñoso] Schatz *der* **- 3.** [parte superior] : **~ raso** Zimmerdecke *die* **- 4.** *loc* : **como llovido o caído del ~** wie vom Himmel gefallen ; **estar en el séptimo ~** im siebten Himmel sein ; **(re)mover ~ y tierra** Himmel und Hölle in Bewegung setzen ; **ser un ~** ein Engel sein. ◇ *interj* : **¡cielos!** du lieber Himmel!
ciempiés, cientopiés *m inv* Tausendfüßler *der.*
cien ▻ **ciento.**
ciénaga *f* Morast *der.*
ciencia *f* **- 1.** [sabiduría, saber] Wissen *das* **- 2.** [disciplina] Wissenschaft *die* **- 3.** *fig* [habilidad] Können *das.* ◆ **a ciencia cierta** *loc adv* mit Gewissheit. ◆ **ciencia ficción** *f* Science-fiction *die.*
cieno *m* [fango] Schlamm *der.*
científico, ca ◇ *adj* wissenschaftlich. ◇ *m, f* Wissenschaftler *der,* -in *die.*
cientista *mf Amér* : **~ social** Soziologe *der,* -gin *die.*
ciento, cien ◇ *núm* **- 1.** [para contar] hundert ; **cien espléndidos caballos** hundert ausgezeichnete Pferde ; **cien mil** hunderttausend ; **cien pesetas** hundert Peseten ; **~ cincuenta** hundertfünfzig ; **~ cincuenta mil** hundertfünfzigtausend **- 2.** [para ordenar] hundert ; **página cien** Seite hundert ; **página ~ dos** Seite hundert-

zwei. <> *m* Hundert *das* ; **por ~** Prozent *das* ; **al ~ por ~, al cien por cien** hundertprozentig ; *ver también* **seis.** ◆ **todo a cien®** *m Laden mit Billigpreisen.*
cientopiés = ciempiés.
cierre *m* - **1.** [acción y efecto] Schluss *der* - **2.** [mecanismo] Verschluss *der* - **3.** *Amér* [cremallera] Reißverschluss *der.*
cierto, ta *adj* - **1.** [verdadero, seguro] wahr - **2.** [determinado, fijo] bestimmt - **3.** [un poco de, algo de] gewiss. ◆ **cierto** *adv* sicherlich. ◆ **por cierto** *loc adv* übrigens.
ciervo, va *m, f* Hirsch *der,* -kuh *die.*
cierzo *m* Nordwind *der.*
CIF (*abrev de* **código de identificación fiscal**) *m* ▷ **código.**
cifra *f* - **1.** [guarismo] Ziffer *die* - **2.** [clave] : **en ~** verschlüsselt.
cifrado, da *adj* verschlüsselt.
cifrar *vt* - **1.** [escribir en clave] verschlüsseln - **2.** *fig* [resumir] : **~ en** setzen auf *(+A)* ◆ **cifrarse en** *vpr* sich belaufen auf *(+A).*
cigala *f* Kaisergranat *der.*
cigarra *f* Zikade *die.*
cigarrillo *m* Zigarette *die.*
cigarro *m* - **1.** [habano] Zigarre *die* - **2.** [cigarrillo] Zigarette *die.*
cigüeña *f* Storch *der.*
cilindrada *f* Hubraum *der.*
cilíndrico, ca *adj* zylindrisch.
cilindro *m* - **1.** [gen] Zylinder *der* - **2.** [de imprenta] Trommel *die.*
cima *f* - **1.** [pico, punta] Spitze *die* - **2.** *fig* [apogeo] Höhepunkt *der.*
cimarrón, ona *m, f Amér* - **1.** [animal] wildes Tier - **2.** [persona] geflüchteter Sklave.
cimentar [19] *vt* - **1.** [edificio] das Fundament legen - **2.** *fig* [consolidar, asentar] konsolidieren.
cimero, ra *adj* - **1.** [alto] oberst - **2.** *fig* [destacado, sobresaliente] krönend.
cimiento *m (gen pl) lit & fig* Fundament *das.*
cimitarra *f* Krummsäbel *der.*
cinabrio *m* Zinnober *der.*
cinc (*pl* cincs), **zinc** (*pl* **zincs**) *m* Zink *das.*
cincel *m* Meißel *der.*
cincelar *vt* ziselieren.
cincha *f* Sattelgurt *der.*
cinchar *vt* - **1.** [caballería] gurten - **2.** [asegurar] an|gurten.
cincho *m* [de piel] Gurt *der.*
cinco <> *núm* fünf. <> *m* Fünf *die* ; **choca esos ~** *fig* schlag ein! <> *fpl* [hora] fünf (Uhr) ; *ver también* **seis.**
cincuenta <> *núm* fünfzig. <> *m* Fünfzig *die* ; *ver también* **seis.**
cincuentenario *m* fünfzigster Jahrestag.
cincuentón, ona *m, f* Fünfzigjährige *der, die.*
cine, cinema *m* - **1.** [arte] Filmkunst *die* ; **~ de terror** Horrorfilm *der* ; **~ fantástico** Fantasyfilm - **2.** [sala] Kino *das.*
cineasta *mf* Filmschaffende *der, die.*
cineclub *m* Filmklub *der.*
cinéfilo, la <> *adj* Filmfan-. <> *m, f* Filmfan *der.*
cinema = cine.
cinemateca *f* Filmarchiv *das.*
cinematografía *f* Filmkunst *die.*
cinematográfico, ca *adj* Film-.
cinematógrafo *m* - **1.** [aparato] Kinematograf *der* - **2.** [local] Lichtspieltheater *das.*
cíngaro, ra, zíngaro, ra <> *adj* Zigeuner-. <> *m, f* (mitteleuropäischer) Zigeuner *der,* -in *die.*
cínico, ca <> *adj* - **1.** [sarcástico] zynisch - **2.** [filósofo, filosofía] Kyniker-. <> *m, f* [persona sarcástica] Zyniker *der,* -in *die.*
cinismo *m* - **1.** [sarcasmo] Zynismus *der* - **2.** [filosofía] Kynismus *der.*
cinta *f* - **1.** [gen] Band *das* ; **~ (auto)adhesiva** Klebeband ; **~ de papel** Papierstreifen *der* ; **~ de vídeo** Video(band) *das* ; **~ magnética** o **magnetofónica** Tonband *das* ; **~ métrica** Bandmaß *das* - **2.** [película] Filmstreifen *der* - **3.** [mecanismo] Fließband *das* ; **~ transportadora** Transportband *das.*
cinto *m* Gürtel *der.*
cintura *f* Taille *die.*
cinturilla *f* Taillenband *das.*
cinturón *m* - **1.** [cinto] Gürtel *der* - **2.** [carretera] Ringstraße *die* - **3.** [cordón] Postenkette *die.* ◆ **cinturón de seguridad** *m* Sicherheitsgurt *der.*
cipote *adj fam* dumm. ◆ **cipote** *m vulg* [miembro] Schwanz *der.*
ciprés *m* Zypresse *die.*
circense *adj* Zirkus-.
circo *m* - **1.** [gen] Zirkus *der* - **2.** GEOGR kreisrunder Talschluss.
circuito *m* - **1.** [de deporte] Rennstrecke *die* - **2.** [conductor] Stromkreis *der* ; **corto ~** Kurzschluss *der* - **3.** [viaje] Tour *die* - **4.** ELECTR Stromkreis *der.*
circulación *f* - **1.** [movimiento] Kreislauf *der* - **2.** [tránsito] Verkehr *der* - **3.** [de monedas, de valores] Umlauf *der.*
circular <> *adj* kreisförmig. <> *f* Rundschreiben *das.* <> *vi* - **1.** [pasar] : **~ (por)** sich bewegen (durch/auf *(+D)*) ; [aire] zirkulieren (durch) ; [persona] (hin und her) gehen ; [líquido] fließen (durch) ; [vehículos] fahren (auf *(+D)*) - **2.** [de mano en mano] um|laufen ; [moneda] im Umlauf sein - **3.** [difundirse] sich verbreiten.
circulatorio, ria *adj* Kreislauf-.
círculo *m* - **1.** [gen] Kreis *der* ; **~ de amigos** Freundeskreis *der* - **2.** [asociación] Zirkel *der.* ◆ **círculo polar** *m* Polarkreis *der* ; **el ~ polar ártico/antártico** der arktische/

antarktische Polarkreis. ◆ **círculo vicioso** *m* Teufelskreis *der*.
circuncisión *f* Beschneidung *die*.
circundante *adj* umgebend.
circundar *vt* umgeben.
circunferencia *f* - **1.** GEOM Kreis *der*, Kreislinie *die* - **2.** *fig* [contorno] Umkreis *der*.
circunloquio *m* Umschweife *pl*.
circunscribir *vt* - **1.** [limitar] einlschränken - **2.** GEOM umschreiben. ◆ **circunscribirse a** *vpr* sich beschränken auf (+A).
circunscripción *f* - **1.** [limitación] Einschränkung *die* - **2.** [distrito] Bezirk *der*.
circunscrito, ta ◇ *pp irreg* ▷ **circunscribir.** ◇ *adj* umschrieben.
circunstancia *f* Umstand *der*.
circunstancial *adj* [accidental] den Umständen gemäß.
circunvalar *vt* umgehen.
cirílico, ca *adj* kyrillisch.
cirio *m* (Wachs)kerze *die* ; **ser/montar un ~** *fig* ein Chaos sein/anlrichten.
cirrosis *f* Zirrhose *die*.
ciruela *f* Pflaume *die* ; **~ claudia** Reneklode *die* ; **~ pasa** Dörrpflaume *die*.
cirugía *f* Chirurgie *die* ; **~ estética** o **plástica** Schönheitschirurgie.
cirujano, na *m, f* Chirurg *der*, -in *die*.
cisco *m* - **1.** [carbón] Grus *der* - **2.** *fam* [bullicio, alboroto] Krach *der* - **3.** *loc* : **estar hecho ~** völlig kaputt sein.
cisma *m* [separación] Schisma *das*.
cisne *m* Schwan *der*.
cisterna *f* - **1.** [de retrete] Spülkasten *der* - **2.** *(después de sust)* [tanque] Tank-.
cistitis *f inv* Blasenentzündung *die*.
cita *f* - **1.** [entrevista] Termin *der* ; [encuentro] Verabredung *die* ; **tener una ~** eine Verabredung haben - **2.** [nota, referencia] Zitat *das*.
citación *f* DER Vorladung *die*.
citar *vt* - **1.** [convocar] bestellen - **2.** [mencionar] zitieren - **3.** DER (vorl)laden. ◆ **citarse** *vpr* sich verabreden.
cítara *f* MÚS Zither *die*.
citología *f* - **1.** [ciencia] Zytologie *die* - **2.** [análisis] Abstrich *der*.
cítrico, ca *adj* Zitrus-. ◆ **cítricos** *mpl* Zitrusfrüchte *pl*.
CiU (*abrev de* **Convergència i Unió**) *f katalanische Mitte-Rechts-Koalitionspartei*.
ciudad *f* - **1.** [localidad] Stadt *die* - **2.** [instalaciones] Komplex *der*.
ciudadanía *f* - **1.** [nacionalidad] Staatsbürgerschaft *die* - **2.** [población] Bürgerschaft *die*.
ciudadano, na ◇ *adj* bürgerlich. ◇ *m, f* - **1.** [habitante] Bürger *der*, -in *die* - **2.** [súbdito de un Estado] Staatsbürger *der*, -in *die*.
Ciudad de México, Ciudad de Méjico *f* Mexiko-Stadt *nt*.
ciudadela *f* Zitadelle *die*.
cívico, ca *adj* gesittet.
civil ◇ *adj* - **1.** [de los ciudadanos] bürgerlich - **2.** [laico] standesamtlich. ◇ *m* - **1.** *fam* [Guardia Civil] *Angehöriger der Guardia Civil* - **2.** [no militar] Zivilist *der*, -in *die*.
civilización *f* - **1.** [progreso] Zivilisation *die* - **2.** [cultura] Kultur *die*.
civilizado, da *adj* zivilisiert.
civilizar [13] *vt* zivilisieren.
civismo *m* - **1.** [urbanidad] Bürgersinn *der* - **2.** [cortesía] Höflichkeit *die*.
cizaña *f* - **1.** BOT Taumellolch *der* - **2.** [discordia] Zwietracht *die* ; **meter** o **sembrar ~** Zwietracht säen.
cl (*abrev de* **centilitro**) cl.
clamar ◇ *vt* - **1.** [expresar] auslrufen - **2.** [exigir] rufen nach. ◇ *vi* - **1.** [implorar] flehen - **2.** [protestar] auflschreien.
clamor *m* Geschrei *das*.
clamoroso, sa *adj* - **1.** [rotundo] grandios - **2.** [de voces] laut.
clan *m* Clan *der*.
clandestino, na *adj* [ilegal] Untergrund-.
claqué *m* Stepptanz *der*.
claqueta *f* Klappe *die*.
clara *f* ▷ **claro.**
claraboya *f* [de pared] Oberlicht *das* ; [de techo] Dachluke *die*.
clarear ◇ *vt* auflhellen. ◇ *v impers* - **1.** [amanecer] hell werden - **2.** [despejarse] auflklaren.
claridad *f* - **1.** [transparencia] *fig* Klarheit *die* ; **de** o **con una ~ meridiana** mit überdeutlicher Klarheit - **2.** [luz] Licht *das*.
clarificar [10] *vt* - **1.** [explicar, precisar] erklären - **2.** [rebajar] verdünnen - **3.** [purificar] raffinieren.
clarín ◇ *m* MÚS Bügelhorn *das*. ◇ *mf* MÚS Bügelhornbläser *der*, -in *die*.
clarinete ◇ *m* MÚS Klarinette *die*. ◇ *mf* MÚS Klarinettist *der*, -in *die*.
clarividencia *f* Hellsichtigkeit *die*.
claro, ra *adj* - **1.** [gen] klar - **2.** [espacio, colores] hell - **3.** [poco espeso] dünn - **4.** *loc* : **a las claras** ganz klar ; **poner** o **dejar en ~** klarlstellen ; **sacar en ~** folgern. ◆ **claro** ◇ *m* - **1.** [en bosque] Lichtung *die* - **2.** [de una pintura] (aufgesetzter) Lichtpunkt. ◇ *adv* deutlich. ◇ *interj* : **¡claro!** na klar! ; **¡~ está!** natürlich! ◆ **clara** *f* - **1.** [de huevo] Eiweiß *das* - **2.** [bebida] ≃ Alsterwasser *das*, ≃ Radler *der*.
clase *f* - **1.** [gen] Klasse *die* ; **dar ~s** unterrichten ; **~ media** Mittelstand *der* ; **~ turista** Touristenklasse *die* ; **primera ~** erste Klasse ; **~s particulares** Einzelunterricht *der* - **2.** [tipo, especie] Art *die*, Sorte *die* - **3.** [aula] Klassenzimmer *das*.

clásico, ca <> *adj* - **1.** [gen] klassisch - **2.** [peculiar] typisch. <> *m, f* Klassiker *der,* -in *die.* ◆ **clásicas** *fpl* klassische Philologie.

clasificación *f* Klassifizierung *die.*

clasificar [10] *vt* sortieren. ◆ **clasificarse** *vpr* sich qualifizieren.

clasista <> *adj* Klassen-. <> *mf* Klassenbewusste *der, die.*

claudia *adj* ▷ **ciruela.**

claustro *m* - **1.** [atrio] Kreuzgang *der* - **2.** [asamblea] ≃ Senat *der* ; ~ **de profesores** Lehrkörper *der* - **3.** *fig* [estado monástico] Klosterleben *das.*

claustrofobia *f* Klaustrophobie *die.*

cláusula *f* - **1.** [artículo] Klausel *die* - **2.** GRAM Satz *der.*

clausura *f* - **1.** [acto solemne] Abschluss *der* - **2.** [cierre] Schließung *die* - **3.** [aislamiento] Leben *das* in Klausur - **4.** [parte de convento] Klausur *die.*

clausurar *vt* - **1.** [acto] ab|schließen - **2.** [local] schließen.

clavado, da *adj* - **1.** [con clavos] (fest)genagelt - **2.** [en punto] genau - **3.** [a la medida] wie angegossen - **4.** [parecido] zum Verwechseln ähnlich - **5.** [fijo, inmóvil] wie angewachsen. ◆ **clavado** *m Amér Sprung ins Wasser aus großer Höhe.* ◆ **clavada** *f mfam* gepfefferte Rechnung.

clavar *vt* - **1.** [hincar] ein|schlagen - **2.** [colgar] an|nageln - **3.** *fig* [fijar] fixieren ; ~ **algo en** etw starr richten auf *(+A)* - **4.** *fam fig* [dejar pasmado] nieder|schmettern - **5.** *mfam* [cobrar caro] ab|zocken. ◆ **clavarse** *vpr* sich *(D)* etw *(A)* ein|fangen.

clave <> *m* - **1.** *fig* [solución] Schlüssel *der* ; **en ~** verschlüsselt - **2.** [clavicordio] Klavichord *das.* <> *f* - **1.** [código] Kode *der* - **2.** INFORM : ~ **de acceso** Passwort *das* - **3.** *(después de sust)* Schlüssel-.

clavecín *m* MÚS Cembalo *das.*

clavel *m* Nelke *die.*

clavetear *vt* - **1.** [adornar con clavos] beschlagen - **2.** [poner clavos] vernageln.

clavicémbalo *m* MÚS Clavicembalo *das.*

clavicordio *m* MÚS Klavichord *das.*

clavícula *f* Schlüsselbein *das.*

clavija *f* - **1.** [de enchufe] Stecker *der* - **2.** [de instrumento] Wirbel *der* - **3.** [para ensamblar] Stift *der.*

clavo *m* - **1.** [pieza metálica] Nagel *der* - **2.** [especia] (Gewürz)nelke *die* - **3.** MED Stift *der* - **4.** *loc* : **agarrarse a un ~ ardiendo** sich an einen Strohhalm klammern ; **como un ~** pünktlich wie immer ; **dar en el ~** den Nagel auf den Kopf treffen.

claxon *m* Hupe *die.*

clemencia *f* Gnade *die,* Milde *die.*

clemente *adj* [persona] milde.

cleptómano, na *m, f* Kleptomane *der,* -nin *die.*

clerical *adj* klerikal.

clérigo *m* Geistliche *der.*

clero *m* Klerus *der.*

cliché, clisé *m* - **1.** [negativo] Negativ *das* - **2.** [de imprenta] *fig* Klischee *das.*

cliente, ta *m, f* Kunde *der,* -din *die.*

clientela *f* Kundschaft *die.*

clima *m lit & fig* Klima *das.*

climatizado, da *adj* klimatisiert.

climatizar [13] *vt* klimatisieren.

climatología *f* Klimatologie *die.*

clímax *m* Höhepunkt *der.*

clínico, ca *adj* klinisch. ◆ **clínica** *f* Klinik *die.*

clip *m* - **1.** [para papel] Büroklammer *die* - **2.** [para el pelo] Klipp *der* - **3.** [videoclip] Videoclip *der.*

clíper *m* Klipper *der.*

clisé = **cliché.**

clítoris *m inv* ANAT Kitzler *der.*

cloaca *f* Kloake *die.*

cloro *m* QUÍM Chlor *das.*

clorofila *f* BOT Chlorophyll *das.*

cloroformo *m* QUÍM Chloroform *das.*

club (*pl* **clubs** o **clubes**) *m* Klub *der.*

clueca *adj* Brut-. ◆ **clueca** *f* Bruthenne *die.*

cm (*abrev de* **centímetro**) cm.

Co. *abrev de* **compañía.**

coacción *f* Zwang *der,* Nötigung *die.*

coaccionar *vt* zwingen.

coagular *vt* gerinnen lassen. ◆ **coagularse** *vpr* gerinnen.

coágulo *m* Gerinnsel *das.*

coalición *f* Koalition *die.*

coaligar = **coligar.**

coartada *f* Alibi *das.*

coartar *vt* ein|schränken.

coautor, ra *m, f* [de obra] Miturheber *der,* -in *die* ; [de delito] Mittäter *der,* -in *die* ; [de libro] Mitverfasser *der,* -in *die.*

coba *f* Schmeichelei *die* ; **dar ~ a alguien** *fam* jm Honig um den Mund schmieren.

cobalto *m* QUÍM Kobalt *das.*

cobarde <> *adj* feige. <> *mf* Feigling *der.*

cobardía *f* Feigheit *die.*

cobaya *m* o *f* - **1.** Meerschweinchen *das* - **2.** *fig* Versuchskaninchen *das.*

cobertizo *m* - **1.** [tejado adosado] Vordach *das* - **2.** [barracón] Schuppen *der.*

cobertura *f* - **1.** [protección] Absicherung *die* ; [seguro] Deckung *die* - **2.** [de edificio] Abdeckung *die.*

cobija *f Amér* Decke *die.*

cobijar *vt* - **1.** [albergar] beherbergen - **2.** [proteger] beschützen. ◆ **cobijarse** *vpr* - **1.** [para dormir] Unterschlupf finden - **2.** [protegerse] sich unter|stellen.

cobijo *m* Unterschlupf *der* ; **dar ~ a alguien** jn auf|nehmen.

cobra *f* [serpiente] Kobra *die.*

cobrador, ra *m, f* [de autobús] Schaffner *der,* -in *die* ; [de gas, teléfono] Kassierer *der,* -in *die* ; **el ~ del frac** *Geldeintreiber bei säumigen Zahlern.*

cobrar ◇ *vt* - **1.** COM [dinero] kassieren ; [talón] einllösen ; [deuda] einltreiben ; **¡me cobra, por favor!** zahlen, bitte! - **2.** [sueldo] erhalten - **3.** [adquirir] erlangen ; **~ afecto a alguien** Zuneigung fassen zu jm. ◇ *vi* - **1.** [en establecimiento] (abl)kassieren - **2.** [en el trabajo] bezahlt werden - **3.** *fam* [recibir paliza] Prügel beziehen. ◆ **cobrarse** *vpr* - **1.** [en establecimiento] kassieren - **2.** [ocasionar] fordern.

cobre *m* QUÍM Kupfer *das.*

cobrizo, za *adj* [color] kupferfarben.

cobro *m* [de dinero] Zahlung *die* ; [de talón] Einlösen *das.*

coca *f* - **1.** [planta] Koka *die* - **2.** [cocaína] Koks *der.*

cocaína *f* Kokain *das.*

cocción *f* Kochen *das.*

cóccix, coxis *m* ANAT Steißbein *das.*

cocear *vi* auslschlagen *(Pferd).*

cocer [41] *vt* - **1.** [comida] kochen - **2.** [cerámica, ladrillos] brennen. ◆ **cocerse** *vpr* [comida] kochen ; [pan] backen.

cochambre *f fam* Dreck *der.*

coche *m* - **1.** [automóvil] Auto *das* ; **~ celular** Transportwagen *der* für Gefangene ; **~ de alquiler** Leihwagen *der* ; **~ de bomberos** Feuerwehrauto *das* ; **~ de carreras** Rennwagen *der* - **2.** [de tren] Waggon *der* ; **~ cama** Schlafwagen *der* ; **~ restaurante** Speisewagen *der* - **3.** [de caballos] Kutsche *die.* ◆ **coche bomba** *m* Autobombe *die.*

cochera *f* [de coches] Garage *die* ; [de autobuses, tranvías] Depot *das.*

cochinada *f fam fig* Schweinerei *die.*

cochinilla *f* - **1.** [crustáceo] Kellerassel *die* - **2.** [insecto] Koschenillelaus *die.*

cochinillo *m* Spanferkel *das.*

cochino, na ◇ *m, f* [animal] Schwein *das,* Sau *die.* ◇ *adj* - **1.** [persona] schweinisch - **2.** [cosa] verflixt.

cocido *m* Eintopf *der.*

cociente *m* MAT Quotient *der.*

cocina *f* - **1.** [habitación] Küche *die* - **2.** [electrodoméstico] Herd *der* - **3.** [arte] Kochkunst *die* ; **~ de mercado** Kochen mit marktfrischen Zutaten.

cocinar *vt & vi* kochen.

cocinero, ra *m, f* Koch *der,* Köchin *die.*

cocker *m* (Cocker)spaniel *der.*

cocktail = **cóctel.**

coco *m* - **1.** [fruto] Kokosnuss *die* - **2.** *fam* [cabeza] Nuss *die* ; **comer(se) el ~** *fam* sich den Kopf zerbrechen - **3.** *fam* [fantasma] Butzemann *der* - **4.** BOT [bacteria] Kokke *die.*

cocodrilo *m* Krokodil *das.*

cocotero *m* Kokospalme *die.*

cóctel, coctel, cocktail *m* - **1.** [bebida, comida] Cocktail *der* ; **~ de gambas** Krabbencocktail - **2.** [reunión] Cocktailparty *die.*

coctelera *f* Cocktail-Mixer *der.*

codazo *m Stoß mit dem Ellbogen* ; **a ~s** mit den Ellbogen.

codear *vt* mit den Ellbogen anstoßen. ◆ **codearse** *vpr* : **~se con** verkehren mit.

codera *f* Ellbogenflicken *der.*

codicia *f* - **1.** [de riqueza] Habgier *die* - **2.** *fig* [de aprender, saber] Begierde *die.*

codiciar [8] *vt* begehren.

codicioso, sa *adj* gierig.

codificar [10] *vt* - **1.** [mensaje] verschlüsseln - **2.** INFORM kodieren.

código *m* - **1.** [de leyes] Gesetzbuch *das* ; **~ civil** bürgerliches Gesetzbuch ; **~ penal** Strafgesetzbuch - **2.** [reglamento] Ordnung *die* ; **~ de circulación** Straßenverkehrsordnung - **3.** [de mensaje] Code *der* - **4.** [para identificar] Kode *der* ; **~ de barras** Streifenkode ; **~ de identificación fiscal** Steueridentifikationsnummer von Gesellschaften ; **~ genético** genetischer Kode ; **~ postal** Postleitzahl *die* - **5.** INFORM Code *der* ; **~ máquina** Maschinencode.

codillo *m* - **1.** [en cuadrúpedo] Ellbogen *der* - **2.** [de jamón] Spitzbein *das.*

codo *m* - **1.** [parte del cuerpo] Ellbogen *der* ; **de ~s** auf die Ellbogen gestützt ; **~ con ~, ~ a ~** *fig* Schulter an Schulter - **2.** [de tubo] Knie *das* - **3.** [medida] Elle *die* - **4.** *loc* : **empinar el ~** *fam* einen heben ; **hablar por los ~s** *fam* reden wie ein Wasserfall.

codorniz *f* Wachtel *die.*

COE *fpl* (*abrev de* **Compañías de Operaciones Especiales**) ≃ Bundesgrenzschutz.

coeficiente *m* - **1.** [índice] Koeffizient *der* - **2.** [grado] Grad *der* - **3.** MAT Koeffizient *der.*

coerción *f* Zwang *der.*

coetáneo, a *adj* [de la misma época] zeitgenössisch.

coexistir *vi* koexistieren.

cofia *f* Haube *die.*

cofradía *f* - **1.** [religiosa] (Laien)bruderschaft *die,* (Laien)schwesternschaft *die* - **2.** [civil] Zunft *die.*

cofre *m* - **1.** [para joyas] Schmuckkästchen *das* - **2.** [arca] Truhe *die.*

coger [14] ◇ *vt* - **1.** [gen] nehmen ; **~ a alguien de** o **por la mano** jn an die Hand nehmen ; **~ el tren/autobús** den Zug/Bus nehmen - **2.** [capturar] fangen - **3.** [atrapar] einlholen - **4.** [frutos] pflücken - **5.** [aceptar] anlnehmen - **6.** [en alquiler] mieten - **7.** [contratar] einlstellen - **8.** [quitar, robar] weglnehmen - **9.** [enfermedad] bekommen - **10.** : **~le cariño a alguien** jn lieb gewinnen ; **~le miedo a algo/alguien** vor etw/jm Angst bekommen - **11.** [suj : toro] auflspießen ; [suj : coche] überfahren - **12.** [explicación] mitlbekommen - **13.** : **~ a al-**

guien por sorpresa jn überraschen - **14.** [encontrar] an|treffen - **15.** [emisora] empfangen. <> *vi* - **1.** : ~ **y hacer algo** auf|springen und etw tun ; ~ **a la derecha/izquierda** nach rechts/links gehen - **2.** *Amér vulg* [fornicar] vögeln. ◆ **cogerse** *vpr* - **1.** [agarrarse] : ~**se a algo/alguien** sich fest|klammern an etw/jm - **2.** [pillarse] : ~ **algo** sich *(D)* etw *(A)* ein|klemmen.

cogida *f* [de torero] *Verwundung beim Stierkampf.*

cognac = **coñá.**

cogollo *m* - **1.** [de lechuga] Herz *das* - **2.** [de árbol] junger Trieb.

cogorza *f fam* Rausch *der.*

cogote *m fam* [nuca] Nacken *der.*

cohabitar *vi* zusammen|wohnen.

coherencia *f* - **1.** [de un razonamiento] Zusammenhang *der* - **2.** FÍS Kohärenz *die.*

coherente *adj* kohärent.

cohesión *f* - **1.** *fig* [unión] Zusammenhalt *der* - **2.** FÍS Kohäsion *die.*

cohete *m* - **1.** [en pirotecnia] Feuerwerkskörper *der* - **2.** [aeronave] Rakete *die.*

cohibido, da *adj* gehemmt.

cohibir *vt* hemmen. ◆ **cohibirse** *vpr* sich einschüchtern lassen.

COI (*abrev de* **Comité Olímpico Internacional**) *m* IOK *das.*

coima *f Amér fam* Schmiergeld *das.*

coincidencia *f* Zusammentreffen *das.*

coincidir *vi* - **1.** [cosas] überein|stimmen - **2.** [acciones] : ~ **con** zusammen|fallen mit - **3.** [personas] zusammen|treffen mit - **4.** [en opinión] überein|stimmen mit.

coito *m* Koitus *der.*

cojear *vi* - **1.** [persona] hinken - **2.** [mueble] wackeln.

cojera *f* [de un cojo] Hinken *das.*

cojín *m* Kissen *das.*

cojinete *m* MEC Lager *das.*

cojo, ja <> *adj* - **1.** [persona] hinkend - **2.** [mesa, silla] wackelig - **3.** *fig* [idea] nicht stichhaltig. <> *m, f* Lahme *der, die.*

cojón *m (gen pl) vulg* [testículo] Ei *das* ; **por cojones** *vulg fig* jetzt erst recht ; **tener cojones** *vulg fig* Mumm haben. ◆ **cojones** *interj* : **¡cojones!** *vulg* verdammt nochmal!

cojonudo, da *adj vulg* geil.

cojudez *f Amér mfam* Schweinerei *die.*

cojudo, da *adj Amér mfam* bescheuert.

col *f* Kohl *der* ; ~ **de Bruselas** Rosenkohl.

cola *f* - **1.** [de animal] Schwanz *der* - **2.** [extremo, final] Ende *das* - **3.** [de vestido] Schleppe *die* - **4.** [fila] Schlange *die* ; **hacer ~** Schlange stehen - **5.** [para pegar] Leim *der* - **6.** [bebida refrescante] Cola *die* - **7.** [de pelo] : ~ **(de caballo)** Pferdeschwanz *der* - **8.** INFORM Warteschlange *die* - **9.** *loc* : **tener** o **traer ~** *fam* (negative) Folgen haben.

colaboración *f* - **1.** [gen] Mitarbeit *die* - **2.** [en prensa] Beitrag *der.*

colaboracionismo *m* Kollaboration *die.*

colaborador, ra <> *adj* zur Mitarbeit bereit. <> *m, f* - **1.** [gen] Mitarbeiter *der,* -in *die* - **2.** [con enemigo] Kollaborateur *der,* -in *die.*

colaborar *vi* - **1.** [gen] : ~ **en** o **con** mit|arbeiten an o bei *(+D)* - **2.** [contribuir] : ~ **a** bei|tragen zu.

colación *f* : **sacar** o **traer a ~ algo** *fig* etw *(A)* zur Sprache bringen.

colado, da *adj* [líquido] gefiltert ; **estar ~ por alguien** *fam fig* in jn verknallt sein. ◆ **colada** *f* [ropa] Wäsche *die.*

colador *m* Sieb *das.*

colapsar *vt* zum Erliegen bringen.

colapso *m* - **1.** MED [físico] Kollaps *der* - **2.** [de actividad] Zusammenbruch *der.*

colar [23] <> *vt* - **1.** [líquido] filtern - **2.** [cosa falsa] an den Mann bringen - **3.** [por sitio estrecho] durch|stecken. <> *vi* [cosa falsa] durch|gehen. ◆ **colarse** *vpr* - **1.** [líquido] durch|sickern - **2.** [en local] sich ein|schleichen ; [en cola] sich vor|drängeln - **3.** *fam* [por error] sich vertun.

colateral *adj* - **1.** [lateral] seitlich - **2.** [pariente] entfernt verwandt.

colcha *f* Tagesdecke *die.*

colchón *m* [de cama] Matratze *die.*

colchoneta *f* Luftmatratze *die.*

cole *m fam* Schule *die.*

colear *vi* - **1.** [animal] (mit dem Schwanz) wedeln - **2.** [cosa] fort|dauern.

colección *f* - **1.** [gen] Sammlung *die* - **2.** [serie] *fig* Reihe *die.*

coleccionable <> *adj* Sammel-. <> *m* Sammelbeilage *die.*

coleccionar *vt* sammeln.

coleccionista *mf* Sammler *der,* -in *die.*

colecta *f* Spendensammlung *die.*

colectividad *f* Gemeinschaft *die.*

colectivo, va *adj* gemeinsam ; [de transporte] Gemeinschafts-. ◆ **colectivo** *m* - **1.** [conjunto] Kollektiv *das* - **2.** *Amér* [vehículo] (Klein)bus *der.*

colector *mf* Steuereinnehmer *der,* -in *die.* ◆ **colector** *m* - **1.** [de agua] Abwasserkanal *der* ; [de basura] Sammelbehälter *der* - **2.** MEC [de motor] Kollektor *der* - **3.** [de transistor] Empfänger *der.*

colega *mf* Kollege *der,* -gin *die.*

colegiado, da *adj* einer Berufskammer zugehörig.

colegial, la *m, f* Schüler *der,* -in *die.* ◆ **colegial** *adj* [de colegio] Schul-.

colegiarse [8] *vpr* [suj : abogado, médico, etc] einer Berufskammer bei|treten.

colegio *m* - **1.** [de niños] Schule *die* - **2.** [de profesionales] Berufskammer *die.* ◆ **colegio electoral** *m* [lugar] Wahllokal *das.*

◆ **colegio mayor** *m* Studentenwohnheim *das*.

coleópteros *mpl* ZOOL Käfer *pl*.

cólera ◇ *m* MED [enfermedad] Cholera *die*. ◇ *f* [ira] Zorn *der*; **montar en ~** wütend werden.

colérico, ca *adj* [carácter] cholerisch.

colesterol *m* MED Cholesterin *das*.

coleta *f* [de pelo] Zopf *der*.

coletilla *f* Postskriptum *das*.

colgado, da *adj* - **1.** [cuadro, jamón, etc] aufgehängt; [persona] erhängt - **2.** [teléfono] aufgelegt - **3.** *fam fig* total heruntergekommen; **dejar ~ a alguien** *fam* jn hängen lassen; **quedarse ~ de** *fam* hängen|bleiben an *(+D)*.

colgador *m* - **1.** [gancho] Kleiderhaken *der* - **2.** [percha] Kleiderbügel *der*.

colgajo *m* - **1.** [de ropa] (Stoff)fetzen *der* - **2.** [de piel] Hautfetzen *der*.

colgante ◇ *adj* Hänge-. ◇ *m* Anhänger *der*.

colgar [39] ◇ *vt* - **1.** [hacer pender - cosa] auf|hängen; [- persona] hängen - **2.** [abandonar] an den Nagel hängen. ◇ *vi* - **1.** [pender] hängen - **2.** [al teléfono] auf|legen. ◆ **colgarse** *vpr* - **1.** [gen]: **~se de** sich hängen an *(+A)* - **2.** [ahorcarse]: **~se de** sich erhängen an *(+D)*.

colibrí (*pl* **colibríes**) *m* Kolibri *der*.

cólico *m* MED Kolik *die*.

coliflor *f* Blumenkohl *der*.

coligar [16], **coaligar** *vt* verbünden. ◆ **coligarse** *vpr* sich verbünden.

colilla *f* Kippe *die*.

colina *f* Hügel *der*.

colindante *adj* angrenzend.

colindar *vi*: **~ (con)** (an *(+A)*) an|grenzen.

colisión *f* Zusammenstoß *der*.

colisionar *vi* - **1.** [chocar] zusammen|stoßen - **2.** *fig* [ideas] kollidieren.

colitis *f inv* Dickdarmentzündung *die*.

collado *m* [colina] Anhöhe *die*.

collage *m* Collage *die*.

collar *m* - **1.** [para personas] Halskette *die* - **2.** [para animales] Halsband *das* - **3.** [abrazadera] Ring *der*.

collarín *m* Halskrause *die*.

colmado, da *adj* voll.

colmar *vt* - **1.** [recipiente] bis zum Rand füllen - **2.** *fig* [aspiración] erfüllen - **3.** *fig* [persona]: **~ a alguien de algo** jn überschütten mit etw.

colmena *f* Bienenstock *der*.

colmillo *m* - **1.** [de persona] Eckzahn *der* - **2.** [de animal] Fangzahn *der*.

colmo *m fig* Gipfel *der*.

colocación *f* - **1.** [acción] Aufstellung *die*, Anordnung *die* - **2.** [empleo] Anstellung *die*.

colocado, da *adj* - **1.** [ordenado] (an)geordnet, (auf)gestellt - **2.** [en empresa]: **estar muy bien ~** eine sehr gute Stellung haben - **3.** *fam* [de alcohol] blau; *fam* [de drogas] high.

colocar [10] *vt* - **1.** [en su sitio] legen, stellen - **2.** [en una posición]: **~ los brazos en alto** die Arme heben - **3.** [casar] verheiraten; [en empleo] an|stellen - **4.** [dinero] an|legen. ◆ **colocarse** *vpr* - **1.** [en un trabajo] eine Anstellung finden - **2.** *fam* [con drogas, alcohol] sich zu|dröhnen.

colofón *m* - **1.** [remate, fin] Abschluss *der* - **2.** [de libro] Kolophon *der*.

Colombia *f* Kolumbien *nt*.

colombiano, na ◇ *adj* kolumbianisch. ◇ *m, f* Kolumbianer *der*, -in *die*.

colon *m* Dickdarm *der*.

colón *m* [moneda] Colón *der*.

colonia *f* - **1.** [gen] Kolonie *die* - **2.** [de niños] Ferienlager *das*; **ir de ~s** ins Ferienlager fahren - **3.** *Amér* [barrio] Stadtviertel *das* - **4.** ▷ **agua**.

colonialismo *m* Kolonialismus.

colonización *f* [de país] Kolonisierung *die*.

colonizador, ra ◇ *adj* Kolonial-. ◇ *m, f* Kolonisator *der*, -in *die*.

colonizar [13] *vt* - **1.** [suj: país] kolonisieren - **2.** [poblar] besiedeln.

colono *m* Siedler *der*, -in *die*.

coloquial *adj* umgangssprachlich.

coloquio *m* - **1.** [conversación] Gespräch *das* - **2.** [debate] Kolloquium *das*.

color *m* - **1.** [gen] Farbe *die*; **de ~** farbig; **en ~** Farb- - **2.** [en los naipes] Spielfarbe *die*.

colorado, da *adj* [color] rot; **ponerse ~** erröten. ◆ **colorado** *m* [color] Rot *das*.

colorante ◇ *adj* Farb-. ◇ *m* Farbstoff *der*.

colorear *vt* (aus|)malen.

colorete *m* Rouge *das*.

colorido *m* [de dibujo] Farbgebung *die*; [de paisaje] Kolorit *das*.

colorista *adj* koloristisch.

colosal *adj lit & fig* kolossal.

coloso *m lit & fig* Koloss *der*.

columna *f* - **1.** [gen] Säule *die* - **2.** *fig* [pilar] Stütze *die* - **3.** [de texto] Spalte *die* - **4.** [en periódico] Kolumne *die* - **5.** [de ejército] Kolonne *die*. ◆ **columna vertebral** *f* Wirbelsäule *die*.

columnista *mf* Kolumnist *der*, -in *die*.

columpiar [8] *vt* schaukeln. ◆ **columpiarse** *vpr* schaukeln.

columpio *m* Schaukel *die*.

colza *f* Raps *der*.

coma ◇ *m* MED Koma *das*. ◇ *f* GRAM Komma *das*.

comadre *f* [mujer chismosa] Klatschweib *das*; [vecina] (befreundete) Nachbarin.

comadreja *f* Wiesel *das*.

comadrona *f* Hebamme *die*.
comanche <> *adj* Komantschen-. <> *mf* Komantsche *der*, -tschin *die*.
comandancia *f* - **1.** [rango] Oberkommando *das* - **2.** [edificio] Kommandantur.
comandante *m* - **1.** [civil] Flugkapitän *der* - **2.** MIL [rango] Major *der* ; MIL [de un puesto] Kommandant *der*.
comandar *vt* MIL befehlen.
comando *m* - **1.** MIL [grupo] Kommando *das* - **2.** MIL [soldado] Soldat *der* eines Kommandos.
comarca *f* - **1.** [zona] Gegend *die* - **2.** ADMIN ≃ Landkreis.
comba *f* - **1.** [juego] Seilhüpfen *das* - **2.** [cuerda] Springseil *das*.
combar *vt* verbiegen. ◆ **combarse** *vpr* sich krümmen.
combate *m* - **1.** [gen] Kampf *der* - **2.** [batalla] Gefecht *das*.
combatiente *mf* Kämpfer *der*, -in *die*.
combatir <> *vi* : ~ **(contra)** kämpfen (gegen *(+A)*). <> *vt* bekämpfen.
combativo, va *adj* kämpferisch.
combinación *f* - **1.** MAT [mezcla] Kombination *die* - **2.** [prenda] Unterrock *der* - **3.** [plan, estrategia] Plan *der* - **4.** [de caja fuerte] (Zahlen)kombination *die* - **5.** [de medios de transporte & QUÍM] Verbindung *die*.
combinado *m* [bebida] Cocktail *der*.
combinar *vt* - **1.** [mezclar] mischen - **2.** [armonizar] kombinieren - **3.** [planificar] ab|stimmen.
combustible <> *adj* brennbar. <> *m* Brennstoff *der*.
combustión *f* Verbrennung *die*.
comecocos *m inv fam* Überredungskünstler *der*.
comedia *f* [obra, género] Komödie *die*.
comediante, ta *m, f lit & fig* Komödiant *der*, -in *die*.
comedido, da *adj* [moderado] zurückhaltend.
comediógrafo, fa *m, f* Bühnenautor *der*, -in *die*.
comedirse [26] *vpr* sich zurückhalten.
comedor *m* [habitación, muebles] Esszimmer *das* ; [de empresa] Kantine *die* ; ~ **universitario** Mensa *die*.
comensal *mf* Tischgast *der*.
comentar *vt* kommentieren.
comentario *m* - **1.** [gen] Kommentar *der* - **2.** [observación] Bemerkung *die*.
comentarista *mf* Kommentator *der*, -in *die*.
comenzar [34] <> *vt* beginnen, anfangen. <> *vi* beginnen ; ~ **a hacer algo** anfangen o beginnen, etw zu tun.
comer <> *vi* - **1.** [suj : persona] essen ; [suj : animal] fressen - **2.** [al mediodía] zu Mittag essen. <> *vt* - **1.** [suj : persona] essen ; [suj : animal] fressen - **2.** [gastar] verbrauchen - **3.** [desgastar] aus|bleichen - **4.** *fig* [corroer] zerfressen - **5.** [en juegos de tablero] weg|nehmen. ◆ **comerse** *vpr* - **1.** [ingerir alimentos] verspeisen - **2.** [gastar] verbrauchen - **3.** [desgastar] zerfressen - **4.** [en juegos de tablero] wegnehmen.
comercial <> *adj* Geschäfts-. <> *m Amér* Werbung *die*.
comercializar [13] *vt* vermarkten.
comerciante *mf* Händler *der*, -in *die*.
comerciar [8] *vi* : ~ **(con)** handeln (mit).
comercio *m* - **1.** [de productos, actividad] Handel *der* ; ~ **electrónico** Online-Handel ; ~ **exterior** Außenhandel ; ~ **interior** Binnenhandel - **2.** [tienda] Laden *der*.
comestible *adj* essbar. ◆ **comestibles** *mpl* Lebensmittel *pl*.
cometa <> *m* ASTRON Komet *der*. <> *f* [juego] Drachen *der*.
cometer *vt* begehen.
cometido *m* - **1.** [objetivo] Ziel *das* - **2.** [deber] Aufgabe *die*.
comezón *f* [picor] Juckreiz *der*.
cómic (*pl* **cómics**), **comic** (*pl* **comics**) *m* Comic *der*.
comicidad *f* Komik *die*.
comicios *mpl* Wahlen *pl*.
cómico, ca <> *adj* komisch. <> *m, f* [actor] Komiker *der*, -in *die*.
comida *f* - **1.** [gen] Essen *das* ; ~ **rápida** Fastfood *das* - **2.** [al mediodía] Mittagessen *das*.
comienzo *m* Beginn *der*, Anfang *der*.
comillas *fpl* Anführungszeichen *pl*.
comilón, na <> *adj fam* verfressen. <> *m, f fam* Vielfraß *der*. ◆ **comilona** *f fam* Fressgelage *das*.
comino *m* [planta] Kümmel *der* ; **importar un** ~ *fig* völlig egal sein.
comisaría *f* (Polizei)wache *die*.
comisario, ria *m, f* - **1.** [gen] Kommissar *der*, -in *die* ; ~ **europeo** EU-Kommissar, -in - **2.** [delegado] Beauftragte *der, die*.
comisión *f* - **1.** [acción] Begehen *das* (von Straftaten) - **2.** [delegación] Ausschuss *der* - **3.** ECON [recargo, porcentaje] Provision *die*.
comisura *f* : ~ **de los labios** Mundwinkel *der* ; ~ **de los párpados** Augenwinkel *der*.
comité *m* Komitee *das*.
comitiva *f* Gefolge *das*.
como <> *adv* - **1.** [igual que, según] wie ; ~ **te decía ayer** wie ich dir gestern gesagt habe ; **vivir** ~ **un rey** leben wie Gott in Frankreich ; **tan ...~ ...** so ...wie ... - **2.** [de la manera que] (so) wie ; **lo he hecho ~ es debido** ich habe es ordnungsgemäß erledigt - **3.** [en calidad de] als ; **dieron el dinero ~ anticipo** sie gaben uns das Geld als Vorschuss - **4.** [aproximadamente] ungefähr ; **me quedan ~ mil pesetas** ich habe noch

ungefähr tausend Peseten. ◇ *conj* - **1.** [ya que] da ; **~ no llegabas, nos fuimos** da du nicht gekommen bist, sind wir gegangen - **2.** [si] wenn ; **~ llueva nos mojaremos** wenn es regnet, werden wir nass - **3.** [que] dass ; **después de tantas veces ~ te lo he explicado, ¿sigues sin entenderlo?** nachdem ich es dir so viele Male erklärt habe, verstehst du es immer noch nicht? ◆ **como que** *loc conj* [que] als ob ; **le pareció ~ que lloraban** ihr schien, als ob sie weinten. ◆ **como quiera** *loc adv* [de cualquier modo] irgendwie. ◆ **como quiera que** *loc conj* [de cualquier modo que] : **~ quiera que sea** wie dem auch sei. ◆ **como si** *loc conj* als ob.

cómo ◇ *adv* [de qué modo, por qué motivo] wie ; **¿~ lo has hecho?** wie hast du das gemacht? ; **¡~ pasan los años!** wie bloß die Zeit vergeht! ; **¿~ son?** wie sind sie? ; **¿a ~ están los tomates?** wieviel kosten die Tomaten? ; **no sé ~ has podido decir eso** ich verstehe nicht, wie du so etwas sagen konntest ; **¿~?** *fam* [qué dices] wie bitte? ; **¡~ no!** na klar! ◇ *m* : **el ~ y el porqué** das Warum und Weshalb.

cómoda *f* [mueble] Kommode *die*.

comodidad *f* Bequemlichkeit *die*. ◆ **comodidades** *fpl* Komfort *der*.

comodín *m* - **1.** [naipe] Joker *der* - **2.** [cosa] Allzweckgerät *das* ; [persona] Allerweltskerl *der*.

cómodo, da *adj* - **1.** [gen] bequem - **2.** [fácil, oportuno] angebracht.

comodón, ona *m, f* bequemer Mensch.

compactar *vt* verdichten.

compact disk, compact disc *m* CD *die*.

compacto, ta *adj* kompakt.

compadecer [30] *vt* bemitleiden. ◆ **compadecerse de** *vpr* : **~se de alguien** Mitleid mit jm haben.

compadre *m fam* [amigo] Kumpel *der*.

compadrear *vi Amér fam* sich auf|spielen.

compaginar *vt* [combinar] miteinander vereinbaren. ◆ **compaginarse** *vpr* [combinarse] zusammen|passen.

compañerismo *m* Kameradschaft *die*.

compañero, ra *m, f* - **1.** [acompañante] Begleiter *der*, -in *die* - **2.** [colega - de escuela] Klassenkamerad *der*, -in *die* ; [- de universidad] Kommilitone *der*, -nin *die* ; [- de trabajo] Kollege *der*, -gin *die* - **3.** [pareja] Gefährte *der*, -tin *die* ; **~ sentimental** Lebensgefährte, -tin - **4.** [par] Gegenstück *das*.

compañía *f* - **1.** [gen] Gesellschaft *die* ; **~ multinacional** multinationaler Konzern ; **~ de seguros** Versicherungsgesellschaft *die* ; **en ~ de** in Gesellschaft von - **2.** TEATR Ensemble *das* - **3.** MIL Kompanie *die*.

comparación *f* Vergleich *der*.

comparar *vt* : **~ algo (con)** etw vergleichen (mit).

comparar

Er ist mindestens so alt wie sie. Él tiene, por lo menos, la misma edad que ella.
Wir sind gleich alt. Tenemos la misma edad.
Er arbeitet nur halb so viel wie seine Kollegen. Trabaja sólo la mitad de lo que trabajan sus compañeros.
Im Vergleich zu gestern ist es heute richtig warm. En comparación con ayer, hoy hace calor de verdad.
Der Wagen fährt besser als der alte. Este coche va mejor que el viejo.
Er hat die gleiche Art wie sein Bruder. Tiene el mismo carácter que su hermano.

comparativo, va *adj* vergleichend. ◆ **comparativo** *m* GRAM Komparativ *der*.

comparecer [30] *vi* erscheinen.

compartimento, compartimiento *m* - **1.** [sección] Fach *das* - **2.** [en tren] Abteil *das*.

compartir *vt* teilen.

compás *m* - **1.** [instrumento] Zirkel *der* - **2.** NÁUT [brújula] Kompass *der* - **3.** [MÚS - período] Tonmaß *das* ; [- ritmo] Takt *der* ; **llevar el ~** den Takt an|geben ; **perder el ~** aus dem Takt kommen.

compasión *f* Mitleid *das*.

compatibilidad *f* [de caracteres] Vereinbarkeit *die*.

compatibilizar [13] *vt* kompatibel machen.

compatible *adj* - **1.** [gen] vereinbar - **2.** INFORM & MED kompatibel.

compatriota *mf* Landsmann *der*, -männin *die*.

compendiar [8] *vt* zusammen|fassen.

compendio *m* - **1.** [libro] Abriss *der* - **2.** *fig* [síntesis] Ausbund *der*.

compenetración *f* gegenseitiges Einverständnis.

compenetrarse *vpr* : **~ (con)** sich gut verstehen (mit).

compensación *f* - **1.** [contrapartida] Ausgleich *der* - **2.** [indemnización] Entschädigung *die*.

compensar *vt* - **1.** [equilibrar] ausgleichen - **2.** [indemnizar, valer la pena] entschädigen.

competencia *f* - **1.** [entre personas, empresas] Wettbewerb *der* ; **libre ~** freier Wettbewerb - **2.** [aptitud] Fähigkeit *die*.

competente *adj* - **1.** [con atribuciones] zuständig - **2.** [experto] fähig.

competición *f* Wettbewerb *der*.

competidor, ra <> *adj* Konkurrenz-. <> *m, f* - **1.** [rival] Konkurrent *der*, -in *die* - **2.** [participante] Wettkampfteilnehmer *der*, -in *die*.

competir [26] *vi* - **1.** [entre personas] streiten um *(+A)* - **2.** [entre empresas] konkurrieren.

competitividad *f* Wettbewerbsfähigkeit *die*.

competitivo, va *adj* - **1.** [de competición] wettbewerbsfähig - **2.** [capaz de rivalizar] konkurrenzfähig.

compilador, ra *adj* zusammenstellend. ◆ **compilador** *m* INFORM Compiler *der*.

compilar *vt* - **1.** [textos] zusammen|stellen - **2.** INFORM kompilieren.

compinche *mf fam* Kumpan *der*, -in *die*.

complacencia *f* Gefälligkeit *die*.

complacer [29] *vt* - **1.** [satisfacer] zufrieden stellen - **2.** [agradar] gefallen.

complaciente *adj* [amable] zuvorkommend.

complejo, ja *adj* komplex. ◆ **complejo** *m* - **1.** [conjunto] Anlage *die* ; ~ **(industrial)** Industriekomplex *der* - **2.** PSICOL Komplex *der*.

complementar *vt* ergänzen.

complementario, ria *adj* ergänzend.

complemento *m* - **1.** [añadido] Ergänzung *die* - **2.** GRAM Objekt *das*.

completar *vt* ergänzen. ◆ **completarse** *vpr* sich ergänzen.

completo, ta *adj* - **1.** [entero] vollständig ; **por** ~ völlig - **2.** [lleno] voll (belegt) - **3.** [total] vollkommen.

complexión *f* Körperbau *der*.

complicación *f* - **1.** [complejidad] Kompliziertheit *die* - **2.** [dificultad] Schwierigkeit *die* - **3.** [de enfermedad] Komplikation *die*.

complicado, da *adj* - **1.** [difícil] schwierig - **2.** [implicado] verwickelt.

complicar [10] *vt* [dificultar] komplizieren. ◆ **complicarse** *vpr* - **1.** [hacerse difícil] schwieriger werden - **2.** [agravarse] sich verschlimmern.

cómplice *mf* Komplize *der*, -zin *die*.

complicidad *f* - **1.** DER Komplizenschaft *die* - **2.** [acuerdo mutuo] geheimes Einverständnis.

compló (*pl* **complós**), **complot** (*pl* **complots**) *m* Komplott *das*.

componente *m* [miembro] Mitglied *das*.

componer [65] *vt* - **1.** [formar] zusammen|setzen - **2.** [constituir] bilden - **3.** [música] komponieren ; [literatura] verfassen - **4.** [arreglar] reparieren - **5.** [adornar] schmücken - **6.** [en tipografía] setzen. ◆ **componerse** *vpr* - **1.** [estar formado] sich zusammensetzen - **2.** [adornarse] sich zurechtmachen - **3.** *Amér* [curarse] gesund werden.

comportamiento *m* Benehmen *das*.

comportar *vt* mit sich bringen. ◆ **comportarse** *vpr* sich benehmen.

composición *f* - **1.** [acción, efecto] Komposition *die* - **2.** [obra] Werk *das* - **3.** [elementos] Zusammensetzung *die*.

compositor, ra *m, f* Komponist *der*, -in *die*.

compostura *f* - **1.** [arreglo] Ausbesserung *die* - **2.** [de aspecto] Zurechtmachen *das* - **3.** [en comportamiento] Haltung *die*.

compota *f* CULIN Kompott *das*.

compra *f* - **1.** [adquisición] Kauf *der* ; ~ **a plazos** COM Ratenkauf ; **ir de ~s** (ein|)kaufen gehen - **2.** [de comestibles] Einkauf *der*.

comprador, ra <> *adj* Kauf-. <> *m, f* Käufer *der*, -in *die*.

comprar *vt* - **1.** [adquirir] (ein|)kaufen - **2.** [sobornar] kaufen.

compraventa *f* Kauf *der*.

comprender *vt* - **1.** [entender] verstehen, begreifen - **2.** [incluir] umfassen.

comprensión *f* Verständnis *das*.

comprensivo, va *adj* verständnisvoll.

compresa *f* - **1.** [para herida] Kompresse *die* - **2.** [para menstruación] Damenbinde *die*.

comprimido, da *adj* komprimiert. ◆ **comprimido** *m* Tablette *die*.

comprimir *vt* zusammen|pressen.

comprobante *m* Beleg *der*.

comprobar [23] *vt* überprüfen.

comprometer *vt* - **1.** [poner en peligro - cosa] gefährden ; [- persona] kompromittieren - **2.** [hacer responsable] verpflichten. ◆ **comprometerse** *vpr* - **1.** [hacerse responsable] sich verpflichten - **2.** [ideológicamente, moralmente] sich engagieren.

comprometido, da *adj* [difícil] schwierig.

compromiso *m* - **1.** [obligación] Verpflichtung *die* ; ~ **(matrimonial)** Verlobung *die* - **2.** [ideológico] Engagement *das* - **3.** [acuerdo] Vereinbarung *die* - **4.** [cita] Verabredung *die* - **5.** [dificultad] heikle Lage.

compuerta *f* Schleusentor *das*.

compuesto, ta <> *pp irreg* ▷ **componer**. <> *adj* - **1.** [gen] zusammengesetzt - **2.** [persona] zurechtgemacht. ◆ **compuesto** *m* - **1.** GRAM Kompositum *das* - **2.** QUÍM Verbindung *die*.

compulsar *vt* beglaubigen.

compulsivo, va *adj* zwingend.

compungido, da *adj* reumütig.

computador, ra *m, f* Computer *der*. ◆ **computadora** *f Amér* Computer *der*.

computar *vt* [calcular] berechnen.

cómputo *m* Berechnung *die*.
comulgar [16] *vi* RELIG zur Kommunion gehen.
común *adj* - **1.** [compartido] gemeinsam ; **tener algo en ~** etw gemeinsam haben - **2.** [de la mayoría] gemeinschaftlich - **3.** [frecuente] häufig - **4.** [ordinario] gewöhnlich.
comuna *f* Kommune *die*.
comunicación *f* - **1.** [entre personas] Kommunikation *die* - **2.** [entre lugares] Verbindung *die* - **3.** [escrito] Mitteilung *die*. ◆ **comunicaciones** *fpl* [medios] Post- und Fernmeldewesen *das* ; [tráfico] Verkehrsverbindungen *pl*.
comunicado, da *adj* erreichbar. ◆ **comunicado** *m* Kommuniqué *das*.
comunicar [10] <> *vt* - **1.** [transmitir] übertragen - **2.** [información] mit|teilen. <> *vi* - **1.** [hablar] : **~ con** sich in Verbindung setzen mit - **2.** [dos lugares] : **~ con** verbunden sein mit - **3.** [suj : teléfono] besetzt sein. ◆ **comunicarse** *vpr* - **1.** [hablarse] miteinander sprechen - **2.** [dos lugares] miteinander verbunden sein.
comunicativo, va *adj* kommunikativ.
comunidad *f* - **1.** [asociación] Gemeinschaft *die* ; **~ de propietarios** Eigentümergemeinschaft - **2.** [territorio] Region *die* ; **~ autónoma** autonome Region - **3.** [de religiosos] (Kloster)gemeinschaft *die* - **4.** [estado de lo común] Gemeinsamkeit *die*.
Comunidad Valenciana *f* die autonome Region Valencia.
comunión *f* - **1.** [sacramento] Kommunion *die* - **2.** [de ideas] Verbundenheit *die*.
comunismo *m* Kommunismus *der*.
comunista <> *adj* kommunistisch. <> *mf* Kommunist *der*, -in *die*.
comunitario, ria *adj* - **1.** [de comunidad] Gemeinschafts- - **2.** [de CEE] EWG-, EG-, EU-.
con *prep* - **1.** [gen] mit *(+ D)* - **2.** [a pesar de] trotz *(+ G)*.
concadenar = **concatenar**.
concatenar, concadenar *vt* verketten.
concavidad *f* [lugar] Höhlung *die*.
cóncavo, va *adj* konkav.
concebir [26] <> *vt* - **1.** [idea] begreifen - **2.** [hijo] empfangen. <> *vi* schwanger werden.
conceder *vt* - **1.** [dar] gewähren - **2.** [asentir] zu|geben.
concejal, la *m, f* [de ciudad] Stadtrat *der*, -rätin *die* ; [de pueblo] Gemeinderat *der*, -rätin *die*.
concentración *f* - **1.** [gen] Konzentration *die* - **2.** [de gente] Versammlung *die* - **3.** DEP Trainingslager *das*.
concentrado *m* konzentriert.
concentrar *vt* - **1.** [reunir - gente] versammeln ; [- tropas] zusammen|ziehen - **2.** QUÍM konzentrieren. ◆ **concentrarse** *vpr* - **1.** : **~se (en algo)** sich (auf etw *(A)*) konzentrieren - **2.** [reunirse] sich versammeln.
concéntrico, ca *adj* GEOM konzentrisch.
concepción *f* Empfängnis *die*.
concepto *m* - **1.** [idea] Begriff *der* - **2.** [opinión] Meinung *die* - **3.** [motivo] Grund *der* ; **bajo ningún ~** unter gar keinen Umständen ; **en ~ de** als.
concernir [21] *v impers* betreffen.
concertar [19] <> *vt* [gen] fest|setzen. <> *vi* [concordar] : **~ (con)** überein|stimmen (mit).
concertista *mf* MÚS Konzertmusiker *der*, -in *die*.
concesión *f* - **1.** [acción] Erteilung *die* ; [efecto] Genehmigung *die* - **2.** [licencia] Lizenz *die* ; COM Konzession *die* - **3.** [de premio] Verleihung *die* ; [de préstamo, beca] Gewährung *die*.
concesionario, ria <> *adj* Lizenz-. <> *m, f* Lizenzinhaber *der*, -in *die*. ◆ **concesionario** *m* COM Vertragshändler *der*, -in *die*.
concha *f* - **1.** [de molusco] Muschel *die* - **2.** [material] Schildpatt *das*.
conchabarse *vpr fam* sich ein|lassen.
conciencia, consciencia *f* - **1.** [conocimiento] Erkenntnis *die* - **2.** [consciencia] Bewusstsein *das* - **3.** [moral] Gewissen *das* ; **a ~** gewissenhaft ; **remorderle a alguien la ~** Gewissensbisse haben - **4.** [integridad] Redlichkeit *die*.
concienciar [8] *vt* bewusst machen. ◆ **concienciarse** *vpr* sich bewusst werden.
concienzudo, da *adj* gewissenhaft.
concierto *m* - **1.** [espectáculo, composición] Konzert *das* - **2.** [acuerdo] Übereinkunft *die* - **3.** [orden] Ordnung *die*.
conciliar [8] <> *adj* Konzils-. <> *vt* - **1.** [poner de acuerdo] versöhnen - **2.** [hacer compatible] miteinander vereinbaren - **3.** *loc* : **~ el sueño** ein|schlafen (können).
concilio *m* Konzil *das*.
conciso, sa *adj* (kurz und) bündig.
conciudadano, na *m, f* Mitbürger *der*, -in *die*.
cónclave, conclave *m* - **1.** [de cardenales] Konklave *das* - **2.** [reunión] Versammlung *die*.
concluir [51] <> *vt* - **1.** [terminar] ab|schließen - **2.** [sacar una conclusión] folgern. <> *vi* [finalizar] zu Ende gehen.
conclusión *f* - **1.** [fin] Abschluss *der* - **2.** [de razonamiento] Schluss *der*, Folgerung *die* ; **en ~** schließlich - **3.** [acuerdo] Beschluss *der*.
concluyente *adj* schlüssig.
concordancia *f* - **1.** [conformidad] Übereinstimmung *die* - **2.** GRAM Konkordanz *die*.
concordar [23] <> *vt* in Einklang bringen.

◇ *vi* GRAM [estar de acuerdo] überein|stimmen.

concordia *f* Eintracht *die*.

concretar *vt* - **1.** [precisar] mit Sicherheit sagen - **2.** [reducir a lo esencial] konkretisieren. ◆ **concretarse** *vpr* - **1.** [limitarse] sich beschränken - **2.** [materializarse] sich konkretisieren.

concreto, ta ◇ *adj* konkret ; **en ~** konkret. ◇ *m Amér* : **~ armado** Stahlbeton *der*.

concurrencia *f* - **1.** [público] Publikum *das* - **2.** [de sucesos] Zusammentreffen *das* - **3.** [competencia] Konkurrenz *die*.

concurrido, da *adj* stark besucht.

concurrir ◆ **concurrir a** *vi* - **1.** [reunirse] bei|wohnen *(+D)* - **2.** [influir] bei|tragen zu - **3.** [participar] teil|nehmen an *(+D)*.

concursante *mf* Bewerber *der*, -in *die*.

concursar *vi* sich bewerben um *(+A)*.

concurso *m* - **1.** [prueba] Wettbewerb *der* - **2.** [para una obra] Ausschreibung *die* ; **~ público** öffentliche Ausschreibung - **3.** [ayuda] Mitarbeit *die*.

condado *m* [territorio] Grafschaft *die* ; [título] Grafenwürde *die*.

condal *adj* Grafen-.

conde, desa *m, f* Graf *der*, Gräfin *die*.

condecoración *f* - **1.** [acto] Auszeichnung *die* - **2.** [insignia] Orden *der*.

condecorar *vt* aus|zeichnen.

condena *f* Verurteilung *die* ; **cumplir ~** eine Strafe ab|büßen.

condenable *adj* strafbar.

condenado, da ◇ *adj fig* verdammt. ◇ *m, f* Verurteilte *der, die*.

condenar *vt* - **1.** [en juicio, recriminar] verurteilen - **2.** [castigar] : **~ a alguien a algo** jn zu etw verurteilen ; **~ a alguien a hacer algo** jn dazu verurteilen, etw zu tun - **3.** [predestinar] : **~ a** zu etw verurteilen.

condensar *vt* FÍS kondensieren.

condescendencia *f* - **1.** [amabilidad] Entgegenkommen *das* - **2.** [desprecio] Herablassung *die*.

condescender [20] ◆ **condescender a** *vi* - **1.** [con amabilidad] ein|gehen auf *(+A)* - **2.** [con desprecio] sich herab|lassen zu.

condescendiente *adj* entgegenkommend.

condición *f* - **1.** [gen] Bedingung *die* ; **con la** o **a ~ de que alguien haga algo** unter der Bedingung, dass jd etw tut ; **sin condiciones** bedingungslos - **2.** [naturaleza] Wesen *das* - **3.** [clase social] Klasse *die* ; **de ~ plebeya** von niedrigem Stand - **4.** [premisa] Voraussetzung *die*. ◆ **condiciones** *fpl* - **1.** [aptitud] Talent *das* - **2.** [situación] Bedingungen *pl*, Verhältnisse *pl* - **3.** [estado] Zustand *der* ; **en condiciones** in gutem Zustand ; **estar en condiciones de** o **para hacer algo** in der Lage sein, etw zu tun.

condicionado, da *adj* beeinflusst.

condicional *adj* - **1.** [libertad, venta] bedingt - **2.** GRAM konditional.

condicionar *vt* (von etw) abhängig machen.

condimentar *vt* würzen.

condimento *m* Gewürz *das*.

condiscípulo, la *m, f* Mitschüler *der*, -in *die*.

condolencia *f* Beileid *das*.

condolerse [24] *vpr* Anteil nehmen an *(+D)*.

condón *m fam* Kondom *das*.

cóndor *m* - **1.** [ave] Kondor *der* - **2.** [moneda] *ekuadorianische oder chilenische Goldmünze*.

conducción *f* - **1.** [de vehículo] Fahren *das* - **2.** [por tubería, cable] Leitung *die*.

conducir [33] ◇ *vt* - **1.** [vehículo] fahren - **2.** [dirigir] leiten, führen - **3.** [a una persona a un lugar] führen - **4.** [por una tubería, cable] leiten. ◇ *vi* - **1.** [conductor de vehículo] fahren - **2.** [a un sitio, a una situación] : **~ a** führen zu.

conducta *f* Benehmen *das*.

conducto *m* - **1.** [de fluido] Leitung *die* - **2.** [vía] Weg *der* - **3.** ANAT : **~ auditivo** Gehörgang *der*.

conductor, ra ◇ *adj* FÍS leitend. ◇ *m, f* [de vehículo] Fahrer *der*, -in *die*. ◆ **conductor** *m* FÍS Leiter *der*, -in *die*.

conectado, da *adj* - **1.** ELECTR angeschlossen ; **~ a** angeschlossen an *(+A)* - **2.** INFORM online.

conectar ◇ *vt* - **1.** ELECTR an|schließen ; **~ algo a** etw an *(+A)* an|schließen - **2.** [unir] : **~ algo con** etw verbinden mit. ◇ *vi* [televisión, radio] : **~ (con)** Verbindung her|stellen (mit).

conejo, ja *m, f* Kaninchen *das*.

conexión *f* - **1.** [entre dos cosas] Verbindung *die* - **2.** ELECTR Anschluss *der* - **3.** [televisión, radio] Verbindung *die*, Anschluss *der*.

confabular *vi* tratschen. ◆ **confabularse** *vpr* sich verschwören.

confección *f* - **1.** [de ropa] Konfektion *die* - **2.** [realización, preparación] Zubereitung *die*.

confeccionar *vt* - **1.** [ropa] an|fertigen - **2.** [lista] auf|stellen ; [comida] zu|bereiten.

confederación *f* - **1.** [de estados] Staatenbund *der* - **2.** [de asociaciones] Verband *der*.

confederado, da *adj* konföderiert. ◆ **confederado** *m* Konföderierte *der, die*.

confederarse *vpr* sich verbünden.

conferencia *f* - **1.** [sobre tema] Vortrag *der* ; **dar una ~** einen Vortrag halten - **2.** [reunión] Konferenz *die* ; **~ episcopal** Bischofskonferenz - **3.** [por teléfono] Ferngespräch *das*.

conferir [27] *vt* - **1.** [responsabilidades] übertragen - **2.** [otorgar] verleihen.
confesar [19] *vt* - **1.** [gen] gestehen - **2.** RELIG : **~ algo (a alguien)** (jm) etw beichten ; **~ a alguien** jm die Beichte ab|nehmen. ◆ **confesarse** *vpr* RELIG : **~se (de algo)** (etw) beichten.
confesión *f* - **1.** [de culpa] Geständnis *das* - **2.** [de secreto] Bekenntnis *das* - **3.** [de pecado] Beichte *die* - **4.** [credo] Konfession *die*.
confesionario *m* Beichtstuhl *der*.
confesor *m* Beichtvater *der*.
confiado, da *adj* [seguro] zuversichtlich ; [crédulo] vertrauensselig.
confianza *f* - **1.** [fe, seguridad] Vertrauen *das* ; **tener ~ en algo/alguien** etw/jm *(D)* vertrauen ; **de ~** Vertrauens- - **2.** [familiaridad] Vertrautheit *die* ; **de ~** vertraut.
confiar [9] *vt* - **1.** [gen] an|vertrauen - **2.** [responsabilidad] übertragen. ◆ **confiar en** *vi* - **1.** [persona, cosa] vertrauen - **2.** [futuro] sich verlassen auf *(+A)* ◆ **confiarse** *vpr* - **1.** [despreocuparse] leichtsinnig sein - **2.** [franquearse] : **~se a alguien** sich jm an|vertrauen.
confidencia *f* vertrauliche Mitteilung.
confidencial *adj* vertraulich.
confidente *mf* - **1.** [amigo] Vertrauensperson *die* - **2.** [soplón] Spitzel *der*.
configurar *vt* [terreno, carácter] gestalten.
confín *m (gen pl)* - **1.** [límite] Grenze *die* - **2.** [extremo] äußerstes Ende.
confinamiento *m* [de detenido] Zwangsaufenthalt *der*.
confinar *vt* - **1.** [a detenido] : **~ (en)** ein|sperren (in) - **2.** [a desterrado] : **~ (en)** verbannen (nach/auf *(+A)*).
confirmación *f* - **1.** [de cosa, hecho] Bestätigung *die* - **2.** RELIG Firmung *die (kath.)*, Konfirmation *die (evang.)*.
confirmar *vt* - **1.** [hecho, cosa] bestätigen - **2.** [idea] bestärken.
confiscar [10] *vt* beschlagnahmen.
confitado, da *adj* kandiert.
confite *m* Zuckerwerk *das*.
confitería *f* - **1.** [tienda de dulces] Süßwarenladen *der* - **2.** *Amér* [cafetería] Cafeteria *die*.
confitura *f* Konfitüre *die*.
conflictivo, va *adj* konfliktgeladen.
conflicto *m* Konflikt *der*.
confluir [51] *vi* - **1.** [corriente, cauce] zusammen|fließen - **2.** [personas] zusammen|strömen.
conformar *vt* [dar forma] (mit|)gestalten. ◆ **conformarse** *vpr* : **~se (con)** sich fügen (in *(+A)*), sich zufrieden geben (mit).
conforme <> *adj* - **1.** [acorde] : **~ a** gemäß *(+D)* - **2.** [de acuerdo] : **~ con** einverstanden mit. <> *adv* - **1.** [igual] so wie - **2.** [a medida que] in dem Maße, wie ; **~ envejecía** je älter er/sie wurde ; **colóquense ~ vayan llegando** stellen Sie sich in der Reihenfolge Ihres Eintreffens an - **3.** [según] genauso wie ; **~ a** in Übereinstimmung mit.
conformidad *f* [aprobación] Zustimmung *die* ; **dar a alguien su ~** jm sein Einverständnis geben.
conformista <> *adj* konformistisch. <> *mf* Konformist *der*, -in *die*.
confort *m* Komfort *der*.
confortable *adj* komfortabel.
confortar *vt* trösten.
confraternizar [13] *vi* sich verbrüdern.
confrontar *vt* - **1.** [enfrentar] gegenüber|stellen - **2.** [comparar] vergleichen.
confundir *vt* - **1.** [una cosa con otra] verwechseln - **2.** [liar, enredar] verwirren. ◆ **confundirse** *vpr* - **1.** [equivocarse] sich irren - **2.** [liarse, enredarse] sich verwickeln - **3.** [no distinguirse] nicht aus|zumachen sein.
confusión *f* - **1.** [de una cosa con otra] Verwechslung *die* - **2.** [lío, enredo] Verwirrung *die* - **3.** [caos] Durcheinander.
confuso, sa *adj* - **1.** [incomprensible] verworren - **2.** [imperceptible] undeutlich - **3.** [turbado] konfus.
congelación *f* ECON [de alimentos] Einfrieren *das*.
congelador *m* Gefrierfach *das*.
congelados *mpl* Tiefkühlkost *die*.
congelar *vt* ECON [alimentos] ein|frieren. ◆ **congelarse** *vpr* - **1.** *fig* [pasar frío] frieren - **2.** [solidificarse] gefrieren.
congénere *mf* Artgenosse *der*, -sin *die*.
congeniar [8] *vi* : **~ (con)** sich gut verstehen (mit).
congénito, ta *adj* angeboren.
congestión *f* - **1.** [de nariz, cabeza] Verstopfung *die* - **2.** [atasco] Stau *der*.
congestionar *vt* blockieren. ◆ **congestionarse** *vpr* - **1.** [cara, rostro] rot werden - **2.** [carretera] sich stauen ; [entrada] verstopft sein.
conglomerado *m* - **1.** GEOL & TECN Konglomerat *das* - **2.** *fig* [mezcla] Anhäufung *die*.
congoja *f* Beklemmung *die*.
congraciarse [8] ◆ **congraciarse con** *vpr* sich beliebt machen bei.
congratular *vt* : **~ a alguien por** jm gratulieren zu.
congregación *f* RELIG Kongregation *die*.
congregar [16] *vt* versammeln.
congresista *mf* - **1.** [en congreso] Kongressteilnehmer *der*, -in *die* - **2.** [político] Kongressmitglied *das*.
congreso *m* - **1.** [coloquio] Kongress *der* - **2.** POLÍT [asamblea nacional] Kongress *der* - **3.** POLÍT [edificio] Kongressgebäude *das*.

◆ **Congreso de los Diputados** *m* [en España] ≃ Bundestag *der*.
congrio *m* Meeraal *der*.
congruente *adj* übereinstimmend.
cónico, ca *adj* GEOM konisch.
conjetura *f* Vermutung *die* ; **hacer ~s, hacerse una ~** Vermutungen anlstellen.
conjugación *f* [GRAM - de verbo] Konjugation *die* ; [- clase de verbos] Konjugationsklasse *die*.
conjugar [16] *vt* **- 1.** GRAM konjugieren **- 2.** [cosas] vereinigen.
conjunción *f* **- 1.** GRAM & ASTRON Konjunktion *die* **- 2.** [de cosas] Vereinigung *die*.
conjuntar *vt* zusammenlstellen.
conjunto, ta *adj* [gen] gemeinsam. ◆ **conjunto** *m* **- 1.** [agrupación] Komplex *der* **- 2.** [de ropa] Anzug *der* **- 3.** MÚS Gruppe *die* **- 4.** [totalidad] Gesamtheit *die* ; **en ~** insgesamt **- 5.** MAT Menge *die*.
conjura *f* Verschwörung *die*.
conjurar *vt* **- 1.** [suj : conspirador] konspirieren **- 2.** [suj : exorcista] beschwören.
conjuro *m* Beschwörung *die*.
conllevar *vt* **- 1.** [implicar] mit sich *(D)* bringen **- 2.** [soportar] ertragen.
conmemoración *f* Gedächtnisfeier *die* ; **en ~ de** zum Gedenken an *(+A)*.
conmemorar *vt* gedenken *(+G)*.
conmigo *pron pers* mit/bei mir.
conmoción *f* [psíquica, física] Erschütterung *die*.
conmocionar *vt* **- 1.** [psíquicamente] erschüttern **- 2.** [físicamente] unter Schock setzen.
conmovedor, ra *adj* ergreifend.
conmover [24] *vt* rühren.
conmutador *m* **- 1.** ELECTR Umschalter *der* **- 2.** *Amér* [centralita telefónica] Telefonzentrale *die*.
connotación *f* Konnotation *die*.
cono *m* Kegel *der*.
conocedor, ra *m, f* Kenner *der*, -in *die*.
conocer [31] *vt* **- 1.** [gen] kennen **- 2.** [entrar en conocimiento] kennen lernen **- 3.** [reconocer] erkennen. ◆ **conocerse** *vpr* **- 1.** [gen] sich kennen **- 2.** [por primera vez] sich kennen lernen.
conocido, da ◇ *adj* bekannt. ◇ *m, f* Bekannte *der, die*.
conocimiento *m* **- 1.** [saber] Wissen *das* ; **con ~ de causa** mit fundiertem Wissen **- 2.** [sentido] Bewusstsein *das* ; **perder/ recobrar el ~** *fig* das Bewusstsein verlieren/ wieder erlangen. ◆ **conocimientos** *mpl* Kenntnisse *pl*.
conque *conj* also.
conquista *f* **- 1.** [de tierras, persona] Eroberung *die* **- 2.** *fig* [de libertad, derecho] Errungenschaft *die*.
conquistador, ra ◇ *adj* verführerisch. ◇ *m, f* **- 1.** [de tierras] Eroberer *der* **- 2.** HIST Eroberer ; **los ~es de América** die Konquistadoren **- 3.** *fig* [de persona] Frauenheld *der*.
conquistar *vt* **- 1.** [tierras] erobern **- 2.** *fig* [libertad, derechos, simpatía] erkämpfen **- 3.** *fig* [seducir] verführen.
consabido, da *adj* altbekannt.
consagración *f* **- 1.** [ceremonia - de persona, cosa] Weihe *die* ; [- en misa] Wandlung *die* **- 2.** [dedicación] Widmung *die* **- 3.** [éxito, fama] Bestätigung *die*.
consagrado, da *adj* **- 1.** [a Dios] geweiht **- 2.** [a persona, acontecimiento] gewidmet **- 3.** [artista, profesional] etabliert.
consagrar *vt* **- 1.** RELIG weihen **- 2.** [dedicar] widmen **- 3.** [dar éxito, fama] bestätigen. ◆ **consagrarse** *vpr* [a actividad] : **~se a algo** sich etw *(D)* widmen.
consciencia = **conciencia**.
consciente *adj* **- 1.** [de hecho] bewusst **- 2.** [físicamente] bei Bewusstsein.
consecuencia *f* **- 1.** [resultado] Folge *die*, Konsequenz *die* ; **a** o **como ~ de** infolge o aufgrund *(+G)* ; **en ~** infolgedessen ; **tener ~s** Konsequenzen haben **- 2.** [coherencia] Konsequenz *die*.
consecuente *adj* [coherente] konsequent.
consecutivo, va *adj* aufeinander folgend.
conseguir [43] *vt* erreichen.
consejero, ra *m, f* **- 1.** [de persona] Berater *der*, -in *die* **- 2.** [de empresa] Betriebsrat *der*, -rätin *die* **- 3.** POLÍT Minister *der*, -in *die (einer Regionalregierung)* ; **~ de Estado** Staatsrat *der*, -rätin *die*.
consejo *m* **- 1.** [advertencia, organismo] Rat *der* ; **dar un ~** einen Rat geben o erteilen **- 2.** [reunión] Ratsversammlung *die*.
consenso *m* **- 1.** [consentimiento] Zustimmung *die* **- 2.** [acuerdo] Einverständnis *das*.
consentimiento *m* Zustimmung *die*.
consentir [27] ◇ *vt* **- 1.** [tolerar] erlauben **- 2.** [mimar] verwöhnen. ◇ *vi* : **~ en** zulstimmen zu.
conserje *mf* Hausmeister *der*, -in *die*.
conserjería *f* **- 1.** [de hotel] Empfang *der*, Rezeption *die* **- 2.** [de edificio] Portierloge *die*, Pförtnerloge *die*.
conserva *f* Konserve *die* ; **en ~** eingemacht, Konserven-.
conservación *f* **- 1.** [gen] Erhaltung *die* **- 2.** [de edificio] Instandhaltung *die*.
conservador, ra ◇ *adj* konservativ. ◇ *m, f* [por ideología] Konservative *der, die*.
conservante *m* Konservierungsstoff *der*.
conservar *vt* **- 1.** [cosa perecedera] erhalten **- 2.** [guardar] auflbewahren. ◆ **conservarse** *vpr* sich halten.
conservatorio *m* Konservatorium *das*.

considerable *adj* beachtlich.

consideración *f* - **1.** [valoración] Erwägung *die* ; **tomar en ~** in Betracht ziehen - **2.** [respeto] Rücksicht *die* ; **en ~ a algo/alguien** aus Rücksicht auf etw/jn ; [aprecio] (Hoch)achtung *die* ; [importancia] : **de ~** erheblich.

considerado, da *adj* rücksichtsvoll.

considerar *vt* - **1.** [valorar] erwägen - **2.** [tener en cuenta] bedenken - **3.** [juzgar, estimar] halten für.

consigna *f* - **1.** [orden] Anweisung *die* - **2.** [para equipaje] Gepäckaufbewahrung *die*.

consignar *vt* - **1.** [equipaje] zur Aufbewahrung geben - **2.** [por escrito] schriftlich festlhalten - **3.** [asignar] bestimmen.

consigo *pron pers* [con usted] mit/bei Ihnen ; [con él, ella] mit/bei sich ; **lleva siempre la pistola ~** er trägt immer die Pistole bei sich.

consiguiente *adj* daraus folgend ; **por ~** folglich.

consistencia *f lit & fig* Konsistenz *die*.

consistente *adj* - **1.** [sólido] fest - **2.** [líquido] dickflüssig - **3.** [coherente] solide.

consistir ◆ **consistir en** *vi* - **1.** [ser equivalente a] bestehen in *(+D)* - **2.** [estar constituido por] bestehen aus - **3.** [deberse a] beruhen auf *(+D)*.

consola *f* - **1.** [mesa] Konsole *die* - **2.** INFORM [tablero de mandos] Konsole *die* ; **~ de videojuegos** Videospielkonsole.

consolación *f* Trost *der*.

consolar [23] *vt* trösten.

consolidar *vt* festigen.

consomé *m* CULIN Consommé *die* o *das*.

consonancia *f* Übereinstimmung *die* ; **en ~ con** im Einklang mit.

consonante *f* Konsonant *der*.

consorcio *m* Konsortium *das*.

conspiración *f* Verschwörung *die*.

conspirador, ra *m, f* Verschwörer *der*, -in *die*.

conspirar *vi* sich verschwören.

constancia *f* - **1.** [perseverancia] Ausdauer *die* - **2.** [de cosa cierta] (Beweis)urkunde *die* ; **dejar ~ de algo** (beweiskräftig) niederlegen.

constante ◇ *adj* - **1.** [persona] beständig - **2.** [acción] ständig. ◇ *f* Konstante *die*.

constar *vi* - **1.** [información] aufgeführt sein ; **~le algo a alguien** jm etw bekannt sein ; **hacer ~** festlstellen ; **que conste que** damit das klar ist - **2.** [estar constituido por] : **~ de** bestehen aus.

constatar *vt* festlstellen.

constelación *f* ASTRON Sternbild *das*.

consternar *vt* bestürzen.

constipado *m* erkältet.

constiparse *vpr* sich erkälten.

constitución *f* - **1.** [creación] Gründung *die* - **2.** [composición] Zusammensetzung *die* - **3.** [complexión] Konstitution *die*. ◆ **Constitución** *f* [de Estado] Verfassung *die*.

constitucional *adj* Verfassungs-, verfassungskonform.

constituir [51] *vt* - **1.** [componer] bilden - **2.** [ser] darlstellen - **3.** [crear] gründen.

constitutivo, va *adj* wesentlich.

constituyente *adj* verfassungsgebend.

constreñir *vt* - **1.** [obligar] : **~ a alguien a hacer algo** jn dazu zwingen, etw zu tun - **2.** [oprimir, limitar] unterdrücken.

construcción *f* - **1.** [de cosa nueva] Bau *der* - **2.** [oficio] Bauwesen *das* - **3.** [edificio] Gebäude *das*.

constructivo, va *adj* konstruktiv.

constructor, ra ◇ *adj* Bau-. ◇ *m, f* Bauunternehmer *der*, -in *die*. ◆ **constructora** *f* Bauunternehmen *das*.

construir [51] *vt* (er)bauen.

consubstancial = **consustancial**.

consuelo *m* Trost *der*.

cónsul, la o **consulesa** *m, f* Konsul *der*, -in *die*.

consulado *m* Konsulat *das*.

consulta *f* - **1.** [sobre problema] Anfrage *die* - **2.** [de médico] Praxis *die*.

consultar *vt* - **1.** [a alguien] befragen - **2.** [en libro] nachlschlagen. ◆ **consultar con** *vi* : **~ con alguien** jn um Rat fragen.

consultorio *m* - **1.** [de médico] Praxis *die* - **2.** [en medio de comunicación] Sprechstunde *die*.

consumar *vt* vollziehen.

consumición *f* Verzehr *der*.

consumidor, ra *m, f* - **1.** [cliente] Kunde *der*, -din *die* - **2.** [comprador] Verbraucher *der*, -in *die*.

consumir ◇ *vt* - **1.** [destruir] zerstören - **2.** [energía, combustible] verbrauchen - **3.** [comida, bebida] zu sich *(D)* nehmen - **4.** [en establecimiento público] verzehren. ◇ *vi* konsumieren. ◆ **consumirse** *vpr* aufgezehrt werden.

consumismo *m* Konsumdenken *das*.

consumo *m* [de energía, combustible] Verbrauch *der*.

consustancial, consubstancial *adj* wesensgleich.

contabilidad *f* [de persona o empresa] Buchführung *die* ; **llevar la ~** Buch führen.

contabilizar [13] *vt* (ver)buchen.

contable *mf* Buchhalter *der*, -in *die*.

contactar ◆ **contactar con** *vi* sich in Verbindung setzen mit.

contacto *m* - **1.** [entre cosas] Berührung *die* - **2.** [entre personas] Kontakt *der* - **3.** [en espionaje] Kontaktperson *die* - **4.** *fam* [enchufe] Verbindungen *pl*.

contado, da *adj* - **1.** [raro] wenig - **2.** [enumerado] gezählt. ◆ **al contado** *loc adv* bar.
contador, ra *m, f Amér* [contable] Buchhalter *der*, -in *die*. ◆ **contador** *m* Zähler *der*.
contagiar [8] *vt* an|stecken.
contagio *m* - **1.** [hecho] Ansteckung *die* - **2.** [transmisión] Übertragung *die*.
contagioso, sa *adj* ansteckend.
container *m* = contenedor.
contaminación *f* Verschmutzung *die*.
contaminar *vt* - **1.** [medio ambiente] verschmutzen - **2.** *fig* [pervertir] verderben.
contante ◆ **contante y sonante** *loc adj* bar.
contar [23] ◇ *vt* - **1.** [enumerar] zählen - **2.** [narrar] erzählen - **3.** [incluir] : ~ **entre** zählen zu. ◇ *vi* [con números, tener en cuenta] zählen. ◆ **contar con** *vi* - **1.** [confiar en] rechnen mit - **2.** [tener, poseer] verfügen über *(+A)*.
contemplación *f* Betrachtung *die*. ◆ **contemplaciones** *fpl* Rücksicht *die* ; **sin contemplaciones** ohne (falsche) Rücksichtnahme.
contemplar *vt* - **1.** [mirar, considerar] betrachten - **2.** [tener en cuenta] in Betracht ziehen.
contemplativo, va *adj* beschaulich.
contemporáneo, a *adj* - **1.** [coetáneo] zeitgenössisch - **2.** [actual] modern.
contención *f* - **1.** CONSTR : **muro de** ~ Stützmauer *die* - **2.** [moderación] Beherrschung *die*.
contenedor, ra *adj* hemmend. ◆ **contenedor, container** *m* Behälter *der*, Container *der* ; ~ **de basura** Müllcontainer.
contener [72] *vt* - **1.** [incluir] enthalten - **2.** [detener] zurück|halten. ◆ **contenerse** *vpr* sich zurück|halten, sich beherrschen.
contenido *m* Inhalt *der*.
contentar *vt* zufrieden stellen. ◆ **contentarse** *vpr* : **~se con algo** sich mit etw begnügen o zufrieden geben.
contento, ta *adj* zufrieden. ◆ **contento** *m* Freude *die*.
contertulio, lia *m, f Mitglied einer (Stammtisch)gesellschaft*.
contestación *f* Antwort *die*.
contestador ◆ **contestador (automático)** *m* (automatischer) Anrufbeantworter.
contestar *vt* (be)antworten.
contestatario, ria *adj* Protest-.
contexto *m* Zusammenhang *der*, Kontext *der*.
contienda *f* - **1.** [disputa] Streit *der* - **2.** [guerra] Krieg *der*.
contigo *pron pers* mit/bei dir.
contiguo, gua *adj* angrenzend.
continencia *f* [moderación] Mäßigung *die*.
continental *adj* kontinental.
continente *m* - **1.** GEOGR Kontinent *der* - **2.** [lo que contiene algo] Behälter *der*.
contingente ◇ *adj* Zufalls-, zufällig. ◇ *m* Kontingent *das*.
continuación *f* Fortsetzung *die* ; **a** ~ im Folgenden.
continuar [6] ◇ *vt* fort|setzen. ◇ *vi* weiter|gehen.
continuidad *f* Fortbestehen *das*, Fortdauer *die*.
continuo, nua *adj* - **1.** [sin interrupción] durchgehend, ununterbrochen - **2.** [constante] ständig - **3.** [con perseverancia] beständig - **4.** [corriente eléctrica] Gleich-.
contonearse *vpr mit übertriebenen Hüft- und Schulterbewegungen gehen*.
contorno *m* - **1.** [línea] Umriss *der* - **2.** *(gen pl)* [territorio] Umgebung *die*.
contorsión *f* Verzerrung *die*.
contorsionarse *vpr* sich verrenken.
contorsionista *mf* Kontorsionist *der*, -in *die*.
contra[1] *prep* [gen] gegen ; **en** ~ dagegen ; **en ~ de** im Gegensatz zu.
contra[2] *m* Kontra *das*.
contraatacar [10] *vt* einen Gegenangriff durch|führen.
contrabajo ◇ *m* - **1.** [instrumento] Kontrabass *der* - **2.** [voz] Bassstimme *die*, Bass *der* - **3.** [cantante] Kontrabassist *der*, -in *die*. ◇ *mf* [instrumentalista] Bassist *der*, -in *die*.
contrabandista *mf* Schmuggler *der*, -in *die*.
contrabando *m* Schmuggel *der*.
contracción *f* - **1.** [gen] Kontraktion *die* - **2.** *(gen pl)* [de parto] Wehen *pl*.
contraceptivo, va *adj* empfängnisverhütend.
contrachapado, da *adj* furniert. ◆ **contrachapado** *m* Sperrholz *das*.
contracorriente *f* Gegenströmung ; **ir a** ~ *fig* gegen den Strom schwimmen.
contracultura *f* Gegenkultur *die*.
contradecir [66] *vt* widersprechen. ◆ **contradecirse** *vpr* sich *(D)* widersprechen.
contradicción *f* Widerspruch *der*.
contradicho, cha *pp irreg* ▷ **contradecir**.
contradictorio, ria *adj* widersprüchlich.
contraer [73] *vt* - **1.** [gen] zusammen|ziehen - **2.** [adquirir - enfermedad] sich zu|ziehen ; [- acento, costumbre, etc] sich *(D)* zu eigen machen. ◆ **contraerse** *vpr* sich zusammen|ziehen.
contraespionaje *m* Gegenspionage *die*.

contrafuerte *m* ARQUIT Strebepfeiler *der.*
contrahecho, cha *adj* missgestaltet.
contraindicación *f* MED Gegenanzeige *die.*
contralto <> *m* [voz] Alt *der.* <> *mf* [persona] Altist *der,* -in *die.*
contraluz *m* Gegenlicht *das* ; **a ~** bei Gegenlicht.
contramaestre *mf* - **1.** [en marina] zweiter Offizier - **2.** [en taller] Vorarbeiter *der,* -in *die.*
contrapartida *f* Gegenleistung *die.*
contrapelo ◆ **a contrapelo** *loc adv* gegen den Strich.
contrapesar *vt lit & fig* auf|wiegen.
contrapeso *m lit & fig* Gegengewicht *das.*
contraponer [65] *vt* - **1.** [en oposición] entgegen|stellen - **2.** [en comparación] vergleichen. ◆ **contraponerse** *vpr* sich entgegen|stellen.
contraportada *f* Rückseite *die* eines Buchumschlags.
contraproducente *adj* kontraproduktiv.
contraprogramación *f* Alternativprogramm *das.*
contrapunto *m* MÚS Kontrapunkt *der.*
contrariar [9] *vt* - **1.** [llevar la contraria] widersprechen - **2.** [disgustar] ärgern.
contrariedad *f* - **1.** [dificultad] Schwierigkeit *die* - **2.** [oposición] Widerspruch *der* - **3.** [disgusto] Ärger *der.*
contrario, ria *adj* - **1.** [opuesto] entgegengesetzt ; **ser ~ a una propuesta** gegen einen Vorschlag sein ; **la parte contraria** die Gegenseite - **2.** [que daña o perjudica] nachteilig - **3.** *loc* : **llevar la contraria a alguien** jm widersprechen. ◆ **contrario** *m* - **1.** [persona] Gegner *der,* -in *die* - **2.** [opuesto] Gegenteil *das.*
contrarreloj *adj* DEP auf Zeit ; **ir ~** in großer Eile sein.
contrarrestar *vt* [una cosa con otra] entgegen|wirken.
contrasentido *m* Widersinn *der.*
contraseña *f* Kennwort *das.*
contrastar <> *vi* im Gegensatz stehen. <> *vt* [probar] prüfen.
contraste *m* Kontrast *der.*
contratar *vt* - **1.** [mediante contrato] in Auftrag geben - **2.** [mediante acuerdo, convenio] an|stellen.
contratiempo *m* Zwischenfall *der* ; **a ~** zur falschen Zeit.
contratista *mf* Unternehmer *der,* -in *die.*
contrato *m* [convenio, documento] Vertrag *der* ; **~ a tiempo parcial** Teilzeitarbeitsvertrag ; **~ basura** *ausbeuterischer Arbeitsvertrag* ; **~ de aprendizaje** Lehrvertrag.
contravenir [75] *vi* zuwider|handeln.
contraventana *f* Fensterladen *der.*
contribución *f* - **1.** [colaboración, cantidad] Beitrag *der* - **2.** [impuesto, carga] Steuer *die.*
contribuir [51] *vi* - **1.** [con una cantidad] : **~ (con)** bei|tragen (mit) - **2.** [colaborar con] : **~ (a)** bei|tragen (zu).
contribuyente *mf* Steuerzahler *der,* -in *die.*
contrincante *mf* [en oposiciones] Mitbewerber *der,* -in *die* ; [en competición] Gegner *der,* -in *die.*
control *m* - **1.** [gen] Kontrolle *die* - **2.** [lugar de inspección] Kontrollpunkt *der* - **3.** [dispositivo] Steuerung *die.*
controlador, ra *m, f* - **1.** [de aviones] Fluglotse *der,* -in *die* - **2.** [instrumento] Kontroller *der.* ◆ **controladora** *f* INFORM : **controladora de disco** Festplattencontroller *der.*
controlar *vt* - **1.** [vigilar] überwachen - **2.** [comprobar] überprüfen - **3.** [regular] kontrollieren - **4.** [dominar] beherrschen. ◆ **controlarse** *vpr* sich beherrschen.
controversia *f* Kontroverse *die.*
contundencia *f* - **1.** [de golpes] Schlagkraft *die* - **2.** *fig* [de palabras] Überzeugungskraft *die.*
contundente *adj* - **1.** [físicamente] Schlag- - **2.** *fig* [en el ánimo] schlagkräftig.
contusión *f* Quetschung *die.*
convalecencia *f* Konvaleszenz *die.*
convalecer [30] ◆ **convalecer de** *vi* genesen von.
convaleciente *adj* genesend.
convalidar *vt* - **1.** [estudios] an|erkennen - **2.** [ratificar, confirmar] bestätigen.
convencer [11] *vt* [con argumentos, gustar] überzeugen ; **~ a alguien de algo** jn von etw überzeugen.
convencimiento *m* Überzeugung *die.*
convención *f* - **1.** [entre personas, países] Abkommen *das* - **2.** [asamblea, reunión] Versammlung *die* - **3.** [norma] Konvention *die.*
convencional *adj* - **1.** [por acuerdo, costumbre] üblich - **2.** [no extravagante] konventionell.
conveniencia *f* - **1.** [utilidad] Angemessenheit *die* - **2.** [interés, gusto] Vorteil *der.* ◆ **conveniencias** *fpl* Konventionen *pl.*
conveniente *adj* vorteilhaft.
convenio *m* Abkommen *das.*
convenir [75] *vi* - **1.** [venir bien] : **~ a** gut sein für - **2.** [acordar] : **~ en** vereinbaren *(+A).*
convento *m* Kloster *das.*
convergencia *f* [de caminos] Zusammentreffen *das.*
convergente *adj* konvergent.
converger [14] *vi* - **1.** [caminos]

zusammen|laufen - 2. [ideas, opiniones] überein|stimmen.
conversación, conversada *Amér f* Gespräch *das* ; **dar ~ a** sich unterhalten mit.
conversador, ra ◇ *adj* gesprächig. ◇ *m, f* Gesellschafter *der*, -in *die*.
conversar *vi* sich unterhalten.

conversar

Übrigens, wussten Sie schon, dass ... Por cierto, ¿sabía usted que...?
Entschuldigen Sie, ich hätte da eine Frage. Perdone, ¿me permite hacerle una pregunta?
Darf ich Sie unterbrechen? ¿Me permite que le interrumpa un momento?
Also, die Sache ist so. Bueno, así están las cosas.
Hör mal, ... Escucha, ...

conversión *f* - **1.** [de religión] Konversion *die* - **2.** [transformación] Umwandlung *die*.
converso, sa ◇ *adj* bekehrt. ◇ *m, f* Konvertit *der*, -in *die*.
convertir [21] *vt* - **1.** [a religión] bekehren - **2.** [transformar] : **~ algo/a alguien en algo** etw/jn zu etw machen. ◆ **convertirse** *vpr* - **1.** [de una religión a otra] sich bekehren ; **~se a** sich bekehren zu - **2.** [transformarse] : **~se en** sich verwandeln in *(+A)*.
convexo, xa *adj* konvex.
convicción *f* Überzeugung *die*. ◆ **convicciones** *fpl* Grundsätze *mpl*.
convicto, ta *adj* überführt.
convidar *vt* ein|laden. ◆ **convidar a** *vi* [mover, incitar] ein|laden zu.
convincente *adj* überzeugend.
convite *m* - **1.** [invitación] Einladung *die* - **2.** [fiesta] Bankett *das*.
convivencia *f* Zusammenleben *das*.
convivir *vi* : **~ con** zusammen|leben mit.
convocar [10] *vt* [reunión] ein|berufen ; [concurso] aus|schreiben.
convocatoria *f* - **1.** [anuncio] Aufruf *der* - **2.** [de examen] Ausschreibung *die*.
convoy (*pl* **convoyes**) *m* - **1.** [de vehículos] Kolonne *die* - **2.** [tren] Zugkolonne *die*.
convulsión *f* - **1.** [de músculos] Krampf *der* - **2.** [de país, sociedad] Umwälzung *die* - **3.** [de la tierra, del mar] Erschütterung *die*.
conyugal *adj* ehelich.
cónyuge *mf* Ehemann *der*, -frau *die*.
coña *f mfam* [guasa] Verarschung *der*.
coñá (*pl* **coñás**), **coñac** (*pl* **coñacs**), **cognac** (*pl* **cognacs**) *m* Kognak *der*.
coñazo *m* [persona] Nervensäge *die* ; *mfam* [molestia] Nerverei *die* ; **dar el ~** nerven.
coño *vulg* ◇ *m* - **1.** [genital] Fotze *die* - **2.** [para enfatizar] zum Teufel! ◇ *interj* : **¡coño!** [enfado] Scheiße! ; [asombro] verdammt!
cooperación *f* Kooperation *die* ; **~ internacional** internationale Zusammenarbeit.
cooperar *vi* mit|arbeiten.
cooperativa *f* ▷ **cooperativo**.
cooperativo, va *adj* kooperativ. ◆ **cooperativa** *f* - **1.** [sociedad] Genossenschaft *die* - **2.** [establecimiento] Genossenschaft *die*.
coordinador, ra ◇ *adj* Koordinations-. ◇ *m, f* Koordinator *der*, -in *die*.
coordinar *vt* koordinieren.
copa *f* - **1.** [vaso] (Stiel)glas *das* - **2.** [contenido] Glas *das* ; **ir de ~s** einen trinken gehen - **3.** [de árbol] Krone *die* - **4.** [trofeo] Pokal *der*. ◆ **copas** *fpl eine der vier spanischen Spielkartenfarben*.
copar *vt* - **1.** *fig* [todos los puestos] für sich gewinnen - **2.** MIL überfallen - **3.** [en juegos de azar] die Bank sprengen.
Copenhague *m* Kopenhagen *nt*.
copeo *m* : **ir de ~** auf Kneipentour gehen.
copete *m* - **1.** [de ave] Haube *die* - **2.** [de pelo] Stirnhaare *fpl* - **3.** *loc* : **de alto ~** schick.
copia *f* - **1.** [reproducción] Kopie *die* ; **~ de seguridad** Sicherheitskopie - **2.** [acción] Kopieren *das* - **3.** [persona] Abbild *das*.
copiar [8] *vt* - **1.** INFORM [reproducir] kopieren - **2.** [al dictado] auf|nehmen - **3.** [imitar] nach|ahmen - **4.** [trabajo, examen] ab|schreiben.
copiloto *mf* Kopilot *der*, -in *die*.
copión, ona *m, f* [plagiador] Nachahmer *der*, -in *die* ; [en examen] Abschreiber *der*, -in *die*.
copioso, sa *adj* reichlich.
copista *mf* Kopist *der*, -in *die*.
copla *f* - **1.** [canción] (Volks)lied *das* - **2.** [estrofa] Strophe *die*. ◆ **coplas** *fpl* Verse *mpl*.
copo *m* [de nieve, cereales] Flocke *die* ; **~s de avena** Haferflocken *pl*.
coproducción *f* Koproduktion *die*.
copropiedad *f* Miteigentum *das*.
copropietario, ria *m, f* Miteigentümer *der*, -in *die*.
copular *vi* kopulieren.
copulativo, va *adj* kopulativ.
coquetear *vi* flirten.
coqueto, ta *adj* - **1.** [persona] kokett - **2.** [cosa] reizend.
coraje *m* - **1.** [valor, valentía] Mut *der* - **2.** [rabia, ira] Wut *die*.
coral ◇ *adj* Chor-. ◇ *m* Koralle *die*. ◇ *f* - **1.** [de personas] Chor *der* - **2.** MÚS Choral *der*.
Corán *m* Koran *der*.
coraza *f* - **1.** [de soldado] Brustpanzer *der* - **2.** *fig* [protección, defensa] Schutzschild *der*.

corazón *m* - **1.** *lit & fig* Herz *das* ; **de (todo) ~** *fig* von ganzem Herzen ; **no tener ~** *fig* kein Herz haben ; **romper** o **partir el ~ a alguien** *fig* jm das Herz brechen - **2.** ▷ **dedo.** ◆ **corazones** *mpl* [palo de baraja] Herz *ohne pl.*
corazonada *f* [presentimiento] Vorahnung *die.*
corbata *f* - **1.** [de vestir] Krawatte *die* - **2.** [de bandera] Fahnenschleife *die.*
corbeta *f* Korvette *die.*
Córcega *f* Korsika *nt.*
corchea *f* Achtelnote *die.*
corchete *m* - **1.** [signo ortográfico] eckige Klammer - **2.** [tipo de cierre] Haken *der* mit Öse.
corcho *m* - **1.** [material] Kork *der* - **2.** [tapón] Korken *der.*
córcholis *interj* Donnerwetter!
cordel *m* Kordel *die.*
cordero, ra *m, f lit & fig* Lamm.
cordial *adj* herzlich.
cordillera *f* Gebirgskette *die* ; **la ~ Cantábrica** das Kantabrische Gebirge.
Córdoba *f* Córdoba *nt.*
cordón *m* - **1.** [cuerda] Schnur *die* ; [de zapatos] Schnürsenkel *der* - **2.** [cable eléctrico] Kabel *das* - **3.** [de personas] Menschenkette - **4.** ANAT Strang *der* ; **~ umbilical** Nabelschnur *die* - **5.** [de medidas] Sperrgürtel *der* - **6.** *Amér* [de la acera] Fahrbahnrand *der.*
cordura *f* Verstand *der.*
Corea *f* Korea *nt* ; **~ del Norte** Nordkorea ; **~ del Sur** Südkorea.
corear *vt* [canción] mit|singen.
coreografía *f* Choreografie *die.*
coreógrafo, fa *m, f* Choreograf *der,* -in *die.*
corista ◇ *mf* Chorsänger *der,* -in *die.* ◇ *f* Revuesängerin *die.*
cornada *f Verletzung durch Hornstoß im Stierkampf.*
cornamenta *f* - **1.** [de animal] Geweih *das* - **2.** *fam* [de persona] Hörner *nur pl.*
córnea *f* Hornhaut *die.*
córner (*pl* **córners**) *m* Eckball *der.*
corneta ◇ *f* [instrumento] Kornett *das.* ◇ *mf* [instrumentista] Kornettist *der,* -in *die.*
cornete *m* [tipo de helado] Eishörnchen *das.*
cornetín, ina *m, f* [instrumentista] Kornettist *der,* -in *die.* ◆ **cornetín** *m* [instrumento] Kornett *das.*
cornisa *f* ARQUIT Kranzgesims *das.*
cornudo, da ◇ *adj* - **1.** [con cuernos] gehörnt - **2.** *fam fig* [cónyuge] gehörnt. ◇ *m, f fam fig* Gehörnte *der, die.*
coro *m* - **1.** [gen] Chor *der* ; **a ~** im Chor - **2.** [de obra musical] Choral *der.*
corona *f* - **1.** [gen] Kranz *der* - **2.** [de santos] Heiligenschein *der.*
coronación *f lit & fig* Krönung *die.*
coronar *vt* - **1.** [persona] aus|zeichnen ; [rey] krönen - **2.** *fig* [obra] vollenden - **3.** *fig* [monte, altura] besteigen.
coronel *m* Oberst *der.*
coronilla *f* Scheitel *der* ; **estar hasta la ~** *fig* die Nase gestrichen voll haben.
corporación *f* Körperschaft *die.*
corporal *adj* körperlich.
corporativo, va *adj* korporativ.
corpóreo, a *adj* körperlich.
corpulento, ta *adj* beleibt.
Corpus ◆ **Corpus Christi** *m* Fronleichnam *der.*
corral *m* - **1.** [para animales] Gehege *da[s]* - **2.** [teatro] *früher Theater in Innenhöfen.*
correa *f* - **1.** [para sujetar] Riemen *de[r]* - **2.** [para transmitir] Treibriemen *der.*
corrección *f* - **1.** [gen] Korrektur *di[e]* - **2.** [comportamiento] Korrektheit *di[e]* - **3.** [reprimenda] Strafe *die.*
correccional ◇ *adj* strafend. ◇ *m* Erziehungsheim *das.*
correctivo, va *adj* mildernd. ◆ **correctivo** *m* Disziplinarmaßnahme *die.*
correcto, ta *adj* korrekt ; **políticamente** politisch korrekt.
corrector, ra *m, f* Korrektor *der,* -in *die* **~ de estilo** Lektor *der,* -in *die* ; **~ tipográfic[o]** Korrektor *der,* -in *die.*
corredero, ra *adj* Schiebe-. ◆ **corredera** *f* - **1.** [ranura] Führung *die* - **2.** [válvula] Schieber *der.*
corredor, ra ◇ *adj* Lauf-. ◇ *m,* - **1.** [deportista] Läufer *der,* -in *die* - **2.** [intermediario] Makler *der,* -in *die.* ◆ **corredo[r]** *m* Korridor *der.*
corregir [42] *vt* [errores, defecto] korrigieren. ◆ **corregirse** *vpr* sich verbessern.
correlación *f* Wechselbeziehung *die.*
correlativo, va *adj* - **1.** [relacionado] wechselseitig - **2.** [consecutivo] fortlaufend.
correligionario, ria *m, f* Gesinnungsgenosse *der,* -sin *die.*
correo ◇ *m* Post *die* ; **~ certificado** Einschreiben *das* ; **~ comercial** Werbesendun[g] *die* ; **~ electrónico** E-Mail *die.* ◇ *adj* Post ◆ **Correos** *mpl* Post *die.*
correoso, sa *adj* zäh.
correr ◇ *vi* - **1.** [andar deprisa] laufen ; **todo ~** in höchster Eile - **2.** [conducir depri]sa] rasen - **3.** [pasar por] verlaufen - **4.** [tiem]po] vergehen - **5.** [suceso] sich verbreite[n] - **6.** [encargarse de] : **~ con** übernehme[n] *(+A)* ; **~ a cargo de** etw übernehme[n] - **7.** [una cantidad] an|fallen. ◇ *vt* - **1.** [p]o[r] un lugar] laufen - **2.** [deslizar] verschiebe[n] - **3.** [extender] zu|ziehen - **4.** [un fluido] la[ssen]

fen - **5.** *Amér* [despedir del trabajo] entlassen. ◆ **correrse** *vpr* - **1.** [desplazarse] rücken - **2.** [difuminarse] verlaufen - **3.** *vulg* [eyacular] kommen.

correspondencia *f* - **1.** [entre hechos] Übereinstimmung *die* - **2.** [entre lugares] Verbindung *die* - **3.** [entre personas] Verbindung *die* - **4.** [correo] Briefwechsel *der.*

corresponder *vi* - **1.** [pagar; compensar] : **~ a** erwidern *(+A)* - **2.** [pertenecer] : **~ a algo** zu etw gehören - **3.** [coincidir] : **~ a** übereinstimmen mit - **4.** [tocar] : **te corresponde hacerlo a ti** du bist an der Reihe ; **no me corresponde parte alguna de la herencia** mir steht nichts von der Erbschaft zu - **5.** [sentimiento] erwidern. ◆ **corresponderse** *vpr* - **1.** [escribirse] sich schreiben - **2.** [en sentimiento] erwidern - **3.** [por contigüidad] nebeneinander liegen.

correspondiente *adj* - **1.** [cosa] entsprechend - **2.** [persona] korrespondierend.

corresponsal *mf* - **1.** [de prensa] Korrespondent *der,* -in *die* - **2.** [de relaciones] Handelsvertreter *der,* -in *die.*

corretear *vi* - **1.** [correr] herum|laufen - **2.** *fam* [vagar] umher|streichen.

corrido, da *adj* verschoben. ◆ **corrida** *f* - **1.** TAUROM Stierkampf *der* - **2.** [de velocidad] Spurt *der* - **3.** *Amér* [en una media] Laufmasche *die.* ◆ **de corrido** *loc prep* auswendig.

corriente ◇ *adj* - **1.** [normal] normal ; **~ y moliente** gang und gäbe - **2.** [fluido] fließend - **3.** [fecha] laufend. ◇ *f* - **1.** FÍS Strom *der* - **2.** [de fluido] Strömung *die* - **3.** *fig* [de opinión] Tendenz *die* - **4.** *loc* : **estar al ~** auf dem Laufenden sein.

corrillo *m* Gruppe *die.*

corro *m* [círculo] Kreis *der* ; **en ~** im Kreis.

corroborar *vt* bestätigen.

corroer [69] *vt* - **1.** [cosa] korrodieren - **2.** [persona] zerfressen.

corromper *vt* - **1.** [pudrir, pervertir] verderben - **2.** [sobornar] bestechen. ◆ **corromperse** *vpr* - **1.** [pudrirse] verderben - **2.** [pervertirse] verkommen.

corrosivo, va *adj* - **1.** [que desgasta] korrosiv - **2.** [mordaz] beißend.

corrupción *f* - **1.** [de persona] Korruption *die* ; **~ de menores** Verführung *die* Minderjähriger - **2.** [de sustancia] Verderben *das.*

corrusco *m* Knust *der.*

corsario, ria *adj* NÁUT Kaper-. ◆ **corsario** *m* Freibeuter *der.*

corsé *m* Korsett *das.*

cortacésped *m* Rasenmäher *der.*

cortado, da *adj* - **1.** [labios, manos] rau - **2.** [alimento] sauer - **3.** *fam* [persona] verlegen ; **quedarse ~** verlegen werden. ◆ **cortado** *m* [café] *Espresso mit etwas Milch.*

cortafuego *m* Feuerschneise *die.*

cortante *adj* - **1.** [afilado] scharf - **2.** *fig* [tajante] bissig.

cortapisa *f* Vorbehalt *der.*

cortaplumas *m inv* Federmesser *das.*

cortar ◇ *vt* - **1.** [seccionar - pelo, uñas, pan] schneiden ; [- árbol] fällen ; [- leña] spalten ; [- las ramas] (ab|)schneiden - **2.** [amputar] ab|nehmen, amputieren - **3.** [interrumpir - agua, luz] ab|stellen ; [- carretera] sperren ; [- retirada] ab|schneiden ; [- hemorragia] stillen - **4.** [cruzar, atravesar] kreuzen - **5.** [dar forma] zu|schneiden - **6.** [piel, labios] schneiden - **7.** [alimento] zum Gerinnen bringen - **8.** [presupuesto, gasto] kürzen - **9.** [suspender] streichen - **10.** [hender] durch|schneiden - **11.** *fig* [sentir vergüenza] in Verlegenheit bringen - **12.** [censurar] zensieren ; [película] schneiden. ◇ *vi* - **1.** [producir un corte] schneiden - **2.** [atajar] ab|schneiden - **3.** *fam* [cesar una relación] mit jm Schluss machen. ◆ **cortarse** *vpr* - **1.** [herirse] sich schneiden - **2.** [piel, labios] rissig werden - **3.** [alimento] gerinnen - **4.** [comunicación] unterbrochen werden - **5.** *fig* [turbarse] verlegen werden.

cortaúñas *m inv* Nagelknipser *der.*

corte ◇ *m* - **1.** [raja] Einschnitt *der* ; **~ de pelo** Haarschnitt *der* - **2.** [herida] Schnittwunde *die* - **3.** [de tela] (Zu)schnitt *der* - **4.** [de prenda de vestir] Schnitt *der* ; **~ y confección** Anfertigung und Konfektion - **5.** [contorno] Form *die* - **6.** [interrupción] Sperre *die* - **7.** [sección] Schnitt *der* - **8.** [estilo] Stil *der* - **9.** [pausa] Unterbrechung *die* - **10.** *fam* [respuesta ingeniosa] Abfuhr *die* - **11.** *fam* [vergüenza] : **¡vaya ~!** wie peinlich! ; **dar ~ a alguien** jm peinlich sein. ◇ *f* [personas, lugar] Hof *der.* ◆ **Las Cortes** *fpl spanisches Parlament.*

cortedad *f* - **1.** [de extensión] Kürze *die* - **2.** *fig* [de ánimo] Beschränktheit *die.*

cortejar *vt* umwerben.

cortejo *m* (Um)zug *der* ; **~ fúnebre** Leichenzug *der.*

cortés *adj* höflich.

cortesano, na ◇ *adj* höfisch. ◇ *m, f* Höfling *der,* Hofdame *die.*

cortesía *f* - **1.** [modales] Höflichkeit *die* ; **de ~** Anstands- - **2.** [favor] Entgegenkommen *das.*

corteza *f* - **1.** [de árbol, de queso] Rinde *die* - **2.** [de pan, de asado] Kruste *die* ; [de fruta] Schale *die* - **3.** [de la Tierra] Kruste *die.*

cortijo *m Landgut mit dazugehörigem Landhaus in Andalusien.*

cortina *f* - **1.** [de tela] Vorhang *der* - **2.** [de humo, agua] Wand *die.*

corto, ta *adj* - **1.** [en extensión, en tiempo] kurz - **2.** [escaso] knapp ; **~ de dinero** knapp bei Kasse ; **~ de palabras** kurz angebunden - **3.** *fig* [bobo] beschränkt - **4.** *loc* : **a la corta**

o a la larga über kurz oder lang ; **quedarse ~** [calcular menos] unterschätzen ; [valorar] untertreiben.
cortocircuito *m* Kurzschluss *der*.
cortometraje *m* Kurzfilm *der*.
corzo, za *m*, *f* Rehbock *der*, -geiß *die*.
cosa *f* - **1.** [gen] Sache *die* ; **¿queréis alguna ~?** möchtet ihr irgend etwas? ; **ir al fondo de las ~s** der Sache auf den Grund gehen - **2.** [pertenencias] *(gen pl)* Sachen *pl* - **3.** [ocurrencia] *(gen pl)* Ideen *pl* - **4.** [instrumento] *(gen pl)* Zeug *das* - **5.** [peculiaridad] *(gen pl)* : **ser ~s de alguien** für jn typisch sein - **6.** *loc* : **como quien no quiere la ~** scheinheilig ; **como si tal ~** als wäre gar nichts passiert ; **ser ~ de alguien** js Angelegenheit sein. ◆ **cosa de** *loc adv* so etwa.
coscorrón *m* *Schlag auf den Kopf*.
cosecha *f* - **1.** [de frutos] Ernte *die* ; **de su (propia) ~** auf seinem eigenen Mist gewachsen - **2.** [época] Erntezeit *die*.
cosechar ◇ *vt lit & fig* ernten. ◇ *vi* ernten.
coseno *m* GEOM Kosinus *der*.
coser ◇ *vt* - **1.** [vestido] nähen ; [botón] an|nähen - **2.** *loc* : **ser ~ y cantar** ein Kinderspiel sein. ◇ *vi* nähen.
cosido *m* Naht *die*.
cosmético, ca *adj* kosmetisch. ◆ **cosmético** *m* Kosmetikum *das*. ◆ **cosmética** *f* Kosmetik *die*.
cósmico, ca *adj* kosmisch.
cosmopolita *adj* kosmopolitisch.
cosmos *m* Kosmos *der*.
cosquillas *fpl* : **hacer ~** kitzeln ; **tener ~** kitzelig sein.
cosquilleo *m* Kitzeln *das*.
costa *f* Küste *die*. ◆ **a costa de** *loc prep* auf Kosten *(+G)* ◆ **a toda costa** *loc prep* um jeden Preis.
Costa Brava *f* : **la ~** die Costa Brava.
costado *m* Seite *die*.
costal ◇ *adj* Rippen-. ◇ *m* Sack *der*.
costar [23] ◇ *vt* - **1.** kosten - **2.** *loc* : **~ un ojo de la cara** o **un riñón** ein Vermögen kosten. ◇ *vi* [ser difícil] schwer fallen.
Costa Rica *f* Costa Rica *nt*.
costarricense, costarriqueño, ña ◇ *adj* costa-ricanisch. ◇ *m*, *f* Costa-Ricaner *der*, -in *die*.
coste *m* Kosten *pl* ; **~ de la vida** Lebenshaltungskosten.
costear *vt* - **1.** [pagar] bezahlen - **2.** NÁUT [la costa] *die Küste entlangfahren*. ◆ **costearse** *vpr* die Kosten decken.
costero, ra *adj* Küsten-.
costilla *f* - **1.** [de persona, de cosa] Rippe *die* - **2.** [de animal] Rippchen *das*.
costo *m* Kosten *pl*.
costoso, sa *adj* - **1.** [caro] kostspielig - **2.** *fig* [difícil] mühselig.
costra *f* - **1.** [de pan, queso] Rinde *die* - **2.** [de herida] Kruste *die*.
costumbre *f* - **1.** [hábito] Gewohnheit *die* - **2.** [práctica] Brauch *der*.
costumbrismo *m* LITER Sittenschilderung *die (des 19. Jhs)*.
costura *f* - **1.** [labor] Näharbeit *die* - **2.** [en prenda de vestir] Naht *die* - **3.** [oficio] Schneiderei *die* ; **alta ~** Haute Couture *die*.
costurera *f* Schneiderin *die*.
costurero *m* Nähkästchen *das*.
cota *f* - **1.** [altura] Höhe *die* - **2.** *fig* [nivel] Quote.
cotarro *m* Randale *die* ; **dirigir el ~** den Ton angeben.
cotejar *vt* vergleichen.
cotidiano, na *adj* alltäglich.
cotilla *mf fam* Schwätzer *der*, -in *die*.
cotillear *vi fam* schwätzen.
cotilleo *m fam* Geschwätz *das*.
cotillón *m* [baile] Abschlussball *der*.
cotización *f* - **1.** [valor] Kurs *der* - **2.** [en Bolsa] Notierung *die*, Kurs *der*.
cotizar [13] *vt* - **1.** [precio] den Preis fest|setzen - **2.** [en Bolsa] notieren - **3.** [cuota] den Beitrag leisten. ◆ **cotizarse** *vpr* [fama] hoch im Kurs stehen.
coto *m* [terreno] Revier *das*.
cotorra *f* - **1.** [ave] kleiner Papagei - **2.** *fam fig* [persona] Quasselstrippe *die* ; **hablar como una ~** wie ein Wasserfall reden.
COU (*abrev de* **curso de orientación universitaria**) *m* EDUC *einjähriger Vorbereitungskurs auf das Universitätsstudium*.
cowboy ['kauboi], **cowboys** *m* Cowboy *der*.
coxis = **cóccix**.
coyote *m* Kojote *der*.
coyuntura *f* - **1.** [situación] Gelegenheit *die* ; **~ económica** Konjunktur *die* - **2.** [unión] Gelenk *das*.
coz *f* [de animal] Hufschlag *der*.
crac (*pl* **cracs**), **crack** (*pl* **cracks**) *m* - **1.** [estrella] Crack *der (im Sport)* - **2.** [caída brusca] Crash *der*.
crack *m inv* - **1.** [droga] Crack *der* - **2.** = **crac**.
cráneo *m* ANAT Schädel *der*.
crápula *mf* Wüstling *der*.
cráter *m* Krater *der*.
crawl = **crol**.
creación *f* - **1.** [acción] Schaffung *die* - **2.** [universo] Schöpfung *die* - **3.** [en arte] Schaffen *das*.
creador, ra ◇ *adj* schöpferisch. ◇ *m*, *f* Schöpfer *der*, -in *die*. ◆ **Creador** *m* : **el Creador** der Schöpfer.
crear *vt* - **1.** [de la nada] erschaffen - **2.** [obra, opinión] schaffen.
creatividad *f* Kreativität *die*.
creativo, va ◇ *adj* kreativ. ◇ *m*, *f* [en publicidad] Werbeschaffende *der*, *die*.

crecer [30] *vi* - **1.** [de tamaño] wachsen - **2.** [en tiempo] länger werden - **3.** [en volumen] steigen - **4.** [aumentar] zu|nehmen. ◆ **crecerse** *vpr* über sich hinaus|wachsen.
creces ◆ **con creces** *loc adv* reichlich.
crecido, da *adj* ansehnlich. ◆ **crecida** *f* Hochwasser *das*.
creciente *adj* zunehmend.
crecimiento *m* Wachstum *das*.
credencial *f Amér* Ausweis *der*. ◆ **credenciales** *fpl* Beglaubigungsschreiben *das*.
credibilidad *f* Glaubwürdigkeit *die*.
crédito *m* - **1.** [préstamo] Kredit *der* ; **a ~** auf Kredit ; **~ al consumo** ECON Kundenkredit - **2.** [plazo] Kreditlaufzeit *die* - **3.** [confianza] Ansehen *das* ; **dar ~ a una cosa** einer Sache Glauben schenken - **4.** [en estudios] *Anrechnungspunkte im Studium*.
credo *m* Kredo *das*.
crédulo, la *adj* leichtgläubig.
creencia *f* - **1.** [de fe] Glaube *der* - **2.** [de opinión] Ansicht *die*.
creer [50] *vt* glauben. ◆ **creer en** *vi* glauben an *(+A)* ◆ **creerse** *vpr* - **1.** [considerarse] sich halten für - **2.** [dar por cierto] glauben.
creíble *adj* glaubwürdig.
creído, da *m, f* eingebildete Person.
crema ◇ *f* - **1.** [gen] Creme *die* - **2.** [de leche] Rahm *der*. ◇ *adj inv* cremefarben.
cremallera *f* - **1.** [para cerrar] Reißverschluss *der* - **2.** [de mecanismo] Zahnstange *die* ; **ferrocarril de ~** Zahnradbahn *die*.
crematístico, ca *adj* wirtschaftlich.
crematorio, ria *adj* Verbrennungs-. ◆ **crematorio** *m* Krematorium *das*.
cremoso, sa *adj* cremig.
crepé *m* - **1.** [tejido] Krepp *der* - **2.** [pelo] Haarteil *das*.
crepitar *vi* knistern.
crepúsculo *m* Dämmerung *die*.
crespo, pa *adj* kraus.
cresta *f* - **1.** [carnosidad, cima] Kamm *der* - **2.** [penacho] Schopf *der* - **3.** [en el mar] Krone *die* ; **estar en la ~ (de la ola)** *fig* 'in' sein.
cretino, na *m, f* Kretin *der*.
creyente *mf* Gläubige *der, die*.
cría *f* ▷ **crío**.
criadero *m* [de seres vivos] Zuchtstätte *die* ; [de árboles, de plantas] Baumschule *die*.
criadilla *f* Hoden *der*.
criado, da ◇ *adj* erzogen. ◇ *m, f* Hausangestellte *der, die*.
criador, ra ◇ *adj* ergiebig. ◇ *m, f* [de animales] Züchter *der*, -in *die* ; [de vinos] Winzer *der*, -in *die*.
crianza *f* - **1.** [de bebé] Stillzeit *die* - **2.** [de animales] Züchtung *die* - **3.** [de vino] Anbau *der* - **4.** [educación] Erziehung *die*.
criar [9] *vt* - **1.** [alimentar] ernähren - **2.** [animales, plantas] züchten - **3.** [educar] erziehen. ◆ **criarse** *vpr* - **1.** [crecer] auf|wachsen - **2.** [reproducirse] sich bilden.
criatura *f* - **1.** [niño] Kind *das* - **2.** [ser vivo] Kreatur *die*.
criba *f* - **1.** [tamiz] Sieb *das* - **2.** [selección] Selektion *die*.
cricket = **críquet**.
crimen *m lit & fig* Verbrechen *das* ; **cometer un ~** ein Verbrechen begehen.
criminal ◇ *adj* verbrecherisch. ◇ *mf* Verbrecher *der*, -in *die*.
crin *f* Mähne *die*.
crío, a *m, f* Kleinkind *das*. ◆ **cría** *f* - **1.** [de animal] Junge *das* - **2.** [acción] Zucht *die*.
criollo, lla ◇ *adj* [autóctono] kreolisch. ◇ *m, f* Kreole *der*, -lin *die*.
cripta *f* Krypta *die*.
criptón *m* QUÍM Krypton *das*.
críquet, cricket ['kriket] *m* Kricket *das*.
crisantemo *m* Chrysantheme *die*.
crisis *f inv* Krise *die* ; **~ económica** Wirtschaftskrise.
crisma *f* - **1.** *fam* [cabeza] Birne *die* - **2.** = **crismas**.
crismas, christmas, crisma *m* Weihnachtskarte *die*.
crisol *m* [de metales] Schmelztiegel *der*.
crispar *vt* - **1.** [músculos, manos] verkrampfen - **2.** [nervios] reizen.
cristal *m* - **1.** MIN [material] Kristall *das* - **2.** [objeto] Glas *das* - **3.** [de ventana] *(gen pl)* Scheibe *die* - **4.** *fig* [espejo] Spiegel *der*.
cristalera *f (en aposición)* Glas-.
cristalería *f* - **1.** [objetos] Geschirr *das* - **2.** [lugar] Glaserei *die*.
cristalino, na *adj* kristallklar. ◆ **cristalino** *m* Linse *die*.
cristalizar [13] *vt* - **1.** [una sustancia] kristallisieren - **2.** *fig* [un asunto] heraus|kristallisieren. ◆ **cristalizarse** *vpr* sich herauskristallisieren. ◆ **cristalizarse en** *vpr fig* Gestalt annehmen in *(+D)* o als.
cristiandad *f* - **1.** [países] christliche Länder - **2.** [fieles] Christenheit *die*.
cristianismo *m* - **1.** [religión] Christentum *das* - **2.** [fieles] Christenheit *die*.
cristiano, na ◇ *adj* christlich. ◇ *m, f* Christ *der*, -in *die*.
cristo *m* Kruzifix *das*. ◆ **Cristo** *m* Christus *der*.
criterio *m* - **1.** [norma] Kriterium *das* - **2.** [juicio] Urteilsvermögen *das* - **3.** [opinión] Meinung *die*.
crítica *f* ▷ **crítico**.
criticar [10] *vt* kritisieren.
crítico, ca ◇ *adj* kritisch. ◇ *m, f* Kritiker *der*, -in *die*. ◆ **crítica** *f* Kritik *die*.
criticón, ona *m, f* Nörgler *der*, -in *die*.
Croacia *f* Kroatien *nt*.
croar *vi* quaken.

croata <> *adj* kroatisch. <> *mf* Kroate *der*, -tin *die*.
crol, crawl ['krol] *m* DEP Kraulen *das*.
cromado *m* Verchromung *die*.
cromatismo *m* Chromatik *die*.
cromo *m* - **1.** [metal] Chrom *das* - **2.** [estampa] Sammelbildchen *das*.
cromosoma *m* Chromosom *das*.
crónico, ca *adj* chronisch. ◆ **crónica** *f* [de historia] Chronik *die*.
cronista *mf* Berichterstatter *der*, -in *die*.
crono *m* DEP gestoppte Zeit.
cronología *f* Chronologie *die*.
cronometrar *vt* stoppen.
cronómetro *m* Chronometer *das*.
croqueta *f* CULIN Krokette *die*.
croquis *m* Skizze *die*.
cross *m inv* DEP Querfeldeinrennen *das*.
cruce *m* - **1.** [de caminos] (Straßen)kreuzung *die* - **2.** [de animales] Kreuzung *die* - **3.** [de electricidad] Kurzschluss *der*.
crucero *m* - **1.** [viaje] Kreuzfahrt *die* - **2.** [de iglesia] Querschiff *das*.
crucial *adj* entscheidend.
crucificar [10] *vt* [en una cruz] kreuzigen.
crucifijo *m* Kruzifix *das*.
crucifixión *f* Kreuzigung *die*.
crucigrama *m* Kreuzworträtsel *das*.
crudeza *f* - **1.** [de tiempo, de opinión] Härte *die* - **2.** [de descripción] Schonungslosigkeit *die*.
crudo, da *adj* - **1.** [comida, tela] roh - **2.** [tiempo] rau - **3.** [opiniones, situaciones] hart - **4.** [color] rohweiß. ◆ **crudo** *m* Rohöl *das*.
cruel *adj* grausam.
cruento, ta *adj* blutig.
crujido *m* Knistern *das*.
crujiente *adj* knusprig.
crujir *vi* - **1.** [madera] knistern - **2.** [dientes, nieve] knirschen.
crustáceos *mpl* ZOOL Krustentiere *pl*.
cruz *f* - **1.** [gen] Kreuz *das* ; **~ gamada** Hakenkreuz - **2.** [de animales] Bug *der* - **3.** [de moneda] Rückseite *die* - **4.** *fig* [aflicción] Kreuz *das*. ◆ **Cruz Roja** *f* Rote Kreuz *das*.
cruzado, da *adj* - **1.** [atravesado] quer - **2.** [animal] gekreuzt. ◆ **cruzado** *m* Kreuzfahrer *der*. ◆ **cruzada** *f lit & fig* Kreuzzug *der*.
cruzar [13] *vt* - **1.** [calle] überqueren - **2.** [cosas] durchkreuzen - **3.** [palabras] wechseln - **4.** [animales] kreuzen. ◆ **cruzarse** *vpr* : **~se con** jm begegnen.
CSIC (*abrev de* **Consejo Superior de Investigaciones Científicas**) *m oberster spanischer Forschungsrat.*
cta. (*abrev de* **cuenta**) Kto.
cte. *abrev de* **corriente**.
CTNE (*abrev de* **Compañía Telefónica Nacional de España**) *f frühere staatliche spanische Telefongesellschaft.*
cuaderno *m* Heft *das*.
cuadra *f* - **1.** [lugar para animales] Stall *der* - **2.** [conjunto de caballos] (Renn)stall *der* - **3.** *Amér* [tramo de calle] *Distanz von einer Straßenecke zur anderen* - **4.** *Amér* [de casas] Häuserblock *der*.
cuadrado, da *adj* - **1.** [forma] viereckig - **2.** MAT Quadrat-. ◆ **cuadrado** *m* Quadrat *das*.
cuadragésimo, ma *núm* [para ordenar] vierzigste, -r, -s. ◆ **cuadragésimo** *m* Vierzigstel *das*.
cuadrangular *adj* viereckig.
cuadrante *m* - **1.** Quadrant *der* - **2.** [reloj] Zifferblatt *das*.
cuadrar *vi* - **1.** [coincidir] : **~ (con)** passen zu *(+D)* - **2.** [cuenta, balance, caja] auf|gehen. ◆ **cuadrarse** *vpr* - **1.** [saludar] stramm|stehen - **2.** [mostrar firmeza] sich vor jm auf|bauen.
cuadratura *f* GEOM Quadratur *die* ; **la ~ del círculo** *fig* die Quadratur des Kreises.
cuadrícula *f* Karierung *die*.
cuadriculado, da *adj* kariert.
cuadriga, cuádriga *f* Viergespann *das*.
cuadrilátero *m* - **1.** GEOM Viereck *das* - **2.** DEP Boxring *der*.
cuadrilla *f* - **1.** [grupo] Gruppe *die* ; [de amigos] Clique *die* ; [de trabajadores] Kolonne *die* - **2.** TAUROM *vom Matador geführte Torerogruppe*.
cuadro *m* - **1.** [pintura] Gemälde *das*, Bild *das* - **2.** [escena] Anblick *der* - **3.** [descripción] Schilderung *die* - **4.** [figura] Karo *das* - **5.** [de nombres, cifras] Tabelle *die* ; **~ sinóptico** Übersicht *die* - **6.** [de aparato] Schalttafel *die*.
cuadrúpedo *m* Vierbeiner *der*.
cuajar <> *vt* - **1.** [líquido] gerinnen - **2.** [llenar] füllen. <> *vi* - **1.** [lograrse] glücken - **2.** [ser aceptado] passen. ◆ **cuajarse** *vpr* - **1.** [líquido] gerinnen - **2.** [llenarse] sich füllen.
cuajo *m* Lab *das*. ◆ **de cuajo** *loc adv* vollständig.
cual *pron relat* : **el/la ~** [de persona] der, die, das ; **lo ~** was ; **sea ~ sea** was auch immer.
cuál *pron* - **1.** [interrogativo] welche, -r, -s ; **¿~ es la diferencia?** was ist der Unterschied? ; **no sé ~es son mejores** ich weiß nicht, welche besser sind - **2.** *(en oraciones distributivas)* : **~ más ~ menos** der eine mehr ... der andere weniger.
cualidad *f* Eigenschaft *die*.
cualificado, da *adj* qualifiziert.
cualitativo, va *adj* qualitativ.
cualquiera (*pl* **cualesquiera**) <> *adj (delante de sust cualquier)* irgendein ; **cualquier día, un día ~** an irgendeinem Tag. <> *pron*

irgendjemand. <> *m, f* Niemand *der.* <> *f* Hure *die.*

cuan ▷ **cuanto.**

cuán ▷ **cuánto.**

cuando <> *adv* [momento, período] als ; **de ~ en ~, de vez en ~** ab und zu. <> *conj* - **1.** [de tiempo] wenn ; **~ llegue el verano, iremos de viaje** wenn es Sommer wird, fahren wir in Urlaub - **2.** [si] wenn ; **~ tú lo dices, será verdad** wenn du es sagst, wird es wohl wahr sein.

cuándo <> *adv* wann ; **¿~ vas a venir?** wann kommst du? ; **quisiera saber ~ sale el tren** ich möchte gern wissen, wann der Zug abfährt. <> *m* Wann *das* ; **ignora el cómo y el ~ de la operación** er weiß nichts über das Wie und Wann der Operation.

cuantía *f* Menge *die.*

cuantificar [10] *vt* quantifizieren.

cuantitativo, va *adj* quantitativ.

cuanto, ta <> *adj* - **1.** [todo] ganz ; **despilfarra ~ dinero gana** er verschwendet sein ganzes Geld - **2.** *(antes de adv)* [compara cantidades] je ... desto ; **cuantas más mentiras digas, menos te creerán** je mehr du lügst, desto weniger glauben sie dir. <> *pron relat (gen pl)* [de personas] alle, die ; **dio las gracias a todos ~s le ayudaron** er dankte allen, die ihm geholfen haben ; [de cosas] : **me gustaron cuantas vi** alle, die ich sah, gefielen mir. ◆ **cuanto** *pron relat (neutro)* - **1.** [todo lo que] alles, was ; **come ~ quieras** iss so viel du willst - **2.** [compara cantidades] je ... desto ; **~ más se tiene, más se quiere** je mehr man hat, desto mehr will man. ◆ **cuanto, cuan** *adv* wie ; **se desplomó cuan largo era** er brach der Länge nach zusammen. ◆ **cuanto antes** *loc adv* so bald wie möglich. ◆ **en cuanto** *loc conj* [tan pronto como] sobald. ◆ **en cuanto a** *loc prep* [por lo que se refiere a] bezüglich ; **en ~ a tu petición, todavía no se ha decidido nada** bezüglich deines Antrages wurde noch keine Entscheidung getroffen.

cuánto, ta <> *adj* - **1.** [interrogativo] wie viel ; **¿~ pan quieres?** wie viel Brot möchtest du? ; **no sé ~s hombres había** ich weiß nicht, wie viele Leute dort waren - **2.** [exclamativo] wie viel! ; **¡cuánta gente había!** wie viele Leute dort waren! <> *pron (gen pl)* - **1.** [interrogativo] wie viel ; **¿~s han venido?** wie viele sind gekommen? - **2.** [exclamativo] wie viele ; **¡~s quisieran conocerte!** (unglaublich,) wie viele dich kennen lernen möchten! ◆ **cuánto** *pron (neutro)* - **1.** [interrogativo] wie viel(e) ; **¿~ quieres?** wie viel möchtest du? ; **me gustaría saber ~ te costará** ich möchte gern wissen, wie viel dich das kostet - **2.** [exclamativo] wie sehr ; **¡~ me gusta!** wie mir das gefällt!

cuarenta <> *núm* - **1.** [cantidad] vierzig - **2.** [época] : **los años ~** die Vierzigerjahre - **3.** [orden] vierzig - **4.** *loc* : **cantar las ~** jm die Meinung sagen. <> *m* Vierzig *die* ; *ver también* **seis.**

cuarentena *f* - **1.** [por epidemia] Quarantäne *die* ; **poner en ~** [por epidemia] unter Quarantäne stellen - **2.** [conjunto] an die vierzig - **3.** [edad] Vierzig *die.*

cuaresma *f* Fastenzeit *die.*

cuartel *m* Kaserne *die.*

cuartelillo *m* Revier *das.*

cuarteto *m* Quartett *das.*

cuartilla *f* Blatt *das* im Quartformat.

cuarto, ta *núm* [para ordenar] vierte, -r, -s ; **la cuarta parte** [para fraccionar] der vierte Teil. ◆ **cuarto** *m* - **1.** [cuarta parte] Viertel *das* ; **tres ~s de lo mismo** *fig* ein und dasselbe - **2.** [habitación] Zimmer *das* ; **~ de baño** Badezimmer ; **~ de estar** Wohnzimmer.

cuarzo *m* Quarz *der.*

cuate *mf Amér fam* Freund *der,* -in *die.*

cuatrero, ra *m, f* Viehdieb *der,* -in *die.*

cuatrimestral *adj* - **1.** [en frecuencia] vierteljährlich - **2.** [en duración] viermonatig.

cuatrimotor *m* AERON viermotoriges Flugzeug.

cuatro <> *núm* vier ; **había ~ gatos en la sala** *fig* es waren ein paar Leute im Saal. <> *m* Vier *die* ; *ver también* **seis.**

cuatrocientos, tas *núm* vierhundert. ◆ **cuatrocientos** *núm* Vierhundertste *der, die, das* ; *ver también* **seis.**

cuba *f* Fass *das.*

Cuba *f* Kuba *nt.*

cubalibre *m* Cuba Libre *der (Cocktail).*

cubano, na <> *adj* kubanisch. <> *m, f* Kubaner *der,* -in *die.*

cubertería *f* Besteck *das.*

cubeta *f* - **1.** [cuba pequeña] Schale *die* - **2.** *Amér* [cubo, balde] Eimer *der.*

cúbico, ca *adj* - **1.** [forma] kubisch, würfelförmig - **2.** MAT [para volúmenes] Kubik-.

cubierto, ta <> *pp irreg* ▷ **cubrir.** <> *adj* - **1.** [tapado] bedeckt - **2.** [lleno] übersät. ◆ **cubierto** *m* - **1.** [para comer] Besteck *das* - **2.** [para cada persona] Gedeck *das.* ◆ **cubierta** *f* - **1.** [para tapar] Decke *die* - **2.** [de libro] Einband *der* - **3.** [de neumático] Mantel *der* - **4.** [de barco] Deck *das.*

cubil *m* - **1.** [de animales] Bau *der* - **2.** *fig* [de personas] Bruchbude *die.*

cubilete *m* Würfelbecher *der.*

cubismo *m* Kubismus *der.*

cubito *m* Eiswürfel *der.*

cubo *m* - **1.** [recipiente] Eimer *der* - **2.** GEOM & MAT Würfel *der.*

cubrecama *m* Tagesdecke *die.*

cubrir *vt* - **1.** [tapar, ocultar] bedecken - **2.** [suj : animal, el macho a la hembra] decken - **3.** [puesto] besetzen - **4.** [trayecto]

zurückllegen - **5.** [noticia] berichten - **6.** [gastos] decken. ◆ **cubrir** *vi* überschütten. ◆ **cubrirse** *vpr* - **1.** [taparse] : **~se de** sich bedecken mit - **2.** [protegerse] : **~se de** sich schützen vor *(+D)* - **3.** [con sombrero] sich bedecken - **4.** [con ropa] sich kleiden - **5.** [suj : cielo] sich bedecken.
cucaracha *f* Küchenschabe *die*.
cuchara *f* [para comer] Löffel *der*.
cucharada *f* ein Löffel *der* (voll).
cucharilla *f* Kaffee- o Teelöffel *der*.
cucharón *m* Suppenkelle *die*.
cuchichear *vi* flüstern.
cuchilla *f* [de afeitar, espada] Klinge *die* ; [de máquina] Messer *das*.
cuchillo *m* Messer *das*.
cuchitril *m fam* Loch *das*.
cuclillo *m* Kuckuck *der*.
cuco, ca *adj fam* - **1.** [bonito] niedlich - **2.** [astuto] pfiffig. ◆ **cuco** *m* Kuckuck *der*.
cucú (*pl* **cucúes**) *m* - **1.** [onomatopeya] Kuckucksruf *der* - **2.** [reloj] Kuckucksuhr *die*.
cucurucho *m* - **1.** [de papel] Papiertüte *die* - **2.** [gorro] spitze Mütze.
cuello *m* - **1.** [de cuerpo, de objeto] Hals *der* - **2.** [de prenda] Kragen *der*.
cuenca *f* - **1.** [de río] Becken *das* - **2.** [de ojo] Höhle *die*.
cuenco *m* Tonbecher *der*.
cuenta *f* - **1.** [gen] Rechnung *die* ; **abrir una ~** COM ein Konto eröffnen ; **a ~** COM Anzahlung *die* ; **echar la(s) ~(s)** auslrechnen ; **llevar las ~s** COM die Haushaltskasse führen ; **perder la ~** den Faden verlieren ; **~ atrás** Countdown *der* ; **~ corriente** COM Girokonto *das* ; **~ de ahorros** [banca] Sparkonto - **2.** [cálculo] Rechenaufgabe *die* - **3.** [obligación, cuidado] : **de mi/tu/su** *etc* **~** [asunto] auf meine/deine/seine *etc* Verantwortung ; [gastos] auf meine/deine/seine *etc* Rechnung - **4.** [bolita] Kügelchen *das* - **5.** *loc* : **a fin de ~s** letztendlich ; **ajustarle a alguien las ~s** mit jm abrechnen ; **caer en la ~** auf etw kommen ; **darse ~ de** etw merken ; **más de la ~** mehr als genug ; **lo haré por mi ~** ich mache das allein ; **tener en ~ algo** etw berücksichtigen.
cuentagotas *m inv* Pipette *die*.
cuentakilómetros *m inv* Kilometerzähler *der*.
cuentarrevoluciones *m inv* Drehzahlmesser *der*.
cuentista *mf* [mentiroso] Aufschneider *der*, -in *die*.
cuento *m* - **1.** [fábula] Märchen *das* ; **~ chino** böhmische Dörfer - **2.** [narración, mentira] Erzählung *die* - **3.** *loc* : **tener (mucho) ~** jm etwas vorlmachen ; **venir a ~** mit einer Sache zu tun haben.
cuerda *f* - **1.** [de hilos] Seil *das* - **2.** [de instrumento] Saite *die* - **3.** [de reloj] Feder *die* - **4.** GEOM Sehne *die* - **5.** *loc* : **bajo ~** heimlich ; **tener ~ para rato, tener mucha ~** noch viel Energie haben. ◆ **cuerdas vocales** *fpl* Stimmbänder *pl*.
cuerdo, da ◇ *adj* - **1.** [juicioso] klug - **2.** [sensato] vernünftig. ◇ *m, f* Kluge *der, die*.
cuerno *m* - **1.** [gen] Horn *das* - **2.** *Amér* [para comer] Croissant *das*. ◆ **cuernos** *mpl mfam* Hörner *pl*.
cuero *m* - **1.** [piel] Leder *das* ; **~ cabelludo** Kopfhaut ; **en ~s (vivos)** splitternackt - **2.** [material] Leder *das*.
cuerpo *m* - **1.** [gen] Körper *der* ; **a ~** leicht bekleidet ; **a ~ de rey** *fig* wie ein König ; **tomar ~** Gestalt annehmen - **2.** [de texto] Korpus *der* - **3.** [consistencia] Dichte *die* - **4.** [cadáver] Leichnam *der* ; **de ~ entero** in voller Größe ; **de ~ presente** aufgebahrt - **5.** MIL [conjunto de personas] Korps *das* ; **~ de bomberos** Feuerwehr *die*.
cuervo *m* Rabe *der*.
cuesta *f* [pendiente] Steigung *die* ; **algo se le hace a alguien ~ arriba** *fig* etw fällt jm schwer.
cuestión *f* - **1.** [pregunta] Frage *die* - **2.** [problema] Problem *das* - **3.** [asunto] Sache.
cuestionar *vt* erörtern.
cuestionario *m* Fragebogen *der*.
cueva *f* Höhle *die*.
cuidado ◇ *m* - **1.** [esmero] Sorgfalt *die* - **2.** [vigilancia] Vorsicht *die* ; **tener ~ con** vorsichtig sein mit ; **~s intensivos** Intensivstation *die*. ◇ *interj* : **¡cuidado!** Vorsicht!
cuidadoso, sa *adj* sorgfältig.
cuidar *vt* - **1.** [hacer con esmero, vigilar] sich kümmern um - **2.** [enfermo] betreuen. ◆ **cuidar de** *vi* sich kümmern um. ◆ **cuidarse** *vpr* sich schonen ; **~se de** sich kümmern um.
cuita *f* Kummer *der*.
culata *f* - **1.** [de arma] Kolben *der* - **2.** [de motor] Zylinderkopf *der*.
culebra *f* Schlange *die*.
culebrón *m* TV Seifenoper *die*.
culinario, ria *adj* kulinarisch.
culminación *f* Höhepunkt *der*.
culminar ◇ *vt* krönen. ◇ *vi* den Höhepunkt erreichen.
culo *m* - **1.** [de persona] Hintern *der* - **2.** [de objeto] Boden *der*.
culpa *f* Schuld *die* ; **echar las ~s de algo a alguien** jm die Schuld an etw zuschieben.
culpabilidad *f* Schuldhaftigkeit *die*.
culpable ◇ *adj* schuldig ; **declarar ~** für schuldig erklären. ◇ *mf* Schuldige *der, die*.
culpar *vt* beschuldigen ; **~ a alguien de algo** jn einer Sache beschuldigen.

cultismo *m* gehobener Ausdruck.
cultivar *vt* - **1.** [tierra] an|pflanzen - **2.** [facultad, arte] pflegen - **3.** [germen] züchten. ◆ **cultivarse** *vpr* sich bilden.
cultivo *m* - **1.** [tierra] Anbaugebiet *das* - **2.** [acción] Anbau *der* - **3.** [de gérmenes] Kultur *die*.
culto, ta *adj* kultiviert. ◆ **culto** *m* [rito, adoración] Kult *der* ; **rendir ~ a algo/alguien** etw/jn verehren.
cultura *f* Kultur *die*.
cultural *adj* kulturell.
culturismo *m* DEP Bodybuilding *das*.
cumbre ◇ *f* - **1.** [de montaña] Gipfel *der* - **2.** *fig* [punto culminante] Höhepunkt *der* - **3.** [conferencia] Gipfelkonferenz *die*. ◇ *adj* Haupt-.
cumpleaños *m inv* Geburtstag *der*.
cumplido, da *adj* [deber] erfüllt ; [orden] ausgeführt ; [plazo] abgelaufen ; [promesa] gehalten. ◆ **cumplido** *m* Höflichkeitsfloskel *die*.
cumplidor, ra ◇ *adj* pflichtbewusst. ◇ *m, f* pflichtbewusster Mensch.
cumplimentar *vt* - **1.** [persona] beglückwünschen - **2.** [orden, diligencia] aus|führen ; [contrato] ein|halten.
cumplimiento *m* [de deber] Erfüllung *die* ; [de ley, contrato] Einhaltung *die*.
cumplir ◇ *vt* - **1.** [orden] aus|führen ; [ley] ein|halten ; [promesa] halten - **2.** [años] Geburtstag haben - **3.** [condena, servicio] ab|sitzen. ◇ *vi* - **1.** [tiempo] ab|laufen - **2.** [por cortesía] seine Pflicht tun ; **para** o **por ~** der Form halber - **3.** [satisfacer] : **~ con** [obligación] erfüllen ; [promesa] halten ; [por cortesía] sich jm gegenüber korrekt verhalten.
cúmulo *m* - **1.** [de cosas] Haufen *der* - **2.** [de nubes] Haufenwolke *die*.
cuna *f* - **1.** [para dormir] Wiege *die* - **2.** [lugar de origen] Ursprung *der*.
cundir *vi* - **1.** [propagarse] sich aus|breiten - **2.** [dar de sí] nahrhaft sein.
cuneiforme *adj* keilförmig.
cuneta *f* Rinne *die*.
cuña *f* - **1.** [pieza] Keil *der* - **2.** [orinal] Bettschüssel *die* - **3.** *Amér* [persona influyente] Beziehungen *pl*.
cuñado, da *m, f* Schwager *der*, Schwägerin *die*.
cuño *m* Prägestempel *der*.
cuota *f* [de club, asociación] Beitrag *der* ; [a Hacienda] Steuersatz *der* ; [por servicio] Gebühr *die* ; **de ~** *Amér* Autobahngebühr.
cupé *m* Coupé *das*.
cupido *m fig* Frauenheld *der*.
cupiera *etc* ▷ **caber**.
cuplé *m* Couplet *das*.
cupo[1] ▷ **caber**.
cupo[2] *m* - **1.** [cantidad proporcional] Anteil *der* - **2.** [cantidad máxima] zulässiges Höchstmaß - **3.** [de reclutas] : **excedente de ~** durch Los vom Wehrdienst Freigestellter.
cupón *m* - **1.** [vale] Gutschein *der* - **2.** [de lotería] Los *das*.
cúpula *f* - **1.** ARQUIT Kuppel *die* - **2.** *fig* [mandos] Spitze *die*.
cura ◇ *m* Pfarrer *der*, Priester *der*. ◇ *f* - **1.** [curación] Genesung *die* - **2.** [tratamiento] Behandlung *die*.
curación *f* Heilung *die*.
curado, da *adj* haltbar gemacht.
curandero, ra *m, f* Kurpfuscher *der*, -in *die*.
curar ◇ *vt* - **1.** [enfermo, herida] **heilen** - **2.** [alimento] haltbar machen - **3.** [pieles] gerben ; [madera, tabaco] trocknen. ◇ *vi* genesen. ◆ **curarse** *vpr* - **1.** [de enfermedad] gesund werden - **2.** [suj : alimento] : **~se** sich halten.
curativo, va *adj* heilend.
curcucho, cha *adj Amér* Bucklige *der*, *die*.
curcuncho *Amér m* Buckel *der*.
curiosear *vi* herumschnüffeln.
curiosidad *f* - **1.** [interés] Neugierde *die* ; **tener** o **sentir ~ por** neugierig sein auf *(+A)* - **2.** [cosa rara] Kuriosität *die*.
curioso, sa ◇ *adj* - **1.** [interesado] neugierig - **2.** [cuidadoso] sorgfältig - **3.** [raro] sonderbar - **4.** [limpio, aseado] reinlich. ◇ *m, f* Neugierige *der*, *die*.
curita *f Amér* Heftpflaster *das*.
currante *mf fam* Malocher *der*, -in *die*.
currar, currelar *vi fam* malochen.
curre = **curro**.
currelar = **currar**.
currículum (*pl* **currícula** o **currículums**), **currículo** (*pl* **currículos**) *m* Curriculum *das* ; **~ vitae** Lebenslauf *der*.
curro, curre *m fam* Maloche *die*.
cursar *vt* - **1.** [estudiar] studieren - **2.** [transmitir, dar] erteilen - **3.** [tramitar] ein|reichen.
cursi ◇ *adj* [objeto] *fam* kitschig ; [persona] *fam* affektiert. ◇ *mf fam* affektierte Person.
cursilería *f* - **1.** [cosa] Kitsch *der* - **2.** [cualidad] Geschmacklosigkeit *die*.
cursillo *m* - **1.** [curso de poca duración] Kurzlehrgang *der* - **2.** [serie de conferencias] Vortragsreihe *die*.
cursiva *f* ▷ **letra**.
curso *m* - **1.** [tiempo de estudio] Schuljahr *das* - **2.** [clase, asignatura] Kurs *der* ; **~ de reciclaje** Fortbildungskurs - **3.** [texto, manual] Handbuch *das* - **4.** [conjunto de estudiantes] Jahrgang *der* - **5.** [recorrido] Lauf *der* - **6.** [proceso, evolución] Verlauf *der* ; **seguir su ~** seinen Lauf nehmen ; **en el mes en ~**

im laufenden Monat - **7.** [circulación, difusión] Kurs *der*.
cursor *m* INFORM Cursor *der*.
curtido, da *adj* gegerbt.
curtir *vt* - **1.** [piel de animal] gerben - **2.** *fig* [piel de persona] bräunen - **3.** *fig* [persona] ab|härten. ◆ **curtirse** *vpr* - **1.** [piel de animal] gegerbt werden - **2.** [persona] sich ab|härten.
curva *f* ▷ **curvo.**
curvatura *f* Biegung *die*.
curvo, va *adj* krumm. ◆ **curva** *f* Kurve.
cúspide *f* [de montaña] Gipfel *der* ; GEOM [de torre] Spitze *die*.
custodia *f* - **1.** [de cosas] Verwahrung *die* - **2.** [de personas] Sorgerecht *das* ; **estar bajo la ~ de alguien** unter js Sorgerecht stehen.
custodiar [8] *vt* - **1.** [cosa] verwahren - **2.** [vigilar] bewachen ; [proteger] beaufsichtigen.
custodio ◇ *adj* Schutz-. ◇ *m* Wache *die*.
cutáneo, a *adj* Haut-.
cutícula *f* Kutikula *die*.
cutis *m* (Gesichts)haut *die*.
cutre *adj* - **1.** [de bajo precio o calidad] schlecht und billig - **2.** [sórdido] schäbig - **3.** [tacaño] geizig.
cutter (*pl* **cutters**) *m* Universalschneider *der*.
cuy *m* *Amér* Meerschweinchen *das*.
cuyo, ya *adj* dessen, deren ; **este es el amigo cuya madre es mi profesora** dies ist der Freund, dessen Mutter meine Lehrerin ist ; **un equipo cuya principal estrella ...** eine Mannschaft, deren Star ...
CV (*abrev de* **currículum vitae**) *m* Lebenslauf *der*.

D

d, D [de] *f* [letra] d, D *das*.
D. (*abrev de* **don**) Hr.
Dª (*abrev de* **doña**) Fr.
dactilar *adj* ▷ **huella.**
dádiva *f* Gabe *die*.
dadivoso, sa *adj* großzügig.
dado, da *adj* gegeben ; **en un momento ~** zu einem bestimmten Zeitpunkt. ◆ **dado** *m* Würfel *der*. ◆ **dado que** *loc conj* da.
daga *f* Dolch *der*.
dal (*abrev de* **decalitro**) dal.
dale *interj* : **¡dale!** jetzt aber!
dalia *f* Dahlie *die*.
dálmata ◇ *adj* dalmatinisch. ◇ *mf* [persona] Dalmatiner *der*, -in *die*.
daltónico, ca ◇ *adj* farbenblind. ◇ *m, f* Farbenblinde *der, die*.
daltonismo *m* Farbenblindheit *die*.
dam (*abrev de* **decámetro**) dam.
dama *f* Dame *die*. ◆ **dama de honor** *f* Brautjungfer *die*. ◆ **primera dama** *f* First Lady *die*. ◆ **damas** *fpl* Damespiel *das*.
damasco *m* - **1.** [tela] Damast - **2.** *Amér* [fruta] Aprikose *die*.
damnificar [10] *vt* schädigen.
dandi, dandy *m* Dandy *der*.
danés, sa ◇ *adj* dänisch. ◇ *m, f* Däne *der*, Dänin *die*. ◆ **danés** *m* Dänisch(e) *das*.
dantesco, ca *adj* dantesk.
Danubio *m* : **el ~** die Donau.
danza *f* Tanz *der*.
danzar [13] *vi* - **1.** [bailar] tanzen - **2.** *fig* [ir de un sitio a otro] herum|springen.
dañar *vt* schädigen. ◆ **dañarse** *vpr* sich verletzen.
dañino, na *adj* schädlich.
daño *m* - **1.** [dolor] Schmerz *der* ; **hacer(se) ~** (sich) weh tun - **2.** [perjuicio] Schaden *der* ; **~s y perjuicios** Schadenersatz *der*.
dar [56] ◇ *vt* - **1.** [gen] geben - **2.** [medicamentos] verabreichen - **3.** [producir] geben ; [hijos] schenken ; [dinero] ab|werfen - **4.** [felicidad] : **~ felicidad** glücklich machen - **5.** [suj : reloj] schlagen - **6.** [suministrar luz, etc - por primera vez] an|schließen ; [- tras un corte] wieder an|stellen - **7.** [encender] an|machen - **8.** [hacer saber] bekannt|geben - **9.** [espectáculo, pruebas, muestras] zeigen - **10.** [cargo] über|geben - **11.** [provocar] hervorrufen - **12.** [explicar] halten - **13.** [celebrar, ofrecer] veranstalten - **14.** *fam* [fastidiar] verderben - **15.** [decir] : **~ los buenos días** Guten Tag sagen ; **~ las gracias/el pésame/la enhorabuena** seinen Dank/sein Beileid/seinen Glückwunsch aussprechen - **16.** *(antes de sust)* [expresa acción] : **~ un golpe** einen Stoß versetzen ; **~ un grito** einen Schrei aus|stoßen ; **voy a ~ un paseo** ich mache einen Spaziergang - **17.** *(antes de adj o participio)* [considerar] : **~ algo/a alguien por** etw/jn halten für ; **~ por seguro** für sicher halten ; **eso lo doy por hecho** das halte ich für sicher ; **lo dieron por muerto** sie hielten ihn für tot. ◇ *vi* - **1.** [repartir naipes] aus|geben - **2.** [chocar, golpear] schlagen ; **le dieron en la cabeza** sie schlugen ihm auf den Kopf ; **la piedra dio contra el cristal** der Stein traf das Fenster - **3.** [sobrevenir] bekommen - **4.** [manejar, mover] : **~ a algo** etw steuern ; [llave del gas, botón del volumen] auf|drehen ; [timbre] drücken - **5.** [encargar] : **~ a hacer algo**

beauftragen, etw *(A)* zu tun - **6.** [estar orientado] : **~ a** [suj : ventana, balcón] hinaus|gehen zu ; [suj : puerta, pasillo] führen zu ; [suj : casa, fachada] liegen zu - **7.** [encontrar] : **~ con algo/alguien** etw/jn finden - **8.** *(antes de 'de' + infin)* [proporcionar] geben ; **da de mamar a su hijo** sie gibt ihrem Kind die Brust - **9.** *(antes de infin)* [motivar] : **~ que** an|regen zu - **10.** [coger costumbre o manía] : **~le a alguien por hacer algo** sich in den Kopf setzen, etw zu tun - **11.** [ser suficiente] : **~ para** genügen für - **12.** *loc* : **¡dale (que dale)!** immer weiter ; **no ~ para más** zu nichts mehr taugen. ◆ **darse** *vpr* - **1.** [suceder] vor|kommen - **2.** [entregarse a] : **~se a** verfallen *(+D)* - **3.** [golpearse] : **~se contra** stoßen gegen - **4.** [dilatarse] sich weiten - **5.** [tener aptitud]. - **6.** *(antes de adj)* [considerarse] : **~se por vencido** sich geschlagen geben - **7.** *loc* : **dársela a alguien** [engañar] jn hinters Licht führen ; **dárselas de listo** [presumir] sich schlau vor|kommen.

dardo *m* Wurfpfeil *der*.

datar *vt* datieren. ◆ **datar de** *vi* zurück|gehen auf *(+A)*.

dátil *m* - **1.** [fruto] Dattel *die* - **2.** [animal] Meerdattel *die*. ◆ **dátiles** *mpl fam* Pfoten *pl*.

dato *m* [antecedente necesario] Angabe *die*. ◆ **datos** *mpl* [información] Daten *pl*.

dcha. *abrev de* **derecha**.

d. de JC., d. JC. (*abrev de* **después de Jesucristo**) n. Chr.

de *prep (de + el = del)* - **1.** [gen] von ; **el mejor ~ todos** der Beste von allen ; **es un hombre ~ buen ver** er ist ein gut aussehender Mann ; **hablábamos ~ ti** wir sprachen von dir ; **los libros ~ historia** die Geschichtsbücher ; **soy ~ Bilbao** ich bin aus Bilbao ; **vengo ~ mi casa** ich komme von zu Hause - **2.** [posesión, pertenencia] : **el coche ~ mi padre** das Auto meines Vaters ; **el título ~ la novela** der Titel des Romans - **3.** [materia] aus ; **un campana ~ cristal** eine Glocke aus Glas ; **un reloj ~ oro** eine goldene Uhr - **4.** [contenido] : **bebió un vaso ~ agua** er trank ein Glas Wasser ; **cogió una bolsa ~ patatas** sie nahm einen Sack Kartoffeln - **5.** [en descripciones] : **~ fácil manejo** leicht bedienbar ; **la señora ~ verde** die Frau in Grün ; **un sello ~ cincuenta pesetas** eine 50-Peseten-Briefmarke - **6.** [uso] : **una bici ~ carreras** ein Rennrad - **7.** [en calidad de] als ; **trabaja ~ bombero** er arbeitet als Feuerwehrmann - **8.** [tiempo - desde] : **trabaja ~ nueve a cinco** sie arbeitet von neun bis fünf ; [- durante] während ; **trabaja ~ noche y duerme ~ día** sie arbeitet nachts und schläft am Tag - **9.** [momento] : **llegamos ~ madrugada** wir kamen früh am Morgen an - **10.** [causa, modo] vor ; **morirse ~ frío** erfrieren ; **llorar ~ alegría** vor Freude weinen ; **~ una sola vez** mit einem einzigen Mal - **11.** [en comparaciones] : **más/menos ~** mehr/weniger als - **12.** *(antes de infin)* [condición] wenn ; **~ querer ayudarme, lo haría** wenn er mir helfen wollte, würde er es tun - **13.** *(después de adj y antes de sust)* [enfatiza la cualidad].

dé ▷ **dar**.

deambular *vi* herum|streifen.

debajo *adv* darunter ; **~ de** unter ; [local] unter *(+D)* ; [rumbo] unter *(+A)*.

debate *m* Debatte *die*.

debatir *vt* debattieren. ◆ **debatirse** *vpr* ringen.

debe *m* Soll *das* ; **~ y haber** Soll und Haben.

deber ◇ *m* Pflicht *die*. ◇ *vt (antes de infin)* - **1.** [estar obligado a] müssen - **2.** *(antes de sust)* [adeudar] schulden ; **¿cuánto** o **qué le debo?** wie viel schulde ich Ihnen? ◆ **deber de** *vi* [existir indicios] : **deben de ser las diez** es müsste zehn Uhr sein. ◆ **deberse a** *vpr* [ser consecuencia] zurück|gehen auf *(+A)* ◆ **deberes** *mpl* [trabajo escolar] Hausaufgaben *pl*.

debido, da *adj* - **1.** [que se debe] fällig - **2.** [justo, conveniente] angemessen ; **como es ~** wie es sich gehört. ◆ **debido a** *loc conj* aufgrund *(+G)*.

débil ◇ *adj* schwach. ◇ *mf* Schwache *der, die*.

debilidad *f* Schwäche *die*.

debilitar *vt* schwächen.

debut (*pl* **debuts**) *m* Debüt *das*.

debutar *vi* debütieren.

década *f* Jahrzehnt *das*.

decadencia *f* Verfall *der* ; **en ~** [moda] aus der Mode ; [cultura, sociedad] im Niedergang.

decadente *adj* dekadent.

decaer [55] *vi* - **1.** [persona] schwach werden - **2.** [cosa] nach|lassen.

decaído, da *adj* [desalentado] niedergeschlagen ; [debilitado] geschwächt.

decaimiento *m* Kraftlosigkeit *die*.

decálogo *m lit & fig* die Zehn Gebote *pl*.

decano, na *m, f* - **1.** [de corporación, facultad] Dekan *der*, -in *die* - **2.** [el más antiguo] Älteste *der, die*.

decapitar *vt* enthaupten.

decena *f* [de veces] zehn Mal ; [de mes] die ersten zehn Tage.

decencia *f* Anstand *der*.

decenio *m* Jahrzehnt *das*.

decente *adj* - **1.** [en actos, en el hablar] anständig - **2.** [suficiente, satisfactorio] **ausreichend** - **3.** [limpio, aseado] **sauber**.

decepción *f* Enttäuschung *die*.

decepción

Das ist aber schade. ¡Qué lástima!

Schade, dass das Konzert ausfällt. ¡Qué pena que se haya suspendido el concierto!

So ein Pech. ¡Pero qué mala pata!

Das hätte ich nie von ihm gedacht. Eso no lo habría pensado nunca de él.

Das habe ich nicht erwartet. No me lo esperaba.

Dann war alles umsonst. Todo fue en vano.

decepcionar *vt* enttäuschen.

decibelio *m* Dezibel *das*.

decidido, da *adj* entschlossen.

decidir *vt* - **1.** [acordar] beschließen - **2.** [impulsar] bestimmen - **3.** [determinar] entscheiden. ◆ **decidirse** *vpr* - **1.** sich entschließen - **2.** : **~se a hacer algo** sich entschließen, etw zu tun ; **~se por algo/alguien** sich für etw/jn entscheiden.

décima *f* ▷ **décimo**.

decimal ◇ *adj* Dezimal-. ◇ *m* Dezimale *die*.

décimo, ma *núm* [para ordenar] zehnte, -r, -s ◆ **décimo** *m* Zehntellos *das*. ◆ **décima** *f* Zehntel *das*.

decimoctavo, va *núm* achtzehnte, -r, -s.

decimocuarto, ta *núm* vierzehnte, -r, -s.

decimonónico, ca *adj* - **1.** [del siglo XIX] aus dem 19. Jahrhundert - **2.** *fam* [anticuado] von vorgestern.

decimonoveno, na *núm* neunzehnte, -r, -s.

decimoquinto, ta *núm* fünfzehnte, -r, -s.

decimoséptimo, ma *núm* siebzehnte, -r, -s.

decimosexto, ta *núm* sechzehnte, -r, -s.

decimotercero, ra *núm* dreizehnte, -r, -s.

decir ◇ *m* Redensart *die* ; **es un ~** es heißt. ◇ *vt* - **1.** [gen] sagen ; **¿diga?, ¿dígame?** [al teléfono] hallo? - **2.** [contar] : **se dice que** man sagt, dass - **3.** [recitar] auf|sagen - **4.** *loc* : **~ para sí** sich sagen ; **preocuparse por el qué dirán** sich darum sorgen, was die Leute sagen ; **es ~** das heißt ; **esto no me dice nada** das sagt mir gar nichts.

decisión *f* - **1.** [determinación] Entscheidung *die* - **2.** [energía] Entschiedenheit *die*.

decisivo, va *adj* entscheidend.

declaración *f* - **1.** [gen] Erklärung *die* - **2.** [de testigo, reo] Aussage *die* ; **prestar ~** aus|sagen ; **tomar ~** vernehmen ; **~ del impuesto sobre la renta** , **~ de (la) renta** Einkommensteuererklärung *die*.

declarar ◇ *vt* - **1.** [gen] erklären - **2.** [bienes o propiedades] deklarieren. ◇ *vi* aus|sagen. ◆ **declararse** *vpr* - **1.** [acontecimiento] aus|brechen - **2.** [manifestar amor] sich offenbaren - **3.** [dar opinión] sich aus|sprechen ; [culpable, inocente] sich erklären.

declinar *vt* - **1.** GRAM deklinieren - **2.** [rechazar] ab|lehnen.

declive *m* - **1.** [decadencia] Niedergang *der* ; **en ~** im Niedergang - **2.** [cuesta] Gefälle *das*.

decodificador = **descodificador**.

decodificar [10] = **descodificar**.

decoración *f* - **1.** [de casa, piso, habitación] Einrichtung *die* - **2.** [adorno] Dekoration *die*.

decorado *m* Kulisse *die*.

decorar *vt* - **1.** [cosa, piso, habitación] ein|richten - **2.** [adornar] dekorieren.

decorativo, va *adj* dekorativ.

decoro *m* - **1.** [dignidad] Würde *die* - **2.** [pudor] Anstand *der*.

decrecer [30] *vi* ab|nehmen.

decrépito, ta *adj despec* altersschwach.

decretar *vt* verordnen.

decreto *m* Verordnung *die* ; **por real ~** [por ley] durch königlichen Erlass ; *fig* [por imposición] auf Befehl des Königs ; **~ ley** Gesetzeserlass *der*.

dedal *m* Fingerhut *der*.

dedicación *f* - **1.** [de tiempo] Beschäftigung *die* - **2.** [entrega] Hingabe *die*.

dedicar [10] *vt* widmen.

dedicatoria *f* Widmung *die*.

dedo *m* - **1.** [de mano] Finger *der* ; **a ~** willkürlich ; **(~) anular** Ringfinger *der* ; **(~) corazón** Mittelfinger ; **(~) índice** Zeigefinger ; **(~) meñique** kleiner Finger ; **(~) pulgar** Daumen - **2.** [de pie] Zeh *der* - **3.** [medida] Fingerbreit *der* - **4.** *loc* : **hacer ~** *fam* trampen ; **pillarse** o **cogerse los ~s** sich die Finger verbrennen ; **poner el ~ en la llaga** den wunden Punkt treffen.

deducción *f* - **1.** [de idea] Schluss *der* - **2.** [de dinero] Abzug *der*.

deducir [33] *vt* - **1.** [idea] schließen - **2.** [dinero] ab|setzen.

defecto *m* Fehler *der*.

defectuoso, sa *adj* mangelhaft.

defender [20] *vt* [gen] verteidigen ; [del frío] schützen. ◆ **defenderse** *vpr* - **1.** [de agresión] sich verteidigen - **2.** *fig* [apañarse] zurecht|kommen.

defenestrar *vt fig* stürzen.

defensa ◇ *f* [gen] Verteidigung *die* ; [moral] Schutz *der* ; **en ~ propia** zur Selbstverteidigung ; **en ~ de** zur Verteidigung (+G). ◇ *mf* DEP Verteidiger *der*, -in *die*. ◆ **defensas** *fpl* Abwehrkräfte *pl*.

defensivo, va *adj* defensiv.

defensor, ra <> *adj* ▻ **abogado.** <> *m, f* Beschützer *der*, -in *die* ; ~ **del pueblo** Ombudsmann *der*.
deferencia *f* Rücksicht *die*.
deficiencia *f* Mangel *der*.
deficiente *adj* mangelhaft. ◆ **deficiente (mental)** *mf* geistig Behinderte *der, die*. ◆ **muy deficiente** *m* ≃ ungenügend *(Note)*.
déficit *(pl* - o **-s)** *m* - **1.** ECON Defizit *das* - **2.** [de cosas] Mangel *der*.
deficitario, ria *adj* defizitär.
definición *f* - **1.** [gen] Definition *die* - **2.** [descripción] Beschreibung *die*.
definir *vt* - **1.** [concepto] definieren - **2.** [dar explicación, especificar] erklären.
definitivo, va <> *adj* definitiv. <> *loc adv* : **en definitiva** letztendlich.
deforestación *f* Abholzung *die*.
deformación *f* Missbildung *die*.
deformar *vt* - **1.** [cosa] verformen - **2.** *fig* [hecho] verfälschen. ◆ **deformarse** *vpr* sich verformen.
deforme *adj* deformiert.
defraudar *vt* - **1.** [decepcionar] enttäuschen - **2.** [al fisco] Steuern hinterziehen.
defunción *f* Todesfall *der*.
degeneración *f* Verfall *der*.
degenerado, da <> *adj* degeneriert. <> *m, f* Psychopath *der*, -in *die*.
degenerar *vi* verfallen ; ~ **(en)** auslarten in *(+A)*.
degollar [23] *vt* enthaupten.
degradar *vt* - **1.** [en cargo] degradieren - **2.** [moralmente] erniedrigen. ◆ **degradarse** *vpr* sich erniedrigen.
degustación *f* Verkostung *die*.
dehesa *f* Weide *die*.
deidad *f* Gottheit *die*.
deificar [10] *vt* vergöttern.
dejadez *f* Nachlässigkeit *die*.
dejado, da *adj* nachlässig.
dejar <> *vt* - **1.** [gen] lassen - **2.** [prestar] : ~ **algo a alguien** jm etw überlassen - **3.** [dar] (dal)lassen - **4.** [abandonar, romper relación] verlassen ; [vicio, trabajo] auflgeben - **5.** [encomendar] : ~ **algo a alguien** jm etw überlassen ; ~ **a alguien a alguien** jn jm überlassen - **6.** [legar, producir, causar efecto] hinterllassen ; **el zapatero ha dejado los zapatos como nuevos** der Schuster hat die Schuhe wie neu gemacht ; **me has dejado preocupado** ich habe mir Sorgen um dich gemacht - **7.** [omitir] ausllassen ; ~ **algo por** o **sin hacer** etw unerledigt lassen - **8.** *(en imperativo)* [prescindir de] lassen - **9.** *(en imperativo)* [no molestar] in Ruhe lassen ; **¡déjame!, que tengo trabajo** lass mich, ich muss arbeiten! - **10.** *fig* [ceder] : ~ **algo para alguien** jm etw überlassen - **11.** [aplazar] : ~ **algo para** etw auf *(+A)* verschieben - **12.** *(antes de oración con verbo en subj)* [esperar] : **dejó que terminara de llover para salir** er wartete mit dem Hinausgehen, bis es aufhörte zu regnen. <> *vi (antes de de + infin)* - **1.** [cesar, parar] : ~ **de hacer algo** mit etw auflhören - **2.** *(en futuro o imperativo y antes de infin)* [expresa promesa] : **no ~ de hacer algo** weiterhin etw tun - **3.** *(antes de adj)* [considerar] : ~ **por** halten für - **4.** *loc* : ~ **mucho/bastante que desear** viel/einiges zu wünschen übrig lassen. ◆ **dejarse** *vpr* - **1.** [olvidar] vergessen - **2.** *(antes de infin o sust)* [cesar] : ~ **de** auflhören mit - **3.** [descuidarse] sich gehen lassen - **4.** *loc* : **~se llevar (por algo)** sich (durch etw) beeinflussen lassen.
deje *m* [al hablar] Akzent *der*.
del ▻ **de** ▻ **el.**
delantal *m* Schürze *die*.
delante *adv* - **1.** [en primer lugar, en parte delantera] vorne - **2.** [enfrente] davor - **3.** [presente] anwesend. ◆ **delante de** *loc prep* - **1.** [en primer lugar] vor *(+D) (+A)* - **2.** [enfrente de] gegenüber von - **3.** [en presencia de] in Anwesenheit *(+G)*.
delantero, ra <> *adj* Vorder-. <> *m, f* DEP Stürmer *der*, -in *die*. ◆ **delantera** *f* - **1.** DEP Sturm *der* - **2.** *fam* [de mujer] Busen *der*.
delatar *vt* verraten. ◆ **delatarse** *vpr* sich verraten.
delco *m* Zündverteiler *der*.
delegación *f* - **1.** [acción y efecto] Auftrag *der* ; ~ **de poderes** Übertragung von Befugnissen - **2.** [sucursal] Niederlassung *die* - **3.** [oficina pública] Vertretung *die* - **4.** [personas] Delegation *die*.
delegado, da *m, f* Delegierte *der, die*.
delegar [16] *vt* : ~ **algo en** o **a alguien** etw an jn delegieren.
deleite *m* Genuss *der*.
deletrear *vt* buchstabieren.
delfín *m* - **1.** [animal] Delfin *der* - **2.** [título] Dauphin *der*.
delgado, da *adj* dünn.
deliberado, da *adj* absichtlich.
deliberar *vi* beraten.
delicadeza *f* - **1.** [cuidado] Feinfühligkeit *die* - **2.** [cortesía] Höflichkeit *die* - **3.** [exquisitez] Zartheit *die* - **4.** [de asunto, situación] Problematik *die*.
delicado, da *adj* - **1.** [frágil] zerbrechlich - **2.** [exquisito] zart ; [gusto, paladar] fein - **3.** [débil, enfermizo] schwach - **4.** [cortés] höflich - **5.** [asunto, situación] heikel.
delicia *f* Wonne *die*.
delicioso, sa *adj* köstlich.
delimitar *vt* ablgrenzen.
delincuencia *f* Kriminalität *die*.
delincuente *mf* Kriminelle *der, die*.
delineante *mf* Zeichner *der*, -in *die*.

delinear *vt* skizzieren.
delinquir [18] *vi* straffällig werden.
delirante *adj* verrückt.
delirar *vi* wirr reden.
delirio *m* Delirium *das*.
delito *m* Straftat *die* ; **cometer un ~** eine Straftat begehen.
demacrado, da *adj* abgemagert.
demagogo, ga *m, f* Demagoge *der*, -gin *die*.
demanda *f* - **1.** [petición] Ersuchen *das* - **2.** ECON Nachfrage *die* - **3.** DER Klage *die*.
demandante *mf* DER Kläger *der*, -in *die*.
demandar *vt* DER verklagen.
demarcación *f* - **1.** [señalización] Abgrenzung *die* - **2.** [territorio] Gebiet *das*.
demás ◇ *adj* übrige, -r, -s. ◇ *pron* : **los/las ~** die anderen ; **lo ~** das Übrige ; **por lo ~** darüber hinaus.
demasía ◆ **en demasía** *loc adv* übermäßig viel.
demasiado, da *adj* zu viel(e). ◆ **demasiado** *adv (con verbo)* zu viel ; *(con adjetivo)* zu.
demencia *f* Schwachsinn *der*.
demencial *adj lit & fig* schwachsinnig.
demente ◇ *adj* geistesgestört. ◇ *mf* Geistesgestörte *der, die*.
democracia *f* Demokratie *die*.
demócrata ◇ *adj* demokratisch. ◇ *mf* Demokrat *der*, -in *die*.
democrático, ca *adj* demokratisch.
demografía *f* Demografie *die*.
demoledor, ra *adj* vernichtend.
demoler [24] *vt* zerstören.
demolición *f* Abriss *der*.
demonio *m* - **1.** RELIG Teufel *der* - **2.** *fig* [persona traviesa] Biest *das*. ◆ **demonios** *interj* : **¡demonios!** verdammt!
demora *f* Verzögerung *die*.
demorar *vt* auf|schieben. ◆ **demorarse** *vpr* sich verspäten.
demostración *f* - **1.** [de hipótesis, verdad] Beweis *der*, Darlegung *die* - **2.** [manifestación] Zeichen *das* - **3.** [exhibición] Vorstellung *die* ; **hacer una ~** etw vor|führen.
demostrar [23] *vt* - **1.** [hipótesis, verdad] beweisen - **2.** [manifestar] zeigen.
denegar [35] *vt* ab|lehnen.
denigrar *vt* erniedrigen.
denodado, da *adj* unerschrocken.
denominación *f* Bezeichnung *die* ; **~ de origen** kontrollierte Herkunftsbezeichnung.
denominador *m* MAT Nenner *der* ; **~ común** MAT & *fig* gemeinsamer Nenner.
denotar *vt* bedeuten, zeigen.
densidad *f* [gen & INFORM] Dichte *die* ; **alta/doble ~** [inform] hohe/doppelte Dichte ; **~ de población** Bevölkerungsdichte.
denso, sa *adj* - **1.** [gen] dicht - **2.** [líquido] dickflüssig - **3.** *fig* [texto] gehaltvoll.
dentadura *f* Gebiss *das* ; **~ postiza** (künstliches) Gebiss.
dentellada *f* - **1.** [mordisco] Biss *der* - **2.** [herida] Bisswunde *die*.
dentera *f* : **dar ~ (a alguien)** [grima] (jn) erschaudern lassen ; *fig* [envidia] (jm) den Mund wässrig machen.
dentífrico, ca *adj* Zahn-. ◆ **dentífrico** *m* Zahnpasta *die*.
dentista *mf* Zahnarzt *der*, -ärztin *die*.
dentística *f Amér* Zahnheilkunde *die*.
dentro *adv* innen ; **el bolsillo de ~** Innentasche *die* ; **por ~** innen ; *fig* innerlich. ◆ **dentro de** *loc prep* - **1.** [lugar] in *(+D)* ; [rumbo] in *(+A)* - **2.** [tiempo] in *(+D)*.
denuncia *f* Anzeige *die*.
denunciar [8] *vt* - **1.** [a la autoridad] an|zeigen - **2.** [al público] an|klagen.
deparar *vt* bescheren.
departamento *m* - **1.** [sección] Abteilung *die* - **2.** [en país] Verwaltungsbezirk *der* - **3.** [en Administración] Ressort *das* - **4.** [de objeto] Fach *das* - **5.** *Amér* [piso, apartamento] Wohnung *die*.
dependencia *f* - **1.** [de persona] Abhängigkeit *die* - **2.** [en oficina] Abteilung *die*. ◆ **dependencias** *fpl* Räumlichkeiten *pl*.
depender *vi* : **~ de algo/alguien** ab|hängen von etw/jm.
dependiente, ta *m, f* Verkäufer *der*, -in *die*.
depilar *vt* enthaaren.
depilatorio, ria *adj* Enthaarungs-.
deplorable *adj* [hecho] jämmerlich ; [persona] erbärmlich.
deplorar *vt* (zutiefst) bedauern.
deponer [65] *vt* - **1.** [abandonar] ab|legen - **2.** [de cargo] : **~ a alguien de un cargo** jn seines Amtes entheben.
deportar *vt* - **1.** [prisionero] deportieren - **2.** [inmigrante ilegal] ab|schieben.
deporte *m* Sport *der* ; **hacer ~** Sport treiben ; **practicar un ~** eine Sportart betreiben.
deportista *mf* Sportler *der*, -in *die*.
deportivo, va *adj* - **1.** [relativo al deporte] Sport- - **2.** [relativo a la deportividad] sportlich. ◆ **deportivo** *m* Sportwagen *der*.
deposición *f* - **1.** [de cargo] Absetzung *die* - **2.** [defecación] Stuhlgang *der*.
depositar *vt* - **1.** [consignar] hinterlegen ; [en banco] ein|legen - **2.** [confiar] : **~ su confianza en alguien** sein Vertrauen in jn setzen. ◆ **depositarse** *vpr* sich ab|setzen.
depositario, ria ◇ *adj* verwahrend. ◇ *m, f* - **1.** [de dinero] Depositär *der*, -in *die* - **2.** [de cosa que está en venta] Verwahrer *der*, -in *die*.
depósito *m* - **1.** [almacén] Lager *das* ; **~ de**

cadáveres Leichenhalle *die* - 2. [recipiente] Tank *der* ; ~ **de gasolina** Benzintank *der* - 3. [acción] Hinterlegung *die* - 4. [de dinero - en banco] Einlage *die* ; [- en compra] Hinterlegungssumme *die*. ◆ **depósito legal** *m obligatorische Ablieferung eines Exemplars einer Veröffentlichung an die entsprechende Behörde*.

depravado, da *m, f* verkommene Person.

depravar *vt* verkommen. ◆ **depravarse** *vpr* verkommen.

depreciar [8] *vt* ab|werten. ◆ **depreciarse** *vpr* an Wert verlieren.

depredador, ra *m, f* Raubtier *das*.

depresión *f* - 1. [gen] Depression *die* - 2. [en superficie] Senke *die* - 3. [en meteorología] Tief(druckgebiet) *das*.

depresivo, va *adj* depressiv.

deprimir *vt* deprimieren. ◆ **deprimirse** *vpr* Depressionen bekommen.

deprisa, de prisa *adv* schnell.

depuesto, ta ◇ *pp irreg* ▻ **deponer**. ◇ *adj* abgesetzt.

depuración *f* - 1. [de material] Reinigung *die* - 2. [de organismo, corporación, sociedad] Säuberung *die*.

depurar *vt* - 1. [materia] reinigen - 2. *fig* [organismo, corporación, sociedad] säubern - 3. [perfeccionar] verfeinern.

derecha *f* ▻ **derecho**.

derecho, cha ◇ *adj* - 1. [diestro] rechte, -r, -s - 2. [vertical] aufrecht - 3. [recto] gerade. ◇ *adv* - 1. [en posición vertical] aufrecht - 2. [directamente] direkt. ◆ **derecho** *m* - 1. [leyes] Recht *das* ; ~ **civil** Zivilrecht ; ~ **de la propiedad intelectual** Urheberrecht ; ~ **penal** Strafrecht - 2. [ciencia] Rechtswissenschaft *die* - 3. [prerrogativas] (Vor)recht *das* ; **¡no hay ~!** das ist ungerecht! ; **reservado el ~ de admisión** Recht auf Einlass vorbehalten ; **tener ~ a algo** ein Recht auf etw *(A)* haben ; **~s humanos** Menschenrechte *pl* - 4. [contrario de revés] rechte Seite *die* ; **del ~** rechtsherum. ◆ **derecha** *f* - 1. [diestra] rechte Hand ; **a la derecha** (nach) rechts - 2. POLÍT Rechte *die* ; **ser de derechas** rechts(orientiert) sein. ◆ **derechos** *mpl* [tasas] Gebühren *pl* ; **~s de autor** Tantiemen *pl*.

deriva *f* Abdrift *die* ; **ir a la ~** ab|driften.

derivación *f* - 1. [de cable, canal, carretera] Abzweigung *die* - 2. GRAM Ableitung - 3. ELECTR Nebenschluss *der*.

derivado, da *adj* GRAM abgeleitet. ◆ **derivado** *m* QUÍM Derivat.

derivar ◇ *vt* - 1. [cambiar dirección] um|leiten ; [conversación] lenken auf *(+A)* - 2. MAT ab|leiten. ◇ *vi* - 1. [tomar dirección] : ~ **hacia** ab|driften nach - 2. [proceder] : ~ **de** zurück|gehen auf *(+A)*.

dermatólogo, ga *m, f* Hautarzt *der*, -ärztin *die*.

dermis *f* Lederhaut *die*.

derogación *f* Aufhebung *die*.

derramamiento *m* [de sangre, lágrimas] Vergießen *das* ; [de gasolina, etc] Verschütten *das*.

derramar *vt* verschütten. ◆ **derramarse** *vpr* aus|laufen.

derrame *m* - 1. MED Blutung *die* ; ~ **sinovial** Wasserablagerung *die* im Kniegelenk - 2. [de líquido] Auslaufen *das*.

derrapar *vi* ins Schleudern geraten.

derretir [26] *vt* schmelzen. ◆ **derretirse** *vpr* - 1. [cosa] schmelzen - 2. *fam fig* [persona] dahin|schmelzen.

derribar *vt* - 1. [edificio, puente, muralla] nieder|reißen - 2. [árbol] fällen ; [avión] ab|schießen - 3. [gobierno, gobernante] stürzen.

derribo *m* [acción] Abriss *der*.

derrocar [10] *vt* stürzen.

derrochar *vt* verschwenden.

derroche *m* - 1. [desperdicio] Verschwendung *die* - 2. [abundancia] Fülle *die*.

derrota *f* - 1. [en competición] Niederlage *die* - 2. NÁUT Kurs *der*.

derrotar *vt* besiegen.

derrotista ◇ *adj* defätistisch. ◇ *mf* Defätist *der*, -in *die*.

derruir [51] *vt* ab|reißen.

derrumbamiento *m* - 1. [de edificio, puente] Einsturz *der* - 2. [de imperio] Zusammenbruch *der* - 3. [de persona] Verfall *der*.

derrumbar *vt* - 1. [físicamente] ab|reißen - 2. [moralmente] zerstören. ◆ **derrumbarse** *vpr* - 1. [cosa] ein|stürzen - 2. [persona] zusammen|brechen.

desabastecido, da *adj* unterversorgt.

desaborido, da *fam* ◇ *adj* langweilig. ◇ *m, f* Langweiler *der*, -in *die*.

desabotonar *vt* auf|knöpfen. ◆ **desabotonarse** *vpr* sich *(D)* etw *(A)* auf|knöpfen.

desabrochar *vt* auf|knöpfen. ◆ **desabrocharse** *vpr* [cinturón] sich *(D)* auf|schnallen ; [pantalones] sich *(D)* auf|machen ; [botones] sich *(D)* auf|knöpfen.

desacato *m* Missachtung *die*.

desacierto *m* Fehler *der*.

desaconsejar *vt* ab|raten.

desacreditar *vt* in Verruf bringen.

desactivar *vt* entschärfen.

desacuerdo *m* Unstimmigkeit *die*.

desafiante *adj* herausfordernd.

desafinar *vi* MÚS nicht den richtigen Ton treffen.

desafío *m* Herausforderung *die*.

desaforado, da *adj* - 1. [excesivo] maßlos - 2. [furioso] wütend.

desafortunado, da ◇ *adj* - **1.** [desacertado] unglücklich - **2.** [sin suerte] glücklos. ◇ *m, f* Unglückliche *der, die.*
desagradable *adj* unangenehm.
desagradar *vi* missfallen.
desagradecido, da *m, f* undankbare Person.
desagrado *m* Missfallen *das.*
desagraviar [8] *vt* - **1.** [por ofensa] wieder gut|machen - **2.** [por perjuicio] entschädigen.
desagüe *m* Abfluss *der.*
desaguisado *m* Durcheinander *das.*
desahogado, da *adj* - **1.** [de espacio] weiträumig - **2.** [de dinero] besser gestellt.
desahogar [16] *vt* erleichtern. ◆ **desahogarse** *vpr* sich Erleichterung verschaffen.
desahogo *m* - **1.** [moral] Erleichterung *die* - **2.** [de espacio] Platz *der* - **3.** [económico] : **vivir con ~** ein gutes Auskommen haben.
desahuciar [8] *vt* - **1.** [inquilino] kündigen - **2.** [enfermo] auf|geben.
desahucio *m* Zwangsräumung *die.*
desairar *vt* kränken.
desajustar *vt* verstellen.
desajuste *m* Diskrepanz *die.*
desalentar [19] *vt* entmutigen. ◆ **desalentarse** *vpr* den Mut verlieren.
desaliento *m* Mutlosigkeit *die.*
desaliñado, da *adj* ungepflegt.
desaliñar *vt* in Unordnung bringen.
desaliño *m* Ungepflegtheit *die.*
desalmado, da ◇ *adj* herzlos. ◇ *m, f* herzloser Mensch.
desalojar *vt* räumen.
desamarrar *vt* NÁUT ab|legen.
desambientado, da *adj* fehl am Platz.
desamor *m* Gleichgültigkeit *die.*
desamortización *f* Säkularisation *die.*
desamparado, da ◇ *adj* schutzlos. ◇ *m, f* schutzloser Mensch.
desamparar *vt* verlassen.
desandar [52] *vt* zurück|gehen.
desangelado, da *adj* seelenlos.
desangrar *vt lit & fig* aus|bluten lassen. ◆ **desangrarse** *vpr* verbluten.
desanimado, da *adj* - **1.** [persona] mutlos - **2.** [fiesta, lugar] langweilig.
desanimar *vt* entmutigen. ◆ **desanimarse** *vpr* den Mut verlieren.
desánimo *m* Mutlosigkeit *die.*
desapacible *adj* ungemütlich.
desaparecer [30] *vi* verschwinden.
desaparecido, da *m, f* Vermisste *der, die.*
desapego *m* Gleichgültigkeit *die.*
desapercibido, da *adj* : **pasar ~** unbemerkt bleiben.
desaprensivo, va *m, f* rücksichtsloser Mensch.
desaprobar [23] *vt* missbilligen.

desaprobar

So geht das nicht! ¡No, así no van las cosas!
Ich bin nicht Ihrer Meinung. No opino igual que usted.
Wie konntest du nur so etwas tun! ¿Pero cómo pudiste hacer eso?
Damit bin ich nicht einverstanden. No estoy de acuerdo.
Da muss ich Ihnen widersprechen. Lo siento, pero tengo que llevarle la contraria.

desaprovechado, da *adj* - **1.** [persona] untätig - **2.** [ocasión, tiempo] verpasst ; [casa, jardín] ungenutzt.
desaprovechar *vt* : **~ algo** sich etw *(A)* entgehen lassen.
desarmador *m Amér* Schraubenzieher *der.*
desarmar *vt* - **1.** [gen] entwaffnen - **2.** [desmontar] auseinander nehmen.
desarme *m* - **1.** [de armamento] *fig* Abrüstung *die* - **2.** [desarticulación] Auseinandernehmen *das.*
desarraigar [16] *vt* - **1.** [árbol, planta] entwurzeln - **2.** [persona, pueblo] vertreiben.
desarraigo *m* Entwurzelung *die.*
desarreglado, da *adj* - **1.** [sin orden] unordentlich - **2.** [sin limpieza] ungepflegt.
desarreglar *vt* in Unordnung bringen.
desarrollado, da *adj* - **1.** [persona] reif - **2.** [país] entwickelt.
desarrollar *vt* - **1.** [aumentar, mejorar] entwickeln - **2.** [exponer, explicar] aus|führen - **3.** MAT lösen. ◆ **desarrollarse** *vpr* - **1.** [crecer, mejorar] sich entwickeln - **2.** [transcurrir] verlaufen.
desarrollo *m* - **1.** [crecimiento, mejora] Entwicklung *die* - **2.** [de teoría, argumento] Ausführung *die.*
desarticular *vt* - **1.** [huesos] aus|renken - **2.** *fig* [organización, plan] zerschlagen.
desasirse *vpr* : **~ (de)** sich lösen (von).
desasosegar [35] *vt* beunruhigen.
desasosiego *m* Unruhe *die.*
desastrado, da *adj* ungepflegt.
desastre *m* Katastrophe *die.*
desastroso, sa *adj* katastrophal.
desatar *vt* - **1.** [nudo, lazo, cordón] lösen - **2.** *fig* [producir] aus|lösen. ◆ **desatarse** *vpr* - **1.** [nudo, lazo, cordón] sich lösen - **2.** *fig* [producirse] aus|brechen.
desatascar [10] *vt* (Rohr) frei machen.
desatender [20] *vt* - **1.** [obligación, persona] vernachlässigen - **2.** [ruegos, consejos] ignorieren.

desatino *m* - **1.** [locura] Wahnsinn *der* - **2.** [desacierto] Irrtum *der.*
desatrancar [10] *vt* entriegeln.
desautorizar [13] *vt* - **1.** [desmentir] widerrufen - **2.** [desacreditar] unglaubwürdig machen.
desavenencia *f* Uneinigkeit *die.*
desayunar *vi & vt* frühstücken.
desayuno *m* Frühstück *das.*
desazón *f* Unbehagen *das.*
desazonar *vt* beunruhigen.
desbancar [10] *vt* - **1.** [persona] verdrängen - **2.** [en juegos de azar] arm machen.
desbandada *f* Auflösen *das.*
desbandarse *vpr* sich (in alle Winde) zerstreuen.
desbarajuste *m* Durcheinander *das.*
desbaratar *vt* - **1.** [desarreglar] ruinieren - **2.** [frustrar] vereiteln.
desbloquear *vt* freilgeben.
desbocado, da *adj* - **1.** [caballo] durchgegangen - **2.** [prenda de vestir] ausgeleiert.
desbocarse [10] *vpr* [caballo] durchlgehen.
desbordamiento *m* - **1.** [de río] Überfließen *das* - **2.** *fig* [de sentimiento] Ausbruch *der.*
desbordar *vt* - **1.** *fig* [expectativa] übertreffen ; *fig* [contrario, defensa] auslspielen - **2.** [estar lleno] : ~ **de** überlaufen vor *(+D)* ◆ **desbordarse** *vpr* - **1.** [líquido] überlfließen - **2.** [río] über die Ufer treten - **3.** *fig* [sentimiento] überströmen.
descabalgar [16] *vi* ablsitzen.
descabellado, da *adj* wahnwitzig.
descabellar *vt* TAUROM *dem Stier den Gnadenstoß versetzen.*
descabezar [13] *vt* - **1.** [cabeza] enthaupten - **2.** [punta] kappen.
descafeinado, da *adj* - **1.** [sin cafeína] koffeinfrei - **2.** *fig* [sin fuerza] verwässert. ◆ **descafeinado** *m* koffeinfreier Kaffee.
descalabrar *vt* - **1.** [herir] am Kopf verwunden - **2.** *fam* [perjudicar] ruinieren.
descalabro *m* Schaden *der.*
descalcificar [10] *vt* entkalken.
descalificar [10] *vt* - **1.** [desprestigiar] diskreditieren - **2.** [en competición] disqualifizieren.
descalzar [13] *vt* die Schuhe auslziehen.
descalzo, za *adj* - **1.** [sin zapatos] barfuß - **2.** RELIG barfüßig.
descamisado, da ◇ *adj* [sin camisa] ohne Hemd. ◇ *m, f* [pobre] Arme *der, die.*
descampado *m* freies Feld.
descansar *vi* - **1.** [reposar] (sich) auslruhen - **2.** [dormir] schlafen - **3.** [muerto] ruhen - **4.** *fig* [apoyarse] sich stützen auf *(+A).*
descansillo *m* Treppenabsatz *der.*
descanso *m* - **1.** [reposo] Ausruhen *das* - **2.** [pausa] Pause *die.*
descapotable ◇ *adj* zurückklappbar. ◇ *m* Cabrio(let) *das.*
descarado, da ◇ *adj* unverschämt. ◇ *m, f* unverschämter Mensch.
descarga *f* - **1.** [de mercancías] Abladen *das* - **2.** [de electricidad] Entladung *die* - **3.** [disparo] Geschützfeuer *das.*
descargar [16] ◇ *vt* - **1.** [mercancías] ablladen ; [medio de transporte] entladen - **2.** [balas, munición] ablfeuern - **3.** [arma] entladen - **4.** [de obligación] : ~ **a alguien de algo** jm etw *(A)* ablnehmen. ◇ *vi* sich entladen. ◆ **descargarse** *vpr* [desahogarse] seine Wut ausllassen an jdm.
descargo *m* Entlastung *die* ; **en ~** zu jds Entlastung.
descaro *m* Unverfrorenheit *die.*
descarriarse [9] *vpr* vom rechten Weg ablkommen.
descarrilar *vi* entgleisen.
descartar *vt* auslschließen. ◆ **descartarse** *vpr* Karten ablwerfen.
descastado, da *m, f* ungeratener Mensch.
descendencia *f* - **1.** [hijos] Nachwuchs *der* - **2.** [linaje] Abstammung *die.*
descender [20] *vi* - **1.** [en categoría, estimación] ablsteigen - **2.** [cantidad, valor] sinken - **3.** [de vehículo] : ~ **de** auslsteigen aus *(+D)* - **4.** [provenir] : ~ **de** ablstammen von.
descenso *m* - **1.** [en espacio] Heruntergehen *das* - **2.** DEP Abfahrtslauf *der* - **3.** [de cantidad, valor] Sinken *das* - **4.** [de categoría] Abstieg *der.*
descentrado, da *adj* - **1.** [geométricamente] nicht zentriert - **2.** [mentalmente] verstört.
descentralizar [13] *vt* dezentralisieren.
descentrar *vt* - **1.** [geométricamente] verschieben - **2.** [mentalmente] ablenken.
descifrar *vt* - **1.** [mensaje] entziffern - **2.** [adivinar] erraten.
descocado, da *adj* schamlos.
descodificador, ra, decodificador, ra *adj* entschlüsselnd. ◆ **descodificador, decodificador** *m* Decoder *der.*
descodificar [10], **decodificar** *vt* dekodieren.
descolgar [39] *vt* - **1.** [cosa colgada] ablhängen - **2.** [teléfono] ablnehmen. ◆ **descolgarse** *vpr* - **1.** [bajar] sich herunterllassen - **2.** [separarse] : ~ **de** sich ausl klinken.
descolonización *f* Entkolonialisierung *die.*
descolorido, da *adj* ausgeblichen.
descompasado, da *adj* maßlos.
descomponer [65] *vt* - **1.** [desordenar] in Unordnung bringen - **2.** [estropear] beschädigen - **3.** QUÍM [pudrir] zersetzen - **4.** [separar] aufgliedern. ◆ **descomponerse** *vpr* - **1.** [pudrirse] verwesen ; [fruta, madera]

verfaulen - 2. FÍS & QUÍM zerfallen - 3. [irritarse] die Fassung verlieren.
descomposición *f* - 1. [de elementos] Zersetzung *die* - 2. [putrefacción] Verwesung *die* ; [de fruta, madera] Fäulnis - 3. [alteración] Verzerrung *die* - 4. [diarrea] Durchfall *der*.
descompostura *f* [falta de compostura] Ungehörigkeit *die*.
descompuesto, ta ◇ *pp irreg* ▷ **descomponer.** ◇ *adj* - 1. [putrefacto] verwest ; [fruta, madera] verfault - 2. [alterado] verzerrt - 3. *Amér* [averiado, estropeado] beschädigt.
descomunal *adj* ungeheuer.
desconcentrar *vt* ab|lenken.
desconcertar [19] *vt* befremden. ◆ **desconcertarse** *vpr* verwundert sein.

estar desconcertado

Das kann doch nicht wahr sein. Eso no puede ser verdad.
Das ist doch nicht zu fassen. Eso es inconcebible.
Das ist die Höhe. ¡Eso es el colmo!
Unglaublich! ¡Qué increíble!
Ich glaube, ich spinne. Me parece que estoy alucinando.

desconchado *m* abblätternde Stelle.
desconcierto *m* Durcheinander *das*.
desconectar *vt* aus|schalten. ◆ **desconectarse** *vpr fig* ab|schalten ; **~se de algo** von etw Abstand gewinnen.
desconfianza *f* Misstrauen *das*.
desconfiar [9] *vi* : **~ de algo/alguien** etw/jm misstrauen.
descongelar *vt* - 1. [producto] auf|tauen - 2. *fig* [precios, salarios] freigeben.
descongestionar *vt* MED zum Abschwellen bringen.
desconocer [31] *vt* [ignorar] nicht kennen.
desconocido, da ◇ *adj* unbekannt. ◇ *m, f* Unbekannte *der, die*.
desconocimiento *m* Unkenntnis *die*.
desconsiderado, da *m, f* rücksichtsloser Mensch.
desconsolar [23] *vt* betrüben.
desconsuelo *m* Trostlosigkeit *die*.
descontado, da *adj* abgezogen. ◆ **por descontado** *loc adv* selbstverständlich.
descontar [23] *vt* - 1. [cantidad] ab|ziehen - 2. COM Preisnachlass gewähren.
descontentar *vt* jn nicht zufrieden stellen.
descontento, ta *adj* unzufrieden. ◆ **descontento** *m* Unzufriedenheit *die*.
descontrol *m* Mangel *der* an Kontrolle.
desconvocar [10] *vt* absagen.
descorazonar *vt* entmutigen.
descorchar *vt* entkorken.
descorrer *vt* - 1. [cortina] auf|ziehen - 2. [abrir] öffnen.
descortés *adj* unhöflich.
descoser *vt* auf|trennen.
descosido, da *adj* aufgetrennt. ◆ **descosido** *m* offene Naht ; **hablar como un ~** *fig* wie ein Wasserfall reden.
descoyuntar *vt* verrenken. ◆ **descoyuntarse** *vpr* sich verrenken.
descrédito *m* Misskredit *der*.
descremado, da *adj* entrahmt.
describir *vt* beschreiben.
descripción *f* Beschreibung *die*.
descrito, ta *pp irreg* ▷ **describir.**
descuartizar [13] *vt* vierteilen.
descubierto, ta ◇ *pp irreg* ▷ **descubrir.** ◇ *adj* unbedeckt. ◆ **descubierto** *m* [de dinero] (Konto)überziehung *die*. ◆ **al descubierto** *loc adv* - 1. [al raso] im Freien - 2. [banca] überzogen - 3. *loc* : **quedar al ~** aufgedeckt werden.
descubridor, ra *m, f* Entdecker *der*, -in *die*.
descubrimiento *m* - 1. [de algo desconocido] Entdeckung *die* - 2. [invento] Erfindung *die* - 3. [de algo tapado] Enthüllung *die*.
descubrir *vt* - 1. [encontrar, vislumbrar] entdecken - 2. [lo desconocido] erfinden - 3. [lo cubierto] enthüllen - 4. [situación] auf|decken. ◆ **descubrirse** *vpr* - 1. [algo tapado] sich zu erkennen geben - 2. [cabeza] den Hut ab|nehmen - 3. [cielo] auf|klaren.
descuento *m* [deducción] Abzug *der* ; [rebaja] Preisnachlass *der*.
descuidado, da *adj* - 1. [desaseado] vernachlässigt - 2. [distraído] unachtsam.
descuidar ◇ *vt* - 1. [desatender] vernachlässigen - 2. [no dar importancia] unterschätzen. ◇ *vi* [no dar importancia] unbesorgt sein.
descuido *m* - 1. [falta de aseo] Nachlässigkeit *die* - 2. [falta de atención] Unachtsamkeit *die*.
desde *prep* - 1. [en tiempo] seit ; **~ entonces** seitdem ; **~ que** seit(dem) - 2. [en espacio] von (...aus). ◆ **desde luego** *loc adv* selbstverständlich.
desdecir [66] ◆ **desdecir de** *vi* nicht passen zu. ◆ **desdecirse** *vpr* : **~se de algo** etw zurück|nehmen.
desdén *m* Verachtung *die*.
desdentado, da *adj* zahnlos.
desdeñar *vt* [no aceptar] verschmähen ; [no apreciar] geringschätzen.
desdeñoso, sa *adj* verächtlich.
desdibujarse *vpr* verschwimmen.
desdicha *f* [desgracia] Unglück *das*.
desdichado, da *adj* unglücklich.

desdicho, cha *pp irreg* ▷ desdecir.
desdoblamiento *m* - **1.** [acción] Entfaltung *die* - **2.** [de personalidad] Spaltung *die*.
desdoblar *vt* - **1.** [extender] aus|breiten ; [desplegar] auseinander falten ; [carretera] aus|bauen - **2.** *fig* [dividir] spalten.
desear *vt* - **1.** [cosa] wünschen - **2.** [persona] begehren.

desear

Ich hätte große Lust, ein Bier zu trinken. Me apetecería muchísimo una cerveza.
Ich würde gern ins Kino gehen. Me gustaría ir al cine.
Am liebsten wäre mir ein heißes bad. Lo que más desearía yo sería un baño caliente.
Wenn es nach mir ginge, wären wir schon längst fertig. Si fuera por mí, haría ya mucho tiempo que habríamos acabado.
Ich fände es schön, wenn du mit uns kämst. Me encantaría que te vinieras con nosotros.

desecar [10] *vt* aus|trocknen. ◆ **desecarse** *vpr* aus|trocknen.
desechable *adj* Wegwerf-.
desechar *vt* - **1.** [desestimar] verwerfen - **2.** [tirar] weg|werfen - **3.** [rechazar] zurück|weisen.
desecho *m* - **1.** [gen] Abfall *der* - **2.** [muebles] Gerümpel *das* - **3.** [residuo líquido] Abwässer *pl*.
desembalar *vt* aus|packen.
desembarazar [13] *vt* frei machen. ◆ **desembarazarse** *vpr* : **~se de algo** sich *(A)* einer Sache *(G)* entledigen.
desembarcar [10] ◇ *vt* - **1.** [pasajeros] aus|schiffen - **2.** [mercancías] löschen. ◇ *vi* - **1.** [pasajeros] an Land gehen - **2.** [de avión] aus|steigen.
desembarco *m* - **1.** [de pasajeros] Ausschiffung *die* - **2.** MIL Landung *die*.
desembarque *m* [de mercancías] Löschung *die*.
desembocar ◆ **desembocar en** [10] *vi* - **1.** [río] münden in *(+A)* - **2.** [cosa] ein|münden in *(+A)* - **3.** [asunto] führen zu.
desembolso *m* - **1.** [pago] Zahlung *die* - **2.** [gasto] Ausgabe *die*.
desembragar [16] *vt* AUTOM aus|kuppeln.
desembrollar *vt fam* entwirren.
desembuchar ◇ *vt* [aves] den Kropf leeren. ◇ *vi fam fig* aus|packen.
desempañar *vt* ab|wischen.
desempaquetar *vt* aus|packen.
desempatar *vi* in einem unentschiedenen Spiel bis zur Entscheidung weiterspielen.
desempate *m* - **1.** [en competición] Stichkampf *der* - **2.** [en partido] Entscheidungsspiel *das* - **3.** [en votación] Stichwahl *die*.
desempeñar *vt* - **1.** [misión] erfüllen ; [cargo] aus|üben - **2.** [papel en una obra] spielen - **3.** [objeto] ein|lösen. ◆ **desempeñarse** *vpr* seine Schulden begleichen.
desempeño *m* Ausübung *die*.
desempleado, da *m, f* Arbeitslose *der, die*.
desempleo *m* Arbeitslosigkeit *die*.
desempolvar *vt* - **1.** [quitar polvo] ab|stauben - **2.** *fig* [recuerdos] hervor|kramen.
desencadenar *vt* - **1.** [persona, animal] los|binden - **2.** *fig* [suceso] entfesseln. ◆ **desencadenarse** *vpr* los|brechen.
desencajar *vt* aus|rasten. ◆ **desencajarse** *vpr* - **1.** [hueso] sich verrenken - **2.** [mecanismo] aus|rasten.
desencantar *vt* - **1.** [decepcionar] enttäuschen - **2.** [romper hechizo] entzaubern.
desencanto *m* Enttäuschung *die*.
desenchufar *vt* den Stecker heraus|ziehen.
desenfadado, da *adj* ungezwungen.
desenfocado, da *adj* unscharf.
desenfrenado, da *adj* zügellos.
desenfreno *m* Zügellosigkeit *die*.
desenfundar *vt* - **1.** [mueble] den Bezug abnehmen - **2.** [arma] ziehen - **3.** [quitar funda] aus der Hülle nehmen.
desenganchar *vt* [vagón] ab|hängen ; [caballo] ab|spannen. ◆ **desengancharse** *vpr* - **1.** [soltarse] sich lösen - **2.** *fam* [de vicio] : **~ de algo** los|kommen von etw.
desengañar *vt* - **1.** [a persona equivocada] jm die Augen öffnen - **2.** [a persona esperanzada] auf|klären. ◆ **desengañarse** *vpr* : **~se** sich einer Täuschung *(G)* bewusst werden.
desengaño *m* Enttäuschung *die*.
desengrasar *vt* entfetten.
desenlace *m* TEAT Ausgang *der*.
desenmascarar *vt* [descubrir] entlarven.
desenredar *vt* - **1.** [pelo] durch|kämmen - **2.** [objetos, asuntos] entwirren.
desenrollar *vt* ab|wickeln.
desenroscar [10] *vt* auf|schrauben.
desentenderse [20] *vpr* : **~ (de)** nichts von etw wissen wollen.
desenterrar [19] *vt lit & fig* aus|graben.
desentonar *vi* - **1.** MÚS [cantante] falsch klingen ; [instrumento] verstimmt sein - **2.** *fig* [chocar] : **~ (con algo)** nicht (zu etw) passen.
desentrañar *vt* ergründen.
desentrenado, da *adj* nicht in Form.
desenvainar *vt* : **~ la espada** das Schwert aus der Scheide ziehen.

desenvoltura *f* [al bailar] Anmut *die* ; [al hablar] Ungeniertheit *die*.
desenvolver [24] *vt* auslpacken. ◆ **desenvolverse** *vpr* - **1.** [asunto, proceso] sich entwickeln - **2.** [persona] sich entfalten.
desenvuelto, ta ◇ *pp irreg* ▷ **desenvolver**. ◇ *adj* ungezwungen.
deseo *m* - **1.** [anhelo, voto] Wunsch *der* - **2.** [en sexo] Begierde *die*.
deseoso, sa *adj* : **estar ~ de algo** sich *(D)* etw *(A)* sehnlichst wünschen.
desequilibrado, da ◇ *adj* - **1.** [descompensado] aus dem Gleichgewicht - **2.** [perturbado] geistig verwirrt. ◇ *m, f* Geistesgestörte *der, die*.
desequilibrio *m* - **1.** [falta de equilibrio] Ungleichgewicht *das* - **2.** [alteración mental] Geistesverwirrung *die*.
desertar *vi* MIL desertieren.
desértico, ca *adj* [despoblado] öde.
desertización, desertificación *f* Desertifikation *die*.
desertor, ra *m, f* Deserteur *der*, -in *die*.
desesperación *f* - **1.** [falta de esperanza] Verzweiflung *die* - **2.** *fig* [enojo] Wut *die*.
desesperado, da *adj* - **1.** [persona] verzweifelt - **2.** [estado] hoffnungslos.
desesperante *adj* zum Verzweifeln.
desesperar *vt* - **1.** [quitar esperanza] zur Verzweiflung bringen - **2.** [irritar, enojar] ärgern. ◆ **desesperarse** *vpr* - **1.** [perder esperanza] verzweifeln - **2.** [irritarse, enojarse] sich ärgern.
desestabilizar [13] *vt* destabilisieren.
desestimar *vt* - **1.** [despreciar] gering schätzen - **2.** [rechazar] abllehnen.
desfachatez *f fam* Unverschämtheit *die*.
desfalco *m* Unterschlagung *die*.
desfallecer [30] *vi* - **1.** [debilitarse] ermatten ; **~ de ánimo** den Mut verlieren - **2.** [desmayarse] ohnmächtig werden.
desfase *m* - **1.** [entre personas] Missverhältnis *das* - **2.** [mecanismo] Phasenverschiebung *die*.
desfavorable *adj* ungünstig.
desfigurar *vt* [cuerpo, cara] entstellen.
desfiladero *m* Hohlweg *der*.
desfilar *vi* - **1.** MIL vorbeilmarschieren - **2.** *fig* [marcharse] weglgehen.
desfile *m* - **1.** [de tropas] Truppenaufmarsch *der* ; [de carrozas] Umzug *der* - **2.** [de modelos] Modenschau *die*.
desflorar *vt* entjungfern.
desfogar [16] *vt* herausllassen. ◆ **desfogarse** *vpr* sich ablreagieren.
desfondar *vt* - **1.** [caja, bolsa] den Boden entfernen - **2.** [agotar] auflbrauchen. ◆ **desfondarse** *vpr* zu Ende gehen.
desgajar *vt* [gen] auslreißen. ◆ **desgajarse** *vpr* losgerissen werden.
desganado, da *adj* - **1.** [sin apetito] appetitlos - **2.** [sin ganas] unlustig.
desgañitarse *vpr* sich *(D)* die Kehle aus dem Hals schreien.
desgarbado, da *adj* plump.
desgarrador, ra *adj* herzzerreißend.
desgarrar *vt* - **1.** [cosa] zerreißen - **2.** [corazón] brechen. ◆ **desgarrarse** *vpr* - **1.** [cosa] reißen - **2.** [corazón] brechen.
desgarro *m* Riss *der*.
desgastar *vt* ablnutzen. ◆ **desgastarse** *vpr* an Kraft verlieren.
desgaste *m* - **1.** [de cosa] Verschleiß *der* - **2.** [de persona] Überlastung *die*.
desglosar *vt* - **1.** [tema] gliedern - **2.** [gasto] auflschlüsseln.
desgracia *f* [adversidad, catástrofe] Unglück *das* ; **por ~** unglücklicherweise ; **caer en ~** *fig* in Ungnade fallen.
desgraciado, da ◇ *adj* unglücklich. ◇ *m, f* - **1.** [persona sin suerte] Pechvogel *der* - **2.** *fig & despec* [persona insignificante] Unglücksrabe *der*.
desgraciar [8] *vt* - **1.** [cosa] verunstalten - **2.** [a persona] ins Unglück stürzen.
desgranar *vt* - **1.** [granos] die Körner herauslholen - **2.** [palabras] (he)runterl leiern.
desgravar *vt* entlasten.
desgreñado, da *adj* [cabello] zerzaust.
desguazar [13] *vt* verschrotten.
deshabitado, da *adj* unbewohnt.
deshabituar [6] *vt* ablgewöhnen. ◆ **deshabituarse** *vpr* : **~se a algo** sich etw *(A)* ablgewöhnen.
deshacer [60] *vt* - **1.** [cama] zerwühlen ; [costura] aufltrennen - **2.** [suj : calor] schmelzen - **3.** [asunto] auflösen - **4.** [destruir] zerstören - **5.** [trocear] zerstückeln. ◆ **deshacerse** *vpr* - **1.** [esfumarse] sich auflösen - **2.** [desanimarse] : **~ de** vergehen vor *(D)* - **3.** *fig* [desprenderse de] : **~ de algo/alguien** sich einer Sache/js entledigen - **4.** *fig* [expresar vivamente] : **~se en algo** sich ergehen in *(D)* - **5.** *fig* [hacer todo lo posible] : **~se por algo** Himmel und Erde für etw in Bewegung setzen.
desharrapado, da ◇ *adj* lumpig. ◇ *m, f* Obdachlose *der, die*.
deshecho, cha ◇ *pp irreg* ▷ **deshacer**. ◇ *adj* - **1.** [cosa hecha] unordentlich - **2.** [derretido] geschmolzen - **3.** [desbaratado] zerstört - **4.** [anulado] aufgelöst - **5.** [afligido] am Boden zerstört - **6.** [cansado] erledigt.
desheredar *vt* enterben.
deshidratar *vt* Wasser entziehen. ◆ **deshidratarse** *vpr einen großen Flüssigkeitsverlust erleiden*.
deshielo *m* Tauwetter *das*.
deshilachar *vt* zerfransen.

deshinchar *vt* - **1.** [perder aire] Luft verlieren - **2.** [hinchazón] ab|schwellen lassen. ◆ **deshincharse** *vpr* - **1.** [hinchazón] ab|schwellen - **2.** [quitar aire] entleeren - **3.** *fig* [desanimarse] kleinlaut werden.
deshojar *vt* [planta] entblättern ; ~ **la margarita** *fig* die Blütenblätter an einem Gänseblümchen ab|zupfen ; [árbol] entlauben. ◆ **deshojarse** *vpr* Laub abwerfen.
deshollinar *vt* entrußen.
deshonesto, ta *adj* unanständig.
deshonra *f* Schande *die*.
deshonrar *vt* entehren.
deshonroso, sa *adj* unehrenhaft.
deshora ◆ **a deshora** *loc adv* zur Unzeit. ◆ **a deshoras** *loc adv* zu den falschen Zeiten.
deshuesar *vt* [carne] entbeinen.
deshumanizar [13] *vt* entmenschlichen.
desidia *f* Nachlässigkeit *die*.
desierto, ta *adj* - **1.** [solitario] menschenleer - **2.** [despoblado] wüst - **3.** [vacante] nicht vergeben. ◆ **desierto** *m* Wüste *die*.
designar *vt* - **1.** [nombrar] ernennen - **2.** [fijar, determinar] fest|legen.
designio *m* Vorhaben *das*.
desigual *adj* - **1.** [diferente] verschieden ; [terreno] uneben - **2.** [tiempo, persona, humor] unbeständig ; [alumno] in der Leistung schwankend ; [lucha] ungleich ; [tratamiento] unfair.
desilusión *f* Enttäuschung *die*.
desilusionar *vt* enttäuschen. ◆ **desilusionarse** *vpr* enttäuscht sein.
desincrustar *vt* Kesselstein entfernen.
desinfectar *vt* desinfizieren.
desinflamar *vt* zum Abschwellen bringen. ◆ **desinflamarse** *vpr* ab|schwellen.
desinflar *vt* - **1.** [quitar el aire] Luft ab|lassen aus - **2.** [desanimar] entmutigen. ◆ **desinflarse** *vpr* - **1.** [perder el aire] Luft verlieren - **2.** [desanimarse] den Mut verlieren.
desintegración *f* - **1.** [de cosas] Zerfall *der* - **2.** [de grupo] Auflösung *die*.
desintegrar *vt* - **1.** [gen] zerschlagen - **2.** [hielo, piedra] spalten. ◆ **desintegrarse** *vpr* - **1.** [cosas] zerfallen - **2.** [grupos] sich auf|lösen.
desinterés *m* Desinteresse *das*.
desinteresado, da *adj* uneigennützig.
desinteresarse *vpr* : ~ **de** o **por algo** das Interesse an etw *(D)* verlieren.
desintoxicar [10] *vt* entgiften.
desistir *vi* auf|geben.
desleal *adj* [gen] treulos ; [competencia] unlauter.
desleír [28] *vt* auf|lösen.
deslenguado, da *adj fig* ausfallend.
desligar [16] *vt* - **1.** [desatar] los|binden - **2.** *fig* [separar] trennen. ◆ **desligarse** *vpr* [desatarse] sich los|machen ; ~**se de** sich los|lösen von.
deslindar *vt* - **1.** [limitar] ab|stecken - **2.** *fig* [separar] ab|grenzen.
desliz *m* Ausrutscher *der*.
deslizar [13] *vt* - **1.** [cosa] gleiten lassen - **2.** [palabras] fallen lassen. ◆ **deslizarse** *vpr* - **1.** [animal] kriechen - **2.** [gotas, lágrimas] laufen - **3.** [en tobogán] rutschen - **4.** [actuar con disimulo] schleichen - **5.** [resbalar] (aus)gleiten - **6.** [perder categoría] ab|rutschen - **7.** [tiempo] vergehen.
deslomar *vt fam* den Hintern versohlen. ◆ **deslomarse** *vpr fam* sich ab|rackern.
deslucido, da *adj* - **1.** [sin brillo] glanzlos - **2.** [sin gracia] reizlos.
deslumbrar *vt lit & fig* blenden.
desmadejar *vt fig* entkräften.
desmadrarse *vpr fam* die Sau raus|lassen.
desmadre *m fam* [desorden] Tohuwabohu *das* ; [exceso] Exzess *der*.
desmandarse *vpr* - **1.** [desobedecer] ungehorsam sein - **2.** [insubordinarse] widerspenstig sein.
desmano ◆ **a desmano** *loc adv* unerreichbar.
desmantelar *vt* [organización] auf|lösen ; [casa, fábrica, etc] demontieren ; [arsenal de armas] ab|bauen.
desmaquillador, ra *adj* Make-up entfernend.
desmayar *vi* verzagen. ◆ **desmayarse** *vpr* ohnmächtig werden.
desmayo *m* - **1.** [físico] Ohnmacht *die* - **2.** [moral] Verzagtheit *die*.
desmedido, da *adj* maßlos.
desmejorar ◇ *vt* verschlechtern. ◇ *vi* [persona] abbauen. ◆ **desmejorarse** *vpr* [enfermo] hinfällig werden.
desmelenado, da *adj* - **1.** [persona] leichtlebig - **2.** [cabello] zerzaust.
desmembrar [19] *vt* - **1.** [trocear] zerstückeln - **2.** [disgregar] zersplittern.
desmentido *m* Dementi *das*.
desmentir [27] *vt* - **1.** [negar] dementieren - **2.** [no corresponder] Lügen strafen.
desmenuzar [13] *vt* - **1.** [trocear] zerkrümeln - **2.** *fig* [examinar, analizar] eingehend untersuchen.
desmerecer [30] ◇ *vt* nicht verdienen. ◇ *vi* nicht ebenbürtig sein.
desmesurado, da *adj* maßlos.
desmigajar *vt* zerkrümeln. ◆ **desmigajarse** *vpr* krümeln.
desmilitarizar [13] *vt* entmilitarisieren.
desmitificar [10] *vt* entmythologisieren.
desmontar *vt* - **1.** [enteramente] auseinander nehmen - **2.** [parcialmente] ab|montieren - **3.** [jinete] ab|werfen.
desmoralizar [13] *vt* demoralisieren.

◆ **desmoralizarse** *vpr* den Mut verlieren.
desmoronamiento *m* - **1.** [de materia] Verfall *der* - **2.** [de edificio] Einsturz *der*.
desmoronar *vt* [edificios, rocas] abtragen.
◆ **desmoronarse** *vpr* - **1.** [materia] zerfallen - **2.** [edificio] verfallen - **3.** *fig* [persona] zusammen|brechen.
desnatado, da *adj* entrahmt.
desnaturalizado, da *adj* - **1.** [sustancia] verfälscht ; [alcohol] vergällt - **2.** BIOL entartet - **3.** DER ausgebürgert.
desnivel *m* - **1.** [entre personas] (Bildungs)gefälle *das* - **2.** [de terreno] Höhenunterschied *der*.
desnivelar *vt* uneben machen ; [balanza] manipulieren. ◆ **desnivelarse** *vpr* aus dem Gleichgewicht geraten.
desnucar [10] *vt* : ~ **a alguien** jm das Genick brechen. ◆ **desnucarse** *vpr* sich das Genick brechen.
desnudar *vt* - **1.** [persona] aus|ziehen - **2.** *fig* [cosa] entblößen, entblättern. ◆ **desnudarse** *vpr* sich aus|ziehen.
desnudez *f* Nacktheit *die*.
desnudo, da *adj* - **1.** [persona] nackt - **2.** *fig* [cosa] kahl. ◆ **desnudo** *m* [pintura] Akt *der*.
desnutrición *f* Unterernährung *die*.
desobedecer [30] *vt* : ~ **algo** etw nicht befolgen ; ~ **a alguien** jm nicht gehorchen.
desobediente *adj* ungehorsam.
desocupado, da *adj* - **1.** [persona] beschäftigungslos - **2.** [lugar] unbewohnt.
desocupar *vt* räumen.
desodorante *m* Deodorant *das*.
desoír *vt* kein Gehör schenken *(+D)*.
desolación *f* - **1.** [situación] Verwüstung *die* - **2.** [sentimiento] Verzweiflung *die*.
desolador, ra *adj* erschütternd.
desollar [23] *vt* (ab|)häuten.
desorbitado, da *adj* übertrieben.
desorden *m* - **1.** [confusión] Unordnung *die* - **2.** [alteración] Ausschreitung *die* - **3.** [vida desenfrenada] Ausschweifung *die*.
desordenado, da *adj* - **1.** [sin orden] unordentlich - **2.** *fig* [sin regla] ungeregelt.
desordenar *vt* durcheinander bringen.
desorganización *f* Desorganisation *die*.
desorganizar [13] *vt* desorganisieren.
desorientar *vt* - **1.** [en espacio] irreleiten - **2.** *fig* [en mente] verwirren. ◆ **desorientarse** *vpr* sich verirren.
despabilado, da *adj* aufgeweckt.
despabilar *vt* wach|rütteln. ◆ **despabilarse** *vpr* munter werden.
despachar ◇ *vt* - **1.** [cliente] bedienen - **2.** [mercancía] ab|schicken - **3.** *fam* [trabajo, tarea] erledigen - **4.** [asunto, negocio] besprechen. ◇ *vi* - **1.** [sobre asunto] sich besprechen - **2.** [en tienda] bedienen.
◆ **despacharse** *vpr* [hablar francamente] freiheraus reden.
despacho *m* - **1.** [oficina] Büro *das* - **2.** [mueble] Büroeinrichtung *die*.
despacio *adv* langsam.
despampanante *adj* fantastisch.
desparejar *vt* [personas o cosas] auseinander bringen.
desparpajo *m fam* Unverfrorenheit *die*.
desparramar *vt* [líquido] verschütten.
◆ **desparramarse** *vpr* sich verstreuen.
despavorido, da *adj* entsetzt.
despecho *m* Verzweiflung *die*.
despechugarse [16] *vpr fam fig* die Brust entblößen.
despectivo, va *adj* - **1.** [despreciativo] verächtlich - **2.** GRAM abwertend. ◆ **despectivo** *m* GRAM Pejorativum *das*.
despedazar [13] *vt* - **1.** [físicamente] in Stücke reißen - **2.** *fig* [moralmente] zerreißen.
despedida *f* - **1.** [de persona] Abschied *der* - **2.** [fiesta] Abschiedsfeier *die*.
despedir [26] *vt* - **1.** [decir adiós] verabschieden - **2.** [de trabajo, asociación] entlassen - **3.** [lanzar, arrojar] schleudern - **4.** *fig* [difundir, desprender] verströmen.
◆ **despedirse** *vpr* : **~se (de)** sich verabschieden (von).

> **despedirse**
>
> **Ich muss jetzt leider gehen.** Lo siento, pero ahora tengo que irme.
> **Ja dann, bis zum nächsten Mal.** Bueno entonces, ¡hasta la próxima!
> **Es hat mich sehr gefreut, Sie kennengelernt zu haben.** Ha sido un placer conocerlo a usted.
> **Machs gut.** ¡Que te vaya bien!
> **Bis bald.** ¡Hasta luego!

despegado, da *adj fig* abweisend.
despegar [16] ◇ *vt* [desunir] (ab|)lösen. ◇ *vi* [avión] ab|heben. ◆ **despegarse** *vpr* - **1.** [cosa] sich lösen - **2.** [persona] : **~se de alguien** sich von jm lösen.
despegue *m* - **1.** [de avión] Start *der* - **2.** [de economía] Aufschwung *der*.
despeinar *vt* die Haare durcheinander bringen. ◆ **despeinarse** *vpr* sich die Frisur durcheinander bringen.
despejado, da *adj* - **1.** [tiempo] wolkenlos - **2.** *fig* [persona, entendimiento] hellwach - **3.** [espacio] leergeräumt.
despejar *vt* - **1.** [espacio] räumen - **2.** MAT bestimmen - **3.** DEP weg|schlagen. ◆ **despejarse** *vpr* - **1.** [persona] einen klaren Kopf bekommen - **2.** [tiempo] sich auf|hellen.
despellejar *vt* [animal] (ab|)häuten.

despelotarse *vpr mfam* [desnudarse] sich ausǀziehen.
despenalización *f* Aufhebung *die* der Strafbarkeit.
despensa *f* Vorratskammer *die*.
despeñadero *m* steil abfallende Felswand.
despeñar *vt* hinabǀstürzen. ◆ **despeñarse** *vpr* hinunterǀstürzen.
desperdiciar [8] *vt* [dejar pasar] versäumen ; [perder] vergeuden.
desperdicio *m* - **1.** [pérdida] Verschwendung *die* ; **no tener ~** *fig* nicht zu verachten sein - **2.** [residuo] Abfall *der*.
desperdigar [16] *vt* zerstreuen.
desperezarse [13] *vpr* sich strecken.
desperfecto *m* leichter Schaden.
despertador *m* Wecker *der*.
despertar ◇ *m* Erwachen *das*. ◇ *vt* - **1.** [persona, animal] (aufǀ)wecken - **2.** *fig* [sentimiento] wecken - **3.** *fig* [recuerdos] wachǀrufen. ◆ **despertarse** *vpr* aufǀwachen.
despiadado, da *adj* unbarmherzig.
despido *m* Entlassung *die*.
despiece *m* Zerlegung *die*.
despierto, ta *adj* - **1.** [sin dormir] wach - **2.** *fig* [espabilado, listo] aufgeweckt.
despilfarrar *vt* verschwenden.
despintar *vt* ausǀwaschen.
despistado, da *adj* zerstreut.
despistar *vt* - **1.** [en espacio] in die Irre führen - **2.** *fig* [mentalmente] abǀlenken. ◆ **despistarse** *vpr* - **1.** [en espacio] sich verirren - **2.** *fig* [mentalmente] sich abǀlenken lassen.
despiste *m* - **1.** [acción] Zerstreutheit *die* - **2.** [persona] zerstreute Person.
desplante *m* schroffe Antwort.
desplazado, da *adj fig* fehl am Platze.
desplazamiento *m* - **1.** [en espacio] (Dienst)reise *die* - **2.** NÁUT Verdrängung *die*.
desplazar [13] *vt* - **1.** [mover] (ver)schieben - **2.** [ocupar sitio de] : **~ a alguien** jn verdrängen - **3.** NÁUT Wasser verdrängen. ◆ **desplazarse** *vpr* sich fortǀbewegen.
desplegar [35] *vt* - **1.** [desdoblar] auseinander falten ; [alas, mantel] ausǀbreiten - **2.** [actividad, cualidad] entfalten - **3.** MIL aufǀmarschieren lassen.
despliegue *m* - **1.** [de actividad, cualidad] Entfaltung *die* - **2.** MIL Aufmarsch *der*.
desplomarse *vpr* - **1.** [cosa] einǀstürzen - **2.** [persona] (ohnmächtig) niederǀsinken.
desplumar *vt lit & fig* rupfen.
despoblado, da *adj* entvölkert. ◆ **despoblado** *m* unbewohnter Ort.
despojar *vt* : **~ a alguien de algo** jm etw rauben. ◆ **despojarse** *vpr* : **~ de algo** sich einer Sache entledigen.
despojo *m* Raub *der*. ◆ **despojos** *mpl* - **1.** [sobras, residuos] pl - **2.** [de animales] Innereien *pl*.
desposar *vt* [casar] trauen. ◆ **desposarse** *vpr* sich *(A)* trauen lassen.
desposeer [50] *vt* : **~ a alguien de algo** jn einer Sache *(G)* enteignen.
déspota *mf* Despot *der*, -in *die*.
despotricar [10] *vi* über jn herziehen.
despreciar [8] *vt* verachten.
desprender *vt* - **1.** [capa de pintura, costra, etc] (abǀ)lösen - **2.** [olor, luz] verbreiten. ◆ **desprenderse** *vpr* - **1.** *fig* [conclusión] : **~ de** hervorǀgehen aus - **2.** [animal, persona] : **~se de alguien** jn losǀwerden - **3.** [cosa] : **~se de** verzichten auf *(+A)*.
desprendido, da *adj* [generoso] großzügig.
desprendimiento *m* [caída] Ablösen *das* ; **~ de retina** MED Netzhautablösung *die*.
despreocupado, da ◇ *adj* unbekümmert. ◇ *m, f* unkonventioneller Mensch.
despreocuparse ◆ **despreocuparse de** *vpr* sich *(A)* nicht mehr kümmern um *(+A)*.
desprestigiar [8] *vt* herabǀwürdigen.
desprestigio *m* Prestigeverlust *der*.
desprevenido, da *adj* unvorbereitet.
desproporcionado, da *adj* unverhältnismäßig.
despropósito *m* Ungereimtheit *die*.
desprovisto, ta *adj* : **~ de** ohne.
después *adv* - **1.** [en tiempo] später ; **yo voy ~** ich bin der nächste - **2.** [en lugar] dahinter. ◆ **después de** *loc prep* - **1.** [en tiempo] nach ; **él llegó ~ de ti** er ist nach dir gekommen ; **~ de hacer algo** nachdem etw getan wurde ; **~ de comer** nach dem Essen ; **~ de lo previsto** später als vorgesehen - **2.** [en lugar, orden, jerarquía] nach, hinter *(+D)* ; **tres filas ~ de ésta está tu mesa** dein Tisch befindet sich drei Reihen hinter dieser. ◆ **después de que** *loc conj* nachdem.
despuntar ◇ *vt* die Spitze abǀbrechen. ◇ *vi* - **1.** [planta] knospen - **2.** [día] anǀbrechen.
desquiciar [8] *vt* - **1.** [puerta, ventana] aus den Angeln heben - **2.** *fig* [persona] um den Verstand bringen.
desquitarse ◆ **desquitarse de** *vpr* : **~ de algo** sich rächen für etw.
destacamento *m* abkommandierter Truppenteil.
destacar [10] *vt* - **1.** [poner de relieve] hervorǀheben - **2.** MIL abǀkommandieren. ◆ **destacarse** *vpr* : **~se de** sich unterscheiden von.
destajo *m* Akkordarbeit *die* ; **a ~** im Akkord.
destapar *vt* - **1.** [caja, botella, regalo] öffnen - **2.** [cama, olla] aufǀdecken. ◆ **desta-**

parse *vpr* - **1.** [desarroparse] sich aufdecken - **2.** *fig* [revelarse] sich öffnen.
destartalado, da *adj* klapprig.
destello *m* - **1.** [de luz, de brillo] Funkeln *das* - **2.** *fig* [de sentimiento] Aufblitzen *das*.
destemplado, da *adj* - **1.** [persona] angeschlagen - **2.** [instrumento] verstimmt.
desteñir ◇ *vt* entfärben. ◇ *vi* ab|färben. ◆ **desteñirse** *vpr* verblassen.
desternillarse *vpr* : ~ **de risa** sich halbtot lachen.
desterrar [19] *vt* - **1.** [persona] des Landes verweisen - **2.** *fig* [idea] verdrängen.
destetar *vt* ab|stillen.
destiempo ◆ **a destiempo** *loc adv* ungelegen.
destierro *m* Verbannung *die*.
destilación *f* Destillation *die*.
destilar ◇ *vt* [sustancia] destillieren. ◇ *vi* tropfen.
destilería *f* (Schnaps)brennerei *die*.
destinar *vt* - **1.** [gen] bestimmen ; ~ **a** [cargo] berufen auf *(+A)* - **2.** [uso] bestimmen - **3.** [enviar] : ~ **a** versetzen nach.
destinatario, ria *m, f* Empfänger *der*, -in *die*.
destino *m* - **1.** [sino] Schicksal *das* - **2.** [lugar de llegada] Bestimmungsort *der* ; **con ~ a** nach - **3.** [empleo] Anstellung *die* - **4.** [finalidad] Verwendung *die*.
destituir [51] *vt* ab|setzen.
destornillador *m* [herramienta] Schraubenzieher *der*.
destornillar *vt* ab|schrauben.
destreza *f* Geschicklichkeit *die*.
destronar *vt lit & fig* entthronen.
destrozar [13] *vt* [físicamente] zerstören.
destrozo *m* verheerender Schaden.
destrucción *f* Zerstörung *die*.
destruir [51] *vt* zerstören.
desunión *f* - **1.** [separación] Trennung *die* - **2.** [división, discordia] Uneinigkeit *die*.
desuso *m* Nichtbenutzung *die* ; **caer en ~** veralten.
desvaído, da *adj* [sin color] blass.
desvalido, da ◇ *adj* hilflos. ◇ *m, f* hilflose Person.
desvalijar *vt* aus|plündern.
desván *m* Dachboden *der*.
desvanecer [30] *vt* - **1.** [humo, nube] vertreiben - **2.** [idea, imagen] zerstreuen. ◆ **desvanecerse** *vpr* ohnmächtig werden.
desvanecimiento *m* Ohnmacht *die*.
desvariar [9] *vi* fantasieren.
desvarío *m* - **1.** [dicho o hecho] Fieberfantasie *die* - **2.** [estado] Fiebern *das*.
desvelada *f Amér* schlaflose Nacht.
desvelar *vt* - **1.** [persona] den Schlaf rauben - **2.** [noticia, secreto, hecho] enthüllen. ◆ **desvelarse por** *vpr* - **1.** [afanarse] sehr besorgt sein um *(+A)* - **2.** *Amér* [trasnochar] aufbleiben wegen *(+G)*.
desvelo *m* - **1.** [insomnio] Schlaflosigkeit *die* - **2.** [esfuerzo] Bemühung *die*.
desvencijar *vt* auseinander nehmen.
desventaja *f* Nachteil *der*.
desventura *f* Unglück *das*.
desvergonzado, da ◇ *adj* unverschämt. ◇ *m, f* unverschämter Mensch.
desvergüenza *f* - **1.** [atrevimiento, frescura] Schamlosigkeit *die* - **2.** [dicho, hecho] Unverschämtheit *die*.
desvestir [26] *vt* entkleiden. ◆ **desvestirse** *vpr* sich entkleiden.
desviación *f* - **1.** [de dirección, cauce, norma] Abweichung *die* - **2.** [camino provisional] Umleitung *die*.
desviar [9] *vt* - **1.** [dirección] um|leiten - **2.** [tema] ab|weichen von. ◆ **desviarse** *vpr* : **~se (de)** verlassen.
desvío *m* Umleitung *die*.
desvirtuar [6] *vt* verfälschen.
desvivirse ◆ **desvivirse por** *vpr* : ~ **por alguien** alles für jn tun ; ~ **por hacer algo** alles tun, um.
detallar *vt* einzeln aufführen.
detalle *m* - **1.** [pormenor, circunstancia] Einzelheit *die* - **2.** [amabilidad, atención] Aufmerksamkeit *die*. ◆ **al detalle** *loc adv* en détail.
detallista ◇ *adj* aufs Detail bedacht. ◇ *mf* Einzelhändler *der*, -in *die*.
detectar *vt* entdecken.
detective *mf* Detektiv *der*, -in *die*.
detener [72] *vt* - **1.** [arrestar] fest|nehmen - **2.** [paralizar] an|halten. ◆ **detenerse** *vpr* [coche] an|halten.
detenidamente *adv* gründlich.
detenido, da *m, f* Festgenommene *der, die*.
detenimiento ◆ **con detenimiento** *loc adv* sorgfältig.
detergente *m* Waschmittel *das*.
deteriorar *vt* beschädigen. ◆ **deteriorarse** *vpr fig* sich verschlechtern.
deterioro *m* Verschlechterung *die*.
determinación *f* - **1.** [fijación] Festsetzung *die* - **2.** [decisión] Entschlossenheit *die* ; **tomar una ~** einen Beschluss fassen.
determinado, da *adj* bestimmt.
determinar *vt* - **1.** [fijar, motivar] bestimmen - **2.** [decidir] entscheiden. ◆ **determinarse** *vpr* : **~se a hacer algo** den Beschluss fassen, etw zu tun.
detestar *vt* verabscheuen.
detonante ◇ *adj* explosiv. ◇ *m* - **1.** [que produce detonación] Sprengmischung *die* - **2.** *fig* [causa] Auslöser *der*.
detonar *vi* detonieren.
detractor, ra ◇ *adj* verleumdend. ◇ *m, f* Verleumder *der*, -in *die*.

detrás *adv* [lugar] hinten. ◆ **detrás de** *loc prep* - **1.** [lugar] hinter *(+D)* - **2.** [en ausencia de persona] hinter dem Rücken - **3.** *loc* : **estar ~ de algo** hinter etw *(D)* stecken. ◆ **por detrás** *loc adv* - **1.** [en la parte posterior] hinten - **2.** [en ausencia de persona] hinter js Rücken.

detrimento *m* Schaden *der* ; **en ~ de** zum Nachteil *(+G)*.

detrito *m* GEOL & MED Detritus *der*. ◆ **detritos** *mpl* Abfälle *pl*.

deuda *f* - **1.** [moral] Schuld *die* - **2.** [material] Schulden *pl* ; **contraer una ~** Schulden machen ; **estar en ~ con alguien** jm etw schulden ; **~ pública** ECON Staatsverschuldung *die*.

deudor, ra ◇ *adj* schuldig. ◇ *m, f* Schuldner *der*, -in *die*.

devaluación *f* ECON Abwertung *die*.

devaluar [6] *vt* ab|werten.

devanar *vt* ab|wickeln.

devastar *vt* verheeren.

devengar [16] *vt* ab|werfen.

devenir ◇ *m* Werden *das*. ◇ *vi* geschehen.

devoción *f* - **1.** [a santo, virgen, etc] Verehrung *die* - **2.** *fig* [hacia persona] Ergebenheit *die*.

devolución *f* Rückgabe *die*.

devolver [24] ◇ *vt* - **1.** [objeto] : **~ algo a alguien/algo** jm/einer Sache *(D)* etw zurück|geben - **2.** [volver a poner] : **~ algo a su sitio** etw an seinen Platz zurück|stellen - **3.** [favor, agravio] erwidern - **4.** [vomitar] erbrechen. ◇ *vi* [vomitar] sich übergeben.

devorar *vt lit & fig* verschlingen.

devoto, ta *adj* - **1.** REL fromm ; **es muy ~ del Sagrado Corazón** er verehrt besonders das Heilige Herz Jesu - **2.** [de persona, asociación] ergeben.

devuelto, ta *pp irreg* ▻ **devolver**.

dg (*abrev de* **decigramo**) dg.

di - 1. ▻ **dar** - 2. ▻ **decir**.

día *m* Tag *der* ; **~ y noche** Tag und Nacht ; **el ~ de mañana** später (einmal) ; **hoy (en) ~** heutzutage ; **todo el (santo) ~** den lieben langen Tag ; **de ~ en ~** von Tag zu Tag ; **del ~** vom gleichen Tag ; **~ de los Muertos** *Amér Allerheiligenfest in Mexiko* ; **~ de pago** [de sueldo] Zahltag *der* ; **~ festivo** Feiertag *der* ; **~ libre** freier Tag ; **~ hábil** o **laborable** o **de trabajo** Werktag *der* ; **~ lectivo** Unterrichtstag *der* ; **buen ~** *Amér fam* Guten Tag! ; **buenos ~s** Guten Tag! ; **estar al ~** auf dem Laufenden sein ; **ponerse al ~** mit der Zeit Schritt halten ; **un ~ es un ~** einmal ist keinmal ; **vivir al ~** in den Tag hinein leben. ◆ **días** *mpl* - **1.** [vida] Tage *pl* - **2.** [época] Zeit *die*.

diabético, ca ◇ *adj* zuckerkrank. ◇ *m, f* Diabetiker *der*, -in *die*.

diablo *m lit & fig* Teufel *der*.

diablura *f* Kinderstreich *der*.

diabólico, ca *adj* - **1.** [de diablo] *fig* teuflisch - **2.** *fig* [muy difícil] vertrackt.

diadema *f* Diadem *das*.

diáfano, na *adj* - **1.** [transparente] durchsichtig - **2.** *fig* [claro] klar.

diafragma *m* - **1.** [músculo] Zwerchfell *das* - **2.** [de cámara fotográfica] Blende *die* - **3.** [anticonceptivo] Pessar *das*.

diagnosticar [10] *vt* diagnostizieren.

diagnóstico *m* Diagnose *die*.

diagonal ◇ *adj* GEOM diagonal. ◇ *f* GEOM Diagonale *die*.

diagrama *m* Diagramm *das*.

dial *m* [en teléfono] Wählscheibe *die* ; [en radio] Einstellskala *die*.

dialecto *m* Dialekt *der*.

diálisis *f* Dialyse *die*.

dialogar [16] *vi* [conversar] sich unterhalten ; [negociar] verhandeln.

diálogo *m* Dialog *der*.

diamante *m* Diamant *der*. ◆ **diamantes** *mpl* [palo de baraja] Karo *ohne pl*.

diámetro *m* Durchmesser *der*.

diana *f* - **1.** [objeto] Zielscheibe *die* - **2.** [blanco de tiro] Schwarze *das* - **3.** [en cuartel] Weckruf *der*.

diapositiva *f* Dia *das*.

diario, ria *adj* täglich ; **a ~** täglich ; **de ~** Alltags-. ◆ **diario** *m* - **1.** [periódico] (Tages)zeitung *die* ; **~ hablado** o **televisado** Nachrichten *pl* - **2.** [relación día a día] Tagebuch *das*.

diarrea *f* MED Durchfall *der*.

dibujante *mf* Zeichner *der*, -in *die*.

dibujar *vt & vi* zeichnen.

dibujo *m* - **1.** [gen] Zeichnung *die* ; **~s animados** Zeichentrickfilm *der* - **2.** [de tela, papel, etc] Muster *das* - **3.** [actividad] Zeichnen *das* ; **~ lineal** o **técnico** technisches Zeichnen.

diccionario *m* Wörterbuch *das*.

dice ▻ **decir**.

dicha *f* Glück *das*.

dicharachero, ra *adj fam* gesprächig.

dicho, cha *pp irreg* ▻ **decir**. ◆ **dicho** *m* Redensart *die*.

dichoso, sa *adj* - **1.** [feliz] glücklich - **2.** [maldito] verflucht.

diciembre *m* Dezember *der* ; *ver también* **setiembre**.

dictado *m* Diktat *das*.

dictador, ra *m, f* Diktator *der*, -in *die*.

dictadura *f* Diktatur *die*.

dictáfono *m* Diktiergerät *das*.

dictamen *m* - **1.** [informe] Gutachten *das* - **2.** [sentencia] Urteil *das*.

dictar *vt* - **1.** [texto] diktieren - **2.** [ley] erlassen - **3.** [sentencia] fällen.

dictatorial *adj* diktatorisch.

didáctico, ca *adj* didaktisch.

diecinueve ◇ *núm* neunzehn. ◇ *m* Neunzehn *die* ; *ver también* **seis.**
dieciocho ◇ *núm* achtzehn. ◇ *m* Achtzehn *die* ; *ver también* **seis.**
dieciséis ◇ *núm* sechzehn. ◇ *m* Sechzehn *die* ; *ver también* **seis.**
dieciseisavo, va *núm* [para ordenar] sechzehnte, -r, -s.
diecisiete ◇ *núm* siebzehn. ◇ *m* Siebzehn *die* ; *ver también* **seis.**
diente *m* - **1.** Zahn *der* ; **~ de leche** Milchzahn ; **(~) incisivo** Schneidezahn ; **(~) molar** Backenzahn - **2.** *loc* : **hablar entre ~s** nuscheln.
diera ▷ **dar.**
diéresis *f* GRAM Trema *das.*
dieron *etc* ▷ **dar.**
diesel, diésel *adj* Diesel-.
diestro, tra *adj* geschickt ; **a ~ y siniestro** *fig* kreuz und quer.
dieta *f* Diät *die.* ◆ **dietas** *fpl* - **1.** [de diputados] Diäten - **2.** [de empresarios] Spesen *pl.*
dietético, ca *adj* diätetisch. ◆ **dietética** *f* Diätetik *die.*
diez ◇ *núm* zehn. ◇ *m* Zehn *die.* ◇ *fpl* zehn ; *ver también* **seis.**
difamar *vt* diffamieren.
diferencia *f* - **1.** [en comparación] Unterschied *der* - **2.** [de opiniones, punto de vista] Meinungsverschiedenheit *die* - **3.** MAT Differenz *die.*
diferencial ◇ *adj* unterscheidend. ◇ *m* Differenzialgetriebe *das.*
diferenciar [8] *vt* unterscheiden. ◆ **diferenciarse** *vpr.*
diferente ◇ *adj* verschieden ; **~ de** o **a** anders als. ◇ *adv* anders.
diferido ◆ **en diferido** *loc adv* als Aufzeichnung.
diferir [27] *vi* [ser diferente] verschieden sein.
difícil *adj* schwierig ; **~ de hacer** schwer zu tun.
dificultad *f* Schwierigkeit *die.* ◆ **dificultades** *fpl* Schwierigkeiten *pl* ; **pasar ~es** in Schwierigkeiten stecken.
dificultar *vt* erschweren.
difuminar *vt* verwischen.
difundir *vt* verbreiten.
difunto, ta ◇ *adj* verstorben. ◇ *m, f* Verstorbene *der, die.*
difusión *f* - **1.** [entre gente] Verbreitung *die* - **2.** [en espacio] Ausbreitung *die.*
diga *etc* ▷ **decir.**
digerir [27] *vt* - **1.** [alimentos] verdauen - **2.** *fig* [hecho] verkraften.
digestión *f* Verdauung *die.*
digestivo, va *adj* - **1.** [relativo a digestión] Verdauungs- - **2.** [que ayuda a la digestión] verdauungsfördernd. ◆ **digestivo** *m* verdauungsförderndes Mittel.
digital *adj* - **1.** [de dedo] Finger- - **2.** [de dígito] digital.
dígito *m* MAT einstellige Zahl.
dignarse *vpr* sich herabllassen.
dignidad *f* [cualidad] Würde *die.*
dignificar [10] *vt* jm Würde verleihen.
digno, na *adj* - **1.** [con dignidad] würdig - **2.** [merecedor] : **ser ~ de algo/alguien** etw/jn verdienen - **3.** [que corresponde] : **~ de algo/alguien** einer Sache/jm *(D)* angemessen.
digo ▷ **decir.**
dijera *etc* ▷ **decir.**
dilapidar *vt* verschwenden.
dilatar *vt* (ausl)dehnen.
dilema *m* Dilemma *das.*
diligencia *f* - **1.** [esmero, cuidado] Sorgfalt *die* - **2.** [prontitud] Schnelligkeit *die* - **3.** [vehículo] Postkutsche *die.*
diligente *adj* fleißig.
dilucidar *vt* auflklären.
diluir [51] *vt* auflösen. ◆ **diluirse** *vpr* sich auflösen.
diluviar [8] *v impers* in Strömen regnen.
diluvio *m* Platzregen *der* ; **el ~ universal** Sintflut *die.*
dimensión *f* - **1.** [de cuerpo] Dimension *die* - **2.** [tamaño] Abmessung *die* - **3.** [importancia] Ausmaß *das.*
diminutivo *m* GRAM Verkleinerungsform *die.*
diminuto, ta *adj* winzig.
dimisión *f* Rücktritt *der* ; **presentar la ~** den Rücktritt einlreichen.
dimos ▷ **dar.**
Dinamarca *f* Dänemark *nt.*
dinámico, ca *adj* dynamisch.
dinamismo *m* Schwung *der.*
dinamita *f* Dynamit *das.*
dinamo, dínamo *f* FÍS Dynamo *der.*
dinastía *f* Dynastie *die.*
dineral *m fam* Heidengeld *das.*
dinero *m* Geld *das* ; **~ negro** o **sucio** Schwarzgeld *das* ; **~ público** öffentliche Mittel *pl* ; **pagar con ~ (contante y) sonante** in klingender Münze bezahlen.
dinosaurio *m* Dinosaurier *der.*
dintel *m* ARQUIT (Tür/Fenster)sturz *der.*
dio ▷ **dar.**
diócesis *f inv* Diözese *die.*
dioptría *f* Dioptrie *die.*
dios, sa *m, f* Gott *der,* Göttin *die.* ◆ **Dios** *n pr* Gott *der* ; **a Dios gracias** Gott sei Dank ; **a la buena de Dios** aufs Geratewohl ; **Dios dirá** dann sehen wir weiter ; **Dios mediante, si Dios quiere** so Gott will ; **¡Dios mío!** oh mein Gott! ; **por Dios** um Gottes willen ; **¡vaya por Dios!** oh Gott.
diploma *m* Diplom *das.*

diplomacia *f lit & fig* Diplomatie *die*.
diplomado, da ◇ *adj* staatlich geprüft. ◇ *m, f* Diplom-.
diplomático, ca ◇ *adj lit & fig* diplomatisch. ◇ *m, f* Diplomat *der*, -in *die*.
diptongo *m* GRAM Diphthong *der*.
diputado, da *m, f* Abgeordnete *der, die*.
dique *m* - **1.** [en río, mar] Deich *der* - **2.** [en puerto] Dock *das*.
dirá ▷ **decir**.
dirección *f* - **1.** [en espacio] Richtung *die* ; **en ~ a** in Richtung - **2.** [señas] Adresse *die* - **3.** [actividad - de organización] Leitung *die* ; [- de obra escénica] Regie *die* ; [- de orquesta] musikalische Leitung - **4.** [persona, grupo de personas] Geschäftsleitung *die* - **5.** [de vehículo] Lenkung *die* ; **~ asistida** Servolenkung. ◆ **Dirección General de Tráfico** *f Direktion der Verkehrsverwaltung in Spanien*.
direccionales *mpl Amér* AUTOM Blinker *der*.
directivo, va ◇ *adj* leitend. ◇ *m, f* Führungskraft *die*. ◆ **directiva** *f* Vorstand *der*.
directo, ta *adj & adv* direkt. ◆ **directa** *f* fünfter Gang. ◆ **en directo** *loc adv* live.
director, ra *m, f* - **1.** [de organización, de institución] Direktor *der*, -in *die* - **2.** [de obra artística] künstlerischer Leiter ; **~ de cine** Regisseur *der*, -in *die* ; **~ de orquesta** Dirigent *der*, -in *die* - **3.** [de trabajo de investigación] Leiter *der*, -in *die* ; **~ de tesis** Doktorvater *der*, Doktormutter *die* ; **~ técnico** DEP Trainer.
directorio *m* INFORM [lista] Verzeichnis *das*.
directriz *f* GEOM Leitlinie *die*. ◆ **directrices** *fpl* Richtlinien *pl*.
diría ▷ **decir**.
dirigente *mf* Leiter *der*, -in *die*, Führer *der*, -in *die*.
dirigir [15] *vt* - **1.** [conducir, asesorar] lenken - **2.** [empresa, hotel, película, etc] leiten - **3.** [orquesta] dirigieren - **4.** [cosa a determinado fin] : **~ a** o **hacia** (ausl)richten auf. ◆ **dirigirse** *vpr* - **1.** [a sitio] : **~se a** o **hacia** sich bewegen nach ; [brújula] sich ausl-richten nach - **2.** [con palabras] : **~se a** sich richten an.
dirimir *vt* - **1.** [resolver] entscheiden - **2.** [disolver] aufllösen.
discar [10] *vt Amér* wählen *(Telefon)*.
discernir [21] *vt* unterscheiden.
disciplina *f* Disziplin *die*.
discípulo, la *m, f* - **1.** [doctrina] Schüler *der*, -in *die* - **2.** REL Jünger *der*.
disco *m* - **1.** [gen] Scheibe *die* - **2.** [de música] (Schall)platte *die* ; **~ compacto** CD *die* ; **~ de larga duración** Langspielplatte *die* - **3.** [semáforo] Ampel *die* - **4.** DEP Diskus *der* - **5.** INFORM : **~ duro** Festplatte *die* ; **~ flexible** Diskette *die*.
discografía *f* Diskographie *die*.
disconforme *adj* nicht einverstanden.
disconformidad *f* Nichteinverständnis *das*.
discontinuo, nua *adj* unterbrochen.
discordante *adj* unharmonisch.
discordia *f* Zwietracht *die*.
discoteca *f* - **1.** [para bailar] Disko(thek) *die* - **2.** [de discos] (Schall)plattensammlung *die*.
discreción *f* Diskretion *die*. ◆ **a discreción** *loc adv* nach Belieben.
discrepancia *f* Unstimmigkeit *die*.
discrepar *vi* : **~ de** anderer Meinung sein als.
discreto, ta *adj* - **1.** [prudente] diskret - **2.** [cantidad] bescheiden - **3.** [no extravagante] schlicht.
discriminación *f* - **1.** [entre dos cosas] Unterscheidung *die* - **2.** [de persona o colectividad] Diskriminierung *die*.
discriminar *vt* - **1.** [una cosa de otra] unterscheiden - **2.** [persona o colectividad] diskriminieren.
disculpa *f* Entschuldigung *die* ; **pedir ~s** um Entschuldigung bitten.
disculpar *vt* entschuldigen. ◆ **disculparse** *vpr* : **~se (de** o **por algo)** sich für etw entschuldigen.

disculparse

Ich bedaure sehr, dass Elvira gegangen ist. Lamento que Elvira se haya ido.
Das tut mir sehr Leid. Lo siento mucho.
Ich habe ihn leider nicht mehr erreicht. Lo siento, pero no pude dar con él.
Wirklich schade, dass du schon fahren musst. Es una pena de verdad que tengas que marcharte ya.
Unglücklicherweise habe ich an diesem Tag schon eine Verabredung. Desgraciadamente tengo una cita para ese día.
Entschuldigung, das habe ich nicht gewollt. Perdón, no fue esa mi intención.

discurrir *vi* - **1.** [gente] umherllaufen ; [río] fließen - **2.** [pensar] nachldenken.
discurso *m* Rede *die*.
discusión *f* Diskussion *die*.
discutible *adj* [controvertido] strittig ; [dudoso] fragwürdig.
discutir ◇ *vt* [pelearse] diskutieren ; [hablar] diskutieren. ◇ *vi* streiten.
disecar [10] *vt* [cuerpo] sezieren ; [animal] auslstopfen.
disección *f* [de cuerpo] Sektion *die* ; [de animal] Ausstopfen *das*.

diseminar *vt* [semillas] auslstreuen ; [ideas] verbreiten.
disentir [27] *vi* anderer Meinung sein ; **~ de alguien** anderer Meinung sein als jd ; **~ de algo** etw *(D)* nicht zulstimmen.
diseñar *vt* entwerfen.
diseño *m* - **1.** [dibujo] Entwurf *der* - **2.** [de objeto, arte] Design *das* - **3.** INFORM Zeichnen *das* ; **~ asistido por ordenador** computergestütztes Zeichnen ; **~ gráfico** Grafikdesign *das*.
disertación *f* [oral] Vortrag *der* ; [escrita] wissenschaftliche Abhandlung.
disfraz *m* Verkleidung *die*.
disfrazar [13] *vt* : **~ a alguien de** jn verkleiden als. ◆ **disfrazarse** *vpr* : **~se de** sich verkleiden als.
disfrutar ◇ *vi* - **1.** [sentir placer] genießen - **2.** [disponer de algo] : **~ de** verfügen über *(+A)*. ◇ *vt* nutznießen.
disgregar [16] *vt* zerstreuen. ◆ **disgregarse** *vpr* zersplittern.
disgustar *vt* missfallen. ◆ **disgustarse** *vpr* sich ärgern.
disgusto *m* Verdruss *der* ; **a ~** mit Widerwillen ; **dar un ~** Sorgen bereiten ; **llevarse un ~** verärgert sein.
disidente ◇ *adj* anders denkend. ◇ *mf* Dissident *der*, -in *die*.
disimular ◇ *vt* verbergen. ◇ *vi* sich verstellen.
disimulo *m* Verstellung *die*.
disipar *vt* [hacer desaparecer] zerstreuen. ◆ **disiparse** *vpr* sich zerstreuen.
diskette = **disquete**.
dislexia *m* Legasthenie *die*.
dislocar [10] *vt* auslrenken. ◆ **dislocarse** *vpr* sich *(D)* auslrenken.
disminución *f* Rückgang *der* ; [de paga] (Gehalts)kürzung *die*.
disminuir [51] ◇ *vt* [reducir] verringern ; [paga] kürzen. ◇ *vi* nachllassen.
disociar [8] *vt* trennen.
disolución *f* - **1.** [en líquido] (Auf)lösung *die* - **2.** [mezcla] Lösung *die* - **3.** [de cosa unida] Auflösung *die*.
disolvente ◇ *adj* (auf)lösend. ◇ *m* Lösungsmittel *das*.
disolver [24] *vt* auflösen.
disparado, da *adj* blitzschnell ; **salir ~** sich blitzschnell davonlmachen.
disparar ◇ *vt* - **1.** [arma] ablschießen - **2.** [objeto] werfen. ◇ *vi* schießen. ◆ **dispararse** *vpr* - **1.** [gen] loslgehen - **2.** [persona enfadada] losllegen - **3.** [precios] in die Höhe schießen.
disparatado, da *adj* absurd.
disparate *m* - **1.** [locura] Unsinn *der (ohne pl)* - **2.** [exceso] Unmenge *die*.
disparidad *f* Unterschiedlichkeit *die*.
disparo *m* Schuss *der*.
dispensar *vt* - **1.** [disculpar] verzeihen - **2.** [eximir] : **~ a alguien de** jn befreien von - **3.** [rendir] zukommen lassen.
dispensario *m* Ambulanz *die*.
dispersar *vt* - **1.** [cosas] verstreuen - **2.** [personas] zerstreuen. ◆ **dispersarse** *vpr* sich zerstreuen.
dispersión *f* - **1.** [de cosas] Verstreutsein *das* - **2.** [de personas] Zerstreuung *die*.
disperso, sa *adj* zerstreut.
displicencia *f* - **1.** [indiferencia] Gleichgültigkeit *die* - **2.** [negligencia] Nachlässigkeit *die*.
disponer [65] ◇ *vt* - **1.** [en lugar] anlordnen - **2.** [preparar] vorlbereiten - **3.** [orden] bestimmen. ◇ *vi* - **1.** [poseer] : **~ de** verfügen über *(+A)* - **2.** [usar] : **~ de** benutzen. ◆ **disponerse** *vpr* : **~se a** sich anlschicken zu.
disponibilidad *f* - **1.** [de tiempo] Verfügbarkeit *die* - **2.** [de dinero] verfügbare Mittel.
disponible *adj* verfügbar.
disposición *f* - **1.** [colocación] Anordnung *die* - **2.** [posibilidad] : **estar** o **hallarse en ~ de hacer algo** bereit sein, etw zu tun - **3.** [orden] Bestimmung *die* - **4.** [uso] : **a ~ de** zur Verfügung von - **5.** *fig* [aptitud] Begabung *die*.
dispositivo *m* Vorrichtung *die*.
dispuesto, ta ◇ *pp irreg* ▷ **disponer**. ◇ *adj* bereit ; **estar ~ a algo** bereit sein für etw ; **estar ~ a hacer algo** bereit sein, etw zu tun.
disputa *f* Disput *der*.
disputar *vt* - **1.** [debatir] streiten - **2.** [competir] : **~ por** streiten um.
disquete, diskette [dis'kete] *m* INFORM Diskette *die*.
disquetera *f* INFORM Diskettenlaufwerk *das*.
distancia *f* - **1.** [intervalo - en espacio] Entfernung *die* ; **a ~** aus der Ferne ; **llamada de larga ~** Ferngespräch *das* ; [- en tiempo] Abstand *der* - **2.** [diferencia] Unterschied *der* - **3.** *fig* [de afecto] Distanz *die*.
distanciar [8] *vt* voneinander entfernen. ◆ **distanciarse** *vpr* : **se (de)** sich distanzieren (von).
distante *adj* - **1.** [en espacio] entfernt - **2.** [en trato] distanziert.
distar *vi* [lugar] entfernt sein.
díste *etc* ▷ **dar**.
distender [20] *vt* - **1.** [situación] entspannen - **2.** [cosa tensa] lockern.
distendido, da *adj* [informal] entspannt.
distinción *f* - **1.** [diferencia] Unterscheidung *die* - **2.** [privilegio] Auszeichnung *die* - **3.** [modales] Anstand *der*.
distinguido, da *adj* - **1.** [destacado] anerkannt - **2.** [elegante] vornehm.

istinguir [17] *vt* - **1.** [entre personas o cosas] unterscheiden - **2.** [caracterizar] kenneichnen - **3.** [ver con claridad] erkennen. ◆ **distinguirse** *vpr* - **1.** [persona o cosa direrente] sich auslzeichnen - **2.** [sobresalir] eutlich werden.
istintivo, va *adj* Erkennungs-. ◆ **disintivo** *m* Abzeichen *das*.
istinto, ta *adj* [diferente] verschieden, nterschiedlich. ◆ **distintos, tas** *adj pl* varios] verschiedene.
istorsión *f* - **1.** [de cuerpo] Verstauchung *ie* - **2.** [de palabras, ideas] Verdrehung *die*.
istracción *f* - **1.** [entretenimiento] Zeitertreib *der* - **2.** [despiste] Zerstreutheit *die*, naufmerksamkeit *die*.
istraer [73] *vt* - **1.** [divertir] unterhalten 2. [despistar] abllenken. ◆ **distraerse** *vpr* - **1.** [entretenerse] sich zerstreuen 2. [despistarse] sich abllenken lassen.
istraído, da *adj* - **1.** unterhaltsam 2. zerstreut.
istribución *f* - **1.** [entre personas] Verteiung *die*; [de correo] Zustellung *die*; [de ctores] Besetzung *die* - **2.** [ubicación] Anrdnung *die* - **3.** [en comercio] Versorgung *e*.
istribuidor, ra *m, f* [persona] Vertreter *r*, -in *die*. ◆ **distribuidor** *m* [de gasolia] Zapfsäule *die*; [de billetes] Fahrkartenutomat *der*. ◆ **distribuidora** *f* Vertrieb *r*.
istribuir [51] *vt* - **1.** [repartir - entre persoas] verteilen, auslteilen; [- en espacio] erteilen - **2.** [en comercio] vertreiben.
istributivo, va *adj* [justicia, función] usgleichend; GRAM distributiv.
istrito *m* Bezirk *der*; ~ **postal** Post(zuell)bezirk *der*.
isturbio *m* Unruhe *die*.
isuadir *vt*: ~ **a alguien de algo** jn von w ablbringen.
isuasión *f* Überredung *die*.
isuasivo, va *adj* Überredungs-.
isuelto, ta *pp irreg* ▷ **disolver**.
IU (*abrev de* **dispositivo intrauterino**) *m* IP *das*.
iurético, ca *adj* harntreibend.
iurno, na *adj* Tages-, Tag-.
ivagar [16] *vi* [sobre asunto] faseln.
iván *m* Diwan *der*.
ivergencia *f* - **1.** [en espacio] Abweiung *die* - **2.** *fig* [de opinión] Meinungsverhiedenheit *die*.
ivergir [15] *vi* - **1.** [en espacio] auseinanr laufen - **2.** *fig* [de opinión] verschiedenr Meinung sein.
iversidad *f* Vielfalt *die*.
iversificar [10] *vt* variieren. ◆ **diversificarse** *vpr* sich verändern.
iversión *f* Vergnügen *das*.
diverso, sa *adj* [diferente] unterschiedlich, verschieden.
divertido, da *adj* lustig.
divertir [27] *vt* unterhalten. ◆ **divertirse** *vpr* sich amüsieren.
dividendo *m* - **1.** MAT Dividend *der* - **2.** FIN Dividende *die*.
dividir *vt* - **1.** [repartir] (aufl)teilen - **2.** [distribuir] teilen - **3.** *fig* [desunir] entzweien - **4.** [en matemáticas] teilen, dividieren.
divinidad *f* Gottheit *die*.
divino, na *adj* [de dioses] göttlich.
divisa *f (gen pl)* [moneda] Devisen *pl*.
divisar *vt* auslmachen.
división *f* - **1.** [repartición] (Auf)teilung *die* - **2.** MAT Division *die*, Teilung *die* - **3.** MIL Division *die* - **4.** *fig* [de opinión] Zwietracht *die* - **5.** [de territorio] Einteilung *die* - **6.** DEP Liga *die*.
divisor *m* Teiler *der*, Divisor *der*.
divisorio, ria *adj* Trenn-.
divo, va *m, f* [cantante de ópera] (Opern)star *der*, Diva *die*.
divorciado, da ◇ *adj* geschieden. ◇ *m, f* Geschiedene *der, die*.
divorciar [8] *vt* scheiden. ◆ **divorciarse** *vpr* sich scheiden lassen.
divorcio *m* [entre personas] Scheidung *die*.
divulgar [16] *vt* [difundir] verbreiten.
dl (*abrev de* **decilitro**) dl.
dm (*abrev de* **decímetro**) dm.
DNI (*abrev de* **documento nacional de identidad**) *m* ▷ **documento**.
do *m* C *das*.
dobladillo *m* Saum *der*.
doblado, da *adj* - **1.** [ropa, papel] zusammengefaltet - **2.** [película] synchronisiert.
doblaje *m* Synchronisation *die*.
doblar ◇ *vt* - **1.** [cantidad] verdoppeln - **2.** [plegar] zusammenlfalten - **3.** [torcer] biegen - **4.** [dirección] umfahren; ~ **la esquina** um die Ecke biegen - **5.** [película, actor] synchronisieren. ◇ *vi* - **1.** [en dirección] ablbiegen - **2.** [campanas] (die Totenglocke) läuten. ◆ **doblarse** *vpr* sich beugen.
doble ◇ *adj* - **1.** [mayor cantidad] doppelt - **2.** [repetido] Doppel-. ◇ *mf* - **1.** [iguales] Doppelgänger *der*, -in *die* - **2.** [en cine] Double *das*. ◇ *m* - **1.** [cantidad] Doppelte *das* - **2.** [copia] Abschrift *die*. ◇ *adv* doppelt.
doblegar [16] *vt* nachgiebig machen. ◆ **doblegarse** *vpr* sich beugen.
doblez *m* [en ropa, papel] Falte *die*.
doce ◇ *núm* zwölf. ◇ *m* Zwölf *die*; *ver también* **seis**.
doceavo, va *núm* [para ordenar] zwölfte, -r, -s.
docena *f* Dutzend *das*.
docencia *f* [enseñanza] Lehrtätigkeit *die*.

docente ◇ *adj* Lehr-. ◇ *mf* Lehrer *der*, -in *die*.
dócil *adj* [obediente] folgsam ; [maleable] gelehrig.
docto, ta *adj* gelehrt.
doctor, ra *m, f* - **1.** [grado universitario] Doktor *der* ; **~ en medicina** Doktor der Medizin - **2.** [médico] Doktor *der*, -in *die*.
doctorarse *vpr* promovieren ; **~ en filosofía** zum Doktor der Philosophie promovieren.
doctrina *f* - **1.** [ciencia] Lehre *die* - **2.** [credo] Doktrin *die*.
documentación *f* - **1.** [información] Dokumentation *die* - **2.** [identificación] (Ausweis)papiere *pl*.
documentado, da *adj* - **1.** [informado - cosa] (historisch) belegt ; [- persona] (gut) unterrichtet - **2.** [con documentos de identificación] durch Papiere ausgewiesen.
documental ◇ *adj* Dokumentar-. ◇ *m* Dokumentarfilm *der*.
documentar *vt* [aportar documentos] dokumentieren, belegen. ◆ **documentarse** *vpr* [informarse] sich unterrichten.
documento *m* - **1.** [papeles] Dokument *das*, Unterlagen *pl* ; **~ nacional de identidad** Personalausweis *der* - **2.** [testimonio] Zeugnis *das*.
dogma *m* Dogma *das*.
dogmático, ca *adj* dogmatisch.
dólar *m* Dollar *der*.
dolencia *f* Leiden *das*.
doler [24] *vi* schmerzen. ◆ **dolerse** *vpr* [lamentarse] sich beklagen ; [arrepentirse] bereuen.
dolido, da *adj* gekränkt.
dolor *m* Schmerz *der* ; **tener ~ de cabeza** Kopfschmerzen haben.
dolorido, da *adj* - **1.** [físicamente] schmerzend - **2.** [moralmente] betrübt.
doloroso, sa *adj* - **1.** [físicamente] schmerzhaft - **2.** [moralmente] schmerzlich.
domador, ra *m, f* Dompteur *der*, -teuse *die*.
domar *vt* - **1.** [animal] zähmen - **2.** *fig* [persona] bändigen.
domesticar [10] *vt* - **1.** [animal] domestizieren - **2.** [persona] bändigen.
doméstico, ca *adj* Haus-.
domiciliación *f* : **~ bancaria** Dauerauftrag *der*.
domiciliar [8] *vt* [pago] ab|buchen lassen. ◆ **domiciliarse** *vpr* [establecerse] sich nieder|lassen.
domicilio *m* - **1.** [vivienda] Wohnsitz *der* ; **a ~** frei Haus - **2.** [dirección] Anschrift *die* ; **~ social** Sitz *der* einer Gesellschaft.
dominante *adj* - **1.** [cosa] vorherrschend - **2.** [persona] dominant.

dominar *vt* - **1.** [someter, conocimiento] beherrschen - **2.** [controlar] unter Kontroll bringen - **3.** [con la vista] überblicken ◆ **dominarse** *vpr* [controlarse] sich beherrschen.
domingo *m* Sonntag *der* ; *ver también* **sába**do.
dominguero, ra *m, f fam* Sonntagsfahre *der*, -in *die*.
dominical ◇ *adj* Sonntags-. ◇ *m* Sonntagsbeilage *die*.
dominico, ca ◇ *adj* dominikanisch ◇ *m, f* Dominikaner *der*, -in *die*.
dominio *m* - **1.** [control] Macht *d* - **2.** [autoridad] Herrschaft *die* - **3.** [lugar] Gebiet *das* - **4.** [conocimiento] Beherrschun *die*. ◆ **dominios** *mpl* Herrschaftsgebi *das*.
dominó *m* - **1.** [juego] Domino(spiel) *d* - **2.** [fichas] Dominosteine *pl*.
don *m* - **1.** [tratamiento] *spanische Anrede f Herr in Verbindung mit dem Vornamen* ; **~ n die** *fig* Habenichts *der* - **2.** [cualidad] Bega bung *die* - **3.** [regalo] Gabe *die*.
donante *mf* Spender *der*, -in *die*.
donar *vt* spenden.
donativo *m* Spende *die*.
doncella *f* - **1.** LITER Jungfer *die* - **2.** [criad Zofe *die*.
donde ◇ *adv* wo ; **el bolso está ~ lo d jaste** die Tasche ist dort, wo du sie hing legt hast ; **de** o **desde ~** woher ; **por ~** w immer. ◇ *pron* wo ; **ésa es la casa ~ na** das ist das Haus, wo ich geboren bin ; **de desde ~** woher ; **por ~** wodurch. ◆ **d donde** *loc adv* woraus.
dónde *adv (interrogativo)* wo ; **¿~ está el n ño?** wo ist das Kind? ; **no sé ~ se habrá m tido** ich weiss nicht, wo er steckt ; **de desde ~** woher ; **por ~** wo.
dondequiera ◆ **dondequiera qu** *adv* wo immer.
doña *f spanische Anrede für Frau in Verbi dung mit dem Vornamen*.
dopado, da *adj* gedopt.
dopaje, doping Doping *das*.
dopar *vt* dopen. ◆ **doparse** *vpr* sich d pen.
doping ['dopin] *m* = **dopaje**.
doquier ◆ **por doquier** *loc adv* übera
dorado, da *adj* golden. ◆ **dorado** Vergoldung *die*. ◆ **dorada** *f* Goldbras *die*.
dorar *vt* - **1.** [cubrir - con oro] vergolde [- como oro] bräunen - **2.** [alimento] a bräunen. ◆ **dorarse** *vpr* [alimentos] g braun werden.
dormilón, na ◇ *adj fam* schlafmütz ◇ *m, f* Schlafmütze *die*.
dormir [25] ◇ *vt* zum Einschlafen bri gen ; **~ la siesta** Mittagsschlaf halten. ◇ [descansar] schlafen. ◆ **dormirse** *v*

- **1.** einlschlafen - **2.** *loc* : **~se en los laureles** sich auf seinen Lorbeeren auslruhen.

dormitar *vi* dösen.

dormitorio *m* [habitación] Schlafzimmer *das*.

dorsal ◇ *adj* Rücken-. ◇ *m* Startnummer *die*. ◇ *f* Rücken *der*.

dorso *m* - **1.** [revés] Rückseite *die* - **2.** [espalda] Rücken *der*.

dos ◇ *núm* zwei. ◇ *m* - **1.** Zwei *die* - **2.** *loc* : **cada ~ por tres** ständig, dauernd.

DOS (*abrev de* **disk operating system**) *m* DOS *das*.

doscientos, tas *núm* zweihundert. ◆ **doscientos** *m* Zweihundert *die* ; *ver también* **seis**.

dosel *m* Baldachin *der*.

dosificar [10] *vt* - **1.** [medicamento, solución química] dosieren - **2.** *fig* [acto] sparen.

dosis *f* Dosis *die*.

dossier [do'sjer] (*pl* **dossiers**) *m* [historial, expediente] Dossier *das*.

dotación *f* - **1.** [de cosas] Ausstattung *die* - **2.** [de personas] Belegschaft *die*.

dotado, da *adj* begabt.

dotar *vt* - **1.** [proveer - de cosas] auslstatten ; [- de personas] personell auslstatten - **2.** *fig* [suj : naturaleza] auslstatten.

dote *m o f* Mitgift *die*. ◆ **dotes** *fpl* Gabe *die*.

doy ▷ **dar**.

Dr. (*abrev de* **doctor**) Dr.

Dra. (*abrev de* **doctora**) Dr.

dragar [16] *vt* auslbaggern.

dragón *m* - **1.** [animal fantástico] Drache *der* - **2.** [reptil] Flugdrache *der*.

drama *m* - **1.** Drama - **2.** *loc* : **hacer un ~** eine Szene machen.

dramático, ca *adj* dramatisch.

dramatizar [13] *vt* dramatisieren.

dramaturgo, ga *m, f* Dramaturg *der*, -in *die*.

dramón *m fam* Rührstück *das*.

drástico, ca *adj* drastisch.

drenar *vt* - **1.** [tierra, campo] entwässern - **2.** [herida] drainieren.

driblar *vt* DEP dribbeln.

droga *f* - **1.** [alucinógeno] Droge *die* ; **~ blanda** weiche Droge ; **~ dura** harte Droge - **2.** QUÍM chemische Droge.

drogadicto, ta *m, f* Drogenabhängige *der, die*.

drogar [16] *vt* unter Drogen setzen. ◆ **drogarse** *vpr* Drogen nehmen.

droguería *f* Drogerie *die*.

dromedario *m* Dromedar *das*.

dto. *abrev de* **descuento**.

dual *adj* dual.

dualidad *f* Dualität *die*.

Dublín *m* Dublin *nt*.

ducado *m* - **1.** [de duque] Herzogtum *das* - **2.** [moneda] Dukaten *der*.

ducha *f* [baño, dispositivo] Dusche *die* ; **tomar** o **darse una ~** sich duschen.

duchar *vt* duschen. ◆ **ducharse** *vpr* sich duschen.

dúctil *adj* - **1.** [cosa] geschmeidig - **2.** *fig* [persona] fügsam.

duda *f* Zweifel *der* ; **no caber ~** kein Zweifel bestehen ; **poner algo en ~** etw *(A)* anlzweifeln ; **salir de ~s** sicher sein ; **sin ~** zweifelsohne.

dudar ◇ *vi* - **1.** [desconfiar] : **~ de** zweifeln an *(+D)* - **2.** [vacilar] zögern. ◇ *vt* bezweifeln.

dudoso, sa *adj* - **1.** [improbable] zweifelhaft - **2.** [vacilante] zögernd.

duelo *m* - **1.** [dolor] Trauer *die* - **2.** [combate] Duell *das*.

duende *m* [personaje] Kobold *der*.

dueño, ña *m, f* Eigentümer *der*, -in *die*.

Duero *m* : **el ~** der Duero.

dueto *m* MÚS Duett *das*.

dulce ◇ *adj* - **1.** [sabor, con azúcar] süß - **2.** [suave] sanft. ◇ *m* Süße *die*. ◆ **dulces** *mpl* Süßigkeiten *pl*.

dulcificar [10] *vt* - **1.** [cosa] (ver)süßen - **2.** *fig* [persona] besänftigen.

dulzura *f* - **1.** [sabor] Süße *die* - **2.** *fig* [suavidad] Zärtlichkeit *die*.

duna *f* Düne *die*.

dúo *m* MÚS [personas, composición] Duo *das*, Duett *das* ; **a ~** im Duett.

duodécimo, ma *núm* [para ordenar] zwölfte, -r, -s.

dúplex, duplex *m* [piso] Maisonette *die*.

duplicado, da *adj* [repetido] doppelt. ◆ **duplicado** *m* Abschrift *die* ; **por ~** in doppelter Ausfertigung.

duplicar [10] *vt* - **1.** [cantidad] verdoppeln - **2.** [documento] kopieren. ◆ **duplicarse** *vpr* sich verdoppeln.

duplo, pla *adj* doppelt. ◆ **duplo** *m* Doppelte *das*.

duque, sa *m, f* Herzog *der*, -in *die*.

duración *f* Dauer *die*.

duradero, ra *adj* dauerhaft.

durante *prep* während.

durar *vi* dauern.

durazno *m Amér* Pfirsich *der*.

dureza *f* - **1.** *lit & fig* Härte - **2.** [callosidad] Schwiele *die*.

duro, ra *adj* hart ; **ser ~ de pelar** ein harter Brocken sein. ◆ **duro** ◇ *m* - **1.** [moneda] *Münze im Wert von fünf Peseten* - **2.** [persona] harter Kerl. ◇ *adv* hart.

d/v (*abrev de* **días vista**) : **15 ~** in 15 Tagen.

e, E [e] *f* [letra] e, E *das*.
EA (*abrev de* **Eusko Alkartasuna**) *f baskische Separatistenpartei*.
EAU (*abrev de* **Emiratos Árabes Unidos**) *mpl* VAE *pl*.
ebanista *mf* Tischler *der*, -in *die*.
ebanistería *f* - **1.** [oficio] Tischlerarbeit *die* - **2.** [taller] Tischlerei *die*.
ébano *m* - **1.** [árbol] Ebenholzbaum *der* - **2.** [madera] Ebenholz *das*.
ebrio, bria *adj* - **1.** [borracho] betrunken - **2.** *fig* [loco, ofuscado] berauscht.
Ebro *m* : **el ~** der Ebro.
ebullición *f* Sieden *das*.
echar ◇ *vt* - **1.** [a lo lejos] werfen - **2.** [alimentos] geben - **3.** [acostar] hin|legen - **4.** [humo, vapor, chispas] aus|stoßen - **5.** [expulsar] hinaus|werfen - **6.** [llave, pestillo] : **~ la llave** ab|schließen - **7.** [condena, adivinar] geben - **8.** *fam* [en televisión, cine] bringen - **9.** *loc* : **~ abajo** [derrumbar] ab|reißen ; **~ de menos** [añorar] vermissen. ◇ *vi* [por lugar] gehen. ◆ **echarse** *vpr* - **1.** [lanzarse] : **~se a** sich werfen auf *(+A)* - **2.** [acostarse] sich hin|legen - **3.** [empezar a] : **~se a llorar** in Tränen ausbrechen.
echarpe *m* Schultertuch *das*.
eclesiástico, ca *adj* kirchlich. ◆ **eclesiástico** *m* Geistliche *der*.
eclipsar *vt* - **1.** [suj : astro] verdunkeln - **2.** *fig* [suj : cosa, persona] in den Schatten stellen.
eclipse *m* [fenómeno] Eklipse *die* ; [de sol] Sonnenfinsternis *die* ; [de luna] Mondfinsternis *die*.
eco *m* Echo *das*.
ecografía *f* Ultraschalluntersuchung *die*.
ecología *f* Ökologie *die*.
ecológico, ca *adj* ökologisch.
ecologista ◇ *adj* Umweltschutz-. ◇ *mf* Umweltschützer *der*, -in *die*.
economía *f* - **1.** [de gastos] Wirtschaft *die* - **2.** [ciencia] Wirtschaftswissenschaft *die* - **3.** [riqueza pública] Volkswirtschaft *die* ; **~ sumergida** Schattenwirtschaft *die* - **4.** [ahorro] Sparen *das*.
económico, ca *adj* - **1.** [de economía] wirtschaftlich - **2.** [barato] billig - **3.** [que gasta poco] sparsam.
economista *mf* Wirtschaftswissenschaftler *der*, -in *die*.
economizar [13] *vt* - **1.** [dinero] (ein|)sparen - **2.** *fig* [esfuerzo, energía] sparen.
ecosistema *m* Ökosystem *das*.
ecu (*abrev de* **unidad de cuenta europea**) *m* ECU *der*.
ecuación *f* MAT Gleichung *die*.
ecuador *m* [de tierra] Äquator *der*.
Ecuador *m* Ecuador *nt*.
ecualizador *m* Equalizer *der*.
ecuánime *adj* - **1.** [equilibrado] gelassen - **2.** [imparcial] unparteilich.
ecuatoriano, na ◇ *adj* ecuadorianisch. ◇ *m, f* Ecuadorianer *der*, -in *die*.
ecuestre *adj* Reiter-.
edad *f* - **1.** [tiempo vivido, época] Alter *das* ; **~ del pavo** Pubertät *die* ; **~ escolar** Schulalter *das* ; **tercera ~** Rentenalter *das* - **2.** [período histórico] Zeitalter *das*. ◆ **Edad** *f* : **Edad Media** Mittelalter *das*.
edén *m* - **1.** [paraíso] der Garten Eden - **2.** *fig* [lugar agradable] Paradies *das*.
edición *f* - **1.** [de libro, de periódico] Ausgabe *die* - **2.** [de programa de radio, televisión] Produktion *die* - **3.** [ejemplares, tirada] Auflage *die* ; **~ de bolsillo** Taschenausgabe *die* ; **~ electrónica** elektronische Ausgabe - **4.** [celebración periódica] : **la próxima ~ de los juegos olímpicos** die nächste Olympiade - **5.** INFORM Textverarbeitung *die*.
edicto *m* Edikt *das*.
edificante *adj* vorbildlich.
edificar [10] *vt* [construir] bauen.
edificio *m* Gebäude *das*.
editar *vt* - **1.** [libro, periódico, disco] heraus|geben - **2.** [programa de radio, televisión] produzieren - **3.** INFORM auf|rufen.
editor, ra ◇ *adj* Verlags-. ◇ *m, f* - **1.** [de libro, de periódico, de disco] Verleger *der*, -in *die* - **2.** [de programa de radio o televisión] Produzent *der*, -in *die*. ◆ **editor** *m* INFORM Editor *der* ; **~ de textos** Textverarbeitungsprogramm *das*.
editorial ◇ *adj* verlegerisch. ◇ *m* Leitartikel *der*. ◇ *f* Verlag *der*.
edredón *m* Federbett *das*.
educación *f* - **1.** [enseñanza] Erziehung *die* ; **~ física** Sportunterricht *der* - **2.** [buenos modales] gute Erziehung ; **buena/mala ~** gute/schlechte Erziehung.
educado, da *adj* wohlerzogen.
educador, ra *m, f* Erzieher *der*, -in *die*.
educar [10] *vt* - **1.** [instruir] unterrichten - **2.** [enseñar urbanidad] erziehen - **3.** [adiestrar] trainieren.
edulcorante *m* Süßstoff *der*.
edulcorar *vt* FARM süßen.
EE (*abrev de* **Euskadiko Ezquerra**) *m linksgerichtete baskische Partei*.
EE. UU. (*abrev de* **Estados Unidos**) *mpl* USA *die*.
efectivamente *adv* tatsächlich.
efectivo, va *adj* - **1.** [que produce efecto] wirksam - **2.** [real, verdadero] tatsächlich

- **3.** [realizar, llevar a cabo] : **hacer ~** in die Tat um|setzen ; [pagar] bezahlen. ◆ **efectivo** *m* - **1.** [dinero] Bargeld *das* - **2.** [en billetes o monedas] : **en ~** bar. ◆ **efectivos** *mpl* Kräfte *(nur pl)*.

efecto *m* - **1.** [gen] Effekt *der* ; **~s especiales** Special Effects *pl* ; **~s sonoros** Soundeffekte *pl* ; **~s visuales** visuelle Effekte ; **~ óptico** optische Täuschung - **2.** [resultado] Ergebnis *das* ; **hacer** o **surtir ~** Erfolg haben ; **~s secundarios** Nebenwirkungen *pl* - **3.** [finalidad] Ziel *das* ; **a ~s de, para los ~ de** im Sinne *(+G)* - **4.** [impresión] Wirkung *der* - **5.** [de pelota] Effet *der* - **6.** [documento] Wertpapier *das*. ◆ **efectos** *mpl* [pertenencias] Sachen *pl* ; **~s personales** persönliche Gegenstände. ◆ **en efecto** *loc adv* tatsächlich.

efectuar [6] *vt* aus|führen. ◆ **efectuarse** *vpr* statt|finden.

efeméride *f* [suceso notable] wichtiges Ereignis. ◆ **efemérides** *fpl* [notas o libro de sucesos] Chronik *die*.

efervescencia *f* - **1.** [de líquido] Sprudeln *das* - **2.** *fig* [agitación, inquietud] Erregung *die*.

efervescente *adj* sprudelnd.

eficacia *f* Leistungsfähigkeit *die*.

eficaz *adj* - **1.** [competente] leistungsfähig - **2.** [efectivo] wirksam.

eficiencia *f* Tüchtigkeit *die*.

eficiente *adj* - **1.** [cosa] leistungsfähig - **2.** [persona] tüchtig.

efímero, ra *adj* vergänglich.

efluvio *m* [agradable] Duft *der* ; [desagradable] Ausdünstung *die*.

efusivo, va *adj* herzlich.

EGB (*abrev de* **enseñanza general básica**) *f* EDUC *frühere allgemeine spanische Grundschulerziehung*.

egipcio, cia ◇ *adj* ägyptisch. ◇ *m, f* Ägypter *der*, -in *die*.

Egipto *m* Ägypten *nt*.

egocéntrico, ca ◇ *adj* egozentrisch. ◇ *m, f* Egozentriker *der*, -in *die*.

egoísmo *m* Egoismus *der*.

egoísta ◇ *adj* egoistisch. ◇ *mf* Egoist *der*, -in *die*.

ególatra ◇ *adj* selbstbezogen. ◇ *mf* Egozentriker *der*, -in *die*.

egresado, da *m, f Amér* Absolvent *der*, -in *die*.

egresar *vi Amér* das Studium ab|schließen.

eh *interj* : **¡eh!** he!

ej. - **1.** *abrev de* **ejemplo** - **2.** *abrev de* **ejemplar**.

eje *m* - **1.** GEOM [de cuerpo giratorio] Achse *die* - **2.** *fig* [idea o tema central] Angelpunkt *der*.

ejecución *f* - **1.** [realización] Durchführung *die*, Ausführung *die* - **2.** [de sentencia] Vollstreckung *die* - **3.** [de condenado] Hinrichtung *die* - **4.** [de pieza musical] Interpretation *die* - **5.** INFORM [de programa] Ausführung *die*.

ejecutar *vt* - **1.** [realizar, llevar a cabo] aus|führen, durch|führen - **2.** [condenado] hin|richten - **3.** [pieza musical] vor|tragen - **4.** INFORM [programa] aus|führen.

ejecutivo, va ◇ *adj* ausführend. ◇ *m, f* [de empresa] Führungskraft *die*, leitende Angestellte *der, die*. ◆ **ejecutivo** *m* ▷ **poder**. ◆ **ejecutiva** *f* [junta] Führungsgremium *das*.

ejem *interj* [expresa duda, ironía] : **¡ejem!** hm!

ejemplar ◇ *adj* beispielhaft. ◇ *m* [copia, de especie, raza] Exemplar *das*.

ejemplo *m* - **1.** [para ilustrar] Beispiel *das* ; **por ~** zum Beispiel - **2.** [modelo] Vorbild *das* ; **dar ~** ein Beispiel geben.

ejercer [11] ◇ *vt* aus|üben. ◇ *vi* : **~ (de abogado)** (als Anwalt) arbeiten.

ejercicio *m* - **1.** [prueba, práctica] Übung *die* - **2.** [de profesión, de poder] Ausübung *die* - **3.** [esfuerzo físico] Training *das* - **4.** [período de tiempo] Amtszeit *die*.

ejercitar *vt* [derecho] aus|üben. ◆ **ejercitarse** *vpr* Übungen machen ; **~se en algo** sich in etw *(D)* üben.

ejército *m* MIL Heer *das*, Armee *die*.

ejote *m Amér* grüne Bohne.

el, la (*pl* **los** o **las**) *art* (**el** *delante de sust fem que empiece por a o ha tónicas ; a + el =* **al** *; de + el =* **del**) - **1.** *(antes de un nombre común)* [con sustantivo genérico] der, die, das ; **~ coche** das Auto ; **la casa** das Haus ; **los niños** die Kinder ; **~ agua, ~ hacha, ~ águila** das Wasser, die Axt, der Adler - **2.** *(antes de un nombre común)* [con sustantivo abstracto] der, die, das ; **~ amor** die Liebe ; **la vida** das Leben ; **los celos** die Eifersucht *(sin pl)* - **3.** *(antes de nombre común)* [indica posesión, pertenencia] der, die, das ; **se rompió la pierna** sie brach sich das Bein ; **tiene ~ pelo oscuro** er hat dunkle Haare - **4.** [con días de la semana] der ; **vuelven ~ sábado** sie kommen am Samstag zurück - **5.** *(ante un nombre propio de persona) fam* : **llama a la María** rufe die Maria - **6.** *(antes de adj + nombre propio)* : **ahora con ustedes, ~ inigualable Pérez, el mejor mago del mundo** und nun der unvergleichliche Pérez, der beste Zauberer der Welt - **7.** *(antes de complemento de nombre, especificativo)* : **he perdido el tren, cogeré ~ de las nueve** ich habe den Zug verpasst, ich nehme den um neun - **8.** *(antes de complemento del nombre, posesivo)* : **mi hermano y ~ de Juan** mein Bruder und der von Juan - **9.** *(antes de frase)* : **~ que** [persona] wer ; [cosa] was - **10.** *(antes de adj)* : **prefiero ~ rojo al azul** ich habe rot lieber als blau.

él, ella *pron pers sing* - **1.** [sujeto, predicado]

er, sie, es - **2.** *(después de prep)* [complemento indirecto] ihm, ihr, ihm ; **voy a ir de vacaciones con ella** ich werde mit ihr in den Urlaub fahren ; [complemento directo] ihn, sie, es - **3.** [posesivo] : **de ~/ella** von ihm/ihr ; **este libro no es mío, es de ~** das ist nicht mein Buch, es ist von ihm.

elaborar *vt* - **1.** [producto] her|stellen ; [alimento] zu|bereiten - **2.** [idea, trabajo] aus|arbeiten.

elasticidad *f* [de material o cuerpo] Elastizität *die.*

elástico, ca *adj* - **1.** [material, cuerpo] elastisch - **2.** *fig* [no estricto, sin rigor] nachgiebig. ◆ **elástico** *m* - **1.** [cinta, cordón] Gummi *das* - **2.** [de calcetín, de jersey] Bündchen *das.*

elección *f* Wahl *die.* ◆ **elecciones** *fpl* Wahlen *pl.*

electo, ta *adj* gewählt.

elector, ra *m, f* Wähler *der,* -in *die.*

electorado *m* Wählerschaft *die.*

electoral *adj* Wahl-.

electricidad *f* Elektrizität *die.*

electricista ◇ *adj* Elektro-. ◇ *mf* Elektriker *der,* -in *die.*

eléctrico, ca *adj* elektrisch.

electrificar [10] *vt* elektrifizieren.

electrizar [13] *vt lit & fig* elektrisieren.

electrocutar *vt* durch elektrischen Strom töten. ◆ **electrocutarse** *vpr* durch elektrischen Strom getötet werden.

electrodo *m* Elektrode *die.*

electrodoméstico *m (gen pl)* Haushaltsgerät *das.*

electrógeno, na ◇ *adj* stromerzeugend. ◇ *m* Stromerzeuger *der.*

electromagnético, ca *adj* elektromagnetisch.

electrón *m* Elektron *das.*

electrónico, ca *adj* - **1.** [de electrónica] elektronisch - **2.** [de electrón] Elektronen-. ◆ **electrónica** *f* Elektronik *die.*

elefante, ta *m, f* Elefant *der,* Elefantenkuh *die.* ◆ **elefante marino** *m* Walross *das.*

elegancia *f* Eleganz *die.*

elegante *adj* - **1.** [de buen gusto] elegant - **2.** [en comportamiento] vornehm.

elegir [42] *vt* - **1.** [escoger] (aus|)wählen - **2.** [por votación] wählen.

elemental *adj* - **1.** [básico] Grund- - **2.** [obvio] selbstverständlich.

elemento *m* Element *das.* ◆ **elementos** *mpl* - **1.** [fundamentos] Grundlagen *pl* - **2.** [fuerzas naturales] Elemente *pl.*

elenco *m* [conjunto de artistas] Ensemble *das.*

elepé *m* LP *die.*

elevación *f* - **1.** [alzamiento, subida] Erhöhung *die* - **2.** [parte más alta] Anhöhe *die.*

elevado, da *adj* - **1.** [alto] hoch - **2.** *fig* [sublime] erhaben.

elevador, ra *adj* Hebe-. ◆ **elevador** *m* - **1.** [montacargas] Lastenaufzug *der* - **2.** *Amér* [ascensor] Aufzug *der,* Fahrstuhl *der.*

elevalunas *m inv* Fensterheber *der.*

elevar *vt* - **1.** [alzar, levantar] heben - **2.** MAT steigern. ◆ **elevarse** *vpr* sich erheben ; **~se a** eine Höhe haben von.

eliminar *vt* - **1.** DEP & MED aus|scheiden ; [suprimir, excluir] beseitigen - **2.** *fam* [matar] eliminieren.

elipse *f* GEOM Ellipse *die.*

élite, elite *f* Elite *die.*

elitista *adj* elitär.

elixir, elíxir *m lit & fig* Elixier *das.*

ella ▷ **él.**

ellas ▷ **ellos.**

ello *pron pers (neutro)* - **1.** [sujeto] das, es - **2.** *(después de prep)* [complemento] : **no quiero hablar de ~** ich will nicht darüber sprechen.

ellos, ellas *pron pers pl* - **1.** [sujeto, predicado] sie - **2.** *(después de prep)* [complemento indirecto] ihnen ; **díselo a ~** sag es ihnen ; **me voy al bar con ellas** ich gehe mit ihnen in die Kneipe ; [complemento directo] sie - **3.** [posesivo] : **de ~/ellas** (von) ihnen.

elocuencia *f* - **1.** [facilidad de expresión] Redegewandtheit *die* - **2.** [fuerza expresiva] Ausdruckskraft *die.*

elocuente *adj* - **1.** [con facilidad de expresión] redegewandt - **2.** [con fuerza expresiva] ausdrucksvoll.

elogiar [8] *vt* loben.

elogio *m* Lob *das.*

elote *m Amér* Maiskolben *der.*

El Salvador *m* El Salvador *nt.*

elucubrar *vt* aus|klügeln.

eludir *vt* meiden.

e-mail [i'meil] *m* - **1.** [mensaje] E-Mail *die* ; **enviar un ~** eine E-Mail schicken ; **recibir un ~** eine E-Mail bekommen - **2.** [dirección] E-Mail-Adresse *die.*

emanar *vi* : **~ de** [olor] aus|gehen von [proceder de] hervor|gehen aus.

emancipación *f* Emanzipation *die.*

emancipar *vt* befreien. ◆ **emanciparse** *vpr* sich emanzipieren.

embadurnar *vt* beschmieren ; **~ de algo** mit etw beschmieren. ◆ **embadurnarse** *vpr* sich an|malen ; **~se de algo** sich mit etw ein|schmieren.

embajada *f* Botschaft *die.*

embajador, ra *m, f* Botschafter *der,* -in *die.*

embalaje *m* Verpackung *die.*

embalar *vt* verpacken. ◆ **embalarse** *vpr* - **1.** [físicamente] auf Touren kommen

- **2.** *fig* [emocionalmente] sich hinreißen lassen.

embalsamar *vt* einlbalsamieren.

embalsar *vt* stauen.

embalse *m* [presa, pantano] Stausee *der.*

embarazada <> *adj (sólo con sust femeninos)* schwanger; **dejar ~ a alguien** jn schwängern; **(estar) ~ de ocho meses** im achten Monat schwanger (sein); **quedarse ~** schwanger werden. <> *f* Schwangere *die.*

embarazar [13] *vt* - **1.** [mujer] schwängern - **2.** [impedir, molestar] stören. ◆ **embarazarse** *vpr Amér* schwanger werden.

embarazo *m* Schwangerschaft *die.*

embarazoso, sa *adj* unangenehm.

embarcación *f* [nave] Schiff *das.*

embarcadero *m* Landungsbrücke *die.*

embarcar [10] <> *vt* - **1.** [para viajar] an Bord bringen - **2.** *fig* [hacer intervenir]: **~ a alguien en algo** jn in etw *(A)* mit hineinlziehen. <> *vi* an Bord gehen. ◆ **embarcarse** *vpr* - **1.** [para viajar] sich einlschiffen, an Bord gehen - **2.** *fig* [intervenir]: **~se en algo** sich auf etw *(A)* einllassen.

embargar [16] *vt* - **1.** [judicialmente] pfänden - **2.** [suj : sentimiento] hemmen.

embargo *m* Beschlagnahmung *die.*

embarque *m* [en barco] Einschiffung *die* ; [en avión] Anbordgehen *das.*

embarrancar [10] *vi* stranden. ◆ **embarrancarse** *vpr* stecken bleiben.

embarullar *vt fam* durcheinander bringen. ◆ **embarullarse** *vpr* durcheinander geraten.

embaucar [10] *vt* betrügen.

embeber *vt* [absorber, empapar] auflsaugen. ◆ **embeberse** *vpr* - **1.** [ensimismarse] sich versenken - **2.** *fig* [en materia] sich vertiefen.

embelesar *vt* begeistern. ◆ **embelesarse** *vpr* sich begeistern.

embellecedor *m* Zierleiste *die.*

embellecer [30] *vt* verschönern.

embestida *f* starker Angriff.

embestir [26] *vt* anlgreifen.

emblema *m* - **1.** [figura representativa] Abzeichen *das* - **2.** [símbolo] Emblem *das.*

emblemático, ca *adj* emblematisch.

embobar *vt* verblüffen. ◆ **embobarse** *vpr* verblüfft sein.

embocadura *f* - **1.** [de río] Mündung *die* - **2.** [de puerto, acción] Einfahrt *die.*

embolado *m* [lío, follón] *fam* Zwickmühle *die.*

embolia *f* MED Embolie *die.*

émbolo *m* Kolben *der.*

embolsar *vt* ◆ **embolsarse** *vpr* [ganarse, cobrar] einlnehmen.

emborrachar *vt* betrunken machen. ◆ **emborracharse** *vpr* sich betrinken.

emborronar *vt* - **1.** [hacer borrones] verschmieren - **2.** [escribir deprisa] hinlschmieren.

emboscada *f* - **1.** [ataque] Intrige *die* - **2.** *fig* [trampa] Hinterhalt *der*; **tender una ~ a alguien** jm eine Falle stellen.

embotar *vt* ablstumpfen.

embotellado, da *adj* abgefüllt. ◆ **embotellado** *m* Abfüllung *die.*

embotellamiento *m* - **1.** [de tráfico] (Verkehrs)stau *der* - **2.** [de líquidos] Abfüllung *die.*

embotellar *vt* - **1.** [carretera] lahm legen - **2.** [líquido] ablfüllen.

embozar [13] *vt* - **1.** [atorar] verstopfen - **2.** *fig* [disfrazar, encubrir] vertuschen. ◆ **embozarse** *vpr* - **1.** [atorarse] verstopfen - **2.** [encubrirse, disfrazarse] sich verhüllen.

embragar [16] *vi* kuppeln.

embrague *m* Kupplung *die.*

embriagar [16] *vt* - **1.** [emborrachar] betrunken machen - **2.** [extasiar] berauschen. ◆ **embriagarse** *vpr* - **1.** [emborracharse] sich betrinken - **2.**

embriaguez *f* - **1.** [borrachera] Trunkenheit *die* - **2.** [éxtasis] Rausch *der.*

embrión *m* - **1.** [de ser vivo] Embryo *der* - **2.** *fig* [origen] Keim *der.*

embrollar *vt* verwirren.

embrollo *m* - **1.** [enredo] Gewirr *das* - **2.** *fig* [lío] Wirrwarr *der.*

embromar *vt* [engañar] hochlnehmen.

embrujar *vt* verhexen.

embrujo *m* Verhexung *die.*

embrutecer [30] *vt* stumpfsinnig machen. ◆ **embrutecerse** *vpr* ablstumpfen, verblöden.

embuchar *vt* - **1.** *fam* [comer] verschlingen - **2.** [embutir] in Darm füllen.

embudo *m* Trichter *der.*

embuste *m* Lüge *die.*

embustero, ra <> *adj* lügnerisch. <> *m, f* Lügner *der,* -in *die.*

embutido *m* - **1.** [comida] Wurst *die* - **2.** [acción] Stopfen *das.*

embutir *vt* - **1.** [rellenar con carne] füllen - **2.** *fig* [introducir] hineinlstopfen.

emergencia *f* Notfall *der.*

emerger [14] *vi* herauslragen.

emigración *f* - **1.** [de personas] Emigration *die* - **2.** [de aves] Ziehen *das.*

emigrante *mf* Emigrant *der,* -in *die.*

emigrar *vi* - **1.** [persona] auslwandern, emigrieren - **2.** [ave] fortlziehen.

eminencia *f* Eminenz *die.* ◆ **Eminencia** *f*: **Su Eminencia** Seine Eminenz.

eminente *adj* [distinguido] angesehen.

emir *m* Emir *der.*

emirato *m* Emirat *das.*

Emiratos Árabes Unidos *mpl* : **los ~** die Vereinigten Arabischen Emirate.

emisario, ria *m, f* Bote *der*, Botin *die*.

emisión *f* - **1.** [de energía, rayos] Ausstrahlung *die* ; [de sonidos] Übertragung *die* - **2.** [puesta en circulación] Ausgabe *die* - **3.** [en radio, TV] Sendung *die*.

emitir ◇ *vt* - **1.** [irradiar] aus|strahlen - **2.** [poner en circulación] aus|geben - **3.** [expresar] ab|geben - **4.** TV [radio] senden, übertragen. ◇ *vi* senden.

emoción *f* Emotion *die*, Rührung *die*.

emocionante *adj* [que emociona] ergreifend ; [excitante] aufregend.

emocionar *vt* ergreifen. ◆ **emocionarse** *vpr* ergriffen sein.

emotivo, va *adj* [persona] gefühlsbetont ; [acto, palabras] emotionsgeladen.

empacar [10] *vt* ein|packen.

empachar *vt* den Magen verstimmen. ◆ **empacharse** *vpr* sich voll|stopfen.

empacho *m* Magenverstimmung *die*.

empadronar *vt* in das Einwohnerverzeichnis ein|tragen.

empalagar [16] *vt* zu süß sein. ◆ **empalagarse** *vpr* sich den Magen verderben.

empalagoso, sa *adj* sehr süß.

empalizada *f* Lattenzaun *der*.

empalmar ◇ *vt* - **1.** [unir] verbinden - **2.** [enlazar] an|knüpfen. ◇ *vi* - **1.** [medios de transporte] Anschluss haben - **2.** [sucederse] an|schließen.

empalme *m* - **1.** [acción] Verbindung *die* - **2.** [punto de unión] Verbindungsstelle *die* - **3.** [de carretera, tren] Anschluss *der*.

empanada *f* CULIN Pastete *die* ; **~ gallega** *Teigpastete mit Tomate, Thunfisch und Paprika* ; **tengo una ~ mental** *fig* mir ist ganz wirr im Kopf.

empanadilla *f kleine Teigpastete mit Fleisch- oder Fischfüllung*.

empanar *vt* CULIN panieren.

empantanar *vt* überschwemmen. ◆ **empantanarse** *vpr* versumpfen.

empañar *vt* - **1.** [cristal] beschlagen - **2.** *fig* [reputación] beflecken. ◆ **empañarse** *vpr* beschlagen.

empapar *vt* [persona] durchnässen ; [ropa] tränken. ◆ **empaparse** *vpr* nass werden.

empapelar *vt* [pared, casa] tapezieren.

empaquetar *vt* ein|packen.

emparedado, da *adj* eingesperrt. ◆ **emparedado** *m* Sandwich *das*.

emparedar *vt* ein|sperren.

emparejar *vt* [hacer pareja] paarweise zusammen|bringen. ◆ **emparejarse** *vpr* mit einem Partner leben.

emparentar [19] *vi* & *vt* ein|heiraten.

empastar *vt* [diente] mit einer Plombe versehen.

empaste *m* - **1.** [acción] Füllung *die* - **2.** [material] Plombe *die*.

empatar *vi* [en partido] unentschieden spielen ; [en elecciones] Stimmengleichheit erzielen ; **~ a cero** null zu null unentschieden spielen.

empate *m* [igualdad] Unentschieden *das* ; **un ~ a cero** ein null zu null Unentschieden.

empecinarse *vpr* : **~ en algo** auf etw *(D)* beharren.

empedernido, da *adj* unverbesserlich.

empedrado *m* Pflaster *das*.

empedrar [19] *vt* pflastern.

empeine *m* - **1.** [de pie] Spann *der* - **2.** [de zapato] Oberleder *das*.

empeñado, da *adj* - **1.** [en garantía de préstamo] verpfändet - **2.** [obstinado] : **estar ~ en hacer algo** hartnäckig darauf bestehen, etw zu tun.

empeñar *vt* - **1.** [dejar como garantía] verpfänden - **2.** [comprometer] sein Wort geben. ◆ **empeñarse** *vpr* - **1.** [obstinarse] : **~se en algo** hartnäckig auf etw *(D)* bestehen ; **~se en hacer algo** hartnäckig darauf bestehen, etw zu tun - **2.** [endeudarse] sich verschulden.

empeño *m* - **1.** [de objeto] Pfand *das* - **2.** [obstinación] Beharrlichkeit *die* ; **en el ~** bei dem Vorhaben.

empeorar *vi* sich verschlechtern.

empequeñecer [30] *vt* [tamaño] verkleinern ; [estimación] herab|setzen.

emperador, ratriz *m, f* [persona] Kaiser *der*, -in *die*. ◆ **emperador** *m* [pez] Schwertfisch *der*.

emperifollar *vt fam* heraus|putzen. ◆ **emperifollarse** *vpr fam* sich heraus|putzen.

emperrarse *fam vpr* beharren.

empezar [34] ◇ *vt* [iniciar] beginnen, an|fangen ; [consumo] an|brechen. ◇ *vi* beginnen ; **~ a hacer algo** beginnen, etw zu tun ; **empezó por decir** er sagte zunächst ; **para ~** zunächst einmal.

empinado, da *adj* [en pendiente] abschüssig.

empinar *vt* - **1.** [inclinar] hoch|heben - **2.** [levantar] heben. ◆ **empinarse** *vpr* - **1.** [animal] sich auf die Hinterbeine stellen - **2.** [persona] sich auf die Zehenspitzen stellen - **3.** *mfam* [miembro viril] einen Steifen bekommen.

empírico, ca ◇ *adj* empirisch. ◇ *m, f* Empiriker *der*, -in *die*.

emplazamiento *m* [ubicación] Lage *die*.

emplazar [13] *vt* - **1.** [situar] einen Platz zuweisen - **2.** DER vor|laden.

empleado, da *m, f* Angestellte *der, die*. ◆ **empleada** *f Amér* Hausmädchen *das*.

emplear *vt* - **1.** [usar, gastar] verwenden ;

~ **algo en hacer algo** etw *(A)* auf|wenden, um etw zu tun - **2.** [contratar] an|stellen.

empleo *m* - **1.** [uso] Anwendung *die* - **2.** [trabajo] Stelle *die* ; **estar sin ~** arbeitslos sein.

empobrecer [30] *vt* arm machen. ◆ **empobrecerse** *vpr* verarmen.

empollar ◇ *vt* - **1.** [huevo] aus|brüten - **2.** *fam* [estudiar] pauken. ◇ *vi fam* pauken.

empollón, ona ◇ *adj fam* strebsam. ◇ *m, f fam* Streber *der*, -in *die*.

empolvarse *vpr* sich pudern.

emporio *m* Handelszentrum *das*.

emporrarse *vpr fam* kiffen.

empotrado, da *adj* Einbau-.

empotrar *vt* ein|bauen.

emprendedor, ra *adj* unternehmungslustig.

emprender *vt* in Angriff nehmen.

empresa *f* - **1.** [sociedad] Unternehmen *das* ; **~ libre, libre ~** freies Unternehmertum ; **pequeña y mediana ~** kleine und mittelständische Unternehmen - **2.** [acción] Unternehmen *das*.

empresarial *adj* Unternehmer-. ◆ **Empresariales** *fpl* Betriebswirtschaftslehre *die*.

empresario, ria *m, f* Unternehmer *der*, -in *die*.

empujar *vt* - **1.** [impulsar] schieben - **2.** *fig* [incitar] : **~ a alguien a que haga algo** jn drängen, etw zu tun.

empuje *m* - **1.** [impulso] Schubs *der* - **2.** [energía] Schwung *der*.

empujón *m* - **1.** [empellón] Stoß *der* ; **a empujones** mit Gewalt ; **dar un ~** einen Stoß versetzen - **2.** *fig* [impulso] Ruck *der*.

empuñadura *f* Griff *der*.

empuñar *vt* ergreifen.

emular *vt* [imitar] nach|eifern.

en *prep* - **1.** [lugar - en interior] in *(+D)* ; **viven ~ la capital** sie wohnen in der Hauptstadt ; [- sobre superficie] auf *(+D)* ; **~ el plato/la mesa** auf dem Teller/Tisch ; [- en lugar concreto] : **~ casa** zu Hause ; **~ el trabajo** auf der Arbeit - **2.** [lugar de llegada] in *(+A)* ; **el avión cayó ~ el mar** das Flugzeug stürzte ins Meer ; **entraron ~ la habitación** sie gingen ins Zimmer - **3.** [momento preciso] : **llegará ~ mayo** sie wird im Mai kommen ; **nació ~ 1940** er ist 1940 geboren ; **~ Navidades** zu Weihnachten - **4.** [tiempo transcurrido] in ; **~ un par de días** in ein paar Tagen - **5.** [medio de transporte] mit *(+D)* ; **ir ~ tren** mit dem Zug fahren ; **ir ~ coche** mit dem Auto fahren ; **ir ~ avión** fliegen ; **ir ~ barco** mit dem Schiff fahren - **6.** [modo] : **~ voz baja** mit leiser Stimme ; **pagar ~ metálico** bar bezahlen ; **todo se lo gasta ~ ropa** er gibt alles für Kleidung aus - **7.** [precio] : **las ganancias se calculan ~ millones** der Gewinn wird auf Millionen geschätzt ; **te lo dejo ~ 5.000** ich gebe es dir für 5000 - **8.** [tema] : **es un experto ~ la materia** er ist ein Experte in diesem Thema ; **es doctor ~ medicina** er ist Doktor der Medizin - **9.** [causa] an *(+D)* ; **lo detecté ~ su forma de hablar** ich erkannte ihn an seiner Sprechweise - **10.** [cualidad] an *(+D)* ; **le supera ~ inteligencia** sie ist ihm an Intelligenz überlegen.

enagua *f* [gen pl] Unterrock *der*.

enajenación *f*, **enajenamiento** *m* [de la mente] Verblendung *die*.

enajenar *vt* - **1.** [enloquecer] verrückt machen - **2.** [propiedad] veräußern.

enaltecer [30] *vt* loben.

enamoradizo, za *adj sich leicht verliebend.*

enamorado, da ◇ *adj* verliebt ; **estar ~ (de)** verliebt sein (in *(+A)*). ◇ *m, f* Verliebte *der, die*.

enamorar *vt* verliebt machen. ◆ **enamorarse** *vpr* sich verlieben ; **~se de** sich verlieben in *(+A)*.

enano, na ◇ *adj* Zwerg-. ◇ *m, f* Zwerg *der*, -in *die*.

encabezamiento *m* [de texto] Kopfzeile *die* ; [de carta] Briefkopf *der* ; [de periódico] Überschrift *die*.

encabezar [13] *vt* - **1.** [texto] überschreiben - **2.** [lista] an der Spitze stehen - **3.** [grupo de personas] an|führen.

encabritarse *vpr* - **1.** [caballo, moto] sich auf|bäumen - **2.** *fam* [persona] sauer werden.

encadenar *vt* - **1.** [atar] an|ketten - **2.** [enlazar] auf|reihen - **3.** [privar de libertad] fesseln.

encajar ◇ *vt* - **1.** [cosa - dentro de otra] passen ; [- en su sitio] ein|renken, ineinander fügen - **2.** [palabras] vom Stapel lassen - **3.** [desgracia] auf|nehmen. ◇ *vi* - **1.** [ajustar, ir bien] passen - **2.** [coincidir] überein|stimmen.

encaje *m* - **1.** [ajuste] Einpassung *die* - **2.** [de tejido] Spitze *die*.

encalar *vt* kalken.

encallar *vi* auf Grund laufen. ◆ **encallarse** *vpr fig* ins Stocken geraten.

encaminar *vt fig* : **~ a** o **hacia** lenken auf *(+A)* ◆ **encaminarse** *vpr* : **~se a** o **hacia** sich auf den Weg machen zu.

encandilar *vt* blenden.

encantado, da *adj* - **1.** [contento] angetan ; **~ de conocerle** freut mich, Sie kennenzulernen - **2.** [hechizado] verzaubert.

encantador, ra *adj* bezaubernd.

encantar *vt* - **1.** [embrujar] verzaubern - **2.** [gustar] : **~le a alguien algo** etw sehr/unheimlich gerne mögen ; **~le a alguien hacer algo** etw mit Begeisterung tun.

encanto *m* - **1.** [atractivo] Charme *der* ; **ser**

un ~ eine Wonne sein - **2.** [apelativo cariñoso] Schatz *der.* ◆ **encantos** *mpl* Reize *pl.*

encapotarse *vpr* sich bedecken.

encapricharse *vpr* sich vernarren.

encapuchado, da ◇ *adj* maskiert. ◇ *m, f* Maskierte *der, die.*

encapuchar *vt* jm eine Kapuze auf|setzen. ◆ **encapucharse** *vpr* sich maskieren.

encaramar *vt* hinauf|heben. ◆ **encaramarse** *vpr* hoch|klettern.

encarar *vt* **- 1.** [comparar] gegenüber|stellen **- 2.** [hacer frente] ins Auge sehen **- 3.** [poner frente a frente] gegenüber|stellen. ◆ **encararse** *vpr* [oponer resistencia] : **~se a** o **con alguien** sich gegen jn wehren.

encarcelar *vt* inhaftieren.

encarecer [30] *vt* **- 1.** [precio] verteuern **- 2.** [rogar] inständig bitten. ◆ **encarecerse** *vpr* sich verteuern.

encarecimiento *m* **- 1.** [de precio] Verteuerung *die* **- 2.** [empeño] : **con ~** inständig.

encargado, da ◇ *adj* beauftragt. ◇ *m, f* Beauftragte *der, die.*

encargar [16] *vt* **- 1.** [poner al cargo] : **~ algo a alguien** jn mit etw beauftragen ; **~ a alguien que haga algo** jn beauftragen, etw zu tun **- 2.** [pedir] bestellen. ◆ **encargarse** *vpr* **- 1.** [pedir] bestellen **- 2.** [ocuparse] : **~se de algo** sich einer Sache annehmen ; **~se de hacer algo** es übernehmen, etw zu tun.

encargo *m* Auftrag *der* ; **por ~** auf Bestellung.

encariñar *vt* Zuneigung wecken. ◆ **encariñarse** *vpr* : **~se con alguien** jn liebgewinnen.

encarnación *f* Verkörperung *die.*

encarnado, da *adj* **- 1.** [personificado] leibhaftig **- 2.** [rojo] rot.

encarnar *vt* verkörpern. ◆ **encarnarse** *vpr* RELIG Mensch werden.

encarnizado, da *adj* erbittert.

encarrilar *vt* **- 1.** [vehículo] auf|gleisen **- 2.** *fig* [persona, asunto] auf den rechten Weg führen. ◆ **encarrilarse** *vpr* seinen Weg finden.

encasillar *vt* **- 1.** [clasificar] *fig* ab|stempeln **- 2.** [poner en un cuadro] in Kästchen schreiben.

encasquetar *vt* **- 1.** [imponer] auf|drängen **- 2.** [sombrero] auf|stülpen. ◆ **encasquetarse** *vpr* [sombrero] sich auf|stülpen.

encasquillarse *vpr* Ladehemmung haben.

encauzar [13] *vt* **- 1.** [corriente] ein|dämmen **- 2.** [orientar] lenken.

encéfalo *m* ANAT Gehirn *das.*

encender [20] *vt* **- 1.** [con fuego] an|zünden **- 2.** [aparato] ein|schalten **- 3.** *fig* [avivar] entflammen. ◆ **encenderse** *vpr* sich ein|schalten.

encendido, da *adj* brennend. ◆ **encendido** *m* Zündung *die.*

encerado, da *adj* gewachst. ◆ **encerado** *m* Wachsen *das.*

encerar *vt* wachsen.

encerrar [19] *vt* **- 1.** [recluir] ein|sperren **- 2.** [contener] beinhalten. ◆ **encerrarse** *vpr* sich zurück|ziehen.

encerrona *f* [trampa] Falle *die.*

encestar *vt* DEP einen Korb werfen.

encharcar [10] *vt* überschwemmen. ◆ **encharcarse** *vpr* unter Wasser stehen.

enchilarse *vpr Amér fam* **- 1.** [con chile] *sich durch Chili den Mund verbrennen* **- 2.** *fig* [enfadarse] wütend werden.

enchinar *vt Amér* [pelo] locken. ◆ **enchinarse** *vpr* [pelo] sich locken.

enchironar *vt fam* ein|lochen.

enchufado, da ◇ *adj fam* mit Vitamin B. ◇ *m, f fam* Günstling *der.*

enchufar *vt* **- 1.** [aparato eléctrico] an|schließen **- 2.** *fam* [persona] einen Posten verschaffen.

enchufe *m* **- 1.** [de aparato eléctrico] Stecker *der* **- 2.** *fam* [de persona] Vitamin B *das.*

encía *f* Zahnfleisch *das.*

encíclica *f* Enzyklika *die.*

enciclopedia *f* Enzyklopädie *die.*

encierro *m* **- 1.** [acción] Sitzblockade *die* **- 2.** [de toro, vaquilla] *Eintreiben der Stiere in die Stallungen.*

encima *adv* **- 1.** [lugar] oben ; **por ~** oberflächlich **- 2.** [además] obendrein **- 3.** [sobre sí] : **no llevo dinero ~** ich habe kein Geld bei mir. ◆ **encima de** *loc prep* **- 1.** [sobre] auf *(+D)* ; [lugar] über *(+D)* ; **estar ~ de alguien** auf jn auf|passen **- 2.** [además] zudem. ◆ **por encima de** *loc prep* [local] über *(+D)* ; [movimiento] über *(+A)* ; **eso me interesa por ~ de todo** *fig* das interessiert mich vor allem.

encina *f* **- 1.** [árbol] Steineiche *die* **- 2.** [madera] Steineichenholz *das.*

encinta *adj* : **estar ~** schwanger sein.

enclaustrarse *vpr lit* ins Kloster gehen ; *fig* sich ab|sondern.

enclenque *adj* schwächlich.

encoger [14] ◇ *vt* **- 1.** [ropa] ein|laufen lassen **- 2.** [miembro] zurück|ziehen. ◇ *vi* ein|laufen. ◆ **encogerse** *vpr* ein|laufen.

encogido, da *adj* eingeschüchtert.

encolar *vt* leimen.

encolerizar [13] *vt* erzürnen.

encomendar [19] *vt* an|vertrauen. ◆ **encomendarse** *vpr* : **~ a alguien** sich jm an|vertrauen.

encomiar [8] *vt* loben.

encomienda *f* - **1.** [encargo] Aufgabe *die* - **2.** *Amér* [paquete] Paket *das*.

encontrado, da *adj* entgegengesetzt.

encontrar [23] *vt* - **1.** [cosa] finden - **2.** [tropezar con] stoßen auf *(+A)* - **3.** [persona] begegnen ; **la encontré trabajando** ich traf sie bei der Arbeit an. ◆ **encontrarse** *vpr* - **1.** [cosas, personas] : **~se (con alguien)** zusammen|treffen (mit jm) - **2.** [hallarse] sich befinden - **3.** *fig* [de ánimo] sich fühlen - **4.** *Amér* [estar en casa] zu Hause sein.

encontronazo *m* Zusammenstoß *der*.

encorvar *vt* biegen. ◆ **encorvarse** *vpr* sich krümmen.

encrespar *vt* - **1.** [ánimo] reizen - **2.** [agua] auf|wirbeln.

encrucijada *f* - **1.** [cruce] Kreuzung *die* - **2.** *fig* [situación difícil] Scheideweg *der*.

encuadernación *f* - **1.** [acción] Einbinden *das* - **2.** [tapas] Einband *der*.

encuadernador, ra *m, f* Buchbinder *der*, -in *die*.

encuadernar *vt* binden.

encuadrar *vt* - **1.** [enmarcar] ein|rahmen - **2.** [enfocar] ein|stellen.

encuadre *m* - **1.** [enfoque] Bildausschnitt *der* - **2.** [dispositivo] Einrahmung *die*.

encubierto, ta ◇ *pp irreg* ▷ **encubrir**. ◇ *adj* verhüllt.

encubridor, ra ◇ *adj* eine Straftat begünstigend. ◇ *m, f* Begünstiger *der*, -in *die*.

encubrir *vt* begünstigen.

encuentro *m* - **1.** [acción, competición] Begegnung *die* - **2.** [hallazgo] Fund *der*.

encuesta *f* - **1.** [de opinión] Umfrage *die* - **2.** [investigación] Nachforschung *die*.

encuestador, ra *m, f* Befrager *der*, -in *die*.

encuestar *vt* - **1.** [suj : agencia] befragen - **2.** [suj : policía] verhören.

encumbrado, da *adj* gehoben.

encumbrar *vt* den Aufstieg ermöglichen. ◆ **encumbrarse** *vpr* - **1.** [cosa] auf|ragen - **2.** [persona] auf|steigen.

endeble *adj* [débil] schwächlich.

endémico, ca *adj* MED endemisch.

endemoniado, da ◇ *adj* - **1.** *fam fig* [molesto] teuflisch - **2.** [desagradable] verflixt - **3.** [poseído] vom Teufel besessen. ◇ *m, f* Besessene *der, die*.

enderezar [13] *vt* - **1.** [poner derecho] gerade biegen - **2.** [poner vertical] auf|richten - **3.** *fig* [corregir] in Ordnung bringen. ◆ **enderezarse** *vpr* sich auf|richten.

endeudamiento *m* Verschuldung *die*.

endeudarse *vpr* sich verschulden.

endiablado, da *adj* teuflisch.

endibia = **endivia**.

endiñar *vt* - **1.** *fam* [pegar] (einen Schlag) verpassen - **2.** [endosar] auf|halsen.

endivia, endibia *f* Chicorée *der*.

endocrino, na ◇ *adj* endokrin. ◇ *m, f* Endokrinologe *der*, -login *die*.

endomingar [16] *vt* fein machen. ◆ **endomingarse** *vpr* sich fein machen.

endosar *vt* - **1.** *fig* [cosa molesta] : **~ algo a alguien** jm etw auf|halsen - **2.** COM girieren.

endulzar [13] *vt* - **1.** [con azúcar] süßen - **2.** *fig* [con dulzura] versüßen.

endurecer [30] *vt* - **1.** [poner duro] verhärten - **2.** [volver insensible] ab|härten.

enemigo, ga ◇ *adj* feindlich. ◇ *m, f* Feind *der*, -in *die*. ◆ **enemigo** *m* MIL Feind *der*.

enemistad *f* Feindschaft *die*.

enemistar *vt* verfeinden.

energético, ca *adj* energetisch.

energía *f* - **1.** [fuerza] Kraft *die* - **2.** *fig* [capacidad] Energie *die* - **3.** FÍS Energie *die*.

enérgico, ca *adj* energisch.

energúmeno, na *m, f fig* Besessene *der, die*.

enero *m* Januar *der* ; *ver también* **setiembre**.

enervar *vt* - **1.** [debilitar] schwächen - **2.** [poner nervioso] strapazieren.

enésimo, ma *adj* - **1.** *fig* zigste - **2.** MAT n-te.

enfadar *vt* ärgern. ◆ **enfadarse** *vpr* sich ärgern ; **~se por algo** sich über etw *(A)* ärgern ; **~se con alguien** sich über jn ärgern.

enfado *m* Ärger *der*.

enfangar [16] *vt* mit Schlamm beschmutzen. ◆ **enfangarse** *vpr* - **1.** [con barro] sich mit Schlamm beschmutzen - **2.** *fam fig* [en asunto sucio] sich ein|lassen.

énfasis *m* Nachdruck *der*.

enfático, ca *adj* emphatisch.

enfatizar [13] *vt* betonen.

enfermar ◇ *vt* - **1.** [contaminar] verseuchen - **2.** *fig* [irritar] krank machen. ◇ *vi* [ponerse enfermo] erkranken. ◆ **enfermarse** *vpr Amér* krank werden.

enfermedad *f* [física, problema] Krankheit *die*.

enfermería *f* Krankenzimmer *das*.

enfermero, ra *m, f* Krankenpfleger *der*, -schwester *die*.

enfermizo, za *adj* - **1.** [que se pone enfermo] kränklich - **2.** [que causa enfermedad] ungesund - **3.** [morboso] krankhaft.

enfermo, ma ◇ *adj* krank. ◇ *m, f* Kranke *der, die*.

enfilar ◇ *vt* - **1.** [dirección] sich begeben - **2.** [apuntar] richten auf. ◇ *vi* : **~ hacia** zu|steuern auf *(+A)*.

enfocar [10] *vt* - **1.** [imagen] ein|stellen - **2.** [suj : luz] an|strahlen - **3.** *fig* [considerar, analizar] beleuchten.

enfoque *m* - **1.** [de imagen] Einstellung *die* - **2.** *fig* [de asunto] Standpunkt *der*.

enfrascarse [10] *vpr* : **~ en algo** sich in etw *(A)* vertiefen.

enfrentar *vt* - **1.** [hacer frente] sich stellen - **2.** [poner frente a frente] gegenüber|stellen - **3.** [oponer] entgegen|setzen. ◆ **enfrentarse** *vpr* - **1.** [ponerse frente a frente] aufeinander treffen - **2.** [oponer] sich jm widersetzen.

enfrente *adv* - **1.** [delante] gegenüber ; **~ de** gegenüber *(+D)* - **2.** [en contra] entgegen.

enfriamiento *m* - **1.** [acción] Abkühlung *die* - **2.** [catarro] Erkältung *die*.

enfriar [9] *vt* ab|kühlen. ◆ **enfriarse** *vpr* sich erkälten.

enfundar *vt* in ein Futteral stecken. ◆ **enfundarse** *vpr* sich ein|hüllen.

enfurecer [30] *vt* wütend machen. ◆ **enfurecerse** *vpr* wütend werden.

enfurruñarse *vpr fam* schmollen.

engalanar *vt* schmücken. ◆ **engalanarse** *vpr* sich auf|putzen.

enganchar *vt* - **1.** [sujetar] ein|hängen ; [caballo] an|spannen - **2.** *fam fig* [persona] jn breit|schlagen - **3.** [pillar] kriegen. ◆ **engancharse** *vpr* - **1.** [prenderse] hängen bleiben - **2.** [alistarse] zum Militär gehen - **3.** [a droga] süchtig werden.

enganche *m* - **1.** [de trenes] (Wagen)kupplung *die* - **2.** *Amér* [de dinero] Anzahlung *die* ; **de ~** als Anzahlung.

engañabobos *m inv* [cosa] Bauernfängerei *die*.

engañar *vt* - **1.** [gen] betrügen - **2.** [hacer más llevadero] herein|legen. ◆ **engañarse** *vpr* sich *(D)* etw vor|machen.

engañifa *f fam* Schwindel *der*.

engaño *m* Betrug *der*.

engañoso, sa *adj* betrügerisch.

engarzar [13] *vt* - **1.** [formar cadena] auf|fädeln - **2.** [engastar] ein|fassen - **3.** [enlazar] verknüpfen.

engatusar *vt fam* bezirzen.

engendrar *vt* - **1.** [procrear] zeugen - **2.** *fig* [originar] erzeugen.

engendro *m* - **1.** [obra de mala calidad] Machwerk *das* - **2.** [ser deforme] Missgeburt *die*.

englobar *vt* mit ein|beziehen.

engomar *vt* [pegar] gummieren.

engorda *f Amér* Mastvieh *das* ; **de ~** Mast-.

engordar ◇ *vt* - **1.** [animal] mästen - **2.** *fig* [aumentar] vermehren. ◇ *vi* zu|nehmen.

engorro *m* Belästigung *die*.

engorroso, sa *adj* lästig.

engranaje *m* - **1.** [pieza] Räderwerk *das* - **2.** *fig* [enlace] Mechanismus *der*.

engranar *vt* - **1.** [piezas] verzahnen - **2.** *fig* [ideas] verknüpfen.

engrandecer [30] *vt* - **1.** *fig* [enaltecer] auf|werten - **2.** [aumentar] vergrößern. ◆ **engrandecerse** *vpr* sich mit etw auf|spielen.

engrasar *vt* ein|fetten.

engreído, da *adj* eingebildet.

engrosar [23] *vt fig* [aumentar] an|wachsen lassen.

engullir *vt* verschlingen.

enharinar *vt* in Mehl wenden.

enhebrar *vt* - **1.** [con hilo] ein|fädeln - **2.** [unir] auf|fädeln - **3.** *fig* [palabras] aneinander reihen.

enhorabuena ◇ *f* Glückwunsch *der* ; **dar la ~a alguien** jm gratulieren. ◇ *interj* : **¡enhorabuena!** herzlichen Glückwunsch!

enigma *m* Rätsel *das*.

enigmático, ca *adj* rätselhaft.

enjabonar *vt lit & fig* ein|seifen.

enjambre *m* Schwarm *der*.

enjaular *vt* [en jaula] in einen Käfig sperren.

enjoyar *vt* Schmuck an|legen. ◆ **enjoyarse** *vpr* sich *(D)* Schmuck an|legen.

enjuagar [16] *vt* aus|spülen. ◆ **enjuagarse** *vpr* sich *(D)* den Mund aus|spülen.

enjuague *m* Mundspülung *die*.

enjugar [16] *vt* - **1.** [secar] ab|trocknen - **2.** *fig* [pagar] tilgen.

enjuiciar [8] *vt* - **1.** [emitir opinión] beurteilen - **2.** [juzgar] verurteilen.

enjuto, ta *adj* [delgado] hager.

enlace *m* - **1.** [acción] Anknüpfung *die* - **2.** [persona] Verbindungsmann *der*, -frau *die* ; **~ sindical** Vertrauensmann der Gewerkschaft - **3.** [unión] Verbindung *die* - **4.** [casamiento] Hochzeit *die* - **5.** [empalme] Anschluss *der*.

enlatar *vt* ein|dosen.

enlazar [13] ◇ *vt* [combinar] : **~ algo con algo** etw *(A)* mit etw verbinden. ◇ *vi* Anschluss haben. ◆ **enlazarse** *vpr* sich verbinden.

enlodar *vt* beschmutzen.

enloquecer [30] ◇ *vt* - **1.** [volver loco] verrückt machen - **2.** *fig* [agradar] : **le enloquecen los caballos** er ist verrückt nach Pferden. ◇ *vi* verrückt werden.

enlutado, da *adj* Trauer-.

enmarañar *vt* - **1.** [desordenar] zerzausen - **2.** [complicar] verkomplizieren.

enmarcar [10] *vt* ein|rahmen.

enmascarado, da ◇ *adj* maskiert. ◇ *m, f* Maskierte *der, die*.

enmascarar *vt* - **1.** [rostro] maskieren - **2.** *fig* [asunto] verschleiern.

enmendar [19] *vt* verbessern. ◆ **enmendarse** *vpr* sich bessern.

enmienda *f* - **1.** [de error] Verbesserung *die* - **2.** [de escrito] Berichtigung *die* - **3.** [de ley] Abänderung *die*.

enmohecer [30] *vt* verschimmeln lassen. ◆ **enmohecerse** *vpr* ein|rosten.
enmoquetar *vt* mit Teppichboden aus|legen.
ennegrecer [30] *vt* verfinstern. ◆ **ennegrecerse** *vpr* schwarz werden.
ennoblecer [30] *vt* - **1.** *fig* [dignificar] aus|zeichnen - **2.** [dar título] adeln.
enojadizo, za *adj* reizbar.
enojar *vt* verärgern. ◆ **enojarse** *vpr* : **~se por algo** sich über etw *(A)* ärgern ; **~se con alguien** sich über jn ärgern.
enojo *m* - **1.** [cólera] Verärgerung *die* - **2.** [molestia] Ärger *der*.
enojoso, sa *adj* ärgerlich.
enorgullecer [30] *vt* mit Stolz erfüllen. ◆ **enorgullecerse** *vpr* : **~se de algo/alguien** auf etw/jn *(A)* stolz sein.
enorme *adj* - **1.** [en tamaño] enorm - **2.** *fig* [en gravedad] gewaltig.
enormidad *f* [de tamaño] Übermaß *das*.
enrabiar [8] *vt* wütend machen. ◆ **enrabiarse** *vpr* : **~se por algo** wegen etw *(G)* wütend werden ; **~se con alguien** auf jn wütend werden.
enraizar [13] *vi* Wurzeln schlagen.
enrarecer [30] *vt* [ambiente, atmósfera] verschlechtern, verschmutzen. ◆ **enrarecerse** *vpr* [aire] dünn werden.
enredadera *f* Kletterpflanze *die*.
enredar <> *vt* - **1.** [enmarañar] verheddern - **2.** *fig* [intrigar] verwickeln - **3.** *fig* [entretener] ab|lenken - **4.** [complicar] komplizierter machen. <> *vi* Unordnung machen. ◆ **enredarse** *vpr* - **1.** [suj : plantas] empor|klettern - **2.** [empezar] sich in etw *(A)* verstricken - **3.** : **~se con alguien** *fam* [amancebarse] in eheähnlicher Gemeinschaft leben.
enredo *m* - **1.** [maraña] Knoten *der* - **2.** [lío] Wirrwarr *der* - **3.** [embrollo] Lügengespinst *das* - **4.** [asunto ilícito] unlauteres Geschäft - **5.** [relaciones] Affäre *die* - **6.** [en literatura] Handlung *die*. ◆ **enredos** *mpl* Kram *der*.
enrejado *m* [de rejas] Gitter *das*.
enrevesado, da *adj* verzwickt.
enriquecer [30] *vt* - **1.** [hacer rico] reich machen - **2.** *fig* [adornar] verzieren. ◆ **enriquecerse** *vpr* reich werden.
enrojecer [30] <> *vt* - **1.** [cosa] rot färben - **2.** [persona] erröten lassen. <> *vi* rot werden. ◆ **enrojecerse** *vpr* erröten.
enrolar *vt* einberufen. ◆ **enrolarse** *vpr* : **~se en** an|heuern auf *(+D)*.
enrollar *vt* [hacer rollo] auf|rollen. ◆ **enrollarse** *vpr fam* - **1.** [tener relación] sich einlassen mit - **2.** [hablar] vom Hundertsten ins Tausendste kommen.
enroscar [10] *vt* - **1.** [atornillar] fest|schrauben - **2.** [enrollar] auf|wickeln ; [cuerpo, cola] schlingen um.
ensaimada *f* CULIN Ensaimada *die*.
ensalada *f* [comida] Salat *der*.
ensaladera *f* Salatschüssel *die*.
ensaladilla *f* : **~ rusa** gemischter Kartoffelsalat.
ensalzar [13] *vt* preisen.
ensambladura *f*, **ensamblaje** *m* Verbindung *die*.
ensamblar *vt* - **1.** [cosas] zusammen|fügen - **2.** INFORM [programa] assemblieren.
ensanchar *vt* [orificio, ciudad] erweitern ; [calle] verbreitern ; [ropa] weiter machen.
ensanche *m* - **1.** [acción - calle] Verbreiterung *die* ; [acción - ciudad] Erweiterung *die* - **2.** [en ciudad] Stadterweiterung *die (bes. des 19. Jhs.)*.
ensangrentado, da *adj* blutbefleckt.
ensangrentar [19] *vt* mit Blut beflecken.
ensañarse *vpr* seine Wut aus|lassen.
ensartar *vt* - **1.** [perlas] auf|fädeln - **2.** [con objeto punzante] auf|spießen.
ensayar <> *vt* - **1.** [espectáculo] proben - **2.** [experimento] testen. <> *vi* proben.
ensayista *mf* Essayist *der*, -in *die*.
ensayo *m* - **1.** [de espectáculo] Probe *die* - **2.** [prueba] Test *der* - **3.** LITER Essay *der o das*.
enseguida *adv* sofort.
enseñanza *f* - **1.** [acción, método] Unterricht *der* - **2.** [organización] Bildungswesen *das* ; **centro de ~** Bildungseinrichtung *die* ; **~ superior** o **universitaria** Hochschulwesen *das* ; **~ primaria** Volksschulwesen *das* ; **~ media** Sekundarschulwesen *das*. ◆ **enseñanzas** *fpl* Lehren *pl*.
enseñar *vt* - **1.** [instruir] unterrichten - **2.** [mostrar, indicar] zeigen - **3.** [aleccionar] lehren.
enseres *mpl* Geräte *pl*, Werkzeug *das*.
ensillar *vt* satteln.
ensimismarse *vpr* in Gedanken versinken.
ensombrecer [30] *vt* - **1.** [oscurecer] verdunkeln - **2.** *fig* [entristecer] verdüstern.
ensoñación *f* Träumerei *die*.
ensopar *vt Amér* ein|weichen.
ensordecer [30] <> *vt* - **1.** [suj : infección] ertauben lassen - **2.** [suj : sonido] taub machen. <> *vi* ertauben.
ensuciar [8] *vt lit & fig* beschmutzen. ◆ **ensuciarse** *vpr* sich schmutzig machen.
ensueño *m* [ilusión] Träumerei *die* ; **de ~** traumhaft.
entablado *m* Parkett *das*.
entablar *vt* - **1.** [poner tablas] dielen - **2.** [iniciar] beginnen.
entablillar *vt* schienen.
entallar <> *vt* - **1.** [prenda] taillieren - **2.** [madera] schnitzen. <> *vi* in der Taille anliegen.
entarimado *m* Podest *das*.

ente *m* - **1.** [ser] Wesen *das* - **2.** [corporación] Institution *die* ; ~ **público** staatliches Fernsehen.

entelequia *f* - **1.** [en filosofía] Entelechie *die* - **2.** [fantasía] Wunschtraum *der*.

entendederas *fpl fam* Grips *der*.

entender ◇ *m* : **a mi ~ ...** meines Erachtens ... ◇ *vt* verstehen ; **dar a ~ que** zu verstehen geben, dass. ◇ *vi* : **~ de** o **en algo** etw von etw verstehen. ◆ **entenderse** *vpr* - **1.** [comprenderse] sich (selbst) verstehen - **2.** [comunicarse, ponerse de acuerdo] sich verständigen - **3.** [llevarse bien] sich verstehen - **4.** [tener relación amorosa] zusammen sein.

entender

Ich verstehe. Entiendo.
Das ist klar. Está claro.
Jetzt weiß ich, was du sagen wolltest. Ahora sé lo que querías decirme.
Ich sehe genau, worauf Sie sich beziehen. Entiendo perfectamente a lo que usted se refiere.
Ich denke, wir haben uns genau verstanden. Pienso que nos hemos entendido a la perfección.
Sie meinen also, dass ... Entonces, lo que usted quiere decir es que ...

entendido, da ◇ *adj* verstanden. ◇ *m, f* Fachmann *der*, -frau *die*. ◆ **¡entendido!** *interj* [interjección] verstanden!

entendimiento *m* Verständnis *das*.

enterado, da ◇ *adj* gut informiert ; **no darse por ~** ignorieren. ◇ *m, f* Experte *der*, -tin *die*.

enterar *vt* : **~ a alguien de algo** jn über etw *(A)* informieren. ◆ **enterarse** *vpr* - **1.** : **~se (de algo)** [descubrir] etw erfahren ; [darse cuenta] etw mit|bekommen - **2.** *fam* [comprender] etw schnallen.

entereza *f* Standhaftigkeit *die*.

enternecer [30] *vt* rühren.

entero, ra *adj* - **1.** [completo] ganz - **2.** [sereno] gefasst. ◆ **entero** *m* [en bolsa] Punkt *der (an Börse)*.

enterrador, ra *m, f* Totengräber *der*, -in *die*,.

enterrar [19] *vt* - **1.** [gen] begraben - **2.** [cosa] vergraben - **3.** *fam fig* [sobrevivir] : **~ a alguien** jn überleben. ◆ **enterrarse** *vpr fig* sich vergraben.

entibiar [8] *vt* ab|kühlen. ◆ **entibiarse** *vpr* - **1.** [habitación] sich erwärmen - **2.** [sentimiento] sich ab|kühlen.

entidad *f* - **1.** [corporación, organismo] Körperschaft *die* ; **~ privada** private Institution ; [empresa] Firma *die*, Gesellschaft *die* ; **~ bancaria** Kreditinstitut *das* ; [asociación] Verein *der* - **2.** [en filosofía] Entität *die* - **3.** [importancia] Bedeutung *die*.

entierro *m* Begräbnis *das*.

entoldado *m* - **1.** [toldo] Markise *die* - **2.** [lugar] Festzelt *das*.

entomología *f* Insektenkunde *die*.

entonación *f* Intonation *die*.

entonar ◇ *vt* - **1.** [cantar] an|stimmen - **2.** [tonificar] ein|stimmen. ◇ *vi* - **1.** [al cantar] gut singen - **2.** [armonizar] : **~ (con)** passen (zu).

entonces *adv* dann ; **en** o **por aquel ~** damals.

entontecer [30] *vt & vi* verblöden.

entornar *vt* halb schließen.

entorno *m* Umgebung *die* ; **~ informático** Umgebung *die*.

entorpecer [30] *vt* - **1.** [físicamente] lähmen - **2.** [sentidos, mente] ab|stumpfen - **3.** [dificultar] behindern.

entrada *f* - **1.** [puerta - a pie] Eingang *der* ; **~ trasera** Hintereingang *der* ; [- para vehículo] Einfahrt *die* ; **~ de autopista** Autobahnauffahrt *die* - **2.** [a espectáculo, museo, etc] Eintritt *der* ; [billete] Eintrittskarte *die* ; **sacar una ~** eine Eintrittskarte kaufen - **3.** [a grupo] Beitritt *der* - **4.** [abertura] Öffnung *die* - **5.** [pago inicial] Anzahlung *die* - **6.** [ingreso] Einkünfte *pl* - **7.** [plato] Vorspeise *die* - **8.** [en diccionario] Eintrag *der* - **9.** [principio] Anfang *der* ; **de ~** vorneweg - **10.** INFORM Input *der*.

entrado, da *adj* gekommen ; **~ en años** älter ; **~ en carnes** korpulent.

entramado *m* Fachwerk *das*.

entrante ◇ *adj* kommend. ◇ *m* - **1.** [primer plato] Vorspeise *die* - **2.** [hueco] Nische *die*.

entraña *f (gen pl)* - **1.** [víscera] Eingeweide *pl* - **2.** [centro] Innerste *das* - **3.** [esencia] Kern *der*.

entrañable *adj* innig.

entrañar *vt* mit sich bringen.

entrar ◇ *vi* - **1.** [introducirse] : **~ en algún lugar** in etw *(+A)* hinein|gehen ; [por la ventana] ein|steigen - **2.** [penetrar] ein|dringen - **3.** [caber] : **~ (en)** (hinein|)passen (in *(+A)*) - **4.** [incorporarse] : **~ (en)** bei|treten *(+D)* ; **~ de** anfangen als - **5.** *(delante de infin)* [empezar] : **~ a hacer algo** beginnen, etw zu tun - **6.** [participar] teil|nehmen an etw *(D)* ; **~ en** sich beteiligen an *(+D)* - **7.** [estar incluido] : **~ en** enthalten sein ; [en planes] **esto no entraba en mis cálculos** damit hatte ich nicht gerechnet - **8.** [estado físico o de ánimo] plötzlich fühlen ; **me entró mucha pena** dann tat es mir sehr leid - **9.** [período de tiempo] beginnen ; **~ en** [edad, época] erreichen *(+A)* - **10.** [tratar] : **~ en** ein|gehen auf etw *(A)* - **11.** [cantidad] gehen auf *(+A)* - **12.** [concepto, asignatura] gut zurecht|kommen mit - **13.** AUTOM ein|legen. ◇ *vt*

- 1. [introducir] ein|führen ; [carga] ein|laden - 2. [prenda de vestir] enger machen.

entre *prep* - 1. [local, temporal en medio de dos - sin movimiento] zwischen *(+D)* ; **era un color ~ verde y azul** es war so eine Farbe zwischen grün und blau ; **su estado de ánimo estaba ~ la alegría y la emoción** seine Gemütsverfassung bewegte sich zwischen Freude und Rührung ; [- con movimiento] zwischen *(+A)* - 2. [en medio de muchos] unter *(+D)* - 3. [participación, cooperación] gemeinsam ; **~ nosotros** [en confianza] unter uns - 4. [adición] gesamt ; **~ hombres y mujeres somos más de cien** Männer und Frauen zusammen sind wir mehr als hundert.

entreabierto, ta *pp irreg* ▻ **entreabrir**.

entreabrir *vt* halb öffnen.

entreacto *m* Pause *die*.

entrecejo *m* Stirnrunzeln *das* ; **fruncir el ~** die Stirn runzeln.

entrecomillado, da *adj* in Anführungszeichen.

entrecortado, da *adj* stockend.

entrecot, entrecote *m* Entrecote *das*.

entredicho *m* Verbot *das* ; **poner/estar en ~** in Zweifel ziehen/gezogen werden.

entrega *f* - 1. [acción] Übergabe *die* - 2. [dedicación] Hingabe *die* - 3. [fascículo] Lieferung *die* ; **novela por ~s** Fortsetzungsroman *der*.

entregar [16] *vt* - 1. [cosa] übergeben ; [pedido] liefern - 2. [persona] übergeben. ◆ **entregarse** *vpr* [rendirse - soldado, ejército] sich ergeben ; [- criminal] sich stellen. ◆ **entregarse a** *vpr* : **~se a** [persona, trabajo, pasión] sich jm/einer Sache hin|geben ; [vicio] jm/einer Sache verfallen ; **~se a algo/alguien** [dedicarse a] sich einer Sache/jm widmen.

entrelazar [13] *vt* verflechten ; **~ las manos** die Hände falten.

entremedio, entremedias *adv* zwischenzeitlich.

entremés *m* CULIN Vorspeise *die*.

entremeter *vt* (hinein|)stecken. ◆ **entremeterse** *vpr* [intercalarse] : **~se entre** dazwischen geraten.

entremezclar *vt* vermischen. ◆ **entremezclarse** *vpr* sich vermischen.

entrenador, ra *m, f* DEP Trainer *der*, -in *die*.

entrenamiento *m* Training *das*.

entrenar *vt & vi* trainieren. ◆ **entrenarse** *vpr* trainieren.

entrepierna *f* Schritt *der (einer Hose)*.

entresacar [10] *vt* heraus|picken.

entresijo *m (gen pl)* Verflechtungen *pl*.

entresuelo *m* Zwischengeschoss *das*.

entretanto ◇ *adv* inzwischen. ◇ *m* Zwischenzeit *die*.

entretecho *m Amér* Dachboden *der*.

entretejer *vt* ein|weben.

entretener [72] *vt* - 1. [distraer] ab|lenken - 2. [hacer olvidar] vergessen lassen - 3. [divertir] unterhalten - 4. [mantener] erhalten. ◆ **entretenerse** *vpr* - 1. [distraerse] sich ab|lenken - 2. [divertirse] sich unterhalten - 3. [retrasarse] sich auf|halten.

entretenido, da *adj* unterhaltsam.

entretenimiento *m* - 1. [acción] Unterhaltung *die* - 2. [pasatiempo] Beschäftigung *die*.

entretiempo *m* : **de ~** Übergangs-.

entrever [76] *vt* - 1. [vislumbrar] erahnen - 2. *fig* [adivinar] schließen aus *(+A)*.

entrevista *f* - 1. [reunión concertada] Gespräch *das* - 2. [de periodista] Interview *das*.

entrevistar *vt* interviewen. ◆ **entrevistarse** *vpr* : **~se con alguien** sich mit jm besprechen.

entrevisto, ta *pp irreg* ▻ **entrever**.

entristecer [30] *vt* traurig stimmen. ◆ **entristecerse** *vpr* traurig werden.

entrometerse *vpr* : **~ (en)** sich einmischen (in *(+A)*).

entrometido, da ◇ *adj* naseweis. ◇ *m, f* Naseweis *der*.

entrometimiento *m* Einmischung *die*.

entroncar [10] *vi* - 1. [emparentarse] ein|heiraten in *(+A)* - 2. [trenes, etc] Anschluss haben an *(+A)*.

entronizar [13] *vt* krönen.

entubar *vt* [persona] an einen Schlauch an|schließen.

entuerto *m* Unrecht *das* ; **deshacer ~s** Frieden stiften.

entumecer [30] *vt* lähmen. ◆ **entumecerse** *vpr* starr werden.

entumecido, da *adj* [mano, pierna] eingeschlafen.

enturbiar [8] *vt lit & fig* trüben.

entusiasmar *vt* [animar] begeistern. ◆ **entusiasmarse** *vpr* : **~se (con)** in Begeisterung geraten (wegen o über).

entusiasmo *m* Begeisterung *die*.

entusiasta ◇ *adj* begeistert. ◇ *mf* Anhänger *der*, -in *die*.

enumeración *f* Aufzählung *die*.

enumerar *vt* auf|zählen.

enunciado *m* - 1. [formulación] Darlegung *die* - 2. [información] Aussage *die* - 3. [texto] Wortlaut *der*.

enunciar [8] *vt* formulieren.

envainar *vt* : **~ una espada** ein Schwert in die Scheide stecken.

envalentonar *vt* anfeuern. ◆ **envalentonarse** *vpr* Mut fassen.

envanecer [30] *vt* mit Stolz erfüllen. ◆ **envanecerse** *vpr* : **~se (de)** sich etw einbilden auf *(+A)*.

envasado *m* Abfüllung *die*.

envasar *vt* ab|füllen.

envase *m* - **1.** [acción] Abfüllen *das* - **2.** [recipiente] Verpackung *die* ; ~ **desechable** o **sin retorno** Wegwerfverpackung, Einwegverpackung.

envejecer [30] ◇ *vi* altern. ◇ *vt* [persona] altern (lassen) ; [muebles] alt erscheinen lassen.

envejecimiento *m* Altern *das*.

envenenar *vt* vergiften.

envergadura *f* - **1.** [importancia] Tragweite *die* - **2.** [anchura] Spannweite *die*.

envés *m* Rückseite *die*.

enviado, da *m, f* Beauftragte *der, die*.

enviar [9] *vt* senden, schicken ; ~ **a alguien a hacer algo** jn beauftragen, etw zu tun.

enviciar [8] *vt* verleiten (zu). ◆ **enviciarse** *vpr* (einem Laster) verfallen.

envidia *f* Neid *der*.

envidiar [8] *vt* beneiden.

envidioso, sa ◇ *adj* neidisch. ◇ *m, f* Neider *der*, -in *die*.

envilecer [30] *vt* erniedrigen.

envío *m* - **1.** [acción] Versand *der* - **2.** [cosa enviada] Sendung *die*.

envite *m* [en juego] : **ir al** ~ erhöhen.

enviudar *vi* verwitwen.

envoltorio *m* Verpackung *die*, Bündel *das*.

envoltura *f* Verpackung *die*, Hülle *die*.

envolver [24] *vt* - **1.** [embalar] ein|packen - **2.** [enrollar] auf|wickeln - **3.** [implicar] hinein|ziehen - **4.** *fig* [dominar] mit|reißen. ◆ **envolverse** *vpr* sich bedecken.

envuelto, ta *pp irreg* ▷ **envolver**.

enyesar *vt* - **1.** MED ein|gipsen - **2.** [edificio] verputzen *(mit Gips)*.

enzarzar [13] *vt* auf|stacheln. ◆ **enzarzarse** *vpr* : **~se en** sich verstricken in *(+A)*.

enzima *f* QUÍM Enzym *das*.

eólico, ca *adj* Wind-.

e.p.d. (*abrev de* **en paz descanse**) R.I.P.

épica *f* ▷ **épico**.

epicardio *m* Epikard *das*.

épico, ca *adj* episch. ◆ **épica** *f* Epik *die*.

epicúreo, a ◇ *adj* epikureisch. ◇ *m, f* Epikureer *der*, -in *die*.

epidemia *f* Epidemie *die*.

Epifanía *f* Dreikönigsfest *das*.

epiglotis *f inv* Kehlkopfdeckel *der*.

epígrafe *m* - **1.** [inscripción] Inschrift *die* - **2.** [título] Überschrift *die*.

epilepsia *f* Epilepsie *die*.

epílogo *m* Epilog *der*.

episcopado *m* [gen] Episkopat *das*.

episodio *m* - **1.** [de obra] Episode *die* - **2.** [suceso] Begebenheit *die*.

epístola *f* - **1.** *culto* [carta] (längerer) Brief - **2.** [illegible] (Apostel)brief *der*.

epíteto *m* - **1.** GRAM Epitheton *das* - **2.** [calificativo] Attribut *das*.

época *f* Epoche *die* ; **de** ~ alt, historisch ; **hacer** ~ Epoche machen.

epopeya *f* - **1.** [poema] Epos *das*, Heldensage *die* - **2.** *fig* [hazaña] Heldentat *die*.

equidad *f* Gerechtigkeit *die*.

equidistante *adj* gleich weit voneinander entfernt.

equilátero, ra *adj* GEOM gleichseitig.

equilibrado, da *adj lit & fig* ausgeglichen. ◆ **equilibrado** *m* AUTOM Auswuchten *das*.

equilibrar *vt* aus|gleichen.

equilibrio *m lit & fig* Gleichgewicht *das* ; **hacer ~s** das Gleichgewicht herstellen ; **mantener algo en** ~ etw im Gleichgewicht halten ; **mantenerse en** ~ das Gleichgewicht halten ; **perder el** ~ das Gleichgewicht verlieren.

equilibrista *mf* (Gleichgewichts)akrobat *der*, -in *die*.

equino, na *adj* Pferde-.

equinoccio *m* Tagundnachtgleiche *die*.

equipaje *m* Gepäck *das* ; ~ **de mano** Handgepäck.

equipar *vt* aus|statten. ◆ **equiparse** *vpr* sich ausstatten.

equiparar *vt* gleich|setzen.

equipo *m* - **1.** [de objetos] Ausrüstung *die* - **2.** [de ropa] Ausstattung *die* - **3.** [de personas] Team *das* ; ~ **de rescate** Rettungsmannschaft *die* - **4.** [de jugadores] Mannschaft *die* - **5.** [de música] Anlage *die*.

equis *adj* x(-beliebig).

equitación *f* - **1.** [arte] Reitsport *der* - **2.** [actividad] Reiten *das*.

equitativo, va *adj* gerecht.

equivalente ◇ *adj* gleichwertig. ◇ *m* [de cosa] Gegenwert *der*.

equivaler ◆ **equivaler a** [74] *vi* entsprechen *(+D)*.

equivocación *f* Irrtum *der*.

equivocado, da *adj* irrtümlich.

equivocarse [10] *vpr* [gen] sich irren ; ~ **de** sich irren in *(+D)* ; [al calcular] sich verrechnen ; [al hablar] sich versprechen ; [al leer] sich verlesen ; ~ **de nombre** den Namen verwechseln.

equívoco, ca *adj* - **1.** [ambiguo] zweideutig - **2.** [sospechoso] zweifelhaft. ◆ **equívoco** *m* Missverständnis *das*.

era[1] ▷ **ser**.

era[2] *f* - **1.** [período] Zeitalter *das* - **2.** HIST & GEOL Ära ; ~ **cristiana** christliche Ära - **3.** [en cosecha] Tenne *die*.

ERASMUS (*abrev de* **European Action Scheme for the Mobility of University Students**) *m* ERASMUS *das*.

ERC (*abrev de* **Esquerra Republicana de Ca-**

talunya) *f Republikanische Linke Kataloniens, katalanistische Partei.*
erección *f* - **1.** [construcción] Errichtung *die* - **2.** [de pene] Erektion *die.*
erecto, ta *adj* [púas] aufgerichtet ; [pene] steif.
eres ▻ **ser.**
ergonómico, ca *adj* ergonomisch.
erguido, da *adj* aufrecht.
erguir [58] *vt* auf|richten. ◆ **erguirse** *vpr* sich auf|richten.
erigir [15] *vt* - **1.** [construir] errichten - **2.** [nombrar] erheben (zu). ◆ **erigirse** *vpr* : **~se en** sich erklären zu.
erizado, da *adj* - **1.** [con púas, espinas] stachelig - **2.** *fig* [lleno] gespickt.
erizar [13] *vt* sträuben. ◆ **erizarse** *vpr* sich sträuben.
erizo *m* - **1.** [mamífero] Igel *der* - **2.** [pez] Igelfisch *der* ; **~ de mar** Seeigel *der.*
ermita *f* Einsiedlerkapelle *die.*
ermitaño, ña *m, f* Einsiedler *der,* -in *die.*
eros *m* Eros *der.*
erosionar *vt* [gen] erodieren ; [suj : agua] aus|waschen. ◆ **erosionarse** *vpr* abgetragen werden.
erótico, ca *adj* erotisch. ◆ **erótica** *f* Erotik *die.*
erotismo *m* Erotik *die.*
erradicación *f* - **1.** [de enfermedad] Ausrottung *die* - **2.** [de lacra] Abschaffung *die.*
erradicar [10] *vt* aus|rotten.
errante *adj* umherirrend.
errar [47] ◇ *vt* - **1.** [vocación, respuesta] verfehlen - **2.** [disparo] vorbei|schießen ; [golpe] daneben|gehen. ◇ *vi* - **1.** [equivocarse] sich irren - **2.** [al disparar] daneben schießen - **3.** [vagar] umher|irren.
errata *f* Druckfehler *der.*
erre *f* : **~ que ~** stur bleiben.
erróneo, a *adj* falsch.
error *m* - **1.** [falta] Fehler *der* - **2.** [equivocación] Irrtum *der* ; **salvo ~ u omisión** Irrtum vorbehalten.
eructar *vi* rülpsen.
eructo *m* Rülpser *der.*
erudito, ta ◇ *adj* gelehrt. ◇ *m, f* Gelehrte *der, die.*
erupción *f* - **1.** GEOL (Vulkan)ausbruch *der* ; **en ~** im Ausbruch - **2.** MED Ausschlag *der.*
es ▻ **ser.**
esa ◇ *adj demos* ▻ **ese.** ◇ *pron* ▻ **ése.**
ésa ▻ **ése.**
esbelto, ta *adj* schlank.
esbozar [13] *vt* - **1.** [en dibujo] skizzieren - **2.** [en escrito] umreißen - **3.** [sonrisa] an|deuten.
esbozo *m* - **1.** [dibujo] Skizze *die* - **2.** [escrito] Entwurf *der.*
escabechado, da *adj* CULIN mariniert.
escabeche *m* CULIN Marinade *die.*
escabechina *f fam* Zerstörung *die* ; [en examen] reihenweises Durchfallen.
escabroso, sa *adj* - **1.** [desigual] uneben - **2.** [espinoso] heikel.
escabullirse *vpr* - **1.** [escaparse] sich aus dem Staub machen - **2.** [evitar] : **~ de** sich weg|stehlen aus.
escacharrar *vt* kaputt|machen. ◆ **escacharrarse** *vpr* kaputt|gehen.
escafandra *f* Tieftaucheranzug *der* ; **~ espacial** Raumanzug *der.*
escala *f* - **1.** [gen] Skala *die* ; **~ musical** Tonleiter *die* - **2.** [de avión] Zwischenlandung *die* - **3.** [en mapa] Maßstab *der* ; **a ~** [gráfica] im Maßstab ; *fig* [magnitud] Rahmen *der* ; **a gran ~** in großem Maßstab - **4.** [escalera] Leiter *die,* Treppe *die* ; **~ de cuerda** Strickleiter.
escalada *f* - **1.** [acción] Bergsteigen *das* - **2.** [aumento] Anstieg *der* ; [de violencia] Eskalation *die.*
escalador, ra *m, f* DEP Bergsteiger *der,* -in *die.*
escalafón *m* Rangliste *die.*
escalar *vt* hinauf|klettern.
escaldado, da *adj* - **1.** CULIN gedämpft - **2.** *fig* [persona] abgeschreckt.
escaldar *vt* ab|brühen.
escalera *f* - **1.** [gen] Treppe *die* ; **~ de caracol** Wendeltreppe *die* ; **~ mecánica** O **automática** Rolltreppe *die* - **2.** [en naipes] Sequenz *die.*
escaléxtric *m* - **1.** [juego] Rennbahn *die* - **2.** [de carreteras] *aufgestelzte Fahrbahn.*
escalinata *f* Freitreppe *die,* Treppenaufgang *der.*
escalofriante *adj* schaurig.
escalofrío *m (gen pl)* [temblor, miedo] Schauder *der.*
escalón *m lit & fig* Stufe *die.*
escalonar *vt* - **1.** [gen] staffeln - **2.** [terreno] Terrassen an|legen.
escalope *m* CULIN Schnitzel *das.*
escama *f* - **1.** [gen] Schuppe *die* - **2.** [de jabón] Flocke *die.*
escamar *vt* - **1.** [peces] schuppen - **2.** *fam fig* [desconfiar, sospechar de] misstrauisch machen.
escamotear *vt* klauen.
escandalizar [13] *vt* Anstoß erregen. ◆ **escandalizarse** *vpr* sich auf|regen (über *(+A)*).
escándalo *m* - **1.** [inmoralidad] Skandal *der* ; [indignación] Ärgernis *das* - **2.** [alboroto, jaleo] Lärm *der.*
escandaloso, sa ◇ *adj* - **1.** [inmoral] skandalös - **2.** [ruidoso] lautstark. ◇ *m, f* Schreihals *der.*

escáner (*pl* **escáners**), **scanner** [es'kaner] (*pl* **scanners**) *m* MED & INFORM Scanner *der*.
escaño *m* [cargo] Sitz *der (im Parlament)*.
escapada *f* - **1.** [huida] Flucht *die* - **2.** [viaje] Abstecher *der*.
escapar *vi* - **1.** [huir] fliehen ; ~ **de algo/alguien** vor etw/jm fliehen - **2.** [quedar fuera del alcance] hinauslgehen über *(+A)*. ◆ **escaparse** *vpr* - **1.** [huir] entkommen ; **se escapó de su casa** er ist von zu Hause fortgelaufen - **2.** [no poder contener] : **se le escapó la risa/un taco** ihm entschlüpfte ein Lachen/Schimpfwort ; **se me escapó el tren** ich habe den Zug verpasst ; **se me escapó la ocasión** die Chance ist mir entgangen.
escaparate *m* Schaufenster *das*.
escapatoria *f* - **1.** [fuga] Ausbruch *der* - **2.** *fam* [excusa] Ausflucht *die*.
escape *m* Leck *das* ; **a ~** eilig.
escapismo *m* Eskapismus *der*.
escapulario *m* Skapulier *das*.
escaquearse *vpr fam* sich drücken ; **~ de algo** sich vor etw *(D)* drücken.
escarabajo *m* [animal] *fam* [tipo de coche] Käfer *der*.
escaramuza *f* - **1.** MIL Scharmützel *das* - **2.** *fig* [disputa] Schlagabtausch *der*.
escarbar *vt* scharren.
escarceos *mpl* Abstecher *pl*.
escarcha *f* Raureif *der*.
escarlata ◇ *adj* scharlachrot. ◇ *m* Scharlach *der (Farbe)*.
escarlatina *f* Scharlach *der (Krankheit)*.
escarmentar [19] *vi* : **~ (con)** lernen aus etw.
escarmiento *m* Lehre *die*.
escarnio *m* Verspottung *die*.
escarola *f* Endivie *die*.
escarpado, da *adj* steil.
escasear *vi* knapp sein.
escasez *f* Knappheit *die*, Mangel *der*.
escaso, sa *adj* [insuficiente - conocimientos] gering ; [- recursos, casi completo] knapp.
escatimar *vt* schmälern.
escatología *f* - **1.** [sobre fin del mundo] Eschatologie *die* - **2.** [sobre excrementos] Skatologie *die*.
escayola *f* (Modell)gips *der*.
escena *f* - **1.** [gen] Szene *die* ; **poner en ~** in Szene setzen - **2.** [escenario] Bühne *die* ; **llevar a la ~** aufführen - **3.** *loc* : **hacer una ~** eine Szene machen.
escenario *m* - **1.** [parte de teatro] Bühne *die* - **2.** [lugar] *lit* & *fig* Schauplatz *der* ; **~ del crimen** Tatort *der*.
escenificar [10] *vt* - **1.** [suj : director] inszenieren - **2.** [suj : actores] aufführen.
escenografía *f* Bühnenbild *das*.
escepticismo *m* Skeptizismus.
escéptico, ca ◇ *adj* [incrédulo] skeptisch. ◇ *m*, *f* Skeptiker *der*, -in *die*.
escindir *vt* FÍS spalten. ◆ **escindirse** *vpr* sich spalten.
escisión *f* Spaltung *die*.
esclarecer [30] *vt* auflklären.
esclava *f* Namens(arm)band *das* ▷ **esclavo**.
esclavista ◇ *adj* die Sklaverei befürwortend. ◇ *mf* Anhänger *der*, -in *die* des Sklavenhandels.
esclavitud *f lit* & *fig* Sklaverei *die*.
esclavizar [13] *vt lit* & *fig* versklaven.
esclavo, va ◇ *adj* - **1.** *lit* [de otra persona] Sklaven- - **2.** *fig* [de actividad, sentimiento] sklavisch. ◇ *m*, *f lit* & *fig* Sklave *der*, Sklavin *die*.
esclerosis *f inv* Sklerose *die*.
esclusa *f* Schleuse *die*.
escoba *f* Besen *der*.
escobilla *f* Bürste *die*.
escocedura *f* [herida] Entzündung *die*.
escocer [41] *vi lit* & *fig* brennen. ◆ **escocerse** *vpr* brennen.
escocés, sa ◇ *adj* - **1.** [de Escocia] schottisch - **2.** [tejido] Schotten-. ◇ *m*, *f* Schotte *der*, -tin *die*. ◆ **escocés** *m* Schottisch(e) *das*.
Escocia *f* Schottland *nt*.
escoger [14] *vt* (ausl)wählen.
escogido, da *adj* ausgewählt.
escolar ◇ *adj* Schul-. ◇ *mf* Schüler *der*, -in *die*.
escolarizar [13] *vt* einlschulen.
escollera *f* Wellenbrecher *der*.
escollo *m fig* [dificultad] Hindernis *das*.
escolta *f* Eskorte *die*.
escoltar *vt* eskortieren.
escombro *m (gen pl)* Trümmer *pl*.
esconder *vt lit* & *fig* verstecken, verheimlichen. ◆ **esconderse** *vpr* sich verstecken ; **~se de algo/alguien** sich vor etw/jm verstecken.
escondido, da *adj* [lugar] abgelegen. ◆ **a escondidas** *loc adv* heimlich.
escondite *m* - **1.** [lugar] Versteck *das* - **2.** [juego] Versteckspiel *das*.
escondrijo *m* Versteck *das*.
escopeta *f* (Jagd)flinte *die*.
escorbuto *m* Skorbut *der*.
escoria *f fig* Pöbel *der*.
Escorpio, Escorpión ◇ *m inv* [zodíaco] Skorpion *der* ; **ser ~** Skorpion sein. ◇ *m inv* & *f inv* [persona] Skorpion *der*.
escorpión *m* [animal] Skorpion *der*. ◆ **Escorpión** = **Escorpio**.
escotado, da *adj* ausgeschnitten.
escotar *vt* ausschneiden.
escote *m* - **1.** [de prendas] Ausschnitt *der* - **2.** [de persona] Dekolletee *das* - **3.** *loc* : **pagar a ~** getrennt bezahlen.

escotilla *f* Luke *die*.
escozor *m* Brennen *das*.
escribano, na *m, f* (Gerichts)schreiber *der*, -in *die*.
escribir *vt & vi* schreiben. ◆ **escribirse** *vpr* sich schreiben.
escrito, ta ◇ *pp irreg* ▷ **escribir**. ◇ *adj* Schrift- ; **examen ~** schriftliche Prüfung ; **por ~** schriftlich. ◆ **escrito** *m* [gen] Text *der* ; [documento] Schriftstück *das*.
escritor, ra *m, f* Schriftsteller *der*, -in *die*.
escritorio *m* [mueble] Schreibtisch *der*.
escritura *f* - **1.** [gen] Schrift *die* - **2.** DER amtliche Urkunde *die*. ◆ **La Sagrada Escritura** *f (gen pl)* Die Heilige Schrift.
escroto *m* Hodensack *der*.
escrúpulo *m* - **1.** [duda, recelo] Skrupel *der* - **2.** [minuciosidad] Sorgfalt *die* - **3.** [aprensión] Widerwärtigkeit *die* ; **le da ~ comer en un chiringuito** es ist ihm zuwider, in einer Imbissbude zu essen.
escrupuloso, sa *adj* - **1.** [gen] gewissenhaft - **2.** [minucioso] peinlich genau - **3.** [aprensivo] wählerisch.
escrutar *vt* auslzählen.
escrutinio *m* Stimmenauszählung *die*.
escuadra *f* - **1.** [instrumento] Zeichendreieck *das* - **2.** [de buques, aviones] Geschwader *das* - **3.** [de soldados] Trupp *der*.
escuadrilla *f* - **1.** [de embarcaciones] Verband *der* - **2.** [de aviones] Staffel *die*.
escuadrón *m* - **1.** [de caballería] Schwadron *die* - **2.** [de fuerzas aéreas] Geschwader *das* - **3.** MIL : **~ de la muerte** Todesgeschwader *das*.
escuálido, da *adj culto* abgemagert.
escucha *f* [acción] Belauschen *das* ; **~s telefónicas** Abhören *das* von Telefongesprächen.
escuchar *vt* - **1.** [con oído] (zul)hören - **2.** *fig* [hacer caso de] auf jn hören.
escudo *m* - **1.** [arma] Schild *der* - **2.** [moneda] Escudo *der* - **3.** [emblema] Wappen *das*.
escudriñar *vt* durchlsuchen, ablsuchen.
escuela *f* [gen] Schule *die* ; **~ privada** Privatschule *die* ; **~ pública** öffentliche Schule ; **~ normal** pädagogische Hochschule ; **~ universitaria** ≃ Fachhochschule *die* ; **ser de la vieja ~** von der alten Schule sein.
escueto, ta *adj* [sobrio] nüchtern ; [sucinto] prägnant.
esculpir *vt* [en piedra] hauen ; [en madera] schnitzen.
escultor, ra *m, f* [en piedra] Bildhauer *der*, -in *die* ; [en madera] Holzschnitzer *der*, -in *die*.
escultura *f* - **1.** [arte] Bildhauerei *die* - **2.** [obra] Skulptur *die*.
escupidera *f* Spucknapf *der*.
escupir *vi* spucken.
escupitajo *m* Auswurf *der*.
escurreplatos *m inv* Geschirrständer *der*.
escurridizo, za *adj* - **1.** [resbaladizo] rutschig - **2.** *fig* [que evita algo] ausweichend.
escurridor *m* Abtropfsieb *das*.
escurrir *vt* - **1.** [verdura] ablropfen lassen ; [ropa - a mano] auslwringen ; [ropa - en lavadora] schleudern (lassen) - **2.** [vaciar] leeren. ◆ **escurrirse** *vpr* entwischen.
escúter (*pl* **escúteres**), **scooter** [es'kuter] (*pl* **scooters**) *m* Motorroller *der*.
ese[1] *f* : **hacer ~s** torkeln.
ese[2], **sa** (*pl* **esos** o **-sas**) ◇ *adj demos* - **1.** [gen] diese (da), -r (da), -s (da), der (da), die (da), das (da) ; **esa corbata que llevas es muy bonita** die Krawatte, die du trägst, ist sehr schön ; **~ edificio de enfrente es mi casa** ich wohne in dem Gebäude da gegenüber ; **estoy de acuerdo con ~ comentario** ich bin mit dieser Meinung einverstanden - **2.** *(después de sust) despec* [referido a personas] der da, die da, das da ; **el hombre ~ no me inspira confianza** der Mann da erscheint mir nicht gerade vertrauenerweckend. ◇ *pron demos* ▷ **ése**.
ése, sa (*pl* **ésos** o **-sas**), **ese, sa** (*pl* **esos** o **-sas**) *pron demos* - **1.** [gen] der, die, das ; **ésa que tienes en la mano es mi pluma** das, was du gerade in der Hand hältst, ist mein Füller ; **no te lleves este diccionario, coge ~** lass dieses Wörterbuch hier, nimm besser das da ; **entraron Ana y María, ésa con un vestido rojo** Ana und María sind hereingekommen ; María ist die mit dem roten Kleid - **2.** *fam despec* [referido a personas] der da, die da, das da ; **~ me ha querido timar** der da wollte mich betrügen ; **ésas se creen que yo soy tonto** die glauben wohl, ich bin blöd.
esencia *f* - **1.** [ser y naturaleza] Wesen *das* - **2.** [extracto] Essenz *die* ; **~ de café** Kaffeeextrakt *der* ; **quinta ~** Quintessenz *die* - **3.** [lo principal] Wesentliche *das*.
esencial *adj* wesentlich.
esfera *f* - **1.** [globo] Kugel *die* - **2.** [círculo social] Gesellschaftsschicht *die*.
esférico, ca *adj* kugelförmig.
esfinge *f* Sphinx *die*.
esfínter *m* Schließmuskel *der*.
esforzar [37] *vt* anlstrengen. ◆ **esforzarse** *vpr* sich anlstrengen ; **~se en** o **por hacer algo** sich anstrengen, etw zu tun.
esfuerzo *m* Anstrengung *die* ; **hacer ~s** sich Mühe geben.
esfumar *vt* verwischen. ◆ **esfumarse** *vpr fig* verschwinden.
esgrima *f* Fechten *das*.
esgrimir *vt* - **1.** [arma] schwingen - **2.** *fig* [argumento, hecho, idea] anlführen.
esguince *m* Verstauchung *die*.
eslabón *m* - **1.** [de cadena] (Ketten)glied *das* - **2.** *fig* [de hecho, de argumento] Bindeglied *das*.

eslip (*pl* **eslips**), **slip** [es'lip] (*pl* **slips**) *m* Slip *der.*
eslogan (*pl* **eslóganes**), **slogan** [es'loɣan] (*pl* **slogans**) *m* Slogan *der.*
eslora *f* NÁUT Schiffslänge *die.*
esmaltar *vt* emaillieren.
esmalte *m* - **1.** [barniz] Emailfarbe *die* - **2.** [de dientes] Zahnschmelz *der* - **3.** [para uñas] Nagellack *der.*
esmerado *adj* sorgfältig.
esmeralda ◇ *f* Smaragd *der.* ◇ *adj inv* smaragdgrün.
esmerarse *vpr* : ~ **(en algo/hacer algo)** sich anlstrengen (bei etw *(D)* /etw zu tun).
esmerilar *vt* (abl)schmirgeln.
esmero *m* Sorgfalt *die.*
esmirriado, da *adj* dürr.
esmoquin (*pl* **esmóquines**), **smoking** [es'mokin] (*pl* **smokings**) *m* Smoking *der.*
esnifar *vt fam* sniffen.
esnob (*pl* **esnobs**), **snob** (*pl* **snobs**) ◇ *adj* snobistisch. ◇ *m, f* Snob *der.*
eso *pron demos (neutro)* diese (da), -r (da), -s (da), der (da), die (da), das (da) ; ~ **que tienes en la mano es mío** das, was du in der Hand hast, gehört mir ; **¿ves ~? Pues es tu regalo de cumpleaños** siehst du das da? Das ist dein Geburtstagsgeschenk ; ~ **de vivir solo no me gusta** das mit dem Alleineleben ist nichts für mich ; **¡~, ~!** richtig!, genau! ; **¿cómo es ~?** wieso das denn? ; **¡~ es!** das ist es! ◆ **a eso de** *loc prep* ungefähr. ◆ **en eso** *loc adv* dann. ◆ **y eso que** *loc conj* obwohl.
esófago *m* Speiseröhre *die.*
esos, sas ◇ *adj* ▻ **ese.** ◇ *pron* ▻ **ése.**
ésos, sas ▻ **ése.**
esotérico, ca *adj* esoterisch.
espabilar *vt* auf Trab bringen. ◆ **espabilarse** *vpr* - **1.** [despejarse] munter werden - **2.** [darse prisa] sich beeilen.
espachurrar *vt fam* zerquetschen.
espacial *adj* (Welt)raum-.
espaciar [8] *vt* - **1.** [en tiempo] größeren Abstand einlräumen - **2.** [en espacio] mehr Zwischenraum lassen.
espacio *m* - **1.** [gen] Raum *der* ; ~ **aéreo** Luftraum *der* - **2.** [superficie] Fläche *die* - **3.** [que ocupa un cuerpo] Platz *der* - **4.** [Universo] Weltraum *der* - **5.** [de tiempo] Zeitraum *der* ; **por ~ de** während - **6.** [de radio, de televisión] Magazin *das* - **7.** [interlineado] Zeilenabstand *der.*
espacioso, sa *adj* [espacio exterior] weiträumig ; [espacio interior] geräumig.
espada *f* Schwert *das* ; **estar entre la ~ y la pared** mit dem Rücken zur Wand stehen. ◆ **espadas** *fpl eine der vier spanischen Spielkartenfarben.*
espagueti, spaguetti *m (gen pl)* Spagetti *pl.*
espalda *f* - **1.** [de persona, de animal] Rücken *der* ; **cargado de ~s** vornübergebeugt ; **por la ~** von hinten ; *fig* hinter js Rücken - **2.** [de cosa] Rückseite *die* - **3.** DEP [en natación] Rückenschwimmen *das* - **4.** *loc* : **hablar de uno a sus ~s** hinter js Rücken reden ; **volver la ~ a algo/alguien** etw/jm den Rücken (zul)kehren.
espaldarazo *m* Schlag *der* in den Rücken ; **dar el ~** *fig* zu Anerkennung verhelfen.
espalderas *fpl* Sprossenwand *die.*
espaldilla *f* - **1.** [hueso] Schulterblatt *das* - **2.** [carne] Schulter *die.*
espantada *f* - **1.** [de animal] Scheuen *das* - **2.** [de personas] ungeordnetes Auseinanderlaufen.
espantajo *m lit & fig* Vogelscheuche *die.*
espantapájaros *m inv* Vogelscheuche *die.*
espantar *vt* - **1.** [ahuyentar] verscheuchen - **2.** [asustar] erschrecken. ◆ **espantarse** *vpr* sich erschrecken.
espanto *m* Schrecken *der* ; **estar curado de ~(s)** *fig* abgebrüht sein.
espantoso, sa *adj* - **1.** [terrorífico] fürchterlich - **2.** *fig* [muy grande] schrecklich - **3.** [muy feo] entsetzlich.
España *f* Spanien *nt.*
español, la ◇ *adj* spanisch. ◇ *m, f* Spanier *der*, -in *die.* ◆ **español** *m* Spanisch(e) *das.*
españolizar [13] *vt* hispanisieren. ◆ **españolizarse** *vpr* hispanisiert werden.
esparadrapo *m* Heftpflaster *das.*
esparcido, da *adj* verstreut.
esparcimiento *m* - **1.** [diseminación] Verteilung *die* - **2.** [ocio] Zerstreuung *die.*
esparcir [12] *vt* - **1.** [desparramar] (ver)streuen - **2.** [divulgar] verbreiten. ◆ **esparcirse** *vpr* sich auslbreiten.
espárrago *m* Spargel *der.*
espartano, na *adj lit & fig* spartanisch.
esparto *m* Espartogras *das.*
espasmo *m* Krampf *der.*
espasmódico, ca *adj* krampfhaft.
espatarrarse *vpr fam* die Beine spreizen.
espátula *f* - **1.** [paleta] Spachtel *der* - **2.** MED Spatel *der.*
especia *f* Gewürz *das.*
especial *adj* - **1.** [singular] besondere, -r, -s ; **en ~** insbesondere - **2.** [adecuado] speziell.
especialidad *f* - **1.** [punto fuerte] Spezialität *die* - **2.** [en ciencia, arte] Fachgebiet *das.*
especialista ◇ *adj* Fach-. ◇ *mf* - **1.** [en arte, ciencia] Spezialist *der*, -in *die* - **2.** CIN Stuntman *der*, -frau *die.*

especializado, da *adj* spezialisiert.
especializar [13] *vt* spezialisieren. ◆ **especializarse** *vpr* : **~se (en algo)** sich auf etw spezialisieren.
especie *f* - **1.** BIOL [clase] Art *die* ; **una ~ de** eine Art von - **2.** [variedad] Sorte *die* - **3.** [fruto, género] : **en ~(s)** in Naturalien.
especificar [10] *vt* genau angeben.
específico, ca *adj* spezifisch.
espécimen (*pl* **especímenes**) *m* Exemplar *das*, Muster *das*.
espectacular *adj* Aufsehen erregend.
espectáculo *m* - **1.** [diversión] Darbietung *die* - **2.** [suceso, escena] Schauspiel *das*.
espectador *mf* Zuschauer *der*, -in *die*.
espectral *adj* - **1.** FÍS spektral - **2.** *fig* [misterioso, lúgubre] gespenstisch.
espectro *m* - **1.** [fantasma] Gespenst *das* - **2.** MED & FÍS Spektrum *das*.
especulación *f* - **1.** [de pensamiento] Mutmaßung *die* - **2.** [en comercio] Spekulation *die*.
especular *vi* - **1.** [mentalmente] mutmaßen - **2.** [comercialmente] spekulieren.
espejismo *m* - **1.** Fata Morgana *die* - **2.** *fig* Illusion *die*.
espejo *m lit* & *fig* Spiegel *der* ; **(~) retrovisor** Rückspiegel *der*.
espeleología *f* Höhlenkunde *die*.
espeluznante *adj* grauenhaft.
espera *f* Warten *das* ; **a la** o **en ~ de** in Erwartung von.
esperanto *m* Esperanto *das*.
esperanza *f* Hoffnung *die* ; **~ de vida** Lebenserwartung *die*.
esperanzar [13] *vt* Hoffnung machen.
esperar *vt* - **1.** [gen] erwarten ; **~ un hijo** ein Kind erwarten ; **como era de ~** wie zu erwarten war - **2.** [a una hora determinada] warten (auf *(+A)*) ; **~ a que algo/alguien haga algo** darauf warten, dass etw/jd etw tut - **3.** [tener esperanza] hoffen. ◆ **esperarse** *vpr* - **1.** [imaginarse, figurarse] erwarten - **2.** [a una hora determinada] warten ; **~se a que algo/alguien haga algo** warten, bis etw/jd etw tut.
esperma *m* o *f* Sperma *das*.
espermatozoide, espermatozoo *m* Spermium *das*.
esperpento *m* - **1.** [persona] lächerliche Figur - **2.** [cosa] Absonderlichkeit *die*.
espesar *vt* - **1.** [líquido] anldicken - **2.** [seto] verstärken. ◆ **espesarse** *vpr* - **1.** [líquido] dick werden - **2.** [bosque, matorral] dicht werden.
espeso, sa *adj* - **1.** [líquido] dick(flüssig) - **2.** [tupido] dicht - **3.** [difícil de entender] schwierig.
espesor *m* - **1.** [grosor] Dicke *die* - **2.** [densidad] Dichte *die*.
espesura *f* - **1.** [vegetación] Dickicht *das* - **2.** [densidad] Dichte *die* - **3.** [grosor] Dicke *die*.
espetar *vt* [palabras] an den Kopf werfen.
espía *mf* Spion *der*, -in *die*.
espiar [9] *vt* auslspionieren.
espiga *f* [de granos] Ähre *die*.
espigado, da *adj* - **1.** [forma] ährenförmig - **2.** *fig* [persona] hochgewachsen - **3.** [planta] in die Höhe schießen.
espina *f* - **1.** [de pez] Gräte *die* - **2.** [de planta] Dorn *der*, Stachel *der* - **3.** *fig* [pena] Stachel *der* - **4.** *loc* : **dar mala ~ a alguien** jm verdächtig vorkommen. ◆ **espina dorsal** *f* ANAT Rückgrat *das*, Wirbelsäule *die*.
espinaca *f (gen pl)* Spinat *der*.
espinazo *m* Rückgrat *das*.
espinilla *f* - **1.** ANAT Schienbein *das* - **2.** [grano] Mitesser *der*, Pickel *der*.
espino *m* - **1.** [planta] Weißdorn *der* - **2.** [alambre] Stacheldraht *der*.
espinoso, sa *adj* - **1.** [con espinas] stachelig - **2.** *fig* [difícil] heikel.
espionaje *m* Spionage *die*.
espiral *f lit* & *fig* Spirale *die* ; **en ~** spiralförmig.
espirar *vi* & *vt* auslatmen.
espiritista ◇ *adj* spiritistisch. ◇ *mf* Spiritist *der*, -in *die*.
espíritu *m* - **1.** [gen] Geist *der* ; **~ de contradicción** Widerspruchsgeist *der* ; **~ de sacrificio** Opfergeist *der* ; **ser pobre de ~** arm im Geiste sein - **2.** RELIG Seele *die* - **3.** *fig* [ánimo] Mut *der* - **4.** *fig* [ingenio] Witz *der*. ◆ **Espíritu Santo** *m* Heiliger Geist.
espiritual ◇ *adj* geistig. ◇ *m* MÚS : **~ (negro)** Gospel(song) *der*.
espita *f* (Wasser)hahn *der*.
espléndido, da *adj* - **1.** [magnífico] herrlich - **2.** [generoso] großzügig.
esplendor *m* - **1.** [brillo] Glanz *der* - **2.** *fig* [magnificencia] Pracht *die*.
espliego *m* Echter Lavendel.
espolear *vt* - **1.** [caballo] die Sporen geben - **2.** *fig* [persona] anlspornen.
espolio = **expolio**.
espolón *m* [de ave] Sporn *der*.
espolvorear *vt* bestreuen.
esponja *f* Schwamm *der*.
esponjoso, sa *adj* - **1.** [gen] locker - **2.** [estructura] schwammig.
espontaneidad *f* Spontan(e)ität *die*.
espontáneo, a ◇ *adj* spontan. ◇ *m, f* *spontan eingreifender Zuschauer in einer Corrida.*
esporádico, ca *adj* sporadisch.
esport, sport *adj inv* sportlich.
esposar *vt* Handschellen anllegen.
esposo, sa *m, f* Ehemann *der*, Ehefrau *die*. ◆ **esposas** *fpl* Handschellen *pl*.
espot (*pl* **espots**), **spot** (*pl* **spots**) *m* Spot *der*.

espray (*pl* **esprays**), **spray** (*pl* **sprays**) *m* Spray *das*.
esprint (*pl* **esprints**), **sprint** (*pl* **sprints**) *m* Sprint *der*.
espuela *f* - **1.** [para caballo] Sporn *der* - **2.** *fig* [para persona] Ansporn *der*.
espuerta *f* [recipiente] Korb *der*. ◆ **a espuertas** *loc adv* haufenweise.
espuma *f* Schaum *der*.
espumadera *f* Schaumlöffel *der*.
espumarajo *m* Geifer *der*.
espumoso *adj* schaumig. ◆ **espumoso** *m* Schaumwein *der*.
esputo *m* Auswurf *der*.
esqueje *m* Ableger *der*, Setzling *der*.
esquela *f* Todesanzeige *die*.
esquelético, ca *adj* - **1.** ANAT Skelett- - **2.** *fam* [muy delgado] spindeldürr.
esqueleto *m* - **1.** ANAT & *fig* [persona delgada] Skelett *das* - **2.** [armazón] Gerüst *das*.
esquema *m* - **1.** [gráfico] Schema *das* - **2.** [resumen] Übersicht *die*.
esquemático, ca *adj* schematisch.
esquematizar *vt* schematisieren.
esquí (*pl* **esquís** o **esquíes**) *m* - **1.** [material] Ski *der* - **2.** [deporte] Ski laufen *das* ; ~ **náutico** o **acuático** Wasserski fahren *das*.
esquiador, ra *m, f* Skiläufer *der*, -in *die*.
esquiar [9] *vi* Ski laufen.
esquilar *vt* scheren.
esquimal ◇ *adj* Eskimo-. ◇ *mf* Eskimo *der*, -frau *die*. ◇ *m* [lengua] Eskimosprache *die*.
esquina *f* [gen] Ecke *die* ; **al doblar la ~** um die Ecke ; ~ **de la mesa** Tischkante *die* ; **hacer ~** sich an der Ecke befinden.
esquirla *f* Splitter *der*.
esquirol *m despec* Streikbrecher *der*, -in *die*.
esquivar *vt* - **1.** [obstáculo] ausǀweichen *(+D)* - **2.** [persona] jm aus dem Weg gehen.
esquivo, va *adj* scheu.
esquizofrenia *f* Schizophrenie *die*.
esta ◇ *adj demas* ▷ **este.** ◇ *pron* ▷ **éste.**
ésta ▷ **éste.**
estabilidad *f* Stabilität *die* ; ~ **de precios** Preisstabilität *die*.
estabilizar [13] *vt* stabilisieren.
estable *adj* - **1.** [firme] stabil - **2.** [permanente] fest.
establecer [30] *vt* - **1.** [poner] einǀführen - **2.** [fundar] gründen - **3.** [disponer] einǀsetzen. ◆ **establecerse** *vpr* - **1.** [instalarse] sich niederǀlassen - **2.** [poner negocio] sich selbständig machen.
establecimiento *m* - **1.** [fundación] Errichtung *die* - **2.** [disposición] Festlegung *die* - **3.** [tienda] Geschäft *das*.
establo *m* Stall *der*.
estaca *f* - **1.** [palo puntiagudo] Pfahl *der* - **2.** [palo grueso] Stock *der*.
estacada *f* Pfahlzaun *der* ; **dejar a alguien en la ~** *fig* jn im Stich lassen ; **quedarse en la ~** *fig* scheitern.
estación *f* - **1.** [de año] Jahreszeit *die* - **2.** [temporada] Saison *die* - **3.** [de tren] Bahnhof *der* - **4.** RELIG [centro] Station *die* ; ~ **meteorológica** Wetterwarte *die*. ◆ **estación de esquí** *f* Wintersportort *der*. ◆ **estación de servicio** *f* Tankstelle *die*.
estacionamiento *m* (Ein)parken *das* ; ~ **indebido** Falschparken *das*.
estacionar *vt* parken.
estacionario, ria *adj* [bolsa] stockend ; [enfermedad] gleichbleibend.
estadio *m* - **1.** [lugar] Stadion *das* - **2.** [fase] Stadium *das*.
estadista *mf* Staatsmann *der*, -frau *die*.
estadístico, ca *adj* statistisch. ◆ **estadística** *f* Statistik *die*.
estado *m* - **1.** [gen] Zustand *der* ; ~ **civil** Familienstand *der* ; ~ **de emergencia** o **excepción** Ausnahmezustand ; ~ **de salud** Gesundheitszustand ; **estar en buen/mal ~** sich in gutem/schlechtem Zustand befinden - **2.** [condición] Beschaffenheit *die* ; **estar en ~ (de buena esperanza)** schwanger sein. ◆ **Estado** *m* [país] Staat *der* ; [gobierno] Regierung *die* ; **Estado Mayor** MIL Generalstab *der*.
Estados Unidos de América *mpl* : **los ~** Vereinigte Staaten von Amerika.
estadounidense ◇ *adj* US-amerikanisch. ◇ *mf* (US-)Amerikaner *der*, -in *die*.
estaf (*pl* **estafs**), **staff** (*pl* **staffs**) *m* Personal *das*.
estafa *f* Schwindel *der*.
estafador, ra *m, f* Betrüger *der*, -in *die*.
estafar *vt* [al estado] veruntreuen ; [a persona] betrügen.
estafeta *f* Poststelle *die*.
estalactita *f* Stalaktit *der*.
estalagmita *f* Stalagmit *der*.
estallar *vi* - **1.** [ola] sich brechen - **2.** [explosivo] explodieren - **3.** [cosa hinchada] platzen - **4.** [aplausos] losǀbrechen - **5.** *fig* [persona] vor Wut platzen - **6.** *fig* [revolución, guerra] ausǀbrechen.
estallido *m* - **1.** [ruido] Knall *der* - **2.** [manifestación] Ausbruch *der*.
estambre *m* - **1.** [de flor] Staubgefäß *das* - **2.** *Amér* [para tejer] Webkette *die*.
estamento *m* HIST (gesellschaftlicher) Stand.
estampa *f* - **1.** [imagen] Druck *der* - **2.** [estampita] Heiligenbild *das* - **3.** [aspecto] Aussehen *das*.
estampado, da *adj* - **1.** [tela] bedruckt

- 2. [escrito] geschrieben. ◆ **estampado** *m* Muster *das*.

estampar *vt* - **1.** [imprimir] bedrucken - **2.** [escribir] schreiben - **3.** *fig* [arrojar] schleudern.

estampida *f* Stampede *die*.

estampido *m* Knall *der*.

estampilla *f* - **1.** [para marcar] Stempel *der* - **2.** *Amér* [sello de correos] Briefmarke *die*.

estancarse [10] *vpr* - **1.** [líquido] sich stauen - **2.** [situación] stocken.

estancia *f* - **1.** [tiempo] Aufenthalt *der* - **2.** [habitación] großer (Wohn)raum.

estanco, ca *adj* dicht. ◆ **estanco** *m* Tabakwarenladen *der*.

estand (*pl* **estands**), **stand** (*pl* **stands**) *m* Messestand *der*.

estándar (*pl* **estándares**), **standar** (*pl* **estandars**) ◇ *adj* Standard-. ◇ *m* Standard *der*.

estandarizar [13] *vt* standardisieren.

estandarte *m* Standarte *die*.

estanding, standing *m* (hoher) Qualitätsstandard.

estanque *m* Teich *der*.

estanquero, ra *m, f* Tabakladeninhaber *der*, -in *die*.

estante *m* Bücherbrett *das*.

estantería *f* Regal *das*.

estaño *m* Zinn *das*.

estar [59] ◇ *vi* - **1.** [hallarse] sein ; **el jefe está en su despacho** der Chef ist in seinem Büro ; **estaré allí a la hora que hemos convenido** ich werde zur vereinbarten Uhrzeit dort sein ; **han estado en París** sie waren in Paris. ; **la llave está en la cerradura** der Schlüssel steckt im Schloss ; **la señora no está** die gnädige Frau ist nicht da - **2.** [con fechas] : **¿a qué estamos hoy?** den wievielten haben wir heute? ; **hoy estamos a martes 13 de julio** heute haben wir Dienstag, den 13. Juli - **3.** [quedarse] bleiben ; **estaré un par de horas y me iré** ich bleibe ein paar Stunden, dann gehe ich ; **estuvo toda la tarde en casa** er ist den ganzen Nachmittag zuhause geblieben - **4.** [expresa valores, grados] : **~ a** : **el dólar está a 175 pesetas** der Dollar kostet 175 Peseten ; **están a 100 pesetas el kilo** sie kosten 100 Peseten das Kilo - **5.** [hallarse listo] fertig sein ; **la comida estará a las tres en punto** das Essen ist Punkt drei Uhr fertig ; **¿aún no está ese trabajo?** ist diese Arbeit noch nicht fertig? - **6.** [servir] : **~ para** dienen zu, gut sein für ; **para eso están los amigos** dafür sind Freunde da ; **¿para qué está el vino, sino para beber?** wozu ist der Wein gut, wenn nicht zum Trinken? - **7.** *(antes de gerundio)* [expresa duración] sich gerade ereignen ; **estuvieron trabajando día y noche** sie haben Tag und Nacht gearbeitet ; **están golpeando la puerta** sie klopfen gerade an die Tür - **8.** [faltar] : **~ por** *(+ infin)* noch getan werden müssen ; **la casa está todavía por arreglar** das Haus muss noch instand gesetzt werden ; **esto está por escribir** das muss noch geschrieben werden - **9.** [hallarse a punto de] : **~ por hacer algo** kurz davor sein, etwas zu tun ; **estuve por pegarle** ich hätte ihn beinah geschlagen - **10.** [expresa disposición] : **~ para algo** zu etwas aufgelegt sein. ◇ *v copulativo (antes de adj)* - **1.** [expresa cualidad, estado] sein - **2.** *(antes de con o sin)* [expresa estado] : **está con ansias de hacer este trabajo** der Gedanke an diese Arbeit lässt ihr keine Ruhe mehr ; **el cielo está con nubes** der Himmel ist bewölkt ; **~ sin agua** kein Wasser haben - **3.** : **~ de** *(+ sust)* [expresa situación, acción] : **~ de camarero** als Kellner arbeiten ; **~ de suerte** Glück haben - **4.** *(antes de en)* [expresa permanencia] : **~ en guardia** auf der Hut sein ; **~ en uso** in Gebrauch sein - **5.** : **~ como** *(+ sust)* [comparación] wie etw sein ; [expresa ocupación] etw sein ; **está como cajera** sie arbeitet als Kassiererin - **6.** [consistir] : **~ en** bestehen aus *(+D)* ; **el problema está en la fecha** das Problem ist das Datum - **7.** [sentar - ropa] stehen *(+D)* ; **este traje te está muy bien** dieser Anzug steht dir sehr gut - **8.** *(antes de 'que' + verbo)* [expresa actitud] *sich in einer bestimmten Verfassung befinden* ; **está que muerde porque ha suspendido** sie ist nicht gut zu sprechen, denn sie ist durchgefallen. ◆ **estarse** *vpr* [permanecer] bleiben ; **te puedes ~ con nosotros unos días** du kannst ein paar Tage bei uns bleiben.

estárter (*pl* **estárters**), **starter** (*pl* **starters**) *m* AUTOM Anlasser *der*.

estatal *adj* staatlich.

estático, ca *adj* - **1.** FÍS statisch - **2.** [quieto] reglos. ◆ **estática** *f* Statik *die*.

estatua *f* Statue *die*.

estatura *f* Statur *die*.

estatus, status *m* Status *der*.

estatuto *m* - **1.** [norma] Statut *das* - **2.** [ley básica] Verordnung *die*.

este[1] ◇ *m* - **1.** [gen] Osten *der* ; **al ~** nach Osten, in den Osten - **2.** [viento] Ostwind *der*. ◇ *adj* Ost-.

este[2]**, ta** (*mpl* **estos**, *fpl* **-tas**) *adj demos* - **1.** diese, -r, -s ; **esta camisa que llevo puesta es nueva** dieses Hemd, das ich anhabe, ist neu ; **esta mañana ha llovido** heute Morgen hat es geregnet ; **~ asunto del que me hablas me preocupa** diese Angelegenheit, von der du da redest, bereitet mir Sorgen ; **no soporto a la niña esta** dieses Mädchen kann ich nicht ertragen - **2.** ▷ **éste**.

éste, ta (*mpl* **éstos**, *fpl* **-tas**), **este, ta** (*mpl* **estos**, *fpl* **-tas**) *pron demos* - **1.** [gen] diese, -r, -s ; **aquellos cuadros no están mal, aunque**

éstos me gustan más die Bilder dort sind zwar nicht schlecht, aber diese hier gefallen mir besser ; **ésta ha sido la semana más feliz de mi vida** diese Woche war die glücklichste meines Lebens - **2.** [nombrado antes] letztere, -r, -s ; **entraron Juan y Pedro, ~ con un abrigo verde** Juan und Pedro kamen herein, letzterer mit einem grünen Mantel - **3.** *fam despec* [referido a personas] der da, die da, das da ; **~ es el que me pegó** der da hat mich geschlagen.
estela *f* - **1.** [de barco] Kielwasser *das* ; [de avión] Kondensstreifen *der* - **2.** *fig* [rastro] Spur *die.*
estelar *adj* - **1.** ASTRON Stern(en-) - **2.** [más importante] *fig* Jahrhundert-.
estentóreo, a *adj culto* [voz] Stentor- ; *culto* [risa] dröhnend.
estepa *f* Steppe *die.*
estera *f* (Fuß)matte *die.*
estercolero *m lit & fig* Misthaufen *der.*
estéreo ◇ *adj* stereo. ◇ *m* Stereo *das.*
estereofónico, ca *adj* stereofon.
estereotipado, da *adj* stereotyp.
estereotipo *m* Klischee *das.*
estéril *adj* - **1.** [persona, terreno] unfruchtbar - **2.** [gasa] steril.
esterilizar [13] *vt* sterilisieren.
esterilla *f* (Stroh)matte *die.*
esterlina, sterling *f* ▷ **libra.**
esternón *m* Brustbein *das.*
esteroides *mpl* Steroide *pl.*
estertor *m* Röcheln *das.*
esteta *mf* Ästhet *der,* -in *die.*
esteticista, esthéticienne [esteti'θjen] *mf* Kosmetiker *der,* -in *die.*
estético, ca *adj* ästhetisch. ◆ **estética** *f* - **1.** FILOSOFÍA Ästhetik *die* - **2.** [belleza] Schönheit *die.*
esthéticienne = **esteticista.**
estiércol *m* - **1.** [excrementos] Mist *der* - **2.** [abono] Dung *der.*
estigma *m* - **1.** [marca] Narbe *die* - **2.** *fig* [deshonor] Stigma *das.*
estilarse *vpr fam* (in) Mode sein.
estilete *m* - **1.** [daga] Stilett *das* - **2.** MED [sonda] Metallsonde *die.*
estilista *mf* - **1.** [escritor] Stilist *der,* -in *die* - **2.** [diseñador] Stylist *der,* -in *die.*
estilístico, ca *adj* stilistisch.
estilizar [13] *vt* stilisieren.
estilo *m* - **1.** [gen] Stil *der* ; **~ de vida** Lebensstil *der* - **2.** GRAM Rede *die* ; **~ indirecto** indirekte Rede - **3.** *loc* : **por el ~** [parecido] so ähnlich.
estilográfica *f* ▷ **pluma.**
estima *f* Respekt *der.*
estimación *f* - **1.** [aprecio] (Hoch)achtung *die* - **2.** [valoración] (Ein)schätzung *die.*
estimar *vt* schätzen.
estimulante ◇ *adj* anregend. ◇ *m* Aufputschmittel *das.*
estimular *vt* - **1.** [animar] an|spornen - **2.** [excitar] an|regen.
estímulo *m* - **1.** [aliciente] Anreiz *der* - **2.** [para organismo] Reiz *der.*
estipendio *m* Lohn *der.*
estipulación *f* - **1.** [acuerdo] Festsetzung *die* - **2.** DER Klausel *die.*
estipular *vt* fest|setzen.
estirado, da *adj* hochnäsig.
estirar *vt* - **1.** [alargar] dehnen ; [piel] straffen, liften - **2.** *fig* [hacer durar] ein|teilen. ◆ **estirar** *vi* : **~ (de)** ziehen an *(+D)* ◆ **estirarse** *vpr* - **1.** [desperezarse] sich strecken - **2.** [tumbarse] sich hin|legen - **3.** [crecer] wachsen.
estirón *m* - **1.** [acción de estirar] kräftiger Zug - **2.** [crecida] schnelles Wachsen ; **dar** o **pegar un ~** in die Höhe schießen.
estirpe *f* [genealogía] Geschlecht *das.*
estival *adj* sommerlich, Sommer-.
esto *pron demos (neutro)* dieses, das ; **~ que ves aquí es tu regalo de cumpleaños** das, was du hier siehst, ist dein Geburtstagsgeschenk ; **~ de trabajar de noche no me gusta** es gefällt mir nicht, nachts zu arbeiten ; **~ es** das heißt.
estoc (*pl* **estocs**), **stock** (*pl* **stocks**) *m* Vorrat *der.*
Estocolmo *m* Stockholm *nt.*
estofa *f* [calidad] *despec* Sorte *die* ; **de baja ~** von übler Sorte.
estofado *m* [guiso] Schmortopf *der.*
estoicismo *m* Stoizismus *der.*
estoico, ca *adj* stoisch.
estola *f* Stola *die.*
estomacal ◇ *adj* - **1.** [de estómago] Magen- - **2.** [bebida] verdauungsfördernd. ◇ *m* ≃ Magenbitter *der.*
estómago *m* Magen *der.*
Estonia *f* Estland *nt.*
estop = **stop.**
estopa *f* Werg *das.*
estor *m* Store *der.*
estorbar *vi* stören.
estorbo *m* Störung *die.*
estornino *m* Star *der.*
estornudar *vi* niesen.
estornudo *m* Niesen *das.*
estos, tas ◇ *adj demos* ▷ **este.** ◇ *pron* ▷ **éste.**
éstos, tas ▷ **éste.**
estoy ▷ **estar.**
estrabismo *m* Schielen *das.*
estrado *m* Podium *das.*
estrafalario, ria *adj* ausgefallen.
estragón *m* Estragon *der.*
estragos *mpl* : **causar** o **hacer ~** [daños físicos] Verheerungen an|richten ; [daños morales] verheerend wirken.

estrambótico, ca *adj* extravagant.
estrangulador, ra *m, f* Würger *der*, -in *die*.
estrangular *vt* - **1.** [persona] erwürgen - **2.** MED ab|schnüren - **3.** [proyecto] ab|würgen.
estraperlo *m* Schwarzhandel *der*.
estratagema *f* - **1.** MIL Kriegslist *die* - **2.** *fig* [astucia] Hinterlist *die*.
estratega *mf* Stratege *der*, -in *die*.
estrategia *f* Strategie *die*.
estratégico, ca *adj* strategisch.
estratificar [10] *vt* stratifizieren.
estrato *m* Schicht *die*.
estratosfera *f* Stratosphäre *die*.
estrechamiento *m* [de tamaño] Verengung *die*.
estrechar *vt* - **1.** [hacer estrecho] enger machen - **2.** [apretar] umarmen ; **~ la mano** die Hand drücken. ◆ **estrecharse** *vpr* - **1.** [saludarse] sich umarmen - **2.** [apretarse] zusammen|rücken.
estrechez *f* - **1.** [falta de espacio] Enge *die* - **2.** *fig* [falta de dinero] Not *die*.
estrecho, cha ◇ *adj* [gen] eng. ◇ *m, f fam* : **ser un ~/una estrecha** ein Kleingeist sein. ◆ **estrecho** *m* GEOGR Meerenge *die*.
estrella ◇ *f* - **1.** [gen] Stern *der* - **2.** *fig* [celebridad] Star *der* - **3.** *fig* [destino] Schicksal *das*. ◇ *f inv (en aposición)* ◆ **estrella de mar** *f* Seestern *der*.
estrellado, da *adj* - **1.** [con estrellas] sternenübersät - **2.** [en forma de estrella] sternförmig.
estrellar *vt* [arrojar] schmeißen. ◆ **estrellarse** *vpr* - **1.** [chocar] : **~se (contra)** zerschellen (an *(+D)*) - **2.** *fig* [fracasar] sich zerschlagen.
estrellato *m* Berühmtheit *die*.
estrellón *m Amér* Stoß *der*.
estremecer [30] *vt* erschüttern. ◆ **estremecerse** *vpr* : **~se (de)** schaudern vor *(+D)*.
estremecimiento *m* Schau(d)er *der*.
estrenar *vt* - **1.** [gen] ein|weihen - **2.** [espectáculo] urauf|führen. ◆ **estrenarse** *vpr* an|fangen (zu arbeiten).
estreno *m* - **1.** [de espectáculo] Uraufführung *die* ; TEATR & CIN Premiere *die* - **2.** [de primer uso] erster Gebrauch.
estreñido, da *adj* verstopft.
estreñimiento *m* Verstopfung *die*.
estrépito *m* - **1.** [ruido] Getöse *das* - **2.** *fig* [ostentación] Spektakel *das*.
estrepitoso, sa *adj* Aufsehen erregend.
estrés, stress *m inv* Stress *der*.
estresar *vt* stressen.
estría *f* - **1.** [en piel] Streifen *pl* ; **~s del embarazo** Schwangerschaftsstreifen *pl* - **2.** [en columna] Rille *die*.
estribar ◆ **estribar en** *vi* sich gründen auf *(+A)*.
estribillo *m* MÚS Refrain *der*.
estribo *m* - **1.** [de montura] Steigbügel *der* - **2.** [de coche] Trittbrett *das* - **3.** *loc* : **perder los ~s** die Beherrschung verlieren.
estribor *m* NÁUT Steuerbord *das*.
estricnina *f* Strychnin *das*.
estricto, ta *adj* - **1.** [exacto] genau - **2.** [severo] streng.
estridencia *f* [ruido agudo] schriller Ton.
estrofa *f* Strophe *die*.
estrógeno *m* Östrogen *das*.
estropajo *m* Putzschwamm *der*.
estropear *vt* - **1.** [averiar] kaputt machen - **2.** [echar a perder] verderben. ◆ **estropearse** *vpr* [averiarse] kaputt|gehen.
estropicio *m* Unfug *der*.
estructura *f* - **1.** [gen] Struktur *die* - **2.** [de edificio] Skelett *das (von Gebäude)*.
estructurar *vt* strukturieren.
estruendo *m* - **1.** [ruido] Tosen *das* - **2.** [confusión] Gewühl *das*.
estrujar *vt* - **1.** [exprimir] aus|drücken - **2.** [arrugar] zerknüllen. ◆ **estrujarse** *vpr* sich zerbrechen *(Kopf)*.
estuario *m breite, trichterförmige Flussmündung*.
estucar [10] *vt* stuckieren.
estuche *m* [caja] Etui *das*.
estuco *m* Stuck *der*.
estudiante *mf* [de universidad] Student *der*, -in *die* ; [de instituto] (Ober)schüler *der*, -in *die*.
estudiantil *adj* Studenten-.
estudiar [8] ◇ *vt* - **1.** [aprender] lernen - **2.** [analizar] studieren - **3.** [observar] beobachten. ◇ *vi* - **1.** [instruirse] lernen - **2.** [en universidad] studieren ; **estudia para médico** er studiert Medizin.
estudio *m* - **1.** [ejercicio] Einüben *das* ; [aprendizaje] Lernen *das* - **2.** [obra, análisis] Studie *die* ; **~ de mercado** Marktstudie - **3.** [apartamento] Apartment *das* - **4.** [de fotógrafo, pintor] Atelier *das* - **5.** *(gen pl)* [de cine, TV, radio] Studio *das*. ◆ **estudios** *mpl* [carrera] Studium *das* ; [de escuela] (Schul)bildung *die* ; **~s primarios** Grundschulbildung *die* ; **~s secundarios** höhere Schulbildung.
estudioso, sa ◇ *adj* fleißig *(beim Lernen)*. ◇ *m, f* Gelehrte *der, die*.
estufa *f* - **1.** [para calentar] Heizofen *der* - **2.** *Amér* [para cocinar] Ofen.
estupefaciente *m* Betäubungsmittel *das*.
estupefacto, ta *adj* [asombrado] verblüfft.
estupendo, da *adj* fabelhaft.
estupidez *f* Dummheit *die*.

estúpido, da ◇ *adj* dumm. ◇ *m, f* Dummkopf *der*.
estupor *m* Entsetzen *das*.
esturión *m* Stör *der*.
estuviera *etc* ▷ **estar**.
esvástica, svástica *f* Hakenkreuz *das*.
ETA (*abrev de* **Euskadi ta Askatasuna**) *f* ETA *die (baskische Terrororganisation)*.
etapa *f* Etappe *die* ; **por ~s** in Etappen.
etarra ◇ *adj* ETA-. ◇ *mf Mitglied der ETA*.
ETB (*abrev de* **Euskal Telebista**) *f Baskisches Fernsehen*.
etc. (*abrev de* **etcétera**) usw., etc.
etcétera ◇ *m* etc. ; **un largo ~** und so weiter und so fort. ◇ *adv* und so weiter.
éter *m* Äther *der*.
etéreo, a *adj lit & fig* ätherisch.
eternidad *f* Ewigkeit *die* ; **hace una ~ que no le veo** ich habe ihn seit einer Ewigkeit nicht mehr gesehen.
eterno, na *adj* ewig ; **el discurso se me hizo ~** die Ansprache dauerte eine Ewigkeit.
ético, ca *adj* ethisch. ◆ **ética** *f* [filosofía] [moralidad] Ethik *die* ; **ética profesional** Berufsethik *die*.
etileno *m* QUÍM Äthylen *das*.
etílico, ca *adj* [quím] Äthyl- ; [alcohólico] Alkohol- ; **conducir en estado etílico** ≃ Trunkenheit am Steuer.
etimología *f* Etymologie *die*.
Etiopía *f* Äthiopien *nt*.
etiqueta *f* - **1.** INFORM [rótulo] Etikett *das* - **2.** [ceremonial] Etikette *die* ; **de ~** Gala-.
etiquetar *vt* - **1.** [cosa] auslzeichnen - **2.** *fig* [persona] : **~ a alguien de** jn ablstempeln als.
etnia *f* Ethnie *die*.
étnico, ca *adj* ethnisch.
etrusco, ca ◇ *adj* etruskisch. ◇ *m, f* Etrusker *der*, -in *die*. ◆ **etrusco** *m* Etruskisch(e) *das*.
ETT (*abrev de* **Empresa de Trabajo Temporal**) *f* Zeitarbeitsfirma *die*.
EUA (*abrev de* **Estados Unidos de América**) *mpl* USA *die*.
eucalipto *m* [árbol] Eukalyptus *der*.
eucaristía *f* Eucharistie *die*.
eufemismo *m* Euphemismus *der*.
euforia *f* Euphorie *die*.
eufórico, ca *adj* euphorisch.
eunuco *m* Eunuch *der*.
eureka *interj* : **¡eureka!** Heureka!
euro *m* Euro *der*.
eurocheque *m* Eurocheque *der*.
eurocomunismo *m* Eurokommunismus *der*.
euroconector *m* Eurostecker *der*.
eurócrata *mf* Eurokrat *der*, -in *die*.
eurodiputado, da *m, f* Europaabgeordnete *der, die*.
Europa *f* Europa *nt*.
europarlamentario, ria ◇ *adj* das Europaparlament betreffend. ◇ *m, f* Europaparlamentarier *der*, -in *die*.
europeísmo *m* europäisches Denken.
europeizar [13] *vt* europäisieren.
europeo, a ◇ *adj* europäisch. ◇ *m, f* Europäer *der*, -in *die*.
eurovisión *f* Eurovision *die*.
Euskadi *m* Baskenland *nt*.
euskara, euskera *m* baskische Sprache.
eutanasia *f* Euthanasie *die*.
evacuado, da ◇ *adj* ◇ *m, f* evakuierte Person.
evacuar [7] *vt* - **1.** [desalojar] evakuieren - **2.** [defecar] entleeren, Stuhlgang haben.
evadir *vt* auslweichen *(+D)* ◆ **evadirse** *vpr* (ent)fliehen.
evaluación *f* - **1.** [valoración] Bewertung *die* - **2.** [en escuelas] Prüfungsperiode *die*..
evaluar [6] *vt* - **1.** [valorar] schätzen - **2.** [en escuelas] bewerten.
evangélico, ca ◇ *adj* evangelisch ; **la Iglesia Evangélica** die evangelische Kirche. ◇ *m, f* Protestant *der*, -in *die*.
evangelio *m* RELIG Evangelium *das*.
evaporar *vt* verdunsten. ◆ **evaporarse** *vpr* - **1.** [líquido] verdunsten - **2.** [aroma] verfliegen - **3.** *fam* [persona] verschwinden.
evasión *f* - **1.** [huida] Flucht *die* - **2.** [de dinero] Devisenflucht *die* ; **~ de capitales** o **divisas** Kapitalflucht *die* ; **~ fiscal** Steuerflucht *die*.
evasivo, va *adj* ausweichend. ◆ **evasiva** *f* Ausflucht *die*.
evento *m* Ereignis *das*.
eventual *adj* - **1.** [trabajo] zeitlich begrenzt ; [ingresos] Zusatz- - **2.** [hecho] eventuell.
eventualidad *f* - **1.** [temporalidad] zeitliche Begrenzung - **2.** [hecho incierto] Unvorgesehene *das* - **3.** [posibilidad] Möglichkeit *die*.
Everest *m* : **el ~** der Everest.
evidencia *f* Offensichtlichkeit *die* ; **ponerse en ~** sich bloßlstellen.
evidenciar [8] *vt* augenscheinlich machen.
evidente *adj* offensichtlich.
evitar *vt* - **1.** [gen] vermeiden - **2.** [prevenir] vorbeugen *(+D)*.
evocación *f* Wachrufen *das* der Erinnerung.
evocar [10] *vt* - **1.** [gen] ins Gedächtnis rufen - **2.** [espíritu] herauflbeschwören.
evolución *f* - **1.** [gen] Entwicklung *die* - **2.** BIOL Evolution *die*.
evolucionar *vi* - **1.** [desarrollarse] sich entwickeln - **2.** [cambiar] sich ändern - **3.** MIL manövrieren - **4.** [girar] (sich) drehen.
evolucionismo *m* Evolutionismus *der*.

evolutivo, va *adj* evolutionär.
ex[1] *mf* Exmann *der*, Exfrau *die*.
ex[2] *prefijo* Ex-.
exacerbar *vt* - **1.** [agudizar] verschlimmern - **2.** [irritar] wütend machen.
exactamente *adv* genau.
exactitud *f* Genauigkeit *die*.
exacto, ta *adj* - **1.** [gen] genau ; **para ser ~** genauer gesagt - **2.** [verdadero] zutreffend. ◆ **exacto** *interj* : **¡exacto!** genau!
exageración *f* Übertreibung *die*.
exagerado, da ◇ *adj* übertrieben. ◇ *m, f* Person, die übertreibt ; **escucha lo que dice ese ~** na hör dir bloß an, wie der schon wieder übertreibt.
exagerar *vt & vi* übertreiben.
exaltado, da ◇ *adj* überspannt. ◇ *m, f* Hitzkopf *der*.
exaltar *vt* - **1.** [elevar] erheben - **2.** [glorificar] rühmen. ◆ **exaltarse** *vpr* [persona] sich auflregen ; [sentimiento] auflwallen.
examen *m* - **1.** [prueba, ejercicio] Prüfung *die* ; **presentarse a un ~** sich einer Prüfung unterziehen ; **~ final** Abschlussprüfung ; **~ oral** mündliche Prüfung ; **~ parcial** Zwischenprüfung - **2.** [indagación] Überprüfung *die* ; **~ de ingreso** Aufnahmeprüfung *die*.
examinar *vt* - **1.** [mediante prueba, ejercicio] prüfen - **2.** [observar] untersuchen. ◆ **examinarse** *vpr* eine Prüfung haben.
exánime *adj* - **1.** [muerto] tot - **2.** [desmayado] leblos - **3.** *fig* [agotado] erschöpft.
exasperar *vt* erzürnen. ◆ **exasperarse** *vpr* zornig werden.
excavación *f* - **1.** [acción y efecto] Ausschachtung *die* - **2.** [arqueológica] Ausgrabung *die*.
excavador, ra *m, f* Ausgräber *der*, -in *die*. ◆ **excavadora** *f* Bagger *der*.
excavar *vt* - **1.** [tierra] umlgraben ; [túnel] graben - **2.** [en arqueología] auslgraben.
excedencia *f* Beurlaubung *die*.
excedente ◇ *adj* - **1.** [cosa] überschüssig - **2.** [persona] beurlaubt. ◇ *m* Überschuss *der*. ◇ *mf* beurlaubte Person.
exceder *vt* übertreffen. ◆ **excederse** *vpr* : **~se (en algo)** übertreiben (mit etw).
excelencia *f* Vorzüglichkeit *die* ; **por ~** schlechthin. ◆ **Excelencia** *mf* : **Su Excelencia** [título] Seine Exzellenz.
excelente *adj* vorzüglich.
excentricidad *f* Exzentrizität *die*.
excéntrico, ca ◇ *adj* exzentrisch. ◇ *m, f* [extravagante] Exzentriker *der*, -in *die*.
excepción *f* Ausnahme *die* ; **a** o **con ~ de** mit Ausnahme von ; **de ~** außergewöhnlich ; **hacer una ~** eine Ausnahme machen.
excepcional *adj* außergewöhnlich.
excepto *adv* außer *(+D)*.
exceptuar [6] *vt* : **~ a alguien de algo** jn von etw auslnehmen ; **~ a alguien de hacer algo** jn davon auslnehmen, etw zu tun.
excesivo, va *adj* maßlos.
exceso *m* - **1.** [demasía] Überschreitung *die* ; **~ de equipaje** Übergepäck *das* ; **~ de peso** [obesidad] Übergewicht *das* ; **~ de velocidad** Geschwindigkeitsüberschreitung *die* - **2.** [excedente] Übermaß *das* - **3.** [abuso] Maßlosigkeit *die*.
excitación *f* Erregung *die*.
excitado, da *adj* - **1.** [alborotado] aufgeregt - **2.** [sexualmente] erregt.
excitante ◇ *adj* aufregend. ◇ *m* Anregungsmittel *das*.
excitar *vt* - **1.** [inquietar] auflregen - **2.** [activar] anlregen. ◆ **excitarse** *vpr* - **1.** [apasionarse] sich auflregen - **2.** [sexualmente] erregt werden.
exclamación *f* - **1.** [grito] Aufschrei *der* - **2.** [interjección] Ausruf *der*.
exclamar *vt* auslrufen.
excluir [51] *vt* auslschließen ; **~ a alguien de algo** jn von etw auslschließen.
exclusión *f* Ausschluss *der*.
exclusiva *f* ▷ **exclusivo**.
exclusivo, va *adj* - **1.** [único] alleinig - **2.** [que excluye] ausschließlich - **3.** [privilegiado] exklusiv. ◆ **exclusiva** *f* Exklusivrecht *das*.
excomulgar [16] *vt* exkommunizieren.
excomunión *f* [de Iglesia] Exkommunikation *die*.
excremento *m (gen pl)* Exkrement *das*.
excretar ◇ *vt* ◇ *vi* [evacuar] auslscheiden.
exculpar *vt* von Schuld entlasten.
excursión *f* - **1.** [viaje] Ausflug *der* ; **ir de ~** einen Ausflug machen - **2.** *fam* [paseo] : **ir de ~** eine Runde drehen.
excursionista *mf* Ausflügler *der*, -in *die*.
excusa *f* - **1.** [disculpa] Entschuldigung *die* - **2.** [pretexto] Ausrede *die*.
excusado, da *adj* [disculpado] entschuldigt. ◆ **excusado** *m* Toilette *die*.
excusar *vt* - **1.** [justificar] rechtfertigen - **2.** [evitar] vermeiden. ◆ **excusarse** *vpr* sich entschuldigen.
exención *f* Freistellung *die*.
exento, ta *adj* : **estar ~ (de)** (von etw) befreit sein.
exfoliante ◇ *adj* abschilfernd. ◇ *m* Peeling-Creme *die*.
exfoliar [8] *vt* ablösen.
exhalación *f* Ausdünstung *die* ; **su última ~** sein letzter Atemzug.
exhalar *vt* - **1.** [olor, aroma] auslströmen - **2.** *fig* [quejas o suspiros] auslstoßen.
exhaustivo, va *adj* erschöpfend.
exhausto, ta *adj* [cansado] erschöpft.
exhibición *f* - **1.** [demostración] Zurschaustellung *die* - **2.** [exposición] Ausstellung *die* - **3.** [en deporte] Darbietung *die*

- 4. [de cine] Vorführung *die* - 5. [desfile] Schau *die*.
exhibicionismo *m* Exhibitionismus *der*.
exhibir *vt* - 1. [exponer] auslstellen - 2. [lucir] zur Schau stellen - 3. [película] vorlführen. ◆ **exhibirse** *vpr* sich zur Schau stellen.
exhortación *f* - 1. [amonestación] Verwarnung *die* - 2. [discurso] Ansprache *die*.
exhortar *vt* : ~ **a alguien a algo** jn zu etw auflfordern ; ~ **a alguien a hacer algo** jn auflfordern, etw zu tun.
exhumar *vt* exhumieren.
exigencia *f* - 1. [capricho, pretensión] Anspruch *der* - 2. [obligación] Anforderung *die*.
exigente *adj* anspruchsvoll.
exigir [15] <> *vt* - 1. [ordenar, pedir, reclamar] fordern - 2. [requerir, necesitar] erfordern. <> *vi* [pedir] fordern.
exiguo, gua *adj* gering.
exiliado, da <> *adj* im Exil lebend. <> *m, f* politischer Flüchtling.
exiliar [8] *vt* ins Exil schicken. ◆ **exiliarse** *vpr* ins Exil gehen.
exilio *m* Exil *das*.
eximir *vt* : ~ **a alguien de algo** jn von etw befreien ; ~ **a alguien de hacer algo** jn davon befreien, etw zu tun.
existencia *f* - 1. [realidad] Existenz *die* - 2. [vida] Leben *das*. ◆ **existencias** *fpl* COM Vorrat *der*.
existencialismo *m* Existenzialismus *der*.
existir *vi* existieren, leben ; **todavía existe pobreza en el mundo** es gibt noch immer Armut in der Welt.
éxito *m* Erfolg *der* ; **tener** ~ Erfolg haben.
exitoso, sa *adj* erfolgreich.
éxodo *m* Exodus *der*.
exorbitante *adj* übermäßig.
exorcismo *m* Exorzismus *der*.
exorcizar [13] *vt* exorzieren.
exótico, ca *adj* exotisch.
expandir *vt* - 1. [gas, líquido] auslդehnen - 2. [noticia, rumor] verbreiten. ◆ **expandirse** *vpr* - 1. [gas, líquido] sich ausldehnen - 2. [noticia, rumor] sich verbreiten.
expansión *f* - 1. FÍS [aumento] Ausdehnung *die* - 2. *fig* [difusión] Verbreitung *die* - 3. [recreo] Entspannung *die* - 4. [desarrollo] Wachstum *das*.
expansionarse *vpr* - 1. [divertirse] sich amüsieren - 2. [desarrollarse] sich vergrößern.
expansionismo *m* Expansionsdrang *der*.
expansivo, va *adj* [cosa] expansiv.
expatriación *f* [forzosa] Ausweisung *die* ; [voluntaria] Auswanderung *die*.
expatriar [9] *vt* auslweisen. ◆ **expatriarse** *vpr* ins Exil gehen.
expectación *f* Erwartung *die*.
expectativa *f* Aussicht *die* ; **estar a la ~ (de algo)** etw abwarten.
expectorar *vi* Schleim auslhusten.
expedición *f* - 1. [viaje, grupo] Expedition *die* - 2. [envío] Versand *der*.
expedicionario, ria <> *adj* Expeditions-. <> *m, f* Expeditionsteilnehmer *der*, -in *die*.
expediente *m* - 1. [trámites] Dossier *das* - 2. [documento personal] Personalakte *die* ; ~ **académico** akademisches Zeugnis - 3. [investigación] Gerichtsakte *die* ; **abrir ~ a alguien** gegen jn ein Verfahren einlleiten.
expedir [26] *vt* - 1. [enviar] versenden - 2. [documento] auslstellen.
expeditivo, va *adj* umgehend.
expeler *vt* auslstoßen.
expendedor, ra <> *adj* : **máquina expendedora** Warenautomat *der*. <> *m, f* Verkäufer *der*, -in *die*.
expendeduría *f* Tabakladen *der*.
expensas ◆ **a expensas de** *loc prep* auf Kosten von.
experiencia *f* - 1. [por práctica, suceso] Erfahrung *die* - 2. [experimento] Experiment *das*.
experimentado, da *adj* erfahren.
experimentar *vt* - 1. [vivir] erleben - 2. [probar] auslprobieren.
experimento *m* Experiment *das*.
experto, ta <> *adj* erfahren. <> *m, f* Experte *der*, -tin *die*.
expiar [9] *vt* büßen.
expiatorio, ria *adj* Sühne-.
expirar *vi* - 1. [terminar] abllaufen - 2. [morir] sterben.
explanada *f* freies Gelände.
explanar *vt* [terreno] planieren.
explayarse *vpr* - 1. [divertirse] sich amüsieren - 2. [desahogarse] sich auslsprechen.
explicación *f* - 1. [para comprender] Auslegung *die* - 2. [razón] Erklärung *die* - 3. [justificación] Entschuldigung *die* ; **dar explicaciones** sich entschuldigen ; **pedir explicaciones** eine Erklärung verlangen.

pedir explicaciones

Ich habe Sie nicht verstanden, können Sie das bitte wiederholen? No le he entendido, ¿puede repetirlo por favor?
Was meinen Sie damit? ¿Qué quiere usted decir con ello?
Was hat er gesagt? ¿Qué es lo que ha dicho?
Können Sie das bitte etwas genauer erklären? ¿Puede dar detalles más precisos por favor?
Wie bitte? ¿Cómo dice?
Was? ¿Qué?

explicar [10] *vt* - 1. [aclarar] erklären ; [ilustrar] schildern - 2. [enseñar] unterrichten

- 3. [justificar] rechtfertigen. ◆ **explicarse** *vpr* - 1. [comprenderse] sich erklären - 2. [expresarse] sich aus|drücken.
explicitar *vt* deutlich machen.
explícito, ta *adj* deutlich.
exploración *f* - 1. [de lugar] Erkundung *die* - 2. MED Untersuchung *die*.
explorador, ra *m, f* [investigador] Forscher *der*, -in *die* ; [boy scout] Pfadfinder *der*, -in *die*.
explorar *vt* - 1. [lugar] erforschen - 2. MED untersuchen - 3. *fig* [tantear] aus|kundschaften.
explosión *f* - 1. [estallido] Explosion *die* - 2. [de gases] Verbrennung *die* - 3. *fig* [de ánimo] Ausbruch *der* - 4. [aumento] Boom *der*.
explosionar ◇ *vt* zur Explosion bringen. ◇ *vi* explodieren.
explosivo, va *adj* explosiv. ◆ **explosivo** *m* Sprengstoff *der*.
explotación *f* - 1. [de ser humano] Ausbeutung *die* ; [de ingresos] Nutzung *die* - 2. [empresa] Betrieb *der* ; ~ **agrícola** Landwirtschaftsbetrieb ; ~ **minera** Bergbau *der*.
explotar ◇ *vt* - 1. [mina] ab|bauen ; [terreno] bebauen - 2. [persona] aus|nutzen. ◇ *vi* explodieren.
expoliar [8] *vt* aus|plündern.
expolio, espolio *m culto* Plünderung *die*.
exponente *m lit & fig* [ejemplo] Exponent *der*.
exponer [65] *vt* - 1. [dar a conocer] vor|tragen - 2. [poner a la vista] aus|stellen - 3. [situar] aus|setzen. ◆ **exponerse** *vpr* [arriesgarse] : **~se a** sich einem Risiko aus|setzen.
exportación *f* [acción, mercancías] Export *der*.
exportar *vt* exportieren.
exposición *f* - 1. [demostración] Ausstellung *die* - 2. [de proyecto] Vortrag *der* ; [escrito] Bericht *der* - 3. [situación] Aussetzen *das*.
expósito, ta ◇ *adj* Findel-. ◇ *m, f* Findelkind *das*.
expositor, ra ◇ *adj* erklärend. ◇ *m, f* Referent *der*, -in *die*.
exprés *adj* - 1. Schnell- ; **café** ~ Espresso *der* - 2. = **expreso**.
expresar *vt* äußern. ◆ **expresarse** *vpr* sich aus|drücken.
expresión *f* - 1. [formulación] Äußerung *die* - 2. [palabra] Ausdruck *der* - 3. [frase hecha] (Rede)wendung *die* - 4. MAT [aspecto] Ausdruck *der*.
expresionismo *m* Expressionismus *der*.
expresivo, va *adj* ausdrucksvoll.
expreso, sa *adj* ausdrücklich. ◆ **expreso, exprés** *m* ▷ **tren**.
exprimidor *m* Saftpresse *die*.
exprimir *vt* - 1. [jugo] aus|pressen - 2. *fig* [noticia] aus|schlachten.
expropiar [8] *vt* enteignen.
expuesto, ta ◇ *pp irreg* ▷ **exponer**. ◇ *adj* - 1. [dicho] dargelegt - 2. [desprotegido] ausgesetzt - 3. [arriesgado] riskant.
expulsar *vt* - 1. [persona] hinaus|werfen - 2. [cosa] aus|stoßen.
expulsión *f* - 1. [de persona] Vertreibung *die* - 2. [de cosa] Ausstoß *der*.
exquisitez *f* - 1. [cualidad] Vorzüglichkeit *die* - 2. [cosa] Delikatesse *die*.
exquisito, ta *adj* exquisit.
extasiarse [9] *vpr* sich berauschen.
éxtasis *m* [estado] Ekstase *die*.
extender [20] *vt* - 1. [desplegar] aus|breiten - 2. [ampliar] erweitern - 3. [cheque] aus|stellen ; [carta] aus|fertigen. ◆ **extenderse** *vpr* - 1. [ocupar] sich erstrecken - 2. [en explicación] aus|holen - 3. [durar] sich erstrecken - 4. [difundirse] sich verbreiten - 5. [tenderse] sich aus|strecken.
extensión *f* - 1. [superficie] Fläche *die* - 2. [duración] Dauer *die* - 3. [sentido] Umfang *der* ; **por** ~ im weiteren Sinne - 4. [de línea telefónica] Nebenanschluss *der* - 5. INFORM Erweiterung *die*.
extensivo, va *adj* extensiv.
extenso, sa *adj* - 1. [ancho] weit - 2. [largo] lang.
extenuar [6] *vt* erschöpfen.
exterior ◇ *adj* - 1. [de fuera] Außen- - 2. [visible] äußerlich - 3. [extranjero] auswärtig. ◇ *m* - 1. [superficie] Äußere *das* ; **quedarse en el ~** draußen bleiben - 2. [países] Ausland *das* - 3. [aspecto] Aussehen *das*. ◆ **exteriores** *mpl* Außenaufnahmen *pl*.
exteriorizar [13] *vt* äußern, zeigen.
exterminar *vt* - 1. [aniquilar] aus|rotten - 2. [devastar] zerstören.
exterminio *m* Ausrottung *die*.
externo, na *adj* - 1. [de exterior] äußerlich - 2. [visible] sichtbar.
extinción *f* - 1. [de fuego] Löschen *das* - 2. [desaparición] Aussterben *das*.
extinguir [17] *vt* [fuego, luz] löschen ; [ruido] ab|stellen. ◆ **extinguirse** *vpr* sterben.
extintor *m* Löscher *der*.
extirpación *f* operative Entfernung.
extirpar *vt* [hierbas] aus|reißen ; [muela, tumor] operativ entfernen.
extorsión *f* - 1. [molestia] Umstände *pl* - 2. [delito] Erpressung *die*.
extorsionar *vt* [planes] durcheinander|bringen ; [personas] erpressen.
extorsionista *mf* Erpresser *der*, -in *die*.
extra[1] ◇ *adj* Extra-. ◇ *mf* Statist *der*, -in *die*. ◇ *m* Extra *das*. ◇ *f* ▷ **paga**.
extra[2] *prep* extra.

extracción *f* - **1.** [extirpación] Entnahme *die* ; [de carbón] Förderung *die* ; [de lotería] Ziehung *die* - **2.** [clase social] Herkunft *die*.
extracto *m* - **1.** [resumen] Zusammenfassung *die* ; **~ de cuentas** Kontoauszug *der* - **2.** [concentrado] Extrakt *der*.
extractor, ra *adj* Extraktionsanlage *die*. ◆ **extractor** *m* Abzug *der*.
extracurricular *adj* außerschulisch.
extraditar *vt* aus|liefern.
extraer [73] *vt* [muela, conclusión] ziehen ; [carbón] fördern ; [escencia] aus|ziehen.
extrafino, na *adj* extrafein.
extrajudicial *adj* außergerichtlich.
extralimitarse *vpr fig* zu weit gehen.
extranjería *f* [ley] Ausländerrecht *das*.
extranjero, ra ◇ *adj* ausländisch. ◇ *m, f* Ausländer *der*, -in *die*. ◆ **extranjero** *m* Ausland *das*.
extrañar *vt* [sorprender] erstaunen ; [echar de menos] vermissen. ◆ **extrañarse** *vpr* : **~se (de)** sich wundern (über) *(+A)*.
extrañeza *f* - **1.** [sorpresa] Verwunderung *die* - **2.** [rareza] Sonderbarkeit *die*.
extraño, ña ◇ *adj* - **1.** [raro] sonderbar - **2.** [sorprendente] merkwürdig - **3.** [ajeno] fremd. ◇ *m, f* [desconocido] Fremde *der, die*.
extraoficial *adj* inoffiziell.
extraordinario, ria *adj* - **1.** [excepcional] außerordentlich - **2.** [muy bueno] außergewöhnlich. ◆ **extraordinario** *m* - **1.** CULIN Spezialgericht *das* - **2.** [de publicación] Sonderausgabe *die* - **3.** [correo] Sonderzustellung *die*. ◆ **extraordinaria** *f* ▷ **paga**.
extraparlamentario, ria *adj* außerparlamentarisch.
extraplano, na *adj* sehr flach.
extrapolar *vt* erschließen.
extrarradio *m* Außenbezirk *der*.
extraterrestre ◇ *adj* außerirdisch. ◇ *mf* Außerirdische *der, die*.
extraterritorial *adj* exterritorial.
extravagancia *f* Extravaganz *die*.
extravagante *adj* extravagant.
extraversión = **extroversión**.
extravertido, da = **extrovertido**.
extraviado, da *adj* [perdido] verloren.
extraviar [9] *vt* - **1.** [objetos] verlieren - **2.** [mirada, vista] schweifen lassen. ◆ **extraviarse** *vpr* sich verirren.
extravío *m* - **1.** [pérdida] Verlust *der* - **2.** [desorden] Ausschweifung *die*.
extremado, da *adj* extrem.
extremar *vt* auf die Spitze treiben. ◆ **extremarse** *vpr* sich bemühen.
extremaunción *f* letzte Ölung.
extremidad *f* Ende *das*. ◆ **extremidades** *fpl* Gliedmaßen *pl*.
extremista ◇ *adj* extremistisch. ◇ *mf* Extremist *der*, -in *die*.
extremo, ma *adj* - **1.** [en espacio] entgegengesetzt - **2.** [radical] extrem - **3.** [excesivo] äußerst. ◆ **extremo** *m* - **1.** [en espacio] Ende *das* - **2.** [límite] : **llegar al ~ de** so weit gehen, dass ; **en último ~** im äußersten Notfall - **3.** DEP Außenstürmer *der*.
extrínseco, ca *adj* äußerlich.
extroversión, extraversión *f* Extravertiertheit *die*.
extrovertido, da, extravertido, da ◇ *adj* extravertiert. ◇ *m, f* Extravertierte *der, die*.
exuberancia *f* [abundancia] Üppigkeit *die*.
exuberante *adj* üppig.
exudar *vt* ab|sondern.
exultante *adj* jubelnd.
eyaculación *f* Ejakulation *die*.
eyacular *vi* ejakulieren.

F

f, F ['efe] *f* [letra] f, F *das*. ◆ **23 F** *m* 23. F *der*.
fa *m* F *das*.
fa. *abrev de* **factura**.
fabada *f* CULIN *typisch asturischer Eintopf mit weißen Bohnen, Wurst und Schinken*.
fábrica *f* - **1.** [establecimiento] Fabrik *die* - **2.** [fabricación] Fabrikation *die*.
fabricación *f* Herstellung *die* ; **~ en serie** Serienanfertigung *die*.
fabricante *mf* Hersteller *der*, -in *die*.
fabricar [10] *vt* - **1.** [producto industrial] her|stellen - **2.** [construir] bauen.
fábula *f* - **1.** [género literario] Fabel *die* - **2.** [leyenda] Sage *die*.
fabuloso, sa *adj* - **1.** [ficticio] erdichtet - **2.** [muy bueno] fabelhaft.
facción *f* Splittergruppe *die*. ◆ **facciones** *fpl* Gesichtszüge *pl*.
faceta *f* Seite *die*.
facha ◇ *f* Aussehen *das*. ◇ *mf fam* Faschist *der*, -in *die*.
fachada *f* Fassade *die*.
facial *adj* Gesichts-.
fácil *adj* - **1.** [sencillo] einfach - **2.** [cómodo] bequem - **3.** [probable] wahrscheinlich.
facilidad *f* - **1.** [simplicidad] Einfachheit *die* - **2.** [aptitud] Talent *das*. ◆ **facilidades** *fpl* Erleichterungen *pl* ; **~es de pago** Zahlungserleichterungen.

facilitar *vt* - **1.** [hacer posible] erleichtern - **2.** [dar] verschaffen.
facsímil, facsímile *m* Faksimile *das.*
factible *adj* machbar.
fáctico, ca *adj* ▭ **poder**.
factor *m* Faktor *der.*
factoría *f* [fábrica] Fabrik.
factura *f* Rechnung *die.*
facturar *vt* - **1.** [cobrar] berechnen - **2.** [vender] um|setzen - **3.** [equipaje] auf|geben.
facultad *f* - **1.** [aptitud] Fähigkeit *die* - **2.** [poder] Befugnis *die* - **3.** [de universidad] Fakultät *die.*
facultar *vt* ermächtigen.
facultativo, va ◇ *adj* - **1.** [potestativo] fakultativ - **2.** [médico] ärztlich. ◇ *m, f* Arzt *der,* Ärztin *die.*
faena *f* Arbeit *die* ; **hacerle una (mala) ~ a alguien** *fig* jm übel mit|spielen.
faenar *vi* - **1.** [en mar] fischen - **2.** [en tierra] arbeiten.
fagot ◇ *m* MÚS [instrumento] Fagott *das.* ◇ *mf* MÚS [persona] Fagottist *der,* -in *die.*
faisán *m* Fasan *der.*
faja *f* - **1.** [para cintura] Leibbinde *die* - **2.** [prenda interior] Mieder *das* - **3.** [de publicación] Bauchbinde *die* - **4.** [de terreno] Streifen *der.*
fajo *m* Bündel *das.*
fakir = **faquir**.
falacia *f* Betrug *der.*
falaz *adj* betrügerisch.
falda *f* - **1.** [prenda] Rock *der* - **2.** [de montaña] Berghang *der.*
faldero, ra *adj* [perro] Schoßhund *der.*
faldón *m* - **1.** [de camisa, frac] Schoß *der* ; [de cortina, mesa camilla] Falte *die* - **2.** [de tejado] Walm *der.*
falla *f* - **1.** GEOL Erdriss *der* - **2.** [defecto, fallo] Fehler *der* - **3.** [en Valencia] *Figur aus Pappmaschee.* ◆ **fallas** *fpl* Fallas *pl.*
fallar ◇ *vt* - **1.** [suj : jurado] fällen - **2.** [disparo] daneben|gehen. ◇ *vi* - **1.** [ceder] nach|geben - **2.** [fracasar, flaquear] versagen - **3.** [jurado, tribunal] entscheiden.
fallecer [30] *vi* sterben.
fallecimiento *m* Tod *der.*
fallido, da *adj* gescheitert.
fallo *m* - **1.** [error, equivocación] Fehler *der* - **2.** [sentencia] Urteil *das.*
falo *m* Phallus *der.*
falsear *vt* verfälschen.
falsedad *f* - **1.** [falta de verdad] Falschheit *die* - **2.** [falta de autenticidad] Unechtheit *die* - **3.** [mentira] Lüge *die* - **4.** [engaño] Betrügerei *die.*
falsificación *f* Fälschung *die.*
falsificar [10] *vt* fälschen.
falsilla *f* Linienblatt *das.*
falso, sa *adj* - **1.** [gen] falsch ; **jurar en ~** einen Meineid schwören - **2.** [moneda, billete] gefälscht ; [perla, joya] unecht.
falta *f* - **1.** [carencia] Mangel *der* ; **nos hace ~ pan** wir brauchen Brot - **2.** [ausencia] Abwesenheit *die* ; **echar en ~ algo/a alguien** etw/jn vermissen - **3.** [incumplimiento, error] Fehler *der* ; **~ de educación** Respektlosigkeit *die* - **4.** [en deporte] Foul *das* ; **~ personal** persönliches Foul. ◆ **a falta de** *loc prep* mangels.
faltar *vi* - **1.** [gen] fehlen - **2.** [carecer] : **me faltan las fuerzas** mir fehlen die Kräfte ; **falta por hacer el papeleo** der Papierkram muss noch erledigt werden ; **falta poco para que venga** bald kommt er - **3.** [no acudir] fern|bleiben - **4.** [no respetar] ausfallend werden ; **~le a alguien en algo** jn verletzen - **5.** [incumplir] : **~ a** nicht ein|halten - **6.** *loc* : **¡no faltaba** o **faltaría más!** [agradecimiento] das ist doch selbstverständlich! ; [rechazo] das fehlte gerade noch!
falto, ta *adj* : **un hombre ~ de escrúpulos** ein skrupelloser Mann.
fama *f* - **1.** [popularidad] Ruhm *der* - **2.** [reputación] Ruf *der.*
famélico, ca *adj* ausgehungert.
familia *f* - **1.** [gen] Familie *die* ; **en ~** privat ; **~ numerosa** kinderreiche Familie - **2.** [hijos] Kinder *pl.*
familiar ◇ *adj* - **1.** [de familia] Familien- ; [circunstancias, trato] familiär - **2.** [lenguaje, estilo] zwanglos - **3.** [conocido] vertraut. ◇ *m* Angehörige *der, die.*
familiaridad *f* Vertrautheit *die.*
familiarizar [13] *vt* vertraut machen.
famoso, sa ◇ *adj* - **1.** [conocido] berühmt - **2.** *fam* [bueno, excelente] famos. ◇ *m, f* Berühmte *der, die.*
fan (*pl* **fans**) *m, f* Fan *der.*
fanático, ca ◇ *adj* fanatisch. ◇ *m, f* Fanatiker *der,* -in *die.*
fanatismo *m* Fanatismus *der.*
fanfarria *f* [de música] Fanfare *die.*
fanfarrón, na ◇ *adj* aufschneiderisch. ◇ *m, f* Aufschneider *der,* -in *die.*
fango *m* Schlamm *der.*
fangoso, sa *adj* schlammig.
fantasear ◇ *vi* fantasieren. ◇ *vt* träumen von.
fantasía *f* Fantasie *die* ; **de ~** Mode-.
fantasma *m* [espectro] Gespenst *das.*
fantástico, ca *adj* fantastisch.
fantoche *m* - **1.** [títere] Marionette *die* - **2.** [mamarracho] Vogelscheuche *die.*
faquir, fakir *m* Fakir *der.*
farándula *f* Theaterwelt *die.*
faraón, ona *m, f* Pharao *der,* -onin *die.*
fardo *m* Bündel.
farfullar ◇ *vt* stammeln. ◇ *vi* stottern.
faringe *f* ANAT Rachen *der.*
faringitis *f* MED Rachenentzündung *die.*

farmacéutico, ca <> *adj* pharmazeutisch. <> *m, f* Apotheker *der*, -in *die*.
farmacia *f* - **1.** [ciencia] Pharmazie *die* - **2.** [establecimiento] Apotheke *die* ; **~ de guardia** o **turno** Bereitschaftsapotheke.
fármaco *m* Arzneimittel *das*.
faro *m* - **1.** [para barcos] Leuchtturm *der* - **2.** [de automóviles] Scheinwerfer *der* ; **~s halógenos** Halogenscheinwerfer.
farol *m* - **1.** [luz] Laterne *die* - **2.** [en juego] Bluff *der* - **3.** *fam* [mentira, exageración] Bluff *der*.
farola *f* Straßenlaterne *die*.
farolillo *m* [de papel] Lampion *der*.
farra *f fam* Gaudi *die* ; **ir de ~** auf Kneipentour gehen.
farragoso, sa *adj* überladen.
farruco, ca *adj* - **1.** [valiente] draufgängerisch - **2.** [terco] stur.
farsa *f* - **1.** [obra de teatro] Schwank *der* - **2.** *fig* [engaño] Schwindel *der*.
farsante <> *adj* scheinheilig. <> *mf* Scheinheilige *der, die*.
fascículo *m* Faszikel *der*.
fascinar *vt* faszinieren.
fascismo *m* Faschismus *der*.
fascista <> *adj* faschistisch. <> *mf* Faschist *der*, -in *die*.
fase *f* Phase *die*.
fastidiado, da *adj* angeschlagen.
fastidiar [8] *vt* - **1.** [estropear] verderben - **2.** [molestar] stören. ◆ **fastidiarse** *vpr* - **1.** [estropearse] kaputt gehen - **2.** [aguantarse] sich abfinden.
fastidio *m* [molestia] Ärgernis *das*.
fastidioso, sa *adj* - **1.** [molesto] lästig - **2.** [aburrido] langweilig.
fastuoso, sa *adj* prachtvoll.
fatal *adj* - **1.** [inevitable] fatal ; **mujer ~** Femme fatale - **2.** [muy malo] mies - **3.** [mortal] tödlich.
fatalidad *f* - **1.** [destino] Schicksalsfügung *die* - **2.** [desgracia] Verhängnis *das*.
fatalismo *m* Fatalismus *der*.
fatídico, ca *adj* Unheil verkündend.
fatiga *f* Ermüdung *die*. ◆ **fatigas** *fpl* Strapazen *pl*.
fatigar [16] *vt* strapazieren. ◆ **fatigarse** *vpr* ermüden.
fatigoso, sa *adj* ermüdend.
fauces *fpl* Schlund *der*.
fauna *f* Fauna *die*.
favor *m* - **1.** [ayuda] Gefallen *der* ; **hágame el ~ de bajarme la maleta** tun Sie mir den Gefallen und reichen mir den Koffer herunter ; **por ~** bitte ; **hacer un ~ a alguien** *fam* jm sexuell gefällig sein - **2.** [aprobación] Zuneigung *die* ; **a ~ de** zugunsten *(+G)* ; **estar a ~ de algo** für etw sein - **3.** [protección] Beistand *der* ; **tener a alguien a** o **en su ~** jn auf seiner Seite haben - **4.** [privilegio] Bevorzugung *die* ; **trato de ~** bevorzugte Behandlung.

pedir un favor

Kann ich bitte mal vorbei? ¿Me permite pasar, por favor?
Dürfte ich mal kurz telefonieren? ¿Podría hacer una llamada?
Würde es Ihnen etwas ausmachen, wenn ich das Fenster aufmache? ¿Le molesta si abro la ventana?
Darf ich bitte mal Ihr Feuerzeug haben? ¿Me puede prestar su encendedor un momento por favor?
Wenn Sie nichts dagegen haben, würde ich jetzt gerne gehen. Querría marcharme ahora, si no le parece mal.
Entschuldigung, dürfte ich Sie um einen Gefallen bitten? Perdone, ¿le podría pedir un favor?

favorable *adj* vorteilhaft.
favorecer [30] *vt* - **1.** [ayudar] unterstützen - **2.** [sentar bien] gut stehen.
favoritismo *m* Vetternwirtschaft *die*.
favorito, ta <> *adj* Lieblings-. <> *m, f* Favorit *der*, -in *die*.
fax *m inv* - **1.** [aparato] Faxgerät *das* ; **mandar por ~** faxen - **2.** [documento] Fax *das*.
fayuca *f Amér* Schmuggel *der*.
fayuquero *m Amér* Schmuggler *der*.
faz *f culto* - **1.** [cara] Antlitz *das* - **2.** [aspecto] Weltbild *das*.
fe *f* - **1.** [religión, creencia] Glaube *der* - **2.** [confianza] Vertrauen *das* ; **de buena ~** im guten Glauben - **3.** *loc* : **dar ~** beglaubigen.
fealdad *f* [física] Hässlichkeit *die*.
febrero *m* Februar *der* ; *ver también* **setiembre**.
febril *adj* - **1.** [de fiebre] fiebrig - **2.** *fig* [intenso] fieberhaft.
fecha *f* - **1.** [día, mes y año] Datum *das* ; **en ~ próxima** in nächster Zeit ; **~ de caducidad** Verfallsdatum *das* ; **~ tope** o **límite** Endtermin *der* - **2.** [momento actual] jetziger Zeitpunkt ; **hasta la ~** bis zum heutigen Tag ; **por estas ~s** zu diesem Zeitpunkt.
fechar *vt* datieren.
fechoría *f* Gewalttat *die*.
fécula *f* Stärkemehl *das*.
fecundación *f* Befruchtung *die* ; **~ artificial** künstliche Befruchtung ; **~ in vitro** In-vitro-Fertilisation *die*.
fecundar *vt* [fertilizar] befruchten.
fecundo, da *adj* - **1.** [fértil] fruchtbar - **2.** [productivo] produktiv.
federación *f* - **1.** [unión de estados] Bund *der* - **2.** [asociación, agrupación] Verband *der*.

federal ◇ *adj* - **1.** [de una federación] Bundes- - **2.** [federalista] föderativ. ◇ *mf* Föderalist *der*, -in *die*.
federalismo *m* Föderalismus *der*.
federar *vt* verbünden.
federativo, va *m, f* Föderationsmitglied *das*.
fehaciente *adj* eindeutig.
feldespato *m* Feldspat *der*.
felicidad *f* Glück *das*. ◆ **felicidades** *interj* : ¡**~es!** herzlichen Glückwunsch!
felicitación *f* - **1.** [acción] Gratulation *die* - **2.** [postal] Glückwunschkarte *die*.
felicitar *vt* gratulieren.

felicitar

Das Kleid steht dir sehr gut. El vestido te queda muy bien.
Du siehst gut aus. Tienes buena cara.
Das war ein sehr gelungener Abend. Ha sido una velada extraordinaria.
Alle Achtung, das hast du sehr gut gemacht. Con todos mis respetos, eso lo has hecho muy bien.
Vielen Dank, das Essen war hervorragend. Muchas gracias, la comida ha sido excelente.

feligrés, esa *m, f* Pfarrgemeindemitglied *das*.
felino, na *adj* Katzen-. ◆ **felinos** *mpl* ZOOL Katzen *pl*.
feliz *adj* glücklich ; **prometérselas tan felices** *fig* sich Illusionen machen.
felpa *f* [de seda] Plüsch *der* ; [de algodón] Frottee *der*.
felpudo *m* Fußmatte *die*.
femenino, na *adj* - **1.** GRAM [de mujer] feminin - **2.** [de hembra] weiblich. ◆ **femenino** *m* GRAM Femininum *das*.
fémina *f fam o culto* Frau *die*.
feminismo *m* Feminismus *der*.
feminista ◇ *adj* feministisch. ◇ *mf* Feminist *der*, -in *die*.
fémur (*pl* **fémures**) *m* ANAT Oberschenkelknochen *der*.
fenicio, cia ◇ *adj* HIST phönizisch. ◇ *m, f* Phönizier *der*, -in *die*. ◆ **fenicio** *m* Phönizisch(e) *das*.
fénix *m* MITOL Phönix.
fenomenal *adj* [estupendo, magnífico] phänomenal.
fenómeno ◇ *m* - **1.** [gen] Phänomen *das* - **2.** [monstruo] abnormes Wesen. ◇ *adv fam* blendend.
feo, a ◇ *adj* - **1.** [persona, acción, hecho] hässlich - **2.** [de mal aspecto] scheußlich. ◇ *m, f* Hässliche *der, die*. ◆ **feo** *m* [desaire] Gemeinheit *die* ; **hacer un ~** gemein sein.
féretro *m* Sarg *der*.
feria *f* - **1.** [de libro] Messe *die* ; **~ de muestras** Mustermesse - **2.** [fiesta popular] Volksfest *das*.
feriante *mf* Aussteller *der*, -in *die*.
fermentación *f* Gärung *die*.
fermentar ◇ *vi* gären. ◇ *vt* vergären.
ferocidad *f* Wildheit *die*.
feroz *adj* - **1.** [salvaje] wild - **2.** *fig* [cruel, doloroso] grausam.
férreo, a *adj* - **1.** [de hierro] Eisen- - **2.** *fig* [duro, estricto] eisern.
ferretería *f* Eisenwarengeschäft *das*.
ferrocarril *m* Eisenbahn *die*.
ferroviario, ria ◇ *adj* Eisenbahn-. ◇ *m, f* Bahnangestellte *der, die*.
ferry (*pl* **ferries**) *m* Fähre *die*.
fértil *adj* fruchtbar.
fertilidad *f* Fruchtbarkeit *die*.
fertilizante ◇ *adj* ◇ *m* Dünger *der*.
fertilizar [13] *vt* [abonar] düngen.
ferviente *adj* leidenschaftlich.
fervor *m* - **1.** [devoción] Leidenschaft *die* - **2.** [afán] Eifer *der* - **3.** [calor] Hitze *die*.
festejar *vt* [agasajar] feierlich begehen ; [celebrar] feiern. ◆ **festejarse** *vpr* [celebrarse] gefeiert werden.
festejo *m* [agasajo] Umwerben *das*. ◆ **festejos** *mpl* [fiestas] Feierlichkeiten *pl*.
festín *m* Bankett *das*.
festival *m* Festival *das*.
festividad *f* Festtag *der*.
festivo, va *adj* - **1.** [de fiesta] Feier- - **2.** [alegre, chistoso] fröhlich.
fetal *adj* fötal.
fetiche *m* Fetisch *der*.
fetichista ◇ *adj* fetischistisch. ◇ *mf* Fetischist *der*, -in *die*.
fétido, da *adj* stinkend.
feto *m* Fötus *der*.
feudal *adj* feudal.
feudalismo *m* Feudalismus *der*.
feudo *m* [tierra] Lehen *das*.
FF AA (*abrev de* **Fuerzas Armadas**) *fpl spanische Streitkräfte*.
fiable *adj* zuverlässig.
fiador, ra *m, f* Bürge *der*, -gin *die*.
fiambre *m* - **1.** [comida] Wurstwaren *pl* - **2.** *fam* [cadáver] Leiche *die*.
fiambrera *f* Frischhaltebox *die*.
fianza *f* Kaution *die*.
fiar [9] *vt* [en tienda] anlschreiben ; **ser de ~** vertrauenswürdig sein. ◆ **fiarse** *vpr* sich verlassen ; **~se de algo/alguien** etw/jm (ver)trauen.
fiasco *m* Fiasko *das*.
FIBA (*abrev de* **Federación Internacional de Baloncesto Amateur**) *f* FIBA *die*.
fibra *f* Faser *die* ; **~ artificial** Kunstfaser ; **~ óptica** o **de vidrio** Glasfaser *die*.

ficción *f* - **1.** [gen] Fiktion *die* - **2.** [invención] Erfindung *die*.
ficha *f* - **1.** [para clasificar] Karteikarte *die* - **2.** [de juego] Spielstein *der*.
fichaje *m* DEP Vertragsschluss *der* ; [importe] Ablösesumme *die*.
fichar ◇ *vt* - **1.** [anotar en fichas] katalogisieren - **2.** [suj : policía] in die Kartei auf|nehmen - **3.** DEP verplichten - **4.** *fam* [calar] durchschauen. ◇ *vi* [trabajador] stechen.
fichero *m* INFORM Datei *die*.
ficticio, cia *adj* fiktiv.
ficus *m* Ficus *der*.
fidedigno, na *adj* glaubwürdig.
fidelidad *f* - **1.** [lealtad] Treue *die* - **2.** [precisión] Genauigkeit *die* ; **alta ~** Highfidelity *die*.
fideo *m* Fadennudel *die*.
fiebre *f lit & fig* Fieber *das* ; **~ del poder** Machtrausch *der*.
fiel ◇ *adj* - **1.** [leal] treu - **2.** [preciso] genau. ◇ *mf* Getreue *der, die*.
fieltro *m* Filz *der*.
fiero, ra *adj* wild. ◆ **fiera** *f* - **1.** [animal] Raubtier *das* - **2.** *fig* [persona sobresaliente] tüchtige Person - **3.** *fig* [persona cruel] Bestie *die*.
fierro *m Amér* - **1.** [herramienta] Eisen *das* - **2.** [marca] Brandzeichen *das*.
fiesta *f* - **1.** [reunión] Fest *das*, Feier *die* - **2.** [día no laborable] Feiertag *der* ; **hacer ~** einen freien Tag ein|legen - **3.** *fig* [alegría] Freudenfest *das* - **4.** [de comunidad] Feiertag *der* ; **~ mayor** Patronatsfest *das* ; **la ~ nacional** Stierkampf *der*.
figura *f* - **1.** [gen] Figur *die* - **2.** [personaje] Persönlichkeit *die* - **3.** [en naipes] Spielkartenfigur - **4.** [en retórica] Stilfigur *die*.
figuraciones *fpl* Einbildung *die*.
figurado, da *adj* : **en sentido ~** im übertragenen Sinn.
figurar ◇ *vi* - **1.** [haber, estar] erscheinen ; **~ en la lista** auf der Liste stehen - **2.** [ser importante] eine Rolle spielen. ◇ *vt* [representar] darstellen. ◆ **figurarse** *vpr* [imaginarse] sich vor|stellen.
figurín *m* Schaufensterpuppe *die*.
fijación *f* - **1.** [gen] Befestigung *die* - **2.** [obsesión & FOTO] Fixierung *die*. ◆ **fijaciones** *fpl* Bindung *die*.
fijador, ra *adj* Fixier- ; **baño ~** Fixierbad *das*. ◆ **fijador** *m* [líquido] Fixierer *der* ; **~ de pelo** Haarfestiger *der*.
fijar *vt* - **1.** [poner] an|bringen ; **~ las botas a los esquís** die Schuhe an den Skiern befestigen - **2.** [determinar] fest|legen - **3.** [establecer] fest|setzen - **4.** [dirigir] richten - **5.** [con fijador] fixieren. ◆ **fijarse** *vpr* auf|passen ; **~se (en algo)** [prestar atención] (auf etw *(A)*) achten ; [darse cuenta] etw bemerken.
fijeza *f* Beharrlichkeit *die*.
fijo, ja *adj* [gen] fest ; **clientes ~s** Stammkunden *pl* ; **sueldo ~** festes Gehalt ; **empleados ~s** Festangestellte *pl* ; [idea] fix. ◆ **fijo** *adv fam* sicher.
fila *f* - **1.** [hilera] Reihe *die* ; **en ~ (india)** im Gänsemarsch ; **aparcar en doble ~** in zweiter Reihe parken - **2.** [manía] Hass *der*. ◆ **filas** *fpl fig* [bando, partido] Reihen *pl* ; **cerrar ~s** die Reihen schließen ; **llamar a ~s** einberufen.
filamento *m* - **1.** [cable] Faden *der* - **2.** [de planta] Staubfaden *der*.
filántropo, pa *m, f* Philanthrop *der*, -in *die*, Menschenfreund *der*, -in *die*.
filarmónico, ca *adj* philharmonisch.
filatelia *f* Philatelie *die*.
filete *m* [de carne] Filet *das*.
filiación *f* - **1.** [por policía] Personalien *pl* - **2.** [ideología] Mitgliedschaft *die* - **3.** [parentesco] Abstammung *die*.
filial ◇ *adj* - **1.** [de hijo] Kindes- - **2.** [de empresa] Tochter-. ◇ *f* [empresa] Filiale *die*.
filigrana *f* - **1.** [en orfebrería] Filigran *das* - **2.** [acción] Kunststück *das* - **3.** [en papel] Wasserzeichen *das*.
Filipinas *fpl* : **(las) ~** die Philippinen.
filipino, na ◇ *adj* philippinisch. ◇ *m, f* Philippiner *der*, -in *die*. ◆ **filipino** *m* Philipinisch(e) *das*.
film = **filme**.
filmar *vt* filmen.
filme (*pl* **filmes**), **film** (*pl* **films**) *m* Film *der*.
filmoteca *f* Filmothek *die*.
filo *m* Klinge *die*. ◆ **al filo de** *loc prep* kurz vor.
filología *f* Philologie *die*.
filón *m* - **1.** [yacimiento] Flöz *das* - **2.** *fig* [asunto provechoso] Goldgrube *die*.
filoso, sa, filudo, da *adj Amér* scharf.
filosofía *f* [ciencia] Philosophie *die*.
filósofo, fa *m, f* Philosoph *der*, -in *die*.
filtración *f* [de agua, sol] Filtern *das*.
filtrar *vt* - **1.** [agua, sol] filtern - **2.** [dato] durch|sickern lassen. ◆ **filtrarse** *vpr* - **1.** [suj : agua] durch|sickern ; [suj : luz] durch|scheinen - **2.** *fig* [dato] durch|sickern.
filtro *m* - **1.** Filter *der o das* ; **~ de aceite** Ölfilter *der* - **2.** [bebida] Trank *der*.
filudo, da = **filoso**.
fimosis *f* MED Phimose *die*.
fin *m* - **1.** [final, muerte] Ende *das* ; **dar** o **poner ~ a algo** etw *(D)* ein Ende setzen ; **~ de fiesta** Abschlussfeier *die* ; **a ~es de** gegen Ende *(+G)* ; **al** o **por ~** endlich - **2.** [objetivo] Zweck *der* - **3.** *loc* : **al ~ y al cabo** letzten Endes. ◆ **a fin de** *loc prep* damit. ◆ **en fin** *loc adv* wie auch immer. ◆ **fin de semana** *m* Wochenende *das*.
final ◇ *adj* End-. ◇ *m* Ende *das* ; **a ~es**

de gegen Ende *(+G)* ; **al ~ (de)** am Ende *(+G)*. <> *f* DEP Finale *das*.
finalidad *f* Zweck *der*.
finalista <> *adj* Final-. <> *mf* Finalist *der*, -in *die*.
finalizar [13] <> *vt* beenden. <> *vi* enden.
financiar [8] *vt* finanzieren.
financiero, ra <> *adj* Finanz-, finanziell. <> *m, f* [profesión] Finanzexperte *der*, -tin *die*.
financista *mf Amér* Finanzexperte *der*, -tin *die*.
finanzas *fpl* Finanzen *pl*.
finca *f* [en campo] Landgut *das*.
finés, esa *adj* = **finlandés**.
fingir [15] <> *vt* vor|täuschen. <> *vi* simulieren.
finiquito *m* **-1.** [documento financiero] Rechnungsabschluss *der* ; [documento laboral] Endabrechnung *die* **-2.** [dinero] Schlussgehalt *das*.
finito, ta *adj* begrenzt.
finlandés, esa, finés, esa <> *adj* finnisch. <> *m, f* Finne *der*, -nin *die*. ◆ **finlandés, finés** *m* Finnisch(e) *das*.
Finlandia *f* Finnland *nt*.
fino, na *adj* [gen] fein ; [delgado] dünn ; [cintura] schmal. ◆ **fino** *m* ▷ **jerez**.
finura *f* Feinheit *die*.
fiordo *m* Fjord *der*.
firma *f* **-1.** [rúbrica] Unterschrift *die* ; **estampar una ~** unterschreiben **-2.** [acción] Unterzeichnung *die*.
firmamento *m* Firmament *das*.
firmar *vt* unterschreiben.
firme <> *adj* **-1.** [gen] fest **-2.** [carácter] unerschütterlich. <> *m* Straßenbelag *der*. <> *adv* stark.
firmeza *f* **-1.** [de cosa] Festigkeit *die* **-2.** *fig* [de persona] Beharrlichkeit *die*.
fiscal <> *adj* Fiskal- ; **política ~** Steuerpolitik *die*. <> *mf* Staatsanwalt *der*, -wältin *die*.
fiscalizar [13] *vt* [en inspección fiscal] steuerlich prüfen.
fisco *m* Fiskus *der*.
fisgar [16] *vi* [entre papeles] herum|schnüffeln.
fisgón, ona <> *adj* neugierig. <> *m, f* Schnüffler *der*, -in *die*.
fisgonear *vi fam* schnüffeln.
físico, ca <> *adj* **-1.** [de cuerpo humano, de materia] physisch **-2.** [de física] physikalisch. <> *m, f* Physiker *der*, -in *die*. ◆ **físico** *m* Körperbau *der*. ◆ **Física** *f* Physik *die*.
fisiológico, ca *adj* physiologisch.
fisión *f* FÍS Spaltung *die*.
fisionomía, fisonomía *f* Physiognomie *die*.
fisioterapeuta *mf* Physiotherapeut *der*, -in *die*.
fisonomía = **fisionomía**.
fisura *f* **-1.** [de hueso] Knochenriss *der* ; [del ano] Afterschrunde *die* **-2.** [grieta] Riss *der*.
flacidez, flaccidez *f* Schlaffheit *die*.
flácido, da, fláccido, da *adj* schlaff.
flaco, ca *adj* dünn ; **¡oye flaco, tráeme una silla!** *Amér* hör mal, Schätzchen, bring mir einen Stuhl!
flagelar *vt* aus|peitschen.
flagelo *m* **-1.** [instrumento] Peitsche *die* **-2.** BIOL Flagellum *das*.
flagrante *adj* offenkundig.
flamante *adj* [nuevo] brandneu ; [resplandeciente] glänzend.
flambear *vtr* CULIN flambieren.
flamenco, ca <> *adj* **-1.** [de Andalucía] Flamenco- **-2.** [de Flandes] flämisch. <> *m, f* [de Flandes] Flame *der*, Flämin *die*. ◆ **flamenco** *m* **-1.** [ave] Flamingo *der* **-2.** [lengua de Flandes] Flämisch(e) *das* **-3.** [cante y baile andaluces] Flamenco *der*.
flan *m* CULIN Pudding *der*.
flanco *m* Flanke *die*.
flanquear *vt* [estar al lado] flankieren ; [suj : ejército] an der Flanke an|greifen.
flaquear *vi* schwach werden.
flaqueza *f* Schwäche *die*.
flash [flas] (*pl* **flashes**) *m* **-1.** [de cámara] Blitz *der* **-2.** [de noticia] Kurznachrichten *pl*.
flato *m* Blähung *die*.
flatulento, ta *adj* [que causa flatulencia] blähend.
flauta *f* Flöte *die*.
flebitis *f* MED Venenentzündung *die*.
flecha *f* **-1.** [arma, señal] Pfeil *der* **-2.** [en campanario] Turmspitze *die*.
flechazo *m* **-1.** [con flecha] Pfeilschuss *der* **-2.** *fam fig* [de amor] : **fue un ~** es war Liebe auf den ersten Blick.
fleco *m* Franse *die*.
flema *f* **-1.** [mucosidad] Schleim *der* **-2.** *fig* [tranquilidad] Trägheit *die*.
flemático, ca *adj* **-1.** [con mucosidad] schleimig **-2.** *fig* [tranquilo] träge.
flemón *m* MED Entzündung *die*.
flequillo *m* Pony *der*.
fletar *vt* **-1.** [alquilar] chartern **-2.** [cargar] laden.
flete *m* **-1.** [precio] Transportkosten *pl* **-2.** [carga] Fracht *die*.
flexibilidad *f* **-1.** [de material] Biegsamkeit *die* **-2.** *fig* [de persona] Flexibilität *die*.
flexible *adj* **-1.** [material, objeto] biegsam **-2.** [persona] flexibel.
flexión *f* [doblegamiento] Beugen *das*.
flexo *m* biegsame Tischlampe.
flipar *vi fam* [sorprenderse] aus|flippen.
flipper *m* Flipper *der*.

flirtear *vi* flirten.
flojear *vi* - **1.** [flaquear] schwach werden - **2.** [disminuir] ab|nehmen.
flojera *f* Schwäche *die*.
flojo, ja *adj* - **1.** [suelto] locker - **2.** *fig* [débil, poco apto] schwach ; [de sonido] leise - **3.** *fig* [de poca calidad] schlecht - **4.** *fig* [con poca actividad] träge - **5.** *Amér* [perezoso] faul.
flor *f* - **1.** [de planta] Blume *die* ; **en ~** in Blüte - **2.** *fig* [lo mejor] : **en la ~ de la vida** o **edad** in der Blüte des Lebens ; **la ~ y nata** Crème de la Crème *die*. ◆ **a flor de** *loc adv* an der Oberfläche *(+G)* ; **tenía los nervios a ~ de piel** seine Nerven waren zum Zerreißen gespannt.
flora *f* Flora *die*.
florecer [30] *vi lit & fig* blühen.
floreciente *adj* blühend.
florero *m* Blumenvase *die*.
florido, da *adj* blühend.
florín *m* Gulden *der*.
florista *mf* Blumenhändler *der*, -in *die*.
floristería *f* Blumengeschäft *das*.
flota *f* Flotte *die*.
flotación *f* - **1.** [en agua] : **línea de ~** Wasserlinie *die* - **2.** ECON Floating *das*.
flotador *m* Schwimmring *der*.
flotar *vi* - **1.** [en agua] schwimmen - **2.** [en aire] schweben ; [bandera] flattern.
flote ◆ **a flote** *loc adv* [en mar] über Wasser ; **salir a ~** *fig* wieder auf die Beine kommen.
flotilla *f* Flotille *die*.
fluctuar [6] *vi* schwanken.
fluidez *f* - **1.** [de sustancia] Flüssigkeit *die* - **2.** *fig* [en lenguaje] Flüssigkeit ; **habla el inglés con ~** sie spricht fließend Englisch - **3.** *fig &* ECON [de movimiento] Fluss *der*.
fluido, da *adj* - **1.** [sustancia, lenguaje] flüssig - **2.** [tráfico] fließend. ◆ **fluido** *m* Flüssigkeit *die* ; **~ eléctrico** Strom *der*.
fluir [51] *vi lit & fig* fließen.
flujo *m* - **1.** [corriente] Fluss *der* - **2.** MED Ausfluss *der* - **3.** *fig* [abundancia] Überfluss *der*.
flúor *m* QUÍM Fluor *das*.
fluorescente ◇ *adj* fluoreszierend. ◇ *m* Leuchtstoffröhre *die*.
fluvial *adj* Fluss-.
FM (*abrev de* **frecuencia modulada**) *f* UKW *die*.
fobia *f* PSICOL Phobie *die*.
foca *f* Robbe *die*.
focalizar [13] *vt* fokussieren.
foco *m* - **1.** [lámpara] Scheinwerfer *der* - **2.** [centro] Zentrum *das* - **3.** FÍS Fokus *der* - **4.** *Amér* [bombilla] Glühbirne *die*.
fofo, fa *adj* schwabbelig.
fogata *f* Lagerfeuer *das*.
fogón *m* [para cocinar] Herd *der*.
fogoso, sa *adj* feurig.
fogueo *m* : **bala de ~** Platzpatrone *die*.
foie-gras [fwa'ɣras] *m* CULIN Leberpastete *die*.
folclore, folclor, folklor *m* Folklore *die*.
folio *m* [hoja] Blatt *das* ; [tamaño] Folio *das*.
folklor = **folclore**.
follaje *m* Laub *das*.
folletín *m* Melodram *das*.
folleto *m* Broschüre *die*.
follón *m fam* [lío] Durcheinander *das*.
fomentar *vt* fördern.
fomento *m* Förderung *die*.
fonda *f* - **1.** [para dormir] Pension *die* - **2.** [para comer] Gasthaus *das*.
fondo *m* - **1.** [gen] Grund *der* ; **tocar ~** [embarcación] auf Grund laufen ; *fig* sich festfahren - **2.** [de recipiente] Boden *der* ; **doble ~** doppelter Boden - **3.** [parte de atrás] hinterer Teil ; **al ~ de** am Ende *(+G)* - **4.** [dimensión] Tiefe *die* - **5.** [segundo plano, de obra literaria] Hintergrund *der* - **6.** [esencia] Kern *der* - **7.** [lo más íntimo] : **la noticia le sacudió hasta el ~** die Nachricht hat ihn bis ins Mark getroffen ; **tener buen ~** einen guten Kern haben - **8.** *(gen pl)* [dinero] Gelder *pl* ; **a ~ perdido** à fonds perdu ; **recaudar ~s** Gelder sammeln - **9.** [de biblioteca, archivo] Bestand *der* - **10.** DEP Ausdauer *die* - **11.** ECON Fonds *der* ; **~ de amortización** Tilgungsfonds ; **~ de inversión** Investmentfonds ; **~ de pensiones** Pensionsfonds. ◆ **a fondo** ◇ *loc adv* gründlich ; **emplearse a ~** *fig* sein Bestes geben. ◇ *loc adj* : **reforma a ~** grundlegende Reform. ◆ **en el fondo** *loc adv* im Grunde. ◆ **bajos fondos** *mpl* Unterwelt *die*.
fonema *m* Phonem *das*.
fonético, ca *adj* phonetisch. ◆ **fonética** *f* Phonetik *die*.
fono *m Amér* (Telefon)hörer *der*.
fontanería *f* Klempnerei *die*.
fontanero, ra *m, f* Klempner *der*, -in *die*.
football = **fútbol**.
footing ['futin] *m* Jogging *das*.
forajido, da *m, f* flüchtiger Bandit, flüchtige Banditin.
foráneo, a *adj* [de otro lugar] fremd.
forastero, ra *m, f* Fremde *der, die*.
forcejear *vi* sich an|strengen.
forense ◇ *adj* Gerichts-. ◇ *mf* Gerichtsmediziner *der*, -in *die*.
forestal *adj* Forst-.
forfait [for'fe] (*pl* **forfaits**) *m* - **1.** DEP Nichtantreten *das* - **2.** [abono] (Tages)karte *die* - **3.** [precio invariable] Pauschale *die*.
forja *f* - **1.** [fragua] Schmiede *die* - **2.** [fabricación] Schmieden *das*.
forjar *vt* schmieden. ◆ **forjarse** *vpr fig* [labrarse] sich erschaffen.
forma *f* - **1.** [gen] Form *die* ; **estar en ~** in

Form sein - **2.** [manera de hacer] Art *die* ; **de cualquier ~, de todas ~s** jedenfalls ; **de ~ que** sodass - **3.** RELIG [hostia] Hostie *die*. ◆ **formas** *fpl* [cuerpo humano] Figur *die* ; **guardar las ~s** die Form wahren.
formación *f* - **1.** [acción] Bildung *die* - **2.** [educación] Ausbildung *die* - **3.** MIL Verband *der*. ◆ **formación profesional** *f* Berufsausbildung *die*.
formal *adj* - **1.** [educado] anständig ; [serio] korrekt - **2.** [en firme] formal - **3.** [de forma] Form-.
formalidad *f* - **1.** [seriedad] Zuverlässigkeit *die* - **2.** [requisito, protocolo] Formalität *die*.
formalizar [13] *vt* formell bekräftigen.
formar *vt* - **1.** [dar forma, crear] bilden - **2.** [educar] aus|bilden - **3.** MIL formieren. ◆ **formarse** *vpr* - **1.** [tomar forma, hacerse] sich bilden - **2.** [educarse] ausgebildet werden - **3.** *Amér* [en cola] eine Schlange bilden.
formatear *vt* INFORM formatieren.
formato *m* Format *das*.
formica,® fórmica *f* Resopal® *das*.
formidable *adj* großartig.
fórmula *f* - **1.** [gen] Formel *die* ; **~ 1** Formel 1 *die* - **2.** [receta] Rezept *das*.
formular *vt* - **1.** [manifestar] formulieren - **2.** [expresar con una fórmula] eine Formel auf|stellen.
formulario *m* Formular *das*.
formulismo *m* Formalismus *der*.
fornido, da *adj* kräftig.
foro *m* - **1.** [tribunal] Gerichtssaal *der* - **2.** [de escenario] Hintergrund *der*.
forofo, fa *m, f fam* Fan *der*.
forraje *m* (Vieh)futter *das*.
forrar *vt* [libro] ein|binden ; [abrigo] füttern ; [sofá] polstern. ◆ **forrarse** *vpr fam* reich werden.
forro *m* [de libro] Einband *der* ; [de chaqueta] Futter *das* ; [de sofá] Polster *das* ; **~ polar** gefütterte Jacke.
fortachón, ona *adj* stämmig.
fortalecer [30] *vt* stärken.
fortaleza *f* - **1.** [física] Stärke *die*, Kraft *die* - **2.** [recinto] Festung *die*.
fortificación *f* Befestigungsanlage *die*.
fortuito, ta *adj* zufällig.
fortuna *f* - **1.** [suerte] Glück *das* ; **por ~** glücklicherweise ; **probar ~** sein Glück versuchen - **2.** [destino] Schicksal *das* - **3.** [riqueza] Vermögen *das*.
forzado, da *adj* - **1.** [no natural] gezwungen - **2.** [por la fuerza] erzwungen.
forzar [37] *vt* - **1.** [puerta] auf|brechen ; [romper] überlasten - **2.** [violar] vergewaltigen - **3.** [obligar] zwingen ; **~ a alguien a hacer algo** jn zwingen, etw zu tun - **4.** [violentar algo] erzwingen.
forzoso, sa *adj* zwangsläufig.
forzudo, da <> *adj* sehr stark. <> *m, f* starker Mann, starke Frau.
fosa *f* - **1.** [sepultura] Grab *das* ; **~ común** Massengrab *das* - **2.** ANAT Höhle *die* ; **~s nasales** Nasenlöcher *pl* - **3.** [hoyo] Grube *die*.
fosfato *m* QUÍM Phosphat *das*.
fosforescente *adj* phosphoreszierend.
fósforo *m* - **1.** QUÍM Phosphor *der* - **2.** [para encender] Streichholz *das*.
fósil *m* - **1.** [restos marinos] Fossil *das* - **2.** *fam* [viejo] Fossil *das*.
foso *m* - **1.** [hoyo] Grube *die* - **2.** [de fortaleza] Graben *der* - **3.** DEP Sprunggrube *die*.
foto *f* Foto *das* ; **sacar una ~** ein Foto machen.
fotocopia *f* - **1.** [procedimiento] (Foto)kopieren *das* - **2.** [objeto] (Foto)kopie *die*.
fotocopiadora *f* (Foto)kopierer *der*.
fotocopiar [8] *vt* (foto)kopieren.
fotoeléctrico, ca *adj* fotoelektrisch.
fotogénico, ca *adj* fotogen.
fotografía *f* Fotografie *die*.
fotografiar [9] *vt* fotografieren.
fotógrafo, fa *m, f* Fotograf *der*, -in *die*.
fotograma *m* Fotogramm *das*.
fotomatón *m* Passbildautomat *der*.
fotometría *f* FÍS Fotometrie *die*.
fotonovela *f* Fotoroman *der*.
fotosíntesis *f* QUÍM Fotosynthese *die*.
fotuto *m Amér* AUTOM Hupe *die*.
FP *f abrev de* **formación profesional**.
frac (*pl* **fracs** o **fraques**) *m* Frack *der*.
fracasar *vi* scheitern ; **~ como** scheitern als ; **~ en** scheitern mit.
fracaso *m* - **1.** [mal resultado] Misserfolg *der* ; **~ escolar** schulisches Versagen - **2.** [persona] gescheiterte Existenz.
fracción *f* - **1.** [parte] Bruchteil *der* - **2.** POLÍT Fraktion *die* - **3.** MAT Bruchzahl *die*.
fraccionamiento *m* [división] Zerteilung *die* ; [de grupo] Spaltung *die*.
fraccionario, ria *adj* Bruch-.
fractura *f* (Knochen)bruch *der*.
fracturarse *vpr* : **~ algo** sich *(D)* etw brechen.
fragancia *f* Duft *der*.
fraganti ◆ **in fraganti** *loc adv* in flagranti.
frágil *adj* - **1.** [objeto] zerbrechlich - **2.** *fig* [persona] schwach ; [salud] anfällig.
fragilidad *f* - **1.** [de objeto] Zerbrechlichkeit *die* - **2.** *fig* [de persona] Schwäche ; [de salud] Anfälligkeit *die*.
fragmentar *vt* - **1.** [partir] fragmentieren - **2.** [dividir] (zer)teilen.
fragmento *m* - **1.** [de algo roto] Teilstück *das* - **2.** [de obra] Auszug *der*.
fragua *f* Schmiede *die*.
fraguar [45] <> *vt* - **1.** [hierro] schmieden

- 2. *fig* [idea] sich ausldenken. <> *vi* sich verfestigen.
fraile *m* Mönch *der*.
frambuesa *f* Himbeere *die*.
francés, esa <> *adj* französisch. <> *m, f* Franzose *der*, -zösin *die*. ◆ **francés** *m* Französisch(e) *das*.
Francia *f* Frankreich *nt*.
franciscano, na <> *adj* franziskanisch. <> *m, f* Franziskaner *der*, -in *die*.
franco, ca <> *adj* - 1. [sincero] offen - 2. [sin obstáculos, exento de gastos] frei. <> *m, f* [de Francia, Galia] Franke *der*, Fränkin *die*. ◆ **franco** *m* [moneda - de Francia, Bélgica] Franc *der* ; [- de Suiza] Franken *der*.
francófono, na <> *adj* frankofon. <> *m, f* Frankofone *der, die*.
francotirador, ra *m, f* - 1. [tirador] Heckenschütze *der*, -tzin *die* - 2. *fig* [persona independiente] Einzelgänger *der*, -in *die*.
franela *f* Flanell *der*.
franja *f* [de vestido] Franse *die* ; [tira] Streifen *der*.
franquear *vt* - 1. [dejar paso] gewähren - 2. [atravesar] überqueren - 3. [correo] frankieren.
franqueo *m* Porto *das*.
franqueza *f* [sinceridad] Aufrichtigkeit *die*.
franquicia *f* Franchising *das*.
franquismo *m* [época] Franco-Zeit *die* ; POLÍT Franquismus *der*.
frasco *m* Fläschchen *das*.
frase *f* Satz *der* ; ~ **hecha** Redensart *die*.
fraternidad, fraternización *f* Brüderlichkeit *die*.
fraterno, na *adj* brüderlich.
fraude *m* Betrug *der* ; ~ **fiscal** Steuerhinterziehung *die*.
fraudulento, ta *adj* betrügerisch.
fray *m* RELIG Bruder *der*.
frazada *f Amér* Decke *die* ; ~ **eléctrica** Heizdecke.
frecuencia *f* - 1. [repetición en tiempo] Häufigkeit *die* ; **con** ~ häufig - 2. FÍS [de radio] Frequenz *die* ; **alta** ~ Hochfrequenz ; **baja** ~ Niederfrequenz ; ~ **modulada, modulación de** ~ Modulationsfrequenz.
frecuentar *vt* häufig besuchen.
frecuente *adj* häufig.
fregadero *m* Spülbecken *das*.
fregado *m* - 1. [lavado] Säuberung *die* - 2. *fam* [lío] Schlamassel *der*.
fregado, da *adj Amér fam* ärgerlich.
fregar [35] *vt* - 1. [limpiar] spülen - 2. [frotar] ablreiben - 3. *Amér* [fastidiar] ärgern.
fregona *f* - 1. [utensilio] Wischmopp *der* - 2. *despec* [mujer ordinaria] Putze *die*.
freidora *f* Fritteuse *die*.
freír [28] *vt* - 1. [alimentos] frittieren - 2. *fam* [molestar] belästigen. ◆ **freírse** *vpr* braten.
frenar *vt & vi* bremsen. ◆ **frenarse** *vpr* sich bremsen.
frenazo *m* - 1. [de vehículo] Vollbremsung *die* - 2. *fig* [parón] Dämpfer *der*.
frenesí (*pl* **frenesíes**) *m* - 1. [exaltación] Leidenschaft *die* - 2. [locura] Wahn *der*.
frenético, ca *adj* - 1. [furioso] wütend - 2. [con locura] rasend.
frenillo *m* ANAT Bändchen *das*.
freno *m* - 1. [dispositivo] Bremse *die* ; ~ **de disco** Scheibenbremse - 2. *fig* [control] Beherrschung *die*.
frenopático, ca *adj* psychiatrisch.
frente <> *f* Stirn *die*. <> *m* - 1. [parte delantera] Vorderseite *die* ; **estar al** ~ [dirigir] an der Spitze stehen - 2. METEOR & POLÍT [zona de combate] Front *die* ; ~ **frío** Kaltfront *die*. ◆ **de frente** *loc adv* von vorn ◆ **frente a** *loc prep* - 1. [enfrente de, con relación a] gegenüber *(+D)* - 2. [enfrentarse] : **hacer** ~ **a** Widerstand leisten gegen ◆ **frente a frente** *loc adv* von Angesicht zu Angesicht.
fresa *f* - 1. [planta, fruto] Erdbeere *die* - 2. [herramienta] Fräse *die*.
fresco, ca <> *adj* - 1. [gen] frisch - 2. [caradura] frech. <> *m, f* [caradura] unverschämte Person. ◆ **fresco** *m* - 1. [pintura] Fresko *das* ; **al** ~ Fresko- - 2. [frío moderado] Frische *die* ; **tomar el** ~ frische Luft schnappen. ◆ **fresca** *f* [mujer de vida alegre] Flittchen *das*.
frescor *m* Frische *die*.
frescura *f* - 1. [frescor, de alimentos] Frische *die* - 2. [descaro] Unverschämtheit *die*
fresno *m* Esche *die*.
fresón *m* Gartenerdbeere *die*.
frialdad *f lit & fig* Kälte *die*.
fricción *f* - 1. [friega] Einreibung *die* - 2. [rozamiento] Reibung *die* - 3. [enfrentamiento] Reiberei *die*.
friega *f* Einreibung *die*.
frigidez *f* Frigidität *die*.
frigorífico, ca *adj* Kühl-. ◆ **frigorífico** *m* Kühlschrank *der*.
frijol, fríjol *m Amér* Bohne *die*.
frío, a *adj* - 1. [gen] kalt - 2. [inmutable] kühl. ◆ **frío** *m* Kälte *die* ; **tener** ~ frieren **coger en** ~ kalt erwischen ; **hacer un** ~ **que pela** eisig kalt sein.
friolero, ra *adj* kälteempfindlich ◆ **friolera** *f fam* [cantidad] Unsumme *die*
frito, ta <> *pp irreg* ▷ **freír**. <> *adj* - 1. [alimento] frittiert - 2. *fam* [persona] genervt. ◆ **frito** *m (gen pl)* Frittierte *das*.
frívolo, la *adj* [trivial] oberflächlich.
frondoso, sa *adj* dicht belaubt.
frontal <> *adj* - 1. [delantero] frontal

- 2. [de la frente] Stirn-. ◇ *m* ANAT Stirnbein *das*.

frontera *f* Grenze *die*.

fronterizo, za *adj* Grenz-.

frontispicio *m* ARQUIT Giebeldreieck *das*.

frontón *m* - 1. [deporte] Pelota *die* - 2. [cancha] Pelota-Spielfeld *das* - 3. ARQUIT Giebeldreieck *das*.

frotar *vt* reiben. ◆ **frotarse** *vpr* sich reiben.

fructífero, ra *adj* fruchtbar.

fructificar [10] *vi* - 1. [dar fruto] Früchte tragen - 2. [ser productivo] fruchten.

frugal *adj* [comida] bescheiden.

fruición *f* Genuss *der*.

fruncir [12] *vt* - 1. [parte de la cara] : ~ **el ceño** die Stirn runzeln - 2. [tela] raffen.

fruslería *f* Belanglosigkeiten *pl*.

frustración *f* Frustration *die*.

frustrar ◇ *vt* [malograr] zunichte machen. ◇ *vi* [decepcionar] frustrieren. ◆ **frustrarse** *vp* - 1. [decepcionarse] enttäuscht werden - 2. [plan, proyecto] scheitern.

fruta *f* Obst *das* ; **~s tropicales** Tropenfrüchte *pl*.

frutal ◇ *adj* Obst-. ◇ *m* Obstbaum *der*.

frutería *f* Obstgeschäft *das*.

frutero, ra ◇ *adj* Obst-. ◇ *m, f* Obsthändler *der*, -in *die*. ◆ **frutero** *m* [recipiente] Obstschale *die*.

fruto *m* - 1. [de planta] Frucht *die* - 2. [resultado] Ergebnis *das* ; **dar ~** Früchte tragen. ◆ **frutos secos** *mpl* Trockenobst *das*.

fucsia ◇ *f* [planta] Fuchsie *die*. ◇ *adj inv* pink. ◇ *m* Pink *das*.

fue - 1. ▷ **ir** - 2. ▷ **ser**.

fuego *m* - 1. [gen] Feuer *das* ; **a ~ lento** CULIN bei schwacher Hitze ; **pegar ~** Feuer legen ; **~s artificiales** Feuerwerk *das* - 2. [entusiasmo] Begeisterung *die* - 3. [sensación] Brennen *das* - 4. *loc* : **jugar con ~** mit dem Feuer spielen.

fuelle *m* - 1. [de cámara de fotos, acordeón] Balg *der* ; [de bolso, cartera] Fach *das* - 2. [para soplar] Blasebalg *der*.

fuente *f* - 1. [manantial] Quelle *die* - 2. [construcción] Brunnen *der* - 3. [bandeja] Platte *die* - 4. *fig* & ELECTR [origen, de noticia] Quelle *die* ; **~ de alimentación** Nahrungsquelle.

fuera[1] - 1. ▷ **ir** - 2. ▷ **ser**.

fuera[2] ◇ *adv* - 1. [en exterior] draußen ; **hacia ~** nach draußen ; **por ~** außen - 2. [otro lugar] auswärts ; **de ~** [extranjero] von auswärts - 3. *fig* [alejado] : **~ de** außer *(D)*. ◇ *m* DEP Aus *das* ; **~ de juego** im Abseits. ◇ *interj* : **¡fuera!** raus! ◆ **fuera de** *loc adv* [excepto] außer *(D)* ◆ **fuera de serie** *mf* Superstar *der*.

fueraborda *m inv* Außenbordmotor *der*.

fuero *m* - 1. [ley especial] *(gen pl) Partikularrechte einzelner Provinzen Spaniens* - 2. [jurisdicción] Gerichtsbarkeit *die*.

fuerte ◇ *adj* - 1. [gen] stark - 2. [animoso] tapfer - 3. [con agresividad física] hart - 4. [malsonante] grob - 5. [apretado] fest - 6. [ruido] laut. ◇ *adv* - 1. [tono de voz] laut - 2. [en abundancia] viel - 3. [con intensidad] heftig - 4. *fam* [con fuerza] fest. ◇ *m* [fortificación] Fort *das* ; [fortaleza] **su ~ es la música** *fig* die Musik ist seine Stärke.

fuerza *f* - 1. [gen] Kraft *die* ; **a ~ de** mittels ; **por ~** notgedrungen ; **a la ~** gezwungenermaßen - 2. [resistencia física] Stärke *die* - 3. [violencia] Gewalt *die* ; **por la ~** mit Gewalt, gewaltsam. ◆ **fuerzas** *fpl* Kräfte *pl* ; **~s del orden público** Polizei *die*.

fuese - 1. ▷ **ir** - 2. ▷ **ser**.

fuga *f* - 1. [huida] Flucht *die* ; **darse a la ~** die Flucht ergreifen - 2. [escape] undichte Stelle - 3. MÚS Fuge *die*.

fugarse [16] *vpr* [escapar] fliehen, flüchten ; [irse de casa] durch|brennen.

fugaz *adj* flüchtig.

fugitivo, va ◇ *adj* - 1. [que huye] flüchtig - 2. *fig* [que dura poco] vergänglich. ◇ *m, f* Flüchtling *der*.

fui - 1. ▷ **ir** - 2. ▷ **ser**.

fulano, na *m, f* Herr Soundso, Frau Soundso ; **~ y mengano** Hinz und Kunz. ◆ **fulana** *f* Nutte *die*.

fulgor *m* [resplandor] Strahlen *das* ; [de estrellas] Funkeln *das* ; [de disparo] Mündungsfeuer *das*.

fulgurante *adj* Blitz-.

fulminante *adj* - 1. *fig* [enfermedad] blitzartig - 2. *fig* [acción] plötzlich - 3. [explosivo] detonierend.

fulminar *vt* - 1. [suj : rayo, persona] erschlagen ; [suj : objeto] ein|schlagen - 2. [suj : enfermedad] dahin|raffen - 3. [expresar odio] : **~ a alguien con la mirada** jn mit Blicken töten.

fumador, ra *m, f* Raucher *der*, -in *die* ; **~ pasivo** Passivraucher.

fumar *vt* & *vi* rauchen.

fumigar [16] *vt* aus|räuchern.

función *f* - 1. [gen] Funktion *die* - 2. [tarea] Aufgabe *die* - 3. [en teatro, cine] Vorstellung *die*.

funcional *adj* - 1. [útil] funktional, zweckmäßig - 2. MED & MAT Funktions-.

funcionalidad *f* Zweckmäßigkeit *die*.

funcionamiento *m* Funktionieren *das* ; **estar en ~** in Betrieb sein ; **poner en ~** in Gang setzen.

funcionar *vi* funktionieren ; **'no funciona'** 'außer Betrieb'.

funcionario, ria *m, f* Beamte *der*, -tin *die*.

funda *f* [de disco, raqueta] Hülle *die* ; [de sofá] Überzug *der* ; [de almohada] Bezug *der*.

fundación *f* - **1.** [creación, constitución] Gründung *die* - **2.** [institución] Stiftung *die.*
fundador, ra <> *adj* Gründungs-. <> *m, f* Gründer *der,* -in *die.*
fundamental *adj* fundamental, grundlegend.
fundamentalismo *m* RELIG Fundamentalismus *der.*
fundamentar *vt* - **1.** [idea, teoría] : ~ **algo en** etw gründen auf *(+A)* - **2.** [construcción] fundamentieren. ◆ **fundamentarse** *vpr* - **1.** [basarse] sich gründen auf *(+A)* - **2.** [construcción] ruhen auf *(+D).*
fundamento *m* - **1.** *fig* [base] Fundament *das,* Grundlage *die* - **2.** *fig* [razón] Grund *der* ; **sin ~** unbegründet - **3.** *(gen pl)* [cimientos] Fundament *das.*
fundar *vt* - **1.** [crear] gründen - **2.** *fig* [basar] (be)gründen. ◆ **fundarse** *vpr* : **~se en** sich gründen auf *(+A).*
fundición *f* [taller] Gießerei *die.*
fundir *vt* - **1.** [metal] schmelzen - **2.** ELECTR durch|brennen - **3.** *fig* [unir] verschmelzen. ◆ **fundirse** *vpr* - **1.** ELECTR durch|brennen - **2.** *fig* [unirse] sich vereinigen.
fúnebre *adj* Toten-.
funeral *m (gen pl)* Begräbnis *das.*
funerario, ria *adj* Bestattungs-. ◆ **funeraria** *f* Bestattungsinstitut *das.*
funesto, ta *adj* verhängnisvoll.
fungir [15] *vi Amér* : ~ **de** ein Amt ausüben als.
funicular *m* - **1.** [por tierra] Bergbahn *die* - **2.** [por aire] Seilbahn *die.*
furgón *m* - **1.** [vehículo] (Liefer)wagen *der* - **2.** [vagón de tren] Wagen *der.*
furgoneta *f* Lieferwagen *der.*
furia *f* Wut *die* ; **ponerse hecho una ~** vor Wut rasen.
furioso, sa *adj* wütend.
furor *m* - **1.** [enfado] Wut *die,* Zorn *der* - **2.** [ímpetu] Eifer *der* - **3.** *loc* : **hacer ~** Furore machen.
furtivo, va *adj* heimlich ; **cazador ~** Wilderer *der.*
fusa *f* MÚS Zweiunddreißigstelnote *die.*
fuselaje *m* (Flugzeug)rumpf *der.*
fusible <> *adj* schmelzbar. <> *m* ELECTR Sicherung *die.*
fusil *m* Gewehr *das.*
fusilar, afusilar *Amér vt* [ejecutar] (standrechtlich) erschießen.
fusión *f* - **1.** [agrupación] Vereinigung *die* - **2.** ECON & FÍS Fusion *die* - **3.** [derretimiento] Schmelzen *das.*
fusionar <> *vt* - **1.** [agrupar] vereinigen - **2.** ECON & FÍS [empresas, bancos] fusionieren. <> *vi* schmelzen. ◆ **fusionarse** *vpr* sich zusammen|schließen.
fusta *f* Peitsche *die.*
fustán *m Amér* - **1.** [enagua] Unterrock *der* - **2.** [falda] grober Arbeitsrock.
fuste *m* Säulenschaft *der.*
fustigar [16] *vt lit & fig* geißeln.
fútbol, futbol, football ['fudbol] *m* DEP Fußball *der* ; **~ sala** Hallenfußball.
futbolín *m* Tischfußball *der.*
futbolista *mf* Fußballspieler *der,* -in *die.*
fútil *adj* belanglos.
futilidad *f* - **1.** [cualidad] Belanglosigkeit *die* - **2.** [cosa] Seichtheit *die.*
futón *m* Futon *der.*
futuro, ra *adj* zukünftig. ◆ **futuro** *m* - **1.** [porvenir] Zukunft *die* - **2.** GRAM Futur *das.* ◆ **futuros** *mpl* ECON Termingeschäfte *pl.*
futurología *f* Futurologie *die.*

G

g[1], G [xe] *f* [letra] g *das,* G *das.*
g[2], G [xe] g.
gabacho, cha *m, f fam despec* [francés] *abwertend für Franzosen.*
gabán *m* Überzieher *der.*
gabardina *f* - **1.** [tela] Gabardine *die* - **2.** [prenda] Trenchcoat *der.*
gabinete *m* - **1.** [gobierno] Kabinett *das* - **2.** [de médico, de abogado] Praxis *die* ; [estudio] Arbeitsraum *der* - **3.** *Amér* [mueble] Küchenzeile *die.*
gacela *f* Gazelle *die.*
gaceta *f* Zeitung *die.*
gacho, cha *adj* hängend ; **orejas gachas** Schlappohren. ◆ **gachas** *fpl* CULIN *Maisbrei mit Salz und Zutaten.*
gafar *vt fam* Unglück bringen.
gafas *fpl* Brille *die* ; **~ de sol** Sonnenbrille ; **~ progresivas** Gleitsichtglasbrille.
gafe <> *adj* unglücksbringend. <> *mf* Unglücksbringer *der,* -in *die.*
gaita *f* - **1.** [instrumento musical] Dudelsack *der* - **2.** *fam* [pesadez] Qual *die.*
gajes *mpl* Nebeneinnahmen *pl* ; **~ del oficio** Unannehmlichkeiten *pl* des Berufs.
gajo *m* - **1.** [trozo de fruta] Scheibe *die* - **2.** [racimo] Traube *die.*
GAL (*abrev de* **Grupos Antiterroristas de Liberación**) *mpl gegen die baskische ETA gerichtete Terroristengruppe.*
gala *f* - **1.** [fiesta] Gala *die* ; **de ~** Gala(kleidung) *die* - **2.** [de artista] Galavorstellung *die* - **3.** *loc* : **hacer gala de** sich einer Sache *(G)*

rühmen. ◆ **galas** *fpl* [ropa] beste Kleider *pl.*

galáctico, ca *adj* ASTRON galaktisch.

galán *m* - **1.** [hombre atractivo] Galan *der* - **2.** [actor] jugendlicher Liebhaber.

galante *adj* galant.

galantear *vt* den Hof machen.

galantería *f* - **1.** [cualidad] Höflichkeit *die* - **2.** [acción] Galanterie *die.*

galápago *m* Süßwasserschildkröte *die.*

galardón *m* Auszeichnung *die.*

galaxia *f* ASTRON Galaxis *die.*

galeón *m* Galeone *die.*

galera *f* Galeere *die.*

galería *f* - **1.** [habitación cubierta, corredor cubierto] Galerie *die* - **2.** [para exposición] Kunstgalerie *die* - **3.** [en teatro] Galerie *die,* oberster Rang - **4.** [de mina] Stollen *der.* ◆ **galerías (comerciales)** *fpl* Ladenpassage *die.*

Gales *m* Wales *nt.*

galés, esa ◇ *adj* walisisch. ◇ *m, f* Waliser *der,* -in *die.* ◆ **galés** *m* Walisisch(e) *das.*

Galicia *f* Galicien *nt.*

galicismo *m* Gallizismus *der.*

galimatías *m inv* Kauderwelsch *das.*

gallardía *f* [valor] Tapferkeit *die* ; [aspecto] Eleganz *die.*

gallego, ga ◇ *adj* galicisch. ◇ *m, f* Galicier *der,* -in *die.* ◆ **gallego** *m* Galicisch(e) *das.*

galleta *f* Keks *der.*

gallina ◇ *f* [ave] Huhn *das.* ◇ *mf fam fig* [persona] Angsthase *der.*

gallinero *m* - **1.** [para gallinas] Hühnerstall *der* - **2.** *fam* [en teatro] Olymp *der.*

gallito *m fig* Held *der.*

gallo *m* - **1.** [ave] Hahn *der* - **2.** *fig* [persona] Anführer *der* - **3.** [al cantar] schiefer Ton - **4.** [pez] Heringskönig *der.*

galo, la ◇ *adj* gallisch. ◇ *m, f* Gallier *der,* -in *die.*

galón *m* - **1.** [distintivo] Tresse *die* - **2.** [medida] Gallone *die.*

galopar *vi* galoppieren.

galope *m* Galopp *der.*

gama *f* - **1.** [escala] Skala *die* - **2.** [de productos] Palette *die.*

gamba *f* Krabbe *die.*

gamberrada *f* Flegelei *die.*

gamberro, rra ◇ *adj* flegelhaft. ◇ *m, f* Rowdy *der.*

gamo *m* Damhirsch *der.*

gamuza *f* - **1.** [tejido] Gamsleder *das* ; [paño] Fensterleder - **2.** [animal] Gämse *die.*

gana *f* : **no me da la ~ decírtelo** ich habe keine Lust, es dir zu sagen ; **de buena ~** gern ; **de mala ~** ungern. ◆ **ganas** *fpl* Lust *die* ; **tener ~s de** Lust haben zu.

ganadería *f* - **1.** [actividad] Viehzucht *die* - **2.** [animales] Viehbestand *der* - **3.** [lugar de cría] Zucht *die.*

ganado *m* Vieh *das* ; **~ mayor** Großvieh.

ganador, ra ◇ *adj* siegreich. ◇ *m, f* Gewinner *der,* -in *die,* Sieger *der,* -in *die.*

ganancia *f* Gewinn *der.*

ganancial *adj* ▭ **bien.**

ganar ◇ *vt* - **1.** [vencer, premio] gewinnen - **2.** [persona] besiegen - **3.** [dinero] verdienen - **4.** *fig* [conseguir] erlangen - **5.** [en batalla] erobern - **6.** [ser superior] : **~ a alguien en algo** jn an/in etw *(D)* über|treffen. ◇ *vi* - **1.** [vencer] siegen ; [en juego] gewinnen - **2.** [dinero] verdienen - **3.** [mejorar] sich verbessern ; **~ con algo** durch etw gewinnen ; **~ en algo** an etw *(D)* gewinnen. ◆ **ganarse** *vpr* - **1.** *fig* [conseguir] für sich gewinnen - **2.** *fig* [merecer] verdienen.

ganchillo *m* Häkelarbeit *die* ; **hacer ~** häkeln.

gancho *m* - **1.** [gen] Haken *der* ; **tener ~** *fam fig* Anziehungskraft haben - **2.** *fig* [reclamo] Köder *der* - **3.** *Amér* [percha] Kleiderbügel *der.*

gandul, la ◇ *adj fam* faul. ◇ *m, f fam* Faulenzer *der,* -in *die.*

ganga *f fam* Schnäppchen *das.*

ganglio *m* ANAT Ganglion *der.*

gangrena *f* MED Brand *der.*

gángster (*pl* **gángsters**) *m* Gangster *der.*

gansada *f fam* Dummheit *die.*

ganso, sa *m, f* - **1.** [ave] Gans *die* - **2.** *fam* [persona] Dummkopf *der,* blöde Gans.

ganzúa *f* Dietrich *der.*

garabatear *vi* & *vt* kritzeln.

garabato *m* Gekritzel *das* ; **hacer ~s** kritzeln.

garaje *m* - **1.** [para guardar] Garage *die* - **2.** [para reparar] Autowerkstatt *die.*

garantía *f* - **1.** [en compra, seguridad] Garantie *die* - **2.** [documento] Garantieschein *der* - **3.** [fianza] Sicherheit *die.*

garantizar [13] *vt* [en compra, asegurar] garantieren ; **~ algo a alguien** jm etw garantieren.

garbanzo *m* Kichererbse *die.*

garbeo *m fam* Bummel *der.*

garbo *m* [de persona] Anmut *die.*

gardenia *f* Gardenie *die.*

garduña *f* Marder *der.*

garete *m* : **ir(se) al ~** *fam* scheitern.

garfio *m* spitzer Haken.

gargajo *m* zäher Auswurf.

garganta *f* - **1.** ANAT Kehle *die* - **2.** [desfiladero] Schlucht *die.*

gargantilla *f* Halskette *die.*

gárgara *f (gen pl)* Gurgeln *das* ; **hacer ~s** gurgeln.

gargarismo *m* Gurgeln *das.*

garita *f* Schilderhaus *das.*

garito *m* - **1.** [casa de juego] Spielhölle *die* - **2.** *despec* [establecimiento] Spelunke *die*.
garnacha *f* - **1.** [vino] *Dessertwein aus Garnachatrauben* - **2.** [uva] *dunkelrote Würztraube, hauptsächlich in Katalonien, Aragonien und Navarra angebaut.*
garra *f* - **1.** [de animal] Kralle *die* - **2.** *loc* : **tener ~** auf Draht sein.
garrafa *f* Karaffe *die*.
garrafal *adj* ungeheuer.
garrapata *f* Zecke *die*.
garrapiñar, garapiñar *vt* kandieren.
garrote *m* [palo] Knüppel *der*.
garúa *f Amér* Nieselregen *der*.
garza *f* Reiher *der*.
gas *m* QUÍM Gas *das* ; **~ butano** Butangas ; **~ lacrimógeno** Tränengas ; **~ natural** Erdgas. ◆ **gases** *mpl* [en estómago] Blähung *die*.
gasa *f* - **1.** [tela] Gaze *die* - **2.** [para vendaje] Mullbinde *die*.
gaseoducto *m* Erdgaspipeline *die*.
gaseoso, sa *adj* gasförmig. ◆ **gaseosa** *f* süßer Sprudel.
gásfiter, gasfíter, gasfitero *m Amér* Klempner *der*.
gasfitería *f Amér* Klempnerei *die*.
gasfitero = **gásfiter**.
gasificar [10] *vt* [bebida] mit Kohlensäure versetzen.
gasóleo *m* Dieselöl *das*.
gasolina *f* Benzin *das* ; **poner ~** tanken ; **~ normal** Normal(benzin) ; **~ súper** Super(benzin).
gasolinera *f* Tankstelle *die*.
gastado, da *adj* - **1.** [cosa] abgenutzt - **2.** [persona] verbraucht.
gastar ◇ *vt* - **1.** [dinero] aus|geben - **2.** [fuente de energía] verbrauchen - **3.** [malgastar] verschwenden - **4.** [por el uso] ab|nutzen - **5.** [bromas, cumplidos] : **~ una broma a alguien** jm einen Streich spielen. ◇ *vi* - **1.** [malgastar] verschwenden - **2.** [estropear] auf|zehren. ◆ **gastarse** *vpr* - **1.** [por el uso] sich ab|nutzen - **2.** [dinero] aus|geben.
gasto *m* - **1.** [de dinero] Ausgabe *die* ; **cubrir ~s** Unkosten decken ; **no reparar en ~s** keine Kosten scheuen ; **~ público** Staatsausgaben - **2.** [de fuente de energía] Verbrauch *der*.
gastritis *f* MED Magenschleimhautentzündung *die*.
gastronomía *f* Gastronomie *die*, Kochkunst *die*.
gastrónomo, ma *m, f* [de oficio] Gastronom *der*, -in *die*.
gatear *vi* krabbeln.
gatillo *m* Abzug *der*.
gato, ta *m, f* [animal] Katze *die* [macho] Kater *der* ; **~ montés** Wildkatze ; **dar ~ por liebre a alguien** jn übers Ohr hauen ; **buscar tres pies al ~** Haarspalterei betreiben ; **había cuatro ~s** es waren nur ein paar Leute da ; **aquí hay ~ encerrado** hier ist was faul. ◆ **gato** *m* Wagenheber *der*. ◆ **a gatas** *loc adv* auf allen vieren.
gaucho, cha ◇ *adj* schlau. ◇ *m* Gaucho *der*.
gavilán *m* Sperber *der*.
gaviota *f* Möwe *die*.
gay ◇ *adj inv* gay. ◇ *m* Gay *der*.
gazapo *m* - **1.** [animal] junges Kaninchen - **2.** [error] (Zeitungs)ente *die*.
gaznate *m* Schlund *der*.
gazpacho *m* CULIN Gazpacho *der*, *kalt angerichtete Gemüsesuppe.*
géiser, géyser (*pl* **géyseres**) *m* Geysir *der*.
geisha ['xejsa] *f* Geisha *die*.
gel *m* Gel *der*.
gelatina *f* [sustancia] Gelatine *die* ; [postre] Wackelpudding *der*.
gema *f* Edelstein *der*.
gemelo, la *adj* Zwillings-. ◆ **gemelo** *m* ANAT Zwillingsmuskel *der*. ◆ **gemelos, las** *mpl & fpl* [hermanos] Zwillinge *pl*. ◆ **gemelos** *mpl* - **1.** [de camisa] Manschettenknöpfe *pl* - **2.** [prismáticos] Fernglas *das*.
gemido *m* Stöhnen *das*.
Géminis ◇ *m inv* [zodíaco] Zwilling *der* ; **ser ~** Zwilling sein. ◇ *m inv & f inv* [persona] Zwilling *der*.
gemir [26] *vi* - **1.** [persona] stöhnen - **2.** [animal] wimmern, winseln *(Hund)*.
gen = **gene**.
gene, gen *m* Gen *das*.
genealogía *f* [procedencia] Abstammung *die* ; [ciencia], Abstammungslehre *die*.
generación *f* - **1.** [gen] Generation *die* - **2.** [reproducción] Zeugung *die*.
generador, ra *adj* erzeugend. ◆ **generador** *m* ELECTR Generator *der*.
general ◇ *adj* - **1.** [gen] allgemein ; **en ~** im Allgemeinen ; **por lo ~** im Allgemeinen - **2.** [en jerarquía] General-. ◇ *m* MIL General *der*.
generalidad *f* - **1.** [mayoría] Mehrheit *die* - **2.** [vaguedad] Allgemeinheiten *pl*. ◆ **generalidades** *fpl* [nociones básicas] Grundbegriffe *pl*.
generalísimo *m* Generalissimus *der*.
Generalitat [ʒenerali'tat] *f* POLÍT *Katalanische Landesregierung.*
generalizar [13] ◇ *vt* verbreiten. ◇ *vi* verallgemeinern. ◆ **generalizarse** *vpr* sich verbreiten.
generar *vt* erzeugen.
genérico, ca *adj* - **1.** [común] Gattungs- - **2.** GRAM Genus-.
género *m* - **1.** LITER [especie] Gattung *die* - **2.** GRAM Genus *das* - **3.** MÚS Genre *das*

- **4.** [tipo, clase] Art *die* - **5.** [en comercio] Ware *die*.
generosidad *f* Großzügigkeit *die*.
generoso, sa *adj* - **1.** [persona] großzügig - **2.** [abundante] reichlich.
génesis *f* Entstehung *die*. ◆ **Génesis** *m* Genesis *die*.
genial *adj* [especial] außergewöhnlich, großartig ; *fig* [innovador, de talento] genial.
genio *m* - **1.** [forma de ser] Charakter *der* - **2.** [carácter fuerte] Temperament *das* - **3.** [mal carácter] Jähzorn *der* ; **tener mal genio** jähzornig sein - **4.** [talento] Genie *das* - **5.** [ser sobrenatural] Geist *der*.
genital *adj* Geschlechts-. ◆ **genitales** *mpl* Genitalien *pl*.
genitivo *m* GRAM Genitiv *der*.
genocidio *m* Völkermord *der*.
genovés, esa ◇ *adj* aus Genua. ◇ *m, f* Genuese *der*, -sin *die*.
gente *f* - **1.** [conjunto de personas, clase social] Leute *pl* ; ~ **bien** *besser gestellte Leute* - **2.** [seres humanos] Menschen *pl* - **3.** [familia, los suyos] : **él volvió con su ~** er kehrte zu den Seinigen zurück.
gentil *adj* freundlich, nett.
gentileza *f* Freundlichkeit *die*.
gentío *m* Menschenauflauf *der*.
gentuza *f* Pöbel *der*.
genuflexión *f* Kniefall *der*.
genuino, na *adj* echt.
GEO (*abrev de* **Grupo Especial de Operaciones**) *m Eliteeinheit der Polizei*.
geografía *f* - **1.** [ciencia] Geografie *die*, Erdkunde *die* - **2.** *fig* [territorio] Gebiet *das*.
geógrafo, fa *m, f* Geograf *der*, -in *die*.
geología *f* Geologie *die*.
geólogo, ga *m, f* Geologe *der*, -gin *die*.
geometría *f* Geometrie *die*.
georgiano, na ◇ *adj* - **1.** [de Georgia] georgisch - **2.** ARQUIT [estilo] georgisch. ◇ *m, f* Georgier *der*, -in *die*. ◆ **georgiano** *m* Georgische *das*.
geranio *m* Geranie *die*.
gerencia *f* - **1.** [gen] Geschäftsführung *die* - **2.** [oficina] Verwaltung *die*.
gerente *mf* Geschäftsführer *der*, -in *die*.
geriatría *f* Geriatrie *die*.
germánico, ca ◇ *adj* germanisch. ◇ *m, f* Deutsche *der, die*, Germane *der*, -nin *die*. ◆ **germánico** *m* germanische Sprache.
germano, na ◇ *adj* germanisch. ◇ *m, f* Germane *der*, -nin *die*.
germen *m* Keim *der*.
germinar *vi* keimen.
gerundio *m* GRAM Gerundium *das*.
gesta *f* Heldentat *die*.
gestar *vi* (aus|)tragen. ◆ **gestarse** *vpr* entstehen.
gesticulación *f* Gestikulieren *das*.
gesticular *vi* gestikulieren.
gestión *f* - **1.** [trámite, diligencia] Bearbeitung *die* - **2.** [administración] Verwaltung *die*.
gestionar *vt* organisieren, managen.
gesto *m* - **1.** [gen] Geste *die* - **2.** [mueca] Grimasse *die*.
gestor, ra *m, f* Geschäftsführer *der*, -in *die*.
gestoría *f Agentur, die amtliche Formalitäten für Unternehmen oder Privatpersonen übernimmt*.
géyser = **géiser**.
ghetto = **gueto**.
giba *f* Höcker *der*.
Gibraltar *m* Gibraltar *nt*.
gibraltareño, ña ◇ *adj* aus Gibraltar. ◇ *m, f* Bewohner *der*, -in *die* Gibraltars.
gigabyte *m* INFORM Gigabyte *das*.
gigante, ta *m, f* [persona muy alta] Riese *der*, Riesin *die*. ◆ **gigante** *adj* riesig, Riesen-.
gigantesco, ca *adj* riesig, Riesen-.
gigoló [jiɣo'lo] *m* Gigolo *der*.
gilipollada, jilipollada *f fam* Blödsinn *der (ohne pl)*.
gilipollas, jilipollas ◇ *adj inv fam* bescheuert. ◇ *m inv & f inv fam* Idiot *der*, -in *die*.
gilipollez, jilipollez *f* Blödsinn *der*.
gimnasia *f* - **1.** DEP Turnen *das* ; [actividad] Gymnastik *die* - **2.** *fig* [ejercicio, práctica] Übung *die*.
gimnasio *m* [privado] Fitnesscenter *das*, Fitnessstudio *das* ; [en escuelas, etc] Turnhalle *die*.
gimnasta *mf* Turner *der*, -in *die*.
gin [jin] *abrev de* **ginebra**.
gincana, gymkhana [jin'kana] *f* Gymkhana *das*.
ginebra, gin [jin] *f* Gin *der*.
Ginebra *f* Genf *nt*.
ginecología *f* Gynäkologie *die*.
ginecólogo, ga *m, f* Gynäkologe *der*, -gin *die*.
ginger ale [jiŋje'reil] *m inv* Gingerale *das*.
gira *f* Tournee *die*.
girar ◇ *vi* - **1.** [dar vueltas] sich drehen - **2.** [dar vueltas alrededor, tener por tema] sich drehen um - **3.** [cambiar de dirección] ab|biegen - **4.** [letra de cambio] aus|stellen. ◇ *vt* - **1.** [hacer dar vueltas] drehen - **2.** [dinero] überweisen.
girasol *m* Sonnenblume *die*.
giratorio, ria *adj* Dreh-.
giro *m* - **1.** [movimiento] Drehung *die* - **2.** [cambio repentino] Wendung *die* - **3.** [en correos, telégrafos] Überweisung *die* ; ~ **postal** Postüberweisung - **4.** [frase] Redewendung *die*.
gis *m Amér* Kreide *die*.

gitano, na <> *adj* - **1.** [del pueblo gitano] Zigeuner- - **2.** *despec* [avispado, muy vivo] : **ser ~** gerissen sein. <> *m, f* Zigeuner *der*, -in *die*.
glaciación *f* Vergletscherung *die*.
glacial *adj* - **1.** [viento, aire] eisig, eiskalt ; [océano, zona] Eis- - **2.** *fig* [sin afecto alguno] eisig, eiskalt.
glaciar <> *m* Gletscher *der*. <> *adj* Gletscher-.
gladiador *m* Gladiator *der*.
gladiolo, gladíolo *m* Gladiole *die*.
glándula *f* Drüse *die*.
glasé <> *adj* glasiert. <> *m* Glanztaft *der*.
glasear *vt* [postre] glasieren.
glicerina *f* QUÍM Glyzerin *das*.
global *adj* global.
globo *m* - **1.** [Tierra] Erdkugel *die* - **2.** [aerostato] Ballon *der* ; **~ sonda** Wetterballon - **3.** [juguete] Luftballon *der* - **4.** [lámpara] Kugellampe *die*.
glóbulo *m* Kügelchen *das* ; **~ blanco/rojo** weißes/rotes Blutkörperchen.
gloria <> *f* - **1.** RELIG Herrlichkeit *die* - **2.** [fama] Ruhm *der* - **3.** [celebridad] Berühmtheit *die* - **4.** *loc* : **estar en la ~** sich wunschlos glücklich fühlen ; **saber a ~** köstlich schmecken ; **ser una ~** ein Vergnügen sein. <> *m* Gloria *das*.
glorieta *f* - **1.** [de casa] Laube *die* - **2.** [plaza] Pavillon *der*, kleiner Platz mit Bäumen.
glorificar [10] *vt* - **1.** [ensalzar] rühmen - **2.** RELIG verklären.
glorioso, sa *adj* - **1.** [importante] glorreich - **2.** RELIG selig.
glosar *vt* [poner notas] mit Anmerkungen versehen.
glosario *m* Glossar *das*.
glotón, na <> *adj* gefräßig. <> *m, f* Vielfraß *der*.
glotonería *f* Gefräßigkeit *die*.
glúcido *m* Kohlenhydrat *das*.
glucosa *f* Glukose *die*, Traubenzucker *der*.
gluten *m* Gluten *das*.
gnomo, nomo *m* Gnom *der*.
gobernador, ra *m, f* - **1.** [de territorio] Gouverneur *der*, -in *die* - **2.** [de banco] Präsident *der*, -in *die*.
gobernanta *f* Haushälterin *die*.
gobernante <> *adj* regierend, Regierungs-. <> *mf* Volksvertreter *der*, -in *die*.
gobernar [19] <> *vt* - **1.** POLÍT [país, nación] regieren - **2.** [administrar] verwalten - **3.** [dominar] beherrschen - **4.** [conducir] steuern. <> *vi* NÁUT dem Steuer gehorchen.
gobierno *m* - **1.** [gen] Regierung *die* ; **~ de transición** Übergangsregierung ; **~ parlamentario** parlamentarische Regierung - **2.** POLÍT [de un país] Regierung *die* - **3.** [administración] Verwaltung *die* - **4.** [edificio] Regierungsgebäude *das*.
goce *m* Genuss *der*.
godo, da <> *adj* gotisch. <> *m, f* Gote *der*, -tin *die*.
gol *m* Tor *das*.
goleada *f viele Tore bei einem (Fuß)ballspiel.*
goleador, ra *m, f* Torschütze *der*.
golear *vt mit vielen Toren besiegen.*
goleta *f* NÁUT Schoner *der*.
golfa *f* ▷ **golfo**.
golfear *vi fam* sich herum|treiben.
golfista *mf* Golfer *der*, -in *die*.
golfo, fa <> *adj* verschrien. <> *m, f* Herumtreiber *der*, -in *die*. ◆ **golfo** *m* GEOGR Golf *der*. ◆ **golfa** *f despec* Nutte *die*.
Golfo de León *m* Golfe du Lion *der*.
Golfo Pérsico *m* der Persische Golf.
golondrina *f* - **1.** [ave] Schwalbe *die* - **2.** [barco] Ausflugsdampfer *der*.
golondrino *m* - **1.** [pájaro] junge Schwalbe - **2.** [forúnculo] (Achseldrüsen)furunkel *der* o *das*.
golosina *f* Süßigkeit *die*.
goloso, sa <> *adj* naschhaft. <> *m, f* Naschkatze *die*.
golpe *m* - **1.** [choque] Schlag *der* ; **a ~s** mit Schlägen ; **~ bajo** DEP Tiefschlag *der* ; *fig* Schlag unter die Gürtellinie - **2.** [disgusto] Schlag *der* - **3.** [asalto] Überfall *der* - **4.** [ocurrencia graciosa] witziger Einfall - **5.** *loc* : **no dar** o **pegar (ni) ~** *fam* auf der faulen Haut liegen, Däumchen drehen. ◆ **de golpe** *loc adv* plötzlich. ◆ **golpe (de Estado)** *m* Staatsstreich *der*, Putsch *der*. ◆ **golpe de suerte** *m* Glücksfall *der*. ◆ **golpe de vista** *m* : **a ~ de vista** auf den ersten Blick.
golpear *vt & vi* schlagen.
golpista <> *adj* POLÍT mit Tendenz zum Putsch. <> *mf* POLÍT Putschist *der*.
golpiza *f Amér* Tracht Prügel *die*.
goma *f* - **1.** [gen] Gummi *das* o *der* ; **~ espuma** Schaumgummi - **2.** *fam* [preservativo] Gummi *der*. ◆ **Goma 2** *f* Plastiksprengstoff *der*.
gomero *m Amér* - **1.** [árbol] Parakautschukbaum *der* - **2.** [persona] Kautschuksammler *der*.
gomina *f* Haarfestiger *der*.
góndola *f* [embarcación] Gondel *die*.
gondolero *m* Gondoliere *der*.
gong *m* Gong *der*.
gordinflón, ona <> *adj* fett. <> *m, f* fetter Mann, fette Frau.
gordo, da <> *adj* - **1.** [persona] dick ; **¿pero ~, por qué no me escuchas?** *Amér* Mensch Alter, wieso hörst du mir nicht zu? - **2.** [extenso] dick - **3.** [grave] schwer. <> *m, f* Dicke *der*, *die* ; **armar la gorda** *fig* einen Skandal machen. ◆ **gordo** *m* : **el ~** *Hauptgewinn in der spanischen Lotterie.*

gordura *f* Fettleibigkeit *die*.
gorgorito *m* Triller *der*.
gorila *m* [animal, persona] Gorilla *der*.
gorjear *vi* zwitschern.
gorra *f* Mütze *die*, Kappe *die* ; **de ~** *fam* auf Kosten anderer.
gorrear ◇ *vt fam* schnorren. ◇ *vi* schnorren.
gorrinada *f* **- 1.** [porquería] Sauerei *die* **- 2.** [acción] Schweinerei *die*.
gorrino, na *m, f* [animal, persona] Schwein *das*.
gorrión *m* Spatz *der*.
gorro *m* Kappe *die* ; **estar hasta el ~** *fig* die Nase voll haben.
gorrón, na ◇ *adj* schmarotzerhaft. ◇ *m, f* Schnorrer *der*.
gorronear *fam vt & vi* schnorren.
gota *f* **- 1.** [de líquido] Tropfen *der* **- 2.** [poca cantidad] Tropfen ; **no se ve ni ~** es ist stockfinster **- 3.** MED [enfermedad] Gicht *die*. ◆ **gota fría** *f* METEOR *Kaltluftschicht in der Atmosphäre*.
gotear ◇ *vi* [líquido] tropfen. ◇ *v impers* [llover] tröpfeln.
gotera *f* **- 1.** [filtración de agua] *undichte Stelle im Dach* **- 2.** [mancha] feuchter Fleck.
gótico, ca *adj* ARQUIT [tipo de letra] gotisch. ◆ **Gótico** *m* Gotik *die*.
gourmet *mf* = **gurmet**.
gozada *f fam* Genuss *der*.
gozar [13] *vi* **- 1.** [disfrutar] genießen ; **~ con algo** etw genießen ; **~ de** sich erfreuen *(G)* **- 2.** [sexualmente] zusammen schlafen.
gozne *m* (Tür)angel *die*.
gozo *m* Vergnügen *das*.
gr (*abrev de* **grado centesimal**) Zentesimalgrad.
grabación *f* Aufnahme *die*.
grabado *m* **- 1.** [arte de grabar] Gravierkunst *die* **- 2.** [estampa] Bild *das*.
grabador, ra *m, f Künstler, der sich der Gravur widmet*. ◆ **grabadora** *f* Aufnahmegerät *das*.
grabar *vt* **- 1.** [trazos] gravieren **- 2.** [imagen, sonido] auf|nehmen **- 3.** *fig* [en la memoria] behalten. ◆ **grabarse en** *vpr* sich ein|prägen in *(+D)*.
gracia *f* **- 1.** [chispa, dicho gracioso, chiste] Witz *der* ; **caer en ~** gefallen, gut ankommen ; **hacer ~** gefallen ; **no tener ~** witzlos sein ; *irón* **¡qué gracia!** sehr witzig! **- 2.** [arte, habilidad] Geschicklichkeit *die* **- 3.** [encanto] Anmut *die*. ◆ **gracias** *fpl* danke ; **dar las ~s a alguien** sich bei jm bedanken ; **~s a** dank *(+G)* ; **muchas ~s** vielen Dank.
gracioso, sa ◇ *adj* witzig. ◇ *m, f* **- 1.** [persona con gracia] Spaßvogel *der* **- 2.** [personaje] Hanswurst *der*.
grada *f* [gradería] Rang *der*. ◆ **gradas** *fpl* Sitzreihen *pl*.
gradación *f* Abstufung *die*.
gradería *f*, **graderío** *m* Sitzreihen *pl*.
grado *m* **- 1.** [gen] Grad *der* **- 2.** [de alcohol] Alkoholgehalt *der* **- 3.** [fase, estadio] Stufe *die* **- 4.** [curso escolar] Schuljahr *das* **- 5.** GRAM *grammatikalische Steigerung der Adjektive : Positiv, Komparativ und Superlativ*.
graduación *f* **- 1.** [en grados] Gradeinteilung *die* **- 2.** [cargo] Rang *der*.
graduado, da ◇ *adj* **- 1.** [con graduación] mit Gradeinteilung **- 2.** [con título] mit Abschluss. ◇ *m, f* Person mit Hochschultitel, Graduierte *der, die*. ◆ **graduado** *m* [título] Titel *der* ; **~ escolar** Schulabschluss *der*.
gradual *adj* allmählich.
graduar [6] *vt* **- 1.** [medir] messen **- 2.** [regular] ein|stellen **- 3.** [escalonar] ein|teilen **- 4.** [licenciar] einen Titel erteilen. ◆ **graduarse** *vpr* : **~se (en)** einen Hochschulabschluss (in ...) ablegen.
grafía *f* Schreibung *die*.
gráfico, ca *adj* **- 1.** [escrito, dibujado] grafisch **- 2.** *fig* [expresivo] ausdrucksvoll. ◆ **gráfico** *m* Grafik *die*. ◆ **gráfica** *f* Diagramm *das*.
grafito *m* Grafit *der*.
grafología *f* Grafologie *die*.
gragea *f* [comprimido] Dragee *das*.
grajo *m* Saatkrähe *die*.
gral. *abrev de* **general**.
gramática *f* ▷ **gramático**.
gramatical *adj* **- 1.** [de la gramática] grammatisch **- 2.** [correcto] grammatisch korrekt.
gramático, ca ◇ *adj* grammatisch. ◇ *m, f* Grammatiker *der*, -in *die*. ◆ **gramática** *f* Grammatik *die* ; **~ parda** *fam* Mutterwitz *der*.
gramo *m* Gramm *das*.
gramófono *m* Grammofon *das*.
gran *adj* ▷ **grande**.
granada *f* **- 1.** [fruta] Granatapfel *der* **- 2.** [proyectil] Granate *die*.
granadilla *f Amér* Passionsfrucht *die*.
granadina *f* [bebida] Grenadine *die*.
granate ◇ *m* **- 1.** [piedra] Granat(stein) *der* **- 2.** [color] Granatrot *das*. ◇ *adj inv* granatrot.
Gran Bretaña *f* : **(la) ~** Großbritannien.
grande (*delante de sust gran*) ◇ *adj* [gen] groß. ◇ *m* [noble] Grande *der*. ◆ **a lo grande** *loc adv* im großen Stil. ◆ **grandes** *mpl* Erwachsene *pl*.
grandeza *f* **- 1.** [cualidad] Größe *die* **- 2.** [nobleza moral] Erhabenheit *die* **- 3.** [título nobiliario] Adel *der*.
grandioso, sa *adj* prächtig, großartig.

grandullón, ona ◇ *adj* hochaufgeschossen. ◇ *m, f* langer Lulatsch.

granel ◆ **a granel** *loc adv* - **1.** [sin envase] unverpackt - **2.** [sin pesar] lose - **3.** [en abundancia] haufenweise.

granero *m* Getreidespeicher *der*.

granito *m* Granit *der*.

granizada *f* [de granizo] Hagelschauer *der*.

granizado *m* *Erfrischungsgetränk mit zerstoßenem Eis.*

granizar [13] *v impers* hageln.

granizo *m* Hagelkörner *der*.

granja *f* Bauernhof *der*.

granjero, ra *m, f* Bauer *der*, Bäuerin *die*.

grano *m* - **1.** [gen] Korn *das* ; [de café] Bohne *die* - **2.** [en la piel] Pickel *der* - **3.** *loc* : **ir al ~** zur Sache kommen.

granuja *mf* Gauner *der*, -in *die*.

granulado, da *adj* Granulat-. ◆ **granulado** *m* Granulat *das*.

grapa *f* Heftklammer *die*.

grapadora *f* Heftmaschine *die*.

grapar *vt* heften.

grasa *f* ▷ **graso**.

grasiento, ta *adj* fettig.

graso, sa *adj* fett. ◆ **grasa** *f* - **1.** [en comestibles] Fett *das* - **2.** [lubricante] Fett *das*.

gratén *m* Gratin *das* ; **al ~** überbacken.

gratificación *f* - **1.** [moral] Genugtuung *die* - **2.** [monetaria] Zulage *die*.

gratificante *adj* [rentable] lohnend ; [agradable] erfreulich.

gratificar [10] *vt* [con dinero] belohnen.

gratinar *vt* überbacken.

gratis ◇ *adv* umsonst. ◇ *adj* Frei-, gratis.

gratitud *f* Dankbarkeit *die*.

grato, ta *adj* angenehm.

gratuito, ta *adj* - **1.** [sin pagar] kostenlos - **2.** [sin motivo] willkürlich.

grava *f* Kies *der*.

gravar *vt* belasten.

grave *adj* - **1.** [gen] ernst - **2.** [sonido] tief - **3.** [estilo] Würde ausstrahlend - **4.** GRAM : **palabra ~** *auf der vorletzten Silbe betontes Wort* - **5.** [acento] Gravis *der*.

gravedad *f* - **1.** [cualidad de grave] Ernst *der* - **2.** [fuerza física] Schwerkraft *die*.

gravilla *f* Splitt *der*.

gravitar *vi* - **1.** FÍS gravitieren - **2.** *fig* [pender] lasten auf *(+D)*.

gravoso, sa *adj* [caro] kostspielig ; [molesto] beschwerlich.

graznar *vi* krächzen.

graznido *m* [de animales] Krächzen *das*.

Grecia *f* Griechenland *nt*.

grecorromano, na *adj* griechisch-römisch.

gregoriano, na *adj* gregorianisch.

gremio *m* - **1.** [de oficio] Innung *die* - **2.** *fam* [grupo] Verband *der*.

greña *f (gen pl)* ungepflegtes Haar.

gres *m* Steingut *das*.

gresca *f* Krach *der*.

griego, ga ◇ *adj* griechisch. ◇ *m, f* Grieche *der*, -chin *die*. ◆ **griego** *m* [lengua] Griechisch(e) *das*.

grieta *f* - **1.** [en pared, casa, etc] Riss *der* - **2.** [en piel] Schrunde *die*.

grifería *f* Wasserhahnarmaturen *pl*.

grifero, ra *m, f Amér* Tankwart *der*, -in *die*.

grifo *m* - **1.** [para agua] (Wasser)hahn *der* ; **~ monomando** Einhandhebelmischer *der* - **2.** *Amér* [para gasolina] Tankstelle *die*.

grill [gril] (*pl* **grills**) *m* Grill *der*.

grillado, da *fam* ◇ *adj* verrückt. ◇ *m, f* Verrückte *der, die*.

grillete *m* Fußeisen *das*.

grillo *m* Grille *die*.

grima *f* [dentera] *unangenehmes Gefühl an den Zähnen* ; **me da ~** es schaudert mich.

gringo, ga ◇ *adj abwertende Bezeichnung für US-Amerikaner in Lateinamerika.* ◇ *m, f* Yankee *der, die*.

gripe, gripa *Amér f* Grippe *die*.

griposo, sa *adj* : **estar ~** eine Grippe haben.

gris ◇ *adj* - **1.** [color] grau - **2.** *fig* [aburrido] langweilig ; [día] trüb. ◇ *m* Grau *das*.

gritar ◇ *vi* [hablar fuerte, dar gritos] schreien. ◇ *vt* - **1.** [dar voces] an|schreien - **2.** [protestar] aus|pfeifen.

griterío *m* Geschrei *das*.

grito *m* - **1.** [de personas] Schrei *der* ; **dar** o **pegar un ~** einen Schrei aus|stoßen - **2.** [de animales] Tierstimme *die*.

Groenlandia *f* Grönland *nt*.

grogui *adj* - **1.** [en boxeo] groggy - **2.** *fig* [aturdido] benommen.

grosella *f* Johannisbeere *die*.

grosería *f* Grobheit *die*.

grosero, ra ◇ *adj* [basto] grob. ◇ *m, f* Grobian *der*.

grosor *m* Dicke *die*.

grotesco, ca *adj* grotesk.

grúa *f* - **1.** [para construir] Kran *der* - **2.** [para vehículos] Abschleppwagen *der*.

grueso, sa *adj* - **1.** [gen] dick - **2.** [mar] schwer. ◆ **grueso** *m* - **1.** [grosor] Dicke *die* - **2.** [la mayor parte] Gros *das* ; **el ~ de** das Gros *(+G)*.

grulla *f* Kranich *der*.

grumete *m* Schiffsjunge *der*.

grumo *m* Klumpen *der*.

gruñido *m* - **1.** [de perro, lobo] Knurren *das* ; [de cerdo] Grunzen *das* - **2.** *fig* [de personas] Murren *das*.

gruñir *vi* - **1.** [perro, lobo] knurren ; [cerdo] grunzen - **2.** *fig* [personas] murren.

gruñón, ona <> *adj fam* mürrisch. <> *m, f* Brummbär *der*.
grupa *f* Kruppe *die*.
grupo *m* Gruppe *die* ; ~ **electrógeno** Stromaggregat *das* ; ~ **escultórico** Skulpturensammlung *die*.
gruta *f* Grotte *die*.
guacamol, guacamole *m Amér* Avocadocreme *die*.
guachada *f Amér fam* Geschmacklosigkeit *die*.
guachimán *m Amér* Wächter *der*.
guachinango, huachinango *m Amér in Mexiko weit verbreitete Fischart.*
guaco *m Amér präkolumbisches Keramikgefäß.*
Guadalquivir *m* : **el** ~ der Guadalquivir.
guadaña *f* [instrumento, símbolo] Sense *die*.
guagua *f Amér fam* - **1.** [autobús] Bus *der* - **2.** [bebé] Baby *das*.
guajolote *m Amér* - **1.** [pavo] Truthahn *der* - **2.** *fig fam* [tonto, necio] Tölpel *der*.
guanajo *m Amér* - **1.** [pavo] Truthahn *der* - **2.** *fig fam* [tonto, necio] Tölpel *der*.
guantazo *m fam* Ohrfeige *die*.
guante *m* Handschuh *der*.
guantera *f* Handschuhfach *das*.
guapo, pa <> *adj* [persona] hübsch. <> *m, f* [valiente] : **a ver ¿quién es el ~?** wer wagt es denn?
guarda *mf* [portero] Wärter *der*, -in *die* ; [vigilante] Wächter *der*, -in *die* ; ~ **jurado** beeidigter Sicherheitsbeamter.
guardabarros, guardafangos *Amér m inv* Schutzblech *das*.
guardabosque *mf* Förster *der*, -in *die*.
guardacoches *m inv & f inv* Parkwächter *der*, -in *die*.
guardacostas *m inv* Küstenwache *die*.
guardaespaldas *m inv & f inv* Leibwächter *der*.
guardameta *mf* Torwart *der*, Torfrau *die*.
guardapolvo *m* Staubmantel *der*.
guardar *vt* - **1.** [poner en un sitio] legen/stellen/hängen - **2.** [bajo llave] weg|schließen ; [rebaño, secreto, cama] hüten ; [tropas] bewachen - **3.** [ley] ein|halten ; [palabra] halten - **4.** [cosas] auf|bewahren - **5.** [retener para sí] zurück|behalten - **6.** [silencio, formas] (be)wahren. ◆ **guardarse** *vpr* : **~se de** [evitar, no hacer] sich hüten vor *(D)* ; **guardársela a alguien** *fig* jm etw *(A)* nach|tragen.
guardarropa *m* - **1.** [consigna] Garderobe *die* ; [armario] Kleiderschrank *der* - **2.** [conjunto de prendas] Garderobe *die*.
guardarropía *f* - **1.** [prendas teatrales] Requisiten *pl* - **2.** [lugar para guardar] Requisitenkammer *die*.
guardería *f* Kinderkrippe *die*.
guardia <> *f* - **1.** [cuerpo policial] Garde *die* ; ~ **municipal** o **urbana** Polizei *die* - **2.** DEP Deckung *die* - **3.** [militar] Wache *die* ; **hacer** ~ Wache halten - **4.** [servicio] Bereitschaftsdienst *der* ; **estar de** ~ Bereitschaftsdienst haben - **5.** *loc.* <> *mf* Polizist *der*, -in *die*. ◆ **Guardia Civil** <> *f Landes- und Grenzpolizei Spaniens.* <> *mf Angehöriger der Guardia Civil.*
guardián, ana *m, f* Hüter *der*, -in *die*.
guarecer [30] *vt* schützen. ◆ **guarecerse** *vpr* : **~se (de)** sich schützen (vor) *(+D)* ; **~se bajo** sich unter|stellen.
guarida *f* - **1.** [de animales] Bau *der* - **2.** *fig* [de personas] Versteck *das*.
guarnecer [30] *vt* - **1.** [traje] besetzen ; [plato] garnieren - **2.** [proteger] beschützen.
guarnición *m* - **1.** CULIN Beilage *die* - **2.** MIL Garnison *die*.
guarrada *f fam* Sauerei *die*.
guarrería *f* [suciedad] Dreck *der*.
guarro, rra <> *adj* - **1.** [sucio] dreckig - **2.** *fam* [indeseable] schweinisch. <> *m, f* - **1.** [animal] Schwein *das* - **2.** *fam* [persona sucia] Dreckschwein *das* - **3.** *fam* [persona indeseable] Dreckskerl *der*.
guarura *m Amér fam* Leibwächter *der*.
guasa *f* - **1.** *fam* [gracia] Witz *der*, Spaß *der* ; **estar de** ~ zum Scherzen aufgelegt sein - **2.** *fam* [poca gracia] Plumpheit *die* ; **tiene** ~ sehr witzig!
guasearse *vpr fam* : ~ **de** sich lustig machen über *(+A)*.
guasón, ona <> *adj* spaßig. <> *m, f* Spaßvogel *der*.
Guatemala *f* Guatemala *nt*.
guatemalteco, ca <> *adj* guatemaltekisch. <> *m, f* Guatemalteke *der*, -kin *die*.
guateque *m* Fete *die*.
guay *adj fam* megageil.
guayaba *f* [fruta] Guajave *die*.
guayabo, ba *m, f Amér fam sehr gut aussehende Person.*
gubernativo, va *adj* Regierungs-.
guepardo *m* Gepard *der*.
güero, ra *adj Amér fam* blond.
guerra *f* - **1.** MIL Krieg *der* ; **declarar la** ~ den Krieg erklären ; ~ **bacteriológica** Bakterienkrieg ; ~ **civil** Bürgerkrieg ; ~ **fría** kalter Krieg ; ~ **relámpago** Blitzkrieg - **2.** [pugna, campaña] Kampf *der* - **3.** [conflicto] Konflikt *der*.
guerrear *vi* Krieg führen.
guerrero, ra <> *adj* kriegerisch, Kriegs-. <> *m, f* Krieger *der*, -in *die*. ◆ **guerrera** *f* Uniformjacke *die*.
guerrilla *f* Guerilla *die*.
guerrillero, ra *m, f* Guerillakämpfer *der*, -in *die*.
gueto, ghetto ['geto] *m* Getto *das*.
guía <> *mf* [modelo] Leitbild *das* ; [acom-

pañante] Führer *der*, -in *die* ; ~ **turístico** Fremdenführer. <> *f* - **1.** [indicación] Richtschnur *die* - **2.** [libro] : ~ **de hoteles** Hotelführer *der* ; ~ **de teléfono** Telefonbuch *das* ; ~ **turística** Reiseführer - **3.** [pieza mecánica] Schiene *die*.

guiar [9] *vt* - **1.** [indicar dirección] führen - **2.** [vehículo] lenken, steuern - **3.** [persona, cosa] leiten. ◆ **guiarse** *vpr* : **~se por** sich richten nach.

guijarro *m* Kieselstein *der*.

guillotina *f* - **1.** [para personas] Guillotine *die* - **2.** [para papel] Papierschneidemaschine *die*.

guillotinar *vt* [persona] enthaupten.

guinda *f* Sauerkirsche *die*.

guindilla *f* Peperoni *die*.

guinea *f* Guinee *die*.

guiñapo *m* - **1.** [andrajo] Lumpen *der* - **2.** [persona] Wrack *das*.

guiñar *vt* zwinkern.

guiño *m* Zwinkern *das*.

guiñol *m* - **1.** [figura, polichinela] Kasperlepuppe *die* - **2.** [teatro] Kasperletheater *das*.

guión *m* - **1.** [resumen] Schema *das* - **2.** [en cine] Drehbuch *das* ; [en televisión, radio] Skript *das* - **3.** GRAM [signo ortográfico] Bindestrich *der*.

guionista *mf* [de cine] Drehbuchautor *der*, -in *die* ; [de televisión, radio] Skriptautor *der*, -in *die*.

guiri *mf despec fam nordeuropäischer Tourist in Spanien*.

guirigay *m fam* [jaleo] Getöse *das*.

guirlache *m* Krokant *der*.

guirnalda *f* Girlande *die*.

guisado *m in Soße Gekochtes oder Gebratenes*.

guisante *m* Erbse *die*.

guisar <> *vt* schmoren. <> *vi* kochen.

guiso *m mit Soße zubereitetes Gericht*.

güisqui, whisky *m* Whisky *der*.

guitarra <> *f* Gitarre *die*. <> *mf* Gitarrist *der*, -in *die*.

guitarrista *mf* Gitarrenspieler *der*, -in *die*.

gula *f* Gefräßigkeit *die*.

gurmet (*pl* **gurmets**), **gourmet** [gur'met] (*pl* **gourmets**) *m, f* Feinschmecker *der*, -in *die*.

guru, gurú *m* Guru *der*.

gusanillo *m fam* Kribbeln *das* ; **matar el ~** den kleinen Hunger stillen.

gusano *m* - **1.** [animal] Wurm *der* - **2.** *fig* [persona] elender Wicht.

gustar <> *vi* [suj : comida] schmecken ; [agradar] : **me gusta este cuadro/esta mujer** dieses Bild/diese Frau gefällt mir. <> *vt* [probar] kosten.

gustazo *m fam* Riesenfreude *die* ; **darse el ~ de** sich etw gönnen.

gusto *m* - **1.** [sentido] Geschmackssinn *der* - **2.** [sabor] Geschmack *der* - **3.** [placer] Vergnügen *das*, Vorliebe *die* ; **con mucho ~** sehr gern ; **el ~ por hacer algo** das Vergnügen, etw zu tun ; **mucho** o **tanto ~** angenehm - **4.** [criterio, elegancia] Geschmack *der* ; **tener buen/mal ~** einen guten/schlechten Geschmack haben - **5.** [inclinación] Ansprüche *pl*. ◆ **a gusto** *loc adv* : **estar a ~** sich wohlfühlen ; **hacer algo a ~** etw gern tun.

gustoso, sa *adj* - **1.** [sabroso] schmackhaft - **2.** [con placer] gern.

gutural *adj* Kehl-.

Guyana *f* Guyana *nt*.

gymkhana = **gincana**.

h¹, H ['atʃe] *f* [letra] h *das*, H *das* ; **por h o por b** *fig* aus diesem oder jenem Grund.

h², H (*abrev de* **hora**) Std.

H³ (*abrev de* **Hermano**) Br.

ha - **1.** ▷ **haber** - **2.** (*abrev de* **hectárea**) ha.

haba *f* Saubohne *die*.

habano, na *adj* Havanna-. ◆ **habano** *m* Havanna(zigarre) *die*.

haber [4] <> *v aux* - **1.** (*antes de participio forma los tiempos compuestos*) : **lo he/había hecho** ich habe/hatte das gemacht ; **he/había estado** ich bin/war gewesen ; **los niños ya han comido** die Kinder haben schon gegessen ; **en el estreno ha habido mucha gente** bei der Premiere waren viele Leute - **2.** [expresa reproche] : **~ venido a la reunión** du hättest/Sie hätten ja zur Versammlung kommen können ; **~lo dicho antes** das hättest du/hätten Sie ja früher sagen können - **3.** [estar obligado a] : **~ de hacer algo** etw tun müssen. <> *v impers* - **1.** [existir, estar, tener lugar] : **hay** es gibt ; **habrá dos mil piezas** [expresa futuro] es wird zweitausend Stück geben ; [expresa hipótesis] es wird (wohl) zweitausend Stück geben ; **habría dos mil piezas** [expresa condición] es würde zweitausend Stück geben ; [expresa hipótesis] es würde (wohl) zweitausend Stück geben - **2.** [expresa obligación] : **~ que hacer algo** etw tun müssen - **3.** *loc* : **habérselas con alguien** sich mit jm anllegen ; **¡hay que ver!** na so was! ; **no hay de qué** keine Ursache ; **¿qué hay?** *fam* wie geht's?, was gibt's? <> *m* - **1.** [bienes] Vermögen *das* - **2.** [en cuentas, contabilidad]

Guthaben *das* ; **tener en su ~** auf seinem Konto haben.
habichuela *f* Bohne *die*.
hábil *adj* - **1.** [diestro] geschickt - **2.** DER : **día ~** Werktag *der*.
habilidad *f* Geschicklichkeit *die*.
habilidoso, sa *adj* geschickt.
habilitar *vt* - **1.** [acondicionar] umgestalten - **2.** DER [autorizar] bevollmächtigen.
habitación *f* Zimmer *das* ; **~ doble** Doppelzimmer ; **~ individual** Einzelzimmer.
habitante *mf* Einwohner *der*, -in *die*.
habitar ◇ *vi* wohnen. ◇ *vt* bewohnen.
hábitat (*pl* **hábitats**) *m* [de animales, vegetales] Habitat *das* ; [de personas] Umgebung *die*.
hábito *m* - **1.** [costumbre] Angewohnheit *die* - **2.** [traje] Habit *das* o *der*.
habitual *adj* gewöhnlich.
habituar [6] *vt* : **~ a alguien a algo** jn gewöhnen an etw *(A)* ◆ **habituarse** *vpr* : **~se a algo** sich an etw *(A)* gewöhnen ; **~se a hacer algo** sich daran gewöhnen, etw zu tun.
habla *f (el)* Sprache *die*.
hablador, ra ◇ *adj* geschwätzig. ◇ *m, f* Schwätzer *der*, -in *die*.
habladurías *fpl* Geschwätz *das*.
hablar ◇ *vi* - **1.** [gen] sprechen - **2.** [dirigirse a] : **~ a alguien** mit jm sprechen - **3.** [hacerse entender] sich verständigen - **4.** [tratar] : **~ de** sprechen über *(+A)* - **5.** *loc* : **dar que ~** von sich *(D)* reden machen ; **¡ni ~!** davon kann nicht die Rede sein! ◇ *vt* sprechen. ◆ **hablarse** *vpr* miteinander sprechen ; **no ~se** nicht miteinander sprechen.
habrá *etc* ▷ **haber**.
hacedor, ra *m, f* Urheber *der*, -in *die*.
hacendoso, sa *adj* tüchtig.
hacer [60] ◇ *vt* - **1.** [gen] machen ; **el fuego hace humo** das Feuer qualmt ; **el árbol hace sombra** der Baum spendet Schatten ; **la carretera hace une curva** die Straße macht eine Kurve ; **~ señas** Zeichen geben - **2.** DEP treiben ; **~ tenis, balonmano** Tennis, Handball spielen - **3.** *(antes de sust)* [comportarse mal] : **~ el tonto** herumlblödeln - **4.** [sensación, impresión] : **no me haces gracia** ich finde dich gar nicht witzig ; **~ daño** wehltun - **5.** [mostrar actitud] : **~ un desprecio a alguien** jm eine Kränkung zulfügen ; **~ mala cara a alguien** jm ein Gesicht ziehen - **6.** [representar] spielen - **7.** [suponer] vermuten - **8.** *(antes de infin o que)* [ser causa de] : **~ que** bewirken, dass - **9.** *(antes de infin o que)* [mandar] (jn) etw *(A)* machen lassen. ◇ *vi* - **1.** *(antes de sust)* : **~ de** [representar] spielen ; [trabajar] arbeiten als - **2.** [aparentar] : **~ como** so tun, als ob. ◇ *vimpers* - **1.** [tiempo meteorológico] sein - **2.** [tiempo transcurrido] vor ; **desde hace** seit. ◆ **hacerse** *vpr* - **1.** [formarse] sich bilden - **2.** [desarrollarse, crecer] wachsen - **3.** [guisarse, cocerse] kochen - **4.** [convertirse] werden - **5.** *(antes de adj)* [resultar] sein - **6.** [imaginarse, figurarse] : **~se una idea** sich eine Vorstellung machen - **7.** [mostrarse] : **~se el tonto** sich dumm stellen - **8.** [simular] so tun, als ob - **9.** [quedarse, apropiarse] : **~se con algo** sich *(D)* etw nehmen ; **~se con un cargo** eine Stelle überlnehmen.
hacha *f (el)* [de árbol] Axt *die* ; [de leña] Beil *das* ; **ser un ~** *fam fig* ein Ass sein.
hachís [xa'tʃis], **haschich** [xa'ʃis], **hash** [xaʃ] *m* Haschisch *das*.
hacia *prep* - **1.** [dirección] zu, nach ; **~ abajo** nach unten, abwärts ; **~ adelante** nach vorne, vorwärts ; **~ arriba** nach oben, aufwärts ; **~ atrás** nach hinten, rückwärts - **2.** [tiempo] gegen ; **~ las nueve** gegen neun.
hacienda *f* [finca] Landgut *das*. ◆ **Hacienda** *f* Finanzministerium *das* ; **Hacienda pública** Finanzamt *das*.
hackear [xake'ar] *vi* hacken.
hada *f (el)* Fee *die*.
haga *etc* ▷ **hacer**.
Haití *m* Haiti *nt*.
hala *interj* : **¡hala!** los!
halagador, ra *adj* schmeichelhaft.
halagar [16] *vt* schmeicheln.
halago *m* Schmeichelei *die*.
halcón *m* Falke *der*.
hale *interj* : **¡hale!** los!
hall [xol] (*pl* **halls**) *m* (Eingangs)halle *die*.
hallar *vt* - **1.** [encontrar] finden - **2.** [descubrir] erfinden. ◆ **hallarse** *vpr* - **1.** [en lugar] sich befinden - **2.** [en situación] sein.
hallazgo *m* - **1.** [descubrimiento] Entdeckung *die* - **2.** [objeto] Fund *der*.
halo *m* - **1.** [de astros] Halo *der* - **2.** [de santos] Heiligenschein *der* - **3.** [de objetos, personas, fama] Aura *die*.
halógeno, na *adj* QUÍM Halogen *das*.
halterofilia *f* DEP Gewichtheben *das*.
hamaca *f* - **1.** [para colgar] Hängematte *die* - **2.** [tumbona] Liegestuhl *der*.
hambre *f (el)* [apetito, deseo] Hunger *der* ; **tener ~** Hunger haben ; **matar el ~** den Hunger stillen.
hambriento, ta *adj* - **1.** [de comida] hungrig - **2.** [deseoso] gierig.
hamburguesa *f* Frikadelle *die*.
hamburguesería *f* Schnellimbiss *der*.
hampa *f (el)* Unterwelt *die*.
hámster ['xamster] (*pl* **hámsters**) *m* Hamster *der*.
hándicap ['xandikap] (*pl* **hándicaps**) *m* Handikap *das*.
hangar *m* Hangar *der*.
hará *etc* ▷ **hacer**.

haragán, ana ◇ *adj* faul. ◇ *m, f* Faulenzer *der*, -in *die*.
haraganear *vi* faulenzen.
harapiento, ta *adj* zerlumpt.
harapo *m* Lumpen *der*.
hardware ['xarwar] *m* INFORM Hardware *die*.
harén *m* Harem *der*.
harina *f* Mehl *das*.
harinoso, sa *adj* mehlig.
harmonía = **armonía**.
hartar *vt* - **1.** [hacer comer mucho] überfüttern - **2.** [fastidiar] belästigen. ◆ **hartarse** *vpr* - **1.** [comer mucho] sich satt essen - **2.** [cansarse] überdrüssig werden - **3.** [hacer en exceso] : **~se de** etw ständig tun.
harto, ta ◇ *adj* satt ; **estar ~ de algo** etw satt haben. ◇ *adv* sehr.
hartón *m* Überdruss *der*.
haschich = **hachís**.
hash = **hachís**.
hasta ◇ *prep* - **1.** [en tiempo, en espacio] bis ; **~ la vista** auf Wiedersehen ; **~ luego** bis später ; **~ otra** bis demnächst ; **~ pronto** bis bald - **2.** [de cantidad] bis zu. ◇ *adv* sogar. ◆ **hasta que** *loc conj* bis.
hastiar [9] *vt* anlekeln. ◆ **hastiarse de** *vpr* : **~ algo/alguien** etw/js überdrüssig werden.
hatajo *m* : **un ~ de** ein Haufen (+G).
hatillo *m* Bündel *das*.
haya[1] ▷ **haber**.
haya[2] *f* Buche *die*.
haz[1] ▷ **hacer**.
haz[2] *m* Bündel *das*.
hazaña *f* Heldentat *die*.
hazmerreír *m* Witzfigur *die*.
HB (*abrev de* **Herri Batasuna**) *f* HIST *baskische separatistische Partei, die für die Unabhängigkeit des Baskenlandes kämpft*.
he ▷ **haber**.
hebilla *f* Schnalle *die*.
hebra *f* - **1.** [de hilo] Faden *der* - **2.** [fibra] Faser *die*.
hebreo, a ◇ *adj* hebräisch. ◇ *m, f* Hebräer *der*, -in *die*. ◆ **hebreo** *m* Hebräisch(e) *das*.
hechicero, ra ◇ *adj* bezaubernd. ◇ *m, f* Hexenmeister *der*, Hexe *die*.
hechizar [13] *vt* - **1.** [encantar] verzaubern - **2.** [cautivar] bezaubern.
hechizo *m* Zauber *der*.
hecho, cha ◇ *pp irreg* ▷ **hacer**. ◇ *adj* - **1.** [acabado, desarrollado] voll entwickelt ; **~ y derecho** rechtschaffen - **2.** [carne] durchgebraten ; [patatas] gar - **3.** *loc* : **estar ~ un manojo de nervios** ein richtiges Nervenbündel sein. ◆ **hecho** ◇ *m* - **1.** [obra] Tat *die* - **2.** [suceso] Tatsache *die* - **3.** [realidad] Sachverhalt *der* ; **~ diferencial** Unterscheidungsmerkmal *das*. ◇ *interj* : ¡**hecho**! abgemacht! ◆ **de hecho** *loc adv* eigentlich.
hechura *f* - **1.** [confección] Anfertigung *die* - **2.** [forma] Form *die*.
hectárea *f* Hektar *der*.
hectolitro *m* Hektoliter *der* o *das*.
hectómetro *m* Hektometer *der* o *das*.
heder [20] *vi* [oler mal] stinken.
hediondo, da *adj* - **1.** [maloliente] stinkig - **2.** [insoportable] ekelhaft.
hedor *m* Gestank *der*.
hegemonía *f* Hegemonie *die*.
helada *f* ▷ **helado**.
heladería *f* Eisdiele *die*.
helado, da *adj* - **1.** [de hielo] gefroren - **2.** [muy frío] eiskalt. ◆ **helado** *m* Eis *das*. ◆ **helada** *f* Frost *der*.
helar [19] ◇ *vt* - **1.** [convertir en hielo] gefrieren lassen - **2.** [dejar atónito] erstarren lassen. ◇ *v impers* frieren. ◆ **helarse** *vpr* - **1.** [convertirse en hielo] gefrieren - **2.** [tener frío] vor Kälte erstarren.
helecho *m* Farn *der*.
helenismo *m* Hellenismus *der*.
helenizar [13] *vt* hellenisieren.
hélice *f* Propeller *der*.
helicóptero *m* Hubschrauber *der*.
helio *m* QUÍM Helium *das*.
helipuerto *m* Heliport *der*.
Helsinki *m* o *f* Helsinki *nt*.
helvético, ca ◇ *adj* helvetisch, schweizerisch. ◇ *m, f* Schweizer *der*, -in *die*.
hematoma *m* Bluterguss *der*.
hembra *f* - **1.** [animal] Weibchen *das* ; [persona] Mädchen *das* - **2.** *despec* [mujer] Weib *das* - **3.** [pieza] Mutterteil *das*.
hemeroteca *f* Zeitungsarchiv *das*.
hemiciclo *m* [sala] halbrunder Saal.
hemisferio *m* Hemisphäre *die*, Halbkugel *die*.
hemofilia *f* MED Bluterkrankheit *die*.
hemofílico, ca ◇ *adj* hämophilisch. ◇ *m, f* Bluter *der*, -in *die*.
hemorragia *f* Blutung *die*.
hemorroide *f* MED Hämorrhoide *die*.
henchir [26] *vt* füllen. ◆ **henchirse** *vpr* - **1.** [hartarse] sich voll stopfen - **2.** [llenarse] : **~ de orgullo** voller Stolz sein.
hender [20], **hendir** [27] *vt* [carne, piel] aufschlitzen ; [madera, piedra] spalten.
hendidura *f* Spalte *die*.
hendir [27] = **hender**.
heno *m* Heu *das*.
hepatitis *f* MED Hepatitis *die*.
heptágono *m* GEOM Siebeneck *das*.
herbicida *m* Unkrautvernichtungsmittel *das*.
herbívoro, ra ◇ *adj* ◇ *m, f* Pflanzenfresser *der*, -in *die*.
herbolario, ria *m, f* Heilkräuterhändler

der, -in *die*. ◆ **herbolario** *m* Heilkräuterladen *der*.

herboristería *f* Heilkräuterladen *der*.

hercio, hertz ['erθjo] *m* FÍS Hertz *das*.

heredar *vt* erben.

heredero, ra ◇ *adj* erbberechtigt. ◇ *m, f* Erbe *der*, Erbin *die*.

hereditario, ria *adj* erblich.

hereje *mf* Ketzer *der*, -in *die*.

herejía *f* RELIG Ketzerei *die*.

herencia *f* - **1.** [de bienes] Erbschaft *die*, Erbe *das* - **2.** [de características] Erbe *das*.

herido, da ◇ *adj* verletzt. ◇ *m, f* Verletzte *der, die*. ◆ **herida** *f* - **1.** [lesión] Verletzung *die* - **2.** [ofensa] Kränkung *die*.

herir [27] *vt* - **1.** [hacer daño] verletzen - **2.** [ofender] verletzen, kränken.

hermafrodita ◇ *adj* zwittrig. ◇ *mf* Zwitter *der*.

hermanado, da *adj* - **1.** [personas] verbrüdert - **2.** [ciudades] Partner-.

hermanar *vt* [unir] vereinen. ◆ **hermanarse** *vpr* sich verbrüdern.

hermanastro, tra *m, f* Stiefbruder *der*, -schwester *die*.

hermandad *f* - **1.** [asociación] Innung *die* - **2.** [amistad] Brüderlichkeit *die*.

hermano, na ◇ *adj* verwandt. ◇ *m, f* - **1.** [de sangre] Bruder *der*, Schwester *die* - **2.** [religioso, de espíritu] Bruder *der*.

hermético, ca *adj* - **1.** [cosa] hermetisch - **2.** [persona] verschlossen.

hermoso, sa *adj* schön.

hermosura *f* Schönheit *die*.

hernia *f* MED Bruch *der*.

herniarse [8] *vpr* [sufrir una hernia] sich einen Bruch heben.

héroe *m* Held *der*.

heroico, ca *adj* heldenhaft.

heroína *f* - **1.** [persona] Heldin *die* - **2.** [droga] Heroin *das*.

heroinómano, na *m, f* Heroinsüchtige *der, die*.

heroísmo *m* Heldentum *das*.

herradura *f* Hufeisen *das*.

herramienta *f* Werkzeug *das*.

herrería *f* - **1.** [taller] Schmiede *die* - **2.** [oficio] Schmiedehandwerk *das*.

herrero *m* Schmied *der*.

herrumbre *f* Rost *der*.

hertz = **hercio**.

hervidero *m* [de gente] Gewimmel *das*.

hervir [27] ◇ *vt* kochen. ◇ *vi* - **1.** [líquido] kochen - **2.** [lugar] : ~ **de** *fig* wimmeln von - **3.** [persona] : ~ **en** *fig* kochen vor *(+D)*.

hervor *m* Kochen *das*.

heterodoxo ◇ *adj* andersgläubig. ◇ *mf* Andersgläubige *der, die*.

heterogéneo, a *adj* heterogen.

heterosexual ◇ *adj* heterosexuell. ◇ *mf* Heterosexuelle *der, die*.

hexágono *m* GEOM Sechseck *das*.

hez *f* - **1.** [de líquido] Bodensatz *der* - **2.** ◆ **heces** *fpl* Fäkalien *pl*.

hiato *m* GRAM Hiat *der*.

hibernal *adj* Winter-.

hibernar *vi* einen Winterschlaf halten.

híbrido, da *adj* [animal, planta] hybrid. ◆ **híbrido** *m* - **1.** [animal, planta] Hybride *die* o *der* - **2.** [objeto] Kreuzung *die*.

hice *etc* ▷ **hacer**.

hidratación *f* Hydratation *die*.

hidratante ◇ *adj* Feuchtigkeits-. ◇ *m* Feuchtigkeitscreme *die*.

hidratar *vt* - **1.** [piel] *mit Feuchtigkeitscreme behandeln* - **2.** QUÍM hydratisieren.

hidrato *m* QUÍM Hydrat *das* ; ~ **de carbono** Kohlenhydrat *das*.

hidráulico, ca *adj* hydraulisch. ◆ **hidráulica** *f* FÍS Hydraulik *die*.

hidroavión *m* Wasserflugzeug *das*.

hidroelectricidad *f* Hydroelektrizität *die*.

hidroeléctrico, ca *adj* hydroelektrisch.

hidrofobia *f* - **1.** [horror al agua] Wasserscheu *die* - **2.** MED Tollwut *die*.

hidrógeno *m* Wasserstoff *der*.

hidrografía *f* Gewässerkunde *die*.

hidroplano *m* - **1.** [barco] Gleitboot *das* - **2.** [avión] Wasserflugzeug *das*.

hidrosfera *f* Hydrosphäre *die*.

hidrostático, ca *adj* hydrostatisch. ◆ **hidrostática** *f* FÍS Hydrostatik *die*.

hiedra *f* Efeu *der*.

hiel *f* [bilis] Galle *die*. ◆ **hieles** *fpl* Unannehmlichkeiten *pl*.

hielo *m* Eis *das*.

hiena *f* Hyäne *die*.

hierba, yerba *f* - **1.** [planta] Kraut *das* - **2.** [terreno] Gras *das* - **3.** *fam* [droga] Gras *das* - **4.** *loc* : **mala ~** Unkraut *das* ; **mala ~ nunca muere** Unkraut vergeht nicht.

hierbabuena *f* Minze *die*.

hieroglífico, ca = **jeroglífico**.

hierro *m* - **1.** [metal] Eisen *das* ; **de ~** [fuerte] eisern ; ~ **forjado** Schmiedeeisen - **2.** [arma] Waffe *die*.

hígado *m* ANAT Leber *die*.

higiene *f* - **1.** [limpieza] Körperpflege *die* - **2.** MED Hygiene *die*.

higiénico, ca *adj* hygienisch.

higienizar [13] *vt* sanieren.

higo *m* Feige *die* ; ~ **chumbo** Kaktusfeige.

higuera *f* Feigenbaum *der* ; ~ **chumba** Feigenkaktus *der* ; **estar en la ~** *fig* nichts mitbekommen.

hijastro, tra *m, f* Stiefsohn *der*, -tochter *die*.

hijo, ja *m, f* - **1.** [pariente] Sohn *der*, Tochter *die* ; ~ **de papá** *fam* Sohn aus reichem Hause ; ~ **de puta** o **su madre** *vulg* Scheißkerl *der* ; ~ **político** Schwiegersohn *der* - **2.** [natural] : **es ~ de Sevilla** er ist gebürtiger Sevillaner - **3.** [vocativo] Kind *das* ; **¡~ mío!** mein liebes Kind!

híjole *interj Amér* : **¡híjole!** Donnerwetter!

hilacha *f* Faser *die*.

hilada *f* Lage *die*.

hilandero, ra *m, f* Spinner *der*, -in *die*.

hilar *vt* spinnen ; **~ delgado** o **muy fino** *fig* Haarspalterei treiben.

hilarante *adj* zum Totlachen.

hilaridad *f* Heiterkeit *die*.

hilera *f* Reihe *die* ; **en ~** in einer Reihe.

hilo *m* - **1.** [de materia textil] Faden *der* - **2.** [de coser] Garn *das* - **3.** [tejido] Leinen *das* - **4.** [filamento] Draht *der* - **5.** [poca cantidad] Rinnsal *das* ; **le salía un ~ de voz** er konnte kaum sprechen - **6.** *fig* [continuidad] roter Faden ; **perder el ~** den Faden verlieren ; **seguir el ~** folgen können - **7.** *loc* : **colgar** o **pender de un ~** an einem seidenen Faden hängen ; **mover los ~s** die Fäden in der Hand haben. ◆ **hilo musical** *m von der spanischen Telefongesellschaft gelieferte Musikberieselung.*

hilván *m* [costura] Heftnaht *die*.

hilvanar *vt* - **1.** [ropa] heften - **2.** [ideas, improvisar] ordnen.

Himalaya *m* : **el ~** der Himalaja.

himen *m* ANAT Jungfernhäutchen *das*.

himno *m* Hymne *die*.

hincapié *m* : **hacer ~ en** Nachdruck legen auf *(+A)*.

hincar [10] *vt* ein|schlagen.

hincha ◇ *mf* Fan *der*. ◇ *f* Abneigung *die*.

hinchado, da *adj* [objeto, persona] aufgeblasen ; [parte del cuerpo] geschwollen.

hinchar *vt* auf|blasen. ◆ **hincharse** *vpr* - **1.** [aumentar de volumen] an|schwellen - **2.** [persona] sich auf|spielen - **3.** [de comida] : **~se de** sich ab|füllen mit.

hinchazón *f* Schwellung *die*.

hindi *m* Hindi *das*.

hindú (*pl* **hindúes**) ◇ *adj* - **1.** [de India] indisch - **2.** RELIG Hindu-. ◇ *m, f* - **1.** [de India] Inder *der*, -in *die* - **2.** RELIG Hindu *der, die*.

hinduismo *m* RELIG Hinduismus *der*.

hinojo *m* Fenchel *der*.

hip *interj* : **¡~, ~, hurra!** hipp! hipp! hurra!

hipar *vi* einen Schluckauf haben.

híper *m fam* Verbrauchermarkt *der*.

hiperactivo, va *adj* hyperaktiv.

hipérbola *f* GEOM Hyperbel *die*.

hipermercado *m* Verbrauchermarkt *der*.

hipersónico, ca *adj* AERON hypersonisch.

hípico, ca *adj* Pferde-. ◆ **hípica** *f* Pferdesport *der*.

hipnosis *f* Hypnotik *die*.

hipnótico, ca *adj* hypnotisch.

hipnotismo *m* Hypnose *die*.

hipnotizador, ra ◇ *adj* - **1.** [de hipnosis] Hypnotisierungs- - **2.** [fascinador] hypnotisierend. ◇ *m, f* Hypnotiseur *der*, -in *die*.

hipnotizar [13] *vt* hypnotisieren.

hipo *m* Schluckauf *der* ; **quitar el ~** *fig* die Sprache verschlagen.

hipocondriaco, ca, hipocondríaco, ca ◇ *adj* hypochondrisch. ◇ *m, f* Hypochonder *der*.

hipocresía *f* Heuchelei *die*.

hipócrita ◇ *adj* scheinheilig. ◇ *mf* Heuchler *der*, -in *die*.

hipodérmico, ca *adj* hypodermatisch.

hipodermis *f* ANAT Hypoderm *das*.

hipódromo *m* Pferderennbahn *die*.

hipopótamo *m* Nilpferd *das*.

hipoteca *f* Hypothek *die*.

hipotecar [10] *vt* - **1.** [bienes] eine Hypothek auf|nehmen - **2.** *fig* [poner en peligro] aufs Spiel setzen.

hipotecario, ria *adj* Hypotheken-.

hipotenusa *f* GEOM Hypotenuse *die*.

hipótesis *f* Hypothese *die*.

hipotético, ca *adj* hypothetisch.

hippy ['xipi] (*pl* **hippys**), **hippie** ['xipi] (*pl* **hippies**) ◇ *adj* Hippie-. ◇ *m, f* Hippie *der*.

hiriente *adj* [frase, palabra] verletzend ; [luz] grell.

hirsuto, ta *adj* - **1.** [cabello] struppig - **2.** [persona] widerspenstig.

hispánico, ca ◇ *adj* [español] spanisch ; [de Hispania] hispanisch. ◇ *m, f* [de España] Spanier *der*, -in *die* ; [de Hispania] Hispanier *der*, -in *die*.

hispanidad *f* Hispanität *die*.

hispanismo *m* - **1.** [palabra] Hispanismus *der* - **2.** [estudio] Hispanistik *die*.

hispanizar [13] *vt* hispanisieren.

hispano, na ◇ *adj* [español] spanisch ; [de EE.UU.] hispanoamerikanisch. ◇ *m, f* [en España] Spanier *der*, -in *die* ; [en EE.UU.] Hispanoamerikaner *der*, -in *die*.

Hispanoamérica *f* Hispanoamerika *nt*, *die spanischsprachigen Länder Lateinamerikas.*

hispanoamericanismo *m* Hispanoamerikanismus *der*, *sprachliche Besonderheit des lateinamerikanischen Spanisch.*

hispanoamericano, na ◇ *adj* hispanoamerikanisch. ◇ *m, f* Hispanoamerikaner *der*, -in *die*.

hispanohablante ◇ *adj* spanischsprachig. ◇ *mf* spanischer Muttersprachler, spanische Muttersprachlerin.

histeria *f* Hysterie *die*.

histérico, ca ◇ *adj* hysterisch ; **ponerse ~** hysterisch werden. ◇ *m, f* Hysteriker *der*, -in *die*.

histerismo *m* Hysterie *die*.

historia *f* - **1.** [gen] Geschichte *die* ; **~ antigua** Geschichte des Altertums ; **~ del arte** Kunstgeschichte ; **~ universal** Weltgeschichte ; **pasar a la ~** in die Geschichte ein|-

gehen - **2.** [chisme] : **~s** Geschichten *pl* ; **dejarse de ~s** zur Sache kommen. ◆ **historia natural** *f* Naturgeschichte *die*.

historiador, ra *m, f* Historiker *der*, -in *die*.

historial *m* : **~ profesional** beruflicher Werdegang ; **~ médico** o **clínico** Krankengeschichte *die*.

histórico, ca *adj* - **1.** [de historia, importante] historisch - **2.** [verdadero] wahrhaftig.

historieta *f* [cómic] Bildergeschichte *die*.

hitleriano, na [xitle'rjano, na] ◇ *adj* HIST Hitler-. ◇ *m, f* HIST Nazi *der*.

hito *m* - **1.** [mojón] Markstein *der* - **2.** [hecho importante] Meilenstein *der* - **3.** *loc* : **mirar a alguien de ~ en ~** jn an|starren.

hizo ▷ **hacer**.

hmnos. (*abrev de* **hermanos**) Gebr.

hobby ['xoβi] (*pl* **hobbys** o **hobbies**) *m* Hobby *das*.

hocico *m* [de animales] Schnauze *die* ; [de cerdo] Rüssel *der*.

hockey ['xokei] *m* DEP Hockey *das* ; **~ sobre hielo** Eishockey ; **~ sobre hierba** Rasenhockey ; **~ sobre patines** Rollhockey.

hogar *m* - **1.** [para fuego] Herd *der* ; [de chimenea] Kamin *der* - **2.** [domicilio] Zuhause *das*.

hogareño, ña *adj* häuslich.

hogaza *f* Brotlaib *der*.

hoguera *f* (Lager)feuer *das* ; **~ de San Juan** Johannisfeuer *das*.

hoja *f* - **1.** [de plantas, de papel] Blatt *das* - **2.** [de metal] Klinge *die* ; **~ de afeitar** Rasierklinge - **3.** [de puertas] Flügel *der*. ◆ **hoja de cálculo** *f* INFORM Tabellenkalkulation *die*.

hojalata *f* Blech *das*.

hojaldre *m* CULIN Blätterteig *der*.

hojarasca *f* - **1.** [hojas secas] dürres Laub - **2.** [frondosidad] Laub *das*.

hojear *vt* blättern.

hola *interj* : **¡hola!** hallo!

Holanda *f* Holland *nt*.

holandés, esa ◇ *adj* holländisch. ◇ *m, f* Holländer *der*, -in *die*. ◆ **holandés** *m* [lengua] Holländisch(e) *das*. ◆ **holandesa** *f* [papel] *Papier im Format 22x28 cm*.

holding ['xoldin] *m* Holding *die*.

holgado, da *adj* - **1.** [ancho] weit - **2.** [sin problemas] bequem.

holgazán, ana ◇ *adj* faul. ◇ *m, f* Faulenzer *der*, -in *die*.

holgazanear *vi* faulenzen.

holgura *f* - **1.** [anchura] Weite *die* - **2.** [entre piezas] Spiel *das* - **3.** [bienestar] Wohlstand *der*.

hollín *m* Ruß *der*.

holocausto *m* Holocaust *der*.

hombre ◇ *m* - **1.** [ser humano] Mensch *der* - **2.** [varón] Mann *der* ; **buen ~** guter Mann ; **~ de la calle** o **de a pie** der einfache Mann von der Straße ; **el ~ del saco** *fam* der schwarze Mann ; **un ~ de mundo** ein Mann von Welt ; **~ de palabra** Mann, der zu seinem Wort steht ; **el abominable ~ de las nieves** [yeti] Yeti *der* ; **pobre ~** armer Kerl ; **de ~ a ~** von Mann zu Mann - **3.** [adulto] Erwachsene *der*. ◇ *interj* : **¡hombre!** Mensch! ◆ **hombre lobo** (*pl* **hombres lobo**) *m* Werwolf *der*. ◆ **hombre orquesta** (*pl* **hombres orquesta**) *m* Einmannorchester *das*. ◆ **hombre rana** (*pl* **hombres rana**) *m* Froschmann *der*.

hombrera *f* - **1.** [de ropa] Schulterpolster *das* - **2.** [de uniforme] Schulterstück *das*.

hombría *f* Männlichkeit *die*.

hombro *m* Schulter *die* ; **a ~s** auf den Schultern ; **al ~** geschultert ; **encogerse de ~s** die Achseln zucken ; **arrimar el ~** *fig* die Ärmel hoch|krempeln.

hombruno, na *adj* männlich, maskulin.

homenaje *m* Hommage *die* ; **en ~ a** zu Ehren von ; **rendir ~ a alguien** jm die Ehre erweisen.

homenajeado, da ◇ *adj* geehrt. ◇ *m, f* Geehrte *der, die*.

homenajear *vt* ehren.

homeopatía *f* MED Homöopathie *die*.

homicida ◇ *adj* Mord-. ◇ *mf* Mörder *der*, -in *die*.

homicidio *m* Totschlag *der*.

homogéneo, a *adj* homogen.

homologar [16] *vt* - **1.** [equiparar] an|gleichen - **2.** [producto] genehmigen - **3.** DEP an|erkennen.

homólogo, ga ◇ *adj* - **1.** [semejante] vergleichbar - **2.** GEOM & QUÍM homolog. ◇ *m, f* POLÍT Amtskollege *der*, -gin *die*.

homónimo, ma ◇ *adj* GRAM homonym. ◇ *m, f* GRAM Homonym *das* ; [tocayo] Namensvetter *der*, -in *die*.

homosexual *mf* Homosexuelle *der, die*.

homosexualidad *f* Homosexualität *die*.

honda ◇ *f* Schleuder *die*. ◇ *adj* ▷ **hondo**.

hondo, da *adj* - **1.** [agujero, cavidad] tief - **2.** [sentimiento] tief(gehend) ; **en lo más ~ de** in der Tiefe *(+G)*.

hondonada *f* Mulde *die*.

hondura *f* Tiefe *die*.

Honduras *f* Honduras *nt*.

hondureño, ña ◇ *adj* honduranisch. ◇ *m, f* Honduraner *der*, -in *die*.

honestidad *f* Ehrlichkeit *die*.

honesto, ta *adj* [honrado] ehrlich.

hongo *m* - **1.** [planta] Pilz *der* - **2.** [enfermedad] Fußpilz *der*.

honor *m* Ehre ; **en ~ de** zu Ehren von ; **en ~ a la verdad** der Wahrheit zuliebe. ◆ **honores** *mpl* [ceremonial] Ehrenbezeugung *die*.

honorabilidad *f* Ehrbarkeit *die*.

honorable *adj* ehrbar.

honorar *vt* ehren.

honorario, ria *adj* Ehren- ; **cónsul ~** Honorarkonsul *der*. ◆ **honorarios** *mpl* Honorare *pl*.

honorífico, ca *adj* Ehren-.

honra *f* - **1.** [dignidad] Ehre *die* - **2.** [orgullo] Stolz *der* ; **tener a mucha ~ algo** sehr stolz sein auf etw *(A)* ; **¡y a mucha ~!** ich bin stolz darauf! - **3.** [virginidad] Jungfräulichkeit *die*. ◆ **honras** *fpl* Trauerfeier *die*.

honradez *f* Anständigkeit *die*.

honrado, da *adj* anständig.

honrar *vt* - **1.** [respetar, recompensar] ehren - **2.** [otorgar distinción] beehren.

honroso, sa *adj* - **1.** [que dignifica] Ehren- - **2.** [decente] ehrenvoll.

hora *f* - **1.** [del día] Stunde *die* ; **a última ~** [final del día] am späten Abend ; [en el último momento] in letzter Minute ; **dar la ~** die Stunde schlagen ; **preparativos de última ~** die letzten Vorbereitungen ; **¿qué ~ es?** wieviel Uhr ist es? ; **¿qué ~s son?** *Amér* wieviel Uhr ist es? ; **trabajar/pagar por ~s** einen Stundenlohn erhalten/zahlen ; **~ oficial** Ortszeit *die* ; **~ pico** *Amér* Hauptverkehrszeit *die* ; **~ punta** Hauptverkehrszeit *die* ; **media ~** eine halbe Stunde ; **~s de oficina** Bürozeit *die* ; **~s de trabajo** Arbeitszeit *die* ; **~s de visita** Besuchszeit *die* ; **~s extraordinarias** Überstunden *pl* - **2.** [momento determinado] Uhrzeit *die* ; **a la ~** pünktlich ; **a primera ~** am frühen Morgen ; **en su ~** zu seiner Zeit ; **¡ya era ~!** es war höchste Zeit! - **3.** [cita] Termin *der* ; **dar ~** einen Termin geben ; **pedir ~** um einen Termin bitten ; **tener ~ en** einen Termin haben bei - **4.** *loc* : **a buena ~** zu spät ; **en mala ~** unglücklicherweise ; **la ~ de la verdad** die Stunde der Wahrheit ; **le ha llegado su ~** sein/ihr letztes Stündchen hat geschlagen.

horario, ria *adj* stündlich. ◆ **horario** *m* [de colegio] Stundenplan *der* ; [de trenes, autobuses] Fahrplan *der* ; **~ comercial** Ladenöffnungszeiten *pl* ; **~ intensivo** *Arbeitstag ohne Mittagspause* ; **~ laboral** Arbeitszeit *die*.

horca *f* Galgen *der*.

horcajadas ◆ **a horcajadas** *loc adv* rittlings.

horchata *f Getränk aus zerkleinerten Erdmandeln, Wasser und Zucker*.

horda *f* Horde *die*.

horizontal *adj* horizontal, waagerecht.

horizonte *m* Horizont *der*.

horma *f* Schuhspanner *der*.

hormiga *f* Ameise *die*.

hormigón *m* CONSTR Beton *der* ; **~ armado** Stahlbeton.

hormigonera *f* CONSTR Betonmischmaschine *die*.

hormigueo *m* Kribbeln *das*.

hormiguero ◇ *m* Ameisenhaufen *der*. ◇ *adj* ▷ **oso**.

hormona *f* BIOL Hormon *das*.

hornada *f* [de cosas] Schub *der*.

hornear *vt* backen.

hornillo *m* Gaskocher *der*.

horno *m* Ofen *der* ; **alto ~** Hochofen ; **~ eléctrico** Elektroherd *der* ; **(~) microondas** Mikrowelle *die*.

horóscopo *m* [predicción] Horoskop *das*.

horquilla *f* - **1.** [para pelo] Haarnadel *die* - **2.** [de bicicleta o motocicleta] Gabel *die*.

horrendo, da *adj* - **1.** [espantoso] fürchterlich - **2.** *fam* [muy malo, muy feo] schrecklich.

horrible *adj* - **1.** [espantoso] schrecklich - **2.** *fam* [muy malo, muy feo] schrecklich.

horripilante *adj* - **1.** [espantoso] fürchterlich - **2.** *fam* [muy malo, muy feo] schrecklich.

horripilar *vt* erschrecken.

horror *m* - **1.** [miedo] Schrecken *der* - **2.** *(gen pl)* [atrocidad] Schrecken *pl*.

horrorizado, da *adj* zu Tode erschrocken.

horrorizar [13] *vt* entsetzen.

horroroso, sa *adj* schrecklich.

hortaliza *f* Gemüse *das*.

hortelano, na ◇ *adj* Garten-. ◇ *m, f* Gemüsegärtner *der*, -in *die*.

hortensia *f* Hortensie *die*.

hortera *adj fam* kitschig.

horterada *f fam* Kitsch *der*.

horticultor, ra *m, f* Gemüsegärtner *der*, -in *die*.

hosco, ca *adj* [persona] mürrisch.

hospedar *vt* beherbergen. ◆ **hospedarse** *vpr* unter|kommen.

hospicio *m* Waisenhaus *das*.

hospital *m* Krankenhaus *das*.

hospitalario, ria *adj* - **1.** [acogedor] gastfreundlich - **2.** [de hospital] Krankenhaus-.

hospitalidad *f* Gastfreundschaft *die*.

hospitalizar [13] *vt* ins Krankenhaus ein|liefern.

hosquedad *f* mürrisches Wesen.

hostal *m* Gasthaus *das*.

hostelería *f* Hotel- und Gaststättengewerbe *das*.

hostelero, ra ◇ *adj* Hotel-. ◇ *m, f* Gastwirt *der*, -in *die*.

hostia *f* - **1.** RELIG Hostie *die* - **2.** *vulg* [bofetada] Schlag *der* - **3.** *vulg* [accidente] Unfall *der*. ◆ **hostia(s)** *interj vulg* : **¡hostia(s)!** verdammt!

hostigar [16] *vt* [acosar, molestar] belästigen.

hostil *adj* feindlich.

hostilidad *f* Feindseligkeit *die*.
hotel *m* Hotel *das*.
hotelero, ra <> *adj* Hotel-. <> *m, f* Hotelier *der*.
hovercraft (*pl* **hovercrafts**) *m* Luftkissenboot *das*.
hoy *adv* heute ; **de ~ en adelante** von heute an ; **~ (en) día** heutzutage.
hoyo *m* - **1.** [agujero, de golf] Loch *das* - **2.** *fam* [sepultura] Grab *das*.
hoyuelo *m* Grübchen *das*.
hoz *f* Sichel *die*.
huachafería *f Amér fam* - **1.** [acción] Geschmacklosigkeit *die* - **2.** [objeto] Kitsch *der*.
huachafo, fa *adj Amér fam* gestelzt.
huachinango *m* = **guachinango**.
hubiera *etc* ▷ **haber**.
hucha *f* Spardose *die*.
hueco, ca *adj* hohl. ◆ **hueco** *m* - **1.** [cavidad] Loch *das* - **2.** [espacio vacío] Lücke *die*.
huelga *f* Streik *der* ; **estar en ~** streiken ; **declararse en ~** in Streik treten ; **~ de hambre** Hungerstreik ; **~ general** Generalstreik.
huelguista *mf* Streikende *der, die*.
huella *f* - **1.** [gen] Spur *die* ; [de animal] Fährte *die* ; **seguir las ~s de alguien** in js Fußstapfen treten - **2.** [señal, marca] Abdruck *der* ; **~ digital** o **dactilar** Fingerabdruck ; **dejar ~** Spuren hinterlassen.
huérfano, na <> *adj* Waisen-. <> *m, f* Waisenkind *das*.
huerta *f* - **1.** [terreno de cultivo] Obst- und Gemüseland *das* - **2.** [tierra de regadío] bewässertes Ackerland.
huerto *m* Gemüsegarten *der*.
hueso *m* - **1.** [de cuerpo] Knochen *der* - **2.** [de fruta] Kern *der* - **3.** *fam* [persona] harter Knochen - **4.** *fam* [asignatura] harter Brocken.
huésped, da *m, f* Gast *der*.
huesudo, da *adj* knochig.
hueva *f* Fischrogen *der*.
huevada *f Amér mfam* Dummheit *die*.
huevear *vi Amér fam* - **1.** [hacer el tonto] herum|albern - **2.** [perder el tiempo] rum|hängen.
huevo *m* - **1.** [de animales, para comer] Ei *das* ; **~ de la copa** o **tibio** *Amér* weich gekochtes Ei ; **~ duro** hart gekochtes Ei ; **~ estrellado** *Amér* Spiegelei ; **~ frito** Spiegelei ; **~ pasado por agua** weiches Ei ; **~s al plato** im Ofen gebackene Eier ; **~s revueltos** Rühreier *pl* - **2.** *(gen pl) vulg* [testículos] Eier *pl* - **3.** *loc* : **¡y un ~!** *vulg* das wäre ja noch schöner!
huevón, ona, güevón, ona <> *adj Amér mfam* Arschloch *das*. <> *m, f Amér mfam* fauler Sack.
huida *f* Flucht *die*.
huidizo, za *adj* scheu.
huir [51] *vi* - **1.** [escapar] fliehen ; **~ de** fliehen vor *(+D)* - **2.** [evitar] : **~ de** (ver)meiden *(+A)*.
hule *m* Wachstuch *das*.
humanidad *f* - **1.** [género humano] Menschheit *die* - **2.** [bondad] Menschlichkeit *die*. ◆ **humanidades** *fpl* Geisteswissenschaften *pl*.
humanismo *m* Humanismus *der*.
humanitario, ria *adj* humanitär.
humanizar [13] *vt* humanisieren. ◆ **humanizarse** *vpr* menschlicher werden.
humano, na *adj* - **1.** [del hombre] human, menschlich - **2.** [compasivo] menschlich. ◆ **humano** *m (gen pl)* Menschen *pl*.
humareda *f* Rauchwolke *die*.
humear *vi* - **1.** [salir humo] rauchen - **2.** [salir vapor] dampfen.
humedad *f* [de cosa mojada] Feuchtigkeit *die*.
humedecer [30] *vt* befeuchten. ◆ **humedecerse** *vpr* feucht werden.
húmedo, da *adj* feucht.
húmero *m* ANAT Oberarmknochen *der*.
humidificar [10] *vt* befeuchten.
humildad *f* - **1.** [modestia] Bescheidenheit *die* - **2.** [sumisión] Unterwürfigkeit *die*.
humilde *adj* - **1.** [modesto] bescheiden - **2.** [pobre] arm.
humillación *f* Demütigung *die*.
humillante *adj* demütigend.
humillar *vt* demütigen. ◆ **humillarse** *vpr* sich erniedrigen ; **~se a hacer algo** sich erniedrigen, etw zu tun.
humo *m* Rauch *der*. ◆ **humos** *mpl* Gehabe *das*.
humor *m* - **1.** [estado de ánimo, gracia] Laune *die* ; **buen/mal ~** gute/schlechte Laune ; **~ negro** schwarzer Humor - **2.** [ganas] Stimmung *die* - **3.** ANAT Körperflüssigkeit *die*.
humorismo *m* Humor *der*.
humorista *mf* Komiker *der*, -in *die*.
humorístico, ca *adj* humoristisch.
hundimiento *m* Untergang *der*.
hundir *vt* - **1.** [sumergir] versenken - **2.** [clavar] stoßen - **3.** [afligir] zu Grunde richten - **4.** [hacer fracasar] ruinieren. ◆ **hundirse** *vpr* - **1.** [sumergirse] untergehen - **2.** [derrumbarse] ein|stürzen - **3.** [fracasar] sich zu Grunde richten.
húngaro, ra <> *adj* ungarisch. <> *m, f* Ungar *der*, -in *die*. ◆ **húngaro** *m* Ungarisch(e) *das*.
Hungría *f* Ungarn *nt*.
huracán *m* Orkan *der*.
huraño, ña *adj* scheu.
hurgar [16] *vi* : **~ (en)** herum|kramen (in *(+D)*). ◆ **hurgarse** *vpr* herum|stochern.
hurón *m* [animal] Frettchen *das*.

hurra *interj* : **¡hurra!** hurra!
hurtadillas ◆ **a hurtadillas** *loc adv* heimlich.
hurtar *vt* stehlen.
hurto *m* Diebstahl *der*.
husmear ◇ *vt* [olfatear] schnüffeln. ◇ *vi* [curiosear, indagar] herum|schnüffeln.
huso *m* Spindel *die*. ◆ **huso horario** *m* Zeitzone *die*.
huy *interj* - **1.** [dolor] : **¡huy!** au! - **2.** [sorpresa] : **¡huy!** oh!

I

i, I [i] *f* [letra] i, I *das*.
IAE (*abrev de* **Impuesto sobre Actividades Económicas**) *m spanische Gewerbesteuer*.
iba ▷ **ir**.
ibérico, ca *adj* iberisch.
íbero, ra, ibero, ra ◇ *adj* iberisch. ◇ *m, f* [habitante] Iberer *der*, -in *die*. ◆ **íbero, ibero** *m* [lengua] Iberisch(e) *das*.
iberoamericano, na ◇ *adj* - **1.** [de Iberoamérica] lateinamerikanisch - **2.** [de Iberoamérica, Portugal y España] iberoamerikanisch. ◇ *m, f* - **1.** [de Iberoamérica] Lateinamerikaner *der*, -in *die* - **2.** [de Iberoamérica, Portugal y España] Iberoamerikaner *der*, -in *die*.
iceberg (*pl* **icebergs**) *m* Eisberg *der*.
icono *m* - **1.** [en religión] Ikone *die* - **2.** INFORM Symbol *das*.
iconoclasta ◇ *adj* - **1.** [hereje] ikonoklastisch - **2.** [contrario a los valores tradicionales] rebellisch. ◇ *mf* [hereje] Ikonoklast *der*, -in *die*.
ictericia *f* MED Gelbsucht *die*.
id ▷ **ir**.
ida *f* Hinfahrt *die* ; ~ **y vuelta** Hin- und Rückfahrt *die*.
idea *f* - **1.** [gen] Idee *die* ; **con la ~ de** mit der Absicht, zu ; **cambiar de ~** seine Meinung ändern - **2.** [conocimiento] Vorstellung *die* ; **no tener ni ~** keine Ahnung haben. ◆ **ideas** *fpl* Vorstellungen *pl*.
ideal ◇ *adj* - **1.** [de idea] ideell - **2.** [perfecto] ideal. ◇ *m* [modelo, aspiración] Ideal *das*. ◆ **ideales** *mpl* Ideale *pl*.
idealista ◇ *adj* idealistisch. ◇ *mf* Idealist *der*, -in *die*.
idealizar [13] *vt* idealisieren.
idear *vt* - **1.** [proyectar, planear] entwerfen - **2.** [inventar] erfinden.
ídem *pron* desgleichen ; **~ de ~** ebenfalls.
idéntico, ca *adj* identisch ; **~ a** genau wie.
identidad *f* - **1.** [de persona] Identität *die* ; **documento de ~** Personalausweis *der* - **2.** [igualdad] Übereinstimmung *die* - **3.** MAT Gleichheit *die*.
identificación *f* - **1.** [reconocimiento] Identifizierung *die* - **2.** [compenetración] Erkennen *das*.
identificar [10] *vt* [reconocer] identifizieren.
ideología *f* Ideologie *die*.
ideólogo, ga *m, f* Ideologe *der*, -gin *die*.
idílico, ca *adj* idyllisch.
idilio *m* Romanze *die*.
idioma *m* Sprache *die*.
idiosincrasia *f* Idiosynkrasie *die*.
idiota ◇ *adj* - **1.** [enfermo mental] schwachsinnig - **2.** *despec* [tonto, ignorante] idiotisch. ◇ *mf* - **1.** [enfermo mental] Schwachsinnige *der, die* - **2.** *despec* [tonto, ignorante] Idiot *der*, -in *die*.
idiotez *f* - **1.** [enfermedad mental] Schwachsinn *der* - **2.** [tontería] Dummheit *die*.
ido, ida *adj* verrückt.
idolatrar *vt* vergöttern.
ídolo *m* - **1.** [divinidad] Götze *der* - **2.** [persona] Idol *das*.
idóneo, a *adj* passend.
iglesia *f* Kirche.
iglú (*pl* **iglúes**) *m* Iglu *der das*.
ignorancia *f* Unwissenheit.
ignorante ◇ *adj* - **1.** [sin instrucción] ungebildet - **2.** [en materia] unwissend. ◇ *mf* - **1.** [sin instrucción] Ungebildete *der, die* - **2.** [en materia] Unkundige *der, die*.
ignorar *vt* - **1.** [no saber] nicht wissen - **2.** [no tener en cuenta] ignorieren.
igual ◇ *adj* - **1.** MAT [idéntico, parecido] gleich ; **~ que** genauso wie - **2.** [liso] eben - **3.** [constante] gleich bleibend. ◇ *mf* Ebenbürtige *der, die* ; **sin ~** unvergleichlich. ◇ *adv* - **1.** [de la misma manera] gleich ; **al ~ que** genauso wie ; **por ~** gleichermaßen - **2.** [posiblemente] eventuell - **3.** *loc* : **dar** o **ser ~ a alguien** jm egal sein.
igualado, da *adj* fast gleichwertig.
igualar *vt* - **1.** [sueldos] an|gleichen ; [pesos, resultados] aus|gleichen - **2.** [superficie] begradigen - **3.** [hacer igual] gleich machen.
igualdad *f* Gleichheit *die*.
igualitario, ria *adj* egalitär.
igualmente *adv* - **1.** [también] ebenfalls - **2.** [fórmula de cortesía] gleichfalls.
iguana *f* Leguan *der*.
ilegal *adj* illegal.
ilegible *adj* unleserlich.
ilegítimo, ma *adj* - **1.** [acción, hecho] un-

rechtmäßig, illegitim - 2. [persona] unehelich.
ileso, sa *adj* unverletzt.
ilícito, ta *adj* unerlaubt.
ilimitado, da *adj* unbegrenzt.
ilógico, ca *adj* unlogisch.
iluminación *f* - **1.** [luces] Beleuchtung *die* - **2.** RELIG Erleuchtung *die*.
iluminar *vt* - **1.** [dar luz] scheinen auf *(+A)* - **2.** [poner luz] beleuchten - **3.** [alegrar] erhellen - **4.** RELIG erleuchten. ◆ **iluminarse** *vpr* [con luz] beleuchtet werden.
ilusión *f* - **1.** [esperanza] Hoffnung *die* ; [fantasía] Illusion *die* ; **hacerse** o **forjarse ilusiones** sich Illusionen machen - **2.** [alegría] Freude *die* ; **me hace ~ que vengas** es freut mich, dass du kommst - **3.** [de la vista] optische Täuschung.
ilusionar *vt* - **1.** [dar esperanza] : **~ a alguien** jm (falsche) Hoffnungen machen - **2.** [causar alegría] Freude bereiten. ◆ **ilusionarse** *vpr* - **1.** [sentir esperanza] : **~se (con)** sich Hoffnungen machen, dass *(+A)* - **2.** [sentir alegría] : **~se (con)** sich freuen über *(+A)*.
ilusionista *mf* Zauberkünstler *der*, -in *die*.
iluso, sa ◇ *adj* naiv. ◇ *m, f* Träumer *der*, -in *die*.
ilustración *f* - **1.** [en publicación] Illustration *die* - **2.** [cultura, instrucción] Bildung *die*.
ilustrado, da *adj* - **1.** [publicación] illustriert, bebildert - **2.** [persona] gebildet.
ilustrador, ra *m, f* Illustrator *der*, -in *die*.
ilustrar *vt* - **1.** [explicar] veranschaulichen - **2.** [publicación] illustrieren - **3.** [educar] auf|klären.
ilustrativo, va *adj* anschaulich.
ilustre *adj* - **1.** [de mérito] hochverdient - **2.** [de fama] berühmt - **3.** [título] hochverehrt.
imagen *f* - **1.** [gen] Bild *das* ; **ser a ~ y semejanza de** das Ebenbild sein von ; **ser la viva ~ de alguien** js Ebenbild sein - **2.** [representación] Darstellung *die* - **3.** [aspecto] Erscheinungsbild *das*.
imaginación *f* - **1.** [facultad] Vorstellungskraft *die* ; **pasar por la ~ de alguien** jm ein|fallen - **2.** *(gen pl)* [idea sin fundamento] Einbildung *die*.
imaginar *vt* - **1.** [ver visiones] sich *(D)* ein|bilden - **2.** [idear, proyectar] sich *(D)* aus|denken. ◆ **imaginarse** *vpr* sich *(D)* vor|stellen.
imaginario, ria *adj* imaginär.
imaginativo, va *adj* fantasievoll.
imán *m* - **1.** [para el hierro] Magnet *der* - **2.** [entre musulmanes] Imam *der*.
imbatible *adj* unbesiegbar.
imbécil ◇ *adj despec* dumm. ◇ *mf despec* Dummkopf *der*.
imbecilidad *f despec* Dummheit *die*.
imberbe *adj* bartlos.
imborrable *adj* [recuerdo] unvergesslich.
imbuir [51] *vt* : **~ a alguien (de) algo** jm etw ein|trichtern.
imitación *f* - **1.** [acción] Nachahmung *die* - **2.** [copia] Kopie *die* - **3.** [material] Imitation *die*.
imitador, ra *m, f* [copista] Nachahmer *der*, -in *die* ; [cómico] Imitator *der*, -in *die*.
imitar *vt* - **1.** [remedar] nach|ahmen - **2.** [copiar] kopieren - **3.** [producto, material] imitieren.
impaciencia *f* Ungeduld *die*.
impacientar *vt* ungeduldig machen. ◆ **impacientarse** *vpr* ungeduldig werden.
impaciente *adj* ungeduldig ; **estar ~ por hacer algo** darauf brennen, etw zu tun.
impactar *vt* beeindrucken.
impacto *m* - **1.** [choque] Einschlag *der* - **2.** [señal] : **los ~s de las balas** Einschusslöcher *pl* - **3.** [efecto, de publicidad] Wirkung *die* ; [impresión] Eindruck *der*.
impagable *adj* unbezahlbar.
impar *adj* - **1.** MAT ungerade - **2.** [sin igual] einzigartig.
imparable *adj* unaufhaltbar.
imparcial *adj* unparteiisch.
imparcialidad *f* Unparteilichkeit *die*.
impartir *vt* erteilen.
impasible *adj* gefühllos.
impávido, da *adj* [sin miedo] unerschrocken ; [impasible] gefühllos.
impecable *adj* tadellos.
impedido, da *adj* behindert ; **estar ~ de un brazo** an einem Arm behindert sein.
impedimento *m* Hindernis *das*.
impedir [26] *vt* - **1.** [hacer imposible] verhindern - **2.** [dificultar] behindern.
impeler *vt* - **1.** [mover] bewegen - **2.** [incitar] : **~ a alguien a hacer algo** jn dazu bewegen, etw zu tun.
impenetrable *adj* - **1.** [lugar] undurchlässig - **2.** [secreto] unergründlich.
impensable *adj* undenkbar.
impepinable *adj fam* glasklar.
imperar *vi* herrschen.
imperativo, va *adj* - **1.** [autoritario] befehlend - **2.** GRAM imperativisch. ◆ **imperativo** *m* - **1.** [necesidad] Gebot *das* - **2.** GRAM Imperativ *der*.
imperceptible *adj* nicht wahrnehmbar.
imperdible *m* Sicherheitsnadel *die*.
imperdonable *adj* unverzeihlich.
imperfección *f* - **1.** [acción] Unvollkommenheit *die* - **2.** [resultado] Mangel *der*.
imperfecto, ta *adj* - **1.** [defectuoso] unvollkommen - **2.** GRAM imperfektisch. ◆ **imperfecto** *m* GRAM Imperfekt *das*.
imperial *adj* kaiserlich.
imperialismo *m* Imperialismus *der*.

imperio *m* - **1.** [dominio, mandato] Herrschaft *die* - **2.** [territorio] Reich *das*.
imperioso, sa *adj* - **1.** [autoritario] gebieterisch - **2.** [apremiante] dringend.
impermeabilizar [13] *vt* wasserdicht machen.
impermeable <> *adj* undurchlässig. <> *m* Regenmantel *der*.
impersonal *adj* unpersönlich.
impertinencia *f* - **1.** [cualidad] Ungehörigkeit *die* - **2.** [dicho, acción] Unverschämtheit *die*.
impertinente <> *adj* unverschämt. <> *mf* unverschämte Person.
imperturbable *adj* unbeirrt.
ímpetu *m* Schwung *der*.
impetuoso, sa *adj* - **1.** [fuerza] wuchtig - **2.** [persona] ungestüm.
impío, a *adj* gottlos.
implacable *adj* unerbittlich.
implantar *vt* - **1.** [establecer] ein|führen - **2.** MED implantieren.
implementar *vt* an|wenden.
implicación *f* - **1.** [participación] Beteiligung *die* - **2.** [consecuencia] Folge *die*.
implicar [10] *vt* - **1.** [enredar] : **~ a alguien en algo** jn in etw hinein|ziehen - **2.** [suponer, significar] bedeuten. ◆ **implicarse** *vpr* : **~se (en)** sich (auf etw *(A)*) ein|lassen.
implícito, ta *adj* stillschweigend.
implorar <> *vt* bitten. <> *vi* flehen.
impoluto, ta *adj* [limpio] rein.
imponente *adj* [impresionante] eindrucksvoll.
imponer [65] <> *vt* - **1.** [obligar] auf|erlegen - **2.** [hacer prevalecer] durch|setzen. <> *vi* Eindruck machen. ◆ **imponerse** *vpr* - **1.** [obligarse] sich auf|erlegen - **2.** [prevalecer] sich durch|setzen - **3.** [hacerse respetar] sich durch|setzen.
imponible *adj* ECON ▷ **base**.
impopular *adj* unbeliebt.
importación *f* Einfuhr *die*, Import *der* ; **de ~** Import-, Einfuhr-.
importador, ra <> *adj* Import-. <> *m, f* Importeur *der*.
importancia *f* Wichtigkeit *die*, Bedeutung *die* ; **dar ~ a algo** auf etw *(A)* Wert legen ; **de ~** von Bedeutung ; **sin ~** unwichtig.
importante *adj* - **1.** [por su relevancia] wichtig - **2.** [por su cantidad] bedeutend - **3.** [persona] wichtig, bedeutend.
importar <> *vt* - **1.** [suj : país, empresa] ein|führen, importieren - **2.** INFORM [fichero] importieren. <> *vi* - **1.** [preocupar] : **no me importa** es ist mir egal ; **me importa** es ist mir wichtig ; **me/te/***etc* **importa un bledo** *fam* das ist mir/dir/*etc* völlig schnuppe - **2.** [molestar] etw aus|machen. <> *v impers* wichtig sein.
importe *m* Betrag *der*.
importunar *vt* belästigen.
importuno, na = **inoportuno**.
imposibilidad *f* Unmöglichkeit *die*.
imposibilitado, da *adj* (körper)behindert.
imposibilitar *vt* unmöglich machen.
imposible <> *adj* unmöglich. <> *m* Unmöglichkeit *die*.
imposición *f* - **1.** [obligación] Verpflichtung *die* - **2.** [ingreso] Einzahlung *die*.
impostor, ra <> *adj* <> *m, f* [suplantador] Hochstapler *der*, -in *die*.
impotencia *f* - **1.** [para actuar] Machtlosigkeit *die* - **2.** [sexual] Impotenz *die*.
impotente *adj* - **1.** [para actuar] machtlos - **2.** [en sexo] impotent.
impracticable *adj* - **1.** [irrealizable] undurchführbar - **2.** [intransitable] nicht befahrbar.
imprecisión *f* Ungenauigkeit *die*.
impreciso, sa *adj* ungenau.
impregnar *vt* durchtränken. ◆ **impregnarse** *vpr* : **~se de** etw an|nehmen.
imprenta *f* - **1.** [arte] Buchdruckerkunst *die* - **2.** [establecimiento] Druckerei *die*.
imprescindible *adj* unentbehrlich.
impresentable <> *adj* schlampig. <> *mf* unzumutbare Person.
impresión *f* - **1.** [acción, edición] Druck *der* - **2.** [huella] Abdruck *der* ; **~ digital** o **dactilar** Fingerabdruck - **3.** [sensación - física] Eindruck *der* ; [- anímica] Wirkung *die* ; **dar la ~ de** etw/jd den Eindruck machen, dass ; **tener la ~ de que** o **que** den Eindruck haben, dass - **4.** [opinión] Eindruck *der*.
impresionable *adj* (leicht) zu beeindrucken.
impresionante *adj* beeindruckend.
impresionar <> *vt* - **1.** [agradar] beeindrucken - **2.** [desagradar] erschüttern. <> *vi* - **1.** [agradar] beeindruckend sein - **2.** [desagradar] erschütternd sein.
impresionismo *m* Impressionismus *der*.
impreso, sa <> *pp irreg* ▷ **imprimir**. <> *adj* Druck-. ◆ **impreso** *m* - **1.** [folleto] Drucksache *die* - **2.** [formulario] Formular *das*, Vordruck *der*.
impresor, ra <> *adj* Druck-. <> *m, f* Buchdrucker *der*, -in *die*. ◆ **impresora** *f* INFORM Drucker *der* ; **impresora de chorro de tinta** INFORM Tintenstrahldrucker ; **impresora de matriz** INFORM Matrixdrucker ; **impresora de agujas** INFORM Nadeldrucker ; **impresora láser** INFORM Laserdrucker ; **impresora térmica** Thermodrucker.
imprevisible *adj* [persona] unberechenbar ; [hecho] unvorhersehbar.
imprevisto, ta *adj* unvorhergesehen. ◆ **imprevisto** *m* unvorhergesehenes Er-

eignis. ◆ **imprevistos** *mpl* unvorhergesehene Ausgaben.
imprimir ◇ *vt* - **1.** [texto, ilustración] drucken - **2.** [publicar] verlegen - **3.** [dejar una huella] ein|drücken - **4.** *fig* [dar] verleihen. ◇ *vi* drucken.
improbable *adj* unwahrscheinlich.
improcedente *adj* DER rechtswidrig.
impropio, pia *adj* unpassend.
improvisar *vt* improvisieren.
improviso ◆ **de improviso** *loc adv* unerwartet.
imprudencia *f* - **1.** [cualidad] Unbesonnenheit *die* - **2.** [conducta] Fahrlässigkeit *die*.
impúdico, ca *adj* anstößig, unanständig.
impuesto, ta *pp irreg* ▷ **imponer.** ◆ **impuesto** *m* ECON Steuer *die* ; ~ **sobre el valor añadido** Mehrwertsteuer ; ~ **sobre la renta** Einkommenssteuer.
impugnar *vt* an|fechten.
impulsar *vt* - **1.** [empujar] an|treiben - **2.** [incitar] : ~ **a alguien a algo** jn dazu an|treiben, etw zu tun - **3.** [fomentar] an|regen.
impulsivo, va *adj* impulsiv.
impulso *m* - **1.** [motivación] Antrieb *der* - **2.** [carrerilla] Anlauf *der* ; **tomar** ~ Anlauf nehmen.
impulsor, ra ◇ *adj* [motriz, causante] Antriebs-, antreibend. ◇ *m, f* Förderer *der*, -in *die*.
impunidad *f* Straffreiheit *die*.
impureza *f (gen pl)* - **1.** [partícula extraña] Unreinheit *die* - **2.** [suciedad] Verunreinigung *die* - **3.** [bajeza, pecado] Unsittlichkeit *die*.
impuro, ra *adj* - **1.** [con mezcla] unrein - **2.** [pecaminoso] unsittlich.
imputación *f* Anrechnung *die*.
imputar *vt* [culpar] die Schuld zu|schreiben.
inabordable *adj* nicht zu bewältigen.
inacabable *adj* endlos.
inaccesible *adj* unzugänglich.
inaceptable *adj* unannehmbar.
inactividad *f* Untätigkeit *die*.
inactivo, va *adj* [persona] untätig ; [institución, tiempo] inaktiv.
inadaptación *f* mangelnde Anpassungsfähigkeit *die*.
inadaptado, da ◇ *adj* unangepasst. ◇ *m, f* Außenseiter *der*, -in *die*.
inadecuado, da *adj* ungeeignet.
inadmisible *adj* unzulässig.
inadvertido, da *adj* unbemerkt ; **pasar ~ a alguien** jdm nicht auffallen.
inagotable *adj* unerschöpflich.
inaguantable *adj* unerträglich.
inalámbrico *adj* ▷ **teléfono.**
inalcanzable *adj* unerreichbar.
inalterable *adj* : **sustancia** ~ unveränderlicher Stoff.
inamovible *adj* nicht absetzbar.
inanimado, da *adj* leblos.
inapetencia *f* Appetitlosigkeit *die*.
inapreciable *adj* [insignificante] nicht wahrnehmbar.
inapropiado, da *adj* ungeeignet.
inasequible *adj* [por el precio] unerschwinglich.
inaudible *adj* unhörbar.
inaudito, ta *adj* unerhört.
inauguración *f* Einweihung *die*.
inaugurar *vt* ein|weihen.
inca ◇ *adj* Inka-. ◇ *mf* Inka *der*, Inkafrau *die*.
incaico, ca *adj* inkaisch.
incalculable *adj* unermesslich.
incalificable *adj* unbeschreiblich.
incandescente *adj* glühend.
incansable *adj* unermüdlich.
incapacitado, da ◇ *adj* [para hacer algo] nicht fähig. ◇ *m, f* DER Entmündigte *der, die*.
incapacitar *vt* - **1.** [inhabilitar, impedir] hindern - **2.** DER entmündigen.
incapaz *adj* - **1.** [sin voluntad, posibilidades] : ~ **de hacer algo** unfähig, etw zu tun - **2.** [sin talento] : ~ **para** unbegabt für - **3.** DER unfähig ; **declarar ~ a alguien** jn entmündigen.
incautación *f* Beschlagnahme *die*, Sicherstellung *die*.
incautarse *vpr* - **1.** DER [legalmente] : ~ **de algo** etw beschlagnahmen - **2.** [apoderarse] sich bemächtigen *(+G)*.
incauto, ta ◇ *adj* naiv. ◇ *m, f* Naivling *der*.
incendiar [8] *vt* in Brand stecken, an|zünden. ◆ **incendiarse** *vpr* in Brand geraten.
incendiario, ria ◇ *adj* - **1.** [con fuego] Brand- - **2.** [subversivo] subversiv. ◇ *m, f* Brandstifter *der*, -in *die*.
incendio *m* Brand *der*.
incentivar *vt* an|spornen.
incentivo *m* Anreiz *der*.
incertidumbre *f* Ungewissheit *die*.
incesto *m* Inzest *der*.
incidencia *f* Zwischenfall *der*.
incidente *m* Zwischenfall *der*.
incidir ◆ **incidir en** *vi* - **1.** [incurrir] : ~ **en algo** in etw *(A)* verfallen - **2.** [insistir] wieder auf|greifen - **3.** [en superficie] fallen auf *(+A)* - **4.** MED (ein|)schneiden.
incienso *m* Weihrauch *der*.
incierto, ta *adj* [dudoso] unsicher.
incineración *f* [de cadáver] Einäscherung *die* ; [de basuras] Verbrennung *die*.
incinerar *vt* [personas] ein|äschern ; [basuras] verbrennen.

incipiente *adj* beginnend.
incisión *f* (Ein)schnitt *der*.
incisivo, va *adj* - **1.** [cortante] Schneide- - **2.** [mordaz] beißend. ◆ **incisivo** *m* Schneidezahn *der*.
inciso *m* Einschub *der*.
incitar *vt* : **~ a alguien a hacer algo** jn dazu an|stiften, etw zu tun.
incívico, ca *adj* ungesittet.
inclemencia *f* - **1.** [de clima] Rauheit *die* - **2.** [de persona] Unbarmherzigkeit *die*.
inclinación *f* - **1.** [desviación] Neigung *die* - **2.** [afición] Neigung *die* - **3.** [cariño] Zuneigung *die*.
inclinar *vt* - **1.** [torcer] neigen - **2.** [doblar] : **~ la cabeza** [para saludar] (zu|)nicken ; [con vergüenza] den Kopf senken. ◆ **inclinarse** *vpr* - **1.** [agacharse] sich bücken - **2.** [para saludar] sich verbeugen - **3.** [preferir] : **~se por algo** neigen zu etw - **4.** [tender a] : **~se a hacer algo** geneigt sein, etw zu tun.
incluir [51] *vt* ein|schließen.
inclusive *adv* einschließlich.
incluso *adv* sogar, selbst.
incógnito, ta *adj* inkognito. ◆ **de incógnito** *loc adv* inkognito. ◆ **incógnita** *f* - **1.** MAT Unbekannte *die* - **2.** [misterio] Rätsel *das*.
incoherencia *f* - **1.** [incongruencia] Inkohärenz *die* - **2.** [acción] unzusammenhängende Dinge *pl*.
incoherente *adj* unzusammenhängend.
incoloro, ra *adj* [sin coloración] farblos.
incomible *adj* ungenießbar.
incomodar *vt* [molestar] belästigen.
incomodidad *f* [física] Unbequemlichkeit *die*.
incómodo, da *adj* unbequem.
incomparable *adj* unvergleichlich.
incompatible *adj* - **1.** [personas] unverträglich - **2.** [situación, asignaturas] unvereinbar.
incompetencia *f* Unfähigkeit *die*, Inkompetenz *die*.
incompetente ◇ *adj* unfähig, inkompetent. ◇ *mf* Versager *der*, -in *die*.
incompleto, ta *adj* unvollständig.
incomprendido, da *adj* [persona] verkannt ; [cosa] unverstanden.
incomprensible *adj* unverständlich.
incomprensión *f* Verständnislosigkeit *die*.
incomunicado, da *adj* abgeschnitten.
incomunicar [10] *vt* von der Außenwelt ab|schneiden.
inconcebible *adj* unbegreiflich.
incondicional ◇ *adj* bedingungslos. ◇ *mf* bedingungsloser Anhänger, bedingungslose Anhängerin.
inconexo, xa *adj* unzusammenhängend.
inconformismo *m* Nonkonformismus *der*.
inconfundible *adj* unverwechselbar.
incongruente *adj* ungereimt.
inconmensurable *adj* unermesslich.
inconsciencia *f* - **1.** [estado físico] Bewusstlosigkeit *die* - **2.** [falta de juicio] Leichtfertigkeit *die*.
inconsciente ◇ *adj* - **1.** [desmayado] bewusstlos - **2.** [sin querer] unbewusst - **3.** [falto de juicio] leichtfertig. ◇ *mf* gedankenlose Person. ◇ *m* PSICOL : **el ~** Unbewusste *das*.
inconstante *adj* unbeständig.
inconstitucional *adj* verfassungswidrig.
incontable *adj* [cantidad] unzählig.
incontinencia *f* - **1.** [vicio] Zügellosigkeit *die* - **2.** [física] Inkontinenz *die*.
incontrolable *adj* unkontrollierbar.
inconveniencia *f* - **1.** [acto] Schwierigkeit *die* - **2.** [dicho] Ungehörigkeit *die*.
inconveniente ◇ *adj* - **1.** [inoportuno] unangebracht - **2.** [descortés] ungehörig. ◇ *m* - **1.** [dificultad] Schwierigkeit *die* ; **no tengo ~ en hacer algo** es macht mir nichts aus, zu ... - **2.** [desventaja] Nachteil *der*.
incordiar [8] *vt fam* stören.
incordio *m* [persona] Störenfried *der* ; [cosa] *fam* Unannehmlichkeit *die*.
incorporación *f* [de normas] Eingliederung *die* ; [de personas] Aufnahme *die*.
incorporado, da *adj* eingebaut.
incorporar *vt* [añadir] auf|nehmen. ◆ **incorporarse** *vpr* - **1.** [añadirse] sich an|schließen - **2.** [levantarse] sich auf|richten.
incorrección *f* - **1.** [error] Fehler *der* - **2.** [dicho, hecho] Unkorrektheit *die*.
incorrecto, ta *adj* [error] fehlerhaft ; [dicho, hecho] unkorrekt.
incorregible *adj* unverbesserlich.
incredulidad *f* Unglaube *der*.
incrédulo, la ◇ *adj* [escéptico] skeptisch ; [no creyente] ungläubig. ◇ *m, f* Skeptiker *der*, -in *die*, Ungläubige *der*, *die*.
increíble *adj* - **1.** [difícil de creer] unglaublich - **2.** [extraordinario, inconcebible] unerhört.
incrementar *vt* erhöhen.
incremento *m* Zunahme *die*.
incriminar *vt* beschuldigen.
incrustar *vt* ein|fassen. ◆ **incrustarse** *vpr* sich fest|setzen.
incubadora *f* - **1.** [de huevos] Brutglocke *die* - **2.** [para niños] Brutkasten *der*, Inkubator *der*.
incubar *vt* [huevos, enfermedad] (aus|)brüten.
inculcar [10] *vt* : **~ algo a alguien** jm etw ein|schärfen.
inculpado, da *m, f* Angeklagte *der*, *die*.

inculpar *vt* an|schuldigen.
inculto, ta *adj* ungebildet.
incultura *f* Unbildung *die*.
incumbencia *f*: **(no) es de mi ~** dafür bin ich (nicht) zuständig.
incumbir *vi*: **(no) ~ a alguien** (nicht) js Aufgabe sein.
incumplimiento *m* Nichterfüllung *die*.
incumplir *vt* nicht erfüllen.
incurable *adj* unheilbar.
incurrir *vi* - **1.** [cometer] : **~ en algo** etw begehen - **2.** [provocar] : **~ en el desprecio ajeno** sich die Verachtung anderer zulziehen.
incursión *f* Einfall *der*.
indagación *f* Ermittlung *die*.
indagar [16] ◇ *vt* untersuchen. ◇ *vi* [policía] ermitteln ; [curiosear] aus|spionieren.
indecencia *f* Unanständigkeit *die*.
indecente *adj* - **1.** [reprobable] unanständig - **2.** [indigno] schäbig.
indecible *adj* unsagbar.
indecisión *f* Unentschlossenheit *die*.
indeciso, sa *adj* unentschlossen.
indefenso, sa *adj* wehrlos.
indefinido, da *adj* unbestimmt.
indemne *adj* DER freigesprochen ; [cuerpo] unversehrt.
indemnización *f* Entschädigung *die*.
indemnizar [13] *vt* entschädigen.
independencia *f* - **1.** [personal] Selbstständigkeit *die* - **2.** [política] Unabhängigkeit *die*.
independiente *adj* - **1.** [gen] unabhängig - **2.** [persona] selbstständig.
independizar [13] *vt* unabhängig machen. ◆ **independizarse** *vpr* : **~se (de)** sich unabhängig machen (von).
indeseable ◇ *adj* unerwünscht. ◇ *mf* unerwünschte Person.
indeterminación *f* Unentschlossenheit *die*.
indeterminado, da *adj* - **1.** GRAM [indefinido] unbestimmt - **2.** [vago] ungenau.
India *f*: **(la) ~** Indien *nt*.
indiano, na ◇ *adj* indianisch. ◇ *m, f* *Spanier, der nach der Emigration nach Südamerika reich ins Heimatland zurückkehrt.*
indicación *f* - **1.** [señal, gesto] Zeichen *das* - **2.** [explicación, observación] Angabe *die*, [letrero] Hinweisschild *das* - **3.** [nota] Vermerk *der*.
indicado, da *adj* geeignet.
indicador, ra *adj* Anzeige-. ◆ **indicador** *m* Anzeiger *der*.
indicar [10] *vt* - **1.** [señalar] an|zeigen - **2.** [informar] an|geben.
indicativo, va *adj* anzeigend. ◆ **indicativo** *m* GRAM Indikativ *der*.
índice *m* - **1.** [lista] Index *der* - **2.** [señal] Anzeichen *das* - **3.** [de alcohol] Grad *der* ; [de natalidad, etc] Rate *die* - **4.** MAT & ECON Index *der* - **5.** COM : **~ de precios al consumo** ECON Verbraucherpreisindex - **6.** ▷ **dedo**.
indicio *m* Anzeichen *das*.
Índico *m* : **el (océano) ~** der Indische Ozean.
indiferente *adj* gleichgültig.

mostrarse indiferente

Das ist mir vollkommen egal. Me da exactamente igual.
Das geht doch mich nichts an. Eso no me importa nada.
Meinetwegen. Bueno, por mí ...
Das ist Ihre Sache. Eso es asunto suyo.
Wenn du meinst. Si tú lo dices ...
Von mir aus. Por mí, que no quede.

indígena ◇ *adj* eingeboren. ◇ *mf* Eingeborene *der, die*.
indigente *mf* Obdachlose *der, die*.
indigestarse *vpr* - **1.** [comida] sich den Magen verderben - **2.** *fam fig* [persona] schwer im Magen liegen.
indigestión *f* Magenverstimmung *die*.
indigesto, ta *adj* - **1.** [alimento] unverdaulich - **2.** *fam fig* [persona] unverträglich - **3.** [cosa] langatmig.
indignación *f* Empörung *die*.
indignar *vt* empören. ◆ **indignarse** *vpr* sich empören.
indigno, na *adj* - **1.** [impropio] unwürdig ; **~ de alguien** js nicht würdig - **2.** [desmerecedor] nicht wert ; **~ de algo** einer Sache *(G)* unwürdig.
indio, dia ◇ *adj* - **1.** [de India] indisch - **2.** [de América del Norte] indianisch - **3.** [de América Latina] Indio-. ◇ *m, f* - **1.** [habitante - de la India] Inder *der*, -in *die* - **2.** [- América del Norte] Indianer *der*, -in *die* - **3.** [- América Latina] Indio(mann) *der*, Indiofrau *die* - **4.** *loc* : **hacer el ~** den Kasper spielen. ◆ **indio** *m* [metal] Indium *das*.
indirecto, ta *adj* indirekt. ◆ **indirecta** *f fam* Andeutung *die*.
indisciplina *f* Disziplinlosigkeit *die*.
indiscreción *f* Indiskretion *die*.
indiscreto, ta *adj* indiskret.
indiscriminado, da *adj* willkürlich.
indiscutible *adj* unbestreitbar.
indispensable *adj* unentbehrlich.
indisponer [65] *vt* [enfermar] schwächen ; **estar indispuesto** sich unwohl fühlen.
indisposición *f* - **1.** [enfermedad] Unwohlsein *das* - **2.** [falta de voluntad] Unlust *die*.
indispuesto, ta *pp irreg* ▷ **indisponer**.

indistinto, ta *adj* - **1.** [indiferente] gleichgültig - **2.** [perfil, figura] undeutlich.
individual *adj* [gen] individuell ; DEP [habitación, cama] Einzel- ; [despacho] eigen. ◆ **individuales** *mpl* Einzelkämpfe *pl*.
individualismo *m* Individualismus *der*.
individualizar [13] *vi* individualisieren.
individuo, dua *m, f* - **1.** [persona] Individuum *das* - **2.** *despec* [tipo] Typ *der*.
indochino, na ◇ *adj* indochinesisch. ◇ *m, f* Indochinese *der*, -sin *die*.
indocumentado, da ◇ *adj* - **1.** [sin documentación] ohne Ausweis - **2.** *despec* [ignorante] ungebildet. ◇ *m, f* [sin documentación] *Person, die sich nicht ausweisen kann*.
índole *f* Art *die*, Natur *die* ; **de tal ~** dieser Art.
indolencia *f* Gleichgültigkeit *die*.
indoloro, ra *adj* schmerzlos.
indómito, ta *adj* - **1.** [animal] unzähmbar - **2.** [persona] ungebärdig.
Indonesia *f* Indonesien *nt*.
inducir [33] *vt* - **1.** [incitar] an|stiften (zu) - **2.** FÍS induzieren.
inductor, ra *adj* anstiftend. ◆ **inductor** *m* Induktor *der*.
indudable *adj* unzweifelhaft.
indulgencia *f* - **1.** [benignidad] Nachsicht *die* - **2.** RELIG Ablass *der*.
indultar *vt* begnadigen.
indulto *m* Begnadigung *die*.
indumentaria *f* Kleidung *die*.
industria *f* - **1.** [gen] Industrie *die* - **2.** [establecimiento] Betrieb *der*.
industrial ◇ *adj* Industrie-. ◇ *mf* Industrielle *der, die*.
industrializar [13] *vt* industrialisieren. ◆ **industrializarse** *vpr* industrialisiert werden.
inédito, ta *adj* - **1.** [no publicado] unveröffentlicht - **2.** [sorprendente] noch nie dagewesen.
INEF (*abrev de* **Instituto Nacional de Educación Física**) *m spanische Sporthochschule*.
ineficaz *adj* [persona] ineffizient ; [remedio, medicamento, etc] unwirksam.
ineficiente *adj* ineffizient.
ineludible *adj* unumgänglich.
INEM (*abrev de* **Instituto Nacional de Empleo**) *m* ≃ Arbeitsamt *das*.
inepto, ta ◇ *adj* unfähig. ◇ *m, f* unfähiger Mensch.
inequívoco, ca *adj* eindeutig.
inercia *f* Untätigkeit *die* ; **por ~** aus Trägheit.
inerte *adj* - **1.** [quieto] regungslos - **2.** [sin vida] leblos ; **materia ~** tote Materie.
inesperado, da *adj* unerwartet.
inestable *adj* - **1.** [situación] instabil - **2.** [persona] unbeständig.
inevitable *adj* unvermeidlich.
inexacto, ta *adj* ungenau.
inexistencia *f* Nichtvorhandensein *das*.
inexperiencia *f* Unerfahrenheit *die*.
inexperto, ta ◇ *adj* unerfahren. ◇ *m, f* Laie *der*, Laiin *die*.
inexpresivo, va *adj* ausdruckslos.
infalible *adj* unfehlbar.
infame *adj* niederträchtig.
infamia *f* - **1.** [deshonra] Schande *die* - **2.** [mala acción] Gemeinheit *die*.
infancia *f* - **1.** [período] Kindheit *die* - **2.** [conjunto de niños] Kinder *pl*.
infante, ta *m, f* Infant *der*, -in *die*. ◆ **infante** *mf* Infanterist *der*, -in *die*.
infantería *f* [tropa] Infanterie *die*.
infanticidio *m* Kind(e)smord *der*.
infantil *adj* - **1.** [para niños] Kinder- - **2.** [de niño] kindlich - **3.** [inmaduro] kindisch.
infarto *m* MED Infarkt *der*.
infatigable *adj* unermüdlich.
infección *f* Infektion *die*.
infeccioso, sa *adj* ansteckend.
infectar *vt* an|stecken. ◆ **infectarse** *vpr* [contagiarse] sich infizieren.
infeliz ◇ *adj* - **1.** [desgraciado] unglücklich - **2.** [ingenuo] naiv. ◇ *mf* armer Teufel.
inferior *adj* - **1.** [en espacio] unter ; **los pisos ~es** die unteren Stockwerke - **2.** [en calidad] schlechter. ◆ **inferiores** *mpl* Untergebene *pl*.
inferioridad *f* [posición] untergeordnete Stellung ; [calidad] Minderwertigkeit *die* ; **estar en ~ de condiciones** im Nachteil sein.
infernal *adj* - **1.** [gen] höllisch - **2.** [ruido] Höllen-.
infestar *vt* - **1.** [contaminar] verseuchen - **2.** *fig* [llenar] überfluten.
infidelidad *f* Untreue *die*.
infiel ◇ *adj* [cónyuge] untreu ; [amigo] treulos. ◇ *mf* [no cristiano] Ungläubige *der, die*.
infiernillo *m* Kocher *der*.
infierno *m lit & fig* Hölle *die*.
infiltrado, da *adj* eingeschleust.
infiltrar *vt* - **1.** [líquido] einspritzen - **2.** [ideas] ein|flößen. ◆ **infiltrarse** *vpr* sich ein|schleusen.
ínfimo, ma *adj* [calidad, precio] niedrigste, -r, -s ; [categoría] unterste, -r, -s ; [importancia] Minimal-, geringste, -r, -s.
infinidad *f* - **1.** [inmensidad] Unendlichkeit *die* - **2.** [gran cantidad] Unmenge *die* ; **~ de** eine Unmenge (von).
infinitivo, va *adj* Infinitiv-. ◆ **infinitivo** *m* Infinitiv *der*.
infinito, ta *adj* - **1.** [sin fin] unendlich - **2.** [muy grande] grenzenlos - **3.** [numeroso] unzählig. ◆ **infinito** *m* MAT [cosa sin fin] Unendliche *das*.
inflación *f* ECON Inflation *die*.

inflamable *adj* entzündlich.
inflamación *f* Entzündung *die*.
inflamar *vt* **-1.** [encender] an|zünden **-2.** *fig* & MED entzünden. ◆ **inflamarse** *vpr lit* & *fig* sich entzünden.
inflamatorio, ria *adj* entzündlich.
inflar *vt* [soplando] auf|blasen ; [con bomba] auf|pumpen. ◆ **inflarse** *vpr* [hartarse] : **~se de algo** sich voll stopfen mit etw.
inflexible *adj* **-1.** [rígido] unbiegsam **-2.** [firme] unnachgiebig.
inflexión *f* **-1.** FÍS Brechung *die* **-2.** [de voz] Tonfall *der*.
infligir [15] *vt* zu|fügen ; **~ un castigo** eine Strafe auf|erlegen.
influencia *f* Einfluss *der*.
influenciar [8] *vt* beeinflussen.
influir [51] *vi* : **~ en algo/alguien** Einfluss haben auf etw/jn.
influjo *m* Einfluss *der*.
influyente *adj* einflussreich.
información *f* **-1.** [conocimiento] Informationen *pl* ; **para su ~** zu Ihrer Information ; **pedir ~ sobre algo** Informationen einholen über etw *(A)* **-2.** [noticia] Nachricht *die* ; **~ meteorológica** Wetterbericht *der* **-3.** [oficina] Auskunftsbüro *das* ; [mostrador] Auskunftsschalter *der* ; TELECOM Auskunftsdienst *der*, Auskunft *die*.
informal *adj* **-1.** [irresponsable] unzuverlässig **-2.** [desenfadado] ungezwungen.
informar *vt* : **~ a alguien (de** o **sobre algo)** jn über etw informieren. ◆ **informarse** *vpr* sich informieren.

informar

Man hat mir gesagt, dass ... Me han dicho que ...
Ich habe gehört, dass ... He oído que ...
Laut Wetterbericht soll es morgen regnen. El parte meteorológico ha anunciado lluvia para mañana.
Angeblich sind sie schon gestern abgefahren. Parece ser que salieron de viaje ayer.
Es heißt, der Flug sei ausgefallen. Se dice que han cancelado el vuelo.

informático, ca ◇ *adj* Informatik-. ◇ *m, f* Informatiker *der*, -in *die*. ◆ **informática** *f* [ciencia] Informatik *die*.
informativo, va *adj* informativ. ◆ **informativo** *m* Nachrichten *pl*.
informatizar [13] *vt* informatisieren.
informe ◇ *adj* formlos. ◇ *m* Bericht *der*. ◆ **informes** *mpl* [sobre comportamiento] Führungszeugnis *das* ; [para empleo] Referenzen *pl*.
infracción *f* Verstoß *der* ; **~ de tráfico** Verstoß gegen die Verkehrsregeln.
infractor, ra *m, f* DER Rechtsbrecher *der*, -in *die*.
infraestructura *f* **-1.** [de organización, comunicaciones] Infrastruktur *die* **-2.** [de construcción] Unterbau *der*.
infrahumano, na *adj* menschenunwürdig.
infranqueable *adj* unüberwindlich.
infrarrojo, ja *adj* infrarot.
infravalorar *vt* unterbewerten.
infringir [15] *vt* verstoßen ; **~el reglamento** gegen die Ordnung verstoßen.
infructuoso, sa *adj* ergebnislos.
infumable *adj* **-1.** [tabaco] unrauchbar **-2.** *fam* [fiesta, película, libro] unerträglich.
infundado, da *adj* unbegründet.
infundir *vt* ein|flößen.
infusión *f* Aufguss *der* ; **~ de manzanilla** Kamillentee *der* ; **~ de menta** Pfefferminztee *der*.
infuso, sa *adj* naturgegeben.
ingeniar [8] *vt* sich etw *(A)* aus|denken. ◆ **ingeniarse** *vpr* : **ingeniárselas (para)** es (geschickt) an|stellen.
ingeniería *f* [ciencia, estudios] Ingenieurwissenschaft *die*.
ingeniero, ra *m, f* Ingenieur *der*, -in *die* ; **~ de caminos, canales y puertos** Tiefbauingenieur ; **~agrónomo** Diplomlandwirt *der*, -in *die*.
ingenio *m* **-1.** [inteligencia] Scharfsinn *der* **-2.** [máquina] Maschinerie *die*.
ingenioso, sa *adj* scharfsinnig.
ingente *adj* gewaltig.
ingenuidad *f* Naivität *die*.
ingenuo, nua *adj* naiv.
ingerir [27] *vt* zu sich nehmen.
Inglaterra *f* England *nt*.
ingle *f* Leiste *die (von Körper)*.
inglés, sa ◇ *adj* englisch. ◇ *m, f* [habitante] Engländer *der*, -in *die*. ◆ **inglés** *m* [lengua] Englisch(e) *das*.
ingratitud *f* Undank *der*.
ingrato, ta *adj lit* & *fig* undankbar.
ingrediente *m* Zutat *die*.
ingresar ◇ *vt* **-1.** [dinero] ein|zahlen **-2.** [persona] ein|liefern. ◇ *vi* : **~ (en)** ein|treten (in *(+A)*).
ingreso *m* **-1.** [en asociación] Beitritt *der* ; [en hospital, prisión] Einlieferung *die* ; [en universidad, escuela, convento] Eintritt *der* **-2.** [de dinero] Einzahlung *die*. ◆ **ingresos** *mpl* Einkommen *das*.
inhábil *adj* **-1.** [torpe] ungeschickt **-2.** [incapacitado] unfähig **-3.** [festivo] Feier-.
inhabilitar *vt* unvereinbar sein (mit).
inhabitable *adj* unbewohnbar.
inhabitado, da *adj* unbewohnt.
inhalar *vt* inhalieren.
inherente *adj* innewohnend.

inhibirse *vpr* : ~ **de algo** sich heraushalten aus etw.
inhóspito, ta *adj* - **1.** [poco acogedor] ungastlich - **2.** [peligroso] unbehaglich.
inhumano, na *adj* unmenschlich.
INI (*abrev de* **Instituto Nacional de Industria**) *m Spanische Regierungsorganisation zur Förderung der Industrie.*
iniciación *f* - **1.** [introducción] Einführung *die* - **2.** [inicio] Beginn *der* - **3.** [rito] Initiation *die.*
inicial ◇ *adj* - **1.** [idea, proyecto] anfänglich - **2.** [letra, velocidad] Anfangs-. ◇ *f* [letra] Initiale *die.*
inicializar [13] *vt* INFORM starten.
iniciar [8] *vt* - **1.** [empezar] beginnen - **2.** [instruir] : ~ **a alguien en algo** jn in etw *(A)* einlführen.
iniciativa *f* Initiative *die* ; **tomar la** ~ die Initiative ergreifen ; ~ **privada** Privatinitiative.
inicio *m* Beginn *der.*
inigualable *adj* unübertrefflich.
inigualado, da *adj* unerreicht.
ininteligible *adj* [escrito, letra] unleserlich ; [frase, sonido] unverständlich.
ininterrumpido, da *adj* ununterbrochen.
injerir [27] *vt* [introducir] einlführen. ◆ **injerirse** *vpr* [entrometerse] : **~se (en algo)** sich in etw einlmischen.
injertar *vt* - **1.** BOT pfropfen, veredeln - **2.** MED verpflanzen.
injerto *m* - **1.** BOT Propfung *die,* Veredelung *die* - **2.** MED Transplantation *die.*
injuria *f* Beleidigung *die.*
injuriar [8] *vt* beleidigen.
injusticia *f* [acción] Ungerechtigkeit *die.*
injustificado, da *adj* ungerechtfertigt.
injusto, ta *adj* ungerecht.
inmadurez *f* Unreife *die.*
inmaduro, ra *adj* unreif.
inmediaciones *fpl* Umgebung *die.*
inmediatamente *adv* unverzüglich.
inmediato, ta *adj* - **1.** [cercano] angrenzend - **2.** [instantáneo] unmittelbar ; **de** ~ sofort.
inmejorable *adj* [situación] unverbesserlich ; [calidad] Spitzen-.
inmensidad *f* - **1.** [grandeza] Unendlichkeit *die* - **2.** [multitud] Unmenge *die.*
inmenso, sa *adj* - **1.** [grande] (unendlich) weit - **2.** [cuantioso] unermesslich.
inmersión *f* (Ein)tauchen *das.*
inmerso, sa *adj* : ~ **(en)** [en situación] mitten (in *(+D)*) ; [en actividad] versunken (in *(+D)*).
inmigración *f* Einwanderung *die.*
inmigrante *mf* Einwanderer *der,* -in *die.*
inmigrar *vi* einlwandern.
inminente *adj* (unmittelbar) bevorstehend.
inmiscuirse [51] *vpr* : ~ **(en algo)** sich in etw einlmischen.
inmobiliario, ria *adj* Immobilien-. ◆ **inmobiliaria** *f* Immobilienagentur *die.*
inmoral *adj* unmoralisch.
inmortal *adj* unsterblich.
inmortalizar [13] *vt* unsterblich machen.
inmóvil *adj* unbeweglich.
inmovilizar [13] *vt* - **1.** [gen] blockieren - **2.** [brazo, pierna] ruhig stellen.
inmueble *m* - **1.** [edificio] Gebäude *das* - **2.** [propiedad] Immobilie *die.*
inmune *adj* - **1.** MED immun - **2.** [exento] befreit (von).
inmunidad *f* [privilegio] Immunität *die.*
inmunizar [13] *vt* immunisieren.
inmutar *vt.* ◆ **inmutarse** *vpr* aus der Fassung geraten.
innato, ta *adj* angeboren.
innecesario, ria *adj* unnötig.
innovación *f* Neuheit *die.*
innovador, ra ◇ *adj* innovativ. ◇ *m, f* Neuerer *der,* -in *die.*
innovar *vt* (er)neuern.
innumerable *adj* unzählig.
inocencia *f* Unschuld.
inocentada *f* ≃ Aprilscherz *der.*
inocente ◇ *adj* - **1.** [sin culpa] unschuldig - **2.** [sin malicia] harmlos - **3.** [ingenuo] einfältig. ◇ *mf* - **1.** [sin culpa] Unschuldige *der, die* - **2.** [sin malicia] harmloser Mensch - **3.** [ingenuo] einfältiger Mensch.
inodoro, ra *adj* geruchlos. ◆ **inodoro** *m* Toilette *die.*
inofensivo, va *adj* ungefährlich.
inolvidable *adj* unvergesslich.
inoportuno, na, importuno, na *adj* - **1.** [en mal momento] ungelegen - **2.** [inadecuado] unangebracht - **3.** [molesto] unschicklich.
inoxidable *adj* rostfrei.
inquebrantable *adj* unerschütterlich.
inquietar *vt* beunruhigen. ◆ **inquietarse** *vpr* sich Sorgen machen.
inquieto, ta *adj* - **1.** [preocupado] beunruhigt - **2.** [agitado] unruhig - **3.** [emprendedor] ruhelos.
inquietud *f* Unruhe *die.* ◆ **inquietudes** *fpl* Interessen *pl.*
inquilino, na *m, f* Mieter *der,* -in *die.*
inquirir [22] *vt culto* nachlforschen.
inquisición *f* [indagación] Untersuchung *die.* ◆ **Inquisición** *f* : **la Inquisición** HIST die Inquisition.
inquisidor, ra *adj* forschend. ◆ **inquisidor** *m* Inquisitor *der.*
inri *m* : **para más** ~ *fam fig* um das Maß voll zu machen.

insaciable *adj* unersättlich.

Insalud (*abrev de* **Instituto Nacional de la Salud**) *m spanische Gesundheitsbehörde.*

insano, na *adj* ungesund.

insatisfacción *f* Unzufriedenheit *die.*

insatisfecho, cha *adj* unzufrieden.

inscribir *vt* - **1.** [apuntar] : **~ a alguien en** jn an|melden bei - **2.** [grabar] ein|gravieren. ◆ **inscribirse** *vpr* : **~se (en)** [curso] sich ein|schreiben (in *(+D))* ; [asociación] sich an|melden (bei).

inscripción *f* - **1.** [matrícula] Einschreibung *die* - **2.** [escrito] Inschrift *die.*

inscrito, ta *pp irreg* ▷ **inscribir.**

insecticida ◇ *adj* Insekten vernichtend. ◇ *m* Insektenvernichtungsmittel *das.*

insecto *m* Insekt *das.*

inseguridad *f* Unsicherheit *die.*

expresar inseguridad

Meinst du wirklich? ¿Lo dices en serio?
Ich bin mir nicht so sicher. Yo no estoy tan seguro.
Ich frage mich, ob das gut war. Me pregunto si estuvo bien aquello.
Vielleicht sollten wir es nochmal versuchen. Quizá deberíamos intentarlo de nuevo.
Es könnte doch sein, dass er sich geirrt hat. Podría ser que se hubiera equivocado.
Ich weiß nicht so recht. No estoy seguro del todo.

inseguro, ra *adj* unsicher.

inseminación *f* Befruchtung *die* ; **~ artificial** künstliche Befruchtung.

insensatez *f* - **1.** [cualidad] Unvernunft *die* - **2.** [dicho, hecho] Unachtsamkeit *die.*

insensato, ta *adj* unvernünftig.

insensibilidad *f* Unempfindlichkeit *die.*

insensible *adj* - **1.** [entumecido] gefühllos - **2.** [persona] unempfindlich.

inseparable *adj* untrennbar.

insertar *vt* ein|fügen.

inservible *adj* unbrauchbar.

insidioso, sa *adj* hinterhältig.

insigne *adj* prominent.

insignia *f* [distintivo] Abzeichen *das.*

insignificante *adj* unbedeutend.

insinuar [6] *vt* an|deuten. ◆ **insinuarse** *vpr* - **1.** [a otra persona] sich ein|schmeicheln - **2.** [asomarse] sich an|deuten.

insípido, da *adj* - **1.** [soso] fade - **2.** [aburrido] langweilig.

insistencia *f* Hartnäckigkeit *die.*

insistir *vi* : **~ (en)** bestehen (auf *(+D)*).

insociable *adj* ungesellig.

insolación *f* - **1.** [indisposición] Sonnenstich *der* - **2.** METEOR Sonneneinstrahlung *die.*

insolencia *f* - **1.** [cualidad] Frechheit *die* - **2.** [dicho, hecho] Unverschämtheit *die.*

insolente *adj* frech.

insolidario, ria *adj* unsolidarisch.

insólito, ta *adj* ungewöhnlich.

insoluble *adj* [no soluble] unlöslich.

insolvente *adj* zahlungsunfähig.

insomnio *m* Schlaflosigkeit *die.*

insondable *adj* unergründlich.

insonorizar [13] *vt* schalldicht machen.

insoportable *adj* unerträglich.

insostenible *adj* unhaltbar.

inspección *f* - **1.** [de edificio, policía] Inspektion *die* ; [de médico] Untersuchung *die* ; **~ de calidad** Qualitätsprüfung *die* - **2.** [departamento] : **~ de Hacienda** Steuerprüfung *die.*

inspeccionar *vt* inspizieren.

inspector, ra *m, f* Inspektor *der*, -in *die* ; **~ de Hacienda** Steuerprüfer *der.*

inspiración *f* - **1.** [respiración] Einatmung *die* - **2.** [capacidad creadora] Inspiration *die.*

inspirar *vt* - **1.** [respirar] ein|atmen - **2.** [sentimiento] ein|flößen - **3.** [ideas creadoras] inspirieren. ◆ **inspirarse** *vpr* sich inspirieren ; **~se en** sich inspirieren lassen von.

instalación *f* [colocación] Niederlassung *die* ; [de equipo, conjunto] Installation *die.* ◆ **instalaciones** *fpl* Einrichtungen *pl.*

instalar *vt* installieren. ◆ **instalarse** *vpr* [establecerse] sich nieder|lassen ; [en casa] sich ein|richten.

instancia *f* - **1.** [solicitud] Gesuch *das* ; **a ~s de** auf Antrag von - **2.** DER Instanz *die* - **3.** *loc* : **en última ~** wenn alle Stricke reißen.

instantáneo, a *adj* - **1.** [momentáneo] augenblicklich - **2.** [rápido] plötzlich. ◆ **instantánea** *f* Schnappschuss *der.*

instante *m* Augenblick *der* ; **a cada ~** ständig ; **al ~** sofort ; **en un ~** im Nu.

instar *vt* : **~ a alguien a hacer algo** jn drängen, etw zu tun.

instaurar *vt* ein|führen.

instigar [16] *vt* an|stiften.

instintivo, va *adj* instinktiv.

instinto *m* [intuición] Instinkt *der.*

institución *f* - **1.** [instauración] Einführung *die* - **2.** [establecimiento] Einrichtung *die* - **3.** [órgano social] Institution *die.*

institucionalizar [13] *vt* institutionalisieren.

instituir [51] *vt* - **1.** [fundar] gründen - **2.** [nombrar] ernennen.

instituto *m* - **1.** [corporación] Institut *das* - **2.** [centro de enseñanza] Gymnasium *das.* ◆ **instituto de belleza** *m* Schönheitssalon *der.*

institutriz *f* Hauslehrerin *die*.

instrucción *f* - **1.** [formación] Ausbildung *die* ; [educación] Bildung *die* - **2.** DER Einleitung *die*. ◆ **instrucciones** *fpl* Anweisungen *pl*.

instructivo, va *adj* lehrreich.

instructor, ra ◇ *adj* ausbildend. ◇ *m, f* Lehrer *der*, -in *die*.

instruido, da *adj* gebildet.

instruir [51] *vt* - **1.** [enseñar] unterrichten - **2.** DER einlleiten ; ~ **un sumario** Anklage erheben.

instrumental ◇ *adj* instrumental. ◇ *m* Instrumentarium *das*.

instrumentista *mf* [músico] Instrumentalist *der*, -in *die*.

instrumento *m* Instrument *das*.

insubordinado, da ◇ *adj* ungehorsam. ◇ *m, f* Aufsässige *der, die*.

insubordinar *vt* zum Ungehorsam verleiten. ◆ **insubordinarse** *vpr* den Gehorsam verweigern.

insubstancial = **insustancial**.

insuficiencia *f* - **1.** [escasez] Mangel *der* - **2.** MED Insuffizienz *die*.

insuficiente *adj* unzureichend.

insufrible *adj* unausstehlich.

insular *adj* Insel-.

insulina *f* MED Insulin *das*.

insulso, sa *adj* - **1.** [insípido] fade - **2.** [sin interés] öde.

insultar *vt* beleidigen.

insulto *m* - **1.** [de palabra] Beschimpfung *die* - **2.** [de hecho] Beleidigung *die*.

insumiso, sa ◇ *adj* - **1.** [no sometido] unbeugsam - **2.** [rebelde] rebellisch. ◇ *m, f* Zivil- und Wehrdienstverweigerer *der*.

insuperable *adj* - **1.** [inmejorable] unübertrefflich - **2.** [sin solución] unüberwindbar.

insurrección *f* Aufstand *der*.

insustancial, insubstancial *adj* - **1.** [insípido] substanzlos - **2.** [sin interés] uninteressant.

intachable *adj* tadellos.

intacto, ta *adj* - **1.** [no tocado] unangetastet ; [casa] intakt - **2.** [sin deterioro] unversehrt.

intangible *adj* immateriell.

integral ◇ *adj* - **1.** [total] vollständig - **2.** [pan, harina] Vollkorn- ; [arroz] ungeschält. ◇ *f* MAT Integral *das*.

integrante ◇ *adj* wesentlich ; **los países ~s de la UE** die Mitgliedsländer der EU. ◇ *mf* Mitglied *das*.

integrar *vt* - **1.** [componer] bilden - **2.** MAT [incluir] integrieren.

integridad *f* - **1.** [totalidad] Vollständigkeit - **2.** [honradez] Integrität *die*.

integrismo *m* POLÍT Fundamentalismus *der*.

íntegro, gra *adj* - **1.** [completo] vollständig - **2.** [honrado] integer.

intelecto *m* Verstand *der*.

intelectual ◇ *adj* [mental] intellektuell. ◇ *mf* Intellektuelle *der, die*.

inteligencia *f* [entendimiento] Intelligenz *die* ; ~ **artificial** INFORM künstliche Intelligenz.

inteligente *adj* intelligent.

inteligible *adj* [texto] verständlich ; [sonido] vernehmlich.

intemperie *f* Witterung *die* ; **a la ~** im Freien.

intempestivo, va *adj* [proposición, comentario] unangebracht ; [horas] ungelegen.

intemporal *adj* zeitlos.

intención *f* Absicht *die* ; **buena/mala ~** gute/schlechte Absicht.

intencionado, da *adj* absichtlich ; **bien ~** wohlwollend ; **mal ~** böswillig.

intendencia *f* Leitung *die*.

intensidad *f* - **1.** [fuerza física] Stärke *die* - **2.** [vehemencia] Intensität *die*.

intensificar [10] *vt* verstärken.

intensivo, va *adj* Intensiv-.

intenso, sa *adj* - **1.** [fuerte] intensiv ; [frío] schneidend - **2.** [vehemente] heftig.

intentar *vt* versuchen.

intento *m* Versuch *der*.

intentona *f fam* gewagter Versuch.

interacción *f* Wechselwirkung *die*.

interactivo, va *adj* interaktiv.

intercalar *vt* einlfügen.

intercambio *m* Austausch *der*.

interceder *vi* : ~ **por alguien** sich für jn einlsetzen.

interceptar *vt* - **1.** [detener, interrumpir] ablfangen ; [conversación telefónica] ablhören - **2.** [obstruir] versperren.

interconexión *f* Durchschaltung *die*.

interés *m* - **1.** [gen] Interesse *das* ; **tener ~ en** o **por** an etw *(D)* Interesse haben ; **intereses creados** Interessenverflechtungen *pl* - **2.** [rédito] Zinsen *pl*. ◆ **intereses** *mpl* Interessen *pl*.

interesado, da ◇ *adj* - **1.** [deseoso] : ~ **por** o **en** interessiert an *(+D)* - **2.** [egoísta] eigennützig. ◇ *m, f* - **1.** [deseoso] : ~ **por** o **en** Interessent *der*, -in *die* für - **2.** [egoísta] Egoist *der*.

interesante *adj* interessant.

interesar *vi* interessieren. ◆ **interesarse** *vpr* : **~se por** sich interessieren für.

interestatal *adj* zwischenstaatlich.

interfaz, interface (*pl* **interfaces**) *m* o *f* INFORM Schnittstelle *die*.

interferencia *f* FÍS Störung *die*.

interferir [27] ◇ *vt* - **1.** FÍS interferieren - **2.** [interponerse] sich einlmischen. ◇ *vi* : ~ **(en algo)** sich (in etw *(A)*) einlmischen.

interfono *m* Gegensprechanlage *die*.

interino, na ◇ *adj* stellvertretend. ◇ *m, f* Stellvertreter *der*, -in *die*.

interior ◇ *adj* - **1.** [gen] Innen- ; **ropa ~** Unterwäsche *die* - **2.** [comercio] Binnen-. ◇ *m* - **1.** [gen] Innere *das* - **2.** [de país] Inland *das* - **3.** [de persona] Innere *das*.

interioridad *f* - **1.** [física] Innere *das* - **2.** [moral] Psyche *die*. ◆ **interioridades** *fpl* private Angelegenheiten.

interiorismo *m* Innendekoration *die*.

interiorizar [13] *vt* verinnerlichen.

interjección *f* GRAM Interjektion *die*.

interlineado *m* Zeilenabstand *der*.

interlocutor, ra *m, f* Gesprächspartner *der*, -in *die*.

intermediario, ria *m, f* [entre personas] Vermittler *der*, -in *die* ; [de productos] Zwischenhändler *der*, -in *die*.

intermedio, dia *adj* Zwischen-. ◆ **intermedio** *m* Pause *die*.

interminable *adj* unendlich.

intermitente ◇ *adj* intermittierend. ◇ *m* Blinker *der*.

internacional *adj* international.

internado, da ◇ *adj* interniert. ◇ *m, f* Internierte *der, die*. ◆ **internado** *m* [colegio] Internat *das*.

internar *vt* ein|weisen ; [campo de concentración] internieren. ◆ **internarse** *vpr* - **1.** [en lugar] ein|dringen - **2.** [en tema] sich vertiefen.

internauta *mf* Internetsurfer *der*, -in *die*.

Internet *m o f* Internet *das*.

interno, na ◇ *adj* [interior] innere, -r, -s. ◇ *m, f* - **1.** [alumno] Internatschüler *der*, -in *die* - **2.** [preso] Insasse *der*, -sin *die*.

interparlamentario, ria *adj* interparlamentarisch.

interplanetario, ria *adj* interplanetarisch.

interpolar *vt* ein|fügen.

interponer [65] *vt* - **1.** [poner en medio] dazwischen|stellen - **2.** DER ein|legen. ◆ **interponerse** *vpr* ein|greifen.

interpretación *f* - **1.** [explicación] Auslegung *die* - **2.** [representación] Darstellung *die* ; [música] Interpretation *die* - **3.** [traducción] Dolmetschen *das*.

interpretar *vt* - **1.** [dar significado] aus|legen - **2.** [representar] dar|stellen ; [música] interpretieren - **3.** [traducir] dolmetschen.

intérprete *mf* - **1.** [traductor] Dolmetscher *der*, -in *die* - **2.** [artista] Schauspieler *der*, -in *die* ; [música] [comentarista] Interpret *der*, -in *die* - **3.** INFORM Interpreter *der*.

interpuesto, ta *pp irreg* ▷ **interponer**.

interrelación *f* Zusammenhang *der*.

interrogación *f* Frage *die*.

interrogante *m* - **1.** [incógnita] Unklarheit *die* - **2.** GRAM Fragezeichen *das*.

interrogar [16] *vt* befragen.

interrogatorio *m* Verhör *das*.

interrumpir *vt* - **1.** [gen] unterbrechen - **2.** [obstruir] behindern. ◆ **interrumpirse** *vpr* unterbrochen werden.

interrupción *f* - **1.** [suspensión, parada] Einstellen *das* - **2.** [al hablar] Unterbrechung *die*.

interruptor *m* ELECTR Schalter *der*.

intersección *f* [de líneas, superficies] Schnittpunkt *der* ; [de caminos] Kreuzung *die*.

interurbano, na *adj* [teléfono] Fern- ; [autobús] Überland-.

intervalo *m* - **1.** MÚS [distancia] Intervall *das* ; **a ~s** in Abständen - **2.** [duración] Zeitraum *der*.

intervención *f* - **1.** [en asunto, de nación] Eingreifen *das* - **2.** MED : **~ (quirúrgica)** (operativer) Eingriff.

intervencionista *adj* interventionistisch.

intervenir [75] ◇ *vi* - **1.** : **~ (en)** [asunto] ein|greifen (in *(+A)*) ; [película, debate] teil|nehmen (an *(+D)*) - **2.** [nación] : **~ (en)** ein|greifen (in *(+A)*). ◇ *vt* - **1.** MED operieren - **2.** TELECOM an|zapfen.

interventor, ra *m, f* - **1.** [empleado] Prüfer *der*, -in *die* - **2.** [en elecciones] Wahlprüfer *der*, -in *die*.

interviú (*pl* **interviús**) *f* Interview *das*.

intestino, na *adj* innere, -r, -s ◆ **intestino** *m* ANAT Darm *der*.

intimar *vi* sich an|freunden.

intimidación *f* Einschüchterung *die*.

intimidad *f* - **1.** [asuntos privados] Privatleben *das* - **2.** [relación] Vertrautheit *die*.

intimista *adj* intimistisch.

íntimo, ma ◇ *adj* - **1.** [privado] intim - **2.** [estrecho, profundo] *fig* eng - **3.** [interior] innerste, -r, -s. ◇ *m, f* Intimfreund *der*, -in *die*.

intolerable *adj* unerträglich.

intolerancia *f* Intoleranz *die*.

intoxicar [10] *vt* vergiften. ◆ **intoxicarse** *vpr* sich vergiften.

intranquilizar [13] *vt* beunruhigen. ◆ **intranquilizarse** *vpr* sich beunruhigen.

intranquilo, la *adj* unruhig.

intranscendente = **intrascendente**.

intransferible *adj* nicht übertragbar.

intransigente *adj* unnachgiebig.

intransitable *adj* nicht passierbar.

intrascendente, intranscendente *adj* belanglos.

intravenoso, sa *adj* intravenös.

intrépido, da *adj* kühn.

intriga *f* - **1.** [curiosidad] Neugierde *die* ; **de ~** Intrigen- - **2.** [maquinación] Intrige *die*.

intrigar [16] ◇ *vt* neugierig machen. ◇ *vi* intrigieren.

intrincado, da *adj* **- 1.** [espeso] dicht **- 2.** [complicado] kompliziert.

intríngulis *m fam* Haken *der*.

intrínseco, ca *adj* [cualidad] innerlich; [valor] eigen.

introducción *f* **- 1.** [de aire] Zufuhr *die*; [de contrabando] Einfuhr *die*; [de tema] Einführung *die* **- 2.** MÚS [prólogo] Einleitung *die*.

introducir [33] *vt* [objeto] hineinlstecken; [en habitación] hineinlführen. ◆ **introducirse** *vpr* [meterse] hineinlgehen; [ambiente] sich einlführen.

intromisión *f* Einmischung *die*.

introspectivo, va *adj* introspektiv.

introvertido, da *adj* introvertiert.

intrusismo *m* unerlaubte Berufsausübung.

intruso, sa *m, f* Eindringling *der*.

intubar *vt* intubieren.

intuición *f* Intuition *die*.

intuir [51] *vt* ahnen.

intuitivo, va *adj* intuitiv.

inundar *vt* **- 1.** [de agua] überschwemmen **- 2.** [suj: personas, cosas] überfluten. ◆ **inundarse** *vpr* **- 1.** [de agua] überschwemmt werden **- 2.** [de personas, cosas] überflutet werden.

inusitado, da *adj* ungewöhnlich.

inútil ◇ *adj* **- 1.** [que no sirve] unbrauchbar **- 2.** [incapacitado] untauglich **- 3.** [ineficaz] vergeblich. ◇ *mf* Taugenichts *der*.

inutilidad *f* **- 1.** [cualidad] Sinnlosigkeit *die* **- 2.** [incapacidad] Untauglichkeit *die*.

inutilizar [13] *vt* [hacer inservible] unbrauchbar machen; [aniquilar] zerstören.

invadir *vt* **- 1.** [por la fuerza] überfallen **- 2.** [llenar] überschwemmen; [suj: plaga] befallen **- 3.** [embargar] überkommen.

invalidez *f* **- 1.** [de persona] Invalidität *die*; **~ permanente** Dauerinvalidität **- 2.** [falta de validez] Ungültigkeit *die*.

inválido, da ◇ *adj* **- 1.** [persona] invalide **- 2.** [documento, acto, etc] ungültig. ◇ *m, f* Invalide *der, die*.

invariable *adj* **- 1.** [constante] unverändert **- 2.** GRAM unveränderlich.

invasión *f* Invasion *die*.

invasor, ra ◇ *adj* eindringend. ◇ *m, f* Eindringling *der*.

inventar *vt* erfinden. ◆ **inventarse** *vpr* sich *(D)* ausldenken.

inventario *m* Bestandsaufnahme *die*.

inventiva *f* Erfindungsgabe *die*.

invento *m* Erfindung *die*.

inventor, ra *m, f* Erfinder *der*, -in *die*.

invernadero, invernáculo *m* Treibhaus *das*.

invernar [19] *vi* Winterschlaf halten.

inverosímil *adj* unglaubwürdig.

inversión *f* **- 1.** [de orden] Umkehrung *die* **- 2.** [de dinero] Investition *die*.

inversionista *mf* = **inversor**.

inverso, sa *adj* umgekehrt; **en sentido ~ a las manecillas del reloj** gegen den Uhrzeigersinn; **a la inversa** andersherum.

inversor, ra, inversionista *Amér* ◇ *adj* Investitions-. ◇ *m, f* Investor *der*, -in *die*. ◆ **inversor** *m* ELECTR Umschalter *der*.

invertebrado, da *adj* [animal] wirbellos. ◆ **invertebrado** *m* wirbelloses Tier.

invertido, da ◇ *adj* **- 1.** [al revés] umgekehrt **- 2.** [dinero] investiert. ◇ *m, f despec* Homosexuelle *der, die*.

invertir [27] *vt* **- 1.** [orden] umlkehren **- 2.** [dinero] investieren **- 3.** [tiempo] auflwenden.

investidura *f* Einsetzung *die*.

investigación *f* **- 1.** [estudio] Forschung *die*; **~ y desarrollo** Forschung und Entwicklung **- 2.** [indagación] Ermittlung *die*.

investigador, ra ◇ *adj* **- 1.** [que estudia] forschend **- 2.** [que indaga] ermittelnd. ◇ *m, f* **- 1.** [estudioso] Forscher *der*, -in *die* **- 2.** [detective] Detektiv *der*, -in *die*.

investigar [16] ◇ *vt* ermitteln. ◇ *vi* forschen.

investir [26] *vt*: **~ a alguien con algo** jn mit etw auslzeichnen.

inviable *adj* undurchführbar.

invidente ◇ *adj* blind. ◇ *mf* Blinde *der, die*.

invierno *m* Winter *der*.

invisible *adj* unsichtbar.

invitación *f* **- 1.** [acción] Einladung *die* **- 2.** [tarjeta] Einladungskarte *die*.

invitado, da *m, f* Gast *der*.

invitar ◇ *vt* einlladen; **~ a alguien a algo** jn zu etw *(D)* einlladen. ◇ *vi* [convidar] einlladen.

invocar [10] *vt* **- 1.** [pedir ayuda] flehen **- 2.** DER sich berufen auf *(+A)*.

involucrar *vt*: **~ a alguien en algo** jn in etw *(A)* verwickeln. ◆ **involucrarse** *vpr*: **~se en algo** sich in etw *(A)* einlmischen.

involuntario, ria *adj* unabsichtlich.

invulnerable *adj* unverletzbar.

inyección *f* Spritze *die*; **poner una ~** eine Spritze geben.

inyectar *vt* einlspritzen. ◆ **inyectarse** *vpr* spritzen.

iodo = **yodo**.

ion, ión *m* QUÍM Ion *das*.

IPC (*abrev de* **índice de precios al consumo**) *m* Verbraucherpreisindex *der*.

ir [61] *vi* - **1.** [gen - a pie] gehen ; [- en vehículo] fahren ; **¡vamos!** los! ; **~ al colegio** zur Schule gehen - **2.** *(antes de gerundio)* [expresa duración gradual] : **~ haciendo algo** dabei sein, etw zu tun - **3.** : **~ a hacer algo** [expresa intención, opinión] vorhaben, etw zu tun ; **vas a pasar frío** du wirst frieren ; **te voy a echar de menos** ich werde dich vermissen ; **¿irá a marcharse así a la calle?** er wird doch wohl nicht so auf die Straße gehen? - **4.** [cambiar]. - **5.** [funcionar] funktionieren ; **la televisión no va** der Fernseher geht nicht - **6.** *(antes de adv)* [desenvolverse] : **sus negocios van mal** seine Geschäfte gehen schlecht - **7.** [vestir] : **~ en** tragen ; **iba con corbata** er trug eine Krawatte ; **~ de uniforme** Uniform tragen - **8.** [tener aspecto físico] aus|sehen - **9.** [convenir] : **~le bien a alguien** jm gut tun - **10.** [sentar] : **~le (bien) a alguien** jm gut stehen ; [papel, actitud] etw zu jm passen - **11.** *(en frases despectivas)* : **~ a alguien con algo** jm mit etw kommen - **12.** [referirse] : **~ con** o **por alguien** sich auf jn beziehen - **13.** [ser correspondiente] : **~ por algo** sich auf etw *(A)* beziehen - **14.** [buscar] : **~ por algo/alguien** etw/jn holen - **15.** [alcanzar] : **ya va por el cuarto vaso de vino** er ist schon beim vierten Glas Wein - **16.** [con valor enfático] : **~ y hacer algo** hin|gehen und etw machen - **17.** [valer] : **~ a** kosten - **18.** [tratar] : **~ de** handeln von - **19.** [presumir] : **~ de guapo/listo** auf schön/schlau machen - **20.** *(en presente)* [apostar] wetten - **21.** *loc* : **¡qué va!** ach was! ; **ser el no va más** das Nonplusultra sein. ◆ **irse** *vpr* - **1.** [marcharse] (weg|)gehen - **2.** [gastarse, desaparecer] verschwinden - **3.** *(en imperativo)* : **¡vete!** geh! ; **¡vete al cuerno!** geh zum Teufel! ; **¡vete a la porra!** hau endlich ab! ; **¡vete a paseo!** schieß in den Wind! - **4.** *loc* : **~se abajo** [edificio] ein|stürzen ; [negocio] Bankrott gehen ; [planes] scheitern.

ira *f* Zorn *der*.

IRA (*abrev de* **Irish Republican Army**) *m* IRA *die*.

iracundo, da *adj* jähzornig.

Irak = **Iraq**.

irakí = **iraquí**.

Irán *m* : **(el) ~** der Iran.

iraní (*pl* **iraníes**) <> *adj* iranisch. <> *m, f* Iraner *der*, -in *die*. ◆ **iraní** *m* Persisch(e) *das*.

Iraq, Irak *m* : **(el) ~** der Irak.

iraquí (*pl* **iraquíes**), **irakí** (*pl* **irakíes**) <> *adj* irakisch. <> *m, f* Iraker *der*, -in *die*.

irascible *adj* jähzornig.

Irlanda *f* Irland *nt* ; **~ del Norte** Nordirland.

irlandés, esa <> *adj* irisch. <> *m, f* Ire *der*, Irin *die*. ◆ **irlandés** *m* Irisch(e) *das*.

ironía *f* Ironie *die*.

irónico, ca *adj* ironisch.

IRPF (*abrev de* **Impuesto sobre la Renta de las Personas Físicas**) *m spanische Einkommenssteuer*.

irracional *adj* - **1.** [sin razón] irrational - **2.** [insensato] unvernünftig.

irradiación *f* - **1.** [acción] Strahlung *die* - **2.** MED Bestrahlung *die*.

irradiar [8] *vt* aus|strahlen.

irreal *adj* unwirklich.

irreconocible *adj* nicht wieder zu erkennen.

irrecuperable *adj* unwiederbringlich.

irreflexión *f* Unbedachtheit *die*.

irreflexivo, va *adj* - **1.** [persona] unbedacht - **2.** [dicho, hecho] unüberlegt.

irrefutable *adj* unwiderlegbar.

irregular *adj* - **1.** [gen] unregelmäßig - **2.** [inmoral, ilegal] regelwidrig.

irregularidad *f* [gen] Unregelmäßigkeit *die*.

irrelevante *adj* belanglos.

irremediable *adj* unvermeidbar.

irreparable *adj* [daño, falta] *irreparabel* ; [pérdida] unersetzlich.

irresistible *adj* - **1.** [irreprimible, cualidad] unwiderstehlich - **2.** [fuerza] unerträglich.

irrespetuoso, sa *adj* respektlos.

irrespirable *adj* stickig.

irresponsable *adj* - **1.** [incumplidor] verantwortungslos - **2.** [inocente] unverantwortlich.

irreverente *adj* rücksichtslos.

irreversible *adj* unumkehrbar.

irrevocable *adj* unwiderruflich.

irrigar [16] *vt* - **1.** [regar] bewässern - **2.** MED durchbluten.

irritable *adj* reizbar.

irritar *vt* reizen. ◆ **irritarse** *vpr* - **1.** [anímicamente] sich ärgern - **2.** [físicamente] sich entzünden.

irrompible *adj* unzerbrechlich.

irrupción *f* Eindringen *das*.

isla *f* Insel *die*.

Islam *m* Islam *der*.

islamismo *m* Islam *der*.

islandés, esa <> *adj* isländisch. <> *m, f* Isländer *der*, -in *die*. ◆ **islandés** *m* [idioma] Isländisch(e) *das*.

Islandia *f* Island *nt*.

isleño, ña <> *adj* Insel-. <> *m, f* Insulaner *der*, -in *die*.

islote *m* kleine, unbewohnte Insel.

isósceles *adj* GEOM : **triángulo ~** gleichschenkliges Dreieck.

isótopo *m* QUÍM Isotop *das*.
Israel *m* Israel *nt*.
israelí (*pl* **israelíes**) *adj* israelisch.
istmo *m* GEOGR Landenge *die*.
Italia *f* Italien *nt*.
italiano, na ◇ *adj* italienisch. ◇ *m, f* Italiener *der*, -in *die*. ◆ **italiano** *m* Italienisch(e) *das*.
itálico, ca ◇ *adj* italisch. ◇ *m, f* Italiker *der*, -in *die*.
item, ítem *m* - **1.** [cosa] Element *das* - **2.** DER Artikel *der*.
itinerante *adj* [ambulante] Wander-.
itinerario *m* Strecke *die*.
ITV (*abrev de* **inspección técnica de vehículos**) *f* technische Überprüfung von Fahrzeugen, ≈ TÜV.
i/v (*abrev de* **ida y vuelta**) ▻ **ida**.
IVA (*abrev de* **impuesto sobre el valor añadido**) *m* MWSt. *die*.
izar [13] *vt* hissen.
izda. *abrev de* **izquierda**.
izquierda *f* ▻ **izquierdo**.
izquierdista ◇ *adj* linksgerichtet. ◇ *mf* Linke *der, die*.
izquierdo, da *adj* linke, -r, -s ◆ **izquierda** *f* - **1.** [lado] : **de izquierda a derecha** von links nach rechts ; **el cuadro está a la izquierda** das Bild hängt links ; **se ha sentado a la izquierda de tu amiga** sie hat sich links neben deine Freundin gesetzt ; **tienes que girar a la izquierda** du musst links abbiegen ; **teníamos el mar a nuestra izquierda** das Meer war links von uns - **2.** [ideología] Linke *die* ; **de izquierdas** links - **3.** [pie, mano] linke, -r, -s.

J

j, J ['xota] *f* [letra] j, J *das*.
ja *interj* - **1.** [para reír] : **¡ja!** haha! - **2.** [para ironizar] ha! ha!
jabalí, ina (*pl* **jabalíes**) *m, f* Wildschwein *das*.
jabalina *f* DEP Speer *der*.
jabón *m* Seife *die*.
jaboncillo *m* Schneiderkreide *die*.
jabonero, ra *adj* Seifen-. ◆ **jabonera** *f* Seifenschale *die*.
jaca *f* [yegua] Stute *die*.
jacinto *m* Hyazinthe *die*.
jacobeo, a *adj* Jakobs-.
jacuzzi® (*pl* **jacuzzis**) *m* Whirlpool *der*.
jade *m* Jade *die*.
jadeante *adj* keuchend.
jadear *vi* keuchen.
jadeo *m* Keuchen *das*.
jaguar (*pl* **jaguars**) *m* Jaguar *der*.
jaladera *f Amér* Griff *der*.
jalea *f* Gelee *das* o *der* ; ~ **real** Gelee royale.
jalear *vt* an|feuern.
jaleo *m* - **1.** *fam* [alboroto] Lärm *der* ; **armar** ~ Lärm machen - **2.** *fam* [lío] Durcheinander *das*.
jalón *m* [palo] Vermessungsstange *die*.
jalonar *vt* [terreno] ab|stecken.
Jamaica *f* Jamaika *nt*.
jamás *adv* niemals ; ~ **de los jamases** *fig* nie und nimmer.
jamelgo *m fam* Klepper *der*.
jamón *m* Schinken *der* ; ~ **(de) York** gekochter Schinken ; ~ **(en) dulce** gekochter Schinken ; ~ **serrano** *spanischer luftgetrockneter Schinken*.
Japón *m* : **(el)** ~ Japan *nt*.
japonés, esa ◇ *adj* japanisch. ◇ *m, f* Japaner *der*, -in *die*. ◆ **japonés** *m* [idioma] Japanisch(e) *das*.
jaque *m* Schach *das* ; ~ **mate** Schachmatt *das* ; **tener en ~ a alguien** *fig* jn in Schach halten.
jaqueca *f* Migräne *die*.
jarabe *m* Sirup *der* ; ~ **para la tos** Hustensaft *der*.
jarana *f* [juerga] Sause *die*.
jaranero, ra ◇ *adj* vergnügungssüchtig. ◇ *m, f* Partygänger *der*, -in *die*.
jardín *m* [de casa] Garten *der* ; ~ **botánico** botanischer Garten. ◆ **jardín de infancia** *m* Kindergarten *der*.
jardinera *f* ▻ **jardinero**.
jardinería *f* Gartenarbeit *die*.
jardinero, ra *m, f* Gärtner *der*, -in *die*. ◆ **jardinera** *f* Blumenkasten *der*.
jarra *f* Krug *der* ; **en ~s** die Arme in die Hüften gestemmt.
jarro *m* Krug *der* ; **recibir un ~ de agua fría** wie eine kalte Dusche wirken.
jarrón *m* Vase *die*.
jaspeado, da *adj* jaspiert.
jauja *f fam* Schlaraffenland *das* ; **ser** ~ das Paradies auf Erden sein.
jaula *f* Käfig *der*.
jauría *f* Meute *die*.
jazmín *m* Jasmin *der*.
J. C. (*abrev de* **Jesucristo**) Chr.
je *interj* : **¡je!** haha!
jeep [jip] (*pl* **jeeps**) *m* Jeep *der*.
jefatura *f* - **1.** [cargo] Leitung *die* - **2.** [organismo] Behörde *die*.

jefe, fa *m, f* Chef *der*, -in *die* ; ~ **de estación** Bahnhofsvorsteher *der* ; ~ **de Estado** Staatschef *der* ; ~ **de estudios** Studienleiter *der* ; ~ **de gobierno** Regierungschef *der* ; ~ **de ventas** Verkaufsleiter *der*.

jengibre *m* Ingwer *der*.

jeque *m* Scheich *der*.

jerarquía *f* - **1.** [organización] Hierarchie *die* - **2.** [persona] ranghohe Personen.

jerárquico, ca *adj* hierarchisch.

jerez *m* Sherry *der* ; ~ **fino** trockener Sherry.

jerga *f* Jargon *der*.

jeringa *f* Spritze *die*.

jeringuilla *f* kleine Spritze ; ~ **hipodérmica** Injektionsspritze *die*.

jeroglífico, ca, hieroglífico, ca *adj* hieroglyphisch. ◆ **jeroglífico, hieroglífico** *m* - **1.** [carácter] Hieroglyphe *die* - **2.** [juego] Bilderrätsel *das*.

jerséi (*pl* **jerséis**), **jersey** (*pl* **jerseys**) *m* Pullover *der*.

Jerusalén *m* Jerusalem *nt*.

jesuita ◇ *adj* jesuitisch. ◇ *m* Jesuit *der*.

jesús *interj* - **1.** [fórmula] : **¡jesús!** Gesundheit! - **2.** [sorpresa] : **¡jesús!** mein Gott!

jet [jet] (*pl* **jets**) ◇ *m* Jet *der*. ◇ *f* = **jet-set**.

jeta *mfam* ◇ *f* Visage *die* ; **tener (mucha)** ~ äußerst dreist sein. ◇ *mf* dreiste Person.

jet-set ['ʒetset], **jet** *f* Jetset *der*.

jícama *f Amér* Knollenfrucht *die*.

jilguero *m* Stieglitz *der*.

jilipollada = **gilipollada**.

jilipollas = **gilipollas**.

jilipollez = **gilipollez**.

jinete *m* Reiter *der*.

jirafa *f* Giraffe *die*.

jirón *m* - **1.** [de tela] Fetzen *der* ; **hecho jirones** zerfetzt - **2.** *Amér* [calle] breite Straße.

jitomate *m Amér* Tomate *die*.

JJ OO (*abrev de* **juegos olímpicos**) *mpl* Olympische Spiele *pl*.

jockey = **yóquey**.

jocoso, sa *adj* witzig.

joder ◇ *vi* - **1.** *vulg* [copular] ficken - **2.** *vulg* [fastidiar] nerven. ◇ *vt* - **1.** *vulg* [fastidiar] nerven - **2.** *vulg* [estropear] kaputt|machen.

jolgorio *m* Spaß *der*.

jolín, jolines *interj fam* : **¡jolín!** verdammt!

jondo *adj* ▭ **cante**.

jónico, ca *adj* ionisch. ◆ **jónico** *m* Ionisch *das*.

jornada *f* - **1.** [de trabajo] Arbeitstag *der* ; ~ **intensiva** *durchgehender Arbeitstag von 8.00 Uhr morgens bis 15.00 Uhr* ; **media** ~ halber Arbeitstag - **2.** [de viaje] Tagesreise *die* - **3.** [día] Tag *der* ; ~ **de reflexión** *letzter Tag vor Wahlen*.

jornal *m* Tagelohn *der*.

jornalero, ra *m, f* Tagelöhner *der*, -in *die*.

joroba *f* [de camello] Höcker *der* ; [de persona] Buckel *der*.

jorobado, da ◇ *adj* - **1.** *fam* [fastidiado] hinüber - **2.** [con joroba] bucklig. ◇ *m, f* Bucklige *der, die*.

jota *f* [baile] spanischer Volkstanz ; **no entender ni** ~ *fam* keinen Deut verstehen.

joven ◇ *adj* jung ; **de** ~ in der Jugend. ◇ *mf* Jugendliche *der, die* ; **los jóvenes** junge Leute *pl*.

jovenzuelo, la *m, f* Halbstarke *der, die*.

jovial *adj* herzlich.

joya *f* - **1.** [adorno] Schmuckstück *das* - **2.** *fig* [cosa, persona] Schatz *der*.

joyería *f* - **1.** [tienda] Juweliergeschäft *das* - **2.** [arte, comercio] Schmuckverarbeitung *die*.

joyero, ra *m, f* Juwelier *der*, -in *die*. ◆ **joyero** *m* Schmuckkästchen *das*.

Jr. (*abrev de* **junior**) *adj* jr.

juanete *m* MED Ballen *der*.

jubilación *f* - **1.** [retiro] Pensionierung *die* ; ~ **anticipada** Frührente *die* - **2.** [dinero] Rente *die*.

jubilado, da *m, f* Rentner *der*, -in *die*.

jubilar *vt* pensionieren ; ~ **a alguien de** jn in den Ruhestand versetzen. ◆ **jubilarse** *vpr* sich pensionieren lassen.

jubileo *m* RELIG *Jubiläumsjahr, in dem den Katholiken vollständiger Ablass der Sünden gewährt wird*.

jubiloso, sa *adj* jubelnd.

judeocristiano, na *adj* jüdisch-christlich.

judería *f* Judenviertel *das*.

judía *f* Bohne *die* ; **judía verde** o **tierna** grüne Bohne.

judicial *adj* Justiz-.

judío (*pl* **-a**) ◇ *adj* jüdisch. ◇ *m, f* Jude *der*, Jüdin *die*.

judo = **yudo**.

judoka = **yudoka**.

juego *m* - **1.** [gen] Spiel *das* ; **estar/poner en** ~ *fig* aufs Spiel gesetzt sein/setzen ; **estar (en) fuera de** ~ [en fútbol] im Abseits sein ; *fig* [desinformado] nicht auf dem Laufenden sein ; **ser un** ~ **de niños** ein Kinderspiel sein ; ~ **de manos** Zaubertrick *der* ; ~ **de palabras** Wortspiel *das* ; ~ **sucio** Foul *das* ; ~ **limpio** Fairplay *das* - **2.** [conjunto de cartas] Karten *pl* - **3.** [con dinero] Glücksspiel *das* ; ~ **de azar** Glücksspiel *das* - **4.** [conjunto de objetos] Service *das* ; ~ **de sábanas** Garnitur *die* - **5.** [en tenis] Set *das* - **6.** [intriga] faules Spiel - **7.** : **hacer** ~ **con** passen zu ; **a** ~ **con** passend zu. ◆ **juegos**

florales *mpl* Dichterwettbewerb *der.* ◆ **Juegos Olímpicos** *mpl* Olympische Spiele *pl.*

juerga *f fam* Sause *die* ; **estar de ~** *fam* einen drauf|machen.

juerguista *mf fam* Partylöwe *der.*

jueves *m* Donnerstag *der* ; **no ser nada del otro ~** *fig* nichts weltbewegendes sein ; *ver también* **sábado.** ◆ **Jueves Santo** *m* Gründonnerstag *der.*

juez, za *m, f* - **1.** DER Richter *der,* -in *die* ; **~ de paz** Friedensrichter *der,* -in *die* - **2.** DEP Schiedsrichter *der,* -in *die* ; **~ de línea** Linienrichter *der,* -in *die.*

jugada *f* - **1.** [en juego] Spielzug *der* - **2.** [treta] fauler Trick.

jugador, ra ◇ *m, f* Spieler *der,* -in *die.* ◇ *adj* spielend.

jugar [40] ◇ *vi* - **1.** [gen] spielen ; **~ con** [arriesgarse] spielen mit - **2.** [hacer jugada] dran sein - **3.** ECON spekulieren. ◇ *vt* - **1.** [partido] spielen - **2.** [dinero] setzen - **3.** [ficha, carta] spielen. ◆ **jugarse** *vpr* - **1.** [echar a suertes] wetten - **2.** [arriesgar] riskieren.

jugarreta *f fam* übler Streich.

juglar *m* Gaukler *der.*

jugo *m* - **1.** MED Saft *der* ; **~ gástrico** Verdauungssaft *der* - **2.** *fig* [interés] Substanz *die* ; **sacar ~ a algo** etw das Wesentliche entnehmen ; **sacar ~ a alguien** etw aus jm heraus|holen.

jugoso, sa *adj* saftig.

juguete *m* [para jugar] Spielzeug *das* ; **de ~** Spielzeug- ; **~ bélico** Kriegsspielzeug.

juguetear *vi* herum|spielen.

juguetería *f* Spielwarengeschäft *das.*

juguetón, ona *adj* verspielt.

juicio *m* - **1.** DER Gerichtsverfahren *das* - **2.** [entendimiento, opinión] Urteil *das* ; **a ~ de alguien** js Urteil nach ; **(no) estar en su (sano) ~** (nicht) bei Verstand sein ; **perder el ~** den Verstand verlieren. ◆ **Juicio Final** *m* Jüngstes Gericht.

juicioso, sa *adj* - **1.** [persona] urteilsfähig - **2.** [acción] vernünftig.

julio *m* - **1.** [mes] Juli *der* ; *ver también* **setiembre** - **2.** FÍS Joule *das.*

junco *m* [planta] Binse *die.*

jungla *f* Dschungel *der.*

junio *m* Juni *der* ; *ver también* **setiembre.**

júnior (*pl* **juniors**) ◇ *adj* - **1.** DEP Junioren- - **2.** [hijo] junior. ◇ *m, f* DEP Junior *der,* -in *die.*

junta *f* - **1.** [reunión] Versammlung *die* - **2.** [órgano] Ausschuss *der* ; **~ directiva** Vorstand *der* - **3.** [unión] Verbindung *die.*

juntar *vt* - **1.** [unir] verbinden - **2.** [reunir - personas] versammeln ; [- objetos] an|sammeln ; [- dinero] sparen. ◆ **juntarse** *vpr* - **1.** [reunirse] sich zusammen|tun - **2.** [convivir] zusammen|ziehen.

junto, ta *adj* - **1.** [gen] zusammen ; **~ con** zusammen mit - **2.** [próximo] nahe beieinander ; **~ a** neben *(+D)* - **3.** [entero] gesamt - **4.** [a la vez] gleichzeitig.

juntura *f* [entre dos cosas] Zwischenraum *der.*

Júpiter *m* Jupiter *der.*

jurado, da *adj* - **1.** vereidigt ; **traducción jurada** beglaubigte Übersetzung ; **declaración jurada** eidesstattliche Erklärung - **2.** ▷ **guarda.** ◆ **jurado** *m* - **1.** [concurso, exposición] Jury *die* - **2.** DER Geschworenen *pl.*

juramento *m* - **1.** [promesa] Eid *der* ; **bajo ~** unter Eid ; **prestar ~** einen Eid leisten - **2.** [blasfemia] Fluch *der.*

jurar ◇ *vt* - **1.** [prometer] schwören ; **~ por ... que** bei ... schwören, dass ; **jurársela a alguien** *fam* jn verfluchen - **2.** [acatar] den Eid schwören auf *(+A).* ◇ *vi* [blasfemar] fluchen.

jurel *m* Makrele *die.*

jurídico, ca *adj* juristisch.

jurisdicción *f* - **1.** [poder, autoridad] Gerichtsbarkeit *die* - **2.** [territorio] Gerichtsbezirk *der.*

jurisdiccional *adj* gerichtlich.

jurisprudencia *f* - **1.** [ciencia] Rechtswissenschaft *die* - **2.** [doctrina] Rechtsprechung *die.*

jurista *mf* Jurist *der,* -in *die.*

justamente *adv* - **1.** [con justicia] gerecht - **2.** [exactamente] genau - **3.** [para enfatizar] gerade.

justicia *f* - **1.** Gerechtigkeit ; **hacer ~** Gerechtigkeit widerfahren lassen - **2.** [organización] Justiz *die* - **3.** *loc* : **tomarse la ~ por su mano** Selbstjustiz üben.

justiciero, ra ◇ *adj* gerechtigkeitsliebend. ◇ *m, f* Hüter *der,* -in *die* der Gerechtigkeit.

justificación *f* - **1.** [motivo] Rechtfertigung *die* - **2.** [prueba] Nachweis *der* - **3.** [en imprenta] Justieren *die* - **4.** INFORM Randausgleich *der.*

justificante *m* Beleg *der.*

justificar [10] *vt* - **1.** [explicar] rechtfertigen - **2.** [probar] beweisen - **3.** [en imprenta] justieren. ◆ **justificarse** *vpr* - **1.** [explicarse] rechtferigen - **2.** [excusarse] sich entschuldigen mit etw.

justo, ta *adj* - **1.** [gen] gerecht - **2.** [exacto] genau ; **este tapón viene ~ a esta botella** dieser Korken passt genau auf die Flasche - **3.** [fundado] gerechtfertigt - **4.** [apretado] eng ; **tu vestido me está muy ~** dein Kleid ist mir zu eng. ◆ **justo** ◇ *m (gen pl)* RELIG : **los ~s** die Gerechten. ◇ *adv* gerade.

juvenil ◇ *adj* - **1.** [de jóvenes] jugendlich - **2.** DEP Junioren-. ◇ *mf (gen pl)* DEP Junioren *pl*.
juventud *f* Jugend *die*.
juzgado *m* - **1.** [tribunal, edificio] Gericht *das* ; **~ de guardia** *Gericht, das zu Sonderzeiten arbeitet* - **2.** [jurisdicción] Gerichtsbezirk *der*.
juzgar [16] *vt* - **1.** [suj : juez] richten - **2.** [suj : persona] (be)urteilen - **3.** [creer, opinar] erachten.

K

k, K [ka] *f* [letra] k, K *das*.
kafkiano, na *adj* kafkaesk.
káiser (*pl* **káisers**) *m* Kaiser *der*.
kaki = **caqui**.
kárate, cárate *m* DEP Karate *das*.
kart (*pl* **karts**) *m* AUTOM Go-Kart *der*.
keroseno = **queroseno**.
ketchup ['ketʃup] *m* Ketschup *der o das*.
kg (*abrev de* **kilogramo**) kg.
kibutz = **quibutz**.
kilo, quilo *m* - **1.** [peso] Kilo *das* - **2.** *fam* [millón] Million *die (Peseten)*.
kilobit *m* INFORM Kilobit *das*.
kilocaloría, quilocaloría *f* FÍS Kilokalorie *die*.
kilogramo, quilogramo *m* Kilogramm *das*.
kilometraje, quilometraje *m* [distancia] Entfernung *die* ; [distancia recorrida] Kilometerstand *der*.
kilométrico, ca, quilométrico, ca *adj* - **1.** [en distancia] Kilometer- - **2.** *fig* [interminable] unendlich.
kilómetro, quilómetro *m* Kilometer *der* ; **~s por hora** Kilometer pro Stunde ; **~ cuadrado** Quadratkilometer *der*.
kilovatio, quilovatio *m* ELECTR Kilowatt *das*.
kimono = **quimono**.
kiosco = **quiosco**.
kiwi (*pl* **kiwis**) *m* - **1.** [arbusto] Kiwipflanze *die* - **2.** [fruto] Kiwi *die*.
km (*abrev de* **kilómetro**) km.
km² (*abrev de* **kilómetro cuadrado**) km².
km/h (*abrev de* **kilómetro por hora**) km/h.
KO (*abrev de* **knock-out**) *m* K.o. *das*.
kurdo, da, curdo, da ◇ *adj* kurdisch. ◇ *m, f* Kurde *der*, Kurdin *die*.
Kuwait [ku'βait] *m* Kuwait *nt*.

L

l, L ['ele] ◇ *f* [letra] l, L *das*. ◇ (*abrev de* **litro**) l.
la¹ *m* MÚS A *das*.
la² - **1.** ▷ **el** - **2.** ▷ **lo**.
laberinto *m* - **1.** ANAT [lugar] Labyrinth *das* - **2.** [lío] Durcheinander *das*.
labial ◇ *adj* LING labial. ◇ *f* LING Labial *der*.
labio *m (gen pl)* - **1.** [de boca] Lippe *die* ; **~ leporino** Hasenscharte *die* - **2.** [de vulva] Schamlippe *die*.
labor *f* - **1.** [trabajo] Arbeit *die* ; **~ de equipo** Teamarbeit - **2.** [de costura] Nadelarbeit *die* - **3.** [labranza] Feldarbeit *die*.
laborable *adj* ▷ **día**.
laboral *adj* Arbeits-.
laboralista *adj* Arbeits-.
laboratorio *m* - **1.** [de investigación] Labor *das* - **2.** [de fotografía] Fotolabor *das*.
laborioso, sa *adj* - **1.** [difícil] mühsam - **2.** [trabajador] fleißig.
laborista *mf* POLÍT Mitglied *das* der Labour Party.
labrador, ra *m, f* Landwirt *der*, -in *die*.
labranza *f* Ackerbau *der*.
labrar *vt* - **1.** [material] bearbeiten - **2.** [campo] pflügen - **3.** [fortuna, desgracia] schaffen.
labriego, ga *m, f* Bauer *der*, -in *die*.
laca *f* - **1.** [gen] Lack *der* - **2.** [para pelo] Haarlack *der* - **3.** [de uñas] Nagellack *der*.
lacar [10] *vt* lackieren.
lacayo *m* Lakai *der*.
lacerar *vt* verletzen.
lacio, cia *adj* - **1.** [cabello] glatt - **2.** [planta] welk.
lacón *m* Vorderschinken *der*.
lacónico, ca *adj* lakonisch.
lacra *f* Geißel *die*.
lacrar *vt* versiegeln.
lacre *m* Siegellack *der*.
lacrimógeno, na *adj* zu Tränen rührend ; **gas ~** Tränengas *das*.
lacrimoso, sa *adj* [con lágrimas] tränend.
lactancia *f* - **1.** [alimentación] Stillen *das* - **2.** [período] Stillzeit *die*.
lactante *mf* Säugling *der*.
lácteo, a *adj* - **1.** [de leche] Milch- - **2.** [blanco] milchig.
lactosa *f* Laktose *die*.
ladear *vt* neigen.
ladera *f* Abhang *der*.

ladino, na *adj* schlau.
lado *m* - **1.** [gen] Seite ; **de ~** [de costado] seitlich ; [torcido] seitlich geneigt ; **al ~ (de)** [cerca] neben *(+D)* ; [dirección] neben *(+A)* - **2.** [lugar] Ecke *die* ; **de un ~ para otro, de un ~ a otro** von einem Ort zum andern ; **por un ~..., por otro ~...** einerseits ..., andererseits ... - **3.** *loc* : **dejar de ~, dejar a un ~** [prescindir] beiseite lassen.
ladrar *vi* - **1.** [perro] bellen - **2.** *fig* [persona] geifern.
ladrido *m* [de perro] Gebell *das.*
ladrillo *m* - **1.** [de arcilla] Ziegel *der* - **2.** *fam fig* [cosa aburrida] : **es un ~** das ist sterbenslangweilig.
ladrón, ona *m, f* Dieb *der,* -in *die.* ◆ **ladrón** *m* ELECTR Mehrfachstecker *der.*
lagar *m* [de vino] Kelter *die* ; [de aceite] Ölpresse *die.*
lagarta *f* ▷ **lagarto.**
lagartija *f* Mauereidechse *die.*
lagarto, ta *m, f* Eidechse *die.* ◆ **lagarta** *f fam fig* falsche Schlange.
lago *m* GEOGR See *der.*
lágrima *f* Träne *die* ; **llorar a ~ viva** herzzerreißend weinen. ◆ **lágrimas** *fpl* Leid *das.*
lagrimal *m* ANAT Tränensack *der.*
laguna *f* - **1.** [de agua] Lagune *die* - **2.** [olvido] Gedächtnislücke *die.*
La Habana *f* Havanna *nt.*
La Haya *f* Den Haag *nt.*
laico, ca ◇ *adj* weltlich. ◇ *m, f* Laie *der,* Laiin *die.*
lama *m* Lama *der.*
La Meca *f* Mekka *nt.*
lamentable *adj* - **1.** [triste, penoso] traurig - **2.** [malo] jämmerlich.
lamentar *vt* bedauern. ◆ **lamentarse** *vpr* sich beklagen ; **~se de** o **por** sich beklagen über *(+A).*
lamento *m* Wehklagen *das.*
lamer *vt* (ab|)lecken. ◆ **lamerse** *vpr* sich lecken.
lamido, da *adj* dünn. ◆ **lamido** *m* Lecken *das.*
lámina *f* - **1.** [plancha] (durchsichtige) Folie, (dünne)Metallplatte - **2.** [rodaja] dünne Scheibe - **3.** [plancha grabada] Druckplatte *die.*
laminar[1] *adj* - **1.** [forma] schichtartig - **2.** [estructura] laminar.
laminar[2] *vt* - **1.** [hacer láminas] walzen - **2.** [cubrir con láminas] laminieren.
lámpara *f* - **1.** [aparato] Lampe *die* - **2.** [bombilla] Birne *die* - **3.** TECN Röhre *die.*
lamparilla *f* Nachtlicht *das.*
lamparón *m* Fettfleck *der.*
lampiño, ña *adj* [sin barba] bartlos.
lampista *mf* Elektriker *der,* -in *die.*
lamprea *f* Lamprete *die.*
lana *f* - **1.** Wolle *die* - **2.** *Amér fam* [dinero] Kohle *die.*
lance *m* - **1.** [en juego] Wurf *der* - **2.** [acontecimiento] Ereignisse *pl* - **3.** [riña] Duell *das.*
lancha *f* - **1.** [embarcación] Boot *das* ; **~ salvavidas** Seenotrettungskreuzer *der* - **2.** [piedra] Steinplatte *die.*
landa *f* Heide *die.*
landó *m* Landauer *der (Pferdewagen).*
lanero, ra *adj* Woll-.
langosta *f* - **1.** [crustáceo] Languste *die* - **2.** [insecto] Heuschrecke *die.*
langostino *m* Garnele *die.*
languidecer [30] *vi* [debilitarse] verkümmern ; **~ de amor** sich vor Liebe verzehren.
languidez *f* - **1.** [debilidad] Mattigkeit *die* - **2.** [falta de ánimo] Niedergeschlagenheit *die.*
lánguido, da *adj* - **1.** [débil] matt - **2.** [falto de ánimo] niedergeschlagen.
lanilla *f* - **1.** [pelillo] feiner Wollstoff - **2.** [tejido] feines Wolltuch.
lanudo, da *adj* wollig.
lanza *f* - **1.** [arma] Lanze *die* - **2.** [de carruaje] Deichsel *die.*
lanzadera *f* [de telar] Web(er)schiffchen *das.* ◆ **lanzadera espacial** *f* AERON Raumfähre *die.*
lanzado, da *adj* [atrevido] mutig.
lanzagranadas *m inv* MIL Granatwerfer *der.*
lanzamiento *m* - **1.** [de objeto] Werfen *das* - **2.** DEP Werfen *das* ; **~ de peso** Kugelstoßen *das* - **3.** [de producto, artista] Markteinführung *die.*
lanzamisiles *m inv* Raketenwerfer *der.*
lanzar [13] *vt* - **1.** [objeto] werfen - **2.** [palabras] aus|stoßen - **3.** [producto, artista] auf den Markt bringen - **4.** [mirada] zu|werfen. ◆ **lanzarse** *vpr* - **1.** [tirarse] springen - **2.** [abalanzarse] sich werfen.
lapa *f* - **1.** [molusco] Napfschnecke *die* - **2.** *fam* [persona] Klette *die* ; **pegarse como una ~ a** sich wie eine Klette hängen an *(+A).*
La Paz *f* La Paz *nt.*
lapicero *m* Bleistift *der.*
lápida *f* Steintafel *die.*
lapidar *vt* steinigen.
lápiz *m* Bleistift *der* ; **~ de labios** Lippenstift *der* ; **~ de ojos** Augenbrauenstift ; **~ óptico** INFORM Lichtstift *der.*
lapón, na ◇ *adj* lappländisch. ◇ *m, f* Lappe *der,* Lappin *die.* ◆ **lapón** *m* Lappländisch(e) *das.*
Laponia *f* Lappland *nt.*
lapso *m* Zeitraum *der.*
lapsus *m* Versehen *das.*
larga *f* ▷ **largo.**
largar [16] *vt* - **1.** *fam* [dar] geben - **2.** *fam*

[decir] vom Stapel lassen. ◆ **largarse** *vpr fam* ab|hauen.

largo, ga *adj* - **1.** [en longitud, en tiempo] lang - **2.** [y pico] gut ; **el viaje duró una hora larga** die Reise dauerte eine gute Stunde - **3.** [alto] groß. ◆ **largo** ◇ *m* [dimensión] Länge *die* ; **a lo ~ de** [en espacio] entlang ; [en tiempo] im Laufe *(+G)* ; **pasar de ~** [en vehículo] vorbei|fahren ; [andando] vorbei|gehen. ◇ *adv* [extensamente] : **~ y tendido** lang und breit *(ausführlich)*. ◇ *interj* : **¡~ (de aquí)!** weg hier! ◆ **larga** *f loc* : **a la larga** auf lange Sicht ; **dar largas a algo** etw hinaus|zögern.

largometraje *m* Spielfilm *der*.

larguero *m* - **1.** [viga] Pfosten *der* - **2.** [de portería] Latte *die*.

largura *f* Länge *die*.

laringe *f* ANAT Kehlkopf *der*.

laringitis *f* MED Kehlkopfentzündung *die*.

larva *f* Larve *die*.

lasaña *f* CULIN Lasagne *pl*.

lascivo, va *adj* lüstern.

láser ◇ *adj inv* ▷ **rayo**. ◇ *m* Laser *der*.

lástima *f* - **1.** [compasión] Mitleid *das* - **2.** [pena] Jammer *der* ; **dar ~** eine Schande sein ; **¡qué ~!** wie schade! - **3.** *loc* : **hecho una ~** einen traurigen Anblick bieten.

lastimar *vt* verletzen. ◆ **lastimarse** *vpr* sich verletzen.

lastimoso, sa *adj* bedauernswert.

lastrar *vt* Ballast auf|laden.

lastre *m* Ballast *der* ; **soltar ~** Ballast ab|werfen.

lata *f* - **1.** [envase] Dose *die* - **2.** *fam* [fastidio] Last *die* ; **¡qué ~!** meine Güte! ; **dar la ~** nerven.

latente *adj* latent.

lateral ◇ *adj* - **1.** [de lado] seitlich - **2.** [no directo] Neben-. ◇ *m* - **1.** [lado] Seite *die* - **2.** DEP : **~ derecho/izquierdo** Rechtsaußen/Linksaußen *der*.

látex *m inv* Latex *der*.

latido *m* Pochen *das*.

latifundio *m* Großgrundbesitz *der*.

latifundista *mf* Großgrundbesitzer *der*, -in *die*.

latigazo *m* - **1.** [golpe] Peitschenhieb *der* - **2.** [chasquido] Peitschenknall *der*.

látigo *m* [para pegar] Peitsche *die*.

latín *m* Latein *das* ; **saber (mucho) ~** *fig* genaustens Bescheid wissen.

latinajo *m fam pseudoakademische Verwendung lateinischer Begriffe*.

latinismo *m* Latinismus *der*.

latino, na ◇ *adj* - **1.** [del Lacio] latinisch - **2.** [de latín] lateinisch - **3.** [país, cultura] lateinamerikanisch. ◇ *m, f* Latino *der*, Latina *die*.

Latinoamérica *f* Lateinamerika *nt*.

latinoamericano, na ◇ *adj* lateinamerikanisch. ◇ *m, f* Lateinamerikaner *der*, -in *die*.

latir *vi* - **1.** [corazón] klopfen - **2.** [sentimiento] liegen.

latitud *f* GEOGR Breite *die*.

latón *m* Messing *das*.

latoso, sa ◇ *adj fam* lästig. ◇ *m, f fam* Nervensäge *die*.

laúd *m* MÚS Laute *die (Musikinstrument)*.

laurel *m* Lorbeer(baum) *der*. ◆ **laureles** *mpl* Lorbeeren *pl*.

lava *f* Lava *die*.

lavabo *m* - **1.** [objeto] Waschbecken *das* - **2.** [habitación] Toilette *die*.

lavadero *m* Waschhaus *das*.

lavado *m* Waschen *das* ; **~ de cerebro** Gehirnwäsche *die* ; **~ de estómago** MED Magenspülung *die*.

lavadora *f* Waschmaschine *die*.

lavamanos *m inv* Handwaschbecken *das*.

lavanda *f* Lavendel *der*.

lavandería *f* [establecimiento] Waschsalon *der* ; [de hotel, residencia] Wäscherei *die*.

lavaplatos ◇ *m inv & f inv* Tellerwäscher *der*, -in *die*. ◇ *m inv* Geschirrspülmaschine *die*.

lavar *vt* - **1.** [gen] waschen - **2.** [honor] rein|waschen ; [ofensa] wieder gut|machen. ◆ **lavarse** *vpr* sich waschen.

lavativa *f* - **1.** [utensilio] Klistierspritze *die* - **2.** [líquido] Einlauf *der*.

lavavajillas *m inv* Geschirrspülmaschine *die*.

laxante ◇ *adj* - **1.** MED Abführ- - **2.** [relajante] entspannend. ◇ *m* MED Abführmittel *das*.

laxo, xa *adj* - **1.** [físicamente] schlaff - **2.** [moralmente] locker.

lazada *f* Schleife *die*.

lazarillo *m* - **1.** [persona] Blindenführer *der*, -in *die* - **2.** ▷ **perro**.

lazo *m* - **1.** [atadura] Band *das* - **2.** [para cazar] Lasso *das* - **3.** *(gen pl)* [vínculo] Band *das*.

Lda. (*abrev de* **licenciada**) ▷ **licenciado**.

Ldo. *abrev de* **licenciado**.

le *pron pers* - **1.** *(complemento indirecto)* [a él] ihm ; [a ella] ihr ; [a usted] Ihnen - **2.** *(complemento directo)* [a él] ihn ; [a usted] Sie.

leader = **líder**.

leal *mf* Getreue *der*, *die* ; **~ a** Getreue *(+G)*.

lealtad *f* Treue *die* ; **~ a** Treue gegenüber.

leasing ['lisin] *m* Leasing *das*.

lección *f* - **1.** [de matemáticas, lengua etc] Unterrichtsstunde *die* - **2.** [parte de libro] Lektion *die* - **3.** [advertencia, consejo] Rat *der* ; **darle una ~ a alguien** jm eine Lektion erteilen.

lechal ◇ *adj* Milch-. ◇ *m* Milchlamm *das*.

leche *f* - **1.** [de mamíferos] Milch *die* ; **~ con-**

densada süße Kondensmilch ; ~ **descremada** o **desnatada** fettarme Milch ; ~ **en polvo** Milchpulver *das* - **2.** [de plantas, frutos] (milchiger) Pflanzensaft - **3.** [cosmético] Reinigungsmilch *die* - **4.** *vulg* [semen] Wichse *die* - **5.** *vulg* [bofetada] Ohrfeige *die* - **6.** *vulg* [accidente] Unfall *der* - **7.** *vulg* [malhumor] schlechte Laune ; **estar de mala ~** schlecht drauf sein ; **tener mala ~** fies sein - **8.** *loc* : **ser la ~** *vulg* unmöglich sein ; **¡una ~!** *vulg* auf keinen Fall!
lechera *f* ▷ **lechero**.
lechería *f* Milchladen *der*.
lechero, ra ◇ *adj* Milch-. ◇ *m, f* Milchmann *der*, -frau *die*. ◆ **lechera** *f* Milchkanne *die*.
lecho *m* - **1.** [gen] Bett *das* ; ~ **de un río** Flussbett *das* - **2.** [fondo] Grund *der* - **3.** [capa] Schicht *die*.
lechón *m* Ferkel *das*.
lechoso, sa *adj* milchig.
lechuga *f* [planta] Kopfsalat *der*.
lechuza *f* Eule *die*.
lectivo, va *adj* : **día ~** Unterrichtstag *der*.
lector, ra *m, f* - **1.** [persona que lee] Leser *der*, -in *die* - **2.** [profesor] Lektor *der*, -in *die*. ◆ **lector** *m* Lesegerät *das* ; ~ **óptico** Scanner *der*.
lectorado *m* Lektorat *das*.
lectura *f* - **1.** [acción] Lesen *das* - **2.** [escrito] Lektüre *die* - **3.** [interpretación] Sichtweise *die* - **4.** [de datos] (Ein)lesen *das* ; ~ **óptica** Scannen *das*.
leer [50] ◇ *vt* - **1.** [gen] lesen - **2.** [datos] (einl)lesen. ◇ *vi* lesen ; ~ **de corrido** fließend lesen.
legación *f* Gesandtschaft *die*.
legado *m* - **1.** DER [testamentario] Erbschaft *die* - **2.** [de generación] Vermächtnis *das* - **3.** [persona] Gesandte *der, die*.
legal *adj* - **1.** [conforme a la ley] gesetzlich - **2.** [forense] Gerichts- - **3.** *fam* [persona] korrekt.
legalidad *f* Legalität *die*.
legalizar [13] *vt* - **1.** [hacer legal] legalisieren - **2.** [certificar] beglaubigen.
legaña *f (gen pl)* Schlaf *der (in den Augen)*.
legañoso, sa *adj* verklebt.
legar [16] *vt* - **1.** [herencia] vererben - **2.** [cultura, tradición] hinterlassen - **3.** [persona] ernennen.
legendario, ria *adj* - **1.** [de leyenda] sagenhaft - **2.** [famoso] legendär.
legible *adj* lesbar.
legión *f* - **1.** HIST Legion *die* - **2.** MIL : ~ **extranjera** Fremdenlegion *die*. ◆ **Legión de Honor** *f* Ehrenlegion *die*.
legionario *m* Legionär *der*.
legislación *f* [conjunto de leyes] Gesetzgebung *die*.
legislar *vi* Gesetze erlassen.
legislatura *f* Legislaturperiode *die*.
legitimar *vt* - **1.** [hacer legal] legitimieren - **2.** [certificar] beglaubigen.
legítimo, ma *adj* - **1.** [conforme a la ley] legitim - **2.** [justo] berechtigt - **3.** [auténtico] echt.
lego, ga ◇ *adj* - **1.** [ignorante]. - **2.** [laico] weltlich - **3.** [religioso] Laien-. ◇ *m, f* - **1.** [ignorante] Ignorant *der*, -in *die* - **2.** [laico] Laie *der*.
legua *f* Meile *die* ; ~ **marina** Seemeile.
legumbre *f (gen pl)* Hülsenfrucht *die*.
leguminosas *fpl* Hülsenfrüchte *pl*.
lehendakari, lendakari *m Präsident der autonomen baskischen Regierung*.
leído, da *adj* - **1.** [obra impresa] gelesen - **2.** [persona] belesen.
leitmotiv ['leidmo'tif] *m* Leitmotiv *das*.
lejanía *f* Ferne *die*.
lejano, na *adj* - **1.** [en espacio, relación] entfernt - **2.** [en tiempo] fern - **3.** [ausente] weit weg.
lejía *f* Lauge *die*.
lejos *adv* - **1.** [en espacio] weit ; **a lo ~** in der Ferne ; **de** o **desde ~** von weitem ; ~ **de** weit von - **2.** [en tiempo] lang her. ◆ **lejos de** *loc conj (seguido de infinitivo)* weit entfernt.
lelo, la ◇ *adj* lahm. ◇ *m, f* Idiot *der*.
lema *m* - **1.** [frase, norma] Motto *das* - **2.** LING Lemma *das*.
lencería *f* [ropa] Wäsche *die*.
lendakari *m* = **lehendakari**.
lengua *f* - **1.** [órgano, forma] Zunge *die* ; ~ **viperina** o **de víbora** *fig* spitze Zunge - **2.** [idioma, jerga] Sprache *die* ; ~ **materna** Muttersprache - **3.** *loc* : **írsele a alguien la ~, irse de la ~** die Katze aus dem Sack lassen ; **morderse la ~** sich auf die Zunge beißen ; **tirar a alguien de la ~** etw aus jm herauslkitzeln.
lenguado *m* Seezunge *die*.
lenguaje *m* - **1.** [gen] Sprache *die* ; ~ **cifrado** verschlüsselte Sprache ; ~ **coloquial** Umgangssprache - **2.** Sprache ; ~ **de programación** Programmiersprache ; ~ **máquina** Maschinensprache.
lengüeta *f* - **1.** [de calzado] Zunge *die* - **2.** [de instrumento musical] Zunge *die (von Musikinstrument)*.
lengüetazo *m*, **lengüetada** *f* Zungenschlag *der*.
lenitivo, va *adj* lindernd.
lente *f* Linse *die* ; **~(s) de contacto** Kontaktlinsen *pl*. ◆ **lentes** *mpl* Brillengläser *pl*.
lenteja *f (gen pl)* Linse *die*.
lentejuela *f (gen pl)* Paillette *die*.
lenticular *adj* linsenförmig.
lentilla *f (gen pl)* Kontaktlinse *die*.
lentitud *f* Langsamkeit *die*.
lento, ta *adj* - **1.** [pausado] langsam

- **2.** [poco enérgico] : **a fuego ~** bei schwacher Hitze - **3.** [de efecto progresivo] schleichend.
leña *f* - **1.** [madera] Brennholz *das* ; **echar ~ al fuego** Öl ins Feuer gießen - **2.** *fam fig* [golpe] Schläge *pl* ; **dar ~** verkloppen.
leñador, ra *m, f* Holzfäller *der*, -in *die*.
leñazo *m* - **1.** *fam* [golpe, caída] Schlag - **2.** *fam* [choque] Stoß *der*.
leño *m* [madera] Klotz *der* ; **dormir como un ~** wie ein Stein schlafen.
Leo ◇ *m inv* [zodíaco] Löwe *der* ; **ser ~** Löwe sein. ◇ *m inv & f inv* [persona] Löwe *der*.
león, ona *m, f* [animal] Löwe *der*. ◆ **león marino** *m* Seelöwe *der*.
leonera *f* - **1.** [jaula] Löwenkäfig *der* - **2.** *fam* [habitación] Saustall *der*.
leonino, na *adj* - **1.** [de león] Löwen - **2.** DER : **contrato ~** Knebelungsvertrag *der*.
leopardo *m* Leopard *der*.
leotardo *m (gen pl)* Strumpfhose *die*.
lepra *f* MED Lepra *die*.
leproso, sa ◇ *adj* Lepra-. ◇ *m, f* Leprakranke *der, die*.
lerdo, da *adj* ungeschickt.
les ▻ **le.**
lesbiano, na *adj* lesbisch. ◆ **lesbiana** *f* Lesbierin *die*.
lesión *f* - **1.** DER [herida] Verletzung *die* - **2.** [perjuicio] Schaden *der*.
lesionado, da ◇ *adj* verletzt. ◇ *m, f* Verletzte *der, die*.
lesionar *vt* - **1.** [cuerpo] beschädigen - **2.** [perjudicar] schädigen. ◆ **lesionarse** *vpr* sich verletzen.
letal *adj* tödlich.
letargo *m* - **1.** MED Lethargie *die* - **2.** [de animales] Winterschlaf *der*.
Letonia *f* Lettland *nt*.
letra *f* - **1.** [signo] Buchstabe *der* - **2.** [manera de escribir] Handschrift *die* - **3.** [estilo] Schriftart *die* ; **~ de imprenta** o **molde** Druckschrift ; **~ mayúscula** Großbuchstabe *der* ; **~ negrita** o **negrilla** Fettdruck *der* - **4.** [de canción] Text *der* - **5.** COM Wechsel *der* ; **protestar una ~** einen Wechsel protestieren ; **~ de cambio** Wechselbrief *der*. ◆ **letras** *fpl* Geisteswissenschaften *pl* ; **ser de ~s** Geisteswissenschaftler sein.
letrado, da ◇ *adj* gebildet. ◇ *m, f* Rechtsanwalt *der*, -anwältin *die*.
letrero *m* Schild *das*.
letrina *f* Latrine *die*.
letrista *mf* Textdichter *der*, -in *die*.
leucemia *f* MED Leukämie *die*.
leucocito *m (gen pl)* Leukozyten *pl*.
leva *f* - **1.** MIL Einberufung *die* - **2.** NÁUT Ausfahrt *die* - **3.** MEC Nocken *der*.
levadizo, za *adj* hebbar ; **puente ~** Zugbrücke *die*.
levadura *f* Hefe *die* ; **~ de cerveza** Bierhefe.
levantador, ra *m, f* hebend.
levantamiento *m* - **1.** [sublevación] Aufstand *der* - **2.** [elevación] Erhebung ; **~ de pesas** DEP Gewichtheben *das* - **3.** [supresión] Aufhebung *die*.
levantar *vt* - **1.** [subir] (hoch|)heben - **2.** [aupar, suprimir] auf|heben - **3.** [mover] heben - **4.** [desmontar] ab|bauen - **5.** [construir] errichten - **6.** [intensificar, animar] heben - **7.** [producir, hacer] erregen - **8.** [sublevar] sich erheben - **9.** [acabar] beenden. ◆ **levantarse** *vpr* - **1.** [en pie, de cama] auf|stehen - **2.** [elevarse, sublevarse] sich erheben - **3.** [empezar] beginnen.
levante *m* [este] Osten *der*.
levantino, na ◇ *adj* levantinisch. ◇ *m, f* Levantiner *der*, -in *die*.
levar *vt* NÁUT : **~ anclas** die Anker lichten.
leve *adj* leicht.
levedad *adj* Leichtigkeit *die*.
levitar *vi* in der Luft schweben.
lexema *m* LING Lexem *das*.
léxico *m* - **1.** [conjunto de palabras] Wortschatz *der* - **2.** [diccionario] Wörterbuch *das*.
lexicografía *f* LING Lexikografie *die*.
lexicología *f* LING Lexikologie *die*.
ley *f* - **1.** [gen] Gesetz *das* ; **~ de incompatibilidades** *Gesetz über Unvereinbarkeit öffentlicher Ämter mit anderen Positionen* ; **con todas las de la ~** gemäß den gesetzlichen Bestimmungen - **2.** [de naturaleza] Naturgesetz *das* - **3.** [de metal] Feingehalt *der* ; **oro de ~** Feingold *das* - **4.** [normas, reglas] Regel *die* ; **~ de la oferta y de la demanda** ECON Gesetz von Angebot und Nachfrage ; **~ del embudo** Gesetz, das nur für einen selbst, aber nicht für die anderen gilt. ◆ **leyes** *fpl* Rechtswissenschaft *die*.
leyenda *f* - **1.** [narración] Legende *die* ; **~ negra** *kritische Darstellung der spanischen Kolonialgeschichte* - **2.** [inscripción] Inschrift *die*.
liar [9] *vt* - **1.** [atar] zusammen|binden - **2.** [envolver] ein|wickeln ; [cigarrillo] drehen - **3.** [enredar] verwickeln. ◆ **liarse** *vpr* - **1.** [enredarse] durcheinander kommen - **2.** [empezar] : **~se a** sich ein|lassen auf *(+A)* - **3.** *fam* [sexualmente] eine Affäre haben.
Líbano *m* : **el ~** der Libanon.
libar *vt* (Nektar) sammeln *(Biene)*.
libélula *f* Libelle *die*.
liberación *f* - **1.** [gen] Befreiung *die* - **2.** [de hipoteca] Tilgung *die*.
liberado, da *adj* befreit.
liberal ◇ *adj* - **1.** [gen] liberal - **2.** [autónomo] selbstständig. ◇ *mf* Liberale *der, die*.
liberalidad *f* Großzügigkeit *die*.
liberalismo *m* Liberalismus *der*.
liberar *vt* befreien ; **~ a alguien de algo** jn

von etw befreien. ◆ **liberarse** *vpr* sich befreien ; **~se de algo** sich von etw befreien.

Liberia *f* Liberia *nt*.

libertad *f* - **1.** [gen] Freiheit *die* ; **dejar** o **poner en ~** entlassen ; **~ bajo fianza** Entlassung *die* gegen Kaution ; **~ condicional** bedingte Entlassung ; **~ de expresión** Meinungsfreiheit *die* ; **~ de prensa** o **imprenta** Pressefreiheit *die* - **2.** [naturalidad] Unbefangenheit *die*.

libertar *vt* - **1.** [persona] freillassen - **2.** [territorio] befreien.

libertino, na *m, f* zügellose Person.

Libia *f* Libyen *nt*.

libido *f* Libido *die*.

libra *f* Pfund *das* ; **~ esterlina** Pfund Sterling. ◆ **Libra** ◇ *f inv* [zodíaco] Waage *die* ; **ser Libra** Waage sein. ◇ *m inv & f inv* [persona] Waage *die*.

libramiento *m* COM Zahlungsanweisung *die*.

libranza *f* COM Zahlungsanweisung *die*.

librar ◇ *vt* - **1.** [eximir] befreien - **2.** [entablar] sich einllassen ; [batalla] liefern - **3.** COM auslstellen. ◇ *vi* frei haben. ◆ **librarse** *vpr* sich befreien ; **~se de algo/alguien** sich von etw/jm befreien.

libre *adj* - **1.** [gen] frei - **2.** [exento] : **~ de** frei von - **3.** [sin compromiso] ungebunden - **4.** *loc* : **estudiar por ~** studieren, ohne am Unterricht teilzunehmen ; **ir por ~** selbständig arbeiten.

librecambio *m* COM Freihandel *der*.

librepensador, ra ◇ *adj* freidenkerisch. ◇ *m, f* Freidenker *der*, -in *die*.

librería *f* - **1.** [tienda] Buchhandlung *die* - **2.** [oficio] Buchhandel *der* - **3.** [mueble] Bücherregal *das*.

librero, ra *m, f* Buchhändler *der*, -in *die*. ◆ **librero** *m Amér* Bücherschrank *der*.

libreta *f* - **1.** [para escribir] Notizbuch *das* - **2.** [de banco] Buch *das* ; **~ (de ahorros)** Sparbuch.

libreto *m* Libretto *das*.

libro *m* Buch *das* ; **~ blanco** Weißbuch ; **~ de bolsillo** Taschenbuch ; **~ de cocina** Kochbuch *das* ; **~ de texto** Schulbuch ; **llevar los ~s** Buch führen ; **~ de caja** Kassenbuch ; **~ de cuentas** o **contabilidad** Rechnungsbuch ; **~ de escolaridad** Zeugnisheft *das* ; **~ de familia** Familienstammbuch ; **~ de reclamaciones** Beschwerdebuch.

Lic. *abrev de* **licenciado**.

licencia *f* - **1.** [permiso] Genehmigung *die* ; **~ de armas** Waffenschein *der* ; **~ de obras** Baugenehmigung ; **~ fiscal** *Steuer, welche Freiberufler in Spanien jährlich zahlen, um ein Gewerbe ausüben zu können* - **2.** [confianza] Freiheit *die*.

licenciado, da ◇ *adj* - **1.** [universitario] mit Hochschulabschluss ; **~ en** mit Hochschulabschluss in - **2.** [soldado] entlassen. ◇ *m, f* - **1.** [universitario] Hochschulabsolvent *der*, -in *die* ; **~ en** Absolvent *der*, -in *die* - **2.** [soldado] Entlassene *der, die*.

licenciar [8] *vt* entlassen. ◆ **licenciarse** *vpr* sein Studium ablschließen ; **~se en ...** sein Studium in ... ablschließen.

licenciatura *f* Hochschulabschluss *der*.

liceo *m* - **1.** [de enseñanza] Gymnasium *das* - **2.** [de espectáculo] Vereinshaus *das*.

lícito, ta *adj* - **1.** [honesto] gerecht - **2.** [legal] zulässig.

licor *m* [seco] Spirituose *die* ; [dulce] Likör *der*.

licuadora *f* Entsafter *der*.

licuar [6] *vt* [fruta] entsaften ; TECN verflüssigen.

lid *f* Kampf *der*.

líder (*pl* **líderes**), **leader** (*pl* **leaders**) ◇ *adj* führend. ◇ *m, f* - **1.** [el primero] Führende *der, die* - **2.** [jefe] Führer *der*, -in *die*.

liderato, liderazgo *m* Führung *die*.

lidia *f* TAUROM Stierkampf *der*.

lidiar [8] ◇ *vi* [luchar] sich herumlschlagen. ◇ *vt* TAUROM mit Stieren kämpfen.

liebre *f* Hase *der*.

Liechtenstein ['litʃenstein] *m* Liechtenstein *nt*.

lienzo *m* - **1.** [tela] Leinen *das* - **2.** [para pintar] Leinwand *die* - **3.** [cuadro] Gemälde *das*.

liga *f* - **1.** [de medias] Strumpfhalter *der* - **2.** [unión - de estados] Liga *die* ; [- de personas] Schutzverband *der* - **3.** DEP [campeonato] Liga *die*.

ligadura *f* - **1.** [acción] Unterbindung *die* - **2.** [atadura] Fessel *die* - **3.** *fig* [relación] Bande *die* - **4.** MÚS Ligatur *die*.

ligamento *m* ANAT Band *das*.

ligar [16] ◇ *vt* - **1.** [atar] (festl)binden - **2.** [unir] verbinden - **3.** CULIN [obligar] binden. ◇ *vi* - **1.** [coincidir] übereinlstimmen - **2.** *fam* [conquistar] anlbändeln.

ligazón *f* Verbindung *die*.

ligereza *f* - **1.** [agilidad, levedad] Leichtigkeit *die* - **2.** [irreflexión] Unbesonnenheit *die*.

ligero, ra *adj* - **1.** [gen] leicht - **2.** [ágil] flink - **3.** [irreflexivo] leichtfertig ; **a la ligera** leichtsinnig.

light *adj inv* light.

ligón, ona ◇ *adj fam* : **ser muy ~** sehr gerne flirten. ◇ *m, f fam* Anmacher *der*, -in *die*.

liguero, ra *adj* DEP Liga-. ◆ **liguero** *m* Strumpfhalter *der*.

lija *f* - **1.** [instrumento] Sandpapier *das* - **2.** [pez] Katzenhai *der*.

lila ◇ *f* Flieder *der.* ◇ *adj inv* lila. ◇ *m* Lila *das.*

liliputiense ◇ *adj fam* liliputanisch. ◇ *mf fam* Liliputaner *der*, -in *die.*

lima *f* - **1.** [utensilio] Feile *die* - **2.** [planta] Limettenbaum *der* - **3.** [fruto] Limette *die.*

Lima *f* Lima *nt.*

limar *vt* [pulir] feilen.

limitación *f* [restricción] Beschränkung *die* ; ~ **de velocidad** Geschwindigkeitsbeschränkung.

limitado, da *adj* - **1.** [acotado] begrenzt - **2.** *fig* [poco inteligente] beschränkt - **3.** [reducido] gering.

limitar ◇ *vt* - **1.** [acotar] begrenzen - **2.** [definir] fest|legen - **3.** [reducir] ein|schränken. ◇ *vi* (an|)grenzen. ◆ **limitarse** *vpr* : **~se a** sich beschränken auf *(+A).*

límite ◇ *m* Grenze *die.* ◇ *adj inv* Höchst-.

limítrofe *adj* angrenzend.

limón *m* Zitrone *die.*

limonada *f* Zitronenlimonade *die.*

limonero, ra *adj* Zitronen-. ◆ **limonero** *m* Zitronenbaum *der.*

limosna *f* Almosen *das* ; **pedir** ~ betteln.

limpiabotas *m inv & f inv* Schuhputzer *der*, -in *die.*

limpiacristales *m inv* Fensterputzmittel *das.*

limpiador, ra *m, f* Raumpfleger *der*, -in *die.*

limpiamente *adv* - **1.** [con destreza] geschickt - **2.** [honradamente] anständig.

limpiaparabrisas *m inv* Scheibenwischer *der.*

limpiar [8] *vt* - **1.** [lavar] sauber machen, putzen - **2.** [desembarazar] säubern ; ~ **algo de** etw säubern von - **3.** [en juego] ab|zocken.

limpieza *f* - **1.** [cualidad] Sauberkeit *die* - **2.** [acción] Reinigung *die* ; **hacer la** ~ sauber machen - **3.** *fig* [destreza] Geschicklichkeit *die* - **4.** *fig* [honradez] Ehrlichkeit *die.*

limpio, pia *adj* - **1.** [gen] sauber - **2.** [pulcro, sin mezcla] rein ; **en** ~ ins Reine - **3.** [neto] netto - **4.** [honrado] ehrlich ; **jugar** ~ fair spielen - **5.** [claro] klar ; **sacar en** ~ folgern ; ~ **de** frei von - **6.** *fam* [sin dinero] blank.

linaje *m* Abstammung *die.*

lince *m* Luchs *der* ; **ser un** ~ *fig* ein schlauer Fuchs sein.

lindar ◆ **lindar con** *vi* an|grenzen an.

linde *m o f* (Grundstücks)grenze *die.*

lindero, ra *adj* angrenzend. ◆ **lindero** *m* (Grundstücks)grenze *die.*

lindo, da *adj* schön ; **de lo** ~ *fig* gründlich.

línea *f* - **1.** [gen] Linie *die* ; ~ **de flotación** NÁUT Wasserlinie ; ~ **divisoria** Grenzlinie ; ~ **recta** gerade Linie ; **~s aéreas** Fluglinie - **2.** [contorno] Form *die* - **3.** [silueta] Figur *die* ; **guardar la** ~ auf die (schlanke) Linie achten - **4.** [de palabras] Zeile *die* - **5.** [fila] Reihe *die* - **6.** [criterio] Richtlinie *die* - **7.** [categoría] Gattung *die* - **8.** [de energía, de telecomunicaciones] Leitung *die* ; **cortar la** ~ **(telefónica)** das Telefon sperren - **9.** [DEP - en terreno] Linie *die* ; ~ **de meta** Torlinie ; [- de jugadores] Reihe *die* - **10.** [relación familiar] Verwandschaftslinie *die* - **11.** ECON : ~ **de crédito** [banca] Kreditlinie - **12.** *loc* : **en ~s generales** in groben Zügen ; **leer entre ~s** zwischen den Zeilen lesen.

linfático, ca *adj* ANAT lymphatisch.

lingote *m* Barren *der.*

lingüista *mf* Linguist *der*, -in *die*, Sprachwissenschaftler *der*, -in *die.*

lingüístico, ca *adj* linguistisch, sprachwissenschaftlich. ◆ **lingüística** *f* Linguistik *die*, Sprachwissenschaft *die.*

linier [li'njer] (*pl* **liniers**) *m* DEP Linienrichter *der.*

linimento *m* Einreibemittel *das.*

lino *m* - **1.** [planta] Flachs *der* - **2.** [tejido] Leinen *der.*

linóleo, linóleum (*pl* **linoleums**) *m* Linoleum *das.*

linterna *f* Taschenlampe *die.*

lío *m* - **1.** *fam* [enredo] Durcheinander *das* ; **hacerse un** ~ durcheinander kommen - **2.** *fam* [jaleo] Krach *der* ; **armar un** ~ Krach machen - **3.** *fam* [aventura amorosa] Verhältnis *das* - **4.** [paquete] Bündel *das.*

liofilización *f* Gefriertrocknen *das.*

liposucción *f* Fettabsaugen *das.*

liquen *m* Flechte *die.*

liquidación *f* - **1.** [pago] Begleichung *die* - **2.** [rebaja] Ausverkauf *der* - **3.** [fin] Auflösung *die.*

liquidar *vt* - **1.** [pagar] begleichen ; [cuenta] auf|lösen - **2.** [rebajar] aus|verkaufen - **3.** [gastar rápidamente] aus|geben - **4.** [acabar] erledigen - **5.** *fam* [matar] erledigen.

liquidez *f* - **1.** FÍS flüssiger Zustand - **2.** ECON Liquidität *die.*

líquido, da *adj* - **1.** FÍS [poco denso] flüssig - **2.** ECON Netto-, Rein- - **3.** LING Fließ-. ◆ **líquido** *m* - **1.** [gen] Flüssigkeit *die* - **2.** ECON Überschuss *der.*

lira *f* - **1.** MÚS Leier *die (Musikinstrument)* - **2.** [moneda] Lira *die.*

lírico, ca ◇ *adj* - **1.** LITER lyrisch - **2.** MÚS Opern-. ◇ *m, f* LITER Lyriker *der*, -in *die.* ◆ **lírica** *f* LITER Lyrik *die.*

lirio *m* Lilie *die.*

lirón *m* [animal] Siebenschläfer *der.*

lis (*pl* **lises**) *m* Lilie *die.*

Lisboa *f* Lissabon *nt.*

lisiado, da ◇ *adj* verkrüppelt. ◇ *m, f* Krüppel *der.*

liso, sa *adj* - **1.** [sin aspereza, ondulaciones] glatt - **2.** [no estampado] einfarbig.

lisonja *f* Schmeichelei *die*.
lisonjear *vt* schmeicheln.
lista *f* - **1.** [enumeración] Liste *die* ; **pasar ~** die Namen auflrufen ; **~ de boda** Hochzeitsliste ; **~ de espera** Warteliste ; **~ de precios** Preisliste ; **~ negra** schwarze Liste - **2.** [tira] Streifen *der*. ◆ **lista de correos** *f* : **en ~ de correos** postlagernd.
listado, da *adj* gestreift. ◆ **listado** *m* INFORM Auflistung *die*.
listín *m* : **~ (de teléfonos)** Telefonbuch *das*.
listo, ta *adj* - **1.** [inteligente] klug ; **pasarse de ~** überklug sein - **2.** [terminado] fertig ; [preparado] bereit ; **estás** o **vas ~** da kannst du lange warten - **3.** [hábil] geschickt.
listón *m* [de madera] Latte *die* ; [objetivo] Maßstab *der*.
lisura *f* *Amér* Schimpfwort *das*.
litera *f* - **1.** [en casa] Etagenbett *das* - **2.** [en tren] Liegewagenplatz *der* ; [en barco] Koje *die*.
literal *adj* wörtlich, buchstäblich.
literario, ria *adj* literarisch.
literato, ta *m, f* Literat *der*, -in *die*, Schriftsteller *der*, -in *die*.
literatura *f* Literatur *die*.
litigar [16] *vi* DER prozessieren.
litigio *m* DER Rechtsstreit *der*.
litografía *f* [arte, grabado] Lithografie *die*.
litoral ◇ *adj* Küsten-. ◇ *m* Küste *die*.
litro *m* Liter *der*.
Lituania *f* Litauen *nt*.
liturgia *f* Liturgie *die*.
liviano, na *adj* - **1.** [ligero] leicht - **2.** [leve] unbedeutend - **3.** [superficial] oberflächlich.
lívido, da *adj* [pálido] blass.
liza *f* [lucha] Kampf *der*.
ll, Ll ['eʎe] *f* [letra] ll, Ll *das*.
llaga *f* - **1.** [herida] Wunde *die* - **2.** [úlcera] Geschwür *das*.
llagar [16] *vt* verwunden, verletzen. ◆ **llagarse** *vpr* sich wund reiben.
llama *f* - **1.** [de fuego, pasión] Flamme *die* - **2.** [animal] Lama *das*.
llamada *f* - **1.** [aviso] Ruf *der* - **2.** [de teléfono] Anruf *der* ; **~ a cobro revertido** R-Gespräch *das* ; **~ de larga distancia** o **interurbana** Ferngespräch *das* ; **~ urbana** Ortsgespräch *das* - **3.** [atracción] Berufung *die* - **4.** [apelación] Aufruf *der*.
llamamiento *m* [apelación] Aufruf *der*.
llamar ◇ *vt* - **1.** [avisar] rufen - **2.** [dar nombre, apelativo] nennen ; **~ de tú/usted a alguien** jn duzen/siezen - **3.** [citar] zu sich rufen ; [a juicio] vorlladen - **4.** [atraer] (er)wecken. ◇ *vi* - **1.** [a la puerta] anlklopfen ; [al timbre] klingeln - **2.** [por teléfono] anlrufen. ◆ **llamarse** *vpr* heißen.
llamarada *f* [de fuego, sentimiento] Auflodern *das*.
llamativo, va *adj* [forma] auffällig ; [color] grell.
llamear *vi* lodern.
llaneza *f* Umgänglichkeit *die*.
llano, na *adj* - **1.** [sin desniveles] flach - **2.** [afable] umgänglich - **3.** [sin rango, simple] einfach - **4.** GRAM auf der vorletzten Silbe betont *(Wort)*. ◆ **llano** *m* Flachland *das*, Ebene *die*.
llanta *f* - **1.** [de metal] Felge *die* - **2.** *Amér* [neumático] Autoreifen *der* - **3.** *Amér fig* [michelín] Fettpolster *das*.
llanto *m* Weinen *das*.
llanura *f* Ebene *die*.
llave *f* - **1.** [gen] Schlüssel *der* ; **echar la ~** ablschließen ; **~ en mano** COM schlüsselfertig ; **~ de contacto** Zündschlüssel ; **~ maestra** Hauptschlüssel - **2.** [dispositivo] Hahn *der (Vorrichtung)* ; **~ de paso** Absperrhahn *der* ; [electricidad] Schalter *der* - **3.** [herramienta] Schraubenschlüssel *der* ; **~ inglesa** Engländer *der* - **4.** DEP Griff *der* - **5.** [signo ortográfico] geschweifte Klammer.
llavero *m* Schlüsselring *der*.
llegada *f* - **1.** [acción] Ankunft *die* - **2.** DEP [meta] Ziel *das*.
llegar [16] *vi* - **1.** [a un sitio] anlkommen - **2.** [tiempo] kommen - **3.** [durar] sich halten - **4.** [alcanzar] (heranl)reichen - **5.** [ser suficiente] : **~ para** (ausl)reichen für - **6.** [lograr] : **~ a** erreichen ; **~ a ser** werden - **7.** [hacer algo extremo] : **~ a hacer algo** soweit kommen, dass. ◆ **llegarse** *vpr* : **~se a** vorbeilgehen.
llenar *vt* - **1.** [lo vacío, poner gran cantidad] füllen ; **~ algo de algo** etw mit etw füllen - **2.** [satisfacer, escribir] auslfüllen. ◆ **llenarse** *vpr* - **1.** [lo vacío, ocupar completamente] sich füllen - **2.** [saciarse] sich voll stopfen - **3.** : **~se de algo** [cubrirse] sich mit etw bedecken.
lleno, na *adj* - **1.** [no vacío, con gran cantidad] voll ; **~ de** voller, voll mit - **2.** [saciado] satt. ◆ **lleno** *m* volles Haus ; **hubo un ~ total** es war völlig ausverkauft. ◆ **de lleno** *loc adv* völlig.
llevadero, ra *adj* erträglich.
llevar ◇ *vt* - **1.** [transportar] befördern, tragen - **2.** [acompañar, coger, depositar] bringen - **3.** [conducir] lenken - **4.** [causar] : **~ algo a alguien** jm etw bringen - **5.** [inducir] : **~ a alguien a algo** jn zu etw bringen ; **~ a alguien a hacer algo** jn dazu bringen, etw zu tun - **6.** [ocuparse, dirigir] führen - **7.** [asunto] : **lleva muy bien sus estudios** sie studiert sehr fleißig - **8.** [ponerse] tragen ; [dinero, paraguas] dabeilhaben - **9.** [tener] haben ; **llevas las manos sucias** du hast schmutzige Hände ; **~ el pelo largo** die Haare lang tragen - **10.** [soportar] ertragen

- 11. *(antes de sust)* [mantener] halten ; **~ el paso** Tritt halten ; **~ el compás** den Takt schlagen - 12. [hacer tiempo] : **lleva tres semanas sin venir por aquí** er kommt seit drei Wochen nicht mehr vorbei ; **lleva dos años saliendo con ese chico** sie ist schon seit zwei Jahren mit diesem Jungen zusammen - 13. [ocupar tiempo] Zeit kosten, brauchen (für) - 14. [sobrepasar en] übertreffen ; **tu hermano me lleva dos años** dein Bruder ist 2 Jahre älter als ich. ◇ *vi* - 1. [conducir] : **~ (a)** führen nach - 2. *(antes de participio)* [haber] : **lleva leída media novela** sie hat den halben Roman durchgelesen. ◆ **llevarse** *vpr* - 1. [coger] mit|nehmen - 2. [conseguir] bekommen - 3. [dirigir, acercar] : **~se la copa a la boca** sich das Glas an den Mund führen - 4. *(antes de sust)* [recibir] bekommen - 5. [entenderse] : **~se bien/mal (con alguien)** mit jm gut/schlecht auskommen - 6. [estar de moda] in sein - 7. MAT herüber|nehmen.

llorar ◇ *vi* - 1. [con lágrimas] weinen - 2. *fam* [con lamentaciones] jammern. ◇ *vt* trauern.

lloriquear *vi* wimmern.

lloro *m* Weinen *das*.

llorón, ona ◇ *adj* weinerlich. ◇ *m, f* Heulpeter *der*, Heulsuse *die*.

lloroso, sa *adj* weinerlich.

llover [24] ◇ *v impers* regnen. ◇ *vi fig* hageln.

llovizna *f* Nieselregen *der*.

lloviznar *v impers* nieseln.

lluvia *f* - 1. [precipitación] Regen *der* ; **~ ácida** saurer Regen ; **~ atómica** radioaktiver Niederschlag - 2. *fig* [gran cantidad] Unmenge *die*.

lluvioso, sa *adj* regnerisch.

lo, la (*pl* **los** o **las**) *pron pers (neutro)* - 1. *(complemento directo)* [persona - masculino] ihn ; [- femenino] sie ; [- neutro] es ; [- a usted, ustedes] Sie ; [- plural] sie - 2. *(complemento directo)* [cosa - masculino] ihn ; [- femenino] sie ; [- neutro] es ; [- plural] sie. ◆ **lo de** *loc prep* das mit. ◆ **lo que** *loc conj* das, was.

loa *f* [alabanza] Lob *das*.

loable *adj* lobenswert.

loar *vt* loben.

lobato = **lobezno**.

lobezno, lobato *m* junger Wolf.

lobo, ba *m, f* Wolf *der*, Wölfin *die*. ◆ **lobo de mar** *m* alter Seebär.

lóbrego, ga *adj* finster, düster.

lóbulo *m* [de oreja] Ohrläppchen *das*.

local ◇ *adj* örtlich, lokal ; **anestesia ~** Lokalanästhesie *die* ; **la administración ~** die örtliche Verwaltung. ◇ *m* - 1. [edificio] Räumlichkeiten *pl* - 2. [sede] Sitz *der*.

localidad *f* - 1. [población] Ort *der* - 2. [plaza, asiento] (Sitz)platz *der* - 3. [billete, entrada] Eintrittskarte *die*.

localismo *m* - 1. [sentimiento] Lokalpatriotismus *der* - 2. LING Regionalismus *der*.

localizar [13] *vt* - 1. [encontrar] lokalisieren - 2. [circunscribir] ein|dämmen. ◆ **localizarse** *vpr* sich befinden.

loción *f* [líquido] Lotion *die*.

loco, ca ◇ *adj* - 1. [demente] schwachsinnig - 2. [imprudente] verrückt ; **~ de atar** o **de remate** völlig verrückt ; **a lo ~** ohne Sinn und Verstand - 3. [trastornado] wahnsinnig ; **estar ~ por** o **con** [objeto] verrückt sein nach ; [sentimiento] verrückt sein vor ; **volverse ~ por** verrückt sein nach - 4. [extraordinario] Wahnsinns-. ◇ *m, f* [demente, imprudente] Verrückte *der, die*.

locomoción *f* Fortbewegung *die*.

locomotor, ra, ra, triz *adj* Bewegungs-. ◆ **locomotora** *f* Lokomotive *die*.

locuaz *adj* gesprächig.

locución *f* [expresión] Wendung *die* ; GRAM Satz *der*.

locura *f* Wahnsinn *der*.

locutor, ra *m, f* Sprecher *der*, -in *die*.

locutorio *m* - 1. [para hablar] Sprechzimmer *das* - 2. [en radio] Sendestudio *das*.

lodo *m* [barro] Schlamm *der*.

logaritmo *m* MAT Logarithmus *der*.

lógico, ca *adj* logisch. ◆ **lógica** *f* Logik *die*.

logístico, ca *adj* MIL logistisch. ◆ **logística** *f* MIL Logistik *die*.

logopeda *mf* MED Logopäde *der*, -din *die*.

logrado, da *adj* - 1. [conseguido] erreicht - 2. [bien hecho] gelungen.

lograr *vt* erreichen.

logro *m* Erfolg *der*.

LOGSE (*abrev de* **Ley Orgánica de Ordenación General del Sistema Educativo**) *f* spanische gesetzliche Ordnung des Bildungssystems.

lombriz *f* Wurm *der*.

lomo *m* - 1. [espalda, de instrumento cortante] Rücken *der* - 2. [carne] Lende *die*.

lona *f* - 1. [tela] Plane *die* - 2. DEP Matte *die*.

loncha *f* Scheibe *die*.

lonchar *vt Amér* lunchen.

lonche *m Amér* Lunch *das*.

londinense ◇ *adj* londoner. ◇ *mf* Londoner *der*, -in *die*.

Londres *m* London *nt*.

longaniza *f scharf gewürzte Schweinesalami*.

longevo, va *adj* langlebig.

longitud *f* Länge *die* ; **~ de onda** FÍS & TELECOM Wellenlänge *die*.

longitudinal *adj* Längs-.

long play ['lomplei] (*pl* **long plays**) *m* LP *die*.

lonja *f* - **1.** [loncha] Scheibe *die* - **2.** [edificio] Warenbörse *die* - **3.** ARQUIT Atrium *das*.
loquería *f Amér fam* Irrenhaus *das*.
lord (*pl* **lores**) *m* Lord *der*.
loro *m* - **1.** [animal] Papagei *der* - **2.** *fam fig* [charlatán] Plappermaul *das*.
los, las ▷ **el** ▷ **lo**.
losa *f* [gen] Steinplatte *die* ; [de tumba] Grabplatte.
loseta *f* Fliese *die*.
lote *m* - **1.** [parte] Teil *der* - **2.** [conjunto] Satz *der* - **3.** *fam* [magreo] Knutscherei *die*.
lotería *f* - **1.** [sorteo] Lotterie *die* ; **jugar a la ~** Lotto spielen ; **tocarle a alguien la ~** im Lotto gewinnen ; **~ primitiva** staatliches Zahlenlotto - **2.** [tienda] Lotterieladen *der*.
loza *f* [material] Steingut *das*.
lozanía *f* - **1.** [de planta] Üppigkeit *die* - **2.** [de persona] Frische *die*.
lozano, na *adj* - **1.** [plantas] üppig - **2.** [persona] frisch.
Ltd., *abrev de* **limitado** o **limitada**.
Ltda., (*abrev de* **limitada**) GmbH.
lubina *f* Seebarsch *der*.
lubricante, lubrificante ◇ *adj* Schmier-. ◇ *m* Schmieröl *das*.
lubricar [10], **lubrificar** *vt* schmieren.
lucero *m* [astro] Stern *der*.
lucha *f* Kampf *der* ; **~ libre** Freistilringen *das*.
luchar *vi* kämpfen.
lucidez *f* Klarheit *die*.
lúcido, da *adj* klar.
luciérnaga *f* Glühwürmchen *das*.
lucimiento *m* [de ceremonia] Glanz *der* ; [de actriz] glanzvoller Auftritt.
lucio *m* Hecht *der*.
lucir [32] ◇ *vi* - **1.** [brillar] leuchten - **2.** [aprovechar, compensar] sich aus|zahlen - **3.** *Amér* [quedar, estar bien] : **~ bien** gut aus|sehen. ◇ *vt* - **1.** [mostrar] zeigen - **2.** [exhibir] vor|zeigen. ◆ **lucirse** *vpr* - **1.** [salir airoso] glänzen - **2.** *fam* [quedar mal] sich mit Ruhm bekleckern.
lucrativo, va *adj* lukrativ.
lucro *m* Gewinn *der*.
lúdico, ca *adj* Spiel-.
ludopatía *f* Spielsucht *die*.
luego ◇ *adv* - **1.** [después] später - **2.** *Amér* [pronto] bald. ◇ *conj* [así que] also. ◆ **luego luego** *loc adv Amér* jetzt sofort.
lugar *m* - **1.** [gen] Platz *der* - **2.** [ocasión, motivo] Anlass *der* ; **dar ~ a** Anlass geben zu ; **fuera de ~** unangebracht ; **tener ~** statt|finden ; **en primer ~** zunächst - **3.** [puesto] Stelle *die* - **4.** [geográfico] Ort *der*. ◆ **en lugar de** *loc prep* anstatt.
lugareño, ña *m, f* Einwohner *der*, -in *die*.
lugarteniente *m* Stellvertreter *der*, -in *die*.
lúgubre *adj* finster, unheimlich.
lujo *m* [riqueza, hecho extraordinario] Luxus *der* ; **de ~** luxuriös ; **impuesto de ~** Luxussteuer *die* ; **con todo ~ de detalles** in aller Ausführlichkeit.
lujoso, sa *adj* luxuriös.
lujuria *f* Lüsternheit *die*.
lumbago *m* Hexenschuss *der*.
lumbar *adj* ANAT Lenden-.
lumbre *f* [fuego] Feuer *das*.
lumbrera *f fam fig* Leuchte *die*.
luminoso, sa *adj* [con luz] strahlend.
luminotecnia *f* Beleuchtungstechnik *die*.
luna *f* - **1.** *(en mayúscula)* [astro] Mond *der* ; **~ llena** Vollmond ; **~ nueva** Neumond ; **estar en la ~** hinter dem Mond leben - **2.** [cristal] Glasscheibe *die* - **3.** [espejo] Spiegel *der*. ◆ **luna de miel** *f* Flitterwochen *pl*.
lunar ◇ *adj* Mond-. ◇ *m* - **1.** [en piel] Muttermal *das* - **2.** [en tejidos] (Farb)tupfen *der*.
lunático, ca ◇ *adj* launisch. ◇ *m, f* Mondsüchtige *der, die*.
lunes *m* Montag *der* ; *ver también* **sábado**.
luneta *f* [de vehículo] Scheibe *die* ; **~ térmica** heizbare Heckscheibe.
lupa *f* Lupe *die*.
lúpulo *m* Hopfen *der*.
lustrabotas *m inv*, **lustrador** *m Amér* Schuhputzer *der*, -in *die*.
lustrar *vt* polieren.
lustre *m* Glanz *der*.
lustro *m* Jahrfünft *das*.
lustroso, sa *adj* glänzend.
luterano, na ◇ *adj* luther(an)isch. ◇ *m, f* Lutheraner *der*, -in *die*.
luto *m* - **1.** [situación] Trauer *die* - **2.** [signo exterior] Trauerkleidung *die*.
luxación *f* Verrenkung *die*.
Luxemburgo *m* Luxemburg *nt*.
luxemburgués, esa ◇ *adj* luxemburgisch. ◇ *m, f* Luxemburger *der*, -in *die*.
luz *f* - **1.** [gen] Licht *das* ; [electricidad] Strom *der* ; **encender la ~** das Licht an|schalten ; **apagar la ~** das Licht aus|schalten - **2.** [de coche] Scheinwerfer *der* ; **luces de tráfico** o **de señalización** Verkehrsampel *die* ; **~ de carretera** o **larga** Fernlicht *das* ; **~ de cruce** o **corta** Abblendlicht *das* ; **~ de freno** Bremsleuchte *die* ; **~ de posición** o **situación** Parkleuchte *die* - **3.** ARQUIT Luke *die* - **4.** *loc* : **dar a ~** zur Welt bringen ; **dar ~ verde** grünes Licht geben ; **sacar a la ~** ans Licht bringen. ◆ **luces** *fpl* - **1.** [cultura] Aufklärung *die* - **2.** [inteligencia] Verstand *der*.
lycra® *f* Lycra® *das*.

M

m (*abrev de* **metro**) m.

m, M ['eme] *f* [letra] m, M *das.*

$\mathbf{m^2}$ (*abrev de* **metro cuadrado**) m^2.

$\mathbf{m^3}$ (*abrev de* **metro cúbico**) m^3.

macabro, bra *adj* makaber.

macana *f Amér fam* - **1.** [garrote] Knüppel *der* - **2.** *fam* [disparate] Mistding *das.*

macanudo, da *adj Amér fam* spitze.

macarra *m fam* Zuhälter *der.*

macarrón *m (gen pl)* Makkaroni *pl.*

macedonia *f* Salat *der* ; ~ **de frutas** Obstsalat.

macerar *vt* [flores en alcohol] auf|lösen ; [fruta, carne] ein|legen.

maceta *f* - **1.** [tiesto] Blumentopf *der* - **2.** [herramienta] Holzhammer *der.*

macetero *m* Blumentopfständer *der.*

machacar [10] ◇ *vt* - **1.** [triturar] zerstampfen - **2.** *fam* [insistir] nerven. ◇ *vi* nerven.

machete *m* Machete *die.*

machista ◇ *adj* machohaft. ◇ *mf* Macho *der.*

macho ◇ *adj m* männlich ; ~ **cabrío** Ziegenbock *der.* ◇ *m* - **1.** [no hembra] Männchen *das* - **2.** [robusto, varonil] starker Mann - **3.** [pieza] Haken *der.* ◇ *interj* : **¡macho!** Mann!

macizo, za *adj* - **1.** [sólido] massiv - **2.** [robusto] kräftig. ◆ **macizo** *m* - **1.** [montaña] (Gebirgs)massiv *das* - **2.** [conjunto de plantas] Blumenbeet *das.*

macro *f* INFORM Makro *das.*

macrobiótico, ca *adj* makrobiotisch. ◆ **macrobiótica** *f* Makrobiotik *die.*

macuto *m* Rucksack *der.*

madeja *f* Knäuel *das.*

madera *f* - **1.** [tronco de árbol] Holz *das* - **2.** [tabla] Brett *das* - **3.** *fig* [talento, disposición] : **tener ~ de** Talent haben für.

madero *m* - **1.** [tabla] Brett *das* - **2.** *fig* [necio] Trottel *der* - **3.** *mfam* [policía] Bulle *der (Polizist).*

madrastra *f* Stiefmutter *die.*

madre *f* - **1.** [gen] Mutter *die* ; ~ **de alquiler** Leihmutter ; ~ **política** Schwiegermutter ; ~ **soltera** alleinerziehende Mutter - **2.** [origen, causa] Ursprung *der* - **3.** [poso, residuo] Bodensatz *der* - **4.** [cauce] Quelle *die.* ◆ **¡madre mía!** *interj* meine Güte!

madreperla *f* Perlmuschel *die.*

madreselva *f* Geißblatt *das.*

Madrid *m* Madrid *nt.*

madriguera *f* - **1.** [de animales] Bau *der (von Tieren)* - **2.** [refugio, guarida] Schlupfwinkel *der.*

madrileño, ña ◇ *adj* aus Madrid. ◇ *m, f* Madrilene *der,* Madrilenin *die.*

madrina *f* [de bautizo] Taufpatin *die* ; [de boda] Trauzeugin *die* ; [de fiesta, acto] Schirmherrin *die.*

madroño *m* - **1.** [árbol] Erdbeerbaum *der* - **2.** [fruto] Frucht *die* des Erdbeerbaums.

madrugada *f* - **1.** [amanecer] Tagesanbruch *der* - **2.** [noche] früher Morgen.

madrugador, ra ◇ *adj* früh aufstehend. ◇ *m, f* Frühaufsteher *der,* -in *die.*

madrugar [16] *vi* [levantarse] früh auf|stehen ; **no por mucho ~ amanece más temprano** *proverb* alles zu seiner Zeit.

madrugón, na *adj* früh aufstehend. ◆ **madrugón** *m* : **darse un ~** sehr früh auf|stehen.

madurar ◇ *vt* - **1.** [fruta] reifen - **2.** [plan, palabras] durchdenken. ◇ *vi* reifen.

madurez *f* - **1.** [cualidad] Reife *die* - **2.** [edad adulta] reifes Alter.

maduro, ra *adj* - **1.** [en sazón, juicioso] reif - **2.** [no joven] im reiferen Alter.

maestría *f* [habilidad] Geschick *das.*

maestro, tra ◇ *adj* - **1.** [perfecto] Meister- - **2.** [principal] Haupt-. ◇ *m, f* - **1.** [profesor] Lehrer *der,* -in *die* - **2.** [erudito, sabio] Meister *der,* -in *die* - **3.** [de obras] Bauleiter *der,* -in *die* ; [de orquesta] Maestro *der.*

mafia *f* Mafia *die.*

mafioso, sa ◇ *adj* Mafia-. ◇ *m, f* Mafioso *der.*

magazine [maɣa'sin] *m* Magazin *das.*

magdalena *f* CULIN Biskuitgebäck *das.*

magenta ◇ *adj inv* anilinrot. ◇ *m* Anilinrot *das.*

magia *f* Magie *die* ; ~ **negra** schwarze Magie.

mágico, ca *adj* - **1.** [con magia] magisch - **2.** [atractivo] zauberhaft.

magisterio *m* - **1.** [título] Lehramtstitel *der* - **2.** [enseñanza] Lehramt *das.*

magistrado, da *m, f* Richter *der,* -in *die.*

magistral *adj* - **1.** [de maestro] Unterrichts- - **2.** [genial] meisterhaft.

magistratura *f* - **1.** [oficio] Richteramt *das* - **2.** [conjunto de jueces] Richterschaft *die* - **3.** [tribunal] Gericht *das* ; ~ **de trabajo** Arbeitsgericht.

magma *m* Magma *das.*

magnánimo, ma *adj* großzügig.

magnate *m* Magnat *der.*

magnesia *f* QUÍM Magnesia *die.*

magnesio *m* QUÍM Magnesium *das.*

magnético, ca *adj* [de imán] magnetisch.

magnetismo *m* - **1.** [fuerza] Magnetismus *der* - **2.** [atracción] Anziehungskraft *die.*

magnetizar [13] *vt* - **1.** [imanar] magnetisieren - **2.** [deslumbrar] hypnotisieren.

magnetófono *m* Tonbandgerät *das.*

magnificencia *f* Pracht *die.*

magnífico, ca *adj* - **1.** [excelente] prächtig - **2.** [con buenas cualidades] ausgezeichnet.

magnitud *f* - **1.** ASTRON [medida] Größe *die* - **2.** [importancia] Tragweite *die.*

magno, na *adj* groß.

magnolia *f* Magnolienblüte *die.*

mago, ga *m, f* Zauberer *der,* -rin *die.*

magra *f* ▷ **magro.**

magrebí (*pl* o **magrebíes**) ◇ *adj* maghrebinisch. ◇ *m, f* Nordafrikaner *der,* -in *die.*

magro, gra *adj* - **1.** [sin grasa] mager - **2.** [pobre] arm. ◆ **magro** *m* Filet *das.*

magulladura *f* Quetschung *die.*

magullar *vt* quetschen.

mahometano, na ◇ *adj* mohammedanisch. ◇ *m, f* Mohammedaner *der,* -in *die.*

mahonesa *f* ▷ **salsa.**

maicena *f* Maismehl *das.*

maillot [ma'jot] (*pl* **maillots**) *m* Trikot *das* ; ~ **amarillo** DEP gelbes Trikot.

maître ['metre] *m* Küchenchef *der,* -in *die.*

maíz *m* Mais *der.*

majadero, ra *m, f* Blödmann *der.*

majareta ◇ *adj fam* verrückt. ◇ *mf fam* Spinner *der.*

majestad *f* - **1.** [título] Majestät *die* - **2.** [aspecto] Größe *die.*

majestuoso, sa *adj* majestätisch.

majo, ja *adj* - **1.** [simpático] sympathisch - **2.** [bonito] hübsch.

mal ◇ *adj* ▷ **malo.** ◇ *m* - **1.** [perversión] Böse *das* ; **el** ~ das Böse - **2.** [daño] Schmerz *der* - **3.** [enfermedad] Leiden *das* ; ~ **de ojo** böser Blick - **4.** [inconveniente] Schlechte *das* - **5.** *loc* : **no hay ~ que por bien no venga** *proverb* Glück und Unglück liegen nahe beieinander. ◇ *adv* - **1.** schlecht ; **encontrarse** ~ [enfermo] sich schlecht fühlen ; **oír/ver** ~ schlecht sehen/hören ; **oler** ~ [tener mal olor] schlecht riechen ; *fam* [tener mal cariz] stinken ; **saber** ~ [tener mal sabor] schlecht schmecken ; [disgustar] schlecht finden ; **sentar** ~ [ropa] schlecht sitzen ; [comida] schlecht bekommen ; [comentario, actitud] schlecht bekommen - **2.** *loc* : **ir de ~ en peor** vom Regen in die Traufe kommen ; **no estaría ~ que ...** es wäre nicht schlecht, wenn ...

malabarismo *m* - **1.** [juego] Jonglieren *das* - **2.** [destreza] Trickserei *die.*

malabarista *mf* Jongleur *der,* -in *die.*

malacostumbrado, da *adj* verwöhnt.

malaleche *f fam* schlechte Laune.

malapata *f fam* Pech *das.*

Malasia *f* Malaysia *nt.*

malcriado, da ◇ *adj* verzogen. ◇ *m, f* verzogenes Kind.

maldad *f* Bosheit *die.*

maldecir [66] ◇ *vt* verfluchen. ◇ *vi* fluchen ; ~ **de** verfluchen *(+A).*

maldición *f* Fluch *der.*

maldito, ta *adj* verdammt ; **¡maldita sea!** *fig* verdammt nochmal!

maleable *adj* formbar.

maleante *mf* Gauner *der,* -in *die.*

malear *vt* verderben.

malecón *m* Damm *der.*

maleducado, da ◇ *adj* unerzogen. ◇ *m, f* unerzogenene Person.

maleficio *m* Zauberei *die.*

malentendido *m* Missverständnis *das.*

malestar *m* - **1.** [dolor] Unwohlsein *das* - **2.** [inquietud] Unbehagen *das.*

maleta *f* Koffer *der.*

maletero *m* Kofferraum *der.*

maletín *m* Handkoffer *der.*

malévolo, la *adj* böswillig.

maleza *f* [en jardín] Unkraut *das* ; [en selva] Dickicht *das.*

malformación *f* Missbildung *die.*

malgastar *vt* verschwenden.

malhablado, da ◇ *adj* unflätig. ◇ *m, f* unflätige Person.

malhechor, ra *m, f* Kriminelle *der, die.*

malhumorado, da *adj* schlecht gelaunt.

malicia *f* - **1.** [maldad] Boshaftigkeit *die* - **2.** [picardía] Verschmitztheit *die.*

malicioso, sa *adj* - **1.** [malo] boshaft - **2.** [pícaro] verschmitzt.

maligno, na *adj* bösartig.

malintencionado, da *adj* arglistig.

malla *f* - **1.** [tejido] Masche *die* - **2.** [red] Netz *das.* ◆ **mallas** *fpl* Leggins *pl.*

malnutrido, da *adj* unterernährt.

malo, la (*compar* **peor**, *superl* **el peor**) *adj* *(delante de sust masculino* **mal***)* - **1.** [gen] schlecht ; **lo ~ es** das Problem ist - **2.** [malicioso] böse - **3.** [enfermo] krank ; **estar ~** krank sein - **4.** [molesto] schlimm - **5.** [travieso] ungezogen - **6.** *loc* : **estar de malas** schlechte Laune haben ; **por las buenas o por las malas** im Guten und im Bösen. ◆ **malo, la** *m, f* Böse *der, die.*

malograr *vt* - **1.** [desaprovechar] vergeuden - **2.** *Amér* [estropear] kaputtlmachen. ◆ **malograrse** *vpr* - **1.** [echarse a perder] verderben ; [morir] sterben - **2.** *Amér* [estropearse] kaputtlgehen.

maloliente *adj* übel riechend.

malpensado, da ◇ *adj* argwöhnisch. ◇ *m, f* argwöhnische Person.

malsano, na *adj* ungesund.

malsonante *adj* [palabras] unanständig.

malta *m* Malz *das.*

Malta *f* Malta *nt.*

maltés, esa ◇ *adj* maltesisch. ◇ *m, f* Malteser *der,* -in *die.*

maltratar *vt* - **1.** [persona, animal] misshandeln - **2.** [cosa] schlecht behandeln.
maltrato *m* Misshandlung *die.*
maltrecho, cha *adj* zerschunden.
malva <> *f* Malve *die.* <> *adj inv* [color] malvenfarbig. <> *m* [color] Rosenrot *das.*
malvado, da <> *adj* bösartig. <> *m, f* bösartige Person.
malversación *f* Veruntreuung *die* ; ~ **de fondos** Veruntreuung von Geldern.
malversar *vt* veruntreuen.
Malvinas *fpl* : **las (islas)** ~ die Falkland-Inseln.
malvivir *vi* über die Runden kommen.
mama *f* - **1.** [de mujer] Brustwarze *die* ; [de animal] Zitze *die* - **2.** *fam* [madre] Mama *die.*
mamá (*pl* **mamás**) *f fam* Mama *die.*
mamar <> *vt* - **1.** [suj : bebé] stillen - **2.** *fig* [aprender] mit der Muttermilch ein|saugen. <> *vi* trinken ; **dar de** ~ die Brust geben.
mamarracho *m* - **1.** [fantoche] Witzfigur *die* - **2.** [imbécil] Idiot *der.*
mambo *m* Mambo *der.*
mamífero, ra *adj* Säugetier-. ◆ **mamífero** *m* Säugetier *das.*
mamila *f Amér* Sauger *der.*
mamita *f Amér* Mama *die.*
mamotreto *m* - **1.** *despec* [libro] Wälzer *der* - **2.** *despec* [objeto grande] Ungetüm *das.*
mampara *f* Wandschirm *der.*
mamut (*pl* **mamuts**) *m* Mammut *das.*
manada *f* - **1.** [de animales] Herde *die* ; [de lobos] Rudel *das* - **2.** [de gente] Schar *die.*
manager (*pl* **managers**) *m* - **1.** [administrador] Manager *der,* -in *die* - **2.** [agente] Agent *der,* -in *die.*
Managua *f* Managua *nt.*
manantial *m* Quelle *die.*
manar *vi* fließen ; ~ **de** fließen aus.
manazas <> *adj inv* ungeschickt. <> *m inv & f inv* Trottel *der.*
mancha *f* - **1.** [suciedad] Fleck *der* - **2.** *fig* [deshonra] Schandfleck *der.*
manchar *vt* beflecken ; ~ **algo de** o **con** etw mit etw beschmutzen. ◆ **mancharse** *vpr* [ensuciarse] sich schmutzig machen.
manchego, ga <> *adj* aus La Mancha. <> *m, f* Einwohner *der,* -in *die* der Region La Mancha.
manco, ca <> *adj* - **1.** [sin brazo] einarmig ; [sin mano] einhändig - **2.** [incompleto] unvollständig. <> *m, f* [sin brazo] Einarmige *der, die* ; [sin mano] Einhändige *der, die.*
mancomunidad *f* Gemeinschaft *die.*
mancorna, mancuerna *f Amér* Manschettenknöpfe *pl.*
mandado, da *m, f* Befehlsempfänger *der,* -in *die.* ◆ **mandado** *m* [recado] Auftrag *der.*
mandamás (*pl* **mandamases**) *m, f* Boss *der.*
mandamiento *m* RELIG Gebot *das.*
mandar *vt* - **1.** [dar órdenes] befehlen - **2.** [enviar] schicken ; ~ **a alguien a paseo** o **a la porra** *fam* jn zum Teufel schicken - **3.** [encargar] : ~ **a alguien a hacer algo** jn beauftragen, etw zu tun - **4.** [dirigir, gobernar] leiten.
mandarín *m* - **1.** [título] Mandarin *der* - **2.** [dialecto] Mandarin *das.*
mandarina *f* Mandarine *die.*
mandatario, ria *m, f* Bevollmächtigte *der, die* ; **primer** ~ [jefe de estado] Staatschef *der.*
mandato *m* - **1.** [orden, palabras] Befehl *der* - **2.** [ley] Gesetz *das* ; ~ **judicial** gerichtliche Anweisung - **3.** [período] Mandat *das.*
mandíbula *f* Kiefer *der.*
mandil *m* Schürze *die.*
mandioca *f* Maniok *der.*
mando *m* - **1.** [autoridad] Leitung *die* - **2.** *(gen pl)* [persona] Leiter *der* ; [de una empresa] Chef *der* ; **~s intermedios** mittleres Management - **3.** [dispositivo] Steuerung *die* ; ~ **a distancia** Fernbedienung *die.*
mandolina *f* MÚS Mandoline *die.*
mandón, ona *m, f* herrische Person.
mandril *m* [animal] Mandrill *der.*
manecilla *f* - **1.** [de reloj] Zeiger *der* - **2.** [cierre] Verschluss *der.*
manejable *adj* handlich.
manejar *vt* - **1.** [usar] benutzen - **2.** [manipular] bedienen - **3.** [dirigir] leiten - **4.** [caballo] führen - **5.** *Amér* [conducir] fahren. ◆ **manejarse** *vpr* zurecht|kommen.
manejo *m* - **1.** [manipulación] Handhabung *die* - **2.** [uso] Umgang *der* ; **ya tiene ~ con el inglés** er hat schon Übung im Englischen - **3.** [dirección] Leitung *die.*
manera *f* - **1.** [modo] Art *die,* Weise *die* ; **de cualquier** ~ [sin cuidado] wie dem auch sei ; [sea como sea] auf jeden Fall ; **de ninguna ~, en ~ alguna** [refuerza una negación] unter keinen Umständen ; [respuesta exclamativa] auf keinen Fall! ; **de todas ~s** auf jeden Fall ; **en cierta** ~ in gewisser Weise ; **de ~ que** so dass ; **no hay** ~ es gibt keinen Weg o keine Möglichkeit - **2.** *(gen pl)* [modales] Manieren *pl.*
manga *f* - **1.** [de prenda] Ärmel *der* ; **en ~s de camisa** in Hemdsärmeln ; ~ **corta** kurzer Ärmel ; ~ **larga** langer Ärmel - **2.** [filtro] Filter *der* - **3.** [de aire] Windhose *die* - **4.** [de pastelería] Spritzbeutel *der* - **5.** [manguera] Schlauch *der* - **6.** [de mar] Meerenge *die* - **7.** DEP Durchgang *der.*
mangante *mf fam* Gauner *der,* -in *die.*
mango *m* - **1.** [asa] Griff *der* - **2.** [árbol] Mangobaum *der* - **3.** [fruta] Mango *die.*
mangonear *vi fam* [manipular] herum|kommandieren.
mangosta *f* Mungo *der.*
manguera *f* Schlauch *der.*

maní (*pl* **manises**, *pl* **maníes**) *m Amér* Erdnuss *die*.
manía *f* - **1.** [obsesión] Manie - **2.** [afición exagerada] Sucht *die* - **3.** *fam* [ojeriza] Kieker *der*.
maniaco, ca, maníaco, ca ◇ *adj* manisch. ◇ *m, f* Irrsinnige *der, die*.
maniatar *vt* an den Händen fesseln.
maniático, ca ◇ *adj* manisch. ◇ *m, f* Verrückte *der, die*.
manicomio *m* Irrenanstalt *die*.
manicuro, ra *m, f* Handpfleger *die*, -in *die*. ◆ **manicura** *f* Maniküre *die*.
manifestación *f* - **1.** [demostración, expresión] Äußerung *die* - **2.** [por calle] Demonstration *die*.
manifestar [19] *vt* [demostrar, expresar] äußern. ◆ **manifestarse** *vpr* - **1.** [por calle] demonstrieren - **2.** [hacerse evidente] sich zeigen.
manifiesto, ta *adj* [evidente] offensichtlich ; **poner de ~ algo** deutlich werden. ◆ **manifiesto** *m* [escrito] Manifest *das*.
manija *f* Griff *der*.
manillar *m* Lenker *der*.
maniobra *f* [gen] Manöver *das* ; [de aparato] Bedienung *die*.
maniobrar *vi* manövrieren.
manipulación *f* - **1.** [acción] Handhabung *die* - **2.** [engaño] Manipulation *die*.
manipular *vt* - **1.** [manejar] handhaben - **2.** [mangonear] ein|greifen.
maniquí (*pl* **maniquíes**) ◇ *m* Schaufensterpuppe *die*. ◇ *m, f* - **1.** [modelo] Mannequin *das* - **2.** [títere] Marionette *die*.
manirroto, ta ◇ *adj* verschwenderisch. ◇ *m, f* Verschwender *der*, -in *die*.
manitas ◇ *adj inv* geschickt. ◇ *m inv & f inv* geschickte Person ; **ser un ~** sehr geschickt sein. ◇ *fpl* : **hacer ~** fummeln.
manito, mano *m Amér fam* Kumpel *der*.
manivela *f* Kurbel *die*.
manjar *m* Delikatesse *die*.
mano *f* - **1.** [gen] Hand *die* ; **a ~** [cerca] zur Hand ; [sin máquina] von Hand ; **a ~ alzada** durch Handzeichen ; **a ~ armada** bewaffnet ; **dar la ~** die Hand geben ; **apretar** o **estrechar la ~** die Hand drücken - **2.** [de animal] Vorderfuß *der* - **3.** [lado] : **a ~ derecha/izquierda** rechter/linker Hand - **4.** [capa, pasada] Anstrich *der* - **5.** [destreza] Geschick *das* - **6.** [capacidad de trabajo] : **~ de obra** Arbeitskraft *die* - **7.** [poder, posesión] Hände *pl* - **8.** [influencia] Einfluss *der* - **9.** [ayuda, intervención] Hilfe *die* ; **echar una ~** zur Hand gehen - **10.** [de almirez] Stößel *der* - **11.** [en juegos]. - **12.** *fig* [serie, tanda] Reihe *die* - **13.** *loc* : **bajo ~** unter der Hand ; **caer en ~s de alguien** in js Hände fallen ; **quedarse con las ~s cruzadas** die Hände in den Schoß legen ; **con las ~s en la masa** auf frischer Tat ; **de primera ~** [nuevo] aus erster Hand ; [novedoso] brandneu ; **de segunda ~** aus zweiter Hand ; **se le fue la ~** ihm rutschte die Hand aus ; **~ a ~** zusammen ; **~s a la obra** an die Arbeit! ; **tener ~ izquierda** streng sein - **14.** *Amér* = **manito**.
manojo *m* Bund *der*.
manómetro *m* FÍS Manometer *das*.
manopla *f* - **1.** [de abrigo] Fausthandschuh *der* - **2.** [de aseo] Waschlappen *der*.
manosear *vt* betasten.
manotazo *m* Schlag *der*.
mansalva ◆ **a mansalva** *loc adv* zuhauf.
mansedumbre *f* [de animal] Gehorsam *der* ; [de persona] Sanftmut *die*.
mansión *f* Villa *die*.
manso, sa *adj* - **1.** [apacible] ruhig - **2.** [domesticado] zahm.
manta ◇ *f* Decke *die* ; **liarse la ~ a la cabeza** *fig* entschlossen handeln. ◇ *mf fam* Nichtsnutz *der*.
manteca *f* - **1.** [animal] Schmalz *das* - **2.** [vegetal] pflanzliches Fett ; **~ de cacao** Kakaobutter *die* - **3.** [mantequilla] Butter *die*.
mantecado *m* Schmalzgebäck *das*.
mantel *m* Tischdecke *die*.
mantelería *f* Tischwäsche *die*.
mantener [72] *vt* - **1.** [sustentar] unterhalten - **2.** [aguantar] halten - **3.** [conservar] erhalten - **4.** [defender] aufrecht|erhalten. ◆ **mantenerse** *vpr* - **1.** [sustentarse] sich erhalten - **2.** [permanecer, continuar] bestehen bleiben.
mantenimiento *m* - **1.** [sustento] Unterhalt *der* - **2.** [conservación] Erhalt *der*.
mantequilla *f* Butter *die*.
mantilla *f* - **1.** [prenda femenina] Mantille *die* - **2.** [pieza de abrigo] Schal *der*.
manto *m* - **1.** [prenda] Umhang *der* - **2.** *fig* [que oculta] Schleier *der* - **3.** [zona terrestre] (Erd)mantel *der*.
mantón *m* Umhängetuch *das*.
manual ◇ *adj* [con manos] Hand-. ◇ *m* Handbuch *das*.
manualidad *f (gen pl)* Handarbeit *die*.
manubrio *m* Kurbel *die*.
manufacturar *vt* herstellen.
manuscrito, ta *adj* handschriftlich. ◆ **manuscrito** *m* [del medievo] Handschrift *die* ; [de autor] Manuskript *das*.
manutención *f* - **1.** [sustento] Unterhalt *der* - **2.** [alimento] Versorgung *die*.
manzana *f* - **1.** [fruta] Apfel *der* - **2.** [de casas] Block *der*.
manzano *m* Apfelbaum *der*.
maña *f* - **1.** [destreza] Geschicklichkeit *die* - **2.** *(gen pl)* [astucia] Listigkeit *die*.
mañana ◇ *f* - **1.** [desde el amanecer al mediodía] Vormittag *der* - **2.** [madrugada] (früher) Morgen ; **(muy) de ~** (sehr früh) am

Morgen. ◇ *m* [futuro] Morgen *das*. ◇ *adv* [al día siguiente] morgen ; **pasado ~** übermorgen.

mañoso, sa *adj* geschickt.

mapa *m* GEOGR Karte *die*.

mapamundi *m* Weltkarte *die*.

maqueta *f* - **1.** [reproducción] Modell *das* - **2.** [de libro] Blindband *der*.

maquiavélico, ca *adj* machiavellistisch.

maquillaje *m* - **1.** [acción] Schminken *das* - **2.** [producto] Make-up *das*.

maquillar *vt* schminken.

máquina *f* - **1.** [gen] Maschine *die* ; [de reloj] Uhrwerk *das* - **2.** [aparato] Gerät *das* ; **~ empaquetadora** Verpackungsmaschine *die* ; **~ fotográfica** Fotoapparat *der* ; **a ~** maschinell ; **a toda ~** mit voller Kraft ; **~ de coser** Nähmaschine ; **~ de escribir** Schreibmaschine ; **~ de vapor** Dampfmaschine ; **(~) tragaperras** Spielautomat *der* - **3.** *fig* [persona] Maschine *die*.

maquinación *f* Intrige *die*.

maquinar *vt* ersinnen ; **~ algo contra alguien** etw gegen jn im Schilde führen.

maquinaria *f* - **1.** [mecanismo] Mechanismus *der* - **2.** [conjunto de máquinas] Maschinenpark *der* - **3.** *fig* [organismo] Maschinerie *die*.

maquinilla *f* Rasierapparat *der* ; **~ eléctrica** elektrischer Rasierapparat.

maquinista *mf* Zugführer *der*, -in *die*.

mar *m o f* - **1.** [agua salada] Meer *das*, See *die* ; **hacerse a la ~** in See stechen ; **alta ~** Hochsee *die* ; **~ adentro** auf See - **2.** *fig* [gran cantidad] Unmenge *die* ; **a ~es** in Unmengen ; **la ~ de** super-.

marabunta *f* - **1.** [de hormigas] Plage *die* - **2.** [de gente] Masse *die*.

maraca *f* MÚS : **las ~s** die Maracas *pl*.

marajá, maharajá [mara'xa] *m* Maharadscha *der*.

maraña *f* - **1.** [maleza] Dickicht *das* - **2.** [enredo] Wirrwarr *der*.

maratón *m* Marathon *der*.

maravilla *f* - **1.** [objeto] Wunderwerk *das* - **2.** [asombro] Wunder *das* - **3.** [planta] Ringelblume *die* - **4.** *loc* : **a las mil ~s, de ~** wunderbar.

maravillar *vt* - **1.** [gustar] begeistern - **2.** [asombrar] wundern. ◆ **maravillarse** *vpr* - **1.** [asombrarse] sich wundern - **2.** [admirarse] sich bewundern.

maravilloso, sa *adj* wunderbar.

marca *f* - **1.** [distintivo] Marke *die* ; **de ~** Marken- ; **~ de fábrica** Handelsmarke ; **~ registrada** eingetragenes Warenzeichen - **2.** [señal] Spur *die* - **3.** [récord] Rekordmarke *die*.

marcado, da *adj* [animal] markiert ; [rasgos] gezeichnet. ◆ **marcado** *m* - **1.** [de cabello] Legen *das* - **2.** [de reses] Markieren *das*.

marcador, ra *adj* markierend. ◆ **marcador** *m* [tablero] Anzeigetafel *die*.

marcapasos *m inv* MED Herzschrittmacher *der*.

marcar [10] ◇ *vt* - **1.** [gen] markieren - **2.** [dejar marca, secuelas] zeichnen - **3.** [indicar] prägen - **4.** [anotar] auf|schreiben - **5.** [en teléfono] wählen - **6.** [suj : aparato] an|zeigen - **7.** DEP [tanto] : **~ un gol** ein Tor schießen - **8.** DEP [jugador] decken - **9.** [cabello] legen - **10.** [ritmo] vor|geben. ◇ *vi* [dejar secuelas] prägen.

marcha *f* - **1.** [partida] Abfahrt *die* - **2.** [movimiento] Geschwindigkeit *die* ; **a ~s forzadas** [contra reloj] mit größter Anstrengung ; **dejar el motor en ~** [funcionando] den Motor laufen lassen ; **poner en ~** in Gang setzen ; **sobre la ~** nebenbei ; **dar ~ atrás** *fig* einen Rückzieher machen - **3.** AUTOM Gang *der* ; **~ atrás** Rückwärtsgang - **4.** MIL & MÚS [manifestación] Marsch *der* - **5.** [curso, desarrollo] Verlauf *der* - **6.** DEP Gehen *das* - **7.** *fam* [animación] Stimmung *die*. ◆ **Marcha Real** *f* spanische Nationalhymne.

marchar *vi* - **1.** [andar] marschieren - **2.** [partir] los|gehen - **3.** [funcionar] gehen - **4.** [desarrollarse] laufen. ◆ **marcharse** *vpr* auf|brechen.

marchitar *vt* [planta] verwelken lassen. ◆ **marchitarse** *vpr* - **1.** [planta] verwelken - **2.** [persona] dahin|welken.

marchito, ta *adj* welk.

marcial *adj* [de guerra] Kriegs-.

marco *m* - **1.** [gen] Rahmen *der* - **2.** [moneda] Mark *die*.

mar del Norte *m* : **el ~** die Nordsee.

marea *f* - **1.** [de mar] Gezeiten *pl* ; **~ alta** Flut *die* ; **~ baja** Ebbe *die* ; **~ negra** Ölpest *die* - **2.** [de gente] Menge *die*.

marear *vt* - **1.** [causar mareo] Übelkeit verursachen ; [en mar] seekrank machen - **2.** *fam* [fastidiar] auf die Nerven gehen. ◆ **marearse** *vpr* [sentir mareo] : **me mareo** mir wird übel.

marejada *f* [en mar] hoher Seegang.

mare mágnum, maremágnum *m inv* Durcheinander *das*.

maremoto *m* Seebeben *das*.

mareo *m* - **1.** [malestar] Übelkeit *die* - **2.** *fam* [fastidio] Belastung *die*.

marfil *m* - **1.** [de elefante] Elfenbein *das* - **2.** [de dientes] Zahnbein *das*.

margarina *f* Margarine *die*.

margarita *f* - **1.** [flor] Margerite *die* ; **deshojar la ~** schwanken - **2.** [de máquina de escribir] Typenrad *das*.

margen ◇ *m o f (gen f)* [de camino] (Weges)rand *der* ; [de río] Ufer *das*. ◇ *m* - **1.** [de página] Rand - **2.** [ganancia] Spanne *die* - **3.** [límite] Rahmen *der* ; **al ~** am Rande ; **siempre la dejan al ~** sie lassen sie immer außen vor ; **~ de error** Fehlerquote *die* **- 4.** [ocasión] Chance *die* ; **dar ~ a alguien para hacer algo** jm Gelegenheit geben, etw zu tun.

marginación *f* Ausgrenzung *die*.

marginado, da ◇ *adj* ausgegrenzt. ◇ *m, f* Außenseiter *der*, -in *die*.

mariachi *m Amér* Mariachi-Orchester *das*.

marica *m mfam despec* Schwule *der*.

Maricastaña *f* ▷ **tiempo**.

maricón *m mfam despec* Schwule *der*.

marido *m* Ehemann *der*.

marihuana *f* Marihuana *das*.

marimacho *m fam despec* Mannweib *das*.

marina *f* ▷ **marino**.

marinero, ra *adj* **- 1.** [buque] seetüchtig **- 2.** [de marinos] Marine-. ◆ **marinero** *m* Matrose *der*, Seemann *der*.

marino, na *adj* [de mar] Meeres-. ◆ **marino** *m* Matrose *der*, Seemann *der*. ◆ **marina** *f* **- 1.** [navegación] Seefahrt *die* **- 2.** [buques] Marine *die* ; **~ mercante** Handelsmarine.

marioneta *f* Marionette *die*. ◆ **marionetas** *fpl* Marionettentheater *das*.

mariposa *f* **- 1.** [insecto] Schmetterling *der* **- 2.** [tuerca] Flügelschraube *die* **- 3.** DEP Schmetterlingsstil *der*.

mariposear *vi* **- 1.** [ser inconstante] herum|flattern **- 2.** [galantear] flirten.

mariquita ◇ *f* [insecto] Marienkäfer *der*. ◇ *m mfam despec* [homosexual] Schwule *der*.

marisco *m* Meeresfrucht *die*.

marisma *f* Marschland *das*.

marisquería *f* Meeresfrüchtegeschäft *das*.

marítimo, ma *adj* **- 1.** [de mar] See- **- 2.** [cercano al mar] Ufer-.

marketing ['marketin] *m* COM Marketing *das*.

marmita *f* Kochtopf *der*.

mármol *m* **- 1.** [piedra] Marmor *der* **- 2.** [obra] Marmorskulptur *die*.

marmota *f* **- 1.** [animal] Murmeltier *das* **- 2.** *fig* [persona] Schlafmütze *die*.

mar Muerto *m* : **el ~** das Tote Meer.

mar Negro *m* : **el ~** das Schwarze Meer.

marqués, esa *m, f* Markgraf *der*, -gräfin *die*.

marquesina *f* Markise *die*.

marranada *f* **- 1.** *fam* [porquería] Schweinerei *die* **- 2.** *fam* [mala jugada] Schweinerei *die*.

marrano, na *m, f* **- 1.** [animal] Schwein *das* **- 2.** *fam* [persona sucia] Schmutzfink *der*.

mar Rojo *m* : **el ~** das Rote Meer.

marrón ◇ *adj* [color] braun. ◇ *m* [color] Braun *das*.

marroquí (*pl* **marroquíes**) ◇ *adj* marokkanisch. ◇ *m, f* Marokkaner *der*, -in *die*.

Marruecos *m* Marokko *nt*.

Marte *m* Mars *der*.

martes *m* Dienstag *der* ; *ver también* **sábado**.

martillear, martillar *vt* hämmern.

martillo *m* Hammer *der* ; **~ neumático** Presslufthammer.

mártir *mf* Märtyrer *der*, -in *die*.

martirio *m* Martyrium *das*.

martirizar [13] *vt* **- 1.** [torturar] zu Tode foltern **- 2.** [hacer sufrir] quälen.

marxista ◇ *adj* marxistisch. ◇ *mf* Marxist *der*, -in *die*.

marzo *m* März *der* ; *ver también* **setiembre**.

mas *conj* aber.

más ◇ *adv* **- 1.** *(comparativo)* : **Pepe es ~ alto que tú** Pepe ist größer als du ; **necesito ~ tiempo** ich brauche mehr Zeit ; **~ de** mehr als ; **de ~** [de sobra] übrig **- 2.** *(superlativo)* : **el/la/lo ~ grande** der/die/das größte ; **es el ~ listo de la clase** er ist der Schlaueste der Klasse **- 3.** *(en frases negativas)* : **no necesito ~** ich brauche nicht mehr **- 4.** *(con pron interrogativo e indefinido)* : **¿qué/quién ~?** was/wer noch? ; **no viene nadie ~** es kommt niemand mehr **- 5.** [indica preferencia] besser ; **~ vale que lo dejes** es ist besser, du lässt es sein **- 6.** [indica intensidad] : **¡qué día ~ bonito!** was für ein schöner Tag! **- 7.** [indica suma] plus ; **dos ~ dos** zwei plus zwei **- 8.** *loc* : **el que ~ y el que menos** jedermann ; **es ~** mehr noch ; **~ o menos** mehr oder weniger ; **¿qué ~ da?** was macht das schon? ; **sin ~ (ni ~)** bedenkenlos. ◇ *m inv* MAT Plus *das*. ◆ **por más que** *loc conj* : **por ~ que ella lo intente** wie sehr sie es auch versucht.

masa *f* **- 1.** [gen] Masse ; **en ~** in Massen **- 2.** [pasta] Teigmasse *die* **- 3.** ELECTR Erdung *die*. ◆ **masas** *fpl* (Menschen)massen *pl*.

masacre *f* Massaker *das*.

masaje *m* Massage *die*.

masajista *mf* Masseur *der*, -in *die*.

mascar [10] *vt* kauen.

máscara *f* **- 1.** [gen] Maske ; **~ antigás** Gasmaske *die* **- 2.** [pretexto] Vorwand *der*.

mascarada *f* **- 1.** [fiesta] Maskenball *der* **- 2.** [farsa] Täuschung *die*.

mascarilla *f* **- 1.** MED Mundschutz *der* **- 2.** [de belleza] Gesichtspackung *die*.

mascota *f* Maskottchen *das*.

masculino, na *adj* männlich. ◆ **masculino** *m* GRAM Maskulinum *das*.

masificación *f* Überfüllung *die*.

masilla *f* Fensterkitt *der*.

masivo, va *adj* massiv.

masón, ona ◇ *adj* freimaurerisch. ◇ *m, f* Freimaurer *der*, -in *die*.

masoquista ◇ *adj* masochistisch. ◇ *mf* Masochist *der*, -in *die*.

mass media, mass-media *mpl* Massenmedien *pl.*
máster (*pl* **másters**) *m* Master *der.*
masticar [10] *vt* kauen.
mástil *m* - **1.** NÁUT [palo] Mast *der* - **2.** MÚS Hals *der.*
masturbación *f* Masturbation *die.*
masturbar *vt* masturbieren. ◆ **masturbarse** *vpr* masturbieren.
mata *f* Strauch *der.* ◆ **mata de pelo** *f* Mähne *die.*
matadero *m* Schlachthof *der.*
matador, ra *adj* - **1.** *fam* [agotador] tödlich - **2.** *fam* [feo] potthässlich. ◆ **matador** *m* TAUROM Matador *der.*
matamoscas *m inv* Fliegenklatsche *die.*
matanza *f* - **1.** [de personas] Gemetzel *das* - **2.** [de cerdo] (Haus)schlachten *das (von Schweinen).*
matar *vt* - **1.** [quitar la vida] töten - **2.** [alterar la salud] um|bringen - **3.** [molestar] verrückt machen - **4.** [apagar, atenuar] löschen. ◆ **matarse** *vpr* - **1.** [morir] sterben - **2.** [esforzarse] sich kaputt|machen.
matarratas *m inv* - **1.** [para ratas] Rattengift *das* - **2.** *fig* [bebida] Fusel *der.*
matasellos *m inv* Poststempel *der.*
matasuegras *m inv* Rolltröte *die.*
mate ◇ *adj inv* matt. ◇ *m* - **1.** DEP [ajedrez] Matt *das* - **2.** DEP [baloncesto] Dunk *der* - **3.** *Amér* [infusión] Mate *der* - **4.** *Amér* [recipiente] Mategefäß *das.*
matemático, ca ◇ *adj* - **1.** [de matemática] mathematisch - **2.** [exacto] mathematisch genau. ◇ *m, f* Mathematiker *der,* -in *die.* ◆ **matemáticas** *fpl* Mathematik *die.*
materia *f* - **1.** [gen] Materie *die* ; **~ prima, primera ~** Rohstoff *der* - **2.** [asunto] Stoff *der* ; **en ~ de** hinsichtlich - **3.** [asignatura] Fach *das.*
material ◇ *adj* - **1.** [de materia, físico] materiell - **2.** [real] tatsächlich. ◇ *m* [materia, instrumental] Material *das.*
materialismo *m* [doctrina, actitud] Materialismus *der.*
materialista ◇ *adj* materialistisch. ◇ *mf* Materialist *der,* -in *die.*
materializar [13] *vt* - **1.** [idea, proyecto] verwirklichen - **2.** [tomar forma física] heraus|bilden. ◆ **materializarse** *vpr* sich verwirklichen.
maternal *adj* mütterlich.
maternidad *f* - **1.** [cualidad] Mutterschaft *die* - **2.** [hospital] Entbindungsstation *die.*
materno, na *adj* mütterlich ; **lengua materna** Muttersprache *die.*
matinal *adj* morgendlich.
matiz *m* - **1.** [rasgo] Nuance *die* - **2.** [diferencia] Schattierung *die.*
matizar [13] *vt* - **1.** [colores] schattieren - **2.** [distinguir] heraus|arbeiten - **3.** [dar tono especial] färben.
matojo *m* Gestrüpp *das.*
matón, ona *m, f fam* Rowdy *der.*
matorral *m* Dickicht *das.*
matraz *m* Kolben *der.*
matriarcado *m* Matriarchat *das.*
matrícula *f* - **1.** [inscripción] Immatrikulation *die,* Einschreibung *die* - **2.** [documento] Bescheinigung *die* - **3.** [de coche] Nummernschild *das.* ◆ **matrícula de honor** *f* : **sacar una ~ de honor** mit Auszeichnung bestehen.
matricular *vt* - **1.** [persona] ein|schreiben - **2.** [coche] an|melden. ◆ **matricularse** *vpr* sich ein|schreiben.
matrimonial *adj* ehelich.
matrimonio *m* - **1.** [unión] Ehe *die* ; **contraer ~** die Ehe schließen - **2.** [pareja] Ehepaar *das.*
matriz ◇ *f* - **1.** ANAT Gebärmutter *die* - **2.** MAT Matrix *die.* ◇ *adj* : **casa ~** Stammhaus *das.*
matrona *f* - **1.** [madre] Matrone *die* - **2.** [comadrona] Hebamme *die.*
matutino, na *adj* morgendlich.
maullar *vi* miauen.
maullido *m* Miauen *das.*
mausoleo *m* Mausoleum *das.*
maxilar *m* ANAT Kiefer *der.*
máxima *f* ▷ **máximo.**
máxime *adv* besonders.
máximo, ma ◇ *superl* ▷ **grande.** ◇ *adj* höchste. ◆ **máximo** *m* Maximum *das* ; **como ~** höchstens ; **como ~ el viernes** spätestens am Freitag. ◆ **máxima** *f* - **1.** [sentencia, principio] Maxime - **2.** [de temperatura] Höchsttemperatur *die.*
may. *abrev de* **mayo.**
mayo *m* Mai *der* ; *ver también* **setiembre.**
mayonesa *f* ▷ **salsa.**
mayor ◇ *adj* - **1.** *(compar de 'grande')* [en tamaño] größer ; [en edad] älter ; [en importancia] wichtiger - **2.** [adulto] groß ; **~ de edad** volljährig. ◇ *mf* [adulto] Erwachsene *der, die.* ◇ *m* MIL Major *der.* ◆ **mayores** *mpl* [ascendientes] Vorfahren *pl.*
mayoral *m* - **1.** [pastor] Oberhirte *der* - **2.** [capataz] Vorarbeiter *der.*
mayordomo *m* Hausverwalter *der,* -in *die.*
mayoría *f* [mayor parte] Mehrheit *die* ; **~ de** die Mehrheit *(+G)* ◆ **mayoría de edad** *f* Volljährigkeit *die.*
mayorista ◇ *adj* Großhandels-. ◇ *mf* Großhändler *der,* -in *die.*
mayoritario, ria *adj* Mehrheits-.
mayúsculo, la *adj* riesig. ◆ **mayúscula** *f* Großbuchstabe *der.*
maza *f* Keule *die.*
mazapán *m* Marzipan *das.*

mazazo *m* schwerer Schlag.
mazmorra *f* Verlies *das*.
mazo *m* - **1.** [martillo] Holzhammer *der* - **2.** [conjunto] Stapel *der*.
me *pron pers* - **1.** *(complemento directo)* mich - **2.** *(complemento indirecto)* mir.
meandro *m* Biegung *die*.
mear *vi vulg* pissen. ◆ **mearse** *vpr vulg* sich bepissen.
mecánica *f* ▷ **mecánico.**
mecánico, ca ◇ *adj* mechanisch. ◇ *m, f* Automechaniker *der*, -in *die* ; ~ **dentista** Zahntechniker *der*, -in *die*. ◆ **mecánica** *f* Mechanik *die*.
mecanismo *m* - **1.** [estructura] Mechanismus *der* - **2.** [funcionamiento] Verfahren *das*.
mecanizar [13] *vt* automatisieren.
mecanografía *f* Maschine schreiben *das*.
mecanógrafo, fa *m, f* Stenotypist *der*, -in *die*.
mecapal *m Amér* Tragegestell *das*.
mecedora *f* Schaukelstuhl *der*.
mecenas *m inv & f inv* Mäzen *der*, Mäzenatin *die*.
mecer [11] *vt* wiegen.
mecha *f* - **1.** [de vela] Docht *der* - **2.** [de explosivos] Zündschnur *die* - **3.** [de pelo] Strähne *die*.
mechero *m* Feuerzeug *das*.
mechón *m* (Haar)strähne *die*.
medalla ◇ *f* - **1.** DEP [condecoración] Medaille *die* - **2.** [objeto de devoción] Medaillon *das*. ◇ *mf* Medaillengewinner *der*, -in *die*.
medallón *m* Medaillon *das*.
media *f* ▷ **medio.**
mediación *f* Vermittlung *die* ; **por ~ de** durch Vermittlung *(+G)*.
mediado, da *adj* halb ; **a ~s de** in der Mitte *(+G)*.
mediana *f* ▷ **mediano.**
mediano, na *adj* - **1.** [intermedio] mittelgroß - **2.** [mediocre] mittelmäßig. ◆ **mediana** *f* - **1.** GEOM Mediane *die* - **2.** [de carretera] Mittelstreifen *der*.
medianoche (*pl* **mediasnoches**) *f* - **1.** [hora] Mitternacht *die* ; **a ~** mitten in der Nacht - **2.** [bollo] *rundes, süßliches, normalerweise belegtes Weißbrot, das man auf Partys ist.*
mediante *prep* durch.
mediar [8] *vi* - **1.** [trasncurrir] : **mediaba el mes de julio** es war Mitte Juli - **2.** [separar] dazwischen liegen - **3.** [estar en medio] in der Mitte sein - **4.** [intervenir] vermitteln ; **~ en** vermitteln in *(+D)* ; **~ entre** vermitteln zwischen *(+D)* - **5.** [interceder] sich ein|setzen.
mediatizar [13] *vt* bestimmen.
medicación *f* - **1.** [acción] Medikation *die* - **2.** [medicamentos] Medikament *das*.
medicamento *m* Medikament *das*.
medicar [10] *vt* medikamentös behandeln. ◆ **medicarse** *vpr* Medikamente ein|nehmen.
medicina *f* [ciencia, medicamento] Medizin *die*.
medicinal *adj* medizinisch ; **planta ~** Heilpflanze *die*.
medición *f* Messung *die*.
médico, ca ◇ *adj* ärztlich. ◇ *m, f* Arzt *der*, Ärztin *die* ; **~ de cabecera** o **familia** Hausarzt, -ärztin.
medida *f* - **1.** [gen] Maß *das* ; **a (la) ~** nach Maß - **2.** [disposición] Maßnahme *die* ; **tomar ~s** Maßnahmen ergreifen ; **en gran ~** gesamt betrachtet ; **a ~ que** in dem Maße wie. ◆ **medidas** *fpl* Maße *pl* ; **tomar las ~s a alguien** bei jm Maß nehmen.
medieval *adj* mittelalterlich.
medievo, medioevo *m* Mittelalter *das*.
medio, dia *adj* - **1.** [gen] halb ; **a medias** [por mitades] zur Hälfte ; [no completamente] halb ; **dos botellas y media** zweieinhalb Flaschen - **2.** [intermedio] mittelgroß - **3.** [de promedio, corriente] Durchschnitts-. ◆ **medio** ◇ *adv* halb ; **a ~ hacer** halb fertig. ◇ *m* - **1.** [mitad] Hälfte *die* ; **de ~ a ~** [completamente] völlig - **2.** [centro] Mitte *die* ; **en ~ de** in der Mitte *(+G)* ; **por (en) ~** in der Mitte - **3.** [sistema, manera] Mittel *das* ; **por ~ de** [mediante] durch - **4.** [elemento físico] Medium *das* ; [entorno] Umwelt *die* - **5.** [ambiente social] Milieu *das* - **6.** DEP Mittelfeldspieler *der*, -in *die* - **7.** *loc* : **quitar de en ~ a alguien** [apartar] jn los|werden ; [matar] jn um die Ecke bringen. ◆ **medios** *mpl* [bienes, recursos] Mittel *pl* ; **~s de comunicación** Massenmedien *pl* ; **~s de transporte** Transportmittel *pl*. ◆ **media** *f* - **1.** [promedio] Durchschnitt *der* - **2.** [hora] halbe Stunde - **3.** *(gen pl)* [prenda femenina] Strumpfhose *die* - **4.** *Amér* [calcetín] Strumpf *der*. ◆ **medio ambiente** *m* Umwelt *die*.
medioambiental *adj* Umwelt-.
mediocre *adj* mittelmäßig.
mediodía (*pl* **mediodías**) *m* [hora] Mittag *der* ; **al ~** mittags.
medioevo = **medievo.**
mediofondo *m* DEP Mittelstrecke *die*.
medir [26] *vt* - **1.** [gen] messen - **2.** [sopesar] ab|wägen. ◆ **medirse** *vpr* - **1.** [dimensión] sich messen - **2.** [moderarse] sich mäßigen - **3.** [compararse, enfrentarse] : **~se con** sich messen mit.
meditar ◇ *vi* meditieren ; **~ sobre** nach|denken über *(+A)*. ◇ *vt* durchdenken.
mediterráneo, a *adj* mediterran. ◆ **Mediterráneo** *m* : **el (mar) Mediterráneo** das Mittelmeer.
médula *f* - **1.** ANAT Knochenmark *das* ; **~ espinal** Rückenmark *das* - **2.** [esencia] Kern *der*.

medusa *f* Qualle *die.*
megafonía *f* - **1.** [técnica] Lautsprechsystem *das* - **2.** [aparatos] Lautsprechanlage *die.*
megáfono *m* Megafon *das.*
megalómano, na *m, f* Größenwahnsinnige *der, die.*
mejicano = **mexicano.**
Méjico = **México.**
mejilla *f* Wange *die.*
mejillón *m* Miesmuschel *die.*
mejor <> *adj (compar y superl de 'bueno')* - **1.** [gen] besser ; **~ que** besser als ; **estar ~** sich besser fühlen ; **~ que ~** um so besser - **2.** *(seguido de sust)* [superlativo] : **el/la ~** der/die beste. <> *mf* [superlativo] : **el/la ~** der/die Beste. <> *adv (compar de 'bien')* besser. ◆ **a lo mejor** *loc adv* vielleicht.
mejora *f* - **1.** [progreso] Verbesserung *die* - **2.** [aumento] Erhöhung *die.*
mejorana *f* Majoran *der.*
mejorar <> *vt* - **1.** [situación] verbessern - **2.** [suj : enfermo] besser gehen - **3.** [cantidad] erhöhen. <> *vi* - **1.** [enfermo, situación] sich bessern - **2.** [tiempo] besser werden. ◆ **mejorarse** *vpr* - **1.** [situación] sich verbessern - **2.** [enfermo] sich bessern - **3.** [tiempo] besser werden.
mejoría *f* Besserung *die.*
mejunje *m* [mezcla] Gebräu *das.*
melancolía *f* Melancholie *die.*
melancólico, ca *adj* melancholisch.
melaza *f* Melasse *die.*
melena *f* - **1.** [de persona] langes Haar - **2.** [de león] Mähne *die.*
melenudo, da <> *adj despec* langhaarig. <> *m, f despec* Langhaarige *der, die.*
mellado, da *adj* - **1.** [con hendiduras] abgenutzt - **2.** [sin dientes] zahnlos.
mellizo, za <> *adj* Zwillings-. <> *m, f (gen pl)* Zwilling *der.*
melocotón *m* Pfirsich *der.*
melocotonero *m* Pfirsichbaum *der.*
melodía *f* Melodie *die.*
melódico, ca *adj* melodisch.
melodioso, sa *adj* melodiös.
melodrama *m* Melodram *das.*
melodramático, ca *adj* melodramatisch.
melómano, na *m, f* Musikliebhaber *der,* -in *die.*
melón *m* Melone *die.*
meloso, sa *adj* [dulce] lieblich.
membrana *f* Membran *die.*
membrete *m* Briefkopf *der.*
membrillo *m* - **1.** [fruto] Quitte *die* - **2.** [dulce] Quittenbrot *das.*
memez *f* Dummheit *die.*
memo, ma <> *adj* doof. <> *m, f* Dummkopf *der.*
memorable *adj* denkwürdig.
memorándum *(pl* **memorándums** o **memoranda)** *m* - **1.** [cuaderno] Notizheft *das* - **2.** [comunicación diplomática] Memorandum *das.*
memoria *f* - **1.** [facultad] Gedächtnis *das* ; **de ~** auswendig ; **hacer ~** sich erinnern ; **traer a la ~** ins Gedächtnis rufen - **2.** [recuerdo] Gedenken *das* - **3.** [disertación, estudio] Abhandlung *die* - **4.** [informe] Bericht *der* - **5.** [lista] Inventur *die* - **6.** INFORM Speicher *der.* ◆ **memorias** *fpl* Memoiren *pl.*
memorizar [13] *vt* auswendig lernen.
menaje *m* Hausrat *der.*
mención *f* Erwähnung *die.*
mencionar *vt* erwähnen.
menda *pron (el verbo va en 3ª persona) fam* [el que habla] : **mi ~** meine Wenigkeit.
mendicidad *f* Bettelei *die.*
mendigar [16] <> *vt* - **1.** [limosna] erbetteln - **2.** [suplicar] erbitten. <> *vi* betteln.
mendigo, ga *m, f* Bettler *der,* -in *die.*
mendrugo *m* Brotkruste *die.*
menear *vt* - **1.** [mover - cabeza] schütteln ; [- cola] wedeln - **2.** [activar] in Bewegung bringen. ◆ **menearse** *vpr* - **1.** [moverse] sich bewegen - **2.** *loc* : **de no te menees** *fam* [muy grande] Riesen-.
meneo *m* Bewegung *die.*
menester *m desus* Notwendigkeit *die* ; **ser ~** notwendig sein. ◆ **menesteres** *mpl* Angelegenheiten *pl.*
menestra *f* CULIN Gemüseeintopf *der.*
mengano, na *m, f* Herr Soundso, Frau Soundso.
menguante *adj* abnehmend.
menguar [45] <> *vi* ab|nehmen. <> *vt* [disminuir] mindern.
menisco *m* ANAT Meniskus *der.*
menopausia *f* Menopause *die.*
menor <> *adj (compar y superl de 'pequeño')* - **1.** [en tamaño] kleiner ; [en edad] jünger ; [en importancia] unwichtiger ; **~ que** kleiner als - **2.** *(seguido de sust)* [superlativo] : **el/la ~** der/die/das geringste. <> *mf* - **1.** [superlativo] : **el/la ~** der/die Jüngste - **2.** [de edad] der/die Minderjährige.
Menorca *f* Menorca *nt.*
menos <> *adv* - **1.** [menor cantidad] weniger ; **~ de** weniger als ; **de ~** zu wenig ; **al** o **por lo ~** [como mínimo] wenigstens - **2.** *(superlativo)* : **el/la/lo ~** der/die/das am wenigsten - **3.** [excepto] außer ; **todo ~ eso** alles, nur das nicht - **4.** [indica resta] minus - **5.** [con horas] vor ; **son las dos ~ diez** es ist zehn vor zwei - **6.** *fam* [peor] schlechter - **7.** *loc* : **echar de ~** vermissen ; **¡~ mal!** Gott sei Dank! ; **es lo de ~** das ist das Wenigste. <> *m inv* MAT Minuszeichen *das.* ◆ **a menos que** *loc conj* es sei denn, dass.
menoscabar *vt* [fama] schädigen ; [derechos] beeinträchtigen.

menospreciar [8] *vt* [despreciar] gering schätzen ; [infravalorar] unterschätzen.
mensaje *m* - **1.** [gen] Botschaft *die* - **2.** INFORM [recado] Nachricht.
mensajero, ra ◇ *adj* Botschafts-. ◇ *m, f* - **1.** [de mensajes] Bote *der*, Botin *die* - **2.** [de paquetes] Kurier *der*, -in *die*.
menstruación *f* Menstruation *die*.
menstruar [6] *vi* die Regel haben.
mensual *adj* monatlich.
mensualidad *f* - **1.** [sueldo] Monatsgehalt *das* - **2.** [plazo] Monatsrate *die*.
menta *f* Minze *die*.
mental *adj* geistig ; **cálculo ~** Kopfrechnen *das*.
mentalidad *f* Mentalität *die*.
mentalizar [13] *vt* überzeugen. ◆ **mentalizarse** *vpr* sich ein|stellen.
mentar [19] *vt* erwähnen.
mente *f* - **1.** [inteligencia] Verstand *der* - **2.** [intención] Absicht *die* ; **tener en ~** beabsichtigen - **3.** [mentalidad] Denken *das*.
mentecato, ta *m, f* Dummkopf *der*.
mentir [27] *vi* lügen.
mentira *f* Lüge *die* ; **de ~** Schein- ; **parecer ~** unglaublich sein.
mentiroso, sa ◇ *adj* verlogen. ◇ *m, f* Lügner *der*, -in *die*.
mentol *m* Menthol *das*.
mentón *m* Kinn *das*.
menú (*pl* **menús**) *m* - **1.** [lista] Speisekarte *die* - **2.** INFORM & CULIN Menü ; **~ del día** Tageskarte *die*.
menudencia *f* Kleinigkeit *die*.
menudeo *m Amér* Kleinhandel *der*.
menudo, da *adj* - **1.** [pequeño - cosa] winzig ; [- persona] zierlich - **2.** [insignificante] unbedeutend - **3.** *(antepuesto al sust)* [para enfatizar] : **¡menuda suerte!** welch ein Glück! ◆ **a menudo** *loc adv* häufig.
meñique *m* ▷ **dedo**.
meollo *m* Kern *der*.
meón, ona *m, f fam* [que mea] Pisser *der*, -in *die*.
mercader, ra *m, f* Händler *der*, -in *die*.
mercadillo *m* Flohmarkt *der*.
mercado *m* Markt *der* ; **~ común** gemeinsamer Markt.
mercancía *f* Ware *die*.
mercante *adj* Handels-.
mercantil *adj* Handels-.
mercenario, ria ◇ *adj* Söldner-. ◇ *m, f* Söldner *der*, -in *die*.
mercería *f* Kurzwarenhandlung *die*.
mercurio *m* Quecksilber *das*.
Mercurio *m* Merkur *der*.
merecedor, ra *adj* würdig.
merecer [30] ◇ *vt* verdienen ; **no me merezco este castigo** ich habe diese Strafe nicht verdient. ◇ *vi* sich verdient machen.
merecido *m* verdiente Strafe.
merendar [19] *vi* & *vt* vespern.
merendero *m* Ausflugslokal *das*.
merendola *f fam* Vesper *die*.
merengue *m* - **1.** CULIN Baiser *das* - **2.** [baile] Merengue *der*.
meridiano, na *adj* [del mediodía] Mittags-. ◆ **meridiano** *m* Meridian *der*.
merienda *etc* ▷ *f* Vesper *die*.
mérito *m* - **1.** [cualidad] Verdienst *der* ; **hacer ~s** sein Möglichstes tun - **2.** [valor] Wert *der* ; **de ~** verdienstvoll.
merluza *f* [animal] Seehecht *der*.
mermar ◇ *vi* ab|nehmen. ◇ *vt* verringern.
mermelada *f* Marmelade *die*.
mero, ra *adj (antepuesto al sust)* bloß. ◆ **mero** *m* Zackenbarsch *der*.
merodear *vi* herum|lungern.
mes *m* - **1.** [del año] Monat *der* - **2.** [salario] Monatsgehalt *das* - **3.** [menstruación] Regel *die*.
mesa *f* - **1.** [gen] Tisch *der* ; **~ camilla** *kleiner runder Tisch, unter den ein Heizgerät gestellt wird* ; **poner la ~** den Tisch decken - **2.** [grupo de personas] Komitee *das* ; **~ directiva** Vorstand *der*. ◆ **mesa electoral** *f* Wahlausschuss *der*. ◆ **mesa redonda** *f* runder Tisch.
mesero, ra *m, f Amér* Kellner *der*, -in *die*.
meseta *f* GEOGR Hochebene *die*.
mesías *m* Messias *der*. ◆ **Mesías** *m* : **el Mesías** der Messias.
mesilla *f* kleiner Tisch ; **~ de noche** Nachttisch *der*.
mesón *m* Gasthaus *das*.
mestizo, za ◇ *adj* Mestizen-. ◇ *m, f* Mestize *der*, -zin *die*.
mesura *f* Maß *das* ; **con ~** mit Maß.
mesurado, da *adj* gemäßigt.
meta *f* - **1.** DEP [llegada] Ziel *das* - **2.** DEP [portería] Tor *das* - **3.** [objetivo] Ziel ; **fijarse una ~** sich ein Ziel setzen.
metabolismo *m* BIOL Metabolismus *der*.
metacrilato *m* Methacrylat *das*.
metáfora *f* Metapher *die*.
metal *m* - **1.** [material] Metall *das* ; **~es preciosos** Edelmetalle *pl* - **2.** MÚS Blechbläser *pl*.
metálico, ca *adj* metallisch. ◆ **metálico** *m* : **en ~** in bar.
metalurgia *f* Metallurgie *die*.
metamorfosis *f* - **1.** ZOOL Metamorphose *die* - **2.** [cambio] Verwandlung *die*.
meteorito *m* Meteorit *der*.
meteoro *m* Meteor *der*.
meteorología *f* Meteorologie *die*.
meteorológico, ca *adj* meteorologisch.
meteorólogo, ga *m, f* Meteorologe *der*, -gin *die*.
meter *vt* - **1.** [gen] (hinein|)stecken ; **le me-**

tieron en la cárcel sie steckten ihn ins Gefängnis ; ~ dinero en el banco Geld auf die Bank bringen - 2. [hacer participar] : ~ a alguien en algo jn in etw hineinlziehen - 3. *fam* [hacer soportar] aufldrücken - 4. *fam* [imponer] verpassen - 5. *(antes de sust)* [causar] machen. ◆ **meterse** *vpr* - 1. [entrar] : **se me ha metido arena en los ojos** ich habe Sand in die Augen bekommen ; **lo he visto ~se en esa casa** ich habe gesehen, wie er in dieses Haus hineingegangen ist - 2. *(en frase interrogativa)* [estar] sich befinden - 3. [dedicarse a] : **~se a** etw werden - 4. [mezclarse] : **~se en** sich verwickeln lassen in *(+A)* - 5. [entrometerse] sich einlmischen - 6. [empezar] : **~se (a hacer algo)** beginnen, (etw zu tun) - 7. [atacar, incordiar] : **~se con alguien** sich mit jm anllegen.

meterete, metete *adj Amér fam* Einmischerei *die*.

meticuloso, sa *adj* gewissenhaft.

metido, da *adj* : **andar** o **estar ~ en** mit etw (sehr) beschäftigt sein.

metódico, ca *adj* methodisch.

metodismo *m* RELIG Methodismus *der*.

método *m* Methode *die*.

metodología *f* - 1. [método aplicado] Methode *die* - 2. [filosofía] Methodologie *die*.

metomentodo *adj inv fam* sich in alles einmischend.

metralla *f* Schrot *der*.

metralleta *f* Schnellfeuerwaffe *die*.

métrico, ca *adj* metrisch.

metro *m* - 1. [medida] Meter *der* - 2. [transporte urbano] U-Bahn *die* - 3. [cinta métrica] Metermaß *das*.

metrópoli, metrópolis *f inv* - 1. [ciudad] Metropole *die* - 2. [nación] Mutterland *das*.

metropolitano, na *adj* - 1. [de ciudad] Großstadt- - 2. [de nación] Mutterland-. ◆ **metropolitano** *m desus* U-Bahn *die*.

mexicano, na, mejicano, na ◇ *adj* mexikanisch. ◇ *m, f* Mexikaner *der*, -in *die*.

México, Méjico *m* Mexiko *nt*.

mezcla *f* - 1. [gen] Mischung *die* - 2. [de grabación] Musikmix *der*.

mezclar *vt* - 1. [gen] mischen - 2. [desordenar] durcheinander bringen - 3. [confundir] vermischen - 4. [implicar] : **~ a alguien en** jm in etw verwickeln. ◆ **mezclarse** *vpr* - 1. [sustancias] : **~se con** sich vermischen mit - 2. [personas o cosas] sich mischen unter *(+A)* - 3. [intervenir] : **~se en** sich einlmischen in *(+A)* - 4. : **~se con** *fig* [frecuentar] umlgehen mit.

mezquino, na *adj* [innoble] gemein.

mezquita *f* Moschee *die*.

mg (*abrev de* **miligramo**) mg.

mi[1] *m* MÚS E *das*.

mi[2] (*pl* **mis**) *adj poses (antes de sust)* mein, -e.

mí *pron pers (después de prep)* [objeto directo] mich ; [objeto indirecto] mir ; **¡a ~ qué!** na und? ; **para ~** meiner Meinung nach ; **por ~** von mir aus, meinetwegen.

miaja *f* = **migaja**.

miau *m* Miauen *das*.

michelines *mpl fam* Rettungsringe *pl (Fettpolster)*.

mico *m* [mono] Affe mit langem Schwanz.

micra *f* Mikron *das*.

micrero, ra *m, f Amér* Kleinbusfahrer *der*, -in *die*.

micro *m fam* Mikro *das*.

microbio *m* BIOL & MED Mikrobe *die*.

microbús *f* Kleinbus *der*.

microficha *f* FOTO Mikrofiche *der*.

microfilm (*pl* **microfilms**), **microfilme** *m* FOTO Mikrofilm *der*.

micrófono *m* Mikrofon *das* ; **~ inalámbrico** drahtloses Mikrofon.

microonda *f* Mikrowelle *die*.

microondas *m inv* ▷ **horno**.

microordenador *m* INFORM Mikrocomputer *der*.

microprocesador *m* INFORM Mikroprozessor *der*.

microscópico, ca *adj* mikroskopisch.

microscopio *m* Mikroskop *das*.

miedo *m* Angst *die* ; **dar** o **meter ~** Angst machen ; **temblar de ~** vor Angst zittern ; **tener ~ a algo** Angst vor etw haben ; **tener ~ de** *fig* Angst haben vor *(+D)* ; **de ~** *fam fig* unheimlich gut ; **estar cagado de ~** *vulg fig* sich vor Angst in die Hose scheißen.

miedoso, sa ◇ *adj* ängstlich. ◇ *m, f* Angsthase *der*.

miel *f* - 1. [sustancia] Honig *der* - 2. *fig* [dulzura] Süße *die*.

miembro *m* - 1. [extremidad] Glied *das* ; **~ (viril)** männliches Glied - 2. [persona] Mitglied *das* - 3. MAT Teil *das*.

mientras ◇ *conj* - 1. [hasta que, durante] solang ; **~ que** [oposición] während - 2. [a la vez] während ; **no puedo oír la radio ~ estudio** beim Lernen kann ich kein Radio hören. ◇ *adv* [entre tanto] währenddessen. ◆ **mientras tanto** *loc adv* währenddessen.

miércoles *m* Mittwoch *der*.

mierda *vulg* ◇ *f* - 1. [excremento] Scheiße *die* - 2. [suciedad] Dreck *der* - 3. [cosa sin valor] Dreck *der* ; **de ~** Scheiß- - 4. *loc* : **irse a la ~** [para rechazar] sich zum Teufel scheren ; [arruinarse] den Bach runterlgehen ; **mandar a la ~** zum Teufel schicken. ◇ *mf* Scheißkerl *der*, Scheißtante *die*. ◇ *interj* : **¡mierda!** Scheiße!

mies *f* Korn *das*.

miga *f* - 1. [de pan] Krume *die* - 2. *(gen pl)* [restos] Krümel *pl* - 3. *loc* : **tener ~** *fam* es in sich haben. ◆ **migas** *fpl* - 1. CULIN frittierte Brotkrumen - 2. *loc* : **hacer buenas/malas**

~s *fam* sich gut/schlecht verstehen ; **hacer(se) ~s** *fam* [cosa] kaputt|gehen ; [persona] fertig machen.
migaja, miaja *f* - **1.** [fragmento] Stückchen *das* ; [de pan] Brotkrume *die* - **2.** [un poco de] : **una ~ de** ein bisschen. ◆ **migajas** *fpl* [restos] Überreste *pl*.
migración *f* Migration *die*.
migraña *f* MED Migräne *die*.
migrar *vi* - **1.** [personas] aus|wandern - **2.** [aves] migrieren.
migratorio, ria *adj* : **ave migratoria** Zugvogel *der*.
mijo *m* Hirse *die*.
mil ◇ *núm* tausend ; **~ gracias** tausendfachen Dank. ◇ *m* Tausend *das* ; **~ y un/una** *fig* tausendundeins. ◆ **miles** *mpl* [gran cantidad] tausende ; **~es de** tausende von ; *ver también* **seis**.
milagro *m* Wunder ; **de ~** wie durch ein Wunder ; **hacer ~s** *fig* Wunder vollbringen.
milagroso, sa *adj* - **1.** RELIG Wunder- - **2.** [extraordinario] wunderbar.
milamores *f inv* Baldrian *der*.
milenario, ria *adj* tausendjährig. ◆ **milenario** *m* Tausendjahrfeier *die*.
milenio *m* Jahrtausend *das*.
milésimo, ma *núm* [para ordenar] tausendste, -r, -s ; [para fraccionar] : **la milésima parte** der tausendste Teil. ◆ **milésima** *f* Tausendstel *das*.
milhojas *m inv* CULIN Blätterteigcremeschnitte *die*.
mili *f fam* Bund *der* ; **hacer la ~** zum Bund gehen.
milicia *f* - **1.** [profesión militar] Militär *das* - **2.** [personas] Miliz *die*.
miligramo *m* Milligramm *das*.
mililitro *m* Milliliter *der*.
milímetro *m* Millimeter *der*.
militante ◇ *adj* militant. ◇ *mf* Anhänger *der*, -in *die*.
militar[1] ◇ *adj* Militär-. ◇ *mf* Soldat *der*, -in *die*.
militar[2] *vi* Mitglied sein.
militarizar [13] *vt* [cuerpo, servicio] militarisieren.
milla *f* - **1.** [terrestre] Meile *die* - **2.** [marina] Seemeile *die*.
millar *m* Tausend *das* ; **~ de** tausende von.
millón *m núm* [para contar] Million *die* ; **en esta ciudad hay tres ~ de habitantes** in dieser Stadt gibt es drei Millionen Einwohner ; **tengo que hacer un ~ de cosas** ich muss noch tausend Sachen erledigen. ◆ **millones** *mpl* Millionen *pl*.
millonario, ria ◇ *adj* Millionärs-. ◇ *m*, *f* Millionär *der*, -in *die*.
millonésimo, ma *núm* [para ordenar] millionste, -r, -s ; **la millonésima parte** [para fraccionar] der millionste Teil. ◆ **millonésima** *f* Millionstel *das*.
mimar *vt* verwöhnen.
mimbre *m* Korbweide *die*.
mímico, ca *adj* mimisch. ◆ **mímica** *f* Mimik *die*.
mimo *m* - **1.** [indulgencia excesiva] Verhätschelung *die* - **2.** [cariño] Zartheit *die* - **3.** [actor] Mime *der* - **4.** [estilo teatral] Pantomimik *die* ; **hacer ~** pantomimisch dar|stellen.
mimosa *f* Mimose *die*.
mimoso, sa *adj* anhänglich.
min (*abrev de* **minuto**) Min.
mina *f* - **1.** [gen] Mine *die* - **2.** *fam* [negocio provechoso] Goldgrube *die*.
minar *vt* - **1.** MIL verminen - **2.** [disminuir] unterminieren.
mineral ◇ *adj* - **1.** [de tierra] Mineral- - **2.** ▷ **agua**. ◇ *m* Mineral *das*.
minería *f* - **1.** [técnica] Bergbautechnik *die* - **2.** [sector] Bergbau *der*.
minero, ra ◇ *adj* Bergbau-. ◇ *m*, *f* Bergarbeiter *der*, -in *die*.
miniatura *f* [gen] Miniatur ; **en ~** in Miniatur.
minibar *m* Minibar *die*.
minicadena *f* Kompaktanlage *die*.
minifalda *f* Minirock *der*.
mínima *f* ▷ **mínimo**.
mínimo, ma ◇ *superl* ▷ **pequeño**. ◇ *adj* - **1.** [grado] Mindest- - **2.** [cantidad] geringste ; **como ~** mindestens ; **en lo más ~** im Geringsten. ◆ **mínimo** *m* - **1.** [grado] Geringste *das* - **2.** [cantidad] Mindeste *das*. ◆ **mínima** *f* geringster Wert.
minino, na *m*, *f fam* Kätzchen *das*.
miniserie *f* Miniserie *die*.
ministerio *m* - **1.** [cargo] Ministeramt *das* - **2.** [oficina] Ministerium *das* - **3.** RELIG Amt *das*. ◆ **Ministerio** *m* Ministerium *das*.
ministro, tra *m*, *f* - **1.** POLÍT Minister *der*, -in *die* ; **primer ~** Ministerpräsident *der*, -in *die* - **2.** RELIG Pfarrer *der*, -in *die*.
minoría *f* Minderheit *die*.
minorista *mf* Einzelhändler *der*, -in *die*.
minoritario, ria *adj* Minderheits-.
minucia *f* Kleinigkeit *die*.
minuciosidad *f* - **1.** [esmero] Gewissenhaftigkeit *die* - **2.** [detalle] peinliche Genauigkeit.
minucioso, sa *adj* - **1.** [detallista] aufmerksam - **2.** [detallado] minuziös.
minué *m* MÚS Menuett *das*.
minúsculo, la *adj* - **1.** [tamaño] winzig - **2.** [letra] Klein-. ◆ **minúscula** *f* Kleinbuchstabe *der*.
minusvalía *f* [corporal] Behinderung *die*.
minusválido, da ◇ *adj* körperbehindert. ◇ *m*, *f* Körperbehinderte *der*, *die*.

minuta *f* - **1.** [factura] Honorarrechnung *die* - **2.** [menú] Speisekarte *die*.
minutero *m* Minutenzeiger *der*.
minuto *m* Minute *die* ; **al ~** sofort.
mío, mía mein, -e. ◆ **mío, mía** *pron poses* : **el ~** meine, -r, -s ; **ésta es la mía** *fam* jetzt bin ich dran ; **lo ~** [lo que me va] mein Ding ; [mi función] meine Aufgabe ; **los ~s** die meinigen.
miocardio *m* ANAT Herzmuskel *der*.
miope *mf* MED Kurzsichtige *der, die*.
miopía *f* MED Kurzsichtigkeit *die*.
mira ◇ *f* - **1.** [para mirar] Visier *das* - **2.** [intención] Absicht *die* ; **con ~s a** in der Absicht. ◇ *interj* : **¡mira!** guck mal!
mirado, da *adj* - **1.** [prudente] vorsichtig - **2.** : **bien ~** gesamt gesehen. ◆ **mirada** *f* Blick *der* ; **apartar la mirada** den Blick ab|wenden ; **dirigir** o **lanzar la mirada** einen Blick zu|werfen ; **echar una mirada** überfliegen ; **levantar la mirada** auf|sehen.
mirador *m* - **1.** [para ver paisaje] Aussichtspunkt *der* - **2.** [balcón] geschlossener Balkon.
miramiento *m* Rücksicht(nahme) *die* ; **sin ~s** rücksichtslos.
mirar ◇ *vt* - **1.** [ver] an|schauen, an|sehen ; **~ de cerca/lejos** von nahem/weitem an|sehen ; **~ por encima** überfliegen - **2.** [fijarse] achten auf *(+A)* - **3.** [examinar, buscar, averiguar] nach|sehen - **4.** [pensar] genau an|schauen - **5.** *(en imperativo)* [para introducir una explicación] schau mal - **6.** *loc* : **de mírame y no me toques** sehr zerbrechlich. ◇ *vi* - **1.** [ver] sehen - **2.** [dar] : **~ a** blicken nach - **3.** [cuidar] : **~ por algo/alguien** auf etw/jn auf|passen. ◆ **mirarse** *vpr* sich an|sehen ; **si bien se mira** *fig* genauer betrachtet.
mirilla *f* Spion *der*.
mirlo *m* Amsel *die*.
mirón, ona ◇ *adj fam* Spanner-. ◇ *m, f* [voyeur] Spanner *der*, -in *die* ; [espectador] Zuschauer *der*, -in *die*.
mirra *f* Myrrhe *die*.
misa *f* RELIG Messe *die* ; **cantar ~** die Messe singen ; **decir ~** die Messe halten ; **ir a ~** zur Messe gehen ; **ir a ~** *fam fig* so sicher sein wie das Amen in der Kirche ; **no saber de la ~ la mitad** *fam fig* keinen blassen Schimmer haben.
misántropo, pa *m, f* Menschenfeind *der*, -in *die*.
miscélanea *f* Vermischte *das*.
miserable ◇ *adj* - **1.** [pobre] ärmlich - **2.** [penoso, insuficiente] erbärmlich - **3.** [ruin] schäbig. ◇ *mf* - **1.** [tacaño] Geizhals *der* - **2.** [ruin] Lump *der*.
miseria *f* - **1.** [gen] Elend *das* - **2.** [tacañería] Geiz - **3.** [poco dinero] Hungerlohn *der*.
misericordia *f* Barmherzigkeit *die* ; **pedir ~** um Erbarmen bitten.
misericordioso, sa *adj* barmherzig.
mísero, ra *adj* [pobre] erbärmlich ; **no nos ofreció ni un ~ café** nicht einmal einen Kaffee hat er uns angeboten.
misil (*pl* **misiles**) *m* MIL Rakete *die*.
misión *f* - **1.** [deber moral, cometido] Aufgabe *die* - **2.** [comisión, grupo de personas] Mission - **3.** [de misionero] Missionsstation *die*. ◆ **misiones** *fpl* [de misionero] Missionsstationen *pl*.
misionero, ra ◇ *adj* Missions-. ◇ *m, f* Missionar *der*, -in *die*.
mismo, ma ◇ *adj* - **1.** *(entre el artículo determinado y el sustantivo)* [igual] derselbe, dieselbe, dasselbe ; **este vestido es de la misma tela que el otro** dieses Kleid ist aus demselben Stoff wie das andere - **2.** [para dar énfasis] : **yo ~** ich selbst ; **el autobús para delante de su misma casa** der Bus hält genau vor seinem Haus ; **ser dueño de sí ~** Herr seiner selbst sein ; **¡tú ~!** du selbst! ◇ *pron* : **el ~/la misma/lo ~** derselbe/dieselbe/dasselbe ; **lo ~ (que)** dasselbe wie ; **dar** o **ser lo ~** egal sein ; **estar en las mismas** *fig* nicht weiter|kommen ; **volver a las mismas** *fig* auf dasselbe zurück|kommen. ◆ **mismo** *adv (después del sustantivo)* - **1.** [para dar énfasis] : **ayer ~** gestern noch ; **ahora ~** jetzt gleich - **2.** [por ejemplo] gleich.
misógino, na ◇ *adj* frauenfeindlich. ◇ *m, f* Frauenfeind *der*, -in *die*.
míster, místers *m* DEP Trainer *der*.
misterio *m* - **1.** [cosa incomprensible, secreto] Geheimnis *das* - **2.** [objeto de fe] Mysterium *das*.
misterioso, sa *adj* geheimnisvoll.
mística *f* ▷ **místico**.
místico, ca ◇ *adj* RELIG mystisch. ◇ *m, f* RELIG Mystiker *der*, -in *die*. ◆ **mística** *f* RELIG Mystik *die*.
mitad *f* - **1.** [media parte] Hälfte *die* ; **a ~ de** zur Hälfte ; **la ~ de** die Hälfte *(+G)* ; **por la ~** in der Mitte ; **cortar por la ~** halbieren ; **~ y ~** halb und halb - **2.** [medio] Mitte *die* ; **~ de** die Hälfte *(+G)* ; **a ~ de** halb ; **en ~ de** [espacio] in der Mitte *(+G)* ; [tiempo] mitten in *(+D)* - **3.** [la mayor parte] : **la ~ de** die Hälfte *(+G)*.
mítico, ca *adj* mythisch.
mitificar [10] *vt* mythologisieren.
mitigar [16] *vt* [hambre, sed] stillen ; [sufrimiento, dolor] lindern.
mitin (*pl* **mítines**) *m* Meeting *das*.
mito *m* Mythos *der*.
mitología *f* Mythologie *die*.
mixto, ta *adj* gemischt.
ml (*abrev de* **mililitro**) ml.
mm (*abrev de* **milímetro**) mm.
moaré = **muaré**.
mobiliario *m* Mobiliar *das*.
moca *f* Mokka *der*.

mocetón, ona *m, f fam* Klotz *der.*

mochila *f* Rucksack *der.*

mocho, cha *adj* stumpf. ◆ **mocho** *m fam* Wischmopp *der.*

mochuelo *m* [ave] Kauz *der.*

moción *f* [proposición] Antrag *der.*

moco *m* Nasenschleim *der* ; **tener ~s** eine verschnupfte Nase haben.

mocoso, sa ◇ *adj* verstopft *(Nase).* ◇ *m, f fam despec* Rotzbengel *der,* Rotzgöre *die.*

moda *f* Mode *die* ; **estar de ~** in Mode sein ; **estar pasado de ~** außer Mode sein.

modal *adj* GRAM modal. ◆ **modales** *mpl* Benehmen *das.*

modalidad *f* Weise *die.*

modelar *vt* **- 1.** [figura, adorno] modellieren **- 2.** [persona] formen.

modelo ◇ *adj* Modell-. ◇ *mf* **- 1.** [gen] Modell *das* **- 2.** [de moda, publicidad] Model *das.* ◇ *m* **- 1.** [patrón] Muster *das* **- 2.** [persona, cosa digna de imitación] Vorbild *das.*

modem ['modem] (*pl* **modems**), **módem** (*pl* **módems**) *m* INFORM Modem *das.*

moderación *f* [actitud] Mäßigung ; [de gastos] Beschränkung *die.*

moderado, da ◇ *adj* POLÍT [actitud] gemäßigt ; [precio] günstig. ◇ *m, f* POLÍT gemäßigte Kräfte *pl.*

moderador, ra *m, f* Moderator *der,* -in *die.*

moderar *vt* **- 1.** [no exagerar] mäßigen **- 2.** [debate] moderieren. ◆ **moderarse** *vpr* : **~se (en)** sich mäßigen.

modernismo *m* **- 1.** [modas] Modetrend *der* **- 2.** LITER Modernismus *der.*

modernizar [13] *vt* modernisieren. ◆ **modernizarse** *vpr* moderner werden.

moderno, na ◇ *adj* modern. ◇ *m, f fam* Schickimicki *der* o *die.*

modestia *f* Bescheidenheit *die.*

modesto, ta *adj* bescheiden.

módico, ca *adj* niedrig.

modificar [10] *vt* **- 1.** [variar] (ver)ändern **- 2.** GRAM modifizieren.

modista *mf* **- 1.** [diseñador] Modeschöpfer *der,* -in *die* **- 2.** [que cose] Damenschneider *der,* -in *die.*

modisto *m* [diseñador] Modemacher *der.*

modo *m* **- 1.** [manera, forma] Weise *die,* Art *die* ; **a ~ de** [a manera de] als ; **al ~ de** [al estilo de] in der Art *(+G)* ; **de todos ~s** auf jeden Fall ; **en cierto ~** gewissermaßen ; **de ~ que** [de manera que] so dass ; [así que] also **- 2.** GRAM Modus *der.* ◆ **modos** *mpl* Benehmen *das* ; **buenos/malos ~s** gutes/schlechtes Benehmen.

modorra *f fam* Schläfrigkeit *die.*

modular[1] *adj* Anbau-.

modular[2] *vt* modulieren.

módulo *m* **- 1.** [gen] Modul *das* ; **~ de mando** Raumkapsel *die* **- 2.** [prefabricado] Element *das.*

mofa *f* Spott *der* ; **hacer ~ de** sich lustig machen über *(+A).*

mofarse *vpr* : **~se (de)** sich lustig machen über *(+A).*

moflete *m* Pausbacke *die.*

mogollón *m mfam* [lío] Haufen *der* ; **un ~ de** ein Haufen von.

mohair [mo'er] *m* Mohär *das.*

moho *m* Schimmel(pilz) *der.*

mohoso, sa *adj* schimmelig.

mojado, da *adj* nass.

mojar *vt* nass machen. ◆ **mojarse** *vpr* **- 1.** [con agua] nass werden **- 2.** *fam* [comprometerse] Farbe bekennen.

mojigato, ta ◇ *adj* [por beatitud] frömmelnd. ◇ *m, f* **- 1.** [beato] Frömmler *der,* -in *die* **- 2.** [con falsa humildad] scheinheilige Person.

mojón *m* Kilometerstein *der.*

molar[1] *m* ▷ **diente.**

molar[2] *mfam* ◇ *vt* umlhauen. ◇ *vi* geil sein.

molcajete *m Amér* Mörser *der.*

Moldavia *f* Moldawien *nt.*

molde *m* Form *die.*

moldeado *m* **- 1.** [de pelo] Lockenfrisur *die* **- 2.** [de figura, cerámica] Abdruck *der.*

moldear *vt* **- 1.** [gen] formen **- 2.** [cabello] Locken wickeln.

moldura *f* Sims *der das.*

mole *f* **- 1.** [cosa] Klotz *der* **- 2.** [persona] Masse *die* **- 3.** *Amér* CULIN *deftige Soße auf Chilibasis mit Tomaten oder Zutaten wie Schokolade und Nüsse, oft zu Huhn gereicht.*

molécula *f* Molekül *das.*

moler [24] *vt* [grano] mahlen.

molestar *vt* **- 1.** [perturbar] stören **- 2.** [doler] weh tun **- 3.** [ofender] missfallen. ◆ **molestarse** *vpr* **- 1.** [incomodarse] sich bemühen ; **~se en hacer algo** sich die Mühe machen, etw zu tun ; **~se por** sich bemühen um **- 2.** [ofenderse] sich ärgern.

molestia *f* **- 1.** [incomodidad] Mühe *die* ; **tomarse la ~ de hacer algo** sich die Mühe machen, etw zu tun **- 2.** [malestar] Schmerz *der.*

molesto, ta *adj* **- 1.** [incordiante] lästig **- 2.** [irritado] verärgert **- 3.** [con malestar] unwohl.

molido, da *adj* **- 1.** [grano] gemahlen **- 2.** *fam fig* [persona] : **estar ~** fix und fertig sein.

molinero, ra *m, f* Müller *der,* -in *die.*

molinete *m* **- 1.** [ventilador] Windrad *das* **- 2.** [juguete] Windrädchen *das.*

molinillo *m* (Kaffee)mühle *die.*

molino *m* Mühle *die.*

molla *f* [parte blanda] (Frucht)fleisch *das.*

molleja *f* Muskelmagen *der.*

mollera *f fam* [juicio] Birne *die*.
moluscos *mpl* Weichtiere *pl*.
momentáneo, a *adj* - **1.** [de momento] momentan - **2.** [pasajero] vorübergehend.
momento *m* - **1.** [gen] Moment *der* ; **a cada ~** ständig ; **al ~** unverzüglich ; **desde el ~ (en) que** [tiempo, causa] von dem Moment an, in dem ; **de un ~ a otro** jeden Moment ; **por ~s** zeitweise - **2.** [ahora] Gegenwart *die* ; **de ~** momentan.
momia *f* Mumie *die*.
mona *f* ▷ **mono**.
Mónaco *m* : **(el principado de) ~** das Fürstentum Monaco.
monada *f* - **1.** [persona] Schönheit *die* - **2.** [cosa] Schmuckstück *das*.
monaguillo *m* Messdiener *der*.
monarca *m* Monarch *der*.
monarquía *f* Monarchie *die*.
monárquico, ca ◇ *adj* monarchisch. ◇ *m, f* Monarchist *der*, -in *die*.
monasterio *m* Kloster *das*.
Moncloa *f* : **la ~** POLÍT die Moncloa.
monda *f* Schälen *das* ; **ser la ~** *mfam fig* wahnsinnig sein.
mondadientes *m inv* Zahnstocher *der*.
mondar *vt* schälen.
moneda *f* - **1.** [pieza] Münze *die* - **2.** [de país] Landeswährung *die* - **3.** [unidad monetaria] Währungseinheit *die*.
monedero *m* Portmonee *das*.
monería *f* - **1.** [acción graciosa] Drolligkeit *die* - **2.** [de mono] Affentrick *der* - **3.** [acción ridícula] Blödsinn *der*.
monetario, ria *adj* Währungs-.
mongólico, ca ◇ *adj* - **1.** [enfermo] mongoloid - **2.** [de Mongolia] mongolisch. ◇ *m, f* - **1.** [enfermo] Mongoloide *der, die* - **2.** [de Mongolia] Mongole *der*, -lin *die*.
mongolismo *m* Mongolismus *der*, Down-Syndrom *das*.
monigote *m* - **1.** [muñeco] Pappfigur *die* - **2.** *fig* [persona] Marionette *die* - **3.** [dibujo] (Strich)männchen *das*.
monitor, ra *m, f* Leiter *der*, -in *die*. ◆ **monitor** *m* INFORM [aparato] Monitor *der*.
monja *f* Nonne *die*.
monje *m* Mönch *der*.
mono, na ◇ *adj* niedlich. ◇ *m, f* [animal] Affe *der*, Äffin *die* ; **ser el último ~** der letzte Affe sein. ◆ **mono** *m* - **1.** [prenda de vestir] Overall *der* - **2.** *fam* [síndrome] Turkey *der*. ◆ **mona** *f* - **1.** [animal] Affe *der*, Äffin *die* - **2.** CULIN : **mona de Pascua** Osterkuchen *der (oft mit Figurenschmuck)* - **3.** *fam* [borrachera] Rausch *der*.
monóculo *m* Monokel *das*.
monogamia *f* Monogamie *die*.
monografía *f* Monografie *die*.
monolingüe *adj* einsprachig.
monolito *m* Monolith *der*.
monólogo *m* Monolog *der*.
monopatín *m* Skateboard *das*.
monopolio *m* Monopol *das*.
monopolizar [13] *vt* - **1.** ECON monopolisieren - **2.** [acaparar] in Beschlag nehmen.
monosílabo, ba *adj* einsilbig. ◆ **monosílabo** *m* einsilbiges Wort ; **contestar con ~s** einsilbig antworten.
monoteísmo *m* Monotheismus *der*.
monótono, na *adj* eintönig.
monovolumen *m* Großraumlimousine *die*.
Monseñor *m* Monsignore *der*, Euer Gnaden.
monserga *f fam* dummes Geschwätz.
monstruo ◇ *adj* - **1.** [grande] riesig - **2.** [prodigioso] großartig. ◇ *m* - **1.** [gen] Ungeheuer *das* - **2.** [persona cruel] Unmensch *der* - **3.** [persona fea] Scheusal *das*.
monstruosidad *f* - **1.** [crueldad] Ungeheuerlichkeit *die* - **2.** [fealdad] Scheußlichkeit *die* - **3.** [anomalía] Missbildung *die* - **4.** [enormidad] Riesenhaftigkeit *die*.
monstruoso, sa *adj* - **1.** [cruel] abscheulich - **2.** [enorme] riesig - **3.** [deforme] missgestaltet.
monta *f* - **1.** [suma] Gesamtsumme *die* - **2.** [en caballo] Aufsitzen *das* - **3.** [importancia] Ausmaß *das* ; **de poca/mucha ~** von geringer/großer Tragweite.
montacargas *m inv* Lastenaufzug *der*.
montaje *m* - **1.** FOTO [de máquina] Montage *die* - **2.** TEATR Inszenierung *die* - **3.** CIN Schnitt *der* - **4.** [farsa] Intrige *die*.
montante *m* - **1.** ARQUIT Pfosten *der* - **2.** [importe] Betrag *der* ; **~s compensatorios** COM Währungsausgleichsbeträge *pl*.
montaña *f lit & fig* Berg *der* ; **en la ~** in den Bergen ; **~ rusa** Achterbahn *die*.
montañero, ra ◇ *adj* Bergsteiger-. ◇ *m, f* Bergsteiger *der*, -in *die*.
montañés, esa ◇ *adj* [de la montaña] Berg-. ◇ *m, f* [de la montaña] Bergbewohner *der*, -in *die*.
montañismo *m* Bergsteigen *das*.
montañoso, sa *adj* bergig.
montar ◇ *vt* - **1.** [caballo] reiten auf *(+D)* - **2.** [máquina] montieren, zusammen|bauen - **3.** [piezas, empresa, negocio] auf|bauen - **4.** [piso, casa] ein|richten - **5.** [tienda de campaña, tenderete] auf|schlagen - **6.** CULIN (steif) schlagen - **7.** TEATR inszenieren - **8.** CIN cutten. ◇ *vi* - **1.** [subir] auf|sitzen ; [a vehículo descubierto] auf|steigen auf *(+A)* ; [a vehículo cubierto] ein|steigen in *(+A)* - **2.** [en animal] reiten ; [en bicicleta] Rad fahren - **3.** [sumar] betragen, sich belaufen auf *(+A)* ◆ **montarse** *vpr* - **1.** [en vehículo] auf|steigen - **2.** [en animal] auf|sitzen - **3.** *loc* : **montárselo** *fam* etw hin|kriegen, etw organisieren.

monte *m* - **1.** [elevación] Berg *der* - **2.** [terreno] Wald *der.* ◆ **monte de piedad** *m* Pfandhaus *das.*
montés *adj* wild.
Montevideo *m* Montevideo *nt.*
montículo *m* Anhöhe *die.*
montilla *m trockener Sherry aus Montilla (Ort in der Nähe von Córdoba).*
montón *m* Haufen *der* ; **a** o **de** o **en ~** insgesamt gesehen ; **a montones** haufenweise ; **del ~** (stink)normal ; **un ~ de, montones de** [muchos] eine Menge *(+G).*
montura *f* - **1.** [cabalgadura] Reittier *das* - **2.** [arreos] (Pferde)geschirr *das* - **3.** [de gafas] Gestell *das.*
monumental *adj* - **1.** [ciudad, lugar] *mit vielen Baudenkmälern* - **2.** [enorme] Riesen-.
monumento *m* - **1.** [gen] Denkmal *das* - **2.** [edificio histórico] Baudenkmal *das.*
monzón *m* Monsun *der.*
moño *m* - **1.** [peinado] Haarknoten *der* ; **estar hasta el ~** *fig* die Schnauze voll haben - **2.** *Amér* [adorno] Schleife *die.*
MOPU (*abrev de* **Ministerio de Obras Públicas y Urbanismo**) *m spanisches Ministerium für Bau- und Stadtplanung.*
moquear *vi* laufen *(Nase).*
moqueta *f* Teppichboden *der.*
mora *f* - **1.** [de zarzamora] Brombeere *die* - **2.** [de moral] Maulbeere *die* ▭ **moro.**
morada *f culto* Heimstätte *die.*
morado, da *adj* dunkelviolett ; **ponerse ~** *fam fig* sich voll|stopfen. ◆ **morado** *m* [color] (Dunkel)violett *das.*
moral ◇ *adj* - **1.** [ético] moralisch - **2.** [espiritual] geistig. ◇ *f* - **1.** [ética] Moral *die* - **2.** [ánimo] Moral ; **estar bajo de ~** keine Moral mehr haben. ◇ *m* Maulbeerbaum *der.*
moraleja *f* Moral *die.*
moralizar [13] *vi* moralisieren.
morbo *m fam* [morbosidad] *Befriedigung niedriger Instinkte durch die Schaulust.*
morboso, sa *adj* blutrünstig.
morcilla *f* CULIN *Blutwurst mit Zwiebeln und Reis* ; **¡que le den ~(s)!** *mfam fig* soll er sich doch zum Teufel scheren!
mordaz *adj* bissig.
mordaza *f* Knebel *der.*
mordedura *f* - **1.** [acción] Biss *der* - **2.** [señal] Bisswunde *die.*
morder [24] *vt & vi* beißen ; **estar que muerde** fuchsteufelswild sein. ◆ **morderse** *vpr* sich beißen in *(+A).*
mordida *f Amér* Bestechungsgeld *das.*
mordisco *m* - **1.** [con dientes] Biss *der* ; **a ~s** durch Bisse - **2.** [bocado] Bissen *der.*
mordisquear *vt* [alimentos] knabbern ; [un boli, lápiz, etc] zerkauen.
moreno, na ◇ *adj* - **1.** [pelo] dunkelhaarig - **2.** [piel] dunkelhäutig - **3.** [persona] braun (gebrannt) ; **ponerse ~** braun werden - **4.** [azúcar] braun. ◇ *m, f* Dunkelhaarige *der, die,* Brünette *die.*
morera *f* weißer Maulbeerbaum.
moretón *m* blauer Fleck.
morfina *f* Morphin *das,* Morphium *das.*
moribundo, da ◇ *adj* im Sterben liegend. ◇ *m, f* Sterbende *der, die.*
morir [25] *vi* - **1.** [persona] sterben ; [animal] verenden ; [planta] ein|gehen - **2.** [acabar] enden. ◆ **morirse** *vpr* [fallecer] sterben ; *lit & fig* **~se de** sterben an *(+D)* ; **el abuelo se murió de un ataque al corazón** mein Großvater ist an einem Herzinfarkt gestorben ; **me muero de ganas de ir a bailar** ich brenne darauf, tanzen zu gehen ; **~se de envidia** vor Neid bersten ; **~se de frío** erfrieren ; **~se de hambre** verhungern.
mormón, ona ◇ *adj* Mormonen-. ◇ *m, f* Mormone *der,* -nin *die.*
moro, ra ◇ *adj* - **1.** [de África del Norte] maurisch - **2.** [musulmán] moslemisch - **3.** *fam despec* [machista] machohaft. ◇ *m, f* - **1.** [de África del Norte] Maure *der,* -rin *die* - **2.** [musulmán] Moslem *der,* -in *die* ; *fig* **(no) hay ~s en la costa** die Luft ist (nicht) rein. ◆ **moro** *m fam despec* [machista] Macho *der.* ◆ **Moros y Cristianos** *spanisches Ritterfestspiel.*
moroso, sa ◇ *adj* säumig. ◇ *m, f* säumiger Zahler, säumige Zahlerin.
morralla *f* - **1.** *despec* [personas] Pack *das* - **2.** *despec* [cosas] Plunder *der* - **3.** *Amér* [dinero suelto] Kleingeld *das.*
morriña *f* Heimweh *das.*
morro *m* - **1.** [hocico] Schnauze *die* - **2.** *(gen pl) fam* [labios] Lippen ; **estar de ~s** schmollen ; **¡qué ~ tiene!** *fam* so was von unverschämt! - **3.** *fam* [de coche, avión] Nase *die.*
morsa *f* Walross *das.*
morse *m (en aposición inv)* Morsealphabet *das.*
mortadela *f* CULIN Mortadella *die.*
mortaja *f* Leichentuch *das.*
mortal ◇ *adj* - **1.** [perecedero] sterblich - **2.** [letal, insoportable, enorme] tödlich. ◇ *mf* Sterbliche *der, die.*
mortalidad *f* Sterblichkeit *die.*
mortandad *f* Massensterben *das.*
mortero *m* - **1.** [recipiente, cañón] Mörser *der* - **2.** [mezcla] Mörtel *der.*
mortífero, ra *adj* tödlich.
mortificar [10] *vt* - **1.** [cuerpo] kasteien - **2.** [espíritu] peinigen.
mortuorio, ria *adj* Todes-, Toten-, Leichen-.
moruno, na *adj* maurisch.
mosaico, ca *adj* mosaisch. ◆ **mosaico** *m* Mosaik *das.*
mosca *f* [insecto, cebo] Fliege *die* ; **estar ~** *fig* schlecht gelaunt sein ; **por si las ~s** *fig*

für alle Fälle ; **¿qué ~ te ha picado?** *fig* was ist denn in dich gefahren? ◆ **mosca muerta** *mf* scheinheiliger Mensch.
moscardón *m* [insecto] Schmeißfliege *die*.
moscón *m* - **1.** [insecto] Schmeißfliege *die* - **2.** *fam fig* [hombre molesto] Filzlaus *die*.
moscovita ◇ *adj* moskowitisch. ◇ *mf* Moskauer *der*, -in *die*.
Moscú *m* Moskau *nt*.
mosquearse *vpr fam* [enfadarse] sauer werden.
mosquete *m* Muskete *die*.
mosquetero *m* Musketier *der*.
mosquetón *m* Karabiner *der*.
mosquitero *m* - **1.** [de cama] Moskitonetz *das* - **2.** [de ventana] Fliegengitter *das*.
mosquito *m* Stechmücke *die*.
mosso d'Esquadra *m Mitglied der autonomen katalanischen Polizei*.
mostacho *m* Schnurrbart *der*.
mostaza *f* CULIN & BOT Senf *der*.
mosto *m* Most *der*.
mostrador *m* [en bar] Theke *die* ; [en tienda] Ladentisch *der*.
mostrar [23] *vt* zeigen. ◆ **mostrarse** *vpr* sich zeigen.
mota *f* [de polvo] Staubkorn *das* ; [en tela] Knötchen *das*.
mote *m* Spitzname *der*.
motel *m* Motel *das*.
motín *m* [de presos, marineros] Meuterei *die*.
motivación *f* Motivation *die*.
motivar *vt* - **1.** [causar] verursachen - **2.** [explicar, razonar] begründen - **3.** [impulsar] motivieren.
motivo *m* - **1.** [causa] (Beweg)grund *der* ; **dar ~ a** Anlass geben zu ; **tener ~s para** Gründe haben zu - **2.** [tema básico] Motiv *das*.
moto *f* Motorrad *das* ; **~ de agua** Jet-Ski *der*.
motocicleta *f* Mofa *das*.
motociclismo *m* Motorradsport *der*.
motociclista *mf* Motorradfahrer *der*, -in *die*.
motonáutico, ca *adj* Schnellboot-. ◆ **motonáutica** *f* Schnellbootrennen *das*.
motor, ra, ra, triz *adj* - **1.** [de propulsión] Antriebs- - **2.** [de movimiento] Bewegungs-. ◆ **motor** *m* - **1.** [aparato impulsor] Motor *der* ; **~ de explosión** Ottomotor ; **~ de reacción** Düsentriebwerk *das* - **2.** [fuerza] Antriebskraft *die* - **3.** *fig* [causa] Grund *der*. ◆ **motora** *f* Motorboot *das*.
motorismo *m* Motorradsport *der*.
motorista *mf* Motoradfahrer *der*, -in *die*.
motricidad *f* Motorik *die*.
motriz *f* ▷ **motor**.
mountain bike (*pl* **mountain bikes**) ◇ *m inv* DEP Mountainbiking *das*. ◇ *f* Mountainbike *das*.
mousse *m inv o f inv* CULIN Mousse *die*.
movedizo, za *adj* - **1.** [movible] beweglich - **2.** [inestable] wankelmütig, unstet.
mover [24] *vt* - **1.** [gen] bewegen - **2.** INFORM [cambiar posición] verschieben - **3.** [suscitar] hervor|rufen. ◆ **mover** *vi* : **~ a** [incitar] bewegen zu ; [causar] erregen. ◆ **moverse** *vpr* - **1.** [gen] sich bewegen - **2.** [relacionarse] sich rühren.
movido, da *adj* - **1.** [debate, torneo] bewegt - **2.** [conversación] lebendig - **3.** [persona] aktiv - **4.** [imagen] verwackelt. ◆ **movida** *f mfam* [ambiente] ≃ Szene *die*.
móvil ◇ *adj* beweglich. ◇ *m* - **1.** [motivo] Beweggrund *der* - **2.** [juguete] Mobile *das* - **3.** [teléfono] Handy *das*.
movilidad *f* Beweglichkeit *die*.
movilizar [13] *vt* - **1.** MIL mobil machen - **2.** [mover] mobilisieren.
movimiento *m* - **1.** [gen] Bewegung *die* - **2.** [cambio de posición] (Fort)bewegung - **3.** [circulación] Verkehr *der* - **4.** MÚS Tempo *das*.
moviola *f* Zeitlupe *die*.
moza *f* ▷ **mozo**.
mozárabe ◇ *adj* mozarabisch. ◇ *mf* [habitante] Mozaraber *der*, -in *die*. ◇ *m* [lengua] Mozarabisch(e) *das*.
mozo, za ◇ *adj* jung. ◇ *m, f* junger, lediger Mann, junge, ledige Frau. ◆ **mozo** *m* - **1.** [trabajador] (Hilfs)arbeiter *der* - **2.** [camarero] Kellner *der*. ◆ **moza** *f* [sirvienta] Dienstmädchen *das*.
mu *m* [mugido] Muhen *das*.
muaré, moaré *m* Moiré *der o das*.
mucamo, ma *m, f Amér* Diener *der*, -in *die*.
muchacho, cha *m, f* Junge *der*, Mädchen *das*.
muchedumbre *f* Menge *die*.
mucho, cha ◇ *adj* viel. ◇ *pron* viele, -s ◆ **mucho** *adv* - **1.** [intensamente] (sehr) viel ; **como ~** höchstens ; **con ~** mit Abstand - **2.** [en comparaciones] : **~ más/menos** weitaus mehr/weniger - **3.** [largo tiempo] lang(e) - **4.** [con frecuencia] oft - **5.** *loc* : **ni ~ menos** ganz im Gegenteil. ◆ **por mucho que** *loc conj* so sehr auch.
mucosidad *f* Schleim *der*.
mucoso, sa *adj* schleimig. ◆ **mucosas** *fpl* Schleimhäute *pl*.
muda *f* - **1.** [renovación] Stimmbruch *der* ; [de piel] Häutung *die* ; [de plumas] Mauser *die* ; [pelo] Haarwechsel *der* - **2.** [de ropa interior] Wäsche *die* zum Wechseln.
mudable *adj* veränderlich.
mudanza *f* [traslado] Umzug *der*.
mudar ◇ *vt* - **1.** [voz, aspecto, carácter] verändern - **2.** [piel] sich häuten ; [plumas] sich mausern. ◇ *vi* : **~ de** ändern ; **~ de do-**

micilio den Wohnsitz wechseln. ◆ **mudarse** *vpr* : **~se (de casa)** um|ziehen ; **~se (de ropa)** sich um|ziehen.
mudéjar ◇ *adj* Mudejar-. ◇ *mf* Mudejar *der*, -in *die*.
mudo, da ◇ *adj* - **1.** [gen] stumm - **2.** [por la sorpresa] sprachlos. ◇ *m, f* Stumme *der, die*.
mueble ◇ *m* Möbelstück *das* ; **~ bar** Hausbar *die*. ◇ *adj* beweglich.
mueca *f* Grimasse *die*.
muela *f* [diente] Backenzahn *der* ; **~ del juicio** o **cordal** Weisheitszahn *der*.
muelle *m* - **1.** [pieza elástica] Sprungfeder *die* - **2.** [de barcos] Kai *der*.
muérdago *m* Mistel *die*.
muermo *m fam* langweiliges Zeug.
muerte *f* - **1.** [gen] Tod *der* ; **de ~** Todes- - **2.** [homicidio] Mord *der* - **3.** [fin] Ende *das* ; **a ~** tödlich - **4.** *loc* : **de mala ~** schäbig.
muerto, ta ◇ *pp irreg* ▷ **morir**. ◇ *adj* - **1.** [gen] tot - **2.** [apagado] *fig* leblos, matt. ◇ *m, f* [sin vida] Tote *der, die* ; **estar ~ de risa** *fig* sich totlachen ; **~ de hambre** halbverhungert ; **~ de sed** halbverdurstet ; **estar ~ de miedo** vor Angst fast sterben ; **cargarle el ~ a alguien** jm den schwarzen Peter zu|schieben.
muesca *f* Kerbe *die*.
muesli *m* Müsli *das*.
muestra *f* - **1.** [pequeña cantidad] Muster *das* - **2.** [señal] Zeichen *das* - **3.** [modelo] Modell *das* - **4.** [exposición] Ausstellung *die*.
muestrario *m* Katalog *der*.
muestreo *m* Stichprobe *die*.
mugido *m* Muhen *das*.
mugir [15] *vi* muhen.
mugre *f schmieriger Dreck*.
mugriento, ta *adj* schmierig.
mujer *f* - **1.** [gen] Frau *die* ; **~ de la limpieza** Putzfrau - **2.** [cónyuge] Ehefrau.
mujeriego *m* Frauenheld *der*.
mujerzuela *f despec* Flittchen *das*.
mulato, ta ◇ *adj* Mulatten-. ◇ *m, f* Mulatte *der*, -tin *die*.
muleta *f* - **1.** [para andar] Krücke *die* - **2.** TAUROM *rotes Tuch des Stierkämpfers*.
mullido, da *adj* weich.
mulo, la *m, f* - **1.** [animal] Maultier *das* - **2.** *fam* [bruto] Vie(c)h *das*.
multa *f* Geldstrafe *die*.
multar *vt* eine Geldstrafe verhängen.
multicine *m* Kinocenter *das*.
multimedia *adj inv* INFORM Multimedia-, multimedial.
multimillonario, ria ◇ *adj* Multimillionärs-. ◇ *m, f* Multimillionär *der*, -in *die*.
multinacional *f* multinationaler Konzern, Multi *der*.
múltiple *adj* - **1.** [variado] vielfältig, mehrfach - **2.** *(gen pl)* [numerosos] zahlreich.
multiplicación *f* - **1.** MAT Multiplikation *die* - **2.** [aumento] Vermehrung *die*.
multiplicar [10] *vt* - **1.** MAT multiplizieren, mal|nehmen - **2.** [aumentar] vervielfältigen. ◆ **multiplicarse** *vpr* [reproducirse] sich vermehren.
múltiplo, pla *adj* vielfach. ◆ **múltiplo** *m* Vielfache *das*.
multitud *f* [de gente] Menge *die* ; **una ~ de personas** eine Menge Leute ; [de cosas] (Un)menge *die*.
multitudinario, ria *adj* Massen-.
multiuso *m inv* Mehrzweck-.
mundanal *adj* weltlich.
mundano, na *adj* - **1.** [del mundo] weltlich - **2.** [de vida social] mondän.
mundial ◇ *adj* weltweit, Welt-. ◇ *m* Weltmeisterschaft *die*.
mundillo *m* Welt *die*.
mundo *m* - **1.** [gen] Welt *die* ; **el nuevo ~** die Neue Welt ; **el cuarto ~** die unterste Schicht ; **el tercer ~** die Dritte Welt ; **el otro ~** das Jenseits ; **todo el ~** alle Welt - **2.** *fig* [diferencia] Welten *pl* - **3.** [experiencia] Welterfahrung *die* ; **hombre/mujer de ~** Mann/Frau von Welt - **4.** *loc* : **venir al ~** auf die Welt kommen.
munición *f* Munition *die*.
municipal ◇ *adj* [autoridades, policía] städtisch, örtlich ; [elecciones, impuestos] Kommunal- ; [término, reglamento, instalaciones etc] Gemeinde-, Stadt-. ◇ *mf* ▷ **guardia**.
municipio *m* - **1.** [división territorial] Gemeindebezirk *der*, Stadtbezirk - **2.** [habitantes] Bürgerschaft *die* - **3.** [ayuntamiento] Gemeindeverwaltung *die*, Stadtverwaltung.
muñeco, ca *m, f* - **1.** [juguete] Puppe *die* - **2.** *fig* [marioneta] Marionette *die*. ◆ **muñeca** *f* - **1.** ANAT Handgelenk *das* - **2.** *fig* [mujer] Püppchen *das*.
muñequera *f* Armband *das*.
muñón *m* Stumpf *der*.
mural ◇ *adj* Wand-. ◇ *m* Wandmalerei *die*.
muralla *f* (Stadt)mauer *die*.
murciélago *m* Fledermaus *die*.
murmullo *m* [de voces] Murmeln *das* ; [del agua] Rauschen *das*.
murmuración *f* Geflüster *das*.
murmurar ◇ *vt* murmeln. ◇ *vi* - **1.** [susurrar - persona] flüstern ; [- viento, agua] rauschen - **2.** [criticar] lästern.
muro *m* - **1.** [pared] Mauer *die* - **2.** [separación] Wand *die*.
mus *m inv paarweise gespieltes Kartenspiel*.
musa *f* Muse *die*.
musaraña *f* Spitzmaus *die*.
muscular *adj* Muskel-.
musculatura *f* Muskulatur *die*.
músculo *m* Muskel *der*.

musculoso, sa *adj* muskulös.

museo *m* Museum *das.*

musgo *m* Moos *das.*

música *f* ▷ **músico.**

musical *adj* musikalisch.

music-hall ['mjusik'xol] (*pl* **music-halls**) *m* Varietee *das.*

músico, ca ◇ *adj* Musik-. ◇ *m, f* Musiker *der,* -in *die.* ◆ **música** *f* Musik *die* ; **bueno, me iré con la música a otra parte** dann will ich mal nicht weiter stören ; **mandar con la música a otra parte** zum Teufel schicken.

musicoterapia *f* Musiktherapie *die.*

muslo *m* [de persona] Oberschenkel *der* ; [de animal] Keule *die.*

mustio, tia *adj* [marchito] verwelkt.

musulmán, ana ◇ *adj* moslemisch. ◇ *m, f* Moslem *der,* Moslime *die.*

mutación *f* - **1.** [cambio] (Ver)änderung *die* ; ~ **de decorados** Szenenwechsel *der* - **2.** BIOL Mutation *die.*

mutante ◇ *adj* wechselnd. ◇ *m* BIOL Mutant *der.*

mutar *vt* mutieren.

mutilado, da ◇ *adj* verstümmelt. ◇ *m, f* Krüppel *der.*

mutilar *vt* [cortar, romper] verstümmeln ; *fig* [recortar] kürzen.

mutua *f* ▷ **mutuo.**

mutualidad *f* - **1.** [reciprocidad] Gegenseitigkeit *die* - **2.** [agrupación] Verein *der* zu gegenseitigem Nutzen.

mutuo, tua *adj* gegenseitig. ◆ **mutua** *f* [de enfermedad] ≃ Ersatzkasse *die.*

muy *adv* sehr.

N

n, N ['ene] *f* [letra] N *das.* ◆ **N** *m* : **el 20 N** *der Todestag Francos.*

n/ *abrev de* **nuestro.**

nabo *m* - **1.** [planta] weiße Rübe - **2.** *vulg* [miembro] Schwanz *der.*

nácar *m* Perlmutt *das.*

nacer [29] *vi* - **1.** [venir al mundo - persona, animal] geboren werden ; [- pájaro] (ausl)-schlüpfen ; [- planta] sprießen ; ~ **en** geboren werden in *(+D)* ; ~ **para** geboren werden zu - **2.** [surgir - pelo] wachsen ; [- río] entspringen ; [- costumbre, actitud, duda] entstehen, auflkommen - **3.** [día] anlbrechen ; [sol] auflgehen.

nacido, da ◇ *adj* [persona, animal] geboren ; [planta] gesprossen. ◇ *m, f* : **los ~s hoy** alle heute Geborenen ; **recién ~** Neugeborene *das.*

naciente *adj* - **1.** [día] anbrechend ; [sol] aufgehend - **2.** [nuevo] angehend.

nacimiento *m* - **1.** [gen] Geburt *die* ; **de ~** von Geburt an ; [de planta] Wurzelansatz *der* - **2.** [de río] Quelle *die* - **3.** [belén] (Weihnachts)krippe *die.*

nación *f* - **1.** [gen] Nation *die* - **2.** [territorio] Land *das.* ◆ **Naciones Unidas** *fpl* : **las Naciones Unidas** die Vereinten Nationen.

nacional ◇ *adj* - **1.** [himno, lengua, bandera] National-, national - **2.** [producto, vuelo] (ein)heimisch - **3.** HIST franquistisch. ◇ *mf* HIST Nationale *der, die (Anhänger Francos).*

nacionalidad *f* [ciudadanía] Staatsbürgerschaft *die* ; **doble ~** doppelte Staatsbürgerschaft.

nacionalismo *m* Nationalismus *der.*

nacionalista ◇ *adj* nationalistisch. ◇ *mf* Nationalist *der,* -in *die.*

nacionalizar [13] *vt* [industria, bienes, etc] verstaatlichen ; [persona] einlbürgern.

nada ◇ *pron* [gen] nichts ; **de ~** [insignificante] unbedeutend ; [respuesta a 'gracias'] gern geschehen ; **como si ~** als ob nichts geschehen wäre ; **~ de ~** überhaupt nichts ; **~ más** nichts mehr. ◇ *adv* - **1.** [en absoluto] überhaupt nicht - **2.** [poco] praktisch nichts ; **~ menos que** [cosa] nichts weniger als ; [persona] kein geringerer als - **3.** *(seguido de infinitivo)* : **~ más** kaum *(+participio pasado)* ; **~ más llegar** kaum angekommen. ◇ *f* Nichts *das.*

nadador, ra ◇ *adj* Schwimm-. ◇ *m, f* Schwimmer *der,* -in *die.*

nadar *vi* - **1.** [gen] schwimmen - **2.** [abundar] : **~ en** [dinero] schwimmen in *(+D).*

nadie ◇ *pron* niemand. ◇ *m* Niemand *der* ; **un don ~** ein Niemand.

nado *m Amér* Schwimmen *das.* ◆ **a nado** *loc adv* schwimmend.

nafta *f* QUÍM Naphtha *das.*

naftalina *f* Mottenkugeln *pl.*

nagual *m Amér* - **1.** [hechicero] Hexer *der* - **2.** [animal] Maskottchen *das.*

naïf [na'if] *adj inv* naiv.

nailon, nilón, nylon® ['nailon] *m* Nylon® *das.*

naipe *m* Spielkarte *die.*

nalga *f* Hinterbacke *die.*

nalgada *f Amér fam* Schlag *der* auf den Hintern.

nalgón, ona, nalgudo, da *adj Amér* mit breitem Hintern.

nana *f* - **1.** [canción] Wiegenlied *das* - **2.** *fam* [abuela] Oma *die* - **3.** *Amér* [niñera] Kindermädchen *das.*

nanay *interj fam* : **¡nanay!** vergiss es!

nanosegundo *m* Nanosekunde *die.*

nao *f* HIST *Segelschiff zur Lastenbeförderung.*

napa *f* Nappa *das.*

napalm [na'palm] *m* Napalm *das.*

napias *f (gen pl) fam* Zinken *der (große Nase).*

napoleónico, ca *adj* napoleonisch.

naranja <> *adj inv* [color] orange(farben). <> *m* [color] Orange *das.* <> *f* [fruto] Orange *die,* Apfelsine *die.* ◆ **media naranja** *f fam fig* bessere Hälfte.

naranjada *f* Orangeade *die.*

naranjo *m* [árbol] Orangenbaum *der.*

narciso *m* - **1.** [planta, flor] Narzisse *die* - **2.** *fig* [hombre] Schönling *der.*

narcótico, ca *adj* narkotisch. ◆ **narcótico** *m* MED Narkotikum *das* ; [droga] Droge *die.*

narcotraficante *mf* Drogenhändler *der,* -in *die.*

narcotráfico *m* Drogenhandel *der.*

nardo *m* Narde *die.*

narigón *m Amér* - **1.** [agujero] Loch *das* - **2.** [argolla] Ringloch *das.*

narigudo, da <> *adj* mit großer Nase. <> *m, f Mensch mit großer Nase.*

nariz <> *f lit & fig* Nase *die* ; **de narices** super ; **estar hasta las narices** die Schnauze voll haben ; **meter las narices en algo** die Nase in etw *(+A)* stecken. <> *interj* : **¡narices!** auf keinen Fall!

narración *f* - **1.** [acción] Wiedergabe *die* - **2.** [cuento, relato] Erzählung *die.*

narrador, ra *m, f* Erzähler *der,* -in *die.*

narrar *vt* erzählen.

narrativo, va *adj* erzählend. ◆ **narrativa** *f* (erzählende) Prosa.

nasal *adj* - **1.** [gen] nasal - **2.** [voz] näselnd.

nata *f* - **1.** [gen] Sahne *die* - **2.** *fig* [lo mejor] Crème *die* de la Crème.

natación *f* Schwimmen *das.*

natal *adj* [casa, país] Geburts- ; [ciudad, pueblo] Heimat-.

natalidad *f* Geburtenrate *die.*

natillas *fpl* CULIN Cremespeise *die.*

natividad *f* RELIG Geburt *die.* ◆ **Natividad** *f* Weihnachten *das.*

nativo, va <> *adj* - **1.** [país] Heimat- ; [costumbre, lengua] einheimisch - **2.** [lengua original] muttersprachlich - **3.** [metal] gediegen. <> *m, f* Einheimische *der, die.*

nato, ta *adj* geboren.

natural <> *adj* - **1.** [gen] Natur-, natürlich - **2.** [no artificial] natürlich ; **al ~** [sin artificio] schlicht - **3.** [intrínseco] naturgegeben - **4.** [nativo] gebürtig aus. <> *mf* Einheimische *der, die.*

naturaleza *f* - **1.** [gen] Natur *die* ; **por ~** von Natur aus - **2.** [carácter] Wesensart *die* - **3.** [de material] Beschaffenheit *die.*

naturalidad *f* Natürlichkeit *die* ; **con ~** unbefangen.

naturalización *f* Einbürgerung *die.*

naturalizar [13] *vt* ein|bürgern. ◆ **naturalizarse** *vpr* eine Staatsbürgerschaft an|nehmen.

naturismo *m* Freikörperkultur *die.*

naturista *mf Anhänger der Naturbewegung.*

naufragar [16] *vi* - **1.** [barco] Schiffbruch erleiden - **2.** *fig* [fracasar] scheitern.

naufragio *m* [de barco] Schiffbruch *der.*

náufrago, ga *m, f* Schiffbrüchige *der, die.*

náusea *f (gen pl)* Übelkeit *die* ; **me da ~s** mir wird schlecht davon.

nauseabundo, da *adj* Ekel erregend.

náutico, ca *adj* Wasser-. ◆ **náutica** *f* Seefahrt *die.*

navaja *f* - **1.** [cuchillo] Taschenmesser *das* - **2.** [molusco] Schwertmuschel *die.*

navajero, ra *m, f* Messerstecher *der,* -in *die.*

naval *adj* See-.

Navarra *f* Navarra *nt.*

navarro, rra <> *adj* navarresisch. <> *m, f* Navarrese *der,* -in *die.*

nave *f* - **1.** [vehículo] Schiff *das* ; **~ espacial** Raumschiff - **2.** [sala] (Fabrik)halle *die* - **3.** [de iglesia] (Kirchen)schiff *das.*

navegación *f* Schifffahrt *die.*

navegador, ra *m, f* [persona] Internetsurfer *der,* -in *die* ; [programa] Browser *der.*

navegante <> *adj* seefahrend. <> *mf* Seefahrer *der,* -in *die.*

navegar [16] <> *vi* fahren *(Schiff).* <> *vt Amér* [tolerar, sufrir] ertragen.

Navidad *f* - **1.** [día] Weihnachten *das* - **2.** *(gen pl)* [período] Weihnachtszeit *die.*

navideño, ña *adj* weihnachtlich, Weihnachts-.

naviero, ra *adj* Schifffahrts-. ◆ **naviero** *m* Reeder *der,* -in *die.*

navío *m* Schiff *das.*

nazi <> *adj* Nazi-. <> *mf* Nazi *der, die.*

nazismo *m* Nationalsozialismus *der.*

neblina *f* Dunst *der.*

nebulosa *f* ▷ **nebuloso.**

nebuloso, sa *adj* bewölkt. ◆ **nebulosa** *f* ASTRON kosmischer Nebel.

necedad *f* Torheit *die.*

necesario, ria *adj* notwendig, nötig.

neceser *m* Kulturbeutel *der.*

necesidad *f* - **1.** [conveniencia] Notwendigkeit *die* ; **de (primera) ~** lebensnotwendig - **2.** [penuria] Not *die.* ◆ **necesidades** *fpl* Notdurft *die* ; **hacer sus ~es** seine Notdurft verrichten.

necesitado, da ◇ *adj* - **1.** [pobre] bedürftig - **2.** [carente] : **~ (de)** etw *(G)* bedürfend. ◇ *m, f* Bedürftige *der, die.*

necesitar *vt* benötigen, brauchen.

necio, cia ◇ *adj* [tonto] töricht. ◇ *m, f* Narr *der,* Närrin *die.*

necrología *f* - **1.** [esquela] Nachruf *der* - **2.** [lista de esquelas] Todesanzeigen *pl.*

necrópolis *f* Nekropole *die.*

néctar *m* Nektar *der.*

nectarina *f* Nektarine *die.*

nefasto, ta *adj* Unheil bringend.

negación *f* - **1.** [no aceptación] Ablehnung *die* - **2.** [lo contrario] Gegenteil *das* - **3.** GRAM Negation *die.*

negado, da *m, f* Taugenichts *der.*

negar [35] *vt* - **1.** [no aceptar] verneinen - **2.** [denegar] verweigern. ◆ **negarse** *vpr* : **~se (a)** sich weigern (zu *(+ infinitivo)*).

negativo, va *adj* negativ. ◆ **negativo** *m* FOTO Negativ *das.* ◆ **negativa** *f* Weigerung *die.*

negligencia *f* [gen] Nachlässigkeit *die* ; DER Fahrlässigkeit *die.*

negligente *adj* nachlässig.

negociable *adj* verhandelbar.

negociación *f* - **1.** [gen] Verhandlung *die* - **2.** COM Handel *der.*

negociante ◇ *adj* (ver)handelnd. ◇ *mf* Händler *der,* -in *die.*

negociar [8] ◇ *vi* - **1.** [comerciar] handeln ; **~ en** handeln mit - **2.** [discutir] verhandeln. ◇ *vt* - **1.** [discutir, gestionar] verhandeln - **2.** BANCA ziehen *(Wechsel).*

negocio *m* - **1.** [gen] Geschäft *das* ; **hacer ~ (con algo)** (mit etw) ein Geschäft machen ; **hacer ~s con alguien** Geschäfte machen mit jm ; **~ sucio** schmutziges Geschäft ; **traspasar un ~** ein Geschäft an einen Nachfolger übergeben - **2.** [operación, transacción] Handel *der.*

negra *f* ▷ **negro.**

negrero, ra ◇ *adj* - **1.** [de esclavos] Sklaven- - **2.** [explotador] unbarmherzig. ◇ *m, f* - **1.** [esclavista] Sklavenhändler *der,* -in *die* - **2.** *fig* [explotador] Sklaventreiber *der,* -in *die.*

negrita, negrilla *f* ▷ **letra.**

negro, gra ◇ *adj* - **1.** [gen] schwarz - **2.** [persona] braun (gebrannt) - **3.** [suerte, porvenir] düster ; *fam* **tener la negra** eine Pechsträhne haben - **4.** [furioso] wütend ; **ponerse ~** wütend werden - **5.** [trabajo, dinero] Schwarz- - **6.** [cine, novela] Detektiv-. ◇ *m, f* Schwarze *der, die.* ◆ **negro** *m* [color] Schwarz *das.* ◆ **negra** *f* MÚS Viertelnote *die.*

negrura *f* Schwärze *die.*

nene, na *m, f fam* Kleine *der, die.*

nenúfar *m* Seerose *die.*

neoclasicismo *m* Klassizismus *der.*

neofascismo *m* Neofaschismus.

neolítico, ca *adj* neolithisch. ◆ **Neolítico** *m* Neolithikum *das.*

neologismo *m* LING Neologismus *der.*

neón *m* - **1.** [gas] Neon *das* - **2.** [luz] Neonlicht *das.*

neonazi ◇ *adj* Neonazi-. ◇ *mf* Neonazi *der.*

neopreno® *m* Neopren *das.*

neoyorquino, na ◇ *adj* New Yorker. ◇ *m, f* New-Yorker *der,* -in *die.*

Nepal *m* : **el ~** Nepal *nt.*

Neptuno *m* Neptun *der.*

nervio *m* - **1.** ANAT Nerv *der* - **2.** [de carne] Sehne *die* - **3.** [vigor] Schwung *der* - **4.** ARQUIT [de planta] Rippe *die.* ◆ **nervios** *mpl* Nerven *pl* ; **tener ~s** nervös sein ; **poner los ~s de punta** *fig* auf die Nerven gehen ; **tener ~s de acero** *fig* Nerven wie Drahtseile haben.

nerviosismo *m* Nervosität *die.*

nervioso, sa *adj* - **1.** ANAT Nerven- - **2.** [irritado, inquieto] nervös.

nervudo, da *adj* sehnig.

neto, ta *adj* - **1.** [claro] deutlich - **2.** [sin cargas] Netto-.

neumático, ca *adj* [bomba, colchón] Luft- ; [martillo] Pressluft- ; [máquina] Druckluft-. ◆ **neumático** *m* Reifen *der.*

neumonía *f* Lungenentzündung *die.*

neurálgico, ca *adj* - **1.** MED neuralgisch - **2.** [importante] entscheidend.

neurocirugía *f* Neurochirurgie *die.*

neurología *f* Neurologie *die.*

neurólogo, ga *m, f* Neurologe *der,* -gin *die.*

neurona *f* Neuron *das.*

neurosis *f inv* Neurose *die.*

neurótico, ca ◇ *adj* neurotisch. ◇ *m, f* Neurotiker *der,* -in *die.*

neutral ◇ *adj* neutral. ◇ *mf* Neutralist *der,* -in *die.*

neutralidad *f* Neutralität *die.*

neutralizar [13] *vt* neutralisieren. ◆ **neutralizarse** *vpr* neutralisiert werden.

neutro, tra *adj* - **1.** [gen] neutral - **2.** GRAM sächlich.

neutrón *m* Neutron *das.*

nevado, da *adj* verschneit. ◆ **nevada** *f* Schneefall *der.*

nevar [19] ◇ *vimpers* schneien. ◇ *vi Amér* sticken.

nevazón *f Amér* Schneesturm *der.*

Kühlschrank *der*.
Amér Eisladen *der*.
[10] *v impers* leicht schneien.

nexo *m* Verbindung *die*.

ni ◇ *conj* : **~ ... ~ ...** weder ... noch ... ; **no ... ~ ...** weder ... noch ..., kein ... noch ... ; **~ que** nicht einmal, wenn ; **¡~ que yo fuera tonto!** ich bin doch nicht bescheuert! ; **~ que fueras la reina de Saba** nicht einmal, wenn du die Königin von Saba wärst ; **~ un/una** kein einziger/keine einzige/kein einziges. ◇ *adv* nicht einmal.

Nicaragua *f* Nicaragua *nt*.

nicaragüense ◇ *adj* nicaraguanisch. ◇ *mf* Nicaraguaner *der*, -in *die*.

nicho *m* (Grab)nische *die*.

nicotina *f* Nikotin *das*.

nido *m* [gen] Nest *das*.

niebla *f* METEOR Nebel *der* ; **haber ~** neblig sein.

nieto, ta *m, f* Enkel *der*, -in *die*.

nieve *f* - **1.** METEOR Schnee *der* - **2.** *fam* [cocaína] Koks *der* - **3.** *Amér* [helado] Eis *das*. ◆ **nieves** *fpl* [nevada] Schneefall *der*.

NIF (*abrev de* **número de identificación fiscal**) *m Nummer zur Erfassung aller Einwohner ab 14 Jahren durch die spanische Steuerverwaltung*.

night-club ['naitklub] (*pl* **night-clubs**) *m* Nightclub *der*.

nigromancia *f* Hellseherei *die*.

nigua *f Amér* [cobarde] Feigling *der* ; **pegarse como una ~** *fig* wie eine Klette kleben.

Nilo *m* : **el ~** der Nil.

nilón = **nailon**.

nimbo *m* METEOR Nimbostratus *der*.

nimiedad *f* - **1.** [cualidad] Unbedeutsamkeit *die* - **2.** [dicho, hecho] Kleinigkeit *die*.

nimio, mia *adj* unbedeutend.

ninfa *f* Nymphe *die*.

ninfómana ◇ *adj f* nymphoman. ◇ *f* Nymphomanin *die*.

ninguno, na ◇ *adj (delante de sust masculino* **ningún**) - **1.** [ni uno] keine, -r, -s ; **no tengo ningún abrigo de piel** ich habe keinen Ledermantel - **2.** [nulo] überhaupt kein, -e. ◇ *pron* keine, -r, -s ; **~ de** keine, -r, -s (+*G*).

niña *f* ▷ **niño**.

niñato, ta *m, f* Kindskopf *der*.

niñera *f* Kindermädchen *das*.

niñería *f lit & fig* Kinderei *die*.

niñez *f* - **1.** [infancia] Kindheit *die* - **2.** [tontería] Kinderei *die*.

niño, ña ◇ *adj* - **1.** [crío] klein - **2.** [joven] jung. ◇ *m, f* - **1.** [crío] Kind *das* ; **~ bien** Kind aus gutem Hause ; **~ bonito** *fig* Lieblingskind *das* ; **~ prodigio** Wunderkind *das* ; **estar como un ~ con zapatos nuevos** sich wie ein Schneekönig freuen - **2.** [joven] Junge *der*, Mädchen *das* - **3.** *loc* : **es culpa de la crisis - ¡qué crisis ni qué ~ muerto!** Die Krise ist schuldig daran - jetzt komm mir nicht damit! ◆ **niña** *f* Pupille *die*.

nipón, ona ◇ *adj* japanisch. ◇ *m, f* Japaner *der*, -in *die*.

níquel *m* - **1.** [metal] Nickel *das* - **2.** *Amér* [moneda] Knete *die*.

niquelar *vt* vernickeln.

niqui *m* Polohemd *das*.

níspero *m* - **1.** [fruto] japanische Wollmispel - **2.** [árbol] japanischer Wollmispelbaum.

nitidez *f* Klarheit *die*.

nítido, da *adj* klar.

nitrato *m* Nitrat *das*.

nitrógeno *m* Stickstoff *der*.

nitroglicerina *f* Nitroglyzerin *das*.

nivel *m* - **1.** [altura] Höhe *die* - **2.** [profundidad] Pegel *der* ; **~ del mar** Meeresspiegel *der* - **3.** [alcance] Ebene *die* - **4.** [grado] Niveau *das* ; **a ~ ...** *(seguido de adjetivo)* auf ... Niveau ; **~ de vida** Lebensstandard *der*.

nivelación *f* [allanamiento] Einebnung *die*.

nivelador, ra *adj* ausgleichend. ◆ **niveladora** *f* Nivelliergerät *das*.

nivelar *vt* - **1.** [allanar] (einl)ebnen - **2.** [igualar] gleichlmachen - **3.** FIN auslgleichen.

no (*pl* **noes**) ◇ *adv* - **1.** [expresa negación] nicht ; *(con sustantivos)* keine, -r, -s ; *(delante de sustantivos)* Nicht- ; *(en respuestas)* nein ; **¡a que ~!** wetten, dass ... nicht! ; **¿cómo ~?** natürlich! ; **~ bien** sobald, kaum ; **~ ya** nicht allein ; **pues ~, que ~, eso sí que ~** ganz sicher nicht - **2.** [expresa duda, extrañeza] (etwa) nicht ; **estamos de acuerdo, ¿~?** wir sind uns einig, oder? ◇ *m* Nein *das*.

nº (*abrev de* **número**) Nr.

nobiliario, ria *adj* Adels-.

noble ◇ *adj* - **1.** [aristócrata] adlig - **2.** [madera, metal] Edel-. ◇ *mf* Adlige *der, die*.

nobleza *f* - **1.** [aristocracia] Adel *der* - **2.** [generosidad] Edelmut *der*.

noche *f* - **1.** [gen] Nacht *die* ; **ayer por la ~** [temprano] gestern Abend ; [tarde] gestern Nacht ; **buenas ~s** [despedida] gute Nacht ; [saludo] guten Abend ; **de** o **por la ~** nachts ; **media ~** Mitternacht *die* ; **hacerse de ~** dunkel werden ; **de la ~ a la mañana** *fig* von heute auf morgen - **2.** [oscuridad] Dunkelheit *die*.

Nochebuena *f* Heiligabend *der*.

nochero *m Amér* - **1.** [vigilante nocturno] Nachtwächter *der* - **2.** [mesita de noche] Nachttisch *der*.

Nochevieja *f* Silvester *das der*.

noción *f* : **tener ~ de** eine Vorstellung ha-

ben von. ◆ **nociones** *fpl* : **tener nocio-**
nes de Grundkenntnisse haben in *(+D)*.

nocivo, va *adj* schädlich.

noctámbulo, la ◇ *adj* Nacht-. ◇ *m, f* Schlafwandler *der*, -in *die*.

nocturno, na *adj* **- 1.** [gen] Nacht- **- 2.** [animales] Nacht-, nachtaktiv **- 3.** [cla-ses] Abend-.

nodo *m* Knoten *der* ; **~ local** örtlicher Ein-wahlknoten.

nodriza *f* Amme *die*.

Noël *m* ▷ **papá**.

nogal *m* Nussbaum *der*.

nómada ◇ *adj* nomadisch. ◇ *mf* No-made *der*, -din *die*.

nomás *adv Amér* bloß.

nombramiento *m* Ernennung *die*.

nombrar *vt* **- 1.** [citar] erwähnen **- 2.** [de-signar] ernennen.

nombre *m* **- 1.** [gen] Name *der* ; **~ (de pila)** Vor)name ; [de persona - completo] Name **- 2.** [sustantivo] Nomen *das* ; **~ colectivo** Kollektivum *das* ; **~ común** Gattungsname *der* ; **~ propio** Eigenname *der* **- 3.** [fama] Ruf *der* **- 4.** *loc* : **en ~ de** im Namen *(+G)* ; **no te-ner ~** unerhört sein.

nomenclatura *f* Nomenklatur *die*.

nomeolvides *m inv* **- 1.** BOT Vergissmein-nicht *das* **- 2.** [pulsera] Namensarmband *das*.

nómina *f* **- 1.** [lista de empleados] Mitar-beiterverzeichnis *das* **- 2.** [pago] Gehaltsab-rechnung *die*.

nominal *adj* **- 1.** GRAM nominal **- 2.** [por nombres] Namens-.

nominar *vt* nominieren.

nominativo, va *adj* COM Namens-. ◆ **nominativo** *m* GRAM Nominativ *der*.

nomo = **gnomo**.

non ◇ *adj* ungerade. ◇ *m* ungerade Zahl.

nonagésimo, ma *núm* [para ordenar] neunzigste, -r, -s.

noqueado, da *adj Amér fam* **- 1.** [dormido] ...o. **- 2.** [pasmado] geschockt.

nordeste = **noreste**.

nórdico, ca ◇ *adj* **- 1.** [del norte] nörd-lich, Nord- **- 2.** [escandinavo] nordisch. ◇ *m, f* Nordländer *der*, -in *die*.

noreste, nordeste *m* Nordosten *der*.

noria *f* **- 1.** [para agua] Schöpfrad *das* **- 2.** [de feria] Riesenrad *das*.

norma *f* Norm *die* ; **por ~** grundsätzlich.

normal *adj* normal.

normalidad *f* Normalität *die*.

normalizar [13] *vt* **- 1.** [volver normal] nor-malisieren **- 2.** [estandarizar] normieren. ◆ **normalizarse** *vpr* sich normalisieren.

normando, da ◇ *adj* normannisch. ◇ *m, f* Normanne *der*, -nin *die*.

normar *vt Amér* normieren, vereinheitli-chen.

normativo, va *adj* normativ. ◆ **nor-mativa** *f* (gesetzliche) Regelung.

noroeste *m* Nordwesten *der*.

norte *m* **- 1.** [gen] Norden *der* ; **al ~ de** nördlich von **- 2.** [objetivo] Ziel *das* **- 3.** *Amér* [viento] Nordwind *der*.

Norteamérica *f* Nordamerika *nt*.

norteamericano, na ◇ *adj* nordameri-kanisch. ◇ *m, f* Nordamerikaner *der*, -in *die*.

norteño, ña *adj* nördlich.

Noruega *f* Norwegen *nt*.

noruego, ga ◇ *adj* norwegisch. ◇ *m, f* Norweger *der*, -in *die*. ◆ **noruego** *m* Nor-wegisch(e) *das*.

nos *pron pers* uns.

nosotros, tras *pron pers* **- 1.** *(sujeto) (predi-cado)* wir **- 2.** *(después de prep)* uns ; **entre ~** *fig* unter uns (gesagt).

nostalgia *f* [del pasado] Nostalgie *die* ; [de país] Heimweh *das*.

nota *f* **- 1.** [apunte, anotación] Notiz *die* ; **tomar ~** [apuntar] sich Notizen machen ; *fig* sich etw merken **- 2.** [explicación] Anmer-kung *die* ; **~ a pie de página** Fußnote *die* **- 3.** MÚS [calificación] Note *die* **- 4.** [cuenta] Rechnung *die* **- 5.** [comentario] Zeichen *das* **- 6.** *Amér* [pagaré] Schuldschein *der* **- 7.** *Amér* [comprobante] Bescheinigung *die* ; **~ de consumo** (Kassen)bon *der* ; **~ de remisión** ≃ Einlieferungsschein *der* **- 8.** *loc* : **dar la ~** (unangenehm) auflfallen.

notable ◇ *adj* beachtenswert. ◇ *m* **- 1.** [calificación] Gut *das* **- 2.** *(gen pl)* [perso-na] Prominenz *die*.

notar *vt* **- 1.** [advertir] (be)merken **- 2.** [sen-tir] spüren. ◆ **notarse** *vpr* merken.

notaría *f* Notariat *das*.

notarial *adj* notariell.

notario, ria *m, f* Notar *der*, -in *die*.

noticia *f* Nachricht *die* ; **tener ~s** Nach-richt haben. ◆ **noticias** *fpl* Nachrichten *pl*.

noticiario *m* Nachrichten *pl*.

noticioso *m Amér* Nachrichten *pl*.

notificación *f* **- 1.** [acción] Verkündung *die* **- 2.** [documento] Bescheid *der*.

notificar [10] *vt* mit|teilen.

notorio, ria *adj* **- 1.** [evidente] offenkun-dig **- 2.** [conocido] bekannt.

novatada *f* [broma] Streich *der (der einem Neuling gespielt wird)*.

novato, ta ◇ *adj* unerfahren. ◇ *m, f* Anfänger *der*, -in *die*.

novecientos, tas *núm* neunhundert.

◆ **novecientos** *m* Neunhundert *die* ; *ver también* **seis**.

novedad *f* - **1.** [noticia, acontecimiento nuevo] Neuigkeit *die* ; **sin ~** [normalmente] ohne Zwischenfälle ; MIL nichts Neues - **2.** [cambio, cosa nueva] Neuheit *die*. ◆ **novedades** *fpl* - **1.** [de libros, discos] Neuerscheinungen *pl* - **2.** [de ropa] Neuheiten *pl*.

novedoso, sa *adj* neuartig.

novel *adj* angehend.

novela *f* Roman *der* ; **~ policíaca** Krimi(nalroman).

novelar *vt* in Romanform schreiben.

novelero, ra ◇ *adj* [fantasioso] fantasievoll. ◇ *m, f* - **1.** [fantasioso] Fantast *der*, -in *die* - **2.** [aficionado a las novelas] Leseratte *die*.

novelesco, ca *adj* - **1.** [de la novela] Roman- - **2.** [fantástico] fantastisch.

novelista *mf* Romanautor *der*, -in *die*.

noveno, na *núm* [para ordenar] neunte, -r, -s ; **la novena parte** [para fraccionar] der neunte Teil.

noventa ◇ *núm* [numeral] neunzig ; **los (años) ~** die neunziger Jahre. ◇ *m* [número] Neunzig *die* ; *ver también* **seis**.

noviazgo *m* - **1.** [oficial] Verlobungszeit *die* - **2.** *fam* [relación] Beziehung *die*.

noviembre *m* November *der* ; *ver también* **setiembre**.

novillero, ra *m, f* TAUROM angehende(r) Stierkämpfer, -in.

novillo, lla *m, f* Jungstier *der*, Kalbkuh *die* ; **hacer ~s** *fig fam* (die Schule) schwänzen.

novio, via *m, f* - **1.** [antes de boda, recién casado] Bräutigam *der*, Braut *die* - **2.** [relacionado amorosamente] Freund *der*, -in *die*.

nubarrón *m* Gewitterwolke *die*.

nube *f* - **1.** [gen] Wolke *die* - **2.** [multitud] Schaar *die* - **3.** [mancha en ojo] Schleier *der* - **4.** *fig* [cosa que ofusca] Schatten *der* - **5.** *loc* : **estar en las ~s** [estar distraído] nicht bei der Sache sein ; **poner algo/a alguien por las ~s** [alabar] etw/jn über den grünen Klee loben ; **por las ~s** [caro] himmelschreiend teuer.

nublado, da *adj* - **1.** [encapotado] bewölkt - **2.** *fig* [turbado] getrübt.

nublar *vt* - **1.** [oscurecer] verdunkeln - **2.** *fig* [turbar] trüben. ◆ **nublarse** *vpr* - **1.** [suj : cielo] bewölkt werden - **2.** [oscurecerse] : **se le nubló la vista** ihm wurde schwarz vor Augen.

nubosidad *f* Bewölkung *die*.

nuca *f* Nacken *der*.

nuclear *adj* Atom-.

núcleo *m* - **1.** [centro] Kern *der* ; [de persona] Mittelpunkt *der* - **2.** [grupo] Zentrum *das*.

nudillo *m* Knöchel *der*.

nudismo *m* Nudismus *der*.

nudo *m* - **1.** [gen] Knoten *der* ; **hacérsele a alguien un ~ en la garganta** die Kehle zuschnüren - **2.** *fig* [punto principal] Kern *der*.

nudoso, sa *adj* knotig.

nuera *f* Schwiegertochter *die*.

nuestro, tra ◇ *adj poses* unser, -e ◇ *pron poses* : **el ~** unsere, -r, -s ; **lo ~** unsere Sache ; **los ~s** die Unsrigen.

nueva *f* ▷ **nuevo**.

Nueva York *f* New York *nt*.

Nueva Zelanda *f* Neuseeland *nt*.

nueve ◇ *núm* neun. ◇ *m* Neun *die* ◇ *fpl* [hora] neun Uhr ; *ver también* **seis**.

nuevo, va ◇ *adj* [gen] neu. ◇ *m, f* Neue *der, die*. ◆ **buena nueva** *f* gute Nachricht. ◆ **de nuevo** *loc adv* aufs Neue.

nuez *f* - **1.** [fruto] Walnuss *die* - **2.** ANAT Adamsapfel *der*. ◆ **nuez moscada** [condimento] Muskatnuss *die*.

nulidad *f* [no validez] Ungültigkeit *die*.

nulo, la *adj* - **1.** [sin validez] ungültig - **2.** *fam* [incapacitado] untauglich, unfähig.

núm. (*abrev de* **número**) Nr.

numeración *f* - **1.** [acción] Nummerierung *die* - **2.** [sistema] Zahlensystem *das*.

numeral ◇ *adj* Zahl(en)-. ◇ *m* Numerale *das*, Zahlwort *das*.

numerar *vt* nummerieren. ◆ **numerarse** *vpr* durch|zählen.

numérico, ca *adj* nummerisch.

número *m* - **1.** [gen] Nummer *die* - **2.** MAT Zahl *die* ; **~ redondo** runde Zahl - **3.** [dirección] : **sin ~** *ohne Hausnummer* - **4.** [cantidad] Anzahl *die* ; **sin ~** [muchos] zahllos - **5.** [billete] Los *das* - **6.** GRAM Numerus *der* - **7.** MIL Mitglied *das* - **8.** *loc* : **en ~s rojos** [sin dinero] in roten Zahlen ; **hacer ~s** [calcular el dinero] Berechnungen an|stellen ; **montar el ~** [hacer algo raro] eine Show ab|ziehen.

numeroso, sa *adj* zahlreich.

nunca *adv* nie ; **~ jamás** o **más** nie wieder.

nupcial *adj* Hochzeits-.

nupcias *fpl* Hochzeit *die* ; **en segundas ~** in zweiter Ehe.

nutria *f* Fischotter *der*.

nutrición *f* Ernährung *die*.

nutrido, da *adj* - **1.** [alimentado] ernährt - **2.** [numeroso] zahlreich.

nutrir *vt* [alimentar] (er)nähren ; **~ algo/alguien de** etw/jn versorgen mit. ◆ **nutrirse** *vpr* - **1.** [alimentarse] : **~se de** o **con** sich ernähren von - **2.** *fig* [fomentarse] : **~se de con** o **en** genährt werden durch.

nutritivo, va *adj* nahrhaft.

nylon® = **nailon**.

ñ, Ñ ['eɲe] *f* [letra] Ñ *das.*

ñoñería, ñoñez *f* Albernheit *die.*

ñoño, ña *adj* **-1.** [recatado] zimperlich **-2.** [soso] fade.

ñoqui *m (gen pl)* CULIN Gnocchi *pl.*

O

o[1], O [o] (*pl* **oes**) *f* [letra] o, O *das.*

o[2], O [o] (*pl* **oes**) *conj (delante de las palabras que empiezan por la letra* o *se usa* **u**) oder. ◆ **o sea (que)** *loc conj* das heißt (, dass).

o/ *abrev de* **orden.**

oasis *m inv lit & fig* Oase *die.*

obcecar [10] *vt* verblenden. ◆ **obcecarse** *vpr* verblendet werden.

obedecer [30] ◇ *vt* [órdenes] befolgen ; **~ a alguien** jm gehorchen. ◇ *vi* **-1.** [acatar] gehorchen **-2.** : **~ a** [someterse] gehorchen *(+D)* ; [estar motivado] sich erklären aus.

obediencia *f* [actitud] Gehorsam *der.*

obediente *adj* gehorsam.

obelisco *m* Obelisk *der.*

obertura *f* Ouvertüre *die.*

obesidad *f* Fettleibigkeit *die.*

obeso, sa *m, f* fettleibige Person.

obispo *m* Bischof *der.*

objeción *f* Einwand *der* ; **~ de conciencia** Wehrdienstverweigerung *die.*

objetar *vt* ein|wenden.

objetividad *f* Objektivität *die.*

objetivo, va *adj* objektiv. ◆ **objetivo** *m* **-1.** MIL [finalidad] Ziel *das* **-2.** FOTO Objektiv *das.*

objeto *m* **-1.** [cosa] Gegenstand *der* **-2.** [motivo] Grund *der.* ◆ **objetos perdidos** *mpl* Fundbüro *das.*

objetor, ra *m, f* Gegner *der,* -in *die* ; **~ de conciencia** Wehrdienstverweigerer *der.*

oblicuo, cua *adj* schräg.

obligación *f* **-1.** [gen] Pflicht *die* **-2.** *(gen pl)* [deber] Pflichten *pl* **-3.** [compromiso] Verpflichtung *die* **-4.** *(gen pl)* COM festverzinsliche Wertpapiere.

obligación

Muss ich für den Empfang einen Schlips anziehen? ¿Me tengo que poner corbata para la recepción?

Um zehn bist du wieder zu Hause. A las diez en casa.

Am Montag muss der Wagen repariert sein. El lunes tiene que estar arreglado el coche.

Um pünktliches Erscheinen wird gebeten. Se ruega puntualidad.

Es ist unbedingt erforderlich, dass du an der Sitzung teilnimmst. Es absolutamente necesario que asistas a la sesión.

obligado, da *adj* notwendig, verpflichtend.

obligar [16] *vt* : **~ a alguien a hacer algo** jn zwingen, etw zu tun. ◆ **obligarse** *vpr* : **~se a hacer algo** sich verpflichten, etw zu tun.

obligatorio, ria *adj* obligatorisch.

oboe ◇ *m* [instrumento] Oboe *die.* ◇ *mf* [persona] Oboist *der,* -in *die.*

obra *f* **-1.** [gen] Werk *das* ; **~ de caridad** wohltätiges Werk ; **~s completas** Gesamtwerk ; **~ maestra** Meisterwerk ; **por ~ (y gracia) de** dank *(+G)* **-2.** [construcción] Bau *der* ; **~s públicas** öffentliche Bauten **-3.** [reforma] Renovierung *die* ; **'cerrado por ~s'** 'wegen Umbau geschlossen'.

obrar *vi* **-1.** [gen] handeln **-2.** [causar efecto] wirken.

obrero, ra ◇ *adj* Arbeiter-. ◇ *m, f* Arbeiter *der,* -in *die.*

obscenidad *f* Obszönität *die.*

obsceno, na *adj* obszön.

obscurecer [30] = **oscurecer.**

obscuridad = **oscuridad.**

obscuro, ra = **oscuro.**

obsequiar [8] *vt* schenken.

obsequio *m* Geschenk *das.*

obsequioso, sa *adj* entgegenkommend.

observación *f* **-1.** [gen] Beobachtung *die* **-2.** [cumplimiento] Beachtung *die* **-3.** [comentario] Bemerkung *die.*

observador, ra ◇ *adj* aufmerksam. ◇ *m, f* Beobachter *der,* -in *die.*

observar *vt* **-1.** [examinar] beobachten **-2.** [advertir] bemerken **-3.** [acatar] ein|halten. ◆ **observarse** *vpr* sich betrachten.

observatorio *m* **-1.** [astronómico] Sternwarte *die* **-2.** [meteorológico] Wetterwarte *die.*

obsesión *f* Besessenheit *die*.
obsesionar *vt* plagen. ◆ **obsesionarse** *vpr* besessen sein.
obsesivo, va *adj* Zwangs-.
obseso, sa ◇ *adj* besessen. ◇ *m, f* Besessene *der, die*.
obstaculizar [13] *vt* behindern.
obstáculo *m* Hindernis *das*.
obstante ◆ **no obstante** *loc adv* trotzdem.
obstetricia *f* Geburtshilfe *die*.
obstinado, da *adj* hartnäckig.
obstinarse *vpr* : ~ **(en)** beharren (auf *(+A)*), hartnäckig bestehen auf *(+D)*.
obstrucción *f* - **1.** [de paso] Blockierung *die* ; MED [de tubo, desagüe, etc] Verstopfung *die* - **2.** [interrupción] Störung *die*.
obstruir [51] *vt* - **1.** [obstaculizar] blockieren - **2.** [bloquear] verstopfen. ◆ **obstruirse** *vpr* sich verstopfen.
obtener [72] *vt* - **1.** [por méritos] erhalten - **2.** [producto] gewinnen - **3.** [resultados] erzielen. ◆ **obtenerse** *vpr* - **1.** [resultado] zu Stande kommen - **2.** [producto] gewonnen werden.
obturador *m* Blende *die*.
obturar *vt* - **1.** [atascar] verstopfen - **2.** [cerrar] verschließen.
obtuso, sa *adj* [sin punta] stumpf.
obús (*pl* **obuses**) *m* - **1.** [cañón] Haubitze *die* - **2.** [proyectil] Granate *die*.
obviar [8] *vt* [inconveniente] umgehen ; [dificultad, obstáculo] überwinden.
obvio, via *adj* eindeutig.
oca *f* - **1.** [animal] Gans *die* - **2.** [juego] *spanisches Brettspiel mit Würfeln*.
ocasión *f* - **1.** [oportunidad] Chance *die* - **2.** [momento] Gelegenheit *die* ; **en cierta ~** einmal - **3.** [motivo] : **con ~ de** anlässlich *(+G)* - **4.** [ganga] Schnäppchen *das* ; **de ~** Gelegenheits- ; [coches] Gebraucht-.
ocasional *adj* - **1.** [accidental] zufällig - **2.** [esporádico] gelegentlich.
ocasionar *vt* verursachen.
ocaso *m* - **1.** [puesta de sol] Sonnenuntergang *der* - **2.** *fig* [decadencia] Untergang *der*.
occidental ◇ *adj* - **1.** [al oeste] westlich - **2.** [europeo] abendländisch. ◇ *mf* Abendländer *der*, -in *die*.
occidente *m* [oeste] Westen *der*. ◆ **Occidente** *m* [bloque de países] Westen *der* ; [cultura europea] Abendland *das*.
OCDE (*abrev de* **Organización para la Cooperación y el Desarrollo Económico**) *f* OECD *die*.
Oceanía *m* Ozeanien *nt*.
oceánico, ca *adj* ozeanisch.
océano *m* - **1.** [mar] Ozean *der* ; **el ~ Atlántico** der Atlantik, der atlantische Ozean - **2.** *fig* [inmensidad] Meer (von) *das*.
ochenta ◇ *núm* achtzig ; **los (años) ~** die achtziger Jahre. ◇ *m* Achtzig *die* ; *ver también* **seis**.
ocho ◇ *núm* acht. ◇ *m* Acht *die*. ◇ *fpl* [hora] acht (Uhr) ; *ver también* **seis**.
ochocientos, tas *núm* achthundert. ◆ **ochocientos** *m inv* Achthundert *die* ; *ver también* **seis**.
ocio *m* [tiempo libre] Freizeit *die* ; [inactividad] Muße *die*.
ocioso, sa *adj* müßig.
ocluir [51] *vt* verstopfen. ◆ **ocluirse** *vpr* sich verstopfen.
ocre ◇ *m* - **1.** [color] Ockerfarbe *die* - **2.** [mineral] Ocker *der o das*. ◇ *adj inv* ocker(gelb).
octaedro *m* Oktaeder *der* o *das*.
octágono, na *m* Achteck *das*.
octanaje *m* Oktanzahl *die*.
octano *m* Oktan *das*.
octava *f* ▷ **octavo**.
octavilla *f* [de propaganda] Flugblatt *das*.
octavo, va *núm* [para ordenar] achte, -r, -s ; **la octava parte** [para fraccionar] der achte Teil. ◆ **octavo** *m* Achtel *das*. ◆ **octava** *f* MÚS Oktave *die*.
octeto *m* MÚS Oktett *das*.
octogenario, ria *adj* achtzigjährig.
octubre *m* Oktober *der* ; *ver también* **setiembre**.
ocular *adj* Augen-.
oculista *mf* Augenarzt *der*, -ärztin *die*.
ocultar *vt* - **1.** [esconder] verbergen - **2.** [callar] : ~ **algo a alguien** jm etw verheimlichen. ◆ **ocultarse** *vpr* sich verbergen.
ocultismo *m* Okkultismus *der*.
oculto, ta *adj* verborgen.
ocupación *f* - **1.** [de lugar] Belegung *die* ; [por manifestantes] Besetzung *die* - **2.** MIL Okkupation *die* - **3.** [actividad, empleo] Beschäftigung *die*.
ocupado, da *adj* - **1.** [lugar] besetzt - **2.** [persona] beschäftigt - **3.** MIL besetzt.
ocupante ◇ *adj* Besatzungs-. ◇ *mf* [de vehículo] (Fahrzeug)insasse *der*, -sin *die* ; MIL Besatzungssoldat *der*, -in *die* ; [de edificios] Bewohner *der*, -in *die*.
ocupar *vt* - **1.** [espacio, cargo] einlnehmen - **2.** [piso, habitación] bewohnen ; [sillón] sitzen auf *(+D)* - **3.** [suj : actividad] beschäftigen - **4.** [país, territorio] besetzen - **5.** *Amér* [usar] verwenden. ◆ **ocuparse** *vpr* [encargarse] : **~se (de)** sich kümmern (um).
ocurrencia *f* - **1.** [idea] Einfall *der* - **2.** [dicho gracioso] witziger Einfall.
ocurrente *adj* einfallsreich.
ocurrir *vi* - **1.** [acontecer] passieren, geschehen - **2.** [pasar, preocupar] : **¿qué le ocurre a Juan?** was ist denn mit Juan los? ; **¿te ocurre algo?** was hast du denn? ◆ **ocurrirse** *vpr* [venir a la cabeza] : **no se**

me ocurre ninguna solución mir fällt nichts ein ; **¡ni se te ocurra!** lass dir das ja nicht ein|fallen!

oda *f* Ode *die*.

ODECA (*abrev de* **Organización de Estados Centroamericanos**) *f* ODECA *die*.

odiar [8] *vt & vi* hassen.

odio *m* Hass *der*.

odioso, sa *adj* widerlich.

odisea *f* Odyssee *die*.

odontología *f* Zahnheilkunde *die*.

odontólogo, ga *m, f* Zahnarzt *der*, -ärztin *die*.

OEA (*abrev de* **Organización de Estados Americanos**) *f* OAS *die*.

oeste *m* - **1.** [gen] Westen *der* ; **al ~ (de)** im Westen (von), westlich *(+G)* - **2.** [viento] Westwind *der*.

ofender ◇ *vt* - **1.** [sentimiento] beleidigen - **2.** [suj : palabras] verletzen. ◇ *vi* zuwider sein. ◆ **ofenderse** *vpr* beleidigt sein.

ofensa *f* Beleidigung *die*.

ofensivo, va *adj* - **1.** [insultante] verletzend - **2.** MIL [atacante] Angriffs-. ◆ **ofensiva** *f* MIL Offensive *die*.

oferta *f* - **1.** [gen] Angebot *das* ; **~ pública de adquisición** COM Übernahmeangebot *das* - **2.** [rebaja] (Sonder)angebot *das* ; **de ~** im Angebot - **3.** [de empleo] Stellenangebot *das*.

ofertar *vt* an|bieten.

office ['ofis] *m inv* Anrichte *die*.

oficial, la *m, f* Geselle *der*, -lin *die*. ◆ **oficial** ◇ *adj* offiziell ; [del estado] amtlich, staatlich. ◇ *m* - **1.** MIL Offizier *der*, -in *die* - **2.** [funcionario] Angestellte *der, die*.

oficialismo *m Amér* Regierung *die*.

oficiar [8] ◇ *vt* zelebrieren. ◇ *vi* - **1.** [sacerdote] die Messe feiern - **2.** [actuar de] : **~ de** agieren als.

oficina *f* [despacho] Büro *das* ; [departamento] Abteilung *die* ; **~ de empleo** Arbeitsamt *das* ; **~ de objetos perdidos** Fundbüro *das* ; **~ de turismo** Fremdenverkehrsbüro *das*.

oficinista *mf* Büroangestellte *der, die*.

oficio *m* - **1.** [profesión manual] Handwerk *das* - **2.** [trabajo] Beruf *der* - **3.** RELIG Gottesdienst *der*.

oficioso, sa *adj* halbamtlich.

ofimática *f* INFORM EDV-Anlage *die*.

ofrecer [30] *vt* (an|)bieten. ◆ **ofrecerse** *vpr* sich an|bieten.

ofrecimiento *m* Angebot *das*.

ofrenda *f* - **1.** [a Dios, santos] Opfergabe *die* - **2.** [por gratitud, amor] Gabe *die*.

ofrendar *vt* dar|bringen.

oftalmología *f* Augenheilkunde *die*.

oftalmólogo, ga *m, f* Augenarzt *der*, -ärztin *die*.

ofuscar [10] *vt* verblenden. ◆ **ofuscarse** *vpr* besessen sein.

ogro *m menschenfressender Riese im Märchen*.

oh *interj* : **¡oh!** oh!

oída ◆ **de oídas** *loc adv* vom Hörensagen.

oído *m* - **1.** [órgano] Ohr *das* ; **hacer ~s sordos** sich taub stellen ; **ser todo ~s** ganz Ohr sein - **2.** [sentido] Gehör *das* ; **de ~** nach Gehör ; **ser duro de ~** schwerhörig sein ; **tener (buen) ~** gute Ohren haben ; **tener mal ~, no tener ~** ein schlechtes o kein Gehör haben.

oír [62] ◇ *vt* - **1.** [escuchar] hören ; **¡oiga, por favor!** hören Sie, bitte ; **¡oye!** *fam* hör mal! - **2.** [atender] an|hören - **3.** [dar respuesta] erhören. ◇ *vi* hören.

OIT (*abrev de* **Organización Internacional del Trabajo**) *f* ILO *die*.

ojal *m* Knopfloch *das*.

ojalá *interj* : **¡ojalá!** hoffentlich! ; **¡~ fuera ya domingo!** wenn doch schon Sonntag wäre!

ojeada *f* Blick *der* ; **echar** o **dar una ~** einen Blick werfen.

ojear *vt* [libro] durch|sehen ; [paisaje] in Augenschein nehmen.

ojeras *fpl* Augenringe *pl* ; **tener ~s** Ringe unter den Augen haben.

ojeriza *f fam* starke Abneigung.

ojeroso, sa *adj* mit Ringen unter den Augen.

ojo ◇ *m* - **1.** [gen] Auge *das* ; **~ a la funerala** o **la virulé** blaues Auge - **2.** [de cerradura] Schlüsselloch *das* ; [de aguja] Nadelöhr *das* - **3.** *loc* : **abrir los ~s a alguien** jm die Augen öffnen ; **andar con (mucho) ~** (sehr) vorsichtig sein ; **a ~ (de buen cubero)** über den Daumen gepeilt ; **comerse con los ~s a alguien** *fam* jn mit Blicken verschlingen ; **echar el ~ a algo** ein Auge werfen auf etw *(A)* ; **en un abrir y cerrar de ~s** im Handumdrehen ; **mirar** o **ver con buenos ~s** [algo] wohlwollend betrachten ; [a alguien] (gut) leiden können ; **mirar** o **ver con malos ~s** [algo] missbilligen ; [a alguien] nicht leiden können ; **no pegar ~** kein Auge zu|tun ; **tener (buen) ~** ein gutes Auge haben. ◇ *interj* : **¡ojo!** Vorsicht! ◆ **ojo de buey** *m* Bullauge *das*.

OK ['o'kei] *interj* : **¡OK!** O.K!

okupa *mf mfam* Hausbesetzer *der*, -in *die*.

ola *f* Welle *die*. ◆ **nueva ola** *f* New Wave *die*.

ole, olé *interj* : **¡olé!** olé!

oleada *f* - **1.** [de mar] Brecher *der* - **2.** *fig* [abundancia] Welle *die*.

oleaje *m* Wellengang *der*.

óleo *m* Ölgemälde *das* ; **al ~** Öl-.

oleoducto *m* Pipeline *die*.

oler [49] *vt & vi* riechen ; ~ **a** riechen nach.
olfatear *vt* schnüffeln.
olfato *m* - **1.** [sentido] Geruchssinn *der* - **2.** *fig* [sagacidad] Riecher *der*.
oligarquía *f* Oligarchie *die*.
olimpiada, olimpíada *f* Olympiade *die*.
olímpicamente *adv fam* maßlos.
olisquear *vt* beschnüffeln.
oliva *f* Olive *die*.
olivar *m* Olivenhain *der*.
olivo *m* [árbol] Olivenbaum *der*, Ölbaum *der*.
olla *f* Kochtopf *der* ; ~ **a presión** o **exprés** Schnellkochtopf. ◆ **olla de grillos** *f* Tohuwabohu *das*, Durcheinander *das*.
olmo *m* Ulme *die*.
olor *m* Geruch *der* ; ~ **a** Geruch nach.
oloroso, sa *adj* wohlriechend. ◆ **oloroso** *m* Oloroso *der (Sherry)*.
OLP (*abrev de* **Organización para la Liberación de Palestina**) *f* PLO *die*.
olvidadizo, za *adj* vergesslich.
olvidar *vt* - **1.** [gen] vergessen ; ~ **hacer algo** vergessen, etw zu tun - **2.** [dejar] etw liegen lassen. ◆ **olvidarse** *vpr* - **1.** [no recordar] vergessen (werden) ; **~se de que ...** vergessen, dass ... - **2.** [descuidar] : **~se de algo** etw liegen lassen ; **~se de hacer algo** vergessen, etw zu tun.
olvido *m* - **1.** [falta de recuerdo] Vergessen *das* ; **caer en el ~** in Vergessenheit geraten - **2.** [descuido] Vergesslichkeit *die*.
ombligo *m lit & fig* Nabel *der*.
omelette *f Amér* Omelette *das*.
ominoso, sa *adj* ominös.
omisión *f* - **1.** [gen] Auslassung *die* - **2.** [descuido] Übersehen *das*.
omiso, sa *adj* ▷ **caso.**
omitir *vt* auslassen.
omnipotente *adj* allmächtig.
omnipresente *adj* allgegenwärtig.
omnívoro, ra ◇ *adj* alles fressend. ◇ *m, f* Allesfresser *der*, -in *die*.
omoplato, omóplato *m* Schulterblatt *das*.
OMS (*abrev de* **Organización Mundial de la Salud**) *f* WHO *die*.
once ◇ *núm* elf. ◇ *m* Elf *die*. ◇ *fpl* [hora] elf (Uhr) ; *ver también* **seis.**
ONCE (*abrev de* **Organización Nacional de Ciegos Españoles**) *f spanische Blindenorganisation*.
onceavo, va *núm* [para ordenar] elfte, -r, -s ; **la onceava parte** [para fraccionar] der elfte Teil.
onda *f* FÍS [en pelo, en tela] Welle *die* ; ~ **corta** Kurzwelle ; ~ **larga** Langwelle ; ~ **media** Mittelwelle ; **estar en la ~** *fam fig* auf dem Laufenden sein.
ondear *vi* flattern.
ondulación *f* Wellung *die*.
ondulado, da *adj* gewellt.
ondulante *adj* wellig.
ondular ◇ *vi* sich kräuseln. ◇ *vt* in Wellen legen.
ónice, ónix *m* Onyx *der*.
ónix = ónice.
onomatopeya *f* Lautmalerei *die*.
ONU (*abrev de* **Organización de las Naciones Unidas**) *f* UNO *die*.
onza *f* - **1.** [unidad de peso] Unze *die* - **2.** [de chocolate] Tafel *die*.
OPA (*abrev de* **oferta pública de adquisición**) *f* Übernahmeangebot *das*.
opaco, ca *adj* undurchsichtig.
ópalo *m* Opal *der*.
opción *f* - **1.** [elección] Wahl *die* - **2.** [derecho] Anrecht *das*, Option *die* ; **dar ~ a** das Recht geben auf/zu - **3.** [posibilidad] : **tener ~ a** die Möglichkeit haben zu.
opcional *adj* optional.
OPEP (*abrev de* **Organización de Países Exportadores de Petróleo**) *f* OPEC *die*.
ópera *f* Oper *die*.
operación *f* - **1.** [gen] Operation *die* ; ~ **retorno** *Sondermaßnahme im Straßenverkehr zur Regulierung des Rückreiseverkehrs gegen Ende der Ferien* - **2.** COM Geschäft *das* ; ~ **de bolsa** Börsengeschäft.
operador, ra *m, f* - **1.** [de teléfono] Telefonist *der*, -in *die* - **2.** [de cámara] Kameramann *der*, -frau *die*. ◆ **operador turístico** *m* Reiseveranstalter *der*.
operar ◇ *vt* - **1.** [enfermo] operieren - **2.** [cambio, transformación] verursachen. ◇ *vi* - **1.** MAT [en quirófano] operieren - **2.** [actuar] vorgehen - **3.** COM [en Bolsa] handeln ; [negocio] tätig sein. ◆ **operarse** *vpr* [hacerse operar] sich operieren lassen.
operario, ria *m, f* Arbeiter *der*, -in *die*.
operativo, va *adj* wirksam.
opereta *f* Operette *die*.
opinar ◇ *vt* meinen. ◇ *vi* die Meinung sagen ; ~ **de** o **sobre algo/alguien** etw denken über etw/jn, etw halten von etw/jm.

opinar

Meiner Meinung nach muss man etwas unternehmen. En mi opinión, hay que hacer algo.
Wenn ihr mich fragt, ist das ein abgekartetes Spiel. Si queréis mi opinión, eso es jugar sucio.
Ich glaube, da irren Sie sich. Creo que está usted equivocado.
Ich finde, man sollte die Gelegenheit nutzen. Me parece que tendríamos que aprovechar esta oportunidad.
An Ihrer Stelle würde ich das nicht wagen. Yo, en su lugar, ni lo intentaría.

opinión *f* Meinung *die* ; **expresar** o **dar su ~** seine Meinung sagen ; **gozar de buena ~** einen guten Ruf genießen ; **~ pública** öffentliche Meinung.

opio *m* Opium *das*.

oponente *mf* Gegner *der*, -in *die*.

oponer [65] *vt* - **1.** [poner en contra] Widerstand leisten - **2.** [objetar] ein|wenden. ◆ **oponerse** *vpr* - **1.** [no estar de acuerdo con] : **~se (a algo)** sich (etw *(D)*) widersetzen ; [ser contrario a] : **~se (a algo)** (etw *(D)*) widersprechen - **2.** [obstaculizar] (etw) behindern.

oporto *m* Portwein *der*.

oportunidad *f* - **1.** [ocasión] Gelegenheit *die*, Chance *die* ; **aprovechar la ~** die Gelegenheit nutzen - **2.** [conveniencia] : **la ~ no es uno de sus atributos** opportunes Verhalten war nie seine Stärke.

oportunista ◇ *adj* opportunistisch. ◇ *mf* Opportunist *der*, -in *die*.

oportuno, na *adj* - **1.** [pertinente] angemessen - **2.** [idóneo] vorteilhaft.

oposición *f* - **1.** [desacuerdo, obstáculo] Widerstand *der* - **2.** POLÍT Opposition *die*. ◆ **oposiciones** *fpl* : **oposiciones (a)** *Auswahlverfahren für den öffentlichen Dienst*.

opositar *vi* : **~ (a)** *sich auf das Auswahlverfahren für den öffentlichen Dienst vorbereiten*.

opositor, ra *m, f* - **1.** [a cargo] Bewerber *der*, -in *die* für den öffentlichen Dienst - **2.** [oponente] Gegner *der*, -in *die*.

opresión *f* - **1.** [presión] Druck *der* - **2.** *fig* [tiranía] Unterdrückung *die* - **3.** *fig* [ahogo] Beklemmung *die*.

opresivo, va *adj* unterdrückerisch.

opresor, ra ◇ *adj* Unterdrückungs-. ◇ *m, f* Unterdrücker *der*, -in *die*.

oprimir *vt* - **1.** [presionar, apretar] drücken - **2.** [reprimir] unterdrücken - **3.** [angustiar] bedrücken.

optar *vi* - **1.** [escoger] : **~ por** sich entscheiden für ; **~ entre** die Wahl treffen zwischen - **2.** [aspirar] : **~ a** etw an|streben.

optativo, va *adj* fakultativ.

óptico, ca ◇ *adj* optisch. ◇ *m, f* Optiker *der*, -in *die*. ◆ **óptica** *f* - **1.** FÍS Optik *die* - **2.** [tienda] Optikergeschäft *das*.

optimismo *m* Optimismus *der*.

optimista ◇ *adj* optimistisch. ◇ *mf* Optimist *der*, -in *die*.

óptimo, ma ◇ *superl* ▷ **bueno**. ◇ *adj* optimal.

opuesto, ta ◇ *pp irreg* ▷ **oponer**. ◇ *adj* - **1.** [contrario] gegensätzlich - **2.** [de enfrente] entgegengesetzt.

opulento, ta *adj* üppig.

oración *f* - **1.** [rezo] Gebet *das* - **2.** GRAM Satz *der*.

oráculo *m lit & fig* Orakel *das*.

orador, ra *m, f* Redner *der*, -in *die*.

oral ◇ *adj* mündlich. ◇ *m* ▷ **examen**.

órale *interj Amér fam* : **¡órale!** stimmt.

orangután *m* Orang-Utan *der*.

orar *vi* beten.

oratorio, ria *adj* rednerisch. ◆ **oratoria** *f* - **1.** [arte] Redegewandtheit *die* - **2.** [género] Redekunst *die*.

órbita *f* - **1.** ASTRON Umlaufbahn *die* ; **entrar en ~** in die Umlaufbahn ein|treten ; **poner en ~** in eine Umlaufbahn (um die Erde) schießen o bringen - **2.** [de ojos] Augenhöhle *die*.

orca *f* Schwertwal *der*.

orden (*pl* **órdenes**) ◇ *m* - **1.** [gen] Ordnung *die* ; **~ del día** Tagesordnung *die* ; **incluir algo en el ~ del día** etw auf die Tagesordnung setzen ; **~ público** öffentliche Ordnung - **2.** [colocación] Anordnung *die* ; **en ~** [bien colocado] geordnet ; [como debe ser] ordentlich ; **por ~** der Reihe(nfolge) nach ; **sin ~ ni concierto** durcheinander - **3.** [clase, categoría] Art *die* - **4.** ARQUIT Säulenordnung *die* - **5.** RELIG Sakrament *das* der Weihe. ◇ *f* - **1.** [mandato] Befehl *der* ; **dar órdenes** Befehle erteilen ; **por ~ de** auf Anweisung *(+G)* ; **¡a la ~ !** MIL zu Befehl! - **2.** [escrito] Verfügung *die* - **3.** RELIG & HIST Orden *der*. ◆ **del orden de** *loc prep* ungefähr. ◆ **orden del día** *f fig* : **estar a la ~ del día** an der Tagesordnung sein.

ordenado, da *adj* - **1.** [lugar, cosas] geordnet - **2.** [persona] ordentlich.

ordenador *m* INFORM Computer *der* ; **~ personal** Personalcomputer *der* ; **~ portátil** Laptop *der*.

ordenanza ◇ *m* - **1.** [empleado] Bote *der* - **2.** MIL (Offiziers)bursche *der*. ◇ *f (gen pl)* Dienstordung *die*.

ordenar *vt* - **1.** [poner en orden] ordnen - **2.** [mandar] anlordnen - **3.** RELIG zum Priester weihen. ◆ **ordenarse** *vpr* RELIG ordiniert werden.

ordeñar *vt* melken.

ordinal *adj* Ordinal-.

ordinariez *f* Grobheit *die*.

ordinario, ria *adj* - **1.** [gen] gewöhnlich ; **de ~** [generalmente] gewöhnlicherweise - **2.** [vulgar] ordinär - **3.** [no especial] allgemein - **4.** DER ordentlich.

orear *vt* lüften. ◆ **orearse** *vpr* [ventilarse] (aus|)lüften.

orégano *m* Oregano *der*.

oreja *f* - **1.** ANAT [de sillón] Ohr *das* - **2.** [sentido] Gehör *das* - **3.** *loc* : **con las ~s gachas** mit gesenktem Kopf ; **verle las ~s al lobo** sich einer großen Gefahr gegenüber sehen.

orejera *f* Ohrenklappe *die*.

orejudo, da *adj* segelohrig.

orfanato, orfelinato *m* Waisenhaus *das*.

orfandad *f* - **1.** [estado] Verwaisung *die* - **2.** *fig* [desamparo] Schutzlosigkeit *die*.

orfebre *mf* [de oro] Goldschmied *der*, -in *die* ; [de plata] Silberschmied *der*, -in *die*.

orfebrería *f* - **1.** [arte - de oro] Goldschmiedekunst *die* ; [- de plata] Silberschmiedekunst *die* - **2.** [obra - de oro] Goldschmiedearbeit *die* ; [- de plata] Silberschmiedearbeit *die*.

orfelinato = orfanato.

orfeón *m* Gesang(s)verein *der*.

orgánico, ca *adj* - **1.** [gen] organisch - **2.** [reglamento] Organ-.

organigrama *m* Organigramm *das*.

organillo *m* Drehorgel *die*.

organismo *m* - **1.** BIOL & ANAT Organismus *der* - **2.** [entidad] Organ *das*, Einrichtung *die* ; ~ **oficial** Amt *das*.

organista *mf* Organist *der*, -in *die*.

organización *f* - **1.** [acción] Organisieren *das* - **2.** [sistema, institución] Organisation *die*.

organizar [13] *vt* - **1.** [fiesta] organisieren - **2.** [espectáculo, manifestación, encuesta, etc] veranstalten - **3.** [trabajo] sinnvoll(er) gestalten. ◆ **organizarse** *vpr* - **1.** [grupo] sich organisieren - **2.** [persona] sich *(D)* etw (besser) einǀteilen.

órgano *m* - **1.** [gen] Organ *das* - **2.** MÚS Orgel *die*.

orgasmo *m* Orgasmus *der*.

orgía *f* - **1.** [fiesta] Orgie *die* - **2.** [desenfreno] Ausschweifung *die*.

orgullo *m* - **1.** [satisfacción] Stolz *der* - **2.** [soberbia] Hochmut *der*.

orgulloso, sa *adj* - **1.** [satisfecho] stolz - **2.** [soberbio] hochmütig.

orientación *f* - **1.** [dirección] Richtungsbestimmung *die* - **2.** [posición] Ausrichtung *die* - **3.** [información] Orientierungshilfe *die*.

oriental ◇ *adj* - **1.** [del este] östlich, Ost- - **2.** [de Asia] orientalisch, Orient-. ◇ *mf* Asiate *der*, -tin *die*.

orientar *vt* - **1.** [dirigir] ausǀrichten - **2.** [guiar] die Richtung zeigen - **3.** *fig* [aconsejar] beraten. ◆ **orientarse** *vpr* - **1.** [encontrar camino] sich orientieren - **2.** [dirigirse] : **~se a** sich ausǀrichten auf *(+D)* - **3.** *fig* [encaminarse] : **~se hacia** neigen zu - **4.** *fig* [en una situación] sich zurechtǀfinden.

oriente *m* Osten *der*. ◆ **Oriente** *m* Orient *der* ; **Cercano Oriente, Oriente Medio** Mittlerer Osten ; **Lejano Oriente, Extremo Oriente** Ferner Osten ; **Próximo Oriente, Oriente Próximo** Naher Osten.

orificio *m* Öffnung *die*.

origen *m* - **1.** [principio] Ursprung *der* - **2.** [causa] Ursache *die* - **3.** [procedencia] Herkunft *die*.

original ◇ *adj* - **1.** [del origen] Herkunfts- ; [pecado] Erb- - **2.** [que no es copia] Original- ; [argumento] originell - **3.** [excéntrico] ausgefallen. ◇ *m* - **1.** [del autor] Original *das*, Originaltext *der* - **2.** DER Urschrift *die*.

originalidad *f* - **1.** [cualidad] Originalität *die* - **2.** [extravagancia] Ausgefallenheit *die*.

originar *vt* hervorǀrufen. ◆ **originarse** *vpr* entstehen.

originario, ria *adj* - **1.** [inicial, primitivo] ursprünglich - **2.** [de origen] Herkunfts- - **3.** [procedente] : ~ **de** stammend aus ; [nacido en] gebürtig aus.

orilla *f* - **1.** [ribera] Ufer *das* ; **a ~s de** am Ufer *(+G)* - **2.** [borde, límite] Rand *der*.

orillarse *vpr Amér* - **1.** [hacerse a un lado] aus dem Weg gehen - **2.** [aparcar] parken.

orín *m* Rost *der*. ◆ **orines** *mpl* Urin *der*.

orina *f* Urin *der*.

orinal *m* Nachttopf *der*.

orinar ◇ *vi* urinieren. ◇ *vt* Harn o Wasser lassen. ◆ **orinarse** *vpr* : **~se en la cama** ins Bett machen ; **~se en los pantalones** sich in die Hose(n) machen.

oriundo, da *adj* - **1.** [originario] : ~ **de** stammend aus - **2.** DEP *mit Bezug auf Spieler, die einen spanischen Elternteil haben*.

orla *f* - **1.** [adorno] Verzierung *die* - **2.** [fotografía] Studienabschlussfoto *das*.

ornamentación *f* Verzierung *die*.

ornamento *m* Ornament *das*.

ornar *vt* verzieren.

ornitología *f* Vogelkunde *die*.

ornitólogo, ga *m, f* Ornithologe *der*, -gin *die*.

oro *m* - **1.** [metal] Gold *das* - **2.** *fig* [dinero] Kohle *die* - **3.** *loc* : **de ~** golden ; **hacerse de ~** sich eine goldene Nase verdienen. ◆ **oros** *mpl eine der vier spanischen Spielkartenfarben*. ◆ **oro negro** *m* schwarzes Gold.

orografía *f* - **1.** GEOGR Orographie *die* - **2.** [relieve] Beschaffenheit *die* der Landesoberfläche.

orondo, da *adj fam* [gordo] rund(lich).

orquesta *f* - **1.** [conjunto de músicos] Orchester *das* ; ~ **de cámara** Kammerorchester ; ~ **sinfónica** Sinfonieorchester - **2.** [lugar] Orchestergraben *der*.

orquestar *vt* - **1.** MÚS orchestrieren - **2.** *fig* [dirigir] organisieren.

orquestina *f* Tanzorchester *das*.

orquídea *f* Orchidee *die*.

ortiga *f* Brennnessel *die*.

ortodoncia *f* Kieferorthopädie *die*.

ortodoxo, xa ◇ *adj* - **1.** [conforme a una norma] orthodox - **2.** RELIG [conforme al dogma católico] orthodox, rechtgläubig - **3.** RELIG [de la Iglesia de Oriente] (griechisch-)orthodox. ◇ *m, f* RELIG [de la Iglesia de Oriente] Orthodoxe *der, die*.

ortografía *f* Rechtschreibung *die*.

ortopedia *f* Orthopädie *die*.
ortopédico, ca ◇ *adj* orthopädisch. ◇ *m, f* Orthopäde *der*, -din *die*.
oruga *f* - **1.** [animal] Raupe *die* - **2.** [de vehículo] Raupenkette *die*.
orujo *m* - **1.** [residuo] Trester *pl* - **2.** [aguardiente] Branntwein *der* aus Trester.
orzuelo *m* Gerstenkorn *das*.
os *pron pers* - **1.** [gen] euch - **2.** *(recíproco)* einander ; **~ enamorasteis** ihr habt euch ineinander verliebt.
osa *f* ▷ **oso**.
osadía *f* - **1.** [atrevimiento] Kühnheit *die* - **2.** [descaro] Dreistigkeit *die*.
osado, da *adj* - **1.** [atrevido] kühn - **2.** [descarado] dreist.
osamenta *f* Gerippe *das*.
osar *vi* wagen.
óscar (*pl* **óscars**) *m* CIN Oscar *der*.
oscilación *f* - **1.** [movimiento] Schwingung *die* - **2.** [espacio recorrido] Pendelbereich *der*.
oscilar *vi* - **1.** FÍS & GEOL oszillieren - **2.** [moverse] schwingen - **3.** *fig* [variar, vacilar] schwanken.
oscurecer [30], **obscurecer** ◇ *vt* - **1.** [privar de luz] verdunkeln - **2.** [confundir] verwirren - **3.** [deslucir] in den Schatten stellen. ◇ *v impers* [anochecer] dunkel werden. ◆ **oscurecerse, obscurecerse** *vpr* dunkel werden.
oscuridad, obscuridad *f* - **1.** [falta de luz] Dunkelheit *die* - **2.** [lugar oscuro] Dunkel *das*.
oscuro, ra, obscuro, ra *adj* - **1.** [sin luz, color] dunkel ; **a oscuras** im Dunkeln - **2.** [nublado] düster - **3.** [poco claro] finster.
óseo, a *adj* Knochen-, knöchern.
osezno *m* Bärenjunge *das*.
Oslo *m* Oslo *nt*.
oso, osa *m, f* Bär *der*, -in *die* ; **~ de peluche** o **felpa** Teddy(bär *der*) ; **~ hormiguero** Ameisenbär ; **(~) panda** Panda(bär) ; **~ polar** Eisbär.
ostentación *f* Prahlerei *die* ; **hacer ~ de algo** etw zur Schau stellen.
ostentar *vt* - **1.** [poseer] besitzen ; **~ un récord** einen Rekord halten - **2.** [exhibir] zur Schau stellen.
ostentoso, sa *adj* prachtvoll.
ostión *m Amér* Auster *die*.
ostra ◇ *f* Auster *die* ; **aburrirse como una ~** *fam fig* sich zu Tode langweilen. ◇ *interj fam* : **¡ostras!** meine Güte!
ostrogodo, da ◇ *adj* ostgotisch. ◇ *m, f* Ostgote *der*, -tin *die*.
OTAN (*abrev de* **Organización del Tratado del Atlántico Norte**) *f* NATO *die*.
otear *vt* [divisar] erspähen.
OTI (*abrev de* **Organización de Televisiones Iberoamericanas**) *f Verband der spanischsprachigen Fernsehanstalten*.
otitis *f* Ohrenentzündung *die*.
otomano, na ◇ *adj* osmanisch. ◇ *m, f* Osmane *der*, -nin *die*.
otoñal *adj* [de otoño] herbstlich.
otoño *m* - **1.** [estación] Herbst *der* - **2.** *fig* [vejez] Lebensabend *der*.
otorgamiento *m* Verleihung *die*.
otorgar [16] *vt* [premio] verleihen.
otorrino, na *m, f fam* HNO-Arzt *der*, -Ärztin *die*.
otorrinolaringología *f* Hals-Nasen-Ohren-Heilkunde *die*.
otorrinolaringólogo, ga *m, f* Hals-Nasen-Ohren-Arzt *der*, -Ärztin *die*.
otro, tra ◇ *adj* andere, -r, -s ; **es ~ Dalí** er ist ein zweiter Dalí ; **el ~ día/mes** vor ein paar Tagen/Monaten ; **la otra tarde/noche** neulich nachmittags/nachts ; **la otra semana** vor einigen Wochen. ◇ *pron* ein anderer, eine andere, ein anderes ; **el** o **la otra** der o die o das andere.
ovación *f* Ovationen *pl*.
ovacionar *vt* mit stürmischem Beifall feiern.
oval *adj* oval, eiförmig.
ovalado, da *adj* oval.
óvalo *m* Oval *das*.
ovario *m* Eierstock *der*.
oveja *f* Schaf *das*. ◆ **oveja negra** *f* schwarzes Schaf.
overbooking [oβer'βukin] *m* Überbuchung *die*.
ovillo *m* Knäuel *das* ; **hacerse un ~** *fig* sich zusammen|rollen.
ovino, na *adj* Schaf(s)-.
ovíparo, ra ◇ *adj* eierlegend. ◇ *m, f* Eier legendes Tier.
ovni ['ofni] (*pl* **ovnis**) (*abrev de* **objeto volador no identificado**) *m* UFO *das*.
ovoide *adj* eiförmig.
ovulación *f* Eisprung *der*.
ovular[1] *adj* Eisprung-.
ovular[2] *vi* einen Eisprung haben.
óvulo *m* Eizelle *die*.
oxidación *f* - **1.** [acción] Oxidierung *die* - **2.** [estado] Rostansatz *der*.
oxidar *vt* oxidieren. ◆ **oxidarse** *vpr* verrosten.
óxido *m* - **1.** QUÍM Oxid *das* - **2.** [herrumbre] Rost *der*.
oxigenado, da *adj* - **1.** [con oxígeno] sauerstoffhaltig - **2.** [cabello] wasserstoffblond.
oxigenar *vt* QUÍM mit Sauerstoff an|reichern. ◆ **oxigenarse** *vpr* - **1.** [suj : persona] frische Luft schnappen - **2.** [cabello] : **~ el pelo** das Haar mit Wasserstoffperoxid blondieren.
oxígeno *m* Sauerstoff *der*.

oyente *mf* - **1.** [radio] Zuhörer *der,* -in *die* - **2.** [alumno] Gasthörer *der,* -in *die.*
ozono *m* Ozon *das.*

P

p, P [pe] *f* [letra] P *das.*
p. = pág.
pabellón *m* - **1.** [edificio] Pavillon *der* - **2.** [en parques, jardines] Gartenhaus *das* ; ~ **de caza** Jagdhütte *die* - **3.** [tienda de campaña] Zelt *das* - **4.** [dosel] Baldachin *der* - **5.** ANAT Ohrmuschel *die* ; *fam* [oreja] Segelohr *das.*
PAC (*abrev de* **política agrícola común**) *f* GAP *die.*
pacer [29] *vi* weiden.
pachá (*pl* **pachaes** o **pachás**) *m* Pascha *der.*
pachanga *f fam* wilde Party.
pacharán *m mit Anisschnaps angesetzter Schlehenlikör.*
pachorra *f fam* Trägheit *die.*
pachucho, cha *adj fam* ausgelaugt.
pachulí (*pl* **pachulíes**) *m* Patschuli *das.*
paciencia *f* Geduld *die* ; **armarse de** ~ sich mit Geduld wappnen.
paciente <> *adj* geduldig. <> *mf* Patient *der,* -in *die.*
pacificación *f* Befriedung *die.*
pacificar [10] *vt* [país] befrieden.
pacífico, ca *adj* friedlich.
Pacífico *m* : **el (océano)** ~ der Pazifische Ozean, der Pazifik.
pacifismo *m* Pazifismus *der.*
pacifista <> *adj* pazifistisch. <> *mf* Pazifist *der,* -in *die.*
pacotilla ◆ **de pacotilla** *loc adj* Ramsch-.
pactar <> *vt* vereinbaren. <> *vi* : ~ **(con)** paktieren (mit).
pacto *m* Pakt *der* ; **hacer un** ~ einen Pakt ab|schließen.
padecer [20] <> *vt* - **1.** [injusticia, desgracia] erleiden - **2.** [enfermedad] leiden (an (+D)). <> *vi* - **1.** [por desgracia, injustica] leiden - **2.** [por enfermedad] : ~ **de** leiden an (+D).
padecimiento *m* Leiden *das.*
pádel *m* DEP Familytennis *das.*
padrastro *m* - **1.** [persona] Stiefvater *der* - **2.** [pellejo] Niednagel *der.*
padrazo *m fam* liebender Vater.
padre <> *m* - **1.** [pariente] Vater *der* ; ~ **de familia** Familienvater - **2.** [sacerdote] Pater *der* - **3.** *fig* [creador, iniciador] (Gründer)vater *der* - **4.** *fig* [origen] Mutter *die.* <> *adj* - **1.** *fam* [considerable] gewaltig - **2.** *Amér* [excelente] toll ; **estar** ~ toll sein. ◆ **padres** *mpl* - **1.** [padre y madre] Eltern *pl* - **2.** [antepasados] Väter *pl.*
padrenuestro (*pl* **padrenuestros**) *m* Vaterunser *das.*
padrino *m* - **1.** [de bautismo] Taufpate *der* ; [de boda] *Person, die der Braut im Auftrag des Bräutigams den Brautstrauß überbringt und sie zum Kirchenportal führt* - **2.** [en acto solemne] Sekundant *der.* ◆ **padrinos** *mpl* [padrino y madrina] Taufpaten *pl.*
padrísimo *adj Amér* spitzenmäßig ; **estar** ~ spitzenmäßig sein.
padrón *m* : ~ **(municipal)** Einwohnerverzeichnis *das (einer Gemeinde).*
paella *f* Paella *die.*
paellera *f* Paellapfanne *die.*
paf *interj* : **¡paf!** plumps.
pág., p. (*abrev de* **página**) S.
paga *f* [gen] Zahlung *die* ; [salario] Gehalt *das* ; ~ **extra** o **extraordinaria** zusätzlicher Monatslohn.
pagadero, ra *adj* zahlbar.
pagano, na <> *adj* [no cristiano] heidnisch. <> *m, f* [no cristiano] Heide *der,* -din *die.*
pagar [16] <> *vt* - **1.** [gen] bezahlen - **2.** [corresponder] zurück|zahlen - **3.** *loc* : ~ **el pato,** ~ **los platos rotos** *fam* es aus|baden müssen ; **me las pagarás** *fam* das zahl' ich dir heim. <> *vi* zahlen. ◆ **pagarse** *vpr* - **1.** [dar dinero] sich bezahlt machen - **2.** [costearse] sich leisten.
pagaré *m* COM Schuldschein *der* ; ~ **del Tesoro** Schatzanweisung *die.*
página *f* Seite *die* ; **las ~s amarillas** die Gelben Seiten *pl* ; ~ **web** Webseite *die.*
pago *m* - **1.** [de dinero] Zahlung *die* - **2.** [recompensa] Lohn *der* ; **en** ~ **de** als Lohn für.
pagoda *f* Pagode *die.*
paipái (*pl* **paipáis**), **paipay** (*pl* **paipays**) *m aus einem Palmwedel bestehender Fächer.*
pair ◆ **au pair** [o'per] *f* Aupairmädchen *das.*
país *m* Land *das.*
paisaje *m* - **1.** [gen] Landschaft *die* - **2.** ARTE Landschaftsbild *das.*
paisajista *mf* ARTE Landschaftsmaler *der,* -in *die.*
paisano, na <> *adj* aus derselben Gegend stammend. <> *m, f* Landsmann *der,* -männin *die.* ◆ **paisano** *m* Zivilist *der,* -in *die* ; **de** ~ in Zivil.
Países Bajos *mpl* : **los** ~ die Niederlande.
País Vasco *m* : **el** ~ das Baskenland.
paja *f* - **1.** [tallo seco] Stroh *das* - **2.** [para sorber] Strohhalm *der* - **3.** *fig* [parte desechable]

leeres Stroh - **4.** *vulg* [masturbación] Wichsen *das.*
pajar *m* Scheune *die.*
pájara *f fig & despec* durchtriebene Frau.
pajarería *f* Vogelhandlung *die.*
pajarita *f* - **1.** [corbata] Fliege *die* - **2.** [de papel] Papierflieger *der.*
pájaro *m* [ave] Vogel *der.*
pajarraco *m* - **1.** *despec* [pájaro] komischer Vogel - **2.** *fig* [persona] alter Gauner.
paje *m* Page *der.*
pajilla, pajita *f* Strohhalm *der.*
pajizo, za *adj* [color] strohgelb ; [pelo] strohig ; [techo] Stroh-.
Pakistán = **Paquistán.**
pala *f* - **1.** [herramienta] Schaufel *die* ; **~ mecánica** o **excavadora** Schaufelbagger *der* - **2.** [raqueta] *Schläger aus Holz für Frontón und andere Spiele.*
palabra *f* - **1.** [gen] Wort *das* ; **dar la ~ a alguien** jm das Wort erteilen ; **de ~** mündlich ; **no tener ~** sein Wort nicht halten ; **~ de honor** Ehrenwort *das* ; **~ por ~** wortwörtlich ; **tomar** o **coger la ~ a alguien** jn beim Wort nehmen - **2.** [aptitud oratoria] Wortgewandtheit *die* - **3.** *loc* : **en una ~** mit einem Wort. ◆ **palabras** *fpl* [discurso] Worte *pl.*
palabrería *f fam* Gelaber *das.*
palabrota *f* Schimpfwort *das.*
palacete *m* Palais *das.*
palacio *m* Palast *der* ; **~ de congresos** Kongresshalle *die* ; **~ de justicia** Justizpalast *der* ; **~ municipal** *Amér* Rathaus *das.*
palada *f* - **1.** [al cavar] : **una ~** eine Schaufel voll - **2.** [de remo] Ruderschlag *der.*
paladar *m lit & fig* Gaumen *der.*
paladear *vt* [degustar] (ver)kosten.
paladín *m* - **1.** HIST treuer Gefolgsmann - **2.** *fig* [defensor] Verteidiger *der.*
palanca *f* [gen] Hebel *der* ; **~ de cambio** Schalthebel *der* ; **~ de mando** AERON Steuerknüppel *der.*
palangana *f* (Wasch)schüssel *die.*
palco *m* Loge *die.*
paleografía *f* Paläographie *die.*
paleolítico, ca *adj* paläolithisch. ◆ **Paleolítico** *m* Paläolithikum *das.*
Palestina *f* Palästina *nt.*
palestino, na ◇ *adj* palästinensisch. ◇ *m, f* Palästinenser *der,* -in *die.*
palestra *f* Palästra *die* ; **salir** o **saltar a la ~** *fig* sich in den Kampf stürzen.
paleta *f* - **1.** [de albañil] (Maurer)kelle *die* - **2.** [de chimenea] Schüreisen *das* - **3.** [de cocina] (Küchen)spatel *der* - **4.** [de pintor] Palette *die.*
paletilla *f* Schulterblatt *das.*
paleto, ta ◇ *adj despec* bäurisch dumm. ◇ *m, f* Dorftölpel *der.*
paliar [8] *vt* [atenuar] lindern.
paliativo, va *adj* (schmerz)lindernd. ◆ **paliativo** *m* - **1.** [excusa] Beschönigung *die* - **2.** MED Palliativum *das.*
palidecer [30] *vi* - **1.** [ponerse pálido] erbleichen - **2.** [perder importancia] verblassen.
palidez *f* Blässe *die.*
pálido, da *adj* blass.
palier [pa'ljer] (*pl* **paliers**) *m* AUTOM Lager *das.*
palillo *m* - **1.** [mondadientes] Zahnstocher *der* - **2.** [baqueta] Trommelschlägel *der* - **3.** *fig* [persona delgada] : **estar como/ser un ~** ein Strich in der Landschaft sein.
palique *m fam* Schwatz *der.*
palisandro *m* Palisander *der.*
paliza *f* - **1.** [golpes] Prügel *pl* - **2.** *fam fig* [esfuerzo agotador] Strapaze *die* - **3.** [derrota] Abreibung *die.*
palma *f* - **1.** [de mano] Handfläche *die* - **2.** [palmera] Palme *die* - **3.** [hoja de palmera] Palm(en)blatt *das* - **4.** *fig* [triunfo] Siegespalme *die.* ◆ **palmas** *fpl* Klatschen *das* ; **batir ~s** klatschen.
palmada *f* - **1.** [golpe] Klaps *der* - **2.** [aplauso] Händeklatschen *das.*
palmar[1] ◇ *adj* Palmen-. ◇ *m* Palmenwald *der.*
palmar[2] *vi mfam* verrecken ; **~la** ins Gras beißen.
palmarés *m* - **1.** [historial] Erfolgsgeschichte *die* - **2.** [lista] Siegerliste *die.*
palmear ◇ *vt* beklatschen. ◇ *vi* klatschen.
palmera *f* - **1.** [árbol] Palme *die* - **2.** [dulce] Schweinsohr *das.*
palmito *m* - **1.** [árbol] Zwergpalme *die* - **2.** [manjar] Palm(en)herz *das* - **3.** *fam* [belleza] gute Figur ; **lucir el ~** zeigen, wie schön man ist.
palmo *m* Handbreit *die* ; **dejar a alguien con un ~ de narices** jm eine lange Nase machen ; **quedarse con un ~ de narices** hängengelassen werden ; **~ a ~** Schritt für Schritt.
palmotear *vi* applaudieren.
palo *m* - **1.** [barra] Stock *der* - **2.** [de escoba, fregona, etc] Stiel *der* - **3.** [de portería] Pfosten *der* - **4.** [de golf] Schläger *der* - **5.** [madera] Holz *das* - **6.** [golpe] Prügel *pl* - **7.** [crítica negativa] Verriss *der* - **8.** [de baraja] *Farbe im spanischen Kartenspiel* - **9.** [mástil] Mast *der* - **10.** BOT Baum *der* - **11.** *fig* [pesadez, molestia] Last *die* - **12.** *loc* : **a ~ seco** auf nüchternen Magen.
paloma *f* Taube *die* ; **~ mensajera** Brieftaube.
palomar *m* Taubenschlag *der.*
palomilla *f* - **1.** [insecto] Motte *die* - **2.** [tornillo] Flügelmutter *die* - **3.** [armazón] Winkelträger *der.*
palomino *m* Jungtaube *die.*
palomita *f* Popcorn *das.*

palote *m* [trazo] Schreibübung *die*.
palpable *adj* - **1.** [tangible] ertastbar - **2.** [evidente] greifbar.
palpación *f* MED Abtasten *das*.
palpar ◇ *vt* - **1.** [tocar] ab|tasten - **2.** [percibir] spüren. ◇ *vi* tasten.
palpitación *f* Pulsschlag *der*. ◆ **palpitaciones** *fpl* MED *unangenehmes und unerwartet eintretendes, starkes Herzklopfen.*
palpitante *adj* - **1.** [que palpita] klopfend - **2.** [interesante] lebhaft.
palpitar *vi* - **1.** [corazón] schlagen - **2.** *fig* [sentimiento] glühen.
pálpito *m* Vorahnung *die*.
palta *f Amér* Avocado *die*.
paludismo *m* MED Malaria *die*.
palurdo, da ◇ *adj fam* plump. ◇ *m, f* Trampel *der*.
pamela *f* Florentiner(hut) *der*.
Pampa *f* : **la ~** die Pampa.
pampero, ra ◇ *adj* Pampa-. ◇ *m, f* Pampabewohner *der*, -in *die*.
pamplinas *fpl fam* Flausen *pl*.
pan *m* - **1.** [alimento] *fig* Brot *das* ; **~ de molde** o **inglés** Kastenbrot, Toastbrot ; **~ integral** Brot *das* mit Weizenkleie ; **~ rallado** geriebene Semmel ; **a ~ y agua** bei Wasser und Brot ; *fig* arm dran sein - **2.** [hogaza] Laib *der* - **3.** [lámina] : **~ de oro** Goldplättchen *das*, Blattgold *das* - **4.** *loc* : **llamar al ~ y al vino vino** die Dinge beim Namen nennen ; **ser el ~ nuestro de cada día** etw Alltägliches sein ; **ser ~ comido** kinderleicht sein ; **ser más bueno que el ~** herzensgut sein.
pana *f* Kord *der*.
panacea *f lit & fig* Allheilmittel *das*.
panadería *f* Bäckerei *die*.
panadero, ra *m, f* Bäcker *der*, -in *die*.
panal *m* Wabe *die*.
Panamá *m* Panama *nt*.
panameño, ña ◇ *adj* panamaisch. ◇ *m, f* Panamaer *der*, -in *die*.
pancarta *f* Transparent *das*, Spruchband *das*.
panceta *f* durchwachsener Speck.
pancho, cha *adj fam* ruhig ; **quedarse tan ~** sich nicht aus der Ruhe bringen lassen.
páncreas *m* Bauchspeicheldrüse *die*.
panda ◇ *m* ▷ **oso**. ◇ *f* [de bribones] Bande *die* ; [de amigos] Clique *die*.
pandereta *f* Tamburin *das*.
pandero *m* - **1.** MÚS Tamburin *das*, - **2.** *fam* [culo] breiter Hintern.
pandilla *f* [de ladrones] Bande *die* ; [de chicos] Clique *die*.
panecillo *m* Brötchen *das*.
panel *m* - **1.** [de puerta] Paneel *das* - **2.** [pared, biombo] Trennwand *die* - **3.** [tablero] : **~ de anuncios** schwarzes Brett - **4.** [de coche] Armaturenbrett *das*.
panera *f* Brotkorb *der*.
pánfilo, la *m, f* - **1.** [parado] Schlappschwanz *der* - **2.** [bobo] Dummerjan *der*.
panfleto *m* Pamphlet *das*.
pánico *m* Panik *die*.
panocha *f* Maiskolben *der*.
panorama *m* - **1.** [vista] Panorama *das* - **2.** [situación] Lage *die*.
panorámico, ca *adj* Panorama-. ◆ **panorámica** *f* - **1.** [vista] Rundblick *der* - **2.** CIN Panoramaeinstellung *die*.
pantaletas *fpl Amér* Schlüpfer *der (für Frauen)*.
pantalla *f* - **1.** [monitor] Bildschirm *der* ; **mostrar en ~** auf dem Bildschirm zeigen ; **la pequeña ~** Fernsehen *das* ; **~ de cristal líquido** LCD-Bildschirm *der* - **2.** [de cine] Leinwand *die* - **3.** [de lámpara] Lampenschirm *der* - **4.** [de sonido, ondas] Schirm *der* - **5.** *fig* [tapadera] Tarnung *die*.
pantalón *m (gen pl)* Hose *die* ; **~ pitillo** Röhrenhose ; **~ vaquero** o **tejano** Jeans *die*.
pantano *m* - **1.** [ciénaga] Moor *das* ; [laguna] Sumpf *der* - **2.** [embalse] Stausee *der*.
pantanoso, sa *adj* - **1.** [con pantanos] sumpfig - **2.** *fig* [difícil] verzwickt.
panteísmo *m* Pantheismus *der*.
panteón *m* - **1.** [mausoleo] Familiengrab *das* - **2.** [templo] Pantheon *das*.
pantera *f* Panter *der* ; **~ negra** schwarzer Panter.
pantimedias *fpl Amér* Strumpfhose *die*.
pantorrilla *f* Wade *die*.
pantufla *f (gen pl)* Pantoffel *der*.
panty (*pl* **pantys**) *m* Nylonstrumpfhose *die*.
panza *f* - **1.** [de persona, de recipiente] Bauch *der* - **2.** [de rumiantes] Pansen *der*.
panzada *f* - **1.** [golpe] Bauchklatscher *der* - **2.** *fam* [hartura] Übersättigung *die*.
pañal *m* Windel *die*. ◆ **pañales** *mpl* - **1.** [de niño] Windeln *pl* - **2.** *fig* [inicios] Anfänge *pl*.
paño *m* - **1.** [tela] Tuch *das* - **2.** [trapo] Lappen *der* ; **~ de cocina** Küchenhandtuch *das* - **3.** [lienzo] Lein(en)tuch *das*. ◆ **paños** *mpl* - **1.** [vestiduras] Tücher *pl* ; **~s menores** Unterwäsche *die* - **2.** MED Tupfer *pl* ; **~s calientes** heiße Umschläge.
pañuelo *m* - **1.** [de nariz] Taschentuch *das* ; **~ de papel** Papiertaschentuch *das* - **2.** [de adorno] Tuch *das*.
papa ◇ *f Amér* [alimento] Kartoffel *die*. ◇ *m loc* : **no saber ni ~** *fam fig* keinen blassen Schimmer haben.
Papa *m* Papst *der*.
papá (*pl* **papás**) *m fam* Papa *der*. ◆ **Papá Noel** *m* Weihnachtsmann *der*.
papachado, da *adj Amér* verwöhnt.
papachador, ra *adj Amér* verwöhnend.
papachar *vt Amér* liebkosen.

papacho *m Amér* Streicheleinheiten *pl.*
papada *f* - **1.** [de persona] Doppelkinn *das* - **2.** [de animal] Wamme *die.*
papagayo *m* Papagei *der* ; **hablar como un ~** quasseln ; **aprender/repetir algo como un ~** etw lernen/nach|plappern, ohne es zu verstehen.
papamoscas *m inv* Fliegenschnäpper *der.*
papaya *f* [fruta] Papaya *die.*
papel *m* - **1.** [material, documento] Papier *das* ; **~ biblia** Dünndruckpapier ; **~ carbón** Kohlepapier ; **~ celofán®** Folie *die* ; **~ continuo** INFORM Endlospapier ; **~ de embalar** o **de embalaje** Packpapier *das* ; **~ de fumar** Zigarettenpapier ; **~ de lija** Sandpapier ; **~ higiénico** Toilettenpapier ; **~ secante** Löschpapier ; **~ pintado** Tapete *die* ; **~ de estaño** o **de aluminio** o **de plata** Alu(minium)folie *die* - **2.** [personaje, función] Rolle *die* ; **desempeñar** o **hacer el ~ de** die Rolle *(+G)* spielen - **3.** FIN Wertpapier *das* ; **~ moneda** Papiergeld *das,* Banknoten *pl.* ◆ **papeles** *mpl* [documentos] (Ausweis)papiere *pl.*
papeleo *m* Papierkram *der.*
papelera *f* ▷ **papelero.**
papelería *f* Schreibwarengeschäft *das.*
papelero, ra *adj* Papier-. ◆ **papelera** *f* [cesto - en casa] Papierkorb *der* ; [- en calle] Abfallbehälter *der.*
papeleta *f* - **1.** [documento] Zettel *der* - **2.** [nota] Aushang *der* - **3.** [problema] schwierige o unangenehme Aufgabe.
papera *f* [bocio] Kropf *der.* ◆ **paperas** *fpl* MED Mumps *der.*
papi *m fam* Vati *der.*
papila *f* Papille *die.*
papilla *f* - **1.** [para niños] Brei *der,* Babynahrung *die* - **2.** *loc* : **hecho ~** [cansado] total fertig sein ; [destrozado] total kaputt sein.
papiro *m* - **1.** [planta] Papyrusstaude *die* - **2.** [papel] Papyrus *der.*
paquebote *m* Passagierdampfer *der.*
paquete *m* - **1.** [gen] Paket *das* ; **~ bomba** Briefbombe *die* ; **~ de acciones** Aktienpaket *das* ; **~ postal** Postpaket *das* - **2.** [cajetilla] Päckchen *das* - **3.** [en moto] : **de ~** als Beifahrer - **4.** *fam* [jugador malo] Idiot *der* - **5.** *fam* [cosa fastidiosa] lästiger Kram.
paquidermo ◇ *adj* dickhäutig. ◇ *m* Dickhäuter *der.*
Paquistán *m* Pakistan *nt.*
paquistaní (*pl* **paquistaníes**), **pakistaní** (*pl* **pakistaníes**) ◇ *adj* pakistanisch. ◇ *m, f* Pakistaner *der,* -in *die.*
par ◇ *adj* - **1.** MAT gerade ; **jugar a ~es o nones** *raten, wie viele nicht eingeknickte Finger jd hinter dem Rücken versteckt* - **2.** [igual] gleich ; **sin ~** unvergleichlich. ◇ *m* - **1.** [pareja, dos] Paar *das* - **2.** [número indeterminado] ein paar. ◆ **de par en par** *loc adj* : **abierto de ~ en ~** sperrangelweit offen.
para *prep* - **1.** [finalidad, tiempo, comparación] für ; **está muy delgado ~ lo que come** er ist sehr schlank für das, was er isst ; **la ceremonia se ha fijado ~ el cinco de marzo** die Feier ist für den 5. März geplant ; **¿~ qué me voy a molestar?** wozu sollte ich mir die Mühe geben? ; **tiene que estar acabado ~ mañana** morgen sollte es fertig sein - **2.** *(delante de infin)* um ...zu ; **lo he hecho ~ agradarte** ich habe es getan, um dir eine Freude zu machen - **3.** [dirección] nach ; **ir ~ casa** nach Hause gehen ; **salir ~ el aeropuerto** zum Flughafen fahren - **4.** *(después de adj y delante de infin)* [inminencia, propósito] zu ; **esta agua no es buena ~ beber** dieses Wasser kann man nicht trinken ; **la comida está lista ~ servir** das Essen ist fertig zum Servieren.
parábola *f* - **1.** [alegoría] Gleichnis *das* - **2.** GEOM Parabel *die.*
parabólico, ca *adj* Parabol-.
parabrisas *m inv* Windschutzscheibe *die.*
paracaídas *m inv* Fallschirm *der.*
paracaidista *mf* Fallschirmspringer *der,* -in *die.*
parachoques *m inv* Stoßstange *die.*
parada *f* ▷ **parado.**
paradero *m* - **1.** [localización] Aufenthaltsort *der* - **2.** *Amér* [estación] Haltestelle *die.*
paradisiaco, ca, paradisíaco, ca *adj* paradiesisch.
parado, da ◇ *adj* - **1.** [quieto - cosa] stillstehend ; [- persona] apathisch - **2.** [pasivo] passiv - **3.** *fam* [sin empleo] arbeitslos - **4.** *Amér* [de pie] stehend ; **estar ~** stehen - **5.** *loc* : **salir mal/bien ~ (de algo)** schlecht/gut (bei etw) weg|kommen ; **quedarse ~** baff sein. ◇ *m, f fam* [desempleado] Arbeitslose *der, die.* ◆ **parada** *f* - **1.** [detención] Stoppen *das* - **2.** [de transportes] Haltestelle *die* ; **parada de autobús** Bushaltestelle *die* ; **parada de metro** U-Bahnhof *der* ; **parada de taxis** Taxistand *der* - **3.** MIL Parade *die.*
paradoja *f* Paradoxon *das.*
paradójico, ca *adj* paradox.
parador *m* Wirtshaus *das.* ◆ **parador nacional** *m staatliches spanisches Hotel.*
parafernalia *f* Brimborium *das.*
parafrasear *vt* umschreiben.
paráfrasis *f inv* Paraphrase *die,* Umschreibung *die.*
paraguas *m inv* Regenschirm *der.*
Paraguay *m* : **(el) ~** Paraguay *nt.*
paraguayo, ya ◇ *adj* paraguayisch. ◇ *m, f* Paraguayer *der,* -in *die.*
paragüero *m* Schirmständer *der.*
paraíso *m lit & fig* Paradies *das.*
paraje *m* Ort *der.*
paralela = **paralelo.**

paralelismo *m* **- 1.** [cualidad] Parallelismus *der* **- 2.** [semejanza] Parallele *die*.

paralelo, la *adj* parallel ; **en ~** ELECTR parallel geschaltet. ◆ **paralelo** *m* **- 1.** GEOGR Breitengrad *der* **- 2.** [comparación] Vergleich *der*. ◆ **paralela** *f* GEOM Parallele *die*.

parálisis *f inv* Lähmung *die* ; **~ cerebral** Gehirnlähmung.

paralítico, ca ◇ *adj* gelähmt. ◇ *m, f* Gelähmte *der, die*.

paralizar [13] *vt* **- 1.** [causar parálisis] lähmen **- 2.** *fig* [detener] lahm legen **- 3.** *fig* [inmovilizar] erstarren lassen.

paramento *m* CONSTR Verkleidung *die*.

parámetro *m* Parameter *der*.

paramilitar *adj* paramilitärisch.

páramo *m* **- 1.** [terreno yermo] Ödland *das* **- 2.** [lugar solitario] Einöde *die*.

parangón *m* Vergleich *der* ; **sin ~** unvergleichlich.

paranoia *f* Paranoia *die*.

paranoico, ca ◇ *adj* paranoisch. ◇ *m, f* Paranoiker *der*, -in *die*.

paranormal *adj* übersinnlich.

parapente *m* Paragliding *das*.

parapeto *m* [barandilla] Brüstung *die* ; [barricada] Barrikade *die*.

parapléjico, ca ◇ *adj* doppelseitig gelähmt. ◇ *m, f* doppelseitig Gelähmte *der, die*.

parapsicología, parasicología *f* Parapsychologie *die*.

parar ◇ *vi* **- 1.** [cesar] auf|hören ; **~ de** auf|hören zu ; **no ~ de** nicht auf|hören zu ; **sin ~** ununterbrochen **- 2.** [detenerse] an|halten **- 3.** [acabar] enden ; **ir a ~ a** gehen nach **- 4.** [alojarse] übernachten. ◇ *vt* **- 1.** [detener] an|halten **- 2.** *Amér* [levantar] heben. ◆ **pararse** *vpr* **- 1.** [detenerse] still stehen ; **~se a hacer algo** inne|halten, um etw zu tun **- 2.** *Amér* [levantarse] auf|stehen.

pararrayos *m inv* Blitzableiter *der*.

parasicología = **parapsicología**.

parásito, ta *adj* Schmarotzer-. ◆ **parásito** *m* **- 1.** [animal] Parasit *der* **- 2.** [persona] Schmarotzer *der*, -in *die*. ◆ **parásitos** *mpl* [interferencias] Störgeräusche *pl*.

parasol *m* Sonnenschirm *der*.

parcela *f* Parzelle *die*.

parcelar *vt* parzellieren.

parche *m* **- 1.** [para tapar] Flicken *der* ; [de ojo] Augenklappe *die* **- 2.** [para curar] Packung *die* ; **~ de nicotina** Nikotinpflaster *das* **- 3.** [solución transitoria] Notlösung *die*.

parchís *m inv* [juego] ≃ Mensch, ärgere dich nicht!

parcial ◇ *adj* **- 1.** [no total] teilweise, Teil- **- 2.** [no ecuánime] voreingenommen ; [juez] befangen. ◇ *m* [examen] Teilprüfung *die*.

parcialidad *f* **- 1.** [falta de ecuanimidad] Voreingenommenheit *die* **- 2.** [bando] Anhängerschaft *die*.

parco, ca *adj* **- 1.** [moderado] genügsam ; **~ en palabras** wortkarg **- 2.** [escaso] spärlich.

pardillo, lla ◇ *adj* naiv. ◇ *m, f* Einfaltspinsel *der*. ◆ **pardillo** *m* Hänfling *der*.

pardo, da *adj* graubraun ; **oso ~** Braunbär *der*. ◆ **pardo** *m* Graubraun *das*.

parecer [30] ◇ *m* **- 1.** [opinión] Ansicht *die* **- 2.** [apariencia] Aussehen *das*. ◇ *vi* aus|sehen. ◇ *vimpers* **- 1.** [opinar, creer] finden ; **¿qué te parece esta novela?** wie findest du den Roman? **- 2.** [ser posible] scheinen. ◆ **parecerse** *vpr* sich *(D)* ähneln ; **~se a** sich *(D)* ähneln ; **~se a algo/alguien en algo** etw/jm in etw ähneln.

parecido, da *adj* **- 1.** [semejante] ähnlich ; **~ a algo** etw *(D)* ähnlich **- 2.** [de aspecto] : **bien ~** gut aussehend ; **mal ~** hässlich. ◆ **parecido** *m* Ähnlichkeit *die*.

pared *f* **- 1.** [muro] Wand *die* ; **~ maestra** tragende Wand ; **las ~es oyen** *fig* die Wände haben Ohren ; **si las ~es hablasen...** *fig* wenn die Wände sprechen könnten ; **subirse por las ~es** *fig* die Wände hoch|gehen **- 2.** DEP Wand *die*.

paredón *m* Mauer *die* ; **llevar a alguien al ~** jn an die Wand stellen.

parejo, ja *adj* gleich. ◆ **pareja** *f* **- 1.** [par] Paar *das* **- 2.** [macho y hembra] Paar *das*, Pärchen *das* ; **pareja de hecho** *unverheiratetes Paar, das dieselben Rechte wie ein verheiratetes Paar genießt* **- 3.** [miembro del par] Partner *der*, -in *die*.

parentesco *m* Verwandtschaft *die*.

paréntesis *m* **- 1.** GRAM [signo] Klammer *die* ; **entre ~** in Klammern **- 2.** [digresión] Abschweifung *die* **- 3.** [interrupción] Unterbrechung *die*.

pareo *m* Hüfttuch *das*.

paria *mf* **- 1.** [en la India] Paria *der* **- 2.** [persona discriminada] Ausgestoßene *der, die*.

parida *f fam* Quatsch *der (sin pl)*.

paridad *f* Parität *die*.

pariente, ta *m, f* [familiar] Verwandte *der, die*.

parir *vi & vt* [persona] gebären ; [animal] werfen.

París *m* Paris *nt*.

parking ['parkin] *m* [edificio] Parkhaus *das* ; [plaza] Parkplatz *der*.

parlamentar *vi* verhandeln.

parlamentario, ria ◇ *adj* parlamentarisch, Parlament(s)-. ◇ *m, f* Parlamentarier *der*, -in *die*.

parlamento *m* **- 1.** [asamblea] Parlament *das* **- 2.** [edificio] Parlamentsgebäude *das* **- 3.** TEATR (langer) Monolog.

parlanchín, ina ◇ *adj* geschwätzig. ◇ *m, f* Schwätzer *der*, -in *die*.

parlante *adj* sprechend, Sprech-.

parlotear *vi fam* schwätzen.

paro *m* - **1.** [carencia de trabajo] Arbeitslosigkeit *die* ; **estar en ~** arbeitslos sein - **2.** [interrupción] Aussperrung *die* - **3.** [cese] Stillstand *der* ; **~ cardiaco** Herzstillstand.

parodia *f* Parodie *die*.

parodiar [8] *vt* parodieren.

parpadear *vi* - **1.** [ojos] blinzeln - **2.** [luz, estrella] flimmern ; [semáforo] blinken.

párpado *m* Augenlid *das*.

parque *m* - **1.** [terreno cercado] Park *der* ; **~ acuático** Wasserpark ; **~ de atracciones** Rummelplatz *der* ; **~ nacional** Nationalpark *der* ; **~ temático** Themenpark *der* ; **(~) zoológico** Zoo *der* - **2.** [conjunto de elementos] Bestand *der* ; **~ de bomberos** Feuerwehrwache *die* - **3.** [para niños] Laufstall *der*.

parqué, parquet [par'ke] (*pl* **parquets**) *m* Parkett *das*.

parqueadero *m Amér* Parkplatz *der*.

parquear *vt Amér* parken.

parqueo *m Amér* Parken *das*.

parquet = **parqué**.

parquímetro *m* Parkuhr *die*.

parra *f* Weinrebe *die*.

parrafada *f* vertrauliches Gespräch.

párrafo *m* - **1.** [división] Absatz *der* - **2.** GRAM [signo] Paragraf *der*.

parranda *f fam* [juerga] Kneipentour *die*.

parricidio *m* [de padre] Vatermord *der* ; [de madre] Muttermord *der*.

parrilla *f* - **1.** [utensilio] Grill *der* ; **a la ~** CULIN gegrillt - **2.** [de restaurante] Grillrestaurant *das* - **3.** DEP Startplatz *der* - **4.** *Amér* [de coche] Dachgepäckträger *der*.

parrillada *f* CULIN Grillplatte *die*.

párroco *m* Pfarrer *der*.

parroquia *f* - **1.** [iglesia] Pfarrkirche *die* - **2.** [jurisdicción] (Pfarr)gemeinde *die* - **3.** [fieles] Gemeinde *die* - **4.** [clientela] Kundschaft *die*.

parroquiano, na *m, f* - **1.** [feligrés] Gemeindemitglied *das* - **2.** [cliente] Stammgast *der*.

parsimonia *f* Bedächtigkeit *die*.

parte ◇ *m* [informe] Bericht *der* ; **dar ~** Bericht erstatten ; **~ facultativo** o **médico** ärztliches Bulletin. ◇ *f* - **1.** [gen] Teil *der* ; **en ~** zum Teil ; **formar ~ de** anlgehören *(D)* ; **por ~s** der Reihe nach ; **tener** o **tomar ~ en algo** *fig* an etw *(D)* teillnehmen - **2.** [trozo, porción] Stück *das* - **3.** [lugar] Ort *der* - **4.** [bando] Seite *die* ; **estoy de tu ~** ich bin auf deiner Seite ; **por mi ~** meinerseits ; **por ~ de padre** väterlicherseits ; **por ~ de madre** mütterlicherseits - **5.** TEATR Rolle *die*. ◆ **partes** *fpl* Geschlechtsteile *pl*. ◆ **de parte de** *loc prep* im Namen von ; **¿de ~ de quién?** [en teléfono] wer ist am Apparat? ◆ **por otra parte** *loc adv* andererseits.

parterre *m* Blumenbeet *das*.

partición *f* - **1.** [reparto] Aufteilung *die* - **2.** MAT Division *die*.

participación *f* - **1.** [presencia] Teilnahme *die* ; [colaboración] Beteiligung *die* - **2.** [de lotería] Lotterielos *das* - **3.** [invitación] Einladung *die*.

participante ◇ *adj* ◇ *mf* Teilnehmer *der*, -in *die*.

participar *vi* - **1.** [estar presente] teillnehmen ; [colaborar] : **~ de/en** sich beteiligen an *(D)* - **2.** [recibir una parte].

partícipe ◇ *adj* beteiligt ; **hacer ~ de algo a alguien** jm etw mitlteilen. ◇ *mf* Beteiligte *der, die*.

partícula *f* - **1.** [parte pequeña] Teilchen *das* - **2.** FÍS Partikel *das*, Teilchen *das* - **3.** GRAM Partikel *die*.

particular ◇ *adj* - **1.** [no público] privat, Privat- - **2.** [característico] eigen - **3.** [concreto] bestimmt ; **en ~** besonders - **4.** [inusual] ungewöhnlich. ◇ *mf* Privatperson *die*. ◇ *m* Angelegenheit *die*.

particularizar [13] ◇ *vt* [caracterizar] auslzeichnen. ◇ *vi* [detallar] ins Detail gehen.

partida *f* ⊳ **partido**.

partidario, ria ◇ *adj* : **ser ~ de algo** für etw *(A)* sein. ◇ *m, f* Befürworter *der*, -in *die*.

partidista *adj* parteiisch.

partido, da *adj* gespalten. ◆ **partido** *m* - **1.** [en política] Partei *die* - **2.** [prueba deportiva] Spiel *das* ; **~ amistoso** Freundschaftsspiel - **3.** [futuro cónyuge] Partie *die* - **4.** *loc* : **sacar ~ de** Nutzen ziehen aus ; **tomar ~ por algo/alguien** für etw/jn Partei ergreifen. ◆ **partida** *f* - **1.** [marcha] Abreise *die* - **2.** [en juego] Partie *die* ; **jugar** o **echar una partida de ajedrez** eine Partie Schach spielen - **3.** [documento] Urkunde *die* ; **partida de nacimiento** Geburtsurkunde - **4.** [mercancía] Posten *der*.

partir ◇ *vt* - **1.** [dividir] teilen - **2.** [romper] zerbrechen ; [nuez] knacken ; **~le la cabeza a alguien** jm den Schädel einlschlagen. ◇ *vi* - **1.** [marchar] : **~ para Sevilla** nach Sevilla ablreisen - **2.** [basarse en] : **~ de** auslgehen von *(+D)* ◆ **partirse** *vpr* (zer)brechen. ◆ **a partir de** *loc prep* : **a ~ de ...** ab, von ... an ; **a ~ de hoy** von heute an.

partitura *f* Partitur *die*.

parto *m* Geburt *die* ; **ir** o **estar de ~** gebären.

parvulario *m* Vorschule *die*.

pasa *f* Rosine *die*.

pasable *adj* passabel.

pasada *f* ⊳ **pasado**.

pasadizo *m* Durchgang *der*.

pasado, da *adj* - **1.** [anterior] vergangen - **2.** [podrido] verdorben. ◆ **pasado** *m* Vergangenheit *die*. ◆ **pasada** *f* - **1.** [mano] : **dar una pasada con el trapo** mit dem

Lappen darüber wischen - **2.** *fam* [cosa extraordinaria] : **ser una pasada** völlig übertrieben sein. ◆ **de pasada** *loc adv* nebenbei, beiläufig.

pasador *m* - **1.** [cerrojo] (Tür)riegel *der* - **2.** [para pelo] Haarspange *die*.

pasaje *m* - **1.** [billete] Ticket *das* - **2.** [pasajeros] Passagiere *pl* - **3.** [calle] Gasse *die* - **4.** [fragmento] Passage *die*.

pasajero, ra ◇ *adj* vorübergehend. ◇ *m, f* [de barco, avión] Passagier *der*, -in *die* ; [de transporte terrestre] Fahrgast *der*.

pasamano *m*, **pasamanos** *m inv* [barandilla] Handlauf *der*.

pasamontañas *m inv* Kapuzenmütze *die*.

pasaporte *m* (Reise)pass *der*.

pasapuré, pasapurés *m inv* Passiersieb *das*.

pasar ◇ *vt* - **1.** [trasladar] : **~ algo a** etw verlegen in *(+A)* o nach - **2.** [conducir hacia adentro] hinein|führen - **3.** [acercar] geben ; **¿me pasas la sal?** gibst du mir bitte das Salz? - **4.** [hacer llegar] weiter|geben - **5.** [atravesar] überqueren - **6.** [filtrar] : **~ algo** etw durch|sieben - **7.** [deslizar] streichen ; **me pasó la mano por el pelo** er strich mir mit der Hand durchs Haar - **8.** [contagiar] : **~ algo a alguien** jn mit etw an|stecken - **9.** [aceptar] an|nehmen - **10.** [consentir] : **~le algo a alguien** jm etw durch|gehen lassen - **11.** [cruzar - en espacio] überqueren ; **~(se) el semáforo en rojo** bei rot über die Ampel gehen ; [- en tiempo] hinter sich lassen - **12.** [ocupar tiempo] verbringen - **13.** [padecer] erleiden - **14.** [aprobar] bestehen - **15.** [sobrepasar] überschreiten - **16.** [adelantar] überholen - **17.** [omitir] aus|lassen - **18.** [revisar] : **~ lista** die Anwesenheit prüfen - **19.** [película] zeigen. ◇ *vi* - **1.** [ir] gelangen - **2.** [circular - en vehículo] vorbei|fahren ; [- a pie] vorbei|gehen ; **el Manzanares pasa por Madrid** der Manzanares fließt durch Madrid ; **~ de largo** weiter|gehen/-fahren - **3.** [entrar] ein|treten ; **¡pase!** herein! - **4.** [poder entrar] durch|kommen - **5.** [ir un momento] vorbei|schauen - **6.** [suceder] passieren ; **¿qué pasa aquí?** was ist hier los? ; **pase lo que pase** egal, was passiert - **7.** [terminarse] vorüber sein - **8.** [transcurrir] vergehen - **9.** [cambiar de situación] : **~ de ... a ...** von ... zu über|wechseln - **10.** [cambiar de acción] : **~ a** über|gehen zu - **11.** [conformarse] : **~ con/sin algo** mit/ohne etw aus|kommen - **12.** [servir] taugen - **13.** *mfam* [prescindir] kein Interesse haben ; **~ de algo/alguien** mit etw/jm nichts zu tun haben wollen - **14.** [aguantar] : **~ por algo** etw durch|machen. ◆ **pasarse** *vpr* - **1.** [acabarse] zu Ende gehen - **2.** [emplear tiempo] verbringen - **3.** [perder] entgehen - **4.** [descomponerse] verderben - **5.** [cambiar de bando] : **~se a** über|laufen zu - **6.** [olvidar] vergessen - **7.** [quedar inadvertido] : **se me ha pasado lo que has dicho** ich habe nicht mitbekommen, was du gesagt hast ; **no se le pasa nada** ihm entgeht nichts - **8.** *fam* [propasarse] zu weit gehen - **9.** [divertirse o aburrirse] : **¿cómo te lo pasaste en la fiesta?** Wie gefiel's dir auf dem Fest? ; **pasárselo bien** sich amüsieren ; **pasárselo mal** sich unwohl fühlen.

pasarela *f* - **1.** [puente pequeño] Landungsbrücke *die* - **2.** [en desfile] Laufsteg *der*.

pasatiempo *m* Zeitvertreib *der*. ◆ **pasatiempos** *mpl* Rätselecke *die*.

Pascua *f* - **1.** [de judíos] Passah(fest) *das* - **2.** [de cristianos] Ostern(*das*). ◆ **Pascuas** *fpl* Weihnachten(*das*) ; **de ~s a Ramos** alle Jubeljahre.

pase *m* - **1.** [permiso] Erlaubnis *die* - **2.** [proyección] Vorführung *die* - **3.** [desfile] Modeschau *die* - **4.** DEP Pass *der*.

pasear ◇ *vi* spazieren gehen. ◇ *vt* spazieren führen. ◆ **pasearse** *vpr* herum|bummeln.

paseo *m* - **1.** [acción] Spaziergang *der* ; **dar un ~, ir de ~** einen Spaziergang machen - **2.** [lugar] Promenade *die*.

pasillo *m* Flur *der*.

pasión *f* Leidenschaft *die*. ◆ **Pasión** *f* RELIG Passion *die*, Leidensgeschichte *die* Christi.

pasividad *f* Passivität *die*.

pasivo, va *adj* - **1.** [gen] passiv - **2.** GRAM Passiv-. ◆ **pasivo** *m* COM Passiva *pl*.

pasmar *vt* [asombrar] verwundern ; [dejar parado] verblüffen. ◆ **pasmarse** *vpr* hingerissen sein.

pasmarote *mf fam* Trottel *der*.

pasmo *m* Verwunderung *die*.

pasmoso, sa *adj* verwunderlich.

paso *m* - **1.** [circulación a pie] Vorbeigehen *das* ; [circulación en vehículo] Vorbeifahren *das* ; **ceder el ~** vor|lassen, Vorfahrt gewähren *(Auto)* ; **'prohibido el ~'** 'kein Zutritt' - **2.** [distancia, movimiento] Schritt *der* - **3.** [huella] Fußspur *die* - **4.** [lugar de tránsito] Durchgang *der* ; **abrir(se) ~** sich einen Weg bahnen ; **¡abran paso!** Platz da! ; **~ elevado** Überführung *die* ; **~ (de) cebra** Zebrastreifen *der* ; **~ peatonal** o **de peatones** Fußgängerüberweg *der* - **5.** GEOGR Meerenge *die* - **6.** *(gen pl)* [gestión] Schritt *der* - **7.** [progreso] Schritt *der* - **8.** [mal momento] Klemme *die* - **9.** [en procesiones] Station der Passionsgeschichte - **10.** *loc* : **a cada ~** auf Schritt und Tritt ; **a dos** o **cuatro ~s** nur einen Katzensprung entfernt ; **~ a ~** Schritt für Schritt ; **salirle a alguien al ~** jm entgegen|kommen ; **salir del ~** aus der Klemme herauskommen. ◆ **de paso** *loc adv* nebenbei.

pasodoble *m* Paso doble *der*.
pasota <> *adj fam* herumhängend. <> *mf fam* Aussteiger *der*, -in *die*.
pasta *f* - **1.** [material] Paste *die* ; ~ **dentífrica** o **de dientes** Zahnpasta *die* - **2.** [para comer] Teigwaren *pl* ; [para pan, pastel] Teig *der* - **3.** [pastelillo] Kleingebäck *das* - **4.** *fam* [dinero] Knete *die*.
pastar *vi* weiden.
pastel *m* - **1.** CULIN [dulce] Kuchen *der* - **2.** CULIN [salado] Pastete *die* - **3.** [pintura] Pastellstift *der* ; [obra] Pastell(bild) *das* - **4.** *loc* : **repartirse el ~** sich die Beute teilen.
pastelería *f* - **1.** [establecimiento] Konditorei *die* - **2.** [repostería] Feingebäck *das*.
pasteurizado, da [pasteuri'θaðo, ða] *adj* pasteurisiert.
pastiche *m* Plagiat *das*.
pastilla *f* - **1.** [medicina] Tablette *die* - **2.** [trozo] Stück *das* - **3.** AUTOM Bremsklotz *der* - **4.** *loc* : **a toda ~** volle Pulle.
pasto *m* - **1.** [hierba] Futter *das* - **2.** [lugar] Weideland *das*.
pastón *m mfam* : **un ~** ein Heidengeld *das*.
pastor, ra *m, f* [gen] Hirte *der*, -tin *die* ; [de ovejas] Schäfer *der*, -in *die*. ◆ **pastor** *m* - **1.** [sacerdote] Pfarrer *der*, -in *die* - **2.** ▷ **perro**.
pastoreo *m* Weiden *das*.
pastoso, sa *adj* - **1.** [blando] teigig - **2.** [seco] trocken.
pata <> *f* - **1.** [de animal] Bein *das* ; [de gato, perro] Pfote *die* - **2.** *fam* [de personas] Bein *das* ; **a cuatro ~s** auf allen vieren ; **a la ~ coja** *fam* hinkend - **3.** [de cosa] Bein *das* - **4.** *loc* : **meter la ~** ins Fettnäpfchen treten ; **poner ~s arriba** auf den Kopf stellen ; **estar ~s arriba** drunter und drüber sein ; **tener mala ~** Pech haben. <> *m Amér* Kumpel *der*. ◆ **patas de gallo** *f* - **1.** [arrugas] Krähenfüße *pl* - **2.** [estampado] Pepita(muster) *das*. ◆ **pata negra** *m erstklassiger Rohschinken aus Südspanien*.
patada *f* Tritt *der* ; **me ha sentado como una ~ en el estómago** *fig* es hat mich völlig fertig gemacht.
patalear *vi* [mover] strampeln.
pataleo *m* - **1.** [movimiento] Strampeln *das* - **2.** [golpe] (Auf)stampfen *das*.
pataleta *f* Wutanfall *der*.
patán <> *adj m* - **1.** [ignorante] ungebildet - **2.** [grosero] ungehobelt. <> *m* - **1.** [ignorante] ungebildete Person - **2.** [grosero] Bauernlümmel *der*.
patata *f* Kartoffel *die* ; **~s fritas** Pommes frites *pl*.
patatús *m fam* Schlag *der*.
paté *m* Pastete *die*, Streichwurst *die*.
patear <> *vt* treten. <> *vi* - **1.** [patalear] auf den Boden stampfen - **2.** *fam fig* [andar] auf Achse sein. ◆ **patearse** *vpr* [recorrer] abllaufen ; **~se toda la ciudad** die ganze Stadt abllaufen.
patentado, da *adj* patentiert.
patente <> *adj* offensichtlich. <> *f* - **1.** [de invento] Patent *das* - **2.** [autorización] Genehmigung *die*.
pateo *m* Stampfen *das*.
paternal *adj* - **1.** [de padre] väterlich, Vater- - **2.** [protector] väterlich, paternalistisch.
paternalismo *m* - **1.** [actitud protectora] Paternalismus *der* - **2.** [autoridad paterna] Väterlichkeit *die*.
paternidad *f* Vaterschaft *die*.
paterno, na *adj* väterlich, Vater-.
patético, ca *adj* pathetisch.
patetismo *m* Pathos *das*.
patidifuso, sa *adj fam* verblüfft.
patilla *f* - **1.** *(pl)* [de pelo] Koteletten *pl* - **2.** [de gafas] Bügel *der*.
patín *m* - **1.** [de ruedas] Rollschuh *der* ; [de cuchilla] Schlittschuh *der* - **2.** [juguete] Roller *der*.
pátina *f* - **1.** [en metal] Patina *die*, Edelrost *der* - **2.** [en pintura] Firnis *der*.
patinaje *m* Schlittschuhlaufen *das*.
patinar *vi* - **1.** [sobre ruedas] Rollschuh laufen ; [sobre hielo] Schlittschuh laufen - **2.** [resbalar] (ausl)rutschen ; [coche] ins Schleudern geraten.
patinazo *m* - **1.** [resbalón] (Aus)rutschen *das* ; [coche] Schleudern *das* - **2.** [metedura de pata] Ausrutscher *der*.
patinete *m* Roller *der*.
patio *m* - **1.** [espacio descubierto] Hof *der* ; **~ interior** Innenhof - **2.** [de teatro] Parkett *das*.
patitieso, sa *adj* - **1.** [de frío] starr - **2.** [de sorpresa] verblüfft.
pato, ta *m, f* Ente *die* ; **pagar el ~** *fig* etw auslbaden müssen.
patológico, ca *adj* MED pathologisch.
patoso, sa *m, f* Tollpatsch *der*.
patraña *f fam* : **no me cuentes ~s** erzähl mir keine Märchen.
patria *f* ▷ **patrio**.
patriarca *m* Patriarch *der*.
patrimonio *m* - **1.** [bienes] Vermögen *das* - **2.** *fig* [de una colectividad] Erbe *das*. ◆ **Patrimonio del Estado** *m* Staatsvermögen.
patrio, tria *adj* vaterländisch. ◆ **patria** *f* POLÍT & MIL Vaterland *das* ; [tierra natal] Heimat *die*. ◆ **patria potestad** *f* DER elterliche Gewalt.
patriota <> *adj* patriotisch. <> *mf* Patriot *der*, -in *die*.
patrocinador, ra <> *adj* Förder-. <> *m, f* Sponsor *der*, -in *die*.
patrocinar *vt* [en publicidad] sponsern.
patrocinio *m* [en publicidad] Sponsern *das* ; [dar apoyo] Schirmherrschaft *die*.

patrón, ona *m, f* - **1.** [de obrero] Chef *der*, -in *die* - **2.** [de una casa de huéspedes] Hauswirt *der*, -in *die* - **3.** [de criado] Herr *der*, -in *die* - **4.** [santo] Schutzpatron *der*, -in *die*. ◆ **patrón** *m* - **1.** [de barco] Schiffsführer *der* - **2.** [para cortar] (Schnitt)muster *das*.

patronal ◇ *adj* - **1.** [empresarial] Arbeitgeber- - **2.** RELIG Patronats-. ◇ *f* - **1.** [de una empresa] Geschäftsleitung *die* - **2.** [de país] Arbeitgeberverband *der*.

patronato *m* [organismo] Ausschuss *der* ; [asociación benéfica] Wohlfahrtsverband *der*.

patrono, na *m, f* [de una empresa] Chef *der*, -in *die*.

patrulla *f* - **1.** [militar] Streife *die* ; **estar de ~** auf Streife sein - **2.** [civil] : **~ de rescate** Rettungsmannschaft *die* ; **~ urbana** Bürgerwehr *die*.

patrullar ◇ *vt* patrouillieren. ◇ *vi* patrouillieren.

patuco *m (gen pl)* Babyschuh *der*.

paulatino, na *adj* allmählich.

pausa *f* Pause *die*.

pausado, da *adj* langsam.

pauta *f* Richtschnur *die* ; **~ de conducta** Verhaltensmuster *das* ; **seguir una ~** sich an eine Richtschnur halten.

pavimentación *f* - **1.** [de carretera] Teeren *das* ; [de calle] Pflasterung *die* - **2.** [de suelo] Fliesen *das*, Aufbringen *das* eines Bodenbelags.

pavimento *m* - **1.** [de calle] Straßenbelag *der* - **2.** [de suelo] (Fußboden)belag *der* - **3.** [material] Belag *der*.

pavo, va ◇ *adj fam despec* tranig. ◇ *m, f* [ave] Puter *der*, Pute *die* ; **~ real** Pfau *der*.

pavonearse ◆ **pavonearse de** *vpr despec* protzen mit.

pavor *m* Schrecken *der*.

payasada *f* Clownerie *die* ; **hacer ~s** den Clown spielen.

payaso, sa ◇ *adj* clownesk. ◇ *m, f lit & fig* Clown *der*, -in *die* ; **ser un ~** den Clown spielen.

payés, esa *m, f* Bauer *der*, Bäuerin *die (aus Katalonien, Valencia oder von den Balearen)*.

payo, ya *m, f* Nichtzigeuner *der*, -in *die*.

paz *f* - **1.** [gen] Frieden *der* ; **firmar la ~** einen Friedensvertrag unterzeichnen ; **hacer las paces** Frieden schließen - **2.** [tranquilidad] Ruhe *die* ; **dejar en ~** in Ruhe lassen ; **que en ~ descanse, que descanse en ~** *fig* [muerto] Gott hab ihn/sie selig ; *fig* [enterrado] ruhe sanft (im Grabe) - **3.** : **estar** o **quedar en ~** [por deuda, ofensa] quitt sein.

PC *m* - **1.** (*abrev de* **personal computer**) PC *der* - **2.** (*abrev de* **Partido Comunista**) KP *die*.

P. D., P. S. (*abrev de* **posdata**) PS.

pdo. *abrev de* **pasado**.

peaje *m* Maut(gebühr) *die*.

peana *f* Sockel *der*.

peatón, ona *m, f* Fußgänger *der*, -in *die*.

peca *f* Sommersprosse *die*.

pecado *m* Sünde *die*.

pecador, ra ◇ *adj* sündig. ◇ *m, f* Sünder *der*, -in *die*.

pecaminoso, sa *adj* sündig.

pecar [10] *vi* - **1.** RELIG sündigen - **2.** [por exceso] : **~ de** übertreiben mit.

pecera *f* Aquarium *das*.

pecho *m* - **1.** [gen] Brust *die* ; **dar el ~** die Brust geben - **2.** [de mujer] Busen *der* - **3.** *loc* : **a lo hecho, ~** was vorbei ist, ist vorbei ; **tomarse algo a ~** sich etw zu Herzen nehmen.

pechuga *f* [de ave] Brust *die*.

peculiar *adj* - **1.** [característico] eigen(tümlich) - **2.** [curioso] sonderbar.

peculiaridad *f* - **1.** [característica] Besonderheit *die* - **2.** [detalle distintivo] Eigenart *die*.

pedagogía *f* Pädagogik *die*.

pedagogo, ga *m, f* Pädagoge *der*, -gin *die*.

pedal *m* Pedal *das*.

pedalear *vi* in die Pedale treten.

pedante ◇ *adj* pedantisch. ◇ *mf* Pedant *der*, -in *die*.

pedantería *f* Pedanterie *die*.

pedazo *m* Stück *das* ; **hacer ~s** [romper] in Stücke reißen ; *fig* kaputtmachen.

pedestal *m* Sockel *der*.

pediatra *mf* Kinderarzt *der*, -ärztin *die*.

pedido *m* Bestellung *die* ; **hacer un ~** etw bestellen.

pedigrí (*pl* **pedigríes** o **pedigrís**), **pedigree** [peði'ɣri] (*pl* **pedigrees**) *m* Stammbaum *der (von Tieren)*.

pedigüeño, ña ◇ *adj* bettelnd. ◇ *m, f* Bettler *der*, -in *die*.

pedir [26] ◇ *vt* - **1.** [solicitar] bitten ; **~ a alguien que haga algo** jn bitten, etw zu tun ; **~ un préstamo** ein Darlehen beantragen ; **~ prestado** sich *(D)* leihen ; [querer, exigir] verlangen ; [en restaurante, bar] bestellen - **2.** [en matrimonio] um die Hand anlhalten. ◇ *vi* [mendigar] betteln.

pedo *m vulg* [ventosidad] Furz *der* ; **tirarse un ~** einen fahren o streichen lassen.

pedrada *f* Steinwurf *der* ; **a ~s** mit Steinwürfen.

pedrea *f* [premio menor] Nebengewinn (im Lotto).

pedrería *f* Edelsteine *pl*.

pedrusco *m* Steinblock *der*.

pega *f* - **1.** [pegamento] Klebstoff *der* - **2.** [obstáculo] Hindernis *das* ; **poner ~s a algo** etw an etw *(D)* auszusetzen haben. ◆ **de pega** *loc adj* gefälscht.

pegadizo, za *adj fig* mitreißend.

pegajoso, sa *adj* - **1.** [cosa] klebrig - **2.** *despec* [persona] anhänglich wie eine Klette.

pegamento *m* Klebstoff *der*.

pegar [16] ◇ *vt* - **1.** [agredir] schlagen - **2.** [sellos] auf|kleben ; [hojas en libro] ein|kleben ; [cartel] an|kleben - **3.** [bofetada, paliza, etc] verpassen - **4.** [enfermedad] an|stecken - **5.** [arrimar] nahe rücken ; **~ el oído a la puerta** an der Tür lauschen. ◇ *vi* - **1.** [agredir, golpear] schlagen - **2.** [armonizar] zusammen|passen - **3.** [sol] brennen. ◆ **pegarse** *vpr* - **1.** [unirse] zusammen|kleben - **2.** [agredirse] sich schlagen - **3.** [adherirse] an|kleben - **4.** [propinarse] sich verpassen - **5.** [enfermedad, acento] ansteckend sein ; [melodía] ins Ohr gehen.

pegatina *f* Aufkleber *der.*

pegote *m* - **1.** *fam* [masa pegajosa] klebriges Zeug - **2.** *fam* [chapucería] Flickwerk *das.*

peinado *m* Frisur *die.*

peinador *m* Frisierumhang *der.*

peinar *vt* - **1.** [pelo] kämmen - **2.** [suj : policía] durch|kämmen. ◆ **peinarse** *vpr* sich kämmen.

peine *m* Kamm *der.*

peineta *f auf der Mantilla getragener hoher Zierkamm.*

p. ej. (*abrev de* **por ejemplo**) z. B.

Pekín *m* Peking *nt.*

pela *f fam* Mäuse *pl (Geld).*

peladilla *f* gezuckerte Mandel.

pelado, da *adj* - **1.** [con poco pelo] kahl (geschoren) - **2.** [que le salta la piel] gepellt - **3.** [fruta] geschält - **4.** [sin adornos, vegetación, hojas] kahl - **5.** *fam* [sin dinero] abgebrannt ; **dejar ~** jn rupfen - **6.** [número] glatt.

pelagatos *m inv & f inv fam despec* armer Schlucker.

pelaje *m* Fell *das.*

pelambre *m* Mähne *die.*

pelambrera *f* Mähne *die.*

pelar *vt* - **1.** [persona] (ab|)scheren - **2.** [alimentos] (ab|)schälen - **3.** [piel humana] (ab|-)pellen. ◆ **pelarse** *vpr* - **1.** [piel humana] sich pellen - **2.** [pelo] sich die Haare sehr kurz schneiden lassen.

peldaño *m* [de escalera] Stufe *die* ; [de escalera de mano] Sprosse *die (von Leiter).*

pelea *f* - **1.** [a golpes] Schlägerei *die* - **2.** DEP Kampf *der* - **3.** [riña] Streit *der.*

pelear *vi* - **1.** [a golpes] schlagen - **2.** DEP kämpfen - **3.** [reñir] streiten - **4.** [esforzarse] sich an|strengen. ◆ **pelearse** *vpr* - **1.** [a golpes] sich schlagen - **2.** [reñir] sich streiten.

pelele *m* - **1.** *fam despec* [persona] Hampelmann *der* - **2.** [muñeco] Strohpuppe *die.*

peletería *f* - **1.** [oficio] Kürschnerei *die* - **2.** [tienda] Pelzwarengeschäft *das* - **3.** [pieles] Pelzwaren *pl.*

peliagudo, da *adj* haarig.

pelicano, pelícano *m* Pelikan *der.*

película *f* - **1.** [gen] Film *der* ; **¿sabes si echan alguna ~ buena en ese cine?** weißt du, ob es in diesem Kino einen guten Film gibt? ; **~ de ciencia ficción** Science-fiction-Film ; **~ de dibujos animados** Zeichentrickfilm ; **~ del Oeste** Western ; **~ de terror** o **miedo** Horrorfilm ; **de ~** *fig* wie aus einem Film - **2.** *fam* [historia] (unglaubliche) Geschichte *die.*

peligro *m* Gefahr *die* ; **correr ~** Gefahr laufen ; **estar/poner en ~** in Gefahr sein/bringen ; **fuera de ~** außer Gefahr ; **~ de muerte** Lebensgefahr *die.*

peligroso, sa *adj* gefährlich.

pelín *m fam* : **un ~** wenig.

pelirrojo, ja ◇ *adj* rothaarig. ◇ *m, f* Rothaarige *der, die.*

pellejo *m* - **1.** [de persona] Haut *die* ; [de animal] Fell *das* ; [de fruta] Schale *die* - **2.** [de uña] Nagelhaut *die.*

pellizcar [10] *vt* - **1.** [piel] kneifen - **2.** [comida] ab|zwicken.

pellizco *m* - **1.** [en piel] Kneifen *das* - **2.** [un poco] : **un ~ de** ein bisschen ; **un ~ de sal** eine Prise Salz.

pelma, pelmazo, za *m, f fam despec* Langweiler *der,* -in *die.*

pelo *m* - **1.** [gen] Haar *das* - **2.** [pelaje] Fell *das* - **3.** *loc* : **con ~s y señales** haargenau ; **ser un hombre de ~ en pecho** ein ganzer Kerl sein ; **no tener ~s en la lengua** *fam* kein Blatt vor den Mund nehmen ; **no verle el ~ a alguien** *fam* jn lange nicht sehen ; **ponérsele a alguien los ~s de punta** *fam* eine Gänsehaut bekommen ; **por los ~s** haarscharf ; **por un ~** um ein Haar ; **tomar el ~ a alguien** *fam* jn auf den Arm nehmen. ◆ **a contra pelo** *loc adv* gegen den Strich.

pelota ◇ *f* - **1.** [para jugar] Ball *der* - **2.** [juego] Ballspiel *das* ; **~ vasca** DEP Pelota *die (baskisches Ballspiel)* - **3.** [esfera] Kugel *die* - **4.** *loc* : **hacer la ~** *fam* sich ein|schleimen. ◇ *mf* Schleimer *der,* -in *die.*

pelotón *m* - **1.** [de soldados] Trupp *der* - **2.** [en ciclismo] Feld *das* - **3.** [de gente] Haufen *der.*

pelotudo, da *adj Amér fam* bescheuert.

peluca *f* Perücke *die.*

peluche *m* Plüsch *der (Stoff).*

peludo, da *adj* behaart.

peluquería *f* - **1.** [establecimiento] Frisiersalon *der* - **2.** [oficio] Frisörhandwerk *das.*

peluquero, ra *m, f* Frisör *der,* Frisöse *die.*

peluquín *m* Toupet *das.*

pelusa *f* [de tela] Fluse *die.*

pelvis *f* ANAT Becken *das.*

pena *f* - **1.** [lástima] Mitleid *das* ; **ser una ~** schade sein ; **¡qué ~!** wie schade! ; **dar ~** Mitleid erwecken - **2.** [tristeza] Kummer *der* - **3.** *(gen pl)* [desgracia] Leid *das* - **4.** *(gen pl)* [dificultad] Mühe *die* ; **a duras ~s** mit Ach und Krach - **5.** [castigo] Strafe *die* ; **~ capital** o **de muerte** Todesstrafe *die* - **6.** *Amér* [vergüenza] Scham *die*; **dar ~ hacer algo** sich schämen, etw zu tun - 7. *loc*: **(no) valer** o **merecer la ~** sich (nicht) lohnen; **sin ~ ni gloria** mittelmäßig.

penal <> *adj* DER Straf-. <> *m* Zuchthaus *das*.

penalidad *f (gen pl)* Leid *das*.

penalización *f* - 1. DER Bestrafung *die* - 2. DEP Strafstoß *der*.

penalti (*pl* **penaltis**), **penalty** (*pl* **penaltys**) *m* DEP Elfmeter *der*.

penar *vt* bestrafen.

pendejada *f Amér mfam* Quatsch *der*.

pender *vi* - 1. [cosa colgada] hängen; **~ de** hängen an *(+D)* - 2. [amenaza]: **~ sobre** schweben über *(+D)*.

pendiente <> *adj* - 1. [sin hacer] unerledigt; [deuda] unbezahlt - 2. [asignatura] nicht bestanden - 3. [atento]: **~ de** achtend auf *(+A)*; **estar ~ de** achten auf *(+A)*. <> *m* Ohrring *der*. <> *f* Steigung *die*.

pendón *m fam* Herumtreiber *der*, -in *die*.

péndulo *m* Pendel *das*.

pene *m* Penis *der*.

penetración *f* - 1. [incursión] Eindringen *das* - 2. [filtración] Durchdringung *das* - 3. [en sexo] Eindringen *das (in die Scheide)*.

penetrante *adj* - 1. [intenso] durchdringend - 2. [sagaz] scharf(sinnig).

penetrar <> *vi* - 1. [introducirse]: **~ en** ein|dringen in *(+A)* - 2. [filtrarse] durchdringen - 3. [profundizar en]: **~ en** vor|dringen bis zu. <> *vt* - 1. [hundirse en] durchbohren - 2. [suj: sonido] durchdringen - 3. [suj: sentimiento] durchfahren, das Herz tief ergreifen - 4. [profundizar en] durchschauen - 5. [sexualmente] ein|dringen.

penicilina *f* Penizillin *das*.

península *f* Halbinsel *die*; **la península ibérica** die Iberische Halbinsel.

peninsular <> *adj* festlandsspanisch. <> *mf* Festlandsspanier *der*, -in *die*.

penique *m* Penny *der*.

penitencia *f* - 1. RELIG Buße *die* - 2. [impuesta por uno mismo] Sühne *die*.

penitenciaría *f* Haftanstalt *die*.

penoso, sa *adj* - 1. [lastimoso] traurig - 2. *Amér* [vergonzoso] beschämend.

pensado, da <> *adj*: **ser mal ~** argwöhnisch/misstrauisch sein. <> *m, f*: **ser un mal ~** immer gleich das Schlimmste an|nehmen. ◆ **bien pensado** *loc adv* wohlüberlegt.

pensador, ra *m, f* Denker *der*, -in *die*.

pensamiento *m* - 1. [gen] Gedanke *der*; **leer el ~** Gedanken lesen - 2. [facultad] Denken *das* - 3. [mente] Sinn *der* - 4. BOT Stiefmütterchen *das*.

pensar [19] <> *vi* denken; **~ en** denken an *(+A)*; **~ en hacer algo** daran denken, etw zu tun. <> *vt* - 1. [reflexionar] nach|denken - 2. [imaginar] daran denken - 3. [tener la intención de]: **~ hacer algo** etw vor|haben - 4. [idear] vor|bereiten. ◆ **pensarse** *vpr* darüber nach|denken.

pensativo, va *adj* nachdenklich.

pensión *f* - 1. [dinero] Rente *die* - 2. [de huéspedes] Pension *die*; **media ~** [en hotel] Halbpension *die*; [en colegio] ≃ Schulspeisung *die*; **~ completa** Vollpension *die* - 3. *Amér* [de vehículo] Wartung *die*.

pensionista *mf* - 1. [jubilado] Rentner *der*, -in *die* - 2. [en pensión] Pensionsgast *der* - 3. [en colegio] Internatsschüler *der*, -in *die*.

pentágono *m* - 1. GEOM Fünfeck *das* - 2. *fig* [ministerio] Pentagon *das*.

pentagrama *m* Notenlinien *pl*.

pentatlón *m* Fünfkampf *der*.

penúltimo, ma <> *adj* vorletzte, -r, -s. <> *m, f* Vorletzte *der*, *die*.

penumbra *f* Halbdunkel *das*; **en ~** im Halbdunkeln.

penuria *f* (Geld)not *die*.

peña *f* - 1. [roca] Felsen *der* - 2. [grupo de personas - en fútbol] Fanclub *der*.

peñasco *m* Felsblock *der*.

peñón *m* Felsen *der*.

peón *m* - 1. [obrero] Hilfsarbeiter *der*, -in *die* - 2. [en ajedrez] Bauer *der* - 3. [peonza] Kreisel *der*.

peonada *f* - 1. [día de trabajo] Arbeitstag *der* - 2. [sueldo] Tagelohn *der* - 3. *Amér* [grupo de peones] Hilfsarbeitertrupp *der*.

peonza *f* Kreisel *der*.

peor <> *adj (compar y superl de* **malo***)* - 1. [comparativo] schlechter; **~ que** schlechter als; **el enfermo está ~** dem Kranken geht es schlechter - 2. *(seguido de sust)* [superlativo]: **el/la ~** der/die/das schlechteste. <> *mf* [superlativo]: **el/la ~** der/die/das Schlechteste. <> *adv (compar de mal)* schlechter.

pepinillo *m* - 1. [crudo] kleine Gurke - 2. [en conserva] Essiggurke *die*.

pepino *m* - 1. BOT Gurke *die* - 2. *loc*: **importarle a alguien un ~** jm schnurzpiepegal sein.

pepita *f* - 1. [de fruto] Kern *der* - 2. [de oro] Goldkorn *das*.

peppermint = **pipermín**.

pequeñez *f* - 1. [cualidad] Kleinheit *die* - 2. [insignificancia] Kleinigkeit *die*.

pequeño, ña <> *adj* - 1. [en tamaño, en edad] klein - 2. [en importancia, en cantidad] gering. <> *m, f* [niño] Kleine *der*, *die*; **el ~, la pequeña** der/die/das Kleinere.

pequinés, esa <> *adj* Pekinger. <> *m, f* Pekinger *der*, -in *die*.

pera *f* - 1. [fruta] Birne *die* - 2. [instrumento] Handblasebalg *der* - 3. *loc*: **pedir ~s al olmo** etw Unmögliches verlangen; **ser la ~** *fam* der Gipfel sein.

peral *m* Birnenbaum *der*.

percal *m* Perkal *der*.

percance *m* Zwischenfall *der*.

percatarse *vpr* : ~ **(de algo)** etw bemerken.

percebe *m* Entenmuschel *die*.

percepción *f* - **1.** [de sentidos] Wahrnehmung *die* - **2.** [de dinero] Bezug *der*.

perceptible *adj* - **1.** [por sentidos] wahrnehmbar - **2.** [dinero] zu beziehen.

percha *f* - **1.** [de armario] Kleiderbügel *der* - **2.** [de pared] Garderobe *die* - **3.** [perchero] Garderobenständer *der*.

perchero *m* Garderobe *die*.

percibir *vt* - **1.** [con sentidos] wahr|nehmen - **2.** [dinero] beziehen.

percusión *f* - **1.** MED Abklopfen *das* - **2.** MÚS Schlagzeug *das*.

percutor, percusor *m* Schlagbolzen *der*.

perdedor, ra ◇ *adj* Verlierer-. ◇ *m, f* Verlierer *der*, -in *die*.

perder [20] ◇ *vt* - **1.** [gen] verlieren - **2.** [esperanza] auf|geben - **3.** [facultad] ein|büßen - **4.** [tiempo] vergeuden - **5.** [tren, oportunidad] verpassen - **6.** [peso] ab|nehmen. ◇ *vi* - **1.** [gen] verlieren - **2.** [dejar escapar] (Luft)verlieren. ◆ **perderse** *vpr* - **1.** [objeto] verloren gehen - **2.** [persona] sich verirren - **3.** [desorientarse] die Orientierung verlieren - **4.** [embarullarse] sich verlieren - **5.** [desaparecer] verschwinden - **6.** [desaprovechar] : **~se algo** etw verpassen - **7.** [por vicios] nicht mehr zu retten sein - **8.** [anhelar] : **~se por** alles geben für.

perdición *f* - **1.** *fig* [efecto] Verderben *das* - **2.** [causa] Ruin *der* - **3.** RELIG ewige Verdammnis.

pérdida *f* - **1.** [gen] Verlust *der* - **2.** [de tiempo] Vergeuden *das* ; [de ocasión] Verpassen *das* - **3.** *(gen pl)* [escape] Entweichen *das*. ◆ **pérdidas** *fpl* MIL & ECON Verluste *pl*.

perdidamente *adv* hoffnungslos.

perdido, da ◇ *adj* - **1.** [objeto] verloren - **2.** [sucio] dreckig - **3.** [tiempo] vergeudet ; [ocasión] verpasst - **4.** *fam* [de remate] hoffnungslos. ◇ *m, f* hoffnungsloser Fall.

perdigón *m* Schrotkorn *das*.

perdiz *f* Rebhuhn *das*.

perdón ◇ *m* Vergebung *die* ; **pedir** ~ um Verzeihung bitten. ◇ *interj* : **¡perdón!** Entschuldigung!

perdonar *vt* - **1.** [agravio] verzeihen - **2.** [obligación] erlassen - **3.** [pecado] vergeben - **4.** [persona] entschuldigen.

perdurable *adj* - **1.** [que dura siempre] ewig - **2.** [que dura mucho] lange andauernd.

perdurar *vi* - **1.** [durar mucho] an|halten - **2.** [persistir] beharren.

perecedero, ra *adj* - **1.** [gloria] vergänglich - **2.** [alimentos] verderblich.

perecer [30] *vi* [morir] um|kommen.

peregrina *f* ▷ **peregrino**.

peregrinación *f* [a santuario] Wallfahrt *die*.

peregrinaje *m* - **1.** [a santuario] Wallfahrt *die* - **2.** *fig* [a lugar] Pilgerfahrt.

peregrino, na ◇ *adj* [extraño] seltsam. ◇ *m, f* Pilger *der*, -in *die*. ◆ **peregrina** *f* Kammmuschel *die*.

perejil *m* Petersilie *die*.

perenne *adj* [planta] immergrün ; [recuerdo, sensación] ewig.

pereza *f* - **1.** [vagancia] Faulheit *die* - **2.** [desgana] Unlust *die* ; **me da ~ ir ahora a comprar** ich habe keine Lust, jetzt einkaufen zu gehen.

perezoso, sa ◇ *adj* - **1.** [vago] faul - **2.** [lento] träge. ◇ *m, f* [vago] Faulpelz *der*.

perfección *f* Perfektion *die*.

perfeccionar *vt* vervollkommnen. ◆ **perfeccionarse** *vpr* Vollkommenheit erlangen.

perfeccionista ◇ *adj* perfektionistisch. ◇ *mf* Perfektionist *der*, -in *die*.

perfecto, ta *adj* - **1.** [con todas las cualidades] perfekt - **2.** *(antes de sustantivo)* [completo] vollkommen.

perfidia *f* Hinterlist *die*.

perfil *m* - **1.** [de cosa] Umriss *der* - **2.** GEOM [de persona] Profil *das* ; **de** ~ im Profil.

perfilar *vt* - **1.** [dibujar] skizzieren - **2.** [describir] umreißen. ◆ **perfilarse** *vpr* - **1.** [ser visible] sichtbar werden - **2.** [definirse] sich ab|zeichnen.

perforación *f* Bohrung *die*.

perforador, ra *adj* Bohr-. ◆ **perforadora** *f* Bohrmaschine *die*.

perforar *vt* durchbohren.

perfume *m* - **1.** [sustancia] Parfüm *das* - **2.** [aroma] Duft *der*.

perfumería *f* [tienda, arte] Parfümerie *die*.

pergamino *m* - **1.** [piel] Pergament *das* - **2.** [documento] Pergamenturkunde *die*. ◆ **pergaminos** *mpl* Adelstitel *pl*.

pérgola *f* Pergola *die*.

pericia *f* Geschicklichkeit *die*.

periferia *f* Stadtrand *der*.

periférico, ca *adj* Stadtrand-. ◆ **periférico** *m* INFORM Peripher.

perifollos *mpl fam* Kinkerlitzchen *pl*.

perífrasis *f* Umschreibung *die*.

perilla *f* Kinnbart *der*.

perímetro *m* Umfang *der*.

periódico, ca *adj* periodisch. ◆ **periódico** *m* Zeitung *die*.

periodismo *m* Journalismus *der*.

periodista *mf* Journalist *der*, -in *die*.

periodo, período *m* [gen] Zeitraum *der* ; [en deporte] : **el primer** ~ die erste Halbzeit.

peripecia *f* Zwischenfall *der*.

periplo *m* - **1.** [circunnavegación] Umschiffung *die* - **2.** [viaje] Rundreise *die*.

peripuesto, ta *adj fam* geschniegelt.

periquete *m* : **en un ~** *fam* im Handumdrehen.
periquito *m* [ave] Wellensittich *der.*
peritaje *m* [trabajo, informe] Gutachten *das.*
peritar *vt* begutachten.
perito *m* **- 1.** [experto] Sachverständige *der, die* **- 2.** [ingeniero técnico] Diplomingenieur (FH) *der,* -in *die.*
perjudicar [10] *vt* schaden.
perjudicial *adj* schädlich, Schad-.
perjuicio *m* Schaden *der* ; **en ~ de** zum Nachteil von ; **sin ~ de** unbeschadet *(+G).*
perjurar *vi* **- 1.** [jurar mucho] (be)schwören **- 2.** [jurar en falso] einen Meineid leisten.
perla *f* **- 1.** [joya] Perle *die* **- 2.** *fig* [maravilla] Juwel *das* ; **de ~s** großartig.
perlado, da *adj* [rostro, frente] perlend.
perlé *m* Perlgarn *das.*
permanecer [30] *vi* bleiben.
permanencia *f* **- 1.** [en lugar] Aufenthalt *der* **- 2.** [en estado] Fortbestehen *das.*
permanente ◇ *adj* ständig. ◇ *f* Dauerwelle *die.*
permeable *adj* durchlässig.
permisible *adj* zulässig.
permisivo, va *adj* freizügig.
permiso *m* **- 1.** [autorización] Erlaubnis *die* ; **con ~** mit Ihrer Erlaubnis ; **pedir ~** um Erlaubnis bitten **- 2.** [documento] Schein *der* ; **~ de conducir** Führerschein **- 3.** [vacaciones] Urlaub *der* ; **estar de ~** im Urlaub sein.
permitir *vt* **- 1.** [autorizar] erlauben **- 2.** [tolerar] zullassen **- 3.** [hacer posible] ermöglichen. ◆ **permitirse** *vpr* [autorizarse] sich erlauben ; [poder pagar] : **no poder ~se algo** sich *(D)* etw nicht leisten können.

permitir

Fühl dich hier wie zu Hause. Estás en tu casa.
Du kannst ruhig mein Auto nehmen. Si quieres puedes coger mi coche sin problema.
Du brauchst gar nicht zu fragen, nimm so viel du willst. No preguntes y coge lo que quieras.
Selbstverständlich können Sie die Bibliothek jederzeit benutzen. Claro que puede usted utilizar la biblioteca siempre que lo desee.
Sie dürfen auch spät abends noch anrufen. Me puede llamar también tarde por la noche.

permuta, permutación *f* (Aus)tausch *der.*
permutación = **permuta.**
pernera *f* Hosenbein *das.*
pernicioso, sa *adj* schädlich.
perno *m* Bolzen *der.*
pero *conj* aber. ◆ **pero** *m* Aber *das.*
peroné *m* ANAT Wadenbein *das.*
perorata *f* Tirade *die.*
perpendicular ◇ *adj* GEOM senkrecht. ◇ *f* GEOM Senkrechte *die.*
perpetrar *vt* begehen.
perpetuar [6] *vt* verewigen. ◆ **perpetuarse** *vpr* sich verewigen.
perpetuo, tua *adj* **- 1.** [para toda la vida] lebenslänglich **- 2.** [constante] fortwährend **- 3.** [perenne] ewig.
perplejo, ja *adj* perplex.
perra *f* [rabieta] Koller *der.*
perrera *f* ⊳ **perrero.**
perrería *f fam* Gemeinheit *die.*
perrero, ra *m, f* Hundefänger *der,* -in *die.* ◆ **perrera** *f* **- 1.** [lugar] Zwinger *der* **- 2.** [vehículo] Hundefängerwagen *der.*
perro, rra ◇ *m, f* Hund *der,* Hündin *die* ; **~ callejero** Straßenhund ; **(~) lazarillo** Blindenhund ; **(~) lobo** Wolfshund ; **(~) pastor** Schäferhund ; **(~) policía** Polizeihund ; **andar como el ~ y el gato** wie Hund und Katze sein ; **tiempo de ~s** Hundewetter ; **~ ladrador, poco mordedor** Hunde, die bellen, beißen nicht. ◇ *adj* Hunde-. ◆ **perro caliente** *m* Hotdog *der.*
perruno, na *adj* Hunde-.
persecución *f* Verfolgung *die.*
perseguir [43] *vt* verfolgen.
perseverar *vi* : **~ en** beharrlich sein in *(+D).*
persiana *f* [enrollable] Rolladen *der.*
persistente *adj* **- 1.** [insistente] hartnäckig **- 2.** [duradero] anhaltend.
persistir *vi* **- 1.** [insistir] : **~ en** beharren auf *(+D)* **- 2.** [durar] anhalten.
persona *f* Person *die* ; **en ~** persönlich ; **~ mayor** Erwachsene *der, die.*
personaje *m* **- 1.** [en vida real] Persönlichkeit *die* **- 2.** [en ficción] Figur *die.*
personal ◇ *adj* [gen] persönlich. ◇ *m* **- 1.** [trabajadores] Personal *das* **- 2.** *fam* [gente] Leute *pl.* ◇ *f* DEP Foul *das.*
personalidad *f* **- 1.** [gen] Persönlichkeit *die* **- 2.** [identidad] Identität *die.*
personalizar [13] *vi* namentlich nennen.
personificar *vt* **- 1.** [encarnar] verkörpern **- 2.** [animales, objetos] vermenschlichen.
perspectiva *f* **- 1.** [paisaje, futuro] Aussicht *die* ; **en ~** in Aussicht **- 2.** [punto de vista] Sicht *die* **- 3.** [en arte, dibujo] Perspektive *die.*
perspicacia *f* Scharfsinn *der.*
perspicaz *adj* scharfsinnig.
persuadir *vt* überreden. ◆ **persuadirse** *vpr* : **~se de** sich überzeugen von.
persuasión *f* Überredung *die.*

persuasivo, va *adj* überzeugend. ◆ **persuasiva** *f* Überredungskunst *die*.
pertenecer [30] *vi* - **1.** [ser propiedad de] gehören - **2.** [formar parte de] : ~ **a** gehören zu, an|gehören *(+D)* - **3.** [corresponder] zu|stehen.
perteneciente *adj* : ~ **a** zugehörig zu.
pertenencia *f* - **1.** [propiedad] Eigentum *das* - **2.** [afiliación] Zugehörigkeit *die*. ◆ **pertenencias** *fpl* Habseligkeiten *pl*.
pértiga *f* - **1.** [vara] Stange *die* - **2.** DEP Stabhochsprungstab *der*.
pertinaz *adj* - **1.** [terco] stur - **2.** [persistente] anhaltend.
pertinente *adj* [adecuado] angemessen.
pertrechos *mpl* - **1.** MIL Ausrüstung *die* - **2.** [utensilios] Utensilien *pl*.
perturbación *f* - **1.** [inquietud] Unruhe *die* - **2.** METEOR [disturbio] : ~ **del orden público** Störung der öffentlichen Ordnung.
perturbado, da ◇ *adj* geistesgestört. ◇ *m, f* Geistesgestörte *der, die*.
perturbador, ra ◇ *adj* beunruhigend. ◇ *m, f* Unruhestifter *der*, -in *die*.
perturbar *vt* - **1.** [dificultar] stören - **2.** [inquietar] bedrücken.
Perú *m* : **(el)** ~ Peru *nt*.
peruano, na ◇ *adj* peruanisch. ◇ *m, f* Peruaner *der*, -in *die*.
perverso, sa *adj* pervers.
pervertido, da *m, f* perverse Person.
pervertir [27] *vt* verderben. ◆ **pervertirse** *vpr* verkommen.
pesa *f* - **1.** [de balanza] Gewicht *das* - **2.** [contrapeso] Gegengewicht *das* - **3.** DEP Hantel *die*.
pesadez *f* - **1.** [volumen] Schwere *die* - **2.** [sensación] Druck *der* - **3.** [fastidio] Verdruß *der* - **4.** [aburrimiento] Langatmigkeit *die*.
pesadilla *f* Alptraum *der*.
pesado, da ◇ *adj* - **1.** [gen] schwer - **2.** [profundo] tief - **3.** [caluroso] schwül - **4.** [lento] schwerfällig - **5.** [aburrido] langatmig - **6.** [molesto] lästig. ◇ *m, f* lästige Person.
pesadumbre *f* Kummer *der*.
pésame *m* Beileid *das* ; **dar el** ~ sein Beileid aus|sprechen.
pesar ◇ *m* - **1.** [tristeza] Kummer *der* - **2.** [arrepentimiento] Bedauern *das*. ◇ *vt* - **1.** [determinar peso] wiegen - **2.** [ponderar] ab|wägen. ◇ *vi* - **1.** [tener peso] wiegen - **2.** [causar molestia] belasten - **3.** [producir malestar] bedauern. ◆ **pesarse** *vpr* sich wiegen. ◆ **a pesar de** *loc prep* trotz *(+G)* ◆ **a pesar de que** *loc conj* obwohl.
pesaroso, sa *adj* - **1.** [arrepentido] reumütig - **2.** [afligido] bekümmert.
pesca *f* - **1.** [acción] Fischfang *der* ; ~ **de altura/bajura** Hochsee-/Küstenfischerei *die* - **2.** [lo pescado] Fang *der*.
pescadería *f* Fischhandlung *die*.
pescadilla *f* junger Seehecht.
pescado *m* Fisch *der* ; ~ **azul/blanco** fetthaltiger/fettarmer Fisch.
pescador, ra *m, f* Fischer *der*, -in *die*.
pescar [10] *vt* - **1.** [peces] fischen - **2.** [enfermedad] sich *(D)* holen - **3.** *fam* [conseguir] angeln - **4.** *fam* [entender] kapieren.
pescuezo *m* Genick.
pese ◆ **pese a** *loc prep* trotz *(+G)*.
pesebre *m* [para animales] Futtertrog *der*.
pesero *m Amér* öffentlicher Kleinbus.
peseta *f* Pesete *die*. ◆ **pesetas** *fpl* Geld *das*.
pesetero, ra ◇ *adj* knauserig. ◇ *m, f* Pfennigfuchser *der*, -in *die*.
pesimismo *m* Pessimismus *der*.
pesimista ◇ *adj* pessimistisch. ◇ *mf* Pessimist *der*, -in *die*.
pésimo, ma ◇ *superl* ▷ **malo**. ◇ *adj* miserabel.
peso *m* - **1.** [gen] Gewicht *das* ; **de** ~ gewichtig ; **vender al** ~ nach Gewicht verkaufen ; ~ **bruto** Bruttogewicht ; ~ **muerto** NÁUT Registertonne *die* ; ~ **neto** Nettogewicht - **2.** [carga] Last *die* - **3.** [sensación] Schwere *die* - **4.** [moneda] Peso *der* - **5.** [de atletismo] Kugel *die* - **6.** *loc* : **pagar a ~ de oro** einen überhöhten Preis zahlen.
pespunte *m* Steppnaht *die*.
pesquero, ra *adj* Fischer-. ◆ **pesquero** *m* Fischkutter *der*.
pesquisa *f* Nachforschung *die*.
pestaña *f* - **1.** [de párpados] Wimper *die* - **2.** [de objeto] Franse *die*.
pestañear *vi* blinzeln ; **sin** ~ *fig* [sin alterarse] ohne mit der Wimper zu zucken ; *fig* [con atención] mit Spannung.
peste *f* - **1.** [mal olor] Gestank *der* - **2.** [enfermedad, horror] Pest *die* - **3.** [plaga] Plage *die*.
pesticida *m* Pestizid *das*.
pestilencia *f* Gestank *der*.
pestillo *m* Riegel *der* ; **correr** o **echar el** ~ verriegeln.
petaca *f* - **1.** [para tabaco] Tabakbeutel *der* - **2.** [para bebidas] Flachmann *der* - **3.** *Amér* [maleta] Koffer *der*.
pétalo *m* Blütenblatt *das*.
petanca *f* Bocciaspiel *das*.
petardo *m* - **1.** [cohete] Böller *der* - **2.** *fam* [aburrimiento] Katastrophe *die*.
petate *m* [de marinero] Seesack *der* ; [de soldado, preso] Gepäck *das*.
petenera *f andalusischer Tanz* ; **salir por ~s** *fig* vom Thema ab|lenken.
petición *f* - **1.** [acción] Forderung *die* - **2.** [escrito] Gesuch *das*.
peto *m* - **1.** [de prenda] Latz *der* - **2.** [para

protegerse] Schutz *der*; [de armadura] Brustharnisch *der*.
petrificar [10] *vt* versteinern.
petrodólar *m* Petrodollar *der*.
petróleo *m* Erdöl *das*.
petrolero, ra *adj* Erdöl-. ◆ **petrolero** *m* Öltanker *der*.
petrolífero, ra *adj* erdölhaltig, Erdöl-.
petulante *adj* selbstgefällig.
peúco *m (gen pl)* Babyschuh *der*.
peyorativo, va *adj* abwertend.
pez ◇ *m* Fisch *der*; ~ **espada** Schwertfisch; **estar** ~ *fig* keinen Schimmer haben. ◇ *f* Pech *das*. ◆ **pez gordo** *m fam*: **un ~ gordo** ein dicker Fisch.
pezón *m* [de pecho] Brustwarze *die*.
pezuña *f* Huf *der*.
piadoso, sa *adj* [compasivo] gutherzig.
pianista *mf* Pianist *der*, -in *die*, Klavierspieler *der*, -in *die*.
piano *m* Klavier *das*; ~ **de cola** Flügel *der*.
pianola *f* Pianola *das*.
piar [9] *vi* [aves] piepsen.
piastra *f* Piaster *der*.
PIB (*abrev de* **producto interior bruto**) *m* BIP *das*.
pibe, ba *m, f Amér fam* Junge *der*, Mädchen *das*.
pica *f* Lanze *die*. ◆ **picas** *fpl* [palo de baraja] Pik *(ohne pl)*.
picada *f* ▷ **picado**.
picadero *m* [de caballos] Reitschule *die*.
picadillo *m* Kleingehackte *das*.
picado, da *adj* - **1.** [rostro, piel] pockennarbig - **2.** [ropa] durchlöchert - **3.** [tabaco] geschnitten; [alimento] gehackt - **4.** *fam* [persona] pikiert - **5.**: **el vino está ~** der Wein hat einen Stich - **6.** *loc*: **vuelo en ~** Sturzflug *der*; **caer en ~** *fig* drastisch zurück|gehen. ◆ **picada** *f* Stich *der*.
picador, ra *m, f* - **1.** TAUROM Pikador *der* - **2.** [minero] Hauer *der*. ◆ **picadora** *f* Fleischwolf *der*.
picadura *f* - **1.** [de insecto] Stich *der* - **2.** [señal] Pockennarbe *die* - **3.** [de tabaco] Grobschnitt *der*.
picante ◇ *adj* - **1.** [que pica] scharf - **2.** *fig* [insinuante] pikant. ◇ *m* scharf Gewürztes.
picapica *adj inv*: **polvos ~** Juckpulver *das*.
picaporte *m* Türklinke *die*.
picar [10] ◇ *vt* - **1.** [suj: insecto] stechen - **2.** [escocer] brennen - **3.** [triturar] hacken; [tabaco] schneiden - **4.** [suj: ave] picken - **5.** [comer] knabbern - **6.** [golpear] klopfen - **7.** *fig* [enojar] pikieren - **8.** *fig* [estimular] an|spornen - **9.** [cancelar, registrar] entwerten; [ficha del trabajo] in eine Stechuhr stecken - **10.** [espolear] die Sporen geben - **11.** TAUROM (mit dem Spieß) stechen. ◇ *vi* - **1.** [triturar] hacken - **2.** *fam* [morder el anzuelo] an|beißen - **3.** [escocer] jucken - **4.** [ave] (an|)picken - **5.** [comer un poco] ein Häppchen essen - **6.** [sol] brennen. ◆ **picarse** *vpr* - **1.** [vino] einen Stich haben - **2.** *fam* [persona] sauer werden - **3.** *fam* [inyectarse droga] fixen - **4.** [diente] faul werden.
picardía *f* - **1.** [astucia] Schlauheit *die* - **2.** [travesura] Streich *der*. ◆ **picardías** *fpl* [prenda femenina] aufreizendes Nachthemd.
picaresco, ca *adj* schelmisch. ◆ **picaresca** *f* - **1.** LITER Schelmendichtung *die* - **2.** [modo de vida] Gaunertum *das*.
pícaro, ra ◇ *adj* - **1.** [astuto] schelmisch - **2.** [travieso] frech - **3.** [atrevido] verschmitzt. ◇ *m, f* - **1.** [astuto] Schelm *der*, -in *die* - **2.** [travieso] Frechspatz *der*.
picatoste *m* geröstetes Brot.
picha *f vulg* Schwanz *der*.
pichi *m* Trägerkleid *das*.
pichón *m* [paloma joven] junge Taube.
picnic (*pl* **picnics**) *m* Picknick *das*.
pico *m* - **1.** [de aves] Schnabel *der* - **2.** [de objeto, de montaña] Spitze *die* - **3.** [herramienta] Spitzhacke *die* - **4.** *fam* [boca] Schnabel *der*; **cerrar el ~** [callar] den Schnabel halten - **5.** [cantidad indeterminada]: **y ~** und ein paar Zerquetschte; **las cinco y ~** kurz nach fünf.
picor *m* Jucken *das*.
picoso, sa *adj Amér* scharf.
picotear *vt* - **1.** [suj: ave] an|picken - **2.** [suj: persona] ein Häppchen essen.
pictórico, ca *adj* malerisch, Mal-.
pie *m* - **1.** [gen] Fuß *der*; **a los ~s de la cama** am Fußende; **nota a ~ de página** Fußnote *die*; **a ~** zu Fuß; **estar de ~** stehen; **de ~s a cabeza** von Kopf bis Fuß - **2.** [de animal - perro] Pfote *die*; [- caballo] Huf *der* - **3.** LITER Versfuß *der* - **4.** TEATR Stichwort *das* - **5.** *loc*: **al ~ de la letra** wortwörtlich; **a ~s juntillas** blindlings; **buscarle (los) tres ~s al gato** eine Sache schwieriger machen, als sie ist; **cojear del mismo ~** eine Macke haben; **con buen ~** gut; **con ~s de plomo** mit Vorsicht; **dar ~** Anlass geben; **seguir en ~** weiterhin gelten; **en ~ de guerra** auf Kriegsfuß; **levantarse con el ~ izquierdo** mit dem linken Fuß zuerst auf|stehen; **no dar ~ con bola** nichts auf die Reihe kriegen; **no tener ni ~s ni cabeza** weder Hand noch Fuß haben; **pararle los ~s a alguien** jn in seine Schranken weisen.
piedad *f* [compasión] Erbarmen *das*.
piedra *f* - **1.** [mineral] Stein *der*; ~ **pómez** Bimsstein; ~ **preciosa** Edelstein - **2.** [de construcción] Stein *der* - **3.** [de mechero] Feuerstein *der*.
piel *f* - **1.** [de persona] Haut *die*; ~ **roja** Rothaut; **dejarse** o **jugarse la ~** Kopf und Kra-

gen riskieren - **2.** [cuero] Leder *das* - **3.** [de animal] Pelz *der* - **4.** [de vegetal] Schale *die*.

piercing ['pirsiŋ] *m* Piercing *das*.

pierna *f* Bein *das* ; **dormir a ~ suelta** behaglich schlafen ; **estirar las ~s** sich *(D)* die Beine vertreten.

pieza *f* - **1.** [gen] Stück *das* - **2.** [parte] Teil *das* ; **~ de recambio** o **repuesto** Ersatzteil ; **dejar de una ~** *fig* jm die Sprache verschlagen - **3.** [de arte] Werk *das* - **4.** *irón* [persona] komischer Vogel ; **buena ~** schräger Vogel - **5.** [de ajedrez] Figur *die* - **6.** [habitación] Zimmer *das*.

pifia *f* Schnitzer *der*.

pifiar [8] *vt* : **~la** *fam* sich *(D)* einen Schnitzer leisten.

pigmentación *f* Pigmentierung *die*.

pigmento *m* Pigment *das*.

pijama *m* Pyjama *der*.

pijo, ja ◇ *adj fam* [tonto] blöd. ◇ *m, f fam* Yuppie *der*.

pila *f* - **1.** [batería] Batterie *die* - **2.** [montón] Stapel *der* - **3.** [recipiente] Becken *das*.

pilar *m* - **1.** [en construcción] Pfeiler *der* - **2.** [soporte] Stütze *die*.

píldora *f* - **1.** FARM Tablette *die* - **2.** [anticonceptivo] (Antibaby)pille *die*.

pileta *f Amér* Schwimmbad *das*.

pillaje *m* Plünderung *die*.

pillar ◇ *vt* - **1.** [atrapar] ergreifen - **2.** [atropellar] überfahren - **3.** [contagiarse de] sich *(D)* holen - **4.** *fam* [descubrir] ertappen - **5.** [aprisionar] ein|klemmen. ◇ *vi* : **~ de paso** auf dem Weg liegen. ◆ **pillarse** *vpr* sich *(D)* ein|klemmen.

pillo, lla ◇ *adj fam* schlitzohrig. ◇ *m, f fam* Schlitzohr *das*.

pilón *m* - **1.** [recipiente] Trog *der* - **2.** [columna] Pylon *der* o *die*.

piltrafa *f (gen pl)* - **1.** [resto, residuo] ungenießbare Essensreste *pl* - **2.** *fam* [persona débil] Wrack *das*.

pimentón *m* CULIN Paprika *der*.

pimienta *f* CULIN Pfeffer *der*.

pimiento *m* [planta] Paprikastrauch *der* ; [fruto] Paprikaschote *die* ; **~ morrón** rote Paprikasorte.

pimpollo *m fam* [persona] junge, hübsche Person.

pinacoteca *f* Pinakothek *die*.

pinar *m* Kiefernwald *der*.

pincel *m* [instrumento] Pinsel *der*.

pinchadiscos *m inv* & *f inv* Diskjockey *der*.

pinchar ◇ *vt* - **1.** [punzar] an|heften - **2.** *fig* [irritar] sticheln - **3.** *fig* [incitar] drängen - **4.** [poner inyecciones] eine Spritze geben - **5.** *fam* [intervenir] an|zapfen. ◇ *vi* einen Platten haben. ◆ **pincharse** *vpr* - **1.** [punzarse] sich stechen - **2.** [inyectarse] sich *(D)* spritzen ; *fam* [droga] sich einen Schuss setzen.

pinchazo *m* - **1.** [dolor] Stich *der* - **2.** [incisión] Einstich *der* - **3.** [marca] Stichwunde *die* - **4.** [de neumático] Panne *die* ; [de globo] Platzen *das*.

pinche ◇ *adj mfam Amér* - **1.** [maldito] mies - **2.** [de poca importancia] läppisch. ◇ *mf* Küchenhilfe *die*.

pinchito *m* kleiner Fleischspieß.

pincho *m* - **1.** [espina] Dorn *der* - **2.** [varilla] spitzer Stock - **3.** CULIN Fleischspieß *der* ; **~ moruno** pikanter Fleischspieß.

pingajo *m fam despec* Fetzen *der*.

ping-pong [pim'pon] *m* DEP Tischtennis *das*.

pingüino *m* Pinguin *der*.

pino *m* Kiefer *die* ; **en el quinto ~** *fig* am Ende der Welt.

pinta *f* ▷ **pinto**.

pintado, da *adj* - **1.** [coloreado] bemalt ; **venir que ni ~** wie gerufen kommen - **2.** [moteado] gefleckt - **3.** [maquillado] geschminkt. ◆ **pintada** *f* - **1.** [escrito] Wandkritzelei *die* - **2.** [ave] Perlhuhn *das*.

pintalabios *m inv* Lippenstift *der*.

pintar ◇ *vt* - **1.** [dibujar] malen - **2.** [cubrir con pintura] streichen - **3.** [describir] schildern - **4.** [significar, importar] : **aquí no pintas nada** hier hast nichts zu melden. ◇ *vi* [tener aspecto] aus|sehen. ◆ **pintarse** *vpr* [maquillarse] sich schminken.

pintarrajear *vt fam despec* klecksen.

pinto, ta ◇ *adj* gefleckt. ◇ *m, f fam* Gauner *der*, -in *die*. ◆ **pinta** *f* - **1.** [lunar] Fleck *der* - **2.** [aspecto] Aussehen *das* ; **tener pinta de** aus|sehen wie - **3.** [unidad de medida] Pinte *die (Maßeinheit)*.

pintor, ra *m, f* [artista, profesional] Maler *der*, -in *die*.

pintura *f* - **1.** [materia, revestimiento] Farbe *die* - **2.** [arte] Malerei *die* ; **~ al óleo** Ölmalerei - **3.** [obra] Gemälde *das*.

pinza *f (gen pl)* - **1.** [de ropa] Klammer ; [de depilar] Pinzette *die* ; [de relojero, de cirugía] Zange *die* - **2.** [de animal] Schere *die* - **3.** [pliegue] Abnäher *der*.

piña *f* - **1.** [de pino] Kiefernzapfen *der* - **2.** [fruta] Ananas *die* - **3.** [de gente] Clique *die* - **4.** *fam* [golpe] Stoß *der*.

piñata *f Behälter mit Süßigkeiten*.

piñón *m* - **1.** [fruto] Pinienkern *der* - **2.** [rueda dentada] Zahnrad *das*.

pío, a *adj* fromm. ◆ **pío** *m* Piepen *das* ; **no decir ni ~** *fig* keinen Piep sagen.

piojo *m* Laus *die*.

piojoso, sa *adj* - **1.** [con piojos] verlaust - **2.** [sucio] dreckig.

pionero, ra *m, f* Pionier *die*, -in *die*.

pipa *f* - **1.** [para fumar] Pfeife *die* ; **fumar en ~** Pfeife rauchen - **2.** [pepita] Kern *der*

- **3.** *loc* : **pasarlo** o **pasárselo ~** viel Spaß haben.

pipermín, peppermint [piper'min] *m* Pfefferminzlikör *der*.

pipí *m fam* Pipi *das* ; **hacer ~** *fam* Pipi machen.

pique *m* - **1.** [enfado] Groll *der* - **2.** [rivalidad] Rivalität *die* - **3.** *loc* : **irse a ~** [naufragar] unter|gehen ; [fracasar] scheitern.

piqueo *m Amér* Häppchen.

piquera *f Amér* Spelunke *die*.

piqueta *f* Spitzhacke *die*.

piquete *m* - **1.** [herramienta] Hering *der (Zelt)* - **2.** [grupo] : **~ de huelga** Streikposten.

pirado, da *adj fam* bescheuert.

piragua *f* Kanu *das*.

piragüismo *m* Kanusport *der*.

pirámide *f* Pyramide *die*.

piraña *f* Piranha *der*.

pirarse *vpr fam* ab|hauen.

pirata ◇ *adj inv* Piraten- ; **copia ~** Raubkopie *die*. ◇ *mf* - **1.** [asaltante] Pirat *der*, -in *die* - **2.** [plagiador] Plagiator *der*, -in *die*.

piratear ◇ *vi* [asaltar] überfallen. ◇ *vt* [copiar, plagiar] plagieren.

pirenaico, ca *adj* Pyrenäen-.

pírex, pyrex® *m* hitzebeständiges Glas.

Pirineos *mpl* : **los ~** die Pyrenäen.

pirómano, na *m, f* Pyromane *der*, -nin *die*.

piropear *vt fam* Komplimente machen.

piropo *m fam* Kompliment *das*.

pirotecnia *f* Pyrotechnik *die*.

pirrarse *vpr fam* : **~ por** schwärmen für.

pirueta *f* - **1.** [cabriola] Pirouette *die* - **2.** [esfuerzo] : **hacer ~s con el dinero** mit dem Geld jonglieren.

piruleta *f* Dauerlutscher *der*.

pirulí (*pl* **pirulís**) *m* Dauerlutscher *der*.

pis (*pl* **pises**) *m fam* Pipi *das* ; **hacer ~** pullern.

pisada *f* - **1.** [acción] Schritt *der* - **2.** [huella] Fußstapfen *der*.

pisapapeles *m inv* Briefbeschwerer *der*.

pisar *vt* - **1.** [con pie] betreten ; [uva] stampfen - **2.** [anticiparse] jm zuvor|kommen.

piscina *f* Schwimmbad *das*.

Piscis ◇ *m inv* [zodíaco] Fisch *der* ; **ser ~** Fisch sein. ◇ *m inv & f inv* [persona] Fisch *der*.

pisco *m Amér Trester aus Peru* ; **~ sour** *Cocktail mit 'pisco'*.

piscolabis *m fam* kleiner Imbiss.

piso *m* - **1.** [vivienda] Wohnung *die* - **2.** [planta] Stock *der* - **3.** [suelo] Boden *der* - **4.** *loc* : **perder ~** *Amér* Einfluss verlieren.

pisotear *vt* - **1.** [con pie] trampeln - **2.** [humillar, desobedecer] mit Füßen treten.

pisotón *m fam* : **dar un ~ a alguien** jm auf den Fuß treten.

pista *f* - **1.** [terreno llano] Piste *die* - **2.** DEP Bahn *die* ; **~ de esquí** Skipiste ; **~ de tenis** Tennisplatz - **3.** TÉCN [indicio, huella] Spur *die*.

pistacho *m* Pistazie *die*.

pisto *m* CULIN Gemüseeintopf *der*.

pistola *f* - **1.** [arma] Pistole *die* - **2.** [pulverizador] Spritzpistole *die*.

pistolero, ra *m, f* [del lejano Oeste] Revolverheld *der*, -in *die* ; [a sueldo] Killer *der*, -in *die*. ◆ **pistolera** *f* Pistolenhalfter *das*.

pistón *m* - **1.** MEC Kolben *der* - **2.** [de arma] Sprengkapsel *die*.

pitar ◇ *vt* - **1.** [arbitrar] pfeifen - **2.** [abuchear] aus|pfeifen. ◇ *vi* - **1.** [tocar el pito] pfeifen - **2.** *loc* : **salir** o **irse pitando** davon|stürzen.

pitido *m* Pfiff *der*.

pitillera *f* Zigarettenetui *das*.

pitillo *m* - **1.** *fam* [cigarrillo] Glimmstengel *der* - **2.** *Amér* [paja] Strohhalm *der*.

pito *m* - **1.** [silbato] Pfeife *die* - **2.** *fam* [pene] Pimmel *der* - **3.** *loc* : **por ~s o por flautas** aus diesem oder jenem Grund ; **tomar a alguien por el ~ del sereno** jn zum Narren halten.

pitón ◇ *m* - **1.** [cuerno] Horn *das* - **2.** [pitorro] Tülle *die*. ◇ *f* ▷ **serpiente**.

pitonisa *f* Wahrsagerin *die*.

pitorrearse *vpr fam* : **~se de algo/alguien** sich über etw/jn lustig machen.

pitorreo *m fam* Spott *der* ; **tomarse algo a ~** etw auf die leichte Schulter nehmen.

pitorro *m* Tülle *die*.

pívot = **pivote**.

pivote (*pl* **pivotes**), **pívot** (*pl* **pivots**) *m, f* DEP Zenter *der*.

pizarra *f* - **1.** [roca, material] Schiefer *der* - **2.** [encerado] Tafel *die*.

pizarrón *m Amér* Wandtafel *die*.

pizca *f fam* [poca cantidad] : **una ~ (de)** ein bisschen ; **ni ~** überhaupt nicht/kein.

pizza ['pitsa] *f* Pizza *die*.

pizzería [pitse'ria] *f* Pizzeria *die*.

placa *f* - **1.** GEOL [lámina] Platte *die* ; **~ de cocina** (Koch)platte ; **~ solar** Solarzellenfläche *die* - **2.** [letrero] Schild *das* - **3.** [matrícula] Nummernschild *das*.

placenta *f* ANAT Mutterkuchen *der*.

placentero, ra *adj* angenehm.

placer [63] ◇ *m* - **1.** [agrado] Freude *die* - **2.** [gusto] Vergnügen *das* - **3.** *(gen pl)* [diversión]. ◇ *vi* [gustar] gefallen.

plácido, da *adj* sanftmütig, ruhig.

plafón *m* Deckenleuchte *die*.

plagado, da *adj* : **~ de** voller, voll von.

plagar [16] *vt* : **~ las paredes de carteles** die Wände mit Plakaten zu|kleben.

plagiar [8] *vt* [copiar] plagiieren.

plagio *m* Plagiat *das.*

plan *m* - **1.** [gen] Plan *der* ; **no ser ~** *fam fig* nicht in Ordnung sein - **2.** *fam* [ligue] Liebelei *die* - **3.** : **lo dijo en ~ de broma** er hat es nur aus Spaß gesagt ; **estuvo en ~ simpático hasta que ...** er zeigte sich sympathisch bis ...

plancha *f* - **1.** [para planchar] Bügeleisen *das* - **2.** [para cocinar] Grillpfanne *die* ; **a la ~** in der Pfanne gebraten - **3.** [placa] Platte *die* - **4.** [en gimnasia] Waage *die* - **5.** [de ropa] Bügeln *das* ; [chapa] Blech *das* ; [imprenta] Druckplatte *die.*

planchado *m* Bügeln *das.*

planchar *vt* bügeln.

planchazo *m fam* Blamage *die.*

planchista *mf* Blechschmied *der*, -in *die.*

planeador *m* Segelflugzeug *das.*

planear ◇ *vt* planen. ◇ *vi* [en el aire] gleiten.

planeta *m* Planet *der.*

planetario, ria *adj* - **1.** [de planeta] Planeten- - **2.** [mundial] Welt-.

planicie *f* Ebene *die.*

planificación *f* Planung *die* ; **~ familiar** Familienplanung.

planificar [10] *vt* planen.

planning ['planin] *m* Planung *die.*

plano, na *adj* flach. ◆ **plano** *m* - **1.** [dibujo] Plan *der* - **2.** [aspecto, nivel] Ebene *die* - **3.** CIN Einstellung *die* ; **en segundo ~** *fig* im Hintergrund ; **primer ~** Großaufnahme *die* - **4.** GEOM Ebene *die.* ◆ **plana** *f* [página] Seite *die.*

planta *f* - **1.** [vegetal] Pflanze *die* - **2.** [piso] Stockwerk *das* ; **~ baja** Erdgeschoss *das* - **3.** [del pie] Fußsohle *die* - **4.** [fábrica] Werk *das* ; **~ de envase** o **envasadora** Verpackungswerk ; **~ depuradora** Kläranlage *die* ; **~ incineradora** Müllverbrennungsanlage *die* - **5.** *Amér* [de trabajadores] Belegschaft *die* - **6.** *loc* : **tener buena ~** gut auslsehen.

plantación *f* - **1.** [terreno] Plantage *die* - **2.** [acción] Pflanzung *die.*

plantado, da *adj* : **¿qué haces ahí ~?** was stehst du denn hier wie angewurzelt? ; **ella ha dejado ~ a su novio** *fam fig* sie hat ihren Freund sitzen lassen ; **ser bien ~** *fig* gut aussehend sein.

plantar *vt* - **1.** [planta, campo] pflanzen - **2.** [tienda] auflschlagen ; [postes] auflstellen - **3.** *fam* [golpe, bofetada] versetzen - **4.** *fam* [persona] : **~ en la calle** auf die Straße setzen - **5.** *fam* [objeto] anlstecken. ◆ **plantarse** *vpr* - **1.** [con firmeza] : **se plantó en la puerta** er pflanzte sich vor die Tür - **2.** [con rapidez] : **te plantas allí en cinco minutos** du tauchst dort in fünf Minuten auf - **3.** [en algo] beharren - **4.** [en cartas] passen.

planteamiento *m* Ansatz *der.*

plantear *vt* anlgehen. ◆ **plantearse** *vpr* in Betracht ziehen.

plantel *m* - **1.** [criadero] Beet *das* - **2.** [conjunto] Gruppe *die.*

plantificar [10] *vt* jm etw auf den Kopf zulsagen. ◆ **plantificarse** *vpr* auflauchen.

plantilla *f* - **1.** [de empresa] Belegschaft *die* ; **estar en ~** fest angestellt sein - **2.** [de zapato] Einlage *die* - **3.** [patrón] Schablone *die.*

plantío *m* Plantage *die.*

plantón *m fam* : **dar (un) ~ a alguien** jn versetzen ; **estuve de ~ media hora esperándote** ich habe eine geschlagene halbe Stunde hier gestanden und auf dich gewartet.

plañidero, ra *adj* weinerlich.

plaqueta *f* BIOL Blutplättchen *das.*

plasmar *vt* [suj : cosa] widerlspiegeln ; [suj : persona] darlstellen. ◆ **plasmarse** *vpr* sich widerlspiegeln.

plasta ◇ *adj mfam* nervig. ◇ *mf mfam* Nervensäge *die.* ◇ *f* Murks *der.*

plástica *f* ▷ **plástico.**

plástico, ca *adj* - **1.** [material] Kunststoff- - **2.** [moldeable] plastisch ; **cirugía plástica** plastische Chirurgie ; **las artes plásticas** die bildenden Künste - **3.** [expresivo] anschaulich. ◆ **plástico** *m* [material] Kunststoff *der.* ◆ **plástica** *f* Plastik *die.*

plastificar [10] *vt* in Plastik einlschweißen.

plastilina *f* Knetmasse *die.*

plata *f* - **1.** [gen] Silber *das* ; **~ de ley** Feinsilber ; **hablar en ~** *fam fig* Klartext reden - **2.** *Amér fam* [dinero] Geld *das.*

plataforma *f* - **1.** [superficie] Plattform *die* ; [tarima] Podium *das* - **2.** [punto de partida] Sprungbrett *das* - **3.** POLÍT Bürgerinitiative *die* ; **~ del 0,7** Bürgerinitiative 0,7 - **4.** GEOL Schelf *der.*

plátano *m* - **1.** [fruta] Banane *die* - **2.** [árbol] Platane *die.*

platea *f* Parkett *das.*

plateado, da *adj* - **1.** [objeto] versilbert - **2.** [color] silbern.

plática *f* - **1.** [conversación] Unterhaltung *die* - **2.** [discurso] Kurzpredigt *die.*

platicar [10] *vi* sich unterhalten.

platillo *m (gen pl)* - **1.** MÚS Becken *das (Musikinstrument)* - **2.** [de balanza] Waagschale *die.* ◆ **platillo volante** *m* fliegende Untertasse.

platina *f* [de microscopio] Objekttisch *der.*

platino *m* Platin *das.*

plato *m* - **1.** [de vajilla] Teller *der* ; **~ sopero** Suppenteller ; **pagar los ~s rotos** die Sache auslbaden ; **pones una cara como si no hubieras roto un ~ en tu vida** du siehst so aus, als könntest du kein Wässerchen trüben - **2.** [de menú] Gang *der (von Menü)* ; **~ fuerte**

[en una comida] Hauptgericht *das* ; *fig* Höhepunkt *der* ; **primer ~** Vorspeise *die* ; **segundo ~** Hauptgericht *das* - **3.** [comida] Gericht *das* ; **~ combinado** gemischter Teller - **4.** [de tocadiscos] Plattenteller *der* - **5.** [disco] Kettenrad *das*.

plató *m* Kulisse *die*.

platónico, ca *adj* platonisch.

platudo, da *adj Amér fam* steinreich.

plausible *adj* plausibel.

playa *f* Strand *der*.

play-back ['pleiβak] (*pl* **play-backs**) *m* Playback *das*.

play-boy [plei'βoi] (*pl* **play-boys**) *m* Playboy *der*.

playero, ra *adj* Strand-. ◆ **playera** *f Amér* T-Shirt *das*. ◆ **playeras** *fpl* [zapatillas] *leichte Sommerschuhe aus Leinen*.

plaza *f* - **1.** [en población] Platz *der* - **2.** [sitio] Platz *der* - **3.** [asiento] Sitzplatz *der* - **4.** [puesto de trabajo] Stelle *die* - **5.** [mercado] Marktplatz *der* - **6.** TAUROM : **~ (de toros)** Stierkampfarena *die* - **7.** [fortificación] Festung *die*.

plazo *m* - **1.** [de tiempo] Frist *die* ; **a corto ~** kurzfristig ; **a largo ~** langfristig - **2.** [de dinero] Rate *die* ; **a ~s** auf Raten.

plazoleta *f* kleiner Platz.

plebeyo, ya ◇ *adj* bürgerlich. ◇ *m, f fam* Bürgerliche *der, die*.

plegable *adj* klappbar.

plegar [35] ◆ **plegarse** *vpr* : **~se a** sich fügen.

plegaria *f* Gebet *das*.

pleito *m* DER Prozess *der* ; **poner un ~** einen Prozess anlstrengen.

plenario, ria *adj* Plenar-.

plenilunio *m* Vollmond *der*.

plenitud *f* : **~ de poderes** alle Handlungsvollmachten ; **en la ~ de su vida** in den besten Jahren.

pleno, na *adj* : **en ~** [en el centro de] mitten ; **tiene ~ derecho de saber la verdad** es ist sein/ihr gutes Recht, die Wahrheit zu erfahren ; **en plena cena** während des Abendessens ; **en ~ día** am hellichten Tag ; **en plena calle** auf offener Straße ; **en ~ verano** im Hochsommer ; **en ~ discurso** mitten im Vortrag. ◆ **pleno** *m* - **1.** [reunión] Vollversammlung *die* ; **~ del congreso** Kabinettsitzung *die* ; **~ del ayuntamiento** Stadtratssitzung *die* - **2.** [en juego de azar] Hauptgewinn *der*.

pletórico, ca *adj* : **~ de** strotzend vor.

pliego *m* - **1.** [hoja] Bogen *der* - **2.** [documento] Schrift *die* ; **~ de condiciones** Ausschreibungsbedingungen *pl* - **3.** [en imprenta] Doppelblatt *das*.

pliegue *m* Falte *die*.

plisar *vt* plissieren.

plomería *f Amér* Klempnerei *die*.

plomero *m Amér* Klempner *der*.

plomizo, za *adj* bleiern.

plomo *m* - **1.** [metal] Blei *das* ; **sin ~** bleifrei ; **caer a ~** *fig* wie ein nasser Sack umlfallen - **2.** [fusible] Sicherung *die* - **3.** [pieza de metal] Bleigewicht *das* - **4.** [persona] Nervensäge *die* ; *fam* [cosa] langweiliger Kram.

pluma *f* - **1.** [gen] Feder *die* ; **~ estilográfica** Füllfederhalter *der* - **2.** [escritor] Schriftsteller *der* - **3.** *(en aposición inv)* DEP Leichtgewicht *das* - **4.** *Amér* [bolígrafo] Stift *der*.

plum-cake [pluŋ'keik] (*pl* **plum-cakes**) *m* CULIN englischer Kuchen.

plumero *m* Staubwedel *der* ; **vérsele a alguien el ~** *fam fig* jn durchschauen.

plumier (*pl* **plumiers**) *m* Federmäppchen *das*.

plumilla *f* Feder *die (eines Füllfederhalters)*.

plumón *m* [de ave] Daune *die*.

plural ◇ *adj* GRAM Plural-. ◇ *m* GRAM Plural *der*.

pluralidad *f* Pluralität *die*.

pluralizar [13] *vi* verallgemeinern.

pluriempleo *m* Mehrfachbeschäftigung *die*.

plus (*pl* **pluses**) *m* Aufschlag *der*.

pluscuamperfecto ◇ *adj* GRAM Plusquamperfekt-. ◇ *m* GRAM Plusquamperfekt *das*.

plusmarca *f* DEP Rekord *der*.

plusvalía *f* ECON Mehrwert *der*.

Plutón *m* Pluto *der*.

pluvial *adj* Regen-.

p. m. (*abrev de* **post meridiem**) p.m.

PM (*abrev de* **policía militar**) *f* Militärpolizei *die*.

PNB (*abrev de* **producto nacional bruto**) *m* BSP *das*.

PNV (*abrev de* **Partido Nacionalista Vasco**) *m baskische Nationalpartei*.

p.º *abrev de* **paseo**.

población *f* - **1.** [localidad] Ortschaft *die* - **2.** [habitantes] Bevölkerung *die* - **3.** [acción] Besiedlung *die*.

poblado, da *adj* - **1.** [habitado] bewohnt - **2.** [lleno] dicht. ◆ **poblado** *m* Dorf *das*.

poblador, ra *m, f* Siedler *der*, -in *die*.

poblar [23] *vt* - **1.** [habitar] bewohnen - **2.** [con personas] bevölkern ; [con plantas] bepflanzen. ◆ **poblarse** *vpr* sich füllen.

pobre ◇ *adj* arm ; **~ en** arm an *(+D)*. ◇ *mf* - **1.** [gen] Arme *der, die* - **2.** *(con artículo)* [persona que da pena] Ärmste *der, die* ; **Juan, ¡~ de ti!** Juan, du Ärmster!

pobreza *f* [escasez] Armut *die* ; **~ de** [de cosas materiales] Mangel an *(+D)*.

pochismo *m Amér von Mexikanern gesprochenes Englisch mit starkem spanischen Einschlag*.

pocho, cha *adj* - **1.** [alicaído] matt - **2.** [pasado] verdorben - **3.** *Amér* [mexicano] *US-*

Amerikaner mexikanischer Herkunft, der seine ursprüngliche Kultur bewahrt hat - **4.** *Amér* [rechoncho] pummelig.
pocilga *f lit & fig* Schweinestall *der*.
pócima *f* [brebaje] Arznei *die*.
poción *f* Trank *der*.
poco, ca ◇ *adj* wenig, gering ; **dame unas pocas manzanas** gib mir ein paar Äpfel. ◇ *pron* wenig ; **un ~ (de)** ein wenig. ◆ **poco** *adv* - **1.** [en cantidad] wenig ; **~ más o menos** mehr oder weniger ; **por ~** fast - **2.** [en tiempo] wenig ; **dentro de ~** in Kürze ; **hace ~** vor kurzem ; **~ a ~** [progresivamente] nach und nach ; [despacio] langsam.
podar *vt* beschneiden.
poder [64] ◇ *m* - **1.** [facultad] Kraft *die* ; **~ adquisitivo** Kaufkraft - **2.** [gobierno] Macht *die* ; **estar en el ~** an der Macht sein ; **hacerse con el ~** an die Macht gelangen - **3.** [autoridad] Befugnis *die* - **4.** [posesión] Besitz *der* ; **la carta llegó a ~ del destinatario** der Empfänger hat den Brief erhalten ; **estar en ~ de alguien** in js Besitz sein - **5.** POLÍT Gewalt *die* ; **~ fáctico** tatsächliche Macht - **6.** *(gen pl)* [autorización] Erlaubnis *die* ; **dar ~es a alguien** jm eine Vollmacht erteilen. ◇ *vt (antes de infin)* - **1.** [gen] können - **2.** [tener permiso] dürfen ; **¿se puede?** darf man? ◇ *v impers* [ser posible] können ; **puede que llueva** es kann sein, dass es regnet ; **¿vendrás mañana? puede** kommst du morgen? kann sein. ◇ *vi* [tener más fuerza] stärker sein. ◆ **poder (con)** *vi* - **1.** [vencer] fertig werden mit - **2.** [soportar] : **no ~ con algo/alguien** etw/jn nicht ertragen können - **3.** *loc* : **no ~ más** [estar cansado o harto] nicht mehr können.
poderío *m* [poder] Macht *die*.
poderoso, sa *adj* - **1.** [con poder] mächtig - **2.** [eficaz] wirkungsvoll - **3.** [fuerte] stark.
podio, pódium *m* Podium *das*.
podólogo, ga *m, f* MED Fußpfleger *der*, -in *die*.
podrá ▷ **poder**.
podría ▷ **poder**.
podrido, da ◇ *pp irreg* ▷ **pudrir**. ◇ *adj* verdorben.
poema *m* Gedicht *das*.
poesía *f* - **1.** [género] Lyrik *die* - **2.** [poema] Gedicht *das*.
poeta *mf* Dichter *der*, -in *die*.
poético, ca *adj* dichterisch.
poetisa *f* Dichterin *die*.
póker = **póquer**.
polaco, ca ◇ *adj* polnisch. ◇ *m, f* Pole *der*, Polin *die*. ◆ **polaco** *m* Polnisch(e) *das*.
polar *adj* polar.
polaridad *f* FÍS Polarität *die*.
polarizar [13] *vt* - **1.** [concentrar] konzentrieren - **2.** FÍS polarisieren.
polaroid® *f inv* FOTO Polaroidkamera® *die*.
polca *f* Polka *die*.
polea *f* Rolle *die (von Flaschenzug)*.
polémico, ca *adj* polemisch. ◆ **polémica** *f* Polemik *die*.
polen *m* Pollen *der*.
poleo *m* Polei *der*.
poli ◇ *mf fam* Bulle *der (Polizist)*. ◇ *f fam* Polente *die*.
polichinela *f* Pulcinella *die*.
policía ◇ *mf* Polizist *der*, -in *die*. ◇ *f* Polizei *die*.
policiaco, ca, policíaco, ca *adj* Kriminal-.
policial *adj* Polizei-.
policlínica *f* Poliklinik *die*.
polideportivo, va *adj* Sport-. ◆ **polideportivo** *m* Sportzentrum *das*.
poliedro *m* GEOM Polyeder *der o das*.
poliéster *m* Polyester *der*.
polifacético, ca *adj* vielseitig.
polígamo, ma ◇ *adj* poligam. ◇ *m, f* Polygamist *der*, -in *die*.
poligloto, ta, polígloto, ta ◇ *adj* polyglott. ◇ *m, f* Polyglotte *der, die*.
polígono *m* - **1.** GEOM Polygon *das* - **2.** [de terreno] Gebiet *das* ; **~ industrial** Industriegebiet.
polilla *f* Motte *die*.
polinomio *m* MAT Polynom *das*.
poliomielitis, polio *f inv* MED Kinderlähmung *die*.
polipiel *f* Kunstleder *das*.
Polisario (*abrev de* **Frente Popular para la Liberación de Sakiet el Hamra y Río de Oro**) *m* Polisario-Front *die*.
politécnico, ca *adj* polytechnisch.
politeísmo *m* RELIG Polytheismus *der*.
política *f* ▷ **político**.
politicastro *m despec* Stammtischpolitiker *der*.
político, ca ◇ *adj* - **1.** [de gobierno] politisch - **2.** [pariente] Schwieger- ; **hermano ~** Schwager *der*. ◇ *m, f* Politiker *der*, -in *die*. ◆ **política** *f* [gen] Politik *die*.
politizar [13] *vt* politisieren. ◆ **politizarse** *vpr* politisch aktiv werden.
polivalente *adj* Mehrzweck-.
póliza *f* [documento] Police *die*.
polizón *m* blinder Passagier.
polla *f* ▷ **pollo**.
pollería *f* Geflügelhandlung *die*.
pollito *m* Küken *das*.
pollo, lla *m, f* - **1.** [cría de gallina] Hühnchen *das* - **2.** *(gen m)* [joven] junger Kerl. ◆ **pollo** *m* Hähnchen *das*. ◆ **polla** *f vulg* Schwanz *der*.
polo *m* - **1.** [gen] Pol *der* ; **~ norte/sur** Nord-/Südpol ; **~ negativo/positivo** Minus-/Pluspol - **2.** [extremo] Gegensatz - **3.** [helado] Eis *das* am Stiel - **4.** [camisa] Polohemd *das*.

Polonia *f* Polen *nt.*
poltrona *f* Lehnstuhl *der.*
polución *f* - **1.** [contaminación] Verschmutzung *die* - **2.** [eyaculación] Samenerguss *der.*
polvareda *f* Staubwolke *die.*
polvera *f* Puderdose *die.*
polvo *m* - **1.** [partículas en el aire] Staub *der* - **2.** [de producto pulverizado] Pulver *das* ; en ~ -pulver - **3.** *loc* : **estar hecho** ~ *fam* total kaputt sein. ◆ **polvos** *mpl* Puder *der.*
pólvora *f* Schießpulver *das.*
polvoriento, ta *adj* staubig.
polvorín *m* Pulverkammer *die.*
polvorón *m süßes, bröck(e)liges Schmalzgebäck.*
pomada *f* Salbe *die.*
pomelo *m* - **1.** [árbol] Pampelmusenbaum *der* - **2.** [fruto] Pampelmuse *die.*
pómez *adj* ▻ **piedra.**
pomo *m* Knauf *der.*
pompa *f* Pomp *der.* ◆ **pompa de jabón** *f (gen pl)* Seifenblase *die.* ◆ **pompas** *fpl Amér fam* Hintern *der.* ◆ **pompas fúnebres** *fpl* Bestattungsinstitut *das.*
pompón *m* Pompon *der.*
pomposo, sa *adj* - **1.** [ostentoso] pompös - **2.** [en lenguaje] geschwollen, hochtrabend *(Stil).*
pómulo *m* - **1.** [hueso] Backenknochen *der* - **2.** [mejilla] Wange *die.*
ponchar *Amér vt* eine Reifenpanne haben. ◆ **poncharse** *vpr Amér* eine Reifenpanne haben.
ponche *m* Punsch *der.*
poncho *m* Poncho *der.*
ponderar *vt* - **1.** [considerar] bewerten - **2.** [en estadística] gewichten.
ponedor, ra *adj* Eier legend ; **gallina ponedora** Legehenne *die.*
ponencia *f* [conferencia] Referat *das.*
poner [65] *vt* - **1.** [colocar] stellen ; [en horizontal] legen - **2.** [añadir] : ~ **sal en la ensalada** Salz an den Salat geben - **3.** [vestir] : ~ **algo a alguien** jm etw an|ziehen - **4.** [contribuir, invertir] dazu|tun ; ~ **algo de mi/tu/** *etc parte* das meinige/deinige/*etc* dazu tun - **5.** [hacer estar de cierta manera] : **me pones de mal humor** du machst mich ärgerlich ; **esta medicina me ha puesto bueno** diese Medizin hat mir gut getan - **6.** [calificar, tratar] : ~ **a alguien de algo** jn etw nennen - **7.** [oponer] : ~ **obstáculos** Steine in den Weg legen - **8.** [asignar, imponer] : ~ **una multa** eine Geldstrafe verhängen - **9.** [aplicar facultad] : ~ **toda su voluntad** seinen ganzen Willen ein|setzen - **10.** [en comunicaciones] auf|setzen - **11.** [conectar] ein|schalten - **12.** [en cine, teatro, TV] zeigen ; **¿qué ponen en la tele?** was gibt es im Fernsehen? - **13.** [exponer] : ~ **la leche al fuego** die Milch auf|setzen ; ~ **al sol** in die Sonne stellen - **14.** [instalar, montar] installieren ; **ha puesto una tienda** sie hat einen Laden aufgemacht - **15.** [escribir] schreiben - **16.** [dar trabajo] : **le han puesto de conserje** sie haben ihn als Pförtner eingestellt - **17.** [llamar] nennen - **18.** *(en subj, imper, gerundio)* [suponer] an|nehmen - **19.** [suj : ave] : ~ **huevos** Eier legen. ◆ **ponerse** *vpr* - **1.** [colocarse] : **~se de pie** auf|stehen ; **ponte en la ventana** stell dich ans Fenster - **2.** [joyas] an|legen - **3.** [maquillaje] auf|tragen - **4.** [estar de cierta manera] werden - **5.** [iniciar acción] : **~se a hacer algo** beginnen, etw zu tun - **6.** [de salud] : **~se malo** o **enfermo** krank werden ; **~se bien** gesund werden - **7.** [llenarse] : **~se de algo** sich mit etw bedecken ; **se puso de barro hasta las rochillas** er war bis zu den Knien mit Schlamm bedeckt - **8.** [suj : astro] unter|gehen.
poni, poney ['poni] *m* Pony *das.*
poniente *m* - **1.** [occidente] Westen *der* - **2.** [viento] Westwind *der.*
pontificado *m* Pontifikat *das.*
pontífice *m* Pontifex *der.*
ponzoña *f* [veneno] Gift *das.*
pop *m* ▻ **música.**
popa *f* NÁUT Heck *das.*
popote *m Amér* Strohhalm *der.*
populacho *m despec* Pöbel *der.*
popular *adj* - **1.** [de pueblo] volkstümlich - **2.** [muy conocido] beliebt.
popularidad *f* Popularität *die.*
popularizar [13] *vt* bekannt machen. ◆ **popularizarse** *vpr* bekannt werden.
populoso, sa *adj* dicht besiedelt.
popurrí (*pl* **popurrís**) *m* Potpourri *das.*
póquer, póker *m* Poker *das.*
por *prep* - **1.** [causa] wegen *(+G)* ; **se enfadó** ~ **tu comportamiento** er ärgerte sich wegen deines Verhaltens - **2.** [finalidad] *(antes de infin)* um ... zu ; **lo hizo** ~ **complacerte** er tat es, um dir eine Freude zu machen ; *(antes de sust, pron)* für ; **lo hizo** ~ **ella** er tat es für sie - **3.** [medio, modo] durch ; ~ **mensajero/fax** per Eilbote/Fax ; ~ **escrito** schriftlich ; **lo cogieron** ~ **el brazo** sie packten ihn am Arm - **4.** [tiempo aproximado] in *(+D)* ; **creo que la boda será** ~ **abril** ich glaube, die Hochzeit wird im April sein - **5.** [tiempo concreto] am ; ~ **la mañana** morgens ; ~ **la tarde** nachmittags ; ~ **la noche** abends ; ~ **unos días** für einige Tage - **6.** [en lugar aproximado] : **está** ~ **ahí** es ist hier irgendwo ; **había papeles** ~ **el suelo** es lagen einige Blätter hier auf dem Boden ; **¿~ dónde vive?** wo wohnt er? - **7.** [a través de] über ; **entramos en África** ~ **Gibraltar** wir fuhren über Gibraltar nach Afrika ; **pasar** ~ **la aduana** durch den Zoll gehen - **8.** *(antes del agente de la pasiva)* durch, von ; **el récord fue batido** ~ **el atleta** der Rekord

wurde durch den Athleten gebrochen - **9.** [a cambio de, en lugar de] gegen *(+A)* ; **cambio el coche ~ la moto** ich tausche den Wagen gegen das Motorrad - **10.** [distribución] pro ; **tocan a dos ~ cabeza** es gibt zwei pro Kopf ; **sale a 100 ptas ~ unidad** es kostet 100 Peseten pro Packung ; **la velocidad era de 20 km ~ hora** die Geschwindigkeit betrug 20 km pro Stunde - **11.** [elección] für ; **al final, se decantó ~ mí** letztendlich hat er sich für mich entschieden - **12.** MAT mal - **13.** [en busca de] : **baja ~ tabaco** geh runter Zigaretten holen ; **a ~** wegen *(+G)* ; **corre a ~ la victoria** er läuft um den Sieg - **14.** [aún sin] noch ; **las maletas están por hacer** die Koffer müssen noch gepackt werden - **15.** [a punto de] : **estar ~ hacer algo** kurz davor sein, etw zu tun ; **estuvo ~ llamarte** er wollte dich gerade anrufen - **16.** [concesión] so viel ; **no ~ llorar, arreglarás nada** mit Heulen erreichst du überhaupt nichts.

porcelana *f* Porzellan *das.*

porcentaje *m* Prozentsatz *der.*

porche *m* Veranda *die.*

porcino, na *adj* Schweine-.

porción *f* [comida] Portion *die* ; [parte] Anteil *der.*

pordiosero, ra *m, f* Bettler *der,* -in *die.*

porfiado, da *adj* hartnäckig.

porfiar [9] *vi* - **1.** [disputar] streiten - **2.** [empeñarse] : **~ en** beharren auf *(+D).*

pormenor *m (gen pl)* Einzelheit *die.*

pornografía *f* Pornografie *die.*

pornográfico, ca *adj* pornografisch.

poro *m* Pore *die.*

poroso, sa *adj* porös.

porque *conj* - **1.** [ya que] weil, da - **2.** [para que] damit.

porqué *m* Grund *der.*

porquería *f* - **1.** [suciedad] Dreck *der* - **2.** [cosa de mala calidad] Mist *der* - **3.** [golosina] Schweinerei *die.*

porra <> *f* - **1.** [palo] Schlagstock *der* - **2.** *loc* : **¡vete a la ~!** geh zum Teufel! <> *interj (gen pl).*

porrazo *m* Schlag *der.*

porro *m fam* [de droga] Joint *der.*

porrón *m Trinkgefäß für Wein mit langer spitzer Tülle.*

portaaviones = portaviones.

portada *f* - **1.** [de obra impresa] Titelseite *die* - **2.** ARQUIT Portal *das.*

portador, ra <> *adj* Träger-. <> *m, f* Überbringer *der,* -in *die* ; **cheque al ~** Überbringerscheck *der.*

portaequipajes *m inv* Gepäckträger *der.*

portafolios *m inv,* **portafolio** *m* Aktentasche *die.*

portal *m* - **1.** [entrada] Eingang *der* - **2.** [belén] Krippe *die.*

portamaletas *m inv* Kofferraum *der.*

portamonedas *m inv* Portmonee *das.*

portarse *vpr* : **~ bien/mal** sich gut/schlecht benehmen.

portátil *adj* tragbar.

portaviones, portaaviones *m inv* Flugzeugträger *der.*

portavoz <> *mf* Sprecher *der,* -in *die.* <> *m* Sprachrohr *das.*

portazo *m* : **dar un ~** die Tür zulschlagen.

porte *m* - **1.** *(gen pl)* [gasto de transporte] Porto *das* ; **~s debidos** COM unfrei ; **~(s) pagado(s)** COM frei - **2.** [transporte] Transport *der* - **3.** [aspecto] Erscheinung *die.*

portento *m* Wunder *das.*

portentoso, sa *adj* wunderbar.

portería *f* - **1.** [de casa] Pförtnerloge *die* - **2.** DEP Tor *das.*

portero, ra *m, f* - **1.** [de casa] Hausmeister *der,* -in *die* ; [en recepción] Pförtner *der,* -in *die* ; **~ automático** o **electrónico** Gegensprechanlage *die* - **2.** DEP Torwart *der.*

pórtico *m* - **1.** [atrio] Säulenhalle *die* - **2.** [arcada] Säulengang *der.*

portillo *m* - **1.** [abertura] Durchschlupf *der* - **2.** [puerta pequeña] Pforte *die.*

portuario, ria *adj* Hafen-.

Portugal *m* Portugal *nt.*

portugués, esa <> *adj* portugiesisch. <> *m, f* Portugiese *der,* -sin *die.* ◆ **portugués** *m* Portugiesisch(e) *das.*

porvenir *m* Zukunft *die.*

pos ◆ **en pos de** *loc prep* [detrás de] hinter ; [en busca de] auf der Suche nach.

posada *f* [fonda] Gasthaus *das.*

posaderas *fpl fam* Hintern *der.*

posar <> *vt* - **1.** [mano, pie] legen - **2.** [mirada, vista] richten. <> *vi* Modell stehen. ◆ **posarse** *vpr* [animal volador] sich setzen.

posavasos *m inv* Untersetzer *der.*

posdata, postdata *f* Nachschrift *die.*

pose *f* - **1.** [postura, afectación] Pose *die* - **2.** FOTO Belichtung *die.*

poseedor, ra <> *adj* besitzend. <> *m, f* Besitzer *der,* -in *die.*

poseer [50] *vt* besitzen.

poseído, da <> *adj* besessen. <> *m, f* Besessene *der, die.*

posesión *f* - **1.** [pertenencia] Besitz *der* - **2.** [acción] Inbesitznahme *die* - **3.** [del diablo] Besessenheit *die.*

posesivo, va *adj* Besitz ergreifend.

poseso, sa <> *adj* besessen. <> *m, f* Besessene *der, die.*

posgraduado, da, postgraduado, da *m, f* Postgraduierte *der, die.*

posguerra, postguerra *f* Nachkriegszeit *die.*

posibilidad *f* Möglichkeit *die.*

posibilitar *vt* ermöglichen.

posible *adj* möglich ; **de ser ~** falls mög-

lich ; **hacer (todo) lo ~** alles Mögliche tun ; **lo antes ~** so bald wie möglich.
posición *f* - **1.** [gen] Position *die* - **2.** [postura] Lage *die* - **3.** [actitud] Haltung *die*.
posicionarse *vpr* eine Haltung ein|nehmen.
positivo, va *adj* positiv.
posmeridiano, na, postmeridiano, na *adj* nachmittäglich.
poso *m* Bodensatz *der*.
posología *f* Dosierung *die*.
posponer [65] *vt* - **1.** [supeditar] hintan|stellen - **2.** [aplazar] verschieben.
pospuesto, ta *pp irreg* ▻ **posponer**.
posta ◆ **a posta** *loc adv* absichtlich.
postal ◇ *adj* Post-. ◇ *f* Postkarte *die*.
postdata = **posdata**.
poste *m* Pfosten *der*.
póster (*pl* **pósters**) *m* Poster *der* o *das*.
postergar [16] *vt* - **1.** [retrasar] verschieben - **2.** [supeditar] hintan|stellen.
posteridad *f* - **1.** [generación futura] Nachwelt *die* - **2.** [futuro] Zukunft *die*.
posterior *adj* - **1.** [lugar] hintere, -r, -s ; **~ a** hinter - **2.** [tiempo] spätere, -r, -s ; **~ a** später.
posterioridad *f* : **con ~** nachträglich.
postgraduado, da = **posgraduado**.
postguerra = **posguerra**.
postigo *m* [contraventana] Fensterladen *der*.
postín ◆ **de postín** *loc adj* luxuriös.
postizo, za *adj* künstlich. ◆ **postizo** *m* Haarteil *das*.
postmeridiano, na = **posmeridiano**.
postor, ra *m, f* Bieter *der*, -in *die*.
postrar *vt* nieder|werfen. ◆ **postrarse** *vpr* sich nieder|knien.
postre ◇ *m* Nachtisch *der* ; **de ~** als Nachtisch. ◇ *f loc* : **a la ~** *fig* letztendlich.
postrero, ra *adj* letzte, -r, -s.
postulado *m* Postulat *das*.
postular ◇ *vt* bitten um. ◇ *vi* Geld sammeln.
póstumo, ma *adj* postum.
postura *f* - **1.** [posición] Lage *die*, Stellung *die* - **2.** [actitud] Haltung *die*.
potable *adj* [bebible] trinkbar.
potaje *m* - **1.** [guiso] Eintopf *der* - **2.** [caldo] Brühe *die*.
potasio *m* Kalium *das*.
pote *m* Topf *der*.
potencia *f* - **1.** [capacidad] Leistungsfähigkeit *die* - **2.** [fuerza] Kraft *die* - **3.** [estado soberano, autoridad] Macht - **4.** FÍS & MAT Potenz.
potencial ◇ *adj* potenziell. ◇ *m* - **1.** ELECTR [fuerza] Potenzial - **2.** GRAM Konditional *der*.
potenciar [8] *vt* fördern.
potentado, da *m, f* Potentat *der*, -in *die*.
potente *adj* - **1.** [coche, máquina, arma] stark - **2.** [país, estado, nación] mächtig - **3.** [voz, alarido] kräftig.
potingue *m fam* Mittelchen *das*.
potra *f mfam* Glück *das* ; **tener ~** Schwein haben.
potrero *m Amér* - **1.** [finca] Pferdehof *der* - **2.** [prado] Weide *die*.
potrillo *m Amér* großes Glas.
potro *m* - **1.** [animal] Fohlen *das* - **2.** [aparato] Bock *der (Turngerät)*.
pozo *m* Brunnen *der*.
p. p. - **1.** (*abrev de* **por poder**) i. A. - **2.** (*abrev de* **porte pagado**) ▻ **porte**.
PP (*abrev de* **Partido Popular**) *m spanische konservative Volkspartei*.
práctica *f* ▻ **práctico**.
practicable *adj* - **1.** [camino] begehbar ; [carretera] befahrbar - **2.** [idea] durchführbar.
practicante ◇ *adj* praktizierend. ◇ *mf* - **1.** [persona que practica] *Person, die etw ausübt* - **2.** [auxiliar médico] Praktikant *der*, -in *die*.
practicar [10] ◇ *vt* - **1.** [realizar] durch|führen - **2.** [ejercer] aus|üben - **3.** [ejercitar - idioma] sprechen ; [- deporte] treiben. ◇ *vi* [trabajar] arbeiten ; [perfeccionar] üben.
práctico, ca *adj* praktisch. ◆ **práctica** *f* - **1.** [realización] Ausübung *die* ; **en la práctica** in der Praxis ; **llevar a la práctica** in die Praxis um|setzen - **2.** [habilidad] Übung *die* - **3.** [costumbre] Brauch *der* - **4.** [no teoría] Praktikum *das*.
pradera *f* große Wiese.
prado *m* Weide *die*.
Praga *f* Prag *nt*.
pragmático, ca ◇ *adj* pragmatisch. ◇ *m, f* Pragmatiker *der*, -in *die*.
pral. *abrev de* **principal**.
preacuerdo *m* Vorvertrag *der*.
preámbulo *m* [introducción] Einleitung *die*, Vorwort *das*.
precalentar [19] *vt* - **1.** [con calor] vor|heizen - **2.** DEP auf|wärmen.
precario, ria *adj* unsicher.
precaución *f* - **1.** [prudencia] Vorsicht *die* - **2.** [medida] Maßnahme *die* ; **tomar precauciones** Maßnahmen ergreifen.
precaver *vt* schützen. ◆ **precaverse** *vpr* sich ab|sichern ; **~se de** o **contra** sich gegen etw schützen.
precavido, da *adj* vorsichtig.
precedente ◇ *adj* vorhergehend. ◇ *m* Präzedenzfall *der* ; **sentar ~** einen Präzedenzfall schaffen.
preceder ◇ *vt* voraus|gehen. ◇ *vi* : **~ a** voran|gehen.
preceptivo, va *adj* vorschriftsmäßig. ◆ **preceptiva** *f* Regel *die*.
precepto *m* [mandato] Vorschrift *die*.
preciado, da *adj* wertvoll.

preciarse [8] *vpr* Selbstachtung haben ; **~se de** stolz sein auf *(+A)*.
precinto *m* Siegel *das*.
precio *m* Preis *der* ; **~ de fábrica** o **coste** Herstellerpreis ; **~ de venta (al público)** Verkaufspreis ; **al ~ de** um den Preis *(+G)*.
preciosidad *f* - **1.** [cualidad, cosa] Kostbarkeit *die* - **2.** [persona] Schmuckstück *das*.
precioso, sa *adj* - **1.** [bonito] wunderschön - **2.** [valioso] kostbar.
precipicio *m* Abgrund *der*.
precipitación *f* - **1.** [apresuramiento] Überstürzung *die* - **2.** [lluvia] Niederschlag *der*.
precipitado, da *adj* überstürzt.
precipitar *vt* - **1.** [arrojar] hinab|stürzen - **2.** [acelerar] übereilen - **3.** QUÍM präzipitieren. ◆ **precipitarse** *vpr* - **1.** [caer] hinab|stürzen - **2.** [acelerarse] überstürzen - **3.** [obrar irreflexivamente] überstürzt handeln.
precisar *vt* - **1.** [determinar] genau bestimmen - **2.** [necesitar] benötigen.
precisión *f* Präzision *die*.
preciso, sa *adj* - **1.** [determinado] genau - **2.** [necesario] : **ser ~** notwendig sein - **3.** [conciso] präzis.
precocinado, da *adj* vorgekocht.
precolombino, na *adj* präkolumbisch.
preconcebido, da *adj* vorgefasst.
preconcebir [26] *vt* im Voraus entwerfen.
precoz *adj* frühzeitig.
precursor, ra <> *adj* Vor- ; **un signo ~** ein Vorzeichen. <> *m, f* Vorläufer *der*, -in *die*.
predecesor, ra *m, f* Vorgänger *der*, -in *die*.
predecir [66] *vt* voraus|sagen.
predestinado, da *adj* vorherbestimmt ; **~ a** bestimmt zu *(+D)*.
predestinar *vt* vorher|bestimmen.
predeterminar *vt* voraus|bestimmen.
predicado *m* GRAM Prädikat *das*.
predicador, ra *m, f* Prediger *der*, -in *die*.
predicar [10] *vt & vi* predigen.
predicción *f* Vorhersage *die*.
predicho, cha *pp irreg* ▻ **predecir**.
predilección *f* Vorliebe *die*.
predilecto, ta *adj* bevorzugt.
predisponer [65] *vt* empfänglich machen.
predisposición *f* - **1.** [facilidad] Anlage *die* - **2.** [tendencia] : **~ a** Veranlagung für *(+A)*.
predispuesto, ta <> *pp irreg* ▻ **predisponer**. <> *adj* - **1.** [inclinado] gerichtet - **2.** [propenso] : **~ a** anfällig für.
predominante *adj* vorherrschend.
predominar *vi* vor|herrschen ; **~ sobre** gehen über *(+A)*.
predominio *m* Vorherrschaft *die*.
preelectoral *adj* Vorwahl- ; **campaña ~** Wahlkampf *der*.
preeminente *adj* vorrangig.
preescolar <> *adj* Vorschul-. <> *m* Vorschule *die*, ≃ Kindergarten.
prefabricado, da *adj* vorgefertigt.
prefacio *m* Vorwort *das*.
preferencia *f* - **1.** [predilección] Vorliebe *die* - **2.** [ventaja] Vorrang *der* ; **tener ~** [vehículos] Vorfahrt haben.
preferente *adj* bevorzugt.
preferible *adj* : **es ~ que esperemos** es ist besser, wir warten.
preferir [27] *vt* vor|ziehen ; **~ algo a algo** etw *(A)* etw *(D)* vor|ziehen.
prefijar *vt* im Voraus fest|setzen.
prefijo *m* - **1.** [de teléfono] Vorwahl(nummer) *die* - **2.** GRAM Präfix *das*.
pregón *m* - **1.** [discurso] Eröffnungsrede *die* - **2.** [bando] Bekanntmachung *die*.
pregonar *vt* [bando] öffentlich bekannt geben ; [secreto] aus|posaunen.
pregunta *f* Frage *die*.
preguntar <> *vt* fragen. <> *vi* : **~ por** fragen nach *(+D)* ◆ **preguntarse** *vpr* sich fragen.
prehistoria *f* Vorgeschichte *die*.
prehistórico, ca *adj* vorgeschichtlich.
prejubilación *f* Vorruhestand *der*.
prejubilado, da *m, f* Vorruheständler *der*, -in *die*.
prejuicio *m* Vorurteil *das*.
prejuzgar [16] *vt & vi* vorschnell beurteilen.
preliminar <> *adj* einleitend. <> *m (gen pl)* Einleitung *die*.
preludio *m* - **1.** [principio] Vorzeichen *das* - **2.** MÚS Präludium *das*.
prematrimonial *adj* vorehelich.
prematuro, ra *adj* - **1.** [adelantado] verfrüht - **2.** [niño] frühgeboren.
premeditación *f* Vorbedacht *der*.
premeditar *vt* sich vorher überlegen.
premiar [8] *vt* belohnen.
premier (*pl* **premiers**) *m* Premier *der*.
premio *m* - **1.** [galardón] Preis *der* ; [recompensa] Belohnung *die* - **2.** [ganador] Preisträger *der*, -in *die* - **3.** [en lotería] Gewinn *der* ; **(~) gordo** Lottohauptgewinn.
premisa *f* Voraussetzung *die*.
premonición *f* Vorahnung *die*.
premura *f* - **1.** [urgencia] Eile *die* - **2.** [escasez] Mangel *der*.
prenatal *adj* vorgeburtlich.
prenda *f* - **1.** [vestido] Kleidungsstück *das* - **2.** [garantía, en juego] Pfand *das* - **3.** [apelativo cariñoso] Schatz *der*.
prendar *vt* verzaubern. ◆ **prendarse de** *vpr* sich verlieben in *(+A)*.
prendedor *m* Brosche *die*.
prender <> *vt* - **1.** [arrestar] verhaften - **2.** [sujetar] befestigen - **3.** [encender] an|zünden. <> *vi* - **1.** [arder] zünden - **2.** [arrai-

gar] Wurzeln schlagen. ◆ **prenderse** *vpr* Feuer fangen.
prendido, da *adj* hängengeblieben.
prensa *f* - **1.** [periódicos, máquina] Presse *die*; ~ **del corazón** Regenbogenpresse - **2.** [imprenta] Druckmaschine *die*.
prensar *vt* pressen.
preñar *vt* - **1.** *fam* [fecundar] schwängern - **2.** [llenar] füllen.
preñez *f* Schwangerschaft *die*.
preocupación *f* Sorge *die*.
preocupado, da *adj* besorgt; **estar ~ por** besorgt sein um.
preocupar *vt* - **1.** [inquietar] Sorgen machen - **2.** [importar] wichtig sein. ◆ **preocuparse** *vpr* - **1.** [inquietarse] sich Sorgen machen; **~se por** sich Sorgen machen um - **2.** [encargarse] : **~se de** sich kümmern um.
preparación *f* - **1.** [organización, estudio] Vorbereitung *die* - **2.** [conocimientos] Ausbildung *die* - **3.** [para microscopio] Präparat *das* - **4.** FARM Präparat.
preparado, da *adj* - **1.** [dispuesto] vorbereitet - **2.** [capacitado] fähig. ◆ **preparado** *m* FARM Präparat *das*.
preparar *vt* - **1.** [gen] vor|bereiten - **2.** FARM her|stellen. ◆ **prepararse** *vpr* sich vor|bereiten; **~se a** o **para** sich vor|bereiten für.
preparativo, va *adj* vorbereitend. ◆ **preparativo** *m (gen pl)* Vorbereitung *die*.
preparatorio, ria *adj* vorbereitend.
preponderar *vi* überwiegen.
preposición *f* GRAM Präposition *die*.
prepotente *adj* [arrogante] überheblich.
prerrogativa *f* Vorrecht *das*.
presa *f* ▷ **preso**.
presagiar [8] *vt* voraus|sagen.
presagio *m* - **1.** [premonición] Vorahnung *die* - **2.** [señal] Vorzeichen *das*.
presbítero *m* Presbyter *der*.
prescindir ◆ **prescindir de** *vi* - **1.** [omitir] aus|lassen - **2.** [renunciar] verzichten auf *(+A)*.
prescribir ◇ *vt* - **1.** [ordenar] vor|schreiben - **2.** [recetar] verschreiben. ◇ *vi* - **1.** [ordenar] vor|schreiben - **2.** [caducar] verjähren.
prescripción *f* - **1.** [órdenes] Vorschrift *die* - **2.** [de médico] Verordnung *die* - **3.** DER Verjährung *die*.
prescrito, ta *pp irreg* ▷ **prescribir**.
presencia *f* - **1.** [hecho de estar] Anwesenheit *die*; **en ~ de** in Anwesenheit von - **2.** [asistencia] Gegenwart *die* - **3.** [aspecto] Erscheinung *die*.
presencial *adj* : **testigo ~** Augenzeuge *der*.
presenciar [8] *vt* dabei sein.
presentación *f* - **1.** [entrega] Abgabe *die* - **2.** [ante el público] Vorstellung *die* - **3.** [aspecto] Aussehen *das*.
presentador, ra *m, f* Moderator *der*, -in *die*.
presentar *vt* - **1.** [persona] vor|stellen - **2.** [producto, proyecto] präsentieren - **3.** [solicitud, recurso, instancia, etc] ein|reichen - **4.** [respetos] erweisen; [disculpas, excusas] an|bieten - **5.** [programa] moderieren - **6.** [aspecto, solución] auf|weisen - **7.** [para cargo] vor|schlagen - **8.** [punto de vista, opinión] dar|legen. ◆ **presentarse** *vpr* - **1.** [aparecer, ir] erscheinen - **2.** [darse a conocer] sich vor|stellen - **3.** [ser] sich erweisen - **4.** [para cargo] kandidieren - **5.** [surgir] auf|tauchen.

presentar

Darf ich bekannt machen: Frau Schmidt, Herr Keller. Permítanme que les presente: señora Schmidt, señor Keller.
Darf ich Ihnen vorstellen: Frau Doktor Bertram. Permítame presentarla: la doctora Bertram.
Ihr kennt euch? Das ist Peter und das ist meine Schwester Heidi. ¿Os conocéis? Este es Peter y ésta, mi hermana Heidi.
Hallo! Ich bin Anton. ¡Hola! Soy Anton.

presente ◇ *adj* - **1.** [en lugar] anwesend - **2.** [actual] jetzig - **3.** [en curso] : **el ~ mes** der laufende Monat - **4.** [en memoria] präsent; **hacer ~ algo a alguien** jm etw mit|teilen; **tener ~** [recordar] in Erinnerung haben; [tener en cuenta] sich im Klaren sein über etw. ◇ *mf* - **1.** [en lugar] Anwesende *der, die* - **2.** [escrito] : **por la ~** hiermit. ◇ *m* - **1.** [actualidad] Gegenwart *die* - **2.** GRAM Präsens *das* - **3.** [regalo] Geschenk *das* - **4.** *loc* : **mejorando lo ~** Anwesende ausgeschlossen.
presentimiento *m* Vorahnung *die*.
presentir [27] *vt* ahnen.
preservar *vt* schützen. ◆ **preservarse de** *vpr* sich schützen vor *(+D)*.
preservativo *m* Präservativ *das*.
presidencia *f* - **1.** [cargo, mandato] Präsidentschaft *die* - **2.** [acción] Vorsitz *der* - **3.** [lugar] Amtssitz *der* eines Präsidenten.
presidente, ta *m, f* Präsident *der*, -in *die*, Vorsitzende *der, die*; **~ municipal** *Amér* Bürgermeister *der*, -in *die*.
presidiario, ria *m, f* Strafgefangene *der, die*.
presidio *m* Strafanstalt *die*, Gefängnis *das*.
presidir *vt* - **1.** [ser presidente] den Vorsitz haben, leiten - **2.** [regir] bestimmen.
presión *f* Druck *der*; **a ~** Druck-.
presionar *vt* - **1.** [pulsar] drücken - **2.** [coaccionar] unter Druck setzen.
preso, sa ◇ *adj* inhaftiert. ◇ *m, f* Straf-

gefangene *der, die.* ◆ **presa** *f* - **1.** [captura] Beute *die* ; **ser presa de algo** einer Sache *(D)* zum Opfer fallen - **2.** [embalse] Talsperre *die.*
prestación *f* - **1.** [de servicio] Leistung *die (meist pl)* ; **prestaciones de paro** Arbeitslosenunterstützung *die* - **2.** [de dinero] Beihilfe *die.* ◆ **prestaciones** *fpl* Leistungen *pl.*
prestado, da *adj* geliehen, (aus)geliehen ; **de ~** [con cosas prestadas] mit geliehenen Sachen ; [de modo precario] vorübergehend ; **pedir/tomar algo ~** sich *(D)* etw *(A)* aus|leihen ; **dejar ~ algo a alguien** jm etw leihen.
prestamista *mf* [particular] Geldverleiher *der,* -in *die* ; [banco] Darlehensgeber *der,* -in *die.*
préstamo *m* - **1.** [acción] Ausleihen *das* - **2.** [cantidad] Darlehen *das,* Kredit *der.*
prestar *vt* - **1.** [dejar] leihen - **2.** [dedicar] leisten. ◆ **prestarse a** *vpr* - **1.** [ofrecerse a] sich an|bieten - **2.** [acceder a] sich her|geben für - **3.** [dar motivo para] Anlass geben zu *(+D).*
presteza *f* Promptheit *die,* Schnelligkeit *die.*
prestidigitador, ra *m, f* Taschenspieler *der,* -in *die.*
prestigio *m* Prestige *das,* Ansehen *das.*
prestigioso, sa *adj* angesehen.
presto, ta *adj* - **1.** [dispuesto] : **~ a** bereit zu *(+D)* - **2.** [rápido] prompt, schnell.
presumible *adj* vermutlich ; **es ~ que** es ist anzunehmen, dass.
presumido, da ◇ *adj* eingebildet, eitel. ◇ *m, f* eingebildete Person.
presumir ◇ *vt* vermuten. ◇ *vi* - **1.** [jactarse] : **~ de algo** mit etw an|geben - **2.** [de apariencia] eingebildet sein, eitel sein.
presunción *f* - **1.** [suposición] Vermutung *die* - **2.** [vanidad] Einbildung *die.*
presunto, ta *adj* mutmaßlich.
presuntuoso, sa ◇ *adj* - **1.** [vanidoso] eitel - **2.** [pretencioso] protzig. ◇ *m, f* eingebildete Person.
presuponer [65] *vt* [suponer] voraus|setzen.
presuroso, sa *adj* eilig, hastig.
pretencioso, sa, pretensioso, sa ◇ *adj* - **1.** [persona] eingebildet - **2.** [cosa] protzig. ◇ *m, f* Angeber *der,* -in *die.*
pretender *vt* - **1.** [intentar] : **~ hacer algo** versuchen, etw *(A)* zu tun - **2.** [aspirar] : **~ hacer algo** an|streben, etw *(A)* zu tun - **3.** [afirmar] : **~ hacer algo** etw *(A)* behaupten - **4.** [cortejar] umwerben.
pretendido, da *adj* angeblich.
pretendiente ◇ *mf* - **1.** [aspirante] : **~ (a)** Anwärter *der,* -in *die* (auf *(+A)*) - **2.** [al trono] Thronanwärter *der,* -in *die.* ◇ *m* [de mujer] (Braut)werber *der.*
pretensión *m* - **1.** [intención] Bestrebung *die* - **2.** [aspiración, supuesto derecho] Anspruch *der* - **3.** *(gen pl)* [exigencias] Forderungen *pl.*
pretensioso, sa = **pretencioso.**
pretérito, ta *adj* weit zurückliegend. ◆ **pretérito** *m* GRAM Präteritum *das,* Vergangenheit *die.*
pretexto *m* Vorwand *der,* Ausrede *die.*
prevalecer [30] *vi* : **~ sobre** sich behaupten gegenüber, vor|herrschen.
prevaler [74] *vi* : **~ sobre** sich behaupten gegenüber.
prevención *f* - **1.** [acción] Vorkehrung *die,* Vorsorge *die* ; **en ~ de** vorsorglich *(+G)* - **2.** [prejuicio] Voreingenommenheit *die.*
prevenido, da *adj* - **1.** [previsor] : **ser ~** vorsorgend sein - **2.** [avispado] : **estar ~** auf der Hut sein.
prevenir [75] *vt.* - **1.** [evitar] vorbeugen ; **más vale ~ que curar** Vorsicht ist besser als Nachsicht - **2.** [avisar] warnen - **3.** [predisponer] : **estar prevenido contra algo/alguien** gegen etw/jn voreingenommen sein.
preventivo, va *adj* vorbeugend, präventiv.
prever [76] *vt* - **1.** [conjeturar] vorher|sehen - **2.** [planear] vor|sehen, planen.
previo, via *adj* vorherig, vorhergehend.
previsible *adj* vorhersehbar.
previsión *f* Vorhersage *die* ; **en ~ de** für den Fall, dass.
previsor, ra *adj* vorsorglich.
previsto, ta ◇ *pp irreg* ▷ **prever.** ◇ *adj* vorgesehen.
prieto, ta *adj* - **1.** [apretado] eng - **2.** *Amér* [moreno] schwarz.
prima *f* ▷ **primo.**
primacía *f* [superioridad] Vorrangstellung *die.*
primar ◇ *vi* vor|herrschen, dominieren ; **~ sobre** den Vorrang haben vor *(D).* ◇ *vt* eine Zulage geben.
primario, ria *adj* - **1.** [básico, elemental] Grund- - **2.** GEOL Primär-, Ur- - **3.** [primitivo] : **instintos ~s** Urtriebe *pl.*
primate *m* ZOOL Primat *der.* ◆ **primates** *mpl* ZOOL Primaten *pl.*
primavera *f* - **1.** [estación] Frühling *der* - **2.** *fig (pl)* [años] Lenze *pl.*
primaveral *adj* Frühlings-.
primer *adj* ▷ **primero.**
primera *f* ▷ **primero.**
primerizo, za ◇ *adj* [principiante] Anfänger-. ◇ *m, f* Anfänger *der,* -in *die,* Neuling *der.*
primero, ra ◇ *adj (delante de sust masc* **primer***)* erste, -r, -s ; **de primera** erstklassig, prima ; **lo ~** die Hauptsache ; **lo ~ es lo ~** was zuerst kommt, kommt zuerst. ◇ *m, f* Erste, -r, -s ; **a ~s de mayo** Anfang Mai. ◆ **primero** ◇ *adv* - **1.** [en primer lugar]

zuerst - **2.** [antes] lieber. ◇ *m* - **1.** [piso] erste Etage, erster Stock - **2.** [de escuela, instituto] erstes Schuljahr ; [de universidad] erstes Studienjahr. ◆ **primera** *f* - **1.** AUTOM erster Gang - **2.** [en medio de transporte] erste Klasse.

primicia *f* Exklusivmeldung *die*.

primitivo, va *adj* - **1.** [gen] primitiv - **2.** [original] ursprünglich - **3.** HIST [poco civilizado] Ur-.

primo, ma *m, f* - **1.** [pariente] Cousin *der*, Kusine *die* - **2.** *fam* [tonto] Einfaltspinsel *der* ; **hacer el ~** hereinlfallen. ◆ **prima** *f* - **1.** [recompensa, subvención] Prämie *die* - **2.** [por seguro] Prämie *die* - **3.** MÚS oberste Saite. ◆ **prima dona** *f* MÚS Primadonna *die*.

primogénito, ta ◇ *adj* erstgeboren. ◇ *m, f* Erstgeborene *der, die*.

primor *m* : **ser un ~** ein wahres Meisterstück sein.

primordial *adj* Haupt-, vorrangig.

primoroso, sa *adj* - **1.** [delicado] zierlich, schön - **2.** [hábil] geschickt.

princesa *f* Prinzessin *die*.

principado *m* - **1.** [territorio] Fürstentum *das* - **2.** [dignidad] Fürstenstand *der*.

principal ◇ *adj* Haupt-. ◇ *m* - **1.** [piso] erste Etage, erster Stock - **2.** [jefe] Vorgesetzte *der*.

príncipe *m* - **1.** [hijo del rey] Prinz *der* - **2.** [título] Fürst *der*. ◆ **príncipe azul** *m* Märchenprinz *der*.

principiante, ta ◇ *adj* unerfahren, Anfänger-. ◇ *m, f* Anfänger *der*, -in *die*.

principio *m* - **1.** [comienzo] Anfang *der* ; **a ~s de mayo** Anfang Mai - **2.** [fundamento, ley] Prinzip *das*, Grundsatz *der* - **3.** [origen] Ursprung *der* - **4.** [elemento] Grundlage *die*. ◆ **en principio** *loc adv* im Prinzip, grundsätzlich. ◆ **principios** *mpl* [reglas de conducta] Prinzipien *pl*.

pringar [16] ◇ *vt* [ensuciar] beschmieren. ◇ *vi* schuften. ◆ **pringarse** *vpr* [ensuciarse] sich beschmieren, sich besudeln.

pringoso, sa *adj* schmierig.

pringue *m* - **1.** [suciedad] Schmutz *der*, Dreck *der* - **2.** [grasa] Fett *das*.

priorato *m* RELIG Priorat *das*.

priori ◆ **a priori** *loc adv* a priori, von vornherein.

prioridad *f* [preferencia] Priorität *die*, Vorrang *der*.

prioritario, ria *adj* vorrangig.

prisa *f* Eile *die*, Hast *die* ; **a** O **de ~** eilig, hastig ; **a toda ~** in aller Eile ; **correr ~** dringend sein ; **darse ~** sich beeilen ; **meter ~** (zur Eile) drängen ; **tener ~** in Eile sein, es eilig haben.

prisión *f* - **1.** [cárcel, atadura] Gefängnis *das* - **2.** [condena] Haft *die*.

prisionero, ra *m, f* [detenido] Häftling *der* ; [cautivo] Gefangene *der, die*.

prisma *m* - **1.** GEOM & FÍS Prisma *das* - **2.** [punto de vista] Standpunkt *der*, Blickwinkel *der*.

prismáticos *mpl* Fernglas *das*.

privación *f* Entzug *der*.

privado, da *adj* privat, Privat- ; **en ~** privat, vertraulich ; **hablar en ~** unter vier Augen sprechen.

privar ◇ *vt* [prohibir] : **~ a alguien de hacer algo** jm verbieten, etw zu tun. ◇ *vi* - **1.** [quitar] : **~ a algo/a alguien de algo** etw/jm etw entziehen - **2.** [gustar] schwärmen für, sehr mögen - **3.** [estar de moda] in (Mode) sein. ◆ **privarse de** *vpr* verzichten auf *(+A)*.

privativo, va *adj* eigen, typisch.

privilegiado, da ◇ *adj* - **1.** [favorecido] privilegiert, bevorzugt - **2.** [excepcional] außergewöhnlich. ◇ *m, f* - **1.** [afortunado] Privilegierte *der, die* - **2.** [persona con grandes dotes] Begabte *der, die*.

privilegiar [8] *vt* [interés] bevorzugen ; [persona] privilegieren.

privilegio *m* Privileg *das*, Vorrecht *das*.

pro ◇ *prep* pro, für. ◇ *m* das Pro ; **el ~ y el contra** das Pro und Kontra ; **en ~ de** zugunsten *(G)*.

proa *f* NÁUT & AERON Bug *der*.

probabilidad *f* - **1.** [esperanza] Wahrscheinlichkeit *die* - **2.** [posibilidad] Aussicht *die*, Chance *die*.

probable *adj* wahrscheinlich.

probador *m* Umkleidekabine *die*.

probar [23] ◇ *vt* - **1.** [demostrar] beweisen, zeigen - **2.** [experimentar con] (ausl-) probieren, testen - **3.** [degustar] probieren, kosten - **4.** [tomar por primera vez] probieren. ◇ *vi* : **~ a hacer algo** versuchen, etw zu tun. ◆ **probarse** *vpr* anlprobieren.

probeta *f* Reagenzglas *das*.

problema *m* - **1.** [cuestión] Frage *die* - **2.** [dificultad] Problem *das* - **3.** MAT Aufgabe *die*.

problemático, ca *adj* problematisch. ◆ **problemática** *f* Problematik *die*.

procedencia *f* - **1.** [origen] Herkunft *die* - **2.** [punto de partida] Abfahrtsort *der*.

procedente *adj* - **1.** [originario] : **~ de** aus - **2.** [oportuno] angemessen.

proceder ◇ *m* [actuación] Vorgehen *das*. ◇ *vi* - **1.** [derivarse] : **~ de** [palabras] ablstammen von ; [sustancia] entstehen aus - **2.** [tener origen] : **~ de** [personas] ablstammen von ; [cosas] stammen aus - **3.** [actuar] : **~ contra alguien** gegen jn (gerichtlich) vorlgehen - **4.** [empezar] : **~ a** schreiten zu - **5.** [ser oportuno] angemessen sein.

procedimiento *m* - **1.** [método] Methode

die, Verfahren *das* - **2.** DER (Gerichts)verfahren *das*.

procesado, da *m, f* Angeklagte *der, die*.

procesador *m* INFORM Prozessor *der* ; **~ de textos** Textverarbeitungsprogramm *das*.

procesar *vt* - **1.** DER prozessieren, gerichtlich vor|gehen - **2.** INFORM verarbeiten.

procesión *f* - **1.** RELIG Prozession *die* - **2.** *fam* [serie] Schlange *die* - **3.** [sucesión] (Aufeinander)folge *die*.

proceso *m* - **1.** [desarrollo] Prozess *der*, Verlauf *der* - **2.** DER [procedimiento] Verfahren *das*.

proclamar *vt* - **1.** [nombrar] ernennen zu - **2.** [aclamar, elegir] küren zu - **3.** [anunciar] aus|rufen. ◆ **proclamarse** *vpr* - **1.** [nombrarse] sich ernennen zu - **2.** [conseguir título] werden ; **~se campeón mundial** Weltmeister werden.

proclive *adj* : **~ a** geneigt zu, anfällig für.

procrear ◇ *vi* sich fort|pflanzen. ◇ *vt* zeugen.

procurador, ra *m, f* DER nicht plädierender Anwalt.

procurar *vt* - **1.** [intentar] : **~ hacer algo** sich bemühen, etw zu tun - **2.** [proporcionar] verschaffen, besorgen.

prodigar [16] *vt* : **~ de** überhäufen mit. ◆ **prodigarse** *vpr* - **1.** [exhibirse] im Rampenlicht stehen - **2.** [excederse] : **~se en** um sich werfen mit.

prodigio *m* - **1.** [suceso] Wunder *das* - **2.** [persona] Genie *das*.

prodigioso, sa *adj* wunderbar.

pródigo, ga ◇ *adj* - **1.** [derrochador] verschwenderisch - **2.** [generoso] großzügig. ◇ *m, f* Verschwender *der*, -in *die*.

producción *f* - **1.** [acción] Produktion *die*, Herstellung *die* ; **~ en serie** ECON Serienproduktion - **2.** [cosas producidas] Erzeugnisse *die* - **3.** CIN Produktion *die*.

producir [33] *vt* - **1.** [causar] hervor|rufen - **2.** [dar] hervor|bringen ; **~ frutos** Früchte tragen - **3.** [fabricar] produzieren, her|stellen - **4.** [crear] schaffen - **5.** [rentar] ein|bringen, tragen - **6.** CIN produzieren. ◆ **producirse** *vpr* [suceso] sich ereignen.

productividad *f* Produktivität *die*.

productivo, va *adj* - **1.** [que produce] produktiv - **2.** [que da beneficio] einträglich.

producto *m* - **1.** MAT [cosa elaborada] Produkt *das* - **2.** [resultado] Ergebnis *das* - **3.** [ganancia] Erlös *der*, Ertrag *der* ; **~ interior bruto** ECON Bruttoinlandsprodukt *das* ; **~ nacional bruto** ECON Bruttosozialprodukt *das*.

productor, ra ◇ *adj* erzeugend-. ◇ *m, f* CIN Produzent *der*, -in *die*. ◆ **productora** *f* CIN Produktionsfirma *die*.

proeza *f* Heldentat *die*.

profanar *vt* schänden.

profano, na ◇ *adj* [no sagrado] weltlich. ◇ *m, f* Laie *der*.

profecía *f* Prophezeiung *die*.

proferir [22] *vt* aus|stoßen.

profesar ◇ *vt* - **1.** [ser adepto de] Anhänger sein von - **2.** [sentir] hegen - **3.** [ejercer] aus|üben. ◇ *vi* RELIG die Gelübde ab|legen.

profesión *f* Beruf *der* ; **de ~** von Beruf.

profesional ◇ *adj* - **1.** [de profesión] beruflich - **2.** [no aficionado] professionell. ◇ *mf* [no aficionado] Fachmann *der*, -frau *die* ; [en deporte] Profi *der*.

profesionalizar [13] *vt* professionalisieren.

profesionista *adj Amér* berufstätig.

profeso, sa ◇ *adj* RELIG professiert. ◇ *m, f* RELIG Profess *der*. ◆ **ex profeso** *loc adv* absichtlich.

profesor, ra *m, f* [de escuela] Lehrer *der*, -in *die* ; [de universidad] Dozent *der*, -in *die*.

profesorado *m* - **1.** [conjunto] Lehrkörper *der* - **2.** [cargo] Lehramt *das*.

profeta *m* RELIG Prophet *der*.

profetisa *f* Weissagerin *die*.

profetizar [13] *vt* prophezeien.

prófugo, ga ◇ *adj* flüchtig. ◇ *m, f* Flüchtige *der, die*. ◆ **prófugo** *m* MIL Fahnenflüchtige *der*.

profundidad *f* Tiefe *die*.

profundizar [13] ◇ *vt* vertiefen. ◇ *vi* : **~ en algo** etw *(A)* vertiefen.

profundo, da *adj* tief.

profusión *f* Übermaß *das*, Unmenge *die*.

progenitor, ra *culto m, f* Vater *der*, Mutter *die*. ◆ **progenitores** *mpl* Eltern *pl*.

programa *f* - **1.** [gen] Programm *das* - **2.** [de asignaturas] Lehrplan *der* - **3.** [en radio, TV] Sendung *die*.

programación *f* - **1.** [en cine, TV, etc] Programmgestaltung *die* - **2.** INFORM Programmierung *die*.

programador, ra *m, f* INFORM Programmierer *der*, -in *die*. ◆ **programador** *m* Programmautomatik *die*.

programar *vt* - **1.** [planear] planen - **2.** [espectáculo] an|setzen - **3.** INFORM programmieren.

progre *mf fam* Progressive *der, die*.

progresar *vi* - **1.** [prosperar] sich entwickeln - **2.** [mejorar] voran|kommen ; **~ en** Fortschritte machen in *(D)*.

progresión *f* - **1.** [avance] Fortschreiten *das* - **2.** MAT Reihe *die*.

progresista ◇ *adj* progressiv, fortschrittlich. ◇ *mf* Progressive *der, die*.

progresivo, va *adj* progressiv, fortschreitend.

progreso *m* [desarrollo, mejora] Fortschritt *der*.

prohibición *f* Verbot *das*.

prohibido, da *adj* verboten.

prohibir *vt* verbieten ; **'se prohibe el paso'** 'Durchgang verboten' ; **'se prohibe fumar'** 'Rauchen verboten'.

prohibir

Du hörst jetzt sofort auf. ¡Basta ya!, ¿me has oído?
Hier kann man nicht rauchen. Aquí no se puede fumar.
Rauchen verboten. Prohibido fumar.
Es tut mir Leid, aber hier können Sie nicht warten. Lo siento, pero usted no puede esperar aquí.
Das dürfen Sie auf keinen Fall machen. Usted no puede hacer eso de ninguna de las maneras.

prohibitivo, va *adj* - **1.** [que prohibe] Verbots- - **2.** [inasequible] unerschwinglich.
prójimo *m* Mitmensch *der.*
prole *f* Nachkommenschaft *die.*
prolegómenos *mpl* Prolegomenon *das (pl : Prolegomena).*
proletariado *m* Proletariat *das.*
proletario, ria ◇ *adj* proletarisch. ◇ *m, f* Proletarier *der*, -in *die.*
proliferar *vi* - **1.** [reproducirse] sich vermehren - **2.** [multiplicarse] zu|nehmen.
prolífico, ca *adj* - **1.** [fértil] fruchtbar - **2.** [productivo] produktiv, schöpferisch.
prólogo *m* Vorwort *das.*
prolongar [16] *vt* [ampliar, alargar] verlängern ; [carretera] aus|bauen.
promedio *m* Durchschnitt *der.*
promesa *f* - **1.** [compromiso] Versprechen *das* - **2.** [persona] : **esta chica es la nueva ~ de la pintura** aus diesem Mädchen wird mal eine erfolgreiche Malerin.
prometer ◇ *vt* - **1.** [gen] versprechen - **2.** [asegurar] versichern. ◇ *vi* viel versprechend sein. ◆ **prometerse** *vpr* sich verloben.

prometer

Ich verspreche es dir. Te lo prometo.
Sie können sich auf mich verlassen. Se puede usted fiar de mí.
Ich werde mich darum kümmern. Me encargaré yo mismo del asunto.
Das geht in Ordnung. De acuerdo, no hay problema.
Wird erledigt. Eso está hecho.

prometido, da ◇ *m, f* Verlobte *der, die.* ◇ *adj* : **lo ~** das Versprochene.
prominente *adj* - **1.** [que sobresale] vorstehend - **2.** [ilustre] prominent.
promiscuo, cua *adj* promiskuitiv.
promoción *f* - **1.** [publicidad] Promotion *die* - **2.** [ascenso] Beförderung *die* - **3.** [curso] Jahrgang *der.*
promocionar *vt* - **1.** [hacer publicidad de] werben für - **2.** [promover] fördern. ◆ **promocionarse** *vpr* sich hervor|tun.
promotor, ra *m, f* Veranstalter *der*, -in *die.*
promover [24] *vt* - **1.** [fundación, premio etc] fördern - **2.** [escándalo, protestas, etc] aus|lösen.
promulgar [16] *vt* verkünden, verabschieden.
pronombre *m* GRAM Pronomen *das.*
pronosticar [10] *vt* vorher|sagen.
pronóstico *m* - **1.** [predicción] Vorhersage *die* - **2.** MED Prognose *die.*
pronto ◇ *adv* - **1.** [rápidamente] bald ; **tan ~ como** sobald - **2.** [temprano] früh. ◇ *m fam* plötzlicher Gefühlsausbruch. ◆ **de pronto** *loc adv* plötzlich. ◆ **por lo pronto** *loc adv* fürs Erste.
pronunciación *f* Aussprache *die.*
pronunciado, da *adj* - **1.** [curva, facciones] scharf - **2.** [sentido] (stark) ausgeprägt - **3.** [pendiente, cuesta] steil.
pronunciamiento *m* [sublevación] Putsch *der.*
pronunciar [8] *vt* - **1.** [decir] aus|sprechen - **2.** DER : **~ el fallo** das Urteil fällen. ◆ **pronunciarse** *vpr* - **1.** [definirse] sich äußern - **2.** [sublevarse] sich erheben.
propagación *f* - **1.** [difusión, multiplicación] Verbreitung *die* - **2.** [extensión] Ausbreitung *die.*
propaganda *f* - **1.** [publicidad] Werbung *die* - **2.** [en política] Propaganda *die.*
propagar [16] *vt* - **1.** [multiplicar] vermehren - **2.** [extender] aus|breiten - **3.** [difundir] verbreiten. ◆ **propagarse** *vpr* - **1.** [fuego, enfermedad] sich aus|breiten - **2.** [hedor, noticia, rebelión] sich verbreiten.
propano *m* Propan(gas) *das.*
propasarse *vpr* zu weit gehen.
propensión *f* : **~ a** Neigung zu.
propenso, sa *adj* : **~ a** neigend zu.
propiciar [8] *vt* begünstigen.
propicio, cia *adj* - **1.** [favorable] günstig - **2.** [adecuado] geeignet.
propiedad *f* - **1.** [derecho] Eigentum *das* ; **de** O **en ~** Eigentums- - **2.** [posesión] (Grund)besitz *der* ; **~ privada/pública** privates/öffentliches Eigentum - **3.** [facultad] Eigenschaft *die* - **4.** [exactitud] Genauigkeit *die* - **5.** GRAM Angemessenheit *die* ; **con ~** treffend.
propietario, ria *m, f* - **1.** [de bienes] Eigentümer *der*, -in *die* - **2.** [de cargo] Inhaber *der*, -in *die.*
propina *f* Trinkgeld *das.*
propinar *vt* verpassen *(Schlag).*
propio, pia *adj* - **1.** [gen] eigen ; **en senti-**

do ~ im eigentlichen Sinne - **2.** [peculiar]: ~ **de** typisch o charakteristisch für - **3.** [apropiado]: ~ **(para)** geeignet (für) - **4.** [natural] natürlich - **5.** [mismo] selbst; **el ~ compositor** der Komponist selbst - **6.** GRAM Eigen-.
proponer [65] *vt* - **1.** [exponer] vorlschlagen - **2.** [recomendar] empfehlen. ◆ **proponerse** *vpr*: **~se hacer algo** sich vornehmen, etw zu tun.

proponer

Komm doch einfach mit. ¡Pero vente, hombre!
Ich hätte da eine Idee. Tengo una idea: ...
Wie wäre es, wenn wir erst mal eine Pause machen? ¿Qué tal si antes hacemos una pausa?
Was halten Sie von einem Sorbet zum Nachtisch? ¿Qué le parece un sorbete de postre?
Wollen wir es nicht lieber morgen versuchen? ¿Lo intentamos mejor mañana?

proporción *f* - **1.** [relación] Verhältnis *das* - **2.** MAT Proportion *die* - **3.** [tamaño] Größe *die*.
proporcionado, da *adj* - **1.** [gen] ebenmäßig - **2.** [sueldo] angemessen.
proporcionar *vt* - **1.** [ajustar] anlpassen - **2.** [facilitar] beschaffen.
proposición *f* - **1.** [propuesta] Vorschlag *der*; [de matrimonio] Antrag *der*; [de paz] Angebot *das* - **2.** GRAM Satz *der*. ◆ **proposiciones** *fpl* Absichten *pl*; **hacer proposiciones a alguien** jm einen Antrag machen.
propósito *m* - **1.** [intención] Absicht *die* - **2.** [objetivo] Zweck *der*. ◆ **a propósito** <> *loc adj* [adecuado] geeignet. <> *loc adv* - **1.** [expresamente] absichtlich - **2.** [para argumentar] übrigens. ◆ **a propósito de** *loc prep* in Bezug auf *(+A)*.
propuesto, ta *pp irreg* ▷ **proponer.** ◆ **propuesta** *f* Vorschlag *der*.
propulsar *vt* - **1.** [impulsar] fördern - **2.** [impeler] anltreiben.
propulsión *f* Antrieb *der*.
propulsor, ra <> *adj* Antriebs-. <> *m, f* Förderer *der*, Förderin *die*. ◆ **propulsor** *m* Triebwerk *das*.
prórroga *f* - **1.** [gen] Verlängerung *die* - **2.** [de plazo, de pago] Aufschub *der* - **3.** MIL (Zu)rückstellung *die (vom Wehrdienst)*.
prorrogar [16] *vt* - **1.** [contrato, plazo, partido, etc] verlängern - **2.** [decisión] auflschieben - **3.** [pago] stunden.
prorrumpir *vi*: ~ **en** auslbrechen in *(+A)*.
prosa *f* Prosa *die*; **en ~** in Prosa.
proscrito, ta <> *adj* [desterrado] verbannt. <> *m, f* Verbannte *der, die*.
prosecución *f* Fortsetzung *die*.
proseguir [43] <> *vt* fortlsetzen. <> *vi* fortlfahren.
proselitismo *m* Bekehrungseifer *der*.
prospección *f* Erkundung *die*.
prospecto *m* Prospekt *der*; ~ **de un medicamento** Beipackzettel *der*.
prosperar *vi* - **1.** [mejorar] gedeihen - **2.** [triunfar] Erfolg haben.
prosperidad *f* - **1.** [mejora] Wohlstand *der* - **2.** [éxito] Erfolg *der*.
próspero, ra *adj* - **1.** [floreciente] blühend - **2.** [con éxito] erfolgreich.
próstata *f* Prostata *die*.
prostíbulo *m* Bordell *das*.
prostitución *f* - **1.** [actividad] Prostitution *die* - **2.** *fig* [corrupción] Käuflichkeit *die*.
prostituir [51] *vt lit & fig* prostituieren. ◆ **prostituirse** *vpr* sich prostituieren.
prostituta *f* Prostituierte *die*.
protagonismo *m* - **1.** CIN Hauptrolle *die* - **2.** *fig* [ansia de destacar] Geltungsdrang *der*.
protagonista *mf* - **1.** [de obra teatral, película etc] Hauptdarsteller *der*, -in *die*; [de novela] Hauptfigur *die* - **2.** [de suceso] Hauptperson *die*.
protagonizar [13] *vt lit & fig* die Hauptrolle spielen (in o bei *(+D)*).
protección *f* Schutz *der*. ◆ **Protección Civil** *f* Zivilschutz.
proteccionismo *m* Protektionismus *der*.
protector, ra <> *adj* Schutz-. <> *m, f* Beschützer *der*, -in *die*. ◆ **protector** *m* Schutzvorrichtung *die*.
protectorado *m* Protektorat *das*.
proteger [14] *vt* - **1.** [gen] beschützen - **2.** [candidatura, artes] fördern - **3.** [mercado] schützen. ◆ **protegerse** *vpr* sich schützen.
protege-slips *m inv* Slipeinlage *die*.
protegido, da *m, f* Schützling *der*.
proteína *f* Protein *das*, Eiweiß *das*.
prótesis *f* Prothese *die*.
protesta *f* - **1.** [queja] Protest *der* - **2.** DER Einspruch *der*.
protestante <> *adj* protestantisch. <> *mf* Protestant *der*, -in *die*.
protestar *vi* - **1.** [quejarse] protestieren - **2.** [refunfuñar] nörgeln - **3.** DER Einspruch erheben.
protocolo *m* Protokoll *das*.
protón *m* Proton *das*.
prototipo *m* Prototyp *der*.
protuberancia *f* Auswuchs *der*.
provecho *m* - **1.** [beneficio] Nutzen *der*; **de ~** brauchbar; **sacar ~ de** Nutzen ziehen aus - **2.** [aprovechamiento] Ausnutzen *das*; **buen ~** guten Appetit - **3.** [rendimiento] Ertrag *der*.
provechoso, sa *adj* vorteilhaft.
proveedor, ra *m, f* Lieferant *der*, -in *die*.
proveer [50] *vt* - **1.** [abastecer] versorgen;

~ a alguien de algo jn mit etw versorgen **- 2.** [empleo] beschaffen. ◆ **proveerse de** *vpr* sich versehen mit.

provenir [75] *vi* : **~ de** [lugar] (her|-)kommen von ; [tiempo] stammen aus.

proverbial *adj lit & fig* sprichwörtlich.

proverbio *m* Sprichwort *das.*

providencia *f* **- 1.** [medida] Vorkehrung *die* **- 2.** DER vorläufiger Bescheid. ◆ **Providencia** *f* Vorsehung *die.*

providencial *adj* [oportuno] sehr günstig.

provincia *f* Provinz *die.* ◆ **provincias** *fpl* Provinzen *pl (auf Briefkästen in Spanien)* ; **de ~s** *despec* provinziell.

provinciano, na <> *adj* provinziell, Provinz-. <> *m, f despec* Provinzler *der,* -in *die.*

provisión *f (gen pl)* **- 1.** [suministro] Versorgung *die* **- 2.** [disposición] Besetzung *die.*

provisional *adj* **- 1.** [temporal] provisorisch **- 2.** DER einstweilig.

provisto, ta *pp irreg* ▷ **proveer.**

provocación *f* **- 1.** [acción] Anstiftung *die* **- 2.** [incitación] Provokation *die.*

provocar [10] <> *vt* **- 1.** [incitar] an|stiften **- 2.** [irritar] provozieren **- 3.** [ocasionar] verursachen **- 4.** [excitar sexualmente] auf|reizen. <> *vi Amér* gefallen ; **~le a alguien hacer algo** *fig* Lust haben, etw zu tun.

provocativo, va *adj* provokativ.

proxeneta *mf* [chulo] Zuhälter *der,* -in *die.*

proximidad *f* Nähe *die.* ◆ **proximidades** *fpl* Umgebung *die.*

próximo, ma *adj* **- 1.** [cercano] nahe liegend **- 2.** [parecido] ähnlich **- 3.** [siguiente] nächste, -r, -s.

proyección *f* **- 1.** [gen] Projektion *die* **- 2.** GEOL [lanzamiento] Auswurf *der* **- 3.** [influencia] Wirkung *die.*

proyectar *vt* **- 1.** [enfocar] richten **- 2.** [planear] planen **- 3.** [imagen] projizieren **- 4.** GEOM [diseñar] entwerfen **- 5.** [arrojar] schleudern.

proyectil *m* Geschoss *das.*

proyecto *m* **- 1.** [plan] Absicht *die* **- 2.** [diseño] Entwurf *der* **- 3.** [de estudios] Studienvorhaben *das* ; **~ de investigación** [de grupo] Forschungsprojekt *das* ; [de persona] *Forschungsarbeit als Voraussetzung für die spätere Promotion.*

proyector *m* **- 1.** [de luz] Scheinwerfer *der* **- 2.** [de imagen] Projektor *der.*

prudencia *f* **- 1.** [sensatez] Umsicht *die* **- 2.** [moderación] Vorsicht *die.*

prudente *adj* **- 1.** [sensato] umsichtig **- 2.** [razonable] angebracht.

prueba *f* **- 1.** [gen] Beweis *der* ; **~ de fuego** Feuerprobe *die* ; **en** o **como ~ de** als Beweis für **- 2.** [examen, situación difícil] Prüfung *die* **- 3.** [comprobación] Test *der* ; **poner a ~** auf die Probe stellen ; **a ~ de agua** wasserdicht ; **a toda ~** bewährt **- 4.** DEP Wettkampf *der* **- 5.** [análisis médico] Probe *die.*

P. S. = **P. D.**

pseudónimo, seudónimo *m* Pseudonym *das.*

psicoanálisis *m* Psychoanalyse *die.*

psicoanalista *mf* Psychoanalytiker *der,* -in *die.*

psicodélico, ca *adj* psychodelisch.

psicología *f* **- 1.** [ciencia] Psychologie *die* **- 2.** [carácter] charakterliche Veranlagung.

psicológico, ca *adj* psychologisch.

psicólogo, ga *m, f* Psychologe *der,* -gin *die.*

psicomotor, ra *adj* psychomotorisch.

psicomotricidad *f* Psychomotorik *die.*

psicópata *mf* Psychopath *der,* -in *die.*

psicosis *f* **- 1.** [enfermedad] Psychose *die* **- 2.** [sentimiento colectivo] Massenpsychose *die.*

psicosomático, ca *adj* psychosomatisch.

psicotécnico, ca <> *adj* psychotechnisch. <> *m, f* Psychotechniker *der,* -in *die.* ◆ **psicotécnico** *m* psychotechnischer (Eignungs)test.

psiquiatra *mf* Psychiater *der,* -in *die.*

psiquiátrico, ca *adj* psychiatrisch. ◆ **psiquiátrico** *m* psychiatrische Anstalt.

psíquico, ca *adj* psychisch.

PSOE (*abrev de* **Partido Socialista Obrero Español**) *m Sozialistische Arbeiterpartei Spaniens.*

pta. *abrev de* **peseta.**

púa *f* **- 1.** [de erizo] Stachel *der* **- 2.** [de peine, de tenedor] Zinke *die* **- 3.** MÚS Plektron *das.*

pub [paβ] (*pl* **pubs**) *m* Pub *der* o *das.*

pubertad *f* Pubertät *die.*

pubis *m* Scham(gegend) *die.*

publicación *f* [obra] Veröffentlichung *die.*

publicar [10] *vt* **- 1.** [editar] veröffentlichen **- 2.** [difundir] bekannt geben.

publicidad *f* **- 1.** [difusión] Verbreitung in der Öffentlichkeit **- 2.** [propaganda] Werbung *die.*

publicitario, ria *adj* Werbe-.

público, ca *adj* **- 1.** [gen] öffentlich ; **en ~** in der Öffentlichkeit **- 2.** [notorio] bekannt. ◆ **público** *m* **- 1.** [espectadores] Publikum *das* **- 2.** [comunidad] Allgemeinheit *die.*

pucha *interj Amér fam* : **¡pucha!** Mensch!

puchero *m* **- 1.** [para guisar] Topf *der* **- 2.** [comida] Eintopf *der.* ◆ **pucheros** *mpl* Schnute *die* ; **hacer ~s** eine Schnute ziehen.

pudding = **pudin.**

púdico, ca *adj* **- 1.** [pudoroso] sittsam **- 2.** [vergonzoso] schamhaft.

pudiente <> *adj* vermögend. <> *mf* Wohlhabende *der, die.*

pudiera *etc* ▷ **poder.**

pudin (*pl* **púdines**), **pudding** ['puðin] (*pl* **puddings**) *m* Pudding *der.*

pudor *m* - **1.** [recato] Schamgefühl *das* - **2.** [timidez] Schamhaftigkeit *die*.
pudoroso, sa *adj* - **1.** [recatado] sittsam - **2.** [tímido] schamhaft.
pudrir *vt* faulen lassen. ◆ **pudrirse** *vpr* (ver)faulen.
pueblerino, na ◇ *adj* - **1.** [de pueblo] dörflich - **2.** *despec* [paleto] bäurisch. ◇ *m, f* - **1.** [habitante] Dorfbewohner *der*, -in *die* - **2.** *despec* [paleto] Bauerntölpel *der*.
pueblo *m* - **1.** [población] Dorf *das* - **2.** [nación] Volk *das* ; **el ~ llano** das gemeine Volk - **3.** *Amér* [barrio] : **~ joven** Slum *der*.
pueda *etc* ▷ **poder**.
puente *m* - **1.** [gen] Brücke *die* ; **~ colgante** Hängebrücke - **2.** ELECTR Überbrückung ; **hacer un ~** [en coche] ein Auto kurzlschließen - **3.** [días festivos] langes Wochenende. ◆ **puente aéreo** *m* Luftbrücke *die*.
puerco, ca ◇ *adj* schmutzig. ◇ *m, f* - **1.** [animal] Schwein *das* - **2.** *fam* [canalla] Schweinehund *der*. ◆ **puerco** *m Amér* [para comer] Schweinefleisch *das*.
puercoespín *m* Stachelschwein *das*.
puericultor, ra *m, f* Kindergärtner *der*, -in *die*.
pueril *adj* kindisch.
puerro *m* Lauch *der*.
puerta *f* - **1.** [gen] Tür *die* ; **de ~ en ~** von Tür zu Tür ; **~ blindada** Panzertür ; **~ giratoria** Drehtür ; **a ~ cerrada** nicht öffentlich - **2.** DEP [entrada] Tor *das* - **3.** [proximidad] : **a las ~s de** kurz vor.
puerto *m* - **1.** [de barcos] Hafen *der* ; **~ franco** o **libre** Freihafen - **2.** [de montaña] (Gebirgs)pass *der* - **3.** INFORM Schnittstelle *die*.
Puerto Rico *m* Puerto Rico *nt*.
pues *conj* - **1.** *(uso causal)* denn - **2.** *(uso ilativo)* also.
puesto, ta ◇ *pp irreg* ▷ **poner**. ◇ *adj* gut angezogen. ◆ **puesto** *m* - **1.** [empleo] Stelle *die* - **2.** [lugar] Platz *der* - **3.** [tenderete] Stand *der* - **4.** MIL Posten *der* - **5.** [posición] Stellung *die*. ◆ **puesta** *f* - **1.** [acción] : **puesta al día** Aktualisierung *die* ; **puesta a punto** Generalüberholung *die* ; **puesta en escena** Inszenierung *die* ; **puesta en marcha** Inbetriebnahme *die* - **2.** [de sol] Sonnenuntergang *der*. ◆ **puesto que** *loc conj* da.
puf (*pl* **pufs**) *m* Puff *der (Möbel)*.
pugna *f* Kampf *der*.
pugnar *vi* - **1.** [luchar] kämpfen - **2.** [hacer esfuerzos] ringen.
puja *f* [cantidad] Gebot *das*.
pujanza *f* Kraft *die*.
pujar *vi* bieten.
pulcro, cra *adj* [ropa, aspecto] reinlich.
pulga *f* Floh *der*.
pulgada *f* Zoll *der (Maßeinheit)*.
pulgar *m* ▷ **dedo**.
pulgón *m* Blattlaus *die*.
pulidor, ra *adj* Polier-. ◆ **pulidora** *f* Poliermaschine *die*.
pulimentar *vt* polieren, glätten.
pulir *vt* - **1.** [alisar] polieren - **2.** [perfeccionar] verbessern. ◆ **pulirse** *vpr fam* verprassen.
pulla *f* Stichelei *die*.
pulmón *m* Lunge *die*.
pulmonía *f* Lungenentzündung *die*.
pulpa *f* Fruchtfleisch *das*.
púlpito *m* Kanzel *die*.
pulpo *m* - **1.** [animal] Krake *der* - **2.** *fam* [hombre] Grapscher *der*.
pulque *m Amér* Agavenschnaps *der*.
pulquería *f Amér Lokal, in dem Agavenschnaps verkauft wird*.
pulsación *f* - **1.** [de corazón] Herzschlag *der* - **2.** [tecleo] (Tasten)anschlag *der* ; **pulsaciones por minuto** Anschläge pro Minute.
pulsador *m* Schalter *der*.
pulsar *vt* - **1.** [timbre, botón] drücken (auf *(+A)*) - **2.** [cuerda, tecla] anlschlagen.
pulsera *f* Armband *das*.
pulso *m* - **1.** [latido] Puls *der* - **2.** [firmeza] sichere Hand ; **a ~** aus freier Hand.
pulular *vi* wimmeln vor *(+D)*.
pulverizador *m* Zerstäuber *der*.
pulverizar [13] *vt* - **1.** [líquido] zerstäuben - **2.** [sólido] pulverisieren.
puma *m* Puma *der*.
punción *f* (Ein)stich *der*.
punk [paŋk] (*pl* **punks** o **punkis**) ◇ *adj* Punk-. ◇ *m, f* Punker *der*, -in *die*.
punta *f* - **1.** [gen] Spitze *die* ; **sacar ~ al lápiz** den Bleistift (anl)spitzen - **2.** [clavo] Nagel *der* - **3.** GEOGR Landzunge *die* - **4.** *loc* : **a ~ (de) pala** jede Menge.
puntada *f* - **1.** [pespunte] Stich *der* - **2.** [señal] Einstichloch *das*.
puntal *m lit & fig* Stütze *die*.
puntapié *m* Fußtritt *der* ; **a ~s** [a golpes] *fig* mit Fußtritten.
puntear *vt* zupfen.
puntera *f* ▷ **puntero**.
puntería *f* - **1.** [destreza] Treffsicherheit *die* - **2.** [orientación] Visieren *das*.
puntero, ra ◇ *adj* führend. ◇ *m, f* Führer *der*, -in *die*. ◆ **puntera** *f* Schuhkappe *die*.
puntiagudo, da *adj* spitz zulaufend.
puntilla *f* Spitzenkante *die*. ◆ **de puntillas** *loc adv* auf Zehenspitzen.
puntilloso, sa *adj* empfindlich.
punto *m* - **1.** [gen] Punkt *der* ; **~ cardinal** Kardinalpunkt ; **~ de ebullición** Siedepunkt ; **tener un ~ de acidez** ein bisschen sauer sein - **2.** [signo ortográfico] : **~ y coma** Semikolon *das* ; **~s suspensivos** Auslassungspunkte *pl*, i-Punkt *der* - **3.** [lugar] : **~ de venta** ECON Verkaufsstelle *die* - **4.** [momento] : **a ~** [a tiempo] genau zur richtigen

Zeit ; [preparado] fertig ; **estar a ~ de hacer algo** im Begriff sein, etw zu tun **- 5.** MED [puntada] Stich *der* ; **~ de cruz** [estilo de coser] Kreuzstich ; **jersey de ~** [tejido] Strickpullover *der* ; **hacer ~** stricken **- 6.** *loc* : **estar en su ~** genau richtig sein ; **poner ~ final** einen Schlusspunkt setzen. ◆ **en punto** *loc adv* : **las cinco en ~** Punkt fünf. ◆ **hasta cierto punto** *loc adv* bis zu einem gewissen Punkt. ◆ **punto de partida** *m* Ausgangspunkt *der*. ◆ **punto de vista** *m* Gesichtspunkt *der*. ◆ **punto muerto** *m* **- 1.** AUTOM Leerlauf *der* **- 2.** [en proceso] toter Punkt.

puntuación *f* **- 1.** [calificación] Bewertung *die* **- 2.** [en gramática] Zeichensetzung *die*.

puntual *adj* **- 1.** [en tiempo] pünktlich **- 2.** [exacto, detallado] detailliert **- 3.** [único] einzigartig.

puntualidad *f* [en tiempo] Pünktlichkeit *die*.

puntualizar [13] *vt* klar|stellen.

puntuar [6] ◇ *vt* **- 1.** [examen] mit Punkten bewerten **- 2.** [escrito] interpunktieren. ◇ *vi* **- 1.** [calificar] benoten **- 2.** [entrar en cómputo] Punkte erzielen.

punzada *f* Stich *der*, Stechen *das*.

punzante *adj* **- 1.** [que pincha] Stich- **- 2.** [intenso] stechend.

punzar [13] *vt* stechen.

punzón *m* Stichel *der*.

puñado *m* Handvoll *die*.

puñal *m* Dolch *der*.

puñalada *f* Messerstich *der*.

puñeta ◇ *f* **- 1.** *fam* [tontería] Dummheit *die* **- 2.** [bocamanga] Bündchen *das* **- 3.** *loc* : **mandar a hacer ~s** zum Teufel jagen. ◇ *interj* : **¡puñeta!** Mist!

puñetazo *m* Faustschlag *der*.

puñetero, ra ◇ *adj* **- 1.** *fam* [persona] blöd **- 2.** *fam* [cosa] beschissen. ◇ *m, f fam* Nervensäge *die*.

puño *m* **- 1.** [mano cerrada] Faust *die* **- 2.** [de manga] Bündchen *das* **- 3.** [empuñadura] Griff *der* **- 4.** *loc* : **de su ~ y letra** eigenhändig geschrieben ; **tener a alguien en un ~** jn in der Hand haben.

pupa *f fam* **- 1.** [erupción] Pustel *die* **- 2.** [daño] Aua *das*.

pupila *f* Pupille *die*.

pupilaje *m* [tutela] Vormundschaft *die*.

pupilo, la *m, f* **- 1.** [discípulo] Ganztagsschüler *der*, -in *die* **- 2.** [huérfano] unmündige Waise.

pupitre *m* Pult *das*.

puré *m* CULIN Püree *das*.

pureza *f* **- 1.** [gen] Reinheit *die* **- 2.** [integridad] Redlichkeit *die*.

purga *f* **- 1.** [purgante] Abführmittel *das* **- 2.** [depuración] Säuberung *die*.

purgante *m* Abführmittel *das*.

purgar [16] *vt* **- 1.** MED ab|führen **- 2.** [expiar] verbüßen. ◆ **purgarse** *vpr* ein Abführmittel nehmen.

purgatorio *m* Fegefeuer *das*.

purificar [10] *vt* **- 1.** [depurar] reinigen **- 2.** RELIG läutern.

puritano, na ◇ *adj* **- 1.** [mojigato] sittenstreng **- 2.** RELIG puritanisch. ◇ *m, f* **- 1.** [mojigato] Moralapostel *der* **- 2.** [de secta] Puritaner *der*, -in *die*.

puro, ra *adj* **- 1.** [gen] rein **- 2.** [íntegro] redlich. ◆ **puro** *m* Zigarre *die*.

púrpura ◇ *adj inv* purpurfarben. ◇ *m* Purpur *der*.

purpurina *f* Glitter *der*.

pus *m* Eiter *der*.

pusilánime *adj* zaghaft.

pústula *f* MED Pustel *die*.

putear *vulg vt* [fastidiar] auf den Sack gehen.

puto, ta *vulg* ◇ *adj* Scheiß-. ◇ *m, f* Stricher *der*, Nutte *die*.

putrefacción *f* Verwesung *die*.

pútrido, da *adj* verfault.

puzzle ['puθle], **puzle** *m* Puzzle *das*.

PVP (*abrev de* **precio de venta al público**) *m* Verbraucherendpreis *der*.

PYME (*abrev de* **Pequeña y Mediana Empresa**) *f kleine und mittelständische Unternehmen*.

pyrex® = **pírex**.

pza. *abrev de* **plaza**.

q, Q [ku] *f* [letra] q, Q *das*.

q. e. p. d. (*abrev de* **que en paz descanse**) R. I. P.

que ◇ *pron relat* **- 1.** *(sujeto)* [persona, cosa] der, die, das ; **ese hombre es el ~ me lo compró** das ist der Mann, der es mir gekauft hat ; **la moto ~ me gusta es muy cara** das Motorrad, das mir gefällt, ist sehr teuer **- 2.** *(complemento directo)* [persona, cosa] den, die, das ; **el hombre ~ conociste ayer es mi jefe** der Mann, den du gestern kennen gelernt hast, ist mein Chef ; **no ha leído el libro ~ le regalé** er hat das Buch nicht gelesen, das ich ihm geschenkt habe **- 3.** *(complemento indirecto)* : **al/a la ~** dem, der **- 4.** *(complemento circunstancial tras prep +A)* den, die, das ; **la playa a la ~ fui en vacaciones es preciosa** der Strand, an den ich in den Ferien gefahren bin, ist wunderschön **- 5.** *(complemento circunstancial tras prep +D)* dem, der, dem ; **la mujer con la ~ hablas es mi novia** die Frau, mit der du sprichst, ist meine Freundin - **6.** *(complemento de tiempo)* : **(en) que** in dem, in der ; **el día en ~ fui era soleado** der Tag, an dem ich hinging, war sonnig. <> *conj* - **1.** *(con oraciones de sujeto)* dass ; **es importante ~ me escuches** es ist wichtig, dass du mir zuhörst - **2.** *(con oraciones de complemento directo)* dass ; **me ha confesado ~ me quiere** er hat mir gestanden, dass er mich liebt - **3.** *(comparativo)* als ; **es más rápido ~ tú** er ist schneller als du ; **antes morir ~ vivir la guerra** lieber sterben als im Krieg zu leben - **4.** [expresa causa] da, weil ; **hemos de esperar, ~ todavía no es la hora** wir müssen warten, da es noch nicht so weit ist - **5.** [expresa consecuencia] dass ; **tanto me lo pidió ~ se lo di** er hat mich so darum gebeten, dass ich es ihm gab - **6.** [expresa finalidad] damit ; **ven aquí ~ te vea** komm her, damit ich dich sehe - **7.** *(antes de subj)* [expresa deseo] dass ; **espero ~ te diviertas** ich hoffe, dass du Spass hast ; **quiero ~ lo hagas** ich möchte, dass du es tust - **8.** *(en oraciones exclamativas)* : **¡~ te diviertas!** amüsier dich! - **9.** [expresa disyunción] : **quieras ~ no, harás lo que yo mando** ob du willst oder nicht, du tust das, was ich dir sage. - **10.** [expresa hipótesis] wenn ; **~ no quieres hacerlo, pues no pasa nada** wenn du es nicht machen willst, macht das auch nichts. - **11.** [expresa reiteración] und ; **estaban charla ~ charla** sie redeten und redeten.

qué <> *adj* [interrogativo] wieviel, welche, -r, -s ; **¿~ hora es?** wieviel Uhr ist es? ; **¿~ coche prefieres?** welches Auto ist dir lieber? <> *pron* [interrogativo] was ; **no sé ~ hacer** ich weiß nicht, was ich tun soll ; **¿~ te dijo?** was habe ich dir gesagt? ; **¿~?** [¿cómo?] wie? <> *adv* - **1.** [exclamativo] wie ; **¡~ tonto eres!** wie doof du bist! ; **¡y ~!** na und? - **2.** [expresa gran cantidad] : **~ de** wie viel ; **¡~ de gente hay aquí!** wie viele Leute doch hier sind!

quebrada *f* ▻ **quebrado**.

quebradero ◆ **quebradero de cabeza** *m* Sorge *die*.

quebradizo, za *adj* - **1.** [objeto] zerbrechlich - **2.** [voz] geschult, ausgebildet.

quebrado, da *adj* - **1.** [desigual] uneben - **2.** LITER Halb-. ◆ **quebrado** *m* MAT Bruch *der*.

quebrantahuesos *m inv* Bartgeier *der*.

quebrantar *vt* - **1.** [incumplir] brechen - **2.** [romper] zerbrechen. ◆ **quebrantarse** *vpr* - **1.** [romperse] zerbrechen - **2.** [debilitarse] sich verschlechtern.

quebranto *m* - **1.** [pérdida] Verlust *der* - **2.** [debilitamiento] Zerrüttung *die*.

quebrar [19] <> *vt* - **1.** [romper] brechen - **2.** [color] entfärben. <> *vi* ECON Konkurs machen. ◆ **quebrarse** *vpr* - **1.** [parte del cuerpo] sich brechen - **2.** [color] die Farbe verlieren - **3.** [voz] sich überschlagen.

quechua <> *adj* Quechua-. <> *mf* Quechuaindianer *der*, -in *die*. <> *m* Quechua *das*.

quedar <> *vi* - **1.** [permanecer] bleiben - **2.** [haber aún] noch vorhanden sein ; **~ por hacer** noch zu tun sein - **3.** [mostrarse] : **~ como** sich erweisen als ; **~ bien/mal (con alguien)** einen guten/schlechten Eindruck auf jn machen ; **~ en ridículo** sich lächerlich machen - **4.** [llegar a ser, resultar] werden - **5.** [sentar] stehen - **6.** [citarse] sich verabreden - **7.** *fam* [estar situado] sich befinden - **8.** [acordar] : **~ en algo** etw ab|machen ; **~ en que** ab|machen, dass ; **¿en qué quedamos?** wie verbleiben wir? <> *v impers* liegen an *(+D)* ; **por mí que no quede** an mir soll es nicht liegen ; **que no quede por falta de dinero** es soll nicht daran scheitern, dass Geld fehlt. ◆ **quedarse** *vpr* - **1.** [permanecer] bleiben - **2.** [llegar a ser] werden - **3.** [retener, adquirir] behalten.

quedo, da *adj* [voz] leise ; [paso, andar] ruhig. ◆ **quedo** *adv* leise.

quehacer *m (gen pl)* Beschäftigung *die*.

queja *f* - **1.** [lamento] Klage *die* - **2.** [protesta] Beschwerde *die*.

quejarse *vpr* - **1.** [lamentar] sich beklagen - **2.** [protestar] sich beschweren.

quejica *mf despec* Quengler *der*, -in *die*.

quejido *m* Jammern *das*.

quejoso, sa *adj* verdrießlich.

quemado, da *adj* - **1.** [por fuego] verbrannt - **2.** [por calor] angebrannt - **3.** [por electricidad] verschmort.

quemador *m* Brenner *der*.

quemadura *f* Verbrennung *die*.

quemar <> *vt* - **1.** [gen] verbrennen - **2.** [comida] an|brennen lassen - **3.** [suj : electricidad] durch|brennen lassen - **4.** [suj : sustancia corrosiva] verätzen - **5.** [en boca] brennen - **6.** [suj : frío] erfrieren lassen - **7.** [fortuna] vergeuden. <> *vi* [estar caliente] heiß sein. ◆ **quemarse** *vpr* - **1.** [casa] ab|brennen ; [comida] an|brennen ; [por fuego] sich verbrennen - **2.** [por calor, por sol] verbrennen - **3.** [por electricidad] durch|brennen - **4.** *fig* [hartarse] überdrüssig werden.

quemarropa ◆ **a quemarropa** *loc adv* - **1.** [desde muy cerca] aus nächster Nähe - **2.** [bruscamente] ohne Vorwarnung.

quemazón *f* Brennen *das*.

quepa *etc* ▻ **caber**.

quepo ▻ **caber**.

querella *f* DER [acusación] Klage *die*.

querer [67] <> *vt* - **1.** [desear - firmemente] wollen ; **~ que alguien haga algo** wollen, dass jemand etw tut ; [- suavemente] mögen - **2.** [amar] lieben - **3.** [en preguntas formales] : **¿quiere sentarse?** möchten Sie sich setzen? - **4.** [pedir precio] : **~ algo por algo** etw für etw wollen - **5.** *iron* [dar motivos] : **este quiere que le rompan la cara** der will, dass man ihm die Fresse einschlägt. <> *vi* wollen ; **queriendo** [con intención] absichtlich ; **sin ~** ohne Absicht ; **~ es poder** wo einWille ist, ist auch ein Weg. <> *v impers* [haber atisbos] : **hace días que quiere llover** seit Tagen sieht es nach Regen aus. <> *m* Liebe *die.* ◆ **quererse** *vpr* sich lieben.

querido, da <> *adj* lieb ; **~ amigo** lieber Freund. <> *m, f* Liebhaber *der*, -in *die*.

queroseno, keroseno *m* Kerosin *das*.

quesera *f* ▷ **quesero.**

quesería *f* [tienda] Käsegeschäft *das* ; [fábrica] Käserei *die*.

quesero, ra <> *adj* Käse-. <> *m, f* [en tienda] Käseverkäufer *der*, -in *die* ; [en fábrica] Käser *der*. ◆ **quesera** *f* Käseglocke *die*.

queso *m* Käse *der* ; **~ de bola** Edamer *der* ; **~ manchego** *spanischer Hartkäse aus La Mancha* ; **~ rallado** geriebener Käse.

quibutz [ki'βuts] (*pl* **quibutzs**), **kibutz** [ki'βuts] (*pl* **kibutzs**) *m* Kibbuz *der*.

quicio *m* Angel *die* ; **sacar de ~ a alguien** *fig* zur Verzweiflung bringen.

quiebra *f* - **1.** [ruina] Bankrott *der* - **2.** [pérdida] Verlust *der*.

quiebro *m* [ademán] Ausweichen *das*.

quien (*pl* **quienes**) *pron* - **1.** *(relativo)* [sujeto] der, die, das ; **fue mi hermano ~ me lo explicó** es war mein Bruder, der mir das erklärt hat ; **eran sus hermanas ~es le ayudaron** es waren seine Schwestern, die ihm halfen ; [complemento directo] den, die, das ; **son ellos a ~es quiero conocer** sie sind es, die ich kennen lernen will ; [complemento indirecto] dem, der ; **era Pepe de ~ no me fiaba** es war Pepe, dem ich nicht traute - **2.** *(indefinido)* [sujeto] wer ; **~ lo quiera, que luche por ello** wer es will, der soll dafür kämpfen ; **~es quieran verlo, que se acerquen** wer es sehen will, soll näher kommen ; [complemento directo] wen ; **apoyaré a ~es considere oportuno** ich werde unterstützen, wen ich für geeignet halte ; [complemento indirecto] wem ; **vaya con ~ quiera** gehen Sie mit wem Sie wollen - **3.** *loc* : **~ más ~ menos quiere ganar más dinero** wer wollte nicht mehr Geld verdienen.

quién (*pl* **quiénes**) *pron* - **1.** *(interrogativo)* [sujeto] wer ; **¿~ es ese hombre?** wer ist dieser Mann? ; **no sé ~ viene** ich weiß nicht, wer kommt ; **¿~ es?** [en la puerta] wer ist da? ; [al teléfono] wer spricht? ; [complemento directo] : **¿a ~es has invitado?** wen hast du eingeladen? ; [complemento indirecto] : **¿a quién se lo has dado?** wem hast du es gegeben? ; **dime con ~ vas a ir** sag mir, mit wem du gehen wirst - **2.** *(exclamativo)* : **¡~ pudiera verlo!** wenn das nur jemand sehen könnte!

quienquiera (*pl* **quienesquiera**) *pron* wer (auch) immer ; **a ~ que pregunte por mí, dile que no estoy** wer auch immer nach mir fragen sollte, sag ihm, ich sei nicht da.

quieto, ta *adj* - **1.** [parado] stehend - **2.** [tranquilo] ruhig, still.

quietud *f* - **1.** [inmovilidad] Unbeweglichkeit *die* - **2.** [tranquilidad] Ruhe *die*, Stille *die*.

quijada *f* Kiefer *der*.

quijote *m* Don Quichotte *der*.

quijotesco, ca *adj* grotesk.

quilate *m* Karat *das*.

quilla *f* - **1.** NÁUT Kiel *der* - **2.** [de ave] Brustbein *das (Vogel)*.

quilo = **kilo.**

quilocaloría = **kilocaloría.**

quilogramo = **kilogramo.**

quilometraje = **kilometraje.**

quilométrico, ca = **kilométrico.**

quilómetro = **kilómetro.**

quilovatio = **kilovatio.**

quimera *f fig* Hirngespinst *das*.

quimérico, ca *adj* illusorisch.

químico, ca <> *adj* chemisch. <> *m, f* Chemiker *der*, -in *die*. ◆ **Química** *f* [ciencia] Chemie *die*.

quimioterapia *f* Chemotherapie *die*.

quimono, kimono *m* Kimono *der*.

quina *f* - **1.** [planta] Chinarindenbaum *der* - **2.** [bebida] *likörartiges Getränk aus Chinarindenextrakt*.

quincalla *f fig* Modeschmuck *der*.

quince <> *núm* fünfzehn. <> *m* Fünfzehn *die* ; *ver también* **seis.**

quinceañero, ra *m, f* Fünfzehnjährige *der, die*.

quinceavo, va *núm* [para ordenar] fünfzehnte, -r, -s ; **la quinceava parte** [para fraccionar] der fünfzehnte Teil.

quincena *f* vierzehn Tage, zwei Wochen.

quincenal *adj* vierzehntäglich.

quiniela *f* - **1.** [boleto] Totoschein *der* - **2.** [combinación] Fußballtoto *das* ; **~ hípica** Pferdetoto *das*. ◆ **quinielas** *fpl* Toto *das*.

quinientos, tas <> *núm* fünfhundert. <> *m* Fünfhundert *die* ; *ver también* **seis.**

quinina *f* Chinin *das*.

quinqué *m* Petroleumlampe *die*.

quinquenio *m* - **1.** [período] Jahrfünft *das* - **2.** [paga] *Gehaltserhöhung nach fünf Jahren Betriebszugehörigkeit*.

quinqui *mf fam* Kriminelle *der, die*.

quinta *f* ▷ **quinto.**

quintaesencia *f* Quintessenz *die*.

quintal *m* *Gewicht von 46 kg*.

quinteto *m* [de personas, de instrumentos] Quintett *das*.

quinto, ta *núm* [para ordenar] fünfte ; **quinta parte** [para fraccionar] fünfter Teil. ◆ **quinto** *m* - **1.** [en fracción] Fünftel *das* - **2.** [recluta] Rekrut *der.* ◆ **quinta** *f* - **1.** [finca] Landhaus *das* - **2.** [reemplazo] *Jahrgang beim Militär.*
quintuplicar [10] *vt* verfünffachen.
quiosco, kiosco *m* Kiosk *der.*
quiosquero, ra *m, f* Kioskverkäufer *der,* -in *die.*
quiquiriquí (*pl* **quiquiriquíes**) *m* Kikeriki *das.*
quirófano *m* Operationsaal *der.*
quiromancia *f* Handlesekunst *die.*
quiromasaje *m* Chiromassage *die.*
quirúrgico, ca *adj* chirurgisch.
quisquilloso, sa ◇ *adj* - **1.** [detallista] pedantisch - **2.** [susceptible] zimperlich. ◇ *m, f* - **1.** [detallista] Pedant *der,* -in *die* - **2.** [susceptible] Mimose *die.*
quiste *m* Zyste *die.*
quitaesmalte *m* Nagellackentferner *der.*
quitamanchas *m inv* Fleckenentferner *der.*
quitanieves *m inv* Schneepflug *der.*
quitar *vt* - **1.** [ropa] auslziehen - **2.** [de lugar] entfernen - **3.** [dolor, mancha, etc] beseitigen - **4.** [robar] stehlen - **5.** [impedir] auslschließen - **6.** [exceptuar] auslnehmen - **7.** *loc* : **de quita y pon** abnehmbar. ◆ **quitarse** *vpr* - **1.** [de lugar] weglgehen - **2.** [ropa] sich auslziehen.
quitasol *m* Sonnenschirm *der.*
Quito *m* Quito *nt.*
quizá, quizás *adv* vielleicht.

R

r, R ['erre] *f* [letra] r, R *das.*
rábano *m* Rettich *der* ; **importar un ~** *fig* völlig schnuppe sein.
rabí (*pl* **rabíes**) *m* RELIG Rabbi *der.*
rabia *f* - **1.** [ira] Wut *die* ; **tener ~ a alguien** *fig* jn nicht leiden können - **2.** [enfermedad] Tollwut *die.*
rabiar [8] *vi* - **1.** [sufrir] toben ; **~ de** o **por** (vor Wut) die Wände hochlgehen wegen *(+D)* - **2.** [enfadarse] wütend werden ; **hacer ~ a alguien** jn wütend machen - **3.** [desear] : **~ por** erpicht sein auf *(+A).*
rabieta *f fam* Wutanfall *der.*
rabillo *m* Augenwinkel *der* ; **mirar con el ~ del ojo** *fig* aus dem Augenwinkel beobachten.
rabino *m* Rabbiner *der.*
rabioso, sa *adj* - **1.** [furioso] wütend - **2.** [excesivo] rasend - **3.** [enfermo de rabia] tollwütig - **4.** [chillón] grell.
rabo *m* - **1.** [de animal] Schwanz *der* - **2.** [de hoja, fruto] Stiel *der.*
rácano, na ◇ *adj* geizig. ◇ *m, f* Geizhals *der.*
RACC (*abrev de* **Real Automòbil Club de Catalunya**) *m Automobilclub von Katalonien,* ≃ ADAC.
RACE (*abrev de* **Real Automóvil Club de España**) *m Automobilclub von Spanien,* ≃ ADAC.
racha *f* - **1.** [ráfaga] Windstoß *der* - **2.** [época] Phase *die* ; **mala ~** Pechsträhne *die* ; **buena ~** Glückssträhne *die.*
racial *adj* Rassen-.
racimo *m* [de frutos] Traube *die.*
raciocinio *m* - **1.** [razón] Vernunft *die* - **2.** [razonamiento] Gedankengang *der.*
ración *f* Portion *die.*
racional *adj* - **1.** [con raciocinio] vernünftig - **2.** MAT [no empírico] rational.
racionalizar [13] *vt* rationalisieren.
racionar *vt* rationieren.
racismo *m* Rassismus *der.*
racista ◇ *adj* rassistisch. ◇ *mf* Rassist *der,* -in *die.*
radar (*pl* **radares**) *m* Radar *der* o *das.*
radiación *f* - **1.** FÍS [onda] Strahlung *die* - **2.** [acción] Ausstrahlung *die.*
radiactividad, radioactividad *f* Radioaktivität *die.*
radiactivo, va, radioactivo, va *adj* radioaktiv.
radiado, da *adj* [por radio] gefunkt.
radiador *m* - **1.** [de calefacción] Heizkörper *der* - **2.** [de motor] Kühler *der.*
radiante *adj* - **1.** [brillante] strahlend - **2.** [feliz] glückstrahlend.
radiar [13] *vt* - **1.** [irradiar] auslstrahlen - **2.** FÍS bestrahlen - **3.** [por radio] senden.
radical ◇ *adj* [gen] radikal. ◇ *mf* Radikale *der, die.* ◇ *m* - **1.** GRAM Wurzel *die* - **2.** MAT & QUÍM Radikal *das.*
radicalizar [9] *vt* radikalisieren. ◆ **radicalizarse** *vpr* sich verschärfen.
radicar [10] *vi* : **~ en** wurzeln in *(+D).*
radio ◇ *m* - **1.** GEOM Radius *der* - **2.** [de rueda & ANAT] Speiche *die* - **3.** QUÍM Radium *das.* ◇ *f* - **1.** [radiodifusión - aparato] Radio(gerät) *das* ; [- emisoras] Radiosender *der* ; **por la ~** im Radio ; [- técnica] Rundfunk *der* - **2.** [para comunicarse] Funkgerät *das.*
radioactividad = **radiactividad.**
radioactivo, va = **radiactivo.**
radioaficionado, da *m, f* Funkamateur *der,* -in *die.*
radiocasete, radiocassette *m* Radiorekorder *der.*

radiocontrol *m* - **1.** [de avión] Funknavigation *die* - **2.** [de juguete] Fernsteuerung *die*.
radiodifusión *f* Rundfunk *der*.
radioemisor, ra *adj* Rundfunk-. ◆ **radioemisora** *f* Rundfunksender *der*.
radiofónico, ca *adj* Rundfunk-.
radiografía *f* - **1.** [fotografía] Röntgenbild *das* - **2.** [ciencia] Radiographie *die*.
radiografiar [9] *vt* röntgen.
radionovela *f* Hörspielserie *die*.
radiotaxi *m* Funktaxi *das*.
radioteléfono *m* Funktelefon *das*.
radioterapia *f* Strahlentherapie *die*.
radioyente *mf* Rundfunkhörer *der*, -in *die*.
RAE *f abrev de* **Real Academia Española**.
raer [68] *vt* ab|kratzen.
ráfaga *f* [de viento, aire] Windstoß *der* ; [de luces] Lichtstrahl *der* ; [de disparos] Garbe *die*.
raído, da *adj* abgewetzt.
raigambre *f* - **1.** [raíces] Wurzelgestrüpp *das* - **2.** *fig* [tradición, estirpe] Verwurzelung *die*.
raíl, rail *m* Schiene *die*.
raíz *f* - **1.** [gen] Wurzel *die* ; **a ~ de** aufgrund *(+G)* ; **atajar el mal de ~** *fig* das Übel an der Wurzel packen ; **echar raíces** *fig* Wurzeln schlagen ; **~ cuadrada** Quadratwurzel *die* - **2.** GRAM Stamm *der*.
raja *f* - **1.** [en pared] Riss *der* ; [en cristal, plato] Sprung *der* - **2.** [porción] Scheibe *die*.
rajado, da *m, f fam* Memme *die*.
rajar *vt* - **1.** [pared, techo] einen Riss entstehen lassen ; [plato, cristal] einen Sprung entstehen lassen - **2.** *mfam* [persona] auf|schlitzen. ◆ **rajarse** *vpr* - **1.** [partirse] (zer)springen - **2.** *fam* [desdecirse] ab|springen.
rajatabla ◆ **a rajatabla** *loc adv* ohne Abstriche.
ralentí *m* AUTOM Leerlauf *der*.
rallado, da *adj* gerieben. ◆ **rallado** *m* Reiben *das (von Käse)*.
rallador *m* Raspel *die*.
ralladura *f (gen pl)* Raspel *die*.
rallar *vt* raspeln.
rally ['rali] (*pl* **rallys**) *m* Rallye *die*.
ralo, la *adj* [pelo, barba] schütter ; [dientes] weit auseinander stehend.
RAM (*abrev de* **random access memory**) *f* RAM *das*.
rama *f* - **1.** [planta] Zweig *der* ; [de algodón] Rohbaumwolle *die* ; [de canela] Zimtstange *die* - **2.** *fig* [de familia] Linie *die* ; *fig* [de idioma] Zweig *der* - **3.** *fig* [de actividad] Bereich *der*.
ramadán *m* Ramadan *der*.
ramaje *m* Geäst *das*.
ramal *m* [de carretera] Abzweigung *der*.
ramalazo *m* - **1.** *fam* [hecho que delata] verräterisches Merkmal - **2.** [ataque] : **le dio** o **cogió un ~** es hatte ihn gepackt.
rambla *f* - **1.** [río] Flusslauf *der* - **2.** [avenida] Allee *die*.
ramera *f* Nutte *die*.
ramificación *f* - **1.** [gen] Verzweigung *die* - **2.** [de ciencia] Teilgebiet *das*.
ramificarse [10] *vpr* - **1.** [bifurcarse] sich verzweigen - **2.** [subdividirse] sich gliedern (in *(+A)*).
ramillete *m* kleiner Strauß.
ramo *m* - **1.** [de flores] Strauß *der* - **2.** [de actividad] Branche *die*.
rampa *f* - **1.** [para subir y bajar] Rampe *die* - **2.** [cuesta] Hang *der*.
rampla *f Amér fam* Rampe *die*.
rana *f* Frosch *der*.
ranchero, ra *m, f* Rancher *der*, -in *die*. ◆ **ranchera** *f* - **1.** MÚS *mexikanisches Volkslied* - **2.** AUTOM Transportjeep *der*.
rancho *m* - **1.** [comida] Verpflegung *die* - **2.** [granja] Ranch *die*.
rancio, cia *adj* - **1.** [graso] ranzig - **2.** [antiguo] uralt.
rango *m* Rang *der*.
ranking ['raŋkin] (*pl* **rankings**) *m* [en deportes] Rangliste *die* ; [en música] Hitparade *die*.
ranura *f* Schlitz *der*.
rap *m* Rap *der*.
rapapolvo *m fam* Rüffel *der* ; **dar** o **echar un ~** eine Standpauke halten.
rapar *vt* [barba, bigote] (ab|)rasieren ; [pelo] scheren. ◆ **raparse** *vpr* sich *(D)* etw stutzen.
rapaz, za *m, f desus* Bursche *der*, Mädel *das*. ◆ **rapaz** *adj* raffgierig. ◆ **rapaces** *fpl* ZOOL Greifvögel *pl*.
rape *m* - **1.** [pez] Seeteufel *der* - **2.** [corte de pelo] Bürstenschnitt *der* ; **cortar el pelo al ~** einen Igelschnitt verpassen.
rapero, ra *m, f* Rapper *der*, -in *die*.
rapidez *f* Schnelligkeit *die* ; **con ~** schnell.
rápido, da *adj* - **1.** [gen] schnell - **2.** [tren] Schnell-. ◆ **rápido** ◇ *m* - **1.** [tren] Schnellzug *der* - **2.** *(gen pl)* [de río] Stromschnelle *die*. ◇ *adv* schnell.
rapiña *f* - **1.** [robo] Raub *der* - **2.** ▷ **ave**.
rappel ['rapel] (*pl* **rappels**) *m* DEP Abseilen *das*.
rapsodia *f* Rhapsodie *die*.
raptar *vt* entführen.
rapto *m* - **1.** [secuestro] Entführung *die* - **2.** *fig* [ataque] Anfall *der*.
raqueta *f* - **1.** [para jugar] Schläger *der* - **2.** [para nieve] Schneeschuh *der*.
raquítico, ca *adj* - **1.** MED rachitisch - **2.** *fig* [insuficiente] jämmerlich.
raquitismo *m* MED Rachitis *die*.

rareza *f* - **1.** [objeto poco común] Seltenheit *die* ; [pieza de coleccionista] Rarität *die* - **2.** [cosa extraña] Ungewöhnlichkeit *die* - **3.** [cosa poco frecuente] Spärlichkeit *die* - **4.** [extravagancia] Eigenheit *die*.

raro, ra *adj* - **1.** [extraño, extravagante] seltsam - **2.** [excepcional, escaso] selten.

ras *m* ebene Fläche ; **a ~ de** direkt über/auf ; **volar a ~ de tierra** dicht über dem Boden fliegen ; **vivir a ~ del suelo** ebenerdig wohnen.

rasante ◇ *adj* [tiro] flach ; [vuelo] Tief-. ◇ *f* (Straßen)gefälle *das*.

rasar *vt* streifen.

rascacielos *m inv* Wolkenkratzer *der*.

rascador *m* [herramienta] Schaber *der*.

rascar [10] ◇ *vt* - **1.** [piel] kratzen - **2.** [superficie] (ab|)kratzen. ◇ *vi* kratzen. ◆ **rascarse** *vpr* sich kratzen.

rasgar [16] *vt* [tela, papel] zerreißen ; [piel, sobre] auf|reißen. ◆ **rasgarse** *vpr* zerreißen ; **~se las vestiduras** seine Kleider zerreißen.

rasgo *m* - **1.** [característica] Zug *der* - **2.** [acto elogiable] Geste *der*. ◆ **rasgos** *mpl* - **1.** [de rostro] (Gesichts)züge *pl* - **2.** [letra] Schriftzüge *pl* - **3.** *loc* : **a grandes ~s** in groben Zügen.

rasguear *vt* [violín] kratzen auf *(+D)* ; [guitarra] klimpern auf *(+D)*.

rasguñar *vt* zerkratzen. ◆ **raguñarse** *vpr* sich zerkratzen.

rasguño *m* Kratzer *der*.

raso, sa *adj* - **1.** [terreno] flach - **2.** [taza, cuchara] gestrichen voll - **3.** [cielo] wolkenlos - **4.** [a poca altura] niedrig - **5.** [soldado] gemein. ◆ **raso** *m* [tela] Atlas(stoff) *der*. ◆ **al raso** *loc adv* im Freien.

raspa *f* (Mittel)gräte *die*.

raspadura *f* - **1.** *(gen pl)* [brizna] Späne *pl* - **2.** [señal] Kratzspur *die* - **3.** [acción] Abkratzen *das*.

raspar ◇ *vt* - **1.** [rascar] (ab|)kratzen - **2.** [rasar] streifen. ◇ *vi* kratzen.

rasposo, sa *adj* rau.

rastras ◆ **a rastras** *loc adv* [arrastrando] : **llevar a ~** (mit|)schleifen ; *fig* [de mala gana] widerwillig.

rastreador, ra ◇ *adj* [perro] Spür-. ◇ *m, f* Fährtensucher *der*, -in *die*.

rastrear ◇ *vt* - **1.** [seguir huellas] nach|spüren - **2.** [buscar pistas] durchkämmen. ◇ *vi* [indagar] Spuren suchen ; [con rastra] harken.

rastrero, ra *adj* verachtenswert.

rastrillar *vt* harken.

rastrillo *m* - **1.** [en jardinería] Harke *die* - **2.** [mercado] Flohmarkt *der*.

rastro *m* - **1.** [pista, vestigio] Spur *die* - **2.** [mercado] Flohmarkt *der*.

rastrojo *m* Stoppelfeld *das*.

rasurar *vt* rasieren.

rata ◇ *f* Ratte *die*. ◇ *adj fam* geizig. ◇ *mf fam* Geizhals *der*.

ratear *vi* klauen.

ratería *f* kleiner Diebstahl.

ratero, ra *m, f* Dieb *der*, -in *die*.

ratificar [10] *vt* ratifizieren.

rato *m* Weile *die (ohne pl)* ; **al (poco) ~** kurz darauf ; **al (poco)~ de** kurz nachdem ; **a ~s** zeitweilig ; **haber para ~** noch eine Weile hin sein ; **pasar el ~** sich *(D)* die Zeit vertreiben.

ratón *m* Maus *die*.

ratonera *f* - **1.** [trampa] Mausefalle *die* - **2.** [nido de ratones] Mauseloch *das*.

rattán *m Amér* Peddigrohr *das*.

raudal *m* - **1.** [de agua] Flut *die* - **2.** *fig* [abundancia] Schwall *der* ; **a ~es** in Strömen.

ravioli *m (gen pl)* Ravioli *pl*.

raya *f* - **1.** [línea] Strich *der* ; [en tejido] Streifen *der* ; **a ~s** gestreift - **2.** [de pelo] Scheitel *der* - **3.** [de pantalón] Bügelfalte *die* - **4.** [límite] Grenze *die* ; **pasarse de la ~** zu weit gehen ; **mantener** o **tener a ~ a alguien** *fig* jn im Zaum halten - **5.** [pez] Rochen *der*.

rayado, da *adj* - **1.** [a rayas] gestreift - **2.** [estropeado] zerkratzt. ◆ **rayado** *m* - **1.** [rayas] Streifen *pl* - **2.** [acción] Liniieren *das*.

rayar ◇ *vt* - **1.** [marcar] zerkratzen - **2.** [trazar rayas] Striche ziehen. ◇ *vi* [aproximarse] : **~ en algo** grenzen an etw *(A)* ◆ **rayarse** *vpr* zerkratzt werden.

rayo *m* - **1.** [gen] Strahl *der* ; **~ láser** Laserstrahl ; **~s infrarrojos** Infrarotstrahlen *pl* ; **~s ultravioleta** ultraviolette Strahlen *pl* ; **~s uva** UV-Strahlen *pl* ; **~s X** Röntgenstrahlen *pl* - **2.** [relámpago] Blitz *der*.

rayón *m* Viskose *die*.

raza *f* [de hombres, animales] Rasse *die* ; **de ~** reinrassig ; **~ de perros** Hunderasse *die*.

razón *f* - **1.** [inteligencia] Verstand *der* - **2.** [sensatez] Vernunft *die* - **3.** [argumento, motivo] Grund *der* ; **~ de ser** (Daseins)berechtigung *die* - **4.** [verdad] Recht *das* ; **dar la ~ a alguien** jm Recht geben - **5.** [información] Auskunft *die* ; **'~ aquí'** 'Auskunft hier'. ◆ **a razón de** *loc adv* : **a ~ de dos por cabeza, necesitamos cuarenta bocadillos, pues somos veinte** wenn wir je zwei pro Nase rechnen, brauchen wir vierzig belegte Brötchen, denn wir sind zwanzig.

razonable *adj* - **1.** [sensato] vernünftig - **2.** [justo] angemessen.

razonamiento *m* - **1.** [acción] Überlegung *die* - **2.** [ideas] Gedankengang *der*.

razonar ◇ *vt* [argumentar] begründen. ◇ *vi* [pensar] nach|denken.

re *m* MÚS D *das*.

reacción *f* Reaktion *die*.

reaccionar *vi* reagieren.
reaccionario, ria *adj* reaktionär.
reacio, cia *adj* abgeneigt ; **ser ~ a hacer algo** nicht geneigt sein, etw zu tun.
reactivación *f* Wiederbelebung *die*.
reactor *m* **- 1.** [propulsor] Reaktor *der* **- 2.** [avión] Düsenflugzeug *das*.
readaptación *f* Wiedereingliederung *die*.
readmitir *vt* **- 1.** [gen] wieder zu|lassen **- 2.** [despedidos] wieder ein|stellen.
reafirmar *vt* bestätigen. ◆ **reafirmarse** *vpr* sich bestätigen ; **~se en** sich bestätigen in *(+D)*.
reajuste *m* **- 1.** [cambio] Änderung *die* **- 2.** ECON Angleichung *die*.
real *adj* **- 1.** [de monarquía] königlich **- 2.** [verdadero] wirklich.
realce *m* [esplendor] Glanz *der* ; **dar ~ a** Glanz verleihen *(+D)*.
realeza *f* [de sangre real] Hochadel *der*.
realidad *f* **- 1.** [mundo real] Wirklichkeit *die*, Realität *die* ; **~ virtual** INFORM virtuelle Realität **- 2.** [verdad] Wahrheit *die* ; **en ~** in Wirklichkeit.
realista <> *adj* realistisch. <> *mf* Realist *der*, -in *die*.
realización *f* **- 1.** [materialización] Verwirklichung *die* ; [de proyecto] Durchführung *die* **- 2.** [obra] Errungenschaft *die*.
realizado, da *adj* **- 1.** [trabajo, obra, etc] geleistet **- 2.** [persona] verwirklicht.
realizador, ra *m, f* TELE Fernsehregisseur *der*, -in *die*.
realizar [13] *vt* **- 1.** [operación] durch|führen ; [esfuerzo] leisten ; [hazaña] vollbringen ; [inversión] tätigen ; [encargo] übernehmen **- 2.** [deseos, esperanzas] verwirklichen **- 3.** TELE Regie führen. ◆ **realizarse** *vpr* **- 1.** [en trabajo] sich verwirklichen **- 2.** [hacerse real] wahr werden **- 3.** [ejecutarse] ausgeführt werden.
realmente *adv* **- 1.** [en verdad] tatsächlich **- 2.** [muy] wirklich.
realquilado, da <> *adj* untervermietet. <> *m, f* Untermieter *der*, -in *die*.
realquilar *vt* unter|vermieten.
realzar [13] *vt* **- 1.** [hacer destacar] hervor|heben **- 2.** [acentuar] betonen.
reanimar *vt* **- 1.** [físicamente] wieder|beleben **- 2.** [moralmente] auf|muntern **- 3.** MED reanimieren. ◆ **reanimarse** *vpr* **- 1.** [físicamente] wieder zu Kräften kommen **- 2.** MED wieder zu sich kommen.
reanudar *vt* wieder auf|nehmen.
reaparición *f* Wiedererscheinen *das*.
reapertura *f* Wiedereröffnung *die*.
rearme *m* Wiederbewaffnung *die*.
reavivar *vt* wieder beleben.
rebaja *f* **- 1.** [acción] Rabatt *der* **- 2.** [descuento] Preisnachlass *der*. ◆ **rebajas** *fpl* Schlussverkauf *der* ; **~s de verano/invierno** Sommer-/Winterschlussverkauf *der* ; **ir de ~s** auf Schnäppchenjagd gehen ; **estar de ~s** Sonderangebote haben.
rebajar *vt* **- 1.** [precio] reduzieren **- 2.** [persona] erniedrigen **- 3.** [intensidad] ab|schwächen **- 4.** [altura] niedriger machen. ◆ **rebajarse** *vpr* sich erniedrigen ; **~se a algo** sich zu etw herab|lassen ; **~se a hacer algo** sich erniedrigen, etw zu tun.
rebanada *f* Scheibe *die*.
rebanar *vt* **- 1.** [pan] in Scheiben schneiden **- 2.** [cortar] (zwei)teilen.
rebañar *vt* sauber kratzen.
rebaño *m* Herde *die*.
rebasar <> *vt* [gen] überschreiten ; [expectativas, paciencia] übertreffen. <> *vi Amér* überholen.
rebatir *vt* widerlegen.
rebeca *f* Cardigan *der*, Strickjacke *die*.
rebelarse *vpr* sich auf|lehnen (gegen).
rebelde <> *adj* **- 1.** [sublevado] aufständisch **- 2.** [indócil] rebellisch **- 3.** [difícil de dominar] widerspenstig **- 4.** DER säumig. <> *mf* **- 1.** [sublevado] Rebell *der*, -in *die* **- 2.** [persona indócil] widerspenstiger Mensch **- 3.** DER säumige Partei.
rebeldía *f* **- 1.** [cualidad] Widerspenstigkeit *die* **- 2.** [acción] Widerstand *der* **- 3.** DER Nichterscheinen *das* vor Gericht.
rebelión *f* Aufstand *der*.
rebenque *m Amér* Peitsche *die*.
reblandecer [30] *vt* auf|weichen. ◆ **reblandecerse** *vpr* [cuerpo] erschlaffen ; [pan] weich werden.
rebobinar *vt* zurück|spulen.
rebosante *adj* [de salud, vitalidad] strotzend ; [de alegría, entusiasmo] überschäumend.
rebosar <> *vt* über|quellen. <> *vi* **- 1.** [recipiente] über|laufen ; **~ de** über|quellen vor *(+D)* **- 2.** *fig* [persona] : **~ de** über|schäumen vor *(+D)* ; [de salud] strotzen vor *(+D)*.
rebotar *vi* **- 1.** [volver a botar] ab|prallen **- 2.** [chocar] (auf|)schlagen auf *(+A)* ◆ **rebotarse** *vpr mfam* sauer werden.
rebote *m* **- 1.** [bote] Aufprall *der* ; **de ~** *fig* als indirekte Folge davon **- 2.** DEP Abpraller *der*.
rebozar [13] *vt* CULIN panieren.
rebuscado, da *adj* **- 1.** [persona] kompliziert **- 2.** [estilo, palabras] gekünstelt.
rebuznar *vi* : **el asno rebuzna** der Esel macht iah.
recabar *vt* [pedir] sich bemühen ; [conseguir] erhalten.
recadero, ra *m, f* Bote *der*, Botin *die*.
recado *m* **- 1.** [mensaje] Nachricht *die* **- 2.** [encargo] Erledigung *die*.
recaer [55] *vi* **- 1.** [en enfermedad] einen Rückfall haben **- 2.** [ir a parar] : **~ sobre** o **en**

zurück|fallen auf *(+A)* - **3.** [reincidir] : **~ en** verfallen o zurück|fallen in *(+A)*.

recaída *f* Rückfall *der*.

recalar *vi* ankern.

recalcar [10] *vt* betonen.

recalcitrante *adj* hartnäckig.

recalentar [19] *vt* - **1.** [volver a calentar] auf|wärmen - **2.** [calentar demasiado] heiß|laufen lassen. ◆ **recalentarse** *vpr* heiß|laufen.

recalificar [10] *vt* um|widmen.

recámara *f* - **1.** [habitación] Ankleideraum *der* - **2.** [de arma de fuego] Patronenkammer *das*.

recamarera *f Amér* Zimmermädchen *das*.

recambio *m* Ersatzteil *das* ; **de ~** Ersatz-, Austausch *der*.

recapacitar *vi* nach|denken.

recapitulación *f* Zusammenfassung *die*.

recapitular *vt* zusammen|fassen.

recargado, da *adj* überladen.

recargar [16] *vt* - **1.** [volver a cargar] nach|laden - **2.** [cargar demasiado, adornar en exceso] überladen - **3.** [poner en exceso] übertreiben.

recargo *m* Zuschlag *der*.

recatado, da *adj* bescheiden.

recato *m* - **1.** [pudor] Bescheidenheit *die* - **2.** [reserva] Zurückhaltung *die*.

recauchutar *vt* runderneuern.

recaudación *f* - **1.** [acción] Steuereinziehung *die* - **2.** [cantidad] Betrag *der*.

recaudador, ra *m, f* Steuereinnehmer *der*, -in *die*.

recaudar *vt* ein|nehmen.

recaudo ◆ **a buen recaudo** *loc adv* gut versteckt.

recelar *vi* argwöhnisch sein ; **~ de** etw/jm *(D)* misstrauen.

recelo *m* Argwohn *der*.

receloso, sa *adj* argwöhnisch.

recepción *f* - **1.** [gen] Empfang *der* - **2.** [en hotel] Rezeption *die*.

recepcionista *mf* Empfangschef *der*, Empfangsdame *die*.

receptáculo *m* Behälter *der*.

receptivo, va *adj* aufnahmefähig.

receptor, ra ◇ *adj* Empfangs-. ◇ *m, f* Empfänger *der*, -in *die*. ◆ **receptor** *m* (Radio)empfänger *der*.

recesión *f* Rezession *die*.

receta *f* Rezept *das*.

rechazar [13] *vt* - **1.** [rehusar] ab|lehnen - **2.** [repeler] ab|weisen - **3.** [negar] zurück|weisen - **4.** [resistir] zurück|halten.

rechazo *m* - **1.** [negativa] Ablehnung *die* - **2.** [de transplante] Abstoßung *die*.

rechinar *vi* quietschen.

rechistar *vi* Anstalten machen ; **sin ~** widerspruchslos.

rechoncho, cha *adj fam* pummelig.

rechupete ◆ **de rechupete** *loc adv fam* fantastisch.

recibidor *m* Vorzimmer *das*.

recibimiento *m* Empfang *der*.

recibir ◇ *vt* [gen] empfangen ; [instrucciones] erhalten. ◇ *vi* - **1.** [en casa] Besuch erhalten - **2.** [en consulta] Sprechstunde haben.

recibo *m* - **1.** [documento] Quittung *die* - **2.** [recepción] Erhalt *der*.

reciclado, da *adj* wiederverwertet.

reciclaje *m* [de residuos] Wiederverwertung *die*, Recycling *das*.

reciclar *vt* - **1.** [residuos] wiederverwerten - **2.** [personas] fort|bilden.

recién *adv* soeben ; **el ~ nacido** das Neugeborene ; **pan ~ hecho** frisches Brot.

reciente *adj* - **1.** [de hace poco] jüngst - **2.** [fresco] frisch.

recinto *m* Gelände *das*.

recio, cia *adj* - **1.** [persona] robust - **2.** [objeto] solide.

recipiente *m* Behälter *der*.

reciprocidad *f* Gegenseitigkeit *die* ; **en ~ a** zum Ausgleich *(+G)*.

recíproco, ca *adj* gegenseitig.

recital *m* - **1.** [de música] Rezital *das* - **2.** [de lectura] Lesung *die*.

recitar *vt* vor|tragen.

reclamación *f* Beschwerde *die*.

reclamar ◇ *vt* verlangen. ◇ *vi* [protestar] Beschwerde ein|legen.

reclamo *m* - **1.** [para atraer] Reklame *die* - **2.** [de ave] Lockruf *der* - **3.** [para cazar] Lockpfeife *die*.

reclinar *vt* an|lehnen. ◆ **reclinarse** *vpr* sich lehnen auf *(+A)*.

recluir [51] *vt* ein|schließen. ◆ **recluirse** *vpr* sich ein|sperren.

reclusión *f* - **1.** [encarcelamiento] Haft *die* - **2.** [encierro] Zurückgezogenheit *die*.

recluso, sa *m, f* Häftling *der*.

recluta *m* Rekrut *der*.

reclutamiento *m* - **1.** [de soldados] Rekrutierung *die* - **2.** [de trabajadores] Anwerbung *die*.

recobrar *vt* wieder|gewinnen. ◆ **recobrarse (de)** *vpr* sich erholen (von).

recodo *m* Biegung *die*.

recogedor *m* Kehrblech *das*.

recogepelotas *m inv & f inv* DEP Balljunge *der*, -mädchen *das*.

recoger [14] *vt* - **1.** [ordenar, limpiar] weg|räumen ; [habitación] auf|räumen - **2.** [coger] auf|heben - **3.** [reunir] (ein|)sammeln - **4.** [ir a buscar] ab|holen - **5.** [albergar] auf|nehmen - **6.** [cosechar, obtener] ernten. ◆ **recogerse** *vpr* - **1.** [acostarse] ins Bett gehen - **2.** [meditar] sich zurück|ziehen - **3.** [cabello] hoch|stecken.

recogido, da *adj* - **1.** [retirado] zurückgezogen - **2.** [reducido] abgeschnitten - **3.** [cabello] hochgesteckt. ◆ **recogida** *f* Abholen *das*.

recogimiento *m* - **1.** [concentración] Innigkeit *die* - **2.** [retiro] Zurückgezogenheit *die*.

recolección *f* - **1.** [cosecha] Ernte *die* - **2.** [recogida] Sammlung *die*.

recolector, ra ◇ *adj* Ernte-. ◇ *m, f* Erntearbeiter *der*, -in *die*.

recomendación *f* - **1.** [influencias, favor] Empfehlung *die* - **2.** [consejo] Ratschlag *der* - **3.** [escrito] Empfehlungsschreiben *das*.

recomendado, da *m, f* Günstling *der*.

recomendar [19] *vt* empfehlen.

recompensar *vt* belohnen.

recomponer [65] *vt* reparieren.

recompuesto, ta *pp irreg* ▷ **recomponer**.

reconcentrar *vt* - **1.** [reunir] versammeln - **2.** [hacer denso] verdichten. ◆ **reconcentrarse** *vpr* sich konzentrieren.

reconciliar [8] *vt* versöhnen. ◆ **reconciliarse** *vpr* sich versöhnen.

reconcomerse *vpr* sich verzehren.

recóndito, ta *adj* - **1.** [escondido] abgelegen - **2.** [íntimo] verborgen.

reconfortar *vt* - **1.** [anímicamente] trösten - **2.** [físicamente] beleben.

reconocer [31] *vt* - **1.** [identificar] erkennen - **2.** [confesar, admitir] zu|geben - **3.** [examinar] untersuchen - **4.** [aceptar] an|erkennen. ◆ **reconocerse** *vpr* [confesarse] sich bekennen.

reconocido, da *adj* - **1.** [admitido] anerkannt - **2.** [agradecido] dankbar.

reconocimiento *m* - **1.** [aceptación] Anerkennung *die* - **2.** [identificación] Erkennen *das* - **3.** [agradecimiento] Dankbarkeit *die* - **4.** [examen] Untersuchung *die* - **5.** [confesión, admisión] Eingeständnis *das* - **6.** MIL Aufklärung *die*.

reconquista *f* Rückeroberung *die*. ◆ **Reconquista** *f* HIST : **la Reconquista** die Reconquista.

reconstituyente *m* [medicamento] Stärkungsmittel *das*.

reconstruir [51] *vt* - **1.** [edificio, lo destruido] wieder auf|bauen - **2.** [suceso] rekonstruieren.

reconversión *f* Umstellung *die* ; ~ **industrial** industrielle Umstellung.

recopilación *f* - **1.** [texto] Sammlung *die* - **2.** [acción] Zusammenstellung *die*.

récord ['rekor] (*pl* **récords**) *m* DEP Rekord *der* ; **batir un** ~ einen Rekord schlagen.

recordar [23] ◇ *vt* erinnern. ◇ *vi* sich erinnern.

recordatorio *m* - **1.** [aviso] Mahnung *die* - **2.** [estampa] *Erinnerungskarte zur Kommunion.*

recordman [re'korman] (*pl* **recordmen** o **recordmans**) *m* Rekordhalter *der*.

recorrer *vt* - **1.** [trayecto] zurück|legen - **2.** [atravesar] bereisen.

recorrido *m* - **1.** [trayecto] Strecke *die* - **2.** [descripción] Beschreibung *die*.

recortado, da *adj* - **1.** [cortado] kurz - **2.** [abrupto] steil.

recortar *vt* - **1.** [figura] aus|schneiden - **2.** [sueldo, paga] kürzen - **3.** [lo que sobra] ab|schneiden.

recorte *m* - **1.** [pieza cortada] Ausschnitt *der* - **2.** [reducción] Kürzung *die*.

recostar [23] *vt* (an|)legen. ◆ **recostarse** *vpr* sich an|lehnen.

recoveco *m* - **1.** [rincón] Winkel *der* - **2.** [complicación] : **sin ~s** unkompliziert.

recreación *f* Nachahmung *die*.

recrear *vt* - **1.** [crear] schaffen - **2.** [entretener] unterhalten. ◆ **recrearse** *vpr* - **1.** [entretenerse] sich *(D)* die Zeit vertreiben - **2.** [regodearse] sich vergnügen.

recreativo, va *adj* Freizeit-.

recreo *m* - **1.** [entretenimiento] Freizeitbeschäftigung *die* - **2.** [en colegio] Pause *die*.

recriminar *vt* beschuldigen. ◆ **recriminarse** *vpr* sich Vorwürfe machen.

recrudecer [30] *vi* verschärfen. ◆ **recrudecerse** *vpr* sich verschärfen.

recta *f* ▷ **recto**.

rectal *adj* ANAT rektal.

rectángulo, la *adj* GEOM rechtwinklig. ◆ **rectángulo** *m* GEOM Rechteck *das*.

rectificar [10] *vt* - **1.** [corregir] berichtigen - **2.** [enmendar] ändern - **3.** [ajustar] ein|stellen.

rectitud *f* Richtigkeit *die*.

recto, ta *adj* - **1.** [sin curvas, vertical] gerade - **2.** [íntegro] aufrichtig - **3.** [justo, verdadero] richtig. ◆ **recto** ◇ *m* ANAT Mastdarm *der*. ◇ *adv* geradeaus. ◆ **recta** *f* Gerade *die* ; **la recta final** DEP Zielgerade *die* ; *fig* Endphase *die*.

rector, ra ◇ *adj* Richt-. ◇ *m, f* [de universidad] Rektor *der*, -in *die*. ◆ **rector** *m* RELIG Pfarrherr *der*.

recuadro *m* Rahmen *der*.

recubrimiento *m* Bedeckung *die*.

recuento *m* Nachzählen *das*.

recuerdo *m* - **1.** [rememoración] Erinnerung *die* - **2.** [objeto] Erinnerungsstück *das*. ◆ **recuerdos** *mpl* Grüße *pl* ; **dar ~s a alguien (de parte de alguien)** jn (von jm) grüßen.

recular *vi* - **1.** [retroceder] sich zurück|bewegen - **2.** [ceder] zurück|schrecken.

recuperación *f* - **1.** [de lo perdido] Wiedergewinnung *die* - **2.** [de salud] Genesung *die* - **3.** MED Krankengymnastik *die* - **4.** EDUC Wiederholungsprüfung *die*.

recuperar *vt* [lo perdido] zurück|bekommen. ◆ **recuperarse** *vpr* sich erholen.

recurrente *adj* - **1.** [repetido] rückfällig - **2.** DER Rechtsmittel-.

recurrir *vi* - **1.** [buscar ayuda] : ~ **a** sich wenden an *(+A)* - **2.** DER Beschwerde ein|legen.

recurso *m* - **1.** [medio] Mittel *das* - **2.** DER Rechtsmittel *das*. ◆ **recursos** *mpl* - **1.** [bienes económicos] Mittel *pl* ; **sin ~s** mittellos ; **~s propios** ECON Eigenmittel *pl* - **2.** [bienes naturales] Ressourcen *pl*.

red *f* - **1.** [gen] Netz *das* - **2.** [sistema] System *das* ; **~ de nervios** Nervensystem ; **~ viaria** Straßennetz - **3.** [de espionaje] Ring *der* ; [de tiendas] Kette *die* - **4.** INFORM Netzwerk *das*.

redacción *f* - **1.** [escrito] Aufsatz *der* - **2.** [de periódico] Redaktion *die* - **3.** [acción] Abfassung *die*.

redactar *vt* verfassen.

redactor, ra *m, f* [de periódico] Redakteur *der*, -in *die*.

redada *f* - **1.** [de policía] Razzia *die* - **2.** [de pesca] Fang *der*.

redecilla *f* [de pelo] Haarnetz *das*.

redención *f* - **1.** RELIG Erlösung *die* - **2.** [rescate] Befreiung *die*.

redicho, cha *adj fam* affektiert.

redil *m* Pferch *der*.

redimir *vt* - **1.** RELIG erlösen - **2.** [rescatar] frei|kaufen - **3.** [librar] befreien. ◆ **redimirse** *vpr* [de castigo] sich befreien.

rédito *m* Zinsertrag *der*.

redoblar ◇ *vt* verdoppeln. ◇ *vi* trommeln.

redoble *m* Trommelwirbel *der*.

redomado, da *adj* gerissen *(schlau)*.

redonda *f* ▷ **redondo**.

redondear *vt* - **1.** [objeto] rund machen - **2.** [cantidad] ab|runden.

redondel *m* Kreis *der*.

redondo, da *adj* - **1.** [gen] rund - **2.** [claro] klar. ◆ **redondo** *m* CULIN Oberschale *die*. ◆ **redonda** *f* [tipo de letra] Grundschrift *die*.

reducción *f* - **1.** [disminución] Senkung *die* - **2.** [sometimiento] Unterdrückung *die* - **3.** MAT & QUÍM Reduktion *die*.

reducido, da *adj* begrenzt.

reducir [33] ◇ *vt* - **1.** [disminuir] verringern ; **~ la velocidad** die Geschwindigkeit drosseln - **2.** [hacer más pequeño] verkleinern - **3.** [someter] überwältigen - **4.** QUÍM reduzieren - **5.** [transformar] : **~ a cenizas** in Schutt und Asche legen - **6.** MAT um|rechnen - **7.** MED ein|renken. ◇ *vi* AUTOM herunter|schalten. ◆ **reducirse a** *vpr* - **1.** [limitarse] sich beschränken auf *(+A)* - **2.** [equivaler] hinaus|laufen auf *(+A)*.

reducto *m* - **1.** [fortificación] Festung *die* - **2.** [refugio] Versteck *das*.

redundancia *f* Redundanz *der*.

redundante *adj* weitschweifig.

redundar *vi* : **~ en algo** sich aus|wirken auf *(+A)*.

reeditar *vt* neu heraus|geben.

reeducación *f* Krankengymnastik *die*.

reelección *f* Wiederwahl *die*.

reembolsar *vt*, **rembolsar** *vt* zurück|zahlen. ◆ **reembolsarse, rembolsarse** *vpr* erstattet werden.

reembolso, rembolso *m* Rückzahlung *die* ; **~ de una deuda** Tilgung einer Schuld *die*.

reemplazar [13], **remplazar** *vt* ersetzen.

reemplazo, remplazo *m* MIL Reserve *die*.

reemprender *vt* wieder auf|nehmen.

reencarnación *f* Reinkarnation *die*.

reencuentro *m* Wiedersehen *das*.

reestreno *m* [en cine] wiederholte Vorführung ; [en teatro] wiederholte Aufführung.

reestructurar *vt* um|strukturieren.

refacción *f Amér* - **1.** [reparación] Reparatur *die* - **2.** [recambio] Ersatzteil *das*.

refaccionar *vt Amér* reparieren.

refaccionaria *f Amér* Reparaturwerkstatt *die*.

referencia *f* - **1.** [alusión] Anspielung *die* ; **con ~ a** in Bezug auf *(+A)* ; **hacer ~ a** an|spielen auf *(+A)* - **2.** [remisión] Verweis *der* - **3.** [información] Hinweis *der* - **4.** *(gen pl)* [informe] Referenzen *pl*.

referéndum (*pl* **referéndums**) *m* Referendum *das*.

referente *adj* : **~ a** hinsichtlich *(+G)*.

referir [27] *vt* - **1.** [relacionar] beziehen - **2.** [narrar] erzählen. ◆ **referirse a** *vpr* sich beziehen auf *(+A)*.

refilón ◆ **de refilón** *loc adv* - **1.** [de lado] quer - **2.** [de pasada] im Vorbeigehen.

refinado, da *adj* - **1.** [delicado, distinguido] fein - **2.** [consumado, sin impurezas] raffiniert. ◆ **refinado** *m* Raffinieren *das*.

refinamiento *m* [distinción] Verfeinerung *die*.

refinar *vt* - **1.** [purificar] raffinieren - **2.** [mejorar] verfeinern.

refinería *f* Raffinerie *die*.

reflejar *vt* - **1.** FÍS reflektieren - **2.** [manifestar] wider|spiegeln. ◆ **reflejarse** *vpr* [imagen] sich spiegeln.

reflejo, ja *adj* [inconsciente, indirecto] Reflex-. ◆ **reflejo** *m* - **1.** MED [de luz] Reflex *der* - **2.** [representación] Widerspiegelung *die* - **3.** *(gen pl)* [reacción] Reflexe *pl*.

reflexión *f* - **1.** [gen] Überlegung *die* - **2.** FÍS Reflexion *die*.
reflexionar *vi* nachldenken.
reflexivo, va *adj* - **1.** [que piensa] nachdenklich - **2.** GRAM reflexiv.
reflexoterapia *f* Reflextherapie *die*.
reflujo *m* Ebbe *die*.
reforma *f* - **1.** [modificación] Reform *die* ; ~ **agraria** Bodenreform - **2.** [arreglo] Renovierung *die* ; **'cerrado por ~s'** 'wegen Renovierung geschlossen' ; **hacer ~s** renovieren - **3.** RELIG Reformation *die*.
reformar *vt* - **1.** [modificar] verbessern - **2.** [arreglar] renovieren - **3.** RELIG reformieren. ◆ **reformarse** *vpr* sich bessern.
reformatorio *m* Erziehungsanstalt *die*.
reforzar [37] *vt* verstärken.
refractario, ria *adj* - **1.** [material] feuerbeständig - **2.** [a enfermedades] : ~ **a** immun gegen.
refrán *m* Sprichwort *das*.
refregar [35] *vt* [frotar] schrubben.
refrendar *vt* - **1.** [aprobar] zulstimmen *(+D)* - **2.** [legalizar - documento] gegenlzeichnen.
refrescante *adj* erfrischend.
refrescar [10] ◇ *vt* - **1.** [enfriar] kühlen - **2.** [recordar] auflfrischen. ◇ *vi* - **1.** [tiempo] ablkühlen - **2.** [bebida] erfrischen. ◆ **refrescarse** *vpr* sich erfrischen.
refresco *m* [bebida] Erfrischungsgetränk *das*.
refriega *f* Schlägerei *die*.
refrigeración *f* Klimatisierung *die*.
refrigerador, ra *adj* Kühl-. ◆ **refrigerador** *m* - **1.** [de alimentos] Kühlschrank *der* - **2.** [de máquinas] Kühlanlage *die*.
refrigerar *vt* klimatisieren.
refrigerio *m* Imbiss *der*.
refucilo, refusilo *m Amér* Blitz *der*.
refuerzo *m* Verstärkung *die*. ◆ **refuerzos** *mpl* MIL Verstärkung *die*.
refugiado, da ◇ *adj* Flüchtlings-. ◇ *m, f* Flüchtling *der*.
refugiar [8] *vt* Zuflucht gewähren. ◆ **refugiarse** *vpr* Zuflucht suchen ; **~se de** Schutz suchen vor *(+D)*.
refugio *m* - **1.** [gen] Zufluchtsort *der* ; [en la montaña] Schutzhütte *die* ; ~ **atómico** Atomschutzbunker *der* - **2.** [amparo, consuelo] Zuflucht *die*.
refulgir [15] *vi* glänzen.
refunfuñar *vi* murren.
refusilo *m* = **refucilo**.
refutar *vt* widerlegen.
regadera *f* - **1.** [recipiente] Gießkanne *die* - **2.** *Amér* [ducha] Dusche *die*.
regadío *m* bewässertes Land ; **de ~** bewässert.
regalado, da *adj* [barato] geschenkt.
regalar *vt* - **1.** [dar] schenken - **2.** [deleitar] beschenken. ◆ **regalarse con** *vpr* sich *(D)* etw gönnen.
regaliz *m* - **1.** [planta] Süßholz *das* - **2.** [golosina] Lakritze *die*.
regalo *m* - **1.** [obsequio] Geschenk *das* - **2.** [placer] Genuss *der*.
regañadientes ◆ **a regañadientes** *loc adv fam* zähneknirschend.
regañar ◇ *vt* [reprender] schelten. ◇ *vi* [pelearse] sich streiten.
regañina *f* - **1.** [reprimenda] Schelte *die* - **2.** [enfado] Streit *der*.
regañón, ona ◇ *adj* mürrisch. ◇ *m, f* Grießgram *der*.
regar [35] *vt* - **1.** [con agua] gießen - **2.** [suj : río] durchfließen - **3.** *fig* [con bebida alcohólica] begießen *(mit Alkohol)*.
regata *f* NÁUT Regatta *die*.
regate *m* - **1.** DEP Dribbeln *das* - **2.** *fig* [evasiva] geschickte Ausrede.
regatear ◇ *vt* - **1.** [escatimar] : **no he regateado esfuerzos** ich habe keine Anstrengungen gescheut - **2.** DEP dribbeln. ◇ *vi* - **1.** [discutir precio] feilschen - **2.** NÁUT an einer Regatta teillnehmen.
regateo *m* Feilscherei *die*.
regazo *m* Schoß *der*.
regenerar *vt* - **1.** [físicamente] regenerieren - **2.** [moralmente] erneuern.
regentar *vt* - **1.** [país] führen - **2.** [negocio] leiten.
regente *mf* - **1.** [de país] Herrscher *der*, -in *die* - **2.** [de colegio, negocio] Leiter *der*, -in *die* ; [de universidad] Rektor *der*, -in *die* - **3.** *Amér* [autoridad] Bürgermeister *der*, -in *die*.
regidor, ra *m, f* - **1.** [en ayuntamiento] Ratsherr *der*, -in *die* - **2.** [en teatro] Inspizient *der*, -in *die* ; [en cine] Produktionsassistent *der*, -in *die*.
régimen (*pl* **regímenes**) *m* - **1.** [dieta] Diät *die* ; **estar a ~** auf Diät sein ; **ponerse a ~** sich auf Diät setzen - **2.** [sistema político] Regime *das* - **3.** [proporción] : ~ **de lluvias** Regenverhältnisse *pl* - **4.** LING Rektion *die*. ◆ **Antiguo Régimen** *m* HIST Ancien Régime *das*.
regimiento *m* - **1.** MIL Regiment *das* - **2.** *fig* [gran cantidad] Haufen *der*.
regio, gia *adj* [real] königlich.
región *f* - **1.** [territorio] Region *die* - **2.** [de cuerpo] : **la ~ renal** der Nierenbereich.
regir [42] ◇ *vt* - **1.** LING [reinar] regieren - **2.** [dirigir] leiten - **3.** [determinar] bestimmen. ◇ *vi* - **1.** [estar vigente] gültig sein - **2.** [tener juicio] bei Verstand sein. ◆ **regirse** *vpr* : **~se por** sich richten nach.
registrado, da *adj* - **1.** [grabado] aufgenommen - **2.** [patentado] eingetragen.

registrador, ra ◇ *adj* Registrier-. ◇ *m, f* Registrator *der*, -in *die*.

registrar ◇ *vt* - **1.** [inspeccionar] durchsuchen - **2.** [inscribir] in ein Register ein|tragen - **3.** [recoger, marcar] an|zeigen - **4.** [grabar] auf|nehmen. ◇ *vi* herum|suchen. ◆ **registrarse** *vpr* : **se registró un aumento en la cifra de parados** es wurde ein Anstieg der Arbeitslosenzahl verzeichnet.

registro *m* - **1.** [oficina] Verzeichnis *das*, Register *das* ; **~ civil** Standesamt - **2.** [libro, modo de hablar] Register - **3.** [inspección] Durchsuchung *die* - **4.** INFORM Datensatz *der* - **5.** MÚS Register.

regla *f* - **1.** [para medir] Lineal *das* - **2.** [norma] Regel *die* ; **en ~** in Ordnung ; **por ~ general** in der Regel - **3.** MAT : **las cuatro ~s** die vier Grundrechenarten ; **~ de tres** Dreisatz *der* - **4.** *fam* [menstruación] Regel *die* ; **tiene la ~** sie hat ihre Tage.

reglamentación *f* - **1.** [acción] Reglementierung *die* - **2.** [normativa] Regelung *die*.

reglamentar *vt* reglementieren.

reglamentario, ria *adj* vorschriftsmäßig.

reglamento *m* [régimen] Ordnung *die* ; [reglas] Vorschriften *pl* ; [de deporte] Regeln *pl*.

reglar *vt* regeln.

regocijar *vt* erfreuen. ◆ **regocijarse** *vpr* : **~se con** o **de** sich freuen über *(+A)*.

regocijo *m* Freude *die*.

regodearse *vpr* : **~ en** sich ergötzen an *(+D)*.

regodeo *m* Vergnügen *das*.

regordete, ta *adj* pummelig.

regresar ◇ *vi* [volver] zurück|kehren. ◇ *vt* *Amér* [devolver] zurück|geben. ◆ **regresarse** *vpr Amér* zurück|kehren.

regresión *f* Rückgang *der*, Regression *die*.

regresivo, va *adj* rückläufig, regressiv.

regreso *m* Rückkehr *die*.

reguero *m* - **1.** [regato, chorro] Schwall *der* - **2.** [huella] Spur *die*.

regulación *f* Regelung *die*.

regulador, ra *adj* regulierend.

regular[1] ◇ *adj* - **1.** [reglado - verbo] regelmäßig ; [- transporte] Linien- ; [- vida] geregelt ; [- clero] Ordens- - **2.** [mediocre] mittelmäßig - **3.** [continuado] regelmäßig ; [uniforme] gleichmäßig - **4.** [moderado] normal. ◇ *adv* nicht besonders gut. ◆ **por lo regular** *loc adv* in der Regel.

regular[2] *vt* - **1.** [tráfico, circulación] regeln - **2.** [salario, precio] regulieren - **3.** [máquina] ein|stellen.

regularidad *f* Gleichmäßigkeit *die*.

regularizar [13] *vt* [gen] regeln ; COM regulieren. ◆ **regularizarse** *vpr* in Ordnung kommen.

regusto *m* - **1.** [inmediato] Beigeschmack *der* - **2.** [posterior] Nachgeschmack.

rehabilitación *f* [gen] Rehabilitierung *die* ; [local, edificio] Sanierung *die*.

rehacer [60] *vt* nochmal von vorn an|fangen. ◆ **rehacerse** *vpr* sich erholen.

rehén *m* Geisel *die*.

rehogar [16] *vt* CULIN an|braten.

rehuir [51] *vt* (ver)meiden.

rehusar *vt* [trabajo] ab|lehnen ; [favor] ab|schlagen.

Reikiavik *m o f* Reykjavik *nt*.

reimplantar *vt* reimplantieren.

reimpresión *f* Nachdruck *der*.

reina *f* - **1.** [gen] Königin *die* - **2.** [en cartas, ajedrez] Dame *die (in Spielen)*.

reinado *m* - **1.** [soberanía] (Königs)herrschaft *die* - **2.** [predominio] (Vor)herrschaft *die*.

reinante *adj* herrschend.

reinar *vi* herrschen.

reincidente ◇ *adj* rückfällig. ◇ *mf* Wiederholungstäter *der*, -in *die*.

reincidir *vi* : **~ en** rückfällig werden.

reincorporar *vt* wieder ein|gliedern. ◆ **reincorporarse** *vpr* : **~se (a)** sich wieder ein|gliedern in *(+A)* ; **~se al trabajo** die Arbeit wieder auf|nehmen.

reino *m* (König)reich *das*.

reinserción *f* Wiedereingliederung *die*.

reinstaurar *vt* wieder|herstellen.

reintegrar *vt* [persona] wieder|einsetzen ; [dinero] (zurück|)erstatten. ◆ **reintegrarse** *vpr* : **~se a** sich wieder ein|gliedern in *(+A)*.

reintegro *m* [de persona] Wiedereinsetzung *die* ; [de dinero] (Rück)erstattung *die*.

reír [28] ◇ *vi* lachen. ◇ *vt* lachen über. ◆ **reírse** *vpr* - **1.** [carcajearse] lachen - **2.** [burlarse] sich lustig machen ; **~se de** sich lustig machen über *(+A)*.

reiterar *vt* wiederholen.

reiterativo, va *adj* wiederholend.

reivindicación *f* Forderung *die*.

reivindicar [10] *vt* - **1.** [exigir] fordern - **2.** [atribuirse] sich bekennen zu.

reivindicativo, va *adj* fordernd.

reja *f* Gitter *das*.

rejilla *f* - **1.** [enrejado] Gitter *das* - **2.** [tipo de tejido] Geflecht *das*.

rejoneador, ra *m, f* TAUROM berittener Stierkämpfer, berittene Stierkämpferin.

rejuntarse *vpr fam* zusammen|leben.

rejuvenecer [30] ◇ *vt* verjüngen. ◇ *vi* jung machen.

relación *f* - **1.** [correspondencia, nexo] Zusammenhang *der* ; **con ~ a, en ~ con** mit Bezug auf, bezüglich *(+G)* ; **~ precio-calidad**

COM Preis-Leistungs-Verhältnis *das* - **2.** [comunicación, trato] : **relaciones públicas** Öffentlichkeitsarbeit *die* ; [situación, contacto] Verhältnis *das* - **3.** *(gen pl)* [contactos] Beziehungen *pl* - **4.** [lista] Verzeichnis *das* - **5.** [relato] Schilderung *die* - **6.** [informe] Bericht *der.* ◆ **relaciones** *fpl* [con compromiso] Beziehung *die* ; [sin compromiso] Verhältnis *das.*

relacionar *vt* [enlazar, vincular] in Beziehung setzen. ◆ **relacionarse** *vpr* : **~se con** Umgang haben mit.

relajación *f* - **1.** [distensión] Entspannung *die* - **2.** [flexibilización] Lockerung *die.*

relajar *vt* - **1.** [ablandar] entspannen - **2.** [flexibilizar] lockern. ◆ **relajarse** *vpr* sich entspannen.

relajo *m Amér* Wirrwarr *der.*

relamer *vt* ab|lecken. ◆ **relamerse** *vpr* - **1.** [saborear] sich mit der Zunge über die Lippen fahren - **2.** [deleitarse] *fig* sich die Lippen lecken.

relámpago *m* [gen] Blitz *der.*

relampaguear ◇ *v impers* (auf|)blitzen. ◇ *vi fig* funkeln.

relatar *vt* schildern.

relatividad *f* Relativität *die.*

relativo, va *adj* - **1.** [gen] relativ - **2.** [referente a] : **~ a** in Bezug auf *(+A)* ; **en lo ~ a** hinsichtlich *(+G)* - **3.** [poco, escaso] gering - **4.** GRAM Relativ-.

relato *m* - **1.** [oral] Bericht *der* - **2.** [escrito] Erzählung *die.*

relax *m* - **1.** [ablandamiento] Entspannung *die* - **2.** [bienestar] Erholung *die.*

relegar [16] *vt* aus|schließen ; **~ algo al olvido** etw aus dem Bewusstsein verdrängen.

relente *m* Nachttau *der.*

relevante *adj* relevant, wichtig.

relevar *vt* - **1.** [eximir] : **~ a alguien de algo** jn von etw entbinden - **2.** [sustituir] ab|lösen - **3.** DEP aus|wechseln.

relevo *m* - **1.** MIL Ablösung *die* - **2.** DEP Wechsel *der.* ◆ **relevos** *mpl* DEP Staffellauf *der.*

relieve *m* - **1.** GEOGR [realce] Relief *das* ; **bajo ~** Flachrelief - **2.** [importancia] Bedeutung *die* ; **poner de ~** hervor|heben.

religión *f* [creencias] Religon *die.*

religiosamente *adv* - **1.** [con religiosidad] religiös - **2.** [con puntualidad] pünktlich.

religioso, sa ◇ *adj* - **1.** [creyente] religiös - **2.** *fig* [puntual] (über)pünktlich. ◇ *m, f* Mönch *der*, Nonne *die.*

relinchar *vi* wiehern.

reliquia *f* - **1.** RELIG Reliquie *die* - **2.** [vestigio] Relikt *das* - **3.** *fam* [antigualla] Relikt.

rellano *m* - **1.** [descansillo] Treppenabsatz *der* - **2.** [de terreno] Terrasse *die.*

rellenar *vt* - **1.** [volver a llenar] auf|füllen - **2.** [cumplimentar] aus|füllen - **3.** [embutir] füllen.

relleno, na *adj* gefüllt. ◆ **relleno** *m* Füllung *die* ; **de ~** nichtssagend.

reloj *m* Uhr *die* ; **~ de arena** Sanduhr ; **~ de pared** Wanduhr ; **~ de pulsera** Armbanduhr ; **hacer algo contra ~** *fig* etw gegen die Uhr tun.

relojería *f* [tienda] Uhrengeschäft *das* ; [taller, oficio] Uhrmacherei *die.*

relojero, ra *m, f* Uhrmacher *der*, -in *die.*

relucir [32] *vi* glänzen.

relumbrar *vi* glänzen.

remachar *vt* - **1.** [machacar] nieten - **2.** [recalcar] bekräftigen.

remache *m* Niete *die.*

remanente *m* Restbetrag *der.*

remangar [16] hoch|krempeln.

remanso *m* stehendes Gewässer.

remar *vi* rudern.

rematado, da *adj* [acabado] abgeschlossen ; [en costura] vernäht.

rematar ◇ *vt* - **1.** [acabar] ab|schließen - **2.** [matar de un tiro] durch einen Gnadenschuss töten - **3.** [adjudicar] zu|schlagen - **4.** DEP aufs Tor schießen. ◇ *vi* aufs Tor schießen.

remate *m* - **1.** FIN Schluss *der* - **2.** [colofón] Höhepunkt *der* ; **para ~** [para colmo] zu allem Unglück - **3.** DEP Schuss *der* aufs Tor. ◆ **de remate** *loc adv* total.

rembolsar = **reembolsar.**

rembolsarse = **reembolsarse.**

rembolso = **reembolso.**

remedar *vt* - **1.** [cosa] kopieren - **2.** [persona] nach|ahmen.

remediar [8] *vt* beheben.

remedio *m* - **1.** [solución] Abhilfe *die* ; **no haber más ~ que** nichts anderes übrig|bleiben als ; **sin ~** unvermeidlich ; **¡no tienes ~!** dir ist nicht zu helfen! ; **la situación no tiene ~** die Lage ist aussichtslos ; **¡qué ~ (me queda)!** was bleibt mir denn anderes übrig! - **2.** [medicamento] Heilmittel *das.*

rememorar *vt* zurück|denken.

remendar [19] *vt* flicken.

remero, ra *m, f* Ruderer *der*, Ruderin *die.*

remesa *f* Lieferung *die.*

remeter *vt* hinein|stecken.

remezón *m Amér* Erdbeben *das.*

remiendo *m* - **1.** [parche] Flicken *der* - **2.** *fam* [apaño] : **ha hecho un ~ en el motor** er hat den Motor geflickt.

remilgado, da *adj* geziert.

remilgo *m* Getue *das.*

reminiscencia *f* Reminiszenz *die.*

remite *m* Absender *der.*

remitente *mf* Absender *der*, -in *die.*

remitir ◇ *vt* - **1.** [enviar] (ab|)senden - **2.** [perdonar] vergeben - **3.** [traspasar]

übergeben. <> *vi* - **1.** [en textos] verweisen - **2.** [disminuir] zurück|gehen. ◆ **remitirse** *vpr* : **~se a** sich beziehen auf *(+A)*.
remo *m* - **1.** [pala] Ruder *das* - **2.** DEP Rudern *das* - **3.** *(gen pl)* [extremidad] Gliedmaßen *pl*.
remodelar *vt* um|gestalten.
remojar *vt* - **1.** [humedecer] ein|weichen - **2.** *fam* [festejar] : **~ el triunfo** den Sieg begießen.
remojo *m* : **en ~** ein|weichen lassen.
remolacha *f* Rübe *die*.
remolcador, ra *adj* Abschlepp-. ◆ **remolcador** *m* [de coche] Abschleppfahrzeug *das* ; [de barco] Schlepper *der*.
remolcar [10] *vt* ab|schleppen.
remolino *m* - **1.** [de viento] Wirbel *der* ; [de agua] Strudel *der* - **2.** [aglomeración] Haufen *der* - **3.** [confusión] Verwirrung *die*.
remolón, ona <> *adj* faul. <> *m, f* Drückeberger *der* ; **hacerse el ~** sich drücken.
remolque *m* - **1.** [vehículo] Anhänger *der* ; **llevar a ~ a alguien** *fig* jn ins Schlepptau nehmen - **2.** [de coche] Abschleppfahrzeug *das* ; [de barco] Schlepper *der*.
remontar *vt* - **1.** [montaña] hinauf|steigen ; [río] flussaufwärts schwimmen - **2.** [obstáculo] überwinden - **3.** [distancia] auf|holen - **4.** [hacia el aire] : **~ una cometa** einen Drachen steigen lassen. ◆ **remontarse** *vpr* - **1.** [elevarse] auf|steigen - **2.** [retrotraerse] zurück|gehen auf *(+A)*.
remonte *m* Lift *der*.
rémora *f* - **1.** [pez] Schiffshalter *der* - **2.** *fam* [obstáculo] Hindernis *das*.
remorder [24] *vt* : **algo le remuerde a alguien** etw erfüllt jn mit Gewissensbissen.
remordimiento *m* Gewissensbiss *der*.
remoto, ta *adj* - **1.** [lejano] abgelegen - **2.** [pasado] weit zurückliegend - **3.** [improbable] unwahrscheinlich - **4.** [a distancia] Fern-.
remover [24] *vt* - **1.** [agitar] um|rühren - **2.** [desplazar] entfernen - **3.** [volver sobre algo] : **no remuevas ese asunto** rühr diesen Fall nicht wieder auf. ◆ **removerse** *vpr* bewegt sein.
remplazar [13] = **reemplazar**.
remplazo = **reemplazo**.
remuneración *f* Vergütung *die*.
remunerar *vt* - **1.** [pagar - tarea] vergüten ; [- persona] entlohnen - **2.** [recompensar] belohnen.
renacer [29] *vi* [flor, planta] wieder auf|blühen ; [persona] wieder auf|leben.
renacimiento *m* [de flores, plantas] Wiederaufblühen *das* ; [de personas] Wiederaufleben *das*. ◆ **Renacimiento** *m* ARTE Renaissance *die*.
renacuajo *m* - **1.** [animal] Kaulquappe *die* - **2.** *fam fig* [persona] Knirps *der*.
renal *adj* Nieren-.
rencilla *f* Zwist *der*.
rencor *m* Groll *der*.
rencoroso, sa *adj* nachtragend.
rendición *f* [de persona] Aufgabe *die* ; [de ejército, castillo] Kapitulation *die*.
rendido, da *adj* - **1.** [agotado] erschöpft - **2.** [cautivado] : **caer ~ ante algo** etw *(D)* erliegen.
rendija *f* Spalt *der*.
rendimiento *m* [productividad] Leistung *die*.
rendir [26] <> *vt* - **1.** [vencer - enemigo] bezwingen ; [- fortaleza] übergeben - **2.** [presentar] : **~ pleitesía** Ehren dar|bieten - **3.** [cansar] ermüden. <> *vi* [rentar] leisten. ◆ **rendirse** *vpr* - **1.** [entregarse] sich ergeben - **2.** [ceder] : **~se a la evidencia** vor den Tatsachen kapitulieren - **3.** [desanimarse] auf|geben.
renegado, da *m, f* Abtrünnige *der*.
renegar [35] <> *vt* [negar] immer wieder verleugnen. <> *vi* - **1.** [abjurar] : **~ de** sich los|sagen von - **2.** *fam* [gruñir] fluchen.
Renfe (*abrev de* **Red Nacional de los Ferrocarriles Españoles**) *f spanische Eisenbahngesellschaft*.
renglón *m* Zeile *die* ; **a ~ seguido** *fig* sofort.
reno *m* Rentier *das*.
renombrar *vt* INFORM um|benennen.
renombre *m* Ansehen *das*, Ruf *der*.
renovación *f* - **1.** [gen] Erneuerung *die* ; [de mobiliario, equipamiento] Neuausstattung *die* - **2.** [de contrato, pasaporte, etc] Verlängerung *die* - **3.** [de personal] Neueinstellung *die* - **4.** [edificio] Renovierung *die*.
renovar [24] *vt* - **1.** [gen] erneuern ; [mobiliario, equipamiento] neu aus|statten - **2.** [contrato, pasaporte, etc] verlängern - **3.** [personal] neu ein|stellen - **4.** [edificio] renovieren - **5.** [arte, tendencia] um|wälzen.
renquear *vi* - **1.** [cojear] hinken - **2.** [ir tirando] lahmen.
renta *f* - **1.** [ingresos] Einkommen *das* ; **vivir de las ~s** von seinen Zinsen leben ; **~ per cápita** O **por habitante** Pro-Kopf-Einkommen *das* ; **~ fija** FIN Festertrag *der* ; **~ vitalicia** Leibrente *die* - **2.** [alquiler] Miete *die*.
rentable *adj* rentabel.
rentar *vt* - **1.** [dar beneficios] ein|bringen - **2.** *Amér* [alquilar] mieten.
renuncia *f* Verzicht *der*.
renunciar (a) ◆ **renunciar a** [8] *vi* - **1.** [abandonar, abstenerse de] auf|geben - **2.** [prescindir de] verzichten auf *(+A)* - **3.** [rechazar] ab|weisen.
reñido, da *adj* - **1.** [enfadado] zerstritten - **2.** [disputado] erbittert - **3.** [opuesto] : **tus planes están reñidos con sus ideas** deine

Pläne sind mit seinen Vorstellungen unvereinbar.

reñir [26] <> *vt* - **1.** [regañar] schimpfen - **2.** [disputar] streiten. <> *vi* [enfadarse] streiten ; ~ **con** streiten mit.

reo, a *m, f* Angeklagte *der, die.*

reojo *m* : **mirar de ~** verstohlen an|sehen.

repantingarse [16] *vpr* sich (hin)fläzen.

reparación *f* [arreglo] Reparatur *die.*

reparador, ra *adj* wohltuend, kräftigend.

reparar <> *vt* - **1.** [arreglar] reparieren - **2.** [remediar] wieder gut|machen - **3.** [restablecer] wieder her|stellen. <> *vi* [advertir] : ~ **en** bemerken.

reparo *m* - **1.** [objección] Einwand *der* ; **poner ~s a algo** Bedenken gegen etw erheben - **2.** [apuro] : **me da ~** es ist mir unangenehm.

repartidor, ra *m, f* [de mercancía] Zusteller *der,* -in *die* ; [de periódicos] Austräger *der,* -in *die.*

repartir *vt* - **1.** [dividir] auf|teilen - **2.** [distribuir] aus|tragen - **3.** [asignar] zu|teilen - **4.** [administrar] ver|teilen.

reparto *m* - **1.** [división] Aufteilung *die* ; ~ **de beneficios** ECON Gewinnbeteiligung *die* - **2.** [distribución] Zustellung *die* - **3.** [asignación] Zuteilung *die* ; [en teatro] Besetzung *die.*

repasar *vt* - **1.** [texto] überarbeiten ; [cuentas] überprüfen - **2.** [recoser] aus|bessern.

repaso *m* - **1.** [revisión] Überarbeitung *die* ; [de ropa] Ausbessern *das* - **2.** *fam* [reprimenda] : **dar un ~ a alguien** jm eine Rüge erteilen.

repatear *vt fam* nerven.

repatriar [9] *vt* repatriieren.

repecho *m* steiler Abhang, Böschung *die.*

repelente *adj* - **1.** [desagradable] abstoßend - **2.** [repugnante] eklig - **3.** [ahuyentador] widerwärtig.

repeler *vt* - **1.** [rechazar] ab|weisen - **2.** [repugnar] an|ekeln.

repelús *m fam* : **me dió ~** mich durchlief ein Schauder.

repente ◆ **de repente** *loc adv* plötzlich.

repentino, na *adj* unerwartet.

repercusión *f* - **1.** [consecuencias] Auswirkung *die* - **2.** [resonancia] Widerhall *der.*

repercutir *vi* - **1.** [afectar] : ~ **en** sich aus|wirken auf *(+A)* - **2.** [resonar] wider|hallen.

repertorio *m* Repertoire *das.*

repetición *f* Wiederholung *die.*

repetidor, ra *m, f* Sitzenbleiber *der,* -in *die.* ◆ **repetidor** *m* ELECTR Verstärker *der.*

repetir [26] <> *vt* - **1.** [palabra, acto] wiederholen - **2.** [en comida] nach|nehmen. <> *vi* - **1.** [alumno] (eine Klasse) wiederholen - **2.** [sabor] auf|stoßen - **3.** [en comida] nach|nehmen. ◆ **repetirse** *vpr* sich wiederholen.

repicar [10] <> *vt* [campanas] läuten ; [instrumento] schlagen. <> *vi* [campanas] läuten ; [instrumento] ertönen.

repique *m* Läuten *das.*

repiqueteo *m* [de campanas, timbre] Geläute *das* ; [de tambor] Trommeln *das.*

repisa *f* - **1.** [estante] Sims *das* - **2.** ARQUIT Kragstein *der.*

replantear *vt* wieder auf|werfen.

replegar [35] *vt* ein|klappen. ◆ **replegarse** *vpr* sich (geordnet) zurück|ziehen.

repleto, ta *adj* prall gefüllt.

réplica *f* - **1.** [respuesta] Erwiderung *die* - **2.** [copia] Nachbildung *die.*

replicar [10] <> *vt* - **1.** [responder] erwidern - **2.** [objetar] entgegnen. <> *vi* [objetar] widersprechen.

repliegue *m* - **1.** [pliegue] Falte *die* - **2.** [retirada] Rückzug *der.*

repoblación *f* - **1.** [de personas] Wiederbevölkerung *die* - **2.** [de animales] Wiederbesetzung - **3.** [de vegetación] Wiederbepflanzung *die* ; ~ **forestal** Wiederaufforstung *die.*

repoblar [23] *vt* - **1.** [con personas] wieder bevölkern - **2.** [con animales] wieder besetzen - **3.** [con vegetación] wieder bepflanzen.

repollo *m* Weißkohl *der.*

reponer [65] *vt* - **1.** [volver a poner] wieder hin|stellen, wieder hin|legen ; [en cargo] wieder ein|setzen - **2.** [sustituir] ersetzen - **3.** [en cine, teatro] wieder auf|führen. ◆ **reponerse** *vpr* sich erholen ; **~se de** sich erholen von.

reportaje *m* Reportage *die.*

reportar *vt* - **1.** [ofrecer] (mit sich) bringen - **2.** *Amér* [informar] berichten. ◆ **reportarse** *vpr* sich zurückhalten.

reporte *m Amér* Bericht *der.*

reportero, ra, repórter *m, f* Reporter *der,* -in *die.*

reposacabezas *m inv* Kopfstütze *die.*

reposado, da *adj* ruhig.

reposar *vi* - **1.** [descansar] aus|ruhen - **2.** [no moverse, yacer] ruhen.

reposición *f* [de obra, película] Reprise *die.*

reposo *m* [descanso] Erholung *die,* Ruhe *die* ; **en ~** [sin mover] ruhend ; [sin actividad] im Stillstand.

repostar <> *vi* auf|tanken. <> *vt* tanken.

repostería *f* Konditorei *die.*

reprender *adj* zurecht|weisen.

reprensión *f* - **1.** [acción] Tadel *der* - **2.** [reproche] Vorwurf *der.*

represalia *f (gen pl)* Repressalie *die,* Vergeltungsmaßnahme *die.*

representación *f* - **1.** [conjunto de personas] (Stell)vertretung *die* - **2.** [acción] Vertretung *die* ; **en ~ de** stellvertretend für - **3.** [imagen, figura] Darstellung *die* - **4.** TEATR Vorstellung *die*.

representante ◇ *adj* [de colectivo] (stell)vertretend ; [característico] typisch. ◇ *mf* - **1.** [de personas, colectividad] (Stell)vertreter *der*, -in *die* - **2.** [de firma comercial] Vertreter *der*, -in *die* - **3.** [de artista] Agent *der*, -in *die*.

representar *vt* - **1.** [gen] dar|stellen - **2.** COM [a colectividad, persona] vertreten - **3.** [equivaler, significar, importar] bedeuten - **4.** [ser ejemplo, simbolizar] verkörpern - **5.** [interpretar] auf|führen.

representativo, va *adj* - **1.** [gen] repräsentativ - **2.** [característico] kennzeichnend.

represión *f* - **1.** [política] Unterdrückung *die* - **2.** [psicológica] Verdrängung *die*.

reprimenda *f* Verweis *der*.

reprimir *vt* unterdrücken. ◆ **reprimirse** *vpr* sich zurück|halten.

reprobar [23] *vt* - **1.** [recriminar] missbilligen - **2.** *Amér* [suspender] durch|fallen lassen.

reprochar *vt* vor|werfen.

reproche *m* Vorwurf *der*.

reproducción *f* - **1.** [copia] Reproduktion *die* - **2.** [fertilidad] Fortpflanzung *die* - **3.** [de sonido, imagen] Wiedergabe *die*.

reproducir [33] *vt* - **1.** [gen] wieder|geben - **2.** [copiar] reproduzieren - **3.** [imitar] nach|ahmen. ◆ **reproducirse** *vpr* - **1.** [volver a suceder] sich wiederholen - **2.** [procrear] sich fort|pflanzen.

reproductor, ra *adj* - **1.** [repetidor] Wiedergabe- - **2.** [procreador] Fortpflanzungs-.

reprografía *f* Reprografie *die*.

reptil *m* Reptil *das*.

república *f* Republik *die* ; **las ~s bálticas** die Baltenrepubliken.

República Checa *f* Tschechische Republik.

República de Sudáfrica *f* Republik Südafrika *die*.

República Dominicana *f* Dominikanische Republik *die*.

republicano, na ◇ *adj* republikanisch. ◇ *m, f* Republikaner *der*, -in *die*.

repudiar [8] *vt* [rechazar] verstoßen.

repudio *m* Verstoßung *die*.

repuesto, ta ◇ *pp irreg* ▷ **reponer**. ◇ *adj* erholt. ◆ **repuesto** *m* Ersatzteil *das* ; **de ~** Ersatz-.

repugnancia *f* [moral] Abscheu *die* ; [física] Ekel *der*.

repugnante *adj* widerwärtig.

repugnar *vi* [provocar asco] an|ekeln ; [causar rechazo] widerstreben.

repujar *vt* [metal] treiben ; [piel] punzen.

repulsa *f* Ablehnung *die*.

repulsión *f* - **1.** [aversión] Abneigung *die* - **2.** [rechazo] Abstoßung *die*.

repulsivo, va *adj* abstoßend.

reputación *f* Ruf *der*.

requemado, da *adj* angebrannt.

requerimiento *m* - **1.** [demanda] Ersuchen *das* - **2.** DER Aufforderung *die*.

requerir [27] *vt* [exigir] erfordern. ◆ **requerirse** *vpr* erforderlich sein.

requesón *m* CULIN Quark *der*.

réquiem (*pl* **requiems**), **requiem** (*pl* **requiems**) *m* Requiem *das*.

requisa *f* - **1.** [requisición] Beschlagnahmung *die* ; MIL Requisition *die* - **2.** [inspección] Inspektion *die*.

requisito *m* Voraussetzung *die*.

res *f* Vieh *das*.

resabio *m* [tendencia] altes Laster, schlechte Angewohnheit.

resaca *f* - **1.** *fam* [tras borrachera] Kater *der (von Alkohol)* - **2.** [de mar] Brandung *die*.

resalado, da *adj fam* anmutig.

resaltar ◇ *vi* - **1.** [destacar] sich ab|heben - **2.** [sobresalir] vor|springen. ◇ *vt* [destacar] hervor|heben.

resarcir [12] *vt* - **1.** [persona] : **~ a alguien de** jn entschädigen für - **2.** [gastos, daños] ersetzen. ◆ **resarcirse** *vpr* entschädigt werden.

resbalada *f Amér fam* Ausrutschen *das*.

resbaladizo, za *adj* - **1.** [que hace resbalar] rutschig - **2.** [que resbala] schlüpfrig.

resbalar *vi* - **1.** [caer] aus|rutschen - **2.** [deslizarse] gleiten. ◆ **resbalarse** *vpr* aus|rutschen.

resbalón *m* Ausrutscher *der*.

rescatar *vt* - **1.** [liberar] befreien - **2.** [salvar] retten - **3.** [recuperar] wiedererlangen.

rescate *m* - **1.** [liberación] Befreiung *die* - **2.** [de persona en peligro] Rettung *die* - **3.** [dinero] Lösegeld *das*.

rescindir *vt* kündigen.

rescisión *f* Kündigung *die*.

rescoldo *m* [brasa] Glut *die* ; **un ~ de** [sentimiento] ein Funke von.

resecar [10] *vt* aus|trocknen. ◆ **resecarse** *vpr* aus|trocknen.

reseco, ca *adj* sehr trocken.

resentido, da ◇ *adj* beleidigt. ◇ *m, f* verbitterte Person.

resentimiento *m* Groll *der*.

resentirse [27] *vpr* - **1.** [debilitarse] sich verschlechtern - **2.** [sentir molestias] : **~ de** leiden unter *(+D)*.

reseña *f* [de libro] Rezension *die* ; [de partido, conferencia] Bericht *der*.

reseñar *vt* rezensieren.

reserva ◇ *f* - **1.** [de sitio] Reservierung *die* - **2.** [documento] Platzkarte *die* - **3.** *(gen pl)* [objeción, duda] Vorbehalt *der* - **4.** [discreción] Zurückhaltung *die* - **5.** *(gen pl)* ECON

Rücklage *die (meist pl)* - **6.** [de indígenas, territorio] Reservat *das* ; **~ natural** Naturschutzgebiet *das* - **7.** MIL [provisión] Reserve. ◇ *mf* DEP Reservespieler *der*, -in *die*. ◆ **reservas** *fpl* - **1.** [energía acumulada] Reserven *pl* - **2.** [recursos] Reserven *pl*.

reservado, da *adj* - **1.** [sitio] reserviert - **2.** [persona] zurückhaltend. ◆ **reservado** *m* [de un local] Nebenraum *der* ; [de un tren] Sonderabteil *das*.

reservar *vt* - **1.** [sitio] reservieren - **2.** [guardar] auf|bewahren. ◆ **reservarse** *vpr* - **1.** [para ocasión] sich schonen - **2.** [guardar para sí] für sich behalten.

resfriado, da *adj* erkältet. ◆ **resfriado, resfrío** *m Amer* Erkältung *die*.

resfriar [9] ◆ **resfriarse** *vpr* sich erkälten.

resfrío *m Amér* = **resfriado**.

resguardar *vt* schützen. ◆ **resguardarse** *vpr* : **~se de** sich schützen vor *(+D)*.

resguardo *m* - **1.** [documento] Beleg *der* - **2.** [protección] Schutz *der*.

residencia *f* - **1.** [estancia] Aufenthalt *der* - **2.** [lugar] Wohnsitz *der* - **3.** [casa] Residenz *die* - **4.** [establecimiento] (Wohn)heim *das* ; **~ de ancianos** Altersheim *das* - **5.** [hotel] Gästehaus *das* - **6.** [permiso para extranjeros] Aufenthaltsgenehmigung *die*.

residencial *adj* Wohn-.

residente *mf* - **1.** [habitante] Ansässige *der, die* - **2.** [extranjero] ausländischer Bürger - **3.** [médico] Assistenzarzt *der*, -ärztin *die*.

residir *vi* - **1.** [vivir] ansässig sein - **2.** [radicar] : **~ en** liegen in *(+D)*.

residuo *m (gen pl)* - **1.** [material inservible] Abfall *der* - **2.** [restos] Rest *der*.

resignación *f* Resignation *die*.

resignarse *vpr* sich ab|finden ; **~ a hacer algo** sich damit ab|finden, etw zu tun.

resina *f* Harz *das*.

resistencia *f* - **1.** [gen] Widerstand *der* - **2.** [aguante] Festigkeit *die* - **3.** MED Resistenz *die*.

resistente *adj* - **1.** [cosa] fest - **2.** [persona] widerstandsfähig.

resistir *vt* - **1.** [soportar, tolerar] aus|halten - **2.** [aguantar] stand|halten - **3.** [mostrarse firme] widerstehen. ◆ **resistir a** *vi* - **1.** [defenderse] Widerstand leisten - **2.** [soportar, aguantar] aus|halten. ◆ **resistirse** *vpr* - **1.** [oponerse] sich widersetzen ; **~se a** sich etw *(D)* widersetzen ; **~se a hacer algo** sich widersetzen, etw zu tun - **2.** [defenderse] sich wehren ; **~se a** sich wehren gegen - **3.** [no ceder] widerstehen.

resol *m* Abglanz *der*.

resolución *f* - **1.** [solución] (Auf)lösung *die* - **2.** [firmeza] Entschlossenheit *die* - **3.** DER (gerichtliche) Entscheidung.

resolver [24] *vt* - **1.** [solucionar] lösen, klären - **2.** [decidir] beschließen - **3.** [hacer decantar] entscheiden. ◆ **resolverse** *vpr* [solucionarse] sich klären, sich lösen.

resonancia *f* Resonanz *die*.

resonar [23] *vi* wider|hallen.

resoplar *vi* schnauben.

resoplido *m* Schnauben *das*.

resorte *m* [muelle] Feder *die*.

respaldar *vt* unter|stützen. ◆ **respaldarse** *vpr* - **1.** [en asiento] sich zurück|lehnen ; [en la pared] sich an|lehnen - **2.** [en persona] sich *(D)* Rückendeckung verschaffen.

respaldo *m* - **1.** [apoyo] Unterstützung *die* - **2.** [de asiento] Lehne *die*.

respectar *v impers* : **por lo que respecta a algo/alguien** was etw/jn betrifft.

respectivo, va *adj* betreffend.

respecto *m* : **al ~** diesbezüglich ; **(con) ~ a** o **de** hinsichtlich.

respetable *adj* - **1.** [venerable] ehrwürdig - **2.** [considerable] ansehnlich.

respetar *vt* - **1.** [tener respeto] respektieren, achten - **2.** [no destruir] schonen - **3.** [cumplir, obedecer] beachten.

respeto *m* - **1.** [consideración] Respekt *der*, Achtung *die* - **2.** [miedo] Respekt *der*.

respetuoso, sa *adj* respektvoll ; **ser ~ con la ley** das Gesetz befolgen.

respingar [16] *vi* murren.

respingo *m* [movimiento] : **dar un ~** auf|springen.

respingón, ona *adj* abstehend ; **nariz respingona** Stupsnase *die*.

respiración *f* Atmen *das*.

respirar ◇ *vt* - **1.** [aire] atmen - **2.** [sensación, sentimiento] aus|strahlen. ◇ *vi* - **1.** [absorber oxígeno] (ein|)atmen - **2.** *fig* [sentir alivio] auf|atmen ; **no dejar ~ a alguien** jn in Atem halten.

respiratorio, ria *adj* ANAT Atmungs-.

respiro *m* - **1.** [descanso] Verschnaufpause *die* - **2.** [alivio] Erleichterung *die*.

resplandecer [30] *vi* glänzen.

resplandeciente *adj* - **1.** [brillante] glänzend - **2.** [rebosante] strahlend.

resplandor *m* - **1.** [luz] Schimmer *der* - **2.** [brillo] Glanz *der*.

responder ◇ *vt* [contestar] (be)antworten. ◇ *vi* - **1.** [contestar] antworten ; **~ a** antworten auf *(+A)* ; **~ al teléfono** sich melden - **2.** [reaccionar] reagieren ; **~ a** reagieren auf *(+A)* - **3.** [hacerse responsable] : **~ de algo** haften für etw ; **~ por alguien** für jn ein|stehen - **4.** [corresponder] : **~ a** entsprechen.

respondón, ona *adj* widerspenstig.

responsabilidad *f* - **1.** [gen] Verantwortung *die* - **2.** [culpabilidad] Verantwortlichkeit *die*.

responsabilizar [13] *vt* : ~ **a alguien de algo** jn für etw verantwortlich machen. ◆ **responsabilizarse** *vpr* : ~**se de** die Verantwortung übernehmen für.
responsable *adj* - **1.** [formal] verantwortungsbewusst - **2.** [encargado] : ~ **de** zuständig für - **3.** [culpable] : ~ **de** verantwortlich für ; **hacerse ~ de algo** etw verantworten.
respuesta *f* Antwort *die* ; **en ~ a** bezugnehmend auf *(+A)*.
resquebrajar *vt* spalten. ◆ **resquebrajarse** *vpr* [madera] sich spalten ; [porcelana] springen.
resquemor *m* Ressentiment *das*.
resquicio *m* - **1.** [abertura] Spalt *der* - **2.** [un poco] : **un ~ de** ein Schimmer von.
resta *f* MAT Subtraktion *die*.
restablecer [30] *vt* wieder her|stellen. ◆ **restablecerse** *vpr* - **1.** [curarse] : ~**se de** sich erholen von - **2.** [volver a establecerse] sich wieder ein|stellen.
restallar *vt & vi* [látigo] knallen ; [lengua] schnalzen.
restante *adj* restlich ; **lo ~** der Rest.
restar *vt* - **1.** MAT subtrahieren, ab|ziehen - **2.** [disminuir] schmälern.
restauración *f* - **1.** [restablecimiento] Restauration *die* - **2.** ARTE Restaurierung *die*.
restaurante *m* Restaurant *das*.
restaurar *vt* - **1.** [restablecer] wieder her|stellen - **2.** ARTE restaurieren.
restitución *f* Rückgabe *die*.
restituir [51] *vt* [devolver] zurück|geben.
resto *m* Rest *der*. ◆ **restos** *mpl* - **1.** [sobras] Reste *pl* - **2.** [de muerto, ruinas] Überreste *pl*.
restregar [35] *vt* [frotar] reiben. ◆ **restregarse** *vpr* [frotarse] sich reiben.
restricción *f* - **1.** [reducción] Einschränkung *die*, Beschränkung *die* - **2.** *(gen pl)* [racionamiento] Rationierung *die*.
restrictivo, va *adj* einschränkend.
restringir [15] *vt* ein|schränken.
resucitar ◇ *vt* [persona] wiederbeleben ; [costumbre] auf|leben. ◇ *vi* auferstehen.
resuello *m* Keuchen *das*.
resuelto, ta ◇ *pp irreg* ▷ **resolver**. ◇ *adj* - **1.** [solucionado] geklärt, gelöst - **2.** [decidido] entschlossen.
resultado *m* Resultat *das*, Ergebnis *das*.
resultante *adj* resultierend.
resultar ◇ *vi* - **1.** [salir resultado] sich erweisen - **2.** [salir bien] gelingen - **3.** [originarse] : ~ **de** resultieren aus, sich ergeben aus - **4.** [ser de una manera] : ~ **sorprendente** erstaunlich sein ; ~ **útil** sich als nützlich erweisen - **5.** [venir a costar] kosten. ◇ *v impers* [suceder] sich heraus|stellen.
resumen *m* Zusammenfassung *die*, Resumee *das* ; **en ~** kurz (gesagt).
resumir *vt* [sintetizar] zusammen|fassen. ◆ **resumirse en** *vpr* [sintetizarse, reducirse] hinaus|laufen auf *(+A)*.
resurgir [15] *vi* wieder auf|leben.
resurrección *f* Auferstehung *die*.
retablo *m* Altaraufsatz *der*.
retaguardia *f* [de ejército] Nachhut *die*.
retahíla *f* Reihe *die*.
retal *m* Stoffrest *der*.
retardar *vt* verzögern.
retención *f* - **1.** *(gen pl)* [de tráfico] Stau *der* - **2.** [deducción] Abzüge *nur pl* - **3.** MED : ~ **de orina** Harnverhaltung *die*.
retener [72] *vt* - **1.** [detener, contener] zurück|halten - **2.** [conservar] enthalten - **3.** [guardar] auf|bewahren - **4.** [memorizar] behalten ; [datos] speichern - **5.** [deducir] ab|ziehen.
reticente *adj* [reacio] zurückhaltend.
retina *f* ANAT Netzhaut *die*.
retintín *m* [ruido] Geklingel *das*.
retirado, da ◇ *adj* - **1.** [jubilado] pensioniert - **2.** [solitario] zurückgezogen - **3.** [alejado] abgelegen. ◇ *m, f* [jubilado] Rentner *der*, -in *die*. ◆ **retirada** *f* - **1.** MIL [de competición, actividad] Rückzug *der* - **2.** [acción de quitar] Beseitigung *die*.
retirar *vt* - **1.** [quitar - platos] ab|räumen ; [- confianza] entziehen ; [- dinero] ab|heben - **2.** [apartar] entfernen - **3.** [jubilar] in den Ruhestand versetzen - **4.** [retractarse de] zurück|nehmen. ◆ **retirarse** *vpr* - **1.** [gen] sich zurück|ziehen - **2.** [dejar] sich zur Ruhe setzen - **3.** [apartarse] sich entfernen.
retiro *m* - **1.** [jubilación] Pension *die* - **2.** [pensión] Rente *die* - **3.** [refugio] Zufluchtsort *der*.
reto *m* Herausforderung *die*.
retocar [10] *vt* - **1.** [arreglar, corregir] auf|frischen - **2.** [dar el último toque] letzte Hand an|legen.
retomar *vt* wieder auf|nehmen.
retoño *m* - **1.** [de persona] Sprössling *der* - **2.** [de planta] Trieb *der*.
retoque *m* Ausbesserung *die*.
retorcer [41] *vt* [torcer, tergiversar] verdrehen ; [ropa] (aus|)wringen. ◆ **retorcerse** *vpr* [contraerse] sich krümmen.
retorcido, da *adj* - **1.** [gen] verdreht ; [ropa] gewrungen - **2.** [persona] hinterlistig.
retórico, ca *adj* rhetorisch. ◆ **retórica** *f* [arte] Rhetorik *die*.
retornar ◇ *vt* - **1.** [devolver] zurück|geben - **2.** [volver a poner] zurück|stellen. ◇ *vi* [regresar] zurück|kehren.
retorno *m* - **1.** [regreso] Rückkehr *die* - **2.** [devolución] Rückgabe *die* - **3.** INFORM Rücksprung *der* ; ~ **de carro** Wagenrücklauf *der*.
retortijón *m* *(gen pl)* Bauchweh *das*.

retozar [13] *vi* (heruml)tollen.
retractarse *vpr* einen Rückzieher machen ; **~ de algo** etw widerrufen.
retraer [73] *vt* [encoger] einlziehen. ◆ **retraerse** *vpr* **- 1.** [encogerse] eingezogen werden **- 2.** [retirarse] : **~se de** sich zurücklziehen aus.
retraído, da *adj* gehemmt.
retraimiento *m* Zurückhaltung *die*.
retransmisión *f* Übertragung *die*.
retransmitir *vt* übertragen.
retrasado, da *adj* **- 1.** [atrasado, débil mental] zurückgeblieben **- 2.** [en tiempo] verspätet.
retrasar <> *vt* **- 1.** [aplazar] auflschieben **- 2.** [demorar, hacer más lento] auflhalten **- 3.** [reloj] nachlstellen. <> *vi* **- 1.** [reloj] nachlgehen **- 2.** [no estar al día] im Rückstand sein. ◆ **retrasarse** *vpr* **- 1.** [llegar tarde] sich verspäten **- 2.** [no estar al día] im Rückstand sein **- 3.** [reloj] nachlgehen.
retraso *m* **- 1.** [gen] Verspätung *die* ; **llevar ~** Verspätung haben **- 2.** [en economía, estudios, etc] Rückstand *der*.
retratar *vt* **- 1.** [persona] porträtieren **- 2.** [situación] widerlgeben.
retrato *m* **- 1.** [dibujo] Porträt *das* **- 2.** FOTO Porträtaufnahme *die* ; **~ robot** Phantombild *das* **- 3.** [reflejo] Wiedergabe *die*.
retreta *f* MIL Zapfenstreich *der*.
retrete *m* Toilette *die*.
retribución *f* **- 1.** [acción] Vergütung *die* **- 2.** [dinero] Lohn *der*.
retribuir [51] *vt* [empleado] vergüten ; [favor] sich erkenntlich zeigen.
retro *adj* altertümlich.
retroactivo, va *adj* rückwirkend.
retroceder *vi* **- 1.** [en espacio, ante situación] zurücklweichen **- 2.** [en tiempo] sich zurücklbegeben.
retroceso *m* **- 1.** [regresión] Rückschritt *der* **- 2.** [empeoramiento] Rückschlag *der*.
retrógrado, da <> *adj* rückschrittlich. <> *m, f* altmodische Person.
retropropulsión *f* Rückstoßantrieb *der*.
retroproyector *m* Overheadprojektor *der*.
retrospectivo, va *adj* rückblickend. ◆ **retrospectiva** *f* Retrospektive *die*.
retrovisor *m* ▷ **espejo**.
retumbar *vi* **- 1.** [resonar] widerlhallen **- 2.** [hacer ruido] dröhnen.
reuma, reúma *m o f* MED Rheuma *das*.
reumatismo *m* MED Rheumatismus *der*.
reunificar [10] *vt* wiederlvereinigen. ◆ **reunificarse** *vpr* sich wiederlvereinigen.
reunión *f* **- 1.** [de trabajo] Versammlung *die* **- 2.** [de ocio] Gesellschaft *die*.
reunir *vt* **- 1.** [congregar] versammeln **- 2.** [recoger, acumular] sammeln **- 3.** [cumplir, satisfacer] vereinigen. ◆ **reunirse** *vpr* [congregarse] sich versammeln.
revalorar = **revalorizar**.
revalorizar [13], **revalorar** *vt* **- 1.** [aumentar] auflwerten **- 2.** [restituir] neu bewerten. ◆ **revalorizarse, revalorarse** *vpr* an Wert gewinnen.
revancha *f* Revanche *die*.
revelación *f* **- 1.** [declaración] Enthüllung *die* **- 2.** [descubrimiento] Entdeckung *die*.
revelado *m* FOTO Entwicklung *die*.
revelador, ra *adj* enthüllend.
revelar *vt* **- 1.** [declarar] enthüllen **- 2.** [evidenciar] verraten **- 3.** FOTO entwickeln. ◆ **revelarse** *vpr* sich erweisen.
reventa *f* Wiederverkauf *der*.
reventar [19] <> *vt* **- 1.** [explotar] zum Platzen bringen **- 2.** [echar abajo] einlreißen **- 3.** [hacer fracasar] platzen lassen. <> *vi* **- 1.** [explotar] platzen **- 2.** *fam* [fastidiar] auf die Nerven fallen **- 3.** *fam* [estallar] herauslplatzen ; **~ de** platzen vor *(+D)* ◆ **reventarse** *vpr* **- 1.** [explotar] platzen **- 2.** *fam* [cansarse] sich kaputt machen.
reventón *m* **- 1.** [pinchazo] : **tener un ~** einen Platten haben **- 2.** [estallido] Leck *das* **- 3.** *Amér* [juerga] : **ir de ~** auslgehen.
reverberar *vi* **- 1.** [sonido] nachlhallen **- 2.** [luz, calor] widerlscheinen.
reverdecer [30] *vi* [planta, campo] wieder ergrünen.
reverencia *f* **- 1.** [saludo] Verbeugung *die* **- 2.** [respeto] Respekt *der*.
reverenciar [8] *vt* verehren.
reverendo, da *adj* ehrwürdig. ◆ **reverendo** *m* [sacerdotes] Hochwürden. ◆ **reverendo, da** *m, f* [religiosos] Ehrwürden *der, die*.
reverente *adj* ehrfürchtig.
reversible *adj* **- 1.** [cambiable] umkehrbar **- 2.** [prenda de vestir] Wende-.
reverso *m* Rückseite *die*.
revertir [27] *vi* **- 1.** [volver] zurücklkehren **- 2.** [resultar] : **~ en** sich umlkehren in *(+A)* **- 3.** [devolver] zurücklfallen.
revés *m* **- 1.** [parte opuesta] Rückseite *die* ; **al ~** umgekehrt ; **del ~** falsch herum **- 2.** [bofetada] Ohrfeige *die* **- 3.** [en tenis] Rückhandschlag *der* **- 4.** [contratiempo] Rückschlag *der*.
revestimiento *m* Verkleidung *die*.
revestir [26] *vt* **- 1.** [recubrir] verkleiden ; **~ de** verkleiden mit **- 2.** [tomar cierto aspecto] anlnehmen.
revisar *vt* **- 1.** [gen] überlprüfen **- 2.** [modificar] durchlsehen.
revisión *f* **- 1.** [repaso] Durchsicht *die* **- 2.** [examen, inspección] Überprüfung *die* ; **~ médica** ärztliche Untersuchung **- 3.** [modificación] Revision *die*.

revisor, ra <> *adj* Prüf-. <> *m, f* [en transporte público] Kontrolleur *der,* -in *die.*
revista *f* - **1.** [publicación] Zeitschrift *die* ; **~ del corazón** Boulevardblatt *das* - **2.** [espectáculo teatral] Revue *die* - **3.** [inspección] Inspektion *die* ; **pasar ~** MIL die Truppe besichtigen ; [examinar, inspeccionar] untersuchen.
revistero *m* Zeitschriftenständer *der.*
revitalizar [13] *vt* beleben.
revivir <> *vi* wieder auf|leben. <> *vt* [recordar] wieder erleben.
revocar [10] *vt* DER widerrufen.
revolcar [36] *vt* zu Fall bringen. ◆ **revolcarse** *vpr* sich wälzen.
revolotear *vi* umher|flattern.
revoltijo, revoltillo *m* Durcheinander *das.*
revoltoso, sa <> *adj* unruhig. <> *m, f* Unruhestifter *der,* -in *die.*
revolución *f* - **1.** [gen] Revolution *die* - **2.** [en mecánica] Umdrehung *die.*
revolucionar *vt* - **1.** [crear conflicto] in Aufruhr bringen - **2.** [transformar] revolutionieren.
revolucionario, ria *adj* revolutionär.
revolver [24] *vt* - **1.** [desorganizar] durch|wühlen - **2.** [dar vuelta a] um|wenden ; [agitar] auf|lockern - **3.** *fig* [irritar] : **~ las tripas** den Magen um|drehen. ◆ **revolverse** *vpr* - **1.** [moverse] sich hin und her bewegen - **2.** [enfrentarse] sich drehen ; **~se contra** sich auf|lehnen gegen.
revólver *m* Revolver *der.*
revuelo *m* [agitación] Empörung *die.*
revuelto, ta <> *pp irreg* ▷ **revolver.** <> *adj* - **1.** [casa, habitación] durcheinander - **2.** [época, clima] stürmisch - **3.** [aguas] unruhig. ◆ **revuelta** *f* [disturbio] Aufstand *der.*
rey *m* König *der.*
reyerta *f* Streit *der.*
Reyes Magos *mpl* : **los ~** die Heiligen Drei Könige.
rezagado, da <> *adj* weit hinten. <> *m, f* Nachzügler *der,* -in *die.*
rezar [13] <> *vt* beten. <> *vi* - **1.** [orar] beten - **2.** [decir] lauten.
rezo *m* Gebet *das.*
rezongar [16] *vi* brummen.
rezumar *vt* - **1.** [transpirar] aus|schwitzen - **2.** [desprender] aus|strahlen.
ría *f* Meeresarm *der.*
riachuelo *m* Bach *der.*
riada *f* - **1.** [inundación] Hochwasser *das* - **2.** *fig* [multitud] Flut *die.*
ribera *f* Ufer *das.*
ribete *m* Saum *der.*
ribetear *vt* ein|fassen.
ricino *m* [planta] Rizinus *der.*
rico, ca <> *adj* - **1.** [adinerado, abundante] reich ; **~ en** reich an *(+D)* - **2.** [sabroso] lecker - **3.** [simpático] reizend. <> *m, f* Reiche *der, die.*
rictus *m* Zucken *das.*
ridiculez *f* - **1.** [payasada] Lächerlichkeit *die* - **2.** [nimiedad] Kleinigkeit *die.*
ridiculizar [13] *vt* lächerlich machen.
ridículo, la *adj* lächerlich. ◆ **ridículo** *m* Lächerliche *das* ; **hacer el ~** sich lächerlich machen ; **poner** o **dejar en ~** ins Lächerliche ziehen.
riego *m* Bewässerung *die* ; **~ sanguíneo** Durchblutung *die.*
riel *m* [de cortina] Stange *die.*
rienda *f* [de caballería] Zügel *der* ; **dar ~ suelta a algo** *fig* etw *(D)* freien Lauf lassen. ◆ **riendas** *fpl* [dirección] Kontrolle *die.*
riesgo *m* Risiko *das* ; **a todo ~** [seguro, póliza] Vollkasko(versicherung) *die* ; **correr (el) ~ de** Gefahr laufen, dass, das Risiko in Kauf nehmen.
riesgoso, sa *adj Amér* riskant.
rifa *f* Verlosung *die.*
rifar *vt* verlosen. ◆ **rifarse** *vpr* konkurrieren um.
rifle *m* Gewehr *das.*
rigidez *f* - **1.** [inflexibilidad] Steifheit *die* - **2.** [severidad] Strenge *die* - **3.** [inexpresividad] Starrheit *die.*
rígido, da *adj* - **1.** [inflexible] unbiegsam - **2.** [severo] streng.
rigor *m* - **1.** [gen] Strenge *die* - **2.** [exactitud] Genauigkeit *die.* ◆ **de rigor** *loc adj* unerläßlich.
riguroso, sa *adj* - **1.** [severo] streng - **2.** [exacto] genau.
rimar *vi* & *vt* reimen.
rimbombante *adj* [grandilocuente] hochtrabend.
rímel, rimmel *m* Wimperntusche *die.*
rincón *m* - **1.** [ángulo] Ecke *die* - **2.** [lugar alejado, espacio pequeño] Winkel *der.*
rinconera *f* Eckmöbel *das.*
ring *m* DEP (Box)ring *der.*
rinoceronte *m* Nashorn *das.*
riña *f* Streit *der.*
riñón *m* ANAT Niere *die.* ◆ **riñones** *mpl* Nierengegend *die.*
riñonera *f* [pequeño bolso] Hüfttasche *die.*
río *m* Fluss *der.*
rioja *m* Rioja *der (Wein).*
riqueza *f* Reichtum *der.*
risa *f* Lachen *das.*
risco *m* Fels(en) *der.*
risotada *f* Gelächter *das.*
ristra *f* - **1.** [de frutos] Bund *der (Gemüse)* - **2.** [de cosas inmateriales] Reihe *die.*
risueño, ña *adj* [alegre, sonriente] heiter.

ritmo *m* Rhythmus *der.*
rito *m* - **1.** RELIG Ritus *der* - **2.** [costumbre] Ritual.
ritual ◇ *adj* rituell. ◇ *m* Ritual *das.*
rival ◇ *adj* Konkurrenz-. ◇ *mf* Rivale *der*, -lin *die.*
rivalidad *f* Rivalität *die.*
rivalizar [13] *vi* rivalisieren.
rizado, da *adj* - **1.** [pelo] gelockt - **2.** [mar] gekräuselt. ◆ **rizado** *m* Kräuseln *das.*
rizar [13] *vt* [pelo] Locken legen. ◆ **rizarse** *vpr* sich kräuseln.
rizo *m* - **1.** [de pelo] Locke *die* - **2.** [tela] Frottee *der* o *das* - **3.** [de avión] Looping *der.*
RNE (*abrev de* **Radio Nacional de España**) *f nationaler spanischer Rundfunk.*
robar *vt* - **1.** [objeto, persona] rauben, stehlen ; ~ **el corazón** das Herz stehlen - **2.** [en cartas, en dominó, en damas] ziehen - **3.** [con precios] (das Geld) aus der Tasche ziehen.
roble *m* - **1.** [árbol] Eiche *die* - **2.** *fig* [persona] : **Juan está hecho un** ~ Juan ist ein Kerl wie ein Baum.
robledal, robledo *m* Eichenwald *der.*
robo *m* [delito] Raub *der*, Diebstahl *der* ; ~ **a mano armada** bewaffneter Raubüberfall.
robot *m* Roboter *der* ; ~ **de cocina** Küchenautomat *der.*
robótica *f* Robotik *die.*
robotizar [13] *vt* automatisieren.
robustecer [30] *vt* stärken, kräftigen. ◆ **robustecerse** *vpr* kräftiger werden.
robusto, ta *adj* - **1.** [persona] kräftig - **2.** [cosa] stark.
roca *f* [piedra] Felsen *der.*
rocalla *f* Geröll *das.*
roce *m* - **1.** [rozamiento] Reibung *die* - **2.** [trato] häufiger Umgang - **3.** [desavenencia] Reiberei *die.*
rociar [9] ◇ *vt* - **1.** [con agua] benetzen - **2.** [con objetos] bestreuen. ◇ *v impers* nieseln.
rocío *m* Tau *der.*
rock (*pl* **rocks**) *m*, **rock and roll** *m inv* Rock *der.*
rockero, ra, roquero, ra ◇ *adj* rockig, Rock-. ◇ *m, f* Rockmusiker *der*, -in *die.*
rocoso, sa *adj* felsig.
rodaballo *m* [pez] Steinbutt *der.*
rodado, da *adj* - **1.** [piedra] angeschwemmt - **2.** [tráfico] : **tráfico** ~ Straßenverkehr *der.* ◆ **rodada** *f* Reifenspur *die.*
rodaja *f* Scheibe *die.*
rodaje *m* - **1.** [de película] Dreharbeiten *pl* - **2.** [de motor] Einfahren *das* ; **estar en** ~ eingefahren werden - **3.** [en trabajo] Erfahrung *die.*
rodapié *m* Zierleiste *die.*
rodar [23] ◇ *vi* - **1.** [deslizarse, circular] rollen - **2.** [girar] sich drehen - **3.** [caer] herunter|purzeln. ◇ *vt* - **1.** [película] drehen - **2.** [automóvil] ein|fahren.
rodear *vt* - **1.** [estar alrededor] umgeben - **2.** [poner alrededor] umschlingen - **3.** [dar la vuelta] einen Umweg machen. ◆ **rodearse** *vpr* : **~se de** sich umgeben mit.
rodeo *m* - **1.** [camino largo] : **dar un** ~ einen Umweg machen - **2.** *(gen pl)* [evasiva] Umschweife *pl* ; **andar** o **ir con ~s** um den (heißen) Brei herum|reden ; **hablar sin ~s** ohne Umschweife sprechen - **3.** [de ganado] Zusammentreiben *das.*
rodilla *f* Knie *das* ; **de ~s** kniend.
rodillera *f* - **1.** [protección] Knieschützer *der* - **2.** [remiendo] Kniestück *das* - **3.** [en prenda de vestir] Kniebeule *die.*
rodillo *m* - **1.** [para repostería] Nudelholz *das* - **2.** [para pintar] Farbroller *der* - **3.** [de máquina, para apisonar] Walze *die.*
rododendro *m* [árbol] Rhododendron *der.*
rodríguez *m fam* Strohwitwer *der.*
roedor, ra *adj* nagend. ◆ **roedores** *mpl* Nagetiere *pl.*
roer [69] *vt* - **1.** [con dientes] (ab|)nagen - **2.** *fig* [persona] plagen.
rogar [39] *vt* [pedir] bitten ; [implorar] an|flehen.
rogativa *f (gen pl)* Bittgebet *das.*
rojizo, za *adj* rötlich.
rojo, ja ◇ *adj* rot. ◇ *m, f* Rote *der, die.* ◆ **rojo** *m* [color] Rot *das* ; **al ~ vivo** [en incandescencia] rotglühend.
rol (*pl* **roles**) *m* - **1.** [papel, función] Rolle *die* - **2.** NÁUT Musterrolle *die.*
rollizo, za *adj* stämmig.
rollo *m* - **1.** [cilindro] Rolle *die* - **2.** [de película] Filmrolle *die* - **3.** *fam* [discurso] ermüdendes Gerede - **4.** *fam* [embuste] übertriebene Geschichte - **5.** *fam* [labia] gutes Mundwerk - **6.** *fam* [tema] : **¿de qué va el ~?** worum geht es? - **7.** *fam* [pesadez] Schmarren *der* ; **¡qué ~!** so ein langweiliger Schmarren!
ROM (*abrev de* **read-only memory**) *f* ROM *das.*
Roma *f* Rom *nt.*
romance ◇ *adj* romanisch. ◇ *m* - **1.** LING romanische Sprache - **2.** LITER [aventura amorosa] Romanze *die.*
románico, ca *adj* romanisch. ◆ **Románico** *m* ARTE : **el Románico** die Romanik.
romanización *f* Romanisierung *die.*
romano, na ◇ *adj* - **1.** [de la antigua Roma] römisch - **2.** [de la Iglesia Católica] römisch-katholisch. ◇ *m, f* Römer *der*, -in *die.*
romanticismo *m* Romantik *die.*
romántico, ca *adj* romantisch.
rombo *m* GEOM Raute *die.*

romería *f* - **1.** [peregrinación] Pilgerfahrt *die* - **2.** [fiesta] Kirmes *die*.
romero, ra *m, f* Pilger *der*, -in *die*. ◆ **romero** *m* [planta] Rosmarin *der*.
romo, ma *adj* - **1.** [sin filo] stumpf - **2.** [chato] stupsnasig.
rompecabezas *m inv* - **1.** [juego] Puzzle *das* - **2.** *fam* [problema] harte Nuss.
rompeolas *m inv* Wellenbrecher *der*.
romper ◇ *vt* - **1.** [gen] (zer)brechen - **2.** [papel, tela] zerreißen - **3.** [ropa, zapatos] ab|nutzen - **4.** [hábito, monotonía] (unter|-)brechen - **5.** [amistad, noviazgo] ab|brechen - **6.** [pacto, compromiso] brechen. ◇ *vi* - **1.** [terminar relación] : ~ **con alguien** Schluss machen mit jm - **2.** [estallar] (an|-)brechen - **3.** [empezar] : ~ **a hacer algo** aus|-)brechen in *(+A)* ◆ **romperse** *vpr* - **1.** [partirse] brechen - **2.** [desgastarse] reißen.
rompimiento *m* (Ab)bruch *der*.
ron *m* Rum *der*.
roncar [10] *vi* schnarchen.
ronco, ca *adj* - **1.** [persona] heiser - **2.** [sonido] rau.
ronda *f* - **1.** [vigilancia] Rundgang *der* - **2.** [calle] Ringstraße *die* - **3.** [de consumiciones, en juego] Runde *die*.
rondar ◇ *vt* - **1.** [rayar en] : ~ **los cuarenta** um die 40 sein - **2.** [vigilar] einen Rundgang machen - **3.** [estar próximo] im Anflug sein - **4.** [cortejar] umwerben. ◇ *vi* [dar vueltas, vagar] umher|streifen.
ronquera *f* Heiserkeit *die*.
ronquido *m* Schnarchen *das*.
ronronear *vi* schnurren.
ronroneo *m* Schnurren *das*.
roña ◇ *adj fam* knaus(e)rig. ◇ *f* - **1.** [suciedad] Schmutz *der* - **2.** [del ganado] (Schaf)räude *die*.
roñoso, sa *adj* - **1.** [sucio] schmutzig - **2.** [tacaño] knaus(e)rig.
ropa *f* - **1.** [tela] Wäsche *die* ; ~ **blanca** Weißwäsche ; ~ **interior** Unterwäsche - **2.** [vestimenta] Kleidung *die*.
ropaje *m* Kleidung *die*.
ropero *m* [armario] Kleiderschrank *der* ; [habitación] Kleiderkammer *die*.
roquero, ra = **rockero**.
rosa ◇ *f* [flor] Rose *die* ; **estar fresco como una ~** taufrisch sein. ◇ *adj inv* [color] rosa. ◇ *m* [color] Rosa *das*.
rosado, da *adj* rosa, rosé. ◆ **rosado** *m* ▷ **vino**.
rosal *m* [arbusto] Rosenstrauch *der*.
rosario *m* - **1.** [rezo] Rosenkranz *der* - **2.** [objeto] Rosenkranz *der*.
rosca *f* - **1.** [de tornillo] Gewinde *das* - **2.** CULIN Kringel *der*.
rosco *m* CULIN Kranzkuchen *der*.
roscón *m* Kranzkuchen *der* ; ~ **de Reyes** Kranzkuchen zum Dreikönigsfest.
rosetón *m* - **1.** [de cristal] Fensterrosette *die* - **2.** [de escayola] Deckenrosette *die*.
rosquilla *f* CULIN Kringel *der*.
rostro *m* Gesicht *das*.
rotación *f* Rotation *die*.
rotativo, va *adj* Dreh-. ◆ **rotativo** *m* Zeitung *die*.
roto, ta ◇ *pp irreg* ▷ **romper**. ◇ *adj lit & fig* gebrochen. ◆ **roto** *m* Riss *der*.
rotonda *f* [plaza] Kreisverkehr *der*.
rótula *f* ANAT Kniescheibe *die*.
rotulador *m* Filzstift *der*.
rotular *vt* - **1.** [calle, tienda] beschriften - **2.** [mapa, plano] markieren.
rótulo *m* Schild *das*.
rotundo, da *adj* - **1.** [categórico] kategorisch - **2.** [completo] durchschlagend.
rotura *f* Bruch *der*.
roulotte *f* AUTOM Wohnwagen *der*.
royalty (*pl* **royalties** o **royaltys**) *m* Tantiemen *pl*.
rozadura *f* - **1.** [señal] Kratzer *der* - **2.** [herida] Abschürfung *die*.
rozamiento *m* Reibung *die*.
rozar [13] *vt* - **1.** [tocar] streifen - **2.** [raspar] verkratzen - **3.** [estar cerca de] grenzen an *(+A)* ◆ **rozar con** *vi* - **1.** [tocar] streifen - **2.** [tener relación con] betreffen. ◆ **rozarse** *vpr* - **1.** [tocarse, pasar cerca] sich streifen - **2.** [herirse] sich (die Haut) auf|schürfen.
r. p. m. (*abrev de* **revoluciones por minuto**) U/min.
Rte. (*abrev de* **remitente**) Abs.
RTVE (*abrev de* **Radiotelevisión Española**) *f spanische Rundfunk- und Fernsehanstalt.*
ruana *f Amér* Poncho *der*.
rubeola, rubéola *f* MED Röteln *pl*.
rubí (*pl* **rubís** o **rubíes**) *m* Rubin *der*.
rubio, bia ◇ *adj* [color] hell ; [pelo] blond. ◇ *m, f* Blonde *der*, Blondine *die*.
rublo *m* Rubel *der*.
rubor *m* [sonrojo] Schamröte *die*.
ruborizar [13] *vt* erröten. ◆ **ruborizarse** *vpr* vor Scham rot werden.
ruboroso, sa *adj* schamhaft.
rúbrica *f* - **1.** [de firma] (Unterschrifts)schnörkel *der* ; **poner ~ a** ab|schließen - **2.** [título] Rubrik *die*.
rubricar [10] *vt* - **1.** [firmar] unterzeichnen - **2.** [confirmar] bekräftigen - **3.** [concluir] ab|schließen.
rudeza *f* - **1.** [tosquedad] Rauheit *die* - **2.** [grosería] Derbheit *die*.
rudimentario, ria *adj* - **1.** [elemental] Grund- - **2.** [poco desarrollado] rudimentär.
rudimentos *mpl* Grundbegriffe *pl*.

rudo, da *adj* - **1.** [tosco] ungehobelt - **2.** [grave] hart - **3.** [brusco] schroff.
rueda *f* - **1.** [pieza] Rad *das* ; ~ **de repuesto** Ersatzrad - **2.** [corro] Reigen *der* - **3.** [rodaja] Scheibe *die*. ◆ **rueda de prensa** *f* Pressekonferenz *die*.
ruedo *m* TAUROM Stierkampfarena *die* ; **echarse al** ~ *fig* in den Ring steigen.
ruego *m* Bitte *die*.
rufián *m* Schurke *der*.
rugby *m* DEP Rugby *das*.
rugido *m* - **1.** [de animal] Brüllen *das* - **2.** [de viento, tempestad] Toben *das* - **3.** [de persona] Gebrüll *das*.
rugir [15] *vi* - **1.** [animal, persona] brüllen - **2.** [viento, tempestad] toben.
rugoso, sa *adj* [áspero] rau.
ruido *m* - **1.** [gen] Lärm *der* ; [sonido] Geräusch *das* - **2.** *fig* [escándalo] Aufsehen *das*.
ruidoso, sa *adj* [que hace ruido] laut.
ruin *adj* - **1.** [vil] schäbig - **2.** [avaro] knaus(e)rig.
ruina *f* - **1.** [de dinero, bienes] Ruin *der* ; **estar en la** ~ ruiniert sein ; **dejar en la** ~ ruinieren - **2.** [destrucción] Untergang *der* - **3.** [de edificio] Einsturz *der* ; **amenazar** ~ baufällig sein - **4.** [persona] Wrack. ◆ **ruinas** *fpl* Ruinen *pl*.
ruinoso, sa *adj* - **1.** [negocio] ruinös - **2.** [edificio] baufällig.
ruiseñor *m* Nachtigall *die*.
ruleta *f* Roulette *das*.
rulo *m* [para pelo] Lockenwickler *der*.
ruma *f* *Amér* Haufen *der*.
Rumania, Rumanía *f* Rumänien *nt*.
rumano, na ◇ *adj* rumänisch. ◇ *m, f* Rumäne *der*, -nin *die*. ◆ **rumano** *m* Rumänisch(e) *das*.
rumbo *m* - **1.** [dirección] Richtung *die* - **2.** [camino] Weg *der*.
rumiante ◇ *adj* wiederkäuend. ◇ *m* Wiederkäuer *der*.
rumiar [8] ◇ *vt* - **1.** [masticar] wieder|käuen - **2.** [pensar] hin und her überlegen. ◇ *vi* [masticar] wieder|käuen.
rumor *m* - **1.** [chisme] Gerücht *das* - **2.** [ruido sordo] Geräusch *das*.
rumorearse *v impers* : **se rumorea que** es wird gemurmelt, dass.
runrún *m* - **1.** [ruido confuso] Brummen *das* - **2.** [chisme] Gerücht *das*.
rupestre *adj* Höhlen-.
rupia *f* Rupie *die*.
ruptura *f* (Ab)bruch *der*.
rural *adj* ländlich, Land-.
Rusia *f* Russland *nt*.
ruso, sa ◇ *adj* russisch. ◇ *m, f* Russe *der*, Russin *die*. ◆ **ruso** *m* Russisch *das*.
rústico, ca *adj* - **1.** [del campo] Land- ; [mueble] rustikal - **2.** [tosco] grob.
ruta *f* Weg *der*.
rutina *f* - **1.** [costumbre] Routine *die* ; **de** ~ routinemäßig - **2.** INFORM Programm *das*.
rutinario, ria *adj* gewohnheitsgemäß.

S

s[1]**, S** ['ese] *f* [letra] s, S *das*. ◆ **S.** (*abrev de* **san**) St.
s[2] (*abrev de* **segundo**) s.
s., sig. *abrev de* **siguiente**.
S. A. (*abrev de* **sociedad anónima**) *f* AG *die*.
sábado *m* Samstag *der*, Sonnabend *der* ; **¿qué día es hoy? – (es)** ~ welchen Tag haben wir heute? – heute ist Samstag. ; **cada** ~, **todos los ~s** jeden Samstag ; **caer en** ~ auf einen Samstag fallen ; **el próximo** ~, **el** ~ **que viene** nächsten Samstag ; **el** ~ am Samstag ; **el** ~ **pasado** letzten Samstag ; **el** ~ **por la mañana/tarde/noche** Samstag Morgen/Nachmittag/Abend ; **en** ~ samstags ; **este** ~ [pasado] letzten Samstag ; [próximo] nächsten Samstag ; **los ~s** samstags ; **un** ~ an einem Samstag.
sabana *f* Savanne *die*.
sábana *f* Bettlaken *das*.
sabandija *f* - **1.** [animal] Ungeziefer *das* - **2.** *fig* [persona] Schurke *der*.
sabañón *m* Frostbeule *die*.
sabático, ca *adj* [de sábado] Samstags-.
sabelotodo *mf inv fam* Besserwisser *der*, -in *die*.
saber [70] ◇ *m* [conocimiento] Wissen *das*. ◇ *vt* - **1.** [gen] wissen - **2.** [ser docto] sich aus|kennen - **3.** [tener habilidad] : ~ **hacer algo** etw können - **4.** [enterarse de] erfahren ; **hacer** ~ wissen lassen - **5.** *loc* : **a** ~ und zwar ; **que yo sepa** soweit ich weiß ; **¡vete a ~!** wer weiß! ◇ *vi* - **1.** [tener sabor] schmecken ; ~ **a** schmecken nach - **2.** [ser listo] den Dreh raus haben - **3.** [tener noticias] : ~ **de** wissen von - **4.** [parecer] : ~ **a** riechen nach - **5.** [lamentarse de] : ~ **mal** leid tun - **6.** *Amér fam* [soler] zu tun pflegen. ◆ **saberse** *vpr* kennen.
sabiduría *f* - **1.** [conocimientos] Wissen *das* - **2.** [prudencia] Klugheit *die*.
sabiendas ◆ **a sabiendas** *loc adv* absichtlich.
sabihondo, da, sabiondo, da ◇ *adj* ◇ *m, f* Naseweis *der*.
sabio, bia ◇ *adj* [gen] klug. ◇ *m, f* Weise *der*, *die*.
sabiondo, da = **sabihondo**.

sablazo *m* - **1.** [golpe] Säbelhieb *der* - **2.** *fam* [de dinero] Anpumpen *das*.
sable *m* Säbel *der*.
sablear *vt fam* an|pumpen.
sabor *m* - **1.** [gusto] Geschmack *der* - **2.** [estilo] Hauch *der*.
saborear *vt* - **1.** [alimento] kosten - **2.** [situación] genießen.
sabotaje *m* Sabotage *die*.
saboteador, ra *m, f* Saboteur *der*, -in *die*.
sabotear *vt* sabotieren.
sabrá *etc* ▷ **saber**.
sabroso, sa *adj* - **1.** [gustoso] schmackhaft - **2.** *fig* [sustancioso] kräftig.
sabueso *m* - **1.** [perro] Spürhund *der* - **2.** [policía] Fahnder *der*.
saca *f* Sack *der*.
sacacorchos *m inv* Korkenzieher *der*.
sacapuntas *m inv* (Bleistift)spitzer *der*.
sacar [10] ◇ *vt* - **1.** [poner fuera] heraus|nehmen - **2.** [hacer salir de lugar] aus|führen ; **~ a bailar** zum Tanz auf|fordern - **3.** [ofrecer] hervor|holen - **4.** [de situación] : **~ a alguien de** jn retten aus ; **~ adelante** [persona] groß|ziehen ; [negocio] vorwärts|bringen - **5.** [conseguir, obtener] bekommen - **6.** [extraer] aus|pressen - **7.** [producir, crear] heraus|bringen - **8.** [exteriorizar] raus|holen - **9.** [resolver] lösen - **10.** [deducir, sonsacar] heraus|bekommen ; **~ en claro** o **limpio** klar|stellen - **11.** [mostrar] zeigen ; **~ a relucir** auf|wärmen - **12.** [comprar] lösen - **13.** [aventajar] Vorsprung haben - **14.** [quitar] entfernen - **15.** [ganar] gewinnen - **16.** DEP ein|werfen. ◇ *vi* DEP den Abstoß machen. ◆ **sacarse** *vpr* - **1.** [poner fuera] hervor|holen - **2.** [quitarse] aus|ziehen - **3.** [conseguir, obtener] erhalten - **4.** [extraer] gewinnen.
sacarina *f* Saccharin *das*.
sacerdote, tisa *m, f* [religioso] Priester *der*, -in *die*. ◆ **sacerdote** *m* [católico] Priester *der*.
saciar [8] *vt* [satisfacer] stillen. ◆ **saciarse** *vpr* satt werden.
saco *m* - **1.** [bolsa] Sack *der* ; **ser un ~ de mentiras** *fig* ein gewaltiger Lügener sein - **2.** *Amér* [chaqueta] Sakko *der* o *das*. ◆ **saco (de dormir)** *m* Schlafsack *der*.
sacramento *m* RELIG Sakrament *das*.
sacrificar [10] *vt* - **1.** [situación, persona] opfern - **2.** [animal] schlachten. ◆ **sacrificarse** *vpr* sich opfern ; **~se para hacer algo** sich auf|opfern, um etw zu tun ; **~se por** sich auf|opfern für.
sacrificio *m* Opfer *das*.
sacrilegio *m* Sakrileg *das*.
sacrílego, ga *adj* frevelhaft.
sacristán, ana *m, f* Küster *der*, -in *die*.
sacristía *f* Sakristei *die*.
sacro, cra *adj* - **1.** [sagrado] heilig - **2.** ANAT sakral. ◆ **sacro** *m* ANAT Kreuzbein *das*.
sacudida *f* Erschütterung *die*.
sacudir *vt* - **1.** [agitar] schütteln - **2.** [golpear] aus|klopfen - **3.** [conmover] erschüttern - **4.** *fam* [pegar] verprügeln. ◆ **sacudirse** *vpr* [librarse de] ab|schütteln.
sádico, ca ◇ *adj* sadistisch. ◇ *m, f* Sadist *der*, -in *die*.
sadismo *m* Sadismus *der*.
sadomasoquismo *m* Sadomasochismus *der*.
saeta *f* - **1.** [flecha] Pfeil *der* - **2.** MÚS *Flamencolied, welches bei Prozessionen improvisiert wird*.
safari *m* [expedición] Safari *die*.
saga *f* [historia familiar] *literarisch aufbereitete Familiengeschichte*.
sagaz *adj* scharfsinnig.
Sagitario ◇ *m inv* [zodíaco] Schütze *der* ; **ser ~** Schütze sein. ◇ *m inv & f inv* [persona] Schütze *der*.
sagrado, da *adj* heilig.
Sahara *m* : **el (desierto del) ~** die Sahara.
sal *f* - **1.** QUÍM [condimento] Salz *das* - **2.** *fig* [chispa] Witz *der*. ◆ **sales** *fpl* - **1.** [para reanimar] Riechsalz *das* - **2.** [de baño] Badesalz *das*.
sala *f* - **1.** [gen] Saal *der* ; **~ de espera** Wartesaal ; **~ de fiestas** Festsaal ; **~ de espera** Wartezimmer *das (Arzt)* ; **~ de estar** Wohnzimmer *das* - **2.** [mobiliario] Wohnzimmermöbel *pl* - **3.** DER [lugar] Gerichtssaal *der*.
salado, da *adj* - **1.** [con sal] Salz- - **2.** [con demasiada sal] versalzen - **3.** *fig* [con chispa] witzig.
salamandra *f* - **1.** [animal] Salamander *der* - **2.** [estufa] Dauerbrandofen *der*.
salami, salame *m* CULIN Salami *die*.
salar *vt* - **1.** [para cocinar] salzen - **2.** [para conservar] pökeln.
salarial *adj* Lohn-, Gehalts-.
salario *m* Lohn *der*, Gehalt *das* ; **~ base** o **básico** Grundlohn.
salazón *f* [acción] Pökeln *das*.
salchicha *f* CULIN Wurst *die*.
salchichón *m* CULIN Dauerwurst *die*.
saldar *vt* - **1.** [cuenta] aus|gleichen, saldieren - **2.** [deuda] begleichen - **3.** COM ab|stoßen. ◆ **saldarse** *vpr* [acabar en] : **~se con** enden mit, mit etw ab|schließen.
saldo *m* - **1.** [de cuenta] Saldo *der* ; **~ acreedor** COM Habensaldo ; **~ deudor** COM Schuldsaldo - **2.** [de deudas] Ausgleich *der* - **3.** [de mercancías] Restware *die* - **4.** [resultado] Ergebnis *das*.
salero *m* - **1.** [de cocina] Salzstreuer *der* - **2.** *fig* [gracia] Anmut *die*.
salido, da ◇ *adj* - **1.** [ojos] hervorquellend - **2.** [animal] brünstig ; [gata] rollig ; [yegua] rossig. ◇ *m, f mfam* [persona] *vom*

Sex besessene Person. ◆ **salida** *f* - **1.** [partida] Abfahrt *die* - **2.** [a pie] Ausgang *der* ; [en coche] Ausfahrt *die* ; **salida de emergencia** Notausgang - **3.** [al acabar] : **¿quedamos a la salida del trabajo?** Treffen wir uns nach Feierabend? - **4.** [excursión] Ausflug *der* - **5.** [aparición] : **salida del sol** Sonnenaufgang *der* - **6.** COM Absatz *der* - **7.** [solución] Ausweg *der* - **8.** [ocurrencia] Einfall *der* - **9.** [posibilidad] : **esta carrera ofrece muchas salidas** dieser Studiengang bietet gute Berufschancen.

saliente ◇ *adj* - **1.** [notorio] bemerkenswert - **2.** [que deja el cargo] ausscheidend. ◇ *m* Vorsprung *der.*

salina *f* ▷ **salino.**

salino, na *adj* salzhaltig. ◆ **salina** *f* - **1.** MIN Salzbergwerk *das* - **2.** *(gen pl)* [en mar] Saline *die.*

salir [71] *vi* - **1.** [ir afuera] hinaus|gehen ; [venir afuera] heraus|kommen - **2.** [irse fuera de casa] weg|gehen - **3.** [partir de viaje] ab|reisen ; ~ **de/para** ab|reisen von/nach ; [en coche, etc] ab|fahren ; [avión] : **el avión sale a las nueve** die Maschine fliegt um neun - **4.** [separarse -anillo, tapa] ab|gehen - **5.** [ir a divertirse] aus|gehen - **6.** [ser novios] : ~ **(con alguien)** mit jm gehen - **7.** [en votación] gewinnen ; [resultar] : ~ **herido** verletzt werden ; **el pastel no me ha salido bien** der Kuchen ist mir nicht gut gelungen ; ~ **ganando/perdiendo** gut/schlecht (dabei) weg|kommen - **8.** [en sorteo] ausgelost werden - **9.** [resolver] : **no me sale este ejercicio** ich kann diese Übung nicht lösen - **10.** [obtenerse] : **el vino sale de las uvas** der Wein wird aus Trauben gewonnen - **11.** [en medios de comunicación] erscheinen - **12.** [en foto] aus|sehen - **13.** [ocasión, oportunidad] sich bieten - **14.** [surgir, dar como resultado] heraus|kommen ; **me salen 10 pesetas más que a ti** bei mir kommen 10 Peseten mehr heraus als bei dir - **15.** [costar] : ~ **a** o **por** kosten ; ~ **caro** [de dinero] teuer werden ; [tener graves consecuencias] teuer zu stehen kommen - **16.** [decir u obrar inesperadamente] heraus|rücken - **17.** [parecerse] : ~ **a alguien** jm gleichen - **18.** INFORM [de programa] : **salir (de)** beenden - **19.** *loc* : ~ **adelante** [persona, empresa] voran|kommen. ◆ **salirse** *vpr* - **1.** [de lugar] verlassen - **2.** [de asociación] aus|treten - **3.** [filtrarse] : **~se (por)** aus|treten (durch) - **4.** [rebosar] über|laufen ; [río] über|treten - **5.** [desviarse, escaparse] : **~se (de)** ab|kommen - **6.** *loc* : **~se con la suya** seinen Willen durch|setzen.

salitre *m* Salpeter *der.*

saliva *f* Speichel *der.*

salmo *m* RELIG Psalm *der.*

salmón ◇ *m* [pez] Lachs. ◇ *m inv* [color] Lachsrot *das.* ◇ *adj inv* [color] lachsfarben.

salmonete *m* Gewöhnliche Meerbarbe.

salmuera *f* Pökel *der.*

salobre *adj* salzig.

salomónico, ca *adj* salomonisch.

salón *m* - **1.** [gen] Salon *der* ; ~ **de belleza** Schönheitsalon - **2.** [local] Festsaal *der* - **3.** [feria] Messe *die* - **4.** *Amér* [aula, clase] Klassenzimmer *das.* ◆ **de salón** *loc adj* : **frase de** ~ schöne Worte.

salpicadero *m* AUTOM Armaturenbrett *das.*

salpicadura *f* Spritzer *der.*

salpicar [10] *vt* [rociar] bespritzen.

salpimentar [19] *vt* CULIN würzen.

salpullido = **sarpullido.**

salsa *f* - **1.** CULIN Soße *die* ; **(~) bechamel** o **besamel** Béchamelsoße ; **(~) mayonesa** o **mahonesa** Mayonnaise *die* ; ~ **rosa** rote Cocktailsoße - **2.** *fig* [gracia] Reiz *der* - **3.** [música, baile] Salsa *der.*

salsera *f* Soßenschüssel *die.*

saltamontes *m inv* Heuschrecke *die.*

saltar ◇ *vt* - **1.** [superar] springen über *(+A)* - **2.** [pasar por alto] überspringen - **3.** [hacer estallar] sprengen. ◇ *vi* - **1.** [gen] springen - **2.** [abalanzarse] : ~ **sobre** sich stürzen auf *(+A)* - **3.** [levantarse] auf|springen - **4.** [salirse] über|laufen - **5.** [desprenderse de] ab|gehen - **6.** [estallar] explodieren - **7.** [ser destituido] abgesetzt werden - **8.** [sorprender] : ~ **con** heraus|platzen mit - **9.** [airarse] böse werden - **10.** [salir] heraus|kommen - **11.** [caer] stürzen. ◆ **saltarse** *vpr* - **1.** [pasar por alto] überspringen - **2.** [desprenderse] ab|gehen.

salteado, da *adj* - **1.** CULIN leicht angebraten - **2.** [espaciado] auseinander liegend.

salteador, ra *m, f* Straßenräuber *der,* -in *die.*

saltear *vt* - **1.** [asaltar] überfallen - **2.** CULIN an|braten.

saltimbanqui *mf* Gaukler *der,* -in *die.*

salto *m* - **1.** [gen] Sprung *der* ; **dar** o **pegar un** ~ einen Sprung tun ; ~ **de altura** Hochsprung ; ~ **de longitud** Weitsprung - **2.** [de edad] Unterschied *der* - **3.** [omisión] Auslassung *die.* ◆ **salto de agua** *m* Wasserfall *der.* ◆ **salto de cama** *m* Morgenrock *der.*

saltón, ona *adj* [ojo] hervorquellend ; [diente] hervorstehend.

salubre *adj* gesund.

salud ◇ *f* - **1.** [gen] Gesundheit *die* - **2.** [estado] Zustand *der.* ◇ *interj* : **¡salud!** [para brindar] zum Wohl! ; [después de estornudar] Gesundheit!

saludable *adj* [gen] gesund.

saludar *vt* - **1.** [decir hola] grüßen - **2.** [dar bienvenida] begrüßen. ◆ **saludarse** *vpr* sich grüßen.

saludo *m* Gruß *der.*
salva *f* MIL Salve *die* ; **una ~ de aplausos** *fig* Beifallssturm *der.*
salvación *f* - **1.** [gen] Rettung *die* - **2.** RELIG Erlösung *die.*
salvado *m* Kleie *die.*
salvador, ra <> *adj* rettend. <> *m, f* Retter *der,* -in *die.* ◆ **Salvador** *m* RELIG : **el Salvador** der Erlöser.
salvadoreño, ña <> *adj* aus El Salvador. <> *m, f* Bewohner *der,* -in *die* von El Salvador.
salvaguardar *vt* [defender] verteidigen ; [conservar] wahren.
salvaguardia *f* - **1.** [defensa] Verteidigung *die* - **2.** [salvoconducto] Schutzwache *die.*
salvajada *f* Gräueltat *die.*
salvaje <> *adj* - **1.** [gen] wild - **2.** [brutal] grausam. <> *mf* [no civilizado] Wilde *der, die.*
salvamanteles *m inv* Untersetzer *der.*
salvamento *m* Rettung *die.*
salvar *vt* - **1.** [poner a salvo, preservar] retten - **2.** [superar] überlwinden - **3.** RELIG erlösen - **4.** [recorrer] zurückllegen - **5.** [exceptuar] ausllassen - **6.** INFORM [fichero] speichern. ◆ **salvarse** *vpr* - **1.** [librarse] sich retten - **2.** RELIG erlöst werden.
salvaslip *m* Slipeinlage *die.*
salvavidas <> *adj inv* NÁUT Rettungs-. <> *m inv* Rettungsring *der.*
salvedad *f* Ausnahme *die.*
salvia *f* Salbei *der.*
salvo, va *adj* heil ; **a ~** in Sicherheit. ◆ **salvo** *adv* außer ; **~ que** es sei denn.
sambenito *m fig* : **ponerle** o **colgarle el ~ a alguien** jm etw unterstellen.
samurái (*pl* **samuráis**) *m* Samurai *der.*
san *adj* ▷ **santo.**
sanar <> *vt* heilen. <> *vi* genesen.
sanatorio *m* Sanatorium *das,* Heilanstalt *die.*
sanción *f* - **1.** [a persona] Strafe *die* ; **imponer sanciones económicas** wirtschaftliche Sanktionen verhängen - **2.** [de ley] Billigung *die.*
sancionar *vt* [persona] bestrafen.
sancochado *m Amér Eintopf mit Fleisch und Hülsenfrüchten.*
sancochar *vt Amér kochen ohne zu würzen.*
sandalia *f* Sandale *die.*
sándalo *m* [árbol] Sandelholzbaum *der.*
sandez *f* Dummheit *die.*
sandía *f* Wassermelone *die.*
sándwich (*pl* **sándwiches**) *m* Sandwich *das.*
saneamiento *m* Sanierung *die.*
sanear *vt* sanieren.
sanfermines *mpl Stadtfest in Pamplona zu Ehren des Heiligen Fermin. Bei diesem Fest laufen die Stiere frei durch die Straßen.*
sangrar <> *vi* bluten. <> *vt* - **1.** [enfermo] zur Ader lassen - **2.** [dinero] schröpfen - **3.** [texto] einlrücken.
sangre *f* - **1.** ANAT Blut *das* - **2.** [linaje] Geschlecht *das* ; **~ azul** blaues Blut - **3.** *loc* : **llevar algo en la ~** etw im Blut haben ; **no llegó la ~ al río** es ist nicht soweit gekommen *(nach einem Streit).* ◆ **sangre fría** *f* Kaltblütigkeit *die* ; **a ~ fría** kaltblütig.
sangría *f* - **1.** [bebida] Sangria *die* - **2.** [a enfermo] Aderlass *der* ; [de texto] Einrücken *das.*
sangriento, ta *adj* blutig.
sanguijuela *f* - **1.** [gusano] Blutegel *der* - **2.** *fam fig* [explotador] Blutsauger *der.*
sanguinario, ria *adj* blutrünstig.
sanguíneo, a *adj* Blut-.
sanidad *f* - **1.** [salubridad] Gesundheit *die* - **2.** [servicio social] Gesundheitswesen *das.*
sanitario, ria <> *adj* gesundheitlich, Gesundheits-. <> *m, f* Sanitäter *der,* -in *die.* ◆ **sanitarios** *mpl* Sanitäranlagen *pl.*
San José *m* San José *nt.*
sano, na *adj* - **1.** [gen] gesund ; **salimos ~s y salvos** wir sind heil davonlgekommen ; **cortar por lo ~** einen Schlussstrich ziehen - **2.** [positivo] ordentlich.
San Salvador *m* San Salvador *nt.*
Santiago de Chile *m* Santiago de Chile *nt.*
santiamén ◆ **en un santiamén** *loc adv fam* im Handumdrehen.
santidad *f* Heiligkeit *die.*
santificar [10] *vt* [consagrar] heiligen ; [canonizar] heilig sprechen.
santiguarse [45] *vpr* sich bekreuzigen.
santo, ta <> *adj* - **1.** [gen] heilig - **2.** *(delante de sust masc* **san***)* [canonizado] : **San Pablo** der heilige Paulus - **3.** *(en aposición) fam* [dichoso] : **en todo el ~ día** den lieben langen Tag. <> *m, f* Heilige *der, die.* ◆ **santo** *m* - **1.** [onomástica] Namenstag *der* - **2.** [foto] : **cuando cojo la revista, sólo miro los ~s** wenn ich die Zeitschrift aufschlage, schaue ich mir nur die Bilder an - **3.** [estatua] Heiligenfigur *die* - **4.** *loc* : **¿a ~ de qué?** wieso eigentlich? ; **se le ha ido el ~ al cielo** er/sie hat den Faden verloren ; **llegar y besar el ~** auf Anhieb schaffen. ◆ **santo y seña** *m* MIL Parole *die.*
Santo Domingo *m* Santo Domingo *nt.*
santoral *m* - **1.** [libro] Heiligenlegendensammlung *die* - **2.** [lista de nombres] Verzeichnis von Heiligennamen *das.*
santuario *m* heilige Stätte *die.*
saña *f* - **1.** [rabia] Wut *die* - **2.** [insistencia] Eindringlichkeit *die.*
sapo *m* Kröte *die.*
saque *m* DEP Anstoß *der* ; **~ de esquina** Eckstoß *der.*

saqueador, ra *m, f* Plünderer *der*, -in *die*.
saquear *vt* plündern.
saqueo *m* Plünderung *die*.
sarampión *m* MED Masern *nur pl*.
sarao *m* [fiesta] Party *die*.
sarcasmo *m* Sarkasmus *der*.
sarcástico, ca *adj* sarkastisch.
sarcófago *m* Sarkophag *der*.
sardana *f katalanischer Volkstanz*.
sardina *f* Sardine *die* ; **como ~s en lata** o **canasta** *fig* wie in einer Sardinenbüchse.
sardónico, ca *adj* sardonisch.
sargento *mf* - **1.** MIL Unteroffizier *der*, -in *die* - **2.** *despec* [persona autoritaria] : **es una ~** sie ist ein Feldwebel.
sarna *f* [de animal] Räude *die* ; [de hombre] Krätze *die* ; **~ con gusto no pica** *fig* ein notwendiges Übel.
sarpullido, salpullido *m* Pickel *der*.
sarro *m* [de dientes] Zahnstein *der*.
sarta *f* - **1.** [ristra, hilera] Schnur *die* - **2.** [serie] Reihe *die*.
sartén *f* Pfanne *die*.
sastre, tra *m, f* Schneider *der*, -in *die*.
sastrería *f* Schneiderei *die*.
Satanás *m* Satan *der*.
satélite ◇ *m* Satellit *der*. ◇ *adj inv* Satelliten-.
satén *m* Satin *der*.
satinado, da *adj* satiniert. ◆ **satinado** *m* Glanz *der*.
sátira *f* Satire *die*.
satírico, ca *adj* satirisch.
sátiro *m* - **1.** MITOL Satyr *der* - **2.** [persona] Lüstling *der*.
satisfacción *f* - **1.** [placer] Zufriedenheit *die* - **2.** [alegría] Freude *die*.
satisfacer [60] *vt* - **1.** [saciar] befriedigen - **2.** [pagar] : **~ un pago** bezahlen - **3.** [reparar] wieder gut|machen - **4.** [complacer] : **~ un deseo** einen Wunsch erfüllen - **5.** [cumplir] : **~ los requisitos** die Voraussetzungen erfüllen.
satisfactorio, ria *adj* - **1.** [bueno] zufriedenstellend - **2.** [provechoso] erfreulich.
satisfecho, cha ◇ *pp irreg* ▷ **satisfacer**. ◇ *adj* - **1.** [complacido] zufrieden - **2.** [engreído] stolz.
saturar *vt* sättigen. ◆ **saturarse** *vpr* : **me he saturado de trabajo** ich habe mir zu viel Arbeit vorgenommen.
Saturno *m* Saturn *der*.
sauce *m* Weide *die* ; **~ llorón** Trauerweide.
sauna *f* Sauna *die*.
savia *f* BOT (Pflanzen)saft *der*.
savoir-faire *m* Geschick *das*.
saxofón, saxófono, saxo ◇ *m* MÚS Saxofon *das*. ◇ *mf* MÚS Saxofonspieler *der*, -in *die*.
saxofonista *mf* MÚS Saxofonspieler *der*, -in *die*.
saxófono = **saxofón**.
sazón *f* - **1.** [madurez] Reife *die* - **2.** [sabor] Würze *die*.
sazonar *vt* würzen.
scanner = **escáner**.
schilling = **chelín**.
scooter = **escúter**.
scout (*pl* **scouts**) *m* Scout *der*, Pfadfinder *der*.
se *pron pers* - **1.** *(reflexivo)* sich ; **el niño ~ lava los dientes** das Kind putzt sich die Zähne ; **enfadándo~ no conseguirá nada** wenn er sich aufregt, erreicht er nichts ; [con verbos intransitivos] : **si ella ~ va, no acabaremos el trabajo** wenn sie geht, werden wir die Arbeit nicht beenden - **2.** *(recíproco)* sich ; **~ aman con pasión** sie lieben sich leidenschaftlich ; **~ escriben cartas semanalmente** sie schreiben sich jede Woche einen Brief - **3.** *(pasiva refleja)* : **~ ha suspendido la reunión hasta mañana** die Versammlung wurde auf morgen verschoben ; **'~ habla inglés'** 'wir sprechen Englisch' ; **'~ prohibe fumar'** 'Rauchen verboten' - **4.** *(complemento indirecto)* [a él, ella, ellos, ellas] ihm, ihr, ihnen ; **ve a buscar las chaquetas de los niños y lléva~las** hol mal die Jacken der Kinder und bring sie ihnen ; **compra el regalo de Julia hoy y ya ~ lo daré yo mañana** kauf heute das Geschenk für Julia und ich gebe es ihr morgen ; [- usted, ustedes] ihnen ; **si necesitan más hojas para el examen, ~ las daré** wenn Sie mehr Blätter für die Prüfung brauchen, gebe ich sie Ihnen.
sé - **1.** ▷ **saber** - **2.** ▷ **ser**.
sebo *m* [grasa] Talg *der*.
secador *m* [de pelo] Föhn *der*.
secadora *f* Wäschetrockner *der*.
secante ◇ *adj* [papel] Lösch-. ◇ *f* GEOM Sekante *die*.
secar [10] *vt* - **1.** [ropa] trocknen ; [plantas] aus|trocknen - **2.** [lágrimas, sudor, sangre] ab|trocknen. ◆ **secarse** *vpr* - **1.** [río, pantano, fuente] aus|trocknen - **2.** [ropa, pelo] trocknen.
sección *f* - **1.** [departamento] Abteilung *die* - **2.** [corte] Einschnitt *der* - **3.** [perfil] Querschnitt *der* - **4.** [parte] Teil *der*.
seccionar *vt* - **1.** [cortar] (durch|)schneiden - **2.** [dividir] unterteilen.
secesión *f* Sezession *die*.
seco, ca *adj* - **1.** [gen] trocken - **2.** [sin agua] ausgetrocknet ; **lavar en ~** chemisch reinigen - **3.** [planta, flor] vertrocknet - **4.** [fruto] Trocken- - **5.** [persona] dürr - **6.** [voz] rau. ◆ **en seco** *loc adv* plötzlich. ◆ **a secas** *loc adv* nur.
secretaría *f* - **1.** [oficina] Sekretariat *das* - **2.** [cargo] Sekretariatsposten *der*.
secretariado *m* - **1.** [profesión] Sekretari

atswesen *das* - **2.** [cargo] Sekretariatsposten *der* - **3.** [oficina] Sekretariat *das*.
secretario, ria *m, f* - **1.** [de oficina, despacho] Sekretär *der*, -in *die* - **2.** *Amér* [ministro] Minister *der*, -in *die*.
secreto, ta *adj* - **1.** [oculto, desconocido] Geheim- ; **en ~** im Geheimen - **2.** [confidencial] vertraulich. ◆ **secreto** *m* [confidencia, enigma] Geheimnis *das*.
secta *f* Sekte *die*.
sectario, ria ◇ *adj* - **1.** [de secta] sektiererisch - **2.** [fanático] fanatisch. ◇ *m, f* - **1.** [miembro de secta] Sektenmitglied *das* - **2.** [fanático] Fanatiker *der*, -in *die*.
sector *m* - **1.** [de colectivo] Bereich *der* ; [de partido político] Fraktion *die* - **2.** [zona] Teil *der* - **3.** [ramo] Zweig *der* - **4.** ECON. & GEOM Sektor *der*.
secuela *f* Folgeerscheinung *die*.
secuencia *f* - **1.** [serie] Reihe *die* - **2.** [imágenes] Ausschnitt *der* ; [de película] Sequenz *die*.
secuestrador, ra *m, f* Entführer *der*, -in *die*.
secuestrar *vt* - **1.** [raptar] entführen - **2.** [embargar] beschlagnahmen.
secuestro *m* Entführung *die*.
secular ◇ *adj* - **1.** [seglar] weltlich - **2.** [centenario] hundertjährig. ◇ *m* Sekularkleriker *der*.
secundar *vt* unterstützen.
secundario, ria *adj* - **1.** [accesorio] zweitrangig - **2.** EDUC : **enseñanza secundaria** Sekundarschulwesen *das*.
sed[1] ▷ **ser**.
sed[2] *f* - **1.** [de agua] Durst *der* - **2.** *fig* [de riqueza] Gier *die*.
seda *f* Seide *die*.
sedal *m* Angelschnur *die*.
sedante ◇ *adj* [medicamento] schmerzlindernd. ◇ *m* Beruhigungsmittel *das*.
sede *f* Sitz *der*. ◆ **Santa Sede** *f* : **la Santa Sede** der Heilige Stuhl.
sedentario, ria *adj* - **1.** [no nómada] sesshaft - **2.** [de poco movimiento] häuslich.
sedición *f* Aufstand *der*.
sediento, ta *adj* - **1.** [de agua] durstig - **2.** *fig* [de poder] gierig.
sedimentar *vt* ablIagern. ◆ **sedimentarse** *vpr* sich ablIagern.
sedimento *m* - **1.** [poso] Bodensatz *der* - **2.** [depósito] Sediment *das*.
sedoso, sa *adj* seidig.
seducción *f* [reclamo] Verlockung *die* ; [erótica] Verführung *die*.
seducir [33] *vt* [persona] verführen ; [cosas] verlocken.
seductor, ra ◇ *adj* verführerisch. ◇ *m, f* Verführer *der*, -in *die*.
segador, ra *m, f* Mäher *der*, -in *die*. ◆ **segadora** *f* Mähmaschine *die*.
segar [35] *vt* - **1.** [recolectar] mähen - **2.** [cortar] ablschneiden.
seglar ◇ *adj* weltlich. ◇ *m* Laie *der*.
segmentar *vt* [tronco] zerlegen ; [recta] unterteilen.
segmento *m* - **1.** GEOM Segment *das* - **2.** [trozo] Stück *das*.
segregación *f* - **1.** [separación] Abtrennung *die* ; **~ racial** Rassentrennung *die* - **2.** [secreción] Absonderung *die*.
segregar [16] *vt* - **1.** [separar] trennen - **2.** [discriminar] segregieren - **3.** [secretar] ablsondern.
seguido, da *adj* - **1.** [números] fortlaufend ; [años] folgend - **2.** [sin interrupción] nacheinander. ◆ **seguido** *adv* geradeaus. ◆ **en seguida** *loc adv* sofort.
seguidor, ra *m, f* Anhänger *der*, -in *die*.
seguimiento *m* [noticia] Weiterverfolgung ; [persona] Verfolgung *die*.
seguir [43] ◇ *vt* - **1.** [gen] folgen - **2.** [perseguir] verfolgen - **3.** [reanudar] fortlsetzen - **4.** [cursar] studieren. ◇ *vi* - **1.** [sucederse] : **~ a algo** auf etw folgen - **2.** [continuar] weiterlmachen ; **sigue haciendo frío** es ist immer noch kalt - **3.** [estar todavía] : **sigue enferma** sie ist immer noch krank ; **sigue soltero** er ist immer noch Junggeselle. ◆ **seguirse** *vpr* [deducirse] : **~se de algo** folgen aus.
según ◇ *prep* - **1.** [de acuerdo con] laut ; **~ su opinión, ha sido un éxito** seiner Meinung nach war es ein Erfolg ; **~ tú, ¿quién va a ganar?** was meinst du, wer wird gewinnen? - **2.** [dependiendo de] je nachdem. ◇ *adv* - **1.** [como] wie ; **todo permanecía ~ lo recordaba** alles war noch so, wie sie es in Erinnerung hatte - **2.** [a medida que] : **~ lo iba viendo, el espectáculo me emocionaba más** je länger ich zusah, desto mehr begeisterte mich die Vorstellung - **3.** [dependiendo] je nachdem ; **¿te gustan las patatas? – ~** isst du gern Kartoffeln? – je nachdem ; **lo intentaré ~ esté de tiempo** ich werde es versuchen, je nachdem wie ich Zeit habe.
segunda *f* ▷ **segundo**.
segundero *m* Sekundenzeiger *der*.
segundo, da ◇ *adj* [para ordenar] zweite, -r, -s ; **segunda parte** [para fraccionar] zweiter Teil ; **tío ~** *Cousin eines Elternteils*. ◇ *m, f* Stellvertreter *der*, -in *die*. ◆ **segundo** *m* - **1.** [unidad de tiempo] Sekunde *die* - **2.** [instante] Moment *der*. ◆ **segunda** *f* AUTOM zweiter Gang. ◆ **con segundas** *loc adv* Hintergedanken *pl*.
segundón, ona *m, f* Zweitgeborene *der, die*.
seguramente *adv* sicherlich.
seguridad *f* - **1.** [gen] Sicherheit *die* ; **de ~** Sicherheits- - **2.** [confianza] Selbstsicher-

heit *die*. ◆ **Seguridad Social** *f* ≃ Sozialversicherung *die*.

seguro, ra *adj* **-1.** [gen] sicher ; **sobre ~** ohne Risiko ; **~ de sí mismo** selbstsicher ; **tener por ~** sich einer Sache sicher sein **-2.** [infalible] verlässlich. ◆ **seguro** ◇ *m* **-1.** [contrato] Versicherung *die* ; **~ de vida** Lebensversicherung **-2.** [dispositivo] Sicherung *die*. ◇ *adv* sicherlich. ◆ **Seguro Social** *m Amér* ≃ Sozialversicherung *die*.

estar seguro

Ich bin ganz sicher, dass sie kommen. Estoy completamente seguro de que vendrán.

Ich bin davon überzeugt, dass sie Recht hat. Estoy convencido de que tiene razón.

Da bin ich mir ganz sicher. Estoy completamente seguro.

Daran besteht kein Zweifel. No me cabe la menor duda.

Darauf können Sie sich verlassen. Ya puede usted darlo por seguro.

seis ◇ *núm* sechs. ◇ *m inv* **-1.** [número] Sechs *die* ; **doscientos ~** zweihundertsechs ; **treinta y ~** sechsunddreißig **-2.** [día] sechste *der* **-3.** [dirección] : **calle Mayor (número) ~** calle Mayor (Nummer) sechs **-4.** [naipe] : **tirar** o **echar un ~** eine Sechs ziehen. ◇ *mpl* **-1.** [grupo] : **invité a diez y sólo vinieron ~** ich habe zehn Personen eingeladen und es sind nur sechs gekommen ; **de ~ en ~** in Sechsergruppen ; **los ~** die sechs (Personen) **-2.** [temperatura] : **estar a ~ bajo cero** sechs Grad unter Null sein **-3.** [puntuación] : **empatados a ~** sechs zu sechs unentschieden ; **~ a cero** sechs zu null. ◇ *fpl* [hora] : **las ~** sechs Uhr.

seiscientos, tas *núm* sechshundert. ◆ **seiscientos** *núm* Sechshundertste *der*, *die*, *das* ; *ver también* **seis**.

seísmo *m* Erdbeben *das*.

selección *f* **-1.** [gen] Auswahl *die* **-2.** [equipo] Auswahl(mannschaft) *die* ; **~ nacional** Nationalmannschaft *die*.

seleccionador, ra ◇ *adj* Auswahl-. ◇ *m, f* Trainer *der*, -in *die*.

seleccionar *vt* aus|wählen.

selectividad *f* EDUC Hochschulzugangsprüfung *die*.

selectivo, va *adj* selektiv.

selecto, ta *adj* **-1.** [excelente] erlesen **-2.** [escogido] auserwählt.

selfservice (*pl* **selfservices**) *m* Selbstbedienung *die*.

sellar *vt* **-1.** [documento] ab|stempeln **-2.** [con lacre, cera] versiegeln **-3.** [pacto, acuerdo] besiegeln.

sello *m* **-1.** [de correos] Briefmarke *die* **-2.** [tampón] Stempel *der* **-3.** [sortija] Siegelring *der* **-4.** [lacre] Siegel *das* **-5.** [carácter] Merkmal *das*.

selva *f* Dschungel *der*.

semáforo *m* Ampel *die*.

semana *f* Woche *die* ; **entre ~** unter der Woche. ◆ **Semana Santa** *f* Karwoche *die*.

semanal *adj* wöchentlich.

semanario, ria *adj* Wochen-. ◆ **semanario** *m* Wochenzeitung *die*.

semántico, ca *adj* LING semantisch. ◆ **semántica** *f* LING Semantik *die*.

sembrado, da *adj* **-1.** [plantado] Saat- **-2.** *fig* [lleno] : **~ de** übersät mit. ◆ **sembrado** *m* Saatfeld *das*.

sembrador, ra *m, f* Säer *der*, -in *die*. ◆ **sembradora** *f* Sämaschine *die*.

sembrar [19] *vt* **-1.** [plantar] säen **-2.** *fig* [llenar] übersäen **-3.** [provocar] verbreiten.

semejante ◇ *adj* **-1.** [parecido] ähnlich ; **~ a** ähnlich wie **-2.** [tal] solch. ◇ *m (gen pl)* Nächste *der*, *die*.

semejanza *f* Ähnlichkeit *die*.

semejar *vi* ähneln. ◆ **semejarse** *vpr* : **~se a algo/alguien** etw/jm ähneln.

semen *m* ANAT Sperma *das*.

semental ◇ *adj* Zucht-. ◇ *m* Zuchttier *das*.

semestral *adj* halbjährig.

semestre *m* Halbjahr *das*.

semifinal *f* Halbfinale *das*.

semilla *f* **-1.** [simiente] Samen *der* **-2.** *fig* [motivo] Keim *der*.

seminario *m* Seminar *das*.

semipesado ◇ *adj* DEP halbschwer. ◇ *m* DEP Halbschwergewicht *das*.

semiseco, ca *adj* halbtrocken.

semita ◇ *adj* semitisch. ◇ *mf* Semit *der*, -in *die*.

sémola *f* Grieß *der*.

Sena *m* : **el ~** die Seine.

senado *m* Senat *der*.

senador, ra *m, f* Senator *der*, -in *die*.

sencillez *f* **-1.** [facilidad] Einfachheit *die* **-2.** [modestia, discreción] Schlichtheit *die*.

sencillo, lla *adj* **-1.** [problema, operación, lenguaje] einfach **-2.** [persona] natürlich **-3.** [sin lujo] schlicht. ◆ **sencillo** *m Amér* Kleingeld *das*.

senda *f* **-1.** [camino] Pfad *der* **-2.** [medio, método] Weg *der*.

sendero *m* [camino] Pfad *der*.

sendos, das *adj (no tiene singular)* jeder für sich.

senectud *f culto* Greisenalter *das*.

Senegal *m* : **(el) ~** Senegal *nt*.

senil *adj* senil.

senior (*pl* **seniors**) ◇ *adj* senior. ◇ *m* Senior *der*, -in *die*.

seno *m* - **1.** [pecho] Brust *die* - **2.** [pechera] Busen *der* - **3.** [matriz, núcleo] Schoß *der* ; **en el ~ de la familia** im Schoß der Familie - **4.** [concavidad] Vertiefung *die* - **5.** MAT & ANAT Sinus *der*.

sensación *f* - **1.** [impresión física] Eindruck *der* ; [sentimiento] Empfindung *die* ; **causar ~** [impresionar] beeindrucken - **2.** [premonición] Gefühl *das* ; **tener la ~ de que** das Gefühl haben, dass.

sensacional *adj* sensationell.

sensacionalista *adj* sensationsgierig.

sensatez *f* Besonnenheit *die*.

sensato, ta *adj* besonnen.

sensibilidad *f* - **1.** [perceptibilidad] Sensibilität *die* - **2.** [sentimentalismo] Empfindsamkeit *die* - **3.** [don especial] Gefühl *das* - **4.** FOTO Empfindlichkeit *die*.

sensibilizar [13] *vt* sensibilisieren.

sensible *adj* - **1.** FOTO [sensitivo] empfindlich - **2.** [sentimental] sensibel - **3.** [evidente] leicht - **4.** [preciso] präzise.

sensiblero, ra *adj despec* gefühlsduselig.

sensitivo, va *adj* Sinnes-.

sensor *m* Sensor *der*.

sensorial *adj* sensorisch.

sensual *adj* sinnlich.

sentado, da *adj* : **dar algo por ~** etw nicht in Frage stellen. ◆ **sentada** *f* Sitzstreik *der*.

sentar [19] ◇ *vt* - **1.** [en asiento] setzen - **2.** [establecer] fest|setzen. ◇ *vi* - **1.** [ropa] stehen - **2.** [comida] bekommen - **3.** [vacaciones, descanso] : **~ bien** gut tun - **4.** [comentario, consejo] gefallen. ◆ **sentarse** *vpr* - **1.** [en asiento] sich setzen - **2.** [detenerse] : **~se a hacer algo** sich zusammen|setzen, um etwas zu tun.

sentencia *f* - **1.** DER Urteil *das* - **2.** [proverbio, máxima] Sinnspruch *der*.

sentenciar [8] *vt* - **1.** DER verurteilen ; **~ a** verurteilen zu - **2.** [condenar] verdammen.

sentido, da *adj* innig ; **ser muy ~** leicht eingeschnappt sein. ◆ **sentido** *m* - **1.** [gen] Sinn *der* ; **sexto ~** sechster Sinn - **2.** : **quedarse sin ~** bewusstlos werden ; **sin ~** sinnlos ; **doble ~** Zweideutigkeit *die* ; **~ común** gesunder Menschenverstand ; **~ del humor** Sinn für Humor - **3.** [dirección] Richtung *die* ; **calle de ~ único** Einbahnstraße *die*.

sentimental *adj* sentimental.

sentimentaloide ◇ *adj* schmalzig. ◇ *mf* gefühlsduseliger Mensch.

sentimiento *m (gen pl)* Gefühl *das* ; **acompañar a alguien en el ~** jm sein Beileid aus|sprechen.

sentir [27] ◇ *m* Gefühl *das*. ◇ *vt* - **1.** [gen] spüren, fühlen - **2.** [lamentar] bedauern ; **lo siento mucho** es tut mir sehr Leid - **3.** [apreciar] nach|empfinden. ◆ **sentirse** *vpr* sich fühlen.

seña *f* Kennzeichen *das*. ◆ **señas** *fpl* - **1.** [dirección] Adresse *die* ; **~s personales** Angaben zur Person - **2.** [gesto] Zeichen *das* ; **hacer ~s a alguien** jm ein Zeichen geben - **3.** [detalle] Hinweis *der* ; **para** o **por más ~s** um genau zu sein.

señal *f* - **1.** [gen] Zeichen *das* - **2.** [indicio] Anzeichen *das* ; **dar ~es de vida** *fig* ein Lebenszeichen von sich geben ; **en ~ de** als Zeichen *(+G)* - **3.** [huella] Spur *die* - **4.** [cicatriz] Narbe *die* - **5.** [adelanto de dinero] Anzahlung *die* - **6.** [de tráfico] Verkehrszeichen *das*.

señalado, da *adj* wichtig.

señalar *vt* - **1.** [con marca] kennzeichnen, markieren - **2.** [con dedo] zeigen - **3.** [indicar] an|zeigen - **4.** [determinar] fest|legen - **5.** [decir] hin|deuten.

señalización *f* Beschilderung *die*.

señalizar [13] *vt* beschildern.

señor, ra ◇ *adj* - **1.** [refinado] vornehm - **2.** *(en aposición) fam* [grande] gewaltig. ◇ *m, f* - **1.** [tratamiento, respecto al criado] Herr *der* ; **el ~ presidente** der Herr Präsident - **2.** [persona refinada] feiner Herr - **3.** [dueño] Besitzer *der* - **4.** [en discurso] : **Señoras y Señores** meine Damen und Herren. ◆ **señora** *f* - **1.** [esposa] Ehefrau *die* - **2.** [mujer casada] Frau *die*.

señoría *f* Exzellenz *die* ; **su ~** Eure Exzellenz.

señorial *adj* [majestuoso] herrschaftlich.

señorío *m* - **1.** [dominio] Herrschaft *die* - **2.** [distinción] Vornehmheit *die*.

señorito, ta *adj* bequem. ◆ **señorito** *m* - **1.** [hijo del amo] junger Herr - **2.** Bonvivant *der*. ◆ **señorita** *f* - **1.** [soltera] Fräulein *das* - **2.** [profesora] Lehrerin *die*.

señuelo *m* - **1.** [reclamo] Lockvogel *der* - **2.** [trampa] Köder *der*.

sepa *etc* ▷ **saber**.

separación *f* - **1.** [división, alejamiento] Trennung *die* - **2.** [espacio] Zwischenraum *der* - **3.** [de pareja] Scheidung *die*.

separado, da ◇ *adj* - **1.** [cosa] abstehend - **2.** [persona] getrennt. ◇ *m, f* Geschiedene *der, die*.

separar *vt* - **1.** [apartar] ab|trennen - **2.** [reservar] zurück|legen - **3.** [dividir] aus|sortieren. ◆ **separarse** *vpr* - **1.** [apartarse] auseinander|gehen ; **~se de** weg|gehen von - **2.** [ir por distinto lugar, divorciarse] sich trennen ; **~se de** sich trennen von.

separatismo *m* POLÍT Separatismus *der*.

sepia *f* Sepia *die*.

septentrional ◇ *adj* nördlich. ◇ *mf Bewohner nördlicher Regionen*.

septiembre = **setiembre**.

séptimo, ma, sétimo, ma *núm* [para ordenar] siebte, -r, -s ; **la séptima parte** [para fraccionar] der siebte Teil.

sepulcral *adj* **- 1.** [de sepulcro] Grab- **- 2.** [voz, frío] Grabes-.

sepulcro *m* Grab *das*.

sepultar *vt* **- 1.** [cadáver] begraben **- 2.** [objetos] unter sich begraben.

sepultura *f* **- 1.** [enterramiento] Bestattung *die* **- 2.** [fosa] Grab *das*.

sepulturero, ra *m, f* Totengräber *der*, -in *die*.

sequedad *f* **- 1.** [aridez, falta de humedad] Trockenheit *die* **- 2.** [antipatía] Unfreundlichkeit *die*.

sequía *f* Dürre *die*.

séquito *m* [comitiva] Gefolge *das*.

ser [5] ◇ *v aux (antes de participio forma la voz pasiva)* werden ; **fue visto por un testigo** er wurde von einem Zeugen gesehen. ◇ *v copulativo* **- 1.** [gen] sein ; **es alto/estudioso** er ist groß/fleißig ; **es simpática** sie ist sympatisch ; **es un amigo/el dueño** er ist ein Freund/der Besitzer ; **soy abogado/policía** ich bin Anwalt/Polizist ; **son estudiantes** sie sind Studenten **- 2.** [servir] : **este cuchillo es para cortar** dieses Messer ist zum Schneiden **- 3.** *(antes de sust)* : **el reloj es de oro** [materia] die Uhr ist aus Gold **- 4.** [origen] : **estas naranjas son de Valencia** diese Orangen sind aus Valencia **- 5.** [posesión] : **los juguetes son de mi hijo** die Spielsachen gehören meinem Sohn **- 6.** [representar] : **tú eres la chica que pide socorro** du bist das Mädchen, das um Hilfe ruft. ◇ *vi* **- 1.** [gen] sein ; **la conferencia era esta mañana** der Vortrag war heute morgen ; **ser o no ser** sein oder nicht sein **- 2.** *(antes de infin, impers)* [conveniencia, posibilidad, previsión] : **es de desear** es ist zu wünschen ; **era de temer** es war zu befürchten **- 3.** [valer] kosten **- 4.** [consistir, depender] : **todo es proponérselo** man muss es nur wollen **- 5.** [día, hora, número] : **¿qué hora es?** wie spät ist es? ; **son las tres de la tarde** es ist drei Uhr nachmittags ; **hoy es martes** heute ist Dienstag ; **mañana será el 7 de junio** morgen ist der 7. Juni **- 6.** *loc* : **a no ~ que** es sei denn, dass ; **como sea** auf jeden Fall ; **de no haber sido por ti** wenn du nicht gewesen wärst ; **es más** sogar ; **no es nada** es ist nicht schlimm ; **no ~ para menos** und das zu Recht ; **o sea** das heißt ; **por si fuera poco** als wenn das nicht schon genug gewesen wäre ; **~ alguien** jemand sein ; **~ muy suyo** sehr eigen sein. ◇ *v impers* **- 1.** [expresión de tiempo] : **es temprano** es ist früh ; **era de noche** es war Nacht **- 2.** *(antes de 'que')* [motivo] nämlich. ◇ *m* Wesen *das* ; **un ~ humano** ein menschliches Wesen ; **es un ~ admirable** er ist ein bewundernswerter Mensch.

SER *(abrev de* **Sociedad Española de Radiodifusión***) f spanische Rundfunkgesellschaft.*

Serbia, Servia *f* Serbien *nt*.

serenar *vt* beruhigen. ◆ **serenarse** *vpr* **- 1.** [calmarse] sich beruhigen **- 2.** [tiempo] sich aufklären ; [viento] sich legen.

serenata *f* **- 1.** MÚS Serenade *die* **- 2.** [ruido] nächtlicher Radau.

serenidad *f* **- 1.** [aplomo] Gelassenheit *die* **- 2.** [quietud] Ruhe *die*.

sereno, na *adj* **- 1.** [con aplomo] gelassen **- 2.** [día] heiter ; [cielo] klar. ◆ **sereno** *m* [vigilante] Nachtwächter *der*.

serial *m* Seifenoper *die*.

serie *f* [gen] Reihe *die* ; TV [de sellos, monedas, etc] Serie *die*. ◆ **en serie** *loc adv* Serien-.

seriedad *f* **- 1.** [importancia, responsabilidad] Ernsthaftigkeit *die* **- 2.** [formalidad] Redlichkeit *die*.

serio, ria *adj* **- 1.** [importante, adusto] ernst **- 2.** [responsable] verantwortungsbewusst **- 3.** [de fiar, solvente] seriös. ◆ **en serio** *loc adv* **- 1.** [sin broma] im Ernst ; **tomar(se) algo en ~** etw ernst nehmen **- 2.** [en profundidad] ernsthaft.

sermón *m* **- 1.** [homilía] Predigt *die* **- 2.** [amonestación] Standpauke *die*.

seropositivo, va ◇ *adj* MED HIV-positiv. ◇ *m, f* MED HIV-Positive *der, die*.

serpentear *vi* sich schlängeln.

serpentina *f* Luftschlange *die*.

serpiente *f* Schlange *die* ; **~ de cascabel** Klapperschlange.

serranía *f* Bergland *das*.

serrano, na ◇ *adj* **- 1.** [de sierra] Gebirgs- **- 2.** [hermoso] hübsch. ◇ *m, f* Bergbewohner *der*, -in *die*.

serrar [19] *vt* sägen.

serrín *m* Sägemehl *das*.

serrucho *m* Handsäge *die*.

servicial *adj* hilfsbereit.

servicio *m* **- 1.** [gen] Dienst *der* ; **~ de urgencias** Notdienst ; **~ militar** Wehrdienst ; **~ (de) posventa** Kundendienst ; **~ público** öffentlicher Dienst **- 2.** [turno] Schichtdienst *der* ; **estar de ~** im Dienst sein **- 3.** [prestación] Dienstleistung *die* **- 4.** [servidumbre] Hauspersonal *das* ; [conjunto de utensilios] Service *das* **- 5.** DEP Aufschlag *der* **- 6.** *(gen pl)* [WC] Toilette *die*.

servidor, ra *m, f* [yo] ich ; **este pastel lo ha hecho un ~** diesen Kuchen habe ich gemacht. ◆ **servidor** *m* INFORM Server *der*.

servidumbre *f* [criados] Dienerschaft *die*.

servil *adj* unterwürfig.

servilleta *f* Serviette *die*.

servilletero *m* Serviettenring *der*, Serviettenhalter *der*.

servir [26] ◇ *vt* **- 1.** [persona] dienen **- 2.** [comida, bebida] servieren **- 3.** [divinidad] verehren. ◇ *vi* **- 1.** MIL [en una casa] dienen **- 2.** [en restaurante] bedienen **- 3.** [en empleo] arbeiten **- 4.** [ser útil - persona] taugen ; [- cosa] nützen - **5.** DEP aufschlagen. ◆ **servirse** *vpr* sich bedienen ; **~se de** [utilizar] sich bedienen *(+G)*.

sésamo *m* Sesam *der*.

sesenta <> *núm* - **1.** [para contar] sechzig - **2.** [para ordenar] sechzigste, -r, -s. <> *m* Sechzig *die* ; *ver también* **seis**.

sesentavo, va *núm* [para ordenar] sechzigste, -r, -s ; [para fraccionar] **la sesentava parte** der sechzigste Teil *das*.

sesera *f mfam* [cabeza] Schädel *der*.

sesión *f* - **1.** [gen] Sitzung ; **abrir/levantar la ~** die Sitzung eröffnen/schließen - **2.** [proyección, representación] Vorstellung *die* ; **~ continua** Dauervorstellung ; **~ golfa** Spätvorstellung - **3.** [de fotos] Fotosession *die* ; [hora] : **la ~ de gimnasia** Gymnastikstunde *die*.

seso *m (gen pl)* - **1.** [cerebro] Gehirn *das* - **2.** [sensatez] Verstand *der*.

sesudo, da *adj* - **1.** [inteligente] intelligent - **2.** [sensato] vernünftig.

set (*pl* **sets**) *m* DEP Satz *der*.

seta *f* Pilz *der*.

setecientos, tas <> *núm* - **1.** [para contar] siebenhundert - **2.** [para ordenar] siebenhundertste, -r, -s. <> *m* Siebenhundert *die* ; *ver también* **seis**.

setenta <> *núm* - **1.** [para contar] siebzig - **2.** [para ordenar] siebzigste, -r, -s. <> *m* Siebzig *die* ; *ver también* **seis**.

setentavo, va *núm* [para ordenar] siebzigste, -r, -s ; [para fraccionar] **la setentava parte** der siebzigste Teil.

setiembre, septiembre *m* September *der* ; **el 1 de ~** der erste September ; **uno de los ~s más lluviosos de le última década** einer der regnerischsten Septembermonate der letzten zehn Jahre ; **a principios/mediados/finales de ~** Anfang/Mitte/Ende September ; **el pasado/próximo (mes de) ~** vergangenen/nächsten September ; **en pleno ~** Mitte September ; **en ~** im September ; **este (mes de)~** [pasado] vergangenen September ; [próximo] nächsten September ; **para ~** bis September.

sétimo, ma = **séptimo**.

seto *m* Zaun *der*.

seudónimo Pseudonym *das* = **pseudónimo**.

Seúl Seoul *nt*.

severidad *f* Strenge *die*.

severo, ra *adj* streng.

Sevilla *f* Sevilla *nt*.

sevillano, na <> *adj* sevillanisch. <> *m, f* Sevillaner *der*, -in *die*. ◆ **sevillana** *f andalusischer Tanz*.

sexagésimo, ma *núm* [para ordenar] sechzigste, -r, -s ; [para fraccionar] **la sexagésima parte** der sechzigste Teil.

sex-appeal [seksa'pil] *m inv* Sexappeal *der*.

sexi (*pl* sexis), **sexy** (*pl* **sexys**) *adj* sexy.

sexista <> *adj* sexistisch. <> *mf* Sexist *der*, -in *die*.

sexo *m* - **1.** [gen] Geschlecht *das* - **2.** [genitales] Geschlechtsorgan *das* - **3.** [sexualidad] Sex *der*.

sexólogo, ga *m, f* Sexualwissenschaftler *der*, -in *die*.

sex-shop [sek'ʃop] (*pl* **sex-shops**) *m* Sexshop *der*.

sexteto *m* - **1.** MÚS Sextett *das* - **2.** LITER *Strophe aus sechs Versen*.

sexto, ta *núm* [para ordenar] sechste, -r, -s ; **la sexta parte** [para fraccionar] der sechste Teil. ◆ **sexto** *m* Sechstel *das*.

séxtuplo, pla *adj* sechsfach. ◆ **séxtuplo** *m* Sechsfache *das*.

sexual *adj* [conducta, educación, etc] Sexual- ; [órgano] Geschlechts-.

sexualidad *f* Sexualität *die*.

sexy = sexi.

sha [sa, ʃa] *m* Schah *der*.

shock = choc.

shorts ['ʃorts] *mpl* Shorts *pl*.

show ['ʃou] (*pl* **shows**) *m* Show *die* ; **montar un ~** *fam* sich in Szene setzen.

si[1] (*pl* sis) *m* MÚS h *das*.

si[2] *conj* - **1.** *(expresa condición)* wenn - **2.** *(en oraciones interrogativas indirectas)* ob ; **dime ~ me quieres** sag mir, ob du mich liebst - **3.** *(expresa recriminación)* : **¡~ ya te lo había dicho!** ich hatte es dir doch schon gesagt!.

sí (*pl* **síes**) <> *adv* - **1.** [afirmación] ja - **2.** [uso enfático] : **éste piso ~ que es bonito** das ist ja doch eine schöne Wohnung - **3.** *loc* : **¿a que no te atreves? ¡a que ~!** wetten, dass du es nicht wagst? und ob! ; **porque ~** [sin razón] einfach so ; **es una chica guapa porque ~** sie ist einfach schön ; **¿te han puesto una multa? pues ~ que te han fastidiado** du hast einen Strafzettel bekommen? dann bist du aber ganz schön angeschmiert ; **¿~?** [¿de verdad?] tatsächlich? <> *pron pers (reflexivo)* [él, ella, ellos, ellas, usted, ustedes] : **cerraron la puerta tras de ~** sie schlossen die Tür hinter sich zu ; **de (por) ~** an sich. ◆ **sí** *m* Einverständnis *das* ; **dar el ~** das Jawort geben.

siamés, esa <> *adj* siamesisch. <> *m, f* - **1.** [de Siam] Siamese *der*, -sin *die* - **2.** [gemelo] siamesische Zwillinge. ◆ **siamés** *m* Siamkatze *die*.

sibarita <> *adj* genusssüchtig. <> *mf* Feinschmecker *der*, -in *die*.

Siberia *f* : **(la) ~** Sibirien *nt*.

Sicilia *f* Sizilien *nt*.

sico- = psico-.

sida, SIDA (*abrev de* **síndrome de inmunodeficiencia adquirida**) *m* AIDS *das*.

sidecar *m* Beiwagen *der*.

siderurgia *f* [ciencia] Eisenhüttenkunde *die*; [industria] Eisenhüttenindustrie *die*.
siderúrgico, ca *adj* Eisen-, Stahl-.
sidra *f* Apfelwein *der*.
siega *f* - **1.** [acción] Mähen *das* - **2.** [época] Mähzeit *die*.
siembra *f* - **1.** [acción] Aussaat *die* - **2.** [época] Saatzeit *die*.
siempre *adv* - **1.** [gen] immer; **como ~** wie immer; **de ~** seit jeher; **desde ~** schon immer; **para ~ (jamás)** für immer und ewig; **~ que** [cada vez] immer wenn; [con tal de que] vorausgesetzt, dass; **~ y cuando** vorausgesetzt, dass - **2.** *Amér* [en cualquier caso] auf jeden Fall.
sien *f* Schläfe *die*.
sierra *f* - **1.** [herramienta] Säge *die* - **2.** [región montañosa] Gebirge *das*.
siervo, va *m, f* - **1.** [en Edad media] Leibeigene *der, die* - **2.** RELIG Diener *der*, -in *die*.
siesta *f* Mittagsschlaf *der*.
siete <> *núm* - **1.** [para contar] sieben - **2.** [para ordenar] siebte, -r, -s. <> *m* Sieben *die*. <> *f inv* - **1.** sieben - **2.** *loc*. ◆ **siete y medio** *m*, **siete y media** *fpl* [juego] ≃ Siebzehn und Vier; *ver también* **seis**.
sífilis *f* MED Syphilis *die*.
sifón *m* - **1.** [agua] Sodawasser *das*; [botella] Siphon *der* - **2.** [de WC] Geruchsverschluss *der*.
sig. = **s.**
sigiloso, sa *adj* - **1.** [discreto] verschwiegen - **2.** [silencioso] verstohlen.
sigla *f* Anfangsbuchstabe *der*.
siglo *m* - **1.** [cien años] Jahrhundert *das* - **2.** *fig* [mucho tiempo]: **hacía ~s que no nos veíamos** wir haben uns eine Ewigkeit nicht gesehen.
significación *f* Bedeutung *die*.
significado, da *adj* bedeutend. ◆ **significado** *m* - **1.** [sentido] Sinn *der* - **2.** LING Signifikat *das*.
significar [10] *vt* bedeuten.
significativo, va *adj* - **1.** [sintomático] bezeichnend; [revelador] vielsagend - **2.** [importante] bedeutend.
signo *m* - **1.** [gen] Zeichen *das*; [de puntuación] Satzzeichen; [de escritura] Schriftzeichen - **2.** [indicio] (An)zeichen *das* - **3.** [símbolo] Kennzeichnen *das* - **4.** [de horóscopo] Sternzeichen *das*.
siguiente <> *adj* folgend. <> *mf* - **1.** [el que sigue]: **el/la ~** der/die Nächste; **¡el ~!** der Nächste, bitte! - **2.** [lo que sigue]: **lo ~** Folgendes.
sílaba *f* Silbe *die*.
silabear <> *vt* einzelne Silben aus|sprechen. <> *vi* (beim Lesen) einzelne Silben aus|sprechen.
silbar <> *vt* - **1.** [gen] pfeifen - **2.** [para piropear] hinterher|pfeifen. <> *vi* - **1.** [gen] pfeifen - **2.** [para abuchear] aus|pfeifen.
silbato *m* Pfeife *die*.
silbido, silbo *m* - **1.** [con labios o dedos] Pfeifen *das* - **2.** [con silbato] Pfiff *der* - **3.** [de flecha, bala, serpiente] Zischen *das*.
silenciador *m* - **1.** [de arma de fuego] Schalldämpfer *der* - **2.** [de vehículo] Auspufftopf *der*.
silenciar [8] *vt* verschweigen.
silencio *m* - **1.** [ausencia de sonidos] Stille *die*; **en ~** still; [ausencia de conversación] (Still)schweigen *das*; **en ~** (still)schweigend; **guardar ~ (sobre algo)** (über etw) Stillschweigen bewahren; **imponer ~** Schweigen gebieten; **romper el ~** das Schweigen brechen - **2.** MÚS Pause *die*.
silencioso, sa *adj* - **1.** [sin ruido] still - **2.** [sin hablar] (still)schweigend - **3.** [que apenas causa ruido] geräuschlos.
silicio *m* QUÍM Silizium *das*.
silicona *f* QUÍM Silikon *das*.
silla *f* - **1.** [asiento] Stuhl *der*; **~ de montar** Sattel *der*; **~ de ruedas** Rollstuhl; **~ eléctrica** elektrischer Stuhl - **2.** [de prelado] Bischofsstuhl *der*.
sillín *m* Fahrradsattel *der*.
sillón *m* Sessel *der*.
silueta *f* - **1.** [cuerpo] Figur *die* - **2.** [contorno] Silhouette *die*.
silvestre *adj* wild.
simbólico, ca *adj* symbolisch.
simbolizar [13] *vt* symbolisieren.
símbolo *m* - **1.** [representación] Symbol *das* - **2.** QUÍM Zeichen *das*.
simetría *f* Symmetrie *die*.
simiente *f culto* Saatgut *das*.
símil *m* Vergleich *der*.
similar *adj*: **~ a** ähnlich wie.
similitud *f* Ähnlichkeit *die*.
simio, mia *m, f* Affe *der*, Äffin *die*.
simpatía *f* - **1.** [cualidad, afecto] Sympathie *die* - **2.** MED Synalgie *die* - **3.** FÍS Wechselwirkung *die*.
simpático, ca *adj* sympathisch. ◆ **simpático** *m* ANAT Sympathikus *der*.
simpatizante <> *adj* sympathisierend. <> *mf* Sympathisant *der*, -in *die*.
simpatizar [13] *vi* [con personas] sich mit jm an|freunden; [con creencias, ideas] sympathisieren.
simple <> *adj* - **1.** [gen] einfach - **2.** [frugal, modesto] schlicht - **3.** *(antepuesto al nombre)* [solo, único] nur - **4.** [de carácter sencillo] unkompliziert - **5.** [bobo] einfältig. <> *mf* Einfältige *der, die*. <> *m* DEP Einzel *das*.
simplemente *adv* einfach.
simpleza *f* - **1.** [cualidad] Einfalt *die* - **2.** [tontería] Dummheit *die*; [cosa sin importancia] Kleinigkeit *die*.
simplicidad *f* Einfachheit *die*.

simplificar [10] *vt* vereinfachen.
simplista *adj* vereinfachend.
simplón, ona *adj* einfältig.
simposio, simposium *m* Symposium *das*.
simulacro *m* [falacia] Trugbild *das* ; [simulación] : ~ **de combate** Gefechtsübung *die* ; ~ **de salvamento** Rettungsübung *die*.
simulador, ra *adj* vortäuschend, Schein-. ◆ **simulador** *m* Simulator *der*.
simular *vt* vorltäuschen.
simultáneo, a *adj* [suceso] gleichzeitig ; **interpretación simultánea** Simultandolmetschen *das*.
sin *prep* - **1.** [con sustantivo] ohne - **2.** [con infinitivo] : ~ **hablar** ohne zu sprechen - **3.** [con verbo] : ~ **que lo sepas** ohne dass du es weißt - **4.** [para formar adjetivos o adverbios] -los ; ~ **condiciones** bedingungslos. ◆ **sin embargo** *conj* trotzdem.
sinagoga *f* Synagoge *die*.
sincerarse *vpr* : ~ **con** jm *(D)* etw beichten.
sincero, ra *adj* aufrichtig.
sincronía *f* - **1.** [simultaneidad] Gleichzeitigkeit *die* ; [de imagen, sonido] Synchronisation *die* - **2.** LING Synchronie *die*.
sincronización *f* Synchronisation *die*.
sincronizar [13] *vt* - **1.** [coordinar] (aufeinander) ablstimmen - **2.** FÍS synchronisieren.
sindical *adj* Gewerkschafts-.
sindicalismo *m* Gewerkschaftsbewegung *die*.
sindicalista *mf* Gewerkschaftler *der*, -in *die*.
sindicato *m* Gewerkschaft *die*.
síndrome *m* Syndrom *das* ; ~ **de abstinencia** Entzugserscheinung *die* ; ~ **de Down** Downsyndrom *das*.
sinfín *m (no se usa en pl)* : **un** ~ **de** eine Unmenge von.
sinfonía *f* Sinfonie *die*.
sinfónico, ca *adj* sinfonisch.
Singapur *m* Singapur *nt*.
single ['siŋgel] *m* Single *die*.
singular <> *adj* - **1.** [peculiar] sonderbar - **2.** [único] einzigartig - **3.** GRAM Singular-. <> *m* GRAM Singular *der*.
singularidad *f* Einzigartigkeit *die*.
singularizar [13] *vt* hervorlheben. ◆ **singularizarse** *vpr* sich herlvorheben.
siniestra <> *f desus* linke Hand. <> *adj* ; ▷ **siniestro**.
siniestrado, da <> *adj* [conductor, coche] verunglückt ; [edificio] beschädigt. <> *m, f* Opfer *das*.
siniestro, tra *adj* - **1.** [perverso] unheilvoll - **2.** [lleno de penalidades] verhängnisvoll - **3.** [izquierdo] linke, -r, -s ◆ **siniestro** *m* Unglück *das*.
sinnúmero *m (no se usa en pl)* Unzahl *die*.
sino[1] *m* Schicksal *das*.
sino[2] *conj* - **1.** [para contraponer] sondern - **2.** [excepto] : **nadie lo sabe ~ tu amigo** niemand weiß es außer deinem Freund.
sinónimo *m* Synonym *das*.
sinopsis *f* Übersicht *die*.
sinóptico, ca *adj* zusammenfassend.
sinrazón *f (gen pl)* Unsinn *der*.
sinsabor *m (gen pl)* Unannehmlichkeiten *pl*.
síntesis *f* - **1.** [resumen] Zusammenfassung *die* ; **en** ~ kurz - **2.** BIOL [composición de un todo] Synthese *die*.
sintético, ca *adj* - **1.** [artificial] synthetisch - **2.** [resumido] zusammengefasst.
sintetizador, ra *adj* synthetisierend. ◆ **sintetizador** *m* Synthesizer *der*.
sintetizar [13] *vt* zusammenlfassen.
síntoma *m* Symptom *das*.
sintonía *f* - **1.** [música] Erkennungsmelodie *die* - **2.** [conexión] Tuning *das*.
sintonizar [13] <> *vt* [canal] einlstellen. <> *vi* - **1.** : ~ **con** übereinlstimmen mit - **2.** *fig* [compenetrarse] harmonieren ; ~ **con alguien en algo** auf gleicher Wellenlänge mit jm liegen.
sinuoso, sa *adj* [con curvas] kurvig.
sinvergüenza <> *adj* unverschämt. <> *mf* unverschämte Person.
siquiera <> *conj* [aunque] auch wenn. <> *adv* [por lo menos] wenigstens. ◆ **ni (tan) siquiera** *loc conj* nicht einmal.
sir (*pl* **sires**) *m* Sir *der*.
sirena *f* Sirene *die*.
Siria *f* Syrien *nt*.
sirimiri *m* Nieselregen *der*.
sirviente, ta *m, f* Diener *der*, -in *die*.
sisa *f* - **1.** [de dinero] unterschlagenes Geld - **2.** [de prenda de vestir] Ausschnitt *der*.
sisar <> *vt* - **1.** [dinero] unterschlagen - **2.** [prenda de vestir] einen Ärmel auslschneiden. <> *vi* klauen.
sisear *vt & vi* zischen.
sísmico, ca *adj* seismisch.
sismógrafo *m* Seismograf *der*.
sistema *m* - **1.** [gen] System *das* ; ~ **monetario** ECON Währungssystem ; ~ **planetario** Planetensystem *das* ; ~ **solar** Sonnensystem *das* ; ~ **respiratorio** ANAT Atmungsorgane *pl* - **2.** [modo de proceder] Methode *die*. ◆ **por sistema** *loc adv* systematisch.
Sistema Central *m* : **el** ~ das Kastilische Scheidegebirge.
Sistema Ibérico *m* : **el** ~ das Iberische Randgebirge.
sistemático, ca *adj* systematisch.
sistematizar [13] *vt* systematisieren.
sitiar [8] *vt* [lugar] belagern.
sitio *m* - **1.** [lugar] Ort *der* - **2.** [espacio] Platz *der* ; **hacer ~ a alguien** jm Platz machen

- 3. [cerco] Belagerung *die* - 4. [en Internet] : ~ **web** Website *die* - 5. *Amér* [de taxis] Taxistand *der*.

situación *f* - 1. [gen] Situation *die*, Lage *die* ; **estar en ~ de** in der Lage sein zu - 2. [posición social, económica] Stellung *die*.

situado, da *adj* [por su ubicación] gelegen ; **bien ~** [socialmente, económicamente] gut situiert.

situar [6] *vt* - 1. [en lugar] auf|stellen - 2. [en categoría] platzieren - 3. [en mapa] orten. ◆ **situarse** *vpr* - 1. [en lugar] sich (auf|-)stellen - 2. [socialmente, económicamente] sich etablieren - 3. [en categoría] sich platzieren.

skateboard [es'keidbor] (*pl* **skateboards**) *m* - 1. [tabla] Skateboard *das* - 2. [deporte] Skateboardfahren *das*.

skater [es'keiter] *mf* Skater *der*, -in *die*.

ski = **esquí**.

SL (*abrev de* **sociedad limitada**) *f* GmbH *die*.

slip = **eslip**.

slogan = **eslogan**.

SME (*abrev de* **sistema monetario europeo**) *m* EWS *das*.

smoking = **esmoquin**.

s/n (*abrev de* **sin número**) ▷ **número**.

snack-bar *m inv* Snackbar *die*.

snob = **esnob**.

snowboard [es'nouβor] *m* - 1. [tabla] Snowboard *das* - 2. DEP Snowboardfahren *das*.

so ◇ *prep* unter *(+D)*. ◇ *adv* : **¡~ tonto!** du Blödmann! ◇ *interj* : **¡so!** brr! *(um Zugtiere zum Halten zu bewegen)*.

sobaco *m* Achsel *die*.

sobado, da *adj* - 1. [gastado] abgewetzt - 2. *fig* [manoseado] abgegriffen. ◆ **sobado** *m* CULIN Schmalzgebäck *das*.

sobar ◇ *vt* - 1. [tocar] an|fassen - 2. *despec* [acariciar, besar] befummeln - 3. [ablandar - pieles] geschmeidig machen ; [- pan] ein|weichen. ◇ *vi mfam* pennen.

soberanía *f* Souveränität *die*.

soberano, na ◇ *adj* - 1. [independiente] souverän - 2. *(gen en aposición) fig* [grande] heftig. ◇ *m, f* Souverän *der*.

soberbio, bia *adj* - 1. [arrogante] hochmütig - 2. *(gen aposición)* [magnífico] prächtig - 3. *(gen aposición)* [grande] heftig. ◆ **soberbia** *f* [arrogancia] Hochmut *der*.

sobón, ona *adj fam* aufdringlich.

soborno *m* Bestechung *die*.

sobra *f (gen pl)* Rest *der* ; **de ~(s)** [en exceso] im Überfluss ; [de más] überflüssig.

sobrado, da *adj* - 1. [de sobra] genügend - 2. [de dinero] flüssig.

sobrante ◇ *adj* übrig. ◇ *m* Überschuss *der*.

sobrar *vi* - 1. [quedar, restar] übrig bleiben - 2. [haber de más] übrig haben - 3. [estar de más] zu viel sein.

sobrasada *f* feine Paprikastreichwurst.

sobre[1] *m* - 1. [para cartas] Umschlag *der* - 2. [de alimentos] Packung *die*.

sobre[2] *prep* - 1. [local] auf *(+D)* ; **el libro estaba ~ la mesa** das Buch lag auf dem Tisch ; [direccional] auf *(+A)* ; **pon el libro ~ la mesa** leg das Buch auf den Tisch - 2. [por encima de] über ; **el pato vuela ~ el lago** die Ente fliegt über den See ; **ya veíamos ~ nosotros las cimas** über uns sahen wir schon die Gipfel - 3. [superioridad] über ; **su opinión está ~ las de los demás** seine Meinung steht über der der anderen - 4. [acerca de] über ; **un libro ~ el amor** ein Buch über die Liebe - 5. [alrededor de] gegen ; **llegarán ~ las diez** sie kommen gegen zehn Uhr an.

sobrecarga *f* - 1. [exceso de carga] Überladung *die* - 2. [saturación] Überlastung *die*.

sobrecargar [16] *vt* - 1. [cargar] überladen - 2. [saturar] überlasten.

sobrecogedor, ra *adj* überwältigend.

sobrecoger [14] *vt* erschrecken. ◆ **sobrecogerse** *vpr* sich erschrecken.

sobredosis *f inv* Überdosis *die*.

sobreentender = **sobrentender**.

sobrehumano, na *adj* übermenschlich.

sobrellevar *vt* ertragen.

sobremesa *f geselliges Beisammensein nach Tisch*.

sobrenatural *adj* übernatürlich.

sobrenombre *m* Spitzname *der*.

sobrentender, sobreentender *vt* verstehen. ◆ **sobrentenderse, sobreentenderse** *vpr* sich von selbst verstehen.

sobrepasar *vt* - 1. [exceder] übersteigen - 2. [aventajar] übertreffen.

sobrepeso *m* Übergewicht *das*.

sobrepoblación *f Amér* Überbevölkerung *die*.

sobreponer [65] *vt* überziehen. ◆ **sobreponerse** *vpr* überwinden.

sobreproducción = **superproducción**.

sobrepuesto, ta *pp irreg* ▷ **sobreponer**.

sobresaliente ◇ *adj* hervorstechend. ◇ *m* Sehr gut *das (Note)*.

sobresalir [71] *vi* - 1. [en tamaño] heraus|ragen - 2. [en importancia] sich ab|heben.

sobresaltar *vt* erschrecken. ◆ **sobresaltarse** *vpr* sich erschrecken.

sobresalto *m* Schreck *der*.

sobrestimar, sobreestimar *vt* überschätzen.

sobresueldo *m* Gehaltszulage *die*.

sobrevenir [75] *vi* herein|brechen.

sobrevivencia *f Amér* Überleben *das*.

sobrevivir *vi* überleben ; **~ a** überleben *(+A)*.

sobrevolar [23] *vt* überfliegen.
sobriedad *f* **- 1.** [moderación] Mäßigung *die* **- 2.** [serenidad] Nüchternheit *die.*
sobrino, na *m, f* Neffe *der,* Nichte *die.*
sobrio, bria *adj* **- 1.** [moderado] gemäßigt ; **~ de** O **en** zurückhaltend bei **- 2.** [no excesivo] genügsam **- 3.** [austero] bescheiden **- 4.** [sereno] nüchtern.
socavar *vt* untergraben.
socavón *m* Schlagloch *das.*
sociable *adj* umgänglich.
social *adj* **- 1.** [de sociedad, de relaciones] sozial **- 2.** [de entidades] Gesellschafts-.
socialdemócrata ◇ *adj* POLÍT sozialdemokratisch. ◇ *mf* POLÍT Sozialdemokrat *der,* -in *die.*
socialista ◇ *adj* POLÍT sozialistisch. ◇ *mf* POLÍT Sozialist *der,* -in *die.*
socializar [13] *vt* ECON verstaatlichen.
sociedad *f* **- 1.** [gen] Gesellschaft *die* ; **~ de consumo** Konsumgesellschaft ; **~ anónima** Aktiengesellschaft ; **~ (de responsabilidad) limitada** Gesellschaft mit beschränkter Haftung **- 2.** [asociación] Verein *der.*
socio, cia *m, f* **- 1.** COM Geschäftspartner *der,* -in *die* **- 2.** [miembro] Mitglied *das.*
sociología *f* Soziologie *die.*
sociólogo, ga *m, f* Soziologe *der,* -gin *die.*
socorrer *vt* helfen.
socorrido, da *adj* hilfreich.
socorrismo *m* : **curso de ~** Erste-Hilfe-Lehrgang *der.*
socorrista *mf* [gen] Rettungshelfer *der,* -in *die* ; [de playa] Rettungsschwimmer *der,* -in *die.*
socorro ◇ *m* Rettung *die.* ◇ *interj* : **¡socorro!** hilfe!
soda *f* Soda(wasser) *das.*
sodio *m* QUÍM Natrium *die.*
soez *adj* unanständig.
sofá (*pl* **sofás**) *m* Sofa *das.*
Sofía *f* Sofia *nt.*
sofisticación *f* [complejidad] Ausgeklügeltheit *die.*
sofisticado, da *adj* **- 1.** [complejo] hochkompliziert **- 2.** [refinado] raffiniert.
sofisticar [10] *vt* **- 1.** [perfeccionar] weiter entwickeln **- 2.** [dar refinamiento] künstlich wirken lassen.
sofocar [10] *vt* **- 1.** [ahogar] ersticken **- 2.** [apagar] löschen **- 3.** [dominar] im Keim ersticken. ◆ **sofocarse** *vpr* **- 1.** [ahogarse] keine Luft bekommen **- 2.** [avergonzarse] sich schämen **- 3.** [irritarse] sich auf|regen.
sofoco *m* **- 1.** [ahogo] Atemnot *die* **- 2.** [vergüenza] Verlegenheit *die* **- 3.** [disgusto] Wutanfall *der.*
sofocón *m* *fam* Ärger *der.*
sofreír [28] *vt* CULIN an|braten.
sofrito, ta *pp irreg* ▷ **sofreír.** ◆ **sofrito** *m* CULIN *in Öl geschmorte Tomaten und Zwiebeln für Soßen.*
software ['sofwer] *m inv* Software *die.*
soga *f* Strick *der.*
sois ▷ **ser.**
soja *f* Soja *die.*
sojuzgar [16] *vt* unterjochen.
sol *m* **- 1.** [gen] Sonne *die* ; **de ~ a ~** *fig* von morgens bis abends ; **hoy hace ~** heute scheint die Sonne ; **tomar el ~** sich sonnen **- 2.** TAUROM [localidad] *Sonnenplätze in der Stierkampfarena* **- 3.** MÚS G *das* **- 4.** [moneda] Sol *der.*
solamente *adv* [nada más] nur, lediglich ; [expresamente] einzig und allein.
solapa *f* **- 1.** [de prenda] Revers *das* **- 2.** [de sobre, de libro] Klappe *die.*
solapado, da *adj* hinterhältig.
solapar *vt* vertuschen.
solar ◇ *adj* Sonnen-. ◇ *m* Grundstück *das.*
solario (*pl* **solariums**), **solárium** *m* Solarium *das.*
soldado *m* **- 1.** [gen] Soldat ; **~ raso** einfacher Soldat **- 2.** [partidario] Verfechter *der,* -in *die.*
soldador, ra *m, f* Schweißer *der,* -in *die.* ◆ **soldador** *m* Lötkolben *der.*
soldar [23] *vt* schweißen.
soleado, da *adj* sonnig.
soledad *f* Einsamkeit *die.*
solemne *adj* **- 1.** [con pompa, grave] feierlich **- 2.** [enorme] gewaltig.
solemnidad *f* **- 1.** [cualidad] Feierlichkeit *die* **- 2.** [acto] Feier *die.*
soler [81] *vi* : **~ hacer algo** gewöhnlich etw tun.
solera *f* **- 1.** [tradición] Tradition *die* **- 2.** [de vino] Bodensatz *der.*
solfa *f* MÚS Solfeggio *das.*
solfeo *m* MÚS Solfeggio *das.*
solicitar *vt* **- 1.** [empleo, permiso, etc] beantragen **- 2.** [persona] verfolgen ; **estar muy solicitado** sehr gefragt sein.
solícito, ta *adj* hilfsbereit.
solicitud *f* **- 1.** [petición] Antrag *der* **- 2.** [documento] Antragsformular *das.*
solidaridad *f* Solidarität *die.*
solidario, ria *adj* solidarisch.
solidarizarse [13] *vpr* : **~se con** sich solidarisieren mit.
solidez *f* **- 1.** [física] Stabilität *die* **- 2.** [moral] Festigkeit *die.*
solidificar [10] *vt* erstarren lassen. ◆ **solidificarse** *vpr* erstarren.
sólido, da *adj* **- 1.** [fuerte] stabil **- 2.** FÍS [inalterable] fest ; [color] farbecht **- 3.** [asentado, firme] solide. ◆ **sólido** *m* **- 1.** FÍS fester Körper **- 2.** GEOM Körper.
solista ◇ *adj* MÚS Solo-. ◇ *mf* MÚS Solist *der,* -in *die.*

solitario, ria *adj* einsam. ◆ **solitario** *m* - **1.** [diamante] Solitär *der* - **2.** [juego] Patiencespiel *das.* ◆ **solitaria** *f* Bandwurm *der.*

sollozo *m* Schluchzen *das.*

solo, la *adj* - **1.** [gen] allein ; **a solas** ganz allein ; **siempre toma café ~** sie trinkt den Kaffee immer schwarz - **2.** [único] einzig. ◆ **solo** <> *m* Solo *das.* <> *adv* = **sólo.**

sólo, solo *adv* nur ; **no ~ ... sino (también)** nicht nur, sondern auch ; **~ que** ... nur ...

solomillo *m* Filet *das.*

soltar [23] *vt* - **1.** [de mano] los|lassen - **2.** [desatar] los|binden ; [nudo, cordones] auf|knoten - **3.** [dejar libre] frei|lassen - **4.** [aflojar] lockern - **5.** [dar] locker machen - **6.** [lanzar, decir bruscamente] : **~ un suspiro** einen Seufzer aus|stoßen ; **os lo solté** ich schleuderte es euch entgegen. ◆ **soltarse** *vpr* - **1.** [de mano] sich los|reißen - **2.** [desatarse, independizarse] sich lösen - **3.** [perder timidez] aus sich heraus|gehen.

soltería *f* Junggesellendasein *das.*

soltero, ra <> *adj* [estado civil] ledig ; [situación personal] alleinstehend. <> *m, f* Junggeselle *der,* -lin *die.*

solterón, ona *m, f* alter Junggeselle, alte Jungfer.

soltura *f* Gewandtheit *die.*

soluble *adj* - **1.** [que se disuelve] löslich - **2.** [que se soluciona] lösbar.

solución *f* Lösung *die* ; **sin ~ de continuidad** ununterbrochen.

solucionar *vt* lösen.

solvencia *f* [posibilidad económica] Zahlungsfähigkeit *die.*

solventar *vt* - **1.** [pagar] begleichen - **2.** [resolver] lösen.

solvente *adj* - **1.** [sin deudas] schuldenfrei - **2.** [capaz de pagar] zahlungsfähig - **3.** [eficaz] fähig.

Somalia *f* Somalia *nt.*

sombra *f* - **1.** [gen] Schatten *der* ; **a la ~** im Schatten - **2.** [en pintura] Schattierung *die* - **3.** *(gen pl)* [ignorancia] Wissenslücke *die* - **4.** *(gen pl)* [inquietud] : **sólo ver ~s** nur schwarz sehen - **5.** [clandestinidad] : **permanecer en la ~** im Dunkeln bleiben - **6.** [imperfección, mancha] Fleck *der* - **7.** [atisbo] Anflug *der* ; **ni ~ de : no tienen ni ~ de talento** sie haben nicht das geringste Talent - **8.** *fig* [persona] : **últimamente es sólo una ~ de lo que fue** in letzter Zeit ist er nur noch ein Schatten seiner selbst - **9.** [suerte] : **tener buena/mala ~** Glück/Pech haben - **10.** TAUROM *teure Plätze in der Stierkampfarena, die im Schatten liegen* - **11.** *loc* : **a la ~** *fam* im Knast.

sombrero *m* Hut *der.*

sombrilla *f* Sonnenschirm *der.*

sombrío, a *adj* - **1.** [oscuro] schummrig - **2.** [triste] düster.

somero, ra *adj* vage.

someter *vt* - **1.** [dominar] unterwerfen - **2.** [subordinar] unter|ordnen - **3.** *(en combinación con sustantivo)* : **~ a alguien a una revisión** jn einer Untersuchung unterziehen. ◆ **someterse** *vpr* - **1.** [rendirse] sich ergeben - **2.** [conformarse] sich unter|ordnen - **3.** *(en combinación con sustantivo)* : **~se a** sich etw *(D)* unterziehen.

somier (*pl* **somieres** o **somiers**) *m* Sprungfederrahmen *der.*

somnífero, ra *adj* beruhigend. ◆ **somnífero** *m* Schlafmittel *das.*

somos ▷ **ser.**

son[1] ▷ **ser.**

son[2] *m* - **1.** [sonido] Klang *der* - **2.** [estilo] Art *die* ; **en ~ de paz** in friedlicher Absicht.

sonado, da *adj* - **1.** [famoso] sensationell - **2.** [loco] einen Knall haben.

sonajero *m* Rassel *die.*

sonámbulo, la <> *adj* schlafwandlerisch. <> *m, f* Schlafwandler *der,* -in *die.*

sonar[1] [23] *m* Echolot *das.*

sonar[2] <> *vi* - **1.** [producir sonido] klingeln - **2.** [dar la hora] : **sonaron las doce** es schlug zwölf - **3.** [pronunciarse] ausgesprochen werden - **4.** [ser conocido] bekannt sein - **5.** [parecer] : **~ a falso** falsch klingen - **6.** [ser familiar] bekannt vor|kommen - **7.** [rumorearse] : **suena entre los empleados que ...** unter den Angestellten heißt es, dass ... <> *vt* die Nase putzen. ◆ **sonarse** *vpr* sich schnäuzen.

sonata *f* MÚS Sonate *die.*

sonda *f* Sonde *die.*

sondear *vt* - **1.** [averiguar] sich erkundigen - **2.** MIN Probebohrungen vor|nehmen.

sondeo *m* - **1.** [encuesta] Umfrage *die* - **2.** MIN Probebohrung *die* - **3.** NÁUT (Aus)loten *das.*

sónico, ca *adj* Schall-.

sonido *m* [gen] Laut *der* ; FÍS Schall *der.*

sonoridad *f* Klangfülle *die.*

sonoro, ra *adj* - **1.** [que suena] klingend - **2.** [ruidoso] laut - **3.** [que resuena] widerhallend - **4.** CIN Sound- - **5.** GRAM stimmhaft.

sonreír [28] *vi* - **1.** [gen] lächeln - **2.** *fig* [ser favorable] : **la fortuna le ha sonreído siempre** das Glück ist ihm immer hold gewesen.

sonriente *adj* lächelnd.

sonrisa *f* Lächeln *das.*

sonrojar *vt* erröten lassen. ◆ **sonrojarse** *vpr* erröten.

sonrojo *m* Erröten *das.*

sonrosado, da *adj* gerötet.

sonsacar [10] *vt* - **1.** [conseguir] heraus|holen - **2.** [hacer decir] entlocken.

sonso, sa *Amér* = **zonzo.**

sonsonete *m* [ruido] monotones Geräusch.

soñador, ra ◇ *adj* verträumt. ◇ *m, f* Träumer *der*, -in *die*.

soñar [23] ◇ *vt* träumen ; **¡ni ~lo!** *fig* nicht im Traum! ◇ *vi* : **~ con** träumen von.

soñoliento, ta *adj* schläfrig.

sopa *f* Suppe *die* ; **encontrarse a alguien hasta en la ~** *fig* jm ständig begegnen ; **estar como una ~** *fig* pudelnass sein.

sopapo *m* Ohrfeige *die*.

sopero, ra *adj* Suppen-. ◆ **sopera** *f* Suppenschüssel *die*.

sopesar *vt* - **1.** [calcular peso] das Gewicht schätzen - **2.** [valorar] ab|wägen.

sopetón ◆ **de sopetón** *loc adv* unversehens.

soplar ◇ *vt* - **1.** [aire, vidrio] blasen ; [velas, cirios] aus|blasen - **2.** [polvo, cenizas] weg|blasen - **3.** [globo] auf|blasen - **4.** *fig* [examen, lección] vor|sagen - **5.** *fig* [delito, falta] raus|rücken - **6.** *fig* [objetos] klauen. ◇ *vi* - **1.** [gen] blasen ; [resoplar] die Backen auf|blasen - **2.** [viento] wehen - **3.** *fam* [beber] saufen. ◆ **soplarse** *vpr fam* : **~se un pollo entero** ein ganzes Hähnchen verschlingen.

soplete *m* Schweißbrenner *der*.

soplido *m* Hauch *der*.

soplo *m* - **1.** [aire] Hauch *der* - **2.** *fig* [instante] : **pasan los años en un ~** die Jahre vergehen im Nu - **3.** MED Rasseln *das* - **4.** *fam* [chivatazo] Wink *der*.

soplón, ona *m, f fam* Zuträger *der*, -in *die*.

sopor *m* Schläfrigkeit *die*.

soporífero, ra *adj* - **1.** [que hace dormir] einschläfernd - **2.** [aburrido] ermüdend.

soportar *vt* - **1.** [sostener] tragen - **2.** [resistir] überstehen - **3.** [tolerar, sobrellevar] ertragen. ◆ **soportarse** *vpr* : **no se soportan, no se pueden ni ver** sie können sich nicht ausstehen, sie können sich nicht riechen.

soporte *m* [apoyo, ayuda] Stütze *die*.

soprano ◇ *mf* [voz] Sopranstimme *die*. ◇ *m* [cantante] Sopranist *der*, -in *die*.

sor *f* (Kloster)schwester *die*.

sorber *vt* - **1.** [beber] schlürfen - **2.** [absorber] auf|saugen.

sorbete *m* Sorbet *der das*.

sorbo *m* Schluck *der* ; **(beber) a ~s** in kleinen Schlucken trinken ; **de un ~** mit einem Schluck.

sordera *f* [completa] Taubheit *die* ; [parcial] Schwerhörigkeit *die*.

sórdido, da *adj* schäbig.

sordo, da ◇ *adj* - **1.** [que no oye nada, insesible] taub - **2.** [que oye mal] schwerhörig ; [amortiguado] gedämpft - **3.** [apagado] dumpf - **4.** GRAM stumm. ◇ *m, f* [el que no oye nada] Taube *der, die* ; [el que oye mal] Schwerhörige *der, die*.

sordomudo, da ◇ *adj* taubstumm. ◇ *m, f* Taubstumme *der, die*.

sorna *f* Ironie *die*.

soroche *m Amér* Höhenkrankheit *die*.

sorprendente *adj* erstaunlich.

sorprender *vt* - **1.** [asombrar] überraschen - **2.** [pillar] ertappen - **3.** [descubrir] entdecken. ◆ **sorprenderse** *vpr* überrascht sein.

sorprendido, da *adj* überrascht.

sorpresa *f* Überraschung *die* ; **dar una ~** eine Überraschung bereiten ; **de** o **por ~** überraschend ; **llevarse una ~** eine Überraschung erleben.

manifestar sorpresa

So eine Überraschung! ¡Vaya sorpresa!
Wer hätte das gedacht? ¡Quién lo habría dicho!
Was für ein Zufall! ¡Pero qué casualidad!
Das wundert mich. Me extraña.
Das ist ja ein Ding! ¡Qué fuerte!

sorpresivo, va *adj Amér* überraschend.

sortear *vt* - **1.** [rifar] verlosen - **2.** [superar] überwinden - **3.** DEP dribbeln.

sorteo *m* Verlosung *die*.

sortija *f* Ring *der (Schmuck)*.

sortilegio *m* [maleficio] Verwünschung *die*.

SOS (*abrev de* **save our souls**) *m* SOS *das*.

sosa *f* QUÍM Natron *das*.

sosegado, da *adj* ruhig.

sosegar [35] *vt* beruhigen. ◆ **sosegarse** *vpr* sich beruhigen.

sosería *f* Fadheit *die*.

sosias *m inv*, **sosia** *m* Doppelgänger *der*.

sosiego *m* Ruhe *die*.

soslayo ◆ **de soslayo** *loc adv* schräg ; **mirar algo de ~** etw aus den Augenwinkeln betrachten.

soso, sa *adj* fad.

sospecha *f* Verdacht *der*.

sospechar ◇ *vt* vermuten. ◇ *vi* : **sospechamos de usted como autor del asesinato** wir verdächtigen Sie des Mordes.

sospechoso, sa ◇ *adj* verdächtig. ◇ *m, f* Verdächtige *der, die*.

sostén *m* - **1.** [apoyo, sustento] Stütze *die* - **2.** [prenda femenina] Büstenhalter *der*, BH *der*.

sostener [72] *vt* - **1.** [gen] halten - **2.** [idea, opinión, etc] vertreten - **3.** [familia] unterhalten. ◆ **sostenerse** *vpr* [en pie] sich aufrecht halten ; [en el aire] halten.

sostenido, da *adj* - **1.** [continuado] aus-

dauernd - **2.** MÚS erhöht. ◆ **sostenido** *m* MÚS Kreuz *das (als Vorzeichen).*
sota *f* Bube *der.*
sotana *f* Soutane *die.*
sótano *m* Untergeschoss *das.*
sotavento *m* NÁUT Lee *das.*
soterrar [19] *vt* vergraben.
soviet (*pl* **soviets**) *m* Sowjet *der.*
soviético, ca ◇ *adj* - **1.** [de soviet] Sowjet- - **2.** [de URSS] sowjetisch. ◇ *m, f* [de URSS] Sowjetbürger *der,* -in *die.*
soy ▷ **ser.**
SP (*abrev de* **servicio público**) *m Kennzeichen auf öffentlichen Fahrzeugen* ▷ **servicio.**
spaghetti = **espagueti.**
sport = **esport.**
spot = **espot.**
spray = **espray.**
sprint = **esprint.**
squash [es'kwaʃ] *m inv* DEP Squash *das.*
Sr. (*abrev de* **señor**) Hr.
Sra. (*abrev de* **señora**) Fr.
Sres. (*abrev de* **señores**) Hrn.
Srta. (*abrev de* **señorita**) Frl.
s. s. s. (*abrev de* **su seguro servidor**) mit vorzüglicher Hochachtung.
Sta. (*abrev de* **santa**) St.
staff = **estaf.**
stand = **estand.**
standard = **estándar.**
standarizar = **estandarizar.**
standing = **estanding.**
starter = **estárter.**
status = **estatus.**
sterling = **esterlina.**
Sto. (*abrev de* **santo**) St.
stock = **estoc.**
stop, estop *m* - **1.** [señal de tráfico] Stoppschild *das* - **2.** [en telegrama] Stopp *das.*
stress = **estrés.**
strip-tease [es'triptis] *m inv* Striptease *der* o *das.*
su = **suyo.**
suave *adj* - **1.** [cabello, terciopelo] glatt ; [piel] weich - **2.** [carácter] sanft - **3.** [cuesta, pendiente] leicht - **4.** [aroma, sabor] mild.
suavidad *f* - **1.** [tersura] Weichheit *die* - **2.** [docilidad, delicadeza] Sanftheit *die* - **3.** [de aroma, sabor] Milde *die.*
suavizante ◇ *adj* [para pelo] Pflege-, pflegend ; [para ropa] weichspülend. ◇ *m* [para pelo] Pflegespülung *die* ; [para ropa] Weichspüler *der.*
suavizar [13] *vt* - **1.** [dar tersura] weich machen ; [alisar] glätten - **2.** [apaciguar] besänftigen - **3.** [facilitar] erleichtern - **4.** [dulcificar, rebajar] mildern.
subacuático, ca *adj* Unterwasser-.
subalimentar *vt* ungenügend ernähren.
subalquilar *vt* unter|vermieten.
subalterno, na ◇ *adj* Hilfs-. ◇ *m, f* Hilfskraft *die.*
subarrendar [19] *vt* unter|vermieten.
subasta *f* - **1.** [venta pública] Versteigerung *die* - **2.** [contrata pública] Ausschreibung *die.*
subcampeón, ona ◇ *adj* Vizemeister-. ◇ *m, f* Vizemeister *der,* -in *die.*
subcampeonato *m* Vizemeisterschaft *die.*
subclase *f* Unterklasse *die.*
subconjunto *m* MAT Teilmenge *die.*
subconsciente *m* Unterbewusste *das.*
subcontrato *m* Untervertrag *der.*
subcutáneo, a *adj* subkutan.
subdelegado, da *m, f* stellvertretender Delegierter, stellvertretende Delegierte.
subdesarrollado, da *adj* unterentwickelt.
subdirector, ra *m, f* stellvertretender Direktor, stellvertretende Direktorin.
subdirectorio *m* INFORM Unterverzeichnis *das.*
súbdito, ta ◇ *adj* untertan. ◇ *m, f* - **1.** [en monarquía] Untertan *der,* -in *die* - **2.** [ciudadano] Staatsbürger *der,* -in *die.*
subdividir *vt* unterteilen. ◆ **subdividirse** *vpr* sich unterteilen.
subdivisión *f* - **1.** [acción] Unterteilung *die* - **2.** [parte] Teil *der.*
subempleo *m* Unterbeschäftigung *die.*
subespecie *f* Subspezies *die,* Unterart *die.*
subestimar *vt* unterschätzen.
subgénero *m* Untergattung *die.*
subido, da *adj* - **1.** [fuerte, intenso] intensiv - **2.** *fam (para intensificar)* [mucho, muy] total. ◆ **subida** *f* - **1.** [cuesta] Steigung *die* - **2.** [ascensión, aumento] Anstieg *der.*
subíndice *m* MAT Indexbuchstabe *der.*
subinspector, ra *m, f* stellvertretender Inspektor, stellvertretende Inspektorin.
subir ◇ *vi* - **1.** [gen] steigen auf *(+A)* - **2.** [coche] ein|steigen, [a barco, avión] an Board gehen - **3.** [cuenta, importe] betragen - **4.** CULIN auf|gehen - **5.** [de categoría] auf|steigen. ◇ *vt* - **1.** [gen] besteigen - **2.** [llevar arriba] hoch|bringen - **3.** [incrementar] erhöhen ; [sonido] lauter stellen - **4.** MÚS [alzar] an|heben - **5.** [levantar - persianas] hoch|ziehen ; [- puerta de garaje] auf|machen. ◆ **subirse** *vpr* - **1.** [gen] steigen auf *(+A)* - **2.** [montar - a caballo] auf|sitzen ; [- a coche, tren, avion] ein|steigen ; [- a bicicleta] auf|steigen - **3.** [remangarse] hoch|ziehen.
súbito, ta *adj* plötzlich.
subjetividad *f* Subjektivität *die.*
subjetivo, va *adj* subjektiv.
subjuntivo, va *adj* GRAM im Konjunktiv, konjunktivisch. ◆ **subjuntivo** *m* GRAM Konjunktiv *der.*

sublevación *f*, **sublevamiento** *m* Aufstand *der*.
sublevar *vt* - **1.** [amotinar] auf|wiegeln - **2.** [indignar] empören. ◆ **sublevarse** *vpr* [amotinarse] sich auf|lehnen.
sublimación *f* - **1.** [exaltación] Verherrlichung *die* - **2.** QUÍM Sublimation *die*.
sublimar *vt* [exaltar] verherrlichen.
sublime *adj* erhaben.
submarinismo *m* DEP Tauchsport *der*.
submarinista ◇ *adj* Tauch-. ◇ *mf* Sporttaucher *der*, -in *die*.
submarino, na *adj* unterseeisch. ◆ **submarino** *m* U-Boot *das*.
submúltiplo, pla *adj* teilbar. ◆ **submúltiplo** *m* Divisor *der*.
subnormal *despec* ◇ *adj* geistig behindert. ◇ *mf* geistig Behinderte *der*, *die*.
suboficial *m* MIL Unteroffizier *der*.
subordinado, da ◇ *adj* untergeordnet; **frase subordinada** Nebensatz *der*. ◇ *m*, *f* Untergebene *der*, *die*.
subordinar *vt* unterordnen.
subproducto *m* Nebenprodukt *das*.
subrayar *vt* unterstreichen.
subrogar [16] *vt* DER : ~ **un contrato a alguien** *die Rechte eines Vertrages einer anderen Person übertragen*.
subsanar *vt* - **1.** [gen] beheben - **2.** [disculpar] wieder gut|machen.
subsc- = **susc-**.
subsecretario, ria *m*, *f* - **1.** [ayudante de secretario] stellvertretender Sekretär, stellvertretende Sekretärin - **2.** [cargo inferior al ministro] Staatssekretär *der*, -in *die*.
subsidiario, ria *adj* - **1.** [de subvención] Hilfs- - **2.** DER subsidiär.
subsidio *m* Beihilfe *die*.
subsiguiente *adj* nachfolgend.
subsistencia *f* - **1.** [vida] Existenz *die* - **2.** [preservación] Erhalt *der*. ◆ **subsistencias** *fpl* Proviant *der*.
subsistir *vi* - **1.** [vivir] überleben - **2.** [pervivir] fort|bestehen.
subst- = **sust-**.
subsuelo *m* Untergrund *der*.
subterfugio *m* Vorwand *der*.
subterráneo, a *adj* unterirdisch. ◆ **subterráneo** *m* unterirdischer Raum.
subtítulo *m (gen pl)* Untertitel *der*.
suburbano, na *adj* - **1.** [de periferia] vorstädtisch - **2.** [de suburbio] Vorstadt-.
suburbio *m* Vorstadt *die*.
subvencionar *vt* subventionieren.
subversión *f* [de valores] Verfall *der*; [revolución] Umsturz *der*.
subversivo, va *adj* subversiv.
subyacer *vi* dahinter stecken.
subyugar [16] *vt* - **1.** [someter] unterjochen - **2.** [atraer, cautivar] faszinieren.
succionar *vt* [suj : bebé] (an|)saugen; [suj : raíces] (auf|)saugen.
sucedáneo, a *adj* Ersatz-. ◆ **sucedáneo** *m* Ersatz *der*.
suceder ◇ *v impers* [ocurrir] geschehen. ◇ *vt* [continuar, sustituir] nach|folgen; [en un cargo] js Nachfolge an|treten. ◇ *vi* [venir después] folgen auf *(+A)*.
sucesión *f* - **1.** MAT [serie] Folge *die* - **2.** [linaje] Erbfolge *die*; [en puesto] Nachfolge *die*.
sucesivo, va *adj* aufeinander folgend; **en lo** ~ in Zukunft, von nun an.
suceso *m* Ereignis *das*.
sucesor, ra ◇ *adj* folgend. ◇ *m*, *f* [al trono] Thronfolger *der*, -in *die*; [a un cargo] Nachfolger *der*, -in *die*.
suciedad *f* - **1.** [falta de limpieza] Verschmutzung *die* - **2.** [porquería] Dreck *der*.
sucinto *adj* [conciso] kurz.
sucio, cia *adj* - **1.** [gen] schmutzig - **2.** [que se ensucia] schmutzempfindlich - **3.** [desaseado] dreckig - **4.** [con pecados] unrein - **5.** [sin escrúpulos] unsauber.
sucre *m* Sucre *der (Währung)*.
suculento, ta *adj* schmackhaft.
sucumbir *vi* - **1.** [rendirse] : ~ **a** jm unterliegen - **2.** [ceder] : ~ **a** etw *(D)* nachgeben - **3.** [morir] sterben.
sucursal *f* Filiale *die*.
sudadera *f* - **1.** [sudor abundante] Schwitzen *das* - **2.** [prenda de vestir] Sweatshirt *das*.
Sudán *m* Sudan *der*.
sudar ◇ *vi* - **1.** [gen] schwitzen - **2.** *fam* [trabajar mucho] schuften. ◇ *vt* [empapar] verschwitzen.
sudeste, sureste ◇ *adj* südöstlich. ◇ *m* Südosten *der*.
sudoeste, suroeste ◇ *adj* südwestlich. ◇ *m* Südwesten *der*.
sudor *m* - **1.** [transpiración] Schweiß *der* - **2.** [gotas de humedad] Kondenswasser *das* - **3.** *fig* [trabajo] Anstrengung *die*.
sudoroso, sa *adj* [persona] durchgeschwitzt; [manos] schwitzig.
Suecia *f* Schweden *nt*.
sueco, ca ◇ *adj* schwedisch. ◇ *m*, *f* Schwede *der*, -din *die*. ◆ **sueco** *m* Schwedisch(e) *das*.
suegro, gra *m*, *f* Schwiegervater *der*, Schwiegermutter *die*.
suela *f* Sohle *die*.
sueldo *m* Gehalt *das*.
suelo *m* [gen] Boden *der*; **estar por los ~s** *fig* im Keller sein.
suelto, ta *adj* - **1.** [no sujeto, no envasado] lose; [sin atar] frei laufend - **2.** [separado, en calderilla] einzeln - **3.** [no compacto] locker - **4.** [holgado] weit - **5.** [fluido] flüssig - **6.** [con diarrea] : **ir** o **andar ~ del estómago**

Durchfall haben. ◆ **suelto** *m* Kleingeld *das*.

sueño *m* - **1.** [gen] Traum *der* ; **en ~s** im Traum - **2.** [ganas de dormir] Müdigkeit *die* ; **tener ~** müde sein - **3.** [estado] Schlaf *der* ; **coger el ~** ein|schlafen.

suero *m* - **1.** [de sangre] (Blut)serum *das* ; [de leche] Molke *die* - **2.** [disolución salina, vacuna] Serum *das*.

suerte *f* - **1.** [fortuna] Glück *das* ; **por ~** glücklicherweise ; **tener ~** Glück haben - **2.** [azar] Zufall *der* - **3.** [destino, porvenir, estado] Schicksal *das* - **4.** *culto* [clase, tipo] Art *die*.

desear suerte

Viel Glück! ¡Que tengas suerte!
Alles Gute! ¡Que te vaya todo bien!
Ich drücke dir die Daumen! ¡Tocaré madera para que te vaya todo bien!
Toi, toi, toi! ¡Toquemos madera!
Hals und Beinbruch! ¡Buena suerte!

suertudo, da *adj Amér* : **¡eres un ~!** du bist ein Glückspilz!

suéter (*pl* **suéteres**), **sweater** ['sweter] (*pl* **sweaters**) *m* Pullover *der*.

suficiencia *f* - **1.** [capacidad] Tauglichkeit *die* ; [lo bastante] Zulänglichkeit *die* - **2.** [presunción] Anmaßung *die*.

suficiente ◇ *adj* [bastante] genügend, ausreichend. ◇ *m* Ausreichend *das (Note)*.

sufragar [16] *vt* bestreiten *(Kosten)*.

sufragio *m* Wahlrecht *das*.

sufragista ◇ *adj* Wahlrechts-. ◇ *mf* Stimmrechtler *der*, -in *die*.

sufrido, da *adj* - **1.** [resignado] ergeben - **2.** [resistente] strapazierfähig.

sufrimiento *m* Leiden *das*.

sufrir ◇ *vt* - **1.** [padecer] erleiden - **2.** [soportar] ertragen - **3.** [experimentar] erleben. ◇ *vi* [padecer] leiden ; **~ de** leiden an *(+D)*.

sugerencia *f* Vorschlag *der*.

sugerente *adj* [imagen, texto] anregend ; [mirada, gesto] einladend.

sugerir [27] *vt* - **1.** [proponer] vor|schlagen - **2.** [evocar] an|regen zu.

sugestión *f* Einbildung *die* ; **poder de ~** Suggestionskraft *die*.

sugestionar *vt* beeinflussen.

sugestivo, va *adj* verführerisch.

suiche *m Amér* Schalter *der*.

suicida ◇ *mf* Selbstmörder *der*, -in *die*. ◇ *adj* Selbstmord-.

suicidarse *vpr* Selbstmord begehen.

suicidio *m* Selbstmord *der*.

Suiza *f* Schweiz *die*.

suizo, za ◇ *adj* schweizerisch. ◇ *m, f* Schweizer *der*, -in *die*.

sujeción *f* - **1.** [atadura] Befestigung *die* - **2.** [sometimiento] Unterwerfung *die*.

sujetador *m* Büstenhalter *der*.

sujetar *vt* - **1.** [agarrar] fest|halten - **2.** [fijar] befestigen - **3.** [someter] unterwerfen. ◆ **sujetarse** *vpr* - **1.** [agarrarse] : **~se a** sich fest|halten an *(+D)* - **2.** [someterse] : **~se a** sich halten an *(+A)* - **3.** [sostenerse] sich befestigen.

sujeto, ta *adj* - **1.** [agarrado] befestigt - **2.** [expuesto] : **~ a** ausgesetzt *(+D)* ◆ **sujeto** *m* - **1.** [gen] Subjekt *das* - **2.** [tema] Gegenstand *der*.

sulfatar *vt* schwefeln.

sulfato *m* QUÍM Sulfat *das*.

sulfurar *vt* - **1.** [encolerizar] wütend machen - **2.** QUÍM schwefeln. ◆ **sulfurarse** *vpr* wütend werden.

sulfúrico, ca *adj* QUÍM Schwefel-.

sultán *m* Sultan *der*.

sultana *f* Sultanin *die*.

suma *f* - **1.** [gen] Summe *die* ; [acción] Addition *die* - **2.** [resumen] Summa *die*.

sumamente *adv* äußerst.

sumando *m* Summand *der*.

sumar *vt* - **1.** MAT addieren ; **tres y cinco suman ocho** drei plus fünf ergeben acht - **2.** [costar] ergeben. ◆ **sumarse** *vpr* : **~se a** sich an|schließen an *(+A)*.

sumario, ria *adj* - **1.** [conciso] zusammengefasst - **2.** DER ermittelnd. ◆ **sumario** *m* - **1.** DER Ermittlungsverfahren *das* - **2.** [resumen] Zusammenfassung *die*.

sumergible ◇ *adj* wasserdicht. ◇ *m* U-Boot *das*.

sumergir [15] *vt* ein|tauchen. ◆ **sumergirse** *vpr* - **1.** [hundirse] ab|tauchen - **2.** [sumirse] sich vertiefen.

sumidero *m* Abfluss *der*.

suministrador, ra ◇ *adj* Lieferanten-. ◇ *m, f* Lieferant *der*, -in *die*.

suministrar *vt* liefern.

suministro *m* Lieferung *die*.

sumir *vt* : **~ a alguien en** jn stürzen in *(+A)* ◆ **sumirse** *vpr* : **~se en** versinken in *(+D)*.

sumisión *f* - **1.** [obediencia] Unterwürfigkeit *die* - **2.** [rendición] Unterwerfung *die*.

sumiso, sa *adj* - **1.** [obediente] ergeben - **2.** [vencido] unterworfen.

sumo, ma *adj* höchste, -r, -s ◆ **a lo sumo** *loc adv* höchstens.

sunnita ◇ *adj* sunnitisch. ◇ *mf* Sunnit *der*, -in *die*.

suntuoso, sa *adj* prunkvoll.

supeditar *vt* : **~ algo a algo** etw *(A)* etw *(D)* unter|ordnen.

súper ◇ *adj fam* super. ◇ *m* Supermarkt *der*. ◇ *f* ▷ **gasolina**.

superar *vt* - **1.** [aventajar] verbessern

- 2. [resolver] überwinden. ◆ **superarse** *vpr* sich selbst übertreffen.
superávit (*pl inv* o **superavits**) *m* ECON Überschuss *der*.
superdotado, da *adj* hochbegabt.
superficial *adj* - 1. [de superficie] äußerlich - 2. [general, frívolo] oberflächlich.
superficie *f* Oberfläche *die*.
superfluo, a *adj* überflüssig.
superhombre *m* Übermensch *der*.
superintendente *mf* Leiter *der*, -in *die*.
superior, ra ◇ *adj* RELIG Ober-. ◇ *m, f* RELIG Obere *der, die*. ◆ **superior** *adj* - 1. ANAT [de arriba] obere, -r, -s - 2. [elevado] erhöht - 3. [excelente] hervorragend - 4. [de mejor calidad] besser ; [persona] überlegen - 5. EDUC Hochschul-. ◆ **superiores** *mpl* Vorgesetzte *pl*.
superioridad *f* Überlegenheit *die*.
superlativo, va *adj* - 1. [muy grande] enorm - 2. GRAM superlativisch.
supermercado *m* Supermarkt *der*.
superpoblación *f* Überbevölkerung *die*.
superponer *vt* auf etw *(A)* legen.
superpotencia *f* Supermacht *die*.
superproducción, sobreproducción *f* - 1. [exceso] Überproduktion *die* - 2. CIN Mammutproduktion *die*.
superpuesto, ta *pp irreg* ▷ **superponer**.
superrealismo = **surrealismo**.
supersónico, ca *adj* Überschall-.
superstición *f* Aberglaube *der*.
supersticioso, sa *adj* abergläubisch.
supervisar *vt* beaufsichtigen.
supervisor, ra ◇ *adj* Überwachungs-. ◇ *m, f* Kontrolleur *der*, -in *die*.
supervivencia *f* Überleben *das*.
superviviente *mf* Überlebende *der, die*.
supiera *etc* ▷ **saber**.
supino, na *adj* - 1. [tendido] auf dem Rücken liegend - 2. [ignorancia, estupidez] völlig.
suplantar *vt* sich den Posten eines anderen erschwindeln.
suplementario, ria *adj* zusätzlich.
suplemento *m* - 1. [extra] Zuschlag *der* - 2. [complemento] Zusatz *der* - 3. [de prensa] Beilage *die*.
suplente ◇ *adj* stellvertretend. ◇ *mf* Stellvertreter *der*, -in *die*.
supletorio, ria *adj* zusätzlich. ◆ **supletorio** *m* Nebenanschluss *der*.
súplica *f* Klage *die*.
suplicar [10] *vt* [rogar] flehen.
suplicio *m* - 1. [tormento] Folter *die* - 2. *fig* [lata, pesadez] Qual *die*.
suplir *vt* - 1. [persona] vetreten ; [una cosa por otra] ersetzen - 2. [compensar] ergänzen.
supo *etc* ▷ **saber**.
suponer [65] *vt* - 1. [admitir] an|nehmen - 2. [creer, imaginar] glauben - 3. [implicar] bedeuten - 4. [conjeturar] schätzen. ◆ **suponerse** *vpr* - 1. [admitir] an|nehmen - 2. [creer] glauben.
suposición *f* Mutmaßung *die*.
supositorio *m* FARM Zäpfchen *das*.
supremacía *f* Vorherrschaft *die*.
supremo, ma *adj* - 1. [superior] obere, -r, -s - 2. [inmejorable] höchste, -r, -s - 3. [decisivo] entscheidend.
supresión *f* Kürzung *die*.
suprimir *vt* - 1. [libertad] ein|schränken ; [puestos] ab|schaffen - 2. [detalles] weg|lassen - 3. INFORM löschen.
supuesto, ta ◇ *pp irreg* ▷ **suponer**. ◇ *adj* vermutlich ; **¡por ~!** natürlich! ◆ **supuesto** *m* Annahme *die*.
supurar *vi* eitern.
sur ◇ *m* Süden *der*. ◇ *adj* südlich, Süd-.
surcar [10] *vt* - 1. [tierra] pflügen - 2. [agua] durch|pflügen.
surco *m* [zanja, señal] Furche *die*.
sureño, ña ◇ *adj* südlich. ◇ *m, f* Südstaatler *der*, -in *die*.
sureste = **sudeste**.
surf, surfing *m* Surfen *das (auf Wasser)*.
surgir [15] *vi* - 1. [brotar] hervor|quellen - 2. [aparecer] heraus|ragen - 3. [producirse] auf|kommen.
suroeste = **sudoeste**.
surrealismo, superrealismo *m* Surrealismus *der*.
surtido, da *adj* - 1. [bien aprovisionado] mit großer Auswahl - 2. [variado] mit reicher Auswahl. ◆ **surtido** *m* Sortiment *das*.
surtidor *m* [de gasolina] Zapfsäule *die* ; [de agua] Fontäne *die*.
surtir ◇ *vt* versorgen. ◇ *vi* sprudeln. ◆ **surtirse** *vpr* : **~se de** sich versorgen mit.
susceptible *adj* - 1. [quisquilloso] überempfindlich - 2. [posible] : **su carta es ~ de ser interpretada de varios modos** sein Brief kann unterschiedlich verstanden werden.
suscitar *vt* hervor|rufen.
suscribir *vt* - 1. [firmar] unterschreiben - 2. [ratificar] bekräftigen. ◆ **suscribirse** *vpr* [a publicación] abonnieren.
suscripción *f* [a publicación] Abonnement *das*.
suscriptor, ra *m, f* [de publicación] Abonnent *der*, -in *die*.
susodicho, cha *adj* bereits erwähnt.
suspender *vt* - 1. [examen] nicht bestehen - 2. [colgar] auf|hängen - 3. [interrumpir, parar] aus|setzen - 4. [destituir] ab|setzen.
suspense *m* Spannung *die*.
suspensión *f* - 1. [interrupción] Unterbre-

chung *die* ; ~ **de empleo** Entlassung *die* aus einem Amt - **2.** AUTOM Aufhängung *die* - **3.** QUÍM Lösung *die*.

suspenso, sa *adj* - **1.** [no aprobado] nicht bestanden - **2.** [interrumpido] : **en** ~ in der Schwebe. ◆ **suspenso** *m* Durchfallen *das*.

suspicacia *f* Misstrauen *das*.

suspicaz *adj* misstrauisch.

suspirar *vi* - **1.** [dar suspiros] seufzen - **2.** *fig* [desear] : ~ **por** sich sehnen nach.

suspiro *m* - **1.** [aspiración] Seufzer *der* - **2.** [instante] Atemzug *der*.

sustancia *f* - **1.** [materia, esencia] Substanz *die* - **2.** [de alimento] Nährwert *der* - **3.** [idea, fondo] Wesentliche *das*.

sustancial *adj* wesentlich.

sustancioso, sa *adj* - **1.** [valioso] wesentlich - **2.** [nutritivo] nahrhaft.

sustantivo, va *adj* GRAM substantivisch. ◆ **sustantivo** *m* GRAM Substantiv *das*.

sustentar *vt* - **1.** [sostener] tragen - **2.** [alimentar] unterhalten - **3.** [mantener] aufrecht erhalten.

sustento *m* - **1.** [alimento] Unterhalt *der* - **2.** [apoyo] Unterstützung *die*.

sustitución *f* - **1.** [cambio] Austausch *der* - **2.** DER Einsetzung *die*.

sustituir [51] *vt* ersetzen.

sustituto, ta *m, f* Stellvertreter *der*, -in *die*.

susto *m* Schrecken *der* ; **dar** o **pegar un** ~ einen Schrecken versetzen.

sustraer [73] *vt* - **1.** [robar] stehlen - **2.** MAT subtrahieren. ◆ **sustraerse** *vpr* sich entziehen ; **~se a** sich etw *(D)* entziehen.

sustrato *m* - **1.** GEOL Boden - **2.** LING Substrat *das* - **3.** [base, esencia] Grund *der*.

susurrar ◇ *vt* zulflüstern. ◇ *vi fig* säuseln.

susurro *m* Säuseln *das*.

sutil *adj* - **1.** [tenue] dünn - **2.** [agudo, ingenioso] scharfsinnig.

sutileza *f* - **1.** [suavidad] Feinheit *die* - **2.** [agudeza] Spitzfindigkeit *die*.

sutura *f* - **1.** MED : **punto de** ~ Stich *der* - **2.** [articulación] Naht *die*.

suyo, ya, su (*pl* **sus**) *adj poses (antes de sust se usa* **su***)* - **1.** [de él] sein, -e ; [de ella] ihr, -e - **2.** [de usted] Ihr, -e - **3.** [de ellos, de ellas] ihr, -e - **4.** [de ustedes] Ihre - **5.** *loc* : **ser muy** ~ *fam* sehr eigen sein. ◆ **suyo, ya** *pron poses (después de art)* - **1.** [el de él] seine, -er, -es ; [el de ella] ihre, -er, -es - **2.** [el de usted] Ihre, -er, -es - **3.** *loc* : **hacer de las suyas** *fam* etwas anlrichten ; **hacer** ~ sich anschließen ; **lo** ~ seine/ihre Sache ; **los ~s** die Seinigen.

svástica = **esvástica**.

sweater = **suéter**.

T

t, T [te] *f* [letra] t, T *das*.

t (*abrev de* **tonelada**) t.

t. *abrev de* **tomo**.

tabacalero, ra *adj* Tabak-. ◆ **Tabacalera** *f staatliches spanisches Tabakmonopol*.

tabaco ◇ *m* - **1.** [gen] Tabak *der* - **2.** [cigarrillos] Zigaretten *pl*. ◇ *adj inv* tabakfarben.

tábano *m* Bremse *die (Insekt)*.

tabaquería *f* Tabakwarenladen *der*.

tabarra *f fam* langweilige Sache ; **dar la** ~ anlöden.

taberna *f* Kneipe *die*.

tabernero, ra *m, f* Kneipenwirt *der*, -in *die*.

tabique *m* Zwischenwand *die*.

tabla *f* - **1.** [de madera] Brett *das* ; ~ **de planchar** Bügelbrett - **2.** [lista, catálogo] Tafel *die* - **3.** CULIN Platte *die* - **4.** [esquema, gráfico] Tabelle *die* - **5.** NÁUT : ~ **de surf** Surfbrett *das*. ◆ **tablas** *fpl* - **1.** [empate] Patt *das* - **2.** TEATR Bühne *die* - **3.** TAUROM *Umzäunung der Arena*. ◆ **a raja tabla** *loc adv* rigurös.

tablado *m* [plataforma] Podium *das* ; [de teatro] Bühne *die* ; [de baile] Tanzboden *der*.

tablao *m* Flamencobühne *die*.

tablero *m* - **1.** [tabla] Tafel *die* - **2.** [de juego] Brett *das* ; ~ **de ajedrez** Schachbrett - **3.** [para mandos] Armaturenbrett *das*.

tableta *f* [de chocolate] Tafel *die* ; [de medicina] Tablette *die*.

tablón *m* Brett *das*.

tabú (*pl* **tabúes** o **tabús**) ◇ *adj* tabu. ◇ *m* Tabu *das*.

tabulador *m* Tabulator *der*.

tabular ◇ *vt* - **1.** [con tablas] tabellieren - **2.** [texto a máquina] tabellarisieren. ◇ *vi* [en máquina de escribir, ordenador] tabellieren.

taburete *m* Hocker *der*.

tacañería *f* Geiz *der*.

tacaño, ña ◇ *adj* geizig. ◇ *m, f* Geizhals *der*.

tacha *f* [defecto] Makel *der* ; **sin** ~ makellos.

tachar *vt* - **1.** [borrar] auslstreichen - **2.** [culpar, acusar] : ~ **a alguien de algo** jn als etw ablstempeln.

tacho *m Amér* : ~ **de la basura** Mülleimer *der*.

tachón *m* - **1.** [tachadura] Streichung *die* - **2.** [clavo] Beschlagnagel *der*.

tachuela *f* Reißnagel *der*.

tácito, ta *adj* stillschweigend.

taciturno, na *adj* schweigsam.

taco *m* - **1.** [tarugo] Dübel *der* - **2.** [cuña] Keil *der* - **3.** *fam* [palabrota] Schimpfwort *das* - **4.** *fam* [confusión] Wirrwarr *das* - **5.** [de billar] Stock *der* - **6.** [de papel] Papierblock *der* - **7.** [de jamón, de queso] Stückchen *das* - **8.** *Amér* [de carne, pollo] *typisch mexikanisches Gericht, bestehend aus einer gerollten Maistortilla mit Füllung.* ◆ **tacos** *mpl mfam* Jahre *pl.*

tacón *m* (Schuh)absatz *der* ; **de ~ alto** mit hohem Absatz.

táctico, ca *adj* taktisch. ◆ **táctica** *f* Taktik *die.*

táctil *adj* taktil.

tacto *m* - **1.** [sentido] Tastsinn *der* - **2.** [textura] Gefühl beim Anfassen - **3.** [delicadeza] Taktgefühl *das.*

tafetán *m* Taft *der.*

Tailandia *f* Thailand *nt.*

taimado, da *adj* schlau.

Taiwán [tai'wan] *m* Taiwan *nt.*

tajada *f* [rodaja] Scheibe *die.*

tajante *adj* schneidend.

tajar *vt* schneiden.

tajo *m* - **1.** [corte, herida] Schnitt *der* - **2.** *fam* [trabajo] Maloche *die* - **3.** [acantilado] Steilwand *die.*

Tajo *m* : **el ~** der Tajo.

tal ◇ *adj* - **1.** [semejante, tan grande] solche, -r, -s ; **~ cosa jamás se ha visto** so etwas gibt es doch gar nicht - **2.** [sin especificar] soundso ; **mañana a ~ hora en la entrada** morgen um soundso viel Uhr am Eingang - **3.** [poco conocido] : **te ha llamado un ~ Pérez** ein gewisser Pérez hat dich angerufen. ◇ *pron* [alguna cosa] so etwas ; **que si ~ que si cual** dies und das ; **ser ~ para cual** für einander geschaffen sein ; **~ y cual, ~ y ~** dies und das ; **y ~** [coletilla] und so. ◇ *adv* [de esta manera] so ; **¿qué ~?** wie geht es? ; **déjalo ~ cual** lass es so wie es ist. ◆ **con tal de** *(antes de infin) loc prep* : **con ~ de ayudarte soy capaz de cualquier cosa** um dir zu helfen, bin ich zu allem fähig. ◆ **con tal (de) que** *loc conj* unter der Bedingung, dass. ◆ **tal (y) como** *loc adv* so wie. ◆ **tal cual** *loc adv* so wie.

tala *f* Fällen *das.*

taladrador, ra *adj* Bohr-. ◆ **taladradora** *f* Bohrmaschine *die.*

taladrar *vt* - **1.** [suj : máquina] bohren - **2.** *fig* [suj : sonido] durch|dringen.

taladro *m* Bohrer *der.*

talante *m* - **1.** [humor] Laune *die* - **2.** [carácter] Charakter *der.*

talar *vt* [árboles] fällen ; [ramas] beschneiden.

talco *m* Puder *das.*

talego *m* - **1.** [talega] Sack *der* - **2.** *mfam* [cárcel] Kittchen *das.*

talento *m* Talent *das*, Begabung *die.*

talismán *m* Talisman *der.*

talla *f* - **1.** [gen] Größe *die* ; **dar la ~ para algo** etw *(D)* gewachsen sein - **2.** ARTE Holzschnitzerei *die* - **3.** [de piedras preciosas] Schliff *der.*

tallado, da *adj* - **1.** [madera] geschnitzt - **2.** [piedras preciosas] geschliffen. ◆ **tallado** *m* Schleifen *das.*

tallar *vt* - **1.** [esculpir] schnitzen - **2.** [piedra preciosa] schleifen - **3.** [medir] messen - **4.** *Amér* [fregar] scheuern.

tallarines *mpl* Taglierini *pl.*

talle *m* - **1.** [cintura] Taille *die* - **2.** [figura, cuerpo] Figur *die.*

taller *m* - **1.** [de trabajo] Werkstatt *die* - **2.** [de aprendizaje] Workshop *der.*

tallo *m* Stängel *der*, Stil *der.*

talón *m* - **1.** ANAT [de calcetín] Ferse *die* ; **~ de Aquiles** *fig* Achillesferse - **2.** [cheque] Scheck *der* ; **~ bancario** Bankscheck ; **~ cruzado** Verrechungsscheck ; **~ en blanco** Blankoscheck ; **~ sin fondos** ungedeckter Scheck - **3.** [de zapato] (Schuh)absatz *der.*

talonario *m* Scheckheft *das.*

tamal *f Amér mit Bananen- oder jungen Maisblättern umwickelte Pastete aus Maisbrei und Fleisch.*

tamaño, ña *adj (en aposición)* solche, -r, -s ◆ **tamaño** *m* Größe *die.*

tamarindo *m* Tamarinde *die.*

tambalearse *vpr* - **1.** [bambolearse] schwanken - **2.** [perder firmeza] wackeln.

también *adv* auch.

tambor *m* - **1.** [gen] Trommel - **2.** AUTOM Radkasten *der.*

Támesis *m* : **el ~** die Themse.

tamiz *m* [cedazo] Sieb *das.*

tamizar [13] *vt* - **1.** [cribar] sieben - **2.** [seleccionar] aus|wählen.

tampoco *adv* auch nicht.

tampón *m* - **1.** [sello] Stempel *der* - **2.** [para menstruación] Tampon *der.*

tan ▷ **tanto.**

tanda *f* - **1.** [turno] Turnus *der* - **2.** [serie] Reihe *die* - **3.** [grupo de trabajo] Schicht *die.*

tándem (*pl* **tándemes**) *m* [bicicleta] Tandem *das.*

tanga *m* Tanga *der.*

tangente ◇ *adj* tangential. ◇ *f* GEOM Tangente *die.*

tangible *adj* berührbar.

tango *m* Tango *der.*

tanque *m* - **1.** MIL Panzer *der* - **2.** [depósito] Tank *der.*

tantear ◇ *vt* - **1.** [sopesar] überschlagen

- 2. TAUROM [probar, ánimo] ab|schätzen. <> *vi* sich vor|tasten.

tanteo *m* - 1. [sondeo] Einschätzung *die* - 2. [puntuación] Punktzahl *die* - 3. DER Vorkaufsrecht *das*.

tanto, ta <> *adj* - 1. [gen] so viel ; **~ dinero** so viel Geld ; **tiene ~ tiempo que no sabe qué hacer con él** er hat so viel Zeit, dass er nicht weiß, was er damit anfangen soll ; **y ~s** und etwas - 2. [en comparaciones] : **~ ... como** so viel wie. <> *pron* - 1. [gen] so viel ; **había mucha gente aquí, allí no había tanta** hier waren viele Leute, dort waren nicht so viele ; **otro ~** ebenso viel ; **yo tengo muchas posibilidades, él no tantas** ich habe sehr viele Möglichkeiten, er nicht so viele - 2. [cantidad indeterminada] soundso viele ; **supongamos que vengan ~s, ¿cómo los alojaremos?** wir gehen davon aus, dass soundso viele kommen werden, wo bringen wir sie unter? ; **a ~s de** am soundsovielten - 3. *loc* : **las tantas** sehr spät ; **ser uno de ~s** einer unter vielen sein. ◆ **tanto** *m* - 1. DEP [situación favorable] Punkt *der* ; **anotarse** o **apuntarse un ~ a favor** einen Vorteil erzielen ; **marcar un ~** [gol] ein Tor schießen ; **marcarse un ~** *fam* sich einen Ruck geben, - 2. [cantidad indeterminada] : **un ~** eine gewisse Summe ; **~ por ciento** Prozent *das* - 3. *loc* : **estar al ~** auf dem Laufenden sein. ◆ **tanto** *adv (antes de adj o adv* **tan***)* - 1. [gen] so viel ; **no merece la pena disgustarse ~** es lohnt sich nicht, sich so sehr zu ärgern ; **~ que** so viel, dass ; **no me pongas ~, me basta con menos** gib mir nicht so viel, mir reicht weniger ; **es tan guapa** sie ist so schön - 2. [en comparaciones] : **es tan alto como su padre** er ist so groß wie sein Vater. ◆ **en tanto (que)** *loc conj* während. ◆ **por (lo) tanto** *loc conj* deshalb. ◆ **tanto (es así) que** *loc conj* und deshalb. ◆ **un tanto** *loc adv* ein bisschen.

tañido *m* - 1. MÚS Klang *der* - 2. [de campana] Glockengeläut *das*.

tapa *f* - 1. [para cerrar] Deckel *der* - 2. [para comer] Appetithappen *der* - 3. [de libro, disco] (Buch)deckel *der*.

tapadera *f* - 1. [para encubrir] Tarnung *die* - 2. [tapa] Deckel *der*.

tapadillo ◆ **de tapadillo** *loc adv* heimlich.

tapar *vt* - 1. [ocultar] verdecken - 2. [abrigar] zu|decken - 3. [cubrir] bedecken - 4. [encubrir] verhüllen. ◆ **taparse** *vpr* - 1. [cubrirse] sich bedecken - 2. [abrigarse] sich warm an|ziehen.

taparrabos *m inv*, **taparrabo** *m* Lendenschurz *der*.

tapete *m* - 1. [pequeño mantel] Deckchen *das* - 2. *Amér* [alfombra] Teppich *der* ; **vérsele a alguien el ~** in jm Zweifel aufkommen lassen.

tapia *f* Umfassungsmauer *die*.

tapiar [8] *vt* - 1. [obstruir] zu|mauern - 2. [cercar] ummauern.

tapicería *f* - 1. [tela] Bezug *der* - 2. [tienda] Stoffgeschäft *das* - 3. [tapices] Gobelins *pl*.

tapioca *f* Tapioka *die*.

tapiz *m* Teppich *der*.

tapizar [13] *vt* - 1. [mueble] polstern - 2. [pared] tapezieren.

tapón *m* - 1. [para tapar] Deckel *der* - 2. *fam* [persona rechoncha] *kleine, untersetzte Person* - 3. [atasco] Stau *der* - 4. [en oído] Stöpsel *der* - 5. DEP Blocken *das*.

taponar *vt* - 1. [cerrar] verschließen - 2. MED tamponieren. ◆ **taponarse** *vpr* zu|gehen.

tapujo *m* Vermummung *die* ; **sin ~s** freiheraus.

taquería *f Amér Lokal, in dem Tacos verkauft und serviert werden.*

taquicardia *f* MED Herzjagen *das*.

taquigrafía *f* Stenografie *die*.

taquígrafo, fa *m, f* Stenograf *der*, -in *die*.

taquilla *f* - 1. [ventanilla] (Karten)schalter *der* - 2. [armario] Spind *der* - 3. [recaudación] Tageseinnahme *die*.

taquillero, ra <> *adj* kassenfüllend. <> *m, f* Kartenverkäufer *der*, -in *die*.

tara *f* - 1. [defecto] Fehler *der* - 2. [peso] Tara *die (Gewicht)*.

tarado, da <> *adj* - 1. [defectuoso] fehlerhaft - 2. *despec* [tonto] doof. <> *m, f* Dummkopf *der*.

tarántula *f* Tarantel *die*.

tararear *vt* trällern.

tardanza *f* Verspätung *die*.

tardar *vi* - 1. [llevar tiempo] brauchen *(Zeit)* ; **tardó un año en escribir la novela** er brauchte ein Jahr, um den Roman zu schreiben ; **a más ~** spätestens - 2. [retrasarse] lange brauchen.

tarde <> *f* [parte del día] Nachmittag *der* ; **por la ~** nachmittags ; **buenas ~s** guten Tag. <> *adv* - 1. [a hora avanzada, con retraso] spät ; **~ o temprano** früher oder später - 2. *loc* : **de ~ en ~** von Zeit zu Zeit.

tardío, a *adj* - 1. [que madura tarde] spätreifend - 2. [que llega tarde] verspätet.

tarea *f* - 1. [en tiempo limitado] Aufgabe *die* - 2. [trabajo] Arbeit *die*.

tarifa *f* Tarif *der* ; **~ plana** fester Monatstarif.

tarima *f* Podium *das*.

tarjeta *f* - 1. INFORM [cartulina] Karte *die* ; **~ de crédito** Kreditkarte ; **~ monedero** Geldkarte ; **~ postal** Postkarte - 2. [de visita] Visitenkarte *die*.

tarot *m* Tarot *das*.

tarrina *f* kleiner Behälter.
tarro *m* - **1.** [recipiente] Einmachglas *das* - **2.** *mfam* [cabeza] Kopf *der*.
tarta *f* Torte *die*.
tartaleta *f* Törtchen *das*.
tartamudear *vi* stottern.
tartamudo, da <> *adj* stotternd. <> *m, f* Stotterer *der*, Stotterin *die*.
tartana *f* - **1.** [carruaje] Kremser *der* - **2.** [embarcación] Tartane *die*.
tártaro, ra <> *adj* [pueblo] tatarisch. <> *m, f* Tatar *der*, -in *die*.
tartera *f* [fiambrera] Proviantdose *die*.
tarugo *m* - **1.** *fam* [necio] Trottel *der* - **2.** [de madera] Pflock *der* - **3.** [de pan] ein Stück altes Brot.
tarumba *adj fam* verrückt.
tasa *f* - **1.** [índice] Rate *die* - **2.** [impuesto] Gebühr *die* - **3.** [tasación] Schätzung *die*.
tasación *f* Schätzung *die*.
tasador, ra *m, f* Schätzer *der*, -in *die*.
tasar *vt* - **1.** [valorar] (abl)schätzen - **2.** [fijar precio] den Preis bestimmen.
tasca *f* Kneipe *die* ; **ir de ~s** einen Kneipenbummel machen.
tata *f* Kindermädchen *das*.
tatarabuelo, la *m, f* Ururgroßvater *der*, Ururgroßmutter *die*.
tatuaje *m* [dibujo] Tätowierung *die*.
tatuar [6] *vt & vi* tätowieren. ◆ **tatuarse** *vpr* sich tätowieren.
taurino, na *adj* Stierkampf-.
Tauro <> *m inv* [zodíaco] Stier *der* ; **ser ~** Stier sein. <> *m inv & f inv* [persona] Stier *der*.
tauromaquia *f* Stierkampfkunst *die*.
TAV (*abrev de* **tren de alta velocidad**) *m spanischer Hochgeschwindigkeitszug*.
taxi *m* Taxi *das*.
taxidermista *mf* Präparator *der*.
taxímetro *m* Taxameter *der*.
taxista *mf* Taxifahrer *der*, -in *die*.
taza *f* - **1.** [para beber] Tasse *die* - **2.** [de retrete] Kloschüssel *die*.
tazón *m* Napf *der*.
te *pron pers (con verbos en infin, gerundio e impers se usa obligatoriamente en forma enclítica)* - **1.** *(complemento directo)* dich - **2.** *(complemento indirecto)* dir - **3.** *fam (valor impersonal)* : **~ despierta el teléfono** da weckt einen das Telefon.
té *m* - **1.** [infusión, merienda] Tee *der* - **2.** [planta] Teestrauch *der*.
tea *f* [antorcha] Fackel *die*.
teatral *adj* - **1.** [de teatro] Theater- - **2.** [exagerado] theatralisch.
teatro *m* - **1.** [gen] Theater *das* - **2.** *fig* [escenario] Schauplatz *der*.
tebeo® *m* Kinderzeitschrift *die*.
teca *f* [madera] Teakholz *das* ; [árbol] Teakbaum *der*.
techo *m* - **1.** ARQUIT [cubierta] Decke *die* - **2.** ARQUIT [tejado] Dach ; **bajo ~** *fig* unter einem Dach - **3.** *fig* [límite] Höchstgrenze *die*.
techumbre *f* Dach *das*.
tecla *f* Taste *die* ; **pulsar** o **tocar una ~** eine Taste drücken.
teclado *m* Tastatur *die*.
teclear *vi* tippen.
tecleo *m* (Tasten)anschlag *der*.
técnico, ca <> *adj* technisch. <> *m, f* Techniker *der*, -in *die*. ◆ **técnica** *f* Technik *die*.
tecnócrata <> *adj* technokratisch. <> *mf* Technokrat *der*, -in *die*.
tecnología *f* Technologie *die* ; **~ punta** Spitzentechnologie.
tecnológico, ca *adj* technologisch.
tedio *m* Langeweile *die*.
tedioso, sa *adj* langweilig.
Tegucigalpa *f* Tegucigalpa *nt*.
Teide *m* : **el ~** der Teide *(Berg auf Teneriffa)*.
teja *f* Dachziegel *der* ; **a toca ~** *fig* in bar.
tejado *m* Dach *das*.
tejano, na <> *adj* - **1.** [de Texas] texanisch - **2.** [tela] Jeans-. <> *m, f* Texaner *der*, -in *die*. ◆ **tejano** *m (gen pl)* ▷ **pantalón**.
tejemaneje *m fam* [maquinación] Intrigenspiel *das*.
tejer <> *vt* - **1.** [con telar, hilos] weben - **2.** [labor de punto] stricken - **3.** [mimbre, esparto] flechten - **4.** [suj : animal] spinnen, weben - **5.** [trampa, intriga] schmieden - **6.** [porvenir, ruina] : **~se un porvenir** sich eine Zukunft aufbauen. <> *vi* [hacer punto] stricken.
tejido *m* Gewebe *das*.
tejo *m* - **1.** [disco] Diskus *der* - **2.** [árbol] Eibe *die* - **3.** [madera] Eibenholz *das*.
tejón *m* Dachs *der*.
tel., teléf. (*abrev de* **teléfono**) Tel.
tela *f* - **1.** [tejido] Stoff *der* ; **~ metálica** Maschendraht *der* - **2.** [lienzo] Leinwand *die* - **3.** *fam* [cosa complicada] : **¡~ marinera!** *fig* nicht zu fassen! ; **tener (mucha) ~** äußerst heikel sein.
telar *m* - **1.** [máquina] Webstuhl *der* - **2.** [de escenario] Schnürboden *der* - **3.** *(gen pl)* [fábrica] Weberei *die*.
telaraña *f* [de araña] Spinnennetz *das*.
tele *f fam* - **1.** [televisión] Fernsehen *das* ; **ver** o **mirar la ~** fernlsehen - **2.** [televisor] Fernseher *der*.
telearrastre *m* Schlepplift *der*.
telebanco *m* Telebanking *das*.
telecomedia *f* TV-Comedy *die*.
telecompra *f* Einkauf *der* per Bildschirmtext.

telecomunicación *f* Telekommunikation *die.* ◆ **telecomunicaciones** *fpl* Fernmeldetechnik *die.*
telecontrol *m* Fernsteuerung *die.*
telediario *m* Fernsehnachrichten *pl.*
teledifusión *f* Fernsehübertragung *die.*
teledirigido, da *adj* ferngesteuert, Fernlenk-.
teléf. = **tel.**
telefax *m* (Tele)fax *das.*
teleférico *m* Drahtseilbahn *die.*
telefilme (*pl* **telefilmes**), **telefilm** (*pl* **telefilms**) *m* Fernsehfilm *der.*
telefonear *vi* anlrufen.

telefonear

Ja, bitte? ¿Diga?
Guten Tag, hier spricht Müller. Ich hätte gern ... ¡Buenos días! Me llamo Müller. Querría hablar con ...
Schneider, Guten Morgen. Können Sie mich bitte mit der Rezeption verbinden? Buenos días, mi nombre es Schneider. ¿Me podría poner con la recepción, por favor?
Hallo Jürgen, hier Michael. Ist Marta zu Hause? ¡Hola Jürgen! Soy Michael. ¿Está Marta?
Ich kann Sie sehr schlecht verstehen. Ich rufe später wieder an. Le oigo muy mal. Le volveré a llamar más tarde.
Entschuldigen Sie, da habe ich mich verwählt. Perdone, creo que me he equivocado de número.
Ich muss jetzt Schluss machen. Tengo que colgar ahora.

telefonía *f* Telefonnetz *das* ; ~ **fija** o **convencional** Festnetz ; ~ **móvil** Mobilfunknetz.
telefónico, ca *adj* Telefon-, telefonisch.
telefonista *mf* Telefonist *der*, -in *die.*
teléfono *m* Telefon *das* ; **colgar el** ~ den Hörer aufllegen ; **llamar por** ~ anlrufen ; ~ **inalámbrico** schnurloses Telefon ; ~ **móvil** Mobil(funk)telefon, Handy *das* ; ~ **público** öffentlicher Fernsprecher.
telegrafía *f* Telegrafie *die.*
telegráfico, ca *adj* - **1.** [con telégrafo] telegrafisch, Telegrafen- - **2.** *fig* [escueto] im Telegrammstil.
telégrafo *m* - **1.** [sistema] Telegrafennetz *das* - **2.** [aparato] Telegraf *der.*
telegrama *m* Telegramm *das.*
telele *m* : **me da un** ~ ich kriege einen Anfall.
telemando *m* [aparato] Fernbedienungsgerät *das.*
telemática *f* INFORM Telematik *die.*
telenovela *f* Seifenoper *die.*
telepatía *f* Telepathie *die.*
telepático, ca *adj* telepathisch.
telescópico, ca *adj* teleskopisch, Teleskop-.
telescopio *m* Teleskop *das.*
telesilla *m* Sessellift *der.*
telespectador, ra *m, f* Fernsehzuschauer *der*, -in *die.*
telesquí (*pl* **telesquís** o **telesquíes**) *m* Skilift *der.*
teletexto *m* Videotext *der.*
teletipo *m* - **1.** [aparato] Fernschreiber *der* - **2.** [texto] Fernschreiben *das.*
teletrabajador, ra *m, f* Telearbeiter *der*, -in *die.*
teletrabajo *m* Telearbeit *die.*
televenta *f* - **1.** [por teléfono] Telefonverkauf *der*, Telesales *pl* - **2.** [por televisión] Teleshopping *das.*
televidente *mf* Fernsehzuschauer *der*, -in *die.*
televisar *vt* im Fernsehen übertragen.
televisión *f* - **1.** [gen] Fernsehen *das* ; ~ **pública** öffentlich-rechtliches Fernsehen - **2.** *fam* [televisor] Fernseher *der*, Fernsehapparat *der* ; **ver** o **mirar la** ~ fernlsehen ; ~ **en color** Farbfernseher.
televisor *m* Fernseher *der*, Fernsehapparat *der.*
télex *m* - **1.** [aparato] Fernschreiber *der* - **2.** [mensaje] Telex *das.*
telón *m* Vorhang *der* ; ~ **de fondo** *fig* Hintergrund *der.*
telonero, ra *m, f* Vorgruppe *die (Rockkonzert).*
tema *m* Thema *das.*
temario *m* (Studien)programm *das.*
temático, ca *adj* thematisch, Themen-. ◆ **temática** *f* Thematik *die.*
temblar [19] *vi* - **1.** [tiritar] zittern ; ~ **de** zittern vor *(+D)* - **2.** [vibrar] beben.
tembleque *m* : **darle** o **entrarle un** ~ **a alguien** zu zittern anlfangen.
temblón, ona *adj* zitt(e)rig.
temblor *m* Zittern *das.*
tembloroso, sa *adj* zitt(e)rig.
temer ◇ *vt* - **1.** [tener miedo] fürchten - **2.** [sospechar, recelar] befürchten. ◇ *vi* sich fürchten ; ~ **por** fürchten für. ◆ **temerse** *vpr* befürchten.
temerario, ria *adj* [imprudente] waghalsig.
temeridad *f* - **1.** [cualidad] Waghalsigkeit *die* - **2.** [acción] waghalsiges Unternehmen.
temeroso, sa *adj* [receloso] furchtsam.
temible *adj* furchterregend.
temor *m* [sospecha] Befürchtung *die* ; [miedo] Furcht *die* ; ~ **a** o **de** Furcht vor *(+D)* ; **por** ~ **a** o **de** aus Furcht vor *(+D).*
témpano *m* : ~ **de hielo** Eisscholle *die.*

temperado, da *adj* mild.
temperamental *adj* temperamentvoll.
temperamento *m* Temperament *das*.
temperatura *f* - **1.** [de atmósfera] Temperatur *die* ; ~ **mínima** Mindesttemperatur - **2.** [de cuerpo] erhöhte Temperatur ; **tomar la ~** Fieber messen.
tempestad *f* Sturm *der*.
tempestuoso, sa *adj* stürmisch.
templado, da *adj* [agua, bebida, comida] lauwarm ; [clima, zona] mild.
templanza *f* - **1.** [moderación] Mäßigung *die* - **2.** [benignidad] Milde *die*.
templar ◇ *vt* - **1.** [temperatura] (aufl-)wärmen - **2.** [nervios, ánimos] beruhigen ; [ira, pasiones] zügeln ; [voz] senken - **3.** [acero] härten ; [cristal] ablkühlen - **4.** [instrumento musical] stimmen. ◇ *vi* milder werden. ◆ **templarse** *vpr* wärmer werden.
temple *m* - **1.** [serenidad] Fassung *die* - **2.** TECN Härtung *die* - **3.** [en arte] Tempera *die* ; **pintura al ~** Temperamalerei *die*.
templete *m* Pavillon *der*.
templo *m* Tempel *der*.
temporada *f* Saison *die* ; **me quedaré aquí una ~** ich werde eine Zeitlang hier bleiben ; **de ~** Saison- ; **~ alta** Hauptsaison ; **~ media** Zwischensaison ; **~ baja** Nebensaison.
temporal ◇ *adj* - **1.** [provisional] vorübergehend, Zeit- - **2.** [terrenal] weltlich - **3.** [no eterno] vergänglich - **4.** ANAT [de la sien] Schläfen-. ◇ *m* - **1.** [tormenta] Sturm *der* ; **capear el ~** den Sturm sicher überstehen ; *fig* Schwierigkeiten meistern - **2.** ANAT Schläfenbein *das*.
temporalidad *f* Vergänglichkeit *die*.
temporero, ra ◇ *adj* Saison-. ◇ *m, f* Saisonarbeiter *der*, -in *die*.
temporizador *m* Zeitschaltuhr *die*.
temprano, na *adj* früh. ◆ **temprano** *adv* - **1.** [por la mañana] früh ; [a primera hora] zeitig - **2.** [antes de tiempo] vorzeitig.
ten ▷ **tener**.
tenacillas *fpl* [pinzas] Zange *die* ; [para pelo] Lockenschere *die*.
tenaz *adj* - **1.** [perseverante] beharrlich - **2.** [persistente] hartnäckig.
tenaza *f* *(gen pl)* - **1.** [herramienta] Zange *die* - **2.** ZOOL Zange *die*, Schere *die*.
tendedero *m* - **1.** [armazón] Wäscheständer *der* - **2.** [lugar] Trockenplatz *der*.
tendencia *f* [gen] Neigung *die*, Tendenz *die* ; [de moda, bolsa] Trend *der* ; **~ a** Tendenz zu, Neigung zu.
tendencioso, sa *adj* tendenziös.
tender [20] *vt* - **1.** [colgar] auflhängen - **2.** [tumbar] hinllegen - **3.** [dar] reichen - **4.** [extender] auslbreiten - **5.** [entre dos puntos] verlegen - **6.** [preparar] : **~ una trampa** eine Falle stellen. ◆ **tender a** *vi* [inclinarse] tendieren zu, neigen zu. ◆ **tenderse** *vpr* sich hinllegen.
tenderete *m* (Verkaufs)stand *der*.
tendero, ra *m, f* Ladenbesitzer *der*, -in *die*.
tendido, da *adj* - **1.** [extendido] gespannt - **2.** [tumbado] ausgestreckt - **3.** [colgado] aufgehängt. ◆ **tendido** *m* - **1.** [instalación] Verlegung *die* - **2.** TAUROM Sperrsitz *der*.
tendón *m* ANAT Sehne *die*.
tendrá *etc* ▷ **tener**.
tenebroso, sa *adj* - **1.** [sombrío] finster - **2.** [siniestro] zwielichtig.
tenedor, ra *m, f* Besitzer *der*, -in *die*. ◆ **tenedor** *m* - **1.** [utensilio] Gabel *die* - **2.** [categoría] *Kategorie, von eins bis fünf, zur Bewertung von Restaurants.*
tenencia *f* Besitz *der* ; **~ ilícita de armas** unerlaubter Waffenbesitz.
tener [72] ◇ *v aux* - **1.** *(antes de participio concordando en género y número con el complemento)* [haber] haben ; **teníamos pensado ir al teatro** wir hatten vor, ins Theater zu gehen ; **con su simpatía tiene ganadas las voluntades de todos** durch sein sympathisches Wesen gewinnt er alle für sich ; **tiene alquilado un piso en la costa** er hat eine Wohnung an der Küste gemietet - **2.** *(antes de participio o adj concordando en género y número con el complemento)* [hacer estar] machen ; **me tienes loca con tus tonterías** du machst mich verrückt mit deinen Dummheiten - **3.** *(antes de infin)* : **~ que** müssen. ◇ *vt* - **1.** [gen] haben - **2.** [medir] : **la pared tiene tres metros de largo** die Wand ist drei Meter lang - **3.** [padecer, sufrir] : **tengo dolores de cabeza** ich habe Kopfschmerzen - **4.** [sujetar] nehmen - **5.** [edad] : **¿cuántos años tienes?** wie alt bist du? ; **ya tiene diez años** sie ist schon zehn Jahre alt - **6.** [sentir] : **tengo sueño** ich bin müde ; **tengo frío** mir ist kalt ; **tengo hambre** ich habe Hunger ; **te tengo cariño** ich habe dich lieb ; **te tengo lástima** du tust mir leid - **7.** [recibir] : **tuve un verdadero desengaño** ich war wirklich enttäuscht ; **tendrás una sorpresa** du wirst eine Überraschung erleben - **8.** [dar a luz] : **mi mujer ha tenido un niño** meine Frau hat ein Kind bekommen - **9.** [valorar, considerar] : **~ algo/a alguien por** o **como** etw/jn für etw halten ; **~ a alguien en mucho/poco** viel/wenig von jm halten - **10.** [guardar, contener] auflbewahren - **11.** *(antes de sust)* [expresa la acción del sustantivo] haben ; **esto tiene influencia en la temperatura** dies hat Einfluss auf die Temperatur - **12.** *(antes de compl. dir., 'que' e infin)* haben ; **tengo algo que deciros** ich habe euch etwas zu sagen ; **tengo mucho que contaros del viaje** ich

habe euch viel von der Reise zu erzählen - **13.** *loc* : **¿esas tenemos?** so ist das also! ; **no tenerlas todas consigo** bange Ahnungen haben ; **no ~ donde caerse muerto** bettelarm sein ; **quien más tiene más quiere** je mehr man hat, desto mehr will man ; **~ a bien** : **le ruego tenga a bien** seien Sie bitte so freundlich ; **~ lugar** stattlfinden ; **~ presente algo/a alguien** etw/jn berücksichtigen ; **~ que ver con algo/alguien** [existir relación] mit etw/jm zu tun haben ; [existir algo en común] mit etw/jm etw gemein haben. ◆ **tenerse** *vpr* - **1.** [sostenerse] sich aufrechtlhalten - **2.** [considerarse] : **~se por** sich halten für.

tenia *f* Bandwurm *der*.

teniente *m* MIL Leutnant *der*.

tenis ◇ *m* DEP Tennis *das* ; **~ de mesa** Tischtennis. ◇ *fpl* Tennisschuhe *pl*.

tenista *mf* DEP Tennisspieler *der*, -in *die*.

tenor *m* - **1.** MÚS Tenor *der* - **2.** [modo] : **a ~ de** laut *(+G)*.

tensar *vt* (anl)spannen.

tensión *f* - **1.** [fuerza] Spannung *die* ; **en ~** angespannt - **2.** [presión] Druck *der*, Tension *die* ; **~ (arterial)** MED Blutdruck - **3.** ELECTR Spannung *die* - **4.** [tirantez] Spannungen *pl* - **5.** [angustia] Anspannung *die*.

tenso, sa *adj* - **1.** [objeto] gespannt - **2.** [persona, relaciones] angespannt.

tensor, ra *adj* Spann-. ◆ **tensor** *m* [dispositivo] Spannschraube *die*.

tentación *f* - **1.** [deseo] Versuchung *die* - **2.** [punto débil] Schwäche *die*.

tentáculo *m* Tentakel *der* o *das*, Fangarm *der*.

tentador, ra *adj* [provocativo] verführerisch ; [atractivo] verlockend.

tentar [19] *vt* - **1.** [tocar] abltasten ; [provocar] verführen - **2.** [atraer] (ver)locken.

tentativa *f* Versuch *der*.

tentempié *m* [bebida, comida] Imbiss *der*.

tenue *adj* [débil] gedämpft.

teñir [26] *vt* färben. ◆ **teñirse** *vpr* : **~se el pelo** sich *(D)* die Haare färben.

teología *f* Theologie *die*.

teólogo, ga *m, f* Theologe *der*, -gin *die*.

teorema *m* Theorem *das*, Lehrsatz *der*.

teoría *f* Theorie *die* ; **en ~** theoretisch.

teórico, ca ◇ *adj* theoretisch. ◇ *m, f* Theoretiker *der*, -in *die*. ◆ **teórica** *f* Theorie *die*.

teorizar [13] *vi* theoretisieren.

tequila *m* o *f* Tequila *der*.

TER (*abrev de* **tren español rápido**) *m Spanischer Hochgeschwindigkeitszug, ähnlich dem ICE.*

terapeuta *mf* MED Therapeut *der*, -in *die*.

terapéutico, ca *adj* MED therapeutisch.

terapia *f* Therapie *die*.

tercer = **tercero**.

tercera *f* ▷ **tercero**.

tercermundista *adj* Dritte-Welt-.

tercero, ra ◇ *núm (delante de sust masc* **tercer***)* [para ordenar] dritte, -r, -s ; **la tercera parte** [para fraccionar] der dritte Teil. ◇ *m, f* - **1.** Dritte *der, die*, das - **2.** *loc* : **a la tercera va la vencida** *fig* aller guten Dinge sind drei. ◆ **tercero** *m* - **1.** [piso] dritte Etage - **2.** [curso] drittes Schuljahr o Studienjahr - **3.** [mediador] Dritte *der*, Mittelsmann *der* ; **el ~ en discordia** der lachende Dritte. ◆ **tercera** *f* AUTOM dritter Gang.

terceto *m* - **1.** LITER Terzine *die* - **2.** MÚS Terzett *das*.

terciar [8] *vi* [mediar] vermitteln. ◆ **terciarse** *vpr* sich (zufällig) ergeben.

terciario, ria *adj* tertiär. ◆ **Terciario** GEOL Tertiär *das*.

tercio *m* - **1.** [número] Drittel *das* - **2.** MIL Regiment *das* - **3.** TAUROM *jede der drei Runden beim Stierkampf*.

terciopelo *m* Samt *der*.

terco, ca *adj* stur.

tergiversar *vt* [palabras] verdrehen ; [hechos] verfälschen.

termal *adj* thermal.

termas *fpl* - **1.** [baños] Thermalbad *das* - **2.** HIST Thermen *pl*.

termes = **termita**.

térmico, ca *adj* Wärme-.

terminación *f* - **1.** [gen] Beendung *die* - **2.** GRAM Endung *die*.

terminal ◇ *adj* End-. ◇ *m* - **1.** ELECTR Kabelschuh *der* - **2.** INFORM Terminal *das*. ◇ *f* Terminal *der* o *das*.

terminante *adj* endgültig.

terminar ◇ *vt* beenden. ◇ *vi* - **1.** [acabarse] enden, zu Ende sein ; **terminó de conserje** er endete als Hausmeister ; **~ en punta** spitz zullaufen - **2.** [reñir] Schluss machen - **3.** [dar como resultado] : **~ por** zuletzt etw (doch noch) tun. ◆ **terminarse** *vpr* [agotarse] auslgehen.

término *m* - **1.** [fin, extremo] Ende *das* ; **dar ~ a algo** etw beenden ; **poner ~ a algo** einer Sache *(D)* ein Ende setzen - **2.** [territorio] Bezirk *der* - **3.** [plazo] : **al ~ de un mes** nach Ablauf eines Monats ; **el ~ ha expirado** die Frist ist abgelaufen ; **por ~ medio** im Durchschnitt - **4.** [lugar, posición, importancia] : **en primer ~** *fig* an erster Stelle, in erster Linie ; **en último ~** *fig* schließlich - **5.** [elemento] Teil *der* ; **~ medio** Mittelweg *der* - **6.** [palabra] Ausdruck *der* - **7.** MAT Glied *das*. ◆ **términos** *mpl* - **1.** [lenguaje] Worte *pl* - **2.** [relaciones] Verhältnisse *pl* - **3.** [condiciones] Bestimmungen *pl* ; **en ~s generales** im Allgemeinen.

terminología *f* Terminologie *die*, Fachwortschatz *der*.

termita *f*, **termes** *m inv* Termite *die*.
termo *m* Thermosflasche *die*.
termodinámico, ca *adj* FÍS thermodynamisch. ◆ **termodinámica** *f* FÍS Thermodynamik *die*.
termómetro *m* Thermometer *das*.
termonuclear *adj* thermonuklear.
termorregulador *m* Temperaturregler *der*.
termostato *m* Thermostat *der*.
ternero, ra *m*, *f* Kalb *das*. ◆ **ternera** *f* CULIN Kalbfleisch *das*.
terno *m* [trío] Trio *das*.
ternura *f* Zärtlichkeit *die*.
terquedad *f* Sturheit *die*.
terracota *f* Terrakotta *die*.
terrado *m* Flachdach *das*.
terraplén *m* [desnivel] Erdaufschüttung *die*.
terráqueo, a *adj* Erd-.
terrateniente *mf* Großgrundbesitzer *der*, -in *die*.
terraza *f* - **1.** [gen] Terrasse *die* - **2.** [azotea] Dachterrasse *die*.
terrazo *m* Fliesenboden *der*.
terremoto *m* Erdbeben *das*.
terrenal *adj* irdisch.
terreno *m* - **1.** [suelo] Boden *der* - **2.** [espacio de tierra] Gelände *das* ; [solar, parcela] Grundstück *das* - **3.** DEP Spielfeld *das* - **4.** [ámbito] Gebiet *das*.
terrestre ◇ *adj* - **1.** [de planeta] Erd- - **2.** [de tierra] Land-. ◇ *mf* Erdbewohner *der*, -in *die*.
terrible *adj* schrecklich.
terrícola ◇ *adj* Erd-. ◇ *mf* Erdbewohner *der*, -in *die*.
territorial *adj* territorial.
territorio *m* Gebiet *das*.
terrón *m* [gen] Stück *das*.
terror *m* - **1.** [miedo] Entsetzen *das* - **2.** [persona] Schrecken *der* - **3.** [actuación] Terror *der* ; **la película de ~** der Horrorfilm.
terrorífico, ca *adj* entsetzlich.
terrorismo *m* [lucha] Terrorismus *der*.
terrorista ◇ *adj* terroristisch, Terror-. ◇ *mf* Terrorist *der*, -in *die*.
terso, sa *adj* [liso] glatt.
tersura *f* Glätte *die*.
tertulia *f* [de personas] Gesprächskreis *der*.
tesina *f* [en ciencias aplicadas] Diplomarbeit *die* ; [en letras] Magisterarbeit.
tesis *f* - **1.** [opinión] These *die* - **2.** [estudio] Dissertation *die*, Doktorarbeit *die*.
tesitura *f* - **1.** [circunstancia] Umstände *pl* - **2.** MÚS Stimmlage *die*.
tesón *m* Beharrlichkeit *die*.
tesorero, ra *m*, *f* Schatzmeister *der*, -in *die*.
tesoro *m* - **1.** [botín] Schatz *der* - **2.** [hacienda pública] Fiskus *der* - **3.** *fig* [persona valiosa, apelativo] Schatz *der*. ◆ **Tesoro Público** *m* - **1.** [recursos] Staatsschatz *der* - **2.** [organización estatal] Fiskus *der*.
test (*pl* **tests**) *m* Test *der*.
testamentaría *f* DER Testamentsvollstreckung *die*.
testamentario, ria ◇ *adj* DER testamentarisch. ◇ *m*, *f* DER Testamentsvollstrecker *der*, -in *die*.
testamento *m* Testament *das*.
testar ◇ *vi* ein Testament machen. ◇ *vt* testen.
testarudo, da ◇ *adj* dickköpfig. ◇ *m*, *f* Dickkopf *der*.
testículo *m* ANAT Hoden *der*.
testificar [10] ◇ *vt* bezeugen. ◇ *vi* als Zeuge aus|sagen.
testigo ◇ *mf* Zeuge *der*, -gin *die* ; **~ de cargo** Belastungszeuge ; **~ de descargo** Entlastungszeuge. ◇ *m* - **1.** [prueba] Zeugnis *das* - **2.** DEP Staffelholz *das*.
testimoniar [8] ◇ *vt* bezeugen. ◇ *vi* als Zeuge aus|sagen.
testimonio *m* - **1.** DER Zeugenaussage *die* - **2.** [prueba] Beweis *der* ; **dar ~ de** Zeugnis ab|legen von.
testosterona *f* Testosteron *das*.
teta *f* - **1.** *fam* [de mujer] Busen *der* - **2.** [de animal] Euter *der*.
tétanos *m inv* Tetanus *der*, Wundstarrkrampf *der*.
tetera *f* Teekanne *die*.
tetilla *f* - **1.** [de macho] männliche Brustwarze - **2.** [de biberón] (Flaschen)sauger *der*.
tetina *f* (Flaschen)sauger *der*.
tetraedro *m* Tetraeder *das*.
tetrapléjico, ca *m*, *f* Gelähmte *der*, *die*.
tétrico, ca *adj* düster.
textil ◇ *adj* Textil-. ◇ *m* Textilien *solo pl*.
texto *m* Text *der*.
textual *adj* - **1.** [de texto] schriftlich - **2.** [exacto] wörtlich.
textura *f* - **1.** [de tela] Gewebe *das* - **2.** [estructura] Textur *die*.
tez *f* Teint *der*.
ti *pron pers (después de prep)* dich, dir ; **siempre pienso en ~** ich denke immer an dich ; **la jefa preguntó por ~** die Chefin hat nach dir gefragt.
tianguis *m Amér* offener Markt.
Tibet *m* : **el ~** Tibet.
tibia ◇ *f* ANAT Schienbein *das*. ◇ *adj* ▷ **tibio**.
tibieza *f* [calor ligero] Lauheit *die*.

tibio, bia *adj* **-1.** [templado] lauwarm **-2.** [frío] kühl.
tiburón *m* [pez] Hai(fisch) *der*.
tic *m* Tick *der*.
ticket = tíquet.
tictac *m* Ticktack *das*.
tiempo *m* **-1.** [gen] Zeit *die* ; **a un ~** gleichzeitig ; **con el ~** mit der Zeit ; **con ~** rechtzeitig ; **ganar ~** Zeit gewinnen ; **hacer ~** sich die Zeit vertreiben ; **perder el ~** Zeit verlieren ; **~ libre** Freizeit ; **fruta del ~** [época] Früchte der Jahreszeit ; **en mis/tus** *etc* **~s** zu meiner/deiner *etc* Zeit ; **al poco ~** [período] kurz danach ; **cada cierto ~** von Zeit zu Zeit ; **hace ~ que vive aquí** er lebt schon lange hier ; **todo el ~** immer ; **tomarse ~** sich Zeit nehmen **-2.** [momento oportuno] richtiger Zeitpunkt ; **a ~** rechtzeitig ; **estar a ~ de** noch Zeit haben, um ; **fuera de ~** zur falschen Zeit **-3.** [edad] Alter *das* **-4.** MEC : **motor de cuatro ~s** Viertaktmotor *der* **-5.** METEOR Wetter *das* ; **hace buen/mal ~** das Wetter ist gut/schlecht **-6.** DEP [parte] Halbzeit *die* **-7.** DEP [descanso] : **(fuera de) ~** Auszeit *die* **-8.** GRAM Tempus *das* **-9.** MÚS Takt *der*, Tempo *das*.

no tener tiempo

Das schaffen wir nie. No lo conseguiremos nunca.
Im Moment habe ich leider keine Zeit. Por el momento no tengo nada de tiempo.
Ich kann leider nicht lange bleiben. Por desgracia no puedo quedarme mucho tiempo.
Ich kann doch nicht alles auf einmal machen. No puedo hacer todo al mismo tiempo.
Ich habe keinen Termin mehr frei. Versuchen Sie es später wieder. No tengo ningún hueco en mi agenda. Inténtelo más adelante.

tienda *f* **-1.** [establecimiento] Laden *der* **-2.** [para acampar] : **~ (de campaña)** Zelt *das*.
tiene *etc* ▷ **tener**.
tienta *f* TAUROM *Auswahl von Kampfstieren.* ◆ **a tientas** *loc adv* tastend.
tiento *m* **-1.** [tacto, cuidado] Takt *der* **-2.** [de ciego] Blindenstock *der*.
tierno, na *adj* **-1.** [cariñoso] zärtlich **-2.** [blando] zart **-3.** [reciente] frisch.
tierra *f* **-1.** [gen] Land *das* ; **~ firme** fester Boden **-2.** [materia inorgánica] Erde *die* **-3.** [suelo] Boden *der* ; **tomar ~** landen **-4.** [territorio] Gebiet *das* **-5.** *loc* : **echar ~ a un asunto** eine Angelegenheit vertuschen ; **poner ~ (de) por medio** Land gewinnen ; **¡trágame, ~!** *fam* ich möchte vor Scham im Boden versinken. ◆ **Tierra** *f* : **la Tierra** die Erde.
tieso, sa *adj* **-1.** [erguido, rígido] steif **-2.** [engreído] eingebildet.
tiesto *m* Blumentopf *der*.
tifoideo, a *adj* typhös.
tifón *m* Taifun *der*.
tifus *m inv* Typhus *der*.
tigre, sa *m, f* Tiger *der*.
tijera *f (gen pl)* Schere *die*.
tijereta *f* **-1.** [insecto] Ohrwurm *der* **-2.** DEP Schersprung *der*.
tila *f* **-1.** [flor] Lindenblüte *die* **-2.** [infusión] Lindenblütentee *der*.
tildar *vt* : **~ a alguien de** jn als etw bezeichnen.
tilde *f* **-1.** [signo ortográfico] Tilde *die* **-2.** [acento gráfico] Akzent *der*.
tilín *m* Geklingel *das* ; **hacer ~** *fam fig* gefallen.
tilo *m* **-1.** [árbol] Linde *die* **-2.** [madera] Lindenholz *das*.
timar *vt* **-1.** [estafar] ab|gaunern **-2.** [engañar] betrügen.
timba *f* Spiel *das*.
timbal *m* [de orquesta] Pauke *die*.
timbrar *vt* (ab|)stempeln.
timbre *m* **-1.** [aparato] Klingel *die* ; **tocar el ~** klingeln **-2.** [de sonido] Klang *der* **-3.** [sello] Stempel *der*.
timidez *f* Schüchternheit *die*.
tímido, da *adj* schüchtern.
timo *m* **-1.** [estafa] Trick *der* **-2.** *fam* [engaño] Gaunertrick *der* **-3.** ANAT Thymusdrüse *die*.
timón *m* **-1.** NÁUT Ruder *das*, Steuer *das* **-2.** AERON Steuer **-3.** [gobierno] Leitung *die*.
timonel, timonero *m* NÁUT Steuermann *der*.
timorato, ta *adj* **-1.** [mojigato] prüde **-2.** [tímido] ängstlich.
tímpano *m* **-1.** ANAT Trommelfell *das* **-2.** [MÚS - tamboril] Pauke *die* ; [- de cuerda] Zimbel *die* **-3.** ARQUIT Tympanon *das*.
tina *f* **-1.** [recipiente de barro] Trog *der* **-2.** [bañera] (Bade)wanne *die*.
tinaco *m Amér* Zisterne *die*.
tinaja *f* Krug *der*.
tinglado *m* **-1.** [cobertizo] Schuppen *der* **-2.** [armazón] Bretterbühne *die* **-3.** *fig* [lío] Tohuwabohu *das*.
tinieblas *fpl* **-1.** [oscuridad] Dunkelheit *die* **-2.** *fig* [ignorancia] : **estar en ~s** im Dunkeln tappen.
tino *m* **-1.** [puntería] Treffsicherheit *die* **-2.** [habilidad] Geschick *das* **-3.** [moderación] Zurückhaltung *die* **-4.** [juicio] Urteilsvermögen *das*.
tinta *f* ▷ **tinto**.
tinte *m* **-1.** [sustancia] Färbemittel *das* **-2.** [tintorería] Reinigung *die* **-3.** *fig* [apariencia] Anstrich *der*.

tintero *m* Tintenfass *das*.
tintinear *vi* klingeln.
tinto, ta *adj* rot. ◆ **tinto** *m* Rotwein *der*. ◆ **tinta** *f* Tinte *die* ; **tinta china** Tusche *die* ; **saber de buena tinta** *fig* aus sicherer Quelle wissen ; **sudar tinta** *fig* sich abl-rackern. ◆ **medias tintas** *fpl* Andeutungen *pl*.
tintorera *f* Blauhai *der*.
tintorería *f* Reinigung *die*.
tintorro *m fam* Rotwein *der*.
tiña *f* Grind *der*.
tío, a *m, f* - **1.** [pariente] Onkel *der*, Tante *die* - **2.** *fam* [individuo] Typ *der* - **3.** *mfam* [apelativo] Alte *der, die*.
tiovivo *m* Karussell *das*.
tipazo *m fam* Superfigur *die*.
típico, ca *adj* typisch.
tipificar [10] *vt* - **1.** [normalizar] standardisieren - **2.** [simbolizar] typisieren.
tiple ◇ *mf* [cantante] Sopranist *der*, -in *die*. ◇ *m* Sopranstimme *die*.
tipo, pa *m, f mfam* Typ *der*. ◆ **tipo** *m* - **1.** [clase] Typ *der* ; **ser el ~ de alguien** js Typ sein ; **todo ~ de** jede Art von - **2.** [cuerpo] Figur *die* - **3.** ECON Kurs *der* ; **~ de cambio** ECON Wechselkurs ; **~ de descuento** Diskontsatz *der* ; **~ de interés** Zinssatz *der* - **4.** ZOOL Art *die* - **5.** [en imprenta] Drucktype *die*.
ipografía *f* - **1.** [procedimiento] Typographie *die* - **2.** [taller] Druckerei *die*.
ipográfico, ca *adj* typografisch.
ipógrafo, fa *m, f* Typograf *der*, -in *die*.
íquet (*pl* **tíquets**), **ticket** ['tiket] (*pl* **tickets**) *m* [de espectáculo] Eintrittskarte *die* ; [de medio de transporte] Fahrschein *der*.
iquismiquis ◇ *adj inv fam* [maniático] pingelig. ◇ *mf inv fam* [maniático] Umstandskrämer *der*, -in *die*. ◇ *m inv* [riñas] Zank *der*.
TIR (*abrev de* **transport international routier**) *m* TIR *der*.
ira *f* - **1.** [banda] Streifen *der* ; **la ~ (de)** *fam* ~g ein Haufen (von) - **2.** [de viñetas] Comic(strip) *der*.
irabuzón *m* [rizo] Korkenzieherlocke *die*.
irachinas *m inv* Zwille *die*.
iradero *m Amér* Durcheinander *das*.
irado, da ◇ *adj* - **1.** *fam* [barato] billig - **2.** *fam* [fácil] kinderleicht ; **estar ~** ein Kinderspiel sein - **3.** *fam* [débil, cansado] erschöpft - **4.** *fam* [miserable] zwielichtig. ◇ *m, f fam* armer Schlucker. ◆ **tirada** *f* - **1.** [lanzamiento] Wurf *der* - **2.** [de obra impresa] Auflage *die* - **3.** [sucesión] Folge *die* - **4.** [distancia] weiter Weg ; **de** o **en una tirada** auf einmal - **5.** [en juego] Zug *der*.
irador, ra *m, f* Schütze *der*. ◆ **tirador** *m* Griff *der*.
irana *f* Tirana *nt*.
tiranía *f* Tyrannei *die*, Gewaltherrschaft *die*.
tirano, na ◇ *adj* tyrannisch. ◇ *m, f* Tyrann *der*, -in *die*.
tirante ◇ *adj* gespannt. ◇ *m* - **1.** [de tela] Träger *der* - **2.** *(gen pl)* [elástico] Hosenträger *pl*.
tirantez *f* Spannung *die*.
tirar ◇ *vt* - **1.** [lanzar, jugar] werfen - **2.** [dejar caer] fallen lassen - **3.** [desechar] weg|werfen - **4.** [malgastar] vergeuden - **5.** [disparar] ab|feuern - **6.** [derribar] ab|reißen ; **~ abajo** nieder|reißen - **7.** DEP aus|führen. ◇ *vi* - **1.** [gen] ziehen ; **~ de** ziehen an *(+D)* ; **~ de algo** etw ziehen ; **tira y afloja** geben und nehmen - **2.** [disparar] schießen - **3.** [atraer] an|ziehen ; **~ de algo** etw an|ziehen - **4.** [dirigirse a] gehen - **5.** [seguir con cierta dificultad] aus|kommen ; **ir tirando** *fam* gerade so zurecht|kommen - **6.** [parecerse] : **~ a alguien** jm ähneln ; **tirando a** fast - **7.** [jugar] spielen - **8.** [tener propensión] eine Tendenz haben - **9.** DEP kicken. ◆ **tirarse** *vpr* - **1.** [lanzarse, arrojarse] sich werfen ; **~se de** springen von - **2.** [tumbarse] sich hin|legen - **3.** [pasarse] verbringen - **4.** *vulg* [fornicar con] vögeln ; **~se a alguien** jn vögeln.
tirita® *f* Pflaster *das*.
tiritar *vi* zittern ; **~ de** zittern vor *(+D)*.
tiritera, tiritona *f* Frösteln *das*.
tiro *m* - **1.** [gen] Schuss *der* ; **pegarse un ~** sich eine Kugel in den Kopf jagen - **2.** [acción] Schießen *das* - **3.** [huella, herida] Einschuss *der* - **4.** [alcance] Schussweite *die* - **5.** DEP [con arma] Schießen *das* ; **~ al blanco** [deporte] Scheibenschießen ; [lugar] Schießstand *der* - **6.** DEP [lanzamiento] Wurf *der* - **7.** [de chimenea, horno] Ziehen *das* - **8.** [de pantalón] *Breite vom Schritt bis zur Taille* - **9.** [de caballos] Gespann *das* - **10.** *loc* : **ni a ~s voy al cine hoy** heute kriegen mich keine zehn Pferde ins Kino ; **vestirse** o **ponerse de ~s largos** sich fein an|ziehen.
tiroides *m* ANAT Schilddrüse *die*.
tirón *m* - **1.** [estirón] Zerren *das* - **2.** [robo] *Handtaschendiebstahl durch Wegreißen*. ◆ **de un tirón** *loc adv* in einem Zug.
tirotear ◇ *vt* beschießen. ◇ *vi* schießen.
tiroteo *m* Schießerei *die*.
tirria *f fam* Groll *der* ; **tenerle ~ a algo/alguien** etw/jn nicht ausstehen können.
tisana *f* Kräutertee *der*.
tísico, ca ◇ *adj* MED schwindsüchtig. ◇ *m, f* MED Schwindsüchtige *der, die*.
titánico, ca *adj* titanisch.
titanio *m* QUÍM Titan *das*.
títere *m lit & fig* Marionette *die*. ◆ **títeres** *mpl* Marionettentheater *das*.
titilar, titilear *vi* - **1.** [temblar] zittern - **2.** [centellear] flackern.

titiritero, ra *m, f* [de títeres] Marionettenspieler *der*, -in *die*.
titubeante *adj* stammelnd.
titubear *vi* zögern.
titulado, da <> *adj* mit Abschluss ; ~ **en** mit Abschluss in *(+D)*. <> *m, f* Person mit Abschluss.
titular[1] <> *adj* [de plaza] innehabend. <> *mf* [de plaza, de documento] Inhaber *der*, -in *die*. <> *m (gen pl)* [prensa] Schlagzeile *die*.
titular[2] *vt* [llamar] nennen. ◆ **titularse** *vpr* - **1.** [llamarse] heißen - **2.** [licenciarse] einen Hochschulabschluss machen ; **~se en algo** einen Hochschulabschluss in etw *(+D)* abllegen.
título *m* - **1.** [gen] Titel *der* - **2.** [documento] Abschlußzeugnis *das* - **3.** [dignidad] Recht *das* ; **a ~ de** als.
tiza *f* Kreide *die*.
tiznar *vt* schwärzen. ◆ **tiznarse** *vpr* sich schmutzig machen.
tizne *m o f* Ruß *der*.
tizón *m* Scheit *das*.
tlapalería *f Amér* Baumarkt *der*.
toalla *f* [para secarse] Handtuch *das* ; **arrojar** o **tirar la ~** *fig* das Handtuch schmeißen.
toallero *m* Handtuchhalter *der*.
tobera *f* Düse *die*.
tobillera *f* Knöchelschutz *der*.
tobillo *m* Knöchel *der*.
tobogán *m* - **1.** [rampa] Rutschbahn *die* - **2.** [trineo] Schlitten *der* - **3.** [pista] Rodelbahn *die*.
toca *f* Haube *die*.
tocadiscos *m inv* Plattenspieler *der*.
tocado, da *adj* - **1.** [chiflado] verrückt - **2.** [afectado] angegriffen. ◆ **tocado** *m* - **1.** [prenda] Kopfbedeckung *die* - **2.** [peinado] Frisur *die*.
tocador *m* - **1.** [mueble] Toilettentisch *der* - **2.** [habitación] Toilettenraum *der*.
tocante *adj* : **en lo ~ a** in Bezug auf *(+A)*.
tocar [10] <> *vt* - **1.** [gen] berühren - **2.** [instrumento, canción] spielen - **3.** [remover] anlfassen - **4.** [variar] anlrühren - **5.** [hacer sonar] läuten - **6.** [abordar] behandeln. <> *vi* - **1.** [entrar en contacto] berühren - **2.** [estar próximo] : **~ a** o **con** anlgrenzen an *(+A)* - **3.** [en reparto] zulstehen - **4.** [corresponder] : **~le a alguien** an der Reihe sein - **5.** [caer en suerte] gewinnen ; **~le a alguien la negra** Pech haben - **6.** *loc* : **en** o **por lo que toca a algo** was etw betrifft ; **en** o **por lo que le toca a alguien** was jn betrifft. ◆ **tocarse** *vpr* sich berühren.
tocateja ◆ **a tocateja** *loc adv* bar auf die Hand.
tocayo, ya *m, f* Namensvetter *der*, -base *die*.
tocho *m fam* [libro] Schinken *der*.
tocinería *f* Schweinemetzgerei *die*.
tocino *m* Speck *der*.
todavía *adv* - **1.** [aún] noch - **2.** [con tod... aun así] dennoch - **3.** *(con más, menos, mejor, peor)* [incluso] noch.
todo, da <> *adj* - **1.** [sin excepción] alle(s) ... **~ esto** all das - **2.** [entero] ganz - **3.** *(gen p...* [cada] jede, -r, -s - **4.** *(gen sing)* [cualquier] a... le - **5.** *(gen enfático)* [auténtico] ganz. <> *pro...* - **1.** [todas las cosas] alles ; **come de ~** er/s... isst alles - **2.** *(gen pl)* [todas las personas] all... ◆ **todo** <> *m* Ganze *das*. <> *adv* gan... ◆ **ante todo** *loc adv* vor allem. ◆ **d... todo** *loc adv* insgesamt. ◆ **después d... todo** *loc adv* trotz allem. ◆ **sobre tod...** *loc adv* vor allem. ◆ **todo terreno** *m* G... ländewagen *der*.
todopoderoso, sa *adj* allmächtig.
toga *f* [de romano] Toga *die* ; [de abogad... Robe *die* ; [de catedrático] Talar *der*.
toldo *m* Sonnendach *das*.
tolerancia *f* - **1.** [transigencia] Toleranz *d...* - **2.** [resistencia] Verträglichkeit *die*.
tolerante *adj* tolerant.
tolerar *vt* - **1.** [consentir] dulden - **2.** [d... culpar] tolerieren - **3.** [resistir] vertragen.
toma *f* - **1.** [ingesta, conquista] Einnahm... *die* - **2.** [conexión] Anschluss *der* ; **~ de co... rriente** ELECTR Steckdose *die* ; **~ de tier...** ELECTR Erdung *die* - **3.** CIN Aufnahme *d...* ◆ **toma de conciencia** *f* Bewusstwe... dung *die*. ◆ **toma de posesión** *f* Am... übernahme *die*.
tomadura *f* : **~ de pelo** Fopperei *die*.
tomar <> *vt* - **1.** [gen] nehmen ; **~ prest... do algo** sich etw (ausl)leihen - **2.** [dat... información] auflschreiben - **3.** [ingerir, co... quistar] einlnehmen ; [adquirir, aceptar] a... nehmen - **4.** [contratar] einlstellen ; [con... derar] : **~ a alguien por algo/alguien** jn f... etw/jn halten ; [interpretar] : **no lo tom... así** nimm es doch nicht so ernst - **5.** [en ... cución con sustantivo] : **~ el aire (puro)** f... sche Luft schnappen ; **~ el fresco** an die f... sche Luft gehen ; **~ el sol** sich sonnen ; **~ temperatura** Fieber messen ; **~ me... das** Maßnahmen ergreifen ; **~ un baño** e... Bad nehmen - **6.** : [requerir] **~ tiempo** Z... (wegl)nehmen - **7.** *loc* : **tomarla(s) c... alguien** *fam* es auf jn abgesehen hab... <> *vi* - **1.** [dirigirse] : **tome usted por ... derecha** biegen Sie rechts ab - **2.** *Am...* [beber] trinken. ◆ **tomarse** *vpr* - **1.** [ge... nehmen - **2.** [interpretar] : **no te lo tomes a...** nimm es doch nicht so ernst ; **~se a m...** übel nehmen.
tomate *m* - **1.** [fruto] Tomate *die* - **2.** *f...* [de calcetín] Loch *das* in der Strumpffe... - **3.** *fam* [jaleo] Durcheinander *das*.
tomatera *f* Tomatenstaude *die*.
tomavistas *m inv* Filmkamera *die*.
tómbola *f* Tombola *die*.
tomillo *m* Thymian *der*.

tomo *m* Band *der*.
ton ◆ **sin ton ni son** *loc adv* mir nichts, dir nichts.
tonadilla *f* Couplet *das*.
tonalidad *f* - **1.** MÚS Tonart *die* - **2.** [de color] Tönung *die*.
tonel *m* Fass *das*.
tonelada *f* Tonne *die*.
tonelaje *m* - **1.** [de buque] Tonnage *die* - **2.** [de vehículo] Ladegewicht *das*.
tongada *f* Schicht *die*.
tongo *m* - **1.** DEP Schiebung *die* - **2.** *Amér fam* [sombrero] Melone *die*.
tónico, ca *adj* - **1.** [reconstituyente] belebend - **2.** GRAM betont - **3.** MÚS tonisch, Ton-. ◆ **tónico** *m* - **1.** [reconstituyente] Stärkungsmittel *das* - **2.** [para cara] Gesichtswasser *das* ; [para cabello] Haarwasser *das*. ◆ **tónica** *f* - **1.** [tendencia] Trend *der* - **2.** MÚS Tonika *die*, Grundton *der* - **3.** [bebida] Tonic(water) *das*.
tonificar [10] *vt* beleben.
tono *m* - **1.** [voz] Ton *der* - **2.** [estilo] Tonart *die* - **3.** MÚS Tonlage *die* - **4.** [de color] (Farb)ton *der* - **5.** MED Tonus *der*, Spannungszustand *der* - **6.** [de teléfono] (Wähl)ton *der* - **7.** *loc* : **fuera de ~** unpassend, unangebracht.
tonsura *f* Tonsur *die*.
tontear *vi* - **1.** [hacer el tonto] herum|albern - **2.** [coquetear] flirten ; **~ con alguien** mit jm flirten.
tontería *f* - **1.** [estupidez] Dummheit *die* ; **decir ~s** Quatsch erzählen - **2.** [pequeñez] Lappalie *die* ; [detalle] Kleinigkeit *die*.
tonto, ta ◇ *adj* dumm. ◇ *m, f* - **1.** [estúpido] Dummkopf *der* ; **hacer el ~** herum|albern ; **hacerse el ~** sich dumm stellen - **2.** [sensiblero] (sehr) empfindliche Person. ◆ **a lo tonto** *loc adv* unbemerkt. ◆ **a tontas y a locas** *loc adv* ohne Sinn und Verstand.
tontorrón, ona ◇ *adj* kindisch. ◇ *m, f* Dummerchen *das*.
top (*pl* **tops**) *m* [prenda de vestir] kurzes Top.
topacio *m* Topas *der*.
topar *vi* [chocar] zusammen|stoßen.
tope ◇ *m* - **1.** [de puerta] Stopper *der* ; [de manivela] Anschlag *der* - **2.** [límite máximo] Spitze *die* - **3.** [obstáculo] Hindernis *das*. ◇ *adj* [máximo] Höchst-. ◇ *adv mfam* [muy] total, voll. ◆ **a tope** *loc adv* [en velocidad] total schnell ; [en cantidad] überfüllt.
topetazo *m* Zusammenstoß *der*.
tópico, ca *adj* - **1.** [manido] klischeehaft - **2.** MED äußerlich. ◆ **tópico** *m* Klischee *das*.
topo *m* - **1.** [animal, contraespía] Maulwurf *der* - **2.** [lunar] Tupfen *der*.
topografía *f* Topografie *die*.
topógrafo, fa *m, f* Topograf *der*, -in *die*.
topónimo *m* Ortsname *der*.
toque *m* - **1.** [roce] Berührung *die* - **2.** [arreglo] kleine Veränderung ; **dar un (último) ~ a algo** etw *(D)* den letzten Schliff geben - **3.** [detalle] Touch *der* - **4.** [aviso] Hinweis *der* ; **dar un ~** [avisar] Bescheid sagen ; [amonestar] ermahnen - **5.** [de campana] Geläute *das* ; [de diana] Weckruf *der* ; [de tambor] Trommelschlag *der* ; **~ de queda** [señal] Alarmsignal *das* ; [medida] Ausgangssperre *die*.
toquetear ◇ *vt* [manosear] befummeln. ◇ *vi fam* [sobar] herum|fummeln.
toquilla *f* - **1.** [de mujer] Umhang *der* - **2.** [de lactante] Wickeltuch *das*.
torácico, ca *adj* ANAT Brust-.
tórax *m* - **1.** ANAT Brustkorb *der* - **2.** ZOOL Thorax *der*.
torbellino *m lit & fig* Wirbel *der*.
torcedura *f* - **1.** [torsión] Biegen *das* - **2.** [dislocación] Verstauchung *die*.
torcer [41] ◇ *vt* - **1.** [doblar] (ver)biegen - **2.** [girar] ab|biegen - **3.** [ladear] zur Seite neigen - **4.** [pervertir] auf Abwege bringen. ◇ *vi* [girar] ab|biegen. ◆ **torcerse** *vpr* - **1.** [doblar] sich biegen - **2.** [dislocarse] sich verstauchen - **3.** [ir mal] schief laufen.
torcido, da *adj* [espalda] gekrümmt ; [piernas] krumm ; [palo] verbogen ; [cuadro] schief.
tordo, da *adj* Grauschimmel-. ◆ **tordo** *m* Drossel *die*.
torear ◇ *vt* - **1.** [lidiar] kämpfen *(Stiere)* - **2.** *fig* [eludir] etw umgehen - **3.** *fig* [liar] jn verrückt machen. ◇ *vi* [lidiar] kämpfen *(Stiere)*.
toreo *m* - **1.** [arte] Stierkampfkunst *die* - **2.** [acción] Stierkampf *der*.
torero, ra ◇ *m, f* Stierkämpfer *der*, -in *die* ; **saltarse algo a la torera** *fig* sich um etw nicht scheren. ◇ *adj* Stierkampf-. ◆ **torera** *f* Bolerojäckchen *das*.
tormenta *f* METEOR Gewitter *das*.
tormento *m* - **1.** [dolor] Qual *die* - **2.** [tortura, castigo] Folter *die*.
tormentoso, sa *adj lit & fig* stürmisch.
tornado *m* METEOR Tornado *der*.
tornar *culto* ◇ *vt* [convertir] verwandeln. ◇ *vi* [regresar] zurück|kehren. ◆ **tornarse** *vpr* [transformarse] : **el cielo se tornó negro** der Himmel wurde schwarz.
tornas *fpl* : **se han vuelto** o **cambiado las ~** *fig* das Blatt hat sich gewendet.
tornasolado, da *adj* schillernd.
torneado, da *adj* - **1.** [pieza de cerámica] gedreht - **2.** [brazos] wohlgeformt. ◆ **torneado** *m* Drehen *das*.
torneo *m* Turnier *das*.
tornillo *m* Schraube *die* ; **te falta un ~** *fig* bei dir ist eine Schraube locker.

torniquete *m* - **1.** MED Aderpresse *die* - **2.** [en entradas] Drehkreuz *das*.

torno *m* - **1.** [de alfarero] Drehscheibe *die* - **2.** [de carpintero] Drehbank *die* - **3.** [para levantar pesos] Winde *die*. ◆ **en torno a** *loc prep* - **1.** [alrededor de] : **en ~ a algo** (rings)um etw herum - **2.** [aproximadamente] : **había en ~ a mil manifestantes** es gab an die tausend Demonstranten.

toro *m* Stier *der*. ◆ **toros** *mpl* Stierkampf *der*.

toronja *f* Pampelmuse *die*.

torpe *adj* - **1.** [poco ágil] schwerfällig - **2.** [poco hábil] ungeschickt - **3.** [tonto] blöd - **4.** [inoportuno] plump.

torpedear *vt* torpedieren.

torpedero, ra *adj* Torpedo-. ◆ **torpedero** *m* Torpedoboot *das*.

torpedo *m* - **1.** [proyectil] Torpedo *der* - **2.** [pez] Zitterrochen *der*.

torpeza *f* - **1.** [falta de agilidad] Schwerfälligkeit *die* - **2.** [falta de habilidad] Ungeschicktheit *die* - **3.** [falta de inteligencia] Blödheit *die* - **4.** [inoportunidad] Plumpheit *die*.

torre *f* - **1.** [construcción, de ajedrez] Turm *der* ; **~ de control** Kontrollturm, Tower *der* - **2.** [edificio] Hochhaus *das*.

torrefacto, ta *adj* (mit Zucker) geröstet *(Kaffee)*.

torrencial *adj* - **1.** [abundante] strömend - **2.** [de torrente] sturzbachartig.

torrente *m* - **1.** [de agua] Sturzbach *der* - **2.** *fig* [multitud] Strom *der*.

torreón *m* Festungsturm *der*.

torreta *f* - **1.** MIL Geschützturm *der* - **2.** TELECOM Freileitungsmast *der*.

torrezno *m* gebratene Speckscheibe.

tórrido, da *adj* heiss.

torrija *f* CULIN armer Ritter.

torsión *f* Drehung *die*.

torso *m culto* Rumpf *der*.

torta *f* - **1.** CULIN Kuchen *der* - **2.** *fam* [bofetada] Ohrfeige *die* ; **dar** o **pegar una ~ a alguien** jm eine kleben.

tortazo *m* - **1.** [bofetada] Ohrfeige *die* - **2.** [golpe] Stoß *der*.

tortícolis *f* MED steifer Hals.

tortilla *f* - **1.** [de huevo] Omelett *das* ; **~ (a la) española** o **de patatas** CULIN Kartoffelomelett ; **~ (a la) francesa** Omelett - **2.** *Amér* [de harina] Maisfladen *der*.

tórtola *f* Turteltaube *die*.

tortolito, ta *m, f (gen pl) fam* [enamorado] Turteltauben *pl*.

tórtolo *m* - **1.** [ave] Turteltäuber *der* - **2.** *(gen pl) fam* [enamorado] Turteltaube *die*.

tortuga *f* Schildkröte *die*.

tortuoso, sa *adj* - **1.** [sinuoso] geschlängelt - **2.** [perverso] boshaft.

tortura *f* - **1.** [castigo] Folter *die* - **2.** [angustia] Qual *die*.

torturar *vt* - **1.** [infligir un castigo] foltern - **2.** [mortificar] quälen. ◆ **torturarse** *vpr* sich quälen.

torvisco *m* BOT Seidelbast *der*.

torvo, va *adj* : **mirada torva** finsterer Blick.

tos *f* Husten *der* ; **~ ferina = tosferina.**

tosco, ca *adj* - **1.** [basto] roh - **2.** [primitivo] ungehobelt.

toser *vi* husten.

tosferina, tos ferina *f* MED Keuchhusten *der*.

tostador, ra *adj* Röst-. ◆ **tostadora** *f* [de pan] Toaster *der* ; [de café] Röster *der*.

tostar [23] *vt* - **1.** [pan] toasten ; [almendras, pescado] rösten - **2.** [broncear] bräunen. ◆ **tostarse** *vpr* sich bräunen.

tostón *fam m* [cosa] todlangweilige Sache

total ◇ *adj* total, völlig. ◇ *m* - **1.** [suma] Gesamtbetrag *der* ; **en ~** insgesamt - **2.** [totalidad, conjunto] Gesamtheit *die*. ◇ *adv* sowieso ; **no sé por qué tengo que levantarme tan pronto ; ~, siempre llego tarde** ich weiß nicht, warum ich so früh aufstehen soll ; ich komme sowieso immer zu spät ; [resultado] also ; **estuvieron discutiendo toda la tarde, ~ que me fui** sie haben sich den ganzen Nachmittag gestritten ; also bin ich gegangen.

totalidad *f* Gesamtheit *die*.

totalitario, ria *adj* totalitär.

totalizar [13] *vt* insgesamt betragen.

tótem (*pl* **tótems** o **tótemes**) *m* Totem *das*

tóxico, ca *adj* toxisch, giftig. ◆ **tóxico** *m* Toxikum *das*, Gift *das*.

toxicómano, na *m, f* Drogensüchtig *der, die*.

toxina *f* Toxin *das*, Giftstoff *der*.

tozudo, da ◇ *adj* dickköpfig. ◇ *m, f* Dickkopf *der*.

traba *f* - **1.** [para mesa] Querstück *das* ; [para rueda] Bremskeil *der* - **2.** [impedimento] Hemmnis *das* ; **poner ~s** Hindernisse in den Weg legen.

trabajador, ra ◇ *adj* arbeitsam, fleißig ◇ *m, f* Arbeiter *der*, -in *die*.

trabajar ◇ *vi* - **1.** [gen] arbeiten - **2.** [estudiar - en escuela] lernen ; [- en universidad] studieren - **3.** [actuar] spielen - **4.** [funcionar] laufen. ◇ *vt* [gen] bearbeiten.

trabajo *m* - **1.** [gen] Arbeit *die* ; **~ temporal** Zeitarbeit - **2.** POLÍT Arbeit *die* ; [lugar] Arbeitsplatz *der* - **3.** [esfuerzo] Mühe *die* ; **costar (mucho) ~** viel Mühe kosten ; **tomarse el ~ de** *(+inf)* sich *(D)* die Mühe machen zu *(+inf)*.

trabajoso, sa *adj* mühsam.

trabalenguas *m inv* Zungenbrecher *der*.

trabar *vt* - **1.** [objeto] verbinden - **2.** [conversación, amistad] beginnen - **3.** [desarrollo] hemmen. ◆ **trabarse** *vpr* sich verfangen ; **se le traba mucho la lengua** er/sie verspricht sich oft.

trabilla *f* [de cinturón] Schlaufe *die* ; [de pantalón] Steg *der*.

trabuco *m* Stutzen *der*.

traca *f* Kette *die* aus Knallkörpern.

tracción *f* Antrieb *der*.

tractor *m* Traktor *der*.

tradición *f* - **1.** [costumbre] Tradition *die* - **2.** [transmisión] Überlieferung *die*.

tradicional *adj* traditionell.

tradicionalismo *m* - **1.** [amor al pasado] Traditionalismus *der* - **2.** POLÍT Konservativismus *der*.

traducción *f* - **1.** [gen] Übersetzung *die* - **2.** [interpretación] Deutung *die*.

traducir [33] ◇ *vt* - **1.** [a otro idioma] übersetzen - **2.** [expresar] zum Ausdruck bringen. ◇ *vi* übersetzen. ◆ **traducirse** *vpr* - **1.** [a otro idioma] übersetzt werden - **2.** [dar lugar a] : **~se en** sich auslwirken in *(+D)*.

traductor, ra ◇ *adj* Übersetzungs-. ◇ *m, f* Übersetzer *der*, -in *die*.

traer [73] *vt* - **1.** [gen] bringen ; [portar] (mitl)bringen - **2.** [comportar] mit sich bringen - **3.** [llevar puesto] tragen. ◆ **traerse** *vpr* : **~se algo entre manos** etwas im Schilde führen ; **traérselas** *fam fig* es in sich haben.

tráfago *m* Rummel *der*.

traficar [10] *vi* [gen] handeln.

tráfico *m* - **1.** [circulación] Verkehr *der* - **2.** [comercio ilegal] Schwarzhandel *der*.

tragaluz *m* Dachluke *die*.

tragaperras *f inv (en aposición)* Spielautomat *der*.

tragar [16] ◇ *vt* - **1.** [gen] schlucken - **2.** [engullir] verschlingen - **3.** [soportar] auslstehen ; *fam* [comer mucho] schlingen. ◇ *vi* schlucken. ◆ **tragarse** *vpr* - **1.** [ingerir] verschlucken - **2.** [engullirse] verschlingen - **3.** [creerse] ablnehmen - **4.** *fig* [soportarse] sich auslstehen können - **5.** [disimular] hinunterlschlucken.

tragedia *f* Tragödie *die*.

trágico, ca ◇ *adj* LITER tragisch. ◇ *m, f* Tragiker *der*, -in *die*.

tragicomedia *f* - **1.** LITER Tragikomödie *die* - **2.** [en vida real] Tragikomik *die*.

trago *m* - **1.** [de líquido] Schluck *der* - **2.** *fig fam* [disgusto] bitteres Erlebnis ; **pasar un mal ~** etwas Unangenehmes durchlmachen müssen.

tragón, ona ◇ *adj fam* gefräßig. ◇ *m, f fam* Vielfraß *der*.

traición *f* - **1.** [infidelidad] Untreue *die* - **2.** [delito] Verrat *der*.

traicionar *vt* - **1.** [ser infiel] untreu sein - **2.** [delatar] verraten - **3.** [fallar] im Stich lassen.

traicionero, ra ◇ *adj* - **1.** [desleal] verräterisch - **2.** [malicioso] heimtückisch. ◇ *m, f* [malicioso] heimtückische Person.

traidor, ra ◇ *adj* - **1.** [desleal] verräterisch - **2.** [malicioso] heimtückisch. ◇ *m, f* [desleal] Verräter *der*, -in *die*.

trailer ['trailer] (*pl* **trailers**) *m* - **1.** [escena, avance] Trailer *der* - **2.** AUTON Sattelschlepper *der*.

traje *m* - **1.** [vestido exterior] Kleidung *die (sin pl)* ; **~ de baño** Badeanzug *der* ; **~ de paisano** Zivilkleidung *die* - **2.** [conjunto con chaqueta] Anzug *der* ; **~ de chaqueta** Jackenkleid *das* - **3.** [indumentaria] Tracht *die* ; **~ de luces** TAUROM Stierkämpfertracht.

trajeado, da *adj* - **1.** [con chaqueta] im Anzug - **2.** *fam* [arreglado] tipptopp gekleidet.

trajín *m fam* [ajetreo] Trubel *der*.

trajinar ◇ *vi fam* (heruml)wirtschaften. ◇ *vt* befördern.

trama *f* - **1.** [de hilos] Schuss *der* - **2.** [confabulación] Komplott *der* - **3.** [de obra literaria] Handlung *die*.

tramar *vt* [tejer] einlschießen.

tramitar *vt* [expediente] bearbeiten ; [asunto] erledigen ; [solicitud] einlreichen.

trámite *m* [diligencia] Formalität *die*.

tramo *m* [espacio] Abschnitt *der*.

tramoya *f* - **1.** TEATR Bühnenmaschinerie *die* - **2.** *fig* [enredo] Schwindel *der*.

tramoyista *mf* - **1.** TEATR Bühnenarbeiter *der*, -in *die* - **2.** *fig* [tramposo] Schwindler *der*, -in *die*.

trampa *f* - **1.** [para cazar] Falle *die* - **2.** [puerta] Falltür *die* - **3.** [engaño] Schwindel *der* ; **hacer ~s** mogeln - **4.** *fig* [deuda] Schulden *pl*.

trampear *vi fam* [endeudarse] sich verschulden.

trampilla *f* Falltür *die*.

trampolín *m* Sprungbrett *das*.

tramposo, sa ◇ *adj* [fullero] betrügerisch. ◇ *m, f* - **1.** [fullero] Schwindler *der*, -in *die* - **2.** [moroso] Schuldner *der*, -in *die*.

tranca *f* - **1.** [palo] Knüppel *der* - **2.** *fam* [borrachera] Rausch *der* - **3.** *loc* : **a ~s y a barrancas** mit Müh und Not.

trancazo *m* - **1.** [golpe] Knüppelschlag *der* - **2.** *fam* [gripe] Grippe *die*.

trance *m* - **1.** [apuro] Klemme *die* - **2.** [estado hipnótico] Trance *die*. ◆ **a todo trance** *loc adv* um jeden Preis.

tranco *m* großer Schritt.

tranquilidad *f* Ruhe *die*.

tranquilizante ◇ *adj* [relajante] beruhigend. ◇ *m* FARM Beruhigungsmittel *das*.

tranquilizar [13] *vt* beruhigen.

tranquilizar

Keine Angst, das wird schon klappen. No tengas miedo, todo saldrá bien.
Machen Sie sich keine Sorgen, das bringen wir schon wieder in Ordnung. No se preocupe usted, ya verá como lo arreglamos.
Mach dir nichts draus, das finden wir schon wieder. No te preocupes, ya lo encontraremos.
Das ist nicht so schlimm. No es tan grave la cosa.
Es wird schon nichts passiert sein. Ya verás como no les ha pasado nada.

tranquillo *m fam* : **cogerle el ~ a algo** bei etw den Trick heraushaben.
tranquilo, la *adj* - **1.** [gen] ruhig ; [país] friedfertig ; **(tú) ~ sei** unbesorgt - **2.** [mar, viento] still - **3.** [despreocupado] unbekümmert.
transacción *f* COM Transaktion *die.*
transatlántico, ca, trasatlántico, ca *adj* transatlantisch. ◆ **transatlántico** *m* NÁUT Passagierdampfer *der.*
transbordador, ra, trasbordador, ra *adj* : **puente ~** Umladebrücke *die.* ◆ **transbordador** *m* NÁUT Fähre *die.*
transbordar, trasbordar ◇ *vt* [personas] über|setzen ; [mercancías] um|schlagen. ◇ *vi* um|steigen.
transbordo, trasbordo *m* : **hacer ~** um|steigen.
transcendencia, trascendencia *f* Tragweite *die.*
transcendental = **trascendental.**
transcendente = **trascendente.**
transcender = **trascender.**
transcribir, trascribir *vt* [alfabeto, discurso oral] transkribieren ; [poner por escrito] schriftlich fest|halten.
transcurrir, trascurrir *vi* - **1.** [tiempo] vergehen - **2.** [cosas] verlaufen.
transcurso, trascurso *m* - **1.** [paso de tiempo] Verlauf *der* - **2.** [período de tiempo] : **en el ~ de** im Laufe *(+G).*
transeúnte *mf* [paseante] Passant *der,* -in *die.*
transexual *mf* Transsexuelle *der, die.*
transferencia, trasferencia *f* - **1.** [envío] Überweisung *die* - **2.** [cesión] Transfer *der.*
transferir [27], **trasferir** *vt* - **1.** BANCA überweisen - **2.** [ceder] übertragen.
transfigurar, trasfigurar *vt* verwandeln.
transformación, trasformación *f* Veränderung *die.*
transformador, ra, trasformador, ra *adj* Verarbeitungs-. ◆ **transformador** *m* ELECTR Transformator *der.*
transformar, trasformar *vt* - **1.** [cambiar] verändern ; [convertir] : **~ algo/a alguien en algo** etw/jn in etw *(A)* verwandeln - **2.** [elaborar] : **~ algo en algo** etw zu etw verarbeiten. ◆ **transformarse** *vpr* - **1.** [cambiar] sich verändern - **2.** [convertirse] sich verwandeln in *(+A)* ; [ser elaborado] verarbeiten.
transformista, trasformista *mf* [artista] Verwandlungskünstler *der,* -in *die.*
tránsfuga, trásfuga *mf* POLÍT Überläufer *der,* -in *die.*
transfusión, trasfusión *f* MED Transfusion *die.*
transgénico, ca *adj* transgen.
transgredir [78], **trasgredir** *vt* : **~ una ley** gegen ein Gesetz verstoßen.
transgresor, ra, trasgresor, ra ◇ *adj* verstoßend. ◇ *m, f* Gesetzesübertreter *der,* -in *die.*
transición *f* - **1.** [cambio] Übergang *der* - **2.** [fase de cambio] Übergangszeit *die* - **3.** POLÍT Übergang *der.*
transigente *adj* nachgiebig.
transigir [15] *vi* - **1.** [ceder] nach|geben - **2.** [tolerar] dulden.
transistor *m* - **1.** TELECOM Transistorradio *das* - **2.** ELECTRÓN Transistor *der.*
transitar *vi* fahren.
tránsito *m* - **1.** [de gente] Betrieb *der* ; [de vehículos] Verkehr *der* - **2.** [transporte] Transit *der.*
transitorio, ria *adj* vorübergehend.
translúcido, da, traslúcido, da *adj* lichtdurchlässig.
transmisión, trasmisión *f* - **1.** [gen] Übertragung *die* - **2.** [oral, escrita] Übermittlung *die* - **3.** [dispositivo mecánico] Transmission *die.*
transmisor, ra, trasmisor, ra ◇ *adj* Transmissions-. ◇ *m, f* [de enfermedad] Überträger *der,* -in *die* ; [de palabra, por escrito] Übermittler *der,* -in *die.* ◆ **transmisor** *m* Sender *der.*
transmitir, trasmitir *vt* [gen] übertragen ; [de palabra o por escrito] übermitteln.
transmutación, trasmutación *f* Umwandlung *die.*
transoceánico, ca, trasoceánico, ca *adj* transozeanisch.
transparencia, trasparencia *f* - **1.** [cualidad] Durchsichtigkeit *die* - **2.** [lámina de plástico] Folie *die.*
transparentarse, trasparentarse *vpr* - **1.** [clarearse] durchsichtig sein - **2.** [manifestarse] erkennbar sein.
transparente, trasparente *adj* - **1.** [claro] durchsichtig - **2.** [manifiesto, evidente] durchschaubar.

transpiración, traspiración *f* Transpiration *die*.
transpirar, traspirar *vi* schwitzen.
transplantar, trasplantar *vt* - **1.** BOT umlpflanzen - **2.** MED transplantieren - **3.** [introducir] einlführen.
transplante, trasplante *m* - **1.** BOT Umpflanzung *die* - **2.** MED Transplantation *die*.
transponer [65], **trasponer** *vt* umsetzen. ◆ **transponerse** *vpr* [adormecerse] einlnicken.
transportador, ra, trasportador, ra *adj* Förder-. ◆ **transportador** *m* - **1.** [cinta transportadora] Förderband *das* - **2.** [para medir ángulos] Winkelmesser *das*.
transportar, trasportar *vt* befördern ; **me sentí transportado a la infancia** ich fühlte mich in meine Kindheit zurückversetzt. ◆ **transportarse** *vpr* entzückt sein.
transporte, trasporte *m* - **1.** [traslado] Beförderung *die* ; [cargamento] Transport *der* - **2.** [medio] Verkehrsmittel *das*.
transportista, trasportista *mf* Transporteur *der*, -in *die*.
transvase, trasvase *m* [fig] Übertragung *die* ; [de líquido] Umfüllung *die*.
transversal, trasversal ◇ *adj* : **eje ~** Querachse *die*. ◇ *f* GEOM Transversale *die*.
tranvía *m* Straßenbahn *die*.
trapear *vt Amér* wischen.
trapecio *m* - **1.** [gen] Trapez *das* - **2.** ANAT Kapuzenmuskel *der*.
trapecista *mf* Trapezkünstler *der*, -in *die*.
trapeo *m Amér* Wischen *das*.
trapero, ra *m, f* Lumpensammler *der*, -in *die*.
trapezoide *m* - **1.** GEOM Trapezoid *das* - **2.** ANAT Trapezoidbein *das*.
trapicheo *m fam* Schachern *das*.
trapo *m* - **1.** [de tela] Lappen *der* - **2.** [gamuza, bayeta] Putzlappen *der* - **3.** TAUROM rotes Tuch der Stierkämpfer. ◆ **trapos** *mpl* Klamotten *pl*.
tráquea *f* ANAT Luftröhre *die*.
traqueteo *m* Rattern *das*.
tras *prep* - **1.** [detrás de] hinter - **2.** [después de] nach - **3.** [en pos de] : **correr ~ alguien** jm hinterherllaufen ; **andar ~ algo** auf etwas aus sein.
trasatlántico, ca = **transatlántico**.
trasbordador, ra = **transbordador**.
trasbordar = **transbordar**.
trasbordo = **transbordo**.
trascendencia = **transcendencia**.
trascendental, transcendental *adj* von großer Tragweite.
trascendente, transcendente *adj* übersinnlich.
trascender [20], **transcender** *vi* - **1.** [extenderse] sich auslwirken ; [incidir] durchlsickern - **2.** [sobrepasar] : **~ de** hinauslgehen über.
trascribir = **transcribir**.
trascurrir = **transcurrir**.
trascurso = **transcurso**.
trasegar [35] *vt* [transvasar] umlfüllen.
trasero, ra *adj* hintere, -r, -s ◆ **trasero** *m fam* Hintern *der*.
trasferencia = **transferencia**.
trasferir = **transferir**.
trasfigurar = **transfigurar**.
trasfondo *m* Hintergrund *der*.
trasformación = **transformación**.
trasformador, ra = **transformador**.
trasformar = **transformar**.
trasformista = **transformista**.
trásfuga = **tránsfuga**.
trasfusión = **transfusión**.
trasgredir = **transgredir**.
trasgresor, ra = **transgresor**.
trashumante *adj mit Herden wandernd*.
trasiego *m* [transvase] Umfüllung *die*.
traslación *f* - **1.** ASTRON Translation *die* - **2.** [cambio de lugar] Umstellen *das*.
trasladar *vt* - **1.** [muebles] umlstellen ; [empresa] verlegen - **2.** [funcionario] versetzen ; [cargo] übertragen - **3.** [en tiempo] verschieben - **4.** [traducir] übersetzen. ◆ **trasladarse** *vpr* - **1.** [desplazarse] sich begeben - **2.** [mudarse] umlziehen.
traslado *m* - **1.** [de muebles] Umstellung *die* ; [de empresa] Verlegung *die* - **2.** [mudanza] Umzug *der* - **3.** [funcionario] Versetzung *die*.
traslúcido, da = **translúcido**.
trasluz *m* durchscheinendes Licht ; **mirar al ~** gegen das Licht betrachten.
trasmano ◆ **a trasmano** *loc adv* - **1.** [fuera de alcance] außer Reichweite - **2.** [lejos] abgelegen.
trasmisión = **transmisión**.
trasmisor, ra = **transmisor**.
trasmitir = **transmitir**.
trasmutación = **transmutación**.
trasnochar *vi* (die ganze Nacht) durchlmachen.
trasoceánico, ca = **transoceánico**.
traspapelar *vt* verlegen. ◆ **traspapelarse** *vpr* verloren gehen.
trasparencia = **transparencia**.
trasparentarse = **transparentarse**.
trasparente = **transparente**.
traspasar *vt* - **1.** [suj : cosa] durchbohren - **2.** [puerta, río, camino] überqueren ; **~ la puerta** durch die Tür gehen - **3.** [suj : líquido] durchlnässen - **4.** [negocio] übertragen - **5.** [ley, precepto] überschreiten.
traspaso *m* - **1.** [de negocio] Übertragung *die* - **2.** [precio] Abstandssumme *die*.
traspié *m* - **1.** [resbalón] Stolpern *das* - **2.** [error] Ausrutscher *der*.
traspiración = **transpiración**.

traspirar = **transpirar**.
trasplantar = **transplantar**.
trasplante = **transplante**.
trasponer = **transponer**.
trasportador, ra = **transportador**.
trasportar = **transportar**.
trasporte = **transporte**.
trasportista = **transportista**.
trasquilar *vt* - **1.** [animal] scheren - **2.** [persona] (die Haare) schlecht schneiden.
trastabillar *vi Amér* stolpern.
trastada *f* Streich *der*.
trastazo *m* heftiger Aufschlag ; **darse** o **pegarse un ~** aufknallen.
traste *m* - **1.** MÚS Bund *der* - **2.** *Amér* [trasto] Geschirr *das* - **3.** *Amér* [trasero] Hintern *der* - **4.** *loc* : **irse al ~** *fig* ins Wasser fallen.
trastero *m* Rumpelkammer *die*.
trastienda *f* Hinterzimmer *das*.
trasto *m* - **1.** [cosa] Zeug *das* - **2.** *fam fig* [persona] Flegel *der*. ◆ **trastos** *mpl* - **1.** [pertenencias] Zeug *das* - **2.** [equipo, herramientas] Ausrüstung *die*.
trastocar [36] *vt* durcheinander bringen. ◆ **trastocarse** *vpr* den Verstand verlieren.
trastornado, da *adj* verwirrt.
trastornar *vt* - **1.** [volver loco] aus dem seelischen Gleichgewicht bringen - **2.** [inquietar] stark beunruhigen - **3.** [alterar] durcheinander bringen ; [planes] zunichte machen. ◆ **trastornarse** *vpr* [volverse loco] das seelische Gleichgewicht verlieren.
trastorno *m* - **1.** [de salud] Störung *die* - **2.** [alteración] Umstände *pl*.
trastrocar [36] *vt* - **1.** [orden] vertauschen - **2.** [sentido] : **has trastrocado el sentido de mis palabras** du hast mir die Worte im Munde verdreht.
trasvase = **transvase**.
trasversal = **transversal**.
tratado *m* - **1.** [acuerdo] Abkommen *das* - **2.** [contrato] Vertrag *der* - **3.** [monografía] Abhandlung *die*.
tratamiento *m* - **1.** [gen] Behandlung *die* - **2.** [título] Anredeform *die*, Titel *der*. ◆ **tratamiento de textos** *m* INFORM Textverarbeitung *die*.
tratar ◇ *vt* - **1.** [gen] behandeln - **2.** [agua] auf|bereiten - **3.** [dar tratamiento] : **~ de tú/usted** jn duzen/siezen - **4.** [calificar] : **~ de** jn bezeichnen als. ◇ *vi* - **1.** [versar] : **~ de** handeln von - **2.** [tener relación] : **~ con alguien** mit jm Umgang haben - **3.** [intentar] : **~ de hacer algo** versuchen, etw zu tun - **4.** [utilizar] um|gehen ; **ten cuidado si tratas con sustancias tóxicas** sei vorsichtig, wenn du mit Giftstoffen umgehst. ◆ **tratarse** *vpr* - **1.** [relacionarse] : **~se con** verkehren mit - **2.** [versar] : **~se de** sich handeln um *(+A)*.
trato *m* - **1.** [comportamiento, conducta] Behandlung *die* - **2.** [relación] Umgang *der* - **3.** [acuerdo] Abmachung *die* ; **cerrar** o **hacer un ~** eine Abmachung treffen ; **¡~ hecho!** abgemacht! - **4.** [tratamiento] Anrede *die*.
trauma *m* Trauma *das*.
traumatizar [13] *vt* traumatisieren. ◆ **traumatizarse** *vpr* sich verrückt machen.
traumatólogo, ga *m, f* MED Traumatologe *der*, -gin *die*.
través ◆ **a través de** *loc prep* - **1.** [de un lado a otro] quer über *(+A)* - **2.** [por entre, por medio de] durch. ◆ **al través** *loc adv* quer. ◆ **de través** *loc adv* schräg.
travesaño *m* [de mueble] Querbalken *der*.
travesía *f* - **1.** [viaje] Überfahrt *die* - **2.** [calle] Querstraße *die* - **3.** [de carretera] *Landstraße, die durch eine Ortschaft führt*.
travestido, da, travesti, travestí (*pl* **travestís** o **travestíes**) *m, f* Transvestit *der*.
travesura *f* Streich *der*.
traviesa *f* Schwelle *die*.
travieso, sa *adj* ungezogen.
trayecto *m* - **1.** [recorrido] Strecke *die* - **2.** [viaje] Reise *die*.
trayectoria *f* - **1.** [recorrido] Bahn *die* - **2.** [evolución] Werdegang *der*.
traza *f* - **1.** [aspecto] : **por las ~s parece extranjero** dem Anschein nach ist er Ausländer - **2.** [habilidad] : **tener buena** o **mucha ~ (para algo)** ein Händchen (für etw) haben ; **tener mala** o **poca ~ (para)** kein Geschick für etw haben.
trazado *m* - **1.** [diseño] Entwurf *der* - **2.** [recorrido] Verlauf *der*.
trazar [13] *vt* - **1.** [dibujar] zeichnen - **2.** [describir] umreißen - **3.** [idear] entwerfen.
trazo *m* - **1.** [línea] Strich *der* - **2.** [de letra manuscrita] (Schrift)zug *der* - **3.** [de rostro] Falte *die*.
trébol *m* [planta] Klee *der*. ◆ **tréboles** *mpl* [palo de baraja] Kreuz *ohne pl*.
trece ◇ *núm* - **1.** [para contar] dreizehn - **2.** [para ordenar] dreizehnte, -r, -s. ◇ *m* Dreizehn *die*.
treceavo, va *núm* [para ordenar] dreizehnte, -r, -s ; **la treceava parte** [para fraccionar] der dreizehnte Teil.
trecho *m* [tramo] Strecke *die* ; **de ~ en ~** streckenweise.
tregua *f* Waffenstillstand *der*.
treinta ◇ *núm* dreißig. ◇ *m* Dreißig *die* ; *ver también* **seis**.
treinteno, na *núm* [para ordenar] dreißigste, -r, -s ; **la treintena parte** [para fraccionar] der dreißigste Teil.
tremebundo, da *adj* fürchterlich.
tremendo, da *adj* - **1.** [extraordinario] schrecklich - **2.** [travieso] ungezogen.

trémulo, la *adj* [voz] zitternd ; [luz] flackernd.
tren *m* - **1.** [ferrocarril] Zug *der* ; ~ **de alta velocidad** Hochgeschwindigkeitszug ; ~ **expreso** Schnellzug ; ~ **semidirecto** *Zug, der nicht an allen Bahnhöfen der Strecke hält* - **2.** [dispositivo] Anlage *die* ; ~ **de aterrizaje** Bugrad *das* ; ~ **de lavado** Autowaschanlage *die* - **3.** *fig* [lujo] Standard *der* ; ~ **de vida** Lebensstandard.
trenca *f* Dufflecoat *der*.
trenza *f* - **1.** [de pelo] Zopf *der* - **2.** [de fibras] Tresse *die*.
trenzar [13] *vtr* flechten.
trepa *mf fam* Streber *der*, -in *die*.
trepador, ra *adj* kletternd.
trepar ◇ *vi* - **1.** [personas] hinauflklettern - **2.** [plantas] ranken. ◇ *vt fam* erklimmen.
trepidar *vi* beben.
tres ◇ *núm* drei. ◇ *m* [número] Drei *die* ; **ni a la de** ~ *fig* auf gar keinen Fall. ◇ *fpl* [hora] : **nos encontraremos a las** ~ wir treffen uns um drei. ◆ **tres cuartos** *m (en aposición inv)* Dreivierteljacke *die*. ◆ **tres en raya** *m* Mühlespiel *das* ; *ver también* **seis**.
trescientos, tas *núm* dreihundert. ◆ **trescientos** *m* Dreihundert *die* ; *ver también* **seis**.
tresillo *m* [juego de muebles] Sitzgruppe *die*.
treta *f* Trick *der*.
trial *m inv* Trial *das*.
triangular *adj* dreieckig.
triángulo *m* - **1.** GEOM Dreieck *das* - **2.** *fam* [amoroso] Dreiecksverhältnis *das* - **3.** MÚS Triangel *die*.
tribu *f* - **1.** BIOL [de pueblos] Stamm *der* - **2.** *fam fig* [familia numerosa] Sippschaft *die*.
tribuna *f* - **1.** [estrado] Podium *das* - **2.** [en espectáculo, en campo de deportes] Tribüne *die*.
tribunal *m* - **1.** [órgano jurídico, edificio] Gericht *das* - **2.** [jurado] Schwurgericht *das* - **3.** [de examen] Prüfungskommission *die*. ◆ **tribunales** *mpl* Gericht *das* ; **llevar a alguien a los ~es** jn vor Gericht bringen.
tributar ◇ *vt* [profesar] erweisen. ◇ *vi* [pagar impuestos] Steuern zahlen.
tributo *m* - **1.** [impuesto] Steuer *die* - **2.** [sentimiento favorable] Hochachtung *die*.
triciclo *m* Dreirad *das*.
tricornio *m* Dreispitz *der*.
tricot *m inv* - **1.** [labor] Stricken *das* - **2.** [tejido] Trikot *das*.
tricotar *vi & vt* stricken.
tridimensional *adj* dreidimensional.
trifulca *f fam* Streit *der*.
trigal *m* Weizenfeld *das*.
trigésimo, ma *núm* [para ordenar] dreißigste, -r, -s ; **la trigésima parte** [para fraccionar] der dreißigste Teil.
trigo *m* Weizen *der*.
trigonometría *f* Trigonometrie *die*.
trillado, da *adj* abgedroschen.
trillar *vt* dreschen.
trillizo, za *m, f* Drilling *der*.
trilogía *f* Trilogie *die*.
trimestral *adj* vierteljährlich.
trimestre *m* Trimester *das*.
trinar *vi* zwitschern.
trincar [10] *vt fam* [detener] festlnehmen. ◆ **trincarse** *vpr fam* [beberse] sich voll laufen lassen.
trincha *f* Bund *der (Kleidung)*.
trinchante *m* - **1.** [cuchillo] Tranchiermesser *das* - **2.** [tenedor] Tranchiergabel *die*.
trinchar *vt* tranchieren.
trinchera *f* Schützengraben *der*.
trineo *m* Schlitten *der*.
Trinidad *f* RELIG : **la (Santísma) ~** die Heilige Dreifaltigkeit.
Trinidad y Tobago *f* Trinidad und Tobago *nt*.
trío *m* Trio *das*.
tripa *f* - **1.** [intestino] Darm *der* - **2.** *fam* [barriga] Bauch *der*. ◆ **tripas** *fpl fig* Innereien *pl*.
triple ◇ *adj* dreifach. ◇ *m* Dreifache *das*.
triplicado *m* Drittausfertigung *die*.
triplicar [10] *vt* verdreifachen.
trípode *m* Stativ *das*.
tríptico *m* - **1.** ARTE Triptychon *das* - **2.** [folleto] dreiteiliges Faltblatt.
tripulación *f* Besatzung *die*.
tripulante *mf* Besatzungsmitglied *das*.
tripular *vt* steuern.
triquiñuela *f (gen pl) fam* Kniff *der*.
tris *m inv* : **estar en un ~ de hacer algo** *fig* drauf und dran sein, etw zu tun.
triste *adj* - **1.** [gen] traurig - **2.** [apagado] trist - **3.** *(antepuesto al sustantivo)* [humilde] kümmerlich ; **ni una ~ carta** nicht einmal ein einziger Brief.
tristeza *f* Traurigkeit *die*.
triturador, ra *adj* Zerkleinerungs-. ◆ **triturador** *m* Zerkleinerungsmaschine *die*. ◆ **trituradora** *f* Stampfwerk *das*.
triturar *vt* - **1.** [moler, desmenuzar] zerkleinern - **2.** [mascar] zerkauen.
triunfador, ra ◇ *adj* siegreich. ◇ *m, f* - **1.** [en competición] Sieger *der*, -in *die* - **2.** [en la vida] Lebenskünstler *der*, -in *die*.
triunfal *adj* triumphal.
triunfar *vi* - **1.** [vencer] gewinnen - **2.** [tener éxito] triumphieren.
triunfo *m* - **1.** [victoria] Triumph *der*, Sieg *der* - **2.** [trofeo] Trophäe *die* - **3.** [éxito] Erfolg *der* - **4.** [en juegos de naipes] Trumpf *der*.
trivial *adj* trivial.
trivialidad *f* - **1.** [cualidad] Trivialität *die* - **2.** [dicho, hecho] Gemeinplatz *der*.

trivializar [13] *vt* trivialisieren.

triza *f (gen pl)* Fetzen *der* ; **hacer ~s algo** etw zerschlagen.

trocar [36] *culto vt* - **1.** [mudar, transformar] vertauschen ; **~ algo en algo** etw in etw verwandeln - **2.** [cambiar] (ein|)tauschen. ◆ **trocarse** *vpr* [mudarse, transformarse] sich verändern ; **~se en** sich verwandeln in *(+A)*.

trocear *vt* stückeln.

trocha *f Amér* Spurweite *die*.

troche ◆ **a troche y moche** *loc adv* kreuz und quer.

trofeo *m* Trophäe *die*.

troglodita ◇ *adj* - **1.** [cavernícola] Höhlenbewohner- - **2.** *fam* [bárbaro, tosco] barbarisch. ◇ *mf* - **1.** [cavernícola] Höhlenbewohner *der*, -in *die* - **2.** *fam* [bárbaro, tosco] Rauhbein *der*.

trola *f fam* Schwindel *der*.

trolebús *m* Trolleybus *der*.

trolero, ra ◇ *adj fam* schwindlerisch. ◇ *m, f fam* Schwindler *der*, -in *die*.

tromba *f* Trombe *die* ; **~ de agua** Wasserschwall *der*.

trombón *m* - **1.** [instrumento] Posaune *die* - **2.** [persona] Posaunenbläser *der*, -in *die*.

trombosis *f* MED Thrombose *die*.

trompa ◇ *f* - **1.** MÚS Horn *das* - **2.** [de animal] Rüssel *der* - **3.** [de insecto] Saugrüssel *der* - **4.** *fam* [borrachera] Rausch *der*. ◇ *adj fam* [borracho] besoffen.

trompazo *m* heftiger Schlag ; **darse o pegarse un ~** heftig auf|schlagen.

trompeta ◇ *f* MÚS Trompete *die*. ◇ *mf* MÚS Trompeter *der*, -in *die*.

trompetista *mf* Trompetenspieler *der*, -in *die*.

trompicón *m* Stolpern *das* ; **a trompicones** *fig* abgehackt.

trompo *m* (Brumm)kreisel *der*.

tronar [23] ◇ *v impers* donnern. ◇ *vi* - **1.** [resonar] hallen - **2.** *Amér fam fig* [venirse abajo] zusammen|brechen. ◇ *vt Amér fam* [matar, ejecutar] um|legen.

tronchar *vt* entwurzeln. ◆ **troncharse** *vpr fam* : **~se (de risa)** sich kugeln vor Lachen.

tronco *m* - **1.** [leño, madero] Stamm *der* ; **dormir como un ~** *fig* schlafen wie ein Stein - **2.** [parte del cuerpo] Rumpf *der* - **3.** *mfam* [colega] Kumpel *der*.

trono *m* Thron *der*.

tropa *f* - **1.** *(gen pl)* [ejército, soldados rasos] Truppe *die* - **2.** [multitud] Schar *die*.

tropel *m* Haufen *der*.

tropezar [34] *vi* - **1.** [con pies] stolpern ; **~ con** stolpern über *(+A)* - **2.** [topar] : **~ con** stoßen auf *(+A)* - **3.** *fam* [encontrar] : **~ con alguien** jm begegnen. ◆ **tropezarse** *vpr fam* [encontrarse] sich begegnen ; **~se con alguien** jn zufällig treffen.

tropezón *m* - **1.** [tropiezo] Stolpern *das* - **2.** [desacierto, fallo] Fehltritt *der*. ◆ **tropezones** *mpl* Fleischeinlage *die*.

tropical *adj* tropisch.

trópico *m* : **~ de Cáncer** Wendekreis *der* des Krebses ; **~ de Capricornio** Wendekreis des Steinbocks.

tropiezo *m* - **1.** [tropezón] : **dar un ~** stolpern - **2.** [impedimento] Hindernis *das* - **3.** [desliz sexual] Ausrutscher *der* ; **tener un ~** einen Fehltritt begehen.

troquel *m* - **1.** [molde] Stempel *der* - **2.** [cuchilla] Stanze *die*.

trotamundos *mf inv* Weltenbummler *der*, -in *die*.

trotar *vi* - **1.** [caballo, jinete] traben - **2.** *fam fig* [persona] auf Trab sein.

trote *m* - **1.** [de caballo] Trab *der* - **2.** *fam* [actividad intensa] Hin und Her *das*.

troupe [trup, 'trupe] *f* Truppe *die (Zirkus oder Theater)*.

trovador *m* Minnesänger *der*.

troyano, na ◇ *adj* trojanisch. ◇ *m, f* Trojaner *der*, -in *die*.

trozo *m* Stück *das*.

trucar [10] *vt* [motor] frisieren ; [foto] manipulieren.

trucha *f* Forelle *die*.

truco *m* - **1.** [trampa, engaño] Trick *der* - **2.** [habilidad, técnica] Kniff *der* ; **coger el ~** den Dreh heraus|kriegen.

truculento, ta *adj* schrecklich.

trueno *m* METEOR Donner *der*.

trueque *m* Tauschgeschäft *das*.

trufa *f* Trüffel *der*.

truhán, ana *m, f* Ganove *der*, -vin *die*.

truncar [10] *vt* - **1.** [frustrar] durchkreuzen - **2.** [omitir] verkürzen.

trusa *f Amér* Slip *der*.

TSJ (*abrev de* **Tribunal Superior de Justicia**) *m* Oberster Gerichtshof.

tu ▻ **tuyo**.

tú *pron pers* du ; **él es más alto que ~** er ist größer als du ; **de ~ a ~** *fig* von gleich zu gleich ; **hablar** o **tratar de ~ a alguien** *fig* jn duzen.

tuareg ◇ *adj inv* Tuareg-. ◇ *mf inv* Tuareg *der, die*.

tubérculo *m* BOT Knolle *die*.

tuberculosis *f* MED Tuberkulose *die*.

tuberculoso, sa ◇ *adj* - **1.** MED tuberkulös - **2.** BOT knollenartig. ◇ *m, f* Tuberkulosekranke *der, die*.

tubería *f* Rohrsystem *das*.

tubo *m* - **1.** [tubería] Rohr *das* ; **~ de escape** AUTOM Auspuff *der* - **2.** [recipiente] Tube *die* ; **~ de ensayo** Reagenzglas *das* - **3.** ANAT Apparat *der* ; **~ digestivo** Verdauungsapparat.

tuerca *f* (Schrauben)mutter *die*.

tuerto, ta ◇ *adj* einäugig. ◇ *m, f* Einäugige *der, die*.

tuétano *m* ANAT Knochenmark *das.*
tufillo *m* leichter Geruch.
tufo *m* - **1.** [mal olor] Gestank *der* - **2.** [emanación] Geruch *der.*
tugurio *m* Spelunke *die.*
tul *m* Tüll *der.*
tulipa *f* [de lámpara] Lampenschirm *der.*
tulipán *m* Tulpe *die.*
tullido, da ◇ *adj* gelähmt. ◇ *m, f* Gelähmte *der, die.*
tumba *f* Grab *das* ; **ser (como) una ~** *fig* verschwiegen wie ein Grab sein.
tumbar *vt* - **1.** [derribar] niederlschlagen - **2.** *fam fig* [perturbar, atontar] umlhauen. ◆ **tumbarse** *vpr* sich hinllegen.
tumbo *m* Schwanken *das* ; **dando ~s por la vida** *fig* planlos leben.
tumbona *f* Liegestuhl *der.*
tumor *m* MED Tumor *der.*
tumulto *m* - **1.** [alboroto] Getümmel *das* - **2.** [disturbio] Aufruhr *der.*
tumultuoso, sa *adj* - **1.** [conflictivo] aufrührerisch - **2.** [turbulento] turbulent.
tuna *f* ▷ **tuno.**
tunante, ta *m, f* Gauner *der,* -in *die.*
tunda *f fam* [paliza] Tracht *die* Prügel.
túnel *m* Tunnel *der.* ◆ **túnel de lavado** *m* AUTOM (Auto)waschanlage *die.*
Túnez *m* Tunis *nt.*
túnica *f* Tunika *die.*
Tunicia *f* Tunesien *nt.*
tuno, na *m, f* Schlaumeier *der,* -in *die.* ◆ **tuna** *f* Studentenmusikgruppe *die.*
tupé *m* [cabello] Toupet *das.*
tupido, da *adj* dicht.
turba *f* - **1.** [carbón] Torf *der* - **2.** [muchedumbre] Menschenmenge *die.*
turbación *f* - **1.** [desconcierto] Verwirrung *die* - **2.** [azoramiento] Scham *die.*
turbante *m* Turban *der.*
turbar *vt* - **1.** [alterar] stören - **2.** [desconcertar] verwirren. ◆ **turbarse** *vpr* sich gestört fühlen.
turbina *f* Turbine *die.*
turbio, bia *adj* - **1.** [sucio] trüb - **2.** [poco legal] zwielichtig - **3.** [turbulento] turbulent.
turbulencia *f* - **1.** [de fluido] Turbulenz *die* - **2.** [alboroto] Lärm *der.*
turbulento, ta *adj* turbulent.
turco, ca ◇ *adj* türkisch. ◇ *m, f* Türke *der,* -kin *die.* ◆ **turco** *m* Türkisch(e) *das.*
turismo *m* - **1.** [acción] Tourismus *der* - **2.** [industria] Tourismusbranche *die* - **3.** AUTOM Personenwagen *der.*
turista *mf* Tourist *der,* -in *die.*
turístico, ca *adj* touristisch.
túrmix® *m o f* Mixer *der.*
turnarse *vpr* sich ablwechseln ; **~ con alguien** sich mit jm ablwechseln.
turno *m* - **1.** [tanda] Reihe *die* - **2.** [de trabajo] Schicht *die.*
turquesa ◇ *f* [mineral] Türkis *der.* ◇ *m* [color] Türkis *das.* ◇ *adj inv* [color] türkis.
Turquía *f* Türkei *die.*
turrón *m* CULIN *süße Tafel aus Mandeln und Honig, besonders beliebt in der Weihnachtszeit.*
tururú *interj fam* : **¡tururú!** nenene!
tute *m* - **1.** [juego] *spanisches Kartenspiel* - **2.** *fig* [paliza] harte Sache.
tutear *vt* duzen.
tutela *f* - **1.** DER Vormundschaft *die* - **2.** [cargo] Oberaufsicht *die.*
tutelar ◇ *adj* - **1.** DER Vormundschafts- - **2.** [protector] Schutz-. ◇ *vt* die Vormundschaft auslüben.
tutor, ra *m; f* - **1.** DER Vormund *der* - **2.** [profesor privado] Privatlehrer *der,* -in *die* - **3.** [de curso] Tutor *der,* -in *die.*
tutoría *f* - **1.** DER Vormundschaft *die* - **2.** [de curso] Tutorenschaft *die.*
tutti frutti, tuttifrutti *m* Tuttifrutti *das.*
tutú (*pl* **tutús**) *m* Ballettröckchen *das.*
tuviera *etc* ▷ **tener.**
tuyo, ya ◇ *adj poses (antes de sust* **tu***)* dein, -e ; **este libro es ~** das ist dein Buch. ◇ *pron poses (después de art)* deine, -r, -s ; **el ~** deiner, -s ; **la tuya** deine ; **ésta es la tuya** *fam* das ist deine Chance ; **hacer de las tuyas** *fam* etw anlstellen ; **lo ~** deine Sache ; **los ~s** die Deinigen.
TV (*abrev de* **televisión**) *f* TV *das.*
TV3 (*abrev de* **Televisión de Cataluña, SA**) *f katalanischer Fernsehsender.*
TVE (*abrev de* **Televisión Española**) *f staatlicher spanischer Fernsehsender.*
TVG (*abrev de* **Televisión de Galicia**) *f galicischer Fernsehsender.*
TVV (*abrev de* **Televisión Valenciana, SA**) *f Fernsehsender für die Region Valencia.*

u[1], **U** [u] (*pl* **úes**) *f* [letra] u, U *das.*
u[2] (*pl* **úes**) = **o.**
ubicación *f* Lage *die.*
ubicar [10] *vt* platzieren. ◆ **ubicarse** *vpr* sich befinden.
ubre *f* Euter *das.*
Ud., Vd. *abrev de* **usted.**
Uds., Vds. (*abrev de* **ustedes**) ▷ **usted.**
UE (*abrev de* **Unión Europea**) *f* EU *die.*
uf *interj* : **¡uf!** uff!
ufano, na *adj* - **1.** [satisfecho] zufrieden - **2.** [engreído] stolz - **3.** [lozano] üppig.
Uganda *f* Uganda *nt.*

UGT (*abrev de* **Unión General de los Trabajadores)** *f sozialistische Gewerkschaft in Spanien.*
UHF (*abrev de* **ultra high frequency)** *f* UHF *die.*
ujier *m* Gerichtsdiener *der.*
úlcera *f* MED Geschwür *das.*
ulterior *adj* später.
ultimar *vt* [terminar, acordar] ab|schließen.
ultimátum (*pl inv* o **ultimatos**) *m* Ultimatum *das.*
último, ma <> *adj* letzte, -r, -s ; **por ~** zuletzt ; **a la última** *fam* auf den letzten Drücker ; **estar en las últimas** [estar muriéndose] im Sterben liegen ; [estar arruinado] am Ende sein. <> *m, f (precedido de art def)* Letzte *der, die.*
ultra <> *adj* POLÍT rechtsradikal. <> *mf* POLÍT Rechtsradikale *der, die.*
ultraderecha *f* POLÍT : **la ~** die extreme Rechte.
ultraizquierda *f* POLÍT : **la ~** die extreme Linke.
ultrajar *vt* beleidigen.
ultraje *m* Beleidigung *die.*
ultramar *m* Übersee *(sin art).*
ultramarino, na *adj* überseeisch. ◆ **ultramarinos** *mpl* **- 1.** [comestibles] Lebensmittel *pl* **- 2.** [tienda] Lebensmittelgeschäft *das.*
ultranza ◆ **a ultranza** *loc adv* [sin concesiones] extrem.
ultrarrojo, ja = infrarrojo.
ultrasonido *m* Ultraschall *der.*
ultratumba *f* : **de ~** aus dem Jenseits.
ultravioleta *adj inv* ultraviolett.
ulular *vi* heulen.
umbilical *adj* Nabel-.
umbral *m* **- 1.** [de puerta, principio] Schwelle *die* **- 2.** [límite] Grenze *die.*
umbrío, a *adj* schattig.
un, una *art indet* **- 1.** ein, -e ; **~ hombre, ~ coche, ~ amor** ein Mann, ein Auto, eine Liebe ; **una mujer, una mesa, una vida** eine Frau, ein Tisch, ein Leben ; **~ águila, ~ hacha roma, ~ hambre canina** ein Adler, eine stumpfe Axt, ein Wolfshunger **- 2.** ▷ **uno.**
unánime *adj* **- 1.** [general] einstimmig **- 2.** [conforme] einig.
unanimidad *f* Einmütigkeit *die* ; **por ~** einstimmig.
unción *f* [ceremonia] Salbung *die.*
undécimo, ma <> *adj núm* [para ordenar] elfte, -r, -s ; **la undécima parte** [para fraccionar] der elfte Teil. <> *m, f (precedido de art def)* Elfte *der, die, das.* ◆ **undécimo** *m* Elftel *das.*
UNED (*abrev de* **Universidad Nacional de Educación a Distancia)** *f spanische Fernuniversität.*
ungir [15] *vt* salben.
ungüento *m* Salbe *die.*
únicamente *adv* nur.
único, ca <> *adj* **- 1.** [solo] einzig **- 2.** [excepcional] einzigartig. <> *pron (precedido de art def)* einzige.
unicornio *m* Einhorn *das.*
unidad *f* **- 1.** [gen] Einheit *die* **- 2.** [cohesión, acuerdo] Einigkeit *die* **- 3.** [servicio, sección] Abteilung *die* ; **~ de disco** INFORM Diskettenlaufwerk *das.*
unidireccional *adj* in einer Richtung.
unido, da *adj* verbunden, verein(ig)t.
unifamiliar *adj* : **vivienda ~** Einfamilienhaus *das.*
unificar [10] *vt* **- 1.** [unir] vereinen **- 2.** [uniformar] vereinheitlichen.
uniformar *vt* **- 1.** [igualar] aufeinander ab|stimmen **- 2.** [poner uniforme] uniformieren.
uniforme <> *adj* **- 1.** [de igual aspecto] einheitlich **- 2.** [regular] gleichmäßig. <> *m* Uniform *die.*
uniformidad *f* **- 1.** [igualdad] Einheitlichkeit *die* **- 2.** [similitud] Gleichartigkeit *die.*
uniformizar [13] *vt* standardisieren.
unilateral *adj* einseitig.
unión *f* **- 1.** [suma] Verbindung *die* **- 2.** [asociación] Vereinigung *die* **- 3.** [entidad] Verband *der.*
unir *vt* **- 1.** [gen] verbinden **- 2.** [mezclar] mischen **- 3.** [asociar] vereinigen **- 4.** [casar] verheiraten. ◆ **unirse** *vpr* **- 1.** [partes separadas] sich treffen **- 2.** [empresas] sich vereinigen **- 3.** [personas] die Ehe schließen **- 4.** [a grupo] sich an|schließen.
unisexo, unisex *adj* : **moda ~** Mode für Sie und Ihn.
unísono ◆ **al unísono** *loc adv* [al mismo tiempo] unisono.
unitario, ria <> *adj* **- 1.** [de unidad] einheitlich ; **precio ~** Einheitspreis *der* **- 2.** POLÍT unitarisch. <> *m, f* POLÍT Unitarier *der,* -in *die.*
universal *adj* **- 1.** [de universo] universal **- 2.** [mundial] Welt- **- 3.** [general] allgemein.
universidad *f* Universität *die.*
universitario, ria <> *adj* Universitäts-. <> *m, f* Student *der,* -in *die.*
universo *m* **- 1.** ASTRON Universum *das* **- 2.** [mundo, medio ambiente] Welt *die.*
unívoco, ca *adj* eindeutig.
uno, na *adj (antes de sust masc* **un***)* **- 1.** [indeterminado] eine, -r, -s ; **un día volveré** eines Tages werde ich wiederkommen ; **en la calle había ~ coches mal aparcados** auf der Straße waren einige Autos falsch geparkt ; **he conocido a unas chicas muy simpáticas** ich habe einige sehr nette Mädchen kennengelernt **- 2.** *(sólo en sing)* [numeral] eine, -r, -s ; **un hombre, un voto** ein Mann, eine Stimme ; **tengo una entra-**

da de la fila ~ ich habe eine Karte für die erste Reihe ; **sólo he oído una canción de ese autor** von diesem Sänger habe ich nur ein Lied gehört - **3.** *(hasta 30 forma una sola palabra)* [para expresar cantidades] : **tienes treinta y un días para decidirte** du hast einunddreißig Tage, um dich zu entscheiden ; **había cincuenta y una mujeres** es gab einundfünfzig Frauen. ◆ **unos, nas** *adj pl (antes de número)* [aproximadamente] ungefähr ; **había ~s doce muchachos** es waren ungefähr zwölf Kerle da ; **asistieron unas cincuenta personas** es nahmen an die fünfzig Personen teil. ◆ **uno, na** *pron* - **1.** [indefinido] eine, -r, -s ; **los bombones están muy buenos, coge ~** die Pralinen sind sehr gut, nimm eine ; **tienes muchas manzanas, dame unas** du hast viele Äpfel, gib mir ein paar ab ; ~ **de** einer von ; **~s vienen y otros van** die einen kommen, die anderen gehen - **2.** *fam* [referido a personas] : **ayer hablé con ~ que te conoce** gestern habe ich mit einem gesprochen, der dich kennt ; **lo sé porque me lo han contado ~s** ich weiß es, weil es mir einige erzählt haben - **3.** *(con un verbo usado en forma impersonal)* [yo] : **~ ya no está para estos trotes** man ist für so etwas nicht mehr zu haben ; **no te preocupes, una ya está acostumbrada a esas cosas** mach dir keine Sorgen, man ist ja an diese Sachen schon gewöhnt - **4.** *loc* : **a una** [en armonía] vereint ; [a la vez] gleichzeitig ; **de una** mit einem Mal ; **de ~ en ~, ~ a ~, ~ por ~** einzeln ; **en ~** zusammen ; **lo ~ por lo otro** so gleicht es sich aus ; **más de ~** viele ; **una de dos** entweder das eine oder das andere ; **organizó una de las suyas** er hat wieder etw angestellt ; **~ a otro** gegenseitig ; **~ de tantos** einer unter vielen ; **~ que otro** immer wieder ; **~s cuantos** einige ; **~ tras otro** einer nach dem anderen ; **una y no más** einmal reicht. ◆ **uno** *m* Eins *die* ; *ver también* **seis.** ◆ **una** *f* : **la ~** ein Uhr.

unos, nas ▻ **uno.**

untar *vt* - **1.** [con grasa] bestreichen - **2.** *fam fig* [sobornar] schmieren.

untuoso, sa *adj* fettig.

uña *f* - **1.** [de mano] Fingernagel *der* ; **ser ~ y carne** *fig* ein Herz und eine Seele sein - **2.** [de pie] Zehennagel *der* - **3.** [garra] Kralle *die*.

UPG (*abrev de* **Unión del Pueblo Gallego**) *f galicische Nationalpartei.*

UPN (*abrev de* **Unión del Pueblo Navarro**) *f nationalistische Partei Navarras.*

uralita® *f* CONSTR Welltafel *die* aus Asbestzement.

uranio *m* QUÍM Uran *das*.

Urano *m* Uranus *der*.

urbanidad *f* Höflichkeit *die*.

urbanismo *m* Städteplanung *die*.

urbanización *f* - **1.** [zona residencial] Wohnsiedlung *die* - **2.** [acción] Bebauung *die*.

urbanizar [13] *vt* erschließen.

urbano, na ◇ *adj* städtisch. ◇ *m, f* Verkehrspolizist *der*, -in *die*.

urbe *f* Weltstadt *die*.

urdir *vt* [plan, trama] an|zetteln.

urgencia *f* - **1.** [cualidad] Dringlichkeit *die* - **2.** [necesidad] dringliches Bedürfnis ; **en caso de ~** im Notfall. ◆ **urgencias** *fpl* Notaufnahme *die*.

urgente *adj* - **1.** [apremiante] dringend - **2.** [más rápido] Eil-.

urgir [15] *vi* [correr prisa] eilen.

urinario, ria *adj* Harn-. ◆ **urinario** *m* Pissoir *das*.

urna *f* - **1.** [gen] Urne *die* - **2.** [caja de cristal] Glaskasten *der*.

urólogo, ga *m, f* MED Urologe *der*, -gin *die*.

urraca *f* Elster *die*.

URSS (*abrev de* **Unión de Repúblicas Socialistas Soviéticas**) *f* HIST UdSSR *die*.

urticaria *f* MED Nesselfieber *das*.

Uruguay *m* : **(el) ~** Uruguay *nt*.

uruguayo, ya ◇ *adj* uruguayisch. ◇ *m, f* Uruguayer *der*, -in *die*.

usado, da *adj* - **1.** [utilizado] gebraucht - **2.** [gastado] abgenutzt.

usanza *f* Brauch *der*.

usar *vt* - **1.** [utilizar] benutzen - **2.** [tener costumbre de] gebrauchen - **3.** [ponerse] tragen. ◆ **usarse** *vpr* [emplearse] verwendet werden.

uso *m* - **1.** [utilización, modo de empleo] Gebrauch *der* ; **hacer ~ de** Gebrauch machen von - **2.** [aplicación] Anwendung *die* - **3.** *(gen pl)* [costumbre] Brauch *der*.

usted (*pl* **ustedes**) *pron pers (se conjuga en 3ª persona)* - **1.** [sujeto, objeto directo] Sie ; **no podemos prescindir de ~es** wir können auf Sie nicht verzichten ; [objeto indirecto] Ihnen ; **me gustaría hablar con ~** ich würde gerne mit Ihnen sprechen - **2.** [posesivo] : **¿es este paraguas de ~?** ist das Ihr Regenschirm?

usual *adj* gewöhnlich.

usuario, ria *m, f* Benutzer *der*, -in *die*.

usufructo *m* DER Nutznießung *die*.

usurero, ra *m, f* Wucherer *der*, -in *die*.

usurpar *vt* [monarquía] Thronraub begehen ; [régimen político] die Macht an sich reißen.

utensilio *m* [herramienta] Werkzeug *das* ; [útil] Gerät *das*.

útero *m* ANAT Gebärmutter *die*.

útil *adj* - **1.** [aprovechable, eficiente] nützlich - **2.** [beneficioso] hilfreich. ◆ **útiles** *mpl* Werkzeuge *pl*.

utilidad *f* - **1.** [cualidad] Nützlichkeit *die* - **2.** [beneficio] Nutzen *der*.

utilitario, ria *adj* [persona] praktisch. ◆ **utilitario** *m* AUTOM Gebrauchsfahrzeug *das.*
utilización *f* Gebrauch *der.*
utilizar [13] *vt* - **1.** [usar] benutzen - **2.** [valerse de alguien] aus|nutzen.
utopía *f* Utopie *die.*
utópico, ca *adj* utopisch.
uva *f* Weintraube *die* ; **~s de la suerte** *zwölf Weintrauben, die zum Jahreswechsel gegessen werden* ; **tener mala ~** *fig* schlecht gelaunt sein.
UVI (*abrev de* **unidad de vigilancia intensiva**) *f* Intensivstation *die.*
uy *interj* : **¡uy!** hui!

v, V [uβe] *f* [letra] v, V *das.* ◆ **v doble** *f* w, W *das.*
v. (*abrev de* **véase**) ▷ **ver.**
va *etc* ▷ **ir.**
vaca *f* - **1.** [animal] Kuh *die* ; **~s flacas/gordas** *fig* die sieben mageren/fetten Jahre - **2.** [carne] Rindfleisch *das.*
vacaciones *fpl* [laborables] Urlaub *der* ; **hacer** o **coger (las) ~** Urlaub machen ; [escolares] Ferien *pl* ; **irse** o **marcharse de ~** in die Ferien fahren ; **estar de ~** Ferien haben.
vacante ◇ *adj* vakant. ◇ *f* Vakanz *die.*
vaciar [9] *vt* - **1.** [recipiente] leeren ; [armario] aus|räumen ; **~ algo de algo** etw aus etw räumen - **2.** [de lugar] räumen - **3.** [formar hueco] aus|höhlen.
vacilación *f* [duda] Unentschlossenheit *die.*
vacilante *adj* - **1.** [dudoso] unentschlossen - **2.** [tambaleante] schwankend.
vacilar ◇ *vi* - **1.** [dudar] zögern - **2.** [tambalearse] schwanken - **3.** [ser inestable] wackeln - **4.** *mfam* [chulear] an|geben. ◇ *vt mfam* [burlarse] verarschen.
vacilón, ona ◇ *adj mfam* [chulo] angeberisch. ◇ *m, f* Angeber *der,* -in *die.*
vacío, a *adj* - **1.** [sin nada, sin nadie] leer - **2.** [superficial] nichtssagend ; **~ de** bar (+G) ◆ **vacío** *m* - **1.** [abismo, carencia] Leere *die* - **2.** FÍS Vakuum *das* ; **al ~** vakuum- - **3.** [hueco] Lücke *die.*
vacuna *f* Impfstoff *der.*
vacunar *vt* impfen. ◆ **vacunarse** *vpr* sich impfen lassen.
vacuno, na *adj* : **ganado ~** Rinder *pl* ; **carne vacuna** Rindfleisch *das.* ◆ **vacuno** *m* Rind *das.*
vadear *vt* durchqueren.
vado *m* - **1.** [en acera] abgeflachter Bordstein *(Ausfahrt)* ; **'~ permanente'** 'Ausfahrt freihalten' - **2.** [de río] Furt *die.*
vagabundear *vi* - **1.** [holgazanear] herum|hängen - **2.** [vagar] vagabundieren.
vagabundo, da ◇ *adj* Landstreicher-. ◇ *m, f* Landstreicher *der,* -in *die.*
vagancia *f* - **1.** [holgazanería] Faulheit *die* - **2.** [situación social] Landstreicherdasein *das.*
vagar [16] *vi* - **1.** [errar] herum|streichen - **2.** [pasear] herum|spazieren.
vagina *f* ANAT Scheide *die,* Vagina *die.*
vago, ga ◇ *adj* - **1.** [perezoso] faul - **2.** [impreciso] vage. ◇ *m, f* Faulpelz *der.*
vagón *m* Waggon *der,* Wagen *der.*
vagoneta *f* Lore *die.*
vaguedad *f* [imprecisión] Vagheit *die.*
vahído *m* Ohnmacht *die.*
vaho *m* Dampf *der,* Dunst *der.* ◆ **vahos** *mpl* Inhalation *die.*
vaina *f* - **1.** [funda] Scheide *die* - **2.** BOT [envoltura] Hülse *die* - **3.** *Amér fig* [contratiempo, molestia] Hindernis *das* ; **¡qué vaina!** so ein Mist!
vainilla *f* Vanille *die.*
vaivén *m* - **1.** [balanceo] Schwanken *das* - **2.** [altibajo] Auf und Ab *das.*
vajilla *f* Geschirr *das.*
vale ◇ *m* - **1.** [bono, comprobante] Gutschein *der* - **2.** [entrada gratuita] Freikarte *die* - **3** *Amér fam* [compañero, amigo] Kumpel *der.* ◇ *interj* : **¡vale!** ok!
Valencia *f* Valencia *nt.*
valenciano, na ◇ *adj* aus Valencia. ◇ *m, f* Einwohner *der,* -in *die* von Valencia. ◆ **valenciano** *m der in der Region Valencia gesprochene Dialekt.*
valentía *f* [valor, brío] Mut *der.*
valentón, ona ◇ *adj* angeberisch. ◇ *m, f* Angeber *der,* -in *die.*
valer [74] ◇ *m* Wert *der.* ◇ *vt* - **1.** [costar] kosten - **2.** [suponer] ein|bringen - **3.** [merecer] wert sein - **4.** [equivaler a] entsprechen. ◇ *vi* - **1.** [merecer aprecio] taugen ; **hacerse ~** seinen Wert zeigen - **2.** [servir, ser útil] nutzen - **3.** [ser válido] zu gebrauchen sein ; [estar permitido] gelten - **4.** [tener calidad, equivaler] wert sein ; **~ por** wert sein - **5.** [ser mejor] : **más vale que te vayas** es ist besser, wenn du jetzt gehst ; **más vale tarde que nunca** *fig* besser spät als nie - **6.** *loc* : **¿vale?** in Ordnung? ; **¡vale (ya)!** es reicht! ◆ **valerse** *vpr* - **1.** [servirse] : **~se de algo/alguien** sich etw/js bedienen - **2.** [desenvolverse sin ayuda] zurecht|kommen ; **no poder ~se** nicht zurecht|kommen.
valeroso, sa *adj* mutig.
valía *f* Wert *der.*
validar *vt* bestätigen.
validez *f* Gültigkeit *die.*

válido, da *adj* gültig.
valiente *adj* [valeroso] mutig.
valija *f* Handkoffer *der*; ~ **diplomática** Diplomatengepäck *das*.
valioso, sa *adj* wertvoll.
valla *f* - **1.** [cerca] Zaun *der* - **2.** DEP Hürde *die*.
vallado *m* Zaun *der*.
vallar *vt* ein|zäunen.
valle *m* Tal *das*.
valor *m* - **1.** [gen] Wert *der* - **2.** [valentía] Mut *der*; **armarse de ~** sich Mut machen - **3.** [desvergüenza] Frechheit *die* - **4.** *fam* [persona capaz] Hoffnung *die*. ◆ **valores** *mpl* - **1.** [principios] Werte *pl* - **2.** FIN Wertpapiere *pl*.
valoración *f* - **1.** [consideración] Bewertung *die* - **2.** [tasación] Schätzung *die* - **3.** [de mérito, de cualidad] Wertschätzung *die*.
valorar *vt* - **1.** [apreciar] schätzen - **2.** [considerar] ab|schätzen.
valorizar [13] *vt* auf|werten. ◆ **valorizarse** *vpr* im Wert steigen.
vals (*pl* **valses**) *m* Walzer *der*.
válvula *f* - **1.** [de paso de fluido] Ventil *das* - **2.** ANAT Klappe *die*. ◆ **válvula de escape** *f* Ausgleich *der*.
vampiresa *f fam* Vamp *der*.
vampiro *m* Vampir *der*.
vanagloriarse [8] *vpr* : ~ **de** sich einer Sache *(G)* rühmen.
vandalismo *m* - **1.** HIST Vandalentum *das* - **2.** [salvajismo] Vandalismus *der*.
vándalo, la ◇ *adj* vandalisch. ◇ *m, f* HIST Vandale *der*, -lin *die*. ◆ **vándalo** *m* [bruto] Vandale *der*.
vanguardia *f* - **1.** [cultural] Avantgarde *die* - **2.** MIL Vorhut *die*.
vanidad *f* [orgullo] Eitelkeit *die*.
vanidoso, sa ◇ *adj* eitel. ◇ *m, f* eitle Person.
vano, na *adj* - **1.** [inútil] umsonst ; **en ~** vergeblich - **2.** [vacío, superficial] nichtssagend - **3.** [presuntuoso] eitel. ◆ **vano** *m* ARQUIT Öffnung *die*.
vapor *m* - **1.** [vaho] Dampf *der* ; **al ~** CULIN gedünstet - **2.** [barco] Dampfer *der*.
vaporizador *m* Zerstäuber *der*.
vaporizar [13] *vt* - **1.** FÍS verdampfen - **2.** [pulverizar] besprühen. ◆ **vaporizarse** *vpr* FÍS verdampfen.
vaporoso, sa *adj* - **1.** [con vapor] dampfend - **2.** [fino, ligero] luftig.
vapulear *vt* [azotar] verprügeln.
vaquero, ra ◇ *adj* Kuh-. ◇ *m, f* Kuhhirte *der*, -tin *die* ▷ **pantalón**.
vara *f* - **1.** [rama] Rute *die* - **2.** [palo] Stock *der* - **3.** [tallo] Stiel *der* - **4.** MÚS Rohr *das*.
variable *adj* - **1.** [cambiable] veränderbar - **2.** [inestable] wechselhaft.
variación *f* - **1.** [cambio, alternancia] Abwechslung *die* - **2.** [modificación] Wechsel *der* - **3.** MÚS Variation *die*.
variado, da *adj* [comida] abwechslungsreich ; [surtido] gemischt.
variante ◇ *adj* veränderbar. ◇ *f* - **1.** [de canción] Version *die* ; [de juego] Variante *die* - **2.** [hacia autopista] Zubringer *der* ; [hacia carretera] Umgehungsstraße *die* - **3.** [en quiniela] *Zeichen beim Toto für ein Unentschieden oder den Sieg des Gegners beim Heimspiel.*
variar [9] ◇ *vt* - **1.** [modificar] verändern - **2.** [dar variedad] variieren. ◇ *vi* - **1.** [cambiar] sich verändern ; ~ **de** ändern - **2.** [diferir] sich unterscheiden ; ~ **de** ab|weichen von.
varicela *f* MED Windpocken *pl*.
varicoso, sa *adj* varikös.
variedad *f* - **1.** [diversidad] Vielfalt *die* - **2.** BIOL Artenvielfalt *die*. ◆ **variedades, varietés** *fpl* Varietee *das*.
varilla *f* - **1.** [gen] Stab *der* - **2.** [de gafas] Bügel *der*.
vario, ria *adj* [variado] unterschiedlich. ◆ **varios, rias** ◇ *adj pl* - **1.** [diferente] verschiedene - **2.** [algunos] mehrere. ◇ *pron pl* [algunos] einige.
variopinto, ta *adj* bunt.
varita *f* Stab *der* ; ~ **mágica** Zauberstab.
variz (*pl* **varices**) *f (gen pl)* Krampfader *die*.
varón *m* Mann *der*.
varonil *adj* männlich.
Varsovia *f* Warschau *nt*.
varsoviano, na ◇ *adj* Warschauer. ◇ *m, f* Warschauer *der*, -in *die*.
vasallaje *m* Lehnspflicht *die*.
vasallo, lla *m, f* - **1.** [siervo] Vasall *der*, -in *die* - **2.** [súbdito] Untertan *der*.
vasco, ca ◇ *adj* baskisch. ◇ *m, f* Baske *der*, -kin *die*. ◆ **vasco, vascuence** *m* Baskisch(e) *das*.
vascular *adj* vaskular.
vasectomía *f* MED Vasektomie *die*.
vaselina *f* Vaseline *die*.
vasija *f* Gefäß *das*.
vaso *m* - **1.** [recipiente, contenido] Glas *das* ; **ahogarse en un ~ de agua** *fig* einen Sturm im Wasserglas verursachen - **2.** ANAT Gefäß *das* ; **~s capilares** Kapillargefäße - **3.** BOT Blattnerv *der*.
vasoconstrictor *m* MED Vasokonstriktor *der*.
vasodilatador *m* MED Vasodilatator *der*.
vástago *m* - **1.** [descendiente] Spross *der* - **2.** [brote] Schößling *der* - **3.** [varilla] Stange *die*.
vasto, ta *adj* weit.
váter = **wáter**.
vaticano, na *adj* Vatikan-.
vaticinar *vt* prophezeien.
vaticinio *m* Prophezeiung *die*.
vatio, watio ['batjo] *m* Watt *das*.
vaya[1] *etc* ▷ **ir**.

vaya[2] *interj* : ¡**vaya**! Mensch! ; ¡~ **moto**! was für ein Motorrad!
V.° B.° *abrev de* **visto bueno**.
Vd. = **Ud**.
Vda. (*abrev de* **viuda**) ▻ **viudo**.
Vds. = **Uds**.
ve ▻ **ir**.
vecinal *adj* nachbarschaftlich.
vecindad *f* Nachbarschaft *die*.
vecindario *m* Einwohnerschaft *die*.
vecino, na ◇ *adj* - **1**. [cercano] nahe ; ~ **a** in der Nähe *(+G)* - **2**. [convecino] : **somos ~s** wir sind Nachbarn - **3**. [habitante] wohnhaft. ◇ *m, f* - **1**. [convecino] Nachbar *der*, -in *die* - **2**. [habitante] Bewohner *der*, -in *die*.
vector *m* GEOM & MAT Vektor *der*.
vectorial *adj* GEOM & MAT Vektor-.
veda *f* Schonzeit *die* ; **levantar(se) la ~** die Schonzeit beenden.
vedar *vt* verbieten.
vedette [be'ðet] *f* Diva *die*.
vega *f* fruchtbare Ebene.
vegetación *f* Vegetation *die*.
vegetal ◇ *adj* Pflanzen- ; **carbón ~** Holzkohle *die*. ◇ *m* Pflanze *die*.
vegetar *vi* - **1**. [planta] wachsen - **2**. [enfermo] dahin|vegetieren - **3**. [holgazán] herum|hängen.
vegetariano, na ◇ *adj* vegetarisch. ◇ *m, f* Vegetarier *der*, -in *die*.
vehemente *adj* - **1**. [apasionado, entusiasta] begeistert - **2**. [irreflexivo] ungestüm.
vehículo *m* - **1**. [de transporte] Fahrzeug *das* - **2**. [transmisor] Überträger *der*.
veinte ◇ *núm* zwanzig. ◇ *m* Zwanzig *die* ; *ver también* **seis**.
veinteavo, va *núm* [para ordenar] zwanzigste, -r, -s ; **la veinteava parte** [para fraccionar] der zwanzigste Teil.
veintena *f* : **una ~** um die zwanzig.
vejación *f*, **vejamen** *m* Demütigung *die*.
vejar *vt* demütigen.
vejestorio *m* alter Knacker, alte Tante.
vejez *f* Alter.
vejiga *f* Blase *die*.
vela *f* - **1**. [para dar luz] Kerze *die* - **2**. [de barco] Segel *das* ; **a toda ~** mit vollen Segeln - **3**. DEP Segeln *das* - **4**. [sin dormir] : **en ~** wach. ◆ **velas** *fpl fam* Popel *pl* ; **estar a dos ~s** *fig* abgebrannt sein.
velada *f* Abendveranstaltung *die*.
velador *m* kleiner Tisch.
veladora *f Amér* Kerze *die*.
velamen *m* Segelwerk *das*.
velar ◇ *vi* - **1**. [cuidar] : **~ por** wachen über *(+A)* - **2**. [estar sin dormir] wachen. ◇ *vt* - **1**. [cuidar de noche] Nachtwache halten - **2**. [ocultar] verbergen - **3**. FOTO verwackeln. ◆ **velarse** *vpr* FOTO verwackelt werden.
velcro® *m* Klettverschluss *der*.
veleidad *f* - **1**. [inconstancia] Sprunghaftigkeit *die* - **2**. [antojo, capricho] Anwandlung *die*.
velero, ra *adj* Segel-. ◆ **velero** *m* Segelboot *das*.
veleta ◇ *f* Wetterfahne *die*. ◇ *mf fam* wetterwendische Person.
vello *m* - **1**. [de persona] Körperbehaarung *die* - **2**. [de fruta] Flaum *der*.
vellón *m* [lana] Wolle *die*.
velloso, sa *adj* behaart.
velludo, da *adj* behaart.
velo *m* Schleier *der* ; **correr** o **echar un (tupido) ~** *fig* etw verschleiern. ◆ **velo del paladar** *m* Gaumensegel *das*.
velocidad *f* - **1**. FÍS Geschwindigkeit *die* - **2**. [rapidez] Schnelligkeit *die* - **3**. AUTOM [marcha] Gang *der*.
velocímetro *m* Tachometer *der* o *das*.
velódromo *m* Radrennbahn *die*.
veloz *adj* schnell.
ven ▻ **venir**.
vena *f* - **1**. [gen] Ader *die* ; **este chico tiene ~ de artista** dieser Junge hat eine künstlerische Ader - **2**. [de planta] Blattader *die* - **3**. [veta] Maserung *die* - **4**. [inspiración] Stimmung *die* ; **le ha dado la ~** es hat ihn/sie gepackt.
venado *m* Hirsch *der*.
vencedor, ra ◇ *adj* Sieger-. ◇ *m, f* Sieger *der*, -in *die*.
vencer [11] ◇ *vt* - **1**. [ganar] besiegen - **2**. [derrotar] übermannen - **3**. [dominar] widerstehen - **4**. [superar] überwinden. ◇ *vi* - **1**. [ganar] gewinnen - **2**. [caducar - contrato] aus|laufen ; [- deuda, letra de cambio] fällig werden. ◆ **vencerse** *vpr* zusammen|brechen.
vencido, da *adj* - **1**. [derrotado] besiegt ; **darse por ~** sich geschlagen geben - **2**. [caducado] fällig.
vencimiento *m* - **1**. [expiración] Fälligkeit *die* - **2**. [inclinación] Durchhängen *das*.
venda *f* Verband *der*.
vendaje *m* - **1**. [venda] Verband *der* - **2**. [acción] Verbinden *das*.
vendar *vt* verbinden.
vendaval *m* Sturm *der*.
vendedor, ra *m, f* Verkäufer *der*, -in *die*.
vender *vt* - **1**. [comerciar] verkaufen - **2**. [traicionar] verraten. ◆ **venderse** *vpr* - **1**. [estar en venta] : **'se vende'** 'zu verkaufen' - **2**. [admitir soborno] sich bestechen lassen.
vendimia *f* Weinlese *die*.
vendrá *etc* ▻ **venir**.
veneno *m* [tóxico, sustancia nociva] Gift *das*.
venenoso, sa *adj* giftig.
venerable *adj* verehrungswürdig.
venerar *vt* - **1**. [respetar] (ver)ehren - **2**. [dar culto] an|beten.
venéreo, a *adj* Geschlechts-.

venezolano, no <> *adj* venezolanisch. <> *m, f* Venezolaner *der*, -in *die*.
Venezuela *f* Venezuela *nt*.
venga *etc* ▷ **venir**.
venganza *f* Rache *die*.
vengar [16] *vt* rächen. ◆ **vengarse** *vpr* : **~se de** sich rächen an *(+D)*.
vengativo, va *adj* rachsüchtig.
vengo ▷ **venir**.
venia *f* - **1.** [permiso] Erlaubnis *die* - **2.** DER Genehmigung *die*.
venial *adj* verzeihlich.
venida *f* [llegada] Ankunft *die*.
venidero, ra *adj* (zu)künftig.
venir [75] *vi* - **1.** [gen] kommen ; **ya vienen los turistas** da kommen schon die Touristen ; **vino a las doce** er kam um zwölf - **2.** [presentarse] : **vino de visita ayer por la tarde** er kam gestern Nachmittag zu Besuch - **3.** [seguir en tiempo] : **después del verano viene el otoño** nach dem Sommer kommt der Herbst ; **ahora viene la escena más divertida** jetzt kommt die witzigste Szene ; **el año que viene iremos a París** nächstes Jahr fahren wir nach Paris - **4.** [suceder] : **vino la guerra** es kam der Krieg - **5.** *(antes de 'de')* [proceder de] : **los cocos vienen de Cuba** die Kokosnüsse kommen aus Kuba ; **esa palabra viene del latín** dieses Wort kommt aus dem Lateinischen - **6.** [hallarse, estar] : **su foto viene en la primera página** sein Foto kommt auf die erste Seite ; **el texto viene en inglés** der Text ist auf Englisch - **7.** [tener causa] : **de ahí le viene el disgusto** daher kommt der Ärger - **8.** [acometer] : **me viene sueño** ich werde müde ; **le vinieron ganas de reír** er musste lachen ; **me vinieron deseos de abrazarle** ich bekam Lust, ihn zu umarmen - **9.** [caber] passen ; **el abrigo le viene pequeño** der Mantel ist ihm zu klein ; **miraré si le vienen tus zapatos** ich werde sehen, ob ihm deine Schuhe passen ; **~ clavado a alguien** jm wie angegossen passen - **10.** *(antes de adv)* [convenir] passen ; **esto me viene de perlas** o **de primera** das kommt genau zum richtigen Zeitpunkt für mich - **11.** [presentarse] : **~ con** kommen mit - **12.** *(antes de infin)* [aproximarse] : **el piso viene a costar veinte millones** die Wohnung kostet fast zwanzig Millionen - **13.** *(antes de gerundio)* [persistir] an|halten ; **las peleas vienen sucediéndose desde hace tiempo** die Streitigkeiten dauern schon eine ganze Zeit - **14.** *(antes de participio)* [causar] : **los cambios vienen motivados por la presión de la oposición** die Veränderungen wurden durch den Druck der Opposition veranlasst - **15.** *loc* : **¿a qué viene esto?** was soll das heißen? ; **~le algo a alguien a la cabeza** o **a la memoria** jm etw ein|fallen ; **~ al mundo** das Licht der Welt erblicken ; **~ al pelo** o **a punto** gelegen kommen ; **~ a menos** sich verschlechtern ; **~ a parar en** führen zu ; **~ a ser** gleichen ; **~ rodado** genau den richtigen Verlauf nehmen. ◆ **venirse** *vpr* kommen ; **~se abajo** [caerse, hundirse] ein|stürzen ; [frustrarse] scheitern.
venta *f* - **1.** [gen] Verkauf *der* ; **estar en ~** zum Verkauf stehen ; **~ a plazos** Ratenzahlungsverkauf ; **~ al contado** Barverkauf - **2.** [cantidad, despacho] Absatz *der* - **3.** [posada] Gasthaus *das*.
ventaja *f* - **1.** [hecho favorable] Vorteil *der* - **2.** [en competición] Vorsprung *der* ; **llevar ~** einen Vorsprung haben.
ventajoso, sa *adj* vorteilhaft.
ventana *f* [gen] Fenster *das* ; **~ de guillotina** Schiebefenster.
ventanal *m* grosses Fenster.
ventanilla *f* - **1.** [taquilla] Schalter *der* - **2.** [ventana pequeña] kleines Fenster.
ventilación *f* - **1.** [aireación] Lüftung *die* - **2.** [abertura, sistema] Ventilation *die*.
ventilador *m* Ventilator *der*.
ventilar *vt* - **1.** [airear] lüften - **2.** [resolver, terminar] beenden - **3.** [difundir] entlüften. ◆ **ventilarse** *vpr fam* [terminarse] beenden.
ventisca *f* Schneesturm *der*.
ventolera *f* - **1.** [viento] Wind *der* - **2.** [idea extravagante] Schnapsidee *die* ; **darle la ~ a alguien** sich etw in den Kopf setzen.
ventosa *f* Saugnapf *der*.
ventosidad *f* Blähung *die*.
ventoso, sa *adj* windig.
ventrílocuo, cua *m, f* Bauchredner *der*, -in *die*.
ventura *f* - **1.** [suerte] Glück *das* ; **a la (buena) ~** auf gut Glück - **2.** [casualidad] Zufall *der*.
venturoso, sa *adj* glücklich.
Venus *f* Venus *die*.
ver [76] <> *m* : **una mujer de buen ~** eine gut aussehende Frau. <> *vt* - **1.** [percibir] sehen ; **desde casa vemos el mar** von zu Hause aus sehen wir das Meer - **2.** [presenciar] an|schauen - **3.** [visitar] : **fui a ~ a unos amigos** ich habe ein paar Freunde besucht - **4.** [mirar atentamente] betrachten - **5.** [darse cuenta] (be)merken ; **¿no ves que no funciona la máquina?** merkst du nicht, dass die Maschine nicht funktioniert? ; **ya veo que estás de mal humor** ich merke schon, du bist schlecht gelaunt - **6.** [entender] (ein|)sehen ; **ya veo lo que pretendes** ich sehe schon, was du vorhast ; **no veo la necesidad de que trabajés tanto** ich sehe nicht ein, warum du soviel arbeitest - **7.** [investigar] nach|sehen - **8.** [figurarse, sospechar] : **veo que tendré que irme sola** ich sehe schon, dass ich allein gehen muss - **9.** [encontrarse con] : **~ a alguien** jn treffen

- **10.** [juzgar] : **cada cual tiene su manera de ver las cosas** jeder betrachtet die Dinge auf seine Weise ; **yo no lo veo tan mal** ich finde es nicht so schlimm - **11.** [tener en cuenta] : **sólo ve lo que le interesa** er sieht nur, was ihn interessiert ; **no le ve los defectos** er sieht seine Fehler nicht - **12.** *(en futuro o en pasado)* [tratar] : **como ya vimos en la clase anterior** wie wir schon in der letzten Stunde gesehen haben ; **este punto lo veremos más adelante** diesen Punkt werden wir später betrachten - **13.** *loc* : **habrá que ~lo** wir werden sehen ; **hay que ~** es ist unglaublich ; **no poder ~ a alguien (ni en pintura)** *fam* jn nicht auslstehen können ; **no ~ ni jota** o **tres en un burro** *fam* blind wie eine (Schleier)eule sein ; **por lo visto** o **que se ve** so wie es aussieht ; **si no lo veo, no lo creo** ich glaube es nur, wenn ich es mit eigenen Augen sehe ; **~ mundo** reisen ; **~ venir a alguien** jn durchschauen. <> *vi* - **1.** [tener vista] sehen ; **los ciegos no ven** Blinde sehen nicht - **2.** *(antes de infin gen futuro)* [intentar] : **~ de** versuchen - **3.** *loc* : **a ~** [gen] mal sehen ; [confirmación] stimmt es? ; **dejarse ~** aufltauchen ; **está por ~** das werden wir noch sehen ; **ya veremos** das werden wir schon sehen. ◆ **verse** *vpr* - **1.** [gen] sehen - **2.** [mirarse] sich betrachten - **3.** [encontrarse, tratarse] sich treffen ; **~se con alguien** sich mit jm treffen - **4.** [figurarse, sospechar] : **ya me veo haciendo la maleta de mi marido** ich sehe mich schon den Koffer meines Mannes packen - **5.** [imaginar] : **él ya se ve en la cumbre de su carrera** er sieht sich schon auf dem Höhepunkt seiner Karriere - **6.** *loc* : **vérselas y deseárselas** hart an einer Sache *(D)* arbeiten.

vera *f* - **1.** [orilla] Ufer *das* - **2.** [lado] Seite *die*.

veracidad *f* Wahrhaftigkeit *die*.

veraneante *mf* Sommerurlauber *der*, -in *die*.

veranear *vi* Sommerurlaub machen.

veraniego, ga *adj* sommerlich.

verano *m* Sommer *der*.

veras *fpl* : **de ~** im Ernst, wirklich.

veraz *adj* wahrheitsgetreu.

verbal *adj* - **1.** GRAM verbal, Verb- - **2.** [oral] mündlich.

verbena *f* - **1.** [fiesta] Volksfest *das* - **2.** [planta] Eisenkraut *das*.

verbo *m* Verb *das*.

verdad *f* Wahrheit *die* ; **a decir ~** um die Wahrheit zu sagen ; **de ~** [en serio] im Ernst ; [auténtico] wirklich ; **en ~** wirklich ; **¿verdad?** nicht wahr? ◆ **verdades** *fpl* ehrliche Meinung ; **cantarle** o **decirle a alguien cuatro ~es** *fig* jm die Leviten lesen.

verdadero, ra *adj* - **1.** [cierto] wahr - **2.** [auténtico] echt - **3.** [real] wirklich.

verde <> *adj* - **1.** [gen] grün - **2.** *fig* [obsceno] schweinisch - **3.** [inmaduro] unreif - **4.** *loc* : **poner ~ a alguien** jn herunterlputzen. <> *m* Grün *das*. ◆ **Verdes** *mpl* [partido, seguidores] : **los Verdes** die Grünen.

verdear *vi* - **1.** [parecer verde] grünlich schimmern - **2.** [brotar plantas] grünen.

verdecer [30] *vi* grünen.

verdor *m* [color] Grüne *die*.

verdoso, sa *adj* grünlich.

verdugo *m* - **1.** [de preso] Henker *der*, Scharfrichter *der* - **2.** [tirano] Tyrann *der* - **3.** [pasamontañas] Kapuzenmütze *die*.

verdulería *f* Gemüsegeschäft *das*.

verdulero, ra *m, f* Gemüseverkäufer *der*, -in *die*.

verdura *f* Gemüse *das*.

vereda *f* - **1.** [senda] Pfad *der* - **2.** *Amér* [acera] Bürgersteig *der*.

veredicto *m* - **1.** DER Urteilsspruch *der* - **2.** [juicio, parecer] Urteil *das*.

vergonzoso, sa *adj* - **1.** [deshonroso] schändlich - **2.** [tímido] schamhaft.

vergüenza *f* - **1.** [turbación] Scham *die* ; **sentir ~ ajena** sich für jn schämen - **2.** [timidez] Schamhaftigkeit *die* ; **darle ~ a alguien** sich schämen - **3.** [dignidad] Ehrgefühl *das* - **4.** [deshonra, escándalo] Schande *die*. ◆ **vergüenzas** *fpl* Schamteile *pl*.

verídico, ca *adj* - **1.** [cierto] wahr - **2.** [verosímil] wirklich.

verificar [10] *vt* - **1.** [comprobar] (über)prüfen - **2.** [examinar] prüfen - **3.** [confirmar] bestätigen. ◆ **verificarse** *vpr* sich bestätigen.

verja *f* Gitter *das*.

vermú (*pl* **vermús**), **vermut** (*pl* **vermuts**) *m* - **1.** [licor] Wermut *der* - **2.** [aperitivo] Aperitif *der*.

verosímil *adj* glaubhaft.

verruga *f* Warze *die*.

versado, da *adj* versiert ; **~ en** versiert in *(+D)*.

versar *vi* : **~ sobre** handeln von.

versátil *adj* - **1.** [inconstante] unbeständig - **2.** [polifacético] vielseitig.

versículo *m* - **1.** RELIG Bibelspruch *der* - **2.** LITER Vers *der*.

versión *f* Version ; **~ original** Originalfassung *die*.

verso *m* - **1.** LITER Vers *der* ; **en ~** in Versform - **2.** [poesía] Gedicht *das* - **3.** [reverso] Rückseite *die*.

vértebra *f* ANAT Wirbel *der*.

vertebrado, da *adj* Wirbel-. ◆ **vertebrados** *mpl* ZOOL Wirbeltiere *pl*.

vertedero *m* - **1.** [de basuras] Mülldeponie *die* - **2.** [de agua] Überlauf *der*.

verter [20] <> *vt* - **1.** [derramar] (ver)schütten - **2.** [vaciar de líquido] leeren - **3.** [traducir] übersetzen. <> *vi* : **~ a** münden in

(+A) ◆ **verterse** *vpr* [derramarse] auslaufen.
vertical ◇ *adj* GEOM vertikal. ◇ *m* Senkrechte *die*, Vertikale *die*. ◇ *f* - **1.** GEOM Senkrechte, Vertikale - **2.** [ejercicio gimnástico] Handstand *der*.
vértice *m* - **1.** GEOM Scheitelpunkt *der* - **2.** ANAT Kopfwirbel *der*.
vertido *m* Entleeren *das*.
vertiente *f* - **1.** [pendiente] Gefälle *das* - **2.** [aspecto] Aspekt *der*.
vertiginoso, sa *adj* Schwindel erregend.
vértigo *m* [mareo, asombro] Schwindel *der*.
vesícula *f* ANAT Blase *die*.
vespertino, na *adj* abendlich, Abend-.
vestíbulo *m* Vorhalle *die*.
vestido, da *adj* gekleidet. ◆ **vestido** *m* - **1.** [prenda femenina] Kleid *das* - **2.** [indumentaria] Kleidung *die*.
vestidura *f (gen pl)* Gewand *das*.
vestigio *m* - **1.** [resto, señal] Überrest *der* - **2.** [indicio] Anzeichen *das*.
vestimenta *f* Kleidung *die*.
vestir [26] ◇ *vt* - **1.** [poner ropa] an|ziehen - **2.** [cubrir] bedecken - **3.** [proveer de ropa] Kleider kaufen - **4.** *fig* [disimular] : **~ el rostro de severidad** eine ernste Miene auf|setzen. ◇ *vi* - **1.** [ser elegante] gut kleiden ; **de (mucho) ~** sehr kleidsam - **2.** [llevar ropa] sich kleiden - **3.** *fig* [dar prestigio] modern sein. ◆ **vestirse** *vpr* - **1.** [ponerse ropa] sich an|ziehen - **2.** [adquirir ropa] sich ein|kleiden.
vestuario *m* - **1.** [gen] Garderobe *die* - **2.** [para cambiarse] Umkleideraum *der*.
veta *f* - **1.** [filón] Ader *die* - **2.** [faja, lista] Maser *die*.
vetar *vt* sein Veto ein|legen.
veteranía *f* langjährige Zugehörigkeit.
veterano, na ◇ *adj* altgedient. ◇ *m, f* Veteran *der*, -in *die*.
veterinario, ria *m, f* Tierarzt *der*, -ärztin *die*, Veterinär *der*, -in *die*. ◆ **veterinaria** *f* Veterinärmedizin *die*.
veto *m* Veto *das*.
vez *f* - **1.** [acto de serie] Mal *das* ; **a mi/tu** *etc* **~** meiner-/deiner- *etc* seits ; **de una ~** auf einmal ; **de una ~ para siempre** o **por todas** ein für alle Mal ; **muchas veces** oft ; **por última ~** ein letztes Mal ; **a la ~ (que)** gleichzeitig ; **cada ~ (que)** jedes Mal(, wenn) ; **en ~ de** anstatt ; **una ~ que** nachdem ; **algunas veces, a veces** manchmal ; **cada ~** jedes Mal ; **de ~ en cuando** ab und zu ; **otra ~** noch einmal ; **rara ~, pocas veces** selten ; **una** o **alguna que otra ~** manchmal - **2.** [turno] : **me toca la ~** ich bin an der Reihe - **3.** *loc* : **hacer las veces de alguien** js Stelle ein|nehmen. ◆ **tal vez** *loc adv* vielleicht.
VHF (*abrev de* **very high frequency**) *f* UKW *die*.
vía ◇ *f* - **1.** [gen] Weg *der* ; **~ de comunicación** Verkehrsweg ; **estar en ~s de** auf dem Wege sein zu ... ; **dar ~ libre** *fig* freie Fahrt geben - **2.** [calzada] (Fahr)bahn *die* - **3.** [raíl] Gleis *das* - **4.** [calle] Straße *die* ; **~ pública** öffentlicher Verkehrsweg. ◇ *prep* via. ◆ **Vía Láctea** *f* Milchstraße *die*.
viable *adj* durchführbar.
viaducto *m* Viadukt *der o das*.
viajante *mf* Handlungsreisende *der, die*.
viajar *vi* - **1.** [trasladarse, irse] reisen - **2.** [circular] fahren.
viaje *m* - **1.** [ruta] Reise *die* ; **¡buen ~!** gute Reise! ; *despec* und tschüss! ; **estar de ~** verreist sein ; **~ de ida y vuelta** Hin- und Rückreise *die* ; **~ de novios** Hochzeitsreise ; **~ relámpago** Kurztrip *der* - **2.** *fam* [alucinación] Trip *der* - **3.** *fig fam* [golpe] Schlag *der*.
viajero, ra ◇ *adj* : **ave viajera** Zugvogel *der* ; [persona] reisend. ◇ *m, f* Reisende *der, die*.
vial ◇ *adj* Straßen-. ◇ *m* FARM Ampulle *die*.
viaraza *f Amér* Wutanfall *der*.
viario, ria *adj* Straßen-.
víbora *f* - **1.** [animal] Viper *die* - **2.** *fig* [persona] Schlange *die*.
vibración *f* Vibration *die*.
vibrador, ra *adj* vibrierend. ◆ **vibrador** *m* Vibrator *der*.
vibrante *adj* - **1.** [oscilante] vibrierend - **2.** [emocionante] mitreißend.
vibrar ◇ *vt* [oscilar] vibrieren. ◇ *vi* - **1.** [oscilar] vibrieren - **2.** [temblar] schwanken - **3.** [emocionarse] sich begeistern.
vicaría *f* - **1.** [cargo] Pfarramt *das* - **2.** [residencia] Pfarrei *die*.
vicario *m* - **1.** [cura] Vikar *der* - **2.** [sustituto] Stellvertreter *der*.
vicepresidente, ta *m, f* Vizepräsident *der*, -in *die*.
viceversa *adv* umgekehrt, vice versa.
viciado, da *adj* stickig.
viciar [8] *vt* - **1.** [pervertir, habituar] verwöhnen - **2.** [falsear, adulterar] verderben. ◆ **viciarse** *vpr* - **1.** [pervertirse, habituarse] süchtig werden - **2.** [deformarse] sich verformen.
vicio *m* - **1.** [hábito] Laster *das* - **2.** [defecto físico] Fehler *der* - **3.** [libertinaje] Untugend *die*.
vicioso, sa ◇ *adj* [depravado] lasterhaft. ◇ *m, f* unsittliche Person.
vicisitud *f* Unbeständigkeit *die*. ◆ **vicisitudes** *fpl* Wechselfälle *pl*.
víctima *f* [gen] Opfer *das*.
victoria *f* Sieg *der* ; **cantar ~** *fig* sich des Sieges rühmen.
victorioso, sa *adj* siegreich.

vicuña *f* - **1.** [animal] Vikunja *das* - **2.** [pelo] Vikunjawolle *die*.

vid *f* Weinrebe *die*.

vid., v. (*abrev de* **véase**) ▷ **ver**.

vida *f* - **1.** [gen] Leben *das* ; **en ~ de** zu js Lebzeiten ; **pasar a mejor ~** ins Jenseits gehen ; **perder la ~** ums Leben kommen - **2.** [existencia] : **de por ~** für immer ; **¡en mi ~ he visto cosa igual!** *fam* nie im Leben habe ich so etwas gesehen! - **3.** [duración] Lebensdauer *die* - **4.** [persona] Menschenleben *das* - **5.** [subsistencia] Lebenshaltung *die* - **6.** [actividad]. - **7.** *loc* : **¡así es la ~!** so ist das Leben! ; **darse** o **pegarse la gran ~** auf großem Fuß leben ; **¡mi ~!, ¡~ mía!** mein Liebling!

vidente *mf* Seher *der*, -in *die*.

vídeo, video ◇ *m* - **1.** [técnica, cinta] Video *das* - **2.** [aparato reproductor] Videorecorder *der* - **3.** [aparato filmador] Videokamera *die*. ◇ *adj inv* Video-.

videocámara *f* Videokamera *die*.

videocasete *m* Videokassette *die*.

videoclub (*pl* **videoclubs** o **videoclubes**) *m* Videothek *die*.

videoconferencia *f* Videokonferenz *die*.

videojuego *m* Videospiel *das*.

videotexto, videotex *m* INFORM Videotext *der*.

vidorra *f fam* geruhsames Leben.

vidriero, ra *m, f* Glaser *der*, -in *die*. ◆ **vidriera** *f* Glasscheibe *die*.

vidrio *m* - **1.** [material] Glas *das* - **2.** [cristal] Fenster *das*.

vidrioso, sa *adj* - **1.** [material, aspecto] zerbrechlich - **2.** [tema, asunto] heikel - **3.** [ojos] glasig.

vieira *f* Jakobsmuschel *die*.

viejo, ja ◇ *adj* alt ; **hacerse ~** alt werden. ◇ *m, f* - **1.** [persona mayor] Alte *der, die* - **2.** *fam* [padres] : **mis ~s** die Alten. - **3.** *Amér fam* [amigo] Alte *der, die*. ◆ **viejo verde** *m* geiler alter Bock.

Viena *f* Wien *nt*.

viene *etc* ▷ **venir**.

vienés, esa ◇ *adj* wienerisch. ◇ *m, f* Wiener *der*, -in *die*.

viento *m* - **1.** [corriente de aire] Wind *der* ; **hacer ~** windig sein - **2.** [cuerda] Schnur *die* - **3.** NÁUT Fahrtrichtung *die* ; **contra ~ y marea** gegen Wind und Wetter ; *fig* allen Widerständen zum Trotz - **4.** *loc* : **a los cuatro ~s** in alle Himmelsrichtungen ; **beber los ~s por algo/alguien** ganz verrückt nach etw/jm sein ; **~ en popa** mit Rückenwind.

vientre *m* ANAT [cavidad] Bauch *der* ; **hacer de ~** Stuhlgang haben.

viernes *m inv* Freitag *der*. ◆ **Viernes Santo** *m* RELIG Karfreitag *der* ; *ver también* **sábado**.

Vietnam *m* : **(el) ~** das Vietnam.

vietnamita ◇ *adj* vietnamesisch. ◇ *mf* Vietnamese *der*, -sin *die*. ◇ *m* vietnamesische Sprache.

viga *f* Balken *der*.

vigencia *f* Gültigkeit *die*, Rechtskraft *die*.

vigente *adj* [ley] rechtskräftig ; [costumbre] üblich.

vigésimo, ma *núm* [para ordenar] zwanzigste, -r, -s ; **la vigésima parte** [para fraccionar] der zwanzigste Teil.

vigía ◇ *f* [atalaya] Wachtturm *der*. ◇ *mf* Wächter *der*, -in *die*.

vigilancia *f* - **1.** [cuidado] Wachsamkeit *die* - **2.** [servicio] Bewachung *die*.

vigilante ◇ *mf* Wächter *der*, -in *die*. ◇ *adj* wachsam.

vigilar ◇ *vt* bewachen. ◇ *vi* auflpassen.

vigilia *f* - **1.** [víspera de festividad] Vorabend *der* - **2.** [falta de sueño] Schlaflosigkeit *die*.

vigor *m* - **1.** [gen] Kraft *die*, Stärke *die* - **2.** [vigencia] : **entrar en ~** in Kraft treten.

vigorizar [13] *vt* - **1.** [fortalecer] stärken - **2.** [animar] beleben.

vigoroso, sa *adj* kraftvoll.

vikingo, ga ◇ *adj* wikingisch. ◇ *m, f* Winkinger *der*, -in *die*. ◆ **vikingos** *mpl* Wikinger *pl*.

vil *adj* - **1.** [despreciable] niederträchtig - **2.** [sin valor] billig.

vileza *f* Niedertracht *die*.

villa *f* - **1.** [población] Kleinstadt *die* ; **~ miseria** *Amér* Slum *der* - **2.** [casa] Villa *die*.

Villadiego *m* : **coger** o **tomar las de ~** *fig* sich aus dem Staub machen.

villancico *m* Weihnachtslied *das*.

villano, na ◇ *adj* gemein. ◇ *m, f* Schurke *der*, -kin *die*.

vilo ◆ **en vilo** *loc adv* in Ungewissheit.

vinagre *m* Essig *der*.

vinagreras *fpl* Menage *die*.

vinagreta *f* CULIN Vinaigrette *die*.

vincular *vt* - **1.** [enlazar] verbinden - **2.** DER binden. ◆ **vincularse** *vpr* [enlazarse] sich binden ; [asociar] verbinden.

vínculo *m* - **1.** [lazo] (Ver)bindung *die* - **2.** DER Bindung.

vinícola *adj* Wein-.

vinicultura *f* Weinbau *der*.

viniera *etc* ▷ **venir**.

vino[1] *etc* ▷ **venir**.

vino[2] *m* Wein *der* ; **~ blanco** Weißwein ; **~ dulce** Süßwein ; **(~) rosado** Rosé(wein) ; **(~) tinto** Rotwein.

viña *f* Weinberg *der*.

viñedo *m* Weinberg *der*.

viñeta *f* - **1.** [de tebeo] Comicbild *das* - **2.** [de libro] Vignette *die*.

viola *f* Viola *die*, Bratsche *die*.

violador, ra *m, f* - **1.** [de persona] Vergewaltiger *der*, -in *die* - **2.** [que infringe la ley] Rechtsbrecher *der*, -in *die* - **3.** [que profana] Schänder *der*, -in *die*.

violar *vt* - **1.** [abusar sexualmente] vergewaltigen - **2.** [infringir] verletzen - **3.** [profanar] schänden.

violencia *f* - **1.** [agresividad, fuerza] Gewalt *die* - **2.** [incomodidad] Widerwille *der*.

violentar *vt* - **1.** [forzar] auf|brechen - **2.** [incomodar] Überwindung kosten. ◆ **violentarse** *vpr* sich überwinden.

violento, ta *adj* - **1.** [agresivo] gewalttätig - **2.** [embarazoso, incómodo] gezwungen - **3.** [fuerte] stark.

violeta ◇ *f* [flor] Veilchen *das*. ◇ *adj inv* [color] violett. ◇ *m* [color] Violett *das*.

violín ◇ *m* Geige *die*, Violine *die*. ◇ *mf* Geiger *der*, -in *die*.

violinista *mf* Geiger *der*, -in *die*.

violón ◇ *m* Bassgeige *die*. ◇ *mf* Bassgeiger *der*, -in *die*.

violoncelista = **violonchelista**.

violoncelo = **violonchelo**.

violonchelista, violoncelista *mf* Cellist *der*, -in *die*.

violonchelo, violoncelo ◇ *m* Cello *das*. ◇ *mf* Cellist *der*, -in *die*.

viperino, na *adj fig* [malicioso] giftig.

viraje *m* - **1.** [cambio de dirección] Wendung *die* - **2.** FOTO Tonung *die*.

virar ◇ *vt* - **1.** [girar] drehen - **2.** FOTO tönen. ◇ *vi* [girar] drehen.

virgen ◇ *adj* - **1.** [sin usar] ungebraucht ; [no manipulado] unberührt - **2.** [sin desvirgar] jungfräulich - **3.** [puro] rein ; **aceite ~** kaltgepresstes Öl. ◇ *f* Jungfrau *die*. ◆ **Virgen** *f* : **la Virgen** RELIG die Heilige Jungfrau.

virginidad *f* Jungfräulichkeit *die*.

virgo *m* Hymen *das*. ◆ **Virgo** ◇ *m inv* [zodíaco] Jungfrau *die* ; **ser Virgo** Jungfrau sein. ◇ *m inv & f inv* [persona] Jungfrau *die*.

virguería *f fam* Prachtstück *das*.

viril *adj* männlich.

virilidad *f* Männlichkeit *die*.

virreina *f* Vizekönigin *die*.

virreino *m* Vizekönigtum *das*, Vizekönigreich *das*.

virrey *m* Vizekönig *der*.

virtual *adj* [ficticio] virtuell ; [posible] potenziell.

virtud *f* - **1.** [cualidad] Tugend *die* ; **tener la ~ de hacer algo** die Fähigkeit haben, etw zu tun - **2.** [eficacia] Wirkung *die*. ◆ **en virtud de** *loc prep* aufgrund *(+G)*.

virtuoso, sa ◇ *adj* virtuos. ◇ *m, f* Virtuose *der*, -sin *die*.

viruela *f* MED Pocken *pl*.

virulencia *f* MED Virulenz *die*.

virulento, ta *adj* - **1.** MED virulent - **2.** [mordaz] bissig.

virus *m* Virus *der* o *das*.

viruta *f* Span *der*.

vis ◆ **vis a vis** *loc adv* - **1.** [enfrente] vis-a-vis - **2.** [personalmente] persönlich.

visado *m* Visum *das*.

víscera *f* ANAT Eingeweide *pl*.

visceral *adj* - **1.** ANAT Eingeweide- - **2.** *fig* [pasional] gefühlsbetont.

viscoso, sa *adj* zähflüssig. ◆ **viscosa** *f* Viskose *die*.

visera *f* - **1.** [de gorra] Mützenschirm *der* - **2.** [de automóvil] Sonnenblende *die* - **3.** [de casco] Visier *das*.

visibilidad *f* Sicht(weite) *die*.

visible *adj* sichtbar.

visigodo, da ◇ *adj* westgotisch. ◇ *m, f* Westgote *der*, -tin *die*.

visillo *m (gen pl)* Store *der*.

visión *f* - **1.** [lo que se ve, punto de vista] Sicht *die* - **2.** [sentido] Sehvermögen *das* - **3.** [aparición] Erscheinung *die* ; **ver visiones** Gespenster sehen.

visionar *vt* privat an|schauen.

visionario, ria *m, f* Träumer *der*, -in *die*.

visir *m* Wesir *der*.

visita *f* - **1.** [gen] Besuch *der* ; **hacer una** o **ir de ~** einen Besuch machen ; **~ relámpago** überraschender Kurzbesuch - **2.** [visitante] Besucher *der*, -in *die* ; **tener ~(s)** Besuch haben - **3.** [de médico] Sprechstunde *die* ; **pasar ~** Hausbesuche machen ; **~ médica** Visite *die*.

visitante ◇ *adj* DEP Gast-. ◇ *mf* Besucher *der*, -in *die*.

visitar *vt* - **1.** [persona, lugar] besuchen - **2.** [para inspeccionar] besichtigen - **3.** [suj : médico] untersuchen.

vislumbrar *vt* - **1.** [entrever] aus|machen - **2.** [adivinar] erahnen. ◆ **vislumbrarse** *vpr* - **1.** [entreverse] sich aus|machen lassen - **2.** [adivinarse] sich erahnen lassen.

viso *m* [aspecto] : **tener ~s de** scheinen.

visón *m* Nerz *der*.

visor *m* - **1.** FOTO Sucher *der* - **2.** [de arma] Visier *das*.

víspera *f* - **1.** [día anterior] Vortag *der* ; **en ~s de** kurz vor - **2.** *(gen pl)* RELIG Vesper *die*.

vista *f* - **1.** [ojos] Augen *pl* ; [sentido] Sehvermögen *das* - **2.** [observación] Anblick *der* - **3.** [mirada] Blick *der* ; **a la vista de todos** vor aller Augen ; **a primera** o **simple vista** [rápidamente, aparentemente] auf den ersten Blick ; **estar a la vista** sichtbar sein ; **fijar la vista a** den Blick richten auf *(+A)* - **4.** [panorama] Ausblick *der* - **5.** DER Gerichtsverhandlung *die* - **6.** *loc* : **conocer a**

alguien de vista jn vom Sehen kennen ; **hacer la vista gorda** ein Auge zu|drücken ; **¡hasta la vista!** auf Wiedersehen! ; **no perder de vista** [vigilar] nicht aus den Augen lassen ; [tener en cuenta] nicht vergessen ; **perder de vista** aus den Augen verlieren ; **saltar a la vista** ins Auge springen ; **tener vista para algo** ein Auge für etwas haben ; **volver la vista atrás** [mirar atrás, recordar] zurück|blicken. ◆ **vistas** *fpl* Ausblick *der*. ◆ **a la vista** *loc adj* auf Sicht. ◆ **con vistas a** *loc prep* im Hinblick auf. ◆ **en vista de que** *loc conj* angesichts der Tatsache, dass.

vistazo *m* Blick *der* ; **echar** o **dar un ~** einen flüchtigen Blick werfen.

visto, ta ◇ *pp irreg* ▷ **ver**. ◇ *adj* : **está ~ que** es ist offensichtlich, dass ; **estar muy ~** nicht besonders originell sein ; **estar bien/mal ~** gut/schlecht angesehen sein ; **~ bueno** gesehen und genehmigt. ◆ **por lo visto** *loc adv* anscheinend. ◆ **visto que** *loc conj* in Anbetracht der Tatsache, dass. ◆ **visto bueno** *m* Sichtvermerk *der*.

vistoso, sa *adj* auffällig.

visual ◇ *adj* [campo] Seh- ; [memoria] visuell. ◇ *f* Blicklinie *die*.

visualizar [13] *vt* - **1.** [hacer visible, imaginar] veranschaulichen - **2.** INFORM an|zeigen.

vital *adj* - **1.** [de vida] Lebens-, vital - **2.** [fundamental] lebenswichtig - **3.** [enérgico] vital.

vitalicio, cia *adj* auf Lebenszeit.

vitalidad *f* Vitalität *die*.

vitamina *f* Vitamin *das*.

vitaminado, da *adj* vitaminhaltig.

vitamínico, ca *adj* Vitamin-.

viticultor, ra *m, f* Winzer *der*, -in *die*.

viticultura *f* Weinbau *der*.

vitorear *vt* hoch|leben lassen.

vítreo, a *adj* glasartig.

vitrina *f* Vitrine *die*.

vitro ◆ **in vitro** *loc adv* BIOL in vitro.

vituperar *vt* missbilligen.

viudedad *f* - **1.** [viudez] Witwerschaft *die*, Witwenschaft *die* - **2.** [pensión] Witwenrente *die*.

viudo, da ◇ *adj* verwitwet. ◇ *m, f* Witwer *der*, Witwe *die*.

viva ◇ *m* Hochruf *der*. ◇ *interj* : **¡viva!** hoch! ; **¡~ el rey!** es lebe der König!

vivac = **vivaque**.

vivacidad *f* Lebhaftigkeit *die*.

vivalavirgen *mf inv* Luftikus *der*.

vivamente *adv* lebhaft.

vivaque, vivac *m* Biwak *das*.

vivaracho, cha *adj* lebhaft.

vivaz *adj* - **1.** [ojos, mirada] lebendig - **2.** [planta] ausdauernd.

vivencia *f (gen pl)* Erlebnis *das*.

víveres *mpl* Lebensmittel *pl*.

vivero *m* - **1.** [de plantas] Baumschule *die* - **2.** [de peces, moluscos] Zuchtteich *der*.

viveza *f* Lebhaftigkeit *die*.

vívido, da *adj* - **1.** [expresivo] lebhaft - **2.** [luminoso] kräftig.

vividor, ra *m, f despec* Nassauer *der*.

vivienda *f* Wohnung *die*.

viviente *adj* lebend.

vivir ◇ *vi* [gen] leben ; **~ de** leben von ; **~ para ver** Sachen gibts. ◇ *vt* [experimentar] erleben.

vivo, va ◇ *adj* - **1.** [gen] lebendig - **2.** [intenso] heftig - **3.** [brillante] glänzend - **4.** [pronunciado] spitz. ◇ *m, f (gen pl)* Lebende *der, die*. ◆ **en vivo** *loc adv* - **1.** [no dormido] ohne Betäubung - **2.** [en directo] live.

vizcaíno, na ◇ *adj* aus Biscaya ; **a la vizcaína** CULIN auf Biscayer Art. ◇ *m, f* Einwohner *der*, -in *die* aus Biscaya.

vizconde, desa *m, f* Vicomte *der*, Vicomtesse *die*.

vocablo *m* Vokabel *die*, Wort *das*.

vocabulario *m* - **1.** [riqueza léxica] Wortschatz *der*, Vokabular *das* - **2.** [diccionario] Wörterverzeichnis *das*.

vocación *f* Berufung *die*.

vocacional *adj* aus Berufung.

vocal ◇ *adj* Stimm-. ◇ *mf* Beisitzer *der*, -in *die*. ◇ *f* Vokal *der*.

vocalista *mf* MÚS Sänger *der*, -in *die*.

vocalizar [13] *vi* vokalisieren.

vocativo *m* GRAM Vokativ *der*.

vocear ◇ *vt* - **1.** [gritar, pregonar] (aus|-)rufen - **2.** [llamar, vitorear] rufen. ◇ *vi* [gritar] schreien.

vocerío *m* Geschrei *das*.

vociferar *vi* schreien.

vodka ['boθka] *m o f* Wodka *der*.

vol. (*abrev de* **volumen**) vol.

volado, da *adj fam* : **estar ~** einen Stich haben.

volador, ra *adj* fliegend, Flug-. ◆ **volador** *m* [pez] fliegender Fisch.

volandas ◆ **en volandas** *loc adv* in der Luft.

volante ◇ *adj* [que vuela] Flug-. ◇ *m* - **1.** [para conducir] Lenkrad *das* ; **estar** o **ir al ~** am Steuer sitzen - **2.** [automovilismo] Autorennen *das* - **3.** [adorno de tela] Volant *der* - **4.** [justificante, etc] Schein *der* - **5.** [en bádminton] Federball *der*.

volar [23] ◇ *vi* - **1.** [gen] fliegen ; **~ a 5.000 metros** 5000 m hoch fliegen ; **echar a ~** weg|fliegen - **2.** *fam* [desaparecer] verschwinden - **3.** *fig* [correr] laufen ; **hacer**

algo volando etw in Windeseile tun - **4.** *fig* [transcurrir rápidamente] verfliegen. ◇ *vt* [hacer explotar] sprengen.

volátil *adj* - **1.** [inconstante] unbeständig - **2.** [que vuela] fliegend, flugfähig - **3.** [que se evapora] flüchtig.

volatilizar [13] *vt* [transformar] verflüchtigen. ◆ **volatilizarse** *vpr* - **1.** [transformarse] sich verflüchtigen - **2.** *fam* [desaparecer] verschwinden.

vol-au-vent = **volován**.

volcán *m* Vulkan *der*.

volcánico, ca *adj* vulkanisch.

volcar [36] ◇ *vt* - **1.** [derribar] um|werfen - **2.** [tirar] aus|schütten. ◇ *vi* [vehículo] um|kippen. ◆ **volcarse** *vpr* - **1.** [esforzarse] sich an|strengen ; **~se con** o **en algo/alguien** etw/jm große Aufmerksamkeit widmen - **2.** [caerse] um|fallen.

volea *f* DEP Flugball *der*.

voleibol *m* Volleyball *der*.

voleo *m* Flugball *der* ; **a(l) ~** *fig* im Flug ; [arbitrariamente] aufs Geratewohl.

volován, vol-au-vent [bolo'βan] (*pl* **vol-au-vents**) *m* CULIN Vol-au-Vent *der*.

volquete *m* Kippwagen *der*.

voltaje *m* ELECTR Spannung *die*.

voltear *vt* - **1.** [dar vueltas] sich drehen - **2.** *Amér* [dar vuelta] drehen - **3.** *Amér* [derribar] um|stürzen - **4.** *Amér* [volcar] (um|-) kippen. ◆ **voltearse** *vpr Amér* - **1.** [darse la vuelta] sich um|drehen - **2.** [volcarse] (um|-) kippen.

voltereta *f* Purzelbaum *der* ; **dar una ~** einen Purzelbaum schlagen.

voltio *m* ELECTR Volt *das*.

voluble *adj* unbeständig.

volumen *m* - **1.** [cantidad] Volumen *das* - **2.** [de sonido] Lautstärke *die* ; **subir/bajar el ~** lauter/leiser stellen - **3.** [bulto, tamaño] Umfang *der* - **4.** [tomo] Band *der* - **5.** GEOM Rauminhalt *der*.

voluminoso, sa *adj* voluminös.

voluntad *f* - **1.** [gen] Wille *der* ; **buena ~** Gutwilligkeit *die* ; **mala ~** Böswilligkeit *die* ; **a ~** nach Belieben ; **por ~ propia, por propia ~** aus eigenem Willen - **2.** [cantidad no fija] : **la ~** so viel Sie mögen.

voluntariado *m* Freiwilligendienst *der*.

voluntario, ria ◇ *adj* - **1.** [facultativo, que se ofrece] freiwillig - **2.** [espontáneo] willkürlich. ◇ *m, f* Freiwillige *der, die*.

voluntarioso, sa *adj* zielstrebig.

voluptuoso, sa *adj* wollüstig.

volver [24] ◇ *vt* - **1.** [variar posición] wenden, um|drehen - **2.** [dirigir parte del cuerpo] richten - **3.** [convertir] machen ; **le volvió tonto** sie machte ihn verrückt. ◇ *vi* - **1.** [regresar] zurück|kommen, heim|kommen - **2.** [ir de nuevo] wieder|kommen - **3.** [girar] ab|biegen - **4.** [reanudar] : **~ a** zurück|kommen auf *(+A)* - **5.** *(antes de infin)* [hacer otra vez] : **ya vuelve a llover** es regnet schon wieder - **6.** *loc* : **~ en sí** wieder zu sich *(D)* kommen. ◆ **volverse** *vpr* - **1.** [variar de posición] sich um|drehen, sich wenden ; **se volvió para decirme adiós** er wandte sich um, um sich (von mir) zu verabschieden - **2.** [regresar] zurück|kehren - **3.** [convertirse] werden - **4.** *loc* : **~se atrás** [desdecirse] einen Rückzieher machen ; **~se contra alguien** sich gegen jn wenden.

vomitar ◇ *vt* [devolver] erbrechen. ◇ *vi* [devolver] sich übergeben.

vomitera *f* Erbrechen *das*.

vomitivo, va *adj* - **1.** [medicamento] Brechreiz erregend - **2.** *fig* [comida, bebida] zum Kotzen. ◆ **vomitivo** *m* Brechmittel *das*.

vómito *m* - **1.** [acción] Erbrechen *das* - **2.** [sustancia] Erbrochene *das*.

voraz *adj* [que come mucho] gefräßig.

vórtice *m* - **1.** [de agua] Wirbel *der*, Strudel *der* - **2.** [de aire] Wirbel *der*.

vos *pron* - **1.** *Amér* [tú] du - **2.** *desus* [usted] Ihr *(in Einzahl)*.

vosotros, tras *pron pers* - **1.** [sujeto, predicado] ihr - **2.** *(después de prep)* [complemento] euch ; **prefiero ir con ~ que con ellos** ich gehe lieber mit euch als mit ihnen ; **no me fío de vosotros, sois muy traviesos** ich traue euch nicht, ihr seid sehr gerissen - **3.** ▷ **usted**.

votación *f* Abstimmung *die*.

votante ◇ *adj* stimmberechtigt. ◇ *mf* Abstimmende *der, die*.

votar ◇ *vt* ab|stimmen ; **~ una ley** ein Gesetz verabschieden ; **~ a un candidato** einen Kandidaten wählen. ◇ *vi* wählen ; **~ en blanco** sich der Stimme enthalten ; **~ por** stimmen für.

voto *m* - **1.** [de votación] Stimme *die*, Votum *das* ; **~ de censura** Misstrauensvotum ; **~ de confianza** Vertrauensvotum - **2.** [derecho a votar] Stimmrecht *das*, Wahlrecht *das* - **3.** RELIG Gelübde *das* - **4.** [ruego] Flehen *das*.

voy ▷ **ir**.

voyeur [bwa'jer] (*pl* **voyeurs**) ◇ *adj* voyeuristisch. ◇ *m, f* Voyeur *der*, -in *die*.

voz *f* - **1.** [gen] Stimme *die* ; **alzar** o **levantar la ~ a alguien** unverschämt werden gegen jn ; **a media ~** halblaut ; **en ~ alta** laut ; **en ~ baja** leise ; **~ en off** Stimme aus dem Off ; **llevar la ~ cantante** *fig* den Ton an|geben - **2.** [grito] : **a voces** schreiend ; **a ~ en cuello** o **grito** aus vollem Halse ; **dar voces** schreien - **3.** [llamada interior] : **la ~ de la conciencia** die Stimme des Gewissens - **4.** [vocablo] Wort *das* ; **~ de mando** Kommando *das*

- **5.** [rumor] Gerücht *das* ; **corre la ~ de que ...** es geht das Gerücht, dass ...

vozarrón *m fam* laute Stimme.

vudú *m (en aposición inv)* Wodu *der.*

vuelco *m* Umschwung *der* ; **me dio un ~ el corazón** *fig* mir blieb das Herz stehen.

vuelo *m* - **1.** [gen] Flug *der* ; **al ~** in der Luft ; *fig* im Nu ; **alzar** o **emprender** o **levantar el ~** [despegar] emporlfliegen ; *fig* flügge werden ; **~ chárter** Charterflug ; **~ regular** Linienflug ; **~ sin motor** Segelflug - **2.** [distancia] Flugstrecke *die* - **3.** [de vestido] Weite *die* - **4.** [de ave] Flügel *der* - **5.** *loc* : **de altos ~s, de mucho ~** hochtrabend.

vuelto, ta ◇ *pp irreg* ▷ **volver.** ◇ *adj* verkehrt. ◆ **vuelto** *m Amér* Wechselgeld *das.* ◆ **vuelta** *f* - **1.** [giro completo] Drehung *die* ; **dar media vuelta** kehrt machen - **2.** [medio giro] : **dar(se) la vuelta** sich umldrehen - **3.** DEP [ronda, turno] Runde *die* ; **vuelta ciclista** Radrennen *das* - **4.** [regreso] Rückkehr *die* ; **a la vuelta** auf dem Rückweg ; **vuelta atrás** Umkehr *die* - **5.** [paseo] : **dar una vuelta** spazieren gehen - **6.** [curva] Kurve *die* - **7.** [dinero sobrante] Wechselgeld *das* - **8.** [devolución] Rückgabe *die* - **9.** [de labor] (Maschen)reihe *die* - **10.** [de cosa enrollada] Stulpe *die* - **11.** [parte opuesta] Rückseite *die* ; **a la vuelta** [detrás] auf der Rückseite - **12.** [de prenda] Aufschlag *der* - **13.** [acción de girar] Umdrehung *die* ; **dar vueltas** umldrehen - **14.** *loc* : **a vuelta de correo** postwendend ; **dar la vuelta a la tortilla** *fam* den Spieß umdrehen ; **darle cien vueltas a alguien** jm haushoch überlegen sein ; **darle vueltas a algo** sich den Kopf zerbrechen über etw *(A)* ; **dar una vuelta de campana** sich überschlagen ; **la cabeza me da vueltas** mir dreht sich alles ; **estar de vuelta de todo** ein alter Hase sein ; **no tiene vuelta de hoja** das ist nun mal so.

vuestro, tra ◇ *adj poses* euer, -e. ◇ *pron (después de art)* eure, -r, -s ; **el ~** eurer ; **la vuestra** eure ; **de las vuestras** *fam* das Eure ; **esta es la vuestra** *fam* das ist eure Gelegenheit ; **lo ~** eure Sache ; **los ~s** eure Angehörigen.

vulgar *adj* - **1.** [no refinado] vulgär - **2.** [corriente, ordinario] gewöhnlich.

vulgaridad *f* - **1.** [cualidad] Vulgarität *die* - **2.** [acción, expresión] Geschmacklosigkeit *die.*

vulgarizar [13] *vt* allgemein verständlich machen. ◆ **vulgarizarse** *vpr* populär werden.

vulgo *m despec* gemeines Volk.

vulnerable *adj* verletzlich, verwundbar.

vulnerar *vt* verletzen.

vulva *f* ANAT Vulva *die.*

VV. (*abrev de* **ustedes**) ▷ **usted.**

W

w, W ['uβe'ðoβle, doβle'uβe] *f* [letra] w, W *das.*

wagon-lit [ba'ɣon'lit] (*pl* **wagons-lits**) *m* Schlafwagen *der.*

walkman® ['walman] (*pl* **walkmans**) *m* Walkman *der.*

Washington ['waʃinton] *m* Washington *nt.*

wáter ['bater] (*pl* **wáteres**), **váter** (*pl* **váteres**) *m* Toilette *die.*

waterpolo [water'polo] *m* DEP Wasserball *der.*

watio = **vatio.**

WC (*abrev de* **water closet**) *m* WC *das.*

western ['wester] (*pl* **westerns**) *m* CIN Western *der.*

whisky = **güisqui.**

windsurf ['winsurf], **windsurfing** ['win'surfin] *m* DEP Windsurfen *das.*

x, X ['ekis] *f* [letra] x, X *das.* ◆ **X** *mf* : **la Señora ~** Frau X.

xenofobia *f* Ausländerfeindlichkeit *die.*

xilofón, xilófono *m* MÚS Xylophon *das.*

y[1]**, Y** ['i'grjega] *f* [letra] y, Y *das.*

y[2]**, Y** [i] *conj (se usa* **e** *delante de palabras que empiezan por i o hi sin formar diptongo)* - **1.** [enlaza elementos] und ; **su hija es alta ~ rubia** seine Tochter ist groß und blond ; **he comprado un ordenador ~ una impresora** ich habe einen Computer und einen Drucker gekauft ; **iba atrás ~ adelante** er ging vorwärts und rückwärts - **2.** [enlaza oraciones] : **he comido mucho ~ me**

encuentro mal ich habe viel gegessen und jetzt ist mir schlecht ; **tú vienes ~ yo me voy** du kommst, und ich gehe - **3.** [pero] : **sabía que no lo conseguiría ~ seguía intentándolo** sie wusste, dass sie es nicht schaffen würde, und trotzdem versuchte sie es weiter - **4.** [da idea de diferencia] : **hay personas ~ personas** es gibt soche und solche - **5.** [da idea de repetición] : **esperar horas ~ horas** Stunden um Stunden warten - **6.** [en preguntas] : **¿y tu mujer? ¿dónde está?** und deine Frau, wo ist sie?

ya[1] <> *adv* - **1.** [denota pasado] schon ; **~ me lo habías contado** das hattest du mir schon erzählt - **2.** [ahora] jetzt - **3.** [denota futuro] schon ; **~ sabremos algo mañana** morgen werden wir schon mehr wissen - **4.** [finalmente] : **~ hay que hacer algo** es muss endlich was getan werden - **5.** [inmediatamente después] : **bueno, yo ~ me voy** gut, ich geh schon - **6.** [refuerza al verbo] : **~ entiendo** ich verstehe schon ; **¡~ lo creo!** das will ich meinen! ; **¡~ era hora!** es war höchste Zeit! <> *conj* [distributiva] : **~ por una cosa, ~ por otra** mal wegen diesem, mal wegen jenem. ◆ **ya no** *loc adv* : **~ no ... sino** nicht nur ... sondern. ◆ **ya que** *loc conj* da ; **~ que has venido, ayúdame con esto** da du schon mal hier bist, kannst du mir gleich dabei helfen.

ya[2] *interj* - **1.** [expresa asentimiento] : **¡ya!** genau! - **2.** [expresa comprensión] : **¡ya!** klar! - **3.** *loc* : **¡ya, ya!** soso.

yacente, yaciente *adj* liegend.

yacer [77] *vi* - **1.** [estar tumbado] liegen - **2.** [estar enterrado] ruhen - **3.** [estar] sich befinden.

yaciente = **yacente.**

yacimiento *m* Vorkommen *das.*

yanqui <> *adj* amerikanisch. <> *mf* Ami *der.*

yarda *f* Yard *das.*

yate *m* NÁUT Jacht *die.*

yayo, ya *m, f fam* Opa *der*, Oma *die.*

yegua *f* Stute *die.*

yema *f* - **1.** [de huevo] Eigelb *das*, Dotter *der o das* - **2.** [de planta] Knospe *die* - **3.** [de dedo] Fingerkuppe *die* - **4.** CULIN *Konfekt aus Eigelb und Zucker.*

Yemen *m* : **(el) ~** der Jemen.

yen *m* Yen *der.*

yerba = **hierba.**

yerbatero *m Amér* [curandero] Kräuterheiler *der* ; [vendedor] Kräuterhändler *der.*

yermo, ma *adj* - **1.** [sin cultivar] brach(liegend) - **2.** [despoblado] öde.

yerno *m* Schwiegersohn *der.*

yesca *f* Zunder *der.*

yeso *m* Gips *der.*

yeyé (*pl* **yeyés**) *adj* Beat-.

yo <> *pron pers* ich ; **~ que tú/él** *etc* ich an deiner/seiner *etc* Stelle. <> *m* PSICOL : **el ~** das Ich.

yodo, iodo *m* QUÍM Jod *das.*

yoga *m* Yoga *das.*

yogui *mf* Yogi *der.*

yogur (*pl* **yogures**), **yogurt** (*pl* **yogurts**) *m* Joghurt *der o das.*

yonqui *mf fam* Junkie *der.*

yóquey (*pl* **yóqueys**), **jockey** ['jokei] (*pl* **jockeys**) *m* Jockei *der.*

yoyó *m* Jo-Jo *das.*

yuca *f* - **1.** [planta liliácea] Yucca(palme) *die* - **2.** [mandioca] Maniok *der.*

yudo, judo ['juðo] *m* Judo *das.*

yudoka, judoka [ju'ðoka] *mf* Judoka *der, die.*

yugo *m* Joch *das.*

Yugoslavia *f* Jugoslawien *nt* ; **la ex ~** das ehemalige Jugoslawien.

yugoslavo, va <> *adj* jugoslawisch. <> *m, f* Jugoslawe *der*, -win *die.*

yugular <> *adj* ANAT jugular. <> *f* ANAT Jugularader *die.*

yunque *m* Amboss *der.*

yunta *f* [de bueyes] Joch *das.*

yuppie (*pl* **yuppies**) *m, f* Yuppie *der.*

yuxtaponer [65] *vt* nebeneinander stellen. ◆ **yuxtaponerse** *vpr* hinzulkommen.

yuxtaposición *f* Juxtaposition *die.*

yuxtapuesto, ta *pp irreg* ▷ **yuxtaponer.**

Z

z, Z ['θeta] *f* [letra] z, Z *das.*

zafarrancho *m* - **1.** NÁUT Klarmachen *das* ; **~ de combate** MIL Klarmachen zum Gefecht - **2.** [destrozo] Verwüstung *die* - **3.** [riña] Zank *der.*

zafio, fia *adj* ungehobelt.

zafiro *m* MIN Saphir *der.*

zaga *f* : **ir a la ~ de alguien** jm nachllaufen.

zahorí (*pl* **zahoríes**) *m, f* [buscador de agua] Wünschelrutengänger *der*, -in *die.*

Zaire *m* Zaire *nt.*

zalamería *f (gen pl)* Schmeichelei *die.*

zalamero, ra *adj* schmeichlerisch.

zamarra *f* pelzgefütterte Jacke.

zambo, ba <> *adj* - **1.** [de piernas] x-beinig - **2.** *Amér* [mestizo] Zambo-. <> *m, f* - **1.** [de piernas] Person mit X-Beinen - **2.** *Amér* [mestizo] Zambo *der*, Zamba *die.*

zambomba *f* MÚS *trommelartiges Instrument.*

zambombazo *m* [explosión] Knall *der.*

zambullir *vt* (einl)tauchen. ◆ **zambullirse** *vpr* - **1.** [en agua] (einl)tauchen - **2.** *fig* [en actividad] sich stürzen.
zampar *vi fam* (ver)schlingen. ◆ **zamparse** *vpr fam* verschlingen.
zanahoria *f* Karotte *die*, Möhre *die*.
zanca *f* [de ave] Bein *das*.
zancada *f* langer Schritt.
zancadilla *f* [traspiés] Beinstellen *das* ; **ponerle la ~ a alguien** [hacer tropezar] jm ein Bein stellen.
zancadillear *vt* - **1.** [trabar] ein Bein stellen - **2.** [perjudicar] das Leben schwer machen.
zanco *m* Stelze *die*.
zancudo, da *adj* langbeinig. ◆ **zancudo** *m Amér* Moskito *der*.
zanganear *vi fam* herumllungern.
zángano, na *m, f fam* Faulpelz *der*. ◆ **zángano** *m* Drohne *die*.
zanja *f* Graben *der*.
zanjar *vt* [poner fin a] beillegen ; [resolver] lösen.
zapata *f* - **1.** [cuña] Keil *der* - **2.** [de freno] Bremsschuh *der*.
zapateado *m* - **1.** [música] *Flamencogesang, als Begleitung zum Zapateado-Tanz* - **2.** [baile] *Flamencotanz, bei dem mit den Füßen aufgestampft wird*.
zapatear *vi* mit dem Fuß auflstampfen.
zapatería *f* [tienda] Schuhgeschäft *das*.
zapatero, ra *m, f* Schuhmacher *der*, -in *die*, Schuster *der*, -in *die*.
zapatilla *f* - **1.** [zapato ligero] Stoffschuh *der* - **2.** [zapato para estar en casa] Hausschuh *der*, Pantoffel *der* - **3.** [zapato deportivo] Turnschuh *der*.
zapato *m* Schuh *der*.
zapear *vi* zappen.
zapping, zapeo *m inv* Zappen *das* ; **hacer ~** zappen.
zar *m* Zar *der*.
zarabanda *f* - **1.** MÚS Sarabande *die* - **2.** [jaleo] Trubel *der*.
zarandear *vt* - **1.** [cosa] schütteln - **2.** [persona] anlrempeln. ◆ **zarandearse** *vpr* sich in den Hüften wiegen.
zarandeo *m* - **1.** [sacudida] Rütteln *das* - **2.** [empujón] Rempler *der*.
zarcillo *m (gen pl)* Ohrring *der*.
zarina *f* Zarin *die*.
zarpa *f* - **1.** [de animal] Pranke *die*, Tatze *die* - **2.** *fam* [de persona] Pfote *die*.
zarpar *vi* NÁUT ausllaufen.
zarpazo *m* Prankenhieb *der*.
zarrapastroso, sa *adj* zerlumpt.
zarza *f* Dornbusch *der*.
zarzal *m* Dorngestrüpp *das*.
zarzamora *f* Brombeere *die*.
zarzaparrilla *f* [bebida] Sarsaparillensaft *der*.
zarzuela *f* MÚS spanische Operette.
zas *interj* : ¡zas! plumps!
zenit, cenit *m* Zenit *der*.
zepelín *m* Zeppelin *der*.
zigzag (*pl* **zigzags** o **zigzagues**) *m* Zickzack *der*.
zigzaguear *vi* im Zickzack laufen.
zinc = cinc.
zíngaro, ra = cíngaro.
zíper *m Amér* Reißverschluss *der*.
zócalo *m* - **1.** [gen] Sockel *der* - **2.** [pedestal] Fußgestell *das*.
zoco *m* arabischer Markt(platz).
zodiacal *adj* Tierkreis-.
Zodíaco, Zodiaco *m* Tierkreis *der*.
zombi, zombie *mf* Zombie *der*.
zona *f* - **1.** [espacio delimitado] Zone *die* ; **~ azul** AUTOM Kurzparkzone ; **~ euro** Eurozone *die* ; **~ verde** Grünfläche *die* - **2.** [parte] Bereich *der*.
zonzo, za, sonso, sa *Amér* dumm ; **hacerse el ~** *fam* den Dummen spielen.
zoo *m* Zoo *der*.
zoología *f* Zoologie *die*.
zoológico, ca *adj* zoologisch. ◆ **zoológico** *m* ▷ **parque**.
zoólogo, ga *m, f* Zoologe *der*, -gin *die*.
zoom [θum] (*pl* **zooms**) *m* Zoom *das*.
zopenco, ca ◇ *adj fam* doof. ◇ *m, f fam* Trottel *der*.
zoquete ◇ *adj* dumm. ◇ *mf* Dummkopf *der*.
zorro, rra ◇ *adj* schlau. ◇ *m, f* - **1.** [animal] Fuchs *der* - **2.** *fig* [persona] schlauer Fuchs, gerissene Person. ◆ **zorra** *f mfam* [ramera] Nutte *die*. ◆ **zorros** *mpl fig* : **estar hecho unos ~s** [cansado, malucecho] fix und fertig sein.
zozobrar *vi* - **1.** [naufragar] kentern - **2.** [fracasar] scheitern.
zueco *m* - **1.** [de madera] Holzschuh *der* - **2.** [con cuero] Clog *der*.
zulo *m* Versteck *das* einer terroristischen Gruppe.
zulú (*pl* **zulúes**) ◇ *adj* Zulu-. ◇ *m, f* Zulu *der, die*.
zumbar ◇ *vi* [abeja] summen. ◇ *vt fam* [pegar] hauen.
zumbido *m* [abeja] Summen *das* ; [motor] Brummen *das*.
zumo *m* [jugo] Saft *der*.
zurcido *m* [remiendo] gestopfte Stelle.
zurcir [65] *vt* stopfen ; **¡anda y que te zurzan!** *fig* du kannst mich mal!
zurdo, da *m, f* Linkshänder *der*, -in *die*. ◆ **zurda** *f* - **1.** [mano] linke Hand - **2.** [pie] linker Fuß.
zurra *f* Tracht *die* Prügel.
zurrar *vt* - **1.** [pegar] versohlen - **2.** [curtir] gerben.
zurrón *m* Hirtentasche *die*.
zutano, na *m, f* Herr Soundso, Frau Soundso.

DEUTSCH-SPANISCH

ALEMÁN-ESPAÑOL

a, A [aː] (*pl* - ODER **-s**) *das* - **1.** [Buchstabe] a *f*, A *f* - **2.** MUS la *m*.

Aal (*pl* **-e**) *der* anguila *f*.

a. a. O. (*abk für* **am angegebenen Ort**) en el lugar indicado.

Aas (*pl* **-e** ODER **Äser**) *das* - **1.** *(Pl Aase)* [Kadaver] carroña *f* - **2.** *(Pl Äser) salopp abw* [Luder] canalla *mf* ; **kein ~** *salopp* ni Blas.

ab <> *präp (+ D)* - **1.** [Zeitangabe - für die Zukunft] a partir de ; [- für die Vergangenheit] a partir de ahora ; **~ sofort** desde ya - **2.** [Ortsangabe] de ; **wir fliegen ~ Düsseldorf** volamos desde Düsseldorf - **3.** [Angabe einer Reihenfolge] a partir de. <> *adv* - **1.** [los] : **~ ins Bett!** ¡a la cama! ; **~ die Post!** ¡ahí va! ; **Film ~!** ¡rodando! ; **Ton ~!** ¡grabando sonido! - **2.** [fort] : **ab!** ¡venga! ; **weit ~** alejado(da) - **3.** MIL : **Gewehr ~!** ¡descansen armas! ; **Hut ~ zum Gebet!** ¡quíte(n)se el sombrero! - **4.** [im Theater] va(n)se ; *siehe auch* **ab sein.** ◆ **ab und zu, ab und an** *adv* de vez en cuando.

ab|arbeiten *vt* : **Schulden ~** pagar las deudas trabajando.

Ab|art *die* variedad *f*.

abartig *adj* anormal.

Abb. (*abk für* **Abbildung**) ilust.

Abbau *der (ohne Pl)* - **1.** [Demontage] desmontaje *m* - **2.** [Reduzierung] reducción *f* - **3.** [beim Bergbau] extracción *f* - **4.** CHEM & BIOL descomposición *f*.

ab|bauen <> *vt* - **1.** [abbrechen] desmontar - **2.** [reduzieren] reducir ; [Privilegien] limitar - **3.** [überwinden] superar - **4.** [beim Bergbau] extraer - **5.** CHEM & BIOL descomponer. <> *vi* debilitarse.

ab|bekommen *vt (unreg)* - **1.** [Anteil] recibir - **2.** *fam* [Partner] encontrar ; **er hat Angst, keine mehr abzubekommen** tiene miedo de no encontrar a su media naranja - **3.** [bekommen] : **einen Schaden ~** quedar dañado(da) ; **ein blaues Auge ~** salir con un ojo morado ; **Prügel ~** recibir una paliza - **4.** *fam* [entfernen] quitar.

ab|bestellen *vt* [Sachen] anular.

ab|bezahlen *vt* pagar.

ab|biegen (*perf* **hat/ist abgebogen**) *(unreg)* <> *vi (ist)* doblar, torcer ; **nach links/rechts ~** doblar ODER torcer ODER girar a la derecha/izquierda. <> *vt (hat)* [verhindern] evitar.

Ab|bild *das* reflejo *m*, retrato *m*.

ab|bilden *vt* retratar ; **der Sieger ist auf der Titelseite abgebildet** sale una foto del campeón en primera página.

Ab|bildung *die* - **1.** [Bild] ilustración *f* - **2.** [Wiedergabe] reflejo *m*, retrato *m*.

ab|binden *vt (unreg)* - **1.** [ausziehen] soltar, desatar - **2.** [abklemmen] ligar.

ab|blasen *vt (unreg) fam* suspender.

ab|blättern (*perf* **ist abgeblättert**) *vi* desconcharse.

ab|blenden *vt* - **1.** [Lampe] tapar ; **die Scheinwerfer ~** bajar las luces - **2.** FOTO diafragmar.

Abblend|licht *das* luz *f* de cruce.

ab|blocken *vt* bloquear.

ab|brechen (*perf* **hat/ist abgebrochen**) *(unreg)* <> *vt (hat)* - **1.** [Bleistift] romper ; [Ast, Stück Schokolade] partir - **2.** [Experiment, Streik] suspender ; [Verhandlung, diplomatische Beziehungen] romper ; [Reise] interrumpir ; [Studium] abandonar. <> *vi* - **1.** *(hat)* [im Gespräch] interrumpirse - **2.** *(ist)* [Geräusch] cesar ; **die Verbindung ist abgebrochen** se ha cortado la conexión.

ab|brennen (*perf* **hat/ist abgebrannt**) *(unreg)* <> *vt (hat)* [Haus] incendiar ; [Feuerwerk] lanzar. <> *vi (ist)* quemarse (completamente).

ab|bringen *vt (unreg)* : **jn von etw ~** [ablenken] apartar a alguien de algo ; **jn von seinem Vorsatz/von seiner Meinung ~** hacer cambiar de intención/opinión a alguien.

ab|bröckeln (*perf* **ist abgebröckelt**) *vi* desconcharse.

Ab|bruch *der* - **1.** [von Experiment, Wettkampf] suspensión *f*; [von diplomatischen Beziehungen, Verhandlungen] ruptura *f*; [von Reise] interrupción *f*; [von Studium] abandono *m*; **einer Sache** *(D)* **keinen ~ tun** *fig* no influenciar algo negativamente, no perjudicar algo - **2.** [Zerstörung] demolición *f*.

ạbbruchreif *adj* en ruinas.

ạb|buchen *vt* WIRTSCH cargar en cuenta.

Abc [a(ː)be(ː)'tseː] *das (ohne Pl)* abecedario *m*, alfabeto *m*.

ạb|danken *vi* abdicar.

ạb|decken *vt* - **1.** [zudecken] cubrir - **2.** [Punkt] abarcar; [Bedürfnis] cubrir; **mit diesem Angebot dürften alle Forderungen abgedeckt sein** esta oferta satisface todas las exigencias - **3.** [Tisch] retirar; [Dächer] destejar - **4.** WIRTSCH saldar.

Ạbdeckung (*pl* **-en**) *die* - **1.** [zum Schutz] recubrimiento *m* - **2.** WIRTSCH : **zur ~ des Defizits** para compensar el déficit.

ạb|dichten *vt* aislar.

Ạb|dichtung *die* aislamiento *m*.

ạb|drehen (*perf* **hat/ist ạbgedreht**) ◇ *vt (hat)* - **1.** [Wasser, Gas] cerrar - **2.** [Knopf] arrancar (dando vueltas) - **3.** [Film, Szene] rodar. ◇ *vi (hat, ist)* [den Kurs ändern] cambiar de ruta ODER rumbo.

Ạbdruck (*pl* **-drücke**) *der* - **1.** [Spur] huella *f* - **2.** *(ohne Pl)* [Druck] impresión *f*; [von Artikel] publicación *f*.

ạb|drucken *vt* [Artikel, Leserbrief] publicar.

ạb|drücken ◇ *vt* - **1.** [abquetschen] presionar; **jm die Luft ~** quitar el aire a alguien - **2.** [umarmen] abrazar. ◇ *vi* [schießen] apretar el gatillo.

ạb|ebben (*perf* **ist ạbgeebbt**) *vi* disminuir.

Abend (*pl* **-e**) *der* - **1.** [früher] tarde *f*; [später] noche *f*; **heute ~** esta tarde/noche; **morgen ~** mañana por la tarde/noche; **gestern ~** ayer por la tarde, anoche; **am frühen/späten ~** por la tarde/noche; **jeden ~** cada tarde/noche, todas las tardes/noches; **guten ~!** ¡buenas tardes/noches!; **zu ~ essen** cenar - **2.** [Beisammensein, Zeitdauer] velada *f*; **bunter ~** velada *f* variada.

Abend|brot *das* cena *f*.

Abend|essen *das* cena *f*; **jn zum ~ einladen** invitar a cenar a alguien.

Abend|kasse *die* taquilla *f*.

Abend|kurs *der* curso *m* nocturno, clases *fpl* nocturnas.

Abend|land *das (ohne Pl)* Occidente *m*.

abendlich *adj* - **1.** [früh] vespertino(na) - **2.** [spät] nocturno(na).

Abend|mahl *das* REL comunión *f*.

Abend|programm *das* programa *m* de tarde/de noche.

abends *adv* [am frühen Abend] por la tarde; [am späten Abend] por la noche; **um acht Uhr ~** a las ocho de la tarde; **spät ~** muy entrada la noche.

Abenteuer (*pl* -) *das* aventura *f*.

abenteuerlich *adj* - **1.** [waghalsig] aventurero(ra); [Unternehmen, Reise] arriesgado(da) - **2.** [fantastisch] fantástico(ca).

Abenteurer, in (*mpl* **-**, *fpl* **-nen**) *der, die* aventurero *m*, -ra *f*.

aber ◇ *konj* pero. ◇ *adv* - **1.** [zum Ausdruck von Ärger] : **jetzt komm ~ endlich!** ¡ven de una vez!; **jetzt ist ~ endgültig Schluss!** ¡ya es suficiente!, ¡se acabó! - **2.** [zum Ausdruck der Überraschung] : **das ist ~ eine gute Nachricht!** ¡pero qué buena noticia!; **ist das ~ eine Überraschung!** ¡pero qué sorpresa! - **3.** [zur Verstärkung] : **~ klar!** ¡claro que sí!; **~ wirklich!** ¡desde luego! ◇ *interj* : **~, ~** bueno, bueno ...; **~ immer!** *fam* ¡como siempre!

Aber|glaube, -n *der* superstición *f*.

abergläubisch *adj* supersticioso(sa).

ạb|erkennen *vt (unreg)* : **jm etw ~** no reconocer algo a alguien, privar ODER desposeer a alguien de algo.

ạb|fahren (*perf* **hat/ist ạbgefahren**) *(unreg)* ◇ *vi (ist)* [losfahren] salir; **auf etw/jn ~** *fam fig* estar alucinado(da) con algo/alguien. ◇ *vt (hat)* - **1.** [Ladung] transportar - **2.** [Strecke] recorrer - **3.** [Reifen] gastar - **4.** [Fahrkarte] usar - **5.** [abtrennen] arrancar.

Ạb|fahrt *die* - **1.** [Start] salida *f* - **2.** [Autobahnabfahrt] salida *f* - **3.** [Skiabfahrt] descenso *m*.

Ạbfahrts|zeit *die* hora *f* de salida.

Ạb|fall *der* - **1.** [Müll] basura *f* - **2.** *(ohne Pl)* [Rückgang] bajada *f*; [von Leistung] disminución *f*.

Ạbfall|beseitigung *die* eliminación *f* de residuos ODER basuras.

ạb|fallen (*perf* **ist ạbgefallen**) *vi (unreg)* - **1.** [herunterfallen] caer; [Sorge, Angst] desvanecerse - **2.** [übrig bleiben] sobrar; **etw fällt für jn ab** alguien obtiene algo - **3.** *geh* [sich lossagen] : **von etw/jm ~** [vom Glauben, von Gott] apostatar de algo/alguien; **von der Partei ~** abandonar el partido - **4.** [schlechter sein] : **gegen etw/jn ~** ser peor que algo/alguien - **5.** [sich neigen] inclinarse - **6.** [sich verringern] bajar, disminuir.

ạbfällig ◇ *adj* peyorativo(va), despectivo(va). ◇ *adv* despectivamente.

ạb|fangen *vt (unreg)* - **1.** [Nachricht] interıtar - 2. [Person] pillar - 3. [Schlag] desviar [Flugzeug] interceptar.

!färben *vi* desteñir.

ıfassen *vt* redactar.

!fertigen *vt* [Transport] facturar ; [Per-ıen] despachar ; **jn mit etw ~** contentar a uien con algo.

ıfertigung *die* facturación *f* ; [von Per-ıen] despacho *m*.

!feuern *vt* disparar ; **einen Schuss ~** dis-rar ; [Rakete] lanzar.

ıfinden *vt (unreg)* [entschädigen] : **jn mit v ~** indemnizar a alguien con algo. **sich abfinden** *ref* : **sich mit etw ~** con-marse con algo.

ıfindung (*pl* **-en**) *die* compensación *f*, lemnización *f*.

ıfliegen (*perf* **ist abgeflogen**) *vi (unreg)* ıprender vuelo, despegar.

ıfließen (*perf* **ist abgeflossen**) *vi (unreg)* ır.

ıflug *der* salida *f*.

ıfluss *der* **- 1.** [Öffnung] desagüe *m* [von Kapital] fuga *f* **- 3.** [Abfließen] derra-*m*.

ıfragen *vt* consultar ; **jn etw ~** pregun-algo a alguien.

ıfuhr (*pl* **-en**) *die* : **jm eine ~ erteilen** dar abazas a alguien.

ıführen <> *vt* **- 1.** [festnehmen] llevar tenido(da) **- 2.** [ablenken] desviar. <> *vi* D laxar.

ıführ|mittel *das* laxante *m*.

ıfüllen *vt* **- 1.** [Flüssigkeit] trasegar [Flaschen] embotellar ; [Sack] llenar ; [in ke] ensacar **- 3.** *fam* [betrunken machen] : ~ emborrachar a alguien.

ıgabe (*pl* **-n**) *die (ohne Pl)* **- 1.** [Übergabe] trega *f* **- 2.** [Verkauf] venta *f*.

ıgabenfrei *adj* libre de impuestos.

ıgabenpflichtig *adj* sujeto(ta) a puestos.

ıgang *der* **- 1.** *(ohne Pl)* [Verlassen] salida **2.** [Personen] : **in diesem Semester gab es nf vorzeitige Abgänge** este semestre ıco personas han dejado el curso **- 3.** *(oh-Pl)* [Abschicken] salida *f* **- 4.** *(ohne Pl)* MED pulsión *f* ; [von Fötus] aborto *m* **- 5.** SPORT ida *f*.

ıgangs|zeugnis *das* ≃ certificado *m* escolarización.

ıgase *pl* gases *mpl* de escape.

ıgeben *vt (unreg)* **- 1.** [abliefern] entregar . [verkaufen] vender **- 3.** [teilen] : **jm etw ~** r algo a alguien **- 4.** [äußern] dar **- 5.** [ab-ten] ceder **- 6.** [darstellen] ser **- 7.** SPORT erfen] pasar **- 8.** [ausströmen] producir . : **einen Schuss ~** disparar.

abgebrüht *adj fam* curado(da) de espantos ; **die ist ganz schön ~!** se ha pasado de la raya.

abgedroschen *adj* : **~ sein** estar pasado(da).

ab|gehen (*perf* **ist abgegangen**) *(unreg)* <> *vi* **- 1.** [sich lösen] desprenderse ; [Griff, Faden, Knopf] caerse **- 2.** [verlassen] : **von etw ~** abandonar algo ; [von Schule] dejar algo **- 3.** [abfahren, abgeschickt werden] salir **- 4.** [abgerechnet werden] deducirse **- 5.** [abzweigen] separarse **- 6.** [abweichen] : **von etw ~** divergir de algo **- 7.** [verlaufen] : **gut ~** salir bien ; **am Samstag ging es richtig ab** *salopp* el sábado hubo una marcha increíble **- 8.** [fehlen] : **jm geht etw ab** a alguien le falta algo ; **sich** *(D)* **nichts ~ lassen** *fam* no privarse de nada. <> *vt* recorrer.

abgekämpft *adj* rendido(da).

abgekartet *adj* : **das ist/war ein ~es Spiel** está/estaba todo amañado.

abgelegen *adj* apartado(da).

abgemacht *adj* acordado(da) ; **abgemacht!** ¡de acuerdo!

abgemagert *adj* : **~ sein** estar en los huesos.

abgeneigt *adj* : **einer Sache** *(D)* **~/nicht ~ sein** oponerse/no oponerse a algo.

abgenutzt *adj* gastado(da) ; [Gerät] usado(da).

Abgeordnete (*pl* **-n**) *der, die* diputado *m*, -da *f*.

Ab|gesandte *der, die* enviado *m*, -da *f*.

abgeschieden *adj* retirado(da), aislado(da).

Abgeschiedenheit *die (ohne Pl)* aislamiento *m*.

abgeschmackt *adj* de mal gusto.

abgesehen *adv* : **~ von etw/jm** excepto algo/alguien. ◆ **abgesehen davon, dass ...** *konj* aparte de que ...

abgespannt *adj* cansado(da).

abgestanden *adj* [Bier] insípido(da) ; [Wasser] estancado(da) ; [Luft] viciado(da), enrarecido(da).

abgestorben <> *pp* ▷ **absterben**. <> *adj* muerto(ta) ; [gefühllos] entumecido(da).

abgestumpft *adj* indiferente, apático(ca).

abgetragen *adj* gastado(da).

ab|gewinnen *vt (unreg)* : **jm etw ~** encontrarle algo a alguien ; **einer Sache** *(D)* **etw ~** encontrarle algo a algo ; **einer Sache/jm etw ~** [Respekt] sentir algo por algo/alguien ; **jm Sympathie ~** encontrar simpático(ca) a alguien.

ab|gewöhnen *vt* : **sich** *(D)* **etw ~** quitarse

la costumbre de algo ; **er hat sich das Rauchen abgewöhnt** ha dejado de fumar ; **jm etw ~** quitar la costumbre de algo a alguien.

Abgrenzung (*pl* **-en**) *die* - **1.** [Grenze] delimitación *f* - **2.** [Definition] definición *f*.

Ab|grund *der* - **1.** [Tiefe] precipicio *m* - **2.** [Unglück] abismo *m*.

abgrundtief <> *adj* abismal. <> *adv* enormemente.

ab|gucken <> *vi fam* copiar. <> *vt fam* : **etw von** ODER **bei jm ~** copiar algo de alguien.

ab|hacken *vt* cortar.

ab|haken *vt* : **Namen auf einer Liste ~** marcar nombres en una lista ; **alle Sehenswürdigkeiten einer Stadt ~** recorrerse todos los monumentos de una ciudad.

ab|halten *vt (unreg)* - **1.** [veranstalten] celebrar - **2.** [fern halten] : **jn von etw ~** mantener a alguien alejado(da) de algo.

ab|handeln *vt* [behandeln] tratar.

abhanden *adv* : **etw kommt jm ~** algo se le pierde a alguien.

Ab|handlung *die* tratado *m*.

Ab|hang *der* cuesta *f*.

ab|hängen <> *vt (reg)* - **1.** [Bild] descolgar ; [Wagen] desenganchar - **2.** [Konkurrenten] dejar atrás. <> *vi (unreg)* : **von etw/jm ~** depender de algo/alguien.

abhängig *adj* : **von etw/jm ~ sein** ser dependiente de algo/alguien ; [von Drogen] ser adicto(ta) a algo.

Abhängigkeit (*pl* **-en**) *die* dependencia *f* ; **~ von etw** dependencia de algo.

ab|härten *vt & vi* fortalecer.

ab|hauen (*perf* **ist abgehauen**) *vi fam* [verschwinden] largarse.

ab|heben *(unreg)* <> *vt* - **1.** [vom Konto] retirar - **2.** [am Telefon] descolgar - **3.** [beim Kartenspiel] cortar. <> *vi* [abfliegen] despegar.

ab|heften *vt* archivar.

ab|heilen (*perf* **ist abgeheilt**) *vi* [Wunde] cerrarse.

ab|hetzen ◆ **sich abhetzen** *ref* apresurarse.

Abhilfe *die (ohne Pl)* : **~ schaffen** poner remedio.

ab|holen *vt* recojer.

ab|holzen *vt* talar ; [Wald] desforestar.

ab|hören *vt* - **1.** [heimlich anhören] escuchar - **2.** [abfragen] preguntar - **3.** [abhorchen] auscultar.

Abi (*pl* **-s**) *das* Selectividad *f*.

Abitur (*pl* **-e**) *das* Selectividad *f*.

Abitur

Se trata del examen final de la educación secundaria tras 12 ó 13 años de clases en el instituto. Hay que aprobarlo para poder estudiar una carrera en una escuela universitaria o en una universidad. Alrededor de un tercio de todos los escolares de una promoción pasan estos exámenes, que son diferentes para cada **Land** o «estado federado».

Abiturient, in [abituri̯'ɛnt, ɪn] (*mpl* **-**[illegible] *fpl* **-nen**) *der, die* bachiller *mf*.

Abitur|zeugnis *das* ≃ título *m* de Selectividad.

ab|kanzeln *vt* sermonear.

ab|kaufen *vt* - **1.** [kaufen] : **jm etw ~** comprar algo a alguien - **2.** *fam* [glauben] : **etw ~** creer algo a alguien.

ab|klappern *vt fam* recorrer, patearse ; **[ei]nen Ort nach etw ~** recorrer un lugar [en] busca de algo.

ab|klingen (*perf* **ist abgeklungen**) *vi (*[illegible]*reg)* [Lärm] disminuir ; [Fieber, Entzündu[ng]] bajar.

ab|knöpfen *vt fam* : **jm etw ~** quitar alg[o a] alguien.

ab|kochen *vt* hervir.

ab|kommen (*perf* **ist abgekommen**) [*vi*] *(unreg)* : **von etw ~** [unterwegs] alejarse [de] algo ; [im Gespräch] irse por las ramas [de] algo ; [von Gewohnheit] abandonar algo.

Abkommen (*pl* **-**) *das* convenio *m*, acu[er]do *m*.

abkömmlich *adj* disponible ; **ich [bin] nicht ~** estoy ocupado(da).

ab|können *vt (unreg) salopp* : **etw/jn ni[cht] ~** no soportar algo/a alguien.

ab|kriegen *vt fam* - **1.** [Anteil] reci[bir] - **2.** [Partner] : **einen/eine ~** conseguir [a] alguien - **3.** [Deckel, Schmutz, Fleck] : **et[w ~]** conseguir quitar algo - **4.** [Schaden] suf[rir] ; [Schlag] recibir ; **das Auto hat allerha[nd] abgekriegt** el coche ha quedado destro[za]do.

ab|kühlen (*perf* **hat/ist abgekühlt**) - **1.** [Temperatur] enfriarse ; [Wetter] refr[es]car - **2.** [Stimmung] enfriarse ; [Engageme[nt]] disminuir.

Abkühlung *die (ohne Pl)* descenso *m* (de [la]) temperatura).

ab|kürzen *vt* - **1.** [Weg] atajar - **2.** [Wo[rt]] abreviar - **3.** [Dauer] acortar.

Ab|kürzung *die* - **1.** [von Weg] acor[...]

miento *m* ; [Strecke] atajo *m* - **2.** [von Wörtern] abreviación *f*, abreviatura *f*.

ab|laden *vt (unreg)* - **1.** [Fracht, Wagen] descargar ; [aus Schiffen] desembarcar - **2.** [erzählen] : **etw bei jm ~** aliviarse contando algo a alguien.

Ab|lage *die* archivo *m*.

Ab|lagerung *die* [Sediment] depósito *m*, sedimento *m*.

ab|lassen *(unreg)* <> *vt* - **1.** [ausströmen lassen] dejar salir ; [Gas, Dampf] dejar escapar - **2.** *fam* [nicht aufsetzen] no poner(se). <> *vi* : **von jm ~** [in Ruhe lassen] dejar en paz a alguien ; **von etw ~** [aufgeben] renunciar a algo.

Ab|lauf *der* - **1.** [Verlauf] transcurso *m* - **2.** *(ohne Pl)* [Ende] vencimiento *m*.

ab|legen *vt* - **1.** [Mantel, Angewohnheit] quitarse ; [Vorurteil] deshacerse de - **2.** [Eid] prestar ; [Gelübde, Rechenschaft] rendir - **3.** [Prüfung] someterse a - **4.** [Akten] archivar.

Ableger *(pl -) der* - **1.** [von Pflanzen] esqueje *m* - **2.** [Filiale] sucursal *f*.

ab|lehnen *vt* rechazar.

ablehnen

Lo siento, pero eso no está en mi mano. Es tut mir Leid, aber ich kann da nichts machen.

Lamento comunicarle que ha sido rechazada su solicitud. Leider muss ich Ihnen mitteilen, dass Ihr Antrag abgelehnt worden ist.

¡Ni hablar! ¡No hay nada más que decir al respecto! Schluss jetzt, da gibt es nichts mehr zu reden!

He dicho que no y es no, ¿de acuerdo? Nein, und dabei bleibt es, verstanden?

Que te digo que no, pesado, no insistas. Ich habe dir doch schon hundertmal nein gesagt.

Ablehnung *(pl -en) die* rechazo *m* ; **auf ~ stoßen** ser rechazado(da).

ab|leisten *vt* cumplir ; [Praktikum] hacer.

ab|leiten *vt* - **1.** [Rauch, Gas] desviar - **2.** [folgern, zurückführen] : **etw von** ODER **aus etw ~** derivar algo de algo - **3.** MATH derivar.

Ab|leitung *die* - **1.** [von Rauch, Gas] desviación *f* - **2.** [von Wort, Formel] derivación *f*.

ab|lenken *vt* - **1.** [zerstreuen] distraer - **2.** [Aufmerksamkeit, Interesse] desviar - **3.** [weglenken] desviar ; [Verdacht, Zweifel] disipar.

Ablenkung *(pl -en) die* - **1.** [Zerstreuung] distracción *f* - **2.** [Richtungsänderung] desviación *f*.

ab|lesen *vt (unreg)* - **1.** [lesen] leer - **2.** [erraten] : **jm einen Wunsch von den Augen ~** leer un deseo en los ojos de alguien ; **etw an js Miene ~** notar algo en la cara de alguien.

ab|liefern *vt* entregar ; **das Kind zu Hause ~** llevar al niño (a la niña) a casa.

ab|lösen *vt* - **1.** [ersetzen] relevar - **2.** [abmachen] quitar. ◆ **sich ablösen** *ref* - **1.** [sich abwechseln] relevarse - **2.** [abgehen] despegarse.

Ablösung *die (ohne Pl)* - **1.** [Zahlung] pago *m* - **2.** [Ersatzperson] relevo *m*.

ab|luchsen ['apluksn̩] *vt* : **jm etw ~** timar algo a alguien.

ABM [a:'be:'ɛm] *(pl -)* (*abk für* **Arbeitsbeschaffungsmaßnahme**) *die* Plan *m* de Fomento de Empleo.

ab|machen *vt* - **1.** [entfernen] quitar - **2.** [verabreden] : **etw mit jm ~** acordar algo con alguien.

Abmachung *(pl -en) die* acuerdo *m*.

ab|magern (*perf* **ist abgemagert**) *vi* adelgazar.

ab|malen *vt* copiar *(pintura, dibujo)*.

Abmarsch *der (ohne Pl)* salida *f*.

ab|marschieren (*perf* **ist abmarschiert**) *vi* salir.

ab|melden *vt* [Personen, Auto, Telefon] dar de baja ; **die ist bei mir abgemeldet** no quiero saber nada de ella. ◆ **sich abmelden** *ref* darse de baja.

Ab|meldung *die* aviso *m* de baja ; [beim Einwohnermeldeamt] aviso *m* de cambio de residencia.

ab|messen *vt (unreg)* [Strecke] medir ; [Menge] pesar.

ABM-|Stelle *die puesto de trabajo proporcionado por el Plan de Fomento.*

ab|mühen ◆ **sich abmühen** *ref* esforzarse mucho ; [mit einem Problem] bregar.

ab|nehmen *(unreg)* <> *vt* - **1.** [herunternehmen] descolgar ; [Deckel] sacar, quitar ; [Hut] quitar(se) - **2.** [wegnehmen, stehlen] : **jm etw ~** quitar algo a alguien - **3.** [entlasten] : **jm etw ~** descargar a alguien de algo ; **jm eine Arbeit ~** librar a alguien de un trabajo - **4.** [kontrollieren] inspeccionar - **5.** [kaufen] comprar - **6.** [glauben] : **jm etw ~** creer algo a alguien - **7.** [entgegennehmen] tomar ; **eine Prüfung ~** hacer una prueba (a alguien) - **8.** [amputieren] : **jm etw ~** amputar algo a alguien - **9.** [beichten lassen] : **jm die Beichte ~** confesar a alguien - **10.** [entnehmen] sacar - **11.** [Gewicht verlieren] adelgazar. <> *vi* - **1.** [leichter werden] adelgazar - **2.** [sich verringern] disminuir; [Mond] menguar.

Ạbnehmer, in (*mpl* -, *fpl* **-nen**) *der, die* comprador *m*, -ra *f*.

Ạb|neigung *die* : **~ gegen etw/jn** antipatía *f* ODER aversión *f* hacia algo/alguien.

ạb|nutzen, -nützen *vt* (des)gastar.

Ạbo (*pl* **-s**) *das fam* suscripción *f*; [für Theater, Kino] abono *m*.

Abonnement [abɔnə'mɑ̃ː] (*pl* **-s**) *das* [einer Zeitung] suscripción *f*; [im Theater] abono *m*.

abonnieren *vt* : **etw ~** suscribirse a algo.

ạb|ordnen *vt* delegar.

ạb|packen *vt* empaquetar.

ạb|passen *vt* - **1.** : **jn ~** esperar ODER aguardar a alguien - **2.** [Moment] esperar; **den richtigen Augenblick ~** esperar el momento oportuno.

ạb|pflücken *vt* recoger; [Blüten] coger.

ạb|prallen (*perf* **ist ạbgeprallt**) *vi* - **1.** [zurückspringen] rebotar - **2.** [Vorwurf, Worte] : **an jm** ODER **von jm ~** resbalar a alguien.

ạb|putzen *vt* limpiar; [Hände, Kind] lavar.

ạb|raten *vi (unreg)* : **(jm) von etw ~** desaconsejar algo (a alguien); [von Vorhaben, Idee] disuadir a alguien de algo.

ạb|räumen *vt* recoger.

ạb|reagieren *vt* : **etw an jm ~** descargar algo sobre alguien.

ạb|rechnen <> *vi* hacer (las) cuentas; **mit jm ~** ajustar (las) cuentas con alguien. <> *vt* [abziehen] descontar.

Ạb|rechnung *die* - **1.** [Bilanz, Rechnung] cuenta *f* - **2.** [Rache] ajuste *m* de cuentas.

ạb|reiben *vt (unreg)* - **1.** [abmachen] quitar frotando - **2.** [putzen] frotar; [Hände] frotarse - **3.** [trocknen] secar frotando.

Ạbreibung (*pl* **-en**) *die* pelea *f*; **eine ~ verdient haben** merecer(se) una paliza.

Ạb|reise *die* salida *f*.

ạb|reisen (*perf* **ist ạbgereist**) *vi* partir, salir de viaje.

ạb|reißen (*perf* **hat/ist ạbgerissen**) *(unreg)* <> *vt (hat)* - **1.** [Papier] arrancar - **2.** [Gebäude] derribar - **3.** *salopp* [Zeit] acabar. <> *vi (ist)* - **1.** [Teil] caerse; [Knopf] saltar - **2.** [Kontakt] romperse.

ạb|richten *vt* adiestrar.

ạb|riegeln *vt* - **1.** [verschließen] cerrar, echar el cerrojo a - **2.** [Gelände] cercar; [Straße, Zugang] bloquear.

ạb|ringen *vt (unreg)* : **sich** *(D)* **etw ~** obligarse a algo.

Ạb|riss *der* - **1.** [Zerstörung] derribo *m* - **2.** [Darstellung] resumen *m*.

ạb|rollen (*perf* **hat/ist ạbgerollt**) <> *vt (hat)* [abspulen] desenrollar. <> *vi (ist)* - **1.** [von einer Rolle] desenrollarse - **2.** [ablaufen] transcurrir.

ạb|rücken (*perf* **hat/ist ạbgerückt**) <> *vt (hat)* apartar, retirar. <> *vi (ist)* - **1.** [wegrücken] : **von etw/jm ~** apartarse de algo/alguien; **von seiner Meinung ~** cambiar de opinión - **2.** *fam* [fortgehen] marcharse.

Ạb|ruf *der* EDV demanda *f*.

ạb|rufen *vt (unreg)* pedir.

ạb|runden *vt* - **1.** [Zahl, Summe, Ecke] redondear - **2.** [verbessern] mejorar.

abrụpt <> *adj* abrupto(ta). <> *adv* abruptamente.

ạb|rüsten *vi, vt* desarmar.

Ạbrüstung *die (ohne Pl)* desarme *m*.

ạb|rutschen (*perf* **ist ạbgerutscht**) *vi* - **1.** [wegrutschen] resbalar(se) - **2.** [in Leistung] empeorar - **3.** [abgleiten] : **in ein bestimmtes Milieu ~** entrar ODER caer en un grupo marginal concreto.

ạb|sacken (*perf* **ist ạbgesackt**) *vi* - **1.** [sinken] descender; [Schiff] hundirse, irse a pique; [Flugzeug] caer en un bache; [Gebäude] desmoronarse - **2.** [in Leistung] : **in etw** *(D)* **~** empeorar en algo.

Ạb|sage *die* - **1.** [von Termin, Veranstaltung] anulación *f* - **2.** [Zurückweisung] : **jm eine ~ erteilen** dar una negativa a alguien.

ạb|sagen <> *vt* - **1.** [Veranstaltung] suspender - **2.** [Verabredung] anular; **seine Teilnahme an einem Kurs ~** desapuntarse de un curso. <> *vi* excusarse.

ạb|sägen *vt* - **1.** [sägen] serrar - **2.** *fam* [entlassen] : **jn ~** despedir a alguien.

ạb|sahnen *fam* <> *vt* : **etw ~** hacer el agosto en algo. <> *vi* forrarse.

Ạb|satz *der* - **1.** [von Schuhen] tacón *m* - **2.** [Verkauf] venta *f* - **3.** [im Text] párrafo *m*, acápite *m Amér*.

ạb|saufen (*perf* **ist ạbgesoffen**) *vi (unreg) salopp* [Schiff] hundirse; [Mensch, Motor] ahogarse.

ạb|schaffen *vt* - **1.** [Regelung] suprimir; [Gesetz] abolir - **2.** [weggeben] deshacerse de.

ạb|schalten <> *vt* [ausschalten] apagar. <> *vi fam* [nicht zuhören] desconectar.

ạb|schätzen *vt* - **1.** [Menge, Zahl] calcular, estimar - **2.** [Menschen] : **jn ~** valorar a alguien.

ạbschätzig <> *adj* despectivo(va). <> *adv* despectivamente.

Abscheu *die* ODER *der (ohne Pl)* repugnancia *f*, aversión *f*.

abscheulich <> *adj* repugnante. <> *adv* de forma repugnante.

ab|schicken *vt* mandar.

ab|schieben (*perf* **hat/ist abgeschoben**) (*unreg*) <> *vt (hat)* - **1.** [außer Landes] expulsar - **2.** *fam abw* [versetzen] trasladar. <> *vi (ist) salopp abw* [fortgehen] largarse ; **schieb endlich ab!** ¡lárgate ya!, ¡lárgate de una vez!

Abschied (*pl* **-e**) *der* - **1.** [Trennung, Weggehen] despedida *f* ; **von etw/jm ~ nehmen** despedirse de algo/alguien - **2.** [Entlassung] despido *m* ; **seinen ~ nehmen** presentar su dimisión.

ab|schießen *vt (unreg)* - **1.** [Flugzeug] derribar - **2.** [Kugel, Pfeil, Waffe] disparar - **3.** [töten] matar - **4.** [Körperteil] : **etw ~** arrancar algo de un balazo - **5.** *fam* [entlassen] echar.

ab|schirmen *vt* proteger.

ab|schlachten *vt fam* masacrar.

ab|schlagen *vt (unreg)* - **1.** [verweigern] : **jm etw ~** negar algo a alguien - **2.** [abtrennen] cortar.

abschlägig <> *adj* negativo(va). <> *adv* negativamente ; **etw ~ bescheiden** rechazar algo.

Abschlepp|dienst *der* servicio *m* de remolque.

ab|schleppen *vt* - **1.** [Auto, Schiff] remolcar - **2.** *fam* : **jn ~** llevarse a alguien a la cama.

Abschlepp|seil *das* cable *m* para remolcar.

ab|schließen *(unreg)* <> *vt* - **1.** [Tür] cerrar con llave - **2.** [Tätigkeit] terminar - **3.** [Vertrag, Geschäft, Bücher, Konto] cerrar. <> *vi* : **mit etw ~** terminar con algo.

abschließend <> *adj* final. <> *adv* como conclusión.

Ab|schluss *der* - **1.** [Ende] final *m* ; **zum ~** para terminar - **2.** [von Geschäft] cierre *m* - **3.** [Abschlusszeugnis] título *m* (de fin de estudios).

Abschluss|zeugnis *das* título *m* (de fin de estudios).

ab|schmecken *vt* probar.

ab|schmieren <> *vt* - **1.** [mit Öl] engrasar - **2.** *fam* [unordentlich abschreiben] copiar de manera ilegible. <> *vi fam* perder altura ; [Computer, Programm] bloquearse.

ab|schminken *vt* : **jn ~** desmaquillar a alguien.

ab|schnallen *vt* desenganchar.

ab|schneiden *(unreg)* <> *vt* - **1.** [Stück] cortar - **2.** [Weg] atajar - **3.** [Wort] quitar. <> *vi* : **gut/schlecht ~** sacar una buena/mala nota.

Ab|schnitt *der* - **1.** [im Text] párrafo *m* - **2.** [von Formular] resguardo *m* - **3.** [von Strecke] tramo *m* ; **die Wagen der ersten Klasse halten in den ~en A und B** los vagones de la primera clase se detienen en las zonas A y B - **4.** [Zeitraum] período *m* - **5.** MATH segmento *m*.

ab|schrauben *vt* destornillar ; [Deckel] quitar.

ab|schrecken *vt* - **1.** [abhalten] intimidar - **2.** [mit kaltem Wasser] pasar por agua fría.

Abschreckung (*pl* **-en**) *die* intimidación *f*.

ab|schreiben *vt (unreg)* - **1.** [kopieren] copiar - **2.** WIRTSCH amortizar - **3.** *fam* [aufgeben] dar por perdido(da).

Ab|schrift *die* copia *f*.

Ab|schuss *der* - **1.** [von Gewehr] disparo *m* - **2.** [von Wild] caza *f* ; **Tiere zum ~ freigeben** levantar la veda de animales - **3.** [von Flugzeugen] derribo *m*.

abschüssig *adj* en pendiente.

ab|schütteln *vt* - **1.** [Staub, Schnee] sacudir ; **die Früchte vom Baum ~** sacudir el árbol para que caiga el fruto - **2.** [Gegner] librarse de.

ab|schwächen *vt* debilitar ; [Aussage] suavizar. ◆ **sich abschwächen** *ref* debilitarse ; [Wind] amainar ; [Lärm] decrecer.

ab|schweifen (*perf* **ist abgeschweift**) *vi* divagar ; [Blicke] apartar ; **von etw ~** [vom Thema] apartarse de algo.

ab|schwellen (*perf* **ist abgeschwollen**) *vi (unreg)* - **1.** [Schwellung] deshincharse - **2.** [Geräusch] decrecer.

absehbar *adj* previsible.

ab|sehen *(unreg)* <> *vt* - **1.** [Folgen] prever - **2.** [nachmachen] : **jm etw ~** aprender algo viendo como lo hace alguien. <> *vi* - **1.** [verzichten] : **von etw ~** prescindir de algo - **2.** [ausnehmen] : **von etw ~** no tener en cuenta algo - **3.** [wollen] : **es auf etw** *(A)* **abgesehen haben** [haben wollen] poner las miras en algo ; [auf etwas anlegen] proponerse algo - **4.** [schikanieren] : **es auf jn abgesehen haben** ir a por alguien.

ab|seifen *vt* enjabonar.

ab|seilen *vt* descender con una cuerda. ◆ **sich abseilen** *ref* [mit einem Seil] descender en rapel.

ab sein (*perf* **ist abgewesen**) *vi (unreg)* - **1.** [entfernt] estar apartado(da) - **2.** [abgetrennt] haberse desprendido.

abseits <> *präp* : **~ eines Ortes** ODER **von einem Ort** alejado(da) de un sitio. <> *adv* : **~ liegen** estar alejado(da) ; **sich ~ halten** mantenerse apartado(da).

Abseits *das (ohne Pl)* - **1.** SPORT fuera *m* de juego - **2.** [Isolation] aislamiento *m* ; **im ~ stehen** estar aislado(da) ; **ins ~ geraten**

quedarse aislado(da); **sich ins ~ stellen** aislarse.

ab|senden *vt* enviar.

Ab|sender *der* remitente *m*; [Adresse] remite *m*.

Absenderin (*pl* **-nen**) *die* remitente *f*.

ab|setzen *vt* - **1.** [herunternehmen] quitarse - **2.** [hinstellen, hinlegen] dejar - **3.** [aussteigen lassen] dejar; **jn zu Hause ~** dejar a alguien en casa - **4.** [Betrag] : **etw von der Steuer ~ (können)** (poder) deducir algo de los impuestos - **5.** [Ware] vender - **6.** [entmachten] destituir - **7.** [Aufführung] retirar - **8.** [Medikament] dejar de tomar.

ab|sichern *vt* asegurar; [These] reforzar.

Ab|sicht *die* intención *f*.

absichtlich <> *adj* intencionado(da). <> *adv* intencionadamente.

absolut <> *adj* absoluto(ta). <> *adv* absolutamente.

absolvieren [apzɔl'viːrən] *vt* [Kurs, Prüfung] superar.

ab|sondern *vt* - **1.** [Sekret] segregar - **2.** [isolieren] aislar; [Gefangene] incomunicar.

ab|spalten *vt* CHEM separar.

ab|speisen *vt* : **jn mit etw ~** contentar a alguien con algo.

abspenstig *adj* : **jm etw/jn ~ machen** hacer perder algo/alguien a alguien.

ab|sperren *vt* - **1.** [abriegeln] bloquear; [Polizei] acordonar - **2.** [verschließen] cerrar con llave.

Ab|sperrung *die* bloqueo *m*; [durch Polizei] acordonamiento *m*; [Sperre] barrera *f*.

ab|spielen *vt* poner *(disco)*.

Ab|sprache *die* acuerdo *m*.

ab|sprechen *vt (unreg)* - **1.** [vereinbaren] acordar - **2.** [verweigern, aberkennen] : **jm etw ~** negar algo a alguien. ◆ **sich absprechen** *ref* ponerse de acuerdo; **sich mit jm über etw** *(A)* **~** ponerse de acuerdo con alguien sobre algo.

ab|springen (*perf* **ist abgesprungen**) *vi (unreg)* - **1.** SPORT saltar - **2.** [sich lösen] desprenderse - **3.** *fam* [zurücktreten] : **von etw ~** retirarse de algo.

ab|spülen <> *vt* - **1.** [Geschirr] fregar - **2.** [Schmutz] limpiar. <> *vi* fregar.

ab|stammen *vi* : **von etw/jm ~** descender de algo/alguien.

Abstammung *die (ohne Pl)* origen *m*, descendencia *f*.

Ab|stand *der* distancia *f*; [zeitlicher Abstand] intervalo *m*; **von etw/jm ~ halten** mantener la distancia de algo/alguien; **50 Meter ~ von etw halten** guardar 50 metros de distancia de algo.

ab|statten *vt* [Besuch] hacer; **jm Dank ~** expresar agradecimiento a alguien.

ab|stauben *vt* - **1.** [putzen] quitar el polvo de - **2.** *fam* [mitnehmen] quitar.

Abstecher (*pl* -) *der* excursión *f*.

ab|stehen (*perf* **hat/ist abgestanden**) *vi (unreg)* : **von etw (weit) ~** estar lejos de algo; **seine Haare stehen ab** tiene los pelos de punta.

abstehend *adj* : **~e Ohren** orejas *fpl* de soplillo.

ab|steigen (*perf* **ist abgestiegen**) *vi (unreg)* - **1.** [hinunterklettern] bajar; **von etw ~** bajar(se) de algo - **2.** SPORT descender - **3.** [übernachten] alojarse.

ab|stellen *vt* - **1.** [Gerät] apagar - **2.** [Möbel, Koffer, Tasche, Fahrrad] dejar, poner; [Auto] aparcar - **3.** [Strom, Wasser] cortar - **4.** [beenden] poner fin a - **5.** [freistellen] : **jn zu etw ~** poner a alguien a disposición para hacer algo - **6.** [zuschneiden] : **etw auf etw** *(A)* **~** adaptar algo a algo.

Abstell|raum *der* trastero *m*.

ab|stempeln *vt* - **1.** [Dokument] sellar; [Briefmarke] poner el matasellos a - **2.** *abw* [anprangern] : **jn zu** ODER **als etw ~** etiquetar a alguien de algo.

ab|sterben (*perf* **ist abgestorben**) *vi (unreg)* morir.

Abstieg (*pl* **-e**) *der* - **1.** [vom Berg] descenso *m* - **2.** [Deklassierung] declive *m*; SPORT descenso *m*.

ab|stimmen <> *vi* [wählen] votar. <> *vt* - **1.** [einstellen] : **etw auf etw/jn ~** adaptar algo a algo/alguien; [Farben] combinar algo con algo - **2.** [absprechen] : **etw mit jm ~** acordar algo con alguien.

Ab|stimmung *die* - **1.** [Wahl] votación *f*; **etw zur ~ bringen** poner algo a votación - **2.** [Koordinierung] coordinación *f* - **3.** [Absprache] acuerdo *m*.

ab|stoßen *vt (unreg)* - **1.** [von sich weg stoßen] empujar; [eigenes Boot] dar un impulso a - **2.** [verkaufen] desprenderse de - **3.** [anekeln] disgustar - **4.** [abnützen] deteriorar; [Schuhe] desgastar. ◆ **sich abstoßen** *ref* [mit den Füßen] impulsarse.

abstoßend <> *adj* repugnante. <> *adv* de manera repugnante.

abstrakt <> *adj* abstracto(ta). <> *adv* de manera abstracta; **~ malen** pintar cuadros abstractos.

ab|streiten *vt (unreg)* negar.

Ab|strich *der* - **1.** [Einschränkungen] *(nur pl)* reservas *fpl*; [im Budget] recortes *mpl*; **mit einigen kleinen ~en** quitando algunos pequeños detalles; **bei etw ~e machen** reducir algo - **2.** MED frotis *m*.

ab|stufen *vt* - **1.** [Löhne, Preise] graduar **2.** [Farben] matizar - **3.** [Haare] escalar.

ab|stumpfen (*perf* **hat/ist abgestumpft**) ◇ *vt (hat)* insensibilizar. ◇ *vi (ist)* : **gegen** **etw** ~ volverse insensible a algo.

Ab|sturz *der* caída *f*.

ab|stürzen (*perf* **ist abgestürzt**) *vi* [Flugzeug] estrellarse ; [Bergsteiger] caerse.

ab|suchen *vt* : **etw/jn (nach etw/jm)** ~ registrar algo/a alguien en busca de algo/alguien ; **den Kopf nach Läusen** ~ buscar piojos en la cabeza.

absurd *adj* absurdo(da).

Abt (*pl* **Äbte**) *der* abad *m*.

Abt. (*abk für* **Abteilung**) dpto.

ab|tasten *vt* palpar.

ab|tauen (*perf* **hat/ist abgetaut**) ◇ *vt (hat)* descongelar. ◇ *vi (ist)* derretirse ; [Kühlschank] descongelarse.

Abtei (*pl* **-en**) *die* abadía *f*.

Ab|teil *das* compartimento *m*.

ab|teilen *vt* separar.

Ab|teilung[1] *die* - **1.** [einer Firma] departamento *m* - **2.** [im Kaufhaus] sección *f* - **3.** MIL unidad *f*.

Ab|teilung[2] *die* [Trennung] separación *f*.

Äbtissin (*pl* **-nen**) *die* abadesa *f*.

ab|törnen *vt salopp* repeler ; [Idee] disgustar.

ab|tragen *vt (unreg)* - **1.** [Steine] arrastrar ; [Erdschicht] quitar - **2.** [Kleidung] gastar **3.** [Schulden] pagar.

ab|treiben (*perf* **hat/ist abgetrieben**) *(unreg)* ◇ *vt (hat)* - **1.** : **ein Kind** ~ abortar **2.** [Boot] arrastrar. ◇ *vi* - **1.** *(hat)* MED abortar - **2.** *(ist)* [Boot] ir a la deriva.

Abtreibung (*pl* **-en**) *die* aborto *m*.

ab|trennen *vt* - **1.** [mit Schere] cortar ; [ablösen] separar ; [Ärmel, Saum] descoser **2.** [abteilen] separar.

ab|treten (*perf* **hat/ist abgetreten**) *(unreg)* ◇ *vt (hat)* - **1.** [Schuhe] gastar - **2.** [Rechte] ceder ; **etw an jn** ~ ceder algo a alguien. ◇ *vi (ist)* [fortgehen] retirarse.

ab|trocknen *vt* - **1.** [Geschirr] secar **2.** [Körper, Körperteil] : **sich** *(D)* **etw** ~ secarse algo ; **jn** ~ secar a alguien.

ab|verlangen *vt* : **jm etw** ~ exigir algo a alguien.

ab|wägen *vt* sopesar ; **Für und Wider einer Sache** *(G)* **gegeneinander** ~ sopesar los pros y los contras de algo.

ab|wählen *vt* - **1.** [Politiker] no volver a elegir - **2.** [Schulfach] no elegir.

ab|wälzen *vt* : **etw auf jn** ~ cargar algo sobre alguien.

ab|wandeln *vt* modificar.

ab|wandern (*perf* **ist abgewandert**) *vi* - **1.** [fortgehen] emigrar - **2.** : **um zu verhindern, dass Kapital ins Ausland abwandert** para evitar una fuga de capital al extranjero.

Ab|wandlung *die* modificación *f*.

ab|warten *vt, vi* esperar.

abwärts *adv* hacia abajo.

Abwasch *der (ohne Pl)* fregado *m* ; **den** ~ **machen** fregar los platos.

ab|waschen *(unreg)* ◇ *vt* - **1.** [Geschirr] fregar - **2.** [Schmutz] limpiar. ◇ *vi* fregar.

Ab|wasser *das* aguas *fpl* residuales.

ab|wechseln ['apvɛksln̩] ◆ **sich abwechseln** *ref* alternar ; [Menschen] turnarse ; **sich mit jm** ~ turnarse con alguien.

abwechselnd ['apvɛkslnt] *adv* alternativamente.

Abwechselung ['apvɛksluŋ], **Abwechslung** (*pl* **-en**) *die* cambio *m*.

Abwege *pl* : **auf** ~ **geraten (sein)** ir por mal camino.

abwegig *adj* absurdo(da).

Abwehr *die (ohne Pl)* - **1.** [Widerstand] defensa *f* - **2.** SPORT & MIL defensa *f*.

ab|wehren ◇ *vt* [Gefahr] evitar ; [Angriff, Menschen] rechazar ; [Fliegen] espantar. ◇ *vi* rechazar.

ab|weichen (*perf* **ist abgewichen**) *vi (unreg)* : **von etw** ~ desviarse de algo ; [Ansichten] diferir de algo.

abweichend *adj* distinto(ta).

ab|weisen *vt (unreg)* [ablehnen] rechazar ; [Antrag, Bitte] denegar ; [Person] no recibir.

abweisend ◇ *adj* de rechazo ; [Bemerkung] negativo(va). ◇ *adv* con actitud de rechazo.

ab|wenden *vt (unreg)* - **1.** [Blick] apartar ; [Augen] desviar ; [Kopf] girar - **2.** [Unglück] evitar.

ab|werfen *vt (unreg)* - **1.** [von Flugzeug] lanzar ; [Bomben] arrojar ; [Reiter] derribar - **2.** [Gewinn] aportar ; [Zinsen] dar ; **zu wenig** ~ dar pocos beneficios.

ab|werten *vt* - **1.** [Geld] devaluar - **2.** [herabsetzen] restar valor a ; **~de Bemerkung** comentario despectivo.

abwesend ◇ *adj* ausente. ◇ *adv* con un aire ausente.

Abwesenheit *die (ohne Pl)* ausencia *f* ; **in js** ~ *(D)* en ausencia de alguien ; **durch** ~ **glänzen** *iron* brillar por su ausencia.

ab|wickeln *vt* - **1.** [Schnur] desenrollar - **2.** [Geschäft] terminar - **3.** [Institution] disolver.

Abwicklung (*pl* **-en**) *die* - **1.** [Abschluss] conclusión *f* - **2.** [Auflösung] disolución *f*.

ab|wiegen *vt (unreg)* pesar.

ab|wimmeln *vt fam* deshacerse de.

ab|wischen *vt* - **1.** [Fläche] limpiar con un trapo - **2.** [Dreck] limpiar.

ab|würgen *vt fam* - **1.** [Motor] : **ich habe das Auto abgewürgt** se me ha calado el coche - **2.** [beenden, unterdrücken] terminar ; [Initiative] reprimir.

ab|zahlen *vt* [Rate] pagar ; [Auto, Haus] pagar a plazos.

ab|zählen ◇ *vt* contar. ◇ *vi* sortear quién realiza un papel *(en juegos)*.

Ab|zeichen *das* insignia *f*.

ab|zeichnen *vt* copiar.

ab|ziehen (*perf* **ist/hat abgezogen**) *(unreg)* ◇ *vt (hat)* - **1.** [wegnehmen] quitar - **2.** [subtrahieren] restar ; [Geld] descontar - **3.** [Bett] quitar - **4.** [Soldaten] retirar - **5.** [veranstalten] : **eine Schau** ODER **Show** ~ *salopp* montar un número - **6.** [schälen] pelar - **7.** [drucken] hacer copias de - **8.** : **einem Tier die Haut** ~ despellejar un animal. ◇ *vi (ist)* - **1.** [Gas] salir - **2.** *fam* [Person] largarse.

ab|zocken ◇ *vt salopp* : **jn** ~ estrujar a alguien. ◇ *vi salopp* lucrarse.

Ab|zug *der* - **1.** [von Kamin, Belüftung] conducto *m* de ventilación - **2.** [Foto, Druck] copia *f* - **3.** *(ohne Pl)* [Subtraktion] deducción *f* ; **nach ~ der Unkosten** tras la deducción de los gastos - **4.** *(ohne Pl)* [Fortgehen] retirada *f* - **5.** [am Gewehr] gatillo *m*.

abzüglich *präp* : ~ **einer Sache** *(G)* deduciendo algo.

ab|zweigen (*perf* **hat/ist abgezweigt**) ◇ *vi (ist)* dividirse. ◇ *vt (hat)* desviar.

Abzweigung (*pl* **-en**) *die* ramificación *f*.

ach *interj* - **1.** [zum Ausdruck des Erstaunens] ¡ah! - **2.** [zum Ausdruck der Betroffenheit] ¡ay!

Achse ['aksə] (*pl* **-n**) *die* eje *m* ; **auf ~ sein** *fig* [auf Reisen] estar (siempre) de viaje ; [unternehmungslustig] no parar.

Achsel ['aksl] (*pl* **-n**) *die* hombro *m* ; **mit den ~n zucken** *fam* encogerse de hombros.

achselzuckend ['aksltsʊkn̩t] *adv* encogiéndose de hombros.

acht *num* ocho ; *siehe auch* **sechs**.

Acht[1] ◇ **Acht geben** *vi (unreg)* prestar atención.

Acht[2] (*pl* **-en**) *die* ocho *m* ; *siehe auch* **Sechs**.

Achte (*pl* **-n**) *der, die, das* octavo *m*, -va *f* ; *siehe auch* **Sechste**.

achte, r, s *adj* octavo(va) ; *siehe auch* **sechste**.

Achteck (*pl* **-e**) *das* octágono *m*.

achtel *adj (unver)* octavo(va) ; *siehe auch* **sechstel**.

Achtel (*pl* **-**) *das* - **1.** [der achte Teil] octavo *m* - **2.** MUS corchea *f* ; *siehe auch* **Sechstel**.

achten ◇ *vt* respetar. ◇ *vi* : **auf etw/j**[...] ~ prestar atención a algo/alguien.

Achter|bahn *die* montaña *f* rusa.

achtfach ◇ *adj* óctuple. ◇ *adv* ocho ve-ces.

Acht geben *vi* ▷ **Acht**.

achthundert *num* ochocientos(tas).

achtlos ◇ *adj* descuidado(da). ◇ *ad*[...] descuidadamente.

achtmal *adv* ocho veces.

Achtstunden|tag *der* jornada *f* de och[...] horas.

achttausend *num* ocho mil.

Achtung *die (ohne Pl)* - **1.** [Respekt] respet[...] *m* - **2.** [Vorsicht] : **Achtung!** ¡atención! ; [...] **fertig, los!** SPORT ¡preparados, listos, ya!

achtzehn *num* dieciocho ; *siehe auc*[...] **sechs**.

Achtzehn (*pl* **-en**) *die* dieciocho *m* ; *sieh*[...] *auch* **Sechs**.

achtzig *num* ochenta ; **auf ~ kommen** *fa*[...] *fig* ponerse a cien ; **auf ~ sein** *fam fig* estar [...] cien ; **jn auf ~ bringen** *fam fig* poner [...] alguien a cien ; *siehe auch* **sechs**.

Achtzig *die (ohne Pl)* ochenta *m* ; *siehe auc*[...] **Sechs**.

Achtziger|jahre, achtziger Jahre *p*[...] *die* ~ los años ochenta.

ächzen *vi* gemir.

Acker (*pl* **Äcker**) *der* campo *m*.

Ackerbau *der (ohne Pl)* agricultura *f*.

ADAC [aːdeːˈaːˈtseː] (*abk für* **Allgemeine**[...] **Deutscher Automobil-Club**) *der (ohne* [...] Club *m* Alemán del Automóvil.

addieren *vt* sumar.

ade *adv Süddt* ¡adiós!

Adel *der (ohne Pl)* nobleza *f*.

adelig = **adlig**.

Ader (*pl* **-n**) *die* vaso *m* sanguíneo ; [Ven[...] vena *f* ; [Arterie] arteria *f*.

Adjektiv (*pl* **-e**) *das* adjetivo *m*.

adjektivisch [ˈatjɛktiːvɪʃ] ◇ *adj* adjet[...] vo(va). ◇ *adv* como adjetivo.

Adler (*pl* **-**) *der* águila *f*.

adlig, adelig *adj* noble.

Admiral (*pl* **-e** ODER **Admiräle**) *der* almira[...] te *m*.

adoptieren *vt* adoptar.

Adoption (*pl* **-en**) *die* adopción *f*.

Adoptiv|eltern *pl* padres *mpl* adoptivos

Adoptiv|kind *das* hijo adoptivo *m*, hi[...] adoptiva *f*.

Adress|buch *das* - **1.** [privat] agenda *f* [...] direcciones - **2.** [von Stadt, Gemeinde] d[...] rectorio *m*.

Adresse (*pl* **-n**) *die* dirección *f* ; **an die falsche ~ kommen** ODER **geraten** equivocarse de persona.

Adresse

A diferencia de España, en los portales de las casas alemanas aparece el nombre completo de las familias que habitan en cada vivienda. Esto significa que en el timbre se puede identificar quién vive en cada piso. Por este motivo no es usual mencionar el piso y la puerta cuando se da la dirección, sino únicamente la calle y el número.

adressieren *vt* escribir la dirección en ; **etw an jn ~** dirigir algo a alguien.

Adria *die* Adriático *m.*

Advent [at'vɛnt] *der (ohne Pl)* Adviento *m* ; **erster/zweiter/dritter/vierter ~** primer/segundo/tercer/cuarto domingo de Adviento.

Advent

La época de adviento abarca las cuatro semanas antes de las Navidades y se celebra tradicionalmente entre las familias alemanas con la preparación abundante de pastas y de galletas especiales; también se decoran las viviendas y se hacen coronas con ramitas de abeto y cuatro velas. Cada domingo se enciende una vela de manera que el día de Navidad arden las cuatro.
Muchas ciudades tienen mercadillos navideños en los que se venden todo tipo de productos artesanales y también alimentos y bebidas de esta época. El mercadillo más famoso es el de Nuremberg.

Advents|kranz *der* corona *f* de Adviento.

Adverb [at'vɛrp] (*pl* **-ien**) *das* adverbio *m.*

adverbial [atvɛr'bia:l] ◇ *adj* adverbial. ◇ *adv* como adverbio.

Affäre (*pl* **-n**) *die* **- 1.** [Skandal] escándalo *m* ; **sich aus der ~ ziehen** escurrir el bulto **- 2.** [Liebschaft] lío *m* **- 3.** [Angelegenheit] cosa *f.*

Affe (*pl* **-n**) *der* **- 1.** [Tier] mono *m* **- 2.** *salopp abw* [blöder Kerl] idiota *m.*

affektiert *abw* ◇ *adj* afectado(da). ◇ *adv* de forma afectada.

affig *fam abw* ◇ *adj* creído(da). ◇ *adv* de forma arrogante.

Afghanistan *nt* Afganistán *m.*

Afrika *nt* África *f.*

Afrikaner, in (*mpl* **-**, *fpl* **-nen**) *der, die* africano *m*, -na *f.*

afrikanisch *adj* africano(na).

After (*pl* **-**) *der* ano *m.*

AG [a:'ge:] (*pl* **-s**) (*abk für* **Aktiengesellschaft**) *die* S.A. *f.*

Ägäis *die* Egeo *m.*

Agent, in (*mpl* **-en**, *fpl* **-nen**) *der, die* agente *mf.*

Agentur (*pl* **-en**) *die* agencia *f.*

Aggression (*pl* **-en**) *die* agresión *f.*

aggressiv ◇ *adj* [angriffslustig] agresivo(va) ; [Geruch] penetrante ; [Säure] corrosivo(va). ◇ *adv* [angriffslustig] agresivamente.

Agrar|politik *die* política *f* agraria.

Ägypten [ɛ'gyptn̩] *nt* Egipto *m.*

Ägypter, in (*mpl* **-**, *fpl* **-nen**) *der, die* egipcio *m*, -cia *f.*

ägyptisch *adj* egipcio(cia).

ah *interj* : **ah!** ¡ah!

aha *interj* ¡ah! ; **~, ich verstehe!** ¡ah, ahora caigo!

Aha-|Erlebnis *das* experiencia *f* reveladora.

ähneln *vi* : **einer Sache/jm ~** parecerse a algo/alguien.

ahnen *vt* **- 1.** [im Voraus fühlen] presentir **- 2.** [vermuten] figurarse.

ähnlich ◇ *adj* parecido(da) ; **einer Sache/jm ~ sein** parecerse a algo/alguien. ◇ *adv* igual de ; **sie singen ~ falsch** cantan igual de mal ; **einer Sache/jm ~ sehen** parecerse a algo/alguien ; **das sieht dir/ihm ~!** eso es una de las tuyas/suyas.

Ähnlichkeit (*pl* **-en**) *die* parecido *m.*

Ahnung (*pl* **-en**) *die* **- 1.** [Vorgefühl] presentimiento *m* **- 2.** [Vorstellung, Vermutung] idea *f* ; **hast du eine ~, wo ... ist?** ¿tienes idea de dónde puede estar... ? ; **keine** ODER **nicht die geringste ~ haben** no tener ni idea ODER ni la más remota idea.

ahnungslos ◇ *adj* desprevenido(da). ◇ *adv* sin sospechar nada.

Ahnungslosigkeit *die (ohne Pl)* desconocimiento *m.*

ahoi *interj* SCHIFF : **ahoi!** ¡hola!

Ahorn (*pl* **-e**) *der* arce *m.*

Ähre (*pl* **-n**) *die* espiga *f.*

Aids ['eits] (*abk für* **Acquired Immune Deficiency Syndrome**) *nt (ohne Pl)* SIDA *m.*

Aids|kranke *der, die* enfermo *m*, -ma *f* de SIDA.

Akademie (*pl* **-n**) *die* academia *f (de ciencias, etc.).*

Akademiker, in (*mpl* **-**, *fpl* **-nen**) *der, die* universitario *m*, -ria *f.*

akademisch *adj* universitario(ria).

Akazie (*pl* **-n**) *die* acacia *f*.

Akkord (*pl* **-e**) *der* MUS acorde *m*.

Akkordeon (*pl* **-s**) *das* acordeón *m*.

Akku (*pl* **-s**) *der* acumulador *m*, batería *f*.

Akkumulator (*pl* **-latoren**) *der* acumulador *m*, batería *f*.

Akkusativ (*pl* **-e**) *der* GRAM acusativo *m*.

Akne *die (ohne Pl)* MED acné *m*.

Akrobat, in (*mpl* **-en**, *fpl* **-nen**) *der, die* acróbata *mf*.

akrobatisch ◇ *adj* acrobático(ca). ◇ *adv* haciendo acrobacias.

Akt (*pl* **-e**) *der* - **1.** [Aufzug] acto *m* - **2.** [Bildnis] desnudo *m* - **3.** [Handlung] acción *f* ; [öffentlicher, feierlicher] acto *m*.

Akte (*pl* **-n**) *die* acta *f* ; **etw zu den ~n legen** *fig* dar algo por zanjado(da).

aktenkundig *adj* registrado(da).

Akten|tasche *die* cartera *f (para documentos)*.

Aktie ['aktsiə] (*pl* **-n**) *die* WIRTSCH acción *f* ; **die ~n steigen/fallen** las acciones suben/bajan.

Aktien|gesellschaft *die* WIRTSCH sociedad *f* anónima.

Aktien|kurs *der* WIRTSCH cotización *f* de las acciones.

Aktion (*pl* **-en**) *die* - **1.** [Tätigkeit] acción *f* ; **in ~ treten** entrar en ODER pasar a la acción ; **in ~ sein** estar en acción - **2.** [Veranstaltung] iniciativa *f*.

Aktionär, in [aktsio'nɛːɐ̯, rɪn] (*mpl* **-e**, *fpl* **-nen**) *der, die* WIRTSCH accionista *mf*.

aktiv ◇ *adj* activo(va) ; **~ sein** participar activamente. ◇ *adv* activamente.

Aktiv *das (ohne Pl)* GRAM voz *f* activa.

aktivieren [akti'viːrən] *vt* llamar a la acción.

Aktivität [aktivi'tɛːt] (*pl* **-en**) *die* actividad *f*.

Aktualität *die (ohne Pl)* actualidad *f*.

aktuell *adj* actual.

Akupressur *die (ohne pl)* acupresión *f*.

Akupunktur (*pl* **-en**) *die* acupuntura *f*.

Akustik *(ohne Pl) die* acústica *f*.

akut ◇ *adj* - **1.** [vordringlich] urgente - **2.** MED agudo(da). ◇ *adv* - **1.** [vordringlich] de urgencia - **2.** MED gravemente.

AKW [aːkaː'veː] (*pl* **-s**) *abk für* **Atomkraftwerk**.

Akzent (*pl* **-e**) *der* - **1.** [Betonung, Tonfall] acento *m* - **2.** *RW* : **~e setzen** marcar pautas ; **den ~ auf etw** *(A)* **legen** hacer hincapié en algo.

akzeptieren *vt* aceptar ; **jn in einer Clique ~** admitir a alguien en una panda.

Alarm (*pl* **-e**) *der* - **1.** [Notsignal] alarma *f* ; **~ schlagen** dar la voz de alarma ; **blinder ~** falsa alarma - **2.** [Alarmzustand] estado *m* de alerta.

Alarm|anlage *die* (dispositivo *m* de) alarma *f*.

alarmieren *vt* - **1.** [aufschrecken] alarmar - **2.** [rufen] avisar.

Albaner, in (*mpl* **-**, *fpl* **-nen**) *der, die* albanés *m*, -esa *f*.

Albanien *nt* Albania *f*.

albanisch *adj* albano(na).

albern ◇ *adj* - **1.** [kindisch] infantil, tonto(ta) - **2.** [unbedeutend] : **das ist doch ~es Zeug!** ¡eso son majaderías! ◇ *adv* tontamente. ◇ *vi* hacer el tonto.

Albino (*pl* **-s**) *der* albino *m*, -na *f*.

Alb|traum *der* pesadilla *f*.

Album (*pl* **Alben**) *das* álbum *m*.

Aldi® (*pl* **-s**) *der cadena alemana de supermercados caracterizada por sus precios económicos.*

Alge (*pl* **-n**) *die* alga *f*.

Algebra *die* MATH álgebra *f*.

Algerien *nt* Argelia *f*.

Algerier, in [al'geːriɐ, rɪn] (*mpl* **-**, *fpl* **-nen**) *der, die* argelino *m*, -na *f*.

algerisch *adj* argelino(na).

alias *adv* alias.

Alibi (*pl* **-s**) *das* - **1.** RECHT coartada *f* - **2.** [Ausrede] excusa *f*.

Alimente *pl* pensión *f* alimenticia.

alkalisch CHEM ◇ *adj* alcalino(na). ◇ *adv* : **~ reagieren** alcalinizar.

Alkohol (*pl* **-e** ODER **Alkoholika**) *der* - **1.** *(Pl Alkohole)* CHEM alcohol *m* - **2.** *(Pl Alkoholika)* [Getränk] alcohol *m* ; **unter ~ stehen** *amt* estar bajo los efectos del alcohol.

alkoholabhängig *adj* alcohólico(ca).

alkoholfrei *adj* sin alcohol.

Alkoholgehalt (*pl* **-e**) *der* graduación *f* alcohólica.

Alkoholiker, in (*mpl* **-**, *fpl* **-nen**) *der, die* alcohólico *m*, -ca *f*.

alkoholisch ◇ *adj* alcohólico(ca). ◇ *adv* : **etw ~ vergären** alcoholificar algo.

Alkoholismus *der (ohne Pl)* alcoholismo *m*.

all *det* : **~ dies/jenes** todo esto/aquello ; **~ mein/sein** todo(da) mi/su.

All *das (ohne Pl)* espacio *m*.

alle (*n* **-s**) ◇ *det* - **1.** [der/die/das gesamte] todos los (todas las) ; **jm ~s Gute wünschen** [zum Geburtstag] felicitar a alguien ; [für die Zukunft] desear mucha suerte a alguien ;

~s **Weitere** todo lo restante - **2.** [ganz] todo el (toda la) ; **an ~ Welt schreiben** escribir a todo el mundo ; **in ~Welt verstreut** repartidos(das) por todo el mundo ; **~ Welt trifft sich hier** todo el mundo se encuentra aquí - **3.** [zusammen] todos los (todas las) ; **~ beide** ambos(bas) ; **wir ~** todos nosotros (todas nosotras) - **4.** [jeder, jede, jedes] : **ohne ~n Anlass** sin ningún motivo ; **Hinweise ~r Art** instrucciones de todo tipo - **5.** [im Abstand] cada ; **~ fünf Minuten** cada cinco minutos. ◇ *adj fam* : **~ sein** no haber más. ◇ *pron* [zusammen] todos(das) ; **~ auf einmal** todos(das) a la vez. ◆ **alles** *pron* [insgesamt] todo ; **wer war ~s dort?** ¿quiénes estaban? ; **das ist ~s Unsinn** eso son bobadas ; **was es nicht ~s gibt!** ¡lo que hay que ver! ; **er ist ~s andere als klug** es cualquier cosa menos listo ; **was musst du ~ machen?** ¿qué es todo lo que tienes que hacer? ; **~s in allem** en total ; **~s und jedes** absolutamente todo. ◆ **trotz allem** *adv* a pesar de todo. ◆ **vor allem** *adv* sobre todo ; **vor ~m muss auf Gerechtigkeit geachtet werden** ante todo hay que velar por la justicia.

Allee (*pl* **-n**) *die* [Straße] avenida *f*.

allein ◇ *adj* : **~ sein** [für sich] estar solo(la) ; [einsam] encontrarse solo(la). ◇ *adv* - **1.** [für sich] solo(la) - **2.** [selbstständig] por sí solo(la), sin ayuda - **3.** [einsam] a solas ; **~ dastehen** quedarse solo(la) - **4.** [nur] sólo ; **schon ~** tan sólo. ◇ *konj geh* sólo que, pero. ◆ **ganz allein** ◇ *adj* completamente solo(la). ◇ *adv* - **1.** [für sich] totalmente solo(la) - **2.** [selbstständig] por sí solo(la), él solo (ella sola) - **3.** [einsam] solo(la).

allein erziehend *adj calificativo para la persona que educa sola a sus hijos* ; **~er Vater/~e Mutter** padre soltero/madre soltera.

Allein|gang *der* actuación *f* individual.

alleinig *adj* único(ca).

allein stehend *adj* : **~e Person** persona que vive sola ; [ledig] persona soltera.

Alleinstehende (*pl* **-n**) *der, die* soltero *m*, -ra *f*.

allemal *adv fam* por fin.

allenfalls *adv* a lo sumo.

allerbeste, r, s *adj* el mejor de todos (la mejor de todas).

allerdings *adv* - **1.** [als Antwort] ¡y tanto!, ¡ya lo creo!, ¡por supuesto! - **2.** [einschränkend] : **da muss ich dir ~ Recht geben** en ese caso sí tengo que darte la razón.

allererste, r, s *adj* el primer(o) (la primera).

Allergie (*pl* **-n**) *die* alergia *f*.

allergisch ◇ *adj* alérgico(ca) ; **gegen etw ~ sein** MED ser alérgico(ca) a algo ; **gegen so eine Großsprecherei bin ich ~** esas fanfarronadas me dan alergia. ◇ *adv* : **auf Pollen ~ reagieren** tener una reacción alérgica al polen ; **auf Lügen ~ reagieren** tener alergia a las mentiras.

allerhand *adj (unver)* toda clase de ; **das ist ja ~!** [empört] ¡esto es inaudito! ; [anerkennend] ¡esto es mucho!

Allerheiligen *nt (ohne Artikel)* Todos los Santos.

allerhöchstens ['ale'hø: ph''_'tn̩s] *adv* a lo sumo.

allerlei *det* todo tipo de, toda clase de.

allerletzte, r, s *adj* - **1.** [letzte] : **der/die ~** el último de todos (la última de todas) - **2.** [schlecht] : **das ist das ~!** ¡esto es el colmo!

Allerseelen *nt (ohne Artikel)* día *f* de Difuntos.

allerseits *adv* : **guten Tag/Abend ~** buenos días/buenas noches a todos (todas).

Allerwerteste (*pl* **-n**) *der hum* posaderas *fpl*.

alles ▷ **alle**.

allesamt *adv* todos juntos (todas juntas).

Alles|kleber *der* pegamento *m* universal.

Allgäu *das región de los Alpes perteneciente a Alemania*.

allgemein ◇ *adj* - **1.** [allen gemeinsam] general - **2.** [alle betreffend] universal - **3.** [nicht detailliert] en términos generales. ◇ *adv* - **1.** [bei allen] por todos - **2.** [nicht detailliert] de forma general. ◆ **im Allgemeinen** *adv* por lo general.

Allgemeinbildung *die (ohne Pl)* cultura *f* general.

allgemein gültig ◇ *adj* universal. ◇ *adv* de forma universalmente reconocida.

Allgemeinheit (*pl* **-en**) *die (ohne Pl)* [Öffentlichkeit] gente *f* en general ; [Undifferenziertheit] generalidad *f*.

Allgemein|platz *der* banalidad *f*, lugar *m* común.

Allheil|mittel *das* panacea *f*.

Alligator (*pl* **-gatoren**) *der* caimán *m*, aligátor *m*.

alliiert *adj* aliado(da).

Alliierte *pl* - **1.** [Verbündete] aliados *mpl* - **2.** HIST : **die ~n** los Aliados.

alljährlich ◇ *adj* anual. ◇ *adv* todos los años.

allmächtig *adj* omnipotente, todopoderoso(sa).

allmählich ◇ *adj* paulatino(na). ◇ *adv* paulatinamente.

allseits *adv* a todos ; [bekannt, beliebt] por todas partes.

Alltag *der (ohne Pl)* vida *f* cotidiana.

alltäglich <> *adj* diario(ria) ; [üblich] corriente. <> *adv* a diario.

Alltagstrott *der (ohne Pl)* ajetreo *m* diario.

allwissend *adj* omnisciente.

allzu *adv* extremadamente. ◆ **allzu sehr** *adv* en exceso. ◆ **allzu viel** *adv* demasiado.

Alm (*pl* **-en**) *die* pasto *m* alpino.

Almosen (*pl* **-**) *das* limosna *f*.

Aloe ['a:loe] (*pl* **-n**) *die* aloe *m*.

Alpen *pl* : **die ~** los Alpes.

Alpen|veilchen *das* ciclamen *m*.

Alpen|verein *der* club *m* alpino.

Alpen|vorland *das (ohne Pl)* región subalpina.

Alpha (*pl* **-s**) *das* alfa *f*.

Alphabet [alfa'be:t] (*pl* **-e**) *das* alfabeto *m*.

alphabetisch <> *adj* alfabético(ca). <> *adv* alfabéticamente.

alpin *adj* alpino(na).

Alptraum *der* = **Albtraum**.

als *konj* **- 1.** [temporal - zur Angabe der Gleichzeitigkeit] cuando ; [- zur Angabe der Vorzeitigkeit] después de (que) ; [- zur Angabe der Nachzeitigkeit] cuando ; [- zur Angabe eines Zeitpunktes] cuando **- 2.** [zur Angabe einer Relation] que ; **größer ~** más grande que, mayor que ; **besser, ~ ich gedacht hatte** mejor de lo que pensaba ; **niemand macht das besser ~ du** nadie lo hace mejor que tú ; **es war noch schlimmer, ~ du gesagt hast** fue aún peor de lo que dijiste **- 3.** [zur Angabe einer Annahme] como si ; **~ ob** como si **- 4.** [zur Angabe eines Urteils] como **- 5.** [zur Angabe der Identität] como ; **~ Kind aß ich gerne Eis** de pequeño(ña) me gustaba el helado **- 6.** [zur Angabe des Verwendungszweckes] como.

also <> *interj* pues ; **~ doch!** o sea que sí ; **~ gut** ODER **schön!** pues vale, de acuerdo ; **na ~!** ¿ves? ; **~, das hat aber lange gedauert!** ¡anda que no ha tardado! ; **~ dann!** *fam* vale pues ; **~ bitte!** ¡por favor! <> *adv* **- 1.** [das heißt] es decir ; **sie ist erst 16, ~ noch sehr jung** acaba de cumplir los 16, es decir, que aún es muy joven **- 2.** [demnach] o sea ; **da lag ~ der Fehler!** ¡así que ahí estaba el error! ; **der Hund ist bissig, sei ~ vorsichtig** el perro muerde, así que ten cuidado **- 3.** [endlich] por fin.

alt (*kompar* **älter**, *superl* **älteste**) *adj* **- 1.** [zur Altersangabe] : **sie ist 10 Jahre ~** tiene 10 años ; **wie ~ bist du?** ¿cuántos años tienes? ; **sie ist doppelt so ~ wie er** ella le dobla en edad ; **älterer Bruder** hermano mayor ; **älter als ich** mayor que yo **- 2.** [Lebewesen] viejo(ja) **- 3.** [benutzt, verbraucht] viejo(ja) **- 4.** [ehemalig, vorherig] antiguo(gua) ; **alles beim ~en lassen** ▷ **Alte - 5.** [altbekannt, vertraut] viejo(ja) ; **ganz der/die ~e** ▷ **Alte - 6.** [historisch, antik] antiguo(gua) **- 7.** *abw* [typisch] : **dieser ~e Schmarotzer!** ¡ese viejo bribón! **- 8.** *RW* : **wenn das rauskommt, siehst du ~ aus!** ¡cuando esto salga a la luz vas a quedar mal! ; **jetzt sieht er ~ aus : die haben ihn einfach rausgeschmissen** se le ha caído el pelo : le han echado sin más. ◆ **Alt und Jung** *pron* niños y mayores.

Alt (*pl* **-e** ODER **-**) <> *der (Pl Alte)* [MUS - Stimme] contralto *m* ; [- Person] contralto *mf*. <> *das (Pl Alt)* [Bier] *variedad de cerveza tostada procedente de Renania.*

Altar (*pl* **Altäre**) *der* altar *m*.

Altbau (*pl* **-ten**) *der* construcción *f* antigua.

altbekannt *adj* conocido(da) desde siempre.

altbewährt *adj* acreditado(da).

Alt|bier *das variedad de cerveza tostada procedente de Renania.*

Alte (*pl* **-n**) <> *der, die* **- 1.** [Greis, Greisin] anciano *m*, -na *f* **- 2.** *salopp abw* [Elternteil] viejo *m*, -ja *f* **- 3.** *salopp abw* [Ehefrau] parienta *f* ; [Ehemann] hombre *m* **- 4.** *salopp abw* [Vorgesetzter] jefe *m*, -fa *f* **- 5.** [Gleiche] : **ganz der/die ~** el mismo/la misma de siempre. <> *das (ohne Pl)* : **das ~** el pasado ; **alles beim ~n lassen** dejar todo como estaba (antes).

alteingesessen *adj* afincado(da) desde hace generaciones.

Alten|heim = **Altersheim**.

Altentages|stätte *die* hogar *m* del jubilado.

Alter (*pl* **-**) *das* **- 1.** [Lebensalter] edad *f* ; [von Sachen] antigüedad *f* **- 2.** *(ohne Pl)* [Altsein] vejez *f*.

älter *adj* **- 1.** ▷ **alt - 2.** [ziemlich alt] entrado(da) en años.

Ältere (*pl* **-n**) *der* : **der ~** el Viejo *(sobrenombre)*.

altern (*perf* **hat/ist gealtert**) *vi* envejecer.

alternativ <> *adj* **- 1.** [wahlweise] alternativo(va) **- 2.** [unkonventionell] alternativo(va) ; [Bäckerei] ecológico(ca) **- 3.** POL alternativo(va). <> *adv* **- 1.** [wahlweise] de forma alternativa **- 2.** [unkonventionell] de forma no convencional.

Alternative [alterna'ti:və] (*pl* **-n**) *die* alternativa *f*.

altersbedingt *adj* causado(da) por la edad.

Alters|genosse *der* coetáneo *m*.

Alters|genossin *die* coetánea *f*.

Alters|grenze *die* - **1.** [Höchstalter, Mindestalter] límite *m* de edad - **2.** [Rentenalter] edad *f* de jubilación.

Alters|gruppe *die* generación *f*.

Alters|heim, Altenheim *das* residencia *f* para la tercera edad, centro *m* geriátrico.

altersschwach *adj* - **1.** [Person] senil - **2.** [Gegenstände] deteriorado(da).

Alters|versicherung *die* seguro *m* de vejez.

Alters|versorgung *die* previsión *f* para la vejez, pensión *f*.

Altertum (*pl* **-tümer**) *das (ohne Pl)* [Antike] antigüedad *f*.

Älteste (*pl* **-n**) *der, die* - **1.** [ältestes Kind] el mayor (de todos) (la mayor (de todas)) - **2.** [älteste Person] el más viejo (la más vieja).

althergebracht *adj* tradicional.

altklug ◇ *adj* precoz. ◇ *adv* precozmente.

ältlich *adj* avejentado(da).

Alt|material *das* material *m* usado.

altmodisch ◇ *adj* pasado(da) de moda. ◇ *adv* de forma anticuada.

Alt|papier *das (ohne Pl)* papel *m* reciclable.

Altpapier|container *der* contenedor *m* de papel reciclable.

altsprachlich *adj bachillerato en humanidades*.

Alt|stadt *die* casco *m* histórico ODER antiguo.

Alu *das (ohne Pl) fam* aluminio *m*.

Alu|folie *die* papel *m* de aluminio.

Aluminium *das (ohne Pl)* aluminio *m*.

am *präp* - **1.** *(an + dem)* en ; **~ Wochenende komme ich zurück** vuelvo el fin de semana ; **das Schönste ~ Urlaub ist es, lange schlafen zu können** lo mejor de las vacaciones es no tener que madrugar - **2.** *(nicht auflösbar)* [in geografischen Angaben] : **~ Meer** a la orilla del mar ; **Frankfurt ~ Main** Francfort del Main (Meno) - **3.** *(nicht auflösbar)* [bei Zeitangaben] al ; **~ 4. Oktober** el 4 de octubre - **4.** *(nicht auflösbar)* [in Superlativen] : **~ besten** lo mejor ; **~ meisten** lo máximo, lo más ; **~ höchsten** lo más alto - **5.** *(nicht auflösbar)* [vor substantivierten Infinitiven] : **ich bin ~ Arbeiten** estoy trabajando - **6.** *(nicht auflösbar)* [in Wendungen] : **etw ~ Stück kaufen** comprar algo entero ; **~ Ziel sein** haber llegado a la meta ; *siehe auch* **an**.

amateurhaft *abw* ◇ *adj* de aficionados. ◇ *adv* como un aficionado (una aficionada).

Amboss (*pl* **-e**) *der* yunque *m*.

ambulant MED ◇ *adj* ambulatorio(ria). ◇ *adv* por consulta externa, ambulatoriamente.

Ambulanz (*pl* **-en**) *die* MED ambulatorio *m*, servicio *m* de consulta externa.

Ameise (*pl* **-n**) *die* hormiga *f*.

Ameisen|haufen *der* hormiguero *m*.

amen *interj* : **amen!** amén.

Amen *das* : **sein ~ zu etw geben** dar su consentimiento a algo.

Amerika *nt* América *f*.

Amerikaner, in (*mpl* **-**, *fpl* **-nen**) *der, die* - **1.** [aus Amerika] americano *m*, -na *f* - **2.** [aus den USA] norteamericano *m*, -na *f*.

amerikanisch *adj* - **1.** [aus Amerika] americano(na) - **2.** [aus den USA] norteamericano(na).

Ami (*pl* **-s**) *der fam* yanki *m*.

Amino|säure *die* CHEM aminoácido *m*.

Ammoniak *das (ohne Pl)* CHEM amoníaco *m*.

Amnestie (*pl* **-n**) *die* amnistía *f*.

Amöbe (*pl* **-n**) *die* ameba *f*.

Amok *der* : **~ laufen** ser presa de la locura homicida.

Ampel (*pl* **-n**) *die* semáforo *m* ; **rote ~** semáforo en rojo.

Ampere [am'pɛːɐ̯] (*pl* **-**) *das* amperio *m*.

Amphi|theater *das* anfiteatro *m*.

Ampulle (*pl* **-n**) *die* ampolla *f*.

amputieren *vt* amputar ; **jm etw ~** amputar algo a alguien.

Amsel (*pl* **-n**) *die* mirlo *m*.

Amt (*pl* **Ämter**) *das* - **1.** [Behörde] ministerio *m* ; **sich an das zuständige ~ wenden** dirigirse al organismo competente ; **von ~s wegen** por orden oficial - **2.** [Stellung] cargo *m* - **3.** [Pflicht, Aufgabe] puesto *m*.

amtierend *adj* en funciones.

amtlich ◇ *adj* oficial. ◇ *adv* - **1.** [behördlich] : **etw ~ beglaubigen** certificar oficialmente algo - **2.** [offiziell] oficialmente.

Amts|bereich *der* jurisdicción *f*.

Amts|geheimnis *das* secreto *m* oficial.

Amts|gericht *das* juzgado *m* de primera instancia.

Amts|sitz *der* sede *f*.

Amts|sprache *die* lengua *f* oficial.

Amts|weg *der* vía *f* administrativa.

Amts|zeit *die* duración *f* del mandato ODER cargo.

Amulett (*pl* **-e**) *das* amuleto *m*.

amüsieren *vt* divertir. ◆ **sich amüsieren** *ref* divertirse ; **sich über etw/jn ~** reírse de algo/alguien.

an ◇ *präp* - **1.** *(+ D)* [räumlich] en ; **das**

Haus liegt direkt ~ der Straße la casa da directamente a la calle ; **er blieb ~ meiner Seite** él se quedó a mi lado ; **~ etw lehnen** apoyarse contra algo ; **~ der Decke hängen** colgar del techo - **2.** *(+ D)* [zeitlich] en ; **~ Weihnachten** [an diesem Zeitpunkt] en Navidad ; [für diesen Zeitraum] por Navidad ; **~ einem Morgen** una mañana ; **~ diesem Tag** ese día ; **~ einem Mittwoch muss es gewesen sein** ha tenido que ser un miércoles ; **~ jedem dritten Freitag im Monat** el tercer viernes de cada mes ; **~ Dienstag kommt er** viene el martes - **3.** *(+ D)* [an Angelegenheit] de ; **~ der Aussage zweifeln, dass jemand Interesse an Politik hat** tener dudas de que alguien pueda interesarse por la política ; **~ einem Bild arbeiten** trabajar en un cuadro - **4.** *(+ D)* [bei Institution] en - **5.** *(+ D)* [von Menge] : **viel/wenig/ genug ~ Getränken haben** tener mucho/ poco/suficiente de beber ; **sie hat nicht viel ~ Ersparnissen** no tiene muchos ahorros - **6.** *(+ D)* [mit Hilfsmittel] con - **7.** [zur Angabe einer Ankunftszeit] : **~ Fulda 15:09** llegada a Fulda 15.09 - **8.** *(+ A)* [räumlich] al/a la ; **die Lampe ~ die Decke hängen** colgar la lámpara del techo ; **die Jacke ~ die Garderobe hängen** colgar la chaqueta en el perchero ; **bis ~** hasta - **9.** *fam* [ungefähr] : **~ die** alrededor de - **10.** *(+ A)* [an Angelegenheit, Person, Sache - schreiben, sich gewöhnen] al/a la ; [- sich erinnern] de ; [- denken] en ; **er glaubt nicht ~ eine Besserung** no confía en que mejore - **11.** *RW* : **~ und für sich** en general ; **es ist ~ jm, etw zu tun** tocar a alguien hacer algo ; **~ sich** en sí mismo(ma) ; **etw ~ sich** *(D)* **haben** tener (un) algo. ◇ *adv* - **1.** [anstellen] : **Spot ~!, Licht ~!** ¡luces! - **2.** [anziehen] : **schnell den Schlafanzug ~ und dann ab ins Bett!** ¡a ponerse el pijama corriendo y a la cama! ; **Schuhe ~, Mütze ~ und vergiss die Schultasche nicht** ponte los zapatos, la gorra y no te olvides de la cartera - **3.** [ab] : **von ... ~** a partir de ... ; **von Anfang ~** desde el principio.

Analogie *(pl* **-n)** *die geh* analogía *f.*

Analphabet, in *(mpl* **-en**, *fpl* **-nen)** *der, die* analfabeto *m*, -ta *f.*

Analyse *(pl* **-n)** *die* - **1.** [Untersuchung] análisis *m* - **2.** CHEM análisis *m* - **3.** [Psychoanalyse] psicoanálisis *m.*

analysieren *vt* analizar.

Ananas *(pl* - ODER **-se)** *die* piña *f Esp*, ananá(s) *m Amér.*

Anarchie *(pl* **-n)** *die* anarquía *f.*

Anarchist, in *(mpl* **-en**, *fpl* **-nen)** *der, die* POL anarquista *mf.*

Anästhesie *(pl* **-n)** *die* MED anestesia *f.*

Anatomie *(pl* **-n)** *die* anatomía *f.*

an|bahnen *vt* iniciar.

an|bändeln *vi* : **mit jm ~** ligar con alguien.

An|bau *der* - **1.** [Gebäudeteil] edificio *m* contiguo - **2.** *(ohne Pl)* [Bauen] construcción *f* - **3.** *(ohne Pl)* [von Pflanzen] cultivo *m.*

an|bauen *vt* - **1.** [Gebäude] adosar - **2.** [Pflanze] cultivar.

an|behalten *vt (unreg)* llevar(se) puesto(ta).

anbei *adv amt* adjunto.

an|beißen *(unreg)* ◇ *vt* morder. ◇ *vi* - **1.** [Fisch] picar (en el anzuelo) - **2.** *fig* [Käufer] dejarse seducir.

an|belangen *vt* : **was etw/jn anbelangt** en lo que respecta a algo/alguien ; **was mich anbelangt ...** por lo que a mí se refiere.

an|beten *vt* adorar.

an|betreffen *(unreg) vt* : **was etw/jn anbetrifft** en lo que se refiere a algo/a alguien.

an|biedern ◆ **sich anbiedern** *ref abw* : **sich bei jm ~** camelarse a alguien.

an|bieten *vt (unreg)* ofrecer.

Anbieter, in *(mpl* -, *fpl* **-nen)** *der, die* oferente *mf.*

an|binden *vt (unreg)* atar, sujetar.

An|blick *der* - **1.** *(ohne Pl)* [Betrachten] mirada *f* ; **beim ~** a la vista de - **2.** [Bild] escena *f.*

an|blicken *vt* mirar.

an|braten *vt (unreg)* asar, dorar.

an|brechen *(perf* **hat/ist angebrochen)** *(unreg)* ◇ *vt (hat)* - **1.** [Verpackung] abrir - **2.** [Knochen] romper - **3.** [Geldschein] comenzar a gastar - **4.** ; **was machen wir mit dem angebrochenen Abend?** ¿qué hacemos con lo que queda de noche?. ◇ *vi (ist) geh* : **der Tag/der Morgen bricht an** amanece.

an|brennen *(perf* **hat/ist angebrannt)** *(unreg)* ◇ *vt (hat)* [mit Feuer] quemar, prender fuego a. ◇ *vi (ist)* [Essen] quemarse ; **nichts ~ lassen** *fam fig* no perderse ni una.

an|bringen *vt (unreg)* - **1.** [befestigen] colocar, instalar - **2.** [Kritik] realizar - **3.** *fam abw* [mitbringen] traer.

Anbruch *der (ohne Pl)* comienzo *m* ; **bei ~ der Dunkelheit** al caer la noche.

an|brüllen *vt fam* gritar ; **gegen etw ~** gritar más fuerte que algo.

andächtig ◇ *adj* [Mensch] devoto(ta) ; [Stille] respetuoso(sa). ◇ *adv* atentamente, devotamente.

Andalusien *nt* Andalucía *f.*

Andalusier, in *(mpl* -, *fpl* **-nen)** *der, die* andaluz *m*, -za *f.*

andalusisch *adj* andaluz(za).

ạn|dauern *vi* continuar, durar.

ạndauernd ◇ *adj* continuo(a). ◇ *adv* continuamente.

Ạndenken (*pl* -) *das* - **1.** *(ohne Pl)* [Erinnerung] recuerdo *m*, memoria *f* ; **zum ~ an etw/jn** en memoria de algo/alguien - **2.** [Gegenstand, Souvenir] recuerdo *m*, souvenir *m*.

ạndere, r, s ◇ *adj* otro(tra) ; **ein ~r/eine ~** otro/otra. ◇ *pron* [verschieden] otro(tra) ; **ich will nichts ~s als ...** no quiero otra cosa que ... ; **etwas ~s** algo diferente ; **unter ~m** entre otras cosas.

ạnderenfalls = **andernfalls.**

ạndererseits, ạndrerseits *adv* por otro lado.

ặndern *vt* cambiar ; **das lässt sich nicht ~** no poder remediarse ODER cambiarse.

ạndernfalls, ạnderenfalls *adv* en otro caso, en caso contrario.

ạnders ◇ *adv* - **1.** [andersartig, verschieden] de otra forma ; **~ aussehen** tener un aspecto diferente ; **so und nicht ~, basta!** ¡así y punto! - **2.** [sonst] : **wo ~** en otro lugar, de otra parte ; **nirgendwo ~** en ningún otro lugar ; **(irgend)jemand ~** otra persona ; **niemand ~ als** ni más ni menos que. ◇ *adj* diferente.

ạndersartig *adj* de otro tipo, diferente, distinto(ta).

ạndersherum *adv* en otra dirección, en otro sentido.

ạnderswo *adv* en otro lugar, en otra parte ; [hingehen] a otro lugar, a otra parte.

ạnderswoher *adv* de otro lugar, de otra parte.

ạnderswohin *adv* a otro lugar, a otra parte.

ạnderthalb *num* : **~ Liter** un litro y medio ; **~ Stunden** una hora y media.

Ặnderung (*pl* **-en**) *die* - **1.** [Ändern] modificación *f* - **2.** [Neuerung] cambio *m*.

ạnderweitig ◇ *adj* diferente. ◇ *adv* [anderswie] de otro modo ; [anderswo] en otro lugar ; **sie ist ~ beschäftigt** está haciendo otra cosa.

ạn|deuten *vt* - **1.** [ansprechen] aludir, insinuar - **2.** [umreißen, skizzieren] esbozar.

Ạn|deutung *die* alusión *f*, insinuación *f* ; **eine ~ machen** insinuar algo.

ạndeutungsweise *adv* por alusión, de pasada.

Andọrra *nt* Andorra *f*.

Andorrạner, in (*mpl* -, *fpl* **-nen**) *der, die* andorrano *m*, -na *f*.

andorrạnisch *adj* andorrano(na).

Ạndrang *der (ohne Pl)* afluencia *f*, avalancha *f* ; **es herrscht großer ~** hay una gran avalancha.

ạn|drehen *vt fam* [verkaufen] : **jm etw ~** endosar algo a alguien.

ạndrerseits = **andererseits.**

ạn|drohen *vt* : **jm etw ~** amenazar a alguien con algo.

Ạn|drohung *die* : **unter ~ von etw** bajo amenaza de algo.

ạn|ecken (*perf* **ist ạngeeckt**) *vi* - **1.** [stoßen] : **an etw** *(D)* **~** chocar contra algo - **2.** [sich unbeliebt machen] : **überall/bei jm ~** caer mal en todas partes/a alguien.

ạn|eignen *vt* : **sich** *(D)* **etw ~** [lernen] aprender algo ; *abw* [nehmen] apropiarse de algo.

aneinạnder *adv* entre sí, uno(na) con otro(tra).

aneinạnder fügen *vt* juntar, ensamblar.

aneinạnder geraten (*perf* **ist aneinạnder geraten**) *vi (unreg)* enfadarse, reñir.

aneinạnder grenzen *vi* colindar el uno (la una) con el otro (la otra), limitar entre sí.

aneinander hạngen *vi (unreg)* [einander lieben] quererse mutuamente.

aneinạnder legen *vt* colocar juntos(tas) ; [Puzzleteile] encajar.

Anekdọte (*pl* **-n**) *die* anécdota *f*.

ạn|ekeln *vt* repugnar.

Anemọne (*pl* **-n**) *die* anémona *f*.

ạnerkannt *adj* reconocido(da), acreditado(da).

ạn|erkennen *vt (unreg)* - **1.** [würdigen] reconocer, elogiar - **2.** [akzeptieren] aceptar - **3.** [offiziell bestätigen] reconocer.

Ạnerkennung (*pl* **-en**) *die* reconocimiento *m*.

ạn|fachen *vt* atizar, avivar.

ạn|fahren (*perf* **hat/ist ạngefahren**) *(unreg)* ◇ *vt (hat)* - **1.** [bei Unfall] atropellar - **2.** [Ziel] dirigirse a - **3.** [Last] llevar - **4.** *fig* [tadeln] criticar. ◇ *vi (ist)* [starten] arrancar.

Ạn|fahrt *die* recorrido *m*, trayecto *m*.

Ạn|fall *der* ataque *m* ; **mein Vater kriegt einen ~!** ¡a mi padre le dará un ataque!

ạn|fallen (*perf* **hat/ist ạngefallen**) *(unreg)* ◇ *vi (ist)* [Kosten] surgir. ◇ *vt (hat)* [angreifen] atacar.

ạnfällig *adj* : **für etw ~ sein** ser propenso(sa) a algo.

Ạn|fang *der* - **1.** [Beginn] comienzo *m* ; **von ~ an** desde el principio ; **von ~ bis Ende** desde el principio hasta el fin - **2.** [Zeitabschnitt, Streckenabschnitt] principio *m*. ◆ **am Anfang** *adv* al principio.

ạn|fangen *(unreg)* ◇ *vi* - **1.** [beginnen] comenzar, empezar; **mit etw ~** comenzar con algo - **2.** [erzählen] empezar - **3.** [machen] hacer; **mit etw nichts ~ können** [gebrauchen] no poder hacer nada con algo; **mit der Erklärung kann ich nichts ~** [verstehen] esa explicación no me sirve para nada. ◇ *vt* [beginnen] comenzar, empezar.

Anfänger, in (*mpl* -, *fpl* **-nen**) *der, die* principiante *mf*; **ein blutiger ~** un novato.

anfänglich ◇ *adj* inicial. ◇ *adv* al principio.

anfangs *adv* al principio.

Anfangs|buchstabe *der* (letra *f*) inicial *f*.

Anfangs|gehalt *das* sueldo *m* inicial.

Anfangs|stadium *das* estadio *m* inicial, fase *f* inicial.

an|fassen ◇ *vt* - **1.** [berühren] tocar - **2.** [behandeln] tratar - **3.** *fig* [angehen] abordar. ◇ *vi* [helfen] ayudar, echar una mano; **mit ~** echar una mano.

an|fechten *vt (unreg)* impugnar.

an|fertigen *vt* [Anzug] confeccionar; [Schrank] fabricar; [Protokoll] redactar.

Anfertigung *die (ohne Pl)* [von Anzug] confección *f*; [von Möbeln] fabricación *f*; [von Bericht] redacción *f*.

an|feuchten *vt* humedecer.

an|feuern *vt* animar.

an|flehen *vt* suplicar.

an|fliegen (*perf* **hat/ist angeflogen**) *(unreg)* ◇ *vt (hat)* volar a, dirigirse a. ◇ *vi (ist)*: **angeflogen kommen** venir volando.

An|flug *der* - **1.** [von Flugzeug, Hubschrauber]: **im ~ sein** estar aterrizando - **2.** [Spur] indicio *m*, asomo *m*.

an|fordern *vt* solicitar, pedir.

An|forderung *die* - **1.** *(ohne Pl)* [Bestellung] pedido *m* - **2.** [Anspruch] requisito *m*, exigencia *f*; **hohe ~en stellen** ser muy exigente; **den ~en genügen** cumplir los requisitos, responder a las exigencias; **den ~en gewachsen sein** estar a la altura de los requisitos ODER las exigencias.

An|frage *die amt* pregunta *f*, demanda *f*; [um Gehaltserhöhung] petición *f*, demanda *f*.

anfreunden ◆ **sich anfreunden** *ref* hacer ODER trabar amistad; **sich mit jm ~** hacer ODER trabar amistad con alguien; **sich mit etw ~** hacerse a la idea de algo, familiarizarse con algo.

an|fühlen *vt* tocar.

an|führen *vt* - **1.** [nennen] mencionar - **2.** [täuschen] embaucar - **3.** [führen] dirigir, encabezar.

An|führer, in *der, die* cabecilla *mf*; POL líder *mf*.

Anführungs|zeichen *das* comilla *f*; **in ~** entre comillas.

An|gabe *die* - **1.** [Hinweis] dato *m* - **2.** *(ohne Pl)* [Aufschneiderei] presunción *f*, jactancia *f*.

an|geben *(unreg)* ◇ *vt* - **1.** [nennen, zitieren] indicar, nombrar - **2.** [bestimmen] determinar, fijar - **3.** [behaupten] declarar, afirmar. ◇ *vi* [aufschneiden] presumir, fanfarronear; **mit etw ~** presumir de algo.

Angeber (*pl* -) *der* fanfarrón *m*.

Angeberei (*pl* **-en**) *die* fanfarronería *f*.

Angeberin (*pl* **-nen**) *die* fanfarrona *f*.

angeblich ◇ *adj* supuesto(ta). ◇ *adv* supuestamente, al parecer.

angeboren *adj* innato(ta), congénito(ta).

An|gebot *das* - **1.** [Anbieten] oferta *f*; **~ und Nachfrage** la oferta y la demanda - **2.** [Sortiment] surtido *m*; **etw im ~ haben** tener algo en oferta.

angebracht ◇ *pp* ▷ **anbringen**. ◇ *adj* conveniente, indicado(da).

angebunden ◇ *pp* ▷ **anbinden**. ◇ *adj*: **kurz ~ sein** ser parco(ca) en palabras, ser escueto(ta).

angegriffen ◇ *pp* ▷ **angreifen**. ◇ *adj* afectado(da), débil.

angeheitert *adj* achispado(da), alegre *(por haber bebido alcohol)*.

an|gehen (*perf* **hat/ist angegangen**) *(unreg)* ◇ *vi (ist)* - **1.** [Licht, Feuer] encenderse - **2.** [akzeptabel sein]: **es geht nicht an, dass jd etw tut** es inadmisible que alguien haga algo - **3.** [vorgehen]: **gegen etw/jn ~** arremeter contra algo/alguien, combatir algo/a alguien. ◇ *vt (hat)* [betreffen] concernir; **jn etwas ~** concernir a alguien; **das geht dich/Sie nichts an** esto no te/le concierne, esto no te/le importa.

angehend *adj*: **ein ~er Lehrer** un futuro profesor.

an|gehören *vi*: **einer Sache** *(D)* **~** pertenecer a algo.

Angehörige (*pl* **-n**) *der, die* - **1.** [Verwandte] pariente *mf*, familiar *mf* - **2.** [Mitglied] miembro *mf*.

Angeklagte (*pl* **-n**) *der, die* acusado *m*, -da *f*.

Angel (*pl* **-n**) *die* - **1.** [zum Fischen] caña *f* de pescar - **2.** [Scharnier] bisagra *f*.

angelaufen ◇ *pp* ▷ **anlaufen**. ◇ *adj* [Metall] oxidado(da); [Glas] empañado(da).

An|gelegenheit *die* asunto *m*.

angeln ◇ *vi* - **1.** [fischen] pescar (con caña) - **2.** [suchen]: **nach etw ~** buscar algo. ◇ *vt* - **1.** [fischen] pescar - **2.** [erobern]: **sich** *(D)* **jn ~** pescar a alguien.

ạngemessen ◇ *adj* : **einer Sache** *(D)* **~** apropiado(da) para algo. ◇ *adv* apropiadamente ODER convenientemente.

ạngenehm ◇ *adj* agradable. ◇ *adv* : **ich war ~ überrascht** fue una agradable sorpresa para mí.

ạngenommen ◇ *pp* ▷ **annehmen.** ◇ *adj* adoptado(da). ◆ **angenommen, dass** *adv* suponiendo que, supongamos que.

ạngeregt ◇ *adj* animado(da). ◇ *adv* animadamente.

ạngeschlagen *adj* **- 1.** [kaputt] desportillado(da) **- 2.** [krank] : **sich ~ fühlen, ~ sein** sentirse mal.

ạngesehen ◇ *pp* ▷ **ansehen.** ◇ *adj* célebre, distinguido(da).

Ạngesicht *das (ohne Pl)* : **im ~ einer Sache** *(G)* ante algo ; **von ~ zu ~** cara a cara.

ạngesichts *präp* : **~ einer Sache** *(G)* en vista de algo, considerando algo.

ạngespannt ◇ *adj* **- 1.** [Person, Miene, Eindruck] tenso(sa), nervioso(sa) **- 2.** [Situation] tenso(sa). ◇ *adv* concentradamente.

Ạngestellte (*pl* **-n**) *der, die* empleado *m*, -da *f*.

ạngestrengt ◇ *adj* [Miene] tenso(sa) ; [Bemühungen, Nachdenken] intenso(sa). ◇ *adv* intersamente.

ạngetan ◇ *pp* ▷ **antun.** ◇ *adj* : **von etw/jm ~ sein** estar encantado(da) con algo/alguien.

ạngewiesen ◇ *pp* ▷ **anweisen.** ◇ *adj* : **auf etw** *(A)* **~ sein** necesitar algo ; **auf jn ~ sein** depender de alguien.

ạn|gewöhnen *vt* : **jm etw ~** habituar ODER acostumbrar a alguien a algo ; **sich** *(D)* **etw ~** habituarse ODER acostumbrase a algo.

Ạn|gewohnheit *die* hábito *m*, costumbre *f*.

ạngewurzelt *adv* : **wie ~ stehen bleiben** quedarse perplejo(ja) ODER paralizado(da), quedarse de piedra.

Ạngler, in (*mpl* **-**, *fpl* **-nen**) *der, die* pescador *m*, -ra *f* de caña.

Anglịstik *die (ohne Pl)* filología *f* inglesa, anglística *f*.

Angora|wolle *die* lana *f* de Angora.

ạn|greifen *(unreg)* ◇ *vt* **- 1.** MIL atacar **- 2.** [kritisieren] criticar **- 3.** [chemisch] corroer **- 4.** [Gesundheit] perjudicar **- 5.** [Projekt] emprender **- 6.** [Vorrat] reducir, empezar a gastar **- 7.** *Süddt* [anfassen] tocar. ◇ *vi* atacar.

Ạngreifer, in (*mpl* **-**, *fpl* **-nen**) *der, die* **- 1.** [Krieger] agresor *m*, -ra *f* **- 2.** [Sportler] atacante *mf*.

Ạn|griff *der* **- 1.** MIL ataque *m* ; **etw in ~ nehmen** *fig* emprender algo **- 2.** [kritisch] arremetida *f* **- 3.** [sportlich] ataque *m*, ofensiva *f*.

ạngriffslustig ◇ *adj* agresivo(va). ◇ *adv* agresivamente.

ạngst *adj* = **Angst.**

Ạngst (*pl* **Ạngste**) *die* **- 1.** [Furcht] miedo *m* ; [schwächer] temor *m* ; **vor etw/jm ~ haben** tener miedo de algo/alguien ; **er bekam es mit der ~ zu tun** le entró miedo **- 2.** [Sorge] : **~ um seinen Sohn haben** tener miedo de que le ocurra algo a su hijo ; **~ um seinen Arbeitspiatz haben** tener miedo de perder su puesto de trabajo ; **jm ~ machen** asustar a alguien.

Ạngst|hase *der fam abw* miedoso *m*, -sa *f*, cobarde *mf*, gallina *mf*.

ặngstigen *vt* asustar, atemorizar. ◆ **sich ängstigen** *ref* : **sich vor etw/jm ~** asustarse por algo/alguien ; **sich um etw/jn ~** preocuparse por algo/alguien.

ặngstlich ◇ *adj* miedoso(sa) ; **~e Miene** cara de miedo. ◇ *adv* **- 1.** [furchtsam] con miedo **- 2.** [genau] meticulosamente.

ạn|gucken *vt fam* ver, mirar ; **sich** *(D)* **etw ~** mirar algo.

ạn|haben *vt (unreg)* **- 1.** [Kleidung] llevar puesto(ta) **- 2.** [Schaden] : **einer Sache/jm nichts ~ können** no poder perjudicar algo/a alguien.

ạn|halten *(unreg)* ◇ *vi* **- 1.** [Fahrzeug] detenerse, parar(se) **- 2.** [Zustand] continuar, durar. ◇ *vt* **- 1.** [Bewegung] parar ; [Atem] contener **- 2.** [Person] : **jn zu etw ~** estimular a alguien a algo.

ạnhaltend *adj* continuo(a), permanente, constante.

Ạnhalter (*pl* **-**) ◇ *der* [Mitfahrer] autoestopista *m* ; **per ~ fahren** hacer autoestop, ir a dedo. ◇ *adj (unver)* de Anhalt.

Ạnhalterin (*pl* **-nen**) *die* [Mitfahrerin] autoestopista *f*.

Ạnhalts|punkt *der* indicio *m*.

anhạnd, an Hạnd *präp* : **~ einer Sache** *(G)* sobre la base de algo, mediante algo.

Ạnhang *der (ohne Pl)* **- 1.** [Nachwort] anexo *m* **- 2.** *fam* [Freund] amigo *m*, -ga *f*, acompañante *mf* ; [Familie] familia *f*.

ạn|hängen ◇ *vt (reg)* **- 1.** [Wagen] : **etw an etw** *(A)* **~** enganchar algo a algo **- 2.** [Zeit] : **etw an etw** *(A)* **~** añadir algo a algo **- 3.** [Versagen] : **jm etw ~** imputar algo a alguien, culpar a alguien de algo. ◇ *vi (unreg)* : **einer Sache** *(D)* **~** ser un (una) adepto(ta) a algo.

Ạnhänger (*pl* **-**) *der* **- 1.** [von Fahrzeugen] remolque *m* **- 2.** [von Fußball] simpatizante *m* ; [von Politik, Sekte] adepto *m* **- 3.** [Schmuck] colgante *m*.

Ạnhängerin (*pl* **-nen**) *die* [von Fußball] simpatizante *f* ; [von Politik, Sekte] adepta *f*.

ạnhänglich *adj* : **das Kind/seine Freundin/der Hund ist sehr ~** el niño/su novia/el perro está muy apegado(da) a su madre/a su novio/a su dueño.

Ạnhängsel (*pl* -) *das* - **1.** [Anhänger] colgante *m* - **2.** *abw* [störende Person] pesado *m*, -da *f*.

ạn|hauchen *vt* echar el aliento a.

Ạnhäufung (*pl* -en) *die* acumulación *f*.

ạn|heben *vt (unreg)* - **1.** [heben] levantar - **2.** [vergrößern] aumentar, incrementar.

ạn|heuern ◇ *vt* - **1.** [auf einem Schiff] alistar, enrolar - **2.** [Arbeitskräfte] emplear. ◇ *vi* [auf einem Schiff] alistarse, enrolarse.

Ạnhieb ◆ **auf Anhieb** *adv* desde el primer momento, a la primera.

Ạn|höhe *die* colina *f*.

ạn|hören *vt* - **1.** [hören] : **sich** *(D)* **etw ~** escuchar algo, oír algo ; **etw mit ~** escuchar algo, oír algo ; **etw nicht mehr mit ~ können** no poder escuchar ODER soportar algo durante más tiempo - **2.** [erraten] : **jm etw ~** notar algo a alguien - **3.** *amt* escuchar ; [Zeugen] tomar declaración a.

Anis *der (ohne Pl)* anís *m*.

ạn|kämpfen *vi* : **gegen etw/jn ~** luchar contra algo/alguien.

Ạn|kauf *der* compra *f*.

Ạnker (*pl* -) *der* ancla *f* ; **vor ~ gehen** echar anclas ; **vor ~ liegen** estar anclado(da).

ạnkern *vi* anclar.

ạn|ketten *vt* sujetar con una cadena, encadenar.

Ạn|klage *die* - **1.** [vor Gericht, öffentlich] acusación *f* ; **gegen jn ~ erheben** presentar una querella contra alguien - **2.** *(ohne Pl)* [Partei] acusación *f*.

ạn|klagen *vt* - **1.** [vor Gericht] acusar - **2.** [öffentlich] denunciar.

Ạn|klang *der* : **(bei jm) ~ finden** ser acogido(da) satisfactoriamente por alguien.

ạn|kleben *vt* pegar.

ạn|klicken *vt* hacer clic sobre ODER en.

ạn|klopfen *vi* : **(an der Tür) ~** llamar a la puerta.

ạn|knüpfen ◇ *vt* - **1.** [Seil] : **etw an etw** *(A)* **~** unir algo a algo - **2.** *fig* [Gespräch, Bekannschaft] entablar. ◇ *vi fig* : **an etw** *(A)* **~** añadir algo, continuar algo.

ạn|kommen (*perf* **ist ạngekommen**) *vi (unreg)* - **1.** [am Ziel] llegar - **2.** [näher kommen] llegar ; **mit etw ~** llegar con algo - **3.** [erfolgreich] ser acogido(da) satisfactoriamente, ser bien acogido(da) ; **bei jm nicht** ODER **schlecht ~** no agradar a alguien ; **bei jm gut ~** agradar a alguien - **4.** [sich durchsetzen] : **gegen etw/jn nicht ~** no poder imponerse a algo/a alguien, no poder hacer nada contra algo/alguien - **5.** [wichtig sein] : **es kommt auf etw/jn an** lo importante es algo/alguien, depende de algo/alguien ; **jm kommt es auf etw/jn an** lo importante para alguien es algo/alguien - **6.** [riskieren] : **es auf etw** *(A)* **~ lassen** arriesgar algo.

ạn|kreiden *vt* : **jm etw ~** reprochar algo a alguien.

ạn|kreuzen *vt* marcar con una cruz.

ạn|kündigen *vt* anunciar. ◆ **sich ankündigen** *ref* presagiarse.

Ạnkunft *die (ohne Pl)* llegada *f*.

ạn|kurbeln *vt* (re)activar.

ạn|lächeln *vt* sonreír.

ạn|lachen *vt* - **1.** [lachen] mirar riendo - **2.** [erobern] : **sich** *(D)* **jn ~** conquistar a alguien.

Ạn|lage *die* - **1.** [Park] parque *m* - **2.** [Gelände] recinto *m* - **3.** [Geldanlage] inversión *f* - **4.** [Erbanlage] predisposición *f* congénita ; [Begabung] dotes *fpl* - **5.** [Bau] construcción *f*, instalación *f*.

Ạnlass (*pl* **Ạnlässe**) *der* - **1.** [Grund] ocasión *f*, motivo *m* - **2.** [Ereignis] ocasión *f*.

ạn|lassen *vt (unreg)* - **1.** [eingeschaltet lassen] dejar encendido(da) - **2.** [starten] arrancar - **3.** [anbehalten] dejar puesto(ta).

Ạnlasser (*pl* -) *der* AUTO motor *m* de arranque.

ạnlässlich *präp* : **~ einer Sache** *(G)* con motivo de algo, con ocasión de algo.

ạn|lasten *vt* : **jm etw ~** culpar a alguien de algo, imputar algo a alguien ; [Schuld] imputar algo a alguien.

Ạn|lauf *der* - **1.** [Schwung] carrerilla *f* ; **~ nehmen** tomar carrera ODER carrerilla - **2.** [Versuch] intento *m*.

ạn|laufen (*perf* **hat/ist ạngelaufen**) *(unreg)* ◇ *vi (ist)* - **1.** [beginnen] comenzar - **2.** [sich verfärben] ponerse ; **rot/blau ~** ponerse rojo/azul - **3.** [sich nähern] : **angelaufen kommen** venir ODER llegar corriendo. ◇ *vt (hat)* [Hafen] tocar ODER hacer escala en.

ạn|legen ◇ *vt* - **1.** [Garten] construir - **2.** [Kartei, Sammlung] crear, reunir ; [Datenbank, Ordner] crear ; [Vorrat] reunir, almacenar - **3.** [beabsichtigen] : **es auf etw** *(A)* **~** querer algo ; **er scheint es auf Streit anzulegen** parece que quiere pelea ; **es darauf ~, etw zu tun** tener (la) intención de hacer algo - **4.** [Geld] invertir - **5.** [anlehnen] : **etw (an etw** *(A)***) ~** apoyar algo (sobre ODER en algo), colocar algo (sobre algo) - **6.** [umbinden] colocar, poner - **7.** [Ohren] bajar - **8.** [Waffe] : **etw auf jn ~** apuntar con algo a alguien - **9.** *geh* [anziehen] ponerse.

◇ *vi* - **1.** [Schiff] atracar - **2.** [mit Gewehr] : **auf etw/jn ~** apuntar a algo/a alguien.

Ạnlege|stelle *die* atracadero *m*.

ạn|lehnen *vt* - **1.** [Tür] entornar - **2.** [an die Wand] apoyar, arrimar ; **etw an etw** *(A)* **~** apoyar algo (sobre ODER en algo). ◆ **sich anlehnen** *ref* : **sich (an etw** *(A)***) ~** apoyarse (sobre ODER en algo), arrimarse (a algo) ; **sich an etw** *(A)* **~** *fig* inspirarse en algo, basarse en ODER sobre algo.

Ạnlehnung (*pl* **-en**) *die* : **ein Film in ~ an etw/jn** una película inspirada en algo/alguien, una película basada en algo/alguien.

Ạn|leitung *die* dirección *f*, instrucciones *fpl* ; **unter js ~** bajo la dirección de alguien.

ạn|lernen *vt* capacitar, instruir.

ạn|liegen *vi (unreg)* - **1.** [sitzen] : **ihr Pulli liegt eng an** el jersey le queda ajustado - **2.** *fam* [zu erledigen sein] haber pendiente - **3.** [vorhanden sein] haber.

Ạnlieger (*pl* **-**) *der* vecino *m*.

ạn|locken *vt* atraer.

ạn|lügen *vt (unreg)* mentir, engañar.

Anm. (*abk für* **Anmerkung**) observación *f*, nota *f*.

ạn|machen *vt* - **1.** [Gerät] encender - **2.** [Salat] aliñar - **3.** *salopp* [aufreißen] intentar ligar con ; [anpöbeln] meterse con.

ạn|malen *vt* [bemalen] pintar ; **etw blau ~** pintar algo de azul.

Ạnmarsch *der (ohne Pl)* : **im ~ sein** estar de camino.

ạnmaßen *vt* : **sich** *(D)* **etw ~** arrogarse algo.

ạnmaßend *adj* [Person] petulante, arrogante ; [Bemerkung, Frage] insolente.

Ạnmelde|formular *das* hoja *f* de registro ODER de inscripción.

ạn|melden *vt* - **1.** [beim Amt] registrar ; [Auto] matricular ; [Telefon] dar de alta - **2.** [in Schule, Kurs] inscribir, matricular - **3.** [zu Termin] : **angemeldet sein** tener hora ; **einen Besuch im Voraus ~** pedir hora de antemano. ◆ **sich anmelden** *ref* - **1.** [für Kurs] inscribirse - **2.** [zu Termin] pedir hora.

Ạn|meldung *die* - **1.** [beim Amt] registro *m* ; [von Auto] matriculación *f* ; [von Telefon] alta *f* - **2.** [in Schule, Kurs] inscripción *f*, matrícula *f* - **3.** [zu Termin] cita *f*, hora *f*.

ạn|merken *vt* - **1.** [spüren] : **jm etw ~** notar algo a alguien ; **sich** *(D)* **nichts ~ lassen** procurar que no se note algo, hacer como si nada - **2.** [sagen] señalar.

Ạnmerkung (*pl* **-en**) *die* - **1.** [im Text] nota *f* - **2.** [gesprochen] observación *f*, comentario *m*.

an|nähern *vt* acercar.

ạnnähernd *adv* aproximadamente.

Ạnnäherung (*pl* **-en**) *die* aproximación *f*, acercamiento *m* ; **eine ~ an etw/jn** un acercamiento a algo/alguien.

Ạnnahme (*pl* **-n**) *die* - **1.** [Meinung] suposición *f* - **2.** [Empfang] recepción *f*.

ạnnehmbar ◇ *adj* aceptable. ◇ *adv* aceptablemente.

ạn|nehmen *vt (unreg)* - **1.** [empfangen, zustimmen, zulassen] aceptar - **2.** [vermuten] suponer ; **angenommen, sie macht mit** suponiendo que (ella) colabore - **3.** [übernehmen] adoptar - **4.** [Gestalt, Ausmaße, Formen] adquirir - **5.** [Kind] adoptar.

Ạnnehmlichkeit (*pl* **-en**) *die* comodidades *fpl*.

Annonce [a'nɔŋsə] (*pl* **-n**) *die* anuncio *m*.

annoncieren [anɔŋ'siːrən] ◇ *vi* poner un anuncio. ◇ *vt* anunciar.

annullieren *vt* anular.

ạn|öden *vt fam* aburrir.

anonym ◇ *adj* anónimo(ma). ◇ *adv* anónimamente.

Ạnorak (*pl* **-s**) *der* anorak *m*.

ạn|ordnen *vt* - **1.** [befehlen] ordenar - **2.** [arrangieren] colocar.

Ạn|ordnung *die* - **1.** [Aufstellung] colocación *f* ; [von Stichwörtern] agrupación *f*, ordenación *f* - **2.** [Befehl] orden *f* ; **auf js ~** *(A)* por orden de alguien ; **eine ~ treffen** dar una orden.

ạn|packen ◇ *vt* - **1.** [mit Händen] agarrar - **2.** [behandeln] : **jn hart ~** tratar a alguien con dureza - **3.** [lösen] abordar. ◇ *vi* [helfen] : **mit ~** echar una mano.

ạn|passen *vt* adaptar.

Ạnpassung (*pl* **-en**) *die* adaptación *f* ; [seines Verhaltens] adecuación *f*.

Ạn|pfiff *der* - **1.** SPORT señal *f* de inicio - **2.** *fam* [Tadel] bronca *f*.

ạn|pflanzen *vt* cultivar, plantar.

ạn|pöbeln *vt* insultar.

ạn|prangern *vt* denunciar.

ạn|preisen *vt (unreg)* recomendar.

Ạn|probe *die* prueba *f*.

ạn|probieren *vt* probarse.

ạn|rechnen *vt* - **1.** [einbeziehen] incluir ; **jm etw hoch ~** estarle muy agradecido a alguien por algo - **2.** [berechnen] cobrar.

Ạn|recht *das* : **ein ~ auf etw** *(A)* **haben** ODER **besitzen** tener (el) derecho a algo.

Ạn|rede *die* tratamiento *m* ; [im Brief] encabezamiento *m*.

Anrede

En Alemania no es corriente dirigirse a una persona desconocida con la fórmula **Herr** «señor» o **Frau** «señora», sino con **Sie** «usted», sin más.
Al abordar a alguien que no conocemos en la calle para solicitar una información, se diría en alemán:
Entschuldigen Sie, können Sie mir bitte sagen,...
«Perdón, señor, ¿podría decirme...?»
Si dirigimos una carta a una institución sin saber si el destinatario es hombre o mujer, hay que escribir siempre la fórmula:
Sehr geehrte Damen und Herren
«Muy señores míos»

ạn|reden *vt* dirigir la palabra a ; **jn mit Sie ~** tratar a alguien de usted ; **jn mit seinem Vornamen ~** llamar a alguien por su nombre de pila.

ạn|regen *vt* - **1.** [beleben] estimular ; [Appetit] abrir - **2.** [empfehlen] sugerir - **3.** [ermutigen] : **jn zu etw ~** animar a alguien a hacer algo.

Ạn|regung *die* - **1.** [Stimulieren] estímulo *m* ; **zur ~ des Appetits** para abrir el apetito - **2.** [Vorschlag] sugerencia *f*.

Ạn|reise *die* viaje *m*.

ạn|reisen (*perf* **ist ạngereist**) *vi* llegar.

Ạn|reiz *der* incentivo *m* ; **ein ~ zu etw** un estímulo para algo.

ạn|rempeln *vt* empujar.

ạn|richten *vt* - **1.** [zubereiten] preparar - **2.** [verursachen] causar ; **da hast du was Schönes angerichtet!** ¡buena la has armado!

ạn|rücken (*perf* **ist ạngerückt**) *vi* avanzar ; [Besuch] llegar en manada.

Ạn|ruf *der* llamada *f* (telefónica), llamado *m Amér*.

Ạnrufbeantworter (*pl.* -) *der* contestador *m* (automático) ; **etwas auf den ~ sprechen** dejar un mensaje en el contestador.

ạn|rufen *(unreg) vt & vi* llamar (por teléfono) ; **bei jm ~** llamar (por teléfono) a alguien.

ạn|rühren *vt* - **1.** [berühren] tocar - **2.** [rühren] revolver.

ạns *präp* - **1.** *(an + das)* al, a la - **2.** *(nicht auflösbar)* [vor substantivierten Infinitiven] en - **3.** *(nicht auflösbar)* [in Wendungen] : **~ Licht kommen** salir a la luz ; *siehe auch* **an**.

Ạn|sage *die* aviso *m*.

ạn|sagen *vt* anunciar.

ạn|sammeln *vt* acumular.

Ạn|sammlung *die* - **1.** [Anhäufung] cúmulo *m*, montón *m* - **2.** [Versammlung] aglomeración *f*.

Ạn|satz *der* - **1.** [Anfang] inicio *m* - **2.** [Anzeichen] comienzo *m* - **3.** [von Körperteil] nacimiento *m* - **4.** MATH planteamiento *m*.

ạn|saugen *vt* aspirar.

ạn|schaffen *vt* : **sich** *(D)* **etw ~** comprar(se) algo, adquirir algo.

Ạnschaffung (*pl* **-en**) *die* - **1.** [Ware] compra *f*, adquisición *f* - **2.** *(ohne Pl)* [Kauf] compra *f*.

ạn|schalten *vt* encender.

ạn|schauen *vt* mirar ; **sich** *(D)* **etw ~** mirar algo.

ạnschaulich <> *adj* ilustrativo(va), claro(ra). <> *adv* de modo ilustrativo, claramente.

Ạnschein *der (ohne Pl)* apariencia *f*, imagen *f* ; **dem** ODER **allem ~ nach** por lo visto ; **es hat den ~, als ob** parece como si.

ạnscheinend *adv* por lo visto, al parecer.

ạn|schieben *vt (unreg)* empujar.

Ạn|schlag *der* - **1.** [Attentat] atentado *m* ; **einen ~ auf etw/jn verüben** atentar contra algo/alguien, cometer un atentado contra algo/alguien - **2.** [Zettel, Plakat] cartel *m* - **3.** [auf der Schreibmaschine] pulsación *f* - **4.** [am Klavier] : **einen festen ~ haben** atacar con firmeza.

ạn|schlagen *(unreg)* <> *vt* - **1.** [Plakat] colgar, fijar - **2.** [Geschirr] romper - **3.** [Ton, Gangart] adoptar - **4.** [Taste] pulsar - **5.** [beim Stricken] : **50 Maschen ~** hacer 50 puntos - **6.** [verletzen] : **sich** *(D)* **etw an etw** *(D)* **~** golpearse algo con algo. <> *vi* - **1.** [wirken] surtir efecto - **2.** [bellen] ladrar.

ạn|schließen *vt (unreg)* - **1.** [verbinden] conectar - **2.** [folgen lassen] añadir - **3.** [festschließen] sujetar, fijar. ◆ **sich anschließen** *ref* - **1.** [mitmachen] : **sich einer Sache/jm ~** unirse a algo/alguien - **2.** [folgen] : **sich an etw** *(A)* **~** seguir a algo.

ạnschließend <> *adv* seguidamente, a continuación. <> *adj* posterior.

Ạn|schluss *der* - **1.** [an Zug] conexión *f*, enlace *m* ; [an U-Bahn] correspondencia *f* ; **den ~ verpasst haben** *fig* ir más atrasado(da) - **2.** [Telefon] conexión *f* ; **kein ~ unter dieser Nummer** no existe ninguna línea en servicio con esta numeración - **3.** [zu Freunden] : **~ finden** hacer amistades ; **~ zu jm suchen** buscar compañía de alguien ; **sie sucht ~ zu Gleichaltrigen** busca gente de su edad - **4.** [Folge] : **im ~ an etw** *(A)* inmediatamente después de algo - **5.** POL unión *f*.

ạn|schnallen *vt* sujetar ; [Sicherheitsgurt] abrochar ; **das Kind ~** abrochar al niño el cinturón de seguridad. ◆ **sich anschnallen** *ref* abrocharse el cinturón (de seguridad).

ạn|schneiden *vt (unreg)* **- 1.** [schneiden] cortar **- 2.** *fig* [ansprechen] abordar.

ạn|schreiben *(unreg)* ◇ *vt* **- 1.** [Schulden] apuntar ; **er ist bei mir gut/schlecht angeschrieben** tengo/no tengo una buena opinión de él **- 2.** [per Brief] escribir a ; **alle Mitglieder wurden angeschrieben** se informó por escrito a todos los miembros **- 3.** [aufschreiben] escribir, anotar. ◇ *vi* : **~ lassen** [im Geschäft] comprar al fiado ; [in der Kneipe] hacer anotar en la cuenta.

ạn|schreien *vt (unreg)* gritar a.

Ạn|schrift *die* dirección *f*.

ạn|schuldigen *vt geh* imputar ; **jn wegen einer Sache** *(G)* **~** acusar a alguien de algo, culpar a alguien de algo.

Ạnschuldigung (*pl* **-en**) *die* acusación *f*.

ạn|schwellen (*perf* **ist ạngeschwollen**) *vi (unreg)* **- 1.** [dick werden] hincharse **- 2.** [Fluss] crecer **- 3.** [stärker werden] aumentar ; [Ton] elevarse.

ạn|schwemmen *vt* arrastrar.

ạn|sehen *(unreg)* ◇ *vt* mirar ; **sich** *(D)* **etw ~** [zur Unterhaltung] ver algo ; **sich** *(D)* **etw/jn ~** [zur Prüfung] examinar algo/a alguien ; **man sieht jm etw an** se le nota algo a alguien ; **man sieht ihm sein Alter nicht an** no aparenta la edad que tiene ; **man sieht dem Haus den Preis nicht an** no parece que la casa tenga ese precio ; **etw/jn als etw ~** considerar algo/a alguien como algo ; **jn als Genie ~** considerar a alguien un genio ; **etw nicht (mit) ~ können** no querer ser testigo de algo. ◇ *vi* : **sieh mal an!** ¡mira por dónde!

Ạnsehen *das (ohne Pl)* **- 1.** [Ruf] imagen *f* **- 2.** [Anblick] vista *f* ; **vom ~** de vista.

ạnsehnlich *adj* **- 1.** [groß] considerable **- 2.** [schön] atractivo(va).

ạn sein (*perf* **ist ạn gewesen**) *vi (unreg)* estar encendido(da).

ạn|setzen ◇ *vt* **- 1.** [in Stellung bringen] colocar ; **etw an den Mund ~** llevar algo a los labios **- 2.** [festsetzen] fijar **- 3.** [Stück] : **etw an etw** *(A)* **~** colocar algo en algo **- 4.** [Person] : **jn auf etw** *(A)* **~** encargar algo a alguien **- 5.** [zubereiten] hacer **- 6.** [anlagern] acumular ; **Rost ~** oxidarse ; **er hat Fett angesetzt** ha ganado un par de kilos. ◇ *vi* **- 1.** [anfangen] comenzar ; **zu etw ~** prepararse para algo **- 2.** [im Kochtopf] añadir, echar.

Ạnsicht (*pl* **-en**) *die* **- 1.** [Meinung] parecer *m*, opinión *f* ; **der gleichen/anderer ~ sein** ser de la misma/otra opinión ; **meiner ~ nach** según mi parecer ODER opinión, en mi opinión **- 2.** *(ohne Pl)* : **zur ~** [zur Probe] de muestra **- 3.** [Abbildung] vista *f*. ◆ **Ansichten** *pl* ideas *fpl*.

Ạnsichts|karte *die* (tarjeta *f*) postal *f*.

ansọnsten *adv* por lo demás.

ạn|spannen *vt* **- 1.** [straff spannen] tensar **- 2.** [anstrengen] agotar **- 3.** : **den Wagen ~** enganchar el caballo al carro.

Ạn|spannung *die* tensión *f*.

ạn|spielen ◇ *vi* : **auf etw/jn ~** aludir algo/a alguien, referirse a algo/alguien. ◇ *vt* SPORT pasar la pelota a.

Ạnspielung (*pl* **-en**) *die* alusión *f*.

ạn|spornen ['anʃpɔrnən] *vt* estimular ; **jn zu etw ~** estimular a alguien a algo.

Ạnsprache (*pl* **-n**) *die* discurso *m* ; **eine kurze ~ halten** pronunciar unas palabras.

ạnsprechbar *adj* : **nicht ~ sein** [schlecht gelaunt] no estar de humor ; [beschäftigt] estar ocupado(da) ; [nicht zu sprechen] no querer hablar con nadie.

ạn|springen (*perf* **hat/ist ạngesprungen**) *(unreg)* ◇ *vt (hat)* saltar ; **der Hund springt den Einbrecher an** el perro embiste al ladrón. ◇ *vi (ist)* **- 1.** [Auto, Motor] arrancar **- 2.** *fam* [reagieren] : **auf etw** *(A)* **~** aceptar algo.

Ạn|spruch *der* derecho *m* ; **hohe Ansprüche stellen** ser muy exigente ; **etw in ~ nehmen** hacer uso de algo, valerse de algo ; **jn in ~ nehmen** recurrir a alguien ; **die Kinder nehmen mich stark in ~** los niños me dan mucho trabajo ; **dieses Projekt nimmt mich stark in ~** este proyecto me mantiene muy ocupado(da) ; **er ist sehr in ~ genommen** está muy ocupado.

ạnspruchslos ['anʃpruxsloːs] *adj* **- 1.** [Leben] sin pretensiones ; [Person] poco exigente ; **das ist eine ~e Pflanze** esta planta requiere pocos cuidados **- 2.** [einfach] sencillo(lla).

ạnspruchsvoll ['anʃpruxsfɔl] *adj* [Mensch, Zeitung] exigente ; [Programm] complejo(ja).

ạn|stacheln ['anʃtaxl̩n] *vt* incitar ; **jn zu etw ~** incitar a alguien a algo.

Ạnstalt (*pl* **-en**) *die* **- 1.** [Institution] institución *f* **- 2.** [Irrenanstalt] centro *m* psiquiátrico.

Ạnstand *der (ohne Pl)* (buenos) modales *mpl*.

ạnständig ◇ *adj* **- 1.** [ordentlich, integer] correcto(ta) ; [Wohnung] decente ; **ein ~er Preis** un precio razonable **- 2.** *fam* [groß] buen(o)(na) ; **eine ~e Tracht Prügel** una buena paliza ; **einen ~en Dämpfer verdie-**

nen llevarse un buen corte. <> *adv* - **1.** [ordentlich, integer] correctamente - **2.** *fam* [kräftig] un montón, bastante.

anstandslos *adv* sin más.

an|starren *vt* clavar los ojos en, mirar fijamente.

anstatt *präp* : **~ einer Sache/js** en lugar de algo/alguien, en vez de algo/alguien. ◆ **anstatt dass** *konj* en lugar de. ◆ **anstatt zu** *konj* en lugar de.

an|stecken <> *vt* - **1.** [infizieren, mitreißen] contagiar ; **jn mit etw ~** contagiar algo a alguien ; **er steckte uns alle mit seinem Lachen an** nos contagió a todos la risa - **2.** [anzünden] encender ; **ein Haus ~** prender fuego a una casa - **3.** [anheften] poner. <> *vi* ser contagioso(sa). ◆ **sich anstecken** *ref* : **sich mit etw ~** contagiarse de algo ; **sie hat sich bei ihrer Schwester mit Grippe angesteckt** su hermana le ha contagiado la gripe.

ansteckend *adj* contagioso(sa).

Ansteckung (*pl* **-en**) *die* contagio *m*.

an|stehen *vi (unreg)* - **1.** [in Schlange] hacer cola - **2.** [Problem] haber pendiente - **3.** *geh* [passen] : **jm gut/schlecht ~** ser/no ser correcto(ta) por parte de alguien ; **es würde dir gut ~, wenn du dich entschuldigen würdest** estaría bien que te disculparas ; **es steht mir nicht an, das zu tun** no creo conveniente hacer eso.

an|steigen (*perf* **ist angestiegen**) *vi (unreg)* - **1.** [aufwärts führen] subir ; **steil ~ sein** muy empinado(da) - **2.** [Temperatur, Wasser] subir - **3.** [zunehmen] aumentar.

anstelle *präp* : **~ einer Sache/js, ~ von etw/jm** en lugar de algo/alguien.

an|stellen *vt* - **1.** [Gerät] poner en marcha ; [Fernseher] encender ; **das Wasser ~** abrir la llave del agua - **2.** [Angestellte] contratar - **3.** [zustande bringen] hacerse ; **wie soll ich das ~?** ¿cómo me las arreglo?

An|stellung *die* empleo *m*.

Anstieg (*pl* **-e**) *der* subida *f*.

an|stiften *vt* : **jn zu etw ~** instigar a alguien a algo.

Anstifter (*pl* **-**) *der* instigador *m*, -ra *f*.

An|stoß *der* - **1.** [Impuls] impulso *m* ; [Idee] idea *f* ; **den ~ zu etw geben** impulsar algo - **2.** *(ohne Pl)* [Ärger] : **an etw** *(D)* **~ nehmen** escandalizarse por algo - **3.** SPORT saque *m*.

an|stoßen (*perf* **hat/ist angestoßen**) *(unreg)* <> *vt (hat)* golpear ; **sich** *(D)* **etw ~** golpearse algo. <> *vi* - **1.** *(ist)* [sich stoßen] darse un golpe - **2.** *(hat)* [angrenzen] : **an etw** *(A)* **~** colindar con algo - **3.** *(hat)* [mit Gläsern] : **(mit jm) auf etw/jn ~** brindar (con alguien) por algo/a la salud de alguien - **4.** *(hat)* SPORT sacar.

an|strahlen *vt* - **1.** [beleuchten] iluminar ; [Schauspieler] enfocar - **2.** [anlächeln] mirar con expresión radiante.

an|streichen *vt (unreg)* - **1.** [streichen] pintar - **2.** [kennzeichnen] marcar.

an|strengen ['anʃtrɛŋən] *vt* - **1.** [ermüden] cansar - **2.** [einsetzen] agotar ; **den Kopf ~** hacer trabajar la cabeza - **3.** [Prozess] presentar. ◆ **sich anstrengen** *ref* esforzarse.

Anstrengung (*pl* **-en**) *die* esfuerzo *m*.

Anstrich *der (ohne Pl)* - **1.** [Farbe] (mano *f* de) pintura *f* - **2.** [Schein] aires *mpl* ; **sich** *(D)* **einen ~ von etw geben** darse aires de algo, dárselas de algo ; **einer Sache** *(D)* **einen neuen/seriösen ~ geben** dar una imagen nueva/seria a algo.

Ansturm *der (ohne Pl)* [der Flut] afluencia *f* ; [auf eine Festung] asalto *m* ; [auf ein Sonderangebot] demanda *f*.

an|stürmen (*perf* **ist angestürmt**) *vi* : **gegen etw/jn ~** embestir contra algo/alguien.

Antarktis *die* Antártida *f*.

Anteil (*pl* **-e**) *der* - **1.** [Teil] parte *f* - **2.** [Teilnahme] : **an etw** *(D)* **~ haben** participar en algo ; **an etw** *(D)* **~ nehmen** [bemitleiden] sentir compasión por algo ; [sich beteiligen] participar en ODER de algo.

Anteilnahme *die (ohne Pl)* - **1.** [Mitleid] compasión *f* ; [Beileid] pésame *m* - **2.** [Interesse] participación *f* ; **mit ~ zuhören** escuchar con interés.

Antenne (*pl* **-n**) *die* - **1.** TECH antena *f* - **2.** [Gefühl] : **eine/keine ~ für etw haben** tener/no tener sensibilidad para algo ; **er hat keine ~ für klassische Musik** no tiene sensibilidad para la música clásica, a él no le emociona la música clásica.

Anti|alkoholiker, in [anti|alko'hoːlikɐ, rɪn] (*mpl* **-**, *fpl* **-nen**) *der, die* abstemio *m*, -mia *f*.

antiautoritär [antiautori'tɛːɐ̯] <> *adj* antiautoritario(ria). <> *adv* de forma antiautoritaria.

Antibiotikum [anti'bioːtikum] (*pl* **-ka**) *das* antibiótico *m*.

antifaschistisch *adj* antifascista.

antik [an'tiːk] *adj* antiguo(gua).

Antike [an'tiːkə] *die (ohne Pl)* Antigüedad *f*.

Anti|körper *der* anticuerpo *m*.

Antillen *fpl* : **die ~** las Antillas.

Antilope [anti'loːpə] (*pl* **-n**) *die* antílope *m*.

an|tippen *vt* [Gegenstand, Thema] tocar.

antiquarisch *adj* usado(da) ; [wertvoll] de anticuario.

Antiquität [antikvi'tɛːt] (*pl* **-en**) *die* pieza *f* de anticuario.

Antrag ['antraːk] (*pl* **Anträge**) *der* [Gesuch, Vorschlag] solicitud *f*; POL moción *f*; **einen ~ auf etw** *(A)* **stellen** presentar una solicitud de ODER para algo.

Antrags|formular *das* formulario *m* de solicitud.

an|treffen *vt (unreg)* encontrar.

an|treiben *vt (unreg)* - **1.** [Wagen, Gerät] propulsar, accionar - **2.** [Person] estimular; **jn zu etw ~** hacer que alguien haga algo - **3.** [anschwemmen] arrastrar.

an|treten (*perf* **hat/ist angetreten**) *(unreg)* <> *vt (hat)* - **1.** [beginnen] iniciar; **eine neue Stelle ~** incorporarse a un nuevo puesto de trabajo - **2.** [Erbschaft] adir, suceder. <> *vi (ist)* - **1.** [sich aufstellen] apostarse; **die Soldaten müssen ~** los soldados tienen que formar - **2.** [kämpfen]: **gegen jn ~** enfrentarse a alguien.

Antrieb *der (ohne Pl)* - **1.** [Kraft] propulsión *f*, accionamiento *m* - **2.** [Motivation] impulso *m*.

an|trinken *vt (unreg)*: **sich** *(D)* **Mut ~** beber para envalentonarse; **sich** *(D)* **einen Schwips ~** pillar una moña.

Antritt *der (ohne Pl)* - **1.** [Beginn] inicio *m*; [einer Erbschaft] sucesión *f* - **2.** [Aufstellung] formación *f*.

an|tun *vt (unreg)* - **1.** [zufügen] hacer; **tu dir keinen Zwang an!** ¡no te cortes!; **jm/sich etwas ~** [töten] matar a alguien/atentar contra la propia vida - **2.** [erweisen]: **jm zu viel Ehre ~** hacer demasiados honores a alguien - **3.** [lieben]: **es jm angetan haben** encantar ODER haber encantado a alguien.

Antwort ['antvɔrt] (*pl* **-en**) *die* respuesta *f*; **die ~ auf etw** *(A)* la respuesta a algo; **~/keine ~ geben** dar una/no dar ninguna respuesta.

antworten <> *vi* - **1.** [erwidern] responder, contestar; **auf etw** *(A)* **~** responder ODER contestar a algo - **2.** *fig* [reagieren] responder. <> *vt* responder, contestar.

an|vertrauen *vt*: **jm etw ~** confiar algo a alguien.

an|visieren ['anviziːrən] *vt* proponerse.

an|wachsen ['anvaksn̩] (*perf* **ist angewachsen**) *vi (unreg)* - **1.** [festwachsen] echar raíces - **2.** [sich erhöhen] incrementarse.

Anwalt ['anvalt] (*pl* **Anwälte**) *der* - **1.** [Rechtsanwalt] abogado *m* - **2.** *fig* [Fürsprecher] defensor *m*.

Anwältin ['anvɛltɪn] (*pl* **-nen**) *die* - **1.** [Rechtsanwältin] abogada *f* - **2.** *fig* [Fürsprecherin] defensora *f*.

Anwalts|büro *das* bufete *m* (de abogados).

Anwärter, in (*mpl* **-**, *fpl* **-nen**) *der, die* candidato *m*, -ta *f*; **ein ~ auf etw** *(A)* un candidato a algo.

an|weisen *vt (unreg)* - **1.** [zeigen] mostrar, indicar; **jm etw ~** mostrar ODER indicar algo a alguien - **2.** [beauftragen]: **jn ~, etw zu tun** encargar a alguien de hacer algo - **3.** [überweisen] girar.

Anweisung *die* - **1.** [Befehl] encargo *m*, orden *f*; **eine ~ genau befolgen** seguir unas instrucciones al pie de la letra - **2.** [Zahlung] giro *m*.

anwendbar *adj* aplicable; **auf etw/jn ~ sein** ser aplicable a algo/alguien.

an|wenden *vt* - **1.** [Hilfsmittel] aplicar - **2.** [Methode, Regel]: **etw auf etw/jn ~** aplicar algo a algo/alguien - **3.** [Gewalt, List] usar, emplear.

Anwendung *die* - **1.** [Verwendung, Einsatz] aplicación *f*; [von Gewalt, eines Tricks] uso *m*, empleo *m* - **2.** [von Methode, Regel] aplicación *f*, uso *m*.

an|werben *vt (unreg)* contratar.

anwesend *adj* presente; **bei etw ~ sein** estar presente durante algo, asistir a un evento.

Anwesenheit *die (ohne Pl)* presencia *f*; **in js ~, in ~ von jm** en presencia de alguien.

an|widern ['anviːdɐn] *vt* dar asco.

Anwohner, in (*mpl* **-**, *fpl* **-nen**) *der, die* vecino *m*, -ina *f*.

Anzahl *die (ohne Pl)* número *m*, cifra *f*.

an|zahlen *vt* pagar una señal por; **100 Mark ~** pagar 100 marcos de señal.

An|zahlung *die* pago *m* a cuenta, enganche *m Amér*.

An|zeichen *das* signo *m*; [von Krankheit] síntoma *m*.

Anzeige ['antsaigə] (*pl* **-n**) *die* - **1.** [Bekanntgabe - in Zeitung] anuncio *m Esp*, aviso *m Amér*; [- als Brief] comunicado *m* - **2.** [auf Tafel] indicador *m*; [des Spielstands] marcador *m* - **3.** [Strafanzeige] denuncia *f*; **gegen etw/jn ~ erstatten** presentar denuncia contra algo/alguien.

an|zeigen *vt* - **1.** [melden] denunciar - **2.** [zeigen] indicar.

Anzeigen|teil *der* apartado *m* ODER sección *f* de anuncios.

an|zetteln ['antsɛtl̩n] *vt* planear.

an|ziehen *(unreg)* <> *vt* - **1.** [Kleidung] ponerse; **jm/sich etw ~** poner algo a alguien/ponerse algo - **2.** [Person]: **jn ~** vestir a alguien - **3.** [magnetisch, anlocken] atraer - **4.** [festziehen] apretar; [Draht, Tau] tensar; **die Handbremse ~** poner el freno de mano - **5.** [Körperteil] encoger. <> *vi* - **1.** [steigen] subir - **2.** [beschleunigen] acelerar. ◆ **sich anziehen** *ref* - **1.** [Person] vestirse ; **sich warm ~** abrigarse - **2.** [Sachen] : **sich gegenseitig ~** atraerse mutuamente.

anziehend *adj* atractivo(va).

Anziehungs|kraft *die* - **1.** PHYS fuerza *f* de atracción - **2.** *fig* [Reiz] atractivo *m*.

An|zug *der* - **1.** [Kleidungsstück] traje *m* - **2.** [Nähern] : **im ~ sein** aproximarse.

anzüglich ['antsy:klıç] <> *adj* obsceno(na) ; **~e Witze** chistes verdes. <> *adv* obscenamente.

an|zünden *vt* encender ; **ein Haus ~** prender fuego a una casa, incendiar una casa.

an|zweifeln *vt* poner en duda.

AOK [a:'o:'ka:] (*abk für* **Allgemeine Ortskrankenkasse**) *die (ohne Pl)* seguro *m* general de enfermedad.

Apartment = **Appartement**.

Aperitif [aperi'ti:f] (*pl* **-s**) *der* aperitivo *m*, copetín *m Amér*.

Apfel ['apfl̩] (*pl* **Äpfel**) *der* manzana *f*.

Apfel|baum *der* manzano *m*.

Apfel|kuchen *der* pastel *m* de manzana.

Apfel|mus *das* compota *f* de manzana *(en puré)*.

Apfel|saft *der* zumo *m* de manzana *Esp*, jugo *m* de manzana *Amér*.

Apfelsine [apfl̩'zi:nə] (*pl* **-n**) *die* naranja *f*.

Apfel|wein *der* sidra *f*.

Apostel [a'pɔstl] (*pl* **-**) *der* apóstol *m*.

Apostroph [apo'stro:f] (*pl* **-e**) *der* apóstrofo *m*.

Apotheke [apo'te:kə] (*pl* **-n**) *die* farmacia *f*.

Apotheker, in (*mpl* **-**, *fpl* **-nen**) *der, die* farmacéutico *m*, -ca *f*.

Apparat [apa'ra:t] (*pl* **-e**) *der* - **1.** [Gerät, System] aparato *m* - **2.** [Telefon] : **am ~!** ¡sí, soy yo!, ¡yo mismo(ma)! - **3.** *salopp* [Riesending] armatoste *m* ; [Gepäck] bulto *m* aparatoso.

Appartement [apartə'mɑ̃:], **Apartment** [a'partmənt] (*pl* **-s**) *das* apartamento *m*.

Appell [a'pɛl] (*pl* **-e**) *der* - **1.** [Aufruf] llamamiento *m* - **2.** MIL llamada *f* a filas.

appellieren *vi* : **an etw/jn ~** apelar a algo/alguien.

Appetit [ape'ti:t] *der (ohne Pl)* apetito *m* ; **~/keinen ~ auf etw** *(A)* **haben** apetecer/no apetecer algo ; **hast du ~ auf Eis?** ¿te apetece helado? ; **guten ~!** ¡que aproveche!

appetitlich <> *adj* apetitoso(sa). <> *adv* apetitosamente.

applaudieren [aplau'di:rən] *vi* aplaudir ; **jm ~** aplaudir a alguien.

Applaus [a'plaus] *der (ohne Pl)* aplauso *m*.

Apr. (*abk für* **April**) abr.

Aprikose [apri'ko:zə] (*pl* **-n**) *die* albaricoque *m Esp*, damasco *m Amér*, chabacano *m Amér*.

April *der (ohne Pl)* abril *m* ; **~, ~!** ¡inocente, inocente! *(en Alemania el 1 de abril ; in Spanien am 28. Dezember)*.

April|scherz *der* inocentada *f*.

apropos [apro'po:] *adv* : **~ ...** hablando de ...

Aquarell [akva'rɛl] (*pl* **-e**) *das* acuarela *f*.

Aquarium [a'kva:ri̯ʊm] (*pl* **Aquarien**) *das* acuario *m*.

Äquator [ɛ'kva:tɔr] *der (ohne Pl)* ecuador *m*.

Ar [a:ɐ̯] (*pl* **-e** ODER **-**) *der* ODER *das* área *f*.

Ära ['ɛ:ra] (*pl* **Ären**) *die* era *f*.

Araber, in ['arabɐ, rın] (*mpl* **-**, *fpl* **-nen**) *der, die* árabe *mf*.

Arabien *nt* Arabia *f*.

arabisch *adj* árabe.

Arabisch *das (ohne Pl)* árabe *m* ; *siehe auch* **Englisch**.

Arabische *das (ohne Pl)* árabe *m* ; *siehe auch* **Englische**.

Aragonien *nt* Aragón *m*.

Arbeit ['arbait] (*pl* **-en**) *die* - **1.** [Tätigkeit] trabajo *m* ; **bei der ~ sein** estar trabajando ; **etw ist in ~** algo está en marcha - **2.** *(ohne Pl)* [Arbeitsplatz] trabajo *m* - **3.** *(ohne Pl)* [Mühe] trabajo *m* - **4.** [Leistung, Werk] obra *f* - **5.** [Klassenarbeit] examen *m*.

arbeiten <> *vi* - **1.** [Person] trabajar ; **an etw** *(D)* **~** trabajar en algo ; **an sich** *(D)* **~** trabajar en sí mismo(ma) - **2.** [Maschine] funcionar. <> *vt* trabajar ; **was arbeitet er?** ¿qué hace él?, ¿en qué trabaja? ; **sich** *(D)* **die Finger/Hände wund ~** trabajar hasta que sangren los dedos ODER las manos.

Arbeiter (*pl* **-**) *der* trabajador *m*.

Arbeiterin (*pl* **-nen**) *die* trabajadora *f*.

Arbeiterschaft *die (ohne Pl)* clase *f* obrera.

Arbeitgeber, in (*mpl* **-**, *fpl* **-nen**) *der, die* patrón *m*, -ona *f* ; [Betrieb] empresario *m*, -ria *f*.

Arbeitnehmer, in (*mpl* **-**) *der, die* empleado *m*, -da *f*.

Arbeits|amt *das* oficina *f* de empleo.

Arbeits|aufwand *der (ohne Pl)* cantidad *f* de trabajo ; **einen hohen ~ erfordern** requerir mucho trabajo.

Arbeits|bereich *der* - **1.** [Zuständigkeitsbereich] campo *m* de trabajo - **2.** [Arbeitsort] ámbito *m* de trabajo.

arbeitsfrei *adj* libre.

Arbeits|kraft *die (ohne Pl)* [Leistungsfähigkeit] capacidad *f* productiva. ◆ **Arbeitskräfte** *pl* mano *f* de obra.

Arbeits|kreis *der* grupo *m* de trabajo.

arbeitslos *adj* parado(da).

Arbeitslose (*pl* -n) *der, die* parado *m*, -da *f*.

Arbeitslosigkeit *die (ohne Pl)* desempleo *m*.

Arbeits|markt *der* mercado *m* laboral.

Arbeits|platz *der* - **1.** [Stellung, Job] puesto *m* de trabajo - **2.** [Ort] lugar *m* de trabajo.

arbeitsscheu *adj* vago(ga).

Arbeits|speicher *der* memoria *f* de trabajo.

Arbeits|stelle *die* - **1.** [Stellung] puesto *m* de trabajo - **2.** [Ort; Abteilung] lugar *m* de trabajo.

Arbeits|suche *die* búsqueda *f* de trabajo ; **auf ~ sein** estar buscando trabajo.

Arbeits|tag *der* jornada *f* laboral.

Arbeits|teilung *die* división *f* del trabajo.

Arbeits|unfall *der* accidente *m* laboral.

Arbeits|vermittlung *die* tramitación *f* de trabajo.

Arbeits|weise *die* manera *f* de trabajar.

Arbeits|zeit *die* horario *m* laboral.

Arbeits|zimmer *das* despacho *m*.

Archäologe [arçεo'loːgə] (*pl* -n) *der* arqueólogo *m*.

Archäologin [arçεo'loːgɪn] (*pl* -nen) *die* arqueóloga *f*.

Arche ['arçə] (*pl* -n) *die* : **die ~ Noah** el arca *f* de Noé.

Architekt, in [arçi'tεkt, ɪn] (*mpl* -en, *fpl* -nen) *der, die* arquitecto *m*, -ta *f*.

Architektur [arçitεk'tuːɐ̯] *die (ohne Pl)* arquitectura *f*.

Archiv [ar'çiːf] (*pl* -e) *das* archivo *m*.

archivieren [arçi'viːrən] *vt* archivar.

ARD [aːεr'deː] (*abk für* **Arbeitsgemeinschaft der öffentlich-rechtlichen Rundfunkanstalten der Bundesrepublik Deutschland**) *die primer canal de televisión estatal en Alemania*.

Arena [a'reːna] (*pl* **Arenen**) *die* arena *f*; [für Stierkampf] plaza *f* de toros.

arg [ark] (*kompar* **ärger**, *superl* **ärgste**) ◇ *adj* malo(la) ; **js ärgster Feind** el enemigo acérrimo de alguien, el peor enemigo de alguien ; **~e Schmerzen** fuertes dolores. ◇ *adv* [bei Adjektiv] muy ; [bei Verb] mucho.

Argentinien *nt* Argentina *f*.

Ärger ['εrgɐ] *der (ohne Pl)* - **1.** [Verärgerung] enfado *m* - **2.** [Problem] problema *m* ; **(jm) ~ machen** poner dificultades (a alguien).

ärgerlich ◇ *adj* - **1.** [verärgert] enfadado(da) ; **über etw** *(A)* **/auf jn ~ sein** estar enfadado(da) por algo/con alguien - **2.** [unangenehm] desagradable, fregado(da) *Amér* ; **wie ~, dass ...!** ¡qué rabia, que ...! ◇ *adv* malhumoradamente.

ärgern *vt* enfadar, molestar, fregar *Amér*. ◆ **sich ärgern** *ref* enfadarse, alebrestarse *Amér* ; **sich über etw/jn ~** enfadarse por algo/por culpa de alguien.

Ärgernis (*pl* -se) *das* [Ärgerliches] fastidio *m*.

Argument (*pl* -e) *das* argumento *m*.

argumentieren *vi* : **(für/gegen etw) ~** argumentar (en pro/en contra de algo).

Argwohn *der (ohne Pl)* desconfianza *f*.

argwöhnisch ◇ *adj* desconfiado(da). ◇ *adv* con recelo.

Arie ['aːri̯ə] (*pl* -n) *die* aria *f*.

aristokratisch *adj* aristocrático(ca).

Arithmetik *die (ohne Pl)* aritmética *f*.

Arkade (*pl* -n) *die* arcada *f*.

Arktis *die* tierras *fpl* árticas.

arm (*kompar* **ärmer**, *superl* **ärmste**) ◇ *adj* pobre ; **um 50 DM ärmer sein** tener 50 DM menos ; **dieser Mann ist ~ dran** *fam* este hombre tiene la negra. ◇ *adv* sin recursos ; **~ aussehen** parecer pobre.

Arm (*pl* -e) *der* - **1.** [Körperteil] brazo *m* ; **etw/jn im ~ halten** tomar algo/a alguien en brazos - **2.** [einer Maschine] brazo *m* - **3.** [Ärmel] manga *f* - **4.** [Flussarm] brazo *m* - **5.** *RW* : **jn auf den ~ nehmen** tomar el pelo a alguien ; **jn mit offenen ~en aufnehmen** recibir a alguien con los brazos abiertos. ◆ **Arm in Arm** *adv* agarrados(das) del brazo.

Armatur (*pl* -en) *die* armadura *f*. ◆ **Armaturen** *pl* - **1.** [sanitär] grifería *f* - **2.** [Schaltinstrumente] mandos *mpl*.

Armaturen|brett *das* cuadro *m* de mandos.

Arm|band (*pl* -bänder) *das* correa *f*.

Armband|uhr *die* reloj *m* de pulsera.

Arm|binde *die* brazalete *m* ; [medizinisch] cabestrillo *m*.

Arme (*pl* -n) *der, die* - **1.** [Bedauernswerte] pobrecito *m*, -ta *f* - **2.** [Mittellose] pobre *mf*.

Armee [ar'meː] (*pl* -n) *die* ejército *m*.

Ärmel (*pl* -) *der* manga *f* ; **die ~ hochkrempeln** [hochstreifen] arremangarse ; [sich anstrengen] ponerse manos a la obra.

Ärmelkanal *der* Canal *m* de la Mancha.

Arm|lehne *die* brazo *m*.

ärmlich ◇ *adj* humilde. ◇ *adv* humildemente.

armselig *adj* miserable.

Armut *die (ohne Pl)* pobreza *f*.

Aroma (*pl* **-s** ODER **Aromen**) *das* aroma *m*.

arrangieren [arɑ̃ŋ'ʒiːrən] *vt* - **1.** [organisieren] organizar - **2.** [Musik] arreglar.

Arrest (*pl* **-e**) *der* arresto *m* ; **jn unter ~ stellen** arrestar a alguien.

arrogant <> *adj* arrogante. <> *adv* con arrogancia.

Arroganz *die (ohne Pl)* arrogancia *f*.

Arsch (*pl* **Ärsche**) *der salopp* - **1.** [Gesäß] culo *m* - **2.** [Blödmann] gilipollas *mf* - **3.** *RW* : **jm in den ~ kriechen** *vulg* lamer el culo a alguien.

Arsen *das (ohne Pl)* arsénico *m*.

Art (*pl* **-en**) *die* - **1.** [Weise] forma *f*, modo *f* ; **auf seine/eine andere ~** a su/de otra manera ; **in der ~ von jm , in js ~** a la manera de alguien ; **die ~ und Weise(, wie ...)** la forma en la que ... ; **nach ~ des Hauses** de la casa - **2.** *(ohne Pl)* [Wesen, Verhalten] forma *f* de ser ; **dass es nur so eine ~ hat** de forma increíble - **3.** [Sorte] clase *f*, tipo *m* ; **eine ~ von ...** una especie de ... ; **aller** ODER **jeder ~** de toda clase ; **in seiner/dieser ~** en su/este estilo - **4.** BIOL especie *f*.

Artensterben *das (ohne Pl)* extinción *f* de especies.

Arterie (*pl* **-n**) *die* arteria *f*.

Arterio|sklerose *die* arterio(e)sclerosis *f*.

Arthritis *die* artritis *f*.

artig <> *adj* obediente. <> *adv* obedientemente.

Artikel (*pl* **-**) *der* artículo *m* ; **der bestimmte/unbestimmte ~** el artículo determinado/indeterminado.

artikulieren *vt* - **1.** [Laute, Wörter] articular - **2.** [Gedanken] expresar.

Artillerie (*pl* **-n**) *die* artillería *f*.

Artischocke (*pl* **-n**) *die* alcachofa *f*.

Artist, in (*mpl* **-en**, *fpl* **-nen**) *der, die* [im Zirkus] artista *mf*.

artistisch *adj* artístico(ca).

Arznei (*pl* **-en**) *die* medicamento *m*.

Arzt [aːɐ̯tst] (*pl* **Ärzte**) *der* médico *m*.

Arzt|helfer, in *der, die* auxiliar *mf* de médico.

Ärztin ['ɛːɐ̯tstɪn] (*pl* **-nen**) *die* doctora *f*, médica *f*.

ärztlich *adj* médico(ca).

Arzt|praxis *die* consulta *f* médica.

as, As (*pl* **as, As**) *das* la *m* bemol.

As (*pl* **-se**) *das* = **Ass**.

Asbest (*pl* **-e**) *das* amianto *m*.

Asche (*pl* **-n**) *die* ceniza *f*.

Aschen|becher *der* cenicero *m*.

Aschen|puttel (*pl* **-**) *das* Cenicienta *f*.

Ascher|mittwoch *der* Miércoles *m* de Ceniza.

Asiat, in (*mpl* **-en**, *fpl* **-nen**) *der, die* asiático *m*, -ca *f*.

asiatisch *adj* asiático(ca).

Asien *nt* Asia *f*.

asozial <> *adj* asocial. <> *adv* de forma asocial ODER poco cívica.

Aspekt (*pl* **-e**) *der* aspecto *m*.

Asphalt [as'falt] (*pl* **-e**) *der* asfalto *m*, chapopote *m Amér*.

asphaltieren *vt* asfaltar.

Aspik *der* gelatina *f*.

aß *prät* ▷ **essen**.

Ass (*pl* **-e**) *das* [Spielkarte, Könner] as *m*.

Assessmentcenter (*pl* **-**) *das* centro *m* de evaluación.

Assistent, in (*mpl* **-en**, *fpl* **-nen**) *der, die* asistente *mf*.

assistieren *vi* asistir ; **jm bei etw ~** asistir a alguien en algo.

Ast (*pl* **Äste**) *der* rama *f* ; **sich** *(D)* **einen ~ lachen** *fig fam* desternillarse de risa.

AStA ['asta] (*pl* **ASten**) (*abk für* **Allgemeiner Studentenausschuss**) *der* Asociación *f* General de Estudiantes Universitarios de Alemania.

Aster (*pl* **-n**) *die* aster *m*.

Ast|gabel *die* horcadura *f*.

Ästhetik [ɛs'teːtɪk] (*pl* **-en**) *die* estética *f*.

Asthma *das (ohne Pl)* asma *f*.

Astrologie *die (ohne Pl)* astrología *f*.

astrologisch *adj* astrológico(ca).

Astronaut, in (*mpl* **-en**, *fpl* **-nen**) *der, die* astronauta *mf*.

Astronomie *die (ohne Pl)* astronomía *f*.

Asturien *nt* Asturias *fpl*.

Asyl (*pl* **-e**) *das* - **1.** *(ohne Pl)* [Zuflucht] asilo *m* - **2.** [Obdachlosenasyl] asilo *m* nocturno.

Asylant (*pl* **-en**) *der* asilado político.

Asylantin (*pl* **-nen**) *die* asilada política.

Asyl|bewerber, in *der, die* solicitante *mf* de asilo político.

Asylrecht *das (ohne Pl)* derecho *m* de asilo.

asymmetrisch *adj* asimétrico(ca).

Atem *der (ohne Pl)* - **1.** [die Atmung] respiración *f* ; **außer ~ sein** estar sin aliento - **2.** [die Atemluft] aliento *m* ; **~ holen** [einatmen] respirar ; [sich ausruhen] tomar aliento - **3.** *RW* : **jn in ~ halten** [nicht zur Ruhe kommen lassen] no dar ni un segundo de descanso a alguien ; [in Spannung versetzen] tener a alguien en vilo ; **jm den ~ verschlagen** dejar estupefacto(ta) a alguien.

atemberaubend <> *adj* impresionante. <> *adv* de manera impresionante.

atemlos <> *adj* - **1.** [außer Atem] sin aliento - **2.** [gespannt] absorto(ta). <> *adv* - **1.** [außer Atem] sin aliento - **2.** [gespannt] de forma absorta.

Atem|not *die (ohne Pl)* asfixia *f*.

Atem|pause *die* pausa *f* respiratoria.

Atem|zug *der* respiración *f*.

Atheist, in (*mpl* **-en**, *fpl* **-nen**) *der, die* ateo *m*, -a *f*.

Äther *(ohne Pl) der* éter *m*.

Äthiopien *nt* Etiopía *f*.

Athlet, in (*mpl* **-en**, *fpl* **-nen**) *der, die* atleta *mf*.

athletisch <> *adj* atlético(ca). <> *adv* atléticamente.

Atlantik *der* Atlántico *m*.

Atlas (*pl* **-se** ODER **Atlanten**) *der* - **1.** [Buch] atlas *m* - **2.** *(Pl Atlasse)* [Satin] satén *m*.

atmen *vi, vt* respirar.

Atmosphäre (*pl* **-n**) *die* - **1.** [Luft] atmósfera *f* - **2.** *(ohne Pl)* [Stimmung] ambiente *m*.

Atmung *die (ohne Pl)* respiración *f*.

Atoll (*pl* **-e**) *das* atolón *m*.

Atom (*pl* **-e**) *das* átomo *m*.

atomar *adj* atómico(ca), nuclear ; [Struktur, Gewicht] atómico(ca).

Atom|bombe *die* bomba *f* atómica.

Atom|kraft *die (ohne Pl)* energía *f* nuclear.

Atom|kraftwerk *das* central *f* nuclear.

Atom|krieg *der* guerra *f* nuclear.

Atom|macht *die* potencia *f* nuclear.

Atom|müll *der (ohne Pl)* residuos *mpl* radiactivos.

Atom|sprengkopf *der* cabeza *f* atómica.

Atom|waffe *die* arma *f* nuclear.

Attentat (*pl* **-e**) *das* atentado *m*.

Attentäter, in (*mpl* **-**, *fpl* **-nen**) *der, die* autor *m*, -ra *f* de un atentado.

Attest (*pl* **-e**) *das* justificante *m* médico.

Attraktion (*pl* **-en**) *die* atracción *f*.

attraktiv *adj* atractivo(va).

Attrappe (*pl* **-n**) *die* imitación *f* ; [Schießfigur] figura *f*.

Attribut (*pl* **-e**) *das* atributo *m*.

au *interj* [Ausdruck von Schmerz] : **au!** ¡ay!

Aubergine [obɛr'ʒiːnə] (*pl* **-n**) *die* berenjena *f*.

auch *adv* - **1.** [ebenfalls] también ; **~ nicht** tampoco ; **~ das noch!** ¡lo que faltaba! - **2.** [sogar] incluso - **3.** [bestimmt] en efecto - **4.** [zum Ausdruck einer Begründung] es que ... ; **er war in drei Minuten hier, aber er fährt ~ wie ein Wahnsinniger** en tres minutos estaba aquí, y es que conduce como un loco - **5.** [zum Ausdruck der Beliebigkeit] no importa ... ; **wo du dich ~ versteckst, ich werde dich finden** te encontraré, no importa dónde te escondas ; **wer es ~ gewesen sein mag** no importa quién haya sido.

Audienz (*pl* **-en**) *die* audiencia *f*.

audiovisuell [audiovi'zuɛl] *adj* audiovisual.

auf <> *präp* - **1.** *(+ D)* [zur Angabe einer Position, oben auf] en ; [auf Gegenstand] en, encima de ; **~ dem Tisch** en la mesa, sobre la mesa, encima de la mesa - **2.** *(+ D)* [an einem Ort] en - **3.** *(+ D)* [bei einem Ereignis, bei einer Beschäftigung] en ; **~ Reisen sein** estar de viaje - **4.** *(+ D)* [auf der Angelegenheit] : **die Sache beruht ~ einem Missverständnis** este asunto se debe a un malentendido ; **ich bestehe ~ einer Erklärung** exijo una explicación ; **was hat es damit ~ sich?** ¿de qué se trata? - **5.** *(+ A)* [von oben] en ; **etw ~ etw legen** poner algo encima de algo, poner algo en algo - **6.** *(+ A)* [nach oben] a ; **~ einen Berg steigen** subir a una montaña - **7.** *(+ A)* [zu einem Ort] a ; **~ die Post** a la oficina de correos - **8.** *(+ A)* [zu einem Ereignis, zu einer Beschäftigung] a ; **~ Reisen** de viaje - **9.** *(+ A)* [zur Angabe der Art und Weise] de forma ; **~ die brutale Art** de forma brutal - **10.** *(+ A)* [bei Sprachen] en - **11.** *(+ A)* [zur Angabe einer Zeitspanne] por - **12.** *(+ A)* [zur Angabe eines Anlasses] por ; **~ Wunsch meiner Eltern** por deseo de mis padres ; **~ eine Frage antworten** responder a una pregunta ; **~ etw** *(A)* **hin** debido a ODER por algo - **13.** *(+ A)* [zur Angabe einer Abfolge] a ; **von heute ~ morgen** de la noche a la mañana - **14.** *(+ A)* [zur Angabe eines Wunsches] por ; **~ dich** ODER **deine Gesundheit!** ¡a tu salud! ; **~ dass ...** por que ... - **15.** *(+ A)* [zur Angabe eines Abstandes] a - **16.** *(+ A)* [zur Angabe eines Verhältnisses] por ; **~ ein Kilo Obst braucht man ...** por cada kilo de fruta se necesita ... - **17.** *(+ A)* [auf die Angelegenheit, Sache, Person] a ; **~ etw/jn warten** esperar algo/a alguien ; **sich ~ etw freuen** esperar algo con ilusión ; **~ etw ankommen** depender de algo. <> *adv* - **1.** [aufmachen] : **Mund ~!** ¡abre la boca! - **2.** [aufstehen, aufgestanden] : **~ sein** estar levantado(da) ; **~ jetzt!** ¡arriba! <> *interj* [los, weg] ¡venga! ◆ **auf und ab** *adv* - **1.** [herauf und herunter] arriba y abajo - **2.** [hin und her] de un lado al otro.

auf|atmen *vi* tomar aire ; **erleichtert ~** dar un suspiro de alivio.

Aufbau (*pl* **-ten**) *der* - **1.** *(ohne Pl)* [Bauen] construcción *f* ; [Wiederaufbau] reconstrucción *f* - **2.** *(ohne Pl)* [Gründung] creación *f* - **3.** *(ohne Pl)* [Struktur] estructura *f* - **4.** [Anbau] ampliación *f* ; **~ten** [von Schiff] superestructura *f*.

auf|bauen *vt* - **1.** [bauen] construir ; [Zelt]

montar ; [wieder aufbauen] reconstruir - 2. [gründen, schaffen] crear - 3. [zusammensetzen] unir ; **aus etw aufgebaut sein** estar compuesto(ta) de algo - 4. [ordnen] componer - 5. [fördern] : **jn zu** ODER **als etw ~** convertir a alguien en algo - 6. [trösten] animar - 7. [begründen] : **etw auf etw** *(D)* **~** basar algo en algo.

auf|bäumen ◆ **sich aufbäumen** *ref* - 1. [Pferd] encabritarse - 2. [Person] : **sich gegen etw/jn ~** rebelarse contra algo/alguien.

auf|bauschen *vt* exagerar.

auf|bekommen *vt (unreg)* - 1. [öffnen] lograr abrir - 2. *fam* [aufessen] poder comer todo(da) - 3. [Schulaufgabe] tener que hacer.

auf|bereiten *vt* - 1. [verbessern] tratar - 2. [verarbeiten] elaborar.

auf|bessern *vt* mejorar ; [Einnahmen, Gehalt] aumentar.

auf|bewahren *vt* [Gegenstand] guardar ; [Lebensmittel] conservar.

Aufbewahrung *die (ohne Pl)* [von Gegenständen] almacenamiento *f* ; [von Lebensmitteln] conservación *f* ; [von Gepäck] consigna *f*.

auf|bieten *vt (unreg)* - 1. [Kraft, Einfluss] hacer uso de - 2. [Polizei, Militär] movilizar.

auf|blasen *vt (unreg)* inflar ; [Backen] hinchar.

auf|bleiben (*perf* **ist aufgeblieben**) *vi (unreg)* - 1. [wach bleiben] estar levantado(da) - 2. [offen bleiben] estar abierto(ta).

auf|blenden ◇ *vt* : **die Scheinwerfer ~** poner la luz larga ODER de carretera. ◇ *vi* poner la luz larga ODER de carretera.

auf|blicken *vi* - 1. [hochsehen] alzar la vista - 2. [bewundern] : **zu jm ~** admirar a alguien.

auf|blitzen (*perf* **hat/ist aufgeblitzt**) *vi* - 1. *(hat)* [Licht] centellear - 2. *(ist)* [Idee, Gedanke] pasar como un relámpago.

auf|blühen (*perf* **ist aufgeblüht**) *vi* florecer ; [Ekzem] brotar.

auf|brauchen *vt* agotar.

auf|brausen (*perf* **ist aufgebraust**) *vi* - 1. [erklingen] resonar - 2. [hochfahren] encolerizarse.

auf|brechen (*perf* **hat/ist aufgebrochen**) *(unreg)* ◇ *vt (hat)* [öffnen - mit Gewalt] forzar ; [- in krimineller Absicht] entrar por la fuerza ; [- Tresor, Auto] forzar. ◇ *vi (ist)* - 1. [abreisen] marcharse - 2. [aufreißen] abrirse ; [Erde] agrietarse.

auf|bringen *vt (unreg)* - 1. [Geld, Geduld, Kraft] reunir ; **den Mut für** ODER **zu etw ~** tener el coraje ODER el valor para hacer algo - 2. [einführen] introducir ; [Gerücht] poner en circulación - 3. [wütend machen] enfurezer - 4. [öffnen können] llegar a abrir.

Aufbruch *der (ohne Pl)* salida *f*.

auf|brühen *vt* preparar.

auf|brummen *vt fam* : **jm etw ~** imponer algo a alguien.

auf|bürden *vt* : **jm etw ~** cargar a alguien con algo ; **jm die Verantwortung ~** atribuir la responsabilidad a alguien ; **sich** *(D)* **etw ~** cargar con algo.

auf|decken *vt* - 1. [aufschlagen] descubrir, abrir - 2. [entdecken] desvelar - 3. [Spielkarten] enseñar - 4. [im Bett] : **jn ~** destapar a alguien ; **sich ~** destaparse.

auf|drängen *vt* : **jm etw ~** obligar a alguien a aceptar algo.

auf|drehen ◇ *vt* - 1. [öffnen] abrir ; [Schraube] aflojar ; [Deckel] desenroscar - 2. *fam* [laut stellen] subir el volumen de. ◇ *vi fam* - 1. [schnell fahren] dar gas - 2. [in Stimmung kommen] desmadrarse.

aufdringlich ◇ *adj* inoportuno(na) ; [Farbe] agresivo(va) ; [Parfüm] cargante. ◇ *adv* de manera insistente.

aufeinander *adv* - 1. [einer auf dem anderen] uno sobre otro (una sobre otra) ; **~ stapeln** apilar - 2. [gegenseitig] mutuamente.

aufeinander folgen (*perf* **sind aufeinander gefolgt**) *vi* seguirse.

aufeinander prallen (*perf* **sind aufeinander geprallt**) *vi* - 1. [zusammenstoßen] chocar uno/una contra otro/otra - 2. [sich widersprechen] oponerse.

aufeinander stoßen (*perf* **sind aufeinander gestoßen**) *vi (unreg)* - 1. [zusammenstoßen] chocar uno/una contra otro/otra - 2. [sich widersprechen] oponerse.

Aufenthalt (*pl* **-e**) *der* - 1. [Anwesenheit] estancia *f* - 2. [Unterbrechung] parada *f*.

Aufenthalts|genehmigung *die* permiso *m* de residencia.

Aufenthalts|ort *der* lugar *m* de residencia.

Auferstehung *die (ohne Pl)* resurrección *f*.

auf|essen *vt (unreg)* acabar.

auf|fädeln *vt* enfilar.

auf|fahren (*perf* **ist aufgefahren**) *(unreg)* ◇ *vi* - 1. [im Auto] arrimarse ; **auf etw/jn ~** chocar contra algo/alguien - 2. [erschrecken] sobresaltarse. ◇ *vt* - 1. [heranfahren] desfilar - 2. *fam* [anbieten] ofrecer - 3. [aufschütten] acarrear.

Auffahrt (*pl* **-en**) *die* - 1. [zur Autobahn] entrada *f* - 2. [zu einem Gebäude] camino *m* de acceso - 3. [Aufstieg] subida *f* - 4. *Schweiz* [Himmelfahrt] Ascensión *f*.

Auffahr|unfall *der* colisión *f*.

auf|fallen (*perf* **ist aufgefallen**) *vi (unreg)* llamar la atención ; **jm ~** llamar la atención a alguien.

auffallend ◇ *adj* llamativo(va). ◇ *adv* de forma llamativa.

auffällig ◇ *adj* llamativo(va). ◇ *adv* de forma llamativa.

auf|fangen *vt (unreg)* **- 1.** [fangen, fassen] coger (al vuelo) **- 2.** [hören, lernen] captar **- 3.** [abfangen, anhalten] amortiguar ; [Inflation] compensar **- 4.** [sammeln] recoger.

Auffang|lager *das* campo *m* de acogida.

auf|fassen *vt* comprender ; **etw als etw ~** interpretar algo como algo.

Auf|fassung *die* opinión *f* ; [Schlussfolgerung] conclusión *f* ; **zur ~ kommen, dass man sich nicht einmischen soll** llegar a la conclusión de que uno no debe inmiscuirse ; **nach js ~** según la opinión de alguien.

Auffassungsgabe *die (ohne Pl)* capacidad *f* de comprensión.

auf|flackern (*perf* **ist aufgeflackert**) *vi* arder.

auf|fliegen (*perf* **ist aufgeflogen**) *vi (unreg)* **- 1.** [fliegen] echar a volar **- 2.** [sich öffnen] abrirse de golpe **- 3.** *fam fig* [entdeckt werden] ser descubierto(ta).

auf|fordern *vt* **- 1.** [bitten]. **- 2.** [befehlen] : **jn zu etw ~** ordenar algo a alguien **- 3.** [zum Tanz] sacar.

Auf|forderung *die* **- 1.** [Bitte] invitación *f* **- 2.** [Befehl] orden *f*.

auf|frischen ◇ *vt* **- 1.** [erneuern] renovar **- 2.** [erweitern, vertiefen] reavivar ; [Kenntnisse] refrescar. ◇ *vi* refrescar.

auf|führen *vt* **- 1.** [auf der Bühne] representar **- 2.** [nennen, auflisten] enumerar.

Auf|führung *die* [Vorstellung] representación *f*.

auf|füllen *vt* **- 1.** [nachfüllen] rellenar **- 2.** [füllen] llenar **- 3.** [ergänzen] reponer.

Auf|gabe *die* **- 1.** [Pflicht] tarea *f* **- 2.** *(ohne Pl)* [Kapitulation] abandono *m* **- 3.** *(ohne Pl)* [von Geschäften] cierre *m* **- 4.** *(ohne Pl)* [Verschicken] envío *m* **- 5.** [von Anzeige] inserción *f* **- 6.** [Prüfungsaufgabe] problema *m* ; [Schulaufgabe] tarea *f* ; **~n** deberes *mpl*.

Aufgaben|bereich *der* esfera *f* de competencia.

Aufgaben|stellung *die* problema *f* que ODER para resolver.

Aufgang (*pl* **Aufgänge**) *der* **- 1.** [Treppe] escalera *f* **- 2.** [von Sonne, Mond] salida *f*.

auf|geben *(unreg)* ◇ *vt* **- 1.** [beenden] dejar **- 2.** [Amt, Arbeit] renunciar ; [Geschäft] cerrar **- 3.** [verloren geben] abandonar **- 4.** [auftragen] mandar ; **jm etw ~** mandar algo a alguien **- 5.** [Anzeige] insertar ; [Bestellung] hacer **- 6.** [verschicken] enviar ; [Gepäck] facturar. ◇ *vi* abandonar.

aufgebläht *adj* **- 1.** [gebläht] hinchado(da) ; [Ballon] inflado(da) **- 2.** [übergroß] excesivo(va).

Auf|gebot *das* **- 1.** [Einsatz] movilización *f* **- 2.** [für Hochzeit - standesamtlich] proclama *f* ; [- kirchlich] amonestación *f* ; **das ~ bestellen** (hacer el requerimiento para) solicitar las proclamas/amonestaciones.

aufgebracht ◇ *pp* ▷ **aufbringen**. ◇ *adj* [wütend] irritado(da).

aufgedunsen *adj* hinchado(da).

auf|gehen (*perf* **ist aufgegangen**) *vi (unreg)* **- 1.** [Sonne, Mond, Sterne] salir **- 2.** [sich lösen] desatarse ; [Verschluss, Knopf] abrirse **- 3.** [sich öffnen] abrirse **- 4.** [Rechnung, Gleichung] salir justo(ta) **- 5.** [sich einsetzen] : **in etw** *(D)* **~** volcarse en algo **- 6.** [verschwinden] : **in etw** *(D)* **~** deshacerse en algo **- 7.** [deutlich werden] : **etw geht jm auf** alguien capta algo **- 8.** [aufquellen] fermentar ; [Kuchen] esponjarse ; [Saat, Weizen] brotar.

aufgehoben ◇ *pp* ▷ **aufheben**. ◇ *adj* : **(bei jm) gut/schlecht ~ sein** estar en buenas/malas manos (con alguien).

aufgeklärt *adj* ilustrado(da).

aufgelegt *adj* : **gut/schlecht ~ sein** estar de buen/mal humor.

aufgeregt ◇ *adj* excitado(da). ◇ *adv* con excitación.

aufgeschlossen ◇ *pp* ▷ **aufschließen**. ◇ *adj* abierto(ta) ; **etw gegenüber ~ sein** estar abierto(ta) a algo ; **für etw ~ sein** estar abierto(ta) a algo.

aufgeweckt *adj* despierto(ta), abusado(da) *Amér.*

auf|greifen *vt (unreg)* **- 1.** [fangen] capturar **- 2.** [übernehmen] hacer suyo (suya).

aufgrund, auf Grund *präp* : **~ einer Sache** *(G)*, **~ von etw** debido a algo.

auf|haben *(unreg)* ◇ *vt* **- 1.** [Hausaufgaben] : **etw ~** tener algo que hacer **- 2.** [tragen] llevar puesto(ta) **- 3.** [offen lassen] dejar abierto(ta) **- 4.** *fam* [aufgegessen haben] : **etw ~** haber terminado de comer algo. ◇ *vi* estar abierto(ta).

auf|halten *vt (unreg)* **- 1.** [offen halten] mantener abierto(ta) ; **jm etw ~** sostener algo abierto(ta) a alguien **- 2.** [anhalten] detener ; [Wartende] retener **- 3.** [stören] molestar. ◆ **sich aufhalten** *ref* **- 1.** [sich befinden] encontrarse **- 2.** *abw* [sich aufregen] : **sich über etw/jn ~** mostrar disconformidad con algo/alguien.

auf|hängen ◇ *vt* **- 1.** [hinhängen] colgar ; [Wäsche] tender **- 2.** [erhängen] ahorcar **- 3.** [mit etw begründen] : **etw an etw** *(D)* **~**

basar algo en algo. <> *vi* [am Telefon] colgar.

Aufhänger (*pl* -) *der* - **1.** [Halterung] tira *f* - **2.** *fig* [Grund, Anstoß] punto *m* de partida.

auf|häufen *vt* amontonar ; [Geld, Gewinne] acumular.

auf|heben *vt (unreg)* - **1.** [nehmen] recoger - **2.** [hochheben] levantar - **3.** [aufbewahren] guardar ; **etw gut ~** poner algo a buen recaudo - **4.** [zurücknehmen] abolir ; [Belagerung, Schwerkraft] retirar - **5.** [ausgleichen] : **einander** ODER **sich ~** equilibrarse.

auf|heitern *vt* animar. ◆ **sich aufheitern** *ref* - **1.** [fröhlich werden] animarse - **2.** [sonnig werden] aclararse ; [Himmel] despejarse.

auf|hellen *vt* aclarar.

auf|hetzen *vt* provocar ; **jn zu etw ~** incitar a alguien a hacer algo ; **jn gegen etw/jn ~** incitar a alguien contra algo/alguien.

auf|holen <> *vt* recuperar. <> *vi* ganar terreno.

auf|horchen *vi* - **1.** [horchen] aguzar los oídos - **2.** [stutzig werden] sospechar.

auf|hören *vi* - **1.** [beenden] terminar ; **hör auf, mich zu belästigen!** ¡deja de molestarme! ; **mit etw ~** terminar con algo - **2.** [kündigen] dejar ; **bei einer Firma ~** dejar una empresa - **3.** [zu Ende sein] terminarse ; **der Regen hört auf** deja de llover ; **da hört sich doch alles auf!** *fig* ¡esto es demasiado!

auf|klappen *vt* abrir.

auf|klären *vt* - **1.** [auflösen, erklären] aclarar ; [Mord] esclarecer - **2.** [über Sexualität informieren] iniciar en la educación sexual - **3.** [informieren] : **jn über etw** *(A)* **~** informar a alguien sobre algo. ◆ **sich aufklären** *ref* aclararse.

Aufklärung *die (ohne Pl)* - **1.** [Lösung] aclaración *f* ; [eines Verbrechens] esclarecimiento *m* - **2.** [Information] información *f* - **3.** [Information über Sexualität] iniciación *f* en la educación sexual - **4.** HIST ilustración *f*.

Auf|kleber *der* pegatina *f*.

auf|knöpfen *vt* desabrochar.

auf|kommen (*perf* **ist aufgekommen**) *vi (unreg)* - **1.** [entstehen] surgir ; **etw ~/nicht ~ lassen** dejar/no dejar que surja algo - **2.** [Wetter, Sturm, Wolken] levantarse - **3.** [übernehmen, zahlen] : **für etw/jn ~** ser responsable de algo/alguien - **4.** [aufstehen können] poder levantarse - **5.** [landen] aterrizar ; [Turner] caer.

auf|krempeln *vt* : **jm/sich die Ärmel ~** subir las mangas a alguien/arremangarse ; **jm/sich die Hosenbeine ~** subir a alguien/subirse las perneras.

auf|kriegen *fam vt* - **1.** [öffnen können] conseguir abrir ; [Knoten] conseguir deshacer - **2.** [aufessen] : **etw nicht ~** no poder con algo.

auf|laden *vt (unreg)* - **1.** [Lasten] : **etw auf etw** *(A)* **~** cargar algo sobre algo - **2.** [aufbürden] : **sich** *(D)* **etw ~** cargarse con algo ; **jm etw ~** cargar algo a alguien - **3.** [Batterie] cargar.

Auf|lage *die* - **1.** [von Büchern] edición *f* ; [von Zeitung] tirada *f* - **2.** [Bedingung] condición *f* ; **jm etw zur ~ machen** obligar a alguien a hacer algo.

auf|lassen *vt (unreg)* - **1.** [geöffnet lassen] dejar abierto(ta) - **2.** [aufbehalten] dejar puesto(ta).

auf|lauern *vi* : **jm ~** espiar a alguien.

Auf|lauf *der* - **1.** [Speise] soufflé *m* - **2.** [Menschenansammlung] gentío *m*.

auf|laufen (*perf* **ist aufgelaufen**) *vi (unreg)* - **1.** [Schiff] : **auf etw** *(A)* **~** encallar en algo - **2.** [abblocken] : **jn ~ lassen** *fam* [ablehnen] hacer fracasar a alguien ; SPORT chocar con alguien - **3.** [sich summieren] : **auf etw** *(A)* **~** ascender a algo.

auf|leben (*perf* **ist aufgelebt**) *vi* - **1.** [aktiv werden] revivir - **2.** [sich beleben] animarse.

auf|legen <> *vt* - **1.** [hinlegen] poner, colocar - **2.** [Puder, Lippenstift] ponerse, darse - **3.** [herausgeben] editar - **4.** [nachlegen] echar - **5.** [am Telefon] colgar. <> *vi* [am Telefon] colgar.

auf|lehnen ◆ **sich auflehnen** *ref* : **sich gegen etw/jn ~** sublevarse contra algo/alguien.

auf|leuchten (*perf* **hat/ist aufgeleuchtet**) *vi* encenderse.

auf|listen *vt* listar.

auf|lockern *vt* - **1.** [lockern] esponjar ; [Muskel] relajar - **2.** [aufheitern] relajar. ◆ **sich auflockern** *ref* - **1.** [sich entspannen] relajarse - **2.** [Bewölkung] dispersarse.

auf|lösen *vt* - **1.** [in Flüssigkeit, in Bestandteile] deshacer ; **etw in etw** *(D)* **~** disolver algo en algo - **2.** [beenden] disolver - **3.** [aufgeben] liquidar - **4.** [erklären] aclarar ; [Rätsel] resolver.

Auf|lösung *die* - **1.** [in Bestandteile] disolución *f* ; **ein Bildschirm mit hoher ~** una pantalla con alta definición - **2.** [Ende, Beendigung] disolución *f* - **3.** [von Rätsel] solución *f*.

auf|machen <> *vt* abrir ; **etw modern ~** presentar algo modernamente. <> *vi* abrir ; **jm ~** abrir la puerta a alguien.

Aufmachung (*pl* **-en**) *die* [Gestaltung, Kleidung] presentación *f*.

aufmerksam <> *adj* atento(ta) ; **jn auf etw/jn ~ machen** llamar la atención de alguien sobre algo/alguien. ◇ *adv* atentamente.

Aufmerksamkeit (*pl* **-en**) *die* - **1.** *(ohne Pl)* [Konzentration] atención *f* - **2.** [Mitbringsel] detalle *m*.

auf|muntern *vt* animar.

Aufnahme (*pl* **-n**) *die* - **1.** [Empfang] acogida *f*; **die ~ in etw** *(A)* la admisión en algo ; **die ~ in die Intensivstation** el ingreso en la unidad de cuidados intensivos - **2.** [Beginn] comienzo *m* - **3.** [Aufzeichnung] grabación *f*; [von Diktat] toma *f*, apunte *m* - **4.** [Fotografie] fotografía *f*.

aufnahmefähig *adj* receptivo(va).

Aufnahme|prüfung *die* examen *m* de admisión.

auf|nehmen *vt (unreg)* - **1.** [aufheben, ergreifen] coger, alzar - **2.** [einfügen, empfangen] admitir ; [Namen in Liste] incluir ; [Asylanten] acoger ; **etw/jn in etw** *(D)* **~** admitir algo/a alguien en algo ; **jn bei sich ~** acoger a alguien en casa - **3.** [Gelerntes, Nahrung] asimilar ; [Vorschlag, Antrag] aceptar - **4.** [reagieren] : **etw mit etw ~** recibir algo con algo - **5.** [beginnen] empezar ; [Kontakt] tomar - **6.** [konkurrieren] : **es mit etw/jm ~ können** poder competir con algo/alguien - **7.** [aufschreiben] anotar - **8.** [Kredit] recibir ; [Geld, Summe] tomar prestado(da) - **9.** [fotografieren] fotografiar - **10.** [auf Tonband] grabar.

auf|opfern ◆ **sich aufopfern** *ref* sacrificarse ; **sich für etw/jn ~** sacrificarse por algo/alguien.

auf|päppeln *vt* cuidar con mimo.

auf|passen *vi* poner atención ; **auf etw/jn ~** prestar atención a algo/alguien.

auf|platzen (*perf* **ist aufgeplatzt**) *vi* reventarse.

Aufprall (*pl* **-e**) *der* choque *m* ; [bei der Landung] impacto *m*.

auf|prallen (*perf* **ist aufgeprallt**) *vi* : **auf etw** *(A)* **~** chocar contra algo.

Auf|preis *der* sobreprecio *m*.

auf|pumpen *vt* inflar.

Aufputsch|mittel *das* excitante *m*.

auf|quellen (*perf* **ist aufgequollen**) *vi (unreg)* hincharse.

auf|raffen ◆ **sich aufraffen** *ref* : **sich zu etw ~** sacar fuerzas para algo.

auf|ragen *vi* alzarse.

auf|räumen ◇ *vt* - **1.** [ordnen] ordenar - **2.** [forträumen] recoger. ◇ *vi* - **1.** [ordnen] poner orden - **2.** [etw beenden] : **mit etw ~** acabar con algo.

auf|rechnen *vt* : **etw gegen etw ~** compensar algo con algo.

aufrecht ◇ *adj* - **1.** [gerade] derecho(cha) - **2.** [ehrlich] recto(ta). ◇ *adv* - **1.** [gerade] derecho(cha) - **2.** *fig* : **jn ~ halten** mantener en pie a alguien.

aufrecht|erhalten *vt (unreg)* mantener ; [Tradition] conservar.

auf|regen *vt* excitar. ◆ **sich aufregen** *ref* excitarse ; **sich über etw/jn ~** excitarse por algo/alguien.

aufregend *adj* excitante.

Auf|regung *die* excitación *f* ; **jn in ~ versetzen** excitar a alguien.

aufreibend *adj* extenuante.

auf|reißen (*perf* **hat/ist aufgerissen**) *(unreg)* ◇ *vt (hat)* - **1.** [öffnen] abrir (bruscamente) ; [Brief, Karton, Verpackung] abrir rasgando ; [Mund, Augen] abrir mucho - **2.** *salopp* [kennen lernen] ligar. ◇ *vi (ist)* abrirse ; [Naht] descoserse.

aufreizend ◇ *adj* - **1.** [erregend] provocador(ra) - **2.** [ärgerlich] irritante. ◇ *adv* de manera irritante ; **er fuhr ~ langsam** conducía tan lentamente que me irritaba.

auf|richten *vt* - **1.** [gerade setzen, stellen] incorporar - **2.** [aufstellen] poner ; [Mast, Pfahl] alzar - **3.** [trösten] consolar. ◆ **sich aufrichten** *ref* incorporarse.

aufrichtig ◇ *adj* sincero(ra). ◇ *adv* sinceramente.

Aufrichtigkeit *die (ohne Pl)* sinceridad *f*.

auf|rücken (*perf* **ist aufgerückt**) *vi* [beruflich] ascender ; [auf Sitzgelegenheit] desplazarse.

Auf|ruf *der* llamamiento *m* ; [eines Fluges] llamada *f*.

auf|rufen *vt (unreg)* - **1.** [nennen, rufen] llamar - **2.** [auffordern] : **jn zu etw ~** exhortar a alguien a (hacer) algo.

Aufruhr (*pl* **-e**) *der* - **1.** [Aufstand] levantamiento *m* - **2.** *(ohne Pl)* [Unruhe] agitación *f*.

auf|runden *vt* redondear.

auf|rüsten *vi* rearmar.

Auf|rüstung *die* rearme *m*.

aufs *präp* - **1.** *(auf + das)* sobre el/la ; **es kommt ~ Wetter an** depende del tiempo - **2.** *(nicht auflösbar)* : **sein Leben ~ Spiel setzen** poner su vida en juego ; **~ Neue** de nuevo ; **~ Äußerste** al máximo ; *siehe auch* **auf**.

auf|sagen *vt* [Text] recitar.

auf|sammeln *vt* recoger.

aufsässig *adj* rebelde.

Auf|satz *der* - **1.** [Schularbeit] redacción *f* - **2.** [Abhandlung] artículo *m* - **3.** [Aufbau] pieza *f* sobrepuesta.

auf|saugen *vt* absorber.

auf|schauen *vi* - **1.** [mit Bewunderung] : **zu jm ~** mirar a alguien con admiración - **2.** *Süddt* [aufblicken] levantar los ojos.

auf|scheuchen *vt* - **1.** [verscheuchen] espantar - **2.** *fig* [stören] sobresaltar.

auf|schieben *vt (unreg)* - **1.** [verschieben] aplazar - **2.** [öffnen] deslizar ; [Deckel, Dach] levantar.

Auf|schlag *der* - **1.** [Aufprall] golpe *m* - **2.** [auf Preis] suplemento *m* - **3.** [am Hosenbein] dobladillo *m* ; [am Ärmel] vuelta *f* - **4.** SPORT saque *m*, servicio *m* ; ~ **haben** tener el saque ODER el servicio.

auf|schlagen (*perf* **hat/ist aufgeschlagen**) *(unreg)* ◇ *vt (hat)* - **1.** [öffnen] abrir ; [Ei] cascar - **2.** [verletzen] : **jm etw** ~ partir algo a alguien ; **sich** *(D)* **etw** ~ abrirse algo - **3.** [aufbauen] montar - **4.** [dazurechnen] : **etw auf etw** *(A)* ~ recargar algo a algo. ◇ *vi* - **1.** *(ist)* [aufprallen] rebotar - **2.** *(hat)* SPORT servir.

auf|schließen *(unreg)* ◇ *vt* abrir. ◇ *vi* - **1.** [öffnen] abrir ; **jm** ~ abrir la puerta a alguien - **2.** [nachrücken] avanzar.

Aufschluss *der (ohne Pl)* : **über etw** *(A)* ~ **geben** dar aclaraciones sobre algo.

aufschlussreich *adj* instructivo(va).

auf|schneiden *(unreg)* ◇ *vt* cortar. ◇ *vi* [angeben] fanfarronear.

Aufschnitt *der (ohne Pl)* lonjas *fpl.*

auf|schrauben *vt* desatornillar ; [Festgeschraubtes] desenroscar.

auf|schrecken (*perf* **hat/ist aufgeschreckt**) ◇ *vt (hat)* asustar ; [Wild] espantar ; **jn aus dem Schlaf** ~ despertar a alguien de golpe. ◇ *vi (ist)* asustarse ; [Tier] espantarse.

Auf|schrei *der* grito *m.*

auf|schreiben *vt (unreg)* - **1.** [notieren] anotar - **2.** [Strafzettel geben] poner una multa.

Auf|schrift *die* rótulo *m.*

Auf|schub *der* : **jm** ~ **gewähren** conceder un plazo a alguien.

auf|schütten *vt* - **1.** [nachfüllen] rellenar - **2.** [anhäufen] amontonar.

Auf|schwung *der* impulso *m.*

auf|sehen *vi (unreg)* - **1.** [hochsehen] alzar los ojos - **2.** [bewundernd] : **zu jm** ~ mirar a alguien con admiración.

Aufsehen *das (ohne Pl)* : ~ **erregen** llamar la atención ; ~ **erregend** llamativo(va).

Aufseher, in (*mpl* **-**, *fpl* **-nen**) *der, die* vigilante *mf.*

auf sein (*perf* **ist auf gewesen**) *vi (unreg) fam* - **1.** [offen sein] estar abierto(ta) - **2.** [wach sein] estar levantado(da).

auf|setzen ◇ *vt* - **1.** [anziehen] ponerse - **2.** [annehmen] adoptar - **3.** [schreiben] redactar - **4.** [auf den Herd stellen] poner sobre el fuego. ◇ *vi* [landen] aterrizar. ◆ **sich aufsetzen** *ref* incorporarse.

Aufsicht *die (ohne Pl)* - **1.** [Kontrolle] vigilancia *f* ; **die ~ über etw/jn haben** tener el control sobre algo/alguien - **2.** [Person] vigilante *mf.*

auf|sitzen (*perf* **hat/ist aufgesessen**) *vi (unreg)* - **1.** *(ist)* [aufsteigen] : **(auf etw** *(A)***)** ~ subirse (a algo) ; [auf Pferd] montar (a algo) ; [auf Motorrad] montarse (en algo) - **2.** *(ist)* [sich täuschen lassen] : **jm** ~ dejarse engañar por alguien - **3.** *(hat)* [wach bleiben] permanecer despierto(ta).

auf|spannen *vt* [Schirm] abrir ; [Sichtschutz, Plane] extender.

auf|sparen *vt* : **sich** *(D)* **etw** ~ reservarse algo.

auf|sperren *vt* abrir.

auf|springen (*perf* **ist aufgesprungen**) *vi (unreg)* - **1.** [aufstehen] saltar - **2.** [sich öffnen] abrirse ; [Haut, Hände] agrietarse - **3.** [springen] : **auf etw** *(A)* ~ subir de un salto a ; **auf die Straßenbahn** ~ saltar al tranvía.

auf|stacheln *vt* : **jn (zu etw)** ~ estimular a alguien (a hacer algo).

auf|stampfen *vi* dar patadas en el suelo.

Auf|stand *der* levantamiento *m.*

aufständisch *adj* rebelde.

auf|stauen *vt* retener.

auf|stecken *vt* - **1.** [hochstecken] recoger - **2.** *fam* [aufgeben] abandonar.

auf|stehen (*perf* **hat/ist aufgestanden**) *vi (unreg)* - **1.** *(ist)* [sich erheben] levantarse, pararse *Amér* - **2.** *(hat)* [offen stehen] estar abierto(ta).

auf|steigen (*perf* **ist aufgestiegen**) *vi (unreg)* - **1.** [hochsteigen] ascender, subir ; **auf etw** *(A)* ~ subir a algo ; [aufs Pferd] montar a algo ; [aufs Motorrad] montarse en algo - **2.** [Erfolg haben] ascender ; **in etw** *(A)* ~ ascender a algo.

auf|stellen *vt* - **1.** [hinstellen] poner - **2.** [aufbauen] colocar - **3.** [veröffentlichen, behaupten] sentar - **4.** [auswählen] seleccionar - **5.** [aufrichten] levantar ; [Haare, Stacheln] poner de punta. ◆ **sich aufstellen** *ref* - **1.** [sich hinstellen] colocarse - **2.** [sich aufrichten] ponerse de punta.

Auf|stellung *die* - **1.** [Hinstellen] colocación *f* ; [von Mannschaft, Truppe] formación *f* - **2.** [Veröffentlichung, Behauptung] establecimiento *m* - **3.** [Wahl] selección *f.*

Aufstieg (*pl* **-e**) *der* - **1.** [Aufsteigen] ascensión *f* - **2.** [Erfolg] ascenso *m.*

auf|stocken *vt* - **1.** [höher bauen] ampliar, añadir un piso/varios pisos a - **2.** [vergrößern] aumentar, incrementar.

auf|stoßen (*perf* **hat/ist aufgestoßen**) *(unreg)* <> *vt (hat)* [öffnen] abrir de golpe. <> *vi* - **1.** *(ist)* [stoßen] : **mit etw auf etw** *(D)* ~ darse un golpe con algo en algo ; **mit dem Stock auf dem Boden** ~ dar golpes con el bastón en el suelo - **2.** *(hat)* [rülpsen] eructar - **3.** *(ist) fam* [auffallen] : **jm stößt etw auf** algo le choca a alguien, algo le llama la atención a alguien.

aufstrebend *adj* ambicioso(sa) ; [Stadt] floreciente.

auf|stützen *vt* apoyar. ◆ **sich aufstützen** *ref* apoyarse ; **sich auf etw** *(A) (D)* ~ apoyarse sobre algo.

auf|suchen *vt* buscar ; [Arzt] consultar ; [Freunde] visitar.

Auf|takt *der* - **1.** [Anfang] inicio *m*, comienzo *m* - **2.** MUS antecompás *m*.

auf|tanken *vt* llenar el depósito de ; **ich muss das Auto** ~ tengo que repostar (combustible).

auf|tauchen (*perf* **ist aufgetaucht**) *vi* - **1.** [aus dem Wasser] emerger - **2.** [gesehen, gespürt werden] aparecer.

auf|tauen (*perf* **hat/ist aufgetaut**) <> *vt (hat)* descongelar, deshelar. <> *vi (ist)* descongelarse.

auf|teilen *vt* - **1.** [verteilen] repartir ; **etw unter jm/sich** ~ repartir algo entre alguien/sí - **2.** [einteilen] dividir ; **etw/jn in etw** *(A)* ~ repartir algo/a alguien por algo, dividir algo/a alguien en algo.

Auf|teilung *die* - **1.** [Verteilung] repartición *f* - **2.** [Einteilung] repartición *f*.

auf|tischen *vt* - **1.** [servieren] servir - **2.** *fam fig* [erzählen] contar.

Auftrag (*pl* **Aufträge**) *der* - **1.** [Befehl, Aufgabe] orden *f*, misión *f* ; **jm den** ~ **geben** ODER **erteilen, etw zu tun** encargar algo a alguien - **2.** [Bestellung] pedido *m* ; **etw in** ~ **geben** encargar algo.

auf|tragen *(unreg)* <> *vt* - **1.** [aufstreichen] aplicar - **2.** [bestellen] encargar - **3.** [Kleidung] desgastar. <> *vi* : **dick** ~ *fam* [übertreiben] exagerar mucho.

Auftraggeber, in (*mpl* **-**, *fpl* **-nen**) *der, die persona o empresa que encomienda una labor,* cliente *mf*.

auf|treffen (*perf* **ist aufgetroffen**) *vi (unreg)* : **hart** ~ caer con fuerza.

auf|treiben *vt (unreg)* [finden] encontrar, conseguir.

auf|treten (*perf* **ist aufgetreten**) *vi (unreg)* - **1.** [treten] pisar ; **mit den Zehenspitzen** ~ ir de puntillas - **2.** [sich benehmen] presentarse, actuar - **3.** [erscheinen - Person] presentarse ; [- Problem, Gefahr] surgir.

Auftreten *das (ohne Pl)* - **1.** [Benehmen] presentación *f*, actuación *f* - **2.** [Erscheinen] aparición *f*.

Auftrieb *der (ohne Pl)* fuerza *f* ascensorial, flotabilidad *f* ; **einer Sache/jm** ~ **geben** *fig* dar un impulso a algo/alguien.

auf|tun *(unreg) vi* [servieren] servir(se) ; **jm** ~ servir a alguien ; **sich** *(D)* ~ servirse. ◆ **sich auftun** *ref* [sich anbieten] presentarse, surgir.

auf|türmen *vt* apilar, amontonar.

auf|wachen (*perf* **ist aufgewacht**) *vi* despertarse.

auf|wachsen ['aufvaksn̩] (*perf* **ist aufgewachsen**) *vi (unreg)* crecer, criarse.

Aufwand *der (ohne Pl)* - **1.** [Einsatz] gasto *m*, inversión *f* - **2.** [Luxus] derroche *m*.

aufwändig <> *adj* costoso(sa), laborioso(sa). <> *adv* costosamente, laboriosamente.

auf|wärmen *vt* - **1.** [warm machen] (re)calentar - **2.** *fam fig* [wieder erwähnen] repetir, atizar.

aufwärts *adv* (hacia) arriba ; **von etw/jm** ~ desde algo/alguien para arriba, a partir de algo/alguien para arriba.

aufwärts gehen (*perf* **ist aufwärts gegangen**) *vi (unreg)* : **mit etw geht es aufwärts** le va muy bien con algo.

auf|wecken *vt* despertar.

auf|weisen *vt (unreg)* [zeigen] presentar, mostrar.

auf|wenden *vt* [einsetzen] invertir.

auf|wendig = **aufwändig**.

auf|werfen *vt (unreg)* - **1.** [anhäufen] amontonar - **2.** [ansprechen] plantear.

auf|werten *vt* revalorizar, revalorar.

auf|wickeln *vt* enrollar.

auf|wiegeln *vt abw* incitar ; **jn zu etw** ~ incitar a alguien a algo ; **jn gegen jn** ~ azuzar a alguien contra alguien.

Auf|wind *der* corriente *f* de aire ascendente ; ~ **haben/bekommen** *fig* tener/recibir nuevos impulsos.

auf|wirbeln <> *vi* [Staub] levantarse, removerse ; [Sand, Schnee] arremolinarse. <> *vt* remover.

auf|wischen *vt* limpiar, fregar.

auf|wühlen *vt* - **1.** [zerwühlen] remover ; [Meer] agitar - **2.** [erregen] emocionar.

auf|zählen *vt* enumerar, contar.

Auf|zählung *die* enumeración *f*, relación *f*.

auf|zeichnen *vt* - **1.** [zeichnen] dibujar, trazar - **2.** [aufnehmen] grabar ; [aufschreiben] anotar.

Auf|zeichnung *die* [Aufnahme] grabación *f*. ◆ **Aufzeichnungen** *pl* [Notizen] apuntes *mpl*, anotaciones *fpl*.

auf|ziehen (*perf* **hat/ist aufgezogen**) *(unreg)* <> *vt (hat)* - **1.** [die Feder spannen] dar cuerda a - **2.** [erziehen] educar - **3.** [öffnen] abrir - **4.** [necken] picar ; **jn mit etw ~** picar a alguien con algo - **5.** *fam* [organisieren] montar. <> *vi (ist)* acercarse.

Auf|zucht *die* crianza *f*.

Auf|zug *der* - **1.** [Lift] ascensor *m*, elevador *m Amér* - **2.** *abw* [Aufmachung] pinta *f* - **3.** [Akt] acto *m*.

auf|zwingen *vt (unreg)* : **jm etw ~** imponer algo a alguien.

Aug. (*abk für* **August**) ago.

Auge (*pl* **-n**) *das* - **1.** [Sehorgan] ojo *m* ; **ein blaues ~** un ojo morado ; **mit bloßem ~** a simple vista ; **(große) ~n machen** abrir los ojos como platos, poner los ojos en blanco ; **etw vor ~n haben** tener algo presente ; **etw mit eigenen ~n gesehen haben** haber visto algo con sus propios ojos ; **unter vier ~n** a solas ; **vor aller ~n** a la vista de todos(das) ; **jm wird schwarz vor ~n** alguien se desmaya - **2.** [Würfelpunkt] punto *m* - **3.** *RW* : **seinen ~n nicht trauen** no dar crédito a sus ojos ODER lo que se ve ; **jm aus den ~n gehen** apartarse de la vista de alguien ; **jn aus den ~n verlieren** perder a alguien de vista ; **ein ~ zudrücken** hacer la vista gorda ; **etw/jn im ~ behalten** no perder de vista algo/a alguien ; **in js ~n** *(D)* al modo de ver de alguien ; **in meinen ~n** a mi modo de ver ; **ins ~ fallen** saltar a la vista ; **etw/jn ins ~ fassen** tener puesta la vista en algo/alguien ; **etw/jn mit anderen** ODER **neuen ~n sehen** mirar algo/a alguien con otros ojos ; **etw/jn nicht aus den ~n lassen** no quitar ojo de algo/alguien, no quitar los ojos de encima a algo/a alguien.

Augen|arzt, ärztin *der, die* oculista *mf*, oftalmólogo *m*, -ga *f*.

Augen|blick *der* momento *m* ; **im ~** por el momento, en este momento ; **jeden ~** en cualquier momento.

augenblicklich <> *adj* - **1.** [sofortig] inmediato(ta) - **2.** [jetzig] momentáneo(a). <> *adv* - **1.** [umgehend] inmediatamente - **2.** [jetzig] por el momento.

Augen|braue *die* ceja *f*.

Augen|farbe *die* color *m* de ojos.

Augen|höhe *die* : **in ~** a la altura de los ojos, a la altura de la vista.

Augen|winkel *der* : **etw/jn aus den ~n beobachten** mirar algo/a alguien por el rabillo del ojo, mirar algo/a alguien de reojo.

Augen|zeuge, zeugin *der, die* testigo *mf* (ocular).

augenzwinkernd <> *adj* : **ein ~er Gruß** un saludo guiñando un ojo. <> *adv* : **~ lächelte er ihr zu** le sonrió guiñándole un ojo.

August *der (ohne Pl)* agosto *m* ; *siehe auch* **September**.

Auktion [auk'tsio:n] (*pl* **-en**) *die* subasta *f*.

Aula (*pl* **-s**) *die* paraninfo *m*, salón *m* de actos.

Aupair|mädchen, Au-pair-Mädchen [o'pɛ:rmɛ:tçən] *das* chica *f* au-pair, au-pair *f*.

aus <> *präp (+ D)* - **1.** [heraus] fuera ; **etw ~ etw nehmen/holen** sacar algo de algo ; **~ dem Haus gehen** salir de la casa ; **~ dem Fenster kommen/sehen** salir/mirar por la ventana ; **~ dem Wasser kommen** salir del agua - **2.** [zur Angabe der Herkunft] de - **3.** [zur Angabe des Materials] de - **4.** [zur Angabe einer Zugehörigkeit] de - **5.** [zur Angabe einer Entfernung] desde - **6.** [zur Angabe eines Anlasses, einer Ursache] por. <> *adv* - **1.** [zu Ende] : **mit etw ist es ~** se acabó algo ; **es ist ~ und vorbei** se acabó y punto - **2.** [ausschalten] : **Licht ~!** ¡apaga(d) la luz!, ¡apague(n) la luz!

Aus *das (ohne Pl)* fin *m*, final *f* ; **ins ~ gehen** salir fuera.

aus|arbeiten *vt* elaborar ; [schriftlich] redactar.

Ausarbeitung (*pl* **-en**) *die* elaboración *f*.

aus|arten (*perf* **ist ausgeartet**) *vi* degenerar ; **in** *(A)* ODER **zu etw ~** degenerar en algo, convertirse en algo.

aus|atmen *vi, vt* espirar.

aus|baden *vt* : **etw ~ müssen** tener que pagar el pato por algo, tener que pagar los platos rotos.

Ausbau *der (ohne Pl)* - **1.** [Beseitigung] desmontaje *m* - **2.** [Erweiterung] ampliación *f*.

aus|bauen *vt* - **1.** [beseitigen] desmontar - **2.** [erweitern] ampliar.

aus|bessern *vt* [Schaden, Dach, Tür, Zaun] arreglar, reparar ; [Kleidungsstück] arreglar, remendar.

aus|beulen *vt* - **1.** [glätten] desabollar, quitar los bollos a - **2.** [verformen] deformar.

Aus|beute *die* beneficio *m*, fruto *m*.

ausbeuten *vt* explotar.

aus|bilden *vt* - **1.** [schulen] formar ; **sich zu zum technischen Zeichner ~ lassen** aprender el oficio de dibujante técnico - **2.** [hervorbringen] desarrollar.

Ausbilder, in (*mpl* **-**, *fpl* **-nen**) *der, die* instructor *m*, -ra *f*.

Aus|bildung *die* formación *f* ; **in der ~ sein** estar aprendiendo un oficio, estar en el período de formación profesional ; [studieren] ser estudiante.

Ausbildungs|zeit *die* período *m* de aprendizaje.

aus|bleiben (*perf* **ist ausgeblieben**) *vi (unreg)* [Erfolg, Katastrophe] no haber ; [Touristen] no venir ; [außer Hauses bleiben] salir, estar fuera de casa ; **es bleibt nicht aus(, dass)** no se puede excluir (la posibilidad de que).

Aus|blick *der* vista *f* ; **ein ~ auf etw** *(A) fig* un resumen anticipado de algo.

ausbooten *vt* expulsar, echar.

aus|brechen (*perf* **hat/ist ausgebrochen**) *(unreg)* <> *vi (ist)* - **1.** [fliehen] fugarse ; **aus etw ~** fugarse de algo - **2.** [Revolution, Krieg, Vulkan] estallar ; [Epidemie, Brand] declararse ; [Krankheit] manifestarse ; [Panik, Jubel, Begeisterung, Streit] producirse - **3.** [verfallen] : **in Tränen** *(A)* **~** romper a llorar ; **in Gelächter** *(A)* **~** soltar carcajadas - **4.** [vom Weg abkommen] salirse del trayecto. <> *vt (hat)* [herausbrechen] romper.

aus|breiten *vt* - **1.** [auslegen] extender ; **etw über etw/jm ~** extender algo sobre algo/alguien - **2.** [ausstrecken] extender. ◆ **sich ausbreiten** *ref* - **1.** [sich verbreiten] extenderse, propagarse - **2.** *fam* [sich breit machen] extenderse.

Aus|bruch *der* - **1.** [Flucht] fuga *f* - **2.** [von Bürgerkrieg] estallido *m*, comienzo *m* ; [von Vulkan] erupción *f* ; **etw kommt zum ~** [Krankheit] algo se manifiesta - **3.** [Gefühlsäußerung] ataque *m*, arrebato *m*.

aus|brüten *vt* - **1.** [im Nest] empollar - **2.** *fam fig* [aushecken] tramar.

Ausdauer *die (ohne Pl)* perseverancia *f*, constancia *f*.

ausdauernd <> *adj* perseverante, constante. <> *adv* con perseverancia, con constancia.

aus|dehnen *vt* - **1.** [räumlich] ampliar - **2.** [zeitlich] prorrogar, alargar.

aus|denken *vt (unreg)* : **sich** *(D)* **etw ~** pensarse algo ; **da musst du dir schon etwas anderes ~!** *fam* ¡ya puedes ir pensándote otra cosa! ; **das ist nicht auszudenken** no poderse imaginar.

Ausdruck (*pl* **-drücke** ODER **-e**) *der* - **1.** *(Pl Ausdrücke)* [Formulierung] expresión *f* - **2.** *(ohne Pl)* [Zeichen] muestra *f*, gesto *m* ; **einer Sache** *(D)* **~ geben** ODER **verleihen** *geh* expresar algo - **3.** *(Pl Ausdrucke)* EDV impresión *f*.

aus|drucken *vt* EDV imprimir.

aus|drücken *vt* - **1.** [auspressen] exprimir - **2.** [auslöschen] apagar - **3.** [aussprechen] expresar - **4.** [zeigen] mostrar, expresar. ◆ **sich ausdrücken** *ref* - **1.** [formulieren] expresarse - **2.** [sich zeigen] manifestarse.

ausdrücklich <> *adj* expreso(sa), categórico(ca). <> *adv* expresamente.

Ausdrucks|weise *die* forma *f* de expresarse.

auseinander *adv* - **1.** [räumlich] : **auseinander!** ¡separaos!, ¡sepárense! ; **weit ~** distante el uno del otro (la una de la otra) - **2.** *fam* [zeitlich] : **6 Jahre ~ sein** llevarse 6 años - **3.** *fam* [getrennt] : **seit 3 Jahren ~ sein** estar separados desde hace 3 años.

auseinander fallen (*perf* **ist auseinander gefallen**) *vi (unreg)* desmoronarse ; [Gruppe] disolverse.

auseinander gehen (*perf* **ist auseinander gegangen**) *vi (unreg)* - **1.** [sich trennen] separarse - **2.** [sich unterscheiden] diferenciarse, divergir - **3.** [sich lösen] separarse - **4.** *fam* [dick werden] engordar.

auseinander halten *vt (unreg)* distinguir.

auseinander laufen (*perf* **ist auseinander gelaufen**) *vi (unreg)* - **1.** [sich trennen] separarse - **2.** [verlaufen] derretirse ; [Farbe] correrse.

auseinander leben ◆ **sich auseinander leben** *ref* distanciarse.

auseinander nehmen *vt (unreg)* desmontar.

auseinander setzen *vt* : **jm etw ~** explicar algo a alguien. ◆ **sich auseinander setzen** *ref* - **1.** [sich beschäftigen] : **sich mit etw ~** estudiar algo a fondo - **2.** [sich streiten] : **sich mit jm ~** aclarar las diferencias con alguien, confrontarse con alguien.

Auseinandersetzung (*pl* **-en**) *die* - **1.** [Beschäftigung] estudio *m*, análisis *m* - **2.** [Streit] conflicto *m*, confrontación *f*.

auserwählt *adj* elegido(da).

aus|fahren (*perf* **hat/ist ausgefahren**) *(unreg)* <> *vt (hat)* - **1.** [spazieren fahren] pasear en coche ; **jn im Rollstuhl ~** pasear a alguien en silla de ruedas - **2.** [ausklappen] extraer, sacar - **3.** [liefern] llevar, suministrar - **4.** [schnell fahren] conducir a toda velocidad. <> *vi (ist)* - **1.** [spazieren fahren] salir a pasear con ODER en el coche - **2.** [hinausfahren] zarpar.

Aus|fahrt *die* - **1.** [Stelle] salida *f* ; **'~ freihalten!'** 'mantenga libre la salida', 'vado permanente' - **2.** [Ausfahren] salida *f*.

aus|fallen (*perf* **ist ausgefallen**) *vi (unreg)* - **1.** [herausfallen] caerse - **2.** [wegfallen - Mensch] faltar ; [- Maschine, Triebwerk] averiarse, fallar - **3.** [nicht stattfinden] anularse, suspenderse - **4.** [fehlen] faltar - **5.** [sich erweisen] resultar ; **gut/schlecht ~** ser bueno(na)/malo(la), resultar bien/mal.

ausfallend *adj* insultante ; ~ **werden** ponerse grosero(ra).

Ausfall|straße *die* carretera *f* de salida.

aus|fegen *vt & vi* barrer.

aus|fertigen *vt amt* expedir ; [Vertrag] redactar.

ausfindig *adv* : **etw/jn ~ machen** encontrar ODER descubrir algo/a alguien.

aus|fließen (*perf* **ist ausgeflossen**) *vi (unreg)* derramarse.

Ausflucht (*pl* **Ausflüchte**) *die* pretexto *m*, excusa *f* ; **Ausflüchte machen** inventarse pretextos ODER excusas.

Aus|flug *der* excursión *f* ; **einen ~ machen** ODER **unternehmen** hacer una excursión.

Ausflugs|lokal *das* merendero *m*.

Aus|fluss *der* - **1.** [im Waschbecken] desagüe *m* - **2.** *(ohne Pl)* [Ausfließen] salida *f* ; [Lecken] fuga *f* - **3.** MED flujo *m*.

aus|fragen *vt* preguntar, sonsacar.

aus|fressen *vt (unreg)* : **etwas ausgefressen haben** *fam* haber cometido una travesura.

Ausfuhr (*pl* **-en**) *die* exportación *f*.

aus|führen *vt* - **1.** [spazieren führen] llevar ODER sacar a pasear, llevar ODER sacar de paseo - **2.** [exportieren] exportar - **3.** [Reparatur, Arbeit] realizar, llevar a cabo, efectuar ; [Freistoß] efectuar ; [Befehl, Plan] ejecutar - **4.** [erklären] explicar.

Ausfuhr|land *das* país *m* exportador.

ausführlich <> *adj* detallado(da). <> *adv* detalladamente.

aus|füllen *vt* - **1.** [Eintragungen machen] rellenar - **2.** [füllen] rellenar, llenar - **3.** [verbringen] pasar - **4.** [zufrieden stellen] satisfacer, llenar.

Aus|gabe *die* - **1.** *(ohne Pl)* [Ausgeben] distribución *f* ; [von Banknoten] emisión *f* ; [von Befehl] notificación *f* - **2.** [Geldausgabe] gasto *m* - **3.** [Edition] edición *f*.

Aus|gang *der* - **1.** [Stelle zum Hinausgehen] salida *f* - **2.** *(ohne Pl)* [Ausgeherlaubnis] permiso *m* (para salir) ; [von Soldaten] permiso *m* (de salida) - **3.** *(ohne Pl)* [Ende] final *m*, desenlace *m* ; [des Rennens] resultado *m*.

Ausgangs|lage *die* situación *f* inicial.

Ausgangs|punkt *der* punto *m* de partida.

Ausgangs|sperre *die* toque *m* de queda.

aus|geben *vt (unreg)* - **1.** [verteilen] entregar ; [Banknoten] emitir, poner en circulación ; [Befehl] dar - **2.** [Geld] gastar - **3.** *fam* [spendieren] : **jm einen ~** *fam* pagar una copa ODER ronda a alguien - **4.** [bezeichnen] : **sich als etw/jd ~** hacerse pasar por algo/alguien ; **etw/jn als** ODER **für etw/jn ~** hacer pasar algo/a alguien por algo/alguien.

ausgebucht *adj* : **das Hotel ist ~** el hotel está completo ; **das Kino ist ~** las entradas para el cine están agotadas ; **ich bin ~** no tengo ni un minuto libre.

ausgedient *adj* : **~ haben** haber quedado inservible (con el uso).

ausgedörrt *adj* seco(ca).

ausgefallen <> *adj* insólito(ta), extravagante. <> *adv* de forma extravagante.

ausgeflippt *adj fam* extravagante.

ausgeglichen *adj* [Mensch] ecuánime ; [Bilanz, Leistung] equilibrado(da).

aus|gehen (*perf* **ist ausgegangen**) *vi (unreg)* - **1.** [nach draußen] salir - **2.** [verlöschen] apagarse - **3.** [enden] terminar - **4.** [hervorgebracht werden] : **von jm ~** salir de alguien - **5.** [zugrunde legen] : **von etw ~** partir de algo ; **wir sind davon ausgegangen, dass** hemos creído que - **6.** [ausfallen] caerse - **7.** [zu Ende gehen] agotarse - **8.** [abzielen] : **auf etw** *(A)* **~** buscar algo, pretender hacer algo.

ausgehungert *adj* hambriento(ta).

ausgelassen <> *adj* alegre, movido(da). <> *adv* alegremente.

ausgelaugt *adj* agotado(da).

ausgemergelt *adj* depauperado(da).

ausgenommen *konj* excepto, salvo ; **~, dass ...** a no ser que ...

ausgeprägt <> *adj* pronunciado(da), marcado(da). <> *adv* marcadamente.

ausgerechnet *adv* precisamente, justamente.

ausgereift *adj* maduro(ra), desarrollado(da).

ausgeschlossen *adj* descartado(da) ; [auf keinen Fall] de ningún modo.

ausgesprochen <> *adj* verdadero(ra). <> *adv* especialmente, realmente.

ausgestorben *adj* : **wie ~** sin vida.

ausgewachsen ['ausgəvaksn̩] *adj* - **1.** [erwachsen] adulto(ta) - **2.** *fam* [groß] gran(de).

ausgewogen *adj* equilibrado(da), armonioso(sa).

ausgezeichnet <> *adj* excelente. <> *adv* magníficamente.

ausgiebig <> *adj* [Frühstück] copioso(sa) ; [Beratungen, Untersuchungen] intensivo(va) ; [Spaziergang] largo(ga). <> *adv* [frühstücken] copiosamente ; [begutachten] intensivamente ; [nachdenken] profundamente.

aus|gießen *vt (unreg)* [Flüssigkeit, Inhalt] echar, verter ; [Flasche, Glas] vaciar.

Ausgleich (*pl* **-e**) *der* - **1.** [Gleichgewicht] conciliación *f* ; [Entschädigung] compensación *f*, indemnización *f* ; **einen ~ zu etw schaffen** compensar algo ; **zum ~ meines**

Kontos para saldar mi cuenta - **2.** *(ohne Pl)* SPORT empate *m.*

auslgleichen *(unreg)* <> *vt* [angleichen] conciliar ; [Mängel, Schaden, Ungerechtigkeit, Unterschiede] compensar ; [Konto] saldar. <> *vi* SPORT empatar.

auslgraben *vt (unreg)* desenterrar.

Auslgrabung *die* excavación *f.*

Ausguck (*pl* **-e**) *der* vigía *f*, atalaya *f.*

Auslguss *der* desagüe *m.*

auslhaken *vt* desenganchar.

auslhalten *(unreg)* <> *vt* - **1.** [ertragen] soportar, aguantar ; **mit jm ist es nicht auszuhalten** no se puede soportar a alguien - **2.** *abw* [bezahlen] mantener ; **sich von jm ~ lassen** dejarse mantener por alguien. <> *vi* [durchhalten] aguantar.

auslhandeln *vt* negociar.

auslhändigen *vt* entregar (en mano).

Auslhang *der* anuncio *m.*

auslhängen <> *vi (unreg)* [angeschlagen sein] estar colgado(da). <> *vt (reg)* - **1.** [anschlagen] colgar - **2.** [ausheben] descolgar, desenganchar.

Aushängeschild (*pl* **-er**) *das* emblema *m.*

auslheben *vt (unreg)* - **1.** [ausschaufeln] excavar - **2.** [aushängen] desenganchar - **3.** [verhaften] desactivar.

auslhecken *vt* tramar.

auslhelfen *vi (unreg)* ayudar, echar una mano.

Auslhilfe *die* - **1.** *(ohne Pl)* [Aushelfen] ayuda *f* (temporal) - **2.** [Aushilfskraft] ayudante *mf.*

Aushilfslkraft *die* ayudante *mf*, suplente *mf.*

aushilfsweise *adv* : **~ arbeiten** trabajar de ayudante ODER suplente.

auslhöhlen *vt* ahuecar.

auslholen *vi* - **1.** [mit dem Arm] extender el brazo hacia atrás - **2.** [beim Erzählen] extenderse, divagar.

auslhorchen *vt* preguntar disimuladamente.

auslkennen ◆ **sich auskennen** *ref* conocer ; **sich in etw** *(D)* **~** conocer (bien) algo ; **sich mit etw ~** entender de algo.

auslkippen *vt* [Eimer] vaciar ; [Müll] verter.

auslklammern *vt* excluir, dejar de lado.

auslklappen *vt* plegar, abatir.

auslklingen (*perf* **hat/ist ausgeklungen**) *vi (unreg)* - **1.** *(hat, ist)* [verklingen] acabar de sonar - **2.** *(ist)* [zu Ende gehen] terminar.

auslklinken (*perf* **hat/ist ausgeklinkt**) <> *vt (hat)* desenganchar, soltar. <> *vi (ist)* soltarse.

auslklopfen *vt* sacudir ; [Pfeife] limpiar.

auslknipsen *vt fam* apagar.

auslknobeln *vt* - **1.** *fam* [auslosen] : **etw ~** echar algo a suertes - **2.** [ausklügeln] ingeniar, idear.

auslkommen (*perf* **ist ausgekommen**) *vi (unreg)* - **1.** [genug haben] salir adelante ; **mit etw ~** tener suficiente con algo - **2.** [sich vertragen] : **mit jm ~** entenderse con alguien ; **mit jm gut/schlecht/nicht ~** llevarse bien/mal/no entenderse con alguien.

auslkosten *vt geh* saborear, disfrutar de.

auslkratzen *vt* [Schüssel] raspar ; [Rest, Schmutz] arrancar.

auslkundschaften *vt* explorar.

Auskunft (*pl* **Auskünfte**) *die* - **1.** [Information] información *f* ; **(eine) ~ bekommen** obtener (una) información - **2.** *(ohne Pl)* [Auskunftsschalter] información *f.*

Auskunftslschalter *der* ventanilla *f* de información.

auslkurieren *vt* curar por completo.

ausllachen *vt* : **jn ~** reírse de alguien.

auslladen *vt (unreg)* - **1.** [entladen] descargar - **2.** [nach einer Einladung] anular la invitación de.

ausladend *adj* prominente ; [Dach] voladizo(za), saliente ; [Baum, Bewegung] amplio(plia).

Ausllage *die* [Schaufenster] vitrina *f* ; [von Waren] exposición *f.*

Ausland *das (ohne Pl)* extranjero *m.*

Ausländer (*pl* **-**) *der* extranjero *m.*

ausländerfeindlich <> *adj* xenófobo(ba). <> *adv* de forma xenófoba.

Ausländerfeindlichkeit *die (ohne Pl)* xenofobia *f.*

Ausländerin (*pl* **-nen**) *die* extranjera *f.*

ausländisch *adj* extranjero(ra).

Auslandslgespräch *das* conferencia *f* internacional.

Auslandslkorrespondent, in *der, die* corresponsal *mf* en el extranjero.

Auslandslreise *die* viaje *m* al extranjero.

Auslandsschutzlbrief *der* AUTO seguro *m* de asistencia en el extranjero.

ausllassen *vt (unreg)* - **1.** [weglassen] eliminar - **2.** [abreagieren] descargar ; **seine Wut an jm ~** descargar su rabia sobre alguien.

ausllasten *vt* - **1.** [nutzen] utilizar a pleno rendimiento ; [Betrieb, Unternehmen] hacer trabajar a pleno rendimiento - **2.** [beanspruchen] acaparar ; **mit etw ausgelastet sein** estar desbordado(da) por algo.

Auslauf *der (ohne Pl)* libertad *f* de movimiento.

aus|laufen (*perf* **ist ausgelaufen**) *vi (unreg)* - **1.** [leer werden] vaciarse - **2.** [herauslaufen] derramarse - **3.** [Schiff] zarpar - **4.** [nicht fortgesetzt werden] dejar de fabricarse - **5.** [zu Ende gehen] expirar.

aus|laugen *vt* - **1.** [Bestandteile entziehen] dejar sin sustancias nutritivas - **2.** [erschöpfen] agotar.

aus|lecken *vt* lamer.

aus|leeren *vt* vaciar ; [Glas, Tasse, Flasche] apurar ; [Inhalt] verter.

aus|legen *vt* - **1.** [ausbreiten] exponer ; [Köder, Gift] poner - **2.** [auskleiden] revestir - **3.** [vorstrecken] adelantar - **4.** [interpretieren] interpretar ; **etw als etw ~** interpretar algo como algo.

aus|leiern (*perf* **hat/ist ausgeleiert**) ◇ *vi (ist)* darse de sí. ◇ *vt (hat)* [Gewinde] pasar de rosca ; [Kleidungsstück] dar de sí.

Ausleihe (*pl* **-n**) *die* - **1.** *(ohne Pl)* [Ausleihen] préstamo *m* - **2.** [Ausleihstelle] sección *f* de préstamos.

aus|leihen *vt (unreg)* : **jm etw ~** prestar algo a alguien ; **sich** *(D)* **etw ~** pedir algo prestado(da).

Auslese *die (ohne Pl)* - **1.** [Selektion] selección *f* - **2.** [Wein] selección *f* de uvas.

aus|liefern *vt* - **1.** [übergeben] extraditar ; **jn der Polizei ~** entregar a alguien a la policía - **2.** [liefern] entregar.

aus|liegen *vi (unreg)* estar a disposición ; [Köder] estar expuesto(ta).

aus|löschen *vt* - **1.** [löschen] apagar - **2.** [vernichten] borrar.

aus|losen *vt* sortear.

aus|lösen *vt* - **1.** [in Gang setzen] activar ; [Kamera] disparar - **2.** [bewirken] provocar.

Auslöser (*pl* **-**) *der* - **1.** FOTO disparador *m* - **2.** [Ursache] desencadenante *m*.

aus|machen *vt* - **1.** [ausschalten] apagar - **2.** [vereinbaren] concertar ; **etw mit jm ~** quedar con alguien en algo - **3.** [stören] molestar ; **das macht jm nichts aus** esto no le importa a alguien - **4.** [betragen] suponer - **5.** [bedeuten] : **viel/wenig ~** importar mucho/poco - **6.** [erkennen] *geh* divisar, distinguir - **7.** [bilden] constituir.

aus|malen *vt* - **1.** [ausfüllen] pintar ; [im Malbuch] colorear - **2.** [schildern] describir - **3.** [sich vorstellen] : **sich** *(D)* **etw ~** imaginarse algo.

Aus|maß *das* dimensión *f* ; [einer Felsenkette] extensión *f*.

ausmerzen *vt* eliminar.

aus|messen *vt (unreg)* medir.

aus|mustern *vt* - **1.** MIL declarar exento(ta) ODER inútil - **2.** [aussondern] seleccionar.

Ausnahme (*pl* **-n**) *die* excepción *f* ; **eine ~ machen** hacer una excepción.

Ausnahme|zustand *der* : **den ~ verhängen** decretar el estado de excepción.

ausnahmslos *adv* sin excepción.

ausnahmsweise *adv* excepcionalmente.

aus|nutzen, ausnützen *vt* - **1.** [nutzen] aprovechar - **2.** [missbrauchen] aprovecharse de.

aus|packen ◇ *vt* desenvolver ; [Koffer] deshacer. ◇ *vi fam* [plaudern] desembuchar.

aus|plaudern *vt* divulgar.

aus|pressen *vt* - **1.** [Frucht] exprimir - **2.** [ausbeuten] estrujar, explotar - **3.** [ausfragen] presionar.

aus|probieren *vt* probar.

Auspuff (*pl* **-e**) *der* escape *m*.

aus|pumpen *vt* vaciar bombeando ; [Wasser] bombear.

aus|quetschen *vt* - **1.** [auspressen] estrujar - **2.** *fam* [ausfragen] : **jn ~** acosar a alguien con preguntas ; **jn über etw** *(A)* **~** sacar a alguien información sobre algo.

aus|radieren *vt* - **1.** [durch Radieren] borrar - **2.** *fig* [zerstören] arrasar.

aus|rangieren *vt fam* : **etw ~** deshacerse de algo.

aus|rauben *vt* atracar.

aus|räumen *vt* - **1.** [entfernen] sacar ; [leeren] vaciar - **2.** *fam* [ausrauben] desvalijar - **3.** [beseitigen] eliminar.

aus|rechnen *vt* calcular ; **sich** *(D)* **etw ~** contar con algo.

Aus|rede *die* excusa *f* ; **faule ~** *fam* excusa barata.

aus|reden ◇ *vi* acabar de hablar. ◇ *vt* : **jm etw ~** disuadir a alguien de algo.

aus|reichen *vi* bastar.

ausreichend ◇ *adj* - **1.** [genügend] suficiente - **2.** SCHULE suficiente. ◇ *adv* suficientemente.

Aus|reise *die* salida *f* del país.

Ausreise|genehmigung *die* autorización *f* de salida.

aus|reisen (*perf* **ist ausgereist**) *vi* salir de un país ; **nach Deutschland ~** viajar a Alemania.

aus|reißen (*perf* **hat/ist ausgerissen**) *(unreg)* ◇ *vi (ist) fam* fugarse. ◇ *vt (hat)* arrancar.

aus|renken *vt* : **jm etw ~** dislocar algo a alguien ; **sich** *(D)* **etw ~** dislocarse algo.

aus|richten *vt* - **1.** [übermitteln] comunicar ; **jm Grüße ~** dar saludos a alguien - **2.** [erreichen] lograr - **3.** [einheitlich anordnen] alinear - **4.** [an etw orientieren] : **etw**

auf etw/jn ODER **nach etw/jm ~** orientar algo hacia algo/alguien ODER a algo/alguien.

aus|rotten *vt* erradicar.

aus|rücken (*perf* **ist ausgerückt**) *vi* - **1.** MIL marchar - **2.** *fam* [weglaufen] escaparse.

aus|rufen *vt (unreg)* - **1.** [rufen] exclamar - **2.** [öffentlich] llamar ; [Haltestellen] anunciar ; **jn ~ lassen** pedir que llamen a alguien por el altavoz - **3.** [verkünden] proclamar ; [Streik] convocar.

Ausrufe|zeichen, Ausrufungszeichen *das* signo *m* de exclamación.

aus|ruhen ◆ **sich ausruhen** *ref* descansar, relajarse.

aus|rüsten *vt* equipar ; [Schiff] dotar.

Aus|rüstung *die* - **1.** [das Ausrüsten] equipamiento *m* - **2.** [Ausrüstungsgegenstände] equipo *m*.

aus|rutschen (*perf* **ist ausgerutscht**) *vi* resbalarse.

Ausrutscher (*pl* -) *der* desliz *m*.

Aus|sage *die* - **1.** [vor Gericht] declaración *f* - **2.** [Inhalt] mensaje *m*.

Aussagekraft *die (ohne Pl)* fuerza *f* expresiva.

aus|sagen ◇ *vt* - **1.** [ausdrücken] : **etw über etw/jn ~** decir algo sobre algo/alguien - **2.** [vor Gericht] declarar. ◇ *vi* declarar.

aus|schalten *vt* - **1.** [abstellen] apagar ; [Strom] desconectar - **2.** [ausschließen] eliminar ; [Gefühle] dejar a un lado.

Ausschau *die (ohne Pl)* : **nach etw/jm ~ halten** buscar con la vista algo/a alguien.

aus|schauen *vi* - **1.** [ausblicken] : **nach etw/jm ~** buscar con la vista algo/a alguien - **2.** *Süddt & Österr* [aussehen] parecer ; **er schaut gut/krank aus** tiene buen/mal aspecto ; **es schaut mit etw/jm gut/schlecht aus** algo/alguien se presenta bien/mal.

aus|scheiden (*perf* **hat/ist ausgeschieden**) *(unreg)* ◇ *vi (ist)* - **1.** [aus Gruppe] : **aus etw ~** separarse de algo, dejar algo - **2.** SPORT quedar eliminado(da) - **3.** [wegfallen] eliminarse. ◇ *vt (hat)* segregar.

aus|schenken *vt* ofrecer.

aus|schildern *vt* señalizar.

aus|schlafen *vi (unreg)* no madrugar.

Aus|schlag *der* - **1.** [auf Haut] erupción *f* - **2.** [das Entscheidende] : **den ~ geben** ser determinante ODER decisivo(va).

aus|schlagen (*perf* **hat/ist ausgeschlagen**) *(unreg)* ◇ *vt (hat)* - **1.** [Zahn] partir ; [Auge] sacar - **2.** [ablehnen] rechazar. ◇ *vi* - **1.** *(hat)* [treten] dar una coz - **2.** *(hat, ist)* [Pendel, Zeiger] oscilar - **3.** *(hat, ist)* [wachsen] brotar.

ausschlaggebend *adj* determinante, decisivo(va).

aus|schließen *vt (unreg)* - **1.** [nicht mit einbeziehen] descartar, excluir - **2.** [ausstoßen] : **jn von etw ~** expulsar a alguien de algo - **3.** [aussperren] echar.

ausschließlich ◇ *adj* exclusivo(va). ◇ *adv* exclusivamente.

Aus|schluss *der* [aus Gruppe] expulsión *f* ; **unter ~ der Öffentlichkeit** a puerta cerrada.

aus|schmücken *vt* adornar.

aus|schneiden *vt (unreg)* recortar.

Aus|schnitt *der* - **1.** [Zeitungsausschnitt] recorte *m* - **2.** [Halsausschnitt] escote *m* - **3.** [eines Films] secuencia *f* ; [eines Romans, Bildes] fragmento *m*.

aus|schöpfen *vt* - **1.** [leer schöpfen] vaciar - **2.** [Boot] achicar - **3.** *fig* [ausnutzen] agotar.

Aus|schreibung *die* convocatoria *f* ; [von öffentlichen Arbeiten] concurso *m* público.

Ausschreitungen *pl* disturbios *mpl*.

Aus|schuss *der* - **1.** [Gremium] comisión *f* - **2.** *(ohne Pl)* [Ausschussware] partida *f* defectuosa.

aus|schütteln *vt* sacudir.

aus|schütten *vt* - **1.** [Inhalt] verter ; [Sack, Eimer] vaciar - **2.** [auszahlen] repartir.

ausschweifend ◇ *adj* desbordado(da). ◇ *adv* de forma exaltada.

aus|sehen *vi (unreg)* : **gut ~** [grundsätzlich] ser guapo(pa) ; [im Moment] estar guapo(pa) ; [gesund] tener buen aspecto ; **er sieht krank aus** parece que está enfermo ; **es sieht danach aus, als** parece que ; **es sieht mit etw/jm gut/schlecht aus** algo/alguien se presenta bien/mal ; **wie siehts aus?** *fam* ¿cómo va? ; **danach sieht es aus** *fam* ya se ve ; **sehe ich danach aus, als ...?** ¿tengo pinta yo de...? ; **nach nichts ~** *fam* no tener nada de extraordinario ; **so siehst du aus!** *fam fig* ¡estás listo(ta)!

aus sein (*perf* **ist aus gewesen**) *vi (unreg)* - **1.** [zu Ende sein] terminar ; **damit ist es jetzt aus** se acabó ; **es ist aus mit jm** alguien está acabado(da) ; **es ist aus zwischen ihnen** han acabado con la relación - **2.** [nicht an sein] estar apagado(da) - **3.** SPORT ir fuera - **4.** [erpicht sein] : **auf etw** *(A)* **~** estar ansioso(sa) por algo.

außen *adv* por fuera ; **die Tür geht nach ~ auf** la puerta se abre hacia fuera.

Außen|handel *der (ohne Pl)* comercio *m* exterior.

Außen|minister, in *der, die* ministro *m*, -tra *f* de Asuntos Exteriores.

Außen|politik *die (ohne Pl)* política *f* exterior.

Außen|seite *die* parte *f* externa.

Außenseiter, in (*mpl* -, *fpl* -nen) *der, die* [Einzelgänger] solitario *m*, -ria *f* ; [in Gesellschaft] marginado *m*, -da *f* ; SPORT outsider *mf*.

Außenstehende (*pl* -n) *der, die* persona *f* ajena.

Außen|welt *die (ohne Pl)* mundo *m* exterior.

außer ◇ *präp* - **1.** [außerhalb] : ~ **Atem sein** estar sin aliento ; ~ **Kontrolle geraten** haber perdido el control ; ~ **Haus sein** estar fuera de casa ; **die Maschine ist ~ Betrieb** la máquina está fuera de servicio ; ~ **sich sein/geraten** estar/ponerse fuera de sí - **2.** [abgesehen von] a excepción de - **3.** [zusätzlich] además de. ◇ *konj* salvo ; **ich habe keine Lust hinzugehen, ~ du kommst mit** no me apetece ir, salvo si tú vienes conmigo.

außerdem *adv* además.

äußere *adj* - **1.** [außen] externo(na) - **2.** [auswärtig] exterior.

Äußere *das (ohne Pl)* aspecto *m* externo.

außergewöhnlich ◇ *adj* excepcional. ◇ *adv* extremadamente.

außerhalb ◇ *präp* : ~ **einer Sache** *(G)* fuera de algo. ◇ *adv* en las afueras.

außerirdisch *adj* extraterrestre.

äußerlich ◇ *adj* externo(na). ◇ *adv* exteriormente.

Äußerlichkeiten *pl* - **1.** [Umgangsform] apariencias *fpl* - **2.** [Unwesentliches] : **alles, was du bisher zur Diskussion beigetragen hast, sind doch nur ~** todo lo que has aportado hasta ahora a la discusión son detalles insignificantes.

äußern *vt* manifestar. ◆ **sich äußern** *ref* - **1.** [seine Meinung sagen] : **sich über etw/jn ~** pronunciarse sobre algo/alguien ; **sich zu etw ~** manifestarse respecto a algo - **2.** [sich zeigen] : **sich in etw** *(D)* ~ manifestarse en algo.

außerordentlich ◇ *adj* extraordinario(ria). ◇ *adv* extraordinariamente.

äußerst *adv* extremadamente.

außerstande, außer Stande *adj* : **zu etw ~ sein** ser incapaz de algo.

äußerste *adj* - **1.** [entfernt] extremo(ma) - **2.** [größte] sumo(ma) - **3.** [letzte] límite - **4.** [schlimmste] extremo(ma).

Äußerung (*pl* -en) *die* declaración *f*.

aus|setzen ◇ *vt* - **1.** [Kind, Tier] abandonar - **2.** [Belohnung, Preis] ofrecer - **3.** [ausliefern] exponer - **4.** [beanstanden] : **etwas an etw/jm auszusetzen haben** reprochar algo de algo/a alguien. ◇ *vi* - **1.** [aufhören] detenerse bruscamente - **2.** [pausieren] interrumpirse ; **beim Spiel ~** interrumpir el juego. ◆ **sich aussetzen** *ref* : **sich einer Sache** *(D)* ~ exponerse a algo.

Aussicht (*pl* -en) *die* - **1.** [Sicht] perspectiva *f*, vista *f* ; **mit ~ aufs Meer** con vistas al mar - **2.** [Zukunftsperspektive] perspectiva *f* ; **etw in ~ haben** tener algo en perspectiva ; **jm etw in ~ stellen** prometer algo a alguien.

aussichtslos *adj* inútil ; [Lage, Situation] desesperado(da).

aussichtsreich *adj* prometedor(ra).

Aussichts|turm *der* mirador *m*.

aussöhnen *vt* reconciliar. ◆ **sich aussöhnen** *ref* : **sich mit etw/jm ~** reconciliarse con algo/alguien.

aus|sortieren *vt* seleccionar.

aus|spannen ◇ *vt* - **1.** [ausbreiten] extender - **2.** *fam* : **jm die Freundin/den Freund ~** birlarle la novia/el novio a alguien. ◇ *vi* descansar.

aus|sperren *vt* dejar en la calle ODER fuera ; [Arbeiter] dejar en la calle por cierre patronal.

aus|spielen *vt* - **1.** [einsetzen] jugar con - **2.** [manipulieren] : **jn gegen jn ~** poner a alguien en contra de alguien.

aus|spionieren *vt* espiar.

Aus|sprache *die* - **1.** [Artikulation] pronunciación *f* - **2.** [Gespräch] discusión *f*.

aus|sprechen *vt (unreg)* - **1.** [artikulieren] pronunciar - **2.** [ausdrücken] expresar ; [Urteil, Strafe] declarar. ◆ **sich aussprechen** *ref* - **1.** [sich äußern] manifestarse - **2.** [Stellung nehmen] : **sich gegen/für etw/jn ~** pronunciarse en contra/a favor de algo/alguien - **3.** [offen sprechen] : **sich mit jm ~** sincerarse con alguien.

aus|spucken ◇ *vi* escupir. ◇ *vt* - **1.** [spucken] escupir - **2.** *fam* [ausgeben, bezahlen] soltar - **3.** *fam* [erbrechen] vomitar.

aus|spülen *vt* aclarar ; [Mund] enjuagar.

aus|statten *vt* : **etw/jn mit etw ~** equipar algo/a alguien con algo ; [mit Kleidung, Geld] proveer a alguien de algo.

Ausstattung (*pl* -en) *die* - **1.** [das Ausstatten] equipo *m* - **2.** [Ausrüstung] equipamiento *m* - **3.** [Einrichtung] mobiliario *m*.

aus|stehen *(unreg)* ◇ *vi* estar pendiente. ◇ *vt* soportar ; **etw/jn nicht ~ können** *fam* no aguantar a algo/alguien.

aus|steigen (*perf* **ist ausgestiegen**) *vi (unreg)* - **1.** [heraussteigen] bajar - **2.** [ausscheiden] retirarse - **3.** [aus Gesellschaft] retirarse.

Aussteiger, in (*mpl* -, *fpl* -nen) *der, die* bohemio *m*, -mia *f*.

aus|stellen *vt* - **1.** [zeigen] exponer - **2.** [ausfertigen] extender - **3.** *fam* [ausschalten] desconectar.

Aus|stellung *die* exposición *f*.

aus|sterben (*perf* **ist ausgestorben**) *vi (unreg)* extinguirse.

Aus|steuer *die* dote *f*.

Ausstieg (*pl* **-e**) *der* - **1.** [Öffnung] salida *f* - **2.** *(ohne Pl)* [aus Projekt, Tätigkeit] abandono *m*.

aus|stoßen *vt (unreg)* - **1.** [ausschließen] expulsar - **2.** [hervorstoßen] proferir - **3.** [produzieren] expulsar.

aus|strahlen <> *vt* - **1.** [verbreiten] irradiar - **2.** [senden] emitir. <> *vi* [strahlen] brillar.

Aus|strahlung *die* - **1.** [Wirkung] carisma *m* - **2.** [Senden] emisión *f*.

aus|strecken *vt* estirar.

aus|suchen *vt* escoger.

Aus|tausch *der* intercambio *m*.

austauschbar *adj* intercambiable.

aus|tauschen *vt* - **1.** [mitteilen] intercambiar ; [Gefangene] canjear - **2.** [auswechseln] cambiar ; **einen Spieler gegen einen anderen ~** sustituir a un jugador por otro.

aus|teilen *vt* repartir.

Auster (*pl* **-n**) *die* ostra *f*.

aus|toben *vt* desfogar.

aus|tragen *vt (unreg)* - **1.** [zustellen] repartir - **2.** [ausfechten] resolver - **3.** [veranstalten] disputar, celebrar - **4.** [im Mutterleib] gestar.

Australien *nt* Australia *f*.

Australier, in [aus'traːliɐ, rɪn] (*mpl* **-**, *fpl* **-nen**) *der, die* australiano *m*, -na *f*.

australisch *adj* australiano(na).

aus|treiben *vt (unreg)* - **1.** [verbannen] expulsar - **2.** [abgewöhnen] : **jm etw ~** quitar a alguien algo de la cabeza.

aus|treten (*perf* **hat/ist ausgetreten**) *(unreg)* <> *vt (hat)* - **1.** [ersticken] apagar (con el pie), pisar - **2.** [abnutzen] desgastar - **3.** [weiten] ahormar. <> *vi (ist)* - **1.** [ausscheiden] : **aus etw ~** separarse de algo, abandonar algo - **2.** [zur Toilette gehen] ir al servicio.

aus|trinken *(unreg)* <> *vt* apurar. <> *vi* beberlo todo.

Aus|tritt *der* separación *f*, abandono *m*.

aus|trocknen (*perf* **hat/ist ausgetrocknet**) <> *vi (ist)* secarse. <> *vt (hat)* secar.

aus|tüfteln *vt* idear.

aus|üben *vt* ejercer.

aus|ufern (*perf* **ist ausgeufert**) *vi* irse de las manos.

Aus|verkauf *der* venta *f* de liquidación.

ausverkauft *adj* agotado(da).

Aus|wahl *die* - **1.** *(ohne Pl)* [das Auswählen] elección *f* ; **zur ~ stehen** presentarse a elección - **2.** [Auslese] recopilación *f*, selección *f* - **3.** [Sortiment] elección *f*.

aus|wählen *vt* elegir.

aus|walzen *vt* - **1.** [walzen] laminar - **2.** [breittreten] explicar con pelos y señales.

aus|wandern (*perf* **ist ausgewandert**) *vi* emigrar.

Auswanderung *die (ohne Pl)* emigración *f*.

auswärtig *adj* - **1.** [nicht örtlich] extranjero(ra) - **2.** [fremd, ausländisch] extranjero(ra) - **3.** [außenpolitisch] exterior.

Auswärtige Amt *das (ohne Pl)* ≃ Ministerio *m* de Asuntos Exteriores.

auswärts *adv* fuera.

aus|waschen *vt (unreg)* lavar.

aus|wechseln ['ausvɛksln] *vt* cambiar ; **wie ausgewechselt sein** estar completamente cambiado(da).

Aus|weg *der* salida *f*, solución *f*.

ausweglos *adj* sin salida.

aus|weichen (*perf* **ist ausgewichen**) *vi (unreg)* - **1.** [Platz machen] ceder el paso - **2.** [sich entziehen] eludir, esquivar - **3.** [zurückgreifen] : **auf etw** *(A)* **~** recurrir a algo.

ausweichend *adj* evasivo(va).

aus|weinen ◆ **sich ausweinen** *ref* : **sich bei jm ~** desahogarse (llorando) con alguien.

Ausweis (*pl* **-e**) *der* carnet *m* ; [Personalausweis] ≃ documento *m* nacional de identidad.

aus|weisen *vt (unreg)* - **1.** [verbannen] deportar - **2.** [erkennen lassen] : **jn als etw ~** acreditar a alguien como algo.

Ausweis|kontrolle *die* control *m* de pasaportes.

Ausweispapiere *pl* documentación *f*.

Ausweitung (*pl* **-en**) *die* expansión *f*.

auswendig *adv* de memoria ; **etw ~ wissen** ODER **können** saber ODER conocer algo de memoria.

Aus|wertung *die* - **1.** [Auswerten] análisis *m*, evaluación *f*, valoración *f* - **2.** [Ergebnis] evaluación *f*.

aus|wirken ◆ **sich auswirken** *ref* repercutir ; **sich auf etw/jn ~** repercutir sobre algo/alguien.

Aus|wirkung *die* repercusión *f* ; **die ~ auf etw/jn** la repercusión sobre algo/alguien.

aus|wringen (*prät* **wrang aus**, *perf* **hat ausgewrungen**) *vt (unreg)* retorcer.

Auswuchs ['ausvuːks] (*pl* **-wüchse**) *der* crecimiento *m*.

aus|zahlen *vt* pagar.

aus|zählen *vt* escrutar.

aus|zeichnen *vt* - **1.** [mit Preisschild] etiquetar - **2.** [ehren] condecorar - **3.** [charakterisieren] caracterizar. ◆ **sich auszeichnen** *ref* distinguirse.

aus|ziehen (*perf* **hat/ist ausgezogen**) *(unreg)* ◇ *vt (hat)* - **1.** [ablegen] quitarse - **2.** [entkleiden] desnudar - **3.** [vergrößern] alargar - **4.** [herausziehen] arrancar. ◇ *vi (ist)* [umziehen] mudarse. ◆ **sich ausziehen** *ref* desnudarse.

Auszubildende (*pl* **-n**) *der, die* aprendiz *m*, -za *f*.

Aus|zug *der* - **1.** [Ausschnitt] extracto *m* - **2.** [Kontoauszug] extracto *m* - **3.** [Umzug] mudanza *f*.

auszugsweise *adv* en resumen.

Auto (*pl* **-s**) *das* coche *m*, carro *m Amér.*

Auto|atlas *der* mapa *m* de carreteras.

Auto|bahn *die* autopista *f*.

Autobahn

Alemania posee, en proporción a su territorio, una de las redes de carreteras más densas del mundo. Es el único país en cuyas autopistas no existe una limitación de velocidad excepto en aquellos tramos en los que hay una indicación expresa. Los ecologistas siempre están cuestionando este reglamento. Sin embargo, bajo el lema **Freie Fahrt für freie Bürger** «viaje libre para ciudadanos libres» se ha podido defender hasta hoy con éxito la ausencia de una velocidad máxima para circular en las autopistas. Tampoco hay peaje.

Autobahn|gebühr *die* peaje *m*.

Autobahn|kreuz *das* cruce *m* de autopista.

Autobahn|meisterei (*pl* **-en**) *die* centro *m* de control de autopista.

Auto|bus *der* autobús *m*.

Auto|fahrer, in *der, die* conductor *m*, -ra *f*.

Autogene Training *das (ohne Pl)* autorrelajación *f*.

Auto|gramm *das* autógrafo *m*.

Auto|karte *die* mapa *m* de carreteras.

Automat (*pl* **-en**) *der* dispensador *m* automático.

Automatik (*pl* **-en**) *die* dispositivo *m* automático.

Automatik|getriebe *das* caja *f* de cambios automática.

automatisch ◇ *adj* automático(ca). ◇ *adv* automáticamente.

automatisieren *vt* automatizar.

Autonomie (*pl* **-n**) *die* autonomía *f*.

Autor (*pl* **-toren**) *der* autor *m*.

Auto|radio *das* autorradio *f*.

Auto|rennen *das* carrera *f* automovilística.

Autorin (*pl* **-nen**) *die* autora *f*.

autoritär *adj* autoritario(ria).

Autorität (*pl* **-en**) *die* - **1.** *(ohne Pl)* [Eigenschaft] autoridad *f* - **2.** [Person] autoridad *f*.

Auto|unfall *der* accidente *m* de tráfico.

Auto|verkehr *der* tráfico *m* motorizado.

avantgardistisch [avɑ̃'gardɪstɪʃ] *adj* vanguardista.

Avocado [avo'kaːdo] (*pl* **-s**) *die* aguacate *m*.

Axt (*pl* **Äxte**) *die* hacha *m* ; **sich wie die ~ im Walde benehmen** ser basto(ta) como la lija.

Azalee (*pl* **-n**) *die* azalea *f*.

Azteke (*pl* **-n**) *der* azteca *m*.

Aztekin (*pl* **-nen**) *die* azteca *f*.

Azubi (*pl* **-s**) *der, die fam* aprendiz *m*, -za *f*.

B

b, B [beː] (*pl* **-** ODER **-s**) *das* - **1.** [Buchstabe] b *f*, B *f* - **2.** [MUS - Note] si *m* bemol ; [- Vorzeichen] bemol *m*. ◆ **B** (*abk für* **Bundesstraße**) *die* ≃ N *f*.

Baby ['beːbi] (*pl* **-s**) *das* bebé *m*.

Baby|sitter, in ['beːbisɪtɐ, rɪn] (*mpl* **-**, *fpl* **-nen**) *der, die* canguro *mf*.

Bach (*pl* **Bäche**) *der* arroyo *m*, quebrada *f Amér* ; **etw geht den ~ runter** *fam* algo se viene abajo.

Backbord *das (ohne Pl)* babor *m*.

Backe (*pl* **-n**) *die* - **1.** [Wange] carrillo *m* - **2.** *fam* [von Po] carrillo *m*.

backen (*präs* **bäckt** ODER **backt**, *prät* **backte** ODER **buk**, *perf* **hat gebacken**) ◇ *vt* hornear. ◇ *vi* [im Backofen sein] cocer ; [Kuchen backen] hacer dulces.

Backen|zahn *der* muela *f*.

Bäcker (*pl* **-**) *der* panadero *m*.

Bäckerei (*pl* **-en**) *die* panadería *f*.

Bäckerin (*pl* **-nen**) *die* panadera *f*.

Back|form *die* molde *m* para horno.

Back|obst *das* fruta *f* pasa.

Back|ofen *der* horno *m*.

Back|pulver *das* levadura *f* en polvo.

Back|stein *der* ladrillo *m*.

bäckt *präs* ▷ **backen**.

Bad (*pl* **Bäder**) *das* - **1.** [Badezimmer] baño *m* - **2.** [Baden] baño *m* ; **ein ~ in der Menge nehmen** *fig* zambullirse entre la multitud - **3.** [Schwimmbad] piscina *f* - **4.** [Kurort] balneario *m*.

Bade|anzug *der* traje *m* de baño.

Bade|hose *die* bañador *m*.

Bade|kappe *die* gorro *m* de baño.

Bade|mantel *der* albornoz *m*.

Bade|meister, in *der*, *die* bañero *m*, -ra *f*.

baden ◇ *vt* bañar. ◇ *vi* bañarse ; **~ gehen** ir a bañarse ; **bei** ODER **mit etw ~ gehen** *fam fig* irse algo al garete.

Baden *nt* Baden *m*.

Baden-Württemberg *nt* Baden Wurtemberg *m*.

Baden-Württemberger, in (*mpl* -, *fpl* **-nen**) *der*, *die* habitante *mf* de Baden Wurtemberg.

baden-württembergisch *adj* de Baden Wurtemberg.

Bade|wanne *die* bañera *f*, bañadera *f Amér*.

Bade|zimmer *das* cuarto *m* de baño.

baff *adj* : **(ganz) ~ sein** *fam* quedarse con la boca abierta.

Bafög ['ba:fœk] (*abk für* **Bundesausbildungsförderungsgesetz**) *das (ohne Pl) ley alemana de fomento de estudios superiores* ; [Stipendium] bolsa *f* de estudios ; **~ bekommen** recibir una bolsa de estudios.

Bagger (*pl* -) *der* excavadora *f*.

baggern *vt* excavar.

Bahn (*pl* **-en**) *die* - **1.** [Weg] vía *f* - **2.** [Umlaufstrecke, Spur] trayectoria *f* ; [eines Satelliten] órbita *f* - **3.** SPORT calle *f* - **4.** [Eisenbahn] ferrocarril *m* ; **jn von der ~ abholen** recoger a alguien en la estación ; **jn zur ~ bringen** llevar a alguien a la estación ; **mit der ~ fahren** viajar en tren - **5.** [Straßenbahn] tranvía *m* - **6.** [Institution] ferrocarril *m* - **7.** [Streifen] tira *f* - **8.** *RW* : **auf die schiefe ~ geraten** ir por mal camino ; **jn aus der ~ werfen** dejar a alguien desarmado(da).

bahnbrechend *adj* pionero(ra).

BahnCard® ['ba:nka:d] (*pl* **-s**) *die tarjeta de reducción de precio al 50% para las vías de ferrocarril alemanas*.

Bahn|damm *der* terraplén *m* de ferrocarril.

bahnen *vt* : **jm einen Weg ~** abrir el camino a alguien ; **sich** *(D)* **einen Weg ~** abrirse camino.

Bahn|hof *der* estación *f* de ferrocarril ; **ich verstehe nur noch ~** no entiendo ni jota.

Bahn|steig (*pl* **-e**) *der* andén *m*.

Bahnsteig|kante *die* bordillo *m* de andén.

Bahnüber|gang *der* paso *m* a nivel.

Bahre (*pl* **-n**) *die* - **1.** [für Kranke] camilla *f* - **2.** [für Tote] féretro *m*.

Baiser [bɛ'ze:] (*pl* **-s**) *das* merengue *m*.

Bakterie (*pl* **-n**) *die* bacteria *f*.

Balance [ba'laŋsə] *die (ohne Pl)* equilibrio *m*.

balancieren [balaŋ'si:rən] (*perf* **hat/ist balanciert**) ◇ *vt (hat)* equilibrar. ◇ *vi (ist)* hacer equilibrios.

bald *adv* - **1.** [in Kürze] pronto - **2.** [schnell] con rápidez - **3.** *fam* [fast] casi - **4.** *fam* [endlich] : **hältst du jetzt ~ den Mund?** ¿cierras la boca de una vez?. ◆ **bis bald** *interj* : **bis ~!** ¡hasta pronto!

Baldrian (*pl* **-e**) *der* valeriana *f*.

balgen *vi* pelearse.

Balkan *der* : **der ~** los Balcanes *mpl* ; **auf dem ~** en los Balcanes.

Balken (*pl* -) *der* viga *f*.

Balkon [bal'kɔŋ, bal'ko:n] (*pl* **-s** ODER **-e**) *der* balcón *m*.

Ball (*pl* **Bälle**) *der* - **1.** [Spielball] pelota *f* ; [großer] balón *m* ; **er wirft/schießt den ~** lanza/chuta el balón ; **am ~ bleiben** *fig* quedar pendiente de algo - **2.** [Kugel] bola *f* - **3.** [Fest] baile *m*.

Ballade (*pl* **-n**) *die* balada *f*.

Ballast *der (ohne Pl)* carga *f*.

Ballaststoffe *pl* fibras *fpl*.

ballen *vt* apretar. ◆ **sich ballen** *ref* [Schnee, Lehm] hacerse una bola ; [Fehler, Schwierigkeiten] amontonarse.

Ballen (*pl* -) *der* - **1.** [Packen] fardo *m* - **2.** [von Hand, Fuß] callo *m*.

ballern *fam* ◇ *vi* - **1.** [schießen] tirotear - **2.** [schlagen] : **gegen** ODER **an** *(A)* **etw ~** dar golpetazos contra ODER a algo. ◇ *vt* - **1.** [ohrfeigen] : **jm eine/ein paar ~** dar un tortazo/un par de tortas a alguien - **2.** [werfen] lanzar.

Ballett (*pl* **-e**) *das* ballet *m*.

Ballon [ba'lɔŋ] (*pl* **-s**) *der* globo *m*.

Ball|spiel *das* juego *m* de pelota.

Ballungs|gebiet *das* zona *f* de concentración urbana.

Ballungs|raum *der* zona *f* de concentración urbana.

Balsam *der* bálsamo *m*.

Balte (*pl* **-n**) *der* báltico *m*.

Baltikum *das* : **das ~** los países Bálticos ; **im ~** en los países Bálticos.

Baltin (*pl* **-nen**) *die* báltica *f*.
baltisch *adj* báltico(ca).
balzen *vi* estar en celo.
Bambus (*pl* **-se**) *der* bambú *m*.
banal <> *adj* - **1.** [einfach] trivial - **2.** *abw* [platt] insu(b)stancial. <> *adv* - **1.** [einfach] de forma trivial - **2.** *abw* [platt] insu(b)stancialmente.
Banane (*pl* **-n**) *die* plátano *m Esp*, banana *f Amér.*
Bananenrepublik *die péj* república *f* bananera.
Banause (*pl* **-n**) *der abw* inculto *m*.
Banausin (*pl* **-nen**) *die abw* inculta *f*.
Band[1] [bɛnt] (*pl* **Bänder** ODER **Bände**) <> *das (Pl Bänder)* - **1.** [aus Stoff] cinta *f* - **2.** [Tonband] cinta *f* - **3.** [Fließband] cadena *f* de montaje ; **am laufenden ~** *fig* sin interrupción - **4.** [aus Bindegewebe] ligamento *m*. <> *der (Pl Bände)* [Buch] tomo *m* ; **etw spricht Bände** *fig* algo habla por sí solo.
Band[2] [bɛnt] (*pl* **-s**) *die* conjunto *m*.
Bandage [ban'da:ʒə] (*pl* **-n**) *die* vendaje *m*.
bandagieren [banda'ʒi:rən] *vt* vendar.
Bandbreite *die fig* variedad *f*.
Bande (*pl* **-n**) *die* - **1.** [Verbrecherbande] banda *f* - **2.** *fam* [Gruppe] pandilla *f* - **3.** SPORT banda *f*.
bändigen *vt* domar ; [Mensch] calmar.
Bandit (*pl* **-en**) *der* bandido *m*.
Bandmaß *das* cinta *f* métrica.
Bandnudel *die* tallarín *m*.
Bandscheibe *die* disco *m* intervertebral.
Bandwurm *der* - **1.** [Wurm] tenia *f* - **2.** *fig* [Gebilde] : **dieser Satz ist ein ~** esta frase es interminable.
bange *adj* angustioso(sa) ; **jm ist ~** alguien está asustado(da) ; **jm wird ~** alguien va a asustarse.
Bange *die (ohne Pl)* : **keine ~, du wirst die Prüfung sicher schaffen!** ¡no temas!, seguro que apruebas el examen.
Bank (*pl* **Bänke** ODER **-en**) *die* - **1.** *(Pl Bänke)* [Sitzgelegenheit] banco *m* ; **etw auf die lange ~ schieben** *fig* dar largas a algo - **2.** *(Pl Banken)* [Geldinstitut] banco *m*.
Bankanweisung *die* giro *m* bancario.
Bankett (*pl* **-e**) *das* banquete *m*.
Bankgeheimnis *das* secreto *m* bancario.
Bankier [baŋ'kie:] (*pl* **-s**) *der* banquero *m*.
Bankkonto *das* cuenta *f* bancaria.
Bankleitzahl *die* código *m* de identificación bancaria.
Banknote *die* billete *m* de banco.
Bankraub *der* robo *m* a un banco.
Bankräuber, in *der, die* ladrón *m*, -na *f* de bancos.
bankrott *adj* en bancarrota.
Bankrott (*pl* **-e**) *der* bancarrota *f* ; **~ gehen** ir a la quiebra.
Banküberfall *der* atraco *m* a un banco.
Bankverbindung *die* relación *f* bancaria.
bannen *vt* - **1.** [fesseln] fascinar - **2.** [besiegen, vertreiben] expulsar.
Banner (*pl* **-**) *das* estandarte *m*.
Baptist, in (*mpl* **-en**, *fpl* **-nen**) *der, die* bautista *mf*.
bar <> *adj* - **1.** [Geld] en efectivo, al contado - **2.** [pur] puro(ra). <> *adv* [in Bargeld] en efectivo, al contado. ◆ **gegen bar** *adv* por pago al contado. ◆ **in bar** *adv* al contado, en efectivo.
Bar (*pl* **-s**) *die* - **1.** [Nachtlokal] bar *m* - **2.** [Theke] barra *f* de bar.
Bär (*pl* **-en**) *der* oso *m* ; **jm einen ~en aufbinden** *fig* tomar el pelo a alguien.
Baracke (*pl* **-n**) *die* barraca *f*.
Barbar, in (*mpl* **-en**, *fpl* **-nen**) *der, die* bruto *m*, -ta *f*.
barbarisch <> *adj* brutal. <> *adv* brutalmente.
barfuß *adv* descalzo(za).
barg *prät* ▷ **bergen**.
Bargeld *das* dinero *m* en efectivo.
bargeldlos *adj, adv* por cheque o transferencia.
Bariton (*pl* **-e**) *der* barítono *m*.
Barke (*pl* **-n**) *die* barca *f*.
Barkeeper ['ba:ɐ̯ki:pɐ] (*pl* **-**) *der* barman *m*.
barock *adj* - **1.** [aus dem Barock] barroco(ca) - **2.** [üppig] voluptuoso(sa) ; [Fantasie] desbordante.
Barock *der* ODER *das (ohne Pl)* Barroco *m*.
Barometer *das* barómetro *m*.
Baron [ba'ro:n] (*pl* **-e**) *der* barón *m*.
Baronesse [baro'nɛs(ə)] (*pl* **-n**) *die* hija *f* de barón.
Baronin [ba'ro:nɪn] (*pl* **-nen**) *die* baronesa *f*.
Barrel ['bɛrəl] (*pl* **-s** ODER **-**) *das* barril *m*.
Barren (*pl* **-**) *der* - **1.** [Block] lingote *m* - **2.** [Turngerät] barra *f*.
Barriere [ba'rie:rə] (*pl* **-n**) *die* barrera *f*.
Barrikade (*pl* **-n**) *die* barricada *f* ; **auf die ~n gehen** *fig* ir a las barricadas.
barsch (*superl* **barsch(e)ste**) <> *adj* brusco(ca). <> *adv* bruscamente.
Barsch (*pl* **-e**) *der* perca *f*.
Barscheck *der* cheque *m* en efectivo.

Bart (*pl* **Bärte**) *der* - **1.** [Gesichtshaar] barba *f* - **2.** [Schlüsselbart] paletón *m* - **3.** *RW*: **in diese Kneipe geht kein Mensch mehr, der ~ ist ab** en este bar no cabe nadie más, está hasta las orejas ; **jm um den ~ gehen** ODER **streichen** dar coba ODER hacer la pelota a alguien.

bärtig *adj* barbudo(da).

Bar|zahlung *die* pago *m* en efectivo.

Basar, Bazar (*pl* **-e**) *der* bazar *m*.

Baseball ['be:sbo:l] *der (ohne Pl)* béisbol *m*.

Basel *nt* Basilea *f*.

basieren *vi*: **auf etw** *(D)* **~** basarse en algo.

Basilika (*pl* **Basiliken**) *die* basílica *f*.

Basilikum *das (ohne Pl)* albahaca *f*.

Basis (*pl* **Basen**) *die* base *f*.

Baske (*pl* **-n**) *der* vasco *m*.

Baskenland *das* País *m* Vasco, Euskadi *m* ; **im ~** en el País Vasco, en Euskadi.

Basket|ball ['ba:skətbal] *der* baloncesto *m*.

Baskin (*pl* **-nen**) *die* vasca *f*.

baskisch *adj* vasco(ca).

Bass (*pl* **Bässe**) *der* - **1.** [Stimme, Sänger] bajo *m* - **2.** [Instrument] contrabajo *m*.

Bassist, in (*mpl* **-en**, *fpl* **-nen**) *der, die* - **1.** [Musiker] contrabajo *mf* - **2.** [Sänger] bajo *m*.

Bass|schlüssel *der* clave *f* de fa en cuarta.

Bast *der* rafia *f*.

Bastelei (*pl* **-en**) *die* trabajos *mpl* manuales.

basteln ◇ *vt*: **etw ~** hacer manualidades con algo. ◇ *vi* hacer trabajos manuales ; **an etw** *(D)* **~** andar trabajando en algo.

Bastler, in (*mpl* **-**, *fpl* **-nen**) *der, die* manitas *mf*.

BAT [be':a:'te:] (*abk für* **Bundesangestelltentarif**) *der (ohne Pl) convenio colectivo que rige las tarifas de los empleados públicos.*

Batterie (*pl* **-n**) *die* - **1.** [Stromspeicher] pila *f* ; [von Auto] batería *f* - **2.** [große Menge] pila *f*.

Batterie

La palabra alemana **Batterie** comparte el significado del español «batería» en el contexto del automóvil. Sin embargo, para la mayoría de los aparatos decimos en español que necesitan «pilas». Un ejemplo: **Ich muss neue Batterien in meine Taschenlampe tun**, se traduciría en español por : «Tengo que cambiarle las pilas a la linterna».

El término español «batería», referido al instrumento, equivale a **Schlagzeug** en alemán, mientras que «una batería de cocina» es **Topfset**.

batteriebetrieben *adj* impulsado(da) por batería ; [mit kleinen Batterien] a pilas.

Batzen (*pl* **-**) *der fam* montón *m*.

Bau (*pl* **-ten** ODER **-e**) *der* - **1.** *(ohne Pl)* [das Bauen] construcción *f* ; **in** ODER **im ~ sein** estar en construcción - **2.** *(ohne Pl)* [Baustelle] obra *f* - **3.** *(Pl Bauten)* [Gebäude] edificio *m* - **4.** *(ohne Pl)* [Körperbau] figura *f* - **5.** *(Pl Baue)* [Höhle] madriguera *f*.

Bau|arbeiten *pl* trabajos *mpl* de construcción.

Bau|arbeiter, in *der, die* obrero *m*, -ra *f* de la construcción.

Bauch (*pl* **Bäuche**) *der* barriga *f* ; **sich** *(D)* **den ~ voll schlagen** *fam* ponerse las botas ; **mit etw auf den ~ fallen** *fig* meter la pata con algo.

bauchig *adj* abombado(da).

Bauch|nabel *der* ombligo *m*.

Bauch|schmerzen ['bauxʃmɛrtsn̩] *pl* dolor *m* de tripa.

Bau|denkmal *das* monumento *m* arquitectónico.

bauen ◇ *vt* - **1.** [anlegen, errichten] edificar - **2.** [herstellen] construir ; [Musikinstrument] fabricar - **3.** *fam* [verursachen] provocar ; **Mist ~** meter la pata. ◇ *vi* - **1.** [arbeiten, bauen lassen] construir ; **an etw** *(D)* **~** estar construyendo algo - **2.** [vertrauen] : **auf etw/jn ~** confiar en algo/alguien.

Bauer (*pl* **-n** ODER **-**) ◇ *der (G Bauern, Pl Bauern)* - **1.** [Landwirt] campesino *m*, chacarero *m Amér* - **2.** [Schachfigur] peón *m* - **3.** [Spielkarte] sota *f*. ◇ *das* ODER *der (G Bauers, Pl Bauer)* [Vogelkäfig] jaula *f*.

Bäuerin (*pl* **-nen**) *die* campesina *f*, chacarera *f Amér*.

bäuerlich ◇ *adj* rural. ◇ *adv* rústicamente.

Bauern|frühstück *das desayuno tradicional consistente en huevos revueltos con panceta y patatas.*

Bauern|hof *der* granja *f*.

baufällig *adj* en condiciones ruinosas.

Bau|firma *die* empresa *f* constructora.

Bau|genehmigung *die* permiso *m* de construcción.

Bau|land *das (ohne Pl)* terreno *m* edificable.

Baum (*pl* **Bäume**) *der* árbol *m* ; **ich könnte Bäume ausreißen** reboso vitalidad.

baumeln *vi* balancearse ; **die Beine ~ lassen** balancear las piernas.

Baum|schule *die* vivero *m*.

Baum|stamm *der* tronco *m*.

Baum|sterben *das (ohne Pl)* deterioro *m* de los árboles *(a causa de la polución)*.

Baum|stumpf *der* tocón *m*.

Baum|wolle *die (ohne Pl)* algodón *m*.

Bau|satz *der* kit *m*.

Bausch (*pl* **-e** ODER **Bäusche**) *der* tampón *m*.

bauschen *vt* [Subj : Wind] henchir ; **das Kleid hat gebauschte Ärmel** el vestido tiene mangas de farol.

Bau|sparkasse *die* caja *f* de ahorros para la construcción.

Bau|stein *der* - **1.** [zum Bauen] piedra *f* de construcción - **2.** [zum Spielen] bloque *m* - **3.** [Bestandteil] elemento *m* constituyente.

Bau|stelle *die* obra *f*.

Bauten *pl* ▷ **Bau.**

Bau|unternehmer, in *der, die* contratista *mf* de obra.

Bau|werk *das* edificio *m*.

Bayer, in (*mpl* **-n**, *fpl* **-nen**) *der, die* bávaro *m*, -ra *f*.

bayerisch = **bayrisch.**

Bayerisch = **Bayrisch.**

Bayerische = **Bayrische.**

Bayern *nt* Baviera *f*.

bayrisch, bayerisch ◇ *adj* bávaro(ra). ◇ *adv* al estilo bávaro.

Bayrisch, Bayerisch *das (ohne Pl)* bávaro *m*.

Bayrische, Bayerische *das (ohne Pl)* bávaro *m*.

Bd. (*abk für* **Band**) tomo *m*.

beabsichtigen *vt* tener la intención de.

beachten *vt* - **1.** [befolgen] seguir ; [Gesetz] cumplir - **2.** [berücksichtigen] considerar, tener en cuenta.

beachtlich ◇ *adj* considerable. ◇ *adv* considerablemente.

Beachtung *die (ohne Pl)* - **1.** [Befolgung] observación *f* ; [von Gesetz] cumplimiento *m* - **2.** [Berücksichtigung] consideración *f* ; **einer Sache/jm ~ schenken** prestar atención a algo/a alguien ; **~ finden** ser considerado(da).

Beamte (*pl* **-n**) *der* funcionario *m*.

Beamtenschaft *die (ohne Pl)* cuerpo *m* de funcionarios.

Beamtin (*pl* **-nen**) *die* funcionaria *f*.

beängstigend ◇ *adj* atemorizante, inquietante. ◇ *adv* de forma atemorizante, inquietantemente.

beanspruchen *vt* - **1.** [fordern] exigir - **2.** [strapazieren] aprovecharse de ; [abverlangen] acaparar - **3.** [benötigen] necesitar.

Beanspruchung (*pl* **-en**) *die* carga *f*, aprovechamiento *m*.

beanstanden *vt* reclamar, objetar.

Beanstandung (*pl* **-en**) *die* reclamación *f*, objeción *f*.

beantragen *vt* - **1.** [verlangen] solicitar - **2.** [vorschlagen] proponer.

beantworten *vt* responder.

Beantwortung (*pl* **-en**) *die* respuesta *f*.

bearbeiten *vt* - **1.** [aufbereiten, zurichten - Erdboden] labrar ; [- Holz] tallar ; [- Stein] esculpir ; [- Leder] curtir ; [- schriftlich] redactar ; [- Film] adaptar - **2.** [Fall, Sachgebiet, Antrag] tramitar - **3.** *fam* [misshandeln] golpear - **4.** *fam* [beeinflussen] manipular.

Bearbeitung (*pl* **-en**) *die* [von Antrag] tramitación *f* ; [von Text] redacción *f* ; [von Werkstück] manipulación *f* ; [von Musikstück] transcripción *f* ; [von Boden] cultivo *m*.

beatmen *vt* : **jn ~** someter a alguien a la respiración artificial, hacer a alguien la respiración artificial.

Beatmung (*pl* **-en**) *die*.

beaufsichtigen *vt* vigilar, controlar.

beauftragen *vt* encargar, encomendar.

Beauftragte (*pl* **-n**) *der, die* encargado *m*, -da *f* ; [der Regierung] comisionado *m*, -da *f*, mandatario *m*, -ria *f*.

bebauen *vt* - **1.** [mit Gebäuden] edificar, urbanizar - **2.** [mit Pflanzen] cultivar.

beben *vi* temblar.

Beben (*pl* **-**) *das* - **1.** *(ohne Pl)* [Zittern] temblor *m* - **2.** [Erdbeben] temblor *m* de tierra, terremoto *m*.

Becher (*pl* **-**) *der* vaso *m*.

Becken (*pl* **-**) *das* - **1.** [Waschbecken] lavabo *m* ; [Spülbecken] fregadero *m* ; [Schwimmbecken] piscina *f* - **2.** [Körperteil] pelvis *f* - **3.** [Instrument] platillos *mpl*.

bedacht ◇ *pp* ▷ **bedenken.** ◇ *adj* - **1.** [vorsichtig] prudente - **2.** [bemüht] : **auf etw** *(A)* **~ sein** tener cuidado con algo. ◇ *adv* [vorsichtig] prudentemente.

bedächtig ◇ *adj* - **1.** [langsam] lento(ta) - **2.** [nachdenklich] pensativo(va) ; [Worte] reflexivo(va). ◇ *adv* - **1.** [langsam] lentamente - **2.** [überlegt] reflexionadamente.

bedanken ◆ **sich bedanken** *ref* agradecer ; **sich bei jm für etw ~** agradecer algo a alguien.

Bedarf *der (ohne Pl)* necesidad *f* ; **an etw** *(D)* **~ haben** necesitar algo. ◆ **bei Bedarf** *adv* en caso necesario.

bedauerlich *adj* lamentable.

bedauern *vt* lamentar ; **jd wegen seines Unglücks ~** compadecer a alguien por su desdicha ; **bedaure!** ¡lo siento!

Bedauern *das (ohne Pl)* [Beileid] pésame *m* ; [Mitgefühl] compasión *f* ; [Anteilnahme] sentimiento *m* ; **zu js großem ~** muy a pesar de alguien.

bedauernswert *adj* lamentable.

bedecken *vt* cubrir.

bedeckt <> *pp* ▷ **bedecken.** <> *adj* cubierto(ta).

bedenken (*prät* **bedachte**, *perf* **hat bedacht**) <> *vt* - **1.** [überlegen] considerar - **2.** *geh* [beschenken] legar. <> *vi* pensar, reflexionar ; **~, dass ...** tener en cuenta que ...

Bedenken (*pl* -) *das* - **1.** [Nachdenken] reflexión *f* - **2.** [Zweifel] reticencia *f*, duda *f*.

bedenklich *adj* - **1.** [prekär] delicado(da), crítico(ca) - **2.** [besorgt] preocupado(da) - **3.** [fragwürdig] dudoso(sa).

Bedenkzeit *die (ohne Pl)* tiempo *m* de reflexión.

bedeuten *vt* - **1.** [heißen] significar ; **viel/wenig ~** significar mucho/poco ; **jm viel/wenig/nichts ~** significar mucho/poco/nada para alguien ; **das hat nichts zu ~** ¡esto ODER eso no significa nada! - **2.** *geh* [zu verstehen geben] : **jm etw ~** dar a entender algo a alguien.

bedeutend <> *adj* - **1.** [wichtig] importante - **2.** [groß] considerable. <> *adv* [sehr] considerablemente.

Bedeutung (*pl* **-en**) *die* - **1.** [Sinn] significado *m* - **2.** [Wichtigkeit] importancia *f* ; **einer Sache** *(D)* **große/wenig ~ beimessen** atribuir ODER dar mucha/poca importancia a algo.

bedienen <> *vt* - **1.** [Kellner] servir ; [Verkäufer] atender ; **mit etw gut/schlecht bedient sein** *fig* estar satisfecho(cha)/insatisfecho(cha) con algo - **2.** [Maschine] manejar. <> *vi* [Kellner] servir ; [Verkäufer] atender. ◆ **sich bedienen** *ref* servirse ; **~ Sie sich!** ¡sírvase usted!, ¡sírvanse ustedes!

Bedienung (*pl* **-en**) *die* - **1.** *(ohne Pl)* [in Geschäft, Restaurant] servicio *m* - **2.** *(ohne Pl)* [Steuerung, Anwendung] manejo *m* - **3.** [Kellner, Kellnerin] camarero *m*, -ra *f*.

Bedienungs|anleitung *die* instrucciones *fpl* de uso.

bedingen *vt* [verursachen] causar.

Bedingung (*pl* **-en**) *die* condición *f* ; **eine ~ stellen** (im)poner una condición ; **unter einer ~** con una condición.

bedingungslos <> *adj* incondicional. <> *adv* incondicionalmente.

bedrängen *vt* acosar, asediar.

bedrohen *vt* amenazar.

bedrohlich <> *adj* amenazador(ra). <> *adv* amenazadoramente.

Bedrohung (*pl* **-en**) *die* amenaza *f* ; **eine ~ für etw sein** ODER **darstellen** constituir una amenaza para algo.

bedrücken *vt* afligir.

bedrückt *adj* [Person] afligido(da) ; [Stimmung] desanimado(da).

Bedürfnis (*pl* **-se**) *das* necesidad *f*.

bedürfnislos *adj* modesto(ta).

bedürftig *adj* necesitado(da).

beeilen [bəˈailən] ◆ **sich beeilen** *ref* apresurarse, darse prisa.

beeindrucken [bəˈaindrʊkn̩] *vt & vi* impresionar.

beeinflussen [bəˈainflʊsn̩] *vt* influir.

beeinträchtigen [bəˈaintrɛçtɪgn̩] *vt* [schädigen] perjudicar ; [im Wert mindern] reducir.

Beeinträchtigung [bəˈaintrɛçtɪgʊŋ] (*pl* **-en**) *die* perjuicio *m* ; [Wertminderung] reducción *f*.

beenden [bəˈɛndn̩] *vt* terminar, finalizar.

beengt [bəˈɛŋt] *adv* : **~ wohnen** vivir en un espacio muy reducido.

beerben [bəˈɛrbn̩] *vt* : **jn ~** heredar los bienes de alguien.

beerdigen [bəˈeːɐ̯dɪgn̩] *vt* enterrar.

Beerdigung [bəˈ eːɐ̯digʊŋ] (*pl* **-en**) *die* entierro *m*, exequias *fpl*.

Beerdigungs|institut *das* funeraria *f*.

Beere (*pl* **-n**) *die* baya *f* ; [Traubenbeere] uva *f*.

Beet (*pl* **-e**) *das* bancal *m*.

Beete ◆ **rote Beete** *pl* remolacha *f*.

befahl *prät.* ▷ **befehlen.**

befahrbar *adj* transitable ; [Fluss] navegable.

befahren (*präs* **befährt**, *prät* **befuhr**, *perf* **hat befahren**) *vt* [Straße] transitar ; **einen Fluss ~** navegar por un río.

befangen <> *adj* - **1.** [schüchtern] tímido(da) - **2.** RECHT parcial - **3.** *geh* : **in etw** *(D)* **~ sein** estar obcecado(da) por algo. <> *adv* [schüchtern] tímidamente ; [voreingenommen] parcialmente.

Befangenheit *die (ohne Pl)* - **1.** [Schüchternheit] timidez *f* - **2.** RECHT parcialidad *f*.

befassen *vt* : **jn mit etw ~** encomendar algo a alguien ; **mit etw befasst sein** estar encargado(da) de algo. ◆ **sich befassen** *ref* : **sich mit etw/jm ~** ocuparse de algo/alguien.

Befehl (*pl* **-e**) *der* - **1.** [Aufforderung] orden *f* - **2.** EDV comando *m* ; **externer ~** comando externo ; **interner ~** comando interno.

befehlen (*präs* **befiehlt**, *prät* **befahl**, *perf* **hat befohlen**) <> *vt* ordenar ; **jm etw ~** ordenar algo a alguien. <> *vi* : **über etw/jn ~** estar al mando de algo/alguien.

Befehls|form *die* GRAM imperativo *m*.

befestigen *vt* - **1.** [anbringen] fijar - **2.** [verstärken] reforzar ; [Straße] pavimentar.

Befestigung (*pl* **-en**) *die* - **1.** *(ohne Pl)* [das

Anbringen] fijación *f* - **2.** [die Verstärkung] refuerzo *m*; [von Straße] pavimentación *f*.
befiehlt *präs* ▻ **befehlen.**
befinden (*prät* **befand**, *perf* **hat befunden**) *vt* : **etw für gut** ODER **richtig ~** *geh* estimar algo bueno(na) ODER apropiado(da). ◆ **sich befinden** *ref* encontrarse.
Befinden *das (ohne Pl)* [Gesundheitszustand] estado *m* de salud.
beflecken *vt* manchar.
befohlen *pp* ▻ **befehlen.**
befolgen *vt* [Rat] seguir; [Befehl, Vorschrift] cumplir.
befördern *vt* - **1.** [transportieren] transportar - **2.** [im Beruf] ascender; **zu etw befördert werden** ascender a algo.
Be|förderung *die* - **1.** *(ohne Pl)* [Transport] transporte *m* - **2.** [im Beruf] ascenso *m*.
Beförderungs|mittel *das* medio *m* de transporte.
befragen *vt* preguntar, consultar; [Zeugen] interrogar; [per Umfrage] encuestar.
Befragung (*pl* **-en**) *die* consulta *f*; [von Zeugen] interrogatorio *m*; [Umfrage] encuesta *f*.
befreien *vt* liberar; **jn von etw ~** lib(e)rar a alguien de algo; **morgen bin ich vom Unterricht/von der Arbeit befreit** mañana libro.
Befreiung *die (ohne Pl)* liberación *f*.
befreundet *adj* : **mit jm ~ sein** tener amistad con alguien; **~e Länder** países amigos.
befriedigen *vt* satisfacer.
befriedigend <> *adj* - **1.** [zufrieden stellend] satisfactorio(ria) - **2.** SCHULE bien. <> *adv* satisfactoriamente.
Befriedigung *die (ohne Pl)* satisfacción *f*.
befristen *vt* limitar (en el tiempo).
befruchten *vt* fecundar.
Befruchtung (*pl* **-en**) *die* fecundación *f*.
befugt *adj* : **zu etw ~ sein** estar autorizado(da) para algo.
Be|fund *der* resultado *m*; MED diagnóstico *m*; **'ohne ~'** MED 'diagnóstico normal'.
befürchten <> *vt* temer. <> *vi* temerse.
Befürchtung (*pl* **-en**) *die* temor *m*.
befürworten *vt* recomendar, interceder en favor de.
Befürworter, in (*mpl* **-**, *fpl* **-nen**) *der, die* partidario *m*, -ria *f*; **die ~ dieses Projekts** las personas que apoyan este proyecto.
begabt *adj* dotado(da).
Begabung (*pl* **-en**) *die* talento *m*; **eine besondere ~ für etw haben** tener talento para algo.
begann *prät* ▻ **beginnen.**
Begebenheit (*pl* **-en**) *die* suceso *m*, acontecimiento *m*; **eine wahre ~** un hecho real.
begegnen *vi* [treffen] : **einer Sache/jm ~** encontrar algo/a alguien; **jm mit Freundlichkeit ~** recibir a alguien con amabilidad. ◆ **sich begegnen** *ref* encontrarse.
Begegnung (*pl* **-en**) *die* encuentro *m*.
begehen (*prät* **beging**, *perf* **hat begangen**) *vt* - **1.** [verüben] cometer - **2.** *geh* [feiern] celebrar - **3.** [Weg, Brücke] transitar.
begehren *vt* desear; [starkes Verlangen haben nach] ambicionar; **sehr begehrt sein** ser muy codiciado(da).
begeistern *vt* entusiasmar, apasionar; **jn für etw ~** entusiasmar a alguien por algo. ◆ **sich begeistern** *ref* : **sich für etw ~** entusiasmarse por algo.
begeistert <> *adj* entusiasmado(da); **von etw/jm ~ sein** estar entusiasmado(da) con algo/alguien. <> *adv* con entusiasmo.
Begeisterung *die (ohne Pl)* entusiasmo *m*.
begierig <> *adj* deseoso(sa); [stärker] ansioso(sa); **nach etw** ODER **auf etw** *(A)* **~ sein** estar ansioso(sa) de algo. <> *adv* ansiosamente.
begießen (*prät* **begoss**, *perf* **hat begossen**) *vt* - **1.** [mit Wasser] regar - **2.** [feiern] (re)mojar.
Beginn *der (ohne Pl)* comienzo *m*, inicio *m*. ◆ **zu Beginn** *adv* : **zu ~ des Jahres** a comienzos ODER a principios del año; **zu ~ der Vorstellung** al comenzar la función, al comienzo de la función.
beginnen (*prät* **begann**, *perf* **hat begonnen**) <> *vt* comenzar, iniciar. <> *vi* comenzar; **mit etw ~** comenzar con algo.
beglaubigen *vt* compulsar.
Beglaubigung (*pl* **-en**) *die* [Bescheinigung] compulsa *f*.
begleiten *vt* acompañar.
Begleiter, in (*mpl* **-**, *fpl* **-nen**) *der, die* acompañante *mf*.
Begleit|erscheinung *die* síntoma *f* colateral.
Begleit|person *die* persona *f* de compañía, acompañante *mf*.
Begleitung (*pl* **-en**) *die* [Musik] acompañamiento *m*; [Person] compañía *f*; **in ~ einer Person** *(G)* en compañía de una persona.
beglückwünschen *vt* : **jn zu etw ~** felicitar a alguien por algo.

beglückwünschen

¡Enhorabuena! Glückwunsch!
¡Felicidades! Herzlichen Glückwunsch!
¡Bravo! Bravo!
¡Buen trabajo! Gut gemacht!
Me alegro por ti. Te lo merecías. Das freut mich für dich, du hast es verdient.
¡Fantástico! Fabelhaft!

begnadigen *vt* indultar.

Begnadigung (*pl* **-en**) *die* indulto *m*.

begnügen ◆ **sich begnügen** *ref*: **sich mit etw ~** contentarse con algo.

begonnen *pp* ▷ **beginnen**.

begraben (*präs* **begräbt**, *prät* **begrub**, *perf* **hat begraben**) *vt* **- 1.** [beerdigen] enterrar **- 2.** [beenden, vergessen] enterrar en el olvido.

Begräbnis (*pl* **-se**) *das* entierro *m*; [feierlich] sepelio *m*.

begreifen (*prät* **begriff**, *perf* **hat begriffen**) *vt & vi* entender, comprender.

begrenzen *vt* limitar.

Begrenzung (*pl* **-en**) *die* limitación *f*.

Be|griff *der* **- 1.** [Wort] término *m* **- 2.** [Vorstellung] concepto *m*; **etw/jd ist jm ein ~** alguien conoce algo/a alguien; **sich** *(D)* **einen ~ von etw machen** hacerse una idea de algo; **im ~ sein** ODER **stehen, etw zu tun** estar a punto de hacer algo.

begriffsstutzig *adj abw* lerdo(da), lento(ta).

begründen *vt* **- 1.** [erklären, Gründe angeben] justificar; **etw mit etw ~** justificar algo con algo **- 2.** [gründen] fundar.

Begründer, in (*mpl* **-**, *fpl* **-nen**) *der, die* fundador *m*, -ra *f*.

Be|gründung *die* **- 1.** [Angabe von Gründen] justificación *f* **- 2.** [Gründung] fundación *f*.

begrüßen *vt* **- 1.** [grüßen] saludar **- 2.** [gut finden] aprobar.

begrüßenswert *adj* aceptable, positivo(va).

Begrüßung (*pl* **-en**) *die* saludo *m*; [Empfang] recibimiento *m*.

Begrüßung

La fórmula del saludo depende de la hora del día: desde primeras horas de la mañana hasta más o menos las once se saluda con un **Guten Morgen!** «¡Buenos días!». A partir del mediodía se dice **Guten Tag** «¡Buenos días!». A partir de las seis más o menos se pasa al **Guten Abend!** «¡Buenas tardes!». La expresión **Gute Nacht!** «¡Buenas noches!» se emplea exclusivamente cuando uno se despide para irse a dormir.
Todas estas fórmulas se pueden combinar en alemán con el apellido de la persona a la que nos dirigimos:
Guten Morgen, Herr Huber!
«¡Buenos días, señor Huber!»
La fórmula informal de saludo es habitualmente : **Hallo!** «¡Hola!»

begünstigen *vt* favorecer.

begutachten *vt* dictaminar.

begütert *adj* adinerado(da).

behaart *adj* cubierto(ta) de pelo; [mit feinen Körperhaaren] cubierto(ta) de vello; [stark] peludo(da).

behäbig ◇ *adj* excesivamente tranquilo(la), flemático(ca). ◇ *adv* tranquilamente.

behaglich ◇ *adj* [angenehm] agradable; [bequem] cómodo(da). ◇ *adv* cómodamente; [angenehm] de forma agradable.

behalten (*präs* **behält**, *prät* **behielt**, *perf* **hat behalten**) *vt* **- 1.** [nicht abgeben] guardar; **ein Geheimnis für sich ~** guardar un secreto **- 2.** [sich merken] retener, memorizar.

Behälter (*pl* **-**) *der* recipiente *m*.

behandeln *vt* tratar.

Be|handlung *die* **- 1.** [Umgang] trato *m* **- 2.** [Bearbeitung] tratamiento *m* **- 3.** [Thematisierung] estudio *m* **- 4.** [einer Krankheit] tratamiento *m*.

beharren *vi* insistir; **auf etw** *(D)* **~** insistir en algo.

beharrlich ◇ *adj* insistente. ◇ *adv* insistentemente.

behaupten *vt* **- 1.** [versichern] afirmar **- 2.** [durchsetzen, verteidigen] mantener.

Behauptung (*pl* **-en**) *die* **- 1.** [Aussage] afirmación *f* **- 2.** [Verteidigung] mantenimiento *m*.

beheben (*prät* **behob**, *perf* **hat behoben**) *vt* reparar, remediar.

beheimatet *adj*: **~ in** *(D)* natural de.

beheizen *vt* calentar.

behelfen (*präs* **behilft**, *prät* **behalf**, *perf* **hat beholfen**) *vi*: **sich** *(D)* **mit etw ~** recurrir a algo.

behelfsmäßig *adj* provisional.

beherbergen *vt* albergar.

beherrschen *vt* dominar; [Leidenschaft, Wünsche, Gefühle] dominar, ser dueño(ña) de. ◆ **sich beherrschen** *ref* contenerse.

beherrscht ◇ *adj* contenido(da). ◇ *adv* de forma contenida.

Beherrschung *die (ohne Pl)* dominio *m*; **die ~ verlieren** perder el control sobre sí mismo.

beherzigen *vt* seguir.

behilflich *adj*: **jm bei etw ~ sein** ayudar a alguien a hacer algo.

behindern *vt* dificultar, impedir; **jn bei etw ~** impedir algo a alguien.

behindert *adj* discapacitado(da).

Behinderte (*pl* **-n**) *der, die* discapacitado *m*, -da *f*.

Behinderung (*pl* **-en**) *die* - **1.** [Behindern] impedimento *m* - **2.** [Handicap] discapacidad *f*.

Behörde (*pl* **-n**) *die* administración *f*; [Stelle] dependencia *f* pública, oficina *f* pública. ◆ **Behörden** *pl* administración *f*.

behutsam ◇ *adj* cauteloso(sa). ◇ *adv* cautelosamente.

bei *präp (+ D)* - **1.** [räumlich] en ; **~m Bäcker** en la panadería ; **~ der Post** en correos ; **~ uns in Rheinland-Pfalz** en nuestra región en Renania Palatinado ; **~ wem?** ¿en casa de quién? ; **~ jm** en casa de alguien ; **~m Kragen** del cuello (de la camisa) - **2.** [in der Nähe von] en los alrededores de - **3.** [zusammen mit einer Person] : **~ jm sein** estar con alguien - **4.** [unter einer Menge] entre - **5.** [zur Angabe von Umständen] : **~ strömendem Regen** con mucha lluvia ; **~ guter Gesundheit sein** tener buena salud - **6.** [zur Angabe der Ursache, Voraussetzung] : **~m Anblick von etw** al ver algo ; **~ deinem Talent** con tu talento - **7.** [zeitlich] : **~ Beginn** al inicio ; **~m Ertönen** al sonar ; **~ Nacht** por la noche ; **~m Arbeiten** trabajando - **8.** [in Bezug auf] respecto a - **9.** [für] para - **10.** [in einem Werk] en ; **~ Goethe** en la obra de Goethe - **11.** [in js Fall] : **~ mir** en mi caso - **12.** [trotz] con, a pesar de. ◆ **bei sich** *adv* consigo ; **~ mir** conmigo ; **~ sich sein** *fig* [bei Verstand] estar en sus cabales ; **wieder ~ sich sein** *fig* [bei Bewusstsein] estar consciente.

bei|behalten *vt (unreg)* conservar, mantener.

bei|bringen *vt (unreg)* - **1.** [lehren] : **jm etw ~** enseñar algo a alguien - **2.** [mitteilen] : **jm etw ~** comunicar algo a alguien ; **jm etw schonend ~** comunicar algo a alguien de forma diplomática - **3.** [zufügen] : **jm etw ~** causar algo a alguien - **4.** *amt* [bringen] presentar.

Beichte (*pl* **-n**) *die* confesión *f*.

beichten ◇ *vt* confesar ; [Sünde] confesarse de ; **jm etw ~** confesar algo a alguien. ◇ *vi* confesarse.

beide ◇ *pron* ambos(bas) ; **wir ~ kommen immer zu spät** nosotros dos siempre llegamos tarde. ◇ *adj* ambos(bas) ; **die ~n/~ Mädchen** ambas chicas. ◆ **beides** *pron* ambas cosas.

beiderlei *det* ambos(bas).

beiderseitig *adj* mutuo(tua).

beiderseits *präp* a ambos lados de.

beidseitig ◇ *adj* doble. ◇ *adv* por ambos lados.

beieinander *adv* juntos(tas).

Beifahrer, in (*mpl* **-**, *fpl* **-nen**) *der, die* acompañante *mf* (del conductor).

Beifahrer|sitz *der* asiento *m* del acompañante.

Beifall *der (ohne Pl)* aplauso *m* ; **~ spenden** tributar aplausos.

beifällig ◇ *adj* aprobatorio(ria). ◇ *adv* de forma aprobatoria ; **~ nicken** asentir con la cabeza.

bei|fügen *vt* : **einer Sache** *(D)* **etw ~** adjuntar algo a una cosa.

beige [beːʃ] ◇ *adj* beige. ◇ *adv* de color beige.

Beigeschmack *der (ohne Pl)* sabor *m* ; [bitterer] resabio *m*, sinsabor *m*.

Bei|hilfe *die* - **1.** [finanziell] subvención *f* - **2.** *(ohne Pl)* [kriminell] complicidad *f* ; **jm ~ leisten** servir de cómplice a alguien.

bei|kommen (*perf* **ist beigekommen**) *vi (unreg)* : **einer Sache** *(D)* **~** superar algo ; **einer Sache/jm ist nicht beizukommen** no poder con algo/alguien.

Beil (*pl* **-e**) *das* hacha *m*.

Bei|lage *die* - **1.** [Speise] guarnición *f* - **2.** [zu Zeitung] suplemento *m* - **3.** *amt* [Beilegen] : **wir bitten um die ~ von etw** le rogamos adjunte algo.

beiläufig ◇ *adj* incidente. ◇ *adv* incidentalmente.

bei|legen *vt* - **1.** [beifügen] : **einer Sache** *(D)* **etw ~** adjuntar algo a una cosa - **2.** [schlichten] zanjar.

Beileid *das (ohne Pl)* pésame *m* ; **herzliches** ODER **aufrichtiges ~!** mi más sincero ODER sentido pésame, le acompaño en el sentimiento.

beiliegend *adj amt* adjunto(ta).

beim *präp* - **1.** *(bei + dem)* en - **2.** *(nicht auflösbar)* [vor substantivierten Infinitiven] : **~ Rasenmähen helfen** ayudar a cortar la hierba - **3.** *(nicht auflösbar)* [in Wendungen] : **ich kann ~ besten Willen nicht rechtzeitig kommen** por mucho que quiera no voy a poder llegar a tiempo ; *siehe auch* **bei**.

bei|messen *vt (unreg)* conceder.

Bein (*pl* **-e**) *das* - **1.** [Körperteil] pierna *f*, canilla *f Amér* ; **diese Musik geht in die ~e** con esta música se me van los pies ; **wenn du jetzt nicht endlich kommst, mache ich dir ~e** como no vengas de una vez me voy a poner serio(ria) contigo - **2.** [eines Möbels] pata *f* - **3.** [Hosenbein] pernera *f*.

beinah, beinahe *adv* por poco.

Bei|name *der* sobrenombre *m*.

beinhalten [bəˈɪnhaltn̩] *vt* contener.

Beipack|zettel *der* prospecto *m* ; [einer Ware] instrucciones *fpl* de uso.

bei|pflichten *vi* : **jm ~** ser de la misma opinión que alguien ; **einer Sache** *(D)* **~** adherirse a algo.

beisammen *adv* reunido(da).

Beisammensein *das (ohne Pl)* reunión *f*.

Beisein *das (ohne Pl)* : **im ~ von jm, in js ~** en presencia de alguien.

beiseite *adv* aparte ; **~ lassen** dejar aparte ; **~ legen** apartar ; [Geld] ahorrar.

Beisetzung (*pl* **-en**) *die* sepelio *m*.

Beispiel *das* ejemplo *m* ; **sich** *(D)* **ein ~ an etw/jm nehmen** tomar algo/a alguien como ejemplo; **zum ~** por ejemplo.

beispielhaft ◇ *adj* ejemplar. ◇ *adv* ejemplarmente.

beispiellos ◇ *adj* sin igual ; [Vorgang] sin precedente. ◇ *adv* sin igual.

beispielsweise *adv* por ejemplo.

beißen (*prät* **biss**, *perf* **hat gebissen**) ◇ *vt* morder ; [Insekt] picar. ◇ *vi* **- 1.** [mit den Zähnen] morder **- 2.** [brennen] : **der Rauch beißt mir in den Augen** me escuecen los ojos con el humo.

beistehen *vi (unreg)* : **jm ~** ayudar a alguien.

beisteuern *vt* contribuir con ; **etw zu etw ~** contribuir con algo a algo.

beistimmen *vi* : **einer Sache ~** aprobar algo, mostrarse de acuerdo con algo ; **jm ~** dar la razón a alguien.

Beitrag (*pl* **Beiträge**) *der* **- 1.** [Geld] contribución *f*; [bei Verein] cuota *f*; [Versicherungsbeitrag] prima *f*; [für Sozialversicherung] cotización *f* **- 2.** [Mitarbeit] contribución *f* **- 3.** [Artikel] (artículo *m* de) colaboración.

beitragen *(unreg)* ◇ *vt* aportar. ◇ *vi* : **zu etw ~** contribuir a algo.

beitreten (*perf* **ist beigetreten**) *vi (unreg)* : **einer Sache** *(D)* **~** afiliarse a algo ; [einem Verein] entrar en algo ; [einem Bündnis] adherirse a algo.

Beitritt *der* ingreso *m*.

beizeiten *adv* a tiempo.

bejahen *vt* [Frage] responder afirmativamente a ; [Standpunkt] aceptar.

bekämpfen *vt* combatir.

Bekämpfung *die (ohne Pl)* lucha *f*; **die ~ einer Sache** *(G)* la lucha contra algo.

bekannt *adj* conocido(da).

Bekannte (*pl* **-n**) *der, die* conocido *m*, -da *f*.

Bekanntenkreis *der* círculo *m* de amistades.

bekanntermaßen *adv* como es sabido.

Bekanntgabe *die (ohne Pl)* anuncio *m*.

bekannt geben *vt (unreg)* anunciar.

Bekanntheit *die (ohne Pl)* popularidad *f*.

bekanntlich *adv* como es sabido.

bekannt machen *vt* anunciar ; **Gäste miteinander ~** presentar a invitados que no se conocen entre ellos ; **jn mit jm ~** presentar a alguien a alguien ; **jn/sich mit etw ~** familiarizar a alguien/familiarizarse con algo.

Bekanntschaft (*pl* **-en**) *die* **- 1.** *(ohne Pl)* [Kennen] relación *f* ; **mit jm ~ schließen** trabar conocimiento con alguien **- 2.** [Bekanntenkreis] conocidos *mpl* **- 3.** [Bekannte] conocido *m*, -da *f*.

bekehren *vt* convertir.

bekennen (*prät* **bekannte**, *perf* **hat bekannt**) *vt* confesar. ◆ **sich bekennen** *ref* : **sich zu etw ~** reivindicar algo.

beklagen *vt* lamentar. ◆ **sich beklagen** *ref* : **sich bei jm über etw/jn ~** quejarse a alguien de algo/alguien.

bekleckern *vt* manchar.

bekleiden *vt geh* [Amt] ocupar.

bekleidet *adj* : **mit etw ~ sein** llevar algo puesto(ta).

Bekleidung *die (ohne Pl)* **- 1.** [Kleidung] ropa *f* ; **warme ~** ropa *f* de abrigo **- 2.** *geh* [von Posten] posesión *f* (de un cargo).

beklemmend ◇ *adj* angustioso(sa). ◇ *adv* de forma angustiosa.

Beklemmung (*pl* **-en**) *die* angustia *f*.

beklommen ◇ *adj* acongojado(da). ◇ *adv* con congoja.

bekommen (*prät* **bekam**, *perf* **hat/ist bekommen**) ◇ *vt (hat)* **- 1.** [erhalten] recibir ; **er hat von seinen Eltern ein Kajak geschenkt ~** sus padres le han regalado un kayak ; **wir ~ dort zu essen und zu trinken** la comida y la bebida nos las dan allí ; **ich habe von ihm den Reiseführer zu lesen ~, damit ich weiß, was ich auf der Reise zu sehen bekomme** me ha dado a leer la guía para que me entere de todo lo que hay para ver en el viaje **- 2.** [Ware] haber ; **was ~ Sie?** [im Geschäft] ¿qué desea? ; [im Restaurant] ¿qué desea tomar? ; **was ~ Sie dafür?** ¿cuánto vale esto? **- 3.** [beanspruchen können] tener derecho a ; **ich bekomme noch Geld von dir** me debes dinero **- 4.** [finden] conseguir **- 5.** [erdulden] recibir ; **Ärger mit dem Vermieter ~** tener bronca con el propietario ; **einen Zahn gezogen ~** sacarse una muela ; **er hat 5 Jahre Gefängnis ~** le han caído 5 años de cárcel ; **etw zu spüren ~** percibir algo **- 6.** [Angst, Wut, Lust, Hunger] dar ; [Grippe] pillar ; **Komplexe ~** acomplejarse **- 7.** [am Körper] : **jd bekommt etw** algo sale a alguien ; **eine Gänsehaut ~** ponerse la carne de gallina **- 8.** [erwarten] esperar ; **eine Frau bekommt ein Kind** [ist schwanger] una mujer está embarazada ; [gebiert] una mujer tiene un niño **- 9.** [Flugzeug, Zug] coger *Esp*, tomar *Amér* **- 10.** [es schaffen] : **das Sofa ~ wir nicht in den Auf-**

zug el sofá no entra en el ascensor; **mit dem alten Bohrer bekommst du kein Loch in die Betondecke** con la taladradora vieja no vas a conseguir hacer un agujero en el techo de cemento; **die Flecken bekommt man nicht mehr aus dem Tischtuch** las manchas del mantel ya no salen; **sie ist nicht dazu zu ~, pünktlich zu sein** es incapaz de ser puntual. ◇ *vi (ist)*: **jm gut/schlecht/nicht ~** sentar bien/mal/no sentar bien a alguien.

bekräftigen *vt* confirmar; **jn in etw** *(D)* **~** reafirmar en algo a alguien.

bekreuzigen ◆ **sich bekreuzigen** *ref* santiguarse.

bekritzeln *vt* hacer garabatos en.

bekümmert ◇ *adj* preocupado(da). ◇ *adv* con preocupación.

belächeln *vt abw* reírse de.

beladen (*präs* **belädt**, *prät* **belud**, *perf* **hat beladen**) *vt* cargar; **etw mit etw ~** cargar algo con algo; **einen Tisch mit Büchern ~** llenar una mesa de libros.

Belag (*pl* **Beläge**) *der* - **1.** [von Straße, Boden] pavimento *m*; [von Bremsen] forro *m*; [auf Zähnen] placa *f* dental; [auf Zunge] saburra *f* - **2.** [Wurst] fiambre *m*; [Käse] queso *m*; [auf Kuchen] cobertura *f*; **welchen ~ möchtest du auf deinem Brot?** ¿qué quieres que te ponga en el pan?.

belagern *vt* sitiar

Belagerung (*pl* **-en**) *die* sitio *m*.

Belang (*pl* **-e**) *der* - **1.** *(ohne Pl)* [Bedeutung]: **von ~sein** ser importante; **ohne ~ sein** carecer de importancia - **2.** [Interesse] *(nur pl)* intereses *mpl*.

belangen *vt* RECHT demandar; **jn für etw ~** demandar a alguien por algo.

belasten *vt* - **1.** [beschweren] cargar; **etw mit etw ~** cargar algo con algo - **2.** [beeinträchtigen] perjudicar - **3.** [beanspruchen]: **jn ~** someter a alguien a un esfuerzo excesivo; **jn mit etw ~** cargar a alguien con algo - **4.** [besorgt machen] preocupar - **5.** RECHT incriminar - **6.** [finanziell] cargar; **etw mit einer Hypothek ~** hipotecar algo.

belästigen *vt* acosar, cargosear *Amér*; **jn mit etw ~** acosar a alguien con algo.

Belästigung (*pl* **-en**) *die* acoso *m*.

Belastung (*pl* **-en**) *die* - **1.** [mit Gewicht] carga *f* - **2.** [Beeinträchtigung] perjuicio *m* - **3.** [psychisch] carga *f* - **4.** [von Konto] cargo *m*.

belauern *vt* acechar.

belaufen (*präs* **beläuft**, *prät* **belief**, *perf* **hat belaufen**) ◆ **sich belaufen** *ref*: **sich auf etw** *(A)* **~** ascender a algo.

belauschen *vt* escuchar.

belebt *adj* concurrido(da).

Beleg (*pl* **-e**) *der* - **1.** [Quittung] justificante *m* - **2.** [Nachweis] prueba *f*.

belegen *vt* - **1.** [mit Belag]: **etw mit etw ~** recubrir algo con algo - **2.** [Kurs] matricularse en; **den ersten Platz ~** ocupar el primer puesto - **3.** [Platz, Raum] ocupar - **4.** [versehen]: **jn mit etw ~** condenar a alguien a algo; **eine Tätigkeit mit Steuern ~** gravar una actividad con impuestos - **5.** [nachweisen] justificar.

Belegschaft (*pl* **-en**) *die* plantilla *f*.

belegt *adj* - **1.** [mit Aufschnitt] relleno(na) - **2.** [mit Belag] recubierto(ta); [Zunge] saburroso(sa) - **3.** [besetzt] completo(ta); [Sitzplatz] ocupado(da) - **4.** [Stimme] empañado(da); [wegen Krankheit] tomado(da).

belehren *vt* instruir; **jn über etw** *(A)* **~** informar a alguien sobre algo; **jn eines Besseren/anderen ~** demostrar lo contrario a alguien.

beleibt *adj* corpulento(ta).

beleidigen *vt* ofender.

Beleidigung (*pl* **-en**) *die* ofensa *f*.

beleuchten *vt* - **1.** [mit Licht] iluminar - **2.** [untersuchen] aclarar.

Beleuchtung (*pl* **-en**) *die* - **1.** [mit Licht] iluminación *f* - **2.** *(ohne Pl)* [Untersuchung] esclarecimiento *m*.

Belgien *nt* Bélgica *f*.

Belgier, in ['bɛlgiɐ, rɪn] (*mpl* **-**, *fpl* **-nen**) *der, die* belga *mf*.

belgisch *adj* belga.

belichten *vt* exponer.

Belichtung *die* FOTO exposición *f*.

Belieben *das (ohne Pl)*: **nach ~** a voluntad; **etw steht** ODER **liegt in js ~** *(D)* algo depende de alguien.

beliebig ◇ *adj* cualquier(a); **eine ~e Theorie** una teoría cualquiera, cualquier teoría. ◇ *adv*: **du kannst ~ lange bleiben** te puedes quedar el tiempo que quieras.

beliebt *adj* - **1.** [geschätzt] apreciado(da); **beim jm ~ sein** ser apreciado(da) por alguien; **sich bei jm ~ machen** ganarse el aprecio de alguien - **2.** [gängig] común.

Beliebtheit *die (ohne Pl)* popularidad *f*.

beliefern *vt* proveer; **jn mit etw ~** proveer a alguien con algo.

bellen *vi* ladrar.

belohnen *vt* recompensar.

Belohnung (*pl* **-en**) *die* recompensa *f*.

Belüftung *die (ohne Pl)* ventilación *f*.

belügen (*prät* **belog**, *perf* **hat belogen**) *vt* mentir a.

bemalen *vt* pintar.

bemängeln *vt* criticar.

bemerkbar *adj* perceptible ; **sich ~ machen** hacerse notar.

bemerken *vt* - **1.** [sehen] notar - **2.** [sagen] : **etwas ~** decir algo ; **kurz etwas ~** hacer una observación.

bemerkenswert ◇ *adj* notable. ◇ *adv* notablemente.

Bemerkung (*pl* **-en**) *die* observación *f*.

bemitleiden *vt* compadecerse de.

bemühen *vt geh* recurrir a. ◆ **sich bemühen** *ref* - **1.** [sich anstrengen] esforzarse - **2.** [suchen] : **sich um etw ~** esforzarse por conseguir algo ; **sich um jn ~** buscar a alguien - **3.** [sich kümmern] : **sich um jn ~** cuidar a alguien.

Bemühung (*pl* **-en**) *die* esfuerzo *m*.

benachbart *adj* vecino(na).

benachrichtigen *vt* informar.

benachteiligen *vt* perjudicar.

benehmen (*präs* **benimmt**, *prät* **benahm**, *perf* **hat benommen**) ◆ **sich benehmen** *ref* comportarse.

Benehmen *das (ohne Pl)* comportamiento *m*.

beneiden *vt* envidiar ; **jn um etw ~** envidiar a alguien por algo.

beneidenswert ◇ *adj* envidiable. ◇ *adv* de forma envidiable.

Benelux-Länder *pl* países *mpl* del Benelux.

benennen (*prät* **benannte**, *perf* **hat benannt**) *vt* nombrar ; **jn als etw ~** elegir a alguien para algo.

Bengel (*pl* **-**) *der* mocoso *m*.

benommen ◇ *adj* aturdido(da). ◇ *adv* con aturdimiento.

benoten *vt* calificar.

benötigen *vt* necesitar.

benutzen, benützen *vt* utilizar ; **etw als etw ~** utilizar algo de algo.

Benutzer, in (*mpl* **-**, *fpl* **-nen**) *der, die* usuario *m*, -ria *f*.

Benutzer|konto *das* EDV cuenta *f* de usuario, -ria.

Benutzerober|fläche *die* EDV interfaz *f* de usuario.

Benutzung *die (ohne Pl)* uso *m*.

Benzin (*pl* **-e**) *das* gasolina *f* ; **bleifreies/verbleites ~** gasolina sin/con plomo.

Benzin|kanister *der* bidón *m* de gasolina.

beobachten *vt* - **1.** [observieren] observar ; [Verdächtigen, Diebstahl] vigilar ; **jn ~** [Kranken] tener en observación a alguien - **2.** [bemerken] constatar.

Beobachter, in (*mpl* **-**, *fpl* **-nen**) *der, die* observador *m*, -ra *f*.

Beobachtung (*pl* **-en**) *die* observación *f*.

bepackt *adj* cargado(da).

bequem ◇ *adj* - **1.** [gemütlich] cómodo(da) ; **es sich** *(D)* **~ machen** ponerse cómodo(da) - **2.** [faul] comodón(ona). ◇ *adv* cómodamente.

Bequemlichkeit (*pl* **-en**) *die* comodidad *f*.

beraten (*präs* **berät**, *prät* **beriet**, *perf* **hat beraten**) ◇ *vt* - **1.** [Rat geben] asesorar ; **jn bei etw ~** asesorar a alguien en algo - **2.** [besprechen] deliberar. ◇ *vi* deliberar. ◆ **sich beraten** *ref* asesorarse ; **sich mit jm über etw** *(A)* **~** consultar algo con alguien.

Berater, in (*mpl* **-**, *fpl* **-nen**) *der, die* asesor *m*, -ra *f*.

beratschlagen *vi* : **mit jm ~** consultar a alguien ; **über etw** *(A)* **~** deliberar sobre algo.

Beratung (*pl* **-en**) *die* - **1.** [Ratgeben] asesoramiento *m* - **2.** [Besprechung] conferencia *f*.

Beratungs|stelle *die* consultorio *m*.

berauben *vt* robar.

berauschend ◇ *adj* embriagador(ra). ◇ *adv* de forma embriagadora.

berechenbar ◇ *adj* - **1.** [Summe] calculable ; [Größe] medible - **2.** [Person, Reaktion] previsible. ◇ *adv* previsiblemente.

berechnen *vt* - **1.** [ausrechnen] calcular - **2.** [anrechnen] facturar.

berechnend ◇ *adj* calculador(ra). ◇ *adv* con cálculo.

Be|rechnung *die* - **1.** [Rechnung] cálculo *m* - **2.** *(ohne Pl)* [Egoismus] cálculo *m*.

berechtigen *vt* : **etw berechtigt jn zu etw** algo le da derecho a alguien a algo.

berechtigt *adj* justificado(da).

Berechtigung (*pl* **-en**) *die* - **1.** [Genehmigung] autorización *f* ; [Befähigung] habilitación *f* - **2.** [Korrektheit] legitimidad *f*.

bereden *vt* - **1.** [besprechen] tratar ; **etw mit jm ~** tratar algo con alguien - **2.** *fam abw* [überreden] persuadir.

Bereich (*pl* **-e**) *der* - **1.** [Gebiet] zona *f* ; **der ~ zwischen Düsseldorf und Köln** la región comprendida entre Düsseldorf y Colonia - **2.** [Aufgabe, Thema] campo *m*.

bereichern *vt* ampliar. ◆ **sich bereichern** *ref* enriquecerse ; **sich an etw** *(D)* **~** enriquecerse gracias a algo ; **sich an jm ~** enriquecerse a costa de alguien.

Bereicherung (*pl* **-en**) *die* enriquecimiento *m*.

bereisen *vt* recorrer.

bereit *adj* : **~ sein** estar listo(ta) ; **zu etw ~ sein** estar dispuesto(ta) a algo ; **sich ~ er-**

klären(, etw zu tun) ofrecerse (a hacer algo) ; *siehe auch* **bereithaben.**

bereit|haben *vt* tener a mano.

bereit|halten *vt (unreg)* tener preparado(da).

bereit|machen *vt* preparar.

bereits *adv* ya.

Bereitschaft *die* - **1.** [Wille] disposición *f* - **2.** [Bereitschaftsdienst] servicio *m* de guardia.

bereit|stehen *vi (unreg)* estar dispuesto(ta).

Bereit|stellung *die* provisión *f*.

bereitwillig <> *adj* solícito(ta). <> *adv* gustosamente.

bereuen *vt* arrepentirse de.

Berg (*pl* **-e**) *der* - **1.** [Erhöhung] montaña *f* - **2.** [große Menge] : **ein ~ Bücher** un montón *m* de libros. ◆ **Berge** *pl* : **die ~e** la montaña.

bergab *adv* cuesta abajo ; **mit etw/jm geht es ~** algo/alguien va cuesta abajo.

bergan = **bergauf.**

bergauf, bergan *adv* cuesta arriba ; **mit etw/jm geht es ~** algo/alguien va mejorando.

Bergbau *der (ohne Pl)* minería *f*.

bergen (*präs* **birgt**, *prät* **barg**, *perf* **hat geborgen**) *vt* - **1.** [in Sicherheit bringen] rescatar - **2.** *geh* [enthalten] : **etw in sich** *(D)* **~** implicar algo.

Berg|führer, in *der, die* guía *mf* de montaña.

Berg|hütte *die* refugio *m* de montaña.

bergig *adj* montañoso(sa).

Berg|mann (*pl* **-leute**) *der* minero *m*.

Berg|steigen *das (ohne Pl)* alpinismo *m*.

Berg|steiger, in *der, die* alpinista *mf*.

Bergung (*pl* **-en**) *die* rescate *m*.

Berg|wacht *die (ohne Pl)* servicio *m* de salvamento en montaña.

Berg|wandern *das (ohne Pl)* senderismo *m* (de montaña).

Berg|werk *das* explotación *f* minera.

Bericht (*pl* **-e**) *der* informe *m*, reporte *m Amér* ; [in Zeitung, Radio, etc.] reportaje *m* ; **über etw** *(A)* **~ erstatten** informar sobre algo.

berichten <> *vt* informar de/sobre, reportar *Amér.* <> *vi* informar ; **von etw/jm** ODER **über etw/jn ~** informar de algo/alguien ODER sobre algo/alguien.

Bericht|erstattung *die* reportaje *m* ; **objektive/tendenziöse ~** informe objetivo/tendencioso.

berichtigen *vt* corregir.

Berichtigung (*pl* **-en**) *die* correción *f*.

Berlin *nt* Berlín *m*.

Berliner (*pl* **-**) <> *der* - **1.** [Person] berlinés *m* - **2.** [Gebäck] bollo *m* relleno. <> *adj (unver)* berlinés(esa).

Berlinerin (*pl* **-nen**) *die* berlinesa *f*.

berlinerisch *adj* berlinés(esa).

Berliner Mauer *die (ohne Pl)* muro *m* de Berlín.

Berliner Philharmoniker *pl* orquesta *f* filarmónica de Berlín.

Bern *nt* Berna *f*.

Berner (*pl* **-**) <> *der* bernés *m*. <> *adj (unver)* de Berna.

Bernerin (*pl* **-nen**) *die* bernesa *f*.

Berner Oberland *das* Oberland *m* bernés.

Bernstein *der (ohne Pl)* ámbar *m*.

berüchtigt *adj* de mala fama ; **für** ODER **wegen etw ~ sein** ser conocido(da) por algo.

berücksichtigen *vt* tener en cuenta.

Beruf (*pl* **-e**) *der* profesión *f* ; **etw von ~ sein** ser algo de profesión.

berufen[1] *adj* : **zu etw ~ sein** tener vocación de algo.

berufen[2] (*prät* **berief**, *perf* **hat berufen**) *vt* nombrar ; **jn ins Ausland ~** destinar a alguien al extranjero. ◆ **sich berufen** *ref* : **sich auf etw/jn ~** remitirse a algo/alguien.

beruflich <> *adj* profesional. <> *adv* profesionalmente.

Berufs|ausbildung *die* formación *f* profesional.

Berufs|beratung *die* orientación *f* laboral.

Berufs|leben *das (ohne Pl)* vida *f* profesional.

Berufs|schule *die* ≃ centro *f* de formación profesional.

Berufs|soldat *der* soldado *m* profesional.

berufstätig *adj* en activo ; **~ sein** ejercer una actividad laboral.

Berufstätige (*pl* **-n**) *der, die* persona *f* en activo.

Berufsverkehr *der (ohne Pl)* tráfico *m* de las horas punta.

Berufung (*pl* **-en**) *die* - **1.** [Ruf] nombramiento *m* - **2.** RECHT [Einspruch] apelación *f* ; **~ einlegen** interponer un recurso de apelación - **3.** [Begabung] vocación *f* - **4.** [Bezug] referencia *f* ; **unter ~ auf etw/jn** apelando a algo/alguien.

beruhen *vi* : **auf etw** *(D)* **~** basarse en algo ; **etw auf sich** *(D)* **~ lassen** dejar algo como está.

beruhigen *vt* calmar. ◆ **sich beruhigen** *ref* calmarse.

Beruhigung (*pl* **-en**) *die* apaciguamiento *m*.

Beruhigungs|mittel *das* calmante *m*.

berühmt *adj* famoso(sa) ; **wegen** ODER **für etw ~ sein** ser famoso(sa) por algo.

Berühmtheit (*pl* **-en**) *die* - **1.** *(ohne Pl)* [Berühmtsein] fama *f* - **2.** [Person] celebridad *f*.

berühren *vt* - **1.** [anfassen] tocar - **2.** [beeindrucken] afectar.

Berührung (*pl* **-en**) *die* - **1.** [Anfassen] contacto *m* - **2.** [Kontakt] : **mit etw/jm in ~ kommen** entrar en contacto con algo/alguien.

besagen *vt* querer decir.

besänftigen *vt* apaciguar.

Be|satzung *die* - **1.** [Personal] tripulación *f* - **2.** MIL ocupación *f*.

beschädigen *vt* dañar.

Be|schädigung *die* daño *m*.

beschaffen ◇ *vt* procurar ; **jm etw ~** procurar algo a alguien ; **sich** *(D)* **etw ~** procurarse algo. ◇ *adj* : **wie ist es mit seinem Sehvermögen ~?** ¿cómo anda de vista? ; **so ~ sein, dass ...** estar constituido(da) de tal forma que ...

Beschaffenheit *die (ohne Pl)* naturaleza *f*.

beschäftigen *vt* - **1.** [anstellen] emplear ; **bei jm beschäftigt sein** trabajar para alguien - **2.** [ablenken] entretener - **3.** [beanspruchen] ocupar. ◆ **sich beschäftigen** *ref*

Beschäftigte (*pl* **-n**) *der, die* empleado *m*, -da *f*.

Beschäftigung (*pl* **-en**) *die* - **1.** [Tätigkeit] ocupación *f* - **2.** *(ohne Pl)* [Anstellung] empleo *m* - **3.** *(ohne Pl)* [Auseinandersetzung] : **~ mit etw** reflexión *f* sobre algo - **4.** *(ohne Pl)* [Anstellen] ocupación *f*.

Bescheid (*pl* **-e**) *der* respuesta *f* ; **~ wissen** estar al corriente ; **jm ~ sagen** ODER **geben** [benachrichtigen] avisar a alguien, dar un aviso a alguien ; *fam* [jm die Meinung sagen] decir cuatro cosas a alguien, cantar las cuarenta a alguien.

bescheiden ◇ *adj* - **1.** [anspruchslos] modesto(ta) - **2.** [einfach] sencillo(lla) - **3.** [dürftig] mediocre. ◇ *adv* modestamente.

bescheinigen *vt* certificar.

Bescheinigung (*pl* **-en**) *die* certificado *m*.

bescheißen (*prät* **beschiss**, *perf* **hat beschissen**) *vt vulg* timar.

Bescherung (*pl* **-en**) *die* reparto *m* de regalos.

beschießen (*prät* **beschoss**, *perf* **hat beschossen**) *vt* hacer fuego sobre.

beschimpfen *vt* insultar.

Beschimpfung (*pl* **-en**) *die* insulto *m*.

beschissen *vulg* ◇ *pp* ▷ **bescheißen**. ◇ *adj* de porquería ; **eine ~e Laune** un humor de perros. ◇ *adv* de pena.

beschlagen (*präs* **beschlägt**, *prät* **beschlug**, *perf* **hat/ist beschlagen**) ◇ *vt (hat)* [Pferd] herrar ; **Schuhsohlen mit Nägeln ~** clavetear las suelas de los zapatos. ◇ *vi (ist)* empañarse. ◇ *adj* entendido(da) ; **in etw** *(D)* **~ sein** ser un entendido (una entendida) en algo.

beschlagnahmen *vt* confiscar.

beschleunigen *vt & vi* acelerar.

Beschleunigung (*pl* **-en**) *die* aceleración *f*, aceleramiento *m*.

beschließen (*prät* **beschloss**, *perf* **hat beschlossen**) ◇ *vt* - **1.** [entscheiden] decidir - **2.** *geh* [beenden] concluir. ◇ *vi* [beraten] : **über etw** *(A)* **~** decidir sobre algo.

Be|schluss *der* acuerdo *m*.

beschmutzen *vt* [mit Schmutz] ensuciar ; **sich** *(D)* **etw ~** ensuciarse algo ; **jm etw ~** ensuciar algo a alguien. ◆ **sich beschmutzen** *ref* ensuciarse.

beschränken *vt* limitar. ◆ **sich beschränken** *ref* : **sich auf etw** *(A)* **~** limitarse a algo.

beschränkt *adj* - **1.** *abw* [engstirnig] limitado(da) - **2.** [begrenzt, dürftig] limitado(da).

beschreiben (*prät* **beschrieb**, *perf* **hat beschrieben**) *vt* - **1.** [darstellen] describir - **2.** [voll schreiben] escribir por completo - **3.** [formen] describir.

Be|schreibung *die* descripción *f* ; **die Organisation in diesem Büro spottet jeder ~** la organización de esta oficina es tan pésima que no se puede describir con palabras.

beschriften *vt* rotular ; [einen Briefumschlag] anotar la dirección en ; [Gedenkstein] poner una inscripción en ; **ein Etikett mit dem Preis ~** poner el precio en una etiqueta.

beschuldigen *vt* culpar, acusar ; **jn einer Sache** *(G)* **~** culpar ODER acusar a alguien de algo.

Beschuldigung (*pl* **-en**) *die* acusación *f*.

beschützen *vt* proteger ; **jn vor etw** *(D)* **~** proteger a alguien de algo.

Beschützer, in (*mpl* **-**, *fpl* **-nen**) *der* protector *m*, -ra *f*.

Beschwerde (*pl* **-n**) *die* [Klage] queja *f*. ◆ **Beschwerden** *pl* [Schmerzen] molestias *fpl*.

beschweren *vt* [belasten] cargar. ◆ **sich beschweren** *ref* [sich beklagen] quejarse ; **sich über etw/jn ~** quejarse de algo/alguien.

sich beschweren

Deme el libro de reclamaciones, por favor. Bitte bringen Sie mir das Beschwerdebuch.

¿No ve que está prohibido fumar en esta sala? Haben Sie nicht gesehen, dass hier rauchen verboten ist?

¿Podría cerrar la ventana? Es que hace frío. Könnten Sie bitte das Fenster schließen? Es ist kalt.

Quiero hablar con el encargado. Ich möchte den Chef sprechen!

Podría hacer el favor de no hablar tan alto por las noches. Könnten Sie abends bitte etwas leiser sein?

beschwichtigen *vt* apaciguar.

beschwindeln *vt* engañar.

beschwingt ◇ *adj* animado(da), alegre ; [Melodie] ameno(na). ◇ *adv* alegremente.

beschwipst *adj* achispado(da).

beschwören (*prät* **beschwor**, *perf* **hat beschworen**) *vt* - **1.** [beeiden] jurar - **2.** [Geister, Dämonen] invocar, conjurar ; [Erinnerungen, Vergangenheit] evocar - **3.** [bitten] rogar, suplicar.

beseitigen *vt* - **1.** [entfernen] eliminar - **2.** [ermorden] liquidar.

Beseitigung (*pl* **-en**) *die* - **1.** [Entfernung] eliminación *f* - **2.** [Ermordung] asesinato *m*.

Besen (*pl* **-**) *der* escoba *f*.

besessen *adj* - **1.** [verrückt] poseído(da), poseso(sa) - **2.** [begeistert] : **von etw ~ sein** estar obsesionado(da) con algo.

besetzen *vt* - **1.** [vergeben, belegen, erobern] ocupar - **2.** [verzieren] : **etw mit etw ~** adornar algo con algo.

besetzt *adj* ocupado(da).

Besetzung (*pl* **-en**) *die* - **1.** *(ohne Pl)* [Vergeben] ocupación *f* - **2.** [Team] reparto *m* - **3.** [Eroberung] ocupación *f*.

besichtigen *vt* visitar.

Besichtigung (*pl* **-en**) *die* visita *f*.

besiegen *vt* vencer.

Besiegte (*pl* **-n**) *der, die* vencido *m*, -da *f*.

Besinnung *die (ohne Pl)* - **1.** [Bewusstsein] : **die ~ verlieren** perder el conocimiento - **2.** [Nachdenken] : **zur ~ kommen** [Vernunft annehmen] entrar en razón ; [wieder klar denken] pensar con claridad.

Besitz *der (ohne Pl)* - **1.** [Eigentum] propiedad *f* - **2.** [Besitzen] posesión *f* ; [von Waffen] tenencia *f* - **3.** [Landgut] propiedad *f*.

besitzen (*prät* **besaß**, *perf* **hat besessen**) *vt* poseer.

Besitzer, in (*mpl* **-**, *fpl* **-nen**) *der, die* dueño *m*, -ña *f*, propietario *m*, -ria *f*.

besondere, r, s *adj* especial, particular ; **im Besonderen** en particular, en especial.

Besonderheit (*pl* **-en**) *die* particularidad *f*.

besonders ◇ *adv* - **1.** [vor allem, sehr] en particular ; **~ gut/schlecht** especialmente bueno/malo - **2.** [gut] : **nicht ~** no muy bien. ◇ *adj* : **nicht ~ sein** no ser nada del otro mundo.

besorgen *vt* - **1.** [beschaffen] proporcionar ; **hast du etwas zu ~?** ¿necesitas algo? - **2.** [sich um etw kümmern] cuidar de.

besorgt ◇ *adj* preocupado(da) ; **um jn ~ sein** estar preocupado(da) por alguien. ◇ *adv* con preocupación.

Besorgung (*pl* **-en**) *die* - **1.** [Einkäufe] : **in der Stadt ~en machen** ir de compras al centro - **2.** *(ohne Pl)* [Besorgen] provisión *f*.

bespielen *vt* [Band, Kassette] grabar.

bespitzeln *vt* espiar.

besprechen (*präs* **bespricht**, *prät* **besprach**, *perf* **hat besprochen**) *vt* - **1.** [erörtern] discutir ; **etw mit jm ~** discutir algo con alguien - **2.** [rezensieren] reseñar - **3.** [aufnehmen] grabar. ◆ **sich besprechen** *ref* consultar.

Besprechung (*pl* **-en**) *die* - **1.** [Beratung] reunión *f* - **2.** [Rezension] reseña *f*.

bespritzen *vt* salpicar.

besser ◇ *adj* - **1.** [als Komparativ von gut] mejor ; **~ werden** mejorar ; **~ ist ~** más vale prevenir - **2.** [kaum besser] apenas mejor - **3.** [vornehm] mejor. ◇ *adv* - **1.** [als Komparativ von gut] mejor - **2.** [lieber] mejor.

Bessere (*pl* **-n**) *der, die, das* : **der/die ~** el mejor (la mejor) ; **~s zu tun haben** tener algo mejor que hacer.

bessern *vt* mejorar. ◆ **sich bessern** *ref* mejorarse.

Besserung *die (ohne Pl)* mejora *f*. ◆ **gute Besserung** *interj* : **gute ~!** ¡que te mejores!, ¡que se mejore!

Be|stand *der* - **1.** *(ohne Pl)* [Bestehen] existencia *f* ; **nicht von ~ sein** no ser duradero(ra) ; **~ haben** perdurar - **2.** [Vorrat] existencias *fpl*.

bestanden *pp* ▷ **bestehen**.

beständig ◇ *adj* - **1.** [dauernd] constante - **2.** [gleich bleibend, zuverlässig] estable ; [Freund, Mitarbeiter] constante - **3.** [widerstandsfähig] : **gegen etw ~ sein** ser resistente a algo. ◇ *adv* - **1.** [dauernd] continuamente - **2.** [zuverlässig] persistentemente.

Bestands|aufnahme *die* inventario *m*.

Bestand|teil *der* parte *f* constituyente.

bestätigen *vt* confirmar. ◆ **sich bestätigen** *ref* corroborarse.

bestätigen

La carne está muy bien así, gracias. Danke, das Fleisch ist sehr gut so.

¡Es una excelente idea! Das ist eine ausgezeichnete Idee.

¡Bien hecho! Gut gemacht.

¡Qué buena idea has tenido! Deine Idee war sehr gut.

Ni yo mismo lo habría hecho mejor. Das hätte ich nicht besser machen können.

Bestätigung (*pl* **-en**) *die* confirmación *f*; [des Warenempfangs] acuse *m* de recibo; [des Urteils] autenticación *f*.

beste, r, s ◇ *adj* mejor. ◇ *adv* : **am ~n** de la mejor forma.

Beste (*pl* **-n**) *der, die, das* : **der/die ~** el mejor (la mejor); **das ~** lo mejor; **das ~ aus etw machen** *fig* sacar el mejor partido posible de algo; **sein ~s geben** emplearse a fondo; **es steht nicht zum ~n mit etw/jm** las cosas no van muy bien en algo/a alguien; **etw zum ~n geben** *fig* contar algo; **jn zum ~n halten** *fig* tomar el pelo a alguien.

bestechen (*präs* **besticht**, *prät* **bestach**, *perf* **hat bestochen**) ◇ *vt* sobornar. ◇ *vi* : **durch etw ~** sobornar mediante algo.

bestechlich *adj* sobornable.

Besteck (*pl* **-e**) *das* **- 1.** [Essbesteck] cubierto *m* **- 2.** [Instrument] instrumental *m*.

bestehen (*prät* **bestand**, *perf* **hat bestanden**) ◇ *vi* **- 1.** [existieren] existir **- 2.** [sich zusammensetzen] : **aus etw ~** estar compuesto(ta) de algo; **das besteht aus Plastik** esto es de plástico; **das Buch besteht aus 10 Kapiteln** el libro consta de 10 capítulos **- 3.** [beinhalten] : **in etw** *(D)* **~** consistir en algo **- 4.** [beharren] : **auf etw** *(D)* **~** insistir en algo **- 5.** [standhalten] : **vor etw/jm ~** resistir a algo/alguien. ◇ *vt* aprobar.

bestehen bleiben (*perf* **ist bestehen geblieben**) *vi (unreg)* **- 1.** [übrig bleiben] quedar **- 2.** [erhalten bleiben] permanecer, mantenerse.

bestellen ◇ *vt* **- 1.** [anfordern] encargar; **sich** *(D)* **etw ~** encargarse algo **- 2.** [reservieren] reservar **- 3.** [kommen lassen] encargar **- 4.** [ausrichten] : **jm Grüße ~** mandar saludos a alguien; **jm Grüße von jm ~** dar saludos a alguien de parte de alguien; **ich soll Ihnen etwas ~** tengo que darle un recado; **~ Sie ihm bitte, dass ...** dígale que ... **- 5.** [bearbeiten] cultivar; **es ist um etw/jn schlecht bestellt** algo/alguien va mal. ◇ *vi* ordenar; **haben Sie schon bestellt?** ¿ya le(s) atienden?.

Be|stellung (*pl* **-en**) *die* **- 1.** [Anforderung] encargo *m* **- 2.** [bestellte Waren] pedido *m* **- 3.** [Reservierung] reserva *f* **- 4.** [Bearbeitung] cultivo *m*. ◆ **auf Bestellung** *adv* por encargo; **wie auf ~** como por encargo.

bestenfalls *adv* en el mejor de los casos.

bestens *adv* de la mejor forma.

bestialisch ◇ *adj abw* [grausam] brutal. ◇ *adv* **- 1.** *abw* [grausam] brutalmente **- 2.** *fam* [unerträglich] a lo bestia.

Bestie (*pl* **-n**) *die* [Raubtier, Unmensch] bestia *f*.

bestimmbar *adj* determinable.

bestimmen ◇ *vt* **- 1.** [festsetzen] determinar **- 2.** [vorsehen] : **für etw/jn bestimmt sein** estar destinado(da) a algo/alguien **- 3.** [ermitteln] determinar **- 4.** [prägen] determinar. ◇ *vi* **- 1.** [entscheiden] decidir **- 2.** [verfügen] : **über etw/jn ~** disponer de algo/alguien.

bestimmt ◇ *adj* **- 1.** [gewiss, festgelegt] determinado(da) **- 2.** GRAM determinado(da) **- 3.** [entschieden] decidido(da). ◇ *adv* **- 1.** [entschieden] decididamente **- 2.** [sicher] seguramente; **er wird ~ kommen** seguro que viene; **ganz ~** con absoluta seguridad, sin falta.

Bestimmtheit *die (ohne Pl)* firmeza *f*; **mit ~** con certeza; [ablehnen] sin dudarlo.

Be|stimmung *die* **- 1.** *(ohne Pl)* [Festsetzen] fijación *f* **- 2.** [Vorschrift] prescripción *f* **- 3.** *(ohne Pl)* [Zweck] destino *m* **- 4.** [von Pflanze] clasificación *f*; [von Begriff] definición *f* **- 5.** GRAM complemento *m* circunstancial.

Best|leistung *die* SPORT récord *m*.

Best. Nr. (*abk für* **Bestellnummer**) nº de pedido.

bestrafen *vt* castigar; [mit Geldbuße] multar; **jn für etw ~** penalizar a alguien por algo.

Bestrafung (*pl* **-en**) *die* pena *f*.

bestreiten (*prät* **bestritt**, *perf* **hat bestritten**) *vt* **- 1.** [leugnen] disputar; **er bestreitet, die Tat begangen zu haben** niega haber cometido el acto; **etw lässt sich nicht ~** algo es indiscutible **- 2.** [finanzieren] pagar **- 3.** [gestalten] configurar.

bestürmen *vt* **- 1.** [angreifen] asaltar **- 2.** [bedrängen] : **jn mit etw ~** atormentar ODER asediar a alguien con algo.

bestürzt ◇ *adj* : **über etw** *(A)* **~ sein** estar consternado(da) por algo. ◇ *adv* con consternación.

Best|zeit *die* SPORT mejor marca *f*, mejor tiempo *m*.

Besuch (*pl* **-e**) *der* - **1.** [Besuchen] visita *f* ; **bei jm einen ~ machen** hacer una visita a alguien ; **bei jm zu ~ sein** estar de visita en casa de alguien - **2.** *(ohne Pl)* [Gast] visita *f*.

besuchen *vt* - **1.** [Mensch] visitar - **2.** [Institution, Veranstaltung] asistir a.

Besucher, in (*mpl* **-**, *fpl* **-nen**) *der, die* visitante *mf*.

besucht *adj* : **gut/schlecht ~ sein** estar muy/poco frecuentado(da).

betätigen *vt* accionar. ◆ **sich betätigen** *ref* : **sich politisch/sportlich ~** dedicarse a la política/al deporte ; **sich als etw ~** actuar de algo.

betäuben *vt* - **1.** MED anestesiar - **2.** [unterdrücken] ahogar.

beteiligen *vt* : **jn an etw** *(D)* **~** hacer participar a alguien en algo. ◆ **sich beteiligen** *ref* : **sich an etw** *(D)* **~** participar en algo.

Beteiligung (*pl* **-en**) *die* - **1.** [Mitwirkung] : **~ an etw** *(D)* participación *f* en algo - **2.** [finanziell] participación *f*.

beten *vi, vt* rezar ; **um** ODER **für etw ~** rezar por algo ; **um gutes Gelingen ~** rezar para que salga todo bien ; **für jn ~** rezar por alguien.

beteuern *vt* afirmar.

Beton [be'tɔŋ] (*pl* **-s**) *der* hormigón *m*.

betonen *vt* - **1.** [aussprechen] acentuar - **2.** [hervorheben] recalcar.

Betonung (*pl* **-en**) *die* - **1.** [Betonen] acentuación *f* - **2.** [Hervorhebung] énfasis *m*.

Betracht *(ohne Artikel)* ◆ **in Betracht** *adv* : **etw/jn in ~ ziehen** tomar en consideración a algo/alguien, tener en cuenta algo/a alguien ; **etw kommt nicht in ~** algo no entra en consideración.

betrachten *vt* - **1.** [ansehen] mirar - **2.** [beurteilen] considerar.

Betrachter, in (*mpl* **-**, *fpl* **-nen**) *der, die* observador *m*, -ra *f*.

beträchtlich ◇ *adj* considerable. ◇ *adv* considerablemente.

Betrachtung (*pl* **-en**) *die* - **1.** *(ohne Pl)* [Betrachten] contemplación *f* - **2.** [Überlegung] reflexión *f*.

Betrag (*pl* **Beträge**) *der* importe *m*.

betragen (*präs* **beträgt**, *prät* **betrug**, *perf* **hat betragen**) *vt* ascender a ; **die Entfernung beträgt zehn Kilometer** la distancia es de diez kilómetros.

betreffen (*präs* **betrifft**, *prät* **betraf**, *perf* **hat betroffen**) *vt* concernir.

betreffend *adj* en cuanto a, respecto a ; **~ Ihr Schreiben vom ...** respecto ODER en cuanto a su carta con fecha ... ; **der ~e Mitarbeiter** el empleado en cuestión.

Betreffende (*pl* **-n**) *der, die* persona *f* en cuestión.

betreiben (*prät* **betrieb**, *perf* **hat betrieben**) *vt* - **1.** [durchführen] dedicarse a - **2.** [Geschäft] llevar ; [Gewerbe] ejercer - **3.** [antreiben] : **mit etw betrieben werden** funcionar con algo.

betreten[1] ◇ *adj* perplejo(ja). ◇ *adv* con perplejidad.

betreten[2] (*präs* **betritt**, *prät* **betrat**, *perf* **hat betreten**) *vt* entrar en ; [Rasen] pisar.

betreuen *vt* cuidar de ; [Touristen] acompañar a.

Betreuer, in (*mpl* **-**, *fpl* **-nen**) *der, die* cuidador *m*, -ra *f* ; [von Touristen] acompañante *mf*.

Betreuung *die (ohne Pl)* cuidado *m* ; **in ärztlicher ~ sein** encontrarse bajo asistencia médica.

Betrieb (*pl* **-e**) *der* - **1.** [Unternehmen] empresa *f* - **2.** *(ohne Pl)* [Tätigkeit] funcionamiento *m* - **3.** *(ohne Pl)* [Treiben, Verkehr] : **es ist** ODER **herrscht viel ~** hay mucho jaleo. ◆ **in Betrieb** *adv* en funcionamiento. ◆ **außer Betrieb** *adv* fuera de servicio.

betriebsam *adj* activo(va).

Betriebs|rat *der* comité *m* de empresa.

Betriebs|system *das* EDV sistema *m* operativo.

Betriebs|wirtschaft *die (ohne Pl)* economía *f* de la empresa.

betrinken (*prät* **betrank**, *perf* **hat betrunken**) ◆ **sich betrinken** *ref* emborracharse.

betroffen ◇ *pp* ▷ **betreffen**. ◇ *adj* asombrado(da) ; **von etw ~ sein** estar afectado(da) por algo. ◇ *adv* con consternación ; [ansehen] consternado(da).

betrübt *adj* afligido(da) ; **über etw** *(A)* **~ sein** estar afligido(da) por algo.

Betrug *der (ohne Pl)* fraude *m*, estafa *f*, calote *Amér.*

betrügen (*prät* **betrog**, *perf* **hat betrogen**) ◇ *vt* engañar ; **jn um etw ~** estafar algo a alguien. ◇ *vi* estafar.

Betrüger (*pl* **-**) *der* estafador *m*.

Betrügerei (*pl* **-en**) *die* fraude *m*, estafa *f*.

Betrügerin (*pl* **-nen**) *die* estafadora *f*.

betrunken ◇ *pp* ▷ **betrinken**. ◇ *adj* bebido(da).

Bett (*pl* **-en**) *das* - **1.** [Ruhelager] cama *f* ; **ins** ODER **zu ~ gehen** irse a la cama ; **das ~ machen** hacer la cama - **2.** [Federbett] edredón *m* - **3.** [Flussbett] cauce *m*.

Bett|decke *die* manta *f* ; [Tagesdecke] colcha *f*.

betteln *vi* mendigar ; **um etw ~** mendigar algo.

betten *vt* acostar.

Bettler, in (*mpl* -, *fpl* **-nen**) *der, die* mendigo *m*, -ga *f*.

Betttuch (*pl* **-tücher**) *das* sábana *f*.

Bett|wäsche *die (ohne Pl)* ropa *f* de cama.

Bett|zeug *das (ohne Pl)* juego *m* de cama.

beugen *vt* - **1.** [biegen] doblar - **2.** [flektieren] declinar ; [Verb] conjugar. ◆ **sich beugen** *ref* - **1.** [sich lehnen] inclinarse - **2.** [sich unterwerfen] : **sich einer Sache** *(D)* ~ doblegarse a algo.

Beule (*pl* **-n**) *die* chichón *m* ; [am Auto] abolladura *f*.

beunruhigen [bəˈlʊnruːɪgn̩] *vt* inquietar ; **über etw** *(A)* **beunruhigt sein** estar intranquilo(la) por algo. ◆ **sich beunruhigen** *ref* inquietarse.

beurlauben [bəˈluːɐ̯laubn̩] *vt* dar vacaciones ; [vom Dienst] dar permiso.

beurteilen [bəˈluːɐ̯tailn̩] *vt* juzgar.

Beurteilung [bəˈluːɐ̯tailʊŋ] (*pl* **-en**) *die* juicio *m*.

Beute *die (ohne Pl)* botín *m* ; [von Raubtier] presa *f*.

Beutel (*pl* -) *der* [Sack] bolsa *f* ; [für Geld] cartera *f*, monedero *m*.

bevölkern *vt* poblar.

Bevölkerung (*pl* **-en**) *die* población *f*.

bevollmächtigen *vt* apoderar.

Bevollmächtigung (*pl* **-en**) *die* procuración *f*, autorización *f*.

bevor *konj* antes de ; ~ **er ging, half er mir** me ayudó antes de irse, me ayudó antes de que se fuera.

bevor|stehen *vi (unreg)* estar próximo(ma).

bevorzugen *vt* - **1.** [vorziehen] preferir - **2.** [protegieren] favorecer.

bewachen *vt* vigilar.

Bewacher, in (*mpl* -, *fpl* **-nen**) *der, die* vigilante *mf*.

bewaffnen *vt* armar.

Bewaffnung (*pl* **-en**) *die* armamento *m*.

bewahren *vt* - **1.** [schützen] : **jn vor etw** *(D)* ~ preservar a alguien de algo - **2.** [behalten] mantener.

bewähren ◆ **sich bewähren** *ref* probarse con eficacia.

bewahrheiten ◆ **sich bewahrheiten** *ref* confirmarse.

Bewährung *die (ohne pl)* - **1.** [Eignung] eficacia *f* - **2.** RECHT remisión *f* condicional ; **auf** ODER **mit** ~ en libertad condicional.

bewaldet *adj* boscoso(sa).

bewältigen *vt* superar ; [Arbeit, Papierberge, Andrang] hacer frente a.

bewässern *vt* regar.

bewegen[1] (*prät* **bewegte**, *perf* **hat bewegt**) *vt (reg)* - **1.** [äußerlich] mover - **2.** [innerlich] conmover - **3.** [beschäftigen] : **etw bewegt jn** algo ocupa a alguien. ◆ **sich bewegen** *ref* moverse.

bewegen[2] (*prät* **bewog**, *perf* **hat bewogen**) *vt (unreg) geh* : **jn zu etw** ~ inducir a alguien a algo.

beweglich *adj* - **1.** [Teil, Gegenstand] móvil ; [Person] flexible - **2.** [geistig] ágil.

bewegt *adj* - **1.** [unruhig] agitado(da) - **2.** [ergriffen] conmovido(da).

Bewegung (*pl* **-en**) *die* - **1.** [äußerlich] movimiento *m* ; **etw in ~ setzen** poner algo en marcha ; **sich in ~ setzen** *fam* ponerse en marcha - **2.** [körperlich] movimiento *m* - **3.** [politisch] movimiento *m*.

Bewegungsfreiheit *die (ohne Pl)* libertad *f* de movimiento.

bewegungslos *adj & adv* inmóvil.

Beweis (*pl* **-e**) *der* prueba *f*.

beweisen (*prät* **bewies**, *perf* **hat bewiesen**) *vt* probar, demostrar.

bewerben (*präs* **bewirbt**, *prät* **bewarb**, *perf* **hat beworben**) ◆ **sich bewerben** *ref* presentarse, solicitar un puesto ; **sich um etw** ~ presentar una candidatura para algo.

Bewerber, in (*mpl* -, *fpl* **-nen**) *der, die* aspirante *mf*, candidato *m*, -ta *f*.

Be|werbung *die* candidatura *f*.

bewerfen (*präs* **bewirft**, *prät* **bewarf**, *perf* **hat beworfen**) *vt* : **etw/jn mit etw** ~ arrojar algo contra algo/alguien.

bewerten *vt* evaluar ; **einen Beitrag zu hoch/niedrig** ~ sobrevalorar/infravalorar una aportación ODER contribución.

bewilligen *vt* conceder.

bewirken *vt* provocar.

bewohnen *vt* habitar.

Bewohner, in (*mpl* -, *fpl* **-nen**) *der, die* habitante *mf*.

bewölkt *adj* nublado(da).

Bewölkung *die (ohne Pl)* nubosidad *f*.

bewundern *vt* admirar.

Bewunderung *die (ohne Pl)* admiración *f*.

bewusst ◇ *adj* - **1.** [absichtlich] deliberado(da) - **2.** [bedacht] consciente ; **sich** *(D)* **einer Sache** *(G)* ~ **sein** ser consciente de algo. ◇ *adv* - **1.** [absichtlich] deliberadamente - **2.** [bedacht] conscientemente.

bewusstlos *adj* inconsciente.

Bewusstlosigkeit *die (ohne Pl)* inconsciencia *f*.

Bewusstsein *das (ohne Pl)* - **1.** [Wissen] conocimiento *m* - **2.** [geistige Klarheit] conciencia *f*; **das ~ verlieren** perder el conocimiento.

bezahlen *vt & vi* pagar.

bezahlt *adj* pagado(da).

Bezahlung *die (ohne Pl)* pago *m*.

bezeichnen *vt* - **1.** [nennen] denominar; **etw/jn als etw ~** calificar algo/a alguien de algo - **2.** [markieren] marcar.

bezeichnend *adj* significativo(va).

Be|zeichnung *die* - **1.** [Benennung] denominación *f* - **2.** *(ohne Pl)* [Markierung] designación *f*.

beziehen (*prät* **bezog**, *perf* **hat bezogen**) *vt* - **1.** [überziehen] revestir; **das Bett ~/frisch ~** hacer/cambiar la cama - **2.** [Wohnraum] instalarse en - **3.** [bekommen] estar suscrito(ta) a - **4.** [anwenden]: **etw auf sich** *(A)* **~** darse por aludido(da) por algo; **etw auf jn ~** aplicar algo a alguien. ◆ **sich beziehen** *ref* - **1.** [angewendet werden]: **sich auf etw/jn ~** referirse a algo/a alguien - **2.** [sich berufen]: **sich auf etw** *(A)* **~** referirse a algo - **3.** [sich bewölken]: **der Himmel bezieht sich** el cielo se cubre.

Be|ziehung *die* - **1.** [Kontakt, Verhältnis] relación *f* - **2.** [Hinsicht] respecto *m*.

beziehungsweise *konj* - **1.** [genauer gesagt] o sea - **2.** [oder] o bien - **3.** [jeweils] respectivamente.

Bezirk (*pl* **-e**) *der* distrito *m*.

Bezug (*pl* **Bezüge**) *der* - **1.** [Überzug] funda *f* - **2.** *(ohne Pl)* [Beziehung]: **auf etw** *(A)* **~ nehmen** *amt* hacer referencia a algo. ◆ **Bezüge** *pl* retribuciones *fpl*.

Bezugs|person *die* modelo *m* de referencia.

bezwecken *vt*: **etw mit etw ~** pretender algo con algo.

bezweifeln *vt* dudar de.

BfA ['beːfa] (*abk für* **Bundesversicherungsanstalt für Angestellte**) *die (ohne Pl) oficina federal alemana de seguros de empleados*.

BGB [beːgeː'beː] (*abk für* **Bürgerliches Gesetzbuch**) *das (ohne Pl)* ≃ código *m* civil.

BH [beː'haː] (*pl* **-s**) (*abk für* **Büstenhalter**) *der* sujetador *m*.

Bhf. *abk für* **Bahnhof**.

Bibel (*pl* **-n**) *die* Biblia *f*.

Biber (*pl* **-**) *der* [Tier] castor *m*.

Bibliothek (*pl* **-en**) *die* biblioteca *f*.

biegen (*prät* **bog**, *perf* **hat/ist gebogen**) ◇ *vt (hat)* doblar. ◇ *vi (ist)* doblar, girar. ◆ **sich biegen** *ref* curvarse.

Biegung (*pl* **-en**) *die* curva *f*.

Biene (*pl* **-n**) *die* abeja *f*.

Bier (*pl* **-e**) *das* cerveza *f*.

Bier|dose *die* lata *f* de cerveza.

Bier|garten *der* cervecería *f* al aire libre.

Bier|glas *das* vaso *m* de cerveza.

bieten (*prät* **bot**, *perf* **hat geboten**) *vt* - **1.** [anbieten] ofrecer; **jm etw ~** ofrecer algo a alguien - **2.** [zeigen] presentar - **3.** [gefallen]: **sich** *(D)* **etw nicht ~ lassen** no tolerar algo.

Bikini (*pl* **-s**) *der* bikini *m*.

Bilanz (*pl* **-en**) *die* balance *m*.

Bild (*pl* **-er**) *das* - **1.** [Abbild] imagen *f*; [eines Malers] cuadro *m*; [eines Fotografen] fotografía *f* - **2.** [Fernsehbild] imagen *f* - **3.** [Anblick] aspecto *m* - **4.** *(ohne Pl)* [Vorstellung] noción *f*, idea *f*; **sich** *(D)* **ein ~ von etw/jm machen** formarse una idea de algo/alguien - **5.** *RW*: **(über etw** *(A)***) im ~e sein** estar al corriente de algo.

bilden ◇ *vt* - **1.** [modellieren] formar - **2.** [darstellen] constituir - **3.** [gründen] constituir. ◇ *vi* formar. ◆ **sich bilden** *ref* - **1.** [sich formen] formarse - **2.** [sich informieren] instruirse.

Bilder|buch *das* libro *m* con ilustraciones.

Bild|hauer, in (*mpl* **-**, *fpl* **-nen**) *der, die* escultor *m*, -ra *f*.

bildlich ◇ *adj* gráfico(ca). ◇ *adv* gráficamente.

Bild|schirm *der* pantalla *f*.

Bildschirmschoner (*pl* **-**) *der* protector *m* de la pantalla.

Bildung (*pl* **-en**) *die* - **1.** [Kenntnisse] formación *f*, conocimientos *mpl* - **2.** [Formung] constitución *f*.

Bildungs|politik *die (ohne Pl)* política *f* educativa.

Bildungs|weg *der*: **der zweite ~** *formación que se realiza para obtener la Prueba de Selectividad u otros diplomas, tras haber interrumpido durante un período de tiempo determinado la escuela normal*.

Bild|zeitung *die periódico alemán de carácter sensacionalista que goza de gran popularidad en el país*.

Billard ['bɪljart] *das* billar *m*.

billig ◇ *adj* - **1.** [preiswert] barato(ta) - **2.** *abw* [schlecht] barato(ta). ◇ *adv* a bajo precio.

Billig|angebot *das* ganga *f*.

Billiglohn|land *das* país *m* con salarios bajos.

bimmeln *vi* tintinear; [Wecker] sonar.

bin *präs* ▻ **sein**.

Binde (*pl* **-n**) *die* - **1.** [aus Stoff] venda *f*; **er trägt den Arm in der ~** lleva el brazo en cabestrillo - **2.** [Damenbinde] compresa *f*.

Bindehaut|entzündung *die* conjuntivitis *f*.

Bindelmittel *das* aglomerante *m*.

binden (*prät* **band**, *perf* **hat gebunden**) <> *vt* - **1.** [Strauß] hacer ; **Blumen ~** hacer un ramo de flores - **2.** [festbinden] : **etw an etw** *(A)* ~ atar algo a algo - **3.** [knüpfen] anudar - **4.** [verpflichten] comprometer - **5.** [zusammenhalten] ligar ; [Soße] espesar - **6.** [Buch, Heft] encuadernar. <> *vi* espesar.

Bindelstrich *der* guión *m*.

Bindlfaden *der* cordel *m*.

Bindung (*pl* **-en**) *die* - **1.** [Verbundenheit] vínculo *m* ; [enge, symbiotische] enlace *m* - **2.** [Skibindung] fijación *f*.

Binnenlmarkt *der* mercado *m* nacional ; **der europäische ~** el mercado único europeo.

Biochemie *die (ohne Pl)* bioquímica *f*.

Biokost *die (ohne Pl)* productos *mpl* biológicos.

Biologe (*pl* **-n**) *der* biólogo *m*.

Biologie *die (ohne Pl)* biología *f*.

Biologin (*pl* **-nen**) *die* bióloga *f*.

biologisch *adj* biológico(ca) ; [Vorlesung] de biología.

birgt *präs* ▷ **bergen**.

Birke (*pl* **-n**) *die* abedul *m*.

Birma *nt* Birmania *f*.

Birnlbaum *der* peral *m*.

Birne (*pl* **-n**) *die* - **1.** [Frucht] pera *f* - **2.** [Glühbirne] bombilla *f* - **3.** *fam* [Kopf] coco *m*.

bis <> *präp (+ A)* - **1.** [zeitlich] hasta ; **~ morgen/Sonntag/demnächst/später** hasta mañana/el domingo/la próxima/luego - **2.** [räumlich] hasta ; **~ zur Grenze** hasta la frontera - **3.** [zwischen] entre ... y ; **ein Kind braucht 9 ~ 11 Stunden Schlaf** un niño necesita entre 9 y 11 horas de sueño. <> *konj* hasta. ◆ **bis auf** *präp* excepto. ◆ **bis zu** *präp* hasta.

Bischof (*pl* **Bischöfe**) *der* obispo *m*.

bischöflich *adj* episcopal.

bisher *adv* hasta ahora.

bisherig *adj* hasta ahora.

bislang *adv* hasta ahora.

Bison (*pl* **-s**) *der* bisonte *m*.

biss *prät* ▷ **beißen**.

Biss (*pl* **-e**) *der* - **1.** [Beißen] mordisco *m* - **2.** [Bisswunde] mordedura *f*.

bisschen *adj* poquito(ta). ◆ **ein bisschen** <> *adj* un poco de. <> *adv* un poco. ◆ **kein bisschen** <> *adj* ni pizca de. <> *adv* ni un poco.

Bissen (*pl* **-**) *der* bocado *m*.

bissig *adj* - **1.** [Tier] mordedor(ra) - **2.** [gemein, scharf] mordaz.

bist *präs* ▷ **sein**.

Bistum (*pl* **-tümer**) *das* obispado *m*.

bitte <> *adv* [als Bitte] por favor. <> *interj* - **1.** [als Bitte] por favor - **2.** [als Aufforderung] : **bedient euch ~!** ¡servíos! ; **hier ~** aquí tiene(s) ; **kommen Sie ~!** ¡tenga la amabilidad de venir!, ¡acérquese! ; **~ sehr, kommen Sie herein!** ¡adelante! (¡pase usted!) ; **~ schön! Was hätten Sie gern?** dígame ODER para servirle, ¿qué desea? ; **ja ~ schön?** sí, dígame - **3.** [als Antwort] de nada ; **~ sehr** ODER **schön!** de nada, no hay de qué - **4.** [als Nachfrage] ¿cómo dice(n)? ; **wie ~?** ¿cómo? - **5.** [am Telefon] : **ja ~?** ¿dígame? - **6.** [zur Selbstbestätigung] : **na ~!** ¡lo ves/ve(n)!

bitte

En Alemania se utiliza **bitte** no sólo cuando le pedimos un favor a alguien sino también en respuesta a **danke** «gracias» con el sentido de «de nada». Podemos imaginar el siguiente diálogo:
Können Sie mir bitte das Brot reichen? «¿Me puede alcanzar el pan, por favor?»
Aber natürlich! «Por supuesto.»
Danke. «Gracias.»
Bitte sehr. «¡No hay de qué!»

Bitte (*pl* **-n**) *die* ruego *m* ; **~ um etw** petición *f* de algo.

bitten (*prät* **bat**, *perf* **hat gebeten**) <> *vt* - **1.** [höflich auffordern] pedir, rogar ; **jn um etw ~** rogar algo a alguien - **2.** [einladen] : **jn zu sich ~** pedir uno a alguien que venga a verle ; **sie bat mich zu sich** ella me pidió que fuera a verla. <> *vi* [Bitte aussprechen] : **um etw ~** rogar ODER pedir algo.

bitten

¿Podría usted ayudarme, por favor? Könnten Sie mir bitte helfen?
¿Me da fuego, por favor? Haben Sie Feuer, bitte?
Haz el favor de callar un momento. Tu mir den Gefallen und sei einen Moment still.
No te olvides de regarme las plantas. Vergiss bitte nicht, die Blumen zu gießen.
¿Puedes bajar un poco la música? Kannst du bitte die Musik etwas leiser stellen?

bitter <> *adj* - **1.** [Geschmack] amargo(ga) - **2.** [schlimm, hart] amargo(ga) - **3.** [scharf] sarcástico(ca) - **4.** [stark] extremado(da).

◇ *adv* - **1.** [bei Speisen] : **das schmeckt ~** sabe amargo(ga) - **2.** [stark] amargamente ; **etw ~ nötig haben** estar muy necesitado(da) de algo - **3.** [verbittert] con amargura.

Bitterkeit *die (ohne Pl)* - **1.** [Geschmack] amargor *m* - **2.** [Verbitterung] amargura *f*.

Biwak (*pl* **-s** ODER **-e**) *das* vivaque *m*.

Bizeps (*pl* **-e**) *der* bíceps *m*.

BKA [be:ka:'a:] (*abk für* **Bundeskriminalamt**) *das (ohne Pl) Departamento de Investigación Criminal de Alemania.*

Blähung (*pl* **-en**) *die* ◆ **Blähungen** *pl* flatos *mpl*, flatulencia *f*.

Blamage [bla'ma:ʒə] (*pl* **-n**) *die* vergüenza *f*.

blamieren *vt* poner en ridículo. ◆ **sich blamieren** *ref* ponerse en ridículo.

blank *adj* - **1.** [glänzend] reluciente - **2.** [pur] limpio(ia) ; **~er Neid** pura envidia - **3.** [unbedeckt] descubierto(ta) ; **~ sein** *fam* estar sin blanca.

Blase (*pl* **-n**) *die* - **1.** [auf der Haut] ampolla *f* - **2.** [Luftblase] burbuja *f* - **3.** [Harnblase] vejiga *f* - **4.** [Sprechblase] bocadillo *m*.

Blasebalg (*pl* **-bälge**) *der* fuelle *m*.

blasen (*präs* **bläst**, *prät* **blies**, *perf* **hat geblasen**) ◇ *vt* - **1.** [pusten] soplar ; **jm den Rauch ins Gesicht ~** echar el humo a alguien a la cara - **2.** [wehen] ondear - **3.** [spielen] tocar. ◇ *vi* - **1.** [pusten] soplar - **2.** [wehen] soplar - **3.** [spielen] soplar, tocar.

Blas|instrument *das* instrumento *m* de viento.

Blas|kapelle *die* banda *f* de instrumentos de viento.

blass (*komp* **blasser** ODER **blässer**, *superl* **blasseste** ODER **blässeste**) *adj* - **1.** [bleich] pálido(da) - **2.** [schwach] vago(ga).

Blässe *die (ohne Pl)* palidez *f*.

bläst *präs* ▷ **blasen.**

Blatt (*pl* **Blätter**) *das* - **1.** [von Pflanze] hoja *f* ; [Blütenblatt] pétalo *m* - **2.** [Papier] hoja *f* ; **eine Sonate vom ~ spielen** tocar una sonata a primera vista - **3.** [Seite] página *f* - **4.** [Zeitung] periódico *m*, diario *m* - **5.** *RW* : **ein unbeschriebenes ~ sein** ser una persona sin antecedentes ; **kein ~ vor den Mund nehmen** no tener pelos en la lengua ; **das ~ hat sich gewendet** ha cambiado la suerte ; **das steht auf einem anderen ~** eso es otra historia.

blättern (*perf* **hat/ist geblättert**) ◇ *vi* - **1.** *(hat)* : **in etw** *(D)* **~** hojear algo - **2.** *(ist)* [abblättern] desconcharse. ◇ *vt (hat)* [hinlegen] extender.

Blätter|teig *der* hojaldre *m*.

blau (*komp* **blauer**, *superl* **blau(e)ste**) ◇ *adj* - **1.** [Farbe] azul - **2.** [geprellt] amoratado(da) ; **~es Auge** ojo morado ; **~er Fleck** cardenal *m* - **3.** [betrunken] : **~ sein** *fam* estar borracho(cha) - **4.** [geschwänzt] de fiesta. ◇ *adv* en azul ; [anstreichen] de azul.

Blau *das (ohne Pl)* azul *m*.

blauäugig *adj* - **1.** [mit blauen Augen] de ojos azules - **2.** [naiv] ingenuo(nua).

Blau|beere *die* arándano *m*.

Blaue (*pl* **-n**) ◇ *das* - **1.** *(ohne Pl)* [Farbe] azul *m* - **2.** *(ohne Pl)* [Unbekannte] : **ins ~ fahren** viajar sin rumbo fijo ; **ins ~ reden** hablar por hablar. ◇ *der fam* [Hundertmarkschein] *billete de cien marcos.*

Blau|helm *der* casco *m* azul.

bläulich ◇ *adj* azulado(da). ◇ *adv* [anlaufen] amoratado(da) ; **~ schimmern** tirar a azul ; **sich ~ verfärben** desteñir en azul.

Blau|licht *das* faro *m* giratorio azul ; **jn mit ~ ins Krankenhaus bringen** llevar a alguien al hospital con la sirena puesta.

blau|machen *vi fam* hacer fiesta, no ir al trabajo/a clase.

Blazer ['ble:zɐ] (*pl* **-**) *der* americana *f*.

Blech (*pl* **-e**) *das* - **1.** [Metall] chapa *f*, hojalata *f* ; [von Auto] chapa *f* - **2.** [Backblech] bandeja *f* de horno - **3.** *(ohne Pl) fam* [Unsinn] disparate *m*.

blechen *fam* ◇ *vt* pagar, apoquinar. ◇ *vi* aflojarse el bolsillo.

Blech|instrument *das* instrumento *m* de metal.

Blech|schaden *der* daño *m* en la carrocería.

Blei *das* plomo *m*.

Bleibe (*pl* **-n**) *die* alojamiento *m*.

bleiben (*prät* **blieb**, *perf* **ist geblieben**) *vi* - **1.** [an einem Ort] quedarse - **2.** [in einem Zustand] permanecer ; **wir ~ Freunde** seguimos siendo amigos ; **der Tag blieb allen unvergessen** nadie olvidó aquel día ; **sie ist ganz die Alte geblieben** sigue siendo la de siempre, no ha cambiado nada ; **bleib wie du bist!** no cambies ; **bei etw ~** mantenerse firme en algo ; **bleib bei der Wahrheit!** di la verdad ; **das bleibt unter uns** *fig* esto queda entre nosotros(tras) - **3.** [übrig bleiben] quedar.

bleibend *adj* duradero(ra).

bleiben lassen *vt (unreg)* dejar.

bleich *adj* pálido(da).

bleifrei *adj* sin plomo.

Blei|stift *der* lápiz *m*.

Bleistiftspitzer (*pl* **-**) *der* sacapuntas *m*.

Blende (*pl* **-n**) *die* - **1.** [Lichtschutz] parasol *m*, quitasol *m* - **2.** FOTO diafragma *m*.

blenden ◇ *vt* - **1.** [durch Licht] deslumbrar - **2.** [täuschen] encandilar. <> *vi* deslumbrar.

blendend <> *adj* deslumbrante. <> *adv* maravillosamente.

Blick (*pl* **-e**) *der* - **1.** [der Augen] mirada *f*, aguaitada *Amér* ; **etw/jn keines ~es würdigen** ignorar algo/a alguien - **2.** [Ausblick] vista *f* ; **Zimmer mit ~ aufs Meer** habitación con vistas al mar - **3.** [Urteil] mirada *f* - **4.** *RW* : **keinen ~ für etw haben** no tener buen ojo para algo.

blicken *vi* mirar ; **sich ~/nicht ~ lassen** dejarse/no dejarse ver.

Blick|punkt *der* : **im ~** en el centro ODER foco de interés.

blieb *prät* ▻ **bleiben.**

blies *prät* ▻ **blasen.**

blind <> *adj* - **1.** [nicht sehend] ciego(ga) ; **~ für etw sein** no querer ver algo - **2.** [rasend] excesivo(va) ; **er war ~ vor Hass/ Eifersucht** estaba cegado por el odio/los celos - **3.** [kritiklos] ciego(ga) - **4.** [versteckt] ▻ **Passagier** - **5.** [falsch] ▻ **Alarm.** <> *adv* - **1.** [ohne hinzusehen] con los ojos cerrados - **2.** [kritiklos] ciegamente.

Blinddarm|entzündung *die* apendicitis *f*.

Blinde (*pl* **-n**) *der, die* ciego *m*, -ga *f* ; **das sieht ja ein ~r!** ¡eso lo ve hasta un ciego!

Blinden|schrift *die* (escritura *f*) Braille *m*.

Blindheit *die (ohne Pl)* - **1.** [der Augen] ceguera *f* - **2.** [Kritiklosigkeit] obcecación *f*.

blindlings *adv* ciegamente.

blinken *vi* - **1.** [funkeln] brillar - **2.** [signalisieren] hacer señales luminosas ; **rechts/ links ~** poner el intermitente derecho/ izquierdo.

Blinker (*pl* -) *der* intermitente *m*.

Blink|licht *das* luz *f* intermitente ; [von Auto] luz *f* de emergencia ODER advertencia.

blinzeln *vi* [freundlich] pestañear ; [verschwörerisch] guiñar el ojo ; [wegen Sonne, als Tick] parpadear.

Blitz (*pl* **-e**) *der* - **1.** [am Himmel] relámpago *m* ; **wie der ~** como un rayo - **2.** *fam* [Blitzlicht] flash *m*.

Blitzableiter (*pl* -) *der* pararrayos *m*.

blitzblank <> *adj* reluciente. <> *adv* : **etw ~ putzen/wienern** sacar brillo a algo.

blitzen <> *vi* - **1.** : **es blitzt** relampaguea, caen rayos - **2.** [funkeln] relucir. <> *vt fam* [fotografieren] fotografiar (con flash) ; **geblitzt werden** [in Radarfalle] ser fotografiado(da) (por el radar).

Blitz|licht *das* flash *m*.

Blitz|schlag *der* ráfaga *f*, rayo *m*.

blitzschnell <> *adj* veloz como un rayo. <> *adv* a la velocidad del rayo.

Block (*pl* **Blöcke** ODER **-s**) *der* - **1.** *(Pl Blöcke)* [Stück] bloque *m* - **2.** *(Pl Blöcke)* [aus Papier] bloc *m* - **3.** *(Pl Blöcke, Blocks)* [aus Häusern] bloque *m*, manzana *f* - **4.** *(Pl Blocks)* [Gruppe] bloque *m*.

Blockade (*pl* **-n**) *die* bloqueo *m*.

Block|flöte *die* flauta *f* dulce.

Block|haus *das* casa *f* hecha de troncos.

blockieren <> *vt* - **1.** [Straße, EDV-Programm] bloquear - **2.** [zum Stillstand bringen] detener - **3.** EDV bloquear. <> *vi* bloquearse ; [Motor] calarse.

Block|schrift *die* letra *f* de imprenta.

blöd, blöde *fam* <> *adj* - **1.** [dämlich] idiota - **2.** [unangenehm] fastidioso(sa). <> *adv* como un (una) idiota.

Blödsinn *der (ohne Pl) fam* disparate *m*, tontería *f*.

blond *adj* rubio(bia).

Blondine (*pl* **-n**) *die* rubia *f*.

bloß <> *adv* - **1.** *fam* [lediglich] solamente, tan sólo ; **wenn man ihn anspricht, wird er ~ noch verschlossener** cuando intentas dirigirte a él, se cierra aún más en banda - **2.** [zum Ausdruck von Ratlosigkeit] : **was sollen wir ~ machen?** ¿y entonces qué hacemos? ; **was war denn ~ los mit dir?** pero, ¿qué es lo que te pasaba? - **3.** [zum Ausdruck von Ärger] : **warum musstest du ~ den Schlüssel stecken lassen?** ¿por qué demonios tuviste que dejar la llave metida en la puerta? ; **wenn du doch ~ pünktlich sein könntest!** ¡si fueras capaz de ser puntual! - **4.** [zum Ausdruck einer Drohung] inmediatamente ; **unterschreib das ~ nicht!** ¡no se te ocurra firmarlo! - **5.** [zum Ausdruck einer Aufforderung] sobre todo ; **~ keine Panik!** ¡que no cunda el pánico! - **6.** [zum Ausdruck eines Wunsches] al menos. <> *adj* - **1.** [nackt] : **mit ~en Füßen laufen** andar descalzo(za) ; **mit ~em Auge** a simple vista - **2.** [rein] puro(ra).

bloß|stellen *vt* poner en evidencia, desairar.

bluffen [blœfn̩] *abw* <> *vt* engañar. <> *vi* farolear.

blühen *vi* - **1.** [Pflanze] florecer - **2.** [florieren] prosperar - **3.** *fam* [drohen] : **jm blüht eine Strafe** a alguien le espera un castigo ; **da blüht mir noch einiges!** ¡la que me espera!

blühend *adj* - **1.** [Pflanze] florido(da) - **2.** [frisch] saludable - **3.** [ausufernd] exuberante.

Blume (*pl* **-n**) *die* [Pflanze] flor *f*.

Blumen|kohl *der (ohne Pl)* coliflor *f*.

Blumen|strauß *der* ramo *m* de flores.

Blumen|topf *der* tiesto *m*, maceta *f* ; **da-**

mit kannst du keinen ~ gewinnen eso no te sirve de nada.

Bluse (*pl* **-n**) *die* blusa *f*.

Blut *das (ohne Pl)* sangre *f* ; **~ spenden** donar sangre ; **~ stillend** coagulante.

Blut|abnahme *die* extracción *f* de sangre.

Blut|bad *das* matanza *f*, baño *m* de sangre.

Blut|druck *der (ohne Pl)* presión *f* sanguínea, tesión *f* arterial.

Blüte (*pl* **-n**) *die* **- 1.** [Pflanzenteil] flor *f* **- 2.** *(ohne Pl)* [das Blühen] floración *f* ; **in voller ~ stehen** estar en plena floración **- 3.** *(ohne Pl)* [Aufschwung] florecimiento *m*.

Blutegel (*pl* **-**) *der* sanguijuela *f*.

bluten *vi* sangrar.

Bluter (*mpl* **-**) *der* hemofílico *m*.

Blut|erguss *der* hematoma *m*.

Blüte|zeit *die* época *f* de florecimiento ; [von Pflanze] floración *f*.

Blut|gefäß *das* vaso *m* sanguíneo.

Blut|gruppe *die* grupo *m* sanguíneo.

blutig <> *adj* **- 1.** ensangrentado(da) **- 2.** [gewaltsam] sangriento(ta). <> *adv* **- 1.** : **jn ~ schlagen** hacer sangrar ODER sangre a alguien **- 2.** [gewaltsam] sangrientamente.

Blut|konserve *die* sangre *f (destinada a las transfusiones)*.

Blut|körperchen (*pl* **-**) *das* : **weißes/rotes ~** glóbulo *m* blanco/rojo.

Blut|kreislauf *der* circulación *f* sanguínea.

Blut|probe *die* análisis *m* de sangre.

Blut|spender, in *der, die* donante *mf* de sangre.

Blut|übertragung *die* transfusión *f* de sangre.

Blutung (*pl* **-en**) *die* hemorragia *f* ; [monatliche] menstruación *f*.

blutunterlaufen *adj* inyectado(da) en sangre.

Blut|wurst *die* morcilla *f*.

BLZ *abk für* **Bankleitzahl**.

Bö = **Böe**.

Boa (*pl* **-s**) *die* [Schlange, Schal] boa *f*.

Bock (*pl* **Böcke**) *der* **- 1.** [Männchen] macho *m* **- 2.** SPORT potro *m* **- 3.** [Gerüst] caballete *m* **- 4.** *RW* : **keinen** ODER **null ~ (auf etw** *(A)***) haben** *fam* no tener ganas ODER ni pizca de ganas (de algo).

Bock|bier *das variedad de cerveza muy fuerte*.

bockig <> *adj* tozudo(da). <> *adv* con tozudez.

Bockspringen *das (ohne Pl)* **- 1.** SPORT salto *m* de potro **- 2.** [Spiel] saltacabrillas *m*, salto *m* al burro.

Bock|wurst *die* salchicha *f*.

Boden (*pl* **Böden**) *der* **- 1.** [Erde] suelo *m* **- 2.** *(ohne Pl)* [Gelände] tierra *f* ; **den ~ unter den Füßen verlieren** [Halt] perder pie ; [Existenzgrundlage] perder el sustento **- 3.** [Fußboden] suelo *m Esp*, piso *m Amér* ; **zu ~ gehen** ser derribado(da) **- 4.** [Grund] fondo *m* **- 5.** [Speicher] desván *m* **- 6.** *RW* : **am ~ zerstört** hecho(cha) polvo, destrozado(da) ; **an ~ gewinnen/verlieren** ganar/perder terreno ; **~ wieder gut machen** remontar ; **etw aus dem ~ stampfen** hacer salir algo de la nada, sacar algo de debajo de la tierra ; **festen ~ unter den Füßen haben** pisar tierra firme ; **jm wird der ~ unter den Füßen zu heiß** alguien corre riesgo en un lugar.

bodenlos *adj* **- 1.** [tief] insondable **- 2.** [unglaublich] inmenso(sa).

Bodenpersonal *das (ohne Pl)* personal *m* de tierra.

Bodenschätze *pl* riquezas *fpl* del subsuelo.

Bodenturnen *das (ohne Pl)* ejercicios *mpl* (gimnásticos) en el suelo.

Böe (*pl* **-n**), **Bö** (*pl* **-en**) *die* ráfaga *f*.

bog *prät* ▻ **biegen**.

Bogen (*pl* **-** ODER **Bögen**) *der* **- 1.** [Biegung] curva *f* ; **einen ~ um etw/jn machen** evitar algo/a alguien ; **in hohem ~** [spritzen] haciendo arcos ; **in hohem ~ hinausgeworfen werden** ODER **hinausfliegen** ser echado(da) de una patada **- 2.** [an Bauwerk, von Instrumenten] arco *m* **- 3.** [Schusswaffe] arco *m* **- 4.** [Blatt] pliego *m*, hoja *f*.

Bogenschießen *das (ohne Pl)* tiro *m* con arco.

Bohle (*pl* **-n**) *die* tablón *m*.

Böhmen *nt* Bohemia *f*.

Böhmerwald *der* Selva *f* de Bohemia.

Bohne (*pl* **-n**) *die* **- 1.** [Pflanze, Gemüse] judía *f* ; **nicht die ~** *fam fig* ni un pimiento **- 2.** [Kaffeebohne] grano *m*.

bohnern *vt* encerar.

bohren <> *vt* **- 1.** [Loch] perforar **- 2.** [hineinstoßen] clavar. <> *vi* **- 1.** [mit einem Bohrer] perforar ; **nach etw ~** perforar para buscar algo ; **der Zahnarzt bohrt an** ODER **in dem kranken Zahn** el médico perfora el diente afectado ; **in der Nase ~** hurgarse en la nariz **- 2.** *fam* [drängen] insistir.

bohrend *adj* perforador(ra), taladrante ; [Blick] penetrante ; [Fragen] insistente.

Bohrer (*pl* **-**) *der* taladro *m*, taladradora *f*.

Bohr|maschine *die* taladradora *f*.

Bohrung (*pl* **-en**) *die* perforación *f*.

böig *adj* racheado(da).

Boiler [bɔylɐ] (*pl* -) *der* calentador *m* de agua, termosifón *m*.

Boje (*pl* -n) *die* boya *f*.

Bolzen (*pl* -) *der* perno *m*, bulón *m* ; **mit ~ schießen** disparar con virote.

bombardieren *vt* [beschießen, bewerfen] bombardear ; **jn mit etw ~** *eigtl & fig* bombardear a alguien con algo.

Bombe (*pl* -n) *die* bomba *f* ; **etw schlägt wie eine ~ ein** algo cae como una bomba.

Bombenlanschlag *der* atentado *m* con bomba.

Bombenlerfolg *der fam* exitazo *m*.

Bombenlstimmung *die (ohne Pl) fam* ambiente *m* frenético.

Bon [bɔŋ] (*pl* -s) *der* vale *m*.

Bonbon [bɔŋ'bɔŋ] (*pl* -s) *der* ODER *das* caramelo *m*.

Bonn *nt* Bonn *m*.

Bonze (*pl* -n) *der abw* cacique *m*.

Boom [buːm] (*pl* -s) *der* auge *m*.

Boot (*pl* -e) *das* bote *m*, barca *f* ; **in einem** ODER **im selben ~ sitzen** *fig* estar en el mismo barco.

Bord (*pl* -e) ◇ *das* [Brett] estante *m*. ◇ *der (ohne Pl)* SCHIFF borda *f* ; **von ~ gehen** desembarcar. ◆ **an Bord** *adv & präp* a bordo. ◆ **über Bord** *adv* por la borda ; **Mann über ~!** ¡hombre al agua!

Bordell (*pl* -e) *das* burdel *m*.

Bordlkarte *die* tarjeta *f* de embarque.

Bordsteinlkante *die* bordillo *m* de la acera.

borgen *vt* - **1.** [entleihen] tomar prestado(da) ; **etw von** ODER **bei jm ~** tomar prestado algo de alguien ; **er hat sich ein Buch von mir geborgt** ha tomado prestado un libro mío ; **sich** *(D)* **etw ~** cogerse ODER llevarse algo prestado - **2.** [verleihen] : **jm etw ~** prestar algo a alguien.

Borke (*pl* -n) *die* corteza *f*.

Börse (*pl* -n) *die* - **1.** [Geldbeutel] monedero *m* - **2.** [in der Wirtschaft] bolsa *f* ; **an die ~ gehen** cotizar en bolsa.

Borte (*pl* -n) *die* ribete *m*.

bösartig *adj* - **1.** [Verhalten] malicioso(sa), malo(la) - **2.** [Krankheit] maligno(na).

Böschung (*pl* -en) *die* talud *m*.

böse ◇ *adj* - **1.** [schlecht] malo(la), malvado(da) - **2.** [wütend] : **auf jn ~ sein, jm ~ sein** estar enfadado(da) con alguien ; **~ sein/ werden** estar enfadado(da)/enfadarse ; **über etw** *(A)* **~ sein** estar enfadado(da) por ODER a causa de algo - **3.** *fam* [Fehler, Irrtum, Entzündung] grave ; [Ahnung, Omen] malo(la) - **4.** [frech, ungezogen] malo(la). ◇ *adv* - **1.** [schlimm] : **sich ~ erkälten** cogerse un fuerte resfriado ; **die Wunde hat sich ~ entzündet** la herida se ha puesto fea - **2.** [bösartig] : **es nicht ~ meinen** no decirlo con mala intención - **3.** [wütend] con maldad ODER rabia.

Böse (*pl* -n) *der, die, das* malo *m*, -la *f* ; **das ~** lo malo ; **das ~ im Menschen** el lado malvado del ser humano ; **etwas ~s tun/ sagen/vorhaben** hacer/decir/tener previsto algo malo ; **nichts ~s ahnen** no presentir nada malo.

Bösewicht (*pl* -er ODER -e) *der* - **1.** [Schuft] maleante *m* - **2.** [Schlingel] pillo *m*.

boshaft ◇ *adj* - **1.** [böse] malo(la) - **2.** [höhnisch] malicioso(sa). ◇ *adv* [höhnisch] con malicia.

Bosheit (*pl* -en) *die* - **1.** *(ohne Pl)* [Gesinnung] malicia *f*, maldad *f* - **2.** [Handlung] maldad *f*.

Bosnien-Herzegowina *nt* Bosnia-Herzegovina *f*.

Bosnier, in ['bɔsni̯ɐ, rın] (*mpl* -, *fpl* -nen) *der, die* bosnio *m*, -nia *f*.

bosnisch *adj* bosnio(nia).

Boss (*pl* -e) *der* - **1.** [in einem Unternehmen] jefe *m* - **2.** [in einer Gruppe] jefe *m*, mandamás *m*.

böswillig ◇ *adj* malintencionado(da). ◇ *adv* con mala intención, de mala fe.

bot *prät* ▷ **bieten**.

Botanik *die (ohne Pl)* botánica *f*.

botanisch *adj* botánico(ca) ; ▷ **Garten**.

Bote (*pl* -n) *der* - **1.** [von Firmen] mensajero *m*, recadero *m* - **2.** [Vorbote] mensajero *m*.

Botin (*pl* -nen) *die* - **1.** [von Firmen] mensajera *f*, recadera *f* - **2.** [Vorbotin] mensajera *f*.

Botschaft (*pl* -en) *die* - **1.** [Mitteilung] mensaje *m* ; [frohe, traurige] noticia *f* - **2.** [diplomatische Vertretung] embajada *f*.

Botschafter, in (*mpl* -, *fpl* -nen) *der, die* embajador *m*, -ra *f*.

Bouillon [bʊl'jɔŋ] (*pl* -s) *die* caldo *m*.

Boulette = **Bulette**.

Boulevard [bul(ə)'vaːɐ̯] (*pl* -s) *der* avenida *f*, bulevar *m*.

Boulevardlpresse *die (ohne Pl) abw* prensa *f* sensacionalista.

Boulevardltheater *das* teatro *m* de variedades ODER varietés.

Boutique, Butike [bu'tiːk] (*pl* -n) *die* boutique *f*.

Bowle ['boːlə] (*pl* -n) *die* ponche *m (bebida fría hecha a base de vino y cava mezclados con trozos de fruta o hierbas aromáticas)*.

Bowling ['boʊːlıŋ] (*pl* -s) *das* bolos *mpl*.

Box (*pl* -en) *die* - **1.** [Stand] box *m* - **2.** [Kasten] cajón *m* - **3.** [Lautsprecherbox] altavoz *m*.

boxen ◇ *vt* [schlagen] : **jn ~** pegar un puñetazo a alguien. ◇ *vi* boxear.

Boxer (*pl* -) *der* - **1.** [Sportler] boxeador *m* - **2.** [Hund] bóxer *m*.

Box|kampf *der* combate *m* de boxeo, ≃ box *m Amér.*

boykottieren [bɔykɔ'tiːrən] *vt* boicotear.

brach *prät* ▷ **brechen**.

brachte *prät* ▷ **bringen**.

Branche ['brɑ̃ːʃə] (*pl* -n) *die* ramo *m*.

Brand (*pl* **Brände**) *der* - **1.** [Feuer] incendio *m* ; **etw in ~ setzen** ODER **stecken** incendiar ODER prender fuego a algo ; **in ~ geraten** inflamarse, arder - **2.** *(ohne Pl)* [Brennen] quema *f* - **3.** *fam* [Durst] sed *f* abrasadora, reseco *m*.

Brandenburg *nt* Brandemburgo *m*.

Brandenburger Tor *das* Puerta *f* de Brandemburgo.

brandenburgisch *adj* de Brandemburgo.

brandneu *adj* recentísimo(ma) ; **ein ~es Modell** el último modelo ; **ein ~er Wagen** un coche totalmente nuevo.

Brand|stifter, in *der, die* incendiario *m*, -ria *f*.

Brand|stiftung *die* incendio *m* provocado.

Brandung (*pl* **-en**) *die* rompiente *m*.

Brand|wunde *die* quemadura *f*.

brannte *prät* ▷ **brennen**.

Brannt|wein *der* aguardiente *m*.

Brasilianer, in (*mpl* -, *fpl* **-nen**) *der, die* brasileño *m*, -ña *f*, brasilero *m*, -ra *f Amér.*

brasilianisch *adj* brasileño(ña), brasilero(ra) *Amér.*

Brasilien *nt* Brasil *m* ; **in ~** en Brasil.

brät *präs* ▷ **braten**.

braten (*präs* **brät**, *prät* **briet**, *perf* **hat gebraten**) ◇ *vt* [in der Pfanne] freír ; [im Backofen] asar ; **Fleisch braun ~** dorar la carne ; **Kartoffeln im Feuer ~** asar patatas al fuego. ◇ *vi* asar.

Braten (*pl* -) *der* asado *m*.

Brat|hähnchen *das* pollo *m* asado.

Brat|kartoffeln *pl* patatas *fpl* salteadas.

Brat|pfanne *die* sartén *f*.

Bratsche (*pl* -n) *die* viola *f*.

Brat|wurst *die* salchicha *f* para freír ODER parrilla.

Brauch (*pl* **Bräuche**) *der* costumbre *f* ; **nach altem ~** a la antigua usanza.

brauchbar ◇ *adj* útil. ◇ *adv* de forma útil.

brauchen ◇ *vt* - **1.** [benötigen] necesitar ; **etw/jn für** ODER **zu etw ~** necesitar algo/a alguien para algo - **2.** [verbrauchen] consumir - **3.** [verwenden]. ◇ *aux* [müssen] tener que.

Braue (*pl* -n) *die* ceja *f* ; **die ~n hochziehen** arquear las cejas.

brauen *vt* [Bier] elaborar ; [Tee, Trank] hacer, preparar.

Brauerei (*pl* -en) *die* cervecería *f*, fábrica *f* de cerveza.

braun ◇ *adj* - **1.** [Farbe] moreno(na) ; [Haar, Augen] castaño(ña) ; [Butter] derretido(da) - **2.** [nationalsozialistisch] pardo(da). ◇ *adv* [farbig] de marrón ; **~ braten** dorar ; *siehe auch* **braun gebrannt**.

Braun *das (ohne Pl)* marrón *m*.

Bräune *die (ohne Pl)* bronceado *m*, tez *f* morena.

bräunen (*perf* **hat/ist gebräunt**) ◇ *vt (hat)* - **1.** [braun machen] broncear - **2.** KÜCHE tostar ; [Butter] derretir ; [Zwiebeln] dorar. ◇ *vi* - **1.** *(hat)* [durch Sonne] broncear ; **in der Sonne ~** broncearse al sol - **2.** *(ist)* KÜCHE dorarse. ◆ **sich bräunen** *ref* ponerse moreno(na), broncearse.

braun gebrannt *adj* bronceado(da).

Braunkohle *die (ohne Pl)* lignito *m*.

bräunlich ◇ *adj* pardusco. ◇ *adv* de tono pardusco(ca).

Brause (*pl* -n) *die* [Dusche] ducha *f*.

brausen (*perf* **hat/ist gebraust**) *vi* - **1.** *(hat)* [rauschen] bramar ; [Wind] soplar (con fuerza) - **2.** *(ist)* [sich fortbewegen] zumbar.

Braut (*pl* **Bräute**) *die* - **1.** [am Hochzeitstag] novia *f* - **2.** [Verlobte] prometida *f* - **3.** *salopp* [Mädchen] tía *f*.

Bräutigam (*pl* -e) *der* - **1.** [am Hochzeitstag] novio *m* - **2.** [Verlobter] prometido *m*.

Braut|paar *das* novios *mpl*.

brav ◇ *adj* - **1.** [artig] formal, bueno(na) - **2.** [bieder] formal, de niño bueno (niña buena). ◇ *adv* con formalidad ; **nun iss schön ~ deinen Teller leer!** ¡a ver, sé bueno(na) y termínate el plato!

bravo ['braːvo] *interj* ¡bravo!

BRD [beːɛr'deː] (*abk für* **Bundesrepublik Deutschland**) *die* RFA *f*.

brechen (*präs* **bricht**, *prät* **brach**, *perf* **hat/ist gebrochen**) ◇ *vt* - **1.** *(hat)* [zerbrechen] partir ; [Rosen, Blumen] cortar ; **jm/sich etw ~** romper algo a alguien/romperse algo - **2.** *(hat)* [besiegen] vencer ; [Rekord] batir ; [Schweigen, Stille] romper - **3.** *(hat)* [nicht einhalten] romper ; [Vertrag] incumplir ; [Recht] violar - **4.** *(hat)* [erbrechen] vomitar. ◇ *vi* - **1.** *(ist)* [durchbrechen] partirse ; [Welle] romper ; [Leder, Stoff] desgarrarse - **2.** *(hat)* [erbrechen] vomitar - **3.** *(hat)* [Kontakt abbrechen] : **mit jm ~** romper (las relaciones) con alguien - 4. *(ist)* [durchkommen] salir.

brechend *adv* : ~ **voll** abarrotado(da), lleno(na) hasta los topes.

Brech|reiz *der* naúsea *f*.

Brei (*pl* -e) *der* papilla *f*.

breiig ['braɪɪç] *adj* pastoso(sa).

breit <> *adj* - 1. [seitlich ausgedehnt] ancho(cha) - 2. [allgemein] en extenso ; **eine ~e Masse** una gran masa ; **eine ~e Öffentlichkeit** un amplio público - 3. [Aussprache] pausado(da) y alargado(da) ; [Dialekt] muy marcado(da). <> *adv* - 1. [seitlich ausgedehnt] ancho(cha) - 2. [ausgedehnt] con amplitud ; ~ **lächeln/lachen** sonreír/reír de oreja a oreja.

breitbeinig *adv* con las piernas abiertas.

Breite (*pl* -n) *die* - 1. [Ausdehnung] ancho *m* ; **ein Brett von drei Meter ~** una tabla de tres metros de ancho - 2. [geografische Lage] latitud *f*.

Breiten|grad *der* grado *m* de latitud.

breit machen *vt* : **die Beine ~** separar las piernas ; *fam* [zum Sex] abrirse de piernas. ◆ **sich breit machen** *ref fam* - 1. [Raum beanspruchen] ocupar mucho sitio ; **mach dich nicht so breit!** ¡no ocupes tanto sitio! - 2. [sich einquartieren] instalarse cómodamente - 3. [sich verbreiten] extenderse, expandirse.

breit|schlagen *vt (unreg) fam* engatusar, persuadir.

breitschultrig, breitschulterig *adj* ancho(cha) de espaldas ODER hombros.

Bremen *nt* Bremen *m*.

Brems|belag *der* forro *m* del freno.

Bremse (*pl* -n) *die* - 1. [Bremsvorrichtung] freno *m* - 2. [Insekt] tábano *m*.

bremsen <> *vi* frenar. <> *vt* frenar, decelerar ; [Entwicklung, Einfuhr, Person] refrenar.

Brems|licht *das* luz *f* de freno ODER frenado.

Brems|pedal *das* pedal *m* de freno.

Brems|weg *der* distancia *f* de frenado.

brennbar *adj* inflamable.

brennen (*prät* **brannte**, *perf* **hat gebrannt**) <> *vi* - 1. [entflammt sein] arder ; **es brennt!** ¡fuego! - 2. [heiß sein] quemar - 3. [leuchten] estar encendido(da) - 4. [wehtun] escocer - 5. [erregt sein] : **auf etw** *(A)* ~ arder de ODER en algo ; **ich brenne darauf, es zu erfahren** me muero por saberlo. <> *vt* - 1. [einbrennen] : **etw in etw** *(A)* ~ marcar a fuego algo en algo ; **(mit der Zigarette) ein Loch in etw** *(A)* ~ hacer un agujero (con el cigarrillo) en algo - 2. [herstellen] cocer ; [Schnaps] destilar ; [Mandeln] tostar.

Brenner *der (ohne Pl)* quemador *m*.

Brennholz *das (ohne Pl)* leña *f*.

Brenn|nessel *die* ortiga *f*.

brenzlig *adj* - 1. [Geruch] a quemado - 2. *fam* [heikel] delicado(da).

Brett (*pl* -er) *das* - 1. [aus Holz] tabla *f*, plancha *f* (de madera) ; **das schwarze ~** el tablón de anuncios - 2. [zum Spielen] tablero *m*.

Brett|spiel *das* juego *f* de tablero.

Brezel (*pl* -n) *die especie de rosquilla típica de Alemania con forma parecida a la del 8.*

bricht *präs* ▻ **brechen**.

Brief (*pl* -e) *der* carta *f* ; **ein blauer ~** una carta oficial *(con una notificación negativa)*.

briefen [bri:fn̩] (*Präs* **brieft**, *Prät* **briefte**, *Perf* **hat gebrieft**) *vt* informar brevemente.

Brief|freund, in *der, die* amigo *m*, -ga *f* por correspondencia.

Brief|kasten *der* buzón *m*.

Brief|kopf *der* membrete *m*.

Brief|marke *die* sello *m Esp*, estampilla *f Amér*.

Brief|tasche *die* cartera *f*.

Brief|träger, in *der, die* cartero *m*, -ra *f*.

Brief|umschlag *der* sobre *m*.

briet *prät* ▻ **braten**.

Brikett (*pl* -s) *das* briqueta *f*.

Brillant [brɪl'jant] (*pl* -en) *der* brillante *m*.

Brille (*pl* -n) *die* - 1. [Augengläser] gafas *fpl Esp*, lentes *mpl Amér*, anteojos *mpl Amér* - 2. *fam* [Klosettbrille] asiento *f* del retrete.

bringen (*prät* **brachte**, *perf* **hat gebracht**) *vt* - 1. [hinbringen, begleiten] llevar ; [herbringen] traer ; [ins Haus liefern] repartir ; **jm etw ~** [hinbringen] llevar algo a alguien ; [herbringen] traer algo a alguien - 2. [verursachen, erbringen] traer ; **Gewinn ~** aportar beneficios ; **die Behandlung hat nichts gebracht** el tratamiento no ha servido de nada ; **etw mit sich ~** traer algo consigo, conllevar algo ; **jn zum Lachen ~** hacer reír a alguien ; **jn zur Raserei ~** sacar a alguien de sus casillas ; **jn dazu ~, etw zu tun** hacer ODER conseguir que alguien haga algo - 3. [schaffen] : **es zu etw ~** conseguir algo - 4. [in der Zeitung] publicar ; [im Fernsehen, im Radio] emitir - 5. *fam* [leisten] aportar, poner ; **das bringt nichts** *fam* eso no sirve de nada, eso no conduce a nada ; **etw bringts/bringts nicht** *salopp* algo es genial/es un rollo ; **jd bringts/bringts nicht** *salopp* alguien es genial/no mola - 6. *RW* : **etw hinter sich** *(A)* ~ despachar algo ; **etw nicht über sich** *(A)* ~ no ser capaz de algo ; **jn um etw ~** sacar algo a alguien ; **er bringt mich um den Verstand** me saca de quicio.

brisant *adj* explosivo(va), conflictivo(va) ; **eine ~e Nachricht** una noticia bomba.

Brise (*pl* **-n**) *die* brisa *f*.

Brite (*pl* **-n**) *der* británico *m*.

Britin (*pl* **-nen**) *die* británica *f*.

britisch *adj* británico(ca).

Britische Inseln *pl* Islas *fpl* Británicas.

Broccoli, Brokkoli ['brɔkoli] *der (ohne Pl)* brécol *m*.

bröckeln (*perf* **hat/ist gebröckelt**) *vi* **- 1.** *(hat)* [zerfallen] [Wand] desmoronarse ; [Brot] desmigajarse **- 2.** *(ist)* [sich lösen] caerse.

Brocken (*pl* **-**) *der* **- 1.** [Stück] pedazo *m*, trozo *m* **- 2.** *fam* [dicker Mensch] mole *f* **- 3.** *RW* : **ein paar ~ einer Sprache sprechen** chapurrear algunas palabras de un idioma.

brodeln *vi* hervir a borbotones ; **es brodelt** *fig* hay crispación.

Brokkoli = **Broccoli**.

Brom|beere *die* zarzamora *f*.

Bronchien ['brɔnçi̯ən] *pl* bronquios *mpl*.

Bronchitis [brɔn'çiːtɪs] *die* bronquitis *f*.

Bronze ['brɔŋsə] *die* bronce *m*.

Brosche (*pl* **-n**) *die* broche *m*.

Broschüre (*pl* **-n**) *die* folleto *m*.

Brot (*pl* **-e**) *das* **- 1.** *(ohne Pl)* [Laib] pan *m* **- 2.** [Scheibe] rebanada *f* (de pan) **- 3.** *(ohne Pl)* [Lebensunterhalt] pan *m*, sustento *m* ; **unser tägliches ~** nuestro pan de cada día.

Brot

Alemania es conocida por la innumerable variedad de sus panes, desde los panecillos blancos, pasando por los panes rústicos de centeno hasta llegar al **Schwarzbrot** «pan negro».
A diferencia de lo que ocurre en España, en Alemania no se come pan acompañando las comidas. En cambio, y sobre todo en la cena, se suele untar mantequilla sobre el pan y a continuación se coloca encima queso o embutido, lo cual se conoce tradicionalmente como **Abendbrot**.

Brötchen (*pl* **-**) *das* panecillo *m* ; **belegtes ~** bocadillo *m*.

Browser ['braʊzəʳ] (*pl* **-**) *der* navegador *m*, browser *m*.

Bruch (*pl* **Brüche**) *der* **- 1.** *(ohne Pl)* [Brechen] rotura *f* ; **zu ~ gehen** [Glas] romperse, hacerse añicos **- 2.** *(ohne Pl)* [Nichteinhalten] incumplimiento *m* **- 3.** [Trennung] ruptura *f* **- 4.** [MED - von Knochen] fractura *f* ; [- von Eingeweide] hernia *f* **- 5.** MATH fracción *f*.

brüchig *adj* quebradizo(za).

Bruch|landung *die* aterrizaje *m* desastroso.

Bruch|rechnung *die (ohne Pl)* operaciones *fpl* con fracciones.

Bruch|strich *der* raya *f* de la fracción.

Bruch|stück *das* fragmento *m*.

bruchstückhaft ['brʊxʃtʏkhaft] ◇ *adj* fragmentado(da), fragmentario(ria). ◇ *adv* fragmentariamente.

Bruch|teil *der* fracción *f*.

Brücke (*pl* **-n**) *die* **- 1.** [Bau] puente *m* **- 2.** [von Schiffen, Zähnen] puente *m* **- 3.** [Teppich] alfombra *f* pequeña **- 4.** [Turnübung] puente *m* **- 5.** *RW* : **jm goldene ~n bauen** ofrecer a alguien una magnífica oportunidad.

Bruder (*pl* **Brüder**) *der* **- 1.** [Geschwister] hermano *m* ; **unter Brüdern** *fig* como hermanos, amistosamente **- 2.** *fam* [Kerl] tipo *m*, tío *m* **- 3.** [Mönch] hermano *m*.

brüderlich ◇ *adj* fraterno(na). ◇ *adv* como buenos hermanos.

Brühe (*pl* **-n**) *die* **- 1.** [Suppe] caldo *m* **- 2.** [Flüssigkeit] agua *f* sucia ODER insalubre **- 3.** *fam* [Schweiß] sudor *m* **- 4.** *abw* [Tee, Kaffee] mejunje *m*.

Brüh|würfel *der* cubito *m* de caldo.

brüllen ◇ *vt* gritar. ◇ *vi* [Löwe] rugir ; [Stier] bramar ; [Kuh] mugir ; [Affe, Baby] chillar ; **vor Schmerz ~** chillar de dolor.

brummen *vi* **- 1.** [Bär] gruñir ; [Motor, Hummel] zumbar **- 2.** [singen] berrear.

brummig ◇ *adj* gruñón(ona). ◇ *adv* gruñendo.

brünett *adj* moreno(na).

Brunnen (*pl* **-**) *der* **- 1.** [zum Wasserholen] pozo *m* **- 2.** [Springbrunnen] fuente *f* **- 3.** [Wasser] agua *f* de manantial.

Brunst (*pl* **Brünste**) *die* época *f* de celo ; **in der ~ sein** estar en celo.

brüsk ◇ *adj* brusco(ca). ◇ *adv* bruscamente.

Brüssel *nt* Bruselas *f*.

Brust (*pl* **Brüste**) *die* **- 1.** *(ohne Pl)* [Thorax] pecho *m* **- 2.** [Busen] pecho(s) *m(pl)*, senos *mpl*.

brüsten ◆ **sich brüsten** *ref abw* : **sich mit etw ~** presumir de algo.

Brust|korb *der* caja *f* torácica.

Brust|schwimmen *das (ohne Pl)* braza *f*.

Brüstung (*pl* **-en**) *die* barandilla *f*.

Brust|warze *die* pezón *m* ; [bei Männern] tetilla *f*.

brutal ◇ *adj* brutal. ◇ *adv* brutalmente, con brutalidad.

Brutalität (*pl* **-en**) *die* brutalidad *f*.

brüten *vi* **- 1.** [Vögel] incubar **- 2.** [nachdenken] : **über etw** *(D)* ~ dar vueltas a algo, madurar algo.

brutto *adv* bruto(ta) ; **zwei Tonnen ~ wiegen** pesar en bruto dos toneladas.

Brutto|sozial|produkt *das* producto *m* nacional bruto.

brutzeln <> *vi* freírse. <> *vt fam* freír.

Bube (*pl* **-n**) *der* - **1.** [Junge] chiquillo *m*, nene *m* - **2.** [Spielkarte] sota *f*.

Buch (*pl* **Bücher**) *das* - **1.** [Band] libro *m* ; **wie es im ~e steht** [äußerst] sin igual - **2.** [Geschäftsbuch] contabilidad *f* ; **über etw** *(A)* ~ **führen** llevar la cuenta de algo ; **die Anlage hat mit 10.000 DM zu ~e geschlagen** el equipo ha costado nada menos que 10.000 marcos.

Buchbinder, in (*mpl* -, *fpl* **-nen**) *der, die* encuadernador *m*, -ra *f*.

Buche (*pl* **-n**) *die* haya *f*.

buchen *vt* - **1.** [verbuchen] contabilizar ; [Gutschrift] abonar en cuenta ; [Lastschrift] cargar en cuenta - **2.** [reservieren] reservar.

Bücher|brett *das* estante *m*.

Bücherei (*pl* **-en**) *die* biblioteca *f* (pública).

Bücher|regal *das* estantería *f* (para los libros).

Bücher|schrank *der* librería *f*, librero *m Amér.*

Buch|führung *die* contabilidad *f*.

Buch|halter, in (*mpl* -, *fpl* **-nen**) *der, die* contable *mf*, contador *m*, -a *f Amér.*

Buch|haltung *die* contabilidad *f* ; **die ~ machen** llevar la contabilidad.

Buch|händler, in *der, die* librero *m*, -ra *f*, comerciante *mf* de libros.

Buch|handlung *die* librería *f*.

Buchse ['buksə] (*pl* **-n**) *die* conexión *f*, enchufe *m*.

Büchse ['byksə] (*pl* **-n**) *die* - **1.** [Dose] lata *f* - **2.** [Gewehr] escopeta *f*.

Büchsen|milch *die (ohne Pl)* leche *f* concentrada.

Büchsen|öffner *der* abrelatas *m*.

Buchstabe ['buːxʃtaːbə] (*pl* **-n**) *der* letra *f*.

buchstabieren [buːxʃta'biːrən] *vt* deletrear.

buchstäblich ['buːxʃtɛːplɪʃ] *adv* literalmente.

Bucht (*pl* **-en**) *die* bahía *f*.

Buchung (*pl* **-en**) *die* - **1.** [Verbuchung] asiento *m* ; [Gutschrift] abono *m* en cuenta ; [Lastschrift] cargo *m* en cuenta - **2.** [Reservierung] reserva *f*.

Buchweizen *der (ohne Pl)* alforfón *m*.

Buckel (*pl* -) *der* joroba *f* ; **rutsch mir den ~ runter!** *fam abw* déjame en paz, vete a freír espárragos.

bücken ◆ **sich bücken** *ref* agacharse ; **sich nach etw ~** agacharse para recoger algo.

bucklig *adj* [Person] jorobado(da) ; [Straße] con baches ; [Oberfläche] con desniveles.

Bückling (*pl* **-e**) *der* - **1.** *hum* [Verbeugung] reverencia *f* - **2.** [Hering] arenque *m* ahumado.

Budapest *nt* Budapest *m*.

buddeln *vi, vt* cavar.

buddhistisch *adj* budista.

Bude (*pl* **-n**) *die* - **1.** [Verkaufsstand] puesto *m* - **2.** *fam abw* [Wohnung] cuchitril *m* ; **jm die ~ einrennen** *fam* ir a dar la lata a alguien.

Budget [by'dʒeː] (*pl* **-s**) *das* presupuesto *m*.

Büfett [by'fet], **buffet** [by'feː] (*pl* **-s**) *das* - **1.** [Verkaufstisch] bufet *m* ; **kaltes ~** bufet *m* frío - **2.** [Geschirrschrank] vitrina *f*.

Büffel (*pl* -) *der* búfalo *m*.

Buffet [by'feː] (*pl* **-s**) *das Österr & Schweiz* = **Büfett**.

Bug (*pl* **-e**) *der* [von Schiff] proa *f* ; [von Flugzeug] morro *m*.

Bügel (*pl* -) *der* - **1.** [Kleiderbügel] percha *f* - **2.** [Griff] asa *f* - **3.** [Steigbügel] estribo *m* - **4.** [Brillenbügel] patilla *f*.

Bügel|brett *das* tabla *f* de planchar.

Bügel|eisen *das* plancha *f*.

Bügel|falte *die* raya *f*.

bügeln *vt & vi* planchar.

Bühne (*pl* **-n**) *die* - **1.** [Theaterraum] escena *f*, escenario *m* - **2.** [Theater] teatro *m*.

Bühnen|bild *das* decorado *m*.

buk *prät* ▷ **backen**.

Bukarest *nt* Bucarest *m*.

Bulette, Boulette (*pl* **-n**) *die* ≈ hamburguesa *f*.

Bulgare (*pl* **-n**) *der* búlgaro *m*.

Bulgarien *nt* Bulgaria *f*.

Bulgarin (*pl* **-nen**) *die* búlgara *f*.

bulgarisch *adj* búlgaro(ra).

Bull|auge *das* ojo *m* de buey.

Bull|dogge *die* bulldog *m*.

Bulldozer ['buldoːzɐ] (*pl* -) *der* bulldozer *m*.

Bulle (*pl* **-n**) *der* - **1.** [Tier] toro *m* - **2.** *salopp abw* [Polizist] poli *m*, madero *m*.

Bummel (*pl* -) *der* paseo *m*.

bummeln (*perf* **hat/ist gebummelt**) *vi* - **1.** *(ist)* [spazieren] pasear - **2.** *(hat)* [langsam sein] perder el tiempo.

Bummel|zug *der tren que para en todas las estaciones*.

bumsen (*perf* **hat/ist gebumst**) ◇ *vi* - **1.** *(hat) fam* [schlagen] golpear ; **bei dem Unfall hat es ziemlich gebumst** el accidente ha sido bastante violento - **2.** *(ist) fam* [prallen] chocar, golpearse - **3.** *(hat) fam* [koitieren] follar *Esp*, coger *Amér.* ◇ *vt (hat) fam* follar *Esp*, coger *Amér.*

Bund (*pl* **Bünde** ODER **-e**) ◇ *der* - **1.** *(Pl Bünde)* [Zusammenschluss] asociación *f*, unión *f* - **2.** *(ohne Pl)* [Bundesrepublik] confederación *f*, República *f* Federal - **3.** *(ohne Pl) fam* [Bundeswehr] : **der ~** la mili - **4.** *(Pl Bünde)* [an Kleidung] pretina *f*. ◇ *das (Pl Bunde)* [von Heu, Gemüse] manojo *m*.

Bündel (*pl* -) *das* - **1.** [Packen] atado *m*, bulto *m* ; [von Geldscheinen] fajo *m* ; [von Anträgen] paquete *m* - **2.** [Garbe] haz *m*.

bündeln *vt* [Heu, Stroh] atar ; [Papier] hacer un paquete de ; [Banknoten] ligar un fajo de ; [Produkte] incluir.

Bundes|bahn ▷ **Deutsche Bundesbahn.**

Bundes|bürger, in *der, die* ciudadano *m*, -na *f* de la República Federal de Alemania.

Bundes|genosse *der* aliado *m* ; [Föderierte] federado *m*.

Bundes|grenzschutz *der (ohne Pl)* Polícía *f* Federal de Fronteras.

Bundes|kanzler, in *der, die* canciller *mf* (federal).

Bundes|land *das* estado *m* federal, land *m* ; **die fünf neuen Bundesländer** los cinco nuevos estados federales (de la República de Alemania) ; **die alten/neuen Bundesländer** los estados de la antigua RFA/RDA.

Bundesland

La República Federal de Alemania está dividida en 16 **Länder** o «estados federados» que disponen de una constitución propia, parlamentos elegidos democráticamente y gobiernos con un presidente.
Los estados federados y el gobierno de la República cooperan en la legislación y se dividen las tareas de la administración. La cultura, la educación y las fuerzas del orden público son competencia exclusiva de cada uno de los estados federados.

Bundes|liga *die* primera *f* división.

Bundes|post ▷ **Deutsche Bundespost.**

Bundes|präsident, in *der, die* presidente *m*, -ta *f* de la República Federal de Alemania.

Bundes|rat *der* - **1.** *(ohne Pl)* [Parlament] Bundesrat *m*, Cámara *f* alta (del Parlamento alemán) - **2.** [Parlamentarier] parlamentario *m* del Bundestag.

Bundes|rätin *die* parlamentaria *f* del Bundesrat.

Bundes|regierung *die* Gobierno *m* Federal.

Bundes|republik *die* ▷ **Bundesrepublik Deutschland.**

Bundesrepublik Deutschland *die* República *f* Federal de Alemania.

Bundes|staat *der* confederación *f* de estados ; [Teil des Bundes] estado *m* federal.

Bundes|straße *die* carretera *f* federal.

Bundes|tag ▷ **Deutsche Bundestag.**

Bundes|wehr *die (ohne Pl)* ejército *m* federal.

bundesweit ◇ *adj* en todo el territorio federal. ◇ *adv* por todo el territorio federal.

bündig ◇ *adj* escueto(ta), conciso(sa). ◇ *adv* escuetamente, de forma concisa.

Bündnis (*pl* **-se**) *das* alianza *f*.

Bungalow ['buŋgalo] (*pl* **-s**) *der* bungaló *m*.

Bunker (*pl* -) *der* - **1.** [Schutzraum] búnker *m* - **2.** *salopp* [Militärgefängnis] calabozo *m*.

bunt ◇ *adj* - **1.** [vielfarbig] de colores - **2.** [abwechslungsreich] variado(da) - **3.** [durcheinander] mezclado(da) ; **jetzt wird es mir zu ~** eso ya pasa de castaño oscuro. ◇ *adv* - **1.** [vielfarbig] con distintos colores - **2.** [abwechslungsreich] de forma variada ; **es zu ~ treiben** pasarse de la raya.

Bunt|stift *der* lápiz *m* de color.

Burg (*pl* **-en**) *die* - **1.** [Gebäude] castillo *m* - **2.** [Sandburg] castillo *m* (de arena).

Bürge (*pl* **-n**) *der* fiador *m*, -ra *f*, avalista *mf*.

bürgen *vi* : **für jn ~** responder de ODER por alguien ; **für etw ~** garantizar algo.

Burgenland *nt* Burgenland *m*.

burgenländisch *adj* de Burgenland.

Bürger, in (*mpl* -, *fpl* **-nen**) *der, die* - **1.** [Einwohner] ciudadano *m*, -na *f* - **2.** [Mittelständler] burgués *m*, -esa *f*.

Bürger|initiative *die* iniciativa *f* ciudadana.

Bürger|krieg *der* guerra *f* civil.

bürgerlich ◇ *adj* - **1.** [staatlich] civil - **2.** [des Bürgertums] burgués(esa) ; [Küche] casero(ra) - **3.** *abw* [spießig] burgués(esa). ◇ *adv* - **1.** [wie das Bürgertum] : **eine ~ geprägte Stadt** un ciudad influenciada por la burguesía - **2.** *abw* [spießig] de forma conservadora.

Bürger|meister, in *der, die* alcalde *m*, -esa *f*.

Bürgersteig (*pl* -e) *der* acera *f*.

Bürgertum *das (ohne Pl)* burguesía *f*.

Bürgschaft (*pl* -en) *die* aval *m*.

Büro [by'roː] (*pl* -s) *das* oficina *f*.

Büro|klammer *die* clip *m*.

bürokratisch <> *adj* burocrático(ca) ; **~er Weg** vía burocrática. <> *adv* - **1.** [verwaltungstechnisch] burocráticamente - **2.** *abw* [schematisch] de forma burocrática.

Bursche (*pl* -n) *der* - **1.** [Junge] muchacho *m* - **2.** [Prachtexemplar] pieza *f*.

burschikos <> *adj* basto(ta), masculino(na). <> *adv* a lo basto, como un hombre.

Bürste (*pl* -n) *die* cepillo *m*.

bürsten *vt* cepillar.

Bus (*pl* -se) *der* bus *m*.

Busch (*pl* **Büsche**) *der* - **1.** [Strauch] arbusto *m* - **2.** GEOGR sabana *f*.

Büschel (*pl* -) *das* manojo *m* ; **ein ~ Haare** un mechón de pelo.

buschig <> *adj* espeso(sa). <> *adv* espesamente.

Busen (*pl* -) *der* pecho(s) *m(pl)*, senos *mpl*.

Bus|fahrer, in *der, die* conductor *m*, -ra *f* de autobús.

Bushalte|stelle *die* parada *f* de autobús.

Business Class *die (ohne pl)* business class *f*, clase *f* ejecutiva.

Bussard (*pl* -e) *der* águila *f* ratonera.

büßen <> *vt* - **1.** REL expiar - **2.** [bestraft werden für] pagar. <> *vi* - **1.** REL : **für etw ~** expiar algo - **2.** [bestraft werden für] : **für etw ~** pagar por algo.

Buß|geld *das* multa *f*.

Buß- und Bet|tag *der día de oración y penitencia (de los protestantes)*.

Büste (*pl* -n) *die* busto *m*.

Büsten|halter *der* sujetador *m*.

Butike = **Boutique**.

Butter *die (ohne Pl)* mantequilla *f*.

Butter|brot *das* rebanada *f* (de pan) con mantequilla.

Butter|dose *die* mantequera *f*.

Butter|milch *die (ohne Pl)* suero *m* de mantequilla.

BWL [beːveː'ɛl] (*abk für* **Betriebswirtschaftslehre**) *die (ohne Pl)* [Studium] administración *f* y dirección *f* de empresas.

Byzanz *nt* HIST Bizancio *m*.

bzw. (*abk für* **beziehungsweise**) respectivamente ; [oder] o (bien).

C

c, C [tseː] (*pl* - ODER -s) *das* - **1.** [Buchstabe] c *f*, C *f* - **2.** MUS do *m*. ◆ **C** (*abk für* **Celsius**) C.

ca. (*abk für* **circa**) aprox.

Cabaret [kaba'reː] (*pl* -s) *das* = **Kabarett**.

Cabrio ['kaːbrio] (*pl* -s) *das* = **Kabrio**.

Cafe [ka'feː] (*pl* -s) *das* café *m*.

Cafeteria [kafetə'riːa] (*pl* -s) *die* cafetería *f*.

Call (*pl* -s) *der* (opción *f*) call *m*, opción *f* de compra.

Callcenter ['kɔːlsɛntɐ] (*pl* -s) *das* servicio *m* telefónico.

Calzium ['kaltsium] *das* = **Kalzium**.

campen ['kɛmpn̩] *vi* acampar.

Camping ['kɛmpɪŋ] *das (ohne Pl)* camping *m*.

canceln ['kɛnsɛln̩] (*Präs* **cancelt**, *Prät* **cancelte**, *Perf* **hat gecancelt**) *vt* cancelar.

Cape [keːp] (*pl* -s) *das* capa *f*.

Caracas *nt* Caracas.

Carsharing *das (ohne pl)* carsharing *m (utilización y financiación de un coche por varias personas)*.

Carving|ski *der* esquí *m* con carving.

CB-|Funker [tseː'beːfuŋkɐ], **in** *der, die* radioaficionado *m*, -da *f*.

CD [tseː'deː] (*pl* -s) (*abk für* **Compactdisc**) *die* CD *m*.

CD-Spieler [tseː'deːʃpiːlɐ] (*pl* -) *der* reproductor *m* de CD.

CDU [tseːdeː'uː] (*abk für* **Christlich-Demokratische Union**) *die (ohne Pl)* CDU *m*, Unión *f* Democristiana.

C-Dur ['tseːduːɐ̯] *das (ohne Pl)* do *m* mayor.

CeBit ['tseːbɪt] *die (ohne Pl)* CeBit *f (feria anual de informática que se celebra en Hannover)*.

Cello ['tʃɛlo] (*pl* -s) *das* violonchelo *m*.

Celsius ['tsɛlzius] : **10 Grad ~** 10 grados centígrados.

Chamäleon [ka'mɛːleɔn] (*pl* -s) *das* camaleón *m*.

Champagner [ʃam'panjɐ] (*pl* -) *der* champán *m*.

Champignon ['ʃampɪnjɔŋ] (*pl* -s) *der* champiñón *m*.

Chance ['ʃãːs(ə)] (*pl* -n) *die* oportunidad *f* ;

jm eine ~ geben dar una oportunidad a alguien.

Chanson [ʃɑ̃'sɔ̃] (*pl* **-s**) *das* canción *f*.

Chaos ['ka:ɔs] *das (ohne Pl)* caos *m*.

chaotisch [ka'o:tɪʃ] ◇ *adj* caótico(ca). ◇ *adv* de forma caótica.

Charakter [ka'raktɐ] (*pl* **-tere**) *der* - **1.** [Eigenschaft] carácter *m* - **2.** [Mensch] persona *f*.

charakterisieren [karakteri'zi:rən] *vt* caracterizar.

Charakteristik [karakte'rɪstɪk] (*pl* **-en**) *die* característica *f*.

charakteristisch [karakte'rɪstɪʃ] ◇ *adj* característico(ca) ; **für etw/jn ~ sein** ser característico(ca) de algo/alguien. ◇ *adv* de modo característico.

charakterlich [ka'raktɐlɪç] *adj* de carácter.

charakterlos [ka'raktɐlo:s] *adj, adv* sin carácter.

charmant, scharmant [ʃar'mant] ◇ *adj* encantador(ra). ◇ *adv* con encanto.

Charme, Scharm [ʃarm] *der (ohne Pl)* encanto *m*.

Charter|flug ['tʃartɐflu:k] *der* vuelo *m* chárter.

Charter|maschine *die* chárter *m*.

chartern ['tʃartɐn] *vt* fletar.

Chat [tʃɛt] (*pl* **-s**) *der* chat *m*, charla *f* por Internet.

Chatroom ['tʃɛt,ru:m] (*pl* **-s**) *der* canal *m*, sala *f* de charla.

Chauvinismus [ʃovi'nɪsmʊs] *der (ohne Pl)* - **1.** *abw* [Sexismus] machismo *m* - **2.** *abw* [Nationalismus] chovinismo *m*.

chauvinistisch [ʃovi'nistɪʃ] *abw* ◇ *adj* - **1.** [sexistisch] machista - **2.** [nationalistisch] chovinista. ◇ *adv* - **1.** [sexistisch] de forma machista - **2.** [nationalistisch] como un (una) chovinista.

checken ['tʃɛkn̩] *vt* - **1.** [untersuchen] inspeccionar, revisar - **2.** *salopp* [verstehen] captar.

Cheerleader, in (*mpl* **-**, *fpl* **-nen**) *der, die* animador *m*, -ra *f*.

Chef [ʃɛf] (*pl* **-s**) *der* jefe *m*.

Chef|arzt *der* [von Krankenhaus] director *m* médico, directora *f* médica ; [von Spezialklinik, Abteilung] jefe *m* de servicio.

Chef|ärztin *die* directora *f* médica ; [von Spezialklinik, Abteilung] jefa *f* de servicio.

Chefin (*pl* **-nen**) *die* jefa *f*.

Chef|redakteur, in *der, die* redactor *m*, -ra *f* jefe.

Chemie [çe'mi:] *die (ohne Pl)* química *f*.

Chemikalie [çemi'ka:li̯ə] (*pl* **-n**) *die* sustancia *f* química.

Chemiker, in ['çe:mikɐ, rɪn] (*mpl* **-**, *fpl* **-nen**) *der, die* químico *m*, -ca *f*.

chemisch ['çe:miʃ] ◇ *adj* químico(ca). ◇ *adv* : **~ reinigen** limpiar en seco.

Chemo|therapie [çemotera'pi:] *die* quimioterapia *f*.

Chicorée, Schikoree ['ʃikore] (*pl* **-s**) *die* ODER *der* endibia *f*, achicoria *f*.

Chiffre ['ʃifrə] (*pl* **-n**) *die* - **1.** [Zeichen] cifra *f* - **2.** [von Anzeigen] referencia *f*.

chiffrieren [ʃɪ'fri:rən] *vt* codificar, cifrar.

Chile ['tʃi:le] *nt* Chile *m* ; **in ~** en Chile.

Chili ['tʃi:li] (*pl* **-s**) *der* chile *m*, ají *m*.

China ['çi:na] *das* China *f*.

Chinakohl *der (ohne Pl)* col *f* china.

Chinese [çi'ne:zə] (*pl* **-n**) *der* chino *m*.

Chinesin [çi'ne:zin] (*pl* **-nen**) *die* china *f*.

chinesisch [çi'ne:zɪʃ] *adj* chino(na).

Chinin [çi'ni:n] *das (ohne Pl)* quinina *f*.

Chip [tʃɪp] (*pl* **-s**) *der* - **1.** ELEKTR & EDV chip *m* - **2.** [beim Spiel] ficha *f*.

Chips [tʃɪps] *pl* patatas *fpl* chip.

Chirurg [çi'rʊrk] (*pl* **-en**) *der* cirujano *m*.

Chirurgie [çirʊr'gi:] (*pl* **-n**) *die* cirugía *f*.

Chirurgin [çi'rʊrgɪn] (*pl* **-nen**) *die* cirujana *f*.

chirurgisch [çi'rʊrgɪʃ] ◇ *adj* quirúrgico(ca). ◇ *adv* quirúrgicamente.

Chlor [klo:ɐ̯] *das (ohne Pl)* cloro *m*.

Choke [tʃo:k] (*pl* **-s**) *der* starter *m*.

Cholesterin [kolɛste'ri:n] *das (ohne Pl)* colesterol *m*.

Chor [ko:ɐ̯] (*pl* **Chöre**) *der* MUS & ARCHIT coro *m* ; **im ~** a coro.

Choreografie, Choreographie [koreogra'fi:] (*pl* **-n**) *die* coreografía *f*.

Christ ['krɪst] (*pl* **-en**) *der* cristiano *m*.

Christ|baum *der* árbol *m* de Navidad.

Christ|demokrat, in *der, die* democristiano *m*, -na *f*, cristiano *m*, -na *f* demócrata.

Christentum ['krɪstn̩tu:m] *das (ohne Pl)* cristianismo *m*.

Christi Himmelfahrt *(ohne Artikel)* [Feiertag] Ascensión *f*.

Christin ['krɪstɪn] (*pl* **-nen**) *die* cristiana *f*.

Christkind *das (ohne Pl)* niño *m* Jesús.

christlich ['krɪstlɪç] ◇ *adj* cristiano(na). ◇ *adv* cristianamente.

Christus ['krɪstʊs] *der (ohne Pl)* Cristo *m*, Jesucristo *m*.

Chrom [kro:m] *das (ohne Pl)* cromo *m*.

Chromosom [kromo'zo:m] (*pl* **-en**) *das* cromosoma *m*.

Chronik ['kroːnɪk] (*pl* **-en**) *die* crónica *f*.

chronisch ['kroːnɪʃ] *adj* MED crónico(ca).

chronologisch [krono'loːgɪʃ] <> *adj* cronológico(ca). <> *adv* por orden cronológico.

circa ['tsɪrka] *adv* = **zirka**.

clever ['klɛvɐ] <> *adj* listo(ta), espabilado(da) ; [Handeln, Idee] astuto(ta). <> *adv* astutamente.

Clique ['klɪkə] (*pl* **-n**) *die* - **1.** [junge Leute] pandilla *f* ; [von Verbrechern] banda *f* - **2.** *abw* [Interessengemeinschaft] banda *f*.

Clown, in [klaun, ɪn] (*mpl* **-s**, *fpl* **-nen**) *der, die* payaso *m*, -sa *f*.

Club = **Klub**.

cm (*abk für* **Zentimeter**) cm.

c-Moll ['tseːmɔl] *das (ohne Pl)* MUS do *m* menor.

Cockerspaniel ['kɔkɐspaːnjəl] (*pl* **-s** ODER **-**) *der* cocker *m*.

Cocktail ['kɔkteːl] (*pl* **-s**) *der* cóctel *m*.

Code ['koːt] (, *pl* **-s**) *der* = **Kode**.

Cognac® ['kɔnjak] (*pl* **-s**) *der* coñac *m*.

Cola ['koːla] (*pl* **-s**) *die* ODER *das* refresco *m* de cola, cola *f*.

Comer See ['koːmɐ 'zeː] *der* lago *m* de Como.

Comic ['kɔmɪk] (*pl* **-s**) *der* - **1.** [Geschichte] cómic *m*, historieta *f* - **2.** [Heft] cómic *m*, tebeo *m*.

Computer [kɔm'pjuːtɐ] (*pl* **-**) *der* ordenador *m Esp*, computador *m Amér*, computadora *f Amér*.

Container [kɔn'teːnɐ] (*pl* **-**) *der* contenedor *m*.

contra ['kɔntra] *präp* = **kontra**.

Copyright ['kɔpirait] (*pl* **-s**) *das* copyright *m*.

Cord [kɔrt] *der* = **Kord**.

Cordoba *nt* Córdoba.

Costaricaner, in (*mpl* **-**, *fpl* **-nen**) *der, die* costarricense *mf*.

costarikanisch *adj* costarricense.

Couch [kautʃ] (*pl* **-s** ODER **-en**) *die* [Sofa] sofá *m* ; [zum Schlafen] diván *m*, cama *f* turca.

Count-down ['kaunt'daun] (*pl* **-s**) *der* ODER *das* cuenta *f* atrás.

Cousin [ku'zɛ̃] (*pl* **-s**) *der* primo *m*.

Cousine, Kusine [ku'ziːnə] (*pl* **-n**) *die* prima *f*.

Cowboy ['kaubɔy] (*pl* **-s**) *der* cowboy *m*, vaquero *m*.

Creme, Krem [kreːm, krɛːm] (*pl* **-s** ODER **-n**) *die* crema *f*.

cremig, kremig ['kreːmɪç] <> *adj* cremoso(sa). <> *adv* : **etw ~ schlagen** batir algo hasta hacerlo cremoso.

Crew [kruː] (*pl* **-s**) *die* [Besatzung] tripulación *f*.

CSU [tseːɛs'uː] (*abk für* **Christlich-Soziale Union**) *die (ohne Pl)* CSU *f*, Unión *f* Social-Cristiana.

Cup [kap] (*pl* **-s**) *der* SPORT copa *f*.

Curry ['kœri] (*pl* **-s**) *das* curry *m*.

Curry|wurst *die salchicha (asada) con curry y ketchup*.

CVP [tseːfaupeː] (*abk für* **Christliche Volkspartei (der Schweiz)**) *die (ohne Pl)* Partido *m* Demócrata Cristiano (suizo).

Cyberspace ['saibɐspeɪs] *das (ohne pl)* ciberespacio *m*.

D

d, D [deː] (*pl* **-** ODER **-s**) *das* - **1.** [Buchstabe] d *f*, D *f* - **2.** MUS re *m*.

da <> *adv* - **1.** [dort - mit einer hinweisenden Geste] ahí, allí, allá ; [- rückbezüglich] aquí, ahí, allí ; **~ drüben** ahí ODER allí al otro lado ; **das Gebäude muss ~ sein, wo wir vorbeigefahren sind** el edificio tiene que estar por donde hemos pasado - **2.** [zeitlich] : **er kam um zehn an, aber ~ war es schon zu spät** llegó a las diez, pero entonces ya era demasiado tarde ; **als ich nach Hause kam, ~ warst du gerade weg** cuando llegué a casa, tú estabas fuera en aquel momento ; **von ~ an** desde entonces - **3.** *fam* [hier] aquí - **4.** [als Satzanfang] : **~ kommt mir ein Gedanke** tengo una idea ; **~ habe ich letztens etwas im Radio gehört** hace poco he oído en la radio algo al respecto ODER sobre eso - **5.** [in dieser Beziehung] : **~ stimme ich dir zu!** ¡en eso estoy de acuerdo contigo! ; **~ bist du selbst schuld!** ¡tú tienes la culpa de eso!, ¡la culpa es tuya! - **6.** [deshalb] por eso. <> *konj* - **1.** [weil] como - **2.** *geh* [nachdem] ahora que.

DAAD [deːaːaː'deː] (*abk für* **Deutscher Akademischer Austauschdienst**) *der (ohne Pl)* Servicio *m* de Intercambio Académico.

da|behalten *vt (unreg)* : **jn nach der Probezeit ~** quedarse con alguien tras el tiempo de prueba ; **die Werkstatt hat das Auto ~** el coche se queda en el taller.

dabei, dabei *adv* - **1.** [räumlich] : **für dich ist nichts ~** para ti no hay nada ; **ich war**

nicht ~ yo no estaba - 2. [zeitlich] al mismo tiempo, a la vez - 3. [bei der Angelegenheit] en ese caso ; **es ist nichts ~** *fam fig* no hay que pensar mal, no hay nada de malo (en ello) - 4. [obwohl, doch] aunque ; **und ~** y sin embargo - 5. ; *siehe auch* **dabei sein**.

dabei|haben *vt (unreg)* llevar consigo ; **sie wollten ihn nicht ~** no querían que él estuviera allí ODER presente.

dabei sein (*perf* **ist dabei gewesen**) *vi (unreg)* estar presente ; **ich war dabei** yo estaba allí ; **~, etw zu tun** estar haciendo algo ; **er ist gerade dabei, zu putzen** (él) está limpiando.

da|bleiben (*perf* **ist dageblieben**) *vi (unreg)* quedarse.

Dach (*pl* **Dächer**) *das* - 1. [Überdachung] tejado *m* - 2. [Autodach] techo *m*.

Dach|boden *der* desván *m*, entretecho *m Amér*.

Dach|luke *die* claraboya *f*, ventanuco *m*.

Dach|rinne *die* canalón *m* (del tejado).

Dachs [daks] (*pl* **-e**) *der* tejón *m*.

dachte *prät* ▻ **denken**.

Dach|ziegel *der* teja *f*.

Dackel (*pl* -) *der* teckel *m*, perro *m* salchicha.

Dadaismus [dada'ɪsmʊs] *der (ohne Pl)* dadaísmo *m*.

dadurch, dadurch *adv* - 1. [auf diese Art, so] : **und ~** de modo que ; **~, dass** gracias a que - 2. [räumlich] a través, por ahí.

dafür, dafür *adv* - 1. [als Ziel] para eso ; **wer interessiert sich ~?** ¿eso a quién le interesa? ; **~ interessiere ich mich** estoy interesado(da) en eso - 2. [im Ausgleich] sin embargo - 3. [im Tausch] por eso - 4. [bejahend, pro] : **das spricht ~, dass** hace pensar que ; **~ sein** estar a favor - 5. [obwohl] aunque - 6. *fam* [gegen eine Krankheit] : **dieser Tee ist sehr gut ~** este té va muy bien.

dafür|können *vt (unreg)* : **er kann doch nichts dafür** él no tiene la culpa, no es culpa suya.

DAG [deːaː'geː] (*abk für* **Deutsche Angestellten-Gewerkschaft**) *die (ohne Pl)* Sindicato *m* Alemán de Empleados.

dagegen, dagegen *adv* - 1. [räumlich] contra eso - 2. [ablehnend, kontra] en contra ; **~ sein** estar en contra ; **etwas/nichts ~ haben** tener/no tener inconveniente ; **~ sprechen** impedir ; **es spricht nichts ~** nada lo impide - 3. [im Gegensatz] por el contrario, en cambio.

da gewesen ◇ *pp* ▻ **da sein**. ◇ *adj* : **ein solcher Fall ist noch nie ~** nunca se ha dado un caso así.

Daheim *das (ohne Pl) Süddt, Österr & Schweiz* hogar *m*.

daher, daher *adv* - 1. [von da] de ahí, de allí - 2. [dadurch] de ahí ; **~, dass** por el hecho de *(+ infinitivo)* - 3. [deswegen] por eso.

dahin, dahin ◇ *adv* - 1. [räumlich] allí - 2. [zeitlich] : **bis ~** hasta entonces ; **bis ~ bin ich schon weg** para entonces ya me habré ido - 3. [als Ziel] : **~ gehen** tener como fin. ◇ *adj* [kaputt, beendet, weg] : **~ sein** estar en las últimas.

dahingestellt *pp* : **etw bleibt** ODER **sei ~** algo queda por ver ODER comprobar.

dahinten *adv* allí atrás.

dahinter *adv* detrás.

dahinter kommen (*perf* **ist dahinter gekommen**) *vi (unreg) fam* descubrir (el secreto) ; [merken] notar ; [verstehen] comprender.

dahinter stecken *vi* esconderse ODER haber detrás (de ello) ; **da steckt etwas dahinter** aquí hay gato encerrado.

dahinter stehen *vi (unreg)* [unterstützen] dar su apoyo, respaldar ; **die Energie, die dahinter steht** la energía que todo ello conlleva.

Dakar *nt (ohne Pl)* Dakar *m*.

damalig *adj* de (aquel) entonces.

damals *adv* (en ODER por aquel) entonces ; **seit ~** desde entonces.

Damaskus *nt* Damasco *m*.

Damast (*pl* **-e**) *der* damasco *m*.

Dame (*pl* **-n**) *die* - 1. [Frau] señora *f* ; **meine (sehr verehrten) ~n und Herren** señoras y señores ; [bei sehr förmlichen Empfängen] damas y caballeros - 2. [kultivierte Frau] dama *f*, señora *f* ; **die ~ des Hauses** la señora de la casa - 3. [Spielkarte] reina *f* - 4. *(ohne Pl)* [Spiel] damas *fpl* ; **~ spielen** jugar a las damas.

Damen|binde *die* compresa *f*.

damenhaft ◇ *adj* fino(na), refinado(da), elegante. ◇ *adv* como una dama.

Damen|toilette *die* lavabo *m* de señoras.

damit, damit ◇ *konj* para que ; **~ du es nicht vergisst** para que no lo olvides. ◇ *adv* - 1. [mit der Angelegenheit] con eso ; **hör sofort auf ~!** ¡para ya! ; **Schluss ~!** ¡se acabó! - 2. [mit dem Objekt] con eso ; **der Wagen ist kaputt, ich fahre ~ zur Werkstatt** el coche está averiado, lo llevo al taller - 3. [zeitlich] con eso, entonces ; **alles begann ~, dass sie die Treppe herunterfiel** todo empezó cuando se cayó por la escalera - 4. [durch die Angelegenheit] con tal ODER ese hecho, por tal ODER ese hecho.

dämlich *fam abw* ◇ *adj* tonto(ta) ; **~es Gesicht** cara de tonto. ◇ *adv* tontamente ; **stell dich nicht so ~ an!** ¡no te hagas el tonto (la tonta)!

Damm (*pl* **Dämme**) *der* [Deich] dique *m* ;

wieder auf dem ~ sein *fam fig* estar ODER sentirse bien.

dämmern *vi* - **1.** : **der Morgen dämmert** amanece, se hace de día ; **der Abend dämmert** anochece, se hace de noche ; **es dämmert** [morgens] amanece ; [abends] anochece, oscurece - **2.** [halb schlafen] adormecerse ; **vor sich hin ~** estar medio dormido(da) ODER soñoliento(ta) - **3.** *fam* [bewusst werden] : **jm dämmert es** alguien empieza a verlo claro, alguien se da cuenta.

Dämmerung (*pl* **-en**) *die* crepúsculo *m* ; **bei Anbruch der ~** [morgens] al amanecer ; [abends] al anochecer.

dämmrig, dämmerig *adj* crepuscular ; **komm nach Hause, sobald es ~ wird** vuelve a casa en cuanto empiece a oscurecer.

Dämon (*pl* **Dämonen**) *der* demonio *m*.

dämonisch *adj* demoníaco(ca).

Dampf (*pl* **Dämpfe**) *der* [von Wasser] vapor *m* ; [im Bad] vaho *m* ; [von Speisen] humo *m* ; **giftige Dämpfe** gases *mpl* tóxicos ; **jm ~ machen** *fam* ponerle las pilas a alguien.

Dampf|bad *das* baño *m* de vapor.

dampfen *vi* [Speisen, Schornstein] echar humo ; [heißes Wasser] echar vapor, humear.

dämpfen *vt* - **1.** [dünsten] rehogar - **2.** [Ton, Stimme] bajar ; [Farbe] rebajar ; [Stoß, Aufprall] amortiguar - **3.** [Zorn, Wut] apaciguar, atenuar, sofocar ; [Erregung, Leidenschaft] calmar, mitigar ; [Begeisterung, Freude] reprimir - **4.** [verringern] reducir, aminorar.

Dampfer (*pl* **-**) *der* barco *m* de vapor, vapor *m*.

Dämpfer (*pl* **-**) *der* : **jm einen ~ aufsetzen** ODER **verpassen** bajarle los humos a alguien.

Dampf|maschine *die* máquina *f* de ODER a vapor.

Dampf|walze *die* apisonadora *f*.

danach, danach *adv* - **1.** [zeitlich] después, luego - **2.** [nach einem Gegenstand] detrás - **3.** [nach einer Angelegenheit] sobre eso ; **frag doch mal ~** pregúntalo - **4.** [entsprechend] : **es sieht ~ aus, dass** parece que ; **mir ist nicht ~, auszugehen** no estoy yo para salir.

Däne (*pl* **-n**) *der* danés *m*.

daneben *adv* - **1.** [nebenan] al lado ; **gleich ~** aquí al lado - **2.** [vergleichend] en comparación - **3.** [dazu] además.

daneben|benehmen ◆ **sich danebenbenehmen** *ref (unreg)* portarse mal.

daneben|gehen (*perf* **ist danebengegangen**) *vi (unreg)* - **1.** [danebenzielen] no acertar ; [bei Zielscheibe] no dar en el blanco - **2.** *fam* [misslingen] salir mal, irse a pique ODER al garete.

Dänemark *nt* Dinamarca *f* ; **in ~** en Dinamarca.

Dänin (*pl* **-nen**) *die* danesa *f*.

dänisch *adj* danés(sa).

dank *präp* : **~ einer Sache** *(G)* gracias a algo.

Dank *der (ohne Pl)* gracias *fpl* ; **jm seinen ~ aussprechen** expresarle a alguien su agradecimiento ; **zum ~ dafür** en agradecimiento ; **mit ~** con gratitud ; **vielen ~!** ¡muchas gracias! ; **schönen** ODER **besten ~ auch!** ¡muchísimas gracias!

dankbar ◇ *adj* [Mensch, Aufgabe] agradecido(da) ; **jm (für etw) ~ sein** estar agradecido(da) a alguien (por algo). ◇ *adv* con gratitud.

Dankbarkeit *die (ohne Pl)* gratitud *f*, agradecimiento *m*.

danke *interj* - **1.** [zum Ausdruck des Dankes] gracias ; **~, gern!** ¡sí, gracias! ; **~ gleichfalls!** ¡gracias, igualmente! ; **~ sehr** ODER **schön!** ¡muchas gracias! - **2.** [zum Ausdruck der Ablehnung] (no,) gracias.

danken *vi* : **jm (für etw) ~** dar las gracias a alguien (por algo) ; **Gott ~** dar gracias a Dios ; **na, ich danke!** *fam* ¡no, gracias! ; **nichts zu ~!** ¡no hay de qué!, ¡de nada!

danken

¡(Muchas) gracias! Danke!
¡Muchas gracias por todo! Vielen Dank für alles!
¡Muchísimas gracias! Tausend Dank!
¡No sabe cuánto se lo agradezco! Sie wissen gar nicht, wie dankbar ich Ihnen bin.
Le estoy agradecido por todas sus atenciones. Ich danke Ihnen für Ihre Aufmerksamkeit.

Dankeschön *das (ohne Pl)* : **ein herzliches ~** ¡muchísimas gracias! ; **als ~** como agradecimiento.

Dank|schreiben *das* carta *f* de agradecimiento.

dann *adv* - **1.** [danach] entonces, después ; **und ~ gleich ...** y en seguida ... - **2.** [zu dieser Zeit] entonces ; **erst ~ kannst du gehen** sólo entonces podrás irte - **3.** [dahinter] luego - **4.** [dazu] además, por añadidura - **5.** *fam* [demnächst, irgendwann] : **wir sehen uns ~!** ya nos veremos ; **bis ~** ODER **denn!** *fam* ¡hasta entonces! ; **von ~ bis ~** *fam fig* [bei Uhrzeit] de tal hora a tal hora ; [bei Zeitraum] en un período (de tiempo) determinado - **6.** [folglich] pues - **7.** [also, demnach] entonces, así ODER de modo que, conque. ◆ **also dann** *interj* : **also ~!** pues nada.

Danzig *nt* Gdansk *m*.

daran, daran *adv* - **1.** [an Angelegenheit] en eso ; **ich zweifle ~, dass es wahr ist** dudo que sea verdad ; **es liegt nicht ~, dass er faul ist** no es porque ODER que sea vago - **2.** [an Objekt] : **jn ~ erkennen** reconocer a alguien por eso ; **ich habe lange ~ gearbeitet** he estado trabajando mucho tiempo en ello - **3.** [deshalb] por ese motivo ; **~ ist noch keiner gestorben** aún nadie se ha muerto de eso - **4.** [räumlich] ahí.

daran|setzen *vt* poner en ello ; **alles ~** poner todos los medios a su alcance, hacer (todo) lo posible.

darauf, darauf *adv* - **1.** [auf einem Ort] ahí ODER allí encima - **2.** [mit einem Ziel] : **~ stellen/legen** poner encima ; **~ zielen** apuntar hacia ahí - **3.** [zu einer Zeit] : **eine Woche ~** una semana después ODER más tarde ; **kurz ~** poco después ; **am Tage ~** al día siguiente - **4.** [aus einem Grund] : **~ antworten** responder a eso ; **~ reagieren** reaccionar ; **nicht ~ eingehen** [nichts sagen] no hacer caso ; [nicht annehmen] no aceptar - **5.** [zu einem Zweck] : **~ wolltest du hinaus!** ¡eso es lo que pretendías! ; **du hast wohl ~ spekuliert, dass ich es nicht merke** pensabas que no iba a notarlo.

daraufhin *adv* - **1.** [aus einem Grund] por eso ; **~ hat er seine Pläne geändert** en vista de ello ha cambiado sus planes - **2.** [zu einem Zweck] : **etw ~ prüfen, ob es in Ordnung ist** comprobar algo para ver si está bien.

daraus, daraus *adv* - **1.** [aus Ding, Ort] : **etw öffnen und ~ eine Sache nehmen** abrir algo y sacar una cosa - **2.** [aus Grund] de eso ODER ello ; **~ wird nichts** todo se quedará en nada ; **~ Konsequenzen ziehen** sacar las consecuencias ; **mach dir nichts ~!** ¡no te lo tomes a pecho!, ¡no le des importancia! ; **ich mache mir nichts ~** [interessiert mich nicht] no me interesa ; [macht mir nichts aus] no me importa - **3.** [aus einem Gegenstand] : **Stoff kaufen, um etw ~ anzufertigen** comprar tela para confeccionar algo ; **ein Buch nehmen, um ~ vorzulesen** coger un libro para leer en voz alta.

darf *präs* ▻ **dürfen.**

darin, darin *adv* - **1.** [in diesem Ort] ahí dentro ; **ein Zimmer mit zwei Betten ~** una habitación con dos camas - **2.** [in diesem Sachverhalt] en eso ODER esto, en ese ODER este punto.

dar|legen *vt* explicar, exponer.

Darlehen (*pl* -) *das* préstamo *m*.

Darm (*pl* **Därme**) *der* - **1.** [Organ] intestino *m* - **2.** *(ohne Pl)* [Material] tripa *f*.

Darm|infektion *die* infección *f* intestinal.

dar|stellen *vt* - **1.** [Subj : Bild] representar - **2.** [beschreiben] describir - **3.** [Subj : Schauspieler] interpretar, representar - **4.** [sein] representar ; **etwas ~** dar buena impresión ; **nichts ~** dar mala impresión ; [nichts Besonderes sein] no tener nada (de especial).

Darsteller, in (*mpl* -, *fpl* **-nen**) *der, die* intérprete *mf*.

Dar|stellung *die* - **1.** [Bild] representación *f* - **2.** [Bericht] descripción *f*, exposición *f*.

darüber, darüber *adv* - **1.** [über die Angelegenheit] sobre eso ; **er hat sich ~ beklagt** se ha quejado (de eso) - **2.** [räumlich - über etw] encima ; [- über etw hinweg] por encima ; **~ hinaus** *fig* además ; **~ sind wir hinaus** lo (la) hemos pasado - **3.** [zeitlich] mientras tanto, con eso - **4.** [über dem Maß] : **drei Kilo und ~** tres kilos y pico ; **1.90 m oder/und ~** 1.90 m o/y más.

darum, darum *adv* - **1.** [um eine Sache herum] alrededor - **2.** [um eine Angelegenheit] : **sich ~ bemühen, etw zu erreichen** esforzarse por conseguir algo ; **~ geht es nicht** de eso no se trata, ese no es el problema - **3.** [deswegen] por eso.

darunter, darunter *adv* - **1.** [unter der Angelegenheit] : **sich** *(D)* **etw anderes ~ vorstellen** imaginarse otra cosa ; **was verstehst du ~?** ¿cómo lo interpretas? - **2.** [räumlich] debajo - **3.** [unter dem Maß] por debajo ; **oder noch ~** o menos - **4.** [in Menge] entre ellos (ellas).

das <> *det* [Nominativ Singular] el, la ; **~ Radfahren in der Stadt ist gefährlich** ir en bicicleta por la ciudad es peligroso. <> *pron* - **1.** [Nominativ Singular von Demonstrativpronomen - vor einem Substantiv] el, la ; [- allein stehend und Bezug nehmend] eso ; **wir haben ~ und ~ beredet** hemos hablado sobre muchas cosas ; **~ regnet** llueve - **2.** [Relativpronomen] que.

da sein (*perf* **ist da gewesen**) *vi (unreg)* - **1.** [vorhanden sein] haber ; **es ist keine Milch mehr da** no hay más leche ; **manche Dinge sind nur da, um einem das Leben schwer zu machen** algunas cosas sólo existen para hacerle a uno la vida más complicada - **2.** [anwesend sein] estar ; [bei niemand, nichts, keiner ...] haber ; **ich bin gleich wieder da** ahora ODER en seguida vuelvo ; **es ist niemand da** no hay nadie - **3.** [Fall, Situation] (llegar a) darse ; [Augenblick] hacerse realidad ; **alles, was bisher da gewesen ist** todo lo hasta ahora visto - **4.** [leben] vivir - **5.** *fam* [wach sein] estar lúcido(da), tener plena conciencia.

da|sitzen *vi (unreg)* - **1.** [an einer Stelle]

estar sentado(da) - **2.** *fam* [in einer Situation] encontrarse.

dasjenige <> *det* el, la ; **~ Kind, das ...** el niño que ... <> *pron* lo ; **~, was ...** lo que ...

dass *konj* que ; [zum Ausdruck des Missfallens] (hay que ver) que ; **unter der Bedingung, ~ ...** con la condición de que ... ; **vorausgesetzt, ~ ...** siempre y cuando ... ; **das kommt daher, ~ wir gewartet haben** eso pasa por haber esperado.

dasselbe <> *det* el mismo (la misma). <> *pron* lo mismo.

da|stehen *vi (unreg)* - **1.** [an Stelle] estar (ahí) - **2.** [in Situation] encontrarse ; **allein ~** estar solo(la) ; **gut** ODER **glänzend ~** encontrarse en una buena posición.

Datei (*pl* **-en**) *die* EDV fichero *m*, archivo *m*.

Daten *pl* - **1.** [Zeiten] ▻ **Datum** - **2.** [Informationen] datos *mpl* ; **~ verarbeitend** procesador(ra) de datos.

Datenauto|bahn *die* EDV infopista *f*, autopista *f* de información ODER datos.

Daten|bank (*pl* **-en**) *die* EDV banco *m* de datos.

Daten|netz *das* red *f* informática.

Daten|schutzgesetz *das (ohne Pl)* ley *f* de protección de datos.

Daten|typist, in (*mpl* **-en**, *fpl* **-nen**) *der, die* operador *m*, -ra *f* de un terminal (de datos).

Daten|verarbeitung *die* procesamiento *m* ODER tratamiento *m* de datos.

datieren *vt* [Brief] fechar ; [Fund] datar.

Dativ (*pl* **-e**) *der* dativo *m*.

Datum (*pl* **Daten**) *das* fecha *f*.

Datum

En la lengua escrita, la fecha se indica en alemán escribiendo un punto a continuación del día y del mes. De esta manera la fecha **15. Juli 2001** o **15.07.2001** se leería como **fünfzehnter Juli 2001** o **fünfzehnter siebter 2001.**
Wir treffen uns am 20. (zwanzigsten) September in Barcelona. «Nos veremos el 20 de septiembre en Barcelona».

Dauer *die (ohne Pl)* duración *f* ; **das hatte keine ~** duró poco ; **auf (die) ~** a la larga ; **etw ist von kurzer ~** algo dura poco.

dauerhaft <> *adj* duradero(ra) ; [Material] resistente. <> *adv* por mucho tiempo ; [für immer] para siempre.

Dauer|karte *die* abono *m*.

Dauer|lauf *der* carrera *f* de fondo ODER resistencia.

dauern *vi* durar ; **es dauert** dura, tarda.

dauernd <> *adj* constante, continuo(nua), permanente. <> *adv* siempre.

Dauer|welle *die* permanente *f*.

Dauer|zustand *der (ohne Pl)* estado *m* permanente.

Däumchen (*pl* -) *das* : **~ drehen** *fam* rascarse la barriga.

Daumen (*pl* -) *der* pulgar *m* ; **jm die ~ drücken** ODER **halten** *fig* desear suerte a alguien, cruzar los dedos.

Daune (*pl* **-n**) *die* plumón *m*.

Daunen|decke *die* edredón *m* de plumas.

davon, davon *adv* - **1.** [von Angelegenheit] de eso ODER ello, sobre eso ODER ello ; **~ abgesehen** a parte de eso ; **es hängt ~ ab, wie das Wetter ist** depende del tiempo que haga ; **ich gehe ~ aus, dass ...** parto de la idea de que ... - **2.** [durch Angelegenheit] a causa de eso ; **das kommt ~, wenn man damit spielt!** ¡eso pasa por jugar con eso! - **3.** [räumlich] de allí - **4.** [von der Gesamtheit] : **nimm dir die Hälfte ~** toma la mitad - **5.** [von dem Objekt] : **den Lack ~ abkratzen** rascar la pintura.

davon|kommen (*perf* **ist davongekommen**) *vi (unreg)* escapar ; [mit dem Leben] salir vivo(va) ODER con vida.

davon|laufen (*perf* **ist davongelaufen**) *vi (unreg)* salir corriendo ; **jm ~** dejar a alguien.

davor, davor *adv* - **1.** [räumlich] delante ; **da ist die Jahnstraße, und die Talstraße kommt kurz ~** esa es la calle Jahn y la calle Tal viene un poco antes - **2.** [vor Angelegenheit] de ; **das Pferd springt immer, es hat überhaupt keine Angst ~** el caballo siempre salta, no le tiene ningún miedo - **3.** [zeitlich] antes.

dazu, dazu *adv* - **1.** [zu Angelegenheit] para (eso/ello) ; **hast du Lust ~?** ¿te apetece (hacer eso)? ; **hat er sich endlich ~ durchgerungen?** ¿por fin se ha decidido (a ello)? ; **ich bin nicht ~ gekommen, das zu erledigen** aún no he podido hacerlo - **2.** [hinzu, außerdem] además (de eso).

dazu|geben *vt (unreg)* añadir.

dazu|gehören *vi* - **1.** [zu etwas gehören] : **sie sind mit uns mitgefahren, obwohl sie nicht ~** han viajado con nosotros, aunque no son de nuestro grupo ; **zu etw/jm ~** pertenecer a algo/alguien ; **die Antenne gehört zu der Anlage dazu** la antena viene junto con el equipo - **2.** [nötig sein] : **es gehört schon einiges dazu, diese Sache zu wagen** hay que tener valor para atreverse a algo así.

dazu|kommen (*perf* **ist dazugekommen**) *vi (unreg)* - **1.** [ankommen] llegar - **2.** [hinzukommen] añadirse ; **kommt noch etwas dazu?** ¿algo más?.

dazu|tun *vt (unreg)* añadir, agregar.

dazwischen *adv* - **1.** [örtlich] entre ellos (ellas)/ambos (ambas) ; **er sitzt ~** está sentado en medio - 2. [zeitlich] entre medias - 3. [dabei] entre ellos (ellas).

dazwischen|kommen (*perf* **ist dazwischengekommen**) *vi (unreg)* - 1. [dazwischengeraten] interponerse - 2. [ungeplant passieren] surgir de imprevisto.

dazwischen|rufen *(unreg)* ◇ *vt* vocear. ◇ *vi* hacer comentarios en voz alta.

DB (*abk für* **Deutsche Bahn**) *red de ferrocarriles alemana,* ≃ RENFE *f.*

DDR [de:de:'ɛr] (*abk für* **Deutsche Demokratische Republik**) *die (ohne Pl)* HIST RDA *f.*

Dealer, in ['di:lɐ, rɪn] (*mpl* -, *fpl* **-nen**) *der, die* traficante *mf* de droga, camello *m.*

Debatte (*pl* **-n**) *die* debate *m* ; **zur ~ stehen** presentarse a debate ODER discusión.

debattieren ◇ *vt* debatir. ◇ *vi* : **über etw** *(A)* **~** debatir sobre algo.

Deck (*pl* **-s**) *das* cubierta *f.* ◆ **an Deck** *adv* en cubierta.

Deck|blatt *das* cubierta *f.*

Decke (*pl* **-n**) *die* - 1. [Tischdecke] mantel *m* - 2. [warm] manta *f*, frazada *f Amér* - 3. [Zimmerdecke] techo *m* - 4. *RW* : **(mit jm) unter einer ~ stecken** estar confabulado(da) (con alguien) ; **an die ~ gehen** subirse por las paredes.

Deckel (*pl* -) *der* - 1. [von Gefäßen] tapadera *f* - 2. [von Büchern] tapa *f* - 3. *RW.*

decken ◇ *vt* - 1. [legen] : **etw über etw/jn ~** cubrir algo/a alguien con algo - 2. [bedecken] techar - 3. [Tisch] poner - 4. [schützen] cubrir ; [Komplizen, Tat] encubrir - 5. [befriedigen] cubrir - 6. WIRTSCH cubrir, sufragar ; **der Scheck ist nicht gedeckt** el cheque no tiene fondos - 7. [begatten] montar. ◇ *vi* - 1. [den Tisch decken] poner la mesa - 2. [Farbe] cubrir. ◆ **sich decken** *ref* coincidir.

Deck|farbe *die* pintura *f* de fondo.

Deck|mantel *der (ohne Pl)* : **unter dem ~ einer Sache** *(G)* bajo la tapadera de algo.

Deck|name *der* nombre *m* ficticio.

Deckung (*pl* **-en**) *die* - 1. [Schutz] guardia *f* ; **jm ~ geben** cubrir a alguien ; **in ~ gehen** ponerse a cubierto - 2. *(ohne Pl)* WIRTSCH cobertura *f* - 3. *(ohne Pl)* [Übereinstimmung] coincidencia *f.*

deckungsgleich *adj* concordante.

Decoder [de'ko:dɐ] (*pl* -) *der* descodificador *m.*

decodieren = **dekodieren**.

defekt *adj* defectuoso(sa) ; [Motor] averiado(da).

Defekt (*pl* **-e**) *der* defecto *m* ; [von Motor] avería *f.*

defensiv [defen'zi:f] ◇ *adj* defensivo(va). ◇ *adv* a la defensiva.

definieren *vt* definir.

Definition (*pl* **-en**) *die* definición *f.*

definitiv ◇ *adj* definitivo(va). ◇ *adv* definitivamente.

Defizit (*pl* **-e**) *das* - 1. [Fehlbetrag] déficit *m* - 2. [Fehlen] déficit *m*, carencia *f.*

deformieren *vt* deformar.

deftig *adj* - 1. [nahrhaft] fuerte - 2. [derb] rudo(da).

Degen (*pl* -) *der* espadín *m* ; **den ~ ziehen** desenvainar.

dehnbar *adj* - 1. [Substanz] extensible ; [Gummi] elástico(ca) ; [Metall] dúctil - 2. *fig* [Begriff] ambiguo(gua).

dehnen *vt* - 1. [Substanz, Glieder] estirar - 2. [Laut] alargar.

Deich (*pl* **-e**) *der* dique *m.*

Deichsel ['daiksl̩] (*pl* **-n**) *die* pértigo *m.*

dein, e *det* tu.

deine, r, s ODER **deins** *pron* el tuyo (la tuya) ; **nimm alles, was ~s ist** coge todo lo tuyo.

deiner *pron (Genitiv von du)* de ti.

deinerseits *adv* por tu parte.

deinesgleichen *pron* tus semejantes.

deinetwegen *adv* - 1. [dir zuliebe] por ti - 2. [wegen dir] por tu culpa.

deinetwillen ◆ **um deinetwillen** *adv* por ti, por deseo tuyo.

dekadent *adj* decadente.

Deklination (*pl* **-en**) *die* declinación *f.*

deklinieren *vt* declinar.

dekodieren, decodieren [deko'di:rən] *vt* descodificar.

Dekolletee, Dekolletté [dekɔl'te:] (*pl* **-s**) *das* escote *m.*

Dekor (*pl* **-s** ODER **-e**) ◇ *der* ODER *das* [Verzierung] decoración *f.* ◇ *das* [im Theater, Film] decorado *m.*

Dekoration (*pl* **-en**) *die* - 1. [Ausschmückung] decoración *f* - 2. [Kulisse] decorado *m* - 3. [Auszeichnung] condecoración *f.*

dekorativ *adj* decorativo(va).

dekorieren *vt* - 1. [schmücken] decorar - 2. [auszeichnen] condecorar.

Delegation (*pl* **-en**) *die* delegación *f.*

Delegierte (*pl* **-n**) *der, die* delegado *m*, -da *f.*

Delfin (*pl* **-e**) *der* = **Delphin**.

delikat ◇ *adj* - 1. [lecker] delicioso(sa) - 2. [zart fühlend] delicado(da) - 3. [heikel] delicado(da). ◇ *adv* [behutsam] con delicadeza.

Delikatesse (*pl* **-n**) *die* manjar *m*, exquisitez *f.*

Delikt (*pl* **-e**) *das* delito *m* ; **ein ~ begehen** cometer un delito.

Delle (*pl* **-n**) *die* abolladura *f.*

Delphin, Delfin (*pl* **-e**) ◇ *der* [Säugetier] delfín *m.* ◇ *das (ohne Art) (ohne Pl)* [Sportart] mariposa *f.*

Delta (*pl* **-s**) *das* **- 1.** [Gebiet] delta *m* **- 2.** [griechischer Buchstabe] delta *f*.

dem <> *det (Dativ Singular von der, das)* al, le, lo ; **ich komme mit ~ Zug/mit ~ Auto** vengo en tren/en coche ; **warst du in ~ Haus/in ~ Film?** ¿has estado en la casa/ visto la película ?. <> *pron (Dativ Singular)* **- 1.** [Demonstrativ von der, das] a él **- 2.** [Relativpronomen von der, das] al que, al cual.

demaskieren *vt* desenmascarar.

dementsprechend <> *adj* correspondiente. <> *adv* conforme ; [handeln] en consecuencia.

demgegenüber *adv* frente a eso.

demgemäß *adv* consecuentemente.

demnach *adv* por consiguiente.

demnächst [deːmˈnɛːst] *adv* próximamente.

Demokrat (*pl* **-en**) *der* demócrata *m*.

Demokratie (*pl* **-n**) *die* democracia *f*.

Demokratin (*pl* **-nen**) *die* demócrata *f*.

demokratisch <> *adj* democrático(ca). <> *adv* democráticamente.

demolieren *vt* demoler.

Demonstrant, in (*mpl* **-en**, *fpl* **-nen**) *der, die* manifestante *mf*.

Demonstration (*pl* **-en**) *die* **- 1.** [Kundgebung] manifestación *f* **- 2.** [Bekundung] demostración *f*.

Demonstration

El término alemán **Demonstration** significa en español «manifestación (de protesta)». No hay que confundirlo, pues, con «demostración». De esta manera, la frase : **An der gestrigen Demonstration haben mehrere Tausende Bauarbeiter teilgenommen**, la traduciremos en español por: «En la manifestación de ayer participaron varios miles de trabajadores de la construcción» .

El término español «demostración» o el verbo «demostrar» se traducirían en alemán respectivamente por **Beweis** y **beweisen**, tal como podemos comprobar en el siguiente ejemplo:

«La expedición de los navegantes Magallanes y Juan Sebastián Elcano en el siglo XVI fue la primera demostración práctica de que la Tierra era redonda» se traduciría en alemán por: **Die spanische Expedition der Seefahrer Magellan und Elcano im 16. Jahrhundert war der erste praktische Beweis, dass die Erde rund ist.**

demonstrativ <> *adj* **- 1.** [betont auffällig] ostensible **- 2.** [anschaulich] demostrativo(va). <> *adv* ostensiblemente.

Demonstrativ|pronomen *das* pronombre *m* demostrativo.

demonstrieren <> *vi* manifestarse ; **gegen/für etw ~** manifestarse en contra/a favor de algo. <> *vt* **- 1.** [bekunden] manifestar **- 2.** [anschaulich darlegen] demostrar.

demoskopisch <> *adj* demoscópico(ca). <> *adv* desde un punto de vista demoscópico.

demütig *adj* **- 1.** [ergeben] humilde **- 2.** [unterwürfig] sumiso(sa).

demütigen *vt* humillar.

Demütigung (*pl* **-en**) *die* humillación *f*.

demzufolge *adv* por consiguiente.

den <> *det* **- 1.** *(Akkusativ Singular von der)* el, la ; [Mensch] al **- 2.** *(Dativ Plural von der, die, das)* les/las/los. <> *pron (Akkusativ Singular)* **- 1.** *(Demonstrativ von der)* ése, ésa ; **was, ~ willst du heiraten?** ¿que con ése te quieres casar? **- 2.** *(Relativpronomen von der)* el/la cual, que.

denen *pron (Dativ Plural)* **- 1.** [Demonstrativ von der, die, das] a ellos (a ellas) **- 2.** [Relativpronomen von der, die, das] a los cuales (a las cuales), a los que (a las que).

Den Haag *nt* La Haya.

Denkan|stoß *der* impulso *m*.

denkbar <> *adj* concebible. <> *adv* en lo posible ; **das sind die ~ besten Bedingungen** éstas son las mejores condiciones que uno puede imaginarse.

denken (*prät* **dachte**, *perf* **hat gedacht**) <> *vi* **- 1.** [überlegen] pensar **- 2.** [sich erinnern] : **an etw/jn ~** pensar en algo/alguien **- 3.** [eingestellt sein] : **er denkt sehr spießig** tiene una forma de pensar muy burguesa **- 4.** [planen] : **an etw** *(A)* **~** estar pensando en (hacer) algo **- 5.** [glauben, meinen] creer ; **schlecht über jn ~** pensar mal de alguien ; **wie denkst du darüber?** ¿qué piensas de eso?. <> *vt* **- 1.** [überlegen] reflexionar sobre **- 2.** [glauben, meinen] creer ; **wer hätte das gedacht!** ¡quién lo hubiera pensado! **- 3.** [sich vorstellen] : **sich** *(D)* **etw ~** imaginarse algo ; **das hast du dir so gedacht!** ¡pero tú qué te has creído!

denkfaul *adj* vago(ga) para pensar.

Denk|fehler *der* error *m* de lógica ; **einen ~ machen** cometer un error de lógica.

Denkmal (*pl* **-mäler** ODER **-e**) *das* monumento *m*.

Denkmalspflege, Denkmalpflege *die (ohne Pl)* conservación *f* de monumentos.

Denkmalsschutz, Denkmalschutz *der (ohne Pl)* protección *f* de monumentos.

Denk|prozess *der* proceso *m* mental.

Denkvermögen *das (ohne Pl)* capacidad *f* intelectual.

Denk|weise *die* modo *m* de pensar.

denkwürdig *adj* memorable.

Denk|zettel *der* escarmiento *m* ; **jm einen ~ geben** ODER **verpassen** dar a alguien un escarmiento.

denn ◇ *konj* - **1.** [zur Angabe einer Begründung] pues, porque - **2.** *geh* [zur Angabe einer Relation, als] que. ◇ *adv* - **1.** [zum Ausdruck von Verbindlichkeit] pues, entonces ; **was ist ~?** ¿pero qué pasa? ; **es sei ~** a no ser que - **2.** [zum Ausdruck von Zweifel] de verdad - **3.** [zum Ausdruck von Missfallen] o qué, es que - **4.** [zur Nachfrage] entonces - **5.** [dann] y.

dennoch *adv* no obstante.

Deo (*pl* **-s**) *das* desodorante *m*.

Deodorant (*pl* **-s** ODER **-e**) *das* desodorante *m*.

Deponie (*pl* **-n**) *die* vertedero *m* (de basura).

deponieren *vt* depositar.

Depp [dɛp] (*pl* **-en**) *der fam Österr, Schweiz & Süddt* imbécil *mf*, pelele *m*.

Depression (*pl* **-en**) *die* depresión *f* ; **an** ODER **unter ~en** *(D)* **leiden** sufrir depresiones.

depressiv *adj* depresivo(va).

der ◇ *det* - **1.** [Nominativ Singular] el, la - **2.** [Genitiv Singular von die] del, de la - **3.** [Dativ Singular von die] le, la - **4.** [Genitiv Plural von der, die, das] de los, de las. ◇ *pron* - **1.** [Nominativ Singular von Demonstrativpronomen - vor einem Substantiv] ese/esa/eso ; [- allein stehend] él ; **der Urlaub? ~ war fantastisch** ¿las vacaciones?, ¡fantásticas! ; **nicht ~, sondern ~ da** no ése, sino aquél de allí ; **~ und ~** como se llame - **2.** [Relativpronomen - von der] que, el/la cual ; [- von die im Dativ Singular] a la que, a la cual.

derart *adv* de tal manera.

derartig *adj* tal.

derb ◇ *adj* - **1.** [kräftig] duro(ra) - **2.** [grob] soez. ◇ *adv* - **1.** [fest] de forma compacta - **2.** [grob] groseramente.

deren *det* - **1.** [Genitiv Singular von die] de ella - **2.** [Genitiv Plural von der, die, das] de ellos (de ellas) - **3.** [Relativpronomen - Genitiv Singular von die] cuyo (cuya) ; [- Genitiv Plural von der, die, das] cuyos (cuyas).

derentwegen ◇ *adv* por él (por ella), por su causa. ◇ *pron* por el que (por la que).

dergleichen *pron* tal.

derjenige ◇ *det* : **~ Schüler, der ...** el alumno que ... ◇ *pron* aquel.

dermaßen ◆ **dermaßen, dass** *konj* de tal manera que.

derselbe ◇ *det* el mismo (la misma). ◇ *pron* - **1.** [Identität bezeichnend] el mismo (la misma) - **2.** [Gleichheit bezeichnend] como el/la, el mismo (la misma).

derzeit *adv* actualmente.

derzeitig *adj* actual.

des *det (Genitiv Singular von der, das)* del, de la.

desertieren (*perf* **ist/hat desertiert**) *vi* desertar.

desgleichen *adv* igualmente, lo mismo.

deshalb *adv* por eso. ◆ **deshalb, weil** *konj* : **er ist ~ nicht gekommen, weil er krank ist** la causa por la que no ha podido venir es porque está enfermo.

Desinfektions|mittel *das* desinfectante *m*.

desinfizieren *vt* desinfectar.

dessen *pron* - **1.** [Genitiv Singular von der, das] cuyo (cuya) ; **ist das der Mann? war es ~ Kamera?** ¿era ése el hombre?¿era ésa su cámara? - **2.** [Relativpronomen von der, das] cuyo (cuya).

Dessert [dɛˈseːɐ̯] (*pl* **-s**) *das* postre *m* ; **zum ~** de ODER como postre.

destillieren *vt* destilar.

desto *konj* : **je ..., ~ ...** cuanto ...(tanto).

deswegen *adv* por eso ; **er ist ~ nicht gekommen, weil er krank ist** no ha venido porque está enfermo.

Detail [deˈtai̯] (*pl* **-s**) *das* detalle *m*.

detailliert ◇ *adj* detallado(da). ◇ *adv* detalladamente.

Detektiv, in (*mpl* **-e**, *fpl* **-nen**) *der, die* detective *mf*.

deuten ◇ *vt* interpretar. ◇ *vi* - **1.** [zeigen] : **auf etw/jn ~** señalar algo/a alguien - **2.** [schließen lassen] : **auf etw** *(A)* **~** indicar algo.

deutlich ◇ *adj* - **1.** [klar erkennbar] evidente ; [Schrift] legible ; [Aussprache] inteligible - **2.** [leicht verständlich] claro(ra) ; **jm etw ~ machen** exponer algo a alguien claramente - **3.** [rücksichtslos offen] claro(ra) ; **~ werden** ser claro(ra). ◇ *adv* - **1.** [klar] claramente ; [aussprechen] de forma inteligible ; [schreiben] de forma legible - **2.** [verständlich] claramente - **3.** [rücksichtslos offen] claramente y sin tapujos, con franqueza.

Deutlichkeit *die (ohne Pl)* - **1.** [Klarheit] claridad *f* - **2.** [Offenheit] franqueza *f*.

deutsch ◇ *adj* alemán(ana). ◇ *adv* [in deutscher Sprache] en alemán.

Deutsch *das (ohne Pl)* [Sprache, Fach] alemán *m* ; **du verstehst wohl kein ~ mehr?** ¿es que no hablo en cristiano?, ¿es que no entiendes lo que te digo? ; *siehe auch* **Englisch**.

Deutsch

La lengua alemana abarca un espacio lingüístico que incluye Alemania, Austria y gran parte de Suiza además de pequeñas minorías en países limítrofes como Francia, Bélgica o Luxemburgo.
Junto al alemán estándar (la lengua escrita y de los medios de comunicación) se da una multiplicidad de dialectos y variedades lingüísticas. El Institut für Deutsche Sprache (IDS), sito en Mannheim, es un organismo central para todo el estado que se encarga de la investigación y documentación del idioma actual. A diferencia de la RAE, no tiene competencia normalizadora, por lo que los hablantes se rigen por las reglas que dictan los diccionarios de lengua alemana, como el Bertelsmann o el Duden.
Alemania, Austria y Suiza han acordado hace relativamente poco una reforma de la ortografía.

Deutsche (*pl* **-n**) <> *der, die* [Person] alemán *m*, -ana *f*. <> *das (ohne Pl)* [Sprache, Wesensart] alemán *m* ; *siehe auch* **Englische**.

Deutsche Bahn *die (ohne pl)* red *f* de ferrocarriles alemana, ≃ RENFE *f*.

Deutsche Bundesbahn *die (ohne Pl)* = **Deutsche Bahn**.

Deutsche Bundesbank *die (ohne Pl)* Banco *m* Central Alemán.

Deutsche Bundespost *die (ohne Pl)* = **Deutsche Post**.

Deutsche Bundestag *der (ohne Pl)* (cámara *f* baja del) parlamento *m* federal alemán, ≃ Congreso *m* de los Diputados.

Deutsche Demokratische Republik *die* HIST República *f* Democrática Alemana.

Deutsche Gewerkschaftsbund *der (ohne Pl)* confederación *f* alemana de sindicatos.

Deutsche Mark *die (ohne Pl)* marco *m* (alemán).

Deutsche Post *die (ohne Pl) Correos de Alemania.*

Deutsche Reich *das (ohne Pl)* Imperio *m* Alemán.

Deutschland *nt* Alemania *f*.

Deutschlandlied *das (ohne Pl)* himno *m* nacional alemán.

deutsch-spanisch *adj* hispano-alemán(ana) ; **ein ~es Wörterbuch** un diccionario español-alemán.

deutschsprachig ['dɔytʃʃpraːxɪç] *adj* **-1.** [Bevölkerung] de habla alemana **-2.** [Unterricht] de lengua alemana.

Deutschunterricht *der (ohne Pl)* clase *f* de lengua alemana.

Devise [de'viːzə] (*pl* **-n**) *die* divisa *f*. ◆ **Devisen** *pl* divisas *fpl*.

Devisen|kurs *der* cotización *f* de divisas.

Dezember *der (ohne Pl)* diciembre *m* ; *siehe auch* **September**.

dezent <> *adj* **-1.** [taktvoll] decoroso(sa) **-2.** [unaufdringlich] discreto(ta). <> *adv* **-1.** [taktvoll] con decoro **-2.** [unaufdringlich] discretamente.

dezimal *adj* decimal.

Dezimal|system *das (ohne Pl)* sistema *m* decimal.

Dezimal|zahl *die* número *m* decimal.

DGB [deːgeː'beː] (*abk für* **Deutscher Gewerkschaftsbund**) *der (ohne Pl)* Confederación *f* Alemana de Sindicatos.

dgl. (*abk für* **dergleichen**) tal (asunto).

d. h. (*abk für* **das heißt**) o sea.

Dia (*pl* **-s**) *das* diapositiva *f*.

Diabetes *der (ohne Pl)* diabetes *f*.

Diabetiker, in (*mpl* **-**, *pl* **-nen**) *der, die* diabético *m*, -ca *f*.

Diagnose (*pl* **-n**) *die* **-1.** MED diagnóstico *m* ; **die ~ auf etw** *(A)* **stellen** establecer el diagnóstico de algo **-2.** *fig* [Beurteilung].

diagonal <> *adj* diagonal. <> *adv* : **etw ~ lesen** leer algo por encima.

Diagonale (*pl* **-n**) *die* diagonal *f*.

Diakon (*pl* **-e** ODER **-en**) *der* diácono *m*.

Diakonisse (*pl* **-n**) *die* diaconisa *f*.

Dialekt (*pl* **-e**) *der* dialecto *m*.

Dialog (*pl* **-e**) *der* diálogo *m*.

Diamant (*pl* **-en**) *der* diamante *m*.

Dia|projektor *der* proyector *m* de diapositivas.

Diät (*pl* **-en**) *die* dieta *f* ; **~ halten/kochen** estar a ODER hacer dieta/cocinar de dieta.

Diäten *pl* dietas *fpl*.

Diät|kost *die (ohne Pl)* alimentos *mpl* dietéticos.

dich *pron (Akkusativ von du)* te.

dicht <> *adj* **-1.** [undurchlässig] impermeable ; [Behälter] hermético(ca) ; **nicht mehr ganz ~ sein** *fam fig & abw* estar un poco chiflado(da) **-2.** [undurchdringlich] denso(sa) ; [Wald, Gestrüpp] espeso(sa) **-3.** [Haar, Gefieder] tupido(da) ; [Verkehr] denso(sa). <> *adv* **-1.** [undurchlässig] herméticamente **-2.** [eng] densamente ; **die Pflanzen stehen zu ~** las plantas están muy juntas **-3.** [ganz nahe] : **~ dabeistehen** estar muy cerca.

Dichte *die (ohne Pl)* **-1.** [Undurchlässigkeit]

impermeabilidad *f* - **2.** [Undurchdringbarkeit] espesura *f* - **3.** [Gedrängtheit] densidad *f* - **4.** PHYS densidad *f*.

dichten ◇ *vt* - **1.** [in Verse fassen] versificar - **2.** [dicht machen] impermeabilizar. ◇ *vi* - **1.** [dicht machen] rellenar - **2.** [Verse schreiben] hacer versos.

Dichter, in (*mpl* -, *fpl* **-nen**) *der, die* poeta *mf*.

dichterisch ◇ *adj* poético(ca). ◇ *adv* poéticamente.

Dichtung (*pl* **-en**) *die* - **1.** [Kunstwerk] poema *m* - **2.** *(ohne Pl)* [Literatur] poesía *f* - **3.** [Dichtungsring] obturación *f*.

dick ◇ *adj* - **1.** [umfangreich] grueso(sa) - **2.** [geschwollen] inflamado(da) - **3.** [zähflüssig] pastoso(sa) - **4.** [dicht] espeso(sa); [Haar] tupido(da) - **5.** *fam* [groß, bedeutend] de mucha envergadura; [Beziehungen] importante; [Freundschaft, Freunde] íntimo(ma); **ein ~es Auto** un cochazo - **6.** [in Maßangaben] de espesor. ◇ *adv* - **1.** [stark] : **eine Salbe ~ auftragen** aplicar una capa espesa de pomada - **2.** *fam* [sehr] muy; **jm etw ~ ankreiden** tomar algo a mal a alguien - **3.** *RW* : **etw/jn ~(e) haben** *fam* estar harto(ta) de algo/alguien; **mit jm durch ~ und dünn gehen** pasar con alguien por lo bueno y por lo malo.

Dicke (*pl* **-n**) ◇ *die (G Dicke)* - **1.** [in Maßangaben] espesor *m* - **2.** *(ohne Pl)* [Massigkeit] grueso *m*, volumen *m*. ◇ *der, die (G Dicken)* [Person] gordo *m*, -da *f*.

dickflüssig *adj* espeso(sa).

Dickicht (*pl* **-e**) *das* espesura *f*.

Dick|kopf *der* - **1.** [Person] cabezota *mf* - **2.** [Haltung] : **einen ~ haben** ser un (una) cabezota.

dickköpfig *adj* testarudo(da), cabezota.

Dickmilch *die (ohne Pl)* cuajada *f*.

Didaktik *die* didáctica *f*.

die ◇ *det* - **1.** [Nominativ und Akkusativ Singular] la; **in ~ Schweiz fahren** viajar a Suiza - **2.** [Nominativ und Akkusativ Plural] los, las. ◇ *pron* - **1.** [Nominativ und Akkusativ Singular von Demonstrativpronomen - vor einem Substantiv] ese (esa); [- allein stehend] ése (ésa) - **2.** [Nominativ und Akkusativ Plural] los, las - **3.** [Relativpronomen von die] que, la cual.

Dieb (*pl* **-e**) *der* ladrón *m*.

Diebin (*pl* **-nen**) *die* ladrona *f*.

diebisch ◇ *adj* - **1.** [schadenfroh] maligno(na) - **2.** [stehlend] ladrón(ona). ◇ *adv* : **sich ~ freuen** frotarse las manos (de alegría).

Diebstahl (*pl* **-stähle**) *der* robo *m*.

diejenige *det, pron* la (que), aquella (que).

Diele (*pl* **-n**) *die* - **1.** [Flur] vestíbulo *m* - **2.** [Brett] tabla *f*.

dienen *vi* - **1.** [nützen] : **einer Sache/jm ~** servir para algo/alguien; **als etw ~** hacer las funciones ODER servir de algo - **2.** [behilflich sein] hacer un servicio - **3.** [für etw wirken] : **einer Sache/jm ~** servir a algo/alguien - **4.** [Soldat sein] servir (en el ejército).

Diener, in (*mpl* -, *fpl* **-nen**) *der, die* - **1.** [Hausangestellte] sirviente *m*, -ta *f*, mucamo *m*, -ma *f Amér* - **2.** *fig* [Helfer, Förderer] servidor *m*, -ra *f*.

Dienst (*pl* **-e**) *der* - **1.** *(ohne Pl)* [Arbeit, Pflicht] servicio *m*; **seinen ~ vernachlässigen** descuidar sus obligaciones; **~ haben** estar de servicio; [Arzt] estar de guardia; **~ habend** de servicio; [Arzt] de guardia; **~ nach Vorschrift** huelga *f* de celo - **2.** [Arbeitsverhältnis] servicio *m*; **den ~ quittieren** cesar en el cargo; **jn aus dem ~ entlassen** retirar a alguien del cargo, cesar a alguien - **3.** *(ohne Pl)* [Beamtenverhältnis] cargo *m*; **der öffentliche ~** la Administración del Estado - **4.** [Dienstleistung, Hilfe] servicio *m*; **jm einen (guten) ~ erweisen** prestar ODER hacer un buen servicio a alguien. ◆ **im Dienst** *adv* : **im ~ sein** estar de servicio; [Arzt] estar de guardia.

Dienstag (*pl* **-e**) *der* martes *m*; *siehe auch* **Samstag**.

dienstags *adv* los martes; *siehe auch* **samstags**.

Dienst|geheimnis *das* secreto *m* profesional.

Dienst|grad *der* graduación *f*.

diensthabend *adj* ▷ **Dienst**.

Dienst|leistung *die* prestación *f* de servicios.

dienstlich ◇ *adj* - **1.** *amt* [den Dienst betreffend] oficial; [Verkehr] profesional - **2.** [unpersönlich] formal. ◇ *adv amt* oficialmente.

Dienst|reise *die* viaje *m* oficial ODER de trabajo.

Dienst|stelle *die* oficina *f*, servicio *m*.

Dienst|wagen *der* vehículo *m* oficial.

Dienst|weg *der (ohne Pl)* vía *f* ODER trámite *m* oficial.

Dienst|wohnung *die* residencia *f* oficial.

Dienst|zeit *die* - **1.** [Dienststunden] tiempo ODER hora *m* hábil - **2.** [Soldatenzeit] tiempo *m* de servicio.

dies *pron* éso; **~ und das** ODER **jenes** esto y lo otro.

diesbezüglich ◇ *adj* concerniente a esto. ◇ *adv* al respecto.

diese, r, s ODER **dies** ◇ *det* - **1.** [vor identifizierbaren Substantiven] este (esta), ese (esa)

- 2. [mit einer hinweisenden Geste] ese (esa) - 3. [für einen Zeitabschnitt] este (esta) - 4. [mit einer Wertung] ese (esa). <> *pron* éste (ésta), ése (ésa) ; **~s** ésto, éso.

Diesel (*pl* -) *der* - 1. [Kraftstoff] gasoil *m* - 2. [Auto] diesel *m*.

dieselbe *det, pron* la misma.

diesig *adj* brumoso(sa).

diesjährig *adj* de este año.

diesmal *adv* esta vez.

diesseits *präp* : **~ eines Ortes** *(G)* este lado de un lugar.

Dietrich (*pl* -e) *der* ganzúa *f*.

Differenz (*pl* -en) *die* - 1. [Unterschied, bei Subtraktion] diferencia *f* - 2. [Fehlbetrag] falta *f*.

differenzieren *vt & vi* matizar.

digital *adj* digital.

Digitalanzeige *die* indicación *f* digital.

Diktat (*pl* -e) *das* - 1. [Nachschrift] dictado *m* - 2. *geh* [Zwang] imposición *f*.

Diktator (*pl* -toren) *der* dictador *m*.

Diktatorin (*pl* -nen) *die* dictadora *f*.

Diktatur (*pl* -en) *abw die* dictadura *f*.

diktieren *vt* dictar ; **jm etw ~** dictar algo a alguien.

Dill *der* eneldo *m*.

Dimension (*pl* -en) *die* dimensión *f*.

DIN [di:n] (*abk für* **Deutsche Industrienorm**) *die (ohne Pl)* DIN *m (norma industrial alemana)*.

Ding (*pl* -e ODER -er) *das* - 1. *(Pl Dinge)* [Gegenstand, Angelegenheit] cosa *f*; **vor allen ~en** por encima de todo ; **über den ~en stehen** estar por encima de las cosas ; **den ~en ihren Lauf lassen** dejar que las cosas sigan su curso ; **nicht mit rechten ~en zugehen** haber gato encerrado ; **wie die ~e liegen** tal como están las cosas - 2. *(Pl Dinger) fam* [Sache] cosa *f* - 3. *(Pl Dinger)* [Mädchen] : **ein junges/dummes ~** una cría - 4. *(Pl Dinger) RW* : **das is (ja) 'n ~!** *fam* ¡menuda pasada! ; **ein ~ drehen** *fam* volver a las andadas.

Dings *(ohne Pl) fam* <> *der, die* [Person] : **der/die ~** el/la como se llame. <> *das* - 1. [Gegenstand] chisme *m* - 2. [Ort] como se llame.

Dinosaurier *der* dinosaurio *m*.

Diözese (*pl* -n) *die* diócesis *f*.

Diplom (*pl* -e) *das* - 1. [akademischer Grad] título *m*, licenciatura *f* - 2. [Urkunde] diploma *m*.

Diplomarbeit *die* tesina *f*.

Diplomat (*pl* -en) *der* diplomático *m*.

Diplomatie *die (ohne Pl)* diplomacia *f*.

Diplomatin (*pl* -nen) *die* diplomática *f*.

diplomatisch <> *adj* diplomático(ca). <> *adv* diplomáticamente.

Diplomingenieur, in *der, die* ingeniero diplomado *m*, ingeniera diplomada *f*.

dir *pron (Dativ von du)* te, a ti ; **ich komme mit ~** voy contigo.

direkt <> *adj* directo(ta). <> *adv* - 1. [sofort] directamente ; TV en directo ; **etw ~ übertragen** retransmitir en directo - 2. [nahe] justamente - 3. [unmittelbar] directamente - 4. [unverblümt] sin rodeos.

Direktheit *die (ohne Pl)* franqueza *f*.

Direktor (*pl* -toren) *der* director *m*.

Direktorin (*pl* -nen) *die* directora *f*.

Direktübertragung *die* (re)transmisión *f* en directo.

Dirigent, in (*mpl* -en, *fpl* -nen) *der, die* director *m*, -ra *f* (de orquesta).

Dirigent

El término alemán **Dirigent** significa en español «director de orquesta». Así traduciremos la siguiente frase : **Der Dirigent hob den Taktstock** por «El director (de la orquesta) levantó la batuta».
Por otra parte, la palabra española «dirigente» se suele traducir en alemán por **Leiter** o por **Führer**. Un «dirigente del partido» es en alemán **ein Parteiführer**. Otro ejemplo: «Las grandes empresas preparan a sus propios dirigentes» se traduciría al alemán de esta manera: **Die großen Unternehmen bilden ihre eigenen Führungskräfte heran.**

dirigieren *vt & vi* dirigir.

Diskettenlaufwerk *das* lector *m* de disquetes.

Disko (*pl* -s) *die fam* discoteca *f*.

Diskontsatz *der* tasa *f* de descuento.

Diskothek (*pl* -en) *die* discoteca *f*.

Diskretion *die (ohne Pl)* discreción *f*.

diskriminieren *vt* - 1. [benachteiligen] discriminar - 2. [herabwürdigen] menospreciar.

Diskus (*pl* -se ODER **Disken**) *der* disco *m*.

Diskussion (*pl* -en) *die* discusión *f*, debate *m*.

Diskuswerfen *das (ohne Pl)* lanzamiento *m* de disco.

diskutieren <> *vi* conversar, hablar ;

über etw/jn ~ discutir sobre algo/hablar sobre alguien. <> *vt* discutir.

diskutieren

El término alemán **diskutieren** no contempla la vertiente violenta que posee el significado coloquial del término español «discutir» sino que significa exclusivamente «debatir» o «tratar un tema». De esta manera, la frase **Meine Eltern haben gestern den ganzen Abend über Politik diskutiert** se traduciría en español por «Mis padres se pasaron toda la noche de ayer hablando de política».
En cambio, el significado coloquial del término español «discutir» se traduce en alemán normalmente por **streiten**. Veamos un ejemplo: «Mis vecinos han discutido y ya no se hablan » se traduce en alemán por: **Meine Nachbarn haben sich gestritten und sie reden nicht mehr miteinander.**

disqualifizieren *vt* descalificar.

Dissertation (*pl* **-en**) *die* tesis *f* doctoral.

Distanz (*pl* **-en**) *die* distancia *f*; **etw aus der ~ heraus beurteilen** juzgar algo desde fuera.

distanziert <> *adj* distanciado(da). <> *adv* con distanciamiento.

Distel (*pl* **-n**) *die* cardo *m*.

Disziplin (*pl* **-en**) *die* disciplina *f*.

disziplinarisch <> *adj* disciplinario(ria). <> *adv* : **~ vorgehen** tomar medidas disciplinarias.

diszipliniert <> *adj* disciplinado(da). <> *adv* **- 1.** [auf Vorschriften achtend] de forma disciplinada **- 2.** [beherrscht] disciplinadamente.

diverse [di'vɛrzə] *adj pl* diversos(sas).

Dividende [divi'dɛndə] (*pl* **-n**) *die* dividendo *m*.

dividieren [divi'diːrən] *vt* dividir.

Division [divi'zi̯oːn] (*pl* **-en**) *die* MATH & MIL división *f*.

Diwan (*pl* **-e**) *der* diván *m*.

DLRG [deːɛlɛr'geː] (*abk für* **Deutsche Lebensrettungsgesellschaft**) *die (ohne Pl) Federación Alemana de Socorrismo*.

DM (*abk für* **Deutsche Mark**) DM *m*.

D-Mark ['deːmark] (*abk für* **Deutsche Mark**) *die (ohne Pl)* marco *m* alemán.

d-Moll *das (ohne Pl)* re *m* menor.

DNS [deːɛn'ɛs] (*abk für* **Desoxyribonukleinsäure**) *die (ohne Pl)* ADN *m*.

doch <> *adv* **- 1.** [trotzdem] sin embargo **- 2.** [zum Ausdruck des Widerspruches] pero si **- 3.** [zur Verstärkung] : **das kann ~ nicht wahr sein!** ¡pero eso no puede ser! ; **hätte ich ~ bloß ...** si hubiera ... ; **sei ~ nicht so stur!** ¡pero no seas tan cabezota! ; **das sage ich ~!** ¡pues eso es lo que estoy diciendo! <> *interj* (claro que) sí. <> *konj* por tanto.

Docht (*pl* **-e**) *der* mecha *f*.

Dock (*pl* **-s**) *das* dique *m*.

Dogge (*pl* **-n**) *die* dogo *m*.

Doktor (*pl* **-toren**) *der* **- 1.** *(ohne Pl)* [Titel] doctorado *m* **- 2.** [Träger des Doktortitels] doctor *m* **- 3.** *fam* [Arzt] doctor *m*.

Doktor

En Alemania el título de doctor, tanto en medicina como en ciencias o en letras, se utiliza mucho más que en España, incluso en el lenguaje oral. Así, es frecuente ver este título en las tarjetas de visita, en los timbres de las casas o en las cartas.
Es usual mencionarlo cuando nos dirigimos a alguien en posesión de este título: **Herr Doktor Keller** o **Frau Doktor Keller**. Olvidarlo podría ser considerado una descortesía.

Doktorand, in (*mpl* **-en**, *fpl* **-nen**) *der, die* doctorando *m*, -da *f*.

Doktor|arbeit *die* tesis *f* doctoral.

Doktorin (*pl* **-nen**) *die* doctora *f*.

Doktrin (*pl* **-en**) *die* doctrina *f*.

Dokument (*pl* **-e**) *das* documento *m*.

Dokumentar|film *der* documental *m*.

Dokumentation (*pl* **-en**) *die* **- 1.** [Informationsmaterial] documentación *f* **- 2.** *(ohne Pl)* [Darstellung] ilustración *f*.

Dolch (*pl* **-e**) *der* puñal *m*.

Dollar (*pl* **-s** ODER **-**) *der* dólar *m*.

dolmetschen *vi, vt* interpretar.

Dolmetscher, in (*mpl* **-**, *fpl* **-nen**) *der, die* intérprete *mf*.

Dolomiten *pl* Dolomitas *mpl*.

Dom (*pl* **-e**) *der* catedral *f*.

dominant *adj* dominante.

Dominanz (*pl* **-en**) *die* **- 1.** [Vorherrschaft] predominancia *f* **- 2.** BIOL dominancia *f*.

dominieren *vi, vt* predominar.

Dominikaner, in (*mpl* **-**, *fpl* **-nen**) *der, die* **- 1.** [Einwohner] dominicano *m*, -na *f* **- 2.** [Ordensangehörige] dominico *m*, -ca *f*.

dominikanisch *adj* dominicano(na).

Dominikanische Republik *die* República *f* Dominicana.

Domino (*pl* **-s**) *das* dominó *m*.

Donau *die* Danubio *m*.

Donner *der (ohne Pl)* trueno *m*.

donnern (*perf* **hat/ist gedonnert**) <> *vi* - **1.** *(hat)* [beim Gewitter] : **es donnert** truena - **2.** *(ist)* [sich bewegen] dispararse, zumbar - **3.** *(hat) fam* [schlagen] dar golpetazos - **4.** *(ist) fam* [prallen] : **gegen etw ~** estrellarse contra algo. <> *vt (hat) fam* estampanar.

Donner|schlag *der* estampido *m* del trueno.

Donnerstag (*pl* **-e**) *der* jueves *m* ; *siehe auch* **Samstag.**

donnerstags *adv* los jueves ; *siehe auch* **samstags.**

Donnerwetter *das (ohne Pl) fam* bronca *f* ; **Donnerwetter!** ¡caray!

doof *fam* <> *adj* - **1.** [einfältig] idiota - **2.** [langweilig] soso(sa) - **3.** [ärgerlich] : **das ist aber ~, dass ...** ¡qué rabia que ... <> *adv* como un (una) idiota ; **guck mich nicht so ~ an!** ¡no me mires con esa cara (de bobo(ba))!

dopen ['do:pn̩] *vt* drogar, dopar. ◆ **sich dopen** *ref* drogarse, doparse.

Doping ['do:pɪŋ] (*pl* **-s**) *das* dopaje *m*.

Doppel (*pl* **-**) *das* - **1.** [Kopie] duplicado *m* - **2.** SPORT (partido *m* de) dobles *mpl*.

Doppel|bett *das* cama *f* de matrimonio.

Doppel|decker (*pl* **-**) *der* - **1.** FLUG avión *m* biplano - **2.** [Omnibus] autobús *m* de dos pisos.

doppeldeutig *adj* ambigüo(a) ; **einen ~en Witz erzählen** contar un chiste con doble sentido.

Doppel|gänger, in (*mpl* **-**, *fpl* **-nen**) *der, die* doble *mf*.

Doppel|haus *das* casa *f* de dos viviendas adosadas.

Doppel|kinn *das* papada *f*.

Doppelklick (*pl* **-s**) *der* doble clic *m*.

Doppel|name *der* nombre *m* compuesto.

Doppel|punkt *der* dos puntos *mpl*.

doppelseitig *adj* doble.

doppelt <> *adj* - **1.** [zweifach] doble - **2.** [gesteigert] dos veces mayor. <> *adv* dos veces ; **~ so viel bezahlen** pagar el doble ; **etw ~ haben** tener algo repetido.

Doppel|zimmer *das* habitación *f* doble.

Dorf (*pl* **Dörfer**) *das* [Ort] pueblo *m* ; **auf dem ~** en el pueblo.

Dorf|bewohner, in *der, die* habitante *mf* de pueblo.

dörflich *adj* de pueblo.

Dorn (*pl* **-en**) *der* espina *f* ; [von Schnalle] clavo *m*, espiga *f*.

Dornröschen *das (ohne Pl)* la Bella Durmiente.

Dörrobst *das (ohne Pl)* fruta *f* pasa.

Dorsch (*pl* **-e**) *der* bacalao *m*, abadejo *m*.

dort *adv* allí ; **~ drüben** allí (en frente).

dorther *adv* de allí.

dorthin *adv* allí ; **leg das Geld ~** deja el dinero allí.

dortig *adj* de allí.

Dose (*pl* **-n**) *die* - **1.** [Behälter] bote *m* - **2.** [Konservendose, Bierdose] lata *f*.

dösen *vi* dormitar.

Dosen|milch *die (ohne Pl)* leche *f* concentrada.

Dosen|öffner *der* abrelatas *m*.

dosieren *vt* dosificar.

Dosierung (*pl* **-en**) *die* dosificación *f*.

Dosis (*pl* **Dosen**) *die* dosis *f*.

Dotter (*pl* **-**) *der* ODER *das* yema *f*.

Double ['du:bl̩] (*pl* **-s**) *das* doble *mf*.

down [daʊn] *adj fam* : **~ sein** estar depre.

down|loaden (*Präs* **loadet down**, *Prät* **loadete down**, *Perf* **hat downgeloadet**) *vt* descargar, bajar.

Dozent, in (*mpl* **-en**, *fpl* **-nen**) *der, die* profesor *m*, -ra *f* de universidad.

dpa [de:pe'a:] (*abk für* **Deutsche Presseagentur**) *die (ohne Pl)* Agencia *f* de Prensa Alemana.

Dr. (*abk für* **Doktor**) Dr. *m*, Dra. *f*.

Drache (*pl* **-n**) *der* dragón *m*.

Drachen (*pl* **-**) *der* - **1.** [Spielzeug] cometa *f*, papalote *m Amér* - **2.** [Flugdrachen] ala *f* delta - **3.** *abw* [Frau] arpía *f*.

Draht (*pl* **Drähte**) *der* - **1.** [aus Metall] alambre *m* ; [dünn] hilo *m* metálico - **2.** [Leitung] cable *m* ; [Telefonleitung] línea *f* telefónica - **3.** *RW* : **auf ~ sein** *fam* estar espabilado(da) ; **einen guten ~ zu jm haben** llevarse bien con alguien.

Drahtseil|bahn *die* [hängend] teleférico *m* ; [auf Schienen] funicular *m*.

Draht|zieher, in (*mpl* **-**, *fpl* **-nen**) *der, die* instigador *m*, -ra *f*.

Drama (*pl* **Dramen**) *das* drama *m*.

dramatisch *adj* - **1.** [spannend] dramático(ca) ; [Spiel] emocionante - **2.** [die Gattung betreffend] teatral.

dramatisieren *vt* [Angelegenheit] dramatizar ; [Schmerzen] exagerar.

Dramaturg, in (*mpl* **-en**, *fpl* **-nen**) *der, die* asesor *m*, -ra *f* teatral.

dran *adv* - **1.** *fam* = **daran** - **2.** [an der Reihe] : **~ sein** tocar ; **ich bin ~** me toca a mí, es mi turno - **3.** *RW* : **dann bist du ~** [verloren] te vas a enterar ; **~ glauben müssen** palmarla.

drang *prät* ▻ **dringen.**

Drängelei (*pl* **-en**) *die* - **1.** *abw* [durch

Schieben] empujones *mpl* - **2.** [durch Reden] ruegos *mpl* repetitivos.

drängeln <> *vi* - **1.** [durch Schieben] abrirse paso a empujones - **2.** [durch Reden] insistir. <> *vt* - **1.** [durch Schieben] llevar a empujones - **2.** [durch Reden] dar la lata a. ◆ **sich drängeln** *ref* abrirse paso a empujones.

drängen <> *vi* - **1.** [schieben] empujar - **2.** [nicht warten] apremiar ; **die Zeit drängt** el tiempo apremia ; **zur Eile ~** meter prisa, urgir ; **auf etw** *(A)* **~** instar a hacer algo. <> *vt* - **1.** [schieben] empujar - **2.** [antreiben] : **jn zu etw ~** instar a alguien a hacer algo.

dran|kommen (*perf* **ist drangekommen**) *vi (unreg)* [an die Reihe kommen] tocar ; **jetzt komme ich dran** ahora me toca a mí ; **ich bin drangekommen** [abgefragt werden] me han preguntado.

drastisch <> *adj* - **1.** [einschneidend] drástico(ca) - **2.** [dramatisch] cruda(da),. <> *adv* - **1.** [dramatisch] con crudeza, de forma tajante - **2.** [stark] de forma drástica.

drauf *adv fam* - **1.** = **darauf** - **2.** *RW* : **es kommt ~ an** depende ; **er hatte hundert Sachen ~** iba a cien por hora ; **gut ~ sein** estar de buen humor ; **~ und dran sein, etw zu tun** estar a punto de hacer algo.

Draufgänger, in (*mpl* **-**, *fpl* **-nen**) *der, die* temerario *m*, -ria *f*.

drauf|gehen (*perf* **ist draufgegangen**) *vi (unreg) fam* - **1.** [umkommen] palmarla - **2.** [verbraucht werden] gastarse.

draußen *adv* fuera. ◆ **nach draußen** *adv* afuera. ◆ **von draußen** *adv* de (a)fuera.

Dreck *der (ohne Pl) fam* - **1.** [Schmutz] suciedad *f*, porquería *f* - **2.** *RW* : **einen ~** un comino ; **etw/jn in den ~ ziehen** arrastrar algo/a alguien (por los suelos).

Dreck|arbeit *die fam* - **1.** [schmutzige Arbeit] trabajo *m* sucio - **2.** [niedere Arbeit] trabajo *m* que nadie quiere hacer.

dreckig <> *adj* - **1.** [schmutzig] sucio(cia) ; **sich ~ machen** ensuciarse - **2.** *fam abw* [unverschämt] desvergonzado(da) - **3.** *fam abw* [gemein] sin escrúpulos ; **~er Kerl** cerdo *m*. <> *adv fam* - **1.** *abw* [unverschämt] sin vergüenza - **2.** [schlecht] : **jm geht es ~** *fig* alguien las está pasando canutas.

Dreck|spatz *der fam* [Kind] cerdito *m*.

Dreh|bewegung *die* movimiento *m* giratorio.

Dreh|buch *das* guión *m*.

drehen <> *vt* - **1.** [im Kreis bewegen] girar ; [Kurbel] dar vueltas a - **2.** [einstellen] : **laut/leise ~** bajar/subir - **3.** [Seil] tornear ; [Zigarette] liar ; [Pillen] comprimir - **4.** [Film] rodar. <> *vi* - **1.** [wenden] dar la vuelta ; [Wind] cambiar de dirección ; [Schiff] virar - **2.** : **an etw** *(D)* **~** girar algo. ◆ **sich drehen** *ref* - **1.** [um eigene Achse] dar un giro ; [Wind] cambiar de dirección ; **sich auf den Rücken ~** ponerse boca arriba ; **jm dreht sich alles** *fam* todo le da vueltas a alguien - **2.** *RW* : **es dreht sich um etw/jn** gira en torno a algo/alguien ; **alles dreht sich um jn** todo gira en torno a alguien.

Dreh|orgel *die* organillo *m*.

Dreh|scheibe *die* [von Töpfer] torno *m* de alfarero.

Dreh|stuhl *der* silla *f* giratoria.

Dreh|tür *die* puerta *f* giratoria.

Drehung (*pl* **-en**) *die* vuelta *f* ; [von Tänzer] giro *m*.

Dreh|zahl *die* número *m* de revoluciones.

drei *num* - **1.** [Zahl] tres - **2.** *RW* : **für ~ essen** tener buen saque.

Drei (*pl* **-en**) *die* - **1.** [Zahl] tres *m* - **2.** [Schulnote] bien *m* ; *siehe auch* **Sechs.**

dreidimensional <> *adj* [Raum] tridimensional ; [Film] en tres dimensiones. <> *adv* : **etw ~ darstellen** representar algo en tres dimensiones.

Dreieck (*pl* **-e**) *das* triángulo *m*.

dreieckig *adj* triangular.

Dreier (*pl* **-**) *der* - **1.** [Drei] tres *m* - **2.** [beim Lotto] tres aciertos *mpl* - **3.** *fam* [Sprungbrett] trampolín *m* de tres metros.

dreierlei *adj (unver)* tres tipos distintos de ; **etw auf ~ Weise machen** hacer algo de tres formas distintas.

dreifach <> *adj* triple ; **in ~er Ausfertigung** por triplicado. <> *adv* [bei Unterlagen] por triplicado ; **den Faden ~ nehmen** utilizar hilo triple ; **ein Kaffeeservice ~ haben** tener un juego de café de tres servicios.

dreihundert *num* trescientos(tas).

Dreikönigs|fest *das* Epifanía *f*, día *m* de Reyes.

dreimal *adv* tres veces.

Drei|satz *der (ohne Pl)* regla *f* de tres.

dreißig *num* treinta ; *siehe auch* **sechs.**

Dreißig *die (ohne Pl)* treinta *m* ; *siehe auch* **Sechs.**

Dreißigerjahre, dreißiger Jahre *pl* : **die ~** los años treinta.

dreist <> *adj* [Frage] impertinente ; [Mensch, Lüge] descarado(da) ; [Verhalten] fresco(ca). <> *adv* con descaro.

Dreistigkeit (*pl* **-en**) *die* - **1.** *(ohne Pl)* [Wesen, Verhalten] desvergüenza *f*, descaro *m* - **2.** [Handlung] : **sich ~en herausnehmen** tomarse libertades.

dreistöckig *adj* de tres pisos.

dreitausend *num* tres mil.

dreiteilig *adj* [Kostüm, Anzug] de tres piezas ; [Reportage] de tres episodios ; [Roman] de tres partes.

drei viertel *num* tres cuartos ; ~ **acht** tres cuartos de ocho.

Dreivierteltakt *der (ohne Pl)* compás *m* de tres por cuatro.

dreizehn *num* trece.

Dreizimmer|wohnung *die* piso *m* de dos dormitorios.

dreschen (*präs* **drischt**, *prät* **drosch**, *perf* **hat gedroschen**) ◇ *vt* - **1.** [Getreide] trillar - **2.** *salopp* [prügeln] dar una paliza a. ◇ *vi salopp* [schlagen] : **gegen etw/auf etw** *(A)* ~ golpear algo.

Dresden *nt* Dresde *m*.

Dress (*pl* **-e**) *der* ropa *f* deportiva.

dressieren *vt* amaestrar.

Dressing (*pl* **-s**) *das* salsa *f* (de ensalada) ; [mit Öl, Essig, Salz] aliño *m*.

Dressur (*pl* **-en**) *die* - **1.** *(ohne Pl)* [Dressieren] amaestramiento *m* - **2.** [Pferdedressur] número *m*.

drillen *vt* - **1.** MIL instruir - **2.** [streng erziehen] educar con mano dura.

drin *adv fam* - **1.** = **darin** - **2.** [möglich] : ~ **sein** ser posible ; **bei diesem Spiel ist noch alles** ~ en este partido todavía puede pasar de todo - **3.** [gewöhnt] : **jetzt bin ich** ~ ya me he habituado.

dringen (*prät* **drang**, *perf* **hat/ist gedrungen**) *vi* - **1.** *(ist)* [eindringen] penetrar ; [Wasser] filtrarse - **2.** *(hat)* [drängen] : **auf etw** *(A)* ~ exigir algo.

dringend ◇ *adj* [eilig] urgente ; [nachdrücklich] enérgico(ca). ◇ *adv* : ~ **raten** aconsejar seriamente ; **jm ~ von etw abraten** disuadir enérgicamente a alguien de algo.

Dringlichkeit *die (ohne Pl)* [Eile] urgencia *f* ; [Nachdruck] insistencia *f*.

drinnen *adv* dentro ; **nach ~ gehen** ir adentro.

drischt *präs* ▷ **dreschen**.

dritt ◆ **zu dritt** *num* ; **etw zu ~ schreiben** escribir algo entre tres ; **zu ~ ins Kino gehen** ir tres al cine.

dritte, r, s *adj* tercero(ra) ; **der ~ Mann/Passagier** el tercer hombre/pasajero ; *siehe auch* **sechste**.

Dritte *der, die, das* tercero *m*, -ra *f*.

drittel *adj (unver)* tercio(cia) ; *siehe auch* **sechstel**.

Drittel (*pl* **-**) *das* tercio *m* ; *siehe auch* **Sechstel**.

dritteln *vt* dividir en tres partes.

drittens *adv* en tercer lugar.

Dritte Reich *das (ohne Pl)* : **das ~** el Tercer Reich.

DRK [deːɛrˈkaː] (*abk für* **Deutsches Rotes Kreuz**) *das (ohne Pl)* Cruz *f* Roja Alemana.

Droge (*pl* **-n**) *die* droga *f* ; **~n nehmen** drogarse.

drogenabhängig *adj* drogodependiente.

Drogen|abhängige (*pl* **-n**) *der, die* drogadicto *m*, -ta *f*.

Drogen|händler, in *der, die* narcotraficante *mf*.

Drogerie (*pl* **-n**) *die* droguería *f*.

drohen *vi* - **1.** [Angst machen] amenazar ; **jm (mit etw) ~** amenazar a alguien (con algo) - **2.** [heraufziehen] cernerse, amenazar ; **ein Gewitter droht** amenaza tormenta.

dröhnen *vi* - **1.** [hallen] retumbar - **2.** *salopp* [berauschen] colocar.

Drohung (*pl* **-en**) *die* amenaza *f*.

Dromedar (*pl* **-e**) *das* dromedario *m*.

drosch *prät* ▷ **dreschen**.

Drossel (*pl* **-n**) *die* [Singdrossel] zorzal *m* común ; **die ~n** [Gattung] los túrdidos.

drosseln *vt* [Geschwindigkeit] reducir ; [Maschine] bajar el régimen de.

drüben *adv* [nebenan] al otro lado ; **~ im Nebenzimmer** en la habitación de al lado ; **~ auf der anderen Seite** en el lado de enfrente.

drüber = **darüber**.

Druck (*pl* **-e**) *der* - **1.** *(ohne Pl)* [Kraft] presión *f* ; **mit einem ~ auf eine Taste** pulsando una tecla ; **~ im Magen** pesadez *f* de estómago ; **~ machen** hacer presión ; **bei jm ~ hinter etw** *(A)* **machen** *fam fig* meter prisa a alguien para que haga algo - **2.** *(ohne Pl)* [Zwang] presión *f* ; **~ auf jn ausüben** presionar a alguien ; **unter ~ stehen** estar agobiado(da), estar bajo presión - **3.** *(ohne Pl)* [Drucken] impresión *f* - **4.** [Gravur] grabado *m*.

Druck|buchstabe *der* letra *f* de imprenta, letra *f* de molde.

Drückeberger, in (*mpl* **-**, *fpl* **-nen**) *der, die abw* remolón *m*, -ona *f*, persona *f* que se escaquea.

druckempfindlich *adj* sensible a la presión.

drucken *vt* imprimir.

drücken ◇ *vt* - **1.** [pressen] pulsar, apretar ; **etw/jn an sich ~** estrechar a algo/alguien - **2.** *fam* [umarmen] dar un achuchón a - **3.** [mindern] bajar. ◇ *vi* - **1.** [pressen] : **auf etw** *(A)* ~ [auf Taste, Hebel] apretar algo ; **auf die Laune ~** poner de malhumor - 2. [kneifen] apretar; **meine Schuhe ~** los zapatos me aprietan - 3. *salopp* [fixen] picarse, pincharse. ◆ **sich drücken** *ref* - 1. [sich pressen]: **sich an die Wand ~** pegarse a la pared - 2. [sich entziehen]: **sich vor etw** *(D)* ~ *abw* escaquearse de algo.

drückend *adj* - 1. [Probleme, Sorgen, Verantwortung] abrumador(ra); [Hypothek, Schulden] agobiante - 2. [schwül] sofocante.

Drucker (*pl* -) *der* - 1. [Beruf] tipógrafo *m* - 2. EDV impresora *f*.

Drücker (*pl* -) *der* - 1. [Türdrücker] portero *m* automático - 2. [Hausierer] vendedor *m* a domicilio (de suscripciones) - 3. *RW*: **am ~ sitzen** *fam* cortar el bacalao.

Druckerei (*pl* -en) *die* imprenta *f*.

Druck|fehler *der* errata *f*.

Druck|knopf *der* [an Kleidung] botón *m* de presión.

Druck|sache *die* impreso *m*.

Druck|schrift *die* letra *f* de imprenta; **in ~ schreiben** escribir con letra de imprenta.

drum *fam* = **darum**.

drunter *adv fam* - 1. = **darunter** - 2. *rw*: **alles** ODER **es geht ~ und drüber** *fig* todo está mal organizado.

Drüse (*pl* -n) *die* glándula *f*.

Dschungel (*pl* -) *der* jungla *f*.

dt. *abk für* **deutsch**.

DTP (*abk für* **Desktop-Publishing**) *das (ohne pl)* autoedición *f*.

du *pron* - 1. [Anrede] tú; **kommst ~ mit?** ¿te vienes?; **kannst ~ dir allein helfen?** ¿te las arreglas solo?; **ich glaube dir kein Wort** no creo ni una palabra de lo que dices; **ich habe dich gesehen** te he visto; **~ Ärmste!** ¡pobrecita!; **mit jm per ~ sein** tutear a alguien - 2. [man] se.

Duale System *das (ohne Pl) sistema privado de recogida y reciclaje de envases.*

Dübel (*pl* -) *der* taco *m (de fijación)*.

Dublin ['dablin] *nt* Dublín *m*.

ducken ◆ **sich ducken** *ref* agacharse; **sich hinter eine Mauer ~** agazaparse detrás de un muro.

dudeln *fam abw* ◇ *vi* [Plattenspieler, Radio] sonar; **auf einem Instrument ~** tocar un instrumento de forma monótona. ◇ *vt* tocar de forma monótona.

Dudel|sack *der* gaita *f*.

Duell [du'ɛl] (*pl* -e) *das* duelo *m*.

Duett [du'ɛt] (*pl* -e) *das* dúo *m*.

Duft (*pl* **Düfte**) *der* aroma *m*, fragancia *f*.

duften *vi* despedir un aroma, oler bien; **nach etw ~** oler a algo.

dulden *vt geh* tolerar.

duldsam ◇ *adj* paciente. ◇ *adv* pacientemente.

dumm (*kompar* **dümmer**, *superl* **dümmste**) ◇ *adj* - 1. [unintelligent] tonto(ta), bobo-so(sa) *Amér*, sonso(sa) *Amér* - 2. [töricht] tonto(ta); **~es Zeug** tonterías *fpl*; **das ist** ODER **wird mir jetzt zu ~** me estoy hartando de eso - 3. [unangenehm] desafortunado(da). ◇ *adv* - 1. [töricht]: **~ fragen** preguntar tonterías; **~ daherreden** decir tonterías; **sich ~ und dämlich reden** *salopp* hablar por los codos - 2. [unangenehm] inadecuadamente.

Dumme (*pl* -n) *der, die*: **der/die ~ sein** ser el pringado (la pringada) de turno.

dummerweise *adv* - 1. [ärgerlicherweise] desgraciadamente - 2. [aus Dummheit]: **ich habe das ~ vergessen** lo he olvidado tontamente.

Dummheit (*pl* -en) *die* - 1. *(ohne Pl)* [fehlende Klugheit] estupidez *f* - 2. [Handlung] tontería *f*.

Dumm|kopf *der* tonto *m*, -ta *f* del bote, gil *m*, gila *f Amér*.

dümmlich ◇ *adj* bobo(ba). ◇ *adv* con cara de tonto.

dumpf ◇ *adj* - 1. [dunkel klingend] sordo(da) - 2. [Verdacht, Befürchtung] vago(ga); [Schmerz] difuso(sa) - 3. [stumpfsinnig] apático(ca). ◇ *adv* - 1. [dunkel]: **~ klingen** emitir un sonido sordo - 2. [stumpfsinnig] con apatía.

Düne (*pl* -n) *die* duna *f*.

Dünge|mittel *das* abono *m*, fertilizante *m*.

düngen *vt & vi* abonar.

Dünger (*pl* -) *der* abono *m*, fertilizante *m*.

dunkel ◇ *adj* - 1. [Zimmer, Nacht] oscuro(ra); **im Dunkeln tappen** *fig* no tener ninguna pista, dar palos de ciego - 2. [Farbe] oscuro(ra); [Bier] negro(gra) - 3. [Ton] grave - 4. [schlimm] oscuro(ra) - 5. [vage] vago(ga); **jn über etw** *(A)* **im Dunkeln lassen** dejar a alguien en la incertidumbre sobre algo - 6. [dubios] turbio(bia), sospechoso(sa). ◇ *adv* - 1. [streichen, färben] de oscuro - 2.: **~ klingen** emitir un sonido grave - 3. [unklar] vagamente.

dunkelblau ◇ *adj* azul oscuro (azul oscura); [Kleidung] azul marino. ◇ *adv* de azul oscuro.

dunkelblond ◇ *adj* rubio oscuro (rubia oscura). ◇ *adv* de rubio oscuro.

dunkelhaarig *adj* moreno(na).

Dunkelheit *die (ohne Pl)* oscuridad *f*.

Dunkel|ziffer *die* cifra *f* estimada.

dünn ◇ *adj* - 1. [Bleistift, Buch, Teppich, Material] fino(na); [Person, Arme, Brett] delgado(da) ; [Bleistift, Buch, Teppich, Material] fino(na) ; **sich ~ machen** [wenig Platz brauchen] apretarse - **2.** [Tee, Kaffee, Bier] flojo(ja) ; [Luft] con poco oxígeno - **3.** [schwach] débil - **4.** [Haare, Bewuchs] ralo(la). <> *adv* [wenig] poco ; **etw ~ auftragen** aplicar algo en capas finas ; **~ bekleidet** poco abrigado(da).

dünnflüssig *adj* muy fluido(da).

Dunst (*pl* **Dünste**) *der* - **1.** *(ohne Pl)* [Nebel] neblina *f* - **2.** [Rauch] humo *m* - **3.** *RW* : **jm blauen ~ vormachen** dársela con queso a alguien ; **keinen (blassen) ~ von etw haben** *fam* no tener ni idea de algo.

dünsten *vt* [mit Wasser] cocer con poca agua ; [mit Fett] rehogar.

dunstig *adj* brumoso(sa).

Duo (*pl* **-s**) *das* - **1.** MUS dúo *m* - **2.** [zwei Personen] par *m*, pareja *f*.

Dur *das (ohne Pl)* modo *m* mayor.

Dur

No debe confundirse el término alemán **Dur** que, en música, corresponde al español «mayor» con el adjetivo «duro». Así pues, la frase **Die Sonate in D-Dur ist mein Lieblingsstück** se traducirá por «La sonata en re mayor es mi pieza preferida».
El adjetivo «duro» se traduce generalmente por **hart**, como puede verse en la frase siguiente: «La vendimia es un trabajo duro», que se traduce por **Weinlesen ist harte Arbeit.**

durch <> *präp (+ A)* - **1.** [hindurch] por ; **~ etw gehen/fahren** atravesar algo ; **ein Loch ~ ein Brett machen** perforar una tabla - **2.** [mit Hilfe] : **~ Anheben des Tisches** levantando la mesa ; **die Decke ~ einen Balken stützen** reforzar el techo por medio de una viga - **3.** [wegen] debido a - **4.** [zeitlich] : **die ganze Nacht ~** toda la noche. <> *adv* - **1.** *fam* : **es war schon elf Uhr ~** eran más de las once - **2.** *fam* [durchgebraten] muy hecho(cha) - **3.** [durchfahren, durchgehen] : **darf ich mal bitte ~?** ¿me deja pasar, por favor? ; **hier können Sie nicht ~** no puede pasar por aquí ; **durch Berlin sind wir längst ~** hace tiempo que pasamos por Berlín - **4.** *fam* [behandelt haben] : **etw ~ haben, mit etw ~ sein** haber acabado con algo - **5.** *RW* : **~ und ~** completamente, del todo.

durch|arbeiten <> *vt* - **1.** [durchgehen] leer detenidamente - **2.** [durchgehend arbeiten] : **24 Stunden ~** trabajar 24 horas seguidas ; **die Nacht ~** trabajar toda la noche. <> *vi* trabajar sin descanso.

durch|atmen *vi* respirar profundamente.

durchaus, durchaus *adv* - **1.** [gut, ohne weiteres] : **es kann ~ sein, es ist ~ möglich** es muy posible - **2.** [unbedingt] a toda costa - **3.** [absolut, überhaupt] : **~ nicht** por supuesto que no.

durch|blättern *vt* hojear.

Durchblick *der (ohne Pl) fam* : **den ~ verlieren** perder la pista ; **den ~ haben** saber del tema.

durchblicken *vt* comprender.

Durchblutung *die (ohne Pl)* circulación *f* (sanguínea).

durch|bohren[1] <> *vt* perforar ; **ein Loch ~** taladrar ; **sich** *(D)* **einen Nagel durch den Fuß ~** clavarse un clavo en el pie. <> *vi* : **durch etw ~** perforar algo.

durchbohren[2] *vt* [Herz, Lunge] atravesar ; **ein ~der Blick** una mirada penetrante ; **von mehreren Kugeln durchbohrt werden** ser acribillado(da) a balazos.

durch|braten *vt (unreg)* [in der Pfanne] freír bien ; [im Backoffen] asar bien.

durch|brechen[1] (*perf* **hat/ist durchgebrochen**) *(unreg)* <> *vt (hat)* - **1.** [zerbrechen] partir (en dos) - **2.** [einreißen] hacer un boquete en. <> *vi (ist)* - **1.** [zerbrechen] partirse ; [Boden] hundirse - **2.** [Magengeschwür] extenderse ; [Abszess] reventarse ; [Truppe] atravesar.

durchbrechen[2] (*präs* **durchbricht**, *prät* **durchbrach**, *perf* **hat durchbrochen**) *vt* atravesar.

durch|brennen (*perf* **ist durchgebrannt**) *vi (unreg)* - **1.** [Draht, Sicherung, Birne] fundirse - **2.** *fam* [weglaufen] fugarse.

Durch|bruch *der* - **1.** [Erfolg] éxito *m* - **2.** [Öffnung] apertura *f*.

durch|checken ['durçtʃɛkn̩] *vt* - **1.** [kontrollieren] revisar - **2.** *fam* [Patienten] chequear.

durchdacht *adj* muy elaborado(da).

durch|denken[1] *vt (unreg)* revisar.

durchdenken[2] (*prät* **durchdachte**, *perf* **hat durchdacht**) *vt* [Theorie, Vorschlag] elaborar ; [Problem] estudiar.

durch|diskutieren *vt* discutir a fondo.

durch|drehen (*perf* **hat/ist durchgedreht**) <> *vi* - **1.** *(ist) fam* [verrückt werden] perder los estribos - **2.** *(hat)* [Räder] patinar. <> *vt (hat)* picar *(con la picadora)*.

durch|dringen (*perf* **ist durchgedrungen**) *vi (unreg)* [Stimme, Geräusch] oírse ; **durch etw ~** [Wasser, Licht] traspasar algo ; **das Gerücht ist bis zur Direktion durchgedrungen** el rumor ha llegado a oídos de la dirección.

durch|drücken *vt* - **1.** *fam* [durchsetzen] imponer - **2.** [Gelenk] estirar - **3.** [passieren] : **etw durch etw ~** hacer pasar algo por algo *(apretando)*.

Durcheinander *das (ohne Pl)* [von Menschen] caos *m* ; [von Dingen] desorden *m*.

durcheinander bringen *vt (unreg)* - **1.** [Person] confundir, desconcertar - **2.** [Dinge] desordenar - **3.** [verwechseln] confundir.

durch|exerzieren *vt* [Prüfungsfragen, Übung] repasar ; [Möglichkeiten] revisar.

durch|fahren (*perf* **ist durchgefahren**) *vi (unreg)* - **1.** [durchqueren] : **durch etw ~** [durch Stadt, Gegend] atravesar algo *(en automóvil)* ; [durch Unterführung] pasar por algo - **2.** [durchgehend fahren] conducir sin parar.

Durch|fahrt *die* - **1.** *(ohne Pl)* [Durchfahren] acceso *m*, paso *m* - **2.** *(ohne Pl)* [Durchreise] : **auf der ~ sein** estar de paso - **3.** [Weg] acceso *m*.

Durchfall *der (ohne Pl)* - **1.** [Diarrhöe] diarrea *f* - **2.** *fam* [von Theaterstück] fracaso *m* ; [bei einer Prüfung] suspenso *m*, cate *m*.

durch|fallen (*perf* **ist durchgefallen**) *vi (unreg)* - **1.** [Theaterstück] fracasar ; **(bei einer Prüfung) ~** suspender un examen - **2.** [durch eine Öffnung] : **(durch etw) ~** pasar (por algo).

durchforsten *vt* - **1.** [Gegend] inspeccionar, explorar ; **etw (nach etw) ~** [Textmaterial] leer detenidamente algo (buscando algo) - **2.** [Wald] aclarar.

durch|fragen ◆ **sich durchfragen** *ref* preguntar el camino *(para llegar a un sitio)*.

durchführbar *adj* factible, viable ; **ein leicht ~er Plan** un plan fácil de realizar.

durch|führen ◇ *vt* llevar a cabo, realizar. ◇ *vi* [Weg, Straße] : **durch etw ~** atravesar algo.

Durch|gang *der* - **1.** *(ohne Pl)* [Durchgehen] paso *m* - **2.** [Weg] paso *m* - **3.** [bei Wahl] vuelta *f* ; [bei Arbeit] fase *f*.

durchgängig ◇ *adj* extendido(da), generalizado(da). ◇ *adv* : **die Befragten meinten ~, dass die Fragen zu schwierig waren** todos los encuestados dijeron que las preguntas eran demasiado difíciles.

Durchgangsverkehr *der (ohne Pl)* tráfico *m* de tránsito.

durch|geben *vt (unreg)* difundir.

durchgebraten ◇ *pp* ▷ **durchbraten.** ◇ *adj* : **gut ~** muy hecho(cha).

durchgefroren *adj* helado(da).

durch|gehen (*perf* **ist durchgegangen**) *(unreg)* ◇ *vi* - **1.** [weitergehen] avanzar ; **bis hinten ~** [im Bus] avanzar al fondo ; [im Saal] pasar al fondo - **2.** [durchdringen] : **durch etw ~** traspasar algo - **3.** [durch eine Öffnung] : **durch etw ~** pasar por algo - **4.** [durchpassen] : **durch etw ~** caber por algo - **5.** [Pferd] desbocarse ; **das Pferd ist mit dem Reiter durchgegangen** el jinete ha perdido el control sobre el caballo ; **die Nerven sind mit ihm durchgegangen** ha perdido los nervios - **6.** [andauern] durar - **7.** [Fehler] pasarse ; [Gesetzesvorlage] ser aprobado(da) ; **(jm) etw ~ lassen** consentir algo (a alguien) ; [Fehler] pasar algo a alguien ; **für 40 Jahre ~** aparentar 40 años. ◇ *vt* revisar.

durch|greifen *vi (unreg)* - **1.** [einschreiten] : **(bei etw) ~** intervenir (en caso de algo) - **2.** [durch eine Öffnung] : **durch etw ~** meter la mano por algo.

durch|halten *(unreg)* ◇ *vi* resistir. ◇ *vt* soportar.

Durchhaltevermögen *das (ohne Pl)* aguante *m*.

durchkämmen *vt* [Gelände] registrar, batir.

durch|kommen (*perf* **ist durchgekommen**) *vi (unreg)* - **1.** [durch etw gelangen] : **durch etw ~** atravesar algo - **2.** [am Telefon] establecer la conexión - **3.** [Nachricht] ser emitido(da) - **4.** [durchfahren] : **durch etw ~** pasar por algo - **5.** [Wasser] calar ; [Sonne] atravesar - **6.** [überleben] sobrevivir - **7.** [bei Wahl] ser elegido(da) ; **(bei einer Prüfung) ~** aprobar un examen ; **mit dieser Idee wirst du beim Chef kaum ~** el jefe no te va a aceptar esta idea.

durch|lassen *vt (unreg)* dejar pasar.

durchlässig *adj* : **(für etw) ~** permeable (a algo).

durch|lesen *vt (unreg)* leer ; **das Buch ~** leer todo el libro.

durchleuchten *vt* - **1.** [röntgen] radiografiar - **2.** [untersuchen] investigar.

durch|lüften *vt* ventilar.

durch|machen ◇ *vt* - **1.** *fam* [durchfeiern] : **die ganze Nacht ~** pasar toda la noche de fiesta, trasnochar - **2.** [durchleiden] pasar por. ◇ *vi fam* aguantar sin dormir.

Durch|messer *der* diámetro *m*.

durch|nehmen *vt (unreg)* tratar.

durchqueren *vt* atravesar.

durch|rechnen *vt* calcular detalladamente.

Durch|reise *die* paso *m* ; **auf der ~** de paso.

durch|reißen (*perf* **hat/ist durchgerissen**) *(unreg)* ◇ *vt (hat)* rasgar. ◇ *vi (ist)* rasgarse.

durch|rosten (*perf* **ist durchgerostet**) *vi* oxidarse *(completamente)*.

durch|sagen *vt* anunciar.

durch|schauen[1] *vt* revisar.

durchschauen[2] *vt* calar.

durch|schlafen *(unreg)* ◇ *vt* dormir seguido(da). ◇ *vi* dormir de un tirón.

Durch|schlag *der* - **1.** [Kopie] copia *f* con papel carbón - **2.** [Sieb] colador *m*, escurreverduras *m*.

durch|schlagen (*perf* **hat/ist durchgeschlagen**) *(unreg)* ◇ *vt (hat)* - **1.** [zerschlagen] romper a golpes ; [Glas] hacer añicos - **2.** [schlagen] clavar. ◇ *vi (ist)* resurgir.

durch|schneiden *vt (unreg)* cortar.

Durch|schnitt *der* - **1.** [Mittelwert] media *f* - **2.** *abw* [Mittelmaß] : **als Künstler gehört er allenfalls zum ~** en cualquier caso, como artista pertenece al montón.

durchschnittlich ◇ *adj* - **1.** [im Durchschnitt] medio(dia) - **2.** *abw* [mittelmäßig] mediocre. ◇ *adv* - **1.** [im Durchschnitt] de media - **2.** *abw* de forma mediocre.

durch|schütteln *vt* agitar ; [Person] sacudir.

durch|schwitzen *vt* empapar de sudor.

durch|sehen *(unreg)* ◇ *vt* revisar. ◇ *vi* : **durch etw ~** mirar a través de algo.

durch sein (*perf* **ist durch gewesen**) *vi (unreg) fam* - **1.** [durchgekommen sein] haber pasado ; **bei jm unten ~** *fig & abw* haber perdido todo el valor para alguien - **2.** [fertig sein] : **mit etw ~ sein** haber acabado algo - **3.** [gar sein] estar hecho(cha) - **4.** [kaputt sein] estar gastado(da) - **5.** [akzeptiert sein] ser admitido(da).

durch|setzen *vt* llevar adelante. ◆ **sich durchsetzen** *ref* imponerse.

Durchsetzungsvermögen *das (ohne Pl)* autoridad *f*.

durchsichtig ◇ *adj* transparente ; [Argumente, Frage, Lüge] evidente. ◇ *adv* de forma evidente.

durch|sprechen *vt (unreg)* tratar.

durch|stehen *vt (unreg)* resistir.

durch|stellen *vt* pasar (la llamada) ; **jn ~** pasar la llamada de alguien.

durchstöbern *vt* revolver.

durch|stoßen[1] *vt (unreg)* atravesar.

durchstoßen[2] (*präs* **durchstößt**, *prät* **durchstieß**, *perf* **hat durchstoßen**) *vt* atravesar.

durch|streichen *vt (unreg)* tachar.

durchsuchen *vt* registrar.

durchtrainiert ['durçtreniːɐ̯t] *adj* ejercitado(da), bien entrenado(da) ; [Muskeln, Arme, Beine] desarrollado(da).

durch|trennen[1] *vt* seccionar.

durchtrennen[2] *vt* seccionar.

durchtrieben ◇ *adj* astuto(ta), pícaro(ra). ◇ *adv* astutamente, con picardía.

durch|wachsen ['durçvaksn̩] (*perf* **ist durchgewachsen**) *vi (unreg)* : **durch etw ~** crecer a través de algo.

Durchwahl *die (ohne Pl)* extensión *f*.

durchweg *adv* sin excepción.

durchwühlen[1] *vt* revolver.

durch|wühlen[2] *vt* revolver.

durch|zählen *vt* contar uno por uno (una por una).

durch|ziehen[1] (*perf* **hat/ist durchgezogen**) *(unreg)* ◇ *vt (hat)* - **1.** [durch eine Öffnung] hacer pasar ; **etw durch etw ~** hacer pasar algo por algo - **2.** *fam* [verwirklichen, beenden] llevar a cabo, dar fin a. ◇ *vi (ist)* - **1.** [durch eine Gegend] pasar - **2.** [in Marinade] macerar.

durchziehen[2] *vt (unreg)* - **1.** [eine Gegend] atravesar - **2.** [ein Werk] recorrer.

Durch|zug *der* - **1.** [Durchziehen] paso *m* - **2.** *(ohne Pl)* [Zugluft] corriente *f* de aire.

dürfen (*präs* **darf**, *prät* **durfte**, *perf* **hat gedurft** ODER **-**) ◇ *aux (Perf hat dürfen)* - **1.** [Erlaubnis] poder ; **er darf es nicht tun** no puede hacerlo, no le está permitido hacerlo - **2.** [berechtigt sein] poder - **3.** [in höflicher Frage] poder ; **darf ich Sie mitnehmen?** ¿me permite llevarle? - **4.** [in Aufforderung, als Ratschlag] tener que - **5.** [Annahme] poder, deber de. ◇ *vi (Perf hat gedurft)* poder. ◇ *vt (Perf hat gedurft) fam* poder.

dürftig ◇ *adj* - **1.** [ärmlich] pobre, escaso(sa) - **2.** *abw* [unzureichend] pobre, insuficiente. ◇ *adv* - **1.** [ärmlich] pobremente, insuficientemente - **2.** *abw* [unzureichend] insuficientemente.

dürr *adj* - **1.** [mager] flaco(ca) - **2.** [trocken] reseco(ca) ; [Boden] árido(da) - **3.** [knapp] escueto(ta).

Dürre (*pl* **-n**) *die* - **1.** [Wetterperiode] sequía *f* - **2.** *(ohne Pl)* [Trockenheit] sequedad *f*.

Durst *der (ohne Pl)* [Gefühl] sed *f* ; **~ haben** tener sed ; **~ nach etw** ODER **auf etw** *(A)* **~ haben** tener sed de algo.

durstig ◇ *adj* sediento(ta). ◇ *adv* con sed.

Durst|strecke *die* período *m* de carestía, tiempo *m* de vacas flacas.

Dusche (*pl* **-n**) *die* ducha *f*, regadera *f Amér*.

duschen ◇ *vi* ducharse. ◇ *vt* duchar. ◆ **sich duschen** *ref* darse una ducha.

Dusch|raum *der* duchas *fpl*, cabina *f* de ducha.

Düse (*pl* **-n**) *die* boquilla *f*.

düsen (*perf* **ist gedüst**) *vi fam* irse volando.

Düsen|flugzeug *das* avión *m* a ODER de reacción.

Dussel (*pl* **-**) *der fam* chiflado *m*.

düster ◇ *adj* - **1.** [dunkel] sombrío(a) ; [Wolken, Wetter] gris, aborrascado(da)

- 2. [unheimlich, bedrückt] lúgubre. ◇ *adv* de manera lúgubre.

Dutzend (*pl* -) *das* docena *f* ; **im ~** por docena(s). ◆ **Dutzende** *pl* docenas *fpl* ; **zu ~en** por docenas, en masa.

dutzendmal *adv* docenas de veces.

dutzendweise *adv* - 1. [im Dutzend] a docenas - 2. [in Mengen] a montones, en grandes cantidades.

duzen *vt* tutear. ◆ **sich duzen** *ref* tutearse ; **sich mit jm ~** tutearse con alguien.

DVD (*pl* -s) (*abk für* **Digital Versatile Disc**) *die* DVD *m*.

Dynamit *das (ohne Pl)* dinamita *f*.

DZ (*abk für* **Doppelzimmer**) habitación *f* doble.

E

Ebbe (*pl* -n) *die* marea *f* baja, bajamar *f*.

eben ◇ *adj* llano(na), plano(na). ◇ *adv* - 1. [vor kurzem] : **sie ist ~ gegangen** acaba de marcharse - 2. *fam Norddt* [kurz] un momento - 3. [knapp] por los pelos - 4. [jetzt] en este preciso instante - 5. [zum Ausdruck der Geringfügigkeit] al fin a al cabo ; **wenn dir der Arzt nicht gefällt, geh ~ zu einem anderen** si ese médico no te gusta, pues entonces vete a otro - 6. [genau] : **~ die Anwältin** precisamente la abogada. ◇ *interj* - 1. [zum Ausdruck von Einverständnis - neutral] exacto, justamente ; [- ironisch] exacto - 2. [zum Ausdruck von Widerspruch] : **~ nicht** justo lo contrario.

Eben|bild *das* vivo retrato *m*.

ebenbürtig *adj* igual ; **einer Sache/jm ~ sein** igualar a algo/alguien.

Ebene (*pl* -n) *die* - 1. [Flachland] llanura *f* - 2. PHYS & MATH plano *m* - 3. [Niveau] nivel *m* ; **auf gleicher** ODER **der gleichen ~** al mismo nivel ; **auf höchster ~** al más alto nivel.

ebenfalls *adv* igualmente.

ebenso *adv* lo mismo, de la misma manera.

ebenso gut *adv* igualmente ; **~ wie** tan bien como, igual de bien que.

Eber (*pl* -) *der* verraco *m*.

ebnen *vt* allanar.

ec *abk für* **Eurocheque**.

Echo (*pl* -s) *das* eco *m*.

Echse ['ɛksə] (*pl* -n) *die* saurio *m*.

echt ◇ *adj* - 1. [unverfälscht, typisch] auténtico(ca) - 2. [wahr] verdadero(ra). ◇ *adv* - 1. [rein] puro(ra) - 2. *fam* [wirklich] verdaderamente ; **echt?** ¿de verdad?.

Echtheit *die (ohne Pl)* autenticidad *f*.

Ecke (*pl* -n) *die* - 1. [Schnittpunkt] esquina *f* ; **stell den Stuhl in die ~** coloca la silla en el rincón - 2. *fam* [Gegend] rincón *m* - 3. *fam* [Strecke] trecho *m* ; **eine ganz schöne/ganze ~** un buen trecho - 4. [Eckball] córner *m* - 5. *RW* : **gleich um die ~** *fam* a la vuelta de la esquina ; **an allen ~n und Enden** ODER **Kanten** por todas partes ; **mit jm um fünf** ODER **sechs ~n verwandt sein** *fam* ser pariente lejano(na) de alguien.

eckig ◇ *adj* - 1. [mit Ecken] esquinado(da) ; [Form] anguloso(sa) - 2. [ungelenk] agarrotado(da). ◇ *adv* [ungelenk] agarrotadamente, con torpeza.

Eck|zahn *der* colmillo *m*.

Ecuadorianer, Ecuadorianerin (*mpl* -, *fpl* -nen) *der, die* ecuatoriano *m*, -na *f*.

ecuadorianisch *adj* ecuatoriano(na).

edel ◇ *adj* - 1. *geh* [vornehm] noble - 2. *geh* [von schöner Form] armonioso(sa) - 3. [hochwertig] noble ; **das ~ste Stück der Sammlung** la pieza más apreciada de la colección - 4. [reinrassig] de pura raza. ◇ *adv* [denken, handeln] noblemente ; [geformt] armoniosamente.

Edel|metall *das* metal *m* precioso.

Edel|stahl *der* acero *m* especial, acero *m* inoxidable.

Edel|stein *der* piedra *f* preciosa.

EDV [e:de:'fau̯] (*abk für* **elektronische Datenverarbeitung**) *die (ohne Pl)* informática *f*.

Efeu *der (ohne Pl)* hiedra *f*.

Effeff *das* : **etw aus dem ~ beherrschen** *fam* saberse algo de pe a pa.

Effekt (*pl* -e) *der* efecto *m*.

effektiv ◇ *adj* efectivo(va). ◇ *adv* - 1. [effizient] con efectividad - 2. [tatsächlich] efectivamente.

Effektivität [ɛfɛktivi'tɛ:t] *die (ohne Pl)* efectividad *f*.

effektvoll ◇ *adj* espectacular. ◇ *adv* espectacularmente.

egal *adj* igual ; **etw ist jm ~** a alguien le da igual algo ; **das ist ~** da igual. ◆ **egal ob** *adv* da igual si.

Egoismus *der (ohne Pl)* egoísmo *m*.

eh ◇ *interj fam* eh. ◇ *adv* - 1. *fam Süddt & Österr* [sowieso] de todas formas - 2. [immer] : **wie ~ und je** como siempre.

Ehe (*pl* -n) *die* matrimonio *m* ; **die ~ (mit jm) schließen** contraer matrimonio (con alguien).

Ehe|bett *das* cama *f* de matrimonio.

Ehe|bruch *der* adulterio *m.*

Ehe|frau *die* esposa *f.*

Ehe|leute *pl* esposos *mpl.*

ehelich *adj* **- 1.** [in der Ehe] conyugal **- 2.** [legitim] legítimo(ma).

ehemalig *adj* anterior ; [Mann, Frau, Freundin] ex.

ehemals *adv* antes, antaño.

Ehe|mann (*pl* **-männer**) *der* marido *m.*

Ehe|paar *das* matrimonio *m.*

Ehe|partner *der* cónyuge *m.*

eher *adv* **- 1.** [vorher] antes **- 2.** [lieber] : **etw ~ tun als** preferir hacer algo antes que ; **ich würde ~ verhungern als das zu essen** preferiría morirme de hambre antes que comer eso **- 3.** [wahrscheinlicher] más bien **- 4.** [vielmehr] más ... que.

Ehe|ring *der* alianza *f.*

Ehe|schließung *die* enlace *m* matrimonial.

Ehre *die (ohne Pl)* honor *m* ; **jm zu ~n** en honor de alguien ; **das Andenken an seine verstorbene Frau in ~n halten** honrar la memoria de su difunta esposa ; **(wieder) zu ~n kommen** recobrar el respeto ; **ich versichere es auf ~ und Gewissen** lo juro por mi honor ; **er ist ein Mann von ~** es un hombre de palabra.

ehren *vt* honrar.

ehrenamtlich <> *adj* honorífico(ca) ; [Tätigkeit, Mitarbeiter, Helfer] honorario(ria). <> *adv* a título honorario.

Ehren|bürger, in *der, die* ciudadano *m*, -na *f* de honor, hijo predilecto *m*, hija predilecta *f (de una ciudad)*.

Ehren|gast *der* invitado *m*, -da *f* de honor.

ehrenhaft <> *adj* honorable. <> *adv* honorablemente.

ehrenhalber *adv* honoris causa.

Ehren|mann (*pl* **-männer**) *der* caballero *m.*

Ehren|mitglied *das* miembro *m* honorario.

Ehren|sache *die* cuestión *f* de honor ; **das ist doch ~!** *fam* ¡eso es (una) cuestión de honor!

Ehrenwort (*pl* **-e**) *das* palabra *f* de honor ; **(großes) ~!** *fam* ¡palabra de honor!

Ehrfurcht *die (ohne Pl)* veneración *f*, respeto *m.*

ehrfürchtig <> *adj* respetuoso(sa). <> *adv* respetuosamente.

Ehrgeiz *der (ohne Pl)* ambición *f.*

ehrgeizig <> *adj* ambicioso(sa). <> *adv* con ambición.

ehrlich <> *adj* honrado(da) ; [Besorgnis, Bewunderung] sincero(ra). <> *adv* honestamente ; **~ spielen** jugar limpio ; **~ gesagt** sinceramente.

Ehrlichkeit *die (ohne Pl)* sinceridad *f*, honestidad *f.*

Ehrung (*pl* **-en**) *die* homenaje *m.*

ehrwürdig *adj* **- 1.** [Ehrfurcht gebietend] venerable **- 2.** [in der katholischen Kirche] reverendo(da).

Ei (*pl* **-er**) *das* **- 1.** [Vogelei] huevo *m* ; **etw/jn wie ein rohes ~ behandeln** llevar algo/a alguien en palmitas **- 2.** [Eizelle] óvulo *m* **- 3.** *vulg* [Hoden] huevo *m.*

Eiche (*pl* **-n**) *die* roble *m.*

Eichel (*pl* **-n**) *die* **- 1.** [Frucht] bellota *f* **- 2.** [des männlichen Gliedes] glande *m.*

Eichhörnchen (*pl* **-**) *das* ardilla *f.*

Eid (*pl* **-e**) *der* juramento *m.* ◆ **unter Eid** *adv* bajo juramento.

Eidechse ['aidɛksə] (*pl* **-n**) *die* lagarto *m.*

eidesstattlich <> *adj* jurado(da). <> *adv* bajo juramento.

Eid|genosse *der* [Schweizer] ciudadano *m* suizo.

Eid|genossin *die* ciudadana *f* suiza.

Ei|dotter *der* ODER *das* yema *f* (de huevo).

Eier|becher *der* huevera *f.*

Eier|kuchen *der* crepe *f*, tortita *f.*

Eier|schale *die* cáscara *f* de huevo.

Eier|stock *der* ovario *m.*

Eifer *der (ohne Pl)* empeño *m*, afán *m.*

Eifersucht *die (ohne Pl)* celos *mpl.*

eifersüchtig <> *adj* celoso(sa) ; **auf jn ~ sein** estar celoso(sa) de alguien. <> *adv* celosamente.

eifrig <> *adj* oficioso(sa) ; [Schüler] aplicado(da). <> *adv* oficiosamente ; [lernen] con aplicación.

Eigelb (*pl* **-** ODER **-e**) *das* yema *f* de huevo.

eigen *adj* **- 1.** [jm gehörend] propio(pia) **- 2.** [typisch] particular. ◆ **Eigen** *das* : **sich** *(D)* **etw zu Eigen machen** apropiarse (de) algo ; [Gewohnheiten] adoptar algo ; **etw sein Eigen nennen** *geh* declarar algo de su propiedad. ◆ **Eigene** *der, die, das* algo propio.

Eigen|art *die* particularidad *f.*

eigenartig <> *adj* particular, singular. <> *adv* de forma particular.

Eigenbedarf *der (ohne Pl)* necesidades *fpl* propias.

eigenbrötlerisch <> *adj* raro(ra), excéntrico(ca). <> *adv* de modo raro, de forma excéntrica.

eigenhändig <> *adj* propio(pia) ; [Unterschrift] de puño y letra ; [Testament] (h)ológrafo(fa). <> *adv* con las propias manos.

Eigenheit (*pl* **-en**) *die* particularidad *f*.

Eigenliebe *die (ohne Pl)* amor *m* propio.

eigenmächtig <> *adj* arbitrario(ria). <> *adv* arbitrariamente.

Eigen|name *der* nombre *m* propio.

eigennützig <> *adj* interesado(da). <> *adv* por interés.

eigens *adv* ex profeso.

Eigenschaft (*pl* **-en**) *die* propiedad *f*, cualidad *f*; **in seiner ~ als** en (su) calidad de.

Eigenschaftswort (*pl* **-wörter**) *das* adjetivo *m*.

eigensinnig <> *adj* obstinado(da), testarudo(da). <> *adv* obstinadamente, con testarudez.

eigenständig <> *adj* independiente. <> *adv* con independencia.

eigentlich <> *adv* **- 1.** [im Grunde] en realidad, en el fondo **- 2.** [übrigens] por cierto **- 3.** [zum Ausdruck von Ärger] realmente **- 4.** [wirklich] en realidad. <> *adj* verdadero(ra).

Eigen|tor *das* **- 1.** SPORT gol *m* en propia meta, autogol *m* **- 2.** *fig* error *m* de táctica, autogol *m*.

Eigentum *das (ohne Pl)* propiedad *f*.

Eigentümer, in (*mpl* **-**, *fpl* **-nen**) *der, die* propietario *m*, -ria *f*.

eigentümlich <> *adj* **- 1.** [seltsam] particular **- 2.** [eigen] : **jm ~ (sein)** (ser) propio(pia) de alguien. <> *adv* de forma particular.

eigenwillig *adj* **- 1.** [eigen] peculiar **- 2.** [starrsinnig] cabezota, caprichoso(sa).

eignen ◆ **sich eignen** *ref* ser apropiado(da), servir ; **sich zu** ODER **für etw ~** ser apropiado(da) para algo.

Eignungs|prüfung *die* examen *m* ODER prueba *f* de aptitud.

Eil|brief *der* carta *f* urgente.

Eile *die (ohne Pl)* prisa *f*; **in ~ sein** tener prisa ; **etw hat keine ~** algo no corre prisa.

eilen (*perf* **hat/ist geeilt**) *vi* **- 1.** *(ist)* [laufen] apresurarse **- 2.** *(hat)* [dringend sein] correr prisa ; **mit etw eilt es nicht** no hay prisa con algo.

eilig <> *adj* **- 1.** [hastig] apresurado(da) ; **es ~ haben** tener prisa **- 2.** [dringend] urgente. <> *adv* apresuradamente.

Eimer (*pl* **-**) *der* cubo *m*.

ein, e <> *det* un, una ; [vor Eigennamen] un tal, una tal. <> *adj* **- 1.** [als Zahl] un, una ; **~ Uhr** la una ; **~ für alle Mal** *fam fig* de una vez por todas ; **in ~em fort** *fig* sin parar ; **js ~ und alles sein** *fig* ser todo para alguien **- 2.** [der-, die-, dasselbe] : **sie sind ~er Meinung** son de una ODER la misma opinión ; **~ und dasselbe** lo mismo. <> *pron* **- 1.** [Teil, jemand] uno, una **- 2.** [Dativ und Akkusativ von man] a uno, a una. <> *adv* : **~ - aus** on/off ; **(bei jm) ~ und aus gehen** *fig* estar cada dos por tres donde alguien ; **nicht ~ noch aus wissen** *fig* no saber qué hacer.

ein|arbeiten *vt* **- 1.** [Person] iniciar, introducir **- 2.** [einfügen] incorporar. ◆ **sich einarbeiten** *ref* introducirse, iniciarse.

ein|atmen <> *vt* aspirar ; [Dämpfe] inhalar. <> *vi* inspirar.

Einbahn|straße *die* calle *f* de dirección única.

Einband (*pl* **-bände**) *der* cubierta *f*, tapa *f*.

ein|bauen *vt* **- 1.** [montieren] montar **- 2.** [einfügen] incorporar.

Einbau|küche *die* cocina *f* funcional, cocina *f* de módulos integrados.

ein|berufen *vt (unreg)* **- 1.** [zusammenrufen] convocar **- 2.** [zur Wehrpflicht] llamar a filas.

Ein|berufung *die* **- 1.** [Zusammenrufen] convocatoria *f* **- 2.** [zur Wehrpflicht] llamamiento *m* a filas.

ein|betten *vt* envolver.

ein|beziehen *vt (unreg)* : **etw/jn in etw** *(A)* **~** incluir algo/a alguien en algo.

ein|biegen (*perf* **hat/ist eingebogen**) *(unreg)* <> *vi (ist)* girar. <> *vt (hat)* doblar (hacia dentro).

ein|bilden *vt* **- 1.** [sich einreden] : **sich** *(D)* **etw ~** figurarse ODER imaginarse algo ; **was bildest du dir eigentlich ein, wer du bist?** ¿quién te has creído que eres? **- 2.** [stolz sein] : **sich** *(D)* **viel/nichts auf etw** *(A)* **~** hacer mucho/no hacer mucho alarde de algo.

Einbildung (*pl* **-en**) *die* **- 1.** [Fantasie] imaginación *f* **- 2.** *(ohne Pl)* [Hochmut] arrogancia *f*.

Einbildungskraft *die (ohne Pl)* fantasía *f*, imaginación *f*.

ein|binden *vt (unreg)* **- 1.** [einschlagen] encuadernar **- 2.** [einbeziehen] : **etw/jn in etw** *(A)* **~** incluir algo/a alguien en algo.

ein|bläuen *vt* : **jm etw ~** meter a alguien algo en la cabeza.

einbleuen = **einbläuen**.

Ein|blick *der* **- 1.** [Blick] mirada *f*, vistazo *m* ; **~ in etw** *(A)* **haben** ODER **nehmen** echar un vistazo a algo ; **~ in die Akten haben** tener acceso a las actas ODER los documentos ; **~ in etw** *(A)* **gewähren** permitir echar un vistazo a algo **- 2.** [Einsicht] conocimiento *m*.

ein|brechen (*perf* **hat/ist eingebrochen**) *vi (unreg)* **- 1.** *(hat)* [gewaltsam eindringen] entrar a robar **- 2.** *(ist)* [einstürzen, schlecht abschneiden] venirse abajo **- 3.** *(ist)* [durchbrechen] hundirse **- 4.** *(ist)* [eindringen] entrar; **in etw** *(A)* ~ irrumpir en algo; [Truppen] invadir algo - **5.** *(ist) geh* [beginnen] comenzar.

Einbrecher, in (*mpl* -, *fpl* **-nen**) *der, die* ladrón *m*, -ona *f*.

ein|bringen *vt (unreg)* - **1.** [hineinschaffen] recolectar - **2.** [eintragen] aportar - **3.** [vorlegen] presentar - **4.** *amt* [in Ehe, Geschäft] aportar.

ein|brocken *vt fam* : **jm/sich etw** ~ meter a alguien/meterse en un lío.

Ein|bruch *der* - **1.** [Einbrechen] robo *m* - **2.** [Einstürzen] derrumbamiento *m*; **der ~ der Börsenkurse** la caída de los valores (bursátiles) - **3.** [Eindringen] entrada *f* - **4.** *fam* [Scheitern] derrota *f* - **5.** [Beginn] comienzo *m*; [der Nacht] caída *f*.

einbürgern *vt* nacionalizar, naturalizar. ◆ **sich einbürgern** *ref* [üblich werden] establecerse.

Ein|buße *die* pérdida *f*.

ein|büßen ◇ *vt* perder. ◇ *vi* : **an etw** *(D)* ~ perder en algo.

ein|checken ['aintʃɛkn̩] ◇ *vt* facturar. ◇ *vi* ir a facturar.

ein|cremen, einkremen *vt* aplicar ODER dar crema en. ◆ **sich eincremen** *ref* darse crema.

ein|dämmen *vt* - **1.** [stauen] encauzar - **2.** [zurückhalten] contener.

ein|decken *vt fam* : **jn mit etw** ~ cubrir las necesidades de alguien con algo; **man hat uns mit Aufträgen** ~ nos han abrumado con encargos.

eindeutig ◇ *adj* - **1.** [klar] claro(ra) - **2.** [nicht mehrdeutig] unívoco(ca). ◇ *adv* claramente.

ein|dringen (*perf* **ist eingedrungen**) *vi (unreg)* - **1.** [hineingelangen] penetrar - **2.** [einbrechen] irrumpir en; **in ein Land** ~ invadir un país - **3.** [bedrängen] : **(mit etw) auf jn** ~ amenazar a alguien (con algo); [mit Fragen] asediar a alguien con algo.

eindringlich ◇ *adj* insistente. ◇ *adv* con insistencia.

Eindringling (*pl* **-e**) *der* intruso *m*, -sa *f*.

Eindruck (*pl* **-drücke**) *der* impresión *f*; **~ auf jn machen** impresionar a alguien; **einen ~ von etw bekommen** ODER **erhalten** hacerse una impresión de algo; **einen guten/schlechten ~ (auf jn) machen** causar buena/mala impresión (a alguien).

ein|drücken *vt* - **1.** [beschädigen] romper; [Blech] abollar; **den hinteren Teil des Wagens** ~ aplastar la parte trasera del coche - **2.** [in etw hineindrücken] estampar; **eine Vertiefung in den Kuchenteig** ~ hacer un hueco en la masa.

eindrucksvoll ◇ *adj* impresionante. ◇ *adv* de forma impresionante.

ein|ebnen *vt* allanar.

eineiig ['ain aiɪç] *adj* [Zwilling] homocigótico(ca).

eineinhalb *num* uno y medio (una y media).

ein|engen *vt* - **1.** [beschränken] coartar; [Kleidung] apretar; **sich eingeengt fühlen** sentirse prieto(ta) - **2.** [einschränken] limitar.

einerlei *adj* igual; **etw ist jm** ~ algo le da igual a alguien.

einerseits *adv* : **~ ... andererseits** por un lado ... por otro lado.

einfach ◇ *adj* - **1.** [leicht] fácil - **2.** [nicht mehrfach] simple; **~e Fahrkarte** billete *m* de ida - **3.** [schlicht] sencillo(lla). ◇ *adv* - **1.** [leicht] fácilmente - **2.** [nicht mehrfach] simplemente - **3.** [schlicht] sencillamente.

Einfachheit *die (ohne Pl)* sencillez *f*.

ein|fädeln *vt* - **1.** [Nadel, Faden] enhebrar - **2.** [bewerkstelligen] tramar.

ein|fahren (*perf* **hat/ist eingefahren**) *(unreg)* ◇ *vi (ist)* [hineinfahren] entrar; [Bergmann] bajar. ◇ *vt (hat)* - **1.** [hineinschaffen] acarrear - **2.** [beschädigen] derribar - **3.** AUTO rodar - **4.** [Antenne, Fahrwerk] recoger.

Ein|fahrt *die* - **1.** *(ohne Pl)* [Einfahren] llegada *f* - **2.** [Stelle] entrada *f*.

Ein|fall *der* - **1.** [Idee] ocurrencia *f* - **2.** *(ohne Pl)* [von Strahlen, Licht] incidencia *f* - **3.** [Eindringen] invasión *f*.

ein|fallen (*perf* **ist eingefallen**) *vi (unreg)* - **1.** [in den Sinn kommen] : **jm** ~ ocurrírsele a alguien; **sich** *(D)* **etwas ~ lassen** pensar en algo; **was fällt dir/Ihnen ein!** ¡qué te crees/se cree! - **2.** [sich erinnern] : **jm** ~ venir a la memoria a alguien - **3.** [hereinkommen] entrar - **4.** [eindringen] : **in etw** *(A)* ~ irrumpir en algo - **5.** [einstimmen] entrar - **6.** [einstürzen] derrumbarse.

einfallslos ◇ *adj* aburrido(da); [Regisseur, Mensch] sin ideas; [Geschenk] sin imaginación. ◇ *adv* de forma aburrida.

einfallsreich ◇ *adj* creativo(va). ◇ *adv* creativamente.

einfältig *adj* - **1.** [arglos] ingenuo(nua) - **2.** [beschränkt] simple.

Einfamilien|haus *das* casa *f* unifamiliar.

ein|fangen *vt (unreg)* - **1.** [fangen und fest halten] atrapar; **dein Foto fängt die Stimmung sehr gut ein** en tu foto se refleja el ambiente de forma excelente - **2.** *fam* [bekommen] : **sich** *(D)* **etw** ~ coger algo; [Ohrfeige, Prügel] recibir algo.

einfarbig *adj* unicolor.

ein|fassen *vt* ribetear ; [Edelstein] engarzar.

ein|fliegen *vt (unreg)* llevar ODER traer en avión ; **etw/jn ~ lassen** llevar ODER traer en avión algo/a alguien.

ein|fließen (*perf* **ist eingeflossen**) *vi (unreg)* correr ; **etw ~ lassen** *fig* aludir de paso a algo.

ein|flößen *vt* - **1.** [zu trinken geben] administrar - **2.** [erregen] causar ; [Respekt, Vertrauen] infundir.

Ein|fluss *der* influencia *f* ; **auf etw/jn ~ haben** ODER **ausüben** tener ODER ejercer influencia sobre algo/alguien.

einflussreich *adj* influyente.

einförmig ◇ *adj* uniforme. ◇ *adv* uniformemente.

ein|frieren (*perf* **hat/ist eingefroren**) *(unreg)* ◇ *vt (hat)* [Lebensmittel, Preise, Beziehungen] congelar. ◇ *vi (ist)* congelarse.

ein|fügen *vt* insertar.

einfühlsam *adj* comprensivo(va).

Einfuhr (*pl* **-en**) *die* importación *f*.

ein|führen *vt* - **1.** [importieren] importar - **2.** [hineinschieben] introducir - **3.** [einweisen] introducir ; [in Amt] admitir - **4.** [verbreiten] introducir - **5.** [vorstellen] presentar.

Ein|führung *die* introducción *f* ; [in Amt] admisión *f*.

ein|füllen *vt* echar ; **etw in etw** *(A)* **~** llenar algo de algo ; **etw in Flaschen ~** embotellar algo.

Ein|gang *der* - **1.** [Eingangstür] entrada *f* - **2.** *(ohne Pl)* [Ankommen] entrada *f* ; [von Post, Waren] llegada *f*.

eingangs *adv* al principio.

Eingangs|halle *die* vestíbulo *m*.

ein|geben *vt (unreg)* EDV introducir.

eingebildet *adj* - **1.** [nicht wirklich] imaginario(ria) ; [Schwangerschaft] psicológico(ca) - **2.** [hochmütig] presuntuoso(sa).

Eingeborene, Eingeborne (*pl* **-n**) *der, die* indígena *mf*.

eingefleischt *adj* ▷ **Junggeselle**.

ein|gehen (*perf* **ist eingegangen**) *(unreg)* ◇ *vi* - **1.** [ankommen] llegar - **2.** [sterben] morir - **3.** [Bankrott machen] cerrar - **4.** [beachten] : **auf etw/jn ~** ocuparse de algo/ alguien ; [auf Angebot, Vorschlag, Verpflichtung] aceptar algo - **5.** [kleiner werden] encoger - **6.** *geh* [Einzug halten] : **in etw** *(A)* **~** pasar a formar parte de algo. ◇ *vt* contraer ; [Risiko] correr ; **eine Wette ~** apostar.

eingehend ◇ *adj* exhaustivo(va). ◇ *adv* exhaustivamente.

eingenommen ◇ *pp* ▷ **einnehmen**. ◇ *adj* : **von sich ~ sein** presumir mucho de sí mismo(ma) ; **für/gegen etw ~ sein** estar a favor/en contra de algo ; **von etw/jm ~ sein** tener afecto a algo/alguien.

eingeschlossen *pp* ▷ **einschließen**.

eingetragen ◇ *pp* ▷ **eintragen**. ◇ *adj* registrado(da) ; *siehe auch* **Verein** ; *siehe auch* **Warenzeichen**.

Eingeweide *pl* vísceras *fpl*.

ein|gewöhnen ◆ **sich eingewöhnen** *ref* aclimatarse.

ein|gießen *vt (unreg)* echar ; **jm etw ~** echar algo a alguien.

ein|gliedern *vt* incorporar ; **etw/jn in etw** *(A)* **~** incluir algo/a alguien en algo.

ein|graben *(unreg) vt* enterrar ; **Spuren in etw** *(A)* **~** dejar huellas en algo.

ein|greifen *vi (unreg)* intervenir.

Ein|griff *der* intervención *f*.

ein|haken ◇ *vt* enganchar. ◇ *vi* intervenir. ◆ **sich einhaken** *ref* : **sich bei jm ~** cogerse del brazo de alguien.

ein|halten *(unreg)* ◇ *vt* atenerse a. ◇ *vi*.

einhändig *adv* con una sola mano.

ein|hängen ◇ *vt* - **1.** [in ein Scharnier] enquiciar - **2.** [auflegen] colgar. ◇ *vi* colgar.

einheimisch *adj* [Person] nativo(va) ; [Gegenstände] autóctono(na).

Einheit (*pl* **-en**) *die* unidad *f*.

einheitlich ◇ *adj* - **1.** [gleichförmig] homogéneo(a) - **2.** [gleich] uniforme. ◇ *adv* homogéneamente.

einhellig ◇ *adj* unánime. ◇ *adv* por unanimidad.

ein|holen ◇ *vt* - **1.** [erreichen] alcanzar - **2.** [Erlaubnis] pedir - **3.** [einziehen] recoger - **4.** [einkaufen] comprar. ◇ *vi* ir de compras.

einig *adj* unido(da).

einige ◇ *det* - **1.** [ein paar] algunos(nas) - **2.** [viel, reichlich] mucho(cha) - **3.** [etwas] algo de. ◇ *pron* algunos(nas). ◆ **einiges** *pron* bastante.

einigen *vt* unificar. ◆ **sich einigen** *ref* ponerse de acuerdo ; **sich auf etw** *(A)* **~** llegar a un acuerdo sobre algo ; **sich mit jm ~** ponerse de acuerdo con alguien.

einigermaßen *adv* hasta cierto punto, bastante.

Einigkeit *die (ohne Pl)* unión *f*.

Einigung (*pl* **-en**) *die* - **1.** [Übereinkunft] acuerdo *m* - **2.** [Vereinigung] unificación *f*.

Ein|kauf *der* compra *f*.

ein|kaufen ◇ *vt* comprar. ◇ *vi* : **~ gehen** ir de compras.

Einkaufs|bummel *der* vuelta *f*; **einen ~ machen** ir de compras.

Einkaufs|tasche *die* bolsa *f* de la compra.

ein|kehren (*perf* **ist eingekehrt**) *vi* parar *(en un restaurante)*.

ein|klammern *vt* poner entre paréntesis.

Einklang *der (ohne Pl)* armonía *f*.

ein|kleiden *vt* vestir.

Einkommen (*pl* -) *das* ingresos *mpl*.

Einkommens|steuer *die* impuesto *m* sobre la renta.

ein|kreisen *vt* - **1.** [umzingeln] cercar - **2.** [eingrenzen] limitar - **3.** [hervorheben] aclarar.

ein|kremen = **eincremen**.

Einkünfte *pl* ingresos *mpl*.

ein|laden *vt (unreg)* - **1.** [Gast] invitar ; **jn zu etw ~** invitar a alguien a algo - **2.** [Last] cargar.

einladen

Te invito a una cerveza, ¿vale? Komm, ich lad dich auf ein Bier ein.

¿Puedo invitarla a cenar esta noche? Darf ich Sie heute abend zum Essen einladen?

¿Te gustaría venir al teatro con nosotros ? Hast du Lust mit uns ins Theater zu gehen?

¿Qué? ¿Tomamos la última copa en el próximo bar? Was ist, trinken wir noch ein letztes Gläschen in der nächsten Bar?

¿Te interesa ir al fútbol? Tengo dos entradas para la final. Interessierst du dich für Fußball? Ich hab zwei Karten fürs Endspiel.

einladend <> *adj* atractivo(va). <> *adv* atractivamente.

Ein|ladung *die* invitación *f*.

Ein|lage *die* - **1.** [im Schuh] plantilla *f* - **2.** KÜCHE guarnición *f* - **3.** [im Programm] número *m* especial - **4.** WIRTSCH inversión *f*; [bei der Bank] depósito *m*.

Einlass *der (ohne Pl)* admisión *f*.

ein|lassen *vt (unreg)* - **1.** [hereinlassen] dejar entrar - **2.** [Wasser] dejar correr - **3.** [einsetzen] hundir. ◆ **sich einlassen** *ref*: **sich auf etw** *(A)* **~** meterse en algo ; **sich mit jm ~** relacionarse con alguien.

ein|laufen (*perf* **hat/ist eingelaufen**) *(unreg)* <> *vi (ist)* - **1.** SPORT llegar - **2.** [Wasser] fluir ; **die Wanne ~ lassen** llenar la bañera - **3.** [einfahren] entrar - **4.** [Stoff] encoger. <> *vt (hat)* [Schuhe] adaptar al pie.

ein|leben ◆ **sich einleben** *ref* aclimatarse ; **sich in etw** *(D)* **~** aclimatarse a algo.

ein|legen *vt* - **1.** [hineintun] meter ; [Film] poner - **2.** KÜCHE macerar ; [Fisch] poner en escabeche - **3.** [einfügen] intercalar - **4.** [gutes Wort] intercalar ; [Widerspruch, Berufung] interponer.

ein|leiten *vt* - **1.** [beginnen] comenzar ; [Geburt] provocar - **2.** [einführen] iniciar - **3.** [Wasser, Abwasser] verter.

einleitend <> *adj* introductorio(ria). <> *adv* para empezar.

Ein|leitung *die* - **1.** [Einführung] introducción *f* - **2.** [Beginn] comienzo *m* ; [von Geburt] provocación *f*.

ein|lenken *vi* ceder.

ein|leuchten *vi* ser convincente.

einleuchtend <> *adj* convincente. <> *adv* de manera convincente.

ein|liefern *vt* entregar ; [Person] ingresar.

ein|loggen ◆ **sich einloggen** *ref* conectarse.

ein|lösen *vt* - **1.** [Scheck] cobrar ; [Gutschein] canjear - **2.** [wahr machen] cumplir.

Ein|lösung *die* [von Scheck] cobro *m* ; [von Gutschein] canje *m* ; [von Versprechen] cumplimiento *m*.

ein|machen *vt* confitar, conservar.

einmal *adv* - **1.** [ein einzelnes Mal] una vez ; **noch ~** otra vez - **2.** [irgendwann] alguna vez - **3.** [mal, bitte] por favor. ◆ **auf einmal** *adv* - **1.** [plötzlich] de repente - **2.** [zusammen, gleichzeitig] a la vez. ◆ **nicht einmal** *adv* ni siquiera.

Einmaleins *das (ohne Pl)* - **1.** [Zahlenreihe] tabla *f* de multiplicar - **2.** [Grundwissen] conocimientos *mpl* básicos.

einmalig *adj* - **1.** [einzeln] único(ca) - **2.** [außergewöhnlich, erstklassig] excepcional.

ein|marschieren (*perf* **ist einmarschiert**) *vi* ocupar ; **in ein Land ~** ocupar un país.

ein|mischen ◆ **sich einmischen** *ref* (entro)meterse ; **sich in etw** *(A)* **~** meterse en algo.

Ein|mischung *die* intromisión *f*.

ein|münden (*perf* **hat/ist eingemündet**) *vi* desembocar.

einmütig <> *adj* unánime. <> *adv* por unanimidad.

Einnahme (*pl* **-n**) *die* - **1.** [finanziell] ingreso *m* - **2.** *(ohne Pl)* [Schlucken] toma *f* - **3.** [Eroberung] toma *f*.

ein|nehmen *vt (unreg)* - **1.** [bekommen] cobrar ; [Steuern] recaudar - **2.** [schlucken] tomar - **3.** [erobern] tomar ; **jn für sich ~** *fig* ganarse las simpatías de alguien - **4.** [besetzen, ausfüllen] ocupar.

einnehmend *adj* simpático(ca).

ein|ordnen *vt* ordenar ; [Person] clasificar.

ein|packen *vt* - **1.** [verpacken] envolver ; [in Koffer] meter - **2.** *fam* [anziehen] abrigar.

ein|parken *vt* & *vi* aparcar.

ein|passen *vt* encajar.

ein|pflanzen *vt* - **1.** [pflanzen] plantar - **2.** MED implantar.

ein|planen *vt* tener en cuenta (en la planificación).

ein|prägen *vt* - **1.** [eingravieren] grabar - **2.** [einschärfen] : **jm/sich etw ~** grabar a alguien/grabarse algo en la memoria. ◆ **sich einprägen** *ref* grabarse en la memoria.

einprägsam ◇ *adj* fácil de retener ; [Musik] pegadizo(za). ◇ *adv* de forma clara.

ein|quartieren *vt* acuartelar ; **jn in einem Hotel/bei sich zu Hause/bei jm ~** alojar a alguien en un hotel/en casa/en casa de alguien.

ein|rahmen *vt* enmarcar.

ein|räumen *vt* - **1.** [einordnen, ordnen] ordenar ; [in den Schrank, ins Zimmer] guardar - **2.** [geben] conceder ; [zugeben] admitir.

ein|reden *vi* : **auf jn ~** tratar de convencer a alguien ; **jm etw ~** hacer creer algo a alguien.

ein|reiben *vt* *(unreg)* [Creme, Öl] aplicar, poner ; [Körperteil] poner crema en.

ein|reichen *vt* presentar.

Ein|reise *die* entrada *f*.

ein|reisen (*perf* **ist eingereist**) *vi* entrar.

Einreise|visum *das* visado *f* de entrada.

ein|reißen (*perf* **hat/ist eingerissen**) *(unreg)* ◇ *vt* *(hat)* - **1.** [abreißen] derribar - **2.** [zerreißen] rasgar. ◇ *vi* *(ist)* - **1.** [reißen] rasgarse - **2.** [sich einschleichen] extenderse.

ein|renken *vt* - **1.** MED componer - **2.** [bereinigen] arreglar.

ein|richten *vt* - **1.** [möblieren] amueblar - **2.** [organisieren] : **etw so ~, dass ...** organizar algo de tal forma que ... - **3.** [schaffen] fundar. ◆ **sich einrichten** *ref* - **1.** [mit Möbeln] instalarse - **2.** [sich einstellen] : **sich auf etw** *(A)* **~** prepararse para algo.

Ein|richtung *die* - **1.** [Möbel] mobiliario *m* - **2.** *(ohne Pl)* [Einrichten] amueblamiento *m* - **3.** *(ohne Pl)* [Schaffung] fundación *f* - **4.** [Institution] institución *f*.

ein|rücken (*perf* **hat/ist eingerückt**) ◇ *vi* *(ist)* entrar ; **in etw** *(A)* **~** entrar en algo. ◇ *vt* *(hat)* sangrar.

eins ◇ *num* [als Zahl] uno ; **~ A** de primera (clase). ◇ *adj* : **mit jm ~ werden** formar una sola persona con alguien. ◇ *pron* uno (una) ; *siehe auch* **sechs**.

Eins (*pl* **-en**) *die* - **1.** [Zahl] uno *m* - **2.** [Schulnote] sobresaliente *m* ; *siehe auch* **Sechs**.

einsam ◇ *adj* - **1.** [Person] solo(la) - **2.** [Gegend] aislado(da) ; [Haus] solitario(ria). ◇ *adv* en solitario.

Einsamkeit *die (ohne Pl)* soledad *f*.

ein|sammeln *vt* recoger ; [Spenden] recaudar.

Ein|satz *der* - **1.** [Geld] apuesta *f* - **2.** [Einsetzen] empleo *m* ; **unter ~ aller Kräfte** poniendo todas las fuerzas ; **unter ~ seines Lebens** arriesgando su vida ; **zum ~ kommen** entrar en acción - **3.** MIL acción *f* - **4.** [Teil] elemento *m* ; [in Koffer] bandeja *f* - **5.** MUS entrada *f*.

einsatzbereit *adj* [Fahrzeuge, Maschinen] listo(ta) para el empleo ; [Truppe] listo(ta) para el combate ; [Menschen] preparado(da).

ein|schalten *vt* - **1.** [anstellen] encender - **2.** [hinzuziehen] hacer intervenir a. ◆ **sich einschalten** *ref* - **1.** [Gerät, Sirene] encenderse - **2.** [eingreifen] intervenir.

ein|schärfen *vt* : **jm etw ~** inculcar algo a alguien.

ein|schätzen *vt* valorar ; **etw richtig/falsch ~** calcular algo correctamente/incorrectamente ; **jn richtig/falsch ~** valorar a alguien correctamente/incorrectamente.

Ein|schätzung *die* valoración *f*.

ein|schenken *vt* poner.

ein|schicken *vt* enviar.

ein|schieben *vt* *(unreg)* - **1.** [hineinschieben] introducir - **2.** [einfügen] intercalar.

ein|schiffen *vt* embarcar.

ein|schlafen (*perf* **ist eingeschlafen**) *vi* *(unreg)* - **1.** [schlafen] dormirse - **2.** [taub werden] dormirse - **3.** [aufhören] enfriarse - **4.** [sterben] fallecer.

ein|schläfern *vt* narcotizar.

einschläfernd *adj* adormecedor(ra).

ein|schlagen (*perf* **hat/ist eingeschlagen**) *(unreg)* ◇ *vi* - **1.** *(ist)* [treffen] caer - **2.** *(hat)* [zustimmen] aceptar - **3.** *(hat)* [lenken] girar - **4.** *(hat)* [Furore machen] tener éxito - **5.** *(hat)* [schlagen] : **auf jn ~** golpear a alguien. ◇ *vt* *(hat)* - **1.** [hineinschlagen] clavar - **2.** [zerschlagen] destrozar - **3.** [einwickeln] envolver - **4.** [wählen] tomar, seguir.

einschlägig ◇ *adj* correspondiente. ◇ *adv* : **~ vorbestraft sein** ser reincidente.

ein|schleichen ◆ **sich einschleichen** *ref (unreg)* deslizarse ; [Person] colarse.

ein|schleusen *vt* hacer entrar clandestinamente.

ein|schließen *vt (unreg)* - **1.** [einsperren] encerrar - **2.** [aufbewahren] guardar bajo llave - **3.** [umzingeln] cercar - **4.** [beinhalten] incluir.

einschließlich <> *präp* inclusive, incluido(da). <> *adv* inclusive.

ein|schmeicheln ◆ **sich einschmeicheln** *ref* : **sich bei jm ~** *abw* hacerle la pelota a alguien.

einschneidend <> *adj* drástico(ca). <> *adv* drásticamente.

ein|schneien (*perf* **ist eingeschneit**) *vi* cubrirse de nieve ; [Person] quedarse aislado(da) por la nieve.

Ein|schnitt *der* - **1.** [Schnitt] corte *m* - **2.** [Zäsur] incisión *f*.

ein|schränken *vt* limitar ; [Menge, Anzahl] reducir.

Einschränkung (*pl* **-en**) *die* - **1.** [Einschränken] limitación *f* ; [des Rauchens, der Menge] reducción *f* - **2.** [Vorbehalt] reserva *f*.

ein|schreiben *vt (unreg)* - **1.** [hineinschreiben] apuntar ; [Mitglied] inscribir - **2.** [registrieren lassen] certificar. ◆ **sich einschreiben** *ref* inscribirse.

Ein|schreiben *das* correo *m* certificado.

ein|schreiten (*perf* **ist eingeschritten**) *vi (unreg)* intervenir.

ein|schüchtern *vt* intimidar.

Einschüchterung (*pl* **-en**) *die* intimidación *f*.

ein|schulen *vt* escolarizar.

Ein|schulung *die* escolarización *f*.

ein|sehen *vt (unreg)* - **1.** [erkennen] reconocer - **2.** [betrachten] examinar - **3.** [hineinsehen] : **etw ~** tener vista sobre algo, echar un vistazo a algo.

einseitig <> *adj* - **1.** [subjektiv] subjetivo(va), parcial - **2.** [auf einer Seite] de un lado - **3.** [von einer Seite] unilateral. <> *adv* - **1.** [subjektiv] subjetivamente, de forma parcial - **2.** [auf einer Seite] de un lado - **3.** [unausgewogen] de forma inequilibrada.

ein|senden (*prät* **sendete ein** ODER **sandte ein**, *perf* **hat eingesendet** ODER **eingesandt**) *vt* enviar.

ein|setzen <> *vt* - **1.** [hineinsetzen] colocar ; [Pflanze] plantar - **2.** [Medikamente, Apparate] emplear ; [Polizei] movilizar ; [Bus, Zug] poner en servicio - **3.** [ernennen] designar - **4.** [riskieren] poner en juego. <> *vi* empezar ; [Streicher, Sopran] entrar. ◆ **sich einsetzen** *ref* emplearse a fondo ; **sich für etw/jn ~** interceder a favor de algo/alguien.

Ein|sicht *die* - **1.** [Erkenntnis] comprensión *f* ; **zu der ~ kommen, dass ...** llegar a la conclusión de que ... - **2.** *(ohne Pl)* [Einblick] vista *f* ; [in Papiere, Akten, Unterlagen] examen *m* ; **ein normaler Bürger hat keine ~ in diese Unterlagen** un ciudadano corriente no tiene acceso a esos documentos.

einsichtig <> *adj* razonable. <> *adv* - **1.** [vernünftig] de forma razonable - **2.** [verständlich] de forma clara.

Ein|siedler, in *der, die* ermitaño *m*, -ña *f*.

einsilbig <> *adj* - **1.** [wortkarg] callado(da) - **2.** [aus einer Silbe] monosílabo(ba). <> *adv* con pocas palabras.

ein|sinken (*perf* **ist eingesunken**) *vi (unreg)* hundirse.

ein|spannen *vt* - **1.** [Pferd] enganchar - **2.** [zur Arbeit] hacer trabajar ; **sehr eingespannt sein** estar hasta arriba de trabajo - **3.** [einlegen] introducir.

ein|sparen *vt* ahorrar.

ein|sperren *vt* - **1.** [in einem Raum] encerrar - **2.** [im Gefängnis] meter en la cárcel.

ein|spielen *vt* - **1.** [erbringen] rentar - **2.** [Instrument] afinar - **3.** [einfügen] intercalar.

ein|springen (*perf* **ist eingesprungen**) *vi (unreg)* hacer una sustitución ; **für jn ~** sustituir a alguien.

Ein|spruch *der* protesta *f* ; JUR recurso *m* ; **~ (gegen etw) erheben** protestar (contra algo).

einspurig <> *adj* de un solo carril ; [Gleis] de una sola vía. <> *adv* por un solo carril.

ein|stecken *vt* - **1.** [mitnehmen] coger - **2.** [erdulden] tragarse - **3.** [hineinstecken] enchufar - **4.** [einwerfen] echar - **5.** [stehlen] sisar.

ein|steigen (*perf* **ist eingestiegen**) *vi (unreg)* - **1.** [hineinsteigen] subir ; **in etw** *(A)* **~** subir a algo ; **in ein Haus ~** entrar ODER meterse en una casa - **2.** [anfangen] : **in etw** *(A)* **~** entrar en algo.

einstellbar *adj* regulable.

ein|stellen *vt* - **1.** [anstellen] contratar - **2.** [regulieren] ajustar - **3.** [anmachen] encender - **4.** [beenden] suspender ; **das Rauchen ~** dejar de fumar. ◆ **sich einstellen** *ref* - **1.** [sich anpassen] : **sich auf etw/jn ~** adaptarse a algo/alguien - **2.** *geh* [anfangen] empezar, iniciarse.

Ein|stellung *die* - **1.** [Anstellung] contratación *f* - **2.** [Regulierung] ajuste *m* - **3.** [Beendigung] suspensión *f* ; **~ des Feuers** cese *m* del fuego - **4.** [Anpassung] adaptación *f* - **5.** [Meinung, Haltung] opinión *f* - **6.** [Szene] enfoque *m*.

Einstellungs|gespräch *das* entrevista *f* de trabajo.

Einstieg (*pl* **-e**) *der* - **1.** [Beginn] comienzo

m - **2.** [Einführung] introducción *f* - **3.** [Einsteigen] subida *f*.

ein|stimmen *vi* - **1.** [mitsingen, mitspielen] unir la voz ; **in etw** *(A)* ~ unir la voz a algo - **2.** [vorbereiten] : **jn auf etw** *(A)* ~ poner a alguien a tono para algo.

einstimmig ◇ *adj* - **1.** MUS unísono(na) - **2.** [übereinstimmend] unánime. ◇ *adv* - **1.** MUS al unísono - **2.** [übereinstimmend] unánimemente.

einstöckig ◇ *adj* de un solo piso. ◇ *adv* con un solo piso ; **hier darf nur ~ gebaut werden** aquí sólo se pueden construir casas de un solo piso.

ein|studieren *vt* estudiar.

ein|stufen *vt* clasificar ; **einen Kursteilnehmer ~** poner a un alumno en un nivel.

einstündig *adj* de una hora.

Ein|sturz *der* derrumbamiento *m*.

ein|stürzen (*perf* **ist eingestürzt**) *vi* - **1.** [zusammenbrechen] derrumbarse - **2.** [hereinbrechen] : **etw stürzt auf jn ein** algo sobreviene a alguien.

Einsturz|gefahr *die* peligro *m* de derrumbamiento.

einstweilig *amt* ◇ *adj* provisional. ◇ *adv* provisionalmente.

eintägig *adj* de un (solo) día.

ein|tauchen (*perf* **hat/ist eingetaucht**) ◇ *vt (hat)* mojar. ◇ *vi (ist)* sumergirse.

ein|tauschen *vt* : **etw gegen etw ~** cambiar algo por algo.

eintausend *num* mil.

ein|teilen *vt* - **1.** [klassifizieren] clasificar - **2.** [aufteilen, verplanen] repartir ; [Zeit] distribuir - **3.** [einplanen] : **jn für** ODER **zu etw ~** asignar a alguien para algo.

einteilig *adj* de una sola pieza.

Ein|teilung *die* - **1.** [Klassifizierung] clasificación *f* - **2.** [Aufteilung, Verplanung] división *f* ; [von Zeit] distribución *f* - **3.** [Einplanung] : **js ~ für** ODER **zu etw** la asignación de alguien para algo.

eintönig ◇ *adj* monótono(na). ◇ *adv* de forma monótona.

Ein|topf *der* guiso *m*, potaje *m*.

einträchtig ◇ *adj* concorde. ◇ *adv* en armonía.

Eintrag (*pl* **Einträge**) *der* - **1.** [Notiz] anotación *f* ; [im Wörterbuch] entrada *f* - **2.** *(ohne Pl)* [Notieren] nota *f*.

ein|tragen *vt (unreg)* - **1.** [notieren] anotar - **2.** *amt* [registrieren] registrar - **3.** [einbringen] : **jm Ärger/Sympathie ~** causar enfado/simpatía a alguien ; **Geld/Gewinn ~** producir dinero/beneficios. ◆ **sich eintragen** *ref* apuntarse.

einträglich *adj* lucrativo(va).

ein|treffen (*perf* **ist eingetroffen**) *vi (unreg)* llegar ; [Voraussage, Ereignis] hacerse realidad.

ein|treiben *vt (unreg)* [Steuern] recaudar ; [Geld] cobrar.

ein|treten (*perf* **hat/ist eingetreten**) *(unreg)* ◇ *vi (ist)* - **1.** [hereinkommen] entrar - **2.** [beitreten] : **in etw** *(A)* ~ ingresar en algo - **3.** [sich einsetzen] : **für etw/jn ~** abogar por algo/alguien - **4.** [geschehen] llegar ; [Umstände, Fall] ocurrir ; [Herzstillstand] producirse - **5.** [beginnen] : **in etw** *(A)* ~ entrar en algo. ◇ *vt (hat)* [Tür] derribar a patadas ; [Fenster, Glas, Schädel] romper a patadas.

Ein|tritt *der* - **1.** [Hereinkommen, Beginn] entrada *f* ; **'~ frei!'** '¡entrada libre!' ; **'~ verboten'** 'prohibida la entrada' - **2.** [Eintrittspreis] entrada *f* - **3.** [Beitritt] ingreso *m* - **4.** [Geschehen] : **bei ~ des Todes** al llegar la muerte ; **bei ~ der Nacht** al anochecer.

Eintritts|geld *das* precio *m* de entrada.

Eintritts|karte *die* (billete *m* de) entrada *f*, boleto *m Amér*.

ein|üben *vt* practicar ; [Theater, Musik] ensayar.

einverstanden ◇ *adj* : **mit etw/jm ~ sein** estar de acuerdo con algo/alguien ; **sich mit etw ~ erklären** declararse conforme con algo. ◇ *interj* ¡vale!, ¡de acuerdo!

einverstanden sein

Estoy completamente de acuerdo. Ich bin absolut einverstanden.
Tienes toda la razón. Du hast völlig recht.
¡De acuerdo! Einverstanden.
Sí, claro, por supuesto. Ja klar, selbstverständlich.
Comparto tu opinión. Ich teile deine Meinung.
Somos de la misma opinión. Wir sind der gleichen Ansicht.

Ein|verständnis *das* acuerdo *m*.

Ein|wand *der* objeción *f* ; **einen ~ gegen etw haben** presentar objeción contra algo.

ein|wandern (*perf* **ist eingewandert**) *vi* inmigrar.

Ein|wanderung *die* inmigración *f*.

einwandfrei ◇ *adj* [Verhalten] irreprochable ; [Qualität, Material, Motor] perfecto(ta). ◇ *adv* [sich verhalten] de forma irreprochable ; [funktionieren] perfectamente.

einwärts *adv* hacia dentro.

Einweg|flasche *die* botella *f* no retornable.

ein|weichen *vt* poner a ODER en remojo,

ensopar *Amér*; [Hülsenfrüchte, Körner] ablandar en agua.

ein|weihen *vt* inaugurar.

Ein|weihung *die* inauguración *f*.

ein|weisen *vt (unreg)* - **1.** [überweisen] (hacer) ingresar ODER hospitalizar - **2.** [einführen] instruir; **jn in etw** *(A)* ~ instruir a alguien en algo - **3.** [dirigieren] dirigir.

Ein|weisung *die* - **1.** [Überweisung] hospitalización *f* - **2.** [Einführung] instrucción *f* - **3.** [Dirigieren] dirección *f*.

ein|wenden *vt* objetar; **dagegen ist nichts einzuwenden** no hay nada que objetar.

ein|werfen *vt (unreg)* - **1.** [Brief] echar; [Münze] introducir - **2.** [Ball] poner en juego - **3.** [kaputtwerfen] romper - **4.** [aussprechen] mencionar.

ein|wickeln *vt* - **1.** [einpacken] envolver - **2.** *fam abw* [überreden] embaucar.

ein|willigen *vi* consentir; **in etw** *(A)* ~ consentir en algo.

Einwilligung (*pl* **-en**) *die* consentimiento *m*.

ein|wirken *vi* influir; [Salbe] actuar; **auf etw/jn** ~ influir en algo/alguien.

Einwohner, in (*mpl* **-**, *fpl* **-nen**) *der, die* habitante *mf*.

Einwohnermelde|amt *das* oficina *f* de empadronamiento.

Einwohner|zahl *die* número *m* de habitantes.

Ein|wurf *der* - **1.** [Ausspruch] observación *f* - **2.** [von Ball] saque *m* - **3.** [Einstecken] introducción *f*.

Einzahl *die (ohne Pl)* singular *m*.

ein|zahlen *vt* ingresar.

Ein|zahlung *die* ingreso *m*.

ein|zeichnen *vt* señalar, marcar.

Einzel (*pl* **-**) *das* partido *m* individual.

Einzel|fall *der* caso *m* particular.

Einzel|gänger, in (*mpl* **-**, *fpl* **-nen**) *der, die* solitario *m*, -ria *f*.

Einzel|handel *der* comercio *m* al por menor.

Einzelheit *die* detalle *m*; **in allen ~en** con pelos y señales.

Einzel|kind *das* hijo único *m*, hija única *f*.

einzeln ◇ *adj* solo(la); **jeder ~e ...** cada uno (una) de ... ◇ *adv* uno por uno (una por una); ~ **stehend** aislado(da). ◇ *det (nur Pl)* aislado(da); **~e Fälle** casos aislados.

Einzelne *der, die, das* individuo *m*; ~ *(pl)* algunos(nas); **jeder/jede/jedes** ~ cada uno (cada una); **ins ~ gehen** entrar en detalles; **im ~n** en detalle.

Einzel|person *die* individuo *m*.

Einzel|stück *das* pieza *f* única.

Einzel|zimmer *das* habitación *f* individual.

ein|ziehen (*perf* **hat/ist eingezogen**) *(unreg)* ◇ *vt (hat)* - **1.** [Bauch] meter; [Kopf] bajar; [Fahrgestell, Netz] recoger; **den Schwanz** ~ salir con el rabo entre las piernas - **2.** [hindurchziehen] poner - **3.** [Wand] levantar; [Decke] construir - **4.** [einberufen] llamar a filas - **5.** [fordern] cobrar; [Steuern] recaudar - **6.** [beschlagnahmen] confiscar - **7.** [Banknoten] retirar - **8.** [einsaugen] aspirar - **9.** *amt* [Informationen] pedir. ◇ *vi (ist)* - **1.** [eine Wohnung beziehen] instalarse - **2.** [Einzug halten] entrar - **3.** [eindringen] penetrar, ser absorbido(da).

einzig ◇ *adj (ohne Kompar)* - **1.** [alleinig] único(ca); **ein ~es Mal** una sola vez - **2.** *geh* [einzigartig] único(ca) - **3.** [total] absoluto(ta). ◇ *adv* [nur] solamente; ~ **und allein** única y exclusivamente.

einzigartig ◇ *adj* único(ca); **~e Schönheit** belleza sin igual. ◇ *adv* de foma única; **das ist ein ~ schönes Gemälde!** ¡este cuadro es de una belleza sin igual!

Einzige *der, die, das* único *m*, -ca *f*; **nur ein ~r erhob sich** se levantó una única persona; **sie war als ~ dafür** era la única que estaba a favor.

Einzimmer|wohnung *die* estudio *m* ODER apartamento *m* de una habitación.

Ein|zug *der* - **1.** [Beginn] comienzo *m* - **2.** [in Wohnung] mudanza *f*; **beim ~ in die neue Wohnung** al instalarse en el nuevo piso - **3.** [Einlaufen] entrada *f* - **4.** [von Geld, Steuern] recaudación *f* - **5.** MIL entrada *f* - **6.** [auf Papier] sangría *f*.

Eis (*pl* **-**) *das* - **1.** *(ohne Pl)* [Gefrorenes] hielo *m*; **etw auf ~ legen** [kühlen] poner algo en hielo; *fam* [verschieben] suspender algo - **2.** [Eiscreme] helado *m*.

Eis|bahn *die* pista *f* de patinaje sobre hielo.

Eis|bär *der* oso *m* polar.

Eis|becher *der* copa *f* de helado.

Eis|bein *das (ohne Pl)* lacón *m*.

Eis|berg *der* iceberg *m*.

Eis|café ['aiskafeː] *das* heladería *f*.

Eischnee *der (ohne Pl)* punto *m* de nieve.

Eiscreme ['aiskreːm], **Eiskrem** *die (ohne Pl)* helado *m*.

Eis|diele *die* heladería *f*.

Eisen (*pl* **-**) *das* - **1.** *(ohne Pl)* [Metall] hierro *m*, fierro *m Amér* - **2.** [Hufeisen] herradura *f*; GOLF palo *m* de hierro.

Eisen|bahn *die* - **1.** [Zug] ferrocarril *m* - **2.** [Institution] ferrocarriles *mpl* - **3.** [Modelleisenbahn] tren *m* de juguete.

Eisenbahn|netz *das* red *f* ferroviaria.

Eisen|erz *das* mineral *m* de hierro.

eisenhaltig *adj* ferroso(sa) ; [Flüssigkeit] ferruginoso(sa).

eisern <> *adj* - **1.** [aus Eisen] de hierro - **2.** [unnachgiebig] férreo(a) ; ~ **bleiben** seguir impasible. <> *adv* [unnachgiebig] de forma inalterable ; ~ **schweigen** negarse a hablar ; ~ **sparen** ahorrar con tenacidad.

eisgekühlt *adj* helado(da).

Eis|hockey *das* hockey *m* sobre hielo.

eisig <> *adj* [eiskalt, unfreundlich] helado(da). <> *adv* - **1.** [eiskalt] como el hielo ; **es ist ~ kalt** hace un frío glacial ; ~ **wehender Wind** viento helado - **2.** [abweisend] fríamente.

eiskalt <> *adj* - **1.** [sehr kalt] helado(da) ; **es ist ~** hace un frío que pela ; **mir ist ~** tengo un frío horrible - **2.** [herzlos] frío(a). <> *adv* - **1.** [sehr kalt] : ~ **servieren** servir bien frío(a) ; **der Wind wehte ~** el viento era helado - **2.** [herzlos] fríamente.

Eiskrem = Eiscreme.

Eiskunstlauf *der (ohne Pl)* patinaje *m* artístico, patinaje *m* sobre hielo.

Eis|zapfen *der* carámbano *m*.

Eis|zeit *die* glaciación *f*.

eitel *adj abw* presumido(da), vanidoso(sa).

Eitelkeit (*pl* -en) *die abw* vanidad *f*.

Eiter *der (ohne Pl)* pus *m*.

eitern *vi* supurar.

eitrig, eiterig *adj* purulento(ta).

Eiweiß (*pl* -e) *das* - **1.** *(ohne Pl)* [im Ei] clara *f* - **2.** BIOL & CHEM proteína *f*.

Ei|zelle *die* óvulo *m*.

EKD [eːˈkaːˈdeː] (*abk für* **Evangelische Kirche in Deutschland**) *die (ohne Pl)* Iglesia *f* Evangélica de Alemania.

Ekel (*pl* -) <> *der (ohne Pl)* [Abscheu] asco *m*. <> *das fam abw* [Person] persona *f* asquerosa.

ekelhaft <> *adj* asqueroso(sa). <> *adv* de forma asquerosa.

ekeln *vt* dar asco. ◆ **sich ekeln** *ref* : **ich ekle mich sehr** me da mucho asco ; **sich vor etw/jm ~** sentir repugnancia hacia algo/ alguien.

eklig, ekelig <> *adj* - **1.** [Ekel erregend] asqueroso(sa) - **2.** *fam* [gemein] asqueroso(sa). <> *adv* asquerosamente.

Ekzem (*pl* -e) *das* eczema *m*.

elastisch *adj* - **1.** [dehnbar] elástico(ca) - **2.** [geschmeidig] ligero(ra) - **3.** [anpassungsfähig] flexible.

Elbe *die* Elba *m*.

Elbsandsteingebirge *das montañas de piedra arenisca a orillas del Elba.*

Elch (*pl* -e) *der* alce *m*.

Elefant (*pl* -en) *der* elefante *m* ; **sich wie ein ~ im Porzellanladen benehmen** *fam fig* ser un patoso (una patosa).

elegant <> *adj* elegante, elegantoso(sa) *Amér*. <> *adv* elegantemente.

Eleganz *die (ohne Pl)* elegancia *f*.

Elektriker, in (*mpl* -, *fpl* -nen) *der, die* electricista *mf*.

elektrisch <> *adj* eléctrico(ca). <> *adv* con electricidad ; ~ **kochen** cocinar con cocina eléctrica ; **die Wohnung ~ heizen** calentar la casa con calefacción eléctrica ; **sich ~ rasieren** afeitarse con máquina de afeitar eléctrica.

Elektrizitäts|werk *das* central *f* eléctrica.

Elektrode (*pl* -n) *die* electrodo *m* ; **positive ~** ánodo *m* ; **negative ~** cátodo *m*.

Elektro|gerät *das* electrodoméstico *m*.

Elektro|geschäft *das* tienda *f* de electrodomésticos.

Elektro|herd *der* cocina *f* eléctrica.

Elektro|motor *der* motor *m* eléctrico.

Elektronik *die (ohne Pl)* electrónica *f*.

elektronisch <> *adj* electrónico(ca). <> *adv* electrónicamente.

Elektrotechnik *die (ohne Pl)* electrotécnica *f*, electrotecnia *f*.

Element (*pl* -e) *das* - **1.** [Bestandteil, Lebensraum] elemento *m* ; **in seinem ~ sein** estar en su elemento - **2.** *abw* [Person] individuo *m*, elemento *m* ; **dunkle** ODER **zwielichtige ~e** individuos sospechosos.

elend <> *adj* - **1.** [erbärmlich] miserable - **2.** [krank] enfermizo(za) ; **du siehst ~ aus!** tienes (muy) mala cara. <> *adv* - **1.** [erbärmlich] miserablemente - **2.** [schlecht] fatal.

Elend *das (ohne Pl)* miseria *f*.

Elends|viertel *das* barrio *m* pobre ODER bajo.

elf *num* once ; *siehe auch* **sechs**.

Elf (*pl* -en) <> *die (G Elf)* - **1.** [Zahl] once *m* - **2.** *(ohne Pl)* SPORT once *m*. <> *der (G Elfen)* elfo *m* ; *siehe auch* **Sechs**.

Elfenbein *das (ohne Pl)* marfil *m*.

elfhundert *num* mil cien.

Elf|meter *der* penalty *m*.

elfte, r, s *adj* undécimo(ma) ; *siehe auch* **sechste**.

Elfte (*pl* -n) *der, die, das* undécimo *m*, -ma *f* ; *siehe auch* **Sechste**.

elftel *adj (unver)* undécimo(ma), onceavo(va) ; *siehe auch* **sechstel**.

Elftel (*pl* -) *das* undécima parte *f*; *siehe auch* **Sechstel**.

Elite (*pl* **-n**) *die* élite *f*.

Elite|schule *die* escuela *f* de élite.

Ellbogen, Ellenbogen (*pl* -) *der* codo *m*.

Elle (*pl* **-n**) *die* **- 1.** [Knochen] cúbito *m* **- 2.** [Maßeinheit] ana *f (medida equivalente a aprox. 83 cm)*.

Ellenbogen = **Ellbogen**.

Elsass *das* Alsacia *f*.

Elsässer (*pl* -) <> *der* alsaciano *m*. <> *adj (unver)* alsaciano(na).

Elsässerin (*pl* **-nen**) *die* alsaciana *f*.

elsässisch *adj* alsaciano(na).

Elster (*pl* **-n**) *die* urraca *f*.

elterlich *adj* paterno(na) ; **~e Liebe** amor *m* paternal.

Eltern *pl* padres *mpl*.

Eltern|abend *der* reunión *f* (escolar) de padres.

Eltern|haus *das* casa *f* paterna.

elternlos <> *adj* huérfano(na). <> *adv* sin padres.

Eltern|teil *der* uno *m* de los padres ; **beide ~e** los padres.

E-Mail ['iːmeːil] (*pl* **-s**) *die* e-mail *m*, correo *m* electrónico.

E-Mail-|Adresse *die* dirección *f* de e-mail ODER correo electrónico.

Emanzipation (*pl* **-en**) *die* emancipación *f*.

emanzipieren ◆ **sich emanzipieren** *ref* emanciparse.

Embargo (*pl* **-s**) *das* embargo *m*.

Embryo (*pl* **-s** ODER **-nen**) *der* embrión *m*.

Emigrant, in (*mpl* **-en**, *fpl* **-nen**) *der, die* emigrante *mf*.

emigrieren (*perf* **ist emigriert**) *vi* emigrar.

Emission (*pl* **-en**) *die* emisión *f*.

emotional <> *adj* emotivo(va). <> *adv* de forma emotiva.

empfahl *prät* ▷ **empfehlen**.

empfand *prät* ▷ **empfinden**.

Empfang (*pl* **Empfänge**) *der* **- 1.** *(ohne Pl)* [Erhalt] recepción *f*; [von Briefen, Waren] recibo *m*; **etw in ~ nehmen** recibir algo **- 2.** [Begrüßung] recibimiento *m*; **jn in ~ nehmen** recibir a alguien **- 3.** *(ohne Pl)* TV recepción *f* **- 4.** [Veranstaltung] recepción *f* **- 5.** [Rezeption] recepción *f*.

empfangen (*präs* **empfängt**, *prät* **empfing**, *perf* **hat empfangen**) *vt* recibir ; **sie empfing ein Kind von ihm** se quedó embarazada de él.

Empfänger (*pl* -) *der* **- 1.** [Gerät] receptor *m* **- 2.** [Person] receptor *m* ; [von Brief, Paket, Ware] destinatario *m*.

Empfängerin (*pl* **-nen**) *die* receptora *f*; [von Brief, Paket, Ware] destinataria *f*.

empfänglich *adj* sensible ; **für etw ~ sein** ser sensible a algo ; [für Krankheit] estar predispuesto(ta) a algo.

Empfängnis *die (ohne Pl)* concepción *f*; **die Unbefleckte ~** la Inmaculada Concepción.

Empfängnisverhütung *die (ohne Pl)* anticoncepción *f*.

Empfangs|bescheinigung *die* acuse *m* de recibo.

empfängt *präs* ▷ **empfangen**.

empfehlen (*präs* **empfiehlt**, *prät* **empfahl**, *perf* **hat empfohlen**) *vt* recomendar ; **ich empfehle dir, bald zum Arzt zu gehen** te aconsejo que vayas al médico. ◆ **sich empfehlen** *ref* **- 1.** [sich anbieten] ser recomendable ; **es empfiehlt sich, etw zu tun** conviene hacer algo **- 2.** *geh* [sich verabschieden] despedirse.

empfehlenswert *adj* recomendable.

Empfehlung (*pl* **-en**) *die* **- 1.** [Ratschlag] recomendación *f*; **auf js ~ hin, auf ~ von jm** con la recomendación de alguien **- 2.** [Beurteilung] recomendación *f* **- 3.** *geh* [Gruß] saludo *m*.

Empfehlungs|schreiben *das* carta *f* de recomendación.

empfiehlt *präs* ▷ **empfehlen**.

empfinden (*prät* **empfand**, *perf* **hat empfunden**) *vt* sentir.

Empfinden *das (ohne Pl)* sensación *f*; **für** ODER **nach js ~** en opinión de alguien.

empfindlich <> *adj* **- 1.** [sensibel] sensible **- 2.** [anfällig] delicado(da) **- 3.** [spürbar] : **~e Strafe** castigo *m* severo ; **~er Verlust** pérdida *f* dolorosa **- 4.** [nicht widerstandsfähig] delicado(da). <> *adv* **- 1.** [leicht verletzlich] con susceptibilidad **- 2.** [merklich] perceptiblemente ; **jn ~ treffen** tocar el punto débil de alguien **- 3.** [sehr] muy.

Empfindlichkeit *die (ohne Pl)* **- 1.** [Sensibilität] sensibilidad *f* **- 2.** [Anfälligkeit] delicadeza *f* **- 3.** [von Material] delicadeza *f*.

Empfindung (*pl* **-en**) *die* **- 1.** [Wahrnehmung] sensación *f* **- 2.** [Emotion] sentimiento *m*.

empfing *prät* ▷ **empfangen**.

empfohlen *pp* ▷ **empfehlen**.

empfunden *pp* ▷ **empfinden**.

empören *vt* indignar. ◆ **sich empören** *ref* indignarse ; **sich über etw** *(A)* **~** indignarse por algo.

empört ◇ *adj* indignado(da). ◇ *adv* con indignación.

Empörung *die (ohne Pl)* indignación *f*.

emsig ◇ *adj* laborioso(sa). ◇ *adv* laboriosamente.

Ende (*pl* **-n**) *das* - **1.** *(ohne Pl)* [Schluss] final *m* ; **zu ~ sein** terminar ; **zu ~ gehen** acabarse ; **ein/kein ~ nehmen** acabar/no acabar nunca - **2.** *(ohne Pl)* [Tod] muerte *f* - **3.** [Stück] extremo *m* - **4.** *(ohne Pl) fam* [Wegstrecke] : **ein ganzes ~** un buen trecho - **5.** *RW* : **am ~ sein** [müde] estar agotado(da) ; [nervlich] tener los nervios destrozados ; **mit etw am ~ sein** estar al límite de algo ; **das ~ vom Lied war ...** el resultado fue ... ◆ **am Ende** *adv* al final. ◆ **letzten Endes** *adv* al fin y al cabo.

Endeffekt *der (ohne Pl)* : **im ~** al fin y al cabo.

enden (*perf* **hat/ist geendet**) *vi* - **1.** *(hat)* [zu Ende gehen] acabar, terminar ; **der Zug endet in Köln** el tren va hasta Colonia ; **mit etw ~** acabar ODER terminar con algo ; **gut/schlecht ~** acabar ODER terminar bien/mal ; **nicht ~ wollend** ininterrumpido(da) - **2.** [schließlich landen] terminar ; [sterben] morir.

Endlergebnis *das* resultado *m* final.

endgültig ◇ *adj* definitivo(va). ◇ *adv* definitivamente.

Endivie [ɛn'diːvi̯ə] (*pl* **-n**) *die* endivia *f*.

endlich ◇ *adv* - **1.** [nach langem Warten] por fin - **2.** [zuletzt] finalmente. ◇ *adj* limitado ; MATH finito(ta).

endlos ◇ *adj* ilimitado(da). ◇ *adv* eternamente, sin límite.

Endlrunde *die* fase *f* final.

Endlsilbe *die* última sílaba *f*.

Endlspurt *der* sprint *m* final.

Endlstation *die* terminal *f*.

Endung (*pl* **-en**) *die* desinencia *f*.

Energie (*pl* **-n**) *die* energía *f*.

Energiebedarf *der (ohne Pl)* demanda *f* energética.

Energielbündel *das* : **er ist ein ~** es pura energía.

Energielkrise *die* crisis *f* energética.

Energielverbrauch *der (ohne Pl)* consumo *f* de energía.

energisch ◇ *adj* enérgico(ca). ◇ *adv* enérgicamente.

eng ◇ *adj* - **1.** [schmal] estrecho(cha) ; [wenig Platz bietend] apretado(da) - **2.** [eng anliegend] ajustado(da), estrecho(cha) - **3.** [eingeschränkt] limitado(da) ; **in die ~e Wahl kommen** llegar a la última selección ; **im ~en Sinne (des Wortes)** en el sentido estricto (de la palabra), propiamente dicho(cha) - **4.** [nah] íntimo(ma) ; [Verwandtschaft] cercano(na). ◇ *adv* - **1.** [dicht gedrängt] muy apretado(da) - **2.** [eng anliegend] apretadamente - **3.** [eingeschränkt] estrictamente - **4.** [nah] íntimamente.

Engadin *das* Engadina *f*.

engagieren [ãga'ʒiːrən] *vt* contratar. ◆ **sich engagieren** *ref* comprometerse ; **sich für etw/jn ~** comprometerse a algo/con alguien.

Enge *die (ohne Pl)* estrechez *f*.

Engel (*pl* **-**) *der* ángel *m*.

England *nt* Inglaterra *f*.

Engländer, in (*mpl* **-**, *fpl* **-nen**) *der, die* inglés *m*, -esa *f*.

englisch ◇ *adj* inglés(esa). ◇ *adv* en inglés.

Englisch *das (ohne Pl)* [Sprache, Lehrfach] inglés *m* ; **auf** ODER **in ~** en inglés.

Englische *das (ohne Pl)* inglés *m* ; **etw ins ~ übersetzen** traducir algo al inglés.

engstirnig *abw* ◇ *adj* estrecho(cha) de mente. ◇ *adv* con estrechez de miras.

Enkel, in (*mpl* **-**, *fpl* **-nen**) *der, die* nieto *m*, -ta *f*.

Enkellkind *das* nieto *m*, -ta *f*.

enorm ◇ *adj* enorme. ◇ *adv* enormemente.

entarten (*perf* **ist entartet**) *vi* degenerar.

entbehren ◇ *vt* - **1.** [auf etw verzichten] prescindir de - **2.** *geh* [vermissen] echar de menos. ◇ *vi* : **einer Sache** *(G)* **~** *geh* carecer de algo.

entbehrlich *adj* innecesario(ria).

Entbehrung (*pl* **-en**) *die* privación *f* ; **eine Zeit voller ~en** un tiempo lleno de miserias.

Entbindung (*pl* **-en**) *die* - **1.** [Befreiung] absolución *f* - **2.** [Gebären] parto *m*, alumbramiento *m*.

entblößen ◆ **sich entblößen** *ref* desnudarse.

entdecken *vt* descubrir ; [Gesuchtes] encontrar.

Entdecker, in (*mpl* **-**, *fpl* **-nen**) *der, die* descubridor *m*, -ra *f*.

Entldeckung *die* desubrimiento *m*.

Ente (*pl* **-n**) *die* - **1.** [Tier] pato *m* - **2.** [Zeitungsmeldung] noticia *f* falsa - **3.** [Citroën 2 CV] 2 caballos *m*.

enteignen *vt* expropiar.

enterben *vt* desheredar.

entfallen (*präs* **entfällt**, *prät* **entfiel**, *perf* **ist entfallen**) *vi* - **1.** [vergessen] : **etw entfällt jm** alguien se olvida de algo - **2.** [sich verteilen] : **auf jn ~** corresponder a alguien ; **auf mehrere Personen ~** repartirse entre varias personas - **3.** *geh* [herunterfallen] : **jm/js Hand ~** caerse de las manos de alguien.

entfalten *vt* - **1.** [öffnen] desplegar ; [Stoff, Serviette] desdoblar - **2.** [zeigen] mostrar ; [Können, Fähigkeiten, Begabung] desarrollar - **3.** [erklären] exponer.

Entfaltung (*pl* **-en**) *die* - **1.** [von Persönlichkeit, Aktivität] desarrollo *m* ; **etw zur ~ bringen** desarrollar algo en su totalidad - **2.** [von Blüte] despliegue *m*.

entfernen *vt* [beseitigen] quitar ; [Problem] resolver ; **etw/jn von etw/jm ~** apartar algo/alguien de algo/alguien ; **jn aus seinem Amt ~** remover a alguien de su cargo. ◆ **sich entfernen** *ref* alejarse ; **sich von etw ~** alejarse de algo.

entfernt ◇ *adj* - **1.** [fort] alejado(da) - **2.** [weitläufig] lejano(na) - **3.** [blass] vago(ga) - **4.** [abgelegen] apartado(da) ; **weit davon ~ sein, etw zu tun** *fig* estar lejos de hacer algo. ◇ *adv* - **1.** [weitläufig] lejanamente - **2.** [blass, gering] vagamente.

Entfernung (*pl* **-en**) *die* - **1.** [Distanz] distancia *f* - **2.** [Beseitigung] eliminación *f* - **3.** [Weggehen] alejamiento *m*.

entfremden *vt* - **1.** [Person] distanciar ; **jn einer Sache/jm ~** distanciar a alguien de algo/alguien - **2.** [zweckentfremden] usar con otros fines ; **etw als etw ~** servirse de algo como de algo.

entführen *vt* secuestrar, plagiar *Amér*.

Ent|führer, in *der, die* secuestrador *m*, -ra *f*.

Ent|führung *die* secuestro *m*.

entgegen ◇ *präp* (+ *D*) contra. ◇ *adv* en contra de.

entgegen|gehen (*perf* **ist entgegengegangen**) *vi (unreg)* : **einer Sache/jm ~** salir al encuentro de algo/alguien ; **dem Ende ~** llegar a su fin.

entgegengesetzt *adj* contrario(ria).

entgegen|halten *vt (unreg)* - **1.** [nähern] ofrecer - **2.** [entgegnen] objetar.

entgegen|kommen (*perf* **ist entgegengekommen**) *vi (unreg)* - **1.** [herankommen] : **jm ~** acercarse a alguien - **2.** [auf Wünsche eingehen] : **jm ~** complacer a alguien.

Entgegenkommen *das (ohne Pl)* complacencia *f*.

entgegenkommend ◇ *adj* complaciente. ◇ *adv* con complacencia.

entgegen|nehmen *vt (unreg)* recibir.

entgegen|setzen *vt* : **einer Sache** *(D)* **etw ~** oponer algo a algo.

entgegen|stehen *vi (unreg)* : **einer Sache** *(D)* **~** oponerse a algo ; **dem steht nichts entgegen** no hay inconveniente.

entgegnen *vt* contestar.

entgehen (*prät* **entging**, *perf* **ist entgangen**) *vi* - **1.** [entkommen] : **einer Sache** *(D)* **~** librarse de algo - **2.** [unbemerkt bleiben] : **etw entgeht jm** algo se le escapa a alguien.

entgleisen (*perf* **ist entgleist**) *vi* - **1.** [Zug] descarrilar - **2.** [taktlos sein] salirse de tono.

enthalten (*präs* **enthält**, *prät* **enthielt**, *perf* **hat enthalten**) *vt* contener ; [Ideen, Tipps] incluir. ◆ **sich enthalten** *ref* - **1.** [nicht abstimmen] : **sich der Stimme ~** abstenerse de dar el voto - **2.** *geh* [verzichten] abstenerse ; **sich einer Sache** *(G)* **~** abstenerse de algo.

enthaltsam ◇ *adj* abstemio(mia) ; **(sexuell) ~ sein** no tener relaciones sexuales. ◇ *adv* de forma abstemia ; [in Bezug auf Sex] sin relaciones sexuales.

Enthaltsamkeit *die (ohne Pl)* abstinencia *f*.

Ent|haltung *die* abstención *f*.

enthüllen *vt* - **1.** [freilegen] descubrir - **2.** [bekannt geben] revelar.

entjungfern *vt* desvirgar.

entkommen (*prät* **entkam**, *perf* **ist entkommen**) *vi* escapar ; **jm ~** escapar(se) de alguien.

entkräftet *adj* débil.

entladen (*präs* **entlädt**, *prät* **entlud**, *perf* **hat entladen**) *vt* descargar.

entlang ◇ *präp* : **etw** *(A)* **~**, **~ einer Sache** *(G)* a lo largo de algo. ◇ *adv* : **an etw** *(D)* **~** a lo largo de algo.

entlang|gehen (*perf* **ist entlanggegangen**) *vi & vt (unreg)* caminar ; [Straße] pasar.

entlarven [ɛnt'larfn̩] *vt* desenmascarar, descubrir.

entlassen (*präs* **entlässt**, *prät* **entließ**, *perf* **hat entlassen**) *vt* - **1.** [gehen lassen, freilassen] soltar ; [aus dem Krankenhaus] dar de alta ; [aus Armee] licenciar ; **jn aus der Schule ~** graduar a alguien - **2.** [kündigen] despedir.

Entlassung (*pl* **-en**) *die* - **1.** [Entlassen, Freilassung] salida *f* ; [aus dem Krankenhaus] alta *f* ; [aus dem Gefängnis] puesta *f* en libertad ; [aus der Armee] licenciamiento *m* - **2.** [Kündigung] despido *m*.

entlasten *vt* - **1.** [von einer Belastung befreien] aliviar ; [Verkehr] descongestionar ; **sein Gewissen ~** descargar la conciencia - **2.** RECHT liberar - **3.** [Konto] abonar.

entleeren *vt* vaciar.

entlegen *adj* lejano(na).

entleihen (*prät* **entlieh**, *perf* **hat entliehen**) *vt* tomar prestado ; **etw von jm ~** tomar prestado algo de alguien.

entlocken *vt* sonsacar ; [Lächeln] sacar.

entlüften *vt* [Heizung] purgar.

Entmachtung (*pl* **-en**) *die* destitución *f*.

entmilitarisieren *vt* desmilitarizar.

entmündigen *vt* incapacitar.

entmutigen *vt* desanimar.

entnervt *adj* desquiciado(da).

entreißen (*prät* **entriss**, *perf* **hat entrissen**) *vt* - **1.** [wegnehmen] arrebatar - **2.** [retten] : **jn einer Sache** *(D)* **~** salvar a aguien de algo.

entrüsten *vt* indignar.

Entrüstung *die (ohne Pl)* indignación *f*.

entschädigen *vt* indemnizar ; **jn für etw ~** indemnizar a alguien por algo.

Ent|schädigung *die* indemnización *f*.

entschärfen *vt* - **1.** [ungefährlich machen] desactivar - **2.** [mildern] aplacar.

entscheiden (*prät* **entschied**, *perf* **hat entschieden**) ◇ *vi* : **über etw** *(A)* **~** decidir sobre algo. ◇ *vt* decidir. ◆ **sich entscheiden** *ref* [sich entschließen] : **sich für/gegen etw/jn ~** decidirse a favor de/contra algo/alguien.

entscheidend ◇ *adj* decisivo(va). ◇ *adv* decisivamente.

Ent|scheidung *die* decisión *f* ; **eine ~ treffen** tomar una decisión.

entschieden ◇ *pp* ▷ **entscheiden**. ◇ *adj* decidido(da). ◇ *adv* decididamente.

entschließen (*prät* **entschloss**, *perf* **hat entschlossen**) ◆ **sich entschließen** *ref* decidirse ; **sich zu etw ~** decidirse a hacer algo.

entschlossen ◇ *pp* ▷ **entschließen**. ◇ *adj* decidido(da) ; **zu etw ~ sein** estar decidido(da) a hacer algo. ◇ *adv* con decisión.

Entschlossenheit *die (ohne Pl)* resolución *f*.

Ent|schluss *der* decisión *f* ; **einen ~ fassen** tomar una decisión.

entschlüsseln *vt* descodificar ; [Geheimschrift] descifrar.

entschuldigen *vt* disculpar ; **entschuldige bitte!** ¡perdona! ; **~ Sie bitte!** ¡perdone! ◆ **sich entschuldigen** *ref* disculparse ; **sich für etw ~** disculparse por algo ; **sich bei jm ~** disculparse ante alguien.

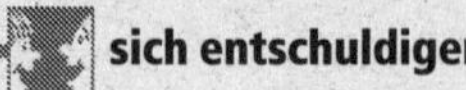

sich entschuldigen

¡Perdón! Entschuldigung!
Lo siento de verdad, no volverá a ocurrir. Das tut mir aufrichtig Leid. Es wird nicht wieder vorkommen.
Lamento lo que ha sucedido. Es tut mir Leid, dass so was passieren konnte.
Perdóname por las prisas de esta mañana. Entschuldige die Hektik heute morgen.
Le ruego disculpas por el retraso. Bitte entschuldigen Sie die Verspätung.

Entschuldigung (*pl* **-en**) *die* - **1.** [Rechtfertigung] pretexto *m* - **2.** [schriftlich] disculpa *f* - **3.** [Nachsicht] : **jn um ~ bitten** pedir perdón a alguien.

entsetzen *vt* horrorizar.

Entsetzen *das (ohne Pl)* horror *m* ; **zu js ~** para el espanto de alguien.

entsetzlich ◇ *adj* - **1.** [schrecklich] horrible - **2.** [stark] terrible. ◇ *adv* terriblemente.

entsetzt ◇ *adj* horrorizado(da) ; **über etw** *(A)* **~ sein** estar horrorizado(da) por algo. ◇ *adv* con espanto.

entsichern *vt* quitar el seguro de.

Entsorgung (*pl* **-en**) *die* eliminación *f*.

entspannen *vt* relajar. ◆ **sich entspannen** *ref* - **1.** [Person] relajarse - **2.** [Situation] calmarse.

Entspannung *die (ohne Pl)* - **1.** [Erholung] relajación *f* - **2.** [von Situationen] distensión *f*.

Entspannungspolitik *die (ohne Pl)* política *f* de distensión.

entsprechen (*präs* **entspricht**, *prät* **entsprach**, *perf* **hat entsprochen**) *vi* - **1.** [genügen] : **einer Sache** *(D)* **~** corresponder a algo - **2.** [nachkommen] : **einer Sache** *(D)* **~** acceder a algo.

entsprechend ◇ *adj* - **1.** [angemessen] adecuado(da) - **2.** [dementsprechend] correspondiente - **3.** [zuständig] respectivo(va). ◇ *adv* [angemessen] en correspondencia. ◇ *präp* : **einer Sache** *(D)* **~, ~ einer Sache** *(D)* conforme a algo.

entspringen (*prät* **entsprang**, *perf* **ist entsprungen**) *vi* - **1.** [Fluss] nacer - **2.** [entstehen aus] : **einer Sache** *(D)* **~** provenir de algo - **3.** [entfliehen] : **aus etw ~** escaparse de algo.

entstehen (*prät* **entstand**, *perf* **ist entstanden**) *vi* - **1.** [geschaffen werden] nacer ; **aus etw** ODER **durch etw** ~ surgir de algo ODER por algo ; **hier ensteht eine Bibliothek** aquí se está construyendo una biblioteca - **2.** [Schaden, Kosten] resultar.

Entstehung (*pl* **-en**) *die* nacimiento *m* ; [von Kosten] origen *m*.

entstellen *vt* - **1.** [Person] desfigurar - **2.** [Sachverhalt] deformar.

enttäuschen *vt* & *vi* defraudar, decepcionar.

enttäuscht <> *adj* defraudado(da). <> *adv* con decepción.

enttäuscht sein

Siento mucho que no hayas podido venir a la fiesta. Schade, dass du nicht zu dem Fest kommen konntest.

Desgraciadamente, ya es demasiado tarde. Leider ist es schon zu spät.

¡Qué le vamos a hacer! No podemos cambiar las cosas que han sucedido. Was sollen wir tun? Was passiert ist, ist passiert.

Ojalá te hubiera hecho caso y se hubiera puesto el casco. Hätte er doch bloß auf dich gehört und den Helm getragen.

¡Qué desgracia la mía! ¿Por qué me tiene que salir todo mal siempre? Was für ein Pech! Warum muss bei mir immer alles schief gehen?

Ent|täuschung *die* decepción *f*.

entwaffnen *vt* desarmar.

Ent|warnung *die* cese *m* de alarma.

entwässern *vt* drenar ; [Körper] deshidratar.

entweder ◆ **entweder ... oder** *konj* o ... o.

entweichen (*prät* **entwich**, *perf* **ist entwichen**) *vi* - **1.** [ausströmen] fugarse - **2.** *geh* [entfliehen] escapar.

entwerfen (*präs* **entwirft**, *prät* **entwarf**, *perf* **hat entworfen**) *vt* concebir ; [zeichnerisch] esbozar.

entwerten *vt* - **1.** [ungültig machen] perforar ; [Eintrittskarte] cancelar - **2.** [abwerten] desvalorizar.

Entwerter (*pl* **-**) *der* perforadora *f*.

entwickeln *vt* - **1.** [entfalten, ausarbeiten] desarrollar ; [Dämpfe] formar - **2.** FOTO revelar. ◆ **sich entwickeln** *ref* desarrollarse ; **sich aus etw** ~ surgir de algo ; **sich zu etw** ~ llegar a ser algo.

Entwicklung (*pl* **-en**) *die* - **1.** [Entfaltung, Ausarbeitung] desarrollo *m*, evolución *f* - **2.** FOTO revelado *m* - **3.** [von Dämpfen, Gasen] formación *f*.

Entwicklungs|helfer, in *der, die* voluntario *m*, -ria *f* en países en vías de desarrollo.

Entwicklungs|hilfe *die (ohne Pl)* ayuda *f* al desarrollo.

Entwicklungs|land *das* país *m* en vías de desarrollo.

entwirren *vt* - **1.** [lösen] desenredar - **2.** [auflösen] aclarar.

entwischen (*perf* **ist entwischt**) *vi fam* escaparse ; **jm** ~ escaparse de alguien.

entwöhnen *vt* desacostumbrar ; [Baby] destetar.

entwürdigend <> *adj* degradante, humillante. <> *adv* de manera humillante.

Ent|wurf *der* - **1.** [Zeichnung] esbozo *m* - **2.** [Konzept] borrador *m*.

entwurzeln *vt* - **1.** [Pflanze, Baum] arrancar de raíz - **2.** [Mensch] desarraigar.

entziehen (*prät* **entzog**, *perf* **hat entzogen**) *vt* : **jm etw** ~ retirar algo a alguien ; **einer Sache** *(D)* **etw** ~ absorber algo de una cosa.

Entziehungs|kur *die* cura *f* de desintoxicación.

entziffern *vt* descifrar.

entzücken *vt* encantar.

entzückend *adj* encantador(ra).

Entzug *der (ohne Pl)* - **1.** [Wegnehmen] retirada *f* - **2.** [Entziehungskur] desintoxicación *f*.

Entzugs|erscheinung *die* síntoma *m* de abstinencia.

entzünden *vt* encender. ◆ **sich entzünden** *ref* - **1.** [brennen] arder - **2.** [anschwellen] inflamarse - **3.** [entstehen] : **sich an etw** *(D)* ~ surgir por algo.

Ent|zündung *die* inflamación *f*.

entzwei|gehen (*perf* **ist entzweigegangen**) *vi (unreg)* partirse.

Enzian (*pl* **-e**) *der* [Pflanze] genciana *f*.

Enzyklopädie (*pl* **-n**) *die* enciclopedia *f*.

Enzym (*pl* **-e**) *das* enzima *f*.

Epidemie (*pl* **-n**) *die* epidemia *f*.

Epik *die (ohne Pl)* épica *f*.

Epilepsie (*pl* **-n**) *die* epilepsia *f*.

Episode (*pl* **-n**) *die* episodio *m*.

Epoche (*pl* **-n**) *die* época *f*.

Epos (*pl* **Epen**) *das* epopeya *f*.

er *pron* él.

erachten *vt* : **etw/jn als** ODER **für etw** ~ considerar algo/a alguien como algo.

Erachten *das (ohne Pl)* : **meinem ~ nach,**

nach meinem ~ según ODER en mi opinión ; **meines ~s** en mi opinión.

erahnen *vt* adivinar ; [im Dunkeln] entrever.

erarbeiten *vt* - **1.** [erwerben] obtener (a fuerza de trabajo) - **2.** [zu Eigen machen] profundizar - **3.** [entwerfen] concebir.

Erb|anlage *die* disposición hereditaria.

Erbarmen *das (ohne Pl)* piedad *f* ; **mit etw/jm ~ haben** tener piedad por algo/alguien ; **zum ~** para apiadarse.

erbärmlich <> *adj* - **1.** [armselig] lamentable - **2.** *abw* [unzureichend] miserable - **3.** *abw* [gemein] infame - **4.** [sehr groß] terrible. <> *adv* terriblemente.

erbarmungslos <> *adj* sin piedad. <> *adv* despiadadamente.

erbauen *vt* - **1.** [errichten] edificar - **2.** *geh* [erheben] deleitar.

Erbauer, in (*mpl* -, *fpl* **-nen**) *der, die* constructor *m*, -ra *f*.

Erbe (*pl* **-n**) <> *das (G Erbes, ohne Pl)* herencia *f*. <> *der (G Erben)* heredero *m*.

erben *vi, vt* heredar ; **etw von jm ~** heredar algo de alguien.

erbeuten *vt* tomar como botín.

Erb|folge *die* orden *m* de sucesión.

Erbgut *das (ohne Pl)* herencia *f* genética.

Erbin (*pl* **-nen**) *die* heredera *f*.

erbittert <> *adj* feroz. <> *adv* ferozmente.

Erb|krankheit *die* enfermedad *f* hereditaria.

erblich <> *adj* hereditario(ria). <> *adv* : **~ belastet sein** tener una afección hereditaria.

erblinden (*perf* **ist erblindet**) *vi* perder la vista.

erbrechen (*präs* **erbricht**, *prät* **erbrach**, *perf* **hat erbrochen**) *vt* vomitar.

Erbrechen *das (ohne Pl)* vómito *m*.

erbringen (*prät* **erbrachte**, *perf* **hat erbracht**) *vt* - **1.** [ergeben] traer consigo - **2.** [nachweisen] : **den Nachweis ~, dass** probar que.

Erbschaft (*pl* **-en**) *die* herencia *f*.

Erbse (*pl* **-n**) *die* guisante *m*, arveja *f Amér*.

Erb|stück *das* objeto *m* heredado.

Erd|ball *der (ohne Pl)* globo *m* terrestre.

Erd|beben *das* terremoto *m*.

Erd|beere *die* fresa *f*.

Erd|boden *der (ohne Pl)* - **1.** [Boden] suelo *m* - **2.** *RW* : **etw dem ~ gleichmachen** arrasar algo ; **wie vom ~ verschluckt** como si se lo/la hubiera tragado la tierra.

Erde *die (ohne Pl)* - **1.** [Erdreich] tierra *f* - **2.** [fester Boden] suelo *m* ; **etw aus der ~ stampfen** *fam* hacer salir como por arte de magia ; **jn unter die ~ bringen** *fam* enterrar a alguien - **3.** [Welt] tierra *f* - **4.** [Planet] Tierra *f*.

erden *vt* conectar a tierra.

erdenklich *adj* posible.

Erd|gas *das* gas *m* natural.

Erd|geschoss *das* planta *f* baja.

Erd|kugel *die (ohne Pl)* globo *m* terrestre.

Erd|kunde *die (ohne Pl)* geografía *f*.

Erd|nuss *die* cacahuete *m*, maní *m Amér*.

Erd|öl *das (ohne Pl)* petróleo *m*. ◆ **Erdöl exportierend** *adj* exportador(ra) de petróleo.

erdrosseln *vt* estrangular.

erdrücken *vt* - **1.** [zu Tode drücken] aplastar - **2.** [belasten] abrumar.

Erd|rutsch *der* desprendimiento *m* de tierras.

Erd|teil *der* continente *m*.

erdulden *vt* consentir, soportar.

ereifern ◆ **sich ereifern** *ref* alterarse ; **sich über etw** *(A)* **~** alterarse por algo.

ereignen ◆ **sich ereignen** *ref* suceder.

Ereignis (*pl* **-se**) *das* suceso *m*, acontecimiento *m*.

ereignisreich *adj* lleno(na) de acontecimientos.

erfahren (*präs* **erfährt**, *prät* **erfuhr**, *perf* **hat erfahren**) <> *vt* - **1.** [Kenntnis erhalten von] saber ; **etw von etw/jm ~** saber algo por algo/alguien ; **etw über etw/jn ~** saber algo de algo/alguien ; **etw durch etw/jn ~** enterarse por algo/alguien - **2.** *geh* [erleben] experimentar. <> *adj* experimentado(da).

Erfahrung (*pl* **-en**) *die* - **1.** [Kenntnis] experiencia *f* ; **eine schlechte ~ machen** vivir ODER tener una mala experiencia - **2.** [durch Nachforschen] : **etw in ~ bringen** averiguar algo.

erfahrungsgemäß *adv* por experiencia.

erfassen *vt* - **1.** [begreifen] entender - **2.** [registrieren] registrar - **3.** [berücksichtigen] tener en cuenta - **4.** [mitreißen] arrastrar - **5.** [überkommen] invadir - **6.** [Daten] registrar.

erfinden (*prät* **erfand**, *perf* **hat erfunden**) *vt* inventar.

Erfinder, in (*mpl* -, *fpl* **-nen**) *der, die* inventor *m*, -ra *f*.

Erfindung (*pl* **-en**) *die* - **1.** [Entwicklung] invento *m* ; **eine ~ machen** hacer un descubrimiento - **2.** [Ausgedachtes] puro cuento *m* ; **das ist reine ~** es puro cuento.

Erfolg (*pl* **-e**) *der* éxito *m* ; **~ haben** tener éxito ; **mit ~** con éxito. ◆ **Erfolg ver-**

sprechend *adj* prometedor(ra). ◆ **viel Erfolg!** *interj* ¡mucha suerte!

erfolglos ◇ *adj* infructuoso(sa). ◇ *adv* sin éxito.

erfolgreich ◇ *adj* exitoso(sa). ◇ *adv* con éxito.

Erfolgs|chance *die* probabilidad *f* de éxito.

Erfolgs|erlebnis *das* sentimiento *m* de satisfacción.

erforderlich *adj* necesario(ria) ; **für/zu etw ~ sein** ser necesario(ria) para algo.

erfordern *vt* exigir.

Erfordernis (*pl* **-se**) *das* exigencia *f*.

erforschen *vt* investigar, estudiar ; [Land, Gelände] estudiar, explorar.

Er|forschung *die* investigación *f*; [von Gebiet] exploración *f*.

erfreuen *vt* alegrar. ◆ **sich erfreuen** *ref*: **sich an etw** *(D)* **~** alegrarse por algo. ◆ **sehr erfreut** *interj* ¡encantado(da)!

erfreulich *adj* agradable.

erfreulicherweise *adv* afortunadamente.

erfrieren (*prät* **erfror**, *perf* **ist erfroren**) *vi* **-1.** [durch Kälte] helarse ; **sich** *(D)* **etw ~** congelarse algo ; **ich habe mir die Hände erfroren** se me han congelado las manos **-2.** *fig* [vor Schreck] quedarse helado(da).

erfrischen *vt & vi* refrescar.

erfrischend *adj* refrescante.

Erfrischung (*pl* **-en**) *die* **-1.** [Getränk, Speise] refresco *m* **-2.** *(ohne Pl)* [Erfrischen] descanso *m*.

erfüllen *vt* **-1.** [verwirklichen, einhalten] cumplir **-2.** [füllen] llenar **-3.** [befriedigen] satisfacer ; [Mitleid] invadir ; **jn mit Bewunderung ~** llenar a alguien de admiración. ◆ **sich erfüllen** *ref* cumplirse.

ergänzen *vt* **-1.** [vervollständigen] completar **-2.** [hinzufügen] añadir.

Ergänzung (*pl* **-en**) *die* **-1.** [Vervollständigung] : **zur ~** para completar **-2.** [Zusatz] suplemento *m* ; [zu einem Gesetz] anexo *m*.

ergeben (*präs* **ergibt**, *prät* **ergab**, *perf* **hat ergeben**) *vt* arrojar, dar. ◆ **sich ergeben** *ref* **-1.** [erfolgen] surgir ; **sich aus etw ~** surgir de algo **-2.** [kapitulieren] rendirse.

Ergebenheit *die (ohne Pl)* sumisión *f*.

Ergebnis (*pl* **-se**) *das* resultado *m*.

ergebnislos *adj* infructuoso(sa).

ergiebig *adj* fructífero(ra), productivo(va).

ergießen (*prät* **ergoss**, *perf* **hat ergossen**) ◆ **sich ergießen** *ref* desembocar.

ergreifen (*prät* **ergriff**, *perf* **hat ergriffen**) *vt* **-1.** [packen] agarrar, coger **-2.** [festnehmen] capturar **-3.** [übernehmen, wahrnehmen] tomar ; [Beruf] abrazar ; [Gelegenheit] aprovechar ; [Maßnahmen] adoptar **-4.** [erfassen] invadir **-5.** [bewegen] conmover.

ergreifend ◇ *adj* conmovedor(ra). ◇ *adv* de manera conmovedora.

ergriffen ◇ *pp* ▷ **ergreifen**. ◇ *adj* : **~ sein** estar conmovido(da).

ergründen *vt* averiguar, indagar.

erhalten (*präs* **erhält**, *prät* **erhielt**, *perf* **hat erhalten**) *vt* **-1.** [bekommen] recibir **-2.** [bewahren] conservar ; [Frieden] mantener ; **gut ~** bien conservado(da) ; **wir hoffen, dass du uns noch lang ~ bleibst** esperamos que te quedes mucho tiempo entre nosotros. ◆ **sich erhalten** *ref* conservarse, mantenerse.

erhältlich *adj* disponible.

Erhaltung *die (ohne Pl)* conservación *f*; [des Friedens] mantenimiento *m*.

erhängen *vt* ahorcar. ◆ **sich erhängen** *ref* ahorcarse.

erheben (*prät* **erhob**, *perf* **hat erhoben**) *vt* **-1.** [emporheben] levantar, alzar **-2.** [verlangen] cobrar **-3.** [sammeln] reunir **-4.** [vorbringen] presentar ; [Anspruch] reclamar **-5.** [erhöhen] : **etw zu etw ~** alzar algo a algo ; **jn zu etw ~** ascender ODER promover a alguien al rango de algo.

erheblich ◇ *adj* considerable. ◇ *adv* considerablemente.

Er|hebung *die* **-1.** [Hügel] colina *f* **-2.** [Aufstand] sublevación *f* **-3.** [Untersuchung] sondeo *m* **-4.** [Kassieren] recaudación *f*.

erhitzen *vt* **-1.** [heiß machen] calentar **-2.** [erregen] excitar.

erhoffen *vt* esperar ; **sich** *(D)* **etw von jm ~** esperar algo de alguien.

erhöhen *vt* **-1.** [steigern, heraufsetzen] aumentar **-2.** [höher machen] elevar.

Erhöhung (*pl* **-en**) *die* aumento *m*, subida *f*.

erholen ◆ **sich erholen** *ref* recuperarse, restablecerse ; **sich von etw ~** recuperarse de algo.

erholsam *adj* reposado(da) ; [Schlaf] reparador(ra).

Erholung *die (ohne Pl)* reposo *m*.

erinnern ◇ *vt* : **jn an etw/jn ~** recordar a alguien algo/a alguien. ◇ *vi* : **an etw/jn ~** recordar algo/a alguien. ◆ **sich erinnern** *ref* acordarse de, recordar ; **sich an etw/jn ~** acordarse de algo/alguien, recordar algo/a alguien.

Erinnerung (*pl* **-en**) *die* **-1.** [Gedanke, Eindruck] recuerdo *m* ; **~ an etw** *(A)* recuerdo de algo **-2.** *(ohne Pl)* [Gedenken] : **zur ~ an jn** en memoria de alguien ; **etw/jn in guter/**

schlechter ~ behalten tener un buen/mal recuerdo de algo/alguien - **3.** *(ohne Pl)* [Gedächtnis] memoria *f* - **4.** [Andenken] recuerdo *m*.

erkälten *vt.* ◆ **sich erkälten** *ref* resfriarse.

Erkältung (*pl* **-en**) *die* resfriado *m*.

erkämpfen *vt* luchar por, obtener luchando ; **sich** *(D)* **etw** ~ luchar por algo.

erkennbar *adj* reconocible.

erkennen (*prät* **erkannte**, *perf* **hat erkannt**) *vt* reconocer.

erkenntlich *adj* : **sich ~ zeigen** mostrarse agradecido(da).

Erkenntnis (*pl* **-se**) *die* conocimiento *m* ; **ich bin zu der ~ gekommen, dass ...** he llegado a la conclusión de que ...

Erker (*pl* **-**) *der* voladizo *m*.

erklärbar *adj* explicable.

erklären *vt* - **1.** [erläutern] explicar, aclarar ; **sich** *(D)* **etw** ~ explicarse algo - **2.** [aussprechen, bezeichnen, ernennen] declarar.

erklären

¿Podría repetir lo último que ha dicho, por favor? Können Sie bitte wiederholen, was Sie gesagt haben?

¿Qué quieres decir con eso? Was meinst du damit?

¿Puedes ser un poco más claro, por favor? Kannst du bitte klar sagen, was du willst?

¿Y qué tiene que ver eso? Was hat denn das damit zu tun?

¿Qué ha dicho? Was hat er gesagt?

Erklärung (*pl* **-en**) *die* - **1.** [Erläuterung] explicación *f* - **2.** [Mitteilung] declaración *f*.

erklingen (*prät* **erklang**, *perf* **ist erklungen**) *vi* sonar.

erkranken (*perf* **ist erkrankt**) *vi* enfermar.

Erkrankung (*pl* **-en**) *die* enfermedad *f*.

erkundigen ◆ **sich erkundigen** *ref* informarse, preguntar ; **sich nach etw/jm ~** informarse sobre algo/alguien, preguntar por algo/aguien.

Erkundigung (*pl* **-en**) *die* averiguación *f*, información *f* ; **~en über etw/jn einziehen** ODER **einholen** recoger informaciones sobre algo/alguien.

erlangen *vt* obtener.

Erlass (*pl* **-e** ODER **Erlässe**) *der* - **1.** [Weisung] decreto *m* - **2.** [Befreiung] remisión *f*.

erlassen (*präs* **erlässt**, *prät* **erließ**, *perf* **hat erlassen**) *vt* - **1.** [anordnen] publicar ; [Gesetz] promulgar ; [Befehl] emitir - **2.** [ersparen] : **jm etw ~** dispensar ODER librar a alguien de algo.

erlauben *vt* permitir ; **jm etw ~** permitir algo a alguien ; **sich** *(D)* **etw ~** permitirse algo.

Erlaubnis *die (ohne Pl)* permiso *m*.

Erlaubnis

¿Podría hablar con usted a solas un momento, por favor? Kann ich Sie bitte einen Moment allein sprechen?

¿Me permite que le haga una pregunta indiscreta? Darf ich Sie etwas Persönliches fragen?

¿Te importa que llame un momento por teléfono? Macht es dir was aus, wenn ich mal eben anrufe?

¿Se puede fumar aquí? Kann man hier rauchen?

¿Me permite pasar, por favor? Darf ich bitte mal vorbei?

erläutern *vt* explicar.

Erläuterung (*pl* **-en**) *die* explicación *f*.

Erle (*pl* **-n**) *die* aliso *m*.

erleben *vt* - **1.** [erfahren, kennen lernen] vivir ; [Gefühle, Entwicklung] experimentar ; [Person] ver, conocer - **2.** [noch miterleben] : **etw ~** vivir justamente hasta ver algo.

Erlebnis (*pl* **-se**) *das* experiencia *f*.

erledigen *vt* - **1.** [ausführen, beenden] terminar ; [Arbeit, Auftrag] despachar - **2.** *fam* [töten] liquidar, eliminar. ◆ **sich erledigen** *ref* resolverse ; [Auftrag] despacharse.

erledigt *adj* - **1.** [ausgeführt, beendet] terminado(da) ; [Arbeit, Auftrag] despachado(da) - **2.** *fam* [erschöpft] : **~ sein** estar agotado(da).

erleichtern *vt* - **1.** [leichter machen] facilitar - **2.** [befreien] aliviar.

erleichtert ◇ *adj* : **~ sein** estar ODER sentirse aliviado(da). ◇ *adv* con alivio.

Erleichterung (*pl* **-en**) *die* - **1.** *(ohne Pl)* [Befreiung] alivio *m* - **2.** [Verringerung einer Last] aligeramiento *m*.

erleiden (*prät* **erlitt**, *perf* **hat erlitten**) *vt* sufrir.

erlernen *vt* aprender.

erlesen *adj geh* selecto(ta).

erleuchten *vt* - **1.** [erhellen] alumbrar - **2.** *geh* [inspirieren] inspirar ; [Gott] iluminar.

erlischt *präs* ▻ **erlöschen**.

Erlös (*pl* **-e**) *der* beneficio *m*, ganancia *f*.

erlosch *prät* ▻ **erlöschen**.

erloschen *pp* ▻ **erlöschen**.

erlöschen (*präs* **erlischt**, *prät* **erlosch**, *perf*

ist erloschen) *vi* - **1.** [ausgehen] apagarse, extinguirse - **2.** [enden] apagarse ; [Anspruch] extinguirse ; [Mitgliedschaft] terminarse.

erlösen *vt* librar ; **jn von etw ~** librar a alguien de algo ; [aus der Gefangenschaft] liberar.

ermächtigen *vt* : **jn zu etw ~** autorizar a alguien para algo.

ermahnen *vt* exhortar ; **jn zu etw ~** exhortar a alguien a algo.

Er|mahnung *die* exhortación *f*, advertencia *f*.

ermäßigt *adj* rebajado(da), con descuento.

Ermäßigung (*pl* **-en**) *die* rebaja *f*, descuento *m* ; [für Schüler und Studenten] descuento *m*.

Ermessen *das (ohne Pl)* juicio *m* ; **in js ~** *(D)* **liegen** estar bajo el juicio de alguien ; **nach menschlichem ~** al parecer.

ermitteln <> *vt* determinar. <> *vi* hacer investigaciones.

Ermittlung (*pl* **-en**) *die* investigación *f* ; [polizeiliche] pesquisa *f* ; **zur ~ des Täters** para encontrar al autor del delito.

ermöglichen *vt* posibilitar ; **jm etw ~** posibilitar algo a alguien.

ermorden *vt* asesinar, ultimar *Amér.*

Ermordung (*pl* **-en**) *die* asesinato *m*.

ermüden (*perf* **hat/ist ermüdet**) <> *vi (ist)* cansarse. <> *vt (hat)* cansar.

Ermüdung *die (ohne Pl)* cansancio *m*.

ermuntern *vt* animar ; **jn zu etw ~** animar a alguien a hacer algo.

ermutigen *vt* animar, alentar ; **jn zu etw ~** animar a alguien a hacer algo.

ernähren *vt* - **1.** [beköstigen] alimentar - **2.** [unterhalten] mantener. ◆ **sich ernähren** *ref* - **1.** [sich verpflegen] alimentarse ; **sich mit** ODER **von etw ~** alimentarse de algo - **2.** [sich unterhalten] vivir.

Ernährung *die (ohne Pl)* alimentación *f*.

ernennen (*prät* **ernannte**, *perf* **hat ernannt**) *vt* nombrar ; **jn zum Sprecher ~** nombrar a alguien el portavoz.

erneuern [ɛɐ̯'nɔyɐn] *vt* - **1.** [austauschen] cambiar, reemplazar - **2.** [ausbessern] restaurar - **3.** [verlängern, wiederholen] renovar.

Er|neuerung [ɛɐ̯'nɔyərʊŋ] *die* - **1.** [Austauschen] cambio *m*, reemplazo *m* - **2.** [Ausbesserung] restauración *f* - **3.** [Verlängerung, Wiederholung] renovación *f*.

erneut <> *adj* nuevo(va). <> *adv* de nuevo.

erniedrigen *vt* - **1.** [demütigen] humillar - **2.** [heruntersetzen] reducir. ◆ **sich erniedrigen** *ref* humillarse.

Erniedrigung (*pl* **-en**) *die* - **1.** [Demütigung] humillación *f* - **2.** [Minderung] reducción *f*.

ernst <> *adj* serio(ria) ; [Erkrankung] grave. <> *adv* seriamente ; **es mit etw ~ meinen** decir algo en serio ; **es steht ~ um den Patienten** el paciente está grave ; **etw/jn ~ nehmen** tomar algo/a alguien en serio.

Ernst *der (ohne Pl)* - **1.** [Einstellung] seriedad *f* - **2.** [Aufrichtigkeit] : **mit etw ~ machen** hacer algo en serio ; **im ~?** ¿en serio? - **3.** [Bedeutungsschwere] gravedad *f*.

Ernst|fall *der* caso *m* de emergencia.

ernsthaft <> *adj* serio(ria) ; [Erkrankung] grave. <> *adv* seriamente ; [erkranken] gravemente.

ernstlich <> *adj* serio(ria) ; [Erkrankung] grave. <> *adv* en serio ; [krank werden] gravemente.

Ernte (*pl* **-n**) *die* cosecha *f*, pizca *f Amér.*

ernten *vt* cosechar ; [Äpfel] recoger ; [Trauben] vendimiar.

ernüchtern *vt* - **1.** [desillusionieren] desilusionar - **2.** [nüchtern machen] desembriagar.

Ernüchterung (*pl* **-en**) *die* - **1.** [Desillusion] desilusión *f* - **2.** [von Betrunkenen] : **zur ~** para desembriagar.

erobern *vt* - **1.** [erkämpfen] conquistar - **2.** [gewinnen] conquistar, ganar.

Eroberung (*pl* **-en**) *die* conquista *f*.

eröffnen *vt* - **1.** [aufmachen, zugänglich machen] abrir ; [feierlich] inaugurar - **2.** [beginnen] comenzar, empezar - **3.** [bekannt geben] : **jm etw ~** comunicar algo a alguien - **4.** [Verfahren] empezar - **5.** [Konto] abrir - **6.** [in Aussicht stellen] ofrecer.

Er|öffnung *die* - **1.** [Aufmachen, Zugänglichmachen] apertura *f* ; [feierlich] inauguración *f* - **2.** [Beginn] comienzo *m* - **3.** [Bekanntgabe] confidencia *f* - **4.** [von Verfahren] comienzo *m* - **5.** [von Konto] apertura *f*.

erörtern *vt* discutir.

Erörterung (*pl* **-en**) *die* discusión *f*.

Erotik *die (ohne Pl)* erotismo *m*.

erotisch *adj* erótico(ca).

erpicht *adj* : **auf etw** *(A)* **~ sein** estar encaprichado(da) con algo.

erpressen *vt* : **jn (mit etw) ~** hacer chantaje a alguien (con algo).

Erpresser, in (*mpl* **-**, *fpl* **-nen**) *der, die* chantajista *mf*.

Erpressung (*pl* **-en**) *die* chantaje *m*.

erproben *vt* probar.

erraten (*präs* **errät**, *prät* **erriet**, *perf* **hat erraten**) *vt* adiviniar.

erregen *vt* - **1.** [aufregen] acalorar - **2.** [anregen] excitar ; [Fantasie] estimular - **3.** [verursachen] provocar.

Erreger (*pl* -) *der* agente *m* patógeno.

Er|regung *die* - **1.** [Aufregung, Anregung] excitación *f* - **2.** [Verursachen] provocación *f* ; **~ öffentlichen Ärgernisses** provocación *f* de escándalo público.

erreichbar *adj* accesible ; [Person] localizable.

erreichen *vt* - **1.** [herankommen an] alcanzar ; [Alter] llegar a - **2.** [kontaktieren] contactar ; **jn ~** contactar con alguien, localizar a alguien - **3.** [durchsetzen] lograr.

errichten *vt* - **1.** [bauen, aufbauen] construir - **2.** [gründen] fundar.

Errichtung *die (ohne Pl)* - **1.** [Bau, Aufbau] construcción *f* - **2.** [Gründung] establecimiento *m*.

erringen (*prät* **errang**, *perf* **hat errungen**) *vt* conseguir.

erröten (*perf* **ist errötet**) *vi* enrojecer.

Errungenschaft (*pl* **-en**) *die* logro *m*, avance *m* ; **medizinische ~** logro ODER avance de la medicina.

Ersatz *der (ohne Pl)* - **1.** [Ausgleich] sustitución *f* - **2.** [Entschädigung] compensación *f* ; [des Schadens] indemnización *f*.

Ersatz|dienst *der (ohne Pl)* servicio *m* sustitutorio.

ersatzlos *adj & adv* sin contrapartida.

Ersatz|mann (*pl* **-männer** ODER **-leute**) *der* suplente *m*, sustituto *m* ; [beim Sport] reserva *m*.

Ersatz|rad *das* rueda *f* de repuesto.

Ersatz|teil *das* pieza *f* de repuesto.

erscheinen (*prät* **erschien**, *perf* **ist erschienen**) *vi* - **1.** [kommen, sich zeigen] aparecer - **2.** [herauskommen] publicarse - **3.** [wirken] parecer.

Erscheinung (*pl* **-en**) *die* - **1.** [sichtbares Ereignis] fenómeno *m* - **2.** [Gestalt] apariencia *f* - **3.** [Vision] aparición *f*.

erschießen (*prät* **erschoss**, *perf* **hat erschossen**) *vt* matar de un tiro, matar a tiros ; MIL fusilar.

erschlagen (*präs* **erschlägt**, *prät* **erschlug**, *perf* **hat erschlagen**) *vt* matar a golpes ; **vom Blitz ~ werden** ser fulminado(da) por un rayo.

erschöpft ◇ *adj* agotado(da). ◇ *adv* con un aire de agotamiento.

Erschöpfung *die (ohne Pl)* agotamiento *m*.

erschrak *prät* ▷ **erschrecken**.

erschrecken (*präs* **erschreckt** ODER **erschrickt**, *prät* **erschreckte** ODER **erschrak**, *perf* **hat erschreckt** ODER **ist erschrocken**) ◇ *vt (hat) (reg)* asustar. ◇ *vi (ist) (unreg)* asustarse ; **über etw** *(A)* **~** asustarse por algo. ◆ **sich erschrecken** *ref (unreg)* asustarse.

erschreckend ◇ *adj* espantoso(sa). ◇ *adv* terriblemente.

erschrickt *präs* ▷ **erschrecken**.

erschrocken *pp* ▷ **erschrecken**.

erschüttern *vt* - **1.** [ins Wanken bringen] sacudir - **2.** [tief bewegen] conmover - **3.** [beschädigen] perturbar.

erschütternd *adj* conmovedor(ra).

Erschütterung (*pl* **-en**) *die* - **1.** [Wanken] sacudida *f* - **2.** *(ohne Pl)* [Ergriffenheit] conmoción *f* - **3.** *(ohne Pl)* [Beschädigung] perturbación *f*.

erschweren *vt* dificultar.

erschwinglich *adj* al alcance de todo el mundo, asequible.

ersetzbar *adj* reemplazable.

ersetzen *vt* - **1.** [auswechseln, ausgleichen] reemplazar - **2.** [erstatten] reembolsar ; [Schaden] compensar.

ersichtlich ◇ *adj* evidente. ◇ *adv* evidentemente.

ersparen *vt* - **1.** [sparen] ahorrar - **2.** [vermeiden] : **sich/jm etw ~** ahorrarse algo/ahorrar algo a alguien.

Ersparnis (*pl* **-se**) *die* ahorro *m*.

erst *adv* - **1.** [so spät] no ... hasta ; **er kam ~ um 9** no vino hasta las nueve ; **~ nächste Woche** no hasta la semana que viene ; **~ als** sólo cuando - **2.** [noch so früh, nur] sólo - **3.** [vor kurzem] : **~ gestern** ayer mismo ; **~ letzte Woche** hace tan sólo una semana - **4.** [zum Ausdruck einer Steigerung] : **aber ... ~** pero (anda que) ... ◆ **erst einmal** *adv* - **1.** [nur einmal] sólo una vez - **2.** [zuerst] primero, en primer lugar - **3.** [zum Ausdruck einer Steigerung] : **aber ... ~** pero (anda que) ... ◆ **erst recht nicht** *adv* ahora menos.

erstarren (*perf* **ist erstarrt**) *vi* [vor Kälte] helarse, quedarse helado(da) ; [Person] quedarse estupefacto(ta) ODER de piedra ; [Gips] solidificar ; **ihr Gesicht erstarrte** puso cara de desconcierto.

erstatten *vt* - **1.** [zurückzahlen] reembolsar - **2.** [vorbringen] dar cuenta de ; **gegen jn Anzeige ~** presentar una denuncia contra alguien.

Erstauf|führung *die* estreno *m*.

erstaunen (*perf* **hat/ist erstaunt**) ◇ *vt (hat)* asombrar. ◇ *vi (ist)* : **über etw** *(A)* **~** asombrarse de algo.

Erstaunen *das (ohne Pl)* asombro *m* ; **jn in ~ (ver)setzen** asombrar a alguien.

erstaunlich ◇ *adj* asombroso(sa). ◇ *adv* asombrosamente.

erstaunt *adj* asombrado(da) ; **über etw** *(A)* ~ **sein** estar asombrado(da) por algo.

erstbeste, r, s *adj* el primero (la primera) que se presente. ◆ **Erstbeste** *der, die, das* el primero (la primera) que venga.

erste, r, s *adj* primero(ra) ; [vor maskulinem Substantiv] primer.

Erste *der, die, das* primero *m*, -ra *f* ; *siehe auch* **Sechste.** ◆ **als Erstes** *adv* en primer lugar. ◆ **fürs Erste** *adv* por el ODER de momento ; *siehe auch* **sechste.**

erstechen (*präs* **ersticht**, *prät* **erstach**, *perf* **hat erstochen**) *vt* apuñalar.

erstens *adv* en primer lugar.

ersticken (*perf* **hat/ist erstickt**) ◇ *vi (ist)* ahogarse ; **in Arbeit** ~ estar hasta los topes de trabajo ; **in Geld** ~ nadar en dinero. ◇ *vt (hat)* [Person, Tier] asfixiar, ahogar ; [Feuer] sofocar, extinguir ; [Aufruhr] sofocar.

Erstickung *die (ohne Pl)* asfixia *f* ; [von Feuer] extinción *f*.

erstklassig ◇ *adj* excelente. ◇ *adv* estupendamente.

erstmalig ◇ *adj* primero(ra). ◇ *adv* por primera vez.

erstmals *adv* por primera vez.

erstrangig ◇ *adj* - **1.** [vorrangig] prioritario(ria) - **2.** [erstklassig] excelente. ◇ *adv* con prioridad.

erstreben *vt* aspirar a.

erstrebenswert *adj* que vale la pena.

erstrecken ◆ **sich erstrecken** *ref* - **1.** [betreffen] : **sich auf etw/jn** ~ afectar a algo/alguien - **2.** [sich ausdehnen] : **sich** ~ **bis** [räumlich] extenderse hasta ; **sich über etw** *(A)* ~ [zeitlich] durar algo ; [räumlich] extenderse sobre algo.

ertappen *vt* pillar, descubrir ; **jn bei einer Lüge** ODER **beim Lügen** ~ pillar a alguien mintiendo ; **jn auf frischer Tat** ~ coger a alguien con las manos en la masa, coger a alguien in fraganti.

erteilen *vt* : **jm etw** ~ dar algo a alguien ; **Auskunft** ~ informar.

ertönen (*perf* **ist ertönt**) *vi* sonar.

Ertrag (*pl* **-träge**) *der* [von Acker, Baum] cosecha *f* ; [von Arbeit] resultado *m* ; [von Geschäft] beneficio *m* ; **Erträge abwerfen** arrojar beneficios.

ertragen (*präs* **erträgt**, *prät* **ertrug**, *perf* **hat ertragen**) *vt* soportar.

erträglich ◇ *adj* [Klima, Temperatur, Person, Schmerz] soportable ; [Einschränkung, Lebensunterhalt] aceptable. ◇ *adv* pasablemente.

ertragreich *adj* productivo(va).

ertränken *vt* ahogar.

ertrinken (*prät* **ertrank**, *perf* **ist ertrunken**) *vi* ahogarse *(accidentalmente)* ; **in Arbeit** ~ estar hasta los topes de trabajo.

erübrigen *vt* ahorrar ; **fünf Minuten für jn** ~ conceder a alguien cinco minutos de su tiempo. ◆ **sich erübrigen** *ref* ser innecesario(ria) ; [Bemerkung] ser superfluo(flua) ; **das erübrigt sich** ya no es necesario.

Erw. *abk für* **Erwachsene.**

Erwachen *das (ohne Pl)* despertar *m* ; **das gibt (für dich) ein böses** ~ *fig* te vas a enterar de lo que es bueno.

Erwachsene [ɛɐ̯ˈvaksn̩ə] (*pl* **-n**) *der, die* adulto *m*, -ta *f*.

Erwachsenenbildung *die (ohne Pl)* formación *f* de adultos.

erwägen (*prät* **erwog**, *perf* **hat erwogen**) *vt* sopesar, considerar.

erwähnen *vt* mencionar ; **jn namentlich** ~ nombrar a alguien.

erwähnenswert *adj* digno(na) de mención.

Erwähnung (*pl* **-en**) *die* mención *f*.

erwärmen *vt* - **1.** [wärmen] calentar - **2.** *fam* [begeistern] : **jn für etw** ~ conseguir que alguien se interese por algo.

erwarten *vt* - **1.** [warten auf] esperar ; **etw kaum** ~ **können** estar deseando que llegue algo - **2.** [mit etw rechnen, erhoffen] esperar ; **ein Kind** ~ estar embarazada.

Erwartung (*pl* **-en**) *die* espera *f* ; **in** ~ **einer Sache** *(G)* en espera de algo.

erwartungsvoll ◇ *adj* esperanzado(da). ◇ *adv* con esperanza.

erwecken *vt* - **1.** [hervorrufen] suscitar - **2.** [auferstehen lassen] resucitar.

erweisen (*prät* **erwies**, *perf* **hat erwiesen**) *vt* - **1.** [Gefallen, Ehre] hacer ; [Dienst] prestar - **2.** [beweisen] demostrar. ◆ **sich erweisen** *ref* : **sich als etw** ~ resultar ser algo.

erweitern *vt* ampliar ; [Angebot] aumentar ; [Rock] ensanchar. ◆ **sich erweitern** *ref* aumentar ; [Pupille] dilatarse ; [Straße] ensancharse.

Erweiterung (*pl* **-en**) *die* [von Raum, Horizont, Wissen, Bekanntenkreis] ampliación *f* ; [von Angebot] aumento *m* ; [von Pupille] dilatación *f*.

Erwerb *der* - **1.** [Kauf] adquisición *f* - **2.** [Erlangen] adquisición *f* ; [von Titel, Position] obtención *f* - **3.** *(ohne Pl)* [Verdienen] : **sein einziges Ziel ist der** ~ **von Geld** su único objetivo es ganar dinero - **4.** [Verdienst] ganancias *fpl*.

erwerben (*präs* **erwirbt**, *prät* **erwarb**, *perf* **hat erworben**) *vt* - **1.** [kaufen] adquirir - **2.** [Titel, Position] obtener ; [Ansehen, Verdienste] lograr ; [Fähigkeiten, Kenntnisse] adquirir.

erwerbslos *adj* desempleado(da).

erwerbstätig *adj* activo(va) ; **~e Bevölkerung** población activa.

erwidern *vt* - **1.** [entgegnen] replicar - **2.** [Besuch, Gruß, Gefälligkeit] devolver ; [Liebe] corresponder.

erwiesen ◇ *pp* ⊳ **erweisen.** ◇ *adj* probado(da).

erwischen *vt* - **1.** [ertappen] : **jn (bei etw) ~** pillar a alguien (haciendo algo) - **2.** [Taxi, Flugzeug] pillar por los pelos, estar a punto de perder ; [Person] pillar - **3.** [bekommen] conseguir de chiripa - **4.** *RW* : **jn hat es erwischt** *fam* [krank sein] alguien lo/la ha pillado ; [durch Schuss verwundet sein] le han dado ; [verliebt sein] alguien está colado(da) ; [tot sein] alguien la ha palmado.

erwog *prät* ⊳ **erwägen.**

erwogen *pp* ⊳ **erwägen.**

erwünscht *adj* deseado(da).

erwürgen *vt* estrangular.

Erz (*pl* **-e**) *das* mena *f*.

erzählen *vt* - **1.** [berichten] contar - **2.** *RW* : **dem werde ich was ~!** *fam* ¡le voy a cantar las cuarenta!

Erzählung (*pl* **-en**) *die* - **1.** [Bericht] narración *f* - **2.** [Dichtung] cuento *m*.

Erz|bischof *der* arzobispo *m*.

Erz|engel *der* arcángel *m*.

erzeugen *vt* producir ; [Angst, Misstrauen] provocar.

Er|zeugnis *das* producto *m*.

Erzeugung *die (ohne Pl)* producción *f*.

erziehen (*prät* **erzog**, *perf* **hat erzogen**) *vt* educar ; **jn zu jm ~** hacer algo de alguien ; **jn zu etw ~** inculcar algo a alguien.

Erzieher, in (*mpl* **-**, *fpl* **-nen**) *der, die* educador *m*, -ra *f*.

erzieherisch *adj* pedagógico(ca), educativo(va).

Erziehung *die (ohne Pl)* educación *f* ; **eine gute ~ genießen** tener una buena educación ; **seine gute ~ vergessen** tener malos modales.

Erziehungs|berechtigte *der, die* titular *mf* de la patria potestad.

erzielen *vt* conseguir, lograr.

erzogen ◇ *pp* ⊳ **erziehen.** ◇ *adj* : **gut/schlecht ~** bien/mal educado(da).

erzwingen (*prät* **erzwang**, *perf* **hat erzwungen**) *vt* conseguir por la fuerza.

es *pron* - **1.** [Personalpronomen im Nominativ und Akkusativ - für Neutrum Nominativ] él, ella, ello ; [- Akkusativ] lo ; **wo ist das Baby? - ~ schläft** ¿dónde está el bebé? - está durmiendo ; **nimm das Heft und leg ~ auf denTisch** coge el cuaderno y ponlo en la mesa - **2.** [für eine Aussage - als Subjekt, für Personen] *wird nicht übersetzt* ; [- als Objekt] lo ; **~ ist unglaublich** es increíble ; **~ waren Kinder, die das Feuer gelegt haben** los que prendieron fuego eran unos niños ; **ich weiß ~ nicht** no lo sé - **3.** [unpersönliches Pronomen - als Subjekt, Satzanfang, Zeitangabe] *wird nicht übersetzt* ; [- als Objekt] lo ; **~ regnet/schneit** llueve/nieva ; **~ ärgert ihn** le molesta ; **~ gibt viel zu erzählen** hay mucho que contar ; **ich halte ~ nicht aus** no lo aguanto ; **ich habe ~ eilig** tengo prisa ; **~ wurde lange diskutiert** se discutió durante mucho tiempo ; **~ ist vier Uhr** son las cuatro.

Es, es (*pl* **Es**) *das* - **1.** MUS mi *m* bemol - **2.** *(ohne Pl)* [in der Psychologie] inconsciente *m*.

Esche (*pl* **-n**) *die* fresno *m*.

Esel (*pl* **-**) *der* - **1.** [Tier] burro *m*, asno *m* - **2.** *fam* [Schimpfwort] burro *m*, -rra *f*, tonto *m*, -ta *f* ; **ich ~!** ¡seré tonto(ta)!

Eselin (*pl* **-nen**) *die* burra *f*.

Eskimo (*pl* **-s**) *der* esquimal *m*.

Espe (*pl* **-n**) *die* álamo *m* temblón.

Espresso [ɛs'prɛso] (*pl* **-** ODER **-s**) ◇ *der* - **1.** *(Pl Espressos)* [Tasse Kaffee] espresso *m*, café *m* solo - **2.** *(ohne Pl)* [Kaffeeart] café *m* exprés. ◇ *das* [Lokal] cafetería *f*, café *m*.

Essay ['ɛse] (*pl* **-s**) *der* ODER *das* ensayo *m*.

essbar *adj* comestible.

Ess|besteck *das* cubertería *f*.

essen (*präs* **isst**, *prät* **aß**, *perf* **hat gegessen**) ◇ *vi* comer ; **~ gehen** ir a comer (fuera) ; **warm/kalt ~** comer platos fríos/calientes. ◇ *vt* comer ; **den Teller leer ~** no dejar nada en el plato ; **jd isst etw gern** a alguien le gusta algo.

Essen (*pl* **-**) *das* comida *f* ; **~ machen** ODER **kochen** hacer la comida.

Essen

La oferta gastronómica tradicional de Alemania ha sido enriquecida por la cocina extranjera. En las grandes ciudades suele resultar más fácil encontrar un restaurante turco, italiano o chino que un local con cocina del país.
Típico de la cocina alemana es el plato combinado triple consistente en verdura y carne con guarnición de patatas, arroz o pasta. También se sirve una porción de ensalada por separado y una sopa como primer plato.
En los restaurantes se suele servir la comida del mediodía entre las doce y media y las dos, y la cena a partir de las siete de la tarde.

Essig (*pl* **-e**) *der* vinagre *m*.

Ess|löffel *der* cuchara *f* sopera.

Ess|zimmer *das* comedor *m*.

Este (*pl* **-n**) *der* estonio *m*.

Estin (*pl* **-nen**) *die* estonia *f*.

Estland *nt* Estonia *f*.

estnisch *adj* estonio(nia).

Estragon *der (ohne Pl)* estragón *m*.

Etage [e'ta:ʒə] (*pl* **-n**) *die* planta *f*, piso *m* ; [von Kaufhaus] planta *f*.

Etagen|wohnung *die* piso *m*.

Etappe (*pl* **-n**) *die* etapa *f*.

Etat [e'ta:] (*pl* **-s**) *der* presupuesto *m*.

Ethik (*pl* **-en**) *die* ética *f*.

ethnisch *adj* étnico(ca).

Etikett (*pl* **-e(n)** ODER **-s**) *das* etiqueta *f*.

etliche, r, s *det, pron* bastante. ◆ **etliches** *pron* bastante.

Etui [ɛt'vi:] (*pl* **-s**) *das* estuche *m* ; [für Zigaretten] petaca *f*.

etwa *adv* - **1.** [zirka, ungefähr] aproximadamente ; **~ 50 Leute** unas 50 personas ; **um ~ drei Uhr** sobre las tres - **2.** [zum Beispiel] por ejemplo - **3.** [zum Ausdruck der Beunruhigung, eines Vorwurfs] : **hast du ~ wieder getrunken?** no me digas que has vuelto a beber - **4.** [überhaupt] : **nicht ~** en absoluto. ◆ **in etwa** *adv* aproximadamente.

etwaig *adj* posible.

etwas, was *fam* ◇ *pron* - **1.** [allgemein] algo ; **~ anderes** otra cosa ; **so ~** algo así ; **nein, so ~!** ¡no me diga(s)! - **2.** [ein wenig] un poco - **3.** [etwas Besonderes] algo especial ; **das ist doch ~!** ¡no está nada mal! ; **~ werden** llegar lejos. ◇ *det* [ein wenig] un poco de.

EU (*abk für* **Europäische Union**) *die* UE *f*.

euch *pron (Akkusativ und Dativ von ihr)* - **1.** [Personalpronomen] [Akkusativ] os ; [Dativ] a vosotros(tras) ; **ich habe es ~ gegeben** os lo he dado a vosotros - **2.** [Reflexivpronomen] os ; **benehmt ~ gut!** ¡portaos bien! - **3.** [einander] os.

euer, e ODER **eure** *det* el vuestro (la vuestra).

eure, r, s *pron* el vuestro(tra) ; **wessen Wagen das ist? das ist ~r!** ¿de quién es el coche? es el vuestro.

eurer *pron (Genitiv von ihr)* de vosotros (tras).

eurerseits *adv* por vuestra parte.

euretwegen *adv* - **1.** [euch zuliebe] por vosotros(tras) - **2.** [wegen euch] por vuestra culpa.

eurige (*pl* **-n**) *pron (mit Artikel) geh* vuestro(tra).

Euro (*pl* **-**) *der* euro *m*.

Eurocard® ['ɔyrokaʁd] (*pl* **-s**) *die* (tarjeta *f*) Eurocard® *f*.

Eurocheque, Euro|scheck ['ɔyroʃɛk] (*pl* **-s**) *der* Eurocheque *m*.

Eurocheque-|Karte, Euroscheck|karte *die* tarjeta *f* Eurocheque.

EuroCity ['ɔyrosɪti] (*pl* **-s**) *der tren expreso que une ciudades alemanas con otras ciudades europeas.*

Europa *nt* Europa *f*.

Europäer, in (*mpl* **-**, *fpl* **-nen**) *der, die* europeo *m*, -a *f*.

europäisch *adj* europeo(a).

Europa|parlament *das (ohne Pl)* Parlamento *m* Europeo.

Europa|rat *der (ohne Pl)* Consejo *m* de Europa.

Euro|scheck = Eurocheque.

ev. *abk für* **evangelisch.**

e. V. (*abk für* **eingetragener Verein**) asociación *f* registrada.

evakuieren [evaku'i:rən] *vt* evacuar.

evangelisch [evaŋ'ge:lɪʃ] *adj* protestante.

Evangelium [evaŋ'ge:li̯ʊm] (*pl* **-ien**) *das* Evangelio *m*.

eventuell [evɛn'tu̯ɛl] ◇ *adj* posible. ◇ *adv* posiblemente.

ewig ◇ *adj* - **1.** [nie endend] eterno(na) - **2.** *fam abw* [andauernd] interminable ; [Gejammer, Geschichte] de siempre. ◇ *adv* - **1.** [endlos] para siempre, eternamente - **2.** *fam abw* : **~ dauern** durar una eternidad. ◆ **auf ewig** *adv* para siempre.

Ewigkeit (*pl* **-en**) *die* eternidad *f*.

EWS [e:'ve:'ɛs] (*abk für* **Europäisches Währungssystem**) *das (ohne Pl)* SME *m*.

exakt ◇ *adj* exacto(ta) ; [Mensch, Arbeit] meticuloso(sa). ◇ *adv* con exactitud ; [arbeiten] con precisión ; **~ um 9 Uhr** a las 9 en punto.

Exaktheit *die (ohne Pl)* exactitud *f*.

Examen (*pl* **-**) *das* examen *m* final ; [an Uni] examen *m* de fin de carrera ; **~ machen** examinarse.

Examens|arbeit *die* trabajo *m* de fin de carrera.

Exekutive [ɛkseku'ti:və] *die (ohne Pl)* Ejecutivo *m*.

Exempel (*pl* **-**) *das* ejemplo *m* ; **das ~ für etw** el modelo *m* de algo ; **an jm ein ~ statuieren** dar una lección a alguien.

Exemplar (*pl* **-e**) *das* ejemplar.

exerzieren *vi* hacer maniobras.

Exil (*pl* **-e**) *das* exilio *m*.

existent *adj* existente.

existentiell [ɛksɪstɛn'tsi̯ɛl] = **existenziell.**

Existenz (*pl* **-en**) *die* - **1.** *(ohne Pl)* [Bestehen] existencia *f* - **2.** [Existenzgrundlage] seguridad *f* económica - **3.** *abw* [Person] individuo *m*.

Existenz|minimum *das (ohne Pl)* mínimo *m* vital.

existieren *vi* - **1.** [bestehen] existir - **2.** [auskommen] sobrevivir.

exklusiv ◇ *adj* - **1.** [vornehm, abgesondert] exclusivo(va) ; [Leute, Gäste] distinguido(da) - **2.** [ausschließlich] exclusivo(va). ◇ *adv* - **1.** [vornehm, abgesondert] de forma exclusiva - **2.** [ausschließlich] exclusivamente.

Exkursion (*pl* **-en**) *die* excursión *f (de carácter científico)*.

Exmatrikulation (*pl* **-en**) *die* anulación *f* de la matrícula *(normalmente tras finalizar los estudios)*.

exmatrikulieren *vt* dar de baja de la universidad *(normalmente tras finalizar los estudios)*. ◆ **sich exmatrikulieren** *ref* darse de baja de la universidad *(normalmente tras finalizar los estudios)*.

Exot (*pl* **-en**), **Exote** (*pl* **-n**) *der* [Tier] animal *m* exótico ; [Mensch] hombre *m* de un país exótico ; *fig* [ungewöhnlicher Mensch] persona *f* rara.

Exotik *die (ohne Pl)* exotismo *m*.

exotisch ◇ *adj* exótico(ca). ◇ *adv* : **~ schmecken** tener un sabor exótico.

Expedition (*pl* **-en**) *die* expedición *f*.

Experiment (*pl* **-e**) *das* experimento *m*.

experimentell ◇ *adj* experimental. ◇ *adv* experimentalmente.

experimentieren *vi* experimentar ; **mit etw ~** experimentar con algo.

Experte (*pl* **-n**) *der* experto *m*.

Expertin (*pl* **-nen**) *die* experta *f*.

explodieren (*perf* **ist explodiert**) *vi* explotar.

Explosion (*pl* **-en**) *die* explosión *f*.

explosiv *adj* - **1.** [leicht entzündlich] explosivo(va) - **2.** *fig* [leicht erregbar] irascible.

Export (*pl* **-e**) *der* exportación *f*.

Exporteur [ɛkspɔr'tøːɐ̯] (*pl* **-e**) *der* exportador *m*.

Expressionismus *der (ohne Pl)* expresionismo *m*.

extra ◇ *adv* - **1.** [separat] por separado - **2.** [zusätzlich] de más - **3.** [speziell] especialmente ; **das hast du ~ gemacht** lo has hecho a propósito. ◇ *adj (unver)* adicional.

Extra|blatt *das* edición *f* especial.

Extrakt (*pl* **-e**) *der* extracto *m*.

extrem ◇ *adj* extremo(ma) ; [Meinung, Auffassung] radical. ◇ *adv* [politisch] de forma radical ; [sehr] muy ; **politisch ~ rechts stehen** ser de (la) extrema derecha.

Extrem|fall *der* caso *m* extremo ; **im ~** en caso extremo.

Extremist, in (*mpl* **-en**, *fpl* **-nen**) *der, die* extremista *mf*.

Extrem|sport *der* deporte *m* de alto riesgo.

exzellent ◇ *adj* excelente. ◇ *adv* estupendamente.

Exzess (*pl* **-e**) *der* exceso *m*.

EZ (*abk für* **Einzelzimmer**) habitación *f* individual.

EZB (*abk für* **Europäische Zentralbank**) *die* BCE *m*.

F

f, F [ɛf] (*pl* - ODER **-s**) *das* - **1.** [Buchstabe] f *f*, F *f* - **2.** [Note] fa *m*.

Fa. (*abk für* **Firma**) empresa *f*.

fabelhaft ◇ *adj* fabuloso(sa). ◇ *adv* fabulosamente.

Fabrik (*pl* **-en**) *die* fábrica *f*.

Fabrikant, in (*mpl* **-en**, *fpl* **-nen**) *der, die* fabricante *mf*.

Fabrik|arbeiter, in *der, die* obrero *m*, -ra *f* (de fábrica), operario *m*, -ria *f*.

fabrikneu *adj* recién salido(da) de fábrica.

fabrizieren *vt* - **1.** [produzieren] fabricar, producir - **2.** *fam abw* [machen] hacer.

Facette, Fassette [fa'sɛtə] (*pl* **-n**) *die* faceta *f* ; **etw hat viele ~n** *fig* algo tiene muchas facetas.

Fach (*pl* **Fächer**) *das* - **1.** [Teil eines Möbels, Behälters] compartimento *m* ; [für Post] casilla *f* - **2.** [Fachgebiet] área *f* de conocimiento ; [Schulfach, Studienfach] asignatura *f* ; **vom ~ sein** ser un experto (una experta) en la materia.

Fach|abitur *das* bachillerato *m* profesional *(semejante a un título de Formación Profesional de segundo grado en España y que da acceso a las escuelas universitarias (Fachhochschulen))*.

Fach|arbeiter, in *der, die* trabajador cualificado *m*, trabajadora cualificada *f*.

Fach|arzt, ärztin *der, die* (médico *m*, -ca *f*) especialista *mf*.

Fach|ausdruck *der* término *m* especializado.

Fächer (*pl* -) *der* abanico *m*.

Fach|geschäft *das* establecimiento *m* especializado.

Fachhoch|schule *die* escuela *f* universitaria *(escuela superior donde se imparte una formación más práctica que en las universidades)*.

Fach|kenntnis *die* conocimientos *mpl* especializados.

Fach|kraft *die* especialista *mf*.

fachkundig <> *adj* especializado(da). <> *adv* : **sich ~ beraten lassen** asesorarse por expertos.

fachlich <> *adj* [Kenntnisse] especializado(da) ; [Problem] técnico(ca) ; [Lösung] profesional. <> *adv* de forma profesional ; **sich ~ weiterbilden** especializarse.

Fachmann (*pl* **-leute**) *der* especialista *m*.

fachmännisch <> *adj* profesional. <> *adv* de forma profesional.

fachsimpeln [çfaxzɪmpl̩n] *vi fam* hablar de temas profesionales.

Fach|wissen *das (ohne Pl)* conocimientos *mpl* técnicos.

Fackel (*pl* **-n**) *die* antorcha *f*.

fade *adj abw* **- 1.** [schal] soso(sa), insípido(da) **- 2.** [stumpfsinnig] soso(sa).

Faden (*pl* **Fäden**) *der* **- 1.** [Faser] hilo *m* ; MED punto *m* ; **die Fäden ziehen** quitar los puntos **- 2.** *RW* : **den ~ verlieren** irse la idea de la cabeza, írsele el santo al cielo.

fähig *adj* capaz ; **zu etw ~ sein** ser capaz de algo.

Fähigkeit (*pl* **-en**) *die* **- 1.** [Begabung] habilidad *f* **- 2.** *(ohne Pl)* [Können] capacidad *f*.

fahnden *vi* : **nach etw/jm ~** buscar algo/a alguien.

Fahndung (*pl* **-en**) *die* búsqueda *f*.

Fahne (*pl* **-n**) *die* bandera *f* ; **eine ~ haben** *fam fig* apestar a alcohol.

Fahnen|flucht *die (ohne Pl)* deserción *f*.

Fahr|ausweis *der* **- 1.** [Fahrschein] billete *m*, boleto *m Amér* **- 2.** *Schweiz* [Führerschein] permiso *m* de conducir, carnet *m* de conducir.

Fahr|bahn *die* calzada *f*.

Fähre (*pl* **-n**) *die* transbordador *m*, ferry *m*.

fahren (*präs* **fährt**, *prät* **fuhr**, *perf* **hat/ist gefahren**) <> *vi (ist)* **- 1.** [Person - mit Auto] conducir ; [- mit Verkehrsmittel] ir ; **mit etw ~** ir con algo, ir en algo ; **jd fährt gut mit etw** *fig* algo es favorable para alguien **- 2.** [Fahrzeug] ir **- 3.** [öffentliche Verkehrsmittel] circular **- 4.** [streichen] : **mit der Hand über etw** *(A)* **~** pasar la mano por algo. <> *vt* **- 1.** *(hat)* [Fahrzeug] conducir **- 2.** *(ist)* [Strecke] coger, ir por ; [Entfernung] recorrer una distancia de ; **wir sind heute 200 km mit dem Auto gefahren** hoy hemos hecho 200 km con el coche **- 3.** *(hat)* [Person] llevar **- 4.** *(ist)* [Sportgerät] ir en ; **Ski/Wasserski ~** hacer esquí/esquí acuático ; **Achterbahn ~** subir a la montaña rusa.

Fahrenheit *nt* grado *m* Fahrenheit.

Fahrer (*pl* -) *der* conductor *m*.

Fahrerflucht *die (ohne Pl)* delito *m* de huida (de un conductor).

Fahrerin (*pl* **-nen**) *die* conductora *f*.

Fahr|gast *der* pasajero *m*, -ra *f*.

Fahr|geld *das* precio *m* del billete.

Fahr|karte *die* billete *m*, boleto *m Amér*.

Fahrkarten|schalter *der* taquilla *f*.

fahrlässig <> *adj* negligente. <> *adv* con negligencia.

Fahrlässigkeit *die* negligencia *f*.

Fahr|plan *der* horario *m*.

fahrplanmäßig <> *adj* conforme al horario. <> *adv* según el horario ; **~ abfahren** salir a la hora prevista.

Fahr|preis *der* precio *m* del billete.

Fahr|prüfung *die* examen *m* (práctico) de conducir.

Fahr|rad *das* bicicleta *f* ; **mit dem ~ fahren** ir en bicicleta.

Fahr|schein *der* billete *m*.

Fahr|schule *die* autoescuela *f*.

Fahr|stuhl *der* ascensor *m*, elevador *m Amér*.

Fahrt (*pl* **-en**) *die* **- 1.** *(ohne Pl)* [Fortbewegung] viaje *m* ; **freie ~** viaje sin atascos **- 2.** [Reise, Ausflug] excursión *f* **- 3.** *(ohne Pl)* [Geschwindigkeit] velocidad *f* **- 4.** *RW* : **in ~ kommen** ODER **geraten** [in Schwung kommen] animarse ; *fam* [wütend werden] enojarse ; **eine ~ ins Blaue machen** hacer un viaje espontáneo y sin destino concreto ; **die Bahn bietet monatlich eine ~ ins Blaue** los ferrocarriles ofrecen cada mes billetes sin destino concreto. ◆ **gute Fahrt** *interj* ¡buen viaje!

fährt *präs* ▭▷ **fahren**.

Fährte (*pl* **-n**) *die* rastro *m*.

Fahrtkosten, Fahrkosten *pl* gastos *mpl* de viaje.

Fahrt|richtung *die* sentido *m* de marcha.

fahrtüchtig *adj* capaz de conducir ; **das Fahrzeug ist wieder ~** el coche puede usarse de nuevo.

Fahr|verbot *das* prohibición *f* de conducir ; **er hat zurzeit ~** de momento le ha sido retirado el permiso de conducir.

Fahr|wasser *das (ohne Pl)* aguas *fpl* navegables ; **in js ~** *(A)* **geraten** dejarse influenciar por alguien.

Fahr|zeug (*pl* **-e**) *das* vehículo *m*.

Fahr|zeughalter, in (*mpl* **-**, *fpl* **-nen**) *der, die* propietario *m*, -ria *f* ODER titular *mf* del vehículo.

fair [fɛːɐ̯] <> *adj* justo(ta). <> *adv* justamente.

Fairness ['fɛːɐ̯nɛs] *die (ohne Pl)* juego *m* limpio.

Fakt *der (ohne Pl)* : **~ ist** es un hecho.

Faktor (*pl* **-toren**) *der* factor *m*.

Fakultät (*pl* **-en**) *die* facultad *f*.

Falke (*pl* **-n**) *der* halcón *m*.

Fall (*pl* **Fälle**) *der* **- 1.** *(ohne Pl)* [Fallen, Sturz] caída *f* ; **etw zu ~ bringen** *fig* provocar la caída de algo ; **jn zu ~ bringen** *fig* provocar el fracaso de alguien **- 2.** [Situation, Umstand] caso *m* ; **für alle Fälle** por si acaso ; **klarer ~!** la cosa está clara ; **ein klarer ~ von ...** un caso claro de ... **- 3.** [Angelegenheit, Rechtsfall, Krankheitsfall] caso *m* ; **etw/jd ist ganz sein ~** *fam fig* algo/alguien es de su gusto ; **Fußball ist nicht sein ~** el fútbol no le va demasiado. ◆ **auf jeden Fall** *adv* de todas formas. ◆ **auf keinen Fall** *adv* de ninguna manera.

Falle (*pl* **-n**) *die* **- 1.** [zum Fangen] trampa *f* ; **jm eine ~ stellen** [zum Fangen] poner una trampa a alguien ; *fig* tender una trampa a alguien **- 2.** *fam* [Bett] catre *m*.

fallen (*präs* **fällt**, *prät* **fiel**, *perf* **ist gefallen**) *vi* **- 1.** [herunterfallen, stürzen] caer(se) ; [Obst, Schnee, Regen] caer ; [Rock] tener caída ; **die Haare ~ ihr in die Stirn** el pelo le cae sobre la frente **- 2.** [sinken, abnehmen] bajar **- 3.** [sich richten auf] caer **- 4.** [geschehen] caer ; [Urteil] dictarse ; **in etw** *(A)* **~** caer en algo **- 5.** [sterben] caer **- 6.** [durchfallen] : **durch etw ~** *fam* suspender algo.

fällen *vt* **- 1.** [umhauen] talar **- 2.** [beschließen, aussprechen] tomar.

fällig *adj* [Zinsen] pagadero(ra) ; [Wechsel, Reform] vencedero(ra) ; [Arbeit] pendiente de entrega ; **morgen wird die Zahlung ~** mañana vence el plazo del pago ; **er hat endlich die ~e Rechnung bezahlt** por fin ha pagado la factura pendiente.

Fallobst *das (ohne Pl)* frutas *fpl* caídas.

falls *konj* si, en caso de que.

Fall|schirm *der* paracaídas *m*.

Fallschirm|springer, in *der, die* paracaidista *mf*.

fällt *präs* ▻ **fallen**.

Fall|tür *die* escotillón *m*.

falsch <> *adj* **- 1.** [nicht korrekt] incorrecto(ta) **- 2.** [imitiert, gefälscht] falso(sa) **- 3.** [nicht passend] equivocado(da) **- 4.** [nicht angebracht] inoportuno(na) **- 5.** [doppelzüngig] falso(sa) **- 6.** [irreführend] inexacto(ta). <> *adv* **- 1.** [nicht korrekt] incorrectamente **- 2.** [hinterhältig] falsamente.

Falsche (*pl* **-n**) *der, die, das* : **an den ~n/die ~ geraten** *fam* equivocarse de persona ; **das ~ tun** hacer lo que no se debe ; **den ~n fragen** preguntar a la persona equivocada.

fälschen *vt* falsificar.

Fälscher, in (*mpl* **-**, *fpl* **-nen**) *der, die* falsificador *m*, -ra *f*.

Falsch|fahrer, in *der, die* persona *f* que conduce en el sentido contrario, conductor *m*, -ra *f* suicida.

Falschgeld *das (ohne Pl)* dinero *m* falso.

Falschheit *die (ohne Pl)* falsedad *f*.

fälschlich <> *adj* falso(sa). <> *adv* equivocadamente.

Fälschung (*pl* **-en**) *die* falsificación *f*.

Falte (*pl* **-n**) *die* **- 1.** [Kniff] pliegue *m* ; **in ~n legen** doblar en pliegues **- 2.** [Hautfalte] arruga *f*.

falten *vt* **- 1.** [Stoff, Papier] plegar, doblar **- 2.** [Hände] juntar **- 3.** [Stirn] arrugar.

Falter (*pl* **-**) *der* mariposa *f*.

faltig *adj* arrugado(da).

familiär <> *adj* familiar. <> *adv* familiarmente.

Familie [fa'miːli̯ə] (*pl* **-n**) *die* familia *f* ; **eine dreiköpfige ~** una familia de tres miembros ; **~ haben** tener familia, tener hijos.

Familien|betrieb *der* empresa *f* familiar.

Familien|feier *die* fiesta *f* familiar.

Familien|kreis *der (ohne Pl)* círculo *m* familiar.

Familien|leben *das (ohne Pl)* vida *f* familiar, vida *f* de familia.

Familien|name *der* apellido *m*.

Familien|stand *der (ohne Pl)* estado *m* civil.

Fan (*pl* **-s**) *der* fan *mf*.

Fanatiker, in (*mpl* **-**, *fpl* **-nen**) *der, die* fanático *m*, -ca *f*.

fand *prät* ▻ **finden**.

Fanfare (*pl* **-n**) *die* **- 1.** [Instrument] clarín *m* **- 2.** [Signal] toque *m* de trompeta.

Fang *der (ohne Pl)* **- 1.** [Fangen] caza *f* ; [von Fischen] pesca *f* **- 2.** [Beute] captura *f*, presa *f* ; [Fische] pesca *f*.

fangen (*präs* **fängt**, *prät* **fing**, *perf* **hat gefangen**) *vt* **- 1.** [einfangen] capturar, cazar ; [Fische] pescar **- 2.** [festnehmen] prender, capturar **- 3.** [auffangen] coger.

fängt *präs* ▻ **fangen**.

Fantasie, Phantasie [fanta'ziː] (*pl* **-n**) *die* **- 1.** *(ohne Pl)* [Vorstellungskraft] imaginación *f* **- 2.** [Vorstellung] fantasía *f*.

fantasielos, phantasielos *adj, adv* sin fantasía, sin imaginación.

fantasieren, phantasieren *vi* **- 1.** [irrereden] desvariar, delirar **- 2.** [träumen] fantasear.

fantasievoll, phantasievoll *adj, adv* con mucha imaginación.

fantastisch, phantastisch ◇ *adj* fantástico(ca). ◇ *adv* fantásticamente.

Farb|aufnahme *die* fotografía *f* en color.

Farbband (*pl* **-bänder**) *das* cinta *f* para la máquina de escribir.

Farb|drucker *der* impresora *f* de ODER a color.

Farbe (*pl* **-n**) *die* **- 1.** [Buntheit, als Symbol] color *m* ; **~ bekommen** *fig* coger color, ponerse moreno(na) **- 2.** [färbende Substanz] pintura *f* ; [Lebensmittelfarbe, Tönung] colorante *m* **- 3.** [im Kartenspiel] palo *m*.

farbecht *adj* de color estable.

färben ◇ *vt* teñir. ◇ *vi* desteñir.

farbenblind *adj* daltónico(ca).

Farb|fernsehen *das* televisión *f* en color.

Farb|fernseher *der* televisor *m* en color.

Farb|film *der* **- 1.** [zum Fotografieren] película *f* de color **- 2.** [Spielfilm] película *f* en color.

Farb|foto *das* foto *f* en color.

farbig ◇ *adj* **- 1.** [nicht schwarzweiß] en color ; [Mine] de color **- 2.** [bunt] de colores **- 3.** [von dunklerer Hautfarbe] de color **- 4.** [anschaulich, lebhaft] vistoso(sa). ◇ *adv* **- 1.** [bunt] con muchos colores **- 2.** [anschaulich, lebhaft] vistosamente.

Farbige (*pl* **-n**) *der, die* persona *f* de color. ◆ **Farbige** *pl* : **die ~n** las personas de color.

farblich ◇ *adj* relativo(va) a los colores. ◇ *adv* en los colores ; [abstimmen] a tono.

farblos *adj* **- 1.** [ohne Farbe] incoloro(ra) **- 2.** [nichts sagend] soso(sa).

Farb|stoff *der* colorante *m*.

Färbung (*pl* **-en**) *die* **- 1.** [Farbgebung] coloración *f* ; [für Haare] tinte *m* **- 2.** [Tendenz] matiz *m*, tinte *m*.

Farn (*pl* **-e**) *der* helecho *m*.

Fasan (*pl* **-e** ODER **-en**) *der* faisán *m*.

Fasching (*pl* **-e** ODER **-s**) *der* carnaval *m*.

Faschismus *der (ohne Pl)* fascismo *m*.

Faschist, in (*mpl* **-en**, *fpl* **-nen**) *der, die* fascista *mf*.

faseln *fam abw* ◇ *vi* decir tonterías. ◇ *vt* decir ; **was faselst du da?** ¿pero qué sandeces estás diciendo?, ¿pero qué tonterías dices?.

Faser (*pl* **-n**) *die* fibra *f*.

faserig *adj* fibroso(sa).

Fass (*pl* **Fässer**) *das* barril *m*, tonel *m*. ◆ **vom Fass** *adv* de barril.

Fassade (*pl* **-n**) *die* fachada *f*.

fassen (*präs* **fasst**, *prät* **fasste**, *perf* **hat gefasst**) ◇ *vt* **- 1.** [packen, greifen] coger *Esp*, agarrar *Amér* ; **etw/jn zu ~ bekommen** conseguir coger algo/a alguien **- 2.** [festnehmen] prender, atrapar **- 3.** [begreifen] : **etw nicht ~ können** no poder entender algo **- 4.** [abfassen] redactar **- 5.** [fällen] tomar **- 6.** [Inhalt] tener la capacidad para. ◇ *vi* : **an etw** *(A)* **~** tocar algo. ◆ **sich fassen** *ref* [sich beruhigen] contenerse ; **fass dich!** ¡cálmate! ; **sich auf etw** *(A)* **gefasst machen** *fig* ir preparándose para algo ; **sich kurz ~** explicarse en pocas palabras.

Fassette *die* = **Facette**.

Fassung (*pl* **-en**) *die* **- 1.** [von Birne] portalámparas *fpl* **- 2.** [Einfassung] montura *f* **- 3.** [Version] versión *f* **- 4.** [Selbstbeherrschung] : **jn aus der ~ bringen** hacer perder a alguien la calma, sacar a alguien de quicio.

fassungslos ◇ *adj* desconcertado(da). ◇ *adv* desconcertadamente.

Fassungsvermögen *das (ohne Pl)* capacidad *f*.

fast *adv* casi.

fasten *vi* ayunar.

Fasten|zeit *die* **- 1.** [Zeit religiösen Fastens] días *mpl* de ayuno **- 2.** [vor Ostern] cuaresma *f*.

Fastnacht *die (ohne Pl)* carnaval *m*.

fatal *adj* **- 1.** [peinlich] fatal **- 2.** [verhängnisvoll] trágico(ca).

fauchen *vi* **- 1.** [Tier] bufar ; [Maschine] resoplar **- 2.** [Mensch] refunfuñar, rebufar.

faul ◇ *adj* **- 1.** [verdorben] podrido(da) **- 2.** [träge] vago(ga), perezoso(sa) **- 3.** *fam* [zweifelhaft] sospechoso(sa), dudoso(sa). ◇ *adv* [träge] perezosamente.

faulen (*perf* **hat/ist gefault**) *vi* pudrirse.

faulenzen *vi* holgazanear.

Faulheit *die (ohne Pl)* pereza *f*.

faulig ◇ *adj* podrido(da). ◇ *adv* a podrido.

Fäulnis *die (ohne Pl)* putrefacción *f*.

Fauna *die* fauna *f*.

Faust (*pl* **Fäuste**) *die* puño *m* ; **auf eigene ~** *fig* por propia iniciativa.

Faust|regel *die* regla *f* empírica.

Faust|schlag *der* puñetazo *m*.

Fax (*pl* **-** ODER **-e**) *das* fax *m*.

faxen *vt* mandar por fax.

Faxen *pl fam* [Späße] bromas *fpl* (pesadas) ; [Grimassen] muecas *fpl* ; **lass die ~!** ¡déjate de bromas pesadas! ; **die ~ dick** ODER **satt haben** *fam* estar harto(ta).

FAZ ['efa:tsɛt] (*abk für* **Frankfurter Allgemeine Zeitung**) *die (ohne Pl) periódico de la ciudad de Francfort que se lee tanto a nivel regional como nacional.*

Fazit (*pl* **-s** ODER **-e**) *das* resultado *m*.

FCKW [ɛf'tse:ka:'ve:] (*abk für* **Fluorchlorkohlenwasserstoff**) *der (ohne Pl)* CFC *m*.

F.D.P. [ɛf'de:'pe:] (*abk für* **Freie Demokratische Partei**) *die (ohne Pl)* Partido *m* Liberal de Alemania.

Febr. (*abk für* **Februar**) feb.

Februar *der (ohne Pl)* febrero *m* ; *siehe auch* **September**.

fechten (*präs* **ficht**, *prät* **focht**, *perf* **hat gefochten**) *vi* hacer esgrima ; [mit Worten] enfrentarse, atacarse (verbalmente).

Fechter, in (*mpl* **-**, *fpl* **-nen**) *der, die* esgrimidor *m*, -ra *f*.

Feder (*pl* **-n**) *die* **- 1.** [Vogelfeder] pluma *f* **- 2.** [zum Schreiben] pluma *f* **- 3.** [Metallteil] muelle *m*.

Feder|ball *der* **- 1.** *(ohne Pl)* [Spiel] badminton *m* **- 2.** [Ball] volante *m*.

Feder|bett *das* edredón *m*.

federn ◇ *vi* hacer resorte, ser elástico(ca) ; **beim Aufkommen in den Knien ~** amortiguar la caída. ◇ *vt* : **hart/weich gefedert sein** tener una suspensión dura/blanda.

Federung (*pl* **-en**) *die* muelles *mpl* ; [von Wagen] suspensión *f*.

Fee (*pl* **-n**) *die* hada *f*.

fegen (*perf* **hat/ist gefegt**) ◇ *vt* **- 1.** *(hat) Norddt* [säubern] barrer **- 2.** [entfernen] barrer ; **das Buch vom Tisch ~** apartar el libro de la mesa. ◇ *vi* **- 1.** *(hat) Norddt* [säubern] barrer **- 2.** *(ist)* [rasen] pasar a toda velocidad.

fehl *adv* : **~ am Platz sein** estar fuera de lugar ; **ich glaube, ich bin hier ~ am Platz** creo que aquí sobro, creo que aquí no pinto nada.

Fehl|betrag *der* déficit *m*.

fehlen *vi* **- 1.** [nicht vorhanden sein] faltar ; **es fehlt an etw** *(D)* falta algo ; **das hat gerade noch gefehlt, dass ...** *fam iron* sólo faltaba que ... **- 2.** [vermisst werden] : **etw/jd fehlt jm** alguien echa de menos algo/a alguien **- 3.** [irren] : **weit gefehlt!** ¡estás equivocado(da)! **- 4.** [erkrankt sein] : **was fehlt dir/Ihnen?** ¿qué te/le pasa?, ¿qué tienes/tiene?.

Fehl|entscheidung *die* decisión *f* errónea.

Fehler (*pl* **-**) *der* **- 1.** [Fehlgriff, Unrichtigkeit] error *m* **- 2.** [Schwäche] fallo *m* ; **etw ist js ~** [Eigenschaft] algo es un defecto de alguien ; [Schuld] algo es culpa de alguien **- 3.** [Mangel] defecto *m*.

fehlerfrei ◇ *adj* sin fallos, impecable ; **niemand ist ~** nadie es perfecto. ◇ *adv* sin hacer fallos, perfectamente.

fehlerhaft ◇ *adj* defectuoso(sa) ; [Aussprache] incorrecto(ta). ◇ *adv* incorrectamente.

Fehl|geburt *die* aborto *m*.

Fehl|griff *der* error *m*, desacierto *m*.

fehl|schlagen (*perf* **ist fehlgeschlagen**) *vi (unreg)* fracasar.

Fehl|start *der* **- 1.** [von Sportlern] salida *f* nula **- 2.** [von Flugkörpern] despegue *m* fallido ; [von Rakete] lanzamiento *m* fallido.

Fehl|urteil *das* **- 1.** [Rechtspruch] sentencia *f* errónea **- 2.** [Beurteilung] juicio *m* erróneo.

Feier (*pl* **-n**) *die* fiesta *f*.

Feier|abend *der* fin *m* de la jornada ; **~ machen** terminar la jornada ; **mit dem Urlaub ist ~** *fam* ya puedes olvidarte de las vacaciones.

feierlich ◇ *adj* **- 1.** solemne **- 2.** *RW* : **etw ist schon nicht mehr ~** *fam* algo ya no es digno(na). ◇ *adv* solemnemente.

Feierlichkeit (*pl* **-en**) *die (ohne Pl)* solemnidad *f*. ◆ **Feierlichkeiten** *pl* festividades *fpl*.

feiern ◇ *vt* **- 1.** [festlich begehen] celebrar **- 2.** [umjubeln, ehren] agasajar. ◇ *vi* festejar.

Feier|tag *der* día *m* festivo.

feiertags *adv* los días festivos.

feige ◇ *adj* cobarde. ◇ *adv* cobardemente.

Feige (*pl* **-n**) *die* **- 1.** [Frucht] higo *m* **- 2.** [Baum] higuera *f*.

Feigheit *die (ohne Pl)* cobardía *f*.

Feigling (*pl* **-e**) *der* cobarde *mf*, gallina *mf*.

Feile (*pl* **-n**) *die* lima *f*.

feilen ◇ *vt* limar. ◇ *vi* : **an etw** *(D)* **~** *fig* retocar algo.

feilschen *vi* : **um etw ~** regatear por algo.

fein ◇ *adj* **- 1.** [nicht grob, zart] fino(na) **- 2.** *fam* [schön, erfreulich] genial **- 3.** [qualitätsvoll] de primera calidad **- 4.** [sensibel] fino(na) **- 5.** *fam* [sympathisch] simpático(ca), majo(ja) **- 6.** *fam iron* [enttäuschend] bueno(na) **- 7.** [dezent] decente **- 8.** [vornehm, elegant] elegante ; **sich ~ machen** arreglarse, ponerse guapo(pa). ◇ *adv* **- 1.** *fam* [lieb, brav] bien **- 2.** [nicht grob, dünn] finamente ; ~ **gemahlen** muy molido(da) - **3.** *fam* [schön, erfreulich] bien ; ~ **heraus sein** *fig* salir bien parado(da) - **4.** [anständig] correctamente - **5.** [vornehm, elegant] con elegancia. ◆ **vom Feinsten** *adj* de lo mejor.

Feind (*pl* -e) *der* enemigo *m* ; **sich** *(D)* ~**e machen** hacerse enemigos.

Feindin (*pl* -nen) *die* enemiga *f*.

feindlich ◇ *adj* enemigo(ga) ; [Haltung] hostil. ◇ *adv* hostilmente.

Feindlichkeit *die (ohne Pl)* enemistad *f*.

Feindschaft (*pl* -en) *die* enemistad *f*.

feindselig ◇ *adj* hostil. ◇ *adv* hostilmente.

Feindseligkeit (*pl* -en) *die (ohne Pl)* hostilidad *f*, enemistad *f*.

feinfühlig ◇ *adj* sensible. ◇ *adv* sensiblemente ; **sich ~ verhalten** actuar con tacto.

Feinheit (*pl* -en) *die* - **1.** *(ohne Pl)* [Beschaffenheit] finura *f* - **2.** [Einzelheit] detalle *m* - **3.** *(ohne Pl)* [Vornehmheit] delicadeza *f*.

Feinkost|geschäft *das* tienda *f* de especialidades ODER de comestibles finos.

Fein|schmecker, in (*mpl* -, *fpl* -nen) *der, die* gourmet *mf*.

Feld (*pl* -er) *das* - **1.** [Ackerland] campo *m* - **2.** *(ohne Pl)* [Bereich] campo *m* - **3.** [von Formular, Spielbrett] casilla *f* - **4.** *(ohne Pl)* [SPORT - Platz] terreno *m* de juego ; [- Gruppe] pelotón *m* - **5.** *RW* : **das ~ räumen** dejar el campo libre ; **jm das ~ überlassen** ceder el sitio a alguien.

Feld|bett *das* cama *f* de campaña.

Feld|flasche *die* cantimplora *f*.

Feld|salat *der (ohne Pl)* rapónchigo *m*.

Feld|weg *der* senda *f*.

Feld|zug *der* campaña *f*.

Felge (*pl* -n) *die* - **1.** [Teil des Rades] llanta *f* - **2.** [Turnübung] molinete *m*.

Fell (*pl* -e) *das* piel *f*.

Fels (*pl* -en) *der* - **1.** *(G Fels, ohne Pl)* [Gestein] roca *f* - **2.** *(G Felsens) geh* [Felsen] roca *f*.

Felsen (*pl* -) *der* roca *f*.

felsenfest ◇ *adj* sólido(da), firme. ◇ *adv* firmemente.

felsig *adj* rocoso(sa).

feminin ◇ *adj* - **1.** [weiblich] femenino(na) - **2.** *abw* [unmännlich] afeminado(da). ◇ *adv* - **1.** [weiblich] de manera femenina - **2.** *abw* [unmännlich] de manera afeminada.

Femininum (*pl* -nina) *das* femenino *m*.

Feminismus *der (ohne Pl)* feminismo *m*.

Feminist, in (*mpl* -en, *fpl* -nen) *der, die* feminista *mf*.

feministisch ◇ *adj* feminista. ◇ *adv* de forma feminista.

Fenchel *der (ohne Pl)* hinojo *m*.

Fenster (*pl* -) *das* [Öffnung, Scheibe] ventana *f* ; **weg vom ~ sein** *fam fig* haber caído en el olvido.

Fenster|laden *der* postigo *m*.

Fenster|platz *der* asiento *m* de ventanilla.

Fenster|scheibe *die* cristal *m*.

Ferien *pl* vacaciones *fpl* ; **die großen ~** las vacaciones de verano ; **in die ~ fahren** ir de vacaciones.

Ferien

La palabra alemana **Ferien** designa el período de vacaciones de escolares y universitarios, y no debe confundirse con la palabra española «feria». Así, por ejemplo, la frase **Wir verbringen unsere Ferien am Mittelmeer** se traduce en español por: «Pasamos las vacaciones en el Mediterráneo».

Por otro lado, el término español «feria» se traduce en alemán por **Messe**, tal como vemos reflejado en el siguiente ejemplo: «La feria del libro más importante de Europa tiene lugar en Francfort del Meno», que traduciremos por: **Die wichtigste Buchmesse in Europa findet in Frankfurt am Main statt.**

Ferien|gast *der* huésped *mf* de vacaciones.

Ferien|lager *das* campamento *m* de vacaciones.

Ferien|ort *der* lugar *m* de vacaciones, sitio *m* turístico.

Ferkel (*pl* -) *das* - **1.** [Tier] lechón *m* - **2.** *fam* [dreckiger Mensch] cochino *m* - **3.** *fam* [unanständiger Mensch] cerdo *m*.

fern ◇ *adj* lejano(na). ◇ *adv* lejos. ◇ *präp geh* : ~ **einer Sache** *(D)* lejos de algo.

Fern|bedienung *die* - **1.** [Apparat] mando *m* a distancia - **2.** *(ohne Pl)* [Bedienung] control *m* remoto.

Ferne *die (ohne Pl)* [räumlich] lejanía *f* ; **in der ~** a lo lejos ; **aus der ~** desde lejos.

Ferne Osten *der* Lejano Oriente *m*.

ferner ◇ *konj* además. ◇ *adv geh* además, en lo sucesivo. ◇ *adj (Kompar)* ▷ **fern**.

Fern|gespräch *das* [in andere Stadt] llamada *f* interurbana ; [in anderes Land] llamada *f* internacional.

ferngesteuert *adj* teledirigido(da).

Fern|glas *das* prismáticos *mpl*.

fern halten *vt (unreg)* : **etw/jn von etw/jm**

~ mantener apartado(da) algo/alguien de algo/alguien.

Fẹrnlicht *das (ohne Pl)* luz *f* de carretera, luz *f* larga.

fẹrn liegen *vi (unreg)* : **jm ~** estar lejos de alguien.

Fẹrn|rohr *das* telescopio *m*.

Fẹrn|schreiben *das* télex *m*.

Fẹrn|schreiber *der* télex *m*.

Fẹrnseh|apparat *der* aparato *m* de televisión, televisor *m*.

fẹrn|sehen *vi (unreg)* ver la televisión.

Fẹrnsehen *das (ohne Pl)* televisión *f*.

Fẹrnseher (*pl* -) *der* - **1.** [Gerät] televisor *m* - **2.** [Fernsehzuschauer] telespectador *m*.

Fẹrnseh|film *der* película *f* para la televisión, telefilme *m*.

Fẹrnseh|programm *das* programa *m* de televisión.

Fẹrn|steuerung *die* mando *m* a distancia.

Fẹrn|straße *die* carretera *f* nacional.

Fẹrn|verkehr *der (ohne Pl)* tráfico *m* de lejanías/de larga distancia.

Fẹrse (*pl* **-n**) *die* talón *m* ; **jm auf den ~n sein/bleiben** *fig* pisar los talones a alguien.

fẹrtig *adj* - **1.** [vollendet] terminado(da) ; [Essen] listo(ta) - **2.** [bereit] : **~ sein** estar preparado(da) - **3.** [am/zu Ende] : **~ sein** haber terminado - **4.** [müde] : **~ sein** *fam fig* estar agotado(da) - **5.** *RW* : **mit jm ~ sein** *fam* haber terminado con alguien ; **mit etw ~/nicht ~ werden** poder/no poder aceptar algo, poder/no poder superar algo ; **mit jm nicht/schon ~ werden** *fam* no poder/poder arreglarse con alguien.

fẹrtig bringen *vt (unreg)* [zustande bringen] conseguir.

Fẹrtig|haus *das* casa *f* prefabricada.

Fẹrtigkeit (*pl* **-en**) *die (ohne Pl)* habilidad *f*. ◆ **Fertigkeiten** *pl* capacidades *fpl*.

fẹrtig|machen *vt* - **1.** *fam* [zurechtweisen] recriminar - **2.** *fam* [zur Verzweiflung bringen] desesperar - **3.** *fam* [erledigen, zusammenschlagen] acabar.

fẹrtig machen *vt* - **1.** [abschließen] terminar - **2.** [bereitmachen] preparar ; [Bett] hacer. ◆ **sich fertig machen** *ref* [sich bereitmachen] prepararse.

fẹrtig stellen *vt* acabar.

Fẹssel (*pl* **-n**) *die* - **1.** [Strick] atadura *f* ; [von Gefangenen, Zwang] cadena *f* - **2.** [Körperteil - bei Tieren] corvejón *m* ; [- bei Menschen] empeine *m*.

fẹsseln *vt* - **1.** [binden] atar ; [anketten] encadenar ; **die Krankheit fesselt ihn ans Bett** la enfermedad le obliga a guardar cama - **2.** [faszinieren] cautivar.

fẹsselnd ◇ *adj* cautivador(ra). ◇ *adv* de forma cautivadora.

fẹst ◇ *adj* - **1.** [gut befestigt] prieto(ta) - **2.** [kräftig] fuerte - **3.** [überzeugt] firme - **4.** [ständig] fijo(ja) - **5.** [solide] sólido(da) - **6.** [verbindlich] vinculante - **7.** [Nahrung] sólido(da) - **8.** [entschlossen] decidido(da). ◇ *adv* - **1.** [haltbar, straff] apretadamente - **2.** [kräftig] fuertemente - **3.** [überzeugt] firmemente - **4.** [verbindlich] de forma vinculante - **5.** [ständig] con contrato fijo ; **~ angestellt sein** tener un contrato fijo - **6.** [tief] profundamente - **7.** *fam* [tüchtig] activamente.

Fẹst (*pl* **-e**) *das* fiesta *f*. ◆ **frohes Fest** *interj* ¡felices fiestas!

fẹstangestellt ▷ **fest**.

Fẹst|betrag *der* cantidad *f* fija.

fẹst|binden *vt (unreg)* atar.

Fẹst|essen *das* banquete *m*.

fẹst|halten *(unreg)* ◇ *vt* - **1.** [aufzeichnen] retener - **2.** [feststellen] constatar. ◇ *vi* : **an etw/jm ~** aferrarse a algo/alguien.

fẹst halten *(unreg) vt* [halten] agarrar.

fẹstigen *vt* consolidar.

Fẹstiger (*pl* -) *der* gomina *f*.

Fẹstigkeit *die (ohne Pl)* - **1.** [Widerstandsfähigkeit] resistencia *f* - **2.** [Standhaftigkeit] firmeza *f*.

Fẹstival ['fɛstivəl] (*pl* **-s**) *das* festival *m*.

Fẹstland *das (ohne Pl)* continente *m*.

fẹst|legen *vt* - **1.** [bestimmen] fijar - **2.** [verpflichten] : **jn auf etw** *(A)* **~** obligar a alguien a algo. ◆ **sich festlegen** *ref* comprometerse ; **sich auf etw** *(A)* **~** comprometerse a algo.

fẹstlich ◇ *adj* de fiesta. ◇ *adv* como para una fiesta ; [bewirten] a cuerpo de rey.

Fẹstlichkeit (*pl* **-en**) *die (ohne Pl)* solemnidad *f*. ◆ **Festlichkeiten** *pl* festividades *fpl*.

fẹst|machen *vt* - **1.** [befestigen] fijar ; [Boot] amarrar ; [Kritikpunkte] basar - **2.** [vereinbaren] fijar.

Fẹstnahme (*pl* **-n**) *die* detención *f*.

fẹst|nehmen *vt (unreg)* detener.

Fẹst|netz *das* red *f* fija.

Fẹst|platte *die* disco *m* duro.

fẹst|setzen *vt* - **1.** [bestimmen] fijar - **2.** [verhaften] detener.

fẹst sitzen *vi (unreg)* [haften] estar fijo(ja).

Fẹstspiele *pl* festival *m*.

fẹst|stehen *vi (unreg)* - **1.** [bestimmt sein] estar fijado(da) - **2.** [sicher sein] ser seguro(ra).

fẹst|stellen *vt* - **1.** [diagnostizieren] determinar ; MED diagnosticar - **2.** [beobachten] constatar - **3.** [anmerken] constatar.

Fest|stellung *die* - **1.** [Ermittlung] constatación *f* - **2.** [Wahrnehmung] averiguación *f* - **3.** [Erklärung] constatación *f*.

Festung (*pl* **-en**) *die* fortaleza *f*.

Fete ['fe:tə] (*pl* **-n**) *die fam* fiesta *f*, guateque *m*.

fett ◇ *adj* - **1.** [reich an Fett] graso(sa) - **2.** [sehr dick] gordo(da) - **3.** *fam* [reich] gordo(da). ◇ *adv* - **1.** [mit viel Fett] con grasa - **2.** [drucken] en negrita.

Fett (*pl* **-e**) *das* grasa *f* ; **sein ~ weghaben** *fam fig* haber recibido lo suyo.

fettarm ◇ *adj* poco graso(sa). ◇ *adv* con poca grasa.

fetten ◇ *vt* engrasar ; [Kuchenform] untar con grasa. ◇ *vi* engrasar.

fett gedruckt *adj* en negrita.

fettig *adj* grasiento(ta).

Fettnäpfchen *das (ohne Pl)* : **ins ~ treten** *fam* meter la pata.

Fetzen (*pl* -) *der* trozo *m* ; [Kleid] harapo *m*.

fetzig *adj fam* genial, de muerte.

feucht ◇ *adj* húmedo(da). ◇ *adv* con algo húmedo.

Feuchtigkeit *die (ohne Pl)* humedad *f*.

Feuchtigkeits|creme *die* crema *f* hidratante.

feudal ◇ *adj* - **1.** [den Feudalismus betreffend] feudal - **2.** [aristokratisch] aristocrático(ca) - **3.** *fam* [vornehm] elegante. ◇ *adv fam* [vornehm] elegantemente.

Feuer (*pl* -) ◇ *das* - **1.** [als Energiespender] fuego *m* ; **~ machen** hacer fuego ; **jm ~ geben** dar fuego a alguien - **2.** [Brand] incendio *m* ; **~ legen** pegar fuego ; **~ fangen** prender fuego ; **für etw/jn ~ fangen** *fam fig* entusiasmarse por algo/alguien - **3.** *(ohne Pl)* [Beschuss] fuego *m* - **4.** *(ohne Pl)* [Schwung, Temperament] fuego *m* - **5.** *RW* : **für etw/jn ~ und Flamme sein** *fam* estar loco(ca) por algo/alguien. ◇ *interj* ¡fuego!

Feueralarm *der (ohne Pl)* alarma *f* de incendio.

feuerfest *adj* resistente al fuego.

Feuergefahr *die (ohne Pl)* peligro *m* de incendio.

feuergefährlich *adj* inflamable.

Feuer|löscher (*pl* -) *der* extintor *m* de incendios.

feuern ◇ *vt* - **1.** *fam* [entlassen] despedir - **2.** *fam* [schleudern] lanzar - **3.** [heizen] encender. ◇ *vi* : **auf etw/jn ~** abrir fuego sobre algo/alguien.

Feuer|wehr (*pl* **-en**) *die* cuerpo *m* de bomberos.

Feuer|wehrmann (*pl* **-männer** ODER **-leute**) *der* bombero *m*.

Feuer|werk *das* fuegos *mpl* artificiales.

Feuer|zeug *das* encendedor *m*, mechero *m*.

Feuilleton [fœjə'tõ] (*pl* **-s**) *das* - **1.** [literarischer Teil einer Zeitung] sección *f* fija literaria - **2.** [literarischer Beitrag] folletín *m*.

feurig *adj* fogoso(sa).

ff. (*abk für* **folgende Seiten**) y ss.

FH [ɛf'ha:] (*pl* **-s**) *abk für* **Fachhochschule**.

ficht *präs* ▷ **fechten**.

Fichte (*pl* **-n**) *die* abeto *m*.

fidel *adj* alegre.

Fieber *das (ohne Pl)* fiebre *f*.

fieberhaft ◇ *adj* - **1.** [fiebrig] con fiebre - **2.** [hektisch] febril. ◇ *adv* febrilmente.

fiebern *vi* - **1.** [Fieber haben] tener fiebre - **2.** [angespannt warten] esperar ansiosamente.

Fieber|thermometer *das* termómetro *m* clínico.

fiebrig *adj* - **1.** [mit Fieber] con fiebre - **2.** [hektisch] febril.

fiel *prät* ▷ **fallen**.

fies *fam abw* ◇ *adj* - **1.** [gemein] repugnante - **2.** [ekelhaft] asqueroso(sa). ◇ *adv* - **1.** [gemein] repugnantemente - **2.** [ekelhaft] asqueroso.

Figur (*pl* **-en**) *die* - **1.** [Körperform] figura *f* - **2.** [Person] personaje *m* - **3.** [Darstellung - künstlerische] estatua *f* ; [- literarische, geometrische] figura *f* - **4.** [Spielstein] pieza *f* - **5.** SPORT figura *f* - **6.** *RW* : **eine gute/schlechte ~ abgeben** ODER **machen** quedar bien/mal.

Filet [fi'le:] (*pl* **-s**) *das* filete *m*.

Filiale (*pl* **-n**) *die* sucursal *f*.

Film (*pl* **-e**) *der* - **1.** [im Kino, Fernsehen, für Aufnahmen] película *f* - **2.** *(ohne Pl)* [Filmbranche] industria *f* del cine ; **beim ~ sein** estar metido(da) en la industria de cine - **3.** [Schicht] película *f*.

filmen ◇ *vt* filmar. ◇ *vi* rodar.

Film|kamera *die* cámara *f*.

Film|star ['fɪlmʃta:ɐ̯] *der* estrella *f* de cine.

Filter (*pl* -) *der* ODER *das* filtro *m*.

filtern *vt* filtrar.

Filter|tüte *die* filtro *m*.

Filter|zigarette *die* cigarrillo *m* con filtro.

Filz (*pl* **-e**) *der* - **1.** [Stoff] fieltro *m* - **2.** *(ohne Pl) abw* [Vetternwirtschaft] nepotismo *m*, amiguismo *m*.

filzen *vt fam* registrar.

Filz|stift *der* rotulador *m* (de fieltro).

Finale (*pl* -) *das* - **1.** [Endkampf, Endspiel] final *f* - **2.** MUS final *m*.

Finanzlamt *das* delegación *f* de Hacienda.

Finanzlbeamte *der* funcionario *m* de Hacienda.

Finanzlbeamtin *die* funcionaria *f* de Hacienda.

Finanzlbedarf *der (ohne Pl)* necesidades *fpl* financieras.

Finanzen *pl* finanzas *fpl*.

finanziell [finan'tsiɛl] <> *adj* financiero(ra). <> *adv* desde el punto de vista financiero.

finanzieren *vt* financiar.

Finanzierung (*pl* **-en**) *die* financiación *f*.

Finanzlministerium *das* Ministerio *m* de Hacienda.

finden (*prät* **fand**, *perf* **hat gefunden**) <> *vt* - **1.** [entdecken] encontrar - **2.** [erhalten] recibir - **3.** [empfinden, meinen] encontrar. <> *vi* llegar.

Finder, in (*mpl* -, *fpl* **-nen**) *der* persona *f* que encuentra algo.

Finderllohn *der* gratificación *f* (para una persona que ha encontrado un objeto perdido).

fing *prät* ▻ **fangen**.

Finger (*pl* -) *der* - **1.** [Glied] dedo *m* - **2.** *RW* : **etw/jn in die ~ kriegen** ODER **bekommen** *fam* echar las manos a algo/alguien ; **lange ~ machen** *fam abw* robar.

Fingerlabdruck *der* huella *f* dactilar.

Fingerlhut *der* - **1.** [zum Nähen] dedal *m* - **2.** [Blume] dedalera *f*.

Fingerlnagel *der* uña *f*.

Fingerlspitze *die* yema *f* del dedo.

Fingerlspitzengefühl *das (ohne Pl)* tacto *m* ; **~ haben** ODER **besitzen/beweisen** tener/demostrar tacto.

Fink (*pl* **-en**) *der* pinzón *m*.

Finne (*pl* **-n**) *der* finlandés *m*.

Finnin (*pl* **-nen**) *die* finlandesa *f*.

finnisch *adj* finlandés(esa) ; *siehe auch* **englisch**.

Finnisch *das (ohne Pl)* finlandés *m* ; *siehe auch* **Englisch**.

Finnische *das (ohne Pl)* finlandés *m* ; *siehe auch* **Englische**.

Finnland *nt* Finlandia *f*.

finster <> *adj* - **1.** [dunkel] oscuro(ra) ; **im Finstern tappen** andar a tientas - **2.** [verschlossen, unfreundlich] hosco(ca) - **3.** [unheimlich] siniestro(tra) - **4.** [schlimm] duro(ra). <> *adv* [unfreundlich] con aire sombrío.

Finsternis (*pl* **-se**) *die* eclipse *m*.

Finte (*pl* **-n**) *die* truco *m*.

Firma (*pl* **Firmen**) *die* empresa *f*.

Firmenlname *der* nombre *m* de empresa.

Firmenlwagen *der* coche *m* de empresa.

Firmung (*pl* **-en**) *die* confirmación *f*.

First Class *die (ohne Pl)* primera clase *f*.

Fisch (*pl* **-e**) *der* - **1.** [Tier] pez *m* - **2.** [Gericht] pescado *m* - **3.** ASTROL Piscis *m*. ◆ **Fische** *pl* ASTROL Piscis *m*.

Fischlbesteck *das* cubierto *m* para pescado.

fischen <> *vt* [fangen, holen] pescar. <> *vi* - **1.** [Fische fangen] pescar - **2.** *fam* [greifen] : **nach etwas ~** pescar algo.

Fischer, in (*mpl* -, *fpl* **-nen**) *der, die* pescador *m*, -ra *f*.

Fischerlboot *das* barca *f* de pescar.

Fischerei *die (ohne Pl)* pesca *f*.

Fischfang *der (ohne Pl)* pesca *f*.

Fischlhändler, in *der, die* pescadero *m*, -ra *f*.

Fischlmarkt *der* mercado *m* de pescado.

Fischlstäbchen ['fɪʃʃtɛːpçən] *das* barrita *f* de pescado.

Fiskus *der (ohne Pl)* fisco *m*.

fit *adj* en forma.

Fitness ['fɪtnɛs] *die (ohne Pl)* condición *f*.

Fitnesslcenter *das* gimnasio *m*.

fix <> *adj* - **1.** *fam* [schnell] rápido(da) - **2.** [feststehend] fijo(ja) - **3.** [erschöpft] : **~ und fertig sein** *fam* estar echo polvo. <> *adv* [schnell] rápidamente.

Fixer, in (*mpl* -, *fpl* **-nen**) *der, die fam* drogata *mf*.

fixieren *vt* - **1.** [anstarren] mirar fijamente - **2.** [befestigen, konservieren] fijar - **3.** *geh* [festhalten] fijar.

FKK [ɛf'kaː'kaː] *abk für* **Freikörperkultur**.

flach <> *adj* - **1.** [eben] llano(na) - **2.** [niedrig, dünn] bajo(ja) ; [Brett, Stein] plano(na) ; [Teller] llano(na) - **3.** [seicht] poco profundo(da) - **4.** *abw* [oberflächlich] superficial. <> *adv* [niedrig] a ras del suelo.

Fläche (*pl* **-n**) *die* - **1.** [Gebiet] área *m* - **2.** [geometrisch, Seite] superficie *f*.

flachlfallen (*perf* **ist flachgefallen**) *vi (unreg) fam* no tener lugar.

Flachland *das (ohne Pl)* llanura *f*.

flachsen ['flaksn̩] *vi* bromear.

flackern *vi* vacilar.

Fladen (*pl* -) *der* - **1.** [Brotfladen] pan *m* redondo y liso - **2.** [Kuchen] crêpe *f* - **3.** [Kuhfladen] boñiga *f*.

Flagge (*pl* **-n**) *die* bandera *f*.

flambieren *vt* flambear.

Flame (*pl* **-n**) *der* flamenco *m*.

Flämin (*pl* **-nen**) *die* flamenca *f*.

Flamingo (*pl* **-s**) *der* flamenco *m*.

flämisch *adj* flamenco(ca).

Flämische *das (ohne pl)* flamenco *m*; *siehe auch* **Englische**.

Flamme (*pl* **-n**) *die* - **1.** [Feuer] llama *f*; **etw steht in ~n** algo arde en llamas - **2.** [Gasflamme] fuego *m*.

Flandern *nt* Flandes *m*.

Flanell (*pl* **-e**) *der* franela *f*.

Flanke (*pl* **-n**) *die* - **1.** [von Tieren] costado *m* - **2.** [von Truppen, Spielfeld] ala *f*.

Flasche (*pl* **-n**) *die* - **1.** [Gefäß] botella *f* - **2.** *salopp abw* [Versager] inútil *mf*.

Flaschen|bier *das* cerveza *f* en botella.

Flaschen|öffner *der* abridor *m*.

Flaschen|zug *der* juego *m* de poleas.

flattern (*perf* **ist/hat geflattert**) *vi* - **1.** *(hat)* [schlagen] aletear - **2.** *(hat)* [wehen] ondear - **3.** *(hat)* [zittern] temblar; [Herz] palpitar - **4.** *(ist)* [fliegen] revolotear.

Flaum *der (ohne Pl)* - **1.** [Haare] vello *m* - **2.** [Federn] plumón *m*.

flauschig *adj* suave.

Flausen *pl*: **nur ~ im Kopf haben** no tener nada más que pájaros en la cabeza.

Flaute (*pl* **-n**) *die* - **1.** [geringe Nachfrage] estancamiento *m* - **2.** [Windstille] calma *f*.

Flechte (*pl* **-n**) *die* - **1.** [Pflanze] liquen *m* - **2.** [Hautausschlag] sarpullido *m*.

flechten (*präs* **flicht**, *prät* **flocht**, *perf* **hat geflochten**) *vt* trenzar.

Fleck (*pl* **-e** ODER **-en**) *der* - **1.** [Klecks, Stelle] mancha *f* - **2.** [Ort] sitio *m*.

fleckenlos ◇ *adj* - **1.** [sauber] sin manchas - **2.** [tadellos] impecable. ◇ *adv* impecablemente.

Fleck|entferner *der* quitamanchas *mpl*.

fleckig *adj* - **1.** [schmutzig] manchado(da), sucio(cia) - **2.** [gefleckt] picado(da).

Fleder|maus *die* murciélago *m*.

Flegel (*pl* **-**) *der* bruto *m*.

flegelhaft ◇ *adj* bruto(ta), mal educado(da). ◇ *adv* sin modales.

flehen *vi* implorar; **um etw ~** implorar algo.

Fleisch *das (ohne Pl)* - **1.** [Muskelgewebe, Nahrungsmittel] carne *f*; **~ fressend** carnívoro(ra) - **2.** [Fruchtfleisch] pulpa *f*.

Fleisch|brühe *die* caldo *m* de carne.

Fleischer (*pl* **-**) *der* carnicero *m*.

Fleischerei (*pl* **-en**) *die* carnicería *f*.

Fleischerin (*pl* **-nen**) *die* carnicera *f*.

fleischfressend = **Fleisch**.

fleischig *adj* carnoso(sa).

Fleisch|vergiftung *die* intoxicación *f* por (comer) carne.

Fleisch|wolf *der* picadora *f* de carne.

Fleisch|wurst *die variedad de salchicha corta y gruesa de tono rosáceo que se prepara fría, en ensaladas o cocinada de formas diversas.*

Fleiß *der (ohne Pl)* aplicación *f*; **viel ~ auf etw** *(A)* **verwenden** poner mucho empeño en algo.

fleißig ◇ *adj* [arbeitsam] aplicado(da). ◇ *adv* - **1.** [arbeitsam] aplicadamente - **2.** *fam* [oft, viel] asiduamente.

fletschen *vt*: **die Zähne ~** regañar los dientes, enseñar los dientes.

flicht *präs* ▷ **flechten**.

flicken *vt* remendar; [Tor, Dach, Stuhl] reparar.

Flicken (*pl* **-**) *der* remiendo *m*.

Flickzeug *das (ohne Pl)* estuche *m* de reparación.

Flieder (*pl* **-**) *der* lila *f*.

Fliege (*pl* **-n**) *die* - **1.** [Insekt] mosca *f* - **2.** [Schleife] pajarita *f*.

fliegen (*prät* **flog**, *perf* **hat/ist geflogen**) ◇ *vi (ist)* - **1.** [durch die Luft, mit Flugzeug] volar - **2.** *fam* [stürzen] caer - **3.** *fam* [entlassen werden] ser echado(da) - **4.** [attraktiv finden]: **auf etw/jn ~** estar loco(ca) por algo/alguien. ◇ *vt* - **1.** *(hat)* [Person] llevar - **2.** *(hat)* [Flugzeug] pilotar - **3.** *(ist/hat)* [Strecke] cubrir.

Fliegen|pilz *der* amanita *f* muscaria.

Flieger (*pl* **-**) *der* - **1.** [Pilot] piloto *m* - **2.** *fam* [Flugzeug] avión *m*.

Fliegerin (*pl* **-nen**) *die* piloto *f*.

fliehen (*prät* **floh**, *perf* **hat/ist geflohen**) ◇ *vi (ist)* huir; **aus dem Gefängnis ~** escaparse de la cárcel; **vor etw/jm ~** huir de algo/alguien. ◇ *vt (hat) geh* evitar.

Fliese (*pl* **-n**) *die* azulejo *m*; [Bodenfliese] baldosa *f*.

Fließband (*pl* **-bänder**) *das* cadena *f* de producción.

fließen (*prät* **floss**, *perf* **ist geflossen**) *vi* - **1.** [Fluss, Wasser, Verkehr, Gelder] fluir; [Blut] correr; **Blut floss ihm aus der Nase** le salía sangre por la nariz - **2.** [weich fallen] tener caída.

fließend ◇ *adj* - **1.** [perfekt]: **~es Deutsch sprechen** hablar alemán con fluidez - **2.** [ungenau, unscharf] difuso(sa) - **3.** [strömend] corriente; **~er Verkehr** tráfico fluido - **4.** [weich fallend] con caída. ◇ *adv* - **1.** [perfekt] con fluidez, con soltura - **2.** [unscharf] de forma difusa.

flimmern *vi* - **1.** [funkeln] brillar; [Luft]

agitarse - 2. [zittern] temblar ; [Herzkammer] palpitar.

flink <> *adj* rápido(da). <> *adv* rápidamente.

Flinte (*pl* -n) *die* escopeta *f*.

flirten ['flœrtn̩] *vi* flirtear, ligar ; **mit jm ~** ligar con alguien.

Flitterwochen *pl* luna *f* de miel.

flitzen (*perf* **ist geflitzt**) *vi fam* ir(se) pitando.

flocht *prät* ▷ **flechten**.

Flocke (*pl* -n) *die* - 1. [Schneeflocke] copo *m* ; [von Staub] partícula *f* ; [Schaumgummiflocke] trozo *m* ; **Watteflocke** bola *f* de algodón - 2. [Getreideflocke] copo *m*.

flog *prät* ▷ **fliegen**.

floh *prät* ▷ **fliehen**.

Floh (*pl* **Flöhe**) *der* pulga *f* ; **wer hat dir denn den ~ ins Ohr gesetzt?** ¿pero quién te ha metido eso en la cabeza?.

Floh|markt *der* rastro *m*, mercadillo *m*.

Flora *die (ohne Pl)* flora *f*.

Florenz *nt* Florencia *f*.

florieren *vi* prosperar.

Floskel (*pl* -n) *die* palabras *fpl* vanas ODER huecas ; **das ist eine leere ~** no son más que palabras ; **höfliche ~** fórmula *f* de cortesía.

floss *prät* ▷ **fließen**.

Floß (*pl* **Flöße**) *das* balsa *f*.

Flosse (*pl* -n) *die* - 1. [von Tieren] aleta *f* - 2. [Schwimmflosse] aleta *f* (de buzo) - 3. *salopp abw* [Hand] pezuña *f* ; [Fuß] pata *f*.

Flöte (*pl* -n) *die* - 1. [Musikinstrument] flauta *f* - 2. [Glas] copa *f* de cava ODER champán.

flöten <> *vi* - 1. [Flöte spielen] tocar la flauta - 2. [pfeifen] silbar ; [Vogel] gorjear - 3. *fam abw* [einschmeichelnd sprechen] hablar con voz dulce. <> *vt* - 1. [spielen] tocar con la flauta - 2. [pfeifen] silbar - 3. *fam abw* [einschmeichelnd sagen] decir dulcemente.

Flötist, in (*mpl* **-en**, *fpl* **-nen**) *der, die* flautista *mf*.

flott <> *adj* - 1. [schick] vistoso(sa) - 2. [lebhaft, schnell] animado(da) ; [Bedienung] rápido(da) - 3. [fahrtüchtig] a punto. <> *adv* - 1. [schnell, lebhaft] animadamente, rápidamente ; **mach ~!** ¡rápido! - 2. [schick] con gracia, vistosamente.

Flotte (*pl* -n) *die* flota *f*, armada *f*.

Fluch (*pl* **Flüche**) *der* - 1. [Schimpfwort] taco *m*, palabrota *f* - 2. *(ohne Pl)* [Verwünschung] maldición *f* ; **ein ~ liegt auf jm** una maldición pesa sobre alguien.

fluchen *vi* echar tacos, decir palabrotas.

Flucht *die (ohne Pl)* fuga *f*, huida *f* ; [aus dem Gefängnis] fuga *f* ; **die ~ ergreifen** darse a la fuga.

fluchtartig <> *adj* precipitado(da). <> *adv* precipitadamente.

flüchten (*perf* **hat/ist geflüchtet**) *vi (ist)* huir ; [aus dem Gefängnis] fugarse, escaparse ; **vor etw/jm ~** escaparse de algo/escapar de alguien. ◆ **sich flüchten** *ref (hat)* : **sich in etw** *(A)* **~** refugiarse en algo.

Flucht|helfer, in *der, die* cómplice *mf* de fuga.

flüchtig <> *adj* - 1. [kurz] rápido(da) ; [Moment] fugaz ; [Schmerz] pasajero(ra), transitorio(ria) - 2. [ungenau] superficial ; [Arbeit] descuidado(da) - 3. [flüchtend] fugitivo(va). <> *adv* - 1. [ungenau] superficialmente ; [arbeiten] de forma descuidada - 2. [kurz] rápidamente.

Flüchtigkeits|fehler *der* descuido *m* ; **einen ~ machen** tener un descuido.

Flüchtling (*pl* -e) *der* refugiado *m*, -da *f*.

Flucht|weg *der* salida *f* de emergencia ; [von Verbrecher] camino *m* de huida.

Flug (*pl* **Flüge**) *der* vuelo *m* ; **der Urlaub verging wie im ~(e)** las vacaciones se pasaron volando.

Flug|bahn *die* trayectoria *f*.

Flug|blatt *das* octavilla *f*.

Flügel (*pl* -) *der* - 1. [Schwinge] ala *f* - 2. [von Flugzeug, Windmühle] aspa *f* - 3. [Seitenteil] ala *f* ; **der rechte ~ der Lunge** el pulmón derecho - 4. [politische Gruppe] ala *f* - 5. [Musikinstrument] piano *m* de cola.

Flug|gast *der* pasajero *m*, -ra *f* (de un avión).

flügge *adj* [Vogel] volantón(ona) ; **~ sein/werden** [Kind] ser independiente/independizarse.

Flug|gesellschaft *die* compañía *f* aérea.

Flug|hafen *der* aeropuerto *m*.

Flug|lotse *der* controlador *m* aéreo.

Flug|platz *der* aeródromo *m*.

Flug|verkehr *der* tráfico *m* aéreo.

Flug|zeug *das* avión *m*.

Flugzeug|träger *der* portaaviones *m*.

Flunder (*pl* -n) *die* platija *f*.

flunkern *vi* contar una mentirijilla.

Fluor *(ohne Pl) das* flúor *m*.

Flur (*pl* -e ODER -en) <> *der (G Flur(e)s, Pl Flure)* [Korridor] pasillo *m*, corredor *m*. <> *die (G Flur, Pl Fluren)* [Gelände] campo *m*.

Fluss (*pl* **Flüsse**) *der* - 1. [Wasserlauf] río *m* - 2. *(ohne Pl)* [Bewegung] flujo *m* ; **der ~ der Verhandlungen** el curso de las negociaciones.

flussabwärts *adv* río abajo.

flussaufwärts *adv* río arriba.

Flusslbett *das* cauce *m*.

flüssig ◇ *adj* - **1.** [nicht fest] líquido(da) - **2.** [fließend] fluido(da) - **3.** [zahlungsfähig, verfügbar] disponible ; **jd ist ~** alguien tiene capital disponible ; **etw ~ machen** liquidar algo. ◇ *adv* [ohne zu stocken] con fluidez.

Flüssigkeit (*pl* **-en**) *die* líquido *m*.

Flusslauf *der* curso *m* (de un río).

Flusslpferd *das* hipopótamo *m*.

flüstern ◇ *vi* cuchichear. ◇ *vt* susurrar, murmurar ; **jm was ~** *fam fig* cantar a alguien las cuarenta.

Flut (*pl* **-en**) *die* - **1.** *(ohne Pl)* [Wasserstand] marea *f* alta, pleamar *f* - **2.** *geh* [Wassermasse] olas *fpl* - **3.** *RW* : **eine ~ von etw** *fig* un aluvión de algo, un torrente de algo.

Flutlicht *das (ohne Pl)* luz ODER iluminación *f* por proyección.

focht *prät* ▻ **fechten.**

Fohlen (*pl* **-**) *das* potro *m*.

Föhn (*pl* **-e**) *der* - **1.** [Wind] foehn *m (viento cálido del sur, proveniente de los Alpes)* - **2.** [Haartrockner] secador *m* (de pelo).

föhnen *vt* secar (con el secador).

Folge (*pl* **-n**) *die* - **1.** [Konsequenz] consecuencia *f* ; **etw hat etw zur ~** algo tiene ODER trae algo como consecuencia - **2.** [Fortsetzung] continuación *f* ; [eines Romans, eines Filmes] segunda parte *f* ; [einer Fernsehserie] episodio *m*, capítulo *m* - **3.** [Serie] serie *f* - **4.** *amt* [Befolgung] : **einer Sache** *(D)* **~ leisten** cumplir algo, hacer caso a algo.

folgen (*perf* **ist gefolgt**) *vi* - **1.** [nachfolgen] : **einer Sache/jm ~** seguir algo/a alguien - **2.** [verstehen] seguir ; **jm nicht ~ können** no poder seguir a alguien - **3.** [sich anschließen] : **auf etw** *(A)* **~** seguir a algo ; **wie folgt** como sigue - **4.** [gehorchen] obedecer ; **einer Sache/jm ~** obedecer a algo/alguien - **5.** [sich richten nach] : **einer Sache** *(D)* **~** seguir algo - **6.** [sich logisch ergeben] : **aus etw ~** deducirse de algo, resultar de algo.

folgend *adj* siguiente. ◆ **Folgende** *das* : **das Folgende** lo siguiente. ◆ **Folgendes** *nt* lo siguiente.

folgendermaßen *adv* de la siguiente manera.

folgern *vt* : **aus etw ~, dass ...** deducir de algo que ...

Folgerung (*pl* **-en**) *die* conclusión *f*.

folglich *adv* por consiguiente, por lo tanto.

folgsam ◇ *adj* obediente. ◇ *adv* obedientemente.

Folie ['fo:li̯ə] (*pl* **-n**) *die* [Plastikfolie] plástico *m* ; [für Lebensmittel] papel *m* celofán ; [für Overheadprojektor] transparencia *f*.

Folklore *die (ohne Pl)* - **1.** [Musik] folclor(e) *m* - **2.** [Brauchtum] tradición *f*.

folkloristisch *adj* folclórico(ca).

Folter (*pl* **-n**) *die* tortura *f* ; **jn auf die ~ spannen** *fig* tener a alguien en vilo.

foltern *vt* torturar.

Fön® (*pl* **-e**) *der* = **Föhn**.

fönen = **föhnen**.

Fonetik, Phonetik *die (ohne Pl)* fonética *f*.

fonetisch, phonetisch ◇ *adj* fonético(ca). ◇ *adv* fonéticamente, en el aspecto fonético ; **Wörter ~ umschreiben** transcribir palabras fonéticamente.

Fontäne (*pl* **-n**) *die* - **1.** [Strahl] surtidor *m* - **2.** [Springbrunnen] fuente *f*.

Förderlkreis *der* grupo *m* patrocinador.

Förderlkurs *der* clases *fpl* de refuerzo ODER apoyo.

fordern *vt* exigir.

fördern *vt* - **1.** [unterstützen] fomentar - **2.** [abbauen] extraer.

Forderung (*pl* **-en**) *die* - **1.** [Verlangen] exigencia *f* - **2.** [finanzieller Anspruch von anderen] deuda *f* ; **ich habe an ihn ~en in Höhe von 1000 Mark** él me debe la cantidad de 1.000 marcos.

Förderung (*pl* **-en**) *die* - **1.** [Unterstützung] fomento *m* ; [eines Menschen] promoción *f*, apoyo *m* - **2.** [Abbau] extracción *f*.

Forelle (*pl* **-n**) *die* trucha *f*.

Form (*pl* **-en**) *die* - **1.** [Gestalt] forma *f* - **2.** [Gussform] molde *m* - **3.** [Erscheinungsform] forma *f* ; **etw nimmt beunruhigende ~en an** algo llega a dimensiones preocupantes - **4.** *(ohne Pl)* [Kondition] forma *f* ; **in ~ sein** estar en forma - **5.** [Umgangsform] formas *fpl*, modales *mpl* ; **die ~ wahren** guardar las formas.

formal ◇ *adj* formal. ◇ *adv* formalmente.

Formalität (*pl* **-en**) *die* - **1.** [Vorschrift] formalidad *f*, trámite *m* - **2.** [Äußerlichkeit] formalidad *f*.

Format (*pl* **-e**) *das* - **1.** [Größe] formato *m* - **2.** *(ohne Pl)* [Niveau] nivel *m*.

formatieren *vt* formatear.

Formation (*pl* **-en**) *die* - **1.** [Gruppe, Anordnung, geologisch] formación *f* - **2.** *(ohne Pl)* [Bildung] formación *f* ; [einer Initiative, Gegenbewegung] creación *f*.

Formel (*pl* **-n**) *die* fórmula *f* ; **~ 1** Fórmula 1.

formell ◇ *adj* - **1.** [distanziert, höflich] formal - **2.** [offiziell] formal, oficial - **3.** [formal] formal. ◇ *adv* - **1.** [höflich, distanziert, formal] formalmente - **2.** [offiziell] formalmente, oficialmente.

formen *vt* - **1.** [bilden] moldear - **2.** [prägen] formar.

formieren *vt* formar.

förmlich ◇ *adj* - **1.** *abw* [steif] formal - **2.** [offiziell] formal, oficial. ◇ *adv* - **1.** *abw* [steif] formalmente - **2.** [offiziell] formalmente, oficialmente - **3.** [regelrecht] casi.

formlos ◇ *adj* - **1.** [nicht formal, ungezwungen] informal - **2.** [amorph] deforme, amorfo(fa). ◇ *adv* informalmente.

Formular (*pl* **-e**) *das* formulario *m* ; **ein ~ ausfüllen** rellenar un formulario.

formulieren *vt* formular ; [Text, Brief] redactar.

Formulierung (*pl* **-en**) *die* formulación *f* ; [von Brief] redacción *f*.

formvollendet ◇ *adj* perfecto(ta). ◇ *adv* de forma perfecta.

forsch ◇ *adj* resuelto(ta), enérgico(ca). ◇ *adv* resueltamente, enérgicamente.

forschen *vi* - **1.** [wissenschaftlich untersuchen] investigar - **2.** [ermitteln] averiguar ; **nach etw ~** indagar algo ; **nach dem Verursacher des Unfalls ~** buscar el causante del accidente.

Forscher, in (*mpl* **-**, *fpl* **-nen**) *der, die* investigador *m*, -ra *f*.

Forschung (*pl* **-en**) *die* investigación *f*.

Förster, in (*mpl* **-**, *fpl* **-nen**) *der, die* guarda *mf* forestal, guardabosque *mf*.

fort *adv* fuera ; **mein Schlüssel ist ~** ha desaparecido mi llave ; **er ist schon ~** ya se ha ido. ◆ **und so fort** *adv* etcétera.

fort|bestehen *vi (unreg)* subsistir ; [Situation] persistir.

fort|bewegen *vt* mover. ◆ **sich fortbewegen** *ref* moverse ; [mit Verkehrsmittel] desplazarse.

Fortbildung (*pl* **-en**) *die* - **1.** *(ohne Pl)* [Weiterbildung] formación *f* continua ; **berufliche ~** capacitación *f* laboral - **2.** [Kurs] curso *m* de formación continua.

fort|fahren (*perf* **hat/ist fortgefahren**) *(unreg)* ◇ *vi* - **1.** *(ist)* marcharse - **2.** [nicht aufhören] proseguir ; **~, etw zu tun** continuar haciendo algo. ◇ *vt (hat)* [wegfahren] llevarse.

fort|führen *vt* - **1.** [weitermachen] continuar ; **ein Geschäft ~** [weiterführen] seguir llevando un negocio ; [übernehmen] asumir la gestión de un negocio - **2.** [fortbringen] llevarse ; **der Angeklagte wurde fortgeführt** se llevaron al acusado.

fort|gehen (*perf* **ist fortgegangen**) *vi (unreg)* - **1.** [weggehen] marcharse - **2.** [weitergehen] continuar ; **~de Streitigkeiten** riñas continuas.

fortgeschritten *adj* avanzado(da).

Fortgeschrittene (*pl* **-n**) *der, die* alumno avanzado *m*, alumna avanzada *f* ; **dieser Kurs ist für ~** este curso es para avanzados.

fort|kommen (*perf* **ist fortgekommen**) *vi (unreg)* - **1.** [wegkommen] marcharse, irse ; **mach, dass du fortkommst!** ¡lárgate!, ¡márchate! ; **ich komme von hier nicht fort** no puedo salir de aquí - **2.** [fortgebracht werden] ser retirado(da) - **3.** [abhanden kommen] perderse, extraviarse.

fortlaufend ◇ *adj* consecutivo(va) ; [Diskussionen] continuo(nua). ◇ *adv* consecutivamente ; **~ schreien** gritar sin cesar, gritar continuamente.

fort|pflanzen ◆ **sich fortpflanzen** *ref* - **1.** [sich reproduzieren] reproducirse - **2.** [Licht, Schall] propagarse ; [Lachen] contagiarse, transmitirse.

Fortpflanzung *die (ohne Pl)* reproducción *f*.

Fort|schritt *der* progreso *m* ; **der medizinische ~** el avance de la medicina ; **~e machen** hacer progresos.

fortschrittlich ◇ *adj* progresista. ◇ *adv* de forma progresista ; **~ eingestellt sein** tener ideas progresistas, ser progresista.

fort|setzen *vt* continuar, proseguir.

Fortsetzung (*pl* **-en**) *die* continuación *f* ; **die ~ eines Films** la segunda parte de una película.

Fossil (*pl* **-ien**) *das* fósil *m*.

Foto, Photo (*pl* **-s**) *das* foto *f*.

Foto|apparat *der* cámara *f* fotográfica.

Fotograf (*pl* **-en**) *der* fotógrafo *m*.

Fotografie (*pl* **-n**) *die* fotografía *f*.

fotografieren ◇ *vt* fotografiar ; **Porträts ~** hacer retratos con la cámara. ◇ *vi* fotografiar.

Fotografin (*pl* **-nen**) *die* fotógrafa *f*.

Foto|kopie *die* fotocopia *f*.

fotokopieren ◇ *vt* fotocopiar. ◇ *vi* hacer fotocopias.

Fotokopier|gerät *das* fotocopiadora *f*.

Foto|modell *das* modelo *mf* de estudio.

Foto|zelle, Photozelle *die* célula *f* fotoeléctrica.

Fötus (*pl* **-se** ODER **-ten**) *der* feto *m*.

foulen ['faulən] ◇ *vt* hacer una falta a. ◇ *vi* hacer una falta.

FPÖ [ɛf'peː'ø] (*abk für* **Freiheitliche Partei Österreichs**) *die (ohne Pl)* Partido *m* Liberal Austríaco.

Fr. - **1.** (*abk für* **Frau**) Sra. - **2.** *abk für* **Freitag**.

Fracht (*pl* **-en**) *die* - **1.** [Ladung] carga *f*, cargamento *m* ; [von Schiff] flete *m* - **2.** [Preis] porte *m*, gastos *mpl* de transporte.

Frachter (*pl* -) *der* carguero *m*.

Fracht|gut *das* carga *f*, mercancía *f* ; [von Schiff] flete *m*.

Frack (*pl* **Fräcke**) *der* frac *m*.

Frage (*pl* **-n**) *die* - **1.** [Bitte um Antwort] pregunta *f* ; **eine rhetorische ~** una pregunta retórica ; **jm ~n stellen** hacer preguntas a alguien - **2.** [Sachverhalt, Problem] cuestión *f* - **3.** *RW* : **das kommt nicht in ~** ¡de eso nada!, ¡ni hablar! ; **etw in ~ stellen** [bezweifeln] cuestionar(se) algo ; [gefährden] poner algo en peligro.

Frage|bogen *der* cuestionario *m*.

fragen ◇ *vt* preguntar ; **jn nach etw/jm ~** preguntar a alguien por algo/alguien ; **jn nach der Uhrzeit ~** pedir la hora a alguien. ◇ *vi* preguntar ; **ein ~der Blick** una mirada de interrogación. ◆ **sich fragen** *ref* preguntarse ; **es fragt sich, ob ...** habría que cuestionarse si ...

Frage|wort (*pl* **-wörter**) *das* pronombre *m* interrogativo.

Frage|zeichen *das* signo *m* de interrogación.

fraglich *adj* - **1.** [zweifelhaft] cuestionable ; **es bleibt ~, ob ...** no se sabe si ... - **2.** [in Frage kommend] en cuestión.

fragwürdig *adj* - **1.** [zweifelhaft] dudoso(sa) ; [Partner, Mitarbeiter] sospechoso(sa) - **2.** *abw* [zwielichtig] sospechoso(sa).

Fraktion [frak'tsio:n] (*pl* **-en**) *die* grupo *m* parlamentario, fracción *f* parlamentaria.

Franc [frɑ̃:] (*pl* **-s** ODER **-**) *der* franco *m*.

Franke (*pl* **-n**) *der* franco *m*.

Franken (*pl* -) ◇ *nt* Franconia *f*. ◇ *der* franco *m* suizo.

Frankfurt *nt* : **~ am Main/an der Oder** Francfort del Main (Meno)/del Oder.

Frankfurter Allgemeine Zeitung *die (ohne Pl) periódico de gran tirada editado en Francfort.*

frankieren *vt* franquear.

Fränkin (*pl* **-nen**) *die* franca *f*.

fränkisch *adj* - **1.** [aus Franken] de Franconia - **2.** HIST franco(ca).

Frankreich *nt* Francia *f*.

Franse (*pl* **-n**) *die* fleco *m*.

Franziskaner, in (*mpl* -, *fpl* **-nen**) *der, die* franciscano *m*, -na *f*.

Franzose (*pl* **-n**) *der* francés *m*.

Französin (*pl* **-nen**) *die* francesa *f*.

französisch *adj* francés(esa) ; *siehe auch* **englisch**.

Französisch *das (ohne Pl)* francés *m* ; *siehe auch* **Englisch**.

Französische *das (ohne Pl)* francés *m* ; *siehe auch* **Englische**.

fraß *prät* ▷ **fressen**.

Fratze (*pl* **-n**) *die* - **1.** [Grimasse] mueca *f* - **2.** *salopp abw* [Gesicht] jeta *f*.

Frau (*pl* **-en**) *die* - **1.** [Erwachsene] mujer *f* - **2.** [Gattin] esposa *f*, mujer *f* ; **Herr Müller und ~** señor Müller y señora - **3.** [als Anrede] señora ; **~ Doktor** doctora.

Frauchen (*pl* -) *das* dueña *f (de perro)* ; **komm zu ~!** ¡ven con tu dueña!

Frauen|arzt, ärztin *der, die* ginecólogo *m*, -ga *f*.

frauenfeindlich ◇ *adj* misógino(na) ; **ein ~er Mann** un misógino. ◇ *adv* con misoginia.

Fräulein (*pl* -) *das* señorita *f* ; **ein richtiges ~** toda una señorita.

Fräulein

El uso del diminutivo para señora, ya sea para señalar la soltería de una mujer o para llamar a la maestra de la escuela primaria, ha desaparecido prácticamente del uso en Alemania gracias a las presiones de los movimientos feministas. Para una mujer el tratamiento es en todos los casos y circunstancias el de **Frau** «señora». El uso de **Fräulein** «señorita», puede resultar ofensivo y enojoso.

fraulich ◇ *adj* femenino(na). ◇ *adv* con feminidad.

frdl. (*abk für* **freundlich**) : **mit ~ Grüßen** atte.

frech ◇ *adj* - **1.** [dreist] descarado(da) - **2.** [kess, unbekümmert] atrevido(da). ◇ *adv* - **1.** [dreist] con desfachatez - **2.** [kess] descocadamente, con descaro.

Frechheit (*pl* **-en**) *die* - **1.** *(ohne Pl)* [Verhalten] descaro *m* - **2.** [Bemerkung] impertinencia *f*.

Freelancer (*pl* -) *der* freelance *m*.

frei ◇ *adj* - **1.** [unabhängig] libre - **2.** [nicht besetzt] libre ; [Arbeitsstelle] vacante - **3.** [verfügbar] libre ; [Straße] despejado(da) - **4.** [nicht in Haft] en libertad - **5.** [gratis] gratuito(ta), gratis - **6.** [ohne] : **~ von etw sein** no tener algo ; **sie ist ~ von allen Verpflichtungen** está libre de obligaciones - **7.** [improvisiert] libre - **8.** [uneingeschränkt] : **~e Fahrt haben** tener vía libre - **9.** CHEM & PHYS : **~ werden** liberarse - **10.** [Liebe] libre ; **ich bin so ~** [ja danke] ¡con permiso! ; [ich erlaube mir] me tomo la libertad - **11.** [unbedeckt] abierto(ta) ; **unter ~em Himmel** al aire libre - **12.** [Freiheit gewährend] libre ; [Erziehung] liberal. ◇ *adv* - **1.** [selbstständig, ohne Zwang] libremente - **2.** [wiedergeben, sprechen] libremente **- 3.** [nicht inhaftiert] en libertad ; **der Mörder läuft noch ~ herum** el asesino anda suelto todavía **- 4.** [gratis] gratis **- 5.** [Freiheit gewährend] de forma liberal. ◆ **im Freien** *adv* al aire libre.

Frei|bad *das* piscina *f* descubierta.

freiberuflich <> *adj* de profesión liberal ; **~e Tätigkeit** profesión liberal. <> *adv* por cuenta propia.

Frei|bier *das (ohne Pl)* cerveza *f* gratis.

Freiburg *nt* Friburgo *m.* ◆ **Freiburg im Breisgau** *nt* Friburgo de Brisgovia.

frei|geben *(unreg)* <> *vt* **- 1.** [Gefangene] poner en libertad ; [Guthaben] desbloquear ; [Ball] soltar ; [Brücke] abrir al tráfico ; [Akte] hacer una apertura pública de **- 2.** [genehmigen] autorizar. <> *vi* : **jm ~** dar libre a alguien ; **jm einen Tag ~** dar un día libre a alguien ; **'freigegeben ab 18 Jahren'** 'apto(ta) para mayores de 18 años'.

freigebig *adj* generoso(sa).

Freiheit (*pl* **-en**) *die* libertad *f.*

Freiheits|strafe *die* privación *f* de libertad ; **jn zu einer ~ von zwei Jahren verurteilen** condenar a alguien a dos años de prisión.

freiheraus *adv* abiertamente.

Frei|karte *die* entrada *f* gratuita.

Freikörperkultur *die (ohne Pl)* nudismo *m.*

frei|lassen *vt (unreg)* dejar en libertad.

freilich *adv* **- 1.** [jedoch] sin embargo **- 2.** *Süddt* [sicher] claro, naturalmente.

Freilicht|bühne *die* escenario *m* al aire libre.

frei|machen <> *vt* **- 1.** [frankieren] franquear **- 2.** [freinehmen] : **ich mache morgen frei** mañana me tomo el día libre **- 3.** [entblößen] descubrir. <> *vi* : **am Nachmittag ~** tomarse la tarde libre.

freimütig <> *adj* franco(ca), sincero(ra). <> *adv* francamente, con franqueza.

frei|sprechen *vt (unreg)* indultar, absolver.

frei|stehen *vi (unreg)* **- 1.** [leer stehen] estar libre ; **das ~de Zimmer** la habitación libre **- 2.** [erlaubt sein] : **es steht jm frei, etw zu tun** alguien tiene la libertad de hacer algo.

frei|stellen *vt* **- 1.** [entbinden] : **jn von etw ~** dispensar a alguien de algo ; **von etw freigestellt sein** estar exento(ta) de algo **- 2.** [überlassen] : **jm etw ~** dar la libertad a alguien de hacer algo, dejar algo al criterio de alguien.

Frei|stoß *der* falta *f*, lanzamiento *m* a balón parado, tiro *m* a puerta.

Frei|stunde *die* hora *f* libre.

Freitag (*pl* **-e**) *der* viernes *m* ; *siehe auch* **Samstag.**

freitags *adv* los viernes ; *siehe auch* **samstags.**

freiwillig <> *adj* voluntario(ria). <> *adv* voluntariamente, de forma voluntaria.

Freiwillige (*pl* **-n**) *der, die* voluntario *m*, -ria *f.*

Frei|zeichen *das* tono *m.*

Frei|zeit *die* **- 1.** *(ohne Pl)* [Mußezeit] tiempo *m* libre ; **in seiner ~** en sus ratos de ocio **- 2.** [Gruppenveranstaltung] actividad *f* en grupo.

freizügig <> *adj* **- 1.** [großzügig] generoso(sa) **- 2.** [gewagt] atrevido(da) ; [Denken, Leben] liberal. <> *adv* **- 1.** [gewagt] de forma atrevida ; [denken, leben] de forma liberal **- 2.** [großzügig] generosamente.

fremd *adj* **- 1.** [ausländisch] extranjero(ra) ; [Pflanzen, Tiere] de otra zona **- 2.** [nicht einem selbst gehörend] ajeno(na) **- 3.** [unvertraut] extraño(ña) ; **ganz ~ aussehen** parecer otro(tra) ; **er ist ~ in dieser Stadt** no es de aquí ODER de esta ciudad.

fremdartig *adj* extraño(ña), raro(ra).

Fremde (*pl* **-n**) <> *der, die (G Fremden)* extraño *m*, -ña *f* ; **(in einer Stadt) ein ~r sein** ser de fuera. <> *die (G Fremde) (ohne Pl)* extranjero *m* ; **in der ~** lejos, en el extranjero.

Fremden|führer, in *der, die* guía *mf.*

Fremden|hass *der (ohne Pl)* xenofobia *f.*

Fremden|verkehr *der (ohne Pl)* turismo *m.*

Fremdenverkehrs|büro *das* oficina *f* de turismo.

Fremden|zimmer *das* habitación *f.*

Fremd|körper *der* cuerpo *m* extraño ; **jd ist ein ~** *fig* alguien es un extraño (una extraña).

Fremd|sprache *die* lengua *f* extranjera.

fremdsprachig *adj* en otro idioma ; [Mensch] de habla extranjera.

Fremdwort (*pl* **-wörter**) *das* extranjerismo *m.*

Frequenz (*pl* **-en**) *die* frecuencia *f.*

fressen (*präs* **frisst**, *prät* **fraß**, *perf* **hat gefressen**) <> *vt* **- 1.** [Tier] comer **- 2.** *fam abw* [essen] zampar **- 3.** *fam* [verbrauchen] consumir ; [Benzin] chupar ; [Zeit] exigir, requerir **- 4.** *RW* : **jn gefressen haben** *fam* no (poder) tragar a alguien ; **etw gefressen haben** *fam* no soportar algo. <> *vi* **- 1.** [Tier] comer **- 2.** *vulg abw* [essen] comer, tragar **- 3.** [zehren, nagen] : **an etw** *(D)* **~** corroer algo ; [Gerät, Maschine, Bagger] penetrar en algo ; **an js Seele ~** abrumar ODER atormentar a alguien.

Freude (*pl* **-n**) *die* alegría *f* ; **ihre ~ an Blumen** su amor por las flores ; **es ist mir eine ~** será (para mí) un placer ; **jm die ~ an etw** *(D)* **verderben** quitarle a alguien las ganas de ODER la ilusión por algo ; **an etw/jm ~ haben** ser feliz con algo/alguien ; **jm eine ~ machen** darle una alegría a alguien, complacer a alguien.

freudig <> *adj* - **1.** [froh] alegre - **2.** [angenehm] grato(ta). <> *adv* - **1.** [erfreut] alegremente ; **etw ~ verkünden** anunciar algo con alegría - **2.** [angenehm] gratamente.

freuen *vt* alegrar. ◆ **sich freuen** *ref* alegrarse ; **er hat sich an der schönen Landschaft gefreut** le ha gustado (mucho) el paisaje ; **sich über etw** *(A)* **~** alegrarse de algo ; **sich auf etw** *(A)* **~** esperar algo con ilusión.

Freund (*pl* **-e**) *der* - **1.** [guter Bekannter] amigo *m*, cuate *m Amér* - **2.** [Liebhaber] novio *m* - **3.** [Anhänger] amante *m*, apasionado *m* - **4.** [als Anrede] amigo *m* mío.

Freundin (*pl* **-nen**) *die* - **1.** [gute Bekannte] amiga *f*, cuate *f Amér* - **2.** [Geliebte] novia *f*.

freundlich <> *adj* - **1.** [nett] amable - **2.** [erfreulich] agradable - **3.** [wohlwollend] amistoso(sa). <> *adv* - **1.** [nett] amablemente - **2.** [wohlwollend] amistosamente.

Freundlichkeit (*pl* **-en**) *die* - **1.** *(ohne Pl)* [nette Art] amabilidad *f* - **2.** *(ohne Pl)* [angenehme Erscheinung] ambiente *m* acogedor - **3.** [Gefälligkeit] favor *m* ; [Kompliment] cumplido *m*.

Freundschaft (*pl* **-en**) *die* amistad *f* ; **mit jm ~ schließen** hacer ODER trabar amistad con alguien.

freundschaftlich <> *adj* amistoso(sa). <> *adv* amistosamente.

Frieden, Friede *der (ohne Pl)* paz *f* ; **jn (mit etw) in ~ lassen** dejar a alguien en paz (con algo) ; **mit jm ~ schließen** hacer las paces con alguien.

Friedens|bewegung *die* movimiento *m* pacifista.

Friedens|vertrag *der* tratado *m* de paz.

Fried|hof *der* cementerio *m*.

friedlich <> *adj* - **1.** [ohne Krieg, Streit] pacífico(ca) - **2.** [still, harmonisch] pacífico(ca) ; [Atmosphäre, Gegend, Landschaft] apacible. <> *adv* pacíficamente.

frieren (*prät* **fror**, *perf* **hat/ist gefroren**) *vi* - **1.** *(hat)* [an Kälte leiden] tener frío ; [während längerer Zeit] pasar frío ; **es friert jn** alguien tiene frío ; **es friert mich an den Händen** tengo frío en las manos - **2.** *(hat)* [sehr kalt sein] : **es friert** hiela - **3.** *(ist)* [gefrieren] helarse, congelarse ; **gefrorenes Fleisch/Gemüse** carne/verdura congelada.

Frikadelle (*pl* **-n**) *die* hamburguesa *f*.

frisch <> *adj* - **1.** [neu, nicht alt] fresco(ca) ; [Brot] tierno(na), recién hecho(cha) ; [Verletzung, Narbe, Erlebnis, Erinnerung, Farbe] reciente - **2.** [sauber] limpio(pia) - **3.** [kühl] fresco(ca) ; **abends wird es ziemlich ~** por las noches refresca bastante - **4.** [in Form] en forma. <> *adv* [gerade erst] recién ; **'~ gestrichen'** 'recién pintado'.

Frische *die (ohne Pl)* - **1.** [Frischsein] frescor *m* ; [der Erinnerung] proximidad *f* - **2.** [Sauberkeit] frescor *m* - **3.** [Kühle] fresco *m*, frescura *f* - **4.** [Lebhaftigkeit] energía *f*.

Frisch|käse *der* queso *m* fresco.

Friseur, Frisör, in [fri'zøːɐ̯, rɪn] (*mpl* **-e**, *fpl* **-nen**) *der, die* peluquero *m*, -ra *f*.

Friseuse, Frisöse [fri'zøːzə] (*pl* **-n**) *die* peluquera *f*.

frisieren *vt* - **1.** [kämmen] peinar - **2.** *fam* [verändern] falsear - **3.** *fam* AUTO trucar. ◆ **sich frisieren** *ref* peinarse.

Frisör, in = **Friseur**.

Frisöse = **Friseuse**.

frisst *präs* ▷ **fressen**.

Frist (*pl* **-en**) *die* plazo *m*.

fristlos <> *adj* inmediato(ta). <> *adv* inmediatamente, de inmediato ; **jm ~ kündigen** despedir a alguien de manera fulminante.

Frisur (*pl* **-en**) *die* peinado *m*.

Frl. (*abk für* **Fräulein**) Srta.

froh *adj* - **1.** [vergnügt] contento(ta) ; **ein ~es Gesicht machen** poner ODER hacer cara de contento(ta) - **2.** [erleichtert] contento(ta) ; [Gefühl] agradable - **3.** [angenehm vergnüglich] agradable.

fröhlich <> *adj* alegre. <> *adv* alegremente.

Fröhlichkeit *die (ohne Pl)* alegría *f*.

fromm (*komp* **frommer** ODER **frömmer**, *superl* **frommste** ODER **frömmste**) <> *adj* - **1.** [gläubig, gottgefällig] devoto(ta), piadoso(sa) - **2.** [heuchlerisch] mojigato(ta). <> *adv* - **1.** [gläubig, gottgefällig] devotamente, piadosamente - **2.** [heuchlerisch] dándoselas de santo(ta).

Fronleichnam *(ohne Pl) (ohne Artikel)* (día *m* del) Corpus *m* (Christi).

Front (*pl* **-en**) *die* - **1.** [Vorderseite] fachada *f* - **2.** [Gruppe] frente *m* - **3.** [Kampfgebiet] frente *m*.

frontal <> *adj* frontal. <> *adv* - **1.** [von vorn] frontalmente, de frente - **2.** [nach vorn] de frente.

fror *prät* ▷ **frieren**.

Frosch (*pl* **Frösche**) *der* rana *f*.

Frost (*pl* **Fröste**) *der* helada *f*.

frösteln *vi* temblar ODER tiritar (de frío).

Frostgefahr *die (ohne Pl)* riesgo *m* de helada.

frostig <> *adj* - **1.** [kalt] muy frío(a) ; [Temperatur] muy bajo(ja) - **2.** [unfreundlich] frío(a). <> *adv* [unfreundlich] fríamente.

Frottee [frɔ'teː] (*pl* **-s**) *der* ODER *das* tejido *m* de rizo.

Frucht (*pl* **Früchte**) *die* fruto *m* ; [Obst] fruta *f*.

fruchtbar *adj* - **1.** [Mensch, Tier, Boden] fértil - **2.** [nützlich] fructífero(ra) ; [Buch] de provecho.

Fruchtbarkeit *die (ohne Pl)* fertilidad *f*.

fruchtig *adj* afrutado(da) ; [Saft, Dessert, Eis] con sabor a fruta(s).

Frucht|saft *der* zumo *m* de frutas *Esp*, jugo *m* de frutas *Amér*.

früh <> *adj* - **1.** [frühzeitig, anfänglich] temprano(na) ; [Goethe, Picasso] de la primera época ODER etapa ; **am ~en Morgen/Abend** por la mañana/tarde temprano ; **das ~e Mittelalter** la alta Edad Media - **2.** [vorzeitig] [Gast] que llega antes de tiempo ; [Wintereinbruch] prematuro(ra). <> *adv* - **1.** [frühzeitig, anfänglich] temprano, pronto ; **~ berühmt werden** hacerse pronto famoso ; **gestern/heute/morgen ~** ayer/hoy/mañana por la mañana - **2.** [vorzeitig] : **du bist ~ dran** has llegado pronto ; **~ entwickeltes Kind** niño(ña) precoz. ◆ **zu früh** *adv* antes de tiempo.

früher <> *adv* antes. <> *adj* anterior.

frühestens *adv* como muy pronto.

Früh|geburt *die* - **1.** [vorzeitige Geburt] parto *m* prematuro - **2.** [Baby] prematuro *m*, -ra *f*.

Früh|jahr *das* primavera *f* ; **im ~** en primavera.

Frühling (*pl* **-e**) *der* primavera *f* ; **im ~** en primavera.

frühlingshaft *adj* primaveral.

frühreif *adj* [Kind] precoz ; [Früchte, Obst] temprano(na).

Früh|rentner, in *der, die* jubilado anticipado *m*, jubilada anticipada *f*.

Früh|stück *das* desayuno *m*.

frühstücken *vi, vt* desayunar.

frustrieren *vt* frustrar.

Fuchs [fʊks] (*pl* **Füchse**) *der* - **1.** [Tier] zorro *m* - **2.** [Fell, Pelz] piel *f* de zorro - **3.** *fam* [Mensch] zorro *m*, lince *m* ; **ein schlauer ~** *fam* un viejo zorro.

Fuchsie ['fʊksi̯ə] (*pl* **-n**) *die* fucsia *f*.

Füchsin ['fyksɪn] (*pl* **-nen**) *die* zorra *f*.

Fuchs|schwanz *der* - **1.** [Schwanz] cola *f* de zorra - **2.** [Säge] serrucho *m*.

fuchteln *vi* : **mit etw ~** toquetear algo, jugar con algo ; **mit den Händen in der Luft ~** hacer aspavientos, gesticular.

Fuge (*pl* **-n**) *die* - **1.** [Ritze] juntura *f*, junta *f* - **2.** MUS fuga *f*.

fügen *vt* [einfügen] unir, juntar. ◆ **sich fügen** *ref* - **1.** [hineinpassen] encajar - **2.** [sich unterordnen].

fühlbar <> *adj* sensible, perceptible, palpable. <> *adv* de modo de forma sensible ODER perceptible ODER palpable.

fühlen <> *vt* - **1.** [empfinden] sentir - **2.** [ahnen] presentir. <> *vi* - **1.** [Empfindung haben] tener sentimientos - **2.** [tasten] palpar. ◆ **sich fühlen** *ref* sentirse.

Fühler (*pl* -) *der* antena *f* ; [von Weichtier] tentáculo *m*.

fuhr *prät* ▭ **fahren**.

Fuhre (*pl* **-n**) *die* carga *f* ; **das Taxi hat eine ~ mit zwei Fahrgästen** el taxi lleva dos pasajeros.

führen <> *vt* - **1.** [anführen, begleiten] llevar ; [Menschen] guiar - **2.** [leiten] llevar - **3.** [ausführen] llevar ; [Diskussion, Gespräch] mantener ; [Krieg] hacer ; **Regie (bei etw) ~** dirigir algo - **4.** [Ware] vender, tener - **5.** [registrieren] registrar - **6.** [zur Besichtigung] guiar - **7.** [Liste, Kartei] elaborar, llevar el control de ; [Tagebuch] escribir - **8.** [anleiten] instruir - **9.** [bewegen] [Werkzeug] manejar ; **die Tasse zum Mund ~** llevarse la taza a la boca - **10.** [Bezeichnung] llevar, tener. <> *vi* - **1.** SPORT ir en cabeza - **2.** [Straße] : **an einen Ort ~** llevar a un lugar, llegar hasta un lugar - **3.** [bedingen] : **zu etw ~** causar algo, condicionar algo ; **das führt zu nichts** eso no conduce ODER nos lleva a ninguna parte.

führend *adj* líder ; [Wissenschaftler] eminente ; [Stellung, Position, Rolle] destacado(da) ; **~er Kopf** cabeza *m*.

Führer, in (*mpl* **-**, *fpl* **-nen**) *der, die* - **1.** [Anführer] director *m*, -ra *f* ; [einer Partei, kriminellen Vereinigung] cabeza *m* ; **Gründer und ~ einer Partei sein** ser el fundador y líder de un partido - **2.** [Fremdenführer] guía *mf* - **3.** [Buch] guía *f*.

Führer|schein *der* permiso *m* ODER carnet *m* de conducir.

Führung (*pl* **-en**) *die* - **1.** *(ohne Pl)* [Leitung] dirección *f* ; MIL mando *m* ; **unter (der) ~ von** bajo la dirección de - **2.** *(ohne Pl)* [führende Gruppe] dirección *f* - **3.** *(ohne Pl)* [führende Stellung] liderazgo *m* ; **in ~ gehen** ir en cabeza - **4.** [Besichtigung] visita *f* guiada - **5.** *(ohne Pl)* [Verhalten] conducta *f* - **6.** *(ohne Pl)* [Handhabung, Steuerung] control *m*, mando *m*.

Führungs|zeugnis *das* : **polizeiliches ~** certificado *m* de buena conducta.

Fülle *die (ohne Pl)* - **1.** [Menge, Übermaß]

abundancia *f* ; [von Aufgaben] montón *m* - **2.** [Korpulenz] volumen *m*.

fụllen *vt* - **1.** [voll füllen] llenar - **2.** [Speisen] rellenar - **3.** [hineingeben] : **etw in etw** *(A)* ~ meter algo en algo - **4.** [ausfüllen] ocupar ; [Lücke] rellenar - **5.** [Zahn] empastar. ◆ **sich füllen** *ref* : **sich mit etw** ~ llenarse de algo.

Fụller (*pl* -) *der* pluma *f*.

Fụllfeder|halter *der* (pluma *f*) estilográfica *f*.

fụllig *adj* relleno(na) ; [Busen] abundante.

Fụllung (*pl* **-en**) *die* - **1.** [für Speisen] relleno *m* - **2.** [in Zahn] empaste *m*.

fụmmeln *vi* - **1.** *fam* [tasten] toquetear ; **nach etw** ~ buscar algo ; **an etw** *(D)* ~ tantear algo - **2.** *salopp* [sexuell berühren - miteinander] meterse mano ; **mit jm** ~ meter mano a alguien.

Fụnd (*pl* **-e**) *der* - **1.** [Objekt] hallazgo *m* ; [Fundsache] objeto *m* encontrado ODER hallado ; [geologisch, archäologisch] descubrimiento *m* - **2.** [Handlung] descubrimiento *m*, hallazgo *m* ; **einen ~ machen** descubrir algo.

Fundamẹnt (*pl* **-e**) *das* - **1.** [Grundmauer] cimientos *mpl* - **2.** [Grundlage] fundamento *m*.

Fụnd|büro *das* oficina *f* de objetos perdidos.

Fụnd|grube *die* mina *f* de oro.

fundiert *adj* fundado(da).

fụndig *adj* : ~ **werden** encontrar lo que uno buscaba ODER andaba buscando.

Fụnd|sache *die* objeto *m* perdido.

fụ̈nf *num* cinco.

Fụ̈nf (*pl* **-en**) *die* - **1.** [Zahl] cinco *m* - **2.** [Schulnote] insuficiente *m* ; *siehe auch* **Sechs**.

fụ̈nffach ◇ *adj* quíntuple. ◇ *adv* cinco veces.

fụ̈nfhundert *num* quinientos(tas).

Fụ̈nfkampf *der (ohne Pl)* pentatlón *m*.

fụ̈nfmal *adv* cinco veces.

Fünfmạrk|stück *das* moneda *f* de cinco marcos.

fụ̈nftausend *num* cinco mil.

fụ̈nfte *num* quinto(ta) ; *siehe auch* **sechste**.

Fụ̈nfte (*pl* **-n**) *der, die, das* quinto *m*, -ta *f* ; *siehe auch* **Sechste**.

fụ̈nftel *adj (unver)* quinto(ta) ; *siehe auch* **sechstel**.

Fụ̈nftel (*pl* -) *das* quinto *m* ; *siehe auch* **Sechstel**.

fụ̈nfzehn *num* quince ; *siehe auch* **sechs**.

Fụ̈nfzehn (*pl* **-en**) *die* quince *m* ; *siehe auch* **Sechs**.

fụ̈nfzig *num* cincuenta ; *siehe auch* **sechs**.

Fụ̈nfzig *die (ohne Pl)* cincuenta *m* ; *siehe auch* **Sechs**.

Fụ̈nfzigerjahre, fụ̈nfziger Jahre *Pl* : **die** ~ los años cincuenta.

Fụnk *der (ohne Pl)* radio *f* ; **über** ODER **per** ~ por radio.

Fụnke (*pl* **-n**), **Fụnken** (*pl* **Fụnken**) *der* chispa *f* ; **keinen ~n von etw haben** ODER **besitzen** no tener ni pizca ODER chispa de algo.

fụnkeln *vi* brillar.

fụnken ◇ *vt* transmitir por radio. ◇ *vi* soltar ODER echar chispas, chispear ; **bei jm hat es gefunkt** *fam* [jd versteht etw] le ha entrado en la mollera ODER cabeza ; [jd ist verliebt] se ha enamorado.

Fụnken = **Funke**.

Fụnk|gerät *das* radiotransmisor *m*.

Fụnk|haus *das* (estación *f*) emisora *f*.

Fụnk|loch *das* zona *f* sin cobertura.

Funktion [fʊnk'tsio:n] (*pl* **-en**) *die* - **1.** [Aufgabe, Tätigkeit] función *f* - **2.** [Position] función *f* ; **in meiner ~ als ...** en mi condición de ... - **3.** MATH función *f*.

Funktionär, in (*mpl* **-e**, *fpl* **-nen**) *der, die* funcionario *m*, -ria *f*.

funktionieren *vi* funcionar.

für ◇ *präp (+ A)* - **1.** [zur Angabe einer Zuordnung] para ; **das ist ~ dich** esto es para ti - **2.** [pro, zugunsten] por - **3.** [zur Angabe einer Relation] para ; **er ist groß ~ sein Ạlter** es alto para su edad - **4.** [zur Angabe eines Tauschs] por ; [stellvertretend für] en lugar de - **5.** [zur Angabe eines Preises] por - **6.** [wegen] por ; **er wurde ~ die Tat bestraft** fue castigado por el acto cometido - **7.** [zeitlich] para - **8.** [zur Angabe einer Eigenschaft] por ; **ich halte sie ~ intelligent** la considero inteligente - **9.** *fam* [gegen] para - **10.** [zur Angabe der Folge] por ; **Jahr ~ Jahr/Tag ~ Tag** año tras año/día tras día ; **Schritt ~ Schritt** paso a paso - **11.** [für Angelegenheit] por ; ~ **die Kinder sorgen** cuidar de los niños ; ~ **die Qualität garantieren** garantizar la calidad. ◇ *adv* : **etw hat etwas ~ sich** algo tiene sus ventajas ; **was ~ ein** ODER **eine** ODER **einen ...?** ¿qué tipo ODER clase de ...?.

Fụrcht *die (ohne Pl)* temor *m*, miedo *m* ; **aus ~ vor etw/jm** por miedo ODER temor a algo/a alguien. ◆ **Furcht erregend** ◇ *adj* que da miedo, horrible. ◇ *adv* : ~ **erregend schnell fahren** ir a una velocidad espantosa ; ~ **erregend hässlich** horriblemente, horrorosamente feo(a).

fụrchtbar ◇ *adj* horrible. ◇ *adv* [bei Verb] muchísimo ; [vor Adjektiv] muy.

fụ̈rchten ◇ *vt* temer ; **eine Person/den Tod** ~ temer a una persona/a la muerte.

◇ *vi* : **um etw ~** temer por algo. ◆ **sich fürchten** *ref* tener miedo ; **sich vor etw/jm ~** tener miedo de algo/de alguien.

fürchterlich ◇ *adj* - **1.** [schrecklich] horrible - **2.** [sehr stark] horrible, horroroso(sa). ◇ *adv* [bei Verb] muchísimo ; [vor Adjektiv] muy.

furchtsam ◇ *adj* miedoso(sa) ; [Bewegung, Miene] temeroso(sa). ◇ *adv* con miedo ODER temor.

füreinander *adv* el/la uno(na) para el/la otro(tra).

Furnier (*pl* **-e**) *das* chapa *f* de madera.

fürs *präp (für + das)* ▷ **für**.

Fürsorge *die (ohne Pl)* - **1.** [Unterstützung - menschliche] cuidado *m* ; [- öffentliche] asistencia *f* social ODER pública - **2.** [Sozialamt] oficina *f* de asuntos sociales.

fürsorglich ◇ *adj* atento(ta). ◇ *adv* de forma atenta.

Für|sprecher, in *der, die* intercesor *m*, -ra *f*.

Fürst (*pl* **-en**) *der* príncipe *m*.

Fürstentum (*pl* **-tümer**) *das* principado *m*.

Fürstin (*pl* **-nen**) *die* princesa *f*.

fürstlich ◇ *adj* - **1.** [von einem Fürsten] real, regio(gia), de príncipes - **2.** [Mahl] de reyes ; [Bezahlung] generoso(sa) ; [Leben] ostentoso(sa). ◇ *adv* [bezahlen] como a un rey ; [leben, essen] a cuerpo de rey.

Fuß (*pl* **Füße**) *der* - **1.** [Körperteil] pie *m* ; [von Tier] pata *f* - **2.** [von Lampe, Glas] pie *m* ; [von Möbel] pata *f* - **3.** [von Berg] pie *m* - **4.** *RW* : **auf eigenen Füßen stehen** andar por su propio pie, ser independiente ; **(festen) ~ fassen** hacer ODER tomar pie. ◆ **zu Fuß** *adv* a pie.

Fuß|ball *der* - **1.** [Ball] pelota *f* ODER balón *m* de fútbol - **2.** *(ohne Pl)* [Fußballspiel] fútbol *m*.

Fußballer, in (*mpl* **-**, *fpl* **-nen**) *der, die* futbolista *mf*.

Fußball|mannschaft *die* equipo *m* de fútbol.

Fußball|platz *der* campo *m* de fútbol.

Fußball|spiel *das* partido *m* de fútbol.

Fußball|spieler, in *der, die* jugador *m*, -ra *f* de fútbol.

Fuß|boden *der* suelo *m Esp*, piso *m Amér*.

Fussel (*pl* **-** ODER **-n**) *die* ODER *der* pelusa *f* ; [Fädchen] hilacha *f*.

fusseln *vi* soltar pelusa, deshilacharse.

Fußgänger (*pl* **-**) *der* peatón *m*.

Fußgängerin (*pl* **-nen**) *die* peatona *f*.

Fußgängerüber|weg *der* paso *m* de peatones ODER cebra.

Fußgänger|zone *die* zona *f* peatonal.

Fuß|gelenk *das* tobillo *m*.

Fuß|note *die* nota *f* al pie de página.

Fuß|sohle *die* planta *f* del pie.

Fuß|spur *die* huella *f*, pisada *f*.

Fuß|stapfen (*pl* **-**) *der* huella *f*.

Fuß|tritt *der* patada *f*, puntapié *m*.

Fuß|weg *der* camino *m* ; [Bürgersteig] acera *f Esp*, vereda *f Amér*.

futsch *adj fam* : **etw ist ~** [weg] algo ha volado ; [kaputt] algo ha quedado hecho(cha) polvo.

Futter (*pl* **-**) *das* - **1.** *(ohne Pl)* [Tiernahrung] comida *f* - **2.** [Stoff] forro *m*.

futtern *fam* ◇ *vt* comer. ◇ *vi* comer, tragar.

füttern *vt* - **1.** [nähren] dar de comer a ; **den Computer mit Daten ~** introducir datos en el ordenador - **2.** [als Futter geben] dar de comer - **3.** [Kleidung] forrar.

Futur (*pl* **-e**) *das* futuro *m* ; **~ II** futuro perfecto.

G

g, G [geː] (*pl* **-** ODER **-s**) *das* - **1.** [Buchstabe] g *f*, G *f* - **2.** MUS sol *m*. ◆ **g** (*abk für* **Gramm**) g.

gab *prät* ▷ **geben**.

Gabe (*pl* **-n**) *die* - **1.** *geh* [Geschenk] obsequio *m* - **2.** [Talent] don *m*.

Gabel (*pl* **-n**) *die* - **1.** [Besteckteil] tenedor *m* - **2.** [in der Landwirtschaft] horca *f* - **3.** [von Telefon, beim Fahrrad] horquilla *f*.

gabeln ◆ **sich gabeln** *ref* [sich teilen] bifurcarse.

Gabelung, Gablung (*pl* **-en**) *die* bifurcación *f*.

gackern *vi* - **1.** [Hühner] cacarear - **2.** *fam* [kichern] reírse.

gaffen *vi fam abw* mirar boquiabierto(ta).

Gag [gɛ(ː)k] (*pl* **-s**) *der* - **1.** *fam* [Witz] broma *f* - **2.** [Besonderheit] gracia *f*.

Gage [ˈgaːʒə] (*pl* **-n**) *die* honorarios *mpl*.

gähnen *vi* - **1.** [vor Müdigkeit] bostezar - **2.** *geh* [klaffen] abrirse.

Gala (*pl* **-s**) *die* - **1.** [Galavorstellung] gala *f* - **2.** *(ohne Pl)* [Kleidung] : **in ~ kommen** venir (vestido(da)) de gala.

Galavor|stellung *die* (función *f* de) gala *f*.

Galaxis (*pl* **-xien**) *die* - **1.** *(ohne Pl)* [Milchstraße] Vía *f* Láctea - **2.** [Sternsystem] galaxia *f*.

Galerie (*pl* **-n**) *die* - **1.** [Kunstgalerie] galería *f* (de arte) - **2.** [Gang, Empore, Rang] galería *f*; **auf der ~ sitzen** sentarse en el gallinero.

Galgen (*pl* **-**) *der* patíbulo *m*.

Galgenfrist *die (ohne Pl)* plazo *m* perentorio.

Galicier, in (*mpl* **-**, *fpl* **-nen**) *der, die* gallego *m*, gallega *f*.

galicisch *adj* gallego(a).

Galicisch *das (ohne Pl)* gallego *m*; *siehe auch* **Englisch**.

Galle (*pl* **-n**) *die* - **1.** [Organ] vesícula *f* biliar - **2.** *(ohne Pl)* [Flüssigkeit] bilis *f*; **jm kommt die ~ hoch** *fam fig* a alguien se le exalta la bilis.

Gallien ['gali̯ən] *nt* Galia *f*.

Gallier, in ['gali̯ɐ, rın] (*mpl* **-**, *fpl* **-nen**) *der, die* galo *m*, -la *f*.

Galopp (*pl* **-s** ODER **-e**) *der* galope *m*; **im ~** [beim Reiten] al galope; *fam* [schnell] raudo(da) y veloz, de ODER a galope.

galoppieren (*perf* **hat/ist galoppiert**) *vi* galopar.

galt *prät* ⊳ **gelten**.

gammeln *vi fam* - **1.** *abw* [nichts tun] holgazanear - **2.** [verderben] echarse a perder, estropearse.

Gämse (*pl* **-n**) *die* gamuza *f*.

gang *adj* : **~ und gäbe sein** ser lo corriente.

Gang[1] [gɛŋ] (*pl* **Gänge**) *der* - **1.** [Gangart] andar *m* - **2.** [Spaziergang, Ausgang] paseo *m* - **3.** [Flur, Weg] pasillo *m* - **4.** [beim Kfz, Fahrrad] marcha *f* - **5.** *(ohne Pl)* [Bewegung] : **etw in ~ bringen** ODER **setzen** poner algo en marcha; **etw ist/kommt in ~** algo está/se pone en marcha - **6.** *(ohne Pl)* [Ablauf] curso *m*, marcha *f*; **etw ist in ~, etw ist im ~e** algo se cuece, algo pasa - **7.** [Speisegang] plato *m*.

Gang[2] [gɛŋ] (*pl* **-s**) *die* banda *f*; [von Jugendlichen] pandilla *f*.

Ganges ['gaŋgɛs, 'gaŋɛs] *der* Ganges *m*.

gängig *adj* corriente.

Gangway ['gɛŋwe:] (*pl* **-s**) *die* escalera *f* de acceso *(al barco o al avión)*.

Ganove [ga'no:və] (*pl* **-n**) *der* maleante *m*; **eine Bande von ~n** una panda de maleantes.

Gans (*pl* **Gänse**) *die* - **1.** [Vogel, Braten] ganso *m* - **2.** *fam abw* [als Schimpfwort] gansa *f*.

Gänse|blümchen *das* margarita *f* (menor).

Gänse|braten *der* asado *m* de ganso.

Gänse|füßchen *pl fam* comillas *fpl*.

Gänse|haut *die (ohne Pl)* carne *f* de gallina; **eine ~ haben** tener la carne de gallina; **ich bekomme eine ~** se me pone la carne de gallina.

Gänse|marsch *der (ohne Pl)* : **im ~** en fila india.

Gänserich (*pl* **-e**) *der* ganso *m* (macho).

ganz ◇ *adj* - **1.** [komplett] todo(da); **die ~e Atmosphäre** la atmósfera en general - **2.** [alle] todos(das) - **3.** *fam* [heil] : **~ machen/bleiben** arreglar/quedar intacto(ta) - **4.** [zum Ausdruck der Geringfügigkeit] sólo, solamente; **wir sind ~e 3 km weit gekommen** sólo hemos avanzado 3 km - **5.** [zum Ausdruck großer Bedeutung] : **eine ~e Menge Unsinn erzählen** contar un montón de disparates; **~e drei Tage warten müssen** tener que esperar tres días enteros. ◇ *adv* - **1.** [total, komplett] completamente; **den Wein ~ trinken** beberse todo el vino; **~ bestimmt** seguro, con toda seguridad; **~ und gar** totalmente, completamente; **~ und gar nicht** para nada - **2.** [sehr] totalmente, muy - **3.** [ziemlich] muy.

Ganze *das (ohne Pl)* - **1.** [Einheit] todo *m* - **2.** [alles] : **das ~ war eine einzige Farce** todo fue una verdadera farsa; **das ~ geht dich nichts an** a ti nada de eso te incumbe; **aufs ~ gehen** jugárselo todo; **es geht ums ~** todo está en juego. ◆ **im Ganzen** *adv* en conjunto.

gänzlich ◇ *adj* total. ◇ *adv* por completo.

ganztägig ◇ *adj* que dura todo el día. ◇ *adv* todo el día.

ganztags *adv* todo el día; **~ arbeiten** trabajar la jornada completa.

Ganztags|schule *die* colegio *m* de mañana y tarde.

gar ◇ *adv* - **1.** [überhaupt] : **~ kein** nada de; **das war ~ keine gute Idee** no fue una buena idea en absoluto; **du hast noch ~ nicht gefragt** aún no has preguntado nada; **wir konnten ~ nicht anders handeln** no pudimos hacer otra cosa; **das war doch ~ nicht so gemeint** no quería decir eso en absoluto; **das ist ~ nicht schlecht** no está nada mal; **~ nichts** nada de nada; **~ nichts anderes im Kopf haben als ...** no pensar más que en ... - **2.** [sogar] por no decir - **3.** [etwa] : **du willst doch nicht ~ andeuten, dass ...** no estarás queriendo decir que ... - **4.** [ganz, viel] : **es ist nicht ~ so schlimm** no es tan terrible; **die Belastungen waren ~ zu groß** la carga era demasiado grande. ◇ *adj* en su punto.

Garage (*pl* **-n**) *die* garaje *m*.

Garantie (*pl* **-n**) *die* garantía *f*. ◆ **unter Garantie** *adv* con garantía.

garantieren ◇ *vt* garantizar. ◇ *vi* : **für etw ~** garantizar algo.

garantiert ◇ *adv fam* con toda seguridad. ◇ *adj* garantizado(da).

Garderobe (*pl* **-n**) *die* - **1.** [in der Wohnung] guardarropa *m*, armario *m* (para la ropa) - **2.** [in öffentlichen Räumen] guardarropía *m* - **3.** *(ohne Pl)* [Kleidung] guardarropa *m*, vestuario *m* - **4.** [für Künstler] camerino *m*.

Garderobenlständer *der* perchero *m*.

Gardine (*pl* **-n**) *die* cortina *f*; **hinter schwedischen ~n** *fam fig* entre rejas, en chirona.

garen *vt* cocer.

gären (*prät* **gor** ODER **gärte**, *perf* **hat/ist gegoren** ODER **gegärt**) *vi* - **1.** *(ist, unreg)* [in Gärung sein] fermentar - **2.** *(hat, reg)* [bemerkbar werden] incubarse, hacerse perceptible.

Garn (*pl* **-e**) *das* hilo *m*.

Garnele (*pl* **-n**) *die* gamba *f*.

garnieren *vt* adornar; **etw mit etw ~** adornar algo con algo.

Garnitur (*pl* **-en**) *die* - **1.** [Satz] juego *m*; **eine ~ Töpfe** una batería de cocina - **2.** [Garnierung] decoración *f*.

Garten (*pl* **Gärten**) *der* jardín *m*. ◆ **botanische Garten** *der* jardín *m* botánico. ◆ **zoologische Garten** *der* (parque *m*) zoológico *m*.

Gartenlarbeit *die* trabajo *m* de jardinería.

Gartenlbau *der (ohne Pl)* jardinería *f*.

Gartenlschere *die* tijera(s) *f(pl)* de jardinero ODER podar, podadera *f*.

Gärtner (*pl* **-**) *der* jardinero *m*.

Gärtnerei (*pl* **-en**) *die* - **1.** [Betrieb] vivero *m* - **2.** *(ohne Pl)* [Gartenarbeit] jardinería *f*.

Gärtnerin (*pl* **-nen**) *die* jardinera *f*.

gärtnern *vi* trabajar en el jardín.

Garlzeit *die* tiempo *m* de cocción.

Gas (*pl* **-e**) *das* - **1.** [gasförmiger Stoff] gas *m* - **2.** *(ohne Pl) fam* [Gaskocher, Herd] fuego *m* - **3.** *(ohne Pl)* [beim Fahrzeug] acelerador *m*; **(das) ~ wegnehmen** retirar el pie del acelerador; **~ geben** pisar (a fondo) el acelerador, acelerar.

Gaslflasche *die* bombona *f* (de gas).

gasförmig *adj* gaseoso(sa).

Gaslhahn *der* llave *f* del gas.

Gaslheizung *die* calefacción *f* a gas.

Gaslherd *der* cocina *f* de gas.

Gaslkocher *der* hornillo *m* (de gas).

Gaslmaske *die* máscara *f* antigás.

Gaslpedal *das* (pedal *m* del) acelerador *m*.

Gaslpistole *die* pistola *f* de gas lacrimógeno.

Gasse (*pl* **-n**) *die* callejón *m*, callejuela *f*; **eine ~ bilden** abrir (el) paso.

Gast (*pl* **Gäste**) *der* - **1.** [Eingeladene] invitado *m*, -da *f*; **bei jm zu ~ sein** [zum Essen] estar invitado(da) en casa de alguien; [übernachten] hospedarse en casa de alguien; **Gäste haben** tener invitados(das) - **2.** [im Lokal] cliente *mf*; [im Hotel] huésped *mf* - **3.** [Besucher] visitante *mf*; [bei einer Veranstaltung] espectador *m*, -ra *f*.

Gastlarbeiter, in *der, die* (trabajador *m*, -ra *f*) inmigrante *mf*.

Gästelbuch *das* - **1.** [privat] libro *m* de visitas - **2.** [im Hotel] libro *m* de registro.

Gästelzimmer *das* cuarto *m* de los invitados.

gastfreundlich *adj* hospitalario(ria).

Gastlgeber, in (*mpl* **-**, *fpl* **-nen**) *der, die* - **1.** [Einladende] anfitrión *m*, -ona *f* - **2.** [heimische Mannschaft] equipo *m* anfitrión ODER de casa.

Gastlhaus *das* pensión *f*, hospedería *f*; [zum Essen] mesón *m*.

Gastlhof *der* hospedería *f*, venta *f*.

Gastlhörer, in *der, die* oyente *mf*.

gastieren *vi* actuar, estar de gira.

Gastlland *das* país *m* de visita ODER acogida.

Gastlmannschaft *die* equipo *m* visitante.

Gastronomie *die (ohne Pl)* - **1.** [Gewerbe] hostelería *f* - **2.** [Kochkunst] gastronomía *f*.

Gastlspiel *das* actuación *f (en una gira)*; **ein ~ geben** actuar.

Gastlstätte *die* restaurante *m*.

Gastlwirt, in *der, die* propietario *m*, -ria *f* del restaurante.

Gatter (*pl* **-**) *das* - **1.** [Zaun] cerca *f*, vallado *m* - **2.** [Tor] verja *f*.

Gattung (*pl* **-en**) *die* género *m*.

GAU [gau] (*pl* **-s**) (*abk für* **Größter anzunehmender Unfall**) *der la mayor catástrofe pronosticable (en una central nuclear)*.

Gaumen (*pl* **-**) *der* paladar *m*.

Gauner (*pl* **-**) *der* - **1.** [Betrüger] granuja *m*, estafador *m* - **2.** *fam* [Spitzbube] granuja *m*.

Gaunerin (*pl* **-nen**) *die* granuja *f*, estafadora *f*.

Gaze ['ga:zə] *die (ohne Pl)* gasa *f*.

Gazelle (*pl* **-n**) *die* gacela *f*.

geb. - **1.** (*abk für* **geborene, geborener**) apellido de soltero(ra) - **2.** (*abk für* **geboren**) nacido(da).

Gebäck (*pl* **-e**) *das* galletas *fpl*; [Teegebäck] pastas *fpl*.

gebacken ◇ *pp* ▷ **backen**. ◇ *adj* horneado(da); **~er Fisch** pescado frito; **~e Kartoffeln** patatas asadas.

Gebälk (*pl* **-e**) *das* viguería *f*, envigado *m*.

gebar *prät* ▷ **gebären**.

gebären (*präs* **gebärt** ODER **gebiert**, *prät*

gebar, *perf* **hat geboren**) *vt* dar a luz ; [in medizinischer Sprache] parir.

Gebär|mutter *die* útero *m*, matriz *f*.

Gebäude (*pl* -) *das* - **1.** [Bauwerk] edificio *m* - **2.** [gedanklich] estructura *f* ; **ein ~ aus Halbwahrheiten** una serie de medias verdades.

Gebell, Gebelle *das (ohne Pl)* ladrido(s) *m(pl)*.

geben (*präs* **gibt**, *prät* **gab**, *perf* **hat gegeben**) ◇ *vt* - **1.** [allgemein] dar ; **jm etw ~** dar algo a alguien ; **eine Spritze ~** poner una inyección ; **Hilfestellung ~** prestar ayuda ; **ein Interview ~** condecer una entrevista ; **die neue Aufgabe gibt ihr viel** la nueva tarea le ayuda mucho ; **dem habe ich es aber gegeben** *fam* le he dado una (buena) lección ; **etw von sich ~** *fam abw* decir ODER soltar algo ; **etw gibt jm zu denken** algo da que pensar a alguien - **2.** [vorhanden sein] : **es gibt** hay ; **das gibt es doch nicht!** *fam fig* ¡no puede ser!, ¡hay que ver! ; **was gibts?** *fam fig* ¿qué pasa? - **3.** [veranstalten] dar ; [Fest] dar, hacer ; **einen Empfang ~** dar una recepción ; **ein Essen ~** ofrecer una comida - **4.** [hineingeben, dazugeben] poner ; **etw in den Teig ~** añadir algo a la masa - **5.** [fortgeben] llevar - **6.** [telefonisch verbinden] poner - **7.** [Bedeutung beimessen, wichtig nehmen] : **etwas/wenig/viel auf etw** *(A)* **~** dar algo de/poca/mucha importancia a algo ; **nichts auf etw** *(A)* **~** no dar nada de importancia a algo - **8.** [vorspielen, darstellen] hacerse. ◇ *vi* [beim Kartenspielen] dar. ◆ **sich geben** *ref* - **1.** [sich verhalten] (com)portarse - **2.** [aufhören] : **etw gibt sich (wieder)** algo (se) pasa.

Gebet (*pl* **-e**) *das* oración *f*.

gebeten *pp* ▷ **bitten**.

Gebiet (*pl* **-e**) *das* - **1.** [Region, Gegend] área *f*, región *f* - **2.** [Bereich] área *f*, ámbito *m*.

gebieten (*prät* **gebot**, *perf* **hat geboten**) *vt* - **1.** [befehlen] ordenar ; **jm Einhalt ~** poner límites a alguien - **2.** [verlangen] pedir ; **diese gefährliche Situation gebietet höchste Vorsicht** esta peligrosa situación exige muchísimo cuidado.

gebieterisch ◇ *adj* imperativo(va). ◇ *adv* con tono imperativo.

Gebilde (*pl* -) *das* forma *f*, figura *f*.

gebildet ◇ *adj* culto(ta). ◇ *adv* de forma culta.

Gebirge (*pl* -) *das* montaña *f*.

gebirgig *adj* montañoso(sa).

Gebirgs|pass *der* puerto *m* de montaña.

Gebiss (*pl* **-e**) *das* - **1.** [Zähne] dentadura *f* - **2.** [Zahnersatz] dentadura *f* (postiza).

gebissen *pp* ▷ **beißen**.

Gebläse (*pl* -) *das* ventilación *m*.

geblasen *pp* ▷ **blasen**.

geblieben *pp* ▷ **bleiben**.

geblümt *adj* - **1.** [gemustert] floreado(da) - **2.** [geziert] ornamentado(da), con mucha floritura.

gebogen ◇ *pp* ▷ **biegen**. ◇ *adj* torcido(da).

geboren ◇ *pp* ▷ **gebären**. ◇ *adj* : **Fr. Maier, ~e Müller** la Sra. Maier, (con apellido) de soltera Müller ; **er ist ein ~er Künstler** es un artista nato ; **zu etw ~ sein** *fig* haber nacido para algo.

geborgen ◇ *pp* ▷ **bergen**. ◇ *adj* protegido(da) ; **sich (bei jm) ~ fühlen** sentirse protegido(da) (en compañía de alguien).

Geborgenheit *die (ohne Pl)* protección *f*.

Gebot (*pl* **-e**) *das* - **1.** [Gesetz, Befehl] orden *f* ; [Gottes] mandamiento *m* ; [moralisch] deber *m* - **2.** [Erfordernis] necesidad *f* - **3.** [Angebot] oferta *f*, puja *f*. ◆ **die zehn Gebote** *pl* los Diez Mandamientos *mpl*.

geboten ◇ *pp* ▷ **bieten, gebieten** ; **viel/wenig ~ bekommen** recibir mucho/poco ; **für sein Geld viel ~ bekommen** recibir ODER obtener mucho por poco dinero. ◇ *adj* requerido(da).

gebracht *pp* ▷ **bringen**.

gebrannt ◇ *pp* ▷ **brennen**. ◇ *adj* quemado(da) ; **~e Mandeln** almendras garrapiñadas ; **ein ~es Kind scheut das Feuer** gato escaldado del agua fría huye.

gebraten ◇ *pp* ▷ **braten**. ◇ *adj* [in der Pfanne] a la plancha ; [im Backofen] asado(da) ; **~e Kartoffeln** patatas salteadas.

Gebräu (*pl* **-e**) *das abw* mejunje *m*, brebaje *m*.

Gebrauch [gəˈbrau̯x] (*pl* **-bräuche**) *der (ohne Pl)* uso *m*, empleo *m* ; **etw in ~ nehmen** poner algo en funcionamiento ODER uso.

gebrauchen *vt* - **1.** [verwenden] usar, utilizar - **2.** *fam Norddt* [brauchen] necesitar.

gebräuchlich *adj* usual, corriente.

Gebrauchs|anweisung [gəˈbrau̯xsanvaizʊŋ] *die* instrucciones *fpl* de uso.

gebrauchsfertig [gəˈbrau̯xsfɛrtɪç] *adj* listo(ta) para su uso.

Gebrauchs|gegenstand [gəˈbrau̯xsgeːgn̩ʃtant] *der* artículo *m* de uso corriente.

gebraucht *adj* usado(da), de segunda mano.

Gebraucht|wagen *der* coche *m* de segunda mano, vehículo *m* de ocasión.

gebrechlich *adj* delicado(da) ; [alter Mensch] achacoso(sa).

gebrochen ◇ *pp* ▷ **brechen**. ◇ *adj*

-1. [unvollkommen] : **~es Spanisch sprechen** chapurrear español - **2.** [ruiniert] destrozado(da). ◇ *adv* con dificultad.

Gebrüll *das (ohne Pl)* [von Menschen] vocerío *m* ; [von Löwe] rugido *m* ; [von Vieh] bramido *m*.

Gebühr (*pl* **-en**) *die* tasa *f*.

gebührend ◇ *adj* debido(da). ◇ *adv* como es debido.

Gebühren|einheit *die* paso *m*.

gebührenfrei *adj, adv* exento(ta) de tasas ; [Post] sin franqueo.

gebührenpflichtig *adj* sujeto(ta) a tasas ; [Post] con franqueo.

Geburt (*pl* **-en**) *die* - **1.** [Geborenwerden] nacimiento *m* ; [Entbindung] parto *m* - **2.** [Abkunft] origen *m* ; **von adeliger ~ sein** ser de noble cuna.

gebürtig *adj* : **er ist ein ~er Deutscher** ODER **~ aus Deutschland ~** él es (natural) de Alemania.

Geburts|datum *das* fecha *f* de nacimiento.

Geburts|ort *der* lugar *m* de nacimiento.

Geburts|tag *der* - **1.** [Jahrestag] cumpleaños *m* - **2.** *amt* [Geburtsdatum] fecha *f* de nacimiento.

Geburtstags|feier *die* fiesta *f* de cumpleaños.

Geburtstags|kind *das persona que cumple años.*

Geburts|urkunde *die* partida *f* de nacimiento.

Gebüsch (*pl* **-e**) *das* matorral *m*.

gedacht ◇ *pp* ▷ **denken.** ◇ *adj* : **~ sein** estar hecho(cha) con intención de ; **als Trost ~ sein** estar hecho(cha) con intención de consolarle ; **etw ist für jn ~** algo es para alguien.

Gedächtnis (*pl* **-se**) *das* memoria *f*.

Gedächtnis|feier *die* conmemoración *f*.

gedämpft *adj* suave ; [Licht] tenue ; [Stimme] sordo(da) ; [Farbe] apagado(da) ; [Stimmung] tenso(sa).

Gedanke (*pl* **-n**) *der* - **1.** [Gedachte] pensamiento *m* ; **mir kam ein ~** tuve una idea ; **sich** *(D)* **~n über etw/jn machen** preocuparse por algo/alguien ; **js ~n lesen können** *fig* (poder) leer el pensamiento a alguien - **2.** *(ohne Pl)* [Überlegung, Vorstellung] idea *f* ; **bei dem ~, es nicht zu schaffen** tan sólo la idea de no lograrlo ; **keinen ~ daran verschwenden** no perder el tiempo pensando en eso ; **der bloße ~, dass ...** tan sólo la idea de que ..., la mera idea de que ... - **3.** [Vorhaben] idea *f* ; **mit dem ~n spielen, etw zu tun** barajar las posibilidades de hacer algo, rondarle a uno la idea de hacer algo.

Gedanken|gut *das (ohne Pl)* ideología *f*.

gedankenlos ◇ *adj* irreflexivo(va) ; [zerstreut] distraído(da). ◇ *adv* de forma irreflexiva ; [zerstreut] distraídamente.

Gedanken|strich *der* guión *m*.

gedankenverloren *adv* pensativamente.

Gedeck (*pl* **-e**) *das* - **1.** [Geschirr und Besteck] cubierto *m* - **2.** [Speisenfolge] menú *m* ; [im Nachtklub] consumición *f*.

Gedenk|minute *die (ohne Pl)* minuto *m* de silencio.

Gedenk|stätte *die* lugar *m* conmemorativo.

Gedenk|tafel *die* placa *f* conmemorativa.

Gedicht (*pl* **-e**) *das* poema *m*.

Gedränge *das (ohne Pl)* aglomeración *f* ; **ins ~ kommen** tener que darse mucha prisa.

gedrängt ◇ *adj* condensado(da). ◇ *adv* de forma condensada.

gedroschen *pp* ▷ **dreschen.**

gedrückt *adj* desanimado(da).

gedrungen ◇ *pp* ▷ **dringen.** ◇ *adj* rechoncho(cha).

Geduld *die (ohne Pl)* paciencia *f* ; **mit jm ~ haben** tener paciencia con alguien.

gedulden ◆ **sich gedulden** *ref* esperar.

geduldig ◇ *adj* paciente. ◇ *adv* pacientemente, con paciencia.

Geduldsfaden *der (ohne Pl)* : **jm reißt (gleich) der ~** *fig* a alguien se le acaba (en seguida) la paciencia.

gedurft *pp* ▷ **dürfen.**

geeignet *adj* apropiado(da), adecuado(da) ; **für etw ~ sein** ser apropiado(da) para algo ; [für Beruf] ser competente para algo.

Gefahr (*pl* **-en**) *die* peligro *m* ; **~ laufen, etw zu tun** correr el peligro ODER riesgo de hacer algo. ◆ **auf eigene Gefahr** *adv* por propia cuenta y riesgo.

gefährden *vt* hacer peligrar.

gefahren *pp* ▷ **fahren.**

gefährlich ◇ *adj* peligroso(sa) ; [Risiko] gran ; [Krankheit] grave. ◇ *adv* peligrosamente ; **~ erkrankt** gravemente enfermo(ma) ; **~ nahe am Abgrund stehen** acercarse peligrosamente al borde del precipicio.

gefahrlos *adj, adv* sin riesgo, sin peligro.

Gefälle (*pl* **-**) *das* declive *m*.

gefallen (*präs* **gefällt**, *prät* **gefiel**, *perf* **hat gefallen**) *vi* - **1.** [zusagen] gustar ; **das gefällt mir nicht** eso no me gusta ; **das lasse ich mir ~!** ¡me parece muy bien! - **2.** [ertragen] : **sich** *(D)* **etw/nichts/alles ~ lassen** permitir algo/no permitir nada/permitirlo todo, tolerar algo/no tolerar nada/tolerarlo todo.

Gefallen (*pl* -) *der* favor *m* ; **jm einen ~ tun** hacer un favor a alguien ; **jn um einen ~ bitten** pedir un favor a alguien.

gefällig *adj* - **1.** [entgegenkommend] condescendiente ; **jm ~ sein** complacer a alguien - **2.** [angenehm] agradable ; [Kleidung, Frisur] bonito(ta) ; [Verhalten] afable - **3.** [genehm] : **noch ein Bier ~?** ¿le apetece otra cerveza? ; **ist es ~, wenn wir jetzt gehen?** ¿qué tal si nos vamos? ; **eine Serviette ~?** ¿necesitas una servilleta?.

Gefälligkeit (*pl* **-en**) *die* favor *m*.

gefälligst *adv* de una vez (por todas).

Gefangene (*pl* **-n**) *der, die* [im Krieg] prisionero *m*, -ra *f* ; [politisch] preso *m*, -sa *f*.

gefangen nehmen *vt (unreg)* - **1.** [festnehmen] hacer prisionero(ra) - **2.** [in Bann ziehen] cautivar.

Gefangenschaft *die (ohne Pl)* [Zeit der Gefangenschaft] cautiverio *m* ; [Zustand] cautividad *f* ; **die Tiere im Zoo leben in ~** los animales del zoo están en cautividad.

Gefängnis (*pl* **-se**) *das* - **1.** [Haftanstalt] cárcel *f*, prisión *f* - **2.** *(ohne Pl)* [Haftstrafe] prisión *f*.

Gefängnis|strafe *die* pena *f* de cárcel.

Gefängnis|wärter, in *der, die* guardia *mf* de prisión, oficial *mf* de prisiones.

gefärbt *adj* teñido(da).

Gefäß (*pl* **-e**) *das* - **1.** [Behältnis] recipiente *m*, vasija *f* - **2.** [von Lebewesen] vaso *m*.

gefasst <> *adj* - **1.** [gelassen] calmado(da) - **2.** [vorbereitet] : **auf etw** *(A)* **~ sein** estar preparado(da) para algo ; **sich auf etw** *(A)* **~ machen** *fam* prepararse para algo. <> *adv* con calma.

Gefecht (*pl* **-e**) *das* combate *m*.

Gefieder (*pl* -) *das* plumaje *m*.

geflogen *pp* ▷ **fliegen**.

geflohen *pp* ▷ **fliehen**.

geflossen *pp* ▷ **fließen**.

Geflügel *das (ohne Pl)* ave *f*.

Geflüster *das (ohne Pl)* murmullo *m*.

gefochten *pp* ▷ **fechten**.

Gefolge *das (ohne Pl)* comitiva *f*.

Gefolgschaft (*pl* **-en**) *die* - **1.** *(ohne Pl)* [Loyalität] fidelidad *f* - **2.** [Anhängerschaft] partidarios *mpl*.

gefragt *adj* solicitado(da) ; **sehr ~ sein** estar muy solicitado(da).

gefräßig *adj abw* glotón(ona) ; [Tier] voraz.

Gefreite (*pl* **-n**) *der* cabo *m*.

gefressen *pp* ▷ **fressen**.

gefrieren (*prät* **gefror**, *perf* **hat/ist gefroren**) *vi (ist)* helarse ; **es hat gefroren** ha helado.

Gefrier|fach *das* congelador *m*.

Gefrier|truhe *die* arcón *m* congelador.

gefroren <> *pp* ▷ **frieren, gefrieren**. <> *adj* congelado(da).

Gefühl (*pl* **-e**) *das* - **1.** [physische Empfindung] sensación *f* ; [in Gliedern] sensibilidad *f* - **2.** [psychische Empfindung] sentimiento *m* ; [Empfindsamkeit] sensibilidad *f* ; **mit gemischten ~en** con desasosiego - **3.** *(ohne Pl)* [Vorahnung] sensación *f*, presentimiento *m* ; **etw im ~ haben** presentir algo, saber algo por intuición - **4.** [Gespür] sensibilidad *f* ; **ein ~ für etw haben** [für Sprache, Musik] ser sensible a algo ; [für Gerechtigkeit, Pflicht] tener el sentido de algo ; **sich nach ~ für etw entscheiden** decidirse por algo de forma intuitiva.

gefühllos <> *adj* - **1.** [taub] insensible - **2.** [herzlos] insensible, impasible. <> *adv* de modo insensible ODER impasible.

Gefühlsduselei (*pl* **-en**) *die abw* sensiblería *f*.

Gefühlsleben *das (ohne Pl)* vida *f* afectiva.

gefühlsmäßig <> *adj* intuitivo(va). <> *adv* intuitivamente.

gefunden *pp* ▷ **finden**.

gegangen *pp* ▷ **gehen**.

gegebenenfalls *adv* si se diera el caso.

Gegebenheit (*pl* **-en**) *die* circunstancia *f*.

gegen *präp (+ A)* - **1.** [räumlich] contra - **2.** [contra] (en) contra ; **etwas ~ jn haben** tener algo (en) contra de alguien - **3.** [zur Angabe eines Schutzes] contra - **4.** [zur Angabe eines Widerspruchs] en contra de - **5.** SPORT contra - **6.** [zur Angabe eines Tauschs] : **~ Einsendung des Gutscheines** enviando el vale - **7.** [zeitlich] alrededor de, sobre - **8.** [zur Angabe einer Relation] al lado, frente a.

Gegen|argument *das* argumento *m* en contra, réplica *f*.

Gegend (*pl* **-en**) *die* - **1.** [Gebiet, Bereich] zona *f* - **2.** [Nachbarschaft] vecindad *f* - **3.** *RW* : **so in der ~** *fam* por ahí.

Gegen|darstellung *die* réplica *f*.

gegeneinander *adv* uno (una) contra otro (otra) ; **~ austauschen** cambiar uno (una) por otro (otra).

Gegen|fahrbahn *die* carril *m* contrario.

Gegen|gewicht *das* contrapeso *m* ; **ein** ODER **das ~ zu etw bilden** *fig* servir de contrapeso a algo.

Gegen|gift *das* antídoto *m*.

gegenläufig <> *adj* inverso(sa), contrario(ria). <> *adv* en sentido inverso ODER contrario.

Gegen|leistung *die* contraprestación *f*.

Gegen|liebe *die (ohne Pl)* amor *m* recíproco ; **auf ~/keine** ODER **wenig ~ stoßen** ser/no ser correspondido(da) ; **~/keine** ODER **wenig ~ finden** encontrar/no encontrar apoyo.

Gegen|maßnahme *die* medida en contra *f*.

Gegen|mittel *das* antídoto *m*.

Gegen|richtung *die (ohne Pl)* dirección *f* contraria.

Gegen|satz *der* - **1.** [Gegenteil] oposición *f*; **im ~ zu** al contrario que - **2.** [Widerspruch] contradicción *f*.

gegensätzlich <> *adj* contrario(ria), opuesto(ta). <> *adv* de forma contraria, de forma opuesta.

Gegen|seite *die* - **1.** [Gegenpartei] lado *m* opuesto ; JUR parte *f* contraria - **2.** [andere Seite] otro lado *m*.

gegenseitig <> *adj* mutuo(tua). <> *adv* mutuamente.

Gegen|spieler, in *der, die* - **1.** [Widersacher] rival *mf* - **2.** [gegnerischer Spieler] adversario *m*, -ria *f* - **3.** [Antagonist] oponente *mf*.

Gegensprech|anlage *die* intercomunicador *m*.

Gegen|stand *der* - **1.** [Ding] objeto *m* - **2.** *(ohne Pl)* [Thema] asunto *m* - **3.** *(ohne Pl)* [Objekt] objeto *m*.

gegenständlich <> *adj* [Kunst] figurativo(va). <> *adv* figurativamente.

gegenstandslos *adj* - **1.** [ungerechtfertigt] sin razón de ser - **2.** [hinfällig] superfluo(flua).

Gegen|stimme *die* - **1.** [Stimme dagegen] voto *m* en contra - **2.** [abweichende Meinung] voz *f* en contra.

Gegen|teil *das (ohne Pl)* contrario *m* ; **das ~ von etw/jm sein** ser lo contrario de algo/alguien.

gegenteilig *adj* contrario(ria).

gegenüber <> *präp (+ D)* - **1.** [räumlich] en frente de - **2.** [zur Angabe einer Beziehung] frente a - **3.** [zur Angabe eines Vergleichs] frente a. <> *adv* en frente.

Gegenüber *das (ohne Pl)* : **mein ~** el/la que está en frente de mí.

gegenüber|liegen *vi (unreg)* estar situado(da) en frente(de) ; **einander ~** estar situado(da) uno (una) frente a otro (otra).

gegenüber|stehen *vi (unreg)* - **1.** [zugewandt stehen] : **einer Sache/jm ~** estar frente a algo/alguien - **2.** [gegenübergestellt sein] : **einer Sache** *(D)* **~** confrontarse con algo ; **jm feindlich ~** ser hostil a alguien.

◆ **sich gegenüberstehen** *ref* - **1.** [sich zugewandt stehen] estar frente a frente - **2.** [gegeneinander spielen] enfrentarse - **3.** [in Konflikt stehen] oponerse.

gegenüber|stellen *vt* - **1.** [konfrontieren] : **jn jm ~** oponer alguien a alguien - **2.** [nebeneinander halten] confrontar.

gegenüber|treten (*perf* **ist gegenübergetreten**) *vi (unreg)* enfrentarse.

Gegenverkehr *der (ohne Pl)* circulación *f* en sentido contrario.

Gegenwart *die (ohne Pl)* - **1.** [Zeitpunkt] presente *m* ; **die Kunst der ~** el arte contemporáneo - **2.** [Präsenz] presencia *f*; **in ~ von jm** en presencia de alguien - **3.** [Präsens] presente *m*.

Gegen|wehr *die (ohne Pl)* resistencia *f*.

Gegen|wert *der* equivalente *m*.

Gegen|wind *der* viento *m* en contra.

gegessen *pp* ▷ **essen**.

geglichen *pp* ▷ **gleichen**.

geglitten *pp* ▷ **gleiten**.

geglommen *pp* ▷ **glimmen**.

Gegner, in (*mpl* **-**, *fpl* **-nen**) *der, die* - **1.** [Widersacher] rival *mf*; **er ist ein entschiedener ~ von Abtreibungen** es un enemigo convencido del aborto - **2.** [im Sport] adversario *m*, -ria *f* - **3.** [Feind] enemigo *m*, -ga *f*.

gegnerisch *adj* opuesto(ta) ; [Mannschaft, Spieler] de la parte adversaria ; [Anwalt] de la parte contraria.

gegolten *pp* ▷ **gelten**.

gegoren <> *pp* ▷ **gären**. <> *adj* fermentado(da).

gegossen *pp* ▷ **gießen**.

gegraben *pp* ▷ **graben**.

gegriffen *pp* ▷ **greifen**.

Gehabe *das (ohne Pl) abw* aspavientos *mpl*.

gehabt *pp* ▷ **haben**.

Gehackte *das (ohne Pl)* carne *f* picada.

Gehalt (*pl* **Gehälter**) <> *das* sueldo *m*. <> *der (ohne Pl)* - **1.** [Inhalt] contenido *m* - **2.** [Anteil] : **der ~ an etw** *(D)* el contenido de algo.

gehalten *pp* ▷ **halten**.

Gehalts|abrechnung *die* nómina *f*.

Gehalts|empfänger, in *der, die* asalariado *m*, -da *f*.

gehandikapt [ge'hɛndikɛpt] *adj* [verletzt] lesionado(da) ; [benachteiligt] desaventajado(da).

gehangen *pp* ▷ **hängen**.

gehässig <> *adj* mezquino(na). <> *adv* de manera mezquina.

Gehäuse (*pl* **-**) *das* - **1.** [feste Hülle] caja *f* - **2.** [Kerngehäuse] corazón *m* ; [von Schnecke] concha *f*; [von Fotoapparat, Lampe] cuerpo *m*.

gehbehindert *adj* impedido(da) para caminar.

Gehege (*pl* -) *das* coto *m* ; **das ~ der Tiger im Zoo** el recinto de los tigres en el zoo.

geheim ◇ *adj* - **1.** [heimlich] secreto(ta) - **2.** [geheimnisvoll] escondido(da), misterioso(sa). ◇ *adv* [nicht offen] de forma secreta. ◆ **im Geheimen** *adv* secretamente.

Geheim|dienst *der* servicio *m* secreto.

geheim halten *vt (unreg)* mantener en secreto.

Geheimnis (*pl* **-se**) *das* - **1.** [Geheimgehaltenes] secreto *m* - **2.** [Unbekanntes] misterio *m*.

Geheimnistuerei *die (ohne Pl) abw* secreteo *m*.

geheimnisvoll ◇ *adj* misterioso(sa). ◇ *adv* de forma misteriosa.

Geheim|nummer *die* número *m* secreto.

Geheim|polizei *die* policía *f* secreta.

geheißen *pp* ▷ **heißen**.

gehemmt ◇ *adj* cohibido(da) ; [Gang, Bewegung] torpe. ◇ *adv* con torpeza ; [sich bewegen] torpemente.

gehen (*prät* **ging**, *perf* **ist gegangen**) ◇ *vi* - **1.** [zu Fuß gehen] andar ; **mit jm ~** *fam fig* andar ODER estar con alguien ; **wo jd geht und steht** *fig* en todas partes ; **zu weit ~** *fig* pasarse (de la raya) - **2.** [hingehen - einmalig, täglich] ir ; [- auf Dauer] irse ; [- in die Verbannung, ins Exil] marcharse ; **in Rente ~** jubilarse - **3.** [weggehen] marcharse - **4.** [die Arbeitsstelle aufgeben] marcharse ; **er ist gegangen worden** *fam hum* le han largado - **5.** [reichen] llegar ; **es geht nichts über ...** *(A) fig* no hay nada mejor que ... - **6.** [passen] caber - **7.** [funktionieren] ir - **8.** [ablaufen] ir - **9.** [möglich sein] : **geht das, dass wir den Termin verlegen?** ¿sería posible retrasar la fecha? ; **so geht das nicht** así no va, así no funciona - **10.** [verlaufen] ir - **11.** [verkehren] pasar ; **wann geht ein Zug nach Köln?** ¿cuándo sale un tren a Colonia? - **12.** [erzählt werden] pasar - **13.** [bewegt werden] dar ; **der Schuss ging ins Aus** el tiro salió fuera ; **der Schuss ging ins Tor** el tiro entró en la portería - **14.** [annehmbar sein] : **es geht** así así - **15.** [ergehen] : **es geht jm gut/schlecht** a alguien le va bien/mal ; **wie gehts?** *fam* ¿qué tal te/le va? - **16.** [sich handeln] : **es geht um etw** se trata de algo - **17.** [geschehen] : **etw geht vor sich** algo ocurre por sí mismo - **18.** [anfassen] : **an** *(A)* **etw ~** tocar algo - **19.** [Ware] : **gut ~** venderse bien - **20.** [gerichtet sein] ir, dar - **21.** [Postsendung] ir - **22.** [Teig] subir - **23.** *fam* [klingeln] sonar. ◇ *vt* andar ; **eine Runde ~** dar una vuelta. ◆ **sich gehen lassen** *ref* dejarse llevar.

geheuer *adj* : **jm nicht (ganz) ~ sein** [unheimlich sein] producir una sensación de desconfianza a alguien ; [unwohl sein] alguien no se siente a gusto ; [merkwürdig sein] a alguien le resulta sospechoso.

Geheul, Geheule *das (ohne Pl)* - **1.** [Heulen] aullido *m* ; [von Wind] bramido *m* - **2.** *fam abw* [Heulerei] lloriqueo *m*.

Gehilfe (*pl* **-n**) *der* - **1.** [Ausgebildeter] asistente *m* - **2.** [Helfer] ayudante *m*.

Gehilfin (*pl* **-nen**) *die* - **1.** [Ausgebildete] asistente *f* - **2.** [Helferin] ayudante *f*.

Gehirn (*pl* **-e**) *das* cerebro *m*.

Gehirn|erschütterung *die* conmoción *f* cerebral.

gehoben ◇ *pp* ▷ **heben**. ◇ *adj* - **1.** [höher] elevado(da) - **2.** [exklusiv] selecto(ta) ; [Stimmung] alegre.

geholfen *pp* ▷ **helfen**.

Gehör (*pl* **-e**) *das* - **1.** [Hörvermögen] oído *m* - **2.** *RW* : **einer Sache/jm ~ schenken** prestar oído(s) a algo/alguien.

gehorchen *vi* obedecer.

gehören *vi* - **1.** [einer Person] : **jm ~** pertenecer a alguien - **2.** [an Ort] ponerse - **3.** [als Bestandteil] : **etw gehört zu etw/jm** algo/alguien forma parte de algo - **4.** [als Notwendigkeit] : **zu etw gehört etw** algo hace falta para algo - **5.** [müssen] tener que estar. ◆ **sich gehören** *ref* : **es** ODER **das gehört sich/gehört sich nicht** eso se hace/no se hace.

gehörig ◇ *adj* - **1.** [gebührend] debido(da) - **2.** [beachtlich] considerable. ◇ *adv* - **1.** [gebührend] debidamente - **2.** [beachtlich] convenientemente.

Gehörlose (*pl* **-n**) *der, die* sordo *m*, -da *f*.

gehorsam *adj* obediente.

Gehorsam *der (ohne Pl)* obediencia *f*.

Gehorsamkeit *die (ohne Pl)* observancia *f*, obediencia *f*.

Geh|weg *der* - **1.** [Gehsteig] acera *f* - **2.** [Weg] camino *m* para peatones.

Geige (*pl* **-n**) *die* violín *m*.

geil *adj* - **1.** *abw* [lüstern] excitante, cachondo(da) - **2.** *salopp* [toll] genial, de miedo.

Geisel (*pl* **-n**) *die* rehén *mf*.

Geisel|nahme (*pl* **-n**) *die* toma *f* de rehenes.

Geist (*pl* **-e** ODER **-er**) *der* - **1.** *(ohne Pl)* [Verstandeskraft] espíritu *m*, mente *f* ; **den ~ aufgeben** *fam fig* exhalar el último suspiro ; **jm auf den ~ gehen** *fam fig* poner de los nervios a alguien - **2.** *(ohne Pl)* [Intellekt] ingenio *m* - **3.** *(ohne Pl)* [Gesinnung] espíritu *m*

-**4.** *(Pl Geiste)* [Spirituose] aguardiente *m* -**5.** *(Pl Geister)* [Person, Genie] genio *m* ; **ein kleiner ~ sein** ser un poco corto(ta) -**6.** *(Pl Geister)* [überirdische Wesenheit, Gespenst] espíritu *m* ; **der Heilige ~** el Espíritu Santo.

Geister|fahrer, in *der, die* conductor *m*, -ra *f* suicida, persona *f* que conduce en sentido contrario.

geistesabwesend <> *adj* ausente ; [Antwort, Reaktion, Handlung, Person] distraído(da). <> *adv* de forma ausente.

Geistes|blitz *der* idea *f* relámpago.

geistesgegenwärtig <> *adj* reflejo(ja) ; [Mensch] de actos reflejos. <> *adv* con rapidez de reflejos.

geistesgestört *adj* perturbado(da) mental.

geisteskrank *adj* enfermo(ma) mental.

Geistes|kranke *der, die* enfermo *m*, -ma *f* mental.

Geistes|wissenschaft *die* humanidades *fpl*, letras *fpl*.

Geisteszustand *der (ohne Pl)* estado *m* mental.

geistig <> *adj* -**1.** [intellektuell] intelectual ; [Anstrengung, Kraft] mental ; [Freiheit] de pensamiento -**2.** [alkoholisch] alcohólico(ca). <> *adv* [intellektuell] mentalmente ; [arbeiten] de forma intelectual ; [frei] en la forma de pensar.

geistlich <> *adj* espiritual. <> *adv* espiritualmente.

Geistliche (*pl* **-n**) *der* eclesiástico *m*.

geistlos <> *adj* falto(ta) de ingenio. <> *adv* sin ingenio.

geistreich <> *adj* ingenioso(sa). <> *adv* ingeniosamente.

Geiz *der (ohne Pl)* avaricia *f*.

geizen *vi* : **mit etw ~** ser parco(ca) en algo.

Geiz|hals *der abw* tacaño *m*.

geizig <> *adj* tacaño(ña). <> *adv* como un tacaño (una tacaña).

Geiz|kragen *der fam abw* tacaño *m*.

Gejammer *das (ohne Pl) fam abw* quejumbre *f*.

gekannt *pp* ▷ **kennen**.

Gekicher *das (ohne Pl)* risillas *fpl*.

geklungen *pp* ▷ **klingen**.

gekniffen *pp* ▷ **kneifen**.

gekommen *pp* ▷ **kommen**.

gekonnt <> *pp* ▷ **können**. <> *adj* magistral. <> *adv* magistralmente.

gekrochen *pp* ▷ **kriechen**.

gekünstelt *abw* <> *adj* artificial, forzado(da). <> *adv* de manera artificial ODER forzada.

Gel (*pl* **-e**) *das* gel *m*.

Gelächter (*pl* -) *das* risas *fpl*, carcajadas *fpl*.

geladen <> *pp* ▷ **laden**. <> *adj* cargado(da) ; **~ sein** *fam fig* estar furioso(sa).

gelähmt *adj* paralítico(ca).

Gelähmte (*pl* **-n**) *der, die* paralítico *m*, -ca *f*.

Gelände (*pl* -) *das* -**1.** [Land] campo *m* -**2.** [Grundstück] terreno *m*.

Gelände|lauf *der* cross *m*.

Geländer (*pl* -) *das* barandilla *f*.

gelang *prät* ▷ **gelingen**.

gelangen (*perf* **ist gelangt**) *vi* : **an etw** *(A)* **~** llegar a algo ; **in jds Besitz** *(A)* **~** pasar a ser posesión de alguien ; **in jds Hände** *(A)* **~** caer en ODER ir a parar a manos de alguien ; **zu etw ~** acceder a algo.

gelassen <> *pp* ▷ **lassen**. <> *adj* sereno(na). <> *adv* con serenidad.

Gelassenheit *die (ohne Pl)* serenidad *f*.

Gelatine *die (ohne Pl)* gelatina *f*.

gelaufen *pp* ▷ **laufen**.

geläufig *adj* corriente ; **etw ist jm ~** algo le resulta familiar a alguien.

gelb <> *adj* amarillo(lla). <> *adv* de amarillo.

Gelb *das (ohne Pl)* amarillo *m*. ◆ **bei Gelb** *adv* en ámbar.

Gelbe Sack *der saco de basura de reciclaje empleado exclusivamente para envases.*

gelblich <> *adj* amarillento(ta). <> *adv* : **~ schimmern** dar reflejos dorados.

Gelbsucht *die (ohne Pl)* ictericia *f*.

Geld (*pl* **-er**) *das (ohne Pl)* dinero *m* ; **großes/kleines ~** billetes *mpl*/monedas *fpl* ; **ins ~ gehen** ser caro(ra) ; **etw ist sein ~ wert** algo vale lo que cuesta. ◆ **Gelder** *pl* fondos *mpl*.

Geld|automat *der* cajero *m* automático.

Geld|börse *die* monedero *m*.

Geld|geber, in *der, die* patrocinador *m*, -ra *f* ; [von Lohn] fuente *f* de financiamiento.

geldgierig *adj* codicioso(sa).

Geld|karte *die* tarjeta *f* monedero.

Geld|mittel *pl* recursos *mpl*.

Geld|schein *der* billete *m* de banco.

Geld|schrank *der* caja *f* fuerte.

Geld|strafe *die* multa *f*.

Geld|stück *das* moneda *f*.

Gelee [ʒəˈleː] (*pl* **-s**) *der* ODER *das* -**1.** [aus Früchten] jalea *f* -**2.** [bei Fisch, Fleisch] gelatina *f*.

gelegen <> *pp* ▷ **liegen**. <> *adj* -**1.** [befindlich] ubicado(da) -**2.** [bedeutsam] : **jm ist an etw** *(D)* ~ *geh* algo significa mucho para alguien.

Gelegenheit (*pl* **-en**) *die* **- 1.** [geeignete Möglichkeit] oportunidad *f* **- 2.** [Anlass] ocasión *f*. ◆ **bei Gelegenheit** *adv* si se da la ocasión.

gelegentlich ◇ *adj* ocasional. ◇ *adv* **- 1.** [bei Gelegenheit] eventualmente **- 2.** [manchmal] en ocasiones, de vez en cuando.

gelehrt ◇ *adj* erudito(ta). ◇ *adv* con erudición.

Gelehrte (*pl* **-n**) *der, die* erudito *m*, -ta *f*.

Gelenk (*pl* **-e**) *das* [beim Menschen] articulación *f*.

gelenkig *adj* ágil.

gelernt *adj* cualificado(da).

gelesen *pp* ▷ **lesen**.

Geliebte (*pl* **-n**) *der, die* amante *mf*.

geliehen *pp* ▷ **leihen**.

gelingen (*prät* **gelang**, *perf* **ist gelungen**) *vi* : **etw gelingt jm** algo le sale a alguien.

gelitten *pp* ▷ **leiden**.

gellend ◇ *adj* estridente. ◇ *adv* de forma estridente.

gelockt *adj* : **~es Haar** pelo rizado.

gelogen *pp* ▷ **lügen**.

gelöst ◇ *adj* relajado(da). ◇ *adv* relajadamente.

gelten (*präs* **gilt**, *prät* **galt**, *perf* **hat gegolten**) *vi* **- 1.** [gültig sein] ser válido(da) ; **für etw/jn ~** concernir a algo/alguien **- 2.** SPORT ser válido(da), contar **- 3.** [anerkannt sein] : **als etw ~** ser considerado(da) (como) algo **- 4.** [korrekt sein] : **das gilt nicht!** *fam* ¡eso no vale! **- 5.** [akzeptieren] : **etw ~ lassen** dar algo por válido(da) **- 6.** [wert sein] valer **- 7.** [adressiert sein an] : **etw gilt jm** algo vale para alguien **- 8.** [müssen] : **es gilt, etw zu tun** hay que hacer algo.

geltend *adj* en vigor ; **etw ~ machen** poner algo en vigor.

Geltung *die (ohne Pl)* **- 1.** [Gültigkeit] validez *f* **- 2.** [Wirkung] importancia *f* ; **zur ~ kommen** realzar.

gelungen ◇ *pp* ▷ **gelingen**. ◇ *adj* logrado(da).

gemächlich ◇ *adj* sosegado(da). ◇ *adv* sosegadamente.

Gemälde (*pl* **-**) *das* cuadro *m*, pintura *f*.

gemäß ◇ *präp* : **~ einer Sache** *(D)*, **einer Sache** *(D)* **~** según algo. ◇ *adj* : **etw ist einer Sache/jm ~** algo corresponde a algo/alguien.

gemäßigt *adj* moderado(da).

Gemecker, Gemeckere *das (ohne Pl)* **- 1.** [von Ziegen] balido *m*, gamido *m* **- 2.** *fam abw* [Nörgelei] quejas *fpl*.

gemein ◇ *adj* **- 1.** [niederträchtig] malintencionado(da), malévolo(la) **- 2.** *fam* [ärgerlich] : **das ist ~, dass ich immer verliere** ¡qué fastidio, siempre me toca perder a mí! ◇ *adv* **- 1.** [gemeinsam] : **etw mit etw/jm ~ haben** tener algo en común con algo/alguien **- 2.** [niederträchtig] malintencionadamente, malévolamente **- 3.** *fam* [sehr] mucho.

Gemeinde|zentrum *das* centro *m* municipal.

gemeingefährlich ◇ *adj* peligroso(sa), que constituye un peligro público. ◇ *adv* de forma peligrosa ODER temeraria ; **er ist ~ schnell gefahren** ha conducido temerariamente rápido.

Gemeinheit (*pl* **-en**) *die* malicia *f* ; **so eine ~!** *fam* ¡maldita sea!

gemeinnützig ◇ *adj* de utilidad pública. ◇ *adv* : **~ handeln** actuar en interés público.

gemeinsam ◇ *adv* **- 1.** [zusammen] juntos(tas) **- 2.** [gleich] : **etw ~ haben** tener algo en común. ◇ *adj* común.

Gemeinsamkeit (*pl* **-en**) *die* **- 1.** [gleiche Eigenschaft] afinidad *f* **- 2.** *(ohne Pl)* [Zusammengehörigkeit] comunidad *f*.

Gemeinschaft (*pl* **-en**) *die* comunidad *f* ; **in js ~** *(D)* en compañía de alguien.

gemeinschaftlich ◇ *adj* común, comunitario(ria). ◇ *adv* en común.

Gemeinschafts|kunde *die (ohne Pl)* ciencias *fpl* sociales.

Gemeinschafts|raum *der* sala *f* común.

gemeint *adj* : **das war nicht so ~!** ¡no he querido ODER pretendido decirlo así!, ¡no quería decir eso! ; **ich habe es gut ~** [Gesagtes] lo he dicho de buena fe ; [Aktion] lo he hecho con buena intención ; **ich habe es ernst ~** lo he dicho en serio.

Gemetzel (*pl* **-**) *das* matanza *f*, carnicería *f*.

Gemisch (*pl* **-e**) *das* mezcla *f*.

gemischt *adj* mezclado(da) ; **die Besucher waren sehr ~** era un público muy variado.

gemocht *pp* ▷ **mögen**.

gemolken *pp* ▷ **melken**.

Gemurmel *das (ohne Pl)* murmullo *m*.

Gemüse (*pl* **-**) *das* verdura *f* ; **junges ~** *fam* los jóvenes.

Gemüse|eintopf *der* potaje *m* de verduras.

Gemüse|händler, in *der, die* verdulero *m*, -ra *f*.

gemusst *pp* ▷ **müssen**.

Gemüt (*pl* **-er**) *das* - **1.** *(ohne Pl)* [Wesen] carácter *m* ; **ein sonniges ~ haben** ser ingenuo(nua) - **2.** *(ohne Pl)* [Empfindungsvermögen] corazón *m* ; **etw schlägt jm aufs ~** algo llega a alguien al alma. ◆ **Gemüter** *pl* ánimos *mpl*.

gemütlich ◇ *adj* - **1.** [behaglich] agradable, acogedor(ra) ; **es sich** *(D)* **~ machen** ponerse cómodo(da) - **2.** [ohne Zwang, Stress] apacible - **3.** [nett] agradable. ◇ *adv* - **1.** [behaglich] agradablemente - **2.** [ohne Zwang, Stress] apaciblemente.

Gemütlichkeit *die (ohne Pl)* - **1.** [Behaglichkeit] comodidad *f* - **2.** [Zwanglosigkeit, Ruhe] tranquilidad *f* ; **in aller ~** con toda tranquilidad.

Gen (*pl* **-e**) *das* gen(e) *m*.

genannt *pp* ▷ **nennen**.

genau ◇ *adj* - **1.** [exakt] exacto(ta), preciso(sa) - **2.** [gründlich] minucioso(sa) ; [Kenntnisse] detallado(da). ◇ *adv* - **1.** [exakt] : **~ um 10 Uhr** a las 10 en punto ; **auf die Minute ~** a su hora exacta - **2.** [gründlich] minuciosamente ; **ich kenne ihn ~** le conozco muy bien ; **es mit etw ~/nicht so ~ nehmen** tomarse/no no tomarse algo al pie de la letra - **3.** [gerade] : **~ als** precisamente cuando, exactamente cuando. ◆ **genau** *interj* : **genau!** ¡exacto!

genau genommen *adv* para ser exactos(tas), en rigor.

Genauigkeit *die (ohne Pl)* - **1.** [Exaktheit] exactitud *f*, precisión *f* - **2.** [Sorgfalt] minuciosidad *f*.

genauso *adv* del mismo modo ; **~ schlecht wie** tan malo(la) como.

Gen|bank *die* banco *m* de genes.

Gen|datei *die* archivo *m* genético.

genehmigen *vt* autorizar ; **sich** *(D)* **etw ~** *fam* permitirse algo.

Genehmigung (*pl* **-en**) *die* autorización *f*.

General (*pl* **-e** ODER **Generäle**) *der* general *m*.

General|probe *die* ensayo *m* general.

generalüberholen *vt* : **etw ~** realizar la inspección general de algo.

Generalver|sammlung *die* asamblea *f* general.

Generation (*pl* **-en**) *die* generación *f*.

Generations|konflikt *der* conflicto *m* generacional.

Generator (*pl* **-toren**) *der* generador *m*.

generell ◇ *adj* general. ◇ *adv* generalmente.

Genetik *die (ohne Pl)* genética *f*.

Genf *nt* Ginebra *f*.

Genfer (*pl* **-**) ◇ *der* ginebrino *m*. ◇ *adj (unver)* de Ginebra.

Genferin (*pl* **-nen**) *die* ginebrina *f*.

Genfer See *der (ohne Pl)* Lago *m* Lemán.

genial ◇ *adj* genial. ◇ *adv* de forma genial, magníficamente.

Genick (*pl* **-e**) *das* nuca *f*.

Genie [ʒe'ni:] (*pl* **-s**) *das* - **1.** *(ohne Pl)* [Begabung] ingenio *m*, genio *m* - **2.** [Person] genio *m*.

genieren [ʒe'ni:rən] *vt* avergonzar. ◆ **sich genieren** *ref* avergonzarse ; **sich vor jm ~** avergonzarse delante de alguien.

genießbar *adj* comestible ; **dieser Wein ist nicht mehr ~** este vino ya no se puede beber.

genießen (*prät* **genoss**, *perf* **hat genossen**) *vt* - **1.** [auskosten] disfrutar de ; [Speisen, Erfolg] saborear - **2.** [erhalten] recibir.

Genießer, in (*mpl* **-**, *fpl* **-nen**) *der, die* sibarita *mf*.

genießerisch ◇ *adj* placentero(ra), sibarítico(ca), epicúreo(a). ◇ *adv* placenteramente.

Genitalien *pl* genitales *mpl*.

Genitiv (*pl* **-e**) *der* genitivo *m*.

genommen *pp* ▷ **nehmen**.

genormt *adj* estándar.

genoss *prät* ▷ **genießen**.

genossen *pp* ▷ **genießen**.

Genossenschaft (*pl* **-en**) *die* cooperativa *f*.

gentechnisch ◇ *adj* genético(ca). ◇ *adv* genéticamente.

genug *adv* suficiente, bastante ; **~ (von etw) haben** estar harto(ta) (de algo).

Genüge *die (ohne Pl)* : **einer Sache** *(D)* **~ tun** *geh* satisfacer algo ; **zur ~** *abw* hasta la saciedad.

genügen *vi* - **1.** [ausreichen] bastar, ser suficiente ; **das genügt!** ¡basta ya! - **2.** [entsprechen] : **einer Sache** *(D)* **~** cumplir algo, estar a la altura de algo.

genügend ◇ *adv* suficiente. ◇ *adv* suficientemente, lo suficiente ; **wir haben ~ lange gewartet** hemos esperado lo suficiente ; **~ verdienen** ganar suficiente (dinero), ganar lo suficiente.

genügsam ◇ *adj* contentadizo(za), modesto(ta) ; [Tier, Pflanze] poco exigente. ◇ *adv* modestamente, de forma modesta.

Genugtuung *die (ohne Pl)* satisfacción *f* ; **~ für etw** compensación *f* por algo ; **mit ~** con satisfacción.

Genus (*pl* **Genera**) *das* género *m*

Genuss (*pl* **Genüsse**) *der* - **1.** *(ohne Pl)* [Konsum] consumo *m* ; **in den ~ von etw kom-**

men *fig* beneficiarse de algo - **2.** [Befriedigung] placer *m*, deleite *m*.

Geografie, Geographie *die (ohne Pl)* geografía *f*.

geografisch, geographisch <> *adj* geográfico(ca). <> *adv* geográficamente.

Geologie *die (ohne Pl)* geología *f*.

geologisch <> *adj* geológico(ca). <> *adv* geológicamente.

Geometrie *die (ohne Pl)* geometría *f*.

geordnet *adj* ordenado(da).

Gepäck *das (ohne Pl)* equipaje *m*.

Gepäckab|fertigung *die* facturación *f* de equipajes.

Gepäckab|lage *die* compartimento *m* para equipaje.

Gepäck|annahme *die (ohne Pl)* facturación *f* de equipaje.

Gepäckaufbe|wahrung *die* - **1.** *(ohne Pl)* [Handlung] consignación *f* de equipaje - **2.** [Schalter] consigna *f*.

Gepäckaus|gabe *die (ohne Pl)* recogida *f* de equipaje.

Gepäck|schein *der* resguardo *m* de consigna.

Gepäck|stück *das* bulto *m*.

Gepäck|träger *der* - **1.** [Gegenstand] portaequipajes *m* - **2.** [Person] mozo *m* de estación.

Gepäck|wagen *der* carro *m* para el equipaje.

gepfeffert *adj fam* [Preise, Rechnung] carísimo(ma), exorbitante ; [Beleidigung, Beschuldigung] despiadado(da), cruel.

gepfiffen *pp* ▻ **pfeifen**.

gepflegt <> *adj* - **1.** [adrett] cuidado(da) - **2.** [fein, gediegen] selecto(ta). <> *adv* - **1.** [qualitativ gut] exquisitamente - **2.** [gewählt] : **sie drückt sich sehr ~ aus** se expresa de forma muy elegante.

gepriesen *pp* ▻ **preisen**.

gequollen *pp* ▻ **quellen**.

gerade <> *adv* - **1.** [vor kurzem] hace un momento ; **ich habe ~ mit ihr telefoniert** acabo de hablar con ella por teléfono - **2.** [jetzt] ahora ; **ich bin ~ beim Lernen** estoy estudiando - **3.** [in diesem Moment] precisamente ; **ich war ~ eingeschlafen, als ...** me acababa de dormir cuando ... - **4.** [senkrecht, waagerecht] recto(ta), derecho(cha) - **5.** [unkompliziert] de forma sencilla - **6.** [besonders] precisamente ; **~ deshalb** precisamente por eso - **7.** [ausgerechnet] precisamente - **8.** [genau] exactamente - **9.** [knapp] : **~ noch** justo ; **das hat mir ~ noch gefehlt!** *iron* ¡lo que faltaba! <> *adj* - **1.** [senkrecht, waagerecht] recto(ta), derecho(cha) - **2.** [unkompliziert, aufrichtig] sincero(ra). ◆ **nicht gerade** *adv iron* : **ich verdiene nicht ~ viel** no gano precisamente mucho.

Gerade (*pl* **-n**) *die* - **1.** MATH línea *f* recta - **2.** SPORT recta *f*.

geradeaus *adv* recto(ta), derecho(cha).

gerade|biegen *vt (unreg) fam* [bereinigen] arreglar.

geradeheraus <> *adj* : **~ sein** ser franco(ca). <> *adv* francamente.

gerade|stehen *vi* [einstehen] : **für etw/jn ~** responder de algo/alguien.

gerade stehen *vi (unreg)* [aufrecht stehen] estar derecho(cha).

geradewegs *adv* directamente.

geradezu *adv* verdaderamente.

geradlinig <> *adj* rectilíneo(a). <> *adv* rectamente.

Gerangel *das (ohne Pl)* - **1.** [Schlägerei] riña *f*, disputa *f* - **2.** *abw* [Kampf] escaramuza *f*.

Geranie (*pl* **-n**) *die* geranio *m*.

gerannt *pp* ▻ **rennen**.

gerät *präs* ▻ **geraten**.

Gerät (*pl* **-e**) *das* [Apparat] aparato *m*.

geraten (*präs* **gerät**, *prät* **geriet**, *perf* **ist geraten**) <> *vi* - **1.** [gelangen] : **an jn ~** dar con alguien ; **in etw** *(A)* **~** meterse en algo - **2.** [ähneln] : **nach jm ~** salir a alguien - **3.** [gelingen] : **das Essen ist schlecht ~** la comida ha salido mal ; **etw ist jm ~** algo le ha salido bien a alguien. <> *pp* ▻ **raten**.

Geräteturnen *das (ohne Pl)* gimnasia *f* con aparatos.

Geratewohl *das* : **aufs ~** a la ventura.

geräumig *adj* espacioso(sa).

Geräusch (*pl* **-e**) *das* ruido *m*.

geräuschempfindlich *adj* sensible al ruido.

geräuschlos <> *adj* silencioso(sa). <> *adv* silenciosamente.

gerecht <> *adj* justo(ta) ; **einer Sache/jm ~ werden** [gerecht beurteilen] juzgar debidamente algo/a alguien ; **einer Sache ~ werden** [gut erledigen] satisfacer algo. <> *adv* justamente, con equidad.

Gerechtigkeit *die (ohne Pl)* justicia *f*.

Gerede *das (ohne Pl) abw* - **1.** [Geschwätz] perorata *f* ; [von Schülern] cuchicheo *m* ; **hör mit dem ~ auf** déjate de cuentos/deja de cuchichear - **2.** [Klatsch] rumores *mpl*, habladurías *fpl* ; **ins ~ kommen** andar de boca en boca.

geregelt *adj* regular ; **ein ~es Leben führen** llevar una vida ordenada.

gereizt <> *adj* irritado(da). <> *adv* irritadamente, con irritación.

Gericht (*pl* **-e**) *das* - **1.** [Speise] plato *m*, comida *f* - **2.** [Institution, Richter, Gebäude] tribunal *m*, juzgado *m* ; **vor ~ gehen** acudir a los tribunales ; **vor ~ stehen** estar acusado(da) - **3.** *(ohne Pl)* [Richten] : **über jn ~ halten** juzgar a alguien.

gerichtlich <> *adj* judicial. <> *adv* judicialmente.

Gerichts|hof *der* tribunal *m*.

Gerichts|verhandlung *die* vista *f* de una causa, juicio *m*.

Gerichts|vollzieher, in (*mpl* -, *fpl* **-nen**) *der, die* agente *mf* judicial.

gerieben *pp* ▷ **reiben**.

geriet *prät* ▷ **geraten**.

gering <> *adj* pequeño(ña) ; [Dauer] corto(ta) ; [Preis] bajo(ja) ; [Lust] poco(ca). <> *adv* : **er hat seine Chancen ~ eingeschätzt** consideró que tenía pocas posibilidades. ◆ **nicht im Geringsten** *adv* ni lo más mínimo, en absoluto.

geringfügig <> *adj* insignificante. <> *adv* de forma insignificante.

gering schätzen *vt* menospreciar.

gerinnen (*prät* **gerann**, *perf* **ist geronnen**) *vi* [Blut] coagular ; [Milch] cortarse.

Gerippe (*pl* -) *das* esqueleto *m*.

gerissen <> *pp* ▷ **reißen**. <> *adj* pícaro(ra). <> *adv* con picardía, pícaramente.

geritten *pp* ▷ **reiten**.

Germane (*pl* **-n**) *der* germano *m*.

Germanin (*pl* **-nen**) *die* germana *f*.

germanisch *adj* germánico(ca).

Germanist (*pl* **-en**) *der* germanista *m*.

Germanistik *die (ohne Pl)* filología *f* alemana, germánicas *fpl*.

Germanistin (*pl* **-nen**) *die* germanista *f*.

gern, gerne (*komp* **lieber**, *superl* **am liebsten**) *adv* - **1.** [mit Vergnügen] con gusto ; **gehen Sie ~ ins Museum?** ¿le gusta visitar museos? ; **das hab ich ~** *fam iron* me fastidia un montón ; **~ geschehen!** ¡no hay de qué! - **2.** [zum Ausdruck der Zuneigung] : **jdn ~ haben** ODER **mögen** tener afecto a alguien ; **jd hat etw ~** a alguien le gusta algo - **3.** [problemlos] : **du kannst ~ bei uns übernachten** si quieres, te puedes quedar a dormir en nuestra casa - **4.** [oft, leicht] con facilidad.

gerochen *pp* ▷ **riechen**.

Geröll *das (ohne Pl)* guijarro *m*, piedras *fpl*.

geronnen *pp* ▷ **rinnen**.

Gerste *die (ohne Pl)* cebada *f*.

Gerte (*pl* **-n**) *die* vara *f* ; [Reitgerte] fusta *f*.

Geruch (*pl* **Gerüche**) *der* olor *m* ; [Geruchssinn] olfato *m*.

geruchlos *adj* inodoro(ra).

Geruchs|sinn [gəˈrʊxszɪn] *der (ohne Pl)* olfato *m*.

Gerücht (*pl* **-e**) *das* rumor *m*.

gerufen *pp* ▷ **rufen**.

geruhsam <> *adj* sosegado(da), tranquilo(la). <> *adv* sosegadamente, tranquilamente.

Gerümpel *das (ohne Pl) abw* trastos *mpl* (viejos).

Gerundium (*pl* **-dien**) *das* gerundio *m*.

gerungen *pp* ▷ **ringen**.

Gerüst (*pl* **-e**) *das* [beim Bauen] andamio *m*.

gesalzen <> *pp* ▷ **salzen**. <> *adj fam* [Preis] exorbitante ; [Beschwerde] exagerado(da).

gesamt <> *adj* todo(da). <> *adv* globalmente, íntegramente.

Gesamtaus|gabe *die* edición *f* completa.

gesamtdeutsch *adj* de ODER en toda Alemania.

Gesamt|eindruck *der* impresión *f* general.

Gesamtheit *die (ohne Pl)* totalidad *f*.

Gesamt|schule *die entidad de enseñanza secundaria en Alemania que engloba la "Hauptschule", el "Gymnasium" y la "Realschule".*

gesandt *pp* ▷ **senden**.

Gesandte, Gesandtin (*mpl* **-n**, *fpl* **-nen**) *der, die* enviado *m*, -da *f*, delegado *m*, -da *f*.

Gesang (*pl* **Gesänge**) *der* - **1.** *(ohne Pl)* [Singen] canto *m* - **2.** [Lied] canción *f* ; **gregorianischer ~** canto gregoriano.

Gesäß (*pl* **-e**) *das* nalgas *fpl*, posaderas *fpl*.

Geschädigte (*pl* **-n**) *der, die* siniestrado *m*, -da *f*.

geschaffen *pp* ▷ **schaffen**.

Geschäft (*pl* **-e**) *das* - **1.** [Handel] negocio *m* ; **mit jm ~e machen** hacer negocios con alguien - **2.** *(ohne Pl)* [Gewinn] negocio *m* ; **mit etw ein gutes/schlechtes ~ machen** hacer un buen/mal negocio con algo - **3.** [Laden, Firma] comercio *m* - **4.** [Angelegenheit] asunto *m*.

geschäftig <> *adj* ajetreado(da). <> *adv* ajetreadamente.

geschäftlich <> *adj* : **1.** [beruflich] de negocios, comercial - **2.** [unpersönlich] formal, impersonal. <> *adv* - **1.** [beruflich] : **er ist ~ nach Paris gefahren** ha ido de viaje de negocios a París - **2.** [unpersönlich] formalmente.

Geschäfts|bedingungen *pl* : **allgemeine ~** condiciones *fpl* generales (de negocio).

Geschäftslbeziehungen *pl* relaciones *fpl* comerciales.

Geschäftslfrau *die* mujer *f* de negocios.

Geschäftslführer, in *der, die* - **1.** [in einem Unternehmen] gerente *mf* - **2.** [in einer Organisation] administrador *m*, -ra *f*.

Geschäftslführung *die* dirección *f*.

Geschäftsllage *die* - **1.** [wirtschaftlich] situación *f* comercial ODER económica - **2.** [örtlich] emplazamiento *m*.

Geschäftslleute *pl* hombres *mpl* de negocios, gente *f* de negocios.

Geschäftslmann (*pl* **-leute** ODER **-männer**) *der* hombre *m* de negocios, agente *m* comercial.

Geschäftslpartner, in *der, die* - **1.** [Teilhaber] socio *m*, -cia *f* - **2.** [von anderer Firma] colega *mf* ; [Kunde] cliente *mf*.

Geschäftslreise *die* viaje *m* de negocios.

Geschäftslschluss *der (ohne Pl)* hora *f* de cierre del comercio.

Geschäftslstelle *die* [einer Bank] sucursal *f* ; [einer Versicherung] filial *f* ; [einer Partei] sede *f*.

Geschäftslstraße *die* calle *f* comercial.

geschäftstüchtig *adj* hábil en los negocios.

Geschäftslzeit *die* horario *m* de apertura ODER comercial.

geschah *prät* ▷ **geschehen.**

gescheckt *adj* manchado(da), con manchas.

geschehen (*präs* **geschieht**, *prät* **geschah**, *perf* **ist geschehen**) *vi* - **1.** [sich ereignen] ocurrir, suceder ; [Unfall] haber ; [Mord] cometerse - **2.** [widerfahren] : **etw geschieht jm** algo le sucede a alguien ; **das geschieht dir/ihm (ganz) recht!** *abw* ¡ te lo mereces/se lo merece!, ¡bien merecido lo tienes/tiene! - **3.** [verloren sein] : **es ist um etw/jn ~** algo/alguien está perdido(da) ; **als ich sie sah, war es um mich ~** *fig* cuando la vi, me enamoré locamente.

gescheit ◇ *adj* sensato(ta) ; **du bist ja nicht ganz ~** no sabes lo que haces. ◇ *adv* sensatamente.

Geschenk (*pl* **-e**) *das* regalo *m*.

Geschichte (*pl* **-n**) *die* historia *f* ; **~ machen** abrir un nuevo capítulo en la historia ; **du machst ~n!** *fig & hum* ¡menudos líos que armas!

geschichtlich ◇ *adj* histórico(ca). ◇ *adv* históricamente ; **etw ~ betrachten** observar algo desde una perspectiva histórica ; **ein ~ bedeutungsvoller Tag** un día histórico.

Geschichtslunterricht *der (ohne Pl)* clase *f* ODER curso *m* de historia.

Geschick (*pl* **-e**) *das (ohne Pl)* habilidad *f*, destreza *f*.

Geschicklichkeit *die (ohne Pl)* habilidad *f*, destreza *f*.

geschickt ◇ *adj* - **1.** [fingerfertig] hábil ; **~e Hände haben** ser un (una) manitas - **2.** [raffiniert, gewandt] astuto(ta). ◇ *adv* - **1.** [fingerfertig] hábilmente, con destreza - **2.** [raffiniert, gewandt] astutamente.

geschieden ◇ *pp* ▷ **scheiden.** ◇ *adj* divorciado(da).

geschieht *präs* ▷ **geschehen.**

geschienen *pp* ▷ **scheinen.**

Geschirr (*pl* **-e**) *das* - **1.** *(ohne Pl)* [Gefäße, Service] vajilla *f* ; **~ spülen** ODER **abwaschen** lavar los platos ODER la vajilla - **2.** [für Zugtiere] guarnición *f*, correaje *m*.

Geschirrspüllmaschine *die* lavavajillas *m*, lavaplatos *m*.

Geschirrltuch *das* paño *m* de cocina.

geschissen *pp* ▷ **scheißen.**

geschlafen *pp* ▷ **schlafen.**

Geschlecht (*pl* **-er**) *das* - **1.** [als biologische Einteilung] sexo *m* - **2.** [Familie] familia *f*, linaje *m* - **3.** [Genus] género *m* - **4.** *(ohne Pl)* [Geschlechtsteil] órgano *m* sexual.

Geschlechtslkrankheit *die* enfermedad *f* venérea, enfermedad *f* de transmisión sexual.

Geschlechtslorgan *das* órgano *m* sexual.

geschlechtsreif *adj* púber ; [Mensch] adolescente, púber.

Geschlechtsverkehr *der (ohne Pl)* relaciones *fpl* sexuales.

geschlichen *pp* ▷ **schleichen.**

geschlungen *pp* ▷ **schlingen.**

Geschmack (*pl* **Geschmäcke** ODER **Geschmäcker**) *der* - **1.** *(ohne Pl)* [Empfindung] sabor *m* - **2.** *(ohne Pl)* [Geschmackssinn] gusto *m* - **3.** [ästhetisches Urteil] gusto *m* ; **~ haben** tener buen gusto - **4.** [Wohlgefallen] gusto *m* ; **an etw** *(D)* **~ finden (können)** tomar ODER coger el gusto a algo.

geschmacklos ◇ *adj* - **1.** [fade] soso(sa), insípido(da) - **2.** [unästhetisch, unfein] de mal gusto, hortera. ◇ *adv* [unästhetisch, unfein] con mal gusto, de forma hortera.

Geschmacklsache = **Geschmackssache.**

Geschmackslrichtung *die* - **1.** [von Nahrungsmitteln] sabor *m* - **2.** [Stilrichtung, Vorliebe] gusto *m*, preferencia *f*.

Geschmackssache, Geschmacksache *die (ohne Pl)* : **das ist ~** es cuestión de gusto.

Geschmackssinn *der (ohne Pl)* (sentido *m* del) gusto *m*.

geschmackvoll ◇ *adj* elegante, de

buen gusto. <> *adv* elegantemente, con buen gusto.

geschmeidig <> *adj* - **1.** [weich] suave - **2.** [gewandt] ágil. <> *adv* [gewandt] ágilmente, con agilidad.

geschmissen *pp* ▷ **schmeißen.**

geschmolzen *pp* ▷ **schmelzen.**

Geschnetzelte *das (ohne Pl)* carne *f* troceada en salsa.

geschnitten <> *pp* ▷ **schneiden.** <> *adj* - **1.** [aufgeschnitten] en rodajas - **2.** [geformt] : **der Rock ist eng ~** la falda tiene un corte ceñido ; **ihr Gesicht ist hübsch ~** su rostro es de bellas facciones ; **die Wohnung ist gut ~** el piso está bien proyectado.

geschoben *pp* ▷ **schieben.**

Geschöpf (*pl* **-e**) *das* - **1.** [Lebewesen, Person] criatura *f* - **2.** [Erfindung] fruto *m*, invención *f*.

geschoren *pp* ▷ **scheren.**

Geschoss (*pl* **-e**) *das* - **1.** [Munition] proyectil *m* - **2.** [Stockwerk] planta *f*, piso *m*.

geschossen *pp* ▷ **schießen.**

Geschrei *das (ohne Pl) abw* - **1.** [Schreien] gritos *mpl* - **2.** [Gezeter] jaleo *m*.

geschrieben *pp* ▷ **schreiben.**

geschrien *pp* ▷ **schreien.**

Geschütz (*pl* **-e**) *das* pieza *f* de artillería.

Geschwätz *das (ohne Pl) abw* - **1.** [Gerede] chorradas *fpl* - **2.** [Tratsch] rumores *mpl*.

geschwätzig *abw adj* parlanchín(ina).

geschweige *konj* : **~ denn** por no hablar de.

geschwiegen *pp* ▷ **schweigen.**

geschwind *Süddt* <> *adj* veloz. <> *adv* velozmente.

Geschwindigkeit (*pl* **-en**) *die* velocidad *f*.

Geschwister *pl* hermanos *mpl*.

geschwollen <> *pp* ▷ **schwellen.** <> *adj* - **1.** [dick] hinchado(da) - **2.** *abw* [pompös] rimbombante. <> *adv abw* de forma rimbombante.

geschwommen *pp* ▷ **schwimmen.**

geschworen *pp* ▷ **schwören.**

Geschworene (*pl* **-n**) *der, die* miembro *mf* del jurado popular ; **die ~n** el jurado popular.

Geschwulst (*pl* **Geschwülste**) *die* tumor *m*.

geschwungen *adj* curvo(va).

Geschwür (*pl* **-e**) *das* úlcera *f*.

gesehen *pp* ▷ **sehen.**

Geselle (*pl* **-n**) *der* - **1.** [Handwerker] oficial *m* - **2.** [Kerl, Gefährte] compañero *m*.

gesellig <> *adj* - **1.** [kontaktfreudig] sociable, comunicativo(va) - **2.** [anregend] entretenido(da). <> *adv* - **1.** [kontaktfreudig] : **~ leben** vivir en sociedad - **2.** [anregend] de forma entretenida.

Geselligkeit *die (ohne Pl)* compañía *f*.

Gesellin (*pl* **-nen**) *die* - **1.** [Handwerker] oficiala *f* - **2.** [Gefährtin] compañera *f*.

Gesellschaft (*pl* **-en**) *die* - **1.** [Gemeinschaft] sociedad *f* - **2.** *(ohne Pl)* [Anwesenheit, Umgang] compañía *f* ; **jm ~ leisten** hacer compañía a alguien - **3.** [Fest] fiesta *f* ; **geschlossene ~** fiesta privada - **4.** [Gruppe] grupo *m* - **5.** *(ohne Pl)* [Oberschicht] alta sociedad *f* - **6.** [Wirtschaftsunternehmen] compañía *f* - **7.** [Vereinigung] asociación *f*.

gesessen *pp* ▷ **sitzen.**

Gesetz (*pl* **-e**) *das* ley *f*.

Gesetz|buch *das* : **bürgerliches ~** código *m* civil.

gesetzgebend *adj* : **die ~e Gewalt** el poder legislativo.

Gesetz|geber *der* : **der ~** el (poder) legislativo.

Gesetzgebung *die (ohne Pl)* legislación *f*.

gesetzlich <> *adj* legal. <> *adv* legalmente ; **etw ist ~ vorgeschrieben/geregelt** algo está estipulado(da)/regulado(da) por la ley.

gesetzmäßig *adj* - **1.** [erwartungsgemäß] según las leyes (naturales) - **2.** [gesetzlich] legal.

gesetzt *adj* maduro(ra) ; **~ den Fall, dass ...** suponiendo que ..., en caso de que ...

Gesicht (*pl* **-er**) *das* cara *f* ; **jm etw ins ~ sagen** *fig* decir algo a alguien en la cara ; **etw steht jm im ~ geschrieben** alguien lleva algo escrito en la frente.

Gesichts|punkt *der* punto *m* de vista.

Gesichts|züge *pl* rasgos *mpl* (faciales), facciones *fpl*.

Gesindel *das (ohne Pl) abw* gentuza *f*, chusma *f*.

Gesinnung (*pl* **-en**) *die* mentalidad *f*, modo *m* de pensar.

gesittet <> *adj* civilizado(da). <> *adv* civilizadamente.

gesoffen *pp* ▷ **saufen.**

gesogen *pp* ▷ **saugen.**

gesondert <> *adj* separado(da). <> *adv* separadamente, por separado.

gespannt <> *adj* - **1.** [angezogen] tenso(sa) - **2.** [ungeduldig] impaciente ; [neugierig] curioso(sa) ; **auf etw** *(A)* **~ sein** [ungeduldig] estar impaciente por algo ; [neugierig] tener curiosidad por algo - **3.** [gereizt] tenso(sa). <> *adv* [erwartungsvoll] impacientemente ; [zuhören] atentamente.

Gespenst (*pl* **-er**) *das* fantasma *m* ; **du siehst ja ~er!** ¡tú ves visiones!, ¡vaya imaginación la tuya!

gespien *pp* ▷ **speien.**

gesponnen *pp* ▷ **spinnen.**

Gespött *das (ohne Pl)* sarcasmo *m* ; **sich zum ~ der Leute machen** hacer el ridículo, ser el hazmerreír ; **jn zum ~ der Leute machen** poner en ridículo a alguien.

Gespräch (*pl* **-e**) *das* **- 1.** [Konversation] conversación *f*, conversada *f Amér* ; **ein ~ führen** conversar ; **eine Gesetzesänderung ist im ~** se estudia una posible enmienda ; **nach diesem Skandal ist ein Rücktritt des Ministers im ~** tras este escándalo se habla de una posible dimisión del ministro **- 2.** [Verhandlung] negociación *f* **- 3.** [Telefonanruf] llamada *f*.

gesprächig ◇ *adj* comunicativo(va). ◇ *adv* : **~ beieinander sitzen** estar sentados(das) hablando.

Gesprächs|partner, in [gəˈʃprɛːçspartnɐ] *der, die* interlocutor *m*, -ra *f*.

Gesprächs|thema [gəˈʃprɛːçsteːma] *das* tema *m* de conversación.

gesprochen *pp* ▷ **sprechen.**

gesprossen *pp* ▷ **sprießen.**

gesprungen *pp* ▷ **springen.**

Gespür *das (ohne Pl)* instinto *m*, olfato *m* ; **ein/kein ~ für etw haben** tener/no tener instinto para algo, tener/no tener olfato para algo.

Gestalt (*pl* **-en**) *die* **- 1.** [Person] persona *f* **- 2.** *(ohne Pl)* [Körperform] estatura *f* **- 3.** [Persönlichkeit] personalidad *f* **- 4.** [in der Literatur] personaje *m* **- 5.** *(ohne Pl)* [Form] forma *f* ; **einer Sache** *(D)* **~ geben** ODER **verleihen** dar forma a algo ; **etw nimmt ~ an** algo forma.

gestalten *vt* [organisieren] organizar ; [entwerfen] diseñar ; [schriflich] redactar ; [einrichten] decorar. ◆ **sich gestalten** *ref* desarrollarse, resultar.

Gestaltung *die* [Organisation] organización *f* ; [Design] diseño *m* ; [schriftlich] redacción *f* ; [Einrichtung] decoración *f*.

Geständnis (*pl* **-se**) *das* confesión *f*, declaración *f* de culpabilidad ; **ein ~ ablegen** confesar su culpabilidad.

Gestank *der (ohne Pl) abw* mal olor *m*, hedor *m* ; [umgangssprachlich] peste *f*.

gestatten *vt* permitir. ◆ **gestatten Sie** *interj* : **~ Sie?** ¿me permite (Ud.)?.

Geste (*pl* **-n**) *die* gesto *m*.

gestehen (*prät* **gestand**, *perf* **hat gestanden**) ◇ *vt* **- 1.** [zugeben] confesar **- 2.** [offenbaren] : **jm etw ~** confesar algo a alguien. ◇ *vi* confesar.

Gestein (*pl* **-e**) *das* roca(s) *f(pl)*.

Gestell (*pl* **-e**) *das* **- 1.** [Gerüst] andamio *m* **- 2.** [Rahmen] marco *m*.

gestern *adv* ayer ; **~ früh** ODER **Morgen/Mittag/Abend** ayer por la mañana/al mediodía/por la noche ; **von ~/nicht von ~ sein** *fig* [altmodisch] estar/no estar pasado(da) de moda ; **nicht von ~ sein** [nicht dumm] no ser tonto(ta), no haber nacido ayer.

gestiegen *pp* ▷ **steigen.**

Gestik *die (ohne Pl)* gestos *mpl*.

gestochen *pp* ▷ **stechen.**

gestohlen *pp* ▷ **stehlen.**

gestorben *pp* ▷ **sterben.**

gestoßen *pp* ▷ **stoßen.**

gestreift *adj* rayado(da), a rayas.

gestrig *adj* de ayer.

gestritten *pp* ▷ **streiten.**

Gestrüpp *das (ohne Pl)* matorrales *mpl*.

gestunken *pp* ▷ **stinken.**

Gestüt (*pl* **-e**) *das* granja *f* equina ODER de caballos, potrero *m*.

Gesuch (*pl* **-e**) *das* solicitud *f*.

gesund (*komp* **gesünder** ODER **gesunder**, *superl* **gesündeste** ODER **gesundeste**) ◇ *adj* sano(na) ; **einen ~en Menschenverstand haben** tener sentido común. ◇ *adv* de forma saludable.

Gesundheit *die (ohne Pl)* salud *f*.

gesundheitlich ◇ *adj* de salud. ◇ *adv* desde el punto de vista de la salud ; **sich ~ schonen** cuidarse (la salud).

Gesundheits|amt *das* instituto *m* de salud pública.

gesundheitsschädlich *adj* perjudicial (para la salud).

Gesundheits|zeugnis *das* certificado *m* médico.

Gesundheits|zustand *der (ohne Pl)* estado *m* de salud.

gesungen *pp* ▷ **singen.**

gesunken *pp* ▷ **sinken.**

getan *pp* ▷ **tun.**

Getöse *das (ohne Pl)* ruido *m*, estruendo *m*.

getragen *pp* ▷ **tragen.**

Getränk (*pl* **-e**) *das* bebida *f*.

Getreide *das (ohne Pl)* cereales *mpl*.

Getreide|anbau *der (ohne Pl)* cultivo *m* de cereales.

getrennt ◇ *adj* separado(da). ◇ *adv* por separado, separadamente ; **(von jm) ~ leben** vivir separado(da)(de alguien).

getreten *pp* ▷ **treten.**

Getriebe (*pl* **-**) *das* cambio *m* (de marchas ODER velocidades), caja *f* de cambios.

getrieben *pp* ▻ **treiben.**

getrogen *pp* ▻ **trügen.**

getrost *adv* tranquilamente.

getrunken *pp* ▻ **trinken.**

Getto, Ghetto (*pl* **-s**) gueto *m*.

Getue [gə'tu:ə] *das (ohne Pl) abw* melindre *m*.

Getümmel *das (ohne Pl)* barullo *m*.

Gewächs [gə'vɛks] (*pl* **-e**) *das* planta *f*; **dieser Wein ist ein ~ des Jahrgangs 1991** este vino es de la cosecha de(l año)1991.

gewachsen [gə'vaksn̩] ◇ *pp* ▻ **wachsen.** ◇ *adj* : **einer Sache/jm ~ sein** estar a la altura de algo/alguien.

Gewächs|haus *das* invernadero *m*.

gewagt ◇ *adj* atrevido(da). ◇ *adv* atrevidamente, con atrevimiento.

gewählt ◇ *adj* **- 1.** [durch Abstimmung bestimmt] elegido(da) **- 2.** [gehoben] elegante, sublime. ◇ *adv* [gehoben] elegantemente, con elegancia.

Gewähr *die (ohne Pl)* garantía *f*, responsabilidad *f*; **~ leisten** garantizar.

gewähren *vt* conceder ; **jm etw ~** conceder algo a alguien ; **du kannst ihn nicht einfach ~ lassen** no puedes tolerar simplemente lo que hace.

gewährleisten *vt* = **Gewähr.**

Gewalt (*pl* **-en**) *die* **- 1.** *(ohne Pl)* [Brutalität, Kraft] violencia *f* ; **mit (aller) ~** por la fuerza, violentamente **- 2.** [Macht, Beherrschung] poder *m* ; **die Entführer haben das Kind in ihrer ~** los secuestradores tienen al niño en su poder ; **er hat sich oft nicht in der ~** a menudo no se puede contener **- 3.** *(ohne Pl)* [Willkür] arbitrariedad *f*; **einer Sache** *(D)* **~ antun** forzar algo **- 4.** [Naturgewalt] fuerza *f*.

Gewaltanwendung *die (ohne Pl)* uso *m* de la fuerza.

Gewalt|herrschaft *die* dictadura *f*, tiranía *f*.

gewaltig ◇ *adj* enorme ; [Schönheit] sublime. ◇ *adv* enormemente.

gewaltsam ◇ *adj* violento(ta). ◇ *adv* violentamente.

gewalttätig ◇ *adj* violento(ta). ◇ *adv* : **~ veranlagt** de naturaleza violenta.

Gewalt|verbrechen *das* crimen *m* violento, acto *m* de violencia.

gewandt ◇ *pp* ▻ **wenden.** ◇ *adj* seguro(ra) ; [Bewegung] hábil. ◇ *adv* con seguridad ; [sich bewegen] hábilmente.

Gewandtheit *die (ohne Pl)* aplomo *m* ; [von Bewegung] habilidad *f*, soltura *f*.

gewann *prät* ▻ **gewinnen.**

gewaschen *pp* ▻ **waschen.**

Gewässer (*pl* **-**) *das* aguas *fpl*.

Gewebe (*pl* **-**) *das* tejido *m*.

Gewehr (*pl* **-e**) *das* fusil *m*.

Geweih (*pl* **-e**) *das* cornamenta *f*.

Gewerbe (*pl* **-**) *das* **- 1.** [Beruf] actividad *f* profesional **- 2.** *(ohne Pl)* [Bereich] ramo *m*.

Gewerbe|schein *der* licencia *f* comercial, licencia *f* profesional.

gewerblich ◇ *adj* [beruflich] profesional ; [geschäftlich] comercial ; [Unternehmen] empresarial. ◇ *adv* con fines profesionales/empresariales.

Gewerkschaft (*pl* **-en**) *die* sindicato *m*.

Gewerkschaft(l)er, in (*mpl* **Gewerkschaft(l)er,** *fpl* **-nen**) *der, die* sindicalista *mf*.

Gewerkschaftsbund *der (ohne Pl)* federación *f* de sindicatos.

gewesen *pp* ▻ **sein.**

Gewicht (*pl* **-e**) *das* **- 1.** *(ohne Pl)* [Schwere] peso *m* **- 2.** [Maßeinheit] pesa *f* **- 3.** *(ohne Pl)* [Bedeutung, Einfluss] peso *m* ; **ins ~ fallen** *fig* ser un factor de peso ODER decisivo.

Gewichtheben *das (ohne Pl)* halterofilia *f*, levantamiento *m* de pesas ODER peso.

Gewinde (*pl* **-**) *das* rosca *f*.

Gewinn (*pl* **-e**) *der* **- 1.** [Profit] beneficio *m* **- 2.** *(ohne Pl)* [Nutzen] ventaja *f* **- 3.** [Preis] premio *m*. ◆ **Gewinn bringend** ◇ *adj* lucrativo(va). ◇ *adv* lucrativamente.

gewinnen (*prät* **gewann,** *perf* **hat gewonnen**) ◇ *vi* **- 1.** [siegen] ganar, vencer **- 2.** [beim Glücksspiel] ganar **- 3.** [wachsen] : **an etw** *(D)* **~** ganar en algo ; **an Terrain ~** ganar terreno **- 4.** [besser werden] : **durch etw ~** mejorar gracias a algo. ◇ *vt* **- 1.** [Wettkampf, Preis, Geld] ganar **- 2.** [erwerben] granjearse ; **jn für sich ~** granjearse las simpatías de alguien, ganarse la simpatía de alguien ; **jn für etw ~** hacerse con alguien para algo **- 3.** [extrahieren, produzieren] obtener **- 4.** [abbauen] extraer.

gewinnend ◇ *adj* cautivador(ra). ◇ *adv* cautivadoramente.

Gewinner, in (*mpl* **-,** *fpl* **-nen**) *der, die* ganador *m*, -ra *f* ; [in Lotterie] agraciado *m*, -da *f*.

Gewinnung *die (ohne Pl)* [von Bodenschätzen] extracción *f* ; [aus einem Naturprodukt] elaboración *f*, obtención *f*.

Gewirr, Gewirre *das (ohne Pl)* enredo *m*, maraña *f* ; [von Stimmen] barullo *m*.

gewiss ◇ *adj* **- 1.** [bestimmt] cierto(ta) ; **ein ~er Herr Meier hat angerufen** ha llamado un tal Sr. Meier **- 2.** [minimal] cierto(ta) ; **ein ~es Maß an** un mínimo de **- 3.** [sicher] indudable ; **sich** *(D)* **einer Sache** *(G)* **~ sein**

estar seguro(ra) de algo. ◇ *adv* seguramente.

Gewissen *das (ohne Pl)* - **1.** [seelische Instanz] conciencia *f*; **ein gutes ~ haben** tener la conciencia tranquila ; **ein schlechtes ~ haben** tener remordimientos (de conciencia) - **2.** *RW.*

gewissenhaft ◇ *adj* concienzudo(da). ◇ *adv* concienzudamente.

Gewissens|bisse *pl* remordimientos *mpl* de conciencia.

Gewissens|gründe *pl* razones *fpl* de conciencia ; **aus ~n** por razones de conciencia.

Gewissens|konflikt *der* : **in einen ~ geraten** estar en conflicto con su conciencia.

gewissermaßen *adv* en cierto modo.

Gewissheit *die (ohne Pl)* certeza *f*; **etw mit ~ sagen/wissen** decir/saber algo con certeza.

Gewitter (*pl* -) *das* tormenta *f*.

gewittrig *adj* tormentoso(sa).

gewitzt ◇ *adj* astuto(ta). ◇ *adv* astutamente.

gewogen ◇ *pp* ▷ **wiegen.** ◇ *adj* : **jm ~ sein** *geh* favorecer a alguien ; **einer Sache** *(D)* **~ sein** *geh* estar a favor de algo.

gewöhnen *vt* : **jn an etw/jn ~** acostumbrar a alguien a algo/alguien. ◆ **sich gewöhnen** *ref* : **sich an etw/jn ~** acostumbrarse a algo/alguien ; **sich daran ~, etw zu tun** acostumbrarse a hacer algo.

Gewohnheit (*pl* **-en**) *die* costumbre *f*, hábito *m*.

gewöhnlich ◇ *adj* - **1.** [normal] corriente - **2.** [gewohnt] habitual - **3.** *abw* [primitiv] vulgar, ordinario(ria). ◇ *adv* - **1.** [normalerweise] normalmente, generalmente - **2.** *abw* [primitiv] vulgarmente, ordinariamente.

gewohnt *adj* habitual ; **zur ~en Zeit** a la hora habitual ; **etw ~ sein** estar habituado(da) a algo.

gewöhnt *adj* : **an etw** *(A)* **~ sein** estar acostumbrado(da) a algo.

Gewölbe (*pl* -) *das* bóveda *f*.

gewonnen *pp* ▷ **gewinnen.**

geworben *pp* ▷ **werben.**

geworden *pp* ▷ **werden.**

geworfen *pp* ▷ **werfen.**

Gewühl *das (ohne Pl)* - **1.** [Menschenmenge] multitud *f* - **2.** [Wühlen] revoltijo *m*.

gewunden ◇ *pp* ▷ **winden.** ◇ *adj* - **1.** [sich schlängelnd] sinuoso(sa) - **2.** [umständlich] retorcido(da).

Gewürz (*pl* **-e**) *das* especia(s) *f(pl)*.

Gewürz|gurke *die* pepinillo *m* en vinagre.

gewusst *pp* ▷ **wissen.**

Gezeiten *pl* marea *f*.

Gezeter *das (ohne Pl) abw* griterío *m*.

gezielt ◇ *adj* [Vorgehen, Frage, Antwort] preciso(sa) ; [bewusst] intencionado(da), calculado(da). ◇ *adv* con precisión ; [bewusst] de forma intencionada, intencionadamente ; **jn ~ auf etw** *(A)* **ansprechen** preguntar directamente a alguien por algo.

geziert *abw* ◇ *adj* afectado(da), siútico(ca) *Amér.* ◇ *adv* afectadamente.

gezogen *pp* ▷ **ziehen.**

gezwungen ◇ *pp* ▷ **zwingen.** ◇ *adj* forzado(da). ◇ *adv* forzadamente.

gezwungenermaßen *adv* forzosamente.

ggf. *abk für* **gegebenenfalls.**

Ghetto *das* = **Getto.**

Gibraltar *nt* Gibraltar *m* ; **auf ~** en Gibraltar.

gibt *präs* ▷ **geben.**

Gicht *die (ohne Pl)* gota *f*.

Giebel (*pl* -) *der* - **1.** [Dachgiebel] aguilón *m* - **2.** [Aufsatz] frontispicio *m*, frontón *m*.

Gier *die (ohne Pl)* codicia *f*, ambición *f*; [nach Alkohol, Essen] ansiedad *f*.

gierig ◇ *adj* ávido(da) ; **~ nach** ODER **auf etw** *(A)* **sein** estar ansioso(sa) por algo. ◇ *adv* ansiosamente.

gießen (*prät* **goss**, *perf* **hat gegossen**) ◇ *vt* - **1.** [schütten, verschütten] verter, echar - **2.** [begießen] regar - **3.** [in eine Form] colar, fundir. ◇ *vi* : **es gießt (in Strömen)** llueve a cántaros.

Gift (*pl* **-e**) *das* veneno *m* ; MED & CHEM tóxico *m*.

giftgrün ◇ *adj* verde ácido, verde cardenillo. ◇ *adv* de verde ácido ODER cardenillo.

giftig ◇ *adj* - **1.** [schädlich, gehässig] venenoso(sa) ; [toxisch] tóxico(ca) - **2.** [grell] estridente, chillón(ona). ◇ *adv fam abw* [gehässig] maliciosamente.

Gift|müll *der (ohne Pl)* residuos *mpl* tóxicos.

Gigant, in (*mpl* **-en**, *fpl* **-nen**) *der, die* gigante *mf*, coloso *m*.

gilt *präs* ▷ **gelten.**

Gin [dʒɪn] *der (ohne Pl)* ginebra *f*.

ging *prät* ▷ **gehen.**

Ginster (*pl* -) *der* genesta *f*, genista *f*, retama *f*.

Gipfel (*pl* -) *der* - **1.** [von Bergen] cumbre *f* - **2.** [Höhepunkt] punto *m* álgido - **3.** [Gipfeltreffen] cumbre *f*.

Gipfelltreffen *das* cumbre *f.*

Gips *der (ohne Pl)* **- 1.** [Material] yeso *m* **- 2.** [Gipsverband] escayola *f.*

Gipslbein *das* pierna *f* escayolada.

Gipslverband *der* (vendaje *m* de) escayola *f.*

Giraffe (*pl* **-n**) *die* jirafa *f.*

Girlande (*pl* **-n**) *die* guirnalda *f.*

Girolkonto ['ʒiːro|kɔnto] *das* cuenta *f* corriente.

Gischt *der, die (ohne Pl)* espuma *f.*

Gitarre (*pl* **-n**) *die* guitarra *f.*

Gitarrist, in (*mpl* **-en**, *fpl* **-nen**) *der, die* guitarrista *mf.*

Gitter (*pl* **-**) *das* reja *f.*

Glanz *der (ohne Pl)* brillo *m* ; **etw mit ~ und Gloria feiern** celebrar algo a lo grande ; **er ist mit ~ und Gloria durch die Prüfung gerasselt** *fam* ha suspendido el examen con todas las de la ley.

glänzen *vi* brillar.

glänzend ◇ *adj* brillante. ◇ *adv* brillantemente.

Glas (*pl* **Gläser**) *das* **- 1.** *(ohne Pl)* [Material] vidrio *m*, cristal *m* **- 2.** [Trinkglas] vaso *m* ; **ein ~ über den Durst trinken, zu tief ins ~ schauen** *fig* empinar el codo **- 3.** [Behälter] tarro *m* **- 4.** [Brillenglas] lente *f*, cristal *m.*

Glaser, in (*mpl* **-**, *fpl* **-nen**) *der, die* cristalero *m*, -ra *f.*

glasig *adj* **- 1.** [Blick, Ausdruck] vidrioso(sa) **- 2.** [Zwiebeln] rehogado(da), sofrito(ta).

glasklar ◇ *adj* **- 1.** [klar] cristalino(na) **- 2.** *fig* clarísimo(ma). ◇ *adv* claramente.

Glaslscheibe *die* cristal *m*, luna *f* (de cristal).

Glasltür *die* puerta *f* de cristal.

Glasur (*pl* **-en**) *die* **- 1.** [für Keramik] barniz *m* **- 2.** KÜCHE glaseado *m.*

glatt ◇ *adj* **- 1.** [eben] liso(sa) **- 2.** [schlüpfrig] resbaladizo(za) **- 3.** [Geschäft] redondo(da) ; [Landung] perfecto(ta) ; [Schnitt, Bruch] limpio(pia) **- 4.** *fam* [eindeutig] verdadero(ra) **- 5.** *abw* [übertrieben höflich] lisonjero(ra). ◇ *adv* **- 1.** [eben] : **~ streichen/machen** alisar **- 2.** [reibungslos] perfectamente ; **etw geht ~** algo sale redondo **- 3.** *fam* [eindeutig] claramente.

Glätte *die (ohne Pl)* **- 1.** [Ebenheit] lisura *f* **- 2.** [Schlüpfrigkeit] : **die ~ der Autobahn** el estado resbaladizo de la autopista.

Glattleis *das (ohne Pl)* (capa *f* de) hielo *m.*

glätten *vt* alisar.

Glatze (*pl* **-n**) *die* calva *f.*

Glaube *der (ohne Pl)* **- 1.** [Überzeugung] convicción *f* ; [Annahme] suposición *f* ; **der ~ an die Gerechtigkeit** la fe en la justicia ; **in gutem** ODER **im guten ~n** con toda confianza ; **einer Sache/jm ~/keinen ~n schenken** dar/no dar crédito a algo/alguien **- 2.** [Religion] fe *f.*

glauben ◇ *vt* creer ; **jm etw ~** creer algo a alguien. ◇ *vi* **- 1.** [vertrauen] : **an etw/jn ~** creer en algo/alguien ; **jm ~** creer a alguien **- 2.** [gläubig sein] creer, tener fe **- 3.** [für existent halten] : **an etw/jn ~** creer en algo/alguien **- 4.** *RW* : **dran ~ müssen** *salopp* [umkommen] estirar la pata ; **jd muss dran ~** [kommt an die Reihe] tocarle ODER llegarle a alguien su turno.

Glaubenslbekenntnis *das* **- 1.** *(ohne Pl)* REL credo *m* **- 2.** [Weltanschauung] dogma *m*, credo *m.*

glaubhaft ◇ *adj* verosímil ; [Mensch] digno(na) de crédito. ◇ *adv* de forma verosímil ODER convincente.

gläubig ◇ *adj* **- 1.** [fromm] creyente ; **zutiefst ~** devoto(ta) **- 2.** [vertrauensselig] crédulo(la). ◇ *adv* **- 1.** [fromm] devotamente **- 2.** [vertrauensselig] crédulamente.

Gläubige (*pl* **-n**) *der, die* creyente *mf.*

Gläubiger, in (*mpl* **-**, *fpl* **-nen**) *der, die* acreedor *m*, -ra *f.*

glaubwürdig ◇ *adj* verosímil ; [Mensch] digno(na) de crédito ; [Quelle] fidedigno(na). ◇ *adv* de forma verosímil ODER convincente.

gleich ◇ *adj* **- 1.** [übereinstimmend] mismo(ma) **- 2.** [einerlei] : **etw ist jm (völlig) ~** algo le da (completamente) igual a alguien, algo no le importa a alguien. ◇ *adv* **- 1.** [gleichermaßen] de la misma forma, igual ; **beide sind ~ geeignet** ambos son igual de competentes **- 2.** [sofort] ahora mismo, inmediatamente ; **er weint immer ~** siempre llora en seguida ; **~ danach** inmediatamente después **- 3.** [unmittelbar] justo, justamente ; **er stand ~ an der Tür** estaba justo en la puerta **- 4.** [noch] : **wie heißt er doch ~?** ¿cómo se llamaba? **- 5.** [ebenso gut] : **wenn du dir so wenig Mühe gibst, kannst du auch ~ aufhören!** ¡si te esfuerzas tan poco, más vale que lo dejes! ; **ohne seine Hilfe können wir uns ~ geschlagen geben!** ¡sin su ayuda estamos perdidos! ◇ *präp geh* : **~ einer Person** *(D)* al igual que alguien ; **sich ~ einer Katze geschickt bewegen** moverse con la misma agilidad que un gato. ◆ **bis gleich** *interj* : **bis ~!** ¡ahora nos vemos!, ¡hasta luego!, ¡hasta ahora!

gleichaltrig, gleichalterig *adj* de la misma edad.

gleichberechtigt ◇ *adj* en pie de igualdad, con los mismos derechos ; **die Frau ist dem Mann ~** la mujer tiene los mismos derechos que el hombre. ◇ *adv* : **beide Or-**

ganisationen bestehen ~ nebeneinander ambas organizaciones cuentan con los mismos derechos ; **wir können beide Lösungen als ~ ansehen** podemos considerar ambas soluciones como equivalentes.

Gleichberechtigung *die (ohne Pl)* igualdad *f* de derechos.

gleichen (*prät* **glich**, *perf* **hat geglichen**) *vi* : **einer Sache/jm ~** parecerse a algo/alguien ; **sich** *(D)* **~** parecerse.

gleichfalls *adv* también, igualmente. ◆ **danke gleichfalls!** *interj* ¡gracias, igualmente!

Gleichgewicht *das (ohne Pl)* **- 1.** [Balance] equilibrio *m* ; **das ~ halten** mantener el equilibrio **- 2.** [Harmonie] armonía *f* ; **seelisches ~** equilibrio mental.

gleichgültig <> *adj* **- 1.** [desinteressiert] indiferente **- 2.** [belanglos] sin importancia ; **~, wie seine Antwort lautet ...** indiferentemente de cuál sea su repuesta ... ; **etw/jd ist jm ~** algo/alguien le es indiferente a alguien. <> *adv* con indiferencia.

Gleichheit *die (ohne Pl)* igualdad *f*.

Gleichklang *der (ohne Pl)* armonía *f* ; MUS unisonancia *f*.

gleich|kommen (*perf* **ist gleichgekommen**) *vi (unreg)* : **jm an etw** *(D)* **~** igualar a alguien en algo.

gleich lautend *adj* igual, idéntico(ca) ; [Name, Wort] homónimo(ma).

gleichmäßig <> *adj* regular ; [Geschwindigkeit, Rhythmus, Atmung] constante, regular. <> *adv* con regularidad.

Gleichnis (*pl* **-se**) *das* parábola *f*.

gleichschenklig ['glaiçʃɛŋk(ə)lıç], **gleichschenkelig** *adj* : **~es Dreieck** triángulo *m* isósceles.

Gleichschritt *der (ohne Pl)* paso *m* acompasado.

gleich|stellen ['glaiçʃtɛlən] *vt* igualar, equiparar ; **alle Bürger sind rechtlich gleichgestellt** todos los ciudadanos tienen los mismos derechos, todos los ciudadanos son iguales ante la ley ; **jn (mit) jm ~** equiparar a alguien con alguien.

Gleichstrom *der (ohne Pl)* corriente *f* continua.

gleich|tun *vt (unreg)* : **es jm ~** [in js Fußstapfen treten] seguir los pasos de alguien ; [gleiche Leistung erbringen] igualar a alguien.

Gleichung (*pl* **-en**) *die* ecuación *f*.

gleichzeitig <> *adj* simultáneo(a). <> *adv* **- 1.** [auch] al mismo tiempo **- 2.** [simultan] al mismo tiempo, simultáneamente.

gleich|ziehen *vi (unreg)* : **mit jm ~** igualar a alguien.

Gleis (*pl* **-e**) *das* [der Eisenbahn] vía *f* ; **der Zug fährt von ~ vier ab** el tren sale del andén número cuatro.

gleiten (*prät* **glitt**, *perf* **hat/ist geglitten**) *vi* **- 1.** *(ist)* [sich bewegen] deslizarse ; [ausrutschen] resbalarse **- 2.** *(hat) fam* [Gleitzeit haben] trabajar con un horario flexible.

Gleit|zeit *die* horario *m* flexible.

Gletscher (*pl* **-**) *der* glaciar *m*.

glich *prät* ▷ **gleichen**.

Glied (*pl* **-er**) *das* **- 1.** [Gelenk] falange *f* **- 2.** [Körperteil] miembro *m* **- 3.** [Penis] pene *m* **- 4.** [Bindeglied] eslabón *m* **- 5.** [Einzelteil] componente *m*.

gliedern *vt* [einteilen] dividir, clasificar ; [Vortrag, Vorlesung, Referat] desglosar, estructurar ; [ordnen] ordenar ; [zusammensetzen] componer. ◆ **sich gliedern** *ref* : **sich in etw** *(A)* **~** subdividirse en algo, clasificarse en algo.

Gliederung (*pl* **-en**) *die* **- 1.** [Einteilung] división *f*, clasificación *f*, desglose *m* ; [Ordnung] orden *m* ; [Zusammenstellung] clasificación *f*, composición *f* ; [Gliedern] desglose *m* **- 2.** [Struktur] estructura *f*.

Gliedmaßen *pl* miembros *mpl* (del cuerpo).

glimmen (*prät* **glimmte** ODER **glomm**, *perf* **hat geglimmt** ODER **geglommen**) *vi* estar incandescente.

glimpflich <> *adj* **- 1.** [ohne Schaden] sin perjuicio **- 2.** [nachsichtig] indulgente. <> *adv* **- 1.** [ohne Schaden] sin perjuicio ; **~ davonkommen** salir bien parado(da) **- 2.** [nachsichtig] con indulgencia.

glitschig *adj* resbaladizo(za).

glitt *prät* ▷ **gleiten**.

glitzern *vi* brillar.

global <> *adj* global. <> *adv* globalmente, de forma global.

Globalisierung *die (ohne pl)* globalización *f*.

Globus (*pl* **-se** ODER **Globen**) *der* globo *m*.

Glocke (*pl* **-n**) *die* campana *f*.

Glocken|spiel *das* **- 1.** [von Türmen] repique *m* de campanas **- 2.** [Musikinstrument] carrillón *m*.

Glocken|turm *der* campanario *m*.

glomm *prät* ▷ **glimmen**.

glorreich <> *adj* glorioso(sa). <> *adv* gloriosamente.

Glossar (*pl* **-e**) *das* glosario *m*.

glotzen *vi fam abw* clavar los ojos, mirar como un bobo (una boba) ; **was glotzt du so?** ¿qué miras?.

Glück *das (ohne Pl)* suerte *f* ; **~ bringen** dar ODER traer suerte ; **~ haben** tener suerte ; **bei jm (mit etw) ~ haben** tener éxito con alguien (con respecto a algo) ; **mit etw/jm ~/kein ~ haben** tener/no tener suerte ODER éxito con algo/alguien ; **~ im Unglück** la dicha en la desdicha. ◆ **auf gut Glück** *adv* al azar. ◆ **viel Glück!** *interj* ¡mucha suerte! ◆ **zum Glück** *adv* afortunadamente.

Glucke (*pl* **-n**) *die* gallina *f* clueca.

glücken (*perf* **ist geglückt**) *vi* salir bien ; **jm glückt etw** algo le sale bien a alguien.

gluckern *vi* gorgotear.

glücklich <> *adj* **- 1.** [beglückt] feliz **- 2.** [Erfolg versprechend] propicio(cia) **- 3.** [erfolgreich] afortunado(da). <> *adv* **- 1.** [beglückt] dichosamente **- 2.** [günstig] felizmente **- 3.** [letztendlich] finalmente.

glücklicherweise *adv* afortunadamente.

Glücksbringer (*pl* **-**) *der* amuleto *m*.

Glücks|fall *der* suerte *f*, golpe *m* de fortuna.

Glücks|pilz *der fam* persona *f* con suerte, afortunado *m*, -da *f*.

Glücks|spiel *das* **- 1.** [um Geld] juego *m* de azar **- 2.** [Glückssache] cuestión *f* de suerte.

Glücks|strähne *die* : **eine ~ haben** tener una buena racha.

Glück|wunsch *der* felicitación *f* ; **herzlichen ~ zum Geburtstag!** ¡feliz cumpleaños! ◆ **herzliche Glückwünsche** *interj* : **herzliche Glückwünsche!** ¡felicidades! ; **jm herzliche Glückwünsche aussprechen** felicitar a alguien.

Glucose = **Glukose**.

Glüh|birne *die* bombilla *f*, foco *m Amér.*

glühen *vi* **- 1.** [brennen] estar incandescente ; **zum Glühen bringen** poner al rojo vivo **- 2.** *geh* [bewegt sein] estar enardecido(da) ; **vor Liebe zu jm ~** estar locamente enamorado(da) de alguien.

glühend <> *adj* **- 1.** [brennend] incandescente ; [Hitze] sofocante **- 2.** [leidenschaftlich] ferviente. <> *adv* [leidenschaftlich] fervientemente.

Glüh|wein *der* vino *m* caliente *(preparado con azúcar, limón y especias que se suele tomar en el invierno, especialmente durante la Navidad)*.

Glukose, Glucose *die (ohne Pl)* glucosa *f*.

Glut (*pl* **-en**) *die* **- 1.** [Feuer] brasas *fpl* **- 2.** *geh* [Inbrunst] fervor *m*.

GmbH [ge:ɛmbe:'ha:] (*pl* **-s**) (*abk für* **Gesellschaft mit beschränkter Haftung**) *die* S. L.

Gnade *die (ohne Pl)* **- 1.** [Gunst] indulto *m* ; **auf die ~ seines Vorgesetzten angewiesen sein** estar a la merced de su superior **- 2.** [Erbarmen - menschlich] misericordia *f* ; [- göttlich] gracia *f*.

gnadenlos <> *adj* inexorable. <> *adv* inexorablemente.

gnädig <> *adj* **- 1.** [wohlmeinend] benevolente **- 2.** [nachsichtig] indulgente **- 3.** [barmherzig] misericordioso(sa). <> *adv* **- 1.** [wohlmeinend] de forma benevolente **- 2.** [nachsichtig] con indulgencia.

Gockel (*pl* **-**) *der* gallo *m*.

Gold *das (ohne Pl)* oro *m* ; **aus ~** de oro.

Gold|barren *der* lingote *m* de oro.

golden <> *adj* **- 1.** [aus Gold] de oro **- 2.** [goldfarben] dorado(da) **- 3.** [großartig] magnífico(ca) ; **~e Hochzeit** bodas *fpl* de oro. <> *adv* como el oro.

Gold|fisch *der* pez *m* dorado.

goldgelb <> *adj* de color amarillo oro ; [Haar] rubio(a) dorado(da). <> *adv* como el oro.

Gold|medaille *die* medalla *f* de oro.

Gold|schmied, in *der, die* orfebre *mf*.

Golf (*pl* **-e**) <> *der* golfo *m*. <> *das (G Golfs) (ohne Pl)* golf *m*.

Golf|platz *der* campo *m* de golf.

Golf|strom *der* corriente *f* del golfo.

gönnen *vt* : **jm etw ~** conceder algo a alguien ; **sich** *(D)* **etw ~** permitirse algo.

Gönner (*pl* **-**) *der* protector *m* ; [in der Kunst] mecenas *m*.

gönnerhaft *abw* <> *adj* altanero(ra). <> *adv* altaneramente.

Gönnerin (*pl* **-nen**) *die* protectora *f* ; [in der Kunst] mecenas *f*.

Gorilla (*pl* **-s**) *der* **- 1.** [Menschenaffe] gorila *m* **- 2.** *fam* [Leibwächter] matón *m*.

goss *prät* ▷ **gießen**.

Gosse (*pl* **-n**) *die* (boca *f* de) alcantarilla *f*.

Gotik *die (ohne Pl)* estilo *m* gótico.

gotisch *adj* **- 1.** [die Goten betreffend] godo(da) **- 2.** [die Gotik betreffend] gótico(ca).

Gott (*pl* **Götter**) *der* **- 1.** *(ohne Pl)* [christlich] Dios *m* **- 2.** [Gottheit] dios *m*. ◆ **Gott sei Dank** *adv* gracias a Dios. ◆ **leider Gottes** *adv* desafortunadamente.

Gottes|dienst *der* oficio *m* religioso.

Göttin (*pl* **-nen**) *die* diosa *f*.

göttlich <> *adj* divino(na). <> *adv* divinamente.

gottlos <> *adj* **- 1.** [respektlos, gottvergessen] irreverente, profano(na) **- 2.** [ungläubig] profano(na). <> *adv* irreverentemente, profanamente.

gottverlassen *adj* **- 1.** *fam* [abgeschieden] apartado(da) **- 2.** [von Gott verlassen] dejado(da) de la mano de Dios.

Götze (*pl* **-n**) *der* ídolo *m*.

Gouverneur, in [guvɛr'nøːɐ̯, rɪn] (*mpl* **-e**, *fpl* **-nen**) *der, die* gobernador *m*, -ra *f*.

GPS [geːpeː'ɛs] (*abk für* **Grüne Partei der Schweiz**) *die (ohne Pl)* partido ecologista suizo.

Grab (*pl* **Gräber**) *das* tumba *f*; **schweigen wie ein ~** ser como una tumba.

graben (*präs* **gräbt**, *prät* **grub**, *perf* **hat gegraben**) <> *vt* cavar; **die Fingernägel in etw** *(A)* **~** clavar las uñas en algo. <> *vi* excavar; **nach etw ~** excavar en busca de algo.

Graben (*pl* **Gräben**) *der* foso *m*; MIL trinchera *f*; [Straßengraben] cuneta *f*.

Grab|stein *der* lápida *f*.

gräbt *präs* ▷ **graben**.

Grabung (*pl* **-en**) *die* excavación *f*.

Grad (*pl* **-e**) *der* grado *m*.

gradweise *adv* gradualmente.

Graf (*pl* **-en**) *der* conde *m*.

Grafik, Graphik (*pl* **-en**) *die* **- 1.** *(ohne Pl)* [Kunst] artes *fpl* gráficas **- 2.** [Kunstwerk] obra *f* gráfica **- 3.** [Schema] gráfica *f*, esquema *m* gráfico.

Gräfin (*pl* **-nen**) *die* condesa *f*.

grafisch, graphisch <> *adj* gráfico(ca). <> *adv* gráficamente.

Grafschaft (*pl* **-en**) *die* condado *m*.

Gramm (*pl* **-e** ODER **-**) *das* gramo *m*.

Grammatik (*pl* **-en**) *die* gramática *f*.

grammatikalisch, grammatisch <> *adj* gramatical. <> *adv* gramaticalmente.

Granate (*pl* **-n**) *die* granada *f*.

grandios <> *adj* grandioso(sa). <> *adv* grandiosamente.

Granit *der (ohne Pl)* granito *m*.

Grapefruit ['greːpfruːt] (*pl* **-s**) *die* pomelo *m*.

Graphik = **Grafik**.

graphisch = **grafisch**.

Gras (*pl* **Gräser**) *das* **- 1.** *(ohne Pl)* [Rasen] hierba *f* **- 2.** [Grashalm] planta *f* herbácea **- 3.** *RW*.

grasen *vi* pastar.

Gras|halm *der* tallo *m* de hierba.

grassieren *vi* propagarse.

grässlich <> *adj* **- 1.** [scheußlich] horrible, horroroso(sa) **- 2.** [unerfreulich] horroroso(sa). <> *adv* horriblemente, horrorosamente.

Grat (*pl* **-e**) *der* cumbre *f*.

Gräte (*pl* **-n**) *die* espina *f*.

gratis <> *adj* gratis, gratuito(ta). <> *adv* gratuitamente.

Grätsche (*pl* **-n**) *die* [Sprung] salto *m* con las piernas abiertas; [Stellung] posición *m* con las piernas abiertas.

gratulieren *vi* felicitar; **jm ~** dar la enhorabuena a alguien; **jm zu etw ~** [zum Geburtstag] felicitar a alguien por algo; [zu einem Ereignis] felicitar a alguien con motivo de algo.

grau <> *adj* **- 1.** [von grauer Farbe] gris; **~ in ~** completamente gris; **~ meliert** entrecano(na) **- 2.** [trist] triste. <> *adv* de color gris.

Grau *das (ohne Pl)* **- 1.** [graue Farbe] color *m* gris **- 2.** [Tristheit] tristeza *f*.

Grau|brot *das* pan *m* bazo.

Graubünden *nt* Cantón *m* de los Grisones.

Graubündner, in (*mpl* **-**, *fpl* **-nen**) *der, die* grisón *m*, -ona *f*.

graubündnerisch *adj* grisón(ona).

grauhaarig *adj* canoso(sa).

Graupel|schauer *der* chubasco *m*.

grausam <> *adj* **- 1.** [brutal] cruel **- 2.** [fürchterlich] espantoso(sa), horroroso(sa) **- 3.** [schlimm] horrible. <> *adv* **- 1.** [brutal] cruelmente **- 2.** [fürchterlich] espantosamente, horrorosamente **- 3.** *fam* [äußerst] horriblemente, terriblemente.

Grausamkeit (*pl* **-en**) *die* **- 1.** *(ohne Pl)* [grausames Wesen] crueldad *f* **- 2.** [grausame Tat] crueldad *f*, atrocidad *f*.

grausig <> *adj* **- 1.** [grauenvoll] cruel, terrible **- 2.** [furchtbar] espantoso(sa), horrible. <> *adv* **- 1.** [grauenvoll] cruelmente **- 2.** *fam* [furchtbar, sehr] terriblemente.

Gravur [gra'vuːɐ̯] (*pl* **-en**) *die* grabado *m*.

Graz *nt* Graz *m*.

Grazie (*pl* **-n**) *die (ohne Pl)* gracia *f*.

graziös <> *adj* gracioso(sa). <> *adv* graciosamente.

greifbar <> *adj* **- 1.** [in Reichweite] al alcance de la mano **- 2.** [parat] disponible **- 3.** [absehbar] previsible. <> *adv*: **~ nahe** muy cerca.

greifen (*prät* **griff**, *perf* **hat gegriffen**) <> *vt* **- 1.** [erfassen] coger, agarrar **- 2.** [erwischen] atrapar **- 3.** [anschlagen] entonar, tocar. <> *vi* **- 1.** [fassen]: **nach etw ~** coger algo; **nach der Macht ~** tomar el poder **- 2.** [langen] meter la mano **- 3.** [Halt finden] agarrar **- 4.** *RW*: **um sich ~** propagarse; **zu hoch ~** excederse; **zu niedrig ~** quedarse corto.

Greif|vogel *der* ave *f* rapaz, ave *f* de presa.

Greis, in (*mpl* **-e**, *fpl* **-nen**) *der, die* anciano *m*, -na *f*.

grell <> *adj* **- 1.** [blendend, Licht] deslumbrante; [Farbe] chillón(ona) **- 2.** [gellend] estridente. <> *adv* **- 1.** [blendend] de forma deslumbrante - 2. [gellend] de forma estridente.

Grenz|beamte *der* agente *m* de aduanas.

Grenz|beamtin *die* agente *f* de aduanas.

Grenz|bereich *der* - 1. *(ohne Pl)* [von Ländern] zona *f* fronteriza - 2. [Begrenzung] límite *m*.

Grenze (*pl* -n) *die* - 1. [zwischen Ländern, Grundstücken] frontera *f* - 2. [Trennlinie, Beschränkung] límite *m*.

grenzen *vi* : **an etw** *(A)* **~** limitar con algo ; **aneinander ~** colindar.

grenzenlos ◇ *adj* ilimitado(da). ◇ *adv* ilimitadamente.

Grenz|fall *der* caso *m* límite.

Grenz|kontrolle *die* control *m* de aduana.

Grenz|posten *der* puesto *m* fronterizo.

Grenz|schutz *der (ohne Pl)* protección *f* de fronteras ; [in Deutschland] ▷ **Bundesgrenzschutz**.

Grenzüber|gang *der* - 1. [Grenzüberschreitung] paso *m* de la frontera ; **beim ~ wurden wir angehalten** nos pararon al cruzar la frontera - 2. [Grenzkontrollstelle] control *m* de aduanas.

grenzüberschreitend ◇ *adj* transfronterizo(za), internacional. ◇ *adv* más allá de sus propias fronteras, a nivel internacional.

Grenzverkehr *der (ohne Pl)* tráfico *m* fronterizo.

Grenz|wert *der* valor *m* límite.

Grieche (*pl* -n) *der* griego *m*.

Griechenland *nt* Grecia *f*.

Griechin (*pl* -nen) *die* griega *f*.

griechisch *adj* griego(ga).

griesgrämig ◇ *adj* malhumorado(da). ◇ *adv* de forma malhumorada.

Grieß *der (ohne Pl)* sémola *f*.

griff *prät* ▷ **greifen**.

Griff (*pl* -e) *der* - 1. *(ohne Pl)* [Greifen] agarro *m* ; **einen festen ~ haben** tener un buen apretón de manos ; **einen guten ~ getan haben** haber tenido vista ; **etw im ~ haben** *fig* tener algo bajo control ; **etw/jn in den ~ bekommen** ODER **kriegen** *fig* controlar algo/a alguien - 2. [Teil, Henkel] asa *f* ; [von Werkzeug] mango *m*.

griffbereit *adj & adv* a mano, al alcance de la mano.

griffig *adj* - 1. [handlich] manejable - 2. [gut greifend] muy adherente.

Grill (*pl* -s) *der* parrilla *f* ; [Grillplatz] barbacoa *f*.

Grille (*pl* -n) *die* - 1. [Insekt] grillo *m* - 2. [verrückte Idee] capricho *m*.

grillen ◇ *vt* asar a la parrilla. ◇ *vi* hacer una barbacoa.

Grill|fest *das* barbacoa *f*.

Grimasse (*pl* -n) *die* mueca *f*.

grimmig ◇ *adj* - 1. [wütend] furioso(sa) - 2. [heftig] feroz. ◇ *adv* ferozmente.

grinsen *vi* reírse irónicamente.

Grippe (*pl* -n) *die* gripe *f*, gripa *f Amér*.

Grips *der (ohne Pl) fam* seso *m*.

grob (*komp* **gröber**, *superl* **gröbste**) ◇ *adj* - 1. [in der Struktur] grueso(sa) - 2. [an der Oberfläche] rudo(da), áspero(ra) - 3. [in den Linien, der Darstellung] basto(ta) - 4. [unhöflich] grosero(ra) - 5. [schlimm] grave ; **aus dem Gröbsten heraus sein** *fig* haber pasado lo peor. ◇ *adv* - 1. [in große Stücke] en grandes trozos - 2. [annähernd] aproximadamente - 3. [schlimm] : **~ fahrlässig handeln** actuar de forma muy negligente - 4. [unhöflich] de forma grosera.

Grobheit (*pl* -en) *die* grosería *f*.

grölen *vi & vt abw* vocear, vociferar.

Grönland *nt* Groenlandia *f*.

Groschen (*pl* -) *der* - 1. [10 deutsche Pfennig] *moneda de diez pfennigs* ; **hast du ein paar ~ zum Telefonieren?** ¿tienes calderilla para el teléfono? ; **bei jm ist der ~ gefallen** *fam fig* alguien ha caído en la cuenta - 2. [österreichische Münze] *moneda de un pfennig*.

groß (*komp* **größer**, *superl* **größte**) ◇ *adj* - 1. [räumlich] gran(de) ; **ein ~er Buchstabe** una letra mayúscula - 2. [mit Maßangabe] : **sie ist 1,70 m ~** mide 1,70 ; **eine 60 m² ~e Wohnung** un piso de 60 m² - 3. [intensiv] enorme ; [Hass] profundo(da) ; [Gestank, Lärm] fuerte - 4. [zahlreich] gran(de), numeroso(sa) - 5. [beträchtlich] gran(de), enorme - 6. [älter] mayor - 7. [erwachsen] grande, mayor - 8. [zeitlich] largo(ga) ; **die ~en Ferien** las vacaciones de verano - 9. [aufwändig, glanzvoll, wichtig] gran - 10. [bekannt, maßgebend] gran(de) - 11. [wesentlich] amplio(plia) - 12. [großspurig] ampuloso(sa). ◇ *adv* - 1. [räumlich] de gran extensión - 2. [wesentlich] : **im Großen und Ganzen** en líneas generales - 3. [wichtig] : **~ geschrieben werden** [wichtig sein] ser primordial - 4. [erstaunt] : **jn ~ ansehen** mirar a alguien atónito(ta) - 5. [glanzvoll] con gran pompa, de forma suntuosa ; **etw ganz ~ feiern** celebrar algo por todo lo alto ; **jn ~ herausbringen** hacer saltar a la fama a alguien - 6. *fam* [besonders] mucho - 7. *fam* [ausführlich] : **~ und breit** con pelos y señales.

großartig ◇ *adj* - **1.** [gut] magnífico(ca) ; [Leistung] excelente - **2.** [angeberisch] ostentoso(sa). ◇ *adv* - **1.** [gut] magníficamente - **2.** [angeberisch] ostentosamente.

Groß|aufnahme *die* primer plano *m*.

Großbritannien *nt* Gran Bretaña *f*.

Groß|buchstabe *der* (letra *f*) mayúscula *f*.

Größe (*pl* **-n**) *die* - **1.** [von Gegenständen] tamaño *m* ; [von Grundstück] **extensión** *f* - **2.** [von Person] **estatura** *f* - **3.** [von Kleidern, Schuhen] **talla** *f* ; [Abmessungen] **dimensiones** *fpl* ; **sie hat ~ 38** tiene la (talla) 38 - **4.** [Wichtigkeit] talla *f* - **5.** [Person] talla *f* ; [von Summe, Gewinn, Verlust] **valor** *m*, magnitud *f* ; **die ~n des amerikanischen Films** los grandes del cine americano.

Groß|einsatz *der* operación *f* de gran envergadura.

Groß|eltern *pl* abuelos *mpl*.

großenteils *adv* en gran parte.

Größenwahn *der (ohne Pl) abw* delirio *m* de grandeza.

größenwahnsinnig *adj* megalómano(na).

größer *adj* - **1.** [Komparativ von groß] más grande - **2.** [von mittlerer Größe] **mayor**.

Groß|familie *die* familia *f* numerosa.

Groß|handel *der (ohne Pl)* comercio *m* al por mayor.

Groß|händler, in *der, die* mayorista *mf*.

Groß|macht *die* superpotencia *f*.

Groß|maul *das fam abw* bocazas *mf*.

großmütig ◇ *adj* magnánimo(ma). ◇ *adv* magnánimamente.

Groß|mutter *die* abuela *f*, mamá *f* grande *Amér.*

Großraum|wagen *der* vagón *m* sin compartimentos.

Groß|rechner *der* superordenador *m*.

groß|schreiben *vt (unreg)* [mit großem Anfangsbuchstaben] escribir con mayúsculas.

Großschreibung *die (ohne Pl)* empleo *m* de mayúsculas.

großspurig *abw* ◇ *adj* pretencioso(sa). ◇ *adv* pretenciosamente.

Groß|stadt *die* gran ciudad *f*, urbe *f*.

Groß|städter, in *der, die* habitante *mf* de una gran ciudad.

größtenteils *adv* en su mayoría.

größtmöglich *adj* mayor posible.

groß|tun *vi (unreg) abw* hacerse el/la importante.

Groß|unternehmer, in *der, die* gran empresario *m*, -ria *f*.

Groß|vater *der* abuelo *m*, papá *m* grande *Amér.*

Groß|verdiener, in (*mpl* **-**, *fpl* **-nen**) *der, die* perceptor *m*, -ra *f* de un salario alto.

groß|ziehen *vt (unreg)* criar.

großzügig ◇ *adj* - **1.** [freigebig] generoso(sa) - **2.** [groß] amplio(plia) - **3.** [großmütig] magnánimo(ma). ◇ *adv* - **1.** [freigebig] generosamente - **2.** [weiträumig] ampliamente - **3.** [großmütig] magnánimamente.

Grotte (*pl* **-n**) *die* gruta *f*.

grub *prät* ▷ **graben**.

Grübchen (*pl* **-**) *das* hoyuelo *m*.

Grube (*pl* **-n**) *die* - **1.** [Loch] hoyo *m* - **2.** [Bergwerk] mina *f*.

grübeln *vi* cavilar, devanarse los sesos.

Grübeln *das (ohne Pl)* : **ins ~ kommen** ponerse a darle vueltas a la cabeza.

Gruft (*pl* **Grüfte**) *die* cripta *f*.

grün ◇ *adj* - **1.** [Farbe] verde ; **~er Salat** lechuga *f* - **2.** [unreif] verde ; **ein ~er Junge** un chico inexperto - **3.** [ökologisch] verde ; [Einstellung, Politik] **ecológico(ca)**. ◇ *adv* - **1.** [farbig] de verde - **2.** [ökologisch] : **~ wählen** votar a los Verdes.

Grün (*pl* **-** ODER **-s**) *das* - **1.** *(ohne Pl)* [Farbe] verde *m* - **2.** *(ohne Pl)* [Pflanzen] verdor *m* - **3.** *(ohne Pl)* [Ampelsignal] **verde** *m* ; **die Ampel steht auf ~** el semáforo está en verde - **4.** [auf dem Golfplatz] green *m*. ◆ **bei Grün** *adv* con el semáforo en verde.

Grün|anlage *die* zona *f* ajardinada.

Grund (*pl* **Gründe**) *der* - **1.** [Ursache] razón *f* - **2.** *(ohne Pl)* [Erdboden] **suelo** *m* ; [von Gewässer] **fondo** *m* - **3.** *RW* : **einer Sache** *(D)* **auf den ~ gehen** ir al fondo de algo. ◆ **im Grunde** *adv* en el fondo. ◆ **von Grund auf** *adv* por completo. ◆ **zu Grunde** *adv* = **zugrunde**.

Grund|ausstattung *die* equipamiento *m* de serie.

Grund|bedürfnis *das* necesidad *f* básica.

Grund|begriff *der* noción *f* básica.

Grund|besitz *der* propiedad *f* inmobiliaria.

gründen ◇ *vt* [neu schaffen] **fundar** ; [Familie] formar. ◇ *vi* [basieren] : **auf etw** *(D)* **~** basarse en algo. ◆ **sich gründen** *ref* : **sich auf etw** *(A)* **~** basarse en algo.

Gründer, in (*mpl* **-**, *fpl* **-nen**) *der, die* fundador *m*, -ra *f*.

Grund|gebühr *die* cuota *f* de abono.

Grund|gedanke *der* idea *f* de base.

Grund|gesetz *das (ohne Pl)* Ley *f* Fundamental.

Grund|kurs *der* curso *m* de iniciación ; SCHULE *asignatura común obligatoria para todos los alumnos de enseñanza secundaria.*

Grund|lage *die* fundamento *m*.

grundlegend ◇ *adj* fundamental. ◇ *adv* básicamente.

gründlich ◇ *adj* minucioso(sa) ; [Ausbildung] completo(ta). ◇ *adv* - **1.** [gewissenhaft] en profundidad - **2.** [sehr] completamente.

Grund|lohn *der* salario *m* base.

grundlos ◇ *adj* infundado(da). ◇ *adv* sin motivo.

Grundnahrungs|mittel *das* alimento *m* básico, abarrotes *mpl Amér*.

Gründonnerstag *der (ohne Pl)* Jueves *m* Santo.

Grund|recht *das* derecho *m* fundamental.

Grund|riss *der* ARCHIT planta *f*.

Grund|satz *der* principio *m*.

grundsätzlich ◇ *adj* - **1.** [wichtig] fundamental - **2.** [allgemein] general - **3.** [bedingungslos] radical, fundamental. ◇ *adv* - **1.** [allgemein] en general - **2.** [bedingungslos] radicalmente, por principio - **3.** [grundlegend] básicamente.

Grund|schule *die* escuela *f* primaria.

Grund|stück *das* terreno *m*.

Gründung (*pl* **-en**) *die* fundación *f* ; [von Stiftung] creación *f*.

grundverschieden *adj, adv* completamente distinto(ta).

Grund|wasser *das (ohne Pl)* aguas *fpl* subterráneas.

Grüne (*pl* **-n**) *das (ohne Pl)* - **1.** [Farbe] verde *m* - **2.** [Natur] : **im ~n/ins ~** en el/al campo.

Grünen *pl* : **die ~** los Verdes.

Grüne Punkt *der (ohne Pl)* punto *m* verde.

Grün|fläche *die* zona *f* ajardinada ; [Rasen] cesped *m* ; [einer Stadt] zona *f* verde.

Grün|kohl *der (ohne Pl)* berza *f*.

grünlich ◇ *adj* verdoso(sa). ◇ *adv* en tonos verdosos.

grunzen *vi* gruñir.

Gruppe (*pl* **-n**) *die* grupo *m* ; **sich in ~n zu sechst zusammentun** formar grupos de seis.

Gruppen|arbeit *die (ohne Pl)* trabajo *m* en equipo.

Gruppen|reise *die* viaje *m* organizado.

gruppieren *vt* agrupar.

Gruppierung (*pl* **-en**) *die* - **1.** [Gruppe] agrupación *f* - **2.** [Versammeln] agrupamiento *m*.

gruselig *adj* estremecedor(ra).

gruseln *vt* : **es gruselt jn (vor etw/jm)** alguien siente pavor (de algo/alguien).

Gruß (*pl* **Grüße**) *der* - **1.** [Begrüßung] saludo *m* - **2.** [Gedenken] recuerdos *mpl* ; **jm Grüße (von jm) bestellen** ODER **ausrichten** dar recuerdos a alguien (de parte de alguien) ; **herzliche Grüße!** ¡muchos recuerdos! ; **viele Grüße!** ¡muchos saludos ODER recuerdos! ; **mit freundlichen Grüßen** cordialmente ; [in formellerer Korrespondenz] atentamente.

grüßen ◇ *vt* - **1.** [begrüßen] saludar - **2.** [Gruß senden] : **jn von jm ~** saludar a alguien de parte de alguien. ◇ *vi* saludar.
◆ **grüß Gott** *Süddt interj* ¡buenos días! ; [abends] ¡buenas tardes!

Grütze (*pl* **-n**) *die* papilla *f* de avena sin cáscara ; **rote ~** *jalea hecha a base de sémola con zumo de frambuesa o grosella*.

Guadeloupe *nt* Guadalupe *f* ; **auf ~** en Guadalupe.

Guatemalteke (*pl* **-n**) *der* guatemalteco *m*.

Guatemaltekin (*pl* **-nen**) *die* guatemalteca *f*.

guatemaltekisch *adj* guatemalteco(ca).

gucken *fam* ◇ *vi* mirar. ◇ *vt* ver.

Guillotine [gijo'ti:nə] (*pl* **-n**) *die* guillotina *f*.

Guinea [gi'ne:a] *nt* Guinea *f*.

Guinea-Bissau *nt* Guinea Bissau *f*.

Gulasch (*pl* **-e** ODER **-s**) *der* ODER *das* estofado *m* a la húngara.

Gulasch|kanone *die* cocina *f* de campaña.

Gulden (*pl* **-**) *der* florín *m*.

Gully (*pl* **-s**) *der* alcantarilla *f*, sumidero *m*.

gültig *adj* válido(da) ; **nicht mehr ~ sein** dejar de tener validez.

Gültigkeit *die (ohne Pl)* validez *f* ; **seine ~ verlieren** perder su legitimidad.

Gummi (*pl* **-s**) ◇ *der* ODER *das* - **1.** *(ohne Pl)* [Material] goma *f* ; [von Reifen] caucho *m* - **2.** *fam* [Band] goma *f*, elástico *m*. ◇ *der* - **1.** [zum Radieren] goma *f* (de borrar) - **2.** *salopp* [Kondom] goma *f*.

Gummi|band (*pl* **-bänder**) *das* elástico *m*.

Gummi|knüppel *der* porra *f* (de goma).

Gummi|stiefel *der* bota *f* de goma.

Gunst *die (ohne Pl)* favor *m* ; **die ~ der Stunde nutzen** aprovechar el momento.

günstig ◇ *adj* favorable ; **ein ~er Preis** un buen precio. ◇ *adv* favorablemente ; **~ kaufen** comprar a buen precio.

Gurgel (*pl* **-n**) *die* garganta *f*.

gurgeln *vi* hacer gárgaras.

Gurke (*pl* **-n**) *die* - **1.** [Gewürzgurke] pepinillo *m* - **2.** [Salatgurke] pepino *m*.

gurren *vi* arrullar.

Gurt (*pl* **-e**) *der* - **1.** [Sicherheitsgurt] cinturón *m* - **2.** [Band] correa *f*.

Gürtel (*pl* **-**) *der* cinturón *m*.

Gürtel|linie *die (ohne Pl)* : **unter der ~** [unfair] un golpe bajo ; [anzüglich] obsceno(na) ; [Witz] verde.

Gurtpflicht *die (ohne Pl)* obligación *f* de llevar puesto el cinturón de seguridad.

Guss (*pl* **-e**) *der* - **1.** [Gießen] colada *f* ; **der Text war nicht aus einem ~** el texto no estaba escrito por una sola mano - **2.** [Wasserstrahl] chorro *m* - **3.** [Regen] chaparrón *m* - **4.** [Zuckerguss] baño *m*.

Gusseisen *das (ohne Pl)* hierro *m* fundido.

gut (*kompar* **besser**, *superl* **beste**) <> *adj* - **1.** [allgemein] buen(o)(na) ; **in etw** *(D)* **~ sein** ser bueno(na) en algo ; **es ~ haben** tener suerte ; **es ~ sein lassen** *fig* dejarlo estar - **2.** [günstig] buen(o)(na), propicio(cia) ; **er ist immer für eine Überraschung ~** *fam* con él siempre hay sorpresas - **3.** [wirkungsvoll] eficaz - **4.** [reichlich] su(b)stancioso(sa) - **5.** [mehr als] más de - **6.** [beste] mejor. <> *adv* - **1.** [allgemein] bien ; **~ gelaunt sein** estar de buen humor ; **~ schmecken** estar bueno(na), saber bien - **2.** [günstig] favorablemente ; **~ daran tun, etw zu tun** *geh* hacer bien en algo - **3.** [leicht] : **~ verdaulich** fácil de digerir ; **du hast ~ reden** hablar es muy fácil - **4.** [wirkungsvoll] eficazmente - **5.** [mindestens] por lo menos - **6.** [reichlich] su(b)stanciosamente - **7.** [tadellos] correctamente - **8.** *RW* : **so ~ wie** prácticamente.

Gut (*pl* **Güter**) *das* - **1.** [Bauernhof] finca *f* - **2.** [Ware] mercancía *f* - **3.** [Eigentum] propiedad *f*.

Gutachten (*pl* -) *das* peritaje *m* ; [ärztliches] certificado *m*.

Gutachter, in (*mpl* -, *fpl* **-nen**) *der, die* perito *m*, -ta *f*.

gutartig *adj* bueno(na) ; [Geschwulst, Tumor] benigno(na).

gutbürgerlich *adj* burgués(esa) ; [Küche] casero(ra).

Gute *das (ohne Pl)* bueno *m*. ◆ **alles Gute** *interj* ¡felicidades! ; **alles ~ für deine Zukunft!** ¡buena suerte!, ¡que te vaya bien! ; **alles ~ zum Geburtstag!** ¡feliz cumpleaños! ◆ **im Guten** *adv* de buenas.

Güte *die (ohne Pl)* - **1.** [Milde] bondad *f* ; **(ach) du meine** ODER **liebe ~!** *fig* ¡vaya por Dios! - **2.** [Qualität] (buena) calidad *f*.

Güte|klasse *die* categoría *f*, clase *f*.

Güter|bahnhof *der* estación *f* de mercancías.

Güter|verkehr *der (ohne Pl)* tráfico *m* de mercancías.

Güter|zug *der* tren *m* de mercancías.

Güte|zeichen *das* etiqueta *m* (de calidad).

gut gehen (*perf* **ist gut gegangen**) *vi (unreg)* - **1.** [gesundheitlich] : **jm geht es gut** alguien se encuentra bien - **2.** [im Verlauf] salir bien - **3.** [florieren] ir ODER marchar bien ; [sich gut verkaufen] venderse bien.

gut gelaunt *adj* de buen humor.

gut gemeint *adj* bienintencionado(da).

gutgläubig *adj* ingenuo(nua).

Guthaben (*pl* -) *das* saldo *m*.

gut|heißen *vt (unreg)* aprobar.

gütig <> *adj* bondadoso(sa). <> *adv* bondadosamente.

gütlich *adj* amistoso(sa).

gutmütig *adj* complaciente.

Gutmütigkeit *die (ohne Pl)* bondad *f*, complacencia *f*.

Gut|schein *der* vale *m*.

gut|schreiben *vt (unreg)* : **jm etw ~** abonar algo a alguien (en cuenta).

Gut|schrift *die* - **1.** [Handlung] abono *m* (en cuenta) - **2.** [Quittung] aviso *m* de abono.

gut situiert *adj* acomodado(da).

gut tun *vi (unreg)* : **etw tut jm gut** algo sienta bien a alguien ; **etw tut einer Sache** *(D)* **gut** algo es bueno(na) para algo.

gutwillig *adj* voluntarioso(sa).

Gymnasial|lehrer, in *der, die* profesor *m*, -ra *f* de enseñanza secundaria.

Gymnasiast, in (*mpl* **-en**, *fpl* **-nen**) *der, die* estudiante *mf* de enseñanza secundaria ODER bachillerato.

Gymnasium (*pl* **Gymnasien**) *das* instituto *m* de enseñanza secundaria ; **altsprachliches/neusprachliches ~** *instituto de enseñanza secundaria donde se presta especial atención a las lenguas clásicas/lenguas modernas.*

Gymnasium

Cuando un escolar alemán nos dice que va al **Gymnasium** no debemos pensar que va todos los días a un «gimnasio» durante sus horas lectivas, sino que va al «instituto». Veamos un ejemplo: **Frau Braun unterrichtet Geschichte im Schiller-Gymnasium** lo traduciríamos por: «La señora Braun da clases de historia en el instituto Schiller».
Por otro lado, el término español «gimnasio» se traduce en alemán por **Turnhalle**, por ejeplo en una escuela, o por **Fitnesscenter** cuando se trata de un centro privado. La frase: «Voy todas las tardes al gimnasio para combatir el estrés de mi trabajo» se traduciría en alemán por **Ich gehe jeden Abend ins Fitnesscenter, um den beruflichen Stress loszuwerden.**

Gymnastik *die (ohne Pl)* gimnasia *f*.

Gynäkologe (*pl* **-n**) *der* ginecólogo *m*.

Gynäkologin (*pl* **-nen**) *die* ginecóloga *f*.

h, H [haː] (*pl* - ODER **-s**) *das* - **1.** [Buchstabe] h *f*, H *f* - **2.** [Note] si *m*. ◆ **h** (*abk für* **Stunde, Uhr**) h.

ha¹ (*abk für* **Hektar**) Ha.

ha² *interj* ¡ah!

Haar (*pl* **-e**) *das* - **1.** [Behaarung] cabello *m*, pelo *m* ; [Körperhaar] vello *m* ; **die ~e unter den Achseln/auf den Beinen rasieren** depilarse (el vello de) las axilas/las piernas ; **sich** *(D)* **die ~e schneiden lassen** cortarse el pelo - **2.** *RW* : **einer Sache/jm aufs ~ gleichen** ser clavado(da) a algo/alguien ; **sich in die ~e kriegen** ODER **geraten** *fam* andar a la greña.

Haar|bürste *die* cepillo *m* de pelo ODER cabello.

haaren *vi* perder pelo.

Haaresbreite *die (ohne Pl)* : **um ~** por los pelos.

Haar|festiger *der* fijador *m*.

haargenau <> *adj* rigurosamente exacto(ta). <> *adv* con toda exactitud.

haarig *adj* - **1.** [behaart] velludo(da) - **2.** *fam* [heikel] peliagudo(da).

haarklein *adv* con pelos y señales.

haarscharf <> *adj* con toda exactitud. <> *adv* - **1.** [sehr nah] rozando ; **jd ist einem Unfall ~ entgangen** alguien ha estado a punto de tener un accidente - **2.** [sehr genau] con toda exactitud.

Haar|schnitt *der* corte *m* de pelo.

Haar|spange *die* pasador *m*.

Haar|spray *der* ODER *das* laca *f*.

haarsträubend *adj* - **1.** [empörend] exasperante - **2.** [grauenhaft] espeluznante.

Haarwasch|mittel *das* champú *m*.

haben (*präs* **hat**, *prät* **hatte**, *perf* **hat gehabt**) <> *vt* - **1.** [allgemein] tener ; **das Wasser hat 10° C** el agua está a 10° C ; **kann ich mal das Salz ~?** ¿me acercas la sal? ; **wir hätten gern ein Doppelzimmer** quisiéramos una habitación doble ; **etw hinter sich** *(D)* **~** *fig* haber superado algo ; **das Leben vor sich ~** tener toda la vida por delante ; **für solche Musik bin ich nicht zu ~** ese tipo de música no es lo mío ; **für Eis ist Sebastian immer zu ~** para tomar helado Sebastián siempre está dispuesto ; **jd hat sie nicht mehr alle** *fam fig* a alguien le falta un tornillo - **2.** [mit Zeitangabe] llegar ; **jetzt ~ wir 10.30 Uhr** ahora son las 10 y media ; **welchen Wochentag ~ wir heute?** ¿qué día de la semana es hoy? ; **welches Datum ~ wir heute?** ¿a qué (día) estamos hoy? - **3.** [müssen] : **etw zu tun ~** tener que hacer algo - **4.** [dürfen] tener ; **du hast hier nichts verloren** nadie te ha dado vela en este entierro - **5.** *RW* : **damit hat es sich jetzt endgültig** algo se ha acabado ; **das hat nichts auf sich** no quiere decir nada ; **es schwer/schön ~** tenerlo difícil/fácil ; **es eilig ~** tener prisa ; **Freude an etw/jm ~** disfrutar con algo/alguien ; **etwas gegen jn ~** tener algo contra alguien ; **~ Sie etwas dagegen, wenn ich rauche?** ¿le importa que fume? ; **etwas/nichts von etw ~** adelantar algo/no adelantar nada con algo ; **etwas/nichts von jm ~** disfrutar/no disfrutar de alguien ; **etw/jn bei sich ~** tener algo/a alguien. <> *aux* haber. ◆ **sich haben** *ref fam* : **hab dich nicht so** no exageres.

Habenichts (*pl* **-e**) *der abw* pobre diablo *m*.

habgierig *abw* <> *adj* codicioso(sa). <> *adv* codiciosamente.

Habseligkeiten *pl* enseres *mpl*, bártulos *mpl*.

habsüchtig *adj* codicioso(sa).

Hack|braten *der pastel de carne picada en forma de asado.*

Hacke (*pl* **-n**) *die* - **1.** [Ferse] talón *m* - **2.** [Absatz] tacón *m* - **3.** [Gartengerät] azada *f*.

hacken ['hɛkən] <> *vt* - **1.** [zerkleinern] picar ; [Holz, Brett] cortar - **2.** [schlagen] picar - **3.** [bearbeiten] escardar. <> *vi* - **1.** [im Garten] escardar - **2.** [mit dem Schnabel] : **nach etw/jm ~** picotear algo/a alguien.

Hackfleisch *das (ohne Pl)* carne *f* picada.

Hafen (*pl* **Häfen**) *der* puerto *m*.

Hafen|arbeiter, in *der, die* cargador *m*, -ra *f* ODER descargador *m*, -ra *f* de muelle.

Hafenrund|fahrt *die* visita *f* turística del puerto *(con una embarcación)*.

Hafen|stadt *die* ciudad *f* portuaria.

Hafer *der (ohne Pl)* avena *f* ; **jn sticht der ~** *fig* alguien tiene una idea descabellada.

Hafer|flocken *pl* copos *mpl* de avena.

Haft *die (ohne Pl)* arresto *m*, detención *f* ; **jn zu lebenslänglicher ~ verurteilen** condenar a alguien a cadena perpetua.

Haft|anstalt *die* presidio *m*, centro *m* penitenciario.

haftbar *adj* : **für etw ~ sein** hacerse responsable ODER cargo de algo.

Haft|befehl *der* orden *f* de arresto.

haften *vi* - **1.** [kleben] adherirse - **2.** [bürgen] : **für jn ~** responder de alguien.

Häftling (*pl* **-e**) *der* detenido *m*, -da *f*.

Haftpflicht|versicherung *die* seguro *m* de responsabilidad civil.

Haft|strafe *die* pena *f* de prisión.

Haftung *die (ohne Pl)* [Verantwortung] responsabilidad *f*; **mit beschränkter ~** con responsabilidad limitada.

Hagebutte (*pl* **-n**) *die* escaramujo *m*.

Hagel *der (ohne Pl)* granizo *m*.

Hagel|korn *das* piedra *f* de granizo.

hageln ◇ *vi* : **es hagelt** graniza. ◇ *vt fig* llover.

Hahn (*pl* **Hähne**) *der* - **1.** [Vogel] gallo *m* - **2.** [an der Leitung] grifo *m* ; **jm den ~ zudrehen** *fig* cortar la ayuda económica a alguien.

Hähnchen (*pl* -) *das* - **1.** [Brathähnchen] pollo *m* - **2.** [kleiner Hahn] pollito *m*.

Hai (*pl* **-e**) *der* tiburón *m*.

Hai|fisch *der* tiburón *m*.

häkeln ◇ *vt* : **etw ~** hacer algo de ganchillo. ◇ *vi* hacer ganchillo.

Häkel|nadel *die* aguja *f* de ganchillo.

Haken (*pl* -) *der* - **1.** [Aufhänger] gancho *m* - **2.** [Zeichen] marca *f*, señal *f* - **3.** [Problem] pega *f* ; **etw hat einen ~** algo tiene una pega - **4.** SPORT gancho *m*.

halb ◇ *adj (ohne Kompar)* - **1.** [fünfzig Prozent] medio(dia) ; **~ und ~** *fam* mitad y mitad ; **~ drei** dos y media - **2.** [unvollständig, vermindert] a medias - **3.** [fast ganz] casi ; **~ Düsseldorf war bei dem Umzug** en la cabalgata estaba medio Düsseldorf. ◇ *adv* - **1.** [zu fünfzig Prozent] a la mitad ; **eine ~ volle/leere Flasche** una botella medio llena/medio vacía - **2.** [unvollständig, vermindert] a medias ; **~ lang** [Haare] hasta los hombros ; [Rock] hasta la rodilla - **3.** [fast ganz] medio(dia).

Halb|bruder *der* hermanastro *m*.

Halbdunkel *das (ohne Pl)* penumbra *f*.

Halbe (*pl* **-n**) *der* ODER *das* mitad *f* ; **ein ~s** [Bier] una caña.

halbfett ◇ *adj* - **1.** [fettarm] semigraso(sa) - **2.** [mitteldick] : **~e Schrift** escritura en seminegrita. ◇ *adv* [mitteldick] en seminegrita.

Halb|finale *das* semifinal *f*.

halbherzig ◇ *adj* poco entusiasta. ◇ *adv* con poco entusiasmo.

halbieren *vt* partir por la mitad ; [Zahl, Summe] dividir por dos ; [Investitionen] reducir a la mitad.

Halb|insel *die* península *f*.

Halb|jahr *das* semestre *m*.

halbjährlich ◇ *adj* semestral. ◇ *adv* cada seis meses.

Halb|kreis *der* semicírculo *m*.

Halb|kugel *die* hemisferio *m* ; **in Form einer ~** en forma de semiesfera.

halblaut ◇ *adv* bajando la voz ; [singen] a media voz. ◇ *adj* a media voz.

halbmast *adv* : **auf ~** a media asta.

Halbmond *der (ohne Pl)* media luna *f*.

halb offen *adj* entreabierto(ta).

Halbpension ['halppaŋzio:n] *die (ohne Pl)* media pensión *f*.

Halb|schuh *der* zapato *m* bajo.

Halb|schwester *die* hermanastra *f*.

Halbstarke (*pl* **-n**) *der, die abw* gamberro *m*, -rra *f*.

Halb|tagsarbeit *die (ohne Pl)* trabajo *m* de ODER a media jornada.

Halbtags|kraft *die* empleado *m*, -da *f* a media jornada.

Halbton (*pl* **-töne**) *der* semitono *m*.

halbtrocken *adj* semiseco(ca).

halb voll *adj* medio lleno(na).

Halb|wahrheit *die* verdad *f* a medias.

Halb|waise *die* huérfano *m*, -na *f* (de padre/madre).

halbwegs *adv* casi ; **~ gut** regular ; **~ zufrieden sein** estar satisfecho(cha) a medias.

Halb|zeit *die* descanso *m* ; **erste/zweite ~** primer/segundo tiempo *m*.

Halde (*pl* **-n**) *die* [Kohlenhalde] amontonamiento *m* (de carbón).

half *prät* ▷ **helfen**.

Hälfte (*pl* **-n**) *die* mitad *f*. ◆ **zur Hälfte** *adv* [auf Verb bezogen] a la mitad.

Halfter (*pl* -) ◇ *der* ODER *das* [für Pferde] cabestro *m*, bozal *m Amér*. ◇ *das* [für Pistole] pistolera *f*.

Halle (*pl* **-n**) *die* pabellón *m* ; [einer Fabrik] nave *f*.

hallen *vi* resonar.

Hallen|bad *das* piscina *f* cubierta.

Hallig (*pl* **-en**) *die islote de la costa alemana del Mar del Norte que se suele inundar durante las tempestades*.

hallo *interj* hola ; **~, wir möchten zahlen!** ¡oiga! ¿nos trae la cuenta?.

Halm (*pl* **-e**) *der* paja *f*.

Halogen|lampe *die* lámpara *f* halógena.

Hals (*pl* **Hälse**) *der* - **1.** [Körperteil - außen] cuello *m* ; [- innen] garganta *f* - **2.** [schmaler Teil] cuello *m*, gollete *m* ; [von Saiteninstrument] mástil *m* ; [von Note] plica *f* - **3.** *RW* : **aus vollem ~** a voz en grito, a grito pelado ; **etw hängt jm zum ~ heraus** *fam abw* alguien está hasta las narices ODER el moño de algo ; **etw in den falschen ~ bekommen** *fam* malinterpretar algo ; **~ über Kopf** sin dudar un segundo, pitando ; **jm um den ~ fallen** echarse a los brazos de alguien.

Halsaus|schnitt *der* escote *m* ; [von Pullover] cuello *m*.

Hals|band (*pl* **-bänder**) *das* - **1.** [für Tiere] collar *m* - **2.** [Samtband] gargantilla *f*.

halsbrecherisch <> *adj* temerario(ria). <> *adv* temerariamente.

Hals|entzündung *die* faringitis *f*.

Hals|kette *die* collar *m*.

Hals|-Nasen-Ohren-|Arzt, Ärztin *der, die* otorrinolaringólogo *m*, -ga *f*.

Halsschlag|ader *die* (arteria *f*) carótida *f*.

Hals|schmerzen *pl* dolor *m* de garganta ; ~ **haben** tener dolor de garganta.

Hals|tuch *das* pañuelo *m* (de cuello), fular *m* ; [wollen] bufanda *f*.

halt <> *interj* ¡alto! <> *adv Süddt, Österr & Schweiz* : **wir gehen ~ ein anderes Mal** ya iremos en otra ocasión.

Halt (*pl* **-e** ODER **-s**) *der* - **1.** (*ohne Pl*) [Stütze] apoyo *m* ; **den ~ verlieren** perder el equilibrio - **2.** [Stopp, Haltestelle] parada *f* ; **~ machen** hacer una parada ; **vor etw/jm nicht ~ machen** *fig* no detenerse ante algo/ alguien.

haltbar *adj* - **1.** [konserviert] conservable - **2.** [strapazierfähig] duradero(ra) - **3.** [glaubhaft] sostenible.

Haltbarkeit *die* (*ohne Pl*) durabilidad *f* ; [von Lebensmitteln] conservabilidad *f*, tiempo *m* de conservación.

Haltbarkeits|datum *das* fecha *f* de caducidad.

halten (*präs* **hält**, *prät* **hielt**, *perf* **hat gehalten**) <> *vt* - **1.** [fest halten] sujetar ; **den Kopf unter den Wasserhahn ~** meter la cabeza debajo del grifo - **2.** [beibehalten, behalten] mantener ; **den Takt ~** seguir el ritmo - **3.** [binden] retener - **4.** SPORT parar - **5.** [Rede] dar - **6.** [einhalten] mantener - **7.** [Tier] criar - **8.** [verteidigen] mantener, retener - **9.** [ausführen, komponieren] : **die Wohnung ist ganz in Blau gehalten** todo el piso está de azul - **10.** *RW* : **etwas auf sich** *(A)* **~** tenerse algo de estima, apreciarse ; **etw/jn für etw/jn ~** tomar algo/a alguien por algo/alguien ; **nicht zu ~ sein** ser imparable ; **viel/wenig von etw/jm ~** tener buena/mala opinión de algo/alguien. <> *vi* - **1.** [anhalten, stoppen] parar - **2.** [ganz bleiben, bestehen bleiben] aguantar ; **zu jm ~** permanecer de la parte de alguien - **3.** *RW*. ◆ **sich halten** *ref* - **1.** [in einem Zustand] conservarse - **2.** [in einer Position] permanecer - **3.** [an einem Ort - sich fest halten] sujetarse ; [- bleiben] permanecer ; **sich rechts/ links ~** seguir por la derecha/izquierda - **4.** [in einer Körperhaltung] : **sich gerade ~** mantenerse derecho(cha) - **5.** [bei einer Herausforderung] resistir.

Halterung (*pl* **-en**) *die* sujeción *f*.

Halte|stelle *die* parada *f*.

Halteverbot *das* (*ohne Pl*) prohibición *f* de parada ; **im ~ parken** aparcar en zona prohibida.

haltlos <> *adj* infundado(da). <> *adv* [weinen] desconsoladamente.

halt|machen *vi* ▷ **Halt**.

Haltung (*pl* **-en**) *die* - **1.** [Körperhaltung] postura *f* - **2.** [Meinung, Einstellung] posición *f*, actitud *f* - **3.** (*ohne Pl*) [Beherrschung] dominio *m* de sí (mismo/misma) ; **die ~ verlieren/bewahren** perder los estribos/ dominarse - **4.** (*ohne Pl*) [von Tieren] cría *f*.

Halunke (*pl* **-n**) *der* - **1.** [Gauner] canalla *m* - **2.** *hum* [Lausejunge] granuja *m*.

Hamburg *nt* Hamburgo *m*.

hämisch <> *adj* malicioso(sa). <> *adv* maliciosamente.

Hammel (*pl* **-**) *der* - **1.** [Tier, Fleisch] carnero *m* - **2.** *salopp abw* [Schimpfwort] zoquete *m*.

Hammer (*pl* **Hämmer**) *der* - **1.** [Werkzeug, Sportgerät] martillo *m* - **2.** *fam abw* [Frechheit] desfachatez *f*.

hämmern <> *vi* - **1.** [mit dem Hammer] dar martillazos - **2.** [schlagen] aporrear ; [Herz, Puls] palpitar. <> *vt* - **1.** [mit dem Hammer] martill(e)ar - **2.** *fam* [auf einem Instrument] aporrear.

Hampelmann (*pl* **-männer**) *der* - **1.** [Spielzeug] títere *m* - **2.** *salopp abw* [Person] mequetrefe *m*.

Hamster (*pl* **-**) *der* hámster *m*.

hamstern *vt* acaparar.

Hand (*pl* **Hände**) *die* - **1.** [Körperteil] mano *f* ; **Hände hoch!** ¡arriba las manos! ; **jn an die ~ nehmen** coger a alguien de la mano - **2.** SPORT mano *f* - **3.** *RW* : **alle Hände voll zu tun haben** estar hasta arriba de trabajo, estar muy ocupado(da) ; **eine ~ voll** un puñado ; **eine ~ voll Münzen** un puñado de monedas ; **aus erster ~** de primera mano, nuevo(va) ; **aus zweiter ~** de segunda mano, usado(da) ; **die öffentliche ~** el sector público ; **etw aus der ~ geben** traspasar algo ; **etw in die ~ nehmen** [ergreifen] tomar algo en la mano ; [initiativ werden] encargarse de algo (por cuenta propia) ; **freie ~ haben** tener carta blanca ; **in festen Händen sein** estar pillado(da) ; **in js ~** *(D)* **sein** estar en manos de alguien ; **jm in die Hände fallen** caer en manos de alguien ; **js rechte ~** el brazo derecho de alguien ; **linker/rechter ~** a mano izquierda/derecha. ◆ **unter der Hand** *adv* bajo cuerda, bajo mano ; **etw unter der ~ verkaufen** vender algo bajo cuerda. ◆ **zu Händen** *adv* a la atención de.

Hand|arbeit *die* - **1.** (*ohne Pl*) [Herstellung] trabajo *m* artesanal, elaboración *f* a mano

- 2. *(ohne Pl)* [Artikel] producto *m* artesanal - 3. [Textilien] labor *f* - 4. *fam* [Unterricht] trabajos *mpl* manuales.

Hand|ball *der (ohne Pl)* balonmano *m*.

Handballer, in (*mpl* -, *fpl* **-nen**) *der, die fam* jugador *m*, -ra *f* de balonmano, balonmanista *mf*.

Hand|bewegung *die* movimiento *m* de mano.

handbreit ◇ *adj* del ancho de una mano. ◇ *adv* el ancho de una mano.

Hand|bremse *die* freno *m* de mano.

Hand|buch *das* manual *m*.

Händchen (*pl* -) *das* : ~ **halten** hacer manitas ; **ein ~ für etw haben** tener buena mano para algo.

Hände|druck *der* apretón *m* de manos.

Händedruck

Fuera del círculo familiar y de las amistades más íntimas, los alemanes no se suelen besar al saludarse sino que se dan la mano tanto al encontrarse como al despedirse.

El apretón de manos se produce sin distinción de edad ni de sexo y suele ser habitual, por no decir obligatorio, en la primera presentación.

Handel *der (ohne Pl)* comercio *m* ; ~ **treiben** comerciar.

handeln ◇ *vi* - 1. [Handel treiben] : **mit etw ~** comerciar con algo - 2. [feilschen] regatear ; **mit jm um etw ~** regatear algo con alguien, discutir el precio de algo con alguien - 3. [agieren] actuar - 4. [behandeln] : **von etw ~** tratar de ODER sobre algo. ◇ *vt* vender. ◆ **sich handeln** *ref* : **es handelt sich um** se trata de.

Handels|beziehungen *pl* relaciones *fpl* comerciales.

Handels|kammer *die* cámara *f* de comercio.

Handels|partner *der* socio *m* comercial.

Handels|schule *die* escuela *f* de comercio.

handelsüblich *adj* usual en el comercio.

Handels|vertreter, in *der, die* representante *mf* comercial.

händeringend *adv* desesperadamente.

Hand|feger *der* escobilla *f*.

handfest *adj* - 1. [bodenständig] robusto(ta) - 2. [klar, stark] sólido(da).

Hand|fläche *die* palma *f* de la mano.

Hand|gelenk *das* muñeca *f*.

Hand|gemenge *das (ohne Pl)* enfrentamiento *m* cuerpo a cuerpo.

Hand|gepäck *das (ohne Pl)* equipaje *m* de mano.

handgeschrieben *adj* escrito(ta) a mano.

Hand|granate *die* granada *f* de mano.

handgreiflich *adj* : ~ **werden** llegar a las manos.

Handgreiflichkeit (*pl* **-en**) *die* : **es kam zu ~en** se llegó a las manos.

Hand|griff *der* - 1. [Handbewegung] maniobra *f* - 2. [Haltegriff] asa *f* ; [an Werkzeug] mango *m* ; [im Bus] asidero *m*.

Hand|habe *die* : **keine ~ gegen jn haben** no tener un motivo jurídico contra alguien.

handhaben *vt* - 1. [Werkzeug, Computer] manejar ; [Gesetze, Vorschriften] aplicar - 2. [behandeln] tratar.

Handicap, Handikap ['hɛndikɛp] (*pl* **-s**) *das* - 1. handicap *m*, desventaja *f* - 2. SPORT desventaja *f*.

Hand|kuss *der* besamanos *m*.

Hand|langer (*pl* -) *der* - 1. [Hilfsarbeiter] peón *m* - 2. *abw* [Zuarbeiter] cómplice *m*.

Händler, in (*mpl* -, *fpl* **-nen**) *der, die* comerciante *mf*, marchante *mf*.

handlich *adj* manejable.

Handlung (*pl* **-en**) *die* - 1. [Tat] acto *m* - 2. [in Texten] argumento *m* ; **ein Film mit wenig ~** una película con poca acción - 3. [Laden] establecimiento *m*.

Handlungsfreiheit *die (ohne Pl)* libertad *f* de acción, autonomía *f*.

Handlungs|weise *die* modo *m* de actuar.

Hand|rücken *der* dorso *m* de la mano.

Hand|schellen *pl* esposas *fpl* ; **jm ~ anlegen** poner las esposas a alguien.

Hand|schlag *der (ohne Pl)* : **durch** ODER **per ~** con un apretón de manos ; **keinen ~ tun** *fig & abw* no mover un dedo.

Hand|schrift *die* - 1. [Schrift] escritura *f*, letra *f* - 2. [Text] manuscrito *m*.

handschriftlich *adj* escrito(ta) a mano.

Hand|schuh *der* guante *m*.

Handschuh|fach *das* guantera *f*.

Hand|stand *der* : **einen ~ machen** hacer el pino.

Hand|tasche *die* bolso *m* (de mano).

Hand|tuch *das* toalla *f*.

Hand|umdrehen *das (ohne Pl)* : **im ~** en un abrir y cerrar de ojos, en un periquete.

Hand|werk *das* - 1. [Beruf] oficio *m* ; **jm das ~ legen** poner fin a las fechorías de alguien - 2. *(ohne Pl)* [Berufsstand] artesanado *m*, artesanía *f*.

Hand|werker, in (*mpl* -, *fpl* **-nen**) *der, die*

artesano *m*, -na *f*, trabajador *m*, -ra *f* manual.

hạndwerklich ◇ *adj* de artesano(na), artesanal. ◇ *adv* artesanalmente.

Hạndwerkszeug *das (ohne Pl)* herramientas *fpl*.

Hạndy ['hɛndi] (*pl* **-s**) *das* (teléfono *m*) móvil *m*.

Hạnd|zeichen *das* señal *f* con la mano ; **durch ~ abstimmen** votar a mano alzada.

Hạnf *der (ohne Pl)* cáñamo *m*.

Hạng (*pl* **Hặnge**) *der* - **1.** [Abhang] pendiente *f* - **2.** *(ohne Pl)* [Vorliebe] : **einen ~ zu etw haben** tener una tendencia a algo.

Hặnge|brücke *die* puente *m* colgante.

hạngeln (*perf* **hat/ist gehạngelt**) *vi (ist)* trepar.

Hặnge|matte *die* hamaca *f*, chinchorro *m Amér*.

hặngen (*prät* **hịng** ODER **hặngte**, *perf* **hat gehạngen** ODER **hat gehặngt**) ◇ *vt (reg)* - **1.** [anbringen] colgar ; **den Anhänger an den Wagen ~** enganchar el remolque al coche ; **sich** *(D)* **einen Pullover um die Schultern ~** echarse ODER ponerse un jersey sobre los hombros - **2.** [Körperteil] dejar colgando - **3.** [töten] colgar. ◇ *vi (unreg)* - **1.** [angebracht sein] estar colgado(da) ; **der Anhänger hängt schon am Wagen** el remolque ya está enganchado al coche - **2.** [emotional] : **an etw/jm ~** estar muy apegado(da) a algo/alguien - **3.** [herunterhängen] colgar - **4.** [schweben] flotar - **5.** [haften] quedarse colgando ; **sie hängt förmlich an seinen Lippen** lo escucha atentamente.

hặngen bleiben (*perf* **ist hặngen geblieben**) *vi (unreg)* - **1.** [festhängen] : **an etw** *(D)* **~** quedarse enganchado(da) en algo ; [Schmutz] quedarse incrustado(da) en algo - **2.** [bleiben] quedarse - **3.** [übrig bleiben] quedar - **4.** *fam* [sitzen bleiben] repetir curso.

hặngen lassen *vt (unreg)* - **1.** [vergessen] dejar colgado(da) - **2.** [Person] dejar en la estacada, dejar colgado(da) - **3.** [Körperteil] dejar colgando.

Hannover *nt* Hannover *m*.

Hạnse *die (ohne Pl)* (H)ansa *f*.

hặnseln *vt* burlarse de ; **jn wegen etw ~** burlarse de alguien a causa de algo.

Hạnse|stadt *die* ciudad *f* (h)anseática.

Hạntel (*pl* **-n**) *die* pesa *f*.

Hặppchen (*pl* **-**) *das* canapé *m*, bocadito *m*.

hạppig *fam* ◇ *adj* exorbitante. ◇ *adv* exorbitantemente.

Hardware ['haː(r)dwɛə] *die (ohne Pl)* hardware *m*.

Harem (*pl* **-s**) *der* harem *m*, harén *m*.

Hạrfe (*pl* **-n**) *die* arpa *f*.

Hạrke (*pl* **-n**) *die* rastrillo *m*.

hạrken *vt* rastrillar.

hạrmlos ◇ *adj* - **1.** [ungefährlich] inofensivo(va) - **2.** [naiv] inocente. ◇ *adv* - **1.** [ungefährlich] sin peligro - **2.** [naiv] inocentemente.

Hạrmlosigkeit (*pl* **-en**) *die* - **1.** [Ungefährlichkeit] inocuidad *f* - **2.** [Arglosigkeit] inocencia *f*.

Harmonie (*pl* **-n**) *die* armonía *f*.

harmonieren *vi* : **miteinander ~** armonizar.

harmonisch ◇ *adj* - **1.** [passend] armonioso(sa), concordante - **2.** MUS armónico(ca). ◇ *adv* - **1.** [passend] armoniosamente - **2.** MUS armónicamente.

Hạrn (*pl* **-e**) *der* orina *f*.

Hạrn|blase *die* vejiga *f*.

Harpune (*pl* **-n**) *die* arpón *m*.

hạrt (*kompar* **hặrter**, *superl* **hặrteste**) ◇ *adj* - **1.** [allgemein] duro(ra) ; **~ im Nehmen sein** *fig* tener mucho aguante - **2.** [Winter, Dissonanz] duro(ra) ; [Aussprache] áspero(ra) ; **ein ~es Rot** un rojo demasiado fuerte - **3.** [heftig] encarnizado(da) ; **es geht ~ auf ~** *fig* se lucha a brazo partido - **4.** [Geld] fuerte ; [Drogen] duro(ra) - **5.** [Wasser] duro(ra). ◇ *adv* - **1.** [fest] fuertemente ; **auf dem Bett haben wir ziemlich ~ gelegen** la cama era muy dura ; **Eier ~ kochen** hacer huevos duros - **2.** [schwer] duramente - **3.** [streng] severamente - **4.** [unangenehm stark] ásperamente - **5.** [heftig] encarnizadamente - **6.** [fast] : **~ an etw** *(D)* rozando algo ; **das war ~ an einer Beleidigung** eso raya en una ofensa.

Hặrte (*pl* **-n**) *die* - **1.** [Festigkeit] dureza *f* - **2.** [Belastung] injusticia *f* - **3.** [Strenge] severidad *f* - **4.** [von Wasser] dureza *f* - **5.** *fam abw* [Zumutung] : **das ist die ~** es demasiado.

hạrt gekocht *adj* : **~es Ei** huevo duro.

hạrtherzig *adj* duro(ra) de corazón, insensible.

hartnặckig ◇ *adj* tenaz ; [Krankheit, Infektion, Husten] persistente. ◇ *adv* persistentemente.

hạschen *vi* - **1.** [fangen wollen] : **nach etw/jm ~** perseguir algo/a alguien - **2.** *fam* [Haschisch rauchen] fumar hachís, fumar porros.

Hạschisch *der* ODER *das* hachís *m*.

Hase (*pl* **-n**) *der* liebre *f*.

Hasel|nuss *die* avellana *f*.

Hạss *der (ohne Pl)* odio *m* ; **~ auf etw/jn** odio a algo/alguien.

hạssen *vt* odiar.

hässlich <> *adj* - **1.** [unattraktiv] feo(a) - **2.** [gemein] desagradable ; **~ zu jm sein** portarse mal con alguien. <> *adv* - **1.** [unattraktiv] sin gusto - **2.** [gemein] desagradablemente ; **~ von jm sprechen** hablar mal de alguien.

Hässlichkeit *die (ohne Pl)* fealdad *f.*

hast *präs* ▷ **haben.**

Hast *die (ohne Pl)* prisa *f* ; **etw in ~ tun** hacer algo de prisa.

hasten (*perf* **ist gehastet**) *vi* ir de prisa.

hastig <> *adv* apresuradamente. <> *adj* precipitado(da).

hat *präs* ▷ **haben.**

hätscheln *vt* [Baby] hacer mimos ; [Hund] acariciar.

hatschi *interj fam* ¡achís!

hatte *prät* ▷ **haben.**

Haube (*pl* **-n**) *die* - **1.** [Kopfbedeckung] cofia *f* ; [von Ordensschwester] toca *f* - **2.** [Motorhaube] capó *m* - **3.** [Trockenhaube] secador *m (de peluquería).*

Hauch *der (ohne Pl)* - **1.** [leichter Wind] brisa *f* - **2.** [Spur] : **ein ~ von etw** un toque de algo.

hauchdünn <> *adj* finísimo(ma). <> *adv* finamente.

hauchen <> *vi* echar el aliento. <> *vt* susurrar.

hauen (*prät* **haute** ODER **hieb**, *perf* **hat gehauen**) <> *vt* - **1.** *(prät haute) fam* [Person] pegar - **2.** [Gegenstand] : **etw in etw** *(A)* **~** clavar algo en algo ; **ein Loch in den Boden ~** cavar un agujero en el suelo - **3.** *(prät haute) salopp* [werfen] tirar. <> *vi fam* golpear.

Haufen (*pl* **-**) *der* - **1.** montón *m*, ruma *f Amér* ; **ein ~ Freunde** un montón de amigos - **2.** *RW.*

häufen *vt* amontonar. ◆ **sich häufen** *ref* acumularse.

haufenweise *adv fam* a montones, a porrillo.

häufig <> *adj* frecuente. <> *adv* frecuentemente, con frecuencia.

Häufigkeit (*pl* **-en**) *die* frecuencia *f.*

Häufung (*pl* **-en**) *die* acumulación *f.*

Haupt|bahnhof *der* estación *f* central.

hauptberuflich <> *adj* profesional ; [Künstler, Schauspieler, Politiker] como actividad principal. <> *adv* profesionalmente.

Haupt|beschäftigung *die* empleo *m* principal, trabajo *m* principal, ocupación *f* principal.

Haupt|bestandteil *der* elemento *m* constitutivo ODER principal, componente *m* principal.

Haupt|darsteller, in *der, die* protagonista *mf.*

Haupt|eingang *der* entrada *f* principal.

Haupt|fach *das* asignatura *f* ODER materia *f* principal ; **etw im ~ studieren** estudiar algo como materia principal.

Haupt|figur *die* personaje *m* principal.

Haupt|gericht *das* segundo plato *m.*

Hauptgeschäfts|zeit *die* horas *fpl* de mayor afluencia.

Haupt|gewinn *der* primer premio *m.*

Haupt|grund *der* motivo *m* principal.

Häuptling (*pl* **-e**) *der* jefe *m* de tribu ; [bei südamerikanischen Indianern] cacique *m.*

Haupt|person *die* protagonista *mf* ; [von Drama] personaje *m* principal.

Haupt|post *die (ohne Pl)* central *f* de correos.

Haupt|quartier *das* cuartel *m* general.

Hauptreise|zeit *die días de vacaciones en los que se producen mayor número de desplazamientos* ; [Autoverkehr zu Ferienanfang] operación *f* salida ; [Rückreiseverkehr] operación *f* retorno.

Haupt|rolle *die* papel *m* principal.

Haupt|sache *die* cosa *f* principal ; **die ~ ist** lo principal es.

hauptsächlich <> *adv* principalmente. <> *adj* esencial, principal.

Haupt|saison ['hauptzɛɔŋ] *die* temporada *f* alta.

Haupt|satz *der* oración *f* principal.

Haupt|schule *die escuela básica para alumnos de 10 a 16 años de grado inferior a la Realschule. Al concluirla los alumnos suelen acceder a la formación profesional.*

Haupt|stadt *die* capital *f.*

Haupt|straße *die* calle *f* principal ; [Vorfahrtsstraße] vía *f* preferente.

Haupt|teil *der* parte *f* principal ; [von Rede] desarrollo *m.*

Hauptverkehrs|straße *die* arteria *f* principal.

Hauptverkehrs|zeit *die* hora *f* punta.

Haupt|wohnsitz *der* domicilio *m* principal.

Haupt|wort (*pl* **-wörter**) *das* sustantivo *m.*

Haus (*pl* **Häuser**) *das* - **1.** [Wohnhaus] casa *f* ; **~ und Hof** todos los bienes - **2.** [Betrieb] firma *f*, casa *f* ; **Herr Meier ist zurzeit nicht im ~** el señor Meier está ausente en estos momentos - **3.** [Familie] familia *f* ; **das ~ Windsor** la Casa (Real) de los Windsor - **4.** [Theater] sala *f* ; **wir haben volles ~** se han agotado las entradas - **5.** *RW* : **~ halten** [sparen] economizar ; **mit etw ~ halten** administrar algo ; **uns stehen Neuerungen/Reformen ins ~** estamos de renovación/reforma en casa ; **von ~ aus** de casa. ◆ **nach Haus(e)** *adv* a casa. ◆ **zu Haus(e)** *adv* en casa ; **zu ~e sein** estar en casa ; **in etw** *(D)* **zu ~e sein** [in Wissenschaftsgebiet] estar familiarizado(da) con algo.

Haus|apotheke *die* - **1.** [Medikamente] botiquín *m* - **2.** [Schränkchen] (armario *m*) botiquín *m*.

Haus|arbeit *die* - **1.** [im Haushalt] labores *fpl* ODER tareas *fpl* domésticas - **2.** [für Schule, Universität] deberes *mpl* ; **das Thema der ~ darf man selbst wählen** se puede elegir el tema para el trabajo.

Haus|arzt, ärztin *der, die* médico *mf*, -ca de cabecera.

Haus|aufgabe *die* deberes *mpl*.

Hausbesetzer, in (*mpl* -, *fpl* **-nen**) *der, die* ocupante *mf* ilegal de casas ; *fam* okupa *mf*.

Haus|bewohner, in *der, die* inquilino *m*, -na *f*.

Häuschen ['hɔyzçən] (*pl* -) *das* casita *f* ; **ganz aus dem ~ sein** *fam* estar fuera de sí.

hauseigen *adj* privado(da) ; [einer Firma] de empresa.

Haus|eigentümer, in *der, die* propietario *m*, -ria *f*.

hausen *vi* - **1.** [wohnen] vivir - **2.** *fam* [toben] devastar.

Häuserblock (*pl* **-blöcke**) *der* manzana *f*, bloque *m* de casas, cuadra *f Amér*.

Haus|flur *der* vestíbulo *m*.

Haus|frau *die* ama *f* de casa.

Haus|gast *der* huésped *mf*.

hausgemacht *adj* casero(ra), hecho(cha) en casa.

Haushalt (*pl* **-e**) *der* - **1.** [Hausarbeit] tareas *fpl* del hogar - **2.** [Hausstand] casa *f* - **3.** [Familie] casa *f* ; **in diesem Haus leben zehn ~e** en esta casa viven diez familias - **4.** WIRTSCH presupuesto *m*.

haushalten *vi (unreg)* ▷ **Haus**.

Haushälter, in (*mpl* -, *fpl* **-nen**) *der, die* gerente *mf* de una casa ; [Frau] ama *f* de llaves.

Haushalts|artikel *der* artículo *m* de uso doméstico.

Haus|herr, in *der, die* dueño *m*, -ña *f* de la casa.

haushoch ◇ *adj* rotundo(da) ; [Flammen, Wellen, Bäume] como una casa, enorme. ◇ *adv* rotundamente ; **jm ~ überlegen sein** estar muy por encima de alguien ; **~ verlieren** perder de forma rotunda ODER aplastante.

hausieren *vi* vender de casa en casa.

häuslich ◇ *adj* - **1.** [im Haus] doméstico(ca) ; [Angelegenheit, Probleme] privado(da) ; [Kamin, Herd] hogareño(ña) - **2.** [Person] casero(ra), hogareño(ña). ◇ *adv* : **sich ~ niederlassen/einrichten** *fam* instalarse.

Haus|mann *der* amo *m* de casa.

Hausmannskost *die (ohne Pl)* cocina *f* casera.

Haus|marke *die* marca *f* de la casa ; [bevorzugte Marke] marca *f* favorita.

Haus|meister, in *der, die* portero *m*, -ra *f*, conserje *mf*.

Haus|mittel *das* remedio *m* casero.

Haus|nummer *die* número *m* de (la) casa.

Haus|ordnung *die* reglamento *m* interior de la casa.

Haus|rat *der (ohne Pl)* enseres *mpl* domésticos.

Haus|schuh *der* zapatilla *f*.

Haus|tier *das* animal *m* doméstico.

Haus|tür *die* puerta *f* de la casa.

Haus|verwaltung *die* administración *f* de una casa.

Haus|wirt, in *der, die* casero *m*, -ra *f*.

Haut (*pl* **Häute**) *die* - **1.** [Körperteil] piel *f* - **2.** [von Früchten] piel *f* - **3.** [Schicht] película *f* ; [auf Milch, Kakao] telilla *f* - **4.** *RW* : **etw geht jm unter die ~** algo le llega al alma a alguien ; **jm ist nicht wohl in seiner ~** alguien no se siente cómodo(da).

Haut|abschürfung (*pl* **-en**) *die* rozadura *f*, escocedura *f*.

Haut|arzt, ärztin *der, die* dermatólogo *m*, -ga *f*.

Haut|ausschlag *der* erupción *f* cutánea, jiote *m Amér*.

Haut|creme ['hautkre:m] *die* crema *f* para la piel.

häuten *vt* despellejar.

hauteng *adj* ceñido(da).

Haut|farbe *die* color *m* de piel.

hautnah ◇ *adj* muy realista. ◇ *adv* muy de cerca, directamente.

Havanna *nt* La Habana.

Hbf. *abk für* **Hauptbahnhof**.

Headhunter (*pl* -) *der* cazatalentos *m*.

Hebamme (*pl* **-n**) *die* comadrona *f*.

Hebel (*pl* -) *der* palanca *f*, manivela *f*.

heben (*prät* **hob**, *perf* **hat gehoben**) *vt* - **1.** [hochnehmen] levantar ; **einen ~** *fam fig* echar un trago - **2.** [bessern] elevar, aumentar ; [Moral, Laune, Stimmung] levantar - **3.** [Schiff] poner a flote ; [Schatz] desenterrar. ◆ **sich heben** *ref* - **1.** [hochgehen] elevarse ; [Nebel] levantar - **2.** [sich bessern] elevarse, aumentarse ; [Moral, Laune] levantarse.

hebräisch *adj* hebreo(a), hebraico(ca) ; [Volk] hebreo(a).

hecheln *vi* jadear.

Hecht (*pl* **-e**) *der* lucio *m*.

Heck (*pl* **-e** ODER **-s**) *das* popa *f* ; [von Auto, Flugzeug] (parte *f*) trasera *f*.

Hecke (*pl* **-n**) *die* seto *m*.

Hecken|schütze *der* francotirador *m*.

Heck|klappe *die* portón *m* trasero.

Heck|scheibe *die* luneta *f* trasera.

Heer (*pl* **-e**) *das* ejército *m*.

Hefe (*pl* **-n**) *die* levadura *f*.

Hefe|teig *der* masa *f* de levadura.

Heft (*pl* **-e**) *das* - **1.** [Schulheft] cuaderno *m* - **2.** [von Zeitschriften] número *m*.

heften *vt* - **1.** [befestigen] : **etw an etw** *(A)* ~ colgar algo en algo, poner algo en algo ; [mit Heftklammern] grapar algo a algo - **2.** [nähen] hilvanar - **3.** [richten] clavar.

Hefter (*pl* **-**) *der* clasificador *m*.

heftig ◇ *adj* intenso(sa) ; [Stoß, Schlag, Streit, Kampf, Bewegung, Angriff] violento(ta) ; [Widerspruch] fuerte. ◇ *adv* intensamente ; [antworten, reagieren, schlagen, streiten, angreifen] de forma violenta.

Heft|klammer *die* grapa *f*.

Heft|pflaster *das* tirita *f*, esparadrapo *m*.

Heft|zwecke (*pl* **-n**) *die* chincheta *f*.

hegen *vt* - **1.** [empfinden] albergar - **2.** [hüten] guardar, preservar ; **etw/jn ~ und pflegen** cuidar con todo el cariño algo/a alguien.

Hehl *der* ODER *das (ohne Pl)* : **kein** ODER **keinen ~ aus etw machen** no hacer un misterio de algo.

Hehlerei (*pl* **-en**) *die* encubrimiento *m*.

Heide (*pl* **-n**) ◇ *die (G Heide)* landa *f*, pradera *f*. ◇ *der (G Heiden)* pagano *m*.

Heidekraut *das (ohne Pl)* brezo *m*.

Heidel|beere *die* arándano *m*.

Heiden|angst *die (ohne Pl) fam* : **eine ~ haben** tener un miedo atroz.

Heiden|geld *das (ohne Pl) fam* dineral *m*.

Heiden|spaß *der (ohne Pl) fam* juerga *f*.

Heidin (*pl* **-nen**) *die* pagana *f*.

heidnisch *adj* pagano(na).

heikel *adj* - **1.** [kompliziert] escabroso(sa) - **2.** [anspruchsvoll] exigente.

heil *adj* [gesund] sano(na) ; [nach Verletzung] curado(da) ; [nicht kaputt] intacto(ta).

Heiland *der (ohne Pl)* Salvador *m*.

Heil|bad *das* - **1.** [Kurort] balneario *m* - **2.** [Baden] baño *m* medicinal.

heilbar *adj* curable.

heilen (*perf* **hat/ist geheilt**) ◇ *vt (hat)* curar ; **jn von etw ~** liberar a alguien de algo. ◇ *vi (ist)* curarse.

heilfroh *adj* muy aliviado(da) ; **~ über etw** *(A)* **sein** no caber de contento(ta) por algo.

heilig *adj* - **1.** [geheiligt] sagrado(da) ; [Person, religiöse Handlung] santo(ta) - **2.** [groß] imponente.

Heilig|abend *der* Nochebuena *f*.

Heilige (*pl* **-n**) *der, die* santo *m*, -ta *f*.

Heiligen|schein *der* aureola *f*.

Heiligtum (*pl* **-tümer**) *das* [Ort] santuario *m*, lugar *m* santo ; [Gegenstand] objeto *m* de culto.

Heil|kraft *die* fuerza *f* curativa, poder *m* curativo.

Heil|kraut *das* hierba *f* medicinal.

heillos ◇ *adj* irremediable. ◇ *adv* irremediablemente.

Heil|mittel *das* [Verfahren] método *m* curativo ; [Medikament] medicina *f*, medicamento *m*.

Heil|pflanze *die* planta *f* medicinal.

Heil|praktiker, in *der, die profesional de la medicina que practica cualquiera de las tendencias de la medicina alternativa.*

heilsam *adj* aleccionador(ra), instructivo(va).

Heilsarmee *die (ohne Pl)* Ejército *m* de Salvación.

Heilung (*pl* **-en**) *die* curación *f* ; [von Drogensucht] desintoxicación *f*.

heim *adv* a casa.

Heim (*pl* **-e**) *das* - **1.** [Zuhause] hogar *m* - **2.** [Anstalt] hogar *m* ; [Wohnheim, Altenheim] residencia *f* ; [Waisenheim] orfanato *m* ; [Kurheim] sanatorio *f*.

Heimarbeit *die (ohne Pl)* trabajo *m* a domicilio.

Heimat *die (ohne Pl)* patria *f* ; [von Tierart] país *m* de origen.

Heimat|anschrift *die* dirección *f* fija.

Heimat|hafen *der* puerto *m* de origen ODER matrícula.

Heimat|kunde *die (ohne Pl) hora lectiva que trata sobre las cuestiones sociales, geográficas y culturales del propio país.*

Heimat|land *das* país *m* de origen, patria *f*.

heimatlich *adj* de la patria.

heimatlos *adj* apátrida ; [ohne Zuhause] sin hogar.

Heimat|museum *das* museo *m* de artes y tradiciones populares.

Heim|computer *der* ordenador *m* personal.

Heim|fahrt *die* viaje *m* de vuelta(a casa).

heimisch *adj* - **1.** [beheimatet] nacional ; [Flora, Fauna] autóctono(na) ; [Landschaft,

Klima] interior - **2.** [zu Hause] hogareño(ña) ; ~ **sein** sentirse (como) en casa ; ~ **werden** aclimatarse ; **sich ~ fühlen** sentirse como en casa.

Heimkehr *die (ohne Pl)* regreso *m* a casa.

heim|kehren (*perf* **ist heimgekehrt**) *vi* regresar a casa.

heim|kommen (*perf* **ist heimgekommen**) *vi (unreg)* regresar a casa.

heimlich <> *adj* secreto(ta) ; [Tränen] escondido(da). <> *adv* en secreto.

Heimlichkeit (*pl* **-en**) *die (ohne Pl)* secreto *m*.

Heim|reise *die* viaje *m* de regreso (a casa).

Heim|spiel *das* partido *m* en campo propio ODER en casa.

heim|suchen *vt* - **1.** [plagen] azotar ; [Albträume, Schicksal] perseguir - **2.** *hum* [belästigen] molestar.

Heim|trainer [haim'trɛːnɐ] *der* bicicleta *f* estática.

heimtückisch <> *adj* pérfido(da) ; [Krankheit] maligno(na) ; [Überfall, Verbrechen] con alevosía ; [Mord] a traición. <> *adv* pérfidamente ; [überfallen] alevosamente ; [ermorden] a traición.

Heim|weg *der* camino *m* de regreso.

Heimweh *das (ohne Pl)* añoranza *f*, morriña *f* ; **nach etw/jm ~ haben** añorar algo/a alguien.

heim|zahlen *vt* : **jm etw ~** vengarse de alguien por algo, hacer pagar a alguien por algo.

Heirat (*pl* **-en**) *die* boda *f*.

heiraten <> *vi* casarse, contraer matrimonio. <> *vt* : **jn ~** casarse con alguien.

Heirats|annonce *die* anuncio *m* matrimonial.

Heirats|antrag *der* propuesta *f* de matrimonio.

Heirats|vermittlung *die* agencia *f* matrimonial.

heiser <> *adj* afónico(ca). <> *adv* con afonía ; **sich ~ schreien** desgañitarse.

Heiserkeit (*pl* **-en**) *die* afonía *f*.

heiß <> *adj* - **1.** [warm] caliente ; [Klima] cálido(da) ; **jm ist ~** alguien tiene calor ; **jn überläuft es ~ und kalt** a alguien le entran escalofríos - **2.** [heftig] ardiente ; [Diskussion, Debatte, Streit, Auseinandersetzung] acalorado(da) ; [Krieg, Kampf, Schlacht] encarnizado(da) - **3.** *fam* [aufreizend] caliente - **4.** [gefährlich] de riesgo ; [Geld, Ware] delicado(da) - **5.** [Erfolg versprechend] clave ; **ein ~er Tipp** una buena sugerencia - **6.** *fam* [rasant] arrasador(ra) - **7.** *fam* [toll] genial, guay. <> *adv* - **1.** [warm] en caliente ; **~ baden** darse un baño caliente - **2.** [heftig] fervorosamente.

heißblütig *adj* ardiente.

heißen (*prät* **hieß**, *perf* **hat geheißen**) *vi* - **1.** [mit Namen] llamarse - **2.** [bedeuten] querer decir, significar ; **das heißt ...** o sea, es decir - **3.** [lauten] llamarse ; [Motto, Titel, Werbespruch] ser.

Heißhunger *der (ohne Pl)* hambre *f* de lobo.

heiß laufen (*perf* **hat/ist heiß gelaufen**) *vi (unreg) (ist)* calentar excesivamente.

Heißluft|ballon *der* globo *m* aerostático.

heiter *adj* - **1.** [fröhlich] regocijante, alegre - **2.** [sonnig] claro(ra), despejado(da).

Heiterkeit *die (ohne Pl)* - **1.** [Fröhlichkeit] regocijo *m* - **2.** [Klarheit] claridad *f*.

heizen <> *vi* poner la calefacción, calentar. <> *vt* calentar.

Heiz|kessel *der* caldera *f* de calefacción.

Heiz|kissen *das* almohadilla *f* eléctrica.

Heiz|körper *der* radiador *m*.

Heiz|öl *das (ohne Pl)* fueloil *m*, aceite *m* combustible.

Heizung (*pl* **-en**) *die* calefacción *f*.

Heizungs|keller *der* cuarto *m* de calderas.

Hektar (*pl* **-e** ODER **-**) *der* ODER *das* hectárea *f*.

Hektik *die (ohne Pl)* agitación *f*, ajetreo *m*.

hektisch <> *adj* agitado(da). <> *adv* con agitación ; [arbeiten] frenéticamente ; **dort geht es ~ zu** hay mucha agitación ahí.

Hekto|liter *der* ODER *das* hectolitro *m*.

Held (*pl* **-en**) *der* héroe *m*.

heldenhaft <> *adj* heroico(ca). <> *adv* heroicamente.

Helden|tat *die* acto *m* heroico.

Heldin (*pl* **-nen**) *die* heroína *f*.

helfen (*präs* **hilft**, *prät* **half**, *perf* **hat geholfen**) *vi* - **1.** [Hilfe leisten] : **jm ~** ayudar a alguien ; **jm bei etw ~** ayudar a alguien en algo ; **sich** *(D)* **zu ~ wissen** saber salir del paso - **2.** [nützlich sein] venir bien ; **das wird uns nicht ~** eso no nos sirve de nada ; **es hilft alles nichts** no queda otro remedio.

Helfer, in (*mpl* **-**, *fpl* **-nen**) *der, die* ayudante *mf*.

Helgoland *nt* Hel(i)goland *m* ; **auf ~** en Hel(i)goland.

Helium *das (ohne Pl)* helio *m*.

hell <> *adj* - **1.** [sonnig] luminoso(sa), claro(ra) ; **es ist schon ~ draußen** fuera ya hay claridad ODER ya es de día ; **~ werden** amanecer - **2.** [leuchtend] luminoso(sa) - **3.** [Farbton, Ton] claro(ra) ; [Vokal] agudo(da) - **4.** [schlau] lúcido(da) - **5.** [groß, intensiv] profundo(da). <> *adv* - **1.** [leuchtend] luminosamente - **2.** [klingen, lachen] de forma clara y aguda - **3.** [sehr] profundamente.

hellblau *adj* azul claro(ra).

hellblond *adj* rubio claro (rubia clara).

hellhörig *adj* - 1. [misstrauisch] : **~ werden** aguzar el oído ; **jn ~ machen** llamar la atención de alguien - 2. [Raum] sonoro(ra).

Helligkeit (*pl* **-en**) *die* claridad *f*; [von Stern] luminosidad *f*.

helllicht *adj* : **am ~en Tage** a la luz del día.

helllsehen *vi (unreg)* tener visiones.

Hellseher, in (*mpl* **-**, *fpl* **-nen**) *der, die* vidente *mf*.

hellwach *adj* espabilado(da).

Helm (*pl* **-e**) *der* casco *m*.

Hemd (*pl* **-en**) *das* - 1. [Unterhemd] camiseta *f* (interior) ; **jn bis aufs ~ ausziehen** *fam fig* dejar a alguien en cueros - 2. [Oberhemd] camisa *f*.

hemdsärmelig *adj* burdo(da).

Hemilsphäre [hemi'sfɛːrə] *die* hemisferio *m*.

hemmen *vt* - 1. [bremsen] retardar - 2. [behindern] obstaculizar.

Hemmlschwelle *die* barrera *f* psicológica.

Hemmung (*pl* **-en**) *die* [Behinderung] impedimento *m*. ◆ **Hemmungen** *pl* inhibiciones *fpl* ; **nur keine ~en!** ¡no te cortes! ; **~en haben** sentirse cohibido(da).

hemmungslos ◇ *adj* desvergonzado(da). ◇ *adv* sin vergüenza.

Hengst (*pl* **-e**) *der* semental *m*.

Henkel (*pl* **-**) *der* asa *f*.

Henker (*mpl* **-**) *der* verdugo *m*.

Henne (*pl* **-n**) *die* gallina *f*.

her *adv* - 1. [räumlich] hacia aquí ; **komm sofort ~!** ¡ven aquí inmediatamente! ; **~ mit den Moneten!** ¡suelta la pasta! ; **wo kommst du denn ~?** ¿de dónde vienes? - 2. [zeitlich] : **von damals ~** de entonces - 3. [unter dem Aspekt] desde el punto de vista ; *siehe auch* **her sein**.

herablassen *vt (unreg)* bajar, deslizar. ◆ **sich herablassen** *ref* : **sich zu etw ~** rebajarse para algo.

herablassend ◇ *adj* despectivo(va). ◇ *adv* despectivamente.

herablsetzen *vt* - 1. [Betrag] reducir, bajar - 2. [Person] desprestigiar.

heran, ran *adv* junto a.

heranlkommen (*perf* **ist herangekommen**) *vi (unreg)* - 1. [kommen] acercarse ; **nichts an sich** *(A)* **~ lassen** *fam fig* no dejarse afectar por nada ; **an etw** *(A)* **~** llegar a algo ; **an jn ~** poder acceder a alguien - 2. [bekommen] : **an etw** *(A)* **~** tener acceso a algo.

heranlreichen *vi* : **an etw/jn ~** igualarse a algo/alguien.

heranltreten (*perf* **ist herangetreten**) *vi (unreg)* : **an jn ~** dirigirse a alguien.

heranlwachsen [hɛ'ranvaksn̩] (*perf* **ist herangewachsen**) *vi (unreg)* crecer.

Heranwachsende [hɛ'ranvaksn̩də] (*pl* **-n**) *der, die* adolescente *mf*.

heranlziehen (*perf* **hat/ist herangezogen**) *(unreg)* ◇ *vt (hat)* - 1. [ziehen] acercar - 2. [befragen] consultar - 3. [erziehen] formar. ◇ *vi (ist)* aproximarse.

herauf, rauf *adv* hasta arriba.

herauflbeschwören *vt (unreg)* provocar ; [Vergangenheit] evocar.

herauflkommen (*perf* **ist heraufgekommen**) *vi (unreg)* subir.

heraus, raus *adv* fuera, afuera ; *siehe auch* **heraus sein**.

herauslbekommen *vt (unreg)* - 1. [entlocken, herausfinden] descubrir - 2. [entfernen] poder sacar - 3. [Wechselgeld] recibir de vuelta.

herauslbringen *vt (unreg)* - 1. [bringen] sacar - 2. [veröffentlichen, verkaufen] sacar ; **etw/jn (ganz) groß ~** promocionar algo/a alguien a gran escala - 3. *fam* [entlocken] : **etw aus jm ~** *fam fig* sacar algo de alguien - 4. [aussprechen, artikulieren] articular.

herauslfinden *(unreg)* ◇ *vt* [entdecken] descubrir ; [Lösung] resolver. ◇ *vi* [herauskommen] : **aus etw ~** encontrar la salida de algo.

herauslfliegen (*perf* **hat/ist herausgeflogen**) *(unreg)* ◇ *vt (hat)* sacar (por aire). ◇ *vi (ist)* - 1. [fliegen] : **aus etw ~** salir volando de algo - 2. *fam* [zur Strafe] ser echado(da) - 3. *fam* [herausfallen] : **aus etw ~** caerse de algo - 4. *fam* [geworfen werden] ser arrojado(da).

herauslfordern *vt* - 1. SPORT aspirar - 2. [Person, Schicksal, Glück] desafiar, retar ; **jn ~, etw zu tun** desafiar ODER retar a alguien a hacer algo.

herausfordernd ◇ *adj* desafiante, provocador(ra). ◇ *adv* de forma desafiante ODER provocadora.

Herauslforderung *die* - 1. SPORT reto *m* - 2. [Provokation, Chance] desafío *m*.

herauslgeben *vt (unreg)* - 1. [veröffentlichen] editar - 2. [geben] : **jm etw ~** entregar algo a alguien - 3. [freilassen] poner en libertad, entregar - 4. [Wechselgeld] dar la vuelta de ; **auf 100 Mark ~** dar la vuelta de 100 marcos.

Herausgeber, in (*mpl* **-**, *fpl* **-nen**) *der, die* editor *m*, -ra *f*.

herauslgehen (*perf* **ist herausgegangen**) *vi (unreg)* - 1. [nach draußen] salir (afuera) ; **aus sich ~** *fig* abrirse - 2. [entfernt werden können] salir.

heraus|halten *(unreg) vt* **- 1.** [nach draußen] colgar por fuera **- 2.** *fam* [fern halten] : **jn aus etw ~** dejar ODER mantener a alguien fuera de algo. ◆ **sich heraushalten** *ref* quedarse ODER mantenerse al margen ; **sich aus etw ~** quedarse ODER mantenerse al margen de algo.

heraus|holen *vt* **- 1.** [holen] : **etw/jn aus etw ~** sacar algo/a alguien de algo **- 2.** [Information] : **etw aus jm ~** sacar ODER sonsacar algo a alguien **- 3.** [Leistung, Geld] sacar **- 4.** SPORT recuperar.

heraus|hören *vt* : **etw aus etw ~** [erahnen] advertir ODER apreciar algo en algo ; [hören] percibir algo en algo.

heraus|kommen (*perf* **ist herausgekommen**) *vi (unreg)* **- 1.** [nach draußen] salir (afuera) ; **aus etw ~** salir de algo **- 2.** [Resultat] resultar ; **das kommt auf dasselbe heraus** eso da lo mismo **- 3.** [auf den Markt kommen] salir ; **(ganz) groß ~** *fig* ser promocionado(da) a gran escala **- 4.** [Verbrechen] salir a la luz, descubrirse **- 5.** [entkommen] : **aus etw ~** salir de algo **- 6.** [deutlich werden] resaltar **- 7.** [aus dem Takt kommen] perder el compás ODER ritmo **- 8.** [beim Kartenspiel] salir **- 9.** *fam* [sagen] : **mit etw ~** soltar algo.

heraus|nehmen *vt (unreg)* **- 1.** [entfernen] : **etw (aus etw) ~** sacar algo (de algo) **- 2.** [wagen] : **sich** *(D)* **etw ~** permitirse algo.

heraus|ragen *vi* **- 1.** [hervorstechen] destacarse **- 2.** [herausstehen] sobresalir.

heraus|reden ◆ **sich herausreden** *ref* : **sich mit etw ~** intentar excusarse con algo.

heraus|rücken (*perf* **hat/ist herausgerückt**) ◇ *vt (hat) fam* soltar. ◇ *vi (ist)* [sagen] : **mit etw ~** desembuchar algo.

heraus|schlagen (*perf* **hat/ist herausgeschlagen**) *(unreg)* ◇ *vt (hat)* **- 1.** [schlagen] sacar (a golpes) **- 2.** [Gewinn] sacar. ◇ *vi (ist)* [Feuer] : **aus etw ~** salir de algo.

heraus sein (*perf* **ist heraus gewesen**) *vi (unreg)* **- 1.** [entlassen sein] : **aus etw ~** ser dado(da) de alta en algo **- 2.** [entkommen sein] : **fein ~** haber salido bien parado(da) **- 3.** [Produkt] estar en el mercado **- 4.** [herausgegangen sein] haber salido **- 5.** [entfernt sein] haber salido **- 6.** [klar sein] estar claro.

heraus|stellen *vt* **- 1.** [nach draußen] colocar ODER poner afuera **- 2.** [hervorheben] resaltar, poner de relieve. ◆ **sich herausstellen** *ref* salir a la luz ; **sich als falsch/richtig ~** demostrarse falso(sa)/cierto(ta).

heraus|strecken *vt* sacar.

heraus|suchen *vt* escoger ; **jm etw ~** buscar algo a alguien.

herbei *adv* (hacia) aquí.

herbei|schaffen *vt* procurar, proporcionar.

her|bitten *vt (unreg)* : **jn ~** pedir a alguien que venga.

her|bringen *vt (unreg)* traer.

Herbst (*pl* **-e**) *der* otoño *m* ; **im ~** en otoño.

herbstlich *adj, adv* otoñal.

Herd (*pl* **-e**) *der* **- 1.** [Ofen] cocina *f* **- 2.** [Ausgangspunkt] foco *m*.

Herde (*pl* **-n**) *die* **- 1.** [von Tieren] manada *f* ; [von Schafen] rebaño *m* **- 2.** *abw* [von Menschen] tropa *f*.

Herd|platte *die* placa *f* eléctrica.

herein, rein ◇ *adv* adentro. ◇ *interj* ¡adelante!

herein|brechen (*perf* **ist hereingebrochen**) *vi (unreg) geh* **- 1.** [anfangen] caer **- 2.** [geschehen] sobrevenir.

herein|fallen (*perf* **ist hereingefallen**) *vi (unreg)* **- 1.** [getäuscht werden] dejarse engañar ; **auf etw/jn ~** caer en la trampa de algo/alguien **- 2.** [fallen] caerse **- 3.** [Licht] entrar.

herein|kommen (*perf* **ist hereingekommen**) *vi (unreg)* **- 1.** [kommen] entrar **- 2.** [Ware] llegar, entrar **- 3.** [Geld] entrar.

herein|lassen *vt (unreg)* dejar entrar.

herein|legen *vt* **- 1.** [täuschen] timar, engañar **- 2.** [legen] dejar.

Her|fahrt *die* venida *f*.

her|fallen (*perf* **ist hergefallen**) *vi (unreg)* : **über jn ~** [angreifen] echarse encima de alguien ; **über etw** *(A)* **~** [essen] abalanzarse sobre algo.

Her|gang *der (ohne Pl)* transcurso *m* ; **jm den ~ einer Sache** *(G)* **schildern** describir el transcurso de algo a alguien.

her|geben *vt (unreg)* **- 1.** [geben] dar **- 2.** [erbringen] aportar.

hergeholt *adj* : **weit ~** muy rebuscado(da).

her|haben *vt (unreg) fam* : **wo hast du das her?** ¿de dónde has sacado eso?, ¿de dónde es eso?.

her|halten *(unreg)* ◇ *vi abw* : **als etw ~** servir de algo ; **für jn ~** tener que pagar por alguien. ◇ *vt* sujetar, sostener.

her|hören *vi* escuchar.

Hering (*pl* **-e**) *der* **- 1.** [Fisch] arenque *m* **- 2.** [am Zelt] clavija *f*.

her|kommen (*perf* **ist hergekommen**) *vi (unreg)* **- 1.** [kommen] venir ; **wo kommen Sie her?** ¿de dónde es usted? **- 2.** [entstehen] : **wo kommt diese Verletzung her?** ¿de qué es esa herida? **- 3.** [stammen] salir.

herkömmlich ◇ *adj* tradicional. ◇ *adv* tradicionalmente.

Herkunft *die (ohne Pl)* procedencia *f*; [eines Begriffs] origen *m*.

Herkunfts|land *das* país *m* de procedencia ; [von Person] país *m* de origen.

her|machen *vi* : **viel/wenig/nichts** ~ causar buena/no causar demasiada/no causar impresión.

her|nehmen *vt (unreg)* sacar.

Heroin *das (ohne Pl)* heroína *f*.

Herr (*pl* **-en**) *der* - **1.** [Mann] señor *m*, caballero *m* - **2.** [Anrede] señor *m* ; **meine ~en!** ¡señores! - **3.** [Gott, Christus] Señor *m* - **4.** [Oberhaupt, Gebieter] señor *m* - **5.** *RW* : **aus aller ~en Länder** de todos los lugares (del mundo).

herrenlos *adj* sin dueño.

her|richten *vt* - **1.** [vorbereiten] preparar, arreglar - **2.** [reparieren] restaurar, reparar.

Herrin (*pl* **-nen**) *die* señora *f* ; [Besitzerin] dueña *f*.

herrisch ◇ *adj* autoritario(ria). ◇ *adv* autoritariamente.

herrlich ◇ *adj* magnífico(ca). ◇ *adv* magníficamente.

Herrschaft (*pl* **-en**) *die (ohne Pl)* dominio *m* ; **die ~ über etw/jn verlieren** perder el control de algo/sobre alguien. ◆ **Herrschaften** *pl* personas *fpl* ; **meine ~en!** ¡señores!

herrschen *vi* - **1.** [regieren] dominar ; **über etw/jn ~** gobernar algo/a alguien - **2.** [bestehen] reinar.

Herrscher, in (*mpl* **-**, *fpl* **-nen**) *der, die* soberano *m*, -na *f*.

her|schieben *vt (unreg)* acercar (empujando) ; **etw vor sich** *(D)* **~** [schieben] empujar algo hacia delante ; *fig* [vertagen] dejar algo para más tarde.

her sein (*perf* **ist her gewesen**) *vi (unreg)* - **1.** [vergangen sein] : **es ist erst drei Tage her** hace (sólo) tres días - **2.** [herkommen] : **wo ist er her?** ¿de dónde es? - **3.** *RW* : **hinter etw/jm ~** andar detrás de algo/alguien.

her|stellen *vt* - **1.** [produzieren] fabricar, producir - **2.** [schaffen] instaurar ; **etw wieder ~** restablecer algo - **3.** [näher rücken] acercar.

Hersteller, in (*mpl* **-**, *fpl* **-nen**) *der, die* fabricante *mf*, productor *m*, -ra *f*.

Her|stellung *die* - **1.** [Produktion] fabricación *f*, producción *f* - **2.** [Schaffung] instauración *f*.

herüber, rüber *adv* hacia aquí.

herum ◆ **um ... herum** *adv* - **1.** [örtlich] alrededor ; **um Düsseldorf ~** en los alrededores de Düsseldorf - **2.** *fam* [circa] alrededor de.

herum|drehen ◇ *vt* volver, dar la vuelta a ; [Schlüssel] girar. ◇ *vi* : **an etw** *(D)* **~** girar algo.

herum|fahren (*perf* **hat/ist herumgefahren**) *(unreg)* ◇ *vi (ist)* - **1.** : **um etw ~** dar la vuelta a algo - **2.** [umherfahren] dar vueltas - **3.** [sich umdrehen] darse la vuelta, volverse - **4.** [wischen] dar pasadas. ◇ *vt (hat)* pasear ; **Touristen in der Stadt ~** dar una vuelta por la ciudad a los turistas.

herum|geben *vt (unreg)* repartir.

herum|gehen (*perf* **ist herumgegangen**) *vi (unreg)* - **1.** [umhergehen] darse una vuelta - **2.** [zwischen Personen] : **~, um jeden zu begrüßen** dar una vuelta para saludar a todos(das) - **3.** [im Kreis] : **um etw ~** dar una vuelta alrededor de ODER a algo - **4.** [verbreitet werden] difundirse - **5.** [Zeit] pasar.

herum|kommen (*perf* **ist herumgekommen**) *vi (unreg) fam* - **1.** [reisen] recorrer mundo - **2.** [gehen, fahren] : **um etw ~/nicht ~** pasar rodeando algo/no poder pasar por algo - **3.** [vermeiden] : **um etw ~/nicht ~** librarse/no poder librarse de algo.

herum|kriegen *vt fam* - **1.** [überreden] convencer - **2.** [Zeit] pasar - **3.** [räumlich] poder pasar.

herum|liegen *vi (unreg)* - **1.** *fam* [Person] : **den ganzen Tag im Bett ~** pasarse el día tirado(da) en la cama - **2.** [ungeordnet] estar tirado(da) - **3.** [im Kreis] : **um etw ~** estar apilado(da) entorno a algo.

herum|lungern (*perf* **hat/ist herumgelungert**) *vi fam* gandulear.

herum|sprechen ◆ **sich herumsprechen** *ref (unreg)* divulgarse, propagarse.

herum|treiben ◆ **sich herumtreiben** *ref (unreg) fam* zascandilear.

herum|zeigen *vt* mostrar *(a varias personas)*.

herum|ziehen (*perf* **hat/ist herumgezogen**) *(unreg)* ◇ *vi (ist)* - **1.** [herumfahren] viajar - **2.** [im Kreis] : **um etw ~** recorrer algo. ◇ *vt (hat)* : **einen Zaun um etw ~** poner una valla alrededor de algo.

herunter, runter *adv* abajo.

herunter|bekommen *vt (unreg) fam* - **1.** [schlucken können] pasar, poder tragar - **2.** [nach unten] poder bajar - **3.** [entfernen können] poder quitar.

herunter|fahren *vt (unreg)* [drosseln] ralentizar ; [Computer, Programm] apagar.

heruntergekommen *adj* ruinoso(sa), que se ha venido abajo ; [Person] ajado(da).

herunter|holen *vt* bajar.

herunter|laden *vt (unreg)* EDV descargar.

herunter|lassen *vt (unreg)* bajar.

herunter|machen *vt* : **etw/jn ~** *fam* menospreciar algo/a alguien.

herunter|schlucken *vt* tragar.

hervor *adv* hacia delante.

hervor|bringen *vt (unreg)* - **1.** [Ton] proferir - **2.** [hervorholen] sacar - **3.** [entwickeln] echar.

hervor|gehen (*perf* **ist hervorgegangen**) *vi (unreg)* : **aus etw ~** [entstehen] nacer de algo ; [zu entnehmen sein] desprenderse de algo, extraerse de algo ; **(aus etw) als Sieger ~** salir como vencedor(ra) (de algo), resultar vencedor(ra) (en algo).

hervor|heben *vt (unreg)* realzar.

hervor|holen *vt* extraer.

hervorragend ◇ *adj* excelente. ◇ *adv* excelentemente.

hervor|rufen *vt (unreg)* - **1.** [verursachen] provocar - **2.** [rufen] llamar.

hervor|stechen *vi (unreg)* destacarse.

hervor|tun ◆ **sich hervortun** *ref (unreg)* - **1.** [auffallen] distinguirse - **2.** *abw* [angeben] llamar la atención, dar la nota.

Herweg *der (ohne Pl)* camino *m* hacia aquí.

Herz (*pl* **-en** ODER **-**) *das* - **1.** *(Pl Herzen)* [allgemein] corazón *m* - **2.** *(ohne Artikel) (ohne Pl)* [Spielkartenfarbe] corazones *mpl* - **3.** *(Pl Herz)* [Karte] corazón *m* - **4.** *RW* : **ein ~ für etw/jn haben** amar algo/a alguien ; **es nicht übers ~ bringen, etw zu tun** no tener el valor de hacer algo ; **etwas auf dem ~en haben** estar angustiado(da) por algo ; **jm das ~ brechen** partir el corazón a alguien ; **jm etw ans ~ legen** aconsejar algo a alguien encarecidamente ; **jm lacht bei etw das ~** a alguien le ilusiona mucho algo ; **etw/jd liegt jm am ~en** algo/alguien es de gran importancia para alguien ; **sich** *(D)* **ein ~ fassen** sacar valor ; **sich** *(D)* **etw zu ~en nehmen** tomarse algo a pecho. ◆ **von ganzem Herzen** *adv* de (todo) corazón.

Herzenslust *die (ohne Pl)* : **nach ~** a discreción, a voluntad.

herzerfrischend *adj, adv* que entusiasma.

herzergreifend ◇ *adj* conmovedor(ra). ◇ *adv* conmovedoramente.

herzhaft ◇ *adj* - **1.** [fest] fuerte - **2.** [nahrhaft] consistente. ◇ *adv* - **1.** [fest] fuertemente - **2.** [nahrhaft] consistentemente.

her|ziehen (*perf* **hat/ist hergezogen**) *(unreg)* ◇ *vt (hat)* acercar ; **etw/jn hinter sich** *(D)* **~** arrastrar algo/a alguien tirando. ◇ *vi* - **1.** *abw* [lästern] : **über jn ~** hablar mal de alguien - **2.** *(ist)* [umziehen] venirse a vivir aquí - **3.** *(ist)* [gehen] : **hinter etw** *(D)* **~** ir detrás de algo.

Herz|infarkt *der* infarto *m* de miocardio.

Herz|klopfen *das (ohne Pl)* palpitación *f*.

herzlich ◇ *adj* - **1.** [freundlich] cordial - **2.** [aufrichtig] de corazón. ◇ *adv* - **1.** [freundlich] cordialmente - **2.** [aufrichtig] de corazón - **3.** [sehr] profundamente.

Herzog, in (*mpl* **Herzöge**, *fpl* **-nen**) *der, die* duque *m*, -esa *f*.

Herz|schlag *der* - **1.** [Herzrhythmus] latido *m* del corazón - **2.** [Augenblick] instante *m* - **3.** [Herzstillstand] ataque *m* cardíaco.

Herz|schrittmacher (*pl* **-**) *der* marcapasos *m*.

Herz|stillstand *der (ohne Pl)* paro *m* cardíaco.

herzzerreißend ◇ *adj* desgarrador(ra). ◇ *adv* desgarradoramente.

Hesse (*pl* **-n**) *der* habitante *m* de Hesse.

Hessen *nt* Hesse *m*.

Hessin (*pl* **-nen**) *die* habitante *f* de Hesse.

hessisch *adj* de Hesse.

Hetze *die (ohne Pl)* - **1.** [Hast] apresuramiento *m* - **2.** [Lästern] acoso *m*.

hetzen (*perf* **hat/ist gehetzt**) ◇ *vi* - **1.** *(ist)* [rennen] ir apresuradamente - **2.** *(hat)* [lästern]. ◇ *vt (hat)* : **etw/jn auf jn ~** azuzar algo/a alguien contra alguien.

Heu *das (ohne Pl)* - **1.** [getrocknetes Gras] heno *m* - **2.** *fam* [Geld] pasta *f*.

Heuchelei (*pl* **-en**) *die abw* - **1.** *(ohne Pl)* [Vortäuschen] fingimiento *m* - **2.** [Tat, Äußerung] hipocresía *f*, falsedad *f*.

heucheln *vt & vi* fingir.

Heuchler, in (*mpl* **-**, *fpl* **-nen**) *der, die* hipócrita *mf*.

heulen *vi* - **1.** *fam* [weinen] llorar - **2.** [Tier] aullar - **3.** [Sirene] clamar.

Heuschnupfen *der (ohne Pl)* fiebre *f* del heno, alergia *f* al polen.

heute *adv* - **1.** [als ein Tag] hoy ; **~ früh/Morgen/Mittag/Abend** hoy a primera hora/por la mañana/a mediodía/por la tarde ; **~ in vierzehn Tagen/einer Woche** de aquí a dos semanas/una semana ; **lieber ~ als morgen** *fig* cuanto antes mejor ; **von ~ auf morgen** *fig* de la noche a la mañana - **2.** [gegenwärtig] hoy en día.

heutig *adj* - **1.** [von heute] de hoy - **2.** [gegenwärtig] de hoy en día, actual.

heutzutage *adv* hoy en día.

Hexe (*pl* **-n**) *die* bruja *f*.

Hexenschuss *der (ohne Pl)* lumbago *m*.

Hexerei (*pl* **-en**) *die* brujería *f*.

Hieb (*pl* **-e**) *der* [Schlag] golpe *m* ; [mit der Axt] hachazo *m* ; [mit Schwert] estocada *f*.

hiebfest *adj* : **hieb- und stichfest** contundente.

hielt *prät* ▷ **halten**.

hier ◇ *adv* - **1.** [Position, Richtung] aquí ; **von ~ an, ab ~** a partir de aquí - **2.** [in dieser Angelegenheit] en esto - **3.** [zeitlich] ahora

-**4.** [dort] aquí presente ; **in diesem Haus ~** aquí en esta casa ; **der/die/das ~** este/esta/ esto de aquí ; *siehe auch* **hier sein**. <> *interj* : **hier!** ¡aquí tienes/tiene! ; **~, nimm!** ¡toma!, ¡ten! ◆ **hier und da** *adv* **- 1.** [räumlich] aquí y allá **- 2.** [zeitlich] de vez en cuando.

hieran *adv* **- 1.** [an dieser Sache] en ello **- 2.** [an diese Sache] en esto **- 3.** [an diesem Platz] por aquí **- 4.** [an diesen Platz] aquí.

Hierarchie (*pl* **-n**) *die* jerarquía *f*.

hierauf *adv* **- 1.** [auf dieser Sache] sobre ello **- 2.** [auf diese Sache] sobre esto **- 3.** [auf diesem Platz] aquí mismo **- 4.** [auf diesen Platz] aquí **- 5.** [daraufhin] acto seguido.

hieraus *adv* de aquí ; [aus dieser Handlung] de esto.

hier behalten *vt (unreg)* retener.

hierbei *adv* **- 1.** [zeitlich] en esto **- 2.** [bei dieser Sache] en este caso.

hier bleiben (*perf* **ist hier geblieben**) *vi (unreg)* quedarse aquí.

hierdurch *adv* **- 1.** [örtlich] por aquí **- 2.** [ursächlich] por ello **- 3.** [hiermit] con esto.

hierfür *adv* por esto.

hierher *adv* (hacia) aquí.

hierhin *adv* hacia aquí.

hierin *adv* **- 1.** [örtlich] aquí dentro **- 2.** [in dieser Angelegenheit] en este aspecto.

hiermit *adv* con esto.

hiernach *adv* **- 1.** [zeitlich] a continuación **- 2.** [dieser Aussage folgend] según esto **- 3.** [nach dieser Sache, Angelegenheit] sobre ODER por esto.

hier sein (*perf* **ist hier gewesen**) *vi (unreg)* estar aquí.

hierüber *adv* **- 1.** [über diesen Ort] por aquí **- 2.** [über diesem Ort] por aquí encima **- 3.** [über diese Angelegenheit] sobre esto **- 4.** *geh* [zeitlich] por aquí.

hierum *adv* **- 1.** [örtlich] alrededor de aquí **- 2.** [um diese Sache] entorno a esto.

hierunter *adv* **- 1.** [unter diesem Platz] debajo de esto **- 2.** [unter diesen Platz] aquí debajo **- 3.** [unter dieser Sache] bajo esto **- 4.** [unter Menge] entre ellos (ellas).

hiervon *adv* **- 1.** [von Gegenstand, Sache] de esto **- 2.** [örtlich] de aquí **- 3.** [von dieser Menge] de entre ellos (ellas).

hierzu *adv* **- 1.** [zu dieser Angelegenheit] a ello ODER esto **- 2.** [zu diesem Gegenstand] con esto **- 3.** [zu dieser Menge] junto a esto.

hierzulande *adv* aquí, en este país.

hiesig *adj* local.

hieß *prät* ▷ **heißen**.

Hilfe (*pl* **-n**) <> *die* **- 1.** [Helfen] ayuda *f* ; **mit js ~** con la ayuda de alguien ; **etw/jn zu ~ nehmen** servirse de algo/alguien **- 2.** [Geld] subsidio *m* **- 3.** [Haushaltshilfe] asistente *m*, -ta *f*. <> *interj* ¡socorro! ◆ **Hilfe suchend** <> *adj* suplicante. <> *adv* con aire de súplica. ◆ **mit Hilfe** *adv* = **mithilfe**. ◆ **erste Hilfe** *die (ohne Pl)* primeros auxilios *mpl* ; **(jm) erste ~ leisten** prestar primeros auxilios (a alguien).

Hilfe|leistung *die* asistencia *f*, prestación *f* de auxilio.

Hilfe|ruf *der* grito *m* de socorro.

hilflos <> *adj* **- 1.** [hilfsbedürftig] desamparado(da) **- 2.** [ratlos] desorientado(da). <> *adv* **- 1.** [hilfsbedürftig] con aire desamparado **- 2.** [ratlos] con aire desorientado.

hilfreich <> *adj* útil ; [Mensch, Hand] servicial. <> *adv* de forma útil ; [mit Bezug auf Menschen] servicialmente.

Hilfs|arbeiter, in *der, die* trabajador *m*, -ra *f* auxiliar, obrero *m*, -ra *f*.

hilfsbedürftig *adj* necesitado(da).

hilfsbereit *adj* dispuesto(ta), servicial.

Hilfs|kraft *die* ayudante *mf* ; [akademische] auxiliar *mf*.

Hilfs|mittel *das* medio *m*, recurso *m* ; [bei einer Klausur] ayuda *f*.

Hilfs|verb *das* verbo *m* auxiliar.

hilft *präs* ▷ **helfen**.

Himalaya *der* Himalaya *m*.

Him|beere *die* frambuesa *f*.

Himmel (*pl* **-**) *der* **- 1.** *(ohne Pl)* [Firmament, Paradies] cielo *m* ; **unter freiem ~** al aire libre **- 2.** *(ohne Pl)* [Vorsehung] : **es ist eine Fügung des ~s** viene como caído del cielo ; **der ~ weiß** ¡sabe Dios! **- 3.** [Baldachin] dosel *m* **- 4.** *RW* : **aus heiterem ~** de repente ; **zum ~ schreien** clamar al cielo ; **im siebten ~ sein** estar en el séptimo cielo.

himmelblau *adj* azul cielo.

Himmel|fahrt *die* **- 1.** REL ascensión *f* **- 2.** *(ohne Artikel)* [Feiertag] : **Christi ~** la Ascensión (del Señor) ; **Mariä ~** la Asunción.

Himmels|richtung *die* punto *m* cardinal.

himmlisch <> *adj* **- 1.** [des Himmels] celestial **- 2.** [wunderbar] divino(na), magnífico(ca). <> *adv* [wunderbar] magníficamente.

hin *adv* **- 1.** [zum Ausdruck einer Richtung] hacia allí ; **zu etw ~** hacia algo ; **der Weg ~** el camino de ida ; **~ und zurück** ida y vuelta ; **nach außen ~** *fig* exteriormente **- 2.** [zum Ausdruck einer Strecke] durante **- 3.** [in Richtung auf Zeitpunkt] alrededor de, sobre **- 4.** [zum Ausdruck eines zeitlichen Verlaufs] : **über Jahre ~** durante años **- 5.** *RW* : **auf etw** *(A)* **~** [nach etw forschend] en busca de algo ; [wegen, durch] por algo ; [für] para algo ; **Regen ~, Regen her** por mucho que llueva ; **Geld ~, Geld her** por mucho dinero que cueste ; *siehe auch* **hin sein.** ◆ **hin und her** *adv* de aquí para allá. ◆ **hin und wieder** *adv* de cuando en cuando.

hinab *adv* (hacia) abajo ; **die Treppe ~** bajando la escalera.

hinab|gehen (*perf* **ist hinabgegangen**) *(unreg) geh* <> *vt* bajar. <> *vi* descender.

hin|arbeiten *vi* : **auf etw** *(A)* ~ aspirar a algo.

hinauf *adv* (hacia) arriba ; **diesen Weg ~** subiendo por este camino.

hinauf|gehen (*perf* **ist hinaufgegangen**) *(unreg)* <> *vi* - **1.** [gehen, verlaufen] subir ; **es geht hinauf** hay que subir - **2.** [steigen] ascender. <> *vt* subir.

hinauf|sehen *vi (unreg)* : **zu etw/jm ~** elevar la vista a algo/alguien ; *fig* admirar algo/a alguien.

hinauf|steigen (*perf* **ist hinaufgestiegen**) *vi (unreg)* ascender.

hinaus *adv* - **1.** [nach draußen] hacia fuera - **2.** [zeitlich] : **über etw** *(A)* ~ hasta después de algo. ◆ **über ... hinaus** *adv* aparte de.

hinaus|begleiten *vt* acompañar *(hasta la puerta)*.

hinaus|gehen (*perf* **ist hinausgegangen**) *vi (unreg)* - **1.** [nach draußen] salir fuera - **2.** [hinausführen] salir - **3.** [gerichtet sein] : **auf den Hof/zum Meer ~** dar al patio/mar - **4.** [überschreiten] : **über etw** *(A)* ~ exceder algo.

hinaus|laufen (*perf* **ist hinausgelaufen**) *vi (unreg)* - **1.** [nach draußen] salir corriendo - **2.** [abzielen] : **auf etw** *(A)* ~ desembocar en algo ; **das läuft auf dasselbe hinaus** eso viene a ser lo mismo.

hinaus|schieben *vt (unreg)* - **1.** [nach draußen] empujar hacia la salida - **2.** [zeitlich] aplazar.

hinaus|werfen *vt (unreg)* - **1.** [nach draußen] lanzar - **2.** *fam* [ausweisen] echar, expulsar - **3.** *fam* [kündigen] echar.

hinaus|zögern *vt* retrasar.

hin|bekommen *vt (unreg)* conseguir ; **etw wieder ~** reparar algo.

hin|bestellen *vt* pedir.

Hinblick *der (ohne Pl)* : **in** ODER **im ~ auf etw/jn** con vistas a algo/alguien.

hinderlich *adj* : **einer Sache/jm ~ sein** ser un impedimento ODER obstáculo para algo/alguien.

hindern *vt* obstaculizar, impedir ; **jn an etw** *(D)* ~ impedir algo a alguien.

Hindernis (*pl* **-se**) *das* obstáculo *m*.

Hinderungs|grund *der* : **für jn kein ~ sein** no suponer un obstáculo para alguien.

hin|deuten *vi* indicar ; **auf etw/jn ~** [zeigen] señalar algo/a alguien (con el dedo) ; [erkennen lassen] indicar algo/a alguien.

Hindi *das (ohne Pl)* hindi *m* ; *siehe auch* **Englisch**.

Hindu (*pl* **-s**) *der* hindú *mf*.

hindurch *adv* - **1.** [zeitlich] durante - **2.** [örtlich] a través.

hinein *adv* - **1.** [örtlich] adentro - **2.** [zeitlich] hasta.

hinein|denken ◆ **sich hineindenken** *ref (unreg)* : **sich in etw/jn ~** ponerse en el lugar de algo/alguien.

hinein|fressen *vt (unreg)* : **etw in sich** *(A)* ~ engullir algo ; *fam fig* tragarse algo.

hinein|gehen (*perf* **ist hineingegangen**) *vi (unreg)* - **1.** [nach drinnen] adentrarse - **2.** [hineinpassen] entrar, caber.

hinein|geraten (*perf* **ist hineingeraten**) *vi (unreg)* : **in etw** *(A)* ~ encontrarse en algo.

hinein|steigern ◆ **sich hineinsteigern** *ref* : **sich in etw** *(A)* ~ enfrascarse en algo ; [in Gefühle] dejarse llevar por algo.

hinein|versetzen ◆ **sich hineinversetzen** *ref* : **sich in jn** ODER **in js Lage ~** ponerse en la piel ODER el lugar de alguien.

hinein|ziehen (*perf* **hat/ist hineingezogen**) *(unreg)* <> *vt (hat)* - **1.** [nach drinnen] meter - **2.** [verwickeln] : **jn in etw** *(A)* ~ arrastrar a alguien a algo. <> *vi (ist)* - **1.** [umziehen] mudarse - **2.** [gehen] introducirse, adentrarse.

hin|fahren (*perf* **hat/ist hingefahren**) *(unreg)* <> *vi (ist)* ir, viajar ; **wo ist er hingefahren?** ¿a dónde ha ido?. <> *vt (hat)* llevar.

Hin|fahrt *die* ida *f*, viaje *m*.

hin|fallen (*perf* **ist hingefallen**) *vi (unreg)* caerse.

hinfällig *adj* - **1.** [altersschwach] decrépito(ta), débil - **2.** [gegenstandslos] nulo(la).

Hin|flug *der* (vuelo *m* de) ida *f*.

hin|führen <> *vt* [hinbringen] guiar, llevar ; [durch Erziehung] inducir, llevar. <> *vi* llevar, conducir.

hing *prät* ▷ **hängen**.

hin|geben *vt (unreg) geh* sacrificar. ◆ **sich hingeben** *ref* : **sich einer Sache** *(D)* ~ dedicarse a algo, consagrar su vida a algo.

hingegen *konj* por el contrario, en cambio.

hin|gehen (*perf* **ist hingegangen**) *vi (unreg)* - **1.** [gehen] ir ; **zu jm ~** ir a casa de alguien - **2.** *geh* [vergehen] pasar.

hin|halten *vt (unreg)* - **1.** [reichen] dar ; **die Hand ~** tender la mano - **2.** [vertrösten] hacer esperar.

hinken (*perf* **hat/ist gehinkt**) *vi* - **1.** *(hat)* [humpeln] cojear - **2.** *(ist)* [an einen Ort] : **über die Straße ~** cruzar la calle renqueando.

hin|knien ◆ **sich hinknien** *ref* arrodillarse.

hin|kommen (*perf* **ist hingekommen**) *vi (unreg)* - **1.** [ankommen] llegar - **2.** [hingehören] : **wo kommen diese Gläser hin?** ¿dónde hay que poner estos vasos? - **3.** [hingeraten] ir a parar - **4.** [auskommen] : **mit etw ~** apañárselas con algo - **5.** [zutreffen] acertar ; **das kommt hin/nicht hin!** ¡eso está/no está bien!

hin|kriegen *vt fam* conseguir ; **sie hat dieses Bild wirklich gut hingekriegt** este dibujo le ha salido verdaderamente bien ; **der Arzt hat ihn bald wieder hingekriegt** el médico le ha curado rápidamente.

hinlänglich ◇ *adj* suficiente. ◇ *adv* suficientemente.

hin|legen *vt* - **1.** [aus der Hand legen] dejar ; [hinstellen] colocar - **2.** [ins Bett] acostar - **3.** *fam* [bezahlen] pagar - **4.** *fam* [vorführen] realizar. ◆ **sich hinlegen** *ref* - **1.** [sich legen] tumbarse - **2.** [ins Bett] acostarse - **3.** *fam* [stürzen] caerse.

hin|nehmen *vt (unreg)* - **1.** [ertragen] soportar, tolerar - **2.** *fam* [mitnehmen] : **etw/jn (zu jm) mit ~** llevar algo/a alguien (a casa de alguien).

hin|reichen ◇ *vt* : **jm etw ~** dar ODER pasar algo a alguien. ◇ *vi* - **1.** [sich erstrecken] extenderse - **2.** [ausreichen] bastar, llegar.

Hinreise *die (ohne Pl)* (viaje *m* de) ida *f*.

hin|reißen *vt (unreg)* - **1.** [ziehen] tirar - **2.** [begeistern] entusiasmar, apasionar - **3.** [verleiten] : **sich (von jm) ~ lassen** dejarse seducir (por alguien).

hinreißend *adj* encantador(ra).

hin|richten *vt* ejecutar.

Hin|richtung *die* ejecución *f*.

hin sein (*perf* **ist hin gewesen**) *vi (unreg) fam* : **etw ist hin** algo está roto(ta) ; **jd ist hin** [tot] alguien está muerto(ta) ; **jd ist hin vor Glück** alguien está loco(ca) de alegría.

hin|setzen *vt* sentar ; [Gegenstand] dejar, poner. ◆ **sich hinsetzen** *ref* - **1.** [sich setzen] sentarse - **2.** *fam* [stürzen] caerse.

Hinsicht *die (ohne Pl)* : **in dieser/jeder ~** en este aspecto/todos los aspectos, con respecto a este punto de vista/todos los puntos de vista ; **in doppelter ~** por dos razones ; **in ~ auf etw** *(A)* en cuanto a algo.

hin|stellen *vt* - **1.** [stellen] colocar - **2.** [absetzen] colocar, dejar - **3.** [darstellen] : **etw/jn als etw ~** [negativ] tildar algo/a alguien de algo ; [positiv] calificar algo/a alguien de algo. ◆ **sich hinstellen** *ref* - **1.** [sich stellen] colocarse - **2.** [darstellen] : **sich als etw/jn ~** dárselas de algo/alguien.

hinten *adv* detrás ; **nach ~** hacia atrás ; **von ~** por detrás ; **da ~** allí detrás.

hintenherum *adv fam* por detrás.

hinter *präp* - **1.** *(+ D)* detrás ; **~ etw/jm her** detrás de algo/alguien - **2.** [zeitlich] : **etw ~ sich** *(D)* **haben** tener algo a sus espaldas, haber finalizado algo ; **etw ~ sich** *(A)* **bringen** finalizar algo - **3.** *(+ A)* detrás.

Hinter|ausgang *der* salida *f* trasera.

Hinterbliebene (*pl* **-n**) *der, die* pariente *mpl* de un fallecido/una fallecida.

hintere, r, s *adj* trasero(ra).

Hintere (*pl* **-n**) *der, die, das* el/la de detrás.

hintereinander *adv* - **1.** [räumlich] uno (una) detrás de otro (otra), uno (una) tras otro (otra) - **2.** [zeitlich] sucesivamente ; **sie hat an drei Wochenenden ~ gearbeitet** ha trabajado tres fines de semana seguidos.

Hinter|eingang *der* entrada *f* trasera.

hinterfragen *vt* cuestionar, poner en duda.

Hinter|gedanke *der* segunda intención *f* ; **~n haben** ir con segundas.

hintergehen (*prät* **hinterging**, *perf* **hat hintergangen**) *vt* engañar.

Hinter|grund *der* fondo *m* ; **im ~ bleiben** mantenerse en un segundo plano ; **etw/jn in den ~ drängen** relegar algo/a alguien a un segundo plano.

Hinterhalt (*pl* **-e**) *der* emboscada *f* ; **in einen ~ geraten** ODER **fallen** caer en una emboscada.

hinterhältig ◇ *adj* insidioso(sa). ◇ *adv* insidiosamente.

hinterher[1] *adv* [räumlich] : **einer Sache/jm ~** detrás de algo/alguien.

hinterher[2] *adv* [zeitlich] después, seguidamente.

hinterher|fahren (*perf* **ist hinterhergefahren**) *vi (unreg)* : **einer Sache/jm ~** seguir algo/a alguien.

hinterher|gehen (*perf* **ist hinterhergegangen**) *vi (unreg)* : **jm ~** seguir a alguien.

Hinter|kopf *der* occipucio *m*, región *f* occipital ; **etw im ~ haben/behalten** *fig* tener algo guardado(da) en la memoria.

Hinterland *das (ohne Pl)* interior *m* del país.

hinterlassen (*präs* **hinterlässt**, *prät* **hinterließ**, *perf* **hat hinterlassen**) *vt* - **1.** [vererben] legar ; **jm etw ~** legar algo a alguien - **2.** [zurücklassen] dejar.

hinterlegen *vt* : **etw bei jm ~** entregar algo a alguien ; **etw am Empfang ~** depositar algo en recepción.

Hinterlist *die (ohne Pl)* insidia *f*.

hinterlistig <> *adj* insidioso(sa), pérfido(da). <> *adv* insidiosamente.

Hintern (*pl* -) *der fam* trasero *m*, traste *m Amér.*

Hinter|rad *das* rueda *f* trasera.

hinterrücks *adv abw* por detrás, por la espalda.

Hinter|seite *die* parte *f* trasera.

Hinter|teil *das fam* trasero *m*.

Hintertreffen *das (ohne Pl)* : **ins ~ geraten** rezagarse, quedarse rezagado(da).

hintertreiben (*prät* **hintertrieb**, *perf* **hat hintertrieben**) *vt* frustrar, entorpecer.

Hinter|tür *die* puerta *f* trasera.

Hinterwäldler, in (*mpl* -, *fpl* **-nen**) *der, die abw* paleto *m*, -ta *f*.

hinterziehen (*prät* **hinterzog**, *perf* **hat hinterzogen**) *vt* : **Steuern ~** defraudar impuestos.

hin|treten (*perf* **hat/ist hingetreten**) *vi (unreg)* - **1.** *(ist)* [an einen Ort] acercarse ; [zu einer Person] presentarse ; **vor jn ~** presentarse ante alguien - **2.** *(hat)* [mit Fuß] pisar.

hinüber *adv* hacia el otro lado ; *siehe auch* **hinüber sein**.

hinüber sein (*perf* **ist hinüber gewesen**) *vi (unreg) fam* - **1.** [am Ende sein] estar hecho(cha) polvo - **2.** [gehen] haberse ido.

hinunter, runter *adv* hacia abajo.

hinunter|blicken *vi* : **in etw** *(A)* **~** mirar hacia abajo ; **an sich** *(D)* **~** mirarse de arriba a abajo.

hinunter|schlucken *vt* - **1.** [verschlucken] tragar - **2.** *fam* [hinnehmen] : **etw ~** tragarse algo.

hinunter|stürzen (*perf* **hat/ist hinuntergestürzt**) *vt* - **1.** *(ist)* [hinunterfallen] caerse, precipitarse - **2.** *(hat)* [werfen] tirar, arrojar - **3.** *fam* [schnell trinken] zamparse, soplarse.

hinweg *adv geh* fuera ; **über etw/jn ~** por encima de algo/alguien ; **über Jahre ~** durante años ; **~ mit dir!** ¡fuera de aquí!

Hinweg *der (ohne Pl)* ida *f* ; **auf dem ~** a la ida.

hinweg|gehen (*perf* **ist hinweggegangen**) *vi (unreg)* : **über etw** *(A)* **~** pasar por alto algo.

hinweg|kommen (*perf* **ist hinweggekommen**) *vi (unreg)* : **über etw** *(A)* **~** superar algo.

hinweg|sehen *vi (unreg)* : **über etw/jn ~** mirar por encima de algo/alguien ; **über etw** *(A)* **~** *fig* pasar por alto algo.

hinweg|setzen ◆ **sich hinwegsetzen** *ref* : **sich über etw** *(A)* **~** pasar por alto algo, hacer caso omiso de algo.

Hinweis (*pl* **-e**) *der* [Tipp] señal *f* ; [Anzeichen] indicio *m* ; [Anweisung] indicación *f* ; **jm einen ~ geben** darle a alguien una indicación ; [Rat] darle a alguien un consejo.

hin|weisen *(unreg)* <> *vi* - **1.** [schließen lassen] : **auf etw** *(A)* **~** indicar algo - **2.** [zeigen] : **auf etw/jn ~** señalar algo/a alguien. <> *vt* : **jn auf etw** *(A)* **~** indicar algo a alguien.

hin|wenden *vt* dirigir.

hin|werfen *vt (unreg)* - **1.** [werfen] tirar - **2.** *fam* [aufhören] mandar a la porra - **3.** [erledigen] realizar, esbozar - **4.** [aussprechen] soltar - **5.** *fam* [fallen lassen] dejar caer.

hin|ziehen (*perf* **hat/ist hingezogen**) *(unreg)* <> *vt (hat)* - **1.** [anziehen] : **etw/jn zu sich ~** atraer algo/a alguien a su persona - **2.** [zeitlich] demorar. <> *vi (ist)* [umziehen] mudarse. ◆ **sich hinziehen** *ref* alargarse, prolongarse.

hinzu *adv* : **noch einmal die gleiche Portion ~** otra ración más.

hinzu|fügen *vt* añadir, agregar ; **etw zu etw ~** añadir algo a algo.

hinzu|kommen (*perf* **ist hinzugekommen**) *vi (unreg)* - **1.** [ankommen] unirse ; **eine weitere Person kam hinzu** llegó una persona más - **2.** [sich ergeben] resultar ; **eine ~de Schwierigkeit** una dificultad añadida.

hinzu|treten (*perf* **ist hinzugetreten**) *vi (unreg)* unirse.

hinzu|ziehen *vt (unreg)* consultar.

Hirn (*pl* **-e**) *das* cerebro *m*.

Hirngespinst (*pl* **-e**) *das abw* alucinación *f*.

Hirsch (*pl* **-e**) *der* ciervo *m*.

Hirse *die (ohne Pl)* mijo *m*.

Hirte (*pl* **-n**), **Hirt** (*pl* **-en**) *der* pastor *m*.

Hirtin (*pl* **-nen**) *die* pastora *f*.

hissen *vt* izar.

Historiker, in (*mpl* -, *fpl* **-nen**) *der, die* historiador *m*, -ra *f*.

historisch <> *adj* histórico(ca). <> *adv* históricamente.

Hit (*pl* **-s**) *der* hit *m*.

Hit|parade *die* lista *f* de éxitos.

Hitze *die (ohne Pl)* calor *m*.

hitzebeständig *adj* refractario(ria).

hitzefrei *adj* : **~ haben** librar a causa del calor.

Hitze|welle *die* ola *f* de calor.

hitzig <> *adj* acalorado(da). <> *adv* acaloradamente.

hitzköpfig *adj* irascible.

Hitz|schlag *der* insolación *f*.

HIV-positiv *adj* seropositivo(va).

H-Milch *die (ohne Pl)* leche *f* homogeneizada.

hob *prät* ▷ **heben.**

Hobby ['hɔbi] (*pl* **-s**) *das* hobby *m*, afición *f*.

Hobby|koch *der* cocinero *m* aficionado, aficionado *m* a la cocina.

Hobby|köchin *die* cocinera *f* aficionada, aficionada *f* a ala cocina.

Hobel (*pl* **-**) *der* **- 1.** [Werkzeug] cepillo *m* (de carpintero) **- 2.** [Küchengerät] rallador *m*.

Hobelbank (*pl* **-bänke**) *die* banco *m* de carpintero.

hobeln ◇ *vt* [Holz] cepillar ; [Gemüse] cortar en rodajas. ◇ *vi* cepillar.

hoch (*kompar* **höher**, *superl* **höchste**) ◇ *adj* **- 1.** [lang, groß] alto(ta) ; [Raum] de techo alto **- 2.** [weit oben] elevado(da) **- 3.** [mit Maßangabe] de altura **- 4.** [beträchtlich] elevado(da) **- 5.** [anspruchsvoll] elevado(da) ; **etw ist jm zu ~** *fam fig* algo es superior a alguien **- 6.** [Posten, Politik, Adel] alto(ta) ; [Gericht] supremo(ma) **- 7.** [Klang] alto(ta) **- 8.** MATH : **zehn ~ zwei** diez (elevado) al cuadrado ; **zehn ~ vier** diez elevado a la cuarta potencia. ◇ *adv* **- 1.** [lang] muy **- 2.** [weit oben] (muy) alto(ta) **- 3.** [nach oben] hacia arriba ; **dieser Athlet ist sehr ~ gesprungen** este atleta ha saltado muy alto **- 4.** [beträchtlich] : **~ verlieren** perder mucho **- 5.** [sehr] muy **- 6.** [singen] alto(ta), en un tono alto.

Hoch (*pl* **-s**) *das* **- 1.** [Jubelruf] viva *m* **- 2.** [Hochdruckgebiet] anticiclón *m*.

Hochachtung *die (ohne Pl)* respeto *m*, estima *f*.

hochachtungsvoll *adv* atentamente.

hoch|arbeiten ◆ **sich hocharbeiten** *ref* ganarse el puesto a pulso.

Hochbau *der (ohne Pl)* edificación *f*.

hoch begabt *adj* muy dotado(da), superdotado(da).

Hochbetrieb *der (ohne Pl)* : **es herrscht ~** hay una elevada actividad comercial.

hoch bezahlt *adj* muy bien remunerado(da).

Hoch|burg *die* baluarte *m*.

hochdeutsch ◇ *adj* en alto alemán. ◇ *adv* : **~ sprechen** hablar alemán sin dialecto, hablar alto alemán.

Hochdruck *der (ohne Pl)* **- 1.** [technisch] alta presión *f* ; **unter ~ stehen** estar a alta presión **- 2.** [meteorologisch] anticiclón *m*, altas presiones *fpl* **- 3.** *fam* [Hochbetrieb] : **es herrscht ~** hay mucho que hacer ; **mit ~ arbeiten** trabajar a toda máquina.

Hochdruck|gebiet *das* centro *m* de altas presiones.

Hoch|ebene *die* meseta *f*.

hoch empfindlich *adj* hipersensible.

hocherfreut ◇ *adj* contentísimo(ma). ◇ *adv* con gran alegría.

hoch|fahren (*perf* **hat/ist hochgefahren**) *(unreg)* ◇ *vi (ist)* **- 1.** [nach oben] subir **- 2.** [erschrecken] sobresaltarse **- 3.** [zornig] enfurecerse, alterarse. ◇ *vt (hat) fam* subir.

hoch|fliegen (*perf* **ist hoch geflogen**) *vi (unreg)* [aufsteigen] ascender.

Hoch|form *die (ohne Pl)* : **in ~ sein** estar en plena forma.

Hoch|frequenz *die* alta frecuencia *f*.

Hoch|gebirge *das* alta montaña *f* ; **im ~** en (la) alta montaña.

Hoch|gefühl *das* : **im ~ einer Sache** *(G)* en la euforia de algo.

hoch|gehen (*perf* **ist hochgegangen**) *vi (unreg)* **- 1.** [explodieren] explotar **- 2.** *fam* [wütend werden] cabrearse **- 3.** [aufgedeckt werden] ser descubierto(ta) ; **der Drogenring ging schließlich hoch** finalmente se descubrió a la banda de narcotraficantes ; **jn ~ lassen** *fam* delatar a alguien, traicionar a alguien.

hoch|gehen (*perf* **ist hoch gegangen**) *vi (unreg)* **- 1.** [sich heben] elevarse **- 2.** [nach oben gehen] subir.

hochgestellt *adj* [Zahl, Buchstabe] volado(da).

Hochglanz *der (ohne Pl)* brillo *m* ; **etw auf ~ bringen** *fig* poner algo reluciente.

hochgradig ◇ *adj* intenso(sa), de sumo(ma). ◇ *adv* sumamente.

hoch|halten *vt (unreg)* [bewahren] mantener, conservar.

hoch halten *vt (unreg)* [nach oben] mantener elevado(da).

Hoch|haus *das* edificio *m* alto ; [Wolkenkratzer] rascacielos *m*.

hoch|heben *vt (unreg)* : **etw/jn ~** levantar algo/a alguien.

hochkant *adv* de canto.

hoch|klappen (*perf* **hat/ist hochgeklappt**) ◇ *vt (hat)* subir ; [Verdeck] replegar ; [Klapptisch] levantar. ◇ *vi (ist)* subir ; [Verdeck, Klapptisch] abrir.

hoch|klettern (*perf* **ist hochgeklettert**) *vi* : **an etw** *(D)* **~** trepar por algo.

hoch|kommen (*perf* **ist hochgekommen**) *vi (unreg)* **- 1.** [nach oben] subir **- 2.** [aufstehen] levantarse, ponerse de pie **- 3.** [beruflich] promocionarse, subir de posición **- 4.** [erbrechen] : **es kommt jm hoch** alguien siente náuseas ; **das Essen kommt ihm hoch** se le está subiendo la comida.

Hoch|konjunktur *die* expansión *f*, fase *f* de gran prosperidad económica.

hochkrempeln *vt* remangar, arremangar(se).

Hochland *das* altiplanicie *f*.

hochleben *vi* : **etw/jn ~ lassen** dar vivas por algo/alguien.

Hochleistungssport *der (ohne Pl)* deporte *m* de alta competición.

Hochmut *der (ohne Pl)* arrogancia *f*.

hochmütig <> *adj* arrogante. <> *adv* con arrogancia.

hochnäsig *abw* <> *adj* [hochmütig] arrogante ; [eingebildet] creído(da). <> *adv* con arrogancia, presumidamente.

hoch nehmen *vt (unreg)* [hochheben] levantar.

Hochofen *der* alto horno *m*.

hochprozentig *adj* de elevado porcentaje ; **~ sein** [Alkohol] tener muchos grados.

hochrechnen *vt* prever.

Hochrechnung *die* previsión *f* ; **die ~ der Wahlergebnisse** las previsiones electorales.

hochrot *adj* completamente rojo(ja).

Hochsaison *die* temporada *f* alta.

hochschlagen ['ho:xʃla:gn̩] (*perf* **hat/ist hochgeschlagen**) *(unreg)* <> *vt (hat)* doblar, levantar. <> *vi (ist)* levantarse.

hochschrecken ['ho:xʃrɛkn̩] (*prät* **schreckte** ODER **schrak hoch**, *perf* **hat/ist hochgeschreckt**) <> *vt (hat) (reg)* asustar mucho ; **jn aus dem Schlaf ~** despertar a alguien con un gran susto. <> *vi (ist)* asustarse.

Hochschulabschluss *der* título *m* universitario.

Hochschule *die* centro *m* de enseñanza superior ; [Universität] universidad *f* ; [Fachhochschule] escuela *f* universitaria.

Hochschullehrer, in *der, die* profesor *m*, -ra *f* de enseñanza superior.

Hochschulreife *die* nivel *m* de estudios medios.

hochschwanger ['ho:xʃvaŋɐ] *adj* : **eine ~e Frau** una mujer con un embarazo muy avanzado.

Hochsommer *der* : **wir haben ~** estamos en pleno verano ; **im ~** en pleno verano.

Hochspannung *die (ohne Pl)* - **1.** [Strom] alta tensión *f* - **2.** [Stimmung] : **es herrscht ~** se vive una gran tensión.

hochspielen ['ho:xʃpi:lən] *vt* exagerar.

Hochspringer, in *der, die* saltador *m*, -ra *f* de altura.

Hochsprung *der (ohne Pl)* salto *m* de altura.

höchst ['hø:çst] *adv* muy, sumamente.

Hochstapler, in ['ho:xʃta:plɐ, ərɪn] (*mpl* -, *fpl* **-nen**) *der, die* impostor *m*, -ra *f*.

Höchstbelastung *die* carga *f* máxima.

höchstens ['hø:çstn̩s] *adv* - **1.** [im äußersten Fall] a lo sumo, como máximo - **2.** [außer] a lo sumo.

Höchstfall *der (ohne Pl)* : **im ~** en el mejor de los casos.

Höchstform *die (ohne Pl)* : **in ~ sein** estar en plena forma.

Höchstgeschwindigkeit *die* velocidad *f* máxima.

Höchstgrenze *die* límite *m* máximo.

Hochstimmung *die (ohne Pl)* muy buen ambiente *m* ; **es herrscht ~** hay un ambientazo.

höchstmöglich ['hø:çstmø:klɪç] *adj* máximo(ma).

höchstwahrscheinlich ['hø:çstva:ɐ̯ʃainlɪç] *adv* muy probablemente.

Hochtour *die* : **auf ~en laufen** [Maschine] funcionar al máximo ; **die Vorbereitungen laufen auf ~en** se está trabajando a toda máquina en los preparativos.

hochtrabend *abw* <> *adj* grandilocuente, rimbombante. <> *adv* de forma grandilocuente.

Hochwasser *das (ohne Pl)* [Überschwemmung] inundación *f* ; **~ haben** [hohen Wasserstand] sufrir una crecida ; **jd hat ~** *fig fam* a alguien le están los pantalones muy cortos.

hochwertig *adj* de gran calidad ; [Nahrungsmittel] de gran valor nutritivo.

Hochzeit *die* boda *f* ; **silberne/goldene ~** bodas de plata/oro.

Hochzeitskleid *das* vestido *m* de novia.

Hochzeitsnacht *die* noche *f* de bodas.

Hochzeitspaar *das* : **das ~** los novios, la pareja nupcial.

Hochzeitsreise *die* viaje *m* de novios, luna *f* de miel.

Hochzeitstag *der* [Jahrestag] aniversario *m* de boda ; [Tag der Hochzeit] día *m* de la boda.

hochziehen *vt (unreg)* - **1.** [ziehen] subir ; [Flagge, Segel] izar - **2.** [heben] levantar - **3.** [bauen] levantar.

Hocke (*pl* **-n**) *die* - **1.** *(ohne Pl)* [Haltung] : **in die ~ gehen** ponerse en cuclillas - **2.** [Sprung] salto *m* con las piernas encogidas.

hocken *vi* - **1.** [kauern] estar en cuclillas - **2.** *fam* [sitzen] estar sentado(da).

Hocker (*pl* -) *der* banqueta *f* ; [Barhocker] taburete *m*.

Höcker (*pl* -) *der* - **1.** [Ausbuchtung] protuberancia *f*; [auf Straße] bache *m* - **2.** [von Kamel] joroba *f*.

Hockey *das (ohne Pl)* hockey *m*.

Hockey|spieler, in *der, die* jugador *m*, -ra *f* de hockey.

Hoden *die (mpl)* testículos *mpl*.

Hof (*pl* **Höfe**) *der* - **1.** [von Häusern] patio *m* - **2.** [Bauernhof] granja *f* - **3.** [Schulhof, Gefängnishof] patio *m* de recreo - **4.** [von König] corte *f*; **jm den ~ machen** *fig* hacerle la corte a alguien.

Hofbräuhaus *das (ohne Pl) cervecería famosa de Munich.*

hoffen <> *vt* esperar. <> *vi* : **auf etw/jn ~** confiar en algo/alguien ; **die Sportler ~ auf Medaillen** los deportistas confían en ganar alguna medalla, los deportistas tienen ilusión con ganar alguna medalla.

hoffentlich *adv* : **~ haben wir ...** espero que tengamos ..., esperemos que ...

Hoffnung (*pl* **-en**) *die* esperanza *f*; **die ~ aufgeben/nicht aufgeben** perder/no perder la(s) esperanza(s) ; **seine ~ auf etw/jn setzen** poner sus esperanzas en algo/alguien.

hoffnungslos <> *adj* desesperado(da). <> *adv* - **1.** [ohne Hoffnung] desesperadamente - **2.** [völlig] completamente.

Hoffnungslosigkeit *die (ohne Pl)* falta *f* de esperanza, desesperación *f*.

hoffnungsvoll <> *adj* - **1.** [optimistisch] optimista - **2.** [Erfolg versprechend] alentador(ra). <> *adv* - **1.** [optimistisch] con optimismo - **2.** [Erfolg versprechend] de forma alentadora.

höflich <> *adj* cortés, amable. <> *adv* cortésmente, amablemente.

Höflichkeit (*pl* **-en**) *die* - **1.** *(ohne Pl)* [im Auftreten] cortesía *f*, amabilidad *f* - **2.** [Floskel] cumplido *m*.

Höhe (*pl* **-n**) *die* - **1.** [Maß] altura *f* - **2.** [Größe] cantidad *f*; [der Temperatur] nivel *f* - **3.** [Richtung] : **in die ~ gehen** aumentar ; [Preise] estar en alza ; **in die ~ steigen** [Ballon] elevarse ; **in die ~ heben** elevar - **4.** [Linie] : **auf der** ODER **in ~ von etw** a nivel de algo ; **auf gleicher ~** al mismo nivel - **5.** *RW* : **wieder auf der ~ sein** [gesund sein] estar repuesto(ta) ; **das ist die ~!** *fam* ¡esto es el colmo!

Hoheit (*pl* **-en**) *die* - **1.** *(ohne Pl)* [Herrschaft] soberanía *f* - **2.** [als Anrede] majestad *mf*.

Hoheits|gebiet *das* territorio *m* jurisdiccional.

Höhen|lage *die* : **in ~** a muchos metros de altura.

Höhen|sonne *die* lámpara *f* ultravioleta.

Höhe|punkt *der* punto *m* culminante ; [Orgasmus] orgasmo *m*.

hohl <> *adj* - **1.** [ausgehöhlt] hueco(ca) - **2.** [gebogen] : **die ~e Hand** el hueco de la mano - **3.** [im Klang] hueco(ca) - **4.** *fam abw* [dumm] sin sentido ; **~ sein** tener la cabeza hueca. <> *adv* - **1.** [dumpf] ronco(ca) ; **seine Stimme klingt ~** su voz suena empañada - **2.** *fam abw* [geistlos] sin ton ni son.

Höhle (*pl* **-n**) *die* - **1.** [Grotte] cueva *f* - **2.** [von Tieren] guarida *f*; **sich in die ~ des Löwen begeben** *fig* meterse en la boca del lobo.

Hohl|kreuz *das (ohne Pl)* lordosis *f*; **ein ~ machen** echarse hacia atrás.

Hohl|raum *der* cavidad *f*, hueco *m*.

höhnisch <> *adj* burlón(ona), sarcástico(ca). <> *adv* sarcásticamente.

holen *vt* - **1.** [heranholen] traer ; **etw von** ODER **aus einem Ort ~** sacar algo de algún sitio ; **den Wagen aus der Werkstatt ~** recoger el coche del garaje ; **sich** *(D)* **etw ~** [einholen] buscar algo ; *fig* [bekommen] coger algo - **2.** [herbeirufen] (ir a) buscar, llamar - **3.** [nehmen] coger, sacar - **4.** *fam* [kaufen] comprar - **5.** [aufnehmen] acoger.

Holland *nt* Holanda *f*.

Holländer (*pl* -) <> *der* holandés *m*. <> *adj (unver)* holandés(esa).

Holländerin (*pl* **-nen**) *die* holandesa *f*.

holländisch *adj* holandés(esa).

Hölle *die (ohne Pl)* infierno *m* ; **hier ist die ~ los!** *fam fig* ¡aquí hay un lío de miedo! ; **jm die ~ heiß machen** *fam fig* echar un rapapolvo a alguien ; **zur ~ mit etw** al cuerno con algo, al diablo con algo.

höllisch <> *adj* infernal ; [Angst] terrible. <> *adv fam* : **es tut mir ~ weh** me duele muchísimo ; **es war ~ kalt** hacía muchísimo frío.

Holm (*pl* **-e**) *der* barra *f*.

holpern (*perf* **hat/ist geholpert**) *vi* - **1.** *(ist)* [beim Fahren] avanzar dando sacudidas - **2.** *(hat)* [beim Sprechen] : **sein Englisch holpert noch ein wenig** le cuesta todavía desenvolverse bien en inglés.

holprig <> *adj* - **1.** [uneben] con baches - **2.** [stockend] premioso(sa) ; **sie spricht in ~em Französisch** chapurrea el francés. <> *adv* [stockend] con dificultad.

Holunder (*pl* -) *der* saúco *m*.

Holz (*pl* **Hölzer**) *das* madera *f*; **aus dem gleichen** ODER **demselben ~ (geschnitzt) sein** *fig* estar cortado(da) por el mismo patrón.

Holz|boden *der* suelo *m* de madera.

Holzfäller, in (*mpl* -, *fpl* **-nen**) *der, die* leñador *m*, -ra *f*.

holzig *adj* leñoso(sa).

Holz|kohle *die (ohne Pl)* carbón *m* vegetal.

Holz|schuh *der* zueco *m*.

Holzlweg *der (ohne Pl)* : **auf dem ~ sein** estar ODER andar equivocado(da).

Homebanking ['ho:mbɛŋkɪŋ] *das (ohne pl)* banca *f* electrónica.

Homepage ['ho:mpe:dʒ] *(pl* **-s)** *die* home page *f*, página *f* inicial.

Homeshopping *das (ohne pl)* compra *f* electrónica ODER en línea.

Homöopathie *die (ohne Pl)* homeopatía *f*.

Homosexualität *die (ohne Pl)* homosexualidad *f*.

homosexuell <> *adj* homosexual. <> *adv* : **~ veranlagt sein** tener tendencias homosexuales.

Honduraner, in *(mpl* **-**, *fpl* **-nen)** *der, die* hondureño *m*, -ña *f*.

honduranisch *adj* hondureño(ña).

Honig *der (ohne Pl)* miel *f* ; **türkischer ~** *dulce de miel, azúcar, gelatina, almendras y otros frutos secos muy semejante al turrón.*

Honorar *(pl* **-e)** *das* honorarios *mpl*.

Hopfen *(pl* **-)** *der* lúpulo *m* ; **bei jm ist ~ und Malz verloren** *fig* alguien es un caso perdido.

hopsen *(perf* **ist gehopst)** *vi* brincar.

hörbar <> *adj* audible, perceptible. <> *adv* perceptiblemente.

hörbehindert *adj* con discapacidad auditiva.

Hörlbuch *das* libro *m* grabado (en formato auditivo).

horchen *vi* escuchar.

Horde *(pl* **-n)** *die* cuadrilla *f*.

hören <> *vt* **- 1.** [wahrnehmen, zu Ohren bekommen] oír ; **er hat nichts von sich ~ lassen** no tengo noticias suyas ; **du wirst etwas zu ~ kriegen** *fam fig* te vas a enterar **- 2.** [anhören] escuchar, oír ; [Zeugen, Sachverständigen] escuchar **- 3.** [Untertöne] notar. <> *vi* **- 1.** [wahrnehmen] oír ; **schwer ~** oír mal **- 2.** [zuhören] : **hör mal/~ Sie mal!** ¡escucha/escuche! **- 3.** [erfahren] : **Sie werden noch von mir ~!** ¡se va a enterar Ud. de quién soy yo! ; **du wirst noch von mir ~!** ¡te vas a enterar de quién soy yo! **- 4.** [folgen] : **auf etw/jn ~** hacer caso de algo/a alguien **- 5.** *fam* [gehorchen] obedecer ; **wer nicht ~ will, muss fühlen** quien no escucha debe atenerse a las consecuencias.

Hörensagen *das (ohne Pl)* : **etw vom ~ kennen** conocer algo de oídas.

Hörer *(pl* **-)** *der* **- 1.** [Zuhörer] oyente *m* **- 2.** [Telefonhörer] auricular *m*.

Hörerin *(pl* **-nen)** *die* oyente *f*.

Hörerschaft *die (ohne Pl)* audiencia *f* ; [von Radio] oyentes *mpl*.

Hörlfehler *der* deficiencia *f* auditiva.

Hörlfunk *der (ohne Pl)* radio *f*.

Hörlgerät *das* audífono *m*.

hörgeschädigt *adj* : **~e Personen** personas con deficiencias auditivas.

Horizont *(pl* **-e)** *der* horizonte *m* ; **etw geht über js ~** *(A) fig* algo está fuera del alcance de alguien ; **seinen ~ erweitern** *fig* ampliar sus horizontes.

horizontal <> *adj* horizontal. <> *adv* horizontalmente.

Horizontale *(pl* **-n)** *die* horizontal *f*.

Hormon *(pl* **-e)** *das* hormona *f*.

Horn *(pl* **Hörner** ODER **-e)** *das* **- 1.** *(Pl Hörner)* [von Tieren] cuerno *m*, cacho *m Amér* **- 2.** *(Pl Horne)* [Material] asta *f* **- 3.** *(Pl Hörner)* [Instrument] trompa *f* ; **~ blasen** tocar la trompa.

Hörnchen *(pl* **-)** *das* [Gebäck] croissant *m* ; [von Tier] cuerno *m*.

Hornlhaut *die* **- 1.** [Hautschicht] callo *m* **- 2.** [des Auges] córnea *f*.

Hornisse *(pl* **-n)** *die* avispón *m*.

Horoskop *(pl* **-e)** *das* horóscopo *m*.

horrend *adj* tremendo(da) ; [Preise] exorbitante.

Horror *der (ohne Pl) fam* horror *m* ; **etw ist der ~** algo es horroroso(sa) ; **einen ~ vor etw/jm haben** *fam* [Angst] tener mucho miedo de algo/alguien ; [Abscheu] sentir asco ODER repugnancia por algo/alguien.

Hörlsaal *der* aula *f*.

Hörlspiel *das* narración *f* emitida por radio.

Hort *(pl* **-e)** *der* **- 1.** [Kinderhort] centro *m* infantil *(para niños en edad escolar cuyos padres trabajan)* **- 2.** *geh* [Schutz] refugio *m*.

horten *vt* acaparar.

Hörweite *die (ohne Pl)* : **sie war schon außer ~** ya estaba fuera del alcance de mi voz.

Hose *(pl* **-n)** *die* pantalón *m* ; **in die ~ machen** [Kind] hacerse pipí/caca ; [Erwachsene] cagarse/mearse encima ; **die ~n anhaben** *fam fig* llevar los pantalones ; **die ~n voll haben** *fam fig* estar cagado(da) de miedo ; **in die ~ gehen** *fam fig* irse al carajo ; **es ist tote ~ hier !** *salopp fig* ¡esto está muerto!

Hosenlbein *das* pernera *f*.

Hosenlschlitz *der* bragueta *f*.

Hosenlträger *der* tirantes *mpl*.

Hospital *(pl* **-e** ODER **-täler)** *das* hospital *m*.

hospitieren *vi* asistir a una clase en calidad de oyente.

Hostess *(pl* **-en)** *die* azafata *f*.

Hostie *(pl* **-n)** *die* hostia *f*, sagrada forma *f*.

Hotdog ['hɔt'dɔk] *(pl* **-s)** *der* ODER *das* perrito *m* caliente.

Hotel *(pl* **-s)** *das* hotel *m* ; **~ garni** hotel *m* sin restaurante.

Hotelgewerbe *das (ohne Pl)* sector *m* hotelero.

Hotelzimmer *das* habitación *f* de hotel.

Hotline ['hotlain] (*pl* **-s**) *die* línea *f* directa.

Hr. (*abk für* **Herr**) Sr.

hrsg. (*abk für* **herausgegeben**) ed.

Hubraum *der (ohne Pl)* cilindrada *f*.

hübsch <> *adj* **- 1.** [Person] guapo(pa) ; [Kleid, Dekoration, Blumen] bonito(ta) **- 2.** [angenehm, nett] bonito(ta) **- 3.** *fam* [groß] : **eine ~e Summe** una buena cantidad de dinero **- 4.** *fam iron* [unangenehm] bonito(ta). <> *adv* **- 1.** [schön] bien **- 2.** *fam* [sehr] muy.

Hubschrauber (*pl* **-**) *der* helicóptero *m*.

huckepack *adv* : **jn ~ nehmen/tragen** *fam* llevar a alguien a caballito ; **etw ~ nehmen/tragen** *fam* llevar algo sobre la espalda.

Huf (*pl* **-e**) *der* pezuña *m*.

Hufleisen *das* **- 1.** [für Pferde] herradura *f* **- 2.** [Form] : **etw zu einem ~ aufstellen** colocar algo en forma de herradura.

Hüfte (*pl* **-n**) *die* cadera *f*.

Hufltier *das* ungulado *m*.

Hügel (*pl* **-**) *der* **- 1.** [Berg] colina *f* **- 2.** [Haufen] montón *m* ; **ein ~ Sand** un montón de arena.

hügelig *adj* ondulado *(paisaje)*.

Huhn (*pl* **Hühner**) *das* **- 1.** [Vogel] gallina *f* ; [zum Essen] pollo *m* **- 2.** *fam* [Mädchen] : **ein dummes ~** una alelada.

Hühnchen (*pl* **-**) *das* pollo *m*.

Hühnerlauge *das* callo *m*, ojo *m* de gallo.

Hühnerlbrühe *die (ohne Pl)* caldo *m* de gallina/pollo.

Hühnerlei *das* huevo *m* de gallina.

Hülle (*pl* **-n**) *die* envoltura *f* ; **in ~ und Fülle** para parar un tren.

hüllen *vt* : **etw/jn in etw** *(A)* **~** cubrir algo/a alguien con algo ; **sich in etw** *(A)* **~** echarse algo por encima.

Hülse (*pl* **-n**) *die* **- 1.** [Hülle] funda *f* ; [von Füllfederhalter] capuchón *m* ; [von Patrone] cartucho *m* **- 2.** [bei Pflanzen] vaina *f*.

Hülsenlfrucht *die* leguminosa *f*.

Humanismus *der (ohne Pl)* humanismo *m*.

Hummel (*pl* **-n**) *die* abejorro *m*.

Hummer (*pl* **-**) *der* langosta *f*.

Humor *der (ohne Pl)* humor *m* ; **etw mit ~ nehmen** ODER **tragen** tomarse algo con humor.

humoristisch <> *adj* humorístico(ca). <> *adv* con humor.

humorvoll *adj, adv* con mucho humor.

humpeln (*perf* **hat/ist gehumpelt**) *vi* **- 1.** [hinken] cojear **- 2.** *(ist)* [in eine Richtung] ir cojeando.

Hund (*pl* **-e**) *der* **- 1.** [Tier] perro *m* ; **'Vorsicht, bissiger ~!'** '¡cuidado con el perro!' **- 2.** *salopp* [Idiot] : **ein blöder ~** un imbécil **- 3.** *RW* : **vor die ~e gehen** *fam* arruinarse.

Hundelhütte *die* casita *f* del perro.

Hundelleine *die* correa *f* (del perro).

hundemüde *adj* : **~ sein** *fam* estar hecho(cha) polvo.

hundert *num* **- 1.** [Zahl] cien ; **auf ~ kommen** *fam* ponerse a cien **- 2.** *fam* [sehr viele] mil ; *siehe auch* **sechs**.

Hundert (*pl* **-e**) <> *die (G Hundert)* [Ziffer] centena *f*. <> *das (G Hunderts)* [Anzahl] centenar *m*. ◆ **Hunderte** *pl* [große Anzahl] : **Hunderte von etw** cientos *mpl* de algo. ◆ **zu Hunderten** *adv* a centenares ; *siehe auch* **Sechs**.

hundertfach *adv* centuplicado(da), multiplicado(da) por cien.

Hundertjahrlfeier *die* centenario *m*.

hundertjährig *adj* centenario(ria).

Hundertmarklschein *der* billete *m* de cien marcos.

Hundertmeterllauf *der* carrera *f* de los cien metros.

hundertprozentig <> *adj* **- 1.** [Alkohol] puro(ra) ; [Gewinn] del cien por cien **- 2.** [vollkommen] : **mit ~er Sicherheit** con toda seguridad. <> *adv fam* [völlig] completamente, al cien por cien ; **du kannst ~ sicher sein** puedes estar completamente seguro(ra).

hundertste, r, s *adj* centésimo(ma) ; **zum ~n Mal** por centésima vez ; *siehe auch* **sechste**.

Hundertste (*pl* **-n**) *der, die, das* centésimo *m*, -ma *f* ; *siehe auch* **Sechste**.

hundertstel *adj (unver)* centésimo(ma) ; **eine ~ Sekunde** una centésima de segundo ; *siehe auch* **sechstel**.

Hundertstel (*pl* **-**) *das* centésima parte *f* ; *siehe auch* **Sechstel**.

hunderttausend *num* cien mil.

Hundelsteuer *die (ohne Pl)* impuesto *m* canino.

Hundelzwinger *der* perrera *f*.

Hündin (*pl* **-nen**) *die* perra *f*.

Hunger *der (ohne Pl)* **- 1.** [nach Nahrung] hambre *f* **- 2.** *geh* [nach Ruhm, Macht] ansia *f* ; **der ~ nach etw** el ansia de algo.

Hungerllohn *der abw* sueldo *m* de mala muerte.

hungern *vi* **- 1.** [nach Nahrung] pasar hambre **- 2.** *geh* [verlangen] : **nach etw ~** *fig* estar sediento(ta) de algo.

Hungerslnot *die* hambre *f*, falta *f* de alimentos.

Hungerlstreik *der* huelga *f* de hambre.

hungrig <> *adj* hambriento(ta). <> *adv* con (mucha) hambre.

Hupe (*pl* -n) *die* bocina *f*.

hupen *vi* pitar, tocar la bocina.

hüpfen (*perf* **ist gehüpft**) *vi* brincar.

Hürde (*pl* -n) *die* obstáculo *m* ; **eine ~ nehmen** *fig* superar una prueba.

Hürden|lauf *der* carrera *f* de obstáculos.

Hure (*pl* -n) *die* puta *f*, cuero *m Amér*.

hurra *interj* ¡viva!

huschen (*perf* **ist gehuscht**) *vi* pasar rápidamente ; **ein Lächeln huscht über js Gesicht** *(A)* una sonrisa asoma a los labios de alguien.

hüsteln *vi* toser ligeramente.

husten <> *vi* toser ; **auf etw/jn ~** *fam* rechazar algo/a alguien. <> *vt* [Blut, Schleim] esputar ; **ich habe meinem Kollegen eins gehustet** *fam* he pasado de mi compañero.

Husten *der (ohne Pl)* tos *f* ; **~ haben** tener tos.

Husten|saft *der* jarabe *m* contra la tos.

Hut (*pl* **Hüte**) <> *der (G Hut(e)s)* sombrero *m* ; **ein alter ~ sein** *fam fig* estar muy visto(ta) ; [Lied] estar muy oído(da) ; **mit solchen Leuten habe ich nichts am ~** *fam* ese tipo de gente no me gusta nada ; **seinen ~ nehmen** *fig* retirarse de un cargo ; **sich** *(D)* **etw an den ~ stecken können** *fam fig* meterse algo donde le quepa ; **Dinge unter einen ~ bringen** *fam fig* compaginar cosas ; **Personen unter einen ~ bringen** *fam fig* conciliar a personas. <> *die (G Hut, ohne Pl)* : **(bei/vor etw/jm) auf der ~ sein** andarse con cuidado (con algo/alguien).

hüten *vt* guardar ; [Kinder] cuidar. ◆ **sich hüten** *ref* : **sich vor etw/jm ~** tener cuidado con algo/alguien ; **sich ~, etw zu tun** guardarse de hacer algo.

Hütte (*pl* -n) *die* - **1.** [Haus] cabaña *f*, jacal *m Amér* ; [Berghütte] refugio *m* (de montaña) - **2.** [Werk] planta *f* metalúrgica.

Hütten|käse *der* queso *m* fresco granulado.

Hyäne (*pl* -n) *die* hiena *f*.

Hyazinthe (*pl* -n) *die* jacinto *m*.

Hydrant (*pl* -en) *der* [für Feuerwehr] boca *f* de incendios ; [zur Straßenreinigung] boca *f* de riego.

Hydraulik *die (ohne Pl)* sistema *m* hidráulico.

hydraulisch <> *adj* hidráulico(ca). <> *adv* mediante un sistema hidráulico.

Hydrokultur *die (ohne Pl)* hidrocultivo *m*.

Hygiene [hy'gie:nə] *die (ohne Pl)* higiene *f*.

hygienisch [hy'gie:nɪʃ] <> *adj* higiénico(ca). <> *adv* higiénicamente.

Hymne (*pl* -n) *die* himno *m*.

hypnotisieren *vt* hipnotizar.

Hypothek (*pl* -en) *die* hipoteca *f* ; **eine ~ auf etw** *(A)* **aufnehmen** hipotecar algo.

Hypo|these *die* hipótesis *f*.

Hysterie [hyste'ri:] (*pl* -n) *die* histeria *f*.

hysterisch <> *adj* histérico(ca). <> *adv* histéricamente.

I

i, I [i:] (*pl* - ODER -s) *das* i *f*, I *f*.

i. A. (*abk für* **im Auftrag**) p.o.

iberisch *adj* ibérico(ca).

IC [i:'tse:] (*pl* -s) *abk für* **InterCity**.

ICE [i:tse:'e:] (*pl* -s) (*abk für* **Intercity Express**) *der* tren *m* de alta velocidad, ≃ AVE *m*.

ich *pron* yo ; **sie hat mich angerufen** ella me ha llamado por teléfono ; **gib mir das Buch** dame el libro ; **~ bins** soy yo.

ideal <> *adj* - **1.** [vollkommen] ideal - **2.** [abstrakt] abstracto(ta), ideal. <> *adv* - **1.** [vollkommen] perfectamente, de forma ideal - **2.** [abstrakt] de forma abstracta.

Ideal (*pl* -e) *das* ideal *m*.

Ideal|fall *der* caso *m* ideal.

Idealismus *der (ohne Pl)* idealismo *m*.

Idealist, in (*mpl* -en, *fpl* -nen) *der, die* idealista *mf*.

Idee (*pl* -n) *die* - **1.** [Gedanke, Einfall, Vorstellung] idea *f* ; **eine fixe ~** una obsesión ; **die ~ haben, etw zu tun** tener la intención de hacer algo - **2.** [Kleinigkeit] pizca *f*.

identifizieren *vt* - **1.** [erkennen] identificar - **2.** [gleichsetzen] : **etw/jn mit etw ~** equiparar algo/a alguien con algo. ◆ **sich identifizieren** *ref* : **sich mit etw/jm ~** identificarse con algo/alguien.

Identifizierung (*pl* -en) *die* - **1.** [Erkennung] identificación *f* - **2.** [Gleichsetzung] equiparación *f*.

identisch *adj* idéntico(ca).

Identität *die (ohne Pl)* identidad *f*.

Ideologie (*pl* -n) *die* ideología *f*.

Idiot (*pl* -en) *der* - **1.** *fam abw* [Dummkopf] idiota *m* - **2.** [Schwachsinniger] deficiente *m* mental.

Idiotin (*pl* -nen) *die* - **1.** *abw* idiota *f* - **2.** [Schwachsinninge] deficiente *f* mental.

idiotisch <> *adj* - **1.** *fam abw* [dumm, unsinnig] idiota ; **ich finde etw ~** algo me parece una idiotez - **2.** [schwachsinnig] deficiente mental. <> *adv fam abw* con idiotez.

Idol (*pl* **-e**) *das* ídolo *m.*

Idylle (*pl* **-n**) *die* [Dichtung] idilio *m* ; [Ort] lugar *m* idílico, lugar *m* de ensueño.

idyllisch <> *adj* idílico(ca). <> *adv* idílicamente.

Igel (*pl* **-**) *der* erizo *m.*

ignorieren *vt* ignorar.

IHK [iːhaːˈkaː] (*abk für* **Industrie- und Handelskammer**) *die (ohne Pl)* Cámara *f* de Comercio e Industria.

ihm *pron* - **1.** *(Dativ von er)* le, a él ; **hast du ~ verziehen?** ¿le has perdonado? ; **kommst du mit ~?** ¿vienes con él? - **2.** *(Dativ von es)* le, a él (ella).

ihn *pron (Akkusativ von er)* le, lo, a él ; **ich liebe ~** lo quiero ; **kannst du ~ sehen?** ¿puedes verle? ; **das ist für ~** esto es para él.

ihnen *pron (Dativ Plural von sie)* les, a ellos (ellas) ; **der Hund ist von ~** el perro es de ellos ; **ich gebe ~ den Schlüssel** les doy la llave ; **Peter wohnt neben ~** Peter vive al lado de ellos.

Ihnen *pron (Dativ von Sie)* - **1.** [Singular] a usted ; **ich gehe mit ~** voy con usted - **2.** [Plural] a ustedes ; **ich gehe mit ~** voy con ustedes.

ihr *pron* - **1.** [Nominativ] vosotros(tras) - **2.** [Dativ Singular von sie] le, a ella ; **hast du ~ geschrieben?** ¿le has escrito? ; **mit ~** con ella.

ihr, e *det* su.

Ihr, e *det* su.

ihre, r, s *pron* el suyo (la suya) ; **dieses Buch, es ist ~s** este libro es suyo.

Ihre, r, s *pron* el suyo (la suya).

ihrer *pron (Genitiv von sie)* - **1.** [Singular] de ella - **2.** [Plural] de ellos (ellas).

ihrerseits *adv* por su parte.

Ihrerseits *adv* por su parte.

ihretwegen *adv* - **1.** [ihr/ihnen zuliebe] por ella/ellos - **2.** [wegen ihr/ihnen] por su culpa.

Ihretwegen *adv* - **1.** [Ihnen zuliebe] por usted/ustedes - **2.** [wegen Ihnen] por su culpa.

ihrige (*pl* **-n**) *pron (mit Artikel) geh* suyo (suya).

Ikone (*pl* **-n**) *die* icono *m.*

illegal <> *adj* ilegal. <> *adv* ilegalmente.

illegitim <> *adj* ilegítimo(ma). <> *adv* ilegítimamente.

Illusion (*pl* **-en**) *die* ilusión *f.*

Illustration (*pl* **-en**) *die* ilustración *f.*

illustrieren *vt* ilustrar.

Illustrierte (*pl* **-n**) *die* revista *f.*

im *präp* - **1.** *(in + dem)* en el/la - **2.** *(nicht auflösbar)* [in Bezug auf] : **er ist gut ~ Rechnen** se le da bien el cálculo - **3.** *(nicht auflösbar)* [zur Angabe der Gleichzeitigkeit] : **~ Vorbeilaufen** al pasar ; **er spricht ~ Schlaf** habla en sueños ; **~ Gehen/Stehen** andando/de pie - **4.** *(nicht auflösbar)* [in Wendungen] : **~ Dutzend** por docenas ; **~ Sonderangebot** en oferta ; **~ Durchschnitt** por regla general ; **~ Jahre 2004** en el 2004 ; *siehe auch* **in.**

Image [ˈɪmɪtʃ] (*pl* **-s**) *das* imagen *f.*

Imbiss (*pl* **-e**) *der* - **1.** [Mahlzeit] piscolabis *m* ; [Happen] tentempié *m* - **2.** [Imbissbude] bar *m.*

Imbiss|bude *die fam* bar *m*, snack-bar *m.*

Imitation (*pl* **-en**) *die* imitación *f.*

imitieren *vt* imitar.

Immatrikulation (*pl* **-en**) *die* - **1.** UNI matrícula *f* - **2.** *Schweiz* [Kfz-Zulassung] matriculación *f.*

immatrikulieren *vt* - **1.** UNI matricular - **2.** *Schweiz* [zulassen] matricular. ◆ **sich immatrikulieren** *ref* UNI matricularse.

immens <> *adj* inmenso(sa). <> *adv* inmensamente.

immer *adv* - **1.** [dauernd, stets] siempre ; **für ~** para siempre ; **~ und ewig** siempre ; **~ wieder** repetidamente, en repetidas ocasiones ; **~ wenn** siempre que, cada vez que - **2.** [ansteigend, sich steigernd] cada vez más - **3.** [zum Ausdruck der Beliebigkeit] : **wer auch ~ anruft ...** no importa quién llame ... - **4.** [nur] : **~ langsam!** ¡despacio, despacio! ◆ **immer noch** *adv* todavía.

immerfort *adv* siempre.

immerhin *adv* - **1.** [wenigstens] por lo menos - **2.** [schließlich] al fin y al cabo - **3.** [trotzdem] de todos modos.

immerzu *adv* continuamente, sin cesar.

Immigrant, in (*mpl* **-en**, *fpl* **-nen**) *der, die* inmigrante *mf.*

Immigration (*pl* **-en**) *die* inmigración *f.*

Immobilien [ɪmoˈbiːli̯ən] *pl* bienes *mpl* inmuebles.

immun *adj* : **gegen etw ~ sein** ser inmune contra algo.

Immunität *die (ohne Pl)* inmunidad *f.*

Imperativ (*pl* **-e**) *der* imperativo *m.*

Imperfekt (*pl* **-e**) *das* imperfecto *m.*

impfen *vt* vacunar ; **jn gegen etw ~** vacunar a alguien contra algo.

Impf|stoff *der* vacuna *f.*

Impfung (*pl* **-en**) *die* vacuna *f.*

imponieren *vi* imponer ; **jm ~** impresionar a alguien.

imponierend <> *adj* imponente. <> *adv* imponentemente.

Import (*pl* **-e**) *der* **- 1.** *(ohne Pl)* [Einfuhr] importación *f* **- 2.** [Ware] producto *m* importado.

importieren *vt* importar.

impotent *adj* impotente.

Impotenz *die (ohne Pl)* impotencia *f*.

imprägnieren *vt* impregnar.

Impressionist, in (*mpl* **-en**, *fpl* **-nen**) *der, die* impresionista *mf*.

improvisieren [ɪmprovi'ziːrən] *vt & vi* improvisar.

Impuls (*pl* **-e**) *der* impulso *m*.

impulsiv <> *adj* impulsivo(va). <> *adv* impulsivamente.

imstande, im Stande *adj* : **zu etw ~ sein** ser capaz de algo.

in <> *präp* **- 1.** *(+ D)* [räumlich] en **- 2.** *(+ D)* [zeitlich - gleichzeitiges Geschehen] *(wird meist nicht übersetzt)* ; [- zukünftiges Geschehen] dentro de, en ; **~ dieser Woche** esta semana ; **~ diesem Monat** este mes ; **~ diesem Jahr** este año ; **~ der Nacht zum Sonntag** en la noche del sábado al domingo **- 3.** *(+ D)* [zur Angabe von Umständen] : **~ Hektik** de forma ajetreada ; **im Vertrauen** en confianza ; **~ einer Art und Weise** de una forma **- 4.** *(+ D)* [zur Angabe einer Beschaffenheit] en **- 5.** *(+ D)* [zur Angabe der Zugehörigkeit] en ; **die Schüler ~ dieser Schule** los niños de este colegio ; **~ der Soße ist zu viel Salz** la salsa está muy salada **- 6.** *(+ D)* [zur Maß- oder Mengenangabe] en ; **~ Scharen** a manadas **- 7.** *(+ A)* [in etw hinein] en ; [zu einem Ort] a ; **~ den Schrank** en el armario ; **ins Krankenhaus** al hospital **- 8.** [als Bestandteil, Mitglied] : **~ eine Partei eintreten** afiliarse a un partido ; **etw ~ etw** *(A)* **mischen** mezclar algo con algo **- 9.** [zeitlich] hasta **- 10.** [in Bestandteile] en **- 11.** [in festen Wendungen] en ; **sich ~ jn verlieben** enamorarse de alguien **- 12.** *RW* : **es ~ sich** *(D)* **haben** *fam* tener tela. <> *adj* : **~ sein** *fam* estar de moda.

Inbegriff *der (ohne Pl)* arquetipo *m* ; **der ~ der Dummheit sein** ser el colmo de la insensatez.

inbegriffen <> *adj* : **in etw** *(D)* **~ sein** estar incluido(da) en algo. <> *adv* inclusive.

Inbetriebnahme (*pl* **-n**) *die* puesta *f* en servicio.

Indefinitpronomen *das* pronombre *m* indefinido.

indem *konj* **- 1.** [instrumental] : **~ man etw tut** haciendo algo **- 2.** [temporal] cuando.

Inder, in (*mpl* **-**, *fpl* **-nen**) *der, die* indio *m*, -dia *f*.

indessen, indes <> *konj geh* **- 1.** [zeitlich] mientras **- 2.** [gegensätzlich] mientras, sin embargo. <> *adv* **- 1.** [zeitlich] mientras tanto **- 2.** [gegensätzlich] no obstante, sin embargo.

Index ['ɪndɛks] (*pl* **-e** ODER **Indizes**) *der (Pl Indizes)* WIRTSCH & MATH índice *m*.

Indianer, in (*mpl* **-**, *fpl* **-nen**) *der, die* indio *m*, -dia *f*.

indianisch *adj* indio(dia).

Indien *nt* India *f* ; **in ~** en la India.

Indikativ (*pl* **-e**) *der* indicativo *m*.

indirekt <> *adj* indirecto(ta). <> *adv* indirectamente.

indisch *adj* indio(dia).

Indischer Ozean *der* Oceano *m* Índico.

indiskret <> *adj* indiscreto(ta). <> *adv* indiscretamente.

indiskutabel *adj abw* inaceptable.

Individualist, in [ɪndividua'lɪst, ɪn] (*mpl* **-en**, *fpl* **-nen**) *der, die* individualista *mf*.

individuell [ɪndividu'ɛl] <> *adj* **- 1.** [persönlich] individual, personal **- 2.** [eigentümlich] personal **- 3.** [privat] particular. <> *adv* **- 1.** [persönlich] personalmente, individualmente **- 2.** [der Eigenart entsprechend] de forma particular.

Individuum [ɪndi'viːduʊm] (*pl* **-viduen**) *das* individuo *m*, -a *f*.

Indiz [ɪn'diːts] (*pl* **-ien**) *das* indicio *m*.

Indonesien *nt* Indonesia *f*.

Industrie (*pl* **-n**) *die* industria *f*.

Industriegebiet *das* polígono *m* industrial.

industriell <> *adj* industrial. <> *adv* industrialmente.

Industrielle (*pl* **-n**) *der, die* empresario *m*, -ria *f*.

Industrie- und Handelskammer *die* Cámara *f* de Comercio e Industria.

ineinander *adv* uno dentro de otro (una dentro de otra) ; **~ verliebt sein** estar enamorados el uno del otro.

ineinander fügen *vt* ensamblar.

ineinander greifen *vi (unreg)* engranar.

Infanterie ['ɪnfantəriː] *die (ohne Pl)* infantería *f*.

Infarkt (*pl* **-e**) *der* infarto *m*.

Infekt (*pl* **-e**) *der* **- 1.** [Krankheit] enfermedad *f* infecciosa **- 2.** [Ansteckung] infección *f*.

Infektion (*pl* **-en**) *die* infección *f*.

Infektionskrankheit *die* enfermedad *f* infecciosa.

Infinitiv (*pl* **-e**) *der* infinitivo *m*.

infizieren *vt* **- 1.** [anstecken] : **jn (mit etw)**

~ contagiar (algo) a alguien - **2.** [verseuchen] contaminar. ◆ **sich infizieren** *ref*: **jd infiziert sich mit etw** alguien se contagia de algo.

Inflation (*pl* **-en**) *die* inflación *f*.

Inflations|rate *die* tasa *f* de inflación.

infolge *präp*: ~ **einer Sache** *(G)* ODER **von etw** como consecuencia de algo.

infolgedessen *adv* en consecuencia, por consiguiente.

Informatik *die (ohne Pl)* informática *f*.

Informatiker, in (*mpl* **-**, *fpl* **-nen**) *der, die* informático *m*, -ca *f*.

Information (*pl* **-en**) *die* información *f*; **eine ~ über etw/jn** una información sobre algo/alguien.

Informations|material *das* material *m* informativo.

Informations|stand *der* [Auskunftsstand] puesto ODER stand *m* de información.

informativ *adj* informativo(va).

informieren *vt*: **jn über etw/jn ~** informar a alguien de algo/alguien. ◆ **sich informieren** *ref* informarse ; **sich über etw/jn ~** informarse sobre algo/alguien.

Infrarot *das (ohne Pl)* rayo *m* infrarrojo.

Infra|struktur *die* infraestructura *f*.

Infusion (*pl* **-en**) *die* infusión *f*.

Ingenieur, in [ɪnʒe'ni̯øːɐ̯, rɪn] (*mpl* **-e**, *fpl* **-nen**) *der, die* ingeniero *m*, -ra *f*.

Ingwer *der (ohne Pl)* jengibre *m*.

Inh. *abk für* **Inhaber**.

Inhaber, in (*mpl* **-**, *fpl* **-nen**) *der, die* [Eigentümer] propietario *m*, -ria *f*; [eines Amtes, Titels] titular *mf*; [einer Auszeichnung] galardonado *m*, -da *f*; [eines Rekords] plusmarquista *mf*.

inhaftieren *vt* detener, arrestar.

inhalieren ◇ *vt* inhalar. ◇ *vi* - **1.** MED inhalar - **2.** *fam* [einen Lungenzug machen] dar una calada.

Inhalt (*pl* **-e**) *der* - **1.** [von Gefäß, Behälter, Buch, Gespräch] contenido *m* - **2.** [Bedeutung] significado *m* - **3.** [Größe] tamaño *m* - **4.** [Wert, Sinn] sentido *m*.

inhaltlich ◇ *adj* del contenido. ◇ *adv* en cuanto al contenido.

Inhalts|angabe *die* resumen *m* ; [von Paket] contenido *m*.

Inhalts|verzeichnis *das* [von Buch] índice *m* ; [von Paket] contenido *m*.

Initiative [initsi̯a'tiːvə] (*pl* **-n**) *die* - **1.** [Anregung, Handlung] iniciativa *f*; **die ~ ergreifen** tomar la iniciativa ; **aus eigener ~** por propia iniciativa - **2.** [Vereinigung] asociación *f*.

Injektion (*pl* **-en**) *die* inyección *f*.

Inka (*mpl* **-(s)**, *fpl* **-(s)**) *der, die* inca *mf*.

inkl. (*abk für* **inklusive**) incl.

inklusive [ɪnklu'ziːvə] ◇ *präp*: ~ **einer Sache** *(G)* algo incluido ; **DM 3000 ~ MwSt.** 3000 DM IVA incluido. ◇ *adv* inclusive.

inkompatibel *adj* incompatible.

inkompetent ◇ *adj* incompetente. ◇ *adv* de forma incompetente.

inkonsequent ◇ *adj* inconsecuente. ◇ *adv* de forma inconsecuente.

Inland *das (ohne Pl)* - **1.** [Staatsgebiet] territorio *m* nacional - **2.** [Staatsangehörige] nacionales *mpl*.

inländisch *adj* nacional.

Inlandsverkehr *der (ohne Pl)* tráfico *m* nacional.

Inlineskates ['ɪnla̯inskɛi̯ts] *pl* patines *mpl* en línea.

inmitten ◇ *präp*: ~ **einer Sache/Gruppe** *(G)* en medio de algo/un grupo. ◇ *adv*: ~ **von etw/jm** en medio de algo/alguien.

Inn *der* Inn *m*.

innen *adv* en el interior.

Innen|leben *das (ohne Pl)* vida *f* íntima.

Innen|minister, in *der, die* ministro *m*, -tra *f* de Interior.

Innen|politik *die (ohne Pl)* política *f* interior.

Innen|seite *die* parte *f* interior.

Innen|stadt *die* centro *m* urbano.

innere, r, s *adj* - **1.** [innen befindlich] interior - **2.** [geistig, seelisch] interno(na) - **3.** [zugrunde liegend] interno(na) - **4.** [in der Medizin] interno(na) - **5.** [inländisch] interior.

Innere *das (ohne Pl)* - **1.** [Inhalt, Gebiet] (espacio *m*) interior *m* - **2.** [Geist, Seele] interior *m* - **3.** [Basis] fondo *m* - **4.** [Innenpolitik] interior *m*.

innerhalb ◇ *präp*: ~ **einer Sache** *(G)* [örtlich] dentro de algo ; ~ **einer Woche** en el plazo de una semana. ◇ *adv*: ~ **von** [örtlich] dentro de ODER en ; [zeitlich] en (un plazo de).

innerlich ◇ *adj* interno(na). ◇ *adv* por vía interna ; ~ **lachen** reírse por dentro ; ~ **erregt sein** estar conmovido(da).

innig ◇ *adj* intenso(sa) ; [Liebe] pasional. ◇ *adv* intensamente ; **jm aufs Innigste danken** agradecer a alguien de todo corazón.

Innung (*pl* **-en**) *die* gremio *m*, corporación *f*.

inoffiziell ◇ *adj* oficioso(sa). ◇ *adv* oficiosamente.

Input (*pl* **-s**) *der* ODER *das* - **1.** EDV introducción *f* de datos - **2.** WIRTSCH input *m*.

ins *präp* - **1.** *(in + das)* : **~ Krankenhaus** al hospital - **2.** *(nicht auflösbar)* [vor substantivierten Infinitiven] : **~ Träumen geraten** sumergirse en sueños - **3.** *(nicht auflösbar)* [in Wendungen] : **bis ~ Einzelne** hasta el último detalle.

Insasse (*pl* **-n**) *der* pasajero *m*.

Insassin (*pl* **-nen**) *die* pasajera *f*.

insbes. *abk für* **insbesondere**.

insbesondere, insbesondre *adv* sobre todo, en especial.

In|schrift *die* inscripción *f*.

Insekt (*pl* **-en**) *das* insecto *m*.

Insektenschutz|mittel *das* insecticida *m*.

Insekten|stich *der* picadura *f* de insecto.

Insel (*pl* **-n**) *die* isla *f*.

Inserat (*pl* **-e**) *das* anuncio *m* ; **ein ~ aufgeben** poner un anuncio.

insgeheim *adv* en secreto.

insgesamt *adv* en total.

insofern[1] *adv* por tanto.

insofern[2] *konj* si. ◆ **insofern als** *konj* en el sentido de que *(+ subjuntivo)*.

insoweit[1] *adv* por tanto.

insoweit[2] *konj* si, siempre que *(+ subjuntivo)* ◆ **insoweit als** *konj* puesto que.

in spe [ɪn'speː] *adv* : **der Schwiegersohn ~** el futuro yerno.

Inspektion (*pl* **-en**) *die* inspección *f*.

inspizieren *vt* inspeccionar.

installieren *vt* instalar.

inständig ◇ *adv* encarecidamente. ◇ *adj* urgente.

Instanz (*pl* **-en**) *die* - **1.** [im Gerichtsverfahren] instancia *f* - **2.** [Dienststelle] autoridad *f* competente.

Instinkt (*pl* **-e**) *der* instinto *m*.

instinktiv ◇ *adj* instintivo(va). ◇ *adv* instintivamente.

Institut (*pl* **-e**) *das* instituto *m*.

Institution (*pl* **-en**) *die* institución *f*.

Instrument (*pl* **-e**) *das* - **1.** [Musikinstrument] instrumento *m* - **2.** [Gerät] utensilio *m* - **3.** *geh* [Ausführende] instrumento *m*.

inszenieren *vt* - **1.** [Theaterstück] escenificar - **2.** [Skandal, Kampagne] montar - **3.** [vortäuschen] hacer un montaje de ; **es war alles inszeniert** todo fue un montaje.

Inszenierung (*pl* **-en**) *die* - **1.** [Aufführung] representación *f* - **2.** [Herbeiführung, Vortäuschung] montaje *m*.

intakt *adj* intacto(ta).

Integral|rechnung *die* cálculo *m* integral.

integrieren *vt* integrar.

intellektuell [ɪntɛlɛk'tu̯ɛl] ◇ *adj* intelectual. ◇ *adv* intelectualmente ; **sich ~ geben** dárselas de intelectual.

Intellektuelle [ɪntɛlɛk'tu̯ɛlə] (*pl* **-n**) *der, die* intelectual *mf*.

intelligent ◇ *adj* inteligente. ◇ *adv* inteligentemente.

Intelligenz *die (ohne Pl)* - **1.** [Verstand, Klugheit] inteligencia *f* - **2.** [Intellektuelle] intelectuales *mpl*.

Intendant, in (*mpl* **-en**, *fpl* **-nen**) *der, die* director artístico *m*, directora artística *f*.

intensiv ◇ *adj* intenso(sa), intensivo(va). ◇ *adv* intensamente, intensivamente.

Intensiv|kurs *der* curso *m* intensivo.

Intensiv|station *die* unidad *f* de cuidados intensivos.

interaktiv *adj* interactivo(va).

Inter|City *der* tren *m* rápido interurbano.

interessant ◇ *adj* interesante. ◇ *adv* de forma interesante ; **sich ~ machen** *abw* hacerse el/la interesante.

Interesse (*pl* **-n**) *das* - **1.** *(ohne Pl)* [Interessiertsein] interés *m* ; **an etw/jm ~ haben** tener interés en algo/alguien ; **~ für etw/jn zeigen** mostrar interés por algo/alguien - **2.** [Nutzen] bien *m*, beneficio *m* ; **in seinem eigenen ~ handeln** actuar en beneficio propio.

Interessent, in (*mpl* **-en**, *fpl* **-nen**) *der, die* interesado *m*, -da *f*.

interessieren *vt* interesar. ◆ **sich interessieren** *ref* : **sich für etw/jn ~** interesarse por algo/alguien ; **sich für etw ~** [als Käufer] estar interesado(da) en algo.

interessiert ◇ *adj* interesado(da) ; **an etw/jm ~ sein** estar interesado(da) en algo/alguien. ◇ *adv* interesadamente.

intern ◇ *adj* interno(na). ◇ *adv* internamente.

Internat (*pl* **-e**) *das* internado *m*.

international ◇ *adj* internacional. ◇ *adv* a nivel internacional, internacionalmente.

Internet ['ɪnte(r)nɛt] *das (ohne pl)* Internet *m*.

Internet|anschluss *der* conexión *f* a Internet.

Interpretation (*pl* **-en**) *die* interpretación *f*.

interpretieren *vt* interpretar.

Interpunktion *die (ohne Pl)* puntuación *f*.

InterRegio (*pl* **-s**) *der* tren *m* rápido interregional.

Intervall [ɪntɐ'val] (*pl* **-e**) *das* intervalo *m*.

Interview [ɪntɐ'vjuː] (*pl* **-s**) *das* entrevista *f*.

interviewen [ɪntɐ'vjuːən] *vt* **- 1.** [ein Interview machen] entrevistar **- 2.** *fam* [fragen] preguntar.

intim ◇ *adj* íntimo(ma) ; [Kenner] excelente ; **mit jm ~ werden** *amt* intimar con alguien. ◇ *adv* **- 1.** [sexuell] : **mit jm ~ verkehren** mantener relaciones íntimas con alguien **- 2.** [nah] : **~ befreundete Schulkameraden** compañeros de colegio íntimos **- 3.** [behaglich] íntimamente.

Intimität (*pl* **-en**) *die* **- 1.** [Enge, private Angelegenheit] intimidad *f* **- 2.** *(ohne Pl)* [Atmosphäre] ambiente *m* íntimo.

intolerant *adj* intolerante ; **einer Sache/jm gegenüber ~ sein** ser intolerante con algo/alguien.

Intrige (*pl* **-n**) *die* intriga *f*.

Intuition (*pl* **-en**) *die* intuición *f*.

intuitiv ◇ *adj* intuitivo(va). ◇ *adv* intuitivamente.

Invalide [ɪnva'liːdə] (*pl* **-n**) *der, die* inválido *m*, -da *f*.

Invalidität [ɪnvalidi'tɛːt] *die (ohne Pl)* invalidez *f*.

Invasion [ɪnva'zi̯oːn] (*pl* **-en**) *die* **- 1.** MIL invasión *f* **- 2.** [Überfall] plaga *f*.

Inventar [ɪnvɛn'taːɐ̯] (*pl* **-e**) *das* inventario *m* ; **zum ~ gehören** formar parte del inventario.

Inventur [ɪnvɛn'tuːɐ̯] (*pl* **-en**) *die* inventario *m* ; **~ machen** hacer inventario.

investieren [ɪnvɛs'tiːrən] *vt* invertir ; **in etw** *(A)* **~** invertir en algo.

Investition [ɪnvɛsti'tsi̯oːn] (*pl* **-en**) *die* inversión *f*.

inwiefern ◇ *adv* en qué sentido, hasta qué punto. ◇ *konj* en qué medida.

inwieweit *adv, konj* en qué medida.

Inzest (*pl* **-e**) *der* incesto *m*.

inzwischen *adv* **- 1.** [gleichzeitig] mientras, entretanto **- 2.** [mittlerweile, jetzt] entretanto, ahora.

Ion [i̯oːn] (*pl* **-en**) *das* ión *m*.

IQ [iː'kuː, ai'kjuː] (*pl* **-s**) (*abk für* **Intelligenzquotient**) *der* CI *m*.

i. R. (*abk für* **im Ruhestand**) jubilado(da).

Irak *der* Irak *m*, Iraq *m*.

Iran *der* Irán *m*.

irdisch *adj* terrestre.

Ire (*pl* **-n**) *der* irlandés *m*.

irgend *adv* de alguna manera. ◆ **irgend so ein** *det fam* : **~ so ein Knallkopf** un idiota de esos.

irgendein, e *det* **- 1.** [unbekannt] algún(una) **- 2.** [beliebig] uno (una) cualquiera.

irgendeine (*m* **-r**, *nt* **-s**) *pron* **- 1.** [unbekannte Person] alguien **- 2.** [beliebig] uno (una) cualquiera.

irgendetwas *pron* algo, alguna cosa.

irgendjemand *pron* alguien.

irgendwann *adv* alguna vez, algún día.

irgendwas *adv* algo.

irgendwer *pron fam* alguien.

irgendwie *adv* de alguna manera ; **~ hast du Recht** en cierto modo tienes razón.

irgendwo *adv* en algún lugar, en alguna parte.

Irin (*pl* **-nen**) *die* irlandesa *f*.

Iris (*pl* **-**) *die* **- 1.** [Blume] lirio *m* **- 2.** [Regenbogenhaut] iris *f*.

irisch *adj* irlandés(esa).

Irland *nt* Irlanda *f*.

Ironie *die (ohne Pl)* ironía *f*.

ironisch ◇ *adj* irónico(ca). ◇ *adv* irónicamente.

Irre (*pl* **-n**) ◇ *der, die (Pl Irren)* [Person] loco *m*, -ca *f*. ◇ *die (G Irre, ohne Pl)* : **in die ~ führen** inducir al error.

irre|führen *vt* inducir al error ; [täuschen] engañar.

irren (*perf* **hat/ist geirrt**) *vi (ist)* deambular. ◆ **sich irren** *ref* equivocarse ; **sich in etw** *(D)* **~** equivocarse en algo ; **sich in jm ~** equivocarse con alguien.

irritieren *vt* **- 1.** [verstören] desconcertar **- 2.** [stören] molestar **- 3.** [reizen] irritar.

Irrtum (*pl* **-tümer**) *der* error *m*, equivocación *f* ; **mir ist ein ~ unterlaufen** he cometido un error.

irrtümlich ◇ *adj* erróneo(a). ◇ *adv* por equivocación, por descuido.

ISDN-Anschluss *der* línea *f* RDSI.

Islam *der (ohne Pl)* Islam *m*.

islamisch *adj* islámico(ca).

Island *nt* Islandia *f*.

Isländer, in (*mpl* **-**, *fpl* **-nen**) *der, die* islandés *m*, -esa *f*.

isländisch *adj* islandés(esa).

Isolation (*pl* **-en**) *die* aislamiento *m*.

Isolierband (*pl* **-bänder**) *das* cinta *f* aislante.

isolieren *vt* aislar ; [Substanz] separar.

Israel *nt* Israel *m*.

Israeli (*pl* **-** ODER **-s**) *der, die* israelí *mf*.

israelisch *adj* israelí.

isst *präs* ▷ **essen**.

ist *präs* ▷ **sein**.

Istanbul *nt* Estambul *m*.

Italien *nt* Italia *f*.

Italiener, in [ita'li̯eːnɐ, rɪn] (*mpl* -, *fpl* **-nen**) *der, die* italiano *m*, -na *f*.

italienisch [ita'li̯eːnɪʃ] *adj* italiano(na).

Italienisch *das (ohne Pl)* italiano *m* ; *siehe auch* **Englisch**.

Italienische *das (ohne Pl)* italiano *m* ; *siehe auch* **Englische**.

J

j, J [jɔt] (*pl* - ODER **-s**) *das* j *f*, J *f*.

ja *interj* - **1.** [zum Ausdruck der Zustimmung] sí ; **~, bitte!** ¡sí, gracias! - **2.** [zum Ausdruck der Aufmerksamkeit] sí, claro - **3.** [zum Ausdruck von Zweifel] : **ich kann ~ mal nachfragen, ob ...** puedo preguntar si ... - **4.** [zum Ausdruck der Überraschung] menudo(da) - **5.** [zum Ausdruck einer Bitte] : **..., ~?** ..., ¿vale? - **6.** [zum Ausdruck der Selbstverständlichkeit] : **du kennst ihn ~!** ¡ya le conoces! - **7.** [zum Ausdruck einer Drohung] : **wage es ~ nicht!** ¡ni te atrevas! - **8.** [tatsächlich] : **das ist ~ eine Unverschämtheit!** ¡es una verdadera vergüenza! - **9.** [als Einleitung] : **~, also, was ich ...** bueno, pues, lo que yo ... - **10.** [wirklich, sogar] incluso.

Jacht, Yacht [jaxt] (*pl* **-en**) *die* yate *m*.

Jacke (*pl* **-n**) *die* chaqueta *f* ; [Oberbekleidung] cazadora *f*, campero *m Amér*.

Jackett [ʒa'kɛt] (*pl* **-s**) *das* chaqueta *f*.

Jagd (*pl* **-en**) *die* - **1.** [auf Tiere] caza *f* ; **auf die ~ gehen** ir de caza - **2.** [auf Personen, Dinge] : **die ~ nach etw/jm** la búsqueda de algo/a alguien.

jagen (*perf* **hat/ist gejagt**) <> *vt (hat)* - **1.** [Tiere] cazar - **2.** [verfolgen] perseguir ; **ein Problem jagt das andere** tras un problema empieza otro ; **mit Spinat kannst du mich ~!** *fam fig* ¡aborrezco las espinacas! - **3.** [vertreiben] echar, ahuyentar - **4.** *fam* [stecken] meter. <> *vi* - **1.** *(hat)* [als Sport] cazar - **2.** *(ist)* [hetzen] ir a una velocidad vertiginosa.

Jäger (*pl* -) *der* - **1.** [von Tieren] cazador *m* - **2.** MIL cazador *m* - **3.** [Flugzeug] caza *m*.

Jägerin (*pl* **-nen**) *die* cazadora *f*.

jäh <> *adj* - **1.** [plötzlich] repentino(na) - **2.** [steil] escarpado(da). <> *adv* - **1.** [plötzlich] repentinamente - **2.** [steil] : **~ abfallen** caer empinado(da).

Jahr (*pl* **-e**) *das* - **1.** [Zeitabschnitt] año *m* ; **im ~(e) 2004** en el año 2004 ; **seit ~en** desde hace años ; **(ein) gutes neues ~!** ¡feliz Año Nuevo! ; **~ für ~** año tras año - **2.** [Lebensabschnitt] : **in jüngeren ~en** durante los años de juventud.

jahrelang <> *adj* de muchos años, duradero(ra). <> *adv* durante años.

Jahres|abschluss *der* balance *m* anual.

Jahres|tag *der* aniversario *m*.

Jahres|zeit *die* estación *f*.

Jahr|gang *der* - **1.** [von Personen] promoción *m* - **2.** [von Weinen] cosecha *f*.

Jahr|hundert (*pl* **-e**) *das* siglo *m* ; **im 19. ~** en el siglo XIX.

Jahr|hundert|wende *die* cambio *m* de siglo ; **um die ~** en torno al cambio de siglo.

jährlich <> *adj* anual. <> *adv* anualmente.

Jahr|markt *der* feria *f*.

Jahr|tausend (*pl* **-e**) *das* milenio *m*.

Jahr|zehnt (*pl* **-e**) *das* [Zeitraum von 10 Jahren] decenio *f* ; [Zehnerjahrgang] década *f*.

jähzornig <> *adj* furioso(sa), con mal genio. <> *adv* furiosamente.

Jalousie [ʒalu'ziː] (*pl* **-n**) *die* persiana *f*.

Jamaikaner, in (*mpl* -, *fpl* **-nen**) *der, die* jamaicano *m*, -na *f*.

Jammer *der (ohne Pl)* lamento *m*, lástima *f* ; **es ist ein ~, dass** es una lástima que.

jämmerlich <> *adj* - **1.** [traurig] miserable - **2.** *abw* [würdelos, schlecht] mal, fatal ; **ein ~er Verlierer** un mal perdedor. <> *adv* - **1.** [traurig] miserablemente - **2.** *abw* [würdelos, schlecht] fatal - **3.** [sehr] : **~ frieren** pasar mucho frío.

jammern *vi* quejarse.

Jan. (*abk für* **Januar**) ene.

Januar *der (ohne Pl)* enero *m* ; *siehe auch* **September**.

Japan *nt* Japón *m* ; **in ~** en Japón.

Japaner, in (*mpl* -, *fpl* **-nen**) *der, die* japonés *m*, -esa *f*.

japanisch *adj* japonés(esa).

Japanisch *das (ohne Pl)* japonés *m* ; *siehe auch* **Englisch**.

Japanische *das (ohne Pl)* japonés *m* ; *siehe auch* **Englische**.

Jargon [ʒar'gõ] (*pl* **-s**) *der* jerga *f*.

jäten *vt* escardar.

jauchzen *vi* : **vor Freude ~** gritar de alegría.

jaulen *vi* aullar.

jawohl *interj* sí.

Ja|wort *das* : **jm sein ~ geben** dar el sí (quiero) a alguien.

Jazz [dʒɛs] *der (ohne Pl)* jazz *m*.

je <> *adv* - **1.** [jeweils] respectivamente, cada uno (una) ; **zu ~ 10 Exemplaren verpacken** empaquetar de 10 en 10 ejemplares - **2.** [pro] por ; **~ nach** en función de, dependiendo de, según - **3.** [irgendwann] alguna vez ; **sie ist schöner denn ~** está más guapa que nunca. <> *konj* : **~ ... desto** ODER **umso** ODER **je** cuanto más ... más ; **~ nachdem** según.

Jeans [dʒiːnz] (*pl* -) *die* (pantalón) *m* vaquero *m*, tejanos *mpl*, bluyines *mpl Amér*.

jede, r, s <> *det* cada ; [alle] todos los (todas las) ; [beliebige] cualquier(ra) ; **~r Mensch ist anders** cada persona es diferente ; **das kennt ~s Kind** eso lo sabe cualquiera ; **~n Tag** todos los días ; **~s Exemplar ist signiert** todos los ejemplares están firmados por el autor ; **~r dritte** uno de cada tres. <> *pron* cada uno (una) ; [jedermann] cualquiera ; **das kann ja ~ sagen** eso lo puede decir cualquiera ; **da kennt/grüßt ~r ~n** se conocen/saludan todos ; **~r Zweite** una de cada dos personas ; **~r Zweite trinkt Bier** de cada dos personas, una bebe cerveza.

jedenfalls *adv* - **1.** [wenigstens] en cualquier caso, por lo menos - **2.** [garantiert] en cualquier caso.

jedermann *pron* cualquiera.

jederzeit *adv* siempre, en cualquier momento.

jedesmal *adv* = **Mal**.

jedoch *adv, konj* no obstante.

jegliche, r, s *pron* cualquier.

jeher *adv* : **von ~** desde hace mucho tiempo.

jemals *adv* [in der Vergangenheit] alguna vez ; [in der Zukunft] algún día.

jemand *pron* alguien.

jene, r, s *geh* <> *det* aquel(lla) ; **an ~m Tag** aquel día. <> *pron* : **dieses oder ~s** éste o ése.

jenseits *präp* : **~ einer Sache** *(G)* ODER **von etw** al otro lado de algo, más allá de algo.

Jerusalem *nt* Jerusalén *m*.

Jetlag ['dʒɛtlɛg] (*pl* **-s**) *der* jetlag *m*, cambio *m* de horario.

jetzig *adj* actual.

jetzt *adv* - **1.** [momentan] ahora, ahorita *Amér* ; **bis ~** hasta ahora, hasta hoy ; **von ~ an** a partir de ahora, de hoy en adelante ; **sie haben mich erst ~ bezahlt** me han pagado ahora ; **schon ~ weiß ich, dass** ahora ya sé que - **2.** [gegenwärtig, heute] ya, hoy - **3.** [gleich, sofort] ahora mismo ; **von ~ auf gleich** repentinamente, de inmediato - **4.** [damals] entonces - **5.** [mittlerweile] ya - **6.** [zum Ausdruck des Ärgers] ahora.

jeweilig *adj* respectivo(va).

jeweils *adv* - **1.** [jedes Mal] cada vez ; **die Spieler bekommen pro Runde ~ drei Karten** los jugadores recibirán cada uno tres cartas por ronda - **2.** [momentan] momentáneo(a).

Jh. (*abk für* **Jahrhundert**) s.

JH *abk für* **Jugendherberge**.

Jiddisch *das (ohne Pl)* yiddish *m*, lengua *f* judeoalemana ; *siehe auch* **Englisch**.

Job [dʒɔp] (*pl* **-s**) *der* trabajo *m*.

jobben [dʒɔbn̩] *vi* trabajar.

Jockey ['dʒɔke, 'dʒɔki] (*pl* **-s**) *der* jockey *m*.

Jod *das (ohne Pl)* yodo *m*.

jodeln *vi* cantar como los tiroleses.

Joga, Yoga ['joːga] *der* ODER *das (ohne Pl)* yoga *m*.

Jogging ['dʒɔgɪŋ] *das (ohne Pl)* footing *m*.

Joghurt, Yoghurt, Jogurt (*pl* - ODER **-s**) *der* ODER *das* yogur *m*, yoghourt *m*.

Johannis|beere *die* : **Rote ~** grosella *f* ; **Schwarze ~** casis *m*.

Joker ['dʒoːkɐ] (*pl* -) *der* - **1.** [Spielkarte] comodín *m* - **2.** [Trumpf] baza *f*.

jonglieren [ʒɔŋ'liːrən] <> *vi* - **1.** [mit Gegenständen] hacer juegos malabares - **2.** : **mit Geld ~** manejar bien el dinero ; **mit Wörtern ~** jugar con las palabras. <> *vt* [balancieren] hacer juegos malabares con.

Joule [dʒuːl, dʒaul] (*pl* -) *das* julio *m*, joule *m*.

Journalist, in [ʒʊrna'lɪst, ɪn] (*mpl* **-en**, *fpl* **-nen**) *der, die* periodista *mf*.

Jubel *der (ohne Pl)* júbilo *m*.

jubeln *vi* estar lleno(na) de júbilo, alegrarse muchísimo.

Jubiläum [jubi'lɛːʊm] (*pl* **Jubiläen**) *das* aniversario *m* ; **ein ~ feiern** celebrar un aniversario.

jucken <> *vi* - **1.** [Haut] picar, escocer - **2.** [Material] picar. <> *vt* - **1.** [kratzen] rascar - **2.** *fam* [verlocken] picar.

Juck|reiz *der* escozor *m*.

Jude (*pl* **-n**) *der* judío *m*.

Jüdin (*pl* **-nen**) *die* judía *f*.

jüdisch *adj* judío(a).

Judo *das (ohne Pl)* yudo *m*.

Jugend *die (ohne Pl)* juventud *f*.

Jugend|amt *das* oficina *f* de protección de menores.

Jugendarbeit *die (ohne Pl)* trabajo *m* con jóvenes.

jugendfrei *adj* : **'nicht ~'** 'no apto(ta) para menores'.

Jugend|herberge *die* albergue *m* juvenil.

jugendlich <> *adj* **- 1.** [jung] joven **- 2.** [jung wirkend] juvenil. <> *adv* de forma juvenil ; **sich ~ fühlen** sentirse joven.

Jugendliche (*pl* **-n**) *der, die* joven *mf*.

Jugendstil *der (ohne Pl)* modernismo *m*.

Jugoslawien *nt* Yugoslavia *f*.

Juli *der (ohne Pl)* julio *m*.

jung (*komp* **jünger**, *superl* **jüngste**) <> *adj* **- 1.** [an Jahren] joven **- 2.** [kurz zurückliegend] reciente **- 3.** [jugendlich] juvenil. <> *adv* **- 1.** [in jungem Alter] joven **- 2.** [jugendlich] : **etw hält jn ~** algo mantiene joven a alguien.

Junge (*pl* **-n** ODER **Jungs**) <> *der (Pl Jungen, Jungs)* **- 1.** [Knabe] chico *m*, chavo *m Amér*, chavalo *m Amér* **- 2.** *fam* [Mann] colega *m* ; **ein grüner ~** *fig* un pipiolo ; **ein schwerer ~** *fam fig* un delincuente ; **~, ~!** ¡madre mía! <> *das (Pl Junge)* [Tier] cachorro *m* ; **~ kriegen** ODER **werfen** tener cachorros.

Jünger, in (*mpl* **-**, *fpl* **-nen**) *der, die* **- 1.** [Apostel] discípulo *m* **- 2.** [Anhänger] correlegionario *m*, -ria *f*.

Jungfer (*pl* **-n**) *die* : **alte ~** *abw* solterona *f*.

Jung|frau *die* **- 1.** [Frau] : **sie ist noch ~** es virgen todavía **- 2.** ASTROL Virgo *m*.

Jung|geselle *der* soltero *m* ; **ein eingefleischter ~** un soltero empedernido.

jüngste *adj* ▻ **jung**.

Juni *der (ohne Pl)* junio *m*.

Junior (*pl* **Junioren**) *der* **- 1.** *(ohne Pl)* [Sohn] hijo *m* **- 2.** SPORT júnior *m*.

Juniorin (*pl* **-nen**) *die* **- 1.** *(ohne Pl)* [Tochter] hija *f* **- 2.** SPORT júnior *f*.

Jura *der (ohne Pl)* **- 1.** *(G Jura, ohne Artikel)* [Studienfach] derecho *m* **- 2.** *(G Juras)* [Gebirge] : **der ~** los montes Jura **- 3.** *(G Juras)* [Juraformation] (Período *m*) Jurásico *m*.

Jurist, in (*mpl* **-en**, *fpl* **-nen**) *der, die* jurista *mf*.

juristisch <> *adj* jurídico(ca). <> *adv* jurídicamente.

Jury [ʒy'riː] (*pl* **-s**) *die* jurado *m*.

Justiz *die (ohne Pl)* justicia *f*.

Justiz|ministerium *das* Ministerio *m* de Justicia.

Justiz|vollzugs|anstalt *die amt* penitenciaría *f*, prisión *f*.

Juwel (*pl* **-en**) *der* ODER *das* **- 1.** *(der)* [Schmuck, Edelstein] joya *f*, alhaja *f* **- 2.** [Prachtstück] joya *f*.

Juwelier (*pl* **-e**) *der* joyero *m*.

Juwelierin (*pl* **-nen**) *die* joyera *f*.

Jux *der fam* broma *f*, guasa *f*.

K

k, K [kaː] (*pl* **-** ODER **-s**) *das* k *f*, K *f*.

Kabarett, Cabaret [kaba'rɛt, kaba'reː] (*pl* **-s** ODER **-e**) *das* cabaret *m*.

Kabarettist, in (*mpl* **-en**, *fpl* **-nen**) *der, die* cabaretista *mf*.

Kabel (*pl* **-**) *das* **- 1.** [Leitung] cable *m* **- 2.** *(ohne Pl) fam* [Kabelfernsehen] televisión *f* por cable.

Kabel|anschluss *der* conexión *f* de la televisión por cable ; **~ haben** tener televisión por cable.

Kabelfernsehen *das (ohne Pl)* televisión *f* por cable.

Kabeljau (*pl* **-s**) *der* bacalao *m*.

Kabel|kanal *der* programa *m* de televisión por cable.

Kabine (*pl* **-n**) *die* [von Schiff] camarote *m* ; [von Flugzeug, Umkleidekabine] cabina *f*.

Kabinett (*pl* **-e**) *das* **- 1.** [aus Ministern] Consejo *m* (de Ministros) **- 2.** *(ohne Pl)* [Wein] vino *m* selecto.

Kabrio, Cabrio (*pl* **-s**) *das* descapotable *m*.

Kachel (*pl* **-n**) *die* azulejo *m*.

kacheln (*perf* **hat/ist gekachelt**) <> *vt (hat)* [auslegen] poner azulejos en. <> *vi (ist) fam* [rasen] ir a toda pastilla.

Kadaver [ka'daːvɐ] (*pl* **-**) *der* cadáver *m*.

Käfer (*pl* **-**) *der* [Insekt, Auto] escarabajo *m*.

Kaff (*pl* **-s** ODER **-e**) *das fam* pueblo *m* de mala muerte.

Kaffee, Kaffee ['kafe, ka'fe:] (*pl* **-s**) *der* café *m* ; **schwarzer ~** café solo ; **~ trinken** beber café.

Kaffee

El café que se bebe normalmente en Alemania es lo que llamaríamos en España café americano, es decir, un café bastante aguado que se obtiene por filtrado. Los alemanes toman, quizá por este motivo, ingentes cantidades de café. Es raro el despacho que no dispone de su propia cafetera con filtro. En lugar de leche se suele echar crema de leche al café.
Entre las cuatro y las cinco de la tarde se toma tradicionalmente el **Kaffee und Kuchen**, es decir, una taza de café acompañada de un trozo de pastel, tanto en casa como en cafeterías, que suelen ser lugar de encuentro, de tertulia y de lectura, principalmente en Austria, donde se las denomina **Kaffeehaus**.

Kaffee|bohne *die* grano *m* de café.
Kaffee|filter *der* filtro *m* (para café).
Kaffee|kanne *die* recipiente *m* para el café, cafetera *f*.
Kaffee|klatsch (*pl* **-e**) *der* tertulia *f* a la hora del café.
Kaffee|löffel *der* cucharilla *f* (de café).
Kaffee|maschine *die* cafetera *f*.
Kaffee|tasse *die* taza *f* de café.
Käfig (*pl* **-e**) *der* jaula *f*.
kahl *adj* - **1.** [ohne Haare] calvo(va) ; **~ werden** quedarse calvo(va) - **2.** [ohne Vegetation, Blätter] pelado(da).
Kahn (*pl* **Kähne**) *der* bote *m*, barca *f* ; [Lastkahn] gabarra *f*.
Kai (*pl* **-s** ODER **-e**) *der* muelle *m*.
Kairo *nt* El Cairo *m*.
Kaiser (*pl* **-**) *der* emperador *m* ; [deutscher] káiser *m* ; **sich um des ~s Bart streiten** *fig* discutir por tonterías.
Kaiserin (*pl* **-nen**) *die* emperatriz *f*.
kaiserlich *adj* imperial.
Kaiser|reich *das* imperio *m*.
Kaiser|schmarrn (*pl* **-**) *der tortita desmenuzada con pasas*.
Kaiser|schnitt *der* cesárea *f*.
Kajak (*pl* **-s**) *der* ODER *das* kayac *m*.
Kajüte (*pl* **-n**) *die* camarote *m*.
Kakao [ka'kau] *der (ohne Pl)* cacao *m* ; **etw/jn durch den ~ ziehen** *fam fig* burlarse de algo/alguien.
Kakerlake (*pl* **-n**) *die* cucaracha *f*.
Kaktee = **Kaktus**.
Kaktus (*pl* **Kakteen** ODER **-se**) *der* cactus *m*.
Kalb (*pl* **Kälber**) *das* ternero *m*, -ra *f*.
Kalbfleisch *das (ohne Pl)* carne *f* de ternero ODER ternera.
Kalender (*pl* **-**) *der* calendario *m* ; **den Tag können wir uns im ~ rot anstreichen** *fig* ese día será un milagro.
Kaliber (*pl* **-**) *das* calibre *m*.
Kalifornien *nt* California *f*.
Kalium *das (ohne Pl)* potasio *m*.
Kalk *der (ohne Pl)* cal *f*.
Kalk|stein *der* piedra *f* de cal, caliza *f*.
kalkulieren *vt & vi* calcular ; **genau/scharf ~** calcular con precisión/justo.
Kalorie [kalo'ri:] (*pl* **-n**) *die* caloría *f*.
kalorienarm [kalo'ri:ənarm] ◇ *adj* bajo(ja) en calorías. ◇ *adv* : **~ essen** ingerir alimentos bajos en calorías.
kalt (*komp* **kälter**, *superl* **kälteste**) ◇ *adj* - **1.** [Temperatur, Licht, Farbe] frío(a) ; **jm ist ~** alguien tiene frío - **2.** [abweisend] frío(a) - **3.** [nüchtern] impasible - **4.** [entsetzlich] horrible. ◇ *adv* - **1.** [bezüglich der Temperatur] : **~ duschen** ducharse con agua fría ; **Bier/Wein ~ stellen** poner cerveza/vino en el frigorífico - **2.** [abweisend] fríamente, con frialdad - **3.** [nüchtern] impasiblemente.
kaltblütig ◇ *adj* de sangre fría ; **ein ~er Mord** un asesinato a sangre fría. ◇ *adv* a sangre fría.
Kälte *die (ohne Pl)* - **1.** [das Kaltsein] frío *m* - **2.** [Gefühlskälte] frialdad *f*.
Kälte|einbruch *der* helada *f*.
Kalte Krieg *der (ohne Pl)* guerra *f* fría.
Kalt|miete *die* precio *m* del alquiler de una vivienda sin incluir los gastos de luz, agua y calefacción.
Kalzium *das (ohne Pl)* calcio *m*.
kam *prät* ▷ **kommen**.
Kambodscha *nt* Camboya *f*.
Kamel (*pl* **-e**) *das* - **1.** [Tier] camello *m* - **2.** *fig* [Trottel] burro *m*, -rra *f* ; **ich ~!** ¡qué burro(rra) soy!
Kamera (*pl* **-s**) *die* cámara *f*.
Kamerad, in (*mpl* **-en**, *fpl* **-nen**) *der, die* - **1.** [Freund] colega *mf* - **2.** [in einer Gruppe] compañero *m*, -ra *f*.
kameradschaftlich ◇ *adj* de camaradería. ◇ *adv* como un amigo(ga).
Kamerun *nt* Camerún *m*.
Kamille (*pl* **-n**) *die* manzanilla *f*.
Kamillen|tee *der* infusión *f* ODER tisana *f* de manzanilla.
Kamin (*pl* **-e**) *der* chimenea *f* ; **offener ~** chimenea.
Kamm (*pl* **Kämme**) *der* - **1.** [Haarkamm]

peine *m* ; **alles über einen ~ scheren** *fig* medir todo por el mismo rasero - **2.** [Hahnenkamm] cresta *f* ; [von Truthahn] moco *m* - **3.** [Bergkamm] cumbre *f*.

kämmen *vt* peinar. ◆ **sich kämmen** *ref* peinarse.

Kammer (*pl* **-n**) *die* - **1.** [für Vorräte] despensa *f* ; [für Putzgeräte] *cuarto para guardar utensilios de limpieza* - **2.** POL cámara *f* ; [in Spanien] ≃ Congreso de los Diputados.

Kammer|musik *die* música *f* de cámara.

Kampagne (*pl* **-n**) *die* campaña *f*.

Kampf (*pl* **Kämpfe**) *der* - **1.** [Auseinandersetzung] : **der ~ um etw** la lucha por algo ; **~ gegen etw/jn** lucha contra algo/alguien ; **einer Sache/jm den ~ ansagen** declarar la guerra a algo/alguien - **2.** MIL & SPORT combate *m*.

kämpfen *vi* luchar ; **gegen etw/jn ~** luchar contra algo/alguien ; **für etw/jn ~** luchar por algo/alguien ; **um etw/jn ~** luchar por algo/alguien ; **mit dem Schlaf ~** intentar no dormirse ; **mit den Tränen ~** intentar contener las lágrimas ; **mit dem Tod ~** debatirse entre la vida y la muerte ; **mit den Wellen ~** luchar contra las olas.

Kampf|gebiet *das* zona *f* de operaciones.

Kampf|handlungen *pl* operación *f* militar.

kampflos *adj, adv* sin resistencia.

Kampf|richter, in *der, die* juez *mf*.

Kanada *nt* Canadá *m*.

Kanadier [ka'naːdi̯ɐ] (*pl* -) *der* - **1.** [Einwohner] canadiense *m* - **2.** [Sportboot] canoa *f* canadiense.

Kanadierin [ka'naːdi̯ərɪn] (*pl* **-nen**) *die* canadiense *f*.

kanadisch *adj* canadiense.

Kanal (*pl* **Kanäle**) *der* - **1.** [Wasserweg] canal *m* - **2.** TELEKOM canal *m* - **3.** *RW* : **den ~ voll haben** *fam* [betrunken sein] estar como una cuba ODER ciego(ga) ; [satt haben] estar hasta el gorro ODER moño.

Kanalisation (*pl* **-en**) *die* - **1.** [für Abwässer] canalización *f* ; [städtische] alcantarillado *m* - **2.** [von Wasserweg] canalización *f*.

Kanal|tunnel *der* Eurotúnel *m*.

Kanarien|vogel *der* canario *m*.

Kanarische Inseln *pl* Islas *fpl* Canarias ; **auf den Kanarischen Inseln** en las Islas Canarias.

Kandidat, in (*mpl* **-en**, *fpl* **-nen**) *der, die* candidato *m*, -ta *f* ; **~ für etw** candidato a algo ; **jn als ~en aufstellen** ODER **nominieren** nominar ODER presentar a alguien como candidato.

Kandidatur (*pl* **-en**) *die* candidatura *f* ; **~ für etw** candidatura para algo ; **seine ~ anmelden/zurückziehen** presentar/retirar su candidatura.

Kandis|zucker *der* azúcar *m* cande.

Känguru (*pl* **-s**) *das* canguro *m*.

Kaninchen (*pl* -) *das* conejo *m*.

Kanister (*pl* -) *der* bidón *m*.

kann *präs* ▷ **können**.

Kännchen (*pl* -) *das* jarrita *f*.

Kanne (*pl* **-n**) *die* jarra *f* ; [Kaffeekanne] cafetera *f* ; [Teekanne] tetera *f*.

Kannibale (*pl* **-n**) *der* caníbal *m*.

Kannibalin (*pl* **-nen**) *die* caníbal *f*.

kannte *prät* ▷ **kennen**.

Kanon (*pl* **-s**) *der* canon *m*.

Kanone (*pl* **-n**) *die* - **1.** [Geschütz] cañón *m* - **2.** *RW* : **unter aller ~ sein** *fam* no poder ser peor.

Kantabrien *nt* Cantabria *f*.

Kante (*pl* **-n**) *die* [Rand] borde *m* ; [Ecke] canto *m*.

Kantine (*pl* **-n**) *die* cantina *f*.

Kantinen|essen *das* comida *f* de cantina.

Kanton (*pl* **-e**) *der* cantón *m*.

kantonal *adj* cantonal.

Kantor (*pl* **-toren**) *der* cantor *m*.

Kantorin (*pl* **-nen**) *die* cantora *f*.

Kanu (*pl* **-s**) *das* piragua *f*, canoa *f*.

Kanzel (*pl* **-n**) *die* - **1.** [von Kirchen] púlpito *m* - **2.** [von Flugzeugen] cabina *f*.

Kanzlei (*pl* **-en**) *die* despacho *m* ; [von Anwalt] bufete *m* ; [von Behörde] oficina *f*.

Kanzler (*pl* -) *der* - **1.** [Bundeskanzler] canciller *m* - **2.** [Beamter] funcionario *m* de un consulado - **3.** UNI rector *m*.

Kanzler|amt *das* cancillería *f*.

Kap (*pl* **-s**) *das* cabo *m*.

Kapazität (*pl* **-en**) *die* - **1.** [Produktionskapazität, Fassungsvermögen] capacidad *f* - **2.** [Experte] experto *m*, -ta *f* - **3.** *(ohne Pl)* [geistige Fähigkeiten] capacidad *f*.

Kapelle (*pl* **-n**) *die* - **1.** [kleine Kirche] capilla *f* - **2.** MUS orquesta *f*.

Kapell|meister, in *der, die* director *m*, -ra *f* (de orquesta).

Kaper (*pl* **-n**) *die* alcaparra *f*.

kapieren *vt fam* captar.

kapital [kapi'taːl] *adj* - **1.** [schwer wiegend] capital - **2.** [riesig, prächtig] magnífico(ca).

Kapital (*pl* **-ien** ODER **-e**) *das* - **1.** [Geld] capital *m* - **2.** *RW* : **aus etw ~ schlagen** sacar provecho de algo ; **geistiges ~** capital intelectual ; **totes ~** conocimientos *mpl* no aprovechados.

Kapitalanlage *die* inversión *f* de capital ODER fondos.

Kapitalismus *der (ohne Pl)* capitalismo *m*.

Kapitalist, in (*mpl* **-en**, *fpl* **-nen**) *der, die* capitalista *mf*.

kapitalistisch *adj* capitalista.

Kapitän (*pl* **-e**) *der* - **1.** [von Schiffen] capitán *m* - **2.** [von Flugzeugen] comandante *m* (de a bordo).

Kapitel (*pl* -) *das* capítulo *m* ; **ein ~ für sich sein** *fig* ser una historia aparte.

Kapitulation (*pl* **-en**) *die* capitulación *f*, rendición *f* ; **bedingungslose ~** capitulación incondicional.

kapitulieren *vi* capitular.

Kaplan (*pl* **Kapläne**) *der* capellán *m*.

Kappe (*pl* **-n**) *die* gorra *f*.

kappen *vt* cortar ; [Äste, Bäume] podar.

Kapsel (*pl* **-n**) *die* - **1.** [kleiner Behälter] estuche *m* - **2.** [von Medikamenten] cápsula *f* - **3.** [Blütenkapsel] cápsula *f*.

Kapstadt *nt* Ciudad *f* del Cabo.

kaputt *adj fam* - **1.** [defekt] estropeado(da), roto(ta) - **2.** *fig* [erschöpft] : **~ sein** estar rendido(da).

kaputtgehen (*perf* **ist kaputtgegangen**) *vi (unreg) fam* - **1.** [entzweigehen] romperse - **2.** [eingehen] morir.

kaputtlachen ◆ **sich kaputtlachen** *ref fam* desternillarse ODER morirse de risa ; **sich über etw/jn ~** desternillarse ODER morirse de risa por algo/alguien.

Kapuze (*pl* **-n**) *die* capucha *f*.

Karaffe (*pl* **-n**) *die* garrafa *f*.

Karamell *der (ohne Pl)* caramelo *m*.

Karamellbonbon *der* ODER *das* caramelo *m*.

Karat (*pl* **-e** ODER **-**) *das* quilate *m* ; **dieser Ring hat 20 ~** este anillo es de 20 quilates.

Karate *das (ohne Pl)* kárate *m*.

Karawane (*pl* **-n**) *die* caravana *f*.

Kardinal (*pl* **Kardinäle**) *der* cardenal *m*.

Kardinalzahl *die* número *m* cardinal.

Karfreitag *der* Viernes *m* Santo.

karg *adj* - **1.** [dürftig] pobre - **2.** [unfruchtbar] árido(da).

Karibik *die* Caribe *m* ; **in der ~** en el Caribe.

karibisch *adj* caribeño(ña).

kariert <> *adj* a cuadros ; [Papier] cuadriculado(da). <> *adv fam* [verwirrt] de manera confusa.

Karies ['kaːriɛs] *die (ohne Pl)* caries *f*.

Karikatur (*pl* **-en**) *die* caricatura *f*.

kariös *adj* cariado(da).

Karlsruhe *nt* - **1.** [Stadt] Karlsruhe *f* - **2.** [Gericht] Tribunal *m* Constitucional Federal.

Karneval ['karnəval] (*pl* **-e** ODER **-s**) *der* carnaval *m*.

karnevalistisch [karnəva'lɪstɪʃ] *adj* carnavalesco(ca).

Karnevalszug *der* cabalgata *f* ODER desfile *m* de carnaval.

Karnickel (*pl* -) *das fam* conejo *m*.

Kärnten *nt* Carintia *f*.

Karo (*pl* -) *das* - **1.** *(pl Karos)* [Raute] rombo *m* - **2.** *(ohne Artikel) (ohne Pl)* [Spielkartenfarbe] diamantes *mpl* - **3.** *(pl Karo)* [Karte] diamante *m*.

Karosserie (*pl* **-n**) *die* carrocería *f*.

Karotte (*pl* **-n**) *die* zanahoria *f*.

Karpfen (*pl* -) *der* carpa *f*.

Karre (*pl* **-n**) *die* - **1.** [Handkarre] carro *m* - **2.** *fam* [Auto] cafetera *f*, tartana *f*.

Karren (*pl* -) *der* [kleiner Wagen] carro *m*, coche *m*.

Karriere [ka'ri̯eːrə] (*pl* **-n**) *die* carrera *f* ; **~ machen** hacer carrera.

Karte (*pl* **-n**) *die* - **1.** [Postkarte] postal *f* - **2.** [Landkarte, Autokarte] mapa *m* - **3.** [Spielkarte] carta *f* ; **jm die ~n legen** [wahrsagen] echar las cartas a alguien - **4.** SPORT : **jm die gelbe/rote ~ zeigen** sacar la tarjeta amarilla/roja a alguien.

Kartei (*pl* **-en**) *die* fichero *m*.

Karteikarte *die* ficha *f*.

Karteikasten *der* fichero *m*.

Kartell (*pl* **-e**) *das* cártel *m*.

Kartenspiel *das* - **1.** [Gesellschaftsspiel] juego *m* de cartas ODER naipes - **2.** [Spielkarten] baraja *f*.

Kartentelefon *das* teléfono *m* de tarjetas.

Kartenvorverkauf *der (ohne Pl)* venta *f* anticipada de localidades.

Kartoffel (*pl* **-n**) *die* patata *f*.

Kartoffelbrei *der* puré *m* de patatas.

Kartoffelchips *pl* patatas *fpl* fritas.

Kartoffelpuffer *der* fritura *f* de patatas ralladas.

Kartoffelpüree *das* puré *m* de patatas.

Kartoffelsalat *der* ensalada *f* de patatas.

Karton (*pl* **-s**) *der* - **1.** [dünne Pappe] cartón *m* - **2.** [Papierkiste] caja *f* (de cartón).

Karussell (*pl* **-s**) *das* tiovivo *m* ; **~ fahren** montar en tiovivo.

Karwoche *die* Semana *f* Santa.

Käse (*pl* -) *der* queso *m* ; **das ist ~!** *abw & fig* ¡no son más que bobadas!

Käsefondue *das* fondue *f* de queso.

Käsekuchen *der* tarta *f* de queso.

Kaserne (*pl* -n) *die* cuartel *m*.

käsig *adj* pálido(da).

Kasino (*pl* -s) *das* - **1.** [Spielkasino] casino *m* - **2.** MIL [Kantine] comedor *m* de oficiales.

Kasper (*pl* -) *der* títere *m*.

Kasperle|theater *das* guiñol *m*.

Kasse (*pl* -n) *die* - **1.** [Kassette, Ladenkasse] caja *f* ; **~ machen** hacer la caja - **2.** *fam* [Krankenkasse] seguro *m* - **3.** *RW* : **gut bei ~ sein** *fam* andar bien de dinero ; **knapp bei ~ sein** *fam* andar justo(ta) de dinero.

Kassen|arzt, ärztin *der, die* ≃ médico *m*, -ca *f* de la Seguridad Social.

Kassen|bon *der* ticket *m* de compra.

Kassen|patient, in *der, die* ≃ paciente *mf* asegurado(da) por la Seguridad Social.

Kassen|zettel *der* ticket *m* (de compra).

Kassette (*pl* -n) *die* - **1.** [für Schmuck] estuche *m* - **2.** [Hülle, Karton] funda *m* - **3.** [Magnetband] casete *m* ODER *f*, cinta *f* ; **etw auf ~ aufnehmen** grabar algo en casete.

Kassetten|rekorder *der* magnetófono *m*.

kassieren *vt* - **1.** [einziehen] cobrar - **2.** *fam* [einnehmen] cobrar - **3.** *fam* [einheimsen] recibir - **4.** *fam* [abnehmen] retirar.

Kassierer, in (*mpl* -, *fpl* -nen) *der, die* cajero *m*, -ra *f*.

Kastanie [kas'taːnjə] (*pl* -n) *die* - **1.** [Baum - Rosskastanie] castaño *m* de Indias ; [- Edelkastanie] castaño *m* (común) - **2.** [Frucht - Rosskastanie] castaña *f* de Indias ; [- Edelkastanie] castaña *f*.

Kasten (*pl* **Kästen**) *der* - **1.** [Kiste] caja *f* - **2.** [Briefkasten] buzón *m* - **3.** *fam* [Gebäude] caserón *m* - **4.** SPORT plinto *m* - **5.** *fam* : **etwas/viel auf dem ~ haben** ser un coco.

Kastilier, in (*mpl* -, *fpl* -nen) *der, die* castellano *m*, castellana *f*.

kastilisch *adj* castellano(na).

Kastilisch *das (ohne Pl)* castellano *m* ; *siehe auch* **Englisch**.

Kastilische *das (ohne Pl)* castellano *m* ; *siehe auch* **Englische**.

kastrieren *vt* - **1.** MED castrar - **2.** *fam* [kürzen] (a)cortar ; [zensieren] censurar.

Kasus (*pl* -) *der* caso *m*.

Kat [kat] (*pl* -s) *abk für* **Katalysator**.

Katalane (*pl* -n) *der* catalán *m*.

Katalanin (*pl* -nen) *die* catalana *f*.

katalanisch *adj* catalán(ana).

Katalanisch *das (ohne Pl)* catalán *m* ; *siehe auch* **Englisch**.

Katalog (*pl* -e) *der* - **1.** [Verzeichnis] catálogo *m* - **2.** [Auflistung] lista *f*.

Katalonien *nt* Cataluña *f*.

Katalonier, in [kata'loːniɐ, rɪn] (*mpl* -, *fpl* -nen) *der, die* catalán *m*, -ana *f*.

Katalysator (*pl* -toren) *der* catalizador *m*.

Katamaran (*pl* -e) *der* catamarán *m*.

katastrophal [katastro'faːl] <> *adj* catastrófico(ca). <> *adv* de forma catastrófica.

Katastrophe [katas'troːfə] (*pl* -n) *die* catástrofe *f* ; **eine ~ sein** *fam* ser un desastre.

Katastrophen|gebiet [katas'troːfəngəbiːt] *das* zona *f* catastrófica.

Katechismus (*pl* -chismen) *der* catecismo *m*.

Kategorie (*pl* -n) *die* categoría *f*.

kategorisch <> *adj* categórico(ca). <> *adv* categóricamente.

Kater (*pl* -) *der* - **1.** [Tier] gato *m* - **2.** *fam* [von Alkohol] resaca *f* ; **einen ~ haben** tener resaca.

kath. *abk für* **katholisch**.

Kathedrale (*pl* -n) *die* catedral *f*.

Kathode (*pl* -n) *die* cátodo *m*.

Katholik (*pl* -en) *der* católico *m*.

Katholiken|tag *der* día *m* de los católicos *(día celebrado cada dos años por la Iglesia Católica en Alemania)*.

Katholikin (*pl* -nen) *die* católica *f*.

katholisch *adj* católico(ca).

Katholizismus *der (ohne Pl)* catolicismo *m*.

Kat-|Motor *der* motor *m* con catalizador.

Katz *die (ohne Pl)* : **~ und Maus mit jm spielen** jugar con alguien ; **für die ~ sein** *fam* ser en vano ODER para nada, no servir de nada.

Katze (*pl* -n) *die* - **1.** [Tier] gato *m* - **2.** [weibliches Tier] gata *f*.

Katzen|sprung *der* : **einen ~ entfernt** a tiro de piedra, a dos pasos ; **etw ist nur ein ~ (von etw entfernt)** algo está a dos pasos (de algo).

Kauderwelsch *das (ohne Pl)* galimatías *m*

kauen <> *vi* masticar ; **an etw** *(D)* **~** [herumkauen] masticar algo ; [bewältigen] superar algo ; **an den Nägeln/Haaren ~** morderse las uñas/el pelo. <> *vt* masticar.

kauern *vi* acuclillarse ; [Hund, Katze] ovillarse.

Kauf (*pl* **Käufe**) *der* - **1.** [Erwerb] compra *f* **etw zum ~ anbieten** poner algo a la venta **einen ~ abschließen** cerrar ODER concluir una compra - **2.** [Ware] compra *f* ; **etw in ~ nehmen** *fig* conformarse con algo.

kaufen *vt* comprar ; **jm/sich etw ~** comprar algo a alguien/comprarse algo.

Käufer, in (*mpl* -, *fpl* -nen) *der, die* comprador *m*, -ra *f*.

Kauf|frau *die* comerciante *f*.

Kauf|haus *das* grandes almacenes *mpl*.

Kauf|kraft *die* poder *m* adquisitivo.

Kauf|leute *pl* comerciantes *mpl*.

käuflich <> *adj* - **1.** [zu erwerben] : **~ sein** [zu verkaufen] estar en venta ; [bestechlich] ser sobornable - **2.** [prostituiert] comprable. <> *adv* : **etw ~ erwerben** *amt* comprar algo.

Kaufmann (*pl* **-leute**) *der* comerciante *m*.

kaufmännisch *adj* comercial.

Kauf|preis *der* precio *m* de compra.

Kau|gummi *der* ODER *das* chicle *m*.

Kaukasus *der* Cáucaso *m*.

kaum *adv* - **1.** [fast nicht, höchstens] apenas - **2.** [gerade] recién ; **~ dass** apenas - **3.** [wohl nicht] difícilmente.

Kausal|satz *der* oración *f* causal.

Kaution (*pl* **-en**) *die* fianza *f* ; **gegen ~** bajo fianza.

Kautschuk *der* caucho *m*.

Kauz (*pl* **Käuze**) *der* mochuelo *m* ; **ein komischer ~** *fig* un tío raro (una tía rara).

Kavalier [kava'liːɐ̯] (*pl* **-e**) *der* caballero *m*.

Kaviar [kaːvi̯ar] (*pl* **-e**) *der* caviar *m*.

keck <> *adj* atrevido(da). <> *adv* con atrevimiento.

Kegel (*pl* **-**) *der* - **1.** MATH cono *m* - **2.** [zum Spielen] bolo *m*.

Kegel|klub *der* club *m* de bolos.

kegeln *vi* jugar a los bolos.

Kehle (*pl* **-n**) *die* - **1.** [Hals, Rachen] garganta *f* - **2.** *RW* : **etw in die falsche ~ bekommen** *fam* interpretar mal algo, atragantarse con algo ; **aus voller ~ singen/schreien** cantar/gritar a pleno pulmón.

Kehl|kopf *der* laringe *f*.

kehren *vt* - **1.** [wenden] volver ; [Kleidungsstück] dar la vuelta a ; **etw nach außen ~** *fig* dárselas de algo - **2.** [fegen] barrer ; **die Krümel vom Tisch ~** limpiar ODER recoger las migas de la mesa. ◆ **sich kehren** *ref* - **1.** [sich kümmern] : **sich nicht an etw** *(D)* ODER **um etw ~** no hacer caso de algo - **2.** [sich richten] : **sich gegen jn ~** volverse en contra de alguien.

Kehr|reim *der* estribillo *m*.

Kehr|seite *die* inconveniente *m* ; **die ~ der Medaille** la otra cara de la moneda.

kehrt|machen *vi* retroceder.

Kehrt|wendung *die* media vuelta *f* ; *fig* giro *m* de 180 grados.

keifen *vi abw* rabiar.

Keil (*pl* **-e**) *der* - **1.** [aus Holz] cuña *f* - **2.** [Bremsklotz] calza *f*.

Keil|riemen *der* correa *f* trapezoidal.

Keim (*pl* **-e**) *der* - **1.** [Pflanzentrieb] brote *m* ; **etw im ~ ersticken** *fig* erradicar algo - **2.** [Bakterie] germen *m*.

keimen *vi* germinar ; **die Kartoffeln ~** les salen brotes a las patatas.

keimfrei <> *adj* estéril, esterilizado(da) ; [Bedingungen] aséptico(ca) ; **Milch ~ machen** pasteurizar la leche. <> *adv* asépticamente.

Keimling (*pl* **-e**) *der* brote *m*.

keimtötend *adj* germicida ; [Reinigungsmittel] bactericida.

Keim|zelle *die* - **1.** BIOL gameto *m* - **2.** *fig* [Ausgangspunkt] origen *m*.

kein, e *det* - **1.** [bei zählbaren Mengen] no ... (ningún(una)) ; **~ Mensch** nadie ; **ich habe ~ Auto** no tengo (ningún) coche - **2.** [bei nicht zählbaren Mengen] no ; **es ist ~ Regen gefallen** no ha llovido - **3.** [nicht ganz] ni (tan siquiera) - **4.** [überhaupt nicht] no.

keine, r, s *pron* no ... ninguno(una) ; [kein Mensch] no ... nadie ; **Begeisterung zeigte er ~** no mostró (ningún) entusiasmo.

keinerlei *adj (unver)* no ... ningún(una), de ningún tipo.

keinesfalls *adv* no ... de ningún modo.

keineswegs *adv* de ninguna manera.

Keks (*pl* **-e**) *der* galleta *f*.

Kelle (*pl* **-n**) *die* [Schöpflöffel] cucharón *m*.

Keller (*pl* **-**) *der* sótano *m* ; [Weinkeller, Vorratskeller] bodega *f*.

Kellner, in (*mpl* **-**, *fpl* **-nen**) *der, die* camarero *m*, -ra *f*, mesero *m*, -ra *f Amér*.

Kelte (*pl* **-n**) *der* celta *m*.

keltern *vt* prensar ; **Wein ~** prensar la uva.

Keltin (*pl* **-nen**) *die* celta *f*.

keltisch *adj* celta.

Kenia *nt* Kenia *f*.

kennen (*prät* **kannte**, *perf* **hat gekannt**) *vt* - **1.** [intim, flüchtig, aus Erfahrung] conocer ; **da kennst du ihn aber schlecht!** ¡no lo conoces bien! ; **etw/jn gut ~** conocer bien algo/a alguien - **2.** [wissen] conocer, saber ; [Anwalt, Arzt, Fachmann] saber de - **3.** [haben] tener ; **keine Gnade ~** no tener piedad.

kennen lernen *vt* conocer. ◆ **sich kennen lernen** *ref* conocerse.

Kenntnis (*pl* **-nisse**) *die (ohne Pl)* conocimiento *m* ; **etw zur ~ nehmen** tomar nota de algo, tener algo en cuenta ; **~ von etw nehmen** tomar nota de algo ; **etw entzieht sich js ~** *(D) geh* alguien desconoce algo ; **das entzieht sich meiner ~** lo desconozco ; **jn von etw in ~ setzen** notificar algo a alguien. ◆ **Kenntnisse** *pl* conocimientos *mpl*.

Kennwort (*pl* **-wörter**) *das* contraseña *f*.

Kenn|zahl *die* número *m*.

Kenn|zeichen *das* - **1.** [Merkmal] característica *f* ; **besondere ~** rasgos distintivos - **2.** [Symbol] emblema *m*, distintivo *m*

- **3.** [am Kfz] : **amtliches ~** (placa *f* de) matrícula *f*.

kennzeichnen *vt* **- 1.** [markieren] : **etw (mit** ODER **durch etw) ~** señalar ODER indicar algo (con algo) ; **das Produkt ist mit einem grünen Punkt gekennzeichnet** el producto lleva el distintivo del punto verde **- 2.** [charakterisieren] caracterizar ; **als etw gekennzeichnet sein** distinguirse por algo ; **jn als etw ~** calificar a alguien de algo.

kennzeichnend *adj* : **für etw/jn ~ sein** ser característico(ca) ODER propio(pia) de algo/alguien.

Kenn|zeichnung *die* [Markierung] indicación *f*.

Kenn|ziffer *die* código *m*.

kentern (*perf* **ist gekentert**) *vi* volcar.

Keramik (*pl* **-en**) *die* **- 1.** [Gegenstand] objeto *m* de cerámica ODER barro, cerámica *f* **- 2.** *(ohne Pl)* [Ton] barro *m* **- 3.** [Kunst] cerámica *f*.

Kerbe (*pl* **-n**) *die* muesca *f*.

Kerbel *der (ohne Pl)* perifollo *m*.

Kerker (*pl* **-**) *der* calabozo *m*.

Kerl (*pl* **-e**) *der fam* tipo *m*, tío *m* ; **ein netter ~** un tipo ODER tío simpático ; **ein gemeiner ~** un canalla.

Kern (*pl* **-e**) *der* **- 1.** [von Obst] pepita *f* ; [von Kirsche] hueso *m* ; [von Melone] pipa *f* ; [von Nuss] carne *f* **- 2.** *fig* [Wichtigstes] núcleo *m*.

Kern|energie *die (ohne Pl)* energía *f* nuclear.

Kern|forschung *die (ohne Pl)* investigación *f* nuclear.

Kern|gehäuse *das* corazón *m*.

kerngesund *adj* rebosante de salud.

Kernkraft|gegner, in *der, die* detractor *m*, -ra *f* de la energía nuclear.

Kernkraft|werk *das* central *f* nuclear.

kernlos *adj* sin pepitas.

Kern|punkt *der* punto *m* central.

Kern|seife *die (ohne Pl)* jabón *m* duro.

Kern|stück *das* pieza *f* más representativa.

Kern|waffe *die* arma *f* nuclear ODER atómica.

Kerze (*pl* **-n**) *die* **- 1.** [zur Beleuchtung] vela *f* **- 2.** [Turnübung] clavo *m*.

kerzengerade *adj & adv* recto(ta) como un cirio.

Kerzenlicht *das (ohne Pl)* luz *f* de la vela ; **bei ~** a la luz de las velas.

kess ◇ *adj* **- 1.** [frech] fresco(ca) ; [Antwort, Frage, Blick, Verhalten] descarado(da) **- 2.** [schick] atrevido(da). ◇ *adv* [frech] osadamente, descaradamente ; **jn ~ anlächeln** sonreír coquetamente a alguien.

Kessel (*pl* **-**) *der* **- 1.** [Topf] hervidor *m* **- 2.** [Tal] valle *m* cerrado.

Ketschup, Ketchup ['kɛtʃap] *der* ODER *das (ohne Pl)* ketchup® *m*.

Kette (*pl* **-n**) *die* **- 1.** [aus Metall, Halskette] cadena *f* ; [Perlenkette] collar *m* **- 2.** [von Menschen, Filialen] cadena *f* ; [von Ereignissen, Unfällen] serie *f*.

ketten *vt* : **etw/jn an etw** *(A)* **~** encadenar algo/a alguien a algo.

Ketten|fahrzeug *das* vehículo *m* oruga.

Ketten|reaktion *die* reacción *f* en cadena.

Ketzer (*pl* **-**) *der* hereje *m*.

Ketzerin (*pl* **-nen**) *die* hereje *f*.

keuchen (*perf* **hat/ist gekeucht**) *vi* **- 1.** *(hat)* [beim Atmen] jadear **- 2.** *(ist)* [beim Gehen] andar jadeando.

Keuchhusten *der (ohne Pl)* tos *f* ferina.

Keule (*pl* **-n**) *die* **- 1.** [Fleisch] pata *f*, pierna *f* ; [von Truthahn, Hähnchen] muslo *m* **- 2.** [Waffe, Sportgerät] maza *f*.

keusch ◇ *adj* casto(ta). ◇ *adv* castamente ; [leben] en castidad.

Keuschheit *die (ohne Pl)* castidad *f*.

Keyboard ['kiːbɔːd] (*pl* **-s**) *das* teclado *m*.

Kfz [kaːɛf'tsɛt] (*pl* **-**) *abk für* **Kraftfahrzeug**.

Kfz-|Steuer *die* impuesto *m* de circulación.

kg (*abk für* **Kilogramm**) kg.

kichern *vi* reír disimuladamente, reírse por lo bajo.

kicken ◇ *vi* jugar al fútbol ; **für einen Verein ~** jugar para un equipo. ◇ *vt* [Ball] chutar ; [Gegenstand] dar una patada a.

kidnappen ['kɪtnɛpn̩] *vt* secuestrar.

Kidnapper, in ['kɪtnɛpɐ, rɪn] (*mpl* **-**, *fpl* **-nen**) *der, die* secuestrador *m*, -ra *f*.

Kiefer (*pl* **-** ODER **-n**) ◇ *der (G Kiefers, Pl Kiefer)* mandíbula *f*. ◇ *die (G Kiefer, Pl Kiefern)* pino *m*.

Kiel (*pl* **-e**) *der* **- 1.** [von Schiff] quilla *f* **- 2.** [von Feder] cañón *m*, cálamo *m*.

Kieme (*pl* **-n**) *die* branquia *f*.

Kies *der* **- 1.** [Steine] grava *f* **- 2.** *salopp* [Geld] pasta *f*.

Kiesel|stein *der* guijarro *m*.

Kies|grube *die* gravera *f*.

Kiew ['kiːɛf] *nt* Kiev *m*.

kikeriki *interj* ¡quiquiriquí!

Killer, in (*mpl* **-**, *fpl* **-nen**) *der, die* asesino *m*, -na *f* (a sueldo), matón *m*, -ona *f*.

Kilo (*pl* **-** ODER **-s**) *das* kilo *m*.

Kilo|gramm *das* kilogramo *m*.

Kilo|hertz *das* kilohercio *m*.

Kilo|kalorie *die* kilocaloría *f*.

Kilo|meter *der* kilómetro *m* ; **~ pro Stunde** kilómetros por hora.

kilometerlang *adj* de varios kilómetros.

Kilometer|stand *der* kilometraje *m* ; **bei ~ 10.000** a los 10.000 kilómetros.

Kilometer|zähler *der* cuentakilómetros *m*.

Kilo|watt *das* kilovatio *m*.

Kilowatt|stunde *die* kilovatio *m* hora.

Kind (*pl* **-er**) *das* - **1.** [Junge] niño *m* ; [Mädchen] niña *f* ; [Baby] bebé *m* ; [ungeboren] niño *m*, -ña *f* ; **von ~ auf** ODER **an** desde niño(ña) - **2.** [Nachkomme] hijo *m*, -ja *f* ; **ein ~ erwarten/bekommen** ODER **kriegen** esperar/tener un niño - **3.** *RW* : **mit ~ und Kegel** con la familia al completo.

Kinder|arzt, ärztin *der, die* pediatra *mf*.

Kinder|buch *das* libro *m* infantil ODER para niños.

Kinderei (*pl* **-en**) *die* chiquillada *f*, niñería *f*.

kinderfeindlich ◇ *adj* hostil a los niños ; [Architektur] no adaptado(da) a las necesidades de los niños. ◇ *adv* de forma hostil a los niños, en contra de los niños ; [bauen] de forma no adaptada a las necesidades de los niños.

kinderfreundlich ◇ *adj* a favor de los niños, favorable a los niños ; [Wohnung] adaptado(da) a las necesidades de los niños ; **~ sein** [Person] querer a los niños. ◇ *adv* a favor de los niños ; [einrichten] de forma adaptada a las necesidades de los niños.

Kinder|garten *der* parvulario *m*, jardín *m* de infancia.

Kinder|gärtner, in *der, die* maestro *m*, -tra *f* de párvulos.

Kinder|geld *das (ohne Pl)* subsidio *m* familiar por hijos.

Kinder|heim *das* centro *m* infantil ; [für dauerhafte Unterbringung] hogar *m* para niños ; [für Ferien] colonia *f* de vacaciones.

Kinder|hort *der* centro *m* infantil (para niños en edad escolar).

Kinder|krankheit *die* enfermedad *f* infantil.

Kinder|krippe *die* guardería *f*.

Kinder|lähmung *die (ohne Pl)* poliomielitis *f*.

kinderleicht ◇ *adj* facilísimo(ma). ◇ *adv* muy fácilmente.

kinderlieb *adj* : **~ sein** querer a los niños ; **sie ist ~** (a ella) le gustan los niños.

Kinder|lied *das* canción *f* infantil.

Kinder|mädchen *das* niñera *f*, canguro *f*.

kinderreich *adj* con muchos hijos ; **eine ~e Familie** una familia numerosa.

Kinder|schutzbund *der (ohne Pl)* asociación *f* para la defensa del menor.

Kinder|sicherung *die* seguro *m* para niños ; [von Reinigungsmitteln] cierre *m* de seguridad.

Kinder|sitz *der* asiento *m* infantil.

Kinder|spiel *das* juego *m* infantil ; **für jn ein/kein ~ sein** ser (como) coser y cantar/no ser (nada) fácil.

Kinder|stube *die (ohne Pl)* : **eine gute/schlechte ~ haben** *fig* tener buenos/malos modales.

Kindertages|stätte *die* guardería *f* (infantil).

Kinder|wagen *der* cochecito *m* de niños.

Kinder|zimmer *das* cuarto *m* ODER habitación *f* de los niños.

Kindes|alter *das (ohne Pl)* infancia *f*, niñez *f* ; **er hat schon im ~ gut Klavier gespielt** de niño ya tocaba muy bien el piano.

Kindes|misshandlung *die* malos tratos *mpl* a niños.

Kindheit *die (ohne Pl)* infancia *f*, niñez *f* ; **von ~ an** desde la infancia, desde pequeño(ña).

kindisch *abw* ◇ *adj* infantil. ◇ *adv* como un niño (una niña), de forma infantil.

kindlich ◇ *adj* infantil ; [Gesichtszüge] aniñado(da). ◇ *adv* : **~ wirken** ODER **aussehen** parecer un niño (una niña).

Kinn (*pl* **-e**) *das* barbilla *f*.

Kinn|haken *der* gancho *m*.

Kinnlade (*pl* **-n**) *die* mandíbula *f* inferior ; **ihm klappte die ~ nach unten** se quedó con la boca abierta.

Kino (*pl* **-s**) *das* cine *m* ; **ins ~ gehen** ir al cine.

Kino|besucher, in *der, die* espectador *m*, -ra *f* (de cine).

Kino|programm *das* cartelera *f* (de cine).

Kiosk (*pl* **-e**) *der* kiosco *m*, quiosco *m*.

Kippe (*pl* **-n**) *die* - **1.** *fam* [Zigarette] pitillo *m* ; [Zigarettenende] colilla *f* - **2.** *RW* : **auf der ~ stehen** [zu fallen drohen] estar a punto de caer(se) ; [gefährdet sein] estar en peligro ; [unsicher sein] estar en el aire.

kippen (*perf* **hat/ist gekippt**) ◇ *vi (ist)* caerse ; [Auto] volcar. ◇ *vt (hat)* - **1.** [neigen] inclinar - **2.** [schütten] echar, verter - **3.** *fam* [trinken] trincar(se), zamparse.

Kirche (*pl* **-n**) *die* - **1.** [Gebäude] iglesia *f* - **2.** *(ohne Pl)* [Gottesdienst] servicio *f* divino ; [Messe] misa *f* ; **zur ~ gehen** [Messe] ir a misa ; [Gottesdienst] asistir al servicio divino - **3.** [Institution] Iglesia *f*.

Kirchen|chor *der* coro *m* (de la iglesia).

Kirchen|gemeinde *die* parroquia *f*.

Kirchen|musik *die (ohne Pl)* música *f* sacra.

Kirchen|schiff *das* nave *f*.

Kirchen|steuer *die* impuesto *m* eclesiástico.

Kirchen|tag *der* Congreso *m* de la Iglesia Alemana.

Kirchgänger, in (*mpl* -, *fpl* **-nen**) *der, die* feligrés *m*, -esa *f*.

kirchlich <> *adj* eclesiástico(ca) ; [Trauung] canónico(ca) ; **~e Feiertage** festividades religiosas ; **~e Schule** [für Mädchen] colegio de monjas ; [für Jungs] colegio de curas. <> *adv* : **sich ~ trauen lassen** casarse por la Iglesia.

Kirch|turm *der* campanario *m*.

Kirmes *die (ohne Pl)* feria *f*.

Kirsch|baum *der* cerezo *m*.

Kirsche (*pl* **-n**) *die* cereza *f*.

Kirsch|torte *die* tarta *f* de cerezas.

Kirschwasser *das (ohne Pl)* kirsch *m (aguardiente de cereza)*.

Kissen (*pl* -) *das* cojín *m* ; [Kopfkissen] almohada *f*.

Kiste (*pl* **-n**) *die* - **1.** [Behälter] caja *f* - **2.** *fam* [Auto] cafetera *f*, carro *m* - **3.** *fam* [Angelegenheit] asunto *m* - **4.** *fam* [Beziehung] relación *f*.

kitschig *adj* - **1.** [geschmacklos] hortera - **2.** [sentimental] cursi.

Kitt *der* masilla *f*.

Kittchen (*pl* -) *das fam* trena *f*, chirona *f* ; **im ~ sein** ODER **sitzen** *fam* estar en chirona.

Kittel (*pl* -) *der* bata *f*.

kitten *vt* - **1.** [kleben] pegar - **2.** *fig* [retten] salvar.

Kitzel (*pl* -) *der* cosquilleo *m*.

kitzelig = **kitzlig**.

kitzeln *vt* : **jn an den Füßen ~** hacer cosquillas a alguien en los pies.

kitzlig, kitzelig *adj* - **1.** [empfindlich] : **~ sein** tener cosquillas - **2.** [heikel] delicado(da), espinoso(sa).

Kiwi (*pl* **-s**) *die* kiwi *m*.

klaffen *vi* abrirse.

kläffen *vi abw* ladrar.

Klage (*pl* **-n**) *die* - **1.** [Beschwerde] queja *f* - **2.** RECHT demanda *f* ; **gegen jn ~ einreichen** presentar una demanda contra alguien.

klagen <> *vi* - **1.** [jammern] quejarse ; **über etw/jn ~** quejarse de algo/alguien - **2.** [vor Gericht] : **gegen jn ~** querellarse contra alguien. <> *vt* contar.

Kläger, in (*mpl* -, *fpl* **-nen**) *der, die* demandante *mf*.

klaglos *adv* sin quejarse, sin rechistar.

Klammer (*pl* **-n**) *die* - **1.** [zum Festklemmen] pinza *f* ; MED grapa *f* - **2.** [Zeichen] paréntesis *m* ; [eckig] corchete *m* ; **in ~n setzen/stehen** poner/estar entre paréntesis.

Klammer|affe *der fam* EDV arroba *f*.

klammern *vt* : **etw an etw** *(A)* **~** [mit Büroklammer] sujetar algo en algo con un clip ; [mit Heftklammer] grapar algo en algo. ◆ **sich klammern** *ref* : **sich an etw/jn ~** agarrarse a algo/alguien ; *fig* aferrarse a algo/alguien.

Klamotten *pl fam* ropa *f*.

klang *prät* ▷ **klingen**.

Klang (*pl* **Klänge**) *der* sonido *m* ; [von Stimme] timbre *m*.

Klapp|bett *das* cama *f* plegable.

Klappe (*pl* **-n**) *die* - **1.** [Gegenstand] tapa *f* ; [von Blasinstrument] pistón *m* ; [beim Film] claqueta *f* - **2.** *fam* [Mund] pico *m*.

klappen <> *vt* [Sitz] : **nach oben/unten ~** levantar/abatir ; **das Verdeck nach hinten ~** replegar la capota. <> *vi* [gelingen] salir bien ; **es klappt (gut)** funciona (bien) ; **es klappt nicht** no funciona.

klapperig = **klapprig**.

klappern *vi* traquetear, tabletear ; [Kastagnette] castañetear ; **mit etw ~** golpetear con algo ; **er klapperte vor Kälte mit den Zähnen** le castañeteaban los dientes de frío.

Klapp|rad, Klappfahrrad *das* bicicleta *f* plegable.

klapprig, klapperig *adj* - **1.** [wackelig] desvencijado(da), destartalado(da) - **2.** *fam* [gebrechlich] escuálido(da) ; [alter Mensch] achacoso(sa).

Klapp|sitz *der* asiento *m* abatible.

Klaps (*pl* **-e**) *der* [leichter Schlag] palmada *f*.

klar <> *adj* - **1.** [ungetrübt] claro(ra) ; [Himmel] despejado(da) ; [Blick] despierto(ta) - **2.** [nicht wirr] lúcido(da) - **3.** [deutlich, eindeutig] claro(ra) ; **etw ist jm ~/nicht ~** alguien tiene/no tiene algo claro, alguien entiende/no entiende algo - **4.** [bewusst] : **sich** *(D)* **über jn im Klaren sein** saber a qué atenerse respecto a alguien ; **sich** *(D)* **über etw** *(A)* **im Klaren sein** ser consciente de algo. <> *adv* [deutlich] claramente. ◆ **alles klar** *interj* : **alles ~?** ¿está (todo) claro? ; **alles ~!** ¡de acuerdo! ◆ **klar und deutlich** <> *adj* inequívoco(ca) ; **das war aber ~ und deutlich!** ¡pues estaba más claro que el agua! <> *adv* con toda claridad.

Klär|anlage *die* (planta *f*) depuradora *f*.

Klare (*pl* **-n**) *der* aguardiente *m*.

klären *vt* - **1.** [aufklären] aclarar - **2.** [reinigen] depurar.

klar|gehen (*perf* **ist klargegangen**) *vi (unreg) fam* estar claro ; **geht das klar mit dem Auto für heute Abend?** lo del coche para esta tarde está claro, ¿no?.

Klarheit *die (ohne Pl)* - **1.** [Gewissheit] certeza *f* ; ~ **in etw** *(A)* **bringen** aclarar algo ; **über etw** *(A)* ~ **gewinnen** ODER **bekommen** sacar algo en claro ; **sich** *(D)* ~ **verschaffen** informarse detalladamente - **2.** [Deutlichkeit] claridad *f*, nitidez *f* - **3.** [Reinheit] pureza *f*.

Klarinette (*pl* **-n**) *die* clarinete *m*.

klar|kommen (*perf* **ist klargekommen**) *vi (unreg)* : **mit jm** ~ entenderse ODER llevarse bien con alguien ; **mit etw** ~ saber afrontar algo.

klar machen *vt* : **jm etw** ~ aclarar algo a alguien, hacer entender algo a alguien.

Klarsicht|folie *die* (papel *m* de) celofán® *m*.

Klarsicht|hülle *die* funda *f* transparente, portafolios *m*.

klar|stellen *vt* aclarar.

Klärung (*pl* **-en**) *die* - **1.** [Aufklärung] aclaración *f*, esclarecimiento *m* - **2.** [Reinigung] depuración *f*.

klar werden (*perf* **ist klar geworden**) *vi (unreg)* : **etw wird jm klar** alguien se da cuenta de algo ; **sich** *(D)* **über etw/jn ~ werden** [sich eine Meinung bilden] saber qué pensar sobre algo/alguien ; [entscheiden] ver clara la situación respecto a algo/alguien.

klasse *fam* <> *adj* estupendo(da). <> *adv* estupendamente, de maravilla.

Klasse (*pl* **-n**) *die* - **1.** [Schulklasse] clase *f* ; **eine ~ wiederholen** repetir (un) curso - **2.** [Qualitätsstufe] : **erster/zweiter** ~ primera/segunda clase - **3.** POL clase *f* - **4.** [Kategorie] clase *f*, categoría *f*.

Klassen|arbeit *die* examen *m*.

Klassen|kamerad, in *der, die* compañero *m*, -ra *f* de clase.

Klassen|lehrer, in *der, die* tutor *m*, -ra *f* (de un curso).

Klassen|zimmer *das* aula *f*.

Klassik *die (ohne Pl)* - **1.** [Epoche] época *f* clásica - **2.** [Antike] Antigüedad *f* (clásica) - **3.** [Musik] música *f* clásica - **4.** [Literatur] clásicos *mpl* (de la literatura).

Klassiker, in (*mpl* -, *fpl* **-nen**) *der, die* - **1.** [Dichter] autor clásico *m*, autora clásica *f* - **2.** [klassisches Beispiel] clásico *m*.

klassisch *adj* clásico(ca).

Klatsch *der (ohne Pl) fam* cotilleo *m*, chismorreo *m*.

klatschen (*perf* **hat/ist geklatscht**) *vi* - **1.** *(hat)* [schlagen] dar palmadas - **2.** *(hat)* [applaudieren] aplaudir - **3.** *(ist)* [prasseln] golpear ; **der Regen klatscht ans Fenster/aufs Dach** la lluvia golpea contra la ventana/el tejado - **4.** *(hat) fam* [tratschen] : **über etw/jn** ~ murmurar sobre algo/alguien.

Klaue (*pl* **-n**) *die* - **1.** [von Tieren] garra *f* ; [von Kuh, Schaf] pezuña *f* ; **in js** ODER **jm in die ~n geraten** caer en las garras de alguien - **2.** *fam* [Schrift] letra *f*, garabatos *mpl*.

klauen *fam* <> *vt* - **1.** [stehlen] mangar, robar ; **jm etw** ~ robar algo a alguien - **2.** [kopieren] plagiar. <> *vi* robar.

Klausel (*pl* **-n**) *die* cláusula *f*.

Klausur (*pl* **-en**) *die* examen *m*.

Klavier [kla'viːɐ̯] (*pl* **-e**) *das* piano *m* ; ~ **spielen** tocar el piano.

Klavier|konzert *das* - **1.** [Musikstück] concierto *m* para piano - **2.** [Konzert] concierto *m* ODER recital *m* de piano.

kleben <> *vt* [ankleben] pegar. <> *vi* : **an etw** *(D)* ~ pegarse a algo ; *fig* aferrarse a algo.

Kleber (*pl* -) *der* pegamento *m*.

Klebe|streifen *der* cinta *f* adhesiva.

klebrig *adj* pegajoso(sa).

Kleb|stoff *der* pegamento *m*.

kleckern <> *vi* salpicar, manchar. <> *vt* derramar.

Klecks (*pl* **-e**) *der* mancha *f* ; [von Tinte] borrón *m*.

Klee *der (ohne Pl)* trébol *m*.

Klee|blatt *das* hoja *f* de trébol ; **vierblättriges** ~ trébol de cuatro hojas.

Kleid (*pl* **-er**) *das* [Frauenkleid] vestido *m*.
◆ **Kleider** *pl* [Kleidungsstücke] ropa *f*.

Kleider|bügel *der* percha *f*.

Kleider|schrank *der* - **1.** [Möbelstück] (armario *m*) ropero *m* - **2.** *fam fig* [Mann] ropero *m*, cachas *m*.

Kleidung (*pl* **-en**) *die* ropa *f*.

Kleie (*pl* **-n**) *die* salvado *m*.

klein <> *adj* - **1.** [allgemein] pequeño(ña) ; [Freundeskreis] reducido(da) ; **~er Buchstabe** minúscula *f* ; **haben Sie es nicht ~er?** *fig* ¿no tiene suelto? - **2.** [zeitlich] corto(ta), breve - **3.** [jünger] pequeño(ña), menor - **4.** [unbedeutend, arm] modesto(ta), humilde - **5.** *fam fig* [kleinlaut] apocado(da). <> *adv* - **1.** [gering] : **etw auf ~ stellen** bajar la temperatura de algo - **2.** [jung] : **von ~ auf** desde pequeño(ña) - **3.** [unwichtig].

Klein|anzeige *die* anuncio *m* por palabras.

kleinbürgerlich *abw* <> *adj* pequeñoburgués(esa). <> *adv* como un pequeño burgués (una pequeña burguesa).

Kleine (*pl* -n) <> *der, die* - 1. [Kind] pequeño *m*, -ña *f* - 2. [als Anrede] pequeño *m*, -ña *f*, nene *m*, -na *f*. <> *das* [Baby] nene *m*, -na *f*.

klein gedruckt *adj, adv* impreso(sa) con letra pequeña.

Kleingeld *das (ohne Pl)* (dinero *m*) suelto *m*, calderilla *f*, sencillo *m Amér.*

Kleinigkeit (*pl* -en) *die* - 1. [Bagatelle] tontería *f* ; [kleine Besorgung, kleines Geschenk] cosilla *f* ; **für jn eine/keine ~ sein** ser/no ser un juego de niños para alguien - 2. [Detail] detalle *m* - 3. [Essen] : **eine ~ essen** comer algo.

Klein|kind *das* niño pequeño *m*, niña pequeña *f*.

Kleinkram *der (ohne Pl) fam* - 1. [Gegenstände] cosillas *fpl* - 2. [Angelegenheiten] pequeñeces *fpl*.

klein|kriegen *vt* - 1. [einschüchtern] : **sich nicht ~ lassen** no dejarse intimidar ; **jn ~** intimidar a alguien, amilanar a alguien - 2. [kaputtmachen] : **nicht kleinzukriegen sein** ser irrompible - 3. [zerkleinern] cortar.

kleinlaut <> *adj* apocado(da) ; [Antwort] tímido(da) ; **~ werden** apocarse. <> *adv* apocadamente.

kleinlich *adj abw* [pedantisch] excesivamente meticuloso(sa), excesivamente escrupuloso(sa) ; [geizig] tacaño(ña).

klein machen *vt* - 1. [klein schneiden] cortar - 2. [wechseln] cambiar. ◆ **sich klein machen** *ref* agacharse.

klein schneiden *vt (unreg)* picar.

klein|schreiben *vt (unreg)* [mit kleinem Anfangsbuchstaben] escribir con minúscula.

Klein|schreibung *die (ohne Pl)* uso *m* de las minúsculas.

Klein|stadt *die* pequeña ciudad *f*.

Kleister (*pl* -) *der* pasta *f* de empapelar.

Klemme (*pl* -n) *die* - 1. *(ohne Pl)* [Bedrängnis] apuro *m*, atolladero *m* ; **jm aus der ~ helfen** sacar a alguien de un apuro ; **in der ~ stecken** ODER **sitzen** ODER **sein** estar en apuros - 2. ELEKTR borne *m*.

klemmen <> *vt* - 1. [feststecken] encajar ; **etw unter den Arm ~** ponerse algo debajo del brazo - 2. [Finger] : **sich** *(D)* **etw (in der Tür) ~** pillarse algo (con la puerta). <> *vi* quedarse encajado(da).

Klempner, in (*mpl* -, *fpl* -nen) *der, die* fontanero *m*, -ra *f*.

Klerus *der (ohne Pl)* clero *m*.

Klette (*pl* -n) *die* - 1. *fam* [Mensch] lapa *f* - 2. [Pflanze] lampazo *m*.

klettern (*perf* **hat/ist geklettert**) *vi* - 1. *(ist)* [besteigen] : **auf einen Baum ~** trepar a un árbol, subir a un árbol ; **auf einen Berg ~** escalar una montaña - 2. *(ist) fam* [steigen] : **aus etw ~** bajarse de algo ; **auf etw** *(A)* **~** subirse a algo - 3. *(ist)* [wachsen] trepar - 4. *(hat)* SPORT escalar.

klicken *vi* hacer clic.

Klient (*pl* -en) *der* cliente *m (de un abogado, asesor fiscal, etc.)*.

Klientin (*pl* -nen) *die* clienta *f (de un abogado, asesor fiscal, etc.)*.

Kliff (*pl* -e) *das* acantilado *m*.

Klima (*pl* -s) *das* clima *m*.

Klima|anlage *die* (sistema *m* de) aire *m* acondicionado.

klimpern <> *vi* - 1. [spielen] : **auf dem Klavier ~** aporrear el piano ; **auf der Gitarre ~** tocar unos acordes con la guitarra - 2. [schlagen] : **mit etw ~** hacer tintinear algo. <> *vt* : **etw auf der Gitarre ~** tocar algo sin gracia con la guitarra.

Klinge (*pl* -n) *die* hoja *f (de un arma blanca)*.

Klingel (*pl* -n) *die* - 1. [Klingelknopf] timbre *m* ; **auf die ~ drücken, die ~ betätigen** tocar el timbre - 2. [Glocke] campana *f*.

klingeln *vi* [Person] tocar el timbre ; [Wecker, Telefon] sonar ; [Schulglocke] tocar ; **es hat geklingelt** [an der Tür] han llamado a la puerta ; [in der Schule] han tocado ; **bei jm ~** tocar el tiembre en casa de alguien ; **nach jm ~** llamar a alguien *(con un timbre)*.

klingen (*prät* **klang**, *perf* **hat geklungen**) *vi* - 1. [Stimme, Person] sonar ; **jd klingt heiser** alguien tiene la voz ronca - 2. [Instrument, Musik, Glocken] sonar ; [Gläser] tintinear.

Klinik (*pl* -en) *die* clínica *f*.

klinisch <> *adj* clínico(ca). <> *adv* clínicamente.

Klinke (*pl* -n) *die* manilla *f*.

Klipp (*pl* -s) *der* pendiente *m* de clip.

Klippe (*pl* -n) *die* [an der Küste] acantilado *m* ; [im Meer] roca *f*.

klirren *vi* vibrar.

klirrend *adj* helador(ra).

Klischee (*pl* -s) *das* cliché *m*.

Klo (*pl* -s) *das fam* wáter *m* ; **aufs ~ gehen** ir al wáter.

klobig *adj* - 1. [ungeschliffen] tosco(ca) - 2. [massig] macizo(za), basto(ta) ; [Hände] grueso(sa).

Klo|frau *die fam mujer encargada de la limpieza de aseos*.

Klo|papier *das (ohne Pl) fam* papel *m* higiénico.

klopfen <> *vi* - 1. [pochen] tocar - 2. [schlagen] palpitar. <> *vt* [reinigen] sacudir.

Klops (*pl* **-e**) *der* ≃ albóndiga *f*.

Klosett (*pl* **-e**) *das* servicio *m*, aseo *m*.

Kloß (*pl* **Klöße**) *der bola hecha de patata, miga de pan o sémola* ; [aus Fleisch] ≃ albóndiga *f* ; **einen ~ im Hals haben** *fig* tener un nudo en la garganta.

Kloster (*pl* **Klöster**) *das* convento *m* ; [große Anlage für Mönche] monasterio *m*.

Klotz (*pl* **Klötze**) *der* **- 1.** [Spaltklotz] madero *m*, leño *m* **- 2.** [Spielklotz] cubo *m* de madera **- 3.** *abw* [Gebäude] mamotreto *m* **- 4.** *RW* : **einen ~ am Bein haben** tener una carga ; **für jn ein ~ am Bein sein** ser una carga para alguien.

klotzig *adj abw* **- 1.** [groß] enorme **- 2.** [großkotzig] ostentoso(sa).

Klub, Club (*pl* **-s**) *der* club *m*.

Kluft (*pl* **-en** ODER **Klüfte**) *die* **- 1.** *(Pl Klüfte)* [Gegensatz] abismo *m* **- 2.** *(Pl Klüfte)* [Spalte] grieta *f* **- 3.** *(Pl Kluften)* [Kleidung] ropa *f (distintiva)* ; [von Pfadfinder] uniforme *m*.

klug (*kompar* **klüger**, *superl* **klügste**) ◇ *adj* **- 1.** [intelligent] listo(ta), inteligente **- 2.** [umsichtig] sensato(ta) **- 3.** *RW* : **aus etw/jm nicht ~ werden** no entender algo/a alguien ; **der Klügere gibt nach** es de sabios ceder. ◇ *adv* [umsichtig] sensatamente.

Klugheit (*pl* **-en**) *die* **- 1.** *(ohne Pl)* [Intelligenz] inteligencia *f* **- 2.** *(ohne Pl)* [Umsichtigkeit] sensatez *f*.

Klumpen (*pl* **-**) *der* [von Teig, Ton] pegote *m* ; [von Gold] pepita *f*.

klüngeln *vi* hacer chanchullos.

km (*abk für* **Kilometer**) km.

km/h (*abk für* **Stundenkilometer**) km/h.

knabbern ◇ *vt* picar ; **nichts mehr zu ~ haben** no tener nada que comer. ◇ *vi* : **an etw** *(D)* **~** mordisquear algo.

Knabe (*pl* **-n**) *der* **- 1.** *geh* [Junge] chico *m* **- 2.** *fam* [Mann] tipo *m*.

Knäckelbrot *das* pan *m* crujiente.

knacken ◇ *vt* **- 1.** [Nuss] partir **- 2.** [mit Gewalt] forzar ; [Auto] abrir ; [Code] descifrar. ◇ *vi* **- 1.** [knallen] crujir **- 2.** *salopp* [schlafen] sobar **- 3.** [an Problemen] : **jd hat an etw** *(D)* **zu ~** *fig* algo es un hueso duro de roer para alguien ; [seelisch] alguien sufre las secuelas de algo.

knackig *adj* **- 1.** [Brot] crujiente ; [Gemüse, Obst] fresco(ca) **- 2.** *salopp* [ansehnlich] atractivo(va).

Knacks (*pl* **-e**) *der* **- 1.** *fam* [psychischer Schaden] : **einen ~ bekommen** transtornarse ; **einen ~ haben** estar mal de la cabeza **- 2.** *fam* [Defekt] defecto *m* **- 3.** [Geräusch] crujido *m*.

Knall (*pl* **-e**) *der* [von Schuss, Explosion] detonación *f* ; [von Tür] portazo *m*.

knallen (*perf* **hat/ist geknallt**) ◇ *vi* **- 1.** *(hat)* [explodieren] detonar ; [Peitsche] dar un chasquido **- 2.** *(ist) fam* [aufprallen] : **gegen** ODER **auf** ODER **an etw** *(A)* **~** estamparse contra algo **- 3.** *(hat)* [Sonne] dar de lleno. ◇ *vt* **- 1.** [werfen] tirar ; **die Tür ins Schloss ~** dar un portazo **- 2.** [ohrfeigen] : **jm eine ~** dar una torta a alguien.

knapp ◇ *adj* **- 1.** [mit wenig Unterschied] con escaso margen **- 2.** [eng] estrecho (cha) ; [Schuhe] justo(ta) **- 3.** [fast ganz] : **vor einer ~en Stunde** hace casi una hora **- 4.** [wenig] : **~ werden** escasear ; **~ bei Kasse sein** andar mal de dinero. ◇ *adv* **- 1.** [um weniges] por poco **- 2.** [eng] con poco espacio ; **~ sitzen** apretar.

knarren *vi* crujir.

Knast (*pl* **Knäste**) *der fam* chirona *f*.

Knatsch *der (ohne Pl) fam* bronca *f*.

knattern *vi* [Moped, Motor] petardear ; [Maschinengewehr] tabletear.

Knäuel (*pl* **-**) *das* ovillo *m*.

Knauf (*pl* **Knäufe**) *der* [von Stock, Pistole] puño *m*, empuñadura *f* ; [von Tür] pomo *m*.

knauserig ◇ *adj* tacaño(ña). ◇ *adv* con tacañería.

knausern *vi* : **mit etw ~** escatimar algo ; **mit dem Geld ~** ser tacaño(ña).

knautschen ◇ *vt* arrugar. ◇ *vi* arrugarse.

Knebel (*pl* **-**) *der* mordaza *f*.

knebeln *vt* amordazar.

Knecht (*pl* **-e**) *der* peón *m (del campo)*.

kneifen (*prät* **kniff**, *perf* **hat gekniffen**) ◇ *vi* **- 1.** [spannen] apretar **- 2.** *fam abw* [sich drücken] escaquearse ; **vor etw** *(D)* **~** escaquearse de algo. ◇ *vt* pellizcar.

Kneiflzange *die* tenazas *fpl*.

Kneipe (*pl* **-n**) *die fam* bar *m*.

kneten *vt* [Teig] amasar ; [Masseur] dar un masaje ; [Tonfigur] modelar.

Knick (*pl* **-e** ODER **-s**) *der* **- 1.** *(Pl Knicke)* [Krümmung] curvatura *f* ; **die Straße macht einen ~ nach rechts** la calle tuerce a la derecha **- 2.** *(Pl Knicke)* [Falte] doblez *m* **- 3.** *(Pl Knicks) Norddt* [Hecke] seto *m*.

knicken *vt* **- 1.** [falten] doblar **- 2.** [abbrechen] tronchar.

knickerig = **knickrig**.

knickrig, knickerig *adj abw* tacaño(ña).

Knicks (*pl* **-e**) *der* reverencia *f*.

Knie (*pl* **-**) *das* **- 1.** [Körperteil] rodilla *f* **- 2.** *RW* : **etw übers ~ brechen** decidir algo de prisa y corriendo.

Knie|beuge (*pl* **-n**) *die* flexión *f* de rodillas.

Knie|fall *der* genuflexión *f*.

Knie|gelenk *das* articulación *f* de la rodilla.

Knie|kehle *die* corva *f*.

knien *vi* arrodillarse.

Knie|scheibe *die* rótula *f*.

Knie|strumpf *der* media *f* (hasta la rodilla), media *f* calcetín.

kniff *prät* ▷ **kneifen**.

Kniff (*pl* **-e**) *der* **- 1.** [Trick] truco *m* **- 2.** [Kneifen] pellizco *m*.

kniffIig *adj* peliagudo(da).

knipsen *fam* ◇ *vi* [fotografieren] hacer fotos. ◇ *vt* **- 1.** [lochen] picar **- 2.** [fotografieren] : **etw/jn ~** hacer una foto a algo/alguien.

Knirps (*pl* **-e**) *der* **- 1.** [Kind] chaval *m* **- 2.** *abw fam* [Mann] enano *m* **- 3.** [Regenschirm] : **Knirps®** paraguas *m* plegable.

knirschen *vi* **- 1.** : **mit den Zähnen ~** rechinar los dientes **- 2.** [Schnee, Sand] crujir.

knistern *vi* crujir ; [Holz] crepitar ; **mit etw ~** hacer ruido estrujando algo.

knitterfrei *adj* inarrugable.

knittern *vi* arrugarse.

knobeln *vi* **- 1.** [losen] : **um etw ~** echar algo a suertes **- 2.** [spielen] jugar a los dados **- 3.** [tüfteln] : **an etw** *(D)* **~** dar vueltas a algo.

Knoblauch *der (ohne Pl)* ajo *m*.

Knöchel (*pl* **-**) *der* tobillo *m* ; **mit dem ~ umknicken** torcerse el tobillo.

Knochen (*pl* **-**) *der* **- 1.** hueso *m* **- 2.** *RW*.

Knochen|bruch *der* fractura *f*.

Knochenmark *das (ohne Pl)* médula *f*.

knochig *adj* huesudo(da).

Knödel (*pl* **-**) *der bola hecha de patata, miga de pan o sémola.*

Knolle (*pl* **-n**) *die* bulbo *m* ; [von Kartoffel] tubérculo *m*.

Knopf (*pl* **Knöpfe**) *der* botón *m*.

Knopfdruck *der (ohne Pl)* : **ein ~ genügt** basta con apretar un botón.

knöpfen *vt* abrochar.

Knopf|loch *das* ojal *m*.

Knorpel (*pl* **-**) *der* cartílago *m*.

Knospe (*pl* **-n**) *die* [von Blüte] capullo *m* ; [von Blatt] yema *f*.

knoten *vt* anudar ; [Krawatte] hacer el nudo de ; [Schnürsenkel] abrochar, atar.

Knoten (*pl* **-**) *der* **- 1.** [Schlinge] nudo *m* **- 2.** MED nódulo *m* **- 3.** [Seemeile] nudo *m*.

Knoten|punkt *der* **- 1.** [von Eisenbahn] nudo *m* ferroviario ; [von Autobahn] cruce *m* **- 2.** [wichtiger Ort] punto *m* estratégico.

Know-how ['nouhau] (*pl* **-s**) *das* conocimiento *m* ; [Technik] tecnología *f*.

knüllen *vt* estrujar.

Knüller (*pl* **-**) *der fam* sensación *f*.

knüpfen *vt* [Teppich] anudar ; [Netz] hacer ; **etw an etw** *(A)* **~** [anbinden] anudar algo a algo ; **große Hoffnungen an etw** *(A)* **~** depositar grandes esperanzas en algo ; **an etw sind zwei Bedingungen geknüpft** algo depende de dos condiciones.

Knüppel (*pl* **-**) *der* porra *f* ; **jm einen ~ zwischen die Beine werfen** *fig* hacer una jugada a alguien.

knurren *vi* **- 1.** [brummen] sonar ; **jm knurrt der Magen** a alguien le suenan las tripas **- 2.** [Hund] gruñir **- 3.** [Missmut zeigen] gruñir.

knusperig = **knusprig**.

knusprig, knusperig ◇ *adj* crujiente. ◇ *adv* : **etw ~ braten** dorar algo.

knutschen *fam* ◇ *vt* : **jn ~** enrollarse con alguien. ◇ *vi* enrollarse.

K. o. (*pl* **-**) *der* k.o. *m*.

Koala (*pl* **-s**) *der* koala *m*.

Kobalt *das (ohne Pl)* cobalto *m*.

Kobold (*pl* **-e**) *der* duende *m*.

Koch [kɔx] (*pl* **Köche** ['kœçə]) *der* cocinero *m*.

Koch|buch *das* libro *m* de cocina.

kochen ◇ *vt* **- 1.** [zubereiten] cocinar ; [Kaffee, Tee] hacer ; [Kartoffeln, Gemüse] hervir ; **bei schwacher/mäßiger Hitze ~** cocinar a fuego lento ; **jm etw ~** cocinar algo para alguien **- 2.** [waschen] lavar a unos 90° C. ◇ *vi* **- 1.** [heiß sein] hervir **- 2.** [zornig sein] : **vor Wut ~** estar hecho(cha) una furia **- 3.** [Koch] : **gut/schlecht ~** cocinar bien/mal.

Koch|gelegenheit *die* posibilidad *f* de cocinar.

Köchin [kœçın] (*pl* **-nen**) *die* cocinera *f*.

Koch|löffel *der* cuchara *f* de madera.

Koch|rezept *das* receta *f* (de cocina).

Koch|salz *das (ohne Pl)* sal *f* de cocina.

Koch|topf *der* olla *f*.

Koch|wäsche *die* ropa *f* que se puede lavar a 90° C.

Kode, Code ['koːt] (*pl* **-s**) *der* código *m*.

Köder (*pl* **-**) *der* cebo *m*.

ködern *vt* **- 1.** [Fisch] cebar **- 2.** [Mensch] atraer.

kodieren, codieren [ko'diːrən] *vt* codificar.

Koffein *das (ohne Pl)* cafeína *f*.

koffeinfrei *adj* descafeinado(da), sin cafeína.

Koffer (*pl* -) *der* maleta *f*, petaca *f Amér* ; **die ~ packen** hacer las maletas.

Koffer|raum *der* maletero *m*, cajuela *f Amér.*

Kognak ['kɔnjak] (*pl* **-s**) *der* coñac *m*.

Kohl *der* col *f*.

Kohle (*pl* **-n**) *die* - **1.** [Brennstoff] carbón *m* ; **wie auf glühenden ~n sitzen** *fig* estar sobre ascuas - **2.** *(ohne Pl) fam* [Geld] pasta *f*, lana *f Amér.*

Kohlenhydrat (*pl* **-e**) *das* hidrato *m* de carbono, carbohidrato *m*.

Kohlen|säure *die* ácido *m* carbónico ; **Mineralwasser mit/ohne ~** agua mineral con/sin gas.

Kohle|zeichnung *die* dibujo *m* al carboncillo.

Kohlrabi (*pl* - ODER **-s**) *der* colinabo *m*.

Kohl|roulade *die* rollito *m* de col.

Koje (*pl* **-n**) *die* - **1.** *fam* [Bett] catre *m* - **2.** [Schiffsbett] litera *f*.

Kokain *das (ohne Pl)* cocaína *f*.

kokettieren *vi* : **mit jm ~** coquetear con alguien ; **mit dem Alter ~** *decir que uno es mayor para que la otra persona diga que no es cierto, que uno se conserva muy bien.*

Kokos|nuss *die* coco *m*.

Koks *der (ohne Pl)* - **1.** [Kohle] (carbón *m* de) coque *m* ODER cok *m* - **2.** *fam* [Kokain] cocaína *f*.

Kolben (*pl* -) *der* - **1.** [von Maschinen] pistón *m*, émbolo *m* - **2.** CHEM matraz *m*.

Kolik, Kolik (*pl* **-en**) *die* cólico *m*.

Kollaps, Kollaps (*pl* **-e**) *der* colapso *m*.

Kollege (*pl* **-n**) *der* [Arbeitskollege] compañero *m* (de trabajo) ; [Berufskollege] colega *m*.

Kollegin (*pl* **-nen**) *die* [Arbeitskollegin] compañera *f* (de trabajo) ; [Berufskollegin] colega *f*.

Kollegium [kɔ'leːgiʊm] (*pl* **Kollegien**) *das* [Lehrerschaft] profesorado *m*.

Kollektion (*pl* **-en**) *die* colección *f*.

kollidieren (*perf* **ist kollidiert**) *vi* - **1.** [zusammenprallen] colisionar, chocar - **2.** [unvereinbar sein] ser incompatible.

Kollision (*pl* **-en**) *die* colisión *f*.

Köln *nt* Colonia *f*.

Kölnischwasser® *das (ohne Pl)* agua *f* de Colonia.

Kolonie [kolo'niː] (*pl* **-n**) *die* colonia *f*.

Kolonne (*pl* **-n**) *die* - **1.** [aus Fahrzeugen] caravana *f* ; [von Militärfahrzeugen] columna *f*, convoy *m* ; **~ fahren** ir en caravana/columna ODER convoy - **2.** [aus Personen] columna *f*.

kolossal <> *adj* colosal. <> *adv fam* un montón ; **es gab ~ viel Schnee** había un montón de nieve.

Kolumbien *nt* Colombia *f*.

Koma (*pl* **-s**) *das* coma *m* ; **ins ~ fallen** entrar en coma.

Kombination (*pl* **-en**) *die* - **1.** [Zusammenfügung, Reihenfolge] combinación *f* - **2.** [Schlussfolgerung] deducción *f* - **3.** [Arbeitsanzug] mono *m*.

kombinieren <> *vi* deducir. <> *vt* combinar ; **etw mit etw ~** combinar algo con algo.

Komet (*pl* **-en**) *der* - **1.** ASTRON cometa *m* - **2.** *fig* [Star] estrella *f*.

Komfort [kɔm'foːɐ̯] *der (ohne Pl)* comodidad *f* ; **mit allem ~** con todas las comodidades.

komfortabel <> *adj* - **1.** [bequem] cómodo(da) - **2.** [sicher] amplio(plia). <> *adv* [bequem] cómodamente.

Komik *die (ohne Pl)* comicidad *f*.

Komiker, in (*mpl* -, *fpl* **-nen**) *der, die* - **1.** [Künstler] cómico *m*, -ca *f* - **2.** *fam iron* [Witzbold] payaso *m*, -sa *f*.

komisch <> *adj* - **1.** [lustig] divertido(da) - **2.** [seltsam] raro(ra), extraño(ña). <> *adv* de forma extraña.

 **komisch**

La palabra alemana **komisch** comparte con la palabra del español «cómico» el sentido de divertido o cercano a la comedia. Sin embargo, en el alemán coloquial significa además «raro» o «extraño», como podemos comprobar en el siguiente ejemplo : **Das kommt mir komisch vor** lo traduciríamos normalmente por «Me parece raro»

Komitee (*pl* **-s**) *das* comité *m*.

Komma (*pl* **-s** ODER **-ta**) *das* coma *f*.

Kommandeur, in [kɔman'døːɐ̯, rɪn] (*mpl* **-e**, *fpl* **-nen**) *der, die* comandante *mf*.

kommandieren *vt* - **1.** [befehligen] comandar - **2.** [herumkommandieren] mandar.

Kommando (*pl* **-s**) *das* - **1.** [Befehl] voz *f* de mando, orden *f* ; **auf ~** al dar la orden ; [einfach so] por encargo - **2.** *(ohne Pl)* [Befehlsgewalt] mando *m* ; **das ~ haben/übernehmen** tener/tomar el mando - **3.** [kleine Einheit] comando *m*.

kommen (*prät* **kam**, *perf* **ist gekommen**) <> *vi* - **1.** [herkommen] venir ; [zu jm hin] ir ; **etw ~ lassen** hacer que traigan algo ; **jn**

~ **lassen** llamar a alguien - **2.** [ankommen] llegar ; **ungelegen** ~ llegar en mal momento - **3.** [gelangen] ir ; **zu etw** ~ [bekommen] alcanzar algo ; [weitermachen mit] llegar a algo ; [Zeit finden] tener tiempo para hacer algo, poder hacer algo - **4.** [herstammen] : **aus Berlin** ~ ser de Berlín - **5.** [Ereignis] : **etw kommt** algo pasa ; **das musste ja so ~!** lo que faltaba ; **kommt noch etwas dazu?** [beim Einkaufen] ¿desea algo más? ; **etw ~ sehen** ver venir algo - **6.** [folgen] venir ; **etw kommt von etw** algo se debe a algo ; **das kommt davon, wenn man nicht lernt!** eso (te) pasa por no estudiar - **7.** [gezeigt werden] haber - **8.** [entstehen] salir ; **bei jm kommt etw** a alguien le sale algo - **9.** [hingehören] ir - **10.** [Gefühl, Gedanke] : **auf etw** *(A)* ~ [sich erinnern] acordarse de algo ; [herausfinden] averiguar algo ; [verfallen] ocurrírsele algo ; **jm kommt eine Idee** a alguien se le ocurre una idea ; **jm ~ Bedenken** a alguien le entra la duda ; **etw kommt über jn** [ergriffen werden] a alguien le entra algo ; [auf eine Idee verfallen] a alguien le dan ganas de algo - **11.** [aufgenommen, untergebracht werden] ir ; **jd ist ins Gefängnis gekommen** han metido a alguien en la cárcel - **12.** [Reaktion, Handlung] ser, llegar ; **jm frech ~** *fam* insolentarse con alguien - **13.** [anfangen] : **ins Schleudern/Stolpern ~** derrapar/tropezar - **14.** [kosten] : **(jn) teuer ~** salir muy caro(ra) (a alguien) - **15.** *fam* [Orgasmus] correrse - **16.** *fam* [imperativisch] : **komm!** ¡venga! - **17.** *RW* : **hinter etw** *(A)* ~ descubrir algo ; **zu kurz ~** salir perdiendo ; **zu sich ~** volver en sí. <> *vt fam* coger.

kommend *adj* - **1.** [nächste] venidero(ra), próximo(ma) - **2.** [künftig] próximo(ma).

Kommentar (*pl* **-e**) *der* comentario *m*.

kommentieren *vt* comentar.

kommerziell <> *adj* comercial. <> *adv* comercialmente.

Kommilitone (*pl* **-n**) *der* compañero *m* (de estudios).

Kommilitonin (*pl* **-nen**) *die* compañera *f* (de estudios).

Kommissar, in (*mpl* **-e**, *fpl* **-nen**) *der, die* comisario *m*, -ria *f*.

kommunal *adj* municipal.

Kommune (*pl* **-n**) *die* - **1.** [Gemeinde] municipio *m* - **2.** [Wohngemeinschaft] comuna *f*.

Kommunikation (*pl* **-en**) *die* comunicación *f*.

Kommunion (*pl* **-en**) *die* comunión *f*.

Kommunismus *der (ohne Pl)* comunismo *m*.

Kommunist, in (*mpl* **-en**, *fpl* **-nen**) *der, die* comunista *mf*.

kommunistisch *adj* comunista.

Komödie [ko'møːdiə] (*pl* **-n**) *die* - **1.** [Theaterstück] comedia *f* - **2.** [Verstellung] farsa *f*.

kompakt <> *adj* compacto(ta). <> *adv* de forma compacta.

Kompanie [kɔmpa'niː] (*pl* **-n**) *die* compañía *f*.

Komparativ (*pl* **-e**) *der* comparativo *m*.

Kompass (*pl* **-e**) *der* brújula *f*.

kompatibel *adj* compatible ; **mit etw ~ sein** ser compatible con algo.

kompetent <> *adj* competente. <> *adv* de modo ODER forma competente.

Kompetenz (*pl* **-en**) *die* competencia *f*.

komplett <> *adj* - **1.** completo(ta) - **2.** *fam* [ausgemacht] absoluto(ta) ; [Idiot] perfecto(ta). <> *adv* [vollständig] completamente.

Komplex (*pl* **-e**) *der* - **1.** PSYCH complejo *m* ; **~e haben** tener complejo(s), estar acomplejado(da) - **2.** [Bereich] conjunto *m* - **3.** [Ansammlung] complejo *m*, conjunto *m*.

Kompliment (*pl* **-e**) *das* cumplido *m* ; [an Frauen] piropo *m* ; **mein ~** te/le felicito, mi enhorabuena ; **jm ein ~ machen** dercirle a alguien un cumplido ; [einer Frau] echarle a alguien un piropo.

Komplimente

¡Te queda muy bien la camisa que te has puesto! Dieses Hemd steht dir sehr gut.

Gracias por la cena. Es usted una cocinera extraordinaria. Danke für dieses Abendessen. Sie sind eine ausgezeichnete Köchin.

¡Pero qué bien (que) tocas el piano! Du kannst aber gut Klavier spielen.

¡Qué guapa (que) estás hoy! Du siehst heute fabelhaft aus!

Komplize (*pl* **-n**) *der* cómplice *m*.

kompliziert <> *adj* complicado(da), complejo(ja). <> *adv* de forma complicada ODER compleja.

Komplizin (*pl* **-nen**) *die* cómplice *f*.

Komplott (*pl* **-e**) *das* complot *m*.

komponieren *vt* - **1.** MUS componer - **2.** *geh* [Farben] mezclar ; [Menü] preparar, idear ; [Parfüm] elaborar ; [Blumen] disponer.

Komponist, in (*mpl* **-en**, *fpl* **-nen**) *der, die* compositor *m*, -ra *f*.

Kom|position *die* - **1.** MUS composición *f* - **2.** [Zusammenstellung] composición *f* ; [von Farben] mezcla *f* ; [von Menü] preparación *f*; [von Parfüm] elaboración *f*; [von Blumen] disposición *f*.

Kompost, Kompost (*pl* **-e**) *der* compost *m*.

Kompott (*pl* **-e**) *das* compota *f*.

Kompresse (*pl* **-n**) *die* compresa *f*.

Kompromiss (*pl* **-e**) *der* solución *f* intermedia ; **einen ~ schließen** llegar a un acuerdo ODER pacto.

Kompromiss

La palabra alemana **Kompromiss**, con el significado de «pacto» se traduce al español por «acuerdo» y no por «compromiso». Así, la frase: «Hemos llegado a un acuerdo con la empresa» , se diría en alemán: **Wir sind mit der Firma einen Kompromiss eingegangen.**
En cambio, uno de los significados de la palabra «compromiso» es en español sinónimo de «obligación contraída», que en alemán traduciríamos por **Verpflichtung**. Un ejemplo: «Hoy no puedo, ya tengo un compromiso» sería en alemán: **Heute kann ich nicht, ich habe bereits eine Verpflichtung.**

kompromissbereit <> *adj* dispuesto(ta) a (llegar a) un compromiso. <> *adv* : **sich ~ zeigen** mostrarse dispuesto(ta) a (llegar a) un compromiso.

kondensieren <> *vi* condensarse. <> *vt* condensar.

Kondensmilch *die (ohne Pl)* leche *f* condensada.

Kondenswasser *das (ohne Pl)* agua *f* de condensación.

Konditional (*pl* **-e**) *der* condicional *m*.

Konditions|training *das* entrenamiento *m* físico.

Konditor (*pl* **-toren**) *der* pastelero *m*.

Konditorei (*pl* **-en**) *die* pastelería *f*.

Konditorin (*pl* **-nen**) *die* pastelera *f*.

Kondom (*pl* **-e**) *das* condón *m*.

Konfekt (*pl* **-e**) *das* bombón *m*.

Konfektion (*pl* **-en**) *die* confección *f*.

Konferenz (*pl* **-en**) *die* **- 1.** [Tagung] conferencia *f* **- 2.** [Besprechung] reunión *f*.

Konfession (*pl* **-en**) *die* confesión *f*, religión *f*.

Konfetti *das (ohne Pl)* confeti *m*.

Konfirmation (*pl* **-en**) *die* REL confirmación *f*.

konfirmieren *vt* REL confirmar.

Konfitüre (*pl* **-n**) *die geh* confitura *f*.

Konflikt (*pl* **-e**) *der* conflicto *m* ; **mit etw in ~ geraten** ODER **kommen** entrar en conflicto con algo ; **mit dem Gesetz in ~ geraten** infringir la Ley.

konform <> *adj* conforme ; **mit etw/jm ~ gehen** *geh* estar conforme con algo/alguien. <> *adv* de modo convencional.

Konfrontation (*pl* **-en**) *die* **- 1.** [Konflikt] enfrentamiento *m* **- 2.** [Gegenüberstellung] confrontación *f*.

konfrontieren *vt* : **jn mit etw/jm ~** confrontar a alguien con algo/alguien.

konfus <> *adj* confuso(sa) ; **ich bin heute ganz ~!** ¡hoy no tengo las ideas claras!, ¡hoy estoy muy espeso(sa)! <> *adv* confusamente.

Kongo *der* Congo *m*.

Kongress (*pl* **-e**) *der* congreso *m*.

König (*pl* **-e**) *der* **- 1.** [Monarch] rey *m* **- 2.** [Feiertag]. **- 3.** [von Spielen] rey *m* **- 4.** [Tier] rey *m*.

Königin (*pl* **-nen**) *die* **- 1.** [Monarchin] reina *f* **- 2.** [Tier] reina *f*.

königlich <> *adj* **- 1.** [des Monarchen] real **- 2.** [reichlich] regio(gia) ; [Mahl] de reyes ; [Trinkgeld] generoso(sa) ; [Vergnügen] extraordinario(ria). <> *adv* **- 1.** [riesig] mucho, muchísimo ; **sich ~ amüsieren** pasarlo bomba **- 2.** [großzügig] generosamente.

König|reich *das* monarquía *f*, reino *m*.

Konjugation (*pl* **-en**) *die* conjugación *f*.

konjugieren *vt* conjugar.

Konjunktiv (*pl* **-e**) *der* subjuntivo *m*.

Konjunktur (*pl* **-en**) *die* coyuntura *f* ; **~ haben** venderse mucho.

konkret <> *adj* concreto(ta). <> *adv* concretamente, de forma ODER manera concreta.

Konkurrent, in (*mpl* **-en**, *fpl* **-nen**) *der, die* competidor *m*, -ra *f*.

Konkurrenz (*pl* **-en**) *die* **- 1.** *(ohne Pl)* WIRTSCH competencia *f* **- 2.** SPORT contrincantes *mpl* **- 3.** *(ohne Pl)* [Konkurrenten] competencia *f* ; **jm ~ machen** hacerle la competencia a alguien. ◆ **außer Konkurrenz** *adv* fuera de concurso.

konkurrenzfähig *adj* competitivo(va).

Konkurrenz|kampf *der* lucha *f* competitiva.

Konkurs (*pl* **-e**) *der* **- 1.** [Zahlungsunfähigkeit] quiebra *f* ; **~ machen** quebrar **- 2.** [Verfahren] liquidación *f* de bienes.

können (*präs* **kann**, *prät* **konnte**, *perf* **hat können** ODER **hat gekonnt**) <> *aux (Perf hat können)* **- 1.** [fähig sein] saber ; **kannst du schwimmen?** ¿sabes nadar? **- 2.** [die Möglichkeit haben] poder ; **ich kann heute nicht kommen** hoy no puedo venir ; **es kann sein/kann nicht sein** puede/no puede ser, es/no es posible **- 3.** [dürfen] poder ; **kann**

ich gehen? ¿puedo ir? - 4. *fam* [Veranlassung haben] poder ; **das kannst du vergessen** de eso te puedes ir olvidando - 5. *fam* [müssen] tener que ; **jetzt kann ich alles noch mal machen** ahora tendré que hacer todo de nuevo. ◇ *vt (Perf hat gekonnt)* [beherrschen, fähig sein zu] saber. ◇ *vi* - 1. [fähig sein] poder ; **nicht mehr** ~ *fam* no poder más - 2. [dürfen] : **kann ich jetzt nach Hause?** ¿puedo irme ahora a casa? - 3. *fam* [Zeit haben] poder - 4. *RW*.

Können *das (ohne Pl)* [Kenntnisse] conocimientos *mpl* ; [Kompetenz] capacidad *f*; [Fähigkeit] habilidad *f* ; **sein ~ unter Beweis stellen** demostrar sus conocimientos.

Könner, in (*mpl* -, *fpl* **-nen**) *der, die* experto *m*, -ta *f*.

konnte *prät* ▻ **können**.

konsequent ◇ *adj* - 1. [folgerichtig] consecuente - 2. [entschlossen] convencido(da). ◇ *adv* - 1. [folgerichtig] consecuentemente - 2. [entschlossen] firmemente.

Konsequenz (*pl* **-en**) *die* - 1. [Auswirkung] consecuencia *f* - 2. [Schlussfolgerung] conclusión *f*; **aus etw die ~en ziehen** tener algo presente ODER en cuenta - 3. *(ohne Pl)* [Unbeirrbarkeit] firmeza *f*.

konservativ [kɔnzɛrva'tiːf] ◇ *adj* conservador(ra). ◇ *adv* de forma conservadora.

Konservative [kɔnzɛrva'tiːvə] (*pl* **-n**) *der, die* conservador *m*, -ra *f*.

Konserve [kɔn'zɛrvə] (*pl* **-n**) *die* conserva *f*.

Konserven|dose *die* lata *f* (de conservas).

konservieren [kɔnzɛr'viːrən] *vt* conservar.

Konservierungsstoffe [kɔnzɛr'viːrʊŋsʃtɔfə] *pl* conservantes *mpl*.

Konsonant (*pl* **-en**) *der* consonante *f*.

konstant ◇ *adj* constante. ◇ *adv* constantemente ; **~ bleiben** mantenerse constante.

konstruieren [kɔnstru'iːrən] *vt* - 1. [bauen] construir - 2. *abw* [erfinden] inventar, tramar.

Konstrukteur, in [kɔnstrʊk'tøːɐ̯, rɪn] (*mpl* **-e**, *fpl* **-nen**) *der, die* constructor *m*, -ra *f*.

Konstruktion (*pl* **-en**) *die* construcción *f*.

Konsul (*pl* **-n**) *der* POL cónsul *m*.

Konsulat (*pl* **-e**) *das* POL consulado *m*.

Konsulin (*pl* **-nen**) *die* POL cónsul *f*.

konsultieren *vt geh* consultar.

Konsum *der (ohne Pl)* consumo *m*.

Konsument, in (*mpl* **-en**, *fpl* **-nen**) *der, die* consumidor *m*, -ra *f*.

konsumieren *vt* consumir.

Kontakt (*pl* **-e**) *der* - 1. [Verbindung] contacto *m*, relación *f* ; **mit jm ~ aufnehmen** ponerse en contacto con alguien, contactar con alguien ; **zu** ODER **mit etw/jm ~ haben** tener contacto con algo/alguien - 2. [Berührung] contacto *m* - 3. ELEKTR contacto *m*.

kontaktarm *adj* [Umgebung] frío(a) ; [Mensch] retraído(da), poco sociable.

kontaktfreudig *adj* sociable.

Kontakt|linse *die* lente *f* de contacto, lentilla *f*.

kontern ◇ *vt* - 1. [antworten] reaccionar a - 2. SPORT contraatacar. ◇ *vi* contestar.

Kontinent, Kontinent (*pl* **-e**) *der* continente *m*.

Konto (*pl* **Konten**) *das* cuenta *f* ; **ein ~ eröffnen/auflösen** abrir/cerrar una cuenta ; **auf wessen ~ geht dieser Fehler?** ¿quién tiene la culpa?, ¿quién es el responsable (de este error)?.

Konto|auszug *der* extracto *m* de cuenta.

Konto|stand *der* saldo *m*.

kontra, contra ◇ *präp* contra. ◇ *adv* : **~ sein** estar en contra.

Kontra (*pl* **-s**) *das* : **~ sagen** anunciar la contra ; **jm ~ geben** llevar la contraria a alguien, contradecir a alguien.

Kontra|bass *der* contrabajo *m*.

Kontrast (*pl* **-e**) *der* contraste *m* ; **einen ~ zu etw bilden** contrastar con algo.

Kontrolle (*pl* **-n**) *die* control *m* ; **etw/jn unter ~ bekommen** controlar algo/a alguien ; **etw/jn unter ~ haben** tener algo/a alguien bajo control.

kontrollieren *vt* - 1. [überprüfen, überwachen] controlar - 2. [beherrschen] dominar.

Kontur (*pl* **-en**) *die* contorno *m*.

konventionell [kɔnvɛntsi̯o'nɛl] ◇ *adj* convencional. ◇ *adv* de forma convencional.

Konversation [kɔnvɛrza'tsi̯oːn] (*pl* **-en**) *die geh* conversación *f* ; **es wurde nur ~ getrieben** sólo se conversó.

Konzentrat (*pl* **-e**) *das* concentrado *m*.

Konzentration (*pl* **-en**) *die* concentración *f*.

Konzentrations|lager *das* campo *m* de concentración.

konzentrieren *vt* concentrar ; **seine Gedanken/Bemühungen auf etw** *(A)* **~** concentrar sus pensamientos/esfuerzos en algo. ◆ **sich konzentrieren** *ref* concentrarse ; **sich auf etw** *(A)* **~** concentrarse en algo.

konzentriert ◇ *adj* [Mensch, Saft, Lösung] concentrado(da) ; **dieser Job erfor-**

dert ~es **Arbeiten** este trabajo requiere concentración. <> *adv* concentradamente ; ~ **arbeiten** trabajar concentradamente.

Konzept (*pl* -e) *das* - **1.** [Entwurf] borrador *m* - **2.** [Plan] plan *m* - **3.** *RW* : **jn aus dem ~ bringen** hacer perder el hilo a alguien.

Konzern (*pl* -e) *der* consorcio *m*.

Konzert (*pl* -e) *das* concierto *m*.

Konzession (*pl* -en) *die* - **1.** WIRTSCH concesión *f*, licencia *f* - **2.** [Zugeständnis] concesión *f*.

Koordinate (*pl* -n) *die* coordenada *f*.

koordinieren *vt* coordinar.

Kopenhagen *nt* Copenhague *f*.

Kopf (*pl* **Köpfe**) *der* - **1.** [Schädel] cabeza *f* ; **mit dem** ODER **den ~ schütteln** negar ODER decir que no con la cabeza ; **jm etw an den ~ werfen** tirar a alguien algo a la cabeza ; *fig* decir algo a alguien directamente, decir algo a alguien a la cara - **2.** [rundes Gebilde] cabeza *f* - **3.** [Anführer] cabecilla *m* - **4.** *RW* : **den ~ hängen lassen** desanimarse ; **mir wächst die Arbeit über den ~** se me acumula ODER amontona el trabajo ; **~ stehen** estar patas arriba ; **jm zu ~ steigen** subírsele a la cabeza a alguien ; **etw auf den ~ stellen** poner algo patas arriba ; **sich auf den ~ stellen** *fam* ponerse cabeza abajo ; **und wenn du dich auf den ~ stellst, ich mache das nicht** te pongas como te pongas, no pienso hacerlo ; **sich** *(D)* **etw durch den ~ gehen lassen** pensarse (bien) algo ; **sich** *(D)* **(über etw** *(A)***) den ~ zerbrechen** romperse la cabeza (con ODER por algo), devanarse los sesos (con algo). ◆ **pro Kopf** *adv* por cabeza, por persona. ◆ **von Kopf bis Fuß** *adv* de pies a cabeza.

Köpfchen (*pl* -) *das* cabecita *f*, cabecilla *f* ; **~ haben** *fam fig* ser listo(ta).

köpfen <> *vt* - **1.** SPORT rematar de ODER con la cabeza - **2.** [hinrichten] decapitar - **3.** *fam* [Flasche] abrir ; [Ei] partir. <> *vi* SPORT rematar de ODER con la cabeza.

Kopf|haut *die* cuero *m* cabelludo.

Kopf|hörer *der* auricular *m*.

Kopf|kissen *das* almohada *f*.

kopflos <> *adj* - **1.** [ohne Kopf] sin cabeza ; [wegen Missbildung, Tier] acéfalo(la) - **2.** [wirr] sin juicio, irreflexivo(va) ; [Reaktion] inconsciente. <> *adv* inconscientemente.

Kopf|rechnen *das (ohne Pl)* cálculo *m* mental.

Kopf|salat *der* lechuga *f*.

Kopf|schmerzen *pl* dolor *m* de cabeza ; **~ haben** tener dolor de cabeza.

Kopf|sprung *der* salto *m* de cabeza, chapuzón *m*.

Kopf|stand *der* pino *m*.

kopfstehen *vi (unreg)* ▷ **Kopf**.

Kopf|stütze *die* reposacabezas *m*.

Kopf|tuch *das* pañuelo *m* para la cabeza ; **ein ~ tragen** llevar un pañuelo en la cabeza.

Kopfzerbrechen *das (ohne Pl)* : **jm ~ machen** ODER **bereiten** traer a alguien de cabeza.

Kopie [ko'pi:] (*pl* -n) *die* copia *f* ; [Fotokopie] (foto)copia *f*.

kopieren *vt* copiar.

Kopierer (*pl* -) *der* fotocopiadora *f*.

Kopier|gerät *das* fotocopiadora *f*.

Ko|pilot, Copilot ['ko:pilo:t, ɪn] *der* copiloto *m*.

Ko|pilotin, Copilotin ['ko:pilo:ti:n] *die* copiloto *f*.

koppeln *vt* - **1.** [knüpfen] : **an meine Zusage sind zwei Bedingungen gekoppelt** acepto con dos condiciones - **2.** [anschließen] acoplar.

Koppelung, Kopplung (*pl* -en) *die* acoplamiento *m*.

Koralle (*pl* -n) *die* coral *m*.

Koran (*pl* -e) *der* Corán *m*.

Korb (*pl* **Körbe**) *der* - **1.** [Behälter] cesta *f* ; [großer Korb] cesto *m* ; [für Nähzeug] costurero *m* - **2.** [Abfuhr] desplante *m* ; **jm einen ~ geben** dar calabazas a alguien - **3.** [beim Basketball] canasta *f* ; **einen ~ erzielen** ODER **werfen** encestar.

Korb|stuhl *der* silla *f* de mimbre.

Kord, Cord [kɔrt] *der* pana *f*.

Kordel (*pl* -n) *die* cordón *m*.

Korea *nt* Corea *f*.

Korinthe (*pl* -n) *die* pasa *f* de Corinto.

Kork *der* corcho *m*.

Korken (*pl* -) *der* (tapón *m* de) corcho *m*.

Korkenzieher (*pl* -) *der* sacacorchos *m*.

Korn (*pl* **Körner** ODER -) <> *das* - **1.** *(ohne Pl)* [Getreide] cereal *m*, cereales *mpl* - **2.** *(Pl Körner)* [Pflanzenfrucht] grano *m* - **3.** *(Pl Körner)* [kleines Partikel] grano *m* ; [von Gold] pepita *f* - **4.** *rw* : **etw/jn aufs ~ nehmen** *fam fig* poner el punto de mira en algo/alguien. <> *der (Pl Korn)* [Schnaps] aguardiente *m* de trigo.

Korn|blume *die* azulejo *m*.

Körper (*pl* -) *der* - **1.** [eines Lebewesens] cuerpo *m* - **2.** [eines Gegenstandes] forma *f* - **3.** PHYS cuerpo *m*.

Körperbau *der (ohne Pl)* constitución *f*.

körperbehindert *adj* minusválido(da), con disminución física ODER minusvalía.

Körper|gewicht *das amt* peso *m* (corporal).

Körper|größe *die amt* estatura *f*.

körperlich ◇ *adj* corporal, físico(ca) ; **~e Arbeit** trabajo *m* físico ; **~e Ertüchtigung** actividad *f* física. ◇ *adv* físicamente.

Körperpflege *die (ohne Pl)* aseo *m* personal.

Körperschaft (*pl* **-en**) *die* corporación *f*.

Körper|teil *der* parte *f* del cuerpo.

Körper|verletzung *die* lesión *f* física.

korpulent *adj* corpulento(ta).

korrekt ◇ *adj* correcto(ta). ◇ *adv* correctamente.

Korrektur (*pl* **-en**) *die* **- 1.** [Berichtigung] corrección *f* **- 2.** [Änderung] rectificación *f*.

Korrespondent, in (*mpl* **-en**, *fpl* **-nen**) *der, die* **- 1.** [Berichterstatter] corresponsal *mf* **- 2.** [zweisprachig/dreisprachig] secretario *m*, -ria *f* bilingüe/trilingüe.

Korrespondenz *die (ohne Pl)* correspondencia *f* ; **mit jm in ~ stehen, mit jm eine ~ führen** mantener correspondencia con alguien.

Korridor (*pl* **-e**) *der* pasillo *m*.

korrigieren *vt* **- 1.** [verbessern] corregir **- 2.** [verändern] rectificar ; [Urteil] enmendar.

korrupt *adj* corrupto(ta).

Korruption (*pl* **-en**) *die* corrupción *f*.

Korsika *nt* Córcega *f* ; **auf ~** en Córcega.

Kosmetik (*pl* **-ka**) *die (ohne Pl)* cosmética *f* ; [Pflege und Schminken] cuidado *m* facial y maquillaje *m* ; **ich gehe zur ~** voy a la sesión de cosmética.

Kosmetiker, in (*mpl* **-**, *fpl* **-nen**) *der, die* esteticista *mf*.

kosmetisch ◇ *adj* **- 1.** [zur Schönheitspflege] cosmético(ca) **- 2.** *abw* [oberflächlich] superficial. ◇ *adv* con cosméticos.

Kosmos *der (ohne Pl)* cosmos *m*.

Kost *die (ohne Pl)* alimentación *f*.

kostbar *adj* valioso(sa) ; [Gesundheit] importante ; **~e Zeit** tiempo *m* preciado.

Kostbarkeit (*pl* **-en**) *die* exquisitez *f*.

kosten ◇ *vi* costar. ◇ *vt* **- 1.** [Preis] : **jn etw ~** costar algo a alguien **- 2.** [erfordern] : **das kostet ihn Überwindung** le supone ODER cuesta un gran esfuerzo ; **das kostet ihn seine Stellung** eso le supone perder el puesto **- 3.** [probieren] probar.

Kosten *pl* costos *mpl*, costes *mpl* ; **auf js ~** *(A)* a costa ODER expensas ODER cuenta de alguien ; **auf js ~** *(A)* **gehen** [bezahlt werden] correr de la cuenta de alguien ; **auf ~ einer Sache** *(G)* **gehen** *fig* ir en detrimento de algo ; **auf seine ~ kommen** quedar satisfecho(cha).

kostenlos ◇ *adj* gratuito(ta), gratis. ◇ *adv* gratis.

Kosten|voranschlag *der* presupuesto *m*.

köstlich ◇ *adj* **- 1.** [im Geschmack] exquisito(ta), delicioso(sa) **- 2.** [amüsant] divertido(da). ◇ *adv* **- 1.** [speisen] de maravilla ; **das schmeckt ja ~!** ¡está delicioso! **- 2.** [herzlich] : **sich ~ amüsieren** pasarlo divinamente, divertirse de lo lindo.

Kost|probe *die* degustación *f*.

kostspielig *adj* costoso(sa) ; [Hobby] caro(ra).

Kostüm (*pl* **-e**) *das* **- 1.** [Rock und Jacke] traje *m* (de) chaqueta **- 2.** [im Theater] traje *m* **- 3.** [zu Fasching] disfraz *m*.

Kot *der (ohne Pl)* excrementos *mpl*, heces *mpl*.

Kotelett (*pl* **-s**) *das* chuleta *f*.

Koteletten *pl* patillas *fpl*.

Kot|flügel *der* guardabarros *m*.

kotzen *vi salopp* echar la pota.

KP [kaːˈpeː] (*pl* **-s**) (*abk für* **Kommunistische Partei**) *die* partido *m* comunista.

Kr. (*abk für* **Kreis**) distrito *m*.

Krabbe (*pl* **-n**) *die* quisquilla *f*, camarón *m*.

krabbeln (*perf* **hat/ist gekrabbelt**) ◇ *vi (ist)* [Kind] gatear ; [Fliege, Käfer] andar. ◇ *vt (hat) fam* rascar.

Krach (*pl* **Kräche**) *der* **- 1.** *(ohne Pl)* [Lärm] ruido *m* ; **~ machen** hacer ruido **- 2.** *fam* [Ärger] bronca *f* **- 3.** [Zusammenbruch] crac *m*.

krachen (*perf* **hat/ist gekracht**) ◇ *vi* **- 1.** *(hat)* [lärmen] sonar, oírse ; [donnern] tronar ; [Holz] crujir ; [Bombe] estallar ; **bald** ODER **gleich** ODER **dann krachts!** ¡pronto ODER en seguida ODER entonces habrá bronca! **- 2.** *(ist) salopp* [kaputtgehen] romperse. ◇ *vt (hat) fam* [werfen] tirar ; [hinstellen] poner bruscamente.

krächzen ◇ *vi* graznar ; [Person] hablar con voz ronca. ◇ *vt* decir con voz ronca.

Kraft (*pl* **Kräfte**) *die* **- 1.** [Körperkraft] fuerza *f* ; **er ist am Ende seiner Kräfte** no puede más ; **wieder zu Kräften kommen** reponer fuerzas ; **~/keine ~ haben** tener/no tener fuerza **- 2.** [Fähigkeit] fuerza *f* ; **das übersteigt seine ~** eso supera sus fuerzas ; **aus eigener ~** solo(la), sin ayuda ; **mit vereinten Kräften** todos juntos (todas juntas) **- 3.** [Energie] energía *f* ; [magnetische] fuerza *f* ; [eines Medikaments] efecto *m*, eficacia *f* **- 4.** [Hilfskraft] asistente *mf*, auxiliar *mf*, ayudante *mf*. ◆ **außer Kraft** *adv* : **außer ~ treten** expirar ; **außer ~ setzen** derogar ; **außer ~ sein** estar sin vigencia. ◆ **in Kraft** *adv* : **in ~ treten/setzen/sein** entrar/poner/estar en vigor.

Kraft|fahrzeug *das amt* automóvil *m*, vehículo *m*.

Kraftfahrzeug|brief *der amt* carta *f* del vehículo.

Kraftfahrzeug|schein *der amt* permiso *m* de circulación.

Kraftfahrzeug|steuer *die amt* impuesto *m* sobre vehículos con motor.

kräftig <> *adj* - **1.** [stark] fuerte ; [Konstitution] robusto(ta) ; [Stimme] potente - **2.** [intensiv] intenso(sa) ; [Hunger] mucho(cha) ; [Farbe] intenso(sa), vivo(va) - **3.** [herzhaft] sustancioso(sa) - **4.** [derb] grosero(ra), rudo(da), fuerte. <> *adv* - **1.** [stark] con fuerza ; [schütteln] enérgicamente - **2.** [heftig] de forma agresiva ; [regnen] intensamente.

kräftigen *vt* fortalecer.

kraftlos <> *adj* débil, flojo(ja). <> *adv* sin fuerza.

Kraft|probe *die* prueba *f* de fuerza.

Kraft|stoff *der* carburante *m*.

kraftvoll <> *adj* enérgico(ca), fuerte ; [Stimme] potente. <> *adv* con fuerza.

Kraft|werk *das* central *f* eléctrica.

Kragen (*pl* - ODER **Krägen**) *der* cuello *m* ; [von Mantel] solapa *f* ; **es geht jm an den ~** *fam fig* le puede costar el cuello (a alguien) ; **jm platzt der ~** *fam fig* se le acaba la paciencia (a alguien).

Krähe (*pl* **-n**) *die* corneja *f*.

krähen *vi* [Hahn] cantar ; [Baby] chillar.

Kralle (*pl* **-n**) *die* uña *f* ; [Klaue] garra *f* ; **jm die ~n zeigen** sacar las uñas a alguien.

Kram *der (ohne Pl) fam* - **1.** [Zeug] trasto *m*, chisme *m* ; **räum deinen ~ hier weg!** ¡saca tus trastos de aquí! ; **jm nicht in den ~ passen** *fam fig* no venir bien a alguien - **2.** [Arbeit] tarea *f*, asunto *m* ; **das ist nicht mein ~** esto no es lo mío, esto no se me da bien.

kramen *vi* revolver ; **in etw** *(D)* **~** revolver entre algo.

Krampf (*pl* **Krämpfe**) *der* calambre *m* ; **ich habe einen ~ bekommen** ODER **gehabt** me ha dado un calambre.

Krampf|ader *die* variz *f*.

krampfhaft <> *adj* convulsivo(va), espasmódico(ca) ; [Versuch, Anstrengungen, Suche] desesperado(da). <> *adv* nerviosamente ; [nachdenken, sich bemühen] en exceso ; **~ zwinkern** tener un tic (en el ojo).

Kran (*pl* **Kräne**) *der* grúa *f*.

krank (*komp* **kränker**, *superl* **kränkste**) <> *adj* - **1.** [nicht gesund] enfermo(ma) ; **~ sein** estar enfermo(ma) ; **~ werden** enfermar(se), ponerse enfermo(ma) - **2.** [Währung] devaluado(da) ; [Wirtschaft] deprimido(da). <> *adv* : **sich ~ fühlen** sentirse mal ODER enfermo(ma) ; **sich ~ stellen** hacerse el enfermo (la enferma), fingirse enfermo(ma).

Kranke (*pl* **-n**) *der, die* enfermo *m*, -ma *f*.

kranken *vi* adolecer de algo ; **an etw** *(D)* **~** salir perjudicado(da) por algo.

kränken *vt* ofender, herir.

Kranken|geld *das (ohne Pl)* subsidio *m* de enfermedad.

Kranken|gymnastik *die* fisioterapia *f*.

Kranken|haus *das* hospital *m*, nosocomio *m Amér* ; **jn ins ~ bringen** ingresar a alguien en el hospital, hospitalizar a alguien.

Kranken|kasse *die* [staatliche in Spanien] ≃ Seguridad *f* Social ; [privat] seguro *m* médico.

Kranken|pfleger *der* enfermero *m*.

Kranken|schwester *die* enfermera *f*.

Kranken|versicherten|karte *die* tarjeta *f* del seguro *(tarjeta con chip en que se incluyen los datos personales del asegurado. Ésta se presenta en la visita médica)*.

Kranken|versicherung *die* seguro *m* de enfermedad.

Kranken|wagen *der* ambulancia *f*.

krankhaft <> *adj* - **1.** [krank] patológico(ca) - **2.** [übertrieben] enfermizo(za). <> *adv* [übertrieben] de forma enfermiza.

Krankheit (*pl* **-en**) *die* enfermedad *f*.

kränklich *adj* [Aussehen] enfermizo(za) ; [Zustand] débil ; [alter Mensch] achacoso(sa).

Kränkung (*pl* **-en**) *die* ofensa *f* ; [Demütigung] humillación *f*.

Kranz (*pl* **Kränze**) *der* - **1.** [Schmuck] corona *f* - **2.** [Kuchen] corona *f*, roscón *m*.

krass <> *adj* grave ; [unverzeihlich] imperdonable, drástico(ca) ; **der ~e Gegensatz** el extremo opuesto. <> *adv* drásticamente.

Krater (*pl* **-**) *der* cráter *m*.

kratzen <> *vi* - **1.** [verletzen] arañar - **2.** [schaben] raspar ; **auf der Geige ~** rascar el violín ; **mit den Fingernägeln ~** rascar con las uñas - **3.** [jucken] picar, raspar. <> *vt* - **1.** [verletzen] arañar - **2.** [schaben] raspar ; [Eis] rascar - **3.** [jucken] picar.
◆ **sich kratzen** *ref* rascarse.

Kratzer (*pl* **-**) *der* - **1.** [Spur] arañazo *m*, raya *m* ; **das Auto hatte ~** el coche estaba rayado - **2.** [Verletzung] rasguño *m*, arañazo *m*.

kratzig *adj* - **1.** [rau] áspero(ra) - **2.** [heiser] ronco(ca).

Kraul *das (ohne Pl)* crol *m*.

kraulen (*perf* **hat/ist gekrault**) <> *vi (ist)* SPORT nadar a crol. <> *vt (hat)* [streicheln] acariciar, rascar suavemente.

kraus <> *adj* - **1.** [lockig] crespo(pa), rizado(da) - **2.** arrugado(da) ; [Stirn] fruncido(da) - **3.** [wirr] confuso(sa). <> *adv* - **1.** : **die Stirn ~ ziehen** fruncir las cejas/el ceño ;

die Nase ~ ziehen arrugar la nariz - 2. [wirr] de forma confusa, de modo confuso.

kräuseln *vt* - 1. [in Locken] encrespar, rizar - 2. [in Wellen] encrespar.

Kraut (*pl* **Kräuter**) *das* - 1. *(ohne Pl)* [Kohl] col *f*, berza *f* - 2. *(ohne Pl)* [Grünes] hojas *fpl* - 3. *fam* [Tabak] tabaco *m* malo - 4. *RW*: **dagegen ist kein ~ gewachsen** (eso) no tiene remedio. ◆ **Kräuter** *pl* hierbas *fpl*.

Kräuter|tee *der* infusión *f* de hierbas, tisana *f*.

Krawall (*pl* -e) *der* *(ohne Pl)* alboroto *m*, escándalo *m*; ~ **machen** armar alboroto ODER escándalo.

Krawatte (*pl* -n) *die* corbata *f*.

kreativ *adj* creativo(va).

Kreativität [kreativi'tɛːt] *die* *(ohne Pl)* creatividad *f*.

Kreatur (*pl* -en) *die* - 1. [Geschöpf] criatura *f* - 2. *abw* [Person] ser *m*.

Krebs (*pl* -e) *der* - 1. [Tier] cangrejo *m* - 2. *(ohne Pl)* [Tumor] cáncer *m*; ~ **haben** tener cáncer - 3. ASTROL Cáncer *m*.

Kredit (*pl* -e) *der* crédito *m*; **einen ~ aufnehmen/gewähren** pedir/otorgar un crédito.

Kredit|karte *die* tarjeta *f* de crédito.

Kreide (*pl* -n) *die* - 1. [zum Schreiben] tiza *f*; **bei jm in der ~ stehen** *fig* deber dinero a alguien - 2. [Gesteinsart] creta *f*.

kreideweiß *adj* lívido(da), extremadamente pálido(da).

kreieren [kre'iːrən] *vt* crear.

Kreis (*pl* -e) *der* - 1. [Form] círculo *m*; **im ~** en círculo; **sich im ~ umsehen** mirar a su alrededor; **sich im ~ setzen** sentarse en corro - 2. [Gruppe] círculo *m*; **aus gut informierten ~en** de fuentes fidedignas - 3. [Landkreis, Stadtkreis] distrito *m* - 4. *RW*: **~e ziehen** ir más lejos, propagarse; **sich im ~ drehen** dar vueltas sobre lo mismo.

kreischen *vi* chillar; [Bremse, Säge] chirriar.

kreisen (*perf* **hat/ist gekreist**) *vi* - 1. [sich drehen] girar; [Arme] mover en círculo - 2. [sich beschäftigen]: **um etw ~** dar vueltas en torno a algo.

Kreis|lauf *der* - 1. [Zyklus] ciclo *m* - 2. [Blutkreislauf] circulación *f*.

Kreis|laufstörungen *pl* problemas *mpl* circulatorios.

Kreis|säge *die* - 1. [Säge] sierra *f* circular - 2. [Hut] canotier *m* *(sombrero de paja)*.

Kreis|stadt *die* capital *f* de distrito.

Kreis|verkehr *der* *(ohne Pl)* rotonda *f*.

Krem, (*pl* -s) *die* = **Creme**.

Kreme (*pl* -s ODER -n) *die* = **Creme**.

kremig *adj* = **cremig**.

Krempe (*pl* -n) *die* ala *f* *(del sombrero)*.

Krempel *der* *(ohne Pl)* *fam* trastos *mpl*.

Krepppapier *das* *(ohne Pl)* papel *m* crepé.

Kresse (*pl* -n) *die* berro *m*.

Kreta *nt* Creta *f*; **auf ~** en Creta.

Kreuz (*pl* -e) *das* - 1. [Zeichen] cruz *f*; **über ~** entrecruzado(da) - 2. REL cruz *f* - 3. [Rücken] región *f* lumbar; [in der Umgangssprache] riñones *mpl*; **mir tut das ~ weh** me duelen los riñones; **jn aufs ~ legen** *fig* engañar a alguien, timar a alguien - 4. [Autobahnkreuz] cruce *m* - 5. *(ohne Pl)* [Qual] cruz *f* - 6. *(ohne Artikel, ohne Pl)* [Spielkartenfarbe] tréboles *mpl* - 7. *(pl Kreuz)* [Karte] trébol *m*.

kreuzen (*perf* **hat/ist gekreuzt**) ◇ *vt (hat)* - 1. [verschränken] cruzar - 2. [überqueren] cruzar, atravesar - 3. [schneiden] cruzar - 4. [paaren] cruzar. ◇ *vi (hat/ist)* [Boot] cruzar; **gegen den Wind ~** navegar a contraviento.

Kreuz|fahrt *die* crucero *m*.

Kreuz|gang *der* crucero *m*.

kreuzigen *vt* crucificar.

Kreuzigung (*pl* -en) *die* crucifixión *f*.

Kreuz|otter *die* víbora *f* común.

Kreuzung (*pl* -en) *die* - 1. [Straßenkreuzung] cruce *m*, cruza *f* *Amér* - 2. [Züchtung] cruce *m*.

Kreuzwort|rätsel *das* crucigrama *m*.

kriechen (*prät* **kroch**, *perf* **ist gekrochen**) *vi* - 1. [sich bewegen] arrastrarse; [Reptil] reptar; **auf allen Vieren ~** andar a cuatro patas - 2. [langsam] avanzar lentamente - 3. *abw* [unterwürfig]: **vor jm ~** humillarse ante alguien.

Kriech|spur *die* carril *m* ODER vía *f* para vehículos lentos.

Krieg (*pl* -e) *der* guerra *f*; **einer Sache/jm den ~ erklären** declarar la guerra a algo/alguien.

kriegen *vt* *fam* - 1. [bekommen] recibir; [Lust, Falten, ein Kind] tener; **Angst ~** asustarse; **die Straßenbahn noch ~** llegar a coger ODER pillar el tranvía - 2. *RW*: **sie hat zu viel gekriegt** *fam* le ha dado un ataque.

Kriegs|dienstverweigerer (*pl* -) *der* objetor *m* de conciencia.

Kriegs|gefangene *der, die* prisionero *m*, -ra *f* de guerra.

Krimi (*pl* -s) *der* *fam* - 1. [Buch] novela *f* policíaca - 2. [Kriminalfilm] película *f* policíaca.

Kriminal|beamte *der* agente *m* de la Policía Judicial, agente *m* de investigación criminal.

Kriminal|beamtin *die* agente *f* de la Policía Judicial, agente *f* de investigación criminal.

Kriminalität *die (ohne Pl)* delincuencia *f*, criminalidad *f*.

Kriminalpolizei *die (ohne Pl)* Policía *f* Judicial, Policía *f* de Investigación Criminal.

kriminell *adj* delincuente.

Kripo *abk für* **Kriminalpolizei**.

Krippe (*pl* **-n**) *die* - **1.** [Kinderkrippe] guardería *f* - **2.** [Futterkrippe] pesebre *m* - **3.** [Weihnachtskrippe] belén *m*, pesebre *m*.

Krise (*pl* **-n**) *die* crisis *f*; **in einer ~ stecken** estar en crisis, pasar por una crisis.

Krisen|herd *der* zona *f* crítica.

Kristall (*pl* **-e**) ◇ *der* [Körper] cristal *m*. ◇ *das (ohne Pl)* [Material] cristal *m*.

Kriterium (*pl* **Kriterien**) *das* criterio *m*.

Kritik (*pl* **-en**) *die* - **1.** *(ohne Pl)* [Beurteilung] crítica *f*; **an etw/jm ~ üben** criticar algo/a alguien - **2.** [Rezension] crítica *f*.

Kritiker, in (*mpl* **-**, *fpl* **-nen**) *der, die* - **1.** [Tadler] censor *m*, -ra *f*; **die ~ eines Regimes** los contrarios a un régimen - **2.** [Rezensent] crítico *mf*.

kritisch ◇ *adj* crítico(ca). ◇ *adv* - **1.** [prüfend] de forma crítica - **2.** [gefährlich] : **es steht ~ um den Kranken** el estado del enfermo es crítico - **3.** [negativ] de modo crítico.

kritisieren *vt* criticar ; [Buch] reseñar.

kritzeln *vt* garabatear.

Kroate [kro'aːtə] (*pl* **-n**) *der* croata *m*.

Kroatien [kro'aːtsi̯ən] *nt (ohne Pl)* Croacia *f*.

Kroatin [kro'aːtɪn] (*pl* **-nen**) *die* croata *f*.

kroatisch [kro'aːtɪʃ] *adj* croata.

kroch *prät* ▷ **kriechen**.

Krokant *der (ohne Pl)* crocante *m*.

Krokodil (*pl* **-e**) *das* - **1.** [Tier] cocodrilo *m* - **2.** [Leder] (piel *f* de) cocodrilo *m*.

Krokus (*pl* **-se**) *der* croco *m*, azafrán *m*.

Krone (*pl* **-n**) *die* - **1.** [Schmuck, Herrschaft] corona *f* - **2.** [Zahnkrone] corona *f* - **3.** [Währung] corona *f* - **4.** [Baumkrone] copa *f* - **5.** *(ohne Pl)* [Vollendung] perfección *f* - **6.** *RW* : **einer Sache** *(D)* **die ~ aufsetzen** ser el colmo de algo.

krönen *vt* - **1.** [zum Herrscher] coronar - **2.** *geh* [ruhmreich abschließen] culminar ; **der ~de Abschluss** el broche de oro - **3.** [verzieren] coronar.

Kron|leuchter *der* araña *f*, candil *m* *Amér* *(lámpara de varios brazos)*.

Krönung (*pl* **-en**) *die* - **1.** [das Krönen] coronación *f* - **2.** [Höhepunkt] punto *m* culminante.

Kropf (*pl* **Kröpfe**) *der* bocio *m*.

Kröte (*pl* **-n**) *die* sapo *m*.

Krücke (*pl* **-n**) *die* - **1.** [Stock] muleta *f*; **an ~n gehen** andar con muletas - **2.** *fam abw* [Person] inútil *mf*.

Krug (*pl* **Krüge**) *der* jarra *f*.

Krümel (*pl* **-**) *der* miga(ja) *f*.

krumm ◇ *adj* - **1.** [gebogen] torcido(da) ; **~ machen** torcer ; **das Knie ~ machen** doblar la rodilla - **2.** *fam* [unehrlich] sucio(cia). ◇ *adv* : **~ gehen** caminar encorvado(da).

krümmen *vt* torcer ; **gekrümmte Haltung** postura encorvada.

krumm nehmen *vt (unreg) fam* tomar a mal ; **er hat uns die Kritik krumm genommen** le ha sentado mal nuestra crítica, ha tomado a mal nuestra crítica.

Krümmung (*pl* **-en**) *die* curva *f* ; [von Weg] recodo *m* ; [von Fluss] meandro *m*, recodo *m* ; [von Rücken] curvatura *f*.

Krüppel (*pl* **-**) *der* inválido *m*, -da *f*, lisiado *m*, -da *f*, tullido *m*, -da *f*; [mit fehlenden Gliedmaßen] mutilado *m*, -da *f*; [seelisch] disminuido psíquico *m*, disminuida psíquica *f*; **zum ~ werden** quedarse inválido(da), quedar lisiado(da) ; **jn zum ~ schlagen** dejar inválido(da) a alguien (a golpes).

Kruste (*pl* **-n**) *die* - **1.** [Rinde] corteza *f* - **2.** [Schicht] costra *f*.

Kruzifix (*pl* **-e**) *das* crucifijo *m*.

Krypta (*pl* **Krypten**) *die* cripta *f*.

Kt. (*abk für* **Kanton**) cantón *m*.

Kto. (*abk für* **Konto**) cta.

Kto.-Nr. (*abk für* **Kontonummer**) núm. cta.

Kuba *nt* Cuba *f*; **auf ~** en Cuba.

Kübel (*pl* **-**) *der* cubo *m* ; [Pflanztrog] maceta *f*.

Kubik|meter *der* metro *m* cúbico ; **ein Rauminhalt von 10 ~n** un volumen ODER una capacidad de 10 metros cúbicos.

Küche (*pl* **-n**) *die* cocina *f*.

Kuchen (*pl* **-**) *der* pastel *m*.

Kuchen|blech *das* bandeja *f* de horno.

Kuchen|form *die* molde *m*.

Kuchen|gabel *die* tenedor *m* de postre.

Küchen|schabe *die* cucaracha *f*.

Kuckuck (*pl* **-e**) *der* cuco *m*.

Kufe (*pl* **-n**) *die* cuchilla *f*.

Kugel (*pl* **-n**) *die* - **1.** [Gegenstand] bola *f* - **2.** [Form] esfera *f*; [Erdball] globo *m* - **3.** [Geschoss] bala *f*; **sich** *(D)* **eine ~ in den Kopf schießen** pegarse un tiro (en la cabeza) - **4.** SPORT bola *f*; [beim Kugelstoßen] peso *m* ; **eine ruhige ~ schieben** *fam fig* no dar ni golpe.

Kugel|lager *das* rodamiento *m* de bolas.

Kugelschreiber (*pl* **-**) *der* bolígrafo *m*.

kugelsicher *adj* a prueba de balas ; [Weste] antibalas.

Kugelstoßen *das (ohne Pl)* lanzamiento *m* de peso.

Kuh (*pl* **Kühe**) *die* - **1.** [Tier] vaca *f* - **2.** *fam abw* [Person] : **dumme ~** boba *f*.

kühl <> *adj* - **1.** [kalt] fresco(ca) ; **nachts wird es ~** por las noches refresca - **2.** [distanziert] frío(a). <> *adv* - **1.** [kalt] fresco(ca) ; **~ und trocken lagern** consérvese en lugar fresco y seco - **2.** [distanziert] fríamente, con frialdad.

kühlen *vt* [Körperteil] refrescar ; [Motor, Getränke] enfriar.

Kühler (*pl* -) *der* - **1.** AUTO radiador *m* - **2.** [für Getränke] enfriadera *f*.

Kühler|haube *die* capó *m*.

Kühl|schrank *der* nevera *f*, frigorífico *m*.

Kühl|truhe *die* congelador *m*.

Kühlung (*pl* **-en**) *die* - **1.** *(ohne Pl)* [Erfrischung] frescor *m* - **2.** TECH refrigeración *f*.

kühn *adj* atrevido(da), osado(da).

Küken (*pl* -) *das* - **1.** [Tier] pollito *m*, polluelo *m* - **2.** *fam fig* [Kind] pequeño(ña).

kulant *adj* complaciente ; [Preis] aceptable.

Kuli (*pl* **-s**) *der* - **1.** [Mensch] culi *m* - **2.** *fam* [Schreiber] boli *m*.

Kulisse (*pl* **-n**) *die* - **1.** [Bühnenbild] bastidor *m* - **2.** [Hintergrund] (telón *m* de) fondo *m*.

kullern (*perf* **ist gekullert**) *vi* rodar ; [Tränen] resbalar.

Kult (*pl* **-e**) *der* culto *m* ; **einen ~ mit etw treiben** rendir culto a algo.

kultivieren [kʊltiˈviːrən] *vt* - **1.** [urbar machen] roturar - **2.** [anbauen] cultivar - **3.** [extrem pflegen] cultivar.

kultiviert [kʊltiˈviːɐ̯t] <> *adj* refinado(da), distinguido(da) ; [gebildet] culto(ta). <> *adv* con refinamiento ; [gebildet] de forma culta.

Kultur (*pl* **-en**) *die* - **1.** [Zivilisation, Bildung] cultura *f* - **2.** AGRIC & BIOL cultivo *m*.

Kultur|beutel *der* neceser *m* de viaje.

kulturell <> *adj* cultural. <> *adv* desde el punto de vista cultural ; **er ist ~ interessiert** le interesa la cultura.

Kultur|kreis *der* ámbito *m* cultural.

Kultus|minister, in *der, die* ministro *m*, -tra *f* de Cultura.

Kultus|ministerium *das* Ministerio *m* de Educación y Ciencia *(de un land)*.

Kümmel (*pl* -) *der* - **1.** *(ohne Pl)* [Gewürzpflanze] comino *m* - **2.** [Schnaps] cúmel *m*.

Kummer *der (ohne Pl)* pena *f* ; [Sorgen] preocupaciones *fpl* ; **mit etw/jm ~ haben** tener problemas con algo/alguien ; **das macht mir ~** eso me preocupa.

kümmerlich *adj* - **1.** [ärmlich, dürftig] miserable - **2.** [schwach] raquítico(ca).

kümmern *vt* preocupar ; **was kümmert es dich?** ¿(y eso a ti) qué te importa! ◆ **sich kümmern** *ref* : **sich um etw/jn ~** ocuparse de algo/alguien ; [pflegen] cuidar de algo/alguien.

Kumpel (*pl* -) *der* - **1.** [Bergarbeiter] minero *m* - **2.** *fam* [Kamerad] compañero *m*, -ra *f*, compa *m Amér*, manito *m Amér*, mano *m Amér*.

kündbar *adj* revocable ; [Vertrag] rescindible.

Kunde (*pl* **-n**) *der* cliente *m*.

Kunden|dienst *der* - **1.** *(ohne Pl)* [Reparaturservice] servicio *m* pos(t)venta ; [Kundenbetreuung] servicio *m* de atención al cliente - **2.** [Servicestelle] servicio *m* de reparaciones.

Kunden|karte *die* tarjeta *f* de cliente.

Kundgebung (*pl* **-en**) *die* manifestación *f* ; [politische Versammlung] mitin *m*.

kündigen <> *vi* despedirse ; [Mieter] anunciar el desalojo ; [Vermieter] desahuciar ; **jm ~** despedir a alguien ; **ich kündige!** ¡me voy! <> *vt* [Arbeitsstelle, Wohnung] dejar ; [Vertrag] rescindir ; **jm die Freundschaft ~** romper la amistad con alguien.

Kündigung (*pl* **-en**) *die* [einer Stellung] abandono *m* ; [eines Vertrages] rescisión *f* ; [durch den Arbeitnehmer, Arbeitgeber] despido *m* ; [durch den Mieter] aviso *m* de desalojo ; [durch den Vermieter] aviso *m* de desahucio.

Kündigungs|frist *die* plazo *m* de despido/desalojo/desahucio/rescisión.

Kündigungsschutz *der (ohne Pl)* [des Arbeitnehmers] protección *f* contra el despido ; [des Mieters] protección *f* contra desahucio.

Kundin (*pl* **-nen**) *die* clienta *f*.

Kundschaft *die (ohne Pl)* clientela *f*.

künftig <> *adj* futuro(ra). <> *adv* en el futuro.

Kunst (*pl* **Künste**) *die* - **1.** [künstlerisches Schaffen] arte *m* - **2.** [Können] arte *m* ; **das ist keine ~!** ¡eso lo hace cualquiera!

Kunst|dünger *der* abono *m* químico.

Kunst|erziehung *die (ohne Pl)* educación *f* plástica.

Kunst|faser *die* fibra *f* sintética.

Kunst|fehler *der* error *m* médico.

kunstfertig <> *adj* hábil. <> *adv* hábilmente.

Kunstgegen|stand *der* objeto *m* de arte.

Kunstlgeschichte *die (ohne Pl)* historia *f* del arte.

Kunstlgewerbe *das (ohne Pl)* artesanía *f*, Artes *fpl* y Oficios *mpl*.

Kunsthandlwerk *das* artesanía *f*.

Künstler, in (*mpl* -, *fpl* -nen) *der, die* - 1. [Kunstschaffende] artista *mf* - 2. [Könner] artista *mf* ; [Virtuose] virtuoso *m*, -sa *f*.

künstlerisch <> *adj* artístico(ca) ; [Idee, Inspiration] creativo(va). <> *adv* de modo creativo, de forma creativa ; ~ **begabt sein** tener dones de artista.

Künstlerlname *der* nombre *m* artístico, seudónimo *m*.

künstlich <> *adj* - 1. [nicht natürlich] artificial - 2. [übertrieben] forzado(da). <> *adv* - 1. [nicht natürlich] de forma ODER modo artificial, artificialmente - 2. [übertrieben] exageradamente ; ~ **lachen** reír(se) forzado.

Kunstlstoff *der* plástico *m*.

Kunstlstück *das* - 1. [Trick] truco *m* ; [akrobatisch] muestra *f* de habilidad - 2. [Leistung] : **es war ein** ~ ha sido todo un arte ; **das ist kein** ~! ¡eso lo hace cualquiera!

Kunstlwerk *das* - 1. [von Künstlern] obra *f* de arte - 2. [Meisterwerk] obra *f* de arte, obra *f* maestra.

kunterbunt <> *adj* abigarrado(da). <> *adv* de forma abigarrada, sin orden ni concierto.

Kupfer *das (ohne Pl)* cobre *m*.

Kupferlstich *der* - 1. [Technik] grabado *m* en cobre - 2. [Bild] grabado *m*.

Kupon, Coupon [ku'põ] (*pl* -**s**) *der* cupón *m*.

Kuppe (*pl* -**n**) *die* - 1. [landschaftlich] cumbre *f*, cima *f* - 2. [von Finger] yema *f*.

Kuppel (*pl* -**n**) *die* cúpula *f*.

Kupplung (*pl* -**en**) *die* - 1. [in Auto] embrague *m* - 2. [für Anhänger] enganche *m*.

Kur (*pl* -**en**) *die* cura *f* ; **auf** ODER **zur** ~ **sein/gehen** estar haciendo/ir a hacer una cura.

Kür (*pl* -**en**) *die* ejercicios *mpl* ODER figuras *fpl* libres, programa *m* libre.

Kurbel (*pl* -**n**) *die* manivela *f*.

Kürbis (*pl* -**se**) *der* calabaza *f*.

Kurdistan *nt* Curdistán *m*.

Kurlgast *der* paciente *mf* del balneario.

Kurier (*pl* -**e**) *der* mensajero *m*.

kurieren *vt* curar ; **von etw kuriert sein** *fam fig* no querer saber nada de algo.

kurios *adj* curioso(sa), raro(ra), extraño(ña).

Kuriosität (*pl* -**en**) *die* curiosidad *f*, rareza *f*.

Kurlort *der* balneario *m*, estación *f* balnearia.

Kurs (*pl* -**e**) *der* - 1. [Fahrtrichtung] curso *m*, rumbo *m* ; ~ **nehmen auf** emprender rumbo hacia - 2. [Lehrgang, Teilnehmer] curso *m* - 3. [Marktpreis] cotización *f* ; [Wechselkurs] cambio *m* ; **hoch im** ~ **stehen** gozar de un gran aprecio ODER gran prestigio, ser muy apreciado(da).

Kurslbuch *das* guía *f* oficial de ferrocarriles.

kursieren *vi* - 1. [in Umlauf sein] circular - 2. [umgehen] correr.

Kursus (*pl* **Kurse**) *der* curso *m*.

Kurltaxe *die* tasa *f* de balneario.

Kurve ['kʊrvə] (*pl* -**n**) *die* curva *f*.

kurvenreich *adj* sinuoso(sa).

kurz (*kompar* **kürzer**, *superl* **kürzeste**) <> *adj* - 1. [in Bezug auf Länge, Dauer] corto(ta) ; **den Kürzeren ziehen** *fig* salir perdiendo ; **es** ~ **machen** ser breve, abreviar - 2. [knapp] breve. <> *adv* - 1. [räumlich] corto ; ~ **vor/hinter** poco antes/después ; **etw** ~ **und klein schlagen** *fam* no dejar títere con cabeza en algo - 2. [zeitlich] un momento ; ~ **vor/nach** poco antes/después.

Kurzarbeit *die (ohne Pl)* trabajo *m* a jornada reducida.

kurzärmelig, kurzärmlig <> *adj* de manga corta. <> *adv* en manga corta.

Kürze *die (ohne Pl)* - 1. [geringe Länge] corta extensión *f* - 2. [geringe Dauer] brevedad *f*.
◆ **in Kürze** *adv* dentro de poco, en breve.

kürzen *vt* - 1. [kürzer machen] acortar ; [Brief, Rede, Abschnitt] abreviar ; [Haare, Nägel, Film, Theaterstück] cortar - 2. [verringern] reducir - 3. MATH simplificar.

kurzerhand *adv* sin vacilar.

kurzfristig <> *adj* - 1. [unangemeldet] repentino(na) - 2. [kurz dauernd] a corto plazo - 3. [rasch] de último minuto. <> *adv* - 1. [unangemeldet] repentinamente - 2. [kurz dauernd] a corto plazo - 3. [rasch] en el último minuto.

Kurzlgeschichte *die* relato *m* breve.

kurzhaarig *adj* de pelo corto.

kurz halten *vt (unreg) fam* atar corto.

kürzlich *adv* hace poco (tiempo).

Kurzlnachrichten *pl* noticias *fpl* breves.

Kurzlschluss *der* - 1. [elektrisch] cortocircuito *m* - 2. [seelisch] arrebato *m*, pronto *m*.

kurzsichtig <> *adj* - 1. [Augen] miope - 2. [Handlungsweise] de pocas miras. <> *adv* con pocas miras.

Kürzung (*pl* -**en**) *die* reducción *f*.

Kurzwahlltaste *die* selector *m* automático.

Kurzwelle *die (ohne Pl)* onda *f* corta.
kuschelig *adj* acogedor(ra).
kuscheln *vi* hacer mimos ; **mit jm ~** hacer mimos a alguien.
Kusine (*pl* **-n**) *die* prima *f*.
Kuss (*pl* **Küsse**) *der* beso *m*.
küssen *vi, vt* besar. ◆ **sich küssen** *ref* besarse.
Küste (*pl* **-n**) *die* costa *f*.
Küster, in (*mpl* **-**, *fpl* **-nen**) *der, die* sacristán *m*, -ana *f*.
Kutsche (*pl* **-n**) *die* **- 1.** [Pferdewagen] carruaje *m* **- 2.** *fam* [Auto] cafetera *f*.
Kuvert [kuˈvɛːɐ̯] (*pl* **-e**) *das* sobre *m*.
kyrillisch *adj* cirílico(ca).
KZ [kaːˈt͜sɛt] (*pl* **-s**) *abk für* **Konzentrationslager**.

L

l, L [ɛl] (*pl* - ODER **-s**) *das* l *f*, L *f*. ◆ **l** (*abk für* **Liter**) l *m*.
labil *adj* **- 1.** [seelisch] frágil **- 2.** [nicht stabil] inestable.
Labor (*pl* **-s** ODER **-e**) *das* laboratorio *m*.
Laborant, in (*mpl* **-en**, *fpl* **-nen**) *der, die* ayudante *mf* de laboratorio.
Labyrinth (*pl* **-e**) *das* laberinto *m*.
Lache (*pl* **-n**) *die* [Pfütze] charco *m*.
lächeln *vi* sonreír ; **über etw/jn ~** reírse de algo/alguien.
Lächeln *das (ohne Pl)* sonrisa *f*.
lachen *vi* reírse ; **über etw/jn ~** reírse de algo/alguien ; **es** ODER **das wäre doch gelacht, wenn ...** *fig* sería ridículo, si ... ; **gut ~ haben** *fig* poder reírse ; **du hast gut ~!** ¡ríete!
Lachen *das (ohne Pl)* risa *f* ; **jn zum ~ bringen** hacer reír a alguien ; **zum ~ sein** *fam fig* ser ridículo(la) ; **jm vergeht das ~** *fig* a alguien se le van las ganas de reírse.
lächerlich *adj* ridículo(la) ; **jn/sich ~ machen** poner a alguien/ponerse en ridículo.
Lächerliche *das (ohne Pl)* : **etw ins ~ ziehen** ridiculizar algo.
lachhaft *adj* ridículo(la).
Lachs [laks] (*pl* **-e**) *der* salmón *m*.
Lack (*pl* **-e**) *der* laca *f* ; [für die Nägel] esmalte *m* ; [für Holz] barniz *m* ; [für Autos] pintura *f*.
lackieren *vt* pintar ; [Holz] barnizar.
Lackierung (*pl* **-en**) *die* **- 1.** *(ohne Pl)* [Lackieren] pintura *f* ; [von Holz] barnizado *m* **- 2.** [Lack] pintura *f*.
Ladelfläche *die* superficie *f* de carga.
laden (*präs* **lädt**, *prät* **lud**, *perf* **hat geladen**) <> *vt* **- 1.** [aufladen] cargar ; **etw auf/in etw** *(A)* **~** cargar algo en algo **- 2.** [abladen] : **etw aus/von etw ~** descargar algo de algo **- 3.** [mit Munition, elektrisch] cargar **- 4.** EDV cargar **- 5.** *geh* [vorladen] citar. <> *vi* cargar.
Laden (*pl* **Läden**) *der* **- 1.** [Geschäft] tienda *f* **- 2.** *(ohne Pl) fam* [Angelegenheit] asunto *m* **- 3.** *fam* [Betrieb] lugar *m*.
Ladenldieb, in *der, die* ladrón *m*, -ona *f* de tiendas.
Ladenlpreis *der* precio *m* de venta al público.
Ladenlschluss *der (ohne Pl)* cierre *m* de los comercios.
Ladenltisch *der* mostrador *m* ; **etw unter dem ~ verkaufen** *fig* vender algo bajo mano.
Ladelrampe *die* rampa *f* de carga.
lädieren *vt* estropear.
lädt *präs* ▻ **laden**.
Ladung (*pl* **-en**) *die* **- 1.** [Fracht, Munition, elektrisch] carga *f* ; **positive/negative ~** carga positiva/negativa **- 2.** [größere Menge] montón *m*.
lag *prät* ▻ **liegen**.
Lage (*pl* **-n**) *die* **- 1.** [Stelle] zona *f* **- 2.** [Art des Liegens] posición *f* ; [beim Schlafen] postura *f* **- 3.** [Situation] situación *f* ; **zu etw in der ~ sein** estar en condiciones de algo ; **in der ~ sein, etw zu tun** estar en condiciones de hacer algo ; **sich in js ~** *(A)* **versetzen** ponerse en el lugar de alguien **- 4.** [Schicht] capa *f*.
Agelplan *der* plano *m* general.
Lager (*pl* **-**) *das* **- 1.** [für Waren] almacén *m* ; **etw auf ~ haben** [Ware] tener algo disponible (en almacén) ; [zur Unterhaltung] tener algo a punto **- 2.** [zum Wohnen] campamento *m* **- 3.** [Seite] bando *m* **- 4.** TECH cojinete *m*.
Lagerlbestand *der* existencias *fpl* (de almacén).
Lagerlfeuer *das* hoguera *f*.
Lagerlhaus *das* almacén *m*.
lagern <> *vt* **- 1.** [aufbewahren] conservar ; [Möbel, Holz] almacenar **- 2.** [in Stellung bringen] poner. <> *vi* acampar.
Lagerung (*pl* **-en**) *die* almacenamiento *m* ; [von Lebensmittel] conservación *f*.
lahm <> *adj* **- 1.** [gelähmt] paralítico(ca) **- 2.** [ermüdet] entumecido(da) **- 3.** *fam* [unzureichend] insuficiente **- 4.** [matt] lento(ta). <> *adv fam* lentamente.
lähmen *vt* paralizar.

lahm legen *vt* paralizar.

Lähmung (*pl* **-en**) *die* **- 1.** [Gelähmtsein] parálisis *f* **- 2.** [Behinderung] paralización *f*.

Laib (*pl* **-e**) *der* [Brot] hogaza *f* ; [Käse] queso *m*.

Laie ['laiə] (*pl* **-n**) *der* profano *m*, -na *f* ; [in Religion] laico *m*, -ca *f*.

laienhaft ['laiənhaft] ◇ *adj* profano(na). ◇ *adv* sin tener idea.

Laken (*pl* **-**) *das* sábana *f*.

Lakritz (*pl* **-e**) *der* ODER *das* regaliz *m*.

lallen *vi, vt* balbucear.

Lama (*pl* **-s**) *das* **- 1.** [Tier] llama *f* **- 2.** *(ohne Pl)* [Stoff] lana *f* de llama.

Lamelle (*pl* **-n**) *die* **- 1.** [dünne Platte, Rippe] lámina *f* ; [von Heizkörper] elemento *m* **- 2.** [von Pilz] laminilla *f*.

Lametta *das (ohne Pl) tiras plateadas o doradas utilizadas como adorno navideño.*

Lamm (*pl* **Lämmer**) *das* cordero *m*.

Lampe (*pl* **-n**) *die* lámpara *f*.

Lampenfieber *das (ohne Pl)* fiebre *f* de candilejas.

Lampen|schirm *der* pantalla *f*.

Land (*pl* **Länder**) *das* **- 1.** [Staatsgebiet] país *m* **- 2.** *(ohne Pl)* [Gelände] tierra *f* **- 3.** *(ohne Pl)* [im Gegensatz zur Stadt] campo *m* ; **auf dem ~** en el campo **- 4.** *(ohne Pl)* [Festland] tierra *f* **- 5.** [Bundesland] estado *m* federado, land *m* **- 6.** *RW* : **wieder im ~(e) sein** estar de vuelta. ◆ **hier zu Lande** *adv* = **hierzulande**.

Land|bevölkerung *die* población *f* rural.

Lande|bahn *die* pista *f* de aterrizaje.

landen (*perf* **hat/ist gelandet**) ◇ *vi (ist)* **- 1.** [nach einem Flug] aterrizar **- 2.** *fam* [ankommen] ir a parar **- 3.** [enden] terminar ; **bei jm (mit etw) nicht ~ können** *fam* no impresionar a alguien (con algo). ◇ *vt (hat)* **- 1.** [zu Boden bringen] aterrizar **- 2.** [zustande bringen] conseguir.

Lande|platz *der* campo *m* de aterrizaje.

Länder|spiel *das* partido *m* internacional.

Landes|ebene *die* : **auf ~** a nivel del land.

Landes|farben *pl* colores *mpl* nacionales.

Landeshaupt|mann *der Österr presidente de un estado federado austriaco,* ≃ presidente *m* de la comunidad autónoma.

Landes|innere *das (ohne Pl)* interior *m* de un país.

Landes|kunde *die (ohne Pl)* cultura *f* y civilización.

Landes|regierung *die* gobierno *m* de un land.

Landes|sprache *die* idioma *m* nacional.

Landesverrat *der (ohne Pl)* alta traición *f*.

Landes|währung *die* moneda *f* nacional.

Land|flucht *die (ohne Pl)* éxodo *m* rural.

Land|haus *das* casa *f* de campo.

Land|karte *die* mapa *m*.

Land|kreis *der* distrito *m* administrativo.

landläufig *adj* general, frecuente.

Landleben *das (ohne Pl)* vida *f* rural.

ländlich *adj* rural.

Land|plage *die abw* plaga *f*.

Landschaft (*pl* **-en**) *die* paisaje *m*.

landschaftlich ◇ *adj* regional ; [Schönheit] del paisaje. ◇ *adv* en cuanto al paisaje ; [in Bezug auf Sprachgebrauch] regionalmente.

Lands|leute *pl* compatriotas *mpl*.

Land|straße *die* carretera *f* nacional.

Land|streicher, in (*mpl* **-**, *fpl* **-nen**) *der, die* vagabundo *m*, -da *f*.

Land|strich *der* región *f*.

Land|tag *der* parlamento *m* del land.

Landung (*pl* **-en**) *die* aterrizaje *m* ; [vom Schiff] desembarque *m*.

Land|weg *der* ruta *f* por tierra.

Land|wein *der* vino *m* del país.

Land|wirt, in *der, die* agricultor *m*, -ra *f*.

Land|wirtschaft *die (ohne Pl)* agricultura *f*.

lang (*komp* **länger**, *superl* **längste**) ◇ *adj* **- 1.** [räumlich - Strecke, Haare, Ärmel] largo(ga) ; [- mit Maßangabe] de largo ; **8 cm ~ sein** tener ODER medir 8 cm de largo **- 2.** [zeitlich] largo(ga) ; **seit ~em** desde hace mucho **- 3.** [ausführlich] detallado(da). ◇ *adv fam* **- 1.** [entlang] por **- 2.** [groß] alto(ta) **- 3.** [mit Zeitangabe] durante ; **den ganzen Tag ~** durante todo el día. ◇ *präp fam (mit Akkusativ)* por.

langärmelig, langärmlig *adj* de manga larga.

langatmig ◇ *adj* interminable ; [Person] pesado(da). ◇ *adv* interminablemente.

lange (*kompar* **länger**, *superl* **am längsten**) *adv* mucho tiempo ; **~ nicht** ni mucho menos ; **etw ist ~ her** hace mucho tiempo de algo.

Länge (*pl* **-n**) *die* **- 1.** [Ausdehnung] longitud *f* ; [von Stoff] largura *f* ; **der ~ nach** a lo largo **- 2.** *(ohne Pl)* [Größe] altura *f* **- 3.** GEOGR longitud *f* **- 4.** *(ohne Pl)* [Dauer] duración *f* ; **in die ~ ziehen** alargar.

langen *vi fam* **- 1.** [ausreichen] llegar ; **das langt!** es suficiente, ya basta ; **mir langts!** ¡ya estoy harto(ta)! **- 2.** [greifen] meter la mano.

Längen|grad *der* grado *m* de longitud.

Längen|maß *das* medida *f* de longitud.

längerfristig *adj, adv* a largo plazo.

Langeweile, Langeweile *die (ohne Pl)* aburrimiento *m* ; **aus ~** de puro aburrimiento.

langfristig *adj, adv* a largo plazo.

Langlauf *der (ohne Pl)* esquí *m* de fondo.

langlebig *adj* de larga vida.

länglich *adj* alargado(da).

längs <> *präp* : ~ **einer Sache** *(G)* a lo largo de algo. <> *adv* a lo largo.

Längs|achse ['lɛŋsaksə] *die* eje *m* vertical.

langsam <> *adj* - **1.** [nicht schnell, schwerfällig] lento(ta) - **2.** [allmählich] progresivo(va). <> *adv* - **1.** [nicht schnell] lentamente - **2.** [nicht flink] con lentitud, con torpeza - **3.** [nach und nach] poco a poco ; **es wird ~ Zeit, dass du das lernst** ya va siendo hora de que lo aprendas.

Langsamkeit *die (ohne Pl)* lentitud *f*.

Langschläfer, in (*mpl* -, *fpl* **-nen**) *der, die* dormilón *m*, -ona *f*.

Längs|richtung *die* : **in ~** en sentido longitudinal.

Längs|seite *die* costado *m*.

längst *adv* hace tiempo ; **~ nicht** ni mucho menos.

längstens *adv fam* - **1.** [höchstens] como mucho - **2.** [seit langem] desde hace mucho.

Langstrecken|lauf *der* carrera *f* de fondo.

Languste [laŋ'gʊstə] (*pl* **-n**) *die* langosta *f*.

langweilen *vt* aburrir. ◆ **sich langweilen** *ref* aburrirse.

langweilig <> *adj* - **1.** [uninteressant] aburrido(da) - **2.** *fam* [Zeit raubend] pesado(da). <> *adv* de forma aburrida, de forma pesada.

Langwelle *die (ohne Pl)* onda *f* larga.

langwierig *adj* largo(ga).

Lanze (*pl* **-n**) *die* lanza *f*.

Lappalie [la'pa:li̯ə] (*pl* **-n**) *die* bagatela *f*.

Lappen (*pl* -) *der* paño *m*, trapo *m* ; **etw geht jm durch die ~** *fam fig* algo se le escapa de las manos a alguien.

läppisch *adj abw* - **1.** [albern] infantil - **2.** [lächerlich] ridículo(la).

Laptop ['lɛptɔp] (*pl* **-s**) *der* (ordenador *m*) portátil *m*.

Lärche (*pl* **-n**) *die* alerce *m*.

Lärm *der (ohne Pl)* ruido *m* ; **viel ~ um nichts** mucho ruido y pocas nueces ; **~ schlagen** *fam fig* armar un escándalo.

lärmen *vi* hacer ruido.

Lärm|schutz *der* protección *f* contra el ruido.

Larve ['larfə] (*pl* **-n**) *die* larva *f*.

las *prät* ▷ **lesen**.

lasch <> *adj* - **1.** [schlaff] flojo(ja) - **2.** [fade] soso(sa) - **3.** [nachlässig] negligente. <> *adv* - **1.** [schlaff] flojamente - **2.** [fade] soso(sa) - **3.** [nachlässig] negligentemente.

Lasche (*pl* **-n**) *die* solapa *f* ; [am Schuh] lengüeta *f*.

Laser ['le:zɐ] (*pl* -) *der* láser *m*.

Laser|drucker *der* impresora *f* láser.

lassen (*präs* **lässt**, *prät* **ließ**, *perf* **hat gelassen** ODER -) <> *aux (Perf hat lassen)* - **1.** [veranlassen] : **etw machen ~** encargar algo, mandar hacer algo ; **ein Haus bauen ~** mandar construir una casa ; **etw reparieren ~** mandar (a) reparar algo ; **jm etw ausrichten ~** dejar un recado a alguien ; **jn holen ~** mandar (a alguien) a recoger a alguien ; **sich** *(D)* **etw nachsenden ~** hacer enviarse algo ; **sich** *(D)* **die Haare schneiden ~** ir a cortarse el pelo ; **sich** *(D)* **einen Bart wachsen ~** dejarse barba - **2.** [zulassen] : **jn etw machen** ODER **tun ~** dejar hacer algo a alguien ; **alles mit sich machen ~** dejarse hacer de todo ; **das lasse ich nicht mit mir machen!** ¡no consiento que se me haga eso! - **3.** [geschehen lassen] dejar. <> *vt (Perf hat gelassen)* dejar ; **jn ~** dejar a alguien ; **lass uns gehen!** ¡vámonos! ; **lass mich in Ruhe** déjame en paz ; **lass mir etwas Zeit** dame un poco de tiempo ; **einen Vogel aus dem Käfig ~** soltar a un pájaro de la jaula ; **Wasser in die Badewanne ~** dejar correr el agua en la bañera ; **Luft ins Zimmer ~** airear la habitación ; **Luft aus den Reifen ~** desinflar las ruedas ; **sie ist schlau, das muss man ihr ~** es lista, hay que reconocérselo ; **sie kann es nicht ~** no puede evitarlo ; **tu, was du nicht ~ kannst** haz lo que te parezca. <> *vi (Perf hat gelassen)* : **von etw/jm ~** *geh* dejar algo/a alguien ; **lass mal!** ¡deja! ◆ **sich lassen** *ref (perf hat lassen)* - **1.** [geschehen lassen] : **sich massieren/operieren ~** ir a darse masajes/operarse ; **ich lasse mich nicht von ihm ärgern** no voy a dejar que me haga enfadar ; **sich beurlauben ~** cogerse vacaciones - **2.** [möglich sein] poder ; **die Fenster ~ sich nicht öffnen** las ventanas no se pueden abrir ; **das lässt sich beweisen** puede comprobarse ; **das lässt sich essen/trinken** se puede comer/beber ; **der Text lässt sich nur schwer übersetzen** el texto es difícil de traducir ; **das lässt sich nicht verkaufen** esto es invendible.

lässig <> *adj* desenfadado(da). <> *adv* - **1.** [salopp] desenfadadamente - **2.** *fam* [leicht] fácilmente.

Lässigkeit *die (ohne Pl)* desenfado *m*.

lässt *präs* ▷ **lassen**.

Last (*pl* **-en**) *die* - **1.** [Gewicht] peso *m* - **2.** *geh* [Bürde] carga *f* - **3.** *RW* : **jm zur ~ fallen** ser una carga para alguien ; **jm etw zur ~ legen** acusar a alguien de algo. ◆ **Lasten** *pl* [Kosten] cargas *fpl* ; *siehe auch* **zulasten**.

lasten *vi* - **1.** [Gewicht] : **auf etw/jm ~** pesar sobre algo/alguien - **2.** [Verantwortung, Verdacht, Sorge] : **auf jm ~** recaer sobre alguien - 3. [finanziell] : **auf etw/jm ~** pesar sobre algo/alguien.

Laster (*pl* -) <> *das* [Untugend] vicio *m*. <> *der fam* [Lastwagen] camión *m*.

lästern *vi* renegar ; **über jn ~** poner verde a alguien ; **über etw** *(A)* ~ burlarse de algo.

lästig *adj* pesado(da), cargoso(sa) *Amér*, embromado(da) *Amér* ; **jm ~ sein/werden** ser/ponerse pesado(da) para alguien.

Lastkahn *der* lancha *f*.

Lastkraftwagen *der amt* camión *m*.

Last-Minute-Angebot [laːst'mɪnɪt|angəboːt] *das* oferta *f* de vuelo de última hora.

Last-Minute-Flug [laːst'mɪnɪt|fluːk] *der* (oferta *f* de) vuelo *m* de última hora.

Lastschrift *die* carga *f* en cuenta.

Lastwagen *der* camión *m*.

Latein *das (ohne Pl)* latín *m*.

Lateinamerika *nt (ohne Pl)* Latinoamérica *f*.

Lateinamerikaner, in (*mpl inv, fpl* **-nen**) *der, die* latinoamericano *m*, -na *m*.

lateinisch *adj* latino(na).

latent <> *adj* latente. <> *adv* de forma latente.

Laterne (*pl* **-n**) *die* - 1. [Lampion] farolillo *m*, farol *m* - 2. [Straßenlaterne] farola *f*.

Latinum *das (ohne Pl)* : **großes/kleines ~** *examen de latín que se realiza tras 3 ó 6 años de clases en el segundo ciclo.*

latschen (*perf* **hat/ist gelatscht**) *fam* <> *vi (ist)* ir. <> *vt (hat)* : **jm eine/ein paar ~** dar una bofeta/un par de bofetadas a alguien.

Latschen (*pl* -) *der fam* zapatilla *f*.

Latte (*pl* **-n**) *die* listón *m* ; [von Tor] larguero *m* ; **lange ~** *fam* larguirucho *m*, -cha *f*.

Lattenrost *der* somier *m* de listones.

Latz (*pl* **Lätze**) *der* - 1. [Lätzchen] babero *m* - 2. [an Kleidung] peto *m*.

Lätzchen (*pl* -) *das* babero *m*.

Latzhose *die* pantalón *m* con peto.

lau <> *adj* - 1. [mäßig warm] tibio(bia) - 2. [mild] templado(da) - 3. [zurückhaltend] moderado(da) - 4. [mäßig] moderado(da), flojo(ja). <> *adv* [zurückhaltend, mäßig] moderadamente.

Laub *das (ohne Pl)* hojarasca *f*, follaje *m*.

Laubbaum *der* árbol *m* de hoja caduca.

Laubfrosch *der* rana *f* de zarzal.

Laubsäge *die* sierra *f* de marquetería.

Laubwald *der* bosque *m* caducifolio.

Lauch *der* puerro *m*.

Lauer *die (ohne Pl)* : **auf der ~ sitzen** ODER **liegen** *fam* estar al acecho.

lauern *vi* acechar ; **auf etw/jn ~** [warten] esperar algo/a alguien (con impaciencia).

Lauf (*pl* **Läufe**) *der* - 1. *(ohne Pl)* [Laufen] carrera *f* - 2. *(ohne Pl)* [Betrieb] funcionamiento *m* - 3. *(ohne Pl)* [Verlauf] curso *m*, transcurso *m*, desarrollo *m* ; **etw nimmt seinen ~** algo sigue su curso ; **im ~ (e) der Zeit** con el (paso del) tiempo ; **einer Sache freien** ODER **ihren ~ lassen** dar rienda suelta a algo - 4. *(ohne Pl)* [Abschnitt] curso *m* - 5. [von Gewehr] cañón *m*.

Laufbahn *die* carrera *f*.

laufen (*präs* **läuft**, *prät* **lief**, *perf* **hat/ist gelaufen**) <> *vi (ist)* - 1. [gehen] andar - 2. [rennen] correr - 3. SPORT correr - 4. *fam* [dauernd hingehen] ir - 5. [an sein] estar encendido(da), funcionar ; [Uhr] funcionar - 6. [fließen] fluir, correr ; [Käse] derretirse ; **jm läuft die Nase** a alguien le moquea la nariz ; **bei etw läuft es jm eiskalt über den Rücken** algo produce escalofríos a alguien - 7. [verlaufen] ir ; **etw ist gelaufen** *fam* algo ha pasado a la historia - 8. [gespielt werden] : **was läuft heute im Kino?** ¿qué película ponen hoy en el cine? ; **der Film läuft schon** la película ya ha comenzado ; **der Film läuft schon zwei Wochen** la película lleva proyectándose dos semanas - 9. [geführt werden] estar registrado(da), ir - 10. [gelten] tener validez, ser válido(da). <> *vt* - 1. *(hat/ist)* [Strecke] correr ; [Rekord] batir - 2. *(ist)* : **Ski ~** esquiar ; **Schlittschuh ~** patinar sobre hielo - 3. *(ist)* [gehen] caminar - 4. *(hat)* : **ich habe mir eine Blase gelaufen** me ha salido una ampolla al andar.

laufend <> *adj* - 1. [ständig] continuo(nua) - 2. [gerade ablaufend] en curso - 3. [in Betrieb] en funcionamiento - 4. *RW* : **auf dem Laufenden sein/bleiben** estar/mantenerse al corriente. <> *adv* continuamente.

Läufer (*pl* -) *der* - 1. SPORT corredor *m* - 2. [Schachfigur] alfil *m*.

Läuferin (*pl* **-nen**) *die* corredora *f*.

läufig *adj* en celo.

Laufmasche *die* carrera *f* (en las medias).

Laufpass *der (ohne Pl)* : **jm den ~ geben** mandar a alguien a la porra ODER a paseo.

Laufschritt *der* paso *m* ligero ; **im ~** a paso ligero.

läuft *präs* ▷ **laufen**.

Laufwerk *das* EDV unidad *f*, lector *m* ; **CD-~** unidad *f* de CD.

Lauge (*pl* **-n**) *die* - 1. CHEM base *f* - 2. [Waschlauge] lejía *f*.

Laugenbrezel *die especie de rosquilla hecha al horno y cubierta de grandes trozos de sal.*

Laune (*pl* **-n**) *die* - 1. *(ohne Pl)* [Stimmung] estado *m* de ánimo, humor *m* ; **gute/schlechte ~ haben** tener buen/mal humor - 2. [Einfall] capricho *m*, manía *f*. ◆ **Launen** *pl* mal humor *m* ; [von Wetter] veleidad *f*.

launisch *adj* veleidoso(sa), inconstante.

Laus (*pl* **Läuse**) *die* - **1.** [Kopflaus] piojo *m* - **2.** [Blattlaus] pulgón *m*.

Lausbub (*pl* -en), **Lausbube** (*pl* -n) *der* niño *m* travieso, pícaro *m*.

lauschen *vi* escuchar a escondidas, escuchar discretamente.

lausig *fam* <> *adj* - **1.** [schlecht] miserable - **2.** [groß] tremendo(da) - **3.** [läppisch] miserable, ridículo(la). <> *adv* miserablemente ; **es ist ~ kalt** *fam* hace un frío tremendo.

laut <> *adj* - **1.** [hörbar] fuerte ; [Maschine] ruidoso(sa) ; **etw wird ~** *fig* algo se da a conocer - **2.** [lärmerfüllt] ruidoso(sa). <> *adv* ruidosamente ; [mit lauter Stimme] en voz alta ; **sprich bitte etwas ~er** habla un poco más alto, por favor. <> *präp amt* : **~ einer Sache** *(D)* según algo.

Laut (*pl* -e) *der* sonido *m*.

lauten *vi* : **der Befehl lautet folgendermaßen** la orden es la siguiente ; **die Parole lautet** el lema reza ; **die Anklage lautet** la acusación dice así ; **anders ~** ser diferente ; **das Urteil lautet auf 6 Jahre** la sentencia es de ODER prevé 6 años de prisión.

läuten *vi* sonar ; **bei jm ~** llamar a casa de alguien ; **an der Tür ~** llamar a la puerta ; **es läutet** están llamando ; **von etw ~ hören** oír rumores sobre algo ; **nach jm ~** llamar a alguien.

lauter *adv* : **~ nette Leute** un montón de gente simpática ; **vor ~ Lärm** con tanto ruido ; **~ Lügen** puras mentiras.

lauthals *adv* a gritos ; [lachen] a carcajada limpia ; [protestieren] a grito limpio.

lautlos <> *adj* silencioso(sa). <> *adv* silenciosamente.

Lautschrift *die* transcripción *f* fonética.

Lautsprecher *der* - **1.** [Tonverstärker] altavoz *m*, altoparlante *m Amér* - **2.** [Megafon] megáfono *m*.

lautstark <> *adj* fuerte. <> *adv* [protestieren] a gritos, a voces ; [sich unterhalten] en voz alta.

Lautstärke *die* volumen *m* (de sonido).

lauwarm <> *adj* tibio(bia). <> *adv* : **~ duschen** ducharse con agua tibia ; **etw ~ essen/trinken** comer/beber algo tibio.

Lava ['la:va] (*pl* **Laven**) *die* lava *f*.

Lavendel [la'vɛndl̩] *der (ohne Pl)* lavanda *f*.

Lawine (*pl* -n) *die* - **1.** [Masse] alud *m* - **2.** *fig* [große Menge] avalancha *f*.

lax <> *adj* relajado(da), no severo(ra). <> *adv* con poca severidad, relajadamente.

Leasing ['li:zɪŋ] (*pl* -s) *das* leasing *m*, arrendamiento *m* financiero.

leben *vi* - **1.** [Leben führen, wohnen, lebendig sein] vivir ; **es lebe etw/jd!** ¡viva algo/alguien! - **2.** [sich ernähren] alimentarse ; **gesund/vegetarisch ~** alimentarse de forma sana/vegetariana ; **von etw ~** vivir de algo.

Leben (*pl* -) *das* - **1.** vida *f* ; **jm das ~ schwer machen** complicar la vida a alguien ; **mit dem ~ davonkommen** salvarse (la vida) ; **sich** *(D)* **das ~ nehmen** quitarse la vida ; **ums ~ kommen** morir - **2.** *RW* : **etw ins ~ rufen** fundar algo.

lebendig <> *adj* vivo(va). <> *adv* vivamente.

Lebensalter *das* edad *f*.

lebensfähig *adj* capaz de vivir.

Lebensgefahr *die (ohne Pl)* peligro *m* de muerte.

lebensgefährlich <> *adj* peligroso(sa), mortal. <> *adv* peligrosamente, gravemente.

Lebensgefährte *der* compañero *m* sentimental.

Lebensgefährtin *die* compañera *f* sentimental.

Lebenshaltungskosten *pl* coste *m* de la vida.

Lebensjahr *das* año *m* (de vida) ; **er lebt seit seinem zehnten ~ in Deutschland** vive en Alemania desde los diez años.

lebenslänglich <> *adj* perpetuo(tua). <> *adv* : **~ sitzen** estar condenado(da) a cadena perpertua.

Lebenslauf *der* currículum *m* vitae.

lebenslustig *adj* alegre.

Lebensmittel *pl* comestibles *mpl*, productos *mpl* alimenticios.

Lebensmittelgeschäft *das* tienda *f* de comestibles, abarrotería *f Amér*.

lebensmüde *adj* - **1.** [den Tod herbeisehnend] cansado(da) de vivir - **2.** *fam* [leichtsinnig] inconsciente, imprudente.

Lebensretter, in *der, die* salvador *m*, -ra *f* ; **er ist mein ~** me ha salvado la vida.

Lebensstandard *der* nivel *m* de vida.

Lebensunterhalt *der (ohne Pl)* sustento *m* ; **seinen ~ verdienen** ganarse la vida.

Lebensversicherung *die* seguro *m* de vida.

Lebenswandel *der (ohne Pl)* costumbres *fpl*.

Lebensweise *die* modo *m* de vida.

lebenswichtig *adj* indispensable, de importancia ODER interés vital.

Lebenszeichen *das* señal *f* de vida.

Lebenszeit *die* (periodo *m* de) vida *f* ; **Senator auf ~** Senador vitalicio.

Leber (*pl* -n) *die* hígado *m*.

Leberfleck *der* lunar *m*.

Leberkäse *der (ohne Pl) carne picada muy fi-*

na, condimentada con especias y huevos que se come frita o sin freír.

Leberltran *der (ohne Pl)* aceite *m* de hígado de pescado.

Leberlwurst *die* pâté *m* de hígado.

Lebelwesen *das* ser *m* vivo.

lebhaft <> *adj* - **1.** [lebendig] vivo(va) - **2.** [rege] animado(da) - **3.** [Fantasie] fecundo(da) - **4.** [stark] vivo(va). <> *adv* - **1.** [angeregt] animadamente - **2.** [stark] mucho - **3.** [gut] : **sich** *(D)* **etw ~ vorstellen können** poderse imaginar algo muy bien.

Leblkuchen *der especie de galletas preparadas al horno con jarabe, miel y diferentes especias.*

leblos <> *adj* - **1.** [wie tot] inerte, sin vida - **2.** [ausdruckslos] inexpresivo(va). <> *adv* sin vida, de forma inerte ODER inmóvil.

leck *adj* : **~ sein** [ein Loch haben] estar agujereado(da) ; [einen Riss haben] estar agrietado(da) ; [Schiff] hacer agua.

Leck (*pl* **-s**) *das* fuga *f*, poro *m* ; [von Schiff] vía *f* de agua ; **ein ~ haben** [Schiff] hacer agua.

lecken <> *vt* lamer, chupar, lamber *Amér* ; **sich** *(D)* **etw ~** lamerse algo. <> *vi* - **1.** [schlecken] chupar - **2.** [undicht sein] gotear, ser permeable.

lecker <> *adj* sabroso(sa), rico(ca), exquisito(ta). <> *adv* : **~ riechen** oler muy bien ; **~ schmecken** estar muy sabroso(sa) ; **~ aussehen** tener muy buen aspecto.

Leckerlbissen *der* - **1.** [essbar] manjar *m*, delicia *f* - **2.** [Genuss] placer *m*.

Leder (*pl* -) *das* cuero *m* ; **jm ans ~ gehen** *fam fig* arremeter contra alguien ; **jm ans ~ wollen** querer cortar el cuello a alguien.

Lederlhose *die* pantalón *m* de cuero.

Lederlwaren *pl* artículos *mpl* de ODER en cuero.

ledig *adj* soltero(ra).

lediglich *adv* solamente, únicamente.

leer *adj* - **1.** [ohne Inhalt, ohne Menschen] vacío(a) ; **~ ausgehen** quedarse sin nada - **2.** [nichts sagend] huero(ra) ; [Versprechungen] en vano.

Leere *die (ohne Pl)* vacío *m* ; **ins ~** al vacío.

leeren *vt* vaciar. ◆ **sich leeren** *ref* vaciarse.

Leerlgut *das (ohne Pl)* envases *mpl*, cascos *mpl*.

Leerllauf *der* - **1.** TECH punto *m* muerto ; **im ~** en punto muerto - **2.** [unproduktive Phase] parada *f* de la producción.

leer stehend *adj* vacío(a).

Leerung (*pl* **-en**) *die* evacuación *f* ; [von Briefkasten] recogida *f* del correo.

legal <> *adj* legal. <> *adv* legalmente.

legalisieren *vt* legalizar.

Legalität *die (ohne Pl)* legalidad *f*.

legen *vt* - **1.** [irgendwo hinlegen] poner, colocar ; **jm die Karten ~** leer ODER echar las cartas a alguien ; **jd lässt sich die Karten ~** alguien va a que le echen las cartas - **2.** [in horizontale Position bringen] tumbar - **3.** [verlegen] colocar, poner ; [Leitung] instalar. ◆ **sich legen** *ref* - **1.** [sich hinlegen] tumbarse - **2.** [sich senken] : **sich auf/über etw** *(A)* **~** cubrir algo - **3.** [nachlassen] disminuir, calmarse.

Legende (*pl* **-n**) *die* - **1.** [Erzählung] leyenda *f* - **2.** [Irrglaube] fábula *f* - **3.** [Zeichenerklärung] leyenda *f*.

leger [le'ʒɛːɐ̯] <> *adj* [Kleidung, Benehmen] informal, desenfadado(da) ; [Atmosphäre] distendido(da). <> *adv* : **sich ~ anziehen** ponerse algo informal.

Legierung (*pl* **-en**) *die* aleación *f*.

Legislative [legɪsla'tiːvə] (*pl* **-n**) *die* poder *m* legislativo.

legitim *adj* legítimo(ma).

Lehm *der* barro *m*.

lehmig *adj* - **1.** [Lehm enthaltend] barroso(sa) - **2.** [mit Lehm bedeckt] barroso(sa), embarrado(da).

Lehne (*pl* **-n**) *die* respaldo *m* ; [Armlehne] reposabrazos *m*, apoyabrazos *m*.

lehnen <> *vt* : **etw gegen** ODER **an etw** *(A)* **~** apoyar algo en ODER sobre algo, arrimar algo contra algo. <> *vi* : **an etw** *(D)* **~** estar apoyado(da) en algo, estar arrimado(da) contra algo. ◆ **sich lehnen** *ref* - **1.** [stützen] : **sich gegen** ODER **an etw/jn ~** apoyarse sobre ODER en algo/alguien - **2.** [sich beugen] inclinarse ; **sich aus dem Fenster ~** asomarse por la ventana.

Lehrlamt *das amt* magisterio *m*.

Lehrlbuch *das* libro *m* de texto.

Lehre (*pl* **-n**) *die* - **1.** [Ausbildung] aprendizaje *m* ; **in der ~ sein** estar realizando un aprendizaje (profesional), estar aprendiendo un oficio - **2.** [lehrreiche Erfahrung] lección *f* ; **jd zieht aus etw eine ~** a alguien le sirve algo de ejemplo ODER lección - **3.** [Ideologie] doctrina *f*.

lehren <> *vi* enseñar, impartir clases. <> *vt* enseñar ; **jn kochen ~** enseñar a cocinar a alguien.

Lehrer, in (*mpl* -, *fpl* **-nen**) *der, die* [in Grundschule] maestro *m*, -tra *f* ; [in Gymnasium, Privatlehrer, Dozent] profesor *m*, -ra *f*.

Lehrlgang *der* curso *m*.

Lehrljahr *das* año *m* de aprendizaje.

Lehrling (*pl* **-e**) *der* aprendiz *m*, -za *f*.

Lehrlplan *der* programa *m* de enseñanza.

lehrreich *adj* instructivo(va).

Lehrlsatz *der* teorema *m*.

Lehr|stelle *die* puesto *m* de aprendizaje ODER aprendiz.

Lehr|stuhl *der amt* cátedra *f*.

Lehr|zeit *die* (tiempo *m* del) aprendizaje *m*, (duración *f* del) aprendizaje *m*.

Leib (*pl* **-er**) *der* - **1.** *geh* [Körper] cuerpo *m* - **2.** *RW* : **jm zu ~e rücken** pegarse a alguien ; **jm etw/jn vom ~ halten** *fam* apartar algo/a alguien de su vista ; **sich** *(D)* **etw/jn vom ~ halten** *fam* mantener alejado(da) algo/a alguien.

Leibeskräfte *pl* : **aus ~n** con todas sus fuerzas.

Leib|gericht *das* plato *m* preferido.

leibhaftig <> *adj* personificado(da), en persona. <> *adv* en persona, en carne y hueso.

leiblich *adj* - **1.** [körperlich] corporal, físico(ca) - **2.** [blutsverwandt] natural, carnal.

Leiche (*pl* **-n**) *die* cadáver *m* ; **über ~n gehen** *fam fig* no tener escrúpulos, pasar por encima de cualquiera.

Leichen|halle *die* depósito *m* de cadáveres.

Leichnam (*pl* **-e**) *der geh* cadáver *m*.

leicht <> *adj* - **1.** [an Gewicht] ligero(ra) - **2.** [einfach] fácil - **3.** [schwach] ligero(ra), leve ; [Wind] suave - **4.** [kalorienarm] ligero(ra) - **5.** [alkohol- oder nikotinarm] light, flojo(ja) - **6.** [dünn] ligero(ra) - **7.** [wenig belastend] ligero(ra) ; **es ~ haben** tenerlo fácil. <> *adv* - **1.** [schwach, ein wenig] ligeramente - **2.** [problemlos] fácilmente - **3.** [dünn, wenig] ligeramente ; **~ bekleidet** ligero(ra) de ropa - **4.** [schnell] fácilmente - **5.** [ohne weiteres, gut] con facilidad, fácilmente.

Leicht|athletik *die* atletismo *m*.

leicht fallen (*perf* **ist leicht gefallen**) *vi (unreg)* : **etw fällt jm leicht/nicht leicht** algo resulta/no resulta fácil a alguien.

leichtfertig *abw* <> *adj* despreocupado(da), imprudente, frívolo(la). <> *adv* despreocupadamente, imprudentemente, frívolamente.

leichtgläubig *adj* crédulo(la).

Leichtigkeit *die (ohne Pl)* - **1.** [geringes Gewicht] ligereza *f*, poco peso *m* - **2.** [Mühelosigkeit] facilidad *f*.

leicht machen *vt* facilitar ; **jm etw ~** facilitar algo a alguien.

Leicht|metall *das* metal *m* ligero.

leicht nehmen *vt (unreg)* : **etw ~** tomarse algo a la ligera.

Leichtsinn *der (ohne Pl)* ligereza *f*, despreocupación *f*, frivolidad *f*.

leichtsinnig <> *adj* despreocupado(da), frívolo(la), imprudente. <> *adv* despreocupadamente, frívolamente, imprudentemente.

leid *adj* : **etw/jn ~ sein** ODER **haben** estar harto(ta) de algo/alguien.

Leid *das (ohne Pl)* pena *f*, sufrimiento *m*, disgusto *m* ; **etw/jd tut jm ~** algo/alguien da pena a alguien ; **es tut mir ~** lo siento.

leiden (*prät* **litt**, *perf* **hat gelitten**) <> *vi* - **1.** [erdulden müssen] sufrir, padecer ; **unter etw** *(D)* **~** sufrir por algo - **2.** [erkrankt sein] : **an etw** *(D)* **~** padecer algo. <> *vt* - **1.** [erdulden] sufrir, padecer - **2.** [mögen] : **etw ~/nicht ~ können** poder/no poder soportar algo ; **ich kann ihn nicht ~** no me cae bien, no lo soporto ; **ich kann ihn gut ~** me cae bien.

Leiden (*pl* **-**) *das* dolor *m*, enfermedad *f*.

Leidenschaft (*pl* **-en**) *die* pasión *f*.

leidenschaftlich <> *adj* - **1.** [emotionell, begeistert] apasionado(da) - **2.** [feurig] pasional. <> *adv* apasionadamente.

leider *adv* desafortunadamente, desgraciadamente.

leidlich <> *adj* aceptable. <> *adv* aceptablemente.

Leidtragende (*pl* **-n**) *der, die* persona *f* desdichada ; **die Kinder sind immer die ~n** los niños son siempre los más perjudicados.

Leid|wesen *das* : **zu seinem ~** a su pesar.

Leih|bücherei *die* biblioteca *f* con servicio de préstamo.

leihen (*prät* **lieh**, *perf* **hat geliehen**) *vt* - **1.** [leihweise geben] : **jm etw ~** prestar algo a alguien - **2.** [ausleihen] : **sich** *(D)* **etw (von jm) ~** tomar prestado algo (de alguien).

Leih|gebühr *die* [für Auto] alquiler *m* ; [für Buch] cuota *m*, tasa *f*.

Leih|haus *das* casa *f* de empeños ODER préstamos.

Leih|wagen *der* vehículo *m* de alquiler, coche *m* de alquiler.

Leim (*pl* **-e**) *der* cola *f* ; **aus dem ~ gehen** *fam* [kaputtgehen] desarmarse ; [dick werden] echar carne(s).

leimen *vt* - **1.** [zusammenfügen] encolar - **2.** [ankleben] pegar (con cola).

Leine (*pl* **-n**) *die* - **1.** [Seil] cuerda *f*, correa *f* ; **~ ziehen** *salopp fig* largarse - **2.** [Wäscheleine] cuerda *f* del tendedero - **3.** [Hundeleine] correa *f*.

Leinen *das (ohne Pl)* lino *m*.

Lein|samen *der* linaza *f*.

Lein|wand *die* [Projektionswand] pantalla *f*.

leise <> *adj* - **1.** [nicht laut] bajo(ja) ; [Motor, Staubsauger] silencioso(sa) - **2.** [schwach] débil. <> *adv* sin hacer ruido ; [mit leiser Stimme] en voz baja.

Leiste (*pl* **-n**) *die* **- 1.** [Latte] listón *m* **- 2.** [Körperteil] ingle *f*.

leisten *vt* **- 1.** [vollbringen] rendir **- 2.** [machen] hacer, realizar **- 3.** [zahlen] contribuir, pagar.

Leistung (*pl* **-en**) *die* **- 1.** [Erbrachtes] rendimiento *m* **- 2.** [Bezahlung] pago *m*.

Leistungsdruck *der (ohne Pl)* presión *f* del rendimiento ; **unter hohem ~ stehen** estar sometido(da) a una gran presión del rendimiento.

Leistungs|kurs *der curso de una materia principal durante el bachillerato.*

Leistungs|sport *der (ohne Pl)* deporte *m* de alta competición.

Leit|artikel *der* artículo *m* de fondo.

leiten ◇ *vt* **- 1.** [anführen] dirigir **- 2.** [weiterleiten] conducir **- 3.** [lenken] dirigir ; **sich von etw ~ lassen** *fig* dejarse llevar por algo. ◇ *vi* conducir.

leitend *adj* **- 1.** [verantwortlich] responsable **- 2.** [führend] conductor(ra), dirigente ; **der ~e Gedanke** la (idea) directriz **- 3.** [weiterleitend] conductor(ra).

Leiter (*pl* **-n** ODER **-**) ◇ *die (G Leiter, Pl Leitern)* escalera *f*. ◇ *der (G Leiters, Pl Leiter)* director *m*.

Leiterin (*pl* **-nen**) *die* directora *f*.

Leit|faden *der* manual *m*, compendio *m*.

Leit|motiv *das* **- 1.** [Leitgedanke] leitmotiv *m*, tema *m* principal **- 2.** MUS leitmotiv *m*.

Leit|planke *die* valla *f* (de retención).

Leitung (*pl* **-en**) *die* **- 1.** *(ohne Pl)* [Führung] dirección *f* ; **unter der ~ von jm** bajo la dirección de alguien, dirigido(da) por alguien **- 2.** [Führungsgruppe] dirección *f* **- 3.** [Rohr] tubería *f* **- 4.** [Draht, Kabel] línea *f* **- 5.** [Telefonleitung] línea *f* ; **eine lange ~ haben** *fam fig* no pillar nada.

Leitungs|rohr *das* conducto *m*, tubería *f*.

Leitungs|wasser *das (ohne Pl)* agua *f* del grifo.

Lektion (*pl* **-en**) *die* **- 1.** [Lerneinheit] lección *f* **- 2.** [Lehre] lección *f*, ejemplo *m*.

Lektor, in (*mpl* **-toren**, *fpl* **-nen**) *der, die* lector *m*, -ra *f*.

Lektüre (*pl* **-n**) *die* lectura *f*.

Lende (*pl* **-n**) *die* **- 1.** [Körperteil] región *f* lumbar **- 2.** [Fleisch] lomo *m*.

lenken *vt* **- 1.** [steuern] conducir **- 2.** [eine Wendung geben] guiar **- 3.** [richten] : **etw auf etw/jn ~** dirigir algo sobre algo/alguien ; **die Aufmerksamkeit auf etw/jn ~** centrar la atención sobre algo/alguien **- 4.** [führen] dirigir.

Lenker (*pl* **-**) *der* **- 1.** [Lenkstange] manillar *m* **- 2.** [Person] conductor *m*.

Lenkerin (*pl* **-nen**) *die* conductora *f*.

Lenk|rad *das* volante *m*.

Lenkung (*pl* **-en**) *die* **- 1.** [Steuerung] dirección *f* **- 2.** *(ohne Pl)* [Beeinflussung] influencia *f*.

Leopard (*pl* **-en**) *der* leopardo *m*.

Lepra *die (ohne Pl)* lepra *f*.

Lerche (*pl* **-n**) *die* alondra *f*.

lernen ◇ *vt* **- 1.** [Kenntnisse erwerben] aprender ; **schwimmen ~** aprender a nadar **- 2.** [als Lehrling] estudiar para ; **Friseuse ~** estudiar peluquería. ◇ *vi* **- 1.** [sich bilden] : **aus etw ~** aprender de algo **- 2.** [arbeiten] estudiar **- 3.** [als Lehrling] estar de aprendiz.

Lesbierin ['lɛsbi̯ərɪn] (*pl* **-nen**) *die* lesbiana *f*.

lesbisch *adj* lesbiano(na).

lesen (*präs* **liest**, *prät* **las**, *perf* **hat gelesen**) ◇ *vt* **- 1.** [durchlesen] leer **- 2.** *geh* [erkennen] leer ; **etw aus js Miene ~** leer algo en la cara de alguien **- 3.** [ernten] cosechar ; **Wein ~** vendimiar. ◇ *vi* leer.

Leser (*pl* **-**) *der* lector *m*.

Leser|brief *der* carta *f* del lector, carta *f* al director.

Leserin (*pl* **-nen**) *die* lectora *f*.

leserlich ◇ *adj* legible. ◇ *adv* con letra clara, legiblemente.

Lese|zeichen *das* señal *f* de lectura.

Lettland *nt* Letonia *f*.

Letzt ◆ **zu guter Letzt** *adv* finalmente.

letzte, r, s *adj* **- 1.** [in Reihenfolge, übrig] último(ma) ; **das ist mein ~s Geld** esto es lo que me queda de dinero **- 2.** [zeitlich] pasado(da) ; **~s Jahr** el año pasado.

Letzte (*pl* **-n**) ◇ *der, die* [Person] último *m*, -ma *f*. ◇ *der* [Tag] último día *m*. ◇ *das* : **etw/jd ist das ~** *fam fig* algo/alguien es una vergüenza ; **bis ins ~** a fondo, hasta el último detalle.

letztemal *adv* = **Mal**.

letztendlich *adv* finalmente, al fin y al cabo.

letztenmal *adv* = **Mal**.

letztens *adv* **- 1.** [an letzter Stelle] por último, en último lugar **- 2.** [vor kurzem] hace poco (tiempo).

letztere, r, s ◇ *adj* último(ma). ◇ *pron* el último (la última) ; **~s** lo último.

letztgenannte, r, s *adj* último(ma), mencionado(da) en último lugar.

letztlich *adv* finalmente, al final.

leuchten *vi* **- 1.** [Licht erzeugen] dar luz **- 2.** [glänzen] brillar.

leuchtend ◇ *adj* brillante ; **ein ~es Beispiel** un buen ejemplo. ◇ *adv* brillantemente ; **ihre Augen sind ~ blau** sus ojos son de un azul brillante.

Leuchter (*pl* **-**) *der* [einarmig] candelero *m* ; [mehrarmig] candelabro *m*.

Leucht|farbe *die* pintura *f* fluorescente.

Leucht|stift *der* rotulador *m* fluorescente.

Leuchtstoff|röhre *die* tubo *m* fluorescente.

Leucht|turm *der* faro *m*.

leugnen <> *vt* negar. <> *vi* negar el delito.

Leukämie *die (ohne Pl)* leucemia *f*.

Leute *pl* - **1.** [Menschen] gente *f*; **junge ~** gente joven - **2.** *abw* [Pack] gente *f*, gentuza *f* - **3.** *RW*: **etw unter die ~ bringen** *fam* [Neuigkeit] divulgar algo ; [Falschgeld] poner algo en circulación ; **unter (die) ~ gehen** *fam* ver gente.

Leutnant (*pl* **-s**) *der* alférez *m*.

Lexikon (*pl* **Lexika** ODER **Lexiken**) *das* enciclopedia *f*; [Wörterbuch] diccionario *m*.

Libanon *der* Líbano *m* ; **im ~** en (el) Líbano.

Libelle (*pl* **-n**) *die* libélula *f*.

liberal <> *adj* liberal. <> *adv* de forma liberal ; **~ eingestellt sein** tener una mentalidad liberal ; **~ wählen** votar al partido liberal ODER a los liberales.

Libyen *nt* Libia *f*.

Licht (*pl* **-er**) *das* - **1.** *(ohne Pl)* [Helligkeit, Lampe] luz *f*; **~ machen** encender la luz - **2.** [Kerze] vela *f* - **3.** *RW*: **ans ~ kommen** salir a la luz ; **grünes ~ geben** dar luz verde ; **jn hinters ~ führen** engañar a alguien.

Licht|blick *der* esperanza *f*.

lichten *vt* aclarar.

lichterloh *adv* : **~ brennen** arder en llamas.

Licht|hupe *die (ohne Pl)* ráfaga *f* de luz.

Licht|maschine *die* dinamo *f*.

Licht|schalter *der* interruptor *m* de la luz.

lichtscheu *adj* [Tier] fotófobo(ba) ; **~es Gesindel** gente de mala calaña.

Licht|schranke *die* barrera *f* fotoeléctrica.

Lichtschutz|faktor *der* factor *m* de protección solar.

Licht|strahl *der* rayo *m* de luz.

Lichtung (*pl* **-en**) *die* calvero *m*.

Lid (*pl* **-er**) *das* párpado *m*.

Lid|schatten *der* sombra *m* de ojos.

lieb <> *adj* - **1.** [nett, liebevoll] cariñoso(sa) ; **sehr ~ von dir, dass ...** muy amable de tu parte que ... - **2.** [brav] bueno(na) - **3.** [im Brief] querido(da) ; **~er Herr Maier** estimado señor Maier - **4.** [wert, teuer] queridísimo(ma). <> *adv* : **das Kind hat ~ gespielt** el niño se ha portado tan bien jugando ; *siehe auch* **lieb gewinnen** ; *siehe auch* **lieb haben**.

liebäugeln *vi* : **mit etw ~** poner la vista en algo.

Liebe *die (ohne Pl)* - **1.** [Zuneigung] amor *m* - **2.** [Sex] sexo *m* ; **~ machen** hacer el amor - **3.** [Leidenschaft] amor *m*, pasión *f* - **4.** [Person] amor *m* - **5.** *RW* : **~ auf den ersten Blick** flechazo *m*, amor a primera vista.

Liebelei (*pl* **-en**) *die abw* lío *m* amoroso.

lieben *vt* - **1.** [lieb haben] querer, amar - **2.** [mögen] amar ; **sie liebt klassische Musik** le gusta ODER encanta la música clásica.
◆ **sich lieben** *ref* - **1.** [sich lieb haben] amarse, quererse - **2.** [sexuell] hacer el amor.

liebenswert *adj* amable.

liebenswürdig *adj* amable.

Liebes|brief *der* carta *f* de amor.

Liebes|kummer *der (ohne Pl)* penas *fpl* de amor.

Liebes|paar *das* pareja *f* de enamorados, novios *mpl*.

liebevoll <> *adj* cariñoso(sa). <> *adv* cariñosamente.

lieb gewinnen *vt (unreg)* : **etw/jn ~** encariñarse con algo/alguien.

lieb haben *vt (unreg)* querer.

Liebhaber (*pl* -) *der* - **1.** [Sexualpartner] amante *m* - **2.** [Sammler] aficionado *m*.

Liebhaberin (*pl* **-nen**) *die* amante *f*, aficionada *f*.

Liebling (*pl* **-e**) *der* [Bevorzugte] preferido *m*, -da *f*; [Schatz] amor *m*, cariño *m* ; **mein ~** mi amor.

Lieblings|gericht *das* comida *f* preferida.

lieblos <> *adj* insensible, carente de amor. <> *adv* insensiblemente.

Liebschaft (*pl* **-en**) *die abw* lío *m* amoroso, amorío(s) *m(pl)*.

Liechtenstein *nt* Liechtenstein *m*.

Lied (*pl* **-er**) *das* - **1.** [Melodie] canción *f* - **2.** [Gedicht] canto *m*.

liederlich *adj* [unordentlich] desordenado(da) ; [unmoralisch] inmoral.

lief *prät* ▷ **laufen**.

Lieferant, in (*mpl* **-en**, *fpl* **-nen**) *der, die* proveedor *m*, -ra *f*.

lieferbar *adj* disponible.

liefern <> *vt* - **1.** [zustellen] suministrar ; **geliefert sein** *fam fig* estar perdido(da) - **2.** [hervorbringen] producir - **3.** [erbringen] dar ; **sich** *(D)* **etw ~** librar algo. <> *vi* suministrar ; **wir ~ frei Haus** entregamos a domicilio sin recargo ; **wir ~ auch an Privat** servimos también a particulares.

Lieferung (*pl* **-en**) *die* - **1.** [Versand] suministro *m*, entrega *f* - **2.** [Herausgabe] entrega *f*.

Liefer|wagen *der* furgoneta *f* (de reparto).

Liege (*pl* **-n**) *die* tumbona *f*, hamaca *f*.

liegen (*prät* **lag**, *perf* **hat gelegen**) *vi* **- 1.** [flach liegen] estar tumbado(da) **- 2.** [gelegen sein] estar (situado(da)) ; **etw links ~ lassen** dejar algo a la izquierda **- 3.** [sich befinden] estar ; **etw ~ lassen** dejar algo **- 4.** [angelehnt sein] estar apoyado(da) **- 5.** [sich abgelagert haben] haber ; **es liegt etw** [Nebel, Staub, Schnee] hay algo **- 6.** [eine bestimmte Lage haben] mantenerse **- 7.** [einen bestimmten Rang haben] estar ; **in Führung ~** estar a la cabeza **- 8.** WIRTSCH estar **- 9.** [entsprechen] : **etw liegt jm** algo se le da bien a alguien **- 10.** [wichtig sein] : **jm liegt viel/wenig an etw/jm** algo/alguien le importa mucho/poco a alguien **- 11.** [tragen] tener ; **die Entscheidung liegt bei ihr** la decisión es suya **- 12.** : **es liegt an etw/jm** [Schuld, Geduld] depende de algo/alguien ; [Ursache] se debe a algo/alguien.

liegen bleiben (*perf* **ist liegen geblieben**) *vi (unreg)* **- 1.** [nicht aufstehen] quedarse tumbado(da) **- 2.** [Schnee] cuajar ; [Laub, Obst] quedar sobre el suelo **- 3.** [vergessen werden] : **meine Uhr ist im Hallenbad liegen geblieben** he olvidado mi reloj en la piscina cubierta **- 4.** [unerledigt bleiben] : **bei mir ist noch sehr viel Arbeit liegen geblieben** todavía tengo mucho trabajo por hacer **- 5.** [eine Panne haben] quedarse parado(da).

liegen lassen (*perf* **hat liegen gelassen** ODER **-**) *vt (unreg)* **- 1.** [nicht mitnehmen] : **etw ~** dejar algo ; **etw/jn links ~** *fam fig* dejar de lado algo/a alguien **- 2.** [vergessen] : **etw ~** dejarse algo **- 3.** [aufschieben] dejar.

Liege|platz *der* atracadero *m*.

Liege|sitz *der* asiento *m* reclinable.

Liege|stuhl *der* tumbona *f*.

Liege|stütz (*pl* **-e**) *der* flexión *f*.

Liege|wagen *der* coche *m* litera.

lieh *prät* ▻ **leihen**.

ließ *prät* ▻ **lassen**.

liest *präs* ▻ **lesen**.

Lifestyle ['laɪfstaɪl] *der (ohne Pl)* estilo *m* de vida.

Lift (*pl* **-e** ODER **-s**) *der* **- 1.** [Aufzug] ascensor *m* **- 2.** *(Pl Lifte)* [Skilift] telesquí *m*.

Likör (*pl* **-e**) *der* licor *m*.

lila ◇ *adj (unver)* lila. ◇ *adv* de color lila.

Lila *das (ohne Pl)* color *m* lila.

Lilie ['liːli̯ə] (*pl* **-n**) *die* lirio *m*.

Limit (*pl* **-s**) *das* límite *m*.

Limonade (*pl* **-n**) *die* refresco *m*.

Linde (*pl* **-n**) *die* tilo *m*.

lindern *vt* [Schmerz] aliviar, mitigar ; [Elend] paliar.

Lineal (*pl* **-e**) *das* regla *f*.

Linguistik *die (ohne Pl)* lingüística *f*.

Linie ['liːni̯ə] (*pl* **-n**) *die* **- 1.** [Strich] línea *f* **- 2.** [Markierung] línea *f* **- 3.** [Richtung] línea *f*, orientación *f* **- 4.** [Verkehrsmittel] línea *f* **- 5.** [Verwandtschaftszweig] rama *f* **- 6.** [Figur] línea *f*, figura *f* ; **die schlanke ~** la figura esbelta **- 7.** *RW* : **in erster/zweiter ~** en primer/segundo lugar.

Linien|bus *der* autobús *m* de línea.

Linien|flug *der* vuelo *m* regular.

Linienverkehr *der (ohne Pl)* tráfico *m* regular.

linieren, liniieren *vt* rayar.

link *adj fam abw* [Person] vil ; [Geschäfte] sucio(cia).

linke, r, s *adj* **- 1.** [Seitenangabe] izquierdo(da) **- 2.** [linkspolitisch] izquierdista, de izquierda(s).

Linke (*pl* **-n**) ◇ *die* izquierda *f*. ◇ *der, die* [Person] izquierdista *mf*.

linkisch *adj* torpe.

links ◇ *adv* **- 1.** [Angabe der Seite, der Richtung] a la izquierda ; **~ von etw/jm** a la izquierda de algo/alguien ; **nach/von ~** a/de la izquierda ; **etw mit ~ machen** *fam fig* hacer algo con los ojos cerrados **- 2.** [verkehrt herum] del revés **- 3.** [linkspolitisch] : **~ wählen** votar a la izquierda ; **~ denken** tener una ideología de izquierda. ◇ *präp (+ G)* a la izquierda.

Links|abbieger *der* vehículo *m* que gira a la izquierda.

Links|außen (*pl* **-**) *der* extremo *m* izquierdo.

linksextrem ◇ *adj* de extrema izquierda. ◇ *adv* : **~ denken** tener una ideología de extrema izquierda.

Links|extremist, in *der, die* extremista *mf* de izquierda(s).

linksgerichtet *adj* de izquierda.

Linkshänder, in (*mpl* **-**, *fpl* **-nen**) *der, die* zurdo *m*, -da *f*.

linksherum *adv* **- 1.** [nach links] hacia la izquierda **- 2.** [falsch herum] del revés.

Links|kurve *die* curva *f* a la izquierda.

linksradikal *adj* radical de izquierda(s).

Linksverkehr *der (ohne Pl)* circulación *f* por la izquierda.

Linse (*pl* **-n**) *die* **- 1.** [Nahrungsmittel] lenteja *f* **- 2.** [optisch] lente *m* ; [Kontaktlinse] lente *f* de contacto, lentilla *f*.

Lippe (*pl* **-n**) *die* labio *m* ; **kein Wort kam ihr über die ~n** [war sprachlos] se quedó sin habla ; **keine Klage kam ihr über die ~n** no soltó ni una queja.

Lippen|stift *der* lápiz *m* ODER barra *f* de labios.

lispeln *vi* cecear.

Lissabon *nt* Lisboa *f*.

List (*pl* **-en**) *die* artimaña *f*.

Liste (*pl* **-n**) *die* lista *f* ; **auf der schwarzen ~ stehen** *fig* estar en la lista negra.

listig <> *adj* astuto(ta). <> *adv* astutamente.

Litauen *nt* Lituania *f*.

Litauer, in (*mpl* **-**, *fpl* **-nen**) *der, die* lituano *m*, -na *f*.

litauisch *adj* lituano(na).

Liter (*pl* **-**) *der* ODER *das* litro *m* ; **ein ~ Bier** un litro de cerveza.

literarisch <> *adj* literario(ria). <> *adv* **- 1.** [Literatur betreffend] : **~ interessiert sein** estar interesado(da) por la literatura **- 2.** [gewählt] literariamente.

Literatur (*pl* **-en**) *die* **- 1.** *(ohne Pl)* [Fachliteratur] literatura *f* ; [Verzeichnis] bibliografía *f* **- 2.** [Dichtung] literatura *f*.

Literatur|wissenschaft *die* letras *fpl*.

Liter|flasche *die* botella *f* de litro.

Litfaß|säule *die* columna *f* de anuncios.

litt *prät* ▷ **leiden**.

Lizenz (*pl* **-en**) *die* licencia *f*.

Lkw, LKW [ɛlkaːˈveː] (*pl* **-s**) *abk für* **Lastkraftwagen**.

Lob *das* elogio *m*.

loben *vt* elogiar, alabar ; **deinen Einsatz bei der Arbeit lob ich mir** tu tesón en el trabajo me parece ODER es digno de elogio.

lobenswert *adj* laudable, digno(na) de elogio(s).

löblich *adj* laudable, digno(na) de elogio(s).

Loch (*pl* **Löcher**) *das* agujero *m* ; [in Erde, auf dem Golfplatz] hoyo *m* ; [schlechte Behausung] cuchitril *m* ; [Knopfloch] ojal *m* ; [bei Maschinen, Technik] orificio *m*.

lochen *vt* perforar ; [entwerten] picar.

Locher (*pl* **-**) *der* perforador *m*, perforadora *f*.

löchern *vt fam* acribillar.

löchrig *adj* agujereado(da).

Locke (*pl* **-n**) *die* rizo *m*.

locken *vt* **- 1.** [anlocken] atraer ; **jn in eine Falle ~** hacer caer en la trampa a alguien **- 2.** [wellen] rizar.

Lockenwickler (*pl* **-**) *der* rulo *m*.

locker <> *adj* **- 1.** [nicht fest] suelto(ta) **- 2.** [zwanglos] relajado(da) ; [Einstellung, Moral] laxo(xa) **- 3.** *fam* [leichtsinnig] libertino(na), relajado(da) ; **ein ~es Mundwerk haben** ser ligero(ra) de lengua. <> *adv* **- 1.** [nicht fest] holgadamente **- 2.** [zwanglos] de forma relajada.

locker|lassen *vi (unreg)* : **nicht ~** no parar hasta.

lockern *vt* **- 1.** [locker machen] aflojar ; [Erde] mullir **- 2.** [erleichtern] liberalizar. ◆ **sich lockern** *ref* **- 1.** [lose werden] aflojarse, soltarse **- 2.** [sich entspannen] relajarse, distenderse ; [Stimmung, Atmosphäre] distenderse.

lockig *adj* rizado(da) ; [Mensch] de pelo rizado.

Lock|vogel *der* reclamo *m*.

lodern *vi* echar llamas, llamear.

Löffel (*pl* **-**) *der* cuchara *f* ; [Löffel voll] cucharada *f*.

löffeln *vt* [essen] comer con cuchara ; [schöpfen] servir.

log *prät* ▷ **lügen**.

Logarithmus (*pl* **-ithmen**) *der* logaritmo *m*.

Loge [ˈloːʒə] (*pl* **-n**) *die* **- 1.** [Raum] palco *m* ; [von Pförtner] portería *f* **- 2.** [von Freimaurern] logia *f*.

Logik *die (ohne Pl)* lógica *f*.

logisch <> *adj* lógico(ca). <> *adv* lógicamente.

Lohn (*pl* **Löhne**) *der* **- 1.** [Bezahlung] salario *m* **- 2.** *(ohne Pl)* [Belohnung] recompensa *f*.

lohnen *vt* **- 1.** [wert sein] merecer **- 2.** *geh* [vergelten] : **jm etw ~** recompensar a alguien por algo. ◆ **sich lohnen** *ref* merecer ODER valer la pena, compensar.

lohnend *adj* rentable.

Lohn|gruppe *die* categoría *f* salarial.

Lohn|steuer *die* impuesto *m* sobre la renta salarial.

Lohnsteuerjahres|ausgleich *der* reajuste *m* fiscal de los impuestos cotizados.

Lohnsteuer|karte *die* tarjeta *f* fiscal sobre la renta salarial.

Lok (*pl* **-s**) *die* locomotora *f*.

lokal *adj* local.

Lokal (*pl* **-e**) *das* local *m*.

Lokal|nachrichten *pl* noticias *fpl* locales.

Lokomotive [lokomoˈtiːvə] (*pl* **-n**) *die* locomotora *f*.

London *nt* Londres *m*.

Londoner, in (*mpl* **-**, *fpl* **-nen**) *der, die* londinense *mf*.

Lorbeer (*pl* **-en**) *der (ohne Pl)* laurel *m*.

Lorbeer|blatt *das* hoja *f* de laurel.

los <> *adj* **- 1.** [lose] suelto(ta) **- 2.** *RW* : **etw/jn ~ sein** *fam* haberse quitado de encima algo/a alguien, librarse de algo/alguien ; **es ist viel/wenig ~** hay mucha/poca marcha ; **es ist nichts ~** no hay nada de marcha ; **es ist etwas ~** [Ärger] hay bronca ; **was ist ~?** *fam* ¿qué pasa?. <> *adv* **- 1.** [Ausdruck der Ungeduld] ¡deprisa!, ¡venga! **- 2.** [Kommando] : **los!** ¡vamos!

Los (*pl* **-e**) *das* **- 1.** [Losentscheid] suerte *f* **- 2.** [in der Lotterie] billete *m* de lotería ; **das große ~** el gordo **- 3.** *(ohne Pl)* *geh* [Schicksal] destino *m*.

lösbar *adj* resoluble ; **ein leicht ~es Problem** un problema fácil de resolver.

los|binden *vt (unreg)* desatar, soltar.

löschen *vt* - **1.** [ersticken] extinguir ; [Kerze] apagar - **2.** [tilgen] cancelar - **3.** [Band, Kassette, Datei] borrar - **4.** [entladen] descargar.

Löschen *das (ohne Pl)* - **1.** [von Feuer] extinción *f* - **2.** [Streichung] cancelación *f* - **3.** [bei Tonträgern] borrado *m* - **4.** [das Entladen] descarga *f*.

Löschpapier *das (ohne Pl)* papel *m* secante.

lose <> *adj* - **1.** [locker] suelto(ta), flojo(ja) - **2.** [nicht gebunden] suelto(ta) - **3.** [frech] descarado(da) - **4.** [unverpackt] a granel. <> *adv* [locker] distendidamente.

Löse|geld *das* rescate *m*.

losen *vi* sortear, echar a suertes ; **um etw ~** sortear algo.

lösen *vt* - **1.** [aufmachen] aflojar ; [Bremse, Haare] soltar - **2.** [abmachen] : **etw von etw ~** separar ODER despegar algo de algo - **3.** [ausrechnen, klären] resolver - **4.** [klären] resolver - **5.** [kaufen] sacar - **6.** [auflösen] disolver ; [Husten] calmar ; [Verspannung] eliminar. ◆ **sich lösen** *ref* - **1.** [aus Versehen] soltarse ; **sich aus etw ~** soltarse de algo - **2.** [abgehen] despegarse - **3.** [sich auflösen] disolverse - **4.** [umdenken] : **sich von etw ~** olvidarse de algo - **5.** [sich trennen] : **sich von jm ~** separase de alguien - **6.** [sich entspannen] relajarse ; [Husten] calmarse ; [Spannung] eliminarse - **7.** [sich aufklären] resolverse.

los|fahren (*perf* **ist losgefahren**) *vi (unreg)* salir, partir.

los|gehen (*perf* **ist losgegangen**) *vi (unreg)* - **1.** [weggehen] salir ; **auf jn ~** *fig* agredir a alguien, ir a por alguien ; **auf etw** *(A)* **~** *fig* aspirar a algo - **2.** [anfangen] comenzar.

los|kommen (*perf* **ist losgekommen**) *vi (unreg)* salir ; **von der Arbeit ~** salir del trabajo ; **von jm ~** deshacerse de alguien, quitarse a alguien de encima ; **von etw/jm nicht ~** no poder separarse de algo/alguien.

los|lassen *vt (unreg)* soltar ; **etw lässt jn nicht los** algo no deja tranquilo(la) a alguien, alguien no puede olvidar algo.

los|legen *vi fam* : **mit etw ~** empezar a hacer algo.

löslich *adj* soluble.

los|machen *vt* soltar.

Losung (*pl* **-en**) *die* - **1.** [Motto] lema *m* - **2.** [Kennwort] contraseña *f*.

Lösung (*pl* **-en**) *die* - **1.** [Ergebnis] solución *f* - **2.** [Bewältigung] solución *f*, resolución *f* - **3.** [Abwendung] separación *f* - **4.** [Annulierung] disolución *f* - **5.** [Flüssigkeit] (di)solución *f*.

los|werden (*perf* **ist losgeworden**) *vt (unreg)* - **1.** [Person] : **jdn ~** quitarse a alguien de encima - **2.** [verlieren] perder - **3.** [sich befreien können] : **etw nicht ~** no poderse quitar algo de encima - **4.** [verkaufen] vender.

Lot (*pl* **-e**) *das* - **1.** [Senkblei] plomada *f* ; **etw wieder ins ~ bringen** *fig* arreglar algo de nuevo - **2.** SCHIFF sonda *f* - **3.** MATH línea *f* perpendicular.

löten *vt* soldar.

Lothringen *nt* Lorena *f*.

Lotion [lo'tsio:n] (*pl* **-en**) *die* loción *f*.

Lotse (*pl* **-n**) *der* - **1.** SCHIFF práctico *m*, lemán *m* - **2.** [Fluglotse] controlador *m* aéreo.

lotsen *vt* guiar, pilotar.

Lotterie [lɔtə'ri:] (*pl* **-n**) *die* lotería *f*.

Lotto *das* - **1.** *(ohne Pl)* [Glücksspiel] lotería *f* primitiva ; **jd hat im ~ gewonnen** a alguien le ha tocado la lotería primitiva - **2.** [Gesellschaftsspiel] lotería *f*.

Lotto|schein *der* boleto *m* de la lotería primitiva.

Loveparade ['lavpərɛid] *die (ohne pl)* loveparade *f*.

Löwe (*pl* **-n**) *der* - **1.** [Tier] león *m* - **2.** ASTROL Leo *m*.

Löwenzahn *der (ohne Pl)* diente *m* de león.

Löwin (*pl* **-nen**) *die* leona *f*.

Lübeck *nt* Lübeck *m*.

Luchs [lʊks] (*pl* **-e**) *der* lince *m*.

Lücke (*pl* **-n**) *die* - **1.** [leerer Raum] hueco *m* ; [im Gebiss] mella *f*, melladura *f* ; [zum Bebauen] solar *m* - **2.** [Mangel] laguna *f*.

lückenhaft <> *adj* imperfecto(ta), con lagunas ; [Gedächtnis] malo(la) ; [Gebiss] imperfecto(ta). <> *adv* : **sich nur ~ erinnern** no acordarse muy bien ; **etwas nur ~ wissen** no saber algo muy bien.

lud *prät* ▷ **laden**.

Luft (*pl* **Lüfte**) *die* - **1.** *(ohne Pl)* aire *m* ; **die ~ anhalten** contener la respiración ; **tief ~ holen** respirar hondo ; **frische ~ schöpfen** tomar aire fresco ; **nach ~ schnappen** tomar aire - **2.** *(ohne Pl)* [Platz] hueco *m* - **3.** *RW* : **die ~ ist rein** *fam* no hay moros en la costa ; **ein Gewitter liegt in der ~** se cierne una tormenta ; **in die ~ gehen** *fam* explotar ; **jm bleibt die ~ weg** *fam* alguien se queda boquiabierto(ta) ODER sin respiración ; **~ holen** [eine Pause einlegen] tomar aire ; **alle Hoffnungen haben sich in ~ aufgelöst** todas las esperanzas han desvanecido.

Luftan|griff *der* ataque *m* aéreo.

Luft|ballon *der* globo *m*.

Luft|brücke *die* puente *m* aéreo.

luftdicht <> *adj* hermético(ca). <> *adv* herméticamente.

Lụftdruck *der (ohne Pl)* presión *f* atmosférica ; TECH presión *f* del aire.

lụ̈ften ◇ *vt* **- 1.** [auslüften] ventilar **- 2.** [preisgeben] revelar. ◇ *vi* ventilar.

Lụft|fahrt *die (ohne Pl)* aeronáutica *f*.

lụftig ◇ *adj* **- 1.** [leicht] ligeramente **- 2.** [Platz] expuesto(ta) al viento **- 3.** [Raum] ventilado(da). ◇ *adv* [leicht] ligeramente.

Lụft|linie *die (ohne Pl)* línea *f* aérea.

Lụft|matratze *die* colchón *m* neumático, colchoneta *f*.

Lụft|pirat, in *der, die* pirata *mf* aéreo.

Lụft|post *die (ohne Pl)* correo *m* aéreo ; **mit** ODER **per ~** por correo aéreo, por avión.

Lụft|pumpe *die* bomba *f* neumática.

Lụft|röhre *die* tráquea *f*.

Lụft|schlange *die* serpentina *f*.

Lụft|schloss *das* ilusión *f* ; **Luftschlösser bauen** *fig* hacerse ilusiones.

Lụ̈ftung (*pl* **-en**) *die* **- 1.** [Vorrichtung] refrigerador *m* **- 2.** *(ohne pl)* [Lüften] ventilación *f*.

Lụft|verkehr *der (ohne Pl)* tráfico *m* aéreo.

Lụft|verschmutzung *die* contaminación *f* del aire, polución *f* atmosférica.

Lụft|waffe *die (ohne Pl)* ejército *m* de aire.

Lụft|zug *der (ohne Pl)* corriente *f* de aire.

Lüge (*pl* **-n**) *die* mentira *f*.

lügen (*prät* **log**, *perf* **hat gelogen**) *vi* mentir.

Lügner, in (*mpl* **-**, *fpl* **-nen**) *der, die* mentiroso *m*, -sa *f*.

Lụ̈mmel (*pl* **-**) *der fam* **- 1.** [Kind] niño *m* **- 2.** *abw* [Rüpel] chico *m* grosero.

Lụmp (*pl* **-en**) *der abw* canalla *m*.

Lụmpen (*pl* **-**) *der* trapo *m*.

Lụnge (*pl* **-n**) *die* pulmón *m*.

Lụngenent|zündung *die* pulmonía *f*.

Lụnte (*pl* **-n**) *die* mecha *f*.

Lupe (*pl* **-n**) *die* lupa *f* ; **etw/jn unter die ~ nehmen** *fam fig* examinar algo/a alguien a fondo.

Lụst (*pl* **Lụ̈ste**) *die* **- 1.** *(ohne Pl)* [Bedürfnis] ganas *fpl* ; **~ haben, etw zu tun** tener ganas de hacer algo ; **große/keine/wenig ~ zu etw haben** tener muchas/ningunas/pocas ganas de algo ; **ich habe heute keine ~ auf Spaghetti** hoy no me apetecen spaguettis ; **er arbeitet nach ~ und Laune** trabaja a su libre albedrío **- 2.** *(ohne Pl)* [Freude] placer *m*, ganas *fpl* **- 3.** [Begierde] deseo *m*.

lụ̈stern ◇ *adj* lascivo(va). ◇ *adv* de forma lasciva.

lụstig ◇ *adj* divertido(da) ; **sich über etw/jn ~ machen** burlarse de algo/alguien. ◇ *adv* alegremente.

lụstlos ◇ *adj* desanimado(da). ◇ *adv* desanimadamente.

lụtherisch *adj* luterano(na).

lụtschen ◇ *vt* chupar. ◇ *vi* : **an etw** *(D)* **~** chupar algo.

Lụtscher (*pl* **-**) *der* pirulí *m*.

Lụxemburg *nt* Luxemburgo *m*.

Lụxemburger (*pl* **-**) ◇ *der* luxemburgués *m*. ◇ *adj (unver)* luxemburgués(esa).

Lụxemburgerin (*pl* **-nen**) *die* luxemburguesa *f*.

lụxemburgisch *adj* luxemburgués(esa).

luxuriös ◇ *adj* lujoso(sa). ◇ *adv* lujosamente.

Lụxus *der (ohne Pl)* lujo *m*.

Luzẹrn *nt* Lucerna *f*.

Lyrik *die (ohne Pl)* (poesía *f*) lírica *f*.

lyrisch ◇ *adj* lírico(ca). ◇ *adv* líricamente.

M

m, M [ɛm] (*pl* **-** ODER **-s**) *das* m *m*, M *m*.

MA (*abk für* **Mittelalter**) E.M.

Maas *die* Mosa *m*.

mạchbar *adj* factible.

mạchen ◇ *vt* **- 1.** [tun] hacer **- 2.** [Schwierigkeiten, Schmerzen, Probleme, Arbeit] causar, ocasionar ; **Angst/Freude/Hunger/Arbeit ~** dar miedo/alegría/hambre/trabajo ; **Sorgen ~** causar preocupaciones ; **Ärger ~** causar problemas ; **sich** *(D)* **Hoffnungen ~** hacerse esperanzas ; **jm Hoffnung ~** dar esperanzas a alguien **- 3.** [herstellen] hacer, producir ; **jm etw ~** hacer algo a alguien ; **etw aus etw ~** hacer algo de algo ; **sich** *(D)* **etw ~ lassen** hacerse algo **- 4.** [erledigen] hacer **- 5.** *fam* [reparieren] reparar, arreglar ; **ich muss die Waschmaschine ~ lassen** me tienen que arreglar la lavadora **- 6.** [zubereiten] hacer **- 7.** SPORT hacer **- 8.** [sich erwerben] sacarse ; **ein Tor ~** meter ODER colar un gol ; **den ersten Preis ~** obtener el primer premio ; **Verlust/Gewinn ~** tener pérdidas/beneficios **- 9.** [teilnehmen] hacer **- 10.** [erlernen] estudiar **- 11.** [veranstalten] hacer ; **Musik ~** [mit Platten, Tonband, etc] poner música ; [musizieren, selber spielen] tocar piezas musicales **- 12.** [unternehmen] hacer ; **Urlaub ~** ir de vacaciones **- 13.** [kosten]

costar; **das macht fünf Mark** son cinco marcos - **14.** MATH: **zwei mal zwei macht vier** dos por dos son cuatro - **15.** [werden lassen]: **jn glücklich ~** hacer feliz a alguien; **jn traurig ~** poner triste a alguien; **müde ~** cansar; **jn arm ~** empobrecer a alguien; **jn wütend ~** poner furioso(sa) a alguien - **16.** [erscheinen lassen] hacer - **17.** [bestimmtes Geräusch erzeugen] hacer - **18.** [imitieren] hacer, imitar - **19.** [ziehen] hacer; **eine böse Miene ~** poner mala cara - **20.** [darstellen, malen] hacer - **21.** *fam* [säubern] limpiar - **22.** *fam* [in Ordnung bringen]: **sich** *(D)* **die Haare ~** arreglarse el pelo; **sich** *(D)* **die Fingernägel ~** hacerse las uñas - **23.** *fam* [geben, tun] echar - **24.** [zu etw werden lassen]: **jn zu etw/jm ~** convertir a alguien en algo/alguien - **25.** [verwandeln in] convertir; **er hat aus ihr eine berühmte Sängerin gemacht** la ha convertido en una cantante famosa - **26.** [bewirken] hacer - **27.** [ausmachen]: **einer Sache/jm etwas/nichts ~** dañar ODER estropear/no dañar ODER estropear algo/a alguien - **28.** *fam* [Toilette verrichten] hacer - **29.** *fam* [verdienen] ganar - **30.** *fam* [Leistung erbringen] alcanzar - **31.** [agieren als] hacer de - **32.** [gewähren lassen]: **lass ihn ~, er weiß was er tut** deja que lo haga él, sabe lo que hace - **33.** *RW*: **da ist nichts zu ~** no se puede remediar; **das ist zu ~** se puede hacer; **das macht (ja) nichts** no importa; **ich mache es nicht unter 10 Mark** por menos de 10 marcos no lo hago; **es nicht mehr lange ~** no durar ya mucho; **etw mit sich ~ lassen** dejarse hacer algo; **für etw wie gemacht sein** estar hecho(cha) para algo; **für jn nichts ~ können** no poder hacer nada por alguien; **nichts/etwas aus sich ~** no hacer/hacer algo consigo mismo; **jd macht sich** *(D)* **nichts aus etw** a alguien no le gusta algo; **so was macht man nicht!** ¡eso no se hace!; **machs gut!** ¡que te vaya bien! <> *vi* - **1.** *fam* [sich beeilen] apresurarse - **2.** [werden lassen] hacer; **müde ~** cansar; **dumm ~** atontar - **3.** [bewirken]: **~, dass** hacer que - **4.** *fam* [Notdurft verrichten] hacer sus necesidades; **ins Bett ~** mearse en la cama - **5.** *fam* [handeln mit]: **in etw** *(D)* **~** vender algo - **6.** *fam* [sich stellen]: **auf dumm ~** ponerse tonto(ta) - **7.** *RW*: **na, mach schon!** *fam* ¡venga, date prisa! ◆ **sich machen** *ref* - **1.** *fam* [sich entwickeln] desarrollarse - **2.** [anfangen mit]: **sich an die Arbeit ~** ponerse a trabajar ODER manos a la obra - **3.** [js Rolle übernehmen]: **sich zu etw ~** convertirse en algo - **4.** [werden]: **sich beliebt ~** hacerse querer; **sich verständlich ~** entenderse; **sich wichtig ~** darse importancia, hacerse el/la importante - **5.** [passen]: **sich zu etw gut ~** pegar ODER quedar bien con algo.

Machenschaft (*pl* **-en**) *die abw* intriga *f*, tejemaneje *m*.

Macht (*pl* **Mächte**) *die* - **1.** *(ohne Pl)* [Herrschaft, Einfluss] poder *m*; **an der ~ sein** estar en el poder, ocupar el poder - **2.** [Staat] potencia *f* - **3.** *(ohne Pl)* [Kraft] poder *m*, fuerza *f*.

Machthaber, in (*mpl* **-**, *fpl* **-nen**) *der, die* [Herrscher] soberano *m*, -na *f*; [politische] dirigente *mf*.

mächtig <> *adj* - **1.** [einflussreich] poderoso(sa) - **2.** [enorm] colosal. <> *adv* [enorm] enormemente; **sich ~ freuen** alegrarse muchísimo.

machtlos *adj* sin poder ODER autoridad, impotente; **gegen etw ~ sein** sentirse impotente contra algo.

Macht|probe *die* prueba *f* de fuerza.

Machtwort (*pl* **-(e)s**, *pl* **-e**) *das*: **ein ~ sprechen** imponer su autoridad.

Macke (*pl* **-n**) *die fam* - **1.** [Tick] locura *f* - **2.** [Fehler] defecto *m*.

Madagaskar *nt* Magadascar *m*; **auf ~** en Madagascar.

Mädchen (*pl* **-**) *das* - **1.** [Kind] niña *f* - **2.** [Jugendliche] chica *f*, chavala *f Amér*, piba *f Amér*, chava *f Amér* - **3.** [Hausangestellte] sirvienta *f*.

Mädchen|name *der* nombre *m* de soltera.

Made (*pl* **-n**) *die* cresa *f*.

madig *adj* agusanado(da); **jm etw ~ machen** *fam fig* estropear ODER frustrar algo a alguien.

Madonna (*pl* **Madonnen**) *die* Virgen *f*.

mag *präs* ▷ **mögen**.

Magazin (*pl* **-e**) *das* - **1.** [Illustrierte] revista *f* - **2.** [Lager] almacén *m* - **3.** [Fernsehsendung] programa *m* semanal - **4.** [für Patronen] cargador *m*.

Magd (*pl* **Mägde**) *die* criada *f*.

Magen (*pl* **Mägen** ODER **-**) *der* estómago *m*; **etw schlägt jm auf den ~** *fam* algo revuelve el estómago a alguien; **gestern habe ich mir den ~ verdorben** ayer comí algo que no me sentó bien; **jm knurrt der ~** *fam* a alguien le cruje el estómago.

Magen|beschwerden *pl* dolores *mpl* de estómago, molestias *fpl* en el estómago.

Magen|geschwür *das* úlcera *f* gástrica.

Magen|schmerzen *pl* dolores *mpl* de estómago.

mager <> *adj* - **1.** [dünn] delgado(da) - **2.** [fettarm] sin grasa - **3.** [spärlich] escaso(sa). <> *adv*: **~ essen** comer comidas ODER alimentos sin grasa.

Magermilch *die (ohne Pl)* leche *f* desnatada.

magersüchtig *adj* anoréxico(ca).

Magie [ma'giː] *die (ohne Pl)* - **1.** [Beschwörung] hechizo *m* - **2.** [Zauberei] magia *f* - **3.** [Faszination] magia *f*.

magisch <> *adj* mágico(ca). <> *adv* de forma mágica.

Magister (*pl* -) *der* - **1.** [Person] magister *m* - **2.** [Titel] ≃ licenciatura *f*.

Magnesium *das (ohne Pl)* magnesio *m*.

Magnet (*pl* **-e** ODER **-en**) *der* imán *m*.

magnetisch <> *adj* magnético(ca). <> *adv* magnéticamente.

Mahagoni *das (ohne Pl)* caoba *f*.

mähen <> *vt* cortar. <> *vi* - **1.** [mit Mäher, Sense] segar - **2.** [blöken] berrear.

mahlen *vt & vi* moler.

Mahl|zeit <> *die* comida *f*. <> *interj* : [guten Appetit] ¡que aproveche!, ¡buen provecho! ; [Gruß] *saludo empleado en el ámbito laboral alrededor de la hora de comer*.

Mähne (*pl* **-n**) *die* - **1.** [von Tier] crines *fpl* - **2.** *fam* [von Mensch] melena *f*.

mahnen <> *vt* - **1.** [ermahnen] advertir ; **jn zu etw ~** exhortar a alguien a algo - **2.** [erinnern] : **jn an etw** *(A)* **~** recordar algo a alguien. <> *vi* : **zu etw ~** inducir a algo.

Mahn|mal *das* monumento *m* conmemorativo ODER admonitorio.

Mahnung (*pl* **-en**) *die* - **1.** [Ermahnung] advertencia *f* - **2.** [Schreiben] requerimiento *m*.

Mai *der (ohne Pl)* mayo *m*. ◆ **Erste Mai** *der* : **der Erste ~** el uno de mayo ; *siehe auch* **September**.

Mai|glöckchen (*pl* -) *das* muguete *m*, lirio *m* de los valles.

Mai|käfer *der* escarabajo *m* de San Juan, escarabajo *m* sanjuanero.

Mailand *nt* Milán *m*.

Main *der* Meno *m*.

Mainz *nt* Maguncia *f*.

Mais *der (ohne Pl)* maíz *m*.

Mais|kolben *der* mazorca *f*, panocha *f*.

Majestät (*pl* **-en**) *die* - **1.** [Person] majestad *f* - **2.** *(ohne Pl)* [als Anrede] : **Ihre ~** su Majestad.

majestätisch <> *adj* majestuoso(sa). <> *adv* majestuosamente.

Majonäse, Mayonnaise [majɔ'nɛːzə] (*pl* **-n**) *die* mayonesa *f*, mahonesa *f*.

Major (*pl* **-e**) *der* comandante *m*.

Majoran *der (ohne Pl)* mejorana *f*.

makaber *adj* macabro(bra).

makellos <> *adj* - **1.** [tadellos] intachable - **2.** [fehlerlos] perfecto(ta). <> *adv* - **1.** [tadellos] intachablemente - **2.** [einwandfrei] perfectamente.

Make-up [meːk'ap] (*pl* **-s**) *das* maquillaje *m*.

Makkaroni *pl* macarrones *mpl*.

Makler (*f* **-in**, *mpl* -, *fpl* **-nen**) *der, die* [für Immobilien] agente *mf* de la propiedad inmobiliaria ; [im Warenhandel] corredor *m*, -ra *f* de comercio ; [Börsenmakler] corredor *m*, -ra *f* de Bolsa.

Makrele (*pl* **-n**) *die* caballa *f*.

mal <> *adv fam* - **1.** [in der Vergangenheit] una vez ; [in der Zukunft] un día - **2.** [zum Ausdruck der Verbindlichkeit] : **wir müssen das ~ besprechen** tendremos que hablarlo ; **ich komme ~ bei dir vorbei** pasaré por tu casa ; **lass mich ~ machen** deja que lo haga yo - **3.** [zum Ausdruck der Aufforderung] : **hör mir ~ gut zu!** ¡escúchame bien! ; **sag/hör ~!** ¡díme/escúchame! - **4.** [zur Verstärkung eines Adverbs] : **ich komme vielleicht ~ bei dir vorbei** quizás pase por tu casa - **5.** [einmal] : **~ so, ~ so** cada vez de una manera. <> *konj* : **drei ~ drei ist neun** tres por tres son nueve.

Mal (*pl* **-e** ODER **Mäler**) *das* - **1.** *(Pl Male)* [Zeitpunkt] vez *f* ; **mit einem ~(e)** de repente ; **von ~ zu ~** cada vez ; **beim ersten/letzten ~** la primera/última vez ; **zum ersten/letzten ~** por primera/última vez ; **jedes ~** siempre - **2.** *(Pl Male, Mäler)* [Fleck] lunar *m*.

Malaria *die (ohne Pl)* malaria *f*.

Malaysier, in (*mpl* -, *fpl* **-nen**) *der, die* malayo *m*, -ya *f*.

malaysisch *adj* malayo(ya).

Mal|buch *das* cuaderno *m* de colorear.

malen *vt & vi* pintar.

Maler (*pl* -) *der* pintor *m*.

Malerei (*pl* **-en**) *die* pintura *f*.

Malerin (*pl* **-nen**) *die* pintora *f*.

malerisch <> *adj* [idyllisch] pintoresco(ca). <> *adv* : **unser Haus ist so ~ gelegen** nuestra casa está situada en un lugar muy pintoresco.

Mallorquiner, in (*mpl* -, *fpl* **-nen**) *der, die* mallorquino *m*, -na *f*.

mallorquinisch *adj* mallorquino(na).

mal|nehmen *vt (unreg)* : **etw mit etw ~** multiplicar algo por algo.

Malta *nt* Malta *f* ; **auf ~** en Malta.

Malteser Hilfsdienst *der (ohne Pl) organización que presta los primeros auxilios cuando se producen accidentes o siniestros*.

Malz *das (ohne Pl)* malta *f*.

Malz|bier *das* cerveza *f* de malta.

Mama (*pl* **-s**) *die fam* mamá *f*.

man *pron* - **1.** [irgendjemand] : **~ gab mir einen Antrag** me dieron una solicitud - **2.** [jeder] : **von hier aus hat ~ einen schönen Ausblick** desde aquí se tiene una vista preciosa - **3.** [zum Ausdruck einer Norm] : **das tut ~ nicht** eso no se hace - **4.** [ich] : **~ wird doch noch fragen dürfen, oder?** se podrá preguntar ¿no?.

manche, r, s ◇ *pron* : **~r/~** algún *m*, alguno *m*, -na *f* ; **~** *(pl)* algunos *mpl*, -nas *fpl* ; **manch einer glaubt ...** alguno(s) cree(n) que ... ◇ *det* algún, alguno(na). ◆ **so manche, r, s** ◇ *pron* alguno(s)(na)(s) ; **so ~s** algunas cosas. ◇ *det* algún, alguno(na).

manchmal *adv* - **1.** [in bestimmten Fällen] en determinados casos - **2.** [ab und zu] a veces.

Mandarine (*pl* **-n**) *die* mandarina *f*.

Mandat (*pl* **-e**) *das* mandato *m* ; [Amt] mandato *m*, cargo *m*.

Mandel (*pl* **-n**) *die* almendra *f*. ◆ **Mandeln** *pl* MED amígdala *f*.

Mandel|entzündung *die* amigdalitis *f*, anginas *fpl*.

Manege [ma'ne:ʒə] (*pl* **-n**) *die* pista *f* de circo.

Mangel (*pl* **Mängel** ODER **-n**) ◇ *der (G Mangels, Pl Mängel)* - **1.** *(ohne Pl)* [Fehlen] falta *f*, carencia *f* ; **aus ~ an etw** *(D)* por falta de algo ; **es herrscht ~ an etw** *(D)* algo escasea - **2.** [Fehler] defecto *m* ; **Mängel beheben** ODER **beseitigen** reparar los defectos - **3.** *(ohne Pl)* [Not] : **~ leiden** tener necesidades, vivir en la miseria. ◇ *die (G Mangel, Pl Mangeln)* calandria *f*.

Mangel|erscheinung *die* síntoma *m* de carencia.

mangelhaft ◇ *adj* - **1.** [unzureichend] deficiente, insuficiente - **2.** [Schulnote] insuficiente. ◇ *adv* deficientemente.

mangeln ◇ *vi* : **etw mangelt jm** algo le falta a alguien ; **es mangelt (jm) an etw** *(D)* (alguien) carece de algo. ◇ *vt* calandrar, pasar por la calandria.

mangelnd *adj* escaso(sa).

mangels *präp* : **~ einer Sache** *(G)* por falta de algo.

Mangelware *die (ohne Pl)* : **~ sein** ser difícil de encontrar ; *fam fig* no verse a menudo.

Mango (*pl* **-s**) *die* mango *m*.

Manie (*pl* **-n**) *die* manía *f*.

Manier (*pl* **-en**) *die (ohne Pl)* manera *f* ; **nach alter ~** a la antigua usanza ; **in der ~ Hölderlins** al estilo de Hölderlin. ◆ **Manieren** *pl* modales *mpl*.

Manila *nt* Manila *f*.

manisch ◇ *adj* - **1.** MED maníaco(ca) - **2.** *geh* [krankhaft] excesivo(va). ◇ *adv* [krankhaft] excesivamente.

Manko (*pl* **-s**) *das* - **1.** [Nachteil] inconveniente *m* - **2.** [Geldsumme] déficit *m*.

Mann (*pl* **Männer** ODER **Leute** ODER **-en**) *der* - **1.** *(Pl Männer)* [Erwachsener] hombre *m* ; **drei ~** tres personas ; **von ~ zu ~** de hombre a hombre - **2.** *(Pl Männer)* [Ehemann] marido *m* - **3.** *(Pl Männer, Leute)* [Angestellter] : **Männer, Leute** hombres *mpl* - **4.** *(Pl Mannen, Männer)* [Gefolgsmann] vasallo *m* - **5.** *RW* : **seinen ~ stehen** demostrar lo que vale.

Männchen (*pl* **-**) *das* - **1.** [Tier] macho *m* - **2.** *fam* [kleiner Mann] hombrecito *m*.

männlich ◇ *adj* - **1.** [Tier] macho ; [Pflanze] masculino(na) ; [Person] de sexo masculino - **2.** [viril] masculino(na), varonil - **3.** [zum Mann gehörig] de hombres ; **~er Vorname** nombre de chico - **4.** GRAM masculino(na). ◇ *adv* [viril] como un hombre.

Mannschaft (*pl* **-en**) *die* - **1.** [im Sport] equipo *m* - **2.** *fam* [Team] equipo *m* ; **vor versammelter ~** *fam* delante de todos - **3.** [Besatzung] tripulación *f* - **4.** [Soldaten] grupo *m* de soldados ; [untere Dienstgrade] tropa *f*.

Mannschafts|geist *der (ohne Pl)* espíritu *m* de equipo.

Mannschafts|sport *der (ohne Pl)* deporte *m* de equipo.

Manöver [ma'nø:vɐ] (*pl* **-**) *das* - **1.** [Truppenübung, im Verkehr] maniobra *f* - **2.** [von Personen] artimaña *f*, treta *f*.

manövrieren [manø:'vri:rən] ◇ *vt* - **1.** [Verkehrsmittel] dirigir - **2.** [führen] dirigir. ◇ *vi* [vorgehen] amañarlo todo.

Manschetten|knopf *der* gemelo *m*.

Mantel (*pl* **Mäntel**) *der* - **1.** [Kleidungsstück] abrigo *m* ; **jm in den ~ helfen** ayudar a alguien a ponerse el abrigo - **2.** *fig* [Deckmantel] velo *m* ; **den ~ des Vergessens über etw** *(A)* **breiten** correr un tupido velo ante algo - **3.** [Hülle] revestimiento *m* ; [von Reifen] cubierta *f*.

Mantel|tarif *der* convenio *m* colectivo.

manuell ◇ *adj* manual ; [Beruf] artesanal. ◇ *adv* manualmente.

Manuskript (*pl* **-e**) *das* - **1.** [Entwurf] borrador *m*, esquema *m* - **2.** [Handschrift] manuscrito *m* - **3.** [Satzvorlage] manuscrito *m*.

Mappe (*pl* **-n**) *die* - **1.** [Hülle] carpeta *f* - **2.** [Tasche] portafolios *m*.

Maracuja (*pl* **-s**) *die* maracuyá *m*.

Marathon (*pl* **-s**) ◇ *der* SPORT maratón *m*. ◇ *das* prueba *f* de resistencia.

Marathon|läufer, in *der, die* corredor *m*, -ra *f* de maratón.

Märchen (*pl* -) *das* - **1.** [Erzählung] cuento *m* - **2.** [Lüge] cuento *m* (chino).

märchenhaft ◇ *adj* - **1.** [sagenhaft] fabuloso(sa) - **2.** [wunderschön] de ensueño - **3.** [unglaublich] fabuloso(sa). ◇ *adv* - **1.** [wunderbar] de maravilla ; ~ **schön** precioso(sa) - **2.** [unglaublich] de forma increíble.

Marder (*pl* -) *der* marta *f*.

Margarine *die (ohne Pl)* margarina *f*.

Margerite (*pl* -**n**) *die* margarita *f*.

Mariä Himmelfahrt *(ohne Artikel, ohne Pl)* la Asunción.

Marien|käfer *der* mariquita *f*.

Marihuana *das (ohne Pl)* marihuana *f*.

Marinade (*pl* -**n**) *die* escabeche *m*.

Marine *die (ohne Pl)* marina *f*.

marineblau ◇ *adj* (de color) azul marino. ◇ *adv* de azul marino.

marinieren *vt* marinar.

Marionette (*pl* -**n**) *die* [Puppe, Person] marioneta *f*.

Mark (*pl* -) ◇ *die (G Mark)* marco *m* ; **eine ~ fünfzig** un marco cincuenta ; **keine müde ~** *fig* ni un céntimo. ◇ *das (G Mark(e)s, ohne Pl)* - **1.** [im Knochen] médula *f* ; **etw geht jm durch ~ und Bein** *fig* algo llega a alguien al alma - **2.** [Konzentrat] concentrado *m*.

markant *adj* de rasgos marcados.

Marke (*pl* -**n**) *die* - **1.** [Fabrikat, Fabrikmarke] marca *f* - **2.** [Briefmarke] sello *m Esp*, estampilla *f Amér* - **3.** [Erkennungszeichen] placa *f* - **4.** [Wertzeichen - aus Plastik] ficha *f* ; [- aus Papier] ticket *m* - **5.** *fam* [Person] : **das ist vielleicht eine ~!** ¡vaya una firma!

Marken|artikel *der* artículo *m* de marca.

Marken|zeichen *das* emblema *m*.

markieren ◇ *vt* - **1.** [kennzeichnen, hervorheben] marcar - **2.** *fam* : **den Dummen/Kranken/starken Mann ~** hacerse el tonto/el enfermo/el duro. ◇ *vi fam* : **er markiert nur** sólo lo simula.

Markise (*pl* -**n**) *die* marquesina *f*, toldo *m*.

Mark|stück *das* moneda *f* de un marco.

Markt (*pl* **Märkte**) *der* [alle Bedeutungen] mercado *m* ; **auf den** ODER **zum ~ gehen** ir al mercado ; **auf den ~ bringen** lanzar al mercado, sacar a la venta.

Markt|forschung *die (ohne Pl)* estudio *m* de mercado, encuesta *f*.

Markt|frau *die* vendedora *f* en un mercado.

Markt|halle *die* mercado *m* (cubierto).

Markt|lücke *die* nicho *m* ODER hueco *m* en el mercado.

Markt|platz *der* plaza *f* del mercado.

Markt|preis *der* precio *m* en el mercado.

Markt|wert *der* valor *m* en el mercado.

Markt|wirtschaft *die (ohne Pl)* economía *f* de mercado.

Marmelade (*pl* -**n**) *die* mermelada *f*.

Marmor *der (ohne Pl)* mármol *m*.

Marokkaner, in (*mpl* -, *fpl* -**nen**) *der, die* marroquí *mf*.

marokkanisch *adj* marroquí.

Marokko *nt* Marruecos *m*.

Marone (*pl* -**n**) *die* castaña *f*.

marsch *interj* ¡marchando!

Marsch (*pl* **Märsche**) *der* marcha *f* ; **sich in ~ setzen** ponerse en marcha.

marschieren (*perf* **ist marschiert**) *vi* - **1.** [Soldaten] marchar - **2.** [gehen] andar.

Marschmusik *die (ohne Pl)* música *f* militar.

Märtyrer, in (*mpl* -, *fpl* -**nen**) *der, die* mártir *mf*.

marxistisch ◇ *adj* marxista. ◇ *adv* : ~ **denken** tener ideas marxistas ; ~ **beeinflusst/orientiert/geprägt** con influencias marxistas.

März *der (ohne Pl)* marzo *m* ; *siehe auch* **September**.

Marzipan, Marzipan (*pl* -**e**) *das* mazapán *m*.

Masche (*pl* -**n**) *die* - **1.** [beim Stricken, Häkeln] punto *m* - **2.** [Art und Weise] truco *m* ; **die neueste ~** *fam* [Marotte] la nueva manía ; *fam* [Mode] la última moda.

Maschine (*pl* -**n**) *die* - **1.** [Gerät] máquina *f* - **2.** *fam* [Motor] motor *m* - **3.** *fam* [Motorrad] moto *m* - **4.** [Flugzeug] avión *m* - **5.** [Schreibmaschine] : ~ **schreiben** escribir a máquina - **6.** [Waschmaschine] lavadora *f*.

maschinell ◇ *adj* automatizado(da). ◇ *adv* de forma automatizada.

Maschinenbau *der (ohne Pl)* ingeniería *f* mecánica.

Maschinen|gewehr *das* ametralladora *f*.

Maschinen|pistole *die* metralleta *f*.

Maschinen|schaden *der* avería *m* (del motor).

Maschineschreiben, Maschinenschreiben *vi (unreg)* = **Maschine**.

Masern *pl* sarampión *m*.

Maske (*pl* -**n**) *die* máscara *f*.

Masken|ball *der* baile *m* de disfraces.

maskieren *vt* - **1.** [verdecken] cubrir, taparse - **2.** [überspielen] disimular.

Maskottchen (*pl* -) *das* mascota *f*.

maskulin, maskulin *adj* masculino(na).

Maskulinum (*pl* **Maskulina**) *das* masculino *m*.

maß *prät* ▷ **messen**.

Maß (*pl* **-e** ODER **-**) ◇ *das* (*G Maßes, Pl Maße*) **- 1.** [Maßeinheit] unidad *f* de medida **- 2.** [Metermaß] metro *m* **- 3.** [Körpermaß] medida *f*; **~ nehmen** tomar las medidas **- 4.** [Umfang, Verhältnis] medida *f*, proporción *f*; **im Essen ~ halten** comer con moderación. ◇ *die* (*G Maß, Pl Maß*) *Süddt & Österr* jarra *f* de litro; **zwei ~ Bier** dos jarras de cerveza de litro. ◆ **in Maßen** *adv* con moderación ODER mesura, moderadamente. ◆ **über alle Maßen** *adv* sobre todas las cosas, sobremanera; [glücklich] extremadamente. ◆ **Maße** *pl* **- 1.** [von Räumen] medidas *fpl*, dimensiones *fpl* **- 2.** [von Personen] medidas *fpl*.

Massage [ma'saːʒə] (*pl* **-n**) *die* masaje *m*.

Massaker (*pl* **-**) *das* masacre *f*.

Maßarbeit *die* (*ohne Pl*) trabajo *m* a medida.

Masse (*pl* **-n**) *die* **- 1.** [Substanz] masa *f* **- 2.** [Menge] gran cantidad *f*; [von Wasser] masa *f* **- 3.** [Menschenmenge] multitud *f*, muchedumbre *f*; **eine ~ von Fans** una multitud de fans; **die breite ~** *abw* la mayoría de los mortales **- 4.** PHYS masa *f*.

Maß|einheit *die* unidad *f* de medida.

massenhaft *adj, adv* en masa.

Massen|medien *pl* medios *mpl* de masas.

Massen|mord *der* masacre *f*.

maßgebend ◇ *adj* decisivo(va), determinante. ◇ *adv* de modo determinante.

maßgeschneidert *adj* (hecho(cha)) a medida.

massieren *vt* [kneten] masajear; [Person] dar un masaje.

massig ◇ *adj* robusto(ta). ◇ *adv fam* en cantidad; **noch ~ zu tun haben** tener aún un montón de cosas por hacer.

mäßig ◇ *adj* **- 1.** [angemessen, erträglich] moderado(da) **- 2.** [gering, mittelmäßig] regular; [Gehalt] medio(dia); **~er Applaus** pocos aplausos; **~e Begabung** talento mediocre. ◇ *adv* **- 1.** [maßvoll] con moderación **- 2.** [wenig] limitadamente.

mäßigen *vt* moderar; [Worte] medir. ◆ **sich mäßigen** *ref* moderarse.

massiv ◇ *adj* **- 1.** [solide, wuchtig] macizo(za) **- 2.** [heftig] severo(ra). ◇ *adv* **- 1.** [wuchtig] de forma compacta **- 2.** [heftig] severamente.

Massiv (*pl* **-e**) *das* macizo *m*.

Maß|krug *der Süddt & Österr* jarra *f* de litro.

maßlos ◇ *adj* desmedido(da), desmesurado(da). ◇ *adv* enormemente.

Maßnahme (*pl* **-n**) *die* medida *f*; **~n einleiten/ergreifen/treffen** tomar ODER adoptar medidas.

Maß|stab *der* **- 1.** [auf Landkarten] escala *f* **- 2.** [Richtlinie] norma *f*. ◆ **im Maßstab** *adv*: **im ~ 1 : 25000** en una escala de 1 : 25000.

maßstabgetreu, maßstabsgetreu *adj & adv* a escala.

Mast (*pl* **-en** ODER **-e**) ◇ *der* (*pl Maste*) **- 1.** [auf Schiffen] mástil *m* **- 2.** [Stange] poste *m*; [für Fahne] asta *f*. ◇ *die* (*G Mast, Pl Masten*) [Mästen] ceba *f*.

mästen *vt* cebar.

masturbieren ◇ *vi* masturbarse. ◇ *vt* masturbar.

Material [mate'ri̯aːl] (*pl* **-ien**) *das* material *m*.

materialistisch ◇ *adj* materialista. ◇ *adv* de forma materialista.

Materie [ma'teːri̯ə] (*pl* **-n**) *die* materia *f*.

materiell ◇ *adj* **- 1.** [wirtschaftlich] material **- 2.** [materialistisch] materialista **- 3.** [stofflich] material. ◇ *adv* **- 1.** [materialistisch] de forma materialista **- 2.** [wirtschaftlich] materialmente, en lo económico.

Mathematik, Mathematik *die* (*ohne Pl*) matemáticas *fpl*.

Mathematiker, in (*mpl* **-**, *fpl* **-nen**) *der, die* matemático *m*, -ca *f*.

mathematisch ◇ *adj* matemático(ca). ◇ *adv* matemáticamente, con fórmulas matemáticas.

Matjes|hering *der* arenque *m* salado.

Matratze (*pl* **-n**) *die* colchón *m*.

Matrose (*pl* **-n**) *der* marinero *m*.

Matsch *der* (*ohne Pl*) **- 1.** [Schlamm] barro *m* **- 2.** *fam* [Brei] puré *m*.

matschen *vi fam* chapotear; [mit Essen] chafar, hacer puré.

matt ◇ *adj* **- 1.** [kraftlos] flojo(ja) **- 2.** [trübe, glanzlos] mate; [Augen] apagado(da); [Glas] opaco(ca) **- 3.** [schwach] débil **- 4.** [im Schach]: **und du bist ~!** ¡y (te pongo en) jaque mate! ◇ *adv* **- 1.** [im Schach]: **jn ~ setzen** poner a alguien en jaque mate **- 2.** *fig* [ausschalten]: **jn ~ setzen** eliminar a alguien **- 3.** [trübe] con poca intensidad **- 4.** [schwach] sin fuerza.

Matte (*pl* **-n**) *die* esterilla *f*.

Matterhorn *das* Monte *m* Cervino.

Mätzchen *pl fam* **- 1.** [Unfug] tonterías *fpl*; **lass die ~!** ¡déjate de tonterías! **- 2.** [Trick] truco *m*, trampa *f*.

Mauer (*pl* **-n**) *die* - **1.** [Wand] muro *m* - **2.** [beim Fußball] barrera *f* - **3.** *geh* [Block] muro *m*.

mauern <> *vi* - **1.** [bauen] hacer obras de construcción - **2.** SPORT jugar a la defensiva. <> *vt* [bauen] construir ; [Wand] levantar.

Mauerwerk *das (ohne Pl)* mampostería *f*.

Maul (*pl* **Mäuler**) *das* - **1.** [bei Tieren] boca *f* ; [von Hund] hocico *m* ; [von Pferd] morro *m* - **2.** *salopp* [Mundwerk] pico *m* ; **halts ~!** ¡calla la boca!, ¡cierra el pico! ; **er hat ein großes ~** es un bocazas.

maulen *vi fam abw* echar pestes.

Maul|korb *der* bozal *m*.

Maul|wurf *der* topo *m*.

Maulwurfs|hügel *der* topera *f*.

Maurer, in (*mpl* -, *fpl* **-nen**) *der, die* albañil *mf*.

Mauritius *nt* Isla *f* Mauricio ; **auf ~** en Isla Mauricio.

Maus (*pl* **Mäuse**) *die* - **1.** [Tier] ratón *m* - **2.** EDV ratón *m*, mouse *m* - **3.** *fam* [Mädchen] ratoncito *m* - **4.** *RW* : **eine graue ~** *fam abw* una sosa.

Mause|falle *die* ratonera *f*.

mausetot *adj fam* muerto y bien muerto (muerta y bien muerta).

Mausklick (*pl* **-s**) *der* click *m* del ratón ; **per ~** haciendo click (con el ratón).

Mauspad (*pl* **-s**) *das* alfombrilla *f* para el ratón.

Maut|gebühr *die Österr* peaje *m*.

Maut|stelle *die Österr* peaje *m*.

max. (*abk für* **maximal**) máx.

maximal <> *adj* máximo(ma). <> *adv* al máximo ; **das ~ zulässige Gewicht** el peso máximo autorizado.

Maximum (*pl* **Maxima**) *das* máximo *m* ; **~ an Gewinnen** máximo de beneficios.

Maya (*mpl* **-(s)**, *fpl* **-(s)**) *der, die* maya *mf*.

Mayonnaise *die* = **Majonäse**.

Mazedonien [maze'do:ni̯ən] *nt* Macedonia *f*.

MB (*abk für* **Megabyte**) MB *m*.

MdB (*abk für* **Mitglied des Bundestags**) diputado *m*, -da *f* del Parlamento Federal.

m. E. (*abk für* **meines Erachtens**) a mi modo de ver.

Mechanik (*pl* **-en**) *die* mecánica *f*.

Mechaniker, in (*mpl* -, *fpl* **-nen**) *der, die* mecánico *m*, -ca *f*.

mechanisch <> *adj* mecánico(ca). <> *adv* - **1.** [automatisch] mecánicamente - **2.** [gedankenlos] de un modo mecánico.

Mechanismus (*pl* **Mechanismen**) *der* mecanismo *m*.

meckern *vi* - **1.** [Ziege] balar - **2.** *fam* [nörgeln] : **über etw/jn ~** criticar algo/a alguien, quejarse por algo/alguien.

Mecklenburg *nt* Mecklemburgo *m*.

Mecklenburger (*pl* -) <> *der* habitante *m* de Mecklemburgo. <> *adj (unver)* de Mecklemburgo.

Mecklenburgerin (*pl* **-nen**) *die* habitante *f* de Mecklemburgo.

mecklenburgisch *adj* de Mecklemburgo.

Mecklenburg-Vorpommern *nt* Mecklemburgo-Antepomerania *m*.

Medaille [me'daljə] (*pl* **-n**) *die* medalla *f* ; **die Kehrseite der ~** la otra cara de la moneda.

Medaillon [medalj'ɔŋ] (*pl* **-s**) *das* medallón *m*.

Medien *pl* - **1.** [Kommunikationsmittel] medios *mpl* (de comunicación) - **2.** [im Unterricht] medios *mpl* audiovisuales.

Medikament (*pl* **-e**) *das* medicamento *m* ; **ein ~ gegen etw** un medicamento para ODER contra algo.

Meditation (*pl* **-en**) *die* - **1.** [Besinnung] meditación *f* - **2.** [Gedanken, Nachdenken] reflexión *f*, meditación *f*.

meditieren *vi* - **1.** [versunken sein] meditar - **2.** [nachdenken] : **über etw** *(A)* **~** reflexionar ODER meditar sobre algo.

Medium ['me:di̯ʊm] (*pl* **Medien**) *das* - **1.** [Kommunikationsmittel] medio *m* - **2.** [Person] médium *mf* - **3.** PHYS & CHEM medio *m* - **4.** [Mittel] medio *m*.

Medizin (*pl* **-en**) *die* medicina *f*.

Mediziner, in (*mpl* -, *fpl* **-nen**) *der, die* médico *m*, -ca *f* ; [Student] estudiante *mf* de medicina.

medizinisch <> *adj* - **1.** [heilkundlich] de medicina - **2.** [ärztlich] médico(ca) - **3.** [heilend] medicinal. <> *adv* - **1.** [heilkundlich] en medicina - **2.** [ärztlich] médicamente.

Meer (*pl* **-e**) *das* - **1.** [Ozean] mar *m* ; **ans ~ fahren** ir al mar ; **am ~** en el mar - **2.** *geh* [Menge] océano *m*.

Meer|enge *die* estrecho *m*.

Meeres|früchte *pl* marisco(s) *m(pl)*.

Meeres|grund *der (ohne Pl)* fondo *m* del mar.

Meeres|spiegel *der (ohne Pl)* nivel *m* del mar ; **50 Meter über/unter dem ~** 50 metros sobre/bajo el nivel del mar.

Meer|rettich *der* rábano *m* blanco.

Meer|schweinchen (*pl* -) *das* conejillo *m* de Indias, cobaya *f*.

Meer|wasser *das (ohne Pl)* agua *f* marina.

Megafon, Megaphon [mega'fo:n] (*pl* **-e**) *das* megáfono *m*.

Mehl *das (ohne Pl)* - **1.** [zum Backen] harina *f* - **2.** [Pulver] polvo *m* ; [von Holz] serrín *m*.

Mehl|schwitze (*pl* -**n**) *die harina tostada en mantequilla que se utiliza como base para algunas salsas (p.ej. bechamel).*

Mehl|speise *die plato dulce o salado hecho a base de harina y huevos.*

mehr <> *pron* - **1.** [zum Ausdruck der Steigerung] más - **2.** [übrig] : **keiner ~** nadie ; **nichts ~** nada más. <> *adv* - **1.** [zum Ausdruck der Steigerung] más ; **~ nicht?** ¿nada más?, ¿sólo? - **2.** [eher] más bien - **3.** [wieder] : **nie ~** nunca más - **4.** *RW* : **immer ~, ~ und ~** cada vez más ; **~ oder weniger** más o menos.

Mehr|aufwand *der (ohne Pl)* gastos *mpl* adicionales.

mehrdeutig *adj* - **1.** [zweideutig] ambiguo(gua) - **2.** [vieldeutig] polisémico(ca).

mehrere *det, pron* varios(rias). ◆ **mehreres** *pron* varias cosas. ◆ **zu mehreren** *adv* varios(rias).

mehrfach <> *adj* varios(rias) ; **etw in ~er Ausfertigung abgeben** entregar varios ejemplares de algo ; **er ist ~er Olympiasieger** ha sido varias veces campeón olímpico. <> *adv* varias veces.

mehrfarbig <> *adj* multicolor. <> *adv* en varios colores.

Mehrheit (*pl* -**en**) *die* mayoría *f*; **mit großer/knapper ~** con una amplia/escasa mayoría ; **die absolute ~** la mayoría absoluta.

mehrheitlich <> *adj* mayoritario(ria). <> *adv* por mayoría.

Mehr|kampf *der* pruebas *fpl* combinadas.

mehrmalig *adj* reiterado(da).

mehrmals *adv* reiteradamente.

mehrsprachig <> *adj* plurilingüe ; [Person] polígloto(ta) ; [Unterhaltung] en varios idiomas. <> *adv* en varios idiomas ; [aufwachsen] en un entorno plurilingüe.

mehrstimmig <> *adj* polifónico(ca). <> *adv* a varias voces.

Mehrwertsteuer *die (ohne Pl)* impuesto *m* sobre el valor añadido, IVA *m*.

Mehrzahl *die (ohne Pl)* - **1.** [größerer Anteil] mayoría *f* - **2.** [Plural] plural *m*.

Mehrzweck|halle *die* edificio *m* de usos múltiples.

Meile (*pl* -**n**) *die* milla *f*.

meilenweit *adv* kilómetros y kilómetros ; **von etw ~ entfernt sein** estar muy lejos de algo ; [wandern, laufen] varios kilómetros.

mein, e *det* mi ; **~e Beine tun weh** me duelen las piernas.

meine, r, s ODER **meins** *pron* el mío (la mía) ; **alles, was ~s ist** todo lo mío.

Mein|eid *der* perjurio *m*.

meinen <> *vt* - **1.** [sagen] decir ; **was meinst du dazu?** ¿qué te parece? - **2.** [glauben] creer - **3.** [ausdrücken] querer decir ; **so war das nicht gemeint** no he querido decir eso ; **so war meine Frage nicht gemeint** mi pregunta no era esa - **4.** [im Auge haben] referirse a - **5.** [denken] pensar, opinar - **6.** [bestimmte Absicht damit haben] decir ; **etw ironisch/böse ~** decir algo irónicamente/ con mala intención ; **es gut mit jm ~** hacerlo por el bien de alguien ; **es ehrlich mit jm ~** ser honesto(ta) con alguien. <> *vi* decir ; **wie ~ Sie?** ¿cómo dice? ; **wie Sie ~** como usted diga.

meiner *pron (Genitiv von ich)* de mí.

meinerseits *adv* por mi parte ; **ganz ~!** ¡el gusto es mío!

meinesgleichen *pron* mis semejantes.

meinetwegen *adv* - **1.** [mir zuliebe] por mí - **2.** [wegen mir] por mi culpa - **3.** [von mir aus] por mí ; **(also) ~!** bueno, vale.

Meinung (*pl* -**en**) *die* opinión *f* ; **der ~ sein, dass** opinar que ; **einer** ODER **derselben ~ sein** ser de la misma opinión ; **jm die ~ sagen** *fam fig* decir a alguien cuatro verdades ODER cosas ; **js ~ nach** en opinión de alguien.

seine Meinung äußern

En mi opinión... Meiner Meinung nach...
A mí me parece que... Mir scheint, dass...
Creo que... Ich meine, dass...
Tengo la impresión de que... Ich habe den Eindruck, dass...
A mi juicio... Aus meiner Sicht...
Por lo que a mí respecta... Was mich betrifft, ...

Meinungs|austausch *der (ohne Pl)* cambio *m* de impresiones.

Meinungs|freiheit *die (ohne Pl)* libertad *f* de expresión.

Meinungsum|frage *die* sondeo *m* (de opinión).

Meinungs|verschiedenheit *die* divergencia *f* de opiniones.

Meise (*pl* -**n**) *die* [Vogelart] paro *m*.

Meißel (*pl* -) *der* cincel *m*.

meißeln <> *vi* cincelar. <> *vt* esculpir.

meist *adv* por lo general. ◆ **am meisten** *adv* [mit Partizip, Adjektiv] el/la/lo más ; **das am ~en verkaufte Auto** el coche más vendido ; [mit Verb] el/la/lo que más.

meiste <> *num* mayor parte, mayoría ; **das ~ Geld** la mayor parte ODER la mayoría del dinero ; **die ~n Fehler** la mayor parte ODER la mayoría de los errores. ◇ *pron* : **das ~** la mayor parte ; **die ~n** la mayoría.

meistens *adv* por lo general, la mayoría de las veces.

Meister (*pl* -) *der* maestro *m* ; SPORT campeón *m* ; **seinen ~ machen** *fam* hacer el examen de maestría.

Meisterin (*pl* **-nen**) *die* maestra *f*.

meistern *vt* **- 1.** [bewältigen] superar **- 2.** *geh* [zügeln] dominar.

Meisterschaft (*pl* **-en**) *die* **- 1.** SPORT campeonato *m* **- 2.** *(ohne Pl)* [Können] maestría *f*.

Meister|werk *das* **- 1.** [Kunstwerk] obra *f* maestra **- 2.** [vorbildliches Werk] obra *f* ejemplar.

Mekka *nt* Meca *f*.

melancholisch [melaŋ'koːlɪʃ] ◇ *adj* melancólico(ca). ◇ *adv* melancólicamente.

Melde|frist *die* plazo *m* de inscripción.

melden *vt* **- 1.** [anzeigen] notificar ; [bei Polizei] denunciar **- 2.** [berichten] informar sobre ; **er hat nichts/nicht viel zu ~** *fam fig* su opinión cuenta poco **- 3.** [anmelden] anunciar. ◆ **sich melden** *ref* **- 1.** [sich zeigen] manifestarse ; [in der Schule] levantar la mano **- 2.** [Nachricht geben] responder ; **melde dich mal wieder!** ¡llámame! ; **sich bei jm ~** ponerse en contacto con alguien ; **es meldet sich niemand** no contesta nadie **- 3.** [sich anmelden] inscribirse ; [auf dem Meldeamt] empadronarse ; **sich freiwillig zu etw ~** presentarse voluntariamente a algo.

Meldung (*pl* **-en**) *die* **- 1.** [Nachricht] noticia *f* **- 2.** [Mitteilung] comunicado *m* **- 3.** [Anmeldung] inscripción *f* **- 4.** [Anzeige] denuncia *f*.

melken (*prät* **melkte** ODER **molk**, *perf* **hat gemolken**) ◇ *vt* **- 1.** [Tier] ordeñar **- 2.** *salopp* [Person] estrujar, sablear. ◇ *vi* ordeñar.

Melodie [melo'diː] (*pl* **-n**) *die* melodía *f*.

melodisch ◇ *adj* melódico(ca). ◇ *adv* melódicamente.

Melone (*pl* **-n**) *die* **- 1.** [Frucht] melón *m* ; [Wassermelone] sandía *f* **- 2.** [Hut] bombín *m*.

Membran (*pl* **-en**) *die* **- 1.** TECH diafragma *m* **- 2.** BIOL, CHEM & PHYS membrana *f*.

Memoiren [me'moaːrən] *pl* memorias *fpl*.

Menge (*pl* **-n**) *die* **- 1.** [Anzahl] cantidad *f* ; **die doppelte/dreifache ~** el doble/triple ; **in rauen ~n** *fam* a montones ; [in Bezug auf Menschen] en masa **- 2.** [Vielzahl] montón *m* ; **eine ~ Bücher** un montón de libros **- 3.** *(ohne Pl)* [Menschenmasse] multitud *f* **- 4.** MATH conjunto *m*. ◆ **eine ganze Menge** *adv* bastante. ◆ **jede Menge** *adv fam* un montón ; **jede ~ Leute** un montón de gente.

Mengenlehre *die (ohne Pl)* teoría *f* de conjuntos.

mengenmäßig ◇ *adj* cuantitativo(va). ◇ *adv* cuantitativamente.

Mengen|rabatt *der* descuento *m* por cantidad.

Menorca *nt* Menorca *f*.

Mensa (*pl* **Mensen**) *die* comedor *m* universitario.

Mensch (*pl* **-en**) ◇ *der* **- 1.** [Art, Lebewesen] ser *m* humano **- 2.** [Person] persona *f*. ◇ *interj fam* ¡hombre! ◆ **kein Mensch** *pron* nadie.

Menschen|kenntnis *die (ohne Pl)* conocimiento *m* de la naturaleza humana.

menschenleer *adj* desierto(ta).

Menschen|menge *die* muchedumbre *f*.

Menschenrechte *pl* derechos *mpl* humanos.

menschenscheu *adj* huraño(ña) ; [Tier] arisco(ca).

menschenunwürdig *adj* infrahumano(na).

Menschenverstand *der (ohne Pl)* : **der gesunde ~** el sentido común.

Menschenwürde *die (ohne Pl)* dignidad *f* humana.

Menschheit *die (ohne Pl)* humanidad *f*.

menschlich ◇ *adj* humano(na). ◇ *adv* humanamente.

Menstruation (*pl* **-en**) *die* menstruación *f*.

Mentalität (*pl* **-en**) *die* mentalidad *f*.

Menthol *das (ohne Pl)* mentol *m*.

Menü (*pl* **-s**) *das* menú *m*.

merken *vt* notar ; **sich** *(D)* **etw ~** acordarse de algo ; **du merkst aber auch alles!** *fam iron* ¡ahora caes!

Merkmal (*pl* **-e**) *das* rasgo *m*.

Merk|satz *der* truco *m* mnemotécnico.

merkwürdig ◇ *adj* extraño(ña). ◇ *adv* extrañamente.

Messe (*pl* **-n**) *die* **- 1.** [Gottesdienst] misa *f* **- 2.** [Ausstellung] feria *f*.

messen (*präs* **misst**, *prät* **maß**, *perf* **hat gemessen**) ◇ *vt* **- 1.** [bestimmen] medir **- 2.** [beurteilen] : **etw an etw** *(D)* **~** evaluar algo en función de algo. ◇ *vi* medir.

Messer (*pl* -) *das* cuchillo *m*.

messerscharf ◇ *adj* **- 1.** [scharf] cortante **- 2.** [scharfsinnig] agudo(da). ◇ *adv* sagazmente.

Messe|stand *der* stand *m*.

Messing *das (ohne Pl)* latón *m*.

Messung (*pl* **-en**) *die* **- 1.** [Messen] medición *f* **- 2.** [Ergebnis] medida *f*.

Metall (*pl* **-e**) *das* metal *m*.

Metall|arbeiter, in *der, die* metalúrgico *m*, -ca *f*.

Metall|industrie *die* industria *f* metalúrgica.

metallisch <> *adj* metálico(ca). <> *adv* metálicamente ; [riechen] a metal.

Metapher [me'tafɐ] (*pl* **-n**) *die* metáfora *f*.

Meteor (*pl* **-e**) *der* meteoro *m*.

Meteorologe (*pl* **-n**) *der* meteorólogo *m*.

Meteorologin (*pl* **-nen**) *die* meteoróloga *f*.

Meter (*pl* **-**) *der* ODER *das* metro *m* ; **zwei ~ breit/hoch/lang/tief sein** tener dos metros de ancho/alto/largo/profundidad.

Meter|maß *das* metro *m* ; [Band] cinta *f* métrica.

Methan *das (ohne Pl)* metano *m*.

Methode (*pl* **-n**) *die* método *m*.

methodisch <> *adj* metódico(ca). <> *adv* metódicamente.

Mett|wurst *die variedad de salchicha para untar tipo butifarra*.

Metzger (*pl* **-**) *der* carnicero *m*.

Metzgerei (*pl* **-en**) *die* carnicería *f*.

Metzgerin (*pl* **-nen**) *die* carnicera *f*.

Meute (*pl* **-n**) *die* **- 1.** [Hunde] jauría *f* **- 2.** *fam* [Menschen] manada *f*, cuadrilla *f*.

Meuterei (*pl* **-en**) *die* motín *m*.

meutern *vi* **- 1.** [sich auflehnen] amotinarse **- 2.** *fam* [sich weigern] protestar.

Mexiko *nt* México *m*, Méjico *m Esp* ; **in ~** en Méjico ODER México.

Mexiko-City *nt* Ciudad *f* de Méjico ODER México.

MEZ [ɛm'eːˈtsɛt] (*abk für* **mitteleuropäische Zeit**) *die (ohne Pl)* hora *f* de Europa Central.

MFG [ɛmʏɛfʏgeː] (*pl* **-s**) *die abk für* **Mitfahrgelegenheit**.

mg (*abk für* **Milligramm**) mg.

MG [ɛm'geː] (*pl* **-s**) *abk für* **Maschinengewehr**.

MHz (*abk für* **Megahertz**) Mhz.

miauen *vi* maullar.

mich *pron (Akkusativ von ich)* **- 1.** [Personalpronomen] me **- 2.** [Reflexivpronomen] me.

Miene (*pl* **-n**) *die* semblante *m* ; **keine ~ verziehen** no inmutarse.

mies *fam abw* <> *adj* de pena. <> *adv* : **sich ~ fühlen** estar hecho(cha) polvo ; **~ gelaunt sein** tener un humor de perros.

Miese *pl fam* deudas *fpl* ; **in den ~n sein** estar en números rojos ; **~ machen** tener pérdidas.

Mies|muschel *die* mejillón *m*.

Miete (*pl* **-n**) *die* alquiler *m* ; **zur ~ wohnen** vivir de alquiler.

mieten *vt* : **(sich** *(D)***) etw ~** alquilar algo, rentar *Amér*.

Mieter, in (*mpl* **-**, *fpl* **-nen**) *der, die* inquilino *m*, -na *f*.

Miet|preis *der* (precio *m* del) alquiler *m*.

Miets|haus *das* casa *f* de viviendas de alquiler.

Miet|vertrag *der* contrato *m* de alquiler.

Migräne *die (ohne Pl)* migraña *f*.

Mikro|chip *der* microchip *m*.

Mikrofon, Mikrophon (*pl* **-e**) *das* micrófono *m*.

Mikroskop (*pl* **-e**) *das* microscopio *m*.

mikroskopisch <> *adj* **- 1.** [mit einem Mikroskop] microscópico(ca) **- 2.** [winzig] minúsculo(la). <> *adv* **- 1.** [mit einem Mikroskop] con microscopio **- 2.** [winzig] : **~ klein** minúsculo(la).

Mikrowellen|herd *der* microondas *m*.

Milch *die (ohne Pl)* leche *f*.

Milch|flasche *die* botella *f* de leche ; [für Säugling] biberón *m*.

milchig <> *adj* lechoso(sa). <> *adv* como la leche.

Milch|produkt *das* producto *m* lácteo.

Milch|pulver *das* leche *f* en polvo.

Milch|reis *der (ohne Pl)* arroz *m* con leche.

Milch|straße *die (ohne Pl)* Vía *f* Láctea.

Milch|suppe *die* sopa *f* de leche.

Milch|zahn *der* diente *m* de leche.

mild, milde <> *adj* **- 1.** [gut verträglich] suave **- 2.** [nicht scharf] suave **- 3.** [angenehm] agradable ; **es ist ~ draußen** fuera hace una temperatura muy agradable ; [Licht] tenue **- 4.** [gnädig] leve ; [Lächeln] ligero(ra) ; [Worte, Behandlung Herrscher] indulgente. <> *adv* **- 1.** [gnädig] con indulgencia ; [lächeln] ligeramente **- 2.** [angenehm] suavemente **- 3.** : **~ gewürzt** poco condimentado(da).

Milde *die (ohne Pl)* **- 1.** [Gnade] indulgencia *f* **- 2.** [angenehmer Zustand] suavidad *f* ; [des Abends] templanza *f*.

mildern *vt* **- 1.** [abschwächen] suavizar ; [Schärfe] suavizar ; [Urteil] rebajar **- 2.** [lindern] aliviar.

Milieu [mi'li̯øː] (*pl* **-s**) *das* **- 1.** [Umfeld]

entorno *m* - **2.** [Umwelt] medio *m* - **3.** [Unterwelt] mundo *m*.

militant ◇ *adj* radical. ◇ *adv* radicalmente.

Militär (*pl* **-s**) ◇ *das (ohne Pl)* ejército *m*. ◇ *der* militar *m*.

Militärdienst *der (ohne Pl)* servicio *m* militar.

militärisch ◇ *adj* militar. ◇ *adv* militarmente.

Militär|regierung *die* gobierno *m* militar.

Milliardär, in (*mpl* **-e**, *fpl* **-nen**) *der, die* multimillonario *m*, -ria *f*.

Milliarde (*pl* **-n**) *die* mil millones *mpl*, millardo *m*.

Milli|gramm *das* miligramo *m*.

Milli|liter *der* mililitro *m*.

Milli|meter *der* milímetro *m*.

Milli|meterpapier *das (ohne Pl)* papel *m* milimetrado.

Million (*pl* **-en**) *die* millón *m*.

Millionär, in (*mpl* **-e**, *fpl* **-nen**) *der, die* millonario *m*, -ria *f*.

Millionen|stadt *die* megalópolis *f*.

Milz (*pl* **-en**) *die* bazo *m*.

Mimik *die (ohne Pl)* mímica *f*.

Minderheit (*pl* **-en**) *die* minoría *f* ; **in der ~ sein** estar en minoría.

minderjährig *adj* menor de edad.

Minderjährige (*pl* **-n**) *der, die* menor *mf* (de edad).

mindern *vt* reducir.

minderwertig ◇ *adj* de calidad inferior ; [Qualität] inferior. ◇ *adv* inferior ; [beschaffen] de peor calidad.

Mindestalter *das (ohne Pl)* edad *f* mínima.

mindeste *adj* : **der/die/das ~ ...** el más mínimo/la más mínima ; **das Mindeste** lo más mínimo ; **das ist das Mindeste** eso es lo mínimo ODER menos. ◆ **nicht im Mindesten** *adv* ni lo más mínimo.

mindestens *adv* - **1.** [bestimmt] por lo menos - **2.** [wenigstens] al menos.

Mindest|lohn *der* salario *m* mínimo.

Mine (*pl* **-n**) *die* [alle Bedeutungen] mina *f*.

Mineral (*pl* **-e** ODER **-ien**) *das* mineral *m*.

Minerall|öl *das* aceite *m* mineral.

Mineralöl|steuer *die* impuesto *m* sobre los derivados del petróleo.

Mineral|wasser *das* agua *f* mineral.

mini *adv* : **~ tragen** llevar minifalda ; **in ~ gehen** ir en minifalda.

Mini (*pl* **-s**) ◇ *das* - **1.** *(ohne Pl, ohne Artikel)* [Mode] moda *f* mini - **2.** *fam* [Kleid] vestido *m* muy corto. ◇ *der fam* [Rock] minifalda *f*.

minimal ◇ *adj* mínimo(ma). ◇ *adv* mínimamente.

Minimum (*pl* **Minima**) *das* mínimo *m*.

Minister (*pl* **-**) *der* ministro *m*.

ministeriell ◇ *adj* ministerial. ◇ *adv* ministerialmente.

Ministerin (*pl* **-nen**) *die* ministra *f*.

Ministerium [minɪs'teːrium] (*pl* **Ministerien**) *das* ministerio *m* ; **~ des Inneren/der Finanzen** Ministerio del Interior/de Finanzas.

Minister|präsident, in *der, die* - **1.** [von Bundesländern] presidente *m*, -ta *f* del gobierno de un land - **2.** [Premierminister] primer ministro *m*, -tra *f*.

Minister|rat *der* consejo *m* de ministros.

minus ◇ *präp* menos. ◇ *adv* : **~ dreizehn Grad** trece grados bajo cero. ◇ *konj* : **zehn ~ drei** diez menos tres.

Minus *das (ohne Pl)* - **1.** [Fehlbetrag] déficit *m* ; **im ~ stehen** tener un déficit ; [Konto] tener un saldo negativo - **2.** [Zeichen] menos *m*.

Minute (*pl* **-n**) *die* minuto *m* ; **auf die ~ pünktlich** puntual como un reloj.

Minze (*pl* **-n**) *die* menta *f*.

Mio. *abk für* **Million**.

mir *pron (Dativ von ich)* me/a mí ; **kommst du mit ~?** ¿te vienes conmigo?.

Misch|brot *das* pan *m* de trigo y centeno.

mischen *vt* mezclar ; **etw mit etw ~** mezclar algo con algo.

Mischling (*pl* **-e**) *der* [Tier] mezcla *f* ; [Mensch] mestizo *m*.

Mischung (*pl* **-en**) *die* mezcla *f*.

missachten *vt* - **1.** [nicht befolgen] desacatar, desobedecer ; [Regeln] infringir - **2.** [verachten] despreciar.

Missbehagen *das (ohne Pl)* desagrado *m* ; **etw bereitet jm ~** algo desagrada a alguien.

missbilligen *vt* desaprobar, rechazar.

missbilligen

No estoy de acuerdo en absoluto. Ich bin absolut nicht einverstanden.

Estoy totalmente en desacuerdo con tu planteamiento. Ich bin absolut gegen deinen Vorschlag.

No estoy conforme. Ich bin nicht einverstanden.

Lo siento, pero no puedo aceptar ese argumento. Tut mir Leid, aber das Argument leuchtet mir nicht ein.

Puede ser, sin embargo todo parece indicar que... Schon möglich, aber alles deutet darauf hin, dass...

Miss|brauch *der* abuso *m*.

missbrauchen *vt* abusar de.

missen *vt* prescindir de ; **etw nicht (mehr) ~ wollen** no querer prescindir (más) de algo.

Miss|erfolg *der* fracaso *m*.

missfallen (*präs* **missfällt**, *prät* **missfiel**, *perf* **hat missfallen**) *vi* desagradar.

Missfallen *das (ohne Pl)* desagrado *m*.

missgebildet *adj* malformado(da), deforme.

Miss|geschick *das* desgracia *f*; **jm passiert ein ~** a alguien le sucede una desgracia.

missglücken (*perf* **ist missglückt**) *vi* fracasar ; **jm missglückt etw** a alguien le sale algo mal.

missgönnen *vt* : **jm etw ~** [beneiden] envidiar a alguien por algo ; [nicht gönnen] no desear algo a alguien.

Missgunst *die (ohne Pl)* envidia *f*.

misshandeln *vt* maltratar.

Miss|handlung *die* mal(os) trato(s) *m(pl)*.

Mission (*pl* **-en**) *die* misión *f*.

Misskredit *der (ohne Pl)* : **jn in ~ bringen** desacreditar a alguien ; **in ~ geraten** ODER **kommen** adquirir mala fama.

misslang *prät* ▷ **misslingen**.

misslingen (*prät* **misslang**, *perf* **ist misslungen**) *vi* salir mal ; **jm misslingt etw** algo sale mal a alguien.

misslungen *pp* ▷ **misslingen**.

missmutig ◇ *adj* malhumorado(da). ◇ *adv* malhumoradamente.

missraten (*präs* **missrät**, *prät* **missriet**, *perf* **ist missraten**) ◇ *vi* : **jm missrät etw** algo sale mal a alguien. ◇ *adj* [schlecht erzogen] maleducado(da) ; [missglückt] fracasado(da), fallido(da) ; **ein ~es Gericht** un plato que ha salido mal.

Miss|stand *der* situación *f* precaria.

misst *präs* ▷ **messen**.

misstrauen *vi* : **einer Sache/jm ~** desconfiar de algo/alguien.

Misstrauen *das (ohne Pl)* desconfianza *f*.

misstrauisch ◇ *adj* desconfiado(da) ; **jm gegenüber ~ sein** ser desconfiado(da) con alguien, no confiar en alguien. ◇ *adv* desconfiadamente.

Miss|verhältnis *das* desproporción *f*, desigualdad *f*.

Missverständnis (*pl* **-se**) *das* malentendido *m*.

missverstehen (*prät* **missverstand**, *perf* **hat missverstanden**) *vt* entender mal, malinterpretar.

Misswirtschaft *die (ohne Pl)* mala gestión *f*.

Mist *der (ohne Pl)* **- 1.** [Dung] estiércol *m* **- 2.** *fam fig & abw* [Plunder] trastos *mpl* **- 3.** *fam fig & abw* [Blödsinn] tonterías *fpl* ; **bei etw ~ bauen** meter la pata en algo **- 4.** *fam* [als Ausruf] : **(so ein) ~!** ¡mierda!, ¡me cago en la leche!

mit ◇ *präp (+ D)* **- 1.** [alle Bedeutungen] con **- 2.** [in festen Wendungen] : **wir fangen schon mal ~ dem Essen an** empezamos ya a comer ; **hör ~ dem Gejammer auf** deja de quejarte. ◇ *adv* **- 1.** [zusammen mit anderen] : **denk bitte ~ daran, dass ...** ten en cuenta que ... ; **~ dabei** [mit uns] con nosotros(tras) **- 2.** [in Vertretung, anstelle] en su nombre, en su lugar **- 3.** *(+ Superl) fam* [unter anderen, anderem] : **sie war ~ eine der Schönsten** era una de las más guapas.

Mitarbeit *die (ohne Pl)* colaboración *f*, cooperación *f*.

mit|arbeiten *vi* colaborar ; **an etw** *(D)* **/bei etw ~** colaborar en algo.

Mit|arbeiter, in *der, die* colaborador *m*, -ra *f*.

mit|bekommen *vt (unreg)* **- 1.** [verstehen] entender ; [hören] oír **- 2.** [merken] : **etwas/nichts (von etw) ~** enterarse/no enterarse (de algo) ; **(von etw) nicht viel ~** no enterarse mucho (de algo) **- 3.** [bekommen] recibir, obtener.

Mitbestimmung *die (ohne Pl)* codecisión *f* ; [in Betrieb] cogestión *f*.

Mit|bewohner, in *der, die* compañero *m*, -ra *f* de piso/residencia.

mit|bringen *vt (unreg)* **- 1.** [bringen] traer **- 2.** [vorweisen] disponer de.

Mit|bürger, in *der, die* conciudadano *m*, -na *f*.

miteinander *adv* juntos(tas) ; [streiten, flirten] el uno con el otro (la una con la otra) ; **nicht ~ reden** no hablarse mutuamente. ◆ **alle miteinander** *pron* todos juntos (todas juntas).

mit|erleben *vt* presenciar.

Mitesser (*pl* **-**) *der* espinilla *f*, comedón *m*.

mit|fahren (*perf* **ist mitgefahren**) *vi (unreg)* venir ; **mit** ODER **bei jm ~** ir con alguien *(en un vehículo)*.

Mitfahr|gelegenheit *die* viaje *m* compartido *(en coche)*.

Mitfahr|zentrale, Mitfahrerzentrale *die agencia de viajes que tramita viajes compartidos en coche.*

mit|fühlen ◇ *vi* : **mit jm ~** compadecer a alguien, compartir los sentimientos de alguien. ◇ *vt* : **js Trauer ~** compartir los sentimientos de dolor de alguien.

mit|geben *vt (unreg)* dar.

Mitgefühl *das (ohne Pl)* compasión *f*.

mit|gehen (*perf* **ist mitgegangen**) *vi (unreg)* **- 1.** [mitkommen] venir ; **mit jm ~** ir con alguien ; [begleiten] acompañar a alguien

- **2.** [teilhaben] participar ; **mit der Musik ~** acompañar con la música - **3.** *fam* [stehlen] : **etw ~ lassen** robar algo.

mitgenommen ◇ *pp* ▷ **mitnehmen.** ◇ *adj* [Sache] estropeado(da) ; [Person] agotado(da) ; [von einem Schock] afectado(da) ; **~ aussehen** estar agotado(da).

Mitgift (*pl* **-en**) *die* dote *f*, ajuar *m*.

Mit|glied *das* miembro *mf* ; [eines Vereins, Klubs] socio *m*, -cia *f*.

Mitglieds|beitrag *der* cuota *f* de socio.

Mitgliedschaft (*pl* **-en**) *die* afiliación *f* ; **die ~ beantragen** solicitar la admisión ; **die ~ kündigen** abandonar un club/un partido/una asociación, etc. ; **die ~ in einer Organisation** la pertenencia a una organización.

mit|halten *vi (unreg)* : **bei etw ~ können** poder aguantar algo ; **mit etw/jm ~ können** poder competir con algo/alguien ; [mit Tempo] poder aguantar algo ; [mit Mode] poder seguir algo.

mithilfe *adv* : **~ von etw, ~ einer Sache/js** con la ayuda de algo/alguien.

Mithilfe *die (ohne Pl)* ayuda *f*, cooperación *f*.

mit|hören *vi & vt* escuchar.

mit|kommen (*perf* **ist mitgekommen**) *vi (unreg)* - **1.** [auch kommen] venir - **2.** [im Unterricht] poder seguir - **3.** [eintreffen] llegar - **4.** [folgen können] poder seguir, aguantar ; **da komme ich nicht (mehr) mit!** *fam* ¡no logro entenderlo!

Mitleid *das (ohne Pl)* compasión *f* ; **mit jm ~ haben** tener compasión de alguien ; **mit jm ~ empfinden** sentir compasión por alguien.

Mitleid

Lo siento mucho. Das tut mir sehr Leid.

Siento mucho lo del accidente de su marido. Das mit dem Unfall Ihres Mannes tut mir aufrichtig Leid.

Te acompaño en el sentimiento. Herzliches Beileid.

¡Qué pena más grande! Was für ein Unglück!

¡Qué mala suerte la tuya! Du hast aber auch ein Pech.

¡Que te mejores! Gute Besserung!

Mitleidenschaft *die (ohne Pl)* : **etw/jn in ~ ziehen** perjudicar ODER afectar a algo/alguien.

mitleidig ◇ *adj* compasivo(va). ◇ *adv* compasivamente.

mit|machen ◇ *vt* - **1.** [auch machen] seguir ; **etw nicht mehr (länger) ~** no seguir con algo - **2.** [erledigen] : **etw für jn ~** hacer algo por alguien - **3.** [aushalten] soportar ; **jd hat schon viel mitgemacht** alguien ha soportado mucho. ◇ *vi* participar ; **bei etw ~** participar en algo.

Mitmenschen *pl* prójimo *m*.

mit|mischen *vi fam* tomar parte ; **bei etw ~** tomar parte en algo, meterse en algo.

mit|nehmen *vt (unreg)* - **1.** [mit sich nehmen] llevarse ; **jn ~** llevar a alguien ; **sich** *(D)* **etw ~** llevarse algo - **2.** [erschüttern] afectar, consternar ; [erschöpfen] agotar - **3.** [kaufen] llevarse - **4.** [stehlen] robar, llevarse - **5.** *fam* [wahrnehmen, besuchen] ver.

Mit|reisende *der, die* compañero *m*, -ra *f* de viaje.

mit|reißen *vt (unreg)* - **1.** [begeistern] apasionar - **2.** [fortreißen] llevarse consigo.

mitsamt *präp* : **~ einer Sache** *(D)* (junto) con algo.

mit|schreiben *(unreg)* ◇ *vt* - **1.** [festhalten] anotar, apuntar - **2.** [Prüfung, Test] hacer. ◇ *vi* : **sie versuchte mitzuschreiben, aber ...** intentó tomar notas, pero ...

Mitschuld *die (ohne Pl)* complicidad *f*.

mitschuldig *adj* : **(an etw** *(D)***) ~ sein** ser cómplice (de algo).

Mit|schüler, in *der, die* compañero *m*, -ra *f* de clase.

mit|spielen ◇ *vi* - **1.** [auch spielen] : **bei etw ~** participar en algo ; **bei einem Film ~** actuar en una película ; **in einer Mannschaft ~** jugar en un equipo ; **in einem Orchester ~** tocar en una orquesta - **2.** [wichtig sein] : **bei etw ~** tener peso en algo - **3.** [mitmachen] : **das Wetter hat nicht mitgespielt** el tiempo no nos ha acompañado ; **bei etw ~** tener interés en algo - **4.** [schaden] : **jm übel ~** jugar a alguien una mala pasada. ◇ *vt* [Spiel] participar en.

Mit|spieler, in *der, die* compañero *m*, -ra *f* de juego.

Mitspracherecht *das (ohne Pl)* derecho *m* de intervención ; [Mitbestimmungsrecht] derecho *m* de cogestión ; **ein/kein ~ bei etw haben** tener/no tener derecho a decidir algo.

Mittag (*pl* **-e**) *der* mediodía *m* ; **am ~** a(l) mediodía ; **über ~** a(l) mediodía ; **zu ~ essen** almorzar ; **gestern/heute/morgen ~** ayer/hoy/mañana a(l) mediodía.

Mittag|essen *das* almuerzo *m*.

mittags *adv* a(l) mediodía.

Mittags|pause *die* pausa *f* ODER descanso *m* de mediodía.

Mittags|schlaf *der (ohne Pl)* siesta *f*.

Mitte (*pl* **-n**) *die* medio *m* ; [Mittelpunkt] centro *m* ; **bis ~ April** hasta mediados de abril ; **in der ~** en (el) medio ODER el centro ; **jn in die ~ nehmen** poner a alguien en (el) medio ; **etwa ~ vierzig sein** tener unos 45 años ; **eine Dame ~ vierzig** una señora de unos 45 años ; ~ **nächster Woche** a mitad de la semana próxima.

mitlteilen *vt* : **jm etw ~** informar a alguien de algo, comunicar algo a alguien.

Mitlteilung *die* comunicado *m* ; **jm eine ~ machen** comunicar ODER notificar algo a alguien.

Mittel (*pl* -) *das* - **1.** [Hilfsmittel] recurso *m* ; **mit allen ~n** por todos los medios - **2.** [Reinigungsmittel, Pflegemittel] producto *m* - **3.** [Medikament] medicamento *m* ; **ein ~ gegen etw** un medicamento contra algo. ◆ **Mittel** *pl* [Geldmittel] medios *mpl* ; **öffentliche ~** bienes *mpl* públicos.

Mittelalter *das (ohne Pl)* Edad *f* Media.

mittelalterlich ◇ *adj* medieval, de la Edad Media. ◇ *adv* como en la Edad Media.

Mittellamerika *nt* América *f* Central.

Mittelleuropa *nt* Europa *f* Central.

Mittellfinger *der* dedo *m* medio, dedo *m* corazón.

Mittellgebirge *das* macizo *m* montañoso.

mittelgroß *adj* mediano(na).

Mittelhochldeutsch *das* alto alemán *m* medio.

mittellos *adj* sin medios, sin recursos.

mittelmäßig *abw* ◇ *adj* mediocre. ◇ *adv* mediocremente.

Mittelmeer *das* (mar *m*) Mediterráneo *m*.

Mittellpunkt *der* centro *m* ; **im ~ stehen** ser el centro de atención.

Mittelstand *der (ohne pl)* clase *f* media.

Mittellstreifen *der* franja *f* central.

Mittellweg *der* vía *f* intermedia, término *m* medio.

Mittellwert *der* promedio *m*.

mitten *adv* : **~ auf** en medio de ; **~ durch** a través de ; **~ in** en medio de ; **~ unter** entre ; **~ am Tag/in der Nacht** en pleno día/plena noche.

mittendrin *adv* en (el) medio.

mittendurch *adv* por el medio.

Mitternacht *die (ohne Pl)* medianoche *f*.

mittlere, r, s *adj* - **1.** [durchschnittlich] medio(dia) - **2.** [in der Mitte liegend] central.

Mittlere Osten *der* Oriente *m* Medio.

mittlerweile *adv* entretanto.

Mittwoch (*pl* **-e**) *der* miercóles *m* ; *siehe auch* **Samstag**.

mittwochs ['mɪtvɔxs] *adv* los miercóles ; *siehe auch* **samstags**.

mitunter *adv* de vez en cuando.

mitverantwortlich ◇ *adj* : **~ sein** compartir la responsabilidad. ◇ *adv* : **jn ~ machen** hacer igualmente responsable a alguien.

mitlverdienen *vi* : **sie muss auch ~** ella también debe ganar dinero.

mitlwirken *vi* colaborar ; **bei etw ~** colaborar en algo.

Mitwisser, in (*mpl* -, *fpl* **-nen**) *der, die* cómplice *mf*.

mixen *vt* mezclar.

Mob *der (ohne Pl) abw* chusma *f*.

Möbel (*pl* -) *das* mueble *m*.

Möbellwagen *der* camión *m* de mudanzas.

mobil *adj* - **1.** [beweglich] móvil - **2.** [munter] espabilado(da) ; **~ machen** MIL movilizar ; **jn ~ machen** [munter machen] espabilar a alguien.

Mobillfunk *der (ohne pl)* telefonía *f* móvil ; [Mobiltelefon] teléfono *m* móvil.

Mobiliar (*pl* **-e**) *das* mobiliario *m*.

Mobilltelefon *das* teléfono *m* móvil.

möblieren *vt* amueblar.

möbliert ◇ *adj* amueblado(da). ◇ *adv* : **Zimmer ~ zu vermieten** se alquila habitación amueblada.

mochte *prät* ▻ **mögen**.

Mode (*pl* **-n**) *die* moda *f* ; **mit der ~ gehen** ir a la moda.

Modelhaus *das* - **1.** [Einzelgeschäft] tienda *f* de moda - **2.** [Unternehmen] empresa *f* de moda.

Modell (*pl* **-e**) *das* - **1.** [Vorbild] modelo *m* - **2.** [von Malern] modelo *m* ; **~ stehen** posar de modelo - **3.** [Callgirl] chica *f* - **4.** [verkleinertes, vergrößertes Original] maqueta *f* - **5.** [Ausführung] modelo *m*.

modellieren *vt* modelar.

Modem (*pl* **-s**) *das* módem *m*.

Modenlschau *die* desfile *m* de moda.

Moderator (*pl* **-toren**) *der* presentador *m*.

Moderatorin (*pl* **-nen**) *die* presentadora *f*.

moderig = **modrig**.

modern[1] (*perf* **hat/ist gemodert**) *vi* pudrirse.

modern[2] ◇ *adj* moderno(na). ◇ *adv* [zeitgemäß] al estilo moderno ; **X malt ~** X se dedica a la pintura moderna.

modernisieren *vt* modernizar.

Modelschmuck *der* bisutería *f*.

modisch ◇ *adj* de moda. ◇ *adv* a la moda.

modrig, moderig ◇ *adj* : **~es Wasser** agua estancada. ◇ *adv* : **~ riechen** oler a moho.

Mofa (*pl* **-s**) *das* ciclomotor *m*, velomotor *m*.

mogeln *vi* hacer trampas.

mögen (*präs* **mag**, *prät* **mochte**, *perf* **hat gemocht** ODER -) ◇ *vt (perf hat gemocht)* - **1.** [gern haben] : **jd mag etw/jn** a alguien le gusta algo/alguien ; **magst du Eis?** ¿te gustan los helados? - **2.** [wollen] querer ; **was möchten Sie?** ¿qué desea? ; **ich möchte bitte** por favor, quisiera. ◇ *vi (perf hat gemocht)* querer ; [gehen mögen] querer irse ; **ich mag nach Hause** quiero irme a casa ; **ich mag nicht mehr, danke** no quiero más, gracias. ◇ *aux (Perf hat mögen)* - **1.** [wollen] querer - **2.** [können] : **mag sein** puede ser - **3.** *geh* [vielleicht sein] : **es mochten an die 2 Stunden vergangen sein** habrían transcurrido unas dos horas.

möglich ◇ *adj* posible ; **jm ist es nicht ~, etw zu tun** alguien no puede hacer algo. ◇ *adv* posible ; **so bald wie ~** cuanto antes. ◆ **alles Mögliche** *pron* de todo.

möglicherweise *adv* posiblemente, probablemente.

Möglichkeit (*pl* **-en**) *die* posibilidad *f* ; **es besteht die ~, dass ...** existe la posibilidad de que ... ; **nach ~** si es posible.

möglichst ['møːklɪçst] *adv* - **1.** [wenn möglich] a ser posible - **2.** [so viel wie möglich] como sea posible ; **~ groß/stark** tan grande/fuerte como sea posible ; **~ viel** tanto como sea posible.

Mohammedaner, in (*mpl* **-**, *fpl* **-nen**) *der, die* mahometano *m*, -na *f*.

mohammedanisch *adj* mahometano(na).

Mohn (*pl* **-e**) *der* - **1.** [Schlafmohn] adormidera *f* ; [Klatschmohn] amapola *f* - **2.** [Samen] semilla *f* de adormidera.

Mohnlblume *die* flor *f* de la amapola.

Möhre (*pl* **-n**) *die* zanahoria *f*.

Mohrenlkopf *der especie de merengue cubierto de chocolate sobre una base de barquillo.*

Mokka (*pl* **-s**) *der* moca *f*.

Molekül (*pl* **-e**) *das* molécula *f*.

molk *prät* ▷ **melken**.

Molke *die (ohne Pl)* suero *m* (de la leche).

Molkerei (*pl* **-en**) *die* lechería *f*.

Moll *das (ohne Pl)* modo *m* menor.

mollig *adj* rellenito(ta), gordito(ta) ; **eine ~e Frau** una gordita.

Moment (*pl* **-e**) ◇ *der* momento *m* ; **im ~** por el momento ; **jeden ~** en cualquier momento ; **(einen) ~, bitte!** un momento, por favor ; **~ (mal)!** *fam* ¡un momento! ◇ *das* momento *m*.

momentan ◇ *adj* momentáneo(a). ◇ *adv* momentáneamente.

Monaco *nt* Mónaco *m*.

Monarchie (*pl* **-n**) *die* monarquía *f*.

Monat (*pl* **-e**) *der* mes *m* ; **diesen ~** este mes ; **nächsten ~** el mes próximo ODER que viene ; **vorigen ~** el mes pasado ODER anterior ; **sie ist im fünften ~ (schwanger)** está (embarazada) de cinco meses.

monatelang ◇ *adj* de varios meses. ◇ *adv* durante meses.

monatlich ◇ *adj* mensual. ◇ *adv* mensualmente.

Monatslkarte *die* tarjeta *f* ODER abono *m* mensual.

Mönch (*pl* **-e**) *der* monje *m*, fraile *m*.

Mond (*pl* **-e**) *der* luna *f* ; [Satellit der Erde] Luna *f*.

Mondlfinsternis *die* eclipse *m* lunar.

Mondllandung *die* alunizaje *m*.

Mondlschein *der (ohne Pl)* luz *f* de la luna ; **im ~ spazieren gehen** pasear a la luz de la luna.

mongoloid *adj* mongoloide.

Monitor (*pl* **-en** ODER **-e**) *der* monitor *m*.

Monogramm (*pl* **-e**) *das* monograma *m*, iniciales *fpl*.

Monolog (*pl* **-e**) *der* monólogo *m*.

Monopol (*pl* **-e**) *das* monopolio *m* ; **das ~ auf etw** *(A)* **haben** tener el monopolio de algo.

monoton ◇ *adj* monótono(na). ◇ *adv* monótonamente.

Monster (*pl* **-**) *das* monstruo *m*.

Monsun (*pl* **-e**) *der* monzón *m*.

Montag (*pl* **-e**) *der* lunes *m* ; **einen blauen ~ machen** no ir a trabajar el lunes ; *siehe auch* **Samstag**.

Montage [mɔn'taːʒə] (*pl* **-n**) *die* montaje *m* ; **auf ~ sein** estar montando algo.

montags *adv* los lunes ; *siehe auch* **samstags**.

Montblanc [mɔ̃'blɑ̃ː] *der* Montblanc *m*.

montieren *vt* montar.

Montreal *nt* Montreal *m*.

Monument (*pl* **-e**) *das* monumento *m*.

monumental ◇ *adj* monumental. ◇ *adv* de forma monumental ODER impresionante.

Moor (*pl* **-e**) *das* pantano *m*.

Moos (*pl* **-e**) *das* - **1.** *(ohne Pl)* [Pflanze] musgo *m* - **2.** *(ohne Pl) fam* [Geld] pasta *f*.

Moped (*pl* **-s**) *das* ciclomotor *m*.

Mops (*pl* **Möpse**) *der* - **1.** [Hund] doguillo *m* - **2.** *fam fig* [Mensch] regordete *m*.

Moral *die (ohne Pl)* moral *f* ; [das Lehrreiche] moraleja *f*.

moralisch ◇ *adj* moral. ◇ *adv* moralmente.

Morallpredigt *die abw* sermón *m* ; **jm eine ~ halten** echar ODER soltar un sermón a alguien.

Morast (*pl* **-e**) *der* barro *m*.

Morchel (*pl* **-n**) *die* colmenilla *f*.

Mord (*pl* **-e**) *der* asesinato *m* ; **einen ~ begehen** cometer un asesinato.

Mörder, in (*mpl* -, *fpl* **-nen**) *der, die* asesino *m*, -na *f*.
mörderisch <> *adj* - **1.** [lebensgefährlich] homicida, mortífero(ra) - **2.** [gesetzeswidrig] homicida - **3.** *fam* [groß] mortal ; [Hitze] asfixiante. <> *adv* - **1.** [lebensgefährlich] : ~ **schnell** a una velocidad de muerte ; **die Straße ist ~ steil** la calle tiene una pendiente mortal - **2.** *fam* [sehr] : **es ist ~ heiß** hace un calor de muerte ; **es ist ~ trocken** hay una sequía terrible.
Mord|verdacht *der* : **unter ~ stehen** ser sospechoso(sa) de asesinato.
morgen *adv* - **1.** [am Tag nach heute] mañana ; **bis ~!** ¡hasta mañana! ; **~ früh** mañana por la mañana - **2.** [vormittag] por la mañana - **3.** [zukünftig] en un futuro ; **die Welt von ~** el mundo del mañana.
Morgen (*pl* -) *der* mañana *f* ; **am ~** por la mañana ; **gestern/heute ~** ayer/hoy por la mañana. ◆ **guten Morgen** *interj* ¡buenos días!
Morgen|grauen *das* alba *f* ; **im/bei ~** al alba.
Morgen|rot *das (ohne Pl)* aurora *f*.
morgens *adv* por las mañanas ; **von ~ bis abends** desde la mañana hasta la noche.
morgig *adj* de mañana.
Morphium *das (ohne Pl)* morfina *f*.
morsch *adj* podrido(da).
morsen <> *vt* transmitir (con señales de morse). <> *vi* hacer señales de morse.
Mörtel (*pl* -) *der* mortero *m*, argamasa *f*.
Mosaik (*pl* **-e** ODER **-en**) *das* mosaico *m*.
Moschee [mɔ'ʃeː] (*pl* **-n**) *die* mezquita *f*.
Mosel *die* Mosela *m*.
Moskau *nt* Moscú *m*.
Moskauer (*pl* -) <> *der* moscovita *m*. <> *adj (unver)* moscovita.
Moskauerin (*pl* **-nen**) *die* moscovita *f*.
Moskito (*pl* **-s**) *der* mosquito *m*.
Moslem (*pl* **-s**) *der* musulmán *m*.
Moslime (*pl* **-n**) *die* musulmana *f*.
Most (*pl* **-e**) *der* - **1.** [Fruchtsaft] mosto *m* - **2.** *Süddt* [Apfelwein] sidra *f*.
Motiv (*pl* **-e**) *das* - **1.** [Beweggrund] móvil *m* - **2.** [Vorlage, Thema] motivo *m*.
motivieren [moti'viːrən] *vt* motivar ; **jn zu etw ~** motivar a alguien a (hacer) algo.
Motor, Motor (*pl* **-toren**) *der* motor *m*.
Motor|rad *das* moto(cicleta) *f*.
Motor|schaden *der* avería *f* del motor.
Motte (*pl* **-n**) *die* polilla *f*.
Motto (*pl* **-s**) *das* divisa *f*, lema *m* ; **unter dem ~ stehen** tener como lema.
Möwe (*pl* **-n**) *die* gaviota *f*.
MP [ɛm'piː] (*pl* **-s**) *abk für* **Maschinenpistole**.

Mrd. *abk für* **Milliarde**.
Mücke (*pl* **-n**) *die* mosquito *m*.
Mücken|stich *der* picadura *f* de mosquito.
müde <> *adj* cansado(da) ; **einer Sache** *(G)* **~ sein** estar harto(ta) de algo ; **nicht ~ werden, etw zu tun** no cansarse nunca de hacer algo. <> *adv* con hastío.
Müdigkeit *die (ohne Pl)* cansancio *m*.
muffig <> *adj* - **1.** [modrig] que huele a enmohecido(da) - **2.** *fam* [schlecht gelaunt] avinagrado(da). <> *adv* [modrig] a moho.
Mühe (*pl* **-n**) *die* esfuerzo *m* ; **jm ~ machen** molestar a alguien ; **sich** *(D)* **~ machen** esforzarse ; **sich** *(D)* **~ geben** hacer un esfuerzo ; **mit Müh und Not** por los pelos.
mühelos <> *adj* fácil. <> *adv* con facilidad.
mühevoll <> *adj* penoso(sa). <> *adv* con dificultad.
Mühle (*pl* **-n**) *die* - **1.** [Mahlwerk] molinillo *m* - **2.** [Gebäude] molino *m* - **3.** [Spiel] tres *m* en raya - **4.** *fam* [Fahrzeug] cafetera *f*.
mühsam <> *adj* laborioso(sa). <> *adv* con dificultad.
mühselig <> *adj* fatigoso(sa). <> *adv* fatigosamente.
Mulde (*pl* **-n**) *die* cuenca *f* ; [in Sand, Boden] hondonada *f*.
Mull (*pl* **-e**) *der* muselina *f* ; [Verband] gasa *f*.
Müll *der (ohne Pl)* basura *f* ; **etw in den ~ werfen** ODER **tun** tirar algo a la basura.

Müll

En Alemania hay una elevada sensibilidad por los temas relacionados con la ecología como, por ejemplo, la contaminación del medio ambiente.
La separación cuidadosa de la basura está generalizada tanto en el ámbito privado como en el comercial e industrial. Cada vez resulta más difícil encontrar contenedores mixtos de basura, ya que cada hogar realiza la separación de los residuos.
El servicio de recogida de basuras no está incluido en los impuestos, sino que se paga con una cuota anual. Existen tarifas detalladas para la eliminación de cada tipo de residuos, y varían según el municipio.

Müll|abfuhr *die* - **1.** [Transport] recogida *f* de basuras - **2.** [Unternehmen] servicio *m* de recogida de basuras.
Mull|binde *die* venda *f* de gasa.
Müll|deponie *die* vertedero *m* de basuras.

Müllleimer *der* cubo *m* de la basura.
Müller, in (*mpl* -, *fpl* **-nen**) *der, die* molinero *m*, -ra *f*.
Müllschlucker *der* tragadero *m* de basuras.
Mülltonne *die* contenedor *m* de basura.
Mülltrennung *die (ohne pl)* selección *f* de basura.
Müllwagen *der* camión *m* de la basura.
mulmig *adj* desagradable ; **jm wird ~** alguien tiene una sensación desagradable.
multikulturell *adj* multicultural.
Multiplexkino *das* cine *m* multisalas *(cine de grandes dimensiones con varias salas en las que se proyectan diferentes películas, y dotado, a la vez, de otros servicios)*.
multiplizieren *vt* : **etw mit etw ~** multiplicar algo por algo.
Mumie ['muːmiə] (*pl* **-n**) *die* momia *f*.
Mumm *der (ohne Pl) fam* valor *m* ; **keinen ~ haben** *abw* no tener agallas ; **~ haben** tener coraje.
Mumps *der (ohne Pl)* paperas *fpl*.
München *nt* Múnich *m*.
Münchner (*pl* -) ◇ *der* muniqués *m*. ◇ *adj (unver)* de Múnich.
Münchnerin (*pl* **-nen**) *die* muniquesa *f*.
Mund (*pl* **Münder**) *der* boca *f* ; **jn von ~ zu ~ beatmen** hacer el boca a boca ODER la respiración artificial a alguien ; **den** ODER **seinen ~ halten** *fam fig* cerrar la boca.
Mundart *die amt* dialecto *m*.
münden (*perf* **hat/ist gemündet**) *vi* - **1.** [einmünden] desembocar ; **in etw** *(A)* **~** desembocar en algo - **2.** *geh* [enden] desembocar, acabar.
Mundharmonika *die* armónica *f*.
mündig *adj* mayor de edad.
mündlich ◇ *adj* oral. ◇ *adv* oralmente.
mundtot *adj* : **jn ~ machen** hacer callar a alguien.
Mündung (*pl* **-en**) *die* - **1.** [Einmündung] desembocadura *f* - **2.** [von Waffe] boca *f*.
Mundwerk *das (ohne Pl) fam* labia *f* ; **ein loses ~ haben** tener mucha labia.
Munition (*pl* **-en**) *die* munición *f*.
munkeln *vt & vi* rumorear, cuchichear.
Münster (*pl* -) *das* catedral *f*.
munter ◇ *adj* - **1.** [wach]. - **2.** [lebhaft] vivaz - **3.** [fröhlich] divertido(da), alegre. ◇ *adv* - **1.** [fröhlich] alegremente - **2.** [unbekümmert] despreocupadamente.
Münze (*pl* **-n**) *die* moneda *f*.
münzen *vt* acuñar ; **auf etw/jn gemünzt sein** *fig* estar dirigido(da) a algo/alguien.
Münzfernsprecher *der amt* teléfono *m* público (de monedas).
mürbe ◇ *adj* - **1.** [Nahrung] desmoronadizo(za) ; [Fleisch] tierno(na) - **2.** [Material] quebradizo(za) - **3.** *fig* [zermürbt] : **jn ~ machen** ablandar a alguien. ◇ *adv* : **ein Steak ~ klopfen** ablandar un chuletón.
Mürbeteig *der* pastaflora *f*.
murmeln *vi, vt* murmurar.
murren *vi* refunfuñar ; **über etw** *(A)* **~** refunfuñar por algo.
mürrisch ◇ *adj* refunfuñón(ona) ; [Laune, Gesicht] malhumorado(da). ◇ *adv* refunfuñando.
Mus (*pl* **-e**) *das* puré *m*.
Muschel (*pl* **-n**) *die* - **1.** [Tier] molusco *m* ; KÜCHE mejillón *m* - **2.** [Schale] concha *f*.
Museum [mu'zeːʊm] (*pl* **Museen**) *das* museo *m*.
Musical ['mjuːzik(ə)l] (*pl* **-s**) *das* musical *m*.
Musik (*pl* **-en**) *die* música *f*.
musikalisch ◇ *adj* - **1.** [Musik betreffend] musical - **2.** [für Musik begabt] : **er ist sehr ~** tiene talento para la música. ◇ *adv* - **1.** [für Musik] para la música - **2.** [wohlklingend] con musicalidad.
Musiker, in (*mpl* -, *fpl* **-nen**) *der, die* músico *m*, -ca *f*.
Musikunterricht *der (ohne Pl)* clase *f* de música.
musizieren *vi* hacer música.
Muskat *der* nuez *f* moscada.
Muskatnuss *die* nuez *f* moscada.
Muskel (*pl* **-n**) *der* músculo *m*.
Muskelkater *der (ohne Pl)* agujetas *fpl* ; **(einen) ~ haben** tener agujetas.
Muskulatur (*pl* **-en**) *die* musculatura *f*.
muskulös *adj* musculoso(sa).
Müsli (*pl* -) *das* muesli *m*.
muss *präs* ▷ **müssen**.
Muss *das (ohne Pl)* necesidad *f*.
Muße *die (ohne Pl)* tranquilidad *f* ; **viel ~ für seine Hobbys haben** tener mucho tiempo libre para sus aficiones.
müssen (*präs* **muss**, *prät* **musste**, *perf* **hat gemusst** ODER -) ◇ *aux (Perf hat müssen)* - **1.** [tun müssen] tener que ; **etw nicht tun ~** no tener que hacer algo ; **muss das sein?** ¿es necesario?, ¿tiene que ser así? - **2.** [sicherlich so sein müssen] deber de - **3.** [eigentlich so sein müssen] tener que - **4.** [sollte] : **so jung müsste man noch einmal sein!** ¡quién fuera otra vez joven! ; **Geld müsste man haben!** ¡quién tuviera dinero! ◇ *vt (perf hat gemusst)* tener que ; **ich muss gar nichts!** ¡yo no tengo que hacer nada! ◇ *vi (perf hat gemusst)* tener que ir ; **muss ich wirklich? - ja du musst** ¿tengo que hacerlo? - sí ; **mal ~** *fam fig* tener que hacer pis.
musste *prät* ▷ **müssen**.
Muster (*pl* -) *das* - **1.** [Vorlage] modelo *m*

- 2. [Beispiel] ejemplo *m* - 3. [Musterung] estampado *m*, dibujo *m* - 4. [Warenprobe] muestra *f*.

mustergültig <> *adj* ejemplar. <> *adv* de manera ejemplar.

mustern *vt* - 1. [betrachten] inspeccionar - 2. [Wehrpflichtigen] reconocer.

Musterung (*pl* **-en**) *die* - 1. [von Wehrpflichtigen] reconocimiento *m* médico - 2. [Betrachtung] inspección *f*.

Mut *der (ohne Pl)* - 1. [Furchtlosigkeit] valor *m* - 2. [Zuversicht] confianza *f* ; **jm ~ machen** dar ánimos a alguien.

mutig <> *adj* valiente. <> *adv* con valentía.

mutmaßlich <> *adj* presunto(ta). <> *adv* presuntamente.

Mutter (*pl* **Mütter** ODER **-n**) *die* - 1. *(Pl Mütter)* [Frau, Tier] madre *f* - 2. *(Pl Muttern)* [von Schrauben] tuerca *f*.

mütterlich <> *adj* - 1. [der Mutter eigen] materno(na) - 2. [fürsorgend] maternal. <> *adv* [fürsorgend] como una madre.

mütterlicherseits *adv* por parte de (la) madre.

Mutter|mal *das* lunar *m*, marca *f* de nacimiento.

Mutter|sprache *die* lengua *f* materna.

Mutter|tag *der* día *m* de la madre.

mutwillig <> *adj* intencionado(da) ; [Brandstiftung] provocado(da). <> *adv* intencionadamente.

Mütze (*pl* **-n**) *die* gorra *f*.

MwSt. (*abk für* **Mehrwertsteuer**) IVA *m*.

Myanmar *nt* Myanmar *f*.

Mythos (*pl* **Mythen**) *der* mito *m*.

N

n, N [ɛn] (*pl* - ODER **-s**) *das* n *f*, N *f*. ◆ **N** (*abk für* **Nord**) N.

na *interj* : **na!** ¿y? ; **~ los, mach schon!** ¡venga, vamos! ; **~ , so was sagt man doch nicht!** ¡eso no se dice! ◆ **na also** *interj* ¿lo ves?. ◆ **na ja** *interj* ¡bueno! ◆ **na und** *interj* : **~ und?** ¿y qué?.

Nabel (*pl* -) *der* ombligo *m*.

Nabel|schnur *die* cordón *m* umbilical.

nach *präp (+ D)* - 1. [zeitlich - im Anschluss, später] después de ; [- Angabe der Uhrzeit] y ; **zehn ~ vier** las cuatro y diez ; **es war schon weit ~ Mitternacht** ya era más de medianoche - 2. [räumlich - Angabe des Ziels] a ; [- Angabe der Richtung] hacia ; [- hinter] tras, después de - 3. [Angabe eines Maßstabes, einer Quelle] según, de acuerdo con - 4. [Angabe einer Rangfolge] después de - 5. [in festen Wendungen] sobre ; **~ etw fragen** preguntar por algo ; **sie sehnt sich ~ ihrer Heimat** añora su país. ◆ **nach und nach** *adv* progresivamente, poco a poco. ◆ **nach wie vor** *adv* al igual que antes ; **hast du ~ wie vor Fragen?** ¿sigues teniendo preguntas?.

nach|ahmen *vt* imitar.

Nachbar, in (*mpl* **-n**, *fpl* **-nen**) *der, die* vecino *m*, -na *f* ; [in der Klasse] compañero *m*, -ra *f*.

Nachbarschaft *die (ohne Pl)* - 1. [alle Nachbarn] vecindad *f* - 2. [Nähe] proximidades *fpl*.

nach|bessern *vt* retocar.

nach|bestellen <> *vt* volver a encargar. <> *vi* hacer un nuevo pedido.

nach|datieren *vt* antedatar.

nachdem *konj* [bei gleichem Subjekt in Haupt- und Nebensatz] después de *(+ infinitivo)* ; [bei anderem Subjekt im Nebensatz] después de que *(+ subjuntivo)* ◆ **je nachdem** *konj* dependiendo de.

nach|denken *vi (unreg)* reflexionar ; **über etw/jn ~** reflexionar sobre algo/alguien.

nachdenklich <> *adj* pensativo(va), reflexivo(va). <> *adv* pensativamente.

Nachdruck (*pl* **-e**) *der* - 1. *(ohne Pl)* [Eindringlichkeit] insistencia *f*, hincapié *m* ; **einer Sache** *(D)* **~ verleihen** hacer hincapié en algo ; **mit ~** con insistencia - 2. [Ausgabe, Nachdrucken] reimpresión *f*.

nachdrücklich <> *adv* insistentemente. <> *adj* insistente.

nach|eifern *vi* : **jm (in etw** *(D)***) ~** emular a alguien (en algo).

nacheinander *adv* - 1. [der Reihe nach] uno detrás de otro (una detrás de otra), sucesivamente - 2. [gegenseitig] mutuamente.

nach|empfinden *vt (unreg)* comprender ; **(jm) seine Enttäuschung ~ können** comprender perfectamente la decepción (de alguien).

Nacher|zählung *die* narración *f* ; [Klassenarbeit] redacción *f*.

Nachfolge *die (ohne Pl)* sucesión *f*.

nach|folgen (*perf* **ist nachgefolgt**) *vi* - 1. [Nachfolge antreten] suceder - 2. [nachkommen] seguir ; **im Nachfolgenden** a continuación.

Nachfolger, in (*mpl* -, *fpl* **-nen**) *der, die* sucesor *m*, -ra *f*.

nach|forschen *vi* investigar.

Nachfrage *die (ohne Pl)* [in der Wirtschaft] demanda *f*.

nach|fragen *vi* - **1.** [noch einmal fragen] volver a preguntar - **2.** [fragen] informarse.

nach|füllen *vt* - **1.** [füllen] rellenar ; [Glas] llenar - **2.** [nachgießen] echar más.

nach|geben *vi (unreg)* - **1.** [einlenken] ceder, transar *Amér* - **2.** [nicht standhalten] ceder, derrumbarse ; [Preis, Wechselkurs, Aktie] bajar ; [einer Laune] venirse abajo.

Nach|gebühr *die* sobretasa *f*, tasa *f* complementaria.

nach|gehen (*perf* **ist nachgegangen**) *vi (unreg)* - **1.** [folgen] : **einer Sache/jm ~** ir detrás de algo/alguien, seguir algo/a alguien - **2.** [etw prüfen] : **einer Sache** *(D)* **~** tratar de esclarecer algo - **3.** [Uhr] atrasarse ; **meine Uhr geht 10 Minuten nach** mi reloj va 10 minutos atrasado - **4.** [nachwirken] : **jm ~** perseguir a alguien - **5.** [sich widmen] : **einer Sache** *(D)* **~** dedicarse a algo.

Nachgeschmack *der (ohne Pl)* regusto *m* ; [Gefühl] sabor *m* de boca.

nachgiebig *adj* transigente.

nach|haken *vi* preguntar con insistencia.

nachhaltig ◇ *adj* duradero(ra). ◇ *adv* largamente, durante largo tiempo.

nach|hängen *vi (unreg)* - **1.** [sich erinnern] : **einer Sache** *(D)* **~** estar abstraído(da) en algo - **2.** *fam* [zurückliegen] : **in etw** *(D)* **~** ir a la cola en algo.

Nachhause|weg *der* camino *m* (de regreso) a casa.

nach|helfen *vi (unreg)* - **1.** [jn antreiben] : **(bei jm) ~ müssen** tener que dar un impulso (a alguien) - **2.** [helfen] echar una mano ; **jm ~** ayudar a alguien.

nachher, nachher *adv* - **1.** [später] luego - **2.** [anschließend] después. ◆ **bis nachher** *interj* ¡hasta luego!

Nachhilfe *die (ohne Pl)* clase *f* particular.

Nachhinein *adv* : **im ~** con el tiempo.

nach|holen *vt* - **1.** [nachträglich machen] : **etw ~** recuperar algo - **2.** [nachziehen lassen] : **jn ~** hacer venir a alguien.

nach|jagen (*perf* **ist nachgejagt**) *vi* : **einer Sache/jm ~** dar caza a algo/alguien.

Nachkomme (*pl* **-n**) *der* descendiente *m*.

nach|kommen (*perf* **ist nachgekommen**) *vi (unreg)* - **1.** [später kommen] venir más tarde - **2.** *geh* [entsprechen] : **einer Sache** *(D)* **~** satisfacer algo.

Nachkömmling (*pl* **-e**) *der* más pequeño *m*, -ña *f*.

Nachkriegs|zeit *die* (época *f* de la) posguerra *f*.

nach|lassen *(unreg)* ◇ *vi* [schwächer werden] disminuir ; [Augen, Gehör] menguar. ◇ *vt* [Summe] rebajar.

nachlässig ◇ *adj* descuidado(da). ◇ *adv* con negligencia ; **sich ~ anziehen** vestirse de manera desaliñada.

nach|laufen (*perf* **ist nachgelaufen**) *vi (unreg)* : **einer Sache/jm ~** [zu Fuß] ir corriendo detrás de algo/alguien ; *fam* [sich bemühen um] andar detrás de algo/alguien.

nach|machen *vt* - **1.** [nachahmen] imitar ; **jm etw ~** imitar algo de alguien ; **das mach ihr erst mal einer nach** eso no lo hace cual quiera - **2.** [fälschen] falsificar - **3.** [nachholen] repetir.

Nach|mittag *der* tarde *f* ; **am ~** por la tarde ; **gestern/heute/morgen/Dienstag ~** ayer/hoy/mañana/el martes por la tarde.

nachmittags *adv* por las tardes.

Nachnahme (*pl* **-n**) *die* reembolso *m* ; **per** ODER **gegen ~** contra reembolso.

Nach|name *der* apellido *m*.

nach|prüfen *vt* - **1.** [kontrollieren] verificar - **2.** [später prüfen] examinar posteriormente.

nach|rechnen ◇ *vt* - **1.** [nochmals rechnen] recontar - **2.** [nachzählen] contar, calcular. ◇ *vi* - **1.** [nochmals rechnen] hacer recuento - **2.** [nachzählen] hacer cálculos.

Nach|rede *die* : **üble ~** difamación *f*.

Nachricht (*pl* **-en**) *die* noticia *f* ; **eine ~ von jm** noticias de alguien ; [auf Anrufbeantworter] un mensaje de alguien. ◆ **Nachrichten** *pl* noticias *fpl*.

Nachrichten|agentur *die* agencia *f* de prensa ODER noticias.

Nachrichten|sprecher, in *der, die* locutor *m*, -ra *f*.

Nachrichten|technik *die* telecomunicaciones *fpl*.

nach|rücken (*perf* **ist nachgerückt**) *vi* - **1.** [aufsteigen] tomar el relevo - **2.** [aufrücken] ascender de puesto ; MIL avanzar.

Nach|ruf *der* necrológica *f* ; **ein ~ auf jn** una necrológica de alguien.

nach|rüsten ◇ *vt* EDV reequipar. ◇ *vi* MIL rearmarse.

nach|sagen *vt* [behaupten] : **jm etw ~** decir algo de alguien.

Nachsaison *die (ohne Pl)* temporada *f* baja.

nach|schicken *vt* reenviar.

Nach|schlag *der* segunda ración *f*.

nach|schlagen (*perf* **hat/ist nachgeschlagen**) *(unreg)* ◇ *vi* - **1.** *(hat)* volver a mirar - **2.** *(ist)* [ähneln] : **jm ~** haber salido a alguien. ◇ *vt (hat)* consultar, buscar.

Nachschlage|werk *das* obra *f* de consulta.

Nachlschlüssel *der* copia *f* de una llave.

Nachschub *der (ohne Pl)* suministro *m*.

nachlsehen *(unreg)* <> *vi* - **1.** [hinterhersehen] : **einer Sache/jm ~** quedarse mirando algo/a alguien. - **2.** [suchen] buscar - **3.** [prüfen] comprobar - **4.** [nachschlagen] : **in etw** *(D)* ~ consultar en algo. <> *vt* - **1.** [nachschlagen] : **etw in etw** *(D)* ~ consultar algo en algo - **2.** [prüfen] comprobar - **3.** [verzeihen] : **jm etw ~** pasar algo a alguien.

Nachsehen *das (ohne Pl)* : **das ~ haben** quedarse con las ganas.

nachlsenden *vt (unreg)* reexpedir.

Nachsicht *die (ohne Pl)* indulgencia *f* ; **mit jm ~ haben** ser indulgente con alguien.

nachlsitzen *vi (unreg)* quedarse castigado(da).

Nachlspeise *die* postre *m*.

Nachlspiel *das* consecuencias *fpl* ; **das wird ein ~ haben!** ¡esto no va a quedar así!

nachlsprechen *(unreg) vt & vi* repetir.

nächstbeste, r, s *adj* : **der/die/das ~ ...** el/lo primero/la primera ... que se presente. ◆ **Nächstbeste** *der, die, das* : **der/die/das ~** el/lo primero/la primera que se presente.

nächste, r, s ['nɛːçstə, ɐ, əs] *adj* - **1.** [nah] siguiente - **2.** [folgend - in einer Reihenfolge] próximo(ma) ; [- zeitlich] siguiente ; **der/die/das ~ beste ...** el/la ... más a mano ; **~ Woche** la próxima semana ; **im ~n Moment** seguidamente.

Nächstenliebe ['nɛːçstənliːbə] *die (ohne Pl)* amor *m* al prójimo.

nächstens ['nɛːçstn̩s] *adv* próximamente.

nächstliegend ['nɛːçstliːgn̩t] *adj* : **das Nächstliegende** lo más evidente.

nächstmöglich ['nɛːçstmøːklɪç] *adj* próximo(ma).

Nacht *(pl* **Nächte***) die* noche *f* ; **bleibst du über ~?** ¿te quedas a dormir?, ¿pasas la noche aquí? ; **über ~** *fig* : **gestern ~** ayer (por la) noche ; **heute ~** esta noche ; **morgen ~** mañana por la noche. ◆ **gute Nacht** *interj* ¡buenas noches!

Nachlteil *der* desventaja *f* ; **zu js ~** en detrimento de alguien.

nächtelang <> *adj* de varias noches. <> *adv* durante varias noches.

Nachtlfrost *der* helada *f* nocturna.

Nachtlhemd *das* camisón *m*, dormilona *f Amér.*

Nachtigall *(pl* **-en***) die* ruiseñor *m* común.

Nachtisch *der (ohne Pl)* postre *m*.

nächtlich *adj* nocturno(na).

Nachtrag *(pl* **-träge***) der* adenda *f*, adición *f*.

nachltragen *vt (unreg)* - **1.** [übel nehmen] : **jm etw ~** guardar rencor a alguien por algo - **2.** [ergänzen] añadir - **3.** [hinterhertragen] : **jm etw ~** llevar algo tras alguien.

nachträglich <> *adj* posterior ; [Glückwunsch] con retraso. <> *adv* con retraso ; **~ alles Gute** felicidades con retraso.

nachltrauern *vi* : **einer Sache/jm ~** lamentar la pérdida de algo/alguien.

Nachtruhe *die (ohne Pl)* calma *f* ODER tranquilidad *f* nocturna.

nachts *adv* por la noche ; **um 4 Uhr ~** a las 4 de la noche.

Nachtlschicht *die* turno *m* de noche, nochero *m Amér.*

Nachtlwache *die* - **1.** *(ohne Pl)* [Dienst] guardia *f* de noche - **2.** [Person] vigilante *mf* nocturno, -na.

Nachtlwächter, in *der, die* - **1.** [von Gebäuden] vigilante *mf* nocturno, -na - **2.** [von Städten] sereno *m*.

nachlvollziehen *vt (unreg)* : **etw ~ können** poder imaginarse algo.

nachlwachsen ['naːxvaksn̩] *(perf* **ist nachgewachsen***) vi (unreg)* volver a crecer.

Nachweis *(pl* **-e***) der* prueba *f*.

nachlweisen *vt (unreg)* - **1.** [belegen] justificar - **2.** [aufzeigen] detectar.

Nachlwelt *die (ohne Pl)* posteridad *f*.

Nachlwirkung *die* efecto *m* posterior.

Nachlwuchs ['naːxvuːks] *der (ohne Pl)* - **1.** [Kind] hijo *m* ; [Kinder] hijos *mpl* - **2.** [im Fußball] cantera *f* ; **der wissenschaftliche ~** la nueva generación de científicos.

nachlzahlen <> *vi* : **im Zug ~ müssen** tener que pagar en el tren. <> *vt* : **jm etw ~** pagar algo a alguien (con posterioridad).

nachlzählen *vt* [nachprüfen] comprobar ; [noch einmal zählen] volver a contar.

Nachzügler, in *(mpl* **-**, *fpl* **-nen***) der, die* rezagado *m*, -da *f*.

Nacken *(pl* **-***) der* nuca *f* ; **einen steifen ~ haben** tener tortícolis.

nackt <> *adj* - **1.** [ohne Kleider] desnudo(da) - **2.** [bloß] puro(ra) ; [Boden] desprovisto(ta) de moqueta o alfombra - **3.** [ohne Federn] sin plumas ; [ohne Fell] sin pelaje. <> *adv* - **1.** [ohne Kleider] desnudo(da) - **2.** [ohne Federn] sin plumas ; [ohne Fell] sin pelaje.

Nadel *(pl* **-n***) die* aguja *f* ; [Stecknadel] alfiler *m* ; [Sicherheitsnadel] imperdible *m* ; [von Bäumen] aguja *f*, hoja *f* acicular.

Nadellbaum *der* conífera *f*.

Nadellöhr *das* - **1.** [von Nadeln] ojo *m* de la aguja ; **einen Faden durch das ~ ziehen** enhebrar una aguja - **2.** *fig* [enge Stelle] embudo *m*.

Nadel|wald *der* bosque *m* de coníferas.

Nagel (*pl* **Nägel**) *der* - **1.** [spitzer Stift] clavo *m* - **2.** [an Finger, Fuß] uña *f* - **3.** *RW* : **den ~ auf den Kopf treffen** dar en el clavo ; **etw an den ~ hängen** renunciar a algo ; **sich** *(D)* **etw unter den ~ reißen** *fam abw* apropiarse de algo.

Nagel|feile *die* lima *f* para uñas.

Nagel|lack *der* esmalte *m* para las uñas.

nageln *vt* - **1.** [befestigen] clavar - **2.** [formen, reparieren] arreglar *(con clavos)*.

nagelneu ◇ *adj* flamante. ◇ *adv* : **sich ~ einkleiden** renovar todo el guardarropa.

nagen ◇ *vi* - **1.** [knabbern] : **an etw** *(D)* **~** roer algo ; **er nagte an seiner Unterlippe** se mordisqueaba el labio inferior - **2.** [beunruhigen] : **an jm ~** corroer a alguien ; **Hunger nagt an mir** estoy muerto(ta) de hambre. ◇ *vt* carcomer.

Nage|tier *das* roedor *m*.

nah, nahe (*komp* **näher**, *superl* **nächste**) ◇ *adj* - **1.** [räumlich] cercano(na) ; *fam* [kurz] corto(ta) ; **in der näheren Umgebung** en los alrededores ; **~ an/bei etw/jm** cerca de algo/alguien ; **zu ~** demasiado cerca - **2.** [zeitlich] próximo(ma) - **3.** [eng, vertraut] íntimo(ma) - **4.** [kurz davor] : **einer Sache** *(D)* **~ sein** estar al borde de algo ; **~ daran sein, etw zu tun** estar a punto de hacer algo. ◇ *adv* - **1.** [räumlich] : **von ~em** de cerca ; **von nah und fern** de todas partes - **2.** [vertraut] : **jm zu ~ treten** *fig* ofender a alguien. ◇ *präp (+ D)* cerca de.

Nah|aufnahme *die* fotografía *f* (de cerca).

Nähe *die (ohne Pl)* - **1.** [räumlich] cercanía *f*, proximidad *f* ; **aus der ~** de cerca ; **in der ~** en las cercanías - **2.** [zeitlich] proximidad *f* - **3.** [emotional] intimidad *f*.

nahe gehen (*perf* **ist nahe gegangen**) *vi (unreg)* : **etw geht jm nahe** algo afecta a alguien.

nahe legen *vt* - **1.** : **etw legt den Verdacht nahe, dass ...** algo hace sospechar que ... ; **etw legt die Vermutung nahe, dass ...** algo hace suponer que ... - **2.** [auffordern] : **jm etw ~** sugerir algo a alguien.

nahe liegen *vi (unreg)* : **der Verdacht liegt nahe, dass ...** las sospechas parecen indicar que ...

nähen ◇ *vt* - **1.** [schneidern] hacer - **2.** [flicken] remendar - **3.** [verarzten] coser. ◇ *vi* coser.

Nahe Osten *der* Oriente *m* Próximo.

näher ◇ *adj* - **1.** [Komparativ von nahe] más cercano(na) - **2.** [genau] preciso(sa). ◇ *adv* - **1.** [Komparativ von nahe] más cerca - **2.** [genau] en detalle, con detalles.

Naherholungs|gebiet *das amt zona verde en los alrededores de una ciudad.*

näher kommen (*perf* **ist näher gekommen**) *vi (unreg)* - **1.** [nahe kommen] : **jm ~** conocer a alguien mejor - **2.** [entsprechen] : **einer Sache** *(D)* **~** adaptarse mejor a algo. ◆ **sich näher kommen** *ref* conocerse mejor.

nähern ◆ **sich nähern** *ref* acercarse, aproximarse.

nahe stehen *vi (unreg)* : **einer Sache** *(D)* **~** simpatizar con algo ; **jm ~** estar muy unido(da) a alguien ; **sich ~** estar muy unido(da).

nahe stehend *adj* - **1.** [verbunden] vinculado(da) - **2.** [in der Nähe] cercano(na).

nahezu *adv* casi.

nahm *prät* ▷ **nehmen.**

Näh|maschine *die* máquina *f* de coser.

Näh|nadel *die* aguja *f* de coser.

Nahost *(ohne Artikel)* Oriente *m* Próximo.

nahrhaft ◇ *adj* nutritivo(va). ◇ *adv* : **~ essen/kochen** comer/cocinar comida nutritiva.

Nähr|stoff *der* su(b)stancia *f* nutritiva.

Nahrung *die (ohne Pl)* alimento *m*.

Nahrungs|mittel *das* producto *m* alimenticio, alimento *m*.

Nähr|wert *der* valor *m* nutritivo.

Naht (*pl* **Nähte**) *die* - **1.** [an Kleidung] costura *f* ; **aus allen Nähten platzen** *fig* reventar - **2.** [in der Medizin] sutura *f* - **3.** [in der Technik] soldadura *f*.

nahtlos ◇ *adj* - **1.** [ununterbrochen] ininterrumpido(da) - **2.** [am ganzen Körper] : **~e Bräune** bronceado *m* total. ◇ *adv* - **1.** [ununterbrochen] ininterrumpidamente - **2.** [am ganzen Körper] totalmente.

Nahverkehr *der (ohne Pl)* transporte *m* de cercanías ; **der öffentliche ~** el transporte público local.

Nähzeug *das (ohne Pl)* utensilios *mpl* para coser.

naiv [na'iːf] ◇ *adj* - **1.** [arglos] ingenuo(nua) - **2.** *abw* [blauäugig] ingenuo(nua) - **3.** [Malerei] naif. ◇ *adv* - **1.** [arglos] ingenuamente - **2.** *abw* [blauäugig] ingenuamente - **3.** [malen] : **~ malen** pintar cuadros naif(s).

Naivität [naivi'tɛːt] *die (ohne Pl)* - **1.** [Arglosigkeit] ingenuidad *f* - **2.** *abw* [Blauäugigkeit] ingenuidad *f*.

Name (*pl* **-n**) *der* nombre *m* ; **im ~n von jm** en nombre de alguien ; **etw/jn (nur) dem ~n nach kennen** conocer algo/a alguien de nombre.

namentlich ◇ *adj* nominal. ◇ *adv*

- 1. [mit dem Namen] por nombres - 2. [besonders] especialmente, particularmente.

namhaft *adj* famoso(sa), prestigioso(sa).

Namibia *nt* Namibia *f*.

nämlich *adv* - 1. [als Begründung] porque - 2. [und zwar] concretamente.

nanu *interj* ¡madre mía!

Napf (*pl* **Näpfe**) *der* comedero *m*.

Narbe (*pl* **-n**) *die* cicatriz *f*.

narbig *adj* con cicatrices.

Narkose (*pl* **-n**) *die* anestesia *f*.

närrisch ◇ *adj* - 1. [außer sich] loco(ca) ; **ganz ~ vor etw** *(D)* **sein** estar loco(ca) de algo - 2. *fam* [unglaublich] increíble - 3. [verrückt] loco(ca), chiflado(da) - 4. [im Karneval] : **~es Treiben** ambiente de carnaval. ◇ *adv* - 1. [verrückt] alocadamente - 2. *fam* [unglaublich] : **sich ~ freuen** alegrarse una pasada.

Narzisse (*pl* **-n**) *die* narciso *m*.

naschen *vt* & *vi* picotear.

Nase (*pl* **-n**) *die* - 1. [Organ] nariz *f* ; **sich** *(D)* **die ~ putzen** sonarse la nariz ; **jm läuft die ~** a alguien le gotea la nariz - 2. [Geruchssinn] olfato *m* - 3. *fam* [Gespür] olfato *m* - 4. *RW* : **über etw** *(A)* **die ~ rümpfen** hacer ascos a algo ; **jn an der ~ herumführen** tomar el pelo a alguien.

Nasen|bluten *das (ohne Pl)* hemorragia *f* nasal.

Nasen|loch *das* orificio *m* nasal.

Nashorn (*pl* **-hörner**) *das* rinoceronte *m*.

nass ◇ *adj* mojado(da). ◇ *adv* : **etw/jn ~ machen/spritzen** mojar algo/a alguien.

Nässe *die (ohne Pl)* humedad *f*.

nässen ◇ *vi* [Wunde] supurar. ◇ *vt geh* mojar.

Nation (*pl* **-en**) *die* nación *f*.

national ◇ *adj* nacional. ◇ *adv* a nivel nacional.

Nationalfeier|tag *der* fiesta *f* nacional.

National|hymne *die* himno *m* nacional.

Nationalismus *der (ohne Pl)* nacionalismo *m*.

nationalistisch ◇ *adj* nacionalista. ◇ *adv* de orientación nacionalista ; **~ orientiert sein** tener una ideología nacionalista.

Nationalität (*pl* **-en**) *die* nacionalidad *f*.

Nationalsozialismus *der (ohne Pl)* nacionalsocialismo *m*.

NATO ['na:to:] (*abk. für* **North Atlantic Treaty Organization**) *die (ohne Pl)* OTAN *f*.

Natron *das (ohne Pl)* sosa *f*.

Natter (*pl* **-n**) *die* culebra *f*.

Natur (*pl* **-en**) *die* naturaleza *f*. ◆ **von Natur aus** *adv* por naturaleza.

Naturalien [natu'ra:li̯ən] *pl* alimentos *mpl* ; **in ~ bezahlen** pagar con alimentos ; [mit Sex] pagar en carne.

Naturalismus *der (ohne Pl)* naturalismo *m*.

naturbelassen ◇ *adj* natural. ◇ *adv* de forma natural.

Natur|ereignis *das* fenómeno *m* natural.

naturgemäß ◇ *adj* natural. ◇ *adv* - 1. [gemäß der Natur] en consonancia con la naturaleza - 2. [grundsätzlich] por naturaleza.

naturgetreu ◇ *adj* fiel al original. ◇ *adv* de forma fiel al original.

Naturheilkunde *die (ohne Pl)* medicina *f* naturista.

natürlich ◇ *adj* natural. ◇ *adv* - 1. [nicht künstlich] naturalmente, con naturalidad - 2. [selbstverständlich] como siempre - 3. [als Einschränkung] por supuesto. ◇ *interj* ¡por supuesto!, ¡naturalmente!

naturrein *adj* natural.

Natur|schutz *der (ohne Pl)* protección *f* de la naturaleza ; **unter ~ stehen** estar protegido(da).

Naturschutz|gebiet *das* área *f* protegida.

Natur|wissenschaft *die* ciencias *fpl* naturales.

Natur|wissenschaftler, in *der, die* experto *m*, -ta *f* en ciencias naturales.

Nazi (*pl* **-s**) *der abw* nazi *mf*.

NC [ɛn'tse:] (*pl* **-s**) (*abk für* **Numerus Clausus**) *der* numerus *m* clausus, nota *f* de acceso.

n. Chr. (*abk für* **nach Christus**) d. C.

NDR [ɛn'de:'ɛr] (*abk für* **Norddeutscher Rundfunk**) *der (ohne Pl) emisora regional de radio y televisión con sede en Hamburgo.*

Neapel *nt* Nápoles *m*.

Nebel (*pl* **-**) *der* niebla *f*.

nebelig = **neblig**.

Nebel|scheinwerfer *der* faro *m* antiniebla.

Nebel|schwaden *pl* cúmulos *mpl* de neblina.

neben *präp* - 1. *(+ A)* [Angabe der Richtung] junto a, al lado de - 2. *(+ D)* [Angabe der Position] junto a, al lado de - 3. *(+ D)* [außerdem, zusätzlich] además de.

nebenan *adv* : **~ wohnen** vivir al lado ; **die Nachbarn (von) ~** los vecinos de al lado.

nebenbei *adv* - 1. [außerdem] además - 2. [beiläufig] de paso.

nebenberuflich ◇ *adj* : **~e Tätigkeit**

actividad *f* laboral secundaria ; **~e Einkünfte** ingresos *mpl* secundarios. ◇ *adv* : **~ tätig sein** tener una actividad laboral secundaria.

nebeneinander *adv* juntos(tas).

Neben|fach *das* materia *f* ODER asignatura *f* secundaria.

Neben|fluss *der* afluente *m*.

Neben|geräusch *das* ruido *m* de fondo.

nebenher *adv* [außerdem] además ; [beiläufig] de paso.

Neben|job *der* trabajo *m* secundario ODER adicional.

Neben|kosten *pl* - **1.** [bei Miete] costes *mpl* de luz, agua y calefacción - **2.** [zusätzliche Auslagen] costes *mpl* adicionales.

Neben|rolle *die* papel *m* secundario.

Neben|sache *die* cosa *f* secundaria.

nebensächlich *adj* secundario(ria).

Neben|satz *der* oración *f* subordinada.

Neben|straße *die* calle *f* secundaria.

neblig, nebelig *adj* nebuloso(sa).

necken *vt* chinchar ; **jn mit etw/jm ~** meterse con alguien a causa de algo/alguien.

neckisch ◇ *adj* - **1.** [verschmitzt] bromista, pícaro(ra) - **2.** [frech] atrevido(da). ◇ *adv* [verschmitzt] pícaramente.

Neffe (*pl* **-n**) *der* sobrino *m*.

negativ ◇ *adj* negativo(va). ◇ *adv* negativamente.

Negativ (*pl* **-e**) *das* negativo *m*.

Neger, in (*mpl* **-**, *fpl* **-nen**) *der, die abw* negro *m*, -gra *f*.

Neger|kuss *der especie de merengue cubierto de chocolate sobre una base de barquillo.*

nehmen (*präs* **nimmt**, *prät* **nahm**, *perf* **hat genommen**) *vt* - **1.** [ergreifen, benutzen] tomar, coger *Esp* - **2.** [zu sich nehmen] tomar - **3.** [sich bedienen] : **sich** *(D)* **etw ~** servirse algo - **4.** [kaufen] : **etw ~** quedarse con algo - **5.** [annehmen] aceptar - **6.** [einstellen] contratar, coger *Esp* - **7.** [wegnehmen] : **jm etw ~** quitar algo a alguien - **8.** [sich zulegen] : **sich** *(D)* **etw/jn ~** tomar algo/a alguien, coger algo/a alguien *Esp* - **9.** [militärisch einnehmen] apoderarse de - **10.** [interpretieren] tomar ; **etw ernst ~** tomarse algo en serio - **11.** [handhaben] : **jn zu ~ wissen** saber tratar a alguien - **12.** [aufnehmen] : **etw/jn zu sich ~** quedarse con algo/alguien ; **etw zu sich ~** [essen, trinken] tomar algo - **13.** [einstecken] : **etw an sich** *(A)* **~** [konfiszieren] quitar algo ; [stehlen] llevarse algo - **14.** [übernehmen] : **eine Aufgabe auf sich** *(A)* **~** encargarse de una tarea.

Neid *der (ohne Pl)* envidia *f*.

neidisch ◇ *adj* envidioso(sa). ◇ *adv* con envidia.

neigen ◇ *vi* : **zu etw ~** [tendieren] tender a algo ; [anfällig sein] ser propenso(sa) a algo. ◇ *vt* inclinar, doblar.

Neigung (*pl* **-en**) *die* - **1.** [Veranlagung] vocación *f* - **2.** *(ohne Pl)* [Anfälligsein] propensión *f* - **3.** *(ohne Pl)* [Tendenz] tendencia *f* - **4.** [Abfallen] pendiente *f*.

nein *adv* - **1.** [allgemein] no ; **~, danke!** ¡no, gracias! - **2.** [sogar] incluso.

Nektar (*pl* **-e**) *der* néctar *m*.

Nelke (*pl* **-n**) *die* - **1.** [Gewürz] clavo *m* - **2.** [Blume] clavel *m*.

nennen (*prät* **nannte**, *perf* **hat genannt**) *vt* - **1.** [benennen] nombrar ; [betiteln] titular - **2.** [bezeichnen] denominar - **3.** [anführen] decir.

nennenswert ◇ *adj* considerable, digno(na) de mención. ◇ *adv* considerablemente.

Nenner (*pl* **-**) *der* denominador *m*.

Neon *das (ohne Pl)* neón *m*.

Neon|licht (*pl* **-er**) *das* luz *f* de neón.

Nerv (*pl* **-en**) *der* nervio *m*. ◆ **Nerven** *pl* nervios *mpl* ; **keine ~en für etw haben** no poder soportar algo ; **die ~en verlieren** perder los nervios, perder los estribos ; **die ~en behalten** no perder la calma ; **jm auf die ~en gehen** ODER **fallen** poner a alguien los nervios de punta.

Nervenzusammen|bruch *der* ataque *m* de nervios.

nervlich ◇ *adj* nervioso(sa). ◇ *adv* con los nervios.

nervös ◇ *adj* nervioso(sa) ; **jn ~ machen** poner nervioso(sa) a alguien. ◇ *adv* nerviosamente.

Nervosität *die (ohne Pl)* nerviosismo *m*.

Nerz (*pl* **-e**) *der* - **1.** [Pelz] piel *f* de visón ; [Mantel] abrigo *m* de visón - **2.** [Tier] visón *m*.

Nessel (*pl* **-n** ODER **-**) ◇ *die (G Nessel) (Pl Nesseln)* [Pflanze] ortiga *f*. ◇ *der (G Nessels) (Pl Nessel)* [Stoff] cretona *f*.

Nest (*pl* **-er**) *das* - **1.** [von Vögeln] nido *m* - **2.** *fam abw* [Ortschaft] poblacho *m*, pueblo *m* de mala muerte - **3.** *fam* [Bett] cama *f*.

nett ◇ *adj* - **1.** [sympathisch] simpático(ca) - **2.** [ziemlich] considerable - **3.** *iron* [unerfreulich] menudo(da) ; **~e Bescherung** menudo lío - **4.** [ansprechend] agradable. ◇ *adv* - **1.** [ansprechend] agradablemente - **2.** [entgegenkommend] amablemente - **3.** *fam* [ziemlich] : **~ verdienen** ganar bastante pasta.

netterweise *adv* con amabilidad.

netto *adv* neto.

Netz (*pl* **-e**) *das* - **1.** [zum Fischen] red *f* ; **heute sind mir nicht viele Fische ins ~ geg-**

angen hoy no he atrapado muchos peces con la red ; **die Verbrecher sind der Polizei ins ~ gegangen** los delincuentes han caído en manos de la policía - **2.** [für Akrobaten, im Sport] red *f* - **3.** [für Haare] redecilla *f* - **4.** [von Spinnen] telaraña *f* - **5.** [Einkaufstasche] bolsa *f (tipo red)* - **6.** [System, Telefonnetz, Internet] red *f*.

Netzhaut *die* retina *f*.

Netzkarte *die* abono *m* de transporte.

neu <> *adj* - **1.** [allgemein] nuevo(va) ; **etw ist jm ~** alguien no sabe algo - **2.** [aktuell] reciente ; **seit ~estem** desde hace muy poco - **3.** [frisch, weitere] otro(tra) - **4.** [diesjährig] nuevo(va). <> *adv* recién, recientemente ; [in Bezug auf eine Person] recientemente. ◆ **aufs Neue** *adv* de nuevo. ◆ **von neuem** *adv* de nuevo.

neuartig *adj* nuevo(va).

Neubau (*pl* **-ten**) *der* [Gebäude] edificio *m* nuevo ; [Erbauen] construcción *f* nueva.

Neuenburg *nt* Neuchâtel *m*.

Neuenburger See *der* Lago *m* de Neuchâtel.

neuerdings *adv* últimamente, recientemente.

Neuerung (*pl* **-en**) *die* novedad *f* ; [Veränderung] modificación *f*.

Neugier, Neugierde *die (ohne Pl)* curiosidad *f*.

neugierig <> *adj* curioso(sa) ; **jd ist ~, ob ...** alguien tiene la curiosidad de si ... <> *adv* con curiosidad.

Neuheit (*pl* **-en**) *die* novedad *f*.

Neuhochdeutsch *das* alto alemán *m* moderno.

Neuigkeit (*pl* **-en**) *die* novedad *f*.

Neujahr *(ohne Artikel, ohne Pl)* Año *m* Nuevo.

Neukaledonien *nt* Nueva *f* Caledonia.

neulich *adv* hace poco.

Neuling (*pl* **-e**) *der* principiante *mf*.

Neumond *der (ohne Pl)* luna *f* nueva.

neun *num* nueve *m* ; *siehe auch* **sechs**.

Neun (*pl* **-en**) *die* nueve *m* ; *siehe auch* **Sechs**.

neunfach *adj, adv* nueve veces.

neunhundert *num* novecientos(tas).

neunmal *adv* nueve veces.

neuntausend *num* nueve mil.

neunte, r, s *adj* noveno(na) ; *siehe auch* **sechste**.

Neunte (*pl* **-n**) *der, die, das* noveno *m*, -na *f* ; *siehe auch* **Sechste**.

neuntel *adj (unver)* noveno(na) ; *siehe auch* **sechstel**.

Neuntel (*pl* -) *das* novena parte *f* ; *siehe auch* **Sechstel**.

neunzehn *num* diecinueve ; *siehe auch* **sechs**.

Neunzehn (*pl* **-en**) *die* diecinueve *m* ; *siehe auch* **Sechs**.

neunzig *num* noventa ; *siehe auch* **sechs**.

Neunzig *die (ohne Pl)* noventa *m* ; *siehe auch* **Sechs**.

Neunzigerjahre, neunziger Jahre *pl* : **die ~** los (años) noventa.

neureich *adj abw* nuevo rico (nueva rica).

Neurose (*pl* **-n**) *die* neurosis *f*.

neurotisch <> *adj* neurótico(ca). <> *adv* de forma neurótica.

Neuseeland *nt* Nueva Zelanda *f*.

neusprachlich *adj* de lenguas modernas.

neutral <> *adj* - **1.** [unparteiisch, sachlich] neutral - **2.** [unauffällig] neutro(tra) - **3.** PHYS & CHEM neutro(tra). <> *adv* - **1.** [unauffällig] de forma neutra - **2.** [unparteiisch, sachlich] neutralmente.

Neutralität *die (ohne Pl)* - **1.** [von Staaten] neutralidad *f* - **2.** [von Personen] neutralidad *f*, imparcialidad *f*.

Neutron (*pl* **-tronen**) *das* neutrón *m*.

Neutrum (*pl* **Neutra** ODER **Neutren**) *das* - **1.** GRAM neutro *m* - **2.** *abw* [Mensch] persona *f* neutra.

neuwertig *adj, adv* como nuevo(va).

Neuzeit *die (ohne Pl)* Edad *f* Moderna.

Newsgroup (*pl* **-s**) *die* grupo *m* de noticias.

Nicaragua *nt* Nicaragua *f*.

Nicaraguaner, in (*mpl* **-**, *fpl* **-nen**) *der, die* nicaragüense *mf*.

nicaraguanisch *adj* nicaragüense.

nicht <> *adv* no ; **was du ~ sagst!** *iron* ¡no me digas! ; **was du ~ für ein schlauer Junge bist!** *iron* ¡pero que chico más listo eres! <> *konj* no ; **~ dass ich Lust hätte ...** no es que tenga ganas ... ◆ **nicht einmal** *adv* ni siquiera. ◆ **nicht mehr** *adv* ya no.

Nichte (*pl* **-n**) *die* sobrina *f*.

nichtig *adj* - **1.** [ungültig] nulo(la) - **2.** [bedeutungslos] insignificante.

Nichtraucher *der* no fumador *m*.

Nichtraucherin *die* no fumadora *f*.

nichts *pron* nada ; **ich habe ~ gesehen** no he visto nada ; **für ~ und wieder ~** *fam* para nada, en vano ; **das macht ~** *fig* no importa. ◆ **nichts als** *pron* nada más que, sólo. ◆ **nichts anderes** *pron* nada más. ◆ **nichts mehr** *adv* nada más.

nichts ahnend <> *adj* inocente. <> *adv* sin sospechar nada.

Nichtlschwimmer, in *der, die* persona *f* que no sabe nadar.

nichts sagend <> *adj* insustancial ; [Geschwätz] trivial ; **~e Worte** palabras huecas. <> *adv* de forma insustancial.

Nichtstun *das (ohne Pl)* - **1.** [Müßigsein] ociosidad *f* - **2.** [Untätigsein] inactividad *f*, estar *m* sin hacer nada.

Nickel *das (ohne Pl)* níquel *m*.

nicken *vi* - **1.** [zustimmen] asentir con la cabeza - **2.** [dösen] dar una cabezada.

Nickerchen *(pl -) das* : **ein ~ machen** echar una cabezadita, echar una siesta.

nie *adv* nunca ; **das habe ich ~ gesagt** no lo he dicho nunca, nunca lo he dicho. ◆ **nie mehr** *adv* nunca más.

nieder *adv* abajo ; **~ mit ...!** ¡abajo con ...!

niedere, r, s *adj* - **1.** [niedrig] bajo(ja) - **2.** [gering geschätzt] poco reconocido(da) ; [Beweggrund, Volk] vil.

Niedergang *der (ohne Pl)* decadencia *f* ; **das ist sein ~** está acabado.

niedergeschlagen <> *pp* ▷ **niederschlagen**. <> *adj* deprimido(da). <> *adv* con aspecto deprimido.

Niederlage *die* derrota *f*.

Niederlande *pl* Países *mpl* Bajos ; **in den ~n** en los Países Bajos.

Niederländer, in *(mpl -, fpl -nen) der, die* neerlandés *m*, -esa *f*.

niederländisch *adj* neerlandés(esa).

Niederländisch *das (ohne Pl)* neerlandés *m* ; *siehe auch* **Englisch**.

niederlassen ◆ **sich niederlassen** *ref (unreg)* - **1.** [sich setzen] sentarse - **2.** [ansässig werden] establecerse ; [als Arzt] abrir consulta ; [als Rechtsanwalt] abrir bufete.

Niederlassung *(pl -en) die* - **1.** [Unternehmen] sucursal *f*, establecimiento *m* - **2.** *(ohne Pl)* [als Arzt] apertura *f* de consulta ; [als Rechtsanwalt] apertura *f* de bufete.

niederlegen *vt* - **1.** [aufgeben] dimitir - **2.** *geh* [aufzeichnen] registrar - **3.** *geh* [hinlegen] depositar.

Niederösterreich *nt* Baja Austria *f*.

Niederlsachse ['niːdɐ'zaksə] *der* bajo sajón *m*.

Niedersachsen ['niːdɐzaksn̩] *nt* Baja Sajonia *f*.

Niederlsächsin ['niːdɐ'zɛksɪn] *die* baja sajona *f*.

niedersächsisch ['niːdɐ'zɛksɪʃ] *adj* de la Baja Sajonia.

Niederlschlag *der* precipitación *f*.

niederlschlagen *vt (unreg)* - **1.** [zusammenschlagen] tumbar a golpes - **2.** [abwärts richten] bajar - **3.** [beenden] sofocar. ◆ **sich niederschlagen** *ref* - **1.** [sich auswirken] : **sich in etw** *(D)* ODER **auf etw** *(A)* ~ repercutir en algo - **2.** [sich ablagern] condensarse ; [Kondenswasser] depositarse.

niederträchtig <> *adj* infame. <> *adv* infamemente.

niedlich <> *adj* mono(na) *Esp*, lindo(da) *Amér*. <> *adv* con gracia.

niedrig <> *adj* - **1.** [wenig hoch] bajo(ja) - **2.** [gering] bajo(ja) - **3.** [gering geschätzt] poco reconocido(da) ; [Gesinnung] vil. <> *adv* - **1.** [wenig hoch] a baja altura - **2.** [gering] por lo bajo - **3.** [geringschätzig] con menosprecio.

niemals <> *adv* nunca ; **ich werde das ~ tun** nunca lo haré, no lo haré nunca. <> *interj* ¡nunca jamás!

niemand *pron* nadie ; **ich habe ~en gesehen** no he visto a nadie ; **~ anders, sonst ~** nadie más.

Niere *(pl -n) die* riñón *m*.

nieseln *vi* : **es nieselt** está lloviznando.

Nieselregen *der (ohne Pl)* llovizna *f*.

niesen *vi* estornudar.

Niete *(pl -n) die* - **1.** [Los] billete *m* no premiado - **2.** [Bolzen, Knopf] remache *m* - **3.** *fam* [Mensch] cero *m* a la izquierda.

niet- und nagelfest *adj* : **(alles,) was nicht ~ ist, mitnehmen** no dejar ni un solo clavo en la pared.

Nigeria *nt* Nigeria *f*.

Nikolaus *(pl -läuse) der* - **1.** [Person] San Nicolás *m* - **2.** [aus Schokolade] *figura de chocolate con forma de San Nicolás*.

Nikolaus

La noche del 6 de diciembre se celebra en Alemania la fiesta de **Nikolaus** «San Nicolás». Esta figura popular con la barba blanca, ataviado con un gorro grande y un abrigo muy largo, trae pequeños regalos y dulces a los niños. Aquellos que no se han portado bien reciben en cambio una vara simbólica. A Nicolás lo acompaña siempre un paje cuyo nombre varía según la región: **Ruprecht, Krampus**, etc.

Nikolaustag *der (ohne Pl)* día *m* de San Nicolás *(6 de diciembre)*.

Nikotin *das (ohne Pl)* nicotina *f*.

Nil *der* Nilo *m*.

Nillpferd *das* hipopótamo *m*.

nimmt *präs* ▷ **nehmen**.

nirgends *adv* en ningún sitio ; **ich habe es ~ gesehen** no lo he visto en ningún sitio.

nirgendwo *adv* en ningún sitio ; **ich habe es ~ gesehen** no lo he visto en ningún sitio.

Nische (*pl* **-n**) *die* **- 1.** [Ecke, Höhlung] rincón *m* **- 2.** [Gebiet, Biotop] hueco *m*.

nisten *vi* anidar.

Niveau [ni'vo:] (*pl* **-s**) *das* nivel *m*.

Nixe (*pl* **-n**) *die* ondina *f*.

NO (*abk für* **Nordost**) NO.

nobel ◇ *adj* **- 1.** [kostspielig] de lujo **- 2.** *hum* [vornehm] elegante **- 3.** *geh* [großzügig] noble. ◇ *adv* **- 1.** [kostspielig] lujosamente **- 2.** *geh* [großzügig] noblemente **- 3.** *hum* [vornehm] elegantemente.

noch ◇ *adv* **- 1.** [zeitlich - noch immer] aún, todavía ; [- später] *wird mit Futur übersetzt* ; **ich werde heute ~ anrufen** llamaré hoy mismo ; **sie kommt ~** vendrá ; **das wird schon ~ klappen** va a salir bien **- 2.** [zeitlich - vorher] antes ; [- innerhalb kurzer Zeit] *wird nicht übersetzt* ; [- damals] entonces ; **ich erledige das ~ bis Weihnachten** eso lo despacho antes de Navidades ; **gestern stand das Haus ~** ayer la casa todavía estaba aquí ; **~ am gleichen Tag** el mismo día ; **das waren ~ Zeiten!** ¡qué tiempos aquellos! **- 3.** [übrig] *wird mit dem Verb „quedar" übersetzt* ; **ich habe ~ 10 Mark** me quedan 10 marcos ; **es ist ~ ein Stück da** queda un trozo **- 4.** [dazu] más ; **ich brauche ~ zwei Tage** necesito dos días más ; **~ eine Tasse/einen Kaffee** otra taza/otro café **- 5.** *(+ kompar)* [Ausdruck der Verstärkung] aún **- 6.** [Ausdruck der Warnung] *wird mit Futur übersetzt* ; **du wirst dich ~ ruinieren** acabarás en la ruina **- 7.** [Ausdruck der Geringfügigkeit] *wird nicht übersetzt* ; **das ist ~ gar nichts** eso no es nada ; **dagegen ist er ~ intelligent** sin embargo, él es inteligente **- 8.** [Ausdruck der Geringschätzung] : **(ja) wohl ~** de verdad ; **das könntest du ja wohl ~ tun** esto sí que lo podrías hacer **- 9.** [Ausdruck der Nachfrage] : **wie heißt sie/das ~ gleich?** ¿cómo se llamaba? ; **was wollte ich ~ sagen?** ¿qué más quería decir?. ◇ *konj* : **weder ... ~ ...** no ... ni ... ni ... ◆ **noch einmal** *adv* otra vez. ◆ **noch immer, immer noch** *adv* todavía. ◆ **noch mal** *adv* otra vez. ◆ **noch mehr** *adv* aún más. ◆ **noch nicht** *adv* todavía no. ◆ **noch so** *adv* [bei Adjektiven] por muy ... que ; [bei Verben] por mucho que ... ; **das Wetter kann ~ so schön sein, sie geht trotzdem nicht raus** por muy buen tiempo que haga, nunca sale fuera ; **wenn du es ~ so willst, geht es nicht** por mucho que quieras, no es posible.

nochmals *adv* de nuevo.

Nomade (*pl* **-n**) *der* nómada *m*.

Nomadin (*pl* **-nen**) *die* nómada *f*.

Nominativ (*pl* **-e**) *der* nominativo *m*.

No-Name-Produkt [no:'ne:impro:dukt] *das producto más barato por no ser de marca.*

Nonne (*pl* **-n**) *die* monja *f*.

Nordamerika *nt* Norteamérica *f*.

norddeutsch *adj* del norte de Alemania.

Norden *der (ohne Pl)* norte *m* ; **im ~** en el norte ; **nach ~** hacia el norte.

Nordeuropa *nt* norte *m* de Europa.

Nordfriesland *nt* Frisia *f* del Norte.

Nordirland *nt* Irlanda *f* del Norte.

nordisch ◇ *adj* nórdico(ca). ◇ *adv* como los nórdicos.

Nordkap *das* Cabo *m* Norte.

Nordkorea *nt* Corea *f* del Norte.

nördlich ◇ *adj* del norte. ◇ *präp* : **~ einer Sache** *(G)* ODER **von etw** al norte de algo.

Nordosten *der (ohne Pl)* noreste *m*.

Nord-Ostsee-Kanal *der* Canal *m* de Kiel.

Nordpol *der* polo *m* norte.

Nordrhein-Westfalen *nt* Renania *f* del Norte-Westfalia.

Nordsee *die* Mar *m* del Norte.

Nordwesten *der (ohne Pl)* noroeste *m*.

nörgeln *vi* criticar ; **über etw/jn ~** criticar a algo/alguien.

Norm (*pl* **-en**) *die* **- 1.** TECH norma *f* **- 2.** [Regel] regla *f* **- 3.** [Leistung] norma *f*.

normal ◇ *adj* normal. ◇ *adv* normalmente.

Normalbenzin *das (ohne Pl)* gasolina *f* normal.

normalerweise *adv* normalmente.

normalisieren *vt* normalizar. ◆ **sich normalisieren** *ref* normalizarse.

normen *vt* normalizar, estandarizar.

Norwegen *nt* Noruega *f*.

Norweger, in (*mpl* **-**, *fpl* **-nen**) *der, die* noruego *m*, -ga *f*.

norwegisch *adj* noruego(ga).

Norwegisch *das (ohne Pl)* noruego *m* ; *siehe auch* **Englisch**.

Not (*pl* **Nöte**) *die* **- 1.** *(ohne Pl)* [Notlage, Armut] miseria *f* ; **in ~ sein** estar en la miseria ; **~ leidend** necesitado(da) **- 2.** [Verzweiflung] desesperación *f* **- 3.** *RW* : **~ tun** ser necesario(ria) ; **zur ~** *fam* en caso necesario.

Notar (*pl* **-e**) *der* notario *m*.

notariell ◇ *adj* notarial, de notario. ◇ *adv* ante notario.

Notarin (*pl* **-nen**) *die* notaria *f*.

Notarzt, ärztin *der, die* médico *m*, -ca *f* de urgencia.

Notausgang *der* salida *f* de emergencia.

Notbremse *die* freno *m* de emergencia.

notdürftig ◇ *adj* provisional. ◇ *adv* provisionalmente.

Note (*pl* **-n**) *die* nota *f* ; **nach ~n** MUS según las notas.

Notlfall *der* emergencia *f*. ◆ **im Notfall** *adv* en caso de emergencia.

notfalls *adv* en caso de emergencia.

notgedrungen *adv* por la fuerza.

notieren ◇ *vt* anotar. ◇ *vi* WIRTSCH cotizar.

nötig ◇ *adj* necesario(ria) ; **etw ~ haben** [brauchen] necesitar algo ; **du hast es gerade ~!** *iron* ¡mira quién habla! ◇ *adv fam* urgentemente.

Notiz (*pl* **-en**) *die* nota *f* ; [in der Zeitung] noticia *f* ; **keine ~ von etw/jm nehmen** *fig* hacer caso omiso de algo/alguien. ◆ **Notizen** *pl* notas *fpl*.

Notizlbuch *das* libreta *f*, agenda *f*.

Notllage *die* apuro *m*.

Notllösung *die* solución *f* de emergencia.

Notlruf *der* llamada *f* de socorro ; [Nummer] número *m* de teléfono de emergencias.

Notruflsäule *die* poste *m* de socorro.

Notlstand *der* estado *m* de emergencia.

Notstandslgebiet *das* zona *f* catastrófica.

notwendig, notwendig ◇ *adj* **- 1.** [nötig] necesario(ria) **- 2.** [logisch] lógico(ca). ◇ *adv* necesariamente.

Nougat ['nu:gat] (*pl* **-s**) *der* ODER *das* = **Nugat**.

Novelle [no'vɛlə] (*pl* **-n**) *die* **- 1.** [Literatur] novela *f* corta **- 2.** RECHT enmienda *f*.

November [no'vɛmbɐ] *der (ohne Pl)* noviembre *m* ; *siehe auch* **September**.

Nr. (*abk für* **Nummer**) N.°

NRW *abk für* **Nordrhein-Westfalen**.

Nu *der* : **im ~** en un abrir y cerrar de ojos.

nüchtern ◇ *adj* **- 1.** [nicht betrunken] sobrio(bria) **- 2.** [sachlich] objetivo(va) **- 3.** [mit leerem Magen] en ayunas ; **auf ~en Magen** en ayunas. ◇ *adv* **- 1.** [nicht betrunken] en estado sobrio **- 2.** [sachlich] objetivamente **- 3.** [mit leerem Magen] en ayunas.

Nudel (*pl* **-n**) *die* pasta *f* ; [Fadennudel] fideo *m*.

Nugat, Nougat ['nu:gat] (*pl* **-s**) *der* ODER *das* praliné *m*.

null ◇ *num* cero ; **~ Komma fünf** cero coma cinco ; **~ und nichtig** *fig* nulo(la) y no avenido(da). ◇ *adj (unver) fam* : **~ Ahnung** ni idea ; **~ Bock haben** pasar completamente ; *siehe auch* **sechs**.

Null (*pl* **-en**) *die* **- 1.** [Zahl] cero *m* **- 2.** *fam abw* [Mensch] cero *m* a la izquierda.

Nulllpunkt *der* **- 1.** [Tiefpunkt] punto *m* más bajo **- 2.** PHYS punto *m* de congelación.

numerieren = **nummerieren**.

Nummer (*pl* **-n**) *die* **- 1.** [Zahl, Programmnummer] número *m* **- 2.** *fam* [Mensch] tipo *m*, -pa *f* **- 3.** *salopp* [Geschlechtsakt] polvo *m*.

nummerieren *vt* numerar.

Nummernlschild *das* matrícula *f*.

nun ◇ *adv* **- 1.** [zeitlich - jetzt] ahora ; [- inzwischen] entretanto ; [- gegenwärtig] hoy en día ; **von ~ an** desde ahora **- 2.** [Ausdruck der Ungeduld] *wird meist nicht übersetzt* ; **bist du ~ zufrieden?** ¿(ahora) estás contento(ta) ? ; **gibst du mir ~ das Geld?** ¿me das el dinero?. ◇ *interj* pues ; **~ denn, ~ gut** pues bueno.

nur ◇ *adv* **- 1.** [lediglich] sólo **- 2.** [aber] pero ; **ich meine ~, dass ...** sólo creo que ... **- 3.** [Ausdruck der Ratlosigkeit] *wird nicht übersetzt* ; **was hat er ~?** ¿qué le pasa? ; **was habe ich ~ falsch gemacht?** ¿qué he hecho mal? **- 4.** [zur Beruhigung] : **~ mit der Ruhe, ~ keine Aufregung!** vamos con calma, ¡que no cunda el pánico! **- 5.** [Ausdruck einer Warnung] : **versuch ~ nicht, hier abzuschreiben** ni se te ocurra copiar aquí **- 6.** [zur Verstärkung] todo ; **so sehr sie ~ konnte** todo lo posible **- 7.** [Ausdruck der Unzufriedenheit] *wird nicht übersetzt* ; **warum hat er das ~ getan?** ¿por qué ha hecho esto? ; **was will sie ~?** ¿qué (es lo que) quiere? **- 8.** [Ausdruck der Anerkennung] pero ; **was bist du ~ für ein kluges Köpfchen!** ¡pero qué listo(ta) eres! **- 9.** [Ausdruck eines Wunsches] sólo ; **hätte ich doch ~ auf dich gehört** ¡si te hubiera hecho caso! ◇ *konj* : **nicht ~ ..., sondern (auch)** no sólo ..., sino también ... ◆ **nur noch** *adv* sólo.

nuscheln *vi* mascullar.

Nuss (*pl* **Nüsse**) *die* **- 1.** [Frucht] nuez *f* ; [Haselnuss, Walnuss] avellana *f* **- 2.** *fam abw* [Mensch] : **eine dumme ~** un (una) idiota.

Nusslbaum *der* nogal *m*.

Nussknacker (*pl* **-**) *der* cascanueces *m*.

Nutte (*pl* **-n**) *die salopp* puta *f*.

nutzbar *adj* utilizable ; **(sich (*D*)) etw ~ machen** hacer uso de algo.

nütze *adj (unver)* : **zu etwas/nichts ~ sein** servir para algo/nada.

nutzen, nützen ◇ *vt* aprovechar ; **das nützt nichts/nicht viel** eso no sirve de nada/de mucho. ◇ *vi* : **jm ~** servir a alguien.

Nutzen *der (ohne Pl)* provecho *m*, utilidad *f*.

nützlich *adj* útil ; **sich ~ machen** ser útil.

nutzlos ◇ *adj* inútil. ◇ *adv* inútilmente.

Nutzung (*pl* **-en**) *die* aprovechamiento *m* ; [von Bodenschätzen] explotación *f*.

NW (*abk für* **Nordwest**) NO.

Nylon® ['nailɔn] *das (ohne Pl)* nailon *m*.

o, O [oː] (*pl* **o** ODER **-s**) *das* o *f*, O *f*. ◆ **O** (*abk für* **Ost**) E.

Oase (*pl* **-n**) *die* oasis *m*.

ob *konj* si ; **~ ..., ~ ...** lo mismo da que ..., que ... *(+ subjuntivo)* ◆ **als ob** *konj* como si ; **(so) tun als ~ man schliefe** hacer como que uno duerme.

ÖBB (*abk für* **Österreichische Bundesbahn**) *compañía ferroviaria austríaca.*

obdachlos ◇ *adj* indigente, sin techo. ◇ *adv* sin techo.

Obelisk (*pl* **-en**) *der* obelisco *m*.

oben *adv* **- 1.** [Höhenangabe - in großer Höhe] en lo alto ; [- in relativer Höhe] arriba ; **nach ~** hacia arriba ; **von ~** de arriba ; **bis ~ hin** hasta arriba ; **von ~ bis unten** de arriba abajo ; **weiter ~** más arriba ; **~ ohne** *fig* en topless ; **jn von ~ herab behandeln** *fig* mirar a alguien por encima del hombro **- 2.** [im Text] arriba, anteriormente **- 3.** *fam* [nördlich] arriba **- 4.** *fam* [im Rang höher] arriba.

Ober (*pl* **-**) *der* camarero *m*.

Ober|arm *der* brazo *m*.

obere, r, s *adj* superior.

Ober|fläche *die* superficie *f*.

oberflächlich ◇ *adj* superficial. ◇ *adv* superficialmente.

Ober|geschoss *das* : **das erste ~** el primer piso, la primera planta.

Ober|haupt *das* [eines Staates] jefe *mf* de Estado ; [eines Clans] cabecilla *mf* ; **das ~** [einer Familie] el cabeza.

Ober|hemd *das* camisa *f*.

Ober|körper *der* torso *m*, tronco *m*.

Ober|lippe *die* labio *m* superior.

Ober|österreich *nt* Alta Austria *f*.

Ober|schenkel *der* muslo *m*.

Ober|schicht *die* : **die ~** la clase alta.

Oberst (*pl* **-en** ODER **-e**) *der* coronel *m*.

oberste, r, s *adj* superior.

Ober|stufe *die* nivel *m* superior.

Ober|teil *das* **- 1.** [von Kleidungsstücken] prenda *f* de arriba ODER superior **- 2.** [oberes Teil] parte *f* superior.

Ober|weite *die* [Maß] medida *m* de pecho ; [Busen] pecho *m*.

Objekt (*pl* **-e**) *das* **- 1.** [Gegenstand] objeto *m* **- 2.** KUNST obra *f* **- 3.** [Haus] casa *f* ; [Grundstück] solar *m* **- 4.** GRAM objeto *m*.

objektiv [ɔpjɛk'tiːf] ◇ *adj* objetivo(va). ◇ *adv* objetivamente.

Objektiv (*pl* **-e**) *das* objetivo *m*.

obligatorisch *adj* **- 1.** [vorgeschrieben] obligatorio(ria) **- 2.** [üblich] de rigor, habitual.

Oboe (*pl* **-n**) *die* oboe *m*.

Obst *das (ohne Pl)* fruta *f*.

Obst|baum *der* árbol *m* frutal.

Obst|kuchen *der* tarta *f* de frutas.

obszön ◇ *adj* obsceno(na). ◇ *adv* obscenamente.

obwohl *konj* aunque *(+ subjuntivo)*, a pesar de que *(+ subjuntivo)*.

Ochse ['ɔksə] (*pl* **-n**) *der* [Rind] buey *m*.

öde *adj* **- 1.** [trostlos] desolado(da) **- 2.** *fam* [langweilig] pesado(da).

oder *konj* **- 1.** [allgemein] o **- 2.** [Angabe der Identität] o, alias **- 3.** *fam* [nicht wahr] : **..., ~?** .. ¿no? ; **~ etwa nicht?** ¿o no?. ◆ **oder aber** *konj* o bien.

Oder *die* Oder *m*.

Oder-Neiße-Linie *die (ohne Pl) frontera natural formada por los ríos Oder y Neiße entre Alemania y Polonia.*

Ofen (*pl* **Öfen**) *der* **- 1.** [zum Heizen] estufa *f* **- 2.** [Backofen] horno *m* **- 3.** *fam* [Motorrad] moto *f*.

offen ◇ *adj* **- 1.** [auf, aufgeschlossen] abierto(ta) ; **sperrangelweit ~** abierto(ta) de par en par ; **das ~e Meer** mar abierto ; **~ haben** [Geschäft] tener abierto ; **~ sein** [Geschäft] estar abierto(ta) ; **für etw ~ sein** estar abierto(ta) a algo ; **~ zu jm sein, jm gegenüber ~ sein** ser franco(ca) con alguien **- 2.** [unklar, unbeantwortet] pendiente, sin decidir **- 3.** [Rechnung] pendiente **- 4.** [offensichtlich] evidente **- 5.** [unverpackt] a granel **- 6.** [Haare] suelto(ta). ◇ *adv* **- 1.** [aufrichtig] con franqueza **- 2.** [nicht abgepackt] : **~ verkaufen** vender suelto(ta) ; [Wein, Gewürze] vender a granel.

offenbar ◇ *adv* manifiestamente ; **~ hat sie keine Lust** está claro que no tiene ganas. ◇ *adj* evidente.

offen bleiben (*perf* **ist offen geblieben**) *vi (unreg)* **- 1.** [geöffnet bleiben] quedarse abierto(ta) **- 2.** [ungelöst bleiben] quedarse pendiente.

Offenheit (*pl* **-en**) *die* **- 1.** [Ehrlichkeit]

franqueza *f*; **In aller ~** con toda franqueza **- 2.** [Aufgeschlossenheit] espíritu *f* abierto.

offenherzig *adj* **- 1.** [offen] abierto(ta) **- 2.** *fam hum* [tief ausgeschnitten] atrevido(da).

offen lassen *vt (unreg)* **- 1.** [geöffnet lassen] dejar abierto(ta) **- 2.** [ungelöst lassen] dejar pendiente.

offensichtlich <> *adj* evidente. <> *adv* evidentemente.

offen stehen *vi (unreg)* **- 1.** [geöffnet sein] estar abierto(ta) **- 2.** [zugänglich sein] : **ihr stehen jetzt alle Türen/Möglichkeiten offen** ahora(ella) tiene todas las puertas/ posibilidades abiertas **- 3.** WIRTSCH tener pendiente.

öffentlich <> *adj* público(ca). <> *adv* públicamente.

Öffentlichkeit *die (ohne Pl)* opinión *f* pública ; **etw an die ~ bringen** hacer algo público(ca) ; **in aller ~** en público.

offiziell <> *adj* oficial. <> *adv* oficialmente.

Offizier (*pl* **-e**) *der* oficial *m*.

offline ['ɔflain] <> *adj* : **~ sein** estar offline, estar desconectado(da) de la red. <> *adv* : **~ gehen** desconectar ; **~ arbeiten/ schreiben** trabajar/escribir offline, trabajar/escribir desconectado(da) de la red.

öffnen *vt* abrir. ◆ **sich öffnen** *ref* abrirse.

Öffnung (*pl* **-en**) *die* **- 1.** [offene Stelle] abertura *f* **- 2.** [das Öffnen] apertura *f*.

Öffnungszeiten *pl* horario *m* (comercial).

oft (*kompar* **öfter**, *superl* **am öftesten**) *adv* **- 1.** [viele Male] a menudo ; **wie ~?** ¿cuántas veces? **- 2.** [meistens] por regla general, en la mayoría de los casos. ◆ **oft genug** *adv* muy a menudo, con mucha frecuencia.

öfter *adv* más a menudo, con mayor frecuencia ; **warst du schon ~ hier?** ¿has estado aquí a menudo?.

ohne <> *präp (+ A)* sin ; **etw/jd ist nicht ~** *fam* algo/alguien se las trae ; **~ weiteres** sin más. <> *konj* : **~ dass** sin que *(+ subjuntivo)* ; **~ zu** sin. ◆ **ohne alles** *adv* sin nada. ◆ **ohne mich** *interj* ¡conmigo no!

ohnehin *adv* de todas formas.

Ohnmacht (*pl* **-en**) *der* **- 1.** [Bewusstlosigkeit] desmayo *m* ; **in ~ fallen** perder el sentido, desmayarse **- 2.** [Machtlosigkeit] impotencia *f*.

ohnmächtig <> *adj* **- 1.** [bewusstlos] desmayado(da) ; **~ werden** desmayarse, perder el sentido **- 2.** [machtlos] impotente. <> *adv* **- 1.** [bewusstlos] sin sentido **- 2.** [machtlos] con impotencia.

Ohr (*pl* **-en**) *das* oreja *f* ; **gute/schlechte ~en haben** oír bien/mal ; **halt die ~en steif!** *fam fig* ¡ánimo! ; **jn übers ~ hauen** *fam fig* timar a alguien.

Öhr (*pl* **-e**) *das* ojo *m*.

ohrenbetäubend <> *adj* ensordecedor(ra). <> *adv* ensordecedoramente.

Ohr|feige *die* bofetada *f*, chacetada *f* *Amér.*

ohrfeigen *vt* abofetear.

Ohr|läppchen (*pl* **-**) *das* lóbulo *m*.

Ohr|ring *der* pendiente *m*.

Ohr|wurm *der* canción *f* pegadiza.

Öko|laden *der* tienda *f* de productos ecológicos.

ökologisch <> *adj* ecológico(ca). <> *adv* ecológicamente.

ökonomisch <> *adj* económico(ca). <> *adv* económicamente.

Öko|steuer *die* impuesto *m* ecológico.

Öko|system *das* ecosistema *m*.

Oktan (*pl* **-e**) *das* octano *m*.

Oktave [ɔk'taːvə] (*pl* **-n**) *die* octava *f*.

Oktober *der (ohne Pl)* octubre *m* ; **der 3. ~** el 3 de octubre ; *siehe auch* **September**.

Oktober|fest *das* fiesta *f* de la cerveza.

Öl (*pl* **-e**) *das* **- 1.** [Erdöl] petróleo *m* **- 2.** [Speiseöl, Schmiermittel] aceite *m* **- 3.** KUNST óleo *m*, pintura *f* al óleo **- 4.** [Sonnenöl] aceite *m* solar **- 5.** [Heizöl] gasóleo *m*.

ölen *vt* engrasar, lubricar.

Öl|farbe *die* **- 1.** KUNST óleo *m*, pintura *f* al óleo **- 2.** [Streichmittel] pintura *f* lacada.

Öl|gemälde *das* cuadro *m* al óleo, pintura *f* al óleo.

Öl|heizung *die* calefacción *f* de gasóleo ODER fuel-oil.

ölig <> *adj* aceitoso(sa). <> *adv* como el aceite.

Olive [o'liːvə] (*pl* **-n**) *die* aceituna *f*, oliva *f*.

Öl|pest *die* marea *f* negra.

Öl|quelle *die* pozo *m* petrolífero.

Öl|wechsel *der* cambio *m* de aceite.

Olympia|sieger, in *der, die* campeón olímpico *m*, campeona olímpica *f*.

olympisch *adj* olímpico(ca).

Olympische Spiele *pl* juegos *mpl* olímpicos.

Oma (*pl* **-s**) *die* **- 1.** [Großmutter] abuela *f* **- 2.** *fam abw* [Frau] vieja *f*.

Omelett [ɔm(ə)'lɛt] (*pl* **-e** ODER **-s**) *das* tortilla *f* (francesa).

Omni|bus *der* omnibús *m*, autobús *m*.

Onkel (*pl* **-**) *der* **- 1.** [Verwandter] tío *m* **- 2.** *fam* [Mann] señor *m*.

online ['ɔnlain] <> *adj* : **~ sein** estar online, estar conectado(da) a la red. <> *adv* :

~ **reich werden** hacerse rico(ca) navegando por la red ; ~ **gehen** conectarse a la red.

Online-Banking ['ɔnlainbɛŋkiŋ] *das (ohne pl)* online-banking *m*, servicio *m* bancario directo.

Online-Dienst ['ɔnlaindi:nst] *der* servidor *m* online.

OP [o:'pe:] (*pl* **-s**) (*abk für* **Operationssaal**) *der* sala *f* de operaciones, quirófano *f*.

Opa (*pl* **-s**) *der* **- 1.** [Großvater] abuelo *m* **- 2.** *fam abw* [Mann] viejo *m*.

Open-Air-Konzert *das* concierto *m* al aire libre.

Oper (*pl* **-n**) *die* ópera *f* ; **in die ~ gehen** ir a la ópera.

Operation (*pl* **-en**) *die* operación *f*.

Operette (*pl* **-n**) *die* opereta *f*.

operieren <> *vt* operar ; **jn an etw** *(D)* ~ operar a alguien de algo. <> *vi* **- 1.** *geh* [vorgehen] actuar **- 2.** MIL operar.

Opfer (*pl* -) *das* **- 1.** [Mensch] víctima *f* **- 2.** [Verzicht] sacrificio *m* **- 3.** REL sacrificio *m* **- 4.** *RW* : **einer Sache/jm zum ~ fallen** ser víctima de algo/alguien.

opfern *vt* sacrificar ; **jm etw ~** sacrificar algo por alguien, dedicar algo a alguien. ◆ **sich opfern** *ref* **- 1.** [sich aufopfern] sacrificarse **- 2.** *fam hum* [sich bereit erklären] sacrificarse.

Opium *das (ohne Pl)* opio *m*.

Opposition (*pl* **-en**) *die* oposición *f*.

Optik *die* **- 1.** PHYS óptica *f* **- 2.** [Sichtweise] óptica *f*, perspectiva *f* **- 3.** [Erscheinungsbild] imagen *f*.

Optiker, in (*mpl* **-**, *fpl* **-nen**) *der, die* óptico *m*, -ca *f*.

optimal <> *adj* óptimo(ma). <> *adv* de forma óptima.

Optimismus *der (ohne Pl)* optimismo *m*.

optimistisch <> *adj* optimista. <> *adv* con optimismo.

optisch <> *adj* óptico(ca). <> *adv* : ~ **gut aussehen** estar bien desde el punto de vista óptico.

orange [o'rã:ʒe] <> *adj* naranja. <> *adv* de color naranja.

Orange[1] [o'rã:ʒ] (*pl* **-n**) *die* naranja *f*.

Orange[2] [o'rã:ʒ] (*pl* -) *das* color *m* naranja.

Orangensaft *der* zumo *m* de naranja.

Orchester [ɔr'kɛstɐ] (*pl* -) *das* orquesta *f*.

Orchidee [ɔrçi'de:ə] (*pl* **-n**) *die* orquídea *f*.

Orden (*pl* -) *der* **- 1.** [Auszeichnung] condecoración *f*, cruz *f* ; **jm einen ~ verleihen** conceder a alguien una condecoración **- 2.** REL orden *f*.

ordentlich <> *adj* **- 1.** [geordnet] ordenado(da) **- 2.** [Professor] numerario(ria) ; [Gericht, Verhandlung] ordinario(ria) ; [Leben, Verhalten] ordenado(da) **- 3.** [gut] bueno(na) **- 4.** [groß] considerable. <> *adv* **- 1.** [sauber] bien **- 2.** [regelgerecht] de forma legítima, de forma reglamentaria **- 3.** [viel] mucho.

Ordinalzahl *die* número *m* ordinal.

ordinär <> *adj* **- 1.** *abw* [vulgär] ordinario(ria) **- 2.** [normal] corriente. <> *adv abw* [vulgär] vulgarmente.

ordnen *vt* **- 1.** [sortieren, aufräumen] ordenar **- 2.** [regeln] arreglar.

Ordner (*pl* -) *der* **- 1.** [Hefter] clasificador *m* **- 2.** [Person] vigilante *m*.

Ordnerin (*pl* **-nen**) *die* vigilante *f*.

Ordnung (*pl* **-en**) *die* **- 1.** *(ohne Pl)* [geordneter Zustand, Disziplin] orden *m* ; ~ **schaffen** ordenar ; **für ~ sorgen** poner orden **- 2.** *(ohne Pl)* [Anordnung] clasificación *f* **- 3.** *(ohne Pl)* [Gesetzmäßigkeit] ley *f* **- 4.** *(ohne Pl)* [Grad] jerarquía *f* **- 5.** *RW* : **etw in ~ bringen** [ordnen] poner algo en orden ; *fam* [erledigen] encargarse de algo ; **in ~ sein** *fam* [untadelig sein] estar bien ; *fam* [umgänglich sein] ser legal ; **(wieder) in ~ sein** *fam* [gesund sein] encontrarse bien. ◆ **in Ordnung** *interj* ¡vale!

ordnungsgemäß <> *adj* reglamentario(ria). <> *adv* reglamentariamente, debidamente.

ordnungswidrig *amt* <> *adj* ilegal, irregular. <> *adv* : **sich ~ verhalten** cometer una infracción.

Oregano *der (ohne Pl)* orégano *m*.

ÖRF (*abk für* **Österreichischer Rundfunk**) *cadena de radio y televisión en Austria*.

Organ (*pl* **-e**) *das* **- 1.** [Körperteil, Institution] órgano *m* **- 2.** [Zeitung] revista *f* **- 3.** *(ohne Pl)* [Stimme] voz *f* **- 4.** *(ohne Pl)* [Spürsinn] tacto *m*.

Organisation (*pl* **-en**) *die* organización *f*.

Organisator (*pl* **-toren**) *der* organizador *m*.

Organisatorin (*pl* **-nen**) *die* organizadora *f*.

organisatorisch <> *adj* de la organización. <> *adv* : **sich ~ betätigen** trabajar en la organización ; ~ **betrachtet** visto desde el punto de vista de la organización.

organisch <> *adj* orgánico(ca). <> *adv* **- 1.** [physiologisch] físicamente, orgánicamente **- 2.** [natürlich] naturalmente.

organisieren *vt* **- 1.** [veranstalten] organizar **- 2.** [gründen] fundar **- 3.** [ordnen] organizar **- 4.** *fam* [beschaffen] conseguir **- 5.** *fam* [stehlen] robar.

Organismus (*pl* **-men**) *der* organismo *m*.

Organspende *die* donación *f* de órganos.

Organ|verpflanzung *die* transplante *m* de órgano.

Orgasmus (*pl* **-men**) *der* orgasmo *m*.

Orgel (*pl* **-n**) *die* órgano *m*.

Orient ['oːri̯ɛnt] *der (ohne Pl)* Oriente *m*.

orientalisch <> *adj* oriental. <> *adv* a la manera oriental.

orientieren [ori̯ɛn'tiːrən] *vt* - **1.** [informieren] : **jn über etw** *(A)* **~** informar a alguien sobre algo - **2.** [ausrichten] : **etw nach** ODER **an etw** *(D)* **~** orientar algo a algo. ◆ **sich orientieren** *ref* - **1.** [sich zurechtfinden] orientarse - **2.** [sich informieren] : **sich über etw** *(A)* **~** informarse de algo - **3.** [sich ausrichten] : **sich nach** ODER **an etw** *(D)* **~** orientarse en algo.

Orientierung *die (ohne Pl)* - **1.** [Zurechtfinden] orientación *f* ; **die ~ verlieren** perder la orientación - **2.** [Information] información *f* ; **die ~ über etw** *(A)* la información sobre algo - **3.** [Ausrichtung] : **~ nach** ODER **an etw** *(D)* orientación *f* en algo.

Orientierungs|sinn *der (ohne Pl)* sentido *m* de la orientación.

original <> *adj* - **1.** [unverfälscht, ursprünglich] original - **2.** [eigen] propio(pia). <> *adv* - **1.** [echt] : **~ japanisch** japonés auténtico (japonesa auténtica) - **2.** [übertragen, wiedergeben] original.

Original (*pl* **-e**) *das* - **1.** [Urform] original *m* - **2.** [Person] : **ein richtiges ~ sein** ser verdaderamente original.

Orkan (*pl* **-e**) *der* huracán *m*.

Ornament (*pl* **-e**) *das* ornamento *m*.

Ort (*pl* **-e**) *der* - **1.** [Stelle] lugar *m* ; **an ~ und Stelle** *fig* allí mismo - **2.** [Ortschaft, Einwohner] pueblo *m*. ◆ **vor Ort** *adv* en el lugar de los hechos.

Orthografie, Orthographie [ɔrtogra'fiː] (*pl* **-n**) *die* ortografía *f*.

Orthopädie *die (ohne Pl)* ortopedia *f*.

orthopädisch <> *adj* ortopédico(ca). <> *adv* : **jn ~ behandeln** someter a alguien a un tratamiento ortopédico.

ortsansässig *adj* : **die ~e Bevölkerung** la población local ; **ich bin hier ~** soy de aquí.

Ortschaft (*pl* **-en**) *die* localidad *f*.

Orts|gespräch *das* llamada *f* local.

Orts|kenntnis *die* : **gute ~se haben** conocer bien el lugar.

ortskundig *adj* : **~ sein** conocer el lugar.

Orts|netz *das* red *f* local.

öS (*abk für* **österreichischer Schilling**) chelín *m* austríaco.

Öse (*pl* **-n**) *die* ojete *m*.

Oslo *nt* Oslo *m*.

Ossi (*pl* **-s**) *der fam* alemán *m* del Este.

Ostalgie *die (ohne pl) nostalgia por los aspectos positivos de la antigua RDA.*

Ostblock *der (ohne Pl)* bloque *m* del Este.

ostdeutsch *adj* de la Alemania del Este.

Ostdeutschland *nt* Alemania *f* del Este.

Osten *der (ohne Pl)* - **1.** [Richtung, Gegend] este *m* ; **nach ~** hacia el este ; **im ~** en el este - **2.** POL Oriente *m*.

Oster|ei *das* huevo *m* de Pascua.

Oster|hase *der* conejo *m* de Pascua.

Ostern *(ohne Artikel)* Pascua *f* ; **an** ODER **zu ~** en Pascua. ◆ **frohe Ostern** *interj* ¡felices Pascuas!

Österreich *nt* Austria *f*.

Österreicher, in (*mpl* **-**, *fpl* **-nen**) *der, die* austríaco *m*, -ca *f*.

österreichisch *adj* austríaco(ca).

Oster|sonntag *der* Domingo *m* de Pascua ODER Resurrección.

Osteuropa *nt* Europa *f* del Este, Europa *f* Oriental.

Ostfriesland *nt* Frisia *f* Oriental.

Ost|küste *die* costa *f* oriental.

östlich <> *adj* oriental, del este. <> *adv* : **~ einer Sache** *(G)* ODER **von etw** al este de algo.

Ost|politik *die (ohne Pl)* ostpolitik *f*, *política de acercamiento a los países del Este* ; HIST *política de acercamiento de la RFA para con la antigua RDA.*

Ost|preußen *nt* HIST Prusia *f* Oriental.

Ostsee *die* Mar *m* Báltico.

Otter (*pl* - ODER **-n**) <> *der (G Otters, Pl Otter)* nutria *f*. <> *die (G Otter, Pl Ottern)* víbora *f*.

ÖTV [øː'teː'fau̯] (*abk für* **Gewerkschaft Öffentliche Dienste, Transport und Verkehr**) *die (ohne Pl) sindicato alemán del sector de servicios y del transporte.*

Outdoor-Aktivitäten *pl* actividades *fpl* al aire libre.

outen ◆ **sich outen** *ref* salir del armario.

oval [o'vaːl] <> *adj* ovalado(da). <> *adv* de forma ovalada.

ÖVP [øː'fau̯'peː] (*abk für* **Österreichische Volkspartei**) *die (ohne Pl)* Partido *m* Popular Austríaco.

oxidieren, oxydieren (*perf* **hat/ist oxidiert** ODER **oxydiert**) <> *vi (ist)* oxidar. <> *vt (hat)* oxidar.

Ozean (*pl* **-e**) *der* océano *m*.

Ozon *der* ODER *das (ohne Pl)* ozono *m*.

P

p, P [peː] (*pl* - ODER **-s**) *das* p *f*, P *f*.

paar *adj* par. ◆ **ein paar** *det* un par ; [mehr als drei] unos cuantos (unas cuantas) ; **ein ~ kriegen** *fig* recibir una buena.

Paar (*pl* **-e** ODER **-**) *das* - **1.** *(Pl Paare)* [zwei Personen] pareja *f* - **2.** *(Pl Paar)* [zwei Dinge] par *m* ; **ein ~ Strümpfe** un par de medias.

paaren *vt* - **1.** [begatten lassen] aparear - **2.** [zusammenstellen] agrupar. ◆ **sich paaren** *ref* aparearse.

paarmal ◆ **ein paarmal** *adv* un par de veces.

Paarung (*pl* **-en**) *die* - **1.** [Kopulation] apareamiento *m* - **2.** [Zusammenstellung] agrupamiento *m*.

paarweise *adv* en parejas.

Pacht (*pl* **-en**) *die* arrendamiento *m*.

Pächter, in (*mpl* **-**, *fpl* **-nen**) *der, die* arrendatario *m*, -ria *f*.

Pack *das (ohne Pl) abw* chusma *f*.

Päckchen (*pl* **-**) *das* - **1.** [Paket] paquete *m* pequeño - **2.** [Packung] paquete *m* ; **ein ~ Zigaretten** un paquete de cigarrillos.

packen ◇ *vt* - **1.** [voll packen] empaquetar ; **den Koffer ~** hacer las maletas ; **seine Sachen ~** preparar sus cosas - **2.** [legen, stellen] : **etw auf/in/unter etw** *(A)* **~** meter algo encima/dentro/debajo de algo ; **etw aus etw ~** sacar algo de algo - **3.** [fassen] agarrar - **4.** [überkommen] : **etw packt jn** algo se apodera de alguien ; **die beiden hats gepackt!** ¡les ha dado fuerte! - **5.** [bewegen] conmover - **6.** *fam* [schaffen] aprobar - **7.** *salopp* [begreifen] pillar. ◇ *vi* hacer las maletas.

Packen (*pl* **-**) ◇ *der* paquete *m*. ◇ *das (ohne Pl)* hacer *m* las maletas.

packend ◇ *adj* cautivador(ra). ◇ *adv* de forma cautivadora.

Packpapier *das (ohne Pl)* papel *m* de embalar.

Packung (*pl* **-en**) *die* - **1.** [für Waren] paquete *m* ; [für Pralinen, Tabletten] caja *f* - **2.** [feuchter Umschlag] envoltura *f* - **3.** [Gesichtspackung] mascarilla *f* - **4.** [Haarkur] tratamiento *m*.

Pädagogik *die (ohne Pl)* pedagogía *f*.

pädagogisch ◇ *adj* pedagógico(ca). ◇ *adv* pedagógicamente.

Paddel (*pl* **-**) *das* canalete *m* ; [für Paddelboot] remo *m* de piragua.

Paddelboot *das* piragua *f*.

paddeln (*perf* **hat/ist gepaddelt**) *vi* - **1.** *(hat)* [rudern] remar - **2.** *(ist)* [Boot fahren] ir en piragua.

paffen *fam* ◇ *vt* fumar. ◇ *vi* - **1.** *abw* [rauchen] fumar - **2.** [ohne zu inhalieren] fumar sin tragar el humo.

Page [ˈpaːʒə] (*pl* **-n**) *der* botones *m*.

Paket (*pl* **-e**) *das* paquete *m*, encomienda *f Amér* ; **ein ~ Bücher** un paquete de libros.

Pakistan *nt* Paquistán *m*.

Pakt (*pl* **-e**) *der* - **1.** [Bündnis] pacto *m* ; **einen ~ schließen** hacer un pacto, pactar - **2.** [Vertrag] convenio *m*.

Palast (*pl* **Paläste**) *der* palacio *m*.

Palästina *nt* Palestina *f*.

Palästinenser, in (*mpl* **-**, *fpl* **-nen**) *der, die* palestino *m*, -na *f*.

palästinensisch *adj* palestino(na).

Palette (*pl* **-n**) *die* - **1.** [für Farben] paleta *f* - **2.** [zum Transport] palet *f* - **3.** *(ohne Pl)* [Vielfalt] gama *f*.

Palme (*pl* **-n**) *die* palmera *f*.

Palmsonntag *der* Domingo *m* de Ramos.

Pampelmuse (*pl* **-n**) *die* pomelo *m*.

pampig *fam* ◇ *adj* - **1.** [breiig] pastoso(sa) - **2.** [frech] descarado(da). ◇ *adv* [frech] descaradamente.

Panamaer, in (*mpl* **-**, *fpl* **-nen**) *der, die* panameño *m*, panameña *f*.

Panamakanal *der* canal *m* de Panamá.

panieren *vt* empanar.

Paniermehl *das (ohne Pl)* pan *m* rallado.

Panik *die (ohne Pl)* pánico *m* ; **in ~ geraten** sentir pánico.

panisch ◇ *adj* de pánico. ◇ *adv* con pánico.

Panne (*pl* **-n**) *die* - **1.** [Defekt] avería *f* ; **eine ~ haben** tener una avería - **2.** [Fehler] fallo *m*, error *m*.

Pannendienst *der* servicio *m* de ayuda en carretera.

panschen ◇ *vt* aguar. ◇ *vi* mezclar bebidas con agua.

Panther, Panter (*pl* **-**) *der* pantera *f*.

Pantoffel (*pl* **-n**) *der* zapatilla *f* ; **er steht unter dem ~** ella lleva los pantalones.

Pantomime (*pl* **-n**) ◇ *die (G Pantomime)* pantomima *f*. ◇ *der (G Pantomimen)* (panto)mimo *m*.

Panzer (*pl* **-**) *der* - **1.** [Fahrzeug] tanque *m* - **2.** [von Tier] coraza *f* ; [von Schildkröte] caparazón *m* - **3.** [Schutzplatte] blindaje *m*.

Panzer|schrank *der* caja *f* fuerte.

Papa (*pl* **-s**) *der fam* papá *m*.

Papagei (*pl* **-en**) *der* loro *m*, papagayo *m*.

Papier (*pl* **-e**) *das* - **1.** *(ohne Pl)* [Material] papel *m* - **2.** [Dokument] documento *m* - **3.** [Wertpapier] valor *m*, título *m*, efecto *m*.

Papier|geld *das (ohne Pl)* papel *m* moneda.

Papier|korb *der* papelera *f*.

Papier|kram *der (ohne Pl) fam* papeleo *m*.

Papier|krieg *der (ohne Pl) abw* papeleo *m*.

Papierwaren|geschäft *das* papelería *f*.

Papp|becher *der* vaso *m* de cartón.

Pappe (*pl* **-n**) *die* cartón *m*.

Papp|karton *der* caja *f* (de cartón).

Paprika (*pl* - ODER **-s**) *der* - **1.** [Pflanze] pimiento *m* - **2.** *(ohne Pl)* [Gewürz] pimentón *m*.

Paprika|schote *die* pimiento *m*.

Papst (*pl* **Päpste**) *der* Papa *m*.

Parabel (*pl* **-n**) *die* parábola *f*.

Parade (*pl* **-n**) *die* - **1.** [Aufmarsch] desfile *m* - **2.** [Abwehr] defensa *f*.

Paradebei|spiel *das* ejemplo *m* clásico.

Paradies (*pl* **-e**) *das* paraíso *m* ; REL Paraíso *m*.

paradiesisch *adj* paradisíaco(ca).

Paragraf, Paragraph (*pl* **-en**) *der* - **1.** [rechtlich] artículo *m* - **2.** [Zeichen] párrafo *m*.

Paraguayer, in (*mpl* -, *fpl* **-nen**) *der, die* paraguayo *m*, -ya *f*.

paraguayisch *adj* paraguayo(ya).

parallel <> *adj* paralelo(la). <> *adv* : **~ zu etw** paralelamente a algo ; **~ zu etw verlaufen** ser paralelo(la) a algo.

Parallele (*pl* **-n**) *die* - **1.** MATH paralela *f* - **2.** [Entsprechung] caso *m* paralelo ; **es lassen sich ~n zu etw ziehen** *fig* hay un paralelismo con algo.

Parallelogramm (*pl* **-e**) *das* paralelogramo *m*.

Para|nuss *die* nuez *f* de Brasil.

Parasit (*pl* **-en**) *der* parásito *m*.

parat <> *adv* : **etw ~ haben** tener algo a mano ; **eine Antwort ~ haben** tener una respuesta preparada ; **etw für jn ~ halten** tener algo guardado(da) para alguien ; **etw ~ legen** preparar algo. <> *adj (unver)* : **~ sein** estar preparado(da).

Pärchen (*pl* -) *das* parejita *f*.

Parfüm (*pl* **-e** ODER **-s**) *das* perfume *m*.

Parfümerie [parfymə'riː] (*pl* **-n**) *die* perfumería *f*.

parfümieren *vt* perfumar.

parieren <> *vt* parar. <> *vi* obedecer.

Pariser (*pl* -) <> *der* - **1.** [Einwohner] parisiense *m*, parisino - **2.** *fam* [Kondom] condón *m*. <> *adj (unver)* parisino(na).

Pariserin (*pl* **-nen**) *die* parisiense *f*, parisina *f*.

Park (*pl* **-s**) *der* parque *m*.

Parka (*pl* **-s**) *der* parca *f*.

Park-and-ride-System ['paːkɛnd'raitsys'teːm] *das (ohne Pl) sistema para evitar aglomeraciones en las ciudades que consiste en aparcar en las afueras y utilizar el transporte público para ir al centro.*

Parkan|lage *die* jardín *m* ; [öffentlich] parque *m*.

parken *vt & vi* aparcar, parquear *Amér* ; **falsch ~** aparcar incorrectamente.

Parken *das (ohne Pl)* aparcar *m* ; **'~ verboten!'** 'prohibido aparcar'.

Parkett (*pl* **-e** ODER **-s**) *das* - **1.** [Fußbodenbelag] parqué *m* - **2.** [im Kino, Theater] platea *f*.

Park|gebühr *die* tarifa *f* de aparcamiento.

Park|haus *das* aparcamiento *m*, parking *m*.

Park|lücke *die* hueco *m* (para aparcar).

Park|platz *der* aparcamiento *m* ; **hast du einen ~ gefunden?** ¿has encontrado aparcamiento?.

Park|scheibe *die* disco *m* de estacionamiento.

Park|schein *der* ticket *m* de aparcamiento.

Park|uhr *die* parquímetro *m*.

Park|verbot *das* prohibición *f* de estacionamiento ; **im ~ stehen** [Auto] estar aparcado(da) en zona prohibida ; [Person] haber aparcado en zona prohibida.

Parlament (*pl* **-e**) *das* parlamento *m*.

Parlamentarier, in [parlamɛn'taːriɐ, rɪn] (*mpl* -, *fpl* **-nen**) *der, die* parlamentario *m*, -ria *f*.

parlamentarisch <> *adj* parlamentario(ria). <> *adv* por el parlamento.

Parmesan *der (ohne Pl)* queso *m* parmesano.

Parmesankäse *der (ohne Pl)* queso *m* parmesano.

Parodie [paro'diː] (*pl* **-n**) *die* parodia *f* ; **eine ~ auf etw/jn** una parodia de algo/alguien.

Parole (*pl* **-n**) *die* - **1.** [Kennwort] contraseña *f* - **2.** [Leitspruch, politisch] lema *m*.

Partei (*pl* **-en**) *die* - **1.** [politische] partido *m* ; **einer ~ angehören** pertenecer a un partido ; **für jn ~ ergreifen** *fig* declararse a favor de alguien - **2.** [rechtliche] parte *f* - **3.** [Gruppe] grupo *m*.

parteiisch ◇ *adj* parcial. ◇ *adv* con parcialidad.

Parterre [par'tɛr] (*pl* **-s**) *das* planta *f* baja.

Partie [par'tiː] (*pl* **-n**) *die* - **1.** [Teil] parte *f* - **2.** [Spiel] partida *f* ; **eine ~ Schach/Billard/ Tennis spielen** jugar una partida de ajedrez/billar/tenis - **3.** *RW* : **mit von der ~ sein** apuntarse.

Partitur (*pl* **-en**) *die* partitura *f*.

Partizip (*pl* **-ien**) *das* participio *m*. ◆ **Partizip Perfekt** *das* participio *m* pasado ODER de pretérito. ◆ **Partizip Präsens** *das* participio *m* de presente.

Partner, in (*mpl* **-**, *fpl* **-nen**) *der, die* - **1.** [bei Spiel, Freizeit] pareja *f*, compañero *m*, -ra *f* ; [Theater, Film] pareja *f* ; [Ehepartner] cónyuge *m* - **2.** [Lebenspartner] pareja *f* - **3.** [Teilhaber] socio *m*, -cia *f*.

Partnerschaft (*pl* **-en**) *die* - **1.** [zwischen Personen] colaboración *f*, cooperación *f* - **2.** [zwischen Städten] hermanamiento *m*.

partnerschaftlich ◇ *adj* de colaboración ; [Zusammenleben] de convivencia. ◇ *adv* con compañerismo ; [zusammenleben] en pareja.

Partnerlstadt *die* ciudad *f* hermanada ; **Freiburg ist die ~ von Granada** Granada está hermanada con Friburgo.

partout [par'tuː] *adv fam* a toda costa ; **~ nicht** de ninguna manera.

Party ['paːɐ̯ti] (*pl* **-s**) *die* fiesta *f*.

Pass (*pl* **Pässe**) *der* - **1.** [Dokument] pasaporte *m* - **2.** [Gebirgspass] paso *m*, puerto *m* - **3.** [beim Fußball] pase *m*.

Passage [pa'saːʒə] (*pl* **-n**) *die* - **1.** [Abschnitt] pasaje *m* - **2.** [Durchlass, Durchfahrt] paso *m* - **3.** [Geschäftsstraße] galería *f* comercial - **4.** [Reise] travesía *f*.

Passagier [pasa'ʒiːɐ̯] (*pl* **-e**) *der* pasajero *m* ; **blinder ~** *fig* polizón *m*.

Passagierin [pasa'ʒiːrɪn] (*pl* **-nen**) *die* pasajera *f*.

Passant, in (*mpl* **-en**, *fpl* **-nen**) *der, die* transeúnte *mf*.

Passlbild *das* foto(grafía) *f* de carnet.

passen *vi* - **1.** [die richtige Größe haben] quedar bien ; **in etw** *(A)* **~** caber en algo - **2.** [angenehm sein] : **jm passt etw/etw nicht** algo le viene/no le viene mejor a alguien ; **die Unterbrechungen ~ mir nicht** me molestan las interrupciones ; **das könnte dir/ihm so ~!** *fam* ¡ya te/le gustaría! - **3.** [zusammenpassen] pegar ; **zu etw/jm ~** pegar con algo/a alguien - **4.** [nicht können] pasar.

passend ◇ *adj* adecuado(da). ◇ *adv* adecuadamente ; **haben sie es (nicht) ~?** ¿no lo tiene justo?.

Passlfoto *das* foto(grafía) *f* de carnet.

passieren (*perf* **hat/ist passiert**) ◇ *vt* *(hat)* pasar. ◇ *vi (ist)* - **1.** [geschehen] pasar ; **es ist etw passiert** ha pasado algo - **2.** [zustoßen] : **etw passiert jm** algo le pasa a alguien.

passiv, passiv ◇ *adj* pasivo(va). ◇ *adv* pasivamente.

Passiv ['pasif] (*pl* **-e**) *das* pasiva *f*.

Passivität [pasivi'tɛːt] *die (ohne Pl)* pasividad *f*.

Passlkontrolle *die* control *m* de pasaportes.

Paste (*pl* **-n**) *die* - **1.** [Masse] pasta *f* - **2.** [Salbe] ungüento *m*.

Pastelllfarbe *die* color *m* pastel.

Pastete (*pl* **-n**) *die* - **1.** [mit Blätterteig] hojaldre *m* - **2.** [ohne Blätterteig] pastel *m*.

Pastor (*pl* **-toren**) *der* pastor *m*.

Pastorin (*pl* **-nen**) *die* - **1.** [Pfarrerin] pastora *f* - **2.** [Ehefrau des Pastors] mujer *f* del pastor.

Pate (*pl* **-n**) *der* - **1.** [Patenonkel, von Mafia] padrino *m* - **2.** [Initiator, Vorbild] : **bei etw ~ stehen** influir en algo.

Patenlkind *das* ahijado *m*, -da *f*.

Patenlonkel *der* padrino *m*.

Patenschaft (*pl* **-en**) *die* : **die ~ für etw/jn übernehmen** [Mann] apadrinar algo/a alguien ; [Frau] amadrinar algo/a alguien.

patent ◇ *adj* - **1.** [lebenstüchtig] excelente - **2.** [praktisch] práctico(ca) - **3.** *fam* [nett] agradable. ◇ *adv* [tüchtig] de forma excelente.

Patent (*pl* **-e**) *das* patente *f* ; **auf etw** *(A)* **ein ~ anmelden** solicitar la patente de algo.

Patenltante *die* madrina *f*.

patentieren *vt* patentar ; **sich** *(D)* **etw ~ lassen** patentar algo.

Pater (*pl* **-**) *der* sacerdote *m (de una orden religiosa)*.

Patient, in (*mpl* **-en**, *fpl* **-nen**) *der, die* paciente *mf*.

Patin (*pl* **-nen**) *die* madrina *f*.

Patina *die (ohne Pl)* pátina *f*.

Patriot, in (*mpl* **-en**, *fpl* **-en**) *der, die* patriota *mf*.

patriotisch ◇ *adj* patriótico(ca). ◇ *adv* con espíritu patriótico.

Patron, in (*mpl* **-e**, *fpl* **-nen**) *der, die* patrón *m*, -ona *f*.

Patrone (*pl* **-n**) *die* cartucho *m*.

patrouillieren [patrʊl'(j)iːrən] (*perf* **hat/ ist patrouilliert**) *vi* patrullar.

Patsche (*pl* **-n**) *die fam* - **1.** [Not] : **in der ~ sitzen** estar en apuros ; **jm aus der ~ hel-**

fen sacar a alguien de un apuro - **2.** [Hand] mano *m* ; **gib mir deine ~!** ¡choca esos cinco!

patschen *vi fam* chapotear ; [klatschen] dar palmadas ; **jm ins Gesicht ~** dar una chuleta a alguien.

patschnass *adj fam* calado(da) hasta los huesos.

patzig <> *adj* insolente. <> *adv* insolentemente.

Pauke (*pl* **-n**) *die* timbal *m* ; **auf die ~ hauen** *fam fig* festejar a lo grande.

pauken *fam* <> *vi* empollar. <> *vt* aprender.

pausbäckig *adj* mofletudo(da).

pauschal <> *adj* **- 1.** [nicht spezifiziert] global **- 2.** [undifferenziert] general. <> *adv* **- 1.** [undifferenziert] de forma general **- 2.** [insgesamt] globalmente.

Pauschale (*pl* **-n**) *die* suma *f* global.

Pauschal|reise *die* viaje *m* organizado.

Pauschal|urteil *das* juicio *m* global.

Päuschen ['pɔysçən] (*pl* **-**) *das fam* pequeña pausa *f*.

Pause (*pl* **-n**) *die* **- 1.** [Unterbrechung] pausa *f* ; [in der Schule] recreo *m* ; [im Theater] entreacto *m* ; [im Film, Konzert] descanso *m* **- 2.** MUS intervalo *m*.

Pausen|brot *das* bocadillo *m* del recreo.

pausenlos <> *adj* ininterrumpido(da). <> *adv* ininterrumpidamente.

Pavian ['paːvi̯aːn] (*pl* **-e**) *der* papión *m*.

Pay-TV ['pei̯tiːviː] (*pl* **-s**) *das* televisión *f* de pago.

Pazifik *der* Pacífico *m*.

Pazifische Ozean *der* Océano *m* Pacífico.

Pazifist, in (*mpl* **-en**, *fpl* **-nen**) *der, die* pacifista *mf*.

pazifistisch <> *adj* pacifista. <> *adv* con ideas pacifistas.

PC [peː'tseː] (*pl* **-** ODER **-s**) (*abk für* **Personal Computer**) *der* ordenador *m* personal.

PDS [peːdeː'ɛs] (*abk für* **Partei des Demokratischen Sozialismus**) *die (ohne Pl)* Partido *m* del Socialismo Democrático.

Pech (*pl* **-e**) *das* **- 1.** *(ohne Pl)* [Unglück] mala suerte *f* ; **~ haben** tener mala suerte **- 2.** [Erdölprodukt] pez *m*.

Pech|strähne *die* mala racha *f*.

Pech|vogel *der* desafortunado *m*, -da *f*.

Pedal (*pl* **-e**) *das* pedal *m*.

pedantisch *abw* <> *adj* escrupuloso(sa). <> *adv* escrupulosamente.

Pegel (*pl* **-**) *der* nivel *m*.

peilen <> *vt* determinar ; [Lage] sondear. <> *vi fam* calcular.

peinlich <> *adj* **- 1.** [unangenehm] desagradable ; [Frage, Situation] embarazoso(sa) ; **das ist mir sehr ~** me resulta muy desagradable **- 2.** [sorgfältig] meticuloso(sa). <> *adv* **- 1.** [unangenehm] desagradablemente **- 2.** [sorgfältig] meticulosamente.

Peitsche (*pl* **-n**) *die* látigo *m*.

peitschen (*perf* **hat/ist gepeitscht**) <> *vt (hat)* dar latigazos. <> *vi (ist)* azotar.

Peking *nt* Pekín *m*, Pequín *m*.

Pelikan (*pl* **-e**) *der* pelícano *m*.

Pelle (*pl* **-n**) *die Norddt* piel *f*.

pellen *vt Norddt* pelar.

Pell|kartoffel *die* patata *f* cocida con su piel.

Peloponnes [pelopɔ'neːs] *der* Peloponeso *m* ; **auf dem ~** en el Peloponeso.

Pelz (*pl* **-e**) *der* **- 1.** [Fell] piel *f* ; [von Tier] pellejo *m* ; **jm auf den ~ rücken** *fam fig* acosar a alguien **- 2.** [Pelzmantel] abrigo *m* de piel(es).

pelzig <> *adj* **- 1.** [taub] insensible **- 2.** [pelzartig] aterciopelado(da). <> *adv* [pelzartig] como terciopelo.

Pelz|mantel *der* abrigo *m* de piel(es).

Pendel (*pl* **-**) *das* péndulo *m*.

pendeln (*perf* **ist/hat gependelt**) *vi* **- 1.** *(ist)* [fahren] ir al trabajo utilizando un medio de locomoción **- 2.** *(hat)* [schwingen] oscilar.

Pendelverkehr *der (ohne Pl)* tráfico *m* pendular.

Pendler, in (*mpl* **-**, *fpl* **-nen**) *der, die persona que viaja diariamente para ir al trabajo.*

penetrant *abw* <> *adj* penetrante ; [Fragerei, Klingeln] cargante. <> *adv* de forma penetrante ; [klingeln, reden] de forma cargante.

Penis (*pl* **-se**) *der* pene *m*.

Penizillin *das* penicilina *f*.

pennen *vi fam* **- 1.** [schlafen] dormir **- 2.** [nicht aufpassen] no prestar atención **- 3.** [ins Bett gehen] : **mit jm ~** *salopp* acostarse con alguien.

Penner, in (*mpl* **-**, *fpl* **-nen**) *der, die fam* **- 1.** [Stadtstreicher] vagabundo *m*, -da *f* **- 2.** [Schlafmütze] dormilón *m*, -ona *f*.

Pension [paŋ'zi̯oːn] (*pl* **-en**) *die* **- 1.** [Hotel] pensión *f* **- 2.** *(ohne Pl)* [Ruhestand] : **in ~ gehen** jubilarse ; **in ~ sein** estar jubilado(da) **- 3.** *(ohne Pl)* [Bezüge] pensión *f*.

Pensionär, in [paŋzi̯o'nɛːɐ̯, rɪn] (*mpl* **-e**, *fpl* **-nen**) *der, die* pensionista *mf*.

pensionieren [paŋzi̯o'niːrən] *vt* jubilar.

Pensions|gast *der* huésped *mf* de pensión.

Pensum (*pl* **Pensen**) *das* trabajo *m*.

Peperoni (*pl* -) *die* pimientos *mpl* picantes.

per *präp (+A)* por.

perfekt <> *adj* - **1.** [vollkommen] perfecto(ta) - **2.** [abgeschlossen] : ~ **sein** ser definitivo(va) ; [Vertrag, Kauf] estar cerrado(da). <> *adv* - **1.** [vollkommen] perfectamente - **2.** [endgültig] definitivamente.

Perfekt (*pl* **-e**) *das* (pretérito *m*) perfecto *m*.

Perfektion *die (ohne Pl)* perfección *f*.

Pergament (*pl* **-e**) *das* pergamino *m*.

Pergamentpapier *das (ohne Pl)* papel *m* pergamino.

Periode (*pl* **-n**) *die* período *m* ; [Menstruation] regla *f*, período *m*.

periodisch <> *adj* periódico(ca). <> *adv* periódicamente.

Perle (*pl* **-n**) *die* perla *f*.

perlen (*perf* **hat/ist geperlt**) *vi* - **1.** *(hat)* [sprudeln] burbujear - **2.** *(ist) geh* [abperlen] correr.

Perlen|kette *die* collar *m* de perlas.

Perlmutt, Perlmutt *das (ohne Pl)* nácar *m*.

Perlon® *das (ohne Pl)* perlón® *m*.

permanent <> *adj* permanente. <> *adv* permanentemente.

perplex <> *adj* : **(ganz) ~ sein** estar completamente perplejo(ja). <> *adv* perplejamente.

Persien *nt* Persia *f*.

Person (*pl* **-en**) *die* - **1.** [Mensch] persona *f* ; **in (eigener) ~** en persona ; **etw in ~ sein** *fig* ser algo personificado(da) ODER en persona - **2.** [Figur] personaje *mf* - **3.** [in der Grammatik] persona *f*.

Personal *das (ohne Pl)* personal *m*.

Personal|abbau *der (ohne Pl)* reducción *f* ODER recorte *m* de personal.

Personal|abteilung *die* departamento *m* de personal.

Personal|ausweis *der* documento *m* de identidad.

Personal|chef, in *der, die* jefe *m*, -fa *f* de personal.

Personal|computer *der* ordenador *m* personal.

Personalien [pɛrzo'na:li̯ən] *pl* señas *fpl* ODER datos *mpl* personales.

Personal|pronomen *das* pronombre *m* personal.

Personal|rat *der* - **1.** [Gremium] comité *m* de empresa - **2.** [Vertreter] miembro *m* del comité de empresa.

Personal|rätin *die* miembro *f* del comité de empresa.

personell <> *adj* del personal. <> *adv* concerniente al personal.

Personen|wagen *der* automóvil *m*.

persönlich <> *adj* personal ; ~ **werden** meterse en el terreno personal. <> *adv* personalmente ; **etw ~ nehmen** tomarse algo personalmente.

Persönlichkeit (*pl* **-en**) *die* personalidad *f*.

Perspektive [pɛrspɛk'ti:və] (*pl* **-n**) *die* perspectiva *f* ; **aus js ~** desde la perspectiva de alguien.

Peru *nt* Perú *m*.

Perücke (*pl* **-n**) *die* peluca *f*.

Pessimismus *der (ohne Pl)* pesimismo *m*.

pessimistisch <> *adj* pesimista. <> *adv* con pesimismo.

Pest *die (ohne Pl)* peste *f* ; **stinken wie die ~** *fam fig* apestar.

Petersilie [petɐ'zi:li̯ə] *die (ohne Pl)* perejil *m*.

Petroleum [pe'tro:leʊm] *das (ohne Pl)* petróleo *m*.

petzen *vi fam* chivarse.

Pf. *abk für* **Pfennig**.

Pfad (*pl* **-e**) *der* - **1.** [Weg] sendero *m* - **2.** EDV directorio *m*.

Pfadfinder, in (*mpl* -, *fpl* **-nen**) *der, die* scout *mf*.

Pfahl (*pl* **Pfähle**) *der* poste *m*, estaca *f*.

Pfalz *die* Palatinado *m*.

Pfälzer (*pl* -) <> *der* habitante *m* del Palatinado. <> *adj (unver)* palatino(na).

Pfälzerin (*pl* **-nen**) *die* habitante *f* del Palatinado.

pfälzisch *adj* palatino(na).

Pfand (*pl* **Pfänder**) *das* fianza *f* ; **die Flasche kostet 30 Pfennig ~** hay que pagar 30 pfennig por el casco ; **etw als ~ nehmen** tomar algo como fianza.

pfänden *vt* embargar.

Pfand|flasche *die* botella *f* retornable.

Pfand|haus *das* casa *f* de empeño.

Pfändung (*pl* **-en**) *die* embargo *m*.

Pfanne (*pl* **-n**) *die* sartén *f*.

Pfann|kuchen *der* crêpe *f*.

Pfarrei (*pl* **-en**) *die* parroquia *f*.

Pfarrer (*pl* -) *der* cura *m* ; [evangelischer] pastor *m*.

Pfarrerin (*pl* **-nen**) *die* pastora *f*.

Pfau (*pl* **-en**) *der* pavo *m* real, pavón *m* ; **er ist ein eitler ~** es un presumido.

Pfeffer *der (ohne Pl)* pimienta *f*.

Pfefferkuchen *der* pan *m* de especias.

Pfefferminze, Pfefferminze *die (ohne Pl)* menta *f*.

pfeffern *vt* - **1.** [würzen] sazonar con pimienta - **2.** *fam* [werfen] echar - **3.** *fam* [ohrfeigen] : **jm eine ~** dar una bofetada a alguien.

Pfeife (*pl* **-n**) *die* - **1.** [zum Rauchen] pipa *f* ; **~ rauchen** fumar en pipa - **2.** [zum Pfeifen] silbato *m* ; [Instrument] pífano *m* - **3.** [von Orgel] tubo *m* ; **nach js ~ tanzen** *fam fig* bailar al son de alguien - **4.** *fam abw* [Mensch] inútil *m*.

pfeifen (*prät* **pfiff**, *perf* **hat gepfiffen**) <> *vi* silbar ; **auf etw/jn ~** *fam fig* no hacer caso a algo/alguien. <> *vt* - **1.** [Lied] silbar - **2.** [Spiel] pitar.

Pfeil (*pl* **-e**) *der* - **1.** [Waffe] flecha *f* - **2.** *fam* [Stichelei] puyazo *m* - **3.** [Hinweiszeichen] flecha *f* ; **grüner ~** flecha verde.

Pfeiler (*pl* **-**) *der* pilar *m*.

Pfennig (*pl* **-e** ODER **-**) *der* pfennig *m* ; **keinen ~ haben** *fam* no tener ni un duro.

Pferd (*pl* **-e**) *das* caballo *m* ; **aufs falsche/richtige ~ setzen** apostar por el caballo perdedor/ganador ; *fam fig* tomar una decisión equivocada/correcta.

Pferdeapfel *der* boñiga *f* de caballo.

Pferderennen *das* carrera *f* de caballos.

Pferdeschwanz *der* [Frisur] cola *f* de caballo.

Pferdesport *der (ohne Pl)* hípica *f*.

Pferdestall *der* caballeriza *f*.

Pferdestärke *die* caballo *m* (de vapor).

pfiff *prät* ▷ **pfeifen**.

Pfiff (*pl* **-e**) *der* - **1.** [Ton] silbido *m* - **2.** *fig* [Reiz] gracia *f* ; **mit ~** con gracia.

Pfifferling (*pl* **-e**) *der* cantarela *f* ; **nicht einen** ODER **keinen ~ wert sein** *fam fig* no valer ni un comino.

pfiffig <> *adj* vivo(va), perspicaz. <> *adv* vivamente, con perspicacia.

Pfingsten *(ohne Artikel)* Pentecostés *m*.

Pfirsich (*pl* **-e**) *der* melocotón *m*.

Pflanze (*pl* **-n**) *die* planta *f*.

pflanzen *vt* plantar.

pflanzlich <> *adj* vegetal. <> *adv* a base de vegetales.

Pflaster (*pl* **-**) *das* - **1.** [Verband] esparadrapo *m* - **2.** *(ohne Pl)* [Straßenbelag] adoquinado *m* ; **Zürich ist ein teures ~** en Zurich la vida es cara.

Pflaume (*pl* **-n**) *die* - **1.** [Frucht] ciruela *f* - **2.** *fam* [Mensch] inútil *m*.

Pflaumenbaum *der* ciruelo *m*.

Pflaumenkuchen *der* tarta *f* de ciruelas.

Pflaumenmus *das (ohne Pl)* compota *f* de ciruelas.

Pflege *die (ohne Pl)* cuidado *m* ; **bei jm in ~ sein** estar bajo el cuidado de alguien ; **jn in ~ nehmen/haben** acoger a alguien/tener a alguien al cuidado.

Pflegedienst *der* servicio *m* de asistencia para personas que no pueden valerse por sí mismas.

Pflegeeltern *pl* padres *mpl* acogentes ODER tutelares.

Pflegeheim *das* asilo *m*.

Pflegekind *das* niño acogido *m*, niña acogida *f*.

pflegeleicht *adj* - **1.** [leicht zu pflegen] de fácil cuidado - **2.** *fam* [unkompliziert] no complicado(da) ; [Kind] fácil de entretener.

pflegen *vt* - **1.** [sich kümmern um] cuidar - **2.** [gewohnt sein] : **etw zu tun ~** *geh* estar acostumbrado(da) a hacer algo.

Pflegepersonal *das (ohne Pl)* personal *m* sanitario.

Pfleger, in (*mpl* **-**, *fpl* **-nen**) *der, die* enfermero *m*, -ra *f*.

Pflicht (*pl* **-en**) *die* - **1.** [Aufgabe] obligación *f* ; **etw ist ~** algo es obligatorio(ria) - **2.** *(ohne Pl)* SPORT ejercicio *m* obligatorio.

pflichtbewusst <> *adj* responsable, formal. <> *adv* formalmente.

Pflichtfach *das* asignatura *f* obligatoria.

Pflichtgefühl *das (ohne Pl)* sentido *m* del deber.

Pflichtversicherung *die* seguro *m* obligatorio.

Pflock (*pl* **Pflöcke**) *der* estaca *f*.

pflücken *vt* coger.

Pflug (*pl* **Pflüge**) *der* arado *m*.

pflügen *vt* & *vi* arar.

Pforte (*pl* **-n**) *die* puerta *f*.

Pförtner, in (*mpl* **-**, *fpl* **-nen**) *der, die* portero *m*, -ra *f*.

Pfosten (*pl* **-**) *der* poste *m* ; [von Bett] pata *f*.

Pfote (*pl* **-n**) *die* - **1.** [von Tier] pata *f* - **2.** *fam* [von Mensch] pezuña *f*.

Pfropf (*pl* **-e**) *der* MED coágulo *m*.

Pfropfen (*pl* **-**) *der* tapón *m* ; [aus Kork] corcho *m*.

pfui *interj* ¡puf!

Pfund (*pl* **-e**) *das* - **1.** [Währung] libra *f* - **2.** [Gewicht] medio kilo *m*.

Pfusch *der (ohne Pl) fam abw* chapuza *f*.

Pfuscher, in (*mpl* **-**, *fpl* **-nen**) *der, die fam abw* chapucero *m*, -ra *f*.

Pfütze (*pl* **-n**) *die* charco *m*.

PH [peːˈhaː] (*pl* **-s**) (*abk für* **Pädagogische Hochschule**) *die* Escuela *f* de Magisterio.

Phantasie = **Fantasie**.

phantasieren = **fantasieren**.

phantastisch = **fantastisch**.

Pharao (*pl* **-s** ODER **-nen**) *der* faraón *m*.

Phase (*pl* **-n**) *die* fase *f*.

Philharmoniker *pl* (orquesta) filarmónica *f*.

Philippine (*pl* **-n**) *der* filipino *m*.

Philippinen *pl* Filipinas *fpl* ; **auf den ~** en las Filipinas.

Philippinin (*pl* **-nen**) *die* filipina *f*.

philippinisch *adj* filipino(na).

Philippinisch *das (ohne Pl)* filipino ; *siehe auch* **Englisch**.

Philippinische *das (ohne Pl)* filipino ; *siehe auch* **Englische**.

Philosoph, in (*mpl* **-en**, *fpl* **-nen**) *der, die* filósofo *m*, -fa *f*.

Philosophie [fɪlozoˈfiː] (*pl* **-n**) *die* filosofía *f*.

philosophisch <> *adj* filosófico(ca). <> *adv* filosóficamente.

Phonetik = **Fonetik**.

Phosphat (*pl* **-e**) *das* fosfato *m*.

Phosphor *der (ohne Pl)* fósforo *m*.

phosphoreszieren *vi* fosforecer.

Phrase (*pl* **-n**) *die* frase *f* ; **leere ~n** palabras *fpl* vacías ; **~n dreschen** *fam fig* usar palabras vacías.

PH-Wert [peːˈhaːveːɐ̯t] *der* (valor *m* del) pH.

Physik *die (ohne Pl)* física *f*.

physikalisch <> *adj* físico(ca). <> *adv* físicamente.

Physiker, in (*mpl* **-**, *fpl* **-nen**) *der, die* físico *m*, -ca *f*.

physisch <> *adj* físico(ca). <> *adv* físicamente.

Pianist, in (*mpl* **-en**, *fpl* **-nen**) *der, die* pianista *mf*.

Pickel (*pl* **-**) *der* **- 1.** [Entzündung] grano *m* **- 2.** [Gerät] pico *m*.

pickelig, picklig *adj* lleno(na) de granos.

picken <> *vi* picotear. <> *vt* picotear, picar.

Picknick (*pl* **-s** ODER **-e**) *das* picnic *m* ; **ein ~ machen** hacer un picnic.

pieken *vi* pinchar.

piepen *vi* piar ; **bei dir piepts wohl?** *fam fig* estás mal de la cabeza ¿verdad?.

Piercing [ˈpiːrsɪŋ] (*pl* **-s**) *das* piercing *m*.

piesacken *vt fam* martirizar.

Pigment (*pl* **-e**) *das* pigmento *m*.

Pik (*pl* **-**) *das* **- 1.** *(ohne Artikel, ohne Pl)* [Spielkartenfarbe] picas *fpl* **- 2.** [Karte] pica *f*.

pikant <> *adj* picante. <> *adv* **- 1.** [scharf] de manera picante **- 2.** [frivol] frívolamente.

Pike (*pl* **-n**) *die* : **einen Beruf von der ~ auf lernen** *fam fig* pasar por todas las etapas de un oficio.

Pilger (*pl* **-**) *der* peregrino *m*.

Pilgerfahrt *die* peregrinación *m*.

Pilgerin (*pl* **-nen**) *die* peregrina *f*.

pilgern (*perf* **ist gepilgert**) *vi* **- 1.** [wallfahren] peregrinar **- 2.** *fam* [laufen] andar.

Pille (*pl* **-n**) *die* **- 1.** *(ohne Pl)* [Verhütungsmittel] : **die ~** la píldora ; **die ~ nehmen** tomar la píldora **- 2.** *fam* [Tablette] pastilla *f*.

Pilot (*pl* **-en**) *der* piloto *m*.

Pilotin (*pl* **-nen**) *die* piloto *f*.

Pils (*pl* **-**) *das* pils *f*.

Pilz (*pl* **-e**) *der* **- 1.** [Pflanze] seta *f* **- 2.** *(ohne Pl)* [Hautpilz] hongo *m*.

PIN (*pl* **-s**) (*abk für* **Personal Identification Number**) *die* PIN *m*.

pingelig *fam* <> *adj* meticuloso(sa), escrupuloso(sa). <> *adv* meticulosamente.

Pinguin [ˈpɪŋguiːn] (*pl* **-e**) *der* pingüino *m*.

Pinie [ˈpiːni̯ə] (*pl* **-n**) *die* pino *m* piñonero.

pink <> *adj (unver)* rosa. <> *adv* de (color) rosa.

Pink *das (ohne Pl)* color *m* rosa.

pinkeln *vi fam* mear.

Pinscher (*pl* **-**) *der* pinscher *m*.

Pinsel (*pl* **-**) *der* pincel *m* ; [zum Anstreichen] brocha *f*.

pinseln <> *vt* **- 1.** [streichen] pintar ; **etw ~** MED aplicar algo con un pincel **- 2.** [malen] pintar. <> *vi fam* pintar.

Pinzette (*pl* **-n**) *die* pinzas *fpl* de depilar.

Pionier (*pl* **-e**) *der* **- 1.** [Vorkämpfer] pionero *m*, precursor *m* **- 2.** [Soldat] zapador *m*.

Pionierin (*pl* **-nen**) *die* pionera *f*, precursora *f*.

Pipi *das (ohne Pl) fam* : **~ machen** hacer pipí, hacer pis.

Pirat (*pl* **-en**) *der* pirata *m*.

Piratensender *der* emisora *f* pirata.

Piratin (*pl* **-nen**) *die* pirata *f*.

Pirsch *die (ohne Pl)* : **auf die ~ gehen** ir de caza *(al acecho)*.

Pistazie [pɪsˈtaːtsi̯ə] (*pl* **-n**) *die* pistacho *m*.

Piste (*pl* **-n**) *die* pista *f* ; [Rennstrecke] circuito *m*.

Pistole (*pl* **-n**) *die* pistola *f* ; **wie aus der ~ geschossen** *fam fig* en un abrir y cerrar de ojos.

Pizza ['pɪtsa] (*pl* **-s**) *die* pizza *f*.

Pizzeria [pɪtse'riːa] (*pl* **Pizzerien** ODER **-s**) *die* pizzería *f*.

plädieren *vi* - **1.** *geh* [stimmen] : **für etw ~** abogar por algo - **2.** RECHT : **für** ODER **auf etw** *(A)* **~** abogar por algo.

Plage (*pl* **-n**) *die* tormento *m*.

plagen *vt* [körperlich] atormentar ; **von Schmerzen geplagt sein** tener muchos dolores. ◆ **sich plagen** *ref* [Mühe haben] esforzarse ; [schwer arbeiten] matarse a trabajar ; **sie plagt sich mit diesem Problem** este problema la tiene muy atareada.

Plakat (*pl* **-e**) *das* cartel *m*.

Plakette (*pl* **-n**) *die* placa *f*.

Plan (*pl* **Pläne**) *der* - **1.** [Vorgehensweise] plan *m* - **2.** [Vorhaben] plan *m*, proyecto *m* ; **Pläne schmieden** hacer planes - **3.** [Karte] plano *m*. ◆ **nach Plan** *adv* como ODER según estaba previsto(ta).

Plane (*pl* **-n**) *die* lona *f*.

planen *vt* planear, proyectar.

Planet (*pl* **-en**) *der* planeta *m*.

planieren *vt* aplanar.

Planke (*pl* **-n**) *die* plancha *f* ; [Bretterzaun] valla *f* de madera.

planlos *adj, adv* sin plan, sin método.

planmäßig ◇ *adj* - **1.** [nach Plan] previsto(ta) - **2.** [systematisch] sistemático(ca). ◇ *adv* - **1.** [nach Plan] : **~ ankommen** llegar a la hora prevista - **2.** [systematisch] sistemáticamente.

planschen, plantschen *vi* chapotear.

Plantage [plan'taːʒə] (*pl* **-n**) *die* plantación *f*.

Planung (*pl* **-en**) *die* - **1.** [Vorbereitung] planificación *f* - **2.** [Ergebnis] planificación *f*, plan *m*.

Planwirtschaft *die (ohne Pl)* economía *f* planificada.

plappern *vi* [reden] cotorrear, parlotear ; **unaufhörlich ~** hablar por los codos.

plärren *vi abw* - **1.** [weinen] lloriquear ; [laut weinen] berrear - **2.** [rufen] gritar - **3.** [Krach machen] hacer ruido.

Plastik (*pl* **-en**) ◇ *das (G Plastiks, ohne Pl)* plástico *m*. ◇ *die (G Plastik, Pl Plastiken)* - **1.** [Skulptur] escultura *f* - **2.** *(ohne Pl)* [Bildhauerkunst] escultura *f*.

Plastik|tüte *die* bolsa *f* de plástico.

plastisch ◇ *adj* - **1.** [dreidimensional] tridimensional - **2.** [lebendig] expresivo(va) ; **eine ~e Darstellung** una representación gráfica. ◇ *adv* - **1.** [dreidimensional] en tres dimensiones - **2.** [lebendig] de forma expresiva.

Platane (*pl* **-n**) *die* plátano *m*.

Platin *das (ohne Pl)* platino *m*.

platonisch ◇ *adj* platónico(ca). ◇ *adv* platónicamente.

plätschern (*perf* **hat/ist geplätschert**) *vi* - **1.** *(ist)* [fließen] murmurar - **2.** *(hat)* [Geräusch machen] chapotear.

platt ◇ *adj* - **1.** [flach] llano(na), plano(na) ; [Reifen] pinchado(da) ; **einen Platten haben** *fam* tener un pinchazo ; **~ sein** *fam fig* quedarse pasmado(da) - **2.** [nichts sagend] huero(ra), insu(b)stancial. ◇ *adv* - **1.** [flach] : **~ liegen** estar tumbado(da) ; **etw ~ drücken** aplastar algo - **2.** [nichts sagend] : **sich ~ ausdrücken** hablar sin decir nada.

Platt *das (ohne Pl) dialecto del norte de Alemania denominado bajo alemán* ; **~ sprechen** hablar en bajo alemán.

Plattdeutsch *das (ohne Pl) dialecto del norte de Alemania denominado bajo alemán* ; *siehe auch* **Englisch**.

Plattdeutsche *das (ohne Pl) dialecto del norte de Alemania denominado bajo alemán* ; *siehe auch* **Englische**.

Platte (*pl* **-n**) *die* - **1.** [Bauelement aus Eisen, Stahl] plancha *f* ; [Brett] tablero *m* - **2.** [Servierplatte] bandeja *f* - **3.** [Schallplatte] disco *m* ; **eine ~ auflegen** ODER **spielen** poner un disco - **4.** [Herdplatte] placa *f* térmica - **5.** *fam* [Glatze] calva *f*.

Platten ▷ **platt**.

plätten *vt Norddt* [bügeln] planchar.

Platten|bau *der* edificio *m* de placas prefabricadas.

Platten|spieler *der* tocadiscos *m*.

Platt|fuß *der (ohne Pl) fam* pinchazo *m*.

Platz (*pl* **Plätze**) *der* - **1.** [Sitzplatz] asiento *m* ; **~ nehmen** *geh* tomar asiento - **2.** *(ohne Pl)* [Raum] espacio *m* ; **einer Sache/jm ~ machen** [zur Seite gehen] hacer sitio a algo/alguien ; *fig* [weichen] dejar sitio a algo/alguien ; **keinen ~ haben** no tener sitio ; **genug ~ haben** tener suficiente sitio - **3.** [Stelle] lugar *m*, sitio *m* ; [in Stadt] plaza *f* - **4.** [Rang] puesto *m* ; **auf die Plätze, fertig, los!** ¡a sus puestos, listos, ya! - **5.** [Spielfeld] campo *m* de juego. ◆ **Platz sparend** ◇ *adj* que ocupa poco sitio. ◇ *adv* sin ocupar mucho sitio.

Platzanweiser, in (*mpl* **-**, *fpl* **-nen**) *der, die* acomodador *m*, -ra *f*.

Plätzchen (*pl* **-**) *das* - **1.** [Platz] sitio *m* - **2.** [Gebäck] pasta *f*.

platzen (*perf* **ist geplatzt**) *vi* - **1.** [bersten] reventar - **2.** *fam* [ausfallen] suspenderse ;

[scheitern] fracasar ; **etw ~ lassen** anular algo.

platzieren *vt* colocar.

Platz|karte *die* reserva *f* de asiento.

Platz|mangel *der (ohne Pl)* falta *f* de sitio.

platzsparend *adj* = **Platz**.

Platz|wunde *die* herida *f* abierta.

plaudern *vi* charlar.

plausibel <> *adj* comprensible. <> *adv* de forma comprensible ; **jm etw ~ machen** hacer comprender algo a alguien, aclarar algo a alguien.

plazieren *vt* = **platzieren**.

pleite *adj* : **~ sein** estar arruinado(da).

Pleite (*pl* **-n**) *die* - **1.** [Ruin] ruina *f* ; [von Firma] quiebra *f*, bancarrota *f* ; **~ gehen** ODER **machen** arruinarse ; **vor der ~ stehen** *fam* estar amenazado(da) por la quiebra - **2.** [Reinfall] fracaso *m*.

Plombe (*pl* **-n**) *die* - **1.** [Zahnfüllung] empaste *m* - **2.** [Siegel] marchamo *m*, precinto *m*.

plombieren *vt* - **1.** [füllen] empastar - **2.** [versiegeln] precintar.

plötzlich <> *adj* repentino(na). <> *adv* repentinamente.

plump *abw* <> *adj* - **1.** [ungeschickt] torpe - **2.** [unförmig] basto(ta). <> *adv* - **1.** [ungeschickt] torpemente - **2.** [schwerfällig] pesadamente.

plumpsen (*perf* **ist geplumpst**) *vi* caer *(pesadamente)*.

Plunder *der (ohne Pl) fam abw* chismes *mpl*.

plündern *vt & vi* saquear.

Plural (*pl* **-e**) *der* plural *m* ; **im ~** en plural.

plus <> *adv* : **3 Grad ~** 3 grados (sobre cero) ; **~ 1** más 1. <> *präp* más. <> *konj* más.

Plus *das (ohne Pl)* - **1.** [Mehrbetrag] : **(ein) ~ (von 100 DM) machen** sacar un beneficio adicional (de 100 marcos) ; **im ~ stehen** tener un saldo positivo - **2.** [Vorteil] ventaja *f*.

Plüsch *der (ohne Pl)* felpa *f* ; [von Kuscheltier] peluche *m*.

Plus|pol *der* polo *m* positivo.

Plus|punkt *der* - **1.** [Vorteil] ventaja *f* - **2.** [Punkt] punto *m*.

Plusquam|perfekt *das* pluscuamperfecto *m*.

Plutonium *das (ohne Pl)* plutonio *m*.

PLZ (*abk für* **Postleitzahl**) C.P.

Po (*pl* **-s**) *der* trasero *m*, culo *m*.

Pöbel *der (ohne Pl)* vulgo *m*.

pochen *vi* - **1.** [klopfen] : **an die Tür ~** tocar ODER llamar a la puerta ; **auf etw** *(A)* **~** *fig* insistir en algo - **2.** [pulsieren] palpitar.

Pocken *pl* viruela *f*.

Podest (*pl* **-e**) *das* pedestal *m*.

Podium ['poːdi̯ʊm] (*pl* **Podien**) *das* podio *m*.

Podiums|diskussion *die* coloquio *m*.

Poesie *die (ohne Pl) geh* - **1.** [Dichtung] poesía *f* - **2.** [Faszination] belleza *f*.

poetisch <> *adj* poético(ca). <> *adv* poéticamente.

Pointe ['pо̨ɛ̃ːtə] (*pl* **-n**) *die* gracia *f*.

Pokal (*pl* **-e**) *der* copa *f*.

Poker *der* ODER *das (ohne Pl)* póquer *m*.

pokern *vi* jugar al póquer ; **um etw ~** *fig* discutir algo ; **hoch ~** *fig* apostar fuerte.

Pol (*pl* **-e**) *der* polo *m* ; **der ruhende ~** *fig* el más tranquilo (la más tranquila).

polar *adj* polar.

Polar|kreis *der* círculo *m* polar.

Pole (*pl* **-n**) *der* polaco *m*.

polemisch <> *adj* polémico(ca). <> *adv* polémicamente.

Polen *nt* Polonia *f*.

polieren *vt* pulir.

Polin (*pl* **-nen**) *die* polaca *f*.

Politesse (*pl* **-n**) *die* ≃ controladora *f* de zona (azul).

Politik *die (ohne Pl)* política *f*.

Politiker, in (*mpl* **-**, *fpl* **-nen**) *der, die* político *m*, -ca *f*.

politisch <> *adj* político(ca). <> *adv* políticamente.

Politur (*pl* **-en**) *die* abrillantador *m*.

Polizei *die (ohne Pl)* policía *f*.

Polizei|beamte *der* agente *m* de policía.

Polizei|beamtin *die* agente *f* de policía.

polizeilich <> *adj* policial ; **~es Kennzeichen** número *m* de matrícula. <> *adv* por la policía.

Polizei|revier *das* - **1.** [Polizeiwache] comisaría *f* de policía - **2.** [Bereich] distrito *m* policial.

Polizei|stunde *die (ohne Pl)* hora *f* de cierre de los locales nocturnos.

Polizei|wache *die* comisaría *f* de policía, cuartel *m* de policía.

Polizist, in (*mpl* **-en**, *fpl* **-nen**) *der, die* (agente *mf* de) policía *mf*.

Pollen (*pl* **-**) *der* polen *m*.

polnisch *adj* polaco(ca).

Polnisch *das (ohne Pl)* polaco *m* ; *siehe auch* **Englisch**.

Polnische *das (ohne Pl)* polaco *m* ; *siehe auch* **Englische**.

Polo *das (ohne Pl)* polo *m*.

Polster (*pl* -) *das* - **1.** [Polsterung] acolchado *m* ; [Kopfkissen] almohada *f* ; [Sofakissen] cojín *m* - **2.** [Schulterpolster] hombrera *f* - **3.** *fig* [Rücklage] reserva *f* - **4.** *fam* [Fettpolster] michelines *mpl*.

Polstermöbel *pl* muebles *mpl* tapizados.

polstern *vt* - **1.** [Möbel] tapizar - **2.** [Kleidung] enguatar ; [mit Schulterpolster] poner hombreras a.

Polsterung (*pl* -en) *die* acolchado *m*.

Polter|abend *der fiesta que se celebra la noche anterior a una boda a la que asisten todos los amigos de los novios; es costumbre romper vajilla a la entrada para darles suerte.*

poltern (*perf* **hat/ist gepoltert**) *vi* - **1.** *(ist)* [sich laut bewegen] moverse haciendo ruido - **2.** *(hat)* [Krach machen] hacer ruido - **3.** *(hat)* [am Polterabend] festejar *(la Polterabend)*.

Polyester [poli'ɛstɐ] *das (ohne Pl)* poliéster *m*.

Pommern *nt* Pomerania *f*.

Pommes frites [pɔm'frits] *pl* patatas *mpl* fritas.

Pomp *der (ohne Pl)* pompa *f*, suntuosidad *f*.

pompös <> *adj* pomposo(sa). <> *adv* pomposamente.

Pony ['pɔni] (*pl* -s) <> *das* póney *m*. <> *der* flequillo *m*, cerquillo *m Amér*.

popelig, poplig *fam abw* <> *adj* - **1.** [minderwertig] ordinario(ria) - **2.** [geizig] tacaño(ña) - **3.** [gewöhnlich] simple. <> *adv* - **1.** [geizig] : **jetzt stell dich nicht so ~ an!** ¡no seas tan tacaño(ña)! - **2.** [billig] vulgarmente, ordinariamente.

Popelin *der (ohne Pl)* popelín *m*.

poplig = **popelig**.

Popmusik *die (ohne Pl)* música *f* pop.

Popo (*pl* -s) *der fam* culito *m*.

populär <> *adj* popular. <> *adv* inteligiblemente, comprensiblemente.

Popularität *die (ohne Pl)* popularidad *f*.

Pore (*pl* -n) *die* poro *m*.

Porno (*pl* -s) *der fam* [Film] película *f* porno ; [Heft] revista *f* porno.

Pornografie, Pornographie *die (ohne Pl)* pornografía *f*.

porös *adj* poroso(sa).

Porree *der (ohne Pl)* puerro *m*.

Portal (*pl* -e) *das* portal *m*, pórtico *m*.

Portier [pɔr'tjeː] (*pl* -s) *der* portero *m*.

Portion (*pl* -en) *die* - **1.** [Menge] ración *f* ; [Serviermenge] porción *f* - **2.** [großes Maß] dosis *f* ; **eine ~ Geduld** una dosis de paciencia.

Portmonee, Portemonnaie [pɔrtmɔ'neː] (*pl* -s) *das* monedero *m*.

Porto (*pl* -s) *das* franqueo *m*.

portofrei <> *adj* a franquear en destino. <> *adv* sin franqueo.

Porträt [pɔr'trɛː] (*pl* -s) *das* retrato *m*.

porträtieren *vt* retratar.

Portugal *nt* Portugal *m*.

Portugiese (*pl* -n) *der* portugués *m*.

Portugiesin (*pl* -nen) *die* portuguesa *f*.

portugiesisch *adj* portugués(esa).

Portugiesisch *das (ohne Pl)* portugués *m* ; *siehe auch* **Englisch**.

Portugiesische *das (ohne Pl)* portugués *m* ; *siehe auch* **Englische**.

Port|wein *der* vino *m* de Oporto, oporto *m*.

Porzellan (*pl* -e) *das* - **1.** [Material] porcelana *f* - **2.** *(ohne Pl)* [Geschirr] vajilla *f* de porcelana.

Posaune (*pl* -n) *die* trombón *m* de varas.

posieren *vi* posar.

Position (*pl* -en) *die* - **1.** [Stellung] posición *f* - **2.** [Meinung] posición *f*, opinión *f*.

positiv <> *adj* positivo(va). <> *adv* positivamente ; ~ **eingestellt sein** tener una actitud positiva ; ~ **ausfallen** MED dar positivo(va).

Possessiv|pronomen *das* pronombre *m* posesivo.

possierlich <> *adj* gracioso(sa). <> *adv* con gracia.

Post *die (ohne Pl)* - **1.** [Institution] Correos *mpl (ohne Artikel)* ; **etw mit der ~ schicken** enviar algo por correo - **2.** [Postsendung] correo *m* - **3.** [Amt] oficina *f* de Correos ; **auf die** ODER **zur ~ gehen** ir a (la oficina de) Correos.

Post|amt *das* oficina *f* de Correos.

Post|anweisung *die* giro *m* postal.

Post|bote *der* cartero *m*.

Post|botin *die* cartera *f*.

Posten (*pl* -) *der* - **1.** [Ware] partida *f* - **2.** [Stelle] puesto *m*, posición *f* - **3.** [Stellung] puesto *m* - **4.** *RW* : **wieder auf dem ~ sein** *fam* estar recuperado(da) ; **nicht auf dem ~ sein** *fam* no encontrarse bien.

Poster (*pl* -) *der* ODER *das* póster *m*.

Postf. (*abk für* **Postfach**) apdo. (de Correos).

Post|fach *das* [bei der Post] apartado *m* de Correos ; [in Firma, Hotel] casilla *f*.

Postgiro|konto *das* cuenta *f* corriente de la Caja Postal.

Post|karte *die* tarjeta *f* postal.

postlagernd *adj, adv* en lista de Correos.

Postleit|zahl *die* código *m* postal.

Post|scheck *der* cheque *m* postal.

Postscheck|konto *das* cuenta *f* corriente de la Caja Postal.

Postspar|buch *das* cartilla *f* ODER libreta *f* de ahorros de la Caja Postal.

Postspar|kasse *die* Caja *f* Postal (de Ahorros).

Post|stempel *der* matasellos *m*.

Post|weg *der (ohne Pl)* : **auf dem ~ verloren gehen** perderse con el correo.

postwendend *adv* a vuelta de correo ; [sofort] inmediatamente.

potent *adj* - **1.** [Mann] potente - **2.** *geh* [solvent] solvente - **3.** *geh* [mächtig] potente, poderoso(sa).

Potenz (*pl* **-en**) *die* - **1.** *(ohne Pl)* [sexuelle] potencia *f*, virilidad *f* - **2.** MATH potencia *f* ; **eine Zahl in die dritte ~ setzen** elevar un número a la tercera potencia - **3.** [Kraft] potencia *f*.

Pott (*pl* **Pötte**) *der fam* - **1.** *Norddt* [Kanne] jarra *f*; [Tasse] taza *f*; [Topf] olla *f* - **2.** [Nachttopf] orinal *m*.

Poularde [pu'lardə] (*pl* **-n**) *die* pollo *m* cebado, pularda *f*.

powern ['pauɐrn] *vi* trabajar duramente.

Pracht *die (ohne Pl)* belleza *f*, suntuosidad *f* ; **eine wahre ~ sein** *fam* ser una verdadera maravilla.

Pracht|exemplar *das* maravilla *f*.

prächtig <> *adj* - **1.** [wunderschön] bello(lla) - **2.** [hervorragend] maravilloso(sa). <> *adv* - **1.** [wunderschön] : **~ dekoriert** con una decoración bellísima - **2.** [hervorragend] maravillosamente.

prachtvoll <> *adj* soberbio(bia). <> *adv* soberbiamente.

Prädikat (*pl* **-e**) *das* - **1.** [Gütezeichen] distinción *f* - **2.** GRAM predicado *m*.

Prag *nt* Praga *f*.

prägen *vt* - **1.** [beeinflussen] marcar ; **von etw geprägt sein** estar influenciado(da) por algo - **2.** [einführen] introducir - **3.** [Motiv, Material] estampar ; [Münzen] acuñar.

prägnant <> *adj* conciso(sa). <> *adv* concisamente.

Prägung (*pl* **-en**) *die* - **1.** [Musterung] estampación *f* ; [von Münze] acuñación *f* - **2.** *(ohne Pl)* [Einfluss] influencia *f* - **3.** [von Worten] introducción *f*.

prahlen *vi* jactarse, alardear ; **mit etw ~** jactarse de algo, alardear de algo.

Praktik (*pl* **-en**) *die* práctica *f*. ◆ **Praktiken** *pl abw* procedimientos *mpl*.

praktikabel <> *adj* practicable. <> *adv* de forma practicable.

Praktikant, in (*mpl* **-en**, *fpl* **-nen**) *der, die* practicante *mf*.

Praktikum (*pl* **Praktika**) *das* (período *m* de) prácticas *fpl* ; **ein ~ machen** ODER **absolvieren** hacer prácticas.

praktisch <> *adj* práctico(ca) ; **~er Arzt** médico *m* de medicina general. <> *adv* - **1.** [zweckmäßig, nicht theoretisch] de forma práctica - **2.** [so gut wie] prácticamente - **3.** [praxisnah] orientado(da) a la práctica.

praktizieren <> *vi* ejercer una profesión ; **als Rechtsanwalt ~** ejercer como abogado. <> *vt* practicar.

Praline (*pl* **-n**) *die* bombón *m*.

prall <> *adj* [rund] repleto(ta) ; [Körperteil] relleno(na). <> *adv* [ganz] totalmente.

prallen (*perf* **hat/ist geprallt**) *vi* - **1.** *(ist)* [stoßen] : **gegen/auf etw** *(A)* **~** pegarse un golpe contra algo ; [mit dem Auto] chocar contra algo - **2.** *(hat)* [Sonne] pegar.

Prämie ['prɛːmi̯ə] (*pl* **-n**) *die* - **1.** [Beitrag] cuota *f* ; [für Versicherung] prima *f* - **2.** [Belohnung] recompensa *f* - **3.** [Sonderzahlung] prima *f*.

prämieren *vt* premiar.

Pranger (*pl* **-**) *der* : **etw/jn an den ~ stellen** *fig* poner algo/a alguien en la picota.

Pranke (*pl* **-n**) *die* - **1.** [Pfote] zarpa *f* - **2.** *salopp* [Hand] manaza *f*.

Präparat (*pl* **-e**) *das geh* preparado *m*.

Präposition (*pl* **-en**) *die* preposición *f*.

Prärie [prɛ'riː] (*pl* **-n**) *die* pradera *f*.

Präsens ['prɛːzɛns] *das (ohne Pl)* presente *m*.

Präservativ [prɛzɛrva'tiːf] (*pl* **-e**) *das* preservativo *m*.

Präsident, in (*mpl* **-en**, *fpl* **-nen**) *der, die* presidente *m*, -ta *f*.

Präsidentschaft (*pl* **-en**) *die* - **1.** [Amt] presidencia *f* - **2.** [Amtszeit] período *m* presidencial.

Präsidium [prɛ'ziːdi̯ʊm] (*pl* **-dien**) *das* - **1.** [Vorstand] consejo *m* directivo - **2.** [Polizeipräsidium] jefatura *f*.

prasseln (*perf* **hat/ist geprasselt**) *vi* - **1.** *(ist)* [Regen] caer - **2.** *(hat)* [Feuer] chisporrotear.

Präteritum *das (ohne Pl)* pretérito *m*.

Praxis (*pl* **Praxen**) *die* - **1.** *(ohne Pl)* [Wirklichkeit] práctica *f* ; **etw in die ~ umsetzen** poner algo en práctica - **2.** *(ohne Pl)* [Erfahrung] experiencia *f* - **3.** [von Arzt] consulta *f* ; [von Anwalt] bufete *m*. ◆ **in der Praxis** *adv* en la práctica.

präzis, präzise <> *adj* preciso(sa). <> *adv* con precisión.

predigen <> *vt* predicar. <> *vi* echar un sermón.

Prediger, in (*mpl* -, *fpl* **-nen**) *der, die* predicador *m*, -ra *f*.

Predigt (*pl* **-en**) *die* sermón *m* ; **(jm) eine ~ halten** echar un sermón (a alguien).

Preis (*pl* **-e**) *der* - **1.** [Geldbetrag] precio *m* - **2.** [ausgesetzte Prämie] premio *m* - **3.** *RW* : **der ~ für etw** el precio por algo ; **um jeden ~** a cualquier precio ; **um keinen ~** a ningún precio.

Preisausschreiben *das* concurso *m*.

preisbewusst <> *adj* atento(ta) a los precios. <> *adv* prestando atención a los precios.

Preiselbeere *die* arándano *m* rojo.

preisen (*prät* **pries**, *perf* **hat gepriesen**) *vt geh* alabar.

Preisgabe *die (ohne Pl) geh* renuncia *f* ; [eines Geheimnisses, einer Information] revelación *f*.

preisgünstig <> *adj* barato(ta). <> *adv* a buen precio.

preislich <> *adj* de precio. <> *adv* según el precio.

Preisrichter, in *der, die* juez *m*, -za *f* de un concurso.

Preisschild (*pl* **-er**) *das* etiqueta *f*.

Preisträger, in *der, die* premiado *m*, -da *f*.

Preisverleihung *die* entrega *f* de premios.

preiswert <> *adj* barato(ta). <> *adv* a buen precio.

prellen *vt* - **1.** [betrügen] estafar - **2.** [stoßen] : **sich** *(D)* **etw ~** golpearse algo - **3.** [Ball] botar.

Prellung (*pl* **-en**) *die* contusión *f*.

Premiere [prəˈmi̯eːrə] (*pl* **-n**) *die* estreno *m*.

Premierminister, in [prəˈmi̯eːminɪstɐ, rɪn] *der, die* primer ministro *mf*.

Presse (*pl* **-n**) *die* [Printmedium, Maschine] prensa *f* ; [für Saft] exprimidor *m*.

Presseagentur *die* agencia *f* de prensa.

Pressebericht *der* informe *m* de prensa.

Pressefreiheit *die (ohne Pl)* libertad *f* de prensa.

Pressekonferenz *die* conferencia *f* de prensa.

Pressemeldung *die* noticia *f* de prensa.

pressen <> *vt* - **1.** [ausdrücken] prensar ; [Saft, Frucht] exprimir - **2.** [zusammendrücken] presionar - **3.** [drücken] apretar - **4.** [formen] prensar. <> *vi* [Schwangere] empujar.

Pressesprecher, in *der, die* portavoz *mf*.

Pressestelle *die* oficina *f* de prensa.

Preuße (*pl* **-n**) *der* HIST prusiano *m*.

Preußin (*pl* **-nen**) *die* HIST prusiana *f*.

preußisch *adj* HIST prusiano(na).

prickeln *vi* - **1.** [kitzeln] cosquillear - **2.** [perlen] burbujear.

prickelnd *adj* excitante ; [Wein, Wasser] burbujeante.

pries *prät* ▻ **preisen.**

Priester, in (*mpl* -, *fpl* **-nen**) *der, die* - **1.** [katholischer] cura *m* - **2.** [heidnischer] sacerdote *m*, -tisa *f*.

prima *fam* <> *adj (unver)* súper, genial. <> *adv* de primera.

Primel (*pl* **-n**) *die* primavera *f*.

primitiv <> *adj* - **1.** [urtümlich] primitivo(va) - **2.** [grundlegend] rudimentario(ria) - **3.** *abw* [armselig, dürftig] primitivo(va). <> *adv* primitivamente.

Prinz (*pl* **-en**) *der* príncipe *m*.

Prinzessin (*pl* **-nen**) *die* princesa *f*.

Prinzip (*pl* **-ien**) *das* principio *m*. ◆ **aus Prinzip** *adv* por principio. ◆ **im Prinzip** *adv* en principio.

prinzipiell <> *adj* - **1.** [unveränderlich] de principio - **2.** [grundsätzlich] esencial. <> *adv* - **1.** [generell] por principio - **2.** [grundsätzlich] en principio.

Priorität (*pl* **-en**) *die (ohne Pl)* prioridad *f*. ◆ **Prioritäten** *pl* prioridades *fpl*.

Prise (*pl* **-n**) *die* : **eine ~ Salz/Pfeffer** un pellizco de sal/pimienta.

pritschen *vt* SPORT dar palmetazos a, pasar.

privat [priˈvaːt] <> *adj* privado(da). <> *adv* - **1.** [nicht öffentlich, nicht gewerblich] en privado - **2.** [persönlich] personalmente - **3.** [nicht staatlich] de forma privada.

Privatadresse *die* dirección *f* privada.

Privatangelegenheit *die* asunto *m* privado.

Privateigentum *das (ohne Pl)* propiedad *f* privada.

Privatgespräch *das* conversación *f* privada.

Privatinitiative *die* iniciativa *f* privada.

Privatleben *das (ohne Pl)* vida *f* privada.

Privatpatient, in *der, die* paciente *mf* particular.

Privatperson *die* particular *mf*.

Privatunterkunft *die* alojamiento *m* privado ODER en una casa particular.

Privatunterricht *der (ohne Pl)* clases *fpl* particulares.

Privileg [priviˈleːk] (*pl* **-ien**) *das* privilegio *m*.

pro ◇ *präp* por. ◇ *adv* pro.

Pro (*pl* -s) *das* ◆ **Pro und Kontra** pro y contra *m*.

Probe (*pl* -n) *die* - **1.** [Prüfung] prueba *f* ; **etw/jn auf die ~ stellen** poner algo/a alguien a prueba - **2.** [Teil] muestra *f* - **3.** [Übung] ensayo *m*. ◆ **auf Probe** *adv* de prueba.

Probe|exemplar *das* ejemplar *m* de prueba.

proben *vt* & *vi* ensayar.

probeweise *adv* a título de prueba.

probieren *vt* - **1.** [kosten] probar ; [Essen, Getränke] degustar - **2.** [versuchen] intentar.

Problem (*pl* -e) *das* problema *m* ; **~e mit etw/jm haben** tener problemas con algo/alguien. ◆ **kein Problem** *interj* ¡ningún problema!

problematisch *adj* problemático(ca).

problemlos *adj, adv* sin problemas.

Produkt (*pl* -e) *das* - **1.** [Erzeugnis] producto *m* - **2.** [Ergebnis] resultado *m* - **3.** MATH producto *m*.

Produktion (*pl* -en) *die* - **1.** *(ohne Pl)* [Herstellung] producción *f* - **2.** [Erzeugnis] producto *m*.

produktiv ◇ *adj* productivo(va) ; [Kritik] constructivo(va). ◇ *adv* productivamente ; [kritisieren] de forma constructiva.

Produktivität [produktivi'tɛːt] *die (ohne Pl)* productividad *f*.

Produzent, in (*mpl* -en, *fpl* -nen) *der, die* productor *m*, -ra *f*.

produzieren *vt* - **1.** [Ware, Film] producir - **2.** *fam abw* [machen] hacer.

professionell ◇ *adj* profesional. ◇ *adv* profesionalmente.

Professor (*pl* -oren) *der* catedrático *m* ; **ein zerstreuter ~** *fig* un sabio olvidadizo.

Professorin (*pl* -nen) *die* catedrática *f*.

Profi (*pl* -s) *der* - **1.** [Sportler] profesional *mf* - **2.** [Fachmann] profesional *mf*, especialista *mf*.

Profil (*pl* -e) *das* perfil *m* ; [von Sohle] relieve *m*.

Profit (*pl* -e) *der* beneficio *m*, provecho *m* ; **aus etw ~ schlagen** ODER **ziehen** sacar provecho de algo ; **~ machen** hacer beneficio.

profitieren *vi* : **von etw ~** beneficiarse de algo.

pro forma *adv* pro forma.

Prognose (*pl* -n) *die* pronóstico *m*.

Programm (*pl* -e) *das* - **1.** [allgemein] programa *m* ; **auf dem ~ stehen** estar en el programa - **2.** [Sender] cadena *f* - **3.** EDV programa *m*.

programmgemäß ◇ *adj* programado(da). ◇ *adv* según el programa.

Programm|heft *das* programa *m*.

Programm|hinweis *der* información *f* sobre la programación.

programmieren *vt* programar.

Programmierer, in (*mpl* -, *fpl* -nen) *der, die* programador *m*, -ra *f*.

Programm|punkt *der* punto *m* del orden del día.

progressiv ◇ *adj* - **1.** [fortschrittlich] progresista - **2.** *geh* [steigend] progresivo(va). ◇ *adv* - **1.** [fortschrittlich] de forma progresista - **2.** *geh* [steigend] progresivamente.

Projekt (*pl* -e) *das* proyecto *m*.

Projektor (*pl* -toren) *der* proyector *m*.

projizieren *vt* proyectar.

Prolet (*pl* -en) *der abw* proleta *m*.

Promenade (*pl* -n) *die* paseo *m*.

Promille (*pl* -) *das* - **1.** MATH tanto *m* por mil - **2.** [Alkoholgehalt] milésima *f*.

prominent *adj* eminente.

Prominenz *die (ohne Pl)* las eminencias *fpl*.

Promotion [promotsjoːn] (*pl* -en) *die* UNI doctorado *m*.

promovieren [promo'viːrən] *vi* doctorarse.

promovieren

Cuando a una persona se le concede el título de doctor o cuando está realizando los estudios que le permitirán conseguir el mencionado título, en alemán se emplea el verbo **promovieren**. Así, la frase: **Sie promoviert an der Universität Heidelberg** se traduce en español por: «Se está doctorando por la universidad de Heidelberg».
La palabra «promover» del español se puede traducir al alemán por **auslösen**. De este modo, la frase: «Promovió con su discurso un gran escándalo en el Parlamento» se traduciría en alemán por: **Mit seinem Diskurs löste er im Parlament einen großen Skandal aus.**

prompt ◇ *adj* inmediato(ta). ◇ *adv* inmediatamente.

Pronomen (*pl* - ODER **Pronomina**) *das* pronombre *m*.

Propaganda *die (ohne Pl)* propaganda *f* ; **für etw/jn ~ machen** hacer propaganda para algo/alguien.

Propangas *das (ohne Pl)* gas *m* propano.

Propeller (*pl* -) *der* hélice *m*.

Prophet, in (*mpl* -en, *fpl* -nen) *der, die* profeta *m*, -tisa *f*.

prophezeien *vt* profetizar.

Proportion (*pl* -en) *die* proporción *f*.

proportional ◇ *adj* proporcional. ◇ *adv* proporcionalmente.

Prosa *die (ohne Pl)* prosa *f*.

prosit, prost *interj* ¡chin chin!, ¡salud!

Prospekt (*pl* -e) *der* prospecto *m*.

Prostituierte (*pl* -n) *die* prostituta *f*.

Prostitution *die (ohne Pl)* prostitución *f*.

Protest (*pl* -e) *der* protesta *f* ; **gegen etw ~ einlegen** ODER **erheben** protestar ODER alzarse en protesta contra algo.

Protestant, in (*mpl* -en, *fpl* -nen) *der, die* protestante *mf*.

protestantisch ◇ *adj* protestante. ◇ *adv* de acuerdo al protestantismo.

protestieren *vi* protestar ; **gegen etw ~** protestar contra algo.

Protest|kundgebung *die* manifestación *f* de protesta.

Prothese (*pl* -n) *die* prótesis *f*.

Protokoll (*pl* -e) *das* protocolo *m* ; **etw zu ~ geben** hacer constar algo en acta ; **etw zu ~ nehmen** levantar acta de algo ; **~ führen** redactar el acta ODER un protocolo.

Protokoll|führer, in *der, die* redactor *m*, -ra *f* del acta.

protokollieren ◇ *vt* protocol(iz)ar. ◇ *vi* redactar un acta ODER protocolo.

protzig *abw* ◇ *adj* [Person, Verhalten] arrogante ; [Gegenstände] ostentoso(sa). ◇ *adv fam* arrogantemente ; [in Bezug auf Gegenstände] de manera ostentosa.

Proviant [pro'vi̯ant] *der (ohne Pl)* víveres *mpl*.

Provider [pro'vaidɐ] (*pl* -) *der* servidor *m*.

Provinz [pro'vɪnts] (*pl* -en) *die* provincia *f*.

provinziell [provɪn'tsi̯ɛl] *abw* ◇ *adj* provinciano(na). ◇ *adv* como un provinciano/una provinciana.

Provision [provi'zi̯oːn] (*pl* -en) *die* provisión *f*.

provisorisch [provi'zoːrɪʃ] ◇ *adj* provisional. ◇ *adv* provisionalmente.

Provokation [provoka'tsi̯oːn] (*pl* -en) *die* provocación *f*.

provozieren [provo'tsiːrən] *vt & vi* provocar.

Prozedur (*pl* -en) *die* procedimiento *m*.

Prozent (*pl* -e ODER -) *das* por ciento *m* ; **~e bekommen** obtener rebajas.

Prozent|satz *der* porcentaje *m*, tanto *m* por ciento.

prozentual ◇ *adj* porcentual. ◇ *adv* porcentualmente.

Prozess (*pl* -e) *der* proceso *m* ; **jm den ~ machen** procesar a alguien.

prozessieren *vi* procesar.

Prozession (*pl* -en) *die* procesión *f*.

prüde ◇ *adj* mojigato(ta). ◇ *adv* como un mojigato/una mojigata.

prüfen ◇ *vt* - **1.** [examinieren] examinar ; **jn auf etw** *(A)* **~** examinar a alguien de algo ; **jn in etw** *(D)* **~** examinar a alguien en algo - **2.** [Gerät, Material] comprobar ; **etw auf etw** *(A)* **~** comprobar algo de algo ; **das Material auf seine Lebensdauer ~** comprobar la vida útil del material - **3.** [kontrollieren] verificar - **4.** [überdenken] revisar - **5.** [feststellen] constatar, probar. ◇ *vi* examinar.

Prüfer, in (*mpl* -, *fpl* -nen) *der, die* - **1.** [Lehrer] examinador *m*, -ra *f* - **2.** [Tester] controlador *m*, -ra *f*, comprobador *m*, -ra *f*.

Prüfling (*pl* -e) *der* candidato *m*, -ta *f*, examinando *m*, -da *f*.

Prüfung (*pl* -en) *die* - **1.** [Kontrolle] control *m* - **2.** [Examen] examen *m* ; **eine ~ machen** ODER **haben** hacer ODER tener un examen ; **eine mündliche/schriftliche ~** un examen oral/escrito ; **eine ~ bestehen** aprobar un examen - **3.** *geh* [Belastung] prueba *f* - **4.** [im Sport] prueba *f*.

Prügel (*pl* -) *der* palo *m*.

Prügelei (*pl* -en) *die* riña *f*.

prügeln *vt* pegar.

Prunk *der (ohne Pl) abw* pompa *f*.

prunkvoll ◇ *adj* majestuoso(sa). ◇ *adv* majestuosamente.

prusten *vi* resoplar.

Psalm (*pl* -en) *der* salmo *m*.

Psychiater, in (*mpl* -, *fpl* -nen) *der, die* psiquiatra *mf*.

psychisch ◇ *adj* psíquico(ca). ◇ *adv* psíquicamente.

Psychoanalyse *die (ohne Pl)* psicoanálisis *m*.

Psychologe (*pl* -n) *der* psicólogo *m*.

Psychologie *die (ohne Pl)* psicología *f*.

Psychologin (*pl* -nen) *die* psicóloga *f*.

psychologisch ◇ *adj* psicológico(ca). ◇ *adv* psicológicamente.

Psycho|therapie *die* psicoterapia *f*.

Pubertät *die (ohne Pl)* pubertad *f*.

publik *adj* : **etw ~ machen** hacer algo público(ca), sacar algo a la luz.

Publikation [publika'tsi̯oːn] (*pl* -en) *die* publicación *f*.

Publikum *das (ohne Pl)* público *m*.

Pudding (*pl* **-e** ODER **-s**) *der* pudín *m*, ≃ natillas *fpl* ; [Karamellpudding] flan *m*.

Pudel (*pl* -) *der* caniche *m*.

pudelwohl *adj* : **sich ~ fühlen** sentirse como pez en el agua.

Puder (*pl* -) *der* ODER *das* polvo(s) *m(pl)* (de maquillaje) ; [Talk] (polvos *mpl* de) talco *m*.

Puder|dose *die* polvera *f*.

pudern *vt* empolvar ; [Baby] poner talco.

Puderzucker *der (ohne Pl)* azúcar *m* lustre ODER glaseado.

Puerto Rico *nt* Puerto Rico *m*.

Puertoricaner, in (*mpl* -) *der, die* puertorriqueño *m*, -ña *f*.

puertoricanisch *adj* puertorriqueño (ña).

Puff (*pl* **-s**) *der* ODER *das fam* puticlub *m*.

Puffer (*pl* -) *der* - **1.** [von Bahnen] tope *m* - **2.** [Kartoffelpuffer] fritura *f* de patatas ralladas.

Pulli (*pl* **-s**) *der fam* jersey *m Esp*, suéter *m Amér*, pullover *m Amér*.

Pullover [pʊ'loːvɐ] (*pl* -) *der* jersey *m Esp*, suéter *m Amér*, pullover *m Amér*.

Puls (*pl* **-e**) *der* pulso *m* ; **am ~ von etw sein** estar al corriente de algo.

Puls|ader *die* arteria *f* ; **sich** *(D)* **die ~n aufschneiden** cortarse las venas.

pulsieren *vi* circular ; **in Berlin pulsiert das Leben** en Berlín palpita la vida.

Pult (*pl* **-e**) *das* atril *m* ; [für Schüler] pupitre *m*.

Pulver ['pʊlfɐ, 'pʊlvɐ] (*pl* -) *das* - **1.** [Stoff] polvo *m* - **2.** [Schießpulver] pólvora *f*.

Pulver|kaffee *der (ohne Pl)* café *m* en polvo.

Pulver|schnee *der (ohne Pl)* nieve *f* polvo.

Puma (*pl* **-s**) *der* puma *m*.

pummelig *adj* regordete(ta).

Pumpe (*pl* **-n**) *die* - **1.** [Gerät] bomba *f* - **2.** *salopp* [Herz] corazón *m*, máquina *f*.

pumpen ◇ *vt* - **1.** [saugen] bombear - **2.** [leihen] prestar ; **jm etw ~** prestar algo a alguien ; **(sich** *(D)***) etw von jm ~** pedir prestado(da) algo a alguien - **3.** *fam* [investieren] conceder. ◇ *vi* bombear.

Pumps [pœmps] (*pl* -) *der* zapato *m* de tacón.

Punker, in ['paŋkɐ, rɪn] (*mpl* -, *fpl* **-nen**) *der, die* punk(y) *mf*.

Punkt (*pl* **-e**) *der* - **1.** [alle Bedeutungen] punto *m* ; **~ für ~** punto por punto ; **~ ein Uhr** a la una en punto - **2.** *RW* : **der springende ~** el punto esencial ; **ein wunder** ODER **schwacher ~** un punto débil.

pünktlich ◇ *adj* puntual. ◇ *adv* a la hora en punto.

Pünktlichkeit *die (ohne Pl)* puntualidad *f*.

Pünktlichkeit

Las citas entre amigos e incluso las invitaciones a casa de otra persona se respetan en Alemania con la misma puntualidad que si se tratara de citas de negocios o con el médico. Quien ha sido invitado a las ocho para cenar debería estar a las ocho en punto ante la puerta de su anfitrión. Si se llega demasiado tarde, aunque se trate de un cuarto de hora, se tiene que disponer de una disculpa razonable para no aparecer como descortés o maleducado ante los demás.

Pupille (*pl* **-n**) *die* pupila *f*.

Puppe (*pl* **-n**) *die* - **1.** [Figur] muñeca *f* ; [im Schaufenster] maniquí *m* - **2.** *salopp* [Frau, Mädchen] muñequita *f* ; **eine scharfe ~** una tía buena ; **eine rassige ~** una nena de armas tomar ; **eine niedliche ~** una niña mona.

pur ◇ *adj* puro(ra) ; **ich mag keinen ~en Whisky** no me gusta el whisky solo. ◇ *adv* solo(la).

Püree (*pl* **-s**) *das* puré *m*.

Purzel|baum *der* : **einen ~ machen** ODER **schlagen** hacer una voltereta.

Puste *die fam* aliento *m* ; **aus der ~ kommen** quedarse sin aliento ; **aus der ~ sein** estar sin aliento.

pusten *vi, vt* soplar.

Put (*pl* **-s**) *der* opción *f* de venta.

Pute (*pl* **-n**) *die* - **1.** [Tier] pava *f* ; **~ essen** comer pavo - **2.** *salopp abw* [Frau] pava *f*.

Puter (*pl* -) *der* pavo *m*.

Putsch (*pl* **-e**) *der* golpe *m* de Estado.

Putz *der (ohne Pl)* revoque *m*.

putzen ◇ *vt* limpiar ; **sich** *(D)* **die Nase/Zähne ~** sonarse (la nariz)/lavarse los dientes. ◇ *vi* limpiar.

Putz|frau *die* mujer *f* de la limpieza.

Putz|lappen *der* bayeta *f*.

Putz|mittel *das* producto *m* de limpieza.

Puzzle ['pazl̩] (*pl* **-s**) *das* rompecabezas *m*, puzzle *m*.

Pyramide (*pl* **-n**) *die* pirámide *f*.

Pyrenäen *pl* Pirineos *mpl*.

Q

q, Q [kuː] (*pl* - ODER **-s**) *das* q *f*, Q *f*.

qm (*abk für* **Quadratmeter**) m².

Quader (*pl* -) *der* - **1.** MATH paralelepípedo *m* - **2.** [Block] sillar *m*.

Quadrat (*pl* **-e**) *das* cuadrado *m* ; **ins ~ erheben** elevar al cuadrado.

quadratisch <> *adj* - **1.** [im Quadrat] cuadrado(da) - **2.** MATH : **~e Gleichung** ecuación de segundo grado. <> *adv* en cuadrados.

Quadrat|meter *der* metro *m* cuadrado.

quaken *vi* - **1.** [Frosch] croar ; [Ente] graznar - **2.** *fam abw* [reden] cotorrear.

Qual (*pl* **-en**) *die (ohne Pl)* suplicio *m*, tormento *m*.

quälen *vt* - **1.** [peinigen] torturar ; [seelisch] atormentar - **2.** *fam* [bedrängen] atosigar ; **jn mit etw ~** atosigar a alguien con algo. ◆ **sich quälen** *ref* - **1.** [leiden] sufrir (la tortura) - **2.** [sich abmühen] hacer un gran esfuerzo.

Quälerei (*pl* **-en**) *die* - **1.** [Peinigung] tortura *f* - **2.** *(ohne Pl)* [Anstrengung] tortura *f*, esfuerzo *m* sobrehumano.

qualifizieren *vt* - **1.** [befähigen] capacitar - **2.** [beurteilen] calificar. ◆ **sich qualifizieren** *ref* capacitarse, cualificarse ; [für sportlichen Wettbewerb] clasificarse.

Qualität (*pl* **-en**) *die* calidad *f*.

Qualle (*pl* **-n**) *die* medusa *f*.

Qualm *der (ohne Pl)* humo *m*.

qualmen <> *vi* - **1.** [Feuer] echar humo - **2.** *salopp abw* [rauchen] fumar como un carretero ODER una chimenea. <> *vt salopp* fumar.

qualvoll <> *adj* angustioso(sa) ; [schmerzlich] doloroso(sa). <> *adv* con sufrimiento ; [misshandeln] de forma atroz.

Quantität *die (ohne Pl)* cantidad *f*.

Quarantäne [karanˈtɛːnə] (*pl* **-n**) *die* cuarentena *f*.

Quark *der (ohne Pl)* ≃ requesón *m*.

Quartal (*pl* **-e**) *das* trimestre *m*.

Quartett (*pl* **-e**) *das* - **1.** [Musiker, Stück] cuarteto *m* - **2.** *(ohne Pl)* [Kartenspiel] juego *m* de las familias.

Quartier (*pl* **-e**) *das* alojamiento *m*.

Quarz|uhr *die* reloj *m* de cuarzo.

quasi *adv* casi, prácticamente.

Quatsch *der (ohne Pl) fam* tonterías *fpl* ; **mach keinen ~!** [nichts Dummes] ¡no hagas tonterías! ; [mach keine Witze] ¡no hagas bromas!, ¡no digas tonterías!

quatschen *fam* <> *vi* - **1.** [reden] cotillear - **2.** *abw* [quasseln] parlotear. <> *vt* : **Unsinn ~** decir sandeces, decir bobadas ODER tonterías.

Quechua *das (ohne Pl)* quechua *m*.

Quecksilber *das (ohne Pl)* mercurio *m*.

Quelle (*pl* **-n**) *die* - **1.** [Wasserquelle] manantial *m*, fuente *f* - **2.** [Informant(en)] fuente *f* (de información) ; **verlässliche ~** fuentes fidedignas ; **aus zuverlässiger ~** de buena fuente ODER tinta - **3.** [Fundstelle] fuente *f*.

quellen (*präs* **quillt**, *prät* **quoll**, *perf* **ist gequollen**) *vi* - **1.** [austreten] salir - **2.** [hervortreten] resaltar ; **ihm quollen die Augen aus dem Kopf** se le salían los ojos de las órbitas - **3.** [Feuchtigkeit aufnehmen] estar en remojo ; **etw ~ lassen** poner algo en remojo.

quengeln *vi fam* lloriquear ; [unzufrieden reden] quejarse.

quer *adv* atravesado(da) ; **~ durch etw** a través de algo ; **~ über etw** *(A)* de través sobre algo ; **~ über die Straße laufen** cruzar la calle en diagonal ; **~ zu etw** perpendicularmente a algo, en sentido transversal a algo.

Quere *die (ohne Pl)* : **jm in die ~ kommen** *fig* [behindern] poner trabas a alguien ; [Weg abschneiden] interponerse en el camino de alguien ; [treffen] cruzarse con alguien.

querfeldein *adv* campo a través.

Quer|flöte *die* flauta *f* travesera.

Quer|schnitt *der* - **1.** [Auswahl] perfil *m* ; **ein ~ durch die Kunstgeschichte des 20. Jahrhunderts** una muestra de la historia del arte del siglo XX - **2.** [Bild, Schnitt] corte *m* transversal.

querschnittsgelähmt *adj* parapléjico(ca).

Quer|straße *die* calle *f* perpendicular ODER transversal.

quetschen *vt* - **1.** [unterbringen] apretujar - **2.** [drängen] forzar, empujar - **3.** [zusammendrücken] aplastar - **4.** [verletzen] : **jm/sich etw ~** pillar algo a alguien/pillarse algo.

Quetschung (*pl* **-en**) *die* magulladura *f*.

quieken *vi* chillar.

quietschen *vi* - **1.** [Geräusch machen] chirriar - **2.** *fam* [juchzen] chillar.

quillt *präs* ▷ **quellen**.

Quirl (*pl* **-e**) *der* batidor *m*.

quitt *adj (unver)* : **mit jm ~ sein** *fam* estar en paz con alguien.

Quitte (*pl* **-n**) *die* membrillo *m*.

quittieren <> *vt* - **1.** [belegen] extender un recibo de - **2.** [erwidern] responder a - **3.** [kündigen] : **den Dienst ~** dimitir. <> *vi* [Empfang bestätigen] firmar, acusar recibo.

Quittung (*pl* **-en**) *die* - **1.** [Beleg] recibo *m* - **2.** *fig* [Konsequenz] : **das ist die ~ für deine Faulheit** eso (es lo que) pasa por ser tan vago(ga).

Quiz [kvis] (*pl* **-**) *das* concurso *m* de preguntas y respuestas (de radio ODER de televisión).

quoll *prät* ▷ **quellen**.

Quote (*pl* **-n**) *die* cuota *f*.

R

r, R [ɛr] (*pl* **-** ODER **-s**) *das* r *f*, R *f*.

Rabatt (*pl* **-e**) *der* rebaja *f*, descuento *m* ; **ein ~ von zwei Prozent** un descuento ODER una rebaja del dos por ciento.

Rabbi (*pl* **-s**) *der* rabí *m*.

Rabe (*pl* **-n**) *der* cuervo *m*.

rabiat <> *adj* violento(ta) ; **er wurde ~** se puso furioso. <> *adv* con violencia ODER rabia.

Rache *die (ohne Pl)* venganza *f*.

Rachen (*pl* **-**) *der* faringe *f*, garganta *f* ; [von Tier] fauces *fpl*.

rächen *vt* vengar. ◆ **sich rächen** *ref* - **1.** [Rache nehmen] vengarse ; **sich an jm (für** ODER **wegen etw) ~** vengarse de alguien (por algo) - **2.** [Konsequenzen haben] traer fatales consecuencias.

Rad (*pl* **Räder**) *das* - **1.** [von Fahrzeug, Maschine] rueda *f* - **2.** [Fahrrad] bici *f* ; **~ fahren** ir en bicicleta.

Radar *der* ODER *das (ohne Pl)* radar *m*.

Radar|kontrolle *die* control *m* de radar *(de velocidad)*.

Radau *der (ohne Pl)* jaleo *m* ; **bei diesem ~ kann doch kein Mensch schlafen!** ¡con este jaleo no hay quien duerma!

radebrechen <> *vt* chapurrear. <> *vi* : **in Spanisch ~** chapurrear un poco de español.

radeln (*perf* **ist geradelt**) *vi* ir en bicicleta.

rad|fahren *vi (unreg)* = **Rad**.

Rad|fahrer, in *der, die* ciclista *mf*.

Radfahr|weg *der* carril *m* para bicicletas, carril-bici *m*.

radieren <> *vi* - **1.** [mit Radiergummi] borrar - **2.** [Künstler] hacer grabados. <> *vt* - **1.** [Text, Zeichnung] borrar - **2.** [Grafik] grabar al aguafuerte.

Radier|gummi *der* goma *f* de borrar.

Radierung (*pl* **-en**) *die* - **1.** [Kunstwerk] grabado *m*, aguafuerte *m* - **2.** *(ohne Pl)* [Technik] aguafuerte *m*.

Radieschen [ra'diːsçən] (*pl* **-**) *das* rabanito *m*.

radikal <> *adj* - **1.** [grundlegend] radical - **2.** [brutal] radical - **3.** [extremistisch] radical, extremista. <> *adv* - **1.** [grundlegend] radicalmente, de forma radical - **2.** [brutal] radicalmente, de forma radical - **3.** [extremistisch] : **~ gesinnt** con ideas radicales ODER extremistas.

Radio (*pl* **-s**) *das* - **1.** [Gerät] radio *f* - **2.** *(ohne Pl)* [Rundfunk] radio *f* ; **~ hören** escuchar la radio - **3.** *(ohne Pl)* [Anstalt] (emisora *f* de) radio *f*.

Radio|aktivität *die (ohne Pl)* radioactividad *f*.

Radio|rekorder (*pl* **-**) *der* radiocasete *m*.

Radio|sendung *die* programa *m* de radio.

Radio|wecker *der* radiodespertador *m*.

Radius (*pl* **Radien**) *der* radio *m*.

Rad|rennen *das* carrera *f* ciclista.

Rad|sport *der (ohne Pl)* ciclismo *m*.

Rad|tour *die* excursión *f* en bicicleta ; **eine ~ machen** hacer una excursión en bicicleta.

Rad|weg *der* carril *m* para bicicletas, carril-bici *m*.

RAF [ɛraː'ɛf] (*abk für* **Rote Armee Fraktion**) *die (ohne Pl)* HIST RAF *f (Fracción del Ejército Rojo)*.

raffen *vt* - **1.** *abw* [packen] agarrar ; **etw an sich** *(A)* **~** apropiarse de algo - **2.** [Stoff] fruncir - **3.** *salopp* [begreifen] captar, pillar.

Raffinerie [rafinə'riː] (*pl* **-n**) *die* refinería *f*.

raffiniert <> *adj* - **1.** [ausgetüftelt] refinado(da), sofisticado(da) - **2.** [Plan] sofisticado(da) ; [Mensch, Gauner] astuto(ta). <> *adv* - **1.** [ausgetüftelt] sofisticadamente - **2.** [gerissen] sofisticadamente ; [anstellen, betrügen] con astucia.

ragen (*perf* **hat/ist geragt**) *vi* : **aus etw ~** sobresalir de algo.

Ragout [ra'guː] (*pl* **-s**) *das* ragú *m*.

Rahm *der (ohne Pl)* crema *f (de la leche)*, nata *f*.

rahmen *vt* enmarcar.

Rahmen (*pl* **-**) *der* - **1.** [von Bild, Tür, Fenster] marco *m* - **2.** [von Fahrzeug] chasis *m*, bastidor *m* ; [von Fahrrad] cuadro *m* - **3.** *(ohne Pl)* [Umgebung] ambiente *m* - **4.** *RW* : **aus**

dem ~ fallen salirse de lo corriente ; mit diesem Kleid fällst du aber aus dem ~ con este vestido das la nota ODER el cante. ◆ im Rahmen *adv* : im ~ einer Sache *(G)* durante algo ; im ~ der Verhandlungen en el marco de las negociaciones.

räkeln, rekeln ◆ **sich räkeln, rekeln** *ref* desperezarse, estirarse.

Rakete (*pl* -n) *die* cohete *m*.

rammen *vt* - 1. [Fahrzeug] embestir - 2. [treiben] clavar.

Rampe (*pl* -n) *die* - 1. [Laderampe] rampa *f*, plataforma *f* de carga - 2. [Auffahrt] rampa *f* - 3. [im Theater] escenario *m*, proscenio *m*.

Rampenlicht *das (ohne Pl)* candilejas *fpl* ; im ~ stehen *fig* estar en candilejas.

ramponiert *adj fam* estropeado(da).

Ramsch *der (ohne Pl) fam abw* cachivache(s) *m(pl)*, tiliches *mpl Amér* ; ~ kaufen comprar baratijas.

ran *fam* = heran.

Rand (*pl* Ränder) *der* - 1. [von Fläche] canto *m*, borde *m* ; [einer Stadt] periferia *f* - 2. [von Gefäß, Vertiefung] borde *m* - 3. [von Seite] margen *m* - 4. [Umrandung] reborde *m* ; [einer Anzeige] orla *f* ; (dunkle) Ränder um die Augen haben tener ojeras - 5. *RW* : mit etw/jm zu ~e/nicht zu ~e kommen *fam* poder/no poder con algo/alguien. ◆ am Rande *adv* - 1. [nebenbei] al margen ; sich am ~e abspielen pasar al margen de todo ; am ~e bemerkt dicho de paso - 2. [nahe] : am ~e der Verzweiflung sein estar al borde de la desesperación.

randalieren *vi* causar disturbios ; [mit Sachschäden] causar destrozos.

Rand|bezirk *der* zona *f* periférica.

Rand|erscheinung *die* fenómeno *m* marginal ODER secundario.

Rand|gruppe *die* grupo *m* marginal.

randvoll ◇ *adj* lleno(na) hasta el borde. ◇ *adv* al máximo.

rang *prät* ▷ ringen.

Rang (*pl* Ränge) *der* - 1. [Position] posición *f*, rango *m* ; MIL grado *m* ; einen hohen ~ bekleiden ocupar un alto rango ODER grado - 2. *(ohne Pl)* [als Bewertung] categoría *f* ; etw/jd von ~ algo/alguien de primer orden - 3. [im Theater] palco *m* ; [im Stadion] grada *f* ; der erste/zweite ~ [im Theater] el palco principal/el segundo palco ; [im Wettbewerb] el primer/segundo puesto.

rangieren [raŋ'ʒiːrən] ◇ *vt* cambiar de vía. ◇ *vi* clasificarse, ocupar un puesto.

Rang|liste *die* clasificación *f*.

Rang|ordnung *die* jerarquía *f*.

ran|halten ◆ **sich ranhalten** *ref (unreg) fam* darse prisa.

Ranke (*pl* -n) *die* zarcillo *m*.

ranken (*perf* hat/ist gerankt) *vi (ist)* : an etw *(D)* /über etw *(A)* ~ echar pámpanos sobre algo, agarrarse a algo.

rann *prät* ▷ rinnen.

rannte *prät* ▷ rennen.

ranzig ◇ *adj* rancio(cia). ◇ *adv* a rancio.

Raps *der (ohne Pl)* colza *f*.

rar *adj* raro(ra) ; ~ sein escasear.

Rarität (*pl* -en) *die* - 1. *(ohne Pl)* [Seltenheit] rareza *f* - 2. [Sammlerstück] curiosidad *f*.

rasant ◇ *adj* - 1. [schnell] vertiginoso(sa) - 2. *fam* [imponierend] impresionante. ◇ *adv* [schnell] de modo vertiginoso.

rasch ◇ *adj* rápido(da). ◇ *adv* rápidamente.

rascheln *vi* crujir ; ein Tier raschelt im Gebüsch un animal hace ruido entre la maleza ; mit etw ~ hacer ruido con algo.

rasen (*perf* hat/ist gerast) *vi* - 1. *(ist)* [fahren, laufen] correr a toda velocidad ODER pastilla - 2. *(hat)* [toben] exaltarse.

Rasen (*pl* -) *der* césped *m*.

rasend ◇ *adj* - 1. [schnell] vertiginoso(sa) ; [Eile] mucho(cha) - 2. [gewaltig] tremendo(da) - 3. [wütend] : jn ~ machen *fam* poner a alguien enfermo(ma), sacar de quicio a alguien. ◇ *adv* - 1. : ~ schnell a toda prisa - 2. [enorm] tremendamente ; ~ wehtun doler muchísimo.

Rasen|mäher *der* cortacésped *m*.

Raserei *die (ohne Pl)* - 1. [wütend] rabia *f* ; zur ~ bringen poner furioso(sa) - 2. *abw* [Schnelligkeit] velocidad *f* excesiva.

Rasier|apparat *der* maquinilla *f* de afeitar ; [elektrischer] afeitadora *f*, máquina *f* de afeitar eléctrica.

rasieren *vt* afeitar. ◆ **sich rasieren** *ref* afeitarse ; sich nass/trocken ~ afeitarse con cuchilla/afeitadora.

Rasierer (*pl* -) *der fam* maquinilla *f* de afeitar ; [elektrischer] afeitadora *f*, máquina *f* de afeitar eléctrica.

Rasier|klinge *die* cuchilla *f* de afeitar.

Rasier|pinsel *der* brocha *f*.

Rasier|schaum *der* espuma *f* de afeitar.

Rasier|wasser *das* loción *f* para después del afeitado, aftershave *m*.

raspeln *vt* rallar.

Rasse (*pl* -n) *die* raza *f*.

Rassel (*pl* -n) *die* - 1. [Spielzeug] sonajero *m* - 2. [Instrument] maraca *f* - 3. [von Schlange] cascabel *m*.

rasseln (*perf* hat/ist gerasselt) *vi* - 1. *(hat)* [Geräusch erzeugen] sonar *(con un ruido metálico)* ; mit etw ~ hacer sonar algo ; ~der Atem estertor *m* - 2. *(ist) fam* [durchfallen] : durch etw ~ catear algo - 3. *(ist) fam* [fahren] : der Traktor rasselt über den Feldweg el tractor avanza por el camino haciendo un ruido estrepitoso.

rassig *adj* [Frau] apasionado(da) ; [Auto] flamante ; [Pferd] gallardo(da).

Rassismus *der (ohne Pl)* racismo *m*.

rassistisch ◇ *adj* racista. ◇ *adv* con actitud racista.

Rast (*pl* **-en**) *die* parada *f* ; **~ machen** hacer una parada.

rasten *vi* parar.

Raster (*pl* **-**) *das* [gerasterte Fläche] retícula *f* ; [Gerät] trama *f* retícula ; [Bildpunkt] punto *m* de trama ODER retícula ; [System] estructura *f* del pensamiento.

Rast|hof *der* área *f* de servicio con restaurante.

rastlos ◇ *adj* sin descanso ; [Mensch] incansable ; [Natur] intranquilo(la). ◇ *adv* sin descanso.

Rast|platz *der* área *f* de descanso.

Rast|stätte *die* restaurante *m* de un área de descanso *(en la autopista)*.

Rasur (*pl* **-en**) *die* afeitado *m*.

Rat (*pl* **Räte**) *der* - **1.** *(ohne Pl)* [Ratschlag] consejo *m* ; **jm einen ~ geben** dar un consejo a alguien ; **etw/jn zu ~e ziehen** consultar algo/a alguien ; **jn um ~ fragen/bitten** pedir consejo a alguien ; **sich** *(D)* **keinen ~ (mehr) wissen** ya no saber qué hacer - **2.** [Ausschuss] consejo *m* - **3.** [Person] consejero *m*.

rät *präs* ▷ **raten**.

Rate (*pl* **-n**) *die* - **1.** [Teilzahlung] plazo *m*, abono *m Amér* ; **etw auf ~n kaufen** comprar algo a plazos - **2.** [statistische] tasa *f*.

raten (*präs* **rät**, *prät* **riet**, *perf* **hat geraten**) ◇ *vt* - **1.** [erraten] adivinar - **2.** [empfehlen] aconsejar ; **jm etw ~** aconsejar algo a alguien. ◇ *vi* - **1.** [erraten] adivinar - **2.** [Rat geben] : **jm zu etw ~** aconsejar a alguien hacer algo.

raten

No sé qué hacer, ¿tú qué harías en mi lugar? Ich weiß nicht, was würdest du an meiner Stelle tun?

Te aconsejo que dejes de fumar si quieres vivir mejor. Ich rate dir, hör mit dem Rauchen auf, wenn es dir besser gehen soll.

¿A ti qué te parece? Was meinst du?

Necesito que me des un consejo. Ich brauche deinen Rat.

Hazme caso y ponte la chaqueta, que hace frío. Hör auf mich und zieh dir eine Jacke an. Es ist kalt.

Sería mejor que se lo dijeras. Es wäre besser, du sagst es ihm.

Raten|zahlung *die* pago *m* a plazos.

Ratgeber (*pl* **-**) *der* - **1.** [Mensch] consejero *m* - **2.** [Buch] guía *f*.

Ratgeberin (*pl* **-nen**) *die* consejera *f*.

Rat|haus *das* ayuntamiento *m*.

Ration (*pl* **-en**) *die* ración *f*.

rational ◇ *adj* racional. ◇ *adv* racionalmente.

rationalisieren *vt* racionalizar.

rationell ◇ *adj* racional ; [Verbrauch] económico(ca) ; [Maschine] eficaz. ◇ *adv* eficazmente.

rationieren *vt* racionar.

ratlos ◇ *adj* desconcertado(da). ◇ *adv* con desconcierto ODER perplejidad.

Rätoromanisch *das (ohne Pl)* retorromano *m* ; *siehe auch* **Englisch**.

Rätoromanische *das (ohne Pl)* retorromano *m* ; *siehe auch* **Englische**.

ratsam *adj* aconsejable, conveniente.

Rat|schlag *der* consejo *m*.

Rätsel (*pl* **-**) *das* - **1.** [Aufgabe] adivinanza *f* ; [Kreuzworträtsel] crucigrama *m* ; [Bilderrätsel] jeroglífico *m* - **2.** [Geheimnis] enigma *m* ; **etw ist jm ein ~** algo es un enigma para alguien, alguien no consigue explicarse algo.

rätselhaft ◇ *adj* enigmático(ca) ; **es ist mir vollkommen ~, wie er das schafft** no me explico cómo lo consigue. ◇ *adv* enigmáticamente.

rätseln *vi* : **über etw** *(A)* **~** intentar buscar una explicación a algo.

Rats|herr *der* concejal *m*.

Rats|keller *der* restaurante *m* del ayuntamiento.

Ratte (*pl* **-n**) *die* rata *f*.

rau ◇ *adj* - **1.** [uneben] áspero(ra) - **2.** [hart] duro(ra) - **3.** [grob] grosero(ra) - **4.** [angegriffen] ronco(ca) ; [Zunge] áspero(ra). ◇ *adv* - **1.** [uneben] : **das fühlt sich ~ an** resulta áspero(ra) al tacto - **2.** [angegriffen] : **deine Stimme klingt ~** tienes la voz ronca.

Raub *der (ohne Pl)* robo *m* ; [von Menschen] secuestro *m*.

Raubbau *der (ohne Pl)* explotación *f* abusiva.

rauben *vt* - **1.** [stehlen] robar - **2.** [kosten] : **jm den Schlaf ~** quitar el sueño a alguien ; **das raubt mir noch den letzten Nerv/die Geduld** eso acabará conmigo/me agota la paciencia.

Räuber, in (*mpl* **-**, *fpl* **-nen**) *der, die* ladrón *m*, -ona *f* ; **~ und Gendarm spielen** jugar a policías y ladrones.

Raub|mord *der* robo *m* con homicidio.

Raub|tier *das* carnívoro *m*.

Raubüber|fall *der* atraco *m*.

Raub|vogel *der* ave *f* rapaz ODER de rapiña.

Rauch *der (ohne Pl)* humo *m* ; **du riechst nach ~** [nach Tabak] hueles a tabaco.

rauchen ◇ *vt* fumar, pitar *Amér*. ◇ *vi* fumar ; [Schornstein, Feuer] echar humo.

Raucher (*pl* -) *der* fumador *m*.

Raucher|abteil *das* compartimento *m* de fumadores.

Raucherin (*pl* -nen) *die* fumadora *f*.

räuchern *vt* ahumar.

Rauch|verbot *das* : **hier ist ~** aquí está prohibido fumar.

rauf *fam* = **herauf**.

raufen *vi* pelear.

Rauferei (*pl* -en) *die* pelea *f*.

rauh = **rau**.

Rauhreif = **Raureif**.

Raum (*pl* **Räume**) *der* - **1.** [Zimmer] habitación *f*, cuarto *m* - **2.** *(ohne Pl)* PHYS espacio *m* - **3.** *(ohne Pl)* GEOGR área *f*, zona *f* - **4.** *(ohne Pl)* *fig* [Platz] : **~ lassen für jn** dar un margen de libertad a alguien.

räumen *vt* - **1.** [ausräumen] desalojar - **2.** [frei machen] desalojar ; [Unfallstelle] desescombrar ; [Posten] dejar vacante ; [Schreibtisch] despejar.

Raum|fahrt *die (ohne Pl)* astronáutica *f*.

Raum|inhalt *der* volumen *m*.

räumlich ◇ *adj* espacial. ◇ *adv* en tres dimensiones.

Raum|schiff *das* nave *f* espacial.

Räumung (*pl* -en) *die* desalojo *m* ; [wegen Gefahr] evacuación *f* ; [von Unfallstelle] despejo *m*.

Räumungs|verkauf *der* liquidación *f*.

Raupe (*pl* -n) *die* [Insekt] oruga *f*.

Raureif *der (ohne Pl)* escarcha *f*.

raus *adv fam* - **1.** = **heraus** - **2.** [hinaus] fuera ; **~ hier!** ¡fuera de aquí!

Rausch (*pl* **Räusche**) *der* - **1.** [Betrunkensein] borrachera *f*, *fig* bomba *Amér* ; **einen ~ haben** tener una mona ; **seinen ~ ausschlafen** dormir la mona ; **im ~** en estado de embriaguez - **2.** *(ohne Pl)* [Ekstase] éxtasis *m* ; **im ~** en éxtasis.

rauschen (*perf* **hat/ist gerauscht**) *vi* - **1.** *(hat)* [Geräusch verursachen] murmurar ; **die Bäume ~** las hojas de los árboles murmuran ; **es rauscht** [im Telefon] hay interferencias ; **in meinen Ohren rauscht es** me pitan los oídos - **2.** *(ist) fam* [gehen] salir pitando.

rauschend *adj* : **~er Beifall** aplauso clamoroso ; **ein ~es Fest** una fiesta por todo lo alto.

Rausch|gift *das* estupefaciente *m*.

rauschgiftsüchtig *adj* drogadicto(ta), toxicómano(na).

raus|fliegen (*perf* **ist rausgeflogen**) *vi (unreg) fam* ser echado(da) ; **ich bin rausgeflogen** me han echado.

raus|halten *vt (unreg) fam* [nach draußen] sacar. ◆ **sich raushalten** *ref fam* : **sich aus etw ~** no entrometerse en algo.

raus|kriegen *vt fam* descubrir, enterarse de.

räuspern ◆ **sich räuspern** *ref* carraspear.

raus|rücken (*perf* **hat/ist rausgerückt**) *fam* ◇ *vi (ist)* : **mit etw ~** [sagen] desembuchar algo, soltar algo ; **mit dem Geld ~** soltar la pasta. ◇ *vt (hat)* soltar.

raus|schmeißen *vt (unreg) fam* echar ; **wir werden rausgeschmissen** nos van a echar.

Raute (*pl* -n) *die* rombo *m*.

Razzia (*pl* **Razzien**) *die* redada *f*.

rd. (*abk für* **rund**) alrededor de.

reagieren *vi* reaccionar ; **auf etw** *(A)* **~** reaccionar a ODER ante algo.

Reaktion (*pl* -en) *die* reacción *f* ; **die ~ auf etw** *(A)* la reacción a ODER ante algo.

Reaktor (*pl* -toren) *der* reactor *m*.

Realismus *der (ohne Pl)* realismo *m*.

realistisch ◇ *adj* realista. ◇ *adv* - **1.** [nüchtern] de forma realista - **2.** [wirklichkeitsnah] con realismo.

Realität (*pl* -en) *die* realidad *f*.

Real|schule *die escuela de enseñanza secundaria o media de ciclo corto, de nivel intermedio entre la Hauptschule y el Gymnasium.*

Rebe (*pl* -n) *die* vid *f*.

rebellieren *vi* rebelarse ; **mein Magen rebelliert** tengo el estómago revuelto ; **gegen etw/jn ~** rebelarse contra algo/alguien.

Rebellion (*pl* -en) *die* rebelión *f*.

rebellisch *adj* - **1.** [sich auflehnend] rebelde - **2.** [aufständisch] en rebelión.

Reb|huhn *das* perdiz *f*.

Reb|stock *der* vid *f*.

Rechen (*pl* -) *der* rastrillo *m*.

Rechen|aufgabe *die* problema *m* de aritmética.

Rechen|fehler *der* error *m* de cálculo.

Rechenschaft *die (ohne Pl)* cuentas *fpl* ; **jm über etw** *(A)* **~ ablegen** ODER **geben** rendir cuentas a alguien sobre algo.

Rechen|zentrum *das* centro *m* de cálculo.

rechnen ◇ *vi* - **1.** [berechnen, schätzen] calcular - **2.** [einkalkulieren] : **mit etw/jm ~** contar con algo/alguien - **3.** [sich verlassen] : **auf etw/jn ~** contar con algo/alguien ; **mit jm ~** contar con alguien. ◇ *vt* calcular. ◆ **sich rechnen** *ref* ser rentable.

Rechner (*pl* -) *der* [Computer] ordenador *m Esp*, computadora *f Amér* ; [Taschenrechner] calculadora *f*.

Rechnung (*pl* **-en**) *die* - **1.** WIRTSCH factura *f* ; [im Restaurant] cuenta *f* ; **eine ~ begleichen** abonar el importe de una factura ; **das geht auf meine ~!** ¡va de mi cuenta! - **2.** [Rechenaufgabe] cálculo *m* - **3.** *RW* : **eine ~ begleichen** ajustar cuentas ; **js ~ geht/geht nicht auf** los planes de alguien salen bien/mal.

Rechnung

Cuando la gente sale en Alemania a tomar unas copas o a comer es corriente que los camareros pregunten a la hora de cobrar: **Zusammen oder getrennt?** «¿Van a pagar todo junto o cada uno lo suyo?» Normalmente cada uno paga lo suyo, y sólo cuando se quiere invitar a los acompañantes se paga toda la cuenta.

recht ◇ *adj* - **1.** [korrekt] correcto(ta) ; **~ und billig** *fig* lo justo - **2.** [besonders] especial - **3.** [passend] oportuno(na) - **4.** *fam* [ziemlich] verdadero(ra) - **5.** [passend] : **etw ist jm ~** algo viene bien a alguien, algo le parece bien a alguien. ◇ *adv* - **1.** [ziemlich] verdaderamente - **2.** *RW* : **jm nichts ~ machen können** no poder contentar a alguien ; **jetzt erst ~** ahora más que nunca.

Recht (*pl* **-e**) *das* - **1.** *(ohne Pl)* RECHT derecho *m* ; **~ sprechen** hacer justicia ; **gegen das ~ verstoßen** infringir la ley ; **im ~ sein** tener razón ; **jm ~ geben** dar la razón a alguien - **2.** [Anrecht] derecho *m* ; **ein ~ auf etw** *(A)* **haben** tener derecho a algo. ◆ **zu Recht** *adv* con derecho.

rechte, r, s *adj* - **1.** [Seitenangabe] derecho(cha) ; **auf der ~n Seite** a la derecha - **2.** [rechtspolitisch] de derechas.

Rechte (*pl* **-n**) ◇ *die* derecha *f* ; **zur ~n** a la derecha. ◇ *der, die* : **die ~n** la derecha. ◇ *das* : **nach dem ~n sehen** comprobar si todo está en orden.

Rechteck (*pl* **-e**) *das* rectángulo *m*.

rechteckig *adj* rectangular.

rechtfertigen *vt* justificar ; **etw vor jm ~** justificar algo ante alguien. ◆ **sich rechtfertigen** *ref* justificarse ; **sich vor jm ~** justificarse ante alguien.

Rechtfertigung (*pl* **-en**) *die* justificación *f*.

rechthaberisch *abw* ◇ *adj* cerril, obstinado(da) ; **~ sein** querer llevar siempre la razón. ◇ *adv* cerrilmente ; **~ auftreten** querer llevar la razón.

rechtlich ◇ *adj* legal, jurídico(ca). ◇ *adv* jurídicamente ; **rein ~ gesehen** visto(ta) desde el punto de vista jurídico.

rechtmäßig ◇ *adj* legal ; [Erbe, Eigentum, Besitzer] legítimo(ma). ◇ *adv* legalmente.

rechts ◇ *adv* - **1.** [Angabe der Seite, Richtung] a la derecha ; **~ oben** arriba, a la derecha ; **nach/von ~** a/por la derecha ; **~ von etw/jm** a la derecha de algo/alguien ; **~ von uns** a nuestra derecha - **2.** [Angabe der politischen Richtung] : **~ denken** ODER **eingestellt sein** ser de derechas ; **~ wählen** votar a la derecha. ◇ *präp (+ G)* - **1.** [Angabe der Seite] en el lado derecho de - **2.** [Angabe der politischen Richtung] : **~ der Mitte** de centro-derecha.

Rechts|anwalt *der* abogado *m*.

Rechts|anwältin *die* abogada *f*.

rechtsbündig ◇ *adj* alineado(da) a la derecha. ◇ *adv* a la derecha.

Rechtschreib|fehler *der* falta *f* de ortografía.

Recht|schreibung *die* ortografía *f*.

Rechtschreibung

Tras largos e intensos debates, una comisión conjunta de los tres países de habla alemana (Alemania, Austria y parte de Suiza) aprobó una reforma de la ortografía que todavía sigue suscitando una gran polémica. La sede de esta comisión se encuentra en el Intitut für Deutsche Sprache (IDS) en Mannheim. La reforma afecta sobre todo a la escritura de 'ß' y de 'ss', a algunas reglas para la puntuación, en especial para la coma, y a reglas para la escritura de palabras separadas o juntas. Estas reglas son obligatorias para uso del idioma en las instituciones y en las escuelas.

rechtsextrem ◇ *adj* de ultraderecha, de extrema derecha. ◇ *adv* : **~ denken** tener ideas ultraderechistas.

Rechts|extremist, in *der, die abw* ultraderechista *mf*.

rechtsgerichtet *adj* de derechas.

rechtsgültig ◇ *adj* legal, válido(da). ◇ *adv* legalmente.

Rechtshänder, in (*mpl* -, *fpl* **-nen**) *der, die* diestro *m*, -tra *f*.

rechtsherum *adv* hacia la derecha.

rechtskräftig ◇ *adj* válido(da) ; [Urteil] firme. ◇ *adv* con fuerza de cosa juzgada.

Rechts|kurve *die* curva *f* a la derecha.

Rechts|lage *die* situación *f* legal.

Rechtsprechung (*pl* **-en**) *die* jurisprudencia *f*.

rechtsradikal ◇ *adj* de extrema derecha, ultraderechista. ◇ *adv* : **~ eingestellt sein** ODER **denken** ser de extrema derecha.

Rechts|radikale *der, die* ultraderechista *mf*.

rechtsseitig *adj & adv* del lado derecho.

Rechts|staat *der* Estado *m* de derecho.

Rechts|verkehr *der (ohne Pl)* **- 1.** [Straßenverkehr] circulación *f* por la derecha **- 2.** RECHT relaciones *fpl* jurídicas.

Rechts|weg *der* vía *f* judicial ; **der ~ ist ausgeschlossen** la vía judicial queda excluida.

rechtwinklig, rechtwinkelig ◇ *adj* de ángulo recto ; **~es Dreieck** triángulo rectángulo. ◇ *adv* en ángulo recto.

rechtzeitig *adj & adv* a tiempo ; **~ zu etw da sein/eintreffen** llegar puntual ODER a tiempo a algo.

Reck (*pl* **-e** ODER **-s**) *das* barra *f* fija.

recyclen [ri'saikəln] *vt* reciclar.

Recycling [ri'saiklɪŋ] *das (ohne Pl)* reciclaje *m*.

Recyclingpapier *das (ohne Pl)* papel *m* reciclado ; **~ aus 100% Altpapier** papel 100% reciclado.

Redakteur, in [redak'tøːɐ̯, rɪn] (*mpl* **-e**, *fpl* **-nen**) *der, die* redactor *m*, -ra *f*.

Redaktion (*pl* **-en**) *die* redacción *f*.

Redaktion

El término alemán **Redaktion** comparte únicamente con el español «redacción» el significado referido a la «redacción de un periódico o de una editorial». Así, la frase **In der Redaktion werden die Titel der nächsten Ausgabe der Zeitung besprochen**, la traduciríamos en español por: «En la redacción se deciden los títulos de la próxima edición del periódico». La palabra española «redacción» se refiere además al ejercicio de componer un texto y se traduce entonces por **Aufsatz**, tal como podemos comprobar en el siguiente ejemplo: «El primer día de clase la profesora nos pide siempre una redacción sobre las vacaciones», que en alemán se traduciría por: **Am ersten Schultag verlangt die Lehrerin von uns immer einen Aufsatz über unsere Ferien.**

Rede (*pl* **-n**) *die* **- 1.** [Ansprache] discurso *m* ; **eine ~ halten** pronunciar un discurso **- 2.** *(ohne Pl)* [das Reden] palabras *fpl* ; **die ~ auf etw** *(A)* **bringen** hablar de algo ; **die ~ ist von etw/jm** se trata de algo/alguien **- 3.** GRAM estilo *m* ; **wörtliche/indirekte ~** estilo directo/indirecto **- 4.** *RW* : **jn zur ~ stellen** pedir cuentas ODER explicaciones a alguien.

Redefreiheit *die (ohne Pl)* libertad *f* de expresión.

reden ◇ *vi* **- 1.** [sprechen] hablar ; **(mit jm) über etw/jn ~** hablar (con alguien) sobre algo/alguien **- 2.** [klatschen] : **über etw/jn ~** hablar sobre algo/alguien **- 3.** [ausplaudern] : **jd hat geredet** alguien se ha ido de la lengua, a alguien se le ha ido la lengua **- 4.** [eine Rede halten] : **er kann gut ~** sabe pronunciar discursos **- 5.** *RW* : **du hast gut ~** para ti es muy fácil decirlo ; **jn zum Reden bringen** hacer hablar a alguien ; **von sich ~ machen** dar que hablar. ◇ *vt* decir.

Redens|art *die* modismo *m*, locución *f* ; **das war doch nur so eine ~** sólo era una forma de hablar.

Rede|wendung *die* frase *f* hecha, giro *m*.

Redner, in (*mpl* **-**, *fpl* **-nen**) *der, die* orador *m*, -ra *f*.

redselig *adj* locuaz.

reduzieren *vt* reducir ; **etw auf etw** *(A)* **~** reducir algo a algo.

Reederei (*pl* **-en**) *die* compañía *f* naviera.

reell ◇ *adj* **- 1.** WIRTSCH razonable ; [Geschäft, Arbeit] serio(ria) **- 2.** [wirklich] real **- 3.** *fam* [handfest] sustancioso(sa). ◇ *adv* de forma real.

Referat (*pl* **-e**) *das* **- 1.** [an der Schule, Uni] exposición *f* ; [von Experte] ponencia *f* ; **ein ~ halten** [an der Schule, Uni] realizar una exposición oral ; [Experte] dar una ponencia **- 2.** [Abteilung] negociado *m*.

Referendar (*pl* **-e**) *der* [Jurist] licenciado *m* en derecho *(en período de prácticas)* ; [Lehrer] profesor *m (en período de prácticas)*.

Referendarin (*pl* **-nen**) *die* [Juristin] licenciada *f* en derecho *(en período de prácticas)* ; [Lehrerin] profesora *f (en período de prácticas)*.

Referenz (*pl* **-en**) *die* referencia *f*.

reflektieren ◇ *vt* **- 1.** [zurückstrahlen] reflejar **- 2.** *geh* [überdenken] reflexionar sobre. ◇ *vi geh* : **über etw** *(A)* **~** reflexionar sobre algo.

Reflex (*pl* **-e**) *der* **- 1.** [Reaktion] reflejo *m* **- 2.** [Lichtreflex] reflejo *m* (de luz).

Reflexion (*pl* **-en**) *die* reflexión *f*.

reflexiv ◇ *adj* reflexivo(va). ◇ *adv* reflexivamente.

Reflexiv|pronomen *das* pronombre *m* reflexivo.

Reform (*pl* **-en**) *die* reforma *f*.

Reformations|tag *der* día *m* de la Reforma.

Reformlhaus *das* tienda *f* naturista.

reformieren *vt* reformar.

Reformkost *die (ohne Pl)* alimentos *m* dietéticos/biológicos.

Refrain [rə'frɛ̃ː] (*pl* **-s**) *der* estribillo *m*.

Regal (*pl* **-e**) *das* estantería *f*.

Regatta (*pl* **Regatten**) *die* regata *f*; **eine ~ segeln, bei einer ~ mitsegeln** participar en una regata.

rege <> *adj* intenso(sa) ; [Fantasie] vivo(va). <> *adv* de forma activa ; [sich interessieren] mucho.

Regel (*pl* **-n**) *die* **- 1.** [Regelung] regla *f*; [Norm] norma *f* **- 2.** [Periode] regla *f* **- 3.** [Gewohnheit] : **in aller** ODER **der ~** por regla general.

Regellblutung *die* menstruación *f*.

Regellfall *der* caso *m* típico.

regelmäßig <> *adj* regular ; **er war ein ~er Gast** venía regularmente. <> *adv* regularmente.

Regelmäßigkeit (*pl* **-en**) *die* regularidad *f*.

regeln *vt* regular.

regelrecht *adj* **- 1.** *fam* [richtig] verdadero(ra) **- 2.** [ordnungsgemäß] correcto(ta).

Regelung (*pl* **-en**) *die* arreglo *m* ; [gesetzlich] reglamentación *f*, regulación *f*.

regen *vt* mover.

Regen *der (ohne Pl)* lluvia *f*; **saurer ~** lluvia ácida.

Regenlbogen *der* arco *m* iris.

Regenbogenpresse *die (ohne Pl) abw* prensa *f* del corazón.

Regenlmantel *der* impermeable *m*.

Regenlrinne *die* canalón *m*.

Regenlschauer *der* chubasco *m*.

Regenlschirm *der* paraguas *m (inv)*.

Regenltropfen *der* gota *f* de lluvia.

Regenlwald *der* selva *f*.

Regenlwetter *das (ohne Pl)* tiempo *m* lluvioso.

Regenlwurm *der* lombriz *f* de tierra.

Regenlzeit *die* temporada *f* de lluvias.

Regie [re'ʒiː] *die (ohne Pl)* **- 1.** [Spielleitung] dirección *f*; **~ führen** dirigir **- 2.** [Verantwortung] supervisión *f*; **etw in eigener ~ tun** ODER **durchführen** hacer algo por cuenta propia.

regieren <> *vt* gobernar. <> *vi* gobernar ; [Angst, Panik] reinar ; **über etw/jn ~** gobernar algo/alguien.

Regierung (*pl* **-en**) *die* gobierno *m*.

Regierungslchef, in *der, die* jefe *m*, -fa *f* de Gobierno.

Regierungslsitz *der* sede *f* del Gobierno.

Regierungslsprecher, in *der, die* portavoz *mf* del Gobierno.

Regime [re'ʒiːm] (*pl* **-**) *das* régimen *m*.

Regiment (*pl* **-e** ODER **-er**) *das* **- 1.** *(Pl Regimenter)* MIL regimiento *m* **- 2.** *(Pl Regimente)* [Leitung] mando *m*.

Region (*pl* **-en**) *die* región *f*.

regional <> *adj* regional. <> *adv* a nivel regional ; **~ verschieden sein** variar de una región a otra.

Regisseur, in [reʒɪ'søːɐ̯, rɪn] (*mpl* **-e**, *fpl* **-nen**) *der, die* director *m*, -ra *f*.

Register (*pl* **-**) *das* **- 1.** [Verzeichnis] registro *m* ; [Index] índice *m* alfabético **- 2.** MUS registro *m*.

registrieren *vt* **- 1.** [wahrnehmen] notar **- 2.** [eintragen] registrar.

reglos <> *adj* inmóvil. <> *adv* inmóvil, sin moverse.

regnen <> *vi* : **es regnet** llueve. <> *vt* : **es regnet etw** *fig* llueve algo.

regnerisch *adj* lluvioso(sa).

regulär <> *adj* regular ; [Preis] ordinario(ria). <> *adv* regularmente.

regulieren *vt* regular ; [begradigen] encauzar.

Regung (*pl* **-en**) *die* **- 1.** [Bewegung] movimiento *m* ; **ohne ~ daliegen** permanecer tendido(da) sin moverse **- 2.** *geh* [Gefühl] emoción *f*; **eine ~ des Mitleids** un sentimiento de compasión.

regungslos <> *adj* inmóvil. <> *adv* inmóvil, sin moverse.

Reh (*pl* **-e**) *das* corzo *m*.

Reha-lKlinik *die fam* centro *m* de rehabilitación (funcional).

Rehlbock *der* corzo *m* (macho).

Rehkitz (*pl* **-e**) *das* corcino *m*.

Reibe (*pl* **-n**) *die* rallador *m*.

Reibelkuchen *der* fritura *f* de patatas ralladas.

reiben (*prät* **rieb**, *perf* **hat gerieben**) <> *vt* **- 1.** [auftragen] frotar ; [Creme] aplicar ; **jm etw ~** frotar algo a alguien ; **sich** *(D)* **etw ~** frotarse algo **- 2.** [raspeln] rallar. <> *vi* frotar ; [Schuh] rozar.

Reiberei (*pl* **-en**) *die* roces *mpl*, discusiones *fpl*.

Reibung (*pl* **-en**) *die* **- 1.** PHYS fricción *f* **- 2.** *(ohne Pl)* [das Reiben] frotamiento *m* ; **durch ~** frotando.

reibungslos *adj, adv* sin dificultades.

reich <> *adj* **- 1.** [wohlhabend] rico(ca) ; **~ an etw** *(D)* **sein** ser rico(ca) en algo ; **~ an Erfahrungen sein** tener un cúmulo de experiencias **- 2.** [reichhaltig] abundante ; [Erfahrung] amplio(plia). <> *adv* lujosamente ; **jn ~ beschenken** colmar de regalos a alguien.

Reich (*pl* -e) *das* - 1. POL reino *m* ; [Imperium] imperio *m* - 2. [Bereich] reino *m* ; **das ~ der Träume** el mundo de los sueños.

Reiche (*pl* -n) *der, die* rico *m*, -ca *f*.

reichen ◇ *vi* - 1. [genügen] ser suficiente, bastar ; **die Zeit reicht nicht mehr** ya no da tiempo ; **das Brot reicht bis morgen** el pan nos llega hasta mañana ; **solange der Vorrat reicht** hasta agotar existencias ; **mit dem Geld reichen** *Norddt* tener suficiente dinero ; **das reicht!** [genug sein] ¡es suficiente!, ¡ya vale! ; [zu viel sein] ¡ya basta!, ¡ya estoy harto(ta)! ; **mir reichts** *fam fig* ¡ya tengo suficiente! - 2. [sich erstrecken] : **bis wohin reicht das Grundstück?** ¿hasta dónde llega el terreno? ; **diese Tradition reicht bis ins Mittelalter** esta tradición se remonta a la Edad Media ; **seine Erinnerung reicht in seine früheste Jugend** su recuerdo se remonta hasta los primeros años de la adolescencia ; **(von etw) bis zu etw/jm ~** extenderse (desde algo) hasta algo/alguien ; **der Mantel reicht bis zu den Knien** el abrigo llega hasta las rodillas. ◇ *vt* : **jm etw ~** pasar algo a alguien ; **sich** *(D)* **die Hände ~** darse la mano.

reichhaltig *adj* abundante.

reichlich ◇ *adj* en abundancia ; [Trinkgeld] mucho(cha) ; [Zeit] de sobra. ◇ *adv* - 1. [viel] en abundancia ; **~ feiern** celebrar a lo grande - 2. [ziemlich] bastante.

Reichs|tag ['raiçstaːk] *der* - 1. *(ohne Pl)* [Gebäude] edificio *m* del Parlamento, Reichstag *m* - 2. [Parlament] Parlamento *m*.

Reichtum (*pl* **Reichtümer**) *der (ohne Pl)* - 1. [Vermögen] riqueza *f* - 2. [Fülle] : **der ~ an etw** *(D)* la abundancia de algo. ◆ **Reichtümer** *pl* riquezas *fpl*.

Reich|weite *die* alcance *m* ; [von Auto, Flugzeug] autonomía *f*.

reif *adj* - 1. [erntereif] maduro(ra) - 2. [erwachsen] maduro(ra) ; [Figur] desarrollado(da) ; **~ für etw sein** ser lo suficientemente maduro(ra) para algo - 3. [fällig] : **die Zeit ist ~ für etw** ha llegado el momento de algo ; **~ für etw sein** *fam fig* necesitar algo ; **~ fürs Irrenhaus sein** haberse vuelto loco(ca) ; **~ fürs Bett sein** tener que irse a la cama.

Reife *die (ohne Pl)* madurez *f* ; **mittlere ~** SCHULE *título obtenido tras concluir la Realschule o tras seis años de Gymnasium.*

Reifen (*pl* -) *der* - 1. [von Fahrzeugen] neumático *m* - 2. [Ring] aro *m*.

Reifen|druck *der (ohne Pl)* presión *f* del neumático.

Reifen|panne *die* pinchazo *m*.

Reife|prüfung *die examen que se realiza para obtener un título semejante al de bachiller.*

Reife|zeugnis *das* ≃ título *m* de bachiller.

reiflich ◇ *adj* detenido(da). ◇ *adv* detenidamente.

Reihe (*pl* -n) *die* - 1. [Linie] línea *f* - 2. [Sitzreihe] fila *f* - 3. [Menge] : **eine ~ von etw** una serie de algo - 4. *(ohne Pl)* [Reihenfolge] turno *m* ; **jd ist an der ~** le toca a alguien ; **an die ~ kommen** [dran sein] ser el (la) siguiente ; [behandelt werden] tocar ; **als Erster/Letzter an die ~ kommen** ser el primero/el último de la fila. ◆ **der Reihe nach** *adv* por orden, uno por uno (una por una) ; [vorgehen] punto por punto.

reihen *vt* - 1. [heften] hilvanar ; [fälteln] fruncir - 2. [auffädeln] : **etw auf etw** *(A)* **~** ensartar algo en algo - 3. [nebeneinander stellen] alinear algo sobre algo.

Reihen|folge *die* orden *m* ; **alphabetische ~** orden alfabético.

Reihen|haus *das* casa *f* adosada.

Reiher (*pl* -) *der* garza *f*.

Reim (*pl* -e) *der* rima *f*.

reimen ◇ *vt* rimar ; **ein Wort auf ein anderes ~** rimar una palabra con otra. ◇ *vi* hacer rimas. ◆ **sich reimen** *ref* rimar ; **etw reimt sich auf etw** *(A)* algo rima con algo.

rein ◇ *adj* - 1. [pur, unverfälscht] puro(ra) - 2. [unschuldig] sincero(ra) ; **ein ~es Gewissen haben** tener la conciencia tranquila - 3. [ausnahmslos] de sólo ; **~e Frauengruppen** grupos de sólo mujeres - 4. [sauber] limpio(pia) - 5. *RW* : **etw ins Reine bringen** aclarar algo ; **mit seinem Gewissen im Reinen sein** tener la conciencia tranquila. ◇ *adv* - 1. [ausnahmslos] solamente ; **das Büro ist ~ weiblich** en el despacho sólo hay mujeres ; **aus ~ persönlichen Gründen** por motivos estrictamente personales - 2. [schon allein] : **~ finanziell/technisch** en lo estrictamente financiero/técnico ; **das geht ~ zeitlich nicht** no da tiempo - 3. *fam* [völlig] completamente ; **~ gar nichts** nada de nada - 4. [sauber] : **besonders ~ waschen** dejar la ropa impecable - 5. *fam* [hinein] adelante - 6. *fam* = **herein**.

Rein|fall *der fam* chasco *m*.

rein|fallen (*perf* **ist reingefallen**) *vi (unreg) fam* - 1. [hineinfallen] caer - 2. [getäuscht werden] caer ; **auf etw/jn ~** dejarse engañar por algo/alguien ; **mit etw/jm ~** llevarse un chasco con algo/alguien.

Rein|gewinn *der* beneficio *m* neto.

reinigen *vt* limpiar ; **etw chemisch ~ lassen** llevar algo a la tintorería.

Reinigung (*pl* -en) *die* - 1. [Geschäft] tintorería *f*; **die chemische ~** el lavado en seco **- 2.** *(ohne Pl)* [Säubern] limpieza *f*.

Reinigungs|mittel *das* producto *m* de limpieza.

rein|legen *vt fam* **- 1.** [hineinlegen] meter **- 2.** [übertölpeln] engañar.

reinrassig <> *adj* de pura raza. <> *adv* : **Tiere ~ züchten** criar animales de pura raza.

rein|reden *vi fam* **- 1.** [ins Wort fallen] interrumpir **- 2.** [sich einmischen] : **ich will dir nicht ~, aber ...** no quiero (entro)meterme en tus asuntos, pero ... ; **sich** *(D)* **von niemandem ~ lassen** no dejar que nadie se inmiscuya en sus asuntos, no necesitar las recomendaciones de nadie.

Reis *der (ohne Pl)* arroz *m*.

Reise (*pl* **-n**) *die* viaje *m* ; **auf ~n sein** estar de viaje ; **eine ~ machen** hacer un viaje. ◆ **gute Reise** *interj* ¡buen viaje!

Reise|apotheke *die* botiquín *m* de viaje.

Reise|begleiter, in *der, die* acompañante *mf (durante un viaje)*.

Reise|büro *das* agencia *f* de viajes.

Reise|bus *der* autocar *m*.

Reise|führer *der* **- 1.** [Mensch] guía *m* turístico **- 2.** [Buch] guía *f* de viaje.

Reise|führerin *die* guía *f* turística.

Reise|gepäck *das (ohne Pl)* equipaje *m*.

Reise|gesellschaft *die* **- 1.** [Reisegruppe] grupo *m* de turistas **- 2.** *(ohne Pl)* [Begleitung] compañía *f (durante un viaje)* **- 3.** [Veranstalter] agencia *f* de viajes organizados.

Reise|gruppe *die* grupo *m* de viaje.

Reise|leiter, in *der, die* guía *mf* turístico, -ca.

reiselustig *adj* : **er ist ~** le gusta (mucho) viajar ; **jd wird ~** a alguien le entran ganas de viajar.

reisen (*perf* **ist gereist**) *vi* viajar ; **nach Athen/Schottland ~** viajar a Atenas/Escocia ; **um die Welt ~** dar la vuelta al mundo.

Reisende (*pl* **-n**) *der, die* **- 1.** [Urlauber] viajero *m*, -ra *f* ; [Passagier] pasajero *m*, -ra *f* **- 2.** [Vertreter] viajante *mf*.

Reise|pass *der* pasaporte *m*.

Reise|route *die* itinerario *m*.

Reise|ruf *der* aviso *m* por radio *(para informar a alguien en particular que se encuentra de viaje)*.

Reise|tasche *die* bolsa *f* de viaje.

Reise|verkehr *der (ohne Pl)* tráfico *m* denso *(durante la operación salida y la operación retorno)*.

Reisever|sicherung *die* seguro *m* de viaje.

Reise|zeit *die* temporada *f* de vacaciones.

Reise|ziel *das* (punto *m* de) destino *m*.

Reißaus *der* : **~ nehmen** *fam* poner pies en polvorosa, irse ODER salir por pies.

Reiß|brett *das* tablero *m* de dibujo.

reißen (*prät* **riss**, *perf* **hat/ist gerissen**) <> *vi* **- 1.** *(ist)* [abreißen] romperse ; [Gewebe] rasgarse **- 2.** *(hat)* [ziehen] : **an etw** *(D)* **~** tirar de algo **- 3.** *(hat)* SPORT tirar el listón. <> *vt (hat)* **- 1.** [zerreißen] : **etw in kleine Stücke ~** romper algo en pedazos **- 2.** [herunterreißen] arrancar ; **jn in die Tiefe ~** [im Wasser] arrastrar a alguien al fondo ; [aus der Höhe] arrastrar a alguien al vacío ; **jn zu Boden ~** tirar a alguien al suelo **- 3.** [herausreißen] : **etw/jn aus etw ~** sacar algo/a alguien de algo ; **jn aus dem Schlaf ~** despertar a alguien bruscamente **- 4.** [wegreißen] : **jm etw aus der Hand ~** arrancar a alguien algo de las manos ; **etw an sich** *(A)* **~** [nehmen] agarrar algo bruscamente ; [vereinnahmen] hacerse con algo ; **das Gespräch an sich** *(A)* **~** ser el único (la única) que habla ; **hin und her gerissen sein** *fig* no saber qué decisión tomar **- 5.** [töten] matar **- 6.** SPORT derribar.

reißend *adj* **- 1.** [Gewässer] impetuoso(sa) **- 2.** [schnell] : **~en Absatz finden** venderse como rosquillas **- 3.** [Tier] feroz **- 4.** [Schmerzen] muy agudo(da).

Reißver|schluss *der* cremallera *f*.

Reiß|zwecke *die* chincheta *f*.

reiten (*prät* **ritt**, *perf* **hat/ist geritten**) <> *vi (ist)* **- 1.** [auf Pferd] cabalgar ; **auf einem Pferd ~** montar a caballo **- 2.** [Gangart] : **im Schritt/Trab/Galopp ~** ir al paso/al trote/al galope. <> *vt* **- 1.** *(hat)* [Tier] : **ein Pferd ~** montar ODER ir a caballo ; **einen Esel/ein Kamel ~** ir en burro/en camello **- 2.** *(hat)* [bringen] llevar (montándolo(la)) **- 3.** [absolvieren] participar en.

Reiter, in (*mpl* **-**, *fpl* **-nen**) *der, die* jinete *mf*.

Reit|hose *die* pantalones *mpl* de montar (a caballo).

Reit|pferd *das* caballo *m* de silla.

Reit|sport *der (ohne Pl)* equitación *f*.

Reit|stiefel *der* bota *f* de montar (a caballo).

Reit|weg *der* camino *m* de herradura.

Reiz (*pl* **-e**) *der* **- 1.** [Impuls] estímulo *m* **- 2.** [Verlockung] atractivo *m* **- 3.** [Schönheit] encanto *m*.

reizbar *adj* irritable.

reizen *vt* **- 1.** [interessieren] atraer **- 2.** [provozieren] provocar, irritar **- 3.** [angreifen] irritar **- 4.** [erregen] suscitar.

reizend <> *adj* encantador(ra). <> *adv* de un modo encantador.

reizlos *adj, adv* sin gracia.

Reizung (*pl* **-en**) *die* irritación *f*.

reizvoll ◇ *adj* encantador(ra) ; [Dekolletee, Anblick] provocativo(va) ; [Herausforderung] tentador(ra). ◇ *adv* de un modo encantador.

rekeln = räkeln.

Reklamation (*pl* **-en**) *die* reclamación *f*.

Reklame *die (ohne Pl)* - **1.** [Werbung] publicidad *f* ; **für etw/jn ~ machen** hacer publicidad de algo/alguien ; *fig* hacer propaganda de algo/alguien - **2.** [Werbemittel] publicidad *f*.

reklamieren ◇ *vt* - **1.** [beanstanden] hacer una reclamación por - **2.** [einklagen] reclamar. ◇ *vi* : **gegen etw ~** protestar por algo.

rekonstruieren *vt* reconstruir.

Rekord (*pl* **-e**) *der* récord *m* ; **einen ~ aufstellen/brechen** establecer/batir un récord.

Rekrut (*pl* **-en**) *der* recluta *m*.

rekrutieren *vt* reclutar.

Rektor (*pl* **-toren**) *der* - **1.** [von Schule] director *m* - **2.** [von Hochschule] rector *m*.

relativ, relativ ◇ *adj* relativo(va). ◇ *adv* relativamente.

Relativ|pronomen *das* pronombre *m* relativo.

Relativ|satz *der* oración *f* de relativo.

relaxen [ri'lɛksn̩] *vi fam* descansar, relajarse.

relevant [rele'vant] *adj* relevante.

Religion (*pl* **-en**) *die* religión *f*.

Religion

A pesar del descenso continuado de la cifra de feligreses que acuden a la iglesia, se considera que el 37% de la población alemana pertenece a la Iglesia protestante y el 35% a la Iglesia católica.

El norte y este del país son mayoritariamente protestantes, mientras que el oeste y el sur son católicos. Esta distribución tradicional desde la Reforma se ha visto transformada por la inmigración.

En la actualidad hay una elevada cifra de musulmanes, mayoritariamente turcos, y se está produciendo también una paulatina reinstalación de la comunidad hebrea.

Religionsunterricht *der (ohne Pl)* clase *f* de religión.

religiös ◇ *adj* religioso(sa). ◇ *adv* religiosamente.

Relikt (*pl* **-e**) *das* reliquia *f*, vestigio *m*.

Reling (*pl* **-s** ODER **-e**) *die* borda *f*.

remis [rə'miː] *adv* : **~ enden** quedar en tablas.

Remoulade (*pl* **-n**) *die* salsa *f* tártara.

Ren, Ren (*pl* **-s**) *das* reno *m*.

Renaissance [rənɛ'sɑ̃ːs] *die (ohne Pl)* - **1.** [Stil, Epoche] Renacimiento *m* - **2.** [Wiederaufleben] renacimiento *m*.

Renn|bahn *die* [für Autos] circuito *m* (de carreras) ; [für Pferde] hipódromo *m*.

rennen (*prät* **rannte**, *perf* **ist gerannt**) *vi* - **1.** [laufen] correr - **2.** *fam abw* [dauernd hingehen] : **zu jm ~** ir corriendo a alguien ; **er kommt zu mir gerannt** viene corriendo.

Rennen (*pl* **-**) *das* - **1.** [Wettkampf] carrera *f* - **2.** *RW* : **das ~ machen** salir vencedor(ra).

Renner (*pl* **-**) *der fam* exitazo *m*.

Renn|fahrer, in *der, die* piloto *mf* de carreras.

Renn|rad *das* bicicleta *f* de carreras.

Renn|sport *der (ohne Pl)* carreras *fpl*.

Renn|wagen *der* coche *m* de carreras.

renovieren [reno'viːrən] *vt* renovar.

Renovierung [reno'viːrʊŋ] (*pl* **-en**) *die* renovación *f*.

rentabel ◇ *adj* rentable. ◇ *adv* de forma rentable.

Rente (*pl* **-n**) *die* pensión *f*, jubilación *f* ; **auf** ODER **in ~ gehen** jubilarse.

Rentenver|sicherung *die* seguro *m* de pensiones.

Ren|tier, Rentier *das* reno *m*.

rentieren ◆ **sich rentieren** *ref* ser rentable.

Rentner, in (*mpl* **-**, *fpl* **-nen**) *der, die* pensionista *mf*, jubilado *m*, -da *f*.

Rep [rɛp] (*pl* **-s**) (*abk für* **Republikaner**) *der miembro del partido ultraderechista alemán*.

Reparatur (*pl* **-en**) *die* reparación *f*, refacción *f Amér* ; **etw ist in ~** [Auto] algo está en el taller ; [Gerät] están arreglando algo.

reparaturbedürftig *adj* que necesita una reparación.

Reparatur|werkstatt *die* taller *m* (de reparaciones).

reparieren *vt* reparar, arreglar, refaccionar *Amér*.

Reportage [repɔr'taːʒə] (*pl* **-n**) *die* reportaje *m*.

Reporter, in (*mpl* **-**, *fpl* **-nen**) *der, die* reportero *m*, -ra *f*.

Repräsentant, in (*mpl* **-en**, *fpl* **-nen**) *der, die* representante *mf*.

repräsentativ ◇ *adj* - **1.** [allgemein] representativo(va) - **2.** [vorzeigbar] para representar. ◇ *adv* - **1.** [allgemein] de forma representativa - **2.** [vorzeigbar] para representar.

repräsentieren <> *vt* representar. <> *vi* dar representación.

Re|produktion *die* reproducción *f*.

reproduzieren *vt* reproducir.

Reptil (*pl* **-ien** ODER **-e**) *das* reptil *m*.

Republik (*pl* **-en**) *die* república *f*.

Republikaner, in (*mpl* **-**, *fpl* **-en**) *der, die* - **1.** [Anhänger der Republik] republicano *m*, -na *f* - **2.** [Parteimitglied, -anhänger] miembro *mf* del partido ultraderechista alemán.

Requiem ['re:kviɛm] (*pl* **-s** ODER **Requien**) *das* - **1.** [Musikwerk] réquiem *m* - **2.** [Messe] misa *f* de difuntos ODER de réquiem.

Reserve [re'zɛrvə] (*pl* **-n**) *die* reserva *f*; **etw/jn in ~ haben** ODER **halten** tener ODER guardar algo/a alguien de reserva.

Reserve|kanister *der* bidón *m* de reserva.

Reserve|rad *das* rueda *f* de recambio ODER repuesto.

Reserve|reifen *der* rueda *f* de recambio ODER repuesto.

Reserve|spieler, in *der, die* reserva *mf*.

reservieren [rezɛr'vi:rən] *vt* reservar.

reserviert [rezɛr'vi:ɐ̯t] <> *adj* reservado(da). <> *adv* reservadamente.

Reservierung [rezɛr'vi:rʊŋ] (*pl* **-en**) *die* reserva *f*.

Residenz (*pl* **-en**) *die* residencia *f*.

Resignation (*pl* **-en**) *die* resignación *f*.

resignieren *vi* resignarse.

Resonanz (*pl* **-en**) *die* resonancia *f*; **die ~ auf etw** *(A)* la acogida de algo.

Respekt *der (ohne Pl)* respeto *m*; **~ vor jm haben** tener respeto a alguien; **sich** *(D)* **~ verschaffen** hacerse respetar.

respektieren *vt* respetar.

respektlos <> *adj* irrespetuoso(sa). <> *adv* irrespetuosamente.

respektvoll <> *adj* respetuoso(sa). <> *adv* con respeto.

Rest (*pl* **-e**) *der* - **1.** [Überbleibsel, Überrest] resto(s) *m(pl)* - **2.** *(ohne Pl)* [noch ausstehender Teil] resto *m*; **einer Sache/jm den ~ geben** *fam fig* arruinar algo/a alguien.

Restaurant [rɛsto'rɑ̃:] (*pl* **-s**) *das* restaurante *m*.

restaurieren *vt* restaurar.

Restaurierung (*pl* **-en**) *die* restauración *f*.

Rest|betrag *der* saldo *m* (remanente).

restlich *adj* - **1.** [übrig geblieben] restante - **2.** [ausstehend] lo que queda de; **der ~e Tag** lo que queda del día.

restlos *adv* por completo.

Resultat (*pl* **-e**) *das* resultado *m*.

Retorte (*pl* **-n**) *die* retorta *f*.

Retorten|baby *das* bebé *m* probeta.

Retrospektive [retrospɛk'ti:və] (*pl* **-n**) *die* retrospectiva *f*.

retten *vt* salvar; **etw/jn vor etw/jm ~** salvar algo/a alguien de algo/alguien. ◆ **sich retten** *ref* ponerse a salvo; **jd kann sich vor etw/jm nicht mehr ~** *fam fig* algo/alguien no deja en paz a alguien.

Retter, in (*mpl* **-**, *fpl* **-nen**) *der, die* salvador *m*, -ra *f*; [von Rettungsdienst] socorrista *mf*; [Befreier] rescatador *m*, -ra *f*.

Rettich (*pl* **-e**) *der* rábano *m* (largo).

Rettung *die (ohne Pl)* rescate *m*; **es gab für ihn keine ~ mehr** no tuvo salvación; **etw/jd ist js ~** *fig* algo/alguien es la salvación de alguien; **die letzte ~** la última esperanza.

Rettungs|boot *das* bote *m* salvavidas.

Rettungs|dienst *der* servicio *m* de socorrismo ODER salvamento.

Rettungs|ring *der* salvavidas *m*.

Rettungs|wagen *der* ambulancia *f*.

Revanche [re'vɑ̃:ʃ(e)] (*pl* **-n**) *die* - **1.** [Gegenleistung] correspondencia *f*, resarcimiento *m* - **2.** [Vergeltung, beim Spiel] revancha *f*.

Revier [re'vi:ɐ̯] (*pl* **-e**) *das* - **1.** [von Tieren] territorio *m* - **2.** [Polizeirevier] comisaría *f* - **3.** [Bereich] territorio *m* - **4.** [Gebiet] sector *m*; [von Jäger] coto *m* de caza.

Revolte [re'vɔltə] (*pl* **-n**) *die* revuelta *f*.

revoltieren [revɔl'ti:rən] *vi* - **1.** [Aufstand machen] sublevarse - **2.** [aufbegehren]: **gegen etw/jn ~** sublevarse contra algo/alguien.

Revolution [revolu'tsi̯o:n] (*pl* **-en**) *die* revolución *f*.

revolutionär [revolutsi̯o'nɛ:ɐ̯] <> *adj* revolucionario(ria). <> *adv* [radikal] de forma radical; **~ denken** ODER **gesinnt sein** ser revolucionario(ria).

Revolutionär, in [revolutsi̯o'nɛ:ɐ̯, rɪn] (*mpl* **-e**, *fpl* **-nen**) *der, die* - **1.** [Umstürzler] revolucionario *m*, -ria *f* - **2.** [Veränderer] pionero *m*, -ra *f*, innovador(ra).

Revolver [re'vɔlvɐ] (*pl* **-**) *der* revólver *m*.

Revue [re'vy:] (*pl* **-n**) *die* - **1.** [Show] revista *f* (musical) - **2.** [Zeitschrift] revista *f*.

Rezension (*pl* **-en**) *die* reseña *f*.

Rezept (*pl* **-e**) *das* [ärztlich, kulinarisch] receta *f*.

rezeptfrei *adj, adv* sin receta (médica).

Rezeption (*pl* **-en**) *die* - **1.** [im Hotel] recepción *f* - **2.** *geh* [Aufnahme] acogida *f*.

rezeptpflichtig *adj* sólo con receta ODER prescripción (médica).

R-|Gespräch *das* llamada *f* a cobro revertido.

Rhabarber *der (ohne Pl)* ruibarbo *m*.

Rhein *der* Rin *m*.

rheinisch *adj* renano(na), de Renania.

Rheinland *das* Renania *f*.

Rheinländer, in (*mpl* -, *fpl* **-nen**) *der, die* renano *m*, -na *f*.

Rheinland-Pfalz *nt* Renania *f* Palatinado.

Rheinland-|Pfälzer, in *der, die* habitante *mf* de Renania Palatinado.

Rhesusfaktor *der (ohne Pl)* factor *m* Rh.

rhetorisch <> *adj* retórico(ca). <> *adv* retóricamente.

Rheuma *das (ohne Pl)* reuma *m* ODER *f*, reúma *m* ODER *f*.

Rheumatismus (*pl* **-tismen**) *der* reuma(tismo) *m*.

Rhododendron (*pl* **-dendren**) *der* rododendro *m*.

rhythmisch <> *adj* rítmico(ca). <> *adv* con ritmo, rítmicamente.

Rhythmus (*pl* **Rhythmen**) *der* **- 1.** [Takt] ritmo *m* **- 2.** [Folge] frecuencia *f*.

richten <> *vt* **- 1.** [hinwenden] dirigir ; [Waffe] apuntar con ; **etw auf etw/jn ~** [Aufmerksamkeit] dirigir algo hacia algo/alguien ; [Waffe] apuntar a algo/alguien con algo **- 2.** [adressieren] : **etw an jn ~** dirigir algo a alguien **- 3.** [in Ordnung bringen, einstellen] arreglar **- 4.** [fertig machen] preparar. <> *vi* [urteilen] juzgar. ◆ **sich richten** *ref* **- 1.** [sich einstellen] : **sich nach etw/jm ~** adaptarse a algo/a lo que dice alguien **- 2.** [abhängen von] : **sich nach etw ~** depender de algo **- 3.** [sich wenden] : **sich gegen etw/jn ~** oponerse a algo/alguien **- 4.** [sich hinwenden] apuntar.

Richter, in (*mpl* -, *fpl* **-nen**) *der, die* juez *m*, -za *f*.

richterlich <> *adj* judicial. <> *adv* judicialmente ; **~ verfügen** disponer de una orden judicial.

richtig <> *adj* **- 1.** [zutreffend] correcto(ta) **- 2.** [moralisch] correcto(ta) **- 3.** [ausgesprochen] verdadero(ra) **- 4.** [passend] oportuno(na) ; **bin ich hier ~? ich möchte ...** ¿es aquí donde puedo...? **- 5.** [ordentlich] como es debido **- 6.** [wirklich] verdadero(ra). <> *adv* **- 1.** *fam* [ausgesprochen] francamente, verdaderamente **- 2.** [tatsächlich] exacto, correcto **- 3.** [zutreffend] bien **- 4.** [moralisch] : **etw für ~ halten** encontrar algo bien **- 5.** [wirklich] del todo **- 6.** [ordentlich] como es debido, en condiciones.

Richtige (*pl* **-n**) <> *das (ohne Pl)* **- 1.** [Zutreffende] acierto *m* ; **sich für das ~ entscheiden** tomar la decisión acertada, decidirse por lo acertado ; **genau das ~ sein** ser un acierto ; **genau das ~ tun** hacer lo correcto **- 2.** [Ordentliche] : **nichts ~s essen** no comer nada sano ODER en condiciones. <> *der, die* : **sie ist die ~** ella es la persona ideal.

richtig gehend *adj* [funktionstüchtig] que funciona sin problemas, que va bien.

Richtigkeit *die (ohne Pl)* exactitud *f*.

rieb *prät* ▻ **reiben**.

rief *prät* ▻ **rufen**.

Riemen (*pl* -) *der* **- 1.** [Band] correa *f* ; **sich am ~ reißen** *fam fig* hacer un esfuerzo **- 2.** [Ruder] remo *m*.

Riese (*pl* **-n**) *der* gigante *m*.

rieseln (*perf* **ist gerieselt**) *vi* caer ; [Flüssigkeit] correr.

Riesen|erfolg *der* éxito *m* rotundo.

riesengroß *adj* enorme ; [Hunger] atroz.

Riesen|rad *das* noria *f*.

Riesen|slalom *der* (e)slalom *m* gigante.

riesig <> *adj* **- 1.** [groß] enorme, gigantesco(ca) ; [Erfolg] enorme, rotundo(da) **- 2.** *fam* [toll] genial. <> *adv fam* [sehr] enormemente.

Riesling (*pl* **-e**) *der* vino *m* de Riesling.

riet *prät* ▻ **raten**.

Riff (*pl* **-e**) *das* arrecife *m*.

Rille (*pl* **-n**) *die* acanaladura *f* ; [von Schallplatte] surco *m*.

Rind (*pl* **-er**) *das* **- 1.** [Tier] : **ein männliches/ein weibliches ~** un buey/una vaca ; **~er** ganado *m* (vacuno) **- 2.** *(ohne Pl)* [Rindfleisch] carne *f* de vacuno ODER ternera.

Rinde (*pl* **-n**) *die* corteza *f*.

Rinder|braten *der* asado *m* de ternera.

Rindfleisch *das (ohne Pl)* carne *f* de vacuno ODER ternera.

Ring (*pl* **-e**) *der* **- 1.** [Schmuckstück] anillo *m* **- 2.** [runder Gegenstand] aro *m* **- 3.** [Boxring] ring *m* **- 4.** [Organisation] asociación *f* ; [von Verbrechern] red *f* **- 5.** [kreisförmige Anordnung] anillo *m* ; **~e unter den Augen haben** tener ojeras **- 6.** [Straße] circunvalación *f*.

Ring|buch *das* carpeta *f* de anillas, archivador *m*.

Ringel|natter *die* culebra *f* de agua ODER de collar.

ringen (*prät* **rang**, *perf* **hat gerungen**) <> *vi* **- 1.** SPORT luchar **- 2.** [sich anstrengen] : **hart ~** hacer un gran esfuerzo ; **erfolgreich ~** ver sus esfuerzos compensados ; **mit etw ~** *geh* debatir con algo ; **um Fassung/die richtigen Worte ~** hacer un gran esfuerzo para mantener la calma/encontrar las palabras apropiadas. <> *vt* [Hände] retorcerse ; **jm etw aus der Hand ~** quitar a alguien algo de las manos.

Ringer, in (*mpl* -, *fpl* **-nen**) *der, die* luchador *m*, -ra *f*.

Ring|finger *der* (dedo *m*) anular *m*.

Ring|kampf *der* - **1.** SPORT (combate *m* de) lucha *f* - **2.** [Rauferei] lucha *f*.

Ring|richter, in *der, die* árbitro *mf* (de boxeo).

rings *adv* : **~ um etw/jn (herum)** alrededor de algo/alguien ; **~ um mich/uns herum** a mi/nuestro alrededor.

ringsherum *adv* alrededor.

ringsumher *adv* a su alrededor.

Rinne (*pl* **-n**) *die* - **1.** [Vertiefung] zanja *f*, acequia *f* - **2.** [Abflussrinne] canalón *m*.

rinnen (*prät* **rann**, *perf* **ist geronnen**) *vi geh* manar.

Rinnsal (*pl* **-e**) *das* regato *m*.

Rinn|stein *der* bordillo *m*.

Rippchen (*pl* -) *das* costilla *f* de cerdo ahumada, cotelette *f*.

Rippe (*pl* **-n**) *die* - **1.** [Knochen] costilla *f* - **2.** [rippenförmige Struktur] nervadura *f* ; [von Heizkörper] elemento *m* ; [von Säule] aleta *f*.

Risiko (*pl* **Risiken**) *das* riesgo *m* ; **das ~ tragen** asumir el riesgo ; **auf eigenes ~** bajo responsabilidad propia ; **ein ~ eingehen** correr un riesgo.

riskant <> *adj* arriesgado(da). <> *adv* arriesgadamente.

riskieren *vt* - **1.** [in Kauf nehmen] exponerse al riesgo de - **2.** [aufs Spiel setzen] arriesgar.

riss *prät* ▷ **reißen.**

Riss (*pl* **Risse**) *der* grieta *f* ; [in Stoff] desgarro *m*.

rissig *adj* agrietado(da) ; [Stoff] desgarrado(da).

ritt *prät* ▷ **reiten.**

Ritt (*pl* **-e**) *der* paseo *m* a caballo.

Ritter (*pl* -) *der* caballero *m* ; **jn zum ~ schlagen** armar a alguien caballero.

Ritual (*pl* **-e**) *das* ritual *m*.

rituell *adj* ritual.

Ritze (*pl* **-n**) *die* rendija *f*.

ritzen *vt* - **1.** [gravieren] grabar - **2.** [schneiden] arañar.

Rivale [ri'vaːlə] (*pl* **-n**) *der* rival *m*, competidor *m*.

Rivalin [ri'vaːlɪn] (*pl* **-nen**) *die* rival *f*, competidora *f*.

rivalisieren [rivali'siːrən] *vi* rivalizar, competir ; **(mit jm) um etw ~** rivalizar (con alguien) por algo, competir (con alguien) por algo.

rivalisierend [rivali'siːrn̩t] *adj* rival.

Rivalität [rivali'tɛːt] (*pl* **-en**) *die* rivalidad *f*, competencia *f*.

Roastbeef ['rɔstbiːf] (*pl* **-s**) *das* rosbif *m*.

Robbe (*pl* **-n**) *die* foca *f*.

robben (*perf* **ist gerobbt**) *vi* : **über den Boden ~** arrastrarse por el suelo ; MIL avanzar cuerpo a tierra.

Roboter (*pl* -) *der* robot *m*.

robust *adj* robusto(ta) ; [Material] resistente.

roch *prät* ▷ **riechen.**

röcheln *vi* resollar.

Rock *der (ohne Pl)* [Musik, Tanz] rock *m*.

Rocker, in (*mpl* -, *fpl* **-nen**) *der, die abw* rocker *mf*, rockero *m*, -ra *f*.

Rock|musik *die* música *f* rock.

Rodel|bahn *die* pista *f* para trineos.

rodeln (*perf* **hat/ist gerodelt**) *vi* ir en trineo.

roden *vt* talar.

Roggen *der* centeno *m*.

Roggen|brot *das* pan *m* de centeno.

roh <> *adj* - **1.** [ungekocht] crudo(da) - **2.** [grob] grosero(ra), rudo(da) ; **~e Gewalt** fuerza bruta - **3.** [unbearbeitet] bruto(ta) - **4.** [ungefähr] aproximativo(va). <> *adv* - **1.** [ungekocht] : **etw ~ essen** comer algo crudo(da) - **2.** [behandeln] groseramente, rudamente - **3.** [entwerfen, behauen] en bruto.

Roh|bau (*pl* **-ten**) *der* obra *f* bruta, esqueleto *m* de un edificio/una casa.

Roh|kost *die (ohne Pl)* fruta *f* y verdura *f* crudas.

Roh|material *das* materia *f* en bruto.

Rohr (*pl* **-e**) *das* - **1.** [Hohlkörper] tubería *m* - **2.** [Pflanze] caña *f*.

Rohr|bruch *der* rotura *f* de la tubería.

Röhre (*pl* **-n**) *die* - **1.** TECH & ELEKTR tubo *m* - **2.** [Backofen] horno *m*.

Rohr|zucker *der (ohne Pl)* azúcar *m* de caña.

Roh|stoff *der* materia *f* prima.

Rokoko *das (ohne Pl)* rococó *m*.

Rolladen *der* = **Rollladen.**

Roll|bahn *die* pista *f* de despegue y aterrizaje.

Rolle (*pl* **-n**) *die* - **1.** [von Schauspielern] papel *m*, rol *m* - **2.** TECH carrete *m* - **3.** [von Möbeln] rueda *f* - **4.** SPORT voltereta *f* - **5.** [Funktion] papel *m*, rol *m* - **6.** *RW* : **eine/keine ~ spielen** tener/no tener importancia.

rollen (*perf* **hat/ist gerollt**) <> *vi (ist)* rodar ; [Tränen] resbalar. <> *vt (hat)* - **1.** [formen] enrollar ; [Zigarette] liar - **2.** [fortbewegen] hacer rodar.

Roller (*pl* -) *der* - **1.** [Kinderfahrzeug] patinete *m* - **2.** [Motorroller] scooter *m*, escúter *m*.

Roll|kragen *der* cuello *m* de cisne, cuello *m* alto.

Roll|laden (*pl* -**läden**) *der* persiana *f*.

Roll|mops *der* - **1.** [Fisch] arenque *m* enrollado - **2.** *fam abw* [Mensch] tapón *m*.

Rollo (*pl* -**s**) *das* estor *m*.

Roll|schuh *der* patín *m* (de ruedas) ; ~ **laufen** patinar (sobre ruedas).

Roll|splitt *der (ohne Pl)* gravilla *f*.

Roll|stuhl *der* silla *f* de ruedas.

Rollstuhl|fahrer, in *der, die* persona *f* en silla de ruedas.

Roll|treppe *die* escaleras *fpl* mecánicas.

Rom *nt* Roma *f*.

Roma *pl* : **Sinti und** ~ los gitanos.

Roman (*pl* -**e**) *der* - **1.** [Buch] novela *f* - **2.** *fam* [lange Geschichte] historia *f*, novela *f*.

romanisch *adj* románico(ca).

Romanistik *die (ohne Pl)* filología *f* románica, románicas *fpl*.

Romantik *die (ohne Pl)* romanticismo *m*.

romantisch <> *adj* romántico(ca). <> *adv* : ~ **gesinnt sein** ser un romántico (una romántica) ; ~ **gelegen sein** aparecer como en un cuadro romántico ; **jn** ~ **stimmen** poner a alguien romántico(ca).

Romanze (*pl* -**n**) *die* romance *m*.

Römer, in (*mpl* -, *fpl* -**nen**) *der, die* romano *m*, -na *f*.

römisch *adj* romano(na).

römisch-katholisch *adj* católico romano (católica romana).

Rommee, Rommé (*pl* -**s**) *das juego de naipes, de tres hasta seis jugadores, en el que cada uno ha de intentar descartarse lo antes posible.*

röntgen *vt* hacer una radiografía de.

Röntgen|aufnahme *die,* **Röntgenbild** *das* (*pl* -**er**) radiografía *f*.

Röntgenstrahlen *pl* rayos *mpl* X.

rosa <> *adj (unver)* rosa. <> *adv* de rosa.

Rosa *das (ohne Pl)* rosa *m*.

Rose (*pl* -**n**) *die* rosa *f*.

Rosen|kohl *der (ohne Pl)* col *f* de Bruselas.

Rosen|montag *der* Lunes *m* de Carnaval.

Rosette (*pl* -**n**) *die* rosetón *m*.

rosig *adj* - **1.** [rosafarben] sonrosado(da) - **2.** [schön] de color de rosa.

Rosine (*pl* -**n**) *die* pasa *f*.

Rosmarin *der (ohne Pl)* romero *m*.

Rost (*pl* -**e**) *der* - **1.** *(ohne Pl)* [Eisenoxyd] óxido *m*, herrumbre *f* - **2.** [Gitter] rejilla *f*; [aus Latten] somier *m* ; **etw auf dem** ~ **braten** asar algo a la parrilla.

Rostbrat|wurst *die* salchicha *f* asada.

rosten (*perf* **hat/ist gerostet**) *vi* oxidarse.

rösten <> *vt* tostar ; [Kartoffeln, Zwiebeln] freír. <> *vi fam* tostarse.

rostfrei *adj* inoxidable.

Rösti *pl Schweiz tortita de patatas ralladas dorada en la sartén.*

rostig *adj* oxidado(da).

rot (*komp* **röter** ODER **roter**, *superl* **röteste** ODER **roteste**) <> *adj* rojo(ja) ; ~ **werden** ponerse rojo(ja) ; [vor Scham] ruborizarse. <> *adv* de rojo ; **(im Gesicht)** ~ **anlaufen** enrojecer.

Rot *das (ohne Pl)* rojo *m*. ◆ **bei Rot** *adv* en rojo.

Röte *die (ohne Pl)* color *m* rojo ; [im Gesicht] rubor *m*.

Rote Kreuz *das* Cruz *f* Roja.

Röteln *pl* rubéola *f*.

Rote Meer *das (ohne Pl)* Mar *m* Rojo.

rothaarig *adj* pelirrojo(ja).

rotieren (*perf* **hat/ist rotiert**) *vi* - **1.** *(hat)* [sich drehen] girar, rotar - **2.** *fam* [durchdrehen] ir como loco(ca) - **3.** *(hat)* [wechseln] cambiar rotativamente.

Rot|käppchen *das* Caperucita *f* Roja.

Rot|kehlchen (*pl* -) *das* petirrojo *m*.

Rot|kohl *der (ohne Pl)* (col *f*) lombarda *f*.

rötlich <> *adj* rojizo(za). <> *adv* de tono rojizo.

Rotlicht *das (ohne Pl)* - **1.** [Licht] infrarrojos *mpl* - **2.** [Ampelzeichen] semáforo *m* en rojo.

Rötung (*pl* -**en**) *die* enrojecimiento *m*.

Rot|wein *der* vino *m* tinto.

Rotwild *das (ohne Pl)* venado *m*.

Roulade [ru'laːdə] (*pl* -**n**) *die filete de carne enrollado y relleno de beicon, cebolla y pepino.*

Roulette [ru'lɛːt] (*pl* -**s**) *das* ruleta *f*; ~ **spielen** jugar a la ruleta.

Route ['ruːtə] (*pl* -**n**) *die* ruta *f*.

Routine [ru'tiːnə] (*pl* -**n**) *die* rutina *f*; [Vorgehensweise] procedimiento *m* rutinario ; ~ **haben** tener el hábito.

routiniert [ruti'niːɐ̯t] <> *adj* experimentado(da). <> *adv* demostrando experiencia.

Rubbel|los *das* billete *m (de lotería)* para rascar.

rubbeln <> *vt* - **1.** [abrubbeln] frotar - **2.** [Los] rascar. <> *vi* rascar.

Rübe (*pl* -**n**) *die* - **1.** [Pflanze] nabo *m* - **2.** *fam* [Kopf] coco *m* ; ~ **ab!** ¡a la guillotina!

Rubel (*pl* -) *der* rublo *m*.

rüber *fam* - **1.** = **herüber** - **2.** = **hinüber**.

Rubin (*pl* **-e**) *der* rubí *m*.

Rubrik (*pl* **-en**) *die* categoría *f*.

Ruck (*pl* **-e**) *der* - **1.** [Bewegung] : **mit einem ~** de golpe ; **sich** *(D)* **einen ~ geben** *fam fig* hacer un esfuerzo - **2.** POL giro *m*.

Rück|antwort *die* respuesta *f*.

Rück|blick *der* retrospección *f* ; **im ~** haciendo un examen retrospectivo ; **ein ~ auf etw** *(A)* una mirada retrospectiva sobre algo.

rücken (*perf* **hat/ist gerückt**) ◇ *vt (hat)* - **1.** [schieben] : **etw an etw** *(A)* ODER **in etw** *(A)* **~** correr algo hacia algo, acercar algo a algo - **2.** [ziehen] mover. ◇ *vi (ist)* correrse ; **die gegnerische Mannschaft rückt nach vorne/hinten** el equipo contrario avanza/retrocede.

Rücken (*pl* **-**) *der* - **1.** [von Menschen] espalda *f* ; **auf dem ~** de espaldas, boca arriba - **2.** [von Tieren, Gegenständen] lomo *m* - **3.** [von Nase, Hand] dorso *m* ; [von Fuß] empeine *m* - **4.** *(ohne Artikel) (ohne Pl)* SPORT espalda.

Rücken|lehne *die* respaldo *m*.

Rücken|mark *das (ohne Pl)* médula *f* espinal.

Rücken|schmerzen *pl* dolor *m* de espalda.

Rücken|schwimmen *das (ohne Pl)* natación *f* de espalda.

Rücken|wind *der (ohne Pl)* viento *m* a favor ; SCHIFF viento *m* de popa ; **~ haben** tener el viento a favor.

rück|erstatten *vt* reembolsar, reintegrar ; **etw rückerstattet bekommen** obtener un reembolso ODER reintegro de algo ; **jm etw ~** reembolsar ODER reintegrar algo a alguien.

Rückfahr|karte *die* billete *m* de vuelta.

Rück|fahrt *die* regreso *m*.

rückfällig *adj que ha vuelto a caer en el alcoholismo, en el mundo de las drogas, etc.* ; [Verbrecher] reincidente ; **~ werden** volver a caer ; [Verbrecher] reincidir.

Rück|flug *der* vuelo *m* de regreso, vuelta *f* en avión.

Rück|frage *die* consulta *f*.

Rück|gabe *die* devolución *f*.

Rück|gang *der* descenso *m* ; **~ an Geburten** descenso *m* ODER baja *f* de natalidad.

rückgängig ◇ *adj* en baja. ◇ *adv* : **etw ~ machen** anular algo, cancelar algo.

Rück|gewinnung *die (ohne Pl)* recuperación *f*.

Rück|grat *das* espina *f* dorsal, columna *f* vertebral ; **jm das ~ brechen** [Widerstand brechen] hacer que alguien se doblegue ; **~ zeigen/haben** *fig* mostrar su/tener carácter.

Rück|griff *der* recurso *m* ; **~ auf etw** *(A)* vuelta *f* a algo.

Rückkehr *die (ohne Pl)* regreso *m*.

Rück|kopplung, Rückkoppelung *die* - **1.** ELEKTR retroacción *f*, acoplamiento *m* - **2.** [Antwort] reacción *f*.

rückläufig ◇ *adj* decreciente, regresivo(va). ◇ *adv* de forma regresiva.

Rücklicht (*pl* **-er**) *das* luz *f* trasera, calaveras *fpl Amér*.

Rück|reise *die* viaje *m* de regreso.

Rück|ruf *der* : **jd bittet um baldigen ~** alguien pide que lo (la) llamen de vuelta lo antes posible.

Ruck|sack *der* mochila *f*.

Rück|schlag *der* revés *m*.

Rück|schluss *der* conclusión *f* ; **aus etw Rückschlüsse ziehen** sacar conclusiones de algo.

Rück|schritt *der* retroceso *m*, paso *m* atrás.

Rück|seite *die* reverso *m* ; [des Hauses] parte *f* posterior ; **siehe ~** ver al dorso.

Rück|sicht *die (ohne Pl)* - **1.** [Beachtung] consideración *f* ; **aus ~ auf etw/jn** por consideración a algo/alguien ; **auf etw/jn ~ nehmen** tener consideración por algo/con alguien - **2.** [Sicht] visión *f* hacia atrás.

rücksichtslos ◇ *adj* desconsiderado(da), falto(ta) de respeto. ◇ *adv* desconsideradamente.

rücksichtsvoll ◇ *adj* considerado(da), atento(ta). ◇ *adv* con consideración, atentamente.

Rück|sitz *der* asiento *m* trasero.

Rück|spiegel *der* (espejo *m*) retrovisor *m*.

Rück|spiel *das* partido *m* de vuelta.

Rück|stand *der* - **1.** WIRTSCH atraso *m* ; **(mit etw) im ~ sein** atrasarse (en el pago de algo) - **2.** SPORT desventaja *f* ; **(mit etw) im ~ sein** ir perdiendo (por algo) - **3.** [Rest] residuo *m* - **4.** [Abstand] atraso *m* ; **den ~ aufholen** ponerse al día.

rückständig *abw* ◇ *adj* - **1.** [rückschrittlich] retrógrado(da) - **2.** [unterentwickelt] anticuado(da) ; [Land] subdesarrollado(da). ◇ *adv* a la antigua.

Rück|stau *der* atasco *m*.

Rück|stoß *der* - **1.** PHYS repulsión *f* - **2.** [von Waffe] culatazo *m*.

Rück|tritt *der* - **1.** [Demission] dimisión *f* - **2.** *fam* [Bremse] freno *m* de contrapedal.

rückversichern ◆ **sich rückversichern** *ref* reasegurarse.

Rück|wand *die* pared *f* del fondo.

rückwärts *adv* - **1.** [örtlich] hacia atrás ; **ein Wort ~ schreiben** escribir una palabra al revés - **2.** [zeitlich] hacia el pasado.

Rückwärts|gang *der* marcha *f* atrás ; **im ~ fahren** conducir marcha atrás.

Rück|weg *der* camino *m* de vuelta.

rückwirkend ◇ *adj* retroactivo(va). ◇ *adv* con efectos retroactivos.

Rück|zahlung *die* reembolso *m*, reintegro *m*.

Rück|zug *der (ohne Pl)* retirada *f*.

Rudel (*pl* -) *das* manada *f*.

Ruder (*pl* -) *das* - **1.** [Paddel] remo *m* - **2.** [Steuerruder] timón *m*.

Ruder|boot *das* bote *m* de remos.

Ruderer, in (*mpl* -, *fpl* **-nen**) *der, die* remero *m*, -ra *f*.

rudern (*perf* **hat/ist gerudert**) ◇ *vi* - **1.** *(hat)* SPORT practicar el remo - **2.** [Boot fahren] remar - **3.** *(ist)* [in bestimmte Richtung] remar - **4.** *(hat)* [wedeln] balancear los brazos de un lado para otro. ◇ *vt (hat)* : **das Boot zur Insel ~** ir remando hasta la isla.

Ruf (*pl* **-e**) *der* - **1.** *(ohne Pl)* [Leumund] reputación *f*, fama *f* - **2.** [Schrei] grito *m* ; **ein ~ erscholl** se oyó un grito - **3.** *(ohne Pl)* [Aufruf] llamamiento *m* - **4.** UNI cátedra *f* - **5.** [Tierstimme] reclamo *m*.

rufen (*prät* **rief**, *perf* **hat gerufen**) ◇ *vi* gritar ; [Vogel] reclamar ; **um Hilfe ~** pedir ayuda ; **nach etw/jm ~** llamar a algo/alguien. ◇ *vt* - **1.** [herbeirufen] llamar ; **jn zu Hilfe ~** pedir auxilio a alguien ; **etw/jd kommt (jm) wie gerufen** algo/alguien llega (a alguien) caído(da) del cielo, algo/alguien viene (a alguien) de perlas - **2.** [nennen] llamar - **3.** [schreien] gritar.

Ruf|name *der amt* nombre *m* de pila.

Ruf|nummer *die amt* número *m* de teléfono ; **unter der ~ ...** llamando al ...

Rüge (*pl* **-n**) *die* reprimenda *f*, rapapolvo *m* ; **jm (für etw) eine ~ erteilen** echar un rapapolvo a alguien (por algo).

rügen *vt* - **1.** [zurechtweisen] reprender - **2.** [reklamieren] reclamar.

Rügen *nt isla en el Báltico que perteneció a la RDA* ; **auf ~** en la isla Rügen.

Ruhe *die (ohne Pl)* - **1.** [Stille] silencio *m* ; **~ bitte!** ¡silencio, por favor! - **2.** [Erholung] reposo *m* ; **ich finde hier keine ~** aquí no hay quien descanse - **3.** [das Ungestörtsein] tranquilidad *f* ; **hier herrscht ~ und Ordnung!** ¡aquí reina la paz y el orden! ; **ich will meine ~ (haben)** quiero estar tranquilo(la) ; **in ~** tranquilamente ; **jn (mit etw) in ~ lassen** *fam* dejar a alguien en paz (con algo) ; **~ geben** dejar de atosigar - **4.** [Gelassenheit] calma *f* ; **jd ist durch nichts aus der ~ zu bringen** alguien no se altera por nada ; **keine ~ haben** encontrarse inquieto(ta) ; **(die) ~ bewahren** conservar la calma - **5.** *RW* : **zur ~ kommen** calmarse.

ruhen *vi* - **1.** [stillstehen] detenerse ; [Arbeit] cesar ; **die Waffen ~ lassen** iniciar una tregua - **2.** *geh* [liegen] descansar - **3.** [lasten] recaer - **4.** *geh* [verweilen] posarse.

Ruhe|stand *der (ohne Pl)* jubilación *f* ; **in den ~ gehen** ODER **treten** jubilarse ; **in den ~ versetzt werden** ser jubilado(da) ; **man hat mich in den ~ versetzt** me han jubilado.

Ruhe|störung *die* perturbación *f* del orden público ; **nächtliche ~** escándalo nocturno.

Ruhe|tag *der* día *m* de descanso ; **'montags ~!'** 'cerrado los lunes'.

ruhig ◇ *adj* - **1.** [still] tranquilo(la) ; [leise] silencioso(sa) ; [schweigsam] callado(da) - **2.** [unbewegt] tranquilo(la) - **3.** [gelassen] sereno(na) ; **ein ~es Gewissen haben** tener la conciencia tranquila - **4.** [geruhsam] tranquilo(la). ◇ *adv* - **1.** [still] tranquilamente ; [leise] sin hacer ruido, silenciosamente - **2.** [gelassen] con tranquilidad - **3.** *fam* [gerne] tranquilamente.

Ruhm *der (ohne Pl)* gloria *f*.

Ruhr *die* - **1.** [Krankheit] disentería *f* - **2.** *(ohne Pl)* [Fluss] Ruhr *m*.

Rühr|ei *das* huevos *mpl* revueltos.

rühren ◇ *vt* - **1.** [umrühren] revolver - **2.** [bewegen] mover - **3.** [innerlich treffen] conmover. ◇ *vi* [ansprechen] : **an etw** *(A)* **~** tocar algo. ◆ **sich rühren** *ref* - **1.** [sich bewegen] moverse ; **rührt euch!** ¡descansen! - **2.** *fam* [sich melden] dar señales ODER signos de vida.

Ruhrgebiet *das* Cuenca *f* del Ruhr ; **im ~** en la Cuenca del Ruhr.

Rühr|teig *der* masa *f* de bizcocho.

Ruin *der (ohne Pl)* ruina *f* ; **du bist mein ~!** ¡me vas a arruinar!

Ruine (*pl* **-n**) *die* - **1.** [Gebäude] ruina *f* - **2.** *fam* [Mensch] ruina *f*, birria *f* de hombre/de mujer.

ruinieren *vt* - **1.** [zugrunde richten] arruinar - **2.** [beschädigen] arruinar, estropear.

rülpsen *vi* eructar.

Rülpser (*pl* -) *der* eructo *m* ; **einen ~ von sich geben** soltar un eructo.

rum *fam* = **herum**.

Rum (*pl* **-s**) *der* ron *m*.

Rumäne (*pl* **-n**) *der* rumano *m*.

Rumänien *nt* Rumania *f*, Rumanía *f*.

Rumänin (*pl* **-nen**) *die* rumana *f*.

rumänisch *adj* rumano(na).

rum|gammeln *vi fam* hacer el vago.

rum|hängen *vi (unreg) fam* hacer el vago.

rumlkriegen *vt fam* - **1.** [überreden] persuadir, convencer ; **eine Frau ~, mit einem ins Bett zu gehen** llevarse a una mujer a la cama - **2.** [verbringen] pasar.

Rummel (*pl* -) *der* - **1.** [Jahrmarkt] feria *f* - **2.** *(ohne Pl) fam* [Theater] : **um etw/jn viel ~ machen** armar jaleo por algo/alguien.

rumoren *vi* - **1.** [Magen] sonar ; **bei mir rumort es im Bauch** me suenan las tripas - **2.** [laut sein] hacer ruido ; **auf dem Dachboden rumort es** se oye algo en el desván - **3.** [unruhig sein] : **es rumort** hay inquietud.

Rumpellkammer *die* trastero *m*.

Rumpf (*pl* **Rümpfe**) *der* - **1.** [Oberkörper] tronco *m* - **2.** [von Flugzeug] fuselaje *m* ; [von Schiff] casco *m*.

rümpfen *vt* ▷ **Nase**.

Rumplsteak ['rʊmpsteːk] *das* filete *m* de la cadera.

rund ◇ *adj* - **1.** [ohne Ecken] redondo(da) - **2.** [ungefähr] aproximado(da) ; **~e Zahl** cifra redonda - **3.** [gut abgestimmt] redondo(da). ◇ *adv* - **1.** [ungefähr] aproximadamente ; **~ gerechnet** en cifras redondas - **2.** [ohne Ecken] con forma redonda - **3.** [gut abgestimmt] perfectamente - **4.** [um... herum] : **~ um etw/jn** [örtlich] alrededor de algo/alguien ; [zum Thema] en torno a algo/alguien.

Runde (*pl* **-n**) *die* - **1.** [Wegstrecke] ronda *f* - **2.** SPORT vuelta *f* ; [beim Boxen] asalto *m* - **3.** [Personenkreis] grupo *m* ODER círculo *m* de amigos - **4.** [Getränkerunde] ronda *f* - **5.** *RW* : **etw macht die ~** estar en boca de todos ; **über die ~n kommen** *fam* salir adelante.

runderneuert *adj* recauchutado(da).

Rundlfahrt *die* vuelta *f (en coche, bus, moto, etc.)* ; **eine ~ durch die Stadt machen** dar una vuelta por la ciudad.

Rundlflug *der* vuelta *f* en avión ; **einen ~ über die Stadt machen** dar una vuelta en avión sobrevolando la ciudad.

Rundlfunk *der (ohne Pl)* radio *f*.

Rundfunklgebühr *die* cuota *f* de radio.

Rundlgang *der* vuelta *f (a pie)* ; [von Wächter] ronda *f*.

rundlgehen (*perf* **ist rundgegangen**) *vi (unreg)* : **es geht rund** [auf einem Fest] hay marcha ODER ambiente ; [im Büro] hay ajetreo.

rundheraus *adv* sin rodeos.

rundherum *adv* - **1.** [ganz] completamente, del todo ; **ich bin ~ glücklich** soy completamente feliz - **2.** [ringsherum] alrededor.

rundlich *adj* - **1.** [Mensch] rechoncho(cha) - **2.** [Gegenstand] redondo(da).

Rundlreise *die* gira *f*.

rundum *adv* enteramente, en todos los aspectos.

rundweg *adv* rotundamente.

runter *fam* = **herunter, hinunter**.

runterlhauen *fam* ◇ *vi* : **jm eine ~** pegar una bofetada a alguien. ◇ *vt* escribir deprisa y corriendo.

runzeln *vt* ▷ **Stirn**.

rupfen *vt* arrancar ; [Huhn] desplumar.

ruppig ◇ *adj* - **1.** [unfreundlich] grosero(ra) - **2.** SPORT agresivo(va). ◇ *adv* - **1.** [unfreundlich] groseramente - **2.** SPORT de forma agresiva.

Rüsche (*pl* **-n**) *die* volante *m*.

Ruß *(ohne Pl) der* hollín *m*.

Russe (*pl* **-n**) *der* ruso *m*.

Rüssel (*pl* -) *der* trompa *f* ; [von Schwein] hocico *m*.

rußig *adj* lleno(na) de hollín.

Russin (*pl* **-nen**) *die* rusa *f*.

russisch *adj* ruso(sa).

Russisch *das (ohne Pl)* ruso *m* ; *siehe auch* **Englisch**.

Russische *das (ohne Pl)* ruso *m* ; *siehe auch* **Englische**.

Russland *nt* Rusia *f*.

rüstig *adj* vigoroso(sa), robusto(ta).

rustikal ◇ *adj* rústico(ca). ◇ *adv* al estilo rústico.

Rüstung (*pl* **-en**) *die* - **1.** *(ohne Pl)* MIL armamento *m* - **2.** [Ritterrüstung] armadura *f*.

Rutsch (*pl* **-e**) *der* : **in einem** ODER **auf einen ~** de una sola vez, de un tirón. ◆ **guten Rutsch** *interj* ¡feliz Año Nuevo!

Rutschlbahn *die* - **1.** [auf dem Spielplatz, Rummel] tobogán *m* - **2.** [ins Wasser] tobogán *m*, deslizadero *m* - **3.** [aus Eis] deslizadero *m*.

Rutsche (*pl* **-n**) *die* - **1.** [Rutschbahn] tobogán *m* - **2.** [zum Schütten] deslizadero *m*.

rutschen (*perf* **ist gerutscht**) *vi* - **1.** [gleiten] patinar ; **nervös hin und her ~** no parar de moverse ; **rutsch mal ein Stück** córrete un poco - **2.** [herunterrutschen] resbalar(se).

rutschfest *adj* antideslizante.

rutschig *adj* resbaladizo(za).

rütteln ◇ *vt* sacudir ; **jn wach ~** despertar a alguien a sacudidas. ◇ *vi* : **an etw** *(D)* **~** dar sacudidas a algo.

S

s, S [ɛs] (*pl* -) *das* s *f*, S *f*. ◆ **S** (*abk für* **Süd**) S.

Saal (*pl* **Säle**) *der* sala *f*, salón *m*.

Saar *die* Sarre *m*.

Saarbrücken *nt* Sarrebruck *m*.

Saarland *das* Sarre *m*.

Saarländer (*pl* -) ◇ *der* habitante *m* del Sarre. ◇ *adj (unver)* del Sarre.

Saarländerin (*pl* **-nen**) *die* habitante *f* del Sarre.

saarländisch *adj* del Sarre.

Saat (*pl* **-en**) *die* - **1.** *(ohne Pl)* [das Säen] siembra *f* - **2.** [das Saatgut] semillas *fpl*, simientes *fpl*.

Säbel (*pl* -) *der* sable *m*.

Sabotage [sabo'taːʒə] (*pl* **-n**) *die* sabotaje *m*.

sabotieren *vt* sabotear.

Sach|bearbeiter, in *der, die* oficial *mf* encargado, -da.

Sach|buch *das* obra *f* divulgativa.

sachdienlich *adj* : **~e Hinweise** indicios *mpl*, información *f* al respecto.

Sache (*pl* **-n**) *die* - **1.** *(ohne Pl)* [Angelegenheit] asunto *m* ; **das war eine schöne ~** fue algo bonito - **2.** *(ohne Pl)* [Thema] tema *m* ; **bei der ~ bleiben** no salirse del tema ; **zur ~ kommen** ir al grano ; **nicht bei der ~ sein** estar en la luna ODER en Babia, no prestar atención ; **das tut nichts zur ~** *fig* eso no influye en nada, eso no tiene nada que ver - **3.** *(ohne Pl)* [Rechtssache] causa *f*, caso *m* - **4.** *(ohne Pl)* [Aufgabe] competencia *f* - **5.** *fam* [Verrücktheit] locura *f*, barbaridad *f* - **6.** *RW* : **das ist so eine ~** *fam* es un caso único ; **mit jm gemeinsame ~ machen** *fam* colaborar con alguien, tener asuntos sucios con alguien ; **seiner ~ sicher sein** saber lo que hace uno, tenerlo claro.

Sach|gebiet *das* campo *m*, materia *f*.

Sach|kenntnis *die* conocimientos *mpl* en la materia.

sachkundig ◇ *adj* experto(ta), competente. ◇ *adv* de forma competente.

Sachlage *die (ohne Pl)* estado *m* de las cosas, situación *f*.

sachlich ◇ *adj* - **1.** [objektiv] objetivo(va) - **2.** [in der Sache] relativo(va) a la materia - **3.** [zweckorientiert] funcional. ◇ *adv* - **1.** [objektiv] de forma objetiva ; **~ bleiben** ser objetivo(va) - **2.** [in der Sache] en relación a la materia - **3.** [zweckorientiert] de modo funcional.

Sach|schaden *der* daños *mpl* materiales.

Sachse ['zaksə] (*pl* **-n**) *der* sajón *m*.

Sachsen ['zaksn̩] *nt* Sajonia *f*.

Sachsen-Anhalt [zaksn̩'anhalt] *nt* Sajonia-Anhalt *f*.

Sächsin ['zɛksɪn] (*pl* **-nen**) *die* sajona *f*.

sächsisch ['zɛksɪʃ] *adj* sajón(ona).

sacht, sachte ◇ *adj* - **1.** [sanft] delicado(da), dulce - **2.** [vorsichtig] cuidadoso(sa) - **3.** [langsam] moderado(da). ◇ *adv* - **1.** [behutsam] con tacto ODER delicadeza - **2.** [sanft] suavemente, dulcemente - **3.** [langsam] despacio. ◇ *adv* : **sachte!** *fam* ¡despacio!

Sachverstand *der (ohne Pl)* conocimientos *mpl* en la materia.

Sach|verständige (*pl* **-n**) *der, die* perito *m*, -ta *f*.

Sack (*pl* **Säcke** ODER -) *der* - **1.** *(Pl Säcke, Sack)* [Behälter] saco *m* - **2.** *(Pl Säcke) salopp* [Mensch] : **blöder/fauler ~** idiota/holgazán - **3.** *(Pl Säcke) vulg* [Hodensack] huevos *mpl*, cojones *mpl*.

Sack|gasse *die* callejón *m* sin salida.

Sadismus *der (ohne Pl)* sadismo *m*.

säen *vt* sembrar.

Safe [seːf] (*pl* **-s**) *der* caja *f* fuerte.

Saft (*pl* **Säfte**) *der* - **1.** [Fruchtsaft] zumo *m Esp*, jugo *m Amér* - **2.** [Pflanzensaft] savia *f* - **3.** *fam* [elektrischer Strom] carga *f* ; **die Batterie hat keinen ~ mehr** la batería está descargada.

saftig *adj* - **1.** [mit viel Saft] jugoso(sa) - **2.** *fam* [gewaltig] : **~e Preise** unos precios exorbitantes ; **eine ~e Ohrfeige** una señora bofetada.

Sage (*pl* **-n**) *die* leyenda *f* ; [des klassischen Altertums] mito *m* ; [nordisch] saga *f*.

Säge (*pl* **-n**) *die* sierra *f*.

sagen *vt* - **1.** [allgemein] decir ; **sich** *(D)* **etw ~** decirse algo a sí mismo(ma) ; **das kann jeder ~!** *fam* ¡eso es fácil decirlo! ; **etwas/nichts zu ~ haben** [bedeuten] querer decir algo/no querer decir nada ; **das hat viel zu ~, wenn er dich so lange warten lässt** que (él) te haga esperar tanto ya dice mucho ; **was sagst du (denn) dazu?** ¿qué opinas de eso? - **2.** [befehlen] mandar ; **das Sagen haben** mandar ; **sie hat das Sagen** ella es la que manda ; **(jm) etwas/nichts zu ~ haben** tener el derecho de decir algo (a alguien)/no tener derecho a decir nada (a nadie) - **3.** *RW* : **das sage ich dir** *fam* te digo ; **das kann man wohl ~!** *fam* ¡y tanto!, ¡eso diría (yo)! ; **dagegen ist nichts zu ~** no hay nada en contra de eso ; **sich** *(D)* **etwas/nichts ~ lassen** [raten] aceptar/no aceptar consejos ; [vorwerfen] aceptar/no aceptar algo ; **man sagt ...** dicen, se dice ; **wem sagst du das!** *fam* ¡no hace falta que me cuentes! ◆ **sag mal** *interj* ¡dime!, ¡oye!

sägen *vt & vi* serrar.

sagenhaft ◇ *adj* **- 1.** [märchenhaft] legendario(ria) **- 2.** *fam* [groß] asombroso(sa). ◇ *adv* asombrosamente.

Sägespäne *pl* virutas *fpl*.

sah *prät* ▷ **sehen.**

Sahne *die (ohne Pl)* nata *f*.

Sahne

En cafeterías, pastelerías y heladerías el servicio suele preguntar si se desea añadir nata al pastel o al helado: **mit oder ohne Sahne?** «¿con o sin nata?». En el servicio de café se suele incluir una tarrina que contiene **Sahne** «crema de leche» para añadir al café si así se desea.

Sahne|torte *die* tarta *f* de nata.

sahnig ◇ *adj* cremoso(sa). ◇ *adv* : **das schmeckt ~** sabe cremoso(sa).

Saison [sɛ'zɔŋ] *(pl* **-s**) *die* temporada *f*.

Saite *(pl* **-n**) *die* cuerda *f*.

Saiten|instrument *das* instrumento *m* de cuerda.

Sakko *(pl* **-s**) *der* (chaqueta *f*) americana *f*, saco *m Amér*.

Sakrament *(pl* **-e**) *das* sacramento *m*.

Sakristei *(pl* **-en**) *die* sacristía *f*.

Salamanca *nt* Salamanca.

Salamander *(pl* **-**) *der* salamandra *f*.

Salami *(pl* **-s**) *die* salami *m*, ≃ salchichón *m*.

Salat *(pl* **-e**) *der* **- 1.** [Gericht] ensalada *f* ; [Kopfsalat] lechuga *f* **- 2.** *(ohne Pl) fam* [Durcheinander] lío *m* ; **da haben wir den ~!** *fam* ¡estamos listos!, ¡ahora estamos frescos!

Salat|schüssel *die* ensaladera *f*.

Salat|soße *die* aliño *m*, salsa *f* para ensalada.

Salbe *(pl* **-n**) *die* pomada *f*.

Salbei *der (ohne Pl)* salvia *f*.

Salmonellen|vergiftung *die* salmonelosis *f*.

Salon [sa'lɔŋ] *(pl* **-s**) *der* salón *m*.

salopp ◇ *adj* **- 1.** [leger] desenfadado(da), informal **- 2.** [frech, locker] desenfadado(da), informal ; [Sprache, Ausdruck] coloquial. ◇ *adv* **- 1.** [leger] de forma desenfadada, de modo informal **- 2.** [frech, locker] de modo informal ; [sprechen] coloquialmente.

Salto *(pl* **-s**) *der* voltereta *f*.

Salvadorianer, in *(mpl* **-**, *fpl* **-nen**) *der, die* salvadoreño *m*, -ña *f*.

salvadorianisch *adj* salvadoreño(ña).

Salve ['salvə] *(pl* **-n**) *die* salva *f*.

Salz *(pl* **-e**) *das* sal *f*.

Salzburg *nt* Salzburgo *m*.

salzen *(perf* **hat gesalzen**) *vt* salar, echar ODER añadir sal a.

salzig *adj* salado(da).

Salzkartoffeln *pl* patatas *fpl* cocidas.

Salz|säure *die (ohne Pl)* ácido *m* clorhídrico.

Salz|stange *die* palito *m* salado.

Salz|streuer *(pl* **-**) *der* salero *m*.

Salz|wasser *das (ohne Pl)* **- 1.** [Meerwasser] agua *f* salada **- 2.** [Kochwasser] agua *f* con sal.

Samen *(pl* **-**) *der* **- 1.** *(ohne Pl)* [Sperma] semen *m*, esperma *m* **- 2.** [Pflanzensamen] semilla *f*.

sämig *adj* espeso(sa).

Sammel|band *(pl* **-bände**) *der* antología *f*.

Sammel|lager *das* campo *m* de acogida (de refugiados).

sammeln *vt* **- 1.** [zusammensuchen] recoger ; [Geld] recaudar ; [Material] reunir, [Pilze] coger **- 2.** [gewinnen] acumular **- 3.** [als Hobby] coleccionar **- 4.** [versammeln] reunir. ◆ **sich sammeln** *ref* [sich konzentrieren] concentrarse.

Sammel|stelle *die* depósito *m*.

Sammelsurium [zaml'zuːriʊm] *(pl* **-surien**) *das* batiburrillo *m*.

Sammler, in *(mpl* **-**, *mpl* **-nen**) *der, die* coleccionista *mf*.

Sammlung *(pl* **-en**) *die* **- 1.** [von Gegenständen] colección *f* **- 2.** [von Geld] recaudación *f* ; [von Spenden] colecta *f* **- 3.** [im Museum] colección *f* **- 4.** [Ruhe, Andacht] recogimiento *m*.

Samstag *(pl* **-e**) *der* sábado *m* ; **am ~** el sábado ; **langer ~** *primer sábado del mes ; día en que los comercios cierran más tarde* ; **~, den 31. Dezember** sábado, 31 de diciembre.

Samstag|abend *der* sábado *m* por la noche.

Samstag|morgen *der* sábado *m* por la mañana.

Samstag|nacht *die* noche *f* del sábado, sábado *m* por la noche.

samstags *adv* los sábados.

samt *präp* : **~ einer Sache/jm** con algo/ alguien.

Samt (*pl* **-e**) *der* terciopelo *m*.

sämtlich <> *adj* - **1.** [alle] todos los (todas las) ; **~e Werke** obras *fpl* completas - **2.** [ganz] todo el (toda la). <> *adv* todos juntos (todas juntas).

Sanatorium [zana'to:ri̯ʊm] (*pl* **Sanatorien**) *das* sanatorio *m*.

Sand *der (ohne Pl)* arena *f* ; **~ streuen** esparcir arena ; **im ~ verlaufen** *fig* quedar en nada.

Sandale (*pl* **-n**) *die* sandalia *f*.

Sandbank (*pl* **-bänke**) *die* banco *m* de arena.

sandig *adj* lleno(na) de arena ; [Weg] cubierto(ta) de arena.

Sand|kasten *der* cajón *m* de arena *(en el que juegan los niños)*.

Sand|korn (*pl* **-körner**) *das* grano *m* ODER granito *m* de arena.

Sand|männchen *das (ohne Pl) personaje imaginario que esparce arena sobre los ojos de los niños para que éstos se duerman.*

Sand|papier *das (ohne Pl)* papel *m* de lija.

Sand|stein *der* arenisca *f*.

Sand|strand *der* playa *f* de arena.

sandte *prät* ▷ **senden**.

Sand|uhr *die* reloj *m* de arena.

sanft <> *adj* - **1.** [sanftmütig] pacífico(ca) - **2.** [weich] suave ; [Kuss, Stimme] dulce - **3.** [schwach] suave - **4.** [natürlich] alternativo(va) - **5.** [flach] ligero(ra) - **6.** [friedlich] apacible. <> *adv* - **1.** [weich] suavemente - **2.** [sanftmütig] dulcemente - **3.** [schwach] suavemente - **4.** [flach] ligeramente - **5.** [friedlich] apaciblemente.

sanftmütig <> *adj* dulce. <> *adv* dulcemente.

sang *prät* ▷ **singen**.

Sänger, in (*mpl* **-**, *fpl* **-nen**) *der, die* cantante *mf*.

sanieren *vt* - **1.** [renovieren] renovar, rehabilitar - **2.** WIRTSCH sanear.

Sanierung (*pl* **-en**) *die* - **1.** [Renovierung] renovación *f*, rehabilitación *f* - **2.** WIRTSCH saneamiento *m*.

sanitär *adj* sanitario(ria) ; **~e Anlagen** instalaciones sanitarias.

Sanitäter, in (*mpl* **-**, *fpl* **-nen**) *der, die* - **1.** MED sanitario *m*, -ria *f*, socorrista *mf* - **2.** MIL : **bei den ~n** en la enfermería.

sank *prät* ▷ **sinken**.

Sankt Bernhard *der* : **Großer/Kleiner ~** gran/pequeño San Bernardo *m*.

Sankt Gallen *nt* Sankt Gallen *m*.

Sankt Gotthard *der* San Gotardo *m*.

Sanktion (*pl* **-en**) *die* sanción *f* ; **~en verhängen** imponer sanciones.

Sankt Petersburg *nt* San Petesburgo *m*.

Saphir, Saphir (*pl* **-e**) *der* zafiro *m*.

Sardelle (*pl* **-n**) *die* anchoa *f*, boquerón *m*.

Sardine (*pl* **-n**) *die* sardina *f*.

Sardinien [zar'di:ni̯ən] *nt* Cerdeña *f* ; **auf ~** en Cerdeña.

Sarg (*pl* **Särge**) *der* ataúd *m*.

Sarkasmus (*pl* **-men**) *der* sarcasmo *m*.

saß *prät* ▷ **sitzen**.

Satan (*pl* **-e**) *der* - **1.** [Teufel] Satanás *m* - **2.** *abw* [Mensch] demonio *m*.

Satellit (*pl* **-en**) *der* satélite *m*.

Satelliten|fernsehen *das (ohne Pl)* televisión *f* vía satélite.

Satelliten|schüssel *die* antena *f* parabólica.

Satire (*pl* **-n**) *die* sátira *f*.

satt <> *adj* - **1.** [gesättigt] lleno(na) ; **~ werden** quedarse lleno(na), quedar satisfecho(cha) ; **~ sein** estar lleno(na) ; **etw macht ~** algo llena - **2.** [stark] fuerte. <> *adv* [überdrüssig] : **sich an etw** *(D)* **~ sehen/ hören** hartarse ODER cansarse de oír/ver algo ; **etw/jn ~ haben** *fam fig* estar harto(ta) de algo/alguien.

Sattel (*pl* **Sättel**) *der* - **1.** [Reitsattel] silla *f* (de montar) - **2.** [Fahrradsattel] sillín *m*.

satteln *vt* ensillar.

Satz (*pl* **Sätze**) *der* - **1.** [grammatikalische Einheit] frase *f*, oración *f* - **2.** [Sprung] salto *m* - **3.** SPORT set *m* - **4.** *(ohne Pl)* [das Setzen] composición *f* - **5.** [musikalische Einheit] movimiento *m* - **6.** [These] teorema *m* - **7.** [bestimmte Anzahl] juego *m*.

Satz|bau *der (ohne Pl)* sintaxis *f*.

Satz|teil *der* parte *f* de la oración, sintagma *m*.

Satzung (*pl* **-en**) *die* estatutos *mpl*.

Satz|zeichen *das* signo *m* de puntuación.

Sau (*pl* **Säue** ODER **-en**) *die* - **1.** *(Pl Säue)* [Schwein] cerda *f* - **2.** *(Pl Sauen)* [Wildschwein] jabalina *f* - **3.** *(Pl Säue) vulg abw* [Mensch] cerdo *m*, -da *f*, guarro *m*, -rra *f* ; **blöde ~** idiota.

sauber <> *adj* - **1.** [rein] limpio(pia) - **2.** *fam iron* : **ein ~es Pärchen** un buen par de elementos ; **ein ~er Herr** un buen elemento, una buena pieza - **3.** [gut] prolijo(ja), esmerado(da). <> *adv* - **1.** [rein] : **etw ~ putzen** ODER **machen** limpiar algo ; **etw ~ halten** mantener algo limpio(pia) ; **~ bleiben** no ensuciarse, seguir limpio(pia) - **2.** [gut] prolijamente, con esmero ; **~ trennen** separar claramente.

Sauberkeit *die (ohne Pl)* limpieza *f*.

sauber machen *vt* limpiar.

säubern *vt* - **1.** [entfernen] depurar - **2.** [reinigen] limpiar.

Sauce ['zoːsə] (*pl* **-n**) *die* salsa *f*.

Saudi (*pl* **-s**) *der* saudí *m*.

Saudi-Arabien *nt* Arabia *f* Saudí.

sauer ◇ *adj* - **1.** [Essen] ácido(da) ; [Milch, Sahne] agrio(gria) ; **saure Gurke** pepinillo *m* en vinagre - **2.** [Stimmung] de enfado, de mala leche ; **saure Reaktion** reacción con mala leche ; **~ auf jn sein** *fam* estar muy enfadado(da) con alguien, estar cabreado(da) con alguien - **3.** CHEM ácido(da). ◇ *adv* - **1.** [schlecht gelaunt] con enfado, con mala leche ; **das Gesicht ~ verziehen** poner cara de mala leche - **2.** [nicht süß] : **etw schmeckt ~** [Gurke] algo sabe ácido(da) ; [Milch] algo sabe agrio(gria) - **3.** CHEM : **~ reagieren** tener un comportamiento ácido.

Sauer|braten *der* carne *f* adobada de buey *(en vinagre y especias)*.

Sauerei (*pl* **-en**) *die fam* - **1.** [Schmutz] porquería *f*, cochinada *f* - **2.** [Ungerechtigkeit] cerdada *f*, guarrada *f*.

Sauer|kirsche *die* guinda *f*.

Sauerkraut *das (ohne Pl)* chucrut *m*, col *f* agria ODER fermentada.

säuerlich ◇ *adj* - **1.** [Essen] algo ácido(da) - **2.** [Stimmung] avinagrado(da) ; **eine ~e Reaktion** una respuesta agria. ◇ *adv* - **1.** [nicht süß] algo ácido(da) - **2.** [verstimmt] de forma avinagrada.

Sauer|stoff *der (ohne Pl)* oxígeno *m*.

saufen (*präs* **säuft**, *prät* **soff**, *perf* **hat gesoffen**) ◇ *vt* - **1.** [Tier] beber - **2.** *salopp* [trinken] beber - **3.** *salopp abw* [gewohnheitsmäßig trinken] trincar(se) - **4.** *fam* [verbrauchen] chupar. ◇ *vi* - **1.** [Tier] beber - **2.** *salopp* [Mensch] empinar el codo.

Säufer (*pl* **-**) *der salopp abw* - **1.** [Alkoholiker] alcohólico *m*, bebedor *m* - **2.** [Vieltrinker] borracho *m*.

Sauferei (*pl* **-en**) *die salopp abw* : **mit der ~ anfangen** entregarse a la bebida, empezar a empinar el codo.

Säuferin (*pl* **-nen**) *die salopp abw* alcohólica *f*, bebedora *f*.

säuft *präs* ▷ **saufen.**

saugen (*prät* **sog** ODER **saugte**, *perf* **hat gesogen** ODER **gesaugt**) ◇ *vt* - **1.** [heraussaugen] chupar ; **etw aus etw ~** chupar algo de algo ; **das Gift aus der Wunde ~** succionar el veneno de la herida - **2.** *(reg)* [reinigen] aspirar, pasar la aspiradora por. ◇ *vi* - **1.** [Baby] mamar ; [mit Röhrchen] sorber ; **an etw** *(D)* **~** [Baby] mamar de algo ; **am Strohhalm ~** sorber con la pajita ; **an der Pfeife ~** chupar de la pipa - **2.** *(reg)* [mit Staubsauger] pasar la aspiradora.

säugen *vt* dar de mamar, amamantar.

Säuge|tier *das* mamífero *m*.

Säugling (*pl* **-e**) *der* lactante *m*.

Säule (*pl* **-n**) *die* - **1.** ARCHIT columna *f* - **2.** [Mensch] pilar *m*.

Saum (*pl* **Säume**) *der* dobladillo *m*.

säumen *vt* - **1.** [nähen] hacer un dobladillo en - **2.** *geh* [stehen] : **die Straße ist von Zuschauern gesäumt** los espectadores se han colocado a ambos lados de la calle.

Sauna (*pl* **-s** ODER **Saunen**) *die* sauna *f*.

Säure (*pl* **-n**) *die* - **1.** CHEM ácido *m* - **2.** *(ohne Pl)* [saurer Geschmack] acidez *f*.

Saurier ['zaurie] (*pl* **-**) *der* saurio *m*.

säuseln ◇ *vi* murmurar. ◇ *vt* susurrar, murmurar.

sausen (*perf* **hat/ist gesaust**) *vi* - **1.** *(ist) fam* [fahren, laufen] ir pitando ODER volando - **2.** *(hat)* [rauschen] silbar.

Saxofon, Saxophon (*pl* **-e**) *das* saxofón *m*.

SB *abk für* **Selbstbedienung.**

S-|Bahn *die* ferrocarril *m* suburbano.

S-Bahn|hof *der* estación *f* de ferrocarriles suburbanos.

SBB (*abk für* **Schweizerische Bundesbahn**) Ferrocarriles *mpl* Federales de Suiza.

Schabe (*pl* **-n**) *die* cucaracha *f*.

schaben ◇ *vt* raspar. ◇ *vi* hacer rascadas.

schäbig *abw* ◇ *adj* - **1.** [ärmlich] humilde - **2.** [kleinlich] miserable. ◇ *adv* - **1.** [ärmlich] humildemente - **2.** [kleinlich] miserablemente.

Schablone (*pl* **-n**) *die* - **1.** [Vorlage] plantilla *f* - **2.** [Schema] esquema *m* ; **in ~n denken** encasillar las cosas.

Schach (*pl* **-s**) *das* - **1.** *(ohne Pl)* [Spiel] ajedrez *m* ; **~ spielen** jugar al ajedrez - **2.** *(ohne Pl)* [Bedrohung] jaque *m* ; **~ bieten** dar jaque.

Schach|brett *das* tablero *m* de ajedrez.

schachmatt ◇ *adj* - **1.** [beim Spiel] jaque mate - **2.** *fam* [müde] molido(da). ◇ *adv* *fam* molido(da).

Schacht (*pl* **Schächte**) *der* - **1.** [Förderschacht] pozo *m* de extracción - **2.** [Hohlraum] pozo *m* ; [von Aufzug, zur Lüftung] hueco *m*.

Schachtel (*pl* **-n**) *die* - **1.** [Behälter] caja *f* ; **eine ~ Zigaretten** un paquete de tabaco, una cajetilla de cigarrillos - **2.** *salopp abw* [Frau] : **alte ~** vieja *f*.

Schach|zug *der* jugada *f*.

schade *adj*: **(das ist) ~, dass er nicht kommt** es una pena ODER lástima que no venga ; **es ist ~ um etw/jn** es una lástima por algo/alguien ; **zu ~ für etw/jn sein** ser demasiado bueno(na) para algo/alguien.

Schädel (*pl* -) *der* - **1.** [Knochen] cráneo *m* - **2.** *fam* [Kopf] cabeza *f*; **jm brummt der ~** *fam* alguien tiene la cabeza hecha un bombo.

Schädel|bruch *der* fractura *f* de cráneo.

schaden *vi* dañar ; [finanziell] perjudicar ; **das schadet nichts** no hace daño.

Schaden (*pl* **Schäden**) *der* - **1.** [an Sachen] daño *m* - **2.** [an Menschen] afección *f*.

Schaden|ersatz *der (ohne Pl)* indemnización *f* (por daños y perjuicios) ; **~ fordern/beantragen** exigir/solicitar una indemnización (por daños y perjuicios).

Schaden|freude *die (ohne Pl)* alegría *f* por el mal ajeno.

schadenfroh ◇ *adj* burlón(ona) *(con malicia)*, satisfecho(cha) con la desgracia ajena ; **~ sein** regocijarse del mal ajeno. ◇ *adv* burlonamente por la desgracia ajena ; **sich ~ zeigen** ODER **äußern** regocijarse abiertamente del mal ajeno.

Schadens|fall *der* (caso *m* de) siniestro *m*.

schadhaft ◇ *adj* defectuoso(sa). ◇ *adv* de forma defectuosa.

schädigen *vt* perjudicar ; **den Ruf ~** dañar la imagen.

schädlich ◇ *adj* nocivo(va). ◇ *adv* de forma nociva.

Schädling (*pl* -e) *der* parásito *m*.

schadlos *adv* : **sich an etw/jm ~ halten** *geh* resarcirse de algo/alguien.

Schad|stoff *der* sustancia *f* nociva.

Schaf (*pl* -e) *das* - **1.** [Tier] oveja *f* - **2.** *fam abw* [Mensch] : **(blödes) ~** borrico *m*, -ca *f* ; **ein schwarzes ~** *abw* una oveja negra.

Schäfer (*pl* -) *der* pastor *m*.

Schäfer|hund *der* perro *m* pastor.

Schäferin (*pl* -nen) *die* pastora *f*.

schaffen[1] ◇ *vt* - **1.** [bewältigen] conseguir terminar ; [Prüfung] aprobar ; **es ~** lograrlo ; **bis morgen schaffe ich diese Arbeit nicht** no voy a conseguir acabar este trabajo para mañana ; **das wäre geschafft!** ¡ya está! - **2.** [bereiten] causar - **3.** [fertigmachen] : **diese Hitze schafft einen** este calor acaba con uno ; **dieser Typ schafft mich noch** este tipo acabará conmigo - **4.** *fam* [bringen] llevar ; **schaff ihn mir aus den Augen!** ¡haz que desaparezca de mi vista! ◇ *vi* - **1.** [tun] : **mit etw/jm nichts zu ~ haben** no tener nada que ver con algo/alguien - **2.** [zusetzen] : **jm zu ~ machen** no causar más que problemas a alguien - **3.** *Süddt* [arbeiten] trabajar - **4.** *RW* : **sich an etw** *(D)* **zu ~ machen** ocuparse de algo.

schaffen[2] (*prät* **schuf**, *perf* **hat geschaffen**) *vt* - **1.** [erschaffen] crear - **2.** [herstellen] crear ; [Platz] hacer ; [Möglichkeit] ofrecer - **3.** *RW* : **für etw/jn wie geschaffen sein** estar hecho(cha) para algo/alguien.

Schaffner, in (*mpl* -, *fpl* **-nen**) *der, die* revisor *m*, -ra *f*.

Schafs|fell *das* - **1.** [am Tier] lana *f* - **2.** [Material, Teppich] pelillo *m*.

Schafskäse *der (ohne Pl)* queso *m* de oveja.

Schaft (*pl* **Schäfte**) *der* - **1.** [von Pfeil, Speer] asta *f* ; [von Messer] mango *m* - **2.** [von Stiefel] caña *f* - **3.** [Stamm] tronco *m*.

Schakal (*pl* -e) *der* chacal *m*.

schäkern *vi fam* bromear, flirtear.

schal ◇ *adj* insípido(da), insulso(sa) ; **in mir blieb ein ~es Gefühl zurück** me quedé con una sensación de descontento. ◇ *adv* con poco sabor.

Schal (*pl* **-s** ODER **-e**) *der* bufanda *f*.

Schale (*pl* **-n**) *die* - **1.** [von Obst, Gemüse] piel *f* ; [von Ei, Nuss] cáscara *f* ; [von Zwiebel] capa *f* - **2.** [von Krebs] caparazón *m* ; [von Muschel] concha *f* - **3.** [Gefäß] cuenco *m*.

schälen *vt* pelar ; [Ei, Nuss] sacar la cáscara a ; **die Haut von den Tomaten ~** pelar los tomates.

Schall (*pl* **-e** ODER **Schälle**) *der* sonido *m*.

Schall|dämpfer *der* - **1.** TECH silenciador *m* - **2.** [von Waffe] silenciador *m* ; [von Musikinstrument] sordina *f*.

schalldicht ◇ *adj* insonorizado(da) ; **~e Isolierung** aislamiento acústico ODER insonorizante. ◇ *adv* con material insonorizante.

schallen (*prät* **schallte** ODER **scholl**, *perf* **hat geschallt**) *vi* retumbar.

schallend ◇ *adj* sonoro(ra). ◇ *adv* haciendo mucho ruido ; **~ lachen** reírse a carcajadas.

Schall|mauer *die (ohne Pl)* barrera *f* del sonido.

Schall|platte *die* disco *m*.

Schalotte (*pl* **-n**) *die* (ajo *m*) chalote *m*.

schalten ◇ *vi* - **1.** [den Gang wechseln] cambiar de marcha ; **vom 1. in den 2. Gang ~** cambiar de primera a segunda - **2.** [umschalten] cambiar (de canal) ; **auf das zweite Programm ~** cambiar al segundo canal ; **nach Bonn ~** pasar la conexión a Bonn - **3.** *fam* [reagieren] caer en la cuenta - **4.** [tun] : **~ und walten, wie man will** disponerlo todo a su gusto. ◇ *vt* ELEKTR conectar.

Schalter (*pl* -) *der* - **1.** [Schaltknopf] interruptor *m*, suiche *m Amér* - **2.** [Auskunfts-, Verkaufsschalter] ventanilla *f*; [Fahrkartenschalter] taquilla *f*.

Schalterschluss *der (ohne Pl)* cierre *m* de ventanillas ODER taquillas ; **vor ~** antes de que llegue la hora de cierre, antes de que cierren las ventanillas ODER taquillas.

Schalt|hebel *der* palanca *f* de cambio (de marchas).

Schalt|jahr *das* año *m* bisiesto.

Schaltung (*pl* **-en**) *die* - **1.** [Gangschaltung] caja *f* de cambios - **2.** ELEKTR circuito *m* - **3.** TV conexión *f*.

Scham *die (ohne Pl)* vergüenza *f*, pena *f Amér*.

schämen ◆ **sich schämen** *ref* avergonzarse, achuncharse *Amér* ; **schäm dich!** ¡debería darte vergüenza! ; **sich wegen etw/jm ~** avergonzarse de algo/alguien.

schamlos ◇ *adj* - **1.** [ohne Schamgefühl] indecente, impúdico(ca) - **2.** [rücksichtslos] desvergonzado(da) - **3.** [dreist] descarado(da). ◇ *adv* - **1.** [ohne Schamgefühl] sin pudor - **2.** [rücksichtslos] de forma desvergonzada - **3.** [dreist] descaradamente.

Schande *die (ohne Pl)* vergüenza *f* ; **zu js ~** para la vergüenza de alguien ; **zu meiner ~** para mi vergüenza.

schändlich ◇ *adj* vergonzoso(sa). ◇ *adv* de modo vergonzoso.

Schand|tat *die* - **1.** [Verbrechen] infamia *f* - **2.** *fam hum* [Aktion] broma *f*, trastada *f*.

Schanze (*pl* **-n**) *die* trampolín *m*.

Schar (*pl* **-en**) *die* bandada *f*.

scharen *vt* : **etw/jn um sich ~** atraer algo/a alguien.

scharf (*kompar* **schärfer**, *superl* **schärfste**) ◇ *adj* - **1.** [Messer] afilado(da) ; [Glasscherbe] puntiagudo(da) - **2.** [Geschmack] picante, picoso(a) *Amér* - **3.** [Foto, Profil] nítido(da) ; [Umrisse, Gesichtszüge] marcado(da) - **4.** [ausgeprägt] agudo(da) ; **~e Augen** vista *f* de lince - **5.** [heftig, kritisch] duro(ra) ; [Protest] fuerte ; [Bemerkung] mordaz - **6.** *fam* [erotisch] sexy ; [Film, Fotos] erótico(ca) ; **ist er nicht ~?** ¿no está buenísimo? - **7.** [schnell] forzado(da) ; [Wind] fuerte - **8.** [durchdringend] penetrante - **9.** *fam* [toll] genial - **10.** [ätzend] corrosivo(va) - **11.** [abrupt] brusco(ca), repentino(na) ; **~e Kurve** curva cerrada - **12.** [abgerichtet] amaestrado(da) - **13.** [schussbereit] cargado(da). ◇ *adv* - **1.** [schneidend] : **~ geschliffen** afilado(da) - **2.** [würzig] : **~ gewürzt** picante ; **~ essen** comer picante - **3.** [klar umrissen] de forma muy marcada ; **~ geschnittene Gesichtszüge** facciones muy marcadas - **4.** [genau] claramente - **5.** [heftig, kritisch] duramente ; [protestieren] enérgicamente - **6.** *fam* [erotisch] de forma sensual - **7.** [stark, beißend] con violencia - **8.** [knapp] casi rozando - **9.** [abrupt] bruscamente, repentinamente ; [bremsen] en seco - **10.** [durchdringend] de modo penetrante - **11.** *fam* [toll] superbien - **12.** [gezielt] con precisión.

Schärfe (*pl* **-n**) *die* - **1.** *(ohne Pl)* [das Geschärftsein] filo *m* - **2.** *(ohne Pl)* [Bildschärfe] nitidez *f* - **3.** *(ohne Pl)* [scharfer Ton] aspereza *f* - **4.** *(ohne Pl)* [Geschmack] sabor *m* picante - **5.** *(ohne Pl)* [von Sinnesorganen] agudeza *f* - **6.** [Härte] crueldad *f* ; [von Prüfer] exigencia *f* ; [von Prüfung] dificultad *f*.

scharf|machen *vt fam* [aggressiv machen] instigar ; [Hund] azuzar.

Scharf|schütze, schützin *der, die* tirador *m*, -ra *f* de precisión.

Scharfsinn *der (ohne Pl)* perspicacia *f*.

Scharlach *der (ohne Pl)* escarlatina *f*.

Scharlatan (*pl* **-e**) *der* charlatán *m*, -ana *f*.

Scharm *der* = **Charme**.

scharmant *adj* = **charmant**.

Scharnier (*pl* **-e**) *das* bisagra *f*.

scharren *vi* escarbar ; **mit den Füßen ~** restregar los pies en el suelo.

Schaschlik (*pl* **-s**) *der* ODER *das* pincho *m* de carne.

Schatten (*pl* **-**) *der* - **1.** sombra *f* ; **im ~** a la sombra ; **~ unter den Augen** ojeras *fpl* - **2.** *RW* : **über seinen ~ springen** dar el paso.

Schatten|seite *die* - **1.** [ohne Sonne] cara *f* oculta - **2.** [Nachteil] cara *f* oculta, lado *m* oscuro.

Schattierung (*pl* **-en**) *die* - **1.** [dunkle Stelle] sombreado *m* - **2.** [Couleur] matiz *m*.

schattig *adj* sombrío(a).

Schatz (*pl* **Schätze**) *der* tesoro *m* ; **einen neuen ~ haben** tener un nuevo amor ; **sei ein ~ und ...** muéstrame lo bueno(na) que eres y ... ; **mein ~** tesoro mío.

schätzen *vt* - **1.** [einschätzen] evaluar ; [Alter] calcular ; **einen Wert ~** valorar - **2.** [annehmen] calcular, pensar - **3.** *geh* [mögen] : **etw/jn ~** apreciar algo/a alguien ; **ein gutes Essen ~** saber apreciar una buena comida ; **etw/jn zu ~ wissen** saber apreciar algo/a alguien.

Schatz|kammer *die* cámara *f* del tesoro.

Schätzung (*pl* **-en**) *die* evaluación *f* ; **~ eines Wertes** valoración *f*.

schätzungsweise *adv* aproximadamente.

Schätz|wert *der* valor *m* estimado.

Schau (*pl* **-en**) *die* exposición *f* ; **eine ~ abziehen** *fam* exhibirse.

Schauder (*pl* -) *der* escalofrío *m (de miedo)*.

schauderhaft <> *adj* estremecedor(ra). <> *adv* : **~ aussehen** tener un aspecto espantoso ODER estremecedor ; **sich ~ anfühlen** tener un tacto horrible.

schauen *vi* - **1.** [blicken] mirar ; **auf etw/jn ~** mirar algo/a alguien ; **schau mal!** ¡mira! - **2.** [sich kümmern] : **nach etw/jm ~** ocuparse de algo/alguien - **3.** [kontrollieren] mirar.

Schauer (*pl* -) *der* - **1.** [Regen] chubasco *m* - **2.** [Frösteln] escalofrío *m*.

Schaufel (*pl* -n) *die* pala *f* ; [Kehrschaufel] recogedor *m* ; [für Kohle] badil *m*.

schaufeln *vt* - **1.** [Erde, Sand] recoger a paladas ; [Loch, Grab] cavar (con la pala) - **2.** *fam* [essen] devorar.

Schau|fenster *das* escaparate *m*.

Schaufenster|puppe *die* maniquí *m*.

Schau|kasten *der* vitrina *f*.

Schaukel (*pl* -n) *die* columpio *m*.

schaukeln <> *vi* - **1.** [schwanken] balancearse - **2.** [schwingen] columpiarse - **3.** *fam* [schunkeln] balancearse. <> *vt* - **1.** [hin und her bewegen] mecer - **2.** *fam* [erledigen] arreglar.

Schaukel|stuhl *der* mecedora *f*.

Schaulustige (*pl* -n) *der, die* mirón *m*, -ona *f*.

Schaum (*pl* **Schäume**) *der* - **1.** [schaumige Masse] espuma *f* - **2.** [Geifer] espumarajo *m*.

schäumen *vi* - **1.** [Schaum bilden] hacer espuma - **2.** *fam* [sich aufregen] echar espumarajos por la boca.

Schaumgummi *der (ohne Pl)* gomaespuma *f*.

schaumig <> *adj* espumoso(sa). <> *adv* : **etw ~ rühren** batir algo hasta hacerlo espumoso.

Schaum|stoff *der* gomaespuma *f*.

Schaum|wein *der amt* vino *m* espumoso.

Schau|platz *der* escenario *m*.

Schau|spiel *das* - **1.** *(ohne Pl)* [Gattung] teatro *m* - **2.** [Bühnenstück] obra *f* de teatro - **3.** *fam* [Spektakel] espectáculo *m*.

Schau|spieler, in *der, die* actor *m*, -triz *f*.

schauspielern *vi fam abw* hacer teatro.

Schauspiel|haus *das* teatro *m*.

Schau|steller, in (*mpl* -, *fpl* -nen) *der, die* feriante *mf*.

Schau|tafel *die* tabla *f* explicativa.

Scheck (*pl* -s) *der* cheque *m* ; **gedeckter/ungedeckter ~** cheque cubierto/sin fondos.

Scheck|heft *das* talonario *m* de cheques, chequera *f Amér*.

Scheck|karte *die tarjeta que sirve de identificación personal al extender cheques*.

scheffeln *vt fam abw* [Geld] forrarse de ; [Vermögen] amasar.

Scheibe (*pl* -n) *die* - **1.** [Glas] cristal *m* - **2.** [dünnes Stück] loncha *f* ; [Brot] rebanada *f* ; [von Zitrone] rodaja *f* - **3.** *fam* [Schallplatte] disco *m*.

Scheiben|wischer (*pl* -) *der* limpiaparabrisas *m*.

Scheich (*pl* -s ODER -e) *der* - **1.** [Oberhaupt] dirigente *m* - **2.** *(ohne Pl)* [Titel] jeque *m*.

Scheide (*pl* -n) *die* - **1.** [Vagina] vagina *f* - **2.** [Futteral] vaina *f*.

scheiden (*prät* **schied**, *perf* **hat/ist geschieden**) <> *vt (hat)* separar ; **sich ~ lassen** divorciarse. <> *vi (ist)* - **1.** *geh* [fortgehen] partir ; **sie ist von uns geschieden** nos ha dejado - **2.** [entlassen werden] marcharse.

Scheidung (*pl* -en) *die* divorcio *m* ; **die ~ einreichen** pedir el divorcio.

Schein (*pl* -e) *der* - **1.** *(ohne Pl)* [Lichtschein] luz *f* ; **im ~ einer Sache** *(G)* a la luz de algo - **2.** *(ohne Pl)* [Anschein] apariencia *f* ; **der ~ trügt** las apariencias engañan - **3.** UNI papeleta *f* ; **einen ~ machen** aprobar una asignatura.

scheinbar <> *adj* aparente. <> *adv* aparentemente.

scheinen (*prät* **schien**, *perf* **hat geschienen**) *vi* - **1.** [leuchten] brillar, resplandecer - **2.** [den Eindruck erwecken] parecer ; **es scheint, dass ...** parece que ... ; **jm ~** parecerle a alguien.

scheinheilig <> *adj* hipócrita. <> *adv* hipócritamente.

scheintot *adj* - **1.** MED aparentemente muerto(ta) - **2.** *fam abw* [alt] : **~ sein** ser un vejestorio.

Scheinwerfer (*pl* -) *der* - **1.** [am Auto] faro *m* - **2.** [Lampe] foco *m*.

Scheinwerfer|licht *das* luz *f* de faro/foco ; **im ~ (der Öffentlichkeit) stehen** *fig* estar en el candelero.

Scheiße <> *die (ohne Pl) vulg* - **1.** [Kot] mierda *f* - **2.** [unangenehme Lage] : **jetzt haben wir die ~** ¡la hemos cagado! - **3.** [Unsinn] chorrada *f* ; **(eine) ~ reden** decir chorradas - **4.** *RW*. <> *interj fam* ¡mierda!

scheißen (*prät* **schiss**, *perf* **hat geschissen**) *vi salopp* cagar ; **in etw** *(A)* **~** cagarse en algo.

Scheitel (*pl* -) *der* - **1.** [Frisur] raya *f* - **2.** [Zenit] zenit *m*, cenit *m*.

scheitern (*perf* **ist gescheitert**) *vi* - **1.** [verlieren] fracasar ; **an etw** *(D)* **~** fracasar a causa de algo - **2.** [fehlschlagen] fracasar ; **an etw** *(D)* **~** no dar resultado a causa de algo.

Schell|fisch *der* eglefino *m*.

schelmisch ◇ *adj* pillo(lla), granuja. ◇ *adv* con aire granuja, con aire pillo.

Schema (*pl* **-s** ODER **-ta** ODER **Schemen**) *das* esquema *m*.

schematisch ◇ *adj* - **1.** [grob] esquemático(ca) - **2.** [routiniert] rutinario(ria). ◇ *adv* - **1.** [grob] esquemáticamente - **2.** [routiniert] mecánicamente.

schemenhaft ◇ *adj* difuso(sa). ◇ *adv* difusamente.

Schenkel (*pl* -) *der* - **1.** [Bein] muslo *m* - **2.** MATH lado *m*.

schenken *vt* - **1.** [geben] regalar - **2.** [erlassen] perdonar - **3.** [gewähren] dedicar - **4.** [einschenken] servir.

Schenkung (*pl* **-en**) *die* donación *f*.

scheppern *vi* meter ruido.

Scherbe (*pl* **-n**) *die* fragmento *m* (de vidrio o porcelana).

Schere (*pl* **-n**) *die* - **1.** [zum Schneiden] tijera(s) *f(pl)* - **2.** [von Tieren] pinza *f*.

scheren (*prät* **scherte** ODER **schor**, *perf* **hat geschert** ODER **geschoren**) *vt (unreg)* - **1.** [Lebewesen] rapar ; [Schaf] esquilar - **2.** [Hecke, Rasen] cortar - **3.** *(reg)* [kümmern] importar.

Schererei (*pl* **-en**) *die* molestia *f*.

Scherz (*pl* **-e**) *der* broma *f*.

scherzen *vi geh* bromear ; **mit etw ist nicht zu ~** con algo no se bromea.

scherzhaft ◇ *adj* chistoso(sa). ◇ *adv* de broma.

scheu ◇ *adj* tímido(da) ; **ein Pferd ~ machen** espantar a un caballo ; **jn ~ machen** intimidar a alguien. ◇ *adv* tímidamente.

Scheu *die (ohne Pl)* timidez *f* ; **ohne ~** sin cortarse.

scheuchen *vt* [verscheuchen] ahuyentar ; **jn ~** [antreiben] meter prisa a alguien.

scheuen ◇ *vt* evitar, escatimar. ◇ *vi* [Pferd] desbocarse.

Scheuerlappen *der* bayeta *f*.

scheuern ◇ *vt* - **1.** [putzen] fregar - **2.** [reiben] rozar ; **etw scheuert jn wund** algo le hace heridas a alguien. ◇ *vi* rozar.

Scheuklappen *pl* - **1.** *fam abw* [Engstirnigkeit] : **nimm doch mal deine ~ ab!** ¡quítate la venda de los ojos!, ¡no te engañes! - **2.** [für Pferde] anteojeras *fpl*.

Scheune (*pl* **-n**) *die* granero *m*.

Scheusal (*pl* **-e**) *das fam abw* monstruo *m*.

scheußlich *abw* ◇ *adj* - **1.** [verabscheuungswürdig] repugnante - **2.** [hässlich] horroroso(sa) - **3.** [unangenehm] asqueroso(sa). ◇ *adv* - **1.** [verabscheuungswürdig] de forma repugnante - **2.** [hässlich] horrorosamente - **3.** [unangenehm] : **es ist ~ kalt** hace un frío horroroso.

Schi = **Ski**.

Schicht (*pl* **-en**) *die* - **1.** [Lage] capa *f* ; [geologisch] estrato *m* ; **eine ~ Staub** una capa de polvo - **2.** [Gesellschaftsschicht] clase *f* - **3.** [Schichtarbeit] turno *m*.

schichten *vt* apilar.

schick ◇ *adj* - **1.** [modisch] chic, elegante - **2.** [toll] genial. ◇ *adv* elegantemente ; [einrichten] con estilo.

Schick *der (ohne Pl)* elegancia *f*, estilo *m*.

schicken *vt* enviar ; **etw an jn ~** enviar algo a alguien.

Schickimicki (*pl* **-s**) *der fam* pijo *m*, -ja *f*.

Schicksal (*pl* **-e**) *das* - **1.** [Leben] destino *m* ; **etw/jn seinem ~ überlassen** abandonar algo/a alguien a su destino - **2.** *(ohne Pl)* [Macht] suerte *f*.

Schiebedach *das* techo *m* corredizo.

schieben (*prät* **schob**, *perf* **hat geschoben**) *vt* - **1.** [wegschieben] empujar ; **etw auf etw/jn ~** *fig* achacar algo a algo/alguien - **2.** [hineinschieben] meter - **3.** *fam* [schmuggeln] pasar.

Schieber (*pl* -) *der* - **1.** [Gerät] cursor *m* ; [Riegel] cerrojo *m* - **2.** [Mensch] estraperlista *m*, traficante *m*.

Schiebetür *die* puerta *f* corredera.

Schiebung (*pl* **-en**) *die* tongo *m*.

schied *prät* ▷ **scheiden**.

Schiedsrichter, in *der, die* - **1.** SPORT árbitro *mf* - **2.** RECHT juez-árbitro *mf*.

schief ◇ *adj* - **1.** [schräg] torcido(da) ; [zur Seite geneigt] inclinado(da) - **2.** [falsch] equívoco(ca) ; **ein ~es Bild von etw haben** tener una imagen falsa de algo. ◇ *adv* torcidamente ; **jn ~ ansehen** mirar mal a alguien.

Schiefer (*pl* -) *der* pizarra *f*.

schief gehen (*perf* **ist schief gegangen**) *vi (unreg)* salir mal.

schieflachen ◆ **sich schieflachen** *ref fam* partirse ODER desternillarse de risa.

schief liegen *vi (unreg) fam* andar descaminado(da).

schielen *vi* - **1.** [wegen Augenfehler] ser bizco(ca) - **2.** *fam* [schauen] mirar de reojo ; **nach etw/jm ~** *fig* tener echado el ojo a algo/alguien.

schien *prät* ▷ **scheinen**.

Schienbein *das* tibia *f*, espinilla *f*.

Schiene (*pl* **-n**) *die* - **1.** [Gleis] vía *f*, rail *f* - **2.** MED férula *f* - **3.** [Leiste] carril *m*.

schienen *vt* entablillar.

schießen (*prät* **schoss**, *perf* **hat/ist geschossen**) ◇ *vi* - **1.** *(hat)* [feuern] disparar ;

auf etw/jn ~ disparar a algo/alguien - **2.** *(ist)* [wachsen] crecer mucho ; [Person] pegar un estirón - **3.** *(ist)* [sich schnell bewegen] salir disparado(da) ; [Blut] brotar ; **die Röte schießt jm ins Gesicht** alguien se ruboriza ODER se enrojece - **4.** *(hat)* SPORT disparar, lanzar. <> *vt (hat)* - **1.** [töten] matar (a tiros) - **2.** [zerstören] destruir a tiros - **3.** SPORT : **ein Tor ~** meter un gol - **4.** *fam* [Foto] disparar.

Schießerei (*pl* **-en**) *die* tiroteo *m*.

Schiff (*pl* **-e**) *das* - **1.** [Wasserfahrzeug] barco *m* ; **mit dem ~** en barco - **2.** ARCHIT nave *f*.

Schiffahrt *die* = **Schifffahrt.**

Schiff|bruch *der* naufragio *m*.

Schifffahrt *die (ohne Pl)* navegación *f*.

Schiffs|reise *die* viaje *m* en barco.

Schiffs|verkehr *der (ohne Pl)* tráfico *m* marítimo.

Schikane (*pl* **-n**) *die* cortapisa *f* ; **mit allen ~n** *fam fig* con todo lujo.

schikanieren *vt abw* hacer la vida imposible.

Schikoree (*pl* **-s**) *die* ODER *der* = **Chicorée.**

Schild (*pl* **-er** ODER **-e**) <> *der (Pl Schilde)* escudo *m* ; **etw im ~e führen** *fig* traerse algo entre manos. <> *das (Pl Schilder)* letrero *m*, rótulo *m* ; [von Firma, Arzt] placa *f* ; [an Auto] matrícula *f* ; [Preisschild] etiqueta *f*.

Schild|drüse *die* glándula *f* tiroidea, tiroides *f*.

schildern *vt* describir.

Schilderung (*pl* **-en**) *die* descripción *f*.

Schild|kröte *die* tortuga *f*.

Schilf (*pl* **-e**) *das* - **1.** [Pflanze] carrizo *m* - **2.** *(ohne Pl)* [Gebiet] carrizal *m*.

schillern *vi* irisar.

Schilling (*pl* **-e** ODER **-**) *der* chelín *m*.

Schimmel (*pl* **-**) *der* - **1.** *(ohne Pl)* [Schimmelpilz] moho *m* - **2.** [Pferd] caballo *m* blanco.

schimmelig, schimmlig <> *adj* mohoso(sa), enmohecido(da). <> *adv* a moho ; **~ aussehen** tener aspecto mohoso.

schimmeln (*perf* **hat/ist geschimmelt**) *vi* enmohecer(se).

Schimmer (*pl* **-**) *geh der* - **1.** [Glanz] brillo *m* - **2.** [Spur] atisbo *m*.

schimmern *vi* brillar.

schimmlig = **schimmelig.**

Schimpanse (*pl* **-n**) *der* chimpancé *m*.

schimpfen *vi* reñir ; **auf etw/jn** ODER **über etw/jn ~** criticar algo/a alguien ODER por algo/alguien ; **mit jm ~** echar la bronca a alguien.

Schimpfwort (*pl* **-wörter** ODER **-e**) *das* palabrota *f*, taco *m*.

schinden (*prät* **schund**, *perf* **hat geschunden**) *vt* - **1.** *abw* [quälen] maltratar - **2.** [herausschlagen] : **Zeit ~** ganar tiempo ; **Eindruck ~** intentar impresionar ; **Applaus ~** tratar de arrancar el aplauso.

Schinderei (*pl* **-en**) *die* - **1.** [Quälerei] maltrato *m* - **2.** [Strapaze] paliza *f*.

Schinken (*pl* **-**) *der* - **1.** [Fleisch] jamón *m* - **2.** *fam* [Buch] tocho *m* - **3.** *fam* [Film] tostón *m*.

Schirm (*pl* **-e**) *der* - **1.** [Regenschirm] paraguas *m* - **2.** [Sonnenschirm] sombrilla *f*.

Schirm|mütze *die* gorra *f* con visera.

schiss *prät* ▷ **scheißen.**

Schiss *der (ohne Pl) salopp* cague *m*.

schlabberig, schlabbrig *abw* <> *adj* [weich] blanduzco(ca) ; [Suppe, Kaffee] aguado(da) ; [Pullover] holgado(da). <> *adv* holgadamente ; [nicht ordentlich] con un aire dejado ; **sich ~ anfühlen** tener un tacto blanduzco.

Schlacht (*pl* **-en**) *die* batalla *f*.

schlachten *vt* degollar.

Schlachter, in (*mpl* **-**, *fpl* **-nen**) *der, die* carnicero *m*, -ra *f*.

Schlacht|feld *das* - **1.** [Kriegsschauplatz] campo *m* de batalla - **2.** *fam* [Chaos] : **das sieht aus wie ein ~** aquí parece que acaba de pasar la marabunta.

Schlacht|hof *der* matadero *m*.

Schlaf *der (ohne Pl)* sueño *m* ; **viel/wenig ~ brauchen** necesitar muchas/pocas horas de sueño.

Schlafan|zug *der* pijama *m*.

Schläfe (*pl* **-n**) *die* sien *f*.

schlafen (*präs* **schläft**, *prät* **schlief**, *perf* **hat geschlafen**) *vi* - **1.** [eingeschlafen sein] dormir ; **~ gehen, sich ~ legen** acostarse, irse a la cama ; **schlaf schön** ODER **gut!** ¡que duermas bien! - **2.** [übernachten] quedarse a dormir - **3.** *fam* [unaufmerksam sein] dormirse - **4.** [sexuell] : **mit jm ~** acostarse con alguien.

schlaff <> *adj* - **1.** [nicht gespannt] flojo(ja) - **2.** [energielos] flojo(ja) ; **bist du ein ~er Typ!** ¡eres un flojeras! - **3.** [nicht fest] flácido(da) ; [Händedruck] flojo(ja). <> *adv* - **1.** [lose] flojamente - **2.** [energielos] con aplanamiento - **3.** [nicht fest] flácidamente.

Schlaf|gelegenheit *die* lugar *m* para dormir.

Schlaf|lied *das* nana *f*, canción *f* de cuna.

schlaflos <> *adj* en vela. <> *adv* insomne.

Schlaf|mittel *das* somnífero *m*.

schläfrig ◇ *adj* soñoliento(ta), somnoliento(ta). ◇ *adv* con somnolencia.

Schlaf|saal *der* dormitorio *m*.

Schlaf|sack *der* saco *m* de dormir.

schläft *präs* ▷ **schlafen**.

Schlaf|tablette *die* somnífero *m*.

schlaftrunken ◇ *adj* adormilado(da). ◇ *adv* con somnolencia.

Schlaf|wagen *der* coche-cama *m*.

schlafwandeln (*perf* **hat/ist schlafgewandelt**) *vi* andar dormido(da); [Schlafwandler sein] padecer sonambulismo.

Schlaf|zimmer *das* dormitorio *m*.

Schlag (*pl* **Schläge**) *der* - **1.** [Stoß] golpe *m*; **jm einen ~ versetzen** dar un guantazo a alguien - **2.** [Geräusch] estruendo *m*; [von Turmuhr] campanada *f* - **3.** *fam* [Stromstoß] descarga *f*, calambre *m* - **4.** *RW*: **auf einen ~** de un golpe; **jn trifft der ~** *fam fig* a alguien le da un ataque. ◆ **Schläge** *pl*: **Schläge bekommen** recibir una paliza.

Schlag|ader *die* arteria *f*.

Schlagan|fall *der* ataque *m* de apoplejía.

schlagartig ◇ *adj* brusco(ca). ◇ *adv* de golpe.

schlagen (*präs* **schlägt**, *prät* **schlug**, *perf* **hat/ist geschlagen**) ◇ *vt (hat)* - **1.** [prügeln] golpear - **2.** [besiegen] vencer; **jn in etw** *(D)* **~** vencer a alguien en algo - **3.** [befördern] lanzar; [Nagel] clavar; **ein Loch in die Wand ~** hacer un agujero en la pared - **4.** [befestigen]: **etw/jn an etw** *(A)* **~** clavar algo/a alguien en algo - **5.** [Eier] batir; [Sahne] montar - **6.** MUS tocar - **7.** [läuten]: **die Uhr hat drei geschlagen** el reloj ha dado las tres - **8.** [legen]: **die Hände vor das Gesicht ~** taparse la cara (con las manos) - **9.** [hinzufügen]: **etw zu etw ~** unir algo a algo; **etw auf etw** *(A)* **~** recargar algo con algo. ◇ *vi* - **1.** *(ist)* [aufprallen]: **gegen etw ~** golpear contra algo; [mit dem Kopf] darse un cabezazo contra algo - **2.** *(hat)* [hauen] golpear; **gegen etw ~** dar golpetazos contra algo; **gegen die Tür ~** aporrear la puerta; **um sich ~** soltarse ODER zafarse a manotazos - **3.** *(ist)* [sich auswirken]: **auf etw** *(A)* **~** sentar mal a algo - **4.** *(hat)* [läuten] dar la hora - **5.** *(ist)* [ähneln]: **nach jm ~** tener un parecido ODER parecerse a alguien - **6.** *(hat)* [Herz] latir - **7.** *(hat, ist)* [einschlagen]: **in etw** *(A)* **~** caer sobre algo - **8.** *(ist)* [quellen]: **aus etw ~** originarse en algo. ◆ **sich schlagen** *ref* - **1.** [sich prügeln] pegarse; **sich mit jm ~** pegarse con alguien; **sich um etw ~** *fam* pegarse por algo - **2.** [sich begeben] agazaparse.

schlagend ◇ *adj* irrefutable. ◇ *adv* irrefutablemente.

Schlager (*pl* -) *der* (canción *f* de) éxito *m*.

Schläger (*pl* -) *der* - **1.** [für Tennis, Tischtennis, Badminton] raqueta *f*; [für Hockey] stick *m*; [für Golf] palo *m* - **2.** *fam abw* [Mensch] matón *m*.

Schlägerei (*pl* **-en**) *die* pelea *f*.

schlagfertig ◇ *adj* perspicaz. ◇ *adv* perspicazmente.

Schlag|loch *das* bache *m*.

Schlag|sahne *die (ohne Pl)* nata *f* líquida ODER para montar; [geschlagene Sahne] nata *f* montada.

Schlag|seite *die (ohne Pl)* escora *f*; **~ haben** *fam fig* tambalearse *(por efectos del alcohol)*.

schlägt *präs* ▷ **schlagen**.

Schlag|wort (*pl* **-e** ODER **-wörter**) *das* - **1.** *(Pl Schlagworte) abw* [Gemeinplatz] tópico *m* - **2.** *(Pl Schlagwörter)* [Stichwort] palabra *f* clave.

Schlag|zeile *die* titular *m*; **~n machen** llenar los titulares.

Schlag|zeug (*pl* **-e**) *das* batería *f*.

Schlamassel *der (ohne Pl) fam* embrollo *m*.

Schlamm (*pl* **-e** ODER **Schlämme**) *der* fango *m*.

schlammig *adj* fangoso(sa).

Schlamperei (*pl* **-en**) *die fam* desorden *m*; [Arbeit] chapuza *f*.

schlampig *abw* ◇ *adj* - **1.** [ungepflegt] dejado(da) - **2.** [schlecht] chapucero(ra). ◇ *adv* - **1.** [ungepflegt] con dejadez - **2.** [schlecht] chapuceramente.

schlang *prät* ▷ **schlingen**.

Schlange (*pl* **-n**) *die* - **1.** [Tier] serpiente *f* - **2.** [Reihe] cola *f*; **~ stehen** hacer cola.

schlängeln ◆ **sich schlängeln** *ref* - **1.** [Tier] reptar - **2.** [Bach, Weg] serpentear - **3.** [Mensch] abrirse camino.

schlank *adj* delgado(da); **etw macht ~** algo adelgaza.

schlapp ◇ *adj* abatido(da). ◇ *adv* abatidamente.

schlapp|machen *vi fam* darse por vencido(da).

schlau ◇ *adj* astuto(ta); **aus etw/jm ~/nicht ~ werden** comprender/no comprender algo/a alguien. ◇ *adv* astutamente.

Schlauch (*pl* **Schläuche**) *der* manguera *f*; [von Gas, Waschmaschine] tubo *m* flexible.

Schlauch|boot *das* bote *m* neumático.

schlauchen *vt fam* agotar.

Schlaufe (*pl* **-n**) *die* lazo *m*.

schlecht ◇ *adj* - **1.** [allgemein] malo(la); [Freund, Katholik] mal; [Wetter] desapacible; **etw ist nicht ~** *fam* algo no está mal; **jm ist (es) ~** alguien se siente mal; **jm wird**

(es) ~ alguien se pone malo(la) ; einen ~en Geschmack im Mund haben tener mal sabor de boca - 2. [ungünstig] malo(la) ; der ~este Moment el peor momento ; es sieht ~ für etw/jn aus la cosas se presentan fatal para algo/alguien - 3. [Lebensmittel] malo(la), pasado(da) ; etw wird ~ algo se pone malo(la), algo se pasa. <> *adv* - 1. [allgemein] mal ; ~ aussehen tener mal aspecto - 2. [ungünstig] mal, fatal - 3. [kaum] difícilmente.

schlechthin *adv* - 1. [typisch] por excelencia - 2. [absolut] simple y llanamente.

schlecht machen *vt* - 1. [nicht gut machen] hacer mal - 2. [schlecht reden von] poner mal.

schlecken <> *vt* [lecken] lamer. <> *vi fam* [naschen] picar.

schleichen (*prät* schlich, *perf* ist geschlichen) *vi* deslizarse.

schleichend <> *adj* - 1. [vorsichtig] furtivo(va) - 2. [allmählich] creciente. <> *adv* [langsam] lentamente.

Schleier (*pl* -) *der* velo *m*.

schleierhaft *adj* enigmático(ca) ; jm ~ sein *fam* ser un enigma para alguien.

Schleife (*pl* -n) *die* - 1. [Band] lazo *m* - 2. [Biegung] meandro *m*.

schleifen (*prät* schliff ODER schleifte, *perf* hat geschliffen ODER geschleift) *vt* - 1. *(unreg) (hat)* [abschleifen] pulir ; [Glas, Diamanten] tallar ; [Glas] biselar - 2. *(unreg) (hat)* [schärfen] afilar - 3. *(unreg) (hat)* [drillen] adiestrar, pulir - 4. *(reg) (hat)* [zerren] arrastrar.

Schleim (*pl* -e) *der* moco *m*.

Schleim|haut *die* (membrana *f*) mucosa *f*.

schlemmen <> *vt* comer opíparamente. <> *vi* ponerse como reyes.

schlendern (*perf* ist geschlendert) *vi* deambular.

schleppen *vt* - 1. [tragen] cargar con - 2. [abschleppen] remolcar - 3. *fam* [mitnehmen] arrastrar - 4. *fam abw* [schmuggeln] colar.

Schlesien *nt* Silesia *f*.

Schlesier, in ['ʃleːzi̯ɐ, rin] (*mpl* -, *fpl* -nen) *der, die* silesio *m*, -sia *f*.

schlesisch *adj* silesio(sia).

Schleswig-Holstein *nt* Schleswig-Holstein *m*.

Schleuder (*pl* -n) *die* - 1. [Waffe] catapulta *f* - 2. [Wäscheschleuder] centrifugadora *f*.

schleudern (*perf* hat/ist geschleudert) <> *vt (hat)* - 1. *fam* [werfen] lanzar - 2. [zentrifugieren] centrifugar. <> *vi (ist)* patinar.

Schleudern *das (ohne Pl)* : ins ~ kommen ODER geraten [mit dem Fahrzeug] empezar a patinar ; *fam* [nicht wissen] entrar en apuros.

Schleuder|sitz *der* asiento *m* catapultable.

schleunigst *adv fam* inmediatamente.

Schleuse (*pl* -n) *die* - 1. SCHIFF esclusa *f* - 2. [Zwischenkammer] cámara *f* de cierre.

Schleuser, in (*mpl* -, *fpl* -nen) *der, die* traficante *m* de inmigrantes.

schlich *prät* ▷ schleichen.

schlicht <> *adj* - 1. [einfach] sencillo(lla), austero(ra) - 2. [naiv] simple. <> *adv* - 1. [einfach] con sencillez, de forma austera - 2. [nur] simplemente.

schlichten *vt* mediar.

Schlick (*pl* -e) *der* légamo *m*.

schlief *prät* ▷ schlafen.

schließen (*prät* schloss, *perf* hat geschlossen) <> *vt* - 1. [verschließen] cerrar ; [Verdeck] bajar - 2. [zumachen, aufgeben] cerrar - 3. [einschließen] : etw/jn in etw *(A)* ~ encerrar algo/a alguien en algo - 4. EDV cerrar - 5. [schlussfolgern] concluir - 6. [Reihe, Lücke, Stromkreis] cerrar - 7. [befestigen] : etw an etw *(A)* ~ atar algo a algo - 8. [umarmen] : jn in seine Arme ~ abrazar a alguien - 9. [beenden] clausurar ; etw mit etw ~ concluir algo con algo - 10. [abschließen] firmar. <> *vi* - 1. [zumachen] cerrar - 2. [schlussfolgern] sacar como conclusión - 3. [enden] terminar. ◆ **sich schließen** *ref* cerrarse.

Schließ|fach *das* consigna *f* automática ; [bei der Bank] caja *f* fuerte.

schließlich *adv* - 1. [endlich] finalmente - 2. [nun einmal] al fin y al cabo.

schliff *prät* ▷ schleifen.

Schliff (*pl* -e) *der* - 1. [Zuschleifen] tallado *m* - 2. [Schärfen] afiladura *f* - 3. *(ohne Pl) fig* [Vollkommenheit] pulido *m* ; der letzte ~ los últimos retoques - 4. *(ohne Pl)* [Benehmen] finura *m*, formas *fpl*.

schlimm *adj* - 1. [fatal] terrible ; halb so ~ *fig* no es tan grave, no es para tanto - 2. [böse, inakzeptabel] demencial - 3. *fam* [krank] mal.

Schlimmste *das (ohne Pl)* : das ~ lo peor ; auf das ~ gefasst sein estar preparado(da) para lo peor.

schlimmstenfalls *adv* en el peor de los casos.

Schlinge (*pl* -n) *die* - 1. [Armschlinge] cabestrillo *m* - 2. [in Seil] lazo *m* ; [zuziehbar] nudo *m* corredizo - 3. [zum Jagen] lazo *m*.

Schlingel (*pl* -) *der fam* granuja *mf*.

schlingen (*prät* schlang, *perf* hat geschlungen) <> *vt* - 1. [binden] anudar ; einen Knoten ~ hacer un nudo ; etw um etw

~ anudar algo a algo ; **etw in etw** *(A)* ~ atar algo a algo - **2.** [essen] engullir - **3.** [legen] : **etw um etw/jn** ~ rodear algo/a alguien con algo. ◇ *vi fam* [essen] engullir.

schlingern (*perf* **hat/ist geschlingert**) *vi* dar bandazos.

Schlips (*pl* **-e**) *der* corbata *f*.

Schlitten (*pl* **-**) *der* - **1.** [Rodelschlitten, Pferdeschlitten] trineo *m* - **2.** *fam* [Auto] coche *m*.

schlittern (*perf* **ist geschlittert**) *vi* patinar ; **in etw** *(A)* ~ verse implicado(da) en algo.

Schlittlschuh *der* patín *m* para hielo ; ~ **laufen** patinar sobre hielo.

Schlittschuhlbahn *die* pista *f* de (patinaje sobre) hielo.

Schlitz (*pl* **-e**) *der* ranura *f* ; [im Kleid] abertura *f*.

schloss *prät* ▻ **schließen**.

Schloss (*pl* **Schlösser**) *das* - **1.** [Burg, Palast] castillo *m*, palacio *m* - **2.** [Verschluss] candado *m* ; [von Tür] cerradura *f*, chapa *f Amér*.

Schlosser, in (*mpl* **-**, *fpl* **-nen**) *der, die* cerrajero *m*, -ra *f*.

Schlot (*pl* **-e**) *der* chimenea *f*.

schlottern *vi* - **1.** [zittern] temblar - **2.** [zu groß sein] bailar.

Schlucht (*pl* **-en**) *die* barranco *m*.

schluchzen *vi* sollozar.

Schluck (*pl* **-e**) *der* trago *m*, sorbo *m* ; **einen ~ nehmen** ODER **tun** echar un trago, dar un sorbo.

Schluckauf *der (ohne Pl)* hipo *m*.

schlucken ◇ *vt* - **1.** [hinunterschlucken] tragar - **2.** [nicht aussprechen] tragar, aguantar - **3.** [vereinnahmen] absorber - **4.** *abw* [trinken] trincar - **5.** [verbrauchen] tragar. ◇ *vi* tragar.

schludern *vi* hacer una chapuza.

schlug *prät* ▻ **schlagen**.

schlüpfen (*perf* **ist geschlüpft**) *vi* - **1.** [an- oder ausziehen] : **aus etw** ~ quitarse algo ; **in etw** *(A)* ~ ponerse algo - **2.** [sich schnell bewegen] escabullirse ; **aus etw** ~ escabullirse por algo - **3.** [ausschlüpfen] salir ; **aus etw** ~ salir de algo.

Schlüpfer (*pl* **-**) *der* braga *f*.

Schlupflloch *das* - **1.** [Öffnung] rendija *f* - **2.** [Versteck] escondrijo *m*.

schlüpfrig *adj* - **1.** [anzüglich] obsceno(na) - **2.** [rutschig] resbaladizo(za).

schlurfen (*perf* **ist geschlurft**) *vi fam* arrastrar los pies.

schlürfen ◇ *vt* sorber haciendo ruido. ◇ *vi* sorber.

Schluss (*pl* **Schlüsse**) *der* - **1.** *(ohne Pl)* [Ende] final *m* ; **mit etw ~ machen** terminar con algo, dejar algo ; **mit jm ~ machen** *fam* terminar con alguien - **2.** [Schlussfolgerung] conclusión *f* ; **Schlüsse aus etw ziehen** sacar conclusiones de algo - **3.** [Schlussstück] conclusión *f*.

Schlüssel (*pl* **-**) *der* - **1.** [für Schloss] llave *f* ; **der ~ zu etw** *fig* la clave para algo ; **der ~ zum Erfolg** la clave del éxito - **2.** [Code] código *m* - **3.** [Auflösung] clave *f*, soluciones *fpl* - **4.** [Verteilungsschlüssel] clave *f* ODER cuadro *m* de distribución ODER reparto.

Schlüssellbein *das* clavícula *f*.

Schlüssellbund *der* manojo *m* ODER juego *m* de llaves.

Schlüsselloch *das* ojo *m* de la cerradura.

Schlusslfolgerung *die* conclusión *f*.

schlüssig ◇ *adj* concluyente. ◇ *adv* de forma contundente.

Schlusslicht *das* - **1.** [Rücklicht] luz *f* trasera - **2.** *fig* [Letzter] farolillo *m* rojo.

Schlusslstrich *der* : **einen ~ (unter etw** *(A)***) ziehen** poner punto final (a algo).

Schlussverlkauf *der* rebajas *fpl* de fin de temporada.

schmächtig ◇ *adj* endeble. ◇ *adv* de aspecto endeble.

schmackhaft ◇ *adj* sabroso(sa). ◇ *adv* sabrosamente ; **jm etw ~ machen** hacer algo atrayente a alguien.

schmal ◇ *adj* estrecho(cha) ; [Person] delgado(da). ◇ *adv* de forma estrecha ; **ein ~ gebauter Mensch** una persona de constitución delgada.

schmälern *vt* mermar, reducir.

Schmalz (*pl* **-e**) *der* - **1.** [Fett] manteca *f* - **2.** *(ohne Pl) fam* [Gefühl] sensiblería *f*.

schmalzig ◇ *adj* sensiblero(ra). ◇ *adv* con sensiblería.

schmarotzen *abw* ◇ *vt* gorronear. ◇ *vi* - **1.** [Person] gorronear - **2.** BIOL parasitar.

Schmarotzer, in (*mpl* **-**, *fpl* **-nen**) *der, die abw* gorrón *m*, -ona *f* ; BIOL parásito *m*.

schmatzen *vi* comer haciendo ruido.

schmecken ◇ *vi* saber ; **jm schmeckt es** a alguien le gusta ; **etw schmeckt nach etw** algo sabe a algo ; **etw schmeckt gut/schlecht** algo sabe bien/mal, algo está bueno/malo ; **es sich** *(D)* **~ lassen** saborearlo. ◇ *vt* : **etw ~** percibir el gusto de algo.

Schmeichelei (*pl* **-en**) *die* peloteo *m*, lisonja *f*.

schmeicheln *vi* : **jm ~** hacer la pelota a alguien, lamber *Amér*.

schmeißen (*prät* **schmiss**, *perf* **hat geschmissen**) *fam* ◇ *vt* - **1.** [werfen] tirar - **2.** [spendieren] : **eine Runde ~** pagar una ronda - **3.** [aufgeben] abandonar - **4.** [organisieren] llevar. ◇ *vi* : **mit etw ~** lanzar algo.

schmelzen (*präs* **schmilzt**, *prät* **schmolz**, *perf* **hat/ist geschmolzen**) ◇ *vi (ist)* derretirse. ◇ *vt (hat)* derretir.

Schmelz|punkt *der* punto *m* de fusión.

Schmerz (*pl* **-en**) *der* dolor *m*.

schmerzen *vi, vt* doler.

Schmerzensgeld *das (ohne Pl)* indemnización *f* por daño personal.

schmerzhaft *adj* doloroso(sa).

schmerzlos *adj, adv* sin dolor.

Schmerz|mittel *das* analgésico *m*, calmante *m*.

schmerzstillend ◇ *adj* analgésico(ca), calmante. ◇ *adv* con efecto analgésico ODER calmante.

Schmerz|tablette *die* analgésico *m*, calmante *m*.

Schmetterling (*pl* **-e**) *der* **- 1.** [Tier] mariposa *f* **- 2.** *(ohne Pl) (ohne Art)* SPORT mariposa *f*.

Schmied (*pl* **-e**) *der* herrero *m*.

Schmiede|eisen *das* hierro *m* forjado.

schmieden *vt* **- 1.** [bearbeiten] forjar, fraguar **- 2.** [befestigen] : **jn an etw** *(A)* **~** atar a alguien a algo.

schmiegen *vt* recostar.

Schmiere (*pl* **-n**) *die* **- 1.** [Fett] untadura *f* **- 2.** *fam* [Wache] : **~ stehen** hacer la guardia.

schmieren ◇ *vt* **- 1.** [ölen] engrasar **- 2.** *fam* [bestechen] : **jn ~** untar ODER sobornar a alguien **- 3.** [streichen] untar **- 4.** *RW* : **wie geschmiert** *fam* como la seda. ◇ *vi* **- 1.** [schreiben] garabatear **- 2.** [klecksen] manchar.

Schmier|geld *das fam* dinero *m* de soborno.

schmierig ◇ *adj* **- 1.** [ölig] grasiento(ta), pringoso(sa) **- 2.** *abw* [unanständig] indecente. ◇ *adv* [anzüglich] de forma indecente.

Schmier|mittel *das* lubri(fi)cante *m*.

Schmier|seife *die* jabón *m* verde ODER blando.

schmilzt *präs* ▷ **schmelzen**.

Schminke (*pl* **-n**) *die* maquillaje *m*.

schminken *vt* maquillar. ◆ **sich schminken** *ref* maquillarse.

schmirgeln *vt* lijar.

Schmirgel|papier *das* (papel *m* de) lija *f*.

schmiss *prät* ▷ **schmeißen**.

Schmöker (*pl* **-**) *der* novelón *m*.

schmökern ◇ *vi* enfrascarse. ◇ *vt* devorar.

schmollen *vi* estar de morros.

schmolz *prät* ▷ **schmelzen**.

schmoren ◇ *vt* rehogar. ◇ *vi* **- 1.** [braten] rehogarse **- 2.** *fam* [in der Sonne] tostarse **- 3.** *fam* [warten] : **jn ~ lassen** tener a alguien en ascuas.

Schmorfleisch *das (ohne Pl)* carne *f* estofada.

Schmuck *der (ohne Pl)* **- 1.** [Gegenstand] joya *f* **- 2.** [Dekoration] adorno *m*.

schmücken *vt* adornar.

schmucklos ◇ *adj* sin adornos, austero(ra). ◇ *adv* sin adornos, de forma austera.

Schmuck|stück *das* joya *f*.

Schmuggel *der (ohne Pl)* contrabando *m*.

schmuggeln ◇ *vt* **- 1.** [über Grenze] pasar ODER meter clandestinamente **- 2.** [heimlich] pasar ODER meter de contrabando. ◇ *vi* hacer contrabando.

Schmuggler, in (*mpl* **-**, *fpl* **-nen**) *der, die* contrabandista *mf*.

schmunzeln *vi* sonreír divertidamente ; **über etw** *(A)* **~** sonreír divertidamente por algo.

schmusen *vi* besuquearse ; **mit jm ~** besuquearse con alguien.

Schmutz *der (ohne Pl)* suciedad *f* ; **~ abweisend** que protege de la suciedad.

schmutzen *vi* ensuciar.

Schmutz|fink *der fam* **- 1.** [schmutziger Mensch] cochino *m*, -na *f* **- 2.** [obszöner Mensch] guarro *m*, -rra *f*.

schmutzig *adj* sucio(cia) ; **sich ~ machen** ensuciarse.

Schnabel (*pl* **Schnäbel**) *der* pico *m*.

Schnalle (*pl* **-n**) *die* hebilla *f*.

schnallen *vt* **- 1.** [festmachen] abrochar ; [festbinden] atar ; **den Gürtel enger/weiter ~** apretar/aflojar el cinturón ; **etw auf etw** *(A)* **~** atar algo a algo **- 2.** *salopp* [kapieren] pillar.

schnalzen *vi* : **mit etw ~** chasquear con algo.

Schnäppchen (*pl* **-**) *das* ganga *f* ; **ein ~ machen** conseguir un chollo.

schnappen (*perf* **hat/ist geschnappt**) ◇ *vt (hat)* **- 1.** *fam* [festnehmen] cazar, pillar **- 2.** *fam* [nehmen] : **sich** *(D)* **etw ~** cogerse algo **- 3.** [packen] enganchar ; **der Löwe schnappte sich ein Stück Fleisch** el león echó la zarpa a un pedazo de carne. ◇ *vi* **- 1.** *(hat)* [beißen] : **nach etw/jm ~** pillar algo/a alguien **- 2.** *(ist)* [Tür] cerrarse ; [in die Höhe] saltar.

Schnapp|schloss *das* cerradura *f* de resorte.

Schnapp|schuss *der* instantánea *f*.

Schnaps (*pl* **Schnäpse**) *der* aguardiente *m*.

schnarchen *vi* roncar.

schnattern *vi* - **1.** *fam* [reden] cotorrear - **2.** [Gans, Ente] graznar - **3.** [zittern] temblar.

schnauben *vi* - **1.** [ausatmen] bufar - **2.** [prusten] : **vor etw** *(D)* ~ resoplar por algo.

schnaufen *vi* jadear.

Schnauzlbart *der* - **1.** [Bart] bigote *m* - **2.** *fam* [Mensch] bigotudo *m*.

Schnauze (*pl* **-n**) *die* - **1.** [Maul] hocico *m* - **2.** *salopp abw* [Mund] bocaza *f* ; **jm auf die ~ hauen** dar en los morros a alguien - **3.** *RW* : **die ~ halten** *salopp* cerrar el pico.

schnäuzen ◆ **sich schnäuzen** *ref* sonarse.

Schnauzer (*pl* -) *der* - **1.** [Hunderasse] grifón *m*, schnauzer *m* - **2.** [Schnurrbart] mostacho *m*.

Schnecke (*pl* **-n**) *die* caracol *m* ; **jn zur ~ machen** *fig* cantar las cuarenta a alguien.

Schneckenlhaus *das* concha *f* del caracol.

Schnee *der (ohne Pl)* nieve *f* ; **es liegt ~** hay nieve ; **~ räumen** quitar la nieve.

Schneelball *der* bola *f* de nieve.

Schneelbesen *der* batidor *m*.

Schneelfall *der* nevada *f*.

Schneelflocke *die* copo *m* de nieve.

Schneelgestöber (*pl* -) *das* ventisca *f* de nieve.

Schneelglätte *die* superficie *f* de nieve deslizante.

Schneelglöckchen (*pl* -) *das* campanilla *f* de las nieves.

Schneelkette *die* cadena *f* antideslizante.

Schneelmann (*pl* **-männer**) *der* muñeco *m* de nieve.

Schneelpflug *der* - **1.** [Fahrzeug] quitanieves *m* - **2.** [beim Skifahren] cuña *f*.

Schneelregen *der (ohne Pl)* aguanieve *f*.

Schneelschmelze *die (ohne Pl)* deshielo *m*.

Schneelsturm *der* temporal *m* de nieve.

Schneeltreiben *das* ventisca *f*.

Schneewittchen *das (ohne Pl)* Blancanieves *f*.

Schneide (*pl* **-n**) *die* filo *m*.

schneiden (*prät* **schnitt**, *perf* **hat geschnitten**) ◇ *vt* - **1.** [mit Messer, Schere] cortar ; **sich** *(D)* **etw ~** cortarse algo - **2.** [ausschneiden] recortar - **3.** [aufnehmen] montar - **4.** [beim Fahren] pegar una pasada ; **eine Kurve ~** coger una curva recto(ta) - **5.** [ignorieren] : **jn ~** pasar de alguien - **6.** [überschneiden] cruzar - **7.** [hinzufügen] : **etw in etw** *(A)* **~** echar algo en algo - **8.** SPORT lanzar con efecto. ◇ *vi* - **1.** [beschädigen] : **(mit etw) in etw** *(A)* **~** dar un tajo a algo(con algo) - **2.** [Haare schneiden] cortar - **3.** [scharf sein] cortar.

schneidend ◇ *adj* cortante. ◇ *adv* de forma cortante.

Schneider (*pl* -) *der* sastre *m*.

Schneiderin (*pl* **-nen**) *die* modista *f*.

schneidern ◇ *vt* : **(sich** *(D)***) etw ~** confeccionar(se) algo. ◇ *vi* confeccionar.

Schneiderlsitz *der* : **im ~** con las piernas cruzadas.

Schneidelzahn *der* (diente *m*) incisivo *m*.

schneidig ◇ *adj* fogoso(sa). ◇ *adv* fogosamente.

schneien *vi* nevar ; **es schneit** nieva.

schnell ◇ *adj* - **1.** [Tempo] rápido(da) - **2.** [Person, Gefährt] veloz - **3.** [baldig] pronto(ta), rápido(da) - **4.** [zügig] rápido(da). ◇ *adv* - **1.** [laufen, fahren] velozmente - **2.** [zügig] rápidamente ; **~ machen** darse prisa - **3.** [bald] enseguida - **4.** [gleich] deprisa.

Schnelle *die (ohne Pl)* : **auf die ~** con prisas.

Schnelllhefter *der* carpeta *f*.

Schnelligkeit *die (ohne Pl)* - **1.** [Schnellsein] rapidez *f* - **2.** [Geschwindigkeit] velocidad *f*.

Schnelllimbiss *der* puesto *m* de comida rápida, fast-food *m*.

schnellstens *adv* lo más rápido posible.

Schnelllstraße *die* vía *f* rápida.

Schnelllzug *der* (tren *m*) expreso *m*, tren *m* rápido.

schneuzen *ref* = **schnäuzen**.

schnippisch ◇ *adj* impertinente, respondón(ona). ◇ *adv* impertinentemente, con aire respondón.

Schnipsel (*pl* -) *der* recorte *m*.

schnipsen ◇ *vt* sacudir. ◇ *vi* rebotar ; **mit den Fingern ~** castañear los dedos.

schnitt *prät* ▻ **schneiden**.

Schnitt (*pl* **-e**) *der* - **1.** [Öffnung] corte *m* - **2.** [Schnittmuster] patrón *m* - **3.** [von Haar, Kleidung] corte *m* - **4.** [Cutten] montaje *m* - **5.** [Schneiden] tala *f* - **6.** *fam* [Durchschnitt] media *f* ; **im ~** por término medio - **7.** *fam* [Gewinn] promedio *m*.

Schnittlblume *die* flor *f* cortada.

Schnitte (*pl* **-n**) *die* - **1.** [Scheibe] loncha *f* ; [von Brot] rebanada *f* - **2.** [belegtes Brot] bocadillo *m*.

Schnittlfläche *die* - **1.** [angeschnittener

Teil] superficie *f* de corte - **2.** MATH sección *f*.

Schnittlauch *der (ohne Pl)* cebollino *m*.

Schnittpunkt *der* punto *m* de intersección.

Schnittwunde *die* corte *m*.

Schnitzel (*pl* -) *das* - **1.** [Fleisch] escalope *m* - **2.** [Schnipsel] papelillo *m* ; [aus Holz] viruta *f*.

schnitzen *vt* & *vi* tallar (en madera).

Schnitzer (*pl* -) *der* - **1.** [Fehler] desliz *m* - **2.** [Mensch] tallista *m*.

Schnitzerei (*pl* -en) *die* - **1.** [Schnitzwerk] talla *f* (en madera) - **2.** *(ohne Pl)* [Schnitzen] escultura *f* en madera.

Schnorchel (*pl* -) *der* tubo *m* (de respiración).

schnorcheln *vi* bucear con tubo.

Schnörkel (*pl* -) *der* voluta *f* ; [an Bilderrahmen] rúbrica *f*.

schnüffeln <> *vi* - **1.** [riechen] : **an etw** *(D)* ~ olisquear en algo - **2.** [durchsuchen] husmear. <> *vt fam* esnifar.

Schnuller (*pl* -) *der* chupete *m*, chupón *m Amér.*

Schnulze (*pl* -n) *die* [Musik] canción *f* sentimental ; [Film] melodrama *m*.

Schnupfen (*pl* -) *der* resfriado *m* ; **einen ~ haben/bekommen** tener/cogerse un resfriado.

schnuppern <> *vi* - **1.** [riechen] olfatear ; **an etw** *(D)* ~ olfatear en algo - **2.** [testen] echar un vistazo. <> *vt* olfatear.

Schnur (*pl* **Schnüre**) *die* cordel *m*, piolín *m Amér.*

Schnürchen *das (ohne Pl)* : **wie am ~** *fam fig* a las mil maravillas.

schnüren <> *vt* - **1.** [zumachen, festmachen] atar - **2.** [zusammenbinden] liar ; **etw um etw ~** atar algo en algo. <> *vi* oprimir.

Schnurrbart *der* bigote *m*.

schnurren *vi* - **1.** [Katze] ronronear - **2.** [Geräusch machen] zumbar.

Schnürsenkel (*pl* -) *der* cordón *m* de zapato.

schob *prät* ▷ **schieben.**

Schock (*pl* -s) *der* shock *m* ; **unter ~ stehen** estar bajo los efectos de un shock.

schockieren *vt* causar impresión ODER impacto.

schockiert <> *adj* impactado(da), consternado(da) ; **über etw** *(A)* ~ **sein** estar impactado(da) ODER consternado(da) por algo. <> *adv* con un aire consternado.

Schokolade (*pl* -n) *die* chocolate *m*.

Scholle (*pl* -n) *die* - **1.** [Fisch] lenguado *m* - **2.** [Erdscholle] terrón *m* ; [Eisscholle] témpano *m*.

schon *adv* - **1.** [zeitlich] ya ; ~ **jetzt** ya ahora ; ~ **mal** alguna vez ; ~ **längst** ya hace mucho ; ~ **wieder** otra vez - **2.** [Ausdruck der Einschränkung] sí - **3.** [relativ viel] ya - **4.** [wirklich] verdaderamente - **5.** [zur Beruhigung] ya ; ~ **gut** está bien - **6.** [endlich] ¡(venga) vamos! - **7.** [Ausdruck eines Wunsches] ya - **8.** [nur, allein] simplemente - **9.** [in rhetorischen Fragen] *wird nicht übersetzt* ; **wer hat ~ so viel Geld?** ¿quién tiene tanto dinero?.

schön <> *adj* - **1.** [ästhetisch] hermoso(sa) - **2.** [angenehm] bonito(ta) - **3.** [nett] agradable ; **das ist ja (alles) ~ und gut, aber** (todo) eso está muy bien, pero - **4.** [bedeutend, erheblich] bueno(na) ; [vorgestellt vor männlichem Substantiv] buen - **5.** *fam iron* [unangenehm, schlimm] bueno(na) ; [vorgestellt vor männlichem Substantiv] buen - **6.** [herzlich] : **~en Dank** muchas gracias ; **~e Grüße** muchos recuerdos. <> *adv* - **1.** [ästhetisch] bellamente ; [singen, tanzen, sich bewegen] bien - **2.** *fam* [angenehm] bien - **3.** *fam iron* [einfach, schlau] muy bien - **4.** *fam* [zum Ausdruck einer Aufforderung] *wird mit einer Verkleinerungsform übersetzt* ; **bleib ~ hier!** ¡estate aquí quietecito(ta)! ; *siehe auch* **schön machen.** ◆ **ganz schön** *adv fam* bastante.

Schöne (*pl* -n) *der, die, das* : **der ~** el guapo ; **die ~** la guapa, la beldad ; **das ~** lo hermoso ODER bello ; **da hast du was ~s angerichtet!** *fam* ¡pues sí que la has hecho buena!

schonen *vt* tratar con cuidado ; [Pferd] cuidar. ◆ **sich schonen** *ref* cuidarse.

schonend <> *adj* delicado(da). <> *adv* con delicadeza ; **jm etw ~ beibringen** decir algo a alguien con delicadeza.

Schonfrist *die* plazo *m* de gracia.

Schönheit (*pl* -en) *die* - **1.** [Person] belleza *f* - **2.** [Sehenswürdigkeit] belleza *f* - **3.** *(ohne Pl)* [Zauber] hermosura *f*, belleza *f*.

Schonkost *die (ohne Pl)* alimentación *f* dietética.

schön machen *vt* - **1.** [hübsch machen] poner bonito(ta) ; [Person] poner guapo(pa) - **2.** [angenehm machen] hacer agradable ; **es sich** *(D)* ~ hacerlo acogedor.

Schonung (*pl* -en) *die* - **1.** [Baumschule] coto *m* de bosque recién plantado - **2.** *(ohne Pl)* [Behandlung] reposo *m*.

schonungslos *adj, adv* sin consideración ; [unbarmherzig] sin miramientos.

Schonzeit *die* (época *f* de) veda *f*.

Schopf (*pl* **Schöpfe**) *der* [Kopfhaar] cabellera *f* ; **die Gelegenheit beim ~ packen** *fig* no dejar escapar la oportunidad.

schöpfen *vt* - **1.** [auftun] echar ; **etw aus etw ~** sacar algo de algo - **2.** [bekommen] cobrar - **3.** [einatmen] : **Atem ~** tomar aire.

Schöpfer (*pl* -) *der* creador *m*.

Schöpferin (*pl* **-nen**) *die* creadora *f*.

schöpferisch <> *adj* creativo(va). <> *adv* en el ámbito creativo.

Schöpf|kelle *die* cacillo *m*.

Schöpfung (*pl* **-en**) *die* creación *f*.

schor *prät* ▻ **scheren**.

Schorf *der (ohne Pl)* postilla *f*.

Schorn|stein *der* chimenea *f*.

Schornsteinfeger, in (*mpl* -, *fpl* **-nen**) *der, die* deshollinador *m*, -ra *f*.

schoss *prät* ▻ **schießen**.

Schoß (*pl* **Schöße**) *der* - **1.** [Körperteil] regazo *m* ; **auf js ~** *(D)* **sitzen** estar sentado(da) en el regazo de alguien ; **etw fällt jm in den ~** *fig* algo le cae del cielo a alguien - **2.** [von Kleidungsstücken] faldón *m* - **3.** *geh* [Schutz] seno *m* - **4.** *geh* [Mutterleib] seno *m*.

Schote (*pl* **-n**) *die* - **1.** [Frucht] vaina *f* - **2.** *fam* [Geschichte] pamplina *f*.

Schotte (*pl* **-n**) *der* escocés *m*.

Schottin (*pl* **-nen**) *die* escocesa *f*.

schottisch *adj* escocés(esa).

Schottland *nt* Escocia *f*.

schraffieren *vt* rayar.

schräg <> *adj* - **1.** [schief] inclinado(da) - **2.** *fam* [eigenartig] estrambótico(ca) - **3.** *fam* [falsch] desviado(da). <> *adv* - **1.** [schief] oblicuamente - **2.** *fam* [falsch] mal ; **jn ~ ansehen** *fam fig* mirar a alguien de reojo.

Schräge (*pl* **-n**) *die* superficie *f* inclinada.

Schramme (*pl* **-n**) *die* arañazo *m*.

Schrank (*pl* **Schränke**) *der* armario *m*.

Schranke (*pl* **-n**) *die* barrera *f*.

schrankenlos *adj* sin límites.

Schrank|wand *die* armario *m* empotrado.

Schraube (*pl* **-n**) *die* - **1.** [Metallbolzen] tornillo *m* - **2.** [Steigerung] espiral *f* - **3.** SPORT tirabuzón *m*.

schrauben *vt* - **1.** [drehen] : **etw höher/niedriger ~** subir/bajar algo ; **etw auf/in etw** *(A)* **~** enroscar algo en algo ; [mit Schraube befestigen] atornillar algo en algo - **2.** : **etw an etw** *(A)* **~** fijar algo a algo - **3.** [abmontieren] : **etw aus** ODER **von etw ~** desatornillar algo de algo ; [von Flasche] desenroscar algo de algo - **4.** [erhöhen, verringen] : **etw höher ~** provocar un aumento de algo ; **etw nach oben/unten ~** hacer aumentar/disminuir algo.

Schrauben|schlüssel *der* llave *f* de tuercas.

Schrauben|zieher (*pl* -) *der* destornillador *m*, desarmador *m Amér.*

Schreber|garten *der* huerta *f (situada fuera del lugar donde se vive)*.

Schreck *der (ohne Pl)* susto *m* ; **einen ~ kriegen** *fam* pegarse un susto ; **jm einen ~ einjagen** dar ODER meter un susto a alguien.

Schrecken (*pl* -) *der* - **1.** [Terror] horror *m* - **2.** *geh* [Geißel] horror *m* - **3.** [Mensch] terror *m*.

schreckhaft *adj* asustadizo(za).

schrecklich <> *adj* - **1.** [entsetzlich] horrible, horroroso(sa) - **2.** [groß] atroz, tremendo(da) - **3.** [unerträglich] espantoso(sa) ; [Mensch] terrible. <> *adv* - **1.** [sehr] tremendamente - **2.** [entsetzlich] terriblemente ; **etw/jn ~ finden** encontrar algo/a alguien horrible.

Schredder (*pl* -), **Shredder** *der* trituradora *f*.

schreddern *vt* triturar.

Schrei (*pl* **-e**) *der* grito *m* ; **der letzte ~** *fam fig* el último grito.

schreiben (*prät* **schrieb**, *perf* **hat geschrieben**) <> *vt* - **1.** [allgemein] escribir ; **wie viel Anschläge schreibt er pro Minute?** ¿cuántas pulsaciones tiene por minuto? ; **wie schreibt man das?** ¿cómo se escribe? - **2.** [Arbeit, Test, Prüfung] hacer - **3.** WIRTSCH : **rote/schwarze Zahlen ~** estar en números rojos/obtener beneficios ; **eine Rechnung ~** extender una factura. <> *vi* escribir ; **an etw** *(D)* **~** estar escribiendo algo ; **an jn ~** escribir a alguien ; *siehe auch* **großschreiben, kleinschreiben**.

Schreiben (*pl* -) *das* escrito *m*.

Schreiber, in (*mpl* -, *fpl* **-nen**) *der, die* autor *m*, -ra *f*.

Schreib|fehler *der* falta *f* de ortografía.

Schreib|kraft *die* mecanógrafo *m*, -fa *f*, escribiente *mf*.

Schreib|maschine *die* máquina *f* de escribir.

Schreib|schrift *die* letra *f* manuscrita.

Schreib|tisch *der* escritorio *m*.

Schreibtisch|lampe *die* lámpara *f* de escritorio.

Schreib|waren *pl* artículos *mpl* de escritorio ODER papelería.

Schreibwaren|geschäft *das* papelería *f*.

schreien (*prät* **schrie**, *perf* **hat geschrie(e)n**) *vi* - **1.** [weinen, rufen] gritar ; **nach etw ~** [rufen] pedir algo a gritos ; *fig & geh* [verlangen] estar pidiendo algo a voces - **2.** [brüllen] vociferar.

Schreien *das (ohne Pl)* chillido *m*.

Schrei|hals *der fam* gritón *m*, -ona *f*.

Schreiner, in (*mpl* -, *fpl* **-nen**) *der, die* carpintero *m*, -ra *f*.

schrie *prät* ▷ **schreien**.

schrieb *prät* ▷ **schreiben**.

Schrift (*pl* **-en**) *die* - **1.** [Handschrift] letra *f*, escritura *f* - **2.** [Zeichen] letra *f*, caracteres *mpl*. ◆ **Schriften** *pl* escritos *mpl*.

schriftlich *adj, adv* por escrito ; **jm etw ~ geben** *fam* dar algo por escrito a alguien.

Schriftsteller, in (*mpl* -, *fpl* **-nen**) *der, die* escritor *m*, -ra *f*.

schrill ◇ *adj* estridente. ◇ *adv* de modo estridente.

Schrimp, Shrimp [ʃrɪmp] (*pl* **-s**) *der* gamba *f*.

Schritt (*pl* **-e**) *der* - **1.** [Bewegung] paso *m* - **2.** [Stück] paso *m*, peldaño *m* - **3.** [Handlung] medida *f* - **4.** [Hosenteil] tiro *m* - **5.** [zur Angabe der Entfernung] paso *m* - **6.** *(ohne Pl)* [Tritt] paso(s) *m(pl)* ; **jn am ~ erkennen** reconocer a alguien por los andares - **7.** [Gangart] paso *m* - **8.** *RW* : **~ für ~** paso a paso ; **mit etw/jm ~ halten** seguir la marcha de algo/alguien.

Schritt|macher (*pl* -) *der* - **1.** [Herzschrittmacher] marcapasos *m* - **2.** [Vorreiter] pionero *m*.

schrittweise *adv* paso a paso.

schroff ◇ *adj* - **1.** [kurz angebunden] abrupto(ta) - **2.** [steil] escarpado(da) - **3.** [krass] abrupto(ta). ◇ *adv* abruptamente.

schröpfen *vt fam* sangrar.

Schrot *der* ODER *das* - **1.** [Munition] perdigones *mpl* - **2.** *(ohne Pl)* [Getreide] grano *m* triturado.

Schrott *der (ohne Pl)* - **1.** [altes Metall] chatarra *f* - **2.** *fam* [Plunder] trasto *m* - **3.** *fam* [Blödsinn] basura *f*.

Schrott|platz *der* depósito *m* de chatarra.

schrottreif ◇ *adj* para el desguace. ◇ *adv* al desguace.

schrubben *vt* fregar ; [Körper] frotar.

Schrubber (*pl* -) *der* escobón *m*.

schrumpelig, schrumplig *adj* rugoso(sa) ; [von Wasser] encallado(da).

schrumpfen (*perf* **ist geschrumpft**) *vi* - **1.** [kleiner werden] mermar, encoger - **2.** [sich verringern] mermar.

schrumplig = **schrumpelig**.

Schub (*pl* **Schübe**) *der* - **1.** [Schubkraft] empuje *m* - **2.** [Anfall] acceso *m*, ataque *m* - **3.** [Ladung] cargamento *m*, lote *m* - **4.** [Menschengruppe] grupo *m* - **5.** [Schubs] empujón *m*.

Schub|karre *die* carretilla *f*.

Schub|karren *der* carretilla *f*.

Schub|lade (*pl* **-n**) *die* cajón *m*.

Schubs (*pl* **-e**) *der* empujón *m*.

schubsen *vt* empujar.

schüchtern ◇ *adj* tímido(da). ◇ *adv* tímidamente.

Schüchternheit *die (ohne Pl)* timidez *f*.

schuf *prät* ▷ **schaffen**.

Schuft (*pl* **-e**) *der abw* canalla *m*.

schuften *vi fam* matarse trabajando, trabajar como una mula.

Schuh (*pl* **-e**) *der* zapato *m* ; **jm etw in die ~e schieben** *fig* echarle a alguien la(s) culpa(s) de algo.

Schuh|creme, Schuhkrem *die* crema *f* para el calzado, betún *m*.

Schuh|geschäft *das* zapatería *f*.

Schuh|größe *die* número *m* de calzado.

Schuh|macher, in (*mpl* -, *fpl* **-nen**) *der, die* zapatero *m*, -ra *f*.

Schulab|schluss *der* graduado *m* escolar.

Schul|anfang *der* - **1.** [Einschulung] comienzo *m* del curso - **2.** [nach den Ferien] vuelta *f* al cole(gio).

Schul|anfänger, in *der, die* escolar *mf* de primer curso.

Schul|aufgabe *die* deberes *mpl* de clase.

Schul|besuch *der* asistencia *f* a clase.

Schul|bildung *die* formación *f* escolar.

Schul|bus *der* autobús *m* escolar.

schuld *adj* : **an etw** *(D)* **~ sein** ser culpable de algo.

Schuld (*pl* **-en**) *die (ohne Pl)* - **1.** [Verantwortung, Ursache] culpa *f* ; **an etw** *(D)* **~ haben** tener la culpa de algo, ser culpable de algo ; **jm (an etw** *(D)***) ~ geben** culpabilizar a alguien (de algo) ; *siehe auch* **zuschulden** - **2.** [Unrecht] culpabilidad *f* ; **sich** *(D)* **seiner/keiner ~ bewusst sein** sentirse/no sentirse culpable. ◆ **Schulden** *pl* deudas *fpl* ; **~en haben** tener deudas ; **~en machen** endeudarse.

schuldbewusst *adj, adv* consciente de su culpabilidad.

schulden *vt* : **jm etw ~** deber algo a alguien.

schuldig ◇ *adj* - **1.** [verantwortlich] culpable ; **an etw** *(D)* **~ sein** ser culpable de algo - **2.** [nicht bezahlt] debido(da), a deber ; **jm etw ~ sein** deber algo a alguien. ◇ *adv* culpable.

schuldlos ◇ *adj* sin culpa. ◇ *adv* sin tener la culpa.

Schule (*pl* **-n**) *die* - **1.** [Institution] colegio *m*, escuela *f* ; **zur** ODER **in die ~ gehen** ir al colegio - **2.** [Unterricht] clase *f*; ~ **machen** *fig* hacer escuela - **3.** [Schulgebäude] colegio *m* - **4.** [Gruppe] escuela *f*.

schulen *vt* - **1.** [ausbilden] formar, instruir; [Tiere] entrenar - **2.** [trainieren] entrenar.

Schüler (*pl* -) *der* alumno *m*.

Schüleraustausch *der (ohne Pl)* intercambio *m* (escolar).

Schüler|ausweis *der* carnet *m* de alumno/alumna.

Schülerin (*pl* **-nen**) *die* alumna *f*.

Schüler|karte *die* abono *m* para escolares; [für Kino, Zoo, Veranstaltung] entrada *f* para escolares.

Schul|ferien *pl* vacaciones *fpl* escolares.

Schulferien

Los escolares alemanes tienen tantas vacaciones como los escolares españoles, pero están más repartidas durante el año. Así, por ejemplo, las vacaciones veraniegas sólo duran seis semanas, pero a cambio, las vacaciones de Semana Santa, de la Pascua de Pentecostés y del otoño son más largas.
Las vacaciones de verano no empiezan en la misma fecha para toda Alemania, sino que cada estado federado tiene sus propias fechas de inicio. Con esta regulación se consigue aliviar en gran parte el caos circulatorio que significaría una salida masiva hacia los lugares de descanso.

schulfrei *adj* libre; ~ **haben** no tener clase.

Schul|freund, in *der, die* compañero *m*, -ra *f* de clase.

Schul|hof *der* patio *m* del colegio.

schulisch <> *adj* escolar. <> *adv* escolarmente.

Schul|jahr *das* - **1.** [Jahr] curso *m*, año *m* escolar - **2.** [Klasse] curso *m*.

Schul|klasse *die* clase *f*, curso *m*.

Schul|leiter, in *der, die* director *m*, -ra *f* de colegio.

schulpflichtig *adj* en edad escolar.

Schul|schluss *der (ohne Pl)* salida *f* de clase.

Schul|stunde *die* (hora *f* de) clase *f*.

Schul|system *das* sistema *m* escolar.

Schul|tasche *die* cartera *f*.

Schulter (*pl* **-n**) *die* - **1.** [Körperteil] hombro *m* - **2.** [von Kleidungsstücken] hombrera *f* - **3.** [Fleisch] paletilla *f*.

Schulter|blatt *das* omoplato *m*, omóplato *m*.

Schultüte (*pl* **-n**) *die cucurucho con chucherías y regalos que se da a los niños que entran en primer curso.*

Schultüte

El primer día de escuela (por lo general a los seis años de edad) suele quedar grabado en la mente de todos los escolares por el regalo que se les da ese día, consistente en un enorme cucurucho de cartón de colores lleno de materiales y utensilios escolares, así como de golosinas y otros pequeños regalos.

Schulung (*pl* **-en**) *die* - **1.** [Lehrveranstaltung] cursillo *m* - **2.** [Ausbilden] formación *f* - **3.** *(ohne Pl)* [Training] entrenamiento *m*.

Schul|wesen *das (ohne Pl)* enseñanza *f*.

Schul|zeit *die* años *mpl* escolares.

Schul|zeugnis *das* notas *fpl*.

schummeln *vi* hacer trampas; [Verkäufer] engañar; [bei einer Klassenarbeit] copiar.

Schund *der (ohne Pl) abw* porquería *f*.

schunkeln (*perf* **hat/ist geschunkelt**) *vi* - **1.** *(hat)* [sich wiegen] balancearse cogidos(das) del brazo - **2.** *(hat)* [schwanken] balancearse - **3.** *(ist)* [fahren] ir tirando.

Schuppe (*pl* **-n**) *die* - **1.** [von Fischen, Hautstück] escama *f* - **2.** [Kopfschuppe] caspa *f*.

schuppen *vt* escamar.

schürfen <> *vi* [schleifen] arrastrar; [Reifen] rozar. <> *vt*: **sich** *(D)* **etw ~** arañarse algo.

Schürf|wunde *die* excoriación *f*.

Schurke (*pl* **-n**) *der abw* bellaco *m*.

Schurwolle *die (ohne Pl)* lana *f* virgen.

Schürze (*pl* **-n**) *die* delantal *m*.

Schuss (*pl* **Schüsse**) *der* - **1.** [Schießen] tiro *m* - **2.** [ein wenig] chorrito *m* - **3.** [beim Fußball] disparo *m* - **4.** [beim Skifahren]: ~ **fahren** descender en schuss - **5.** *RW*: **gut in ~ sein** *fam* estar en muy buenas condiciones; [Mensch] mantenerse muy bien; **die Kinder gut in ~ haben** mantener a los niños a raya.

Schüssel (*pl* **-n**) *die* fuente *f*; [für Salat] ensaladera *f*; [für Suppe] sopera *f*.

schusselig *adj fam* despistado(da).

Schuss|linie *die*: **in js ~** *(A)* **geraten** estar en la línea de fuego de alguien; *fig* estar en el punto de mira de alguien.

Schuss|waffe *die* arma *f* de fuego.

Schuster, in (*mpl* -, *fpl* **-nen**) *der, die* zapatero *m*, -ra *f*.

Schutt *der (ohne Pl)* escombros *mpl.*

Schuttabladelplatz *der* escombrera *f.*

Schüttelfrost *der (ohne Pl)* escalofríos *mpl.*

schütteln *vt* agitar ; [Baum] sacudir, remecer *Amér* ; [Kopf] menear ; **'vor Gebrauch ~'** 'agítese antes de usar' ; **es schüttelt jn** a alguien le dan escalofríos.

schütten ◇ *vt* verter. ◇ *vi* : **es schüttet** caen chuzos.

Schutz *der (ohne Pl)* - **1.** [Rettung] protección *f* - **2.** [Sicherheit] seguridad *f* ; **jn in ~ nehmen** defender a alguien - **3.** [Abschirmung] defensa *f*, protección *f.*

Schutzanlzug *der* traje *m* protector.

Schutzlblech *das* guardabarros *m.*

Schutzlbrief *der* seguro *m* de protección en viaje.

Schütze (*pl* **-n**) *der* - **1.** ASTROL Sagitario *m* - **2.** [im Verein, Soldat] tirador *m.*

schützen *vt* proteger ; **etw/jn vor etw/jm ~** proteger algo/a alguien de algo/alguien. ◆ **sich schützen** *ref* : **sich gegen etw** ODER **vor etw** *(D)* **~** protegerse de ODER contra algo.

Schützenlfest *das fiesta popular en la que se organiza una competición de tiro.*

Schutzlgebiet *das* zona *f* protegida.

Schutzlimpfung *die* vacuna(ción) *f* preventiva.

Schützling (*pl* **-e**) *der* protegido *m*, -da *f*, pupilo *m*, -la *f.*

schutzlos ◇ *adj* desprotegido(da). ◇ *adv* sin protección.

Schutzlmaßnahme *die* medida *f* de protección.

Schutzlpatron, in *der, die* patrono *m*, -na *f.*

schutzsuchend *adj* en busca de protección.

Schutzumlschlag *der* sobrecubierta *f.*

schwabbelig ◇ *adj* flá(c)cido(da). ◇ *adv* flá(c)cidamente.

Schwabe (*pl* **-n**) *der* suabo *m.*

Schwaben *nt* Suabia *f.*

Schwäbin (*pl* **-nen**) *die* suaba *f.*

schwäbisch *adj* suabo(ba).

schwach (*komp* **schwächer**, *superl* **schwächste**) ◇ *adj* - **1.** [kraftlos] débil - **2.** [leicht] débil, ligero(ra) - **3.** [Charakter, Gesundheit] débil ; **~ werden** *fig* volverse débil - **4.** [schlecht] flojo(ja) - **5.** [wenig konzentriert] flojo(ja) - **6.** [gering] escaso(sa) - **7.** GRAM débil. ◇ *adv* - **1.** [eingeschränkt, wenig] escasamente ; **das Herz schlug nur noch ~** el corazón palpitaba débilmente - **2.** [schlecht] flojamente - **3.** [leicht] ligeramente - **4.** GRAM de forma débil.

Schwäche (*pl* **-n**) *die* - **1.** [Eigenschaft] debilidad *f* ; **eine ~ für etw/jn haben** tener (una) debilidad por algo/alguien - **2.** [Unvermögen] falta *f* ; **eine ~ des Gegners ausnutzen** aprovechar un punto débil del contrario - **3.** MED problema *m*, dificultad *f.*

schwächen *vt* debilitar.

Schwachlkopf *der fam abw* pasmado *m.*

schwächlich *adj, adv* débil.

Schwächling (*pl* **-e**) *der abw* tirillas *m* ; **ihr Mann ist ein ~** su marido es un calzonazos.

Schwachsinn *der (ohne Pl)* - **1.** *fam* [Unsinn] mamarrachada *f*, majadería *f* - **2.** MED demencia *f.*

schwachsinnig ◇ *adj* - **1.** *fam* [unsinnig] ridículo(la) - **2.** MED demente. ◇ *adv fam* de forma ridícula.

Schwächung (*pl* **-en**) *die* debilitación *f.*

Schwaden *pl* vapores *mpl.*

schwafeln *vi, vt fam abw* charlatanear.

Schwager (*pl* **Schwäger**) *der* cuñado *m.*

Schwägerin (*pl* **-nen**) *die* cuñada *f.*

Schwalbe (*pl* **-n**) *die* golondrina *f.*

schwamm *prät* ▷ **schwimmen.**

Schwamm (*pl* **Schwämme**) *der* - **1.** [zum Saubermachen, Tier] esponja *f* - **2.** [Schimmel] moho *m.*

schwammig ◇ *adj* - **1.** [unklar] difuso(sa) - **2.** [aufgeschwemmt] abotargado(da) - **3.** [schwammartig] esponjoso(sa). ◇ *adv* - **1.** [unklar] de forma difusa - **2.** [schwammartig] esponjoso(sa).

Schwan (*pl* **Schwäne**) *der* cisne *m.*

schwang *prät* ▷ **schwingen.**

schwanger *adj* embarazada ; **im dritten Monat ~ sein** estar (embarazada) de tres meses.

Schwangere (*pl* **-n**) *die* (mujer *f*) embarazada *f.*

schwängern *vt* dejar embarazada.

Schwangerschaft (*pl* **-en**) *die* embarazo *m.*

schwanken (*perf* **hat/ist geschwankt**) *vi* - **1.** *(hat)* [unentschlossen] titubear, vacilar - **2.** *(hat)* [instabil sein] oscilar ; [sich hin und her bewegen] tambalearse - **3.** *(ist)* [sich schwankend fortbewegen] tambalearse.

Schwankung (*pl* **-en**) *die* oscilación *f.*

Schwanz (*pl* **Schwänze**) *der* - **1.** [von Tieren] rabo *m* ; [von Reptil, Fisch, Vogel] cola *f* - **2.** *vulg* [männliches Glied] pito *m* - **3.** *fam* [Serie] cola *f* - **4.** [Ende] cola *f.*

schwänzen ◇ *vi* hacer novillos. ◇ *vt* : **den Unterricht ~** pirarse la clase ; **die Schule ~** pirarse las clases.

schwappen (*perf* **hat/ist geschwappt**) ◇ *vi* - **1.** *(ist)* [überlaufen] rebosar, desbordarse - **2.** *(hat)* [sich bewegen] hacer olas. ◇ *vt (hat)* derramar.

Schwarm (*pl* **Schwärme**) *der* - **1.** [Gruppe] bandada *f* ; [von Fischen] banco *m* ; [von Bienen] enjambre *m* - **2.** [Idol] sueño *m*.

schwärmen (*perf* **hat/ist geschwärmt**) *vi* - **1.** *(hat)* [begeistert sein] : **für etw/jn ~** soñar con algo/alguien, fantasear sobre algo/alguien - **2.** *(hat)* [erzählen] : **von etw/jm ~** hablar con entusiasmo sobre algo/alguien - **3.** *(ist)* [fliegen] revolotear.

Schwärmer, in (*mpl* **-**, *fpl* **-nen**) *der, die* soñador *m*, -ra *f*.

Schwarte (*pl* **-n**) *die* - **1.** [Hautschicht] corteza *f* - **2.** *fam abw* [Buch] mamotreto *m*.

schwarz (*kompar* **schwärzer**, *superl* **schwärzeste**) ◇ *adj* negro(gra) ; [Himmel] plomizo(za) ; **~e Ränder unter den Nägeln haben** tener roña en las uñas. ◇ *adv* de color negro ; **~ auf weiß** *fig* por escrito ; **die Beeren färben sich ~** las bayas van madurando ; *siehe auch* **schwarz sehen.**

Schwarz *das (ohne Pl)* negro *m*.

Schwarzafrika *nt* África *f* Negra.

Schwarzarbeit *die (ohne Pl)* trabajo *m* clandestino ODER no declarado.

Schwarz|brot *das* pan *m* moreno.

Schwarze (*pl* **-n**) ◇ *der, die* negro *m*, -gra *f*. ◇ *das (ohne Pl)* [unter den Fingernägeln] roña *f* ; **was ist das ~ da auf dem Papier?** ¿qué es eso negro del papel? ; **ins ~ treffen** dar en el blanco.

Schwärze *die (ohne Pl)* negrura *f*, o(b)scuridad *f* ; **die ~ seiner Augen** el negro de sus ojos.

schwarze Markt *der* mercado *m* negro.

Schwarze Meer *das* Mar *m* Negro.

schwärzen *vt* - **1.** [schwarz machen] ennegrecer - **2.** [schwarz anmalen] pintar de negro.

schwarze Peter *der* : **~ spielen** jugar a la mona ; **jm den schwarzen Peter zuschieben** *fig* echarle el muerto a alguien.

schwarz|fahren (*perf* **ist schwarzgefahren**) *vi (unreg)* viajar sin billete.

Schwarz|händler, in *der, die* traficante *mf* clandestino, -na.

schwärzlich *adj* negruzco(ca).

Schwarz|markt *der* mercado *m* negro.

schwarz sehen *vi (unreg)* [pessimistisch sein] ver negro ; **für etw/jn ~** ver algo/a alguien mal.

Schwarzwald *der* Selva *f* Negra.

schwarzweiß ◇ *adj* blanco y negro. ◇ *adv* en blanco y negro.

Schwarzweiß|film *der* - **1.** [Filmspule] carrete *m* en blanco y negro - **2.** [Film] película *f* en blanco y negro.

schwatzen, schwätzen ◇ *vi* - **1.** [sich unterhalten] estar de cháchara - **2.** [reden] parlotear. ◇ *vt abw* contar.

Schwätzer, in (*mpl* **-**, *fpl* **-nen**) *der, die abw* charlatán *m*, -ana *f*.

schwatzhaft *adj abw* charlatán(ana).

Schwebe *die (ohne Pl)* : **in der ~ sein** estar en el aire.

Schwebe|bahn *die* ferrocarril *m* aéreo monoriel.

Schwebe|balken *der* barra *f* de equilibrios.

schweben (*perf* **hat/ist geschwebt**) *vi* - **1.** *(hat)* [in Luft, Wasser] flotar ; [an Seil] colgar, pender - **2.** *(ist)* [gleiten] flotar ; [Flugzeug] planear - **3.** *(hat)* [unentschieden sein] debatirse ; **in Lebensgefahr ~** estar entre la vida y la muerte ; **in Gefahr ~** estar en peligro - **4.** *(hat)* [vorhanden sein] suspenderse, flotar ; [Verdacht] rondar.

Schwede (*pl* **-n**) *der* sueco *m*.

Schweden *nt* Suecia *f*.

Schwedin (*pl* **-nen**) *die* sueca *f*.

schwedisch *adj* sueco(ca).

Schwedisch *das (ohne Pl)* sueco *m* ; *siehe auch* **Englisch.**

Schwedische *das (ohne Pl)* sueco *m* ; *siehe auch* **Englische.**

Schwefel *der (ohne Pl)* azufre *m*.

Schwefel|säure *die* ácido *m* sulfúrico.

Schweif (*pl* **-e**) *der* cola *f*.

schweigen (*prät* **schwieg**, *perf* **hat geschwiegen**) *vi* callar(se), guardar silencio ; **über etw** *(A)* **~** guardar silencio sobre algo ; **von etw/jm ganz zu ~** sin mencionar algo/a alguien.

Schweigen *das (ohne Pl)* silencio *m* ; **jn zum ~ bringen** hacer callar a alguien.

Schweigepflicht *die (ohne Pl)* secreto *m* profesional.

schweigsam *adj* callado(da).

Schwein (*pl* **-e**) *das* - **1.** [Tier, Mensch] cerdo *m*, chancho *m Amér* - **2.** *RW* : **armes ~** *salopp* pobre diablo ; **~ haben** *fam* tener potra.

Schweine|braten *der* asado *m* de cerdo.

Schweine|fleisch *das (ohne Pl)* carne *f* de cerdo.

Schweinerei (*pl* **-en**) *die fam* - **1.** [schlimme Sache] canallada *f* - **2.** [Schmutz] cerdada *f* - **3.** [Unanständiges] marranada *f*.

Schweine|stall *der* pocilga *f*.

Schweiß *der (ohne Pl)* sudor *m* ; **jm bricht der ~ aus** alguien comienza a sudar.

schweißen *vt & vi* soldar.

schweißgebadet <> *adj* sudoroso(sa). <> *adv* chorreando de sudor.

Schweiß|tropfen *der* gota *f* de sudor.

Schweiz *die* Suiza *f*.

Schweizer (*pl* -) <> *der* suizo *m*. <> *adj* (*unver*) suizo(za).

Schweizerdeutsch *das* (*ohne Pl*) suizo-alemán *m* ; *siehe auch* **Englisch**.

Schweizerin (*pl* **-nen**) *die* suiza *f*.

schweizerisch *adj* suizo(za).

Schweizerische Eidgenossenschaft *die* (*ohne Pl*) Confederación *f* Helvética.

schwelen *vi* [Rauch entwickeln] quemarse sin llama.

schwelgen *vi geh* : **in etw** (*D*) ~ dejarse embriagar por algo, deleitarse con algo.

Schwelle (*pl* **-n**) *die* **- 1.** [Türschwelle] umbral *m* ; **an der ~ einer Sache** (*G*) *fig* en el umbral de algo **- 2.** [der Eisenbahn] traviesa *f*.

schwellen (*präs* **schwillt**, *prät* **schwoll**, *perf* **ist geschwollen**) *vi* **- 1.** [dick werden] hincharse **- 2.** [anwachsen] sufrir una crecida **- 3.** *geh* [erfüllen] henchirse.

Schwellung (*pl* **-en**) *die* hinchazón *f*.

schwenken *vt* **- 1.** [drehen] girar **- 2.** [bewegen] agitar **- 3.** [in Butter] saltear.

schwer <> *adj* **- 1.** [Gewicht] pesado(da) ; **wie ~ bist du/ist der Koffer?** ¿cuánto pesas/pesa la maleta? **- 2.** [stark, intensiv] fuerte **- 3.** [schwierig, hart] duro(ra), difícil ; **es ~ haben (mit etw/jm)** tenerlo difícil (con algo/alguien) **- 4.** [mit Gewichtsangabe] de peso **- 5.** [schlimm] grave **- 6.** [konzentriert] pesado(da) ; [Wein] fuerte. <> *adv* **- 1.** [an Gewicht] muy ; **eine ~ wiegende Last** una carga muy pesada **- 2.** [stark] gravemente **- 3.** [schwierig] difícil ; [formulieren, sich ausdrücken, schreiben] de forma complicada **- 4.** [hart] duramente **- 5.** [konzentriert] muy pesado(da) **- 6.** *fam* [sehr] sin tregua **- 7.** [schlecht, kaum] con dificultad.

Schwerarbeit *die* (*ohne Pl*) trabajo *m* pesado.

schwerbehindert (*superl* **schwerstbehindert**) *adj amt* minusválido(da).

schwer beschädigt <> *adj* [beschädigt] muy dañado(da). <> *adv* con daños.

schwer bewaffnet *adj, adv* fuertemente armado(da), armado(da) hasta los dientes.

Schwere (*ohne Pl*) <> *die* (*G Schwere*) **- 1.** [Schwersein, Konzentration, in Gliedern] pesadez *f* **- 2.** [Ausmaß] magnitud *f* **- 3.** [Schwierigkeitsgrad] dificultad *f*. <> *das* (*G Schweren*) : **~s durchmachen** pasar por dificultades.

schwerelos <> *adj* ingrávido(da). <> *adv* sin gravedad.

schwer erziehbar *adj* difícil de educar.

schwer fallen (*perf* **ist schwer gefallen**) *vi* (*unreg*) : **jm ~** resultar difícil a alguien.

schwerfällig <> *adj* torpe. <> *adv* torpemente.

schwerhörig *adj* duro(ra) de oído.

Schwer|industrie *die* industria *f* pesada.

Schwerkraft *die* (*ohne Pl*) fuerza *f* de gravedad.

schwer krank *adj* gravemente enfermo(ma).

schwer machen *vt* hacer difícil ; **jm das Leben ~** complicar la vida a alguien.

schwermütig <> *adj* melancólico(ca). <> *adv* melancólicamente.

schwer nehmen *vt* (*unreg*) tomar a pecho.

Schwer|punkt *der* **- 1.** [Hauptsache] centro *m* **- 2.** PHYS centro *m* de gravedad.

Schwert (*pl* **-er**) *das* espada *f* ; [von Samurai] catana *f*.

schwer tun ◆ **sich schwer tun** *ref* (*unreg*) : **sich mit etw ~** tener dificultades con algo.

Schwer|verbrecher, in *der, die* criminal *mf* peligroso, -sa.

schwer verletzt <> *adj* herido(da) de gravedad. <> *adv* gravemente herido(da).

schwerwiegend <> *adj* de gran relevancia. <> *adv* de forma relevante.

Schwester (*pl* **-n**) *die* **- 1.** *gen* hermana *f* **- 2.** [Krankenschwester] enfermera *f*.

schwieg *prät* ▻ **schweigen**.

Schwieger|eltern *pl* suegros *mpl*.

Schwieger|mutter *die* suegra *m*, madre *m* política.

Schwieger|sohn *der* yerno *m*, hijo *m* político.

Schwieger|tochter *die* nuera *f*, hija *f* política.

Schwieger|vater *der* suegro *m*, padre *m* político.

Schwiele (*pl* **-n**) *die* callosidad *f*.

schwierig <> *adj* difícil. <> *adv* con dificultad.

Schwierigkeit (*pl* **-en**) *die* dificultad *f* ; **jm ~en machen** poner pegas a alguien ; **in ~en stecken** verse en dificultades.

schwillt *präs* ▻ **schwellen**.

Schwimm|bad *das* piscina *f*.

Schwimm|becken *das* pileta *f*, alberca *f* *Amér*.

Schwimmen *das* (*ohne Pl*) natación *f*.

schwimmen (*prät* **schwamm**, *perf* **hat/ist**

geschwommen) ◇ *vi* - **1.** [Person, Tier] nadar - **2.** *(ist)* [in bestimmte Richtung] nadar - **3.** *(ist)* [treiben] flotar. ◇ *vt* nadar.

Schwimmer, in (*mpl* -, *fpl* **-nen**) *der, die* nadador *m*, -ra *f*.

Schwindel *der (ohne Pl)* - **1.** [Gleichgewichtsstörung] vértigo *m* - **2.** *abw* [Betrug] timo *m*.

schwindelig, schwindlig *adj* : **jm wird (es) ~** alguien se marea.

Schwindler, in (*mpl* -, *fpl* **-nen**) *der, die* embustero *m*, -ra *f*.

schwindlig = **schwindelig.**

schwitzen *vi* [Person] sudar.

schwoll *prät* ▷ **schwellen.**

schwor *prät* ▷ **schwören.**

schwul *fam adj* [homosexuell] homosexual.

schwül *adj* [Klima] bochornoso(sa).

Schwung (*pl* **Schwünge**) *der* - **1.** [Bewegung] giro *m* - **2.** *(ohne Pl)* [Elan] impulso *m*.

sechs [zɛks] ◇ *num* seis ; **ist es schon ~?** ¿son ya las seis? ; **~ Mal** seis veces. ◇ *pron* seis.

Sechs (*pl* **-en**) *die* - **1.** [Zahl, Bus, Spieler, Karte] seis *m* - **2.** [Schulnote - in Deutschland] insuficiente *m* ; [- in der Schweiz] sobresaliente *m*.

sechsfach ◇ *adj* séxtuplo(pla) ; **in ~er Ausfertigung** en seis ejemplares. ◇ *adv* seis veces.

sechshundert *num* seiscientos(tas).

sechsmal *adv* seis veces.

sechstausend *num* seis mil.

sechste, r, s ['zɛkstə, ɐ, s] *adj* sexto(ta) ; **am ~n Januar** el seis de enero.

Sechste (*pl* **-n**) ◇ *der, die, das* [in einer Reihenfolge] sexto *m*, -ta *f*. ◇ *der* [Angabe des Datums] seis *m*.

sechstel *adj (unver)* sexto(ta).

Sechstel (*pl* -) *das* sexto *m*.

sechzehn *num* dieciséis.

sechzehntel *adj* dieciseisavo(va).

Sechzehntel (*pl* -) *das* dieciseisavo *m*.

sechzig *num* sesenta ; *siehe auch* **sechs.**

Sechzig *die (ohne Pl)* sesenta *m* ; *siehe auch* **Sechs.**

Sechzigerjahre, sechziger Jahre *Pl (unver)* : **die ~** los (años) sesenta.

See (*pl* **-n**) ◇ *der (G Sees)* lago *m*. ◇ *die (G See) (ohne Pl)* mar *m* ODER *f* ; **an die ~ fahren** ir a la costa.

Seegang *der (ohne Pl)* oleaje *m* ; **hoher ~** marejada *f*.

Seehund *der* foca *f*.

Seeigel *der* erizo *m* de mar.

seekrank *adj* mareado(da).

Seele (*pl* **-n**) *die* - **1.** [von Mensch] alma *f* - **2.** *(ohne Pl)* [Person] espíritu *m* - **3.** [Bewohner] persona *f* - **4.** *RW* : **etwas auf der ~ haben** tener alguna preocupación.

seelenruhig *adv* serenamente.

Seeleute *pl* ▷ **Seemann.**

seelisch ◇ *adj* psíquico(ca).

Seelöwe *der* león *m* marino.

Seelsorge *die (ohne Pl)* apoyo *m* espiritual.

Seemann (*pl* **-leute**) *der* marinero *m*.

Seemeile *die* milla *f* marina ODER naútica.

Seenot *die (ohne Pl)* : **in ~ geraten/sein** entrar/estar en peligro de naufragio.

Seeräuber *der* pirata *m*.

Seerose *die* nenúfar *m*.

seetüchtig *adj* apto(ta) para la navegación.

Seeweg *der* **auf dem ~** por vía marítima.

Seezunge *die* lenguado *m*.

Segel (*pl* -) *das* vela *f*.

Segelboot *das* barco *m* de vela.

segelfliegen *vi* planear, hacer vuelo sin motor.

Segelflugzeug *das* planeador *m*.

segeln (*perf* **hat/ist gesegelt**) *vi* - **1.** *(ist)* [in eine Richtung] navegar (a vela) - **2.** *(ist)* [Schiff] navegar - **3.** [Person] practicar la vela - **4.** *(ist)* [fliegen] planear.

Segelschiff *das* velero *m*, barco *m* de vela.

Segen (*pl* -) *der* - **1.** [Gunst, Gnade] bendición *f* - **2.** *(ohne Pl)* [Wohltat] bendición *f*, bien *m*.

segnen *vt* bendecir.

sehen (*präs* **sieht**, *prät* **sah**, *perf* **hat gesehen**) ◇ *vt* - **1.** ver ; **etw anders/genauso ~** ver algo de otro/del mismo modo ; **gern gesehen sein** estar bien visto(ta) ; [Mensch] ser bienvenido(da) ; **sich bei jm ~ lassen** *fam* visitar a alguien ; **sich irgendwo ~ lassen** pasar por un lugar ; **etw an etw/jm ~** observar ODER ver algo en algo/alguien - **2.** *RW* : **etw nicht mehr ~ können** *fam* (ya) no soportar algo ; **etw/jd kann sich ~ lassen** algo/alguien destaca. ◇ *vi* - **1.** [mit dem Auge] : **gut/schlecht ~** ver bien/mal - **2.** [hervorsehen] verse - **3.** [beachten] : **auf etw/jn ~** fijarse en algo/alguien - **4.** [versorgen] : **nach etw/jm ~** ocuparse de algo/alguien. ◆ **sich sehen** *ref* verse. ◆ **mal sehen, mal sehn** *interj* ¡ya veremos! ◆ **siehste, siehst du** *interj* ¡(lo) ves! ◆ **sieh mal** *interj* ¡mira!, ¡ven a ver!

Sehkraft *die (ohne Pl)* facultad *f* ODER capacidad *f* visual.

Sehne (*pl* **-n**) *die* - **1.** [von Muskel] tendón *m* - **2.** [von Bogen] cuerda *f*.

sehnen ◆ **sich sehnen** *ref*: **sich nach etw/jm ~** anhelar algo/a alguien, echar de menos algo/a alguien.

sehnig *adj* - **1.** [Fleisch] tendinoso(sa) - **2.** [Körper] fibroso(sa).

Sehnsucht (*pl* **-süchte**) *die* anhelo *m*, ansiedad *f*; **~ nach etw/jm haben** anhelar algo/a alguien, echar de menos algo/a alguien.

sehnsüchtig ◇ *adj* ansioso(sa), anhelante. ◇ *adv* ansiosamente, con anhelo.

sehr *adv* - **1.** [bei Adjektiv] muy ; [bei Verb] mucho ; **die Sache ärgert mich ~** la cosa me cabrea un montón ; **zu ~** demasiado ; **~ viel** mucho ; **~ viele Fehler** muchos errores - **2.** [Ausdruck der Höflichkeit] mucho, profundamente ; **danke ~** muchas gracias.

seicht *adj* [flach] poco profundo(da) .

seid *präs* ▷ **sein.**

Seide (*pl* **-n**) *die* seda *f*.

seidig *adj* sedoso(sa).

Seife (*pl* **-n**) *die* jabón *m*.

Seifen|blase *die* pompa *f* de jabón.

Seifen|lauge *die* lejía *f* jabonosa ODER de jabón.

Seil (*pl* **-e**) *das* cuerda *f*.

Seil|bahn *die* funicular *m* (aéreo), teleférico *m*.

sein (*präs* **ist**, *prät* **war**, *perf* **ist gewesen**) ◇ *aux* haber. ◇ *vi* - **1.** [sich befinden] estar ; **in dem Wald ist ein großer Teich** en el bosque hay un gran estanque - **2.** [einen Beruf haben] ser - **3.** [eine Nationalität haben] ser - **4.** [mit Adjektiv - zur Beschreibung eines gegenwärtigen Zustandes] estar ; [- zur Beschreibung einer Eigenschaft] ser ; **sauber ~** estar limpio(pia) ; **klug ~** ser inteligente ; **er ist begabt** tiene talento ; **die Miete ist teuer** el alquiler es caro ; **ihr seid pünktlich** sois puntuales ; **die Politiker sind alle korrupt** todos los políticos son corruptos - **5.** [in bestimmten Verhältnis zu jm stehen] ser - **6.** [bestimmte Eigenschaft darstellen] ser - **7.** [aus bestimmtem Material] : **aus etw ~** ser de algo - **8.** [mit Infinitiv] ir a, estar (*+ gerundio*) ; **er ist essen** ha ido a comer, está comiendo - **9.** [mit Dativ] : **ist dir kalt/warm?** ¿tienes frío/calor ? ; **mir ist schlecht** me encuentro mal ; **es wäre mir lieber** preferiría ; **es ist mir unangenehm/peinlich** me resulta desagradable/embarazoso ; **es ist mir eine Freude** es un placer para mí - **10.** [mit Infinitiv, müssen] : **diese Fehler sind/waren noch zu verbessern** hay/había que corregir estos errores - **11.** [mit Infinitiv, können] poderse - **12.** [gehören] ser - **13.** [Lust haben auf] : **jm ist nach etw** alguien tiene ganas de algo - **14.** [herstammen] ser - **15.** [zur Angabe der Zeit] : **es ist ...** es ... ; [Uhrzeit] son las ... ; **es ist ein Uhr** es la una - **16.** [zur Angabe des Klimas] hacer ; **es ist kalt** hace frío ; **dort ist es mir zu kalt** encuentro que allí hace demasiado frío ; **es ist mild** el clima es templado - **17.** [Urheberschaft, Anlass angebend] ser - **18.** [tun müssen] : **es ist an jm, etw zu tun** es obligación de alguien hacer algo ; **es ist an ihm, zu entscheiden** es decisión suya ; **an wem ist es heute, den Tisch zu decken?** ¿a quién le toca poner la mesa hoy? - **19.** *RW* : **was ist?** ¿qué pasa? ; **damit ist es nichts** al final nada ; **das wärs** eso es todo ; **es sei denn, dass** a no ser que *(+ subjuntivo)*, a menos que *(+ subjuntivo)* ; **es war einmal ...** érase una vez ... ; **etw ~ lassen** dejar algo ; **etw nicht ~ lassen können** no poder dejar algo ; **ist was?** ¿pasa algo? ; **lass es gut ~!** ¡déjalo ya! ; **was ist mit etw/jm?** ¿qué pasa con algo/alguien? ; **wie wäre es mit etw/jm?** ¿qué tal algo/con alguien?.

sein, e *det* su.

seine, r, s ODER **seins** *pron* el suyo (la suya) ; **das Seine** lo suyo.

Seine [sɛːn(ə)] *die* Sena *m*.

seiner *pron (Genitiv von er, es)* de él/en ello.

seinerseits *adv* por su parte.

seinerzeit *adv* en aquellos tiempos, entonces.

seinesgleichen *pron abw* sus semajantes.

seinetwegen *adv* - **1.** [ihm zuliebe] por él - **2.** [wegen ihm] por su culpa - **3.** [von ihm aus] por él.

seinetwillen ◆ **um seinetwillen** *adv* por él.

seinige (*pl* **-n**) *pron (mit Artikel) geh* suyo (suya).

sein lassen *vt (unreg) fam* = **sein.**

seit ◇ *präp (+ D)* desde ; **~ wann?** ¿desde cuándo? ; **~ langem** desde hace tiempo. ◇ *konj* desde que.

seitdem ◇ *adv* desde entonces. ◇ *konj* desde que.

Seite (*pl* **-n**) *die* - **1.** [Fläche] lado *m* ; [einer Münze] cara *f* - **2.** [von Raum, Körper] lado *m* ; **zur ~ gehen** ODER **treten** hacerse a un lado, apartarse ; **auf der linken/rechten ~** [des Körpers] del lado izquierdo/derecho ; [im Raum] al lado izquierdo/derecho - **3.** [von Buch, Heft] página *f* - **4.** [Richtung] lado *m*, parte *f* - **5.** [Partei] parte *f* ; **auf js ~ (D) sein** ODER **stehen** estar de (la) parte de alguien - **6.** [Aspekt] lado *m*, punto *m* de vista - **7.** [Eigenschaft] faceta *f*, aspecto *m* ; **seine guten/schlechten ~n haben** tener su lado bueno/malo - **8.** *RW* : **jm zur ~ stehen** estar del lado de alguien, apoyar a alguien ; **jn von der ~ ansehen** mirar a alguien de reojo ; **jn zur ~ nehmen** llevarse a alguien aparte. ◆ **auf Seiten** *adv* por parte de. ◆ **von allen Seiten** *adv* - **1.** [von überall her] por todas partes - **2.** [gründlich] desde todos los ángulos. ◆ **von Seiten** *adv* por parte de.

Seitenaufprall|schutz *der (ohne pl)* barra *f* de protección lateral.

Seiten|sprung *der* desliz *m*, aventura *f*; **einen ~ machen** tener una aventura.

Seiten|stechen *das (ohne Pl)* flato *m*.

Seiten|straße *die* calle *f* lateral.

seither *adv* desde entonces.

seitlich *adj* lateral.

seitwärts *adv* - **1.** [zur Seite] hacia un lado - **2.** [auf der Seite] a un lado.

Sekretär (*pl* **-e**) *der* - **1.** [Person] secretario *m* - **2.** [Möbelstück] secreter *m*.

Sekretariat (*pl* **-e**) *das* secretariado *m*, secretaría *f*.

Sekretärin (*pl* **-nen**) *die* secretaria *f*.

Sekt (*pl* **-e**) *der* cava *m*.

Sekte (*pl* **-n**) *die* secta *f*.

Sekt|glas *das* copa *f* de cava ODER champán.

Sekundar|stufe *die* ≃ Enseñanza *f* Secundaria Obligatoria; **~ I/II** primer/segundo ciclo de Enseñanza Secundaria Obligatoria.

Sekunde (*pl* **-n**) *die* segundo *m*.

selber *pron (unver)* mismo(ma).

selbst <> *pron (unver)* por sí mismo(ma); **etw ~ tun** ODER **machen** hacer algo uno mismo (una misma). <> *adv* ni siquiera; **~ wenn** incluso si. ◆ **von selbst** *adv* por sí mismo(ma); *siehe auch* **selbst gemacht**.

Selbstachtung *die (ohne Pl)* autoestima *f*.

selbständig = **selbstständig**.

Selbständigkeit = **Selbstständigkeit**.

Selbst|bedienung *die (ohne Pl)* autoservicio *m*.

Selbst|befriedigung *die (ohne Pl)* masturbación *f*.

Selbst|beherrschung *die (ohne Pl)* autocontrol *m*.

Selbst|beteiligung *die* [bei Versicherungen] participación *f* propia, pleno *m* de retención.

selbstbewusst *adj, adv* seguro de sí mismo (segura de sí misma).

Selbstbewusstsein *das (ohne Pl)* seguridad *f* en sí mismo, -ma.

selbst gemacht *adj* hecho por uno mismo (hecha por una misma).

Selbst|gespräch *das* monólogo *m*, soliloquio *m*; **~e führen** ODER **halten** mantener un monólogo.

Selbstkosten|preis *der* precio *m* de coste; **zum ~** a precio de coste.

selbstlos <> *adj* desinteresado(da), altruista. <> *adv* de forma desinteresada, de forma altruista.

Selbst|mord *der* suicidio *m*; **~ begehen** suicidarse.

selbstsicher *adj, adv* seguro de sí mismo (segura de sí misma).

selbstständig <> *adj* - **1.** [unabhängig] independiente - **2.** [im Beruf] autónomo(ma), independiente; **sich ~ machen** hacerse autónomo(ma) ODER independiente. <> *adv* de manera autónoma ODER independiente.

Selbstständigkeit *die (ohne Pl)* - **1.** [im Beruf] independencia *f* - **2.** [Eigenverantwortlichkeit] independencia *f*; autonomía *f*.

selbsttätig <> *adj* automático(ca). <> *adv* automáticamente.

selbstverständlich <> *adj* evidente. <> *adv* por supuesto, indudablemente.

Selbst|verteidigung *die (ohne Pl)* autodefensa *f*.

Selbst|vertrauen *das (ohne Pl)* autoconfianza *f*.

Selbstzweck *der (ohne Pl)* fin *m* en sí.

selig <> *adj* - **1.** [glücklich] dichoso(sa), lleno(na) de gozo - **2.** REL beato(ta) - **3.** *geh* [tot]: **mein ~er Großvater** mi abuelo, que en paz descanse. <> *adv* [glücklich] dichosamente, gozosamente.

Sellerie *der (ohne Pl)* apio *m*.

selten <> *adj* [rar] extraño(ña). <> *adv* - **1.** [kaum] rara vez - **2.** [besonders] extraordinariamente.

Selters (*pl* **-**) *die* ODER *das* agua *f* mineral con gas.

seltsam <> *adj* raro(ra), extraño(ña). <> *adv* de manera rara, de manera extraña.

Semester (*pl* **-**) *das* semestre *m*; **zwei ~** curso *m*; **im ersten ~ sein** estar en el primer curso.

Semikolon (*pl* **-s**) *das* punto *m* y coma.

Seminar (*pl* **-e**) *das* - **1.** [Veranstaltung] seminario *m* - **2.** [Institut] departamento *m*.

Semmel (*pl* **-n**) *die Österr & Süddt* panecillo *m*.

Senat (*pl* **-e**) *der* - **1.** [von Stadtstaat] gobierno *m* - **2.** [im alten Rom, in den USA, in Spanien] senado *m*.

Senator (*pl* **-toren**) *der* senador *m*.

Senatorin (*pl* **-nen**) *die* senadora *f*.

senden (*prät* **sendete** ODER **sandte**, *perf* **hat gesendet** ODER **gesandt**) <> *vt* - **1.** *(reg)* [ausstrahlen] emitir - **2.** *(reg)* [funken] enviar, emitir - **3.** [schicken] enviar; **etw an jn ~** enviar algo a alguien. <> *vi (reg)* [übertragen] emitir.

Sende|pause *die* pausa *f* de emisión.

Sender (*pl* -) *der* - **1.** [Station] (estación *f*) emisora *f*, canal *m* - **2.** [Gerät] emisora *f*.

Sendung (*pl* **-en**) *die* - **1.** [im Postwesen - Vorgang] envío *m*, expedición *f*; [- Objekt] envío *m* - **2.** [Programm] emisión *f*, espacio *m* - **3.** *(ohne Pl)* [Übertragung] transmisión *f*; **wir sind auf ~!** ¡estamos en el aire!

Senegal *der* Senegal *m* ; **im ~** en Senegal.

Senf (*pl* **-e**) *der* mostaza *f*.

sengend *adj* abrasador(ra) ; [Hitze] asfixiante.

Senior (*pl* **Senioren**) *der* - **1.** *(ohne Pl)* WIRTSCH padre *m* - **2.** [Ältester] veterano *m*. ◆ **Senioren** *pl* - **1.** [Alte] ancianos *mpl*, tercera *f* edad - **2.** SPORT seniors *mpl*.

Senioren|heim *das* residencia *f* para la tercera edad.

Seniorin (*pl* **-nen**) *die* anciana *f* ; **~nen** tercera *f* edad.

senken *vt* - **1.** [ermäßigen] bajar, reducir - **2.** [sinken lassen] bajar - **3.** [absenken] descender - **4.** [niedriger machen] bajar - **5.** [Blick] bajar. ◆ **sich senken** *ref* - **1.** [absinken] descender - **2.** [niedergehen] bajarse.

senkrecht ◇ *adj* vertical ; [Linie] perpendicular. ◇ *adv* verticalmente, perpendicularmente.

Senk|rechte *die* perpendicular *f*.

Sense (*pl* **-n**) *die* - **1.** [Gerät] guadaña *f* - **2.** *fam* [Schluss].

sensibel ◇ *adj* sensible. ◇ *adv* - **1.** [feinfühlig] con sensibilidad - **2.** [reizempfindlich] de forma sensible.

sentimental ◇ *adj* sentimental. ◇ *adv* de forma sentimental.

Seoul [se'u:l] *nt* Seúl *m*.

separat ◇ *adj* aparte. ◇ *adv* por separado.

September *der (ohne Pl)* se(p)tiembre *m* ; **am siebten ~** el siete de se(p)tiembre ; **Sonntag, den 1. ~** domingo, 1 de se(p)tiembre ; **im ~** en se(p)tiembre ; **Anfang/Mitte/Ende ~** a comienzos/mediados/finales de se(p)tiembre.

Serbe (*pl* **-n**) *der* serbio *m*.

Serbien *nt* Serbia *f*.

Serbin (*pl* **-nen**) *die* serbia *f*.

serbisch *adj* serbio(bia).

Serie ['ze:ri̯ə] (*pl* **-n**) *die* serie *f* ; [von Autos] modelo *m*.

serienmäßig ◇ *adj* de serie. ◇ *adv* en serie.

serienweise *adv* en serie.

seriös ◇ *adj* - **1.** [vertrauenswürdig] serio(ria) - **2.** [würdevoll] formal. ◇ *adv* - **1.** [würdevoll] formalmente - **2.** [vertrauenswürdig] seriamente.

Serpentine (*pl* **-n**) *die* - **1.** [Straße] serpentina *f* - **2.** [Kurve] curva *f* cerrada.

Serum (*pl* **Seren**) *das* suero *m*.

servieren [zɛr'vi:rən] *vt* servir.

Serviette [zɛr'vi̯ɛtə] (*pl* **-n**) *die* servilleta *f*.

Servo|lenkung ['zɛrvolɛŋkʊŋ] *die* dirección *f* asistida.

Sesam *der* sésamo *m*.

Sessel (*pl* -) *der* sillón *m*.

Sessel|lift *der* telesilla *f*.

setzen (*perf* **hat/ist gesetzt**) ◇ *vt (hat)* - **1.** [an einen bestimmten Ort] poner ; [auf Stuhl, an bestimmten Platz] colocar ; **etw in etw/jn ~** poner algo en algo/alguien - **2.** [schreiben] poner - **3.** [aufstellen] erigir - **4.** [festlegen] fijar, poner ; **sich** *(D)* **ein Ziel ~** marcarse un objetivo - **5.** [Pflanzen] poner - **6.** [befördern] llevar - **7.** [Text, Buch] componer - **8.** [wetten] : **etw auf etw** *(A)* **~** apostar algo a algo - **9.** *RW* : **es setzt was** *fam* te voy a dar. ◇ *vi* - **1.** *(hat)* [wetten] apostar ; **auf etw/jn ~** apostar por algo/alguien - **2.** [übersetzen] : **über etw** *(A)* **~** pasar sobre algo. ◆ **sich setzen** *ref* - **1.** [hinsetzen] sentarse ; **sich zu jm ~** sentarse al lado de ODER con alguien - **2.** [sich senken] posarse.

Seuche (*pl* **-n**) *die* epidemia *f*, peste *f*.

seufzen *vi* suspirar.

Seufzer (*pl* -) *der* suspiro *m*.

Sex *der (ohne Pl)* sexo *m*.

Sexualität *die (ohne Pl)* sexualidad *f*.

sexuell ◇ *adj* sexual. ◇ *adv* sexualmente.

sexy *fam* ◇ *adj (unver)* sexy. ◇ *adv* de forma sexy.

sezieren *vt & vi* diseccionar.

sfr. (*abk für* **Schweizer Franken**) FS.

Shampoo ['ʃampu] (*pl* **-s**) *das* champú *m*.

Shareware *die (ohne pl)* shareware *m*.

Sherry ['ʃɛri] (*pl* **-s**) *der* jerez *m*.

Shorts ['ʃo:ɐts] *pl* pantalones *mpl* cortos.

Show [ʃo:] (*pl* **-s**) *die* show *m*, espectáculo *m*.

Showmaster, in ['ʃo:ma:stɐ, rın] (*mpl* -, *fpl* **-nen**) *der, die* presentador *m*, -ra *f*.

Shredder *der* = **Schredder**.

shreddern *vt* = **schreddern**.

Shrimp *der* = **Schrimp**.

Sibirien [zi'bi:ri̯ən] *nt* Siberia *f*.

sich *pron* - **1.** [Reflexivpronomen - Akkusativ und Dativ von er, sie, es] se ; [- von man] se ; **das lohnt ~** (eso) merece la pena - **2.** [einander] se.

Sichel (*pl* -n) *die* hoz *f*.

sicher <> *adj* [alle Bedeutungen] seguro(ra) ; **vor etw/jm ~ sein** estar a salvo de algo/alguien ; **sich** *(D)* **einer Sache** *(G)* **~ sein** estar seguro(ra) de algo ; **~ sein** estar seguro(ra). <> *adv* - **1.** [zuverlässig, selbstbewusst] con seguridad - **2.** [fundiert] con certeza - **3.** [unabwendbar, sicherlich] seguro, seguramente. ◆ **aber sicher** *interj* ¡claro que sí!

sicher sein

Estoy convencido de que ganarás el premio. Ich bin sicher, dass du den Preis bekommst.

No me cabe la menor duda. Da gibt es gar keinen Zweifel.

Estoy completamente seguro de que se quedará con nosotros. Ich bin absolut sicher, dass sie bei uns bleibt.

Créeme, sé bien lo que me digo. Glaub mir, ich weiß genau, was ich sage.

Ya verás como todo saldrá bien. Sei unbesorgt, das geht alles gut.

Con toda seguridad acabará casándose con él. Mit hundertprozentiger Sicherheit wird sie ihn heiraten.

sicher|gehen (*perf* **ist sichergegangen**) *vi (unreg)* ir sobre seguro.

Sicherheit (*pl* -en) *die* - **1.** *(ohne Pl)* [allgemein] seguridad *f* ; [eines Urteils] certeza *f* ; **(vor etw/jm) in ~ sein** estar a salvo (de algo/alguien) - **2.** *(ohne Pl)* [Zuverlässigkeit] garantía *f* - **3.** [Bürgschaft] garantía *f*.

Sicherheits|gurt *der* cinturón *m* de seguridad.

sicherheitshalber *adv* para mayor seguridad.

Sicherheits|nadel *die* imperdible *m*, seguro *m Amér.*

Sicherheits|schloss *das* cerradura *f* de seguridad.

sicherlich *adv* seguro.

sichern *vt* - **1.** [absichern] proteger - **2.** [gewährleisten] asegurar - **3.** [Spuren] recoger. ◆ **sich sichern** *ref* - **1.** [sich absichern] asegurarse ; **sich gegen etw ~** asegurarse ODER protegerse contra algo - **2.** [sich verschaffen] : **sich** *(D)* **etw ~** reservarse algo.

sicher|stellen *vt* - **1.** [beschlagnahmen] intervenir - **2.** [gewährleisten] asegurar.

Sicherung (*pl* -en) *die* - **1.** *(ohne Pl)* [Schutz] protección *f* - **2.** ELEKTR fusible *m* - **3.** [Schutzmaßnahme] medida *f* de protección.

Sicht *die (ohne Pl)* - **1.** [Sichtverhältnisse] visibilidad *f* ; **außer ~** fuera del alcance de la vista - **2.** [Betrachtungsweise] punto *m* de vista ; **aus meiner ~** desde mi punto de vista. ◆ **auf lange Sicht** *adv* a largo plazo.

sichtbar <> *adj* - **1.** [deutlich] visible - **2.** [wahrnehmbar] visible, perceptible. <> *adv* de forma visible ODER palpable.

sichten *vt* avistar ; [Akten, Unterlagen, Material] examinar.

sichtlich <> *adj* visible, evidente. <> *adv* visiblemente.

Sicht|weite *die* visibilidad *f* ; **in/außer ~ sein** estar al/fuera de alcance de la vista.

sickern (*perf* **ist gesickert**) *vi* [fließen] filtrarse.

sie *pron* - **1.** [Singular - Nominativ] **ella** ; [- Akkusativ] **la** - **2.** [Plural - Nominativ] **ellos (ellas)** ; [- Akkusativ] **los (las)**.

Sie *pron (Singular und Plural)* [Nominativ, Singular] usted, Ud. ; [Nominativ, Plural] **ustedes, Uds.** ; [Akkusativ, Singular] **lo (la)** ; [Akkusativ, Plural] **los (las)**.

Sie

Los adultos se hablan de **Sie** «usted» en Alemania por regla general. Únicamente se tutean de manera natural los menores, en la familia y en grupos con un trato más relajado (por ejemplo, entre deportistas).
Los adultos deben acordar expresamente el paso del 'usted' al 'tú' y el uso del nombre de pila para llamarse entre ellos, y son las personas de más edad o los superiores quienes lo ofrecen. En algunas situaciones se puede sellar este acuerdo con un brindis y con un beso en la mejilla como símbolo de amistad.

Sieb (*pl* -e) *das* tamiz *m* ; [Seiher] colador *m*.

sieben[1] <> *vt* - **1.** [durchsieben] colar - **2.** [auswählen] seleccionar. <> *vi* [auswählen] seleccionar, cribar.

sieben[2] *num* siete ; *siehe auch* **sechs**.

Sieben (*pl* - ODER **-en**) *die* siete *m* ; *siehe auch* **Sechs**.

Siebenbürgen *nt* Transilvania *f*.

siebenfach <> *adj* séptuplo(pla), siete veces. <> *adv* siete veces.

siebenhundert *num* setecientos(tas).

siebenmal *adv* siete veces.

Siebensachen *pl fam* bártulos *mpl*.

siebentausend *num* siete mil.

siebte, siebente, r, s *adj* séptimo(ma) ; *siehe auch* **sechste**.

Siebte (*pl* -n) *der, die, das* séptimo *m*, -ma *f* ; *siehe auch* **Sechste**.

siebtel *adj (unver)* séptimo(ma) ; *siehe auch* **sechstel**.

Siebtel (*pl* -) *das* séptima parte *f*; *siehe auch* **Sechstel**.

siebzehn *num* diecisiete ; *siehe auch* **sechs**.

Siebzehn (*pl* **-en**) *die* diecisiete *m* ; *siehe auch* **Sechs**.

siebzig *num* setenta ; *siehe auch* **sechs**.

Siebzigerjahre, siebziger Jahre *pl*: **die ~** los años setenta.

sieden (*prät* **siedete** ODER **sott**, *perf* **hat gesiedet** ODER **hat gesotten**) ◇ *vi (reg)* [Flüssigkeit] hervir. ◇ *vt* - **1.** *(unreg)* [Speisen] cocer - **2.** *(reg)* [Flüssigkeit] hervir.

Siedler, in (*mpl* -, *fpl* **-nen**) *der, die* colono *m*, -na *f*.

Siedlung (*pl* **-en**) *die* [Häusergruppe] urbanización *f*.

Sieg (*pl* **-e**) *der* victoria *f* ; **der ~ über etw/jn** la victoria sobre algo/alguien.

Siegel (*pl* -) *das* sello *m*.

siegen *vi* vencer ; **über etw/jn ~** vencer a ODER sobre algo/alguien.

Sieger (*pl* -) *der* ganador *m*, vencedor *m*.

Siegerlehrung *die* ceremonia *f* de entrega (de premios).

Siegerin (*pl* **-nen**) *die* ganadora *f*, vencedora *f*.

siehe *vi* [in Text] : **~ oben** véase (más) arriba ; **~ Seite 15** véase pág. 15.

sieht *präs* ▷ **sehen**.

siezen *vt* tratar de usted. ◆ **sich siezen** *ref* tratarse de usted.

Signal (*pl* **-e**) *das* señal *f* ; **das ~ zu etw geben** [einleiten] dar el primer paso para algo ; [Zeichen] provocar algo.

Silbe (*pl* **-n**) *die* sílaba *f* ; **etw/jn mit keiner ~ erwähnen** *fig* no hacer ni la más mínima alusión a algo/alguien.

Silbenltrennung *die* separación *f* en sílabas.

Silber *das (ohne Pl)* plata *f*.

Silberhochlzeit *die* bodas *fpl* de plata.

Silberlmedaille *die* medalla *f* de plata.

silbern ◇ *adj* [aus Silber] de plata. ◇ *adv* [wie Silber] como la plata ; [lachen] dulcemente.

Silo (*pl* **-s**) *der* ODER *das* silo *m*.

Silvester [zɪlˈvɛstɐ] (*pl* -) *der* ODER *das* Nochevieja *f* ; **~ feiern** celebrar la Nochevieja.

Sims (*pl* **-e**) *das* ODER *der* repisa *f*.

Simulation (*pl* **-en**) *die* simulación *f*.

simultan ◇ *adj* simultáneo(a). ◇ *adv* simultáneamente.

Sinai *der* Sinaí *m* ; **auf dem ~** en el Sinaí.

sind *präs* ▷ **sein**.

Sinfonie, Symphonie *die* sinfonía *f*.

Sinfoniker, in (*mpl* -, *fpl* **-nen**), **Symphoniker** *der, die* sinfonista *mf*.

Singapur *nt* Singapur *m*.

singen (*prät* **sang**, *perf* **hat gesungen**) ◇ *vi* - **1.** [musizieren] cantar - **2.** *salopp abw* [aussagen] desembuchar. ◇ *vt* cantar ; **jn in den Schlaf ~** cantar a alguien hasta que se quede dormido(da).

Single [ˈsɪŋ(g)l] (*pl* - ODER **-s**) ◇ *der (G Single(s), Pl Singles)* soltero *m*, -ra *f*. ◇ *die (G Single, Pl Single(s))* single *m*.

Singular *der (ohne Pl)* singular *m*.

Singlvogel *der* pájaro *m* cantor, ave *f* cantora.

sinken (*prät* **sank**, *perf* **ist gesunken**) *vi* - **1.** [einsinken, versinken] hundirse - **2.** [abnehmen, niedersinken] bajar ; [ohnmächtig] desplomarse.

Sinn (*pl* **-e**) *der* - **1.** *(ohne Pl)* [Bedeutung] sentido *m* ; **im übertragenen ~** en sentido figurado - **2.** [zur Wahrnehmung] sentido *m* - **3.** *(ohne Pl)* [Gefühl] : **einen/keinen ~ für etw haben** tener/no tener el sentido de algo.

Sinnlbild *das* símbolo *m*.

Sinneslorgan *das* órgano *m* sensorial.

Sinneslwandel *der (ohne Pl)* cambio *m* de opinión.

sinngemäß *adj, adv* conforme al sentido.

sinnig ◇ *adj* ocurrente, agudo(da). ◇ *adv* sensatamente.

sinnlich ◇ *adj* - **1.** [Genuss betreffend] sensual - **2.** [Sinne betreffend] sensorial. ◇ *adv* - **1.** [Genuss betreffend] sensualmente - **2.** [Sinne betreffend] sensorialmente.

sinnlos *adj, adv* sin sentido.

Sinnlosigkeit (*pl* **-en**) *die* absurdidad *f*.

sinnvoll ◇ *adj* - **1.** [befriedigend] con sentido - **2.** [zweckmäßig] juicioso(sa). ◇ *adv* - **1.** [befriedigend] con sentido - **2.** [zweckmäßig] de forma juiciosa.

Sintflut *die (ohne Pl)* - **1.** [biblisch] diluvio *m* - **2.** [Übermaß] avalancha *f* ; [Regen] diluvio *m*.

Sippe (*pl* **-n**) *die* clan *m*.

Sirene (*pl* **-n**) *die* sirena *f*.

Sirup *der (ohne Pl)* - **1.** [für Saft] jarabe *m* - **2.** [aus Zucker] melaza *f*.

Sitte (*pl* **-n**) *die* - **1.** [Gepflogenheit] costumbre *f* ; **etw ist (bei jm) ~** algo es una costumbre (para alguien) - **2.** *(ohne Pl) fam* [Sittenpolizei] policía *f* correccional.

sittenwidrig ◇ *adj* inmoral. ◇ *adv* de forma inmoral.

sittlich <> *adj* - **1.** [sittsam] decente - **2.** [der Moral] moral. <> *adv* - **1.** [moralisch] moralmente - **2.** [sittsam] decentemente.

Sittlichkeits|verbrechen *das* delito *m* sexual.

Situation (*pl* **-en**) *die* situación *f*.

Sitz (*pl* **-e**) *der* - **1.** [Möbel] asiento *m* ; [im Kino] butaca *f* - **2.** *(ohne Pl)* [von Institution, Firma] sede *f* - **3.** [in Institutionen] escaño *m* - **4.** *(ohne Pl)* [von Kleidung] caída *f* ; **einen guten ~ haben** sentar bien.

Sitz|ecke *die* banco *m* ; [Polstermöbel] conjunto *m* de (sofás y) sillones.

sitzen (*prät* **saß**, *perf* **hat gesessen**) *vi* - **1.** [dasitzen] estar sentado(da) ; **im Sitzen arbeiten** trabajar sentado(da) ; **bleiben Sie doch bitte ~!** ¡no se levante, por favor! ; **auf etw** *(D)* **~** estar sentado(da) en algo - **2.** [sich aufhalten] : **an etw** *(D)* **/vor etw** *(D)* **~** estar sentado(da) delante de algo ; **beim Arzt ~** estar esperando en la consulta - **3.** [sich befinden] : **auf etw** *(D)* **~** estar posado(da) sobre algo - **4.** [passen] quedar - **5.** *fam* [im Gefängnis sein] estar en chirona - **6.** *fam* [beherrscht werden] ; **sitzt das Stück?** ¿tienes la pieza trabajada? - **7.** [Mitglied sein] : **in etw** *(D)* **~** ser miembro de algo - **8.** [seinen Sitz haben] tener su sede - **9.** KUNST : **jm** ODER **für jn ~** posar para alguien - **10.** [seinen Ursprung haben] tener su origen - **11.** [befestigt sein] estar sujeto(ta) ; **locker ~** estar flojo(ja) - **12.** *fam* [sitzen bleiben] : **auf etw** *(D)* **~** no poder vender algo.

sitzen bleiben (*perf* **ist sitzen geblieben**) *vi (unreg)* - **1.** [in der Schule] repetir (curso) - **2.** [auf Waren] : **auf etw** *(D)* **~** no poder vender algo.

sitzen lassen *vt (unreg) fam* - **1.** [Person] : **jn ~** dejar plantado(da) a alguien - **2.** [beruhen lassen] : **etw auf sich** *(D)* **/nicht auf sich** *(D)* **~** dejar/no dejar que algo afecte a alguien, tragarse/no tragarse algo.

Sitz|gelegenheit *die* asiento *m*.

Sitz|ordnung *die* distribución *f* de asientos.

Sitz|platz *der* asiento *m*.

Sitzung (*pl* **-en**) *die* - **1.** [Konferenz] reunión *f* - **2.** [Behandlung] sesión *f*.

Sizilien [zi'tsiːli̯ən] *nt* Sicilia *f* ; **auf** ODER **in ~** en Sicilia.

Skala (*pl* **-s** ODER **Skalen**) *die* escala *f*.

Skalpell (*pl* **-e**) *das* bisturí *m*, escalpelo *m*.

Skandal (*pl* **-e**) *der* escándalo *m*.

skandalös <> *adj* escandaloso(sa). <> *adv* de forma escandalosa.

Skandinavien [skandi'naːvi̯ən] *nt* Escandinavia *f*.

Skandinavier, in [skandi'naːvi̯ɐ, rɪn] (*mpl* **-**, *fpl* **-nen**) *der, die* escandinavo *m*, -va *f*.

skandinavisch [skandi'naːvɪʃ] *adj* escandinavo(va).

Skat *der (ohne Pl) juego de baraja con tres personas* ; **~ spielen** jugar al skat.

Skelett (*pl* **-e**) *das* esqueleto *m*.

Skepsis *die (ohne Pl)* escepticismo *m*.

skeptisch <> *adj* escéptico(ca). <> *adv* con escepticismo.

Ski, Schi [ʃiː] (*pl* **-** ODER **-er**) *der* esquí *m* ; **auf ~ern** sobre esquíes ; **~ fahren** ODER **laufen** esquiar.

Ski|fahren *das (ohne Pl)* esquiar *m*.

Ski|gebiet *das* pistas *fpl* esquiables.

Ski|kurs *der* curso *m* de esquí.

Ski|langlauf *der (ohne Pl)* esquí *m* de fondo.

Ski|läufer, in *der, die* esquiador *m*, -ra *f*.

Ski|lehrer, in *der, die* monitor *m*, -ra *f* de esquí.

Ski|lift *der* telesquí *m*.

Ski|piste *die* pista *f* de esquí.

Ski|stiefel *der* bota *f* de esquí.

Ski|stock *der* bastón *m* de esquí.

Ski|urlaub *der* vacaciones *fpl* de esquí.

Skizze (*pl* **-n**) *die* - **1.** [Zeichnung] boceto *m*, bosquejo *m* - **2.** [Text] esbozo *m*.

skizzieren *vt* - **1.** [zeichnen] bosquejar, esbozar - **2.** [schreiben] esbozar.

Sklave ['sklaːvə] (*pl* **-n**) *der* esclavo *m*.

Sklavin ['sklaːvɪn] (*pl* **-nen**) *die* esclava *f*.

Skorpion (*pl* **-e**) *der* - **1.** [Tier] escorpión *m* - **2.** ASTROL Escorpio *m*.

Skrupel (*pl* **-**) *der* escrúpulo *m* ; **ohne ~** sin escrúpulos.

skrupellos *adj, adv* sin escrúpulos.

Skulptur (*pl* **-en**) *die* escultura *f*.

Slalom (*pl* **-s**) *der* eslálom *m*.

Slawe (*pl* **-n**) *der* eslavo *m*.

Slawin (*pl* **-nen**) *die* eslava *f*.

slawisch *adj* eslavo(va).

Slip (*pl* **-s**) *der* slip *m*, braga *f*.

Slowakei *die* Eslovaquia *f*.

Slowene (*pl* **-n**) *der* esloveno *m*.

Slowenien *nt* Eslovenia *f*.

Slowenin (*pl* **-nen**) *die* eslovena *f*.

Smoking (*pl* **-s**) *der* esmoquin *m*.

Snowboard (*pl* **-s**) *das* snowboard *m*.

so <> *adv* - **1.** [in dieser Art] así ; **gut ~!** *fam* ¡muy bien! ; **~ ist es!** *fam* ¡así es! ; **mach weiter ~!** ¡sigue así! - **2.** [Ausdruck eines Vergleichs, sehr] tan ; **lob ihn nicht ~** no le alabes tanto ; **~ ... wie ...** tan ... como ... - **3.** [derartig] tan ; **~ einer/eine/eins** uno/una así - **4.** *fam* [circa] más o menos - **5.** [Angabe eines Zitats] según ; - **6.** *fam* [irgendwie] una especie de ; **im Museum haben wir ~ Insekten gesehen** en el museo vimos una especie de insectos - **7.** [Hinweis auf eine abgeschlossene Handlung] bueno ; **~, das wars dann** bueno, esto es todo - **8.** *fam* [allgemein] : **na, was hast du ~ gemacht?** ¿qué has hecho? - **9.** *fam* [pur, ohne etwas] tal cual ; - **11.** [Ausdruck von Ärger] pero ◇ *konj* - **1.** [Ausdruck eines Vergleichs] tan ... como, tanto ... como ; **er ist ~ schnell er konnte gekommen** vino tan pronto como pudo ; **iss ~ viel du willst** come tanto como quieras - **2.** [Ausdruck der Einschränkung] aunque ; **~ leid es mir auch tut, ich muss schon gehen** aunque sea una pena, tengo que marcharme ya - **3.** [Ausdruck der Folge] : **~ ..., dass** tan ... que. ◇ *interj* - **1.** [Ausdruck des Zweifels] : **so?** ¿en serio? - **2.** [ja, aha] : **so?** ¿y bien? ; **~, ~** [Ausdruck von Desinteresse] vaya, vaya ; [Ausdruck einer Mahnung] conque sí ¿eh?. ◆ **so oder so** *adv* de todas formas. ◆ **so und so** *adv* así o así ◆ **so dass** *konj* = **sodass**.

s. o. *abk für* **siehe oben** ; *siehe auch* **siehe**.

SO (*abk für* **Südost**) SE.

sobald *konj* tan pronto como.

Socke (*pl* **-n**) *die* calcetín *m*.

Sockel (*pl* **-**) *der* [von Denkmälern] pedestal *m*.

sodass, so dass *konj* de modo que.

soeben *adv* - **1.** [augenblicklich] en este momento - **2.** [vor kurzem] : **~ erhielten wir die traurige Nachricht** acabamos de recibir la triste noticia.

Sofa (*pl* **-s**) *das* sofá *m*.

soff *prät* ▷ **saufen**.

sofort *adv* [augenblicklich] inmediatamente.

Software|paket *das* EDV paquete *m* de software.

sog *prät* ▷ **saugen**.

sogar *adv* incluso.

Sohle (*pl* **-n**) *die* [Schuhsohle] suela (f).

Sohn (*pl* **Söhne**) *der* hijo *m*.

solang, solange *konj* - **1.** [während] mientras - **2.** [sofern] siempre y cuando.

solche, r, s *det* - **1.** [zur Angabe einer Eigenschaft] semejantes ; **~ Methoden mag ich nicht** semejantes métodos no me van - **2.** [zur Angabe großer Intensität] : **er hatte ~ Angst, dass er zitterte** tenía tanto miedo que temblaba ; **er traf ihn mit ~r Wucht, dass ...** le dio con tal ímpetu que ...

Soldat (*pl* **-en**) *der* soldado *m*.

Solidaritäts|beitrag *der (ohne pl) impuesto con el que los länder de la antigua República Federal de Alemania contribuyen a la reconstrucción de los länder del Este.*

Solist, in (*mpl* **-en**, *fpl* **-nen**) *der, die* solista *mf*.

sollen (*perf* **hat gesollt** ODER **-**) ◇ *aux (Perf sollen)* - **1.** [als Aufforderung] : **~ wir ins Kino?** ¿quieres que vayamos al cine? ; **was soll ich tun, damit er endlich auf mich hört?** ¿qué debo hacer para que me haga caso de una vez? ; **was soll ich tun, wenn er mich verlässt?** ¿qué voy a hacer si me abandona? - **2.** [als Ermahnung] : **das hättest du nicht sagen ~** eso no deberías haberlo dicho - **3.** [als Vermutung] : **er soll ja ganz nett sein** parece ser que es muy simpático ; **was soll das?** ¿pero qué es eso? ; **was solls!** *fam* ¡(pues) qué se le va a hacer! - **4.** [als Bedingung] : **sollte jd etw tun** si alguien hiciera algo. ◇ *vi (Perf hat gesollt)* deber ; **soll er doch!** *fam* ¡pues que lo haga! ◇ *vt (Perf hat gesollt)* deber hacer.

solo ◇ *adv* [spielen, tanzen] solo(la). ◇ *adj (unver) fam* [allein] solo(la).

somit *adv* por consiguiente, por tanto.

Somalia *nt* Somalia *f*.

Sommer (*pl* **-**) *der* verano *m*.

Sommer|ferien *pl* vacaciones *fpl* de verano.

Sommer|sprosse *die* peca *f*.

Sommer|zeit *die (ohne Pl)* [Uhrzeit] hora *f* de verano.

Sonate (*pl* **-n**) *die* MUS sonata *f*.

Sonderan|gebot *das* oferta *f* ; **im ~** en oferta.

sonderbar ◇ *adj* - **1.** [ungewöhnlich] extraño(ña) - **2.** [eigentümlich] particular. ◇ *adv* de forma extraña.

Sonder|fahrt *die amt* viaje *m* extra, excursión *f*.

Sonder|fall *der* caso *m* especial.

Sonder|genehmigung *die* autorización *f* especial.

sondergleichen *adj* sin igual.

sonderlich ◇ *adj* - **1.** [Anstrengung, Mühe] especial, demasiado(da) - **2.** [sonderbar] particular. ◇ *adv* : **nicht ~** no especialmente.

Sondermüll *der (ohne Pl)* residuos *mpl* peligrosos.

sondern *konj* sino ; **das war nicht Ursula, ~ Lore** no era Ursula, sino Lore.

Sonder|schule *die* escuela *f* de educación especial.

Sonder|zug *der* tren *m* especial.

Sonnabend (*pl* **-e**) *der* sábado *m* ; *siehe auch* **Samstag**.

sonnabends *adv* los sábados ; *siehe auch* **samstags**.

Sonne (*pl* **-n**) *die (ohne Pl)* Sol *m* ; **die ~ geht auf/unter** el sol sale/se pone ; **die ~ scheint** brilla el sol ; **in der prallen ~** a pleno sol.

sonnen ◆ **sich sonnen** *ref* - **1.** [in Sonne] tomar el sol - **2.** [in Erfolg, Ruhm] : **sich in etw** *(D)* ~ *fig* disfrutar de algo.
Sonnenauf|gang *der* amanecer *m.*
Sonnen|blume *die* girasol *m.*
Sonnen|brand *der* quemadura *f* del sol.
Sonnen|brille *die* gafas *fpl* de sol.
Sonnen|creme *die* crema *f* bronceadora.
Sonnen|dach *das* - **1.** [von Auto] techo *m* solar - **2.** [für Terrasse] toldo *m.*
Sonnen|energie *die (ohne Pl)* energía *f* solar.
Sonnen|finsternis *die* eclipse *m* solar.
Sonnen|licht *das (ohne Pl)* luz *f* del sol.
Sonnen|öl *das* aceite *m* bronceador.
Sonnen|schein *der (ohne Pl)* luz *f* del sol.
Sonnen|schirm *der* sombrilla *f.*
Sonnen|schutz *der (ohne Pl)* protección *f* solar.
Sonnen|seite *die lado en el que da el sol*; **die ~ von etw** el lado positivo de algo.
Sonnen|stich *der (ohne Pl)* insolación *f.*
Sonnen|strahl *der* rayo *m* de sol.
Sonnen|system *das* sistema *f* solar.
Sonnen|uhr *die* reloj *m* de sol.
Sonnenunter|gang *der* puesta *f* de sol.
Sonnen|wende *die* solsticio *m.*
sonnig *adj* - **1.** [mit viel Sonne] soleado(da) - **2.** [heiter] alegre.
Sonntag (*pl* **-e**) *der* domingo *m*; *siehe auch* Samstag.
sonntags *adv* los domingos; *siehe auch* samstags.
sonst *adv* - **1.** [außerdem, ansonsten] por lo demás; **~ nichts** nada más; **~ noch was?** *fam* ¿algo más?; **was ~?** ¿qué si no?; **wer/wie/wo (denn) ~?** ¿quién/cómo/dónde si no? - **2.** [normalerweise] generalmente.
sonstig *adj* otro(tra).
sonst wo *adv fam* en algún otro lugar.
sonst woher *adv fam* de algún otro lugar.
sonst wohin *adv fam* a algún otro lugar.
sooft *konj* cada vez que, siempre que.
Sopran (*pl* **-e**) *der* - **1.** *(ohne Pl)* [Stimmlage, Stimme im Chor] soprano *m* - **2.** [Sängerin] soprano *f.*
Sorge (*pl* **-n**) *die* - **1.** [Problem] preocupación *f*; **sich um etw/jn ~n machen** preocuparse por algo/alguien - **2.** *(ohne Pl)* [Angst] preocupación *f* - **3.** *(ohne Pl)* [Pflege] cuidado *m.*
sorgen *vi* : **für etw/jn~** ocuparse de algo/alguien. ◆ **sich sorgen** *ref* : **sich um etw/jn ~** preocuparse por algo/alguien.
Sorgen|kind *das* niño *m* problemático, niña *f* problemática.
Sorgerecht *das (ohne Pl)* tutela *f.*
Sorgfalt *die (ohne Pl)* cuidado *m*, esmero *m.*
sorgfältig ◇ *adj* cuidadoso(sa), esmerado(da). ◇ *adv* cuidadosamente, esmeradamente.
sorglos ◇ *adj* despreocupado(da). ◇ *adv* sin preocupaciones.
Sorte (*pl* **-n**) *die* clase *f.* ◆ **Sorten** *pl* WIRTSCH divisas *fpl.*
sortieren *vt* - **1.** [ordnen] clasificar - **2.** [auslesen] seleccionar.
Sortiment (*pl* **-e**) *das* surtido *m.*
sosehr *konj* por mucho que.
Soße (*pl* **-n**) *die* salsa *f.*
Sound|karte *die* EDV tarjeta *f* de sonido.
Souvenir [suvə'niːɐ̯] (*pl* **-s**) *das* regalo *m*, recuerdo *m.*
souverän [zuvə'rɛːn] ◇ *adj* soberano(na). ◇ *adv* soberanamente.
soviel *konj* por lo que; **~ ich weiß** que yo sepa.
so viel *adv* tanto; **~ wie** tanto como; **halb ~ (wie)** la mitad de.
soweit *konj* por lo que; **~ ich weiß** por lo que yo sé.
so weit ◇ *adj* : **~ sein** estar listo(ta); **es ist ~** ha llegado el momento. ◇ *adv* hasta aquí; **~ für heute** basta por hoy.
so wenig *adv* tan poco.
sowie *konj* así como.
sowieso *adv* de todas formas.
Sowjetunion *die* : **die ehemalige ~** la antigua Unión Soviética.
sowohl *konj* : **~ ... als auch** tanto ... como.
sozial ◇ *adj* social. ◇ *adv* socialmente.
Sozial|abgaben *pl* contribuciones *fpl* sociales, gravámenes *mpl* sociales.
Sozial|amt *das* oficina *f* de asuntos sociales.
Sozial|arbeiter, in *der, die* asistente *m*, -ta *f* social.
Sozial|demokrat, in *der, die* socialdemócrata *mf.*
Sozial|fall *der persona necesitada de la asistencia social del Estado.*
Sozial|hilfe *die (ohne Pl)* asistencia *f* social.
Sozialismus *der (ohne Pl)* socialismo *m.*
sozialkritisch ◇ *adj* crítico(ca) con la sociedad. ◇ *adv* de crítica social.
Sozial|leistungen *pl* prestaciones *fpl* sociales.
Sozial|minister, in *der, die* ministro *m*, -tra *f* de Asuntos Sociales.
Sozial|pädagogik *die (ohne Pl)* pedagogía *f* social.
Sozial|politik *die (ohne Pl)* política *f* social.

Soziallstaat *der (ohne Pl)* estado *m* de bienestar (social).

Sozialverlsicherung *die* seguridad *f* social.

Soziallwohnung *die* vivienda *f* de protección oficial.

Soziologie *die (ohne Pl)* sociología *f*.

sozusagen *adv* por así decir.

Spachtel (*pl* -) *der, die* espátula *f*.

spachteln *vt* [mit Spachtelmasse] emplastecer.

Spagat (*pl* -e) *der* - **1.** SPORT spagat *m* - **2.** *Fig* equilibrio *m*.

Spagetti, Spaghetti *pl* espaguetis *mpl*.

Spalier (*pl* -e) *das* - **1.** [von Menschen] calle *f* - **2.** [für Pflanzen] espaldera *f* - **3.** [Reben] emparrado *m*.

Spalt (*pl* -e) *der* rendija *f*; **das Fenster einen ~ weit** ODER **breit öffnen** abrir un poco la ventana.

Spalte (*pl* -n) *die* - **1.** [in Fels, Gletscher] grieta *f* - **2.** [in Zeitung, Buch] columna *f*.

spalten *vt* - **1.** [zerteilen] partir - **2.** CHEM disociar ; PHYS disgregar, desintegrar ; [Atom] fisionar. ◆ **sich spalten** *ref* - **1.** [Haare, Nägel] abrirse, resquebrajarse - **2.** [Gruppen, Staaten] escindirse, dividirse.

Spaltung (*pl* -en) *die* - **1.** CHEM disociación *f*; PHYS disgregación *f*, desintegración *f*; [von Atom] fisión *f* - **2.** [von Gruppen, Ländern] escisión *f*.

Span (*pl* **Späne**) *der* astilla *f*, viruta *f*.

Spanlferkel *das* KÜCHE cochinillo *m*.

Spange (*pl* -n) *die* - **1.** [Haarspange] horquilla *f* - **2.** [Zahnspange] aparato *m*.

Spanien *nt* España *f*.

Spanier, in ['ʃpa:niɐ, rɪn] (*mpl* -, *fpl* **-nen**) *der, die* español *m*, -la *f*.

spanisch ◇ *adj* español(la). ◇ *adv* español.

Spanisch *das (ohne Pl)* español *m*; *siehe auch* **Englisch**.

Spanische *das (ohne Pl)* español *m*; *siehe auch* **Englische**.

spann *prät* ▷ **spinnen**.

Spannlbetttuch *das sábana bajera con elástico*.

Spanne (*pl* -n) *die* margen *m*; **in der/einer ~ von ... bis** en un margen de ... a.

spannen ◇ *vt* tensar. ◇ *vi* - **1.** *fam* [heimlich zusehen] espiar - **2.** [Kleidung] estar justo(ta), apretar.

spannend ◇ *adj* emocionante. ◇ *adv* de forma emocionante.

Spannkraft *die (ohne Pl)* energía *f*.

Spannung (*pl* -en) *die* - **1.** *(ohne Pl)* [emotional] tensión *f* - **2.** [elektrisch] tensión *f*, voltaje *m* ; **unter ~ stehen** estar sometido(da) a tensión - **3.** *(ohne Pl)* [von Seite] elasticidad *f*.

Spannungslgebiet *das* zonas *fpl* conflictivas.

Spannlweite *die* envergadura *f*.

Spanlplatte *die* tablero *m* de aglomerado.

Sparlbuch *das* libreta *f* de ahorros.

Sparlbüchse *die* hucha *f*.

sparen *vt* & *vi* ahorrar ; **an etw** *(D)* **~** ahorrar en algo ; **für** ODER **auf etw** *(A)* **~** ahorrar para algo.

Spargel (*pl* -) *der* espárrago *m*.

Sparlkasse *die* caja *m* de ahorros.

spärlich ◇ *adj* escaso(sa). ◇ *adv* escasamente.

Sparlprogramm *das* programa *m* de ahorro.

sparsam ◇ *adj* - **1.** [Person] ahorrativo(va), ahorrador(ra) ; **mit etw ~ sein** ser ahorrativo con algo - **2.** [Auto, Motor] económico(ca) ; **~ im Verbrauch sein** gastar poco. ◇ *adv* con medida ; **mit etw ~ umgehen** utilizar algo con medida.

Sparsamkeit *die (ohne Pl)* economía *f*.

Sparlschwein *das* hucha *f*.

Sparte (*pl* -n) *die* - **1.** WIRTSCH sector *m* - **2.** [in Zeitungen] sección *f*.

Spaß (*pl* **Späße**) *der* - **1.** *(ohne Pl)* [Vergnügen] diversión *f* ; **zum ~** por diversión ; **an etw** *(D)* **~ haben** divertirse con algo ; **jm den ~ verderben** aguarle la fiesta a alguien ; **etw macht jm (keinen) ~** algo (no) divierte a alguien ; **viel ~!** ¡que te diviertas! - **2.** [Scherz] broma *f* ; **aus** ODER **im** ODER **zum ~** en broma ; **~ machen** [nicht ernst meinen] bromear ; [Witze reißen] gastar bromas ; **~ verstehen** admitir bromas.

Spaßlbad *das* parque *m* acuático.

spaßen *vi* bromear.

Spaßverderber, in (*mpl* -, *fpl* **-nen**) *der, die* aguafiestas *mf inv*.

spät ◇ *adj* - **1.** [zeitlich fortgeschritten] avanzado(da) ; **es ist schon ~** ya es tarde ; **wie ~ ist es?** ¿qué hora es? - **2.** [verspätet] tardío(a). ◇ *adv* tarde ; **zu ~** demasiado tarde.

Spaten (*pl* -) *der* pala *f* (cuadrada) de jardín.

später ◇ *adj* tardío(a). ◇ *adv* más tarde. ◆ **bis später** *interj* : **bis ~!** ¡hasta luego!

spätestens *adv* como muy tarde.

Spätllese (*pl* -n) *die* [Wein] cosecha *f* tardía.

Spätnachlmittag *der* última hora *f* de la tarde.

Spätsommer *der* veranillo *m* de San Martín.
Spätvorstellung *die* sesión *f* de noche.
Spatz (*pl* **-en**) *der* **- 1.** [Vogel] gorrión *m* **- 2.** *fam* [als Anrede] pichoncito *m*.
Spätzle *pl Süddt plato de pasta típico del sur de Alemania.*
spazieren (*perf* **ist spaziert**) *vi* pasear.
spazieren gehen (*perf* **ist spazieren gegangen**) *vi (unreg)* ir de paseo.
Spaziergang *der* paseo *m*.
Spaziergänger, in (*mpl* **-**, *fpl* **-nen**) *der, die* paseante *mf*.
SPD [ɛspeːˈdeː] (*abk für* **Sozialdemokratische Partei Deutschlands**) *die (ohne Pl) partido socialdemócrata de Alemania.*
Specht (*pl* **-e**) *der* picapinos *m inv*, pájaro *m* carpintero.
Speck *der* **- 1.** [tierisch] tocino *m* **- 2.** *(ohne Pl) fam* [bei Personen] chichas *fpl*.
Spediteur, in [ʃpediˈtøːɐ̯, rɪn] (*mpl* **-e**, *fpl* **-nen**) *der, die* agente *mf* de transporte.
Spedition [ʃpediˈtsi̯oːn] (*pl* **-en**) *die* agencia *f* de transporte.
Speer (*pl* **-e**) *der* **- 1.** SPORT jabalina *f* **- 2.** [Waffe] lanza *f*.
Speiche (*pl* **-n**) *die* rayo *m*, radio *m (de una rueda)*.
Speichel *der (ohne Pl)* saliva *f*.
Speicher (*pl* **-**) *der* **- 1.** [Dachboden] desván *m* **- 2.** EDV memoria *f*.
speichern *vt* **- 1.** [Vorräte, Wasser] almacenar **- 2.** [Wissen, Fakten] retener, guardar **- 3.** EDV guardar.
speien [ˈʃpai̯ən] (*prät* **spie**, *perf* **hat gespie(e)n**) *vt & vi* escupir, vomitar.
Speise (*pl* **-n**) *die* comida *f*, alimento *m*.
speisen *geh* ◇ *vt* alimentar. ◇ *vi* comer.
Speiseröhre *die* esófago *m*.
Speisesaal *der* comedor *m*.
Speisewagen *der* coche *m* restaurante.
Spektakel (*pl* **-**) ◇ *das* **- 1.** [Aufführung] espectáculo *m* **- 2.** [Ereignis] espectáculo *m*, acontecimiento *m*. ◇ *der (ohne Pl)* escándalo *m*.
Spektrum (*pl* **Spektren**) *das* espectro *m*.
Spekulant, in (*mpl* **-en**, *fpl* **-nen**) *der, die* especulador *m*, -ra *f*.
Spekulation (*pl* **-en**) *die* especulación *f*.
spekulieren *vi* **- 1.** *fam* [hoffen] : **auf etw** *(A)* **~** esperar algo **- 2.** WIRTSCH especular ; **auf** ODER **über etw** *(A)* **~** especular sobre algo.
spendabel *fam* ◇ *adj* generoso(sa). ◇ *adv* generosamente.
Spende (*pl* **-n**) *die* donativo *m*.
spenden *vt & vi* donar.
Spender, in (*mpl* **-**, *fpl* **-nen**) *der, die* donante *mf*.
spendieren *vt* : **(jm) etw ~** invitar (a alguien) a algo.
Sperling (*pl* **-e**) *der* gorrión *m*.
Sperma (*pl* **-ta** ODER **Spermen**) *das* esperma *m*.
Sperre (*pl* **-n**) *die* **- 1.** [Verbot] : **eine ~ verhängen/aufheben** decretar/levantar un bloqueo **- 2.** [Absperrung] barrera *f* **- 3.** TECH bloqueo *m* **- 4.** SPORT : **eine ~ verhängen/aufheben** decretar/levantar una suspensión.
sperren *vt* **- 1.** [Mensch, Tier] : **etw/jn in etw** *(A)* **~** encerrar algo/a alguien dentro de algo **- 2.** [Konto, Scheck] bloquear **- 3.** [Straße] cerrar, cortar **- 4.** [Sportler] suspender.
Sperrgebiet *das* zona *f* prohibida.
Sperrholz *das (ohne Pl)* contrachapado *m*.
sperrig *adj* voluminoso(sa).
Sperrmüll *der (ohne Pl) residuos urbanos voluminosos que se recogen separadamente.*
Sperrsitz *der* butaca *f (de teatro, circo)* reservada.
Sperrstunde *die* toque *m* de queda.
Sperrung (*pl* **-en**) *die* **- 1.** [von Straßen] corte *m*, bloqueo *m* **- 2.** [von Konto, Scheck] bloqueo *m*.
Spesen *pl* gastos *mpl* ; **auf ~** con los gastos pagados.
Spezi (*pl* **-s**) *fam* ◇ *der Süddt* amigo *m* íntimo. ◇ *das bebida refrescante a base de cola con naranjada.*
spezialisieren ◆ **sich spezialisieren** *ref* : **sich auf etw** *(A)* **~** especializarse en algo.
Spezialist, in (*mpl* **-en**, *fpl* **-nen**) *der, die* especialista *mf*.
Spezialität (*pl* **-en**) *die* **- 1.** KÜCHE especialidad *f* **- 2.** *(ohne Pl)* [Fähigkeit] especialidad *f*.
speziell ◇ *adj eigtl & iron* especial. ◇ *adv* especialmente.
spicken ◇ *vt* KÜCHE : **etw mit etw ~** mechar algo con algo ; [ausstatten] atiborrar algo con algo. ◇ *vi* copiar *(en examen)*.
Spickzettel *der fam* chuleta *f (para examen)*.
spie *prät* ▷ **speien**.
Spiegel (*pl* **-**) *der* **- 1.** [Gegenstand] espejo *m* **- 2.** [von Gewässern, im Blut] nivel *m*.
Spiegelbild *das* imagen *f* especular.
Spiegelei *das* huevo *m* al plato.
spiegelglatt ◇ *adj* pulido(da). ◇ *adv* con aspecto brillante.

spiegeln *vi* reflejar. ◆ **sich spiegeln** *ref* : **sich in etw** *(D)* ~ reflejarse en algo.

Spiegelreflexkamera *die* cámara *f* réflex.

Spiel (*pl* -e) *das* - **1.** [gen] juego *m* - **2.** [Wettkampf] partido *m* - **3.** *(ohne Pl)* [das Riskieren] riesgo *m* - **4.** *(ohne Pl)* [Darbietung] actuación *f* - **5.** *(ohne Pl)* [Spielraum] holgura *f* - **6.** *(ohne Pl)* [Glücksspiel] juego *m* (de azar) - **7.** *RW* : **auf dem ~ stehen** estar en juego ; **etw aufs ~ setzen** jugarse algo ; **etw/jn aus dem ~ lassen** dejar algo/a alguien fuera de juego.

Spielautomat *der* máquina *f* tragaperras.

spielen ◇ *vi* - **1.** [gen] jugar ; **mit etw/jm ~** jugar con algo/alguien ; **um etw ~** jugarse algo - **2.** [Schauspieler] actuar - **3.** [Handlung] desarrollarse - **4.** [einsetzen] : **etw ~ lassen** hacer entrar en juego. ◇ *vt* - **1.** [gen] jugar ; **Schach ~** jugar al ajedrez - **2.** [Rolle] actuar - **3.** [Instrument] tocar ; **Klavier ~** tocar el piano - **4.** [vortäuschen] fingir ; **den Kranken ~** fingirse enfermo.

spielend *adv* - **1.** [einfach] como en un juego - **2.** [beim Spielen] mediante el juego.

Spieler (*pl* -) *der* jugador *m*.

Spielerin (*pl* -nen) *die* jugadora *f*.

spielerisch ◇ *adj* - **1.** [locker] juguetón(ona), lúdico(ca) - **2.** [Mittel, Können] interpretativo(va). ◇ *adv* - **1.** [locker] como en un juego, lúdicamente - **2.** [das Spiel betreffend] desde el punto de vista del juego.

Spielfeld *das* campo *m* (de juego).

Spielfilm *der* largometraje *m*.

Spielkonsole (*pl* -n) *die* videoconsola *f*.

Spielplan *der* - **1.** [von Theatern] programa *m* - **2.** SPORT calendario *m*.

Spielplatz *der* zona *f* recreativa infantil.

Spielraum *der (ohne Pl)* margen *m*.

Spielregel *die* - **1.** [von Spielen] regla *f* del juego - **2.** *fig* [Verhaltensregeln] normas *fpl*.

Spielverderber, in (*mpl* -, *fpl* -nen) *der, die* aguafiestas *mf inv*.

Spielwaren *pl* juguetes *mpl*.

Spielzeug *das* - **1.** *(ohne Pl)* [Spielsachen] juguetes *mpl* - **2.** [einzelnes Spielgerät] juguete *m*.

Spieß (*pl* -e) *der* espetón *m* ; **am ~** asado sobre espetón ; **den ~ umdrehen** *fig* dar la vuelta a la tortilla.

spießen *vt* : **etw auf etw** *(A)* ~ pinchar algo sobre algo.

Spießer, in (*mpl* -, *fpl* -nen) *der, die abw* provinciano *m*, -na *f*, aburguesado *m*, -da *f*.

Spinat (*pl* -e) *der* espinaca *f*.

Spind *der* taquilla *f*.

Spinne (*pl* -n) *die* araña *f*.

spinnen (*prät* **spann**, *perf* **hat gesponnen**) ◇ *vt* hilar. ◇ *vi* - **1.** *fam* [verrückt sein] desvariar - **2.** [arbeiten] hilar.

Spinnwebe (*pl* -n) *die* tela *f* de araña, telaraña *f*.

Spion (*pl* -e) *der* - **1.** [Geheimagent] espía *m* - **2.** [in Tür] mirilla *f*.

Spionage [ʃpio'naːʒə] *die (ohne Pl)* espionaje *m*.

spionieren *vi* espiar.

Spionin (*pl* -nen) *die* espía *f*.

Spirale (*pl* -n) *die* espiral *f*.

Spirituose (*pl* -n) *die amt* bebida *f* alcohólica.

Spiritus (*pl* -se) *der* alcohol *m* de quemar.

spitz ◇ *adj* - **1.** [mit Spitze] puntiagudo(da), afilado(da) - **2.** [stichelnd] mordaz - **3.** MATH agudo(da) - **4.** *salopp* [geil] : **auf jn ~ sein** estar tras alguien ; **auf etw** *(A)* **~ sein** *fam* estar deseoso(sa) de algo. ◇ *adv* - **1.** MATH en ángulo agudo - **2.** [stichelnd] mordazmente.

Spitzbogen *der* ojiva *f*.

Spitze (*pl* -n) *die* - **1.** [spitzes Ende] punta - **2.** [Führung] : **an der ~** al frente - **3.** [Höchstwert] máximo *m* ; **etw auf die ~ treiben** *fig* llevar algo demasiado lejos - **4.** *fam* [besonders gut] : **etw ist ~** algo es genial - **5.** [Bemerkung] indirecta *f*.

Spitzel (*pl* -) *der* espía *m*, soplón *m*.

spitzen *vt* - **1.** [Bleistift] afilar - **2.** [Ohren] aguzar *(los oídos)*.

Spitzenreiter, in *der, die* el primero, la primera.

spitzfindig *abw* ◇ *adj* sutil, meticuloso(sa). ◇ *adv* sutilmente.

Spitzname *der* apodo *m*, mote *m*.

Splitter (*pl* -) *der* astilla *f*, esquirla *f*.

Splittergruppe *die* subgrupo *m*, facción *f*.

splittern (*perf* **hat/ist gesplittert**) *vi* astillarse.

splitternackt ◇ *adj* desnudo(da). ◇ *adv* en cueros.

SPÖ [ɛspeː'ø] (*abk für* **Sozialdemokratische Partei Österreichs**) *die (ohne Pl) partido socialdemócrata de Austria.*

Sponsor (*pl* -soren) *der* patrocinador *m*.

Sponsorin (*pl* -nen) *die* patrocinadora *f*.

spontan ◇ *adj* espontáneo(nea). ◇ *adv* espontáneamente.

Sport *der (ohne Pl)* deporte *m* ; **~ treiben** hacer deporte.

Sportart *die* tipo *m* de deporte.

Sportgerät *das* aparato *m* para deporte.
Sporthalle *die* gimnasio *m.*
Sportlehrer, in *der, die* profesor *m,* -ra *f* de deportes.
Sportler, in (*mpl* -, *fpl* -nen) *der, die* deportista *mf.*
sportlich <> *adj* deportivo(va). <> *adv* deportivamente.
Sportplatz *der* campo *m* de deportes.
Sportverein *der* club *f* de deportes.
Sportwagen *der* - **1.** [Auto] coche *m* deportivo - **2.** [Kinderwagen] carrito *m* para bebé.
Spott *der (ohne Pl)* burla *f.*
spottbillig <> *adj* baratísimo(ma). <> *adv* a muy bajo precio, de saldo.
spotten *vi* burlarse ; **über etw/jn ~** burlarse de algo/alguien.
spöttisch <> *adj* burlón(ona). <> *adv* burlonamente.
Spottpreis *der* precio *m* de saldo.
sprach *prät* ▷ **sprechen.**
Sprache (*pl* **-n**) *die* - **1.** [Kommunikationssystem] lengua *f,* idioma *m* - **2.** [Sondersprache] lenguaje *m* - **3.** *(ohne Pl)* [Stil] manera *f* de hablar - **4.** *RW* : **etw verschlägt einem die ~** algo deja a alguien sin habla ; **etw zur ~ bringen** poner algo sobre el tapete ; **mit der ~ herausrücken** *fam* soltar prenda.
Sprachkenntnisse *pl* conocimientos *mpl* lingüísticos.
Sprachkurs *der* curso *m* de idiomas.
Sprachlabor *das* laboratorio *m* de idiomas.
sprachlich <> *adj* lingüístico(ca). <> *adv* lingüísticamente.
sprachlos <> *adj* mudo(da), sin habla ; **~ sein** quedar sin habla. <> *adv* sin hablar.
Sprachreise *die* viaje *m* lingüístico.
Sprachrohr *das* portavoz *mf.*
sprang *prät* ▷ **springen.**
Spray [ʃpreː, spreː] (*pl* **-s**) *der* ODER *das* spray *m.*
Sprechanlage *die* interfono *m.*
sprechen (*präs* **spricht**, *prät* **sprach**, *perf* **hat gesprochen**) <> *vi* - **1.** [reden] hablar ; **über etw/jn ~** hablar de algo/alguien ; **mit jm ~** hablar con alguien ; **von etw/jm ~** hablar de algo/alguien ; **zu jm ~** hablarle a alguien ; **frei ~** improvisar - **2.** [telefonieren] hablar (por teléfono) ; **hallo, wer spricht da bitte?** ¿quién habla? ; **hier spricht der automatische Anrufbeantworter von ...** éste es el contestador automático de ... - **3.** [ein Vorzug sein] : **für etw/jn ~** hablar en favor de algo/alguien - **4.** [ein Nachteil sein] : **gegen etw/jn ~** hablar en contra de algo/alguien - **5.** [hinweisen auf] : **aus etw/jm ~** manifestar a través de algo/alguien - **6.** *RW* : **auf etw/jn zu ~ kommen** llegar a hablar de algo/alguien ; **nicht gut auf etw/jn zu ~ sein** no tener buena opinión de algo/alguien. <> *vt* - **1.** [beherrschen] hablar ; **Französisch ~** hablar francés - **2.** [Worte, Gebet] decir - **3.** [aussprechen] pronunciar - **4.** [verlesen] leer - **5.** [reden mit] : **mit jm ~** hablar con alguien.
Sprecher, in (*mpl* -, *fpl* **-nen**) *der, die* - **1.** [von Gruppen] portavoz *mf* - **2.** [von Nachrichten] locutor *m,* -ra *f.*
Sprechstunde *die* consulta *f.*
Sprechstundenhilfe *die* enfermera *f.*
Sprechzimmer *das* sala *f* de consulta.
spreizen *vt* abrir.
sprengen *vt* - **1.** [Gebäude, Brücke] volar - **2.** [Rasen, Wäsche] regar.
Sprengsatz *der* detonador *m.*
Sprengstoff *der* explosivo *m.*
spricht *präs* ▷ **sprechen.**
Sprichwort (*pl* **-wörter**) *das* proverbio *m.*
sprießen (*prät* **spross**, *perf* **ist gesprossen**) *vi* crecer, brotar.
Springbrunnen *der* fuente *f* ornamental.
springen (*prät* **sprang**, *perf* **hat/ist gesprungen**) <> *vi* - **1.** *(ist)* [hüpfen, kaputtgehen] saltar ; **auf etw** *(A)* **~** saltar sobre algo ; **aus** ODER **von etw ~** saltar desde algo - **2.** [Ball] botar - **3.** *RW* : **etw ~ lassen** *fam* soltar algo. <> *vt (hat)* SPORT saltar.
Sprint (*pl* **-s**) *der* SPORT esprint *m.*
Spritze (*pl* **-n**) *die* - **1.** [Injektion] inyección *f* - **2.** [Injektionsgerät] jeringuilla *f* - **3.** [Wasserspritze] bomba *f* de riego - **4.** [Küchengerät] manga *f.*
spritzen (*perf* **hat/ist gespritzt**) <> *vi* - **1.** salpicar - **2.** *(hat)* [eine Spritze geben] poner inyecciones. <> *vt (hat)* - **1.** [nass machen] regar ; **jn nass ~** mojar a alguien - **2.** [lackieren] lacar - **3.** [Pflanzen, Obst] fumigar - **4.** [eine Spritze geben] inyectar.
Spritzer (*pl* -) *der* unas gotas *fpl.*
spröde <> *adj* - **1.** [Mensch] seco(ca) ; [Haut] reseco(ca) ; **die Haut ist ~** la piel está reseca - **2.** [Material] áspero(ra). <> *adv* - **1.** [trocken] ásperamente ; **sich ~ anfühlen** ser áspero(ra) al tacto - **2.** [reagieren] secamente.
spross *prät* ▷ **sprießen.**
Sprosse (*pl* **-n**) *die* peldaño *m.*
Sprössling (*pl* **-e**) *der fam hum* retoño *m.*
Spruch (*pl* **Sprüche**) *der* [Redensart] dicho *m.*

spruchreif *adj* : **noch nicht ~ sein** no estar aún listo para sentencia.

Sprudel (*pl* -) *der* agua *f* mineral con gas.

sprudeln (*perf* **hat/ist gesprudelt**) *vi* - **1.** *(ist)* [strömen] brotar - **2.** *(hat)* [schäumen] espumear.

Sprühldose *die* bote *m* de spray.

sprühen (*perf* **hat/ist gesprüht**) <> *vt (hat)* pulverizar. <> *vi* - **1.** *(ist)* [Wasser] caer - **2.** *(hat)* [Person] : **vor etw** *(D)* ~ estar chispeante de algo.

Sprühregen *der (ohne Pl)* llovizna *f.*

Sprung (*pl* **Sprünge**) *der* - **1.** [Bewegung] salto *m* - **2.** [Riss] defecto *m* ; **einen ~ haben** tener un defecto - **3.** *RW* : **jm auf die Sprünge helfen** dar una pista a alguien.

Sprunglbrett *das* trampolín *m.*

sprunghaft <> *adj* - **1.** [Mensch] caprichoso(sa), voluble - **2.** [Entwicklung] repentino(na). <> *adv* - **1.** [reden, handeln] caprichosamente - **2.** [sich entwickeln] repentinamente.

SPS [ɛs peː ɛs] (*abk für* **Sozialdemokratische Partei der Schweiz**) *die (ohne Pl) partido socialdemócrata Suizo.*

Spucke *die (ohne Pl)* saliva *f.*

spucken <> *vi* - **1.** [ausspucken] escupir - **2.** *fam* [sich übergeben] devolver, vomitar. <> *vt* - **1.** [ausspucken] escupir - **2.** [erbrechen] vomitar.

Spuk *der (ohne Pl)* fantasmas *mpl.*

spuken *vi* haber fantasmas.

Spule (*pl* **-n**) *die* - **1.** [Rolle] carrete *m* - **2.** ELEKTR bobina *f.*

Spüle (*pl* **-n**) *die* fregadero *m.*

spülen <> *vt* - **1.** [Geschirr] fregar ; **die Teller ~** fregar los platos - **2.** [geworfen werden] ser arrastrado(da). <> *vi* - **1.** [reinigen] fregar - **2.** [in der Toilette] tirar de la cadena.

Spüllmaschine *die* lavavajillas *m inv.*

Spüllmittel *das* detergente *m.*

Spur (*pl* **-en**) *die* - **1.** [Anzeichen, Abdruck] huella *f* - **2.** [Fahrstreifen] carril *m* ; **die ~ wechseln** cambiar de carril - **3.** [Menge] pizca *f* ; **da fehlt noch eine ~ Majoran** falta una pizca de orégano - **4.** *RW* : **eine heiße ~** una buena pista ; **einer Sache/jm auf der ~ sein** estar detrás de algo/alguien.

spürbar <> *adj* - **1.** [Abkühlung, Erwärmung] sensible - **2.** [Steigerung] notable. <> *adv* - **1.** [kälter, wärmer] sensiblemente - **2.** [sichtlich] evidentemente.

spüren *vt* sentir ; **etw zu ~ bekommen** sentir algo.

Spurenlelement *das* oligoelemento *m.*

spurlos *adv* - **1.** [verschwinden] sin rastro - **2.** [vorbeigehen] sin afectar (a alguien).

Spurt (*pl* **-s** ODER **-e**) *der* esfuerzo *m* final, tramo *m* final (de una carrera).

sputen ◆ **sich sputen** *ref* darse prisa, apresurarse.

Squash [skvɔʃ] *das (ohne Pl)* squash *m.*

Sri Lanka *nt* Sri Lanka *m.*

s. S. (*abk für* **siehe Seite**) v. pág.

SS [ɛs'ɛs] <> UNI *abk für* **Sommersemester.** <> *die* (*abk für* **Schutzstaffel**) *(ohne Pl)* HIST SS *fpl.*

SSV *abk für* **Sommerschlussverkauf.**

St. - **1.** (*abk für* **Sankt**) S., Sto., Sta. - **2.** (*abk für* **Stück**) u.

Staat (*pl* **-en**) *der* estado *m* ; **die ~en** *fam* los Estados Unidos (de América).

Staatenlbund *der* confederación *f* de estados.

staatenlos *adj* apátrida.

staatlich <> *adj* - **1.** [Maßnahme, Gelder] de(l) Estado, estatal - **2.** [öffentlich] público(ca). <> *adv* públicamente ; **~ anerkannt** reconocido(da) por el Estado ; **~ geprüft** *que ha realizado un examen de Estado.*

Staatslangehörigkeit *die* nacionalidad *f* ; **doppelte ~** doble nacionalidad.

Staatslanwalt, anwältin *der, die* fiscal *mf.*

Staatslbesuch *der* visita *f* oficial.

Staatslbürger, in *der, die* ciudadano *m*, -na *f.*

Staatsldienst *der (ohne Pl)* servicio *m* público.

staatseigen *adj* perteneciente al Estado.

Staatslexamen *das* examen *m* de Estado.

Staatslmann (*pl* **-männer**) *der* hombre *m* de Estado, político *m.*

Staatsoberlhaupt *das* jefe *m* del Estado.

Staatslsekretär, in *der, die* subsecretario *m*, -ria *f* de Estado.

Staatssicherheitsldienst *der (ohne Pl) servicio de seguridad estatal de la ex RDA.*

Staatslstreich *der* golpe *m* de estado.

staatstragend *adj calificativo que reciben los medios de comunicación afines al Gobierno.*

Staatslvertrag *der* tratado *m* internacional.

Stab (*pl* **Stäbe**) *der* - **1.** [Stock] bastón *m* - **2.** [Führungsstab] Estado *m* Mayor.

Stäbchen (*pl* -) *das* [Essstäbchen] palillos *mpl.*

Stabhochsprung *der (ohne Pl)* SPORT salto *m* de altura con pértiga.

stabil <> *adj* - **1.** [Währung, Wetter] estable - **2.** [Mensch, Gesundheit] robusto(ta). <> *adv* [bauen] de forma estable ; [wirken, aussehen] de forma robusta.

stabilisieren *vt* estabilizar. ◆ **sich stabilisieren** *ref* estabilizarse.

stach *prät* ▻ **stechen.**

Stachel (*pl* -n) *der* - **1.** [von Insekten] aguijón *m* - **2.** [von Pflanzen] espina *f*.

Stachel|beere *die* uva *f* espina.

Stachel|draht *der* alambre *m* de espino.

stachelig, stachlig *adj* espinoso(sa).

Stadion ['ʃtaːdi̯ɔn] (*pl* **Stadien**) *das* estadio *m*.

Stadium ['ʃtaːdi̯ʊm] (*pl* **Stadien**) *das* fase *f*.

Stadt (*pl* **Städte**) *die* - **1.** [Ansiedlung] ciudad *f*; **die ~ Köln** la ciudad de Colonia - **2.** *fam* [Stadtverwaltung] ayuntamiento *m*.

Stadt|auto *das asociación que a cambio de un pago pone coches a disposición de sus socios.*

stadtbekannt *adj* conocido(da) en toda la ciudad.

Stadt|bummel *der* paseo *m* por el centro.

Städtebau *der (ohne Pl)* urbanismo *m*.

Städter, in (*mpl* -, *fpl* **-nen**) *der, die* habitante *mf* de una ciudad.

Stadt|gespräch *das (ohne Pl)* : **~ sein** ser la comidilla de la ciudad.

städtisch ◇ *adj* - **1.** [Verwaltung, Behörden] municipal - **2.** [Leben, Kultur] urbano(na). ◇ *adv* municipalmente.

Stadt|kern *der* casco *m* urbano.

Stadt|park *der* parque *m* urbano.

Stadt|plan *der* plano *m* de la ciudad.

Stadt|rand *der* extrarradio *m*.

Stadt|rat *der* - **1.** [Organ] ayuntamiento *m* - **2.** [Person] concejal *m*.

Stadt|rätin *die* concejala *f*.

Stadtrund|fahrt *die* visita *f* de la ciudad.

Stadt|staat *der* ciudad *f* estado.

Stadt|teil *der* barrio *m*.

Stadt|tor *das* puerta *f* de la ciudad.

Stadt|viertel *das* barrio *m* de la ciudad.

Stadt|zentrum *das* centro *m* de la ciudad.

Staffel (*pl* -n) *die* SPORT relevo *m*.

Staffelei (*pl* **-en**) *die* caballete *m*.

staffeln *vt* graduar.

stahl *prät* ▻ **stehlen.**

Stahl (*pl* **Stähle**) *der* acero *m*.

Stahl|industrie *die* industria *f* del acero.

staksen (*perf* **ist gestakst**) *vi fam* andar con las piernas tiesas.

Stall (*pl* **Ställe**) *der* [für Rinder] establo *m* ; [für Pferde] cuadra *f* ; [für Hühner] corral *m*.

Stamm (*pl* **Stämme**) *der* - **1.** [Stammesverband] tribu *f* - **2.** [Baumstamm] tronco *m* - **3.** [Wortstamm] raíz *f*.

Stamm|baum *der* [von Menschen] árbol *m* genealógico ; [von Rassetieren] pedigrí *m*.

stammeln ◇ *vt* tartamudear. ◇ *vi* balbucear, balbucir.

stammen *vi* proceder de ; **aus etw ~** [aus Land, Stadt] ser (natural) de algo ; [aus Buch] proceder de algo ; **aus** ODER **von etw ~** [aus Gründerzeit, Klassik] proceder de algo ; **von jm ~** [Ausspruch, Satz] proceder de alguien ; [Kunstwerk] ser obra de alguien.

Stamm|gast *der* cliente *m*, -ta *f* habitual.

stämmig ◇ *adj* robusto(ta). ◇ *adv* robustamente.

Stamm|platz *der* - **1.** [gewohnter Platz] sitio *m* de costumbre - **2.** [sicherer Platz] puesto *m* seguro.

Stamm|tisch *der* - **1.** [Personen] *grupo de amigos que se cita habitualmente* - **2.** [Tisch] *mesa reservada para la tertulia.*

stampfen (*perf* **hat/ist gestampft**) ◇ *vi* - **1.** *(hat)* [auftreten] patalear ; **auf den Boden ~** pegar una patada en el suelo ; **etw mit etw ~** machacar algo con algo - **2.** *(ist)* [gehen] andar pataleando ; **durch die Wohnung ~** andar por la casa con paso fuerte. ◇ *vt (hat)* [Boden] apisonar ; [Trauben] pisar ; [Kartoffeln] machacar.

stand *prät* ▻ **stehen.**

Stand (*pl* **Stände**) *der* - **1.** *(ohne Pl)* [Gleichgewicht] apoyo *m* - **2.** [auf Messe, auf Markt] puesto *m*, stand *m* - **3.** *(ohne Pl)* [von Dingen, von Geschäften] estado *m* ; **auf dem neuesten ~ sein** estar a la última - **4.** *(ohne Pl)* [von Sonne, von Tacho] posición *f* - **5.** *RW* : **einen schweren ~ (bei jm) haben** tenerlo difícil (con alguien) ; *siehe auch* **imstande, zustande.**

Standard (*pl* **-s**) *der* - **1.** [Niveau] estándar *m*, nivel *m* - **2.** [Norm] norma *f*.

Stand-by [stɛnt'bai̯] (*pl* **-s**) *das* - **1.** [bei Elektrogeräten] : **in ~** (posición de) pausa *f* - **2.** [bei Flugreisen] stand-by *m*.

Ständchen (*pl* -) *das* serenata *f* ; **jm ein ~ bringen** tocarle una serenata a alguien.

Ständer (*pl* -) *der* [gen] soporte *m*, pie *m* ; [für Schirme] paragüero *m*.

Standes|amt *das* registro *m* civil.

standesamtlich ◇ *adj* por lo civil. ◇ *adv* : **~heiraten** casarse por lo civil ; **~eintragen** empadronar.

standesgemäß *adj* & *adv* conforme a la posición social.

Standes|unterschied *der* diferencias *fpl* de clase social.

standhaft ◇ *adj* firme. ◇ *adv* firmemente.

stand|halten *vi (unreg)* : **einer Sache** *(D)* **~** resistir a algo.

ständig <> *adj* constante ; **~es Mitglied** miembro permanente. <> *adv* constantemente.

Stand|ort *der* **- 1.** [Sitz] sede *f* **- 2.** [Ort] puesto *m*, sitio *m*.

Stand|punkt *der* punto *m* de vista ; **den ~ vertreten, dass** defender el punto de vista de que.

Stand|spur *die* arcén *m*.

Stange (*pl* **-n**) *die* [von Bohnen, Slalom] barra *f* ; **eine ~ Zigaretten** un cartón de cigarrillos ; **ein Anzug von der ~** un traje de confección ; **eine ~ Geld kosten** *fam* costar un ojo de la cara.

Stängel (*pl* **-**) *der* tallo *m*.

stank *prät* ▷ **stinken**.

stanzen *vt* **- 1.** [Metallteile] estampar **- 2.** [Löcher] troquelar.

Stapel (*pl* **-**) *der* [Haufen] montón *m*.

Stapel|lauf *der* botadura *f*.

stapeln *vt* amontonar.

Star [ʃtaːɐ̯] (*pl* **-e** ODER **-s**) *der* **- 1.** *(G Star(e)s, Pl Stare)* [Vogel] estornino *m* **- 2.** *(G Stars, Pl Stars)* [Mensch] estrella *f*.

starb *prät* ▷ **sterben**.

stark (*komp* **stärker**, *superl* **stärkste**) <> *adj* **- 1.** [gen] fuerte **- 2.** *fam* [toll] genial **- 3.** [mit Maßangabe] con un grosor de ; **18 mm ~e Platten** tablas con un grosor de 18 mm **- 4.** [Beteiligung, Frequentierung] grande **- 5.** GRAM fuerte **- 6.** *RW* : **sich für etw/jn ~ machen** respaldar algo/a alguien. <> *adv* **- 1.** [intensiv, konzentriert] fuertemente **- 2.** *fam* [toll] estupendamente ; **stark!** ¡genial! **- 3.** [viel] muy ; **eine ~ befahrene Straße** una carretera muy frecuentada **- 4.** GRAM de manera fuerte.

Stärke (*pl* **-n**) *die* **- 1.** *(ohne Pl)* [gen] fuerza *f* **- 2.** [Fähigkeit] fuerte *m* **- 3.** [Dicke] grosor *m* **- 4.** [Bindemittel] almidón *m*.

stärken *vt* **- 1.** [Muskulatur, Selbstbewusstsein] fortalecer **- 2.** [Wäsche, Hemden] almidonar. ◆ **sich stärken** *ref* fortalecerse, confortarse.

Starkstrom *der (ohne Pl)* corriente *f* de alta tensión.

Stärkung (*pl* **-en**) *die* **- 1.** [Mahlzeit] colación *f* **- 2.** *(ohne Pl)* [von Muskulatur, Abwehrkräften] fortalecimiento *m*.

starr <> *adj* **- 1.** [Glieder, Blick] tieso(sa), rígido(da) ; **mit ~em Blick** con mirada fija **- 2.** [unbeweglich, steif] rígido(da). <> *adv* rígidamente.

starren *vi* **- 1.** [ins Feuer, Leere] mirar absorto(ta) ; **auf etw/jn ~** clavar la vista en algo/alguien **- 2.** [emporragen] emerger, asomar **- 3.** [voll sein] : **vor** ODER **von etw ~** estar lleno(na) de algo.

starrsinnig <> *adj* terco(ca), cabezota. <> *adv* tercamente.

Start (*pl* **-s** ODER **-e**) *der* **- 1.** [Wettkampfbeginn] salida *f* **- 2.** [Abflug] despegue *m* **- 3.** [Anfang] principio *m*.

Start|bahn *die* pista *f* de despegue.

starten (*perf* **hat/ist gestartet**) <> *vi (ist)* **- 1.** [beginnen] tomar la salida ; **die Läufer sind gestartet** los corredores han tomado la salida **- 2.** [abfahren, abreisen] salir **- 3.** [abfliegen] despegar. <> *vt (hat)* [Motor, Flugzeug] arrancar ; **er hat sein Moped lautstark gestartet** arrancó su moto con estrépito.

Stasi *die* ODER *der (ohne Pl)* HIST *abk für* **Staatssicherheitsdienst**.

Statik *die (ohne Pl)* estática *f*.

Station (*pl* **-en**) *die* **- 1.** [im Krankenhaus] unidad *f* **- 2.** [Haltestelle] parada *f* **- 3.** [Anlage] observatorio *m* **- 4.** [Halt, Zwischenstopp] escala *f*.

stationär <> *adj* [Patient] hospitalizado(da) ; **~e Behandlung** hospitalización *f*. <> *adv* : **~ behandelt werden** estar hospitalizado(da).

Statistik (*pl* **-en**) *die* estadística *f*.

Statistin (*pl* **-nen**) *die* extra *f*.

Stativ (*pl* **-e**) *das* trípode *m*.

statt <> *konj* en lugar de, en vez de ; **~ fernzusehen könntest du mir ruhig helfen** en vez de ver la tele podrías echarme una mano. <> *präp (+G)* : **~ js, an js ~** *geh* en lugar de alguien.

stattdessen *adv* en lugar de.

Stätte (*pl* **-n**) *die geh* lugar *m*.

statt|finden *vi (unreg)* tener lugar.

stattlich <> *adj* **- 1.** [Umfang, Körperbau] elegante, apuesto(ta) **- 2.** [Summe, Anwesen] considerable, magnífico(ca). <> *adv* considerablemente, magníficamente.

Statue [ˈʃtaːtu̯ə, ˈstaːtu̯ə] (*pl* **-n**) *die* estatua *f*.

Stau (*pl* **-s** ODER **-e**) *der* **- 1.** [Verkehrsbehinderung] atasco *m* (de tráfico) ; **im ~ stehen** estar parado(da) en un atasco **- 2.** *(ohne Pl)* [von Wasser, Blut] congestión *f* **- 3.** *(ohne Pl)* [von Gasen, Luftmassen] acumulación *f*.

Staub *der (ohne Pl)* polvo *m* ; **~ wischen** limpiar el polvo ; **sich aus dem ~ machen** *fam fig* poner pies en polvorosa.

stauben *vi* levantar polvo.

staubig <> *adj* polvoriento(ta). <> *adv* lleno(na) de polvo.

staubsaugen *vi* pasar el aspirador.

Staubsauger (*pl* **-**) *der* aspirador *m*.

Stau|damm *der* presa *f*, muro *m* de contención.

Staude (*pl* **-n**) *die* arbusto *m*, mata *f*.

stauen *vt* acumular. ◆ **sich stauen** *ref* - **1.** [Verkehr] congestionarse - **2.** [Wut, Hitze] acumularse.

staunen *vi* : **über etw/jn staunen** ~ sorprenderse de algo/alguien.

Staunen *das (ohne Pl)* sorpresa *f*, admiración *f*.

Stau|see *der* embalse *m*, pantano *m*.

Stauung (*pl* **-en**) *die* - **1.** [von Wasser, Blut] congestión *f* - **2.** [von Verkehr] atasco *m* - **3.** [von Wärme, Gasen] acumulación *f*.

Std. (*abk für* **Stunde**) h.

Steak [ʃteːk, steːk] (*pl* **-s**) *das* bistec *m*.

stechen (*präs* **sticht**, *prät* **stach**, *perf* **hat gestochen**) <> *vt* - **1.** [verletzen] picar, pinchar - **2.** [Spargel, Feldsalat] cosechar. <> *vi* - **1.** [Sonne] picar - **2.** [Nadel, Dorn, Stachel] pinchar - **3.** [Messer] clavar ; [gefärbt sein] tirar a ; **die Abzüge von meinen Fotos ~ ins Bläuliche** las copias de mis fotos tiran a azul ; **in etw** *(A)* ~ pinchar en algo.

stechend <> *adj* - **1.** [Blick, Geruch] penetrante - **2.** [Schmerz] punzante - **3.** [Sonne] ardiente. <> *adv* [ansehen, riechen] de forma penetrante.

Steck|brief *der* requisitoria *m*, mandato *m* de búsqueda y captura.

Steck|dose *die* enchufe *m* (de pared).

stecken <> *vt* - **1.** [hineinschieben] meter ; **sich** *(D)* **etw in etw** *(A)* ~ meterse algo en algo ; **den Bleistift in die Hosentasche ~** meterse el lápiz en el bolsillo - **2.** *fam* [ins Irrenhaus, in Schlafanzug] meter - **3.** [befestigen] colocar, poner ; **etw an etw** *(A)* ~ poner algo en algo ; **einen Ohrring ans Ohr ~** ponerse un pendiente en la oreja - **4.** [investieren] gastar. <> *vi* - **1.** [irgendwo sein] estar (en algún sitio) - **2.** [sich befinden] estar metido(da) ; **er steckt bis zum Hals in Schulden** está lleno de deudas - **3.** *fam* [sich aufhalten] andar metido(da) en un sitio - **4.** [in Projekt, in Satz] haber ; **in diesem Sprichwort steckt viel Wahrheit** este proverbio contiene una gran verdad - **5.** *RW* : **hinter etw** *(D)* ~ *fam* estar (metido(da)) detrás de algo.

stecken bleiben (*perf* **ist stecken geblieben**) *vi (unreg)* atascarse.

Stecker (*pl* **-**) *der* enchufe *m*, clavija *f*.

Steck|nadel *die* alfiler *m*.

Steg (*pl* **-e**) *der* - **1.** [Brücke] paso *m* ; [Laufsteg] pasarela *f* ; [Landungssteg] embarcadero *m* - **2.** [von Hosen] estribo *m*.

stehen (*prät* **stand**, *perf* **hat gestanden**) *vi* - **1.** [aufrecht sein] estar de pie - **2.** [sich befinden] estar *(en un sitio)* - **3.** [geschrieben sein] : **was steht in der Zeitung?** ¿qué dice el periódico? - **4.** [nicht funktionieren] estar parado(da) - **5.** : **etw steht jm gut/schlecht** algo le queda bien/mal a alguien - **6.** [Spielstand haben] : **wie steht das Spiel?** ¿cómo va el partido? - **7.** [Devisenkurs] estar a ODER en - **8.** [bestraft werden] : **auf etw** *(A)* ~ castigar con algo ; **auf Mord steht lebenslänglich** hay prisión perpetua por asesinato ; **auf die Ergreifung des Täters steht eine Belohnung** hay una recompensa por la captura del delincuente - **9.** GRAM : **mit etw** ~ regir algo, ir con algo ; **die Präposition „mit" steht immer mit dem Dativ** la preposición «mit» siempre rige el dativo ; **in etw** *(D)* ~ estar en ; **dieses Substantiv steht im Plural** este sustantivo está en plural - **10.** [unter Einfluss sein] : **unter etw** *(D)* ~ estar bajo (los efectos de) algo ; **der Fahrer stand unter Alkohol** el conductor estaba bajo los efectos del alcohol ; **sie stand offensichtlich unter Schock** es evidente que se encontraba en estado de shock - **11.** [festhalten an] : **zu etw** ~ cumplir algo ; **ich stehe zu meinem Wort** cumplo mi palabra ; **zu seinen Überzeugungen** ~ ser fiel a sus convicciones - **12.** [halten zu] : **zu jm** ~ estar al lado de alguien - **13.** [eingestellt sein] : **zu etw** ~ tener una postura respecto a algo - **14.** [unterstützen] : **hinter etw** ~ apoyar algo - **15.** [bedeuten] : **für etw** ~ significar algo - **16.** [fertig sein] estar terminado(da) - **17.** [abgemacht sein] estar acordado(da) - **18.** [anzeigen] : **auf etw** *(D)* ~ marcar algo ; **das Thermometer steht auf 25°** el termómetro marca 25° - **19.** *salopp* [gut finden] : **auf etw/jn** ~ gustarle algo/alguien a alguien - **20.** [in einem Zustand sein] : **um etw/jn** ~ estar algo/alguien en un estado ; **es steht mit etw/jm gut/schlecht** ir bien/mal a algo/alguien ; **wie steht es mit eurem Projekt?** ¿qué tal va vuestro proyecto? - **21.** *RW* : **alles ~ und liegen lassen** dejarlo todo ; **jm bis hier ~** *fam* estar hasta aquí de alguien ; **wie stehts?** *fam* ¿qué tal?.

Stehen *das (ohne Pl)* : **im ~** de pie.

stehen bleiben (*perf* **ist stehen geblieben**) *vi (unreg)* - **1.** [anhalten, stagnieren] pararse - **2.** [übrig bleiben] quedar (en pie) - **3.** [belassen] quedar ; **dieser Satz kann ~** esta frase puede quedar así.

stehen lassen (*perf* **hat stehen lassen** ODER **stehen gelassen**) *vt (unreg)* - **1.** [Essen, Getränk] dejar(se) - **2.** [Person, Satz, Blume] dejar - **3.** [vergessen] dejar olvidado(da) - **4.**

Steh|lampe *die* lámpara *f* de pie.

stehlen (*präs* **stiehlt**, *prät* **stahl**, *perf* **hat gestohlen**) *vt* - **1.** [entwenden] robar, hurtar ; **sich** *(D)* **die Zeit für etw** ~ tomarse tiempo para algo ; **jm gestohlen bleiben können** *fam fig* importarle un bledo a alguien - **2.** : **jm die Zeit ~** robarle a alguien el tiempo.

Steierin (*pl* **-nen**) *die* estiria *f*.

Steiermark *die* Estiria *f*.

steif ◇ *adj* - **1.** [Gelenke, Glieder] rígido(da), entumecido(da) - **2.** [Eisschnee, Sahne] consistente, espeso(sa) - **3.** [Gang, Wäsche] rígido(da) - **4.** [Art, Mensch] tieso(sa). ◇ *adv* - **1.** [fest] rígidamente ; **~ schlagen** batir a punto de nieve ; **~ und fest** *fig* con tesón - **2.** [sich bewegen, gehen] envaradamente, torpemente - **3.** [empfangen, sich verhalten] con rigidez, con (excesiva) formalidad.

Steig|bügel *der* estribo *m*.

steigen (*prät* **stieg**, *perf* **ist gestiegen**) *vi* - **1.** [hinaufsteigen] : **in/auf etw** *(A)* **~** subir(se) a algo ; **diesen Sommer sind wir auf den Mont Blanc gestiegen** este verano hemos subido al Mont Blanc - **2.** : **ins Auto ~** subir al coche - **3.** : **aus/von etw ~** bajarse de algo - **4.** [in die Luft] elevarse ; **der Drachen steigt in die Höhe** la cometa se eleva - **5.** [Preise, Wasser, Währung] subir - **6.** [Spannung, Unruhen] aumentar - **7.** *fam* [stattfinden] tener lugar, hacerse ; **die Party steigt morgen** la fiesta se hace mañana.

Steigerung (*pl* **-en**) *die* - **1.** [von Preisen, Leistung] aumento *m* - **2.** GRAM comparativo *m*.

steil ◇ *adj* - **1.** [Abhang, Kurve] empinado(da) - **2.** [Karriere, Aufstieg] fulminante. ◇ *adv* - **1.** [senkrecht] en fuerte pendiente - **2.** [schnell] rápidamente.

Steil|hang *der* declive *m*, pendiente *f* fuerte.

Stein (*pl* **-e**) *der* - **1.** [Gestein] piedra *f* - **2.** [Edelstein] piedra *f* (preciosa) - **3.** [Kern] hueso *m* - **4.** *RW* : **bei jm einen ~ im Brett haben** ser muy apreciado(da) por alguien.

Stein|bock *der* - **1.** [Tier] cabra *f* montés - **2.** ASTROL Capricornio *m*.

Stein|bruch *der* cantera *f*.

Steingut *das (ohne Pl)* loza *f*.

steinig *adj* pedregoso(sa).

Stein|kohle *die* hulla *f*.

Stein|schlag *der* desprendimiento *m* de piedras.

Stein|zeit *die* Edad *f* de Piedra.

Steirer (*pl* **-**) *der* estirio *m*.

steirisch *adj* de Estiria.

Steiß (*pl* **-e**) *der* rabadilla *f*.

Stelle (*pl* **-n**) *die* - **1.** [Platz] sitio *m*, lugar *m* - **2.** [an Körper] parte *f* ; [Arbeitsplatz] empleo *m*, puesto *m* - **3.** [Amt] oficina *f* - **4.** MATH dígito *m* - **5.** [Rang] lugar *m* ; **der Läufer liegt an vierter ~** el corredor ocupa el cuarto lugar - **6.** *RW* : **an js ~** en el lugar de alguien.

stellen *vt* - **1.** [hinstellen] poner ; **wohin kann ich den Koffer ~?** ¿dónde puedo poner la maleta? - **2.** [aufrecht stellen] poner de pie - **3.** [einstellen] poner en ; **den Backofen auf 220°C ~** poner el horno a 220°C - **4.** [zur Verfügung stellen] poner a disposición - **5.** [Diagnose, Horoskop] hacer - **6.** [Aufgabe, Bedingung] poner ; **Bedingungen ~** poner condiciones ; **eine Frage ~** hacer una pregunta - **7.** [einreichen] presentar ; **einen Antrag ~** presentar una solicitud - **8.** [Täter, Bankräuber] detener - **9.** [Tathergang] reconstruir ; [Szene, Aufnahme] escenificar - **10.** [konfrontieren mit] : **jn vor etw** *(A)* **~** confrontar a alguien con algo - **11.** *RW* : **gut/schlecht gestellt sein** vivir holgadamente/con estrecheces ; **auf sich** *(A)* **(selbst) gestellt sein** no depender de nadie.

Stellenan|gebot *das* oferta *f* de empleo.

Stellen|gesuch *das* solicitud *f* de empleo.

stellenweise *adv* en determinados momentos, a veces.

Stellung (*pl* **-en**) *die* - **1.** [Anstellung] empleo *m* - **2.** [Position] postura *f* - **3.** [Rang] posición *f* - **4.** [Ansicht] punto *m* de vista ; **(zu etw) ~ nehmen** ODER **beziehen** adoptar una postura (ante algo).

Stellungnahme (*pl* **-n**) *die* opinión *f*, toma *f* de postura.

Stell|vertreter, in *der, die* sustituto *m*, -ta *f*.

stemmen *vt* - **1.** [drücken] apretar, empujar - **2.** SPORT levantar.

Stempel (*pl* **-**) *der* [Gerät, Abdruck] sello *m*.

stempeln ◇ *vt* [Briefmarken, Fahrschein] sellar ; **jn zu etw ~** [klassifizieren] clasificar a alguien como algo. ◇ *vi* : **~ gehen** *fam fig* ir al paro.

Stengel *der* = **Stängel**.

Stenografie, Stenographie (*pl* **-n**) *die* taquigrafía *f*.

Stepp|decke *die* edredón *m*.

Steppe (*pl* **-n**) *die* estepa *f*.

steppen ◇ *vi* [tanzen] bailar claqué. ◇ *vt* [nähen] coser.

sterben (*präs* **stirbt**, *prät* **starb**, *perf* **ist gestorben**) *vi* morir ; **an etw** *(D)* **~** morir de algo ; **vor etw** *(D)* **~** *fig fam* morir de algo.

sterblich *adj* mortal.

stereo *adj unver & adv* estéreo.

Stereoan|lage *die* equipo *m* estéreo.

steril ◇ *adj* estéril. ◇ *adv* estérilmente.

sterilisieren *vt* esterilizar.

Stern (*pl* **-e**) *der* - **1.** [gen] estrella *f* - **2.** [in

Text] asterisco *m* - **3.** [Auszeichnung] condecoración *f*.

Stern|bild *das* constelación *f*.

Stern|schnuppe (*pl* **-n**) *die* estrella *f* fugaz.

Stern|warte (*pl* **-n**) *die* observatorio *m*.

Stern|zeichen *das* signo *m* del Zodíaco.

stetig ◇ *adj* constante. ◇ *adv* constantemente.

stets *adv* siempre.

Steuer (*pl* **-n** ODER **-**) ◇ *die* - **1.** (*G Steuer, Pl Steuern*) [Abgabe] impuesto *m*, tasa *f* ; **von der ~ absetzen** desgravar de los impuestos ; **~n hinterziehen** defraudar impuestos - **2.** (*G Steuer, ohne Pl*) *fam* [Steuerbehörde] Hacienda *f*. ◇ *das* (*G Steuers, Pl Steuer*) [von Boot, Schiff] timón *m* ; [von Flugzeug] mando *m* ; [von Auto] volante *m* ; .

Steuer|bord *das* (*ohne Pl*) estribor *m*.

Steuerer|klärung *die* declaración *f* de impuestos.

Steuer|fahndung *die* inspección *f* de Hacienda.

Steuer|loch *das* agujero *m* fiscal.

Steuermann (*pl* **-männer**) *der* timonel *m*.

steuern *vt* - **1.** [Auto, Flugzeug] conducir, llevar - **2.** [Anschlag, Verbrechen] dirigir - **3.** [Zufuhr, Verbrauch] regular - **4.** [Funktion] controlar.

Steuer|oase *die* paraíso *m* fiscal.

Steuer|rad *das* timón *m*.

Steuerung (*pl* **-en**) *die* - **1.** (*ohne Pl*) [von Flugzeugen, Autos] conducción *f* - **2.** [von Anlagen, Geräten] control *m*.

Steuer|zahler, in (*mpl* **-**, *fpl* **-nen**) *der, die* contribuyente *mf*.

Steward, Stewardess ['stjuːɐt, ʃtjuːɐt, 'stjuːɐdɛs, ʃtjuɐdɛs] (*mpl* **-s**, *fpl* **-en**) *der, die* auxiliar *m* de vuelo, azafata *f*, aeromoza *f Amér*.

Stich (*pl* **-e**) *der* - **1.** [Einstich, Schmerz] pinchazo *m* - **2.** (*ohne Pl*) [Färbung] virado *m* - **3.** [beim Nähen] puntada *f* - **4.** MED punto *m* - **5.** [Bemerkung] indirecta *f* - **6.** [beim Kartenspiel] mano *f* - **7.** [Bild] grabado *m* - **8.** *RW* : **einen ~ haben** *salopp* [verrückt sein] estar pirado(da) ; [ungenießbar werden] estar cortado(da) ; **etw/jn im ~ lassen** [verlassen, täuschen] abandonar algo/a alguien.

sticheln *vt* & *vi* zaherir.

stichhaltig ◇ *adj* fundado(da). ◇ *adv* fundadamente.

Stich|probe *die* muestreo *m*.

sticht *präs* ▷ **stechen**.

Stich|tag *der* fecha *f* clave.

Stich|wahl *die* segunda vuelta *f* (*en elecciones*).

Stich|wort (*pl* **-e** ODER **-wörter**) *das* - **1.** (*pl Stichworte*) [Notiz] nota *f* ; **das ~ geben** dar el pie - **2.** (*pl Stichwörter*) [in Lexikon, Wörterbuch] entrada *f*.

sticken *vt* & *vi* bordar.

Stickerei (*pl* **-en**) *die* bordado *m*.

stickig *adj* asfixiante.

Stickstoff *der* (*ohne Pl*) CHEM nitrógeno *m*.

Stief|bruder *der* hermanastro *m*.

Stiefel (*pl* **-**) *der* bota *f*.

Stief|kind *das* hijastro *m*, -tra *f*.

Stief|mutter *die* madrastra *f*.

Stief|mütterchen (*pl* **-**) *das* pensamiento *m*.

Stief|schwester *die* hermanastra *f*.

Stief|vater *der* padrastro *m*.

stieg *prät* ▷ **steigen**.

Stiel (*pl* **-e**) *der* - **1.** [von Pflanzen] tallo *m* - **2.** [von Pfanne, Besen] mango *m* - **3.** [von Trinkgläsern] tallo *m*.

Stier (*pl* **-e**) *der* - **1.** [Tier] toro *m* - **2.** ASTROL Tauro *m*.

stieren *vi* mirar fijamente.

stieß *prät* ▷ **stoßen**.

Stift (*pl* **-e**) *der* - **1.** [Bleistift] lápiz *m* ; [Filzstift] rotulador *m* ; [Buntstift] lápiz *m* de color - **2.** *fam* [Lehrling] pinche *m* - **3.** [aus Metall] espiga *f* ; [aus Holz] taco *m*.

stiften *vt* - **1.** [spendieren] regalar, obsequiar - **2.** [Preis, Summe] donar - **3.** [Unruhe, Aufregung] provocar.

Stiftung (*pl* **-en**) *die* - **1.** [Schenkung] donación *f* - **2.** [Institution] fundación *f*.

Stil (*pl* **-e**) *der* estilo *m* ; **im großen ~** con clase.

still ◇ *adj* - **1.** [Mensch, Gegend] tranquilo(la) - **2.** [Saal, Protest] silencioso(sa) ; **im Stillen** [wortlos] en silencio ; [heimlich] en secreto - **3.** [bewegungslos] inmóvil, quieto(ta) - **4.** [Hoffnung] secreto(ta). ◇ *adv* - **1.** [ruhig, stressfrei] tranquilamente - **2.** [lautlos, ohne Worte] silenciosamente - **3.** [bewegungslos] inmóvil.

Stille *die* (*ohne Pl*) silencio *m* ; **in aller ~** en la intimidad.

Stilleben *das* = **Stillleben**.

stillegen *vt* = **stilllegen**.

stillen ◇ *vt* - **1.** [Baby] amamantar - **2.** [Schmerzen] aplacar, calmar - **3.** [Hunger, Durst] satisfacer. ◇ *vi* amamantar.

Stille Ozean *der* : **der ~** el (océano) Pacífico.

stillgestanden *pp* ▷ **stillstehen**.

still|halten *vi* (*unreg*) aguantar.

stịll halten ◇ *vt (unreg)* mantenerse quieto(ta). ◇ *vi* mantenerse ODER estarse quieto(ta).

Stịllleben (*pl* -) *das* naturaleza *f* muerta, bodegón *m*.

stịlllegen *vt* paralizar.

stịllschweigend ◇ *adj* tácito(ta). ◇ *adv* tácitamente.

stịll|sitzen *vi (unreg)* estar parado(da), permanecer inactivo(va).

Stịll|stand *der* parada *f*; **zum ~ kommen** producirse una parada.

stịll|stehen *vi (unreg)* - **1.** [sich nicht bewegen] pararse; **stillgestanden!** MIL ¡firmes! - **2.** [Telefon] dejar de sonar - **3.** [Maschine, Verkehr] estar parado(da).

Stịmmband (*pl* **-bänder**) *das* cuerda *f* vocal.

stịmmberechtigt *adj* con derecho a voto.

Stịmm|bruch *der* cambio *m* de voz; **im ~ sein** estar cambiando la voz.

Stịmme (*pl* **-n**) *die* - **1.** [von Mensch, in Musik] voz *f* - **2.** [Wählerstimme] voto *m*; **seine ~ abgeben** dar su voto; **sich der ~ enthalten** abstenerse.

stịmmen ◇ *vi* - **1.** [richtig sein] ser cierto; **stimmt das?** ¿es cierto? - **2.** [wählen]: **für/gegen etw/jn ~** votar por/contra algo/alguien - **3.** [übereinstimmen] cuadrar; **stimmt so!** ¡está bien así! ◇ *vt* - **1.** MUS afinar - **2.** [machen]: **etw stimmt jn traurig/fröhlich** algo pone triste/alegre a alguien.

Stịmm|gabel *die* diapasón *m*.

stịmmhaft ◇ *adj* sonoro(ra). ◇ *adv* sonoramente.

Stịmm|lage *die* registro *m* de voz.

stịmmlos ◇ *adj* áfono(na), átono(na). ◇ *adv* sin voz.

Stịmm|recht *das* derecho *m* al voto.

Stịmmung (*pl* **-en**) *die* - **1.** [Laune] ánimo *m*, humor *m*; **in ~ kommen** animarse; **guter/schlechter ~ sein** estar de buen/mal humor - **2.** [Atmosphäre] ambiente *m*; **gegen etw/jn ~ machen** *fig* crear ambiente contra algo/alguien.

Stịmm|zettel *der* papeleta *f*.

stịnken (*prät* **stạnk**, *perf* **hat gestụnken**) *vi* - **1.** *abw* [schlecht riechen] oler mal, apestar; **nach etw ~** apestar a algo - **2.** *fam* [Angelegenheit, Geschäft] apestar - **3.** *salopp* [reichen]: **jm stinkt es** alguien está harto(ta).

Stipẹndium (*pl* **-dien**) *das* beca *f*.

stịrbt *präs* ▷ **sterben**.

Stịrn (*pl* **-en**) *die* frente *f*; **die ~ runzeln** fruncir el ceño; **einer Sache/jm die ~ bieten** *fig* hacer frente a algo/alguien.

stöbern *vi* revolver, rebuscar.

stọchern *vi*: **(mit etw) in etw** *(D)* **~** escarbar en algo (con algo).

Stọck (*pl* **Stọ̈cke** ODER -) *der* - **1.** *(pl Stöcke)* [Stab] bastón *m*, palo *m*; [Taktstock] batuta *f* - **2.** *(pl Stock)* [Stockwerk] piso *m*, planta *f* - **3.** *(pl Stöcke)* [Pflanze] tutor *m*, rodrigón *m*.

stọckdunkel *adj* de noche cerrada.

stọcken *vi* - **1.** [Verkehr, Gespräch] paralizarse - **2.** [bei Antwort, beim Vorlesen] pararse - **3.** [gerinnen] cuajar; [Blut] coagular.

stọckend ◇ *adj* intermitente. ◇ *adv* intermitentemente, con interrupciones.

Stọckung (*pl* **-en**) *die* - **1.** [Stillstand] paralización *f* - **2.** *(ohne Pl)* [von Milch] cuajo *m*; [von Blut] coagulación *f*.

Stọck|werk *das* piso *m (de edificio)*.

Stọff (*pl* **-e**) *der* - **1.** [Wolle, Seide] tela *f*, tejido *m* - **2.** [von Romanen, Unterricht] contenido *m* - **3.** [Substanz] materia *f*.

Stọffwechsel *der (ohne Pl)* metabolismo *m*.

stöhnen *vi* gemir.

Stọllen (*pl* -) *der* - **1.** [von Bergwerk] galería *f* - **2.** [Gebäck] *bollo típico de Navidad* - **3.** [von Schuhen, Hufeisen] taco *m*.

stọlpern (*perf* **ist gestọlpert**) *vi* tropezar; **über etw** *(A)* **~** tropezar con algo.

stọlz ◇ *adj* orgulloso(sa); **auf etw/jn ~ sein** estar orgulloso de algo/alguien. ◇ *adv* lleno(na) de orgullo.

Stọlz *der (ohne Pl)* orgullo *m*.

stọpfen *vt* - **1.** [ausbessern] zurcir - **2.** [Loch, Leck] taponar, cerrar.

stọpp *interj*: **stopp!** ¡alto!

stọppen ◇ *vt* [Verkehr, Prozess] parar. ◇ *vi* [anhalten] parar.

Stọrch (*pl* **Stọ̈rche**) *der* cigüeña *f*.

stören ◇ *vt* - **1.** [belästigen, missfallen] molestar; **jn bei etw ~** molestar a alguien en algo - **2.** [Fernsehempfang, Funkverbindung] perturbar. ◇ *vi* - **1.** [belästigend, missfallend sein] molestar - **2.** [Interferenzen, Sender] perturbar.

Störung (*pl* **-en**) *die* - **1.** [von Mittagsruhe, Stoffwechsel] perturbación *f* - **2.** [von Telefonleitung, Fernsehbild] distorsión *f*.

Stoß (*pl* **Stöße**) *der* - **1.** [Schlag] golpe *m*, estrellón *m Amér* - **2.** [von Papier, Büchern] montón *m*.

stoßen (*präs* **stößt**, *prät* **stieß**, *perf* **hat/ist gestoßen**) ◇ *vt (hat)* - **1.** [schubsen] empujar - **2.** [Kugel, Gewichte] lanzar - **3.** [aufmerksam machen]: **jn auf etw** *(A)* **~** hacerle ver algo a alguien. ◇ *vi* - **1.** *(ist)* [berühren]: **an etw** *(A)* **~** dar a algo; **gegen etw** *(A)* **~** dar contra algo - **2.** *(hat)* [mit Waffe]: **mit etw nach jm ~** atacar con algo a alguien - **3.** *(ist)* [angrenzen]: **an etw** *(A)* **~** limitar con algo - **4.** *(ist)* [Finden]: **auf etw/jn ~** encontrarse con algo/alguien - **5.** *(ist)* [sich treffen mit] : **zu jm ~** encontrarse con alguien.

stößt *präs* ▷ **stoßen.**

Str. (*abk für* **Straße**) C/.

Strafe (*pl* **-n**) *die* - **1.** [Bestrafung] castigo *m* - **2.** [Geldbuße] multa *f* - **3.** [in Gefängnis] pena *f*.

strafen *vt* castigar.

Strafgesetz|buch *das* código *m* penal.

Straf|zettel *der* multa *f*.

Strahl (*pl* **-en**) *der* [Lichtstrahl] rayo *m*, haz *m*.

strahlen *vi* - **1.** [Sonne, Sterne] lucir - **2.** [Radioaktivität] radiar.

Strähne (*pl* **-n**) *die* guedeja *f*.

Strand (*pl* **Strände**) *der* playa *f*.

Straße (*pl* **-n**) *die* - **1.** [in Stadt] calle *f* - **2.** [Landstraße] carretera *f*.

Straßen|bahn *die* tranvía *m*.

Straßen|karte *die* mapa *m* de carreteras.

Straßen|schild *das* letrero *m* de la calle.

Straßen|sperre *die* barrera *f*.

Straßen|verhältnisse *pl* estado *m* de las carreteras.

Strategie (*pl* **-n**) *die* estrategia *f*.

sträuben *vt* erizar, poner de punta. ◆ **sich sträuben** *ref* - **1.** [sich aufrichten] erizarse, ponerse de punta - **2.** *fig* [sich wehren] : **sich gegen etw ~** resistirse a algo.

Strauch (*pl* **Sträucher**) *der* arbusto *m*.

Strauß (*pl* **Sträuße** ODER **-e**) *der* - **1.** *(Pl Sträuße)* [Blumen] ramo *m* - **2.** *(Pl Strauße)* [Vogel] avestruz *m*.

streben (*perf* **hat/ist gestrebt**) *vi* - **1.** *(ist)* [zum Ausgang, an die Spitze] avanzar apresuradamente - **2.** *(hat)* [nach Macht, Ruhm] : **nach etw ~** pretender algo - **3.** *(hat) fam abw* [in Schule, im Beruf] empollar.

Streber, in (*mpl* **-**, *fpl* **-nen**) *der, die abw* empollón *m*, -ona *f*.

Strecke (*pl* **-n**) *die* - **1.** [Weg] trayecto *m* - **2.** [auf Autobahn, von Eisenbahn] tramo *m* - **3.** MATH recta *f* - **4.** *RW* : **jn zur ~ bringen** [Person] eliminar ODER liquidar a alguien ; [Tier] : **etw zur ~ bringen** cazar algo.

strecken *vt* - **1.** [Arme, Kopf] estirar ; **den Kopf aus dem Fenster ~** sacar la cabeza por la ventana - **2.** [Soße] alargar ; [Rauschgift] adulterar - **3.** [Streckverband anlegen] extender. ◆ **sich strecken** *ref* - **1.** [Mensch, Tier] estirarse ; [nach dem Aufstehen] desperezarse - **2.** [auf Sofa] tenderse.

streckenweise *adv* [an mehreren Stellen] en algunos tramos ; [teilweise] en algunas partes.

Streich (*pl* **-e**) *der* - **1.** [zum Ärgern] jugarreta *f* ; **jm einen ~ spielen** [jn ärgern] hacerle una jugarreta a alguien ; *fig* [im Stich lassen] jugarle una mala pasada a alguien - **2.** *geh* [Schlag] golpe *m*.

streicheln ◇ *vt* acariciar. ◇ *vi* : **über etw** *(A)* **~** acariciar algo.

streichen (*prät* **strich**, *perf* **hat/ist gestrichen**) ◇ *vt (hat)* - **1.** [Raum, Fassade] pintar ; **'frisch gestrichen'** 'recién pintado' - **2.** [Sätze, Passagen] tachar - **3.** [Brote, Salbe] untar ; - **4.** [Leistungen, Auftrag] anular, cancelar - **5.** [entfernen] quitar ; **jd streicht sich** *(D)* **die Haare aus dem Gesicht** alguien se aparta el pelo de la cara. ◇ *vi* - **1.** *(hat)* [gleiten] : **mit etw über etw** *(A)* **~** pasar con algo (ligeramente) sobre algo ; **sich** *(D)* **über etw** *(A)* **~** pasarse la mano sobre algo - **2.** *(hat)* [mit Farbe] pintar - **3.** *(ist)* [herumstreichen] rondar.

Streich|holz *das* cerilla *f*.

Streich|instrument *das* instrumento *m* de cuerda *(con arco)*.

Streichung (*pl* **-en**) *die* - **1.** [von Projekten] cancelación *f* - **2.** [von Text] tachadura *f*.

Streife (*pl* **-n**) *die* - **1.** [von Polizei, Militär] patrulla *f* - **2.** [Kontrollfahrt] ronda *f* (de la patrulla).

streifen (*perf* **hat/ist gestreift**) ◇ *vt (hat)* - **1.** [berühren] rozar - **2.** [überziehen] : **etw über etw** *(A)* **~** ponerse algo por encima de algo - **3.** [wegziehen, entfernen] : **sich die Handschuhe von der Hand ~** quitarse los guantes - **4.** [erwähnen] mencionar (de pasada) - **5.** [ansehen] pasar la mirada por. ◇ *vi (ist)* [umherziehen] : **durch etw ~** vagar por algo.

Streifen (*pl* **-**) *der* - **1.** [von Stoffen, Gras] tira *f* - **2.** [von Fahrbahn] raya *f*, línea *f* - **3.** *fam* [Film] película *f*.

Streifen|wagen *der* coche *m* patrulla.

Streik (*pl* **-s**) *der* huelga *f* ; **in (den) ~ treten** ir a la huelga.

streiken *vi* - **1.** [im Streik stehen] estar en huelga - **2.** [Motor, Magen] no funcionar, fallar.

Streit *der (ohne Pl)* pelea *f* ; **~ mit jm haben** pelearse con alguien.

streiten (*prät* **stritt**, *perf* **hat gestritten**) *vi* - **1.** [zanken] pelearse ; **über etw** *(A)* **~** pelearse por algo - **2.** *geh* [kämpfen] : **gegen/für etw ~** luchar contra/por algo. ◆ **sich streiten** *ref* [sich zanken] pelearse ; **sich um etw ~** pelearse por algo.

Streit|frage *die* objeto *m* de controversia.

streitig ◇ *adj* discutible. ◇ *adv* : **jm etw ~ machen** disputarle algo a alguien.

Streitigkeiten *pl* litigio *m*.

Streitkräfte *pl* fuerzas *fpl* armadas.

streitsüchtig *adj* pendenciero(ra), peleón(ona).

streng ◇ *adj* - **1.** [Eltern, Blick] severo(ra) - **2.** [Geruch, Geschmack] penetrante

- **3.** [Diät, Sitten] estricto(ta) - **4.** [Frisur, Gesicht] austero(ra) - **5.** [Winter, Frost] duro(ra). <> *adv* - **1.** [erziehen, kontrollieren] con severidad - **2.** [riechen, schmecken] penetrantemente - **3.** [verbieten, befolgen] estrictamente.

Strenge *die (ohne Pl)* - **1.** [von Erziehung, Maßnahmen] severidad *f* - **2.** [von Wetter] : **die ~ des Winters** los rigores del invierno - **3.** [von Gesetzen] dureza *f* - **4.** [von Frisur, Gesichtszügen] austeridad *f* - **5.** [von Geruch, Geschmack] acritud *f*.

streng genommen *adv* en el sentido estricto.

strengstens *adv* muy estrictamente ; **~ verboten** terminantemente prohibido.

Stress *der (ohne Pl)* estrés *m*.

Streu *die (ohne Pl)* paja *f (para cama del ganado)*.

streuen <> *vt* - **1.** [Salz, Dünger] esparcir - **2.** *fam* [Informationen, Gerüchte] difundir. <> *vi* - **1.** [im Winter] echar - **2.** [Salzstreuer] vaciarse.

streunen (*perf* **hat/ist gestreunt**) *vi* - **1.** [irgendwo] vagar - **2.** *(ist)* [irgendwohin] vagar.

Streusel (*pl* **-**) *der* ODER *das migas de mantequilla, azúcar y harina con las que se cubren algunos bizcochos*.

strich *prät* ▷ **streichen.**

Strich (*pl* **-e**) *der* - **1.** [Linie] raya *f*, línea *f* - **2.** [von Papier, Falten] pasada *f* - **3.** *(ohne Pl)* [von Haaren] raya *f* - **4.** *(ohne Pl) fam* [Prostitution] prostitución *f* callejera ; **auf den ~ gehen** *fam* hacer la calle - **5.** *salopp* [Rotlichtviertel] barrio *m* chino - **6.** *RW* : **gegen den ~ gehen** *fam* ir a contrapelo ; **jm einen ~ durch die Rechnung machen** desbaratarle a alguien los planes. ◆ **unter dem Strich** *adv* en resumidas cuentas.

strichweise *adj* & *adv* por partes.

Strick (*pl* **-e**) *der* cuerda *f* (gruesa).

stricken *vt* & *vi* tejer *(labor de punto)*.

Strick|jacke *die* chaqueta *f* de punto.

Strick|leiter *die* escala *f* de cuerdas.

Strick|nadel *die* aguja *f* de (hacer) punto.

Strick|zeug *das (ohne Pl)* - **1.** [Handarbeit] punto *m* - **2.** [Utensilien] utensilios *mpl* para hacer punto.

striegeln *vt* cepillar.

Striemen (*pl* **-**) *der* marca *f (en la piel)*.

Striptease ['ʃtrɪptiːs, 'strɪptiːs] *der* ODER *das (ohne Pl)* striptease *m*.

stritt *prät* ▷ **streiten.**

strittig *adj* contencioso(sa).

Stroh *das (ohne Pl)* paja *f*.

Stroh|dach *das* tejado *m* de paja.

Strolch (*pl* **-e**) *der* - **1.** *abw* [Herumtreiber] vagabundo *m* - **2.** *fam hum* [Schlingel] pillín *m*, -ina *f*.

Strom (*pl* **Ströme**) *der* - **1.** *(ohne Pl)* [Elektrizität] electricidad *f* - **2.** [Fluss] río *m* grande - **3.** *(ohne Pl)* [Strömung] corriente *f* - **4.** [von Besuchern, Zuwanderern] oleada *f* - **5.** *RW* : **es regnet** ODER **gießt in Strömen** llueve a cántaros ; **gegen den ~ schwimmen** nadar contra la corriente.

stromabwärts *adv* río abajo.

stromaufwärts *adv* río arriba.

Stromaus|fall *der* apagón *m*.

strömen (*perf* **ist geströmt**) *vi* - **1.** [Leute] acudir en masa - **2.** [Flüssigkeit, Gas] correr.

Strom|kreis *der* circuito *m* eléctrico.

Strom|stärke *die* intensidad *f* de la corriente.

Strömung (*pl* **-en**) *die* corriente *f*.

Strom|zähler *der* contador *m* de electricidad.

Strophe (*pl* **-n**) *die* estrofa *f*.

strotzen *vi* : **von** ODER **vor etw** *(D)* **~** estar pletórico(ca) de algo.

Strudel (*pl* **-**) *der* - **1.** [Wirbel] remolino *m* - **2.** [Kuchen] *pastel de hojaldre con diversos rellenos*.

Struktur (*pl* **-en**) *die* estructura *f*.

Strumpf (*pl* **Strümpfe**) *der* - **1.** [beinlang] media *f* - **2.** [Kniestrumpf] media *f* calcetín - **3.** [Socke] calcetín *m*.

Strumpf|hose *die* [aus Nylon] medias *fpl* panti ; [aus Wolle] leotardos *mpl*.

struppig *adj* desgreñado(da).

Stube (*pl* **-n**) *die* - **1.** *fam* [Wohnzimmer] salón *m* - **2.** [Raum] cuarto *m*.

stubenrein *adj* aseado(da), limpio(pia).

Stück (*pl* **-e** ODER **-**) *das* - **1.** *(Pl Stücke)* [Torte, Brot] trozo *m* - **2.** *(Pl Stück)* [Seife, Zucker, Land] trozo *m* ; **im** ODER **am ~** por pieza ; **fünf Mark pro** ODER **das ~** cinco marcos la unidad - **3.** *(ohne Pl)* [Strecke] trecho *m* - **4.** *(Pl Stücke)* [Bühnenstück] obra *f* teatral - **5.** *(Pl Stücke)* [Musikstück, Einzelstück] pieza *f* - **6.** *(ohne Pl) salopp abw* : **faules/unverschämtes ~** pedazo *m* de vago/sinvergüenza - **7.** *RW* : **das ist ja ein starkes ~!** *fam* ¡eso es demasiado! ; **große ~e auf jn halten** *fam* tener mucho aprecio a alguien.

stückeln *vt* & *vi* juntar trozos *(en costura)*.

Student (*pl* **-en**) *der* (estudiante *m*) universitario *m*.

Studentenwohn|heim *das* colegio *m* mayor.

Studentin (*pl* **-nen**) *die* (estudiante *f*) universitaria *f*.

Studie ['ʃtuːdi̯ə] (*pl* **-n**) *die* estudio *m*.

Studienab|schluss *der* título *m* (universitario).

Studien|fach *das* carrera *f* (universitaria).

Studien|fahrt *die* viaje *m* de estudios.

Studien|platz *der* plaza *f*.

Studien|rat *der* profesor *m* (titular) de enseñanza secundaria.

Studien|rätin *die* profesora *f* (titular) de enseñanza secundaria.

studieren [ʃtu'diːrən] ◇ *vt* - **1.** [gen] estudiar - **2.** [Rolle] ensayar. ◇ *vi* [an Universität, Hochschule] hacer una carrera.

Studio (*pl* **-s**) *das* estudio *m*.

Studium ['ʃtuːdi̯ʊm] (*pl* **Studien**) *das* - **1.** *(ohne Pl)* [an Universität, Hochschule] carrera *f* - **2.** [von Verhaltensweisen, Naturgesetzen] estudio *m* - **3.** *(ohne Pl)* [von Rolle] ensayo *m* - **4.** *(ohne Pl)* [von Unterlagen, Partitur] lectura *f*.

Stufe (*pl* **-n**) *die* - **1.** [von Treppe] escalón *m* - **2.** [von Entwicklung, Bildung] etapa *f* - **3.** [in Hierarchie] escalón *m*, nivel *m* - **4.** [Schaltstufe] posición *f* - **5.** [Abstufung] grado *m*.

Stuhl (*pl* **Stühle**) *der* - **1.** [Sitzmöbel] silla *f* - **2.** *(ohne Pl)* [Stuhlgang] deposición *f*.

Stuhlgang *der (ohne Pl)* deposición *f*, evacuación *f*.

stülpen *vt* volver hacia afuera ; **etw auf** ODER **über etw** *(A)* **~** poner algo encima de algo ; **sich den Hut auf den Kopf ~** ponerse el sombrero en la cabeza.

stumm ◇ *adj* - **1.** [Mensch, Tier] mudo(da) - **2.** [Zuhörer, Protest] silencioso(sa). ◇ *adv* - **1.** [sprechunfähig] en silencio ; **sich ~ stellen** hacerse el mudo (la muda) - **2.** [schweigend] en silencio, calladamente.

Stummel (*pl* **-**) *der* [Hundeschwanz, Arm] muñón *m* ; [von Zigarette] colilla *f*.

Stumm|film *der* película *f* muda.

Stümper (*pl* **-**) *der abw* chapucero *m*.

Stümperin (*pl* **-nen**) *die abw* chapucera *f*.

stumpf ◇ *adj* - **1.** [Messer, Bleistift] romo(ma) - **2.** [Haare, Farbe] apagado(da) - **3.** [Mensch, Blick] embotado(da) - **4.** [Winkel] obtuso(sa). ◇ *adv* - **1.** [anblicken, dahinleben] embotadamente - **2.** [nicht scharf] sin filo - **3.** [glanzlos] sin brillo - **4.** [nicht spitz] sin punta.

Stumpf (*pl* **Stümpfe**) *der* tocón *m*.

Stumpfsinn *der (ohne Pl)* - **1.** [Monotonie] tedio *m*, aburrimiento *m* - **2.** [geistige Abwesenheit] apatía *f*, abulia *f*.

Stunde (*pl* **-n**) *die* - **1.** [Zeiteinheit] hora *f* - **2.** [Unterrichtsstunde] (hora de) clase *f*.

stunden *vt* aplazar.

Stunden|geschwindigkeit *die* velocidad *f* por hora.

Stundenkilometer *pl* kilómetros *mpl* por hora.

stundenlang ◇ *adj* interminable. ◇ *adv* durante horas.

Stunden|lohn *der* sueldo *m* por horas.

Stunden|plan *der* horario *m*.

stundenweise *adv* por horas.

Stunden|zeiger *der* horario *m*.

stündlich ◇ *adv* - **1.** [jede Stunde] cada hora - **2.** [jeden Augenblick] en cualquier momento. ◇ *adj* [jede Stunde] cada hora.

Stups (*pl* **-e**) *der* : **jm einen ~ geben** dar un ligero empujón a alguien.

Stups|nase *die* nariz *f* respingona.

stur *abw* ◇ *adj* testarudo(da). ◇ *adv* testarudamente.

Sturm (*pl* **Stürme**) *der* - **1.** [Unwetter] tormenta *f* - **2.** *(ohne Pl)* [Gefühlsbewegung] oleada *f*, arrebato *m* - **3.** *(ohne Pl)* [Andrang, Angriff] asalto *m* - **4.** *(ohne Pl)* [beim Fußball] delantera *f*.

stürmen (*perf* **hat/ist gestürmt**) ◇ *vt (hat)* - **1.** [Geschäfte, Büfett] asaltar, forzar - **2.** [Festung, Stellung] tomar al asalto. ◇ *vi* - **1.** *(ist)* [ins Zimmer] entrar corriendo en un sitio - **2.** *(hat)* [beim Fußball] atacar - **3.** *(hat)* [Sturm herrschen] : **es stürmt** hay vendaval.

Stürmer, in (*mpl* **-**, *fpl* **-nen**) *der, die* delantero *m*, -ra *f*.

Sturm|flut *die* marea *f* viva.

stürmisch ◇ *adj* - **1.** [Tag, Wetter] tempestuoso(sa) - **2.** [Applaus, Protest] impetuoso(sa) - **3.** [Temperament, Begrüßung] fogoso(sa), ardiente. ◇ *adv* - **1.** [applaudieren] impetuosamente - **2.** [begrüßen, umarmen] ardientemente - **3.** [regnen] a ráfagas, tempestuosamente.

Sturz (*pl* **Stürze**) *der* - **1.** [Fall, Umsturz] caída *f* - **2.** [von Preisen, Temperatur] bajada *f*.

stürzen (*perf* **hat/ist gestürzt**) ◇ *vi (ist)* - **1.** [in die Tiefe, zu Boden] caerse - **2.** [ins Zimmer, zum Ausgang] precipitarse - **3.** [Preise, Temperatur] bajar. ◇ *vt (hat)* - **1.** [Regierung, Minister] derribar - **2.** [Kuchen, Pudding] volcar - **3.** [vom Dach, in Abgrund] empujar.

Sturz|helm *der* casco *m*.

Stute (*pl* **-n**) *die* yegua *f*.

Stuttgart *nt* Stuttgart *m*.

Stütze (*pl* **-n**) *die* [gen] apoyo *m*.

stutzen ◇ *vt* - **1.** [Ohren] desorejar ; [Schwanz] desrabar - **2.** [Bart] cortar ; [Haare] recortar - **3.** [Hecke, Baum] podar. ◇ *vi* [innehalten] quedarse perplejo(ja).

stützen *vt* - **1.** [Balken, Pflanze] apoyar - **2.** [Preise, Kurse] sostener. ◆ **sich stützen** *ref* : **sich auf etw/jn ~** [sich aufstützen] apoyarse en algo/alguien ; [auf Aussage, Vermutungen] basarse en algo/alguien.

stutzig *adj* : **~ werden** concebir sospechas.

Stützlpunkt *der* MIL base *f*.

Styropor® *das (ohne Pl)* poliestireno *m*.

Subjekt (*pl* **-e**) *das* sujeto *m*.

subjektiv ◇ *adj* subjetivo(va). ◇ *adv* subjetivamente.

Substantiv (*pl* **-e**) *das* GRAM sustantivo *m*.

Substanz (*pl* **-en**) *die* - **1.** [Stoff] sustancia *f* - **2.** *(ohne Pl)* [Wesentliche] contenido *m*.

subtrahieren *vt & vi* MATH restar.

subventionieren [zupvɛntsi̯o'niːrən] *vt* subvencionar.

Suche (*pl* **-n**) *die* búsqueda *f*; **auf der ~ nach etw/jm sein** estar en busca de algo/alguien ; **sich auf die ~ nach (etw/jm) machen** ponerse a buscar (algo/a alguien).

suchen *vt & vi* buscar ; **etw/jd hat hier nichts zu ~** *fam fig* a algo/alguien no se le ha perdido nada por aquí ; **nach etw/jm ~** buscar algo/a alguien.

Suchlmaschine *die* EDV buscador *m*.

Sucht (*pl* **Süchte**) *die* [Abhängigkeit] adicción *f*.

süchtig *adj* adicto(ta) ; **nach etw ~ sein** ser adicto(ta) a algo ; **~ machen** crear adicción.

suchtkrank *adj* adicto(ta).

Suchltrupp *der* grupo *m* de búsqueda.

Sud (*pl* **-e**) *der* decocción *f*.

Südafrika *nt* Sudáfrica *f*.

Südlafrikaner, in *der, die* sudafricano *m*, -na *f*.

südafrikanisch *adj* sudafricano(na).

Südamerika *nt* Sudamérica *f*, América *f* del Sur.

Südlamerikaner, in *der, die* sudamericano *m*, -na *f*.

südamerikanisch *adj* sudamericano(na).

süddeutsch *adj* del sur de Alemania.

Süden *der (ohne Pl)* - **1.** [Richtung] Sur *m* ; **nach ~** al sur - **2.** [Gegend] sur *m* ; **im ~** en el sur.

Südeuropa *nt* el sur de Europa.

Südlfrucht *die* fruta *f* meridional.

Südkorea *nt* Korea *f* del Sur.

südländisch *adj* del sur, meridional.

südlich ◇ *adj* del sur, meridional. ◇ *präp* : **~ einer Sache** *(G)* ODER **von etw** al sur de algo.

Südosten *der (ohne Pl)* - **1.** [Gegend] sudeste *m* - **2.** [Richtung] Sudeste *m*.

Südlpol *der* - **1.** *(ohne Pl)* GEOGR polo *m* sur - **2.** PHYS polo *m* sur.

Südsee *die* los Mares *mpl* del Sur ; **in der ~** en los Mares del Sur.

Südtirol *nt* Trentino-Alto-Adigio *m*.

Südltiroler, in *der, die* habitante *mf* de Alto-Adigio.

Südwesten *der (ohne Pl)* - **1.** [Gegend] sudoeste *m* - **2.** [Richtung] Sudoeste *m*.

Sueskanal ['zuːɛskanaːl] *der* Canal *m* de Suez.

süffig ◇ *adj* abocado(da). ◇ *adv* agradable al paladar.

Sulfat (*pl* **-e**) *das* CHEM sulfato *m*.

Sultan (*pl* **-e**) *der* sultán *m*.

Sultanine (*pl* **-n**) *die* pasa *f* de Corinto.

Sülze (*pl* **-n**) *die* embutido *m* en gelatina.

Summe (*pl* **-n**) *die* - **1.** [Geldbetrag] suma *f* - **2.** [Endsumme] importe *m* final.

summen (*perf* **hat/ist gesummt**) ◇ *vi* - **1.** *(hat)* [Biene, Ventilator] zumbar, susurrar - **2.** *(ist)* [Bienen] zumbar. ◇ *vt (hat)* susurrar, canturrear.

summieren *vt* sumar. ◆ **sich summieren** *ref* acumularse.

Sumpf (*pl* **Sümpfe**) *der* - **1.** [Sumpfgelände] pantano *m* - **2.** *abw* [moralischer Verfall] fango *m* ; **in den ~ der Großstadt geraten** caer en el fango de la gran ciudad.

sumpfig *adj* pantanoso(sa).

Sünde (*pl* **-n**) *die* pecado *m*.

Sündenlbock *der* cabeza *f* de turco, víctima *f* propiciatoria.

super *fam* ◇ *adj (unver)* estupendo(da), guay. ◇ *adv* estupendamente. ◇ *interj* : **super!** ¡guay!

Super *das (ohne Pl)* gasolina *f* súper.

Superlativ (*pl* **-e**) *der* GRAM superlativo *m*.

Superlmarkt *der* supermercado *m*.

Suppe (*pl* **-n**) *die* - **1.** [Essen] sopa *f* ; **jm die ~ versalzen** *fam fig* aguarle la fiesta a alguien - **2.** *fam* [Dunst, Nebel] puré *m* de garbanzos.

Suppenlschüssel *die* sopera *f*.

Suppenlteller *der* plato *m* sopero.

Suppenlwürfel *der* cubitos *mpl (de sopa)*.

Surflbrett ['sœːɐ̯fbrɛt] *das* - **1.** [zum Wellensurfen] tabla *f* de surf - **2.** [zum Windsurfen] tabla *f* de windsurf.

surfen ['sœːɐ̯fn̩] (*perf* **hat/ist gesurft**) *vi* - **1.** [auf den Wellen] hacer surf - **2.** [mit Segel] hacer windsurf - **3.** *(ist)* [in eine Richtung] navegar - **4.** : **im Internet ~** navegar en/por internet.

Surinam *nt* Surinam *m*.

Surinamer, in (*mpl* **-**, *fpl* **-nen**) *der, die* surinamés *m*, -mesa *f*.

surinamesisch *adj* surinamés(mesa).

Surrealismus *der (ohne Pl)* surrealismo *m*.

surren (*perf* **hat/ist gesurrt**) *vi* - **1.** *(ist)* [Mücke, Fliege] zumbar - **2.** *(hat)* [Projektor, Nähmaschine] zumbar.

suspekt *adj* sospechoso(sa) ; **jm ~ sein** resultar sospechoso para alguien.

süß ◇ *adj* - **1.** [Duft, Geschmack] dulce ; **das ~e Leben** la dulce vida - **2.** [Baby, Kerlchen] mono(na), precioso(sa). ◇ *adv* - **1.** [aussehen] con gracia - **2.** [schmecken, riechen] de sabor dulce - **3.** *geh* [träumen] dulcemente.

süßen *vt* endulzar.

Süßigkeit (*pl* **-en**) *die* dulce *m*.

süßlich ◇ *adj* - **1.** [Geschmack, Parfüm] dulzón(ona) - **2.** [Lächeln, Ton] almibarado(da). ◇ *adv* - **1.** [riechen, schmecken] con dulzura - **2.** [lächeln, sagen] dulcemente.

süßsauer ◇ *adj* agridulce. ◇ *adv* : **~ schmecken** tener sabor agridulce.

Süß|speise *die* postre *m*.

Süßwasser *das (ohne Pl)* agua *f* dulce.

SVP [ɛsfau'peː] (*abk für* **Schweizer Volkspartei**) *die (ohne Pl) partido popular suizo.*

SW (*abk für* **Südwest**) SO.

Symbol (*pl* **-e**) *das* - **1.** [gen] símbolo *m* - **2.** EDV icono *m*.

symbolisch ◇ *adj* simbólico(ca). ◇ *adv* simbólicamente.

Symmetrie (*pl* **-n**) *die* simetría *f*.

symmetrisch ◇ *adj* simétrico(ca). ◇ *adv* simétricamente.

Sympathie (*pl* **-n**) *die* simpatía *f* ; **sich** *(D)* **viele ~n verscherzen** perder las simpatías ; **bei aller ~** *fam* por mucha simpatía que inspire.

sympathisch ◇ *adj* simpático(ca), dije *Amér* ; **jm ~ sein** serle simpático a alguien. ◇ *adv* simpáticamente.

sympathisieren *vi* : **mit jm ~** simpatizar con alguien.

Symphonie = **Sinfonie**.

Symphoniker = **Sinfoniker**.

Symptom (*pl* **-e**) *das* síntoma *m*.

Synagoge (*pl* **-n**) *die* sinagoga *f*.

synchron ◇ *adj* sincrónico(ca). ◇ *adv* sincrónicamente.

synchronisieren *vt* sincronizar.

Synonym (*pl* **-e**) *das* sinónimo *m*.

Syntax (*pl* **-en**) *die* GRAM sintaxis *f*.

Synthese (*pl* **-n**) *die* : **die ~ aus etw** la síntesis de algo.

synthetisch ◇ *adj* sintético(ca). ◇ *adv* sintéticamente.

Syrien *nt* Siria *f*.

System [zys'teːm] (*pl* **-e**) *das* sistema *m*.

systematisch ◇ *adj* sistemático(ca). ◇ *adv* sistemáticamente.

Szene (*pl* **-n**) *die* [im Film, Vorfall] escena *f* ; **jm eine ~ machen** hacer una escena a alguien ; *(ohne Pl)* [Musikszene, Kneipenszene] ambiente *m*.

t, T [teː] (*pl* **-** ODER **-s**) *das* t *f*, T *f*. ◆ **t** (*abk für* **Tonne**) t.

Tabak, Tabak (*pl* **-e**) *der* tabaco *m*.

Tabak|laden *der* estanco *m*.

Tabak|steuer *die* impuesto *m* sobre el tabaco.

Tabak|waren *pl* tabacos *mpl*.

tabellarisch *adj & adv* en forma de tabla ODER cuadro.

Tabelle (*pl* **-n**) *die* - **1.** [Liste] tabla *f* de valores - **2.** SPORT clasificación *f*.

Tablett (*pl* **-s** ODER **-e**) *das* bandeja *f*.

Tablette (*pl* **-n**) *die* pastilla *f*.

tabu *adj (unver)* tabú.

Tabu (*pl* **-s**) *das* tabú *m*.

Tacho|meter *der* cuentakilómetros *m inv*.

Tadel (*pl* **-**) *der geh* reproche *m*.

tadellos ◇ *adj* [Kleidung] impecable ; [Arbeit] irreprochable. ◇ *adv* [angezogen] impecablemente ; [arbeiten] irreprochablemente.

tadeln *vt* censurar.

Tafel (*pl* **-n**) *die* - **1.** [Schreibtafel] pizarra *f*, encerado *m* - **2.** *geh* [Tisch] mesa *f* ; **die ~ aufheben** *geh* levantar la mesa - **3.** [Stück] : **eine ~ Schokolade** una tableta de chocolate.

tafelfertig *adj & adv* listo(ta) para servir.

Täfelung (*pl* **-en**) *die* artesonado *m*.

Tafelwasser (*pl* **-wässer**) *das* agua *f* de mesa.

Taft (*pl* **-e**) *der* tafetán *m*.

Tag (*pl* **-e**) *der* - **1.** [gen] día *m* ; **in vierzehn ~en** en quince días - **2.** *(ohne Pl)* [Tageslicht] luz *f* del día - **3.** *RW* : **am helllichten ~** en pleno día ; **unter ~(e)** bajo tierra ; **über ~(e)** cielo abierto. ◆ **eines Tages** *adv* [irgendwann] algún día. ◆ **guten Tag!** *interj* ¡buenos días! ◆ **Tag für Tag** *adv* [immer] día tras día. ◆ **von Tag zu Tag** *adv* [immer mehr] de día en día. ◆ **Tage** *pl*

- **1.** [Zeit] días ; **js ~e sind gezählt** [Leben, Arbeitstage] sus días están contados - **2.** *fam* [Periode] : **sie hat/bekommt ihre ~e** *fam* tiene/va a tener la regla.

tagaus *adv* : **~, tagein** día tras día.

Tag der Deutschen Einheit *der (ohne Pl)* Día *f* de la Unidad Alemana.

Tage|buch *das* diario *m* ; **~ schreiben** escribir el diario.

tagelang ◇ *adj* prolongado(da) durante días. ◇ *adv* durante días.

tagen *vi* - **1.** [Partei, Ausschuss] reunirse *(en sesión)* - **2.** *geh* [hell werden] : **es tagt** amanece.

Tagesab|lauf *der* transcurso *m* del día.

Tagesan|bruch *der* amanecer *m*.

Tages|bedarf *der (ohne Pl)* necesidades *fpl* diarias.

Tages|fahrt *die* excursión *f* de un día.

Tages|gericht *das* plato *m* del día.

Tages|geschehen *das (ohne Pl)* sucesos *mpl* del día.

Tages|karte *die* - **1.** [Fahrschein] billete *m* para un solo día - **2.** [Eintrittskarte] entrada *f* (para todo el día).

Tages|licht *das (ohne Pl)* luz *f* del día ; **etw kommt ans ~** algo sale a la luz del día.

Tages|ordnung *die* orden *m* del día.

Tagesrückfahr|karte *die* billete *m* de ida y vuelta en el día.

Tages|schau *die (ohne Pl) noticiario de la primera cadena de televisión alemana.*

Tages|zeit *die* hora *f* del día.

Tageszeiten

La división del día en Alemania difiere de la de España no sólo en lo que se refiere a las comidas y a los horarios de apertura de los comercios, sino también en el mundo laboral y de los negocios.
Por regla general el día laboral comienza a las ocho de la mañana o más temprano incluso. La pausa del mediodía es mucho más corta que en España y puede comenzar ya a las 12. La jornada de trabajo acaba normalmente entre las cuatro y las cinco de la tarde. A partir de esta hora, en la que en España daría comienzo la segunda parte de la jornada laboral, es prácticamente imposible contactar directamente con empresas o instituciones públicas.

Tages|zeitung *die* periódico *m*.

täglich ◇ *adj* diario(ria). ◇ *adv* diariamente ; **dreimal ~** tres veces al día.

tagsüber *adv* durante el día.

tagtäglich ◇ *adj* de todos los días, del día a día. ◇ *adv* todos los días, día a día.

Tagung (*pl* **-en**) *die* congreso *m*.

Taifun (*pl* **-e**) *der* tifón *m*.

Taille ['taljə] (*pl* **-n**) *die* cintura *f*, talle *m*.

tailliert [ta'ji:ɐ̯t] *adj* entallado(da).

Taiwan *nt* Taiwan.

Takt (*pl* **-e**) *der* - **1.** [musikalische Einheit, Rhythmus] compás *m* - **2.** *(ohne Pl)* [Feingefühl] tacto *m* - **3.** *(ohne Pl)* [zeitlicher Abstand] ritmo *m* ; **die Straßenbahnen fahren im ~ von 12 Minuten** el tranvía pasa cada 12 minutos - **4.** *RW* : **jn aus dem ~ bringen** sacarle a uno de sus casillas.

Takt|gefühl *das (ohne Pl)* tacto *m*, sensibilidad *f*.

Taktik (*pl* **-en**) *die* táctica *f*.

taktisch ◇ *adj* táctico(ca). ◇ *adv* tácticamente, estratégicamente.

taktlos ◇ *adj* indiscreto(ta), grosero(ra). ◇ *adv* con falta de tacto, groseramente.

Taktlosigkeit (*pl* **-en**) *die* falta *f* de tacto.

Takt|stock *der* batuta *f*.

taktvoll ◇ *adj* discreto(ta). ◇ *adv* con tacto, con discreción.

Tal (*pl* **Täler**) *das* valle *m*.

Talent (*pl* **-e**) *das* talento *m*.

talentiert ◇ *adj* dotado(da) de talento. ◇ *adv* con talento.

Talg (*pl* **-e**) *der* talco *m*.

Talisman (*pl* **-e**) *der* talismán *m*.

Tal|kessel *der* valle *m* hondo ODER cerrado.

Talkshow ['tɔ:kʃo:] (*pl* **-s**) *die* programa *m* de entrevistas en directo.

Tal|station *die* estación *f* inferior *(de funicular, tren)*.

Tampon ['tampɔn, tam'po:n] (*pl* **-s**) *der* tampón *m (compresa)*.

Tandem (*pl* **-s**) *das* tándem *m*.

Tang (*pl* **-e**) *der* alga *f*.

Tangente (*pl* **-n**) *die* MATH tangente *f*.

Tango (*pl* **-s**) *der* tango *m*.

Tank (*pl* **-s**) *der* depósito *m*.

Tank|deckel *der* tapa *f* del depósito.

tanken ◇ *vi* repostar. ◇ *vt* - **1.** [Benzin, Diesel] repostar - **2.** [Sonne, Luft] llenarse de.

Tanker (*pl* **-**) *der* petrolero *m*.

Tank|schloss *das* cerradura *f* del depósito.

Tank|stelle *die* gasolinera *f*, estación *f* de servicio, grifo *m Amér*.

Tank|wart, in (*mpl* **-e**, *pl* **-nen**) *der, die* encargado *m*, -da *f* de una gasolinera.

Tanne (*pl* **-n**) *die* **- 1.** [Baum] abeto *m* **- 2.** *(ohne Pl)* [Holz] abeto *m*.

Tannen|baum *der* abeto *m*.

Tannen|zapfen *der* piña *f* de abeto.

Tansania *nt* Tanzania *f*.

Tante (*pl* **-n**) *die* tía *f*.

Tante-Emma-|Laden *der* comercio *m* familiar.

Tanz (*pl* **Tänze**) *der* **- 1.** [rhythmische Bewegung] baile *m* **- 2.** [Musikstück] danza *f* **- 3.** *(ohne Pl)* [Veranstaltung] baile *m*.

Tanzbein *das (ohne Pl)* : **das ~ schwingen** *fam hum* mover el esqueleto.

tanzen *vi & vt* bailar.

Tänzer, in (*mpl* **-**, *fpl* **-nen**) *der, die* bailarín *m*, -ina *f*.

Tanz|fläche *die* pista *f* de baile.

Tanz|schule *die* academia *f* de baile.

Tanz|stunde *die* clase *f* de baile.

Tapete (*pl* **-n**) *die* papel *m* pintado.

Tapeten|wechsel *der fig* cambio *m* de ambiente.

tapezieren *vt & vi* empapelar.

tapfer ◇ *adj* valiente. ◇ *adv* valientemente.

Tapferkeit *die (ohne Pl)* valor *m*.

tappen (*perf* **ist getappt**) *vi* andar a tientas.

tapsig ◇ *adj* torpe. ◇ *adv* torpemente.

Tarif (*pl* **-e**) *der* tarifa *f*.

Tarif|lohn *der* salario *m* tarifado.

Tarifver|handlung *die* negociaciones *fpl* colectivas.

Tarif|vertrag *der* convenio *m* colectivo.

tarnen *vt* camuflar.

Tarnung *die (ohne Pl)* camuflaje *m*.

Tasche (*pl* **-n**) *die* **- 1.** [Tragetasche] bolsa *f* **- 2.** [Handtasche] bolso *m* **- 3.** [Hosentasche] bolsillo *m* **- 4.** *RW* : **etw aus eigener ~ bezahlen** pagar algo de su propio bolsillo ; **etw (schon) in der ~ haben** *fam* tener (ya) algo seguro ; **jm auf der ~ liegen** *fam* vivir a expensas de alguien.

Taschen|buch *das* libro *m* de bolsillo.

Taschen|dieb, in *der, die* ratero *m*, -ra *f*.

Taschen|format *das* : **im ~** en tamaño de bolsillo.

Taschen|geld *das (ohne Pl)* dinero *m* de bolsillo.

Taschen|lampe *die* linterna *f*.

Taschen|messer *das* navaja *f (de bolsillo)*.

Taschen|rechner *der* calculadora *f* de bolsillo.

Taschen|schirm *der* paraguas *m inv* plegable.

Taschen|tuch (*pl* **-tücher**) *das* pañuelo *m*.

Taschen|uhr *die* reloj *m* de bolsillo.

Tasse (*pl* **-n**) *die* taza *f* ; **nicht alle ~n im Schrank haben** *fam fig & abw* faltarle un tornillo a alguien.

Tastatur (*pl* **-en**) *die* teclado *m*.

Taste (*pl* **-n**) *die* tecla *f*.

tasten *vi & vt* palpar ; **nach etw ~** buscar algo a tientas.

Tasten|instrument *das* instrumento *m* de teclas.

Tasten|telefon *das* teléfono *m* de botones.

Tastsinn *der (ohne Pl)* sentido *m* del tacto.

tat *prät* ▷ **tun**.

Tat (*pl* **-en**) *die* acción *f* ; **jn auf frischer ~ ertappen** *fig* pillar a alguien in fraganti ; **etw in die ~ umsetzen** realizar algo. ◆ **in der Tat** *adv* efectivamente.

Tatbe|stand *der* hecho *m*.

tatenlos ◇ *adj* pasivo(va), inactivo(va). ◇ *adv* pasivamente ; **~ zusehen** asistir pasivamente.

Täter, in (*mpl* **-**, *fpl* **-nen**) *der, die* autor *m*, -ra *f* del hecho.

tätig *adj* activo(va) ; **~ sein** trabajar.

tätigen *vt* hacer.

Tätigkeit (*pl* **-en**) *die* actividad *f*.

tatkräftig ◇ *adj* eficaz. ◇ *adv* eficazmente.

tätlich ◇ *adj* violento(ta) ; **~ werden** pasar a los hechos. ◇ *adv* : **~ angreifen** agredir de hecho.

Tat|ort *der* **- 1.** [von Verbrechen] lugar *m* del delito ODER del crimen **- 2.** [Fernsehsendung] *título de una serie policiaca alemana en televisión.*

Tätowierung (*pl* **-en**) *die* tatuaje *m*.

Tat|sache ◇ *die* hecho *m* ; **jn vor vollendete ~n stellen** *fig* poner a alguien ante un hecho consumado. ◇ *interj* : **Tatsache!** ¡de verdad!

tatsächlich, tatsächlich ◇ *adj* real, efectivo(va). ◇ *adv* efectivamente, realmente.

tätscheln *vt* **- 1.** [Kind, Tier] acariciar **- 2.** *fam abw* [berühren, betatschen] toquetear.

Tattoo [ta'tu:] (*pl* **-s**) *das* tatuaje *m*.

Tatze (*pl* **-n**) *die* pata *f*.

Tau (*pl* **-e**) ◇ *der (ohne Pl)* [Niederschlag] rocío *m*. ◇ *das* [Seil] maroma *f*, soga *f*.

taub *adj* **- 1.** [Mensch, Ohr] sordo(da) ; **sich ~ stellen** *fam* hacerse el sordo **- 2.** [Arme, Beine] entumecido(da) ; **vom vielen Schrei-**

ben ist mein Arm ~ geworden tengo el brazo entumecido de tanto escribir.

Taube (*pl* **-n**) <> *der, die (G Tauben)* [Gehörlose] sordo *m*, -da *f*. <> *die (G Taube)* [Tier] paloma *f*.

taubstumm *adj* sordomudo(da).

tauchen (*perf* **hat/ist getaucht**) <> *vi* bucear, clavarse *Amér.* <> *vt (hat)* - **1.** [eintauchen] mojar - **2.** [drücken] hundir.

Taucher, in (*mpl* **-**, *fpl* **-nen**) *der, die* buceador *m*, -ra *f*.

Taucher|brille *die* gafas *fpl* de bucear.

Tauchsieder ['tauxziːdɐ] (*pl* **-**) *der* hervidor *m* de inmersión.

tauen (*perf* **hat/ist getaut**) <> *vi* deshelar ; **es taut** está deshelando. <> *vt (hat)* deshelar.

Taufe (*pl* **-n**) *die* - **1.** [Vorgang] bautizo *m* - **2.** *(ohne Pl)* [Sakrament] Bautismo *m*.

taufen *vt* bautizar.

Tauf|pate *der* padrino *m*.

Tauf|patin *die* madrina *f*.

taugen *vi* valer ; **zu** ODER **für etw ~** valer para algo.

tauglich *adj & adv* apto(ta).

Taumel *der (ohne Pl)* vértigo *m*.

taumeln (*perf* **hat/ist getaumelt**) *vi* tambalearse.

Tausch (*pl* **-e**) *der* trueque *m*, cambio *m*.

tauschen <> *vt* cambiar. <> *vi* : **mit jm ~** [Arbeitszeit] turnarse con alguien ; [an js Stelle sein] permutar con alguien ; [jd anderes sein] cambiarse por alguien.

täuschen *vt & vi* engañar. ◆ **sich täuschen** *ref* equivocarse ; **sich in jm ~** equivocarse con alguien.

täuschend <> *adj* engañoso(sa). <> *adv* : **sich ~ ähnlich sehen** parecerse como dos gotas de agua.

Täuschung (*pl* **-en**) *die* - **1.** [Irreführung] engaño *m* - **2.** [Verwechslung] confusión *f*.

Täuschungs|manöver *das* engaño *m*.

tausend *num* mil ; *siehe auch* **sechs**.

Tausend (*pl* **-** ODER **-e**) *das* mil *m* ; *siehe auch* **Sechs.** ◆ **Tausende** *pl* : **zu ~en** a miles.

Tausender (*pl* **-**) *der* - **1.** [Geldschein] billete *m* de mil - **2.** MATH miles *mpl*.

Tausendfüßler (*pl* **-**) *der* ciempiés *m inv*.

tausendmal *adv* mil veces.

tausendste, r, s *adj* milésimo(ma) ; *siehe auch* **sechste**.

Tausendste (*pl* **-n**) *der, die, das* milésimo *m*, -ma *f* ; *siehe auch* **Sechste**.

tausendstel *adj (unver)* milésimo(ma) ; *siehe auch* **sechstel**.

Tausendstel (*pl* **-**) *das* milésima *f* ; *siehe auch* **Sechstel**.

Tauwetter *das (ohne Pl)* deshielo *m*.

Tauziehen *das (ohne Pl)* - **1.** [Spiel] prueba *f* de la cuerda - **2.** *fig* [Verhandlung] tira y afloja *m*.

Taxi (*pl* **-s**) *das* taxi *m*.

Teak [tiːk] *das (ohne Pl)* teca *f*.

Technik (*pl* **-en**) *die* - **1.** *(ohne Pl)* [Wissenschaft] técnica *f* - **2.** [Methode] técnica *f* - **3.** *(ohne Pl)* [Funktionsweise] funcionamiento *m*.

Techniker, in (*mpl* **-**, *fpl* **-nen**) *der, die* técnico *m*, -ca *f*.

technisch <> *adj* técnico(ca). <> *adv* técnicamente.

Technische Hoch|schule *die* Escuela *f* Técnica Superior.

Technische Überwachungsverein *der (ohne Pl) amt institución alemana encargada de realizar, entre otras, la inspección técnica de vehículos.*

Techno *der* ODER *das (ohne pl)* MUS música *f* tecno.

Technologie (*pl* **-n**) *die* tecnología *f*.

technologisch <> *adj* tecnológico(ca). <> *adv* tecnológicamente.

Teddy (*pl* **-s**), **Teddybär** (*pl* **-en**) *der* osito *m* de peluche.

Tee (*pl* **-s**) *der* - **1.** [Getränk, Pflanze] té *m* ; **schwarzer ~** té negro - **2.** [Kräutertee] infusión *f* - **3.** [Teeblätter] hojas *fpl* de té.

Tee|beutel *der* bolsa *f* de té.

Tee|kanne *die* tetera *f*.

Tee|löffel *der* - **1.** [Gegenstand] cucharilla *f* (de café) - **2.** [Menge] cucharadita *f*.

Teer *der* alquitrán *m*.

teeren *vt* alquitranar.

Tee|sieb *das* colador *m* de té.

Teheran *nt* Teherán.

Teich (*pl* **-e**) *der* estanque *m*.

Teig (*pl* **-e**) *der* masa *f*.

Teigwaren *pl amt* pasta *f*.

Teil (*pl* **-e**) <> *der* [Teilmenge] parte *f*. <> *der* ODER *das* [Anteil] parte *f* ; **sich** *(D)* **seinen ~ denken** *fig* guardarse su opinión. <> *das* [Bestandteil] pieza *f*. ◆ **zum Teil** *adv* en parte.

Teil|bereich *der* sector *m*.

teilen <> *vt* [Besitz, Essen] repartir ; [Wohnung, Gefühle] compartir ; **etw mit jm ~** compartir algo con alguien ; **sich** *(D)* **etw ~** compartir algo. <> *vi* dividir. ◆ **sich teilen** *ref* dividirse.

teil|haben *vi (unreg)* : **an etw** *(D)* **~** tomar parte en algo.

Teilhaber, in (*mpl* -, *fpl* **-nen**) *der, die* socio *m*, -cia *f*.

Teilnahme (*pl* **-n**) *die* - **1.** [an Kurs, Kongress] participación *f* - **2.** *(ohne Pl)* [Mitgefühl] simpatía *f*.

teilnahmslos ◇ *adj* indiferente. ◇ *adv* con indiferencia.

teil|nehmen *vi (unreg)* - **1.** [an Veranstaltung, Krieg] : **an etw** *(D)* ~ participar en algo - **2.** [an Glück, Trauer] : **an etw** *(D)* ~ *geh* ser partícipe de algo ; **ihre Schwester nahm an ihrem Glück teil** su hermana fue partícipe de su felicidad.

Teilnehmer, in (*mpl* -, *fpl* **-nen**) *der, die* participante *mf*.

teils *adv fam* en parte. ◆ **teils, ... teils** *adv* en parte ..., en parte.

Teilung (*pl* **-en**) *die* división *f*.

teilweise ◇ *adj* parcial. ◇ *adv* - **1.** [zu gewissen Teilen] parcialmente, en parte - **2.** [zeitweise] a veces.

Tel. (*abk für* **Telefon**) tel.

Tele|arbeit *die (ohne pl)* teletrabajo *m*.

Telefon, Telefon (*pl* **-e**) *das* - **1.** [Gerät] teléfono *m* ; **am ~** al teléfono - **2.** *fam* [Anruf] llamada *f* telefónica - **3.** [Anschluss].

Telefon

Para las conversaciones telefónicas, rigen en Alemania unas normas que hay que respetar y que son distintas a las que existen en España. Antes de pronunciar el nombre de la persona con la que se desea hablar, el que hace la llamada tiene que presentarse y saludar, y sólo entonces puede preguntar por la persona con la que quiere hablar. Además, quien recibe la llamada da su nombre o apellido al ponerse al teléfono.
Dos conversaciones telefónicas:
Pfeiffer. «Pfeiffer.»
Hier Hagen, guten Tag! Kann ich bitte Herrn Weiß sprechen? «Me llamo Hagen, ¡buenos días! ¿Me podría poner por favor con el señor Weiß?»
Una llamada de una agencia de viajes:
Reisebüro Brücke. Guten Morgen! Ist Frau Linden zu Hause? «Agencia de viajes Brücke. ¡Buenos días! ¿Está la señora Linden en casa?»

Telefonan|ruf *der* llamada *f* telefónica.

Telefonat (*pl* **-e**) *das* llamada *f* telefónica.

Telefon|buch *das* guía *f* de teléfonos.

Telefon|gespräch *das* conversación *f* telefónica.

telefonieren *vi* llamar por teléfono, telefonear ; **mit jm ~** hablar con alguien por teléfono.

telefonieren

Hola, soy Pablo, ¿está Julián? Hallo, hier Pablo. Ist Julián da?
Hola, buenos días, ¿podría hablar con la señora García? Guten Tag, kann ich bitte mit Frau García sprechen?
Buenos días, me llamo Miguel Silva, ¿me podría poner con el director, por favor? Guten Morgen, mein Name ist Miguel Silva. Können Sie mich bitte mit dem Direktor verbinden?
¿Me podría poner con la extensión 3383, por favor? Können Sie mich bitte mit dem Anschluss 3383 verbinden?
¿Con quién hablo? Mit wem spreche ich?

telefonisch ◇ *adj* telefónico(ca). ◇ *adv* por teléfono.

Telefon|karte *die* tarjeta *f* de teléfono.

Telefon|nummer *die* número *m* de teléfono.

Telefonver|bindung *die* conexión *f* telefónica.

Telefon|zelle *die* cabina *f* telefónica.

Telefon|zentrale *die* centralita *f* telefónica, conmutador *m Amér*.

telegrafieren *vt* telegrafiar.

telegrafisch ◇ *adj* telegráfico(ca). ◇ *adv* telegráficamente.

Telegramm (*pl* **-e**) *das* telegrama *m*.

Telekom® *die (ohne Pl) sociedad alemana de telecomunicaciones*.

Tele|objektiv *das* FOTO teleobjetivo *m*.

Telex (*pl* **-e**) *das* télex *m*.

Teller (*pl* -) *der* plato *m* ; **seinen ~ leer essen** comérselo todo.

Tempel (*pl* -) *der* templo *m*.

Temperament (*pl* **-e**) *das (ohne Pl)* temperamento *m* ; **~ haben** tener temperamento.

temperamentvoll ◇ *adj* temperamental. ◇ *adv* con temperamento.

Temperatur (*pl* **-en**) *die* temperatura *f*.

Tempo[1] (*pl* **-s** ODER **Tempi**) *das* - **1.** *(Pl Tempos)* [Geschwindigkeit] velocidad *f* ; **~ 30** velocidad 30 - **2.** *(Pl Tempi)* MUS ritmo *m*.

Tempo[2] (*pl* **-s**) *das fam* Kleenex® *m*.

Tempo|limit *das* límite *m* de velocidad.

Tempotaschen|tuch® *das fam* Kleenex® *m*.

Tendenz (*pl* **-en**) *die* tendencia *f*.

tendieren *vi* - **1.** [neigen] tender a ; **die Zeitung tendiert dazu, alles zu vereinfachen** el periódico tiende a banalizarlo todo

- 2. WIRTSCH : **fester/schwächer ~** tender al alza/a la baja.

Tennis *das (ohne Pl)* tenis *m*.

Tennis|platz *der* pista *f* de tenis.

Tennis|schläger *der* raqueta *f* de tenis.

Tenor (*pl* **Tenöre**) *der* MUS tenor *m* ; **~ singen** cantar tenor.

Teppich (*pl* **-e**) *der* - **1.** [Einzelstück] alfombra *f* - **2.** [Teppichboden] moqueta *f*.

Teppich|boden *der* moqueta *f*.

Termin (*pl* **-e**) *der* - **1.** [Zeitpunkt] fecha *f* ; [Treffen, Arztbesuch] cita *f* ; **einen ~ vereinbaren** acordar una cita - **2.** [vor Gericht] citación *f* ; [Frist] plazo *m*.

Termin

Pese a su parecido, la palabra alemana **Termin** no tiene nada que ver con la palabra española «término», sino que significa «cita (concertada)». Un secretario podría decirle a su jefe: **Sie haben am Dienstag keinen Termin**, lo que traduciríamos al español por «Para el martes no tiene ninguna cita».
La palabra española «término» tiene varias acepciones. Las más importantes las traduciríamos en alemán por **Ausdruck** o **Wort** y **Ende**. Un ejemplo : «No hay que confundir el término español 'cómico' con el alemán komisch» que traduciríamos por: **Man darf das spanische Wort 'cómico' nicht mit dem deutschen Wort komisch verwechseln** .

Terminal ['tøːɐ̯minəl] (*pl* **-s**) <> *der* ODER *das* [Gebäude] terminal *f*. <> *das* EDV terminal *m*.

Termin|kalender *der* agenda *f*.

Termin|plan *der* calendario *m*.

Terpentin (*pl* **-e**) *das* trementina *f*.

Terrarium [tɛ'raːri̯ʊm] (*pl* **Terrarien**) *das* terrario *m*.

Terrasse (*pl* **-n**) *die* terraza *f*.

Terrier ['tɛri̯ɐ] (*pl* **-**) *der* terrier *m*.

Territorium [tɛri'toːri̯ʊm] (*pl* **-torien**) *das* territorio *m*.

Terror *der (ohne Pl)* - **1.** [Gewalt] terrorismo *m* - **2.** [Angst] terror *m* - **3.** *fam* [Streit] bronca *f* ; **~ machen** *fam* hacer rabiar.

Terroran|schlag *der* atentado *m* terrorista.

terrorisieren *vt* - **1.** [unterdrücken] aterrorizar - **2.** [ärgern] hacer rabiar.

Terrorismus *der (ohne Pl)* terrorismo *m*.

Terrorist, in (*mpl* **-en**, *fpl* **-nen**) *der, die* terrorista *mf*.

Terz (*pl* **-en**) *die* MUS tercera *f*.

Tesa® *das (ohne Pl)* cello® *m*.

Tesafilm® *der (ohne Pl)* cello® *m*.

Tessin *das* : **das ~** el Tesino.

Tessiner, in (*mpl* **-**, *fpl* **-nen**) *der, die* habitante *mf* del Tesino.

Test (*pl* **-e** ODER **-s**) *der* - **1.** [Probe] prueba *f*, test *m* - **2.** [Prüfungsarbeit] examen *m*.

Testament (*pl* **-e**) *das* - **1.** [letzter Wille] testamento *m* - **2.** REL : **das Alte/Neue ~** el Antiguo/Nuevo Testamento.

testamentarisch <> *adj* testamentario(ria). <> *adv* por testamento.

testen *vt* probar.

Tetanus|impfung *die* vacuna *f* antitetánica.

teuer <> *adj* - **1.** [kostspielig] caro(ra) - **2.** *geh* [hoch geschätzt] querido(da). <> *adv* caro(ra).

Teufel (*pl* **-**) *der* - **1.** *(ohne Pl)* [Satan] diablo *m* - **2.** [Dämon] demonio *m* - **3.** *RW* : **der ~ ist los** *fam* se arma una de todos los diablos ; **zum ~ mit etw/jm** *fam* ¡al diablo con algo/alguien!

Teufels|kreis *der* círculo *m* vicioso.

teuflisch <> *adj* - **1.** [Falle, Mensch] endiablado(da) - **2.** *fam* [Schmerzen, Probleme] del demonio. <> *adv* - **1.** [grinsen] endiabladamente - **2.** *fam* [aufpassen, gut schmecken] terriblemente.

Text (*pl* **-e**) *der* - **1.** [Geschriebenes] texto *m* - **2.** [Bildunterschrift] pie *m* de foto.

Textilien *pl* tejidos *mpl*.

Textil|industrie *die* industria *f* textil.

Text|verarbeitung *die* EDV tratamiento *m* de textos.

TH [teː'haː] *die (ohne Pl) abk für* **Technische Hochschule**.

Thailand *nt* Tailandia *f*.

Theater (*pl* **-**) *das* - **1.** [Gebäude, Ensemble] teatro *m* - **2.** *(ohne Pl)* [Aufführung, Kunstform] teatro *m* ; **~ spielen** ODER **machen** hacer teatro - **3.** *(ohne Pl) fam* [Ärger, Vortäuschung] : **so ein ~!** ¡vaya jaleo!

Theaterauf|führung *die* representación *f* teatral.

Theater|kasse *die* taquilla *f* del teatro.

Theater|stück *das* obra *f* de teatro.

theatralisch <> *adj* teatral. <> *adv* teatralmente.

Theke (*pl* **-n**) *die* - **1.** [in Kneipe] barra *f* - **2.** [in Geschäft] mostrador *m*.

Thema (*pl* **Themen**) *das* tema *m* ; **etw ist für jn kein ~** *fig* alguien ya no da importancia a algo ; **etw ist kein ~ mehr** *fig* algo ya no tiene importancia.

Themenbe|reich *der* campo temático, ámbito *m*.

Themse *die* Támesis *m*.

Theologe (*pl* **-n**) *der* teólogo *m*.

Theologie (*pl* **-n**) *die* teología *f*.

Theologin (*pl* **-nen**) *die* teóloga *f*.

Theoretiker, in (*mpl* **-**, *fpl* **-nen**) *der, die* teórico *m*, -ca *f*.

theoretisch ◇ *adj* teórico(ca). ◇ *adv* teóricamente.

Theorie (*pl* **-n**) *die* teoría *f*.

therapeutisch ◇ *adj* terapéutico(ca). ◇ *adv* terapéuticamente.

Therapie (*pl* **-n**) *die* terapia *f*.

Thermal|bad *das* balneario *m*, termas *fpl*.

Thermo|meter *das* termómetro *m*.

Thermos|flasche *die* termo *m*.

Thermostat (*pl* **-e** ODER **-en**) *der* termostato *m*.

These (*pl* **-n**) *die* tesis *f inv*.

Thron (*pl* **-e**) *der* trono *m*.

thronen *vi* estar sentado(da) en el trono ; **am Kopf der Tafel thronte das Familienoberhaupt** el cabeza de familia presidía (solemnemente) la mesa.

Thronfolger, in (*mpl* **-**, *fpl* **-nen**) *der, die* sucesor *m*, -ra *f* al trono.

Thun|fisch, Tunfisch *der* atún *m*.

Thüringen *nt* Turingia *f*.

Thüringer (*pl* **-**) ◇ *der* turingense *m*. ◇ *adj (unver)* de Turingia.

Thüringerin (*pl* **-nen**) *die* turingense *f*.

Thymian (*pl* **-e**) *der* tomillo *m*.

Tick (*pl* **-s**) *der* tic *m*.

ticken *vi* hacer tictac.

Tide (*pl* **-n**) *die Norddt* marea *f*.

tief ◇ *adj* - **1.** [gen] profundo(da) - **2.** [mit Maßangabe] de profundidad ; **der Schrank ist 50 cm ~** el armario tiene 50 cm de profundidad - **3.** [Wolken, Wasserpegel] bajo(ja) - **4.** *(oft Superl)* [zentral, dunkel] pleno(na) ; **~ in der Nacht** en plena noche. ◇ *adv* - **1.** [gen] profundamente ; **~ schlafen** dormir profundamente - **2.** [niedrig] bajo - **3.** [zeitlich] tarde ; **bis ~ in die Nacht** hasta muy avanzada ODER tarde en la noche.

Tief (*pl* **-s**) *das* depresión *f* atmosférica, borrasca *f*.

Tiefdruck|gebiet *das* área *f* de baja presión.

Tiefe (*pl* **-n**) *die* [eines Gedankens] profundidad *f* ; [einer Farbe] intensidad *f*.

Tief|ebene *die* llanura *f*.

tiefernst ◇ *adj* muy grave, muy serio(ria). ◇ *adv* muy seriamente.

Tief|garage *die* garage *m* subterráneo.

tiefgefroren *adj* ultracongelado(da).

tiefgekühlt *adj & adv* congelado(da).

tief greifend ◇ *adj* trascendental. ◇ *adv* de forma trascendental.

Tiefkühl|fach *das* compartimento *m* congelador.

Tiefkühl|kost *die (ohne Pl)* alimentos *mpl* congelados.

Tiefkühl|truhe *die* congelador *m*.

Tief|punkt *der* punto *m* más bajo.

tief schürfend ◇ *adj* profundo(da). ◇ *adv* en profundidad.

tiefsinnig *adj* profundo(da).

Tiefstand *der (ohne Pl)* depresión *f* ; punto *m* más bajo.

Tiegel (*pl* **-**) *der* cazuela *f*.

Tier (*pl* **-e**) *das* animal *m* ; **ein großes** ODER **hohes ~** *fam fig* un pez gordo.

Tier|art *die* especie *f* animal.

Tier|arzt, ärztin *der, die* veterinario *m*, -ria *f*.

Tier|garten *der* parque *m* zoológico.

Tier|handlung *die* tienda *f* de animales.

Tier|heim *das* centro *m* de recogida de animales.

tierisch ◇ *adj* - **1.** [Verhalten, Fett] animal - **2.** *fam* [Hunger, Angst] tremendo(da). ◇ *adv fam* increíblemente.

Tierkreis|zeichen *das* ASTROL Zodíaco *m*.

tierlieb *adj* amante de los animales.

Tier|park *der* - **1.** [Zoo] parque *m* zoológico - **2.** [Freigehege] reserva *f* zoológica.

Tier|quälerei *die* maltrato *m* de animales.

Tierschutz|verein *der* Sociedad *f* Protectora de Animales.

Tier|versuch *der* experimento *m* con animales.

Tiger, in (*mpl* **-**, *fpl* **-nen**) *der, die* tigre *m*, tigresa *f*.

Tilde (*pl* **-n**) *die* tilde *f*.

tilgen *vt* cancelar.

Tilsiter (*pl* **-**) *der* [Käse] queso *m* de Tilsit.

Tinktur (*pl* **-en**) *die* tintura *f*.

Tinte (*pl* **-n**) *die* tinta *f* ; **in der ~ sitzen** *fam fig* estar en apuros.

Tinten|fisch *der* calamar *m*.

Tip = **Tipp**.

Tipp (*pl* **-s**) *der* - **1.** [Hinweis] consejo *m* - **2.** [Wette] apuesta *f* ; [von Informant] soplo *m*.

tippen ◇ *vi* - **1.** [vorhersagen] : **richtig/falsch ~** acertar/equivocarse (en lo que se predice) ; **auf etw** *(A)* **~** parecerle algo (a alguien) - **2.** *fam* [Maschine schreiben] escribir a máquina - **3.** [antippen] tocar ligeramente ; **sie erschrak, als ich ihr auf die Schulter tippte** se asustó cuando le di un golpecito en el hombro - **4.** *fam* [wetten] apostar ; **auf etw** *(A)* **~** apostar a algo. ◇ *vt* - **1.** *fam* [Schreibmaschine schreiben] picar ; **etw auf der Schreibmaschine ~** picar algo a máquina - **2.** [antippen] tocar ligeramente - **3.** *fam* [wetten] apostar.

tipptopp *fam* ◇ *adj (unver)* perfecto(ta). ◇ *adv* perfectamente.

Tirol *nt* Tirol *m.*

Tiroler (*pl* -) ◇ *der* tirolés *m.* ◇ *adj (unver)* tirolés.

Tirolerin (*pl* **-nen**) *die* tirolesa *f.*

tirolerisch *adj* tirolés(esa).

Tisch (*pl* **-e**) *der* mesa *f* ; **den ~ decken** poner la mesa ; **zu ~ rufen** *geh* llamar a comer ; **am grünen ~** *fig* desde el despacho ; **unter den ~ fallen** *fig* pasar inadvertido(da) ; **etw ist vom ~** *fig* algo está resuelto.

Tisch|decke *die* mantel *m.*

Tischler, in (*mpl* -, *fpl* **-nen**) *der, die* carpintero *m,* -ra *f.*

Tisch|tennis *das (ohne Pl)* tenis *m* de mesa.

Tisch|tuch (*pl* **-tücher**) *das* mantel *m.*

Titel (*pl* -) *der* título *m.*

Titel|bild *das* portada *f.*

Titel|seite *die* portada *f.*

Titel|verteidiger, in *der, die* SPORT *persona o equipo que pone en juego su título.*

Toast [to:st] (*pl* **-e** ODER **-s**) *der* - **1.** [Brot] tostada *f* - **2.** [Trinkspruch] brindis *m.*

Toast|brot *das* tostada *f.*

toasten ['to:stn̩] *vt* tostar.

Toaster ['to:stɐ] (*pl* -) *der* tostador *m.*

toben (*perf* **hat/ist getobt**) *vi* - **1.** *(hat)* [wild werden] alborotar, enfurecerse - **2.** *(ist)* [rennen] alborotar - **3.** *(hat)* [wüten] enfurecerse.

Tochter (*pl* **Töchter**) *die* hija *f.*

Tod (*pl* **-e**) *der* muerte *f* ; **jn zum ~(e) verurteilen** condenar a muerte a alguien ; **sie war zu ~e erschreckt** se llevó un susto de muerte.

todernst ◇ *adj* muy serio(ria). ◇ *adv* con total seriedad.

Todes|angst *die* angustia *f* mortal.

Todes|anzeige *die* esquela *f.*

Todes|fall *der* fallecimiento *m.*

Todes|kampf *der* agonía *f.*

Todes|opfer *das* víctima *f* mortal.

Todes|strafe *die (ohne Pl)* pena *f* de muerte.

Todesur|sache *die* causa *f* de la muerte.

Todesur|teil *das* sentencia *f* de muerte.

todkrank ◇ *adj* moribundo(da). ◇ *adv* muy enfermo(ma).

tödlich ◇ *adj* - **1.** [Krankheit, Unfall] mortal - **2.** *fam* [Beleidigung, Langeweile] mortal. ◇ *adv* - **1.** [verlaufen, wirken] mortalmente - **2.** *fam* [beleidigt, langweilig] mortalmente.

todmüde ◇ *adj* agotado(da). ◇ *adv* de agotamiento.

todschick ◇ *adj* elegantísimo(ma). ◇ *adv* elegantísimamente.

todsicher ◇ *adj* muy seguro(ra). ◇ *adv* con toda seguridad.

Tofu *der (ohne Pl)* tofú *m.*

toi, toi, toi ['tɔy 'tɔy 'tɔy] *interj* - **1.** [unberufen] : **toi, toi, toi!** ¡toco madera! - **2.** [viel Glück] : **toi, toi, toi!** ¡suerte!

Toilette [to̯a'lɛtə] (*pl* **-n**) *die* - **1.** [Klo] retrete *m,* servicio *m* - **2.** *(ohne Pl)* [Morgentoilette] aseo *m* - **3.** *geh* [Kleidung] ropa *f* elegante.

Toiletten|papier *das (ohne Pl)* papel *m* higiénico.

Tokio *nt* Tokio.

tolerant ◇ *adj* tolerante. ◇ *adv* tolerantemente.

Toleranz (*pl* **-en**) *die* tolerancia *f.*

Toleranz|grenze *die* límite *m* de tolerancia.

tolerieren *vt* tolerar.

toll *fam* ◇ *adj* - **1.** [Kleider, Autos] fenomenal - **2.** [Geschichten, Sachen] increíble. ◇ *adv* - **1.** [aussehen, wohnen] fenomenalmente - **2.** [sich freuen, sich sehnen] muchísimo.

tollen (*perf* **ist getollt**) *vi* jugar, corretear.

tollkühn ◇ *adj* osado(da). ◇ *adv* osadamente.

Tollpatsch (*pl* **-e**) *der* torpe *mf,* patoso *m,* -sa *f.*

Tollwut *die (ohne Pl)* rabia *f.*

Tolpatsch = **Tollpatsch.**

Tomate (*pl* **-n**) *die* tomate *m.*

Tomaten|mark *das* tomate *m* natural concentrado.

Ton (*pl* **-e** ODER **Töne**) *der* - **1.** *(Pl Tone)* [Lehm] arcilla *f* - **2.** *(Pl Töne)* [Laut] sonido *m* ; **den ~ angeben** dar el tono - **3.** *(Pl Töne)* [Tonfall] ambiente *m* ; **sich im ~ vergreifen** equivocarse de tono - **4.** *(Pl Töne)* [Farbton] tono *m,* tonalidad *f* - **5.** *(ohne Pl)* [Lautstärke, beim Film] sonido *m* - **6.** *RW* : **zum guten ~ gehören** ser de buen tono.

Ton|art *die* - **1.** MUS tonalidad *f* - **2.** [Tonfall] tono *m.*

Tonaus|fall *der* TV fallo *m* de sonido.

Ton|band (*pl* **-bänder**) *das* - **1.** *(ohne Pl)* *fam* [Gerät] magnetofón *m* - **2.** [Spule] cinta *f* magnetofónica.

Tonband|gerät *das* magnetofón *m*, magnetófono *m*.

tönen ◇ *vi* - **1.** [Stimmen, Musik] sonar - **2.** *fam* [prahlen] presumir. ◇ *vt* teñir.

Ton|fall *der* [Aussprache] acento *m* ; [Stimme] tono *m*.

Ton|film *der* película *m* sonora.

Ton|lage *die* tesitura *f*.

Ton|leiter *die* escala *f*.

Tonne (*pl* **-n**) *die* - **1.** [Behälter] tonel *m* - **2.** [Gewicht] tonelada *f*.

top *fam* ◇ *adj (unver)* : **~ sein** estar en forma. ◇ *adv* súper.

TOP [tɔp] (*pl* **-**) (*abk für* **Tagesordnungspunkt**) *der* punto *m* del orden del día.

Top (*pl* **-s**) *das* top *m*.

Topf (*pl* **Töpfe**) *der* - **1.** [Kochtopf] olla *f*, cacerola *f* - **2.** [Vorratsgefäß] tarro *m* - **3.** [Blumentopf] tiesto *m* - **4.** *fam* [Klo] orinal *m*.

Töpfer (*pl* **-**) *der* alfarero *m*.

Töpferei (*pl* **-en**) *die* alfarería *f*.

Töpferin (*pl* **-nen**) *die* alfarera *f*.

töpfern ◇ *vt* trabajar de alfarero, hacer objetos de barro. ◇ *vi* trabajar con arcilla.

Topf|lappen *der* manopla *f* de cocina.

Tor (*pl* **-e**) *das* - **1.** [Treffer] gol *m* ; **ein ~ schießen** meter un gol - **2.** [Konstruktion] portería *f*, arco *m Amér* ; **im ~ stehen** estar en la portería - **3.** [Tür] portal *m*, puerta *f*.

Torein|fahrt *die* entrada *f*, portón *m*.

Torf *der* turba *f*.

Torhüter, in (*mpl* **-**, *fpl* **-nen**) *der*, *die* portero *m*, -ra *f (deportes)*.

torkeln (*perf* **hat/ist getorkelt**) *vi* - **1.** [schwanken] tambalearse - **2.** *(ist)* [schwankend gehen] andar tambaleándose.

Torpedo (*pl* **-s**) *das* torpedo *m*.

Tor|schütze, schützin *der*, *die* goleador *m*, -ra *f*.

Torte (*pl* **-n**) *die* tarta *f*.

Torten|guss *der capa de azúcar y gelatina para tartas*.

Tortur (*pl* **-en**) *die* tortura *f*.

Torwart, in (*mpl* **-e**, *fpl* **-nen**) *der*, *die* portero *m*, -ra *f*, arquero(ra) *Amér*.

tosen (*perf* **hat/ist getost**) *vi* - **1.** *(hat)* [laut sein] rugir ; **der Sturm toste im Kamin** el vendaval rugía en la chimenea - **2.** *(ist)* [sich schnell bewegen] caer con estrépito ; **das Wasser des Wildbachs tost zu Tal** las aguas de la cascada caen con estrépito hacia el valle.

Toskana *die* Toscana *f*.

tot *adj & adv* muerto(ta) ; *siehe auch* **tot stellen**.

total ◇ *adj* total. ◇ *adv fam* totalmente.

Total|schaden *der* siniestro *m* total.

Tote (*pl* **-n**) *der*, *die* muerto *m*, -ta *f*.

töten *vt & vi* matar.

Toten|kopf *der* calavera *f*.

Toten|schädel *der* calavera *f*.

Toten|schein *der* certificado *m* de defunción.

Toten|sonntag *der (ohne Pl)* REL domingo *m* de difuntos.

totenstill ◇ *adj* silencioso(sa) como la muerte. ◇ *adv* en total silencio.

tot|lachen ◆ **sich totlachen** *ref fam* partirse de risa.

Toto (*pl* **-s**) *das* lotería *f*.

Totschlag *der (ohne Pl)* RECHT asesinato *m*.

tot|schlagen *vt (unreg)* [töten] matar a palos.

tot|schweigen *vt (unreg)* silenciar.

tot stellen ◆ **sich tot stellen** *ref* hacerse el muerto (la muerta).

Toupet [tu'pe:] (*pl* **-s**) *das* tupé *m*.

toupieren [tu'pi:rən] *vt* cardar.

Tour [tu:ɐ̯] (*pl* **-en**) *die* - **1.** [Ausflug] excursión *f* - **2.** *fam* [Verhaltensweise] manera *f* ; **er versucht es immer auf dieselbe ~** siempre lo intenta de la misma manera ; **etw auf die sanfte/dumme/langsame ~ machen** *fam* hacer algo en plan suave/tonto/lento - **3.** [Strecke] recorrido *m*, circuito *m* - **4.** TECH revolución *f* ; **auf vollen** ODER **höchsten ~en laufen** [Motor, Maschine] estar muy acelerado(da) ; *fam* **die Vorbereitungen für die Hochzeit laufen auf vollen ~** los preparativos de la boda van a buen ritmo - **5.** *RW* [Stimmung] : **auf ~en kommen** *fam* caldearse.

Tourismus [tu'rɪsmʊs] *der (ohne Pl)* turismo *m*.

Tourist [tu'rɪst] (*pl* **-en**) *der* turista *m*.

Touristin [tu'rɪstɪn] (*pl* **-nen**) *die* turista *f*.

Trab *der (ohne Pl)* trote *m* ; **auf ~ sein** *fig* estar en danza ; **jn in ~ halten** *fam fig* mantener ocupado(da) a alguien ; **sich in ~ setzen** *fam fig* ponerse en marcha.

Trabant (*pl* **-s**) *der* AUTO Trabant *m*.

traben (*perf* **ist getrabt**) *vi* trotar.

Trabi (*pl* **-s**) *der fam abk für* **Trabant**.

Trab|rennen *das* carrera *f* al trote, carrera *f* de trotones.

Tracht (*pl* **-en**) *die* - **1.** [Kleidung] traje *m* típico - **2.** [Schläge] : **eine ~ Prügel** *fam* una tunda.

trachten *vi* : **nach etw ~** aspirar a algo.

trächtig *adj* preñada.

Trackball [tr'ɛkbɔ:l] (*pl* **-s**) *der* EDV trackball *m*.

Tradition (*pl* **-en**) *die* tradición *f*.

traditionell ◇ *adj* tradicional. ◇ *adv* tradicionalmente.

traf *prät* ▷ **treffen**.

Trag|bahre *die* camilla *f*.

tragbar *adj* **-1.** [Computer] portátil **-2.** [Zustand, Kosten] aceptable, asumible.

träge ◇ *adj* **-1.** [müde] adormilado(da) **-2.** [langsam] lento(ta). ◇ *adv* **-1.** [müde] indolentemente **-2.** [langsam] lentamente.

tragen (*präs* **trägt**, *prät* **trug**, *perf* **hat getragen**) ◇ *vt* **-1.** [Koffer, Kleidung] llevar **-2.** : **bei sich ~** llevar encima **-3.** [Früchte, Zinsen] tener, producir **-4.** [Kosten, Anteil] correr con ; **wer trägt die Kosten für die Reparatur?** ¿quién corre con los gastos de la reparación? **-5.** [Kindergärten, Schulen] mantener, llevar **-6.** [Risiko, Verantwortung] asumir **-7.** [Schicksal, Leid] soportar, padecer **-8.** [Unterschrift, Namen] llevar, tener. ◇ *vi* **-1.** [Baum] tener, fructificar **-2.** [Eis, Boden] aguantar, soportar **-3.** [Stimmen, Wind] transmitir, transportar **-4.** [Balken, Wände] soportar **-5.** *RW* : **an etw** *(D)* **schwer ~** llevar la (pesada) carga de algo ; **zum Tragen kommen** entrar en vigor.

tragend *adj* portante, de carga.

Träger, in (*mpl* **-**, *fpl* **-nen**) ◇ *der, die* **-1.** [Lastenträger] porteador *m*, -ra *f* **-2.** [Besitzer] poseedor *m*, -ra *f* **-3.** [Geldgeber] financiador *m*, -ra *f* **-4.** [von Staatsgewalt] representante *mf*. ◇ *der* **-1.** ARCHIT viga *f* **-2.** [von Kleidung] tirante *m*.

Trage|tasche *die* bolsa *f*.

tragfähig ◇ *adj* **-1.** [Konstruktion, Brücke] resistente **-2.** [Kompromiss, Politik] estable, firme. ◇ *adv* con estabilidad.

Trag|fläche *die* ala *f*.

Trägheit *die (ohne Pl)* **-1.** [Faulheit] pereza *f* **-2.** PHYS inercia *f*.

Tragik *die (ohne Pl)* tragedia *f*.

tragisch ◇ *adj* trágico(ca). ◇ *adv* trágicamente.

Tragödie [tra'gøːdiə] (*pl* **-n**) *die* tragedia *f*.

trägt *präs* ▷ **tragen**.

Tragweite *die (ohne Pl)* alcance *m*.

Trainer, in ['trɛːnɐ, rɪn] (*mpl* **-**, *fpl* **-nen**) *der, die* entrenador *m*, -ra *f*.

trainieren [trɛ'niːrən] ◇ *vt* entrenar. ◇ *vi* entrenarse.

Training ['trɛːnɪŋ] (*pl* **-s**) *das* entrenamiento *m*.

Trainingsan|zug *der* chándal *m*.

Traktor (*pl* **-toren**) *der* tractor *m*.

trällern *vt & vi* tararear.

trampeln (*perf* **hat/ist getrampelt**) *vi* **-1.** *(ist) fam* [durch Wohnung] patear **-2.** *(hat)* [Publikum] zapatear.

Trampel|pfad *der* sendero *m* de cabras.

trampen ['trɛmpn̩] (*perf* **hat/ist getrampt**) *vi* hacer autoestop.

Tramper, in ['trɛmpɐ, rɪn] (*mpl* **-**, *fpl* **-nen**) *der, die* autoestopista *mf*.

Trampolin (*pl* **-e**) *das* trampolín *m*.

Tran (*pl* **-e**) *der* aceite *m* de pescado ; **im ~** *fam* [müde] adormilado(da) ; [unaufmerksam] distraído(da).

Träne (*pl* **-n**) *die* lágrima *f* ; **in ~n ausbrechen** romper a llorar.

tränen *vi* lagrimear.

Tränen|gas *das* gas *m* lacrimógeno.

trank *prät* ▷ **trinken**.

tränken *vt* abrevar.

Transformator (*pl* **-toren**) *der* ELEKTR transformador *m*.

Transfusion (*pl* **-en**) *die* MED transfusión *f*.

transitiv GRAM ◇ *adj* transitivo(va). ◇ *adv* transitivamente.

Transitverkehr *der (ohne Pl)* tráfico *m* de tránsito.

transparent *adj* transparente ; **etw ~ machen** dar transparencia a algo.

Transparent (*pl* **-e**) *das* pancarta *f*.

Transport (*pl* **-e**) *der* transporte *m*.

transportabel *adj* portátil.

transportfähig *adj* apto para ser transportado (apta para ser transportada).

transportieren *vt & vi* transportar.

Transport|mittel *das* medio *m* de transporte.

Transvestit [tansvɛs'tiːt] (*pl* **-en**) *der* travesti *m*.

Trapez (*pl* **-e**) *das* trapecio *m*.

Trara *das (ohne Pl) fam* : **mit großem ~** con mucho bombo ; **~ machen** hacer mucho ruido.

trat *prät* ▷ **treten**.

Tratsch *der (ohne Pl) fam abw* cotilleo *m*.

Traube (*pl* **-n**) *die* **-1.** [Obst] uva *f* **-2.** [von Bienen, Leuten] racimo *m*.

Traubenzucker *der (ohne Pl)* glucosa *f*.

trauen ◇ *vi* : **einr Sache/jm ~** confiar en algo/alguien. ◇ *vt* : **jn ~** casar a alguien ; **sich ~ lassen** casarse. ◆ **sich trauen** *ref* atreverse.

Trauer *die (ohne Pl)* **-1.** [Schmerz] dolor *m*, duelo *m* **-2.** [Staatstrauer, Trauerkleidung] luto *m*.

Trauer|fall *der* defunción *f*.

trauern *vi* llevar luto, llorar por ; **um jn ~** llorar la muerte de alguien.

Trauer|spiel *das* : **es ist ein ~ mit jm** *fam* lo de alguien es una pena.

Trauer|zug *der* cortejo *m* fúnebre.

Traufe (*pl* **-n**) *die* : **vom Regen in die ~ kommen** salir de Málaga y entrar en Malagón.

träufeln *vt* : **etw auf/in etw** *(A)* **~** echar gotas de algo sobre/en algo.

Traum (*pl* **Träume**) *der* sueño *m*.

Trauma (*pl* **-ta**) *das* trauma *m*.

träumen <> *vi* - **1.** [nachts] soñar ; **von etw/jm ~** soñar con algo/alguien - **2.** [tags] estar dormido(da) - **3.** [wünschen]. <> *vt* soñar ; **sich** *(D)* **etw nicht ~ lassen** *fig* no imaginarse algo.

Träumerei (*pl* **-en**) *die* ensoñación *f*, fantasía *f*.

träumerisch <> *adj* soñador(ra). <> *adv* abstraídamente.

traumhaft <> *adj* - **1.** [Hochzeit, Gegend] de ensueño - **2.** [Sicherheit, Leichtigkeit] seguro(ra). <> *adv* [aussehen] como un sueño.

traurig <> *adj* triste. <> *adv* con tristeza.

Traurigkeit *die (ohne Pl)* tristeza *f*.

Trau|schein *der* certificado *m* de matrimonio.

Trauung (*pl* **-en**) *die* casamiento *m*, boda *f*; **kirchliche/standesamtliche ~** boda religiosa/por lo civil.

Trau|zeuge *der* testigo *m* de boda.

Trau|zeugin *die* testigo *f* de boda.

Traveller|scheck ['trɛvəlɐʃɛk] *der* cheque *m* de viaje.

Treck (*pl* **-s**) *der* caravana *f*.

treffen (*präs* **trifft**, *prät* **traf**, *perf* **hat/ist getroffen**) <> *vt (hat)* - **1.** [zusammenkommen] encontrarse con - **2.** [ein Ziel erreichen] alcanzar, dar ; **die Bombe hat das Rathaus getroffen** la bomba dio en ODER alcanzó el ayuntamiento - **3.** [emotional verletzen] afectar - **4.** [beschließen] decidir ; **eine Entscheiung ~** tomar una decisión - **5.** [das Richtige wählen] acertar con ; **die richtigen Worte ~** acertar con las palabras adecuadas ; **es gut/schlecht getroffen haben** *fig* tener buena/mala suerte. <> *vi* - **1.** *(hat)* [das Ziel treffen] dar (en algo) - **2.** *(hat)* [verletzen] afectar, herir - **3.** *(ist)* [begegnen] : **auf etw/jn ~** encontrarse con algo/alguien.

Treffen (*pl* **-**) *das* encuentro *m* ; **etw ins ~ führen** *geh* alegar algo.

treffend <> *adj* acertado(da). <> *adv* acertadamente.

Treffer (*pl* **-**) *der* - **1.** [Tor] tanto *m* - **2.** [mit Schusswaffe] disparo *m* certero - **3.** [Boxhieb] golpe *m* - **4.** [Losgewinn] acierto *m*.

Treff|punkt *der* - **1.** [Ort] lugar *m* de la cita - **2.** [Szenetreffpunkt] punto *m* de encuentro.

treiben (*prät* **trieb**, *perf* **hat/ist getrieben**) <> *vt (hat)* - **1.** [in bestimmte Richtung] conducir ; **der Bauer treibt die Herde auf die Weide** el campesino conduce a sus vacas hacia el prado - **2.** [Subj : Strom, Wind] arrastrar ; [veranlassen] : **jn in/zu etw** *(A)* **~** impulsar a alguien a algo ; **jn zum** ODER **in den Wahnsinn ~** volver loco(ca) a alguien - **3.** [einschlagen] clavar ; **ich trieb dem Vampir den Pfahl durchs Herz** clavé la estaca en el corazón del vampiro - **4.** [Subj : Motor, Windkraft] impulsar - **5.** *fam* [anstellen] : **Unfug** ODER **Unsinn ~** hacer trastadas ODER tonterías - **6.** [ansetzen] : **Blüten/Knospen ~** echar flor/brotes - **7.** [Schacht, Tunnel] excavar - **8.** *RW* : **es schlimm** ODER **wild ~** *fam* cometer excesos ; **es bunt ~** pasarse *(en un comportamiento)*. <> *vi* - **1.** *(ist)* [im Wasser] ser arrastrado(da) (por la corriente) ; **das Boot wurde auf den Wasserfall zugetrieben** el barco fue arrastrado por la corriente hacia la cascada - **2.** *(hat)* [ansetzen - Blüten] brotar ; [- Wurzeln] echar raíces - **3.** *(hat)* [Bier, Tee] ser diurético(ca) - **4.** *RW* : **sich ~ lassen** dejarse llevar.

Treiben *das (ohne Pl)* movimiento *m*, trajín *m*.

Treib|haus *das* invernadero *m*.

Treib|hauseffekt *der (ohne Pl)* efecto *m* de invernadero.

Treib|jagd *die* batida *f*.

Treib|stoff *der* carburante *m*, combustible *m*.

Trend (*pl* **-s**) *der* tendencia *f*.

trennen *vt* - **1.** [gen] separar - **2.** CHEM disgregar ; [teilen] dividir - **3.** [unterscheiden] distinguir. ◆ **sich trennen** *ref* separarse.

Trennung (*pl* **-en**) *die* - **1.** [von Menschen, Wörtern] separación *f* ; **die ~ von jm** la separación de alguien - **2.** CHEM disgregación *f* - **3.** [von Begriffen] distinción *f*.

Trenn|wand *die* tabique *m*.

Treppe (*pl* **-n**) *die* escalera *f*.

Treppenab|satz *der* descansillo *m* de la escalera.

Treppen|geländer *das* barandilla *f* de la escalera.

Treppen|haus *das* (caja de la) escalera *f*.

Tresen (*pl* **-**) *der* [in Kneipe, Bar] barra *f* ; [in Geschäft] mostrador *m*.

Tresor (*pl* **-e**) *der* caja *f* fuerte.

Tret|boot *das* patín *m (bote)*.

treten (*präs* **tritt**, *prät* **trat**, *perf* **hat/ist getreten**) <> *vt (hat)* - **1.** [gen] pisar ; **jn ~** pisar a alguien ; **sich** *(D)* **etw in etw** *(A)* **~** clavarse algo en algo ; **ich habe mir einen Splitter in den Fuß getreten** me he clavado una astilla en el pie - **2.** *fam* [Handwerker, Mitarbeiter] *estar encima de alguien para que cumpla su obligación.* <> *vi* - **1.** *(hat)* [mit dem Fuß] dar patadas - **2.** *(ist)* [gehen] ir(se) ; **auf die Seite ~** hacerse a un lado ; **nach vorne ~** avanzar ; **er trat in den Garten, um frische Luft zu schnappen** salió al jardín a tomar el aire ; **jm zu nahe ~** *fig* ofender a alguien - **3.** *(hat)* [Pferd] dar coces - **4.** [Bremse, Kupplung] : **auf etw** *(A)* **~** pisar algo - **5.** *(ist)* [hervorkommen] : **aus etw ~** salir de algún sitio ; **der Schweiß trat ihm aus allen Poren** sudaba por todos los poros.

treu <> *adj* fiel ; **einer Sache** *(D)* **~ sein** ser fiel a algo ; **einer Sache/jm ~ bleiben** serle fiel a algo/alguien. <> *adv* [dienen, ergeben sein] fielmente.

Treue *die (ohne Pl)* fidelidad *f.*

treuherzig <> *adj* ingenuo(nua). <> *adv* ingenuamente.

treulos <> *adj* desleal. <> *adv* de modo desleal.

Tribüne (*pl* **-n**) *die* tribuna *f.*

Trichine (*pl* **-n**) *die* triquina *f.*

Trichter (*pl* **-**) *der* embudo *m.*

Trick (*pl* **-s**) *der* - **1.** [Machenschaft] artimaña *f* - **2.** [Kniff, Kunstgriff] truco *m.*

Trick|film *der* dibujos *mpl* animados.

trieb *prät* ▷ **treiben.**

Trieb (*pl* **-e**) *der* - **1.** [von Menschen, Tieren] instinto *m* - **2.** [von Pflanzen] brote *m.*

Trieb|feder *die* [in Mechanik] muelle *m* ; [von Verhalten] móvil *m.*

triebhaft <> *adj* instintivo(va), sensual. <> *adv* instintivamente.

Trieb|kraft *die* fuerza *f* motriz.

Trieb|wagen *der* (tren) automotor *m.*

Trieb|werk *das* FLUG grupo *m* motopropulsor.

triefen (*prät* **triefte** ODER **troff**, *perf* **hat/ist getrieft**) *vi* - **1.** *(hat)* [nass sein] : **von** ODER **vor etw** *(D)* **~** chorrear algo ; *abw & fig* rezumar algo ; **ihre Stimme troff vor Sarkasmus** su voz rezumaba sarcasmo - **2.** *(ist)* [Rotz, Blut] correr.

trifft *präs* ▷ **treffen.**

triftig *adj* de peso.

Trikot, Trikot [tri'ko:, 'trɪko] (*pl* **-s**) *das* [von Sportler] maillot *m* ; [von Tänzer] malla *f.*

trillern *vt & vi* trinar.

Triller|pfeife *die* pito *m.*

Trimester (*pl* **-**) *das* trimestre *m.*

trinkbar *adj* - **1.** [gesund] potable - **2.** *fam* [mittelmäßig] bebible.

trinken (*prät* **trank**, *perf* **hat getrunken**) *vt & vi* beber ; **einen ~ (gehen)** *fam* ir a tomar una copa ; **auf etw/jn ~** brindar por alguien/algo.

Trinker, in (*mpl* **-**, *fpl* **-nen**) *der, die* bebedor *m*, -ra *f.*

Trink|geld *das* propina *f.*

Trink|halm *der* pajita *f.*

Trink|wasser *das* agua *f* potable.

Trio (*pl* **-s**) *das* trío *m.*

trippeln (*perf* **ist getrippelt**) *vi* andar a pasitos, ir al trote corto.

Tripper (*pl* **-**) *der* gonorrea *f.*

tritt *präs* ▷ **treten.**

Tritt (*pl* **-e**) *der* - **1.** [Fußtritt] patada *f*, puntapié *m* - **2.** *(ohne Pl)* [Gang, Schritt] paso *m.*

Tritt|brett *das* estribo *m.*

Triumph (*pl* **-e**) *der* triunfo *m.*

triumphieren *vi* - **1.** [siegen] : **über etw/jn ~** triunfar sobre algo/alguien - **2.** [frohlocken] regocijarse.

trivial [tri'vja:l] *geh* <> *adj* trivial. <> *adv* trivialmente.

trocken <> *adj* - **1.** *eigtl & hum* seco(ca) - **2.** [ohne Beilage] a secas ; **im Gefängnis bekamen sie nur Wasser und ~es Brot** en la cárcel no les dieron más que agua y pan solo - **3.** *RW* : **auf dem Trockenen sitzen** *fam* quedarse sin bebida. <> *adv* - **1.** [sachlich] objetivamente - **2.** *hum* [schlagfertig] perspicazmente - **3.** [im Geschmack] seco(ca).

Trocken|haube *die* secador *m.*

Trockenheit (*pl* **-en**) *die* - **1.** [regenlose Zeit] sequía *f* - **2.** *(ohne Pl)* [Zustand] sequedad *f.*

trocken|legen *vt* - **1.** [Sumpf, Moor] drenar - **2.** [Baby] cambiar *(los pañales).*

trocknen (*perf* **hat/ist getrocknet**) <> *vt (hat)* [Haare, Obst] secar ; **sich** *(D)* **etw ~** secarse algo. <> *vi (ist)* secar.

Trockner (*pl* **-**) *der* - **1.** [für Wäsche] secadora *f* - **2.** [für Hände] secador *m* (de manos).

Trödel *der (ohne Pl)* trastos *mpl.*

trödeln (*perf* **hat/ist getrödelt**) *vi* - **1.** *(hat)* [langsam sein] remolonear - **2.** *(ist)* [langsam gehen] andar (muy) despacio.

Trödler, in (*mpl* **-**, *fpl* **-nen**) *der, die* vendedor *m*, -ra *f* de baratillo.

troff *prät* ▷ **triefen.**

trog *prät* ▷ **trügen.**

Trog (*pl* **Tröge**) *der* comedero *m.*

Trommel (*pl* **-n**) *die* - **1.** [Instrument, für Wäsche] tambor *m* - **2.** [Kabeltrommel] tambor *m* para cables - **3.** [von Revolver] barrilete *m* ; [von Lotto] bombo *m.*

Trommel|fell *das* MED tímpano *m*.

trommeln ◇ *vi* - **1.** [Musik machen] tocar el tambor - **2.** [schlagen] golpear - **3.** [Lärm machen] repiquetear. ◇ *vt* - **1.** [Musik machen] tamborilear - **2.** [mit Lärm wecken] : **jn aus dem Bett ~** despertar a alguien violentamente.

Trommler, in (*mpl* -, *fpl* **-nen**) *der, die* [bei Volksmusik] tamborilero *m*, -ra *f* ; [in Orchester] tambor *m*.

Trompete (*pl* **-n**) *die* trompeta *f*.

Trompeter, in (*mpl* -, *fpl* **-nen**) *der, die* trompetista *mf*.

Tropen *pl* trópicos *mpl* ; **in den ~** en los trópicos.

Tropf (*pl* **-e** ODER **Tröpfe**) *der* - **1.** *(Pl Tropfe)* MED gota a gota *m* ; [Gerät] gotero *m* - **2.** *(Pl Tröpfe)* [Mensch] necio *m*, -cia *f*.

tröpfeln (*perf* **hat/ist getröpfelt**) ◇ *vi* - **1.** *(hat) fam* [regnen] : **es tröpfelt** chispea - **2.** *(ist)* [tropfen] gotear. ◇ *vt (hat)* instilar.

tropfen (*perf* **hat/ist getropft**) ◇ *vi* - **1.** *(ist)* [Tränen, Regen] gotear - **2.** *(hat)* [Wasserhahn, Haare] gotear ; [bei Regen] : **es fängt an zu ~** empieza a llover. ◇ *vt (hat)* hacer gotear.

Tropfen (*pl* -) *der* gota *f*. ◆ **Tropfen** *pl* MED gotas *fpl*.

tropfenweise *adv* gota a gota.

Trophäe (*pl* **-n**) *die* trofeo *m* (de caza).

tropisch *adj* & *adv* tropical.

Trost *der (ohne Pl)* consuelo *m* ; **nicht ganz bei ~ sein** *fam fig* estar mal de la cabeza.

trösten *vt* consolar. ◆ **sich trösten** *ref* consolarse ; **sich mit etw/jm ~** consolarse con algo/alguien.

tröstlich *adj* consolador(ra).

trostlos *abw adj* desconsolador(ra) ; **~es Wetter** mal tiempo.

Trost|preis *der* premio *m* de consolación.

Trott (*pl* **-e**) *der* trote *m*, rutina *f* ; .

Trottel (*pl* -) *der fam abw* imbécil *m*.

trotten (*perf* **ist getrottet**) *vi* trotar.

trotz *präp* : **~ einer Sache/js** a pesar de algo/alguien.

trotzdem *adv* a pesar de ello.

trotzig ◇ *adj* testarudo(da). ◇ *adv* testarudamente, con rebeldía.

Trotz|kopf *der* cabezota *mf*.

trüb, trübe *adj* - **1.** [Wasser, Augen] turbio(bia) - **2.** [Wetter, Tag] nublado(da) - **3.** [Stimmung] triste ; **~e Aussichten** perspectivas poco halagüeñas ; **~ aussehen** *fam* ser poco prometedor(ra).

Trubel *der (ohne Pl)* jaleo *m*.

trüben *vt* - **1.** [Verhältnis, Wasser] enturbiar - **2.** [Bewusstsein, Blick] ofuscar.

Trübsal *die (ohne Pl) geh* aflicción *f* (profunda) ; **~ blasen** *fig* estar pesimista.

trübselig ◇ *adj* afligido(da). ◇ *adv* con aflicción.

trudeln (*perf* **ist getrudelt**) *vi* - **1.** [Flugzeug, Fallschirm] entrar en barrena - **2.** [Ball] rodar.

Trüffel (*pl* -) *der* trufa *f*.

trug *prät* ▷ **tragen**.

trügen (*prät* **trog**, *perf* **hat getrogen**) *vi* & *vt* engañar.

trügerisch *adj* engañoso(sa).

Trug|schluss *der* conclusión *f* errónea.

Truhe (*pl* **-n**) *die* arca *f*.

Trümmer *pl* ruinas *fpl* ; **in ~n liegen** quedar (convertido(da)) en ruinas ; *fig* desvanecerse.

Trumpf (*pl* **Trümpfe**) *der* triunfo *m* ; **etw ist ~** [im Kartenspiel] pinta en algo ; *fig* algo es lo más importante.

Trunkenheit *die (ohne Pl) amt* embriaguez *f*.

Trunksucht *die (ohne Pl)* alcoholismo *m*.

Trupp (*pl* **-s**) *der* destacamento *m*.

Truppe (*pl* **-n**) *die* - **1.** [Einheit] tropa *f* - **2.** *(ohne Pl)* [Streitkräfte] tropas *fpl* - **3.** [Gruppe] elenco *m*.

Truppenab|zug *der* retirada *f* de las tropas.

Trut|hahn *der* pavo *m*.

Tscheche (*pl* **-n**) *der* checo.

Tschechien *nt* Chequia *f*.

Tschechin (*pl* **-nen**) *die* checa *f*.

tschechisch *adj* checo(ca).

Tschechisch *das (ohne Pl)* checo *m* ; *siehe auch* **Englisch**.

Tschechische *das (ohne Pl)* checo *m* ; *siehe auch* **Englische**.

Tschechische Republik *die* República *f* Checa.

Tschechoslowakei *die* HIST Checoslovaquia *f*.

tschüs, tschüss *interj fam* : **tschüs!** ¡chao!

Tsd. *abk für* **Tausend**.

T-Shirt ['tiːʃœːɐ̯t] (*pl* **-s**) *das* camiseta *f*.

TU [teːˈuː] (*pl* **-s**) (*abk für* **Technische Universität**) *die* ≃ Escuela *f* Politécnica.

Tuba (*pl* **Tuben**) *die* tuba *f*.

Tube (*pl* **-n**) *die* tubo *m*.

Tuberkulose (*pl* **-n**) *die* tuberculosis *f*.

Tuch (*pl* **-e** ODER **Tücher**) *das* - **1.** *(Pl Tücher)* [Stoffteil] trapo *m* ; [Hals-, Kopf-, Taschentuch] pañuelo *m* ; **etw/jd ist für jn ein**

rotes ~ *fig* algo/alguien saca de quicio a alguien - 2. *(Pl Tuche)* [Stoff] tela *f*, paño *m*.

tüchtig <> *adj* - 1. [Mitarbeiter, Student] trabajador(ra) - 2. [Schluck, Schreck] buen(na). <> *adv* - 1. [arbeiten, studieren] con tesón - 2. *fam* [essen, trinken] como es debido.

Tücke (*pl* -n) *die* - 1. *(ohne Pl)* [Eigenschaft] malicia *f* - 2. [Umstand] alevosía *f*.

tückisch <> *adj* - 1. [hinterhältig] alevoso(sa), insidioso(sa) - 2. [schwierig] lleno(na) de dificultades - 3. [gefährlich] traicionero(ra). <> *adv* - 1. [hinterhältig] con alevosía - 2. [gefährlich] traicioneramente - 3. [schwierig] lleno(na) de dificultades.

Tugend (*pl* -en) *die* virtud *f*.

tugendhaft <> *adj* virtuoso(sa). <> *adv* virtuosamente.

Tulpe (*pl* -n) *die* tulipán *m*.

tummeln ◆ **sich tummeln** *ref* agitarse.

Tumor, Tumor (*pl* **Tumore**) *der* tumor *m*.

Tümpel (*pl* -) *der* (pequeño) estanque *m*.

Tumult (*pl* -e) *der* tumulto *m*.

tun (*prät* **tat**, *perf* **hat getan**) <> *vt* - 1. [gen] hacer ; **etw aus etw ~** hacer algo por algo - 2. [antun] : **jm etw ~** hacerle algo a alguien ; **jm nichts ~** no hacerle nada a alguien - 3. [legen] poner - 4. *fam* [funktionieren] : **etw tut es noch/nicht mehr** algo todavía/ya no funciona - 5. *fam* [ausmachen] : **etw ~** pasar algo ; **nichts ~** no pasar nada - 6. *RW* : **mit etw ist es nicht getan** no es suficiente con algo ; **für jn etw ~ können** poder hacer algo por alguien ; **macht es dir etwas aus, wenn ich jetzt gehe - ja, das tut es** *fam* ¿te importa si me voy ahora? - sí, sí me importa ; **es tut sicher weh, nicht mehr gebraucht zu werden - das tut es** seguro que duele cuando ya no le necesitan a uno - sí, así es. <> *vi* [sich benehmen] mostrarse ; **sie tut immer so vornehm/interessant** ella siempre se hace la elegante/interesante ; **so ~, als ob** *fam* fingir ; **(es) mit jm zu ~ bekommen** *fam* vérselas con alguien ; **zu ~ haben** tener que hacer ; **das hat damit nichts zu ~** esto no tiene nada que ver con eso. ◆ **sich tun** *ref* [geschehen] haber movida ; **es tut sich nichts** no pasa nada ; **es tut sich nichts in Bezug auf etw** no ocurre nada con respecto a algo ; **das tut sich nichts** *fam* da igual.

Tun *das (ohne Pl)* acciones *fpl*, actuación *f*.

tünchen *vt* encalar.

Tunesien *nt* Túnez.

Tunesier, in [tu'ne:zi̯ɐ, rɪn] (*mpl* -, *fpl* -nen) *der, die* tunecino *m*, -na *f*.

tunesisch *adj* tunecino(na).

Tunfisch = **Thunfisch**.

tunken *vt* mojar.

tunlichst ['tu:nlɪçst] *adv* a ser posible.

Tunnel (*pl* -) *der* - 1. [Verkehrsweg] túnel *m* - 2. [geheimer Weg] pasadizo *m* (secreto).

Tüpfelchen (*pl* -) *das* punto *m* ; **bis aufs i-~** *fam fig* hasta el más mínimo detalle ; **das ~ auf dem i sein** *fig* ser la guinda en el pastel.

tupfen *vt* - 1. [abtupfen] secar - 2. [auftupfen] : **etw auf etw** *(A)* **~** aplicar algo a algo (con ligeros toques).

Tupfen (*pl* -) *der* mota *f*.

Tür (*pl* -en) *die* - 1. [zu Raum] puerta *f* ; **~ zu!** ¡la puerta! - 2. *RW* : **jn vor die ~ setzen** *fam* poner a alguien de patitas en la calle.

Turban (*pl* -e) *der* turbante *m*.

Turbine (*pl* -n) *die* turbina *f*.

turbulent <> *adj* turbulento(ta) ; **ein ~es Wochenende** un fin de semana movidito. <> *adv* con gran agitación.

Tür|griff *der* pomo *m* de puerta.

Türke (*pl* -n) *der* turco *m*.

Türkei *die* Turquía *f*.

Türkin (*pl* -nen) *die* turca *f*.

türkis <> *adj* turquesa. <> *adv* de color turquesa.

Türkis (*pl* -e) <> *der* turquesa *f*. <> *das (ohne Pl)* color *m* turquesa.

türkisch *adj* turco(ca).

Türkisch *das (ohne Pl)* turco *m* ; *siehe auch* **Englisch**.

Türkische *das (ohne Pl)* turco *m* ; *siehe auch* **Englische**.

Tür|klinke *die* picaporte *m*.

Turm (*pl* **Türme**) *der* torre *f*.

türmen (*perf* **hat/ist getürmt**) <> *vi (ist) fam* poner pies en polvorosa. <> *vt (hat)* amontonar.

Turm|uhr *die* reloj *m* de la torre.

turnen (*perf* **hat/ist geturnt**) <> *vt (hat)* hacer gimnasia. <> *vi* - 1. *(hat)* [an einem Sportgerät] hacer gimnasia - 2. *(ist) fam* [klettern] trepar, subir.

Turnen *das (ohne Pl)* gimnasia *f*.

Turn|halle *die* gimnasio *m*.

Turn|hose *die* pantalón *m* de deporte.

Turnier (*pl* -e) *das* torneo *m*.

Turn|schuh *der* zapatilla *f* de deporte.

Turnus (*pl* -se) *der* turno *m*.

Turn|verein *der* asociación *f* deportiva.

Tür|rahmen *der* marco *m* de puerta.

Tür|schloss *das* cerradura *f*.

Tür|schwelle *die* umbral *m*.

turteln *vi fam* [Tauben] zurear ; [Verliebte] arrullarse.

Tusch (*pl* **-e**) *der* toque *m* de trompeta.

Tusche (*pl* **-n**) *die* tinta *f* china.

tuscheln *vi & vt* cuchichear.

tut *präs* ▷ **tun**.

Tütchen (*pl* **-**) *das* bolsita *f*.

Tüte (*pl* **-n**) *die* bolsa *f*.

tuten *vi* - **1.** [Schiff] tocar la bocina - **2.** [Telefon] sonar.

Tutor (*pl* **-toren**) *der* tutor *m*.

Tutorin (*pl* **-nen**) *die* tutora *f*.

TÜV [tyf] (*abk für* **Technischer Überwachungsverein**) *der (ohne Pl)* ≃ ITV *f*.

TV (*abk für* **Fernsehen**) TV *f*.

Typ (*pl* **-en**) *der* - **1.** [Menschentyp, Art] tipo *m* ; **(nicht) js ~ sein** *fam* (no) ser el tipo de alguien - **2.** *fam* [Mann] tipo *m*.

Typhus *der (ohne Pl)* MED tifus *m*.

typisch ◇ *adj* [Mensch] típico(ca) ; **etw ist ~ für jn** algo es típico de alguien. ◇ *adv* típicamente. ◇ *interj* : **typisch!** ¡típico!

Tyrann, in (*mpl* **-en**, *fpl* **-nen**) *der, die* tirano *m*, -na *f*.

tyrannisieren *vt abw* tiranizar.

u, U [uː] (*pl* - ODER **-s**) *das* u *f*, U *f*.

u. *abk für* **und**.

u. a. *abk für* **unter anderem** ▷ **unter**.

u. a. m. (*abk für* **und anderes mehr**) etc.

U-Bahn *die* metro *m*.

übel (*komp* **übler**, *superl* **übelste**) ◇ *adj* malo(la) ; **nicht ~ sein** *fam* no estar mal ; **~ dran sein** *fam* estar en mala situación ; **jm ist/wird ~** alguien se encuentra mal. ◇ *adv* mal ; **das schmeckt ja ~!** ¡esto sabe horrible!

Übel (*pl* **-**) *das* mal *m*.

übel nehmen *vt (unreg)* : **jm etw ~** tomar a mal algo a alguien.

üben ◇ *vt* - **1.** [Korbwürfe, Klavier] ensayar - **2.** *geh* [Kritik, Geduld] ejercer. ◇ *vi* ensayar.

über ◇ *präp* - **1.** *(+ A) (+D)* [räumlich - höher als, mehr als, auf] encima de, sobre ; **ein Bild ~ den Kamin hängen** colgar un cuadro encima de la chimenea ; [- quer über] a través de ; **~ die Straße gehen** cruzar la calle ; [- Angabe der Route] vía ; **von Leipzig ~ Genf nach Madrid** de Leipzig a Madrid vía Ginebra - **2.** *(+ A)* [Angabe der Ursache] de ; **sie war sehr ärgerlich ~ den Fehler** se enfadó mucho por la errata - **3.** *(+ A)* [Angabe des Themas] sobre, acerca de - **4.** *(+ A)* [weiter, mehr als] más allá de ; **die Anforderungen gingen ~ seine Kräfte** las exigencias sobrepasaron sus fuerzas - **5.** *(+ A)* [zeitlich] durante ; **~ Nacht/Wochen/Monate** durante la noche/semanas/meses ; **~ kurz oder lang** *fig* tarde o temprano - **6.** *(+ A)* [mittels] a través de ; **~ einen Anwalt** por mediación de un abogado - **7.** *(+ A)* [Angabe des Betrages] por valor de ; **ein Scheck ~ tausend Mark** un cheque por valor de mil marcos - **8.** *(+ A)* [in festen Wendungen] : **etw nicht ~ sich bringen** *fig* no decidirse a hacer algo - **9.** *(+ D)* [zeitlich] : **~ der Arbeit war seine Wut verraucht** trabajando se le pasó el enfado - **10.** *(+ D)* [Angabe einer Rangfolge, mehr als] por encima de ; **fünf Grad ~ Null** cinco grados sobre cero. ◇ *adv* - **1.** [mehr als] más que, más de ; **meine Tochter ist ~ 1,80 m groß** mi hija mide más de un metro ochenta - **2.** [Angabe der Dauer] durante ; **den ganzen Tag ~** durante todo el día. ◇ *adj fam* - **1.** [überdrüssig] : **etw ~ haben** estar harto(ta) de algo ; **jm ~ sein** estar harto(ta) de algo - **2.** [übrig] : **etw ~ haben** sobrar algo.

überall, über all *adv* en todas partes.

überanstrengen *vt* agotarse, fatigarse. ◆ **sich überanstrengen** *ref* fatigarse en exceso.

überarbeiten *vt* repasar, revisar. ◆ **sich überarbeiten** *ref* estresarse, agotarse.

überbacken (*präs* **überbackt** ODER **überbäckt**, *prät* **überbackte** ODER **überbuk**, *perf* **hat überbacken**) *vt* gratinar.

überbelichten *vt* sobreexponer.

überbieten (*prät* **überbot**, *perf* **hat überboten**) *vt* : **etw/jn (um etw) ~** superar algo/a alguien (por algo) ; **er überbot seinen Rivalen beim Weitsprung um 10 cm** superó a su rival en 10 centímetros en el salto.

Überbleibsel (*pl* **-**) *das* restos *mpl*.

Überblick *der* - **1.** [Übersicht] : **ein ~ über etw** *(A)* un resumen de algo ; **den ~ verlieren** perder el control - **2.** [Aussicht] : **ein ~ über etw** *(A)* una vista panorámica de algo.

überblicken *vt* - **1.** [einschätzen] prever - **2.** [sehen] dominar.

überbringen (*prät* **überbrachte**, *perf* **hat überbracht**) *vt* : **jm etw ~** entregar algo a alguien.

überbrücken *vt* [Gegensätze] conciliar ; [Zeit] pasar.

Überdachung (*pl* **-en**) *die* - **1.** [Dach] alero *m*, cubierta *f* - **2.** *(ohne Pl)* [Vorgang] construcción *f* de la cubierta.

überdauern *vt geh* sobrevivir (a).

überdehnen *vt* distender.

überdenken (*prät* **überdachte**, *perf* **hat überdacht**) *vt* meditar.

Überdruss *der (ohne Pl)* hastío *m* ; **~ an etw** *(D)* hastiado(da) de algo ; **bis zum ~** *fam fig* hasta la saciedad.

übereifrig <> *adj* muy celoso(sa). <> *adv* con exceso de celo.

übereilen *vt* precipitar ; **nichts ~** no precipitarse.

übereilt <> *adj* precipitado(da). <> *adv* precipitadamente.

übereinander *adv* - **1.** [hinstellen, anordnen] uno (una) encima de otro (otra) - **2.** [diskutieren, reden] unos (unas) sobre otros (otras).

übereinander schlagen *vt (unreg)* : **die Beine ~** cruzar las piernas.

Übereinkunft (*pl* **-künfte**) *die geh* acuerdo *m*.

überein|stimmen *vi* - **1.** *geh* [einig sein] : **mit jm (in etw** *(D)***) ~** estar de acuerdo con alguien (en algo) - **2.** [Aussagen, Zahlen] concordar.

Überein|stimmung *die* - **1.** [Einigung] concordancia *f* - **2.** [Gleichheit] coincidencia *f* ; **etw (mit etw) in ~ bringen** poner algo en acuerdo (con algo).

überfahren (*präs* **überfährt**, *prät* **überfuhr**, *perf* **hat überfahren**) *vt* - **1.** [Mensch, Tier] atropellar - **2.** [Stoppschild, Ampel] saltarse.

Über|fahrt *die* travesía *f*.

Über|fall *der* asalto *m* ; **ein ~ auf etw/jn** un asalto a algo/alguien.

überfallen (*präs* **überfällt**, *prät* **überfiel**, *perf* **hat überfallen**) *vt* asaltar.

überfällig *adj* pendiente ; **eine ~e Überweisung** una transferencia pendiente.

überfliegen (*prät* **überflog**, *perf* **hat überflogen**) *vt* - **1.** [fliegen] volar sobre - **2.** *fig* [lesen] echar una ojeada.

Überfluss *der (ohne Pl)* abundancia *f* ; **etw im ~ haben** tener algo en abundancia.

überflüssig *adj* superfluo(flua).

überfordern *vt* exigir demasiado ; **jn (mit etw** *(D)***) ~** exigir excesivamente (algo) a alguien.

überfragt *adj* : **mit etw** *(D)* **~ sein** no saber contestar a algo.

Über|führung *die* - **1.** [Transport] traslado *m*, conducción *f* - **2.** [Brücke] viaducto *m*.

überfüllt *adj* totalmente lleno(na), a tope.

Über|gabe *die* - **1.** *(ohne Pl)* [von Dokumenten, Wohnungen] entrega *f* ; **die ~ (einer Sache** *(G)***) an jn** el traspaso (de algo) a alguien - **2.** [von Gebieten, Städten] rendición *f*.

Übergang (*pl* **-gänge**) *der* - **1.** *(ohne Pl)* [Provisorium] provisionalidad *f* - **2.** [Kontrast] paso *m*, transición *f* - **3.** [Weg] paso *m* *(peatonal)* - **4.** [Phase] transición *f*.

Übergangs|lösung *die* - **1.** [Sache] solución *f* transitoria - **2.** [Person] puesto *m* provisional.

übergeben (*präs* **übergibt**, *prät* **übergab**, *perf* **hat übergeben**) *vt* - **1.** [Preis, Täter] : **jm etw/jn ~** entregar algo/alguien a alguien - **2.** [Amt, Nachfolge] : **jm etw ~** pasar algo a alguien - **3.** [freigeben] entregar. ◆ **sich übergeben** *ref* devolver, vomitar.

übergehen[1] (*prät* **überging**, *perf* **hat übergangen**) *vt* - **1.** [nicht beachten] : **etw/jn ~** pasar por alto algo/a alguien ; **js Ironie ~** pasar por alto la ironía de alguien - **2.** [nicht berücksichtigen] : **jn bei etw ~** no tener en cuenta a alguien en algo.

über|gehen[2] (*perf* **ist übergegangen**) *vi (unreg)* - **1.** [wechseln] : **zu** ODER **in etw ~** pasar a algo - **2.** [den Besitzer wechseln] : **an jn ~** pasar a alguien.

Über|gewicht *das* sobrepeso *m*.

übergießen (*prät* **übergoss**, *perf* **hat übergossen**) *vt* : **etw/jn mit etw ~** verter algo sobre algo/alguien.

über|greifen *vi (unreg)* : **auf etw** *(A)* **~** propagarse a algo.

über|haben *vt (unreg) fam* estar harto(ta), estar hasta el gorro.

überhand nehmen *vi (unreg)* aumentar demasiado.

überhäufen *vt* : **etw/jn mit etw ~** abrumar algo/a alguien con algo.

überhaupt <> *adv* - **1.** [gen] por cierto, realmente - **2.** [Ausdruck des Zweifels] siquiera ; **du willst auf mein Pferd? kannst du ~ reiten?** ¿quieres salir con mi caballo? pero, ¿sabes montar siquiera? ; **~ nicht** en absoluto ; **die Jacke ist ~ nicht warm** la chaqueta no calienta en absoluto. <> *interj* - **1.** [übrigens] por cierto - **2.** [Ausdruck der Ungeduld, des Missfallens] : **und ~!** y además.

überheblich <> *adj* pretencioso(sa), arrogante. <> *adv* con arrogancia.

überholen <> *vt* - **1.** [LKW, Autoschlange] adelantar - **2.** [Motor, Maschine] revisar. <> *vi* adelantar.

überholt *adj* pasado(da), obsoleto(ta).

überhören *vt* - **1.** [Ruf, Klingeln] no oír - **2.** [Bemerkung, Vorwurf] ignorar.

überirdisch *adj* sobrenatural.

überkommen *adj* tradicional, legado(da).

überladen (*präs* **überlädt**, *prät* **überlud**, *perf* **hat überladen**) *vt* sobrecargar.

überlassen (*präs* **überlässt**, *prät* **überließ**, *perf* **hat überlassen**) *vt* - **1.** [Dinge, Entscheidung] : **jm etw ~** dejar algo a alguien - **2.** [allein lassen] : **jn sich** *(D)* **selbst ~** abandonar a alguien a su suerte.

überlastet *adj* - **1.** [belastet] sobrecargado(da) - **2.** [überfordert] : **mit etw ~ sein** estar sobrecargado(da) con algo.

über|laufen[1] (*perf* **ist übergelaufen**) *vi (unreg)* - **1.** [Badewanne, Talsperre] rebosar - **2.** [Soldaten, Agenten] pasarse ; **zu etw/jm ~** pasarse a algo/a alguien.

überlaufen[2] (*präs* **überläuft**, *prät* **überlief**, *perf* **hat überlaufen**) *vt* - **1.** [überkommen] : **es überläuft jn** algo da escalofríos a alguien - **2.** SPORT pasar.

überlaufen[3] *adj* : **~ sein** estar concurrido(da).

überleben ◇ *vt* - **1.** [lebend überstehen] sobrevivir (a) - **2.** [länger leben als] : **jn ~** sobrevivir a alguien. ◇ *vi* sobrevivir.

Überlebende (*pl* **-n**) *der, die* superviviente *mf*.

überlegen[1] ◇ *vt* meditar ; **eine Entscheidung ~** meditar una decisión ; **sich** *(D)* **etw ~** pensar algo. ◇ *vi* pensar.

überlegen[2] ◇ *adj* superior ; **jm ~ sein** ser superior a alguien. ◇ *adv* con superioridad.

Überlegenheit *die (ohne Pl)* - **1.** SPORT superioridad *f* - **2.** [Dominanz] supremacía *f*.

Überlegung (*pl* **-en**) *die* [Gedanke] reflexión *f*.

überliefern *vt* legar.

Über|lieferung *die* - **1.** *(ohne Pl)* [das Überliefern] legado *m* - **2.** [das Überlieferte] tradición *f*.

Übermacht *die (ohne Pl)* superpotencia *f* ; **in der ~ sein** ser mayoría.

Übermaß *das (ohne Pl)* exceso *m*, excedente *m*.

übermäßig ◇ *adj* excesivo(va). ◇ *adv* excesivamente.

übermitteln *vt* : **jm etw ~** transmitir algo a alguien.

übermorgen *adv* pasado mañana.

übermüdet ◇ *adj* agotado(da), rendido(da). ◇ *adv* con aspecto agotado.

Übermut *der (ohne Pl)* alegría *f* desbordante.

übernachten *vi* pernoctar ; **bei jm ~** pernoctar en casa de alguien.

übernächtigt *adj* trasnochado(da).

Übernachtung (*pl* **-en**) *die* pernoctación *f* ; **~ mit Frühstück** pernoctación con desayuno.

Übernahme (*pl* **-n**) *die* - **1.** [von Geschäften, Konzernen] traspaso *m* - **2.** [in Arbeitsverhältnis] integración *f* - **3.** [von Ware] entrega *f* - **4.** [von Fremdwörtern] adopción *f*.

übernehmen (*präs* **übernimmt**, *prät* **übernahm**, *perf* **hat übernommen**) *vt* - **1.** [Geschäft, Betrieb, Vertretung] encargarse de, hacerse cargo de ; **sie hat die Praxis von ihrer Mutter übernommen** se hizó cargo de la clínica de su madre - **2.** [Aufgabe, Rolle] aceptar - **3.** [Lehrling] contratar - **4.** [Strategie, Verhalten] : **etw von etw/jm ~** copiar algo de algo/alguien.

überprüfen *vt* revisar.

Über|prüfung *die* supervisión *f*, revisión *f*.

überqueren *vt* atravesar, cruzar.

überragen *vt* pasar de altura, sobresalir.

überragend ◇ *adj* sobresaliente, excelente. ◇ *adv* con maestría, excelentemente.

überraschen *vt* sorprender ; **jn mit etw ~** sorprender a alguien con algo ; **jn bei etw ~** sorprender a alguien mientras hace algo ; **von etw/jm überrascht werden** ser sorprendido(da) por algo/alguien.

Überraschung (*pl* **-en**) *die* sorpresa *f*.

Überraschung

¡Vaya sorpresa! Was für eine Überraschung!

No me lo puedo creer todavía, me parece que estoy soñando. Träum ich denn, oder ist das wahr?

¡Es increíble! Unglaublich!

¿De verdad? ¡No me digas! Wirklich? Sag bloß!

Caramba, pero, ¿es verdad? Donnerwetter! Ist das wirklich wahr?

¡Qué me dices! Por fin una buena noticia. Was du nicht sagst! Endlich eine gute Nachricht.

überreden *vt* persuadir, convencer ; **jn zu etw ~** persuadir a alguien para algo.

überreichen *vt* : **jm etw ~** entregar algo a alguien.

überreizt ◇ *adj* irritado(da). ◇ *adv* con irritación.

Über|rest *der* resto *m*.

überrumpeln *vt* - **1.** [überwältigen] sorprender - **2.** [überraschen] : **jn mit etw ~** coger a alguien de sorpresa con algo.

überrunden *vt* adelantar.

übers *präp fam* - **1.** *(über + das)* sobre, a lo largo de - **2.** *(nicht auflösbar)* [in Wendungen] ▷ **Ohr, Knie.**

übersät *adj* : **mit etw ~ sein** estar cubierto(ta) de algo.

übersättigt *adj* saturado(da).

Überschallgeschwindigkeit *die (ohne Pl)* velocidad *f* supersónica.

überschatten *vt* ensombrecer.

überschätzen *vt* sobrevalorar, sobreestimar. ◆ **sich überschätzen** *ref* sobrevalorarse, presumir.

über|schäumen (*perf* **ist übergeschäumt**) *vi eigtl & fig* rebosar.

überschlagen (*präs* **überschlägt**, *prät* **überschlug**, *perf* **hat überschlagen**) *vt* - **1.** [Kosten, Kaufpreis] calcular, hacer un presupuesto - **2.** [Kapitel, Seite] pasar de largo. ◆ **sich überschlagen** *ref* - **1.** [Auto, Skifahrer] dar vueltas (de campana) - **2.** [Ereignisse] apresurarse - **3.** [Stimme] quebrarse.

über|schnappen (*perf* **ist übergeschnappt**) *vi fam* estar chiflado(da).

überschneiden (*prät* **überschnitt**, *perf* **hat überschnitten**) ◆ **sich überschneiden** *ref* - **1.** [räumlich] cruzarse - **2.** [zeitlich] solaparse - **3.** [inhaltlich] coincidir.

überschreiben (*prät* **überschrieb**, *perf* **hat überschrieben**) *vt* - **1.** [Haus, Firma] : **jm etw ~** transferir algo a alguien - **2.** [Kapitel, Artikel] titular.

überschreiten (*prät* **überschritt**, *perf* **hat überschritten**) *vt* - **1.** [Fluss, Grenze] cruzar, pasar - **2.** [Befugnisse, Kompetenz] exceder - **3.** [Alter, Frist] pasar, rebasar.

Über|schrift *die* título *m*.

Über|schuss *der* - **1.** [Gewinn] beneficio *m* ; **einen ~ erzielen** conseguir un superávit - **2.** [Übermaß] excedente *m*.

überschüssig *adj* excedente.

überschütten *vt* : **etw/jn mit etw ~** verter algo sobre algo/alguien ; **jn mit etw ~** *fig* colmar a alguien con algo.

überschwänglich ◇ *adj* exaltado(da). ◇ *adv* efusivamente.

überschwemmen *vt* - **1.** [Stadt, Badezimmer] inundar - **2.** [mit Information, Billigprodukten] : **etw/jn mit etw ~** invadir algo/a alguien con algo.

Überschwemmung (*pl* **-en**) *die* inundación *f*.

überschwenglich = **überschwänglich**.

Übersee ◆ **aus Übersee** *adv* de ultramar. ◆ **in/nach Übersee** *adv* en/a ultramar.

übersehen (*präs* **übersieht**, *prät* **übersah**, *perf* **hat übersehen**) *vt* - **1.** [Fehler, Person] ignorar, pasar por alto - **2.** [Gebiet, Stadt] contemplar, abarcar - **3.** [Folgen] apreciar.

übersetzen[1] *vt* [in Sprache] traducir ; **in etw** *(A)* **~** traducir a algo.

über|setzen[2] (*perf* **hat/ist übergesetzt**) ◇ *vi (ist)* [überqueren] transbordar, cruzar. ◇ *vt (hat)* [befördern] cruzar.

Über|setzer, in *der, die* traductor *m*, -ra *f*.

Übersetzung (*pl* **-en**) *die* - **1.** [von Texten, Wörtern] traducción *f* - **2.** TECH multiplicación *f*.

Übersicht (*pl* **-en**) *die* - **1.** *(ohne Pl)* [Fähigkeit] visión *f*, orientación *f* - **2.** [Darstellung] : **eine ~ über etw** *(A)* un resumen de algo.

übersichtlich ◇ *adj* - **1.** [gut strukturiert] claro(ra) - **2.** [gut zu sehen] bien visible. ◇ *adv* con claridad.

überspitzt ◇ *adj* exagerado(da). ◇ *adv* de forma exagerada.

überspringen (*prät* **übersprang**, *perf* **hat übersprungen**) *vt* - **1.** [Hindernis, Zaun] saltar (por encima) - **2.** [Klasse, Seiten] saltar(se).

über|sprudeln (*perf* **ist übergesprudelt**) *vi* rebosar ; **vor etw** *(D)* **~** rebosar de algo.

überstehen[1] (*prät* **überstand**, *perf* **hat überstanden**) *vt* [Prüfung, Krise] superar.

über|stehen[2] (*perf* **hat/ist übergestanden**) *vi (unreg)* [Kante, Brett] sobresalir.

übersteigen (*prät* **überstieg**, *perf* **hat überstiegen**) *vt* - **1.** [Erwartungen, Mittel] superar - **2.** [Hindernis, Zaun] pasar por encima.

überstimmen *vt* vencer por mayoría de votos ; **überstimmt werden** quedar en minoría.

Über|stunde *die* hora *f* extra.

überstürzen *vt* precipitar.

übertragbar *adj* - **1.** [Ausweis, Monatskarte] transferible - **2.** [Ergebnis, Umstände] aplicable.

übertragen[1] (*präs* **überträgt**, *prät* **übertrug**, *perf* **hat übertragen**) *vt* - **1.** [Ergebnis] : **etw auf etw/jn ~** aplicar algo a algo/a alguien - **2.** [Spiel, Programm] transmitir - **3.** [übersetzen] : **etw in etw** *(A)* **~** traducir algo a algo - **4.** [Krankheit, Infektion] contagiar - **5.** [Leitung, Projekt] encomendar.

übertragen[2] ◇ *adj* figurado(da). ◇ *adv* en sentido figurado.

Übertragung (*pl* **-en**) *die* - **1.** [von Programmen, Ämtern] transmisión *f* - **2.** [von Krankheiten, Infektionen] contagio *m*.

übertreffen (*präs* **übertrifft**, *prät* **übertraf**, *perf* **hat übertroffen**) *vt* superar ; **jn an** ODER **in etw** *(D)* ~ superar a alguien en algo.

übertreiben (*prät* **übertrieb**, *perf* **hat übertrieben**) *vt* & *vi* exagerar.

Übertreibung (*pl* **-en**) *die* exageración *f*.

übertreten[1] (*präs* **übertritt**, *prät* **übertrat**, *perf* **hat übertreten**) *vt* [Gesetz, Verbot] transgredir.

über|treten[2] (*perf* **hat/ist übergetreten**) *vi (unreg)* **- 1.** *(ist)* [beitreten] : **zu etw** *(D)* ~ pasarse a algo ; **zum Islam** ~ convertirse al islam **- 2.** *(hat)* SPORT pisar la línea.

übertrieben ◇ *adj* exagerado(da). ◇ *adv* exageradamente.

übervorteilen *vt* engañar a.

überwachen *vt* [Kaserne, Häftling] vigilar ; [Produktion, Vorgang] supervisar.

überwältigen *vt* **- 1.** [Randalierer, Einbrecher] reducir **- 2.** [Subj : Angst, Panik] dominar ; **vom Schlaf überwältigt werden** ser vencido(da) por el sueño ; **von seiner Angst überwältigt werden** ser dominado(da) por la angustia.

überwältigend ◇ *adj* **- 1.** [Anblick, Meisterwerk] imponente **- 2.** [Mehrheit, Zustimmung] aplastante. ◇ *adv* de forma imponente.

überweisen (*prät* **überwies**, *perf* **hat überwiesen**) *vt* **- 1.** [Stromrechnung, Betrag] transferir **- 2.** MED [ins Krankenhaus] hospitalizar.

Über|weisung *die* **- 1.** [Zahlung] transferencia *f* **- 2.** MED volante *m* para el especialista.

über|werfen *vt (unreg)* ponerse (deprisa una prenda de abrigo).

überwiegen (*prät* **überwog**, *perf* **hat überwogen**) ◇ *vi* **- 1.** [Skepsis, Zweifel] predominar **- 2.** [Stimmen, Kräfte] prevalecer. ◇ *vt* prevalecer.

überwinden (*prät* **überwand**, *perf* **hat überwunden**) *vt* **- 1.** [Hindernis, Krise] superar **- 2.** [Gegner, Feind] vencer. ◆ **sich überwinden** *ref* decidirse a ; **sich zu etw** ~ decidirse a algo.

Überwindung *die (ohne Pl)* **- 1.** [Lösung] : ~ **einer Sache** *(G)* superación *f* de algo **- 2.** [das Besiegen] derrota *f* **- 3.** [das Sichüberwinden] esfuerzo *m* ; **jn ~ kosten, etw zu tun** costarle a alguien un gran esfuerzo hacer algo.

überwintern *vi* **- 1.** [Pflanze] pasar el invierno ; [Bär, Igel] invernar **- 2.** *hum* [Mensch] pasar el invierno.

Überzahl *die (ohne Pl)* mayoría *f* ; **in der ~ sein** ser mayoría.

überzählig *adj* excedente, sobrante.

überzeugen *vt* convencer ; **jn von etw ~** convencer a alguien de algo. ◆ **sich überzeugen** *ref* convencerse ; **sich von etw ~** convencerse de algo.

überzeugen

Venga, vamos a tomar algo, ¿vale? Los, gehen wir irgendwo was trinken.

Hazme caso, te lo pido por favor, no salgas con ese tipo. Hör auf mich, bitte, und geh nicht mit diesem Typen aus.

Yo en tu lugar no me lo pensaría dos veces. An deiner Stelle würde ich da nicht lange überlegen.

¿A que no te atreves? Wetten, dass du dich nicht traust?

Adelante, ya nos falta poco para llegar. Kommt, wir sind schon fast da.

überzeugt *adj* convencido(da).

Über|zeugung *die* convicción *f* ; **zur ~ kommen** ODER **gelangen, dass** llegar a la convicción de que.

überziehen[1] (*prät* **überzog**, *perf* **hat überzogen**) ◇ *vi* **- 1.** [bei Bank] ponerse en números rojos **- 2.** [zeitlich] *excederse del tiempo (del que se dispone para algo)*. ◇ *vt* **- 1.** [Konto] tener números rojos (en la cuenta) **- 2.** [Redezeit, Sendezeit] pasarse del tiempo **- 3.** [Sofa, Bett] poner una funda nueva **- 4.** [Forderungen, Ansprüche] exagerar.

über|ziehen[2] *vt (unreg)* [Mantel, Bademantel] ponerse.

überzogen ◇ *adj* exagerado(da). ◇ *adv* exageradamente.

Über|zug *der* **- 1.** [Bezug] funda *f* **- 2.** [Belag] cubierta *f*.

üblich *adj* usual ; **wie ~** como de costumbre.

U-|Boot *das* submarino *m*.

übrig ◇ *adj* restante, sobrante ; **die ~en Autos werden verschrottet** los coches restantes van al desguace. ◇ *adv* : **für etw/jn viel/wenig/nichts ~ haben** *fig* importarle a algo/alguien mucho/poco/nada. ◆ **im Übrigen** *adv* por lo demás.

übrig bleiben (*perf* **ist übrig geblieben**) *vi (unreg)* sobrar ; **jm bleibt nichts anderes** ODER **weiter übrig, als etw zu tun** *fig* a alguien no le queda más remedio que hacer algo.

übrigens *adv* por cierto.

Übung (*pl* **-en**) *die* **- 1.** [gen] ejercicio *m* ; **aus der ~ kommen/sein** perder/haber perdido la práctica **- 2.** UNI asignatura *f* práctica **- 3.** MIL maniobras *fpl*.

UdSSR [uːdeːɛsɛsˈɛr] (*abk für* **Union der**

sozialistischen Sowjetrepubliken) *die* HIST URSS *f.*

UEFA-Pokal *der (ohne Pl)* Copa *f* de la UEFA.

Ufer (*pl* -) *das* orilla *f* ; **am ~** en la orilla.

UFO, Ufo ['u:fo:] (*pl* **-s**) *das* OVNI *m.*

Uhr (*pl* **-en**) *die* - **1.** [Zeitanzeiger] reloj *m* - **2.** [Armbanduhr] reloj *m* (de pulsera) - **3.** [Zeit] horas *fpl* ; **um wie viel ~?** ¿a qué hora? ; **wie viel ~ ist es?** ¿qué hora es? ; **rund um die ~** *fig* las 24 horas.

Uhr|macher, in (*mpl* -, *fpl* **-nen**) *der, die* relojero *m*, -ra *f.*

Uhr|zeiger *der* aguja *f* del reloj.

Uhrzeiger|sinn *der* : **im ~** en el sentido de las agujas del reloj ; **gegen den ~** en el sentido contrario al de las agujas del reloj.

Uhr|zeit *die* hora *f.*

Uhu (*pl* **-s**) *der* búho *m.*

Ukraine *die* Ucrania *f.*

Ukrainer, in (*mpl* -, *fpl* **-nen**) *der, die* ucraniano *m*, -na *f.*

ukrainisch *adj* ucraniano(na).

Ukrainisch *das (ohne Pl)* ucraniano *m* ; *siehe auch* **Englisch.**

Ukrainische *das (ohne Pl)* ucraniano *m* ; *siehe auch* **Englische.**

UKW [u:ka:'ve:] *die (ohne Pl)* FM *f.*

ulkig ◇ *adj* divertido(da). ◇ *adv* cómicamente.

Ulme (*pl* **-n**) *die* olmo *m.*

Ultimatum (*pl* **-ten**) *das* ultimátum *m* ; **(jm) ein ~ stellen** presentar un ultimátum a alguien.

Ultraschall *der (ohne Pl)* ultrasonido *m.*

um ◇ *präp (+ A)* - **1.** [Position, Richtung] alrededor ; **~ etw herum** alrededor de algo ; **das Rad dreht sich ~ die Achse** la rueda gira alrededor del eje - **2.** *fig* [ungefähr] aproximadamente ; **das Gerät kostet ~ die 900 Mark** el aparato cuesta unos 900 marcos ; **~Weihnachten herum** aproximadamente por Navidad - **3.** [Angabe der Uhrzeit] a ; **~ acht** a las ocho - **4.** [Angabe eines Maßes] por ; **einen Pullover ~ zwanzig Mark billiger bekommen** comprar un jersey por veinte marcos menos ; **er ist ~10 Jahre gealtert** ha envejecido 10 años - **5.** [Angabe einer Folge] uno (una) tras otro (otra) ; **Jahr ~ Jahr wartet sie auf den ersten Preis** año tras año espera lograr el primer premio ; **er wurde Minute ~ Minute nervöser** a cada minuto que pasaba se ponía más nervioso - **6.** [in festen Wendungen] : **wer kümmert sich ~ die Kinder?** ¿quién se ocupa de los niños? ; **wetten wir ~ eine Flasche Sekt?** ¿nos apostamos una botella de cava? ; **es geht hier ~ viel Geld** hay mucho dinero en juego ; **sie bat ~ ein Glas Wasser** pidió un vaso de agua. ◇ *konj* : **~ zu** para *(con sentido de finalidad).* ◆ **um so** *konj (+ Komp)* = **umso.**

umarmen *vt* abrazar. ◆ **sich umarmen** *ref* abrazarse.

Umbau (*pl* **-e** ODER **-ten**) *der* reforma *f.*

um|bauen *vt & vi* reformar.

um|binden *vt (unreg)* atar(se) ; **sich** *(D)* **etw ~** atarse algo.

um|blättern ◇ *vt & vi* pasar (la página). ◇ *vi* pasar la página.

Um|bruch *der* - **1.** [Veränderung] revolución *f* ; **sich im ~befinden** sufrir una gran transformación - **2.** *(ohne Pl)* [von Büchern] compaginación *f.*

um|buchen *vt & vi* modificar una reserva (de vuelo, hotel).

um|denken *vi (unreg)* cambiar de manera de pensar.

um|drehen (*perf* **hat/ist umgedreht)** ◇ *vt (hat)* [Seite, Pulli] dar la vuelta. ◇ *vi* [umkehren] dar la vuelta.

Um|drehung *die* - **1.** [um eigene Achse] vuelta *f* - **2.** TECH revolución *f.*

umeinander, umein ander *adv* el uno (la una) por el otro (la otra).

um|fahren[1] *vt (unreg)* [überfahren] atropellar.

umfahren[2] (*präs* **umfährt**, *prät* **umfuhr**, *perf* **hat umfahren**) *vt* [Unfallstelle, Ortschaft] dar un rodeo.

um|fallen (*perf* **ist umgefallen**) *vi (unreg)* - **1.** [Flasche, Stuhl] caerse - **2.** [vor Schwäche, Müdigkeit] desplomarse - **3.** *fam abw* [nachgeben] derrumbarse.

Umfang (*pl* **-fänge**) *der* - **1.** [von Kopf, Brust] contorno *m* ; [von Grundstücken, Gebieten] extensión *f* - **2.** [von Aktionen, Schaden] alcance *m* ; **in vollem ~** en su totalidad.

umfangreich ◇ *adj* extenso(sa). ◇ *adv* extensamente.

umfassen (*präs* **umfasst**, *prät* **umfasste**, *perf* **hat umfasst**) *vt* - **1.** [beinhalten] comprender - **2.** [umschlingen] rodear.

umfassend, umfassend ◇ *adj* detallado(da). ◇ *adv* detalladamente.

Um|feld *das* entorno *m*, ambiente *m.*

Um|frage *die* encuesta *f.*

um|füllen *vt* tra(n)svasar.

um|funktionieren *vt* convertir en.

Umgang *der (ohne Pl)* trato *m* ; **mit jm ~ haben** ODER **pflegen** tener trato con alguien ; [Gesellschaft] compañía *f.*

umgänglich ◇ *adj* sociable. ◇ *adv* de forma sociable.

Umgangsformen *pl* modales *mpl.*

Umgangssprache *die (ohne Pl)* - **1.** [gebräuchliche Sprache] **lenguaje** *m* **coloquial** - **2.** [gesprochene Sprache] **lenguaje** *m* **familiar.**

umgeben (*präs* **umgibt**, *prät* **umgab**, *perf* **hat umgeben**) *vt* - **1.** rodear - **2.**

Umgebung (*pl* **-en**) *die* - **1.** [Gebiet] zona *f* ; **die weitere ~** los alrededores - **2.** [Umfeld] entorno *m*.

umgehen[1] (*präs* **umgeht**, *prät* **umging**, *perf* **hat umgangen**) *vt* - **1.** [gen] evitar, eludir - **2.** [Straßensperre, Ortschaft] rodear.

umgehen[2] (*perf* **ist umgegangen**) *vi (unreg)* - **1.** [Gerücht, Epidemie] propagarse - **2.** [mit Menschen, Tieren] : **mit etw/jm ~ (können)** saber tratar con algo/alguien - **3.** [mit Geräten] manejar - **4.** [sich beschäftigen] : **mit etw ~** estar ocupado(da) con algo.

umgehend <> *adj* inmediato(ta). <> *adv* inmediatamente.

Umgehungsstraße *die* circunvalación *f*.

umgekehrt <> *adj* [Verhältnis, Vorzeichen] inverso(sa) ; [Fall] contrario(ria). <> *adv* al revés, al contrario ; **~ proportional** inversamente proporcional.

umgraben *vt (unreg)* cavar.

Umhang *der* capote *m*.

umhängen *vt* - **1.** [woandershin hängen] colgar en otro sitio - **2.** [umlegen] : **sich etw ~** ponerse algo encima ; **jm etw ~** ponerle algo a alguien encima.

umhauen *vt (unreg)* - **1.** [Baum, Strauch] cortar - **2.** *fam* [überraschen] quedarse pasmado(da) - **3.** *salopp* [Subj : Alkohol, Tabak] dejar hecho(cha) polvo ; [Subj : Gestank] tirar para atrás - **4.** *fam* [niederschlagen] derribar - **5.** *fam* [umwerfen] tirar.

umher *adv* de acá para allá.

umherirren (*perf* **ist umhergeirrt**) *vi* andar (perdido(da)) de un lado a otro.

umhören ◆ **sich umhören** *ref* preguntar por ahí por algo, enterarse ; **sich bei jm ~** preguntar a alguien (por algo).

Umkehr *die (ohne Pl)* regreso *m*.

umkehren (*perf* **hat/ist umgekehrt**) <> *vi (ist)* regresar. <> *vt (hat)* invertir.

umkippen (*perf* **ist umgekippt**) *vi* - **1.** [umfallen] caerse - **2.** *fam* [bewusstlos werden] desmayarse - **3.** [Gewässer, Meer] volverse eutrófico(ca) - **4.** [Stimmung] cambiar bruscamente.

Umkleidekabine *die* cabina *f* de vestuario.

umkommen (*perf* **ist umgekommen**) *vi (unreg)* - **1.** [sterben] perder la vida - **2.** *fam* [vergehen] : **vor etw** *(D)* **~** morir(se) de algo.

Umkreis *der* - **1.** *(ohne Pl)* [Umgebung] alrededores *mpl* ; **im ~ von 50 km** en 50 km a la redonda - **2.** MATH circunferencia *f* circunscrita.

umkrempeln *vt* - **1.** [Ärmel, Hosenbeine] remangar - **2.** *fam* [Vorhaben, Geschäft] cambiar ; [Unternehmen, Organisation] reestructurar - **3.** *fam* [Wohnung, Schränke] revolver.

Umland *das (ohne Pl)* alrededores *mpl*.

Umlauf *der (ohne Pl)* circulación *f*.

Umlaufbahn *die* órbita *f*.

Umlaut *der* vocal *f* modificada.

umlegen *vt* - **1.** *salopp* [erschießen] derribar (disparando) - **2.** [verteilen] : **etw auf jn ~** prorratear algo entre alguien - **3.** [Schal, Verband] : **sich/jm etw ~** ponerse/ponerle a alguien algo - **4.** [Patient, Telefongespräch] trasladar - **5.** [Rückbank, Rücklehne] abatir ; **den Hemdkragen ~** doblar el cuello de la camisa - **6.** [Leiter, Pfosten] poner en el suelo.

umleiten *vt* desviar.

Umleitung *die* desvío *m*.

umliegend *adj* de los alrededores.

umrechnen *vt* calcular ; **etw auf einen Zeitraum ~** calcular algo por un plazo determinado ; **eine Währung in eine andere ~** calcular el cambio de una moneda a otra.

umringen *vt* rodear.

Umriss *der* contorno *m* ; **in groben ~en** a grandes rasgos.

umrühren *vt* remover.

umrüsten <> *vt* - **1.** MIL rearmar - **2.** [ändern] transformar. <> *vi* rearmarse.

ums *präp (um + das)* alrededor de ; **einmal mit dem Hund ~ Viereck gehen** dar una vuelta a la manzana con el perro ; **es geht ~ Geld, das man verdient** se trata del dinero que se gana ; **du willst dich nur ~ Einkaufen drücken!** ¡sólo quieres librarte de hacer la compra!

umsatteln *vi* pasarse a (otra profesión).

Umsatz *der* (volumen de) ventas *fpl*.

Umschlag *der* - **1.** [von Briefen] sobre *m* ; [von Büchern] cubierta *f*, tapa *f* - **2.** *(ohne Pl)* [von Stimmungen, Wetter] cambio *m* repentino - **3.** MED compresa *f* - **4.** [von Hosen, Ärmeln] dobladillo *m* - **5.** *(ohne Pl)* WIRTSCH despacho *m* - **6.** *(ohne Pl)* [Verkauf] venta *f*.

umschlagen (*perf* **hat/ist umgeschlagen**) *(unreg)* <> *vi (ist)* [Stimmung, Wetter] cambiar repentinamente. <> *vt (hat)* - **1.** [Seite] pasar la página - **2.** [umlegen] : **sich ein großes Handtuch ~** ponerse una toalla de baño - **3.** [Güter, Waren] despachar - **4.** [Drogen, Alkohol] vender - **5.** [Bäume] cortar.

umschreiben[1] (*prät* **umschrieb**, *perf* **hat**

umschrieben) *vt* [Wort, Begriff] parafrasear ; [Gefühl, Zustand] describir.

um|schreiben² *vt (unreg)* - **1.** [Artikel, Passage] redactar de nuevo - **2.** [Firma, Belastungen] : **etw auf jn ~ lassen** transferirle algo a alguien.

um|schulen ◇ *vt* - **1.** [ausbilden] reciclar profesionalmente - **2.** [Schule wechseln lassen] mandar a otra escuela. ◇ *vi* reciclarse profesionalmente.

Umschweife *pl* rodeos *mpl*.

Um|schwung *der* cambio *m* repentino.

um|sehen ◆ **sich umsehen** *ref (unreg)* - **1.** [sich umgucken] echar un vistazo - **2.** [sich umdrehen] darse la vuelta ; **sich nach etw/jm ~** [suchen] estar en busca de algo/alguien ; [sich umdrehen] darse la vuelta para mirar algo/a alguien.

um sein (*perf* **ist um gewesen**) *vi (unreg) fam* haber transcurrido.

umseitig *adj & adv* al dorso.

Umsicht *die (ohne Pl)* prudencia *f*, precaución *f*.

umso *konj (+ Komp)* tanto ; **~ besser!** ¡tanto mejor! ; **je ..., ~ ...** cuanto más ..., (tanto) más ...

umsonst ◇ *adj* : **~ sein** [erfolglos] ser en vano ; [gratis] gratis. ◇ *adv* - **1.** [erfolglos] en vano - **2.** [gratis] gratuitamente.

Um|stand *der* - **1.** [Mühe] molestia *f* - **2.** [Sachlage] circunstancias *fpl* ; **unter Umständen** en determinadas circunstancias ; **in anderen Umständen sein** estar en estado (de gestación).

umständlich ◇ *adj* complicado(da). ◇ *adv* - **1.** [vorgehen, reisen] de forma complicada - **2.** [arbeiten, erzählen] meticulosamente.

Umstands|kleid *das* vestido *m* premamá.

Umstands|wort (*pl* **-wörter**) *das* GRAM adverbio *m*.

umstehend *adj* - **1.** [Menschen, Häuser] circundante - **2.** [Adresse, Erläuterung] al dorso.

um|steigen (*perf* **ist umgestiegen**) *vi (unreg)* - **1.** [beim Reisen] hacer trasbordo - **2.** [wechseln] : **auf etw** *(A)* **~** cambiar a algo.

um|stellen¹ *vt* - **1.** [anders ausrichten] cambiar, adaptar a ; **einen Betrieb auf etw ~** reconvertir una empresa en algo ; **auf etw** *(A)* **~** [modernisieren] cambiar a algo ; [anpassen] ajustar a algo - **2.** [Leben, Plan] modificar. ◆ **sich umstellen** *ref* cambiar (de costumbres) ; **sich auf etw** *(A)* **~** adaptarse a algo.

umstellen² *vt* [einkreisen] cercar, rodear.

Um|stellung *die* [Veränderung] cambio *m*.

um|stimmen *vt* convencer.

um|stoßen *vt (unreg)* - **1.** [Vase, Stuhl] tirar - **2.** [Plan, Berechnungen] modificar radicalmente.

umstritten *adj* controvertido(da).

Um|sturz *der* [von Regierungen] revolución *f* ; [von Systemen, Strukturen] subversión *f*.

um|stürzen (*perf* **hat/ist umgestürzt**) ◇ *vi (ist)* caerse. ◇ *vt (hat)* - **1.** [Gegenstände] volcar - **2.** [Plan] desbaratar - **3.** [Regierung, Minister] derribar.

Umtausch *der (ohne Pl)* cambio *m* ; **'vom ~ ausgeschlossen'** 'no se admiten cambios'.

um|tauschen *vt* cambiar ; **etw gegen etw ~** cambiar algo por algo.

umwälzend *adj* revolucionario(ria).

um|wandeln *vt* : **etw zu** ODER **in etw** *(A)* **~** convertir algo en algo.

Um|weg *der* rodeo *m* ; **einen ~ über etw** *(A)* **machen** dar un rodeo por algo ; **auf ~en** *fig* dando muchas vueltas ; **etw auf ~en erfahren** enterarse de algo indirectamente.

Umwelt *die (ohne Pl)* - **1.** [ökologisches System] medio *m* ambiente - **2.** [Umfeld] entorno *m* - **3.** [Lebensraum] medio *m*.

Umwelt|belastung *die* contaminación *f*.

umweltbewusst ◇ *adj* respetuoso(sa) con el medio ambiente. ◇ *adv* respetando el medio ambiente.

umweltfreundlich ◇ *adj* respetuoso(sa) con el medio ambiente, ecológico(ca). ◇ *adv* respetando el medio ambiente, ecológicamente.

Umwelt|papier *das (ohne Pl)* papel *m* reciclado.

Umwelt|schäden *pl* daños *mpl* ecológicos.

Umwelt|schutz *der (ohne Pl)* protección *f* del medio ambiente.

Umwelt|schützer, in (*mpl* **-**, *fpl* **-nen**) *der, die* ecologista *mf*.

Umwelt|verschmutzung *die* contaminación *f* del medio ambiente.

um|werfen *vt (unreg)* - **1.** [Gegenstand, Person] volcar - **2.** *fam* [Subj : Alkohol, Nachricht] tumbar, dejar fuera de combate - **3.** [Umhang, Mantel] ponerse - **4.** [Planung, Berechnung] dar al traste, tirar por los suelos.

um|ziehen (*perf* **hat/ist umgezogen**) *(unreg)* ◇ *vi (ist)* mudarse ; **nach ... ~** trasladarse a ... ◇ *vt (hat)* cambiar *(de ropa)*. ◆ **sich umziehen** *ref* cambiarse *(de ropa)*.

umzingeln *vt* rodear, cercar.

Ụmlzug *der* - **1.** [Wohnungswechsel] mudanza *f* - **2.** [Festzug] desfile *m*.

ụnabhängig ◇ *adj* independiente ; **von etw/jm ~ sein** ser independiente de algo/ alguien. ◇ *adv* - **1.** [selbstständig] independientemente - **2.** [unbeeinflusst] con independencia de.

Ụnabhängigkeit *die (ohne Pl)* independencia *f*.

ụnabsichtlich ◇ *adj* involuntario(ria). ◇ *adv* involuntariamente, sin querer.

ụnachtsam ◇ *adj* descuidado(da). ◇ *adv* descuidadamente.

Ụnachtsamkeit (*pl* **-en**) *die* descuido *m*.

ụnangebracht ◇ *adj* inoportuno(na), inadecuado(da). ◇ *adv* inadecuadamente.

ụnangemessen ◇ *adj* inadecuado(da). ◇ *adv* desproporcionadamente.

ụnangenehm ◇ *adj* desagradable ; **jm ~ sein** molestar a alguien. ◇ *adv* desagradablemente.

ụnangetastet *adj* intacto(ta).

Ụnannehmlichkeiten *pl* molestias *fpl*.

ụnansehnlich ◇ *adj* poco vistoso(sa). ◇ *adv* insignificantemente.

ụnanständig ◇ *adj* indecente. ◇ *adv* indecentemente.

ụnartig ◇ *adj* mal educado(da). ◇ *adv* de mala educación, con malos modales.

ụnauffällig ◇ *adj* discreto(ta). ◇ *adv* - **1.** [nicht auffällig] con discreción - **2.** [heimlich] discretamente, disimuladamente.

unauffịndbar, ụnauffindbar *adj & adv* imposible de encontrar.

ụnaufgefordert ◇ *adj* espontáneo(nea). ◇ *adv* espontáneamente.

unaufhạltsam, ụnaufhaltsam ◇ *adj* imparable. ◇ *adv* imparablemente.

unaufhörlich, ụnaufhörlich ◇ *adj* incesante, continuo. ◇ *adv* incesantemente.

ụnaufmerksam ◇ *adj* - **1.** [Schüler, Zuhörer] distraído(da) - **2.** [Ober, Gastgeber] poco atento(ta). ◇ *adv* distraídamente, poco atentamente.

ụnaufrichtig ◇ *adj* poco sincero(ra) ; **jm gegenüber ~ sein** ser poco sincero(ra) con alguien. ◇ *adv* con falta de sinceridad.

unausstehlich, ụnausstehlich ◇ *adj* insoportable. ◇ *adv* insoportablemente.

unausweichlich, ụnausweichlich ◇ *adj* inevitable. ◇ *adv* inevitablemente.

ụnbändig ◇ *adj* indómito(ta), desenfrenado(da). ◇ *adv* desenfrenadamente.

ụnbeabsichtigt ◇ *adj* involuntario(ria). ◇ *adv* sin querer, involuntariamente.

ụnbeachtet ◇ *adj* desapercibido(da), inadvertido(da). ◇ *adv* inadvertidamente.

ụnbedenklich ◇ *adj* inofensivo(va) ; **etw für nicht ganz ~ halten** considerar algo no exento de peligro. ◇ *adv* sin inconveniente.

ụnbedeutend ◇ *adj* insignificante. ◇ *adv* sin importancia.

ụnbedingt ◇ *adj* total, incondicional. ◇ *adv* incondicionalmente.

ụnbefriedigend *adj* insatisfactorio(ria).

ụnbefugt ◇ *adj* no autorizado(da). ◇ *adv* sin permiso.

unbegreiflich, ụnbegreiflich ◇ *adj* incomprensible. ◇ *adv* incomprensiblemente.

ụnbegrenzt ◇ *adj* ilimitado(da). ◇ *adv* ilimitadamente.

ụnbegründet ◇ *adj* inmotivado(da). ◇ *adv* sin motivo.

ụnbeholfen ◇ *adj* torpe. ◇ *adv* torpemente.

ụnbekannt ◇ *adj* desconocido(da) ; **Anzeige gegen ~** RECHT denuncia *f* contra persona desconocida. ◇ *adv* : **~ verzogen** dirección *f* desconocida.

ụnbekümmert, unbekụmmert ◇ *adj* despreocupado(da). ◇ *adv* despreocupadamente.

ụnbeliebt *adj* antipático(ca), no querido(da) ; **sich ~ machen** hacerse antipático.

ụnbequem ◇ *adj* incómodo(da). ◇ *adv* incómodamente.

unberẹchenbar, ụnberechenbar ◇ *adj* imprevisible. ◇ *adv* imprevisiblemente.

ụnberechtigt ◇ *adj* injustificado(da). ◇ *adv* injustificadamente.

ụnberührt *adj* - **1.** [Natur, Essen] intacto(ta) - **2.** [ohne Emotionen] no afectado(da) - **3.** [jungfräulich] virgen.

unbeschreiblich, ụnbeschreiblich ◇ *adj* indescriptible. ◇ *adv* indescriptiblemente.

ụnbeschwert ◇ *adj* alegre. ◇ *adv* alegremente.

ụnbesonnen ◇ *adj* imprudente, irreflexivo(va). ◇ *adv* imprudentemente.

ụnbeständig *adj* inestable.

unbestẹchlich, ụnbestechlich ◇ *adj*

insobornable, íntegro(gra). <> *adv* con integridad.

unbestimmt <> *adj* indeterminado(da). <> *adv* sin concretar.

unbeteiligt <> *adj* pasivo(va), sin participar ; **an etw** *(D)* **~ sein** no tomar parte en algo. <> *adv* pasivamente.

unbewacht *adj & adv* sin vigilar.

unbeweglich <> *adj* - **1.** [gen] inmóvil - **2.** [Bürokratie, Mensch] inflexible - **3.** [Fest, Feiertag] fijo(ja). <> *adv* - **1.** [dastehen, daliegen] inmóvil, sin moverse - **2.** [ansehen] fijamente.

unbewusst <> *adj* inconsciente. <> *adv* inconscientemente.

unbrauchbar *adj* inútil, inservible.

und *konj* - **1.** [gen] y ; **~ so weiter** etcétera ; **keine Freunde ~ keine Familie haben** no tener ni amigos ni familia ; **er wird fetter ~ fetter** engorda y engorda - **2.** [Angabe eines Widerspruchs] aunque ; **er hat eine Waschmaschine bestellt ~ hat aber keinen Pfennig Geld** ha encargado una lavadora aunque no tiene dinero - **3.** [plus] más ; **eins ~ eins ist zwei** uno y uno igual a dos - **4.** [Ausdruck von Ironie] : **ich ~ hier herunterspringen?** ¿tirarme yo por aquí?. ◆ **und ob!** *interj* ¡vaya que sí! ◆ **und wie!** *interj* ¡y cómo!

undankbar <> *adj* - **1.** [Verhalten, Kinder] desagradecido(da) - **2.** [Arbeit, Aufgabe] ingrato(ta). <> *adv* ingratamente.

undenkbar, undenkbar *adj* impensable.

undeutlich <> *adj* confuso(sa), borroso(sa). <> *adv* confusamente, borrosamente.

undicht *adj* que tiene un escape, no hermético(ca).

undurchsichtig *adj* opaco(ca).

uneben *adj* desigual.

unehelich <> *adj* ilegítimo(ma) ; **~es Kind** hijo(ja) natural. <> *adv* fuera del matrimonio.

unehrlich <> *adj* falso(sa), insincero(ra). <> *adv* con falsedad.

uneigennützig <> *adj* desinteresado(da), sin ánimo de lucro. <> *adv* desinteresadamente.

uneinig *adj* en desacuerdo ; **sich** *(D)* **über etw** *(A)* **~ sein** estar en desacuerdo acerca de algo.

unempfindlich *adj* resistente.

unendlich <> *adj* infinito(ta). <> *adv* infinitamente.

Unendlichkeit *die (ohne Pl)* - **1.** [räumlich] infinito *m* - **2.** *fam* [zeitlich] eternidad *f.*

unentbehrlich, unentbehrlich *adj* imprescindible ; **sich ~ machen** hacerse imprescindible.

unentgeltlich, unentgeltlich <> *adj* gratuito(ta). <> *adv* gratis, gratuitamente.

unentschieden <> *adj* - **1.** [Angelegenheit, Spiel] empatado(da) - **2.** [Person] indeciso(sa). <> *adv* - **1.** [Spiel, Sache] en empate - **2.** [Person] sin decidirse.

unentschlossen <> *adj* irresoluto(ta), indeciso(sa). <> *adv* dubitativamente.

unentwegt, unentwegt <> *adj* invariable, continuo(nua). <> *adv* continuamente.

unerbittlich, unerbittlich <> *adj* [Prüfer, Kampf] implacable. <> *adv* - **1.** [fragen, bleiben] inflexiblemente - **2.** [prüfen, kämpfen] sin compasión.

unerfahren *adj* inexperto(ta).

unerfreulich *adj* desagradable.

unerhört <> *adj* inaudito(ta) ; **(das ist ja) ~!** ¡esto es inaudito! <> *adv* - **1.** [ungeheuer] enormemente - **2.** [empörend] descaradamente.

unerlässlich, unerlässlich *adj* imprescindible.

unerlaubt <> *adj* ilícito(ta). <> *adv* ilícitamente.

unermesslich, unermesslich *geh* <> *adj* - **1.** [Weite, Vielfalt] inconmensurable, inmenso(sa) - **2.** [Leid, Schmerzen] infinito(ta). <> *adv* infinitamente.

unermüdlich, unermüdlich <> *adj* infatigable. <> *adv* infatigablemente.

unerschütterlich, unerschütterlich <> *adj* inquebrantable. <> *adv* firmemente.

unerschwinglich, unerschwinglich <> *adj* inalcanzable, prohibitivo(va) ; **für jn ~ sein** ser prohibitivo(va) para alguien. <> *adv* demasiado.

unerträglich <> *adj* insoportable. <> *adv* insoportablemente.

unerwartet <> *adj* inesperado(da). <> *adv* inesperadamente.

unerwünscht <> *adj* inoportuno(na), no deseado(da). <> *adv* inoportunamente.

UNESCO [u'nɛsko] (*abk für* **United Nations Educational, Scientific, and Cultural Organization**) *die (ohne Pl)* UNESCO *f.*

unfähig *adj* incapaz ; **~ sein, etw zu tun** ser incapaz de hacer algo.

Unfähigkeit *die (ohne Pl)* incapacidad *f.*

unfair ['ʊnfɛːɐ̯] <> *adj* sucio(cia), poco correcto(ta). <> *adv* : **~ spielen** jugar sucio.

Un|fall *der* accidente *m.*

Unfall|flucht *die (ohne Pl)* fuga *f* del causante de un accidente.

Ụnfall|stelle *die* lugar *m* del accidente.

Ụnfallver|sicherung *die* seguro *m* de accidentes.

unfehlbar, ụnfehlbar ◇ *adj* infalible. ◇ *adv* **-1.** [fehlerfrei] infaliblemente **-2.** [sicher] inevitablemente.

ụnfreiwillig ◇ *adj* involuntario(ria). ◇ *adv* involuntariamente.

ụnfreundlich ◇ *adj* **-1.** [Ton, Empfang] descortés, brusco(ca); **zu jm ~ sein** ser brusco(ca) con alguien **-2.** [Atmosphäre, Wetter] desagradable. ◇ *adv* [empfangen, schreiben] bruscamente, con mal humor.

ụnfruchtbar *adj* **-1.** [Mensch, Tier] estéril **-2.** [Gespräch, Bemühung] inútil **-3.** [Land, Boden] árido(da).

Ụngar, in (*mpl* **-n**, *fpl* **-nen**) *der, die* húngaro *m*, -ra *f*.

ụngarisch *adj* húngaro(ra).

Ụngarisch *das (ohne Pl)* húngaro *m*; *siehe auch* **Englisch.**

Ụngarische *das (ohne Pl)* húngaro *m*; *siehe auch* **Englische.**

Ụngarn *nt* Hungría *f*.

ụngeahnt, ungeạhnt ['ʊngeaːnt, ʊnge'aːnt] *adj* inopinado(da).

ụngebeten ◇ *adj* no invitado(da). ◇ *adv* sin estar invitado(da).

ụngebildet *adj* inculto(ta).

ụngedeckt ◇ *adj* **-1.** [gen] descubierto(ta) **-2.** [Tisch] sin poner; [Dach] sin techar. ◇ *adv* sin protección.

Ụngeduld *die (ohne Pl)* impaciencia *f*.

ụngeduldig ◇ *adj* impaciente. ◇ *adv* con impaciencia.

ụngeeignet *adj* inadecuado(da).

ụngefähr, ungefähr *adv* aproximadamente.

ụngefährlich *adj* inofensivo(va).

ụngehalten ◇ *adj* molesto(ta), enojado(da); **über etw/jn ~ sein** estar molesto por algo/con alguien. ◇ *adv* enojadamente.

ụngeheuer, ungeheuer ◇ *adj* enorme, tremendo(da). ◇ *adv* tremendamente.

Ụngeheuer (*pl* **-**) *das* monstruo *m*.

ụngehörig ◇ *adj* impertinente. ◇ *adv* de manera impertinente.

ụngehorsam *adj* desobediente.

Ụngehorsam *der (ohne Pl)* desobediencia *f*.

ụngeklärt *adj* **-1.** [Sachverhalt, Punkt] no aclarado(da) **-2.** [Abwasser] sin depurar.

ụngelegen *adj* inoportuno(na); **das kommt mir ~** me resulta inoportuno.

ụngelogen *adv fam* de verdad.

ụngemein, ungemein ◇ *adj* enorme, extraordinario(ria). ◇ *adv* extraordinariamente.

ụngemütlich ◇ *adj* **-1.** [nicht behaglich] incómodo(da), desapacible **-2.** [unangenehm] desagradable, molesto(ta). ◇ *adv* incómodamente.

ụngenau ◇ *adj* inexacto(ta), impreciso(sa). ◇ *adv* sin exactitud, sin precisión.

ụngeniert, ungeniert ◇ *adj* desenvuelto(ta), descarado(da). ◇ *adv* sin complejos.

ụngenießbar, ungenießbar *adj* **-1.** [nicht genießbar] incomestible **-2.** *fam* [schlecht gelaunt] de mal humor.

ụngenügend ◇ *adj* insuficiente, deficiente. ◇ *adv* insuficientemente.

ụngerade *adj* MATH impar.

ụngerecht ◇ *adj* injusto(ta). ◇ *adv* injustamente.

Ụn|gerechtigkeit *die* injusticia *f*.

ụngern *adv* de mala gana.

ụngeschehen *adj*: **etw ~ machen** hacer como si no hubiera ocurrido algo.

ụngeschickt ◇ *adj* **-1.** [nicht geschickt] torpe, inepto(ta) **-2.** *fam Süddt* [ungelegen] inoportuno(na) **-3.** *fam Süddt* [unpraktisch] poco práctico(ca). ◇ *adv* [nicht geschickt] torpemente, con poca habilidad.

ụngeschminkt *adj* & *adv* **-1.** [Gesicht, Schauspieler] sin maquillar **-2.** [Wahrheit, Tatsachen] sin disimulo.

ụngestört ◇ *adj* tranquilo(la). ◇ *adv* tranquilamente.

ụngesund ◇ *adj* **-1.** [Ernährung, Lebensweise, Entwicklung] malsano(na), perjudicial **-2.** [Gesichtsfarbe, Eindruck] enfermizo(za). ◇ *adv* [leben] perjudicialmente; [aussehen] enfermo(ma).

ụngetrübt ◇ *adj* **-1.** [Zukunftsaussichten, Kindheit] feliz, no turbado(da) **-2.** [Wasser, Lösung] no enturbiado(da). ◇ *adv* serenamente, despreocupadamente.

Ụngetüm (*pl* **-e**) *das* monstruo *m*.

ụngewiss *adj* incierto(ta).

ụngewöhnlich ◇ *adj* **-1.** [Verhalten, Bauweise] insólito(ta), extraordinario(ria) **-2.** [Leistung, Talent] enorme, extraordinario(ria). ◇ *adv* **-1.** [sich verhalten, dauern] fuera de lo normal **-2.** [schön, talentiert] extraordinariamente.

ụngewohnt ◇ *adj* inusitado(da), no habitual. ◇ *adv* inusitadamente.

Ụngeziefer *das (ohne Pl)* parásitos *mpl*.

ungezogen ◇ *adj* maleducado(da). ◇ *adv* maleducadamente.

ungezwungen ◇ *adj* natural, espontáneo(nea). ◇ *adv* relajadamente, con naturalidad.

ungläubig ◇ *adj* - **1.** [Person] no creyente - **2.** [Blick, Lächeln] incrédulo(la). ◇ *adv* incrédulamente.

unglaublich, unglaublich ◇ *adj* increíble. ◇ *adv* increíblemente.

unglaubwürdig *adj* inverosímil.

ungleich ◇ *adj* desigual. ◇ *adv* - **1.** [nicht gleich] desigualmente - **2.** [bei weitem] mucho más.

Un|glück *das* - **1.** [Vorfall] desgracia *f* - **2.** *(ohne Pl)* [Pech] mala suerte *f* ; **das bringt ~** trae mala suerte.

unglücklich ◇ *adj* desgraciado(da). ◇ *adv* - **1.** [aussehen, lächeln] con aspecto desgraciado ; **sich ~ machen** hacerse el desgraciado - **2.** [stürzen, landen] con mala suerte - **3.** [ausgehen, enden] desgraciadamente.

unglücklicherweise *adv* desgraciadamente.

ungültig *adj* no válido(da), caducado(da).

Ungunsten *pl* : **zu js ~** en perjuicio de alguien.

ungünstig ◇ *adj* desfavorable. ◇ *adv* desfavorablemente.

ungut ◇ *adj* desagradable. ◇ *adv* : **sich ~ fühlen** sentirse mal ; **nichts für ~!** *fig* ¡no me lo tomes a mal!

unhaltbar, unhaltbar *adj* - **1.** [Vorwurf, Zustand] insostenible - **2.** [Schuss, Ball] imparable.

Unheil *das (ohne Pl) geh* desgracia *f* ; **~ stiften** *geh* causar daños.

unheimlich, unheimlich ◇ *adj* - **1.** [Atmosphäre, Gestalt] inquietante ; **jm ist ~ zumute** alguien se siente inquietado - **2.** *fam* [Durst, Angst] terrible. ◇ *adv fam* [dick, ängstlich] terriblemente.

unhöflich ◇ *adj* descortés. ◇ *adv* descortésmente.

Uni (*pl* **-s**) *die fam* universidad *f*.

Uniform, Uniform (*pl* **-en**) *die* uniforme *m*.

Union (*pl* **-en**) *die* unión *f*.

Universität [univɛrzi'tɛːt] (*pl* **-en**) *die* universidad *f*.

Universum [uni'vɛrzʊm] *das (ohne Pl)* universo *m*.

unkenntlich *adv* desfigurado(da).

Unkenntnis *die (ohne Pl)* falta *f* de conocimiento, ignorancia *f*.

unklar ◇ *adj* confuso(sa). ◇ *adv* - **1.** [unverständlich] de forma poco clara - **2.** [vage] borrosamente ; **jn (über etw (A)) im Unklaren lassen** *fig* dejar a alguien en la duda sobre algo.

unklug ◇ *adj* imprudente. ◇ *adv* de forma poco inteligente.

Unkosten *pl* gastos *mpl* ; **sich in ~ stürzen** *fig* hacer (muchos) gastos.

Unkosten|beitrag *der* contribución *f* a los gastos.

Un|kraut *das (ohne Pl)* mala hierba *f*.

unleserlich ◇ *adj* ilegible. ◇ *adv* de forma ilegible.

unlogisch ◇ *adj* ilógico(ca). ◇ *adv* ilógicamente.

unmäßig ◇ *adj* - **1.** [Genuss, Konsum] desmedido(da) - **2.** [Sehnsucht, Durst] terrible. ◇ *adv* - **1.** [trinken, rauchen] desmedidamente - **2.** [sich freuen] terriblemente.

Un|menge *die* gran cantidad *f*.

Un|mensch *der abw* monstruo *m*.

unmenschlich ◇ *adj* - **1.** [Behandlung, Verhältnisse] inhumano(na) - **2.** *fam* [Hitze, Lautstärke] insoportable. ◇ *adv* - **1.** [behandeln, quälen] de forma inhumana - **2.** *fam* [anstrengend sein, weh tun] terriblemente.

unmerklich, unmerklich ◇ *adj* imperceptible. ◇ *adv* imperceptiblemente.

unmissverständlich ◇ *adj* inequívoco(ca). ◇ *adv* inequívocamente.

unmittelbar ◇ *adj* inmediato(ta) ; **ein ~er Zusammenhang** una relación directa. ◇ *adv* directamente ; **~ bevorstehen** ser inminente.

unmöglich, unmöglich ◇ *adj* - **1.** [Planung, Vorhaben] imposible - **2.** *fam* [merkwürdig] increíble. ◇ *adv* - **1.** [nicht möglich] imposible - **2.** *fam* [nicht annehmbar] : **sich ~ machen** comportarse de un modo increíble.

unmoralisch ◇ *adj* inmoral. ◇ *adv* de forma inmoral.

unnachgiebig ◇ *adj* inflexible. ◇ *adv* inflexiblemente.

unnahbar, unnahbar *adj* distante.

unnötig ◇ *adj* innecesario(ria). ◇ *adv* innecesariamente.

unnütz ◇ *adj* inútil. ◇ *adv* inútilmente.

UNO ['uːno] (*abk für* **United Nations Organization**) *die (ohne Pl)* ONU *f*.

unordentlich ◇ *adj* desordenado(da). ◇ *adv* desordenadamente.

Unordnung *die (ohne Pl)* desorden *m* ; **in ~ geraten** desordenarse.

ụnparteiisch ◇ *adj* imparcial. ◇ *adv* imparcialmente.

ụnpassend ◇ *adj* [Zeitpunkt, Gelegenheit] inoportuno(na) ; [Kleidung, Thema] inadecuado(da). ◇ *adv* [sich benehmen] inoportunamente ; [gekleidet sein] inadecuadamente.

ụnpersönlich ◇ *adj* GRAM impersonal. ◇ *adv* de forma impersonal.

ụnpraktisch ◇ *adj* poco práctico(ca). ◇ *adv* de forma poco práctica.

ụnpünktlich ◇ *adj* impuntual. ◇ *adv* impuntualmente.

ụnrecht ◇ *adj* **- 1.** [Zeit, Moment] inoportuno(na) ; **es ist jm ~** no le parece bien a alguien **- 2.** *geh* [Handeln, Benehmen] malo(la). ◇ *adv* **- 1.** [ungelegen] inoportunamente **- 2.** *geh* [nicht recht] mal ; **jm ~ tun** ser injusto(ta) con alguien.

Ụnrecht *das (ohne Pl)* injusticia *f* ; **~ haben** no tener razón ; **sich ins ~ setzen** *fig* desacreditarse ; **jn ins ~ setzen** *fig* desacreditar ; **zu ~** injustamente.

ụnrechtmäßig ◇ *adj* ilegítimo(ma). ◇ *adv* de forma ilegítima.

ụnregelmäßig ◇ *adj* irregular. ◇ *adv* irregularmente.

ụnreif *adj* **- 1.** [Obst] verde **- 2.** [Person] inmaduro(ra).

Ụnruhe (*pl* **-n**) *die (oh*[illegible] [Treiben] ajetreo *m*, alboroto *m* [illegible] **ten** causar alboroto **- 2.** [Ruhelo[illegible] agitación *f* **- 3.** [Aufregung] inqu[illegible] alarma *f* **- 4.** [Bewegung] movimiento *m*. ◆ **Unruhen** *pl* [Aufruhr] disturbios *mpl*.

ụnruhig ◇ *adj* **- 1.** [gen] inquieto(ta) ; **~ sein** estar intranquilo(la) ; **~ werden** inquietarse **- 2.** [Motor, Getriebe] ruidoso(sa) **- 3.** [Leben, Woche] agitado(da) **- 4.** [Gegend, Zimmer] bullicioso(sa) **- 5.** [Farben, Muster] chillón(ona). ◇ *adv* **- 1.** [nicht ruhig] inquietamente **- 2.** [gestört] inquieto(ta) ; **der Motor läuft ~** el motor hace ruido.

ụns *pron (Akkusativ und Dativ von wir)* nos ; **man hat ~ gesehen** nos han visto ; **wir haben ~ einen Film angesehen** hemos visto una película ; **das Paket scheint für ~ zu sein** parece que el paquete es para nosotros.

ụnsachlich ◇ *adj* poco objetivo(va). ◇ *adv* poco objetivamente.

unsagbar, ụnsagbar ◇ *adj* indecible. ◇ *adv* indescriptiblemente.

ụnsanft ◇ *adj* brusco(ca), rudo(da). ◇ *adv* bruscamente, rudamente.

ụnschädlich ◇ *adj* inocuo(cua). ◇ *adv* : **etw/jn ~ machen** eliminar algo/a alguien.

ụnscharf ◇ *adj* **- 1.** [Foto, Einstellung] desenfocado(da), borroso(sa) **- 2.** [Definition, Formulierung] poco preciso(sa). ◇ *adv* **- 1.** [sehen, einstellen] de modo borroso **- 2.** [definieren, formulieren] de forma poco precisa.

ụnscheinbar *adj* insignificante.

unschlagbar, ụnschlagbar *adj* **- 1.** [nicht zu schlagen] imbatible **- 2.** [nicht zu übertreffen] insuperable.

ụnschlüssig ◇ *adj* indeciso(sa) ; **(sich** *(D)***) über etw** *(A)* **~ sein** estar indeciso(sa) en algo. ◇ *adv* sin decisión.

Ụnschuld *die (ohne Pl)* **- 1.** [Schuldlossein] inocencia *f* **- 2.** [Naivität] candidez *f* **- 3.** [Jungfräulichkeit] virginidad *f*.

ụnschuldig ◇ *adj* **- 1.** [schuldlos, harmlos] inocente ; **an etw** *(D)* **~ sein** ser inocente de algo **- 2.** [Kind, Tier] ingenuo(nua) **- 3.** [jungfräulich] puro(ra). ◇ *adv* **- 1.** [verurteilen, leiden] sin culpa **- 2.** [sich vergnügen, fragen] inocentemente.

ụnselbstständig ◇ *adj* dependiente (de otros). ◇ *adv* dependiendo (de otros).

ụnser *pron (Genitiv von wir)* nuestro(tra).

ụnser, e ODER **ụnsre** *det* nuestro(tra).

ụnsere, r, s ODER **ụnsers** *pron* nuestro(tra).

ụnsereins *pron fam* uno(a) (de nuestra condición).

ụnsererseits, ụnsrerseits *adv* por nuestra parte.

ụnseresgleichen, ụnsresgleichen *pron* : **diese Leute sind nicht ~** esta gente no es como nosotros(tras).

ụnseretwegen, ụnsertwegen *adv* por nosotros(tras).

ụnsicher ◇ *adj* **- 1.** [Ausgang, Zeitpunkt] incierto(ta) **- 2.** [Eindruck, Stimme] inseguro(ra) **- 3.** [Verhütungsmethode, Arbeitsplatz] poco seguro(ra). ◇ *adv* [nicht sicher] con inseguridad ; **etw ~ machen** *fam* [sich vergnügen] pasarlo en grande ; [gefährden] sembrar el desorden.

unsicher sein

No lo puedo afirmar con toda seguridad. Ganz sicher kann ich das nicht sagen.

No sé si es un buen jugador o no. Ich weiß nicht, ob er ein guter Spieler ist.

No estoy seguro de poder terminar esta tarde. Ich bin nicht sicher, ob ich heute nachmittag fertig werde.

Dudo que venga. No le gustan las reuniones, pero... Ich glaube eigentlich nicht, dass er kommt. Er mag Sitzungen nicht, aber vielleicht...

Tengo mis dudas. Ich hab da meine Zweifel.

¿Quién sabe? Wer weiß?

Un|sicherheit *die* inseguridad *f*.

unsichtbar ◇ *adj* invisible. ◇ *adv* de forma invisible.

Unsinn *der (ohne Pl)* - **1.** [Blödsinn] tontería *f* - **2.** [Unsinnigkeit] sinsentido *m*.

unsinnig ◇ *adj* - **1.** [Geschwätz, Vorhaben] absurdo(da) - **2.** *fam* [Anspruch, Forderung] descabellado(da). ◇ *adv* muchísimo.

Un|sitte *die abw* mala costumbre *f*.

unsportlich *adj* - **1.** [steif] poco deportivo(va) - **2.** [unfair] antideportivo(va).

unsterblich, unsterblich ◇ *adj* inmortal. ◇ *adv* [verliebt sein, sich blamieren] profundamente.

unstillbar *adj* incalmable.

Unstimmigkeiten *pl* discrepancias *fpl*.

Un|summe *die* enorme cantidad *f*.

unsympathisch *adj* - **1.** [Mensch, Stimme] antipático(ca) - **2.** [Gegend, Vorstellung] desagradable ; **jm ~ sein** resultarle antipático(ca) a alguien.

Un|tat *die* delito *m*.

untätig ◇ *adj* ocioso(sa). ◇ *adv* ociosamente.

untauglich *adj* [Personen] inepto(ta) ; [Dinge] inservible.

unten *adv* - **1.** [Höhenangabe - großer Tiefe] (muy) abajo ; **tief ~ am Meeresgrund** en el fondo del mar ; [- relativer Tiefe] abajo ; **~ im Regal** abajo en la estantería ; **nach ~** hacia abajo ; **nach ~ gehen** descender ; **von ~** de abajo ; **von ~ kommen** subir ; **weit ~** muy abajo ; **(bei jm) ~ durch sein** *fam fig* haber perdido el aprecio (de alguien) - **2.** [im Text] más abajo - **3.** *fam* [südlich] en el sur - **4.** *fam* [sozial tiefer gestellt] : **die da ~** la gente sencilla.

unter ◇ *präp* - **1.** *(+ D) (+A)* [räumlich - tiefer] debajo ; **~ der Kirche liegt die Krypta** debajo de la iglesia está la cripta ; [- zur Angabe einer Hierarchie, einer Bezeichnung] bajo ; **~ der Leitung des Chefs** bajo la dirección del jefe ; **~ dem Fuß** en la planta del pie - **2.** *(+ D) (+A)* [weniger als] por debajo de ; **~ null** bajo cero - **3.** *(+ D) (+A)* [zwischen mehreren] entre ; **~ uns** entre nosotros ; **einer ~ vielen** uno de muchos ; **~ anderem** entre otras cosas ; **sich ~ das Volk mischen** mezclarse entre la gente - **4.** *(+ D) (+A)* [Angabe einer Bezeichnung] bajo ; **~ französischer Flagge segeln** navegar bajo la bandera francesa - **5.** *(+ D)* [Angabe des Umstands] con ; **~großen Anstrengungen** con grandes esfuerzos ; **~ großem Gelächter** entre un estallido de risas ; **sehr ~ Druck stehen** estar sometido a una gran tensión. ◇ *adj* - **1.** [räumlich] inferior, de abajo ; **in der ~en Etage wohnen** vivir en el piso de abajo ; **den ~sten Knopf drücken** dar al botón de (más) abajo - **2.** [Angabe einer Rangfolge] inferior.

Unter|arm *der* antebrazo *m*.

unterbelichtet *adj* - **1.** [zu wenig belichtet] subexpuesto(ta) - **2.** *salopp* [bescheuert] de pocas luces.

Unterbewusstsein *das (ohne Pl)* subconsciente *m*.

unterbieten (*prät* **unterbot**, *perf* **hat unterboten**) *vt* - **1.** [übertreffen] : **ein Angebot ~** ofertar a la baja - **2.** SPORT batir.

unterbinden (*prät* **unterband**, *perf* **hat unterbunden**) *vt* impedir.

unterbrechen (*präs* **unterbricht**, *prät* **unterbrach**, *perf* **hat unterbrochen**) *vt* interrumpir.

Unter|brechung *die* interrupción *f*.

unter|bringen *vt (unreg)* - **1.** [Platz finden, Arbeit verschaffen] colocar - **2.** [übernachten lassen] alojar - **3.** [zuordnen] ubicar.

Unterbringung *die (ohne Pl)* [Unterkunft] alojamiento *m*.

unterdessen *adv* mientras tanto.

unterdrücken *vt* - **1.** [Minderheiten, Bemerkung] reprimir - **2.** [Informationen, Tatbestände] ocultar.

untereinander *adv* - **1.** [unter sich] entre sí - **2.** [unter das andere] uno (una) debajo de otro (otra).

unterentwickelt *adj* subdesarrollado(da).

unterernährt *adj* desnutrido(da).

Unter|führung *die* paso *m* subterráneo.

Untergang (*pl* **-gänge**) *der* - **1.** *(ohne Pl)* [Niedergang] ocaso *m* ; **etw ist dem ~ geweiht** algo está destinado a desaparecer ; **das ist sein ~!** ¡esto es su perdición! - **2.** *(ohne Pl)* [von Schiffen, Booten] hundimiento *m* - **3.** [von Sonne, Mond] puesta *f*.

Untergebene (*pl* **-n**) *der, die* subordinado *m*, -da *f*.

unter|gehen (*perf* **ist untergegangen**) *vi (unreg)* - **1.** [Sonne, Mond] ponerse - **2.** [Schiff, Boot] hundirse - **3.** [Reich, Kultur] desaparecer.

untergeordnet *adj* - **1.** [Satz, Stellung, Position] subordinado(da) - **2.** [Bedeutung, Rolle] secundario(ria).

untergliedern *vt* subdividir.

Unter|grenze *die* límite *m* inferior.

Unter|grund *der* - **1.** [Boden] subsuelo *m* - **2.** *(ohne Pl)* [Unterwelt] clandestinidad *f* - **3.** [Grund] fondo *m*.

Untergrund|bahn *die* metro *m*.

unter|haken *vt* coger del brazo.

unterhalb ◇ *adv* : **~ von** más abajo de. ◇ *präp* : **~ einer Sache** *(G)* más abajo de algo.

Unterhalt *der (ohne Pl)* **- 1.** [Unterhaltszahlung] manutención *f* **- 2.** [Lebenshaltungskosten, Instandhaltung] mantenimiento *m*.

unterhalten (*präs* **unterhält**, *prät* **unterhielt**, *perf* **hat unterhalten**) *vt* **- 1.** [amüsieren] entretener **- 2.** [Familie, Haus, Kontakte] mantener **- 3.** [Geschäft, Anlage] gestionar. ◆ **sich unterhalten** *ref* **- 1.** [reden] conversar ; **sich mit jm ~** conversar con alguien ; **sich über etw** *(A)* **~** hablar de algo **- 2.** [sich amüsieren] divertirse.

unterhaltsam ◇ *adj* entretenido(da). ◇ *adv* de forma entretenida.

Unter|haltung *die* **- 1.** [Gespräch] conversación *f* **- 2.** *(ohne Pl)* [Zeitvertreib] entretenimiento *m*, entretención *f Amér* ; **gute ~!** ¡que te diviertas! **- 3.** *(ohne Pl)* [von Kontakten, Beziehungen] mantenimiento *m* **- 4.** *(ohne Pl)* [von Geschäften, Einrichtungen] gestión *f*.

Unter|händler, in *der, die* mediador *m*, -ra *f*.

Unter|hemd *das* camiseta *f*.

Unter|hose *die* [für Frauen] braga *f* ; [für Männer] calzoncillo *m*.

unterirdisch ◇ *adj* subterráneo(nea). ◇ *adv* subterráneamente.

Unter|kiefer *der* maxilar *m* inferior.

unter|kriegen *vt fam* someter ; **sich nicht ~ lassen** *fam* no rendirse ; **diese Frau kriegst du nicht unter!** ¡no conseguirás someter a esta mujer!

unterkühlt ◇ *adj* **- 1.** [Reaktion, Eindruck] gélido(da) **- 2.** [untertemperiert] hipotérmico(ca). ◇ *adv* **- 1.** [wirken, antworten] gélidamente **- 2.** [untertemperiert] en estado de hipotermia.

Unterkunft (*pl* **-künfte**) *die* alojamiento *m*.

Unter|lage *die* base *f*. ◆ **Unterlagen** *pl* documentos *mpl*.

unterlassen (*präs* **unterlässt**, *prät* **unterließ**, *perf* **hat unterlassen**) *vt* abstenerse de.

unterlaufen (*präs* **unterläuft**, *prät* **unterlief**, *perf* **ist unterlaufen**) *vt* **- 1.** [passieren] : **jm unterläuft ein Fehler** a alguien se le cuela un error **- 2.** *fam* [unterkommen] : **etw unterläuft jm** alguien se encuentra con algo.

unter|legen[1] *vt* [drunter legen] poner debajo.

unterlegen[2] *vt* **- 1.** [versehen] colocar debajo de **- 2.** [untermalen] : **etw mit Musik ~** poner fondo musical a algo.

unterlegen[3] *adj* inferior.

Unter|leib *der* bajo vientre *m*.

unterliegen (*prät* **unterlag**, *perf* **hat/ist unterlegen**) *vi* **- 1.** *(hat)* [ausgesetzt sein] estar sujeto(ta) a ; **es unterliegt kein Zweifel, dass ...** no cabe duda de que ... **- 2.** *(ist)* [verlieren] perder.

Unter|lippe *die* labio *m* inferior.

Untermiete *die (ohne Pl)* realquiler *m* ; **in** ODER **zur ~ wohnen** estar realquilado(da).

unternehmen (*präs* **unternimmt**, *prät* **unternahm**, *perf* **hat unternommen**) *vt* **- 1.** [machen] hacer **- 2.** [einschreiten] tomar medidas.

Unternehmen (*pl* **-**) *das* empresa *f*.

Unternehmer, in (*mpl* **-**, *fpl* **-nen**) *der, die* empresario *m*, -ria *f*.

unternehmungslustig ◇ *adj* emprendedor(ra). ◇ *adv* con ánimo emprendedor.

unter|ordnen *vt* subordinar ; **einer Sache untergeordnet sein** estar incluido(da) en algo. ◆ **sich unterordnen** *ref* subordinarse ; **sich einer Sache/jm ~** subordinarse a algo/alguien.

Unterredung (*pl* **-en**) *die* conversación *f*.

Unterricht (*pl* **-e**) *der* clase *f* ; **jm ~ geben** ODER **erteilen** dar clases a alguien.

unterrichten ◇ *vt* **- 1.** [Unterricht geben] enseñar **- 2.** [informieren] informar, poner al corriente ; **sich über etw** *(A)* **~** informarse de algo ; **jn über etw** *(A)* **~** informar a alguien acerca de algo. ◇ *vi* dar clases.

Unterrichts|fach *das* asignatura *f*.

Unter|rock *der* combinación *f*, enaguas *fpl*, fustán *m Amér*.

untersagen *vt* prohibir ; **jm etw ~** prohibirle algo a alguien.

unterschätzen *vt* subestimar.

unterscheiden (*prät* **unterschied**, *perf* **hat unterschieden**) ◇ *vt* distinguir ; **etw/jn von etw/jm ~** distinguir algo/a alguien de algo/alguien. ◇ *vi* **- 1.** [abgrenzen] distinguir **- 2.** [differenzieren] diferenciar. ◆ **sich unterscheiden** *ref* diferenciarse, distinguirse ; **sich/durch/in etw** *(D)* **~** diferenciarse por/en algo.

Unter|scheidung *die* distinción *f*.

Unter|schenkel *der* pierna *f*.

Unter|schicht *die* clase *f* baja.

Unterschied (*pl* **-e**) *der* **- 1.** [Verschiedenheit] diferencia *f* **- 2.** [Unterscheidung] distinción *f* ; **im ~ zu etw/jm** a diferencia de algo/alguien.

unterschiedlich ◇ *adj* distinto(ta), diferente. ◇ *adv* de forma diferente.

Unterschlagung (*pl* **-en**) *die* defraudación *f*.

Unterschlupf (*pl* **-e**) *der* refugio *m*; **~ suchen/finden** buscar/encontrar refugio.

unterschreiben (*prät* **unterschrieb**, *perf* **hat unterschrieben**) *vt & vi* firmar.

Unter|schrift *die* firma *f*.

unterschwellig ◇ *adj* latente. ◇ *adv* secretamente.

Untersee|boot *das* submarino *m*.

Unter|seite *die* lado *m* inferior.

Untersetzer (*pl* **-**) *der* [für Gläser] posavasos *m inv*; [für Töpfe] salvamanteles *m inv*.

untersetzt *adj* macizo(za) y de corta estatura.

Unter|stand *der* refugio *m*.

unterstehen (*prät* **unterstand**, *perf* **hat unterstanden**) *vi* [untergeordnet sein]: **einer Sache/jm ~** estar sometido(da) a algo/alguien.

unter|stellen¹ *vt* **- 1.** [Möbel, Hausrat] guardar; [bei Regen, Sturm] resguardar **- 2.** [unter Gegenstand] colocar debajo.

unterstellen² *vt* **- 1.** [unterordnen] subordinar **- 2.** [von etw ausgehen] suponer **- 3.** [fälschlich].

unterstreichen (*prät* **unterstrich**, *perf* **hat unterstrichen**) *vt eigtl & fig* subrayar.

Unter|stufe *die* SCHULE enseñanza *f* primaria.

unterstützen *vt* apoyar.

Unterstützung (*pl* **-en**) *die* apoyo *m*.

untersuchen *vt* examinar, investigar; **etw auf etw** *(A)* **(hin) ~** examinar algo en busca de algo.

Untersuchung (*pl* **-en**) *die* **- 1.** [durch Arzt] reconocimiento *m*; [durch Polizei] investigación *f* **- 2.** [Studie] análisis *m inv*, estudio *m*.

Untersuchungsaus|schuss *der* comisión *f* de investigación.

Untersuchungshaft *die (ohne Pl)* prisión *f* preventiva.

Untertan (*pl* **-en**) *der* súbdito *m*.

Unter|tasse *die* platito *m (para debajo de la taza)*; **fliegende ~** *fig* platillo volante.

unter|tauchen (*perf* **hat/ist untergetaucht**) ◇ *vi (ist)* **- 1.** [Ente, U-Boot] sumergirse **- 2.** *fig* [verschwinden] desaparecer. ◇ *vt (hat)* sumergir.

Unter|teilung *die* división *f*.

Unter|titel *der* subtítulo *m*; **mit ~n** con subtítulos.

Untertreibung (*pl* **-en**) *die hecho de quitar importancia o valor a algo.*

unter|vermieten *vt* realquilar.

unterwandern *vt* infiltrarse.

Unterwäsche *die (ohne Pl)* ropa *f* interior.

unterwegs *adv* de camino, en el viaje; **~ sein** estar de viaje.

unterweisen (*prät* **unterwies**, *perf* **hat unterwiesen**) *vt geh*: **jn in etw** *(D)* **~** instruir a alguien en algo.

Unterwelt *die (ohne Pl)* [kriminelles Milieu] hampa *f*; [in Mythologie] averno *m*.

unterwerfen (*präs* **unterwirft**, *prät* **unterwarf**, *perf* **hat unterworfen**) *vt* someter.

unterwürfig *abw* ◇ *adj* sumiso(sa). ◇ *adv* sumisamente, humildemente.

unterzeichnen *vt* firmar.

unterziehen (*prät* **unterzog**, *perf* **hat unterzogen**) *vt* [aussetzen] someter a. ◆ **sich unterziehen** *ref* [über sich ergehen lassen]: **sich einer Sache** *(D)* **~** someterse a algo.

Un|tiefe *die* **- 1.** [seichte Stelle] bajo *m* **- 2.** [sehr große Tiefe] gran profundidad *f*.

untreu *adj* **- 1.** *geh* [Verhalten, Mitarbeiter] desleal **- 2.** [Ehefrau, Liebhaber] infiel; **jm ~ werden** serle infiel a alguien.

Untreue *die (ohne Pl)* [in Ehe, Partnerschaft] infidelidad *f*; [in Geschäft, bei der Arbeit] deslealtad *f*.

untröstlich *adj*: **über etw** *(A)* **~ sein** estar inconsolable por algo.

untrüglich *adj* infalible, certero(ra).

unüberlegt ◇ *adj* imprudente, irreflexivo(va). ◇ *adv* irreflexivamente.

unübersehbar ◇ *adj* [Schild, Hinweis] bien visible; [Folgen] incalculable, enorme. ◇ *adv* imposible de ignorar.

unumgänglich *adj* indispensable, inevitable.

unumwunden ◇ *adj* directo(ta), sin ambages. ◇ *adv* directamente, sin ambages.

ununterbrochen ◇ *adj* continuo(nua), ininterrumpido(da). ◇ *adv* ininterrumpidamente.

unveränderlich ◇ *adj* invariable. ◇ *adv* invariablemente.

unverantwortlich ◇ *adj* irresponsable. ◇ *adv* irresponsablemente.

unverbesserlich *adj* incorregible.

unverbindlich *adj & adv* sin compromiso.

unverblümt ◇ *adj* directo(ta). ◇ *adv* directamente, sin rodeos.

unverfänglich ◇ *adj* anodino(na). ◇ *adv* sin comprometerse.

unverfroren ◇ *adj* descarado(da), desvergonzado(da). ◇ *adv* descaradamente.

unvergesslich *adj* inolvidable; **jm ~ sein/bleiben** ser/permanecer inolvidable para alguien.

unverheiratet *adj* soltero(ra).

unverkennbar ◇ *adj* inequívoco(ca). ◇ *adv* inequívocamente.

unvermeidlich *adj* inevitable.

unvermittelt ◇ *adj* directo(ta), inmediato(ta). ◇ *adv* directamente, inmediatamente.

unvermutet ◇ *adj* insospechado(da). ◇ *adv* insospechadamente.

unvernünftig ◇ *adj* insensato(ta). ◇ *adv* insensatamente.

unverrichtet *adj*: **~er Dinge** sin haber conseguido nada.

unverschämt ◇ *adj* **- 1.** [Benehmen, Äußerung] impertinente, desvergonzado(da) **- 2.** [Glück, Preis] exorbitante. ◇ *adv* **- 1.** [fragen, sich benehmen] desvergonzadamente **- 2.** [teuer, erfolgreich] exorbitantemente.

Unverschämtheit (*pl* **-en**) *die* descaro *m*, desvergüenza *f*.

unversehrt *adj & adv* ileso(sa); **~ sein/bleiben** estar/salir ileso(sa).

unverständlich *adj* incomprensible; **etw ist/bleibt jm ~** algo es/permanece incomprensible para alguien.

unversucht *adj*: **nichts ~ lassen** hacer todo lo posible.

unverwüstlich *adj* robusto(ta), inquebrantable.

unverzeihlich *adj* imperdonable.

unverzüglich ◇ *adj* inmediato(ta). ◇ *adv* inmediatamente.

unvorbereitet ◇ *adj* sin estar preparado(da). ◇ *adv* de improviso.

unvoreingenommen ◇ *adj* imparcial, objetivo(va). ◇ *adv* objetivamente.

unvorhergesehen ◇ *adj* imprevisto(ta). ◇ *adv* sin preverlo.

unvorsichtig ◇ *adj* imprudente. ◇ *adv* imprudentemente.

unvorstellbar ◇ *adj* inimaginable. ◇ *adv* más allá de lo imaginable.

unvorteilhaft ◇ *adj* desfavorable. ◇ *adv* desfavorablemente.

unwahrscheinlich ◇ *adj* **- 1.** [Möglichkeit, Geschichte] improbable **- 2.** *fam* [Glück, Leistung] increíble, enorme. ◇ *adv* **- 1.** *fam* [froh, schön] increíblemente **- 2.** [klingen, sich anhören] inverosímilmente.

unweigerlich ◇ *adj* inevitable. ◇ *adv* inevitablemente.

Unwesen *das (ohne Pl)*: **sein ~ treiben** hacer de las suyas.

Un|wetter *das* mal tiempo *m*, temporal *m*.

unwichtig *adj* banal, sin importancia.

unwiderruflich ◇ *adj* irrevocable. ◇ *adv* irrevocablemente.

unwiderstehlich, unwiderstehlich ◇ *adj* irresistible. ◇ *adv* irresistiblemente.

unwillig ◇ *adj* indignado(da), de mala gana. ◇ *adv* a desgana.

unwillkürlich ◇ *adj* instintivo(va), involuntario(ria). ◇ *adv* instintivamente.

unwirsch ◇ *adj* desabrido(da). ◇ *adv* desabridamente.

Unwissenheit *die (ohne Pl)* ignorancia *f*.

unwohl *adj*: **jm ist ~** alguien se siente mal; **sich ~ fühlen** sentirse mal.

Unwohlsein *das (ohne Pl)* malestar *m*.

unwürdig ◇ *adj* indigno(na); **einer Sache** *(G)* **~ sein** ser indigno(na) de algo. ◇ *adv* indignamente.

unzählig, unzählig ◇ *adj* innumerable, incalculable. ◇ *adv* innumerablemente, incalculablemente.

Unze (*pl* **-n**) *die* onza *f*.

unzertrennlich, unzertrennlich *adj* inseparable.

unzüchtig ◇ *adj* obsceno(na). ◇ *adv* obscenamente.

unzufrieden ◇ *adj* insatisfacho(cha), descontento(ta); **mit etw ~ sein** estar descontento(ta) con algo. ◇ *adv* con aire insatisfecho.

Unzufriedenheit *die (ohne Pl)* insatisfacción *f*.

unzulässig ◇ *adj* inadmisible, intolerable. ◇ *adv* inadmisiblemente, sin permiso.

unzurechnungsfähig *adj* inimputable, irresponsable.

unzureichend ◇ *adj* insuficiente. ◇ *adv* insuficientemente.

unzuverlässig *adj* dudoso(sa).

üppig ◇ *adj* [Essen] abundante; [Frau] exuberante. ◇ *adv* [speisen, leben] abundantemente; [geformt] con exuberancia.

Urab|stimmung *die* referéndum *m* de huelga.

Uran *das (ohne Pl)* CHEM uranio *m*.

Urauf|führung *die* estreno *m*.

urbar *adj*: **ein Stück Land ~ machen** convertir un terreno en cultivable.

Ur|bevölkerung *die* población *f* autóctona.

Ur|einwohner, in *der, die* aborigen *mf*.

Ur|enkel, in *der, die* bisnieto *m*, -ta *f*.

Urgroß|mutter *die* bisabuela *f*.

Urgroß|vater *der* bisabuelo *m*.

Urheber, in (*mpl* -, *fpl* **-nen**) *der, die* autor *m*, -ra *f*.

Urin (*pl* **-e**) *der* orina *f*.

Urkunde (*pl* **-n**) *die* documento *m*.

Urkundenfälschung *die (ohne Pl)* falsificación *f* de documentos.

Urlaub (*pl* **-e**) *der* permiso *m* ; **~ haben** ODER **machen** tener permiso ODER vacaciones ; **im** ODER **in ~ sein** estar de permiso ODER vacaciones.

Urlauber, in (*mpl* -, *fpl* **-nen**) *der, die* veraneante *mf*, turista *mf*.

Urlaubs|ort *der* lugar *m* de vacaciones.

Urlaubs|zeit *die* tiempo *m* de vacaciones.

Urne (*pl* **-n**) *die* urna *f*.

Ur|sache *die* causa *f*, origen *m* ; **die ~ für etw** el origen de algo. ◆ **keine Ursache!** *adv* ¡de nada!

Ur|sprung *der* origen *m*.

ursprünglich <> *adj* - **1.** [Absicht, Gefühl] original - **2.** [Lebensweise, Landschaft] natural, primitivo(va). <> *adv* [zunächst] originalmente, en principio.

Ur|teil *das* - **1.** RECHT juicio *m*, sentencia *f* - **2.** [Bewertung] opinión *f* ; **sich** *(D)* **ein ~ bilden** formarse una opinión.

urteilen *vi* juzgar, formarse una opinión ; **über etw/jn ~** juzgar algo/a alguien.

Urteilskraft *die (ohne Pl)* capacidad *f* de juicio.

Urteils|spruch *der* sentencia *f*.

Uruguay *nt* Uruguay *m*.

Uruguayer, in (*mpl* -, *fpl* **-nen**) *der, die* uruguayo *m*, -ya *f*.

uruguayisch *adj* uruguayo(ya).

Ur|wald *der* selva *f* virgen.

urwüchsig ['uːɐ̯vyːksɪç] <> *adj* original, natural. <> *adv* de modo original, de modo natural.

Urzu|stand *der* estado *m* primitivo.

USA [uːˈɛsfaː] (*abk für* **United States of America**) *die* EE.UU. *mpl*.

User ['juːzɐ̯] (*pl* -) *der* EDV usuario *m*, -ria *f*.

usw. (*abk für* **und so weiter**) etc.

Utensilien [utɛnˈziːli̯ən] *pl* utensilios *mpl*.

Utopie [utoˈpiː] (*pl* **-n**) *die* utopía *f*.

u. U. (*abk für* **unter Umständen**) ▷ **Umstand**.

u. v. a. (*abk für* **und viele(s) andere**) et al.

v, V [fau̯] (*pl* - ODER **-s**) *das* v *f*, V *f*. ◆ **V** (*abk für* **Volt**) V.

v. *abk für* **von**.

vage ['vaːgə], **vag** [vaːk] (*kompar* **vager**, *superl* **vagste**) <> *adj* vago(ga). <> *adv* vagamente.

Vagina [vaˈgiːna] (*pl* **-nen**) *die* MED vagina *f*.

Vakuum ['vaːkuʊm] (*pl* **-kuen**) *das* vacío *m*.

vakuumverpackt ['vaːkuʊmfɛɐ̯pakt] *adj* envasado(da) al vacío.

Vampir ['vampiːɐ̯] (*pl* **-e**) *der* vampiro *m*.

Vanille [vaˈnɪljə, vaˈnɪlə] *die (ohne Pl)* vainilla *f*.

Vanille|eis *das (ohne Pl)* helado *m* de vainilla.

Vanille|zucker *der* azúcar *m* ODER *f* de vainilla.

Variation [variaˈtsi̯oːn] (*pl* **-en**) *die* variación *f*.

variieren [variˈiːrən] *vt & vi* variar.

Vase ['vaːzə] (*pl* **-n**) *die* jarrón *m*, florero *m*.

Vaseline [vazeˈliːnə] *die (ohne Pl)* vaselina *f*.

Vater (*pl* **Väter**) *der* - **1.** [Erzeuger] padre *m* - **2.** *(ohne Pl)* [Gott] Padre *m*.

Vater|land *das* patria *f*.

väterlich <> *adj* - **1.** [des Vaters] paterno(na) - **2.** [wohlwollend] paternal. <> *adv* [wohlwollend] paternalmente.

väterlicherseits *adv* por parte de padre ; **Großeltern/Onkel/Verwandte ~** abuelos/tíos/parientes por parte de padre.

Vater|tag *der* día *m* del padre.

Vaterunser (*pl* -) *das* REL padrenuestro *m*.

Vatikan [vatiˈkaːn] *der* Vaticano *m* ; **im ~** en el Vaticano.

V-Aus|schnitt *der* escote *m* en pico.

v. Chr. (*abk für* **vor Christus**) a.C.

Veganer (*pl* -) *der persona que no come ningún producto animal ni nada producido por animales.*

Vegetarier, in [vegeˈtaːri̯ɐ, rɪn] (*mpl* -, *fpl* **-nen**) *der, die* vegetariano *m*, -na *f*.

vegetarisch [vegeˈtaːrɪʃ] <> *adj* vegetariano(na). <> *adv* como vegetariano.

vegetieren [vegeˈtiːrən] *vi abw* vegetar.

Veilchen ['fai̯lçən] (*pl* -) *das* - **1.** [Blume]

violeta *f* - **2.** *fam fig* [blaues Auge] ojo *m* morado.

Vene ['veːnə] (*pl* **-n**) *die* MED vena *f*.

Venedig [ve'neːdɪç] *nt* Venecia *f*.

Venezolaner, in (*mpl* **-**, *fpl* **-nen**) *der, die* venezolano *m*, -na *f*.

venezolanisch *adj* venezolano(na).

Ventil [vɛn'tiːl] (*pl* **-e**) *das* - **1.** TECH válvula *f* - **2.** MUS pistón *m*.

Ventilator [vɛnti'laːtɔr] (*pl* **-toren**) *der* ventilador *m*.

verabreden *vt* convenir, concertar ; **etw mit jm ~** concertar algo con alguien. ◆ **sich verabreden** *ref* quedar, citarse ; **sich mit jm ~** citarse con alguien.

sich verabreden

Me encantaría que nos pudiéramos ver de nuevo. Ich fände es schön, wenn wir uns wiedersähen.

¿A qué hora me puedo pasar por tu casa a recogerte? Wann soll ich dich zu Hause abholen?

¿Le parece bien una cita para el martes que viene a las diez? Passt Ihnen ein Termin nächsten Dienstag um zehn?

¿Qué te parece si quedamos en la plaza de Colón? Was meinst du, sollen wir uns an der Plaza de Colón treffen?

El jueves no puedo, tengo una cita importante. ¿Qué le parece el viernes? Am Donnerstag kann ich nicht, da habe ich einen wichtigen Termin. Wie wäre es am Freitag?

Verabredung (*pl* **-en**) *die* - **1.** [Treffen] cita *f* - **2.** [Übereinkommen] convenio *m* ; **eine ~ treffen** llegar a un acuerdo.

verabreichen *vt* dar, suministrar ; **eine Spritze ~** *amt* poner una inyección.

verabscheuen *vt* aborrecer.

verabschieden *vt* - **1.** [Person] despedir - **2.** [Gesetz, Etat] aprobar, decretar. ◆ **sich verabschieden** *ref* despedirse ; **sich von jm ~** despedirse de alguien.

sich verabschieden

¡Adiós! Auf Wiedersehen!

¡Hasta luego! Tschüs!

Encantado de haberte conocido. Nett, dich kennengelernt zu haben.

Hasta la semana que viene. Bis nächste Woche.

Hasta mañana. Buenas noches y que descanses bien. Gute Nacht, bis morgen, und schlaf dich aus!

¡Adiós y buen viaje! Auf Wiedersehen und gute Reise.

verachten *vt* despreciar.

verächtlich <> *adj* - **1.** [Bemerkung, Gesichtsausdruck] despreciativo(va) - **2.** [Benehmen, Einstellung] despreciable. <> *adv* - **1.** [blicken, sich äußern] despreciativamente - **2.** [sich benehmen] despreciablemente.

Verachtung *die (ohne Pl)* desdén *m*, desprecio *m*.

verallgemeinern *vt & vi* generalizar.

Verallgemeinerung (*pl* **-en**) *die* generalización *f*.

veraltet *adj* anticuado(da), obsoleto(ta).

Veranda [vɛ'randa] (*pl* **Veranden**) *die* veranda *f*.

veränderlich *adj* variable.

verändern *vt* cambiar, alterar. ◆ **sich verändern** *ref* - **1.** [anders werden] cambiar - **2.** [eine andere Stelle annehmen] cambiar de empleo.

Ver|änderung *die* cambio *m*, alteración *f*.

verängstigt <> *adj* angustiado(da). <> *adv* angustiadamente.

Verankerung (*pl* **-en**) *die* anclaje *m*.

veranlagt *adj* : **musikalisch ~ sein** tener talento musical ; **homosexuell ~ sein** tener tendencias homosexuales.

Veranlagung (*pl* **-en**) *die* [Begabung] talento *m* ; [Neigung] predisposición *f*.

veranlassen *vt* motivar ; **jn zu etw ~** motivar a alguien para algo.

Veranlassung (*pl* **-en**) *die* - **1.** [Veranlassen] indicación *f* ; **auf js ~ (hin)** por indicación de alguien - **2.** [Anlass] motivo *m* ; **keine ~ zu etw haben** no tener motivo para algo.

veranschaulichen *vt* ilustrar, dar una imagen de.

veranstalten *vt* - **1.** [Fest, Protestmarsch] organizar - **2.** *fam* [Krach, Spektakel] : **ein Spektakel ~** montar un espectaculo.

Veranstalter, in (*mpl* **-**, *fpl* **-nen**) *der, die* organizador *m*, -ra *f*.

Veranstaltung (*pl* **-en**) *die* - **1.** [Ereignis] función *f*, actuación *f* - **2.** *(ohne Pl)* [Organisation] organización *f*.

Veranstaltungs|kalender *der* calendario *m* de actividades.

verantworten *vt* responder de.

verantwortlich *adj* responsable ; **für etw/jn ~ sein** ser responsable de algo/alguien ; **jn für etw ~ machen** hacer responsable a alguien de algo.

Verantwortung (*pl* **-en**) *die* responsabilidad *f* ; **jn zur ~ ziehen** pedir responsabilidades a alguien ; **auf eigene ~** por su cuenta y riesgo.

verantwortungslos <> *adj* irresponsable. <> *adv* irresponsablemente.

verarbeiten *vt* - **1.** [Wolle, Stahl] emplear, utilizar; **etw zu etw ~** hacer algo de algo - **2.** [Erlebnis, Begegnung] asimilar.

Verarbeitung (*pl* **-en**) *die* [von Material] elaboración *f*; [von Textilien] confección *f*; [von Erlebnissen] asimilación *f*.

verärgern *vt* enojar, disgustar.

verarzten *vt* curar.

verästelt *adj* ramificado(da).

verausgaben *vt amt* gastar.

Verb [vɛrp] (*pl* **-en**) *das* GRAM verbo *m*.

Verband (*pl* **-bände**) *der* - **1.** [für Wunden] vendaje *m*; **einen ~ anlegen** colocar un vendaje - **2.** [Organisation] asociación *f* - **3.** [Gruppe] unión *f*, formación *f*.

Verbandlkasten, Verbandskasten *der* botiquín *m*.

verbannen *vt* desterrar, deportar.

verbarrikadieren *vt* levantar barricadas.

verbergen (*präs* **verbirgt**, *prät* **verbarg**, *perf* **hat verborgen**) *vt* ocultar; **etw vor jm ~** ocultar algo de alguien.

verbessern *vt* - **1.** [Service, Ergebnis] mejorar - **2.** [Fehler, Test] corregir. ◆ **sich verbessern** *ref* - **1.** [besser werden, finanziell] mejorar - **2.** [sich korrigieren] rectificar.

jemanden verbessern

Creo que te has equivocado. Ich glaube, da irrst du dich.
Está usted en un error. Da irren Sie sich.
Eso no se hace así. So geht das nicht.
Se confunde usted de persona. Sie verwechseln mich mit jemand anderem.
Eso no es verdad. Das ist nicht wahr.

Verlbesserung *die* - **1.** [Verbessern] mejora *f* - **2.** *(ohne Pl)* [Korrigieren] corrección *f*.

verbeugen ◆ **sich verbeugen** *ref* inclinarse, hacer una reverencia.

Verbeugung (*pl* **-en**) *die* reverencia *f*, inclinación *f*.

verbiegen (*prät* **verbog**, *perf* **hat verbogen**) *vt* torcer, doblar.

verbieten (*prät* **verbot**, *perf* **hat verboten**) *vt* prohibir; **jm etw ~** prohibir algo a alguien.

verbilligt <> *adj* rebajado(da). <> *adv* con rebaja.

verbinden (*prät* **verband**, *perf* **hat verbunden**) <> *vt* - **1.** [Kopf, Arm, Wunde] vendar - **2.** [Punkte, Freunde] unir; [Bretter] ensamblar - **3.** [Anrufer] comunicar, pasar; **jn mit jm ~** pasar a alguien con alguien - **4.** [Augen] cerrar, tapar - **5.** [kombinieren]: **etw mit etw ~** unir algo con algo - **6.** [assoziieren] asociar. <> *vi* [am Telefon] pasar, comunicar; **falsch verbunden** número equivocado. ◆ **sich verbinden** *ref* - **1.** [Stoffe, Materialien] combinarse - **2.** [Ideen] unirse.

verbindlich <> *adj* - **1.** [Lächeln, Person] amable - **2.** [Zusage] vinculante. <> *adv* - **1.** [lächeln, sprechen] amablemente - **2.** [zusagen] obligatoriamente.

Verlbindung *die* - **1.** [Aneinanderfügen] unión *f*, ensamblaje *m* - **2.** CHEM combinación *f*, mezcla *f* - **3.** [zwischen Orten, am Telefon] comunicación *f* - **4.** [Zusammenhang] relación *f* - **5.** [Kombination] combinación *f* - **6.** [Assoziation] asociación *f* - **7.** [Kontakt] contacto *m*, comunicación *f*; **sich mit jm in ~ setzen** ponerse en contacto con alguien.

verbissen <> *adj* encarnizado(da). <> *adv* encarnizadamente.

verbittert <> *adj* amargado(da). <> *adv* con amargura.

verblassen (*präs* **verblasst**, *prät* **verblasste**, *perf* **ist verblasst**) *vi* - **1.** [Farben] palidecer - **2.** [Erinnerungen] desaparecer, desvanecerse.

verbleiben (*prät* **verblieb**, *perf* **ist verblieben**) *vi* - **1.** [übereinkommen] quedar, convenir - **2.** [bleiben] quedarse, permanecer - **3.** [übrig bleiben] quedar.

verbleit *adj*: **~es Benzin** gasolina con plomo.

verblöden (*perf* **hat/ist verblödet**) <> *vi (ist)* embrutecerse. <> *vt (hat)* embrutecer.

verblüffen *vt & vi* desconcertar.

verblüht *adj* marchito(ta).

verbluten (*perf* **ist verblutet**) *vi* desangrarse.

verbohrt <> *adj* obstinado(da), testarudo(da). <> *adv* obstinadamente.

verborgen <> *pp* ▷ **verbergen**. <> *adj* oculto(ta).

Verbot (*pl* **-e**) *das* prohibición *f*.

Verbot

Aquí no se puede fumar. Hier ist rauchen verboten.
¿No ha visto usted que está prohibido aparcar aquí? Sehen Sie denn nicht, dass man hier nicht parken darf?
Te prohíbo entrar en mi casa con el perro. Mit dem Hund kommst du mir nicht ins Haus.
No puede sacar fotos en el interior de la iglesia. In der Kirche ist fotografieren verboten.
Se prohíbe el paso a toda persona ajena a la obra. Unbefugten ist der Zutritt verboten.

verboten ◇ *pp* ▷ **verbieten.** ◇ *adj* **- 1.** [nicht erlaubt] prohibido(da) ; **'streng ~!'** 'terminantemente prohibido(da)' **- 2.** *fam* [schrecklich] horrible ; **~ aussehen** *fam* tener un aspecto horrible.

Verbotsschild (*pl* **-er**) *das* señal *f* de prohibición.

Verbrauch *der (ohne Pl)* consumo *m* ; **der ~ von** ODER **an etw** *(D)* el consumo de algo.

verbrauchen *vt* consumir.

Verbraucher (*pl* **-**) *der* consumidor *m*.

Verbrechen (*pl* **-**) *das* **- 1.** [Straftat] crimen *m* ; **ein ~ begehen** cometer un crimen **- 2.** [Vergehen] delito *m*.

Verbrecher, in (*mpl* **-**, *fpl* **-nen**) *der, die* criminal *mf*, delincuente *mf*.

verbrecherisch ◇ *adj* criminal. ◇ *adv* criminalmente.

verbreiten *vt* [Gerücht, Panik] propagar ; [Nachricht] difundir, divulgar. ◆ **sich verbreiten** *ref* **- 1.** [sich ausbreiten] extenderse ; [Nachricht] difundirse ; [Infektion, Panik] propagarse **- 2.** *abw* [sich auslassen] : **sich über etw** *(A)* **~** extenderse sobre algo.

verbreitern *vt* ensanchar.

verbrennen (*prät* **verbrannte**, *perf* **hat/ist verbrannt**) ◇ *vt (hat)* quemar. ◇ *vi (ist)* quemarse.

verbringen (*prät* **verbrachte**, *perf* **hat verbracht**) *vt* **- 1.** [Zeit] pasar **- 2.** *amt* [bringen] depositar.

verbrüdern ◆ **sich verbrüdern** *ref* : **sich mit jm ~** confraternizar con alguien.

verbrühen *vt* escaldar.

verbuchen *vt* [Einnahmen] contabilizar ; [Sieg, Erfolg] : **etw für sich ~ können** poder apuntarse un tanto en algo.

verbünden ◆ **sich verbünden** *ref* aliarse ; **sich mit jm ~** aliarse con alguien.

Verbündete (*pl* **-n**) *der, die* aliado *m*, -da *f*.

verbürgen *vt* garantizar.

verbüßen *vt* cumplir *(pena)*.

Verdacht (*pl* **-e**) *der* sospecha *f* ; **im ~ stehen** estar bajo sospecha ; **jn im** ODER **in ~ haben** sospechar de alguien.

verdächtig ◇ *adj* sospechoso(sa). ◇ *adv* sospechosamente.

verdächtigen *vt* sospechar ; **jn einer Sache** *(G)* **~** sospechar algo de alguien.

verdammt *fam* ◇ *adj* **- 1.** *abw* [Schlamperei, Mist] maldito(ta) **- 2.** [Glück] increíble. ◇ *adv* [sehr] terriblemente.

verdampfen (*perf* **ist verdampft**) *vi* evaporarse.

verdanken *vt* : **jm etw ~** deberle algo a alguien.

verdarb *prät* ▷ **verderben.**

verdauen *vt eigtl & fig* digerir.

verdaulich *adj* : **leicht/schwer ~** de fácil/difícil digestión.

Verdauung *die (ohne Pl)* digestión *f*.

Verdeck (*pl* **-e**) *das* capota *f*.

verdecken *vt* tapar.

verdenken (*prät* **verdachte**, *perf* **hat verdacht**) *vt* : **jm etw nicht ~ können** no podérsele tomar a mal algo a alguien.

verderben (*präs* **verdirbt**, *prät* **verdarb**, *perf* **hat/ist verdorben**) ◇ *vi (ist)* estropearse. ◇ *vt (hat)* estropear ; **es sich** *(D)* **mit niemandem/jm nicht ~ wollen** *fig* no querer perder las amistades con nadie/alguien.

verderblich *adj* perecedero(ra).

verdeutlichen *vt* : **jm etw ~** aclararle algo a alguien.

verdienen ◇ *vt* **- 1.** [Gehalt, Gewinn] ganar **- 2.** [Lob, Strafe] merecer. ◇ *vi* ganar dinero ; **gut/schlecht ~** ganar mucho/poco.

Ver|dienst ◇ *der* [Entgelt] ganancias *fpl*. ◇ *das* [Leistung] mérito *m*.

verdirbt *präs* ▷ **verderben.**

verdoppeln *vt* duplicar, doblar.

verdorben *pp* ▷ **verderben.**

verdrängen *vt* **- 1.** [abdrängen] desplazar **- 2.** [Trauma, Erlebnisse] reprimir.

Verdrängung (*pl* **-en**) *die* **- 1.** [von Traumata] represión *f* **- 2.** [von Organen, Personen] desplazamiento *m*.

verdrehen *vt* **- 1.** [Augen, Kabel] retorcer **- 2.** *abw* [Worte, Tatsachen] tergiversar.

verdreifachen *vt* triplicar.

verdrossen ◇ *adj* malhumorado(da). ◇ *adv* malhumoradamente.

Verdruss *der (ohne Pl)* disgusto *m*, fastidio *m*.

verdünnen *vt* diluir, rebajar.

verdunsten (*perf* **ist verdunstet**) *vi* evaporarse.

verdursten (*perf* **ist verdurstet**) *vi* morir de sed.

verdutzt *adj & adv* perplejo(ja).

verehren *vt* **- 1.** [anbeten, bewundern] adorar **- 2.** *geh* [hochachten] venerar **- 3.** *iron* [schenken] : **jm einen Fußtritt ~** propinarle un puntapié a alguien.

Verehrer, in (*mpl* **-**, *fpl* **-nen**) *der, die* admirador *m*, -ra *f*.

Verehrung *die (ohne Pl)* [Anbetung, Bewunderung] adoración *f* ; *geh* [Hochachtung] veneración *f*.

vereidigen *vt* tomar juramento.

Verein (*pl* **-e**) *der* asociación *f*.

vereinbar *adj* compatible.

vereinbaren *vt* - **1.** [Treffpunkt, Strategie] acordar ; **etw mit jm ~** acordar algo con alguien - **2.** [mit Auffassungen, Glauben] : **etw mit etw ~** hacer algo compatible con algo.

Vereinbarung (*pl* **-en**) *die* acuerdo *m* ; **eine ~ treffen** llegar a un acuerdo.

vereinen *vt* unir. ◆ **sich vereinen** *ref* unirse.

vereinfachen *vt* simplificar.

vereinheitlichen *vt* unificar.

vereinigen *vt* unir, reunir. ◆ **sich vereinigen** *ref* unirse.

Vereinigte Staaten (von Amerika) *pl* Estados Unidos *mpl* (de América) ; **in den Vereinigten Staaten** en Estados Unidos.

Ver|einigung *die* - **1.** [von Staaten] unificación *f* ; [von Firmen] fusión *f* - **2.** [Gruppe] asociación *f*.

vereint ◇ *adj* unido(da). ◇ *adv* unidos(das).

Vereinte Nationen *pl* : **die Vereinten Nationen** las Naciones Unidas.

vereinzelt ◇ *adj* aislado(da). ◇ *adv* aisladamente.

vereist *adj* helado(da).

vereiteln *vt* frustrar.

verenden (*perf* **ist verendet**) *vi* morir.

vererben *vt* [Güter] : **jm etw ~** dejar algo en herencia a alguien.

Vererbung (*pl* **-en**) *die* transmisión *f* hereditaria.

verewigen *vt* inmortalizar.

verfahren (*präs* **verfährt**, *prät* **verfuhr**, *perf* **hat/ist verfahren**) *vi (ist)* proceder ; **mit etw/jm ~** proceder con algo/alguien. ◆ **sich verfahren** *ref* perderse *(con un vehículo)*.

Verfahren (*pl* **-**) *das* procedimiento *m*.

Verfall *der (ohne Pl)* - **1.** [Niedergang] decadencia *f* ; [von Gebäuden] desmoronamiento *m* - **2.** [von Gutschein, Garantie] vencimiento *m*.

verfallen (*präs* **verfällt**, *prät* **verfiel**, *perf* **ist verfallen**) *vi* - **1.** [Person, Gebäude] desmoronarse - **2.** [Fahrkarte, Gutschein] caducar, perder su validez - **3.** [auf etw kommen] : **auf etw/jn ~** caer en la cuenta de algo/alguien - **4.** [geraten] : **in etw** *(A)* **~** caer en algo - **5.** [hörig werden] : **einer Sache/jm ~** estar a merced de algo/alguien.

Verfalls|datum *das* fecha *f* de caducidad.

verfälschen *vt* [Worte, Aussage] falsear ; [Geschmack] adulterar.

verfänglich *adj* embarazoso(sa).

verfärben *vt* desteñir.

verfassen *vt* redactar.

Verfasser, in (*mpl* **-**, *fpl* **-nen**) *der, die* autor *m*, -ra *f*.

Ver|fassung *die* constitución *f* ; **in guter/schlechter ~ sein** estar en un buen/mal estado (de salud).

verfaulen (*perf* **ist verfault**) *vi* pudrirse.

verfehlen *vt* [Person] no encontrar ; [Ziel, Weg] equivocar ; **den Beruf ~** equivocarse de profesión.

verfehlt *adj* errado(da), equivocado(da).

verfeinern *vt* refinar.

verfilmen *vt* adaptar para el cine.

verfliegen (*prät* **verflog**, *perf* **hat/ist verflogen**) *vi (ist)* - **1.** [Geruch] desvanecerse ; [Flüssigkeit, Alkohol] evaporarse - **2.** [Zeit] pasar volando.

verflixt *fam* ◇ *adj* - **1.** [Blödmann, Pech] maldito(ta) - **2.** [Glück] increíble. ◇ *adv* [sehr] increíblemente.

verfluchen *vt* [Person] maldecir.

verflüchtigen ◆ **sich verflüchtigen** *ref* volatilizarse, evaporarse.

verfolgen *vt* - **1.** [gen] perseguir - **2.** [Ziel, Entwicklung] seguir.

Verfolger, in (*mpl* **-**, *fpl* **-nen**) *der, die* perseguidor *m*, -ra *f*.

Verfolgung (*pl* **-en**) *die* - **1.** [gen] persecución *f* - **2.** [gerichtlich] reclamación *f* judicial.

Verfolgungswahn *der (ohne Pl)* manía *f* persecutoria.

verfrachten *vt* - **1.** [Container, Schweinehälften] expedir - **2.** *fam hum* [transportieren] enviar.

verfrüht ◇ *adj* prematuro(ra). ◇ *adv* prematuramente.

verfügbar *adj* disponible.

verfügen ◇ *vt* ordenar. ◇ *vi* : **über etw/jn ~** disponer de algo/alguien.

Ver|fügung *die* - **1.** [Erlass] disposición *f*, orden *f* - **2.** *(ohne Pl)* [Zugriff] disposición *f* ; **jm etw zur ~ stellen** poner algo a disposición de alguien.

verführen *vt* - **1.** [verleiten, überreden] : **jn zu etw ~** inducir a alguien a (hacer) algo - **2.** [zum Geschlechtsverkehr] seducir.

verführerisch ◇ *adj* - **1.** [Geruch, Büfett] atractivo(va) - **2.** [Blick, Person] seductor(ra). ◇ *adv* - **1.** [riechen] atractivamente - **2.** [lächeln, ansehen] seductoramente.

Verführung (*pl* **-en**) *die* seducción *f*; **die ~ Minderjähriger** la perversión de menores.

vergammelt *adj fam abw* - **1.** [Schinken, Käse] estropeado(da) - **2.** [Haus, Kleidung] descuidado(da).

vergangen ◇ *pp* ▷ **vergehen.** ◇ *adj* pasado(da).

Vergangenheit *die (ohne Pl)* pasado *m*.

Vergaser (*pl* -) *der* carburador *m*.

vergaß *prät* ▷ **vergessen.**

vergeben (*präs* **vergibt**, *prät* **vergab**, *perf* **hat vergeben**) ◇ *vi* : **jm ~** perdonar a alguien. ◇ *vt* - **1.** [verzeihen] : **jm etw ~** perdonarle algo a alguien - **2.** [Preis, Auftrag] adjudicar, asignar - **3.** [Chance] perder.

vergebens *adv* en vano.

vergeblich ◇ *adj* inútil. ◇ *adv* inútilmente.

vergehen (*prät* **verging**, *perf* **hat/ist vergangen**) *vi (ist)* - **1.** [Zeit] pasar - **2.** [Schmerz, Eifersucht] desaparecer ; **jm ist etw vergangen** pasársele algo a alguien ; **vor etw** *(D)* **~** *fig* morir(se) de algo, consumirse de algo.

Vergeltung *die (ohne Pl)* venganza *f*.

vergessen (*präs* **vergisst**, *prät* **vergaß**, *perf* **hat vergessen**) *vt* olvidar.

Vergessenheit *die (ohne Pl)* : **in ~ geraten** caer en el olvido.

vergesslich *adj* olvidadizo(za).

vergeuden *vt* desperdiciar.

vergewaltigen *vt* violar.

Vergewaltigung (*pl* **-en**) *die* violación *f*.

vergewissern ◆ **sich vergewissern** *ref* asegurarse ; **sich einer Sache** *(G)* **~** asegurarse de algo.

vergießen (*prät* **vergoss**, *perf* **hat vergossen**) *vt* derramar.

vergiften *vt* envenenar, intoxicar. ◆ **sich vergiften** *ref* envenenarse, intoxicarse.

Vergiftung (*pl* **-en**) *die* envenenamiento *m*.

vergilbt *adj* amarillento(ta).

Vergissmeinnicht (*pl* **-e**) *das* nomeolvides *m inv*.

vergisst *präs* ▷ **vergessen.**

verglasen *vt* acristalar.

Vergleich (*pl* **-e**) *der* - **1.** [Gegenüberstellung] comparación *f*; **im ~ mit** ODER **zu etw/jm** en comparación con algo/alguien - **2.** RECHT acuerdo *m* - **3.** SPORT confrontación *f*.

vergleichbar *adj* comparable.

vergleichen (*prät* **verglich**, *perf* **hat verglichen**) *vt* comparar ; **etw/jn mit etw/jm ~** comparar algo/a alguien con algo/alguien.

vergleichen

Tengo tantas ganas de irme de vacaciones como tú. Ich hab genauso Lust auf Ferien wie du.

Es tan inteligente como su madre. Er ist so intelligent wie seine Mutter.

Es tal como lo había imaginado. Genau so hab ich es mir vorgestellt.

Es igual que su padre. Er ist genau wie sein Vater.

Es mucho más rápido incluso que el correo urgente. Das ist weit schneller als jede Eilpost.

Es menos seguro de lo que piensas. Das ist nicht so sicher wie du meinst.

vergnügen ◆ **sich vergnügen** *ref* divertirse.

Vergnügen (*pl* -) *das* - **1.** *(ohne Pl)* [Freude] diversión *f* - **2.** [Unterhaltung] diversión *f*, esparcimiento *m* ; **mit ~!** ¡es un placer! ◆ **viel Vergnügen!** *interj* ¡que te diviertas!, ¡que se divierta!

vergnügt ◇ *adj* alegre, divertido(da). ◇ *adv* con alegría, alegremente.

Vergnügungs|viertel *das* barrio *m* chino.

vergoldet *adj* dorado(da).

vergraben (*präs* **vergräbt**, *prät* **vergrub**, *perf* **hat vergraben**) *vt* - **1.** [eingraben] enterrar - **2.** [stecken] meter.

vergreifen (*prät* **vergriff**, *perf* **hat vergriffen**) ◆ **sich vergreifen** *ref* : **sich an jm ~** [brutal werden] dar una paliza a alguien ; [sexuell] abusar de alguien ; **sich an etw** *(D)* **~** [stehlen] robar algo.

vergriffen ◇ *pp* ▷ **vergreifen.** ◇ *adj* agotado(da).

vergrößern *vt* & *vi* ampliar. ◆ **sich vergrößern** *ref* - **1.** [größer werden] crecer - **2.** [mehr Raum benutzen] : **der Besitzer der Pizzeria hat sich vergrößert** el dueño de la pizzería ha ampliado su negocio.

Vergrößerung (*pl* **-en**) *die* ampliación *f*.

Vergrößerungs|glas *das* lupa *f*.

Vergünstigung (*pl* **-en**) *die* bonificación *f*.

vergüten *vt* [Unkosten] reembolsar ; **jm etw ~** pagarle algo a alguien.

verhaften *vt* detener.

Ver|haftung *die* detención *f*, arresto *m*.

verhallen (*perf* **ist verhallt**) *vi* extinguirse *(voz, sonido)*.

verhalten (*präs* **verhält**, *prät* **verhielt**, *perf* **hat verhalten**) ◆ **sich verhalten** *ref* - **1.** [sich benehmen] comportarse - **2.** [sein] : **mit dem gefälschten Bild verhält es sich so, dass ...** respecto al cuadro falsificado ...

Verhalten *das (ohne Pl)* comportamiento *m.*

Verhältnis (*pl* **-se**) *das* relación *f* ; **ein gutes ~ zu jm haben** tener buena relación con alguien ; **ein ~ mit jm haben** tener relaciones con alguien. ◆ **Verhältnisse** *pl* [Bedingungen] condiciones *fpl* ; **über seine ~se leben** vivir por encima de sus posibilidades.

verhältnismäßig *adv* relativamente.

verhandeln ◇ *vi* - **1.** [beraten] deliberar ; **mit jm ~** negociar con alguien ; **über etw** *(A)* **~** negociar algo - **2.** JUR : **etw vor Gericht ~** verse una causa ante el tribunal. ◇ *vt* - **1.** [aushandeln] negociar - **2.** [vor Gericht] ver una causa.

Ver|handlung *die* - **1.** [Beratung] deliberación *f* ; [Geschäfte] negociación *f* - **2.** RECHT juicio *m.*

verhängen *vt* - **1.** [Fenster, Bild] cubrir - **2.** [Strafe] imponer ; [Urteil] sentenciar ; [Verbot, Ausgangssperre] declarar.

Verhängnis (*pl* **-se**) *das* fatalidad *f.*

verhängnisvoll ◇ *adj* fatal. ◇ *adv* fatalmente.

verharmlosen *vt* minimizar.

verhärten (*perf* **hat/ist verhärtet**) ◇ *vi (ist)* endurecerse. ◇ *vt (hat)* [Person, Material] endurecer.

verhasst *adj* odioso(sa).

verheerend ◇ *adj* desastroso(sa). ◇ *adv* desastrosamente.

verheilen (*perf* **ist verheilt**) *vi* curarse.

verheimlichen *vt* ocultar ; **jm etw ~** ocultarle algo a alguien.

verheiratet *adj* casado(da) ; **mit jm ~ sein** [mit dem Ehepartner] estar casado(da) con alguien ; **mit etw ~ sein** *fam hum* [auf etw fixiert sein] estar casado(da) con algo.

verhindern *vt* impedir.

Verhör (*pl* **-e**) *das* interrogatorio *m.*

verhören *vt* interrogar. ◆ **sich verhören** *ref* oír algo mal.

verhungern (*perf* **ist verhungert**) *vi* morirse de hambre.

verhüten ◇ *vt* prevenir. ◇ *vi* tomar medidas anticonceptivas.

Verhütungs|mittel *das* anticonceptivo *m.*

verirren ◆ **sich verirren** *ref* perderse.

verjagen *vt* expulsar.

verjähren (*perf* **ist verjährt**) *vi* prescribir.

verjüngen *vt* rejuvenecer.

verkalkt *adj* - **1.** [Kaffeemaschine, Rohr] calcificado(da) - **2.** *fam* [alter Mensch] senil.

Ver|kauf *der* - **1.** venta *f* - **2.** *(ohne Pl)* departamento *m* de ventas.

verkaufen *vt* - **1.** [Ware] vender ; **etw an jn ~** vender algo a alguien ; **'zu ~!'** 'se vende' - **2.** *fam* [darstellen] : **(jm) etw als etw ~** venderle algo (a alguien) como si fuera algo.

Ver|käufer, in *der, die* vendedor *m,* -ra *f.*

verkäuflich *adj* : **~ sein** estar en venta.

Verkehr *der (ohne Pl)* - **1.** [Straßenverkehr] tráfico *m* ; **dichter ~** tráfico denso - **2.** [Gebrauch] : **etw aus dem ~ ziehen** retirar de la circulación - **3.** *geh* [Umgang] relación *f* - **4.** [Geschlechtsverkehr] relaciones *fpl* sexuales.

verkehren (*perf* **hat/ist verkehrt**) ◇ *vi* - **1.** *(hat) geh* [Kontakt pflegen] frecuentar ; **mit** ODER **bei jm ~** frecuentar a alguien - **2.** [fahren] circular. ◇ *vt (hat)* [umkehren] : **etw in etw** *(A)* **~** convertir algo en algo.

Verkehrs|ampel *die* semáforo *m.*

Verkehrs|aufkommen *das (ohne Pl)* : **dichtes** ODER **hohes ~** tráfico intenso.

Verkehrs|funk *der (ohne Pl)* información *f* de tráfico.

Verkehrs|kontrolle *die* control *m* de tráfico.

Verkehrs|minister, in *der, die* ministro *m,* -tra *f* de Transportes.

Verkehrs|mittel *das* : **die öffentlichen ~** el transporte público.

Verkehrs|polizei *die (ohne Pl)* policía *f* de tráfico.

Verkehrs|regel *die* norma *f* de circulación.

Verkehrsun|fall *der* accidente *m* de tráfico.

Verkehrsver|bindung *die* comunicaciones *fpl* (de transporte).

Verkehrs|zeichen *das* señal *f* de tráfico.

verkehrt ◇ *adj* equivocado(da). ◇ *adv* al revés, mal. ◆ **verkehrt herum** *adv* al revés.

verkennen (*prät* **verkannte**, *perf* **hat verkannt**) *vt* desconocer, ignorar.

verklagen *vt* demandar, denunciar.

verkleben (*perf* **hat/ist verklebt**) ◇ *vi (ist)* pegar. ◇ *vt (hat)* - **1.** [beschmieren] pringar - **2.** [zukleben] emplastecer.

verkleiden *vt* - **1.** [beziehen] revestir, cubrir - **2.** [anziehen] disfrazar. ◆ **sich verkleiden** *ref* disfrazarse.

Ver|kleidung *die* - **1.** [Kostüm] disfraz *m* - **2.** [Umhüllung, Verdecken] revestimiento *m.*

verkleinern *vt* reducir. ◆ **sich verkleinern** *ref* reducirse.

verklemmt *adj* inhibido(da).

verklingen (*prät* **verklang**, *perf* **ist verklungen**) *vi* irse perdiendo *(voz, sonido).*

verkneifen (*prät* **verkniff**, *perf* **hat verkniffen**) *vt* : **sich** *(D)* **etw ~** aguantarse algo.

verknoten *vt* - **1.** [verknüpfen] anudar - **2.** [festbinden] atar.

verknüpfen *vt* - **1.** [verknoten] anudar - **2.** [verbinden] : **etw mit etw ~** unir algo con algo.

verkommen (*prät* **verkam**, *perf* **ist verkommen**) *vi* - **1.** [verfallen] arruinarse, venir a menos - **2.** [verderben] echarse a perder - **3.** [verwahrlosen] : **jn ~ lassen** dejar desamparado(da) a alguien.

verkrachen ◆ **sich verkrachen** *ref* : **sich mit jm ~** pelearse con alguien.

verkraften *vt* asumir, soportar.

verkriechen (*prät* **verkroch**, *perf* **hat verkrochen**) ◆ **sich verkriechen** *ref* esconderse, refugiarse.

verkrüppelt *adj* deformado(da).

verkümmern (*perf* **ist verkümmert**) *vi* - **1.** [Pflanzen, Tiere] perderse, malograrse - **2.** [Talent] anquilosarse, perderse.

verkünden *vt* comunicar, notificar.

verkürzen *vt* - **1.** [Urlaub, Weg] acortar - **2.** [angenehmer machen] abreviar.

Verlag (*pl* **-e**) *der* editorial *f*.

verlagern *vt* desplazar.

verlangen ◇ *vt* - **1.** [Geld, Geduld] exigir ; **etw von jm ~** exigir algo a alguien - **2.** [Bezahlung, Ausweis] pedir - **3.** [jn sprechen wollen] desear hablar con. ◇ *vi* : **nach etw/jm ~** reclamar algo/a alguien.

Verlangen *das (ohne Pl)* deseo *m*, anhelo *m*.

verlängern *vt* - **1.** [Hose, Ausweis] alargar - **2.** [Soße] aguar.

Verlängerung (*pl* **-en**) *die* [von Verträgen, Ärmeln] ampliación *f* ; [von Autobahnen] prolongación *f* ; SPORT prórroga *f* ; [von Ausweis, Führerschein] renovación *f*.

Verlängerungs|schnur *die* ELEKTR prolongador *m*.

verlangsamen *vt* acortar, reducir. ◆ **sich verlangsamen** *ref* ralentizarse.

Verlass *der* : **auf etw/jn ist ~** algo/alguien es de fiar.

verlassen (*präs* **verlässt**, *prät* **verließ**, *perf* **hat verlassen**) *vt* abandonar. ◆ **sich verlassen** *ref* : **sich auf etw/jn ~** confiar en algo/alguien.

verlässlich *adj* fiable.

Ver|lauf *der* [von Festen, Krankheiten] transcurso *m* ; [von Strecken] trazado *m* ; **im ~ von etw** ODER **einer Sache** *(G)* en el transcurso de algo.

verlaufen (*präs* **verläuft**, *prät* **verlief**, *perf* **hat/ist verlaufen**) *vi (ist)* - **1.** [sich erstrecken] ir, pasar - **2.** [Gespräch, Prüfung] transcurrir - **3.** [Farbe, Butter] deshacerse. ◆ **sich verlaufen** *ref* - **1.** [sich verirren] perderse - **2.** [auseinander gehen] disolverse.

verlegen[1] *vt* - **1.** [Brille, Schlüssel] extraviar, perder - **2.** [Termin, Besuch] aplazar - **3.** [Produktion, Büros] trasladar - **4.** [Kabel, Teppichboden] colocar - **5.** [Roman, Wörterbuch] editar.

verlegen[2] ◇ *adj* cohibido(da) ; **um etw nicht ~ sein** no faltarle algo a alguien. ◇ *adv* cohibidamente.

Verlegenheit (*pl* **-en**) *die* - **1.** *(ohne Pl)* [Befangenheit] turbación *f* ; **jn in ~ bringen** desconcertar a alguien - **2.** [Notlage] apuro *m*.

Verleih (*pl* **-e**) *der* alquiler *m*.

verleihen (*prät* **verlieh**, *perf* **hat verliehen**) *vt* - **1.** [Bücher, Werkzeug] prestar - **2.** [Orden, Titel] : **jm etw ~** conceder algo a alguien - **3.** [verschaffen] proporcionar.

verleiten *vt* : **jn zu etw ~** inducir a alguien a algo.

verlernen *vt* olvidar.

verletzen *vt* - **1.** [beschädigen] herir ; **sich** *(D)* **etw ~** hacerse daño en algo - **2.** [Gefühle, Stolz] herir, ofender - **3.** [Gesetz, Grenzen] violar. ◆ **sich verletzen** *ref* herirse.

verletzlich *adj* sensible.

verletzt ◇ *pp* ▷ **verletzen**. ◇ *adj* : **~ sein** [eine Wunde haben] estar herido(da) ; [gekränkt sein] estar herido(da), estar ofendido(da).

Verletzte (*pl* **-n**) *der, die* herido *m*, -da *f*.

Verletzung (*pl* **-en**) *die* - **1.** [Wunde] herida *f* - **2.** [Verstoß] violación *f*.

verleugnen *vt* negar.

Verleumdung (*pl* **-en**) *die* calumnia *f*.

verlieben ◆ **sich verlieben** *ref* enamorarse ; **sich in etw/jn ~** enamorarse de algo/alguien.

verliebt ◇ *adj* enamorado(da). ◇ *adv* con amor, amorosamente.

verlieren (*prät* **verlor**, *perf* **hat verloren**) ◇ *vt* perder ; **nichts verloren haben** *fam* no haber perdido nada. ◇ *vi* perder ; **gegen jn ~** perder ante alguien ; **an etw** *(D)* **~** perder algo.

Verlierer, in (*mpl* **-**, *fpl* **-nen**) *der, die* perdedor *m*, -ra *f*.

verloben ◆ **sich verloben** *ref* prometerse ; **sich mit jm ~** prometerse a alguien.

Verlobte (*pl* **-n**) *der, die* novio *m*, -via *f*, prometido *m*, -da *f*.

Verlobung (*pl* **-en**) *die* compromiso *m* matrimonial.

verlockend *adj* tentador(ra).

verlogen *adj* mentiroso(sa), falso(sa).

verlor *prät* ▷ **verlieren**.

verloren ◇ *pp* ▷ **verlieren**. ◇ *adj* perdido(da).

verloren gehen (*perf* **ist verloren gegangen**) *vi (unreg)* perderse, extraviarse.

verlosen *vt* sortear.

Verlosung (*pl* **-en**) *die* sorteo *m*.

Verlust (*pl* **-e**) *der* - **1.** *(ohne Pl)* [von Menschen, Dingen] pérdida *f* - **2.** [von Geld] pérdidas *fpl*.
Vermächtnis (*pl* **-se**) *das* legado *m*.
vermasseln *vt fam* : **jm etw ~** estropearle algo a alguien.
vermehren *vt* aumentar, multiplicar. ◆ **sich vermehren** *ref* - **1.** [größer werden] aumentar - **2.** [sich fortpflanzen] reproducirse, multiplicarse.
vermeiden (*prät* **vermied**, *perf* **hat vermieden**) *vt* evitar.
vermeintlich <> *adj* supuesto(ta). <> *adv* supuestamente.
vermerken *vt* - **1.** [Buchtitel, Termin] anotar - **2.** [feststellen] constatar.
vermessen[1] (*präs* **vermisst**, *prät* **vermaß**, *perf* **hat vermessen**) *vt* medir.
vermessen[2] *adj* osado(da), arrogante.
vermieten *vt* alquilar, arrendar ; **etw an jn ~** alquilar algo a alguien ; **'zu ~!'** 'se alquila'.
Ver|mieter, in *der, die* dueño *m*, -ña *f*.
Vermietung (*pl* **-en**) *die* alquiler *m*.
Verminderung (*pl* **-en**) *die* reducción *f*.
vermischen *vt* mezclar ; **etw mit etw ~** mezclar algo con algo.
vermissen *vt* echar de menos.
vermisst *adj* desaparecido(da).
vermitteln <> *vi* intermediar ; **zwischen etw/jm ~** hacer de intermediario(ria) entre algo/alguien. <> *vt* - **1.** [Ehe, Kontakt] arreglar, convenir - **2.** [Job, Arbeitskräfte] procurar, conseguir - **3.** [Wissen, Gefühl] transmitir, comunicar.
Vermittlung (*pl* **-en**) *die* - **1.** *(ohne Pl)* [das Vermitteln] mediación *f* - **2.** [Telefonzentrale] centralita *f*.
Vermögen (*pl* **-**) *das* - **1.** [Besitz] bienes *mpl*, fortuna *f* - **2.** *(ohne Pl) geh* [Fähigkeit] capacidad *f*.
vermögend *adj* adinerado(da), rico(ca).
vermuten *vt* suponer.
vermutlich <> *adj* supuesto(ta). <> *adv* supuestamente.
Vermutung (*pl* **-en**) *die* suposición *f*.
vernachlässigen *vt* abandonar, ser negligente con.
vernehmen (*präs* **vernimmt**, *prät* **vernahm**, *perf* **hat vernommen**) *vt* - **1.** [verhören] interrogar - **2.** *geh* [hören] oír.
Vernehmung (*pl* **-en**) *die* interrogatorio *m*.
verneinen *vt* negar.
vernetzen *vt* comunicar por la red.
vernichten *vt* [Unterlagen, Akten] destruir ; [Feind, Schädlinge] eliminar.
vernichtend <> *adj* destructivo(va). <> *adv* destructivamente.
Vernichtung (*pl* **-en**) *die* [von Unterlagen, Akten] destrucción *f* ; [von Feinden, Schädlingen] eliminación *f*.
Vernunft *die (ohne Pl)* razón *f*, sensatez *f* ; **zur ~ kommen** entrar en razón ; **jn zur ~ bringen** hacer entrar en razón a alguien.
vernünftig <> *adj* - **1.** [klug] sensato(ta) - **2.** [ordentlich] bueno(na). <> *adv* - **1.** [klug] sensatamente, razonadamente - **2.** [ordentlich] bien.
veröffentlichen *vt* publicar.
Veröffentlichung (*pl* **-en**) *die* publicación *f*.
verordnen *vt* prescribir.
Verordnung (*pl* **-en**) *die* - **1.** [von Medikamenten] prescripción *f* - **2.** [Maßnahme] medida *f*, orden *f*.
verpacken *vt* empaquetar, embalar.
Ver|packung *die* embalaje *m*.
verpassen *vt* - **1.** [Gelegenheit, Bus] perder - **2.** *fam* [Spritze, Ohrfeige] dar.
verpesten *vt abw* apestar.
verpflanzen *vt* trasplantar.
verpflegen *vt* alimentar.
Verpflegung *die (ohne Pl)* [das Verpflegen] abastecimiento *m* ; [Essen] alimentación *f*.
verpflichten *vt* - **1.** [auf etw festlegen] comprometer ; **jn zu etw ~** obligar a alguien a algo - **2.** [Künstler, Trainer] contratar. ◆ **sich verpflichten** *ref* comprometerse.
Verpflichtung (*pl* **-en**) *die* - **1.** [Pflichten] compromiso *m* - **2.** [Einstellung] contratación *f* - **3.** [Schulden] deudas *fpl*.

Verpflichtung

¿Dónde tengo que firmar? Wo muss ich unterschreiben?
¿Quieres que cierre la ventana? Soll ich das Fenster zumachen?
Se ruega silencio, por favor. Ruhe bitte.
Los menores deberán ir acompañados de un adulto. Kinder nur in Begleitung Erwachsener.
No hace falta que hagas la reserva hasta marzo. Bis März brauchst du nicht zu reservieren.
Es obligatorio el uso del casco. Helm tragen vorgeschrieben.

verpfuschen *vt* estropear, echar a perder.
verprügeln *vt* pegar, apalear.
Verrat *der (ohne Pl)* traición *f*.
verraten (*präs* **verrät**, *prät* **verriet**, *perf* **hat verraten**) *vt* - **1.** [Versteck, Komplizen] traicionar - **2.** [Gedanken, Gefühle] mostrar - **3.** [Preis, Zusammenhang] contar, confesar. ◆ **sich verraten** *ref* traicionarse.
Verräter, in (*mpl* **-**, *fpl* **-nen**) *der, die* traidor *m*, -ra *f*.

verrechnen *vt* compensar ; **etw mit etw ~** compensar algo con algo. ◆ **sich verrechnen** *ref* - **1.** [falsch rechnen] equivocarse en el cálculo ; **sich um fünf Mark ~** equivocarse en cinco marcos - **2.** [sich täuschen] equivocarse.

verregnet *adj* lluvioso(sa), pasado(da) por agua ; **ein ~er Urlaub** unas vacaciones pasadas por agua.

verreisen (*perf* **ist verreist**) *vi* ir de viaje, viajar ; **verreist sein** estar de viaje.

verrenken *vt* : **sich** *(D)* **etw ~** torcerse algo.

verriegeln *vt* cerrar con cerrojo.

verringern *vt* reducir. ◆ **sich verringern** *ref* reducirse.

verrosten (*perf* **ist verrostet**) *vi* oxidar(se).

verrücken *vt* mover, correr.

verrückt ◇ *adj* - **1.** [geistesgestört] loco(ca) ; **~ spielen** [Person] hacerse el loco (la loca) ; [Computer, Gerät] estar loco(ca) - **2.** [Ideen, Kleidung] excéntrico(ca) - **3.** [begierig] : **nach etw/jm ~ sein** *fam* estar loco(ca) por algo/alguien. ◇ *adv* [sich kleiden] excéntricamente.

Verrückte (*pl* **-n**) *der, die* loco *m*, -ca *f*.

Verruf *der (ohne Pl)* : **in ~ kommen** desacreditarse ; **in ~ bringen** desacreditar.

verrufen *adj* de mala fama.

Vers (*pl* **-e**) *der* verso *m*.

versagen *vi* fallar.

Versagen *das (ohne Pl)* fallo *m*.

Versager (*pl* **-**) *der* - **1.** [Person] fracasado *m* - **2.** [Mängel] fallo *m*.

Versagerin (*pl* **-nen**) *die* fracasada *f*.

versalzen (*perf* **hat versalzen**) *vt* - **1.** [Suppe] salar - **2.** [Überraschung] estropear.

versammeln *vt* reunir. ◆ **sich versammeln** *ref* reunirse.

Ver|sammlung *die* reunión *f*.

Versand *der (ohne Pl)* - **1.** [Versenden] envío *m* - **2.** [Abteilung] departamento *m* de envíos.

Versand|haus *das* almacén *m* de ventas por catálogo.

versäumen *vt* - **1.** [Zug, Termin] perder - **2.** [Pflichten, Unterricht] desatender.

verschaffen *vt* : **sich/jm etw ~** proporcionar algo a sí mismo/a alguien.

verschämt ◇ *adj* vergonzoso(sa), tímido(da). ◇ *adv* con vergüenza, tímidamente.

verschärfen *vt* agravar, endurecer. ◆ **sich verschärfen** *ref* agravarse, endurecerse.

verschätzen ◆ **sich verschätzen** *ref* equivocarse en la estimación.

verschenken *vt* - **1.** [Dinge] regalar - **2.** [Punkte, Raum] perder.

verscherzen *vt* : **sich** *(D)* **etw ~** perder algo.

verscheuchen *vt* ahuyentar.

verschicken *vt* enviar.

verschieben (*prät* **verschob**, *perf* **hat verschoben**) *vt* - **1.** [Termin, Premiere] aplazar - **2.** [Bett, Kommode] mover - **3.** [Alkohol, Zigaretten] vender clandestinamente. ◆ **sich verschieben** *ref* - **1.** [Reise, Urlaub] aplazarse - **2.** [Bild] desplazarse.

Verschiebung (*pl* **-en**) *die* aplazamiento *m*.

verschieden ◇ *adj* - **1.** [unterschiedlich] diferente - **2.** *(nur Pl)* [mehrere] diversos(sas), diferentes. ◇ *adv* [unterschiedlich] distinto(ta).

verschiedentlich *adv* varias veces.

verschimmeln (*perf* **ist verschimmelt**) *vi* enmohecerse.

verschlafen (*präs* **verschläft**, *prät* **verschlief**, *perf* **hat verschlafen**) ◇ *vi* despertarse tarde. ◇ *vt* - **1.** [schlafend verbringen] dormir - **2.** *fam* [vergessen] pasarse ; **bitte nicht den Anmeldetermin ~** por favor, que no se os pase el plazo de inscripción.

verschlagen *abw* ◇ *adj* pérfido(da). ◇ *adv* pérfidamente.

verschlechtern *vt* empeorar. ◆ **sich verschlechtern** *ref* empeorarse.

Verschlechterung (*pl* **-en**) *die* empeoramiento *m*.

Verschleiß *der (ohne Pl)* desgaste *m*.

verschleißen (*prät* **verschliss**, *perf* **hat/ist verschlissen**) ◇ *vi (ist)* desgastar. ◇ *vt (hat)* desgastar.

verschleppen *vt* - **1.** [Gefangene, Sklaven] deportar - **2.** [Seuche, Bakterien] propagar - **3.** [Prozess] atrasar, aplazar - **4.** [Krankheit] arrastrar.

verschleudern *vt* - **1.** [billig verkaufen] malvender - **2.** *abw* [verschwenden] malgastar.

verschließen (*prät* **verschloss**, *perf* **hat verschlossen**) *vt* cerrar.

verschlimmern *vt* empeorar. ◆ **sich verschlimmern** *ref* empeorarse.

verschlingen (*prät* **verschlang**, *perf* **hat verschlungen**) *vt* tragar.

verschlossen *adj* hermético(ca).

verschlucken *vt* tragar ; **einen Kommentar ~** tragarse un comentario.

Ver|schluss *der* cierre *m*.

verschlüsseln *vt* codificar.

verschmelzen (*präs* **verschmilzt**, *prät* **verschmolz**, *perf* **ist verschmolzen**) *vi* : **mit etw ~** mezclarse con algo.

verschmutzen (*perf* **hat/ist verschmutzt**) ◇ *vi (ist)* ensuciar. ◇ *vt (hat)* ensuciar.

verschnaufen *vi* tomar aliento.

verschneit *adj* nevado(da).

verschnupft *adj* : **~ sein** estar resfriado(da).
verschollen *adj* desaparecido(da).
verschonen *vt* dispensar ; **jn mit etw ~** dejar en paz a alguien con algo.
verschränken *vt* cruzar ; **die Arme ~** cruzar los brazos.
verschreiben (*prät* **verschrieb**, *perf* **hat verschrieben**) *vt* : **jm etw ~** prescribir algo a alguien.
verschreibungspflichtig *adj* con receta médica.
verschrieen *adj* : **~ sein** tener mala fama.
verschrotten *vt* desguazar.
verschüchtert *adj* intimidado(da).
verschuldet *adj* endeudado(da).
verschütten *vt* **- 1.** [Milch, Wasser] verter **- 2.** [Personen] enterrar, sepultar.
verschweigen (*prät* **verschwieg**, *perf* **hat verschwiegen**) *vt* callar, silenciar ; **jm etw ~** silenciar algo ante alguien.
verschwenden *vt* derrochar.
verschwenderisch ◇ *adj* derrochador(ra). ◇ *adv* pródigamente.
Verschwendung (*pl* **-en**) *die* derroche *m*.
verschwiegen ◇ *pp* ▷ **verschweigen.** ◇ *adj* callado(da).
Verschwiegenheit *die (ohne Pl)* discreción *f*.
verschwinden (*prät* **verschwand**, *perf* **ist verschwunden**) *vi* desaparecer.
verschwommen ◇ *adj* [Foto, Umrisse] borroso(sa) ; [Formulierungen, Vorstellungen] confuso(sa). ◇ *adv* [sich erinnern] confusamente ; [sehen] borrosamente.
verschwören (*prät* **verschwor**, *perf* **hat verschworen**) ◆ **sich verschwören** *ref* : **sich gegen jn ~** conspirar contra alguien.
Verschwörung (*pl* **-en**) *die* conspiración *f*.
verschwunden ◇ *pp* ▷ **verschwinden.** ◇ *adj* desaparecido(da).
versehen (*präs* **versieht**, *prät* **versah**, *perf* **hat versehen**) *vt* **- 1.** [ausrüsten] : **etw mit etw ~** proveer algo de algo ; **jn mit etw ~** abastecer de algo a alguien **- 2.** [Dienst, Pflicht] hacer, cumplir.
Versehen (*pl* **-**) *das* error *m*. ◆ **aus Versehen** *adv* por error.
versehentlich ◇ *adj* erróneo(nea). ◇ *adv* erróneamente.
versenden (*prät* **versandte** ODER **versendete**, *perf* **hat versandt** ODER **versendet**) *vt* enviar.
versengen *vt* quemar, tostar.
versenken *vt* [Schiff] hundir ; [Sarg, Schatztruhe] enterrar.
versessen *adj* : **auf etw/jn ~ sein** estar obsesionado(da) por algo/alguien.
versetzen *vt* **- 1.** [Personal] trasladar ; [Pflanzen] trasplantar **- 2.** [in einen anderen Zustand] : **jn in etw** *(A)* **~** poner a alguien en algo ; **jn in Angst ~** angustiar a alguien **- 3.** [Schmuck, Uhr] empeñar **- 4.** [Freunde, Bekannte] : **jn ~** dejar plantado(da) a alguien **- 5.** [Schlag, Ohrfeige] : **jm etw ~** dar algo a alguien **- 6.** [antworten] responder, reponer.
Versetzung (*pl* **-en**) *die* **- 1.** [beruflich] traslado *m* **- 2.** SCHULE paso *m* de curso.
verseuchen *vt* contaminar.
versichern *vt* asegurar. ◆ **sich versichern** *ref* **- 1.** [bei Versicherung] asegurarse **- 2.** [Gewissheit] : **sich einer Sache/js ~** cerciorarse de algo/acerca de alguien.
Ver|sicherung *die* **- 1.** [vertraglicher Schutz] seguro *m* ; **eine ~ (über etw** *(A)***) abschließen** concertar un seguro (de algo) **- 2.** [Angabe] aseveración *f*.
Versicherungs|karte *die* tarjeta *f* de seguro.
versinken (*prät* **versank**, *perf* **ist versunken**) *vi* **- 1.** [einsinken] : **in etw** *(A)* **~** hundirse en algo **- 2.** [Schiff, Sonne] hundirse **- 3.** *fig* [in Gedanken] : **in etw** *(A)* **~** estar absorto(ta) en algo.
versöhnen *vt* reconciliar. ◆ **sich versöhnen** *ref* reconciliarse ; **sich mit jm ~** reconciliarse con alguien.
versöhnlich ◇ *adj* conciliador(ra). ◇ *adv* conciliadoramente.
Versöhnung (*pl* **-en**) *die* reconciliación *f*.
versorgen *vt* **- 1.** [versehen] : **jn mit etw ~** proveer a alguien de algo ; **sich mit etw ~** proveerse de algo **- 2.** [Patient, Familie] atender, cuidar.
Versorgung (*pl* **-en**) *die* suministro *m*.
verspäten ◆ **sich verspäten** *ref* retrasarse.
verspätet ◇ *adj* retrasado(da), atrasado(da). ◇ *adv* con retraso.
Verspätung (*pl* **-en**) *die* retraso *m* ; **~ haben** llevar retraso.
versperren *vt* cerrar, obstruir ; **jm etw ~** obstruirle algo a alguien.
verspielen ◇ *vt* perder *(en el juego)*. ◇ *vi fam* estar perdido(da).
verspielt *adj* juguetón(ona).
versprechen (*präs* **verspricht**, *prät* **versprach**, *perf* **hat versprochen**) *vt* **- 1.** [zusagen] prometer **- 2.** [erwarten] : **sich** *(D)* **etw von etw/jm ~** esperar algo de algo/alguien. ◆ **sich versprechen** *ref* [etw Falsches sagen] equivocarse al hablar.
Versprechen (*pl* **-**) *das* promesa *f*.
verstaatlichen *vt* estatalizar.
Verstand *der (ohne Pl)* razón *f* ; **den ~ verlieren** *fam fig* perder la cabeza ; **jn um den ~ bringen** *fig* hacerle perder la razón a alguien.
verständigen *vt* informar ; **jn von etw**

ODER **über etw** *(A)* ~ informar a alguien de algo. ◆ **sich verständigen** *ref* - **1.** [kommunizieren] comunicarse ; **sich mit jm** ~ comunicarse con alguien - **2.** [übereinkommen] : **sich über etw** *(A)* ~ ponerse de acuerdo sobre algo.

Verständigung (*pl* **-en**) *die* - **1.** [Benachrichtigung] llamada *f* - **2.** [Kommunikation] comunicación *f* - **3.** [Übereinkunft] acuerdo *m.*

verständlich ◇ *adj* [Verhalten, Entscheidung] comprensible ; [Aussprache, Antwort] claro(ra) ; **sich** ~ **machen** hacerse entender. ◇ *adv* [klar] claramente, inteligiblemente.

Verständnis *das (ohne Pl)* comprensión *f.*

verständnisvoll ◇ *adj* comprensivo(va). ◇ *adv* con comprensión.

verstärken *vt* reforzar. ◆ **sich verstärken** *ref* [stärker werden] reforzarse, aumentarse.

Verstärkung (*pl* **-en**) *die* refuerzos *mpl.*

verstauchen *vt* : **sich** *(D)* **das Handgelenk** ~ torcerse la muñeca.

verstauen *vt* guardar.

Versteck (*pl* **-e**) *das* escondite *m.*

verstecken *vt* esconder. ◆ **sich verstecken** *ref* esconderse ; **sich vor etw/jm** ~ esconderse de algo/alguien.

verstehen (*prät* **verstand**, *perf* **hat verstanden**) ◇ *vt* - **1.** [hören können] entender - **2.** [begreifen, mitfühlen] comprender - **3.** [meinen] : **etw unter etw** *(D)* ~ entender algo por algo - **4.** [auslegen] interpretar - **5.** *RW* : **jm etw zu** ~ **geben** darle a entender algo a alguien. ◇ *vi* - **1.** [hören] entender - **2.** [begreifen] comprender. ◆ **sich verstehen** *ref* - **1.** [auskommen] entenderse ; **sich mit jm** ~ entenderse (bien) con alguien - **2.** [können] : **sich auf etw** *(A)* ~ entender de algo - **3.** WIRTSCH : **das Angebot versteht sich mit MwSt.** la oferta se entiende con IVA - **4.** *RW* : **das versteht sich von selbst!** ¡eso se sobreentiende!

verstehen

Sí, ahora sí está claro. Ja, jetzt ist es mir klar.

Entendido. Verstanden.

Vale, ahora le he entendido. Gut, jetzt habe ich Sie verstanden.

De acuerdo entonces. Gut, einverstanden.

Comprendo. Ich verstehe.

versteigern *vt* subastar.

verstellen *vt* - **1.** [Buch in Regal] colocar en un lugar equivocado - **2.** [Außenspiegel, Radiosender] ajustar - **3.** [Ausfahrt, Sicht] : **jm etw** ~ cerrarle ODER taparle algo a alguien - **4.** [Stimme, Handschrift] disimular. ◆ **sich verstellen** *ref* - **1.** [Außenspiegel, Radiosender] desajustarse - **2.** [Wesen] disimular.

verstohlen ◇ *adj* furtivo(va). ◇ *adv* furtivamente.

verstopfen (*perf* **hat/ist verstopft**) ◇ *vt (hat)* obstruir, atascar. ◇ *vi (ist)* [Rohr, Abfluss] atascarse ; [Ohr] cerrarse.

verstört ◇ *adj* aturdido(da). ◇ *adv* aturdidamente.

Ver|stoß *der* infracción *f*, contravención *f* ; **ein** ~ **gegen etwas** una infracción de algo.

verstoßen (*präs* **verstößt**, *prät* **verstieß**, *perf* **hat verstoßen**) ◇ *vi* : **gegen etw** ~ [gegen Gesetze] infringir algo ; [gegen Sitten, Anstand] faltar a algo. ◇ *vt* [Kind, Ehefrau] repudiar ; [Subj : Verein, Gemeinschaft] expulsar.

verstreichen (*prät* **verstrich**, *perf* **hat/ist verstrichen**) ◇ *vt (hat)* [Farbe, Mörtel] extender ; [Marmelade, Butter] untar. ◇ *vi (ist) geh* [Frist] expirar ; *geh* [Zeit] transcurrir.

verstreuen *vt* - **1.** [verteilen] esparcir - **2.** [verschütten] verter.

verstümmeln *vt* mutilar.

Versuch (*pl* **-e**) *der* - **1.** [Handlung] intento *m* - **2.** [Experiment] experimento *m.*

versuchen ◇ *vt* - **1.** [sich bemühen] intentar - **2.** [kosten] probar, degustar. ◇ *vi* probar.

Versuchs|kaninchen [fɛɐ̯'zuːxskaniːnçən] *das* conejillo *m* de Indias.

Versuchung (*pl* **-en**) *die* tentación *f.*

versüßen *vt* endulzar.

vertagen *vt* posponer, aplazar.

vertauschen *vt* [tauschen] cambiar ; [verwechseln] confundir.

verteidigen *vt* defender. ◆ **sich verteidigen** *ref* defenderse.

Verteidiger, in (*mpl* **-**, *fpl* **-nen**) *der, die* RECHT abogado defensor *m*, abogada defensora *f.*

Verteidigung (*pl* **-en**) *die* defensa *f.*

Verteidigungs|minister, in *der, die* ministro *m*, -tra *f* de Defensa.

verteilen *vt* distribuir, repartir. ◆ **sich verteilen** *ref* repartirse.

Ver|teilung *die* distribución *f.*

vertiefen *vt* - **1.** [Graben, Becken] ahondar - **2.** [Kenntnisse, Einsicht] profundizar. ◆ **sich vertiefen** *ref* - **1.** [Falten, Abgrund] ahondarse - **2.** [Liebe, Hass] acrecentarse - **3.** [sich konzentrieren] : **sich in etw** *(A)* ~ enfrascarse en algo.

vertilgen *vt* - **1.** [Essen] zamparse - **2.** [Unkraut, Ungeziefer] eliminar.

Vertrag (*pl* **Verträge**) *der* contrato *m.*

vertragen (*präs* **verträgt**, *prät* **vertrug**,

perf **hat vertragen**) *vt* aguantar. ◆ **sich vertragen** *ref*: **sich mit jm ~** llevarse bien con alguien.

vertraglich ◇ *adj* por contrato, contractual. ◇ *adv* según contrato.

verträglich *adj* **-1.** [Mensch, Charakter] afable **-2.** [Mahlzeit, Medikament] de fácil digestión.

vertrauen *vi* confiar; **auf etw** *(A)* **~** confiar en algo; **jm ~** confiar en alguien.

Vertrauen *das (ohne Pl)* confianza *f*; **zu jm ~ haben** tener confianza en alguien. ◆ **im Vertrauen** *adv* en confianza. ◆ **Vertrauen erweckend** ◇ *adj* que inspira confianza. ◇ *adv* inspirando confianza.

Vertrauens|sache *die (ohne Pl)* cuestión *f* de confianza.

vertrauensselig ◇ *adj* excesivamente confiado(da). ◇ *adv* con confianza ciega.

vertrauenswürdig *adj* digno(na) de confianza.

vertraulich ◇ *adj* **-1.** [Unterredung, Information] confidencial **-2.** [Zusammentreffen, Ton] familiar, íntimo(ma). ◇ *adv* **-1.** [geheim] confidencialmente **-2.** [freundlich] con familiaridad.

verträumt ◇ *adj* soñador(ra). ◇ *adv* con aire soñador.

vertraut *adj* familiarizado(da), conocido(da); **jm ~ sein** ser conocido(da) para alguien; **mit etw ~ sein** estar familiarizado(da) con algo; **sich mit etw ~ machen** familiarizarse con algo.

vertreiben (*prät* **vertrieb**, *perf* **hat vertrieben**) *vt* **-1.** [verjagen] alejar, espantar; **jn aus etw ~** echar a alguien de algo **-2.** [verkaufen] comercializar.

vertretbar *adj* defendible.

vertreten (*präs* **vertritt**, *prät* **vertrat**, *perf* **hat vertreten**) *vt* **-1.** [Kollegen, Mitarbeiter] sustituir **-2.** [Land, Interessen] representar **-3.** [Standpunkt, These] sostener **-4.** [anwesend]: **~ sein** estar presente **-5.** [verletzen]: **sich** *(D)* **den Fuß ~** torcerse el pie.

Vertreter, in (*mpl* **-**, *fpl* **-nen**) *der, die* **-1.** [bei Urlaub, Krankheit] sustituto *m*, -ta *f* **-2.** [von Land, Firma] representante *mf* **-3.** [von Meinung, Ansicht] defensor *m*, -ra *f*.

Vertretung (*pl* **-en**) *die* **-1.** [Vertreten] sustitución *f* **-2.** [Vertreter] sustituto *m*, -ta *f* **-3.** [Filiale] representación *f*; **diplomatische ~** representación diplomática.

Vertrieb *der (ohne Pl)* comercialización *f*, venta *f*; [Abteilung] departamento *m* de ventas.

vertrocknen (*perf* **ist vertrocknet**) *vi* secarse.

vertrödeln *vt* perder *(tiempo)*.

vertrösten *vt* dar esperanzas; **jn auf später ~** dar largas a alguien.

vertun (*prät* **vertat**, *perf* **hat vertan**) *vt* desperdiciar.

vertuschen *vt* encubrir, ocultar.

verübeln *vt*: **jm etw ~** tomarle algo a mal a alguien.

verüben *vt* cometer.

verunglücken (*perf* **ist verunglückt**) *vi* accidentarse.

verunsichern *vt* crear inseguridad a/en alguien.

verunstalten *vt* desfigurar.

veruntreuen *vt* RECHT malversar.

verursachen *vt* causar.

verurteilen *vt* condenar; **jn zu etw ~** condenar a alguien a algo.

Verur|teilung *die* condena *f*.

vervielfachen *vt* multiplicar.

vervielfältigen *vt* [Brief, Dokument] reproducir; [Möglichkeiten, Angebot] multiplicar.

vervollkommnen *vt* perfeccionar.

vervollständigen *vt* completar.

verwackelt *adj fam* movido(da).

verwählen ◆ **sich verwählen** *ref* equivocarse al marcar.

verwahren *vt* poner a buen recaudo.

verwahrlosen (*perf* **ist verwahrlost**) *vi* descuidar, abandonar.

verwaist *adj* **-1.** [Kind] huérfano(na) **-2.** [Gegend, Haus] abandonado(da).

verwalten *vt* administrar.

Verwalter, in (*mpl* **-**, *fpl* **-nen**) *der, die* administrador *m*, -ra *f*.

Verwaltung *die (ohne Pl)* administración *f*.

verwandeln *vt* transformar; **etw in etw** *(A)* **~** transformar algo en algo. ◆ **sich verwandeln** *ref* transformarse.

Ver|wandlung *die* transformación *f*.

verwandt ◇ *pp* ▷ **verwenden**. ◇ *adj* **-1.** [Menschen, Sprachen] emparentado(da); **mit jm ~ sein** estar emparentado(da) con alguien **-2.** [Ideen, Ansichten] análogo(ga).

Verwandte (*pl* **-n**) *der, die* pariente *mf*.

Verwandtschaft (*pl* **-en**) *die* **-1.** *(ohne Pl)* [alle Verwandte] parientes *mpl* **-2.** [Verwandtsein] parentesco *m*.

Ver|warnung *die* apercibimiento *m*; **gebührenpflichtige ~** multa *f*.

verwechseln [fɛr'vɛksln̩] *vt* confundir; **etw/jn mit etw/jm ~** confundir algo/a alguien con algo/alguien.

Verwechslung, Verwechselung

[fɛr'vɛks(ə)lʊŋ] (*pl* **-en**) *die* confusión *f* ; **eine ~ mit etw/jm** una confusión con alguien/algo.

verweigern ◇ *vt* rehusar ; **jm etw ~** denegarle algo a alguien. ◇ *vi fam* [Wehrdienst] ser objetor de conciencia.

Ver|weigerung *die* [von Wehrdienst] objeción *f* de conciencia ; [von Befehl] insubordinación *f* ; [von Zutritt] denegación *f*.

Verweis (*pl* **-e**) *der* [Rüge] reprimenda *f*.

verweisen (*prät* **verwies**, *perf* **hat verwiesen**) ◇ *vt* - **1.** [weiterleiten] : **jn an etw/jn ~** remitir a alguien a algo/a alguien - **2.** [ausweisen] expulsar - **3.** *geh* [rügen] reprender. ◇ *vi* : **auf etw** *(A)* **~** remitir a algo.

verwelken (*perf* **ist verwelkt**) *vi* marchitarse.

verwenden (*prät* **verwendete** ODER **verwandte**, *perf* **hat verwendet** ODER **verwandt**) *vt* - **1.** [Material] utilizar, usar - **2.** [Zeit, Kraft] invertir ; **etw für** ODER **zu etw ~** utilizar algo para algo.

Ver|wendung *die* utilización *f*.

verwerfen (*präs* **verwirft**, *prät* **verwarf**, *perf* **hat verworfen**) *vt* desechar.

verwerten *vt* aprovechar.

verwest *adj* & *adv* putrefacto(ta).

Verwesung *die (ohne Pl)* putrefacción *f*.

verwildern (*perf* **ist verwildert**) *vi* [Garten, Grundstück] cubrirse de maleza ; [Kind, Tier] volverse salvaje.

verwirklichen *vt* [Traum, Wunsch] cumplirse ; [Ziel, Vorhaben] realizar. ◆ **sich verwirklichen** *ref* - **1.** [wahr werden] cumplirse - **2.** [sich voll entwickeln] : **sich selbst ~** realizarse.

Verwirklichung (*pl* **-en**) *die* realización *f*.

verwirren *vt* - **1.** [Wolle, Fäden] enredar - **2.** [Mensch] confundir.

Verwirrung (*pl* **-en**) *die* confusión *f*.

verwischen *vt* borrar.

verwitwet *adj* viudo(da).

verwöhnen *vt* mimar.

verworren ◇ *adj* confuso(sa), desordenado(da). ◇ *adv* confusamente.

verwunden *vt* herir.

verwunderlich *adj* asombroso(sa).

Verwunderung *die (ohne Pl)* asombro *m*.

Verwundete (*pl* **-n**) *der, die* herido *m*, -da *f*.

Verwundung (*pl* **-en**) *die* lesión *f*.

verwünschen *vt* - **1.** [verfluchen] maldecir - **2.** [verzaubern] embrujar.

verwüsten *vt* destrozar, dejar en ruinas.

Verwüstung (*pl* **-en**) *die* destrozo *m*.

verzählen ◆ **sich verzählen** *ref* equivocarse al contar.

verzaubern *vt* embrujar.

verzeichnen *vt* registrar.

Verzeichnis (*pl* **-se**) *das* índice *m*.

verzeihen (*prät* **verzieh**, *perf* **hat verziehen**) *vt* perdonar ; **jm etw ~** perdonarle algo a alguien ; **~ Sie bitte!** ¡disculpe!

Verzeihung *(ohne Pl) die* perdón *m* ; **jn um ~ bitten** pedirle perdón a alguien. ◆ **Verzeihung!** *interj* ¡disculpe!

verzerren *vt* - **1.** [Gesicht, Mund] desfigurar - **2.** [Ton, Bild] distorsionar.

Verzicht (*pl* **-e**) *der* : **der ~ auf etw** *(A)* la renuncia a algo.

verzichten *vi* renunciar ; **auf etw/jn ~** renunciar a algo/alguien.

verzieh *prät* ▷ **verzeihen**.

verziehen (*prät* **verzog**, *perf* **hat/ist verzogen**) ◇ *pp* ▷ **verzeihen**. ◇ *vt (hat)* - **1.** [Miene, Mund] torcer - **2.** [Kind] mimar. ◇ *vi (ist)* [fortziehen] mudarse.

verzieren *vt* decorar.

verzögern *vt* - **1.** [Ankunft, Entscheidung] retrasar, posponer - **2.** [Geschwindigkeit, Schritt] reducir, ralentizar. ◆ **sich verzögern** *ref* [Ankunft, Lieferung] retrasarse.

Verzögerung (*pl* **-en**) *die* [Verspätung] retraso *m*.

verzollen *vt* despachar en la aduana ; **haben Sie etw zu ~?** ¿tiene algo que declarar?.

Verzug *der (ohne Pl)* retraso *m*. ◆ **im Verzug** *adv* con retraso.

verzweifeln (*perf* **ist verzweifelt**) *vi* desesperarse.

verzweifelt ◇ *adj* desesperado(da). ◇ *adv* desesperadamente.

Verzweiflung (*pl* **-en**) *die* desesperación *f*.

verzwickt *adj* complicado(da).

Veto ['veːto] (*pl* **-s**) *das* veto *m*.

Vetter (*pl* **-n**) *der* primo *m*.

vgl. (*abk für* **vergleiche**) cf.

VHS [fauhaː'ɛs] *die (ohne Pl) abk für* **Volkshochschule**.

vibrieren [vi'briːrən] *vi* vibrar.

Video ['viːdeo] (*pl* **-s**) *das* - **1.** *fam* [Film] película *f* de vídeo - **2.** *(ohne Pl)* [Technik] vídeo *m*.

Video|film *der* película *f* de vídeo.

Video|gerät *das* aparato *m* de vídeo.

Video|kamera *die* cámara *f* de vídeo.

Video|kassette *die* videocasete *f*.

Videokonsole (*pl* **-**) *die* videoconsola *f*.

Video|rekorder *der* aparato *m* de vídeo.

Video|spiel *das* videojuego *m*.

Video|text *der* videotexto *m*.

Vieh *das (ohne Pl)* - **1.** [alle Tiere] animales *mpl*, chúcaro *m Amér* - **2.** [Rinder] ganado *m* vacuno.

viel (*komp* **mehr**, *superl* **meiste**) ◇ *adj & det* - **1.** [Menge] mucho(cha) ; **~ Mühe** mucho esfuerzo - **2.** [Anzahl] muchos(chas) ; **an ~en Tagen kamen ~e Besucher** en muchos días vinieron muchos visitantes - **3.** [Ausdruck der Höflichkeit] : **~en Dank!** ¡muchas gracias! ; **~ Vergnügen!** ¡que te diviertas!, ¡que se divierta! ; **~ Erfolg!** ¡suerte! ◇ *adv* mucho ; **~ rauchen** fumar mucho ; **~ besser** mucho mejor ; **er geht ~ ins Kino** va mucho al cine ; **~ gefragt** muy solicitado(da). ◆ **vieles** *pron* muchas cosas. ◆ **nicht viel** ◇ *det* no mucho(cha). ◇ *adv* no mucho ; **es gibt nicht ~ zu diskutieren** *fam* no hay mucho que hablar. ◆ **nicht viele** *det* no muchos(chas). ◆ **viel zu viel** ◇ *det* demasiado(da). ◇ *adv* - **1.** [arbeiten, essen] demasiado - **2.** [zu oft] con demasiada frecuencia. ◆ **viel zu viele** *det* demasiados(das) ; *siehe auch* **zu viel**.

vielfach ◇ *adj* [wiederholt] repetidos(das) ; [mehrfach] múltiple, frecuente. ◇ *adv* repetidamente, frecuentemente.

Vielfache *das (ohne Pl)* múltiplo *m*.

Vielfalt *die (ohne Pl)* multiplicidad *f*.

vielfältig *adj* variado(da).

Vielflieger, in (*mpl* -, *fpl* **-nen**) *der, die* pasajero *m*, -ra *f* que vuela mucho.

vielleicht *adv* - **1.** [eventuell] tal vez, quizá(s) - **2.** *fam* [wirklich, außerordentlich] : **du bist ~ dreist!** ¡vaya cara que tienes! - **3.** [Ausdruck der Höflichkeit] : **könnten Sie mir ~ Feuer geben** ¿sería usted tan amable de darme fuego? - **4.** [ungefähr] aproximadamente - **5.** *fam* [etwa] : **hast du ~ gedacht, ich würde da mitmachen?** ¿pero es que acaso habías pensado que yo iba a participar en eso? - **6.** *fam* [Ausdruck der Ungeduld] : **kommst du ~ mal etwas schneller!** ¡qué tal si vienes algo más deprisa!

vielmals *adv* : **ich danke ~** ¡muchas gracias!

vielsagend ◇ *adj* significativo(va). ◇ *adv* significativamente.

vielseitig ◇ *adj* - **1.** [Mitarbeiter, Musiker] polifacético(ca) - **2.** [Angebot, Interessen] completo(ta), amplio(plia). ◇ *adv* de múltiples facetas.

vielversprechend ◇ *adj* prometedor(ra). ◇ *adv* prometedoramente.

vier [fiːɐ̯] *num* cuatro ; **auf allen ~en** *fam* a cuatro patas.

Vier (*pl* **-en**) *die* - **1.** [Zahl] cuatro *m* - **2.** [Schulnote] aprobado *m* ; *siehe auch* **Sechs**.

Viereck (*pl* **-e**) *das* cuadrángulo *m*.

viereckig *adj* cuadrangular.

vierfach ◇ *adj* multiplicado(da) por cuatro. ◇ *adv* cuatro veces.

vierhundert *num* cuatrocientos(tas).

viermal *adv* cuatro veces.

vierspurig *adj* de cuatro carriles.

viert ◆ **zu viert** *adv* : **wir gehen zu ~ ins Kino** nos vamos al cine los cuatro ; **wir legten den Kranken zu ~ aufs Bett** colocamos al enfermo en la cama entre los cuatro.

viertausend *num* cuatro mil.

vierte, r, s *adj* cuarto(ta) ; *siehe auch* **sechste**.

Vierte (*pl* **-n**) *der, die, das* cuarto *m*, -ta *f* ; *siehe auch* **Sechste**.

viertel *adj (unver)* cuarto(ta), cuarta parte *f* ; *siehe auch* **sechstel**.

Viertel (*pl* -) *das* - **1.** [Teil] cuarto *m*, cuarta parte *f* - **2.** [Stadtteil] barrio *m* - **3.** [Viertelstunde] : **~ vor/nach drei** las tres menos/y cuarto.

Viertel|finale *das* cuartos *mpl* de final.

Viertel|jahr *das* trimestre *m*.

vierteln *vt* dividir en cuatro partes.

Viertel|stunde *die* cuarto *m* de hora.

vierzehn *num* catorce ; *siehe auch* **sechs**.

Vierzehn (*pl* **-en**) *die* catorce *m* ; *siehe auch* **Sechs**.

vierzehntägig ◇ *adv* de 15 días. ◇ *adj* - **1.** [alle zwei Wochen] cada dos semanas - **2.** [zwei Wochen lang] de dos semanas.

vierzig *num* cuarenta ; *siehe auch* **sechs**.

Vierzigerjahre, vierziger Jahre *pl* : **die ~** los años cuarenta.

Vierzimmer|wohnung *die* piso *m* de cuatro habitaciones.

Vietnam [viɛtˈnam] *nt* Vietnam *m* ; **in ~** en Vietnam.

Vikar, in [viˈkaːɐ̯, rɪn] (*mpl* **-e**, *fpl* **-nen**) *der, die* vicario *m*, -ria *f*.

Villa [ˈvɪla] (*pl* **Villen**) *die* villa *f*.

violett [vioˈlɛt] ◇ *adj* violeta *inv*. ◇ *adv* de color violeta.

Violine [vioˈliːnə] (*pl* **-n**) *die* violín *m*.

Violin|schlüssel *der* clave *f* de sol.

Viper [ˈviːpɐ] (*pl* **-n**) *die* víbora *f*.

virtuell ◇ *adj* virtual. ◇ *adv* virtualmente.

Virus [ˈviːrʊs] (*pl* **Viren**) *der* ODER *das* virus *m*.

Virus|infektion *die* infección *f* vírica.

Visier [viˈziːɐ̯] (*pl* **-e**) *das* - **1.** [von Helm] visera *f* - **2.** [von Gewehr] mira *f*, visor *m* ; **etw/jn im ~ haben** *fig* [es auf jn abgesehen haben] tenerla tomada con algo/alguien ; [anpeilen] tener algo/a alguien a la vista.

Visite [viˈziːtə] (*pl* **-n**) *die* visita *f*.

Visiten|karte *die* tarjeta *f* de visita.

Viskose [vɪs'koːzə] *die (ohne Pl)* viscosa *f.*

Visum ['viːzʊm] (*pl* **Visa** ODER **Visen**) *das* visado *m.*

Vitamin [vita'miːn] (*pl* **-e**) *das* vitamina *f.*

Vitrine [vi'triːnə] (*pl* **-n**) *die* vitrina *f.*

Vize|kanzler, in *der, die* vicecanciller *mf.*

Vize|präsident, in *der, die* vicepresidente *m,* -ta *f.*

Vogel (*pl* **Vögel**) *der* **- 1.** [Tier] pájaro *m* **- 2.** *fam* [Person] : **ein komischer ~** un tipo raro **- 3.** *RW* : **einen ~ haben** *salopp abw* estar majareta ; **jm einen ~ zeigen** *fam* hacerle a alguien un corte de mangas.

Vogelscheuche (*pl* **-n**) *die* espantapájaros *m inv.*

Vokabel [vo'kaːbl̩] (*pl* **-n**) *die* vocablo *m.*

Vokabular [vokabu'laːɐ̯] (*pl* **-e**) *das* vocabulario *m.*

Vokal [vo'kaːl] (*pl* **-e**) *der* vocal *f.*

Volk (*pl* **Völker**) *das* **- 1.** [gen] pueblo *m* **- 2.** *(ohne Pl) fam* [viele Personen] gente *f.*

Völker|bund *der (ohne Pl)* HIST Sociedad *f* de Naciones.

Völker|kunde *die (ohne Pl)* etnología *f.*

Völker|recht *das (ohne Pl)* derecho *m* internacional.

Völker|wanderung *die* HIST migración *f* de los pueblos.

Volksab|stimmung *die* plebiscito *m.*

Volks|fest *das* fiesta *f* popular.

Volkshoch|schule *die* centro (municipal) *m* de formación para adultos.

Volkshochschule

Además de las escuelas públicas de cada estado, prácticamente en todas las ciudades alemanas existe una **Volkshochschule** «universidad popular» a cargo del ayuntamiento del municipio. Esta amplia oferta educativa es muy barata y abarca desde cursos de idiomas con certificado, cursos de formación artesanal y artística pasando por cursos de filosofía hasta cursos introductorios en nuevas tecnologías, por ejemplo. Por ello, dejando aparte algunas escuelas internacionales de idiomas, no están muy extendidas en Alemania las academias privadas.

Volks|lied *das* canción *f* popular.

Volks|musik *die (ohne Pl)* música *f* popular.

Volks|tanz *der* baile *m* popular.

volkstümlich <> *adj* popular. <> *adv* popularmente.

Volks|wirtschaft *die* **- 1.** *(ohne Pl)* [Wissenschaft] ciencias *fpl* económicas **- 2.** [Wirtschaft] economía *f.*

voll <> *adj* **- 1.** [gen] lleno(na) ; **~ von etw sein** estar lleno de algo ; **halb ~** medio lleno ; **gestrichen ~** [genau voll] lleno hasta el borde ; **die Nase gestrichen ~ haben** *fam fig* estar hasta el gorro ; **aus dem Vollen schöpfen** *fig* tener abundancia (de algo) **- 2.** *salopp* [betrunken] borracho(cha) ; **~ sein** *salopp* estar borracho(cha) **- 3.** [ganz] completo(ta) ; **er ist bei ~em Bewusstsein** está plenamente consciente ; **in ~er Fahrt** a toda marcha ; **jn nicht für ~ nehmen** *fam fig & abw* no tomar en serio a alguien **- 4.** [Person, Gesicht] relleno(na) **- 5.** [Aroma, Klang] completo(ta). <> *adv* **- 1.** [ganz] completamente, plenamente ; **~ und ganz** plenamente **- 2.** *salopp* [total] completamente, totalmente.

vollauf *adv* del todo.

Voll|bart *der* barba *f* cerrada.

Voll|blut (*pl* **-blüter**) *das* purasangre *m.*

vollenden *vt* completar, terminar.

vollendet <> *pp* ▷ **vollenden.** <> *adj* perfecto(ta). <> *adv* perfectamente.

vollends *adv* del todo.

Voll|endung *die* **- 1.** [Perfektion] perfección *f* **- 2.** *(ohne Pl)* [Beenden] terminación *f.*

voller *adj (unver)* [voll von] lleno(na) de.

Volley|ball ['vɔlibal] *der* **- 1.** *(ohne Pl)* [Ballspiel] voleibol *m,* balonvolea *m* **- 2.** [Ball] balón *m* de voleibol.

Vollgas *das (ohne Pl)* a todo gas ; **~ geben** pisar el acelerador.

völlig <> *adj* completo(ta), total. <> *adv* totalmente.

volljährig *adj* mayor de edad.

Vollkaskover|sicherung *die* seguro *m* a todo riesgo.

vollkommen <> *adj* **- 1.** [Schönheit, Abend] perfecto(ta) **- 2.** [Ruhe, Stille] total, absoluto(ta). <> *adv* **- 1.** [spielen, tanzen] perfectamente **- 2.** [übereinstimmen] totalmente.

Vollkorn|brot *das* pan *m* integral.

voll machen *vt fam* **- 1.** [Hose, Windel] mojar **- 2.** [Kiste, Badewanne] llenar **- 3.** [Geldbetrag] completar.

Voll|macht (*pl* **-en**) *die* poder *m* ; **jm die ~ geben** ODER **erteilen** dar ODER otorgar un poder a alguien ; **schriftliche ~** poder por escrito.

Voll|milch *die (ohne Pl)* leche *f* entera.

Voll|mond *der (ohne Pl)* luna *f* llena.

Vollpension *die (ohne Pl)* pensión *f* completa ; **mit ~** con pensión completa.

vollschlank *adj* regordete(ta).

vollständig <> *adj* completo(ta). <> *adv* completamente.

vollstrecken *vt* ejecutar.

voll tanken *vi* repostar hasta llenar.

Volltreffer *der* impacto *m* certero.

Vollversammlung *die* pleno *m*, asamblea *f* plenaria.

vollwertig *adj* - **1.** [Mitglied] valioso(sa) - **2.** [Speisen] completo(ta).

Vollwertkost *die (ohne Pl)* alimentos *mpl* integrales.

vollzählig <> *adj* completo(ta). <> *adv* al completo.

vollziehen (*prät* **vollzog**, *perf* **hat vollzogen**) *vt* ejecutar.

Vollzug *der (ohne Pl)* - **1.** [von Urteilen] ejecución *f* - **2.** [von Eheschließungen, Beschlagnahmungen] consumación *f* - **3.** *fam* [Gefängnis] prisión *f*.

Vollzugsanstalt *die* centro *m* penitenciario.

Volt [vɔlt] (*pl* -) *das* voltio *m*.

Volumen [vo'lu:mən] (*pl* -) *das* volumen *m*.

vom *präp* - **1.** *(von + dem)* del ; **ein Telegramm ~ Großvater** un telegrama del abuelo - **2.** *(untrennbar)* del ; **~Fach sein** ser del gremio.

von *präp (+ D)* - **1.** [gen] de ; **ein Paket ~10 kg** un paquete de diez kilos ; **im Wert ~ tausend Mark** por valor de mil marcos ; **Bekannte ~ uns** conocidos nuestros ; **ist die Jacke ~ dir?** la chaqueta, ¿es tuya? ; **der Brief kommt vom Rathaus** la carta es del ayuntamiento ; **er ist ~ unglaublicher Dummheit** es increíblemente tonto ; **sie träumt ~ einem Garten** sueña con un jardín - **2.** [Angabe der Richtung] desde ; **~ allen Seiten** desde todos los lados ; [von weg] : **die Jacke vom Haken nehmen** coger ODER quitar la chaqueta del perchero - **3.** [Angabe des Handelnden] de, por ; **das Buch wurde ~ einer Schauspielerin geschrieben** el libro fue escrito por una actriz ; **das ist ein Film ~ Buñuel** es una película de Buñuel - **4.** [Angabe einer Teilmenge] de ; **ein Stück vom Kuchen abschneiden** cortar un trozo del pastel ; **neun ~ zehn** nueve de diez - **5.** [Angabe der Ursache] : **~ Katzenhaaren bekommt sie Schnupfen** el pelo de los gatos le hace estornudar - **6.** [in festen Wendungen] de ; **ich habe die Nase voll ~ dir!** ¡estoy hasta el gorro de ti! - **7.** *RW* : **~ mir aus** *fam* por mí ; **~ sich aus** *fam* por sí mismo(ma). ◆ **von ... an** *präp* desde. ◆ **von ... aus** *präp* desde. ◆ **von ... bis** *präp* desde ... hasta, de ... a. ◆ **von ... nach** *präp* desde ... a. ◆ **von wegen** *fam* <> *interj* [weit gefehlt] ¡de eso nada! <> *adv salopp* [über, darüber] algo acerca de.

voneinander *adv* uno (una) de otro, uno (una) de otra.

vor <> *präp* - **1.** *(+ D, + A)* [räumlich] delante de ; **~ dem Haus steht ein Baum** delante de la casa hay un árbol ; **~ versammelter Mannschaft** delante de todo el equipo ; **stell die Blumen ~ das Fenster** pon las flores delante de la ventana - **2.** *(+ D)* [zeitlich - vorher] : **er ist ~ fünf Minuten gegangen** hace cinco minutos que se marchó ; **~ dem Unterricht** antes de clase ; [- Angabe der Uhrzeit] : **es ist genau zehn ~ zehn** son las diez menos diez - **3.** *(+ D)* [in festen Wendungen] : **ich komme um ~ Durst** me muero de sed ; **sich ~ etw ekeln** asquearse de algo - **4.** *(+ D)* [Angabe einer Reihenfolge] antes de ; **~ dem Essen** antes de la comida - **5.** *RW* : **etw ~ sich** *(D)* **haben** tener algo por delante. <> *adv* hacia adelante. ◆ **vor allem** *adv* ante todo.

vorab *adv* de momento, por ahora.

Vorabend *der* víspera *f*.

voran *adv* [vorweg] delante ; **voran!** ¡adelante!

vorangehen (*perf* **ist vorangegangen**) *vi (unreg)* - **1.** [vorwärts gehen] avanzar - **2.** [vorne gehen] ir delante - **3.** [vorher passieren] : **etw/jm ~** preceder a algo/alguien.

vorankommen (*perf* **ist vorangekommen**) *vi (unreg)* avanzar ; **mit etw ~** avanzar con algo ; **gut ~** avanzar bien ; **nicht ~** no avanzar.

vorarbeiten *vi* adelantar el trabajo.

voraus *adv* por delante de, avanzado(da) ; **jm ~ sein** estar por delante de alguien.

vorausgehen (*perf* **ist vorausgegangen**) *vi (unreg)* - **1.** [vorher, früher gehen] ir por delante - **2.** [vorher passieren] : **etw geht einer Sache** *(D)* **voraus** algo precede a algo.

vorausgesetzt <> *pp* ▷ **voraussetzen**. <> *adj* siempre que.

voraushaben *vt (unreg)* : **jm etw ~** aventajar a alguien en algo.

voraussagen *vt* predecir.

vorraussehen *vt (unreg)* prever.

voraussetzen *vt* - **1.** [für selbstverständlich halten] presuponer ; **etw als bekannt ~** dar algo por sabido - **2.** [erfordern] presuponer, exigir.

Voraussetzung (*pl* **-en**) *die* - **1.** [Annahme] suposición *f*, supuesto *m* - **2.** [Erfordernis] condición *f* ; **unter der ~, dass** bajo la condición de que.

Voraussicht *die (ohne Pl)* previsión *f* ; **aller ~ nach** previsiblemente.

voraussichtlich <> *adv* previsiblemente. <> *adj* previsible.

Voraus|zahlung *die* pago *m* por adelantado.

Vorbehalt (*pl* **-e**) *der* reserva *f*; **etw unter** ODER **mit ~ annehmen** aceptar algo con reservas.

vor|behalten *vt (unreg)* : **sich etw ~** reservarse algo ; **jm etw ~** reservar algo a alguien.

vorbei *adv* **- 1.** [zu Ende] terminado(da), acabado(da) ; **mit etw ist es ~** [es ist zu Ende] algo ha terminado **- 2.** [vorüber, weg] acabado(da) de pasar.

vorbei|gehen (*perf* **ist vorbeigegangen**) *vi (unreg)* pasar ; **an etw/jm ~** pasar de largo junto a algo/alguien ; **ich muss noch beim Bäcker ~** tengo que pasar por la panadería.

vorbei|kommen (*perf* **ist vorbeigekommen**) *vi (unreg)* pasar ; **an etw** *(D)* **~** pasar por algo ; **bei jm ~** pasar por casa de alguien.

vorbei|reden *vi* : **aneinander ~** hablarse sin oírse.

vorbelastet *adj* con antecedentes.

vor|bereiten *vt* preparar ; **etw/jn auf etw** *(A)* **~** preparar algo/a alguien para algo. ◆ **sich vorbereiten** *ref* prepararse ; **sich auf etw** *(A)* **~** prepararse para algo.

Vor|bereitung *die* preparación *f*; **in ~ sein** estar en preparación.

vor|bestellen *vt* pedir por adelantado.

vorbestraft *adj* con antecedentes penales.

vor|beugen <> *vi* : **einer Sache** *(D)* **~** prevenir una cosa. <> *vt* inclinar hacia adelante.

Vor|beugung *die* prevención *f*.

Vor|bild *das* modelo *m*, ejemplo *m*.

vorbildlich <> *adj* ejemplar. <> *adv* ejemplarmente.

vor|bringen *vt (unreg)* **- 1.** [Bitte, Wunsch] aducir, decir ; **etw gegen etw/jn ~** aducir algo contra algo/alguien **- 2.** [bringen] llevar hacia.

vordere, r, s *adj* delantero(ra).

Vorder|grund *der* primer plano *m* ; **etw in den ~ stellen/rücken** colocar/mover algo en primer plano ; **im ~ stehen** estar en primer plano.

Vorder|mann *der* el que le predece.

Vorder|rad *das* rueda *f* delantera.

Vorder|sitz *der* asiento *m* delantero.

vor|drängen ◆ **sich vordrängen** *ref* colarse, avanzar a empujones.

vor|dringen (*perf* **ist vorgedrungen**) *vi (unreg)* avanzar.

Vor|druck *der* impreso *m*.

voreilig <> *adv* precipitadamente. <> *adj* precipitado(da).

voreinander *adv* **- 1.** [in Bezug aufeinander] uno (una) a otro, uno (una) a otra **- 2.** [räumlich] uno (una) delante de otro, uno (una) delante de otra.

voreingenommen <> *adj* predispuesto(ta) ; **gegen etw/jn ~ sein** estar predispuesto(ta) contra algo/alguien. <> *adv* con predisposición.

vor|enthalten *vt (unreg)* : **jm etw ~** privar a alguien de algo.

vorerst *adv* de momento.

Vorfahr (*pl* **-en**), **Vorfahre** (*pl* **-n**) *der* antecesor *m*.

vor|fahren (*perf* **hat/ist vorgefahren**) <> *vi (ist)* **- 1.** [nach vorn fahren] avanzar **- 2.** [vorausfahren] ir por delante **- 3.** [vor Gebäude] llegar delante de. <> *vt (hat)* **- 1.** [nach vorn] conducir, llevar hacia adelante **- 2.** [vor Gebäude] conducir, llevar delante de.

Vorfahrt *die (ohne Pl)* prioridad *f* ; **~ haben** tener prioridad.

Vorfahrts|straße *die* carretera *f* con prioridad.

Vor|fall *der* suceso *m*, acontecimiento *m*.

vor|fallen (*perf* **ist vorgefallen**) *vi (unreg)* ocurrir, suceder.

vor|finden *vt (unreg)* encontrar, hallar.

vor|führen *vt* **- 1.** [zeigen] presentar, mostrar ; **jm etw ~** presentar algo a alguien **- 2.** *fam* [blamieren] poner en evidencia.

Vor|führung *die* presentación *f*, exhibición *f*.

Vor|gang *der* proceso *m*.

Vorgänger, in (*mpl* **-**, *fpl* **-nen**) *der, die* antecesor *m*, -ra *f*.

vorgefertigt *adj* prefabricado(da).

Vor|gefühl *das* premonición *f*.

vorgegeben *adj* dado(da) ; **das vorgegebene Thema war : „Karl V."** el tema dado era : «Carlos V».

vor|gehen (*perf* **ist vorgegangen**) *vi (unreg)* **- 1.** [vorhergehen, nach vorne gehen] avanzar **- 2.** [passieren] ocurrir **- 3.** [handeln] proceder ; **gegen etw/jn ~** proceder contra algo/alguien **- 4.** [Uhr] adelantar(se) **- 5.** [vorne gehen] ir por delante.

Vor|geschichte *die* **- 1.** [vorherige Entwicklung] antecedentes *mpl* **- 2.** *(ohne Pl)* [Prähistorie] prehistoria *f*.

Vorgesetzte (*pl* **-n**) *der, die* jefe *m*, -fa *f*.

vorgestern *adv* **- 1.** [vor zwei Tagen] antes de ayer, anteayer **- 2.** *fam abw* [uralt] : **von ~ sein** estar anticuado(da).

vor|haben *vt (unreg)* : **etw ~** tener proyectado algo ; **was hast du am Wochenende vor?** ¿qué planes tienes para el fin de semana?.

Vorhaben (*pl* -) *das* proyecto *m*.

vor|halten *(unreg)* ◇ *vt* : **jm etw ~** [halten] poner a alguien algo delante ; *fig* [vorwerfen] reprochar algo a alguien. ◇ *vi* [ausreichen] llegar, alcanzar.

Vorhaltungen *pl* reproches *mpl*, amonestaciones *fpl* ; **jm ~ machen** hacerle reproches a alguien.

vorhanden *adj* existente, disponible ; **~ sein** existir.

Vor|hang *der* cortina *f*, telón *m* ; **der eiserne ~** el telón de acero.

Vorhängelschloss *das* candado *m*.

Vor|haut *die* prepucio *m*.

vorher *adv* antes ; **am Abend/Tag ~** la tarde/el día antes.

vorherig *adj* anterior.

vor|herrschen *vi* predominar, prevalecer.

Vorher|sage *die* presagio *m*, predicción *f*.

vorher|sehen *vt (unreg)* prever.

vorhin, vorhin *adv* hace poco, hace un rato.

vorig *adj* anterior, pasado(da).

Vorkehrungen *pl* : **~ treffen** tomar medidas.

Vorkenntnisse *pl* conocimientos *mpl* previos.

vor|kommen (*perf* **ist vorgekommen**) *vi (unreg)* **- 1.** [passieren] ocurrir ; **solch ein Fehler kann ~** semejante fallo puede ocurrir **- 2.** [auftreten] existir **- 3.** [scheinen] parecer ; **es kommt mir vor, als sei heute Sonntag** me parece que es domingo **- 4.** [nach vorne kommen] adelantarse, venir hacia adelante.

Vorkommen (*pl* -) *das* **- 1.** [an Bodenschätzen] yacimiento *m* **- 2.** *(ohne Pl)* [Existieren] existencia *f*.

Vorkommnis (*pl* **-se**) *das* suceso *m*.

Vor|ladung *die* citación *f*.

Vor|lage *die* **- 1.** [Muster] muestra *f*, modelo *m* **- 2.** *(ohne Pl)* [Vorlegen] presentación *f* **- 3.** [Gesetzesvorlage] proyecto *m* de ley **- 4.** SPORT pase *m* a gol.

vor|lassen *vt (unreg)* ceder el sitio.

Vor|läufer, in *der, die* precursor *m*, -ra *f*.

vorläufig ◇ *adj* provisional. ◇ *adv* de momento, provisionalmente.

vorlaut ◇ *adj* impertinente, descarado(da). ◇ *adv* con impertinencia, descaradamente.

vor|legen *vt* presentar ; **jm etw ~** presentar algo a alguien.

vor|lesen *vt (unreg)* leer ; **jm etw ~** leer algo a alguien.

Vor|lesung *die* UNI clase *f* magistral.

vor|letzte, r, s *adj* penúltimo(ma).

Vorliebe (*pl* **-n**) *die* preferencia *f* ; **eine ~ für etw/jn haben** tener preferencia por algo/alguien.

vorlieb nehmen *vi (unreg)* : **mit etw/jm ~** conformarse con algo/alguien.

vor|liegen *vi (unreg)* [vorgelegt sein] estar presentado(da), estar listo(ta) ; **gegen jn liegt etw vor** hay algo contra alguien.

vor|machen *vt* **- 1.** *fam* [zeigen] : **jm etw ~** enseñar algo a alguien **- 2.** [vortäuschen] : **jm etwas ~** engañar a alguien con algo.

Vormacht|stellung *die* supremacía *f*, hegemonía *f*.

Vor|marsch *der* MIL : **auf dem ~ sein** ganar terreno ; *fig* empezar a estar de moda.

vor|merken *vt* anotar, apuntar.

Vor|mittag *der* mañana *f* ; **gestern/morgen ~** ayer/mañana por la mañana ; **heute ~** esta mañana.

vormittags *adv* por la mañana.

Vormund (*pl* **-e** ODER **-münder**) *der* tutor *m*.

vorn, vorne *adv* delante. ◆ **von vorn** *adv* desde el comienzo. ◆ **von vorn bis hinten** *adv fam* de principio a fin.

Vor|name *der* nombre *m (de pila)*.

vornehm ◇ *adj* distinguido(da). ◇ *adv* elegantemente.

vor|nehmen *vt (unreg)* **- 1.** [durchführen] hacer, realizar **- 2.** [sich beschäftigen mit] : **sich** *(D)* **etw ~** *fam* ocuparse de algo **- 3.** [sich entschließen] : **sich** *(D)* **~, etw zu tun** proponerse hacer algo ; **sich** *(D)* **etw fest vorgenommen haben** haber hecho el firme propósito de algo.

vornherein ◆ **von vornherein** *adv* desde un principio.

Vor|ort *der* suburbio *m*.

Vor|platz *der* explanada *f*, plazoleta *f*.

vor|programmieren *vt* programar de antemano.

Vorrang *der (ohne Pl)* : **vor jm ~ haben** tener preferencia ante alguien.

vorrangig ◇ *adj* preferente, prioritario(ria). ◇ *adv* preferentemente.

Vorrat (*pl* **-räte**) *der* provisiones *fpl* ; **ein ~ an etw** *(D)* provisiones de algo.

vorrätig *adj* en existencia.

Vor|raum *der* antesala *f*.

Vor|recht *das* privilegio *m*.

Vor|richtung *die* dispositivo *m*.

vor|rücken (*perf* **hat/ist vorgerückt**) ◇ *vt (hat)* avanzar. ◇ *vi (ist)* avanzar.

Vorruhestand *der (ohne Pl)* prejubilación *f*.

vor|sagen ◇ *vt* : **jm etw ~** soplar algo a alguien. ◇ *vi* soplar.

Vor|saison *die* pretemporada *f*.

Vor|satz *der* propósito *m* ; **einen ~ fassen** hacer un propósito.

vorsätzlich ◇ *adj* intencionado(da), premeditado(da). ◇ *adv* intencionadamente, premeditadamente.

Vor|schau *die* trailer *m*, avance *m*.

Vorschein *der (ohne Pl)* : **zum ~ kommen** aparecer.

vor|schieben *vt (unreg)* - **1.** [Riegel, Auto] poner, empujar - **2.** [Vorwand] aducir, alegar - **3.** [Stellvertreter, Kollegen] mandar por delante a.

Vor|schlag *der* propuesta *f*, proposición *f*.

vor|schlagen *vt (unreg)* proponer ; **jm etw ~** proponer algo a alguien.

vorschlagen

¿Comemos juntos mañana? Sollen wir morgen zusammen essen?
¿Os apetece un helado? Mögt ihr ein Eis?
¿Te quieres venir con nosotros? Willst du mit uns kommen?
¿Que te parece si vamos a tu casa? Was meinst du, gehen wir zu dir?
¿Qué tal un baño en el río? Wie wärs, gehen wir im Fluss schwimmen?

vorschnell ◇ *adj* precipitado(da). ◇ *adv* precipitadamente.

vor|schreiben *vt (unreg)* prescribir ; **jm etw ~** mandar algo a alguien.

Vor|schrift *die* reglamento *m*, prescripción *f*.

Vor|schule *die* centro *m* de enseñanza infantil.

Vor|schuss *der* anticipo *m* ; **jm einen ~ geben** dar un anticipo a alguien.

vor|sehen *vt (unreg)* [Änderungen, Strafe] prever ; **das ist nicht vorgesehen** no está previsto(ta) ; **etw/jn für etw ~** destinar algo/alguien para algo. ◆ **sich vorsehen** *ref* : **sich vor etw/jm ~** precaverse de algo/alguien.

vor|setzen *vt* : **jm etw ~** servir algo a alguien.

Vorsicht ◇ *die (ohne Pl)* cuidado *m*, precaución *f*. ◇ *interj* : **Vorsicht!** ¡cuidado!

vorsichtig ◇ *adj* cuidadoso(sa), precavido(da). ◇ *adv* cuidadosamente, con cuidado.

vorsichtshalber *adv* por si acaso.

Vorsichts|maßnahme *die* medida *f* de precaución.

Vor|silbe *die* prefijo *m*.

Vor|sitz *der* presidencia *f*.

Vorsitzende (*pl* **-n**) *der, die* presidente *m*, -ta *f*.

Vorsorge *die (ohne Pl)* precaución *f*, prevención *f* ; **~ treffen** tomar precauciones.

vor|sorgen *vi* : **für etw ~** tomar medidas preventivas para algo.

vorsorglich ◇ *adj* preventivo(va). ◇ *adv* preventivamente.

Vor|speise *die* entremeses *mpl*.

vor|spielen ◇ *vt* - **1.** [vortragen] interpretar ; **jm etw ~** [auf einem Instrument] tocar ODER interpretar algo para alguien - **2.** [vortäuschen] fingir. ◇ *vi* - **1.** [zur Unterhaltung] tocar ODER interpretar una pieza musical para alguien - **2.** [zur Prüfung] tener una audición musical.

Vor|sprung *der* - **1.** [Abstand] ventaja *f* - **2.** [Ausbuchtung] saliente *m*.

Vor|stadt *die* suburbio *m*.

Vor|stand *der* junta *f* directiva.

vor|stehen *vi (unreg)* - **1.** [herausragen] sobresalir - **2.** [verantwortlich sein] : **etw/jm ~** dirigir algo/a alguien.

vor|stellen *vt* - **1.** [bekannt machen] presentar ; **jn jm ~** presentar alguien a alguien - **2.** [sich ausdenken] : **sich** *(D)* **etw ~** imaginarse algo - **3.** [vorrücken] adelantar. ◆ **sich vorstellen** *ref* [sich bewerben] : **sich bei jm ~** presentarse a alguien.

Vor|stellung *die* - **1.** [geistiges Bild] idea *f* ; **js ~en entsprechen** cumplir las expectativas de alguien - **2.** [Aufführung] representación *f* - **3.** *(ohne Pl)* [von Kandidaten, von Ergebnissen] presentación *f*.

Vorstellungs|gespräch *das* (primera) entrevista *f*.

Vor|strafe *die* RECHT condena *f* anterior.

vor|strecken *vt* - **1.** [Arme, Kinn] estirar hacia adelante - **2.** [Geld] : **jm etw ~** adelantarle a alguien algo.

vor|täuschen *vt* fingir ; **jm etw ~** fingir algo delante de alguien.

Vor|teil *der* ventaja *f* ; **zu js ~** en favor de alguien ; **jm gegenüber im ~ sein** tener ventaja con respecto a alguien.

vorteilhaft ◇ *adj* ventajoso(sa). ◇ *adv* ventajosamente.

Vortrag (*pl* **-träge**) *der* conferencia *f* ; **ein ~ über etw/jn** una conferencia sobre algo/

alguien ; **einen ~ halten** dar una conferencia.

vor|tragen *vt (unreg)* - **1.** [Lied] interpretar ; [Gedicht] recitar - **2.** [Sachverhalt, Anliegen] exponer ; **jm etw ~** exponerle algo a alguien.

Vortritt *der (ohne Pl)* : **jm den ~ lassen** ceder el paso a alguien.

vorüber *adj* : **~ sein** haber pasado.

vorüber|gehen (*perf* **ist vorübergegangen**) *vi (unreg)* pasar ; **an etw/jm ~** pasar junto a algo/alguien().

vorübergehend <> *adj* pasajero(ra). <> *adv* pasajeramente.

Vorur|teil *das* prejuicio *m*.

Vorver|kauf *der* venta *f* anticipada.

Vor|wahl *die* - **1.** [von Telefonnummer] prefijo *m* - **2.** [von Wahlen] elecciones *fpl* primarias.

Vorwand (*pl* **-wände**) *der* pretexto *m* ; **unter einem ~** con un pretexto.

vorwärts *adv* hacia adelante.

vorwärts gehen (*perf* **ist vorwärts gegangen**) *vi (unreg)* avanzar.

vorwärts kommen (*perf* **ist vorwärts gekommen**) *vi (unreg)* progresar.

vorweg *adv* - **1.** [vorher] de antemano - **2.** [voraus] por delante.

vorweg|nehmen *vt (unreg)* anticipar.

vor|weisen *vt (unreg)* - **1.** [Führerschein, Ausweis] presentar - **2.** [Erfahrung] demostrar.

vor|werfen *vt (unreg)* : **jm etw ~** reprocharle algo a alguien.

vorwiegend *adv* sobre todo.

Vorwissen *das (ohne Pl)* conocimientos *mpl* previos.

Vor|wort *das* prólogo *m*.

Vor|wurf *der* reproche *m*.

vorwurfsvoll <> *adj* lleno(na) de reproches. <> *adv* lleno de reproches.

Vor|zeichen *das* - **1.** [Anzeichen] augurio *m*, presagio *m* - **2.** MATH signo *m* - **3.** MUS signo *m* accidental.

vor|zeigen *vt* presentar ; **jm etw ~** presentar algo a alguien.

vorzeitig <> *adj* [Pensionierung, Warnung] anticipado(da) ; [Geburt] prematuro(ra). <> *adv* prematuramente.

vor|ziehen *vt (unreg)* - **1.** [lieber mögen] preferir ; **etw einer Sache** *(D)* **~** preferir algo a algo - **2.** [Gardinen, Riegel] cerrar - **3.** [Termin, Urlaub] adelantar - **4.** [Tisch] correr hacia adelante.

Vor|zug *der* - **1.** *(ohne Pl)* [Vorrang] preferencia *f* ; **etw/jm den ~ geben** dar preferencia a algo/alguien - **2.** [gute Eigenschaft] mérito *m*.

vorzüglich <> *adj* excelente. <> *adv* excelentemente.

vorzugsweise *adv* preferiblemente.

vulgär <> *adj* vulgar. <> *adv* vulgarmente.

Vulkan (*pl* **-e**) *der* volcán *m*.

W

w, W [veː] (*pl* - ODER **-s**) *das* w *f*, W *f*. <> **W** - **1.** (*abk für* **West**) O - **2.** (*abk für* **Watt**) W.

Waage (*pl* **-n**) *die* - **1.** [Gerät] báscula - **2.** ASTROL Libra *f*.

waagerecht, waagrecht <> *adj* horizontal. <> *adv* horizontalmente.

Wabe (*pl* **-n**) *die* panal *m*.

wach <> *adj* despierto(ta) ; **sich (mit viel Kaffee) ~ halten** mantenerse despierto(ta) (con mucho café) ; **die Erinnerung an etwas ~ halten** mantener vivo el recuerdo de algo ; **~ werden** despertarse. <> *adv* [rege] atentamente.

Wache (*pl* **-n**) *die* - **1.** *(ohne Pl)* [Wachdienst] guardia *f* ; **~ halten** hacer guardia - **2.** [Wächter] guarda *m* - **3.** [Polizeiwache] puesto *m* de policía.

wachen *vi* [wach bleiben] velar.

Wach|hund *der* perro *m* guardián.

Wacholder (*pl* -) *der* enebro *m*.

Wachs [vaks] (*pl* **-e**) *das* cera *f*.

wachsam ['vaxzaːm] <> *adj* atento(ta) ; **~ sein** estar atento(ta). <> *adv* atentamente.

wachsen [vaksn̩] (*präs* **wächst** ODER **wachst**, *prät* **wuchs** ODER **wachste**, *perf* **ist gewachsen** ODER **hat gewachst**) <> *vi (unreg, ist)* - **1.** [gen] crecer - **2.** *RW* : **einer Sache/jm gewachsen sein** estar a la altura de algo/alguien. <> *vt (reg, hat)* [mit Wachs] encerar.

Wachsfiguren|kabinett ['vaksfiguːrn̩kabinɛt] *das* museo *m* de cera.

Wachsmal|stift ['vaksmaːlʃtɪft] *der* cera *f (para dibujar)*.

wächst [vɛkst] *präs* ▷ **wachsen**.

Wachs|tuch *das* hule *m*.

Wachstum ['vakstuːm] *das (ohne Pl)* crecimiento *m*.

Wachtel (*pl* **-n**) *die* codorniz *f*.

Wächter, in (*mpl* **-**, *fpl* **-nen**) *der, die* [in Bank, Supermarkt] vigilante *mf* ; [im Museum, Krankenhaus] celador *m*, -ra *f*.

Wacht|posten *der* puesto *m* de guardia.

Wach|turm, Wacht|turm *der* torre *f* de vigía.

wackelig, wacklig <> *adj* **- 1.** [Möbel] cojo(ja) **- 2.** [Person] : **~ auf den Beinen stehen** no sentirse muy seguro(ra) sobre sus pies **- 3.** *fam* [gefährdet] poco seguro. <> *adv* tambaleante.

Wackel|kontakt *der* ELEKTR contacto *m* flojo.

wackeln (*perf* **hat/ist gewackelt**) *vi* **- 1.** *(hat)* [Zahn, Tisch] moverse **- 2.** *(hat)* [mit Kopf, mit Schwanz] : **mit etw ~** mover algo **- 3.** *(ist) fam* [gehen] andar con pasos vacilantes **- 4.** *(hat) fam* [gefährdet sein] estar en peligro.

wacker <> *adj* **- 1.** [Bürger, Soldat] honrado(da) **- 2.** [Esser, Trinker] valiente. <> *adv* con valor ; **er hat sich bei dem Interview ~ geschlagen** en la entrevista se defendió valientemente.

Wade (*pl* **-n**) *die* pantorrilla *f*.

Waffe (*pl* **-n**) *die* arma *f*.

Waffel (*pl* **-n**) *die* gofre *m*.

Waffel|eisen *das* molde *m* para gofres.

Waffen|gewalt *die (ohne Pl)* : **mit ~** por la fuerza de las armas.

Waffen|handel *der (ohne Pl)* tráfico *m* de armas.

Waffen|schein *der* licencia *f* de armas.

Waffenstill|stand *der* armisticio *m*.

wagemutig *adj* audaz.

wagen *vt* atreverse ; **es ~, etw zu tun** atreverse a hacer algo.

Wagen (*pl* **-**) *der* **- 1.** [Auto] coche *m* **- 2.** [Anhänger] vagón *m* **- 3.** [Karre] carro *m*. ◆ **Große Wagen** *der* ASTRON Osa *f* Mayor. ◆ **Kleine Wagen** *der* ASTRON Osa *f* Menor.

Wagen|heber (*pl* **-**) *der* gato *m (de coche)*.

Waggon [va'gɔŋ], **Wagon** (*pl* **-s**) *der* vagón *m*.

waghalsig <> *adj* temerario(ria). <> *adv* temerariamente.

Wagnis (*pl* **-se**) *das* empresa *f* aventurada ; **ein ~ eingehen** correr un riesgo.

Wagon = **Waggon**.

Wahl (*pl* **-en**) *die* **- 1.** *(ohne Pl)* [Auswahl] elección *f* ; **die ~ haben** poder elegir ; **eine ~ treffen** elegir ; **erster/zweiter ~ sein** ser de primera/segunda calidad ; **in die engere ~ kommen** ser preseleccionado(da) **- 2.** [Abstimmung, Ernennung] elecciones *fpl*.

wahlberechtigt *adj* con derecho a voto.

wählen *vt & vi* **- 1.** [auswählen] elegir ; **zwischen etw** *(D)* **und etw** *(D)* **~** elegir entre algo y algo **- 2.** [Telefonnummer] marcar **- 3.** [Partei, Kandidaten] votar.

Wähler (*pl* **-**) *der* elector *m*.

Wählerin (*pl* **-nen**) *die* electora *f*.

wählerisch *adj* exigente.

Wähler|stimme *die* voto *m*.

Wähler|vereinigung *die* : **eine freie ~** una lista independiente.

Wahl|fach *das* SCHULE asignatura *f* optativa.

Wahl|gang *der* vuelta *f* electoral.

Wahl|heimat *die* patria *f* adoptiva.

Wahl|kabine *die* cabina *f* electoral.

Wahl|kampf *der* campaña *f* electoral.

Wahl|kreis *der* distrito *m* electoral.

Wahl|lokal *das* colegio *m* electoral.

wahllos *adv* a la buena de Dios.

Wahlnieder|lage *die* derrota *f* electoral.

Wahl|recht *das (ohne Pl)* derecho *m* al voto.

Wahl|rede *die* discurso *m* electoral.

Wähl|scheibe *die* disco *m* selector ODER marcador.

Wahl|sieg *der* victoria *f* electoral.

Wahl|spruch *der* lema *m* electoral.

Wahl|versprechen *das* promesa *f* electoral.

wahlweise *adv* a elección.

Wahn *der (ohne Pl)* manía *f*.

Wahnsinn *der (ohne Pl)* locura *f* ; **das ist heller** ODER **reiner ~** es una verdadera locura.

wahnsinnig <> *adj* **- 1.** [geistig gestört] loco(ca) **- 2.** [Plan, Unternehmen] absurdo(da) **- 3.** [Angst, Geschwindigkeit] terrible. <> *adv fam* [sehr] muchísimo.

Wahnvor|stellung *die* alucinación *f*.

wahr *adj* **- 1.** [real] real ; **das darf doch nicht ~ sein!** *fam* ¡no puede ser! ; **etw ~ machen** *fig* cumplir algo **- 2.** [regelrecht] auténtico(ca) **- 3.** [ideal] verdadero(ra) ; **er ist ein ~er Freund** es un verdadero ODER auténtico amigo. ◆ **nicht wahr** *interj* : **nicht ~?** ¿no es cierto?.

während <> *konj* **- 1.** [zeitlich] mientras **- 2.** [gegensätzlich] mientras que. <> *präp* durante.

währenddessen *adv* mientras tanto.

wahrhaben *vt* : **etw nicht ~ wollen** no querer aceptar algo.

Wahrheit (*pl* **-en**) *die* verdad *f*. ◆ **in Wahrheit** *adv* en realidad.

wahrheitsgemäß ◇ *adj* verídico(ca). ◇ *adv* conforme a la verdad.

wahr|nehmen *vt (unreg)* **- 1.** [Geräusch, Veränderung] percibir **- 2.** [Gelegenheit, Angebot] aprovechar **- 3.** [Interessen] defender.

Wahrnehmung (*pl* **-en**) *die* **- 1.** [von Geräuschen, Veränderungen] percepción *f* **- 2.** *(ohne Pl)* [von Gelegenheiten, Vorteilen] aprovechamiento *m* **- 3.** *(ohne Pl)* [Vertretung] : **die ~ der Geschäfte übernehmen** encargarse de los negocios.

wahr|sagen ◇ *vi* predecir el futuro. ◇ *vt* predecir.

Wahrsager, in (*mpl* **-**, *fpl* **-nen**) *der, die* adivino *m*, -na *f*.

wahrscheinlich ◇ *adj* probable. ◇ *adv* probablemente.

Wahrscheinlichkeit (*pl* **-en**) *die* probabilidad *f* ; **aller ~ nach** es muy probable que.

Wahrung *die (ohne Pl)* defensa *f* ; **unter ~ der Form** manteniendo las formas.

Währung (*pl* **-en**) *die* moneda *f* ; **eine harte ~** una moneda fuerte.

Währungs|einheit *die* unidad *f* monetaria.

Währungs|reform *die* reforma *f* monetaria.

Währungs|system *das* sistema *m* monetario.

Wahr|zeichen *das* monumento *m* emblemático.

Waise (*pl* **-n**) *die* huérfano *m*, -na *f*.

Waisen|haus *das* orfanato *m*.

Waisen|kind *das* huérfano *m*, -na *f*.

Wal (*pl* **-e**) *der* ballena *f*.

Wald (*pl* **Wälder**) *der* bosque *m*.

Wald|brand *der* incendio *m* forestal.

Wäldchen (*pl* **-**) *das* bosquecillo *m*.

Wald|gebiet *das* región *f* boscosa.

Wald|lauf *der* carrera *f* por el bosque ; **einen ~ machen** hacer footing por el bosque.

Waldmeister *der (ohne Pl)* aspérula *f*.

Wald|sterben *das (ohne Pl)* muerte *f* de los bosques.

Wald|weg *der* camino *m* forestal.

Wales ['weːls] *nt* Gales *m* ; **in ~** en Gales.

Walkie-Talkie ['wɔːkɪ'tɔːkɪ] (*pl* **-s**) *das* walkie-talkie *m*.

Walkman® ['wɔːkmɛn] (*pl* **-men**) *der* walkman *m*.

Wall (*pl* **Wälle**) *der* terraplén *m*.

Wall|fahrt *die* peregrinación *f*.

Wallis *das* Valais *m*.

Walliser (*pl* **-**) ◇ *der* habitante *m* del Valais. ◇ *adj (unver)* del Valais.

Walliserin (*pl* **-nen**) *die* habitante *f* del Valais.

walliserisch *adj* del Valais.

Wallone (*pl* **-n**) *der* valón *m*.

Wallonien *nt* Valonia *f*.

Wallonin (*pl* **-nen**) *die* valona *f*.

wallonisch *adj* valón(ona).

Wal|nuss *die* nuez *f*.

Wal|ross *das* morsa *f*.

walten *vi geh* reinar ; **etw ~ lassen** actuar con algo.

Walze (*pl* **-n**) *die* [für Druck] rodillo *m* ; [für Erdarbeiten, Asphalt] apisonadora *f*.

walzen *vt* [Stahl, Blech] laminar ; [Straßen, Erde] aplanar.

wälzen *vt* **- 1.** [rollen] hacer rodar ; [umdrehen] dar la vuelta **- 2.** [lesen] revolver mamotretos.

Walzer (*pl* **-**) *der* vals *m* ; **~ tanzen** bailar el vals.

Wälzer (*pl* **-**) *der fam* tocho *m*, mamotreto *m*.

wand *prät* ▷ **winden**.

Wand (*pl* **Wände**) *die* pared *f*, muro *m* ; **in den eigenen vier Wänden** *fig* entre sus cuatro paredes ; **jn an die ~ stellen** *fam fig* poner a alguien contra el paredón.

Wandel *der (ohne Pl)* cambio *m* ; **im ~ begriffen** estar cambiando.

wandeln (*perf* **hat/ist gewandelt**) *geh* ◇ *vi (ist)* deambular. ◇ *vt (hat)* transformar. ◆ **sich wandeln** *ref* transformarse.

Wanderer, Wandrer (*pl* **-**) *der* caminante *m*, senderista *m*.

Wanderin, Wandrerin (*pl* **-nen**) *die* caminante *f*, senderista *f*.

Wander|karte *die* mapa *m* de senderismo.

wandern (*perf* **ist gewandert**) *vi* **- 1.** [als Hobby] hacer senderismo **- 2.** [herumziehen] ir de un lugar a otro ; **sein Blick wandert durch den Raum** su mirada vaga por la habitación **- 3.** *fam* [landen] ir a.

Wander|schuh *der* botas *fpl* de senderismo.

Wander|tag *der día de excursión en el colegio*.

Wanderung (*pl* **-en**) *die* excursión *f*.

Wander|weg *der* camino *m* (señalizado).

Wand|gemälde *das* pintura *f* mural.

Wand|kalender *der* calendario *m* de pared.

Wandlung (*pl* **-en**) *die* transformación *f*.

Wand|malerei *die* pintura *f* mural.

Wandrer = **Wanderer**.

Wandrerin = **Wanderin**.

Wand|schrank *der* armario *m* empotrado.

Wand|tafel *die* pizarra *f* (de pared).

wandte *prät* ▷ **wenden**.

Wand|teppich *der* tapiz *m*.

Wand|uhr *die* reloj *m* de pared.

Wange (*pl* **-n**) *die geh* mejilla *f*.

wankelmütig *geh & abw* <> *adj* inconstante. <> *adv* de forma inconstante.

wanken (*perf* **hat/ist gewankt**) *vi* **- 1.** *(ist)* [schwankend gehen] andar tambaleándose **- 2.** *(hat)* [Gebäude, Knie] temblar **- 3.** *(hat) geh* [Stellung, Entschluss] tambalearse.

wann *adv* cuándo ; **~ kommst du morgen?** ¿a qué hora vienes mañana? ; **bis ~?** ¿hasta cuándo? ; **seit ~?** ¿desde cuándo? ; **von ~ bis ~?** ¿desde cuándo hasta cuándo? ; **~ du willst** cuando quieras.

Wanne (*pl* **-n**) *die* bañera *f*.

Wanze (*pl* **-n**) *die* **- 1.** [Insekt] chinche *f* **- 2.** [Abhörgerät] micrófono *m*.

Wappen (*pl* **-**) *das* escudo *m*.

war *prät* ▷ **sein**.

warb *prät* ▷ **werben**.

Ware (*pl* **-n**) *die* artículo *m*, mercancía *f*.

Waren|haus *das* grandes almacenes *mpl*.

Waren|lager *das* almacén *m* de mercancías.

Waren|zeichen *das* : **eingetragenes ~** marca registrada.

warf *prät* ▷ **werfen**.

warm (*komp* **wärmer**, *superl* **wärmste**) <> *adj* **- 1.** [Temperatur] caliente ; **es ist ~** hace calor ; **jm ist ~** alguien tiene calor ; **jm wird ~** a alguien le entra calor ; **heute war es 30 °C ~** hoy el termómetro ha marcado treinta grados **- 2.** [Empfang, Farben] cálido(da) ; **mit jm ~ werden** *fam fig* empezar a sentir simpatía por alguien **- 3.** [Miete] con todos los gastos incluidos. <> *adv* **- 1.** [heiß] (en) caliente ; **~ stellen** reservar al calor **- 2.** [sich bedanken] de todo corazón **- 3.** [leuchten] con una luz cálida.

Wärme *die (ohne Pl)* **- 1.** [höhere Temperatur] calor *m* **- 2.** [Herzlichkeit] calidez *f*.

wärmedämmend *adj* aislante.

wärmen *vt & vi* calentar.

Wärm|flasche *die* bolsa *f* de agua caliente.

warmherzig <> *adj* cálido(da). <> *adv* calurosamente.

warm laufen (*perf* **hat/ist warm gelaufen**) *vi (unreg) (ist)* calentarse.

Warm|miete *die* alquiler *m* con todos los gastos incluidos.

Warmwasser *das (ohne Pl)* agua *f* caliente.

Warnblinkan|lage *die* AUTO doble intermitente *m*.

Warn|dreieck *das* AUTO triángulo *m* de emergencia.

warnen *vt* advertir ; **jn vor etw/jm ~** advertir a alguien de algo/alguien.

Warn|schild (*pl* **-er**) *das* señal *f* de aviso.

Warnung (*pl* **-en**) *die* advertencia *f*.

Warschau *nt* Varsovia *f*.

warten <> *vi* esperar ; **auf etw/jn ~** esperar algo/a alguien ; **mit etw ~** esperar con algo. <> *vt* TECH mantener.

Wärter, in (*mpl* **-**, *fpl* **-nen**) *der, die* [im Zoo] cuidador *m*, -ra *f* ; [im Gefängnis] guardia *mf*.

Warte|saal *der* sala *f* de espera.

Warte|zimmer *das* sala *f* de espera.

Wartung (*pl* **-en**) *die* mantenimiento *m*.

warum *adv* por qué.

Warze (*pl* **-n**) *die* verruga *f*.

was <> *pron* **- 1.** [zur Frage nach etwas] qué ; **~ machst/suchst du?** ¿qué haces/buscas? ; **~ heißt das?** ¿qué significa? **- 2.** [zur Frage nach einem Betrag] cuánto ; **~ bin ich Ihnen schuldig?** ¿cuánto le debo? **- 3.** [zur Frage nach der Tätigkeit] : **~ machen Sie?** ¿a qué se dedica usted? **- 4.** [zum Ausdruck des Missfallens] por qué **- 5.** [mit Präposition] qué ; **an ~ denkst du gerade?** ¿en qué piensas? **- 6.** *(nachgestellt)* [Aufforderung zur Zustimmung] : **das Essen war gut, ~?** estaba buena la comida, ¿eh? **- 7.** [Relativpronomen] que ; **das Beste, ~ passieren kann** lo mejor que puede pasar **- 8.** *fam* [Indefinitpronomen] algo ; **ich muss dich ~ fragen** tengo que preguntarte algo **- 9.** *RW* : **~ für** qué (tipo de) ; **~ weiß ich!** *fam* ¡yo que sé! <> *interj* **- 1.** [als Ausdruck des Erstaunens] : **~, das war schon alles?** ¿y eso es todo? **- 2.** *fam* [zur Bitte um Wiederholung] ¿cómo?. ◆ **ach, was!** *interj* ¡venga, hombre! ◆ **so was!** *interj* ¡vaya!

Waschan|lage *die* túnel *m* de lavado.

waschbar *adj* lavable.

Wasch|becken *das* lavabo *m*.

Wäsche (*pl* **-n**) *die* **- 1.** *(ohne Pl)* [schmutzige Wäsche] ropa *f* sucia **- 2.** *(ohne Pl)* [Unterwäsche] ropa *f* interior **- 3.** [Waschen] colada *f*.

waschecht *adj* **- 1.** [Stoff, Farbe] sólido(da) **- 2.** [typisch] auténtico(ca).

Wäsche|klammer *die* pinza *f* de la ropa.

Wäsche|korb *der* cesto *m* de la ropa sucia.

Wäschelleine *die* cuerda *f* para tender la ropa.

waschen (*präs* **wäscht**, *prät* **wusch**, *perf* **hat gewaschen**) *vt* lavar ; **sich** *(D)* **die Haare/die Hände ~** lavarse el pelo/las manos. ◆ **sich waschen** *ref* lavarse ; **sich gewaschen haben** *fam fig* ser algo muy exagerado.

Wäscherei (*pl* **-en**) *die* lavandería *f (tinte)*.

Wäschelschleuder *die* secadora *f*.

Wäschelständer *der* tendedero *m*.

Wäscheltrockner *der* **- 1.** [Maschine] secadora *f* **- 2.** [Wäscheständer] tendedero *m*.

Waschlgelegenheit *die* lavabo *m*.

Waschllappen *der* **- 1.** [Lappen] manopla *f* de baño **- 2.** *fam abw* [Person] calzonazos *m inv*.

Waschlmaschine *die* lavadora *f*.

Waschlmittel *das* detergente *m*.

Waschlpulver *das* detergente *m* en polvo.

Waschlraum *der* aseos *mpl*.

Waschlsalon *der* lavandería *f*.

wäscht *präs* ▷ **waschen**.

Wasser (*pl* **-** ODER **Wässer**) *das* **- 1.** *(ohne Pl)* [Flüssigkeit] agua *f* ; **~ abstoßend** impermeable ; **unter ~ stehen** estar inundado(da) **- 2.** *(Pl Wässer)* [Gewässer] agua *f* **- 3.** *(Pl Wässer)* [Mineralwasser] agua *f* mineral **- 4.** *RW* : **sich über ~ halten** ganarse uno la vida como puede.

Wasser

Al poco tiempo de vivir entre alemanes, se da uno cuenta de que el agua que beben es principalmente **Sprudel** «agua con gas». Incluso la **stilles Mineralwasser** «agua mineral sin gas» contiene un poco de ácido carbónico. Para conseguir agua sin gas hay que utilizar la expresión **Tafelwasser** o **Leitungswasser**, que significa «agua del grifo».

wasserabstoßend ▷ **Wasser**.

Wasserlbad *das* KÜCHE baño *m* María.

wasserdicht *adj* **- 1.** [Zelt, Uhr] impermeable **- 2.** *fam* [Alibi, Vertrag] a prueba de bomba.

Wasserlfarbe *die* acuarela *f*.

Wasserlgraben *der* foso *m*.

Wasserlhahn *der* grifo *m* de agua, canilla *f Amér*.

Wasserkraftlwerk *das* central *f* hidroeléctrica.

Wasserlleitung *die* tubería *f* de agua.

wasserlöslich *adj* soluble.

Wasserlmann (*pl* **-männer**) *der* ASTROL Acuario *m*.

Wasserlmelone *die* sandía *f*.

wässern *vt* **- 1.** [Garten, Beete] regar **- 2.** [Küche] poner en remojo.

Wasserlpflanze *die* planta *f* acuática.

Wasserlratte *die* **- 1.** [Tier] rata *f* de agua **- 2.** *fam* [Person] persona *f* muy aficionada a nadar.

wasserscheu *adj* que tiene miedo al agua.

Wasserlschutzpolizei *die (ohne Pl)* policía *f* fluvial.

Wasserlski ◇ *der* [Gerät] esquí *m* acuático. ◇ *nt (ohne Pl)* [Sportart] esquí *m* acuático.

Wasserlspiegel *der* nivel *m* del agua.

Wasserlsport *der (ohne Pl)* deporte *m* náutico.

Wasserlspülung (*pl* **-en**) *die* cisterna *f* de agua.

Wasserlstand *der* nivel *m* del agua.

Wasserlstelle *die* aguada *f*.

Wasserlstoff *der (ohne Pl)* CHEM hidrógeno *m*.

Wasserlturm *der* depósito *m* de agua.

Wasserlversorgung *die (ohne Pl)* abastecimiento *m* de agua.

Wasserlvogel *der* ave *f* acuática.

Wasserlwaage *die* nivel *m* de agua.

Wasserlwerk *das* central *f* de distribución de agua.

Wasserlzeichen *das* marca *f* de agua.

wässrig ◇ *adj* [Lösung, Farbe] acuoso(sa) ; [Suppe, Soße] aguado(da). ◇ *adv* aguado(da).

waten (*perf* **ist gewatet**) *vi* [durchwaten] vadear ; [in Meer, Morast] caminar por ODER en.

watscheln (*perf* **ist gewatschelt**) *vi* andar patosamente.

Watt (*pl* **-en** ODER **-**) *das* **- 1.** *(G Watt(e)s, Pl Watten)* [Küstengebiet] marisma *f* **- 2.** *(G Watts, Pl Watt)* PHYS & TECH [Maßeinheit] vatio *m*.

Watte *die (ohne Pl)* algodón *m*.

Wattelbausch *der* tapón *m* de algodón.

Wattenlmeer *das* marisma *f*.

Wattelstäbchen *das* bastoncillos *mpl* de algodón.

wattiert *adj* guateado(da).

WC [veːˈtseː] (*pl* **-s**) (*abk für* **water closet**) *das* WC *m*.

weben (*prät* **wob**, *perf* **hat gewoben**) *vt* tejer.

Web|seite [websaitə] *die* EDV página *f* web.

Web|stuhl *der* telar *m*.

Wechsel ['vɛksl̩] (*pl* -) *der* - **1.** [Austausch] relevo *m* - **2.** [nacheinander] sucesión *f* - **3.** *(ohne Pl)* [von Devisen] cambio *m* - **4.** [Zahlungsmittel] letra *f* (de cambio). ◆ **im Wechsel** *adv* de forma alterna.

Wechsel|bad *das* - **1.** [Bad] baño *m* alterno - **2.** *fig* : **ein ~ der Gefühle** una confusión de los sentimientos.

Wechsel|beziehung *die* correlación *f*.

Wechsel|geld *das (ohne Pl)* cambio *m*.

wechselhaft ['vɛksl̩haft] *adj* cambiante, inestable.

Wechseljahre *pl* menopausia *f*.

Wechsel|kurs *der* tipo *m* de cambio.

wechseln ['vɛksl̩n] (*perf* **hat/ist gewechselt**) ◇ *vt (hat)* - **1.** [Thema, Geld] cambiar ; **etw gegen** ODER **in etw** *(A)* **~** cambiar algo por algo - **2.** [Worte, Blicke] intercambiar. ◇ *vi* - **1.** *(hat)* [Laune, Wetter] cambiar - **2.** *(ist)* [überwechseln] trasladarse.

Wechsel|rahmen *der* passe-partout *m*.

wechselseitig ◇ *adj* mutuo(tua). ◇ *adv* mutuamente.

Wechsel|strom *der (ohne Pl)* ELEKTR corriente *f* alterna.

Wechsel|stube *die* oficina *f* de cambio.

Wechsel|wirkung *die* interacción *f*.

wecken *vt* despertar.

Wecker (*pl* -) *der* despertador *m* ; **jm auf den ~ fallen** *fam fig* atacarle los nervios a alguien.

wedeln (*perf* **hat/ist gewedelt**) *vi* - **1.** *(hat)* [mit Taschentuch] agitar ; [mit Schwanz] menear - **2.** [auf Skiern] hacer «bumps».

weder ◆ **weder ... noch** *konj* ni ...ni.

weg *adv* : **Finger ~!** ¡no toques eso! ; **der Bus ist schon ~** el autobús ya se ha ido ; **die Blusen in Größe 38 sind schon ~** ya no quedan blusas de la talla 38 ; **nichts wie ~!** *fam* ¡vámonos! ; **~ damit!** *fam* ¡fuera! ; **weit ~** alejado(da) ; **über etw** *(A)* **~ sein** *fam fig* haber superado algo.

Weg (*pl* **-e**) *der* - **1.** [Pfad, Strecke] camino *m* ; **(jm) im ~ stehen** ODER **sein** estorbar (a alguien) ; **jm über den ~ laufen** cruzarse (con alguien) ; **(jn) nach dem ~ fragen** preguntar (a alguien) por el camino ; **sich auf den ~ machen** ponerse en camino ; [Methode] vía *f* - **2.** [Erledigung] trámites *mpl* - **3.** *RW* : **etw/jm aus dem ~ gehen** evitar algo/a alguien ; **jm nicht über den ~ trauen** no fiarse de alguien.

wegen *präp* - **1.** *(+ G)* a causa de, debido a - **2.** *(+ D) fam* por.

weg|fahren (*perf* **hat/ist weggefahren**) *(unreg)* ◇ *vi (ist)* irse *(con un vehículo)*. ◇ *vt (hat)* llevar *(con un vehículo)*.

weg|gehen (*perf* **ist weggegangen**) *vi (unreg)* - **1.** [fortgehen] marcharse, irse - **2.** [Ausschlag, Nebel] irse - **3.** [Ware, Produkt] venderse.

weg|jagen *vt* espantar.

weg|kommen (*perf* **ist weggekommen**) *vi (unreg)* - **1.** [fortgehen können] poder irse - **2.** [verschwinden] desaparecer - **3.** [behandelt werden] : **gut/schlecht bei etw ~** salir bien/mal parado(da) en algo.

weg|lassen *vt (unreg)* - **1.** [Person] dejar ir - **2.** [Passage, Absatz] dejar a un lado.

weg|laufen (*perf* **ist weggelaufen**) *vi (unreg)* irse corriendo ; **vor etw/jm ~** huir de algo/alguien ; **von etw/jm ~** escaparse de algo/alguien.

weg|legen *vt* poner a un lado.

weg|machen *vt fam* limpiar, quitar.

weg|müssen *vi (unreg)* - **1.** [Person] tener que irse - **2.** [Päckchen, Brief] deber ser enviado(da) ; [Flecken, Blut] deber ser eliminado(da).

weg|nehmen *vt (unreg)* quitar ; **jm etw ~** quitarle algo a alguien.

weg|räumen *vt* [weglegen] quitar ; [wegwerfen] tirar.

weg|schaffen *vt* quitar de en medio.

weg|schicken *vt* mandar, enviar.

weg|sehen *vi (unreg)* - **1.** [nicht hinsehen] no mirar - **2.** [hinwegsehen] : **über etw** *(A)* **~** hacer la vista gorda con algo.

weg|tun *vt (unreg)* - **1.** [weglegen] quitar - **2.** [wegwerfen] tirar.

Wegweiser (*pl* -) *der* indicador *m* (del camino).

weg|werfen *vt (unreg)* tirar.

wegwerfend ◇ *adj* despreciativo(va). ◇ *adv* despreciativamente.

Wegwerf|gesellschaft *die abw* sociedad *f* de consumo.

weg|wischen *vt* limpiar.

weg|ziehen (*perf* **hat/ist weggezogen**) *(unreg)* ◇ *vi (ist)* : **aus etw ~** mudarse de un lugar. ◇ *vt (hat)* descorrer.

weh *adj* dolorido(da) ; **~ tun** doler ; *siehe auch* **wehtun.** ◆ **oh weh!** *interj* ¡ay!

wehen (*perf* **hat/ist geweht**) ◇ *vi* - **1.** *(hat)* [Wind, Luftzug] soplar ; [Fahne] ondear - **2.** *(ist)* [geweht werden] ser llevado(da) *(por el viento)*. ◇ *vt (hat)* arrastrar.

Wehen *pl* contracciones *fpl* del parto.

wehleidig *abw* ◇ *adj* quejumbroso(sa). ◇ *adv* quejumbrosamente.

wehmütig ◇ *adj* melancólico(ca). ◇ *adv* melancólicamente.

Wehr (*pl* **-e**) ◇ *die (G Wehr, ohne Pl)* : **sich zur ~ setzen** defenderse. ◇ *das (G Wehr(e)s, Pl Wehre)* presa *f*.

Wehr|dienst *der (ohne Pl)* servicio *m* militar.

Wehr|dienstverweigerer (*pl* **-**) *der* objetor *m* de conciencia.

wehren *vi geh* : **jm etw ~** prohibirle algo a alguien. ◆ **sich wehren** *ref* defenderse.

Wehrersatzdienst *der (ohne Pl)* prestación *f* social sustitutoria.

wehrlos ◇ *adj* indefenso(sa). ◇ *adv* sin defensa.

Wehrpflicht *die (ohne Pl)* servicio *m* militar obligatorio.

wehrpflichtig *adj* sujeto al servicio militar obligatorio.

weh|tun ◇ *vi* : **jm ~** hacer daño a alguien. ◇ *ref* : **sich ~** hacerse daño.

Weib (*pl* **-er**) *das* - **1.** *fam abw* [Frau] hembra *f* - **2.** [Gattin] esposa *f*.

Weibchen (*pl* **-**) *das* hembra *f (en animales)*.

weiblich ◇ *adj* femenino(na). ◇ *adv* de forma femenina.

weich ◇ *adj* [Bett, Kissen] blando(da) ; [Handtuch, Klang] suave ; [Herz, Blick] dulce ; **~ werden** *fam* ablandarse ; **jn ~ machen** ablandar a alguien. ◇ *adv* - **1.** [behutsam, angenehm] suavemente ; **~ gekocht** pasado(da) por agua - **2.** [gestimmt, veranlagt] dulcemente.

Weiche (*pl* **-n**) *die* aguja *f (de tren)*.

weichgekocht *adj* ▷ **weich**.

Weich|käse *der* queso *m* blando.

weichlich *adj abw* blandengue.

Weichling (*pl* **-e**) *der abw* (hombre *m*) blandengue *m*.

Weichsel ['vaiksl] *die (ohne Pl)* Vístula *m*.

Weichspüler ['vaiçʃpy:lɐ] (*pl* **-**) *der* suavizante *m*.

Weide (*pl* **-n**) *die* - **1.** [Wiese] pasto *m* - **2.** [Baum] sauce *m*.

weiden *vi* pastar.

weigern ◆ **sich weigern** *ref* : **sich ~, etw zu tun** negarse a hacer algo.

Weigerung (*pl* **-en**) *die* negativa *f*.

weihen *vt* consagrar.

Weiher (*pl* **-**) *der* estanque *m*.

Weihnachten (*pl* **-**) *(ohne Artikel)* Navidad *f* ; **~ feiern** celebrar la Navidad. ◆ **frohe Weihnachten!** *interj* ¡feliz Navidad!

weihnachtlich ◇ *adj* navideño(ña). ◇ *adv* de Navidad.

Weihnachts|abend *der* Nochebuena *f*.

Weihnachts|baum *der* árbol *m* de Navidad.

Weihnachts|geld *das (ohne Pl)* paga *f* de Navidad.

Weihnachts|geschenk *das* regalo *m* de Navidad.

Weihnachts|lied *das* villancico *m*.

Weihnachts|mann (*pl* **-männer**) *der* Santa Claus *m*, Papá Noel *m*.

Weihnachts|markt *der* mercadillo *m* navideño.

Weihnachts|tag *der* : **erster/zweiter ~** primer/segundo día *m* de Navidad.

Weih|rauch *der* incienso *m*.

Weihwasser *das (ohne Pl)* agua *f* bendita.

weil *konj* porque.

Weile ◆ **eine Weile** *adv* un rato.

Weimar *nt* Weimar *m*.

Weimarer Republik *die (ohne Pl)* República *f* de Weimar.

Wein (*pl* **-e**) *der* - **1.** [Getränk] vino *m* - **2.** *(ohne Pl)* [Pflanze] vid *f*.

Wein|bau *der (ohne Pl)* viticultura *f*.

Wein|berg *der* viñedo *m*.

Wein|brand *der* brandy *m*, coñac *m*.

weinen ◇ *vi* llorar ; **über etw** *(A)* **~, wegen etw ~** llorar por algo ; **um jn ~** llorar a alguien ; **vor etw** *(D)* **~** llorar de algo. ◇ *vt* llorar.

weinerlich *adj* lloroso(sa).

Wein|flasche *die* botella *f* de vino.

Wein|keller *der* bodega *f*.

Wein|lese (*pl* **-n**) *die* vendimia *f*.

Wein|probe *die* cata *f* de vinos.

Wein|stube *die* taberna *f*.

Wein|traube *die* uva *f*.

weise ◇ *adj* sabio(bia). ◇ *adv* sabiamente.

Weise (*pl* **-n**) ◇ *die* - **1.** [Art] modo *m*, manera *f* - **2.** [Melodie] aire *m*, melodía *f*. ◇ *der, die* [Person] sabio *m*, -bia *f*. ◆ **auf diese Weise** *adv* de este modo. ◆ **auf seine Weise** *adv* a su manera.

Weisheit (*pl* **-en**) *die* sabiduría *f*.

Weisheits|zahn *der* muela *f* del juicio.

weis|machen *vt fam* : **jm etw ~** hacer creer algo a alguien.

weiß ◇ *präs* ▷ **wissen**. ◇ *adj* blanco(ca). ◇ *adv* de color blanco.

Weiß *das (ohne Pl)* blanco *m*.

Weiß|brot *das* pan *m* blanco.

Weiße (*pl* **-n**) ◇ *der, die* [Person] blanco *m*, -ca *f*. ◇ *die* : **Berliner ~ mit Schuss** *cerveza* *con un poco de jarabe de frambuesa o de aspérula.* <> *das (ohne Pl)* [Farbe] blanco *m*.

weißen *vt* encalar.

Weiß|glut *die (ohne Pl)* : **jn zur ~ bringen** *fam fig* sacar a alguien de quicio.

Weiß|kohl *der* repollo *m* blanco.

Weiß|wein *der* vino *m* blanco.

weit <> *adj* - **1.** [Strecke - ohne Maßangabe] largo(ga) ; **eine ~e Reise** un largo viaje ; **~ weg** alejado(da) ; [- mit Maßangabe] de largo - **2.** [Kleidung] suelto(ta) - **3.** [Angabe der Ausdehnung] grande ; **Kanada ist ein ~es Land** Canadá es un país extenso - **4.** *RW* : **damit ist es nicht ~ her** *abw* no es gran cosa ; **so ~ sein** estar listo(ta). <> *adv* - **1.** [beträchtlich - mit Komparativ] mucho más ; [- vorangeschritten] muy ; **~ nach Sonnenaufgang** muy pasado el amanecer - **2.** [gehen, fahren] un gran trecho ; **~ und breit** a lo largo y a lo ancho - **3.** [fallen, geschnitten] ampliamente - **4.** *RW* : **das geht zu ~!** ¡esto es el colmo! ; **so ~, so gut** está bien. ◆ **bei weitem** *adv* por mucho. ◆ **von weitem** *adv* de lejos, desde lejos.

weitaus *adv* con diferencia.

Weite (*pl* **-n**) *die* - **1.** *(ohne Pl)* [weite Fläche] inmensidad *f* ; **das ~ suchen** *fig* poner pies en polvorosa - **2.** SPORT distancia *f* - **3.** [von Kleidungsstücken] amplitud *f*.

weiter *adv* más ; **immer ~** cada vez más. ◆ **nicht weiter** *adv* no más. ◆ **und so weiter** *adv* y así sucesivamente, etcétera. ◆ **weiter nichts** *adv* nada más.

weiter|arbeiten *vi* seguir trabajando.

Weiterbildung *die (ohne Pl)* formación *f* continua.

weitere, r, s *adj* otro (otra). ◆ **bis auf weiteres** *adv* hasta nuevo aviso. ◆ **ohne weiteres** *adv* sin más.

weiter|empfehlen *vt (unreg)* recomendar ; **jm etw ~** recomendarle algo a alguien.

weiter|geben *vt (unreg)* pasar ; **etw an jn ~** pasar algo a alguien.

weiter|gehen (*perf* **ist weitergegangen**) *vi (unreg)* seguir.

weiterhin *adv* - **1.** [immer noch] todavía, aún - **2.** [künftig] en el futuro.

weiter|machen *vi* continuar.

weiter|wissen *vi (unreg)* : **nicht mehr ~** no saber ya qué hacer.

weit gehend <> *adj* amplio(plia). <> *adv* ampliamente.

weitläufig <> *adj* - **1.** [Garten, Haus] espacioso(sa) - **2.** [Verwandtschaft, Bekanntschaft] lejano(na) - **3.** [Schilderung, Erzählstil] detallado(da), prolijo(ja). <> *adv* - **1.** [ausgedehnt] en un amplio espacio - **2.** [verwandt/bekannt sein] remotamente - **3.** [erzählen] detalladamente.

weiträumig <> *adj* espacioso(sa). <> *adv* en un gran perímetro ; **etw ~ umfahren** dar un gran rodeo alrededor de algo.

weitsichtig <> *adj* - **1.** [sehbehindert] hipermétrope - **2.** [umsichtig] clarividente. <> *adv* [umsichtig] con clarividencia.

Weitsprung *der (ohne Pl)* SPORT salto *m* de longitud.

weit verbreitet *adj* muy extendido(da).

Weizen *der (ohne Pl)* trigo *m*.

Weizen|bier *das* cerveza *f* de trigo.

welche, r, s *pron* - **1.** [Interrogativpronomen] qué - **2.** [Relativpronomen] que - **3.** [Indefinitpronomen] alguno(na).

welk *adj* marchito(ta).

welken (*perf* **ist gewelkt**) *vi* marchitarse.

Well|blech *das* chapa *f* ondulada.

Welle (*pl* **-n**) *die* - **1.** [Woge] ola *f* - **2.** [beim Rundfunk] onda *f* - **3.** *RW* : **~n schlagen** repercutir.

wellen *vt* ondular.

Wellen|bad *das* piscina *f* con olas.

Wellen|bereich *der* gama *f* de frecuencias.

Wellen|gang *der (ohne Pl)* : **hoher ~** fuerte marejada.

Wellen|länge *die* PHYS longitud *f* de onda.

Wellen|linie *die* línea *f* ondulada.

Wellen|sittich *der* periquito *m*.

wellig *adj* ondulado(da).

Wellness *die (ohne pl)* bienestar *m*.

Well|pappe *die* cartón *m* ondulado.

Welpe (*pl* **-n**) *der* cachorro *m*.

Welt (*pl* **-en**) *die* mundo *m* ; **auf der ~** en el mundo ; **die Dritte ~** el Tercer Mundo ; **alle ~** todo el mundo ; **auf die** ODER **zur ~ kommen** venir al mundo ; **uns trennen ~en** somos dos personas completamente distintas.

Welt|all *das (ohne Pl)* universo *m*.

Welt|anschauung *die* ideología *f*.

Weltaus|stellung *die* exposición *f* universal.

weltberühmt *adj* mundialmente conocido(da).

weltfremd <> *adj* ajeno(na) al mundo. <> *adv* de forma poco realista.

Welt|krieg *der* HIST : **der Erste/Zweite ~** la Primera/Segunda Guerra Mundial.

weltlich *adj* mundano(na).

Welt|macht *die* potencia *f* mundial.

Weltlmeister, in *der, die* campeón *m*, -ona *f* del mundo.

Weltlrang *der (ohne Pl)* : **von ~** de renombre internacional.

Weltranglliste *die* SPORT clasificación *f* mundial.

Weltlraum *der (ohne Pl)* universo *m*.

Weltlreise *die* viaje *m* alrededor del mundo.

Weltlrekord *der* récord *m* mundial.

Weltlstadt *die* ciudad *f* cosmopolita.

Weltluntergang *der (ohne Pl)* fin *m* del mundo.

weltweit <> *adj* mundial. <> *adv* mundialmente.

wem *pron (Dativ von wer)* - **1.** [Interrogativpronomen] ¿a quién? ; **mit ~ kommst du morgen?** ¿con quién vienes mañana? - **2.** [Relativpronomen] a quien - **3.** [Indefinitpronomen] a alguien.

wen *pron (Akkusativ von wer)* - **1.** [Interrogativpronomen] ¿a quién? ; **~ hast du gefragt?** ¿a quién has preguntado? - **2.** [Relativpronomen] a quien - **3.** [Indefinitpronomen] a alguien.

Wende (*pl* -n) *die* - **1.** [Veränderung] punto *m* de inflexión, giro *m* - **2.** HIST : **die ~** *la caída del Muro* - **3.** [Jahrhundertwende] cambio *m* de siglo - **4.** SPORT viraje *m*.

Wendelkreis *der* - **1.** [von Fahrzeugen] radio *m* de giro - **2.** GEOGR trópico *m*. ◆ **Nördliche Wendekreis** *der* trópico *m* de Cáncer. ◆ **Südliche Wendekreis** *der* trópico *m* de Capricornio.

Wendelltreppe *die* escalera *f* de caracol.

wenden (*prät* **wendete** ODER **wandte**, *perf* **hat gewendet** ODER **gewandt**) <> *vt* - **1.** *(reg)* [Heu, Jacke] dar la vuelta ; **eine Seite ~** pasar una página - **2.** [Kopf] girar. <> *vi (reg)* dar la vuelta ; **'bitte ~'** 'ver al dorso'. ◆ **sich wenden** *ref* - **1.** *(reg)* [sich ändern] : **sich zum Guten/Schlechten ~** tomar un giro positivo/negativo - **2.** [sich richten] : **sich an etw/jn ~** dirigirse a algo/alguien ; **sich gegen etw/jn ~** dirigirse contra algo/ alguien.

Wendelpunkt *der* - **1.** [Zeitpunkt] momento *m* crítico - **2.** [von Kurven] punto *m* de inflexión.

Wendung (*pl* **-en**) *die* giro *m* ; **eine ~ zum Guten/Schlechten nehmen** tomar un giro positivo/negativo.

wenig <> *det* poco(ca). <> *adv* poco. ◆ **ein wenig** *det & adv* un poco. ◆ **nur wenig** <> *det* sólo poco(ca). <> *adv* sólo un poco ; *siehe auch* **zu wenig**.

weniger *adv & konj* menos.

wenigste *adj* ▷ **wenig.** ◆ **am wenigsten** *adv* : **mit diesem Ergebnis habe ich am ~n gerechnet** este resultado es lo que menos esperaba.

wenigstens *adv* por lo menos.

wenn *konj* - **1.** [temporal - Angabe eines Zeitpunktes] cuando ; [- Angabe einer Wiederholung] (siempre) que - **2.** [konditional, falls] si ; **~ ich das wüsste** si lo supiera. ◆ **wenn auch** *konj* aunque. ◆ **wenn überhaupt** *adv* : **~ er überhaupt kam, blieb er nur kurz** si es que venía, se quedaba poco tiempo. ◆ **wenn bloß** *interj* : **~ ich bloß die Handschuhe mitgenommen hätte!** ¡ojalá me hubiera llevado los guantes!

wer *pron* - **1.** [Interrogativpronomen] quién ; **~ war das?** ¿quién ha sido? ; [Relativpronomen] quien ; **~ keine Lust hat, bleibt eben hier** quien no quiera venir, se queda aquí - **2.** *fam* [Indefinitpronomen] alguien ; **dahinten steht ~** allí hay alguien.

Werbelfernsehen *das (ohne Pl)* publicidad *f* televisiva.

werben (*präs* **wirbt**, *prät* **warb**, *perf* **hat geworben**) <> *vi* hacer publicidad. <> *vt* reclutar.

Werbung *die (ohne Pl)* publicidad *f*.

Werdelgang *der* evolución *f* ; **der berufliche ~** la carrera profesional.

werden (*präs* **wird**, *prät* **wurde**, *perf* **ist geworden** ODER **worden**) <> *vi (Perf ist geworden)* - **1.** [mit Adjektiv] volverse ; **seit wann ist er religiös geworden?** ¿desde cuándo se ha vuelto religioso? ; **auch du wirst älter und weiser** también tú te haces mayor y más sabio ; **es wird hell** se está haciendo de día ; **gestern ist es spät geworden** ayer se hizo tarde ; **es wird heiß** empieza a hacer calor ; **besser ~** ir (a) mejor ; **jm wird kalt/angst** a alguien le entra frío/miedo - **2.** [beruflich] : **was willst du einmal ~?** ¿qué quieres ser de mayor? - **3.** [sich entwickeln] : **er wird Vater** va a ser padre ; **sie wird seine Frau** va a ser su mujer ; **aus jm kann etw ~** alguien tiene posibilidades de convertirse en algo ; **nicht wissen, was aus etw/jm ~ soll** no saber qué va a ser de algo/alguien - **4.** [mit Zeitangaben] : **es wird Mittag** es casi mediodía ; **es wird Frühling** ya es primavera - **5.** [mit Altersangaben] : **jd wird 30** alguien cumple 30 años - **6.** *fam* [sich erholen] recuperarse - **7.** *RW* : **es wird schon wieder ~** *fam* todo se arreglará ; **wirds bald!** *fam* ¡es para hoy! <> *aux* - **1.** [zur Bildung - des Futurs] : **ich werde gehen** me iré ; **er wird nicht kommen** no vendrá ; **ob er sich wohl freuen wird?** ¿se alegrará? ; **das wirst du schon gehört haben** ya lo habrás oído ; [- des Konjunktivs] : **ich würde das nicht tun!** ¡yo no lo haría! ; **ich würde gern kommen** me gustaría mucho ir ; **so was würde er nie tun!** ¡él nunca haría algo así! - **2.** [Möglichkeit ausdrückend] : **er wird so etwa 40 Jahre alt sein** tendrá aproximadamente 40 años ; **es klingelt, das wird Vati sein** están llamando, será papá - **3.** [Bitte, Aufforderung] : **würdest du, würden Sie** querrías, querría (usted) - **4.** *(Perf ist worden)* [zur Bildung des Passivs] : **gesehen ~** ser visto ; **jetzt wird aber gearbeitet!** ¡ahora a trabajar! ; **dafür solltest du bestraft ~!** ¡deberían castigarte por esto!

werfen (*präs* **wirft**, *prät* **warf**, *perf* **hat geworfen**) ◇ *vt* - **1.** [Ball, Stein] tirar, echar, aventar *Amér* - **2.** [Tor] : **ein Tor ~** marcar un gol. ◇ *vi* tirar ; **mit etw ~** tirar algo.

Werft (*pl* **-en**) *die* astilleros *mpl*.

Werk (*pl* **-e**) *das* - **1.** *(ohne Pl)* [Arbeit] tarea *f*, labor *f* - **2.** [künstlerische Tat] obra *f* - **3.** [Betrieb] fábrica *f*.

Werk|statt (*pl* **-stätten**) *die* taller *m*.

Werks|verkauf *der* venta *f* de fábrica.

Werk|tag *der* día *m* laborable.

werktags *adv* en días laborables.

werktätig *adj* activo(va).

Werkzeug (*pl* **-e**) *das* herramienta *f*.

Werkzeug|kasten *der* caja *f* de herramientas.

Wermut (*pl* **-s**) *der* vermut *m*.

wert *adj* : **~ sein** valer ; **jm etw ~ sein** valer algo para alguien ; **etwas ~ sein** valer algo ; **nichts ~ sein** no valer nada.

Wert (*pl* **-e**) *der* valor *m* ; **auf etw** *(A)* **~ legen** dar importancia a algo ; **im ~ steigen/fallen** ganar/perder valor ; **das hat keinen ~!** *fam* ¡eso no sirve para nada!

Wertan|gabe *die* declaración *f* del valor.

werten *vt* evaluar.

Wert|gegenstand *der* objeto *m* de valor.

wertlos *adj* sin valor.

Wert|papier *das* WIRTSCH efecto *m*, título *m*.

Wertung (*pl* **-en**) *die* evaluación *f*.

wertvoll *adj* valioso(sa).

Wesen (*pl* **-**) *das* - **1.** *(ohne Pl)* [Charakter] naturaleza *f* - **2.** [Mensch] ser (humano) - **3.** [Lebewesen] criatura *f*.

wesentlich ◇ *adj* esencial. ◇ *adv* esencialmente. ◆ **im Wesentlichen** *adv* en lo esencial.

weshalb *adv* por qué.

Wespe (*pl* **-n**) *die* avispa *f*.

wessen *pron (Genitiv von wer)* - **1.** [Interrogativpronomen] de quién - **2.** [Relativpronomen] cuyo(ya).

Wessi (*pl* **-s**) *der fam nombre que se da a los alemanes occidentales.*

Westdeutschland *nt* Alemania *f* Occidental.

Weste (*pl* **-n**) *die* chaleco *m*.

Westen *der (ohne Pl)* - **1.** [Richtung] Oeste *m* ; **nach ~** hacia el oeste - **2.** [Gegend] oeste *m* ; **im ~** en el Oeste ; **der Wilde ~** el lejano Oeste - **3.** POL Occidente *m*.

Westeuropa *nt* Europa *f* Occidental.

Westfale (*pl* **-n**) *der* westfaliano *m*.

Westfalen *nt* Westfalia *f*.

Westfälin (*pl* **-nen**) *die* westfaliana *f*.

westfälisch *adj* de Westfalia.

West|küste *die* costa *f* oeste.

westlich ◇ *adj* occidental. ◇ *präp* : **~ einer Sache** *(G)* ODER **von etw** al oeste de algo.

weswegen *adv* por qué.

Wettbewerb (*pl* **-e**) *der* - **1.** [Veranstaltung] competición *f* - **2.** *(ohne Pl)* [Konkurrenz] competencia *f*.

Wette (*pl* **-n**) *die* apuesta *f*. ◆ **um die Wette** *adv* a ganar ; **um die ~ laufen** ODER **rennen** echar ODER hacer una carrera.

wetten ◇ *vi* apostar ; **mit jm ~** apostar con alguien ; **um etw ~** apostarse algo. ◇ *vt* apostarse algo. ◆ **wetten, dass** *interj* : **~, dass ich schneller renne als du?** ¿qué te apuestas a que yo corro más que tú?.

Wetter *das (ohne Pl)* tiempo *m* ; **schönes/schlechtes ~** buen/mal tiempo.

Wetter|amt *das* instituto *m* meteorológico.

Wetter|bericht *der* informe *m* meteorológico.

wetterfest *adj* resistente a las inclemencias del tiempo.

Wetter|karte *die* mapa *f* meteorológico.

Wetter|lage *die* situación *f* meteorológica.

wettern *vi* : **gegen etw/jn ~** soltar improperios contra algo/alguien.

Wettervorher|sage *die* pronóstico *m* del tiempo.

Wett|kampf *der* campeonato *m*.

Wett|lauf *der* carrera *f*.

wett|machen *vt* compensar.

Wett|rennen *das* carrera *f*.

wetzen (*perf* **hat gewetzt**) *vt* afilar.

WG [veːˈgeː] (*pl* **-s**) *die* (*abk für* **Wohngemeinschaft**) : **in einer ~ wohnen** vivir en un piso compartido.

Whg. (*abk für* **Wohnung**) apto.

Whirl|pool ['wœrlpu:l] *der* bañera *f* de burbujas.

Whiskey, Whisky ['vɪski] (*pl* **-s**) *der* whisky *m*.

wichtig *adj* importante ; **etw ~ nehmen** dar importancia a algo.

Wichtigkeit *die (ohne Pl)* importancia *f*.

Wichtigtuer (*pl* -) *der fam abw* fanfarrón *m*.

wickeln *vt* **-1.** [aufwickeln] enrollar **-2.** [binden] : **etw um etw ~** poner algo alrededor de algo **-3.** [einwickeln] : **etw/jn in etw** *(A)* **~** envolver algo/a alguien en algo **-4.** [Baby] poner los pañales.

Widder (*pl* -) *der* **-1.** [Tier] carnero *m* **-2.** ASTROL Aries *m*.

wider *präp geh* contra.

widerlegen *vt* rebatir.

widerlich *abw* <> *adj* repugnante. <> *adv* asquerosamente.

widerrechtlich <> *adj* contrario(ria) a las leyes, ilegal. <> *adv* ilegalmente.

Wider|ruf *der* retractación *f*.

widerrufen (*prät* **widerrief**, *perf* **hat widerrufen**) *vt* retractarse ; **einen Befehl ~** revocar una orden.

wider|setzen ◆ **sich widersetzen** *ref* : **sich einer Sache** *(D)* **~** oponerse a algo.

widerspenstig <> *adj* [Kind, Haar] rebelde ; [Tier] indómito(ta). <> *adv* con rebeldía.

wider|spiegeln *vt* reflejar.

widersprechen (*präs* **widerspricht**, *prät* **widersprach**, *perf* **hat widersprochen**) *vi* contradecir ; **einer Sache** *(D)* **/jm ~** contradecir algo/a alguien ; **sich** *(D)* **~** contradecirse.

Wider|spruch *der* **-1.** *(ohne Pl)* [Ablehnung] oposición *f* **-2.** [Unklarheit] contradicción *f*.

Wider|stand *der* **-1.** [Ablehnung] oposición *f* ; **~ gegen etw/jn** oposición a algo/alguien ; **~ leisten** oponerse, resistirse **-2.** [Hindernis] obstáculo *m* **-3.** ELEKTR resistencia *f*.

widerstandsfähig *adj* resistente.

Widerstandskämpfer, in (*mpl* -, *fpl* **-nen**) *der, die* luchador *m*, -ra *f* de la resistencia.

widerstehen (*prät* **widerstand**, *perf* **hat widerstanden**) *vi* : **einer Sache/jm ~** resistirse a algo/alguien.

widerstrebend *adj & adv* de mala gana.

widerwärtig <> *adj* repugnante. <> *adv* de forma repugnante.

Widerwille, Widerwillen *der (ohne Pl)* repugnancia *f* ; **~n gegen etw/jn empfinden** sentir aversión por algo/alguien.

widmen *vt* dedicar ; **jm etw ~** dedicar algo a alguien. ◆ **sich widmen** *ref* : **sich einer Sache/jm ~** dedicarse a algo/alguien.

Widmung (*pl* **-en**) *die* dedicatoria *f*.

wie <> *adv* **-1.** [Frage nach Eigenschaft] : **~ geht es dir?** ¿cómo estás? ; **~ sah er heute aus?** ¿qué aspecto tenía hoy? ; **~ wars?** *fam* ¿qué tal? **-2.** [mit Adjektiv] : **~ groß sind Sie?** ¿cuánto mide usted? ; **~ spät ist es?** ¿qué hora es? **-3.** [zur Verstärkung] qué ; **~ schön!** ¡qué bonito! <> *interj* **-1.** [nicht wahr] : **du hältst das wohl für eine gute Idee, ~?** te parecerá una buena idea, ¿no? **-2.** *RW* : **~ bitte?** ¿cómo?. <> *konj* **-1.** [Ausdruck der Gleichsetzung] tan ... como ; **er ist ungefähr so alt ~ du** tiene más o menos tu edad **-2.** [Angabe von Ausmaß oder Qualität] tanto como, cuanto ; **sie kann so viel essen, ~ sie will** puede comer tanto como guste **-3.** [Angabe von Beispielen] como ; **Städte ~ Paris, Madrid oder Brüssel** ciudades como París, Madrid o Bruselas **-4.** [Ausdruck einer Aufzählung] así como ; **ich schätze ihn als Mensch ~ auch als Politiker** lo estimo como persona y como político **-5.** [Angabe des Zeitpunktes] al ; **~ ich die Tür aufmache ...** al abrir la puerta ...

wieder *adv* **-1.** [noch einmal, wie früher] otra vez ; **nie ~** nunca más **-2.** *fam* [wiederum] de nuevo, otra vez ; **gutes Wetter, aber ~ mit Gewittern** buen tiempo, pero otra vez con tormentas **-3.** [Ausdruck von Ärger] : **wohin willst du denn ~?** ¿pero adónde quieres ir ahora?.

wieder|bekommen *vt (unreg)* recuperar.

wiederbeleben *vt* reanimar.

wieder|bringen *vt (unreg)* devolver.

wieder erkennen *vt (unreg)* reconocer.

Wieder|gabe *die* reproducción *f*.

wieder|geben *vt (unreg)* **-1.** [Dinge] : **jm etw ~** devolver algo a alguien **-2.** [Hergang, Inhalt] reproducir **-3.** [Farben, Klang] transmitir.

wieder gut|machen *vt* subsanar, reparar.

wiederher|stellen *vt* **-1.** [Frieden, Kontakt] restablecer **-2.** [Mauer, Gebäude] reconstruir.

wiederholen *vt* **-1.** [Frage, Bitte] repetir **-2.** [Vokabeln, Lernstoff] repasar. ◆ **sich wiederholen** *ref* repetirse.

Wiederholung (*pl* **-en**) *die* repetición *f*.

Wiederhören ◆ **auf Wiederhören!** *interj* ¡adiós! *(al teléfono)*.

Wiederschauen ◆ **auf Wiederschauen!** *interj Süddt & Österr* ¡adiós!

wieder|sehen *vt (unreg)* volver a ver.

Wiedersehen *(pl -) das* reencuentro *m.* ◆ **auf Wiedersehen!** *interj* ¡adiós!

wiederum *adv* - **1.** [von neuem] de nuevo - **2.** [andererseits] por otro lado.

Wiederver|einigung *die* HIST reunificación *f.*

wieder verwerten *vt* reciclar.

Wiege *(pl* **-n)** *die* cuna *f.*

wiegen *(prät* **wiegte** ODER **wog**, *perf* **hat gewiegt** ODER **gewogen)** *vt* - **1.** *(unreg)* [schwer sein, abwiegen] pesar - **2.** *(reg)* [schaukeln] mecer.

Wiegen|lied *das* canción *f* de cuna, nana *f.*

wiehern *vi* relinchar.

Wien *nt* Viena.

Wiener *(pl -)* <> *der* vienés *m.* <> *adj (unver)* vienés(esa) ; **~ Schnitzel** filete empanado ; **~ Würstchen** ≃ salchichas de Viena.

Wienerin *(pl* **-nen)** *die* vienesa *f.*

Wiese *(pl* **-n)** *die* pradera *f* ; **auf der grünen ~** en el campo.

Wiesel *(pl -) das* comadreja *f.*

wieso *pron* por qué.

wie viel *pron* cuánto ; **~ Geld hast du noch?** ¿cuánto dinero te queda? ; **~ ist zwei mal zwei?** ¿cuántos son dos por dos? ; **~ Uhr ist es?** ¿qué hora es?.

wievielt *adj* qué. ◆ **zu wievielt** *adv* cuántos.

wieweit *konj* hasta qué punto.

wild <> *adj* - **1.** [Pflanze] silvestre - **2.** [Tier, Mensch] salvaje - **3.** [Fluchen, Schrei] enfurecido(da) - **4.** [Deponie, Streik] ilegal - **5.** [Spekulation, Gerücht] desenfrenado(da). <> *adv* - **1.** [wachsen, leben] en plena naturaleza - **2.** [durcheinander liegen, tanzen] de forma desenfrenada - **3.** [zelten, parken] de forma ilegal.

Wild *das (ohne Pl)* caza *f.*

wildern <> *vi* [jagen - Mensch] cazar furtivamente ; [- Tier] cazar. <> *vt* cazar furtivamente.

wildfremd *adj* completamente desconocido(da).

Wild|leder *das* ante *m.*

Wildnis *(pl* **-se)** *die* región *f* salvaje.

Wild|schwein *das* jabalí *m.*

Wildwasser *(pl -) das* torrente *m.*

will *präs* ▷ **wollen.**

Wille *(pl* **-n)**, **Willen** *der* voluntad *f* ; **beim besten ~n nicht** ni con la mejor voluntad (del mundo).

willen *präp* : **um einer Sache/js ~** por algo/alguien.

willenlos *adj & adv* sin voluntad.

willensstark *adj* enérgico(ca).

willig <> *adj* voluntarioso(sa). <> *adv* con buena voluntad.

willkommen *adj* bienvenido(da). ◆ **herzlich willkommen!** *interj* ¡bienvenido(da)!

Willkommen *(pl -) das* bienvenida *f.*

willkürlich <> *adj* arbitrario(ria). <> *adv* arbitrariamente.

wimmeln *vi* estar plagado(da) ; **hier wimmelt es von Ameisen** esto está plagado de hormigas.

wimmern *vi* gemir.

Wimper *(pl* **-n)** *die* pestaña *f* ; **ohne mit der ~ zu zucken** *fig* sin pestañear.

Wimpern|tusche *die* máscara *f* para pestañas.

Wind *(pl* **-e)** *der* viento *m* ; **bei ~ und Wetter** con muy mal tiempo ; **~ von etw bekommen** *fam fig* enterarse de algo.

Winde *(pl* **-n)** *die* - **1.** [Hebevorrichtung] cabrestante *m* - **2.** [Pflanze] enredadera *f.*

Windel *(pl* **-n)** *die* pañal *m.*

winden *(prät* **wand**, *perf* **hat gewunden)** *vt geh* [flechten] trenzar, tejer ; **etw um etw ~** poner algo alrededor de algo.

Wind|hund *der* - **1.** [Tier] galgo *m* - **2.** *fam abw* [Mensch] cabeza *mf* de chorlito.

windig *adj* - **1.** [zugig] ventoso(sa) - **2.** *fam abw* [unzuverlässig] dudoso(sa).

Wind|mühle *die* molino *m* de viento.

Wind|pocken *pl* varicela *f.*

Windschutz|scheibe *die* parabrisas *m inv.*

windstill *adj* en calma *(sin viento).*

Wind|stoß *der* golpe *m* de viento.

Windung *(pl* **-en)** *die* vuelta *f.*

Wink *(pl* **-e)** *der* - **1.** [Geste] señal *f*, gesto *m* - **2.** [Bemerkung] aviso *m* ; **jm einen ~ geben** hacer una seña a alguien.

Winkel *(pl -) der* - **1.** MATH ángulo *m* ; **ein stumpfer/spitzer/rechter ~** un ángulo obtuso/agudo/recto ; **toter ~** *fig* ángulo muerto - **2.** [Ecke, Platz] rincón *m.*

winken *(perf* **hat gewinkt** ODER **gewunken)** <> *vi* - **1.** [als Geste] hacer señas ; **jm ~** saludar a alguien con la mano - **2.** [in Aussicht sein] esperar. <> *vt* [weisen] hacer señas.

winseln *vi* - **1.** [Tier] aullar - **2.** *abw* [Person] gemir.

Winter *(pl -) der* invierno *m* ; **den ~ über** durante el invierno ; **im ~** en invierno.

winterlich *adj & adv* invernal.

Winter|reifen *der* neumático *m* de invierno.

Winter|schlaf *der (ohne Pl)* hibernación *f*.

Winterschlussver|kauf *der* rebajas *fpl* de invierno.

Winter|semester *das* UNI semestre *m* de invierno.

Winter|spiele *pl* : **Olympische ~** Juegos Olímpicos de invierno.

Winter|sport *der (ohne Pl)* deportes *mpl* de invierno.

Winzer, in (*mpl* -, *fpl* **-nen**) *der, die* viticultor *m*, -ra *f*.

winzig <> *adj* minúsculo(la). <> *adv* : **~ klein** pequeñísimo(ma).

wippen *vi* balancear.

wir *pron* nosotros(tras).

Wirbel (*pl* -) *der* - **1.** *(ohne Pl)* [Aufregung] revuelo *m* ; **viel ~ um etw machen** armar un gran revuelo por algo - **2.** [Haarwirbel] remolino *m* - **3.** [Rückenwirbel] vértebra *f*.

wirbeln (*perf* **hat/ist gewirbelt**) <> *vi (ist)* [Tänzer, Rad] girar ; [Schneeflocken] remolinear. <> *vt (hat)* lanzar (por el aire).

Wirbel|säule *die* columna *f* vertebral.

Wirbel|tier *das* BIOL animal *m* vertebrado.

wirbt *präs* ▷ **werben**.

wird *präs* ▷ **werden**.

wirft *präs* ▷ **werfen**.

wirken *vi* - **1.** [erscheinen] parecer ; **auf jn ~** parecerle a alguien - **2.** [Medikament, Methode] ser eficaz ; **gegen etw ~** ser eficaz contra algo - **3.** [Mensch, Bild] resultar - **4.** [tätig sein] trabajar.

wirklich <> *adj* real. <> *adv* realmente.

Wirklichkeit (*pl* **-en**) *die* realidad *f*. ◆ **in Wirklichkeit** *adv* en realidad.

wirksam <> *adj* eficaz. <> *adv* eficazmente.

Wirkung (*pl* **-en**) *die* efecto *m*.

wirkungslos *adj* que no tiene efecto.

wirkungsvoll *adj* llamativo(va).

wirr <> *adj* - **1.** [Frisur, Geflecht] revuelto(ta) - **2.** [Gefühle, Gedanken] confuso(sa). <> *adv* - **1.** [durcheinander liegen] desordenadamente - **2.** [sprechen, träumen] confusamente.

Wirrwarr *der* ODER *das (ohne Pl)* desorden *m*, relajo *m Amér*.

Wirsing, Wirsingkohl *der (ohne Pl)* col *f* rizada.

Wirt, in (*mpl* **-e**, *fpl* **-nen**) *der, die* [von Restaurant] dueño *m*, -ña *f* de un restaurante ; [von Kneipe] tabernero *m*, -ra *f*.

Wirtschaft (*pl* **-en**) *die* - **1.** [Ökonomie] economía *f* ; **die freie ~** [System] economía libre ; [nichtstaatlich] economía privada - **2.** [Gaststätte] taberna *f*.

wirtschaften <> *vi* - **1.** [leiten] administrar - **2.** [tätig sein] estar ocupado(da). <> *vt* [leiten] llevar ; **er hat das Unternehmen heruntergewirtschaftet** llevó la empresa a la ruina.

wirtschaftlich <> *adj* económico(ca). <> *adv* - **1.** [materiell] económicamente - **2.** [sparsam] con economía.

Wirtschafts|abkommen *das* acuerdo *m* económico.

Wirtschafts|krise *die* crisis *f inv* económica.

Wirtschafts|ministerium *das* Ministerio *m* de Economía.

Wirtschafts|politik *die (ohne Pl)* política *f* económica.

Wirtschafts|system *das* sistema *m* económico.

Wirtschafts|zweig *der* rama *f* de la economía.

Wirts|haus *das* restaurante *m*.

Wirts|leute *pl* - **1.** [von Gaststätte] taberneros *mpl* - **2.** [von Wohnung] patrones *mpl*.

Wirts|stube *die* sala *f* del restaurante.

wischen <> *vt* limpiar. <> *vi* pasar *(algo por encima de algo)*.

wispern *vi* & *vt* susurrar.

wissbegierig <> *adj* ávido(da) de conocimiento. <> *adv* con afán de conocimiento.

wissen (*präs* **weiß**, *prät* **wusste**, *perf* **hat gewusst**) <> *vt* - **1.** [kennen] saber ; **er weiß viel über Computer** sabe mucho de ordenadores ; **ich weiß fast nichts über dich** no sé casi nada de ti - **2.** [können] : **etw zu tun ~** saber hacer algo - **3.** *geh* [sicher sein] saber ; **ich weiß ihn geborgen** yo le sé a salvo - **4.** *RW* : **alles besser ~** ser un sabelotodo ; **was weiß ich?** *fam* ¿yo qué sé? ; **weißt du was?** *fam* ¿sabes una cosa?. <> *vi* : **von etw ~** saber de algo ; **man kann nie ~** nunca se sabe ; **ich weiß nicht** no sé ; **soviel ich weiß, ...** *fam* que yo sepa... ; **nicht, dass ich wüsste** *fam* no que yo sepa.

Wissen *das (ohne Pl)* conocimientos *mpl* ; **nach bestem ~ und Gewissen** según el leal saber y entender ; **meines ~s** que yo sepa.

Wissenschaft (*pl* **-en**) *die* ciencia *f*.

Wissenschaftler, in (*mpl* -, *fpl* **-nen**) *der, die* científico *m*, -ca *f*.

wissenschaftlich <> *adj* científico(ca). <> *adv* científicamente.

wissenswert *adj* interesante.

Wissenswerte *das (ohne Pl)* cosas *fpl* interesantes.

wissentlich <> *adj* intencionado(da). <> *adv* deliberadamente.

wittern *vt* - **1.** [riechen] olfatear - **2.** [vermuten] sospechar.

Witterung (*pl* **-en**) *die* - **1.** [Wetter] tiempo *m* - **2.** [Geruchsinn] olfato *m* - **3.** [Spur] rastro *m*.

Witwe (*pl* **-n**) *die* viuda *f*.

Witwer (*pl* **-**) *der* viudo *m*.

Witz (*pl* **-e**) *der* - **1.** [Scherz] chiste *m* ; **~e machen** ODER **reißen** *fam* hacer chistes - **2.** *(ohne Pl)* [Humor] gracia *f*, salero *m*.

Witzbold (*pl* **-e**) *der fam* bromista *mf*.

witzeln *vi* bromear, hacer chistes.

witzig <> *adj* - **1.** [Geschichte, Erlebnis] gracioso(sa) - **2.** *fam* [Typ, Klamotten] curioso(sa). <> *adv* [erzählen] con gracia.

witzlos *adj* - **1.** [langweilig] sin gracia - **2.** *fam* [überflüssig] inútil.

wo <> *adv* ¿dónde?. <> *pron* donde ; **~ auch immer** donde quiera que. <> *konj* - **1.** [obwohl] cuando - **2.** *fam* [da] dado que ; **~ er sich jetzt entschuldigt hat, verzeihen wir ihm** ahora que se ha disculpado, le perdonamos.

woanders *adv* en otro sitio.

wob *prät* ▷ **weben.**

wobei *pron* - **1.** [als Frage] : **~ hast du ihn gestört?** ¿qué hacía cuando le interrumpiste? - **2.** [zeitlich] al tiempo que, mientras.

Woche (*pl* **-n**) *die* semana *f* ; **vorige/letzte/nächste ~** la semana anterior/pasada/que viene ; **diese ~** esta semana.

Wochen|ende *das* fin *m* de semana ; **am ~** el fin de semana. ◆ **schönes Wochenende!** *interj* ¡buen fin de semana!

Wochen|karte *die* abono *m* semanal.

wochenlang <> *adj* que dura semanas. <> *adv* durante semanas.

Wochen|markt *der* mercado *m* semanal.

Wochen|tag *der* día *m* de la semana.

wöchentlich <> *adj* semanal. <> *adv* semanalmente.

Wodka (*pl* **-s**) *der* vodka *m*.

wodurch, wodurch *pron* - **1.** [als Frage] mediante qué cosa ; **~ wird er gestört?** ¿qué es lo que le molesta? - **2.** [Relativpronomen] por lo que.

wofür, wofür *pron* - **1.** [als Frage] por qué ; **~ hat er den Preis bekommen?** ¿por qué razón ha obtenido el premio? - **2.** [Relativpronomen] por el/la que.

wog *prät* ▷ **wiegen.**

wogegen, wogegen <> *pron* - **1.** [als Frage] ¿contra qué? - **2.** [Relativpronomen] contra el/la que. <> *konj* [wohingegen] en cambio, mientras que.

woher, woher *pron* - **1.** [als Frage] ¿de dónde? ; **ach, ~ (denn)!** *fam* ¡venga ya! - **2.** [Relativpronomen] de donde.

wohin, wohin *pron* - **1.** [als Frage] ¿adónde? ; **~ damit?** *fam* ¿a dónde va esto? - **2.** [Relativpronomen] (a)donde.

wohl (*komp* **wohler** ODER **besser**, *superl* **am wohlsten** ODER **besten**) *adv* - **1.** *(Komp wohler, Superl am wohlsten)* [angenehm, gesund] : **sich ~ fühlen** [körperlich] sentirse bien ; [in einer Umgebung] sentirse a gusto ; **~ oder übel** *fig* quiera o no - **2.** [zur Verstärkung, sicher] : **er weiß das ~** lo sabe perfectamente - **3.** [wahrscheinlich] seguramente ; **das ist ~ möglich** es muy posible - **4.** [Ausdruck einer Drohung] : **wirst du ~ gehorchen!** ¡vas a obedecer de una vez! - **5.** [Ausdruck von Höflichkeit, vielleicht] por favor - **6.** [Ausdruck der Unbeantwortbarkeit] : **ob er ~ schon angekommen ist?** ¿habrá llegado ya? - **7.** *(Kompar besser, Superl am besten) geh* [gut] bien.

Wohl *das (ohne Pl)* bien *m* ; **zum ~!** ¡(a tu) salud!

wohlauf *adj geh* : **~ sein** estar bien.

wohlbehalten *adv* sano(na) y salvo(va).

Wohlfahrt *die (ohne Pl)* beneficencia *f*.

wohlhabend *adj* acomodado(da).

wohlig <> *adj* agradable. <> *adv* agradablemente.

Wohl|stand *der (ohne Pl)* bienestar *m*.

wohltätig *adj* caritativo(va).

wohlverdient *adj* bien merecido(da).

wohlweislich *adv* prudentemente.

wohlwollend <> *adj* benevolente. <> *adv* benevolentemente.

wohnen *vi* vivir.

Wohn|gemeinschaft *die* piso *m* compartido.

wohnhaft *adj amt* con domicilio en.

Wohn|haus *das* casa *f*.

Wohn|heim *das* residencia *f*.

wohnlich <> *adj* confortable. <> *adv* confortablemente.

Wohn|mobil (*pl* **-e**) *das* caravana *f*.

Wohn|ort *der* lugar *m* de residencia.

Wohn|sitz *der* residencia *f*.

Wohnung (*pl* **-en**) *die* vivienda *f*, piso *m*.

Wohnungs|bau *der (ohne Pl)* construcción *f* de viviendas.

Wohnungs|not *die (ohne Pl)* escasez *f* de viviendas.

Wohnungs|suche *die* búsqueda *f* de una vivienda.

Wohn|viertel *das* barrio *m* residencial.

Wohn|wagen *der* caravana *f*.

Wohn|zimmer *das* cuarto *m* de estar, salón *m*.

Wölbung (*pl* **-en**) *die* bóveda *f*.

Wolf (*pl* **Wölfe**) *der* - **1.** [Tier] lobo *m* - **2.** *fam* [Fleischwolf] trituradora *f* para picar carne.

Wolke (*pl* **-n**) *die* nube *f* ; **aus allen ~n fallen** *fig* caerse de un guindo.

Wolken|bruch *der* aguacero *m*.

Wolken|kratzer *der* rascacielos *m inv*.

wolkig *adj* nublado(da).

Woll|decke *die* manta *f* de lana.

Wolle *die (ohne Pl)* lana *f* ; **sich in die ~ kriegen** *fam fig* pelearse.

wollen (*präs* **will**, *prät* **wollte**, *perf* **hat gewollt** ODER **-**) ◇ *aux (Perf hat wollen)* [gen] querer ; **gerade etw tun ~** estar a punto de hacer algo ; **etw getan haben ~** pretender que se ha hecho algo ; **getan werden ~** deber hacerse ; **etw nicht tun ~** no querer hacer algo. ◇ *vi (Perf hat gewollt)* - **1.** [gen] querer ; **wir wollten, das wäre schon vorbei** quisiéramos que ya se hubiera acabado esto - **2.** [gehen wollen] querer ir(se) ; **zu jm ~** ir a ver a alguien - **3.** *RW* : **dann ~ wir mal!** *fam* ¡manos a la obra! ; **ganz wie du willst** *fam* como quieras. ◇ *vt (Perf hat gewollt)* - **1.** [haben wollen] querer ; **etw mit etw ~** pretender algo con algo ; **~, dass jd etw tut** querer que alguien haga algo - **2.** *fam* [brauchen] necesitar ; **Kinder ~ nun einmal viel Liebe und Geduld** los niños necesitan mucho amor y paciencia - **3.** *fam* [Interesse haben] : **von jm etw** ODER **etw von jm ~** querer algo de alguien ; **nichts von jm** ODER **von jm nichts ~** no querer nada de alguien - **4.** *RW* : **da ist nichts (mehr) zu ~** *fam* no hay nada que hacer.

Woll|knäuel *das* ovillo *m* de lana.

womit *pron* [als Frage] ¿con qué?.

womöglich *adv* puede ser, igual.

wonach *pron* [als Frage] qué.

woran *pron* [als Frage] ; **~ erinnerst du dich?** ¿de qué te acuerdas? ; **~ hat er sich fest gehalten?** ¿a qué se agarró?.

worauf *pron* [als Frage -final] a qué ; [Ortsangabe] sobre qué.

woraus *pron* [als Frage] de qué.

worin *pron* [als Frage] en qué.

Workshop ['wœː(r)kʃɔp] (*pl* **-s**) *der* taller *m*.

World Wide Web [wɜːld waɪd web] *das (ohne pl)* EDV World Wide Web *f*.

Wort (*pl* **-e** ODER **Wörter**) *das* - **1.** *(pl Wörter)* [sprachliche Einheit] palabra *f* ; **~ für ~** palabra por palabra - **2.** *(Pl Worte)* [Äußerung] palabras *fpl* ; **etw aufs ~ glauben** creer algo a pies juntillas ; **kein ~ sagen/glauben** no decir/creer ni una palabra ; **mir fehlen die ~e!** ¡no tengo palabras! ; **mit anderen ~en** dicho de otro modo ; **zu ~ kommen** tener ocasión de hablar - **3.** *(pl Worte)* [Zitat] palabras *fpl* - **4.** *(pl Worte) geh* [Text] texto *m* - **5.** *(ohne pl)* [Zusage] : **sein ~ geben** dar su palabra - **6.** *RW* : **das ~ haben/erteilen/ergreifen** tener/ceder/tomar la palabra ; **ein geflügeltes ~** una frase ODER cita célebre ; **für jn ein gutes ~ einlegen** interceder por alguien.

Wort|art *die* GRAM clase *f* de palabra.

wortbrüchig *adj* perjuro(ra).

Wörter|buch *das* diccionario *m*.

wortgewandt ◇ *adj* elocuente. ◇ *adv* con elocuencia.

wortkarg ◇ *adj* parco(ca) en palabras. ◇ *adv* lacónicamente.

Wortlaut *der (ohne Pl)* tenor *m* literal *(de un texto)* ; **im vollen ~** en toda su extensión.

wörtlich ◇ *adj* literal. ◇ *adv* literalmente ; **etw ~ nehmen** tomarse algo al pie de la letra.

wortlos *adj & adv* en silencio.

Wort|spiel *das* juego *m* de palabras.

wortwörtlich ◇ *adj* literal. ◇ *adv* literalmente.

worüber *pron* [als Frage] ¿(de) qué?.

worum *pron* [als Frage] ¿de qué? ; **~ habt ihr gewettet?** ¿qué habéis apostado?.

worunter *pron* [als Frage] ¿debajo de qué? ; **~ hat er gelitten?** ¿de qué padecía?.

wovor *pron* [als Frage] ¿de qué?.

wozu *pron* [als Frage] ¿para qué?.

Wrack (*pl* **-s** ODER **-e**) *das* [Schiff] barco *m* naufragado ; [Auto] coche *m* desguazado ; *fig* [Mensch] ruina *f*.

WS *abk für* **Wintersemester**.

WSV *abk für* **Winterschlussverkauf**.

WTO [veːteːoː] (*abk für* **World Trade Organization**) *die (ohne Pl)* OMC *f*.

Wucher *der (ohne Pl) abw* usura *f*.

wuchern (*perf* **hat/ist gewuchert**) *vi* - **1.** *(ist)* [wild wachsen] proliferar - **2.** *(hat)* [Wucher treiben] practicar la usura.

Wucher|preis *der abw* precio *m* abusivo.

wuchs [vuːks] *prät* ▷ **wachsen**.

Wuchs [vuːks] *der (ohne Pl)* crecimiento *m*.

Wucht *die (ohne Pl)* ímpetu *m* ; **mit voller ~** con toda (su) fuerza.

wuchtig *adj* pesado(da), macizo(za).

wühlen *vi* - **1.** [graben] remover, cavar

- **2.** [stöbern] rebuscar ; [Schwein] hozar ; **in etw** *(D)* **~** *fam* rebuscar entre algo.

Wulst (*pl* **Wülste**) *der* bulto *m.*

wund <> *adj* desollado(da) ; **~ sein** estar escocido(da). <> *adv* : **sich die Füße ~ laufen** desollarse los pies andando.

Wunde (*pl* **-n**) *die* herida *f.*

Wunder (*pl* **-**) *das* milagro *m* ; **etw wirkt ~** *fig* algo hace milagros ; **kein ~!** no es de extrañar ; **er glaubt, er sei ~ was für ein Typ** *fam* él se cree un tipo excepcional.

wunderbar <> *adj* - **1.** [großartig] estupendo(da), maravilloso(sa) - **2.** [übernatürlich] milagroso(sa). <> *adv* [großartig] estupendamente.

Wunder|kind *das* niño *m*, -ña *f* prodigio.

wunderlich <> *adj* extraño(ña), raro(ra). <> *adv* de forma extraña.

wundern *vt* asombrar. ◆ **sich wundern** *ref* asombrarse ; **sich über etw/jn ~** asombrarse de algo/alguien.

wunderschön <> *adj* precioso(sa), bellísimo(ma). <> *adv* maravillosamente.

Wundstarrkrampf *der (ohne Pl)* MED tétanos *m inv.*

Wunsch (*pl* **Wünsche**) *der* deseo *m* ; **nach ~** a pedir de boca ; **die besten Wünsche für etw** los mejores deseos para algo.

wünschen *vt* - **1.** [gen] desear ; **sich** *(D)* **etw ~** desear algo ; **sich** *(D)* **~, dass** desear que ; **jd wünschte, ...** alguien desearía ... ; **jm etw ~** desearle algo a alguien ; **~, dass** desear que ; **was ~ Sie?** ¿qué desea? ; **zu ~ sein** ser deseable - **2.** [Geschenk] : **sich** *(D)* **etw ~** pedir algo - **3.** [an einen Ort] mandar a ; **jn zum Teufel ~** mandar a alguien al diablo - **4.** *RW* : **zu ~ übrig lassen** dejar que desear ; **ganz wie Sie ~!** ¡como desee!

wünschen

Me encantaría que me acompañaras. Es würde mich sehr freuen, wenn du mich begleitest.

¡Ojalá puedas pasar unos días con nosotros! Das wäre doch schön, wenn du ein paar Tage mit uns verbringen könntest.

Mis mejores deseos para su proyecto. Meine besten Wünsche für Ihr Projekt.

¡Que tengas un buen viaje de vuelta! Komm gut nach Hause.

¡Que cumplas muchos más! Auf ein langes Leben!

wünschenswert *adj* deseable.

Wunsch|traum *der* ilusión *f.*

Wunsch|zettel *der* lista *f* de regalos.

wurde *prät* ▷ **werden.**

Würde (*pl* **-n**) *die* - **1.** *(ohne Pl)* [Selbstachtung] dignidad *f* ; **unter js ~ sein** ser indigno(na) de alguien - **2.** [Stellung] cargo *m.*

Würdenträger (*pl* **-**) *der* (alto) dignatario *m.*

würdig <> *adj* digno(na) ; **einer Sache** *(G)* **~ sein** ser digno(na) de algo. <> *adv* dignamente.

würdigen *vt* honrar, ameritar *Amér.*

Wurf (*pl* **Würfe**) *der* - **1.** [Werfen] jugada *f* - **2.** [bei Säugetieren] camada *f.*

Würfel (*pl* **-**) *der* - **1.** [Kubus] cubo *m* - **2.** [Spielwürfel] dado *m.*

würfeln <> *vi* [Würfel werfen] tirar los dados. <> *vt* - **1.** [mit Würfel] tirar - **2.** [in Würfel schneiden] cortar en tacos.

Würfelzucker *der (ohne Pl)* azúcar *m* cortadillo.

Wurf|sendung *die distribución (masiva) de impresos por correo.*

würgen <> *vt* ahogar. <> *vi* - **1.** [schlucken] : **an etw** *(D)* **~** tragar algo con dificultad - **2.** [Brechreiz haben] tener náuseas.

Wurm (*pl* **Würmer**) *der* gusano *m.*

wurmstichig *adj* picado(da) de gusanos.

Wurst (*pl* **Würste**) *die* - **1.** [Lebensmittel] embutido *m* - **2.** [Wurstförmiges] rollo *m* - **3.** *RW* : **jm ~ sein** *fam* importarle un bledo a alguien.

Würstchen (*pl* **-**) *das* - **1.** [kleine Wurst] salchicha *f* - **2.** *fam* [unwichtige Person] pobrecito *m*, -ta *f.*

Würze (*pl* **-n**) *die* [Gewürz] condimento *m* ; [Pfiff] sal *f*, gracia *f.*

Wurzel (*pl* **-n**) *die* raíz *f* ; **~n schlagen** echar raíces.

würzen *vt* condimentar.

würzig *adj* sabroso(sa), bien condimentado(da).

wusch *prät* ▷ **waschen.**

wusste *prät* ▷ **wissen.**

wüst <> *adj* - **1.** [Gegend, Landschaft] desierto(ta) - **2.** [Haar, Durcheinander] descuidado(da) - **3.** *abw* [Schlägerei, Beschimpfung] salvaje. <> *adv* - **1.** [durcheinander liegen] desordenadamente - **2.** *abw* [fluchen, sich aufführen] salvajemente.

Wüste (*pl* **-n**) *die* desierto *m.*

Wut *die (ohne Pl)* rabia *f* ; **eine ~ auf jn haben** estar furioso(sa) con alguien ; **seine ~ an etw/jm ~ auslassen** desahogar su rabia con algo/alguien.

wüten *vi* causar estragos.

wütend <> *adj* rabioso(sa) ; **auf** ODER **über**

jn ~ sein estar furioso(sa) con alguien. ◇ *adv* furiosamente.

WWW (*abk für* **World Wide Web**) *das* WWW *f*.

x, X [ɪks] (*pl* -) *das* x *f*, X *f*.

X-Beine *pl* piernas *fpl* zambas.

x-beliebig *adj fam* uno (una) cualquiera.

x-mal *adv fam* repetidas veces.

Y

y, Y [ˈypsilɔn] (*pl* - ODER **-s**) *das* y *f*, Y *f*.

Yacht [jaxt] *die* = **Jacht**.

Yoga, Joga [ˈjoːga] = **Joga**.

Z

z, Z [tset] (*pl* - ODER **-s**) *das* z *f*, Z *f*.

zack *interj fam* : **zack!** ¡zas!

Zacke (*pl* **-n**) *die* [von Gabel, Kamm] púa *f* ; [von Stern, Krone] punta *f*.

zackig ◇ *adj* - **1.** [Stern, Felsen] puntiagudo(da) ; [Kante] dentado(da) ; [Blatt] recortado(da) - **2.** *fam* [Befehl, Musik] enérgico(ca). ◇ *adv* - **1.** [geformt] en forma dentada, con púas - **2.** *fam* [auftreten, sich bewegen] de forma enérgica.

zaghaft ◇ *adj* vacilante. ◇ *adv* con vacilaciones.

zäh ◇ *adj* - **1.** [Leder, Fleisch] duro(ra) - **2.** [Öl, Teig] espeso(sa) ; [Gespräch] lento(ta), dificultoso(sa) - **3.** [Widerstand, Fleiß] tenaz. ◇ *adv* - **1.** [langsam] lentamente - **2.** [hartnäckig] tenazmente.

Zähigkeit *die (ohne Pl)* [von Material] dureza *f* ; [Beständigkeit] tenacidad *f*.

Zahl (*pl* **-en**) *die* número *m* ; **eine gerade/ungerade ~** un número par/impar ; **in den roten ~en stecken** *fig* estar en números rojos.

zahlbar *adj* pagadero(ra) ; **~ an jn** pagadero a alguien ; **~ in** a pagar en.

zahlen ◇ *vt* pagar. ◇ *vi* pagar ; **bitte ~!** ¡la cuenta, por favor!

zählen ◇ *vt* - **1.** [gen] contar - **2.** [einbeziehen] : **jn zu einer Gruppe ~** contar a alguien como parte de un grupo ; **etw zu etw ~** contar algo como parte de algo - **3.** [wert sein] valer. ◇ *vi* - **1.** contar - **2.** [gehören] : **zu etw/jm ~** estar entre algo/alguien - **3.** [vertrauen] : **auf etw/jn ~** contar con algo/alguien.

zahlenmäßig ◇ *adj* numérico(ca). ◇ *adv* : **~ überlegen sein** estar en superioridad numérica.

Zähler (*pl* -) *der* - **1.** [Gerät] contador *m* - **2.** MATH numerador *m*.

Zahl|grenze *die* límite *m* de zona.

zahllos *adj* innumerable.

zahlreich ◇ *adj* numeroso(sa). ◇ *adv* en gran número.

Zahlung (*pl* **-en**) *die* pago *m*.

Zählung (*pl* **-en**) *die* recuento *m*.

Zahlungsan|weisung *die* orden *f* de pago.

zahlungsfähig *adj* solvente.

Zahlwort (*pl* **-wörter**) *das* GRAM (adjetivo) numeral *m*.

zahm ◇ *adj* - **1.** [Tier] manso(sa) - **2.** *fam* [Kind, Verhalten] dócil. ◇ *adv* - **1.** [gebändigt] mansamente - **2.** *fam* [gehorsam] obedientemente.

zähmen *vt* - **1.** [Tier, Naturgewalt] domar - **2.** *geh* [Neugier, Ungeduld] dominar.

Zähmung (*pl* **-en**) *die* domesticación *f*.

Zahn (*pl* **Zähne**) *der* diente *m* ; **einen ~ ziehen** sacar un diente ; **sich** *(D)* **die Zähne putzen** lavarse los dientes ; **die dritten Zähne** los dientes postizos ; **die Zähne zusammenbeißen** *fam fig* hacer de tripas corazón.

Zahn|arzt *der* dentista *m*.

Zahn|ärztin *die* dentista *f*.

Zahnbe|handlung *die* tratamiento *m* odontológico.

Zahn|bürste *die* cepillo *m* de dientes.

Zahn|ersatz *der (ohne Pl)* prótesis *f* dental.

Zahn|fleisch *das (ohne Pl)* encía *f*.

Zahnklammer *die* aparato *m* para los dientes, ortodoncia *f*.

Zahnlücke *die* melladura *f (en la dentadura)*.

Zahnpasta (*pl* **-ten**), **Zahnpaste** (*pl* **-n**) *die* pasta *f* dentífrica, dentífrico *m*.

Zahnrad *das* rueda *f* dentada.

Zahnradbahn *die* ferrocarril *m* de cremallera.

Zahnschmelz *der (ohne Pl)* esmalte *m* dental.

Zahnschmerzen *pl* dolor *m* de muelas ; **~ haben** tener dolor de muelas.

Zahnseide *die (ohne Pl)* seda *f* dental.

Zahnspange *die* aparato *m* para los dientes, ortodoncia *f*.

Zahnstein *der (ohne Pl)* sarro *m*.

Zahnstocher (*pl* **-**) *der* palillo *m*, mondadientes *m inv*.

Zange (*pl* **-n**) *die* tenazas *fpl* ; **jn in die ~ nehmen** *fam fig* poner a alguien en un aprieto.

zanken ◆ **sich zanken** *ref* pelearse ; **sich mit jm um etw ~** pelearse con alguien por algo.

zänkisch *adj* pendenciero(ra).

Zäpfchen (*pl* **-**) *das* supositorio *m*.

zapfen *vt* tirar *(cerveza, vino)*.

Zapfen (*pl* **-**) *der* **- 1.** [aus Holz] espiga *f* **- 2.** [von Bäumen] piña *f* **- 3.** [aus Eis] carámbano *m*.

Zapfenstreich *der (ohne Pl)* retreta *f*.

Zapfsäule *die* surtidor *m (de gasolina)*.

zappeln *vi* agitarse ; **jn ~ lassen** *fam fig* hacer esperar a alguien.

zappen *vi* hacer zapping.

zart ◇ *adj* **- 1.** [Pflanze, Kind] delicado(da) **- 2.** [Haut, Gemüse] suave **- 3.** [Berührung, Melodie] delicado(da), tierno(na). ◇ *adv* delicadamente.

zart besaitet *adj* sensible.

zartbitter *adj* amargo(ga).

zärtlich ◇ *adj* tierno(na) ; **zu jm ~ sein** ser cariñoso(sa) con alguien. ◇ *adv* tiernamente.

Zärtlichkeit (*pl* **-en**) *die (ohne Pl)* [Gefühl] ternura *f*. ◆ **Zärtlichkeiten** *pl* [Liebkosungen] caricias *fpl*.

Zauber (*pl* **-**) *der* magia *f* ; **fauler ~** *fam abw & fig* embuste *m*.

Zauberei (*pl* **-en**) *die* brujería *f*.

Zauberer (*pl* **-**) *der* mago *m*.

Zauberformel *die* fórmula *f* mágica.

zauberhaft ◇ *adj* encantador(ra). ◇ *adv* de forma encantadora.

Zauberin (*pl* **-nen**) *die* maga *f*.

Zauberkünstler, in *der, die* mago *m*, -ga *f*.

Zauberkunststück *das* número *m* de magia.

zaubern ◇ *vi* hacer magia. ◇ *vt* : **ein Kaninchen aus dem Zylinder ~** sacar un conejo de la chistera.

Zauberspruch *der* fórmula *f* mágica.

Zauberstab *der* varita *f* mágica.

Zaum (*pl* **Zäume**) *der* riendas *fpl*, bridas *fpl* ; **sich im ~ halten** *fig* contenerse.

zäumen *vt* poner las riendas a.

Zaumzeug (*pl* **-e**) *das* cabezada *f*.

Zaun (*pl* **Zäune**) *der* valla *f*.

Zaunpfahl *der* estaca *f*.

z. B. (*abk für* **zum Beispiel**) p.ej.

ZDF [tsɛtdeːˈɛf] (*abk für* **Zweites Deutsches Fernsehen**) *das (ohne Pl) segundo canal de la televisión alemana*.

Zebra (*pl* **-s**) *das* cebra *f*.

Zebrastreifen *der* paso *m* de cebra.

Zeche (*pl* **-n**) *die* **- 1.** [Rechnung] cuenta *f* ; **die ~ bezahlen müssen** pagar los platos rotos **- 2.** [Mine] mina *f* de carbón.

zechen *vi hum* tomar copas.

Zechpreller, in (*mpl* **-**, *fpl* **-nen**) *der, die* cliente *m*, -ta *f* que se marcha sin pagar.

Zechtour *die* ronda *f* de bares.

Zeder (*pl* **-n**) *die* cedro *m*.

Zeh (*pl* **-en**) *der* dedo *m* del pie.

Zehe (*pl* **-n**) *die* **- 1.** [Fußglied] dedo *m* del pie ; **jm auf die ~n treten** *fam fig* ofender a alguien **- 2.** [Knoblauchzehe] diente *m* de ajo.

Zehennagel *der* uña *f* del dedo del pie.

Zehenspitze *die* punta *f* del pie ; **auf ~n** de puntillas.

zehn *num* diez ; *siehe auch* **sechs**.

Zehn (*pl* **-en**) *die* diez *m* ; *siehe auch* **Sechs**.

Zehnerkarte *die* abono *m* de diez *(entradas, viajes)*.

zehnfach ◇ *adj* que es diez veces más. ◇ *adv* diez veces más.

Zehnkampf *der* SPORT decatlón *m*.

zehnmal *adv* diez veces.

Zehnmarkschein *der* billete *m* de diez marcos.

zehntausend *num* diez mil.

zehnte, r, s *adj* décimo(ma) ; *siehe auch* **sechste**.

Zehnte (*pl* **-n**) *der, die, das* décimo *m*, -ma *f* ; *siehe auch* **Sechste**.

zehntel *adj (unver)* décima parte de ; *siehe auch* **sechstel.**

Zehntel (*pl* -) *das* décima parte *f*; *siehe auch* **Sechstel.**

Zehntel|sekunde *die* décima *f* de segundo.

zehren *vi* : **von etw ~** vivir de algo.

Zeichen (*pl* -) *das* - **1.** [gen] señal *f*; **jm ein ~ geben** dar una señal a alguien ; **zum ~, dass** en señal de que - **2.** [Kennzeichnung] marca *f* - **3.** [Symptom] síntoma *m* ; [Anzeichen] indicio *m* - **4.** [Tierkreiszeichen] signo *m* - **5.** EDV carácter *m*.

Zeichen|block (*pl* **-blöcke** ODER **-s**) *der* bloc *m* de dibujo.

Zeichener|klärung *die* leyenda *f*.

Zeichen|papier *das (ohne Pl)* papel *m* de dibujo.

Zeichen|setzung *die (ohne Pl)* puntuación *f*.

Zeichen|sprache *die* lenguaje *m* por signos.

Zeichentrick|film *der* dibujos *mpl* animados.

zeichnen ◇ *vt* - **1.** [Skizze, Muster] dibujar - **2.** [Waren, Wäsche] marcar - **3.** [Scheck, Aktien] firmar. ◇ *vi* dibujar.

Zeichner, in (*mpl* -, *fpl* **-nen**) *der, die* dibujante *mf*.

Zeichnung (*pl* **-en**) *die* dibujo *m*.

Zeige|finger *der* dedo *m* índice.

zeigen ◇ *vt* - **1.** [gen] mostrar ; **jm etw ~** mostrar algo a alguien ; [Funktionsweise, Weg] enseñar algo a alguien ; **es jm ~** *fam fig* dar una lección a alguien - **2.** [Subj : Uhr, Waage] marcar. ◇ *vi* señalar ; **auf etw/jn ~** señalar algo/a alguien. ◆ **sich zeigen** *ref* - **1.** [in der Öffentlichkeit] mostrarse - **2.** [sich erkennen lassen] aparecer ; **es haben sich einige Fehler gezeigt** han aparecido algunos errores ; **es hat sich gezeigt dass** se ha demostrado que ; **es wird sich zeigen, ob ...** se verá si ...

Zeiger (*pl* -) *der* [von Uhr] manecilla *f*; [von Waage] aguja *f*; **der kleine ~** la manecilla corta, el horario.

Zeile (*pl* **-n**) *die* - **1.** [von Texten] línea *f* - **2.** [Nachricht] líneas *fpl*.

Zeit (*pl* **-en**) *die* - **1.** *(ohne Pl)* [Dauer] tiempo *m* ; **im Laufe der ~** con el paso del tiempo ; **~ raubend** que lleva mucho tiempo ; **~ sparend** que ahorra tiempo ; **sich** *(D)* **für etw/jn ~ nehmen** tomarse tiempo para algo/alguien ; **sich** *(D)* **die ~ vertreiben** entretenerse ; **sich** *(D)* **~ lassen** tomarse tiempo ; **die ~ totschlagen** matar el tiempo - **2.** *(ohne Pl)* [Zeitpunkt] momento *m* ; **von ~ zu ~** de vez en cuando - **3.** [Zeitabschnitt] época *f* - **4.** *(ohne Pl)* [Zeitung] : **Die ~** *periódico semanal alemán.* ◆ **auf Zeit** *adv* temporal. ◆ **eine Zeit lang** *adv* por un tiempo. ◆ **mit der Zeit** *adv* con el tiempo ; *siehe auch* **zurzeit.**

Zeit|alter *das* época *f*.

Zeitan|sage *die* servicio *m* horario ; [im Radio] señal *f* horaria.

Zeit|arbeit *die* WIRTSCH trabajo *m* temporal.

Zeit|bombe *die* bomba *f* de relojería.

Zeit|druck *der (ohne Pl)* : **in ~ sein, unter ~ stehen** estar apremiado(da) por el tiempo.

Zeit|geist *der (ohne Pl)* espíritu *m* de la época.

zeitgemäß *adj* conforme a la época, moderno(na).

Zeit|genosse *der* contemporáneo *m*.

Zeit|genossin *die* contemporánea *f*.

Zeit|geschehen *das (ohne Pl)* acontecimientos *mpl* actuales.

zeitig ◇ *adj* temprano(na). ◇ *adv* temprano, pronto.

Zeit|karte *die* abono *m* (de transportes).

zeitlebens *adv* de por vida.

zeitlich ◇ *adj* temporal. ◇ *adv* en el tiempo.

Zeitliche *das (ohne Pl)* : **das ~ segnen** [sterben] entregar el alma ; *fig & hum* [kaputtgehen] romperse.

zeitlos ◇ *adj* atemporal. ◇ *adv* con estilo atemporal.

Zeitlupe ◆ **in Zeitlupe** *adv* TV a cámara lenta.

Zeit|punkt *der* momento *m* ; **zu diesem ~** en aquel momento.

Zeit|raffer *der (ohne Pl)* TV : **im ~** a cámara rápida.

Zeit|raum *der* período *m* de tiempo.

Zeit|rechnung *die (ohne Pl)* : **vor/nach unserer ~** antes/después de nuestra era.

Zeit|schrift *die* revista *f*.

Zeit|soldat *der* recluta *m*.

Zeit|spanne *die* espacio *m* de tiempo.

Zeitung (*pl* **-en**) *die* periódico *m*.

Zeitungs|annonce *die* anuncio *m* en un periódico.

Zeitungsaus|schnitt *der* recorte *m* de periódico.

Zeitungs|bericht *der* reportaje *m* periodístico.

Zeitungs|kiosk *der* kiosko *m* de periódicos.

Zeitungs|papier *das (ohne Pl)* papel *m* de periódico.

Zeit|unterschied *der* SPORT diferencia *f* de tiempo ; [bei Zeitzonen] diferencia *f* horaria.

Zeit|verlust *der (ohne Pl)* pérdida *f* de tiempo.

Zeit|verschiebung *die* diferencia *f* horaria.

Zeit|verschwendung *die* pérdida *f* de tiempo.

Zeit|vertrag *der* contrato *m* temporal.

Zeit|vertreib (*pl* **-e**) *der* pasatiempo *m* ; **zum ~** para pasar el tiempo.

zeitweilig ◇ *adj* temporal. ◇ *adv* temporalmente.

zeitweise *adv* - **1.** [gelegentlich] de vez en cuando - **2.** [vorübergehend] temporalmente.

Zeit|zeichen *das* señal *f* horaria.

Zelle (*pl* **-n**) *die* - **1.** [im Gefängnis] celda *f* - **2.** [von Organismus] célula *f*.

Zell|stoff *der* celulosa *f*.

Zelt (*pl* **-e**) *das* tienda *f* (de campaña) ; **die ~e abbrechen/aufschlagen** *fig* marcharse/establecerse temporalmente.

zelten *vi* acampar.

Zelt|lager *das* campamento *m*.

Zelt|plane *die* lona *f*.

Zelt|platz *der* zona *f* de acampada, camping *m*.

Zelt|stange *die* palo *m* (de la tienda).

Zement *der* cemento *m*.

zensieren ◇ *vt* - **1.** [Klassenarbeit, Referat] calificar - **2.** [Bücher, Filme] censurar. ◇ *vi* calificar.

Zensur (*pl* **-en**) *die* - **1.** [Benotung] calificación *f* - **2.** *(ohne Pl)* [Kontrolle, Behörde] censura *f*.

Zenti|liter *der* centilitro *m*.

Zenti|meter *der* centímetro *m*.

Zenti|meter|maß *das* cinta *f* métrica.

Zentner (*pl* **-**) *der* ≃ cincuenta kilos *mpl*.

zentral ◇ *adj* - **1.** [Lage] céntrico(ca) - **2.** [Stelle, Behörde] central - **3.** [Projekt, Motiv] principal. ◇ *adv* [gelegen sein] en el centro.

Zentralafrika *nt* África *f* Central.

Zentralamerika *nt* América *f* Central.

Zentralamerikaner, in (*mpl* **-**, *fpl* **-nen**) *der, die* centroamericano *m*, -na *f*.

zentralamerikarisch *adj* centroamericano(na).

Zentrale (*pl* **-n**) *die* - **1.** [zentrale Stelle] central *f* - **2.** [Telefonzentrale] centralita *f*.

Zentral|heizung *die* calefacción *f* central.

Zentrifuge (*pl* **-n**) *die* [für Honig, im Labor] centrífuga *f* ; [für Milch] desnatadora *f*.

Zentrum (*pl* **Zentren**) *das* centro *m*.

Zeppelin (*pl* **-e**) *der* dirigible *m*.

zerbrechen (*präs* **zerbricht**, *prät* **zerbrach**, *perf* **hat/ist zerbrochen**) ◇ *vi (ist)* romper ; **an etw** *(D)* **~** *fig* hundirse por algo. ◇ *vt (hat)* romperse.

zerbrechlich *adj* frágil.

zerdrücken *vt* machacar.

Zeremonie (*pl* **-n**) *die* ceremonia *f*.

Zerfall *der (ohne Pl)* [von Gebäude, Denkmal] desmoronamiento *m* ; [von Moral, Regime] decadencia *f*.

zerfallen (*präs* **zerfällt**, *prät* **zerfiel**, *perf* **ist zerfallen**) *vi* [Burg, Gemäuer] desmoronarse ; **in etw** *(A)* **~** [Verbindung, Molekül] descomponerse en algo ; [Buch, Film] dividirse en algo.

zerfetzen *vt* hacer trizas.

zerfleddern *vt* deshacer, deshojar.

zerfließen (*prät* **zerfloss**, *perf* **ist zerflossen**) *vi* - **1.** [Eis, Schokolade] derretirse - **2.** [Tinte] correrse.

zergehen (*prät* **zerging**, *perf* **ist zergangen**) *vi* deshacerse, derretirse.

zerkleinern *vt* desmenuzar.

zerklüftet *adj* escarpado(da).

zerknirscht *adj* compungido(da) ; **über etw** *(A)* **~ sein** estar compungido(da) por algo.

zerknittern *vt* arrugar.

zerkratzen *vt* arañar, rayar.

zerlassen (*präs* **zerlässt**, *prät* **zerließ**, *perf* **hat zerlassen**) *vt* derretir.

zerlegen *vt* - **1.** [Motor, Bett] desmontar ; **etw in etw** *(A)* **~** desmontar algo en algo - **2.** [Jagdbeute] despiezar.

zermürben *vt* desmoralizar.

zerquetschen *vt* aplastar, chafar.

Zerr|bild *das* imagen *f* distorsionada.

zer|reden *vt* trillar *(un tema)*.

zerreißen (*prät* **zerriss**, *perf* **hat/ist zerrissen**) ◇ *vt (hat)* - **1.** [Beute] despedazar ; [Papier] hacer trizas - **2.** [Strümpfe, Hose] romper. ◇ *vi (ist)* romperse.

zerren ◇ *vt* arrastrar, tirar ; **sich** *(D)* **etw ~** distenderse algo. ◇ *vi* : **an etw** *(D)* **~** tirar de algo.

zerrinnen (*prät* **zerronn**, *perf* **ist zerronnen**) *vi* derretirse.

Zerrung (*pl* **-en**) *die* distorsión *f*.

zerrüttet *adj* deshecho(cha) ; **aus ~en**

Verhältnissen kommen provenir de una familia deshecha.

zerschlagen *adj* molido(da).

zerschneiden (*prät* **zerschnitt**, *perf* **hat zerschnitten**) *vt* cortar.

zersetzen *vt* - **1.** [auflösen] descomponer - **2.** [untergraben] desmoralizar.

zersplittern (*perf* **ist zersplittert**) *vi* [Holz, Glas] hacerse pedazos ; [Knochen] sufrir una fractura conminuta.

zerspringen (*prät* **zersprang**, *perf* **ist zersprungen**) *vi* quebrarse.

zerstäuben *vt* pulverizar.

Zerstäuber (*pl* -) *der* pulverizador *m*.

zerstechen (*präs* **zersticht**, *prät* **zerstach**, *perf* **hat zerstochen**) *vt* - **1.** [Reifen, Sitzpolster] pinchar - **2.** [Subj : Mücken] llenar de picaduras.

zerstören *vt* - **1.** [Dinge] destruir - **2.** [Gesundheit] arruinar ; [Hoffnung] : **js Hoffnungen ~** frustrar las esperanzas de alguien.

zerstörerisch *adj* destructivo(va).

Zer|störung *die* destrucción *f*.

zerstreuen *vt* - **1.** [Blätter] esparcir - **2.** [Demonstranten] dispersar - **3.** [Zweifel] disipar - **4.** [unterhalten] entretener. ◆ **sich zerstreuen** *ref* - **1.** [auseinander gehen] dispersarse - **2.** [sich unterhalten] entretenerse.

zerstreut ◇ *adj* despistado(da), distraído(da). ◇ *adv* con aire distraído.

Zerstreuung (*pl* **-en**) *die* esparcimiento *m*, distracción *f*.

Zertifikat (*pl* **-e**) *das* certificado *m*.

zertreten (*präs* **zertritt**, *prät* **zertrat**, *perf* **hat zertreten**) *vt* aplastar *(con el pie)*.

zertrümmern *vt* destrozar.

zerzaust *adj* desgreñado(da).

zetern *vi abw* poner el grito en el cielo.

Zettel (*pl* -) *der* pedazo *m* de papel.

Zettelwirtschaft *die (ohne Pl) abw* desorden *m* de papeles.

Zeug *das (ohne Pl)* [Kleider] ropa *f* ; *fam* [Sachen] cosas *fpl* ; **das ~ zu etw haben** *fam fig* tener madera de algo ; **sich ins ~ legen** *fam fig* esforzarse mucho.

Zeuge (*pl* **-n**) *der* testigo *m*.

zeugen ◇ *vi* : **von etw ~** *geh* poner algo de manifiesto. ◇ *vt* engendrar.

Zeugenaus|sage *die* declaración *f* del testigo.

Zeugin (*pl* **-nen**) *die* testigo *f*.

Zeugnis (*pl* **-se**) *das* - **1.** [Bescheinigung] certificado *m* - **2.** SCHULE notas *fpl*.

z. H. (*abk für* **zu Händen**) At.

Zicke (*pl* **-n**) *die* cabra *f*.

Zickzack (*pl* **-e**) *der* zigzag *m*. ◆ **im Zickzack** *adv* en zigzag.

Ziege (*pl* **-n**) *die* - **1.** [Tier] cabra *f* - **2.** *fam* [als Schimpfwort] : **dumme ~** estúpida.

Ziegel (*pl* -) *der* - **1.** [Stein] ladrillo *m* - **2.** [Dachziegel] teja *f*.

Ziegel|stein *der* ladrillo *m*.

Ziegen|bock *der* macho *m* cabrío.

Ziegen|käse *der* queso *m* de cabra.

ziehen (*prät* **zog**, *perf* **hat/ist gezogen**) ◇ *vt (hat)* - **1.** [Karren, Wagen] arrastrar, tirar de ; **jn am Ärmel ~** tirar de la manga a alguien - **2.** [Korken, Zahn] sacar ; **etw aus etw ~** sacar algo de algo ; **der Zahn muss gezogen werden** hay que sacar la muela ; [Fäden] quitar - **3.** [abmachen] : **etw von etw ~** quitar algo de algo ; **den Ring vom Finger ~** quitarse el anillo del dedo - **4.** [Linie, Grenze] trazar - **5.** [zurechtrücken] colocar ; **sich den Hut ins Gesicht ~** calarse el sombrero - **6.** [züchten] cultivar ; [Tiere] criar - **7.** [anziehen] : **etw auf sich** *(A)* **~** atraer algo sobre sí - **8.** [zur Folge haben] : **etw nach sich ~** tener algo como consecuencia - **9.** [Mauer, Zaun] hacer ; [Graben] cavar - **10.** [durchziehen] : **etw durch etw ~** pasar algo a través de ODER por algo. ◇ *vi* - **1.** *(hat)* [gen] tirar ; **der Kamin zieht gut** la chimenea tira bien ; **an etw** *(D)* **~** tirar de algo - **2.** *(ist)* [umziehen] trasladarse - **3.** *(ist)* [sich bewegen] recorrer ; **in den Krieg ~** ir a la guerra ; **nach Süden ~** migrar al Sur *(aves)* - **4.** *(hat)* [an Pfeife, Zigarette] : **an etw** *(D)* **~** dar una calada - **5.** *(hat)* [Motor, Auto] tirar - **6.** *(ist)* [Duft, Qualm] llegar ; **in etw** *(A)* **~** penetrar en algo - **7.** *(hat)* [Kaffee, Tee] reposar - **8.** *(hat)* [beim Spielen] jugar, mover - **9.** *(hat) fam* [Eindruck machen] : **etwas zieht bei jm** algo tiene éxito con alguien ; **das zieht bei mir nicht!** ¡así no consigues nada conmigo! - **10.** *(hat)* [Luftzug haben] : **es zieht** hay corriente. ◆ **sich ziehen** *ref* - **1.** [in die Länge] alargarse - **2.** [sich erstrecken] extenderse - **3.** [sich hochziehen] auparse.

Zieh|harmonika *die* acordeón *m*.

Ziehung (*pl* **-en**) *die* : **die ~ der Lottozahlen/Lose** el sorteo de la lotería primitiva/de las papeletas.

Ziel (*pl* **-e**) *das* - **1.** [Zielort] destino *m* - **2.** SPORT meta *f* - **3.** [Zweck] objetivo *m* ; **sich** *(D)* **ein ~ setzen** fijarse un objetivo.

zielbewusst ◇ *adj* resuelto(ta). ◇ *adv* con tino.

zielen *vi* apuntar ; **auf etw/jn ~** [schießen] apuntar a algo/alguien ; *fig* [sich richten] ir dirigido(da) a algo/alguien.

Ziel|gruppe *die* público *m* escogido.

ziellos *adj & adv* sin rumbo fijo.

Ziel|scheibe *die eigtl & fig* blanco *m*.

zielstrebig ◇ *adj* perseverante. ◇ *adv* con perseverancia.

ziemlich ◇ *adj* bastante ; **das war eine ~e Gemeinheit** esto ha sido una buena faena. ◇ *adv* - **1.** [sehr] bastante - **2.** *fam* [fast] casi.

Zierde (*pl* **-n**) *die* adorno *m*.

zieren ◆ **sich zieren** *ref* hacer remilgos.

zierlich ◇ *adj* grácil. ◇ *adv* delicadamente.

Zier|pflanze *die* planta *f* ornamental.

Ziffer (*pl* **-n**) *die* cifra *f*.

Ziffer|blatt *das* esfera *f*.

zig *adj fam* muchísimos(mas).

Zigarette (*pl* **-n**) *die* cigarrillo *m*.

Zigaretten|automat *der* máquina *f* (expendedora) de tabaco.

Zigaretten|schachtel *die* cajetilla *f* de cigarillos.

Zigarillo (*pl* **-s**) *der* ODER *das* purito *m*.

Zigarre (*pl* **-n**) *die* cigarro *m*, puro *m*.

Zigeuner, in (*mpl* **-**, *fpl* **-nen**) *der, die* gitano *m*, -na *f*.

zigmal *adv fam* muchísimas veces.

Zimmer (*pl* **-**) *das* habitación *f*, cuarto *m* ; **'~ frei!'** 'se alquilan habitaciones'.

Zimmer|lautstärke *die (ohne Pl)* : **in ~** a bajo volumen.

Zimmer|mädchen *das* camarera *f (de hotel)*, recamarera *f Amér*.

Zimmer|mann (*pl* **-leute**) *der* carpintero *m*.

zimmern ◇ *vt* hacer *(muebles)*. ◇ *vi* hacer trabajos de carpintería.

Zimmer|pflanze *die* planta *f* de interior.

Zimmer|service *der* servicio *m* de habitaciones.

Zimmer|suche *die (ohne Pl)* búsqueda *f* de una habitación.

Zimmer|vermittlung *die* [für Touristen] servicio *m* de reserva de habitaciones ; [für Studenten] servicio de alquiler para estudiantes.

zimperlich *abw* ◇ *adj* melindroso(sa). ◇ *adv* : **sich ~ anstellen** hacer melindres.

Zimt *der (ohne Pl)* canela *f*.

Zimt|stange *die* canela *f* en rama.

Zink *das (ohne Pl)* cinc *m*.

Zinke (*pl* **-n**) *die* [von Gabel] diente *m* ; [von Kamm] púa *f*.

Zinn *das (ohne Pl)* - **1.** [Metall] estaño *m* - **2.** [Gegenstände] utensilios *mpl* de estaño.

Zins (*pl* **-en**) *der* interés *m*.

Zins|fuß *der* tipo *m* de interés.

zinslos *adj* sin intereses.

Zins|satz *der* tipo *m* de interés.

Zipfel (*pl* **-**) *der* extremo *m*, punta *f*.

Zipfel|mütze *die* gorro *m* con borla.

zirka, circa ['tsɪrka] *adv* aproximadamente.

Zirkel (*pl* **-**) *der* - **1.** [Gerät] compás *m* - **2.** [Gruppe] círculo *m*.

Zirkus (*pl* **-se**) *der* circo *m*.

zirpen *vi* cantar *(de los grillos)*.

zischen (*perf* **hat/ist gezischt**) ◇ *vi* - **1.** *(hat)* [Schlange, Gans, Dampf] silbar ; [Öl, heißes Fett] crepitar - **2.** *(ist)* [Dampf] salir silbando ; [Auto] ir a toda velocidad. ◇ *vt (hat)* - **1.** [sagen] sisear - **2.** *salopp* [trinken] echarse entre pecho y espalda.

Zitat (*pl* **-e**) *das* cita *f*.

Zither (*pl* **-n**) *die* MUS cítara *f*.

zitieren ◇ *vt* - **1.** [wiedergeben] citar - **2.** [rufen] : **jn zu jm/vor etw** *(A)* **~** citar a alguien ante alguien/algo. ◇ *vi* : **aus etw ~** citar de algo.

Zitronat *das (ohne Pl)* KÜCHE cáscara *f* de limón confitada.

Zitrone (*pl* **-n**) *die* limón *m*.

Zitronen|saft *der* zumo *m* de limón.

zitterig, zittrig *adj* tembloroso(sa).

zittern *vi* - **1.** [vibrieren] temblar - **2.** [Angst haben] : **vor etw/jm ~** temblar ante algo/alguien - **3.** [sich sorgen] : **um** ODER **für etw/jn ~** temblar por algo/alguien.

Zivi ['tsiːvi] (*pl* **-s**) *der fam abk für* **Zivildienstleistende**.

zivil [tsi'viːl] ◇ *adj* - **1.** [bürgerlich] civil - **2.** [anständig] módico(ca). ◇ *adv fam* [anständig] correctamente.

Zivil [tsi'viːl] *das (ohne Pl)* traje *m* de calle, paisano *m*. ◆ **in Zivil** *adv* de paisano.

Zivil|bevölkerung *die* población *f* civil.

Zivil|courage *die (ohne Pl)* valor *m* cívico.

Zivil|dienst *der (ohne Pl)* prestación *f* social sustitutoria ; **~ leisten** realizar la prestación social sustitutoria.

Zivilisation [tsiviliza'tsjoːn] (*pl* **-en**) *die* civilización *f*.

zivilisiert [tsivili'ziːɐ̯t] ◇ *adj* civilizado(da). ◇ *adv* civilizadamente.

Zivilist, in [tsivi'lɪst, ɪn] (*mpl* **-en**, *fpl* **-nen**) *der, die* paisano *m*, -na *f*.

Zivil|recht *das (ohne Pl)* RECHT derecho *m* civil.

zog *prät* ▷ **ziehen**.

zögern *vi* vacilar ; **mit etw ~** vacilar en algo.

Zölibat *das* ODER *der (ohne Pl)* REL celibato *m*.

Zoll (*pl* **Zölle** ODER **-**) *der* - **1.** *(Pl Zölle)* [Abgabe] derechos *mpl* de aduana - **2.** *(ohne Pl)* [Behörde] aduana *f* - **3.** *(Pl Zoll)* [Maßeinheit] pulgada *f*.

Zoll|abfertigung *die* despacho *m* de aduana.

Zoll|amt *das* (oficina de) aduana *f*.

Zoll|beamte *der* aduanero *m*.

Zoll|beamtin *die* aduanera *f*.

Zoller|klärung *die* declaración *f* de aduanas.

zollfrei *adj* exento(ta) de derechos de aduana.

Zoll|kontrolle *die* control *m* de aduanas.

Zöllner (*pl* **-**) *der* aduanero *m*.

zollpflichtig *adj* sujeto(ta) al pago de derechos de aduana.

Zoll|schranke *die* barrera *f* arancelaria.

Zoll|stock *der* metro *m* de carpintero.

Zone (*pl* **-n**) *die* zona *f*.

Zonen|grenze *die antigua frontera entre los dos estados alemanes antes de la reunificación.*

Zoo [tsoː] (*pl* **-s**) *der* parque *m* zoológico.

Zoologie [tsoolo'giː] *die (ohne Pl)* zoología *f*.

Zopf (*pl* **Zöpfe**) *der* trenza *f*.

Zopf|spange *die* pasador *m*.

Zorn *der (ohne Pl)* ira *f*, cólera *f*.

zornig ◇ *adj* furioso(sa) ; **auf jn** *(A)* **~ sein** estar furioso(sa) con alguien ; **über etw ~ sein** estar furioso(sa) por algo. ◇ *adv* coléricamente.

zottig *adj* [Fell] peludo(da) ; [Haar] despeinado(da).

z. T. *abk für* **zum Teil**.

zu ◇ *präp (+ D)* - **1.** [Angabe der Position, Richtung] a ; **~m Bäcker/Arzt/Friseur gehen** ir a la panadería/al médico/a la peluquería ; **~ Hause** en casa ; **~ jm** a casa de alguien ; **~ etw hin** hacia algo ; [Angabe des Anlasses] : **jn ~m Geburtstag einladen** invitar a alguien al cumpleaños - **2.** [zeitlich] : **~ Anfang** al principio ; **~ Weihnachten** por Navidad ; **~r Mittagszeit** a la hora de comer - **3.** [Angabe des Zwecks, der Konsequenz] para, por ; **~m Spaß** por diversión ; **~m Schriftsteller geboren sein** haber nacido para escritor ; **die Aufführung war ~m Heulen** la función era para llorar - **4.** [Angabe des Endproduktes] : **~ etw werden** convertirse en algo - **5.** [Angabe der Menge] : **sie kamen ~ zweit/fünft** vinieron los dos/cinco ; **~ Tausenden** a miles - **6.** [Angabe des Maßes, des Preises] a ; **~ je** cada uno (una) ; **ein Kilo Äpfel ~ 1,50 DM** un kilo de manzanas a 1,50 marcos - **7.** [Angabe der Fortbewegungsart] a ; **~ Fuß gehen** ir a pie - **8.** [Angabe einer Kombination] : **~ einer schwarzen Hose weiße Socken tragen** llevar un pantalón negro con calcetines blancos - **9.** SPORT a ; **zwei zu eins gewinnen** ganar dos a uno. ◇ *adv* - **1.** [Angabe des Übermaßes] : **~ (sehr)** demasiado - **2.** *fam* [zumachen] : **Fenster ~!** ¡la ventana! ; **Tür ~!** ¡la puerta! - **3.** [Angabe der Richtung] : **der Stadt ~** hacia la ciudad. ◇ *konj* - **1.** [Anschluss eines Infinitivs] : **es begann ~ schneien** empezó a nevar ; **es gibt viel ~ tun** hay mucho que hacer ; **es ist kaum ~ verstehen, ...** es casi imposible de entender ... - **2.** *(+ Partizip Präsens)* [Ausdruck einer Notwendigkeit] que, por ; **die ~ erledigenden Arbeiten** los trabajos por hacer.

zuallererst, zu allererst *adv* en primer lugar.

zuallerletzt, zu allerletzt *adv* en último lugar.

Zubehör (*pl* **-e**) *das* accesorio *m*.

zu|beißen *vi (unreg)* morder.

zu|bekommen *vt (unreg)* conseguir cerrar.

zu|bereiten *vt* preparar.

zu|bewegen *vt* : **etw auf etw/jn ~** mover algo hacia algo/alguien.

zu|binden *vt (unreg)* atar.

zu|bleiben (*perf* **ist zugeblieben**) *vi (unreg) fam* quedarse cerrado(da).

zu|blinzeln *vi* : **jm ~** guiñarle el ojo a alguien.

Zubringer (*pl* **-**) *der* acceso *m*.

Zucchini [tsu'kiːni] (*pl* **-s**) *die* calabacín *m*.

Zucht (*pl* **-en**) *die* - **1.** *(ohne Pl)* [von Tieren] cría *f* ; [von Pflanzen, Perlen] cultivo *m* - **2.** *(ohne Pl) geh* [Disziplin] disciplina *f*.

züchten *vt* [Tiere] criar ; [Pflanzen, Perlen] cultivar.

Züchtung (*pl* **-en**) *die (ohne Pl)* [von Tieren] cría *f* ; [von Pflanzen, Perlen] cultivo *m*.

zucken (*perf* **hat/ist gezuckt**) *vi* - **1.** *(hat)* [unwillkürlich] moverse involuntariamente ; **mit den Schultern ~** encogerse de hombros - **2.** *(ist)* [in eine Richtung] salir disparado(da) ; **ein Blitz zuckt** cae un rayo.

zücken *vt* - **1.** [Messer, Pistole] sacar ; [Dolch, Schwert] desenvainar - **2.** *hum* [Portmonee, Notizbuch] sacar.

Zucker *der* - **1.** [Nahrungsmittel] azúcar *m* ODER *f* - **2.** *(ohne Pl) fam* [Krankheit] diabetes *f inv* ; **~ haben** tener diabetes.

Zucker|guss *der* baño *m* de azúcar.

zuckerkrank *adj* diabético(ca).

zuckern *vt* azucarar.

Zuckerrohr *das* caña *f* de azúcar.

Zuckerrübe *die* remolacha *f* azucarera.

Zuckerwatte *die (ohne Pl)* algodón *m* dulce.

Zuckung (*pl* **-en**) *die* convulsión *f*.

zu|decken *vt* tapar ; **etw/jn mit etw ~** tapar algo/a alguien con algo ; **sich mit etw ~** taparse con algo.

zu|drehen *vt* **- 1.** [Wasserhahn, Heizung] cerrar **- 2.** [zuwenden] : **jm den Rücken ~** darle la espalda a alguien.

zudringlich *adj* importuno(na), impertinente.

zu|drücken *vt* cerrar presionando.

zueinander *adv* mutuamente.

zueinander halten *vi (unreg)* permanecer unidos.

zuerst *adv* **- 1.** [als Erstes] primero **- 2.** [am Anfang] al principio **- 3.** [zum ersten Mal] por primera vez.

zu|fahren (*perf* **ist zugefahren**) *vi (unreg)* **- 1.** [sich zubewegen] : **auf etw/jn ~** dirigirse *(con un vehículo)* hacia algo/alguien **- 2.** *fam* [schneller fahren] acelerar ; **fahr zu!** *fam* ¡acelera!

Zu|fahrt *die* **- 1.** [Zufahrtsweg] entrada *f* **- 2.** *(ohne Pl)* [Zufahren] acceso *m* ; **die ~ zum Stadion war nicht mehr möglich** era imposible acceder al estadio.

Zufahrtsstraße *die* vía *f* de acceso.

Zu|fall *der* casualidad *f*. ◆ **durch Zufall** *adv* por casualidad.

zu|fallen (*perf* **ist zugefallen**) *vi (unreg)* **- 1.** [Tür, Deckel] cerrarse **- 2.** [zuteil werden] caer en suerte.

zufällig ◇ *adj* casual. ◇ *adv* casualmente, por casualidad.

zu|fassen *vi* : **fass schnell zu, ehe die Vase umkippt** rápido, coge el jarrón antes de que caiga.

Zu|flucht *die* refugio *m*.

zu|flüstern *vt* : **jm etw ~** decir algo a alguien en voz baja.

zufolge *präp* : **einer Sache/jm ~** según algo/alguien.

zufrieden ◇ *adj* satisfecho(cha) ; **mit etw/jm ~ sein** estar satisfecho con algo/alguien. ◇ *adv* satifecho(cha), con satisfacción.

zufrieden geben ◆ **sich zufrieden geben** *ref (unreg)* : **sich mit etw ~** darse por satisfecho(cha) con algo.

zufrieden lassen *vt (unreg)* dejar en paz.

zufrieden stellen *vt* satisfacer.

zu|fügen *vt* : **jm etw ~** causar algo a alguien ; **jm Unrecht ~** ser injusto con alguien.

Zufuhr *die (ohne Pl)* suministro *m*.

Zug (*pl* **Züge**) *der* **- 1.** [Bahn] tren *m* ; **mit dem ~ fahren** ir en tren **- 2.** [von Demonstranten, Streikenden] marcha *f* **- 3.** *(ohne Pl)* [Bewegung] : **der ~ der Wolken** el paso de las nubes ; **der ~ der Vögel** la migración de las aves **- 4.** [mit Spielfigur] jugada *f* ; **am ~ sein** tocarle jugar a uno (una) ; *fig* ser el turno de alguien **- 5.** [Schluck] trago *m* ; **in einem ~** de un trago ; *fig* de una vez **- 6.** [beim Rauchen] calada *f* **- 7.** [Atemzug] inspiración *f* ; **in vollen Zügen** a pleno pulmón ; *fig* plenamente **- 8.** *(ohne Pl)* [Durchzug] corriente *f* **- 9.** [Gesichtszug] rasgo *m* característico **- 10.** [Charakterzug] rasgo *m* **- 11.** [Schwimmbewegung] brazada *f* ; [Ruderbewegung] palada *f* **- 12.** *RW* : **in groben Zügen** a grandes rasgos ; **zum ~(e) kommen** tener ocasión de actuar.

Zu|gabe *die* **- 1.** *(ohne Pl)* [Zugeben] añadidura *f* **- 2.** [Zugegebenes] regalo *m* **- 3.** [zusätzliche Darbietung] bis *m*.

Zugabteil *das* compartimento *m*.

Zu|gang *der (ohne Pl)* [Betreten, Zugriff] entrada *f*, acceso *m* ; **~ zu etw haben** tener acceso a algo ; [Hinzugekommenes] entrada *f*.

zugänglich *adj* **- 1.** [betretbar] accesible **- 2.** [verfügbar] disponible ; **jm etw ~ machen** darle a alguien acceso a algo **- 3.** [aufgeschlossen].

Zugbrücke *die* puente *m* levadizo.

zu|geben *vt (unreg)* **- 1.** [Gewürze, Zucker] añadir **- 2.** [Fehler, Tat] reconocer.

zugeben

Tengo que admitir que tienes razón. Ich gebe zu, du hast recht.
Sí, podría ser. Kann sein.
Supongo que sí. Ich glaube ja.
Si tú lo dices... Wenn du meinst...
Está bien, de acuerdo. Gut, einverstanden.
De acuerdo, me has convencido. Gut, du hast mich überzeugt.

zu|gehen (*perf* **ist zugegangen**) *vi (unreg)* **- 1.** [sich zubewegen] : **auf etw/jn ~** acercarse a algo/alguien **- 2.** [verlaufen] : **es geht hektisch zu** hay mucho ajetreo **- 3.** *fam* [schneller gehen] acelerar el paso **- 4.** [Koffer, Fenster] cerrarse **- 5.** *amt* [zugestellt werden] llegar.

zugehörig *adj* que va junto a ODER con ; **sich jm/einer Sache ~ fühlen** sentirse muy unido(da) a alguien/a algo.

Zugehörigkeit *die (ohne Pl)* vinculación *f.*

zugeknöpft ◇ *adj* - **1.** [Mantel, Hemd] abotonado(da) - **2.** *fam* [Mensch] (muy) reservado(da). ◇ *adv fam* [reserviert] reservado(da), con reservas.

Zügel (*pl* -) *der* rienda *f.*

zügellos ◇ *adj* desenfrenado(da). ◇ *adv* desenfrenadamente.

zügeln *vt* - **1.** [Reittier] sujetar - **2.** [Gefühl] contener. ◆ **sich zügeln** *ref* [sich zurückhalten] contenerse.

Zu|geständnis *das* concesión *f.*

zu|gestehen *vt (unreg)* - **1.** [gestatten] : **jm etw ~** concederle algo a alguien ; **dem Käufer einen Rabatt ~** concederle una rebaja al cliente - **2.** [zugeben] reconocer ; **jm ~, dass er sich Mühe gegeben hat** reconocer el esfuerzo de alguien.

Zug|führer, in *der, die* conductor *m*, -ra *f* de trenes.

zugig *adj* expuesto(ta) a la corriente *(del aire)*.

zügig ◇ *adj* rápido(da). ◇ *adv* rápidamente.

zugleich *adv* simultáneamente.

Zug|luft *die (ohne Pl)* corriente *f.*

Zug|personal *das (ohne Pl)* personal *m* del tren.

zu|greifen *vi (unreg)* - **1.** [zufassen] agarrar ; **sie griff zu und bewahrte die Vase vor dem Umkippen** agarró el jarrón para evitar que se cayera - **2.** [sich bedienen] servirse - **3.** [mithelfen] echar una mano.

zugrunde, zu Grunde *adv* : **an etw** *(D)* **~ gehen** [sterben] sucumbir por algo ; [ruiniert werden] arruinarse por algo ; **einer Sache** *(D)* **~ liegen** ser la base de algo ; **jn ~ richten** arruinar a alguien.

Zug|schaffner, in *der, die* revisor *m*, -ra *f* del tren.

Zug|unglück *das* accidente *m* ferroviario.

zugunsten, zu Gunsten *präp & adv* : **~ einer Sache/js** a favor de algo/alguien.

zugute *adv* : **etw/jn ~ kommen** redundar en beneficio de algo/alguien.

Zugver|bindung *die* comunicación *f* ferroviaria.

Zug|verkehr *der (ohne Pl)* tráfico *m* ferroviario.

zu|haben *vi (unreg) fam* tener cerrado(da).

Zuhälter (*pl* -) *der* proxeneta *m*, chulo *m*, padrote *m Amér.*

zuhause *adv Schweiz & Österr* en casa ▷ **Haus.**

Zuhause *das (ohne Pl)* hogar *m.*

zu|hören *vi* escuchar ; **einer Sache/jm ~** escuchar algo/a alguien.

Zu|hörer, in *der, die* oyente *mf.*

zu|kehren *vt* : **jm den Rücken ~** volver la espalda a alguien.

zu|knöpfen *vt* abotonar.

zu|kommen (*perf* **ist zugekommen**) *vi (unreg)* - **1.** [sich bewegen] : **auf etw/jn ~** dirigirse hacia algo/alguien ; **etw auf sich** *(A)* **~ lassen** *fig* dejar que las cosas tomen su curso - **2.** [zustehen] : **jm ~** corresponder a alguien - **3.** *geh* [zuteil werden] enviar ; **jm etw ~ lassen** hacer llegar algo a alguien.

Zukunft *die (ohne Pl)* futuro *m.* ◆ **in Zukunft** *adv* en el futuro.

zukünftig ◇ *adj* futuro(ra). ◇ *adv* en el futuro.

zu|lächeln *vi* : **jm ~** sonreírle a alguien.

Zu|lage *die* suplemento *m.*

zu|lassen *vt (unreg)* - **1.** [gestatten, ermöglichen] permitir - **2.** [Film, Buch] autorizar ; **einen Film für Kinder ~** autorizar una película para niños ; **jn zu etw ~** admitir a alguien a algo ; AUTO matricular - **3.** [Brief, Schublade] dejar cerrado(da).

zulässig *adj* admisible.

Zulassung (*pl* **-en**) *die* - **1.** *(ohne Pl)* [Zulassen] aprobación *f* ; **die ~ zu etw** la admisión a algo - **2.** AUTO documentación *f* del coche.

zulasten *präp* : **~ einer Sache/einer Person** [auf js Rechnung] a cargo de algo/alguien, [zu js Nachteil] a costa de algo/alguien.

zu|laufen (*perf* **ist zugelaufen**) *vi (unreg)* - **1.** [sich bewegen] : **auf etw/jn ~** ir corriendo hacia algo/alguien - **2.** [Katze, Hund] : **jm ~** arrimarse a alguien - **3.** [Hosenbeine] terminar ; **spitz ~** terminar en punta.

zu|legen ◇ *vt* - **1.** [anschaffen] : **sich** *(D)* **etw ~** comprarse algo ; **sich einen Künstlernamen ~** adoptar un nombre artístico ; **sich eine Freundin ~** echarse novia - **2.** [dazutun] añadir. ◇ *vi* [schneller werden] acelerar.

zuletzt *adv* - **1.** [als Letztes] por último - **2.** [als Letzter] el último (la última) - **3.** [das letzte Mal] la última vez - **4.** [am Ende] al final.

zuliebe *präp* : **einer Sache/jm ~** por amor a algo/alguien.

zum *präp* - **1.** *(zu + dem)* al, a la ; **~ Arzt gehen** ir al médico - **2.** *(untrennbar)* para ; **~ Beispiel** por ejemplo ; **~ Teil** en parte ; **~ Tanzen gehen** ir a bailar.

zu|machen *vt & vi* cerrar.

zumindest *adv* por lo menos.

zumutbar *adj* razonable.

zu|muten *vt* : **jm etw ~** exigirle (demasiado) a alguien.

Zumutung (*pl* **-en**) *die* exigencia *f* (desmedida) ; **eine ~ sein** ser un abuso.

zunächst [tsu'nɛːçst] *adv* - **1.** [zuerst] primero - **2.** [einstweilen] de momento.

zu|nähen *vt* coser.

Zunahme (*pl* **-n**) *die* aumento *m*.

zünden ◇ *vt* encender. ◇ *vi* hacer explosión.

zündend *adj fig* enardecedor(ra).

Zünder (*pl* **-**) *der* detonador *m*.

Zünd|kerze *die* AUTO bujía *f*.

Zünd|schlüssel *der* AUTO llave *f* de contacto.

Zünd|schnur *die* mecha *f*.

Zünd|stoff *der fig* explosivo *m*.

Zündung (*pl* **-en**) *die* - **1.** *(ohne Pl)* [Zünden] explosión *f* - **2.** AUTO encendido *m*.

zu|nehmen *(unreg)* ◇ *vi* - **1.** [gewinnen] : **an etw** *(D)* **~** ganar algo - **2.** [dicker werden] engordar. ◇ *vt* [beim Stricken] añadir puntos.

zu|neigen ◇ *vi* [zu etw tendieren] : **einer Sache/jm ~** tender hacia algo/alguien. ◇ *vt geh* [zuwenden] : **jm etw ~** inclinar algo hacia alguien.

Zuneigung *die (ohne Pl)* afecto *m* ; **~ zu etw/jm** afecto por algo/alguien.

Zunft (*pl* **Zünfte**) *die* HIST gremio *m*.

zünftig ◇ *adj* como es debido ; **eine ~e Ohrfeige** una buena bofetada. ◇ *adv* como es debido.

Zunge (*pl* **-n**) *die* lengua *f* ; **auf der ~ zergehen** deshacerse en la lengua ; **die ~ herausstrecken** sacar la lengua ; **etw liegt jm auf der ~** *fig* tener algo en la punta de la lengua.

Zungen|spitze *die* punta *f* de la lengua.

zunichte *adj* : **etw ~ machen** destruir algo.

zu|nicken *vi* : **jm ~** hacerle a alguien una señal con la cabeza.

zunutze, zu Nutze *adj* : **sich** *(D)* **etw ~ machen** sacar provecho de algo.

zuoberst *adv* arriba del todo.

zu|ordnen *vt* [Personen] : **jn einer Sache/jm ~** adscribir a alguien a algo/alguien ; [Tiere, Pflanzen] clasificar.

zu|packen *vi* - **1.** [zufassen] agarrar - **2.** [mitarbeiten] ayudar.

zupfen ◇ *vi* : **an etw** *(D)* **~** tirar de algo. ◇ *vt* - **1.** [Unkraut, Haar] arrancar - **2.** [Lied, Gitarre] pulsar.

zur *präp* - **1.** *(zu + der)* al, a la ; **ich gehe ~ Apotheke** voy a la farmacia - **2.** *(untrennbar)* : **~ allgemeinen Verwunderung** para sorpresa de todos.

zurechnungsfähig *adj* [gen] responsable de sus acciones ; JUR en plena posesión de sus facultades.

zurecht|finden ◆ **sich zurechtfinden** *ref (unreg)* apañarse.

zurecht|kommen (*perf* **ist zurechtgekommen**) *vi (unreg)* apañarse ; **mit etw/jm ~** arreglárselas con algo/alguien.

zurecht|legen *vt* - **1.** [Kleidung] dejar colocado(da) - **2.** [Ausrede] preparar.

zurecht|machen *vt* arreglar.

zurecht|weisen *vt (unreg)* reprender.

Zurecht|weisung *die* reprimenda *f*.

zu|reden *vi* : **jm (gut) ~** hablar a alguien para animarle.

Zürich *nt* Zúrich *m*.

zu|richten *vt* arreglar, preparar ; **den Tisch zum Geburtstagsfest ~** arreglar la mesa para la fiesta de cumpleaños ; **jn übel ~** maltratar a alguien.

zurück *adv* - **1.** [wieder am Ausgangspunkt] de vuelta ; **der Weg ~ dauerte länger** el camino de vuelta se hizo más largo - **2.** [weiter hinten] más atrás ; **zwei Schritte weiter ~ stand sie** ella estaba dos pasos más atrás.

zurück|bekommen *vt (unreg)* recibir de vuelta.

zurück|bleiben (*perf* **ist zurückgeblieben**) *vi (unreg)* - **1.** [nicht folgen] quedarse atrás ; **hinter etw/jm ~** quedarse detrás de algo/alguien - **2.** [sich nicht nähern] mantenerse apartado(da) - **3.** [sich zu langsam entwickeln] quedarse atrasado(da) - **4.** [übrig bleiben] quedar.

zurück|blicken *vi* mirar hacia atrás ; **auf etw** *(A)* **~** volverse a mirar algo ; **auf die Vergangenheit ~** mirar al pasado.

zurück|bringen *vt (unreg)* devolver.

zurück|erhalten *vt (unreg)* recuperar.

zurück|erstatten *vt* : **jm etw ~** devolverle algo a alguien.

zurück|fahren (*perf* **hat/ist zurückgefahren**) *(unreg)* ◇ *vi (ist)* - **1.** [zurückkehren] volver (en vehículo) - **2.** [rückwärts fahren] conducir marcha atrás. ◇ *vt (hat)* llevar de vuelta (en vehículo).

zurück|fallen (*perf* **ist zurückgefallen**) *vi (unreg)* - **1.** [an Ausgangspunkt] caerse - **2.** [rückwärts fallen] caerse hacia atrás - **3.** [Team, Sportler] quedarse atrás - **4.** [zurückkehren] reincidir - **5.** [Eigentum, Haus] : **an jn ~** recaer en alguien - **6.** [zurückgeführt werden] : **auf jn ~** afectar a alguien.

zurück|fordern *vt* reclamar.

zurück|führen ◇ *vt* - **1.** [von etwas herleiten] : **etw auf etw** *(A)* ~ deberse algo a algo - **2.** [Person] volver a llevar - **3.** [Zeiger] reajustar. ◇ *vi* llevar de vuelta.

zurụck|geben *vt (unreg)* - **1.** [Führerschein, Mandat] devolver, regresar *Amér* ; **jm etw** ~ devolverle algo a alguien - **2.** [Lächeln] responder.

zurụckgeblieben *adj* retrasado(da).

zurụck|gehen (*perf* **ist zurụckgegangen**) *vi (unreg)* - **1.** [zum Ausgangspunkt] volver, regresar - **2.** [rückwärts gehen] andar hacia atrás - **3.** [Fieber, Entzündung] remitir ; [Hochwasser, Umsatz] disminuir, reducirse - **4.** [zurückzuführen sein] : **auf etw/jn** ~ tener su origen en algo/alguien - **5.** [zurückgesandt werden] devolver (al remitente) - **6.** [sich zurückbewegen] recuperarse.

zurụckgezogen *adj & adv* retirado(da).

zurụck|greifen *vi (unreg)* : **auf etw/jn** ~ recurrir a algo/alguien.

zurụck|halten *vt (unreg)* - **1.** [Person, Paket] retener - **2.** [an etw hindern] : **jn von etw** ~ impedir a alguien hacer algo - **3.** [Tränen, Gedanken] reprimir. ◆ **sich zurückhalten** *ref* [sich bremsen] contenerse.

zurụckhaltend ◇ *adj* reservado(da). ◇ *adv* con moderación.

Zurụckhaltung *die (ohne Pl)* reserva *f*.

zurụck|holen *vt* ir a buscar.

zurụck|kehren (*perf* **ist zurụckgekehrt**) *vi geh* volver, regresar.

zurụck|kommen (*perf* **ist zurụckgekommen**) *vi (unreg)* - **1.** [zurückkehren] volver, regresar - **2.** [zurückgreifen] : **auf etw** ~ volver sobre un asunto ; **auf js Angebot** ~ remitirse a la oferta de alguien.

zurụck|lassen *vt (unreg)* - **1.** [hinterlassen] dejar (atrás) - **2.** [zurückgehen lassen] dejar volver.

zurụck|legen *vt* - **1.** [Dinge] volver a poner (en su sitio) - **2.** [Kopf] reclinar - **3.** [Geld, Gehalt] ahorrar - **4.** [reservieren] reservar - **5.** [Strecke, Weg] superar.

zurụck|liegen *vi (unreg)* - **1.** [vergangen sein] haber ocurrido - **2.** [im Rückstand sein] quedarse atrás.

zurụck|müssen *vi (unreg)* tener que volver.

zurụck|nehmen *vt (unreg)* - **1.** [wieder annehmen] admitir la devolución - **2.** [Befehl, Entscheidung] revocar ; [Äußerung] retractarse de ; [Antrag, Beschwerde] anular.

zurụck|rufen *(unreg)* ◇ *vt* - **1.** [rufend auffordern] llamar a alguien para que regrese - **2.** [rufend antworten] contestar gritando - **3.** [bringen] recordar - **4.** [am Telefon] llamar de vuelta. ◇ *vi* [am Telefon] llamar de vuelta.

zurụck|schrecken (*perf* **ist zurụckgeschreckt**) *vi* retroceder del susto ; **vor etw** *(D)* ~ retroceder ante algo ; **vor nichts** ~ no retroceder ante nada.

zurụck|setzen ◇ *vt* - **1.** [an Ausgangspunkt] volver a colocar ODER poner - **2.** [rückwärts setzen] colocar más atrás - **3.** [rückwärts fahren] mover marcha atrás - **4.** [benachteiligen] postergar. ◇ *vi* [rückwärts fahren] ir marcha atrás.

zurụck|stellen *vt* - **1.** [an Ausgangspunkt] volver a poner - **2.** [rückwärts stellen] retirar - **3.** [Heizung, Temperatur] poner más bajo - **4.** [Projekt, Bedenken] posponer.

zurụck|stoßen *vt (unreg)* - **1.** [an Ausgangspunkt] empujar (hacia atrás) - **2.** [wegstoßen] apartar de un empujón.

zurụck|strahlen ◇ *vt* reflejar. ◇ *vi* reflejarse.

zurụck|treten (*perf* **ist zurụckgetreten**) *vi (unreg)* - **1.** [rückwärts treten] retroceder - **2.** [für nichtig erklären]. - **3.** [von Amt] dimitir ; **von etw** ~ dimitir de algo.

zurụck|weichen (*perf* **ist zurụckgewichen**) *vi (unreg)* retroceder ; **vor etw/jm** ~ retroceder ante algo/alguien.

zurụck|weisen *vt (unreg)* rechazar.

zurụck|zahlen *vt* devolver ; **jm etw** ~ [Schulden] devolverle algo a alguien ; *fam* [aus Rache] hacer pagar algo a alguien.

zurụck|ziehen (*perf* **hat/ist zurụckgezogen**) *(unreg)* ◇ *vt (hat)* - **1.** [gen] retirar - **2.** [an Ausgangspunkt] llevar (a rastras) de vuelta - **3.** [Auftrag, Kandidatur] anular. ◇ *vi (ist)* [umziehen] regresar (a un lugar de residencia anterior). ◆ **sich zurückziehen** *ref* [sich isolieren] retirarse.

Zu̲|ruf *der* aclamación *f*.

zu̲|rufen *vt (unreg)* [Wort, Befehl, Satz] decir a voces ; **einen Gruß** ~ saludar a voces.

zurze̲it *adv* actualmente.

Zu̲|sage *die* contestación *f* afirmativa.

zu̲|sagen ◇ *vt* [Hilfe, Kredit] prometer ; **jm etw** ~ prometerle algo a alguien. ◇ *vi* - **1.** [bei Einladung] aceptar - **2.** [gefallen] gustar.

zusạmmen *adv* juntos(tas) ; **alles** ~ todo junto.

Zusạmmenarbeit *die (ohne Pl)* colaboración *f*.

zusạmmen|arbeiten *vi* trabajar juntos(tas).

zusạmmen|brauen *vt fam* mezclar ; **eine Mischung** ~ hacer una mezcla. ◆ **sich zusammenbrauen** *ref* prepararse ; **es braut sich etw zusammen** se está preparando algo.

zusạmmen|brechen (*perf* **ist zu-**

sammengebrochen) *vi (unreg)* - **1.** [Gebäude, Brücke] derrumbarse - **2.** [Mensch, Tier] desplomarse ; [Telefonnetz, Verkehr, Kreislauf] colapsarse.

zusammen|bringen *vt (unreg)* - **1.** [Menschen, Geld] reunir - **2.** [Gelerntes] poder hacer.

Zusammen|bruch *der* colapso *m*.

zusammen|fahren (*perf* **ist zusammengefahren**) *vi (unreg)* - **1.** [zusammenstoßen] chocar - **2.** [erschrecken] asustarse.

zusammen|fallen (*perf* **ist zusammengefallen**) *vi (unreg)* - **1.** [Gebäude, Teig] : **(in sich) ~** hundirse - **2.** [Mensch, Gesicht] demacrar - **3.** [Ereignisse, Linien] coincidir.

zusammen|fassen *vt* resumir.

Zusammen|fassung *die* resumen *m*.

zusammen|gehören *vi* ir juntos(tas), ser pareja.

Zusammengehörigkeitsgefühl *das (ohne Pl)* espíritu *m* de solidaridad.

zusammen|halten *(unreg)* ◇ *vi* - **1.** [Einzelteile] mantenerse unido(da) - **2.** [Freunde, Familie] ayudarse mutuamente. ◇ *vt* - **1.** [Subj : Gummiband] unir - **2.** [Herde, Mitglieder] mantener unido(da) ; **das Geld ~** hacer economías.

Zusammen|hang *der* relación *f* ; **etw in ~ mit etw bringen** relacionar algo con algo ; **im ~ mit etw stehen** estar relacionado(da) con algo.

zusammen|hängen *vi (unreg)* - **1.** [befestigt sein] estar unido(da) - **2.** [ursächlich] : **mit etw ~** estar relacionado(da) con algo.

zusammenhängend *adj* [Sätze] coherente.

zusammenhanglos, zusammenhangslos ◇ *adj* inconexo(xa), que no guarda relación entre sí. ◇ *adv* de forma incoherente.

zusammen|kommen (*perf* **ist zusammengekommen**) *vi (unreg)* - **1.** [sich begegnen] reunirse - **2.** [gleichzeitig passieren] ocurrir al mismo tiempo - **3.** [Spenden, Verluste] juntarse.

Zusammenkunft (*pl* **-künfte**) *die* reunión *f*.

zusammen|legen ◇ *vt* - **1.** [Schulklassen, Veranstaltungen] juntar - **2.** [Serviette, Landkarte] doblar. ◇ *vi* [gemeinsam bezahlen] pagar a escote.

zusammen|nehmen *vt (unreg)* hacer acopio de. ◆ **sich zusammennehmen** *ref* contenerse.

zusammen|passen *vi* [Kleidungsstücke] ir bien ; [Menschen, Farben] armonizar.

zusammen|prallen (*perf* **ist zusammengeprallt**) *vi* chocar.

zusammen|rechnen *vt* sumar.

zusammen|reißen ◆ **sich zusammenreißen** *ref (unreg) fam* contenerse.

zusammen|schlagen (*perf* **hat/ist zusammengeschlagen**) *(unreg)* ◇ *vt (hat)* - **1.** [gegeneinander schlagen] chocar ; **die Hände über dem Kopf ~** echarse las manos a la cabeza ; **die Hacken** ODER **Absätze ~** chocar los talones - **2.** *fam* [niederschlagen] dar una paliza brutal. ◇ *vi (ist)* : **die Wellen schlugen über ihm zusammen** las olas le sepultaron.

zusammen|schließen *vt (unreg)* encadenar uno a otro (una a otra). ◆ **sich zusammenschließen** *ref* [Menschen] unirse ; [Firmen] fusionarse.

Zusammen|schluss *der* [von Parteien] coalición *f* ; [von Firmen] fusión *f* ; [von Staaten] federación *f* ; [von Interessenten] asociación *f*.

Zusammensein *das (ohne Pl)* reunión *f*.

zusammen|setzen *vt* [Einzelteile] juntar ; [Motor, Fahrrad] montar, ensamblar. ◆ **sich zusammensetzen** *ref* - **1.** [bestehen] : **sich aus etw ~** estar compuesto(ta) de ODER por algo - **2.** [zusammentreffen] reunirse ; **sich mit jm ~** reunirse con alguien.

Zusammensetzung (*pl* **-en**) *die* composición *f*.

zusammen|stellen *vt* - **1.** [Programm, Menü] confeccionar ; [Bericht] redactar ; [Mannschaft] seleccionar ; [Dekoration] elegir - **2.** [nebeneinander stellen] juntar.

Zusammen|stoß *der* colisión *f*.

zusammen|stoßen (*perf* **ist zusammengestoßen**) *vi (unreg)* chocar ; **mit jm ~** *fig* chocar con alguien.

zusammen|treffen (*perf* **ist zusammengetroffen**) *vi (unreg)* - **1.** [sich treffen] reunirse ; **mit jm ~** encontrarse con alguien - **2.** [gleichzeitig passieren] coincidir.

Zusammen|treffen *das* coincidencia *f*.

zusammen|tun *vt (unreg) fam* juntar. ◆ **sich zusammentun** *ref* unirse ; **sich mit jm ~** unirse con alguien.

zusammen|zählen *vt* sumar.

zusammen|ziehen (*perf* **hat/ist zusammengezogen**) *(unreg)* ◇ *vt (hat)* - **1.** [Schlinge, Augenbrauen] apretar - **2.** [Truppen, Hilfskräfte] reunir. ◇ *vi (ist)* [in eine Wohnung] irse a vivir juntos(tas) ; **mit jm ~** irse a vivir con alguien. ◆ **sich zusammenziehen** *ref* contraerse.

zusammen|zucken (*perf* **ist zusammengezuckt**) *vi* sobresaltarse.

Zu|satz *der* - **1.** *(ohne Pl)* [Zusetzen] adición *f* - **2.** [Zugesetztes] aditivo *m* ; [in Vertrag] apéndice *m*.

Zusatz|gerät *das* aparato *m* accesorio.

zusätzlich <> *adj* adicional. <> *adv* extra, adicionalmente.

Zuschauer, in (*mpl* -, *fpl* -nen) *der, die* espectador *m*, -ra *f*.

zu|schicken *vt* : **jm etw ~** enviar algo a alguien.

zu|schieben *vt (unreg)* - **1.** [Schublade, Schiebefenster] cerrar - **2.** [hinschieben] : **jm etw ~** acercar algo a alguien - **3.** [zuweisen] : **jm die Schuld ~** echar la culpa a alguien.

Zu|schlag *der* - **1.** [zusätzlicher Betrag] suplemento *m* - **2.** [Zusage] adjudicación *f*.

zu|schlagen (*perf* **hat/ist zugeschlagen**) *(unreg)* <> *vi* - **1.** *(ist)* [Tür, Fenster] cerrarse de golpe - **2.** *(hat)* [schlagen] dar puñetazos, pegar - **3.** *(hat) fam* [eine Chance nützen] aprovechar la ocasión. <> *vt (hat)* - **1.** [schließen] cerrar de golpe - **2.** [Auftrag, Objekt] : **jm etw ~** adjudicarle algo a alguien.

zuschlagpflichtig *adj* sujeto(ta) a suplemento.

zu|schließen *(unreg) vt & vi* cerrar con llave.

zu|schnappen (*perf* **hat/ist zugeschnappt**) *vi* - **1.** *(hat)* [Hund] morder - **2.** *(ist)* [Tür, Falle] cerrarse de golpe.

zu|schneiden *vt (unreg)* cortar.

zu|schrauben *vt* cerrar.

zu|schreiben *vt (unreg)* [etwas Positives] : **jm etw ~** atribuirle algo a alguien ; [etwas Negatives] imputarle algo a alguien ; .

Zu|schrift *die* respuesta *f*.

zuschulden, zu Schulden *adv* : **sich** *(D)* **etwas ~ kommen lassen** ser culpable de algo.

Zu|schuss *der* ayuda *f*, subvención *f*.

zu|sehen *vi (unreg)* - **1.** [zuschauen] estar mirando, contemplar ; **jm bei etw ~** contemplar a alguien hacer algo - **2.** [veranlassen] procurar ; **~, dass ...** encargarse de que ...

zusehends *adv* visiblemente.

zu sein (*perf* **ist zu gewesen**) *vi (unreg)* estar cerrado(da).

zu|setzen <> *vt* - **1.** [zufügen] añadir - **2.** [zuzahlen] perder dinero. <> *vi* [schaden] : **jm ~** afectar a alguien.

zu|sichern *vt* : **jm etw ~** prometerle algo a alguien.

zu|spitzen ◆ **sich zuspitzen** *ref* agravarse.

Zu|stand *der* estado *m*. ◆ **Zustände** *pl* situación *f*.

zustande, zu Stande *adv* : **etw ~ bringen** lograr algo ; **~ kommen** lograrse.

zuständig *adj* competente.

zu|stehen *vi (unreg)* : **jm ~** corresponderle a alguien ; **das/es steht mir nicht zu** esto no me corresponde.

zu|steigen (*perf* **ist zugestiegen**) *vi (unreg)* subirse *(en un medio de transporte)*.

zu|stimmen *vi* votar a favor ; **jm ~** estar de acuerdo con alguien.

Zu|stimmung *die* consentimiento *m* ; **zu etw seine ~ geben** dar su consentimiento a algo.

zu|stoßen (*perf* **hat/ist zugestoßen**) *(unreg)* <> *vt (hat)* [Tür, Fenster] cerrar empujando. <> *vi* - **1.** *(hat)* [mit Waffe] asestar un golpe *(con un arma)* - **2.** *(ist)* [geschehen] : **jm ~** ocurrirle a alguien.

Zustrom *der (ohne Pl)* afluencia *f*.

zutage, zu Tage *adv* : **~ treten** ODER **kommen** salir a la luz.

Zutaten *pl* ingredientes *mpl*.

zu|teilen *vt* : **jm etw ~** asignarle algo a alguien.

zutiefst *adv* profundamente.

zu|trauen *vt* : **jm etw ~** creer a alguien capaz de algo.

zutraulich <> *adj* [Mensch, Verhalten] confiado(da) ; [Tier] manso(sa). <> *adv* confiadamente.

zu|treffen *vi (unreg)* corresponder a la realidad ; **auf etw/jn ~** ser aplicable a algo/alguien.

Zutreffendes *nt (ohne Artikel) amt* : **'~ bitte ankreuzen'** 'marcar lo que corresponda'.

Zutritt *der (ohne Pl)* acceso *m* ; **~ haben** tener acceso ; **'~ verboten!'** 'se prohibe la entrada'.

Zutun *das (ohne Pl)* : **ohne js ~** sin intervención de alguien.

zuverlässig <> *adj* [Mitarbeiter, Freund] de confianza ; [Maschine, Quelle] fiable. <> *adv* con fiabilidad ; **etw ~ wissen** saber con toda seguridad.

Zuverlässigkeit *die (ohne Pl)* fiabilidad *f*.

Zuversicht *die (ohne Pl)* (total) confianza *f*.

zuversichtlich <> *adj* lleno(na) de confianza, optimista. <> *adv* con confianza.

zu viel *pron* demasiado.

zuvor *adv* antes.

zuvor|kommen (*perf* **ist zuvorgekommen**) *vi (unreg)* : **etw/jm ~** adelantarse a algo/alguien.

zuvorkommend <> *adj* atento(ta), gentil. <> *adv* con gentileza.

Zuwachs ['tsu:vaks] *der (ohne Pl)* aumento *m* ; **auf ~** crecedero(ra).

zu|wachsen ['tsu:vaksn̩] (*perf* **ist zugewachsen**) *vi (unreg)* cubrirse *(de plantas)*.

zuwege, zu Wege *adv* : **etw ~ bringen** llevar a cabo algo.

zu|weisen *vt (unreg)* : **jm etw ~** asignar algo a alguien.

zu|wenden *vt* : **jm etw ~** darle algo alguien ; **jm den Rücken ~** darle la espalda a alguien ; **einer Sache den Blick ~** dirigir la mirada a algo.

Zu|wendung *die* **- 1.** *(ohne Pl)* [Aufmerksamkeit] atención *f* **- 2.** [Geld] asignación *f*.

zu wenig *pron* demasiado poco.

zuwider *adv* : **jm ~ sein** repugnar a alguien.

zu|winken *vi* : **jm ~** saludar a alguien *(con la mano)*.

zu|ziehen (*perf* **hat/ist zugezogen**) *(unreg)* ◇ *vt (hat)* **- 1.** [Tür, Reißverschluss] cerrar **- 2.** [Fachmann, Gutachter] consultar **- 3.** [verschaffen] : **sich** *(D)* **js Neid/Bewunderung ~** atraer(se) la envidia/la admiración de alguien ; **sich eine Erkältung ~** coger un constipado. ◇ *vi (ist)* [an einen Ort ziehen] mudarse a un lugar.

zuzüglich *präp (+G) (+D)* incluido(da).

ZVS [tsɛtfau'ɛs] (*abk für* **Zentralstelle für die Vergabe von Studienplätzen**) *die (ohne Pl) oficina alemana de asignación de plazas universitarias*.

zwang *prät* ▷ **zwingen**.

Zwang (*pl* **Zwänge**) *der* [gen] coacción *f* ; [Druck] presión *f* ; ; [Verpflichtung] obligación *f* ; **gesellschaftliche Zwänge** exigencias sociales.

zwängen *vt* apretujarse ; **etw in etw** *(A)* **~** apretujar algo en algo ; **sich in etw** *(A)* **~** apretujarse en algo.

zwanglos ◇ *adj* [Benehmen] relajado(da) ; [Kleidung, Beisammensein] informal. ◇ *adv* [sich verhalten] con toda libertad, con toda naturalidad ; [sich kleiden] de modo informal.

Zwangs|lage *die* situación *f* forzosa.

zwangsläufig ◇ *adj* irremediable. ◇ *adv* irremediablemente.

zwanzig *num* veinte ; *siehe auch* **sechs**.

Zwanzig *die (ohne Pl)* veinte *m* ; *siehe auch* **Sechs**.

Zwanzigerjahre, zwanziger Jahre *pl* : **die ~** los años veinte.

Zwanzigmark|schein *der* billete *m* de 20 marcos.

zwanzigste, r, s *adj* vigésimo(ma) ; *siehe auch* **sechste**.

Zwanzigste (*pl* **-n**) *der, die, das* vigésimo *m*, -ma *f* ; *siehe auch* **Sechste**.

zwar *adv* **- 1.** [allerdings] si bien ; **es regnet ~, aber ich gehe spazieren** si bien está lloviendo, yo voy a pasear **- 2.** [genauer gesagt] : **und ~** más concretamente.

Zweck (*pl* **-e**) *der* **- 1.** [Ziel] objetivo *m* ; **für einen guten ~** para una buena causa ; **seinen ~ erfüllen** cumplir un propósito ; **zu diesem ~** para este propósito **- 2.** [Sinn] sentido *m*.

zwecklos *adj* inútil.

zweckmäßig ◇ *adj* adecuado(da). ◇ *adv* adecuadamente.

zwei *num* dos ; **für ~** *fig* para dos ; *siehe auch* **sechs**.

Zwei (*pl* **-en**) *die* **- 1.** [Zahl] dos *m* **- 2.** [Schulnote] ≃ notable *m* ; *siehe auch* **Sechs**.

Zweibett|zimmer *das* habitación *f* doble.

zweideutig ◇ *adj* **- 1.** [mehrdeutig] ambiguo(gua) **- 2.** [frivol] equívoco(ca). ◇ *adv* **- 1.** [mehrdeutig] de modo ambiguo **- 2.** [frivol] equívocamente.

zweierlei *num* **- 1.** [zwei verschiedene] de dos clases, dos distintos(tas) **- 2.** [etwas anderes] dos cosas distintas.

zweifach *adj & adv* doble ; **~ ausgefertigt** por duplicado.

Zweifel (*pl* **-**) *der* duda *f* ; **~ an etw** *(D)* dudas de algo ; **ohne ~** sin duda.

zweifelhaft *adj* **- 1.** [Unternehmen, Plan] dudoso(sa) **- 2.** [Kneipe, Typ] sospechoso(sa).

zweifellos *adv* sin duda.

zweifeln *vi* dudar ; **an etw** *(D)* **~** dudar de algo.

Zweifels|fall *der* : **im ~** en caso de duda.

Zweig (*pl* **-e**) *der* [von Baum, Familie] rama *f*.

Zweig|stelle *die* [einer Bank] sucursal *f* ; [eines Betriebs] filial *f*.

zweihundert *num* doscientos(tas).

Zweihundertmark|schein *der* billete *m* de doscientos marcos.

zweimal *adv* dos veces.

Zweimark|stück *das* moneda *f* de dos marcos.

Zwei|rad *das* bicicleta *f*.

zweiseitig *adj* **- 1.** [Broschüre, Anzeige] de dos páginas **- 2.** [Vertrag, Abkommen] bilateral.

zweisprachig ◇ *adj* bilingüe. ◇ *adv* en dos lenguas ; **~ aufwachsen** recibir una educación bilingüe.

zweistellig *adj* de dos cifras.

zweistöckig *adj* de dos pisos.

zweit ◆ **zu zweit** *adv* a dos.

zweitausend *num* dos mil.

zweitbeste, r, s *adj* segundo(da) (mejor).

zweite, r, s *adj* segundo(da) ; *siehe auch* **sechste**.

Zweite (*pl* **-n**) *der, die, das* segundo *m*, -da *f* ; **wie kein ~r** como nadie ; *siehe auch* **Sechste**.

zweiteilig *adj* [Kleid, Badeanzug] de dos piezas ; [Film] de dos partes ; [Ausgabe] en dos volúmenes.

zweitens *adv* en segundo lugar.

zweitrangig *adj* secundario(ria).

Zweit|wagen *der* segundo coche *m*.

Zweizimmer|wohnung *die* piso *m* de dos habitaciones.

Zwerch|fell *das* diafragma *m*.

Zwerg (*pl* **-e**) *der* - **1.** [Märchengestalt] enanito *m* - **2.** [kleiner Mensch] liliputiense *mf*.

Zwetsche, Zwetschge (*pl* **-n**) *die* ciruela *f*.

zwicken <> *vt* pellizcar. <> *vi* apretar.

Zwieback (*pl* **Zwiebäcke** ODER **-e**) *der* biscote *m*.

Zwiebel (*pl* **-n**) *die* cebolla *f*.

zwielichtig *adj* sospechoso(sa).

Zwiespalt (*pl* **-e** ODER **-spälte**) *der* dilema *m*.

zwiespältig *adj* contradictorio(ria).

Zwilling (*pl* **-e**) *der* - **1.** [Person] gemelo *m*, -la *f* - **2.** ASTROL Géminis *mf*. ◆ **Zwillinge** *pl* ASTROL Géminis *m*.

Zwillings|bruder *der* hermano *m* gemelo.

Zwillings|schwester *die* hermana *f* gemela.

zwingen (*prät* **zwang**, *perf* **hat gezwungen**) *vt* obligar ; **jn zu etw ~** obligar a alguien a algo. ◆ **sich zwingen** *ref* forzarse ; **sich zu etw ~** forzarse a algo.

zwinkern *vi* parpadear ; **mit dem Auge ~** guiñar un ojo.

Zwirn (*pl* **-e**) *der* torzal *m*.

zwischen *präp (+D,) (+A)* entre.

zwischendurch *adv* entremedias.

Zwischen|fall *der* incidente *m*. ◆ **Zwischenfälle** *pl* enfrentamientos *mpl*.

Zwischen|landung *die* escala *f*.

Zwischen|prüfung *die* UNI *examen intermedio entre el primer y segundo ciclo de una carrera*.

Zwischen|raum *der* espacio *m*.

Zwischen|ruf *der* exclamación *f*.

Zwischen|zeit *die (ohne Pl)* ínterim *m* ; **in der ~** entre tanto.

zwitschern <> *vi* trinar, chiflar *Amér*. <> *vt* cantar.

zwölf *num* doce.

Zwölf (*pl* **-en**) *die* doce *m* ; *siehe auch* **Sechs**.

zwölfte, r, s *adj* decimosegundo(da) ; *siehe auch* **sechste**.

Zwölfte (*pl* **-n**) *der, die, das* decimosegundo *m*, -da *f* ; *siehe auch* **Sechste**.

zwölftel *adj (unver)* duodécima parte *f* ; *siehe auch* **sechstel**.

Zwölftel (*pl* **-**) *das* duodécima parte *f* ; *siehe auch* **Sechstel**.

Zyankali [tsy̆aːnˈkaːli] *das (ohne Pl)* cianuro *m* de potasio.

Zylinder [tsiˈlɪndɐ] (*pl* **-**) *der* cilindro *m*.

Zynismus [tsyˈnɪsmʊs] *der (ohne Pl)* [zynische Art] cinismo *m*.

Zypern *nt* Chipre *m*.

Zypresse [tsyˈprɛsə] (*pl* **-n**) *die* ciprés *m*.

Zyste [ˈtsʏstə] (*pl* **-n**) *die* quiste *m*.

z. Z. (*abk für* **zur Zeit**) = **zurzeit**.

Este libro se terminó de imprimir en diciembre de 2011
en Quad/Graphics Querétaro, S. A. de C. V.,
Fracc. Agro Industrial La Cruz El Marqués
Querétaro, México.